“十四五”国家重点图书出版规划项目

国家社会科学基金重大项目
“希腊化文明与丝绸之路”（15ZDB059）成果

国家出版基金项目

杨巨平 总主编

从地中海到黄河

希腊化文明与丝绸之路

FROM THE MEDITERRANEAN
TO THE YELLOW RIVER
HELLENISTIC CIVILIZATION AND THE SILK ROAD

第一卷

从亚历山大到张骞

——希腊化世界与丝绸之路开通

主编 杨巨平

中華書局

图书在版编目(CIP)数据

从地中海到黄河:希腊化文明与丝绸之路/杨巨平总主编;杨巨平等著. —北京:中华书局,2024. 11. —ISBN 978-7-101-16846-4

Ⅰ. G04

中国国家版本馆 CIP 数据核字第 2024X37G91 号

审图号:GS(2024)3484 号

书　　名	从地中海到黄河——希腊化文明与丝绸之路(全六卷)
总 主 编	杨巨平
著　　者	杨巨平 等
责任编辑	杜艳茹
装帧设计	刘　丽
责任印制	管　斌
出版发行	中华书局
	(北京市丰台区太平桥西里 38 号　100073)
	http://www.zhbc.com.cn
	E-mail:zhbc@zhbc.com.cn
印　　刷	天津裕同印刷有限公司
版　　次	2024 年 11 月第 1 版
	2024 年 11 月第 1 次印刷
规　　格	开本/710×1000 毫米　1/16
	印张 204¾　插页 14　字数 2800 千字
国际书号	ISBN 978-7-101-16846-4
定　　价	998.00 元

编撰分工

第一卷主编　杨巨平

著译者

总序　杨巨平

序　杨巨平

导言　杨巨平

第一章　杨巨平

第二章　弗兰克·霍尔特撰　张录译　孙艳萍校

第三章　杨巨平

第四章　杨巨平（第一、二节）　崔丽娜（第三节）

第五章　杨巨平

第六章　杨巨平

第七章　高克冰

第八章　庞霄骁

第九章　李毅铭

第十章　党　超

第十一章　党　超

第十二章　高克冰

附录　弗兰克·霍尔特撰　张录译　孙艳萍校　杨巨平

译名整理　靳　悦

文献整理　郜鑫玉

目录

附　录

总序

公元前334年，希腊—马其顿国王亚历山大以希腊联军统帅的身份，发动了对东邻波斯帝国的征服。金戈铁马，一路凯歌，十年之后，从东地中海到印度河的广大区域都置于他的统治之下，世界历史上第二个横跨欧亚非三大洲的帝国出现了。公元前323年，亚历山大突然病逝。他的部将为争夺他的帝国遗产征战了近半个世纪，最后由埃及的托勒密王国、亚洲的塞琉古王国和希腊本土的安提柯—马其顿王国三分天下，希腊—马其顿人对东方的统治得以延续，并由此形成了希腊人控制与影响之世界，这就是学界称之的“希腊化世界”，在这个世界之上建立的由希腊—马其顿人主导并吸收东方因素的政治制度、经济形态和城市文化，就形成了所谓的“希腊化文明”。多元统一是这个文明的基本特征。

但这个希腊化世界的政治格局很快就发生了变化，首先是小亚的帕加马从塞琉古王国脱离，其后是塞琉古王国东部的巴克特里亚和帕提亚两个行省宣告独立。然而，政治格局的变化并没有从根本上改变希腊化世界的整体特征。帕加马和巴克特里亚还是由希腊人统治，只不过由地方统治者变成了国王；帕提亚王国虽然是由北方游牧民族的一支建立，但基本接受了原来的希腊化遗产，其国王曾以“爱希腊者”自居。公元前2世纪初，巴克特里亚的希腊人甚至越过兴都库什山，进入印度，恢复了亚历山大的遗产，而且控制的疆域和文化渗透的深度比亚历山大当年的匆匆而过有过之而无不及。希腊人开始发行希印双语币，印度的神出现在希腊人的钱币上。这就是公元前2世纪的希腊化世界。

公元前128年，一位来自中国的汉武帝的使者——张骞，竟然进入了这个世界。张骞的到来宣告了中国古代对外关系一个新时代的开始，标志着从中国到地中海丝绸之路的全面贯通。张骞本来是奉汉武帝之命，于公元前139或138年从长安出发，寻找同样受到匈奴人侵扰的中国西北地区的另外一支游牧民族大月氏人，试图与其结盟，合击匈奴。他历经磨难，十年之后终于在中亚的阿姆河北岸找到了已经定居的大月氏人。但其国王“志安乐”，无意东返。张骞“不得要领”，只好从大夏（即巴克特里亚）经葱岭返回。公元前126年，回到长安。

张骞出使的直接目的虽然没有达到，但他带回了他所耳闻目睹的西域各国的信息。这些国家很多是原来的希腊化王国的旧土，尤其是大宛、康居、大月氏和大夏本来就是巴克特里亚王国的统辖之地。只是包括大月氏人在内的游牧民族的到来，才结束了巴克特里亚希腊人的统治。残余的希腊人只好退缩到兴都库什山以南。在那里，他们和原来的希腊人一起，又坚持了一个多世纪之久。张骞听说的大夏东南的身毒，就是这些希腊人的生存之地——印度西北部。他听说的安息就是帕提亚，此时已经雄踞伊朗高原，扩张至幼发拉底河一线。他听说的条枝和黎轩，应该与残存于叙利亚地区的塞琉古王国和以埃及亚历山大里亚为都的托勒密王国有关。张骞还带回了这些国家方位、城市、人口、军队、物产、文字、钱币、书写材料等方面的信息，其中就暗含了希腊化世界的信息。

两个本来毫不相关、源自欧亚大陆东西两端的事件竟然在中亚发生了深度交集，真是历史的奇迹。亚历山大与张骞相隔两个世纪，但张骞一旦进入中亚，就意味着踏上了通往地中海的大道，意味着今天称之为“绿洲丝绸之路”的全线贯通。正是通过这条道路，中国文明与包含埃及、巴比伦、波斯、印度文化因素在内的希腊化文明遗产发生了直接或间接的联系。正是由于这条道路的存在，原来希腊化世界的遗产有的得以延续，如希腊化城市；有的被接受、改造、利用，如希腊化钱币、希腊文字；有的通过第三者载体得以演化传播，如犍陀罗艺术中的希腊神；凡此等等，不一而足。更为重要的是，由此形成的丝路文明成了现今所有与古代丝路有关国家共同分享的历史资源和文化财富，是中国与这些国家重温历史、重建友好关系的历史基础。

一、“希腊化文明”与“丝绸之路”关系的确立

“希腊化文明”与“丝绸之路”本来是两个看似不同的研究领域，能够发生联系，有着历史的必然。

所谓的“希腊化”（ἑλληνισμός）一词在“他者文化”的最早出现，是在后来收入《七十子本圣经》（*The Septuagint* LXX）的《马加比二书》（4:13）中，用来指本土犹太人的希腊化。他们不仅接受了希腊人的生活方式，还建了希腊式的体育馆，对犹太青年进行军事训练。希腊语自然成为他们的通用语言。其实犹太人说希腊语（ἑλληνίζω）这种现象在希腊化初期就已经出现，托勒密二世在亚历山大里亚组织犹太长老将希伯来语的《圣经》翻译成希腊语，就是为了给已经希腊化的犹太人提供阅读之便。但将“ἑλληνισμός”一词赋予一个时代，则始于19世纪德国历史学家德罗伊森（Johann Gustav Droysen，1808—1884）。他在煌煌三大卷《希腊化史》（*Geschichte des Hellenismus*，汉堡，1836—1843）中首次使用“Hellenismus”来描述亚历山大及其后继者们创立的这个时代。在德罗伊森看来，这是世界历史上一个最为重要的发展时期。正是由于亚历山大对东方的征服，“希腊的统治和文化扩展到了那些曾经拥有辉煌文化但业已衰落的民族当中”，[1]从而最终导致了革命性的世界宗教——基督教的诞生。[2]他的“Hellenismus”一词，既是指这个时代，更是指这一时期希腊文化的传播及其与东方文化的融合。这个词一出现，就被学术界所接受。但由于英语中“Hellenism”更多的是指古典时代的希腊文化

1 Johann Gustav Droysen, *Geschichte des Hellenismus: Geschichte Alexanders des Grossen*, Gotha: Friedrich Andreas Perthes, 1877, p. 3.

2 P. Cartledge, P. Garnsey and E. S. Gruen, eds., *Hellenistic Constructs: Essays in Culture, History, and Historiography*, Berkeley, Los Angeles, London: University of California Press, 1997, pp. 2-3; Johann Gustav Droysen, *History of Alexander the Great*, translated from the German by Flora Kimmich, Philadelphia: American Philosophical Society, 2012, “Preface” by G. W. Bowersock, p. VIII.

特征，后来就用另一个形容词“Hellenistic”作为对希腊化时代的专用称谓。现在通行于英语世界的“Hellenistic Civilization”翻译成中文就是“希腊化文明”。强调时代的“Hellenistic Age”（希腊化时代）和强调地域的“Hellenistic World”（希腊化世界）都是由此而来。但关于这个时代的时间起止、这个文明的性质、这个世界的构成，学术界一直有不同的看法。

现在一般通行的观点是把亚历山大之死（公元前323年）视为希腊化时代的开始，言外之意是，亚历山大帝国的历史仍然属于古希腊史的范畴。希腊化时代的下限一般定于公元前30年埃及沦入罗马帝国之手，最后一个希腊化王国灭亡之时。这样的划分能否成立，主要取决于如何给希腊化时代定性。如果把它看作一个希腊文明与东方文明大碰撞、大交流、大融合的时代，那实际上从亚历山大踏上亚洲大地的那一刻起，这样的进程就开始了。因此，亚历山大东征开始之年——公元前334年——就可以视为希腊化时代的开始。

亚历山大一路上不断被东方的文化传统所吸引，先是去拜谒埃及的阿蒙神庙，将自己视为“阿蒙—宙斯”之子，后来又接受波斯的宫廷礼仪，并要部下给他行跪拜礼。他任命波斯人担任总督，将波斯人纳入自己的军队，倡导与当地妇女通婚。这些“东方化”或“波斯化”的做法引起了部下不满，但也表明他在坚持希腊文化正统地位的同时，也在不断调整自己的统治政策。这些东方化的政策与其说是对东方文化的接受，不如说是统治异族的需要。亚历山大一路上建立了多达数十个（具体数目有争议）以他名字命名或由他命名的希腊式城市，标志着希腊化世界城市化运动的开启。这些城镇后来有相当一部分成了丝路重镇，成了东西方文化交汇的中心。就地中海世界的历史而言，罗马对托勒密埃及的征服确实具有划时代的意义，但远在印度西北部的印度—希腊人小王国一直残存到公元1世纪初。此后，可能还有一些希腊化的罗马人或罗马化的希腊商人或艺术家、工匠，从罗马的东方通过海路前往印度。犍陀罗艺术兴盛于公元后的贵霜帝国时期，应该与这些希腊—罗马人的存在与影响有关。因此，在公元后的欧亚大陆，希腊化文明作为一个整体形态确实不复存在，但文明的影响不会中断，文明的遗产还在传播、延续。所以，就希腊化时代而言，公元前后作为它的结束和下限是成立的，但就希腊化文明的影响而言，可以说它一直延续到公元7世纪阿拉伯帝国的崛起。

“丝绸之路”（die Seidenstrasse）一词究竟是何人首先提出？原来学界将其归于德国地理学家李希霍芬（Baron Ferdinand von Richthofen，1833—1905），但近年比利时学者默腾斯（Matthias Mertens）提出此词的最早创立者应该是德国另一位地理学家——李希霍芬的老师卡尔·李特尔（Carl Ritter，1779—1859）。不过他坦承，赋予这一术语特定时间空间含义并使之普遍接受的第一人还是非李希霍芬莫属。[1]

1877年，李希霍芬在其所著的《中国：亲历与研究》第一卷中，把马其顿商人走过的从幼发拉底河到石塔这一段路程称为“丝绸之路”之一的西段。[2]此词后来被广泛接受，用来指代横贯欧亚大陆、沟通中国到地中海的东西方交通要道。但“丝绸之路”何时形成，学界有各种说法。一般认为，汉武帝时期张骞通西域，标志着丝绸之路的全线贯通。但也有学者指出，中国的丝绸早就通过草原之路传到欧洲，此前还应有一条“草原丝绸之路”。但实际上，所谓“草原丝绸之路”即使存在，也是时断时通，丝绸的西传主要依靠欧亚大陆游牧

---

1 详见Matthias Mertens, “Did Richthofen Really Coin ‘the Silk Road’?” *The Silk Road*, Vol. 17 (2018), pp. 1-9. 国内也有学者支持“李特尔”说，参见王冀青:《“丝绸之路”概念的提出者应为李特尔》,《中国社会科学报》2023年10月27日第4版;《论丝绸之路概念的起源》,《丝路文明》第8辑，第183—192页。

2 李希霍芬这里提到的“丝绸之路”（Seidenstrassen）是用复数，很显然，在他看来，丝绸之路有多条路线，这些马其顿商人走过的只是其中的一条。Ferdinand von Richthofen, *China. Ergebnisse eigener Reisen und darauf gegründeter Studien*, Vol. 1, Berlin: Dietrich Reimer, 1877, p. 496. 关于丝绸之路这一概念的内涵和发展，详见徐朗:《“丝绸之路”概念的提出与拓展》,《西域研究》2020年第1期，第140—151页。

民族之间的不断转手来实现，而且他们是以掳掠、战争为获得丝绸的主要手段。丝绸作为一种贸易交换物，大规模西传是在张骞之后出现的。因此，本书所说的丝绸之路始于张骞通西域之时。也就是从此时起，丝绸之路与希腊化文明或希腊化世界发生了直接的联系。

但事实上，两个世纪之前的亚历山大帝国的建立，希腊化世界的形成，早就奠定了后来丝绸之路开通的基础。波斯帝国时期，从地中海到印度的道路已经连通。亚历山大就是沿着这条路线一路征服到印度，并从印度河南下，分兵海陆两路沿阿拉伯海岸回到波斯湾。这说明，当时从地中海到印度的海陆两路都是存在的。亚历山大死后，各希腊化王国虽然呈鼎立之势，但它们之间是相通的。即使远在中亚腹地的兴都库什山下的希腊式城市遗址，也发现了一位希腊人不远万里从德尔斐神庙带来的人生格言和来自地中海地区的尖底双耳罐（amphora）。正是希腊化世界道路系统的存在，决定了未来丝路西线的基本走向。从这个意义上说，亚历山大在丝绸之路的开通上发挥了与张骞同样重要的历史作用。

从公元前2世纪末到公元前后，虽然希腊人在中亚、西亚的统治逐渐萎缩，但丝路经过之处，都是原来希腊人的控制之地，希腊化文明的遗产随处可见。张骞两次出使西域，首次带回了包含希腊化文明的信息。公元之后，贵霜、帕提亚和罗马的东方（Roman Orient）在原来希腊化世界的废墟上崛起，它们都不同程度地接受了希腊化文明的遗产。丝绸之路的延续意味着这些希腊化文明遗产影响的传播和扩大，丝路沿线各国发行的具有希腊化特征的钱币，各地区出现的具有希腊化文化因素的佛教犍陀罗艺术特征的雕塑、壁画，以及仍然流行于丝路中心地带的希腊文字，都是这种希腊化遗产传播和影响的证明。因此，不论从丝路的开通，还是从丝路经过的地区和丝路传递的文化信息来看，希腊化文明或希腊化世界及其遗产都与丝绸之路有着一种必然的、内在的、不绝如缕的联系。可以这么说，没有早已存在的希腊化世界，从中国到地中海的丝绸之路的全面贯通不可能在汉武帝和张骞的时代得以实现，中国文明与希腊文明也就不可能首先在中亚相逢；如果没有丝绸之路，希腊化文明的遗产也就不可能在以中亚为中心的地区传播、改造、模仿，并最终传至遥远的中国，融入中国传统文化的主流之中。

因此，希腊化文明与丝绸之路二者之间确实存在着一种内在的、持续的历史逻辑关系。这种关系是通过哪些方式体现出来的，它对世界历史的进程，尤其对东西方文明之间的交流互动到底起到了什么样的作用，作为丝路的起点和欧亚大陆的东端，古代中国在这种文明互动中到底扮演了什么样的角色，尤其是这种关系对于我们今天“一带一路”倡议的实施，与古代丝路沿线所经过的现代国家、民族建立友好合作关系能够提供哪些启示和借鉴，就成为本书关注的重点。所以，本书的时间上限起自公元前334年肇始的亚历山大时代，下限止于公元7世纪萨珊帝国的灭亡，大致相当于中国的秦汉到隋唐之际。

二、关于希腊化文明与丝绸之路的交叉研究

关于希腊化文明与丝绸之路本身的研究，国内外都非常深入，不论微观还是宏观，现有的成果都可谓汗牛充栋，难以搜集完备，遑论全部掌握。笔者和课题组成员曾在申请国家社科基金重大课题前后，对此做过力所能及的整理和概述。笔者曾发表的《希腊化文明与丝绸之路关系研究的回顾与展望》，[1]就包括对各自研究领域的评述。同时也发现，虽然国内外罕有学者撰文或著书专门探讨希腊化文明与丝绸之路的关系，但涉及到二者范围的多学科交叉研究成果数量还是相当可观。这主要集中在希腊化城市的兴衰变迁及其向丝路商贸中心的转

1 《北京师范大学学报（社会科学版）》2016年第6期。

变、希腊式钱币对丝路钱币的影响、希腊化艺术与佛教犍陀罗艺术的关系及其在丝路的发展三个方面。

关于亚历山大建城，国外研究比较深入。有的是从古典文献中寻找亚历山大建城的蛛丝马迹，有的是从考古发掘的城市遗址中去寻找。主要关注的问题是：第一，他在东征过程中到底建立了多少城市，尤其在中亚和印度？第二，这些城市如何定位？关于这方面的研究，西方学者弗雷泽（P. M. Fraser）和科恩（G. Cohen）的研究最为深入，也最有价值。弗雷泽的观点比较极端，他根据各类史料比定的最后结果是，亚历山大仅仅建立了6个有据可证的亚历山大里亚，其余都难以证明，可视为虚构。[1]科恩认定，从美索不达米亚南部、波斯湾到中亚、印度，有13个城市被古典作家归于亚历山大名下。其余还有约15个也有可能由他所建，但不能证实。[2]塔恩（W. W. Tarn）认为，总的数目不会超过13个，其中6个尚存可辨，7个难以定位。[3]塔恩的研究结论由于时间久远，学界一般仅作参考。弗雷泽的观点也难以得到普遍接受。因为即使没有古典作家普鲁塔克（Plutarch）说的70个之多，也不会少到只有6个。

科恩是希腊化城市研究的著名学者，一生先后写过4本专著，对希腊化时期希腊人从小亚、埃及到印度建立的所有城市做了详细的定位研究。他把这些城市统称为“settlements”，以此来概括古典文献中出现的各种不同类型的希腊人集居地，如哨所、要塞（garrisons）、殖民地（colonies）和城市（cities）。出版于2013年的《东方希腊化殖民地：从亚美尼亚、美索不达米亚到巴克特里亚、印度》对于本课题

---

1 P. M. Fraser, *Cities of Alexander the Great*, Oxford: Clarendon Press, 1996, p. 201, Maps 1-2, Table of Alexander-foundations.

2 G. Cohen, *The Hellenistic Settlements in the East from Armenia and Mesopotamia to Bactria and India*, Berkeley: University of California Press, 2013, pp. 335-338.

3 W. W. Tarn, *Alexander the Great, Vol. II: Sources and Studies*, Cambridge: Cambridge University Press, 1948, pp. 232-259.

的研究最有价值。此书对那些希腊人的“settlements”分地域逐一做了研究。此书的价值不在于它的结论，而在于它对所有的古典记载、现在的研究状况（包括各种不同观点）和相关的考古材料都作了详细的梳理和总结。这就为进一步的研究提供了可靠的资料来源。

关于亚历山大之后希腊人在中亚、印度建立的城市，塔恩、科恩、纳拉因（A. K. Narain）的著作都有涉及，但最主要的证据还是来自考古发掘。从20个世纪30年代开始，法国、苏联和英国的考古学家就在乌兹别克斯坦、土库曼斯坦、塔吉克斯坦、阿富汗、巴基斯坦等地对古代城市遗址进行了发掘，成绩斐然，震惊世界。主要发掘的城市遗址有塔克西拉（Taxila）、贝格拉姆（Begram）、坎大哈（Kandahar）、巴克特拉（Bactra）、铁尔梅兹（Termez）、撒马尔罕（Samarkand）、阿伊·哈努姆（Ai Khanoum）和木鹿（Merv）。这些城市遗址都和希腊化时期的希腊人有关。它们中的大部分都建于亚历山大帝国和塞琉古王国初期，只有塔克西拉有一处遗址属于印度—希腊人时期。这些发掘报告用不同的文字写成，是我们特别注意搜集、解读的第一手资料。

近年来出版的英国著名学者克里布（Joe Cribb）和赫尔曼（G. Herrmann）主编的《亚历山大之后到伊斯兰之前的中亚》对这些遗址及其内含的历史、文化信息作了全面深入的概括。[1]其中，法国考古学家勒里什（Pierre Leriche）教授在《巴克特里亚：千城之地》一文中，根据他自己的考察和考古实践，对以阿姆河为中心的巴克特里亚地区的希腊式城市作了系统的论述，对古典作家关于巴克特里亚王国是个“千城之国”的说法作了客观的分析，认为这个地区城市的大批出现和繁荣可能出现于希腊人之后。[2]这种现象表明，丝绸之路的出

1 Joe Cribb and G. Herrmann, eds., *After Alexander: Central Asia before Islam*, Oxford: Oxford University, 2007.

2 Pierre Leriche, “Bactria, Land of One Thousand Cities,” in Joe Cribb and G. Herrmann, eds., *After Alexander: Central Asia before Islam*, pp. 121-153.

现与这些商贸中心城市的兴起显然有关。他主编的《十字路口的巴克特里亚与中亚文明：铁尔梅兹和巴克特里亚—吐火罗斯坦的城市》收录了29篇论文，全面反映了以法国中亚考古队为首的国际考古学界对巴克特里亚地区希腊化时期和贵霜时期的城市遗址的发掘结果和研究结论，其中特别强调了二者的延续。[1]此外，如库特（A. Kuhrt）和舍文—怀特（S. Sherwin-White）主编的《希腊化在东方——亚历山大之后从叙利亚到中亚希腊人与非希腊人之间的互动》、[2]惠勒（Mortimer Wheeler）的《波斯波利斯上空的火焰：历史的转折点》、[3]舍文—怀特和库特合著的《从撒马尔罕到撒尔狄斯》，[4]也都对希腊化时期东方的城市有所涉及。但这些城市都被纳入不同历史时期来研究，如亚历山大时期、塞琉古时期、巴克特里亚时期、贵霜时期，很少将其作为丝路城镇或中心来研究。这些作者虽然注意到了城市的延续，但在一定程度上忽视了它们的性质和功能的演变。

关于希腊化钱币和丝路钱币的研究，资料相对丰富，这主要归因于200多年来希腊化钱币研究的发展。1738年，提奥菲罗斯·拜尔（Theophilus Bayer）出版了他的专著《巴克特里亚希腊人王国史》。[5]此书利用文献资料和两枚巴克特里亚希腊人国王的钱币，给出了6位希腊人国王的名字，可以说开巴克特里亚—印度—希腊人钱币研究之先河。此后，随着钱币资料的增多，钱币在希腊化远东的研究中越来越居于至关重要的位置，因为关于这一时期的希腊人，西方古

---

1 Pierre Leriche, ed., *La Bactriane au carrefour des routes et des civilisations de l'Asie centrale: Termez et les villes de Bactriane-Tokharestan*, Paris: Maisonneuve et Larose, 2001.

2 A. Kuhrt and S. Sherwin-White, eds., *Hellenism in the East: The Interaction of Greek and Non-Greek Civilizations from Syria to Central Asia after Alexander*, London: Duckworth, 1987.

3 Mortimer Wheeler, *Flames over Persepolis*, New York: Reynal and Co., 1968.

4 S. Sherwin-White and A. Kuhrt, *From Samarkand to Sardis*, Berkeley and Los Angeles: University of California Press, 1993.

5 Theophilus Bayer, *Historia Regni Graecorum Bactriani*, St. Petersburg, Academia Scientiarum, 1738.

典文献中仅仅提到了7位国王（也有说8位），其余的都要靠钱币来确认。到现在为止，已经有44位或45位巴克特里亚和印度—希腊人国王的钱币被发现。但是，如何利用这些钱币建立这些国王的世系、在位时间和统治区域，就成为一大难题。考古、历史、钱币、碑铭学领域的专家都有人介入，但难以取得共识。从目前的总体趋势看，法国钱币学家波比拉赫奇（Osmund Bopearachchi）的年代学体系获得了较大程度的认可。他在1991年出版的《巴克特里亚和印度—希腊人的钱币：法国国家图书馆馆藏分类目录》[1]是目前最权威的著作。这本书以巴黎国家图书馆钱币部收藏的丝路钱币为主，同时还利用了世界上其他各大博物馆的收藏，共收录了1127枚巴克特里亚和印度—希腊人的钱币，[2]并从历史学和钱币学的角度对这些钱币作了整体的分析，对这些钱币的类别、归属、图像特征和铭文、符号作了详细的说明。特别值得注意的是，他依据这些钱币对巴克特里亚和印度的44个希腊人国王的在位时间、统治区域作了新的界定。这对于我们研究后来丝路钱币的流通和演变是非常重要的。此外，西尼尔（R. C. Senior）的四卷本《印度—斯基泰人钱币与历史》，[3]米奇纳（M. Mitchiner）的九卷本《印度—希腊人和印度—斯基泰人钱币》，[4]也都是研究印度—希腊人、印度—斯基泰人和印度—帕提亚人钱币及其历史的最重要依据。

关于地处丝路要道的贵霜、帕提亚（安息）、萨珊波斯和粟特

1 Osmund Bopearachchi, *Monnaies gréco-bactriennes et indo-grecques, Catalogue raisonné*, Paris: Bibliothèque Nationale, 1991.

2 该书提供的收录钱币数目1227枚有误，应为1127枚。已经和作者核实（个人通讯，2015-10-18）。见Olivier Guillaume的书评：*Studies in History*, 9, 2 (*n. s.*), 1993, pp. 292-294.

3 R. C. Senior, *Indo-Scythian Coins and History*, 4 vols., London: Classical Numismatic Group, 2001-2004.

4 M. Mitchiner, *Indo-Greek and Indo-Scythian Coinage*, 9 vols., London: Hawkins Publications, 1975-1976.

的钱币，也有一些专门的图录和研究著作出版。其中最著名的是塞尔沃德（D. Sellwood）的《帕提亚钱币》和戈布尔（Robert Göbl）的《贵霜钱币体系与编年》。[1]前者是帕提亚钱币研究的基础。parthia网站（www.parthia.com）的钱币就是以此分类和定性为基础，同时补充了最新的钱币资料。这个网站是研究帕提亚钱币的权威数据库。后者收录全面丰富，其中涉及到贵霜沙和寄多罗王朝的钱币，对于研究丝路钱币的演变极富参考价值。此外，大英博物馆汪海岚（Helen Wang）的《丝路钱币》，[2]依据斯坦因在中国西北部发现的钱币资料，主要探讨了在中国古代西域（新疆为主）发现的各种钱币及其使用情况，也为本书丝路钱币的研究提供了新的思路。她认为丝绸（纺织品）不仅是商品，也可以作为货币使用。其他各种与丝路有关的网站以及各种钱币博物馆和拍卖行的网站，都有大量的图文并茂、信息详实的钱币介绍，是在国内获取钱币图样标本的主要资源之一。

由于丝路热的持续升温，国内也有一些钱币研究者投身于丝路钱币的收集、整理之中。李铁生先生积累的钱币资料最为丰富。20世纪90年代以来，他先后出版了丝路钱币系列专著7部。其中《古中亚币》（2008年）、《古波斯币》（2006年）、《古印度币》（2011年）与本研究直接相关。上海博物馆2006年组织召开了第一次丝绸之路古国钱币暨丝路文化国际学术研讨会，邀请国内外著名的钱币学家参加，会后出版的论文集（上海书画出版社，2011年）展示了国际丝路钱币研究的最新成果。此外，杜维善的《丝绸之路古国钱币》（上海博物馆《中国钱币馆》编，1992年）、张忠山的《中国丝绸之路货币》（兰州大学

1 D. Sellwood, *An Introduction to the Coinage of Parthia*, 2nd rev. edition, London: Spink & Son Ltd., 1980. Robert Göbl, *System und Chronologie der Münzprägung des Kušānreiches*, Wien: Verlag der Österreichischen Akademie der Wissenschaften, 1984.

2 Helen Wang, *Money on the Silk Road: The Evidence from Eastern Central Asia to c. AD 800*, London: British Museum Press, 2004.

出版社，1999年）、上海博物馆主编的《上海博物馆藏丝绸之路古代国家钱币》（上海书画出版社，2006年）的先后出版，反映了国内丝路钱币研究的不断发展。这些钱币学著作虽然以介绍为主，但开启了国内丝路钱币研究之先河。

关于希腊化艺术与丝路艺术的联系，最典型的例证就是著名的犍陀罗艺术。犍陀罗地区（Gandhara）位于古代印度的西北部，是亚历山大曾经占领和印度—希腊人主要活动的地区。孔雀王国时期，佛教传到此地。后来从巴克特里亚侵入的希腊人在此地与佛教相逢。他们逐渐接受了佛教，最有名的印度—希腊人国王米南德（Menander，约公元前165/155—前130年在位）就皈依了佛教。根据现在的一般研究结论，皈依了佛教的希腊人将希腊的神人同形同性观念和希腊的雕塑艺术带入了佛教，从而创立了以希腊艺术之形表现佛教精神的所谓的“犍陀罗艺术”（the Gandhara Art）或称“希腊—佛教艺术”（Greco-Buddhist Art）。随着丝路的开通，佛教与犍陀罗艺术也传向中亚、东亚。本书中的丝路艺术实际主要指以犍陀罗佛教艺术为代表的宗教艺术。围绕这一文化现象，诸多问题随之产生，且争论不休。

首先是关于犍陀罗艺术的起源。[1]它是受到外来影响才产生的，如希腊、罗马及其他外来因素，还是它本来就是印度本土的产物，是佛教自身发展的结果，如与大乘佛教的出现有关？印度佛教艺术有两个中心，一个是马图拉（Mathura，一译秣菟罗），一个是犍陀罗。两地的艺术风格有所不同。前者印度成分居多，本土特征明显；后者希腊艺术因素居多，希腊的神话人物如阿波罗（Apollo）、赫拉克勒斯

---

1 关于犍陀罗艺术的起源，除了希腊说之外，还有罗马说、印度本土说、其他因素说，详见宫治昭：《近年来关于佛像起源问题的研究状况》，李静杰译，《敦煌研究》2000年第2期，第74—82页；《犍陀罗美术研究的现状》，李茹译，《丝绸之路》2015年第8期，第65—72页。参见杨巨平：《犍陀罗艺术中的“希腊神”在中国——一项基于图像的初步考察》，《西域研究》2022年第1期，第120—124页。

(Heracles)、阿特拉斯（Atlas）、酒神狄奥尼苏斯（Dionysus）、胜利女神尼科（Nike）、命运女神提刻（Tyche）等形象，希腊的科林斯柱式、希腊式服饰、装饰图案等，虽然都经过改造，但清晰可辨。二者到底是并列关系还是先后关系？

其次，犍陀罗艺术何时产生也是争论的焦点。主张起源于希腊艺术影响的一派认为始于印度—希腊人时期，也即公元前2—前1世纪，主张源于罗马影响的一派则认为应在贵霜时期。两家主张各有根据，前者从印度—斯基泰人国王毛伊斯（Maues）的钱币上看到了疑似佛陀的形象（此说否定者居多），或者从比马兰（Bimaran）遗物盒上的成熟的佛陀形象推测他的首次出现至少应该在公元前1世纪，[1]后者则从迦腻色伽的钱币上找到了标有"Boddo"字样的佛陀立像。总之，关于这一问题的讨论方兴未艾，莫衷一是。

近年来，随着阿伊·哈努姆遗址的发现，有的学者根据这个希腊人城市遗址中出土的希腊雕像（石雕与泥塑）、希腊柱式和剧场、体育馆、希腊语铭文等，认为在希腊化的东方，应该存在着一个"巴克特里亚艺术流派"。此地的希腊人被迫撤退时，把这一艺术流派带到了印度西北部，从而孕育或催生了犍陀罗艺术。关于这一方面的研究，代表性的著作有福歇（A. Foucher）的《佛教艺术的起源》《犍陀罗希腊—佛教艺术》，[2]马歇尔（J. Marshall）的三卷本《塔克西拉》（1951年）、《犍陀罗佛教艺术》（1960年），[3]格鲁塞（Rene Grousset）的《从希腊到中国》（浙江人民美术出版社，1985年），穆罕默德·瓦利乌拉·汗（Muhammad Waliullah Khan）的《犍陀罗艺

---

1 参见https://en.wikipedia.org/wiki/Bimaran_casket.

2 A. Foucher, *Beginnings of the Buddhist Art,* Paris: Paul Geuthner, 1917; *L'art gréco-bouddhique du Gandhâra. Étude sur les origines de l'influence classique dans l'art bouddhique de l'Inde et de l'Extrême-Orient*, 2 t. [t. 1: 1905 ; t. 2 en trois fasc.: 1918, 1922, 1951], Paris: Imprimerie nationale.

3 J. Marshall, *Taxila*, Cambridge: Cambridge University Press, 1951. J. Marshall, *The Buddhist Art of Gandhara*, Cambridge: Cambridge University Press, 1960.

术》（商务印书馆，1997年），艾林顿（Elizabeth Errington）和克里布等主编的《亚洲的十字路口：古代阿富汗和巴基斯坦艺术中肖像和象征符号的转化》（1992年），[1]库勒米诺斯（Anna Kouremenos）等主编的《从培拉到犍陀罗：希腊化东方艺术与建筑风格的混合与认同》（2011年）。[2]近年特别值得注意的相关研究成果出自牛津大学古典艺术研究中心主任彼得·斯图尔特（Peter Stewart）教授主持的“犍陀罗联系项目”（the Gandhāra Connections Project）。该项目聚集了国际上几乎所有与犍陀罗艺术有关的专家学者，其中以巴基斯坦、印度本土考古学者的加入最引人注目。他们带来了最新的第一手资料，大大丰富了犍陀罗艺术的内涵，改变了以前由西方视角为主的研究倾向。项目以专题讨论为主，至今已经召开五次国际工作坊会议，最后一次在2022年举行。项目的研究成果即是每次会议的专题论文集，分别是《犍陀罗艺术的年代学问题》《犍陀罗艺术的地理学》《犍陀罗艺术的全球性联系》《犍陀罗艺术的再发现与接受》《佛教语境下的犍陀罗艺术》。[3]

这些贯穿一个世纪的研究成果体现了学界对以犍陀罗艺术为代表的希腊文化与东方文化相结合的认识过程，对于我们理解这种文化交融、文明互动现象在丝绸之路沿线国家和地区的延续很有启示意义。事实上，在阿姆河畔的铁尔梅兹和佛教在中亚传播的最西界木鹿发现

1 Elizabeth Errington and Joe Cribb with Maggie Claringbull, eds., *The Crossroads of Asia: Transformation of Image and Symbol in the Art of Ancient Afghanistan and Pakistan*, Cambridge: The Ancient India and Iran Trust, 1992.

2 Anna Kouremenos, Sujatha Chandrasekaran and Roberto Rossi, eds., *From Pella to Gandhara: Hybridization and Identity in the Art and Architecture of the Hellenistic East*, Oxford: Archaeopress, 2011.

3 Wannaporn Rienjang and Peter Stewart, ed., *Problems of Chronology in Gandharan Art*, Oxford: Archaeopress, 2018; *The Geography of Gandharan Art*, Oxford: Archaeopress, 2019; *The Global Connections of Gandharan*, Oxford: Archaeopress, 2020; *The Rediscovery and Reception of Gandharan Art*, Oxford: Archaeopress, 2022; *Gandhāran Art in Its Buddhist Context*, Oxford: Archaeopress, 2023.

的佛教雕塑已经证明，这种结合在丝路传播过程中还在延续。[1]

综上可知，学界尤其是考古学界已经注意到了希腊化文明的遗产，如城市、钱币、艺术等在丝绸之路沿线国家和地区的存在，而且在各个领域的独立研究都富有成果，但二者之间是否存在着一种既先后承继又相互影响的内在的互动联系，学界仍然缺乏深刻的认识。

三、对希腊化文明与丝绸之路关系的再认识

从历史发展的长河来看，丝绸之路的真正意义在于它传播的思想和文化，在于它是古代东西方诸文明相互交流、融合的大通道。文明互动交融、互鉴互惠是丝路永恒的主题。亚历山大帝国的建立和希腊化世界的形成，为丝绸之路的全线贯通奠定了地理空间的基础。如果不是这个希腊化世界的存在，不是这个从印度经中亚到地中海的水陆道路体系的存在，张骞的西域凿空也只能到阿姆河一线为止。但很快南到“身毒”（印度），西到“海西”的西域世界为中国方面所知。中国的使者甘英之所以能“抵条支而历安息，临西海以望大秦”，就是利用了原来希腊化世界的道路体系所提供的便利。

希腊人在中亚、西亚、印度西北部的统治和影响延续了三个世纪之久，他们到底留下了哪些遗产？除了帝国统治的机制框架之外，从文明遗产的角度看，至少有三个方面值得注意，即希腊人原来的城市、希腊式的钱币、希腊人的雕塑与建筑艺术。其中也包括这些文明遗产的语言载体——通用希腊语（Koine）。前人对这些遗产都有研究，且成果丰富，有的非常深入系统。但新的遗址、新的考古材料不断发现，预示了这些领域的研究需要不断的开拓和深化。对

1 P. Leriche and S. Pidaev, “Termez in Antiquity,” in J. Cribb and G. Herrmann, eds., *After Alexander: Central Asia before Islam*, Oxford: Oxford University Press, 2007, pp. 179-211.

于本书而言，主要关注的是希腊化文明遗产如何通过丝绸之路延续和传播。

其一，希腊人撤走或消失之后，他们城市的命运如何？前人确实不论从古典文献还是从考古发掘上，都证明了从亚历山大大帝以来希腊人的建城活动的存在，也对其中的一些给予了准确的定位。但它们在后来的历史进程中扮演了什么样的角色呢？它们中有多少成为了丝路重镇？它们的变迁、兴衰与丝路的走向和发展密切相关，它们后来的结局如何？汉文史籍中留下的诸多西域地名、城市名，大多可以和原来的希腊式城市勘同。这就说明，一些希腊式城市确实完成了向丝路重镇的转化，但也有一些已经湮没无闻。

其二，不论是亚历山大还是塞琉古王国的钱币，也不论巴克特里亚希腊人国王的纯希腊铭文的钱币还是印度—希腊人的双语币，它们都被后来的其他民族的统治者或使用、或仿造、或改造。钱币的“希腊性”虽然越来越少，但至少一直延续到了阿拉伯人到来之前。即使是后来的阿拉伯人，甚至蒙古人也都沿用了这种钱币的基本形制。这些国家和地区都位于丝路沿线，这些形形色色的钱币是如何通过异质文化的过滤而被制造出来的，发行者采用此类钱币的动机如何？作为丝路贸易的中介，货币是如何推动了丝路贸易的发展？这些钱币上的希腊化文化信息又是如何潜移默化地影响了这些钱币的使用者？作为一种文化的载体，它们对于丝路文化交流又起了什么样的作用？这些都是我们应该且试图回答的问题。

其三，希腊化艺术在中亚和印度西北部最大、影响最深远的遗产就是犍陀罗艺术。源自犍陀罗的具有希腊化艺术特征的佛教人物雕塑如何通过丝绸之路渐渐褪掉了他们的“胡人”外表，变成了汉人模样的佛、菩萨、天王、飞天、力士等，是一个涉及到历史、文化、艺术、宗教等领域的非常复杂的问题。但佛陀形象的存在，就意味着犍陀罗艺术影响的存在，希腊式样的棕榈枝、葡萄纹，甚至龟兹壁画中的裸体人物，敦煌石窟中的爱奥尼亚式和多利亚式柱头，佛教艺术中的忍冬纹、连珠纹、葡萄纹等装饰性艺术，都暗示着其他希腊化文化因素潜移默化的影响。此外，与贵霜钱币有明显渊源的和田马钱，尼雅木牍文书上的希腊神像印记，山普拉的希腊马人（Centaur）形象，巩乃斯河的马其顿式头盔，宁夏固原李贤墓鎏金银壶上的特洛伊神话故事，太原虞弘墓中石雕上的酿造葡萄酒的场面和来通（rhytons）形象，陕西、甘肃等地出土的具有疑似希腊字母铭文的铅饼等近年来发现的具有外来文化特征的遗物，无不蕴含着一定的希腊化文化因素。中国正史中关于西域的记载，其实早就包含了希腊化文明遗产的信息。[1]

总之，"互动交融"是希腊文明与东方文明、希腊化文明与丝路沿线文明关系的基本模式。历史上的文明，不论其存在时间长短，地理范围大小，性质如何，都不会孤寂存在。即使在上古时期，文明虽然集中于某些核心地区，如大河流域、沿海地带或草原深处，由于自然环境的阻隔，各自独立发展，自成一体，各有特色，但各个文明之间的直接或间接的接触、交往还是存在的。由分散到整体是古代世界历史发展的必然结果，这一过程就是由文明间的交流与互动来完成的。希腊化文明本身就是希腊古典文明与埃及、巴比伦和印度等东方古老文明互动交流的结果。它与丝绸之路的关系也可以用这一理论来说明。丝绸之路是一条商贸之路，更是一条文化交流、文明对话之路。希腊化世界与秦汉中国并不接壤，但以中国中原为代表的农业文明与以匈奴为代表的游牧文明的互动使得二者的接触成为可能。丝绸之路就是二者发生联系的结果，也是二者扩大交往的桥梁。希腊化文明的遗产之所以能在中亚和印度长期存在、影响深远，也与游牧文明

---

1 参见Yang Juping, "Some Clues of the Hellenistic World and the Roman East Hidden in China's Early Four Historical Books," *Talanta. Proceedings of the Dutch Archaeological and Historical Society*, 46/47 (2014/2015), pp. 121-143.

与定居文明的互动有关，与丝路沿线诸文明之间的交往有关。希腊化文明的信息和遗产能够传到中国的中原腹地，也是文明交流互动的结果，只不过是通过丝绸之路的中介来推进、完成的。但互动的前提是参与这一进程的文明都从中得到了自身发展的动力，获得了与其他文明成果相互借鉴的机会，从而推动了丝路文明“全球化”程度的加深与拓展。

鉴古知今，经世致用。对于古代丝路文明互动历史的了解无疑可以促进全社会对实施共建“一带一路”（“丝绸之路经济带”和“21世纪海上丝绸之路”）倡议的认同和支持，加深我国与沿线国家人民的友谊，拓展中国和这些国家在政治、经济、文化等领域的合作。希腊化世界和古代丝路沿线国家覆盖了现在中亚、南亚、西亚、北非的大部分国家和地区。在历史与现实之间架起一座桥梁，使古代中国与其他丝路沿线国家、民族和地区的文化交流、友好往来在千年后的今天延续、扩大、深入，正是本书的期望之所在。

四、各卷内容简介

本书共六卷，由通论五卷和专论一卷构成。

第一卷《从亚历山大到张骞——希腊化世界与丝绸之路开通》是背景研究，即希腊化文明与中国文明在中亚相逢的历史机遇是如何出现的。首先从亚历山大东征开始。东征不仅是一次军事征服，更是一次文化探险。亚历山大的远征军中，有堪称地理学家、历史学家、哲学家、自然科学家的一批知识精英。亚历山大一路上建立希腊式的城市，举办希腊式的运动会，甚至教波斯青年学习希腊语，让他们接受希腊式的军事训练，其意显然是在宣扬希腊文化的优越，但他同时对东方的宗教、神祇、宫廷礼仪、哲学理念也充满了兴趣。亚历山大的东方化政策甚至一度引起了部下的不满，但他坚持不懈。因为他要统治一个庞大的帝国，他不仅仅是马其顿国王，更是波斯帝国的当然继承人。因此，希腊文化与东方文化的结合早在亚历山大时代（甚至在他之前）就已经开始。其次关注的是亚历山大之后各希腊化王国的兴衰。它们虽然存在的时间长短不一，但都是希腊化世界的组成部分。尤其是几乎继承了亚历山大整个亚洲遗产的塞琉古王国，更是本卷关注的焦点。它放弃了对印度西北部的统辖权，但希腊人并没有完全撤出，阿育王时期在坎大哈地区发布的希腊语诏令说明此地希腊人社团的存在。后来巴克特里亚、帕提亚先后脱离塞琉古王国独立，但前者仍然是希腊人的王国，后者则以“爱希腊者”自居。因此，在希腊化世界的社会上层，统一且多元的希腊化文化是存在的，在这个世界及其周边地区，希腊语和希腊钱币是通用的，一个希腊人可以从希腊的德尔斐神庙来到兴都库什山下，印度出产的香料可以通过水陆两路抵达埃及的亚历山大里亚。正是这样的一个世界孕育了一个世界性的文明——希腊化文明。中国汉武帝的经略西北，张骞的西域凿空，使得中国通往西域的道路大开，并进而通过希腊化世界与地中海连通，丝绸之路由此出现，中国文明与希腊化文明接触交流的序幕也由此拉开。

第二、三、四卷具体论述丝绸之路与希腊化文明遗产的关系。从现在的研究结果看，希腊人留下的文明遗产主要体现在城市、钱币和艺术三个方面。它们基本上被丝路沿线的国家、地区和民族所接受、利用和改造，但程度和范围因时因地而异。总的看来，随着时间的推移，希腊化遗产的影响呈逐渐衰微之势，并最终融入了当地的文化传统之中。这是希腊化世界不复存在的必然结果。对于这三类文化遗产，根据它们各自与丝路的关系，研究的侧重点也有所不同。

第二卷《从亚历山大里亚到撒马尔罕——希腊化城市与丝路重镇》主要关注二者的前后延续。希腊化时期的城市有的也可能早在丝路开通之前就已经废弃，丝路的走向也不总是沿着原来的路线固定不变。因此，新的城市也会出现。本卷主要关注的是两个时期都存在且连续利用的那些城市。从目前初步的资料看，至少有13座城市有可能是希腊人新建或重建，后来还在丝路上发挥着中心城市的作用。这些城市中，一类是中国史书有记载、且被考古发掘所证明的。如位于今乌兹别克斯坦泽拉夫善河下游的撒马尔罕，在亚历山大时期被称为马拉坎达（Marakanda），希腊人曾在此建立城堡，是中国史书中的康居都城所在地；位于阿姆河北岸的铁尔梅兹，有希腊人驻防军哨所（包括附近的坎培尔·特佩遗址，Kampyr Tepe），中国史书称其为“都密”（怛蜜）。类似的还有被中国史书称为“蓝市”的巴克特里亚希腊人王国的首府巴克特拉，称为“贵山城”的最远的亚历山大里亚城（Alexandria Eschate），称为“木鹿”的希腊式城市“Alexandria/Antiocheia in Margiana”，称为“和椟”的百门城（Hekatompylos），称为“迦毕试”的高加索的亚历山大里亚（Alexandria in Caucasus），称为“乌弋山离”的坎大哈（Alexandria in Arachosia），称为“竺刹尸罗”“呾叉始罗”的塔克西拉（Taxila，Sirkap），称为“条支”的安条克（Antioch on the Orontes，或 Charax on the Persian Gulf ?），称为“犂鞬”的亚历山大里亚（Alexandria in Egypt）。还有一类既是希腊化城市也是丝路重镇，但与当时的中国史书留下的地名的认同还有待进一步考证，如“底格里斯河畔的塞琉西亚”（Seleucia on the Tigris，有“斯宾”说，可能来自该河对面的泰西封，Ctesiphon）。还有的希腊式城市遗址已经发现，但在中外史籍中都没有留下明确的名称，如阿伊·哈努姆遗址。还有一些城市虽然是在希腊化时期之后由当地的统治者建立，但由于历史的原因和传统的影响，它们依然保留了一些希腊化城市的特征或希腊化文化的遗存，而且它们还在丝绸之路上发挥着商业中心和政治、文化中心的作用。对于这一类城市，我们也予以一定的关注。

第三卷《从马其顿到粟特——希腊化钱币与丝路钱币》主要侧

重希腊化钱币的演变和丝路沿线各国的模仿、改造。希腊化钱币的研究始于马其顿阿基德（Argead）王朝钱币和希腊城邦钱币，但重点是亚历山大钱币，因为正是他和他的后继者确立了希腊化钱币的基本模式。其次对从塞琉古王国到巴克特里亚希腊人钱币、印度—希腊人钱币的演化过程进行了梳理。巴克特里亚的钱币被誉为希腊化世界造型最精美的钱币，印度—希腊人的钱币则是希腊化钱币中唯一的双语币。最后是对丝路沿线各国钱币的个案研究，主要包括印度—斯基泰人、印度—帕提亚人、贵霜、帕提亚、萨珊波斯、嚈哒、粟特和罗马钱币。研究重点是类型、图像、铭文的变化。

第四卷《从阿波罗到佛陀——希腊化艺术与丝路艺术》的重点是犍陀罗艺术诞生的背景、基本特征和传播路线，同时兼顾其他艺术形式。首先从希腊化艺术的起源及其特点、希腊化钱币人物造型、希腊宗教观念、希腊神话传说、所谓的“巴克特里亚艺术流派”和帕提亚艺术等方面追溯犍陀罗艺术的源头。其次是对其诞生的历史和文化背景进行分析。印度—希腊人、印度—斯基泰人时期犍陀罗艺术可能开始萌芽，但真正的形成大概要在大乘佛教出现之时。公元之后，贵霜王迦腻色伽大力弘扬佛教，应是其成熟时期。再次是对犍陀罗艺术特征的论证，希腊艺术之形与印度佛教精神的结合是其基本特征。但公元之后海上丝路开通，希腊化的罗马艺术的传入也是一个不可忽视的因素。最后是对犍陀罗艺术的传播路线的考察，大致走向是从犍陀罗地区出发，经阿富汗哈达、中亚阿姆河流域进入中国的塔里木盆地。与此同时，希腊化艺术对草原、贵霜和丝路沿线的影响也在逐渐加深，希腊神在远东地区的传播演变也有助于犍陀罗艺术的起源与发展和其他文明的接受。

第五卷《从希腊到中国——希腊化文明遗产的东传》梳理与分析了中国古代文献中的希腊化文明信息与中国境内的希腊化文明遗产遗迹。文献重点是《史记》《汉书》《后汉书》《大唐西域记》和《那先比丘经》等，文物重点是中国佛教艺术中的犍陀罗因素，研究的对象主要包括图木舒克雕塑、克孜尔千佛洞、敦煌石窟、麦积山石窟、云冈石窟、天龙山石窟、龙门石窟等。其中对龟兹、敦煌和云冈三个具有代表性的中国石窟艺术中的希腊化因素作了专题分析。另外对新疆地区的其他考古发现，如尼雅遗址、楼兰遗址、米兰遗址、山普拉古墓群、和田马钱等，以及国内其他省区的相关考古发现，也都尽可能有所涉及。

第六卷《丝绸之路上的希腊化文明遗产》以本课题的两次国际会议参加者提交的论文为基础，同时也收入了本课题成员在研期间发表的有代表性的论文，对于个别专题，还邀请了国内外专家学者撰文。这些论文共分为六大部分，分别是“丝路综论”“城市变迁”“钱币演变”“艺术融合”“余波东渐”“丝路扩展”，基本对应于本课题的前五卷。这些由不同学科的专家从不同的角度、视野撰写的论文，既是对本课题研究的深化，也是对相关领域的扩展和延伸。我们保留了国外学者的外文原稿，就是为了让国内的专业读者能够分享到原汁原味的国外研究成果。

本书的最终结论是：希腊化文明的遗产确实在从地中海到中亚、印度的广袤区域内产生了深远和深刻的影响，也最终通过丝绸之路以间接的方式传入了中国，但它如同其他外来文化一样，也被中国文化所吸收、改造、利用，最后融入了中华文明。有容乃大，正是中华文明能够延续数千年，常在常新，自立于世界文明之林的根本原因。

最后，就本书的撰写体例作三点说明。

本书是多学科国际合作的结果，近三分之一的撰写者来自法、英、美、德、意、捷克、伊朗等多个国家的著名研究机构和高校。就是国内学者，也有来自历史学（中国史、世界史）、考古学、艺术史领域之别，因此，在认同基本的研究思路和学术观点的同时，在某些具体的问题上（如年代、地名、史实）可能会有不同的看法。本着兼收并蓄、文责自负的原则，本书并未在统稿时强求统一，而是尊重作者的原创意见，作了有限的保留。事实上，有些表面上的分歧只不过是侧重点的不同所导致，总的观点全书是一以贯之的。

本书参照《剑桥古代史》的编纂体例，各章独立成篇。但与其以“史”为序不同，本书以问题为导向，注重横向联系，在此基础上，再以时间、空间或主题需要将各章分别纳入不同的“编”，以示历史的演进和主题的深化。除了第六卷之外，其他卷基本以章为专题研究的单位。因此，各卷或各章之间出于论述完整的必要，可能会出现个别内容的先后重复。这是需要特别说明并请谅解的。

译名的统一是我们撰写时面临的一个难题。由于国内目前还没有统一的可供使用的世界古代史译名表，我们基本上采取了约定俗成、名从主人、参考各类译名词典（包括中国社会科学出版社组织编定的《剑桥古代史》译名表）等方法，但即使如此，也难以做到编撰者和读者都接受的“统一”。本书中的译名在各章首次出现时都根据需要附以外文原名，除第六卷外，各卷附有译名表，以供读者参照识别。

本书是国家社科基金重大项目“希腊化文明与丝绸之路”(15ZDB059）的结项成果。从立项到结项、出版，前后历时十年，其中既包含着四十多位中外研究团队成员付出的艰辛努力，也包括立项、开题、结项环节的各位专家和其他诸多中外学者的指导和帮助。我们虽然不可能一一列出，但对大家的感激之情还是难以自抑。在付梓之际，谨向所有支持本项目完成和本书出版的国内外各位前辈、同仁、同学致以深深的谢意。

本书是我与中华书局的第二次合作。中华书局为本书成功申请到国家出版基金资助，在此谨致以由衷的感谢。责编杜艳茹女士一如既往，以饱满的热情和严谨负责的态度投入到如此大部头多卷本的编辑工作，其敬业、勤勉精神令人感动。

是为序。

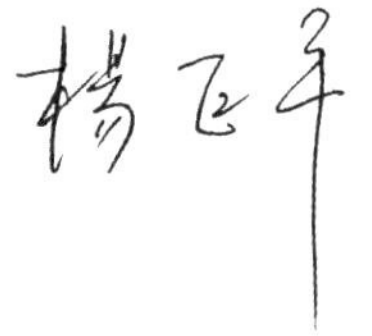

2024年6月于南开

序

第一卷的主题是希腊化世界与丝绸之路开通，是对亚历山大东征与张骞通西域二者之间关系的研究。从六卷本的整体结构来看，本卷属于背景研究，也就是说，希腊化城市之所以能够转变为丝路重镇，希腊化钱币演化为丝路钱币，希腊化艺术转化为以犍陀罗艺术为代表的丝路艺术，希腊化遗产能够最终传入中国，皆缘于亚历山大开创了一个以希腊—马其顿人为统治民族、以希腊文化与东方文化相结合为主导的所谓“希腊化世界”。这个世界不仅包括希腊—马其顿人的政治控制之地，还包括希腊化文化对周边的影响之地。张骞由于偶然的历史机缘，不仅进入了这个世界的“远东”核心地区，而且带回了关于当地国家、人种、城市、人口、物产、民俗、文字、钱币等方面的信息，其中就包含了希腊化世界的政治和文化遗产。自此后，从中国通向地中海的丝路开通，原来的希腊化世界的城市、钱币和艺术等都纳入了丝路文明互动的体系之中，它们的延续、演变、传播之命运就和丝路的兴衰通绝紧紧联系到了一起。

关于希腊化世界与丝绸之路的关系，我的关注始于1988年完成的硕士学位论文，其中注意到了当时学者们谈到的犍陀罗艺术的东传。我接触到的第一本相关著作是法国汉学家格鲁塞的《从希腊到中国》(常书鸿译，浙江人民美术出版社，1985年)，其中收录了数十幅出自犍陀罗地区和中国佛教寺院的与犍陀罗艺术有关的图片，展示了从亚历山大到犍陀罗艺术的形成、东传及其在中国一步步汉化的过程。该书提到的犍陀罗艺术中的希腊、罗马因素首次引起了我的兴趣。此后，我撰写了一篇长文，题目是“古代的希腊与中国：关于希中两大文化关系的探讨”。此文在1995年中国社科院世界史所举办的青年世界史学者年会上宣读，后来分两篇在《世界古典文明》(1998年增刊)和《世界史年刊》(1996年)上发表，题目分别为《公元前四世纪以前希中文明有联系吗?》《古代希中文明的接触与交汇》。但是由于当时还没有进入互联网时代，搜集的外文资料有限，这充其量也就是古代希中关系研究的一次尝试而已。

2006年，在南开的一次中外关系史学术会议上，我提到了该文，得到时任中外关系史研究会会长耿昇先生的重视，他邀请我参加当年在喀什召开的中外关系史年会。我提交的论文就是次年发表在《历史研究》上的《亚历山大东征与丝绸之路》。可以说，此文是我再次或正式进入希腊化世界与丝绸之路关系领域研究的起点。这一卷事实上也是这一研究方向的深化和延伸，但这全赖诸位中外学者的通力合作，在此谨向各位作者、译者表示深深的敬意。

作为本卷唯一的外国学者，美国休斯顿大学的弗兰克·霍尔特（Frank Holt）是国际著名的亚历山大帝国和巴克特里亚希腊化王国研究专家，在美国加利福尼亚大学出版社的“希腊化文化与社会”系列丛书中出版多部专著。他的研究尤其得到美国军界的关注。他敏锐地警告美国政府，不要介入阿富汗事务，因为古代的亚历山大、近代的英属印度和近期的苏联入侵阿富汗，都面临重重困难，以失败告终。多年来，我与霍尔特教授以文会友，虽从未谋面，但书信不断，他每出新书都相赠于我，我的一些研究心得他也在书中引用。遗憾的是，2018年课题组在南开举办国际学术会议，霍尔特教授因故未能成行。但他对项目的支持始终如一。他为本卷撰写的第二章《亚历山大帝国的创建》，以其深厚的学术功底和活泼的笔调论述了亚历山大帝国的创建过程及其历史意义。张录翻译、孙艳萍校对的译文忠实地保持了作者的行文风格，可以说信达雅兼备，十分难能可贵。

首都师范大学的崔丽娜教授是本卷作者中的重要一员，这些年致力于塞琉古王国的研究，成绩斐然。她在第四章撰写的《趋于一体化的希腊化世界经济》一节，虽然由于体例的原因，与我的前两节合为一章，但篇幅之大（约2万字），研究之广之深，令人称叹。后来此文在《全球史评论》发表，也可证明学术价值得到学界认可。崔老师后来还帮我通读过本卷的初稿，在此一并表示感谢！

本卷的一个重点是对汉武帝经略西域、张骞“凿空”之行的研究。南开大学的秦汉史学者党超副教授临时受命，主动承担了第十章《秦汉帝国的建立、西扩与张骞“凿空”》、第十一章《西域都护府的设立与甘英出使大秦》的撰写。党老师认真负责，数易其稿，其治学之严谨令人钦佩。

本卷其余的三位作者高克冰、庞霄骁、李毅铭都是我的学生。他们早已毕业，现在都成了希腊化世界与丝绸之路关系研究领域的学术新锐。高克冰撰写的第七章《希腊化世界西部的政治格局》、第十二章《丝绸之路全线贯通》两章，庞霄骁撰写的第八章《希腊化世界东部的政治格局》、李毅铭撰写的第九章《希腊化世界的交通体系》都与他们的博士学位论文和近年的研究重点有关，可谓厚积薄发。庞霄骁、李毅铭和邵大路还参与了本卷和第二卷两幅彩色地图的修订，虽几经反复，但耐心核对，严谨考证，终成其事。亚历山大东征、张骞通西域，丝路开通拓展、希腊化城市与丝路城市变迁，脉络清晰，一目了然，堪称各卷的地理指南。

本卷的其余章节由我执笔，其中有的是陈年旧作，稍作修改后收入本卷，因为在这些专题方面确实没有新见，但体例又需要，就只好请读者见谅了。

总之，本卷是集体合作的结晶。但其中出现的任何错误，都和我这位主编学力不逮有关，诚望海内外方家指正。

杨巨平

2024年7月5日

导言

一、本卷缘起

希腊化文明是亚历山大东征的结果。十年远征不仅导致了波斯帝国的灭亡，亚历山大帝国的建立，希腊人统治之世界的形成，而且开启了东西方文明大碰撞、大交流、大汇合的新时代。随着希腊人东进，他们把自身的民族文化从东地中海带到了兴都库什山下和印度河畔，希腊文化与当地文化的混合难以避免，希腊化文明的诞生也水到渠成。两个世纪之后，中亚的希腊化地区被北方游牧民族占领，此地的希腊人或者退回到伊朗高原以西，或者撤退到兴都库什山以南。他们刚刚从中亚的历史舞台退出，以张骞为首的中国使者就风尘仆仆地远道而来。汉朝使团虽然没有背负“文明对话”的重任，但事实上，他们的所见所闻恰恰是希腊人留下的文明遗产。公元前后，“远东”的希腊人小王国与地中海地区的最后一个希腊化王国几乎同时消失，但希腊化文明的遗产仍然在此地存在，并发挥着作用。继希腊人之后进入中亚、印度的斯基泰人（塞人）、帕提亚人、大月氏—贵霜人都是刚刚从游牧转为定居，他们只能依赖原来希腊人留下的政治机制维持他们的统治，只能接受原来的希腊化文化遗产并为己所用。这就是希腊化文明遗产在希腊人之后继续长期保留的根本原因。丝绸之路从这些地区穿行而过，自然就成了这些文化遗产传输的通道。因此，希腊化文明与丝绸之路之间存在着一种历史的逻辑关系。本卷要揭示这种关系，自然只能先从源头做起。这就是我们的研究从地中海出发，与亚历山大同行的原因。

亚历山大东征始于公元前334年，丝绸之路的正式开通应该在张骞通西域之后，也即公元前128年张骞首次进入中亚之时。这两个历史事件相隔两个世纪之久，它们之间怎么会有联系呢？我在《历史研究》2007年第4期上发表的《亚历山大东征与丝绸之路开通》一文，首次对此作了全面论述。此文发表后，引起国内外学界高度关注，先后被国内外中英文杂志、报纸和网站转载或摘登。有的外国学者已经在他们的著作和文章中引用或介绍这些观点。[1]学界的热烈反响说明对此文观点的认同，但也有学者曲解此文的原意，认为作者把亚历山大东征作为丝绸之路开通的开始。[2]其实，此文的核心观点是亚历山大的东征开创了一个希腊人为统治民族、希腊化文化为主导文化的希腊化世界，这个世界使得从地中海到印度、中亚的道路延续、连接，这就为未来的丝绸之路的全线贯通奠定了基础。张骞通西域抵达中亚河中地区，实际上也就踏上了通向地中海之路。正是在这个意义上，我们认为，就丝路开通而言，亚历山大东征与张骞通西域发挥了同样的开拓作用，具有同样的历史地位。为了揭示这种交集的产生，则要回到各自的出发点，回到促使二者发生关系的大历史背景之中。因此，本卷以此为主题，以期为其后的具体研究做好理论上的铺垫。其中，二者何时开始发生关系，为什么会发生关系，这种关系的结果如何、历史意义何在，是本卷试图回答的三个问题。

---

1 光明日报社主办的《文摘报》2007年8月26日《论点短辑》摘登要点。《中国社会科学报》2008年10月23日第8版摘要转载。中国台湾《历史月刊》2008年3月号转载正文。日本世界古代史研究会主编《日韩中三国学术研讨会论文集》收入英文版。（“The Conquest of Alexander the Great and the Opening of the Silk Road,” *The Proceedings of Japan-Korea-China the Symposium 2007*, at Meiji University in Japan, pp. 97-112.）美国华盛顿大学《丝绸之路》杂志刊登英文缩略版。（“Alexander and the Emergence of the Silk Road,” *The Silk Road*, Vol. 6, No. 2, Winter/Spring 2009, pp. 15-22.）加拿大西蒙弗雷泽大学（SFU）希腊研究中心（the Stavros Niarchos Foundation Center for Hellenic Studies）*αγορα*杂志刊登英文版。（“The Hellenistic World and the Emergence of the Silk Road,” *αγορα*, Vol. 1, Issue 3, Jan. 2012-Jan. 2013, p. 6ff.）2013年，波兰古代史杂志《阿纳拜西斯：古典与东方研究》编委J. Lerner教授与笔者联系，希望能够提供一个最新的英文修订版供他们采用。修订后的题目是“Hellenistic World and the Silk Road”，2014年正式发表。（*Anabasis-Studia Classica et Orientalia*, 4/2013, pp. 73-91.）此文推送到国外学术网站Academia后，已有483位学者阅读。国外学者引用可查证的有：（1）Christoph Baumer, *The History of Central Asia. Vol. 1: The Age of the Steppe Warriors*, London: I. B. Tauris, 2012, p. 354;（2）Khodadad Rezakhani, “The Road That Never Was: The Silk Road and Trans-Eurasian Exchange,” *Comparative Studies of South Asia, Africa, and Middle East*, Vol. 30, No. 2 (2011), p. 423 n. 16;（3）Frank Holt, *Lost World of the Golden King*, Berkeley: University of California Press, 2012, p. 328. 美国华盛顿Saylor研究院的公开课程网站（Saylor Academy. Org）在“HIST341: The Silk Road and Central Eurasia”专题中详细介绍了笔者关于亚历山大东征与丝路开通关系的观点。（https://legacy.saylor.org/hist341/Unit04/.）

2 Khodadad Rezakhani, “The Road That Never Was: The Silk Road and Trans-Eurasian Exchange,” *Comparative Studies of South Asia, Africa, and Middle East*, Vol. 30, No. 2 (2011), p. 423.

二、研究思路和主要内容

根据主题需要，本卷采用了平行性、历时性、相向而行的研究模式，并在此基础上确定了主要研究的内容和希望有所突破的重点。研究路径可以归纳为“两线一点”。两线，即希腊方面的东进，中国方面的西扩；一点，即丝绸之路与希腊化世界在中亚的相会。简言之，正是亚历山大的东征和汉武帝的经略西域才使二者有了接触的可能。

本卷内容分为四编。

第一编：亚历山大帝国与东西方文明大碰撞、大交流时代的开始

亚历山大东征之前，欧亚大陆诸文明已经有了不同程度的接触。古老的埃及、巴比伦（两河）和印度文明经过了各自的奠基、发展和辉煌，也无一例外受到了外来文明的侵入与影响。唯有东亚的中华文明保持了自己的原生、独立，正在由战国走向统一。希腊人对于埃及、巴比伦和印度文明早已知晓，甚至有过直接的交往，最早可以追溯到克里特、迈锡尼为代表的爱琴文明时期。但他们对外部世界的真正了解则始于古风时期的海外殖民和波斯帝国的崛起。

波斯帝国是世界上第一个横跨欧亚非三大洲的大帝国，它的直接辖地西到埃及、小亚、多瑙河一线，东到中亚、印度河。小亚的希腊人殖民城邦因此被迫臣属于波斯，波斯这个发祥于伊朗高原的帝国与巴尔干半岛的希腊人城邦隔海相望。希腊人可以到波斯帝国各地游历（如历史学家希罗多德，Herodotus），也可以供职于帝国的宫廷（如御医克泰西亚斯，Ctesias），印度对于他们也不再是传说，而是可以前往探秘的地方（如受波斯国王之命考察印度河河口的斯库拉克斯，Scylax）。希波战争的爆发，在某种意义上加快了希腊与波斯或东方文明之间的接触。此后的一个多世纪中，波斯虽然退出了爱琴海，但凭借自己的财力介入希腊城邦之间的争斗，而希腊人也不甘寂寞，甘愿充当雇佣兵，参与波斯帝国内部的王位之争。

然而，波斯帝国的老大腐朽和希腊—马其顿王国的崛起，打破了希腊、波斯间的平衡。百年前波斯入侵、焚烧雅典神庙的痛苦记忆，再次被觊觎波斯财富的马其顿国王腓力二世、其子亚历山大和希腊城邦的亲马其顿派勾起，于是一场到东方复仇、发财致富的战争就此发轫。十年之后，波斯帝国的领土全部被亚历山大收为己有，第二个地跨欧亚非的大帝国横空出世。然而，它的建立者亚历山大却英年早逝。帝国随后瓦解，最后被他的部将瓜分，各自称王，终成三足鼎立之势，它们是统治埃及的托勒密王国、独占亚洲的塞琉古王国和控制本土的马其顿安提柯王国。由于它们都是依靠希腊人进行统治，都坚持希腊的文化传统，同时也不可避免地接受东方文化的影响，因此，这些王国被统称为“希腊化王国”。他们的统治和影响之区域被视为“希腊化世界”。总之，亚历山大的遽然逝去和帝国的分裂并没有改变希腊—马其顿人统治东方之地的基本格局，这就奠定了希腊化文明与中国文明接触的地缘基础。

本编第一章回顾亚历山大东征前的欧亚大陆文明格局以及各自的特点，特别追溯了希腊与波斯错综复杂的互动关系。夺取东方的土地和财富是实，所谓的腓力二世遇刺只不过是一个借口。

第二章由著名的亚历山大史研究者、美国休斯顿大学弗兰克·霍尔特（Frank Holt）教授撰写，重点是亚历山大的征服过程。他同样表示了对亚历山大东征与丝路关系的关注。他认为，尽管亚历山大并没有凭借一己之力创造出“丝绸之路”，但是他的征服和殖民活动确实使东西方通过陆地和海洋更加紧密地联系在一起。重要的是，希腊人的东扩仅仅表现了这个故事的一半而已，故事的另一半则源自于汉王朝的推动。这事实上呼应了笔者的观点：亚历山大与张骞在丝绸之路的开通上发挥了同样的历史作用，尽管二人相差两个世纪。

第三章是帝国的分裂与希腊化世界的形成。亚历山大死后，帝国最终分裂为三个王国。但塞琉古王国由于地盘太大，难以进行有效的统治，称王之初即放弃了印度西北部，接着又失去了对小亚的帕加马、“远东”

的帕提亚和巴克特里亚的控制。这三地的独立使塞琉古王国的辖地大为缩水。随着公元前2世纪中期帕提亚的西扩，塞琉古王国实际上沦为以叙利亚地区为中心的区域性王国，所以史家也称其为“叙利亚王国”。在塞琉古王国失去东方领地的同时，西面的马其顿王国也面临着罗马的威胁，并于公元前168年亡于罗马。公元前146年科林斯的陷落，标志着希腊本土全部沦为罗马的行省。紧接着，帕加马、塞琉古、托勒密三个王国都在大约百年之间先后归于罗马之手。与此同时，巴克特里亚的希腊人王国也在北方游牧民族的冲击下衰亡，残余势力退到兴都库什山以南的印度西北部。他们在此地坚持了一个多世纪，公元前后也从南亚次大陆的历史上消失了。“希腊人来了，希腊人看到了，但印度人胜利了”，[1]这就是远东希腊人的最后结局。

如果说第三章是各希腊化王国的兴衰史，第四章则是对希腊化世界政治、文化和经济大势的分析。这个世界有着统一的政治结构，即马其顿式的王权、东方的君主制和希腊城市自治制度三者的结合。希腊化时期的文化中心大多在东方的土地上，主要集中于包括埃及、两河、小亚在内的东地中海地区。其中最为著名的是埃及的亚历山大里亚、塞琉古王国的塞琉西亚和安条克、小亚的帕加马。远东地区的阿伊·哈努姆遗址也是典型的希腊化文化中心。这一时期的文化成就主要体现在自然科学、哲学、艺术和古籍整理上。希腊语是文化的载体，古典时期的希腊文化形式被赋予了新的内容、主题和视野。希腊人是文化创造的主体，但也不乏“希腊化”的当地人的参与。希腊主义、爱国主义、集体主义让位于混合主义、世界主义、个人主义。外在的多元与内在的统一构成了该文化的基本特点。统一的语言（Koine，通用希腊语）、统一的货币体系、畅通的水陆交通，使分布各地的新建城市加强了经济联系和物产流通，为丝绸之路的开通做好了准备。

---

1 A. K. Narain, *The Indo-Greeks*, Oxford: Clarendon Press, 1957, p. 11.

第二编：“远东希腊化文明圈”的形成及其影响

由于希腊化世界的东部是丝绸之路西线主干道的必经之地，也是希腊化文明遗产进入中国的前沿地区，所以此地的希腊化程度尤其值得关注。此地虽然很早就脱离了塞琉古王国，但由于巴克特里亚王国是希腊人总督建立的，亚历山大当时在此地留驻了一批希腊人，所以此地成了希腊化世界的一块飞地，也是“远东希腊化文明圈”的核心地区。当地的希腊人后来进入印度，长期努力坚持他们的希腊性（Greekness），先后有44或45位希腊人国王发行了清一色的希腊化王像钱币。帕提亚虽然是斯基泰人一支所建，但由于自身是游牧民族，没有自己的文字，只好接受原来的希腊文化，根据需要加以改造利用。加之原来的希腊人城市的存在，帝国东西两面与两个希腊化王国相邻，使它不得不接受希腊化文化的影响。他们的国王从米特里达特一世起以“希腊人之友”（Philhellene）自居。虽然帕提亚后来开始向伊朗化转化，但这样的称号和希腊语的使用一直延续到王朝之末。

本编的重点是“远东希腊化文明圈”的形成及其影响。第五章重点论述了“远东希腊化文明圈”形成的特殊历史背景，特别是巴克特里亚希腊人王国在这一进程中的主导作用和核心地位，并从城市、钱币、艺术三个方面归纳了此地的希腊化文明遗产，尤其是论证了此地与丝绸之路的特殊地缘关系。第六章则转换视线，论述了印度—希腊人对希腊性的坚守以及与当地民族和文化融合程度的加深。虽然帕提亚帝国东部也属于“远东希腊化文明圈”，帕提亚的“希腊化”艺术或与阿伊·哈努姆的艺术属于同一流派，帕提亚的钱币及其铭文“王中王”称号直接影响了印度—斯基泰人和印度—帕提亚人乃至贵霜的钱币，但关于帕提亚王国东部及其本土伊朗与这一文化圈的地缘政治与文化关系，我们在第八章中再予以详细探讨。

第三编：张骞通西域前后的希腊化世界

公元前128年，张骞历尽艰辛，风尘仆仆地来到了他苦苦寻找的大月氏之地——阿姆河北岸。展现在他眼前的是一个什么样的世界呢？从他回来后给汉武帝的报告可知，他亲历四国（大宛、康居、大月氏、大夏），“传闻其旁大国五六”。他所立足的这块地方正是当年亚历山大帝国、塞琉古王国、巴克特里亚希腊人王国的故地，他所听到的安息（帕提亚）、条支（?）、身毒（印度）、犁靬（?）也都一度在原来希腊化世界的范围之内。本编的三章详细地论述了亚历山大之后到张骞到来之前希腊化世界的历史变迁、政治格局及其内部的联系。

第七章的重点是西部希腊化世界，以托勒密埃及和塞琉古王国为主要研究对象。二者虽然一直相争于科伊勒—叙利亚地区、爱琴海地区，但仍致力于城市的建设、商路的拓通。托勒密王朝在红海一线扩张，修建海港，疏通尼罗河与红海的运河，加强与阿拉伯半岛和东非一线的商贸往来，特别是季风的发现、派人直航印度的尝试，都为未来海上丝绸之路的开通奠定了基础。亚历山大里亚、安条克、塞琉西亚等大都市以及内陆新建的中小城市，包括连接它们之间的道路，事实上也为未来丝路西线的发展做了蓄势待发的准备。中国史书中提到的斯宾、于罗、条支、犁鞬等城市都曾在这两个王国的范围之内，只是它们和已知希腊化城市的勘同还是难解之谜。

第八章的重点是东部希腊化世界。这是张骞的亲历之地。但在他到来之前，大夏，即巴克特里亚王国刚刚被大月氏臣服，此前它或许受到南下的塞人的冲击。安息已经独立一百多年。但印度西北部仍然在印度—希腊人统治之下。遗憾的是，张骞对此几乎一无所知。对于希腊人在此地长达近两个世纪的存在，张骞似乎也没有注意。第八章聚焦希腊化东部世界的政治格局，主要回顾了巴克特里亚王国的兴衰变迁、帕提亚王国的西扩以及印度—希腊人王国的纷争与割据，从而补充了张骞所知的不足。近代考古已经证明，阿姆河与印度河之间是远东希腊化文明的核心区域。正是在这里，巴克特里亚希腊人建立了“千城之国”，阿伊·哈努姆遗址就是希腊式城市最典型的代表。也正是在这里，希腊人制作了希腊化世界最为精美、最具写实主义的王像钱币，希腊语、希腊的悲剧喜剧、荷马史诗、神话故事、雕塑造型艺术、希腊式的剧场和体育馆、希腊式城市布局、神像都在这一地区流行，从而推动了犍陀罗艺术的诞生。这些希腊化遗产被后来者印度—斯基泰人、印度—帕提亚人和大月氏—贵霜人所接受，也和近邻帕提亚的文化艺术发生了明显的互动。东部希腊化世界之所以成为希腊、波斯、印度、中国、草原诸文明的汇合之地，巴克特里亚希腊人王国的中流砥柱作用不可低估。

第九章是对希腊化世界道路交通体系的梳理。张骞通西域标志着丝绸之路的开通，而之所以能够如此，是因为在他之前，甚至在亚历山大之前的波斯帝国，从印度到地中海就有道路相通。希波战争时，巴克特里亚和印度的军队抵达希腊之路，亚历山大征服波斯、追击大流士三世及其叛臣之路，实际上就是丝绸之路的前身。当然，这些道路由于统治的需要、新城市的建立和陌生之地的探索，在希腊化时期不仅扩大延伸，而且分出了许多支线。它们以东西为主、南北为辅，以陆路为主、水路为辅，构成了四通八达的道路网络。设立这一章旨在说明，张骞抵达中亚之日，即是中国到地中海的丝绸之路全线贯通之时。现在，就等中国方面的主角登场了。

第四编：希中文明的相会

既然后来丝绸之路西线所经过的区域与此前的希腊化世界大致重合，那么，丝绸之路的开通就意味着中国文明与希腊化文明有接触的可能。可以说，张骞通西域的初衷与开通丝路无关。他西域之行的背景是秦汉以来的汉匈对抗。汉武帝为了消除匈奴这个心腹之患，偶然听说游牧于敦煌、祁连一带的大月氏被匈奴打败，于是派遣张骞前去联系，以便合力夹击匈奴。但等张骞辗转十年后到达已经定居妫水（阿姆河）北的大月氏时，却被告知无意回返。张骞的使命虽未完成，但他带回了西域诸国的信息，让雄才大略的汉武帝大开眼界。他决心倾一国之力讨伐匈奴，先后发动多次西征和北征，最后总算把匈奴赶入漠北，征服了大宛等西域诸国，得到了他向往已久的汗血马。帕米尔以东的西域地区从此成为中国疆土的一部分。随后，设立西域都护府，标志着汉廷对西域的实际控制。东汉时期，尽管西域经历了三绝三通，但由于班超、班勇父子等的努力经营，汉廷还是长期保持了对西域诸国的管辖权。班超利用西域各国与邻国贵霜、康居的关系，纵横捭阖，远交近攻，使汉廷名震西域，四万里外之远国也来纳贡称臣。甘英出使大秦（罗马帝国）就是在这样的背景下进行的，虽然他的目的也没有达到，被安息（帕提亚）西界船人阻吓而返，但他带回了经丝路南道抵达安息的具体路线以及关于大秦的传闻。甘英之行，标志着中国与地中海希腊罗马世界的直接相通。

第十、十一章简要回顾了这一段历史，旨在说明汉武帝的西扩和汉廷对西域的经营也是丝绸之路开通的直接原因之一。第十二章概述了张骞之后丝路西线国家的历史变迁，特别突出了它们各自对丝绸之路的扩展，尤其是海上丝绸之路开通所做的贡献。绿洲丝绸之路、海上丝绸之路和草原丝绸之路的全线联通，给希腊化文明遗产的传播及其与其他文明的融合提供了一个更加便捷有效的载体，从而以直接或间接的方式促成了希中文明在中亚的相逢。

附录部分收入两篇文章，一是美国学者弗兰克·霍尔特教授的《关于亚历山大研究的原始资料补记》，这是作者对自己撰写的第二章亚历山大东征部分史料的辨析；二是笔者的《帕提亚王朝的“爱希腊”情结》，论及帕提亚人“爱希腊”情结产生的历史文化背景、具体表现及其若即若离的实用主义本质。帕提亚地当丝路要道，是最早与中国建立官方外交关系的西域大国。它保留的希腊化文明遗产信息，如希腊式钱币及书写材料、方式（画革旁行），也最先由张骞传入中国。

（杨巨平）

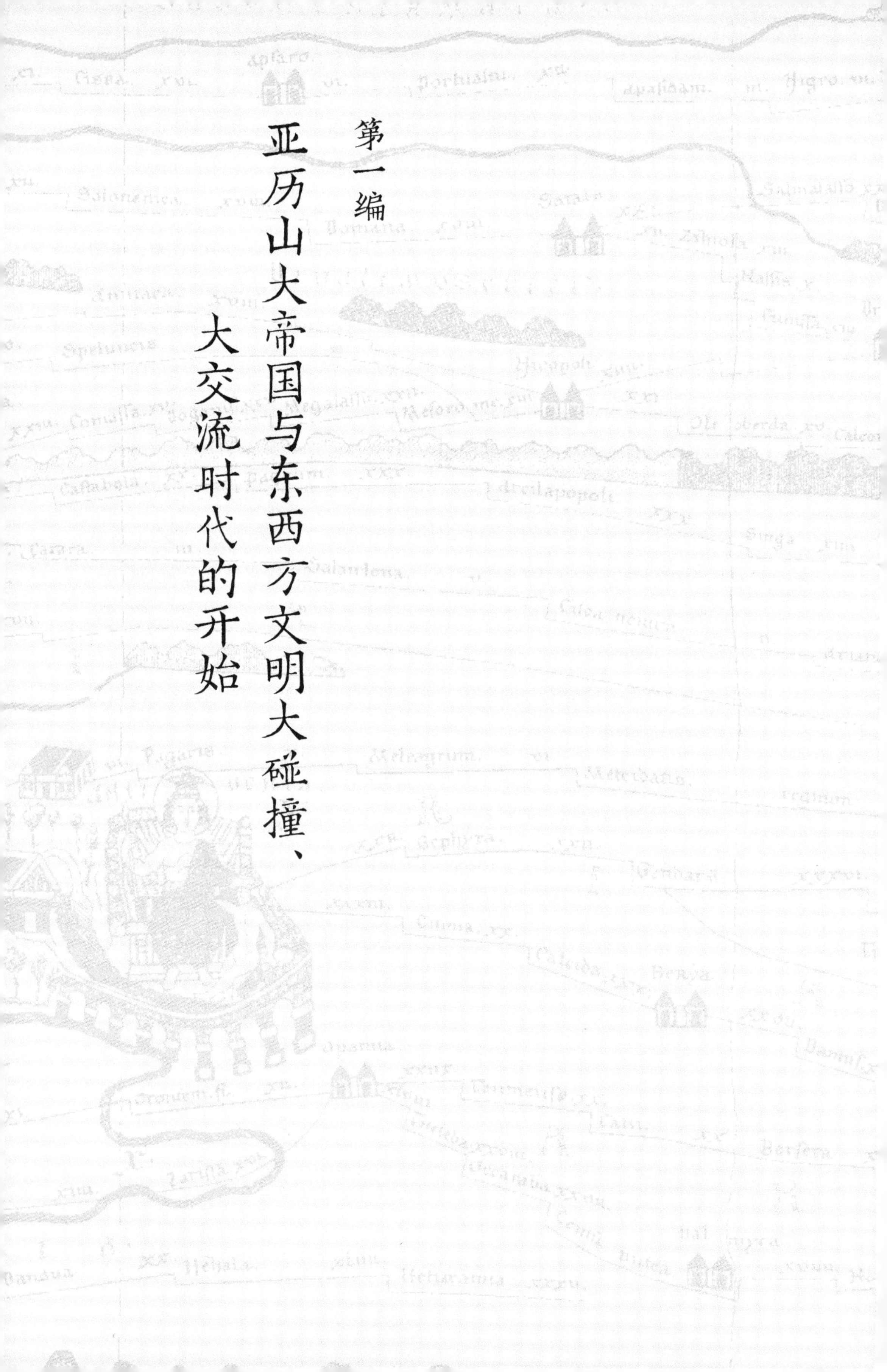

第一编

亚历山大帝国与东西方文明大碰撞、大交流时代的开始

亚历山大东征及其帝国的建立，在人类文明交流史上似乎是个偶然的事件。他大概也没有料到，他对波斯帝国的征服竟然带来了古代世界前所未有的各主要文明的大碰撞、大交流、大融合，甚至包括古希腊人闻所未闻的中国文明的加入。但这一切实际上早有端倪，各古老文明地区尽管相对隔离，自成一体，但它们之间大概从诞生之初就一直有或这样或那样、或直接或间接的接触和联系。亚历山大东征的客观结果是一下子拉近了各个文明之间的距离，尤其是把希腊文明的火种带到了遥远的中亚、印度，也使中华文明有了与其相知、相会的可能。

第一章　亚历山大东征前的欧亚大陆文明格局

亚历山大（Alexander the Great）东征及其帝国的建立，是人类历史上划时代的标志。它的直接结果就是开创了一个新的时代——希腊化时代，一个新的世界——希腊化世界，一个新的文明——希腊化文明。这个文明的最大特点就是它的范围远远超出了希腊本土，是在从东地中海到印度河，从黑海、里海、咸海一线到印度洋、波斯湾、红海之间的三大洲之地上形成和发展起来的。它的建立者并非只是亚历山大帝国和希腊化王国的创建者以及追随他们的形形色色的希腊人，而且包括那些“希腊化”的当地人；文明的构成因素不仅有希腊的政治、经济，尤其是文化因素，而且也包含了埃及、西亚、中亚、印度等地原有文明的因素。因此，希腊化文明本质上是一种混合文明，是希腊文化与东方文化有机结合的产物，具有既多元又统一的特征。这个文明影响深远，即使在希腊化世界不复存在之后，它的遗产仍然在丝绸之路上流传。正是基于这样的认识，我们将希腊文化与其他文化长达数百年的互动视为人类历史上第一次文化大碰撞、大交流、大汇合。但这并不是说在亚历山大东征之前，希腊文化与外地文化毫无接触，而是说这次文化交汇的规模之大、范围之广、程度之深、成果之巨前所未有。

我们不妨回顾亚历山大东征前欧亚非大陆的政治文化大势。虽然人类的文化交流大概自“人猿相揖别”后就已发生，但在亚历山大之前，这种交流只是局部的，有些地区甚至是相互隔绝的。波斯帝国（Persian Empire）是世界历史上第一个横跨欧亚非的大帝国，但由于它是靠武力维持的军事联合体，没有统一的、牢固的政治经济基础，波斯人自身又没有带来较高的文化，所以各地的文化仍恪守传统，帝国之内的文化并未出现整体的统一。尽管波斯帝国与希腊毗邻，而且曾兵临希腊，但西侵的惨败决定了它不可能在文化上给希腊留下什么痕迹。不少希腊人访问过巴比伦（Babylon）、埃及（Egypt），也向它们学了天文、宗教等方面的一些知识。有的希腊人谋食于“大王”的宫廷、郡守，可能也带去了希腊的影响，但这些局部的接触难以沟通东西方两大文化巨流。对于遥远的中国，希罗多德（Herodotus）时代的希腊人一无所知。在亚历山大跨过赫勒斯滂（Hellespont）海峡之际，中国的群雄还在争霸不已。它们既无力，也无意，更无暇西顾。此后的秦、西汉王朝开边拓土、疆域庞大，但只是在汉武帝时才西达葱岭，他的使者也只是在这时才进入中亚。印度文化自成一统，百家之中佛教流行，但佛教的大倡和弘扬于印度西北部要到孔雀帝国阿育王之时，向东亚、东南亚的大力传播要到贵霜帝国之时。仅就文化接触而言，东方的四大文明古国中只有古埃及、古巴比伦及东地中海沿岸地区与希腊有过少量的、表面的接触，真正意义上的大规模的希腊文化与东方文化的交流并未进行。罗马是后起之辈，文化上远逊于它的希腊邻居。当它为统一意大利而征战时，希腊人已创造出了令他们钦羡的古典文化。罗马的羽毛还未丰满，无力东向。其他地区如中亚、南俄、中非、阿拉伯半岛对于希腊人而言，大多还笼罩在传说的迷雾之中。

这一切说明亚历山大东征之前欧亚非大陆各古老文化区域的相对阻隔。但自亚历山大之后，这种局面就逐渐被打破，从而出现了各古老文化相互接触、碰撞、交流，最后纳入一个新的文化巨流的壮观景象。

第一节　波斯帝国境内各古老文明区域的文化传统

波斯帝国是世界历史上第一个横跨欧亚非三大洲的大帝国，公元前550年建国，灭亡于公元前330年。最盛时疆域从埃及、小亚（Asia Minor）、多瑙河（Danube）一线到中亚（Central Asia）、印度河（the Indus）。伊朗高原西南部波斯本土是其发祥之地，伊朗高原和两河流域是其统治的核心。波斯帝国将全部领土分为23个行省，实行中央集权、地方分权的管理体制。各行省由委派的将军或总督治理，他们一般是当地原来的王公、贵族或部落首领。各行省要缴纳数目不等的贡赋和特产，根据各地的实际情况而定。军队由国王直接统领，其中最著名的是所谓的“万人不死军”，即随时补充，保证满员。这是波斯帝国最精锐的部队。但重大战争发生时，波斯的兵源还是主要从各个省区征调。波斯国王可以一时征召数十万，甚至号称数百万大军，但由于民族成分复杂，组织松散，各自为战，难以形成同心合力之势。因此，不论在入侵希腊，还是在抵抗亚历山大东征之时，波斯几乎是屡战屡败。波斯的这种分权分级属地管理模式固然可以最大限度地笼络人心，扩大地盘，但也埋下了尾大不掉、鞭长莫及的地方分离祸根。波斯帝国内部的王位之争和后来的大流士三世（Darius III，公元前336—前330年在位）的惨败身亡，都与这样的中央—地方二元制统治模式有关。

就文明的更替而言，波斯是一个后来者，此前的埃及、西亚和印度早就有数千年的文明史。波斯帝国的建立，并不意味着波斯文化的胜利。波斯人需要的是政治的臣服，而非文化的取代。因此，波斯帝国之内各地的文化传统并没有中断，有的甚至得以延续。这固然由于波斯人并没有带来先进的文化，也由于波斯人奉行宗教、文化上的宽容政策。正是由于这样的政治、文化二元格局，亚历山大及其后继者在波斯帝国的故土上，遇到的都是地方特色明显的文化传统。

一、埃及

文明产生于大河流域，似乎是世界上古史中的一个普遍现象。古巴比伦文明植根于两河流域，古印度文明源于印度河、恒河，中华文明始于黄河、长江。作为西方文明源头的希腊尽管没有大江大河，但希腊本土三面环海，希腊人的殖民地遍布爱琴海、黑海、地中海沿岸。可见，大河大海对于文明的孕育、诞生何其重要。这不是地理环境决定论，而是说这样的环境为人类提供了较为优越的生息繁衍条件。也不是说大河流域必然产生文明，而是说大河流域为迁居此地的人类提供了更好的生存条件。即使都有人类存在，有的就可能长期处于封闭的原始状态，有的则发展出了先进的文明。正如汤因比所言，在亚洲的约旦河（Jordan）、北美洲的密西西比河（Mississippi）、格兰德河（Rio Grande）、科罗拉多河（Colorado）和南美洲的亚马逊河（Amazon）流域就没有产生像欧亚大陆一些大河流域那样的文明。因此，他的结论是，埃及和苏美尔（Sumer）文明起源于大河流域只是例外而非惯例。文明的起源另有原因，这就是人类应对环境挑战的能力。[1]

埃及是世界上最古老的文明区域之一，地理位置相对封闭，东西两面是沙漠。尼罗河（Nile）是埃及的赠礼。南面是尼罗河的源头，深入中非，四大瀑布构成了天然的屏障。北面是地中海（Mediterranean）、尼罗河三角洲。埃及仅有东北角通过西奈（Sinai）半岛与外界相通。独特的地理环境决定了埃及文明的原生态和独特

1 相关论述，详见Arnold Toynbee, *A Study of History*, Vol. I, Oxford: Oxford University Press, 1948, pp. 256-260 (especially see pp. 258-259). 关于汤因比的挑战与应战理论，详见p. 271ff.

性。自从约公元前3100年美尼斯（Menes）统一上、下埃及之后，虽然历经古王国、中王国、新王国三大时期，中间出现过两次中间期，甚至出现了希克索斯人（Hyksos）的入侵，但埃及的历史传统并没有发生根本的改变。希克索斯人是第一批外来民族，他们带来了先进的复合弓、镰刀剑和马拉战车，也接受并带走了埃及的象形文字。新王国时期，埃及开始走出尼罗河谷，向巴勒斯坦（Palestine）、叙利亚（Syria）方向进军，并把该地纳入了埃及的政治版图。公元前11世纪以后，埃及先后遭受到外来民族的统治，如来自西面的利比亚人（Libyans）、南面的努比亚人（Nubians）以及此后亚述人的入侵，波斯人的占领。但无论如何，古埃及文明的主体并没有发生根本改变，只不过换了个法老而已。

古埃及文明的主要特点：政治上，实行法老为中心的君主集权制，王权神化，至高无上。经济上，实行国王土地所有制。神庙的神田、官僚的赐田，也都依赖于国王的恩赐。土地的分配、种植、灌溉、收益，所有的税收皆由法老政权掌控。宗教上，以太阳神阿蒙神（Amon）崇拜为主。祭司集团具有较高的政治地位，是王权神授的中介，与法老政权既勾结又斗争。可以说，王权和教权的较量贯穿于古埃及史的始终。国王与埃及神的雕塑大多高大威严，是王权与神权的象征。

古埃及的文化独立发展，富有特色，影响至今。首先，最著名的是他们创造的象形文字，后来传到西奈半岛，形成西奈字母，再后来传到腓尼基（Phoenicia），形成腓尼基字母，由此衍化为希腊字母和阿拉米亚字母（Aramaic alphabet），成为世界上大多数字母文字的基础。其次，他们创造的太阳历也被罗马人所接受。现在的公历就是在接受埃及太阳历的凯撒历的基础上发展、完善而来。此外，埃及的量地法、秘教、一些神灵也都为希腊人所接受。埃及的建筑艺术、雕塑艺术对周边文明也有影响。希腊古风时期的人物雕像正面直立，没有动感，比较呆板，与埃及的同类雕像多有相似之处。埃及的造型艺术讲究宏大、对称，金字塔、卡纳克神殿（Karnak Temple）、拉美西斯二世神庙（Temple of Ramses II）可谓代表。追求永恒、神人相通、和谐稳定可以说是古埃及文明的精神特征。

虽然古埃及在新王国之后就开始衰落，但法老文化传统依然延续，没有出现大的停滞和断裂。因此，亚历山大进入埃及后，不辞辛苦，拜谒远在西瓦绿洲（Siwa Oasis）的阿蒙神庙，并在那里得到了满意的回答，[1]从此，他就以阿蒙之子和埃及的法老自居。埃及后来成为亚历山大部将托勒密（Ptolemy）的领地。他在坚持希腊—马其顿传统的同时，也继承了埃及法老的王权神授传统和国家垄断经济。对活着的国王建立崇拜就始于托勒密王朝。该王朝与神庙祭司集团的相互利用关系，从罗塞塔石碑（Rosetta Stone）就可以看出。[2]

二、两河流域

两河文明广义上不仅指幼发拉底河（Euphrates）和底格里斯河（Tigris）流域的文明，也包括巴勒斯坦—叙利亚一线的犹太文明、腓尼基文明。与古埃及文明不同，两河文明属于多元文明。首先，它的创立者不是单一的民族，而是多民族，先后有苏美尔人（Sumerians）、阿卡德人（Akkadiens）、亚摩利人（Amorites，巴比伦人，Babylonians）、赫梯人（Hittites）、亚述人（Assyrians）、迦勒底人（Chaldeans，新巴比伦人）和波斯人（Persians）活动于斯，并统治过此地的一部分或全部。其次，与之相适应，它的文化传统兼收并蓄，多元组合。虽然周边不同民族的侵入带来了不同的文化元素，但

1 Arrian, *Anabasis of Alexander*, 3.4, with an English translation by P. A. Brunt, Cambridge, Mass.: Harvard University Press, 1996.

2 详见M. M. Austin, *The Hellenistic World from Alexander to the Roman Conquest: A Selection of Ancient Sources in Translation*, Cambridge and New York: Cambridge University Press, 1981, No. 227, pp. 374-378.

最终汇入原来的文化传统之中。因此，虽有断裂，但也一脉相承，一流多源，像楔形文字、天文观测（占星术）和多神崇拜等就源远流长，一直延续到亚历山大时期。但两河文明也有新输入的元素，如波斯时期传入的琐罗亚斯德教（Zoroastrianism）和受波斯人扶植而复兴的早期犹太教（Judaism）。

两河文明对于未来的希腊化时代影响明显。对各地的神，希腊人一般都欣然接受，把他们与自己的神等同起来，如阿尔特米斯—娜娜（Artemis-Nana），瑞亚—库柏勒（Rhea-Cybele），[1]巴比伦的主神马尔都克（Marduk）被认同为宙斯（Zeus），叙利亚的女神阿塔耳伽提斯（Atargatis）和风暴之神哈达德（Hadad）被认同为希腊的阿芙洛狄特（Aphrodite）和宙斯，腓尼基推罗城（Tyre）的守护神麦尔夸特（Melquart）被认同为赫拉克勒斯（Heracles），腓尼基和迦南人（Canaanite）的女神阿斯塔特（Astarte）也被认同为阿芙洛狄特。[2]巴比伦的天文观测资料也被希腊人利用，希腊化时期天文学上的重大突破——日心说、星图都与此有关。唯一的例外是巴勒斯坦的犹太人恪守自己的宗教传统，成功抵制了塞琉古王国的希腊化企图。但希腊语《圣经》在亚历山大里亚的译出，又反映了部分犹太人的希腊化程度之深，同时也给希腊人提供了接近犹太教义的机会，这就为未来基督教的产生埋下了伏笔。

三、伊朗

波斯帝国崛起于伊朗高原。波斯人是亚历山大之前两河流域的最后一位入主者。波斯人本来是从中亚迁徙而来的游牧民族（雅利安

1 参见杨巨平：《娜娜女神的传播与演变》，《世界历史》2010年第5期，第103—115页。

2 F. W. Walbank, *The Hellenistic World*, Glasgow: William Collins Sons & Co. Ltd., 1981, p. 221; https://www.ancient.eu/Marduk/.

人的一支），先是臣服于米底（Media），后来在居鲁士大帝（Cyrus the Great，公元前559—前530年在位）时期，北灭米底，西征小亚，此地的希腊城邦成了它的附属，随后挥师南下，灭亡了新巴比伦王国，把犹太人（“巴比伦之囚”）放回巴勒斯坦地区。随后在北上征讨中亚草原的斯基泰人（Scythians）时，居鲁士战败身亡。其子冈比西斯（Cambyses）接着征服埃及，死于归国途中。阿黑门尼族人（Achaemenid）大流士一世（Darius I）借势获取王位，将波斯帝国的版图扩展到了印度西北部的犍陀罗（Gandhara）地区。至此，波斯人与当时除中国、西地中海之外的古老文明地区几乎都发生了直接的联系。

波斯帝国对于西亚文明的贡献主要在于修建了从苏萨（Susa）到以弗所（Ephesus）的御道（Royal Road），开通了前往印度的道路；接受了伊朗地区古老的琐罗亚斯德教，将其奉为国教，推动了犹太教的诞生；包容、继承、延续了各地的文化传统，为亚历山大帝国的建立奠定了地域空间的基础，也为亚历山大及其后继者提供了君主制、王权神化、行省管理、多民族分而治之的政治遗产。

四、中亚

中亚地区也有两条主要河流，即锡尔河（Syr Darya，古称Jaxartes）和阿姆河（Amu Darya，古称Oxus）。此地属于波斯的巴克特里亚总督区，实际上管辖着希腊人所称的巴克特里亚（Bactria）和索格底亚那（Sogdiana）地区。这些地区受伊朗文化影响较深，据说琐罗亚斯德教起源于此地。但总体而言，此地属于波斯帝国的边地，他们有向帝国纳贡服役的义务。在大流士一世修建苏萨王宫时，巴克特里亚提供了黄金，索格底亚那提供了青金石和红玛瑙。[1]在薛西斯

1 Amélie Kuhrt, *The Persian Empire: A Corpus of Sources from the Achaemenid Period*, Vol. 1, London and New York: Routledge, 2007, p. 492 (§ 10).

二世（Xerxes II）出征希腊的军队中，有来自这两地的士兵的身影。[1]波斯对此地的统治仅仅满足于设立总督，征收贡赋，地方治理则交给当地的贵族或部族首领。至于锡尔河之外的地区，则属于斯基泰人的活动区域，他们尚处于游牧阶段，是南部农耕地区的最大威胁。锡尔河可谓农耕文明与草原文明的分界线。亚历山大征服中亚时，也同样遭到了斯基泰人的对抗。他在锡尔河南岸建立的“最远的亚历山大里亚”（Alexandria Eschate）就是为了防御斯基泰人的南下。巴克特里亚后来能够成为“远东希腊化文明圈”的核心地区，既与希腊人在这里长期立足有关（公元前330—前145年），也与此地远离两河、印度和中华文明，远离波斯帝国的腹地，自身没有深厚的文化传统极为有关。正是这种特殊的地理位置，成就了它作为希腊、波斯、印度、中国以及草原五大文明的交汇之处，成为丝绸之路的十字路口、交通枢纽。

关于亚历山大即将面临的中亚草原游牧世界，古希腊地理学家斯特拉波（Strabo，约公元前64/63—前24年）有详细的记载：从里海（Caspian Sea）到索格底亚那，在锡尔河以北，有形形色色的游牧部落分布于此。[2]虽然他们迁徙不定，但都有大致的较为固定的活动范围。从西往东，主要有达海人（Dahae/Daae，即塞人）、马萨格泰人（Massagetae）和萨迦人（Sacae/Sakas），以及统称为斯基泰人的其他部落。这些部落各有自己的名称，其中就包括后来从希腊人手中夺取了巴克特里亚的Asii、Pasiani、Tochari、Sacarauli 部落。[3]他们大多过着游牧或狩猎生活，大概就如《史记·大宛列传》中所说

1 Herodotus, *The Histories*, 7.66, with an English translation by A. D. Godley, Cambridge, Mass.: Harvard University Press, 1938.

2 关于中亚草原这些游牧民族的分布、生活、习俗、宗教信仰以及与南部农耕世界的冲突等，详见Strabo, *Geography*, 11.8, with an English translation by Horace Leonard Jones, Cambridge, Mass.: Harvard University Press, 1988.

3 Strabo, *Geography*, 11.8.3.

的“随畜移徙”的“行国”，譬如乌孙、康居、奄蔡、大月氏。[1]他们或栖居于平原、山区、河泽之地，定居与游动结合，因地取食与打劫抢掠并存。这些行国与西方古典作家笔下的中亚游牧民族或有关系，或可认同，如乌孙之地的塞人或可认同为波斯帝国时期提到的萨迦人，大月氏人或与灭亡巴克特里亚希腊人王国的四部落之一吐火罗人（Tochari）有关，奄蔡[2]似与里海以东的达海人（即《史记·大宛列传》中的大益人）方位相似。与其相邻的宛西小国还有驩潜，即花剌子模（Khwarazm）。不论中外史料如何对应，这些游牧民族都是亚历山大及其后继者所必须面临的挑战。

五、印度（西北部）

古代印度实际上就是我们今天所说的南亚次大陆，这是就其地理位置而言。但就波斯帝国而言，只有印度西北部，也就是印度河以西以犍陀罗为中心的地区才一度属于它的管辖范围。但在亚历山大眼里，这也是波斯帝国的遗产，自然应该由他来继承。但在他到来之前，波斯对此地的统治已经不复存在。亚历山大在此地没有碰到过一个波斯任命的总督，他所遇到的都是据地自立的印度国王。

印度河流域最早有哈拉帕文化（Harappan Culture），有了城市和国家，可能和波斯湾（Persian Gulf）也有海上的联系。但公元前二千年代中期雅利安人（Aryan）的南下彻底改变了次大陆的文化面貌。印度文明的重心也转向恒河（the Ganges）流域，以四部吠陀书（Vedas）作为经典的婆罗门教（Brahmanism）成了印度文化的主流。列国时代，百家争鸣，婆罗门教一家独尊的局面得以改

---

1 《史记》卷一二三《大宛列传》，二十四史点校本，北京：中华书局，1982年，第3161页。

2 《史记·大宛列传》：“奄蔡在康居西北可二千里，行国，与康居大同俗。控弦者十余万。临大泽，无崖，盖乃北海云。”这里的大泽、北海当指里海或咸海。

变，出现了六大师、六十二见，或九十六种外道，其中最为流行的是佛教（Buddhism）、耆那教（Jainism）和顺世论（Lokayata）。佛教的创立者释迦牟尼（Sakyamuni）本是一国之王子，但他看破凡尘，抛弃荣华富贵，毅然出家修行，宣扬人生皆苦、众生平等、得道解脱（四谛八正道），从而大获成功。佛教成为印度文化传统的代表。亚历山大东征印度之时，佛教还没有传播到印度西北部。但亚历山大公元前325年撤离后，印度兴起了一个新的王朝，即孔雀王朝（Maurya Dynasty，约公元前324—前187年）。佛教在这一时期得到大力发展，著名的弘法王阿育王（Ashoka/Asoka，约公元前268—前232年在位）就是这个王朝的第三位国王。他在大事征伐之后忽然推崇佛教，现在依然可以看到的他的石刻诏令就是他宣扬佛教的实证。他在坎大哈（Kandahar）地区发布的希腊语和阿拉米亚语（印度的通用语言之一）双语诏令，显然就是为了让当地的希腊人能够皈依佛教。

公元前 2 世纪初，巴克特里亚希腊人南下碰到的就是阿育王的遗产，于是印度的文字和神，佛教的标志物如大象、法轮，也就出现在了印度—希腊人的钱币上，著名的印度—希腊人国王米南德（Menander，约公元前165/155—前130年在位）甚至皈依了佛教。他是唯一在佛教经典中留下名字的印度—希腊人国王。

当然，印度人也创作了自己的两大史诗《摩诃婆罗多》（*Mahabharata*）、《罗摩衍那》（*Ramayana*），发明了被误称为阿拉伯数字的数字符号和定位计数的进位制。印度盛行多神信仰，从后来进入印度的希腊人、塞人、帕提亚人、尤其是贵霜人的钱币上可以看出印度多神教的影响。

第二节　欧亚大陆两端的主要文明——中国与罗马

尽管波斯帝国占据几乎整个欧亚大陆大部分的古老文明地区，但在欧亚大陆的东西两端，实际上还存在着两个它所不知的文明区域，其中一个就是东亚的中华文明。这是一个原生型文明，此时已经进入春秋战国时期，政治上正在由分立走向统一，由王国到帝国，文化上百家争鸣，各有千秋，但也逐渐趋于一体，进入了德国哲学家雅斯贝斯（Karl Jaspers）所认为的“轴心时代”。其后秦汉帝国的兴起，为它和希腊化世界的相会提供了一个难得的契机。另一个是正在西地中海意大利半岛崛起的罗马共和国，它正在为统一半岛而纵横捭阖，征战不已。这是一个即将走上地中海霸权之路的文明，东地中海地区的希腊化王国最终都会成为它的囊中之物，但与此同时，它也成了希腊文化的“俘虏”。

一、东亚地区——中华文明

中华文明由于其独特的地理环境，在两汉以前是独立发展的。所谓“轴心时代”的理论[1]就把中国、印度、希腊并列为三大轴心地区之一，认为它们在大致相同的时间——公元前8至前 3 世纪，出现了类似的人类精神上的觉醒，出现了文化大创新、人繁荣和大争鸣的局面，奠定了各自文化的传统。重要的文化奠基人都在这一时期出现，如中国的孔子、庄子，印度的佛陀（Buddha），希腊的苏格拉底（Socrates）、柏拉图（Plato）、亚里士多德（Aristotle），甚至犹太教的先知等。中国的春秋战国，确实是一个百家争鸣的时代。中华文

1　详见Karl Jaspers, *The Origin and Goal of History*, New Heaven: Yale University Press, 1965, pp. 1-21.

化传统的重要流派儒家、法家、道家、墨家、名家等都出现于这一时期，而且确立了中国传统文化的根基和核心。中国人虽有天下观，但不知天下之大到何种程度。先秦时期出现的《穆天子传》《山海经》体现出时人对“中国”之外，尤其是西部地区的朦胧认识，反映了渴望了解但又难以了解的失望心态，所以就用想象代替了现实。

秦汉之交，西戎、南蛮、东夷悉归于华夏，唯有北狄——匈奴还是中原的潜在威胁。秦始皇派蒙恬远征匈奴，修筑万里长城，都是为了解决心腹之患。汉初对抗匈奴，尽管失败，但也说明边患严重，足以使汉高祖御驾亲征，结果遭遇白登之围。经文、景两代休养生息之后，国力增强，于是雄才大略的汉武帝才可以大展宏图，派张骞西联大月氏，合击匈奴。尽管张骞的本来目的没有达到，但张骞首次越过匈奴，经大宛、康居，抵达月氏、大夏，最后历尽千辛万苦，返回长安，给汉武帝呈上了一份关于以前闻所未闻的西域地区的报告。张骞西域凿空，意义重大，具有划时代的作用，标志着一条连接中国与地中海的要道，就是今日称之的“丝绸之路”的开通；张骞开创了一个时代，使中国文明与希腊化文明的接触得以实现，使中国与欧亚非大陆其他文明的联系从此得以确立。

亚历山大东征中亚时，曾越过锡尔河追击斯基泰人，此地距离中国的西大门已经不远。但他对当时的中国一无所知，在锡尔河南侧建立了“最远的亚历山大里亚”之后就转身南下征服印度去了。而当时的中国还处于战国时代，秦帝国也还没有建立。群雄逐鹿，何谈西扩？即使秦汉之际，中原王朝的管辖范围也西不过临洮。敦煌、祁连间有月氏部落，北有匈奴。所以，尽管公元前2世纪前后希腊—巴克特里亚王国曾向赛里斯（Seres）和弗里尼（Phryni）方向（一般认为位于塔里木盆地西端，葱岭一侧）扩张，[1]距离汉初中国依然十分遥

---

1 Strabo, *Geography*, 11.11.1.

远。张骞通西域之时，中亚之地的希腊人已经南撤印度。所以张骞在中亚的所见所闻只能是希腊化文明的遗产。但公元前1世纪中期，随着汉廷对西域掌控力的加强，西域都护府的设立，中原和印度西北部的印度—希腊人小国罽宾可能建立了藩属关系，丝路南道也延伸至今日阿富汗南部的乌弋山离。

二、西地中海地区——罗马文明

严格来说，亚历山大东征前的罗马确实还没有形成自己的文化传统。罗马本来是意大利半岛中部台伯河（Tiber）河畔的一个小城邦。北部有吸收了希腊文化的伊达拉里亚（Etruria/Etruscan）诸城邦，南部有希腊人的殖民地——大希腊。这两地都具有较高的文化，尤其是后者，其文化发展与希腊本土和爱琴海（Aegean Sea）诸希腊人城邦是同步的。与米利都学派（the Milesian School）齐名的埃利亚学派（the Eleatic School）、毕达哥拉斯学派（the Pythagorean School）都出现于此地。罗马建城之后，经过两个世纪的王政时代，通过类似于梭伦（Solon）式的以财产为基础决定政治权利的塞尔维乌斯·图里乌斯（Servius Tullius）改革，确立了城邦制度。进入共和国之后，通过贵族与平民的斗争、妥协，通过与周边同盟者的联合，罗马逐渐与南部的希腊人接壤，并开始吸收希腊文化。当然，最终的结果是罗马人征服了南部的希腊城邦，统一了意大利半岛。但这些成就是在亚历山大之后取得的。这是罗马人接受希腊文化的第一波。第二波是在通过三次布匿战争（Punic Wars）控制整个西地中海之后。其实，在第二次布匿战争后，罗马人就开始向东地中海进军。公元前168年安提柯—马其顿（Macedonia）王国的灭亡和公元前146年科林斯（Corinth）的陷落，标志着罗马人对希腊化世界的初步胜利，也标志着第二波向希腊文化学习的开始。虽然这次学习伴随着剑与火，但罗马人也不得不承认，野蛮的拉丁人征服了希腊，但他们却成了希腊文化的俘虏。[1]有的学者把罗马也纳入希腊化世界的范畴，有一定的道理。罗马文化的希腊化是在亚历山大之后的几个世纪中才实现的。但罗马人并非全盘“希”化，而是根据自己需要进行了改造，并在此基础上进行创新，从而使希腊文化拉丁化，但本质上罗马文化还是希腊文化的延续和发展。

罗马共和国后期的扩张可以说和希腊化时期同时，但罗马帝制的建立和帝国的成型则是在此之后。正是在帝国时期，罗马与中国才开始真正的接触。罗马作为丝绸之路的西线终端，汉代中国已经有所耳闻，《后汉书·西域传》称其为“大秦”，且有专门的篇幅介绍有关大秦的传闻。奉西域都护班超之命出使大秦的甘英事实上已经到达罗马帝国东界。虽然因为受安息人海路艰险的恐吓而功亏一篑，临门而返，但他带回的大秦传闻以及他往返的路线、途经的城市，都从不同的侧面加强了中国与罗马帝国的联系。公元166年，罗马商人从海路来到中国，标志着从罗马帝国经红海、印度洋、南海到中国的海上丝绸之路的开通。罗马所接受的希腊化文化，尤其是造型艺术，也主要通过海路抵达印度，从而推动了贵霜帝国时期犍陀罗艺术的发展和繁荣。虽然罗马在参与希腊化时期的东西方互动过程中姗姗来迟，但它在帝国时期，甚至于在拜占庭帝国（Byzantine Empire）时期，与安息、贵霜、中国、萨珊波斯都建立了直接或间接的外交和经贸关系。

总之，在亚历山大东征之前，波斯帝国是他所知的最大帝国，涵盖了从尼罗河到印度河的几乎所有东方文明之地，但其内部的松散与虚弱，已经被希腊万人雇佣军的胜利返回所证明。至于西面的罗马还

---

1 Horace, *Satires, Epistles and Ars Poetica*, “To Augustus”, in *Epistles*, II.1.156, with an English translation by H. Rushton Fairclough, Cambridge, Mass.: Harvard University Press, 1999.

只是意大利半岛上的一个较大的城邦，正在为统一意大利本土而征战。它在文化上刚刚起步，还没有形成自己的传统。那个腓尼基人建立的迦太基（Carthage）殖民地，还没有进入他的视野，更不是他的威胁。马其顿周边的民族都已经平定，中南部的希腊城邦也都在科林斯会议上表示了对他东征波斯的支持。他已经接替父亲，成了希腊联军的统帅，下一步就看如何付诸行动了。

这就是亚历山大东征前所面临的政治格局和文明遗产。由此可以看到，可与希腊文明发展程度并驾齐驱，甚至优先的文明主要有古埃及文明、古巴比伦（两河）文明和古印度文明。希腊—马其顿人所负荷的希腊文明，将要与这些古老的文明发生碰撞和交汇，其结果就是新的希腊化文明的产生。至于更为遥远的中国，亚历山大尚一无所知。

第三节　亚历山大东征前的希波关系

一、希腊与东方的渐近

希腊人与东方的关系由来已久。早在克里特（Crete）、迈锡尼（Mycenae）文明时期，希腊就和埃及有了来往。埃及第十八王朝宰相列赫米拉（Rekhmire）位于底比斯（Thebes）的墓中就有表现克里特使节向法老图特摩斯三世（Tuthmosis III，约公元前1493—前1479年在位）奉献礼物的壁画，题词称“克夫提乌（Keftiu）的首领及海中诸岛的首领和平抵达”。[1]米诺斯（Minos）王朝全盛时，不仅仅统治

1　D. Panagiotopoulos, “Keftiu in Context: Theban Tomb-Paintings as a Historical Source,” *Oxford Journal of Archaeology*, Vol. 20, No. 3 (2001), pp. 263-283 (esp. 263-264).

克里特岛，还控制了基克拉迪（Cyclades）群岛。米诺斯的商站和殖民点分布于整个爱琴海地区和东地中海。他们输出的产品主要有橄榄油、葡萄酒、釉陶和青铜器、银器。输入的或交换回来的有塞浦路斯（Cyprus）的铜，埃及的黄金和象牙，希腊大陆的白银，爱琴海诸岛的黑曜石。米诺人还通过中介获利，埃及法老可能是利用米诺人驾驶的商船从叙利亚进口雪松。

迈锡尼文明全盛时，文化传布于克里特岛和中部希腊。其商业交往的范围东达塞浦路斯、叙利亚，南至埃及，西达意大利和西班牙，北达多瑙河。但在向特洛伊（Troy）方向扩张时受阻，并因此衰落。这大概是迈锡尼人始料不及的。

公元前12世纪以后，多利亚人（Dorians）南下，迈锡尼文明遭到毁灭。希腊历史进入了所谓的“黑暗时代”，也就是荷马史诗所主要反映的时代。希腊的历史似乎重新开始，但实际上文明并未中断。迈锡尼时代的神、线形文字B还是被新来者接受。多利亚人的南下促使一部分原来的希腊人开始向海外殖民，方向就是爱琴海诸岛和小亚，从而开创了希腊人海外殖民，尤其是向小亚殖民的先河。希罗多德把希腊人和波斯人战争的原因追溯到特洛伊战争，归因于更早的双方互抢妇女。[1]这实际上反映了希腊和东方关系的源远流长，希波战争也非突然爆发，而是有其深远的历史背景。

古风时代，希腊进入了城邦时代。这一时期最主要的对外事件就是海外大殖民。与以前零散的殖民不同，这是一场由希腊城邦主导的移民运动，原因固然是多方面的，如人口过剩、城邦党争剧烈，但无论如何，希腊人的殖民遍及整个地中海和黑海地区。但最初的移民方向主要还是小亚。这些小亚的城邦后来又二次移民到黑海地区或南意大利，甚至现在法国的南部（马赛，Massalia）。埃及唯一的希腊人殖

---

1 Herodotus, *The Histories*, 1.1-5.

民地或商站瑙克拉替斯（Naucratis）、[1]利比亚的昔列尼（Cyrene）[2]都是这一时期建立的。这场殖民运动影响巨大，不仅使希腊人生存空间大为扩大，可以说达到了当时希腊人所能达到的极限，而且使希腊文明首次和东方的文明地区，如埃及、巴勒斯坦—腓尼基一线和小亚，发生了直接的联系。尤其是小亚的爱琴海沿岸和岛屿遍布希腊人的城邦。小亚以米利都（Miletus）为首的爱奥尼亚（Ionia）城邦甚至成了古风时期希腊文化的中心，被希罗多德称为“爱奥尼亚之花”（the chief ornament of Ionia）。[3]

二、希腊与波斯的对抗

希腊与波斯本来相距遥远，但由于波斯国王居鲁士公元前546年征服了小亚的吕底亚（Lydia）王国，小亚沿岸的希腊城邦和波斯有了接触。这些希腊城邦原来已经归属于吕底亚王国，吕底亚的灭亡意味着他们换了主人，小亚的希腊城邦因此落入了波斯帝国之手。它们虽然享有充分的自治，但不仅要向波斯缴纳贡金，[4]还要服兵役。比如，大流士一世征服多瑙河以外的斯基泰人时，就命令爱奥尼亚人为他提前在多瑙河架桥，并坚守此地，保护大桥，直到大流士一世返回。[5]征服斯基泰人的失利给小亚各邦以可乘之机，波斯地方统治者的高压干预使得小亚的希腊人忍无可忍。公元前500年，以米利都为

1 见Herodotus, *The Histories*, 2.152, 154, 178-179.

2 昔列尼的殖民者来自铁拉岛（Thera, 今圣托里尼岛，Santorini）的希腊人，但移民者的身份和移民原因自希罗多德时代就有两种说法，一说是因干旱，七年无雨，为寻求新的生存之地，由巴图斯（Battus）率领前往；另一说一位巴图斯和一批铁拉人感到命运不好，就先移民昔列尼，后来又有大批的铁拉人前往。见Herodotus, *The Histories*, 4.151-153, 156-159.

3 Herodotus, *The Histories*, 5.28.

4 Herodotus, *The Histories*, 3.90.

5 Herodotus, *The Histories*, 4.89, 97-98, 141.

首，希腊人终于举起了起义的大旗，从而导致了希波战争的爆发，由此拉开了围绕这些小亚希腊人城邦命运所展开的希腊、波斯关系史的大幕。

希波战争虽然最终以希腊人的胜利告终，但希腊人也付出了代价。希腊本土，尤其是雅典（Athens）两次遭到入侵。公元前490年，希腊人在马拉松（Marathon）战役的胜利挫败了波斯人的第一次入侵。公元前480年，波斯人二次入侵，从马其顿南下，长驱直入，一路上纵火、抢掠，甚至烧毁了雅典卫城的神庙。[1]雅典人不得不弃城登船，与波斯人决死一战。萨拉米斯（Salamis）海战的胜利是希波战争的转折点。希腊人乘胜追击，次年（公元前479年），在普拉提亚（Plataea）战役和米卡尔（Mycale）海战中连胜，将波斯人军队彻底赶出了希腊本土和爱琴海。此后斯巴达人（Spartans）退出反波斯同盟，在战争中逐渐发展起来的以雅典为首的提洛同盟（Delian League）成了对抗波斯帝国的主角。公元前449年，雅典海军在塞浦路斯大败波斯军，双方缔结和约，波斯放弃在爱琴海上的霸权，承认小亚沿岸希腊城邦的政治独立。至此，长达半个世纪之久的希波战争彻底结束。

希波战争以波斯人的完败告终，但这并不意味着波斯与希腊这对邻居与宿敌之间对抗局面的结束。城邦之间的争斗，提洛同盟和伯罗奔尼撒同盟（Peloponnesian League）之间的争霸，以及底比斯（Thebes，希腊中部城邦）的崛起，都使波斯人感到有机可乘。他们利用金钱，将希腊城邦玩弄于股掌之上，遂有公元前387年大王和约的宣布。小亚的希腊人城邦再次落入波斯人的管辖之下。腓力二世（Philip II）与其子亚历山大（Alexander）之所以愿意以希腊联军统帅的身份东征波斯，就与希波战争的后果有关。所谓的解放小亚希腊

1 Herodotus, *The Histories*, 8.32-33, 53; 9.13. 其中雅典的神庙经历过两次焚烧。波斯人先是在占领雅典时烧毁了卫城的神庙，萨拉米斯海战后波斯人撤离雅典前，又烧毁了雅典城和还剩下的神庙。

人、为波斯人焚烧希腊神庙复仇虽是借口，但也是有因在先，并非空穴来风。希腊方面也在密切注视着波斯王国内部的变化。公元前401年，波斯内部发生王位之争，小亚总督小居鲁士即招募了一万多名希腊人参与，浩浩荡荡地杀向巴比伦。结果兵败身亡，万人雇佣军群龙无首。在危机关头，据后来著书记载这一历史事件的色诺芬（Xenophon）说，是他领导了这次从波斯腹地向黑海地区的撤退。[1]万人雇佣军在波斯军队的重重包围之中安全返回，暴露了波斯帝国内部的混乱和腐朽不堪。这也成为亚历山大在伊苏斯（Issus）战役战前动员的一个例证。[2]

三、马其顿王国的兴起及其与波斯的交往

马其顿兴起于希腊北部，在公元前5世纪的希腊人眼中，是个默默无闻、无足轻重的边陲之邦，甚至连他们的希腊族性也受到中南部希腊人的怀疑。马其顿国王亚历山大一世（Alexander I，公元前498—前454年在位）曾欲参加奥林匹克运动会，主办者因其不是希腊人予以拒绝。亚历山大一世在想方设法证明他们的祖先源自伯罗奔尼撒半岛的阿尔戈斯（Argos）后才被认可，且在赛跑中获胜，取得并列第一名。[3]希波战争前，马其顿就屈服于波斯，战争中一度与波斯合作，而且与波斯联姻。[4]据希罗多德，当波斯使者前来要求“土和水”时，

---

1 参见Xenophon, *Anabasis*, with an English translation by Carleton L. Brownson, Cambridge, Mass.: Harvard University Press, 1980；［古希腊］色诺芬：《长征记》，崔金戎译，北京：商务印书馆，1985年。

2 Arrian, *Anabasis of Alexander*, 2.7；［古希腊］阿里安：《亚历山大远征记》，李活译，北京：商务印书馆，1985年，第57—58页。

3 Herodotus, *The Histories*, 5.22, 8.137-139. 其中谈到马其顿王国的建立者帕狄卡斯（Perdiccas）如何从阿尔戈斯流落到马其顿，并征服此地为王的过程。

4 Herodotus, *The Histories*, 5.21, 8.136. 亚历山大一世为了报复波斯使者的荒淫要求，谋杀了他们，为平息事端，他把自己的妹妹巨该娅（Gygaea）嫁给了负责寻找这些使者的波斯贵族布列巴斯（Bubares），此人是薛西斯一世的远房堂兄弟（the second-degree cousin）。

国王阿明塔斯（Amyntas I，约公元前547—前498年在位）满口答应，甘愿臣服波斯。薛西斯（Xerxes I，公元前486—前465年在位）入侵希腊的大军中有马其顿人参加。[1]但时任马其顿国王的亚历山大一世也给希腊人通风报信，或替波斯人传话。普拉提亚战役前夕（公元前479年），他曾给雅典人暗中传送情报，表示他非常关心他的远祖希腊人的命运。[2]但总的看来，在公元前5世纪以前，马其顿似乎对它南面希腊城邦的争斗并不感兴趣，这些城邦对它也不屑一顾。

马其顿由上、下马其顿两部分组成。西邻色雷斯（Thrace）、北面的伊利里亚（Illyria）、西南的伊庇鲁斯（Epirus）与帖撒利（Thessaly），均为与它相差无几的社会发展滞后地区。上马其顿是高原地带，山脉纵横，交通不便，仅有几个关隘与外界相通。下马其顿三面环山，南濒爱琴海，中间是一广阔平原。这里土地肥沃，适于农耕，是马其顿王国的政治、经济、文化中心，也是亚历山大帝国的发祥地。

马其顿的民族成分比较复杂，起源多样。在青铜时代结束时，希腊部落的一些残余留在了马其顿。可能在公元前7世纪，这些残余中的一支马其顿人占领了埃盖（Aegae），扩张到了下马其顿的沿海平原，形成了马其顿国家。他们就是古典时代马其顿人的祖先。他们崇拜希腊的神，特别崇拜宙斯和赫拉克勒斯。其他的希腊人部落则在上马其顿与伊利里亚人、派奥尼亚人（Paiones）、色雷斯人相混合。从整体上看，马其顿人不是纯粹的希腊人，但与希腊人有渊源关系。

马其顿在文明的发展道路上，比南部的希腊人迟了一大步。在希腊城邦进入政治、经济、文化空前繁荣的公元前5世纪时，马其顿王国虽已建立，上、下马其顿也在国王亚历山大一世时得到统一，但其社

---

1 Herodotus, *The Histories*, 5.17-21; 7.185; 9.31.

2 Herodotus, *The Histories*, 7.173; 9.44-45.

会制度仍保持着荷马时代的痕迹。国王有一定的特权，他的名字在外交文件中代表国家。他是全国土地的主人，战争中的最高统帅，同时又是祭司、法官和司库。但他的统治是受限制的、松散的。国王辖下的各部落仍保持一定的独立性。它们有自己的王室和部落王，战时作为国王名义上的藩属出兵打仗。王位世袭，但须经过人民的选举批准。人民还有权废黜国王，国王若涉及叛国案，要由人民审判。这时的人民实则是上马即兵、下马即农或牧的战士和贵族。国王在部落贵族中选择他的“战友”，后者要完全忠于国王，平时参与宫廷事务，战时随国王出征。国王从这些“战友”中选拔人员组成他的“议事会”。

公元前5世纪的马其顿已跨入文明社会的门槛，开始与希腊城邦发生接触。国王阿刻劳斯一世时（Archelaus I，公元前413—前399年在位），将首都从内陆的埃盖城迁到了近海的培拉城（Pella）。[1]此举有利于与沿海希腊城邦的接触，吸收其先进文化。他出面举办希腊式的体育竞技会，聘请希腊人担任军事教官训练军队、希腊的工程师修筑道路与城堡。他附庸风雅，对希腊的文学艺术尤为推崇，邀请许多著名的艺术家、诗人到他的宫廷做客。雅典悲剧家欧里庇得斯（Euripides，公元前480—前406年）还写了一部悲剧《阿刻劳斯》（*Archelaus*，公元前410年）献给这位国王。尽管马其顿在阿刻劳斯时逐渐强大，但它仍是与希腊城邦和平共处的邻居，而非虎视眈眈的强敌。

进入公元前4世纪以后，马其顿一跃而起成为希腊城邦不得不回首北望、刮目相看的威胁力量。马其顿以前的兵种主要是重装骑兵。可能在亚历山大二世（Alexander II，公元前370—前368年在位）时，组建了正规的重装步兵，称为“步兵王友”，其荣誉地位仅次于以骑兵为主体的“王之战友”。军事力量的增强自然促长了马其顿对外扩

---

1 一说他的父亲帕狄卡斯二世在位时（Perdiccas II，约公元前454/448—前413年）就把Pella作为都城。Quintus Curtius Rufus, *History of Alexander*, “Introduction,” with an English translation by John C. Rolfe, Cambridge, Mass.: Harvard University Press, 1998, p. xxiv.

张的欲望。马其顿的社会面貌也发生了明显变化，君主制统治得到加强，不少村庄变成了城镇。都城培拉成了马其顿最大的城市。

然而，马其顿的真正强大是在腓力二世在位之时（公元前359—前336年）。

军队是腓力征服与统治的最重要工具。为了提高军队的机动能力与战斗技术，他在部落兵制的基础上创建了国王直接指挥的常备军。这支军队既有以贵族组成的重装骑兵，也有从富裕农民中招募的重装步兵，还有一些雇佣军。腓力吸收底比斯军队编制的特点，组成了更为密集、富有纵深的马其顿方阵。腓力平定希腊，亚历山大远征东方，主要依靠的就是这支军队。

经济是立国的基础，腓力绝不甘心被排除于海上贸易之外。为此，他建立新城市，打开出海口，开采潘革翁（Pangaeum）金矿和银矿（每年产1000塔兰特），尤为重要的是进行了币制改革。他放弃了古老的波斯币制，银币采取色雷斯制，金币采取阿提卡制（Attica standard）。这样，马其顿就可在色雷斯和雅典货币流通的范围内自由贸易，特别是能同南部近邻希腊人的卡尔基狄斯同盟（Chalcidian League）贸易。腓力的钱币很快就广泛流通起来。腓力还首次在钱币上打上了自己的骑马肖像，开辟了王像钱币的先例。后来亚历山大及其后继者仿而效之，王像钱币成为希腊化钱币的基本类型和特征。

改革使马其顿成为巴尔干半岛的军事强国。马其顿周边的部族或通过征服，或通过联姻，都被腓力收归于麾下。但他并不满足于在巴尔干内陆称霸，南部内争犹酣的希腊城邦就成了他下一步征服的目标。

四、腓力之死与希腊—马其顿东征波斯的开启

马其顿的崛起，早就引起了中南部希腊城邦的警觉。与马其顿接壤的希腊城邦已经深深感受到马其顿的威胁。腓力俨然以希腊城邦的

一员自居，控制了以德尔斐（Delphi）神庙为中心的近邻同盟。对咄咄逼人的腓力，希腊城邦内部出现了分歧。反马其顿派力主希腊城邦结盟，抵制腓力的介入；亲马其顿派则想祸水东引，请腓力为帅，征服波斯，报当年波斯入侵之仇。公元前338年喀罗尼亚（Chaeronea）一役，决定了反马其顿派的彻底失败和希腊城邦独立时代的结束。征服波斯，攫取东方的财富，正是巴尔干、希腊既定之后腓力二世的下一个目标。公元前337年的科林斯会议上，腓力二世被推为希腊人的盟主，准备进攻波斯。他的先遣部队也已经出发。但第二年腓力二世在女儿的婚礼上却突然遇刺身亡。其子亚历山大顺势即位，继承父亲的遗志，继续东征。这时，亚历山大又多了一个借口，腓力之死与波斯人有关，要去报杀父之仇。但实际上，这似乎只是一个偶然的情感事件。

刺杀者是保桑尼亚斯（Pausanias），腓力二世的个人卫队成员。关于他的动机和幕后指使者，古代说法很多。由于凶手当场被杀，死无对证，也就成为千古疑案。最简单的一种说法是此事系个人行为，是腓力处事不公引起的。保桑尼亚斯受到另一卫队成员阿塔卢斯（Attalus）的性侵害，但腓力二世未对施害者进行惩罚，因为这位施害者是腓力新娘克列奥帕特拉·欧律狄刻（Cleopatra Eurydice）的叔叔（也有她的兄弟一说，据Diodorus，17.2.3），故而报复腓力。亚里士多德在《政治学》中也提到了此事。[1]他曾在马其顿担任宫廷教师，是亚历山大的老师，公元前322年去世。亚里士多德是当代人记当代事，应该最为可靠。后来的史家狄奥多罗斯（Diodorus Siculus）也是这种说法（16.93.3-16.94.4）。

也有的说是与亚历山大的母亲有关，甚至亚历山大也摆脱不了干系。据查士丁的《〈腓力史〉摘要》记述和暗示，由于腓力不久前

1 Aristotle, *Politics*, 5.8.10.

娶了一位新娘，奥林匹娅斯妒火中烧，怨恨腓力，亚历山大则担心父亲的新婚会给自己继承王位造成威胁，所以母子俩都有唆使保桑尼亚斯之嫌。而且奥林匹娅斯公开收殓、火化凶手尸体，建立坟墓，唯恐人所不知（Justin，9.7.1-14）。普鲁塔克也说奥林匹娅斯在保桑尼亚斯背后鼓动、唆使，甚至亚历山大也涉嫌参与其中。[1]也有现代学者怀疑受到腓力冷落的亚历山大母亲，甚至认为亚历山大本人也难逃干系。[2]还有人怀疑是马其顿军队指挥官埃罗普斯（Aeropus）的两个儿子阿拉巴亚斯（Arrhabaeus）和赫罗美尼斯（Heromenes）所为，他们或是出于个人原因（他们的父亲在喀罗尼亚战役后被腓力放逐），或是想把已故的帕狄卡斯三世（Perdiccas III）之子、有合法继承权的阿明塔斯四世（Amyntas IV）推上王位。亚历山大怀疑这些人参与谋杀，将他们全部处死（包括阿塔卢斯及其侄女克列奥帕特拉和她的两个孩子。也有一说是她在孩子被杀后自杀）。[3]

也有说这是波斯的阴谋，意在阻止腓力对波斯的入侵。阿里安的《亚历山大远征记》写道，亚历山大在伊苏斯之战后给大流士三世的求和回信中，指责波斯人组织了那次谋杀，还说这是波斯人自己承认的（“正如你们在给全世界的信中所吹嘘的那样”）。[4]但该书罗叶布版本的新译者布伦特（P. A. Brunt）断言这种说法不可信，并且怀疑这两封信是阿里安自己撰写的。不过布伦特也承认，即使如此，阿里安

1 Plutarch, *Alexander*, 10.4.

2 Waldemar Heckel and J. C. Yardley, *Alexander the Great: Historical Texts in Translation*, Malden, Mass.: Blackwell Publishing Ltd., 2004, p. xvii.

3 说他追查那些阴谋的参与者，并惩罚了他们。参见 Plutarch, *Alexander*, 10.4, with an English translation by Bernadotte Perrin, Cambridge, Mass.: Harvard University Press, 1996; *On the Fortune of Alexander*, I.3 (327 c), with an English translation by Frank Cole Babbitt, et al., Cambridge, Mass.: Harvard University Press, 1994; Justin, *Epitome of the Philippic History of Pompeius Trogus*, 9.7.12, 11.2.1, 12.6.14, translated by J. C. Yardley, Atlanta, GA: Scholar’s Press, 1994; Diodorus Siculus, *The Library of Histories*, 17.2.1, 3-5, with an English translation by C. Bradford Welles, Cambridge, Mass.: Harvard University Press, 1963.

4 Arrian, *Anabasis*, 2.14.5.

也是以他自己的资料来源为基础。[1]《亚历山大传》的作者昆图斯·库尔提乌斯·鲁弗斯（Quintus Curtius Rufus）也有这样的记载：亚历山大在给大流士三世的回信中历数了波斯人对希腊的侵略和敌对，特别提到波斯人用巨额金钱诱惑了那些刺杀他父亲的阴谋分子。[2]或许他们使用了同一史料。代当事人写信或演讲词是希罗多德和修昔底德以来的传统。阿里安和库尔提乌斯的说法也并非完全捕风捉影。确实有一位名叫阿明塔斯的马其顿人在腓力死后担心亚历山大的追杀，投奔了波斯。[3]这或许就是这两位笔下的亚历山大归罪波斯的缘由。阿明塔斯是在腓力二世死后才逃离的，此前应该和波斯没有关系。鉴于除此二位之外的其他古典作家也都没有提到波斯的介入，或许这只是亚历山大的借口。[4]

无论腓力之死背后有无波斯的影子，征服波斯已经成为亚历山大的既定目标。一个新的时代开始了。希腊—马其顿联军的统帅亚历山大和与亚历山大同年登基（公元前336年）的波斯国王大流士三世现在成了希波关系的主角。

小　结

亚历山大东征是欧亚大陆古代诸文明关系的一个分水岭。此前，尽管有埃及新王国的对外扩张，有赫梯帝国、亚述帝国、新巴比伦王国、米底王国的建立，但它们毕竟范围有限，仅限于近东一带。即

1 Arrian, *Anabasis of Alexander*, “Introduction”, 15 (p.xxvi-xxvii), 46 (p. lx).

2 Quintus Curtius, *History of Alexander*, 4.1.12.

3 Arrian, *Anabasis*, 1.17.9, 25.1-3.

4 事实上，亚历山大就有伪造大流士三世来信的惯例。见 Diodorus Siculus, *The Library of Histories*, 17.39; Arrian, *Anabasis of Alexander*, 2.14.1 (n.1).

使后来横跨欧亚非三大洲的波斯帝国，也只是政治、军事上的集合体，而非文化的统一体，波斯帝国各地的文化传统根深蒂固。希腊和波斯的接触始于希波战争，但波斯的惨败决定了希腊、波斯长久对立的政治格局。希腊北部的马其顿王国的崛起打破了这种平衡，一场大战不可避免。腓力二世的突然遇刺给其子亚历山大提供了征服波斯的借口，也给其带来了名扬千古，建立比波斯帝国更为庞大的帝国的机缘。亚历山大因此与未来的丝绸之路开通也就建立了遥远而有机的联系。

（杨巨平）

第二章　亚历山大帝国的创建

引　言

与其说富饶浪漫的丝绸之路穿越了非洲与欧亚大陆的高山沙漠，不如说它只存在于我们的想象当中。费迪南德·冯·李希霍芬男爵（Baron Ferdinand von Richththofen）在与鲍罗丁（Borodin）的交响诗（symphonic poem）《在中亚细亚草原上》同一时代的著作[1]中，巧妙地构建了一条丝绸之路（die Seidenstrasse），勾勒出一幅骆驼商队满载着奢侈品的图景。我们想象着一捆捆的丝绸在经过漫长的旅途后抵达希腊人、埃及人和罗马人望眼欲穿的地中海市场。我们还设想不同的语言、地域和文化之间有着曲折的联系，构成了一个现代性的全球贸易体系。然而在古代，绝不会有哪一位行旅在一条沙漠古道上赶路时向其同伴宣称："横亘在我们面前的便是著名的连接东西方世界的丝绸之路。"无论它是作为一条道路，还是作为丝绸贸易的唯一载体，这样简单的事情从来不会发生。事实要比这复杂得多，不过也正

1　指李希霍芬的《中国：亲历与研究》。——译者注

因此，它才成为世界历史上一种十分有趣的经济与社会现象。[1]譬如，我们必须承认，早在所谓“丝绸之路”出现很久以前，就已经存在着一条沟通欧亚大陆的“青金石之路”(Lapis Lazuli Trail)，从阿富汗的巴达赫尚（Badakhshan）山脉一直延伸到远方。[2]只要存在对异地商品的渴求，贸易就将会是一个永恒的传统。

常常有人断言，亚历山大大帝开创了后来几个世纪里持续繁荣的丝绸之路。[3]但按照这个逻辑，就好比说18世纪的跨大西洋毛皮贸易是由哥伦布确立的一样。但其实毛皮并不是哥伦布远航的目标。同样地，丝绸也不在亚历山大大帝前往东方寻找的奢侈品（声望、黄金、白银、牲畜、奴隶……）之列。[4]亚历山大时期的史料更关注波斯的染色羊毛和印度棉花，而不是什么类似于中国丝绸的东西。当然，随着时间的推移，亚历山大的征服也带来了大规模的商品交换。不过，这位马其顿统帅的主要贡献还是在于他在中亚和南亚留下了数以万计的希腊移民，尽管他们最直接的任务是政治和军事方面的，但这些人依然是希腊文化的传承者。即使这些殖民者的后代将来会与向西扩张的汉帝国在此相遇，但亚历山大也绝不会是因为这个目的，才将他手下的老兵安置于此。只是到了后来，一个被宽泛地概念化为“丝绸之路”的网络才慢慢出现，它虽然远超亚历山大的想象，但却非常符合

1 Tamara Chin, “The Invention of the Silk Road, 1877,” *Critical Inquiry*, Vol. 40 (2013), pp. 194-219; Daniel Waugh, “Richthofen's ‘Silk Roads’: Toward the Archaeology of a Concept,” *The Silk Road*, Vol. 5 (2007), pp. 1-10; Susan Whitfield, “Was there a Silk Road?” *Asian Medicine*, Vol. 3 (2007), pp. 201-213.

2 “青金石走廊”（Lapis Lazuli Corridor）国际经济协议的签约国已经恢复了该路线的一部分。所谓“青金石走廊”是一条通过公路、铁路和海上交通连接欧洲和亚洲的贸易路线，类似于更为宏大的中国“一带一路”的倡议。

3 作者这里没有说明出处，但学界目前似乎还没有见到如此明确的说法。本书之所以把亚历山大东征与丝绸之路联系起来，只是就其开创了希腊化世界，以及此后希腊化世界道路交通网络的形成奠定了丝路全线开通的地缘基础而言。参见杨巨平:《亚历山大东征与丝绸之路开通》,《历史研究》2007年第4期。作者在下文也注意到了杨巨平教授的观点。——译者注

4 Frank Holt, *The Treasures of Alexander the Great*, Oxford: Oxford University Press, 2016.

我们现代人对宏大的地缘经济思维的偏好。

亚历山大不是僧侣或商人——这些人与西汉使节张骞才是古代"丝绸之路"真正的开拓者。但这并不是说亚历山大大帝的统治对促进东西方交通没有起到任何作用。相反，正是他治下的这种交通和流动才催生了冯·李希霍芬眼中的传奇通道（即丝绸之路——译者注）。[1]毕竟，几乎所有与古代欧亚大陆有关的事物，都或多或少受到了马其顿征服的影响。如果现代学者追求反事实的历史，这一事实就会导致奇怪的推论，比如阿诺德·汤因比（Arnold Toynbee）就曾猜想：如果亚历山大一直活到晚年会发生什么？[2]他的这种设想将亚历山大与中国紧密地联系在了一起。[3]在汤因比的笔下，亚历山大大帝受到奢侈品贸易前景的诱惑，于公元前4世纪末征服了东亚，并且希腊人的统治一直延续到了亚历山大八十六世（Alexander LXXXVI）。[4]汤因比的"假定分析"使得"丝绸之路"成为早期马其顿世界性帝国境内的主要交通线，跨越了阿基德王朝（Argead dynasty）数千年的统治。另一方面，古典学者约西亚·奥柏（Josiah Ober）提出了一个不同的"假设"。[5]他想知道如果亚历山大早在公元前334年的格拉尼库斯河（Granicus River）战役时就身死沙场，那这个世界会是什么样。这种情况下，败局已定的希腊人和马其顿人唯有打道回府。因此，奥柏对中国压根只字未提。"丝绸之路"是否、如何以及何时出

---

1 杨巨平教授就曾指出过这一点，详见Juping Yang, "Alexander the Great and the Emergence of the Silk Road," *The Silk Road*, Vol. 6 (2009), pp. 15-22.

2 A. J. Toynbee, *Some Problems of Greek History*, Oxford: Oxford University Press, 1969, pp. 470-486.

3 这是一种只有在纷杂的中世纪传说中才会出现的联想。传说亚历山大在中国或附近地区建立了一座神秘的城市桃花石（Taugast），参见Theophylactus Simocatta, *Historiae*, 7.9.6; Xushan Zhang, "On the Origin of Taugast in Theophylact Simocatta and the Later Sources," *Byzantion*, Vol. 80 (2010), pp. 485-501.

4 汤因比的原文如此，其实他在一个非拉丁文明中使用罗马数字毫无意义。

5 Josiah Ober, "Conquest Denied," in Robert Cowley, ed., *What If: Military Historians Imagine What Might Have Been*, New York: Berkley Books, 2015, pp. 37-56.

现，似乎在很大程度上取决于亚历山大个人的命运。

然而不应忘记，历史上的亚历山大帝国建立在波斯帝国的基础之上。因此，实际上第一个在自己疆域内外与欧洲、非洲和亚洲进行贸易往来的国家是阿黑门尼王朝（Achaemenid），而非阿基德王朝。[1]所以，即使亚历山大英年早逝，换成波斯帝国在战争中占据上风，“丝绸之路”可能照样会出现。并且，如果当初居鲁士大帝（Cyrus the Great，约公元前557—前539年在位）没有在中亚战死，那么波斯与中国的直接接触甚至可能会来得更早一些。当然，这些都仅仅是猜测，但确实值得我们从更宽泛的事实与反事实的角度来进行思考。

第一节　公元前4世纪的希腊人与波斯人

公元前4世纪初，在欧洲、非洲、印度到中国的广袤世界中，没有一丝迹象可以表明马其顿即将崛起。这个偏居希腊北部一隅的小王国，尽管在宏大的希波战争中起到了作用，但却微乎其微。毋庸讳言，马其顿在必要时会脚踏两条船，希罗多德和修昔底德（Thucydides）在其编年史中都曾提到过这一点。[2]早在马其顿人剑指波斯帝国之前，波斯人就已在公元前5世纪的希波战争中踏上马其顿的土地了。亚历山大大帝的先祖亚历山大一世（Alexander I，约公元前498—前454年在位），实际上从大约公元前492年起就是波斯帝国

1 Juping Yang, “Alexander the Great and the Emergence of the Silk Road,” *The Silk Road*, Vol. 6 (2009), p. 16.

2 关于早期马其顿的情况，可以参考Eugene Borza, *In the Shadow of Olympus: The Emergence of Macedon*, Princeton: Princeton University Press, 1990; N. G. L. Hammond and G. T. Griffith, *A History of Macedonia. Vol. II: 550-336 B.C.*, Oxford: Clarendon Press, 1979; Carol King, *Ancient Macedonia*, London: Routledge, 2018.

的封臣。[1]宫廷宣传为了掩盖这一尴尬的事实，对外宣传亚历山大一世是“爱希腊者”（Philhellene）和“真正的希腊人”。希罗多德声称，马其顿国王曾希望参加奥林匹克赛会，他向希腊裁判证明了马其顿王室——阿基德家族——的先祖是源自阿尔戈斯（Argos）的希腊人。[2]当然，并不是所有人都相信马其顿人的希腊血统和忠诚，后来发生的事情也证明了这一点。

爱琴海北部有着雅典帝国大规模造船所需的林木资源，而这位马其顿“爱希腊者”之子帕狄卡斯二世（Perdiccas II，公元前454—前413年在位），却阻止了雅典势力向此处的扩张。因此，在伯罗奔尼撒战争期间，马其顿一度与斯巴达共同对抗过雅典。雅典在攻打西西里的叙拉古（Syracuse）时，折损了大半舰队，损失惨重。不过帕狄卡斯二世的继承者阿刻劳斯（Archelaus，公元前413—前399年在位）却因此获益良多。后来，实力遭到削弱的雅典帝国为了获得重建海军所需的木材，不得不与阿刻劳斯修好。结果，阿刻劳斯进行了一项雄心勃勃的国家改善计划，包括修建新堡垒、道路以及在培拉（Pella）营造新都。他还赞助了许多杰出的艺术家和作家，包括阿提卡的欧里庇得斯（Euripides），后者曾为阿刻劳斯创作过一个剧本以表敬意。根据同时代的修昔底德所言，阿刻劳斯取得的成就比他之前的八位国王之和还要多。[3]但在他之后的八位国王却把马其顿王国带向了新的低潮。

公元前399年，阿刻劳斯国王遇刺使马其顿陷入了长期的内乱，在短短四十年时间里就先后废立了八位国王。[4]而同样在这四十年

---

1 Herodotus, 6.44.1.

2 Herodotus, 5.22. 据说亚历山大一世在体育场的赛跑中获得并列第一名。据称亚历山大三世也是一名奥林匹克级别的运动员。可以参考Plutarch, *Moralia*, 331b. 关于这方面的讨论可以参考W. L. Adams, “Other People’s Games: The Olympics, Macedonia and Greek Athletics,” *Journal of Sport History*, Vol. 30 (2003), pp. 205-217.

3 Thucydides, 2.100.2.

4 阿刻劳斯是在一次皇家狩猎中遇刺的。参考Aristotle, *Politics*, 5.1311a-b.

里，波斯只经历了阿塔薛西斯二世（Artaxerxes II，公元前405—前359年在位）一位皇帝的统治。[1]公元前401年，阿塔薛西斯打败了入侵的希腊雇佣军，赢得了库纳克萨（Cunaxa）之战。这对希腊人来说其实是一场惨败，但色诺芬（Xenophon）在他的爱国史诗《长征记》（*Anabasis*）中仍对这次战争进行了英雄化的渲染。随后在断断续续的科林斯战争（Corinthian War，公元前395—前386年）中，阿塔薛西斯挑拨希腊人反目成仇，相互敌对，导致雅典、底比斯、科林斯和其他希腊城邦联合起来共同对抗斯巴达。战争结束后，阿塔薛西斯强加给孱弱的希腊人一个耻辱的仲裁，即所谓的“大王和约”（King’s Peace），重新将小亚的希腊城邦（poleis）纳入波斯管辖。[2]由斯巴达（公元前386—前371年）和底比斯（公元前371—前362年）轮流执掌的霸权联盟纵然短暂，却仍然将希腊世界的主要城邦笼罩在一片暮色之下，消耗着它们的元气。与此同时在希腊北部，群龙无首的马其顿王国也无法摆脱邻国的威胁。公元前359年，国门洞开的马其顿遭受伊利里亚人（Illyrians）的大肆入侵，国王帕狄卡斯三世战死，并损失四千名士兵。[3]到这个时候，波斯帝国及其“万王之王”已经不用害怕雅典、斯巴达、底比斯、科林斯或马其顿的阿基德王朝了。

阿黑门尼王朝的波斯帝国统治着地中海东部、非洲东北部、伊朗高原以及中亚和南亚的部分地区。因此，波斯人统治的疆域是希腊人和马其顿人几乎无法想象的。波斯帝国对他们来说就像遥远的“永无乡”（neverlands），到处都是巨大的蚂蚁、凶猛的狮鹫和长着蝎尾或狗头狗爪的怪物民族。科尼多斯的克泰西亚斯（Ctesias

1　阿塔薛西斯是阿黑门尼王朝在位时间最长的一位君主，普鲁塔克写过关于他的传记。

2　色诺芬在其《希腊史》中记载：“阿塔薛西斯宣称亚洲的城邑应归他所有……凡不接受此项和平的，他必降之以兵燹。他将与那些渴求这种安排的人一道，海陆并进，恩威并施。”Xenophon, *Hellenica*, 5.1.31.

3　Diodorus, 16.2.4-5.

of Cnidus）是一名服务于阿塔薛西斯二世宫廷的希腊人，其风靡一时的《印度志》（*Indika*），对这种以讹传讹的谣言在希腊人中的散播起到了推波助澜的作用。[1]波斯人对这种事情当然洞若观火。四通八达的道路系统在波斯帝国境内纵横交错，其中最著名的当属从苏萨到爱琴海的"御道"（Royal Road）。除此以外，帝国还维护着通往东部各总督辖区的道路。[2]信使们往返于波斯腹地（阿黑门尼王朝的驿道系统非常有名），[3]各种必需品和稀罕特产被作为贡品运到波斯波利斯、苏萨、巴比伦和埃克巴坦那等四个波斯首都的皇家宝库。

波斯既富有又强大，令所有希腊城邦既羡慕又畏惧。在政治衰落和贫困加剧的推动下，一场泛希腊运动鼓舞着雅典的伊索克拉底（Isocrates of Athens）等一批古典作家。他们梦想有朝一日能够征服波斯，攫取财富，报复前仇。伊索克拉底穷尽一生（公元前436—前338年）都在四处游说斯巴达人（阿盖西劳斯，Agesilaus）、帖撒利人（菲莱的亚历山大，Alexander of Pherae）以及叙拉古人（狄奥尼修斯一世，Dionysius I），希望这些希腊城邦领袖能够肩负起这一伟业，但没有一人积极响应。此后，从公元前346年开始，他在《致腓力辞》中又开始呼吁马其顿国王腓力二世联合希腊人共同对抗波斯。毕竟腓力曾经力挽狂澜，使马其顿王国免于彻底崩溃的厄运，或许他也可以拯救整个希腊世界呢?

---

1 Andrew Nichols, ed., *Ctesias on India and Fragments of His Minor Works*, London: Bloomsbury, 2011.

2 Pierre Briant, *Histoire de l'empire perse de Cyrus à Alexandre*, Vol. 2, Leiden: Nederlands Instituut, 1996, pp. 369-398.

3 Herodotus, 8.98. 希罗多德的著作中记载着至今仍十分有名的邮政名言："无论是雨雪、炎热抑或黑夜，都不能阻止这些信使迅速地完成指定给他们的任务。"也可参阅Xenophon, *Cyropaedia*, 8.6.17.

第二节　马其顿的崛起

公元前4世纪，马其顿无休止的王朝动荡最终在腓力二世（Philip II，公元前359—前336年在位）相对较长的统治时期内得到缓解。[1]伊利里亚人入侵时，先王帕狄卡斯三世战死疆场，但擅长战争与外交的腓力最终还是帮助马其顿王国避免了土崩瓦解的命运。腓力曾在马其顿国力衰败时被送往底比斯充当质子。在此期间，他从底比斯霸权的缔造者那里全面学习了最新的军事战略，从而缓和了内心的屈辱感。[2]腓力回到马其顿后，最开始可能担任了阿明塔斯四世（Amyntas IV，亦即前文所提帕狄卡斯三世之幼子）的摄政。即便在他本人加冕称王后，前述经历也使其受益良多。英勇果敢、魅力非凡的腓力二世将上、下马其顿的部落团结在一起，将之打造成一支锐意进取的强军。他征召并训练了一支大型步兵方阵，装备有马其顿的标志性武器——长约4.4—5.5米的萨里沙（sarissa）长矛。[3]利用这些武器，骁勇强悍的马其顿方阵通常可以压制敌方队伍。同时，装备着一种较短长矛和利剑的骑兵以楔形队形前进，利用敌人防线的缺口或弱点发起进攻。像银盾团（Hypaspists）这样的轻装精锐部队，则可以为马其顿部队的调度提供机动性，非常适合需要速度和隐蔽性的特殊行动。战友情谊和凝聚力对于军队来说非常重要，因此腓力二世将“伙友”（Hetairoi）的尊称加以扩展，把步兵（Pezhetairoi）和骑兵都囊括了进去。他还与独立性较强的贵族子嗣保持亲密的关系，将其训练成国

1　关于腓力二世的古代传记没有流传下来，不过从狄奥多罗斯和查士丁等人的著作中可以了解其人的生平。

2　腓力或许也曾在伊利里亚做过一段时间的人质，参考Diodorus, 16.2.2-6; Justin, 7.5.1; Plutarch, *Pelopidas*, 26.5.

3　Diodorus, 16.3.1-2; 关于萨里沙长矛可以参考Minor Markle, “Use of the Sarissa by Philip and Alexander of Macedon,” *American Journal of Archaeology*, Vol. 82 (1978), pp. 483-497.

王卫队（Basilikoi Paides），他们可以分享国王的猎物，并在国王入寝时担当守卫。[1]依靠着调度有方的马其顿步兵、骑兵以及先进的攻城器械，腓力二世最终成为"欧洲最伟大的国王"。[2]

希腊城邦方面对此有以下两种反应：一部分人认为腓力二世是带领全希腊讨伐波斯的最佳人选，其他人则与雅典人德摩斯提尼（Demosthenes of Athens）一样，言辞激烈地抨击腓力是一个非希腊民族的野蛮人。与千里之外的波斯国王相比，他倒是更能威胁到希腊城邦的自由。作为雅典最伟大的雄辩家，德摩斯提尼的演说非常具有感染力，他在一系列被称为"反腓力辞"（Philippics）的演讲中指责马其顿是不毛之地，在那里"甚至买不到一个像样的奴隶"。[3]这种宣传中唯一的事实是，马其顿确实是一个洋溢着荷马史诗式尚武之风，并且稍显落后的勇士社会。国王与"伙友"们战斗时勇猛，酗酒时无度，狩猎时不惧危险，还喜欢不停地吹嘘自己的勇猛。与雅典那种高雅的会饮（symposia）完全不同，大吵大闹的纵饮在腓力二世宫廷里很受欢迎。在这种场合中，马其顿人在受到侮辱或者认为自己受到他人的侮辱时，总是以铁拳回应侮辱，以鲜血平息宿怨。[4]尽管马其顿国王卫队一直受到重用，但具有讽刺意味的是，最终却是其中一名心怀不满的国王侍卫刺杀了腓力。[5]

鉴于王国四周强敌环伺，马其顿要想生存下去确实需要形成严酷的尚武之风。每一个战士都要用荷马史诗中阿喀琉斯（Achilles）或

---

1 Elizabeth Carney, "The Role of the *Basilikoi Paides* at the Argead Court," in Timothy Howe and Jeanne Reames, eds., *Macedonian Legacies: Studies in Ancient Macedonian History and Culture in Honor of Eugene N. Borza*, Claremont: Regina Books, 2008, pp. 145-164.

2 Diodorus, 16.95.1.

3 Demosthenes, *Third Philippic*, 31.

4 希腊南部地区的人一般用水将酒稀释后饮用，而马其顿人则饮用烈度酒（akratos），详见 Elizabeth Carney, "Symposia and the Macedonian Elite: The Unmixed Life," *Syllecta Classica*, Vol. 18 (2007), pp. 129-180.

5 Diodorus, 16.91-94.

埃阿斯（Ajax）的严苛标准来要求自己，所有人都不能在长时间内表现出软弱或恐惧。无论是平民还是国王，马其顿的成年礼都要求他们在不使用网具的情况下单枪匹马地杀死一头野猪。后来的国王卡桑德（Cassander）就是因为直到35岁时都还没能做到这一点，所以只能坐着吃饭，而不是与其他男子一样斜躺在桌子旁边吃饭。[1]腓力二世时常向其战友炫耀自己脸上、手臂、锁骨和腿上的累累伤痕，认为这是自己作为马其顿统治者的象征。这些伤病让他步履蹒跚，甚至半盲。德摩斯提尼隔空嘲笑他是一个面目全非的马其顿老头。但当他们最终见面时，这位雅典人却又吓得说不出话来。[2]作为一位独眼的军事奇才，腓力不仅从战争中幸存下来，还把马其顿的国土扩大了一倍多；他的功绩迅速使雅典和其他城邦黯然失色。

腓力在希腊北部一系列极富侵略性的动作挫败了雅典的野心，改写了希腊的版图。公元前348年，他摧毁了奥林图斯城（Olynthus），解散了卡尔基狄斯同盟（Chalcidian League）。[3]当希腊南部城邦为控制德尔斐的阿波罗圣地而卷入神圣战争（公元前356—前346年）时，腓力二世再次介入并平息了这场冲突。所以，他在德尔斐被授予了主持“皮提亚赛会”（Pythian Games）的荣誉，但雅典人却因此拒绝参加该赛会。[4]公元前340年，在德摩斯提尼的煽动下，雅典向腓力二世宣战，试图阻止他在整个希腊的扩张。此后，底比斯也参与了进来。如此一来，两个前超级大国开始联合起来共同对抗另一个大国的崛起。公元前338年，腓力在希腊中部的喀罗尼亚（Chaeronea）战役中彻底击败了敌方联军。是役，年仅18岁却成熟老练的腓力二世之子亚历山大指挥着马其顿骑兵的左翼，击败了精锐的“底比斯圣军”

---

1 Athenaeus, *Deipnosophistae*, 1.18.

2 Alice Riginos, “The Wounding of Philip II of Macedonia: Fact and Fabrication,” *Journal of Hellenic Studies*, Vol. 114 (1994), pp. 103-119. 可以参考Aeschines, 2.34-35.

3 Justin, 8.3.11.

4 Diodorus, 16.60.

（Sacred Band of Thebes）。[1]

早在此前，腓力就已经在考虑入侵波斯的计划。他抓住这个机会组建了所谓的科林斯同盟（League of Corinth），并设计使自己被推选为霸主。如此种种，将希腊人与他的大业捆绑在了一起。同盟议事会将冷傲的斯巴达人排除出去，选举腓力二世为最高统帅，指挥这场企盼多时的“泛希腊世界”对波斯帝国的复仇战争。公元前336年春天，在高级将领帕门尼奥（Parmenion）和阿塔卢斯（Attalus）的率领下，一支由一万人组成的先头部队越过赫勒斯滂海峡，为之后腓力二世的主力入侵做好准备。只是腓力国王后来再也未能按期抵达。

腓力二世在埃盖（Aegae）一个拥挤的剧场中参加女儿的婚礼时突然遇刺。[2]凶手名叫保桑尼阿斯（Pausanias），是一位权利受到侵害而愤懑不平的贴身侍卫。不过有人怀疑腓力的妻子奥林匹娅斯（Olympias）和儿子亚历山大可能也参与了此次暗杀。[3]腓力使马其顿成为爱琴海地区最强大的国家，并将战争的矛头直指波斯，其接班人亚历山大实际上继承了率领希腊人一路到达印度的重任。

第三节　新王的目标与野心

亚历山大的母亲奥林匹娅斯是一位令人敬畏的伊庇鲁斯女人，是

1 Matthew Sears and Carolyn Willekes, “Alexander’s Cavalry Charge at Chaeronea, 338 BCE,” *Journal of Military History*, Vol. 80 (2016), pp. 1017-1035.

2 埃盖，即现在的维尔吉纳（Vergina）。自从在维尔吉纳发现马其顿皇家陵寝以后，关于腓力二世的生活、死亡以及葬礼情况，大部分已经公开，详见 Robin Lane Fox, ed., *Brill’s Companion to Ancient Macedon*, Leiden: Brill, 2011; Joseph Roisman and Ian Worthington, eds., *A Companion to Ancient Macedonia*, Chichester: Wiley-Blackwell, 2010.

3 Diodorus, 16.91-4; Plutarch, *Alexander*, 10.6-8.

腓力七任妻子中的第四任。[1]腓力二世将自己的祖先追溯到赫拉克勒斯（Herakles），奥林匹娅斯则声称自己的血脉承袭于阿喀琉斯。[2]在亚历山大看来，这两位希腊英雄都十分杰出，这也意味着自己注定成为一代伟人。在亚里士多德数年的调教和培养之下（公元前343—前340年），这位阿基德王子具备了荷马式的精神气质，并表现出近乎无限的自我与野心。[3]有关他青年时代的传说甚多，比如，他驯服过烈马布西法拉斯（Bucephalus），并且这匹马后来陪伴他经历了大部分的战斗。[4]亚历山大16岁便在腓力外出作战时担任摄政，他抓住这个机会发动了一场属于自己的军事行动，并建立了他生平的第一座城市亚历山德罗波利斯（Alexandropolis）。[5]亚历山大军事经验丰富，并在国家治理方面受过良好的教育，显然是继承王位的理想人选。几年后，腓力二世于公元前336年遇刺，他便立即加冕称王。亚历山大即位后稍作整顿，采取一系列措施巩固了对北部和西部腹地部落的统治，然后向南部的希腊进军，并在公元前335年洗劫了底比斯。不久，他便毫不犹豫地继承了其父王入侵波斯的遗业。[6]父子二人对世界的看法并不完全一致，十几岁的亚历山大也曾一度被其父逐出宫廷，但两人都愿意征战波斯，获取财富与名望。我们不知道腓力二世本人能沿着这条道路走多远，但他的儿子亚历山大不达到绝对胜利，就决不

---

1 关于腓力二世的婚礼，可参看Athenaeus, *Deipnosophistae*, 3.557b-e. 关于奥林匹娅斯，可参看Elizabeth Carney, *Olympias: Mother of Alexander the Great*, New York: Routledge, 2006.

2 关于亚历山大本人的教养，可参看Plutarch, *Alexander*, 2-8.

3 显然亚历山大同父异母的兄弟腓力三世并没有接受亚里士多德的教导，或许是出于身体原因。关于这种说法可参看Diodorus, 18.2.2; Plutarch, *Alexander*, 10.2, 77.7. 不过亦或只是我们的史料中没有记载而已。

4 Andrew Anderson, “Bucephalus and His Legend,” *American Journal of Philology*, Vol. 51 (1930), pp. 1-21.

5 Plutarch, *Alexander*, 9.1. 关于亚历山大创建的城市，还可参看Peter Fraser, *Cities of Alexander the Great*, Oxford: Clarendon Press, 1996.

6 Arrian, 1.7-10; Diodorus, 17.8-13; Plutarch, *Alexander*, 11-12; Justin, 11.3.6-4.8; Polybius, 38.2.13-14, 5.10.6-8.

会罢休。他拒绝了大流士三世（Darius III）提出的所有妥协，这位苦命的波斯皇帝生不逢时，恰巧与亚历山大同时登基。

亚历山大的目标是对内称霸，对外称帝，也就是说他要以世袭国王的身份统治马其顿，以当选霸主的身份管理希腊，以军事征服者的身份征服波斯。如前所述，统治马其顿绝非易事，大部分的国王或在战争中阵亡，或在宫廷内乱中丧命，其家族成员也通常难得善终。亚历山大几乎所有的亲人都死于暴力，包括他的叔叔亚历山大二世（Alexander II），父亲腓力二世，母亲奥林匹娅斯，妹妹克列奥帕特拉（Cleopatra），同父异母的姐妹希纳尼（Cynnane）、帖撒罗尼卡（Thessalonike）和欧罗巴（Europa），同父异母的兄弟腓力三世，继母克列奥帕特拉（Cleopatra），妻子罗克珊娜（Roxane）、斯坦忒拉（Stateira）和帕利萨提斯（Parysatis），以及亚历山大的儿子，不论是真正的亚历山大四世（Alexander IV），还是挂名的非婚生子赫拉克勒斯（Herakles）等。[1]亚历山大本人也曾几度遭遇暗杀，并在战争中数次身负重伤。

虽然亚历山大对希腊的霸权统治尚算稳固，但这种稳定经常需要以武力作为后盾。亚历山大继承父业，被推选为科林斯同盟领袖，却遭到了雅典的公开反对。斯巴达也游离于同盟之外，[2]甚至几年之后亚历山大转战波斯时，斯巴达国王阿吉斯三世（Agis III）还煽动一支希腊军队反抗马其顿。最终在公元前330年，留守马其顿的摄政安提帕特（Antipater）镇压了此次暴动。[3]亚历山大与雅典关系十分紧张，据说他在印度的某次战斗中曾大喊："啊，雅典人，你们知道我为了赢

---

1 关于亚历山大同时代人的简短传记，可参看Waldemar Heckel, *Who's Who in the Age of Alexander the Great*, Malden: Blackwell, 2006.

2 Arrian, 1.1.3; Diodorus, 17.3.1-6.

3 Ernst Badian, "Agis III: Revisions and Reflections," in Ian Worthington, ed., *Ventures into Greek History*, Oxford: Clarendon Press, 1994, pp. 258-292.

得你们的好感而付出了多少代价吗?”[1]

然而，正是亚历山大关于海外帝国的构想改写了世界历史。这位年轻的国王理直气壮地宣称：“凡波斯皇帝所领之处，皆我欲以长矛征服之地（doriktetos chora）。”[2]为此，公元前334年，亚历山大留下约13500名士兵戍守希腊，亲率约37000名士兵越过赫勒斯滂海峡进入小亚。[3]值得注意的是，公元前334—前330年之间的三场大战和一次围城战，就足以推翻波斯帝国的统治了。人们普遍认为，亚历山大在每一场战役中都在兵力上处于极大的优势地位，但其实没有人能确定具体的数字，因此很多数字可能都被做了夸张的处理，而且我们现今使用的五种主要资料全部成书于罗马时代，它们都惯于采用整数。[4]不过，尽管这些叙事中不时地充斥着各种传奇和夸大，但很少有历史学家怀疑这些战争所带来的巨大的军事和政治影响。

一、小亚细亚与近东

亚历山大在渡过赫勒斯滂海峡，并向特洛伊英雄，尤其是他所谓的祖先阿喀琉斯致献敬意后，便于公元前334年春末，从特洛伊启程前往格拉尼库斯河。[5]马其顿的海军力量有限，在敌人实行焦土战略时无法支撑一场旷日持久的战争。希腊雇佣兵队长门农（Memnon of Rhodes）向齐聚一堂的波斯总督们提出实行坚壁清野的策略，但大流士的宠臣们认为年纪轻轻的亚历山大还不算强大，向他让步是懦弱的表现。[6]而且这些宠臣也不完全信任门农，因为门农家人曾作为政治

1 希达斯皮斯河战役，参看Plutarch, *Alexander*, 60.

2 Diodorus, 19.105.4.

3 关于这支部队的规模及建制情况，可以参考A. B. Bosworth, *Conquest and Empire*, Cambridge: Cambridge University Press, 1988, pp. 259-266.

4 相关的例子可以参考Frank Holt, *The Treasures of Alexander the Great*, pp. 11-19.

5 Arrian, 1.11.5-12; Plutarch, *Alexander*, 15.7-9; Diodorus, 17.17.1-3; Justin, 11.5.12.

6 Diodorus, 17.18.2-3; Arrian, 1.12.2-10.

难民在培拉城受过腓力二世的庇护。[1]事实上，亚历山大对门农的家庭很熟悉，后来还在公元前333年选了其家族成员巴尔塞妮（Barsine）做情妇，此女是门农兄弟的外甥女，也是兄长曼托（Mentor）的遗孀，后来又成为门农的遗孀。[2]

对亚历山大来说，有一个利好的消息，那就是小亚细亚的波斯军队渴望来一场大决战，这正中亚历山大下怀。波斯人在格拉尼库斯河陡峭的河岸上占据了坚固的防御位置，骑兵在岸边严阵以待，希腊雇佣兵在其后充当预备军。但波斯人这种严格的布兵方式，却使得己方骑兵在马其顿人奋力渡河上岸时无法发起冲锋。亚历山大身先士卒，率兵冲击波斯阵线的中心。若不是克莱图斯（Cleitus）及时赶到，挥刀砍下了那位波斯贵族的手臂，亚历山大险些当场被其一击致命。马其顿的骑兵得到支援后便冲散了敌人的队形，四处溃散的波斯骑兵抛弃了困在战场上的希腊雇佣兵。后来亚历山大下令将这些雇佣兵全部处死，原因是他们背叛了自己的"泛希腊"事业（Pan-Hellenic cause）。[3]为了加强对此次大捷的宣传，他向雅典的帕特农神庙馈赠了300副俘获来的华丽盔甲，以报复公元前480年波斯人对雅典娜神庙的破坏，献词如下："腓力之子亚历山大和希腊人（但不包括斯巴达人），从亚洲的野蛮人手中夺取了这些战利品。"[4]

第一次大捷使亚历山大把波斯帝国西部几个总督辖区收入囊中，但暂时还不能动摇大流士三世统治的根基。即便如此，大流士三世从此也不得不开始亲自组织强有力的防御。最重要的是，格拉尼库斯河战役的胜利巩固了亚历山大对希腊的霸权，因为一旦有任何东征受挫

1 Diodorus, 16.52.1-3.

2 关于巴尔塞妮及亚历山大统治时代的女性，可以参考伊丽莎白·卡内的重要著作，如 Elizabeth Carney, *Women and Monarchy in Macedonia*, Norman: University of Oklahoma Press, 2000.

3 Arrian, 1.13-16; Diodorus, 17.19-21; Plutarch, *Alexander*, 16; Justin, 11.6.8-13.

4 Arrian, 1.16.2; Plutarch, *Alexander*, 16.13-14.

的消息反馈到希腊本土，他的泛希腊联盟就会迅速瓦解。亚历山大在征服的领土上任命了希腊人和马其顿人充任关键的行政管理职位，但其实他们对当地的统治方式很少做出改变。[1]亚历山大派兵攻打了负隅顽抗的米利都和哈利卡纳苏斯（Halicarnassus）等沿海城市，在粗暴地对待波斯居民的同时，那里的希腊人却得到了“解放”。在巩固已占领土的同时，为了节省军费，他暂时解散了同盟的小型舰队。亚历山大在小亚细亚过冬，在那里他像街头变戏法似地砍断了“戈尔迪之结”（Gordian Knot），以使当地“亚洲之主”的预言一语成真。[2]这次经历，连同之前的特洛伊之旅，标志着亚历山大成功上演了一场政治宣传的大戏，这也促使他后来愈加关注西瓦（Siwah）和波斯波利斯（Persepolis）这样的地方。

公元前333年，亚历山大在塔尔苏斯（Tarsus）生了一场大病，病愈后率军来到了叙利亚境内，此时大流士正统率着千军万马枕戈待旦。11月，波斯皇帝率军攻击亚历山大部队的侧翼，并在伊苏斯（Issus）阻断了马其顿军的补给线。受惊的马其顿人赶紧转换方向与大流士的军队正面交锋。幸运的是，战斗发生在海边的狭窄地带上，这对规模较小的希腊军队十分有利。而且波斯骑兵又一次在河边摆出了防御阵形，等于将骑兵冲锋的攻势拱手让给了马其顿人。亚历山大率领骑兵“伙友”在一次关键的冲锋中突破了波斯部队的左翼。这样一来，年轻的亚历山大就闯到了离大流士不远的地方。这一场景可能在后来庞贝城（Pompeii）出土的亚历山大镶嵌画中被戏剧化了。[3]波斯军队的战线被冲垮后，大流士就丢下战车，骑马逃离了战场，他的大部队也随即溃退。亚历山大的这次胜利十分彻底，完全就是一场大

1 具体细节参见 Frank Holt, *The Treasures of Alexander the Great*, pp. 52-54.

2 Brendan Burke, “Anatolian Origins of the Gordian Knot Legend,” *Greek, Roman, and Byzantine Studies*, Vol. 42 (2001), pp. 255-261.

3 Paolo Moreno, *Apelles: The Alexander Mosaic*, Milan: Skira, 2001; Ada Cohen, *The Alexander Mosaic*, Cambridge: Cambridge University Press, 1997.

捷。只是此役没有活捉大流士，日后还要与之再战。不过，阿黑门尼的王室成员倒是落入了马其顿人之手。亚历山大对这些俘虏表现出刻意的尊重，同时又拒绝释放或者允许波斯一方赎回他们。帕门尼奥率领的一支特遣队，还在大马士革掳走了许多被大流士安置于此的波斯将领家眷（其中就有门农的遗孀），以及大量的财宝。[1]这时，亚历山大的金库中便塞满了战利品。他断然拒绝了大流士提出的所有以割地赔款来解决双方冲突的提议。[2]如果身为外交家兼战士的腓力能够到达目前这个地步，他会不会同意谈判我们不得而知，但亚历山大始终坚持着一个伟大战略从未动摇过，那就是推翻整个阿黑门尼王朝。自从亚历山大在伊苏斯正面击败了大流士以后，他便超出了腓力二世的反波斯战争的范畴。公元前333年亚历山大决定以自己的名义发行他亲自设计的钱币，即可作为这一事实的明证。[3]这种所谓的帝国货币，其银币上是赫拉克勒斯和宙斯的形象，金币上是雅典娜和胜利女神尼科（Nike）的形象，并且所有钱币都采用阿提卡的重量标准。尽管东方本土的某些钱币仍在使用，但是亚历山大发行的钱币依然进入了流通。伴随着金银币在这些人的钱袋中叮当作响，一个新时代诞生了。

大流士逃走以后开始着手从帝国东部召集一支军队，但亚历山大并没有理会他的这一动作，而是沿着地中海向南进军到了埃及。行军途中，他先后接受了阿拉杜斯（Aradus）、马拉图斯（Marathus）、毕布罗斯（Byblos）和西顿（Sidon）的归降。亚历山大的战略是夺取波斯帝国所有的海军基地，包括腓尼基近海防御牢固的推罗岛（Tyre），从而削弱波斯的海上优势。但是自信的推罗人却回绝了这位马其顿国王，事实证明这一举措十分轻率。在围城行动中，陆地部队在深水区

1 Plutarch, *Alexander*, 21.7-9; Curtius, 3.12.27-13.11.

2 Curtius, 4.5.1-8, 11.1-22; Diodorus, 17.39.1-2, 54.1-5; Justin, 11.12.3, 9-13; Arrian, 2.25; Plutarch, *Alexander*, 29.7-8.

3 Frank Holt, *The Treasures of Alexander the Great*, pp. 158-162.

很难攻克带有城墙的城市，特别是在缺乏强大海军支持的情况下。亚历山大的部队最终花了7个月时间（公元前332年1—7月），在双方争夺的水域中建造了一道巨大的长堤，一直修到推罗城下。在亚历山大新盟友以及投诚的塞浦路斯人和腓尼基人舰队的支援下，亚历山大的军队推着攻城塔穿过堤道，通过南墙的一个缺口涌入城内。推罗人的顽抗令他们怒不可遏，这给困在城里的人带来了灭顶之灾。那些没有被卖为奴隶的人，要么在战斗中被杀，要么被集体钉在十字架上。[1]时至今日，推罗仍通过这条大堤与大陆相连，这是亚历山大征战到此的标记，即便从高空中也可以看到。一番庆祝以后，稍事整顿，亚历山大又开始攻打加沙，两个月后加沙投降。亚历山大在围城期间受了两处伤，这明显刺激到了他的手下，导致他们后来大肆屠杀加沙守军并折磨敌军首领，将其拖在一辆战车后面直到毙命。[2]

从此，吞并埃及的障碍被扫除，而这也成为这场战争最重要的战利品之一。尼罗河流域曾经反抗过波斯的统治，但在伊苏斯之战后又陷入了混乱。[3]亚历山大稳定了当地的秩序后，很快就在孟斐斯（Memphis）受到了英雄般的礼遇。他尊重当地的所有神祇，还接受了埃及法老的头衔，不过我们还不清楚他是否举行过正式的加冕仪式。[4]他在这里所受到的热情款待可能就是《亚历山大传奇》作者最早的灵感来源，该书声称亚历山大的父亲是埃及法老奈科坦尼布二世（Nectanebo II），而非腓力二世。[5]在埃及，亚历山大在地中海沿岸为亚历山大里亚的建造奠定了基础，这个港口注定要在托勒密王朝的统

1 Edmund Bloedow, “The Siege of Tyre in 332 B.C.: Alexander at the Crossroads of His Career,” *La Parola del Passato*, Vol. 53 (1998), pp. 255-293.

2 这种做法与《伊利亚特》当中阿喀琉斯处理赫克托尔尸体的场景如出一辙，但这种记载只在“通行传统”（vulgate tradition）当中有迹可循，在阿里安的著作中没有发现该记载，详见Curtius, 4.6.25-29.

3 Frank Holt, *The Treasures of Alexander the Great*, p. 55.

4 Volker Grieb, et al., eds., *Alexander the Great and Egypt*, Wiesbaden: Harrassowitz, 2014.

5 此说为《亚历山大传奇》原书作者杜撰，没有任何历史根据。——译者注

治下走向辉煌。[1]在这里，后世著名的图书馆、博物馆以及位列古代世界七大奇迹之一的法罗斯灯塔（Pharos lighthouse）将会建成。亚历山大还深入利比亚沙漠，会晤了西瓦绿洲中著名的宙斯—阿蒙（Zeus-Ammon）神谕所的祭司。[2]此行虽然神秘重重，但当地祭司给出了一个明确（而且符合实际需要）的声明，宣称亚历山大就是宙斯—阿蒙之子。一些史料记载了“热忱的生灵”（乌鸦或蛇），指引着亚历山大的部队安全地穿越了茫茫的利比亚沙漠。这似乎进一步证实了上述祭司的说法。

亚历山大在埃及没有逗留太长时间，也没有到尼罗河流域以外很远的地方。[3]然而，他离开这片土地时要比他到来时荣耀得多。位于巴哈利亚绿洲（Bahariya Oasis）的亚历山大神庙前镌刻着一段铭文，用前所未有、超乎想象的文字赞美了这位马其顿国王：

> 他是世界的众王之王；他是征服了山脉、平原和沙漠的雄狮；他是保护着埃及的强壮的公牛；他是海洋和太阳的主宰；他为拉神所青睐，为阿蒙神所挑选；他就是阿蒙神之子亚历山大。[4]

二、美索不达米亚

公元前331年，亚历山大重整旗鼓后便又投入到新的战斗中去。他率军回到腓尼基和叙利亚寻找大流士的踪迹，而此时一支庞大的波

1 Peter Fraser, *Ptolemaic Alexandria*, 3 vols., Oxford: Clarendon Press, 1972.

2 Edward Anson, “Alexander at Siwah,” *Ancient World*, Vol. 34 (2003), pp. 117-130.

3 有学者设想亚历山大就像一位好奇的游客，冒着风险一直向南跑到底比斯，比如F. S. Naiden, *Soldier, Priest, and God*, Oxford: Oxford University Press, 2019, pp. 100-102. 不过目前缺乏可靠的证据支撑这种说法。

4 Francisco Bosch-Puche, “L’Autel du Temple d’Alexandre le Grand à Bahariya Retrouvé,” *Bulletin de l’Institut Français d’Archéologie Orientale*, Vol. 108 (2008), p. 33.

斯新军正在高加米拉（Gaugamela）严阵以待。这次，波斯皇帝召集了强大的巴克特里亚骑兵，还有游牧民族斯基泰人作为盟友。他开辟了一片平坦广阔的土地，使他的骑兵和刀轮战车有机会包围并歼灭亚历山大的弱势兵力。大流士三世就像蛛网上一只欢快的蜘蛛，等待着时机的到来。与此同时，渡过幼发拉底河和底格里斯河的马其顿部队在公元前331年9月20日晚上目睹了一场月食，这次经历使他们感受到了鼓舞。[1]同样的异象也惊动了波斯人，但他们却因此焦虑不安，被漫长的等待折磨得疲惫不堪。由于亚历山大不断逼近，大流士命令大军在战前整整一晚都保持阵形，他的“蛛网”也紧紧绷着，准备随时迎接敌军的突袭，只是这场突袭却从未到来。[2]

声势浩大的高加米拉战役，标志着亚历山大与大流士之间的战争达到了高潮。公元前331年10月1日，当太阳从亚述的天空冉冉升起时，这位伟大的万王之王试图用战车从正面发起进攻，主动出击，希望借此摧毁亚历山大的防线。但这一冲击没有产生任何效果，因为训练有素的马其顿方阵步兵只是撤到两侧，在队伍中让出了一条条通道，让敌方战车莽撞地冲向己方部队的尾翼，然后波斯驭手被等候已久的马其顿银盾兵顺势砍杀。[3]大流士将精锐的巴克特里亚骑兵部署在阵形左侧，由他的亲戚贝苏斯（Bessus）坐镇指挥。亚历山大骑兵对波斯军团左翼发起的冲锋再次决定了战斗的走向。[4]当高级将领帕门尼奥率领的马其顿左翼遇阻时，亚历山大便转向右翼，等待着波斯战线出现缺口，然后敦促“伙友”抓住时机进攻。亚历山大最终找到了突破口，扯断了大流士的“蛛网”。面对战场上的这一变故以及马其顿步兵与骑兵的突进，大流士吓得不知所措，最终仓皇逃离战场。

1 这是亚历山大时代最确定的一个时间标记。Arrian, 3.7.6; Curtius, 4.10.1-7; Plutarch, *Alexander*, 31.8.

2 Arrian, 3.11.1; Curtius, 4.13.11.

3 Curtius, 4.15.14-17; Arrian, 3.13.5. 前者的修辞十分华丽。

4 E. W. Marsden, *The Campaign of Gaugamela*, Liverpool: Liverpool University Press, 1964.

亚历山大再一次让他逃掉，因为此时他把注意力放在了更大的战略利益上。

现在，再也没有波斯军队阻挡马其顿人向富饶的美索不达米亚（Mesopotamia）城市进军了。诸多城市一个接一个地打开大门欢迎亚历山大，其中就包括古老的波斯首都巴比伦和苏萨等城市，它们拥有令人惊叹的宏伟宫殿和皇家金库。亚历山大无限风光地穿过这些古老的城墙，一路上遍地鲜花，巡游的队伍还经过像巴比伦空中花园这样的世界奇观。[1]军队一边休整，一边享受胜利的果实。亚历山大还像在埃及那样，在美索不达米亚大兴土木，耗费巨资整修当地宏伟壮丽但久经风霜的庙宇。[2]然而，他对待波斯另一个首都的态度是相对冷淡且审慎的。根据狄奥多罗斯的说法："亚历山大宣布波斯波利斯是全亚洲最应为波斯负责（onerous）的城市。"[3]从某种角度来看，它就相当于亚洲的雅典，因此必须遭受与150年前，也就是公元前480年雅典遭到波斯入侵时一样的痛苦。

波斯波利斯位于波斯高原腹地，这座城市拥有众多的历史遗迹，收藏着波斯帝国为数最多的金银财宝。在挥师东进的途中，亚历山大在一系列激烈交战中清除了盘踞在扎格罗斯（Zagros）山中的反抗势力，最终在公元前330年到达波斯波利斯。他允许士兵洗劫这座城市，但要给他留下皇家宝藏，由此造成的经济和政治后果难以估量。[4]这位年轻的征服者运走了在希腊人看来取之不尽用之不竭的财富，然后又故意把宏伟的宫殿付之一炬。[5]至此，泛希腊的征服运动已经接近尾声。

---

1 Curtius, 5.1.19-35.

2 Arrian, 3.16.4, 7.17.1-4.

3 Diodorus, 17.70.

4 相关资料及具体细节可以参考Frank Holt, *The Treasures of Alexander the Great*, pp. 59-60, 77-91.

5 没有确凿的证据表明亚历山大是在酒后无意中摧毁了这些宫殿的，详见Frank Holt, *The Treasures of Alexander the Great: How One Man's Wealth Shaped the World*, Oxford: Oxford University Press, 2016, p. 84.

亚历山大接下来的任务就是要攻占最后一个波斯首都——米底的埃克巴坦那，以及抓住仓皇逃亡的大流士三世。公元前330年初夏，亚历山大命令军队开拔，行军速度快得惊人，整支部队像彗星一样在他身后排成长龙。到达埃克巴坦那后，亚历山大的部下把宫殿的层层镀金刮掉，瓜分了宫殿里的财富。[1]大流士不顾一切地想要到达巴克特里亚的安全地带，但随着亚历山大与他之间的距离不断缩小，其本来就日渐减少的随从更加失去了信心。这位波斯皇帝在他最后的日子里，没有被马其顿人俘虏，却做了自己人的阶下囚。他的部下拘押了他，最终在赫卡通皮洛斯（Hecatompylus）附近将他杀害。[2]弑君者拥立巴克特里亚的贝苏斯取代大流士，成为新的波斯皇帝，称阿塔薛西斯五世（Artaxerxes V）。这一变故使亚历山大恼怒不已，他认为自己才是波斯皇位的合法继承人。为了表明这一原则，亚历山大以皇家葬礼的规格将大流士三世安葬在波斯波利斯，贝苏斯则被宣布为弑君谋逆者。亚历山大还穿戴了波斯的礼仪性服饰，包括直立的冠冕和有条纹的长袍。同时他还开始任命一些归顺的波斯人为总督，比如巴比伦的马扎欧斯（Mazaeus）。[3]

公元前330年夏，泛希腊的复仇战争正式结束。同时，一场全新的帝国运动开始了，其目的就是打击贝苏斯和其他一切胆敢反抗马其顿的势力。任何希望归乡的希腊盟友都会得到丰厚的报酬并就地遣散，而那些愿意继续与马其顿人并肩作战的人则被编入伍，加入这场对中亚和南亚持久且痛苦的侵略，其中许多人再也没有回来。如果伊索克拉底能活着看到腓力之子亚历山大实现了他的泛希腊梦想，那么他可能也会像科林斯的德马拉托斯（Demaratus）一样，在看到亚历

1 关于后续事情发展的细节，可参考Frank Holt, *Into the Land of Bones: Alexander the Great in Afghanistan*, Berkeley: University of California Press, 2012, pp. 27-30.

2 关于大流士的参考书有Pierre Briant, *Darius in the Shadow of Alexander*, translated by Jane Todd, Cambridge: Harvard University Press, 2015.

3 Arrian, 3.16.4; Curtius, 5.1.44.

山大坐在大流士宝座上时潸然泪下。[1]

三、亚历山大大帝在中亚

亚历山大在26岁时，就已率军穿越了幅员辽阔的土地，包括今天的希腊、保加利亚、土耳其、叙利亚、黎巴嫩、以色列、约旦、埃及、伊拉克和伊朗。现在，还要再加上阿富汗、土库曼斯坦、乌兹别克斯坦、塔吉克斯坦、巴基斯坦和印度。这些国家就是费迪南德·冯·李希霍芬男爵后来所说的“丝绸之路”的核心地带。这段经历从几个方面极大地改变了亚历山大的生涯轨迹。

最初，马其顿人在这片辽阔的土地上快速行军，每年都会被一场重要战役或围城战所打断。但是这种快速行军后来又被一系列代价高昂的游击战所取代，它们往往在军队穿行于荒凉山脉或沙漠的途中突然爆发。在亚历山大统治的最后七年里，只有公元前326年的希达斯皮斯河（Hydaspes River）之战算得上一次重大战役。考虑到人力和资金的投入，战争的成本与收益比例正在明显失衡。在拿下波斯波利斯和埃克巴坦那之后，也再没有宏伟的城市、宫殿和国库可供掠夺了。国王本人受伤次数的增多与程度的加深，也能部分地反映出军队伤亡率的飙升。亚历山大需要更多的雇佣兵，其中很大一部分都留在了军事殖民地；仅巴克特里亚一地就有一支由10000名步兵和3500名骑兵组成的永久性驻军，另外还有几乎同等数量的残疾老兵。士兵怨声载道，甚至连马其顿的高级将领也表现出了不安的情绪，几乎到了兵变的边缘。一个名叫米南德（Menander）的“伙友”因拒绝担任驻防指挥官而遭处决。[2]还有其他一些比较有名的人物也因亚历山大震怒而遭殃——这种情况或许可以归于创伤后应激障碍——其中包括帕

1 Plutarch, *Alexander*, 37.7; *Moralia*, 329d; *Agesilaus*, 15.4.

2 Plutarch, *Alexander*, 57.3. 此处注意不要将其与后来的印度—希腊人国王米南德相混淆。

门尼奥以及其子菲罗塔斯（Philotas）、克雷塔斯以及几位皇家卫兵，当然还有倒霉的史学家卡利斯梯尼（Callisthenes）。

贝苏斯打着阿塔薛西斯五世的王号，以巴克特里亚为自己的大本营，准备联合帝国东部的总督将亚历山大击退。作为第一个入侵今阿富汗地区的西方“超级大国”的领导人，亚历山大率领的军队很快就陷入一场旷日持久且耗资巨大的游击战中，无法脱身。这一幕，对于后来19世纪的英国、20世纪的俄罗斯以及21世纪的美国来说，似乎也不陌生。[1]这场游击战是由于亚历山大被迫中断追讨贝苏斯的计划，转而镇压萨提巴扎奈斯（Satibarzanes）叛乱而引起的，此人曾得到过亚历山大的赦免并被任命为阿里亚（Aria）总督，但后来又投靠了贝苏斯。这一变故使亚历山大在现代阿富汗国家境内不停地迂回穿梭，其标志就是他在公元前330年末建立（或重建）了多个主要城市：阿里亚的亚历山大里亚（赫拉特）、阿拉科西亚的亚历山大里亚（坎大哈）、高加索的亚历山大里亚（贝格拉姆，今喀布尔附近）。途经弗拉达（Phrada）时，一名近身侍卫刺杀亚历山大的阴谋败露，但现存的不同资料对这个传闻也莫衷一是，通行的文本中（尤其是库尔提乌斯）提供了许多惊人的细节，而阿里安（Arrian）则几乎没有提及此事。[2]骑兵“伙友”的统帅菲罗塔斯因为没有及时报告有关刺杀的传言而遭到指控，受到了审判和拷打，最终被处决；其父帕门尼奥尽管驻扎在埃克巴坦那，也被立刻处死。这父子二人都曾为亚历山大立下了汗马功劳。而且，目前尚不清楚他们中的任何一人是否确实犯有叛国罪或有过变节行为。

公元前329年早春，亚历山大的军队在高耸的兴都库什山中苦苦

---

1 关于具体细节及材料之间的对比，可参阅Frank Holt, *Into the Land of Bones: Alexander the Great in Afghanistan*.

2 关于这件事的叙述可参Jeanne Reames, “Crisis and Opportunity: The Philotas Affair... Again,” in Timothy Howe and Jeanne Reames, eds., *Macedonian Legacies: Studies in Ancient Macedonian History and Culture in Honor of Eugene N. Borza*, Claremont: Regina Books, 2008, pp. 165-181.

挣扎，甚至被迫生吃驮畜。当他们到达巴克特里亚的首府巴克特拉（Bactra）时，贝苏斯已向北方逃跑，渡过奥克苏斯河（即阿姆河）进入了索格底亚那（Sogdiana）。亚历山大在炎热的沙漠中追击贝苏斯，损失惨重。许多士兵死于干渴，但亚历山大这种奋不顾身的决心也确实使贝苏斯麾下日益衰弱的联盟最终彻底瓦解。索格底亚那的地方首领斯皮塔米尼斯（Spitamenes）抓获了这位所谓的“阿塔薛西斯五世”，并剥光他的衣服，用铁链锁住，最后把他交给了马其顿人。这简直与贝苏斯囚禁并出卖大流士三世的情景如出一辙。作为一个弑君篡位的重犯，贝苏斯付出了惨重的代价，他的鼻子和耳朵被割掉，尔后惨遭分尸。这种刑罚残忍到连后来的阿里安都震惊不已。[1]此后，再也没有人敢与亚历山大争夺波斯的王位，只不过这次停战极为短暂，当马其顿国王开始没收索格底亚那的马匹并建立殖民地时，当地居民又在斯皮塔米尼斯的支持下发动了叛乱。

这并不是一场王与王之间的大战，而是一场镇压地方部落顽抗的消耗战。三年来（公元前329—前327年），希腊—马其顿联军在巴克特里亚和索格底亚那之间来回穿梭，也在此起彼伏的伏击与报复性袭击中胜负参半。亚历山大摧毁当地旧城，营建新城取而代之，比如建造亚历山大里亚——苦盏（Khodzhent?）取代“居鲁士城”（Ura-Tyube?）。他实行的这种政策将整个锡尔河流域的游牧民族推到了自己的对立面，因此不得不经常将军队拆散，以应对不同地区同时爆发的威胁。这虽然是一个必要的权宜之计，但却潜藏着隐患。公元前329年，亚历山大向锡尔河流域发动进攻时，斯皮塔米尼斯就趁机偷袭了希腊军队后方的马拉坎达（撒马尔罕），亚历山大不得不派一支2360人的分遣队驰援该城。但这支救援部队后来又遭到敌人伏击，全军覆没。此次失败是亚历山大一生中遭遇的最严重的军事失

1 Arrian, 4.7.4. 这种强烈的观点诱使阿里安放弃了按照时间顺序处理其统治的方式。

利。不过马其顿军队的反应也非常迅速，他们马上就对波利提梅图斯（Polytimetus）河流域内的一切生物——包括庄稼、牛和人——展开了毁灭性的打击。[1]

如此大规模的战争离不开希腊本土强有力的增援，其中增援的大部分都是雇佣兵。这些士兵的任务就是在占领巴克特里亚和索格底亚那以后，永久定居于此。公元前328年春，亚历山大将部队分成许多半独立的作战单位，其中有的在巴克特里亚地区巡防，有的负责追击游牧民族和地方首领组成的松散联盟及其骑兵等机动部队，还有的要担负起修建军事要塞或围剿山区据点的任务。双方伤亡人数都在迅速增加。亚历山大本人也病倒了，并且受了两次伤；有段时间，他无法言语，视力受损，无法行动或骑马。在这片崎岖不平、资源有限的土地上，这场旷日持久的冲突也成为后勤保障的梦魇。基本上很多战斗都是围绕着寻找食物和抢夺牛群展开的。此时的战斗与当年推翻波斯帝国时那种严密策划的战役相比，远没有那么辉煌、壮观和有利可图，反而扩大了亚历山大“伙友”内部的裂痕。公元前328年，克雷塔斯，也就是那位在格拉尼库斯河战役中救了亚历山大性命的将领，因为批评了亚历山大的政策、抱怨自己被任命为巴克特里亚的总督而被杀死。公元前327年，国王卫队中酝酿的一次暗杀阴谋被挫败，其中历史学家卡利斯梯尼也因故受到牵连，此人曾公开反对亚历山大在马其顿人中间推广波斯宫廷仪式——匍伏礼（proskynesis）。许多人都对亚历山大与当地首领欧克西亚提斯（Oxyartes）之女罗克珊娜突然成婚而感到愤恨。[2]马其顿国王显然面临着一场军事和政治危机，他时而镇压，时而安抚，试图平定中亚局势，以便腾出精力前往南亚。一部分部落首领被俘获后钉在十字架上（如阿利亚马

---

1 Polytimetus，又称Zarafshan，即泽拉夫善河。关于希腊—马其顿人的反击，请参考Frank Holt, *Into the Land of Bones: Alexander the Great in Afghanistan*, pp. 56-58.

2 Frank Holt, “In the Shadow of Alexander,” *History Today*, Vol. 38 (1988), pp. 31-39.

泽斯，Ariamazes），其他人则被赦免并重新掌权（如西西米特勒斯，Sisimithres）。战争转折点发生在斯基泰人出卖斯皮塔米尼斯之时，甚至连他的首级都被斯基泰人送到了亚历山大的军营。公元前327年，为了减轻军队的负担，亚历山大下令烧毁了堆积如山的辎重。当皑皑白雪覆盖了兴都库什山时，亚历山大率领大军开赴印度。[1]他在平定巴克特里亚和索格底亚那所花费的时间，要比他在波斯帝国其他任何地方都要多。

亚历山大在巴克特里亚—索格底亚那留下了一支13500人的庞大军队，其规模与他留在希腊本土安提帕特麾下的军队基本相同。亚历山大在亚洲地区布置的所有兵力中，有超过43%的步兵和超过95%的骑兵都集中分布在中亚地区。此外，大约还有10000名老弱病残的士兵，与土著居民永久混居在当地的城镇。地理学家斯特拉波（Strabo）记载，亚历山大在巴克特里亚和索格底亚那等地一共建立了8座城市；查士丁（Justin）则声称他统共建立了12座城市。[2]这些定居点中有多少是新建的，多少是重建的，我们暂时不得而知。但在另一方面，亚历山大又把许多土著的定居点夷为平地。战争的余波冲击着这一地区，导致此处的人口结构发生了永久性的改变。在亚历山大建造的众多城市中，有一座位于兴都库什山以南，即高加索的亚历山大里亚（今贝格拉姆），其核心人口是3000名雇佣兵、残疾退伍军人以及军营侍从，后来又有7000名当地人加入。[3]与此同时，亚历山大又征召了30000名年轻的巴克特里亚士兵参加马其顿式的军事训练，他不但剥夺了这一代人的领土，还将他们潜在的配偶许配给了希腊移民。[4]作

---

1 Frank Holt, *Into the Land of Bones: Alexander the Great in Afghanistan*, pp. 98-100; Frank Holt, "Alexander the Great at Bactra: A Burning Question," *Electrum*, Vol. 22 (2015), pp. 9-15.

2 Strabo, 11.11.4; Justin, 12.5.13.

3 Arrian, 3.28.4; Diodorus, 17.83.2; Curtius, 7.3.23. 后来亚历山大向印度进军途经此地的时候，又有更多的人定居下来，见Arrian, 4.22.5.

4 Arrian, 7.6.1; Plutarch, *Alexander* 71.1; Diodorus, 17.108.1-3; Curtius, 7.5.1.

为赢家的马其顿也好，作为输家的当地人也罢，所有这些变化都引起了双方同样的怨恨。

四、亚历山大大帝在印度

古代作家对亚历山大在印度，即今日巴基斯坦的印度河流域的征战有着浓厚的历史学与民族志方面的旨趣。尼阿库斯（Nearchus）、奥内西克里特（Onesicritus）以及其他一些“伙友”，还有后来的阿里安在《印度志》中都对当地的地理和民族进行了广泛的描述。相比亚历山大在中亚的三年时光，阿里安在《亚历山大远征记》（*Anabasis*）中对其在南亚的两年经历着墨更多。为了到达印度，亚历山大把军队分成两支纵队：赫菲斯提昂（Hephaestion）和帕狄卡斯（Perdiccas）带领大部队穿过开伯尔山口（Khyber Pass），亚历山大则率领小部队穿越北部山谷，沿途驱赶难民和反抗者。公元前327年，亚历山大行进途中有时会屠杀某些部族，如马萨加人（Massaga），有时又像对待本族人那样善待另一些族群，比如奈萨人（Nysa）。[1]亚历山大为了夺取一个叫作奥尔诺斯（Aornus）的偏远山区要塞费尽了心血。据说就连传说中的英雄赫拉克勒斯也未能攻下此处。[2]

入侵的马其顿军队在印度河重新汇合后向塔克西拉（Taxila）挺进，当地统治者向亚历山大宣誓效忠，并馈赠了大量的礼物。安碧（Ambhi）或翁菲斯（Omphis）以君主的身份统治着印度河与希达斯皮斯河（今杰卢姆河，Jhelum River）之间的领土，东部是长期敌对且势力庞大的波鲁斯国王（Raja Porus）的地盘。公元前326年春天，

---

1 马尔克·奥莱尔·斯坦因爵士所做的探索对于重构这些征服活动仍十分有益。Marc Aurel Stein, *On Alexander's Track to the Indus*, London: Macmillan and Co., 1929; Castle Books, 2004 (new edition).

2 Frank Holt, *Into the Land of Bones: Alexander the Great in Afghanistan*, pp. 103-104.

亚历山大在雨季来临的时候不断逼近，彼时的波鲁斯率领着一支由步兵、弓箭手、战车、骑兵和象兵组成的大军，驻守于希达斯皮斯河岸一线，誓要捍卫自己的王国。随后爆发的希达斯皮斯河之战将是亚历山大戎马生涯中最后一次大规模的战役。此战要求部队先要顶着夜幕和暴雨，渡过水位暴涨的河流，随即与印度象兵军团展开史诗级的战斗。由于暴风雨天气和泥泞地面阻碍了波鲁斯的弓箭手和战车的行进，最终亚历山大旗开得胜。为了纪念这些“超自然”力量的干预，亚历山大后来制作了一系列刻有波鲁斯弓箭手、战车和大象的徽章，上面还有手持雷电的亚历山大形象。[1]波鲁斯最终被亚历山大赦免，并成为一位可靠的盟友。此后，马其顿人继续向东穿越旁遮普地区。

经历了滂沱的暴雨和惨烈的战斗以后，疲惫不堪的亚历山大军队最终还是没有选择渡过贝阿斯河（Beas），进入情况不明的印度腹地。[2]亚历山大召开会议规劝下属继续前进，但无济于事，因此他迫不得已杜撰了一些不利行军的凶兆，下令停止进军。[3]从此，亚历山大将无缘于恒河，无缘于中国，也不能亲自去证明希腊的地理知识是多么有限。亚历山大的时代对世界的认知有着扭曲的一面，他们认为高加索山脉和兴都库什山脉、尼罗河和印度河是连在一起的，而“有人居住之世界”（oikoumene）被包裹在所谓的“外洋”（Outer Ocean）之中。当人们说亚历山大大帝征服了已知世界时，这其实并不准确，因为它回避了一个问题，即到底是被谁所认知的世界？——中国人，美洲人，日本人，南非人，抑或澳大利亚人？亚历山大确实征服了一

---

1 详见Frank L. Holt, *Alexander the Great and the Mystery of the Elephant Medallions*, Berkeley: University of California Press, 2003; Frank Holt and Osmund Bopearachchi, eds., *The Alexander Medallion: Exploring the Origins of a Unique Artefact*, Lacapelle-Marival: Imago Lattara, 2011.

2 Frank Holt, “The Hyphasis Mutiny: A Source Study,” *The Ancient World*, Vol. 5 (1982), pp. 33-59.

3 据说亚历山大为纪念这一边界而建造的巨大祭台在数个世纪后仍然存在。见Philostratus, *Life of Apollonius*, 2.43.

个世界，但不是整个世界。

精疲力竭的军队只能返回到希达斯皮斯河附近，一直主张班师回朝的科伊努斯（Coenus）还没等到自己的梦想实现就病殁于此。[1]与此同时，一支庞大的船队集结起来，想要探索并征服印度河流域甚至印度洋。回归之路将是一条极其迂回的道路。国王任命奥内西克里特为皇家旗舰的舰长，尼阿库斯为船队统帅，由此点爆了两人之间长期积蓄的夙怨。另外，由于克拉特鲁斯（Craterus）和赫菲斯提昂之间长久以来相互猜忌，亚历山大也不得不将这两位“伙友”分别部署在印度河的两岸，陆军和舰队同时向海洋进发。在如今的木尔坦（Multan）附近攻打一座设防的城池时，军队士气萎靡不振，亚历山大对此感到十分失望。他不顾一切地从城墙上跳到城里，将自己暴露在敌人猛烈的攻击之下。吃惊的伙友还没来得及救他，亚历山大的胸部就遭到了重创，肺部也被刺伤。[2]后来，关于到底是谁救了国王性命这一问题，众说纷纭，比如克雷塔库斯（Cleitarchus）就把这个功劳归于当时并未参加此次战斗的托勒密。

亚历山大在漫长的康复过程中也没有减少对印度的暴行，任何叛乱的迹象都会招致迅速的报复。亚历山大将所有的反抗势力都剿杀殆尽，即便是对逃亡的非战斗人员也没有丝毫的怜悯可言。[3]整个部落和婆罗门种姓的大部分人都被有计划地灭掉。为了着眼于未来，亚历山大沿着印度河流域修建了船坞、港口和要塞，海军建设方面的总支出在其统治的最后几年迅速增长。[4]因此，尽管由于周期性的雨季和当地反对外来侵略的起义此起彼伏，大部分的建设活动在短期内皆以

---

1 Frank Holt, “The Death of Coenus: Another Study in Method,” *Ancient History Bulletin*, Vol. 14 (2000), pp. 49-55.

2 Arrian, 6.6-11; Diodorus; 17.98-99; Curtius, 9.4.15-5.21; Plutarch, *Alexander*, 63; *Moralia*, 327b, 341c, 344c-d; Justin, 12.9.1-10.1.

3 Frank Holt, *The Treasures of Alexander the Great*, pp. 64-65, 92-93.

4 Frank Holt, *The Treasures of Alexander the Great*, pp. 112-113.

失败告终，但事实上，后来的“海上丝绸之路”在很大程度上都要归功于亚历山大早期通过水路连接世界的构想。

分离出去的部队在克拉特鲁斯的指挥下，从伯朗山口（Bolan Pass）向西撤退，亚历山大则继续向南，并在公元前325年7月到达帕塔拉（Patala）。他巩固了该地的防御工事，将其改造成一个军事基地，并由此出发前往内陆的巴比伦。与此同时，尼阿库斯也率领舰队沿着海岸到那里与他汇合。海军的航行最后变成了一次著名的发现之旅，而陆军则经历了一场严重的灾难。亚历山大的陆军在格德罗西亚（Gedrosia）沙漠遭受了巨大的损失，最后勉强到达卡尔马尼亚（Carmania）的安全地带。当亚历山大再次接近文明世界时，却获悉了一些令他不安的消息：他留下来负责波斯腹地事务的长官严重失职。这些官员当中许多人都以为国王永远不会从东方返回了，所以他们就滥用职权，自我放纵，僭越称王。为了恢复秩序和纪律，国王命令所有总督解散手下的雇佣军。[1]许多腐败的官员随之受到惩罚，其数量之多，令人触目惊心，以至于一些学者称之为亚历山大的“恐怖统治”，甚至有人认为这是国王对自己在巴克特里亚、印度和格德罗西亚的悲惨遭遇做出的非理性反应。[2]然而有一点毋庸置疑，那就是亚历山大的愤怒并非没有道理。帝国的首席财务官、亚历山大的儿时密友哈帕拉斯（Harpalus）就是一个最坏的例子，他肆意挪用公款，然后带着巨额财富和一支私人雇佣军潜逃回了希腊。[3]

回到巴比伦后，征服活动必然要让位于帝国的治理。公元前324年，亚历山大竭力处理这个新帝国的诸多问题，它已经被老对手撕裂，每一个决策都会带来新的问题。要解决亚洲的雇佣军危机，就意

1 Diodorus, 17.106.3, 111.1.

2 基础性文章有Ernst Badian, “Harpalus,” *Journal of Hellenic Studies*, Vol. 81 (1961), pp. 16-43; “Alexander the Great and the Loneliness of Power,” *Journal of the Australian Universities Language and Literature Association*, Vol. 17 (1962), pp. 80-91.

3 Frank Holt, *The Treasures of Alexander the Great*, pp. 127-133.

味着要把这些希腊士兵遣送回他们的城邦，但是他们大部分都是被流放之人，因此在希腊并不受欢迎。雅典和其他城邦对此公开威胁反叛。亚历山大在苏萨举行了一场盛大的婚礼，为马其顿军官和波斯新娘做媒，但这种妥协政策引起了人们的担忧，他们担心国王已经放弃了自己的希腊传统。[1]当亚历山大宣告由来自巴克特里亚和索格底亚那的年轻新兵组成一支新军，并授予他们“新一代”（Epigoni）的荣誉称号时，这种顾虑变得更加强烈。此后，亚历山大在解散一大批年老体弱的马其顿老兵时，军队在欧皮斯（Opis）发生了哗变。亚历山大逮捕并处决了主谋，之后又上演了一场精心准备的和解盛宴。并不是所有部将都了解他对未来的愿景。他最坚定的支持者、真挚的“伙友”赫菲斯提昂于公元前324年晚些时候在埃克巴坦那突然去世，亚历山大为此悲痛欲绝。在无处寄托哀思，对治理国家感到不胜其烦，渴望征服带来慰藉的情况下，他开始谋划一项入侵阿拉伯的宏伟计划。但事实证明，他虽然精力超人，但终究不过是肉体凡胎。亚历山大在巴比伦染病后没多久，便于公元前323年6月11日猝然长逝，此时他还不满33岁。他的死因一直是后世无尽猜测的话题，从古至今一直就有他死于中毒的传闻，不过病死的说法似乎更为可信一些，与此相关的推测还包括死于疟疾、斑疹伤寒、急性胰腺炎、酗酒、伤心过度、白血病、流感、西尼罗河病毒，以及如今的格林—巴利综合征（Guillain-Barré Syndrome）等。[2]

亚历山大的宏大葬礼标志着斯人已逝，但是雅典演说家德马德斯（Demades）对他逝世的消息不屑一顾，他皱着眉头说：“如果这事儿

---

1 Arrian, 7.4.4-8; Diodorus, 17.107.6; Plutarch, *Alexander*, 70.

2 最近的推测还有Adrienne Mayor, “Alexander the Great: A Questionable Death,” in Philip Wexler, ed., *History of Toxicology and Environmental Health*, Vol. 1, Waltham: Academic Press, 2014, pp. 52-59; Katherine Hall, “Did Alexander the Great Die from Guillain-Barré Syndrome?” *Ancient History Bulletin*, Vol. 32 (2018), pp. 106-128.

是真的，那么整个世界都会弥漫他的臭味。”[1]具有讽刺意味的是，前来美索不达米亚吊唁的人惊奇地发现，尽管亚历山大的部将们因争夺新的领导权而争执不已，导致他的遗体在巴比伦的酷暑下躺了数日无人照料，但这位年轻国王的遗体却丝毫没有腐烂的迹象。[2]人们嗅到了机会的气息，部将之间围绕着亚历山大尸体的纷争最终演变成一场战争。“从此以后，”狄奥多罗斯写道，“由于没有继承人可以继承王国，所以每个城市长官或行省总督都对王权产生了觊觎之心。”[3]亚历山大驾崩了，但造就希腊化时代的国王们却将长期存在。

第四节　亚历山大时期的希腊人给中国边境带来了什么？

随着众多野心勃勃的将军和总督接管帝国，亚历山大非凡的一生也完美地蜕变成了一个传奇。这些所谓的继业者基本上放弃了亚历山大继续征服的梦想，而是选择了继业守成。[4]因此，几乎在同一时刻，亚历山大的帝国开始从边界向后收缩。例如，塞琉古（Seleucus）对印度作出让步，换取大象以对付地中海沿岸的竞争对手。[5]在大约一个世纪的时间里，帕提亚和巴克特里亚—索格底亚那等广袤的土地上，逐渐分裂出多个希腊式的或希腊化的（Greek-like, Hellenistic）王国，每个王国都由白手起家的王朝统治，整个过程充满了暴力，因为国王几乎不可能通过和平手段进行扩张。[6]

---

1 Plutarch, *Phocion*, 22.3.

2 Curtius, 10.10.9-13; Plutarch, *Alexander*, 77.5.

3 Diodorus, 19.105.3-4.

4 Frank Holt, *Thundering Zeus*, Berkeley: University of California Press, 1999, pp. 1-29.

5 Appian, *Syrian Wars*, 55; Strabo, 15.2.9; Justin, 15.4.21.

6 Frank L. Holt, *Alexander the Great and Bactria: The Formation of a Greek Frontier in Central Asia*, Leiden: E. J. Brill, 1989, pp. 87-103.

与亚历山大在世时一样，他死后的中亚和南亚依然遭受着持续不断的战争与叛乱，破坏也最为严重。亚历山大创建的许多希腊殖民地永远地消失了，只剩下一串串记录在古代典籍中的地名，除此以外，再无任何可供辨认的痕迹。[1]不过，最终还是有几个定居点得以保留，且足以让希腊文化在阿伊·哈努姆（Ai Khanoum）和贝格拉姆（Begram）等希腊文化的边缘地区继续生存。亚历山大和塞琉古在离开以前留置了士兵，他们的子孙后代目睹了中国向西扩张的过程，也促进了东西方文明之间的交流，包括艺术品、思想、食物，当然还有像棉花和丝绸这样的奢侈品。可以说，亚历山大的征服永远地改变了饮食的历史，它向西传播了东方的风味美食，如甘蔗、大米、生姜、芒果和杏子。同样，印度国王也对希腊无花果和甜食产生了嗜好。[2]

尽管亚历山大十分年轻，且统治时间较短，但无人质疑他在东西方历史上的重要性。[3]他创造了不朽的文化遗产，例如在他死后很长一段时间内，中亚和南亚地区还依然使用马其顿历法。[4]在希腊化的巴克特里亚和印度，平民与君主都有独特的马其顿姓名，比如阿明塔斯（Amyntas）和吕萨尼亚斯（Lysanias），这些都是早期移民留下

1 具体细节参考Getzel M. Cohen, *The Hellenistic Settlements in the East from Armenia and Mesopotamia to Bactria and India*, Berkeley: University of California Press, 2013.

2 叙利亚的安提克二世与印度的宾头沙罗之间的外交往来，见Athenaeus, *Deipnosophistae*, 14.652f.

3 Pat Wheatley and Elizabeth Baynham, eds., *East and West in the World Empire of Alexander*, Oxford: Oxford University Press, 2015.

4 参阅J. R. Rea, R. C. Senior and A. S. Hollis, "A Tax Receipt from Hellenistic Bactria," *Zeitschrift für Papyrologie und Epigraphik*, Vol. 104 (1994), pp. 261-280, esp. 264; Paul Bernard and Claude Rapin, "Un parchemin gréco-bactrien d'une collection privée," *Comptes-rendus de l'Académie des Inscriptions et Belles-lettres*, 138e année (1994), pp. 261-294, esp. 275-278; Gerard Fussman, "Documents épigraphiques Kouchans," *Bulletin de l'École Francaise d'Extrême Orient*, Vol. 61 (1974), pp. 1-77.

的名字。[1]印度—希腊人钱币上印有雅典娜·阿尔西德莫斯（Athena Alkidemos，人民的捍卫者雅典娜）的马其顿形象，而她也是亚历山大出生地培拉的守护神。[2]英雄化了的亚历山大形象在巴克特里亚及其周围地区很有名，它们可能影响了原始的佛教造像。[3]所有这一切都因亚历山大安置的移民而变得可能。尽管经历了持续不断的战争和冲突，但他们的人口数量仍足以将希腊文化的火种保存下来。因此，尽管亚历山大并没有依靠一己之力创造出“丝绸之路”，但是他的征服和殖民活动确实使东西方通过陆地和海洋更加紧密地联系在一起。重要的是，希腊人的东扩仅仅表现了这个故事的一半而已，故事的另一半则源自于中华帝国的推动。

（弗兰克·霍尔特撰　张录译　孙艳萍校）

---

1 Osmund Bopearachchi, *Monnaies gréco-bactriennes et indo-grecques, Catalogue raisonné*, Paris: Bibliothèque Nationale, 1991, pp. 102, 299-304; Paul Bernard, “The Greek Colony at Ai Khanoum and Hellenism in Central Asia,” in F. Hiebert and P. Cambon, eds., *Afghanistan: Hidden Treasures from the National Museum, Kabul*, Washington: National Geographic Society, 2008, pp. 81-105, esp. 94.

2 O. Bopearachchi, *Monnaies gréco-bactriennes et indo-grecques, Catalogue raisonné*, pp. 76-88. 还可以参考Agnes Brett, “Athena Alkidemos of Pella,” *American Numismatic Society Museum Notes*, Vol. 4 (1950), pp. 55-72.

3 不少学者对此都有论述，此处试举一例，参见Boris Litvinskii, “Problems of the History and Culture of Baktria in Light of Archaeological Excavations in Central Asia,” *Anabasis*, Vol. 1 (2010), pp. 30-32.

第三章　帝国的分裂与希腊化王国的建立

亚历山大帝国严格来说是一个人的帝国，也就是马其顿人所标榜的，他们的领土是用长矛打下的。亚历山大虽然东征伊始就占领道德高地，以为父报仇为借口，以解放小亚的希腊人，报复波斯当年入侵希腊、焚烧希腊神庙为口号，但他的目标远不止此。至少在伊苏斯（Issus）胜利后，他完全可以接受大流士三世（Darius III）的求和，以幼发拉底河（Euphrates River）为界休战。但他是亚历山大，他要的是整个波斯帝国。高加米拉（Gaugamela）战役之后，他占领了波斯的四大都城，还放火焚烧了波斯波利斯（Persepolis）王宫，希腊神庙之耻已然洗刷。但亚历山大仍然穷追不舍。在里海之门附近，大流士三世被部下杀死，弃于路旁，波斯帝国实际灭亡。但亚历山大听说弑君者贝苏斯（Bessus）竟然自立为王后，立即以波斯帝国的继承人自居，讨伐叛逆，从而不得不在中亚转战三年。公元前327年，他兵分两路，挥师进入印度西北部。当他还要向恒河流域进军时，遭到部下的一致反对。他为此极为苦恼，给将士们发表了激动人心的讲话，希望不要半途而废。他们已经征服了从赫勒斯滂（Hellespont）海峡到印度河的所有领土，再向东前进一步，就是整个亚洲的主人了。[1]

1　详见Arrian, *Anabasis of Alexander*, 5.25-26, with an English translation by P. A. Brunt, Cambridge, Mass.: Harvard University Press, 1996.

但将士们离家数载，历经百战，伤痕累累，疲惫不堪，渴望回到马其顿老家。他们清楚地知道，亚历山大个人的理想、征服欲望是无限的，他的帝国只属于他个人，他们这些亲密的战友都只是他实现个人目标的工具。[1]因此，他的命运也就决定了帝国的命运。

第一节　帝国分裂

一、亚历山大猝逝与继承权之争

公元前323年6月11日，亚历山大突然病逝于巴比伦。究竟病因、死因为何，不论是古典作家的记载，还是现代学者的研究，都众说纷纭、莫衷一是。但他的猝然离世是个残酷的现实。帝国是个人征服的产物，而英年早逝的亚历山大并没有留下可直接继位的后裔。他与中亚贵族之女罗克珊娜（Roxane）的孩子尚在腹中，是男是女尚难断定。他临死前又未在部将中明确指定摄政者或继承者。据载，有伙友问他打算把王国留给谁，他回答说："最好的人（或"最强者"）。"[2]可谁又是最好的人和最强者呢？所以，他的遗体还陈放在巴比伦的宫殿之时，他的部将就已为继承人问题吵得不可开交。这些部将都

1　亚历山大的老战友科伊努斯（Coenus）劝他先和他们一块回去，然后他可以带着新招募的年轻人进行二次远征，或是继续向印度的东部进军，或是向黑海，或向迦太基及其更远的地区进军。Arrian, *Anabasis of Alexander*, 5.27.7-8.

2　Arrian, *Anabasis of Alexander*, 7.26.3 ("to the best")；Diodorus Siculus, *The Library of History*, 17.117.4 ("to the strongest"), with an English translation by C. Bradford Welles, Cambridge, Mass.: Harvard University Press, 1997; c.f. Diodorus Siculus, *The Library of History*, 18.1.4 ("to the best man"), with an English translation by Russel M. Geer, Cambridge, Mass.: Harvard University Press, 1984; Quintus Curtius Rufus, *History of Alexander*, 10.5.5 ("to him who was the best man"), with an English translation by John C. Rolfe, Cambridge, Mass.: Harvard University Press, 1998.

身经百战，立下了汗马功劳，拥兵自重。他们都出身贵族，生来就想指挥别人，而不愿受人指挥，都认为自己是“最强者”。骑兵统帅帕狄卡斯（Perdiccas，约公元前355—前321/320年）提出等待亚历山大与罗克珊娜的孩子出生，如果是男孩，就立他为王。但步兵统帅米利格（Meleager）却提出让腓力二世的庶出子、低能儿阿里戴乌斯（Arrhidaeus）为王，他们不愿让东方女人之子继承马其顿王位。双方争执不下，几乎动武。最后在亚历山大的秘书攸麦尼斯（Eumenes）的调停下达成折中协议：将阿里戴乌斯先立为国王，若亚历山大的儿子降生，则共同分享王位。[1]这年8月，罗克珊娜生下一子，双王制确立，分别称为腓力三世和亚历山大四世。这样的王位继承人，显然只能成为诸将手中的玩物。庞大的帝国及其管理权很快被瓜分完毕。

帕狄卡斯在亚历山大病重期间侍奉左右，且被亚历山大授予象征国王权力的指环，因此，作为善后会议的主持人，他取得了主要行政权力和军队的最高指挥权，直接统率亚洲的军队，实则为摄政王。另一主将克拉特鲁斯（Craterus，约公元前370—前321年）当时另有使命不在巴比伦，被任命为腓力三世的顾问、监护人以及王室金库的掌管者。老将安提帕特（Antipater）仍镇守马其顿，监督希腊城邦。其余将领也将驻地变为辖地，成为割据一方的地方势力。托勒密（Ptolemy，约公元前367—前283年）得到埃及，不久就在半道上把亚历山大的灵柩劫持到了埃及，借此巩固了他的地位。安提柯（Antigonus，公元前382—前301年）得到整个小亚西部，吕西马库斯（Lysimachus，约公元前360—前281年）接受了色雷斯。暂时的瓜分根本不能保证永久的和平，从公元前323年起，亚历山大后继者的混

1 Diodorus Siculus, *The Library of History*, 18.2 & n. 2. 关于亚历山大死后部将们的权力之争，详见Quintus Curtius Rufus, *History of Alexander*, 10.6-10; Diodorus Siculus, *The Library of History*, 18.2; Plutarch, *Eumenes*, 3.1, with an English translation by Bernadotte Perrin, Cambridge, Mass.: Harvard University Press, 1989.

战一直持续了20年。

二、继业者战争与各王国的建立

暂时的妥协无法平息权力、利益之争。虽然也有像帕狄卡斯和安提帕特、安提柯一世这样的“理想主义者”欲挟天子以令诸侯，以亚历山大王室的名义维持帝国的统一，但他们都想成为这个帝国的真正主人。继业者之间的明争暗斗实际上从亚历山大死后不久就开始了。

公元前323—前320年为第一阶段。帕狄卡斯玩弄手段想一举两得，既能掌握权力，又能使其合法。他本来同意迎娶安提帕特的女儿，但抵不住王室联姻的诱惑，在亚历山大母亲奥林匹娅斯（Olympias）的安排下，与亚历山大的亲妹妹克列奥帕特拉（Cleopatra）结婚。安提帕特受辱大怒，联合克拉特鲁斯、安提柯、吕西马库斯、托勒密起兵。公元前321或前320年，帕狄卡斯在埃及被谋杀。

公元前320—前301年为第二阶段。这一阶段的主角是安提柯。帕狄卡斯死后，胜利者开会推举安提帕特为国王监护人（克拉特鲁斯此前已死于战场），把宫廷移往马其顿，安提柯被宣布为亚洲的将军，参与谋杀帕狄卡斯的塞琉古分得巴比伦尼亚。马其顿、亚洲、埃及处在不同统治者的控制之下，帝国的裂痕加深了。公元前319年，安提帕特因年迈死去，安提柯乘机想把整个帝国或尽可能多的地区置于自己的手中，因此遭到其他竞争对手的忌恨，但反对他的同盟者之间也相互拆台，战火从亚洲蔓延到欧洲，最后又烧回亚洲。腓力三世和亚历山大四世先后在残酷的王位争斗中被处死。公元前306年，安提柯一世（Antigonus I，公元前306—前301年在位）称王。不久，托勒密、塞琉古（Seleucus，约公元前358—前281年）也相继称王。亚历山大帝国不仅从实际上，而且从名义上都不复存在。公元前301年，安提柯与塞琉古、吕西马库斯、安提帕特之子卡桑德（Cassander，约公元前350—前297年）组成的联盟在弗里吉亚（Phrygia）的伊普苏斯（Ipsus）展开了一场大血战。安提柯兵败阵亡，他的领土被胜利者瓜分。伊普苏斯之战标志着帝国统一之梦的彻底破产。从此，虽然各地统治者有所变化，[1]但马其顿、亚洲、埃及分地而治的大局已定，它们走上了基本相同但各有特色的发展道路。

第二节　三足鼎立的希腊化王国

一、安提柯王朝统治下的马其顿王国

马其顿是亚历山大帝国的发祥地、马其顿人的故乡，掌握它对于亚历山大的后继者们来说，似乎有着更为特殊的意义。所以，他们对马其顿的争夺在伊普苏斯之战后远未停止。

马其顿原为卡桑德占有。公元前298年他死后，国内发生分裂内乱。从伊普苏斯战场上逃亡的安提柯之子、“围城者”德米特里一世（Demetrius I Poliorcetes，公元前337—前283年）乘机介入，夺取了马其顿，结束了从安提帕特以来该家族对马其顿的控制。但德米特里的统治并不长久，公元前288年，他被吕西马库斯和伊庇鲁斯（Epirus）国王皮洛士（Pyrrhus，约公元前318/319—前272年）的联军从马其顿赶走。两个胜利者先是瓜分，后来由吕西马库斯一人独占了战利品。吕西马库斯还未及巩固他的统治就战死于小亚，马其顿王位转归于以前因埃及王位之争投奔于他的托勒密·克劳努斯（Ptolemy Ceraunus，

1　吕西马库斯公元前281年死于与塞琉古一世争夺小亚的战斗中，史称“科鲁拜迪乌姆之战”（Battle of Corupedium）。这是所谓亚历山大的继业者之间的最后一次大战。

公元前281—前279年在位）。两年之后，马其顿遭到凯尔特人（Celts）的蹂躏，克劳努斯仓促出战，被俘而死。马其顿的混乱与统治者的软弱给德米特里之子安提柯·贡那特（Antigonus II Gonatas，约公元前320—前239年）提供了机会。他从希腊南部出兵北上，因打退一支凯尔特人而名声大震。公元前277年，茫然无主的马其顿人拥戴他为王。[1]从此后，他不仅使祖父独眼安提柯创立的王朝得以重建延续，而且有了长久的统治之地——马其顿及南部希腊。安提柯王朝成为与托勒密、塞琉古并立的三大希腊化王朝之一，马其顿进入了比较稳定的发展时期。

与东方的希腊化王朝相比，安提柯王朝面临的是对本土本民族的统治，没有文化上的冲突，但传统的影响较强，这是安提柯王朝统治的基本特色。

马其顿王国的政治制度基本延续了腓力二世和亚历山大时期的传统，但君王个人的权力加强了，统治阶层的成分也发生了变化。以外来人为主、具有国王私属性质的“王友”集团在国家事务中发挥着重要作用。人民权力尚存，但很少受到重视。安提柯三世的即位就没有召开公民大会，只是少数“马其顿要人”的决定。马其顿从未出现过国王崇拜，但常常把国王与神等同。实际上，安提柯王朝就是马其顿国家。

城市的增加是马其顿的一大变化。公元前316年，卡桑德沿海建立了两座重要的港口城市——帖撒罗尼卡（Thessalonica）和卡桑德里亚（Cassandreia）。公元前298年，德米特里在帖撒利建立了德米特里亚斯城（Demetrias）。这些城市与原有的都城培拉（Pella）等，不仅成为马其顿内外贸易的商业中心，而且提高了马其顿的文化层次，

---

1 安提柯·贡那特对马其顿的统治分为两个时期。公元前277—前274年，他被拥立为国王。此后，伊庇鲁斯的皮洛士入侵，他被逐出马其顿。公元前272—前239年，他恢复了对马其顿本土的统治，在位直到近80岁时去世。

使其接近于南部希腊的水平。它们在外表上保持了希腊城市的基本结构、制度，一般都有部落、德莫（Demos）这样的基层组织，有公民大会、议事会等市政机构及将军、执政官、祭司、司库等管理人员。城市有自治权，可把本地的公民权赠送给从其他城市来的希腊人，也可与其他的希腊人城市交换使者、委托代理人。但这种自治权是非常有限的，各城驻有国王的总督（Epistates）和法官。总督有财务官作副手，这些官员保证了国王旨意在城市的贯彻执行。腓力五世曾明确表示，没有王室总督和法官的同意，市政当局不应动用神庙的收入。

尽管城市发展较快，但许多马其顿人仍然生活在农村。他们或是自耕农，或是耕种国王或贵族土地的佃农。公元前3世纪中期以后，马其顿的社会经济得到一定程度的恢复与发展，但与埃及、叙利亚相比，差距明显拉大。这是因为亚历山大东征给马其顿带来的人力枯竭等后果一时难以消除。亚历山大之后，马其顿又有半个世纪成为后继者争夺厮杀的战场，同时还遭到凯尔特人的侵扰。安提柯王朝既想与其他希腊化王朝在军事上一争高下，又想在泛希腊活动中，如对各地神庙中心的赞助上不落人后，这样就使本来不富足的马其顿更觉囊中羞涩。腓力五世为了摆脱困境，采取加大征税、开发矿山、鼓励生育、允许地方造币等措施，但收效不大。每年的土地税仅200塔兰特多一点。

南部希腊城邦是马其顿的心腹之患，安提柯王朝力求加强对它们的控制。最通常的方法是在希腊的战略要地，如科林斯地峡、雅典的庇里优斯港（Piraeus）屯驻卫戍部队，随时准备镇压各种方式的反马其顿活动。同时以宣布希腊城邦自由、独立，以它为首继续组织同盟等手段，来分化反马其顿力量。由于其他希腊化王国竞争对手，特别是托勒密埃及的暗中插手，加之后来罗马人的介入，安提柯王朝的这些做法并未奏效，控制南部希腊的希望最终成为泡影。马其顿还在爱琴海地区与埃及、叙利亚争霸，然而霸主的地位尚未得到，罗马军队的号角已隐约有闻。公元前168年，马其顿本土首先亡于罗马。它被划分为四个共和国向罗马纳贡。后来一位自称末王柏修斯（Perseus）之子的马其顿人发动了反罗马起义，遭到失败，马其顿成为罗马的一个行省。公元前146年，整个希腊都落入罗马统治之下。

二、埃及托勒密王朝

托勒密王国的建立者托勒密一世（Ptolemy I，约公元前305—前283年在位）是亚历山大的老战友，亚历山大死后，他争得了统治埃及、利比亚以及与埃及接壤的那部分阿拉伯土地的权力。原来被亚历山大任命为埃及总督的克利奥米尼（Cleomenes）成为他的副手，但不久即被托勒密一世除掉。依靠较为安定的周边环境和富庶的尼罗河流域提供的经济实力，托勒密一世卷入了对帝国的争夺。他似乎没有夺取整个帝国的打算，只是尽可能地巩固自己在埃及的统治，并扩大在埃及之外的领地。公元前321或前320年帕狄卡斯死后，马其顿将士会议曾拥护他接任，但他坚辞不就。伊普苏斯之战后，他夺得了科伊勒—叙利亚省（Coele-Syria）的南半部。他是亚历山大后继者中唯一得到地盘且能一直保住地盘的成功者。他所开创的王国也在希腊化王国中存在的时间最久。

托勒密王朝最盛时，领土除埃及本土（最远达第二瀑布）外，还包括昔列尼（Cyrene）、塞浦路斯（Cyprus）、巴勒斯坦（Palestine）、南叙利亚、小亚西部与南部的部分地区、南爱琴海的一些岛屿。在公元前3—前2世纪，托勒密埃及为了与塞琉古王国争夺巴勒斯坦与南叙利亚一带，先后发生了六次战争，[1]史称“叙利亚战争”。这场战争以

1 这六次战争分别发生于公元前274—前271年，公元前260—前253年，公元前246—前241年，公元前219—前217年，公元前202—前195年，公元前170—前168年。

塞琉古王国的胜利告终。长期的战争消耗了托勒密埃及的国力，加之内部民族矛盾与阶级矛盾的激化，从公元前3世纪末叶起，它就开始进入衰落时期。

1. 中央集权制统治的确立

托勒密王朝深受埃及法老专制统治的影响，建立了以国王为首的中央集权制。国王把埃及视为他个人用长矛打出的天下，他即是国家的人格化，政治、军事、财务甚至宗教大权都掌握在他一人手中。国王的权力因王权神化、国王崇拜而加强。国王不仅死后被追认为神，尚在世时也被奉为神在寺庙中崇拜。托勒密二世（Ptolemy II Philadelphus，公元前283—前246年在位）首开先例，把对他和王后的崇拜附加在对亚历山大的崇拜上，称为“姐弟神”（Theoi Adelphoi，因他二人是姐弟通婚）。国王的高级官员都由王亲、国戚、王友来充任。他们或担任财务官，或担任将军。财务大臣位同宰相，是仅次于国王的最有实权的人物。除一般事务外，他的主要职责就是控制全国的经济生产活动，裁决所有与财政税收有关的案件，由此可见搜刮财富对于托勒密王朝的重要性。

马其顿的武夫对于地方民政的管理往往不大得心应手，所以有马其顿军事贵族与当地贵族的合流。托勒密王朝保持了过去的地方区划，上、下埃及大约分为40个诺姆（州，nome），诺姆之下分为县（topoi），县下为村（komai）。每一级都有专门的官员管理，诺姆的总督或州长是当地人可以觊觎的职位，但已失去了许多重要权力。军队驻扎在全国各地。诺姆的真正首长是希腊—马其顿籍的将军，他负责维持地方秩序，保证尼罗河与沙漠商路的安全，也许还主管刑事案的审判，对于民事诉讼，他可以接受诉状，然后委人仲裁，或交由法庭处理，但他却不得插手财务。财务权归另一财务官。

僧侣阶层力量强大是古埃及历史的特点，但在托勒密统治时，祭司集团的地位下降。国王是神的全权代理人，寺庙土地被收归王有，即使是留给或赐给神庙的土地，也要按常规纳税。祭司就位时要交纳授职费，祭司们每年还要到亚历山大里亚谒见国王。总之，寺庙的一切活动都必须在国王及其行政官员的监督下进行。王权神化的目的是加强王权，绝非抬高祭司。

国王是法律之源、最高立法者，面对国内存在两种不同的民族的现实，实行两种法律。一种适用于希腊人，一种适用于当地人。若案件涉及到双方时，则组成混合法庭，王室法官拥有对两个民族的审判权，他们巡回各地判案。

托勒密诸王不大鼓励建城，可能是为了不让城市的自治削弱君主的中央集权。埃及的希腊式城市有三个，除亚历山大里亚和古老的希腊殖民地瑙克拉替斯外，仅托勒迈斯城（Ptolemais）是托勒密一世所建。

国王的宫廷表面上有返归马其顿传统的迹象，讲希腊语，穿希腊—马其顿式服装，不与当地人结婚。尽管他们不要求臣民行匍伏礼，对希腊人城市以礼相待，但君主的权力超过了以前所有的马其顿国王。亚历山大在推行波斯礼仪时，在要继续东进时，还会受到马其顿战友以及士兵们的反对，这样的情况在托勒密王朝已不可能出现了。

2. 国家对经济活动的控制与垄断

一般而言，政治上的中央集权会伴以对经济活动的严密控制，托勒密王朝在这方面可谓典型，其控制手段之严厉、方法之精密、范围之广泛、效果之显著，不仅在古代世界，就是在近代也是罕见的。这主要是其继承了埃及法老时代国家统管经济的传统所致。

尼罗河流域素有“地中海的粮仓”之称，作为托勒密王朝经济基础的农业自然成为首控对象。普天之下，莫非王土。托勒密王朝像以前的法老一样，把全部土地都视为己有，以当然地主的身份将这些土地以不同的名义分授不同的使用者或管理者。他们把一部分土地收归王室直接经营，称为“王田”（royal land/ge basilike），其余的统称为“授田”，或以赠予的方式给予神庙（神田），或赐给私人（赐田），或分配给军人作为份地。留在国王手中的土地由王田农夫（royal cultivators/basilikoi georgoi）耕种。他们主要采取短期租借的方式取得一块土地，田地种什么由国王决定，并记录在册。种子和必要的农具由国王提供，收割后的产量必须按一定的比例上交国王。上交的数量根据土地的质量与泛滥程度而定。王田农夫是佃农，不是奴隶，但他们不经许可不能离开村庄，除耕种土地外，还要提供必要的苦役，如修堤坝、开运河。但不需要时，也可随时被撵走。王田农夫还需交纳名目繁多的苛捐杂税，连租带税，一年多达收成的50%以上。他们命运悲惨，不堪忍受时，就采取传统的方法——逃亡，通常是集体出走，到寺庙去避难。神田和赐田上的耕种者，可能也是类似于王田农夫的农民。神田的数目开始时减少，原来神庙的一大部分土地转归国王直接管理。但在公元前2世纪，祭司们乘王权削弱之机又扩大了神田。赐田的数目因人而异，托勒密二世的财务大臣阿波罗尼乌斯（Apollonius）在法尤姆（Fayyûm/Fayum/Faiyum）一地就有近7000英亩的土地。军人份地面积不等，一般在3.5—70英亩之间，分布于全国各地。军人平时种地，战时服役，以服役代租，但仍需纳税。军人的境况比王田农夫好一些。最初，他个人对份地只有使用权，后来份地接近于私产，亲属可以继承。到公元前2世纪末，埃及人开始作为军人领有份地。在埃及，私有地的存在是肯定的，如住宅用地、园圃以及偏远的贫瘠工地，但它们无一能逃脱国王税吏的监督。

税收和垄断是托勒密王朝的经济控制手段，也是国王所有制的重申与体现。托勒密王朝的税收用多如牛毛、无孔不入来形容一点也不夸张。土地、房屋、园圃、家禽牲畜、奴隶、人头、继承，所有动产与不动产，各种手工业和商业经营活动的始终，各种货物的进出口流通，包括州与州之间的交易，都在纳税之列。据估计，埃及的税收种类在200种以上，这些税除土地交实物外，大部分以货币形式交纳。各州均设两个税务官，一个收实物，另一个收现金。国王有时为了简便，就把税包出去。包税制度由希腊—马其顿人首创。开始时，包税人获利甚丰，许多有钱人竞相承包，后来由于人民日益贫困，税源枯竭，包税成为一种负担沉重的社会义务而无人承担，包税商也就逐渐成了政府的税收官吏。托勒密王朝的垄断是多方面的，但最主要的是对油料的垄断。政府对油料作物从种到售的每一阶段都实行完全的控制，油料必须在当地政府监督下在国家油坊里加工，然后以固定价格出售。除油料外，纺织、皮革、矿井、盐业、钱庄，甚至印染、皮毛、香料、化妆品、玻璃、陶器、酿酒等行业也都由国家垄断或控制。这种制度也同样被运用于托勒密王朝国外的属地。严密的税收制度与严格的垄断经营，使托勒密王朝搜刮了尽可能多的财富，仅垄断专利一项每年就达约15000塔兰特。

3. 经济文化繁荣与内外政治危机

严密的经济控制与经济的发展，特别是与文化的繁荣似乎并不矛盾。既然国王的收益源于经济的发展，国王的名声也需要文化的虚饰点缀。因此，托勒密王朝在注重经济的同时，对文化事业也给予了高度的重视。

托勒密王朝利用政府力量推动经济的繁荣。为扩大土地资源，托勒密二世在法尤姆进行了大规模的土地开发利用，使原来的沼泽地区变成了沟渠纵横的肥沃农田。葡萄、橄榄也大面积地引入种植。水利是埃及农业的命脉。托勒密王朝专门设立一中央机构统一负责整个尼罗河的灌溉系统。浇灌技术也有了进步，新型的以畜力为动力的扬水车出现，但古老的人力桔槔仍在使用。这一时期埃及的手工业、商业达到前所未有的水平。生产技术在纺织业、制陶业、玻璃制造业、制革业，特别在造船业，均有明显的提高。托勒密四世时期（公元前

221—前204年）建造的40桨座战船，能容纳4000名桨手、400名水手、约3000名海军以及大量的粮食，[1]可见其技术的难度。

商业的发达主要表现在进出口贸易种类、范围、数量的扩大。埃及主要出口粮食、纺织物、草纸、玻璃等，销往地中海各国与东方。埃及进口多为奢侈品，如中国的丝，印度的香料、象牙、珍珠，阿拉伯的宝石。地中海的金属、木材、大理石也是埃及所需之物。为了扩大对外贸易、保证商路的畅通，托勒密王朝建立了当时最大的商船队和最强大的海上军事力量，修通了连接尼罗河与红海的运河，在远达索马里（Somalia）的红海沿岸建立军事据点，派人探明了利用季风直航印度的路线，使印度与埃及的贸易直接建立起来。当时的亚历山大里亚是地中海最活跃的港口，从东方海陆两路来的商品都汇聚于此，然后再转输地中海各国。法罗斯岛（Pharos）上新建的灯塔足以表明海港的繁荣。托勒密王朝从商业贸易中获取了巨大利益，博取了殷实富有的名声，也招致了雄心勃勃东扩的罗马人的垂涎。

国王们把通过税收、垄断、贸易获得的财富，除主要用于维持庞大的政府官僚机构和军队、供应宫廷开销之外，也将一部分用来扶植发展文化事业。托勒密王朝虽以武力开国，但对文学艺术、科学研究抱有浓厚的兴趣。为了吸引希腊化世界各地的文人学士前来，托勒密一世与二世不惜重金在亚历山大里亚建立了当时最大的、也是世界上第一家国立研究院“缪斯神宫”（Mouseion）与图书馆。其中设有讲堂、花园、天文台、餐厅。图书馆中藏书达50—70万卷。学者们在这里享受免费食宿，领取薪金，无衣食之虞，可专心从事研究。凭借这种优裕的研究条件，以及对东方文化成果的接近，亚历山大里亚的学者们在天文、地理、物理、数学、医学、文学等学科都取得了辉煌的

1 然而，此船难以挪动，因此只能作为观赏之用，不能实战。Plutarch, *Demetrius*, 43.4; Athenaeus, *The Deipnosophists*, 5.203E-204B, with an English translation by Charles Burton Gulick, Cambridge, Mass.: Harvard University Press, 1999.

成就，形成了著名的“亚历山大里亚学派”，对后世产生了深远影响。亚历山大里亚也因此享有盛誉，取代雅典成为地中海世界最大的文化都会。

托勒密王朝是外族统治，希腊—马其顿人拥有绝对的统治地位和优越的社会地位，他们是经济发展、文化繁荣的直接受益者。尽管当地的贵族也有可能跻身于统治阶级之列，但毕竟为数很少。因此，托勒密王朝面临的不仅有当地劳动人民的反抗，也有来自以祭司阶层为代表的当地社会中上层的潜在不满，这种反抗和不满一有机会就会有所表露。公元前2世纪起，埃及从南到北、从首都到地方爆发了几次当地人民反抗托勒密王朝统治的起义，其中有的起义就有大批的王田农夫参加。被托勒密王朝限制利用的埃及祭司阶层从未放弃恢复他们过去的政治、经济特权的努力，随着希腊—马其顿人统治基础的削弱，埃及的祭司阶层逐渐取得了宗教领导地位，收回了以前被托勒密国王夺去的土地与特权。公元前196年托勒密五世（Ptolemy V Epiphanes，约公元前204—前180年在位）的加冕典礼，几乎完全依照埃及的形式举行。[1]

祭司阶层势力的崛起使托勒密王朝的统治出现了新的分离因素，宫廷斗争也加剧了王朝的危机。托勒密七世与他的哥哥托勒密六世（Ptolemy VI Philometor，约公元前180—前145年在位）争夺王位，导致罗马插手，使埃及分属不同的国王。

罗马自公元前2世纪向东地中海的挺进，已威胁到托勒密埃及的生存。内部王位之争求助于罗马的介入，则加快了托勒密王朝灭亡的步伐。自托勒密十一世（Ptolemy XI，公元前80年在位）起，埃及国王实际变成了罗马的傀儡。末代女王克列奥帕特拉七世

1 详见著名的罗塞塔石碑铭文。M. M. Austin, *The Hellenistic World from Alexander to the Roman Conquest: A Selection of Ancient Sources in Translation*, Cambridge and New York: Cambridge University Press, 1981, No. 227, pp. 374-378.

(Cleopatra VII，公元前51—前30年在位）机关算尽，想利用罗马将帅凯撒（Gaius Julius Caesar，公元前100—前44年）、安东尼（Marcus Antonius，公元前83—前30年）的力量苟延残喘，也难免一死。公元前30年，托勒密王朝为罗马灭亡。

三、塞琉古王国

塞琉古王国是所有希腊化王国中领土最大的国家，全盛时从赫勒斯滂海峡到兴都库什山，与大流士一世时波斯帝国的亚洲属土大致相当，亚历山大帝国的大部分都被它所得（唯印度西北部让与孔雀王朝）。王国的建立者是塞琉古一世（Seleucus I Nicator，公元前305—前281年在位）。他也是追随亚历山大东征的老战友，亚历山大死后得到了巴比伦尼亚行省。以此为基础（不久失而复得），他逐渐扩大地盘，最后与埃及托勒密王朝、马其顿安提柯王朝成为鼎足之势。王国的首都是奥龙特斯河畔的安条克城（Antioch on the Orontes），中心地区是叙利亚，故又称叙利亚王国。中国史书称为“条支”，是首都安条克的转音。

在如此庞大的王国内，民族众多，文化传统、风俗习惯各异，社会发展的阶段也不一致。小亚沿海地区是自古以来东西方各种文明的汇聚之地，早在公元前8世纪，希腊人就在这一带建立了许多城邦。米利都（Miletus）等地一度成为希腊科学、哲学、史诗的摇篮。王国的中心地区巴勒斯坦、叙利亚、巴比伦尼亚、亚述（Assyria）等地是数千年西亚文明活动的舞台。东部是伊朗高原和中亚草原，部分地区还处于落后的游牧部落阶段。如何在这样庞大、复杂的国度内强有力地保持希腊—马其顿人的外族统治，是塞琉古王国面临的首要难题。也正是由于这一特殊的统治环境，塞琉古王朝走上了一条与托勒密埃及有所不同的统治道路。

与其他希腊化国王一样，塞琉古国王把王国视为自己打出的天下，朕即国家。他们也推行国王崇拜，神化王权。安条克一世（Antiochus I Soter，公元前281—前261年在位）将他死去的父亲塞琉古一世宣布为神，称为“征服者宙斯”，安条克三世（Antiochus III，公元前222—前187年在位）为他本人、王后及祖先建立了正式的国家崇拜。宫廷设有宰相、议事会、秘书处，高级官吏由王亲、王友充任。非希腊人参政受到严格限制。叙利亚人、犹太人、波斯人和其他的伊朗人被完全排除在官僚阶层之外达两代之久，甚至后来，他们也从未超过整个统治阶层的2.5%。[1]塞琉古王朝接受了波斯的行省制，但它对行省的控制比托勒密王朝对诺姆的控制较为松弛。全国大致分为25个省（Satrapy），72个府（Eparchy），其下还有若干县（Hyparchy）。行省设总督，财政归财务使，他直接向安条克的财务大臣负责。但地方有一定的自治权，负担非常规的军事义务和纳贡。这种地方分权制削弱了国王对地方的控制，所以，一有时机，边远地区的省份就尾大不掉，宣告独立，帕提亚、巴克特里亚就是这样分离出去的。

塞琉古王朝试图以遍布各地的希腊—马其顿人城市或移民地（总数达200个左右）来达到各民族政治、经济、文化上的统一，从而保证对各地的控制。前三任国王（塞琉古一世、安条克一世、二世）堪称伟大的建城者。安条克一世建了9个塞琉西亚（Seleucia）、16个安条克、5个劳狄西亚（Laodicea）、3个阿帕米亚（Apamea）、1个斯特

---

1 F. W. Walbank, *The Hellenistic World*, Glasgow: William Collins Sons & Co. Ltd., 1981, pp. 65, 125. 这种说法已经受到挑战。有学者认为，这个2.5%的数据在统计学上是没有价值的，因为直到现在不论从地理学还是从年代学的角度来看，有关的证据仍然是不全面的、混乱的。事实上，新的研究结果表明，不仅塞琉古王朝，托勒密王朝也吸收了许多非希腊人加入各级官僚管理队伍。当然，这些非希腊人以担任中下级官吏为主，最高地位的官僚还是主要由马其顿人和来自希腊城市的希腊人担任。参见Amélie Kuhrt and Susan Sherwin-White, eds., *Hellenism in the East: The Interaction of Greek and Non-Greek Civilizations from Syria to Central Asia after Alexander*, London: Duckworth, 1987, p. 6.

拉东尼西亚（Stratonicea）。另有25个城市或用马其顿和希腊本土地区、城市来命名，或用亚历山大、本朝国王和王后的名字命名。[1] 城市一般保持了希腊城市的外在特征，有公民大会、议事会，选举产生的行政官员，城市法令与财务规定，以及体育馆、剧场、市场等公共设施。城市拥有国王给予的土地。城市虽为希腊—马其顿人所建，但往往包括一些当地居民。他们或杂居，或住在专门的街区。有的城市由于地理条件优越，发展很快，像首都安条克就有居民50万，底格里斯河畔的塞琉西亚有居民60万。这些城市有一定的自治权。那些移民地是军事殖民地而非希腊城市“polis”。它们被设于当地村庄的附近，由服役期满的军人屯驻，他们从国王那里接受必需的土地和安置费。这种移民地从属于国王，但也是一个自治单位，有自己的官员，对内部事务有一定的权力。小亚沿岸的希腊人城市则自治性较大。国王致他们的信彬彬有礼，保持着友好和严格的法律关系。但归根到底，新老希腊人城市、移民地都处在国王的控制之下，只是附属的程度不同而已。希腊式城市或军事移民地的存在，一方面加强了希腊—马其顿人对当地的控制与影响，但也从内部削弱了国王权力的集中。这些城市在历史上所起的作用与其说是政治的，毋宁说是文化上的。它们是希腊文化的辐射中心，是与当地文化的交汇之地，希腊文化的多元性实际上就是从这些城市的多元人文环境中产生出来的。

塞琉古王朝的土地制度也不像托勒密王朝那样严厉控制。全国的土地名义上都是“王田”，都归国王所有，但土地的所有、占有、使用并不能统一。国王的租税也较轻，大部分土地税仅十分之一，王室土地由所谓的“国王的农人”（king’s peasants/basilikoi Laoi，一译王国农夫）耕种，他们以实物或货币形式纳税。其余的王田以“让与”

---

1 Appian, *Roman History*, 11.57, with an English translation by Horace White, Cambridge, Mass.: Harvard University Press, 1999.

的形式来分配，有些“让与”是对既定事实的承认。高官显贵们接受赐田，新建城市由国王划给土地，军事殖民地的军人领取份地，当地神庙城市原有的土地也因国王旨意而增减。旧希腊城市的土地归城市全体公民占有。这些让与的土地主要由王田农夫耕种，也有的由自己耕种（如军事份地、城市一般公民公有地），或由佃农、奴隶来耕种（如神庙土地）。王田农夫的处境与埃及的农民没有差别，他们被束缚在土地上，随土地的转移而更换主人，即使有的农民移居到别处，也不能割断与原居住地的联系，不能放弃应负的义务与责任。奴隶主要集中在城市和神庙，有的神庙的庙奴达好几千人，个别的大奴隶主就有上千名奴隶。

塞琉古王朝的商业和手工业发达。贯通东西的海陆商路，遍布各地的新旧城市、移民地，统一的货币（阿提卡制），统一的语言（通用希腊语），都给工商业发展提供了重要的保证。当时的商路主要有北、中、南三条，北路从巴克特里亚经帕提亚到里海、黑海，最后到拜占庭（Byzantium），中路从印度西北部经阿富汗、伊朗北缘进入美索不达米亚平原（Mesopotamia），南路从印度沿海路入波斯湾。中、南两路在底格里斯河畔的塞琉西亚相会，然后向西到达地中海东岸，或由此越过陶鲁斯山脉（Taurus Mountains），直达小亚。北路发挥的作用较小，塞琉古王朝主要从中、南两路进行转手贸易，获取利益。东方的丝绸、香料，叙利亚、两河流域、希腊精巧的手工艺品都经他们之手而转运东西。王国的都城安条克与地中海港口城市塞琉西亚都是发达的商业中心。商业是王国的生命线，它与托勒密埃及的战争往往由争夺商路的控制权而引起。商业的发达刺激了手工业的繁荣。吕底亚（Lydia）的撒尔狄斯（Sardis）就是华美地毯的制造中心，其他诸如金属冶炼、酿酒、玻璃制造、纺织印染等行业的产品也享有盛名。

塞琉古王国的版图虽然在三大希腊化王国中版图最大，但从建国之始，它的直接控制之地就在不断缩小。公元前305年前后，塞琉古一世远征印度，目地是收回亚历山大撤退后失去的印度西北部。但此地已经兴起一个强大的孔雀王朝。最后的结果是他放弃了这块领土的宗主权，但得到了500头大象的回赠，两个王朝还建立了联姻关系。[1]塞琉古王朝派大使常驻孔雀王国都城华氏城（Pataliputta）。[2]即使放弃了印度西北部，但这个帝国的确还是太大了，包括了诸多不同的民族和地区，文明冲突、民族矛盾、地方分离独立倾向交织在一起，加剧了统治的难度。加之王室内讧，以及与埃及争夺科伊勒—叙利亚一带的长期战争，也给了各地分离势力以可乘之机。于是，在公元前3世纪中期，东部的巴克特里亚（Bactria）总督和帕提亚（Parthia）的总督大约同时宣告独立。后来一支游牧民族阿帕尔尼人（Aparnians）或帕尔尼人（Parni）侵入帕提亚，建立了阿尔萨息王朝。[3]巴克特里亚和帕提亚的独立意味着塞琉古失去了对上省（Upper Satrapies，伊朗高原及其以东）的控制。随着公元前2世纪中期以后帕提亚王国的西扩，塞琉古王国不仅失去东部首府——底格里斯河畔的塞琉西亚，而且失去了对两河流域的控制。它的统治地盘基本收缩到了幼发拉底河以西的叙利亚一线。

在塞琉古王国的南面和东面，长期存在着两个潜在的对手。一个是近邻托勒密埃及，一个是逐渐逼近的罗马。塞琉古王国与托勒密埃及在公元前3—前2世纪之间先后进行了六次战争。就最后结果看，塞琉古王国似乎取得了胜利，占领了科伊勒—叙利亚地区，但得不偿失。战争不仅消耗了大量国力财力，而且使帕提亚、巴克特里亚乘它无暇东顾时独立。公元前3世纪下半叶，塞琉古王国发生内乱，位于小亚西北部的帕加马统治者阿塔卢斯一世（Attalus I，公元前241—前197年在位）利用这一有利形势摆脱了该王国的控制。公元前230年，阿塔卢

1 Strabo, *Geography*, 15.2.9.
2 Strabo, *Geography*, 2.1.9.
3 Strabo, *Geography*, 11.9.1.

斯成功地打败了游牧民族加拉太人（Galatians）[1]的进犯，获得了“国王”“救主”（Soter）的称号。在他的统治下，帕加马成了一个独立的国家，塞琉古王国的小亚属地也尽归于帕加马之手。公元前2世纪初，塞琉古王朝遇到另一强大对手罗马的挑战。马革尼西亚（Magnesia）一役（公元前190年），塞琉古军队在帕加马和罗马联军的打击下大败，小亚的领土随即丧失。此后，塞琉古王国每况愈下。公元前168年因安条克四世的勒索和推行希腊化，犹太（Judea）爆发了马卡比起义（Maccabean revolt），犹太人坚持斗争二十余年，争得了独立。帕提亚的西进，罗马东征，使内部矛盾重重、中央政府近于瘫痪的塞琉古王国腹背受敌，再也维持不下去了。公元前64年，被罗马大将庞培（Pompey，公元前106—前48年）所灭，叙利亚成为罗马的一个行省。

塞琉古王国虽然国运不昌，其兴也盛，其衰也速，但从它的领土上崛起了两个名垂史册的王国，这就是远东希腊化文明的摇篮或发祥地的巴克特里亚王国，和以伊朗高原为中心、统治从中亚到两河地区长达数百年的帕提亚帝国。后者虽然是由当地的游牧民族建立，但受希腊化文化的影响较深，是个典型的“亲希腊”国家。这二者也是后来丝路必经之地，对于希腊化文明遗产的继承和传播，发挥了特殊的中介和推动作用。

第三节　帕加马王国的短暂辉煌

帕加马王国位于小亚西北部，濒临普洛彭提斯海（Propontis，今马尔马拉海，Sea of Marmara）与爱琴海，因首都帕加马而得名。帕

1　凯尔特人或高卢人（Gauls）的一支，公元前278年从北方进入小亚。

加马原属亚历山大的部将吕西马库斯，是伊普苏斯之战后他分到的战果。公元前282年，吕西马库斯派驻帕加马城的部属菲勒泰洛斯（Philetaerus）背叛了他，向塞琉古王朝表示归顺。公元前3世纪下半叶，塞琉古王国发生内乱，帕加马统治者阿塔卢斯一世利用这一有利形势摆脱了该王国的控制。公元前230年，阿塔卢斯成功地打败了游牧民族加拉太人的进犯，获得了“国王”“救主”的称号。在他的统治下，帕加马成了一个独立的国家，塞琉古王国的小亚属地也尽归于帕加马之手。然而，为了在塞琉古、马其顿和托勒密的争夺中求得生存，为了在贫富分化剧烈的社会矛盾中维持统治，他不得不在外界寻求保护伞，这时挺兵东进的罗马就成了帕加马王朝投靠的对象。最后一个国王阿塔卢斯三世（Attalus III，公元前138—前133年在位）竟然立下遗嘱，将国家拱手送给了罗马。虽然这种做法引起帕加马人的不满，并引起了一场旨在建立“太阳城”的社会革命，但很快被罗马人镇压下去。罗马人以“合法继承人”的身份成了帕加马的主人。

帕加马的政治制度、土地制度与塞琉古王朝无多大差异。国王与王后生前受到崇拜、死后被敬为神，行省由将军们治理。全国的土地法理上归国王所有，但由国王、贵族、军人分割占有。国王和贵族的土地也由王田农夫耕种，他们随土地而转移。军事移民地的土地为军人份地，可能由自己耕种。

帕加马王朝也像其他希腊化王朝那样，或旧城重建，或建立新城。原来的希腊人城市，一些享有自由，一些臣属国王，负有纳税的义务。首都帕加马是一座重建城市，城中希腊公民分属不同的部落和德莫，有公民大会、议事会和行政官员。但事实上国王掌握城市大权，他任命了五位将军，只有他们有权主持公民大会，根据国王的旨意提出动议，并对城市的管理进行监督。其余的城市初期可能多是军事要塞和殖民地，后来发展为地区性的政治、文化中心。[1]

帕加马王国虽小，却十分富足，被认为是希腊化世界的暴发户。吕西马库斯原委任菲勒泰洛斯代管9000塔兰特巨款，这笔钱无疑大大充实了帕加马的国库。帕加马土地肥沃，出产丰富，拥有银矿，谷物出口仅次于埃及。东部有良好的牧场，促进了羊毛纺织业、羊皮纸制造业的发展。这两项产品成为帕加马最著名的特产。帕加马还生产大量的沥青、染料，这些产品大多销往国外。由于国王对大部分商业实行专利垄断，因此从生产到销售，国王都是最大的受益者。帕加马地处与爱琴海、黑海地区海陆商贸要道，进出口关税也是重要收入。

帕加马王国把经济繁荣所带来的巨大收益主要用于文化事业的建设上，他们一心要把帕加马城建成堪与埃及亚历山大里亚相媲美的城市。公元前190年，攸麦尼斯二世（Eumenes II，公元前197—前159年在位）建立了藏书达20万卷的国家图书馆，并像托勒密王朝那样，邀请著名的希腊学者前来进行研究。经过几代国王与学者的努力，帕加马后来竟成为希腊散文修辞学的中心。由于这些学者的热心工作，纯正的希腊散文才得以传世。除图书馆外，帕加马城还建有富丽堂皇的宫殿、剧场、希腊化各国中最大的体育馆。城中还集中了一批杰出的希腊雕塑艺术家，他们自成一派，像宙斯祭坛上的浮雕“巨人之战”（Gigantomachy），被后人名为“垂死的高卢人”（the Dying Gaul）、“杀妻并自杀的高卢人”（Ludovisi Gaul killing himself and his wife）的铜像等艺术珍品都出自他们之手。帕加马人在文化上的另一贡献是羊皮纸的改进发明，它不仅打破了托勒密王朝对草纸的垄断，而且为世人提供了另外一种经久耐用、可以长期保存的书写材料，从而使许多古代文化经典由于书写于羊皮纸而保留下来，在文艺复兴时重放光明。

1 关于帕加马的建城活动，详见第二卷第三章。

小　结

上述前三大王国安提柯王朝、塞琉古王国、托勒密埃及以及从塞琉古王国分离出来的帕加马王国都位于东地中海地区，也都在公元前168—前30年之间先后亡于罗马人之手。这就决定了它们中有的最终也不可能与丝绸之路发生直接的关系，如马其顿的安提柯王朝和帕加马王国，真正有可能与丝绸之路发生直接联系的是塞琉古王国和埃及托勒密王国。但无论如何，东地中海地区这些希腊化王国的存在，它们所建立的海外商业网、希腊式城市、道路体系都给未来的丝绸之路的开拓和发展提供了广阔而坚实的基础。司马迁在《史记·大宛列传》最早提到的黎轩、条支有可能就是埃及的亚历山大里亚城[1]和塞琉古王国的都城安条克的谐音，分别暗示对托勒密埃及的知晓和对塞琉古王国较多的了解（对“条支”有专门的条目介绍[2]）。其中提到安息人“画革旁行，以为书记”，这个可作为书写材料的“革”就是帕加马城的特产——羊皮纸。

（杨巨平）

1 关于黎轩的方位，《史记·大宛列传》谓其在安息之北，“北有奄蔡、黎轩”，但“奄蔡”有专条述及，“黎轩”则仅提其名。结合《汉书·西域传》中的“犂靬”（乌弋山离“西与犂靬、条支接”）和《后汉书·西域传》中海西之国“犂鞬”（大秦），学界一般还是将“黎轩”视为埃及亚历山大里亚（Alexanderia）的谐音。但这种认同显然与安息之北不符，“黎轩”或另有所指，学界讨论很多，有待进一步考证。

2 “条支在安息西数千里，临西海。暑湿。耕田，田稻。有大鸟，卵如瓮。人众甚多，往往有小君长，而安息役属之，以为外国。国善眩。安息长老传闻条支有弱水、西王母，而未尝见。”《史记》卷一二三《大宛列传》，二十四史点校本，北京：中华书局，1982年，第3163—3164页。

第四章　希腊化世界的政治、文化和经济

亚历山大帝国的建立和希腊化世界的形成，标志着一个新的时代的开始。虽然亚历山大之后，他的帝国分裂了，但分裂的结果不是希腊人在东方大地的消失，而是希腊化王国的诞生。这些王国，不论是第一代的托勒密、塞琉古、安提柯王朝，还是从塞琉古王国独立而出的第二代希腊化王国帕加马王国、巴克特里亚王国，它们的建立者都是希腊—马其顿人，也就是说都是亚历山大的同代人（战友）或希腊人的后裔。这些王国不论存在时间长短，统治范围大小，都有共同的基础和特征，同时由于各自的国情不同，面临的统治对象和区域不同，面临的内外政治环境和文化氛围不同，所以也就呈现出各自的特色。

本章将从政治、文化、经济三个方面对希腊化世界的整体面貌进行分析，由此来揭示希腊化文明实则是希腊文明与欧亚大陆其他文明，尤其是东方文明互动交融的结果，多元与统一是其基本特征。同时也通过分析希腊化文明的构成要素来揭示它对后世的影响，尤其是它对丝路文明的影响。从帕米尔以西以南到地中海的广袤区域正是亚历山大帝国和希腊化王国的故地，也是丝绸之路中国境外的主干道所经历的地区，故而希腊化文明的遗产通过丝路而与沿线国家、地区和民族发生关系，甚至传播到丝路之外的地区也是可以理解的。

第一节　三流合一的君主制统治

希腊化时期的帝国和王国是亚历山大及其继承者在个人征服、争夺的基础上建立起来的，无疑属于一人为王的君主制，但是这种君主制与出征前的马其顿王权和东方的君主制传统有着明显的不同。首先，这种君主制主要建立在对异族的统治之上。它们的统治基础是为数很少的希腊—马其顿人，它们的统治对象是被征服地的民族和人民。特殊的统治环境决定了特殊的统治方式。其次，这种君主制是多元因素的产物。具有军事民主制遗风的马其顿王权，精神虽亡、躯壳犹在的希腊城邦政制，较为完善的、积有数千年传统的东方君主制，这三种因素不可避免地交汇在一起。诚然，就具体的统治政策、统治形式而言，亚历山大帝国与各后继者的王国由于统治对象、范围、地域的不同，会呈现出各自的特色，但从整体上看，它们都具有共同的特征，都属于希腊化时期的君主制这个范畴。

一、王权神化与王朝崇拜

王权神化和王朝崇拜是希腊化时期君主制的一大特色。它的出现有其深刻的历史根源。

王权神化的观念在埃及、波斯、巴比伦早已有之。在埃及，法老通常被视为神的化身、神的后裔，如太阳神“拉之子”（Son of Ra or Re）、“阿蒙之子”。古巴比伦国王汉谟拉比（Hammurabi，公元前1792—前1750年在位）在其法典中把自己的统治说成是马尔都克（Marduk）、恩利尔（Enlil）诸神的安排，宣称自己是“众王之神”。[1]

1　周一良、吴于廑主编:《世界通史资料选辑（上古部分）》，北京：商务印书馆，1962年，第59—62页。

波斯国王大流士一世在贝希斯敦铭文（Behistun Inscription）中称他的即位是伊朗主神阿胡拉·马兹达（Ahura Mazda）的意旨。[1]他们都认为自己的权力来源于神，自己的统治秉承神的意旨。这种观念在东方已根深蒂固，有助于国王个人权力的增强与王朝世袭统治的延续。亚历山大及其继承者在这些地区建国为王后，接受、利用这种观念和种种对国王的崇拜形式是必然的，也是统治异族，特别是统治具有这种传统的民族所必需的。

但是，希腊—马其顿人对这种观念与形式并非猝然接受，而是有思想基础的。按照希腊人的观点，人和神非常接近。神人同形同性，神除了永生不死之外与人没有太大的区别，实际上是最完善的"人"。因此，在古典时代就出现了给伟人以"神"的荣誉或称号的现象。斯巴达的统帅吕山德，[2]马其顿国王腓力二世，[3]叙拉古（Syracuse）的僭主狄奥尼修斯（Dionysius，约公元前430—前367年）和狄昂（Dion，公元前408—前354年），[4]都曾被给予神的光荣。这种思想在公元前4世纪希腊哲学家的笔下也有所反映。亚里士多德就认为，如果一个人的美德和政治能力出类拔萃，那这个人就可以理所当然地被看作"人中之神"。[5]活动于希腊化初期的一位哲学家的观点更为明确：诸神实际上是过去的统治者。他们是由于在人间的功绩而成为神。言外之意就是，如果诸神起初不过是强有力的国王或征服者，那么把自己时代

---

1 周一良、吴于廑主编：《世界通史资料选辑（上古部分）》，第117页。

2 Plutarch, *Lysander*, 18, with an English translation by Bernadotte Perrin, Cambridge, Mass.: Harvard University Press, 1986.

3 N. G. L. Hammond, *A History of Greece to 322 BC*, second edition, Oxford: Oxford University Press, 1984, p. 560.

4 Plutarch, *Dion*, 29; S. A. Cook, F. E. Adcock and M. P. Charlesworth, eds., *The Cambridge Ancient History. Vol. VII: The Hellenistic Monarchies and the Rise of Rome*, Cambridge: Cambridge University Press, 1928, p. 13.

5 Aristotle, *Politics*, 1284a, with an English translation by H. Rackham, Cambridge, Mass.: Harvard University Press, 1959.

的伟大统治者承认为神也是应该的。[1]这些观念与思想，为王权神化、王朝崇拜的建立铺平了道路。

马其顿虽无国王崇拜的先例，但也有向此发展的趋向。亚历山大及其父亲腓力二世都认为他们的祖先来自宙斯，他们是赫拉克勒斯的后代。[2]他们的钱币上都采用了这两位神的头像。公元前336年在女儿的婚礼上，腓力把自己的塑像纳入奥林帕斯山（Olympus）上的十二主神之列，要人们把他像神一样看待。[3]

由此看来，王权神化、王朝崇拜不仅仅是受了东方的影响，希腊的神人同形同性观念、马其顿的王族神裔传统也起了重要的作用。

这一时期的国王神化与崇拜始于亚历山大。亚历山大自以为超凡脱俗，坚信自己是神的后裔。在埃及，他坚持要到西瓦绿洲（Siwa Oasis）拜访那里的阿蒙神庙，要从当地祭司那里得到他期望的那种回答，即宣布他是阿蒙之子，或宙斯之子，结果他如愿以偿。[4]既然是神，就要享受神的尊严，所以在公元前330年灭亡波斯后，亚历山大迫不及待地要求人们向他行匍伏礼，对他顶礼膜拜，“因为他认为他的父亲不再是腓力，而是阿蒙了”。[5]这种要求遭到多数马其顿人的反对，但也有人迎合他的心意。阿那克萨库斯（Anaxachus）就认为马其顿人把自己的国王当作神崇拜天经地义，并主张与其死后奉他为神，还不如趁他活着时照此行之。[6]他的主张不几年就变成了现实。

---

1 M. M. Austin, *The Hellenistic World from Alexander to the Roman Conquest: A Selection of Ancient Sources in Translation*, Cambridge and New York: Cambridge University Press, 1981, No. 38.（此书是关于希腊化时期的重要史料选，英译，所辑史料以序号排列，故所注为序号，非页码。）N. G. L. Hammond and H. H. Scullard, eds., *The Oxford Classical Dictionary*, second edition, Oxford: Clarendon Press, 1970, the entry “Euhemerus”.

2 N. G. L. Hammond, *A History of Greece to 322 BC*, p. 576.

3 Diodorus Siculus, *The Library of History*, 16.92.5, with an English translation by C. H. Oldfather, et al., Cambridge, Mass.: Harvard University Press, 1983.

4 参见Arrian, *Anabasis of Alexander*, 3.3-4; Strabo, *Geography*, 17.1.43.

5 Arrian, *Anabasis of Alexander*, 4.9.9.

6 Arrian, *Anabasis of Alexander*, 4.10.6-7.

公元前324年春，亚历山大给希腊各邦下令，要求他们给他以神的荣誉。希腊城邦无可奈何，第二年就派使者“像拜见神一样”戴着花冠去见亚历山大。[1]

国王崇拜的第二步是希腊城市迈出的。希腊城市通常都给城市的建立者以“神”或半人半神的“英雄”的称号，并为其设立崇拜（包括场所、仪式、雕像等）。当亚历山大作为“解放者”踏上亚洲大地，当后来各个王国为拉拢希腊人城邦而竞相宣布恢复其自治与自由时，当大批的新城市由国王出资募人建立时，诸国王自然就被城市视为“施恩者”（Euergetes，benefactors）。作为报答，就依惯例为这些国王建立崇拜，此为城市崇拜（municipal cult）。除亚历山大外，后继者中最早受到城市崇拜的是安提柯一世（约公元前311年）。[2]其后，托勒密一世、安提柯之子德米特里都分别从罗德斯（公元前305年）、雅典（公元前 307年）得到了“救主”（Soter，the Savior）的称号，雅典甚至把德米特里看作“既非木雕，也非石刻，而是真正的随处可见的神”。[3]

既然国王崇拜在当地人中，在希腊—马其顿人的城市中有如此深厚的土壤，统治者何乐而不利用呢？公元前3世纪初，由国王出面倡导推行的国王崇拜（ruler-cult/king-warship）与王朝崇拜（dynastic cult）出现了。这方面托勒密王朝发展最快。它首先为亚历山大建立正式的崇拜。托勒密一世设法将亚历山大的灵柩弄到埃及，先置于孟斐斯（Memphis），后移到亚历山大里亚。大约于公元前290—前285年间，为亚历山大设立官方崇拜，有专门的祭所与祭司，其意图

---

1 Plutarch, “Spartans’s Saying,” *Moralia*, 219E, with an English translation by Frank Cole Babbitt, Cambridge, Mass.: Harvard University Press, 1961; Aelian, *Varia Historia*, 2.19, edited and translated by N. G. Wilson, Mass.: Harvard University Press, 1997; Arrian, *Anabasis of Alexander*, 4.10, 7.23.

2 M. Cary, *A History of the Greek World from 323–146 B.C.*, second edition, London: Methuen & Co. Ltd., 1959, p. 369.

3 M. M. Austin, *The Hellenistic World from Alexander to the Roman Conquest*, No. 35.

显然是要借崇拜亚历山大证明自己比其他后继者更有资格继承整个帝国，同时也为后代崇拜自己开创先例。公元前283年，托勒密一世死，其子托勒密二世马上宣布他的父亲是一位神。其母死后（公元前279年），他就为双亲建一神庙，尊他们为保护神，并设立四年一度的“托勒密亚大节”（Ptolemaieia）以示纪念。埃及等地有把国王与其他传统神放在同一神庙供奉的惯例，这也影响了托勒密王朝。托勒密二世对死后为神仍不满足，于是在公元前272—前271年宣布自己和姐姐、王后阿尔西诺二世（Arsinoe II，约公元前316—前270/260年）为“姐弟神”（Theoi Adelphoi），并把对他们二人的崇拜加到亚历山大的庙中。[1]这是对活着的君主崇拜的开始。

塞琉古王国的王朝崇拜始于安条克一世，他宣布死去的父亲塞琉古为神，称其为“征服者宙斯”，并为其建立神庙，但此仅为私人崇拜。真正为他本人及祖先建立国家崇拜的是安条克三世。可能在公元前193—前192年，安条克三世在全国补加了对王后劳狄西（Laodice III，约公元前222—前191年）的崇拜，要求各行省各城市像对他一样，为王后的崇拜设立女祭司。[2]帕加马的情况有所不同，阿塔利王朝（Attalid dynasty）的国王生前也受崇拜，但只有死后才能称为神。值得注意的是阿塔卢斯一世的王后生前被尊为“虔诚者”，泰俄斯城（Teos）甚至为她建立神庙，设立专门的祭司。[3]马其顿王国受东方影响较少。马其顿人虽未把国王当作神来崇拜，但也把国王与神联系起来，在他们的钱币上，潘神（Pan）的头像具有安提柯二世的特征。[4]而且在马其顿统治下的卡桑德里亚城（Cassandreia），仍出现了对国

1 F. W. Walbank, A. E. Astin, M. W. Frederiksen and R. M. Ogilvie, eds., *The Cambridge Ancient History. Vol. VII, Part I: The Hellenistic World*, Cambridge: Cambridge University Press, 1984, p. 97.

2 M. M. Austin, *The Hellenistic World from Alexander to the Roman Conquest*, No. 158.

3 F. W. Walbank, *The Hellenistic World*, Glasgow: William Collins Sons & Co. Ltd., 1981, p. 217.

4 F. W. Walbank, A. E. Astin, M. W. Frederiksen and R. M. Ogilvie, eds., *The Cambridge Ancient History. Vol. VII, Part I: The Hellenistic World*, p. 86.

王的崇拜，尽管在马其顿，国王还并没有被当作神来看待。[1]

至于远在东方的巴克特里亚，由于文献资料的罕见，我们对其了解不多，但从现今发现的钱币图案上也能看出国王神化的倾向。这个王朝的创立者狄奥多托斯（Diodotus）把宙斯看作他们的保护神，有些钱币的正面是国王的头像，反面就是宙斯。与托勒密朝、塞琉古朝一样，国王们也在自己的名字上缀以各种名号，如“救主”、“征服者”（Nicator）等。[2]

王权神化、王朝崇拜各地不一，主要表现如下：

（1）建立神庙，设立专职祭司，举行庆典。除了在当地的神庙或传统的希腊神（如酒神狄奥尼苏斯）庙中分享供奉外，不少国王为先王、为自己及王后在首都或全国建立神庙。神庙中奉有国王的雕像，有祭坛，有专门或兼职的男女祭司分别主管对国王与王后的祭拜事宜。祭拜的时间因地因人而异，有月祭、年祭，还有四年一祭的；祭拜有时与酒神大节一起举行，有的同时举行音乐、诗歌竞赛或运动会，有时还举行盛大的游行。[3]祭司的社会地位很高，一般由国王任命。塞琉古王国的男女高级祭司由国王的亲属担任。安条克三世的女儿劳狄西就被任命为几个行省的女祭司长。[4]这些祭司还具有名年官的性质。他们的名字出现在神庙公告和商业契约中，[5]用以标明时间或以示庄重。

（2）给崇拜对象各种崇拜名号。这些名号或由崇拜者根据国王或王后的恩典、功绩赠予，或由国王自封。一般常见的尊号有：征服者、救主、恩人（Euergetes）、神显者（Epiphanes）、伟大者（Megas）、

---

1 S. A. Cook, F. E. Adcock and M. P. Charlesworth, eds., *The Cambridge Ancient History. Vol. VII: The Hellenistic Monarchies and the Rise of Rome*, p. 202.

2 A. K. Narain, *The Indo-Greeks*, Oxford: Clarendon Press, 1957, pp. 17-18, plates I-V. 详见 O. Bopearachchi, *Monnaies gréco-bactriennes et indo-grecques, Catalogue raisonné*, Paris: Bibliothèque Nationale, 1991, pp. 387-388.

3 M. M. Austin, *The Hellenistic World from Alexander to the Roman Conquest*, No. 219.

4 M. M. Austin, *The Hellenistic World from Alexander to the Roman Conquest*, No. 158.

5 M. M. Austin, *The Hellenistic World from Alexander to the Roman Conquest*, Nos. 227, 158.

神（Theos）。有些名称表达了与家庭成员的关系，如爱父者（Philopator）、爱母者（Philometor）、爱姐者（Philadelphus，托勒密二世专用）、姐弟神等。有些表明国王具有传统神的身份，如塞琉古·宙斯（Seleucus Zeus）、安条克·阿波罗（Antiochus Apollo）、新酒神（New Dionysus）。还有个别的只能算作绰号，如“Tryphon”可能是“贪吃者”。安提柯二世的名字“贡那特”（Gonatas），可能是“膝内弯的或八字脚的”（knock-kneed）或“首先出生的”意思。[1]这些名称的创造与接受都取决于国王的意愿。较长一段时间内，官方文件中只对死去的国王使用名号，但后来到托勒密八世（Ptolemy VIII Euergetes II，约公元前182—前116年在位）和安条克四世时，打破了这一惯例，名号与名字同时使用，实则成了名字的一部分。[2]

（3）以国王或王后的名字命名城市。此举也以亚历山大为始。他在东征路上，建立了约20个以他命名的亚历山大里亚，[3]此后各国王仿而效之。托勒密王朝建城不多，只在上埃及建立了托勒迈斯城（Ptolemais，托勒密一世建）。塞琉古王朝建城最多，其王国中最主要的城市就是以统治者名字命名的城市，如首都安条克（Antioch，塞琉古一世建，以其父之名命名），具有东都地位的塞琉西亚（Seleucia on the Tigris，塞琉古一世建，以己之名命名）和以塞琉古一世母后与王后之名命名的城市劳狄西亚（Laodicea）、阿帕米亚（Apamea）。[4]曾在马其顿称王的卡桑德（Cassander）也建了同名城市卡桑德里亚。

---

1 “Gonatas”一词意义不明，塔恩提供了两种可能的解释，一是首先出生的，“first born”；二是膝内弯的，八字脚，“knock-kneed”。详见W. W. Tarn, *Antigonos Gonatas*, Oxford: Clarendon Press, 1913, p. 13.

2 参见V. Ehrenberg, *The Greek State*, Oxford: Blackwell, 1960, p. 175.

3 关于亚历山大的建城数目，说法各异。此取沃尔班克和塔恩的观点。见F. W. Walbank, *The Hellenistic World*, p. 43; W. W. Tarn, *Alexander the Great*, Vol. 1, Cambridge: Cambridge University Press, 1948, p. 133.

4 M. M. Austin, *The Hellenistic World from Alexander to the Roman Conquest: A Selection of Ancient Sources in Translation*, No. 174.

同名城市的建立可使国王或王后作为建城的英雄或神受到习惯上的崇拜，从而推动了王朝崇拜的普及深入。

（4）王权神化是王朝崇拜的前提，只有王的神化，才能谈到对他的崇拜。因此希腊化时期的君主们总是要将自己、家族与某些希腊神联系在一起。像亚历山大一样，托勒密朝诸王主要把自己看作是赫拉克勒斯、狄奥尼苏斯的后裔。[1]此外，他们还把20个可以肯定的神和15个不确定的神与己等同。[2]塞琉古朝将阿波罗神奉为保护神、祖先。[3]安提柯王朝强调和原马其顿王族的亲缘关系，也把赫拉克勒斯作为祖先。帕加马王朝把狄奥尼苏斯作为他们的保护神。既然国王是神，那就要与神同列或取代神的位置。根据古希腊城邦传统，只有神像才可出现于钱币，而今，王像与神像正反各占一面，或取代了神像。钱币是流通之物，这就促使人们自然而然地把神与王联系起来，从而潜移默化地宣传了王的神性。

王权神化、王朝崇拜给亚历山大及其后继者的统治披上了合法的外衣和神圣的光圈。他们不仅自称是神的后裔，而且把自己看作埃及法老和波斯、古巴比伦国王的当然继承人。既然原来的法老、国王是地方神的化身，那作为继承者的他们也就会获得当地神的神性。亚历山大被宣布为阿蒙之子，托勒密朝的国王与王后以“共居者”的身份出现在埃及人的神庙，[4]托勒密五世到埃及人神庙行法老式的加冕礼，[5]

---

1 M. M. Austin, *The Hellenistic World from Alexander to the Roman Conquest: A Selection of Ancient Sources in Translation*, No. 221.

2 F. W. Walbank, A. E. Astin, M. W. Frederiksen and R. M. Ogilvie, eds., *The Cambridge Ancient History. Vol. VII, Part I: The Hellenistic World*, p. 86.

3 据说塞琉古是他母亲梦中与阿波罗同床而生。他的大腿上有一块胎记，形状像阿波罗的标志“锚”。见Justin, *Epitome of the Philippic History of Pompeius Trogus*, 15.4.3-5, translated by J. C. Yardley, Atlanta, GA: Scholar’s Press, 1994; F. W. Walbank, *The Hellenistic World*, p. 211.

4 V. Ehrenberg, *The Greek State*, p. 173.

5 M. M. Austin, *The Hellenistic World from Alexander to the Roman Conquest: A Selection of Ancient Sources in Translation*, No. 227.

都表明王权神化、国王崇拜适应了统治环境的需要，从而缩短了征服者与被征服者的距离，促进了当地上层祭司的归顺与合流。

王权神化、王朝崇拜加强了城市与国王的联系。王朝崇拜源于城市崇拜。尽管这种崇拜有的是自发的，有的是被迫的，有的是按惯例而行之，但它毕竟在国王与城市间增添了联系的纽带，从而当王朝崇拜从宫廷自上而下发起后，各地各类城市都能程度不同地接受，也必须接受，这就加深了城市对国王的附属程度。

王朝崇拜的建立也有助于希腊—马其顿人的稳定。一方面，国王的神化，崇拜的设立，增强了他们对国王的向心力与凝聚力，尽管传统观念使他们只把国王视为“像神的”人，而不会将其看作永生不死的神。另一方面，神庙、崇拜需要管理，需要祭司，这就可使国王的一部分亲属、“朋友”（以下将详细讨论）得到尊贵的荣誉与职位，这也有利于统治基础的巩固与扩大。

二、王朝统治与君主专权

希腊化时期君主制统治的第二个特点是，亚历山大及其后继者以异族统治者的身份君临征服之地。他们表面上保持了马其顿王权的遗风，尊重希腊城邦制度的某些形式，但实际上却在吸收、利用原有统治机制因素的基础上，竭力加强王权，维持王朝统治。

在亚历山大及其后继者看来，他们对征服之地的统治理所当然，因为这是他们用长矛打出的天下。亚历山大与埃及、巴比伦、波斯的古老王朝绝无关系，但他每到一地，都自称是当地王朝的当然继承人。托勒密、塞琉古、安提柯等所谓亚历山大的继承者，与亚历山大也无直接的血缘关系，但都认为自己最有资格接收、继承他的帝国。在亚历山大的遗腹子被杀后，也都认为自己最有权利据地称王。征服即是一切，打下天下坐天下，这就是亚历山大及其继承者的逻辑。后来拜占庭学者编纂的《苏达辞书》在阐释"君主制"（Monarchy）一词时，就以亚历山大之子失位，其部将称王为例说明：君主制既非王裔也非正统，而是由指挥军队和处理国事的能力决定。[1]托勒密等骄兵悍将，就是凭自己的能力与实力，以"最强者"[2]自居，夺得一块地盘，建立起王朝统治（称王于公元前306—前304年间）。当然，这些王朝的建立与维持并非一帆风顺，大约在公元前280年前后，三足鼎立局面才最后形成。

这些王朝的统治对象主要是异族人（安提柯王朝也有统治非马其顿人的问题）。在如此广袤的国度里，在如此民族众多、社会发展不平衡的环境内，在当地人与当地传统的汪洋大海内如何进行有效的统治，是诸希腊化王朝面临的首要难题。在这样的国家内，他们所能依靠的只能是武力的征服、强制的统治，而这样的征服、统治又只能依靠为数不多的希腊—马其顿人进行，因为亚历山大利用当地人的民族混合政策已被目光短浅的部将们抛弃了。统治基础薄弱是各王朝的最大症结所在。

然而，统治基础的薄弱并不意味着统治的放松。相反，各王朝都根据特殊的统治环境，强化了王权。第一节中论及的王权神化、王朝崇拜即是手段之一。

诚然，与亚历山大东征时相比，各希腊化王朝确有一种返朴归真的表象。他们放弃了亚历山大采用波斯礼仪、服饰等做法，宫廷生活简朴，盛行马其顿式服装。国王的标志是王冠（头带）、紫袍、继自马其顿阿基德王朝（Argead dynasty）的权杖、戒指印章。宫廷礼仪较之前简单，诸国王都不要求臣民行匍伏礼，也不要求他们唯唯诺诺

1 M. M. Austin, *The Hellenistic World from Alexander to the Roman Conquest: A Selection of Ancient Sources in Translation*, No. 37.

2 据说在亚历山大临死时，有人问他把王国留给谁，他回答："给最强者。" Arrian, *Anabasis of Alexander*, 7.26.3 ("to the best"); Diodorus Siculus, *The Library of History*, 17.117.4 ("to the strongest"); c.f. 18.1.4 ("to the best man"). 参见R. L. Fox, *Alexander the Great*, p. 471.

地讲话。国王发布命令的口气较和缓，对希腊人城市尤其以礼相待。但实际上，他们在千方百计地加强个人的权力。按照马其顿的传统，王的权力受战士议会的限制，王位继承要经过战士会议的选举批准，涉及到叛逆罪的案件要由战士会议审判。在亚历山大东征时，还能看到“战友”（Companions）对他的某些行动的反对和马其顿军队对他的制约。[1]但这样的例子在这几个王朝中几乎见不到了。即使在人民权力尚存，战士会议仍能发挥一点作用的马其顿王国，安提柯王朝即国家也得到了承认。不着意于形式上的顺从，而追求实际的统治，是希腊化诸王朝的一大特点。

具体来说，国王们主要在这几方面加强了控制。

（1）行政立法权。国王是国家的人格化，国王的意旨就是法律，这是诸希腊化王国的臣民必须接受的现实。塞琉古一世就直截了当地告诉他治下的马其顿人：“国王永远正确。”[2]国王的旨意转变为法律主要通过王室法令与国王信件两条途径。王室法令以各种名目的文件下达，通常用第三人称。这些文件中最常见的形式是Diagramma和Prostagma。Diagramma似乎是由国王或其他某些中央机关发布的法令。Prostagma是托勒密朝最普通的立法形式，但也用于管理措施和审判决定。信件（epistole）一般在处理与希腊城市的关系时使用，用第一人称，有发信者与接收者，口气礼貌、委婉，有时也写给总督。这是一种比较随便的立法形式。Prostagma通常也用书信方式发出。[3]以王室文件形式公布的法律对全国各地都具有效力，而以信件形式表达的指示可能只适应于具体的接受者。不管用哪一种方式，表达的都

---

1 参见Arrian, *Anabasis of Alexander*, 3.26; 6.10-12; 5.25-29.

2 V. Ehrenberg, *The Greek State*, pp. 177-178. 详见哲学家阿那克萨库斯为亚历山大误杀好友克雷塔斯（Clitus）的辩护：“为什么古老的哲学家要让正义之神坐在宙斯的王座之旁，就是因为宙斯不论做什么决定都是正义的，因此，伟大的国王所做的一切也都是正义的，首先是国王自己，其次是其他人都应如此认为。” Arrian, *Anabasis of Alexander*, 4.9.7. 这与希腊古典城邦“民众永远正确”的原则形成了鲜明的对比。

3 V. Ehrenberg, *The Greek State*, p. 165.

是国王的意愿，都是必须遵守的法律。

由于东方的希腊化王国至少存在着两个以上的民族，各民族原来都有自己的成文法律和习惯法，托勒密朝与塞琉古朝允许不同法律存在，但监督其实施，即保证任何民族的法律都服从国王的法律。以埃及为例，当地埃及人、希腊—马其顿人、犹太人都可根据本民族的法律在自己的法庭解决他们内部的纠纷，但王室法官拥有对两个民族的审判权，他们巡回各地判案。国王既是国家行政首脑，又掌最高司法权，对他来说，行政、司法实则为一。因此行政命令既成为法律，也侵犯法律，一切为了国王的利益。托勒密二世认为一些法律辩护人在承办一财务案时损害了自己的利益，就指示财务大臣阿波罗尼乌斯（Apollonius）对那些辩护人处以双倍罚款，禁止他们以后再参与这类案子的辩护。[1]

（2）军队统率权。军队是任何王朝得以建立并维持其统治的主要工具。靠军队起家的诸国王深知军队的向背与其政权存亡的关系，因此从建国之日起就从未放松对军队的控制。而且诸王国的争斗，被征服地人民的起义，地方王公的叛离，以及外来游牧民族的压力，都迫使诸国王采取措施，保持一支听命于他的、召之能战的军队。

第一，希腊—马其顿人仍是军队的主力，他们组成王室卫队、方阵兵、骑兵和轻装步兵、海军以及警察部队。为使他们既保持军队建制，又减轻国家负担，还能防范地方，就采取军屯的方法，给屯防兵每人一份土地，作为服役的报酬。份地可以世袭，但以服役为条件。在埃及，屯防兵单独经营份地。在塞琉古和帕加马，则建立军事移民地。

第二，为了弥补兵员不足，或许也为了拉拢当地人，公元前3世纪以后，当地人也加入军队。公元前217年拉斐亚（Raphia）战役时，

---

1 F. W. Walbank, *The Hellenistic World*, p. 114.

托勒密朝军队中的三分之一是埃及人与利比亚人。塞琉古军队中几乎一半是亚洲人。[1]

第三，利用雇佣军。这是诸王国军队的重要补充力量。雇佣军耗费虽大，但战斗力强，机动性大，边境要塞、重要城市、国外领地主要由雇佣军驻守。就是在王室卫队中，也可能包括雇佣军。

第四，提高军队将领的地位。托勒密朝各州的将军起初可能只管军事，但后来权力扩及行政、司法，取代了以前的州长。塞琉古的将军也兼管司法，[2]马其顿的将军被任命为总督，控制希腊的城市。国王们试图通过这些手段，将军队牢牢地掌握在自己手中。

（3）经济剥夺权。经济是庞大的国家官僚机器正常运转的保证。既然国家是国王的私产，所有臣民就是他的奴仆。虽然各王朝对经济的控制手段、程度不一，但“普天之下，莫非王土；率土之滨，莫非王臣”，的确也是它们，尤其是托勒密王朝的真实反映。全国土地法理上都归国王所有，一般分为王室领地和转让地两大类。王室领土，也叫王田，由国王直接经营，由称为“劳伊”（Laoi）的王田农夫耕种。他们被固着在土地上，不能随便离开。在埃及，王田的一切生产过程，从种植到收获、加工，都受国王官吏的安排与监督。王田农夫要交纳一定的租税。埃及是定量交纳，连租带税达收成的50%以上。[3]塞琉古王国是按收成的十分之一交纳。[4]转让地的最终所有权仍归国王，只是暂时让他人使用，主要有庙田（也叫神田）、赐田、军人份地三类。

国王对经济的控制主要通过税收的形式进行。在埃及，除土地税与人头税外，还有牲畜税、园圃税、产品加工税、出售税、城市过

1 V. Ehrenberg, *The Greek State*, p. 225.

2 V. Ehrenberg, *The Greek State*, p. 219.

3 F. W. Walbank, *The Hellenistic World*, p. 110.

4 G. W. Botsford and C. A. Robinson, *Hellenic History*, New York: The Macmillan Company, 1947, p. 330.

境税、手工制造税、渔猎税，以及建筑堤坝、桥梁、道路和运河等捐税。税收多如牛毛，无孔不入，种类达200种以上。甚至一人想去捕鱼，在得到允许后，还须一官员监督，以保证25%的鱼转到国王手中。[1]由于税收复杂繁重，托勒密王朝创立了包税制度，让包税商代替国王收税。国王是全国最大的地主，也是最大的商人和手工业主，利用国家权力实行严格的垄断制度。油料、纺织、纸草、矿井、盐、钱庄等都由国王垄断。染料、皮毛、化妆品、玻璃、陶器、酿酒等行业都得由国王发特许证，或由国王直接经营。国王还控制了对外贸易与海关，关税率达50%。[2]商品的进出口都以国王的需要而定，如为保持自己对油料的垄断，油料的进口就受到禁止。塞琉古朝的税收相对轻一些，其税收来源除土地税外，主要包括商业税、港口税、矿山开采税。城市也要交纳税或贡金。各王朝还掌握造币权，这无形中加强了对经济活动的控制。

总之，希腊化王朝，特别是托勒密朝，对经济的控制与剥夺几乎达到无以复加的地步。托勒密朝的一个财务官在对其下属的指示中就明确说："无人被允许为所欲为，一切都安排得最好。"[3]这种经济严控政策的目的显然不是刺激、鼓励生产，而是最大限度地剥夺占有。

（4）神庙监督权。在素有王权神化传统的埃及与西亚，神庙祭司阶层、神庙经济在社会生活中具有重要的地位。如何利用它们，是从亚历山大开始的诸希腊—马其顿君主面临的又一问题。从总体上看，他们都采取了拉拢、控制、利用的手段。

亚历山大拜访阿蒙神庙，在规划亚历山大里亚城市布局时不忘给埃及女神埃西斯建庙立像；[4]他的部将称王以后对当地神庙表示尊重，

---

1 G. W. Botsford and C. A. Robinson, *Hellenic History*, 1947, pp. 324, 317.

2 V. Ehrenberg, *The Greek State*, p. 233.

3 M. M. Austin, *The Hellenistic World from Alexander to the Roman Conquest: A Selection of Ancient Sources in Translation*, No. 256.

4 Arrian, *Anabasis of Alexander*, 3.1.

甚至为地方神建庙，创立对地方神的崇拜，如托勒密朝创立的萨拉皮斯（Sarapis）崇拜，就是对地方宗教势力的拉拢。但这种笼络是有限度的，而且笼络是为了更好地控制。诸国王一般都限制当地神庙祭司的特权，剥夺或限制神庙的土地。埃及把神庙土地全部收归国有，即使是留给或赐给神庙的土地，也要按常规纳税。祭司就位时要交纳授职费。祭司们每年还要到亚历山大里亚觐见国王，可能要献厚礼。[1]塞琉古朝“对待神庙的土地就像对待他自己的一样”，[2]除留给神庙足以供养自己的土地外，其余皆归于国王。[3]埃及国王们还以神的全权代理人身份直接插手宗教事务，参加宗教活动，决定宗教会议召开的时间、地点及议程，并委托行政机关对会议进行监视。同时在神庙中派驻官员（称epistatai）监督神庙的管理。至于由国王自己设立的王朝崇拜，其祭司由国王任命，更是在国王的掌握之下。当然，这是王朝强盛时的情况。一旦王朝衰落，神庙就设法恢复失去的特权，这从罗塞塔石碑上反映得最清楚。[4]

（5）城市制约权。城市是希腊—马其顿人的居住地，也是诸希腊化王朝政治、经济、文化中心。它们对异族、对各地的统治主要是通过这些城市的辐射作用而进行的。因此，控制、利用它们对王朝统治尤为重要。

当时各王朝控制下的希腊式城市有三类：一是希腊大陆及爱琴海的原希腊城邦，二是小亚沿岸被亚历山大“解放”的城市，三是希腊化国王新建或扩建的城市。这些城市一般都保持城邦制度的外壳，有议事会、行政官吏和公民大会。城市有自己的土地，国王有时还赠予

---

1 M. M. Austin, *The Hellenistic World from Alexander to the Roman Conquest: A Selection of Ancient Sources in Translation*, No. 227 & n. 13.

2 F. W. Walbank, *The Hellenistic World*, p. 130.

3 W. W. Tarn, *Hellenistic Civilisation*, third edition., revised by the author and G. T. Griffith, London: Edward Arnold (Publishers) Ltd., 1952, p. 140.

4 M. M. Austin, *The Hellenistic World from Alexander to the Roman Conquest: A Selection of Ancient Sources in Translation*, Nos. 231, 227.

土地。它们仍被称为“polis”，但实际上已失去独立城邦的意义。第一，不管新老城市，都必须向国王纳税或纳贡，有时还要提供兵员。第二，为了保证城市的俯首听命，保证王朝政令的贯彻执行，国王往往在城市派驻卫戍部队和国王代表或总督。这些王室官员干涉城市事务，有的甚至就是城市名副其实的首脑。像帕加马城就有国王任命的五位将军。他们掌握城市的最高权力，有权对城市官员施以法律制裁和罚款。[1]在马其顿的帖撒罗尼卡城，未经总督同意，不能动用萨拉皮斯神庙的收入。[2]在萨摩色雷斯（Samothrace），只有国王及总督才有权决定小麦的进口，总督对城市土地分配有最后决定权。[3]第三，国王直接或通过总督向城市发号施令，视其为统治下的一个行政单位。虽然国王对城市的指令用信件发出，比较客气，但国王的命令必须执行。城市的法令常依国王信件指示而定，国王信件要在公民大会上宣读或刻石公布。即便是城市自己制定的法律也要经国王同意后方可执行。[4]国王的宫廷官员也时常干预城邦内部事务，在卡里亚（Caria）的卡林达城（Calynda），有两人直接或间接向埃及财务大臣求助，请他向地方当局施加压力，解决个人诉求。[5]第四，国王还介入城市之间与城市内部之纠纷。当两城市发生纠纷时，国王任命第三个城市去仲裁；当一城市内部发生纠纷时，国工派另一城市的审判团去仲裁。塞琉古王朝可能还在城市派有王室法庭。[6]国王法庭是最

1 M. M. Austin, *The Hellenistic World from Alexander to the Roman Conquest: A Selection of Ancient Sources in Translation*, No. 216.

2 F. W. Walbank, *The Hellenistic World*, p. 86.

3 S. A. Cook, F. E. Adcock and M. P. Charlesworth, eds., *The Cambridge Ancient History. Vol. VII: The Hellenistic Monarchies and the Rise of Rome*, p. 128.

4 M. M. Austin, *The Hellenistic World from Alexander to the Roman Conquest: A Selection of Ancient Sources in Translation*, Nos. 60, 158, 209.

5 V. Ehrenberg, *The Greek State*, p. 203; S. A. Cook, F. E. Adcock and M. P. Charlesworth, eds., *The Cambridge Ancient History. Vol. VII: The Hellenistic Monarchies and the Rise of Rome*, p. 128.

6 V. Ehrenberg, *The Greek State*, p. 197.

高的上诉机构，特殊情况由国王亲自裁决。这种外来法官的引入，既保证了城市间和城市内部的和谐，又维持了王朝内部的统治秩序。最后，国王剥夺了城市的外交权。虽然有的城市之间仍交换使者，委托代理人，或把公民权给予他人，但它已非独立城邦，它的外交权已被凌驾于其上的王朝代替了。虽然各个王朝对城市的控制程度不同，而且新老城市之间对国王的顺从关系也有差别，但在王权的高压之下，希腊式的城邦完成了向希腊化城市的过渡。

国王权力的强化还体现在对贵族势力的削弱与地方控制网络的建立。由于长期的战争，马其顿强有力的贵族大多葬身沙场，个别获胜者也就成了国王。老一代的贵族势力不可能对新一代的国王构成威胁。埃及的贵族在法老时代就已摧毁，曾受到亚历山大重用的波斯贵族到他死时也所剩无几，而且亚历山大的继承者们都放弃了重用东方人的政策。东方的地方贵族、小王公即使存在，也只能成为新王朝的藩属或封臣。他们在封地可能行使着绝对的权力，但他们平时要纳贡，战时要出征，要听命于国王。在这种情况下，这批新国王就可以摆脱传统的贵族势力的制约，强化个人的权力。就是在古风犹存的马其顿王国，国王的专制权力也在不断膨胀。

诸希腊化国王对地方的控制基本沿袭着旧王朝的传统。埃及仍被分为40个州。塞琉古王国实行波斯行省制，实行地方分权的制度。各个州、省都由希腊—马其顿人将军或总督管理，并有专门的财务官员负责税收。遍布各地的城市、军事移民地，大大小小的各级官吏把王国有效地组织在一起，国王就是通过这种网络进行统治。对地方的控制以托勒密王朝最为成功，它的税收制度和垄断制度都是依靠这一庞大而严密的国家机器完成的。塞琉古王朝的地方分权政策是统治众多民族、广大地区所必需的，鞭长莫及，只好如此。公元前3世纪，帕加马、帕提亚、巴克特里亚的相继脱离可资说明。马其顿王国对希腊中南部的辖地，一般采取在战略要地驻扎军队的方式控制之。总之，尽管各王朝对地方的控制方式有所差异，但都力图加强控制。

为保证王朝的顺利延续与长治久安，希腊化时期的君主继承马其顿与东方的传统，王位世袭，实行长子继承制。如果长子尚幼，则设一摄政代行王权，寡后与次子们无权继承王位。如国王无嗣，由最近的男性亲属继任。女性无权继承，但妇女在实际执政和宫廷斗争中，经常起很大作用。托勒密王朝尤其如此，从托勒密二世的王后阿尔西诺二世到最后一个王后克列奥帕特拉七世，不少王后都曾是王朝政治舞台上的重要角色。塞琉古王朝的王后有时也左右朝政。王后往往与丈夫一同被神化、被崇拜。

为使王位继承人能够真正得到王位，为使未来的国王有能力、有经验执政，也为更有效地统治庞大的帝国，希腊化王朝创立了“二王共治”制，即将继承人定为“共治者”。父子、夫妻同时都是国王。有的可能是名义上的共治，如王子年幼时。也有的确实是共同执政，如安提柯一世和其子德米特里，或者把王国的一部分交给继位者管理。底格里斯河畔的塞琉西亚就是塞琉古王朝王位继承人（或共治者）的官邸所在地，他由此照管东部行省。共治者也有权造币，有的还享受正式崇拜。为纯洁王朝血统，除塞琉古一世外，其余的开国君王都解除了亚历山大时与东方女子的婚姻。他们及后代一般都和本族人通婚，或在王室内部通婚。在埃及甚至发展为兄妹婚或姐弟婚。这种婚姻形式在埃及、波斯、小亚都有传统。[1]从材料看，只有托勒密朝继承了这种传统，从托勒密二世与其姐开始，兄妹婚、夫妻共治屡屡出现，成为此朝的惯例。[2]王位世袭、长子继承、内部通婚、二王共治，有利于王朝的延续，但不可能消除王室内部的斗争，更不能保

---

1 关于埃及，见Herodotus, *The Histories*, 2.100. 关于波斯，参见Herodotus, *The Histories*, 3.88. 关于小亚，见W. W. Tarn, *Hellenistic Civilisation*, p. 138.

2 在塞琉古王朝也视王后为姐妹，但这仅是荣誉称号，而非实际上的兄妹婚。见M. M. Austin, *The Hellenistic World from Alexander to the Roman Conquest: A Selection of Ancient Sources in Translation*, No. 139 & n. 6; No. 158 & n. 4.

证王朝的永不覆灭。

三、王友集团与官僚政治

王友集团是希腊—马其顿诸王国君主制统治机器中既奇特而又非常关键的部件，与各王朝的命运相始终。王友（Philoi），顾名思义，是国王的朋友。但在这些王朝中，王友实际上就是国王的官僚。王友集团与官僚政治紧密相连，只不过前期这个集团的成员构成比较松散，不太稳定，后期演化成固定的官僚阶层而已。

王友集团源于马其顿英雄时代国王的“战友”（Hetairoi，一译“伙友”）。战友是国王从各部落的贵族中挑选出来的。他们平日参与宫廷事务，战时随王出征，充任重装骑兵或担任军官。他们对国王要绝对忠诚，国王则视其为亲属。从这些战友中，国王选拔若干人组成他的议事会。战友在社交场合与国王没有明显的尊卑之分，他们都穿同样的服装。他们之间是伙友关系，而非严格的君臣关系。到公元前4世纪，国王从富裕农民中组织了“步兵战友”。他们的荣誉地位仅在“骑兵战友”之下。这些战友在腓力二世及亚历山大时代的内争外战中发挥了巨大的作用。没有他们，腓力称霸巴尔干、亚历山大征服波斯都是不可想象的。三大王朝的创建者托勒密、塞琉古、安提柯都曾是跟随亚历山大征战多年的战友。然而，当他们自立为王后，却感到人才的缺乏，因为他们对当地人排斥不用。他们所带的军队，经过几十年的征战，早已不是那种以部落为单位的组织了，从马其顿部落中选拔战友实际上已不可能。他们的统治是个人的而非民族的。面对庞大而又陌生的异族之地，他们急需各种各样的人才辅佐他们进行统治。在这种特殊情况下，他们所能挑选的主要来源只能是希腊城邦。当时的希腊城邦内部，由于本身制度的危机，正涌动着一股到城邦之外去寻求生存和成功机会的潮流。亚历山大的远征在希腊人面前打开了令人神往的世界，他的后继者对人才的需求与竞争又使他们看到了希望。一方寻求人才，另一方寻求机遇，王友集团便应运而生。

“王友”虽与“战友”有渊源关系，但二者在性质、作用、构成和与国王的关系上却大有区别。

“王友”不是“战友”，这在古希腊语中显而易见。如前所示，战友是“Hetairoi”，王友是“Philoi”。英译也不同，前为“Companions”，后为“Friends”。王友与国王不是平等关系，而是君臣关系。王友的尊荣升迁系于国王。但国王与王友之间又不是简单的雇佣与被雇佣、利用与被利用的关系，而是相互利用，共同受益。国王依靠王友进行统治，治理国家；王友靠国王名利双收，飞黄腾达，共同的利益将他们紧紧地连在一起。

王友几乎是清一色的希腊—马其顿人。既然国王们是在天下既定后搜罗人才，那他们需要的就不是只会冲锋陷阵的老一代战友，而是多才多艺、一才多用的新一代朋友。因此，他们在挑选王友时，一般只考虑能力、人品，而不计较家庭出身、来自何邦何城。王友此前可能是艺术家、作家、哲学家、医生、学者，一旦被国王选中，成为王友，就可能去担当某一方面的重任。他们是国王的人才库、智囊团。公元前3世纪，王友作为一个集团或阶层是存在的，社会地位也是很高的。文献中常把王友与国王、军队并列，而且列于军队之前。[1]但就王友个人的地位及相应的职务来说，却是不固定的。王友这时还不是国家的正式官吏，而是临时的录用人才。这种国王的朋友并非必然被他的后继者赏识重用。国王与王友之间就像中国战国时代的国君与士一样，前者招贤纳士，择而用之，后者追名逐利，奔走于途。

但到公元前2世纪前后，王友就变成了比较稳定的官僚阶层。首先，王友间出现了明显的等级差别。原来一名统之的“王友”，在托

---

1 M. M. Austin, *The Hellenistic World from Alexander to the Roman Conquest: A Selection of Ancient Sources in Translation*, Nos. 139, 151.

勒密朝有了“王亲”（Kinsman）、“第一王友”（First Friends）、“卫队长”（Chief-Bodyguard）、“朋友”（Friends）、“随从”（Followers）、“卫士”（Bodyguards）的区分。随后还出现了“同一品荣誉王友”（Those of Equal Honor to First Friends）的官级。[1]塞琉古朝和帕加马王朝的王友也有类似的名份与级别。[2]王友的服饰可能也有变化。李维（Livy，公元前64/59—公元17年）的《罗马史》在记述马其顿人议事会在公元前167年给罗马选送人质时，就提到了国王的朋友和穿紫袍的人。紫袍是国王的服装，穿紫袍的人可能是一种地位高的“朋友”。[3]这些变化反映了官阶与地位的高下尊卑。

第二，王友成了国王的正式官吏。在属于公元前2世纪的资料中，朋友与职务常常并提。[4]这表明，“朋友”成为一种名义或荣誉，官衔才是实职。荣誉名分与实际任职分离，是官僚政治深化的必然结果。不能说当时从中央到地方的各级高官显贵都享有国王的“朋友”的殊荣，但可以肯定，他们一定占了不小的比例。从史料看，他们有的是宫廷议事会的成员，有的担任城市祭司长、行省的将军、总督、财务官，甚至当朝的宰相。[5]

第三，王友的成分有了一些变化。以前，王友只从希腊—马其顿人中选择。但在公元前2世纪中期，有一个埃及人或希腊—埃及人不仅成为国王的朋友，而且是“宫廷中最有影响的人物”。[6]他的具体官职不详，

1 F. W. Walbank, *The Hellenistic World*, p. 77.

2 F. W. Walbank, A. E. Astin, M. W. Frederiksen and R. M. Ogilvie, eds. *The Cambridge Ancient History. Vol. VII, Part I: The Hellenistic World*, pp. 69-71; V. Ehrenberg, *The Greek State*, p. 163.

3 M. M. Austin, *The Hellenistic World from Alexander to the Roman Conquest: A Selection of Ancient Sources in Translation*, No. 79 & n. 8.

4 M. M. Austin, *The Hellenistic World from Alexander to the Roman Conquest: A Selection of Ancient Sources in Translation*, Nos. 167, 257, 259.

5 M. M. Austin, *The Hellenistic World from Alexander to the Roman Conquest: A Selection of Ancient Sources in Translation*, Nos. 147, 164, 167, 175, 208, 228, 257, 259.

6 M. M. Austin, *The Hellenistic World from Alexander to the Roman Conquest: A Selection of Ancient Sources in Translation*, No. 228.

但他能趁国王年幼，企图制造宫廷内乱，就说明他在朝中大权在握。这显然是个罕见的例外，但表明王友集团开始向外族人开放。当然，前提是他必须希腊化，而且是国王急需的人才。托勒密二世的宠臣、财务大臣阿波罗尼乌斯及其管家芝诺（Zeno）就是希腊化的小亚卡里亚人。

王友从以公元前3世纪的流动与个人才能为特征，转化为以公元前2世纪的稳定与等级为特征，是与国家统治机制的完善、王权的巩固、王朝的延续相适应的。经过几代君主的努力，原来不具合法继承性的王朝已经"合理"地存在了100多年。不论是其他希腊化国家，还是国内的臣民都接受了这一事实。据波里比乌斯（Polybius）记载，塞琉古王国的一个反叛者不敢白天与安条克三世开战，唯恐士兵见到国王而哗变。当不得不如此时，左翼的士兵一见国王就全跑过去了。[1]国王的统治基础扩大了、巩固了，以国王为核心、以王友为中坚的从中央到地方的官僚政治也就形成了。

中央的官僚机构主要有宫廷议事会、办公厅及各主管衙门。宫廷议事会即王友议事会，它是最高咨询机关，由在中央担任各种重要职务、具有不同名号的王友组成。国王常就内政外交大事征求议事会成员的意见。会议由国王主持，会上各抒己见，最后由国王决定。办公厅或秘书处是国王处理日常政务的机构。国王的法令、信件和官方的邸报（the Official Journal）都由这里起草、发出。这里的长官（或译秘书长）属朝中最重要的官员之一。中央的各部主管衙门中，财务部门的权力最大，地位最高。在埃及，财务大臣的地位仅次于国王。芝诺纸草中反映出阿波罗尼乌斯位同宰相。他和国王被并列提名（如"国王和阿波罗尼乌斯已经命令"），大概除了军事与外交事务外，国家的一切他都有权管辖。[2]在塞琉古和帕加马（至少在公元前2世纪）

1 Polybius, *The Histories*, with an English translation by William Roger Paton, Cambridge, Mass.: Harvard University Press, 1993, 5.52.9-54.2.

2 V. Ehrenberg, *The Greek State*, p. 183.

有类似于首相或总理大臣的官员，他们由国王任命，临时掌管朝政。马其顿也同样，国家危机时或国王年幼时，一个将军就被选出辅政。虽然各部长官有时被称为大臣，但无内阁，都单独向国王负责。

除这些行政机构外，各王朝还有一些具有各种名号的宫廷官员，他们或任实职，或只获取虚名，其中最尊贵的是“王亲”。王亲并非必定与王族有亲缘关系，他们可能是王友的最上层，甚至被托勒密王朝称为“兄弟”，或者“父亲和兄弟”。在其他地方还经常被称为“表兄弟”（cousin，或译表亲）。其次还有卫队长、卫士、家庭教师、医师、管事或司膳官、雕刻师、侍从等。这些宫廷人员都是国王的朋友，只是地位有所差别。虚衔的“王亲”“朋友”与虚实俱有的重要军政官员构成了希腊化时期的官僚贵族。但他们的称号与地位不能世袭，[1]个人的荣辱依赖于国王的好恶。

地方的官僚机构是根据地方的行政区而设立的。从州、行省到县、村庄，各级都设立相应的官吏。其中州、行省一级最重要。国王对各地的统治主要是通过这一级官僚进行的。一批批王友从京城出发，成为各地的实权人物。虽然各王朝的地方官僚设置不同，但有两点是共同的。一是将军权力的扩大。将军是国王在地方的主要代理人，他的职能除军事外，还兼管民政、司法，他们的地位优于其他同类地方官员。在埃及，将军逐渐取代了州长。在塞琉古王国，行省只设将军或将军、总督各一人。[2]但总督的称号在逐渐消失。马其顿、埃及的外部领地也由将军统辖。这些地方的将军大权独揽，因此，有时可能被称为“独裁者”（Autocrator）。[3]二是行省和州一级的官员各司其职，互不统属，都直接向国王和中央主管大臣负责。将军权力很大，但不能干涉财政，财务官直属中央。

---

1 M. Cary, *A History of the Greek World from 323-146 B.C.*, pp. 248-249.

2 W. W. Tarn, *Hellenistic Civilisation*, p. 132.

3 V. Ehrenberg, *The Greek State*, p. 185.

王友之所以在各王朝的官僚政治中发挥如此重大的作用，如前所述，是与国王重名、重利的诱惑分不开的。他们除了给王友各种荣誉和官职外，还给予诸如金钱、土地之类的实物赏赐。被称为古代世界七大奇观之一的法罗斯灯塔（Pharos lighthouse）是埃及国王的一位朋友“奉献”的。[1]托勒密二世的财务大臣阿波罗尼乌斯在法尤姆地区就有7000英亩的赐田。[2]王友之富，富比国王；王友之荣，荣似王亲。在这样的高官厚赏之下，不用说各地的希腊—马其顿人，就是那些希腊化的本地人又何不趋之若鹜，要跻身于王友官僚之列呢？公元前2世纪后，当地人开始担任高级官职，就是这种趋向的反映。

综上对希腊化时期君主制的三个主要方面及特征的粗略分析，可以清楚地看出，希腊化君主制既非东方君主制的照搬因袭，也非马其顿王权的发展延续，更非希腊城邦的扩大，而是这三种因素相互交汇的产物。王权神化、王朝崇拜在马其顿前所未有，但希腊—马其顿的神人合一、王族神裔观念却是接受东方君权神授观念的思想土壤。君主制在马其顿虽有基础，但它从具有荷马时代遗风的马其顿王权发展为既有国王的君临天下又有城市自治形式存在的王朝统治，不能不归于东方君主制与希腊城邦制的影响。王友集团虽可溯至马其顿的英雄时代，但国王们承继下来的帝国管理体制却造就了由临时录用人才通向以国王为核心的官僚政治体系的阶梯。三流合一是希腊化君主制最基本的特征，三流合一的过程也就是君主制形成的过程。

由于统治环境的不同，在三流合一的总趋向中，各个王国的君主制呈现出了发展的多样性与不平衡性。托勒密王朝可以说是绝对君主制。它受东方影响最深。王权神化、王朝崇拜以它为最；国王权力之大，国家控制之严，也以它为最。“尽可能多地获取，尽可能少地付

---

1 M. M. Austin, *The Hellenistic World from Alexander to the Roman Conquest: A Selection of Ancient Sources in Translation*, Nos. 217, 213, 232.

2 F. W. Walbank, *The Hellenistic World*, p. 108.

出”，[1]既是它的经济剥夺原则，也是它的王朝统治原则。塞琉古王朝地盘最大，大到无法像托勒密王朝那样控制，只好给地方分权，给城市有限的自治，目的在于更好地统治，但事与愿违。马其顿的君主制基本上是对本民族的统治，因此较多地保持了自己的传统，较少地受到东方的影响，人民权力尚存是它的一大特色。但它一直紧步其他希腊化王朝的后尘，向着君主专制的方向迈进。

（杨巨平）

第二节　多元与统一的希腊化文化

希腊化文化或希腊化文明，是希腊文化与东方文化结合的产物。希腊人是这个文化的主要参与者，希腊语、希腊的文学和艺术形式是这个混合文化的主要载体，表面上看东方人只有在本人“希腊化”之后，才有可能参与希腊化文化的创造，但事实并非如此。有一些文化现象，如宗教、艺术、自然科学等，当地因素的参与可以说是潜移默化的，有一些神祇被双方自然而然地认同，希腊化的钱币所负载的文化信息更是深入到社会的各个层面。当然，希腊化文化整体是上流社会的文化，所谓当地人的“希腊化”也主要是指当地的社会上层而言。但社会中下层的认可或被动接受也是希腊化文化得以传播发展的一个因素。阿伊·哈努姆的剧场内也可能会有东方面孔的观众，就像该城拥有波斯式的宫殿、神庙建筑一样。埃及托勒密国王的塑像也可能完全以法老的面貌出现，受到埃及当地人的顶礼膜拜。以希腊造型

1　V. Ehrenberg, *The Greek State*, p. 278.

艺术表现佛教精神的犍陀罗艺术的创造者应该也包括了印度的僧侣和艺术家。因此正是这种多元与统一，才成就了独具特色、自成一体的希腊化文化，才使得它的遗产能够在希腊人的政治统治结束之后，还能保持长久的生命力，并通过丝绸之路，传播、影响到更为遥远的地区。

一、希腊化文化的多元性

多元性是希腊化文化的显著特点之一。这是由希腊化世界地域广大、各地文化传统和发展层次不同决定的。这种多元性主要表现在三个方面。

1. 文化本体上的多元

文化本体即文化本身的构成和内容，在希腊化时期大致可划分为宗教、科学、艺术、哲学、文学和史学六个分支。它们是各地区文化因素的汇集与凝聚，是多元性的直接体现，因此，分析文化本体各分支的因素构成，特别是分析希腊文化以外的其他文化因素的注入，就能更清晰地看出各文化因素的分布与比重，就能从整体上更好地把握希腊化文化的多元性特点。

宗教上的多元因素最为突出。希腊的奥林帕斯众神崇拜、奥尔弗斯秘教（Orphism），埃及的阿蒙神、伊西斯神（Isis）、奥西里斯神（Osiris）、阿皮斯（Apis）神牛崇拜，巴勒斯坦的犹太教，古波斯的琐罗亚斯德教，巴比伦的占星术、马尔都克神崇拜，叙利亚的阿塔耳伽提斯神（Atargatis），安纳托利亚（Anatolia）的大母神库柏勒（Cybele）等，一起登上了希腊化宗教的殿堂。

希腊人首先接受了许多东方神祇，或把他们与希腊神等同，或赋予其新的功能与特性，作为共同崇拜的对象。托勒密朝创立的萨拉皮斯崇拜就是从埃及的奥西里斯—阿皮斯崇拜发展而来。他的塑像显示了埃及神奥西里斯与希腊神宙斯、哈得斯（Hades）的特征。[1]其次是宗教仪式和观念的结合。奥尔弗斯秘教的入会式被移植到了东方的秘教上。巴比伦的“天人对应”观与希腊人的命运观在动荡不安的时代中相会，导致东方占星术的流行。随着占星术的泛滥，各种源流的巫术，包括亚述的、巴比伦的、安纳托利亚的、波斯的、犹太的，都于公元前2世纪涌入希腊化世界。其基本思想是使用适当的手段，神就可遂人愿。这可能是东方的巫术与希腊占卜术结合的结果。国王崇拜与王朝崇拜是希腊的英雄崇拜、马其顿的王族神裔观念与东方王权神化传统的合一。亚历山大首开先例，他的后继者建立的王朝大都仿而效之，唯马其顿例外，这正说明东方影响因地而异。此外还有一些宗教因素传入，尽管其混合程度不太明显，如佛教、犹太教。阿育王时曾派人到希腊化世界的塞琉古王国、埃及、马其顿、昔列尼（Cyrene）、伊庇鲁斯（Epirus）等五个地区传播佛教，[2]一度在印度为王的希腊人米南德（Menander）就皈依了佛门。犹太教希腊语《圣经》的译出，也肯定对希腊人产生了影响。

希腊化时期的科学取得了最为辉煌的成就，其主要原因就是希腊人吸收了东方的科学成果，两大科学源流在这一时期相汇。此时的天文学是在巴比伦天文学的基础上发展起来的。巴比伦人提供了大量的天文观测资料和研究成果，向外输送了不少学识卓越的天文学家。希腊化时代最负盛名的希腊人天文学家希帕库斯（Hipparchus）从巴比伦当代著名天文学家基德那斯（Kidenas）那里，吸收了251个太阴月等于269个近点月的说法。他制作的更为精确的、供天文研究之用的水

---

1 详见Moses Hadas, *Hellenistic Culture: Fusion and Diffusion*, New York: Columbia University Press, 1959, p. 189.

2 Ven. S. Dhammika, *The Edicts of King Ashoka*, Kandy Sri Lanka: Buddhist Publication Society (The Wheel Publication No. 386/387), 1993, “the Fourteen Rock Edicts”: No. 13. 参见Moses Hadas, *Hellenistic Culture: Fusion and Diffusion*, p. 188.

平仪，也是以巴比伦式样为依据的。[1]他的星图是把自己的研究结果与巴比伦、早期希腊天文资料进行比较而绘制出来的。植物学上，希腊哲学家兼科学家提奥弗拉斯图（Theophrastus）的有关著作中包括了许多亚洲的植物标本，在描写无花果树及枣椰树的传粉与授精时，采用了巴比伦人的说法。[2]数学上，亚历山大里亚的科学家利用了埃及的几何学知识。巴比伦的进位制、解二次方程的方法，也为希腊人采用。

希腊化艺术的多元性确实存在，但希腊的因素更多一些。

建筑艺术上，东方影响最明显的是拱形建筑和波斯式、埃及式的柱头。拱形建筑包括拱形门道、圆形屋顶、圆顶阁和偶尔出现的整个街道的拱廊。它们是巴比伦式的。据说亚历山大里亚水池上的拱顶是阿拉伯式的。[3]这些形式都或多或少地影响到希腊化时期的建筑风格。雕塑上，埃及的艺术表现手法也与希腊雕塑艺术相结合。卡纳克（Karnak）的亚历山大四世塑像，面部是希腊式样，但形体属埃及传统。[4]肖像画的发源地也许是小亚，因此从一开始就表现出东方的影响。镶嵌画原系埃及与两河流域的古老艺术，希腊人学了过来。出土于庞贝城的“伊苏斯之战”镶嵌画（此为罗马人仿作）即是最典型的一例。

希腊化时期的哲学思想流派基本上都与古典时期有渊源关系，唯有斯多亚学派“更少希腊性”，但它最有影响。它之所以能适应希腊化时代的需要，是因为它“包含了当时世界感到需要而又为希腊人所似乎不能提供的那些宗教成分”。[5]那么，这些宗教成分源于何处呢？我们的目光不得不回到早期斯多亚派的理论大师那里。结果发现，他

---

1 W. W. Tarn, *Hellenistic Civilisation*, 1952, pp. 298, 301.

2 ［美］威尔·杜兰：《世界文明史：希腊的衰落》，幼狮翻译中心编译，台北：幼狮文化事业公司，1978年，第263页。

3 W. W. Tarn, *Hellenistic Civilisation*, p. 312.

4 ［苏］科尔宾斯基等：《希腊罗马美术》，严摩罕译，北京：人民美术出版社，1983年，第190页。

5 ［英］罗素：《西方哲学史》上卷，何兆武、李约瑟译，北京：商务印书馆，1963年，第320页。

们多来自东方。对于他们有没有把东方的哲学思想带到雅典，史学界看法不同。对希腊化文明颇有研究的塔恩对此持肯定观点。他断言斯多亚派的创始人芝诺等受到巴比伦占星术的影响，认为斯多亚哲学与巴比伦占星术有两个观点相似：一是都把宇宙看作有机的整体，它受一位全能的神掌握，并由某种东西，即斯多亚的“感应”和巴比伦的“天人对应”联系在一起；二是都认为人是小宇宙，他的灵魂是天火的一个火星，世界在每一周期之末灭而复生。但有一关键的不同，巴比伦的“命”是一种非道德的“力量”，斯多亚的“命运”是道德的“天命”。[1]根据这种分析，再考虑到芝诺到雅典后曾从师于犬儒派、学院派以及麦加拉哲学家斯提尔波（Stilpo），似可把芝诺思想视为希腊哲学与巴比伦观念的结合。

印度的哲学对希腊人也有影响。怀疑主义的创始人皮浪（Pyrrho）追随亚历山大远征，在印度碰到过那些裸体智者，或许受到禁欲主义的感染。[2]麦伽斯梯尼（Megasthenes）的《印度志》也宣扬过印度的哲学思想，其中写道：“婆罗门教中有一派哲学家认为上帝就是道，他们说道不是清楚的语言，而是理性的显现。”[3]

“润物细无声”，哲学上的东方影响大概是随着宗教思想一道浸入希腊人的心灵的。

希腊化时期文学与史学的多元性不太明显，文学上的形式戏剧、诗歌、散文几乎没有希腊以外的成分，但这时出现了一批非希腊作家。叙利亚的当地人组成诗人学派，称他们的家乡为“亚述的雅典”。[4]他们都用希腊的文学形式、希腊语写作。一犹太人还把《圣

---

1 W. W. Tarn, *Hellenistic Civilisation*, pp. 347-348.

2 John Boardman, Jasper Griffin and Oswyn Murray, eds., *The Oxford History of Classical World*, Oxford: Oxford University Press, 1986, p. 370.

3 这里的上帝似应译为神。见［美］威尔·杜兰：《世界文明史：希腊的衰落》，幼狮翻译中心编译，第227页。

4 R. L. Fox, *Alexander the Great*, p. 484; J. P. Mahaffy, *Greek Life and Thought*, New York: Arno Press, 1976, p. 134.

经》中的《出埃及记》改编成了希腊语戏剧。[1]史学上稍有不同，埃及人曼涅托（Manetho）、巴比伦人贝罗苏斯（Berossus）、犹太人德米特里（Demetrius，公元前3世纪晚期）、罗马人弗边·毕克多（Fabius Pictor，活跃于公元前200年左右）都用希腊语写了本国的历史。这些编年体式的国别史丰富和发展了希腊化史学，特别是很可能给希腊史学思想增添了新的血液——历史感。

2. 文化主体上的多元

一定的文化总是由一定的人来创造，这些创造者即文化的主体。文化主体有广义、狭义之分。广义的是指以民族、地区面貌出现的整体，前面提及的希腊、埃及、巴比伦等就属于这个意义上的文化主体；狭义的是指文化活动的具体参加者或创造者，即以哲学家、科学家、艺术家身份出现的个人。这里主要通过分析后者来体现前者。这些个体文化创造者都是肩负着各自的文化传统来参与共同的文化活动的，他们不可避免地把各自地方的文化特色以及所受的其他文化的影响带进希腊化文化之中。所以分析希腊化文化创造者的地域构成，有裨于进一步理解它的多元性特点。

依据现有材料，可以看出他们基本属于四种类型。

第一类是希腊大陆、爱琴海岛屿、黑海沿岸原希腊城市的希腊人。哲学家伊壁鸠鲁（Epicurus，萨摩斯，Samos）、皮浪（埃利斯，Elis）、克拉底（Crates，底比斯）、提奥弗拉斯图（列斯堡，Lesbos），喜剧家米南德（雅典），医学家厄拉西斯托拉图（Erasistratus，西奥斯，Ceos），历史学家波里比乌斯（Polybius，麦加洛波里斯，Megalopolis）等都出自这一地区。

第二类是西西里和南意诸希腊城市的希腊人。著名田园诗人提奥克里图斯（Theocritus）、科学巨人阿基米德（Archimedes）、撰写以

1 J. P. Mahaffy, *Greek Life and Thought*, p. 134.

西西里和意大利为中心的西地中海通史的第一人蒂迈欧斯（Timaeus）皆来自这一地区。他们把鲜明的地方特色带进了希腊化文化之中。

第三类是希腊化时期新建或新兴城市的希腊人。他们主要分布在埃及、小亚、叙利亚、巴比伦一带，文学、科学的巨匠多出于此。其中有诗人阿波罗尼乌斯（Apollonius，亚历山大里亚）、卡利马库斯（Callimachus，昔列尼）、美尼普斯（Menippus，加德拉，活跃于公元前3世纪前期），天文学家埃拉托斯特尼（Eratosthenes，昔列尼）、希帕库斯（尼开亚，Nicaea），历史家阿波罗多洛斯（Apollodorus，底格里斯河以东的阿尔特米塔城，Artemita）。

第四类是纯粹的东方人。他们来自各地的本地人城市或希腊人建的城市，主要人物有前已提过的曼涅托、贝罗苏斯、德米特里、基德那斯和芝诺（塞浦路斯）等斯多亚派大师。

这四种类型的文化创造者所起的作用是不同的。前三个类型是不同地区的希腊人，构成了文化参加者和创造者的主要部分。但在与东方的关系上，第三种人和第一、二种人有所不同。新建城市的希腊人长期处于当地文化的环围之中，他们所受的外来影响要比前两类同胞大得多。希腊文化与当地文化的合流现象在这些地方最为明显。他们在进行文化创造时，难免要带上当地文化的痕迹。第四类的东方人直接参加了希腊文化的创造。他们人数虽然不多，但加速了文化上的汇合，是沟通当地文化与希腊文化的桥梁。诚然，这些当地人可能受过希腊式教育，至少受到希腊文化的熏陶。他们都用希腊语写作，是希腊化的当地人。但他们是带着当地的文化传统进入希腊化文化圈子的。他们本身就是多元文化的体现。出生于叙利亚境内阿帕米亚城（Apamea）的波昔东尼斯（Posidonius），就是具有这种双重思想的当地人。[1]他是一位历史家、哲学家（斯多亚学派）、科学家。通常认为他站

---

1 波昔东尼斯是否为东方人较难确定。哈达斯将其列为非希腊人，笔者取此说。见Moses Hadas, *Hellenistic Culture: Fusion and Diffusion*, pp. 105-106.

在东方与西方之间，从双方吸取知识。同时，“他又是一位占星学家和东方秘教分子……所有的思潮在他身上相汇，继而经他去影响未来”。[1]

3. 文化中心的东移及广布

亚历山大之后，希腊文化的重心东移。虽然雅典仍不失为重要的文化城市哲学、戏剧的中心，但这个昔日的“希腊的学校”，在似应称为“希腊化世界的学校”的亚历山大里亚面前，确实“稍逊风骚”。亚历山大及其后继者的建城运动，在希腊化文化发展史上留下了不朽的丰碑。通过这些城市，希腊文化得以与当地文化相汇，也是通过这些城市，希腊化文化得以形成，并辐射到周围的地区。因此，这些城市，特别是文化中心城市的所在地就在某种程度上决定了这一城市文化的合成因素。

埃及的亚历山大里亚城是名副其实的国际文化都市，东西地中海的学者、艺人都蜂拥而来，竞芳斗艳，各显才华。我们知道最远有来自印度的佛僧。[2]叙利亚的奥龙特斯（Orontes）河畔屹立着塞琉古王国的都城安条克，这里的国王也热倡文化、奖掖学者。罗德岛（Rhodos）地当海上商路的要冲，强大的经济实力使其成为以太阳神巨像著名的文化中心。小亚的帕加马城是后起之秀，它的图书馆、大祭坛使其堪与亚历山大里亚齐名。底格里斯河畔的塞琉西亚城建城不到50年，人口即增至60万，城中多数是亚洲人。希腊与巴比伦的天文学家在此共同合作研究，当地人塞琉古（Seleucus）就是亚历山大里亚学者阿里斯塔克（Aristarchus）“太阳中心论”的支持者。除了这些大的文化中心城市外，希腊化世界还存在着数以百计的由希腊—马其顿人与当地人混居的中小城镇，如印度西北部的坎大哈（Kandahar）、阿姆河畔的阿伊·哈努姆。这些大大小小的文化中心都立足于亚非大

---

1 W. W. Tarn, *Hellenistic Civilisation*, p. 349.

2 W. W. Tarn, *Hellenistic Civilisation*, p. 248.

地，当地的文化因素必然混融于希腊文化之中，这一点我们已在对文化本体的分析中得到深切的感受。

从以上三个方面，可以得出如下结论：

希腊化文化的多元性是肯定的。文化本体上的各个分支都或多或少地呈现出文化汇合的迹象，除希腊文化外，埃及、巴比伦、印度、阿拉伯、叙利亚、小亚、巴勒斯坦等地的文化因素都不同程度地注入到希腊化文化之中。文化主体上，埃及人、巴比伦人、犹太人、塞浦路斯人等直接参与了文化的创造，而且相当一部分希腊人来自亚非大地上的城市。

多元不是各元均等，而是有主次之分。从文化本体看，在宗教、科学以外的其他文化分支中，希腊文化的因素（特别从形式上）明显占着主导地位。从文化主体看，文化的创造者绝大多数是希腊人。虽然来自新建城市的那些希腊人受到了当地文化的影响，但他们毕竟是在作为希腊文化特征的体育馆、剧场中成长起来的。因此，希腊文化是希腊化文化的主流。

希腊文化外的其他地区文化所起的作用也有所不同。东地中海地区是希腊化文化的中心区域。埃及、巴比伦文化与希腊文化的结合程度最深，文化主体中的东方人、重要的文化城市都主要在这两个地区，它们堪称与希腊文化汇合的两大巨流。除此二者之外的其他地区，虽没有较多地参与文化的创造，但也促进了文化上的传播与汇合。它们都为希腊化文化的存在发展做出了贡献，都是希腊化文化大家族的成员。

希腊化文化之所以具有多元性，是由当时的历史主客观条件决定的。

一般来说，一个大帝国建立，就有可能形成一种多元文化，但这要具备两个基本条件。其一，征服民族与被征服民族的文化大致处于同一发展阶段。在帝国建立过程中，统治民族可能在短时间内征服别国，但它不可能迅速毁灭别国的文化。这样，被征服者的文化就可能在与征服者文化的碰撞中顽强地存在下来，并对其施加反作用力，从而形成一种新的文化。其二，征服者的侵略不是以攻城掠地、掳获财物为唯一目的，而是谋求对这一地区的永久统治。这样在政权易手后，胜利者就有可能采取文化宽容政策，兼收并蓄当地的文化精华，从而发展壮大帝国的文化。

现在，我们环视一下亚历山大帝国及其周围世界的文化图景。亚历山大出征时，埃及、西亚、印度已有两三千年的文明发展史，它们在文学、艺术、数学、天文、医学等方面都取得了惊人的成就。其他地区如中亚、阿拉伯、南俄还基本处于低层次的游牧文化阶段。西地中海的罗马文明刚刚起步。而希腊人已经历了城邦文化的辉煌繁荣，希腊—马其顿征服者所负荷的就是古典文化的传统。这就是说，希腊文明与埃及、西亚甚至印度原生的文明处于大体相同的发展阶段。从文化本身来看，它们处于势均力敌的地位，它们之间的相互交流、汇合势不可免。

而且，就征服者自身而言，亚历山大的征服绝不仅是为了掠夺波斯的财富，他孜孜以求的是成为整个已知世界的主人。否则，就无法解释他在得到波斯金库后仍继续东进的原因，也无法解释他以埃及法老、波斯国王的合法继承人自居，欲使希腊—马其顿人东方化的动机。他的部将们在他死后三分天下、割地称王，把其所属之地看作自己的私产。因此，从统治者方面，他们需要文化的繁荣，内则附庸风雅，自我享受，粉饰太平，外则借文人之力，纵横捭阖，争霸四方。况且像马其顿人这样的王朝统治者，更有可能采取文化宽容政策，因为他们不久前还被半岛中南部的希腊人视为蛮族，他们对希腊以外的民族并不像城邦中的希腊人那样抱有成见。所以他们乐意延揽各方人才，鼓励资助文化事业。这方面以埃及托勒密王朝为最。此外，东方文化也在某种程度上适应了希腊化时期君主们的需要，特别是王权神化更与他们像神明一样永远君临天下的愿望相适应。东方的文人学士也都把希腊—马其顿人看作打破波斯枷锁的解放者，从而愿意在这种较为宽松自由的文化气氛中竞献聪明才智。希腊化时期的这些主客观因素的结合，就使希腊化文化具有了多元性的特征。

二、希腊化文化的统一性

希腊化文化虽具多元性，但绝非多种文化的堆积与交错。社会存在决定社会意识，希腊化时代只能产生带有这个时代印记的文化。这个时代的印记就是这一文化的共性，也即统一性。统一性是相对于多元性而言。希腊化文化的统一是多元基础上的统一，如果说多元更多地体现于这一文化的形成过程，那统一就更多地体现在它的存在与发展之中。

1. 文化外在特征上的统一

文化的外在特征即文化的表层结构，主要包括文化的表现形式和传播媒介。

希腊化时期的各文化形式由于时代的需要和各地因素的加入而有了变化。如戏剧种类增加了拟剧，史诗得到了改造，颂诗、讽刺诗、田园诗风靡一时，大型纪念雕塑出现，新的宗教崇拜和哲学流派兴起，史学体裁增多。但这些形式基本上是在古典时代基础上的发展。

这些文化形式在希腊化世界广为流布，随处可见。雅典的工匠在为罗马市场制作雕塑品，埃及亚历山大里亚的诗作在整个希腊化世界都能找到读者，索福克里斯（Sophocles，公元前496—前406年）的剧作在苏萨有人阅读，欧里庇得斯（Euripides）悲剧的场面刺激了巴克特里亚的艺术家，拟剧在高加索的亚历山大里亚上演，特洛伊木马的故事在索格底亚那的亚历山大里亚流传，[1]南俄草原的饰板上刻有命

1 R. L. Fox, *Alexander the Great*, p. 483.

运女神的形象。[1]可以设想，一个来自雅典的演出团体绝不会在坎大哈找不到观众。总之，无论是在文化中心的东地中海，还是文化边缘地区的大夏、印度西北部，只要有希腊—马其顿人居住或希腊化的地方，我们都会感到同一文化形式的存在。

语言是文化的一个重要组成部分，但它主要的功能是对文化的承载和传播。希腊化文化的主要载体与传播媒介就是通用希腊语。这时的文学作品几乎都用这种希腊语写成。[2]而且希腊语“希腊化”一词的原意就是指非希腊人讲希腊语。由此可见，通用希腊语是希腊化文化之具统一性的重要标志。

这些外在特征、表层现象固然反映了文化上的统一，但这只是形式上的统一。如果仅注意这一点，就会给人希腊化文化与古典文化差别不大的感觉。文化的最根本特征是由潜在于文化内部的精神决定的，这种精神上的统一才是真正的统一。

2. 文化内在精神的统一

文化的内在精神就是这一文化所由以产生的那个时代的精神。时代精神在文化上是通过具体的形式和内容表现出来的。

（1）宗教

希腊化时期的宗教尽管五花八门，但它们有主有从，呈现出一种共同的趋向，即向一神教的移动。这种移动是以宗教的混合为起点的。伊西斯女神崇拜能在公元前2世纪流传，就因为她对包括奥林帕斯神族在内的其他神祇具有吸附能力。在她身上，除埃及人外，希腊人、叙利亚人、吕西亚人（Lycians）、色雷斯人都看到了自己民族的神性之所在。[3]而且后来的史实证明，伊西斯崇拜为另一母性之神圣

1 M. I. Rostovtzeff, *The Social and Economic History of the Hellenistic World*, Oxford: Clarendon Press, 1941, p. 600.

2 据说只有阿基米德坚持用多利亚方言写作。见M. I. Finley, *The Legacy of Greece*, Oxford: Clarendon Press, 1981, p. 40.

3 F. W. Walbank, *Hellenistic World*, pp. 220-221.

母玛利亚（Maria）的崇拜铺平了道路。宗教的一神教趋向还受到秘教的推动。通过入教仪式，参加者经历了从人到神的体验，自以为神性附体，生死与神同在。这有助于一个护佑众生的“神”或“上帝”的观念的形成。一种秘教的流行就会把其所崇拜的神带到各地，使之获得普遍的接受。

混合主义、一神教趋向即希腊化时期宗教的内在基本特征。宗教的勃兴反映了时代的需要。在一个刀兵纷扰、命运多变的社会里（特别在公元前2世纪），人们为了求得精神的寄托、心灵的宁静、未来的保证，自然转向宗教去寻求出路。民族的多元决定了宗教的多元，文化上的汇合决定了宗教上的混合，城邦的神祇必然让位于王国、帝国乃至世界的神祇。从个人解脱出发的宗教最后的归宿就是宗教的世界主义，这是世界性宗教发展的必由之路。

（2）哲学

较之古典时期，希腊化时期哲学家的目光从遥远的宇宙转向了周围的人世，从深邃精密的物质精神本原之探讨转到了对复杂人生的求索思考。面对一个新的世界与社会，人们需要哲学上的指导，这就导致以行为伦理学为特征的希腊化哲学的兴起。虽然大多数人把希望寄托在宗教上，但对于富有头脑和知识的人们来说，哲学似乎给了他们更多的理性上的安慰。怀疑主义学派对现实世界不信任，认为“肯定是得不到的”，主张“享受目前，因为将来还无从把握”。犬儒派干脆高呼“回到自然”的口号，坚持个人自由，自我满足，愤世嫉俗，对财富名利不屑一顾。伊壁鸠鲁派以心灵的宁静、严格的节欲来求得快乐的满足。这三派都有一个共同的特点，那就是脱离现实、弃世背世。这是在严酷的现实面前无力抗争的一种表现，避世主义即他们的必由之路。斯多亚派把“自然”与“神”“道德”“善”等同起来，主张放弃现世的物质之欲，去追求所谓的理性之美。但地域广阔、民族众多的希腊化世界又使他们看到新的未来。他们渴望投身政治，去实现真正的“人人皆兄弟”的世界大同理想，去建立所谓的“无国家之界、无阶级之分、无主奴之别”[1]的“世界国家”。

这样我们就在希腊化哲学中发现了明显的两极，一个是对现实消极冷淡的避世主义，一个是积极进取的世界主义。前者着眼于个人，后者着眼于人类。斯多亚派力倡后者，但也与前者有不解之缘，这是它折中主义特性的一种表现。

（3）文学和艺术

现实主义是希腊化时期文学与艺术的共同特点。昔日城邦文学关心的是社会与人生的重大问题，关心的是城邦的命运、公民的责任。而今这些精神都因城邦时代的过去而消逝，随之而来的是对个人遭遇和日常生活的关注。因此这时的现实主义作品远不如城邦时代的作品震撼人心。但它毕竟是对社会另一侧面的反映。从文学中出现的那些形形色色的人物，可以窥探当时的社会风貌，特别是下层人民的生活。提奥克里图斯歌颂西西里的田园美景与牧人的恋情，米南德、菲力门（Philemon）的笔端触及雅典的中上层市民，拟剧是“对生活好坏方面的模仿”，社会下层生活是它的主题，美尼普斯式的讽刺诗更是对人生、人类愚蠢行为的嘲弄。那时虽有不少矫揉虚饰、阿谀奉承之作，但文学的主流是再现社会生活。希腊化文学的现实意义就在于此。

“希腊化时期的艺术肯定不是完全统一的，然而，正如在文化的其他领域里，它们都有共同的风格和韵味，虽复杂但可辨别。”[2]除了现实主义外，个人主义和浪漫主义也是其特点。艺术家们的注意力扩大到活生生的现实生活，老妇、小儿、侏儒、黑人、演员、奴隶、渔人、工匠、士兵、教师等都成为他们的工作对象。他们用浪漫主义的手法塑造人物、场面，如帕加马祭坛的浮雕，罗德斯岛的拉奥孔雕塑

1 ［美］威尔·杜兰:《世界文明史：希腊的衰落》，幼狮翻译中心编译，第286页。

2 C. B. Welles, *Alexander and the Hellenistic World*, p. 217.

群。个人主义通过个人头像雕塑的风行而迸发。安提柯之子德米特里统治雅典才一年，艺术家们就给他立了360尊雕像。[1]国王的头像还大量地出现在钱币上，这是国王个人崇拜的反映。当时的一些著名雕塑品都是现实主义的杰作。“市场老妇”（Old Market Woman，一译“老妪”，Old Woman）、“老渔夫”（Old Fisherman）、“老牧羊妇”（Old Shepherdess）[2]和佝偻着身子的“老教师”雕像[3]体现了艺术家对社会下层的同情。“垂死的高卢人”“杀妻并自杀的高卢人”[4]表现出希腊人对外部世界的熟悉和对外族的敬佩之心。总之，希腊化时期的艺术家似乎对周围世界充满了兴趣，竭力要把它真实地表现出来。

（4）史学

希腊化史学出现了两个值得注意的现象，一是注重个人在历史上的作用，一是提出了世界史的观念。这两种观点虽然早就得到伊索克拉底（Isocrates，公元前436—前338年）的提倡，[5]但真正见诸史册却是在希腊化时期。

对个人的注重是以亚历山大为首的伟人在历史上显示了非凡的作用而引起的。个人传记、回忆录的频频出现如同个人塑像增多、王像钱币流行一样，强调了个人的重要。甚至伊庇鲁斯国王皮洛士、法勒隆（Phalerum）的德米特里（Demetrius，约公元前350—前280年）都写了自己的战争史和统治史。对个人作用的重视还可从另一点看到。希腊化时期的历史家沿袭色诺芬等的传统，续写前人的历史，但有趣的是他们中的一些人在划定写作范围时，是以伟人的兴亡为时限。卡尔狄亚（Cardia）的海厄罗尼莫斯（Hieronymos，公元前354—

1 M. Cary, *A History of the Greek World from 323-146 B.C.*, p. 313.

2 J. J. Pollitt, *Art in the Hellenistic Age*, Cambridge University Press, 1986, pp. 142 (illus. 152, 153), 144 (illus. 155, 156).

3 ［苏］科尔宾斯基等:《希腊罗马美术》，严摩罕译，图136甲。

4 ［苏］科尔宾斯基等:《希腊罗马美术》，严摩罕译，图142-143。J. J. Pollitt, *Art in the Hellenistic Age*, pp. 86 (illus. 85), 87 (illus. 86).

5 Moses Hadas, *Hellenistic Culture: Fusion and Diffusion*, p. 117.

前250年）写的历史起自亚历山大之死，终于皮洛士之死；菲拉库斯（Phylarchus，活跃于公元前3世纪）续写的历史是从皮洛士之死到斯巴达国王克利奥米尼（Cleomenes III，公元前255—前222年在位）之死。

通史观念的逐步形成与希腊化世界的扩大紧密相关。这种观念在波里比乌斯的《通史》中得到最彻底的发挥。他认为，在他叙述的那个年代里，地中海各国的历史开始成为一个有机的整体，对单一国家的历史进行研究已失去意义。[1]因此，他的《通史》就不仅是罗马的扩张史，而且是他所知道的那个“世界”的历史。

（5）科学

关于希腊化世界与希腊化科学的关系，可以做这样的概括：其一，世界的科学。这一时期的科学成就不是某一民族的独创，而是希腊化世界各民族文化科学思想融合的硕果，没有这一世界，也就没有这一科学。其二，科学的世界。这个世界成为科学家，特别是地理学家、天文学家研究的对象。第一张有经纬线的地图就包括了从直布罗陀海峡到远东的地区。此时的学者有的计算了地球的周长，有的甚至提出了环航地球的设想。[2]总之，学者们的研究领域随着希腊化世界的扩大而扩大。

从以上对文化本体的定性分析，可以看出一种共同精神的存在。宗教上以个人解脱为出发点的混合主义、一神教趋向，哲学上强调个人心灵宁静的避世主义与追求天下大同的世界主义，文学艺术中的现实主义与个人主义，史学中注重个人历史作用的英雄史观与把人类居住之世界作为整体来考察的通史观念，科学上以扩大了的世界为起飞的基础和研究的对象，这些归根结底都体现在两点上——个人主义与

1 Polybius, *Histories*, 1.3-4.

2 埃拉托斯特尼和波其东尼斯（波昔东尼斯）都提过西航可达印度的想法。埃拉托斯特尼的说法见Strabo, *Gepgraphy*, 1.4.6. 参见W. W. Tarn, *Hellenistic Civilisation*, pp. 303, 305.

世界主义。这里的个人主义与世界主义都是相对于古典时代的公民集体意识和狭隘的城邦主义而言。个人主义即个性的显露与伸张，自我意识的发展与增强，不管其表现方式是出世的还是入世的，是消极的还是积极的。世界主义即普遍性，人们不再是城邦的公民，而是人类世界的一分子。世界已成为有联系的整体，“世界”观念随着真实世界的延展而拓宽。这种强调自我意识的个人主义、强调人类意识的世界主义，正是希腊化文化的内在精神统一性之所在。

统一性与多元性一样，都取决于这一文化的世界性。正是这个以希腊—马其顿人为主导的多民族世界的建立，由不同文化传统汇合而成的希腊化文化才得以诞生，也正是由于这个具有统一政治经济体系的希腊化世界的存在，新兴的希腊化文化才能具有普遍的意义。希腊化世界，首先是希腊人的世界。希腊—马其顿人曾是西到地中海、东到印度河这一广阔地域的主人。他们所到之地，就是他们的文化传播以及与当地文化撞击、交流之处。但由于希腊文化的传播不是通过和平的渐进方式，而是以剑与火为前导，以政治统治为后盾，所以在这个世界中混合而成的文化只能是以统治民族文化为主体的文化，这是希腊化文化统一性的基本前提。

亚历山大及其后继者的建城移民运动同样推动了文化的统一，这些移民地与城市基本上保持了希腊城市文化生活的传统。远距希腊本土3000英里的阿伊·哈努姆遗址，有希腊式的体育馆、剧场、石柱、雕塑和钱币。一个纪念碑石座上刻写了来自希腊德尔斐神庙的道德箴言，铭文是标准的希腊语。[1]在希腊化世界边缘的希腊人城市尚且如此强烈地保留了希腊文化的一些特点，那在这个世界的中心地区的情景就更可想而知了。由此可见，遍布希腊化世界的希腊人城市、移民地不仅是多元文化的汇聚中心，而且是统一文化存在的基地。

---

1 参见F. W. Walbank, *The Hellenistic World*, pp. 60-61.

希腊化世界的经济体系也促进了希腊化文化的统一。虽然各王国各自为政，相互争夺，但由于希腊化世界的政治格局的相对稳定，统治者对商业的重视，这时的商业交往、经济活动大大扩大。通行各地的货币，[1]连接印度与地中海的海陆商道，以阿提卡方言为基础的通用希腊语，在构成希腊化世界统一之经济网络的同时，也加速了统一文化的形成与发展。

希腊化文化的统一，也是昨天与今天的统一。如果说古典时代遗留下来的文化传统主要决定了希腊文化外在形式的统一，那么，新的地域、新的时代则决定了这一文化内在精神上的统一。在这个新奇的、扩大了的但又令人困扰的世界内，无论是从城邦走出的希腊人，还是受到外来政治文化挑战的当地人，他们都会碰到一个最现实的问题，即如何适应这个世界。有的人急流勇退，缩进个人的蜗牛壳里，有的人则张开双臂，勇敢地拥抱这个陌生的世界。不管怎样，每个人都要做出自己的抉择，都会对时代发出内心的呼喊。这就是希腊化文化的内在精神统一于个人主义与世界主义的思想根源。

以上只是对希腊化文化多元性与统一性的粗略分析。如果这些论点成立，我们就可以得出这样的推论：希腊化文化并不像国外有些学者强调的那样，主要是希腊文化的传播，[2]而是以希腊文化为主体，同时汇合其他各地文化因素而形成的既多元又统一的文化。

（杨巨平）

---

1 指阿提卡币制与腓尼基币制。

2 这种观点以德罗伊森和罗斯托夫采夫为代表。参见Johann Gustav Droysen, *Geschichte des Hellenismus: Geschichte Alexanders des Grossen*, Gotha: Friedrich Andreas Perthes, 1877, p. 3; M. I. Rostovtzeff, *A History of Ancient World*, Vol. 1, trans. by J. D. Duff, Oxford: Clarendon Press, 1926, pp. 378-382; M. I. Rostovtzeff, *The Social and Economic History of the Hellenistic World*, pp. 1310-1311. 德罗伊森的观点也可见［苏］塞尔格叶夫：《古希腊史》，缪灵珠译，北京：高等教育出版社，1955年，第434页。

第三节　趋于一体化的希腊化世界经济

希腊化世界尽管由不同的希腊化王国和受希腊化文化影响的地区所构成，但由于有彼此可以流通交换的钱币，有以阿提卡方言为基础的通用希腊语，有四通八达的水陆交通体系，有遍布希腊化世界的各种希腊人城市或移民地，各地的物产各有特色，所以希腊化世界的经济联系非常紧密，在某种程度上有向市场化、一体化发展的趋势。

一、统一的货币

希腊化钱币的历史开始于亚历山大。约公元前334年，亚历山大以个人名义发行了一种新型的金币斯塔特，正面是头戴科林斯式头盔的雅典娜头像，反面是有翼的尼科（Nike）女神立像，旁边是竖写的铭文“ALEXANDRO”（亚历山大）。1斯塔特金币重8.6克，同腓力二世时期的金币一样，采用了阿提卡币制标准。科林斯式头盔、雅典娜头像以及胜利女神像，可能象征着亚历山大在镇压希腊人反抗中取得的胜利以及他作为科林斯同盟盟主的身份。此后直到伊苏斯战役结束，亚历山大才首次以个人名义发行银币。银币放弃了腓力二世的标准，[1]也采用阿提卡标准，一德拉克马重约4.3克，四德拉克马约17.2克。银币正面是戴着狮头皮盔的赫拉克勒斯头像，面向右方；反面是坐在王座上的宙斯，面向左方，左手握权杖，右臂展开，右手托着一只鹰。宙斯身后是竖写的铭文“ALEXANDRO”。传说赫拉克勒斯是马其顿阿基德王朝的远祖泰门努斯家族（Temenids）的祖先，早在马其顿国

1　腓力二世银币的重量标准是一德拉克马约3.6克，四德拉克马约14.4克。参见Peter Thonemann, *The Hellenistic World: Using Coins as Sources*, Cambridge: Cambridge University Press, 2015, p. 10.

王阿刻劳斯时期（Archelaus，公元前413—前399年），为了宣传马其顿王室的希腊血统，就在他的银币上采用了赫拉克勒斯的头像。[1]腓力二世的二德拉克马银币正面也是戴着狮头皮盔的赫拉克勒斯像。亚历山大此时的身份是希腊联军的首领，钱币上采用赫拉克勒斯和宙斯形象可以不断从视觉上强化他的希腊人身份。由于他从希腊北部落后地区马其顿的国王一跃而成为全希腊的主人，并带领希腊人远征波斯以报希波战争之仇，他要表明他是希腊文化的正统继承者，而且希望这些希腊神祇能保佑他成功；其次他要以宙斯和赫拉克勒斯的形象表明自己统治的合法性和神圣性。[2]亚历山大登陆亚洲后，首先也是向宙斯、雅典娜和赫拉克勒斯献祭，感谢神的保佑。[3]

这是亚历山大东征过程中首次发行银币，支付军饷可能是他此时迫切的需要。公元前336年亚历山大继位时，腓力二世留下了500塔兰特的债务，国库却只有不到60塔兰特的财物，以至于他不得不又借了800塔兰特用于准备远征。[4]普鲁塔克在《亚历山大传》中也说，亚历山大远征前只有不到70塔兰特。[5]公元前334年夏季撒尔狄斯（Sardis）的占领为亚历山大提供了丰富的战利品，使他能够在此时打造钱币。[6]这一时期的钱币主要由黎凡特海岸的造币场打造，如塔尔苏斯、毕布罗斯、西顿等。随着远征的推进，亚历山大获得的战利品也越来越丰富：在苏萨的波斯国库得到了约5万塔兰特，[7]其中包括4万塔兰特的金

---

1 Eugene Borza, *Makedonika*, edited by Carol G. Thomas for the Association of Ancient Historians, California: Regina Books, 1995, p. 173.

2 参见杨巨平：《希腊式钱币的变迁与古代东西方文化交融》，《北京师范大学学报（社会科学版）》2007年第6期，第40—46页。

3 Arrian, *Anabasis of Alexander*, 1.11.6, with an English translation by E. Iliff Robson, Cambridge, Mass.: Harvard University Press, 1929.

4 Arrian, *Anabasis of Alexander*, 7.9.6.

5 Plutarch, *Alexander*, 15.2-4, with an English translation by Bernadotte Perrin, Cambridge, Mass.: Harvard University Press, 1919.

6 Arrian, *Anabasis of Alexander*, 1.17.3; Diodorus Siculus, *The Library of History*, 17.21.7, with an English translation by C. H. Oldfather, Cambridge, Mass.: Harvard University Press, 1989.

7 Arrian, *Anabasis of Alexander*, 3.16.7.

银，9000塔兰特的大流克（波斯金币）。[1]在波斯波利斯，他又获得了12万塔兰特，[2]在帕萨尔加德（Pasargadae）获得6000塔兰特，[3]所以亚历山大在埃克巴坦那（Ecbatana）的国库积累的财富总计大约18万塔兰特，[4]相当于4680吨白银，可以说是古代数量最多的贵金属战利品了。[5]

与此同时，由于必要的军事支出以及亚历山大本人的慷慨，他的花费也日益增加。据哈蒙德估计，仅在高加米拉战役当天，战场上士兵的花费就达到4.6万德拉克马。[6]在埃克巴坦那解散军队时，除了给每人全饷外，亚历山大还额外赠给他们2000塔兰特，[7]对于留下来的士兵，每人赏赐了3塔兰特。[8]公元前327年，他慷慨赏赐印度首领塔克西里斯（Taxiles）1000塔兰特。[9]公元前324年，亚历山大在苏萨清偿了士兵们欠下的债务，总数达2万塔兰特。[10]同年在巴比伦尼亚的欧皮斯（Opis）解散了1万名老兵，除军饷外，每人额外获得1塔兰特。[11]也是在这一年，他派人带着500塔兰特到腓尼基、叙利亚雇佣水手。[12]也就是说，仅在公元前324年一年，亚历山大的军事支出就超过了3万塔兰特。据马丁·普莱斯估计，在战争进行的11年里，亚历山大总的

---

1 Diodorus Siculus, *The Library of History*, 17.66.1.

2 Diodorus Siculus, *The Library of History*, 17.71.1.

3 Curtius Rufus, *Histories of Alexander the Great*, 5.6.10, with an English translation by John C. Rolfe, Cambridge, Mass.: Harvard University Press, 1946.

4 Strabo, *The Geography*, 15.3.9, with an English translation by Horace Leonard Jones, Cambridge, Mass.: Harvard University Press, 1924.

5 M. M. Austin, *The Hellenistic World from Alexander to Roman Conquest: A Selection of Ancient Sources in Translation*, second edition, Cambridge: Cambridge University Press, 2006, No. 10, n. 2.

6 N. G. L. Hammond, *Alexander the Great: King, Commander and Statesman*, London: Chatto and Windus, 1981, p. 156.

7 Arrian, *Anabasis of Alexander*, 3.19.5.

8 Diodorus Siculus, *The Library of History*, 17.74.4.

9 Plutarch, *Alexander*, 59.3.

10 Arrian, *Anabasis of Alexander*, 7.5.3.

11 Arrian, *Anabasis of Alexander*, 7.12.1.

12 Arrian, *Anabasis of Alexander*, 7.19.5.

支出大约在8万塔兰特以上。[1]

丰厚的战利品为亚历山大提供了打造钱币的原材料。高加米拉战役后，巴比伦的造币场也开始运转。[2]到亚历山大去世前，帝国已有26座造币场，从马其顿延伸到埃及和苏萨。[3]据估计，从公元前333—前290年，亚历山大的王室造币场打造了价值约6000万的四德拉克马，6600万一德拉克马，1200万金斯塔特。按金银比率1∶10折算，大约相当于9.1万塔兰特的银币流入了市场。[4]

这些钱币随着士兵和军队的流动不断扩大流通范围。没有资料表明亚历山大强制所征服地区使用他的钱币，但考虑到他在东征过程中采取的一些融合政策，不排除亚历山大希望以自己的钱币结束希腊化世界钱币使用的混乱状态。所幸的是，在他去世后，希腊城市以及亚历山大的继承人大多接受了亚历山大的钱币类型，即采用阿提卡标准，钱币正反面有统治者和保护神的肖像，有表示钱币发行者的铭文。因此，亚历山大钱币的贡献不仅仅在于创新，而且在于它此后被广泛接受，为希腊化世界钱币的统一奠定了基础。

亚历山大的钱币潮水般涌入市场后，首先对希腊世界的其他货币产生了巨大冲击。公元前325年以前，希腊世界有着多样化的货币体系和货币类型，但是到公元前300年左右，地方造币开始急剧减少，很多城市，尤其是小亚细亚的城市大多放弃了自己的钱币类型，开始仿造亚历山大型钱币，只是在钱币反面一般会铸上城市的象征或保护神，比如普里尼（Priene）的亚历山大币反面有字母“PRI”以及三

1 Martin Jessop Price, *The Coinage in the Name of Alexander the Great and Philip Arrhidaeus*, Vol. 1, Zurich and London: The British Museum and The Swiss Numismatics Society, 1991, p. 26.

2 D. M. Lewis, John Boardman, Simon Hornblower and M. Ostwald, eds., *The Cambridge Ancient History. Vol. VI: The Fourth Century B.C.*, Cambridge: Cambridge University Press, 1994, p. 866. 参见［英］D. M.刘易斯等编：《剑桥古代史》第六卷，晏绍祥等译，北京：中国社会科学出版社，2020年，第952页。

3 C. Howgego, *Ancient History from Coins*, London and New York: Routledge, 2001, p. 50.

4 Peter Thonemann, *The Hellenistic World: Using Coins as Sources*, p. 15.

叉戟的图案，这在普里尼早期的钱币上就很普遍。有些城市则同时打造阿提卡标准和地方标准两种类型的钱币，比如米利都自己的银币是2.8克，仅有阿提卡标准的65%，但同时它也使用阿提卡标准的钱币用于国际交换。[1]这种改变并非效忠亚历山大的表现，而是这些城市主观上希望进入一种通用的货币流通体系，以在经济上获利。大约公元前280年，当斯巴达国王阿柔斯（Areus）决定打造自己的钱币时，也采用了亚历山大四德拉克马类型，只不过刻上了自己的名字。公元前190年马革尼西亚（Magnesia）战役后，很多小亚细亚希腊城市获得了独立的造币权，但它们仍然统一打造亚历山大型银币，充分表明了这种钱币在希腊化世界流通的程度。

亚历山大型钱币能够在亚历山大去世后持续流通，塞琉古王国起到了助推作用，它直接继承了亚历山大的货币体系。公元前312年塞琉古一世恢复对巴比伦的控制后，只有巴比伦一处造币场，但是到公元前305年，他在苏萨、埃克巴坦那以及底格里斯河畔的塞琉西亚的造币场都开始运转。这些造币场打造的都是亚历山大型钱币，其中最重要的是“赫拉克勒斯/宙斯”型的四德拉克马银币，这显然是在强调塞琉古王国与亚历山大帝国的连续性。公元前305年以后，塞琉古一世开始打造带有个人特征的钱币，即钱币铭文变为“BASILEUS SELEUKOU”（国王塞琉古），但仍采用阿提卡标准，本质上仍是亚历山大型钱币。安条克一世（Antiochus I）时期，钱币肖像发生变化，正面不再是赫拉克勒斯头像，变为头系王带的塞琉古一世或安条克一世本人肖像，钱币反面则是阿波罗神坐在肚脐石上，右手拿着一支箭。从安条克一世开始，王朝统治者大力宣传他们的祖先是阿波罗，由此创造了一种神圣的王朝起源。此后，“坐在肚脐石上的阿波罗”成为塞琉古王朝银币的标准图案，但不论是钱币形制、重量，还是肖

1 Peter Thonemann, *The Hellenistic World: Using Coins as Sources*, p. 121.

像风格以及竖写的铭文，都与亚历山大型钱币一致。

在塞琉古王朝发行的钱币中，金斯塔特大约相当于发行钱币总价值的18%，四德拉克马银币是78%，小面额银币占3%，铜币只占1%。[1]可见阿提卡标准的四德拉克马银币是塞琉古王朝发行的主要钱币，不仅用于满足军事需要，在经济活动中也是通用的交换媒介。安条克四世（Antiochus IV）以前，四德拉克马银币的纯度能够达到94%—95%，此后缓慢下降。[2]塞琉古王朝不允许总督以个人名义造币，王室发行的阿波罗型钱币是王国的主要钱币，在王国内自由流通。对于外来钱币，统治者采取开放的态度，只要是阿提卡标准，都可以在王国内流通。

除塞琉古王朝，色雷斯的吕西马库斯（Lysimachus）、马其顿的安提柯王朝、帕加马的阿塔卢斯王朝也都采用了亚历山大型钱币。吕西马库斯在伊普苏斯战役后，开始发行纪念性钱币。钱币采用阿提卡标准，正面是亚历山大头像，王带系于脑后，右耳上方有一公羊角；反面是雅典娜持矛坐像，面向左，身旁放着盾牌，右手托着有翼的尼科，铭文“BASILEUS”和“LUSYMACHOU”（意为“国王吕西马库斯”）分列左右，尼科手持花环，跃跃欲飞于国王的名字之上，象征胜利女神为吕西马库斯戴上王冠。这种钱币于公元前297年开始发行，直至他去世。[3]钱币学家一致认为吕西马库斯钱币上的亚历山大肖像是亚历山大本人的真实样貌。[4]公羊角是阿蒙的象征，由于亚历山大曾拜访西瓦绿洲的阿蒙神庙，并被接受为阿蒙神的儿子，因此公

1 G. G. Aperghis, *The Seleukid Royal Economy: The Finances and Financial Administration of the Seleukid Empire*, Cambridge: Cambridge University Press, 2004, p. 218.

2 G. G. Aperghis, *The Seleukid Royal Economy: The Finances and Financial Administration of the Seleukid Empire*, p. 226.

3 R. A. Hadley, “Royal Propaganda of Seleucus I and Lysimachus,” *The Journal of Hellenic Studies*, Vol. 94 (1974), p. 55.

4 George Francis Hill, *Historical Greek Coins*, London: Archibald Constable and Co. Ltd., 1906, p. 122.

羊角暗示亚历山大及其继承人的神性。从公元前260年左右开始，博斯普鲁斯、拜占庭、卡尔斯顿的城市开始大量打造吕西马库斯型的金币和四德拉克马银币。约公元前235年，这些城市曾尝试发行自己的钱币，但并不成功，约公元前220年只好恢复吕西马库斯型钱币，表明这种钱币在商业活动中使用更为普遍。[1]在色雷斯和小亚细亚，吕西马库斯型钱币被模仿了大约三个世纪。

马其顿的安提柯王朝也进入了以阿提卡标准为基础的东地中海市场，马其顿和希腊大陆的窖藏表明马其顿王国在经济活动中接受了外来的阿提卡标准的货币。德米特里发行的钱币类似于吕西马库斯型，只不过钱币肖像变为他本人以及海神波塞冬。帕加马在菲勒泰洛斯（Philetaerus, 约公元前343—前263年）时期独立后，也打造亚历山大型四德拉克马钱币，而且从阿塔卢斯一世（Attalus I）开始，钱币图案变为坐着的雅典娜为王朝建立者菲勒泰洛斯的名字戴花冠，这显然是模仿了吕西马库斯钱币的主题。公元前2世纪出现的“执篮者”银币（Cistophori，上有篮子的图案），主要在帕加马王国内部流通，阿提卡标准的钱币则主要用于贸易或外交往来。铭文显示，公元前160年，阿塔卢斯二世赠给德尔菲1.8万亚历山大型德拉克马银币用于儿童的教育，3000德拉克马用于祭祀。[2]

公元前3世纪中期帕提亚和巴克特里亚脱离塞琉古王国后，这些王国的钱币事实上继承了塞琉古王国的标准和风格，从而间接延续了亚历山大型钱币。帕提亚的米特里达特一世（Mithridates I）统治时期，打造了一系列四德拉克马银币。在这些钱币上，米特里达特的形象是传统的希腊马其顿王室风格，国王头戴王冠，露出厚厚的波浪形卷发，

---

1 Helen S. Lund, *Lysimachus: A Study in Early Hellenistic Kingship*, London and New York: Routledge, 1992, p. 134.

2 M. M. Austin, *The Hellenistic World from Alexander to Roman Conquest: A Selection of Ancient Sources in Translation*, 2006, No. 242.

反面是裸体站立的赫拉克勒斯，钱币上的王名已经从阿尔萨息时期的“AUTOKRATOR”（统治者）变成了“BASILEUS MEGAS”（大王）以及“PHIHELLENE”（爱希腊者）。巴克特里亚王国早期的钱币完全是亚历山大类型，采用阿提卡标准。建国者狄奥多托斯的金币正面是系王带的国王肖像，面向右，反面是面向左站立的宙斯，一只鹰站在他的脚下，上有希腊语铭文“DIODOTUS”和“BASILEUS”（意为“国王狄奥多托斯”）。德米特里一世的四德拉克马银币，正面是他戴象头皮盔的肖像，反面是赫拉克勒斯站像，显然是在突出他与亚历山大的关系。这些钱币是巴克特里亚与希腊化世界进行贸易的工具。

希腊化世界对于亚历山大型钱币的接受体现了一种新的认同，即它不再是马其顿王室钱币，而是一种新型希腊式钱币。即使在希腊化时代结束后，亚历山大型钱币的影响犹在。亚历山大及塞琉古王国的故地帕提亚和巴克特里亚是两个传播中心，前者影响了萨珊波斯和阿拉伯帝国初期的货币；后者影响了印度—希腊人小王国以及先后进入这一地区的斯基泰人部落、月氏—贵霜帝国、嚈哒人、柔然人等游牧民族的钱币，中国新疆地区的“和阗马钱”也与此有关。[1]

在希腊化王国中，唯一没有采用亚历山大型钱币重量标准的是托勒密王国。托勒密一世担任埃及总督时，也打造亚历山大型钱币，金斯塔特和四德拉克马银币都采用阿提卡标准，只是钱币正面变成了亚历山大的肖像，头戴象头皮盔，右耳伸出公羊角，头顶还有一条小蛇。公羊角是阿蒙的象征，蛇则是埃及法老的保护神，这显然是在神化亚历山大。但在公元前310年，托勒密放弃了阿提卡标准，将四德拉克马银币从17.2克降至15.7克，10年后，再次降到14.2克，[2]接近于腓

1 参见杨巨平:《希腊式钱币的变迁与古代东西方文化交融》,《北京师范大学学报（社会科学版）》2007年第6期，第40—46页。

2 Andrew Stewart, *Faces of Power: Alexander's Image and Hellenistic Politics*, Berkeley: University of California Press, 1993, p. 241.

尼基标准，此后这种标准一直持续到托勒密王朝结束。在托勒密的海外领地，如昔列尼、南部叙利亚、塞浦路斯、爱琴海和小亚细亚部分地区，托勒密的王室钱币是唯一合法货币。从大约公元前300年开始，托勒密王国完全禁止外国钱币在托勒密的领土上流通。托勒密二世时期，埃及开始实行货币垄断制度，所有来埃及进行商品买卖的商人，或是按托勒密王朝的标准将自己的货币熔掉重新打造，或是直接兑换成托勒密王朝的货币。由于外来货币重，而托勒密的货币轻，这一做法相当于对外来商人征收了17%的交易税。[1]公元前258年的一份纸草文献显示，外来货币与托勒密货币之间的兑换受到王室官员的严格控制。外来商人对此项制度颇为不满，他们不仅经济上受到损失，且换回的货币在埃及之外很难交易。[2]但是，通过这些措施，托勒密王朝建立起了封闭的货币体系，孤立于希腊化世界货币体系之外。关于托勒密王朝实行封闭货币体系的原因，牛津大学教授彼得认为埃及本土没有银矿，如果托勒密王朝要保持以白银为基础的货币经济，就要保证白银不外流。相对封闭的地理环境可能促使托勒密埃及像希腊城邦那样以自己的货币体系来管理王国。[3]

亚历山大型钱币广泛、持续地流通为东地中海创造了一种相对统一的货币体系，尽管钱币肖像和铭文因发行者的变化而变化，但钱币形制、材质以及币制都基本如前。托勒密埃及没有加入亚历山大型货币流通体系，以及罗德岛、腓尼基等货币标准的存在，并不能否定亚历山大型钱币作为希腊化世界统一钱币的地位。亚历山大型钱币不仅便利了希腊化世界的贸易往来，也成为了统治者宣传统治合法性、表达王权观念的工具，体现了新的希腊化认同。它同希腊语的使用一

---

1 Andrew Stewart, *Faces of Power: Alexander's Image and Hellenistic Politics*, p. 241.

2 M. M. Austin, *The Hellenistic World from Alexander to Roman Conquest: A Selection of Ancient Sources in Translation*, 2006, No. 299.

3 Peter Thonemann, *The Hellenistic World: Using Coins as Sources*, p. 123.

样，成为定义“希腊化世界”的标志。

二、通达的商路

希腊化时代一个突出的特点是出现了通达的交通和贸易路线。罗斯托夫采夫根据运输方式的差异，将希腊化时代的贸易分为海路贸易、陆路贸易和河道贸易。[1]海路贸易中，首要的是地中海，其次是黑海、波斯湾、红海和印度洋。叙利亚、美索不达米亚、阿拉伯和伊朗的商队贸易是陆路贸易的分支。河道贸易主要经尼罗河、幼发拉底河、底格里斯河进行，另外也包括中亚的阿姆河。[2]单纯的河道贸易具有地方特征，但是当河道与海路连接后，就形成了更大范围的、跨区域的贸易网络。

通达的商路一方面得益于波斯时期修建的覆盖帝国的交通网，另一方面要归功于亚历山大及其继承人的探索开发。波斯帝国时期，重要的陆路交通线有三条：一条是从帝国都城之一的苏萨经小亚细亚的撒尔狄斯延伸到以弗所（Ephesus）的“御道”，全长约2400—2500公里；[3]第二条从帝国都城之一的巴比伦起，经埃克巴坦那，横贯伊朗高原北缘（伊朗北道），向东延伸至巴克特里亚、喀布尔和塔克西拉（Taxila）；第三条是南线，从巴比伦经波斯波利斯、卡尔马尼亚（Carmania）到达坎大哈。[4]水路方面，大流士一世开通了连接尼罗河和红海的运河，派船只探索绕阿拉伯到波斯湾的海路，并且派遣一个叫斯库拉克斯（Scylax）的希腊水手，寻找从印度到埃及的航

1 M. I. Rostovtzeff, *The Social and Economic History of the Hellenistic World*, Vol. 2, Oxford: Clarendon Press, 1941, p. 1239.

2 杨巨平：《亚历山大东征与丝绸之路开通》，《历史研究》2007年第4期，第153页注释3。

3 Herodotus, *The Histories*, 5.52-54, with an English translation by A. D. Godley, Cambridge, Mass.: Harvard University Press, 1920.

4 Amélie Kuhrt, *The Persian Empire: A Corpus of Sources from the Achaemenid Period*, Vol. 1, London and New York: Routledge, 2007, pp. 730-737.

路。这次旅行花了近30个月，大流士吹嘘说他开辟了印度到波斯的海上路线。[1]

亚历山大东征的过程中，主要利用波斯时期已有的道路。这些道路已经比较成熟，而且沿途有驿站，方便他的大军和辎重部队通行。[2]此外，出于征服的需要，他也在一些无人的区域开辟了新路。[3]亚历山大时期，波斯时期的伊朗北道已经比较易于通行，此后又经安提柯一世、塞琉古一世巩固，为从印度到地中海的贸易提供了一条重要的陆路交通线。亚历山大也想探索从印度到波斯湾的海路，当军队从印度返回巴比伦时，他派尼阿库斯负责这一伟大的事业。[4]这支队伍最后平安抵达，而这条海路也成为印度和美索不达米亚之间新的海上贸易通道。亚历山大回到巴比伦后，在此地建了新的港口和船坞。[5]此外，他还派人从巴比伦出发到阿拉伯南部沿海考察，希望沟通印度、巴比伦尼亚与埃及，这些人很可能曾在阿拉伯半岛停留。[6]

到塞琉古王朝时期，中亚和印度通过多条路线与王国西部和叙利亚相连接，其中两条路线在北部。一条是中亚贸易路线，沿里海北岸延伸，最终到达博斯普鲁斯王国。这条路线不仅运输中亚的产品，也运输来自印度的产品，但是它的重要性主要是后来成为丝绸之路的一部分；另一条是巴克特里亚贸易路线，从阿姆河起，向西北延伸至里海岸边，再沿高加索山的关口西行，到达小亚细亚的城市。斯特拉波提到了巴克特里亚路线：阿姆河是巴克特里亚和索格底亚那（Sogdiana）的分界线，这条河适于通航，印度的商品先沿阿姆河运至里海（那时，阿姆河与里海相通），再从那里运输到更远的地方，甚

---

1 Herodotus, *The Histories*, 4.44.

2 Arrian, *Anabasis of Alexander*, 3.18.1; 3.16.2.

3 Arrian, *Anabasis of Alexander*, 1.26.1.

4 Arrian, *Anabasis of Alexander*, 8.20.5-7.

5 Arrian, *Anabasis of Alexander*, 7.19.5.

6 Arrian, *Anabasis of Alexander*, 8.43.8.

至远达本都以外。[1]塞琉古一世和安条克一世曾致力于发展这条路线。塞琉古一世派将军、米利都的德摩达玛斯（Demodamas）远征锡尔河，安条克一世派帕特罗克勒斯（Patrocles）至里海探险，[2]主要目的除了抵御北部的游牧民族、保护塞琉古王国的北部边界外，也希望确保连接帝国西北和东北部的路线更加安全和便捷，进而服务于商业贸易。但是这两条路线从未完全处于塞琉古王朝控制之下。

塞琉古王国与印度通商主要采用经帕提亚的陆路。为了确保印度象和其他商品的稳定供应，塞琉古一世与孔雀王朝的君主旃陀罗笈多（Chandragupta）达成和平协议，并且派麦伽斯梯尼作为第一位使节到旃陀罗笈多的宫廷，加深了希腊人对印度的了解。这条商路的一个起点在孔雀王朝的都城华氏城，经塔克西拉、高加索的亚历山大里亚、巴克特拉、百门城（Hecatompylos）、埃克巴坦那，到达底格里斯河畔的塞琉西亚。高加索的亚历山大里亚是这条线路的另一个起点，经喀布尔、加兹尼（Ghazni）、普罗弗特西斯（Prophthesis）的亚历山大里亚、赫拉特，至百门城与上一条路线汇合。[3]从塞琉西亚，大部分商品继续向西传输，或是溯幼发拉底河而上到达安条克，再经塔尔苏斯和弗里吉亚的阿帕米亚到达以弗所，满足小亚细亚和爱琴海市场的需要；或是沿底格里斯河北上，经尼西比斯（Nisibis）到埃德萨（Edessa），从这里又分出两条支线，一条跨过幼发拉底河，经库勒斯提刻（Cyrrhestice）到达安条克，另一条向南经贝罗伊亚（Beroea）到达大马士革和推罗。这条横贯王国东部和西部的路线，不仅是商贸路线，

---

1 Strabo, *The Geography*, 2.1.15; 11.7.3. 学者塔恩及部分学者质疑这条贸易路线的存在；勒纳教授认为阿伊·哈努姆发现的来自地中海的双耳罐等证据，能够证明黑海和巴克特里亚之间的水路是希腊化贸易的常规路线。参见 Jeffrey D. Lerner, "On The Inland Waterways from Europe to Central Asia," *Ancient West and East*, Vol. 13 (2014), pp. 155-174.

2 Pliny, *Natural History*, 6.21, with an English translation by H. Rackham, Cambridge, Mass.: Harvard University Press, 1938.

3 W. W. Tarn, *Hellenistic Civilisation*, revised by the author and G. T. Griffith, Cleveland: The World Publishing Company, 1961, p. 243.

也是军事路线。为了保障路线的安全，塞琉古王朝在沿途建了很多要塞和驻军的城镇，沿途的城市也有旅店和客栈。邮驿体系曾是波斯帝国统治必不可少的工具，[1]主要是为保证王室邮驿和军事运输的需要，贸易自然也受益于此。塞琉古王国时期，这一邮驿体系继续延用。公元前3世纪中叶巴克特里亚和帕提亚独立后，安条克三世远征东方，重建了塞琉古王朝对商路的控制权。他与索法伽塞努斯（Sophagasenus）签订的条约除了保证战象的供应外，可能也包括了经济和商业方面的条款，[2]巩固了塞琉古王国与印度的商业联系。这条横贯王国东西的路线虽然路途遥远，但安全性高，是士兵、商人、旅行家们的首选。

除北线外，印度与塞琉古王国之间的贸易还可以选择南线，即从印度穿越阿拉科西亚、卡尔马尼亚（Carmania）、波西斯（Persis），到达苏萨，再从苏萨抵达底格里斯河畔的塞琉西亚。但是这条路相对困难，不如北线发达。

塞琉古王朝与阿拉伯的贸易开始得也比较早。在公元前288年塞琉古一世为狄底玛（Didyma）的阿波罗神庙捐献的物品中，包括10塔兰特乳香（frankincense）、1塔兰特没药、2米纳桂皮、2米纳肉桂、2米纳广木香。[3]桂皮、肉桂和广木香来自印度，乳香和没药产自阿拉伯。为便利与阿拉伯的贸易，塞琉古王朝可能在波斯湾部署了舰队，并向底格里斯河下游以及波斯湾的源头处殖民，与阿拉伯半岛的格拉（Gerrha）人建立了良好的关系。[4]阿拉伯商队将乳香和没药运至格拉，从格拉转海路到达塞琉古王朝在波斯湾头建立的港口，然后经幼发拉

---

1 Herodotus, *The Histories*, 8.98.

2 Amélie Kuhrt and Susan Sherwin-White, eds., *Hellenism in the East: The Interaction of Greek and Non-Greek Civilizations from Syria to Central Asia after Alexander*, London: Duckworth, 1987, p. 91.

3 C. Bradford Wells, *Royal Correspondence in the Hellenistic Period*, New Heaven: Yale University Press, 1934, p. 35(5.49-51).

4 W. W. Tarn, *Hellenistic Civilisation*, p. 240.

底河到达巴比伦，经底格里斯河运至塞琉西亚或苏萨。[1]从塞琉西亚，货物继续向西，到达叙利亚的安条克、劳狄西亚、皮埃里亚的塞琉西亚。其中部分货物在塞琉古王国被消耗，余下部分运往爱琴海的港口以弗所和士麦那（Smyrna），以满足地中海市场的需要。对于大宗货物而言，海上运输总是更有优势。

格拉控制着波斯湾西岸的海路和阿拉伯的商队贸易，在塞琉古时期是一个繁荣的商站。帕提亚统治波斯湾后，通过军事干预和外交活动使格拉人处于他们的控制之下，从格拉商人手里获得大量阿拉伯和印度的商品。为确保与阿拉伯贸易的安全，安条克三世远征格拉人，双方达成协议：安条克同意给格拉人永久自由，格拉人给安条克500塔兰特白银、1000塔兰特乳香、200塔兰特没药作为礼物。此后格拉人增加了运往塞琉古王国的商品的数量。[2]

希腊化时代，大象成为国王军队中的重要组成部分，塞琉古王朝由于和孔雀王朝建立了良好关系，能够稳定地从印度获得战象。托勒密王朝为了与塞琉古王朝竞争，选择从非洲输入战象，因而积极发展与非洲的贸易。大约公元前270年，托勒密二世在红海建立了菲罗泰拉港（Philotera）作为捕象基地，[3]几年后他又在红海南岸建了托勒迈斯（Ptolemais）。这些基地都建有相应的设施，可以将捕获的大象从红海经尼罗河运回埃及。早期这条路线绕行红海北端以及沟通红海和地中海的苏伊士运河。但是红海北端一年四季都有北风，当时的船只迎风航行并不容易，而且速度很慢。因此，向红海北端航行的船只一般会在中途停靠在阿拉伯半岛的港口或是埃及尼罗河第一瀑布的港口。卸下的货物由驼队继续运输。在埃及一边，货物可以转至尼罗

1 Strabo, *The Geography*, 16.1.9.

2 Polybius, *The Histories*, 13.9.5, with an English translation by William Roger Paton, Cambridge, Mass.: Harvard University Press, 1922-1927.

3 Strabo, *The Geography*, 16.4.5.

河，不论风向如何，船只都能顺流而下到达三角洲。在阿拉伯半岛一边，骆驼商队向北到达黎凡特，或经苏伊士陆桥到达埃及。

公元前3世纪中叶，托勒密二世又在红海中南岸建了贝莱尼凯港（Berenice），并将其与尼罗河上的港口科普托斯（Coptus）相连。贝莱尼凯有方便的装货地点，捕获的非洲象先运到贝莱尼凯，然后由骆驼商队转运至科普托斯，大约要花12天，沿途有补水的驿站。[1]大象从科普托斯登船，沿尼罗河运到亚历山大里亚进行作战训练。这条路线以及托勒密王朝为获得大象建立的很多运输设施，也为长途贸易提供了便利。印度、阿拉伯以及非洲的商品也经这条路线运往亚历山大里亚和地中海。[2]作为捕猎大象的副产品，托勒密政府获得了大量象牙，他们在东地中海的市场上出售象牙，获利丰厚。来自提洛岛的一份铭文显示，公元前3世纪中叶，托勒密二世向市场投放了大量非洲象牙，导致市场上象牙价格下降。[3]

托勒密王朝同样致力于发展与印度的贸易。斯特拉波记录了托勒密政府如何偶然地开通了埃及通往印度的海上贸易路线。[4]公元前118年，一支托勒密海军巡行亚丁海湾，发现了一只残破的船，并在船上营救了一个饥饿的印度水手。他们把水手带到托勒密八世的宫廷，此人很快学会了希腊语，并且告诉托勒密，他的船从印度来进行贸易，却在航行过程中偏离了航线。他愿意作为向导帮助希腊水手去往印度。托勒密八世任命基齐库斯人欧多克斯（Eudoxus of Cyzicus）带队，在这名印度水手的带领下，开始了从埃及向印度的首次航行。欧多克斯带领船队成功到达印度，并从印度带回了很多珍贵的物品。几年之后，托勒密八世的继承人克列奥帕特拉三世（Cleopatra III）又

1 Pliny, *Natural History*, 6.26.

2 Strabo, *The Geography*, 7.1.45.

3 参见W. W. Tarn, *Hellenistic Civilisation*, p. 258.

4 Strabo, *The Geography*, 2.3.4-5.

一次派欧多克斯航行印度，这一次他带回了香料和宝石。欧多克斯两次成功的航行证明了从埃及到印度有可以通行的海路，促进了埃及与印度贸易的发展。但是在托勒密时代，很少有希腊商人直接航行到印度，他们一般停靠在亚丁湾的港口，在那里获得东方商人带来的印度的商品。由于来自印度和埃及的船只都在这里汇聚，亚丁在当时发展为一个繁荣的城市。斯特拉波也证实，托勒密王朝与印度的贸易主要在亚丁湾进行，只有不到20条船敢于航行到亚丁湾以远的地方。[1]因为在亚丁湾以外，商人们经常会遭遇暴风雨和船难，而且遥远的海上经常有海盗，商人的生命以及珍贵的货物都面临风险。在托勒密王朝统治时期，只有几艘船直接航行到了印度，带回了印度的商品。[2]

托勒密王朝也有效地组织了与阿拉伯的贸易。阿拉伯的乳香和没药通过两条路线运送到埃及。一条是海路，从阿拉伯半岛南部或东南部的商站进入红海。普林尼指出，从阿拉伯乳香产区奥凯利斯（Ocelis）到贝莱尼凯约30天的航程。[3]另一条是陆路，从阿拉伯半岛南部沿着阿拉伯半岛西岸，进入纳巴泰和佩特拉，经加沙、西奈半岛到达埃及。托勒密二世时期，埃及获得了这条陆路的控制权。

希腊化时代，商人和船主协会的建立是长途贸易路线存在的证明。公元前330年代末，雅典出现了埃及和推罗商人的协会，公元前3世纪末，西顿人也在雅典建立了类似的协会。[4]公元前3世纪，提洛岛出现推罗商人的协会，公元前175年有贝鲁特商人协会，公元前120年左右出现亚历山大里亚商人协会。商人协会通常出现在港口城市，是希腊化时代长途贸易路线的重要证明，表明东地中海地区各个共同体之间的商业往来加强，甚至出现了某种一体化的趋势。

---

1 Strabo, *The Geography*, 17.1.13.

2 Strabo, *The Geography*, 2.5.12.

3 Pliny, *Natural History*, 6.26.

4 F. W. Walbank, A. E. Astin, M. W. Frederiksen and R. M. Ogilvie, eds., *The Cambridge Ancient History. Vol. VII, Part 1: The Hellenistic World*, p. 283.

希腊化时代钱币的广泛流通和使用，通达的陆路和海路的出现，使希腊语成为国际语言，便利了人员和物资在更大范围内的流动。贸易的规模、商品流转的速度、贸易路线的稳定性都比以前有所提高。从波斯湾、红海以及东非的港口，已经可以比较容易地进入地中海盆地。地中海世界的贸易变得更为开放，也越来越同质化，可以说，跨区域贸易的基础在希腊化时代已经奠定。

三、物产的流通

希腊化时期，东地中海地区成为东西方商品交换的中心。古代贸易的物品一般区分为大宗物品（必需品）和奢侈品，大宗物品在希腊化时代主要是粮食、酒和橄榄油。所谓的奢侈品，按照罗斯托夫采夫的理解，主要是让文明人生活舒适的物品，比如彩色羊毛亚麻制品、皮革制品、具有艺术气息的家具、银盘、香水、颜料、梳妆用品、香料以及类似物品。[1]

1. 大宗物品

粮食贸易在希腊化经济中占据重要地位，对于粮食不能自给的城市而言，足够的粮食进口是生命攸关的大事；对于盛产粮食的地区，粮食出口则是税收的重要来源。粮食贸易主要是小麦贸易，主要的小麦产区是埃及和黑海沿岸，此外还有西里西亚（Cilicia）、色雷斯、西西里、西班牙、努米底亚和迦太基。普林尼指出：希腊彼奥提亚（Boeotia）的小麦是最好的，西西里的第二，非洲的第三。色雷斯、叙利亚和埃及的小麦在重量方面过去也位居第三，这些事实已经被那些地方人们强壮的体格所证明。希腊人也认为本都的小麦质量高，但

1 M. I. Rostovtzeff, *The Social and Economic History of the Roman Empire*, Vol. 1, Oxford: Clarendon Press, 1957, p. 169.

是本都的小麦还没有到达意大利。[1]

这些产区保证了小麦的出口供应。埃及在小麦出口市场上的地位无法超越。托勒密王朝设置武装的卫兵保卫粮食运输，5名卫兵保卫1200阿塔巴（artaba，1阿塔巴约合27公升）的粮食。[2]尼罗河运粮船的载重量在1000—18000阿塔巴不等，这些船定期将粮食运到亚历山大里亚，[3]部分粮食用来满足亚历山大里亚城的消耗，其余再出口。根据狄奥多罗斯（Diodorus），公元前1世纪中叶，亚历山大里亚城有30万自由人口，是当时世界上最大的城市。[4]如果按每人每年消耗200公升（7.4阿塔巴）小麦计算，30万人将消耗222万阿塔巴，那么载重10000阿塔巴的运粮船每年需要运222次。这仅仅是亚历山大里亚城消耗的数量，除此之外，还有大量粮食向外出口。公元前1世纪后，罗马也从埃及进口粮食，每年不少于15万吨，相当于它的需求的三分之一。[5]

罗德岛是埃及粮食贸易的中转站，公元前305年德米特里包围罗德岛时，托勒密一世为罗德岛提供了30万阿塔巴的粮食和豆类，卡桑德给罗德岛人送来1万阿塔巴的大麦，吕西马库斯提供了4万斗小麦和4万斗大麦。罗德岛人本来已经士气衰落，在收到如此多的援助后又重拾信心。[6]罗德岛的船只带着岛上以及附近城邦的酒，驶向埃及和黑海，然后再装满粮食回航。运回的粮食部分用来满足自身以及临近岛屿的需要，但是大部分会运到雅典、小亚细亚沿岸的城市以及爱琴海的岛屿。

希腊城邦为粮食贸易提供了稳定的市场。粮食贸易对希腊城邦的重要性得到了古典史料的证实。色诺芬称商人为“爱粮食者”，说他

---

1 Pliny, *Natural History*, 18.12.

2 Peter Garnsey, Keith Hopkins and C. R. Whittaker, eds., *Trade in the Ancient Economy*, Berkeley and Los Angeles: University of California Press, 1983, p. 70.

3 Peter Garnsey, Keith Hopkins and C. R. Whittaker, eds., *Trade in the Ancient Economy*, p. 72.

4 Diodorus Siculus, *The Library of History*, 17.52.6; 1.31.6-8.

5 Lionel Casson, “The Grain Trade of the Hellenistic World,” *Transactions and Proceedings of American Philological Association*, Vol. 85 (1954), p. 187.

6 Diodorus Siculus, *The Library of History*, 20.96.1-3.

们跨过爱琴海、黑海和西西里海（Sicilian sea）去寻找粮食。[1]在《回忆苏格拉底》中，苏格拉底告诉格劳孔，一个政治家要掌握的技能，包括了解城邦出产的粮食可以供应多长时间，每年城邦需要多少粮食。城邦粮食短缺时，还要能提供粮食供应的专业建议。[2]

在希腊城邦中，没有哪个城邦像雅典那样依赖粮食贸易。粮食供应在雅典不仅是经济事务，更是政治事务。在议事会每个主席团任内的四次公民大会中，最高会议要讨论粮食供应和国防问题。[3]可见，对雅典而言，粮食供应是与国家保卫同等重要的事务。伯罗奔尼撒战争期间，控制从黑海通往雅典的粮食运输线是斯巴达的策略之一。公元前4世纪中叶，雅典颁布立法，禁止任何居住在雅典或阿提卡的居民将钱借给向雅典以外的地方运送粮食的船主或商人。[4]雅典人也不能将粮食运到雅典以外的市场，违者将被处死。[5]公元前300年，马其顿的德米特里包围雅典，他截获了前往比雷埃夫斯的运粮船，杀死了船长和水手，使粮商不敢向雅典运粮，雅典人由于饥饿被迫投降。[6]历史又一次证明，粮食供应是关乎雅典存亡的重大问题。

粮食从本都沿岸，特别是克里米亚、东部色雷斯、叙利亚、埃及、利比亚和西西里被运到雅典的比雷埃夫斯港。比雷埃夫斯不仅有雅典的商人，还有来自罗德岛、米利都、腓尼基和埃及的粮商。在德摩斯提尼时代，克里米亚的博斯普鲁斯王国每年供应雅典40万麦斗

---

1 Xenophon, *Economics*, 20.27, with an English translation by E. C. Marchant and G. W. Bowersock, Cambridge, Mass.: Harvard University Press, 1979.

2 Xenophon, *Memorabilia*, 3.6.13, with an English translation by E. C. Marchant, Cambridge, Mass.: Harvard University Press, 1923.

3 Aristotle, *Athenian Politics*, 43.4, with an English translation by H. Rackham, Cambridge, Mass.: Harvard University Press, 1952.

4 M. M. Austin and P. Vidal-Naquet, *Economic and Social History of Ancient Greece: An Introduction*, London: Batsford Academic and Educational LID, 1977, No. 82.

5 Demosthenes, *Against Phormio*, 37, with an English translation by A. T. Murray, Cambridge, Mass.: Harvard University Press, 1939.

6 Plutarch, *Demetrius*, 33, with an English translation by Bernadotte Perrin, Cambridge, Mass.: Harvard University Press, 1920.

（medimnoi，按照雅典标准，1麦斗相当于51.84公升）小麦，几乎占到雅典每年进口粮食的一半。博斯普鲁斯掌管贸易的官员给予向雅典运输粮食的商人免税权以及优先装运的特权。[1]由于阿提卡的地理条件，希腊化时代雅典仍然继续进口粮食。一份发现于昔列尼的公元前4世纪的铭文，记录了公元前330年左右从昔列尼购买粮食的国家和人员以及数量。41个希腊城邦及两名个人总共购买了80.5万麦斗粮食，其中雅典以10万麦斗位居名单首位。[2]这份铭文同时也表明，大部分希腊城邦在希腊化时代仍需要进口粮食。由于史料缺乏，我们无法对希腊化世界粮食贸易的规模给出量化的数据，有学者估计整个希腊化世界的人口大约在3000—3500万，这些人口每年大约需要1.5亿麦斗的粮食。[3]但各地粮食的产量并不均衡，有些地方盛产粮食，可以自给自足，有些地方则不得不依靠进口，这正是古风时代以来粮食贸易繁荣的主要原因，而希腊化时代巨大的需求，也使我们容易理解希腊化世界贸易的规模。

酒是东地中海贸易的主要产品。上佳的酒出自北部叙利亚以及爱奥尼亚和沿海岛屿。亚历山大里亚一直从叙利亚和爱奥尼亚进口酒，劳狄西亚城（Laodiceia on the sea）出产的酒远达阿拉伯半岛南部。罗德岛、萨摩斯和开俄斯（Chios）也以酒的出口满足粮食进口。橄榄油也是希腊向外输出的主要产品，小亚细亚西海岸的橄榄油甚至到达了印度王公的宫廷。[4]公元前2—前1世纪的意大利也是希腊葡萄酒和橄榄油的主要消费者。

2. 奢侈品

希腊化时代货币的流通提升了人们的购买力，奢侈品的消费发展

1 Demosthenes, *Against Leptines*, 31-32, with an English translation by C. A. Vince and J. H. Vince, Cambridge, Mass.: Harvard University Press, 1926.

2 参见Zofia H. Archibald, John Davies and Vincent Gabrielsen, eds., *The Economies of Hellenistic Societies, Third to First Centuries BC*, Oxford: Oxford University Press, 2011, pp. 70-71.

3 Andrew Erskine, *A Companion to the Hellenistic World*, Oxford: Blackwell Publishing, 2005, p. 334.

4 M. Cary, *A History of the Greek World from 323-146 B.C.*, p. 293.

起来了，主要的奢侈品贸易是香料贸易。印度出口肉桂、桂皮、甘松和树胶，阿拉伯出口乳香和没药，皮西迪亚（Pisidia）出产安息香和各种树胶。肉桂价格很高，肉桂贸易完全控制在阿拉伯人手里，以至于希腊人以为它生长在阿拉伯和索马里。乳香主要是一种祭祀用品，没有乳香便无法举行祭祀仪式，因而乳香的需求量巨大。希罗多德记载，在巴比伦尼亚的一座神庙中，有一座贝尔祭坛，每年要消耗1000塔兰特的乳香。[1]普林尼记载了罗马帝国初期对乳香的使用：阿拉伯被称为福地，好像它的幸福来源于上天的恩赐，但这是一种误解。阿拉伯的幸福源于人类即使是死去时也非常奢侈这一事实，因为他们要在死者身上燃烧起初被认为只有神才能享用的香料。阿拉伯一年所产的乳香比不上尼禄在他妻子的葬礼上所消耗的数量。想想在死者的葬礼中以及祭祀神灵中消耗的乳香的数量！印度、中国和阿拉伯半岛每年从我们的帝国获得1亿塞斯特斯（sesterces）。[2]虽然我们没有希腊化时期乳香消耗的具体数据，但是从古典时期和罗马时期的需求量推测，希腊化时代的需求应该不会相差很多。乳香产地主要在阿拉伯南部沿海，阿拉伯人的帆船花70天将南阿拉伯的商品运到红海源头纳巴泰人（Nabataeans）的港口埃拉。[3]狄奥多罗斯指出，纳巴泰人早在公元前4世纪就向东地中海供应香料。他们从南阿拉伯商人手里获得乳香、没药以及最珍贵的香料，然后将它们运到地中海出售。[4]公元前312年，安提柯派军队伏击了纳巴泰人的部落，获得了大量的乳香和没药，还有大约500塔兰特的银块。[5]加沙在公元前5世纪就是地中海沿岸香料贸易的中心。亚历山大占领这座城市时，加沙仍控制着乳香贸易。为感谢老师对他的教诲，亚历山大从他获得的战利品中拿出了500塔兰特的乳香和100塔兰特的没药送给他的老师——

1 Herodotus, *The Histories*, 1.183.2.
2 Pliny, *Natural History*, 12.83-84.
3 Strabo, *The Geography*, 16.4.4.
4 Diodorus Siculus, *The Library of History*, 19.94.
5 Diodorus Siculus, *The Library of History*, 19.95.

伊庇鲁斯的李奥尼达（Leonidas）。[1]

埃及主要从索马里和阿拉伯进口没药、乳香、象牙和肉桂，此外还从阿拉伯进口甘松香、香料植物、珍珠、珊瑚和黄金。亚历山大里亚是埃及香料贸易的中心，香料贸易由王室垄断，由官员监督。香料加工成香膏和香水后再出口。[2]在托勒密王朝晚期，特别是罗马统治时期，以香料、乳香、象牙、玳瑁、珍珠等为代表的奢侈品贸易，在从红海的港口到尼罗河的运输线上非常繁荣，这些商品被运到亚历山大里亚，再销往地中海世界。

奢侈品贸易主要是长途贸易，学者们一般认为这种贸易对希腊化世界的经济只有有限的影响，因为这种贸易市场很小，只为满足少数富人的需要，它的规模以及所带来的收益不足以供养多数商人。[3]但奢侈品贸易毕竟构成了希腊化时期社会经济生活的一个重要方面，对于不同区域间经济的互通起到不容忽视的作用。

3. 特产

除了大宗物品和奢侈品贸易，希腊化世界各地的特产也在市场上流通，满足人们的不同需要。这类产品种类十分丰富，比如蔬菜、水果、鱼类、兽皮、皮革、羊毛、纺织品、服装、奴隶、家畜、木材、大理石、金属、工具、武器、陶瓷物品等，这些物品也实现了跨区域流动。比如埃及虽然在粮食方面可以自给自足，但缺乏马匹、战象、金属、优质的木材等重要军需物资，这些主要由埃及的外国属地供应：塞浦路斯提供铜，叙利亚、西里西亚、吕西亚以及塞浦路斯提供了木材和一些白银，还有昔列尼的马匹、努比亚的黄金、东非特别是索马里的战象。希腊的蜂蜜、鱼酱、水果、蔬菜、奶酪、雕塑和陶瓶

---

1 Plutarch, *Alexander*, 25.4.

2 W. W. Tarn, *Hellenistic Civilisation*, p. 260.

3 Zofia H. Archibald, John Davies, Vincent Gabrielsen and G. J. Oliver, eds., *Hellenistic Economies*, London and New York: Routledge, 2001, p. 57. 杨巨平：《碰撞与交融——希腊化时代的历史与文化》，北京：中国社会科学出版社，2018年，第259页。

也大量出口到埃及。埃及本土产品亚麻、纸草、玻璃、羊毛制品大量出口。帕加马从公元前2世纪起垄断了羊皮纸贸易。此外，像拜占庭的咸鱼，比提尼亚（Bithynia）的奶酪，本都的水果和干果，巴比伦和杰里科的椰枣，迈安德（Maeander）河畔的安条克的干无花果，科斯和贝鲁特的葡萄干，大马士革的梅干，也都是受欢迎的产品。[1]

通达的商路便利了物产的流通，丰富的物产通过跨区贸易和长途贸易实现了大范围、远距离的流动。希腊化国家之间，甚至与希腊化世界以外的区域有了更为频繁、广泛的交往和互动。物产的流通再次表明希腊化经济已经具有了国际性。

四、经济中心的确立

希腊化世界出现了真正的经济中心。埃及的亚历山大里亚、底格里斯河畔的塞琉西亚、东地中海的罗德岛都在跨区贸易和长途贸易中占据重要地位，成为国际性经济中心。

希腊化时代，亚历山大里亚不仅是埃及的经济中心，也是东西方长途贸易的中转站，称得上是一个“国际贸易港”，连接着地中海和东方的贸易。它是亚历山大在远征过程中建的第一座以自己的名字命名的城市，斯特拉波记载了这座城选址和建立的过程：亚历山大来到卡诺布斯（Canobus），绕着马里奥提斯湖（Maeotis）航行了一圈，然后在后来以他的名字命名的亚历山大里亚城所在地点登陆。他认为这个地点非常适合建一座城，而且这座城将来一定会繁荣兴旺。有了这样的想法，他自己确定了城市的规划，包括市场、神庙以及城墙的位置。他为此向神献祭，获得了吉兆。据说亚历山大想要画出城墙的位置，却没有划线的工具，一个建筑师建议利用士兵们背的麦粉，国

1 参见W. W. Tarn, *Hellenistic Civilisation*, pp. 255-257.

王在前面走，后面的人跟着往地上撒麦粉，就这样，城墙的位置按照亚历山大的意愿画出来了。预言家们说，这座城市将来在各方面都很繁荣，尤其是在农业产品方面。[1]

从这段记载可以看出，亚历山大在建这座城时就有经济方面的考虑。斯特拉波的记载证实，亚历山大里亚的自然条件非常优越。首先，这里有两片水域，北面的被称为埃及海（指地中海），南面的是马里奥提斯湖。湖水通过尼罗河的河道得到补充，这样，亚历山大里亚就与尼罗河连接起来了。亚历山大里亚的空气也有益于身体健康，其他在湖上的城市夏季都会有污浊的空气，但亚历山大里亚由于夏季尼罗河涨水，并填满了湖泊，所以没有泥沼污染空气，再加上埃蒂塞风（Etesian Wind，季风）从北部以及地中海吹来，所以亚历山大里亚人夏季过得非常舒适。[2]他进一步指出，亚历山大里亚最大的优势在于它的地理位置是埃及唯一既适合海上又适合陆地贸易的城市。因为它既有优良的港口，又有方便运输的河道。[3]

除了天然的优势，亚历山大里亚也建了便利贸易活动的设施。法罗斯岛（Pharos）与大陆之间建有1.2公里长的防波堤，[4]这就使亚历山大里亚有了两个港口，由于通过河道进口的产品比通过海上进口的还要多，所以湖上的港口比海上的更繁荣。港口有巨大的仓库用于盛放进出口货物，包括粮食、手工制品以及需要转运到东方的产品。托勒密二世时期法罗斯灯塔的修建，对于亚历山大里亚成为地中海的经济中心有直接影响，它为来往的船只提供了便利，指引着船只进入亚历山大里亚的港口。[5]

---

1 Arrian, *Anabasis of Alexander*, 3.1.5-2.2. 译文参见［古希腊］阿里安：《亚历山大远征记》，李活译，北京：商务印书馆，1985年，第93—94页。

2 Strabo, *The Geography*, 17.1.7.

3 Strabo, *The Geography*, 17.1.13.

4 Strabo, *The Geography*, 17.1.6.

5 Philip de Souza and Pascal Arnaud, *The Sea in History: The Ancient World*, Woodbridge: The Boydell Press, 2017, p. 246.

公元前3世纪，亚历山大里亚发展为繁荣的贸易中心，港口的规模和设施使它能够满足不同类型的船只的需要，三种贸易在这里汇聚。第一类是进口贸易，来自地中海各个港口的船只带着橄榄油、蜂蜜、酒、奶酪、大理石、精美陶器以及各种军需物资首先进入亚历山大里亚，再运到埃及各地供当地人消费。第二类是出口贸易，埃及出产的粮食、纸草、纺织品、玻璃等，从亚历山大里亚运达地中海的各个港口。第三类是亚历山大里亚与非洲、阿拉伯、印度的长途贸易，这类贸易主要涉及供富人享用的奢侈品，比如没药、象牙、珍珠、宝石、丝绸、香料、龟甲等，从非洲东海岸、阿拉伯半岛以及印度转运到亚历山大里亚，再进入地中海其他港口。在这三类贸易中，出口贸易的比重可能远远大于进口贸易。斯特拉波说：从亚历山大里亚出口的产品比进口的多，任何人在亚历山大里亚或狄凯奇亚（Dicaearchia）看到进出的大船以及它们进出港口所载的货物后，都能得出这个结论。[1]

贸易的繁荣使亚历山大里亚汇聚了来自世界各地的产品。在亚历山大里亚的市场上，可以看到来自阿拉伯、塞浦路斯、印度、不列颠、努比亚、北爱琴海、西班牙、小亚细亚的特产，甚至还有中国的丝绸。[2]各个民族的商人也云集到亚历山大里亚，如希腊人、意大利人、犹太人、腓尼基人、阿拉伯人、叙利亚人、利比亚人、努比亚人甚至印度人，充分体现出一个国际化经济中心的特征。古典作家狄奥·克里索斯托姆（Dio Chrysostom）概括了埃及和亚历山大里亚在国际贸易中的地位：由于你们拥有美丽的港口、庞大的舰队、丰富的物产，你们不仅控制了整个地中海的运输，也控制了红海和印度洋的运输。结果，不仅岛屿、港口、海峡和地峡，实际上整个世界的贸易都是你们

1 Strabo, *The Geography*, 17.1.7.

2 Gustave Glotz, *Ancient Greece at Work*, New York: Barnes & Noble Inc., 1965, pp. 374-375.

的。亚历山大里亚位于整个世界的中心，作为市场，它吸引了来自各地的人们汇聚在这里，使他们互相了解，成为同一个民族。[1]

埃及被罗马吞并后，亚历山大里亚继续在罗马帝国的商业和海军体系中扮演重要角色。斯特拉波描述了罗马统治时期亚历山大里亚在与印度和埃塞俄比亚的海上贸易中获得的商业利益——它是已知世界最大的港口。大型舰队被派到印度和埃塞俄比亚之角，从那里将最有价值的货物带回埃及，舰队也会被派到其他地区。这样一来，就可以获得双倍的税收，即进口税和出口税，越是值钱的商品，税也就越高。事实上，亚历山大里亚港享受着垄断权，因为亚历山大里亚不仅是这些商品的接收者，而且也是供应外部世界的源泉。[2]

底格里斯河畔的塞琉西亚是塞琉古王国重要的经济中心，沟通了王国与印度和西部的贸易。此城建于塞琉古一世时期，也是第一座以他的名字命名的城市。关于城市建立的时间，学界众说纷纭，比较合理的推测认为城市建于公元前304—前302年之间。[3]塞琉古选址建城时应该也经过了精心考虑。这座城位于底格里斯河的西岸，是底格里斯河和幼发拉底河相距最近（大约只有25英里）之地，[4]并且通过国王运河与幼发拉底河相连，因此可以控制两条河道的运输。城市的南北以国王运河的两条支流为边界，城外有城墙环绕，城墙依地形而建，其轮廓像一只展开双翼的鹰。考古发掘表明，底格里斯河畔的塞琉西亚面积至少在550公顷。[5]城市不仅占据有利地势，土地本身也利于农

---

1 Dio Chrysostom, *Discourses*, 32.35-36, with an English translation by H. Lamar Crosby, Cambridge, Mass.: Harvard University Press, 1940.

2 Strabo, *The Geography*, 17.1.13.

3 参见邵大路:《塞琉西亚建城考：早期希腊化城市与帝国统治》,《历史研究》2017年第4期，第113—127页。

4 Edwyn Robert Bevan, *The House of Seleucus*, Vol. 1, London: Edward Arnold, 1902, p. 253.

5 G. G. Aperghis, *The Seleukid Royal Economy: The Finances and Financial Administration of the Seleukid Empire*, p. 37.

业发展，普林尼说它有东方最肥沃的土地。[1]城市的人口主要是希腊殖民者，此外，塞琉古将巴比伦人迁到了这座新城。[2]公元前274年，在安条克一世的命令下，又有一部分巴比伦人迁到了塞琉西亚。[3]但它主要是一座希腊化的城市，到罗马帝国时期，仍然保持着希腊人的传统。[4]城市建立后，塞琉古一世将其作为王国的东都以及新的经济和管理中心，美索不达米亚名城巴比伦逐渐废弃。[5]

威尔指出，以底格里斯河畔的塞琉西亚作为王国的都城，表明塞琉古一世有意开发美索不达米亚。这种开发可能不仅是利用当地的资源，也要利用它有利的地理位置发展与印度的贸易。[6]该城地处水陆交通要冲，陆路在三个方向上与其他区域相连。向东北经埃克巴坦那、百门城、巴克特拉到达印度；向西跨过幼发拉底河，到达幼发拉底河畔的塞琉西亚（即Zeugma），在那里分成两条支线，一条向南到大马士革以及腓尼基的城市，另一条到达安条克；向南有商队路线与阿拉伯半岛的格拉相连。[7]塞琉西亚城里生活着富有的商人和银行家，他们组织商队并提供资金。水路方面，塞琉西亚是波斯湾—底格里斯河航运的终点。通过这些路线，来自中亚、印度、阿拉伯的商品进入塞琉西亚，再从塞琉西亚转运到北部和西部。这种贸易中转站的地位使塞琉西亚得到迅速发展，不久就成为王国最大且最富有的城市。到

---

1 Pliny, *Natural History*, 6.122.

2 Pausanias, *Description of Greece*, 1.16.3, with an English translation by W. H. S. Jones and H. A. Ormerod, Cambridge, Mass.: Harvard University Press, 1918.

3 M. M. Austin, *The Hellenistic World from Alexander to Roman Conquest: A Selection of Ancient Sources in Translation*, 2006, No. 14, 163.

4 Tacitus, *The Annals*, 6.42, with an English translation by J. Jackson, Cambridge, Mass.: Harvard University Press, 1925-1937.

5 Strabo, *The Geography*, 16.1.5.

6 参见Jean-François Salles, "The Arab Persian Gulf under the Seleucids," in Amélie Kuhrt and Susan Sherwin-White, eds., *Hellenism in the East: The Interaction of Greek and Non-Greek Civilizations from Syria to Central Asia after Alexander*, p. 90.

7 W. W. Tarn, *The Greeks in Bactria and India*, Cambridge: Cambridge University Press, 1938, pp. 61-62.

普林尼时代，人口达到60万左右。[1]

罗德岛位于埃及、塞浦路斯、叙利亚和腓尼基沿海以及希腊城市圈之间，这使它在东地中海商业中具有得天独厚的优势，成为联系几大粮食产地的枢纽以及贸易中转站。[2]罗德岛和亚历山大里亚之间只有三天半的航程，而且天气和风向使商人们可以一年四季往返于这条路线。[3]早在亚历山大时期，他派往埃及的总督克利奥米尼（Cleomenes）就指定罗德岛为埃及粮食贸易的中转站。[4]所有来自埃及的船只都要首先在罗德岛停靠，然后再分散各地，所有来自黑海、小亚细亚、塞浦路斯、腓尼基的货物在运往西西里和意大利之前也要先在罗德岛集中。推罗地位的下降以及亚历山大里亚的建立为罗德岛带来了光明的前景，水手的技术、强大的舰队、和平的商业政策也使它受到各地市场的欢迎。尽管罗德岛人试图与各方保持友好关系，“但是他们尤其倾向托勒密，因为他们的大部分税收来自到埃及进行贸易的商人，罗德岛可以说是靠这个王国养活的”。[5]

公元前3世纪至前2世纪初，罗德岛是希腊东部著名的双耳罐（amphora）出口商，它的双耳罐几乎出口到地中海世界的每个角落，在希腊、小亚细亚、埃及、叙利亚和巴勒斯坦、底格里斯河畔的塞琉西亚、迦太基、南意大利和西西里，甚至南俄都有发现。[6]罗德岛的印记双耳罐最早大概出现于公元前300年左右，公元前210—前170年间生产和出口达到顶峰。在亚历山大里亚发现的85134个印记耳柄中，约8万个来自罗德岛，由于罗德岛的双耳罐是两个耳柄均压印，所以

1 Pliny, *Natural History*, 6.30.
2 Polybius, *The Histories*, 5.90.3.
3 Diodorus Siculus, *The Library of History*, 3.34.7.
4 Lionel Casson, “The Grain Trade of the Hellenistic World,” *Transactions and Proceedings of American Philological Association*, Vol. 85 (1954), p. 171.
5 Diodorus Siculus, *The Library of History*, 20.81.4.
6 M. I. Rostovtzeff, *The Social and Economic History of the Hellenistic World*, Vol. 2, p. 680.

这些耳柄代表了大约4万个双耳罐。[1]对地中海沉船的研究也表明，至少18艘沉船运输的是罗德岛的双耳罐，占据沉船数量之最，侧面证明了希腊化时代罗德岛贸易的频繁活跃。[2]大约公元前227年，国王塞琉古二世授予所有罗德岛商人在王国内各港口进行贸易的免税权。公元前188年的《阿帕米亚条约》重申了这一特权。同样的特权也被其他统治者和城市授予罗德岛的商人。[3]

希腊化时代，来往于爱琴海的船只经常受到海盗的袭击。罗德岛依靠自己强大的海军，承担了打击海盗的任务，从公元前3世纪初到前2世纪，一直在爱琴海上为往来船只保驾护航，更是罗德岛—埃及航线的有力守护者，成为名符其实的“海上警察”。斯特拉波高度评价罗德岛在海上贸易中的地位和作用：罗德岛在港口、道路、城墙以及一般的设施方面超过所有其他的城市，没有任何城市能与之相比，尤其是在海上事务方面，它镇压了海盗，在很长时间里成为海上的统治者。[4]在长期的海上贸易活动中，罗德岛为海上贸易制定了规范，这些规范为地中海的商人们所接受，很长时间里成为古代海事法的蓝本。[5]公元前166年提洛岛成为自由港后，罗德岛收入下降，缺乏足够的资金维持海上舰队，结果东地中海的海盗再次猖獗。

罗德岛对过往船只征收2%的海关税，仅此一项每年就有100万德拉克马的收入。[6]大约公元前170年，罗德岛海关净收入166塔兰特，相当于公元前4世纪初雅典比雷埃夫斯港的5倍多。[7]提洛岛变为自由

---

1 Zofia H. Archibald, John Davies, Vincent Gabrielsen and G. J. Oliver, eds., *Hellenistic Economies*, p. 217.

2 Zofia H. Archibald, John Davies, Vincent Gabrielsen and G. J. Oliver, eds., *Hellenistic Economies*, p. 218.

3 Polybius, *The Histories*, 5.89.8; 21.42.17.

4 Strabo, *The Geography*, 14.2.5.

5 M. I. Rostovtzeff, *The Social and Economic History of the Hellenistic World*, Vol. 2, p. 680.

6 Lionel Casson, *The Ancient Mariners*, New York: the Macmillan Company, 1967, p. 180.

7 Gustave Glotz, *Ancient Greece at Work*, p. 372.

港后，罗德岛的经济地位受到冲击。大约在提洛岛成为自由港12年后，罗德岛的使节向罗马元老院请求，声称他们的港口税从一年100万德拉克马下降到了15万德拉克马。[1]但是考古证据表明，提洛岛地位的变化并没有严重影响罗德岛的酒罐贸易，直到公元前1世纪中叶，罗德岛的酒罐仍在出口。[2]在斯特拉波时代，罗德岛仍然是一个非常富裕的城市，斯特拉波在奥古斯都时代参观这个岛屿时，对它的富裕留下了深刻印象。[3]

希腊化世界给予罗德岛的慷慨援助也证明了罗德岛的商业地位。公元前227年，罗德岛遭遇严重地震，大部分的城墙和码头损毁。为帮助罗德岛重建，希腊化世界共同实施了有史以来最大的一次援助计划：托勒密三世许诺捐助300塔兰特白银，100万阿塔巴的粮食，建造10条五列桨船和10条三列桨船所需的木材，40000肘尺的方形松木板材，1000塔兰特铜币，3000塔兰特牵引绳，3000片帆布，3000塔兰特铜，用于修复灯塔。提供100名熟练建筑工和350名水泥工，每年给他们各支付14塔兰特的费用，此外还有12000阿塔巴的粮食用于赛会和祭祀，20000阿塔巴用于10条三列桨船上的水手。他很快兑现了承诺的大部分物资以及三分之一的资金。马其顿国王安提柯三世提供了10000根檩条，长度从八至十六肘尺不等，5000根七肘尺长的椽子，3000塔兰特铁，1000塔兰特沥青，1000罐未加工的沥青，以及100塔兰特白银。他的妻子提供了10万斗粮食和3000塔兰特的铅。[4]安条克三世的父亲塞琉古二世除了免除罗德岛人的海关税外，还提供了10条装备齐全的五列桨大船，20万斗粮食，10000肘尺的木材，以及1000塔兰特的毛发和树脂。除此之外，普鲁西阿斯（Prusias）、米特里达特以及其他亚洲的国

1 Polybius, *The Histories*, 30.31.10-12.

2 Zofia H. Archibald, John Davies, Vincent Gabrielsen and G. J. Oliver, eds., *Hellenistic Economies*, p. 218.

3 Strabo, *The Geography*, 14.2.5.

4 Polybius, *The Histories*, 5.89.1-6.

王也提供了类似的捐助。[1]叙拉古僭主希耶罗（Hiero）和吉罗（Gelo）不仅提供了75塔兰特白银用于购买供应运动场的橄榄油，还捐助了带有锅架的银锅以及一定数目的水壶。除此之外，他们还捐助了10塔兰特白银用于祭祀，另外10塔兰特用于为新人授予公民权，所有捐助加起来达到了100塔兰特。他们减免了罗德岛船只进入他们的港口要交纳的港口税，给城市提供了50个三肘尺长的投石器。最后，他们还在罗德岛建了一座塑像，表现的是叙拉古人为罗德岛人加冠。[2]

在如此慷慨的援助之下，罗德岛很快从地震的灾难中恢复。公元前220年，西诺普城（Sinope）受到本都国王米特里达特三世的进攻，西诺普派使节到罗德岛请求援助。除军事干预外，罗德岛还主动提供了14万德拉克马的贷款，用于西诺普购买酒、军需物资、武器装备等，此外还提供了3000金币。这一事件证明了罗德岛的富裕以及它在政治、经济上的地位。[3]大约同一年，拜占庭对通过博斯普鲁斯海峡的船只征收关税，罗德岛和拜占庭爆发战争。本都周围的岛屿为罗德岛提供了数量最多、质量最好的牛群和奴隶，并且还捐助了蜂蜜、石蜡、鱼干。[4]希腊化世界之所以对罗德岛如此慷慨，很大程度上是由于他们救助的这个国家，为他们的产品进入市场提供了便利。这些事件无疑是罗德岛作为希腊化世界商业中心的最好证明。

综上所述，统一的货币以及通达的商路的出现，物产的大范围流动以及国际性经济中心在转运贸易中的作用，使希腊化世界的经济联系比以往更加密切，不同区域经济的相互渗透和影响也大大超过了之前的时代，形成了跨区域的贸易网络。在这个网络内部，各经济体之间的相互依赖空前加强，对罗德岛的援助充分证明了各国经济利益的

1 Polybius, *The Histories*, 5.88-90.

2 Polybius, *The Histories*, 5.88.

3 Polybius, *The Histories*, 4.56.

4 Polybius, *The Histories*, 4.47.1.

休戚与共。这种一体化的经贸网络和发展趋势实际上预示了未来丝绸之路西段的发展前景。

（崔丽娜）

小　结

本章从政治、文化和经济三个方面综合分析了希腊化世界的一体化进程。可以看出，希腊化各王国虽然彼此分离，甚至对立，但它们在整体上呈现出基本相同或相似的发展路径和特征。它们在延续马其顿式王权统治的同时，吸收了原来波斯帝国和东方各地君主制的一些因素，最为典型的是王权神授观念和王室内部通婚；它们独创的唯才是举、为我所用的王友集团，形成了新的官僚体系，使它们的王朝统治得以高效运转；它们保留了希腊的殖民建城传统，在东方大地上建立了诸多的希腊式城市，但将其置于国王的直接管辖之下。希腊化世界的文化尽管没有古典时期那样富有原创性，但与东方文化的结合使希腊化文化具有明显的多元与统一特征，并使它的影响达到了古代世界的极限。希腊化世界的经济联系得益于其四通八达的水陆交通体系和统一的货币、通用希腊语，尤其是共同的市场需求。这样一个存在了三个世纪之久的希腊化世界无疑对后来丝路的开通与发展产生了深远的影响，丝路西线就穿行于其故地之中，希腊式城市、钱币、艺术则被丝路沿线的国家和民族接受、利用、改造，最后融入了丝路文明的汪洋大海之中。

（杨巨平）

第二编

「远东希腊化文明圈」的形成及其影响

如果说亚历山大帝国奠定了希腊化世界以东地中海地区为中心的东西方文明互动交流的基础，那么以巴克特里亚和印度河流域为中心的所谓希腊化的远东地区[1]则成了希腊化文明与中亚、伊朗、印度、草原和中国文明的幸会之地。我们的研究之所以将其称为“远东希腊化文明圈”，就是由于，虽然巴克特里亚的希腊人从公元前3世纪中期以后就与东地中海地区渐行渐远，孤悬远东，但他们依然竭力保持了他们的希腊性，保持了他们的王国和传统的延续，并因地制宜，开始了与当地民族和文化的融合。我们所说的希腊化文明及其遗产与丝绸之路的关系，也主要是就这一地区而言，所谓的丝路城市、钱币、艺术，事实上都与此地的希腊化遗产有关。

1 这里的远东（Far East）是相对于伊朗高原以西、以东地中海为中心的希腊化西部世界而言。帕提亚帝国兴起后，希腊化西部世界的范围逐渐缩小，反之，以巴克特里亚希腊人王国为中心的远东希腊化世界及其文化圈则扩展至印度西北部，甚至印度中北部。

第五章　巴克特里亚希腊人王国与“远东希腊化文明圈”的形成

巴克特里亚希腊人王国在希腊化历史上，尤其是在远东希腊化文明圈的形成中发挥的作用，堪与塞琉古王国和托勒密埃及对于东地中海希腊化文明核心地区的作用相媲美。他们虽然孤悬远东，与东地中海地区相对阻隔，但他们与整个希腊化文明的命运相始终。正是由于这些希腊人长期努力地坚持他们的希腊性，包括他们的语言、钱币、宗教、艺术、制度、习俗，才使得他们所存在的地区成了“整个阿里亚那之花”（the ornament of Ariana as a whole），[1]成了“千城之国”，[2]成了塔恩所谓的第五个希腊化国家，[3]成了希腊化文明与当地的东方文明交流、融合程度最高的地区，尤其是成为中国文明与希腊化文明及其他外来文明相互接触相识的窗口。后来一直到阿拉伯人到来之前流通于丝路西线的希腊式钱币，后来传向东亚的犍陀罗艺术，就是他们留下的影响最为深远的两大遗产。

1 Strabo, *Geography*, 11.11.1, with an English translation by Horace Leonard Jones, Cambridge, Mass.: Harvard University Press, 1988.

2 Justin, *Epitome of the Philippic History of Pompeius Trogus*, 41.1.8, 41.4.5, translated by J. C. Yardley, Atlanta, GA: Scholar's Press, 1994; Strabo, *Geography*, 15.1.3.

3 W. W. Tarn, *The Greeks in Bactria and India*, "Introduction", Cambridge: Cambridge University Press, 1951, pp. xx-xxi.

第一节　巴克特里亚与印度—希腊人王国的兴衰

巴克特里亚地处亚洲腹地，原为塞琉古王国的一个行省，大约从公元前3世纪中叶起，开始脱离塞琉古王国的控制。有学者认为，安条克二世曾把女儿嫁予巴克特里亚—索格底亚那的总督狄奥多托斯（Diodotus），但婚姻纽带并不能束缚住他的脱离之心。[1]约公元前256或前246年，他乘塞琉古王国内部陷于王位之争，外部忙于与托勒密王国争夺科伊勒—叙利亚（Coele-Syria）地区，无暇东顾之时，宣布独立，但仍在表面上保持了与塞琉古王朝的联系，一度以安条克一世（公元前281—前261年）的名义发行钱币，只是将头像换成了自己。他是巴克特里亚希腊人王国的建立者，也是远东希腊化文明的奠基者之一。正是由于这个王国在中亚和印度长达两个世纪之久的存在，使得希腊文化和东方文化的交流、融合得以延续，从而留下了影响深远的希腊化文明遗产。令人遗憾的是，关于这个王国的文献资料极其缺乏，仅有的零星记载难以完整复原这一段历史，所幸近代以来的考古发掘，尤其是巴克特里亚诸王钱币的大量发现，在一定程度上弥补了史料的不足。

巴克特里亚王国先后经历了三个家族或三个王朝的统治。在第二个王朝时，此地的希腊人开始南下印度西北部，开启了印度—希腊人王国统治的新时代。令人惊讶的是，这些希腊人小王国居然在印度坚持到了公元前后，从而在希腊化史上留下了极其辉煌且影响深远的一页。

第一个是狄奥多托斯家族，经历了两位国王的统治。狄奥多托斯一世（Diodotus I）大约于公元前239年去世，他的儿子狄奥多托斯二

1　W. W. Tarn, *The Greeks in Bactria and India*, pp. 72-73, 447-448. 此说仅塔恩提出，还需进一步考证。

世继位。他与西邻帕提亚王国订立和约，友好相待，进一步巩固了王国的稳定。但公元前230年他被一个名叫欧泰德姆斯（Euthydemus I，约公元前230—前190年在位）的篡位者谋杀。新的欧泰德姆斯王朝建立。

关于欧泰德姆斯，据唯一的史料来源波里比乌斯的说法，他是马革尼西亚（Magnesia）人。[1]马格尼西亚在古代希腊和小亚均有同名地方，故所指位置不详。但可以看出，他不是在当地出生的希腊人后裔。有一种说法认为，他可能曾与狄奥多托斯一世的女儿结婚。[2]至于他有几个儿子，也不清楚。但至少有一个儿子是肯定的，这就是先是辅佐他，后来接替他为王的德米特里（Demetrius）。欧泰德姆斯曾担任过索格底亚那地区的总督。至于他如何夺取王位，也不清楚，他在史料中明确出现之时，已经是巴克特里亚的国王。公元前208年，安条克三世远征东方，想迫使巴克特里亚重新归服。欧泰德姆斯先是在阿里乌斯河（Arius River，今阿富汗西部的哈里河，Hari River）布防阻挡，但遭到失败，只好退回巴克特拉（Bactra，又称Zariasipa）坚守。安条克三世围城两年都没有攻克，于是派人和欧泰德姆斯谈判。欧泰德姆斯向使者反复说明：第一，他不是反叛者，他是从反叛者的后代手中夺回了这个王国，获得了这个王位，因此，安条克兴师问罪，师出无名。第二，国王应该承认他的王国和王位，否则他们两人都不安全，因为北方的游牧民族正云集压境，对付这些外患是他们的共同利益。而且若任由这些游牧民族入境，巴克特里亚就会退回到蛮族状态。这时，安条克三世也想急于结束战事，于是欣然同意，承认欧泰德姆斯的王位合法，并和他联姻，把女儿嫁给了欧泰德姆斯的儿子德米特里。欧泰德姆斯也赠与安条克三世

1 Polybius, *The Histories*, 11.39.1-10, with an English translation by William Roger Paton, Cambridge, Mass.: Harvard University Press, 1993.

2 W. W. Tarn, *The Greeks in Bactria and India*, pp. 73-74, 448.

大量的粮食和一些大象作为回报，支持他继续前往印度。[1]这场以国王讨伐叛逆之始，却以认可、联姻结束的戏剧性事件，可以说是巴克特里亚王国历史上的一个转折点。原来的独立称王毕竟有叛逆之嫌，现在则名正言顺。巴克特里亚作为合法的独立王国的时代开始了。

在欧泰德姆斯和他的儿子德米特里（约公元前200—前190年在位）时期，巴克特里亚的版图迅速扩大。帕提亚、塞琉古王国的东部省份、帕米尔以东、印度都成为他们扩张的对象。公元前208年后不久，欧泰德姆斯向西越过阿姆河，从帕提亚人那里夺得了一块土地（疑即Tapuria，位于今伊朗北部）。东面，他向赛里斯（Seres）和弗里尼（Phryni）扩张，[2]打开了通往中国西域的道路。斯特拉波的这段记载来自公元前1世纪前期的希腊历史家阿波罗多洛斯。他是希腊人中第二个提到Seres的作家。他的赛里斯可能还是指模糊朦胧的丝绸东来之地。关于Phryni，过去有匈奴说。据《史记·匈奴列传》，匈奴“夷灭月氏……定楼兰、乌孙、呼揭及其旁二十六国”，[3]是在汉文帝前元四年（公元前176年）。此前，巴克特里亚希腊人不可能越过月氏远至匈奴。因此，他的扩张方向只能是巴克特里亚、索格底亚那以东的今中国新疆地区。美国学者杰弗里·勒纳（Jeffrey Lerner）曾经实地考察了瓦罕峡谷通往中国塔里木盆地的城堡遗存，综合各家意见，认为其存在的最早时期可以追溯到希腊化时期。若此，瓦罕峡谷应是当时巴克特里亚王国的东部边界，[4]由此则可直接进入塔里木盆地。

德米特里在位时，吞并了塞琉古王国的三个行省——阿里

1 Polybius, *The Histories*, 11.39.1-10.

2 见Strabo, *Geography*, 11.11.1.

3《史记》卷一一〇《匈奴列传》，二十四史点校本，北京：中华书局，1982年，第2896页。

4［美］杰弗里·勒纳：《希腊—巴克特里亚时期的瓦罕城堡与丝绸之路》，庞霄骁译，《西域研究》2017年第3期，第60—70页。

亚（Aria）、阿拉科西亚（Arachosia）、塞斯坦（Seistan）[1]，从而控制了印度到西方的商路。他还控制了兴都库什山南的帕罗帕米苏斯（Paropamisus），并由此侵入印度河流域。这时孔雀帝国（Mauryan Empire）已经衰落，德米特里进展顺利。他沿印度河而下，一直征服到印度河河口及其以东的沿岸行省和港口城市巴里加扎（Barygaza，也译婆卢羯车），他还在印度河河口建立了一座以自己的名字命名的城市——德米特里亚斯（Demetrias）。他发行的钱币仿效亚历山大，给自己戴上了象头皮盔，表明他是印度的第二位征服者。根据古典作家的记载和印度的文献资料，印度的希腊人在米南德（Menander，约公元前165/155—前130年在位）统治时期，可能还东扩至恒河流域，抵达印度古都华氏城（Pātaliputra）。[2]至此，自亚历山大以来的希腊人在东方的征服达到了极限。这一次，希腊人也真正在印度西北部站稳了脚跟，统治持续了一个多世纪。

然而，欧泰德姆斯家族的地位并不稳定，约公元前171或前170年，一位名为欧克拉提德（Eucratides）的人物登上了巴克特里亚王国的历史舞台，此为第三个家族的统治。夺取王位之后，欧克拉提德进军印度，可能由于受米南德所阻，加之西邻帕提亚人的威胁加剧，只好退回。他在回来的路上被儿子弑杀（约公元前145年）。[3]欧克拉提德远征的结果使希腊人势力在巴克特里亚、最终在印度大大削弱。但米南德在印度的统治比较成功，直到他死以前，希腊人可能仍统治着兴都库什山以南到印度河河口的广大区域。欧克拉提德的儿子赫利奥克勒斯（Heliocles，约公元前145—前130年在位）可能是在巴克特里亚东部山区进行统治的最后一位希腊人国王。在北方游牧民族的冲击

1 参见Justin, *Epitome of the Philippic History of Pompeius Trogus*, 41.6.3.

2 关于这次征服的极限，可参见杨巨平：《希腊化还是印度化——"Yavanas"考》，《历史研究》2011年第6期，第134—155页；本卷第六章。

3 Justin, *Epitome of the Philippic History of Pompeius Trogus*, 41.6.1-5.

下，希腊人在巴克特里亚的统治最晚在公元前130年前就已经结束，取而代之的是来自中国西北部的大月氏人。

米南德王国的都城应该是高加索的亚历山大里亚（Kapisa，迦毕试，今阿富汗贝格拉姆），他出生于此。但位于印度河支流的萨加拉（Sagala，也译舍竭或沙竭）也是他的都城之一。他的帝国实质上是印度人的帝国，希腊人为数很少。统治阶层中希腊人居于主要地位，但吸收印度人参加。据《那先比丘经》，他的宫廷议事会由500名希腊人（Yonakas）组成，但此说不足为凭，实际上也不可能排除印度社会上层人士的参与。正是由于他对地方贵族的拉拢和对佛教的尊重，才导致了他后来皈依佛教的传说。现存的佛典《那先比丘经》是关于米南德与印度僧人讨论佛教经义的唯一记载。[1]

米南德王国的对外贸易主要在海上，巴里加扎是与西方贸易的最大港口。乌木、孔雀、香料、象牙、宝石、胡椒等都是印度的出口品，中国的“邛竹杖、蜀布”[2]也经由印度转输到巴克特里亚。米南德王国自他之后开始崩溃，但印度—希腊人的统治则一直延续到公元10年左右。

巴克特里亚希腊人在中亚及印度长达两个多世纪的活动使得希腊、印度甚至中国的文明得以较深入地交流相会，这确是人类文明史上的奇迹。巴克特里亚王国虽然远离希腊化世界的中心——东地中海地区，但它仍保持了希腊化国家的基本特色。王国被分成若干个行省，总督由将军担任。巴克特里亚本是富饶肥沃之地，波斯时期就城镇众多，亚历山大和塞琉古时期也在此地多处建城。在巴克特里亚希

1 《大正新修大藏经》卷三二《论集部》之《那先比丘经》（No. 1670A, B），台北：佛陀教育基金会，1990年。关于该经中隐含的米南德和印度—希腊人信息，参见杨巨平《弥兰王还是米南德？——〈那先比丘经〉中的希腊化历史信息考》，《世界历史》2016年第5期，第111—122页。

2 张骞在大夏（巴克特里亚）见到这些来自印度的出产于中国西南地区的特产。见《史记》卷一二三《大宛列传》，二十四史点校本，北京：中华书局，1982年，第3166页。

腊人统治时期，此地的定居和城镇化进程加快，故有“千城之国”[1]之称。成千上万的希腊人住在新建的希腊式城市或移民地，他们仍坚持希腊城市的生活传统。在今阿富汗北境阿姆河畔发掘的阿伊·哈努姆（Ai Khanoum）遗址表明，这座城市有希腊式的体育馆、剧场，科林斯式柱头，以及来自希腊本土德尔斐神庙的希腊语石刻铭文。[2]巴克特里亚地处中国、印度、西亚之间，是沟通三地商路的必经之地。物产的交往必然伴随文明信息的传递。汉代使者张骞曾在月氏人占据巴克特里亚后不久来临该地，把有关城市、钱币、羊皮纸、蒲陶酒等具有希腊化文明因素的信息带回了中国。[3]中国丝绸也经由巴克特里亚远销东地中海。公元前1世纪，印度西北部的印度—希腊人王国罽宾可能还与中国的汉朝发生了政治外交关系。[4]由于希腊人在印度与佛教的长期接触，导致了以希腊艺术之形表达印度佛教之“神”的犍陀罗艺术的诞生。后来它随佛教东传，从而使希、印、中文明首先在塔里木相逢。

第二节 “远东希腊化文明圈”的形成与丝绸之路的开启

“远东希腊化”（Hellenism in the far east）或“希腊化远东”（Hellenistic Far East）是近年来在希腊化研究领域开始流行的专业术

---

1 Strabo, *Geography*, 15.1.3; Justin, *Epitome of the Philippic History of Pompeius Trogus*, 41.4.5.

2 详见杨巨平：《阿伊·哈努姆遗址与“希腊化”时期东西方诸文明的互动》，《西域研究》2007年第1期，第96—105页。

3 详见《史记》卷一二三《大宛列传》，第3160—3165、3172—3174页；参见杨巨平：《亚历山大东征与丝绸之路开通》，《历史研究》2007年第4期，第150—161页。

4 W. W. Tarn, *The Greeks in Bactria and India*, pp. 469-473, 418, 341-348. 也可参见杨巨平：《两汉中印关系考——兼论丝路南道的开通》，《西域研究》2013年第4期，第1—12页。

语。[1]远东在这里不是纯粹的近代地理学意义上的远东，而是指希腊化世界最东面的部分，是相对于以东地中海区域为中心的希腊化世界西部而言。希腊化时期的希腊人对东方的认识尽管已经大为扩大，但还是非常有限，印度就是他们心目中的东方极限之地。亚历山大当年试图抵达的大地最东边的尽头就是印度的恒河及其以东的大海。[2]本

1 其实，对远东希腊人的研究早在18世纪就已经开始。1738年提奥菲罗斯·拜尔在圣彼得堡出版的《巴克特里亚希腊人王国史》（Theophilus Bayer, *Historia Regni Graecorum Bactriani*, St. Petersburg: Academia Scientiarum）可以看作是滥觞之作。19世纪30年代，德国历史学家德罗伊森（J. G. Droysen）开创了希腊化史的研究。此后，亚历山大对东方的征服、塞琉古王国对东方行省的控制，特别是希腊人在巴克特里亚和印度先后长达三个世纪之久的统治，一直是希腊化时代或希腊化世界研究领域关注的重点。1909、1912年，罗林森先后出版了《巴克特里亚：从早期时代到巴克特里亚希腊人在旁遮普的消失》和《巴克特里亚：一个被遗忘的帝国的历史》（H. G. Rawlinson, *Bactria: From the Earliest Times to the Extinction of Bactrio-Greek Rule in the Punjab*, Bombay: The "Times of India" office, 1909; *Bactria, the History of a Forgotten Empire*, London: Probsthain & Co., 1912），对巴克特里亚和印度希腊人王国的兴衰作了系统的论述（后一部书实际上是前者的扩充版）。1938年塔恩出版的《巴克特里亚和印度的希腊人》（W. W. Tarn, *The Greeks in Bactria and India*, Cambridge: Cambridge University Press, first edition, 1938; second edition, 1951; third edition, edited by Frank Lee Holt, Chicago: Ares Publishers Inc., 1984），利用文献和最新的钱币资料，试图全面重建巴克特里亚和印度的希腊人（主要是公元前2世纪前半期）的历史，将其纳入希腊化文明史的整体研究之中。此书堪称划时代之作，奠定了远东希腊化研究的基础，至今仍有不可替代的参考价值。（参见Frank Lee Holt, "Preface", pp. i-ii; "Introduction to Ancient Bactrian Studies", pp. iii-iv; W. W. Tarn, *The Greeks in Bactria and India*, 1984.）他的"远东"（the Farther East）包括从伊朗东部到北印度的希腊人统治之地（"Introduction", p. xix; W. W. Tarn, *The Greeks in Bactria and India*, 1951）。20世纪50年代以来，由于新的城市遗址、钱币、碑铭材料的发现，巴克特里亚和印度—希腊人王国的研究取得了前所未有的突破，远东希腊化问题受到越来越多的关注。西方古典文献中的"千城之国"、巴克特里亚和印度—希腊人王国的王位世系、犍陀罗艺术的希腊渊源等都得到了进一步的证实。但"远东希腊化"或"希腊化的远东"作为一个术语的提出和应用应归于英国雷丁大学的雷切尔·梅尔斯博士。她在《希腊化的远东：希腊中亚的考古、语言与身份认同》（Rachel Mairs, *The Hellenistic Far East: Archaeology, Language, and Identity in Greek Central Asia*, Oakland: University of California Press, 2014）一书的前言中介绍了这一术语的内涵和希腊化远东的地域范围，即包括北边的巴克特里亚、索格底亚那（Sogdiana）地区（今乌兹别克斯坦、塔吉克斯坦和北阿富汗）和南边的阿拉科西亚（Arachosia，今阿富汗南部）及犍陀罗地区（Gandhara，今巴基斯坦西北），也就是当年亚历山大所征服的波斯帝国的最东部（p. 2 & n. 2）。这里采用"远东希腊化"这一概念，旨在强调它的区域文明特征，而且涵盖的地区有所扩大，包括该文明的直接影响之地。

2 Arrian, *Anabasis of Alexander*, 5.26.1-2.

章的“远东”是指以巴克特里亚为中心的希腊人活动或直接影响的区域。其大致范围，西起伊朗高原，东至兴都库什山，北达里海、咸海、锡尔河一线，南抵印度洋或阿拉伯海，东南以印度河流域为界。这一地区大致相当于现在的中亚腹地（Inner Asia）和南亚次大陆的西北部。其中，阿姆河和印度河流域是两地的核心地区。该区域曾归波斯帝国所有，后来被亚历山大征服，成为希腊化世界的一部分。“希腊化的远东”即由此而来。

长达三个多世纪的希腊人统治和影响，加之帕提亚帝国在伊朗高原和两河流域的崛起，使这个地区成了一个相对独立的希腊化文明的子区域。此地的希腊人虽然是外来的殖民者，人数不多，[1]但他们是当地的实际统治者。他们带来了自己的文化并竭力保持其传统，但也不可避免地受到当地文化的影响。所谓“希腊化”，就是希腊文化为主导，东方各地文化自觉或不自觉参与的一个特殊的文化互动融合现象。那些继希腊人之后统治此地的民族，大多是从北方草原而来的游牧部落（如帕提亚人、斯基泰人、大月氏—贵霜人、嚈哒人）。他们自身没有带来与定居文明相等的文化，只好对原来的希腊化文化遗产采取拿来主义的态度，所以希腊化文明的薪火并未随着希腊人的消失和游牧民族的到来倏然熄灭，而是得到了意想不到的传承和改造利用。远东希腊人，或者更准确点说，巴克特里亚希腊

---

1 据查士丁，亚历山大在巴克特里亚和索格底亚那建城的目的之一就是安置那些他认为心怀不满的士兵。（Justin, *Epitome of the Philippic History of Pompeius Trogus*, 12.5.13.）公元前327年，亚历山大离开巴克特里亚赴印度时，曾在此地留下3500骑兵和10000步兵。（Arrian, *Anabasis of Alexander*, 4.22.3-4.）公元前325年，他在印度负伤，驻守在巴克特里亚和索格底亚那的23000名希腊士兵闻讯哗变，要返回希腊。这批人最后在亚历山大死后被其部将披松（Pithon）率领的马其顿人截杀。（Diodorus Siculus, *The Library of History*, 17.99.5-6; 18.4.8; 18.7.1-9，Cambridge, Mass.: Harvard University Press, 1997.）也有说他们最后安全逃脱。（Quintus Curtius Rufus, *History of Alexander*, 9.7.1-11, Cambridge, Mass.: Harvard University Press, 1999.）塞琉古统治之时和巴克特里亚王国独立之后，有多少希腊人移民于此不详。

人的历史贡献，就是在远离地中海的中亚腹地和印度西北部，孕育了一个为古代历史文献记载所遗漏、几乎被世人所遗忘的文明。它的迷人风采在近代考古学家、钱币学家、碑铭学家和历史学家的共同努力之下，才逐渐显露出来，尽管其上的历史尘埃与迷雾还远没有拂去。就现在所知来看，这个子文明本质上属于希腊化文明的范畴，但又有着更为鲜明的地域特征。张骞通西域来到中亚，耳闻目睹的就是这个文明的遗产。

一、希腊式城市的延续与影响

城市是文明的主要载体，也是文化交流传播的中心。正是巴克特里亚这个希腊人统治下的所谓“千城之国”，确立了该区域希腊化文明的基本特色。[1]

希腊人素有建城殖民的传统，古风时期长达两个世纪之久的大规模海外殖民建城运动，使希腊人的活动范围从爱琴海扩大到了黑海与东西地中海。亚历山大东征可谓是希腊人新的一轮建城运动的开始，但这次殖民运动却把希腊人带到了遥远的东方。公元前331年，亚历山大在埃及尼罗河河口建立了第一座以他命名的城市——亚历山大里亚。此后他所建立的城市，绝大多数也是以自己名字命名。他一路上到底建立了多少亚历山大里亚，古典作家说法不一，少

1 Bactria在古典作家的笔下，一般是指阿姆河之南、兴都库什山以北的地区。也有用此词来表示一个行政区域，或一个王国，或仅仅一个绿洲。但从地缘政治和文化归属上看，从亚历山大帝国到贵霜帝国时期，巴克特里亚都应包括阿姆河中游两岸的支流地区，南达兴都库什山，北达希萨尔山（Hissar或Gissar Range）。巴克特里亚的希腊人总督和王国甚至一度控制了远到锡尔河流域的索格底亚那地区。参见Pierre Leriche, “Bactria, Land of One Thousand Cities,” in Joe Cribb and Georgina Herrmann, eds., *After Alexander: Central Asia before Islam*, Oxford: Oxford University Press, 2007, pp. 123-127.

则几个，多则70个左右，[1]今人也莫衷一是。但大致可以认定的至少有10—20个。[2]这些城市并非都是完全新建，有的就是以原来的城市为依托，在其旁重建一个军营或希腊人聚居地。它们大多分布在中亚和印度西北部（至少在10个左右）。据阿里安，亚历山大分别在高加索山（兴都库什山）、锡尔河畔和印度河流域建立了5座城市；据斯特拉波，他在巴克特里亚建立了8座城市；据查 士丁，他在巴克特里亚和索格底亚那建立了12座城市，还有1座在锡尔河畔；据普林尼，他分别在马尔吉亚那（Margiana）、阿里亚和锡尔河畔建立了4座城市。据库尔提乌斯，他在马尔吉亚那城周围还建立6座城镇，其中两个面南，四个面东。托勒密提到，在索格底亚那地区还有一座亚历山大的同名城市“Alexandria Oxiana”。[3]这些统计虽有重复，也并不准确，即使名为亚历山大里亚也不一定真正为其所建，但反映了亚历山大对此地的重视和在此建城之多。这些城市有的历经沧桑，存在至今，如土库曼斯坦的木鹿（Merv），即马尔吉亚那的亚历山大里亚（Alexanderia in Margiana）；塔吉克斯坦的苦盏（Khujand），即亚历山

1 古典作家关于亚历山大的建城地点和数目，见Arrian, *Anabasis of Alexander and Indica*, 3.1.5-2.1, 3.28.4; 4.1.3, 4.4.1; 5.1.5, 5.19.4, 6.15.2; Plutarch, “On the Fortune or the Virtue of Alexander,” *Moralia* 328E, with an English translation by Frank Cole Babbitt, et al., Cambridge, Mass.: Harvard University Press, 1959; Strabo, *Geography*, 11.11.4; Justin, *Epitome of the Philippic History of Pompeius Trogus*, 12.5.12-13; Pliny, *Natural History*, 6.18.47-49; 6.21.61, Cambridge, Mass.: Harvard University Press, 1942; Quintus Curtius Rufus, *History of Alexander*, 7.10.15-16.

2 现代史家对这些记载持谨慎态度。塔恩认为，总的数目不会超过13个，其中6个尚存可辨，7个难以定位。（W. W. Tarn, *Alexander the Great, II: Sources and Studies*, Cambridge: Cambridge University Press, 1948, pp. 232-259.）弗雷泽的观点比较极端。他根据各类史料比定的最后结果是，亚历山大仅仅建立了6个有据可证的亚历山大里亚，其余都难以证明，可视为虚构。（P. M. Fraser, *Cities of Alexander the Great*, Oxford: Clarendon Press, 1996, p. 201, Maps 1-2, Table of Alexander-foundations.）科恩认定，从米索不达米亚南部、波斯湾到中亚、印度，有13个城市被古典作家归于亚历山大名下。其余还有15个左右也有可能由他所建，但不能证实。（G. M. Cohen, *The Hellenistic Settlements in the East from Armenia and Mesopotamia to Bactria and India*, Berkeley: University of California Press, 2013, pp. 335-338.）

3 Claudius Ptolemy, *The Geography*, 6.12, translated and edited by Edward Luther Stevenson, New York: Public Library, 1932 (the Dover Edition, 1991).

大建立的最远的亚历山大里亚（Alexandria Eschate）；阿富汗的赫拉特（Herat），即阿里亚的亚历山大里亚（Alexandria in Aria）；[1]贝格拉姆（Begram），即高加索的亚历山大里亚（Alexandria in Caucasus）；坎大哈（Kandahar），即阿拉科西亚的亚历山大里亚（Alexandria in Arachosia）。[2]有的史有记载，但不知其确切位置，如他在印度河上游希达斯皮斯河（Hydaspes River）岸边建立的胜利之城尼开亚（Nicaea）和以他的战马命名的城市布西法拉斯（Bucephalus），以及在阿塞西尼斯河（Acesines）与印度河交汇处建立的一座亚历山大里亚。[3]还有一些或许就是他命人所建，如著名的阿伊·哈努姆遗址，[4]遗憾的是，这一城市在公元前2世纪中期被巴克特里亚希腊人遗弃了。

亚历山大的后继者们继承了他的建城传统，以此安置希腊军人和移民，作为统治的中心和基地。塞琉古王朝几乎控制了原来亚历山大帝国的全部亚洲的领土。面对如此区域广袤、民族众多、文化差异

---

1 斯特拉波、普林尼、伊西多尔、托勒密都提到这个位于Ariana的名为“Alexandria”的城市。见Strabo，*Geography*, 11.8.9, 11.10.1; Pliny, *Natural History*, 6.21.61; Isidore of Charax, *Parthian Stations*, § 15 (An Account of the Overland Trade Route between the Levant and India in the First Century B.C.), the Greek text with a translation and commentary by Wilfred H. Schoff, Philadelphia: The Commercial Museum, 1914; Claudius Ptolemy, *The Geography*, 6.17. 阿里安提到亚历山大路经此地，但没有建城的记载。（Arrian, *Anabasis of Alexander and Indica*, 3.25.1.）因此，该城或如斯特拉波、普林尼所说以建立者亚历山大命名（Strabo, 11.10.1），或继承者以亚历山大的名义而建。

2 亚历山大是否在现在的坎大哈地区建立过一个同名城市，学界尚有争议。但由于在此地发现了一些希腊语铭文，倾向性的意见还是将伊尔多西提到的“Alexandropolis”（Isidore, *Parthian Stations*, 19）与“Alexandria of Arachosia”相认同。详见G. M. Cohen, *The Hellenistic Settlements in the East from Armenia and Mesopotamia to Bactria and India*, pp. 255-260.

3 Arrian, *Anabasis of Alexander and Indica*, 5.19.4, 6.15.2. 具体方位考证见G. M. Cohen, *The Hellenistic Settlements in the East from Armenia and Mesopotamia to Bactria and India*, pp. 317-318, 308-312, 291-293.

4 阿伊·哈努姆遗址中有一个纪念建立者Kineas的英雄祠，但他受命于哪位国王，史无记载。有学者认为这就是亚历山大在阿姆河畔建立的以他命名的殖民地“Alexandria on the Oxus”。（Klaus Karttunen, *India and the Hellenistic World*, Helsinki: The Finnish Oriental Society, 1997, p. 279.）但该城（Alexandria Oxiana）仅仅在托勒密的《地理志》中提到，且将其定位于索格底亚那地区，似乎难以与位于阿姆河以南巴克特里亚地区的阿伊·哈努姆遗址勘同。参见Claudius Ptolemy, *The Geography*, 6.11-12.

巨大的帝国，塞琉古王朝只能沿袭亚历山大的传统，在交通要道、中心区域建立希腊人城市或移民地，进行由点及面的控制。从塞琉古一世起，建城活动就如火如荼地开展起来。[1]该王朝的建城主要集中于小亚、叙利亚和两河流域一线，但在伊朗高原以东的地区，他们还是新建或是重建了一些城市。[2]这些城市大多难以定位，[3]但阿里亚的Achais、马尔吉亚那的安条克（Antiocheia）、阿姆河以北的铁尔梅兹（Termez，《后汉书·西域传》中的都密）、马拉坎达（Maracanda，"石头城"之意，即后来的撒马尔罕，Samarkand）、斯基泰的"最远的亚历山大里亚"（Alexandreschata）等还是有迹可寻。[4]Achais（Achaia）本名赫拉克里亚（Heraclea），由亚历山大所建，安条克一世重建，改为此名。[5]马尔吉亚那的亚历山大里亚不久即被蛮族（the Barbarians）摧毁，安条克一世将其重建，以自己的名字命名。[6]铁尔梅兹位于阿姆河右岸，在今乌兹别克斯坦境内，隔河与阿富汗相望，在古代是一个渡口。铁尔梅兹古城下游约30公里的坎培尔·特佩（Kampyr Tepe）遗址发现有希腊人的哨所和城堡。亚历山大可能路经此地，也可能在此建城。也有学者认为这个遗址很有可能就是托

1 据说仅塞琉古一世本人就建立了总数达59个之多的希腊人城市。其中可能有夸大附会，但他建城之多是肯定的。见Appian, *Roman History*, 11.57.

2 如位于帕提亚境内的Soteira、Calliope、Charis、Hecatompylos、Achaia，印度的Alexandropolis，斯基泰的Alexandreschata。Appian, *Roman History*, 11.57.

3 见G. M. Cohen, *The Hellenistic Settlements in the East from Armenia and Mesopotamia to Bactria and India*, pp. 203, 205-206, 211-215, 216, 252-255, 271, 286, 301.

4 关于这些希腊式城市，科恩有详细的定位研究，参见G. M. Cohen, *The Hellenistic Settlements in the East from Armenia and Mesopotamia to Bactria and India*, pp. 335-338, 349-359.

5 Pliny, *Natural History*, 6.18.48. 斯特拉波也提到这座城市，见Strabo, 11.10.1. 关于其位置的考证，见G. M. Cohen, *The Hellenistic Settlements in the East from Armenia and Mesopotamia to Bactria and India*, pp. 274-276.

6 Pliny, *Natural History*, 6.18.46-47.

勒密提到的Alexandria Oxiana（奥克苏斯河的亚历山大里亚）。[1]马拉坎达是索格底亚那地区的首府，曾被亚历山大占领，[2]至塞琉古王国时期开始繁盛起来。在撒马尔罕的阿弗拉西亚卜（Afrasiab）遗址，考古学者发现了希腊化时期的城堡和巴克特里亚国王欧泰德姆斯、其子德米特里和欧克拉提德的钱币以及一些具有希腊化特征的陶器和高脚杯。[3]Alexandreschata这个所谓的斯基泰地区"最远的亚历山大里亚"有可能就是亚历山大以前在锡尔河畔建立的那个同名城市，塞琉古一世可能对它重建，仍称原名。[4]

公元前3世纪中期，塞琉古王国东部分别被希腊人的巴克特里亚王国和帕提亚人的安息王国瓜分。前者的建立者是塞琉古王国的总督，本质上是一个自行独立的希腊人王国。后者虽是外族建立，但由于统辖区域都是原来的希腊人统治之地，作为游牧民族出身的统治阶层对希腊化文化又钦羡之至，并以"爱希腊者"或"希腊人之友"（Philhellene）自诩，[5]境内的希腊人城市非但没有受到大规模的破坏，反而得到了一定的利用和发展。伊西多尔（Isidore）在其《帕提亚驿程志》（*Parthian Stations*，写作于公元前后）就提到了马尔吉亚那的安条克、阿拉科西亚的亚历山大里亚、德米特里亚斯（Demetrias）

---

1 Pierre Leriche, "Bactria, Land of One Thousand Cities," in Joe Cribb and Georgina Herrmann, eds., *After Alexander: Central Asia before Islam*, Oxford: Oxford University Press, p. 133. 笔者2014年9月曾到铁尔梅兹地区残存的哨所和城堡遗址考察，参观了当地的博物馆，目睹了发掘出来的希腊式的陶器、钱币、雕塑、科林斯柱式等。关于该城遗址的发掘和研究，详见P. Leriche and S. Pidaev, "Termez in Antiquity," in Joe Cribb and Georgina Herrmann, eds., *After Alexander: Central Asia before Islam*, Oxford: Oxford University Press, pp. 179-181; G, M. Cohen, *The Hellenistic Settlements in the East from Armenia and Mesopotamia to Bactria and India*, pp. 277-278.

2 Arrian, *Anabasis of Alexander and Indica*, 3.30.6-7; 4.3.6; 4.6.3.

3 笔者2014年9月在该遗址博物馆见到了这个城堡的模型和希腊化的钱币、陶罐等。

4 关于二者的认同，详见G. M. Cohen, *The Hellenistic Settlements in the East from Armenia and Mesopotamia to Bactria and India*, pp. 252-255.

5 关于帕提亚与希腊文化的关系，参见杨巨平:《帕提亚王朝的"爱希腊"情结》,《中国社会科学》2013年第11期，第180—201页。也可见本卷附录二。

等希腊人原来建立的城市。[1]这些希腊式城市虽然后来或被遗弃，或被改建，但它们都在不同的历史时期发挥了政治、经济或文化中心的作用。在它们的废墟下，或现代城市的地层下，大量的历史遗迹遗物近年被清理出来，证明了它们曾经作为希腊式城市存在。其实，这些现代城市在原址上的建立，就足以证明这些希腊式城市的历史价值。

从这些城市遗址中，可以看到不同的文化景象。阿伊·哈努姆到底建于亚历山大时期还是之后，似乎并不重要，关键是这座城市遗址的希腊化风格非常明显。它位于阿姆河畔今日阿富汗东北部一侧。城市有卫城，有希腊城市中最基本的建筑——体育馆、剧场。神庙从外观上看是东方式的，但其中置放的却是希腊神的雕塑。建城者的墓基石座上镌刻着来自希腊德尔斐神庙的人生格言。此外，柱廊式的宫殿建筑群，以科林斯式为主的希腊式柱头，希腊式钱币，希腊语的纸草文献，陶制的希腊喜剧人物面具的出水口等，也都说明这不是一座一般的城市，或许就是巴克特里亚王国的都城之一。[2]近年来在巴克特里亚地区其他城市遗址上也新发现一些希腊化时代的遗存，如巴克特拉遗址的科林斯式和爱奥尼亚式的柱头，[3]塔赫特—伊·桑金（Takht-i Sangin）遗址的爱奥尼亚式柱头、希腊语铭文、献给奥克苏斯河（the Oxus）的希腊森林之神西勒诺斯—马尔绪阿斯（Silenus-Marsyas，一个裸体光头老头，正在吹奏双管长笛）的青铜雕像、太阳神阿波罗

---

1 Isidore, *Parthian Stations*, 14, 18, 19. 德米特里亚斯城是公元前2世纪初侵入阿拉科西亚地区的巴克特里亚国王德米特里所建。详见G. M. Cohen, *The Hellenistic Settlements in the East from Armenia and Mesopotamia to Bactria and India*, p. 272; W. W. Tarn, *The Greeks in Bactria and India*, 1951, p. 94.

2 参见Paul Bernard, “Ai Khanum on the Oxus: A Hellenistic City in Central Asia,” *Proceedings of the British Academy*, Vol. 53 (1967), pp. 71-95; Paul Bernard, “An Ancient Greek City in Central Asia,” *Scientific American*, Vol. 246 (Jan. 1982), pp. 148-159.

3 Pierre Leriche, “Bactria, Land of One Thousand Cities,” in Joe Cribb and Georgina Herrmann, eds., *After Alexander: Central Asia before Islam*, pp. 131-132.

（Apollo，仅存大腿以上部分）等石雕、塞琉古式希腊统治者的泥塑头像、剑柄或刀鞘上的赫拉克勒斯（Heracles）与森林之神西勒诺斯（Silenus）、[1]戴狮头皮盔的亚历山大牙雕形象等。[2]

虽然有些城市早期的希腊化遗迹难以寻觅，但从该地出土的时间稍后的文物来看，这些城市的希腊化特征在延续。在这方面，贝格拉姆、铁尔梅兹、坎大哈、木鹿等主要的几个遗址都可以提供一些补充性的信息。

贝格拉姆即"高加索的亚历山大里亚"所在地，虽然由亚历山大所建，但其出土物品主要来自公元1世纪的贵霜时期，其中不仅有来自印度的牙雕、中国的漆器，还有希腊罗马世界的玻璃器皿和灰泥圆形浮雕，上面有反映特洛伊故事中赫克托尔（Hector）和阿喀琉斯（Achilles）战斗的场面，也有典型的希腊神话人物形象，如美神阿芙洛狄特（Aphrodite）、美少年伽尼墨德斯（Ganymede）与化作老鹰的宙斯、有翼小爱神阿摩尔（Amor）、月神塞勒涅（Selene）与美少年恩底弥翁（Endymion）。此外值得注意的是，在此地发现了作为秤砣使用的希腊神雅典娜（Athena）和赫尔墨斯（Hermes）胸像，以及具有埃及萨拉皮斯神特征的赫拉克勒斯（Serapis-Heracles）神像和手持火炬的有翼爱神厄洛斯（Eros）青铜雕像。希腊青年埃弗比（Ephebe）、青年骑手"亚历山大"、希腊音乐家的形象也以不同的艺术形式出现。[3]这些艺术品不论是出自本地的艺术家之手，还是从地中海的罗马世界运来，都反映了此地浓厚的希腊化文化氛围。

---

1 二者在搏斗，前者显然已经将后者制服在地。

2 B. A. Litvinskii and I. R. Pichikian, "The Hellenistic Architecture and Art of the Temple of the Oxus," *Bulletin of the Asia Institute*, New Series, Vol. 8 (1994), pp. 47-66. 图片也可参见http://www.afc.ryukoku.ac.jp/tj/tajikistanEnglish/C-ancienttime/C-04SouthernBC1-AD1/C-4.html.

3 有关图片参见*Hidden Afghanistan*, under the direction of Pierre Cambon in collaboration with Jean-François Jarrige; with scientific contributions by Paul Bernard and Véronique Schiltz. Amsterdam: Nieuwe Kerk, 2007, pp. 228-275 (catalogue: No. 147-228).

铁尔梅兹坎培尔·特佩出土的科林斯柱头[1]虽然属于贵霜时期，但它显然与犍陀罗佛教艺术的传播有关。科林斯式柱头在远东希腊化建筑艺术最为流行，尤其是在犍陀罗艺术中，几乎所有佛教雕刻或用之作两个叙事场面的间隔，或用之表示佛教建筑，但又对其进行了重大的改造。其一，柱头简单化，我们还能够看到阿堪突斯叶（acanthus）的花饰，但只是象征性的点缀而已；其二，柱身大多由圆形变为方形，呈半柱式。但在铁尔梅兹，柱头的花丛中出现了佛教人物。这固然反映了佛教犍陀罗艺术的变化与发展，但也反映出希腊化艺术的影响在当地长久不衰。

20世纪以来，虽然受战乱影响，坎大哈的发掘没有能够持续进行，仅有的出土物也难以证明该城具有明显的“希腊性”，但近年来在当地发现的一块墓碑上的希腊语铭文证明此地具有深厚的希腊化文化底蕴。公元前2世纪一位名叫索菲托斯（Sophytos）的当地人（印度人）用希腊离合诗（藏头诗）的形式，以典雅的希腊语叙述他的家世，其中特别提到了希腊复仇女神、太阳神阿波罗、文艺女神缪斯等。[2]这说明他受到良好的、系统的希腊语训练和希腊文化的熏陶。这块墓碑立于大路之旁，目的是让路人阅读，可见当地人希腊化程度之高。

木鹿的希腊人遗址也已经发现，它是在原来波斯时代的一个城堡的基础上发展起来的。原来的城堡仅仅是希腊化时期木鹿的一个很小

---

1 P. Leriche and S. Pidaev, “Termez in Antiquity,” in Joe Cribb and Georgina Herrmann, eds., *After Alexander: Central Asia before Islam*, pp. 190-191, Figure 9.

2 关于此碑文的历史信息和文化内涵，见Rachel Mairs, *The Hellenistic Far East: Archaeology, Language, and Identity in Greek Central Asia*, pp. 106-117, 190; Rachel Mairs, “The Places in Between: Model and Metaphor in the Archaeology of Hellenistic Arachosia,” in Anna Kouremenos, Sujatha Chandrasekaran and Roberto Rossi, eds., *From Pella to Gandhara: Hybridisation and Identity in the Art and Architecture of the Hellenistic East*, Oxford: BAR, 2011, pp. 177-189.

的组成部分。[1]公元前53年卡莱（Carrhae）战役之后，帕提亚人曾经把一万名罗马战俘关押于此。[2]此时城市的规模之大可以想见。此地也出土了科林斯式的柱头。中国史书中把木鹿称为小安息，[3]也可见木鹿在丝路中的中枢作用。

总之，现在可以确定为亚历山大及其后继者在远东建立的这些城市一部分湮没无闻，大部分都有迹可循。它们初期由于是希腊人的殖民地保持了较多的希腊化特征，但随着希腊人在当地的消失，这些特征逐渐失色、模糊。新的统治者由于自己没有带来成熟的本民族文化，大多延续了这些城市的文化传统，同时也注入了新的文化因素。本来这些城市在建立之初就自觉或不自觉地接受了一定程度的当地文化的因素，即使像阿伊·哈努姆这样希腊化特征极为明显的城市，东方的因素也随处可见。神庙中供奉的神可能是宙斯，但神庙却绝非希腊的柱廊式建筑，而是立于土台之上，四壁支撑着平面屋顶，外墙上嵌有壁龛。剧场整体上是希腊式的，半扇形依山坡而建，但却在中间设立了包厢式的看台（loggias），显然是供王公显贵等特权阶层使用。宫殿、庭院有希腊式的石头柱廊，但总体上是当地的平顶土砖结构。[4]塔赫特—伊·桑金遗址是一座小城，但上述主要的具有希腊化特征的遗存均发现于一座设有琐罗亚斯德教祭火坛的奥克苏斯河神庙（the temple of the Oxus）之中。类似情况在其他城市比比皆是。因此，这些城市，即使在希腊人掌控之时，也只能称为希腊化或希腊式的城市。不论从市政建设还是从内部管理，它们都不过是远东希腊人的栖身之所。它们中的一部分后来继续存在、发展，成了著名的丝路重

1 P. Leriche and S. Pidaev, “Termez in Antiquity,” in Joe Cribb and Georgina Herrmann, eds., *After Alexander: Central Asia before Islam*, p. 313, Figure 1.

2 Pliny, *Natural History*, 6.18.47; Plutarch, *Crassus*, 31. 7.

3 《后汉书》卷八八《西域传》，二十四史点校本，北京：中华书局，1965年，第2918页。

4 参见Paul Bernard, “An Ancient Greek City in Central Asia,” *Scientific American*, Vol. 246 (Jan. 1982), 148-159.

镇，如撒马尔罕、木鹿、贝格拉姆（迦毕试）、铁尔梅兹（都密、怛密、怛满、怛没）、坎大哈；有的则消失于历史的长河之中，如上个世纪后半期才发现的阿伊·哈努姆遗址。

二、希腊式钱币在远东的流通、传播与模仿

钱币也是希腊化文明的一个重要载体，同时也是希腊化文明信息的主要传播媒介。今天我们对远东希腊化文明及其影响的了解，很大程度上要归功于这些钱币的发现和解读。

巴克特里亚希腊人王国的钱币是在亚历山大和塞琉古王国钱币的基础上发展而来，具有鲜明的区域特色，蕴含着极为丰富的历史文化信息。其一，统治者的正面肖像根据发行者自己年龄的增长与相貌的变化而变化，反面铭文的内容和保护神之类的设计与时俱进，不仅根据发行者的血统，而且根据其功绩、信仰来确定。这就为确定王位的世系更替和国王的在位时间提供了一定的依据。其二，在整个希腊化世界，唯有他们发行了希腊语铭文与地方语言相对应的双语币，同时在反面增添了印度的神或其他具有地方特色的标记。其三，他们的钱币被后来的印度—斯基泰人（Indo-Scythians，塞人）、印度—帕提亚人（Indo-Parthians）、月氏—贵霜人、嚈哒人（Hephthalites）、粟特人（Sogdians）、花剌子模（Khwarezm）人所模仿，从而形成了希腊与远东地方文化相结合的希腊式钱币系列。这些钱币主要在巴克特里亚为中心的区域流通，事实上担当了文化传播和文明传承者的角色。

希腊钱币源于小亚的吕底亚和波斯钱币。小亚的希腊人首先接触到这种有标记的铸币，然后传回希腊本土，各城邦结合自己的需要，开始发行式样不一、图案各异的城邦钱币。但在形制上，它们有共同的特征：银币为主，圆形，正面是城邦的保护神，反面是保护神的标志，或是与城邦有关的动物或图案。马其顿王国的钱币可能是个例

外。亚历山大的父亲腓力二世（Philip II，公元前359—前336年在位）曾经发行过一种钱币，正面是戴月桂冠的宙斯头像，反面是腓力骑在马上伸手致意的形象。小亚的一些波斯总督也发行过有自己头像的钱币，但希腊化时期钱币上国王头像的盛行并成为一种惯例，显然与亚历山大有关。[1]

亚历山大在东征开始前后首先发行“赫拉克勒斯/宙斯”（Heracles/Zeus）、“雅典娜/胜利女神尼科”（Athena/Nike）型钱币，上面有他的名字。其后（约公元前332年）他在埃及发行了一种青铜币，正面是他戴头盔的形象。[2]公元前326年征服印度河流域后，他发行了一种纪念币或徽章，正面是他纵马持矛击退乘象的印度国王波鲁斯（Porus）的场景，反面显示他像宙斯一样，一手发出雷电，一手持权杖，头上方飞翔的胜利女神向他敬献花环。[3]

亚历山大死后，最早为他造币的是其部将托勒密一世（Ptolemy I）和吕西马库斯（Lysimachus），主要有“头戴象头皮盔的亚历山大/王位上的宙斯”“头戴公羊角的亚历山大/手托胜利女神坐着的雅典娜”两种类型。[4]从此以后，“王像现于币”就成了希腊化钱币的主要特征。不仅各个王国的统治者发行有自己头像的钱币，就是一些地方总督也开始发行类似的钱币。钱币的正面一般是国王头像，反面是其保护神或其他特殊的象征物，并附有表示国王头衔及其名字的希腊语

---

1 Otto Mørkholm, *Early Hellenistic Coinage from the Accession of Alexander to the Peace of Apamea*, Cambridge University Press, 1991, p. 27. 图片可见李铁生编著：《古希腊币》，北京：北京出版社，2013年，第89页图8-10，第90页图8-12，第108页图9-9，第111页图9-16、9-17。

2 Ian Carradice and Martin Price, *Coinage in the Greek World*, London: B. A. Seaby Ltd., 1988, pp. 106-107, 109.

3 Frank L. Holt, *Alexander the Great and the Mystery of the Elephant Medallions*, Berkeley: University of California Press, 2003, Plate: 2-5; J. Boardman, *The Greeks in Asia*, London: Thames & Hudson, 2015, p. 57 (illus. 28).

4 Ian Carradice and Martin Price, *Coinage in the Greek World*, pp. 116 (pl. 220), 120 (pl. 234); Otto Mørkholm, *Early Hellenistic Coinage from the Accession of Alexander to the Peace of Apamea*, pp. 63 (pl. 90), 81 (pls. 178-179, 181-182).

铭文。[1]这类钱币还有一个特点，就是以阿提卡制为基础，[2]这样做显然是为了便于在整个希腊化世界流通。巴克特里亚的希腊人虽然在公元前250年左右脱离塞琉古王国宣告独立，但为表示自己统治的合法性和正统性，仍然继续发行这种钱币。第一任国王狄奥多托斯及其作为共治者（co-regent）的同名儿子甚至在他们最初的钱币上，仍然保留着塞琉古国王安条克二世（Antiochus II）的名字。[3]正是由于巴克特里亚希腊人对这种钱币传统的执着坚持，并因地制宜，因时而异，从而奠定了这种钱币传统延续千年之久的基础。

公元前3世纪末，巴克特里亚的希腊人王朝改朝换代，一个名为欧泰德姆斯的国王出现。在他及其儿子德米特里统治时期，巴克特里亚王国的势力达到极盛，一度越过兴都库什山，深入印度西北部。欧泰德姆斯发行了“国王头像/呈休息状的赫拉克勒斯坐像”型钱币，影响深远，后来被索格底亚那和锡尔河之北的许多游牧民族统治者模仿采用。[4]德米特里发行了头戴象头皮盔的钱币，表示自己和亚历山大一样是印度的征服者。接替这个家族统治巴克特里亚的是欧克拉提德，他的钱币反面的保护神是希腊神话中的狄奥斯库里兄弟（the Dioscuri）。大约在公元前2世纪中期，迫于北方游牧民族南下的压力，巴克特里亚希腊人退入印度西北部。王朝的更替导致了希腊人内部的分裂，这时的印度西北部由不同的希腊人家族控制。公元前1世纪，随着斯基泰人和帕提亚人侵入，这些希腊人小王国的地盘逐渐缩

---

1 一般是属格，如ΒΑΣΙΛΕΩΣ ΣΕΛΕΥΚΟΥ，意为“国王塞琉古的钱币”。

2 古典时期的希腊流行阿提卡（Attic Standard）、厄基纳（Aeginetan Standard）、科林斯（Corinthian Standard）三种币制。币值以一德拉克马（drachm）和四德拉克马（tetradrachm）为主。阿提卡制：一德拉克马约等于4.25克，四德拉克马约等于17克。

3 Otto Mørkholm, *Early Hellenistic Coinage from the Accession of Alexander to the Peace of Apamea*, p. 120 (pl.374-375); Osmund Bopearachchi, *Monnaies gréco-bactriennes et indo-grecques, Catalogue raisonné*, Paris: Bibliothèque Nationale, 1991, pl. 1 (Diodote I et 2, serie 1-4).

4 Otto Mørkholm, *Early Hellenistic Coinage from the Accession of Alexander to the Peace of Apamea*, p. 121 (pls. 383-386).

小。到公元前后，所有的希腊人王国都悄然消失。希腊人作为一个外来民族也融入印度人之中。在这二百年间，希腊人实际上成了印度—希腊人（Indo-Greeks），他们的血统逐渐和当地的民族混合，他们的文化也不得不向印度转向。反映在钱币上，就是希印双语币（正面希腊文，反面佉卢文或婆罗米文）的出现，一些佛教的标志和地方神形象被纳入钱币的图案。双语币是希腊化钱币向希腊式钱币转化的分水岭，此后进入印度的印度—斯基泰人、印度—帕提亚人以及后来的贵霜人，都采用了这种双语币。

印度—斯基泰人主要活动区域在犍陀罗地区，也就是《汉书·西域传》首次提到的罽宾。[1]他们的钱币正面以全身披甲的国王骑马前行形象取代了印度—希腊人钱币上的国王头像，这与他们的游牧民族传统明显有关。与《汉书·西域传》关于罽宾钱币的记载"文为骑马，幕为人面"[2]相比，正面相似，反面则是全身的希腊神或印度神。《汉书·西域传》中的乌弋山离很可能是阿拉科西亚地区首府Alexandria的谐音。[3]此地曾被另外一支印度—斯基泰人占领。《汉书·西域传》称其钱币"独文为人头，幕为骑马"，[4]与罽宾的钱币正好相反，可能是传闻有误。但此地从亚历山大到孔雀帝国阿育王时期，再到印度—希腊人时期，一直是希腊人的聚居地。印度—斯基泰人来到此地后，开始接受、仿造希腊式钱币。公元前后紧随其后进入阿拉科西亚和犍陀罗地区的印度—帕提亚人，也接受了印度—希腊人钱币的基本式样，仿造了印度—斯基泰人的钱币。[5]公元1世纪，贵霜

---

1 根据《汉书·西域传》的记载可知，塞人的一支翻越帕米尔高原，南下犍陀罗地区，建立了罽宾国。详见《汉书》卷九六《西域传》，二十四史点校本，北京：中华书局，1962年，第3901、3884页。

2《汉书》卷九六《西域传》，第3885页。

3 Anthony F. P. Hulsewé and Michael A. N. Loewe, *China in Central Asia, the Early Stage: 125B.C.- A.D. 23*, Leiden: E. J. Brill, 1979, p. 112 n. 250.

4《汉书》卷九六《西域传》，第3889页。

5 Osmund Bopearachchi, *From Bactria to Taprobane. Vol. I: Central Asian and Indian Numismatics*, New Delhi: Manohar Publishers, 2015, pp. 528-529, 547-548 (Nos. 1-9).

帝国建立。前期钱币以仿制巴克特里亚希腊人、印度—希腊人钱币为主。从第三王（Vima Kadphises，约公元前113—前127年在位）开始，金币出现，钱币风格发生较大变化，国王形象中的贵霜民族特征趋于明显。[1]希腊文变形错讹现象严重。迦腻色伽（Kanishka I，约公元127—151年在位）时期，铭文改为用希腊语拼写的巴克特里亚语。反面除了希腊的神之外，其余多为印度和波斯的神。[2]这些现象反映了迦腻色伽时期希腊、印度、波斯三种文化交融的深入。

贵霜之后出现于中亚和印度西北部的王朝依次是印度—萨珊王朝（公元230—360年）、寄多罗王朝（公元360—460年）和嚈哒王朝（公元450—542年）。它们都吸收了希腊式钱币的基本要素，但从外观上看，主要采用了萨珊王朝和贵霜王朝的钱币类型，纯粹的希腊语铭文完全消失，但变形的希腊字母还在使用，如嚈哒王朝使用草体希腊文，印度—萨珊王朝的一些国王使用希腊语字母拼写的贵霜文。[3]粟特地区（以泽拉夫善河流域为中心）先后处于亚历山大帝国、塞琉古王国、巴克特里亚希腊人王国、帕提亚王国、贵霜帝国、萨珊帝国的控制或影响之下，钱币以仿制为主，呈现出多元文化的特征，有的钱币后来甚至受到中国中原王朝钱币的影响，出现了方孔和汉字。[4]地处阿姆河下游的花剌子模虽然一直没有受到希腊人的直接统治，但由于周边希腊化文化的影响，从公元前1世纪起也开始发行自己的仿希腊式钱币。正

---

1 关于贵霜诸王的钱币图像及其特征，参见上海博物馆：《上海博物馆藏丝绸之路古代国家钱币》，上海：上海书画出版社，2006年，第208—232页（图1200—1352）；也可见杨巨平：《“Soter Megas”考辨》，《历史研究》2009年第4期，第140—152页及封三图版。

2 详见M. K. Thakur, *India in the Age of Kanishka*, Delhi: World View Publication, 1999, pls. 1-10; pp. 43-46, 134-140.

3 关于这三个王朝的钱币式样及其特点，参见李铁生编著：《古中亚币》，北京：北京出版社，2008年，第196—247页。

4 关于粟特钱币的演变，详见http://www.sogdcoins.narod.ru/english/sogdiana/coins.html. 参见Institute of Archeology of the UzSSR Academy of Sciences, etc., *Culture and Art of Ancient Uzbekistan: Exhibition Catalogue*, Moscow, 1991, Vol. 1, pp. 156-164 (Nos. 205-245); Vol. 2, pp. 34-39 (Nos. 405-415, 419).

面是国王头像，反面是欧克拉提德钱币上的狄奥斯库里兄弟骑像和单人骑马型，环以希腊语铭文。[1]公元1—3世纪出现于中国和田地区的“汉佉二体钱”（Sino-Kharosthi）实际上也是希腊式钱币的影响的结果。这种钱币圆形无孔，大小钱的重量比例是4∶1（廿四铢与六铢），相当于希腊钱币的四德拉克马（tetradrachm）与一德拉克马（drachm）之比。钱币的形制、佉卢铭文的书写形式和“王中王”称号等，显然与印度—斯基泰人、印度—帕提亚人和贵霜早期钱币的直接影响有关。[2]

由此可见，在公元前后的几个世纪中，在中亚和印度存在着一个以巴克特里亚希腊化钱币为源头的货币演变系列。中亚既是起点，也是终点。巴克特里亚、印度—希腊人王国的钱币与印度—斯基泰人王国、贵霜帝国、嚈哒王国，以至于索格底亚那、花剌子模地区的钱币之间，实际上存在着一种不绝如缕的传承关系。尽管经过一代一代的模仿、改造，希腊语铭文、希腊的神也都遗失殆尽，正反面的图案早就面目全非，但基本的特征如形制、币值、币材等至少延续到了阿拉伯人到来之时，甚至从其后的阿拉伯钱币和中亚蒙古汗国钱币的轮廓中也能隐约感受到它的影响（圆形无孔，正反面各种图案）。

三、犍陀罗艺术与远东希腊神话的巴克特里亚起源

犍陀罗艺术（Gandhara Art）在印度西北部的起源、形成和希腊神话传说在希腊化远东地区的广泛传播，是巴克特里亚文明圈中一个特殊的文化现象。由于有关的文献记载严重缺乏，所以这一地区具有犍陀罗

---

1 Institute of Archeology of the UzSSR Academy of Sciences, etc., *Culture and Art of Ancient Uzbekistan: Exhibition Catalogue*, Vol. I, pp. 192-193 (Nos. 306-307) .

2 详见Joe Cribb, “The Sino-Kharosthi Coins of Khotan. Their attribution and relevance to Kushan Chronology (Part one),” *The Numismatic Chronicle*, Vol. 144 (1984), pp. 128-152；参见夏鼐：《和田马钱考》,《文物》1962年第7、8合期，第60—63页；林梅村:《再论汉佉二体钱》,《中国钱币》1987年第4期，第3—11、20页。此类钱币国内大连旅顺博物馆和新疆钱币博物馆、甘肃钱币博物馆也有收藏，笔者2013年夏曾专程考察，拍有实物照片。

艺术特征的文化遗存以及其他壁画、雕塑、钱币、器物、饰品上所反映的希腊神话素材就尤为珍贵。正是它们凸显了巴克特里亚希腊化文明的基本特征：希腊文化与印度、波斯、草原游牧文明的深度互动与融合。

犍陀罗艺术包含西方古典因素，是在外来文化的参与或推动下出现的，这一点在学术界似乎没有异议。但它到底是与希腊化时期来到印度的希腊人有关，还是与罗马帝国时期通过海路而来的罗马人有关，也就是说这些古典因素是希腊人还是罗马人带来的，学术界存在争议。其实，如果我们承认犍陀罗艺术中的西方古典因素，事实上就等于承认了希腊文化的作用，因为这些古典艺术因素本质上源于希腊文明，罗马人不过是它的继承者和发扬者而已。而且帝国东部（埃及、叙利亚一带）的罗马人相当一部分实际上就是以前的希腊人或其后裔，政治上他们是罗马帝国的臣民，但在血缘上尤其在文化上，他们还是希腊人。他们可能是最早来到印度的所谓“罗马人”。所以，有学者将犍陀罗艺术称为“希腊佛教艺术”（Greco-Buddhist Art）[1]是有道理的。

佛教与希腊人的相遇发生在阿育王时期。亚历山大死后，印度的希腊—马其顿驻军最迟于公元前316年全部撤走。公元前305—前303年，远征印度的塞琉古一世和当时印度孔雀王朝的统治者旃陀罗笈多（Chandragupta）达成妥协，放弃对印度西北部（原来是亚历山大帝国的一部分）的控制权。[2]但这并不意味着希腊人与印度关系的中断。20世纪50—60年代，在今阿富汗的坎大哈发现了两块刻有孔雀王朝第三位国王阿育王（Asoka，约公元前268—前232年在位）发布的希腊语石刻敕令。[3]这就说明，此地仍有希腊人居住，而且人数可观，否

1 参见Alfred Foucher, *L'Art gréco-bouddhique du Gandhāra*, 3 volumes, Paris: Imprimerie Nationale, 1905, 1918 & 1922.

2 Strabo, *Geography*, 15.2.9.

3 分别发现于1958、1963年（公布于1964年），详见M. Wheeler, *Flames over Persepolis*, New York: Reynal & Company Inc., 1968, pp. 65-69; S. Sherwin-White and A. Kuhrt, *From Samarkand to Sardis: A New Approach to the Seleucid Empire*, Berkeley and Los Angels: University of California Press, 1993, pp. 101-102.

则国王没有必要颁布希腊语敕令，而且也不可能找到如此谙熟希印两种语言和文化内涵的翻译者。他还派人到印度之外的西部五个希腊化王国去宣扬佛教。[1]这是他的自我吹嘘还是确有其事，已不可考，但表明了佛教在印度西北部的广泛传播，巴克特里亚的希腊人对佛教应该有所耳闻。

公元前2世纪初，巴克特里亚的希腊人大举进入印度西北部，与此地的佛教开始了直接的接触。印度—希腊人国王阿伽托克勒斯（Agathocles，约公元前190—前180年在位）的钱币上，出现了表示覆钵状的佛塔和围栏中的菩提树。[2]著名的印度—希腊人国王米南德（约公元前165/155—前130年在位）可能皈依了佛教。[3]他的钱币上出现的表示八正道的法轮，似乎就是他信仰、弘扬佛教的证据，表明他是一位转法轮王（the cakravartin, the king who makes the wheel of law turn），也即最高的统治者。[4]佛教既然如此流行，在当时的文化氛围中，希腊人皈依佛教似乎也在情理之中。随从米南德听经的五百希腊人（the five hundred Yonakes，非确数）应该在国王的带领下也成了佛教的信徒。[5]

---

1 Ven. S. Dhammika, *The Edicts of King Ashoka*, Kandy, Sri Lanka: Buddhist Publication Society, 1993, "the Fourteen Rock Edicts", Nos. 5, 13.

2 Osmund Bopearachchi, *Monnaies gréco-bactriennes et indo-grecques, Catalogue raisonné*, pl. 7 (Agathcles, 9-11).

3 T. W. Rhys Davids trans., *The Questions of King Milinda*, Part II of II, Oxford: Clarendon Press, 1894, pp. 373-374 (No. 420); I. B. Horner trans., *Milinda's Questions*, Vol. II, London: Luzac & Company, Ltd., 1964, pp. 304-305 (No. 420).《大正新修大藏经》卷三二《论集部》之《那先比丘经》卷下，台北：佛陀教育基金会，1990年，第703、719页。

4 关于该钱币图案及其寓意，见Osmund Bopearachchi, *From Bactria to Taprobane. Vol. I: Central Asian and Indian Numismatics*, New Delhi: Manohar Publishers, 2015, pl. I, No. 14; p. 197. 这样类似图案在阿伽托克勒斯的希印双语币中也出现过，是印度神黑天（Vasudera-Krishna，克利须那）手持之物。因此，这一图案可能被印度的各种宗教采用，各赋予其特殊含义。

5 Yonakes, 即Yonas，是印度—希腊人Yavanas的巴利文复数形式。汉译为“臾那”，首先出现在巴利文的《米南德问经》中。其中提到米南德的五百希腊随从或宫廷议事会成员（counselors），见*The Questions of King Milinda*, translated from Pali by T. W. Rhys Davids, Part I of II, Nos. 4, 19, 20, 23 (pp. 8, 30, 33, 37)。在汉文《那先比丘经》中译为“五百伎”或“五百骑从”。

一般认为，犍陀罗艺术的繁荣和传播是在贵霜迦腻色伽时期，但它的萌芽无疑是在印度—希腊人统治时期。正是他们把希腊的神话故事、神人同形同性观念（anthropophuism）和雕塑造型艺术带入印度。等释迦牟尼的崇拜者们试图用一个人物形象表现他们的佛祖时，印度—希腊人中的佛教徒以及受雇于创作佛陀形象的希腊雕塑家首先想到了他们熟悉的希腊神。相当一部分学者把希腊的阿波罗神视为佛陀的原型，认为雕塑家们由此获得了创作的灵感。这种说法应该说有一定的合理性。[1]当然，我们从早期犍陀罗艺术那些佛教人物雕塑和建筑艺术中所感受到的希腊化因素，不仅仅有类似于阿波罗式的希腊神像，还有经过改造的科林斯式柱头和各种具有希腊艺术风格的装饰性纹饰，如葡萄纹、蔷薇花饰、连珠纹、忍冬纹、棕榈枝等。这些希腊化因素应该首先来自巴克特里亚的希腊人王国，阿伊·哈努姆遗址的发现提供了有力的证据。此地出土的希腊式雕塑，钱币上强烈的现实主义人物形象，希腊式柱式，以及精巧的制作工艺（如泥塑[2]），说明在巴克特里亚存在着一个艺术流派，[3]其成员可被视为犍陀罗艺术创造者的先驱。

希腊神话是古希腊文明精神的一种体现，是古希腊人对自身以及自身与自然万物关系的拟人化想象。所谓希腊的神，以及关于这些

---

1 参见［法］R. 格鲁塞：《从希腊到中国》，常书鸿译，杭州：浙江人民美术出版社，1985年，第27—29页；R. A. Jairazbhoy, *Foreign Influence in Ancient India*, Bombay, New York: Asia Pub. House, 1963, p. 145; Alfred Foucher, *Beginnings of the Buddhist Art*, Paris: Paul Geuthner, 1914, p. 128.

2 这种泥塑艺术在同时期的塔赫特—伊·桑金遗址也有发现。B. A. Litvinskii and I. R. Pichikian, "The Hellenistic Architecture and Art of the Temple of the Oxus," *Bulletin of the Asia Institute*, New Series, Vol. 8 (1994), pp. 47-66.

3 有的学者根据在帕提亚尼撒遗址发掘出的具有希腊神话人物形象的来通（rhytons）、希腊式大理石雕像等艺术品，认为在此地存在着一个希腊—帕提亚艺术家群体，他们或专门制作来通。但也有的学者提出，这些艺术品可能来自地中海或亚洲的其他地方，如从巴克特里亚进口而来。若如此，巴克特里亚希腊化艺术流派的假设可得到进一步佐证。参见Carlo Lippolis, "Parthian Nisa: Art and Architecture in the Homeland of the Arsacids," in Pierre Leriche, ed., *Art et Civilizations de L'orient Hellénisé*, Paris: Picard, 2014, pp. 223-230.

神的传说，不过是古希腊人民族性和人性的展现。希腊人“神人同形同性”的观念可能即由此而来。像世界上其他民族一样，他们的神和关于神的传说与他们如影相随，无处不与他们同在。亚历山大的征服在某种意义上，就是传播希腊神话的过程。他声称，他是宙斯和赫拉克勒斯的后裔，认为自己就是荷马诗中阿喀琉斯式的英雄。[1]他到了埃及又认为自己是“阿蒙（Amon）—宙斯”之子。[2]吕西马库斯发行亚历山大头戴公羊角的钱币就来源于此，因为公羊是阿蒙神的标志。当他经过兴都库什山进入中亚的时候，他把这座山当成是希腊神话中囚禁普罗米修斯（Prometheus）的高加索山。[3]当他进入印度的时候，在一座名为奈撒（Nysa）的城市，碰到了自称是酒神狄奥尼苏斯（Dionysus）追随者后裔的希腊人。他们对他的到来表示了真诚的欢迎。但这个偶遇反而激发了他的征服欲。亚历山大要比酒神走得更远，一比高低。[4]巴克特里亚希腊人相对于当地民族，自然是少数。但他们在自己建立的城市里，则是居民的多数和社会上层。在这些希腊式城市的公共活动空间随处可见的各种希腊神的雕像，无不唤起希腊人对远祖神话英雄的记忆。这些神话故事随着希腊人代代口传而延续，也随着他们统治的加强而深入人心。普鲁塔克曾说，荷马的诗在亚洲得到广泛的阅读。[5]希腊化钱币上的各种希腊保护神，无疑也推动了希腊神话的传播。

希腊神话在中亚和印度流传的结果就是，在一定程度上逐渐被非希腊的民族所接受。帕提亚人和后来的印度—斯基泰人、贵霜人、嚈哒人、粟特人在接受希腊式钱币的同时，也接受了其上的希腊神。犍

---

1 亚历山大从小就崇拜阿喀琉斯，东征路过特洛伊（Troy）旧址时，还向其墓献了花环。见 Arrian, *Anabasis of Alexander and Indica*, 1.12.1; 7.14. 4-5.

2 Arrian, *Anabasis of Alexander and Indica*, 3.3.1-2; 4.9.9; Strabo, *Geography*, 17.1.43.

3 Arrian, *Anabasis of Alexander and Indica*, 3.28.4; 5.3.1-4; 5.5.3.

4 Arrian, *Anabasis of Alexander and Indica*, 5.1-2.

5 Plutarch, "On the Fortune or the Virtue of Alexander," in *Moralia*, 328D.

陀罗艺术中各种希腊神话人物的出现，尤其赫拉克勒斯形象的出现和变异，就充分反映了希腊神话的传播之深远。

在犍陀罗艺术出现的初期或之前，印度西北部出现了一种类似于化妆盘（toilet tray，palette）的石刻，[1]其中的许多人物形象和故事情节都取材于希腊神话，如太阳神阿波罗与水中仙女达芙妮（Daphne），美神阿芙洛狄特与特洛伊王子帕里斯（Paris），仙女宁芙（Nymph）和酒神随从萨提尔（Satyrs），狩猎女神阿尔特米斯（Artemis）和猎人阿克泰翁（Actaeon），阿芙洛狄特与小爱神厄洛斯，骑在海马背上的海中神女涅瑞德斯（Nereides），醉酒的狄奥尼苏斯，以及希腊传说中的英雄赫拉克勒斯、墨勒阿革洛斯（Meleagros）或美少年阿多尼斯（Adonis）等。一个石盘全景式地展示了狄奥尼苏斯与妻子阿里阿德涅（Ariadne）正在饮酒作乐（或正在举行婚礼）以及葡萄酒制作等场面。[2]还有一块石板上雕刻的是特洛伊的故事：特洛伊人想把木马拉回城里，但在城门口遭到女祭司卡桑德拉（Cassandra）和拉奥孔（Laocoon）的全力阻挠。[3]希腊巨神阿特拉斯（Atlas）力扛天宇的形

1 关于这些“化妆盘”出现的时间，学术界争论的焦点主要在于它们出现在印度—希腊人时期还是在印度—帕提亚人和贵霜迦腻色伽时期。详见Ciro Lo Muzio, “Gandharan Toilet Trays: Some Reflections on Chronology,” *Ancient Civilization from Scythia to Siberia*, Vol. 17 (2011), pp. 331-340. 该作者持后一种观点，认为它们应该出现在公元1世纪或者2世纪早期，与犍陀罗艺术的发展同步，而非之前或在它的最早阶段。根据法兰克福的研究，这些所谓的化妆盘依其风格和内容可分为希腊化式、帕提亚式、印度式三个类型，他所搜集的97个石盘中仅有两个与佛陀有关（Nos. 96-97）。可见这些化妆盘经历了一个漫长的演变过程，它们中的那些希腊化风格尤为突出的，显然属于印度—希腊人时期，后来那些属于帕提亚式和印度式的石盘，则是对以前题材的模仿或改造。参见Henri-Paul Francfort, *Les Palette du Gandhara*, Paris: De Boccard, 1979, pp. 5-7; pls. I-XLVII (Palette Nos. 1-97).

2 John Marshall, *Taxila*, pp. 494-495, PL.144. Nos. 62, 65; Henri-Paul Francfort, *Les Palette du Gandhara*, pls. I-X, XII-XIII, XIX, XXI-XXII (Palette Nos. 1-3, 6, 8-9, 12-17, 19, 24-26, 37, 41-44); 洛·穆兹奥:《印度—希腊、塞人和帕提亚时期西北印度的化妆盘》，［意］卡列宁、菲利真齐、奥里威利编著:《犍陀罗艺术探源》，魏正中、王倩编译，上海：上海古籍出版社，2015年，第74—83页。

3 现藏大英博物馆，编号1990，1013.1。图片、说明详见该馆网页：http://www. britishmuseum. org/research/collection_online/collection_object_details.aspx?objectId=223566&partId=1&searchText=troy+horse&images=true&page=1.

象也出现于犍陀罗地区的佛教雕刻中。[1]在犍陀罗佛教艺术中，赫拉克勒斯变成了护法金刚（Vajrapani）。[2]但他的基本特征仍然保留：头戴狮头皮盔，裸体，手持由木棒变形的金刚杵。[3]这种形象一直东传到中国，麦积山石窟中的泥塑金刚、[4]隋唐墓中出土的护墓武士陶俑、[5]唐三彩武士俑[6]都或多或少反映了赫拉克勒斯的某些特征。值得注意的是，除了赫拉克勒斯之外，希腊胜利女神尼科（Nike）的形象也进入了犍陀罗艺术的殿堂，在哈达的一组佛教雕塑中，她的位置紧靠佛陀。[7]

公元以后，佛教开始经中亚向东亚传播，也就意味着犍陀罗艺术的东传。中国境内图木舒克的飞天形象，龟兹的裸体壁画、日天月天形象，[8]敦煌石窟中的爱奥尼亚和多利亚柱式，[9]都反映了犍陀罗艺术中

---

1 Harald Ingholt, *Gandharan Art in Pakistan*, New York: Pantheon Books, 1957, "Descriptive Catalogue" & Pls: 382-387.

2 参见谢明良:《希腊美术的东渐？——从河北献县唐墓出土陶武士俑谈起》,《故宫文物月刊》15卷第7期，1997年，第32—53页；邢义田:《赫拉克勒斯在东方》，荣新江、李孝聪主编:《中外关系史：新史料与新研究》，北京：科学出版社，2004年，第15—48页。

3 参见W. Zwalf, *The Shrines of Gandhara*, London: British Museum Publications Limited, 1979, p. 23 (Pl. 21); Christian Luczanits, *Gandhara: Das Buddhistische Erbe Pakistans: Legenden, Klöster und Paradiese*, Mainz: Verlag Philipp von Zabern, 2008, p. 319 (abb. 3); Francine Tissot, *The Art of Gandhara*, Paris: Librairie Adrien Maisonneuve, 1986, fig. 102. 柏林亚洲艺术博物馆也有一类似石刻收藏，名为"Buddha and Vajrapani"，编号I58，出自犍陀罗地区，公元前1世纪。

4 身着铠甲，怒目前视，头戴虎头帽，右手施无畏印，左手持一木棒下垂于双腿间，脚踏小鬼。麦积山第四窟殿前泥塑。

5 王敏之等:《河北献县唐墓清理简报》,《文物》1990年第5期，第28—33、53、101页；山西省文物管理委员会、山西省考古研究所:《山西长治北槽唐墓》,《考古》1962年第2期，第63—68页，图8。

6 身着铠甲，头戴虎头或狮头皮盔，胸前两条前腿打结，与西方古典艺术中的赫拉克勒斯形象和犍陀罗艺术中的护法金刚颇有相似之处。现藏西安博物院。

7 Pierre Leriche, "L'Hellenisation de L'orient en question," in Leriche, ed., *Art et Civilizations de L'orient Hellénisé*, Paris: Picard, 2014, p. 12, fig. 4.

8 ［法］R. 格鲁塞:《从希腊到中国》，第118页；吴焯:《克孜尔石窟壁画裸体问题初探》,《中亚学刊》第一辑，北京：中华书局，1982年，第116—143页。关于龟兹壁画中的希腊化文化因素，见韩翔、朱英荣:《龟兹石窟》，乌鲁木齐：新疆大学出版社，1990年，第206—208、334—341页，图八十、八十一。

9 爱奥尼亚柱式出现于268窟，见敦煌研究院编:《敦煌石窟全集·第一卷·莫高窟第266—275窟考古报告》，北京：文物出版社，2011年，第96、249页，图34（第56页），图版：29—31、38；多利亚式柱式出现于254窟壁龛，图片见敦煌文物研究所编:《中国石窟：敦煌莫高窟》第1卷，北京：文物出版社，1982年，图版26。爱奥尼亚柱式也可见该书图版6。

希腊化因素的强烈影响。可以毫不夸张地说，包含着希腊神话因素的犍陀罗艺术是远东希腊化文明留给后世影响最为深远的一份遗产。

四、远东希腊化世界与丝绸之路

远东希腊化地区处于从中国到地中海丝绸之路的核心地段，是丝路由中亚通往西亚和南亚次大陆的起点。因此，在对远东希腊化文明做出历史定位之时，我们有必要简略考察二者之间的关系。

两汉之际，从中国方向进入中亚和印度的主干线主要有三条。一条史称“北道”，从疏勒“西逾葱岭则出大宛、康居、奄蔡”；一条史称“南道”，从莎车“西逾葱岭则出大月氏、安息”。北道沿泽拉夫善河（Zarafshan River）行进，南道沿阿姆河行进，最后在安息的木鹿汇合，向西进入伊朗高原。南道还有一条延伸线，即“罽宾—乌弋山离道”从中国越帕米尔南下，经悬度，进入犍陀罗地区，由此西南行进入乌弋山离，即今日阿富汗的南部，自此“南道极矣”。[1]三路所经之地，都是原来巴克特里亚和印度—希腊人统辖之地。不论从中国西到伊朗、两河地区和地中海，还是从北方草原南下至印度河河口，巴克特里亚都是必经之地。如果说中亚是亚洲的心脏，远东希腊化的核心地区巴克特里亚王国的所在地就是丝绸之路的十字路口和交通枢纽。丝路的开通不仅推动了希腊化世界内部的文化交流，而且打开了巴克特里亚希腊化文明信息通往中国的大门。这有赖于张骞的西域凿空，也有赖于亚历山大帝国和希腊化世界的建立，特别是巴克特里亚希腊人在此地长达两个世纪的统治。

巴克特里亚是亚历山大由西而东和张骞由东而西的中亚极限之地，也是希腊化文明与中国文明的首次接触交流之地。汉代中国方面

1《汉书》卷九六《西域传》，第3872、3889页。

通过丝绸之路所获悉的西域“风土人俗”[1]，在很大程度上就是远东希腊化文明遗产的反映。

当张骞公元前128年风尘仆仆地来到阿姆河畔之时，巴克特里亚的希腊人大部分已经南撤至印度西北部。他所见到的是一个臣服于大月氏部落的大夏。这个大夏是否就是西方古典作家所记载的巴克特里亚希腊人王国，学界存在争议。从张骞的记述看，“大夏在大宛西南二千余里妫水南”，这个大夏所据之地与巴克特里亚的地理位置吻合。据斯特拉波，阿姆河是索格底亚那和巴克特里亚的分界线。[2]阿姆河的中游是东西流向，大夏位于“妫水南”，就是位于阿姆河之南。“其俗土著，有城屋，与大宛同俗。无大君长，往往城邑置小长。其兵弱，畏战”，[3]说明这是个定居的农业国家，有不少城镇，各地自治。国王已不存在，兵弱怯战，这可视为希腊人王朝弃国而去，当地处于分裂割据状态的反映。根据美国学者勒纳的研究，阿伊·哈努姆遗址直到公元前1世纪中期才最后被希腊人遗弃。[4]如果此论属实，张骞抵达大月氏、大夏之时，希腊人王朝可能还保有巴克特里亚东部的山区。张骞“并南山”而归时，极有可能会溯阿姆河而上，经过这个城市，然后沿瓦罕通道进入塔里木盆地。但无论如何，张骞所经过的大宛、康居、大月氏、大夏之地都是原来亚历山大帝国、塞琉古王国和巴克特里亚希腊人的统治区域。此地的希腊化文化遗产一定给他留下了深刻的印象。他提到这些地方城市众多，种植葡萄，“相知言”，以

1《后汉书》卷八八《西域传》，第2913页。

2 Strabo, *Geography*, 11.11.2.

3《史记》卷一二三《大宛列传》，第3164页。

4 Jeffrey Lerner, “The Eastern Baktria under Da Yuezhi Hegemony,” in Vidula Jayaswal, ed., *Glory of the Kushans: Recent Discoveries and Interpretations*, New Delhi: Aryan Books International, 2012, pp. 79-86. 一般认为，阿伊·哈努姆遗址在公元前145年被遗弃。（Paul Bernard, “An Ancient Greek City in Central Asia,” pp. 148-159.）波比拉赫奇根据钱币资料，推定最后一位希腊人国王赫利奥克勒斯对巴克特里亚东部的控制延续到公元前130年前后。（见Osmund Bopearachchi, *Monnaies gréco-bactriennes et indo-grecques, Catalogue raisonné*, p. 453.）这大概是为了与《史记》关于张骞抵达大夏的时间相吻合。

及传闻中安息的“如其王面”的钱币和“画革旁行以为书记”[1]的书写材料与方式，都似乎与所谓的巴克特里亚“千城之国”、通用希腊语（κοινή, common tongue）、帕加马的牛皮纸和希腊语的书写规则、希腊人带来的葡萄种植技术有关。[2]

希腊化远东地区也是后来丝路文明的汇聚与辐射之地。张骞之行，标志着远东希腊化文明遗产通过丝路传播的开始。但以这一地区为中心的大规模的文明交流要到公元之后希腊人从印度彻底消失之后。不论是在印度西北部取代印度—希腊人王国的印度—斯基泰人王国、印度—帕提亚人王国，还是在中亚、印度取代巴克特里亚王国，其后崛起于从阿姆河到印度河的贵霜帝国，抑或在中亚、西亚取代塞琉古王朝统治的帕提亚帝国以及后来曾经统治过中亚甚至印度一部的萨珊帝国，希腊人当初在远东建立的城市有相当一部分相继被新的统治者所利用，有的成为丝路重镇和文化中心。希腊式钱币也被这些后起王国所接受、改造、利用。佛教的希腊—犍陀罗艺术也经由贵霜传到中亚、中国。希腊神话人物的形象也随之传播，尽管本身已经发生了巨大的变异。

远东希腊化文明的遗产之所以能产生如此深刻和深远的影响，与继希腊人之后入主此地的民族本身的文明发展程度有关。不论是来自里海沿岸的帕提亚人，来自北方的斯基泰人，还是从中国西北而来的大月氏人、嚈哒人，他们都是游牧民族，背负的是草原文化。从游牧到定居，他们对当地的文化有一个接受适应的过程。面对文明程度大大高出他们的被统治民族，他们别无选择，只好接受当地的文化。这就是远东希腊化文明遗产之所以能够被普遍接受的历史和文化背景，也是后来这些统治民族的文化中包含大量希腊化因素的原因。当

1 《史记》卷一二三《大宛列传》，第3160、3162、3174页。

2 详见杨巨平：《亚历山大东征与丝绸之路开通》，《历史研究》2007年第4期，第150—161页。

然，这是一个潜移默化的渐进过程。不可否认的是，他们在接受希腊化文明遗产的同时，也接受了其他民族的文化，特别是印度、波斯的文化，同时注入了自己的游牧文化元素。印度—斯基泰人钱币上的国王戎装骑马形象，贵霜钱币上的国王身着本民族的皮袍皮靴，向琐罗亚斯德教（Zoroastrianism）的火坛献祭，同时又将印度和波斯的神视为自己的保护神，就是这种多元文化相结合的见证。希腊、印度、波斯、中国、草原五大文明能够在原来希腊化的远东地区互动交流，以巴克特里亚为中心的丝路交通体系无疑发挥了至关重要的作用。

小　结

希腊化文明本质上是一个既多元又统一的混合文明。究其整体上的构成和影响而言，实际上有两个中心，一个是东地中海地区，一个是巴克特里亚地区。前者的文明传承作用显而易见，有目共睹，后者则长期湮没在历史的尘封之中。然而，正是巴克特里亚的希腊人在中亚地区和印度西北部长达约三个世纪的统治，才使得这一区域的希腊化文明在孤悬远东的困境下，能一花独放，得以延续。此地的希腊人坚持他们的文化传统、生活方式、宗教信仰，坚持使用他们自己的语言，同时也不断地调适自我，有选择地接受当地的文化，所以才能在这样的多元文化环境中创造出一个独特的以阿姆河流域为中心，囊括中亚、印度西北部的“希腊—巴克特里亚文明圈”（或曰“远东希腊化文明圈”）。生活于其中的民族，不论是外来的，还是本土的，都不同程度地受到了希腊化文明的直接或间接的影响。可以毫不夸张地说，它们的文化正是在吸收希腊化文化遗产的基础上发展起来的，它们的文明在某种程度上就是希腊化文明的延续和发展。巴克特里亚是丝绸之路的枢纽地区，同时也是希腊罗马、波斯、印度和中国文化的汇聚之地。远东希腊化文明的遗产及其信息正是由此传到了中国，并融入了中华文化的传统之中。

（杨巨平）

第六章　印度—希腊人与希印文化交融的加深

早在波斯帝国时期，古希腊人对印度就已知晓。赫卡泰欧斯（Hecataeus，约公元前550—约前476年）的《大地环游记》（*Periodos ges, Journey round the Earth*）对印度已有提及，希罗多德的《历史》对印度西北部的地理和民族也有比较详细的记载。亚历山大曾在印度征战两年，其间还结识了一些当地的裸体智者，随他从征的皮浪（Pyrrho）甚至受到印度哲学的启示，回来后创立了著名的怀疑主义学派。亚历山大在此地还留下了一些驻军，建立了一些希腊式城市。但随着亚历山大的撤退和猝然去世，帝国分裂，这些希腊—马其顿的驻军也就撤离印度。在今日阿富汗南部的坎大哈地区，可能还有部分希腊人残留。孔雀王国的第三位国王阿育王时期大力弘扬佛教，此地出现的希腊语敕令铭文和其他希腊语铭文证明了希腊人的存在和希腊语的流行。但希腊文化与印度文化真正发生深入的接触和融合，则是在印度—希腊人时期。这批希腊人来自巴克特里亚王国，虽然孤悬远东，但仍然保持了自己的希腊文化传统。他们的都城之一阿伊·哈努姆遗址就是一座典型的希腊式城市。公元前2世纪初，他们开始向兴都库什山以南扩张，由此拉开了希腊文化与印度文化大规模交流的序幕。这些希腊人在巴克特里亚王国灭亡之后，依然在印度西北部坚持了一个多世纪，直到公元前后才彻底消失。学界一般将这批希腊人称为印度—希腊人（Indo-Greeks）。当地的印度人则称他们Yavanas或Yonas。

一般认为，Yavana（Yona）[1]是古代印度文献中对希腊人的统称。Yavanas（Yonas）即印度—希腊人。但实际上，这个称谓的内涵却是随着时代的变化而变化。它先是指小亚的希腊殖民者Ionians，后来指移居于中亚巴克特里亚的希腊人，再后来指随着亚历山大侵入并定居于印度的希腊人，特别是指公元前2世纪初从巴克特里亚王国进入印度西北部的所谓“印度—希腊人”。虽然这些印度—希腊人公元前后消失于印度民族的汪洋大海之中，但Yavanas一词仍然在印度流行，只不过此后成了对西方外来民族的泛称。[2]

关于Yavanas的研究，大概从1735年第一枚巴克特里亚希腊人国王欧克拉提德（Eucratides）的银币在印度发现以来就开始了。[3]经过西方和印度本土学者长期而艰苦的努力，可以说，关于Yavanas的关键问题学界都有了一定的结论，但这些结论几乎无一幸免于新的材料和研究成果的挑战。[4]因此，笔者感到在相关的文献学、钱币学、碑

1 Yavanas是梵语Yavana的复数形式。Yavana在汉译佛经中一般称为“耶婆那”“耶盘那”“耶槃那”等。Yavana的巴利语形式是Yona, 佛经汉译为“臾那”。本章主要是以古印度语境下的希腊人为研究对象，故沿用原文，一般统称Yavanas，引文时或特定情况下用Yona。

2 关于公元后的Yavanas，奥托·斯坦因断言，他们都已被印度社会所吸收，希腊人的殖民地不可能再存在，见Otto Stein, “Yavanas in Early Indian Inscription,” *Indian Culture*, I (1934-1935), p. 356. 但也有学者对此提出商榷，认为即使在公元之初，Yavanas一词也涵盖三种不同的外国人，即希腊人、印度—希腊人、来自罗马东部的定居者。其中前两种人定居于南亚次大陆的西北部和西部，后一种殖民于印度半岛，主要从事商业贸易活动。（Himamshu P. Ray, “The Yavana Presence in Ancient India,” *Journal of the Economic and Social History of the Orient*, Vol. 31, No. 3, 1988, pp. 311-325.）本章探讨的Yavanas主要是指公元以前活动于印度西北部的印度—希腊人。

3 此银币为四德拉克马，上有希腊语铭文：ΒΑΣΙΛΕΩΣ ΜΕΓΑΛΟΥ ΕΥΚΡΑΤΙΔΟΥ（伟大的国王欧克拉提德）。

4 1738年，提奥菲罗斯·拜尔（Theophilus Bayer）出版了他的《巴克特里亚希腊人王国史》（*Historia Regni Graecorum Bactriani*, St. Petersburg: Academia Scientiarum）。此书利用文献资料和两枚巴克特里亚希腊人国王的钱币，给出了六位希腊人国王的名字，（转下页）

铭学资料日益增多的今天，我们已经不仅有可能，而且有必要对印度—希腊人的历史进行一番实证性的回顾和考察，以弄清印度人和这个来自地中海的民族以及他们所代表的两大文明是如何相知、相识，

（接上页）可谓说开巴克特里亚—印度—希腊人研究之先河。此后，随着钱币、碑铭和其他考古资料的不断增多，研究的兴趣也主要由古物收藏向利用考古资料进行历史研究过渡，研究的对象也从整体的巴克特里亚希腊人转向印度的希腊人。1912年罗林森的《巴克特里亚：一个被遗忘的帝国的历史》（H. G. Rawlinson, *Bactria: The History of a Forgotten Empire*, London: Probsthain & Co., 1912）仍然将巴克特里亚希腊人在印度的活动视为巴克特里亚历史的一部分，但1938年塔恩的《巴克特里亚和印度的希腊人》（*The Greeks in Bactria and India*, Cambridge: Cambridge University Press, 1938）则把两地的希腊人有意识地区别开来，当然这种区别早在1902年塔恩的《论巴克特里亚和印度的希腊主义》（"Notes on Hellenism in Bactria and India," *The Journal of Hellenic Studies*, Vol. 22, 1902, pp. 268-293）一文中就已经出现。1957年纳拉因《印度—希腊人》（*The Indo-Greeks*, Oxford: Clarendon Press, 1957）的出版，标志着印度—希腊人成为独立的研究对象。由于文献资料的严重缺乏，钱币、碑铭与其他历史遗迹罕有明确的年代记载，关于印度—希腊人的任何结论都难免受到质疑。其中关于对印度—希腊人历史地位和归属的争论尤其引人注目。塔恩的《巴克特里亚和印度的希腊人》（1951年再版）是第一本系统研究印度—希腊人的学术专著，搜集了当时一切可以利用的文献和碑铭、钱币资料，吸收了最新的研究成果，可以说是两个世纪以来巴克特里亚—印度—希腊人研究的集大成之作，直至今日仍具有重要的参考价值。1984年美国学者霍尔特（Flank Lee Holt）主编出版了此书的第三版（Chicago: Ares Publishers Inc.），对原作未作任何改动，但增加了《关于巴克特里亚研究的介绍》（"Introduction to Ancient Bactrian Study"）和《近期研究书目》（"Bibliography of Recent Research"），对塔恩之后出现的新材料新观点以及最新的研究成果作了补充。纳拉因的《印度—希腊人》一书最大的特点就是依据与塔恩相似的资料，但得出了与之相反的结论。塔恩认为包括印度—希腊人在内的巴克特里亚希腊人的历史应该是希腊化历史的一部分，他们的王朝是堪与塞琉古、托勒密、安提柯（马其顿）、阿塔卢斯（帕加马）并列的希腊化王朝之一。（p. xx）纳拉因则认为"巴克特里亚不是第五个希腊化国家，遑论印度小小的Yavana王国了"。印度—希腊人的历史只能是印度而非希腊化国家历史的一部分。"希腊人来了，希腊人看到了，但印度人胜利了。"（p. 11）由于塔恩当年逝世，这场论战缺乏对手的回应而成了一方的宣示。纳拉因在2003年出版了《印度—希腊人》的修订扩充版（*The Indo-Greeks: Revisited and Supplemented*, New Delhi: B. R. Publishing Corporation, 2003），1957年的正文原文收入，另外加入了他为1989年版《剑桥古代史》第八卷撰写的一章《巴克特里亚和印度的希腊人》（"The Greeks of Bactria and India"），以及一本1955年就出版并多次重印的专著《印度—希腊人的钱币类型（公元前256—前54年）》（*The Coin-Types of the Indo-Greek Kings, 256-54 BC*）和后来的九篇论文。本章的研究可以说主要是在这两位前辈的基础上起步的。

最后又是如何相互接受、相互融合的。印度人的“希腊化”还是希腊人的“印度化”是本章探讨的重点。

第一节 印度—希腊人之前希腊与印度的接触与联系

应该说，希腊人在印度的大规模出现始于亚历山大入侵之时。但在此之前，印度人对东地中海的希腊人并不十分陌生。这主要得益于波斯帝国的中介。从波斯居鲁士时代（公元前559—前530年）开始，印度西北部（印度河以西）和小亚的希腊城邦都纳入了波斯帝国的版图。[1]印度人和希腊人尽管相距遥远，但相互之间不仅有信息的传闻，更有互临其地的偶然接触。[2]Yavanas一词实际上就是这种传闻和接触的产物。但也正由于印度西北部曾是波斯帝国的一部分，所以才诱发了亚历山大的入侵，才会有Yavanas在印度辉煌而悲壮的传奇一幕。

Yavanas源于波斯语中的“Yauna”一词。此词首先出现于波斯国王大流士时期（公元前522—前486年）的贝希斯顿三语铭文（刻于公元前519年）。他在历数所征服和统治的23个地区时，提到了一个名为Yauna的波斯语地名，其对应的埃兰语和巴比伦—阿卡德语形

---

1 Herodotus, *The Histories*, 1.177-178, 3.94, with an English translation by A. D. Godley, Cambridge, Mass.: Harvard University Press, 1975；[古希腊]希罗多德：《历史》，王以铸译，北京：商务印书馆，1985年，第89、238页；Arrian, *Anabasis of Alexander*, “Indica”, 1.1-3, with English translation by P. A. Brunt, Cambridge, Mass.: Harvard University Press, 1983；[古希腊]阿里安：《亚历山大远征记》，李活译，北京：商务印书馆，1985年，第260页。阿里安的罗叶布古典丛书先后有两个英文译本。李活的中文译本依据的是E.Iliff Robson 1929年版的英文译本。

2 希腊人斯库拉克斯（Scylax，约公元前510年？）曾受波斯国王大流士一世之命对印度河河口进行了考察，此后大流士便征服了印度人；公元前480年薛西斯征伐希腊本土的大军中就有来自印度的士兵。Herodotus, *The Histories*, 4.44, 7.65；[古希腊]希罗多德：《历史》，王以铸译，第282、494页。

式分别是iyauna和ia-a-ma-nu。[1]这一地名显然与古希腊语表示伊奥尼亚人（Ionians）[2]的'Ἰάονες（Iāones、Iāwones）或Ιωνες和表示伊奥尼亚（Ionia）的Ιωνια等词有关。[3]根据托尔曼的解释，Yauna既可作为形容词指“伊奥尼亚人的”（Ionian），也可作为名词指“伊奥尼亚人”（Ionians）。作为名词时，单数是yauna，复数是yaunā。因此，Yauna本身就含有伊奥尼亚人的土地（the land of Ionians）之意。[4]由于印度西北部和小亚伊奥尼亚希腊人殖民地早在居鲁士时代就被波斯征服，Yauna的称谓很可能先于贝希斯顿铭文传到了印度。

Yavanas一词在印度文献中的最早出现，是在印度古代梵语语法家帕尼尼（Panini）的语法书《八章》（*The Ashtadhyayi*）之中。帕尼尼是印度西北部历史名城塔克西拉（Taxila）附近的萨拉图剌（Salatura）地方人，生卒年代不详，一般认为要早于亚历山大征服印度之时。他在此书中首次提到了Yavana的阴性形式*Yavanānī*（指希腊女人，Greek woman，或希腊文字，Greek script）。既然Yauna的最早传入只能在居鲁士或大流士在位期间，帕尼尼的生活年代也就必然在此之时或之后，但肯定大大早于亚历山大征服印度之前。[5]此外，帕尼尼对希腊人的了解不仅仅通过传闻，或许还有实际的接触，因为他

---

1 H. C. Tolman, *Ancient Persian Lexicon and Texts*, New York, Cincinnati and Chicago: America Book Company, 1908, pp. 2, 5, 119. 参见A. K. Narain, *The Indo-Greeks*, Oxford: the Clarendon Press, 1957, pp. 165, 168. 纳拉因所引埃兰语与阿卡德语之名称构词有所不同，分别为“ia-u-na”和“ia-ma-nu”。

2 “Ionians”的中文译名有基于古希腊语和英语发音的“伊奥尼亚人”和“爱奥尼亚人”两种。这里为了强调Yavanas与Ionians的关系，采用“伊奥尼亚人”之译名。Ionia也同理译为“伊奥尼亚”。

3 “Ἰάονες”最早出现在Homer, *Iliad*, 13.685, with an English translation by A. T. Murray, Cambridge, Mass.: Harvard University Press, 1976; Homer, *Homeric Hymns*, “Hymn 3 to Apollo,” 147, edited and translated by Martin L. West, Cambridge, Mass.: Harvard University Press, 2003. 参见Henry George Liddell and Robert Scott, *A Greek-English Lexicon*, Oxford: Clarendon Press, 1996, “Ἰάονες”, p. 815; “Ιων” (“Ιωνια”), p. 847.

4 H. C. Tolman, *Ancient Persian Lexicon and Texts*, p. 119.

5 A. K. Narain, *The Indo-Greeks*, pp. 1-2.

的家乡印度西北部与小亚希腊人迁居地巴克特里亚[1]并不遥远。希腊的钱币早就在波斯帝国的东部流行，雅典的猫头鹰式钱币和其他城邦的钱币在阿富汗已有发现。这一定是来自希腊的商人和移民带来的。[2]帕尼尼甚至可能见到了所谓“剃发的”（the shaven headed）Yavanas，因为在印度人看来，这些Yavanas留着短发。[3]根据阿里安的记载，亚历山大征服印度时，在科芬河（Cophen）和印度河之间曾遇到一个名叫奈萨（Nysa）的城市，此地山上长满常春藤，当地人自称酒神狄奥尼索斯的后裔，很久以前追随他来到此地。[4]这虽然是个传说，不足为凭，但也暗示此前可能有希腊人小批次地进入过印度。[5]这些希腊人在印度的出现无疑增加了印度人对他们接触了解的机会。因此，我们有理由将帕尼尼生活的时代定于公元前6世纪至前4世纪之间，他所说的Yavanas肯定是指在他之前或之时进入印度或移居巴克特里

---

1 据希罗多德，大流士一世曾把在利比亚俘虏的希腊人殖民者——巴尔卡人（Barcaeans）强迫移居到巴克特里亚。（Herodotus, *The Histories*, 4.204;［古希腊］希罗多德:《历史》，王以铸译，第344页）。希罗多德还提到在希波战争初期，大流士一世恐吓小亚的伊奥尼亚人，如果不努力效忠，打了败仗，就把他们的男孩阉割，女孩发配到巴克特里亚去。（Herodotus, *The Histories*, 6.9;［古希腊］希罗多德:《历史》，王以铸译，第406页。）可见当时将小亚伊奥尼亚人强迁到中亚已成为波斯对付希腊人的惯例。但也有希腊人自愿前往，如斯特拉波提到的布兰开德族人（Branchidae）。他们的家族本是米利都城邦狄底玛（Didyma）圣域阿波罗神谕所的祭司，负责神庙的安全，但在希波战争中，他们背叛同胞，将神庙的财宝献给了波斯。波斯人战败后，他们害怕受到报复，请求国王薛西斯（Xerxes）将他们带走。国王满足了他们的心愿，将他们迁往中亚巴克特里亚—索格底亚那（Bactria-Sogdiana）地区，时在公元前479年之后。参见Quintus Curtius Rufus, *The History of Alexande the Great of Macedon*, 7.5.28, with an English translation by John C. Rolfe, Cambridge, Mass.: Harvard University Press, 1999; Plutarch, *Moralia*, 557B, with an English translation by Frank Cole Babbitt, et al., Cambridge, Mass.: Harvard University Press, 1994; Strabo, *Geography*, 11.11.4, with an English translation by Horace Leonard Jones, Cambridge, Mass.: Harvard University Press, 1988. 有关古典资料及考证也可见N. G. L. Hammond, “The Branchidae at Didyma and in Sogdiana,” *The Classical Quarterly*, New Series, Vol. 48, No. 2 (1998), pp. 339-344.

2 A. K. Narain, *The Indo-Greeks*, p. 4.

3 A. K. Narain, *The Indo-Greeks*, pp. 1-2.

4 Arrian, *Anabasis of Alexander*, 5.1-2, “Indica” 1.4-5, 5.8-9;［古希腊］阿里安:《亚历山大远征记》，李活译，第158—160、260、264页。原文将“ivy”译作“长春藤”，似应为“常春藤”。

5 正如纳拉因所言:“狄奥尼索斯可以是神话传说，但奈萨和它的希腊人却似乎是真实的。” A. K. Narain, *The Indo-Greeks*, p. 2.

亚—索格底亚那的希腊人。由于小亚的伊奥尼亚人是印度人首先知晓的希腊人，所以源于波斯语的Yauna的梵语Yavana及其变种Yona就成了印度人对希腊人的统称。

公元前327年亚历山大率军侵入印度西北部，开启了希印两个民族相互认知的新阶段。对于一般印度人而言，Yavanas已不再是遥远的传闻，反而成了闯进门来的不速之客。遗憾的是，当时的古代印度文献对这次征服竟然没有任何记载和反映，我们只能依据西方古典文献来还原亚历山大及其后继者在印度的活动。如同在帝国的其他地区，亚历山大采取分而治之的方式，委托原来的印度地方首领波鲁斯（Porus）和塔克西里斯（Taxiles）来管理新征服的地区，但在战略要地仍然部署军队驻守，以防不测。亚历山大帝国崩溃后，驻守印度的将领欧德谟斯（Eudemus）和培松（Peithon）率军于公元前316年撤出，印度西北部归于新兴的印度孔雀王朝的管辖之下。公元前305年塞琉古一世再次侵入印度，试图收回亚历山大帝国在印度的遗产，却未能如愿。但他得到了500头大象的回报，并使两个王朝联姻。[1]两国建立了正常的外交关系，塞琉古朝在孔雀王朝的首都华氏城派有常驻使节。[2]孔雀王朝还设立一个国家部门，专管希腊人和波斯人的事务。[3]但驻军的撤出和占领权的放弃，并不意味着希腊人在这一地区的完全退出。幸运的是，这些仍然留居印度的希腊人在孔雀王国第三任国王阿育王（Asoka，约公元前268—前232年在位）的石刻诏令[4]中

---

1 Strabo, *Geography*, 15.2.9.

2 塞琉古王国派往印度孔雀王朝都城华氏城的常驻使节有记载的有两位，分别是旃陀罗笈多在位时的麦伽斯梯尼（Megasthenes）和其子宾头沙罗（Bindusara或Allitrochades）在位时的第马库斯（Deimachus）。Strabo, *Geography*, 2.1.9.

3 A. K. Narain, *The Indo-Greeks: Revisited and Supplemented*, New Delhi: B. R. Publishing Corporation, 2003, p. 363.

4 这些诏令有的刻在岩壁上和石洞内，有的刻在石柱上，其主旨是向他的臣民弘扬佛法（巴利文Dhamma，梵语为Dharma，达摩），宣扬自己在佛法感召之下的德治善政（其中不乏对此前征服杀戮的反悔），提倡和平、宽容、博爱。

得到了证实。

阿育王首次使用Yona一词表示他治下和他所知道的希腊人。在第2号岩刻诏令（Rock Edicts）中，他提到自己给边境之外的希腊人国王（Yonaraja）安条克（Amtiyoka，Antiochos）及其相邻国王所统治的地区送去了草药。在第5号诏令中，他提到在即位后的第十三年，委任宣教官员（Dhamma Mahamatras）到包括Yona人在内的西部边远地区传播佛法。在第13号岩刻诏令中，他明确列举了他用达摩（Dharma，佛法）所“征服”的远在600 由旬（yojanas）[1]之外的五位希腊人国王（Yonaraja）：Amtiyoko、Uramaye、Amtikini、Maka、Alikasudaro。据考证，他们就是与他同时代的塞琉古王国的安条克二世（Antiochos II，公元前261—前246年在位）、埃及的托勒密二世（Ptolemy II，公元前285—前247年在位）、马其顿的安提柯·贡那特（Antigonos Gonatos，公元前278—前239年在位）、昔列尼（Cyrene）的马伽斯（Magas，公元前300—前258年在位）、伊庇鲁斯的亚历山大二世（Alexander II，公元前272—前258年在位）。在这份诏令中，他还特别提到，“除了希腊人之外，婆罗门和禁欲主义者无所不在，没有一个地区的人民不服膺于一个或另一个宗教”。[2]可见，阿育王对当时的西亚、东地中海地区希腊化世界的政治格局和同时代的当政者还是比较了解的，对境内的希腊人的宗教信仰也是熟悉的，知道他们还没有皈依印度的宗教，因此有必要向这些希腊人宣扬佛法，表明自己的心愿和理想。所以，他的诏令有的是用纯粹的希腊语，有的则是用阿拉米亚字母拼写的印度语和希腊语书写而成。1958年和1963或

1 yojana是古代印度的长度单位，各时期变化不等，一般在4—9英里之间。阿育王时期的600 yojanas约3000英里。见N. A. Nikam and R. Mckeon, *The Edicts of Asoka*, Chicago: The University of Chicago Press, 1959, p. 29.

2 Ven. S. Dhammika, *The Edicts of King Ashoka*, Kandy, Sri Lanka: Budhist Publication Society (The Wheel Publication No. 386/387), 1993, “the Fourteen Rock Edicts”: Nos. 2, 5, 13.

1964年，两个有希腊语的石刻诏令在阿富汗的坎大哈被发现。[1]这些希腊语诏令的发现意义重大，它们不仅证实了希腊人在孔雀帝国境内的存在，而且证明这些希腊人仍然保持着自己的文化传统和宗教信仰。

由于迄今发现的阿育王希腊语诏令都在阿富汗，可以断定在当时的印度西北部，准确一点说是当时的孔雀帝国的西部边远地区，即今日的阿富汗东部地区，肯定有这么一批希腊人仍然在此居留。他们可能是以前的移民者，从事商业、手工业或农业等，而且可能是集中居住。坎大哈当时可能有一个希腊人社区。希腊人中应该不乏文人学者。因为阿育王要把这些佛教说教（尽管很简单，没有涉及到佛教的深奥哲理）译成标准典雅的希腊语，就必须首先要找到通晓这两种语言的译者，这样的人才恐怕只能从希腊人中寻找。坎大哈双语诏令用希腊语中具有虔诚、虔敬（piety）之意的ευσέβεια（eusebeia）一词来表示佛法“Dhama”就非常传神。阿育王所希望的“虔诚”包括不杀生、节制、孝敬父母，尊敬长者。他还承诺，如此坚持下去，就能在将来生活得更加幸福。[2]这样的说教对于远在异国他乡的希腊人来说，无疑具有一定的亲和力和感召力。他在诏令中特别提到派人到远到东地中海的希腊化王国去传教，实际上也有向他治下的希腊人主动示好之意，希望他们通过皈依佛教在印度有一种回归家园之感。可以想象，这些印度的希腊人中一定有一些新的移民来自这些希腊化国家。同样遗憾的是，阿育王在西亚、地中海传教的效果如何，印度当地的希腊人是否接受了他的劝谕，都缺乏明确的文献记载。或许这只

1 前者用希腊语和阿拉米亚语（Aramaic，波斯时期传入），后者仅用希腊语。Mortimer Wheeler, *Flames over Persepolis*, New York: Reynal & Company Inc., 1968, pp. 65-69; Susan Sherwin-White and Amélie Kuhrt, *From Samarkand to Sardis: A New Approach to the Seleucid Empire*, Berkeley and Los Angels: University of California Press, 1993, pp. 101-102.

2 S. M. Burstein, *The Hellenistic Age from Battle of Iposos to the Death of Kleopatra VII*, Cambridge: Cambridge University Press, 1985, pp. 67-68.

是阿育王本人的美好理想而已。但可以肯定的是，在他统治时期，孔雀王朝和印度之外的希腊化世界仍然保持着密切的关系，[1]两地希腊人的接触和文化上的流通并未中断。尤其值得注意的是，阿育王的诏令中使用的“Yona”包括远到地中海的所有希腊人，而非仅限于印度的希腊人。Yona范围的扩大，意味着印度人对希腊人的认识在扩大，在加深。

第二节 巴克特里亚希腊人的入侵

巴克特里亚希腊人进入印度发生在公元前2世纪初。此前不久（公元前206年），塞琉古王国的安条克三世曾乘阿育王之后孔雀帝国内乱分裂之际，率军越过兴都库什山，进入印度，与一位名为索法伽塞努斯（Sophagasenus）的印度地方王公重叙旧谊，获得大象和其他馈赠后，就转身而归。[2]从表面上看，这次入侵似乎只是一次象征性的武力威胁或主权宣示，在印度的文献中同样没有留下任何记载，但它实际上是此后巴克特里亚希腊人进入印度的预演。它说明，尽管印度已经脱离希腊人的统治一个世纪之久，但塞琉古王国和巴克特里亚的希腊人对亚历山大的印度遗产仍然念念不忘，一有机会，就想卷土重来。然而，也正是巴克特里亚希腊人对印度的入侵，才使得印度人第一次对Yavana或Yona人有了更为深入和全面的了解。这是因为这次入侵的希腊人不是匆匆过客，而是要寻找新的生存空间。在长达约

1 埃及托勒密二世曾派使者Dionysius前往阿育王的宫廷。Pliny, *Natural History*, 6.21, with an English translation by H. Rackham, Cambridge: Mass.: Harvard University Press, 1999.

2 此前，巴克特里亚的国王Euthydemus也曾赠送给他若干大象，二者加起来有150头之多。Polybius, *The Histories*, 11.39.11-13, with an English translation by William Roger Paton, Cambridge, Mass.: Harvard University Press, 1993.

两个世纪的统治期间，他们不仅完成了自己身份的转换，从巴克特里亚希腊人变成了印度—希腊人，而且在印度的历史和文化上留下了深刻的印记。

然而，关于这批印度—希腊人，不论是印度还是西方的古典文献，记载都极为贫乏。可能西方古典作家对这批远离希腊化世界中心的希腊人所知实在太少了。提及他们比较多的主要是斯特拉波（Strabo，公元前63/64—约公元24年）的《地理志》，但他的材料间接来自巴比伦尼亚地区阿尔特米塔城（Artemita）的希腊作家阿波罗多洛斯（Apollodorus，主要活动于公元前100—前70年）的《帕提亚史》（*The Parthica*）。此外，公元2世纪罗马作家查士丁（M. Justinus）的《庞培乌斯·特罗古斯〈菲利普史〉摘要》（*Epitome of Pompeius Trogus' "Philippic Histories"*）第41卷和特罗古斯（Pompeius Trogus，公元前1世纪人）原著第41卷的序言中也提到四位巴克特里亚国王和三位印度—希腊人国王。[1]巴利文的*Milindapanha*和汉文的《那先比丘经》都提到了一位皈依佛教的印度—希腊人国王米南德（Milinda，Menander）或"弥兰"。这些零散的记载显然不足以使我们完整地还原这批印度—希腊人的历史。但近代以来在古代印度西北部和巴克特里亚地区发现的希腊式钱币以及与他们有关的碑铭，特别是印度—希腊人的希印双语币，为我们提供了极为重要的研究依据。它们的分布地虽然与印度—希腊人的实际统治区域不可能完全吻合，但还是可以将发现比较集中的区域视为希腊人政治、经济活动的范围。此外，从一些仅存的印度文献中，也可以看出当时他们对印度—希腊人

1 这四位巴克特里亚国王是Theodotus父子、Eucratides父子，三位印度—希腊人国王是Demetrius I、Apollodotus I和Menander I。见Marcus Junianus Justinus, *Epitome of the Philippic History of Pompeius Trogus*, 41.4.5, 8-9; 41.6.1-5, translated with notes by the Rev. John Selby Watson, London: Henry G. Bohn, 1853; Justin, *Epitome of the Philippic History of Pompeius Trogus*, "prologe 41", translated by J. C.Yardley, Atlanta, GA: Scholar's Press, 1994, p. 285; G. F. Assar, "Artabanus of Trogus Pompeius' 41st Prologue," *ELECTRUM*, Vol. 15 (Kraków, 2009), p. 124.

的熟悉与关注。可能对于他们而言，这些希腊人只不过是一批新来的Yavanas。

关于印度古代两大史诗《摩诃婆罗多》（*Mahabharata*）和《罗摩衍那》（*Ramayana*）出现的时间说法不一，一般认为前者出现于公元前4—公元4世纪之间，后者出现于约公元前4—公元2世纪之间。二者中均有Yavanas的身影。《摩诃婆罗多》常常把他们和Kamb(v)ojas、[1] Sakas这些部落相提并论。[2]他们一般被置于今巴基斯坦与阿富汗交界的卡菲里斯坦（Kafiristan）地区。[3]《罗摩衍那》也提到了Yavanas、Sakas、Kambojas、Pahlavas这些好战的蛮族部落。[4]既然二者都把Yavanas人与公元前2世纪以后进入印度西北部的Sakas（萨迦人，塞人，或Indo-Scythians，印度—斯基泰人）以及Pahlavas（Indo-Parthians，印度—帕提亚人）联系在一起，说明两部史诗成型的时间当在公元前2世纪以后，其中所说的Yavanas应该是指从西北方向巴克特里亚而来的希腊人。

帕剌萨剌（Parasara）被认为是印度最古老的天文学家，后人对其知之甚少，甚至连他生活的时期也没有明确的记载，只知他与吠陀书的编撰有关。现存归于他名下的《帕剌萨剌经典》（*Parasara Tantra*）将Yavanas的活动范围置于西部印度，因此该书定型的时间不

---

1 印度西北部的一个部落，在梵语文献中，常常和Yavanas、Sakas等并列提及。G. A. Grierson, "The Birthplace of Bhakti," *Journal of the Royal Asiatic Society of Great Britain and Ireland*, Jul. 1911, pp. 800-801.

2 详见*The Mahabharata of Krishna-Dwaipayana Vyasa*, translated by K. M. Ganguli at the internet sacred text archive, Biblio Bazaar, 2009, Book 7: pp. 21, 37, 64, 248, 339, 340, 341, 345.

3 E. H. Johnston, "Demetrius in Sind?" *Journal of Royal Asiatic Society of Great Britain and Ireland*, No. 2 (Apr. 1939), pp.217-240.

4 *Valmiki Ramayana*, 1.54, 55.《罗摩衍那》的英译或梵英对译本较多，虽然关于Yavanas内容的英译字面上不太一致，但基本意思相同。汉译本见季羡林译:《罗摩衍那（一）》，《季羡林文集》第十七卷，南昌：江西教育出版社，1995年，第296—298页。但季译本的章与英译不同，分别是1.53，54。季羡林译名对应如下：耶婆那（Yavanas）、释竭（Sakas或Shakas），甘谟惹（Kambojas）、波罗婆（Pahlavas）。

会早于公元前2世纪太多。[1]

另外一位提到Yavanas的印度古代天文学家是伽尔吉（Garge）。他生活的具体时间不详，但肯定在帕刺萨刺之后，有公元1—3世纪之间之说。[2]他对Yavanas并无好感，将之贬称为野蛮的外国人（Mlechchhas），但对希腊人中那些有学问的人还是心存敬意，尊称他们为具有圣者、哲人、诗人、预言者之意的“Rishis”，并认为印度的天文学是靠这些希腊人的帮助才得以建立。[3]在归于他名下的占星学著作《伽尔吉本集》（*The Gargi Samhita*，一译《揭路迦文集》）中，含有一部古代印度最重要的史诗《瑜伽往事书》（*Yuga Purana*, the Story of the Ages）。此书以所谓的“Kali”时代为界（约公元前3000年），此后的历史用预言的形式（使用将来时态）来描述，但实际是对以前的回忆，将其附会于古人。其中个别段落比较明确地提到Yavanas对印度中北部的入侵。尽管由于手稿版本的差异，以及译者和引用者理解的不同，各家译文稍有出入，但都证实了一个基本的事实，即Yavanas的入侵曾远抵恒河中游的华氏城下。不论攻克此城与否，最后因内讧撤回。[4]这里有两个问题值得注意。一是Yavanas到底攻克了华氏城没有，这是决定他们这次远途奔袭成败的关键。二是他们在此地停留的时间长短，这与他们在印度的统治范围有关。根据米奇纳（Mitchiner）的最新英译本，《瑜伽往事书》的相关段落可以汉译如下：

---

1 G. N. Banerjee, *Hellenism in Ancient India*, Delhi: Munshiram Manoharlal Publishers Pvt. Ltd., p. 121.

2 W. W. Tarn, *The Greeks in Bactria and India*, p. 453.

3 G. N. Banerjee, *Hellenism in Ancient India*, Delhi: Munshiram Manoharlal Publishers Pvt. Ltd., 1961, p. 121.

4 有关译文及讨论主要见：W. W. Tarn, *The Greeks in Bactria and India*, pp. 452-456; A. K. Narain, *The Indo-Greeks*, pp. 174-179, 82-83; D. C. Sircar, “The Account of Yavanas in the *Yuga-Purana*,” *Journal of the Royal Asiatic Society of Great Britain and Ireland*, No. 1/2 (Apr. 1963), pp. 7-20; E. Mitchiner, *The Yuga Purana*, Calcutta: Asiatic Society, 1986, pp. 91-92 (Paragraph 47-58); O. Bopearachchi, *Indo-Greek, Indo-Scythian and Indo-Parthian Coins in the Smithsonian Institution*, Washington: National Numismatic Collection, Smithsonian Institution, 1993, p. 16 & n. 1.

那时，和Panchalas、Mathuras一起逼近Saketa后，在战场上表现英勇的Yavanas就会到达Kusumadhwaja（the town of the flower-standard，花座之城，Pataliputra，即华氏城）。一旦兵临Paspapura（华氏城的另一名称）城下，它那著名的土墙就会轰然倒坍，整个国家将会陷入一片混乱。

此后，一场全面的社会动乱来临，婆罗门和首陀罗的位置颠倒了，那些最敬畏正法的长老们也敢无所顾忌地剥削人民了。

在城市中，那些Yavanas，那些王公们，会使人民与他们熟悉相处，但好战的Yavanas，将不会停留在Madhyadesa（中部国家）。

他们一致同意离开，因为在他们自己的统治区域爆发了一场可怕的战争。Yavanas于是就在这一地区消失了。[1]可见，Yavanas人不仅攻克了华氏城，而且颠覆了当地原有的统治秩序。他们究竟统治了多长时间不得而知，但能引起一场社会动乱，使当地人民与他们熟悉相处，估计为时不短。不过最终他们还是因后院起火撤离而去，致使长期占领北印度中部和都城华氏城的计划夭折。此则史料中提到的Mathura（位于今印度北方邦，朱木那河上游）、Panchala（恒河与朱木那河相邻与交汇处）、Sakata（位于恒河中游）几个地方都在北印度的中部和东部，[2]由此可知这些Yavanas是从印度西北部方向而来，他们先征服恒河上游地区，然后顺流而下，直抵华氏城。

关于印度—希腊人的这次军事行动，古代印度的梵语语法家帕尼

1 E. Mitchiner, *The Yuga Purana*, Calcutta: Asiatic Society, 1986, pp. 91-92 (Paragraph 47-58).

2 参见A. K. Narain, *The Indo-Greeks*, Map II; W. W. Tarn, *The Greeks in Bactria and India*, Map 2.

尼的注释者帕檀贾利（Patanjali）在其著作《大疏》（*Mahābhāsya*，形成于约公元前150年前后）中也有所提及，只是语焉不详。他在解释梵语的未完成过去时态时，以最近的事件为例句：

（1）“Yavanas那时正在围攻Saketa”（“*Arunad Yavanah Sāketam*”，英译：The Yavanas [Greeks] were besieging Saketa）。

（2）“Yavanas那时正在围攻Madhyamika”（“*Arunad Yavano Madhyamikām*”，英译：The Yavanas were besieging Madhyamika）。[1]

两次提到Yavanas的围攻，说明这次军事行动给作者留下了深刻的印象。这一间接资料的价值在于可以和《瑜伽往事书》相互对照，证明Yavanas确实在公元前2世纪初期或中期在印度的中部和北部有较大的军事扩张行动。[2]另外一部名为《摩罗维迦和火友王》（*Malavikagnimitra*）的梵语剧中也暗示：公元前2世纪中期Yavanas与印度一位国王发生过战争。这是一部反映巽加国王与女仆的宫廷爱情剧，剧作者是古代印度著名的剧作家迦梨陀娑（Kalidasa）。其中保留了一段记忆：巽加王朝开国君主普沙密多罗（Pushyamitra）在位时（生年不详，公元前185—前181年在位，死于约公元前151/150/148年），一支Yavanas的军队在信度河（Sindhu River）岸被他的孙子（剧中的男主角Agnimitra之子）婆苏密多罗（Vasumitra）击败。[3]这似乎与《瑜伽往事书》中的Yavanas入侵是同一事件。但一般认为迦梨陀娑是笈多王朝时期人，约生活于公元4—5世纪（有公元300—470年

---

1 O. Bopearachchi, *Indo-Greek, Indo-Scythian and Indo-Parthian Coins in the Smithsonian Institution*, p. 16; W. W. Tarn, *The Greeks in Bactria and India*, pp. 145-146, Map 2; A. K. Narain, *The Indo-Greeks*, p. 82, Map II. Madhyamika位于今印度拉贾斯坦邦南部。

2 有学者认为关于Saketa的围攻与《瑜伽往事书》所记吻合，想把Yavanas此次的入侵归于印度—希腊人国王米南德。但Madhyamika离米南德征伐的路线之南很远，可能是指另外一场战斗。（George Woodcock, *The Greeks in India*, London: Faber and Faber Limited, 1966, p. 101.）塔恩将这次围攻归于另一印度—希腊人国王阿波罗多托斯。W. W. Tarn, *The Greeks in Bactria and India*, pp. 150-151.

3 O. Bopearachchi, *Indo-Greek, Indo-Scythian and Indo-Parthian Coins in the Smithsonian Institution*, p. 16; A. K. Narain, *The Indo-Greeks*, p. 82.

之说），而且这只是一部剧本，其中提供的有关Yavanas的信息能否作为信史还值得考虑。

从上述印度方面的资料来看，Yavanas的这场扩张行动很可能是一次真实的历史事件。那么，这次事件的主角Yavanas又是何许人也？他们到底是何时而来，为何而去？简言之，他们与巴克特里亚或印度的希腊人王国到底是一种什么关系呢？由于对《瑜伽往事书》有关文本的解读不一，对于这次入侵的主导者，学术界有两种不同的观点。一种是像上述贾亚斯瓦尔和塞卡尔那样，将文本中的Dharmamita看作是印度化的希腊人名Demetrius，并以此为根据，将这次事件归于巴克特里亚国王德米特里首次入印之时（约公元前2世纪初），Yavanas征服的对象是孔雀王朝。[1]另一种否定这一认同，认为应是在印度希腊人米南德国王在位之时（约公元前165/155—前130年），征服的对象是呈现出分裂迹象的巽加王朝。[2]为此，我们不妨把目光转向这一时期的西方古典作家的记载。从中可以看出，这两个希腊人国王都有可能是这次入侵的始作俑者，但米南德的可能性要大于德米特里。

根据斯特拉波对阿波罗多洛斯的转述，巴克特里亚希腊人在印度征服的部落比亚历山大还要多，米南德尤甚。这些部落一些是被米南德个人征服，其余的是被巴克特里亚国王欧泰德姆斯（Euthydemus）之子德米特里征服。[3]言外之意，米南德征服的部落不仅比亚历山大多，也比德米特里多。斯特拉波对此说法似乎有所保留，转述至此，突然插入了自己的一个假设："如果他确实向东跨过希帕尼斯河（Hypanis），远达伊毛斯（Imaus），情况至少是如此。"（11.11.1）这就是说，在斯特拉波看来，相信阿波罗多洛斯这一说法的前提是米南

---

1 W. W. Tarn, *The Greeks in Bactria and India*, pp. 453-455; D. C. Sircar, "The Account of Yavanas in the *Yuga-Purana*," *Journal of the Royal Asiatic Society of Great Britain and Ireland*, No. 1/2 (Apr. 1963), pp. 7-20.

2 A. K. Narain, *The Indo-Greeks*, pp. 82-83, 87, 177.

3 Strabo, *Geography*, 11.11.1.

德的确“东跨希帕尼斯河，远达伊毛斯”，因为希帕尼斯河是亚历山大印度征服的东界。[1]只有突破了这一界限，征服的地方才能超过亚历山大。斯特拉波在另外一处也特别提到，阿波罗多洛斯所说的“那些巴克特里亚国王在印度比马其顿人征服的还多；欧克拉提德无论如何统治着一千个城市”，有悖常识，因为“据其他作家说，从希达斯皮斯河（Hydaspes River）[2]到希帕尼斯河仅仅才9个部落，就有5000个城市，而且没有一个小于墨洛庇亚人（Meropian）的科斯（Cos）岛；亚历山大征服了整个地区，把它给予了波鲁斯（Porus）”。（15.1.3, 33）这里斯特拉波再次提出了自己的逻辑推理，既然亚历山大已经征服了如此广大的地区、部落和城市，要想超越，就必须突破这一范围。那么，这两位到底在印度都征服了哪些地方呢？特别是在哪些方向突破了亚历山大的征服范围呢？斯特拉波接着转述了阿波罗多洛斯的回答：“他们不仅占领了Patalene，而且在沿岸其他地区占领了所谓的Saraostus和Sigerdis王国。”（11.11.1）在另一处，斯特拉波还提到，亚历山大征服的最东界是希帕尼斯河，但他之后的希腊人却越过此河，远达恒河（the Ganges）和华氏城（Patalibotra，Pataliputra）。正是这些人扩大了人们对希帕尼斯河以东地区的了解。（15.1.27）应该说，这两处记述是非常重要的。前一条提供了希腊人的另外一个扩张的方向和路线，就是南下印度河，夺取沿海地区。后一条记述实际是对米南德东进说的补充，他明确交代了希腊人扩张的路线和最后所达到的目标。

为了确定印度—希腊人或米南德和德米特里各自的征服地，有几个关键的地理名词需要澄清。

1 希帕尼斯河（Hypanis），即亚历山大历史家们所说的希发西斯河（Hyphasis），今比亚斯河（Beas）。见Arrian, *Anabasis of Alexander*, 5.24.8, 5.29.2; “Indica” 2.8, 4.1;［古希腊］阿里安：《亚历山大远征记》，李活译，第184、191、261、262页。

2 印度河的一条支流，今名杰卢姆（Jhelum）。

其一，“Imaus”的定位，这关系到米南德东扩的路线和范围。根据纳拉因的理解，斯特拉波的Imaus或Isamos是一条河流，通常被认同为现在的朱木那河（the Jamuna，Jumna）或是宋河（the Song）。[1]但塔恩对“朱木那河说”表示怀疑。[2]从古典作家的记载来看，这里的Imaus似乎是指印度北方的一座大山，而非河流。[3]它是陶鲁斯山脉（Taurus Mountains）的一部分，是它的东端。据斯特拉波，陶鲁斯山脉横亘亚洲的中部，从罗德斯海岸延伸到印度、斯基泰的东端，将亚洲南北一分为二。陶鲁斯山脉从阿里亚那（Ariana）到东边大海的这一部分，在当地有好几个名称，除了Imaus以外，还被称为Paropamisus、Emodus等，马其顿人则称其为Caucasus。他特别指出，印度河是印度的西界（11.1.2-3，15.1.11），Imaius（即Imaus）是陶鲁斯山脉的最后一部分，濒临印度海，是印度的东界（11.11.7）。[4]普林尼在其《自然史》中也对陶鲁斯山脉及Imaus山的称谓和位置有类似的描述。他说：

> 陶鲁斯山脉是一座蜿蜒横贯于从小亚到印度洋的大山系，在不同的地区有不同的名称。从印度洋开始，首先是Imaus，其次是Emodus、Paropanisus、Circius、Cambades、Paryadres（Pariades）、Choatras、Oreges、Oroandes、Niphates、Taurus和Caucasus等。[5]

1 A. K. Narain, *The Indo-Greeks*, p. 82.

2 W. W. Tarn, *The Greeks in Bactria and India*, p. 144.

3 根据Loeb Classical Library希腊语版本的注释（11.11.1; Vol. 8, p. 280, n. 1），“Ιμαου”（“Imaus”的希腊文属格形式）来自Meineke版本（1852年初版），但也指出，此为Casaubon版本（1587年或1620年初版）中对“Ισαμου”（Isamus）本来之名的猜测。关于近代学者对“Ισαμου”的猜测，参见Strabo, *Strabonis Rerum Geographicarum*, Wilhelm Xylander, Johann Philipp Siebenkees, Lipsiae: in Libraria Weidmannia, 1806, Vol. 4, p. 510, n. 4; Strabo, *Strabonis Geographica*, recogn. Augustus Meineke, Lipsiae: in Aedibus B. G. Teubneri, 1877, Vol. 2, p. 725.

4 类似的说法也可见Arrian, *Anabasis of Alexander*, “Indica” 2.1-4；［古希腊］阿里安：《亚历山大远征记》，李活译，第261页。

5 Pliny, *Natural History*, 5.27. 此处的Paropanisus与斯特拉波的Paropamisus实为一地。

根据这样的地理位置，Imaus当指现在兴都库什山以东的喜马拉雅山。[1]既然米南德是在印度中北部扩张，所以，跨过希帕尼斯河再往东的Imaus地区，就只能是喜马拉雅山之南的恒河流域了（希腊人显然不可能向终年积雪、没有人烟的山区进发）。所以，将Imaus视为印度中北部地区虽然有点宽泛，但大致方位不会有错。纳拉因所说的朱木那河或宋河，虽然也在此范围之内，但显然与可作为山脉名称的Imaus无关。Imaus是当时当地人对他们北面的这一部分陶鲁斯山脉的称呼，事实上也根本不可能与当地的朱木那河或宋河混同。[2]但希腊人在此二河地区有军事征服活动则是可能的，前述的印度文献也证明了这一点。

其二，归于米南德和德米特里名下征服的地区：Patalene、Saraostus和Sigerdis。按照斯特拉波的说法，Patalene由印度河两条入海的支流环绕，形成一座岛，岛上有一座城市Patala，此岛因此而命名。（15.1.13, 32, 33）Saraostus（古代又名Surestrene，现名Saurashtra），位于印度河河口东南的濒海地区（今印度古吉拉特邦南部）。公元1世纪的西方古典文献《厄立特里亚航海记》对此有较为详细的介绍。[3]Sigerdis则指今日巴基斯坦南部的信德地区，位于印度河

---

1 也可见Strabo, *Geography*, Vol. VII (Books 15-16), Map XII (p. 380). 该地图将现在称为喜马拉雅山的印度北部山脉注为Imaus。

2 关于Imaus的方位，还可见John Lemprière, *Lemprière's Classical Dictionary of Proper Names Mentioned in Ancient Authors, with a Chronological Table*, London and New York: Routledge, 1949, p. 295. 该书1788年出版，至今多次再版，在"Imaus"词条中这样解释："它是斯基泰地区的一座大山，是陶鲁斯山脉的一部分，它将斯基泰地区分为Intra Scythia和Extra Scythia，向东延伸远至东面的大洋。"也可参见［苏］波德纳尔斯基编，梁昭锡译:《古代的地理学》，第201、204、336页以及第452、473页注释词条"伊马""套鲁斯"（北京：商务印书馆，1986年）。托勒密在其《地理学》中，对此山脉也有提及，他的Imaus山似乎是指兴都库什山和帕米尔高原以北方向的山脉，详见Claudius Ptolemy, *The Geography*, 6. 14-16, translated and edited by Edward Luther Stevenson, New York, 1932, Repr. 1991.

3 W. H. Schoff, trans. and ed., *The Periplus of the Erythraean Sea: Travel and Trade in the Indian Ocean by a Merchant of the First Century*, 41, London: Bombay & Calcutta, 1912.

下游。以此而论，他二人的南部征服只不过是重走当年亚历山大的老路，但却奠定了印度—希腊人长期统治的基础，而且统治的范围要远远超过亚历山大仅仅经过的印度河两岸，包括了整个印度河中游（旁遮普）以下直到河口三角洲的广大周边地区。就这一方向而言，说他们征服的部落比亚历山大多也是符合事实的。

其三，亚历山大之后希腊人进军远至的恒河和华氏城。恒河之名沿用至今，华氏城即今印度比哈尔邦首府巴特纳（Patna），位于恒河包括朱木那河和宋河在内的各条支流的汇合处。从摩揭陀王国（公元前5世纪）起，就一直作为印度诸王朝的都城。公元前2世纪初巽加王朝（约公元前185—前78年）推翻了孔雀王朝后，也是以此为都。德米特里一世入侵印度，按照法国钱币学家波比拉赫奇确定的在位年代，至少在公元前190年之前，米南德即位约在公元前155年。[1]就事件本身来说，二者都有可能，只不过若是前者，征伐的对象是孔雀王朝，若是后者，则是巽加王朝。考虑到前述印度文献中对Yavanas入侵地区的记忆，可以证明希腊人的这次远征在历史上是存在的。Yavanas所征服的或联盟的地区Saketa、Panchalas人之地、马图拉（Mathura）都在Imaus山之南的恒河及朱木那河流域，都有可能是从印度西北部出发远征华氏城的路经之地。但斯特拉波的记述中也没有明确攻取华氏城的说法。可见，兵临城下是事实，破城与否则古代即无定论。从斯特拉波的记述看，德米特里和米南德都有南进之举。东

---

1 纳拉因否认拉普森（Rapson）和塔恩的“米南德与德米特里是同代人”观点，认为不应以阿波罗多洛斯二人并提为据。若此，则米南德还应在德米特里之先。他接受了马歇尔对米南德钱币上相貌的观察结论，认为他即位时非常年轻。二人显然不可能是同代人。他将米南德即位的时间定于欧泰德姆斯家族的统治结束之时，即约公元前155年。（A. K. Narain, *The Indo-Greeks*, pp. 75-77；[英]约翰·马歇尔：《塔克西拉》，秦立彦译，昆明：云南人民出版社，2002年，第37页。）这一观点被学者们普遍接受，见O. Bopearachchi, *Indo-Greek, Indo-Scythian and Indo-Parthian Coins in the Smithsonian Institution*, p. 32 & n. 2.（Bopearachchi已经改变了这一定年，见下注。）虽然拉普森把德米特里和米南德视为同代人，但他把Yavanas的东进归于米南德。见Edward James Rapson, *Cambridge History of India*, Vol. I, London: Cambridge University Press, 1922, pp. 543, 551.

进似乎非米南德莫属，但由于斯特拉波的将信将疑和含糊其辞，这一问题在学术界也引起了争议。[1]这就需要对这二位在印度的活动进行简单的回顾和澄清。

巴克特里亚—印度—希腊人国王的世系顺序以及相互间的关系主要依靠他们发行的钱币来确定。根据波比拉赫奇的权威意见，在巴克特里亚—印度—希腊人的历史上先后出现过三位同名的德米特里。他们的在位年代分别是约公元前200—前190年、公元前175—前170年、公元前100年。[2]第三个由于是在米南德之后，可以忽略不计，前两位德米特里都有可能是征服印度的人选。但从钱币上看，作为欧泰德姆斯（约公元前230—前190年）之子的德米特里一世应该是征服印度的第一人，因为他是巴克特里亚—印度—希腊人中第一个发行头戴象头皮盔型钱币的国王。[3]这样的图像只在托勒密一世公元前318年

1 塔恩主张“德米特里说”，米南德只是以将军身份随他进入印度。（W. W. Tarn, *The Greeks in Bactria and India*, pp. 132-135.）这种说法显然与斯特拉波的资料相抵牾。斯特拉波转述阿波罗多洛斯的记载时，明确把二人并列，分明是说两个国王，而且说米南德征服的地盘要比德米特里多。如果把这次东进归于德米特里，那阿波罗多洛斯此说就难以成立。但他是离此事件时间最近的西方古典作家，其记述应该有极大的可靠性。巴利文《米兰陀问经》中说米南德的出生地是高加索的亚历山大里亚（Alasanda，兴都库什山南），可见米南德非来自于巴克特里亚。他有可能先参与了另外一位德米特里（即所谓的德米特里二世，公元前175—前170年在位）在印度的征服，后来独立称王。纳拉因主张“米南德说”，认为是奔袭而非征服或占领。他甚至否认德米特里一世征服印度，认为有两个德米特里，阿波罗多洛斯把两个德米特里（即同名的欧泰德姆斯之子和所谓的“印度的国王”）混为一谈。实际上征服印度的可能是德米特里二世。（A. K. Narain, *The Indo-Greeks*, pp. 34-45, 81.）波比拉赫奇也持此说。（O. Bopearachchi, *Indo-Greek, Indo-Scythian and Indo-Parthian Coins in the Smithsonian Institution*, pp. 15-16.）需要指出的是，此说早在1916年就被英国学者罗林森提出，但他承认，这只是一般的想当然之见，没有得到证明。而且他认为米南德并未攻克华氏城，见H. G. Rawlinson, *Intercourse between India and the Western World from the Earliest Times to the Fall of Rome*, Cambridge: University Press, 1916, pp. 78 & n. 1, 82.

2 O. Bopearachchi, *Monnaies gréco-bactriennes et indo-grecques, Catalogue raisonné*, Paris: Bibliothèque Nationale, 1991, p. 453.

3 O. Bopearachchi, *Monnaies gréco-bactriennes et indo-grecques, Catalogue raisonné*, pl. 4 (Demetrios I, Serie 1).

以亚历山大名义发行的钱币上出现过。[1]德米特里一世如此而为，显然是自比亚历山大第二。他的统治范围似乎没有超出印度西北部之外。他在阿拉科西亚（Arachosia，位于今阿富汗境内）建立了一座以他命名的城市Demetrias。[2]在印度河河口的Patalene地区，有一座名为Demetrias的希腊人城市，可能也是由他所建，说明他的征服实际上是沿着当年亚历山大的路线展开。[3]

米南德是自德米特里之后大约30个印度希腊人国王中最著名的一位，在位时间大约在公元前2世纪中期，约公元前165/155—前130年之间。[4]他到底属于巴克特里亚狄奥多托斯（Diodotus）家族还是欧泰德姆斯家族，学界仍有争论。但他很可能不是来自巴克特里亚的国王，而是出生于印度本土希腊人城市“阿荔散”（Alasanda）的王族后裔抑或平民。[5]他的王国以舍竭（Sagala，一译沙竭）[6]为都城，全盛时

---

1 Ian Carradice and Martin Price, *Coinage in the Greek World*, London: B. A. Seaby Ltd., 1988, p. 116; M. Bieber, “The portraits of Alexander,” *Greece and Rome*, 2nd Ser., Vol. 12, No. 2 (Oct. 1965), p. 185.

2 Isidore of Charax, *Parthian Stations*, § 19 (An Account of the Overland Trade Route Between the Levant and India in the First Century B.C.). The Greek text with a translation and commentary by Wilfred H. Schoff, Philadelphia: The Commercial Museum, 1914.

3 W. W. Tarn, *The Greeks in Bactria and India*, p. 142, Map 2.

4 波比拉赫奇最近修正了米南德的在位时间，改为始于公元前165年，见O. Bopeara-chchi, *From Bactria to Taprobane. Vol. I: Central Asian and Indian Numismatics*, New Delhi: Manohar Publishers, 2015, pp. 222, 410.

5 关于他的出生地，汉译《那先比丘经》和从巴利文英译本都涉及到一个地名Alasanda，但对此地名的方位理解差异很大。巴利文中说是从都城Sagala到他出生地Alasanda的距离是200 yojanas，但在汉译本中改为2000由旬（yojanas），并将“阿荔散”（Alasanda）置于八万里之外的大秦国。(《大正新修大藏经》卷三二《论集部》之《那先比丘经》卷下，台北：佛陀教育基金会，1990年，第702、717页。）汉译本显然有误，相关论证参见杨巨平《弥兰王还是米南德？——〈那先比丘经〉中的希腊化历史信息考》，《世界历史》2016年第5期，第111—122页。学界一般认为Alasanda就是亚历山大所建的高加索（希腊人对兴都库什山的称谓）的亚历山大里亚（Alexandria-under-the-Caucasus），即今阿富汗喀布尔附近的贝格拉姆（Begram）。参见I. B. Horner trans., *Milinda's Questions*, Vol. I, London: Luzac & Co. Ltd., 1964, p. 114 & n. 2.

6 Sagala也被称为Euthymedia，见Claudius Ptolemy, *The Geography*, 7.1, translated and edited by Edward Luther Stevenson, New York, 1932, Repr. 1991. 此前，该城的地理位置一直未确定，因被初步推测的锡亚尔科特城（Sialkot）没有很多遗址，也没有出土一枚（转下页）

统治了整个印度西北部。他崇尚佛法，“以正法治国”，是唯一在佛教经典中留下名字的印度—希腊人国王。而当时以华氏城为都的巽加王朝则支持婆罗门教，压制佛教，迫害佛教徒。巽加王朝同时向旁遮普地区扩张，这就与米南德王国以印度河流域为中心的统治区域形成对峙之势。因此，米南德王国与巽加王朝发生冲突是完全可能的。而且印度—希腊人本来就是外来征服者，富庶的恒河下游应该是他们在站稳脚跟后觊觎的目标。米南德东侵的可能性要大于德米特里。

此外，二者的征服目标和统治环境有所不同。其一，德米特里是希腊军队撤出一百多年之后重新入主印度西北部，他需要的首先是恢复过去亚历山大的遗产，在印度西北部建立和巩固希腊人的统治，不可能在短时间内深入印度中部。其二，德米特里是巴克特里亚—印度的希腊人国王。北面的游牧民族，西邻的帕提亚人，以及境内的当地被征服民族，特别是希腊人内部的王位与权力之争，都是他要面对的潜在威胁。这些内忧外患无疑分散了德米特里的精力，使得他不可能向印度东部扩张。事实也确实如此，可能就是在他或他的后继者在印度之时，后院起火，一个新的强大的篡位者——欧克拉提德（Eucratides，约公元前170—前145年在位）出现在巴克特里亚的政治舞台上。据查士丁，一位“印度人国王”德米特里[1]曾回军征讨，以六万之众将其围困于仅有三百驻防兵的一个据点（Bactra？）。他竟然

（接上页）米南德的钱币。但据波比拉赫奇教授，1993年当地的村民在一个位于Gujranwala和Sialkot之间半道上的Siranwali村发现了一处钱币窖藏，其中有米南德一世的钱币。这是一个特别值得重视的发现，为Sagala一度作为米南德的都城提供了新的佐证。参O. Bopearachchi, “Recent Discoveries of Coin Hoards from Central Asia and Pakistan: New Numismatic Evidence on the Pre-Kushan History of the Silk Road,” *Unesco Knowledge Bank*, p. 6. 而且从文字上看，那个都城应该在山区，而非平原。见［英］约翰·马歇尔：《塔克西拉》，秦立彦译，第1252—1253页。

1 这里的德米特里可以有两种可能。一是纳拉因、波比拉赫奇所说的德米特里二世；二是只有一个德米特里，即斯特拉波将其与米南德并提的那个欧泰德姆斯之子德米特里。有学者据此将这位德米特里在位时间的下限定于公元前170年。但不论到底出现过几个德米特里，巴克特里亚王位的更迭，以及随之引起的战乱，使他们无暇也无力东进，大概是历史的事实。

能坚持五个月之久（或四个月之后），最后突围脱险，然后征服了印度。[1]但欧克拉提德显然与这次东扩没有关系。他在位之时，印度的犍陀罗和旁遮普地区先后经历了三位印度—希腊人国王的统治。他们分别是阿波罗多托斯（Apollodotos, 公元前180—前160年在位）、安提马科斯（Antimachos II，公元前160—前155年在位）和米南德。欧克拉提德不可能越过他们去征服巽加王朝。而且他在印度的时间可能不长，返国途中就被儿子弑杀了。[2]与巴克特里亚本土的日渐衰微相比，此时印度的米南德王国却进入了它的强盛时期。米南德的都城是如此繁荣富足，[3]足以证明其国力强大，他不仅有可能，也有条件，更有必要南下扩大和巩固德米特里以前的征服成果，东征以建立超过亚历山大的伟业。公元1世纪的印度西南部沿海地区仍然流通着米南德的钱币，[4]这或可证明米南德曾对此地的统治，至少说明他的影响在此地的深入。他若东进，也是天时地利人和。首先，他有可能和佛教联盟，

---

1 欧克拉提德被围的时间，两个英译本表述不同，但意思接近，分别见Marcus Junianus Justinus, *Epitome of the Philippic History of Pompeius Trogus*, 41.6.4, translated with notes by the Rev. John Selby Watson, London: Henry G. Bohn, 1853 (https://www.forumromanum.org/literature/justin/english/index.html); Justin, *Epitome of the Philippic History of Pompeius Trogus*, 41.6.4. 关于他对印度的征服，他所发行的大量希印双语币也可资证明，参O. Bopearachchi, *Indo-Greek, Indo-Scythian and Indo-Parthian Coins in the Smithsonian Institution*, pp. 26-29.

2 Justin, *Epitome of the Philippic History of Pompeius Trogus*, 41.6.5.

3 《大正新修大藏经》卷三二《论集部》No. 1670（B）《那先比丘经》卷上云："今在北方大秦国，国名舍竭。古王之宫。其国中外安隐，人民皆善。其城四方，皆复道行，诸城门皆雕文刻镂。宫中妇女各有处所。诸街市里，罗列成行。官道广大，列肆成行。象马车步，男女炽盛，乘门道人，亲戚工师，细民及诸小国皆多高明。人民被服五色焜煌，妇女傅白，皆着珠环。国土高燥，珍宝众多。四方贾客卖买，皆以金钱。五谷丰贱，家有储畜。市边罗卖诸美羹饭，饥即得食。渴饮蒲萄杂酒，乐不可言。其王字弥兰，以正法治国。"No. 1670（A）《那先比丘经》卷上也有类似经文，个别词句有所不同和增删（第705、695页）。巴利文版英译与此也相似，见*The Questions of King Milinda*, translated from Pali by T. W. Rhys Davids, Part I of II, (Volume XXXV of "*The Sacred Books of the East*"), Oxford: Clarendon Press, 1890, pp. 2-3 (No. 1-2); *Milinda's Questions*, Volume I, translated from Pali by I. B. Horner, pp. 1-3 (No. 1-2).

4 W. H. Schoff, trans. and ed., *The Periplus of the Erythraean Sea: Travel and Trade in the Indian Ocean by a Merchant of the First Century*, Chap. 47, London: Bombay & Calcutta, 1912.

师出有名。他们有共同的敌人——巽加王朝。[1]其次，军力雄厚，步、骑、车、象兵皆有。[2]本人热衷征战，戎马一生，最后死于军营。[3]再次，已据有印度河流域，挥师东下恒河平原，犹如高屋建瓴，势不可挡。因此，不论从米南德王国的国力，还是从其政治宗教取向和地理位置，米南德侵入恒河流域、远至华氏城都是极为可能的。印度文献中入侵华氏城的Yavanas国王应是米南德，而非德米特里。[4]

第三节　印度—希腊人的统治与印度化进程

从所谓的“印度人国王”德米特里开始，印度—希腊人开始了在印度西北部或部分地区近两个世纪之久的统治和居留。对于他们在此地的活动，文献记载仍然极为缺乏，所能依靠的主要是钱币和碑铭资料。

作为一个外来民族，这些印度—希腊人对印度采取了类似于波斯帝国、亚历山大时期、塞琉古王朝的统治方式，一方面在交通要道、

1 ［英］约翰·马歇尔：《塔克西拉》，秦立彦译，第51页。

2 “那先言譬如王将四种兵出行战斗，象兵、马兵、车兵、步兵皆导引王前后。”《大正新修大藏经》卷三二《论集部》No. 1670（B）《那先比丘经》卷上。也可见巴利文版的英译本：（1）*Milinda's Questions,* Volume I, translated from Pali by I. B. Horner, pp. 6, n. 1 (No. 4); 51 (No. 37);（2）*The Questions of King Milinda*, translated from Pali by T. W. Rhys Davids, Part I of II, p. 59 (No. 37). 但四兵种的英译二者稍有不同，前者译为“elephants, horses, Chariots, foot-soldiers”（象、骑、车、步兵），后者译为“war elephants, cavalry, war chariots and bowmen”（象、骑、战车、弓箭兵）。

3 Plutarch, *Moralia*, 821D.

4 近年一位匈牙利学者对华氏城的占领者提出了新的看法；他不否定印度—希腊人对华氏城的占领，但把时间提前到公元前180年之前，也即最后一个孔雀王朝国王之死前的某个时期。这样就排除了米南德或德米特里攻占该城的可能性。孔雀王朝之后的巽加王朝与希腊人也发生过冲突，但那是印度—希腊人历史的另一篇章了。详见Gyula Wojtilla, “Did the Indo-Greeks Occupy Pataliputra,” *Acta Ant*, Hung. 40 (2000), pp. 495-504.

战略要地建立或扩大希腊人的集聚地，作为统治、移民的中心，另一方面对当地的部落采取分而治之的办法，设置总督进行管理。

这些城市应该数目不少，有据可查的却不多。它们的分布大致覆盖了希腊人统治的区域。旁遮普之南、印度河河口沿海地区有前面提及的德米特里亚斯（Demetrias）和泰菲拉（Thephila）两座城市，此地还有一个希腊人的中心，可能是港口城市巴里加扎（也译婆卢羯车，Barygaza）。[1]《弥兰陀问经》中提到了两个希腊人的城市——高加索的亚历山大里亚（Alasanda）和米南德王国的都城舍竭（Sagala）。犍陀罗地区有布色羯逻伐底（Pushkalavati，the city of lotuses，莲花城，今白沙瓦）、狄奥尼索波利斯（Dionysopolis）。塔克西拉城（Taxila，斯尔卡普遗址，Sirkap）已经发掘，这是一座根据希腊“希波达玛式”（Hippodamian）的棋盘状样式建造的希腊人城市，也是一个巨大的军事要塞，[2]可能做过印度—希腊人国王阿伽托克勒斯（Agathocles，约公元前190—前180年在位）的都城。在希达斯皮斯河以东，有名的城市除舍竭外，还有布西发拉（Bacephala，亚历山大所建）、伊奥穆塞（Iomouse）、马图拉（Mathura）；在西部，米南德王国仅有戴达拉（Daedala）、萨拉吉萨（Salagissa）两个军事移

1 W. H. Schoff, trans. and ed., *The Periplus of the Erythraean Sea: Travel and Trade in the Indian Ocean by a Merchant of the First Century*, Chap. 47.

2 ［英］约翰·马歇尔:《塔克西拉》，秦立彦译，第16—17、48、286—287页，图版24。［巴基斯坦］艾哈默德·哈桑·达尼:《历史之城塔克西拉》，刘丽敏译，北京：中国人民大学出版社，2005年，第152—161页。但据古典作家菲罗斯特拉图斯（Philostratus，约公元170—约245年）记载，活动于大约公元1世纪的希腊人、新毕达哥拉斯学派哲学家阿波罗尼乌斯（Apollonius）曾远游印度，到过塔克西拉。根据他的描述，此城以希腊城市的方式加强了防卫，有城墙，但街道像雅典城那样狭窄、不规整，房子建造样式奇特，有地上地下两层，大小一致。此说与马歇尔的考古报告有吻合之处，也有抵牾之处。如说街道与雅典一样，显然与所谓的Hippodamian棋盘状样式相悖。或许他所说的城区是今日的皮尔山丘（Bhir Mound）遗址，此处的街道确实“曲折拥挤”。参见Philostratus, *The Life of Apollonius*, 2.20, 23, with an English translation by Arthur Fairbanks, Cambridge, Mass.: Harvard University Press, 1989;［英］约翰·马歇尔:《塔克西拉》，秦立彦译，第77—78页;［巴基斯坦］艾哈默德·哈桑·达尼:《历史之城塔克西拉》，刘丽敏译，第151页。

民地可以认定。在阿拉科西亚，还有一座名为德米特里亚斯的城市。[1]亚历山大时期建立的位于今坎大哈、加兹尼和喀布尔附近的几座亚历山大里亚城一定还在发挥着希腊人集聚地的作用。

希腊人在印度到底设立了多少行省？在不同的历史时期和不同的国王管理之下，这些行省的名称、管辖的范围以及实际数目的变化，今天已难以得出准确详细的结论。据塔恩，在兴都库什山以南的帕罗帕米萨代（Paropamisadae），有四个行省的名称和范围可以确定。其中三个分别是卡皮塞涅（Kapisene，以Kapisa为首府）、奥皮亚内（Opiane，以Alexandria为首府）、科芬尼（Kophene，以Kophen为首府，中国《汉书·西域传》的罽宾之名有可能由此而来）；第四个行省名称不详，位于戈尔班德河（Ghorband）流域，与巴克特里亚毗邻。[2]帕罗帕米萨代以东以及南到印度河河口，有九个行省可以确定，其中七个来自托勒密的《地理志》，一个来自普林尼的《自然史》，还有一个来自阿里安的《亚历山大远征记》。它们分别是：帕塔勒涅（Patalene）、苏拉斯特瑞涅（Surastrene）、阿比利亚（Abiria）、普拉西亚涅（Prasiane）、苏亚斯特涅（Souastene）、格鲁埃亚（Goruaia）、普科莱提斯（Peucelaitis）、卡斯佩利亚（Kaspeiria）、库林多勒涅（Kulindrene）。在沿海的卡奇（Cutch）地区，可能也有一个行省，但名称不详。[3]至于阿富汗南部的阿拉科西亚地区，既然也长期处于希腊人的控制之下，应该也有一些地区性的管理体制。总之，希腊人在他们的统治范围内，普遍实行了有效的分区管理制度。

但在具体操作上，这些印度—希腊人国王没有像塞琉古王国那

---

1 W. W. Tarn, *The Greeks in Bactria and India*, pp. 234, 243-252; Map 2.

2 W. W. Tarn, *The Greeks in Bactria and India*, pp. 96-97.

3 W. W. Tarn, *The Greeks in Bactria and India*, pp. 232-240, 445. 塔恩依据的资料分别见Ptolemy, *Geography*, 7.1; Pliny, *Natural History*, 6.23; Arrian, *Anabasis of Alexander*, 4.22; “Indica”, 1.4. 那个名称不详的印度河河口沿海地区可能是Sigerdis。见Strabo, *Geography*, 11.11.1.

样，采取省（Satrapy）、府（Eparchy）、县（Hyparchy，或译区）三级管理的模式，而是在省下设州，或以州代省的方式，也就是说，是用一级或二级管理的模式对当地民族进行统治。行省设有总督（Satrap）或将军（Strategos），大权独揽，只对国王负责，下设名为Meridarchs的“州长”或民事官员分区管理。[1]但不论这些省份或州的管理范围大小，这些国王、将军、州长一般都以不触动当地原有的社会结构、生活习俗、宗教信仰为前提，而且努力地去迎合当地的文化传统，维护当地原有的社会秩序，这是印度—希腊人王国在印度能够长期残存的主要原因。

但印度—希腊人对印度的统治并不稳定，大约从德米特里一世死后，印度—希腊人内部的分裂就开始了。米南德只是其中最有名、最具实力的一位。他的王后阿伽托克里娅（Agathocleia）可能是德米特里一世之女或孙女。[2]这样，他的称王也就取得了一定的合法性。他的王国极盛时实际就是整个印度的Yavanas王国，囊括了旁遮普以西、兴都库什山以南所有的希腊人活动区域。[3]但他死后，统一的局面不复存在，继位的儿子尚幼，由母后摄政，孤儿寡母终究难以控制那些割据一方的赳赳武夫。Yavanas的统治再次四分五裂，据地称王者或发行钱币者在米南德死后的一个多世纪中竟然达30位之多。西方钱币学家力图根据这些钱币的类型、铭文、图像甚至字体，将

---

1 W. W. Tarn, *The Greeks in Bactria and India*, pp. 240-242；［英］约翰·马歇尔：《塔克西拉》，秦立彦译，第49—50页。

2 W. W. Tarn, *The Greeks in Bactria and India*, p. 225. 纳拉因认同米南德与德米特里家族有关。他的王后Agathocleia可能属于希腊人国王Pantaleon和Agathocles的家族，而这二人有可能是德米特里一世之子。若此，Agatholeia就有可能是德米特里一世的孙女。但纳拉因也不排除塔恩提出的她是德米特里一世之女的可能。见A. K. Narain, *The Indo-Greeks*, pp. 75, 58-59.

3 关于米南德的统治范围，参见O. Bopearachchi, *Monnaies gréco-bactriennes et indogrecques, Catalogue raisonné*, p. 453 (Tableau 5); W. W. Tarn, *The Greeks in Bactria and India*, p. 227-230. 据纳拉因，米南德也可能在一段时间内统治过巴克特里亚。A. K. Narain, *The Indo-Greeks*, 1957, p. 27.

他们按照不同的地区进行分类，确定他们的先后承继关系。根据波比拉赫奇最新的分类，这些印度—希腊人国王大致分布于帕罗帕米萨代、阿拉科西亚、犍陀罗、东西旁遮普地区。他们在这些地区的统治由西向东，由北向南，先后消失于公元前70年、公元前55年和公元10年。[1]

由此看来，印度—希腊人王国在印度整体沦陷的主要原因是外部斯基泰人（塞人）、帕提亚人甚至大月氏人的入侵，但实际上内部的分裂争夺也难脱其咎。公元前2世纪中期斯基泰人（塞人）与大月氏人从中亚草原南下，首先削弱，最后占领了印度—希腊人的后方——巴克特里亚王国。印度—希腊人这时不仅直接面临着新来者的威胁，而且失去了和东地中海希腊化王国的联系。他们成了无所归属的游离分子，为了维持自己的生存和统治，只好接受印度的文化，特别是语言和宗教，印度—希腊人这样一个外来民族的本土化进程加快了，希腊化世界最为戏剧性的一幕出现了：不是印度人的希腊化，而是希腊人的印度化。

这一进程大概自德米特里一世发行象头皮盔型钱币之时就已经开始了。虽然巴克特里亚的希腊人是以征服者、胜利者的身份进入印度，但他们在人数上远远少于当地的民族。他们的统治的触角不可能深入到印度的村社。而且他们发现印度人并非是未开化的蛮族，而是拥有足以使希腊人惊叹的文明。此时的印度西北部，经过大一统的孔雀帝国的统治，特别是阿育王的弘法运动，其政治格局和文化面貌已经和亚历山大时代不可同日而语。阿育王的双语诏令在某种意义上就是希印双语币的前身，只是发布者的主体和对象不同而已。既然印度—希腊人与地中海的正常联系受到阻隔，西归之路也已经被帕提亚人和月氏人截断，所以他们名为征服者，实为偏安一隅的避难者。这

1 O. Bopearachchi, *Monnaies gréco-bactriennes et indo-grecques, Catalogue raisonné*, p. 453.

种政治和文化格局决定了他们必须在生存还是死亡、希腊化还是印度化之间做出抉择。结果，生存的欲望战胜了文化上的自信，统治的需要迫使他们开始了自身的印度化进程。双语币的出现就是这一趋势不可逆转的标志。

首先发行双语币的印度—希腊人国王是阿伽托克勒斯和潘塔莱昂（Pantaleon，约公元前190—前185年在位）。他们的双语币采用了不规则的印度形制：矩形或方形，正面是希腊语，反面是婆罗米文（Brahmi）或佉卢文（Kharoshthi），两面铭文意思一致。重量上采取印度标准，在阿伊·哈努姆遗址发现的阿伽托克勒斯双语币的重量就在2.32—3.30克。[1]钱币上的图案也开始向本土化转化，印度传统神祇的形象和佛教的标志被这些印度—希腊人国王所接受。阿伽托克勒斯的一种双语币正反面都是印度的男性神大力罗摩（Samkarsana）和黑天（Vasudera-Krishna，克利须那），这二神都是印度主神之一的毗湿奴（Vishnu）的化身。前者持一犁和棒杵（pestle，Musala），故也译“持犁罗摩”，后者手持八辐轮和贝壳或海螺壳。克利须那的妹妹、毗湿奴的妻子、肥沃和丰饶女神、自然保护神拉克希米（Lakshmi，也译“吉祥天女”）也出现在这二位国王的钱币上。她身着东方式的裤子，戴长垂的耳环，亭亭玉立，婀娜多姿，手持莲花或小三叉戟（trisula）翩翩起舞，给人以美感和动感。与这位女神出现于同一币反面的是无鬃毛的狮子形象，狮子是印度主神因陀罗（Indra）的坐骑，后来也是释迦牟尼的象征。佛教标志的出现意义重大。在阿伽托克勒斯的一类钱币上，正面的图案是六个拱形或半圆形的小山丘，其上端有星，用来表示佛教初期覆钵状的佛塔（Stupa），反面是长方形网格状围栏，其中有一棵树，这显然是佛教中的菩提树。在米南德的钱币

---

1 O.Bopearachchi, *Indo-Greek, Indo-Scythian and Indo-Parthian Coins in the Smithsonian Institution*, pp. 22-23.

上，表示八正道的法轮赫然出现。[1]菩提树、法轮、佛塔都具有特定的含义，分别象征佛陀的成道、传道和涅槃。[2]印度语、吠陀神和佛教的象征物此时出现在印度—希腊人国王的钱币上，说明这些希腊人已经自认为不是匆匆过客，而是这块土地上的主人。但面对人数远胜于自己、文明程度与自己相当的印度民族，他们要在这块用长矛打下的土地上生存，就必须努力地适应新的文化环境。他们不仅在语言和钱币的类型上考虑到了印度人的需要和习惯，而且在文化传统和民族心理上逐渐接近和认同当地的印度人。在这些印度—希腊人国王的影响下，后来统治印度的斯基泰人、帕提亚人甚至月氏—贵霜人都自觉延续了这一传统。双语币甚至成了当时及以后直到贵霜时期流行的钱币式样，那些偶尔出现的单一希腊语钱币倒成了例外，[3]主要在兴都库什山以南的希腊人控制地区流行。值得注意的是，这种希腊语与当地语言出现于同一钱币，当地人的神祇进入希腊人的钱币的情况，是所有希腊化王国中的唯一现象。

双语币的出现也反映了希腊人对印度宗教观念的接受，他们有意识地把印度的神与自己民族的神相混同，从而使希腊人和印度人都能从钱币上找到自己心灵上的安慰。其实这种认同是从亚历山大开始的。他当年进入印度后，就领略了大象的厉害。大象作为印度的特产和象征，给他留下了深刻的印象，以至于在他发行的纪念性大徽章和钱币中，出现了他骑马追赶乘象的印度国王波鲁斯的场面

1 关于这几位国王的双语币及其图形与解读，详见A. K. Narain, *The Coin Types of the Indo-Greek Kings*, Chicago: Ares Publishers Inc., 1976, pp. 7-8, 15; O. Bopearachchi, *Indo-Greek, Indo-Scythian and Indo-Parthian Coins in the Smithsonian Institution*, p. 23; O. Bopearachchi, *Monnaies gréco-bactriennes et indo-grecques, Catalogue raisonné*, pl. 7 (Agathcles, 9-11), 9 (Pantaleon, 6), 33 (Menandre [1] Soter, 37); Doris Meth Srinivasan, ed., *On the Cusp of an Era*, Leiden: E. J. Brill, 2007, p. 244.

2 [英]约翰·马歇尔:《塔克西拉》，秦立彦译，第1102页。

3 如贵霜初期的无名王Soter Megas的钱币。见杨巨平:《"Soter Megas"考辨》,《历史研究》2009年第4期，第140—152页。

和单独的印度大象形象。[1]那时可能还没有把大象与印度的宗教观念联系起来。但等一个多世纪之后德米特里一世进入印度西北部之时，佛教在此地已经深入人心，大象作为释迦牟尼和佛教的象征（佛陀的化身、坐骑和保护神）一定得到普遍的认可。因此可以推定，此时的希腊人中出现的大象崇拜现象，除了他们自认为是亚历山大的后继者，正在恢复和进行着与亚历山大同样的征服事业，会有模仿亚历山大戴象头皮盔型钱币的冲动之外，这里面一定还有别的动机。这就是表示对佛教的亲近和接受，从而获得印度佛教徒的好感。从现在所能得到的钱币资料看，德米特里之后大象的形象不断出现，且常常与印度的封牛（humped bull，或译瘤牛）或公牛形象在同一币的正反面同时出现，通称为“大象/公牛型”。如阿伽托克勒斯和潘塔莱昂的继任者阿波罗多托斯一世的钱币，就有三种类型采用了这样的图案。[2]把大象和公牛置于一起，应该还是与印度的传统宗教有关。

大象是早期印度钱币上的一般形象，特别流行于厄兰（Eran，位于中部印度）和塔克西拉地区。它除了与佛陀有关外，也是印度诸神之王因陀罗的坐骑。因陀罗如同希腊的宙斯一样，以雷电掌控权力，所以在欧克拉提德三世或一世的钱币上就出现了王座上的宙斯身旁有一大象前半身的图案；[3]在安提阿尔吉达斯（Antialcidas）的钱币上，宙斯站立于一大象之前，[4]这是希腊主神与印度主神的结合和认同。封

---

1 Frank L. Holt, *Alexander the Great and the Mystery of the Elephant Medallions*, Berkeley: University of California Press, 2003, pl. 2-13.

2 Doris Meth Srinivasan, ed., *On the Cusp of an Era*, pp. 244-245, fig. 9.28, 29; O. Bopearachchi, *Monnaies gréco-bactriennes et indo-grecques, Catalogue raisonné*, pl. 11 (Apollodote, 2-4).

3 Doris Meth Srinivasan, ed., *On the Cusp of an Era*, pp. 246-247, fig. 9.37. 但波比拉赫奇将其归于Eucratides I，见O. Bopearachchi, *Monnaies gréco-bactriennes et indo-grecques, Catalogue raisonné*, pl. 22 (Eucratide I, 24).

4 Doris Meth Srinivasan, ed., *On the Cusp of an Era*, p. 249, fig. 9.39; O. Bopearachchi, *Monnaies gréco-bactriennes et indo-grecques, Catalogue raisonné*, pl. 39 (Antiacidas, 6).

牛是印度的特产，《汉书·西域传》“罽宾国”中就有记载。[1]它可能与犍陀罗首府布色羯逻伐底（Pushkalavati）有关，或是犍陀罗地区的保护神。[2]公牛是吠陀神系中毁灭和再生之神湿婆（Siva）的坐骑（the vahana），名为“南迪”（Nandi），而犍陀罗地区是阿波罗多托斯王国的重要省份。由此可见，他采用这种“大象/公牛型”可能有两层含义：一是表明自己对这些地区的占领，二是表明对这些地方的保护神的尊敬。他向钱币使用者传递的信息就是自己的统治也会受到这两位印度神的眷顾。

类似的认同在米南德的钱币上也有反映。除了单独的大象之外，他的钱币上还有象头/木棒（club，有枝桠疤痕的大头棒）、公牛头/三角架（tripod）这样的正反面类型。木棒是赫拉克勒斯（Heracles）的标志，三角架是德尔斐阿波罗神的标志，这里传递的信息显然是对因陀罗与赫拉克勒斯、湿婆和阿波罗（Apollo）的认同。他的八正道法轮钱币的反面是一个棕榈枝，也表明佛教教义与希腊文化中胜利、和平理念的结合。[3]米南德之后，至少有五位国王的双语币中出现了希腊语的“正义的”（DIKAIOY，属格）及其相应的佉卢文Dharmikasa，即“达摩的追随者”（follower of the Dharma）。唯一例外的是在米南德的王后与其子共同发行的钱币上，希腊铭文并无DIKAIOY的字样，但在佉卢文铭文中却出现了Dharmikasa的字符。[4]这是希腊人国王自称Dharmikasa的开始。“达摩”主要指佛法，阿育王就有“法王”（Dharmaraja，King of the Dharma）之称。希腊人就这样将自己的神灵、文化精神与佛教、湿婆和因陀罗崇拜潜移默化、自

1 “罽宾国……出封牛、水牛、象”，师古曰：“封牛，项上隆起者也。”《汉书》卷九六《西域传》，二十四史点校本，北京：中华书局，1962年，第3885页。

2 Doris Meth Srinivasan, ed., *On the Cusp of an Era*, p. 247.

3 图案见O. Bopearachchi, *Monnaies gréco-bactriennes et indo-grecques, Catalogue raisonné*, pl. 3 (Menandre [1] Soter, 28-29) ; pl. 33 (Menandre [1] Soter, 37).

4 O. Bopearachchi, *Monnaies gréco-bactriennes et indo-grecques, Catalogue raisonné*, pp. 387-389.

然而然地结合起来了。

论及印度—希腊人的印度化，不能不再次提到Yavanas的著名国王米南德。他是唯一在佛教经典中留下记载的希腊人国王。按照巴利文和汉文经典，米南德最后服膺了那先比丘宣讲的佛教教义，大彻大悟，皈依了佛教。或许他并没有像巴利文和汉文经典所说的那样，脱离家庭，退出王位，出家为僧，[1]而是做了在家的居士。据普鲁塔克，他最后的归宿是死于军营，他治下的城市都愿意为他举行隆重的葬礼，以至于为获取他的骨灰争论不休，结果只好平分，带回各城纪念供奉。[2]他既有阿育王式的“法王”之美称，也有释迦牟尼涅槃后之哀荣，可见其德善并举，颇得人心。根据现有资料看，他堪称Yavanas印度化的标志。

从他的钱币看，他主要崇拜的希腊神是雅典娜·阿尔基德摩斯（Athena Alcidemos），即人民的捍卫者或救世主，这是马其顿首都培拉（Pella）的城市保护神。形象是一身戎装，一臂持盾牌，一手发雷电。[3]米南德采用这样的雅典娜形象显然要将自己与马其顿王朝，特别是要与亚历山大相联系，表明自己是亚历山大在印度的真正传人。但他的双语币却显示了他对印度语言和宗教，尤其是佛教的倾心接受。文献与考古资料似乎都证明了米南德时期佛教的盛行。据斯里兰卡公元6世纪的文献《大史》（*Mahavamsa*），在米南德统治时期（约公元前130年），Yona人的一位长老（the elder）、大护法者（Mahadharmarakkita，Great Protector of the Dhama）曾带领三万佛教徒（bhikkhus，比丘），从Yona人的城市Alasanda（高加索的亚

---

1 *The Questions of King Milinda*, translated from Pali by T. W. Rhys Davids, Part II of II, pp. 373-374 (No. 420); *Milinda's Questions,* Vol. II, translated from Pali by I. B. Horner, London: Luzac & Co. Ltd., 1964, pp. 304-305 (No. 420).《大正新修大藏经》卷三二《论集部》No. 1670（A，B）《那先比丘经》卷下均有弥兰王“欲弃国去而行学道”之语（第703、719页）。

2 Plutarch, *Moralia*, 821D.

3 除此之外，还有其他的雅典娜形象，详见O. Bopearachchi, *Monnaies gréco-bactriennes et indo-grecques, Catalogue raisonné*, pl. 26-33 (Menandre [1] Soter, 1-21, 23-24, 27, 31-32, 39).

历山大里亚）来到斯里兰卡，参加由该国国王建造的大佛塔（Maha Thupa，Great Stupa）的奠基仪式。[1]三万比丘之数可能有所夸张，不足为凭。他们是否都是Yona人，也不得而知。但此时佛教在米南德王国大倡，影响远播由此可见一斑。此时，可能也掀起一股对释迦牟尼遗物的崇拜之风。据发现于今巴基斯坦的“巴焦尔圣物盒铭文”（the Bajaur casket inscription），在米南德大王（Maharaja Minadra）统治时期的（某年）Kārrtika 月的第14天，佛陀释迦牟尼的肉身遗物（the corporeal relic，舍利子?）被赋予生命，并予以安放。[2]大约与此同时或以后，一位担任郡守或州长或民事长官（Meridarch）的希腊人提奥多罗斯（Theodorus），也在斯瓦特的一座佛塔中安放了一个装有释迦牟尼遗物的瓶子。[3]此人与该塔的建立应该有关，建塔的目的显然就是保存佛陀的遗物。据一部印度古代经典*Stupavadana*（关于纪念性佛塔）的预言，米南德将会在华氏城建立一座佛塔。[4]究竟建了没有，不得而知，但能有这么一个预言，或许像前述的《瑜伽往事书》的预言一样，反映了一个模糊但不失真实的历史事实。当然，米南德在华氏城的停留时间不长，当时可能还没有皈依佛教，建造佛塔于此的说法似乎缺乏有力的证据。不过，将米南德与建佛塔联系起来，本身就反映了他和佛教的密切关系受到了这位经典编撰者的关注。

米南德之后，希腊人与巽加王朝的关系有所缓和。希腊人受印度文化的影响日益加深。大约在希腊人国王安提阿尔吉达斯在位之

---

1 *Mahavamsa*, XXIX, translated from Pali by Wilhelm Geiger, Colombo: Ceylon Government Information Dept., 1912.

2 O. Bopearachchi, *Indo-Greek, Indo-Scythian and Indo-Parthian Coins in the Smithsonian Institution*, p. 19 n. 4.

3 W. W. Tarn, *The Greeks in Bactria and India*, p. 388. 也见［英］约翰·马歇尔:《塔克西拉》，秦立彦译，第50页。

4 Ksemendra, *Stupavadana*, Chapter 57, v. 15. 也见E. Seldeslachts, “The End of the Road for the Indo-Greeks?” *Iranica Antiqua*, Vol. XXXIX (2004), pp. 249-296.

时（约公元前115—前95年），他派驻巽加王朝的使者赫里奥多罗斯（Heliodorus）在中印度的毗底沙（Vidisha）立了一个石柱，因发现地而被称为“贝斯纳加尔石柱”（Besnagar Pillar）。该石柱有两处铭文，用婆罗米文写成。其一：

> 这个万神之神Vasudera（Krishna，克利须那神，或Vishnu，毗湿奴）的金翅鸟（Garuda[1]）石柱，是由虔信者、狄昂（Dion）之子、塔克西拉人赫里奥多罗斯所立。他是来自伟大的国王安提阿尔吉达斯宫廷的使者，前来晋见Kasi之子、救世主Bhagabhadra。时在其在位第十四年。[2]

其二：

> 节制（Restraint）、克己（Renunciation）、正直（Rectitude），只要奉行这三条不朽的格言就可通向天堂。[3]

从这个石柱及其铭文可以看出，希腊人已经对印度的神祇和文字非常熟悉，而且对印度的神顶礼膜拜，这里既无希腊语，也无须将印度神与希腊神认同。大概在赫里奥多罗斯眼里，印度的神就是自己的神，尽管他对自己的希腊人身份仍然念念不忘。当然，塔恩估计这个石柱是赫里奥多罗斯的印度书吏以他的名义而立的，也不无道理。但他能允诺此事，实际上就是对另外一种文化的默认。塔恩还采纳其他

1 其实Garuda也是佛教中成就如来佛（Amoghasiddhi）的坐骑。

2 S. M. Burstein, *The Hellenistic Age from Battle of Iposos to the Death of Kleopatra VII*, Cambridge: Cambridge University Press, 1985, p. 72.此碑文有多种翻译，大同小异，此处仅采一种。

3 W. W. Tarn, *The Greeks in Bactria and India*, p. 380.

学者的观点，认为这三条格言是对《摩诃婆罗多》中两段话的概括。[1]但此说值得商榷。因为塔恩之后，考古学者在阿伊·哈努姆遗址发现的来自希腊本土德尔斐神庙的格言的内容就与此相似，都是劝人适度、自制、正直，都给人指出了恪守这些格言的美好前景，或“死而无憾”，或“通向天堂”。[2]或许巴克特里亚的希腊人把这些格言带到了印度，从而使希腊的人生道德理念与印度宗教伦理精神合二为一。

希腊人在不可避免地被印度化的同时，仍然念念不忘自己的文化传统，并力图使它们与印度的本土文化结合起来。在这个意义上，印度化的过程也是希腊化的过程。犍陀罗艺术就是希印两个民族、两种文化长期共存并相互影响的结果。[3]首先，希腊人对印度神的认同，尤其对佛教的皈依，奠定了犍陀罗佛教艺术产生的基础。只有这种认同，才能促使印度—希腊人的艺术家（他们或许已经对印度的各种宗教观念和人物比较熟悉，或许已经像米南德那样皈依了佛教）在表现他们心目中的佛陀或其他佛教人物时，用可以认同的希腊神人来表现仍然处于象征意义阶段的印度的对应神。其次，希腊神人同形同性的观念对于佛教崇拜对象的人形化也起到了一定的促进作用。既然佛陀是如此伟大，为什么就不能用人形来表现呢？何况佛陀本身就是现实中的人，并非像希腊神那样虚无缥缈。因此，犍陀罗佛教艺术诞生的前提是对佛教的信仰，对佛教人物和希腊神的认同，后来才会有类似太阳神阿波罗的佛陀，类似于赫拉克勒斯

---

1 W. W. Tarn, *The Greeks in Bactria and India*, pp. 380-381.

2 原文依据英译翻译如下：“少年时，举止得当；年轻时，学会自制；中年时，正义行事；老年时，良言善导；寿终时，死而无憾。”但英译版本颇多，笔者主要参照以下两处译成：（1）M. M. Austin, *The Hellenistic World from Alexander to the Roman Conquest: A Selection of Ancient Sources in Translation*, Cambridge and New York: Cambridge University Press, 1981, No. 192, p. 315.（2）Paul Bernard, “An Ancient Greek city in Central Asia,” *Scientific American*, Vol. 246 (Jan. 1982), p. 157.

3 关于犍陀罗艺术的源流、成因、时间，学术界争论颇多。本章仅就印度—希腊人在其中所起的作用作一些说明，但并不排除它的印度本土文化渊源和其他外来文化因素的影响与加入。

的护法金刚（Vajrapani）的出现。

从钱币上看，希腊人对印度神和宗教观念的认同可以分为两个阶段。第一阶段以阿伽托克勒斯和潘塔莱昂为代表，是对印度神或宗教崇拜对象的认可。但有的宗教人物或观念仍以隐喻的形式出现。如用狮子、菩提树、佛塔表示佛陀或佛教。[1]第二阶段以米南德为代表，除了继续使用单一隐喻性符号表示对印度神和宗教观念的接受外，他的钱币上开始出现希印对应的隐喻符号，如象头/木棒型（表示佛陀与赫拉克勒斯）、公牛头/三脚架（表示湿婆与阿波罗）、法轮/棕榈枝（表示佛法与胜利、和平），[2]这就表明，这时的希腊人不仅接受了印度的神和宗教观念，而且有意识地把他们与希腊的神和宗教观念相认同。虽然佛陀的形象还没有出现，但佛法已经和希腊表示胜利、和平的标志物等同对应，这说明佛教已经深入印度—希腊人的心中。他们既然能够在钱币上显示印度其他神的形象，那佛陀形象的出现也就为时不远。

虽然在钱币上有铭文“BODDA”和图像能够明确认定的佛陀形象出现在贵霜迦腻色伽在位时期（说法颇多，大致在公元78—150年之间），但并不能排除此前佛陀形象的出现。在属于印度—斯基泰人时期的盥洗石盘（toilet tray）上似乎已经出现了佛陀的坐像和涅槃时的情景。[3]有学者注意到，印度—斯基泰人国王毛伊斯（Maues，约公元前85—前60年在位）的钱币上已有疑为佛陀的坐姿出现（一人直

---

1 O. Bopearachchi, *Monnaies gréco-bactriennes et indo-grecques, Catalogue raisonné*, p. 381; pl. 7, 9 (Agathocle, 9-11, Pantalena, 6); O. Bopearachchi, *Indo-Greek, Indo-Scythian and Indo-Parthian Coins in the Smithsonian Institution*, p. 23.

2 O. Bopearachchi, *Monnaies gréco-bactriennes et indo-grecques, Catalogue raisonné*, p. 381; pl. 31-33 (Menandre [1] Soter, 25, 28-30, 36-37).

3 出土地不详，图片及说明见http://kaladarshan.arts.ohio-state.edu/resources/lectures/668/04.pdf. 关于这些盥洗盘上的希腊化文化风格，见［英］约翰·马歇尔：《塔克西拉》，秦立彦译，第696—704页，图版144—146。J. Marshall, *The Buddhist Art of Gandhara*, Cambridge: Cambridge University Press, 1960, pl. 11-16.

身端坐，呈单跏趺坐状）。[1]在阿富汗贾拉拉巴德（Jalalabad）西部比马兰（Bimaran）村一座佛塔中发现的圣物盒（relic casket）上也有佛陀的立像，造型精致逼真，身穿僧衣（僧伽梨，sanghati），右手施无畏印，有头光、头髻。这说明此前已有较为成熟的佛陀形象出现。与此同时出土的还有斯基泰国王阿泽斯的钱币。尽管它们属于阿泽斯二世（Azes II，约公元前35/30—前12/公元10年在位）或是后人仿制发行（约公元60年），学术界尚有争论，[2]但可证明最迟到公元1世纪中期时佛陀的完整形象已经出现。因此，我们可以把从毛伊斯钱币到比马兰圣物盒的这一段时间视为佛陀形象的形成期，视为犍陀罗艺术的开端。

当然，佛陀形象的出现只是犍陀罗艺术形成的主要标志之一，一般认为，他的原型是希腊的阿波罗神。[3]从阿波罗到佛陀，这个革命性的变化应该经历了一个漫长的渐变过程。[4]但无论如何，这么一个由象征符号到具体人物的教主形象在此时已经出现了，围绕他生前身后的故事成为犍陀罗艺术的主要题材，希腊的建筑风格、服饰特

---

1 参见W. W. Tarn, *The Greeks in Bactria and India*, pp. 399-404. 也有学者认为毛伊斯钱币上的人物是国王，但承认这是佛陀坐像的原型。（Elizabeth Errington and Joe Cribb with Maggie Claringbull, eds., *The Crossroads of Asia. Transformation of Image and Symbol in the Art of Ancient Afghanistan and Pakistan*, Cambridge: The Ancient India and Iran Trust, 1992, pp. 47, 63. 参见［巴基斯坦］穆罕默德·瓦利乌拉·汗：《犍陀罗艺术》，陆水林译，北京：商务印书馆，1997年，第96—98页。）马歇尔则全然否定毛伊斯钱币上有佛陀的形象，见［英］马歇尔：《塔克西拉》，秦立彦译，第94—95页。

2 Elizabeth Errington and Joe Cribb with Maggie Claringbull, eds., *The Crossroads of Asia:Transformation of Image and Symbol in the Art of Ancient Afghanistan and Pakistan*, pp. 186-192.

3 参见［法］R. 格鲁塞：《从希腊到中国》，常书鸿译，杭州：浙江人民美术出版社，1985年，第28页；Rafique Al Jairazbhoy: *Foreign Influence in Ancient India*, Bombay, New York: Asia Pub. House, 1963, p.145.

4 马歇尔虽然把犍陀罗艺术的第一个繁荣期归于公元1—2世纪，但把该艺术流派的形成归于印度—斯基泰人统治印度西北部之时，即公元前不久才形成的，认为印度—希腊人的文化遗产是犍陀罗艺术形成的因素之一，希腊人对它的影响可以追溯到公元前 2 世纪。参见J. Marshall, *The Buddhist Art of Gandhara*, Cambridge: Cambridge University Press, 1960, pp. xv, 5-6, 17-25;［英］约翰·马歇尔：《塔克西拉》，秦立彦译，第51—52页。

征，以及神话人物形象都在佛教艺术中得到反映。从现在的考古资料和学术界公认的观点看，犍陀罗艺术的繁荣和传播是在贵霜迦腻色伽时期（公元2世纪），但它的源头却无疑是在印度—希腊人统治时期。阿伊·哈努姆遗址的发现也提供了间接的证据，如希腊爱奥尼亚式、多利亚式和科林斯式柱头，各种希腊神人的石头雕像。特别是他们创造了一种在希腊本土罕见的泥塑艺术，即先用铅杆或木棒组成骨架，然后在上面涂上泥或者灰泥，塑成神像。[1]这些艺术形式后来都成为犍陀罗佛教艺术，尤其是印度—阿富汗艺术流派的特征，[2]进而影响到中亚和中国的佛教雕塑艺术。结合巴克特里亚和印度—希腊人的钱币图像所具有的强烈现实主义风格，可以说，在希腊人统治的巴克特里亚地区，曾经存在着一个独具特色的艺术流派。随着他们进入印度，这种艺术流派及其风格也就随之而来，通过与印度佛教文化和宗教传统的融合，孕育了传播于南亚、中亚和东亚并影响至今的犍陀罗艺术。

小　结

公元以后，随着印度—希腊人王国的消失，作为希腊人的Yavanas也逐渐融入了印度民族的汪洋大海之中。但这并不等于两个民族、两种文化的长期共存和交融成果的消失。除了犍陀罗艺术之外，印度的天文学、医学、文学、文字、戏剧、钱币、城市规划等也

---

1 Paul Bernard, “An Ancient Greek city in Central Asia,” *Scientific American*, Vol. 246 (Jan. 1982), pp. 148-159.

2 前者主要是石雕，后者主要是泥塑。［英］约翰·马歇尔:《塔克西拉》，秦立彦译，第90—91页。

都或多或少地受到了这些Yavana或Yona人带来的和在印度所创造的希腊化文化的影响。[1]这种外来文化已经融入了印度文化的血液之中，成了印度历史文化的有机组成部分。文化的影响是双向的，希腊化与印度化的成分兼而有之，只是在不同的领域程度不同而已。后来进入印度的斯基泰人、帕提亚人、贵霜人都程度不同地接受了这一混合文化的影响，并在模仿的同时增加了新的多元文化的因素（如钱币上的图像）。因此，单纯讨论这些Yavana人的历史是希腊化王国的历史还是印度古代史的一部分是没有意义的。

实际上，就文明的属性而言，印度—希腊人在巴克特里亚和印度所创造的文明当然可以属于希腊化文明的范畴，但就地区史、国别史而言，他们活动的地区毕竟在古代印度西北部，将他们的历史归入今日印度、巴基斯坦、阿富汗的古代史中也在情理之中。纳拉因的“希腊人来了，希腊人看见了，但印度人胜利了”的结论有其合理之处。从整个希腊化世界的发展趋势来看，这似乎也是所有希腊化王国，所有在东方之地上曾经作为统治民族的希腊人的共同宿命之所在。但这样的结局并不能否认希腊化王国在东方大地上的长期存在，不能否认一度盛行于这些王国的以希腊文化为主同时融合其他当地文化因素的希腊化文化或文明的存在。从这个意义上，塔恩把包括印度　希腊人在内的巴克特里亚王国视为第五个希腊化王国也有一定的道理。而且就希印文明的交流融合而言，印度—希腊人的消失并不意味着印度人的胜利，而是二者在文化上乃至民族上的成功融合。

（杨巨平）

1 详见Rafique Al Jairazbhoy: *Foreign Influence in Ancient India*, pp. 48-109. 但该作者认为犍陀罗艺术是罗马影响的结果，故在“希腊文化对印度的影响”一章中未予涉及。

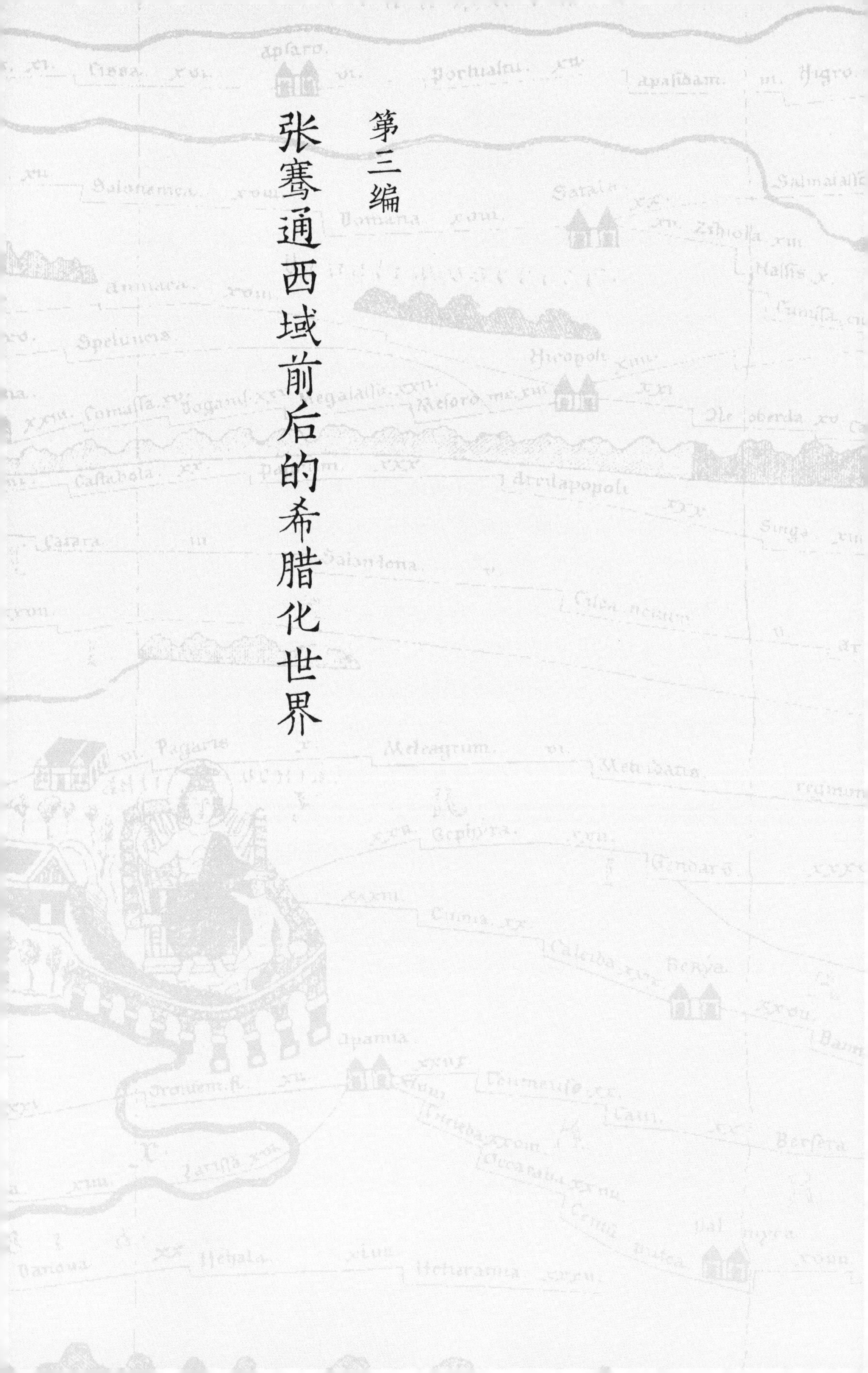

第三编

张骞通西域前后的希腊化世界

如果说前面我们是沿着亚历山大及其“继业者”的足迹，探寻希腊化世界的开创以及各个希腊化王国的沉浮变迁，梳理这个世界的政治、文化和经济一体化进程及其特点，尤其对“远东希腊化文明圈”的中心或重点地区的希腊化作了专题研究，那么接下来，我们要看看经过二百多年的岁月沧桑后，张骞出使西域时的希腊化世界到底发生了哪些变化。也就是说，呈现在张骞面前的到底是一个什么样的世界？在他之后，这个世界还有哪些变化？这些变化如何推动了丝绸之路的全线贯通？

第七章　希腊化世界西部的政治格局

希腊化世界西部总的格局主要由托勒密王国和塞琉古王国以及安提柯王朝统治下的马其顿王国构成。托勒密王国独占埃及一隅，地理位置优越，通过红海、印度洋向海外探索。这是托勒密王国与海上丝绸之路最早建立联系的前提。塞琉古王国的格局变化则表现为其东部领土的缩小、统治重心西移、与托勒密王国的矛盾及其与罗马东扩所发生的冲突。罗马在地中海东岸的扩张最终将希腊化世界西部纳入其统治之下。安提柯王朝的辖地基本包括他们的发祥之地马其顿和希腊本土。该王朝虽然在公元前2世纪中期就首先被罗马灭亡，但在西部希腊化世界前期的总体格局中，它利用自身的历史传统优势和巴尔干半岛的地理优势，纵横捭阖，左右兼顾，仍然扮演了不可忽视的角色。

第一节　托勒密王国的领土扩张与海外探索

托勒密王国是希腊化王国中存在时间最久的国家，这与其特殊的地理位置密切相关。它对爱琴海诸多岛屿、地中海东部部分沿海地区和红海西岸的统治，为其海外探索提供了得天独厚的条件。虽然公元前30年埃及被罗马吞并，但托勒密王国对红海、地中海海路的探索及其港口的建设和管理，为罗马帝国经营红海、地中海海外贸易奠定了坚实基础，可谓是海上丝绸之路的前奏。

一、托勒密王国在东地中海的领土扩张

公元前323年亚历山大死后，托勒密一世（Ptolemy I，公元前305—前282年在位）就参与到争夺亚历山大帝国遗产和地中海霸权的斗争中。托勒密王国对外政策的核心思想，是通过军事和外交手段扩大和巩固在地中海东部和红海的控制权。这一方面是出于政治、军事方面的考虑，另一方面也有贸易方面的考量。控制了地中海东部海路，不仅会使托勒密王国的对外贸易更加安全，而且也确保了它对外出口的主要市场，从而为其带来财富。

托勒密王国在东地中海的扩张有三个方向，分别是向北与马其顿争夺爱琴海岛屿的控制权和希腊城邦的支持，向西占有昔列尼（Cyrene），向东占据腓尼基沿海和小亚西部、南部沿海地区。经过持续的扩张，托勒密王国鼎盛时期的版图已经囊括了塞浦路斯（Cyprus）、昔列尼、巴勒斯坦（Palestine）、腓尼基（Phoenicia）、叙利亚、小亚西南部和爱琴海南部，大部分地中海东部沿海地区都在它的统治之下。

为了维护在希腊和爱琴海地区的优势地位，托勒密王国的对外政策之一就是限制马其顿王国在这些地区的扩张，主要表现为争夺爱琴海的控制权和争取希腊城邦的支持两个方面。托勒密一世至托勒密二世（Ptolemy II，公元前285—前246年在位）时期，一再争取对爱琴海的制海权，意在获得对整个东地中海地区的支配权。他们把爱琴海上的关键岛屿和一些沿海城市变为其海外政治中心、海军基地和商业据点。托勒密二世在控制了爱琴海诸多岛屿后，并不以主人自居，而

是和后者采取结盟的形式，但实质上占有支配地位。除了强大的舰队外，托勒密王国维持爱琴海秩序的主要工具还有其控制的塞浦路斯岛以及岛国联盟。公元前294年，托勒密一世趁着马其顿国王德米特里一世（Demetrius I，公元前294—前288年在位）忙于希腊战事之机，从其手中夺取了塞浦路斯岛，对它的控制一直持续至罗马人的到来。塞浦路斯岛位于埃及通往希腊和小亚的主要航线上，托勒密王国在此地设有驻军及海军基地，是其北部最重要的防御屏障。公元前314—前313年，马其顿王安提柯一世（Antigonus，公元前306—前301年在位）逐渐取得了爱琴海诸岛的控制权，乘势组建了岛国联盟。公元前283年德米特里一世去世后，他一手建立的舰队力量也随之衰落，托勒密王国从此获得了岛国联盟的控制权。公元前3世纪中期前后，虽然控制有所削弱，但它在爱琴海地区相较于马其顿仍然保有优势。

从建立之初至公元前3世纪末，托勒密王国与雅典等希腊城邦总体上保持了较为友好的关系，在支持希腊独立自主的旗号下，在政治、经济和军事等方面为后者提供支持。公元前276年，安提柯二世（Antigonus II，公元前276—前239年在位）即位，马其顿实力复兴，谋求向希腊大陆扩张。托勒密二世面临这巨大威胁，通过煽动希腊城邦的反马其顿情绪，成功地使希腊两大城邦雅典和斯巴达结盟，连同其他一些希腊城邦与安提柯二世对抗，此为克雷莫尼迪恩战争（Chremonidean War，公元前267—前262年）。最终，托勒密王国战败，在希腊大陆各城邦中的影响力大为减弱。安提柯二世在控制了希腊大陆后，其势力范围扩大至爱琴海沿岸地区，严重威胁托勒密王国在爱琴海和小亚沿海的控制权。托勒密二世则通过各种措施反制。首先，他通过属地问题上的让步，同塞琉古王国安条克二世（Antiochus II，公元前261—前246年在位）达成和解，避免了后者与马其顿王国的结盟。其次，他通过经济和外交手段分化安提柯二世在希腊大陆的军事同盟，拉拢希腊各种政治势力进行反马其顿的活动，成功地制约了马其顿在爱琴海的扩张势头。

托勒密王国十分重视对昔列尼的统治，委托重要的王室成员去掌管昔列尼，将其作为治下的高级行省。昔列尼是地中海世界的重要产粮区，其粮食出口使包括许多希腊城邦和小亚沿海城市在内的地区增加了对托勒密王国的依赖，从而提高了托勒密王国在地中海周边的政治影响力。

托勒密王国长期占据着腓尼基沿海地区和南叙利亚地区，公元前286年，它完全占有了西顿（Sidon）等腓尼基沿海地区。腓尼基连同北部的黎巴嫩、叙利亚南部地区（即科伊勒—叙利亚地区，Coele-Syria），成为它防御塞琉古王国的最重要缓冲地。塞琉古王国也一直试图收回这些地区的实际控制权，所以，在公元前280—前175年长达百余年的时间内，双方断断续续进行了六次叙利亚战争。托勒密王国通过第一次叙利亚战争（公元前274—前271年）维持了对叙利亚和小亚西南部沿海地区的控制，控制着米利都（Miletus）、以弗所（Ephesus）、吕西亚（Lycia）和卡里亚（Caria）等小亚城市。在第二次叙利亚战争（公元前260—前253年）中面对不利局面，托勒密二世能够及时与安条克二世媾和，并且利用联姻打破了马其顿王国与塞琉古王国的同盟。总之，这些战争并没有从根本上动摇托勒密王国对腓尼基沿海及南叙利亚部分地区的实际统治，它从公元前4世纪末至前2世纪中期，在包括爱琴海在内的地中海东部一直保持着海上的优势地位。此后，随着罗马对希腊的征服及其在地中海东部的扩张，托勒密王国逐步沦为罗马的附庸。

二、托勒密王国的海外探索

托勒密王国对红海沿岸港口的建设、对尼罗河至红海间商路的维护、对红海南部及曼德海峡外海路的探索，都表明它相当重视红海及其以外海洋地区的贸易机会。为了保证海外商路的畅通，托勒密王国建立了当时最大的商船队和强大的海上军事力量，并修通了连接尼罗河与红海的运河，在远至索马里（Somalia）的红海沿岸建立了军事据点。托勒密王国时期，主要有三位国王为此做出了重大贡献。

托勒密一世时期建立了许多中心城市，由内陆城市通向红海的商路也得到发展。[1]由于托勒密王国占据了埃及红海沿岸和部分地中海东岸地区，因此为它开展红海贸易提供了极大便利，其商人开始与阿拉伯、波斯湾和印度等地商人进行海上贸易。

托勒密二世时期，首先在红海西岸科帕托（Kopato）东南开发贝莱尼凯港（Berenice），修建了从贝莱尼凯到尼罗河港科普托斯（Coptos）的道路，并在贝莱尼凯建立了造船厂。[2] 此外，托勒密王国大力开展至瓜达富伊角（Cape Guardafui）的贸易。公元前275年，托勒密二世重新开通了红海和尼罗河间的运河，[3]称为托勒密运河。通过海路进口的货物可以在红海沿岸卸载，然后转运河进尼罗河，到达亚历山大里亚（Alexandria）。公元前247年，托勒密二世在贝莱尼凯北建立密奥斯·荷耳摩斯港（Myos Hormos）。这一时期，通过对贝莱尼凯和密奥斯·荷耳摩斯的建设，以及运河的疏通、沙漠商路的重修，由上埃及经红海、东部埃及沙漠商路或运河，继而连接尼罗河至下埃及的交通网络形成，为托勒密王国发展与阿拉伯地区、印度的贸易提供了完善的交通条件。托勒密二世当政时，正值印度孔雀王朝阿育王（Asoka，约公元前273—前232年在位）统治时期，阿育王也积极推动印度与西方的交往。[4]

1 Walter Scheidel, Ian Morris and Richard Saller, eds., *The Cambridge Economic History of the Greco-Roman World*, Cambridge: Cambridge University Press, 2007, p. 435.

2 Donald W. Prakken, "A Ptolemaic Graffito in New York," *TAPA*, Vol. 76 (1945), pp. 108-115.

3 杨巨平:《亚历山大东征与丝绸之路开通》,《历史研究》2007年第4期，第154页。

4 Pliny, *Natural History*, 6.21.58, with an English translation by H. Rackham, Cambridge, Mass.: Harvard University Press, 1999.

托勒密八世（欧尔杰提斯·费斯孔）（Ptolemy VIII Euergetes Physcon，公元前146—前116年在位）时期，为了同埃塞俄比亚和阿拉伯地区进行贸易，积极发展红海航运。托勒密八世时期的一个重要贡献是发现了埃及直航印度的航线，据斯特拉波记载：

> 托勒密八世时期，欧多克斯（Eudoxus）为了宣传其家乡基齐库斯（Cyzicus）举办的珀耳塞福涅（Persephone）庆典，作为使者来到埃及。此时，一个印度人被带到王室，他学习了希腊语，告知托勒密八世，他由于迷路而到了埃及，他的同伴由于饥饿而死。托勒密八世命令他作为向导，带领埃及人前往印度，其中包括欧多克斯。欧多克斯从印度返回时，带来了香水和宝石。[1]

这是托勒密王国时期有明确记载的首次远航至印度，时间不晚于公元前116年。[2]此次航行一定利用了印度洋季风，但是无法确定托勒密王国是否掌握了季风的规律，更有可能的是这次航行只是一次特殊情况，原因在于托勒密王国此后与印度的海上通航并没有明显增加。但是，托勒密王国开始意识到由埃及航行至印度进行贸易，可以规避沿途各国陆上贸易的高税收和绕开时有海盗侵扰的阿拉伯海海岸，这在一定程度上促进了托勒密王国红海、印度洋贸易的发展。此后一段时期，托勒密王国的船队常年从密奥斯·荷耳摩斯和贝莱尼凯出发，首先到达阿拉伯半岛西南地区，通过此地区的贸易港口奥凯利斯（Ocelis），进而和印度西海岸的港口建立商贸联系，但需要特别注意

1 Strabo, *Geography*, 2.3.4, with an English translation by Horace Leonard Jones, Cambridge, Mass.: Harvard University Press, 1967.

2 Kostas Buraselis, Mary Stefanou and Dorothy J. Thompson, eds., *The Ptolemies, the Sea and the Nile: Studies in Waterborne Power*, Cambridge: Cambridge University Press, 2013, p. 199.

的是埃及与印度的通航数量仍然很少。

除了修建、完善港口等举措，托勒密王国的海外探索还主要得益于其国内发达的商业和手工业。它在制陶业、玻璃制造业、纺织业，特别是造船业方面的生产技术均取得明显提高。正是造船业前所未有的进步，为托勒密王国的海外探索创造了极为有利的条件。

三、托勒密王国海外贸易的具体形式和表现

托勒密王国的繁荣在一定程度上依赖于其海上势力，无论是在地中海地区还是红海。亚历山大里亚是托勒密王国的都城，也是其贸易中心，在此聚集了大量的外国商人、仓库管理人和商船船主。[1]它位于尼罗河的出海口，使得托勒密王国重视发展通向北方的海路，政治、经济和文化的利益关切变得更为广泛，海上势力开始蓬勃发展。

托勒密王国在地中海东部势力的扩大，使其控制了部分地中海贸易。托勒密一世时期，控制了腓尼基海岸的港口，与塞浦路斯签订了协约。[2]托勒密王国在地中海的贸易与罗德岛（Rhodos）密切相关。罗德岛位于埃及到腓尼基、叙利亚、小亚及希腊的海路上，是这一地区的贸易中心之一，它与托勒密王国存在紧密的商业往来，对后者来说意义重大。托勒密王国和罗德岛间（地中海东部贸易圈）的贸易组织形式有所创新，一种新的商业组织——“商业合作集团”得到发展，取代了以前小规模的商人组织。[3]商业信用的进步，贸易

---

1 M. I. Rostovtzeff, *The Social and Economic History of the Hellenistic World*, Oxford: Oxford University Press, 1941, p. 397.

2 Kostas Buraselis, Mary Stefanou and Dorothy J. Thompson, eds., *The Ptolemies, the Sea and the Nile: Studies in Waterborne Power*, p. 4.

3 Kostas Buraselis, Mary Stefanou and Dorothy. J. Thompson, eds., *The Ptolemies, the Sea and the Nile: Studies in Waterborne Power*, p. 14.

合作的加强，增强了抵御风险的能力，贸易商开始运输体量较大的货物。爱琴海贸易在近东、地中海贸易圈中占据主导地位，可为托勒密王国提供造船用之木材、金属、沥青等物资以及船只和水手，[1]它们都是托勒密王国需求较大的资源。托勒密王国控制了大部分的爱琴海贸易市场，也为它从阿拉伯、印度等地进口的商品提供了广阔的消费市场。

托勒密王国时期，在红海地区的贸易和探索活动有了显著进步，埃及商人沿着红海东西两侧、非洲角和索马里的海岸活动。托勒密王国对红海探索的首要目的，是获得更多的资源和供应。埃及的马匹、大象、金属、木材资源匮乏，[2]决定了它不得不通过进口得到这些战略资源。托勒密王国海上势力的扩张，促进了地理知识的进步，刺激了人们对未知世界的好奇心，反过来也推动了托勒密王国在红海地区的探索活动。托勒密王国海外探索的另外一个重要目的是创造贸易机会。为了与埃塞俄比亚的商业团体进行贸易，托勒密商人首次尝试前往阿拉伯半岛西南地区航行并开拓更远地区的航线，非洲角的索科特拉（Socotra）的作用凸显，成为托勒密王国至阿拉伯半岛南部、印度贸易的主要中转地。

可以确定的是，托勒密王国时期已经与印度建立了海上贸易关系，但船只都是沿着近海航行往返印度。[3]例如，印度西南海岸穆季里斯（Muziris）的商船先沿着波斯海岸航行，然后绕阿拉伯半岛进入红海，到达埃及港口贝莱尼凯。《厄立特里亚航海记》记载：

早期，印度和埃及的船只都仅航行至亚丁湾的西南阿拉伯

1 Michael Grant, *From Alexander to Cleopatra: The Hellenistic World*, London: Weidenfeld and Nicolson, 1982, p. 40.

2 M. I. Rostovtzeff, *The Social and Economic History of the Hellenistic World*, p. 381.

3 J. Innes Miller, *The Spice Trade of the Roman Empire: 29 B.C. to A.D. 641*, Oxford: Clarenden Press, 1969, p. 194.

海岸（即书中记载的尤岱蒙阿拉伯地区——作者注），而不会继续至埃及，埃及的船只也只航行至此地，不去往更远的地方。印度和埃及的货物都在西南阿拉伯海岸进行交换和贸易，所以此地非常繁荣。[1]

这表明大部分埃及船只最远到达亚丁湾的西南阿拉伯海岸，在此获得东方商人带来的商品。托勒密王国时期，虽然由埃及到印度的航线也在逐渐发展，但总体规模仍然很小，至托勒密王朝末期，远航印度的船只数量仍然很少。斯特拉波记载："在早期（实际指托勒密王国末期——作者注），只有20艘船只航行至亚丁湾外。"[2]这一现象的主要原因是罗马在地中海东部的扩张，使得埃及的统治秩序不稳定，无暇经营与印度等地的贸易。

由于托勒密王国占据着红海西岸，红海贸易的规模扩大至阿拉伯半岛南部沿海及印度洋，托勒密王国和阿拉伯地区的部落产生利益冲突在所难免。当前者派出战船进攻阿拉伯人的独桅船只或者毁坏纳巴泰人（Nabataeans）的居住地时，后者就会开始报复。公元前2世纪末，阿拉伯半岛西南的族群希木叶尔人（Homerites）控制了赛伯邑王国（Sabaeans Kingdom），占据了也门和亚丁湾的港口，包括奥凯利斯港，与印度进行贸易，使用武力阻止印度船只进入红海，亦阻止埃及船出红海。希腊化时期，阿拉伯沿海商业民族基本上控制了红海通向印度洋的贸易，所以，埃及与印度的海上贸易多掌握在阿拉伯半岛南部的赛伯邑人和希木叶尔人手中。

托勒密王国虽然没有红海、印度洋贸易的控制权，但其本土与阿拉伯半岛西北、地中海东岸港口和阿拉伯半岛南部港口间可通过陆

---

1 Lionel Casson, tran., *The Periplus Maris Erythraei: Text with Introduction, Translation and Commentary*, 26, New Jersey: Princeton University Press, 1914.

2 Strabo, *Geography*, 17.1.13.

路连接，为它的海外贸易提供了另外一种形式，并由此建立起海外贸易的某些优势。阿拉伯半岛南部的货物沿着阿拉伯半岛西海岸的陆上商路，运至纳巴泰人的城市佩特拉（Petra），然后到达加沙（Gaza），之后经西奈半岛到达埃及。尤其是托勒密二世在巴勒斯坦和腓尼基地区确立了统治后，这条经阿拉伯半岛西北部的商路更加畅通。对托勒密王国与阿拉伯地区的贸易来说，巴勒斯坦和腓尼基的港口城市发挥了重要的中转作用，[1]托勒密王国对到达这一地区的阿拉伯地区和印度的商品征收进口税。这些商品运至埃及本土时，还会再次被征税，[2]这在一定程度上增加了托勒密王国的财政收入。

托勒密王国的商业发展主要表现为进出口贸易种类、数量和范围的扩大。它向外出口的主要商品包括粮食、玻璃、纸草和纺织物等，主要销往地中海周边和东方。它的进口商品多为奢侈品，如阿拉伯的宝石，印度的象牙、珍珠和各种香料。托勒密王国的大部分进口商品以很低的价格卖给了王室。[3]王室将其一部分供给神庙，其余部分出售给私人经销商。托勒密王国实行垄断贸易经营的政策，个体经销商需要得到官方的特许，才能从事某些商品的贸易和经销。比如进口香料的销售，需要得到官方的特许经营许可。[4]托勒密王室重视纺织品、香水制造、金属制品等行业，把行业许可权授予专业制造者，未经许可不得进入相关行业的生产领域。[5]然而，托勒密王国的希腊官员阶层却享有经济特权，他们掌握了大量财富，有时进行投资，通过行政特权获得税收权和垄断的合同契约。[6]他们还通过贷款给私商以盈利。此外，托勒密王国时期的纸草文献记录了托勒密商人与东方贸易的组

---

1 Pirre Grimal, *Hellenism and the Rise of Rome*, London: Weidenfeld and Nicolson, 1970, p. 242.
2 M. I. Rostovtzeff, *The Social and Economic History of the Hellenistic World*, p. 389.
3 Raoul Mclaughlin, *Rome and the Distant East*, Auckland: MPG Books Group Ltd., 2010, p. 24.
4 M. I. Rostovtzeff, *The Social and Economic History of the Hellenistic World*, p. 187.
5 Michael Grant, *From Alexander to Cleopatra: The Hellenistic World*, p. 44.
6 M. I. Rostovtzeff, *The Social and Economic History of the Hellenistic World*, p. 411.

织形式。约公元前150年的埃及纸草文献记载道：

> 五个亚历山大里亚的商人计划从红海到生产香料之地（指印度——作者注）进行贸易。这五个商人有五个合伙人，五个合伙人都是希腊人，其中一个合伙人是从迦太基返回的商人，其余四个合伙人是亚历山大里亚的希腊士兵。他们为从事远洋贸易的商人提供资金，由一位罗马的银行从业者代理。[1]

这表明托勒密王国的海外贸易具有一定程度的国际性，贸易组织形式得到完善和发展。

但总体来看，托勒密王国终究没有建立起与印度的稳固贸易网络。究其原因，首先，托勒密王国统治者继承了埃及法老时期的经济垄断制度，实行相对封闭的对外贸易政策，通过设置关税关卡，保护王室对国内经济的统制。因此，对于远航印度的商人而言，自由贸易是奢望，利润也必然受到不利影响。和进口的商品相比，托勒密王国对国内生产商品的税收要低很多，[2]不利于进出口贸易的扩大。托勒密王室还为国内居民购买外国商品设置价格障碍，目的是保护国内市场的正常秩序。托勒密王国国内对东方商品需求的不足，也限制了它与印度等地贸易的进一步发展。其次，托勒密王国和塞琉古王国长期争夺黎凡特（Levant）地区，时常发生战争。托勒密王国中后期受到罗马的威胁，忙于战事和巩固政权，没有多余精力发展海洋贸易。再次，托勒密商人面临着阿拉伯人、印度人甚至塞琉古人、帕提亚人在海洋贸易上的激烈竞争，他们在经验、实力、物产、地理位置等方面均不占绝对优势，所以，托勒密王国也始终没有成为红海、印度洋贸

1 Lionel Casson, *The Ancient Mariners: Seafarers and Sea Fighters of the Mediterranean in Ancient Times*, New Jersey: Princeton University Press, 1991, p. 157.

2 M. I. Rostovtzeff, *The Social and Economic History of the Hellenistic World*, pp. 385-386.

易的主导者。但是，它始终没有放弃对红海、印度洋海路的探索，从而为公元1世纪罗马埃及经红海、印度洋至印度西海岸的海上丝绸之路西段的贯通奠定了基础。

第二节　塞琉古王国统治重心的西移

塞琉古王国早期的领土囊括了中亚至地中海东岸地区，东西方贸易的主要交通干道基本上都在其领土之内。随着公元前3世纪中期巴克特里亚、帕提亚的独立和帕提亚随后的扩张，塞琉古王国的领土逐渐缩小至幼发拉底河以西地区。公元前2世纪末，丝绸之路开通之时，塞琉古王国仍然占据叙利亚及其周边地区，与帕提亚的边境线基本维持在幼发拉底河一线。丝绸之路能够最终实现从中国内地至地中海东岸的全线贯通，塞琉古王国在此商路的最西部发挥了不可忽视的作用。丝绸之路开通之后，塞琉古王国覆盖的交通路线实际上成为了丝绸之路的组成部分。罗马最终吞并塞琉古王国并建立叙利亚行省，不仅使丝绸之路在公元前1世纪后期能够继续保持东西贯通，而且使塞琉古王国遗留下来的道路系统、商业城市、商品市场等遗产，继续在丝绸之路两河流域至地中海东岸段上发挥重要作用。为了更好地理解塞琉古王国与丝绸之路的关系，有必要全面回顾塞琉古王国的领土变更和统治重心的逐渐西移。

一、塞琉古王国东部边界的变更

1. 塞琉古王国建立时的领土范围和新建城市

塞琉古王国建立之初，叙利亚至中亚的广大地区都在其统治版图之内，叙利亚地区是其统治中心。据罗马史家阿庇安（Appian，约公元95—165年）记载："亚历山大死后，其手下的部将塞琉古成为伙友骑兵队的首领，成为巴比伦总督，之后做了国王。因为显赫的战功，他获得了'尼卡托'（征服者）的称号。"[1]塞琉古一世（Seleucus I，公元前312—前281年在位）几乎继承了亚历山大在亚洲的全部遗产。公元前311年之后，他收复了包括米底（Media）在内的亚历山大帝国东部各省。[2]公元前305年，塞琉古一世进攻印度河流域，遭到了孔雀王朝（公元前324—前188年）的抵抗，征服印度河流域的计划落空。公元前301年，伊普苏斯之战后，塞琉古王国占有了叙利亚地区。塞琉古一世还夺取了美索不达米亚，公元前296年又攻占了西里西亚（Cilicia）。至公元前281年，他还控制了除本都王国（Pontus）和一些城邦外的几乎整个小亚地区。至此，塞琉古王国囊括了西起叙利亚、美索不达米亚，东至锡尔河以南的索格底亚那（Sogdiana）、巴克特里亚的广大地区。

塞琉古一世在王国内广建希腊式城市，新建城市至少有34座之多，主要分布在叙利亚和两河流域地区，有16个城市命名为安条克（Antioch），以纪念他的父亲；5个城市命名为劳狄西亚（Laodicea），以纪念他的母亲；9个城市以自己的名字命名，名为塞琉西亚（Seleucia）；4个城市纪念他的两个妻子，分别是3个阿帕米亚（Apamea）和1个斯特拉东尼西亚（Stratonicea）。这些城市中，最有名的是两个塞琉西亚，一个在海滨，一个在底格里斯河畔，以及腓尼基的劳狄西亚、黎巴嫩山下的安条克和叙利亚的阿帕米亚。[3]

除了新建城市，塞琉古一世还为叙利亚和上亚细亚的很多城市

1 Appian, *Roman History*, 11.57, with an English translation by Horace White, Cambridge, Mass.: Harvard University Press, 1962.

2 Appian, *Roman History*, 11.55.

3 Appian, *Roman History*, 11.57.

取希腊或马其顿的名称。在塞琉古王国的众多城市和地区中，主要有三个中心地区，分别是以撒尔狄斯（Sardis）为首府的爱奥尼亚（Ionia）、北叙利亚地区和巴比伦尼亚（Babylonia）。其中，又以北叙利亚的安条克最为重要，它长期是塞琉古王国的都城；其次就是巴比伦尼亚地区的底格里斯河畔的塞琉西亚（Seleucia on the Tigris），它是塞琉古一世营建的新城，在连接、沟通塞琉古王国广阔的东西部领土方面发挥了至关重要的作用。塞琉古王国初期，其统治重心在王国的中西部，也就是两河流域及其以西地区，但对伊朗高原以东的上省地区甚至印度西北部也很关注。不过随着孔雀王朝的崛起，印度西北部的放弃，特别是从公元前3世纪中期开始，随着东部巴克特里亚和帕提亚的独立，塞琉古王国的统治重心表现出不断向西收缩的趋势。

2. 帕提亚帝国与塞琉古王国及其东部领土的缩小

帕提亚帝国由中亚的游牧民族帕尔尼人（Parni）所建。公元前247年，阿尔萨息一世（Arsaces I，公元前247—前211年在位）成为帕尔尼人首领。公元前238年，侵入塞琉古王国的帕提亚行省，宣告独立。从帕提亚建国至米特里达特二世（Mithridates II，公元前124—前87年在位）时期，帕提亚同塞琉古王国断断续续地进行战争，争夺的焦点是伊朗地区和两河流域地区。

公元前232—前231年，塞琉古国王塞琉古二世（Seleucus II，公元前246—前225年在位）率军攻入帕提亚，阿尔萨息一世向东退回草原地区，采取灵活战术伏击塞琉古军队，塞琉古二世遭遇失败。这时塞琉古二世知悉其弟安条克叛乱，于是和帕提亚签订和约，匆匆赶回叙利亚。[1]这次和约标志着帕提亚真正独立的开始。塞琉古三世（Seleucus III，公元前225—前223年在位）时期，东征帕提亚，占领了帕提亚的西都百门城（Hecatompylos），遭到后者顽强抵抗。最

1 李铁匠:《伊朗古代历史与文化》，南昌：江西人民出版社，1993年，第169页。

终，塞琉古三世和阿尔萨息一世达成和解，正式承认了帕提亚国王的地位。[1]

公元前211年，塞琉古国王安条克三世（Antiochus III，公元前223—前187年在位）开始东征，收复失地。公元前209年，他从米底进入帕提亚，占领了百门城。之后，塞琉古军队在围攻西林克斯城（Sirynx）时遭到帕提亚军队顽强抵抗，后者在城市失陷之前屠杀了城里所有的希腊移民。安条克三世担忧其他移民地遭遇同样的危险，便和帕提亚签订了和约，规定帕提亚王必须承认塞琉古王国的宗主权，但是允许其继续保留国王的称号及领地。[2]通过此次和约，帕提亚虽然承认了塞琉古王国的宗主国地位，但同时也获得了合法的政治地位，经济军事实力迅速恢复。实际上，帕提亚在名义上隶属于塞琉古王国的时间也很短暂。

公元前175年，塞琉古国王安条克四世（Antiochus IV，公元前175—前164年在位）统治时期，在两河流域和伊朗建立了一些希腊移民点。公元前164年，安条克四世逝世，塞琉古王国进入衰落时期。

帕提亚国王米特里达特一世（Mithridates I，公元前171—前138年在位）开启了帕提亚大规模扩张的时代。在东方，他从巴克特里亚国王欧克拉提德一世（Eucratides I，约公元前170—前145年在位）手中夺取巴克特里亚地区的图里瓦（Turiva）和阿斯皮奥努斯（Aspionus）行省，占领过索格底亚那。[3]他向西占领了米底，攻入美索不达米亚，占领了巴比伦尼亚地区。公元前147年，将首都迁至埃克巴坦那（Ecbatana）。公元前141年，占领底格里斯河畔的塞琉西亚。至公元前140—前139年，帕提亚几乎占领了整个两河流域和伊朗，势力范围向西推进至幼发拉底河一线。至此，塞琉古王国退回至

---

1 ［伊朗］扎林库伯：《波斯帝国史》，张鸿年译，上海：复旦大学出版社，2011年，第273页。
2 李铁匠：《伊朗古代历史与文化》，第169页。
3 Strabo, *Geography*, 11.11.2.

幼发拉底河以西地区。

塞琉古国王安条克七世（Antiochus VII，公元前138—前129年在位）时期曾短暂复兴了东部领土，收复了长期失守的犹太（Judea）地区，并率大军越过了幼发拉底河，再次征服了美索不达米亚和巴比伦城，将帕提亚国王弗拉特斯二世（Phraates II，公元前138—前128年在位）逐出米底。但最终，公元前129年初，他败于帕提亚的偷袭并被杀死，帕提亚重新获得美索不达米亚和巴比伦城，标志着东地中海地区历史出现重大转折，宣告了塞琉古王国在两河流域和伊朗的统治结束。从此，塞琉古王国转而依靠不断扩张的罗马共和国作为保护人，帕提亚则成为东地中海地区反抗希腊人殖民统治的中心。

公元前124年，帕提亚国王米特里达特二世即位后，重新占领了巴比伦尼亚地区，迁都至底格里斯河畔的塞琉西亚，建立了新城泰西封（Ctesiphon）。不久，他又征服了亚美尼亚地区（Armenia）。至此，塞琉古王国仅占有幼发拉底河—亚美尼亚一线以西的叙利亚地区。

总之，从帕提亚宣告独立开始，不间断地向伊朗和两河流域扩张，其间两地的控制权在塞琉古王国和帕提亚之间常常转换，总体趋势表现为塞琉古王国统治重心的不断西移。最晚至公元前2世纪末，塞琉古王国的统治中心仅有叙利亚一隅。

二、塞琉古王国在西部边界的扩张

塞琉古王国西部边界的变化主要和罗马、托勒密王国及其他小亚王国在地中海东部的势力消长紧密相关。罗马在希腊本土、小亚和叙利亚地区的征服活动，最终决定了塞琉古王国的领土界限。托勒密王国在腓尼基地区、中南叙利亚的扩张活动，对塞琉古王国的边界也产生了重要影响。

1. 塞琉古王国西进与罗马东扩

塞琉古王国统治者是马其顿—希腊人，塞琉古王国的战略目标之一是收回马其顿、希腊的故土，但结果显然事与愿违。公元前279年，塞琉古国王安条克一世和马其顿王朝的国王安提柯二世签订条约，规定安条克一世不得干涉马其顿和希腊事务，安提柯二世也不得介入色雷斯和亚洲事务。这一条约成为希腊化时期政治长期稳定的基础，自此之后，两个王朝和平相处了很长时间。公元前278年，三个高卢人部落越过达达尼尔海峡，进入小亚地区掠夺。公元前275年，安条克一世借助他在巴克特里亚的将军提供的16头战象击败了这些高卢人，[1]保证了塞琉古王国在小亚地区的统治稳定。

从公元前2世纪初开始，塞琉古军队越过赫勒斯滂海峡向色雷斯（Thrace）和希腊本土扩张，最终目的是征服罗马。公元前197年，罗马击败马其顿国王腓力五世（Philip V，公元前221—前179年在位），并试图控制整个希腊。塞琉古王国在西进的过程中，和罗马发生了直接冲突。

公元前193年，安条克三世率军越过赫勒斯滂海峡，使用说服投降和武力征服的方式，占据了色雷斯大部分土地，解放了在色雷斯人统治下的希腊人。[2]他试图征服希腊，然后从希腊进攻罗马。公元前195年，迦太基将领汉尼拔（Hannibal，公元前247—前183年）前往安条克三世处避难，向后者提出建议：征服希腊是容易的，但绝对不能在希腊战胜罗马，最好先征服意大利半岛的一些地区作为军事据点。但是在之后的军事行动中，安条克三世还是坚持了自己的计划。公元前191年，安条克三世侵入希腊，杀害和俘虏了一些罗马人，罗

---

1 W. W. Tarn, *Hellenistic Civilisation*, third edition, Cleveland and New York: The World Publishing Company, 1964, p. 14.

2 Appian, *Roman History*, 11.2.6.

马随即向前者宣战。[1]同年，安条克三世在德摩比利（Thermopylae）战役中被罗马军队击败，逃亡小亚。[2]罗马军队越过赫勒斯滂海峡，最终在公元前190年马革尼西亚（Magnesia）战役中，将安条克三世及其军队彻底击溃，[3]迫使后者求和，按照罗马的要求签订了和约，其中规定塞琉古王国只能保留12艘带甲板的船舰。塞琉古王国的领土以卡利卡德那斯（Calicardenas）和萨彼敦尼昂（Sabidonian）两个地角为界，不得航海越过这两个地方进行战争。[4]自此之后，塞琉古王国试图向地中海西进的战略计划以失败告终，不仅没有征服希腊本土，而且失去了除西里西亚（Cilicia）之外的小亚领土，它的疆域被严格地限制在亚洲版图之上。塞琉古王国在西部的领土范围随着罗马在地中海东部的进一步扩张而逐渐缩小，其统治重心也保持在以安条克为中心的北叙利亚地区。

2. 叙利亚战争

托勒密一世在伊普苏斯战役中已经占领了阿拉杜斯（Aradus）和大马士革（Damascus）以南的叙利亚地区。塞琉古一世有感于托勒密一世在亚历山大“继业者”战争中对他的帮助，没有要求后者归还其占领的南叙利亚地区。虽然失去了实际控制权，但塞琉古一世仍然声称保有这一地区的所有权。托勒密王国的军事力量使其在与塞琉古王国的冲突中占据了一定优势，而后者也始终对前者已占领的南叙利亚地区有领土诉求，这一地区物产丰富且是重要的贸易中转地，所以长期是双方争夺的主要地区，双方也因此进行过六次叙利亚战争。

塞琉古一世去世后，公元前280年，托勒密二世侵入塞琉古王国控制下的小亚的米利都。公元前276年，托勒密二世的军队侵入

---

1 Appian, *Roman History*, 11.15.

2 Appian, *Roman History*, 11.20-21.

3 Appian, *Roman History*, 11.35-36.

4 Appian, *Roman History*, 11.39.

叙利亚地区，被安条克一世击败。之后，托勒密二世最终在公元前273—前271年间占领了腓尼基和从米利都到西里西亚的卡吕卡德努斯（Calycadnus）的小亚大部分海岸，第一次叙利亚战争结束。

公元前260—前253年，安条克二世发动了旨在报复托勒密二世的第二次叙利亚战争，收复了以弗所、米利都和多数小亚沿岸地区，还有腓尼基至贝鲁特（Beirut）间的地区。但之后托勒密二世占据了优势，于公元前253年战胜安条克二世，继续占有腓尼基和小亚沿海地区。

公元前246年，托勒密三世（Ptolemy III，公元前246—前221年在位）继承王位，随后占领了叙利亚北部和西里西亚，其军队一直侵入至底格里斯河畔的塞琉西亚，第三次叙利亚战争爆发。后来，塞琉古二世收复了西里西亚、叙利亚北部及其东部地区，但未能收回腓尼基，并失去了小亚沿海地区。托勒密三世继续扩张他的势力，越过小亚占领了色雷斯的沿海地区。

公元前241年，帕加马国王攸麦尼斯（Eumenes）将国家遗赠给了他的侄子阿塔卢斯一世（Attalus I，公元前241—前197年在位）。公元前228—前223年，阿塔卢斯一世将塞琉古王国势力赶出了小亚，统治了塞琉古王国在陶鲁斯山脉（Taurus Mountains）以北的全部领土。

公元前223年，安条克三世登上塞琉古王位后，以恢复塞琉古一世所失去的属地为己任。公元前221年，他重新建立起塞琉古王国对东部行省的控制，并夺回了安纳托利亚（Anatolia）。公元前220年，安条克三世的堂弟阿凯俄斯（Achaeus）从阿塔卢斯一世手中夺回了塞琉古王国在小亚的领土。安条克三世则镇压了其麾下将军在米底和波西斯（Persis）的叛乱，试图从托勒密四世（Ptolemy IV，公元前221—前205年在位）手中夺回南部叙利亚，发动了第四次叙利亚战争。最终，在公元前217年拉斐亚（Raphia）之战中，托勒密四世获胜，保住了腓尼基和南叙利亚。

公元前202年，安条克三世发动了第五次叙利亚战争，侵入南叙利亚。公元前200年，他在约旦河源头的潘尼翁（Panion）击败了托勒密军队，占领了腓尼基地区，取得了重要港口西顿。国内的混乱局势使得托勒密五世（Ptolemy V，公元前204—前181年在位）只能对安条克三世的收复和扩张采取妥协态度。公元前195年，双方签订和约，托勒密王国承认了科伊勒—叙利亚（Coele-Syria）为塞琉古王国的领地，叙利亚南部再一次回归塞琉古王国。

公元前175年，安条克四世率军进入科伊勒—叙利亚、腓尼基和巴勒斯坦地区，击败了当地的托勒密军队，收回了这些地区。公元前170年，托勒密六世（Ptolemy VI，公元前181—前145年在位）的两位摄政王向安条克四世宣战，第六次叙利亚战争爆发。安条克四世占据优势，先后攻下托勒密王国的属地塞浦路斯和埃及本土的佩卢西乌姆（Pelusium）和孟斐斯（Memphis），在确立了对托勒密六世的保护关系后才返回叙利亚。但此时，正在地中海东部扩张的罗马要求安条克四世必须从埃及和塞浦路斯撤军。慑于罗马的强大军事实力，安条克四世选择服从罗马的最后通牒，从两地撤军，第六次叙利亚战争结束。

总的来看，在前四次叙利亚战争中，塞琉古王国失去对叙利亚南部、腓尼基和小亚沿海地区的控制权。从公元前3世纪初第五次叙利亚战争开始，塞琉古王国才逐渐收复叙利亚南部和腓尼基部分地区。塞琉古王国的西部边界领土基本维持在小亚部分地区和叙利亚北部。

第三节　罗马东进与东地中海地区希腊化王国的灭亡

从公元前3世纪中期开始，罗马开始在地中海地区扩张。罗马经过三次布匿战争（公元前264—前146年），将北非强国迦太基

（Carthage）彻底征服，划为阿非利加行省。在此期间，罗马征服了山南高卢和伊比利亚半岛，控制了西地中海地区。大约与三次布匿战争同时，罗马开始在东地中海地区扩张。至公元前1世纪末，罗马最终征服了塞琉古王国及托勒密王国，将希腊化世界西部纳入其统治范围。

虽然罗马人控制了叙利亚、小亚部分地区和埃及，但这些地区的希腊化程度相当高，尤其是公元初两个世纪，叙利亚、埃及，尤其是后者的希腊化进程依然在继续。从第一层意义上看，罗马征服希腊化世界西部，为丝绸之路保持东西贯通创造了稳定的政治条件。事实上，在罗马统治时期，尤其是公元初两个世纪，丝绸之路西线迎来了空前繁荣的一段时期。第二层意义在于，罗马统治下的原希腊化世界西部遗留下来的众多希腊化遗产，促进了罗马帝国东部丝绸之路的畅通与兴盛。所以，回顾罗马东进的过程，也是在梳理罗马是怎样逐步与希腊化世界融合、怎样逐步继承希腊化遗产、怎样利用希腊化遗产推动公元初两个世纪的丝绸之路大繁荣。

一、马其顿战争

罗马在东地中海的扩张首先瞄准了巴尔干半岛，经过三次马其顿战争（公元前214—前168年），最终于公元前148年将马其顿划为罗马的行省。

第一次战争发生于公元前214—前205年，罗马正陷入汉尼拔战争之中，担心马其顿与其结盟驰援，于是派遣小股部队横渡亚得里亚海（Adriatic），袭击了部分沿岸地区。战争以签订《腓尼基条约》而结束。该条约承认了马其顿对伊利里亚（Illyria）的占领，但迫使马其顿事实上放弃了与汉尼拔的同盟关系。

公元前202年，罗马在第二次布匿战争后实力大增，获得了托勒密王国、帕加马、罗德岛和雅典的一致支持。此时，安条克三世计划向希腊本土扩张。面对潜在的巨大威胁，罗马的计划是占领希腊本土，使其成为自己对抗马其顿国王腓力五世和安条克三世的前沿阵地。随后，罗马向马其顿宣战，并派出大批军队前往伊利里亚，第二次马其顿战争爆发。公元前197年，罗马在帖撒利（Thessaly）的西诺塞法拉（Cynoscephalae，狗头山）击败腓力五世，马其顿沦为罗马的附庸。

公元前171年，罗马向马其顿国王柏修斯（Perseus，公元前179—前168年在位）宣战。公元前168年，罗马在马其顿和希腊的10万大军及柏修斯的43000人对阵，最终取得全胜，马其顿王国不复存在。

公元前149年，马其顿的安德里斯库斯（Andriscus）假冒柏修斯的儿子腓力，在色雷斯的支持下入侵马其顿，得到了举国拥戴。公元前148年，他侵入帖撒利并击败了罗马军队，后因专制独裁遭到马其顿人的厌恶，被罗马军队击败。[1]至此，马其顿正式进入了一个新的历史时期，由一个希腊化国家沦为罗马的一个行省。公元前146年，罗马摧毁科林斯城（Corinth），将中南部希腊并入马其顿行省，完全控制了巴尔干地区。

二、罗马在小亚的扩张

罗马在小亚地区的扩张，始于对帕加马王国的“接受”。公元前133年，帕加马国王阿塔卢斯三世留下遗嘱：给予帕加马及其治下的希腊城市以广泛自由，同时将王国赠送给罗马。公元前130年，帕加马成为罗马小亚行省的一部分。

从公元前1世纪初开始，罗马与位于小亚东北部的本都进行了

---

1 W. W. Tarn, *Hellenistic Civilisation*, pp. 31-37.

旷日持久的战争（公元前89—前65年），史称米特里达特战争。自公元前92年本都国王米特里达特六世（欧帕托尔）（Mithridates VI Eupator，公元前121—前63年在位）派海盗到地中海东部劫掠，他们首先集中于西里西亚附近海域，使很多城镇逐渐荒废。[1]后来，海盗们的势力在整个地中海地区蔓延，甚至威胁到了意大利本土。公元前67年，罗马人委任庞培（Pompey，公元前106—前48年）作为司令肃清地中海海盗。庞培把地中海广大海域分为多个部分，分配给25个元老等级的助手，每个助手分配到了一些船舰、步兵和骑兵，他们有绝对权力和所在海域的海盗作战。[2]这样一来，地中海的各个海域都有罗马军队巡航，防止了海盗们的彼此联合。庞培在几天时间内肃清了海盗，收复了约120个海盗的市镇、要塞。[3]在平定海盗之后，他并没有处死多达两万名的俘虏，而是把他们一部分安置在西里西亚平原的荒城中。[4]

公元前88年，米特里达特六世攻占了罗马的小亚行省，众多小亚的希腊城市接受了他的统治。由于米特里达特六世对罗马的胜利，一股反抗罗马的浪潮兴起，从卡帕多西亚（Cappadocia）和帕提亚开始，而后是犹太和亚美尼亚，抵制罗马成为公元前1世纪前半期地中海东部地区的主导倾向。公元前74年，小亚的比提尼亚（Bithynia）国王尼克美狄斯四世（Nicomedes IV）效仿阿塔卢斯三世的做法，将比提尼亚赠送给罗马，[5]后来比提尼亚与本都的一部分合并为罗马在小亚的一个行省。公元前66—前65年，庞培击败米特里达特六世，后者逃往亚美尼亚的科尔基斯（Colchis），后又绕过本都领土前往亚速海（Sea

1 Appian, *Roman History*, 12.92.

2 Appian, *Roman History*, 12.94.

3 Appian, *Roman History*, 12.96.

4 ［德］蒙森：《罗马史》第五卷，李稼年译，北京：商务印书馆，2017年，第141页。

5 W. W. Tarn, *Hellenistic Civilisation*, p. 44.

of Azov)。[1]继征服本都之后，庞培继续进军亚美尼亚。鉴于庞培伟大的战功和声誉，亚美尼亚国王提格拉尼斯（Tigranes）向庞培投降，交出了他从塞琉古王国夺取的从幼发拉底河到地中海边的整个叙利亚领土。[2]庞培将占领的小亚美尼亚地区并入了隶属于罗马的卡帕多西亚王国。波勒蒙（Polemon）本是安东尼（Antony，公元前83—前30年）支持的一个地方小国王，统治着本都从埃利斯（Elis）到科尔基斯的土地。最终，公元前63年，波勒蒙的王国也被并入罗马。

罗马在小亚的行省设置始于罗马将军卢库鲁斯（Lucullus，公元前117—前56年），由庞培最终完成。小亚行省原来包括米西亚（Mysia）、吕底亚（Lydia）、弗里吉亚（Phrygia）和卡里亚，在庞培东征后由边省变为腹地。新设的行省有比提尼亚和本都省、西里西亚省、叙利亚省及克里特省。卡帕多西亚控制着幼发拉底河最重要的渡口，罗马人刻意把幼发拉底河的主要渡口连同河东的不少领土的统治权交给了卡帕多西亚和科马根尼（Commagene）这两个隶属于罗马的国王。[3]小亚一部分城邦组成较大的联盟，相对独立，如吕西亚二十三城的联盟。庞培尽量在小亚和叙利亚提倡城市生活，他在东部行省新创的城市，包括西里西亚的居留地在内，约有三十多处，其中几个相当繁荣。例如，庞培把军中残废和年老的士兵安置在本都名城尼科波利斯（Nikopolis）；又如因庞培的别号而得名的城市麦加洛波里斯（Megalopolis），建在卡帕多西亚和小亚美尼亚的交界处。

庞培经过米特里达特战争，不仅消灭了本都王国，征服了米特里达特六世，而且肃清了地中海海盗。此外，他还在对卡尔基斯（Chalcis）人、阿尔巴尼亚人、伊比利亚人、亚美尼亚人、米底人、

---

1 Appian, *Roman History*, 12.102-105.

2 公元前83年，亚美尼亚国王提格拉尼斯在统一亚美尼亚后，暂时征服了塞琉古王国，直到公元前64年，叙利亚成为罗马行省。

3 ［德］蒙森：《罗马史》第五卷，李稼年译，第138页。

犹太人、阿拉伯人以及其他的东方民族的数次战役中获胜，占领了叙利亚、西里西亚、腓尼基、犹太、巴勒斯坦以及从幼发拉底河到埃及的许多地区，使罗马的统治范围扩张至黑海、埃及边界沙漠和幼发拉底河。[1]

三、罗马征服叙利亚及其与帕提亚的早期冲突

公元前2世纪末，丝绸之路开通，并逐渐延伸至地中海东岸，罗马也就和丝绸之路有了首次接触，但是此时这种关系还是间接的。自罗马征服塞琉古王国所在的叙利亚地区之后，它才真正与丝绸之路发生直接关系。

在庞培进入叙利亚之前，塞琉古王国对叙利亚地区的统治实际上已经结束。公元前83年，亚美尼亚国王受塞琉古王国内部争斗一方的邀请，侵入叙利亚。公元前69年，迫于庞培的压力，亚美尼亚交出了叙利亚的控制权。此后出现了两个自称塞琉古王室后裔的国王，但都是昙花一现。公元前64年，随着庞培大军的到来，塞琉古王国正式灭亡。公元前64年冬，庞培亲至叙利亚，留居至次年夏季，期间整顿叙利亚事务，以直接的统治代替薄弱的保护制。从此，叙利亚成了罗马的行省。

庞培想使叙利亚恢复塞琉古王国盛世时的繁荣，所以他废除了一些当地僭窃的政权，明确了阿拉伯人的领地仍以沙漠地带为界，调整了各部落的关系。为迫使叙利亚当地人服从命令，罗马兵团屯驻备战，特别针对当地的强盗土匪。[2]同时，罗马还在叙利亚及其周边地区培植了很多附属王国，增加土著酋邦的数量，借助土著势力来维持当地秩序。公元前63年初，庞培由安条克前往大马士革，并肃清了道

1 Appian, *Roman History*, 12.114-121.

2 ［德］蒙森:《罗马史》第五卷，李稼年译，第132—133页。

路上的土匪，[1]保证了这一地区商路的安全。他还把约旦（Jordan）、南黎凡特的沿海和内陆地区都纳入叙利亚行省的统治范围，包括商业发达的港口城市加沙。[2]他在叙利亚重建城市，促进城市间的商贸往来。他竭力排除侵官越职，慎用各种权力，大力整顿自治市。一些最大的城市，比如叙利亚行省的首府安条克，获得了自治权。公元前62年底，庞培返回罗马，罗马元老院为他举行了盛大的凯旋式。[3]

罗马控制叙利亚和小亚地区，不仅对它的战略扩张具有重大的意义，而且为丝绸之路西段贸易的进行提供了有利的政治环境。罗马由此实现了意大利本土和地中海东岸的国内直接贸易，从叙利亚地区直接获得东方的商品。庞培对地中海东部的征服，使罗马在财政上的利益难以数计。东部行省一切君主、祭司和城市都须向罗马缴纳产业税，它使罗马的国家财政收入增加了一半。

庞培进攻亚美尼亚时，帕提亚人由于政局动荡，并没有对罗马进行过多抵抗，但是由于叙利亚地区具有重要战略价值，帕提亚人并没有放弃对这一地区的争夺。本都王国和亚美尼亚王国尚存之时，罗马对帕提亚国王弗拉特斯三世（Phraates III，公元前70—前58年在位）采用和善的外交策略，卢库鲁斯（Lucullus）和庞培都情愿让弗拉特斯三世占有幼发拉底河外的地域。但占领叙利亚后，罗马与帕提亚为邻，已东扩至帕提亚西界，对后者构成了严重威胁。虽然罗马与帕提亚间规定以幼发拉底河一线为界，但有几次罗马军队由亚美尼亚前往叙利亚，都横越了两河流域；罗马的势力范围已扩大至两河北部，比如它以非常优厚的条件把阿拉伯酋长阿波伽鲁斯（Abgaros）治下的奥斯洛恩（Osrhoene）收为保护国。公元前64年，帕提亚因边界问题对亚美尼亚宣战，似乎是对罗马开战的前奏。但当时庞培率罗马大军

1 Maurice Sartre, *The Middle East under Rome*, London: Harvard University, 2005, p. 43.
2 Maurice Sartre, *The Middle East under Rome*, pp. 43-44.
3 Appian, *Roman History*, 12.116.

驻扎在帕提亚边界上，所以弗拉特斯三世不敢公然与罗马人决裂。庞培派人去调解帕提亚与亚美尼亚的争执，将科杜内（Codune）和两河流域北部都划拨给了亚美尼亚人，弗拉特斯三世也遵从了罗马人的安排。[1]

但两强对立，冲突不可避免。庞培之后，公元前57年，罗马派往叙利亚的第一个总督是伽比尼乌斯（Gabinius），他准备进攻阿拉伯时，受到帕提亚国王米特里达特三世的阻拦。后来，在元老院的支持下，伽比尼乌斯做好了进攻帕提亚的准备，但由于同时急需维持犹太地区的稳定，所以直到公元前55年他离开叙利亚时，都未能实施计划。[2]伽比尼乌斯之后，克拉苏（Crassus）任叙利亚总督，开始进攻帕提亚。公元前53年，他在对帕提亚人的卡莱（Carrhae）战役中战败身亡。公元前47年，罗马后三头之一安东尼（Antony）经略东方，暂时巩固了罗马对东部地区的控制。[3]公元前41年，帕提亚再次进攻叙利亚，并占领了阿帕米亚和安条克。[4]由于当时罗马内战正酣，帕提亚在叙利亚地区和爱奥尼亚地区的势力乘机扩大。

公元前1世纪后半期，罗马屡屡进攻两河流域北部，但与帕提亚相比并无绝对优势，始终未能在两河流域北部建立起稳固的统治。[5]同样，这一时期罗马人在叙利亚地区的统治尚不稳定，受到帕提亚的严重威胁。然而，罗马毕竟在东地中海建立了正式的统治，其与东方的贸易不必像以前那样经过塞琉古王国的中转，而是开始直接参与到丝绸之路贸易中，开启了罗马与东方贸易的新阶段。

---

1 ［德］蒙森：《罗马史》第五卷，李稼年译，第137页。

2 Maurice Sartre, *The Middle East under Rome*, p. 48.

3 Clark Hopkins, *The Discovery of Dura-Europos*, New Haven and London: Yale University Press, 1979, p. 259.

4 Maurice Sartre, *The Middle East under Rome*, pp. 44, 52.

5 Arthur Keaveney, “Roman Treaties with Parthia circa 95-circa 64 B.C.,” *The American Journal of Philology*, Vol. 102, No. 2 (Summer 1981), pp. 195-203.

四、罗马征服埃及

庞培征服叙利亚之后，东地中海地区的希腊化王国实际上仅剩名义上保持独立的托勒密埃及，塞浦路斯仍然是托勒密王国的属国。埃及和塞浦路斯两地的君主不断向罗马元老院领袖行贿，才得以维持他们的王位。公元前58年，罗马合并塞浦路斯，将它归入西里西亚行省治下。[1]叙利亚行省总督伽比尼乌斯当政期间（公元前57—前54年），虽然表面上没有对埃及作战的全权，但却有进军埃及的受命。公元前55年，他率军向埃及边界进发。这次行军中，骑兵首领安东尼立下了卓越功勋，他领军开进至尼罗河，这是罗马军队首次抵达尼罗河。正是在这里，托勒密王国的舰队和陆军列阵做最后决战，最终被罗马军队击败。此战之后，都城亚历山大里亚立刻投降，于是一切抵抗宣告结束。罗马人留下本国步兵、凯尔特和日耳曼的骑兵戍守都城，以代替托勒密王国的禁卫军。这样，昔日罗马对托勒密王国的间接控制变为直接的军事占领。虽然托勒密王国的君主制在名义上得以继续，但已经失去了实际权力，沦为罗马人的傀儡，安东尼暂时掌握了统治埃及的权力。

公元前31年，在亚克兴海战（Battle of Actium）中，屋大维（Octavian，公元前63—公元14年）彻底击溃安东尼。公元前30年，罗马吞并埃及，托勒密王国灭亡。罗马帝国继承了托勒密王国的港口、红海至内地的商路等海洋遗产，继续对红海、印度洋商路进行积极探索，发展与阿拉伯半岛南部、东非和印度的海上贸易。可以说，托勒密王国的希腊化遗产是罗马帝国时期海上丝绸之路西段贯通的重要条件。

---

1 ［德］蒙森:《罗马史》第五卷，李稼年译，第148页。

小　结

希腊化世界西部的政治格局主要由塞琉古王国、托勒密王国、马其顿王国安提柯王朝和罗马各自对地中海东部地区的统治及其相互间的关系构成。

塞琉古王国的疆域呈现越来越小的趋势，在东部，它的边境由于帕提亚的崛起不断地向西缩小；在西部和南部，它与托勒密王国、罗马先后发生冲突，最终被罗马吞并。但是它长期占据两河至地中海东岸的叙利亚核心地区，在丝绸之路开通后为其向西延伸至地中海东岸提供了贸易和交通方面的准备。同时，塞琉古王国在丝绸之路实现东西贯通的最早期处于它的西端，为后世罗马更好地利用丝绸之路奠定了坚实基础。

托勒密王国长期占据腓尼基沿海和红海西岸的绝佳地理位置，拥有亚历山大里亚这座天然良港和国际大都市，使它成为连接印度洋、红海和地中海间交通与贸易的枢纽地区。它的海外探索，尤其是对红海的经营，为罗马发展与东方的海上贸易留下了宝贵的遗产。

安提柯王朝虽然持续时间较短，但它仍然是希腊化世界中的一支重要力量，不仅控制了马其顿和希腊本土诸多城邦，而且还在东地中海地区拥有较强的势力，是制衡塞琉古王国和托勒密王国的重要政治力量。它不仅是希腊文化向东方传播的起点，也是塞琉古王国和托勒密王国两大希腊化王国与希腊本土沟通交往的媒介及对象。

罗马先后征服了安提柯王朝、塞琉古王国和托勒密王国，并在小亚接受了帕加马的“馈赠”，吞并了本都王国及其他近邻小国，将东地中海一线的希腊化世界西部完全变为它的疆域。公元1世纪，丝绸之路第一次实现了海陆两路的全面衔接，与罗马帝国统治地中海东部地区密不可分。在罗马帝国与帕提亚相对和平的关系下，由伊朗高原延伸而来的丝绸之路经两河最终至地中海东岸和小亚，出现了前所未有的畅通。由于罗马帝国对埃及红海的有效管理及印度洋季风的普遍利用，罗马埃及至印度实现了普遍的贸易直航，从而使中国南部沿海经东南亚、印度至罗马埃及的海上丝绸之路也最终实现了东西贯通。

（高克冰）

第八章　希腊化世界东部的政治格局

亚历山大去世后，他在亚洲的遗产被塞琉古一世（Seleucus I）继承。虽然塞琉古王国一度计划收复印度西北部，但最后还是以获取500头大象和双方联姻为条件，将其让与印度新兴的孔雀王朝。塞琉古王国的统治重心始终在两河和叙利亚等地，与埃及的领土争夺和内部的王位之争大大削弱了王国对伊朗高原和中亚的控制，希腊化东部世界很快分崩离析。公元前3世纪中期，帕提亚人和巴克特里亚希腊人几乎同时宣告独立，随后斯基泰人、大月氏人也相继登场，称雄一时。他们在继承希腊化文化遗产的同时，也在客观上推动了丝绸之路上的东西方文化交流。

第一节　帕提亚人在伊朗与中亚的统治

帕提亚地区位于里海东南，原是波斯帝国的一个边陲总督区，后来先后归属于亚历山大帝国和塞琉古王国。公元前3世纪中期，塞琉古王国的帕提亚行省总督安德拉戈拉斯（Andragoras）开始在自己的领地内自行造币，谋求独立。与此同时，居于里海东南奥库斯河（Ochus）流域的斯基泰人一支帕尔尼人（Parni）或称阿帕尔尼人

(Aparnians)，在首领阿尔萨息（Arsaces，公元前247—前211年在位）的带领下，趁机闯入帕提亚，杀死安德拉戈拉斯，建国称王。据查士丁（Justine）：

> 阿尔萨息在赢得自己的王国并使它得到巩固之后，年老辞世。他在帕提亚人中间的名望完全不亚于居鲁士在波斯人和亚历山大在马其顿人以及罗慕路斯（Romulus）在罗马人心目中的影响。帕提亚人将以后的国王都称之为阿尔萨息，以表示对他的崇敬和记忆。[1]

汉文史籍中“安息”一名很可能因此而来。[2]

阿尔萨息一世去世后，帕提亚历史进入短暂的黑暗时期。一般认为，即位者是阿尔萨息二世（Arsaces II，约公元前211—前191年在位），但也有学者认为继位者应该是阿尔萨息一世的兄弟提里达特斯（Titidates）。[3]至于之后的国王，文献记载不详。钱币学和部分铭文显示，阿尔萨息二世的继任者是弗里亚帕提乌斯（Phriapatius，约公元前191—前176年在位）及其长子弗拉特斯一世（Phraates I，约公元前176—前171年在位）。

帕提亚的崛起始于米特里达特一世（Mithridates I，约公元前171—前138/137年在位）时期。在他统治下，帕提亚积极接受希腊化文化，统治阶层以讲希腊语为荣，甚至还将“爱希腊”的赞语

---

1 Justin, *Epitome of the Philippic History of Pompeius Trogus*, 41.5.5-6, translated by J. C. Yardley, Atlanta, GA: Scholar's Press, 1994.

2 从19世纪开始，对于汉文史籍中的安息和帕提亚帝国的比定就已经出现，且被学界普遍接受。Friedrich Hirth, *China and the Roman Orient: Researches in their Ancient and Medieval Relations as Represented in Old Chinese Records*, Leipsic and Munich: Georg Hirth, 1885, p. 139.

3 A. D. H. Bivar, "The Political History of Iran under the Arsacid," in Ehsan Yarshater, ed., *The Cambridge History Iran*, Vol. 3 (1), Cambridge: Cambridge University Press, 1983, p. 37.

（ΦΙΛΕΛΛΗΝΟΣ）置于他们的钱币铭文中。米特里达特一世继位后的一个多世纪也可被称为帕提亚人“爱希腊时期”。不过需要注意的是，帕提亚人自始至终没有放弃自身的游牧文化传统，也一直受到波斯文化的影响。米特里达特一世的名字很可能就暗示他对密特拉神（Mithra）的尊崇。[1]到了沃洛加西斯一世（Vologases I，公元50—79年在位）统治时期，与罗马长期的对立促使帕提亚人转向反对希腊化（罗马文化受希腊化文化的影响，帕提亚人反希腊化的背后，实际上是反罗马），极力倡导波斯阿黑门尼王朝的文化习俗，用帕提亚文字来取代希腊文字，发行的钱币上开始出现帕提亚字母。此外，他还撤销了帝国内部一些带有希腊语色彩的城市名字，代之以伊朗名字。在他的钱币上，伊朗传统祭火坛首次出现，这一传统一直延续至整个萨珊波斯时代。[2]

帕提亚王国在继承希腊化文化遗产的同时，也继承了其境内原来塞琉古王国的城市和商贸路线，且继续拓展。在东边，帕提亚人先是利用希腊—巴克特里亚王国转入衰落之机，出兵马尔吉亚那（Margiana）地区，占领木鹿（Merv），甚至取得更东的巴克特里亚和索格底亚那的部分地区。根据塔恩的分析，帕提亚的第一次东进发生在公元前159年，帕提亚人在米特里达特一世的率领下入侵巴克特里亚，并从欧克拉提德斯一世手里夺取了Aspionus和Turiva两个地区（具体位置尚有争议，一说在今阿富汗马扎尔沙里夫附近，一说在今伊朗马什哈德附近）。[3]

帕提亚的第二次东进发生在米特里达特二世时期（公元前124—前87年）。为了反击侵扰帝国的塞人，米特里达特二世再次率兵东征巴克特里亚。从查士丁和斯特拉波的记载以及中亚考古发掘的成果来

---

1 Neilson Carel Debevoise, *A Political History of Parthia*, Chicago: The University of Chicago Press, 1938, p. 27.

2 Neilson Carel Debevoise, *A Political History of Parthia*, p. 196.

3 W. W. Tarn, *The Greeks in Bactria and India*, pp. 219-220. 具体记载参Strabo, *Geography*, 11.11.2.

看，这次东征比较成功，帕提亚很可能一度控制过包括“黄金之丘”(Tillya Tepe）在内的部分地区，[1]至少木鹿肯定已经归帕提亚所有。[2]帕提亚的这次东进是对丝绸之路的一次再巩固。在此之前，中亚，尤其是锡尔河流域，是游牧人活跃的地区。塞人的骚扰已经成为帕提亚王国最主要的边患，这无疑制约着丝路贸易的平稳进行。伴随着这次扩张，帕提亚打通了自亚历山大东征后逐渐形成的“木鹿—撒马尔罕道”“乌弋山离道”。据伊西多尔在《帕提亚驿程志》的记载，在帕提亚人控制下，在阿里亚、锡斯坦、阿拉科西亚等地区都普遍建立起了保障交通的驿站和据点，从赫拉特南下德兰吉亚纳和阿拉科西亚的广大地区，基本畅通无阻。[3]至此，在帕提亚人的经营下，希腊化时期的旧商路被重新打通。商旅可以选择从塞琉西亚（Seleucia）出发，东行至埃克巴坦那（Ecbatana），经里海和赫卡通皮洛斯（Hecatompylus），南行至阿里亚（Aria）地区，再北行抵达木鹿，最后进入阿姆河流域。塞琉西亚、杜拉·欧罗普斯（Dura Europus）、赫拉特（Herat）、高加索的亚历山大里亚等希腊化城市也因此迎来新生。

公元1世纪前后，贵霜帝国崛起，帕提亚对丝路中亚、南亚段的控制受到一定程度的削弱，木鹿以东的地区很可能被贵霜帝国夺取。塔西佗在《编年史》中曾提及帕提亚瓦尔达尼斯一世（Vardanes I，约公元42—48年在位）对巴克特里亚的第三次东进。[4]从时间上看，此

---

1 此观点参见E. V. Rtveladze, “Pathian and Bactria,” in Antonio Invernizzi, ed., *In the Land of the Gryphons: Papers on Central Asian Archaeology in Antiquity; Monografie di Mesopotamia*, Vol. 5, Florence: Casa Editrice Le Lettere, 1995, pp. 181-190.

2《汉书·西域传》提及汉武帝时期，帕提亚人率万骑迎接汉使于东界。唐代杜佑在《通典·边防典》中则明确提出，帕提亚人率万骑迎接汉使于木鹿。详见《汉书》卷九六《西域传》，二十四史点校本，北京：中华书局，1962年，第3890页;《通典·边防典》卷八《西戎》，北京：中华书局，1988年，第5239页。

3 余太山:《伊西多尔〈帕提亚驿程志〉译介》,《西域研究》2007年4期，第5—16页。

4 Tacitus, *The Annals*, 11.8-10, with an English translation by John Jackson, Cambridge, Mass.: Harvard University Press, 1998. 相关分析参见Harry Falk, *Kushan Histories: Literary Sources and Selected Papers from a Symposium at Berlin, December 5 to 7, 2013*, Bremen: Hempen Verlag, 2015, pp. 88-89.

次军事行动最有可能的目标就是正在扩张的贵霜。[1]不过，帕提亚的这次进攻很可能遭到了失败，从后世的历史来看，贵霜人最终成为了巴克特里亚的新主人。

在进入3世纪后，帕提亚陷入内忧外患，其伊朗部分首先陷入危机。公元208年，萨珊波斯阿尔达希尔一世（Ardashir I）征服波西斯和卡尔马尼亚。公元224年4月28日，在奥尔米兹达甘平原战役（Battle in Hormizdgan Plain）中，阿尔塔巴努斯四世兵败被杀。此役标志着帕提亚帝国的灭亡。公元226年，萨珊波斯帝国建立，取代帕提亚成了丝绸之路的大国之一。

第二节 巴克特里亚希腊人王国的扩张和灭亡

巴克特里亚王国独立以后，经济继续发展，国力日渐雄厚。从疆域上看，巴克特里亚地区是其帝国的核心。环绕着这个核心，北边是索格底亚那，西边是与帕提亚接壤的马尔吉亚那和阿里亚的部分地区。

一、欧泰德姆斯王朝的扩张

独立之初，索格底亚那归属希腊—巴克特里亚王国。为了恢复对帕提亚、赫卡尼亚、巴克特里亚和附属于巴克特里亚的索格底亚那、

1 按照比万等人的考证，此次军事行动并不是入侵，而是瓦尔达尼斯一世在王位争夺战中败给戈塔尔泽斯二世后逃往巴克特里亚，希望能投靠强大的月氏人。A. D. H. Bivar, “The Political History of Iran under the Arsacids,” in Ehsan Yarshater, ed., *The Cambridge History of Iran. Vol. 3 (1): The Seleucid, Parthian and Sasanian Periods*, p. 75.

马尔吉亚那和阿里亚的统治，公元前208年，安条克三世入侵巴克特里亚。当时的国王是欧泰德姆斯一世（Euthydemus I）。大军围困都城巴克特拉两年后，双方签订和约。巴克特里亚接受塞琉古王国的宗主地位，安条克三世将其女儿嫁给巴克特里亚王子德米特里（Demetrius I）。[1]欧泰德姆斯无疑是这一协定的最大赢家。塞琉古王朝事实上承认了巴克特里亚王国的独立和欧泰德姆斯王朝的合法性。

东面，据斯特拉波，欧泰德姆斯一世和其子德米特里一世扩张至赛里斯（Seres）和弗里尼（Phryni），[2]但这二地到底指向中国西域的哪一地区，目前尚无定论。[3]

南面，巴克特里亚王国在欧泰德姆斯父子时期首次越过兴都库什山，进入印度西北部，开启了自亚历山大之后希腊人对印度的二次占领。

约公元前190年，欧泰德姆斯一世去世，其子德米特里一世继位。此时，巴克特里亚王朝遇上了前所未有的扩张机遇。西边的塞琉古王国在同罗马的争夺战争中大败，安条克三世的野心遭受重创，西边可以暂时无虞；南边，曾一统印度而盛极一时的孔雀王朝被巽加王朝替代，战事频仍，国力消耗迅速。在这一有利的周边形势下，德米特里一世积极向南扩张，先后将阿富汗东北部的喀布尔、兴都库什山南麓的犍陀罗（Gandhara）和旁遮普（Punjab）等地纳入王国的势力范围，疆域急剧扩大，势力一度达到鼎盛。

德米特里一世的入侵再次将希腊化文化带入南亚次大陆，推动着希腊化文明与印度文化的融合，这在他发行的钱币上也有一定的反映。在德米特里一世钱币正面常见的是头戴象头皮盔的国王头像。印

1 Polybius, *Histories*, 11.39.

2 Strabo, *Geography*, 11.11.1.

3 两地在塔里木盆地西端的可能性较大。参见杨巨平：《亚历山大东征与丝绸之路开通》，《历史研究》2007年第4期，第150—161页。

图1
德米特里一世银币
戴象头皮盔的国王
站立的赫拉克勒斯

图2
德米特里一世铜币
象头/双蛇杖[1]

度是大象的主要栖息地，大象在印度文化中具有代表性意义，德米特里一世头戴象头皮盔的形象可以看作他征服南亚次大陆的标志。反面图案则是希腊神赫拉克勒斯裸体站立，左手持棍棒和狮子皮，右手为自己加冕，两侧刻有希腊铭文“ΒΑΣΙΛΕΩΣ ΔΗΜΗΤΡΙΟΥ”（“国王德米特里”）。（**图1**）需要注意的是，德米特里发行的钱币还有一个影响深远的改变。此前发行的希腊—巴克特里亚王国钱币上的赫拉克勒斯多为坐像，而德米特里钱币上的赫拉克勒斯是立像，且头戴王冠（亦有说法是头放光芒）。受此影响，后世的贵霜钱币中，无论是赫拉克勒斯，还是与赫拉克勒斯相对应的湿婆神（Shiva）或奥伊索神（Oesho），基本都是站像。

此外，德米特里一世时期的商贸较为发达，这在他的钱币上也有反映。例如，在他发行的一枚铜币上，正面是挂着铃铛的象头图案，

---

1 http://coinindia.com/galleries-demetrios1.html.［2021-06-02］

反面则是赫尔墨斯的“双蛇杖”，又称“商神杖”。(图2)这类钱币的出现，很可能是受商业和贸易的影响。毕竟，赫尔墨斯在希腊是商人的保护神，而大象在印度人的经济活动中往往扮演着运输者的角色。此外，钱币的铭文仍采用希腊语“ΒΑΣΙΛΕΩΣ ΔΗΜΗΤΡΙΟΥ”(“国王德米特里”)。这说明当时巴克特里亚人虽然已经开始接受印度文化，但仍未放弃其一以贯之的希腊文化传统，这种对多元文化的尊重，为各民族异质文明的生存和融合提供了发展的土壤和空间。

在德米特里一世去世之后继位的是欧泰德姆斯二世（Euthydemos II)。从他统治时期曾发行过的钱币看，国王形象多以青少年出现，没有中老年形象，这在一定程度上暗示着欧泰德姆斯二世的统治时间应该不长。欧泰德姆斯二世时期的钱币首次出现了铜镍合金币，这种钱币与中国“白铜”的化学元素构成基本一致，可能是从中国传入巴克特里亚地区。[1]这或可说明在张骞凿空西域之前，中国与西域已经存在贸易往来和制造技术上的交流。但这一点还需要更多的资料证实。

二、欧克拉提德王朝的兴起与巴克特里亚王国的灭亡

正当欧泰德姆斯家族向印度扩张的时候，一个名叫欧克拉提德(Eukratides）的人趁机占领了巴克特里亚，建立了欧克拉提德王朝。据查士丁，一位名叫德米特里的国王曾回军征讨，但最终还是以失败告终。[2]

依据查士丁的相关记载，[3]我们基本可以确定，欧克拉提德一世

---

1 参见W. W. Tarn, *The Greeks in Bactria and India*, 1951, pp. 87, 111-112；徐晓旭:《“大宛”和“大夏”：张骞带回的两个希腊族称》,《华中师范大学学报（人文社会科学版）》2023年第6期，第138—147页。

2 Justin, *Epitome of the Philippic History of Pompeius Trogus*, 41.6.4.

3 据查士丁《腓力史概要》记载，大约在米特里达特开始他在帕提亚的统治的时候，欧克拉提德也开始了他在巴克特里亚的统治。参见Justin, *Epitome of the Philippic History of Pompeius Trogus*, 41.6.1.

开始统治巴克特里亚王国的时间大体与帕提亚国王米特里达特一世一致。不过，他的统治并不稳固。除其本人之外，在犍陀罗和旁遮普两地还先后有阿波罗多托斯一世（Apollodotos I）、安提马科斯一世（Antimachos II）和米南德一世（Menander I）等三位印度—希腊人国王。其中，尤以米南德的扩张最为广大，其疆域最大时，包括了从今阿富汗东部到旁遮普和印度河三角洲地区，甚至一度抵达恒河中游的华氏城下。[1]其钱币在公元1世纪末的印度河三角洲和婆卢羯车（Barygaza）等地依然流通，就是很好的证明。[2]

虽然欧克拉提德一世也曾试图远征印度，重新统一兴都库什山南北，但不幸被其儿子在回军途中杀死。[3]据塔恩考证，欧克拉提德一世之死应该不会早于公元前159年。因为前文提及的帕提亚人入侵巴克特里亚，并从欧克拉提德（至于是不是同一个欧克拉提德，斯特拉波并未提供进一步的证据）手里夺取了Aspionus和Turiva两个地区的记载，可以作为一个时间节点。根据相关史料，塔恩指出，这场入侵很可能发生于公元前159年左右，欧克拉提德一世很可能在这场入侵后才被谋杀。[4]由此带来的权力真空，为外族入侵提供了机会。据斯特拉波，来自锡尔河畔的四个游牧部落（Ἄσιοι καὶ Πασιανοὶ καὶ Τόχαροι καὶ Σακάραυλοι）的入侵，彻底推翻了希腊—巴克特里亚王国。[5]

在这场入侵中，巴克特里亚最先失去的是索格底亚那地区。一般认为，该地位于阿姆河以北。斯特拉波、普林尼（Pliny）和波里比乌斯（Polybius）等古典学者都将阿姆河作为索格底亚那和巴克特里亚

1 见杨巨平:《希腊化还是印度化——“Yavanas”考》,《历史研究》2011年第6期，第134—155页。

2 Lionel Casson, *Periplus Maris Erythraei: Text with Introduction, Translation, and Commentary*, No. 47 (p. 81).

3 Justin, *Epitome of the Philippic History of Pompeius Trogus*, 41.6.5.

4 W. W. Tarn, *The Greeks in Bactria and India*, pp. 219-220.

5 Strabo, *Geography*, 11.8.2.

的分界，阿姆河以北是索格底亚那，阿姆河以南是巴克特里亚。[1]自亚历山大东征后，索格底亚那地区成为希腊化世界的一部分。为了加强北方边界，塞琉古王国进行了一系列建城运动，其中就包括在巴克特里亚和索格底亚那地区建城，这些城市均以国王的名字命名。例如，米利都人德摩达玛斯（Demodamas）受命远征，并且在“最远的亚历山大里亚”基础上重建“斯基泰的安条克”（Antioch of Scythia，今Khojand，俱战提或苦盏）。[2]目前，考古学家已经在此地发现了类似于撒马尔罕地区砖块上的希腊字母印迹，也有一些与阿伊·哈努姆陶器相似的类型，[3]并发现了一些具有希腊化特征的陶器。[4]在撒马尔罕附近一个被游牧民族所破坏的居住区遗址，发现了塞琉古一世的钱币，[5]也暗示着这一地区在塞琉古王国时期就已成为抵抗外族入侵的前线。

入侵巴克特里亚的另一大势力是大月氏人。根据《史记·大宛列传》的记载，一个叫“康居”的国家曾以“南羁事月氏，东羁事

---

1 相关划分见Pliny, *Natural History*, 6.18.47; Polybius, *The Histories*, 10.48.4; Strabo, *Geography*, 6.4.56, 6.4.21; Quintus Curtius Rufus, *History of Alexander*, 7.5.13. 然而，这样的划分却带来一个困扰。根据法国考古学家勒里什的梳理，中亚的希腊化时期和贵霜时期的城市遗址主要分布于阿姆河以北的希拉巴德河、苏尔汉河、卡菲尔尼干河和瓦赫什河流域，与西方古典文献记载不符。见P. Leriche, “Bactria, Land of One Thousand Cities,” in Joe Cribb and Georgina Herrmann, eds., *After Alexander: Central Asia before Islam*, Oxford: Oxford University Press, 2007, p. 137. 笔者认为从当时的历史来看，查士丁所说的巴克特里亚很可能另有所指。在当时，索格底亚那地区常常被巴克特里亚的地方政权所控制。它在塞琉古王国时期归属于巴克特里亚总督区，在希腊—巴克特里亚王国时期则是巴克特里亚王国的领土，所以，斯特拉波和查士丁所说的巴克特里亚很可能是一个行政单位，而并非地理范畴。所以，我们与其说巴克特里亚地区是千城之地，不如说希腊—巴克特里亚王国是千城之地。

2 Pliny, *Natural History*, 6.49.58.

3 R. Mairs, *The Archaeology of Hellenistic Far East (a Survey)*, BAR International Series 2196, Oxford: Archaeopress, 2011, p. 34.

4 Bertille Lyonnet, “Questions on the Date of the Hellenistic Pottery from Central Asia (Ai Khanoum, Marakanda and Koktepe),” *Ancient Civilizations from Scythia to Siberia*, 18 (2012), pp. 143-173.

5 Bertille Lyonnet, “Questions on the Date of the Hellenistic Pottery from Central Asia (Ai Khanoum, Marakanda and Koktepe),” 18 (2012), pp. 143-173.

匈奴”[1]的方式臣服于月氏等强权。《汉书·西域传》中提到一位苏薤王，它是康居五小王之一，[2]由于“苏薤”的古汉语发音与Soghd有一定的相似之处，此人极有可能就是控制索格底亚那的某康居贵族。这或可证明索格底亚那在这一时期被月氏人控制的说法有一定的合理性。

有关大月氏人到达索格底亚那的具体时间，学界一直没有定论。一般认为，月氏西迁始于匈奴部落在蒙古高原上的崛起。从冒顿单于开始，匈奴人不断进攻大月氏部落，迫使大月氏人不得不向西迁徙。《史记·大宛列传》就曾提到“匈奴破月氏王，以其头为饮器”。[3]月氏人的这一次西迁大约发生在公元前177—前174年间，他们在匈奴的打击下，被迫从河西迁至伊犁河、楚河等塞地。根据《汉书·西域传》的记载，当地的塞王被迫南越悬度，抵达罽宾。

另一个时间节点来自查士丁的《腓力史概要》。其中提到，公元前137年，帕提亚弗拉特斯二世（Phraates II，约公元前138—前127年在位）曾经在美索不达米亚与塞琉古王国作战，他在本已胜券在握的情况下求和，然后迅速带兵东归。[4]虽然查士丁并没有提及此次撤兵具体的原因，但从当时的形势看，游牧民族的入侵有着很大的可能性。因为早在米特里达特一世东征期间，马尔吉亚那地区已经被帕提亚人所占领。该地毗邻巴克特里亚，是游牧民族南下侵扰的必经之地之一。

第三个时间节点来自张骞的记载，在张骞到达大月氏（公元前128年）之前，乌孙王昆莫曾经联合匈奴，对大月氏人发动进攻，遭受两面夹击的大月氏人不得不放弃了伊犁河、楚河居地，再次向西迁

1《史记》卷一二三《大宛列传》，二十四史点校本，北京：中华书局，1982年，第3161页。
2《汉书》卷九六《西域传》，第3894页。
3《史记》卷一二三《大宛列传》，第3157页。
4 Justin, *Epitome of The Philippic History of Pompeius Trogus*, 42.1.2.

移，经由大宛、撒马尔罕而西徙至阿姆河以北（也即西方文献中常提及的索格底亚那地区）。[1]

综合起来，我们不妨推测，在公元前159—前137年的某一个时间节点，欧克拉提德一世去世，希腊—巴克特里亚王国崩溃，塞人等周边部落开始大举南下，这间接导致了弗拉特斯二世匆忙退兵抵抗塞人。不过，塞人并不是最后的胜利者，稍后到来的大月氏人可能驱逐了此前来到此地的一支塞人，迫使他们折向赫拉特，最后到达现在的锡斯坦一带，“锡斯坦”（Seistan）一词很可能就是因此而得名。后来，大月氏人又依靠武力迫使巴克特里亚希腊人王国余部臣服，控制巴克特里亚，日后成为贵霜帝国的中亚部分。

第三节　斯基泰人、帕提亚人迁印与希腊化文化的延续与发展

公元前2世纪后期，也即米南德一世之后，印度的希腊人王国又陷入了纷争与对立，由于文献的缺乏，具体详情我们无从得知。但此后的短短一百多年间，就出现了约三十名国王，他们据地称王，发行

1　据克雷格·本杰明的考证，从伊犁河出发的大月氏人主要有两条可以选择的路线：第一条是北线，从哈萨克斯坦南部的阿拉木图（Almaty）到吉尔吉斯斯坦的比什凯克（Biskek），然后向西进入哈萨克斯坦的塔拉斯（Taraz），接着折向西南，经乌兹别克斯坦的塔什干、撒马尔罕，最后到达铁尔梅兹。另一条是南线，从阿拉木图出发，从比什凯克折向西南，从现今吉尔吉斯斯坦的Kara-Balty附近的山路（如Tus-Asuu、Ala-Bell等山谷），再沿今吉尔吉斯斯坦的Naryn地区的边缘，越过锡尔河上游的支流，进入费尔干那，然后从Kukon和Changand向西，到达撒马尔罕，最后从撒马尔罕到达阿姆河北岸。见C. Benjamin, *The Yuezhi: Origin, Mirgration and Conquest Northern Bactria*, Brepols, 2007, pp. 142-143.

自己的钱币。[1]也就在此时，印度西北部来了新的不速之客，那就是从中亚草原而来的游牧民族，史称印度—斯基泰人（Indo-Scythians）。

关于印度—斯基泰人即中国史书中的塞人对印度的入侵路线，以及《汉书·西域传》中有关塞人之国罽宾的记载，学界意见不一。[2]

据现有的钱币资料可知，塞人可能分两支进入，一支是中国史书所说的南越悬度进入罽宾地区的塞人，首领是毛伊斯（Maoes，约公元前95/85—前60/57年在位），他和他的家族统治的区域初期大致在今克什米尔、斯瓦特（Swat）、哈扎拉（Hazara）一带。大约与此同时，另一支塞人从西北方向经喀布尔进入印度河地区，首领是沃诺尼斯（Vonones，约公元前85—前65年在位），他们的活动区域主要在犍陀罗和旁遮普。沃诺尼斯的钱币有个特点，就是与家族成员共同发行，因此，他的兄弟、侄子都在钱币上留下了名字，他们或是他的副王。[3]一个自称国王兄弟（adelphou）的斯帕莱利斯（Spalyris，实际上希腊语应写作Spalyrises，斯帕拉利塞斯[4]）的名字首先就出现在沃诺尼斯的钱币上。他有可能就是中国史书提到的罽宾王乌头劳（或是adelphou的谐音）。这些塞人与印度—希腊人争夺地盘，他们取代的恰恰就是希腊人小王国撤出或消失之地。[5]

其后，入侵印度河流域的是所谓的印度—帕提亚人（Indo-Parthians）。早在米特里达特一世时期，帕提亚人就控制了与巴克特里

1 Osmund Bopearachchi, *Monnaies gréco-bactriennes et indo-grecques, Catalogue raisonné*, Paris: Bibliothèque Nationale, 1991, p. 453.

2 详见杨巨平：《传闻还是史实——汉史记载中有关西域希腊化国家与城市的信息》，《西域研究》2019年第3期，第27—31页。

3 这里主要采用了西尼尔的新观点。详见R. C. Senior, *Indo-Scythian Coins and History*, Lancaster, PA: Classical Numismatic Group, 2001, Vol. I, pp. 13 (map 2), 25, 39-43, 45; Vol. II, pp. 27-30 (Vonones Group: issue 65-75).

4 Osmund Bopearachchi, *Pre-Kushana Coins in Pakistan*, Karachi: IRM Associates Ltd., 1995, pp. 168-169.

5 Osmund Bopearachchi, *Monnaies gréco-bactriennes et indo-grecques, Catalogue raisonné*, p. 453.

亚毗邻的马尔吉亚那和阿里亚地区。[1]公元前2世纪后期，印度—希腊人王国因米南德死去而逐渐分裂，这就给了帕提亚人入侵印度的机会。但这些帕提亚人实则原来从中亚南下的斯基泰人的一支，他们先是附属于帕提亚王国统治东部帕提亚边境的苏壬（Suren）家族，但似乎处于半独立的状态。他们可能在公元前1世纪后期从伯朗山口（Bolan Pass）首先进入了信德地区，由南向北向东逐步扩大自己的势力。他们后来独立建国，第一任国王应该是贡多法勒斯一世（Gondophares I）。他的在位时间不详，学界看法不一，但大致在公元前后。这些印度—帕提亚人逐渐取代了印度—斯基泰人的统治。但随着公元1世纪中期贵霜人的到来，他们失去了对犍陀罗地区的控制。从公元1世纪后期的《厄立特里亚航海记》的记载来看，在印度河河口还有一些斯基泰人的王国。它们应该就是印度—帕提亚人的王国，因为这些印度人所称之的帕拉瓦人（Palava），即所谓的“印度—帕提亚人”的祖先就是斯基泰人。

虽然外族的入侵给巴克特里亚王国和后来的印度—希腊人带来了沉重的打击，但是从文明的角度看，中亚和印度西北部的希腊化文明并未因这一次入侵而消亡。相反，作为文化相对落后的游牧民族，印度—斯基泰人和印度—帕提亚人被希腊化文明的先进成果所吸引，可以说，他们既是当地希腊化文明的破坏者，也是希腊化文化的接收人。

从印度—斯基泰人的钱币来看，基本承袭了阿波罗多托斯二世（Apollodotus II）等印度—希腊人国王的货币体系，同样以德拉克马和四德拉克马作为面值的标准，每德拉克马为2.45克左右。[2]以波

1 Strabo, *Geography*, 11.9.2.

2 Osmund Bopearachchi, *Indo-Greek, Indo-Scythian and Indo-Parthian Coins in the Smithsonian Institution*, Washington: National Numismatic Collection, Smithsonian Institution, 1993, pp. 24-25.

比拉赫奇提供的印度—斯基泰人国王毛伊斯所发行的银币为例，其发行的四德拉克马银币的重量已经降到了10克左右。[1]不过，由于游牧民族并不完全熟悉希腊钱币的制作工艺，他们发行的银币含银量偏低。

就钱币的外观上看，印度—斯基泰人和印度—帕提亚人的钱币依旧保持着正面为希腊语、反面为佉卢文的特点。从图像上看，正面依旧是国王头像或国王骑马像，背后大部分是希腊的神祇。以阿泽斯一世（Azes I）的部分钱币为例，该钱币的正面是国王（可能是宙斯神）手持长矛，背面是手持橄榄枝的胜利女神尼科（Nike）。在钱币的边缘，正面是希腊语的“王中王，伟大的阿泽斯”（ΒΑΣΙΛΕΩΣ ΒΑΣΙΛΕΩΝ ΜΕΓΑΛΟΥ/ΑΖΟΥ），背面是佉卢文的对译（Maharajasa Rajarajasa Mahatasa/Ayasa）。[2]这很显然就是承袭印度—希腊人王国双语钱币的标准。

同样的情况也出现在印度—帕提亚人身上，当时控制阿拉科西亚的贡多法勒斯（Gondophares）及其后继者们就发行过类似双语的钱币。以贡多法勒斯的钱币为例，其钱币的正面是其本人的头像，反面是胜利女神尼科；正面的希腊语铭文写着类似的“王中王，伟大的贡多法勒斯”（ΒΑΣΙΛΕΩΣ ΒΑΣΙΛΕΩΝ ΜΕΓΑΛΟΥ/ΓΝΔΟΦΕΡΡΟΥ），后面则是佉卢文的对译（Maharajasa Gadanasa Nisadasa Hinasa Vanidasa Javati Devavrata），[3]这很显然是对印度—希腊人钱币的一种效仿。

除了对钱币形制的继承以外，印度—斯基泰人和印度—帕提亚人的政治体制也颇受希腊—巴克特里亚王国和印度—希腊人王国政治体制的影响。在他们发行的钱币上，“国王”一词基本上采用了

---

1 Osmund Bopearachchi, *Pre-Kushana Coins in Pakistan*, pp. 94-95.

2 Osmund Bopearachchi, *Pre-Kushana Coins in Pakistan*, pp. 166-167.

3 Osmund Bopearachchi, *Pre-Kushana Coins in Pakistan*, pp. 170-171.

与希腊—巴克特里亚国王和印度—希腊人国王近乎相同的称呼，如ΒΑΣΙΛΕΩΣ和Maharajasa等称谓。前文提到的阿泽斯一世和贡多法勒斯的钱币就是明显的例子，这显示出塞人和印度帕提亚人王国的政治核心是国王。不过，相对于巴克特里亚希腊人和印度—希腊人的王衔，塞人和印度—帕提亚人的王衔要更丰富，时常会出现“王中王”（希腊语ΒΑΣΙΛΕΩΣ ΒΑΣΙΛΕΩΝ，佉卢文Rajarajasa）这一头衔。

印度—斯基泰人和印度—帕提亚人的地方管理有赖于各地的总督，这与巴克特里亚王国一脉相承。塔克西拉出土的一份铭文就提到，一位叫吉霍尼卡（Jihonika）的人将受命担任总督。[1]按照学者普里（B. N. Puri）等人的看法，这些总督由有身份的人担任，并由王室任命，以维持境内的法律和秩序。[2]最后，部分钱币证据还显示印度—斯基泰人和印度—帕提亚人有过联合统治的迹象，例如斯帕拉利塞斯（Spalyrises）和阿泽斯一世、沃诺内斯和斯帕拉加达莫斯（Spalagadamos）等。其中最明显的是印度—帕提亚人国王贡多法勒斯。以贡多法勒斯和萨山（Sasan）的联合币为例，该钱币正面是国王骑马像，后面是胜利女神尼科，背面的铭文上刻着“王中王……贡多法勒斯和萨山”（Maharajasa Mahatasa Tratarasa Devavratasa Gudupharasa Sasasa）。[3]

不过，由于印度—斯基泰人和印度—帕提亚人的国土大部分都在印度境内，他们也和印度—希腊人一样，深受印度文化的影响，其钱币上的神灵图案就是很明显的例子。起初，这些钱币几乎是以希腊的神为主，但是到了阿泽斯二世（Azes II）之后，印度—斯基泰

1 Sten Konow, *Kharoshthi Inscription with Exception of those of Asoka, CII*, Vol. 2, Part 1, Calcutta, 1929. 参见［匈牙利］雅诺什·哈尔马塔主编:《中亚文明史》第二卷，徐文堪、芮传明译，北京：中国对外翻译出版公司，2002年，第151页。

2 参见［匈牙利］雅诺什·哈尔马塔主编:《中亚文明史》第二卷，徐文堪、芮传明译，第151页。

3 Osmund Bopearachchi, *Pre-Kushana Coins in Pakistan*, pp. 204-205.

人的钱币上开始出现地方的元素。在阿泽斯二世发行的钱币上，印度城市的神和希腊的神并列。到了贡多法勒斯统治时期，钱币上更是出现了印度湿婆神的形象，这也是湿婆形象在希腊风格钱币上的首次出现。[1]

此外，佛教在印度—斯基泰人和印度—帕提亚人的城市中继续发展。虽然外族入侵对这些城市造成了一定程度的损害，但当地佛教的发展并没有受到太大的影响。新来的统治者对各宗教都采用了相对宽容的政策，允许它们共同发展。同时，相关的铭文也证明印度—斯基泰人和印度—帕提亚人统治时期佛教活动的频繁。出土于塔克西拉的一份铭文，记载了当时修造释迦牟尼舍利塔和僧伽蓝以供诸佛的情况；[2]马图拉（Mathura）的狮子柱铭文则提到，马图拉总督的妻子阿亚西亚·卡姆亚（Ayasia Kamuia）曾向当地的佛寺奉献礼品，安置佛陀舍利。[3]可见，在印度—斯基泰人和印度—帕提亚人统治时期，佛教实际上还在继续发展，这就为以后贵霜帝国时期佛教的繁荣和大乘佛教的出现保留了火种。

小　结

随着帕提亚人的崛起，希腊化世界东部的政治格局呈现出与西

---

1 Osmund Bopearachchi, *Pre-Kushana Coins in Pakistan*, pp. 202-203.

2 Sten Konow, *Kharoshthi Inscription with Exception of Those of Asoka, CII*, Vol. 2, Part 1. John Marshall, *Taxila: An Illustrated Account of Archaeological Excavations, Carried out at Taxila under the Orders of the Government of India between the Years 1913 and 1934*, Vol. 1, Cambridge: Cambridge University Press, 1951, pp. 327-328.

3 Sten Konow, *Kharoshthi Inscription with Exception of those of Asoka, CII*, Vol. 2, Part 1. 参见［匈牙利］雅诺什·哈尔马塔主编:《中亚文明史》第二卷，徐文堪、芮传明译，第156—157页。

部完全不同的面貌。有别于西部各王朝之间的互动，各民族之间的互动是东部希腊化政治格局的主要特点。在伊朗高原，帕提亚人取代塞琉古王国成为新的统治者，他们吸收希腊文化，说希腊语，发行希腊式钱币，自称“希腊人之友”。独立后的帕提亚并不满足于伊朗本土西北一隅，而是向东西两面扩张，西面甚至扩张到了两河流域，为其后来成为丝路大国奠定了基础。在更东边的巴克特里亚，情况比较复杂。由于帕提亚王国的阻隔，这里实际成了希腊化世界的“飞地”。尽管希腊—巴克特里亚王国曾追随亚历山大的脚步向印度西北部扩张，但最终未能成功。公元前2世纪中期，游牧民族入侵的浪潮席卷东部希腊化世界，最终使希腊—巴克特里亚王国走向灭亡。残留印度的“印度—希腊人”王国则直到公元前后才最终在印度消失。然而，后继的印度—斯基泰人和印度—帕提亚人，甚至再后来的贵霜帝国，事实上都成为希腊化文化遗产的继承者和受益者。

（庞霄骁）

第九章　希腊化世界的交通体系

亚历山大的东征不仅仅是一次军事征服行动，对希腊—马其顿人来说也是一次地理探索行动，让更多的希腊—马其顿人熟悉了东方世界。虽然色诺芬（Xenophon）、阿盖西劳斯（Agesilaus）等人的军事行动曾让希腊人对波斯帝国的腹地有所了解，但在亚历山大远征前，曾到达叙利亚的希腊人数量稀少，[1]遑论更远的巴克特里亚和印度。虽然希腊化时期的各希腊化王国在政治上处于对峙状态，但希腊—马其顿人的探索和交流并未停滞。塞琉古一世曾派帕特罗克勒斯（Patrocles）深入里海进行考察，[2]安条克三世成功完成了对上省以东直到印度地区的远征，帕加马王国与塞琉古王国保持了密切的商业往来，同时托勒密王国和塞琉古王国都维持了与印度地区的商业贸易。

在此基础上，希腊化世界涌现了许多崭新的希腊化城市。这些城市大多位于交通要道上，如底格里斯河畔的塞琉西亚（Seleuceia on

1 ［法］保罗·佩迪什：《古代希腊人的地理学——古希腊地理学史》，蔡宗夏译，葛以德校，北京：商务印书馆，1983年，第24页。

2 帕特罗克勒斯是塞琉古一世最信任的朋友，不少古典作家都在作品中记录了他对中亚的考察报告。详见Pliny, *Natural History*, 6.21.58, with an English translation by H. Rackham, Cambridge, Mass.: Harvard University Press, 1942; Edwyn Robert Bevan, *The House of Seleucus*, Vol. I, London: Edward Arnold, 1902, p. 55; Plutarch, “Demetrius,” *Parallel Lives*, 47.3, London: William Heinemann, 1920.

the Tigris）、阿里亚的亚历山大里亚（Alexandreia in Aria）和马尔吉亚那的安条克（Antiocheia in Margiana）等。不论是陆路还是海路，古典作家都留下了希腊人通过各种道路前往东方的记载。显然在张骞凿空之前，希腊化世界内部已经形成了比较成熟的陆海交通网络。张骞通西域之后，这一网络和中国境内的丝绸之路连为一体。

第一节　希腊化世界交通体系的总体特征

西方古典文献中保留的地理信息显示，希腊—罗马人掌握的环地中海区域地理知识丰富而准确。随着古典作家写作的区域逐渐向东远离地中海，他们记录的信息的可信度和准确度随着距离的增加而逐渐下降。但是对于研究连接亚欧大陆东西两端的丝绸之路而言，西方古典文献正好能与中文古代文献的记载互补，从而为古代交通路线的研究提供了便利。总体上，希腊化世界交通体系体现出以下四大特征。

一、波斯帝国御道系统的充分利用

古典时期，希腊人便格外关注波斯帝国在全国范围内修筑的御道系统。公元前5世纪，克泰西亚斯（Ctesias）曾根据御道沿途设置的驿站和里程，描述了自西向东从以弗所（Ephesus）通往巴克特里亚（Bactria）和印度的波斯御道路线，可惜这部分内容未能保存下来。[1]

---

1 Andrew Nichols, *The Complete Fragments of Ctesias of Cnidus: Translation and Commentary with an Introduction*, Gainesville: University of Florida, 2008, pp. 109-110; Amélie Kuhrt, *The Persian Empire: A Corpus of Sources from the Achaemenid Period*, Vol. 1, London and New York: Routledge, 2007, p. 737.

希罗多德详细描述了御道以弗所—苏萨（Susa）段的具体路线。[1]除了以弗所—苏萨段的道路之外，现今能够通过文献和考古发掘成果推断具体走向的长距离波斯帝国道路只有两条。一条是从美索不达米亚平原向东经贝希斯敦（Behistun）前往埃克巴坦那（Ecbatana）的道路，[2]另一条是从苏萨通往大马士革（Damascus）和埃及的道路。[3]

《波斯波利斯工事泥板》中波斯帝国首都与阿里亚（Aria）、巴克特里亚等地区之间的人员来往信息充分证明了御道的实用性。由于波斯帝国的御道系统能够促进帝国各地的交流，并且具有鲜明的军事色彩，[4]亚历山大的远征必然在一定程度上利用了波斯帝国的道路。因此亚历山大的远征为具体的路线研究，尤其是为确认扎格罗斯山脉（Zagros Mountain）以东地区的交通路线提供了重要依据。[5]正是亚历山大从埃克巴坦那成功进军赫卡尼亚（Hyrcania）和阿里亚，从此才有确切的文字证据证明伊朗北道的畅通。

亚历山大去世后，新兴的希腊化世界自然而然继承了波斯帝国的道路系统。古典文献中希腊—马其顿人在希腊化世界的军事和贸易活动路线大多因袭亚历山大远征曾使用的路线，只有在少数地区希腊—马其顿人掌握的交通信息比亚历山大时代更为丰富，如印度和马尔吉亚那。[6]

---

1 Herodotus, *The Histories*, 5.52-54, with an English translation by A. D. Godley, Cambridge, Mass.: Harvard University Press, 1922.

2 Amélie Kuhrt, *The Persian Empire: A Corpus of Sources from the Achaemenid Period*, Vol. 1, p. 730.

3 Henry P. Colburn, "Connectivity and Communication in the Achaemenid Empire," *Journal of the Economic and Social History of the Orient*, Vol. 56, No. 1 (2013), pp. 29-52.

4 Arrian, *Indica*, 20.3, with an English translation by P. A. Brunt, Cambridge, Mass.: Harvard University Press, 1983.

5 例如，不少学者在论证波斯御道的走向时以亚历山大的行军路线作为依据。

6 笔者在后文讨论具体路线问题时，会谈及希腊化王国对少数地区交通的新认识。

二、水陆道路连通一体

波斯帝国修筑御道的同时，也重视对水路的利用。公元前6世纪，大流士一世（Darius I）曾派遣卡里安达的斯库拉克斯（Scylax of Caryanda）探索印度的水路航运，根据希罗多德记载，斯库拉克斯顺印度河能够一直向东通往大海，然后再向西抵达红海地区。[1]然而印度河的流向并非自西向东，况且希罗多德使用的斯库拉克斯出发地名称仅见于《历史》，几乎无法确定其准确位置，因此希罗多德的说法曾长期受到学界质疑。比瓦尔（A. D. H. Bivar）给出了一种解释，他认为希罗多德弄错了印度河的流向和地名，正确的名称应该是“Paskapyrus”，也就是白沙瓦（Peshawar）的希腊语古称。斯库拉克斯应该先顺着喀布尔河东行，再进入印度河河道南下开始海上航行。[2]不过，斯库拉克斯航行的细节迄今仍无从知晓。此外大流士一世开凿了接通尼罗河与红海的运河。这条运河以埃及尼罗河三角洲东部的齐加奇格（Zigazig）为起点，向东经过土密拉特谷地（Wadi Tumilat），利用蒂姆萨湖（Timesah Lake）和大小苦湖（Bitter Lakes）沟通红海。[3]

尽管希腊人对斯库拉克斯的航行有所耳闻，但是亚历山大及其麾下军队似乎对波斯湾至印度之间的具体航线一无所知。亚历山大派遣尼阿库斯（Nearchus）率领海军返程之时，将从印度—波斯湾的海上航行视作前无古人的伟大事业。[4]如果尼阿库斯的描述是真实的，希腊—马其顿人是独立探索并掌握了波斯湾与印度之间的海上航线，与波斯帝国并无关联。

---

1 Herodotus, *The Histories*, 4.44.

2 A. D. H. Bivar, “The Indus Lands,” in John Boardman, etc., eds., *The Cambridge Ancient History*, second edition, Vol. 4, Cambridge: Cambridge University Press, 1988, pp. 201-203.

3 A. Shapur Shahbazi, “Darius,” in *Encyclopaedia Iranica*, online edition, http://www.iranicaonline.org/articles/darius-iii.

4 Arrian, *Anabasis of Alexander*, 8.20.3, with an English translation by E. I. Robson, Cambridge, Mass.: Harvard University Press, 1933.

亚历山大在去世之前正筹划对阿拉伯半岛的进攻，[1]有学者认为正是经济动机驱动着马其顿人试图征服阿拉伯半岛。[2]罗斯托夫采夫指出，在帕提亚帝国统治两河流域之前，相对于伊朗一侧海岸，波斯湾阿拉伯半岛一侧海岸在海上贸易中占据了更为重要的地位。[3]海上贸易与陆地贸易的有机结合是希腊化世界频繁的人员流动和商品贸易的保证，因为在内陆贸易时，商人往往有机会利用内河；在从港口出发前，商人经常需要从内陆转运货物。塞琉古王国在两河流域的首都底格里斯河畔的塞琉西亚出现了可能来自印度进口的商品，如闭鞘姜（Costus speciosus），[4]这些商品有些可能来自陆路，有些则来自海上。[5]

随着希腊化世界的建立，大量希腊—马其顿人东迁和移民，亚洲地区的水陆交通路线变得广为人知，进一步推动了希腊化世界内部广泛的交流。

三、希腊化国家和城市之间的联系加强

虽然亚历山大帝国只是昙花一现，但像亚历山大一样在小亚细亚和印度之间往返的希腊化君主不止他一人，塞琉古一世和安条克三世都曾踏足希腊化世界的东西两端。参考西方古典文献可以发现，希腊—马其顿人甚至帕提亚人和塞人的很多军事行动路线与区域和城

---

1 Arrian, *Anabasis of Alexander*, 7.19.6.

2 Amélie Kuhrt and Susan Sherwin-White, eds., *Hellenism in the East: The Interaction of Greek and Non-Greek Civilizations from Syria to Central Asia after Alexander*, London: Duckworth, 1987, pp. 88-89.

3 M. I. Rostovtzeff, *The Social and Economic History of the Hellenistic World*, Vol. 1, Oxford: Clarendon Press, 1941, p. 457.

4 Amélie Kuhrt and Susan Sherwin-White, eds., *Hellenism in the East: The Interaction of Greek and Non-Greek Civilizations from Syria to Central Asia after Alexander*, p. 90.

5 M. I. Rostovtzeff, *The Social and Economic History of the Hellenistic World*, Vol. 1, p. 457.

市之间的商路颇为相似，有些甚至完全一致，这种相同或相似绝非偶然。

导致这种现象出现的原因主要有二：首先，古代的商旅远距离贸易与军队行进都仰仗于道路沿途地区提供补给，而军队作为大规模的集体组织对补给的要求远远超过商旅，[1]因此军队能够通行的路线常常利于商旅通行；[2]其次，伯罗奔尼撒战争后，希腊雇佣兵的流行常常使希腊商人为逐利而随军行动，[3]这使商人们有机会熟悉并合理运用军队行进路线从事贸易。斯特拉波记载的大路（Common Road）与色诺芬的行军路线有诸多重合之处，托勒密记载的贸易路线与亚历山大曾经的行军路线也有诸多重叠，这些事实都能为路线重合现象提供佐证。

亚历山大和塞琉古王国的建城活动进一步促进了国家和城市之间的联系。在一般情况下，城镇是道路中的重要连接点，而城镇的出现是交通网络形成的第一步。[4]亚历山大建立的许多以他命名的亚历山大里亚在希腊化时期成为著名的交通重镇，继承了亚历山大帝国绝大部分亚洲领土的塞琉古王国继续在统治区域内营建新的城市。阿庇安

---

1 西奥多·道奇指出，波斯帝国军队服役时的给养依靠就地取食，从某一地区行军通过后，该地区便如同经历了蝗灾一般。商旅显然不可能给通行地区带来如此大的负担，走军队能够通行的大路完全不用担忧补给问题。参见［美］西奥多·道奇：《亚历山大战史》，王子午编译，北京：中国长安出版社，2015年，第46页。

2 有时军队会因统帅的战术要求而采取非常规的路线进军，因此使用行军信息判断商路时需要注意甄别相关信息。

3 修昔底德记载，波提达亚人（Potidaeans）和伯罗奔尼撒人在与雅典人作战前，于波提达亚城外设置市场。色诺芬记载，随小居鲁士行军时，希腊远征军需要在波斯军队中的市场购买补给，波斯军队并未设置专职机构从事市场交易，这显然是商人的逐利行为。军事学者阿彻·琼斯认为，古代政府无法在长时间的战役中提供足够的后勤补给，士兵们只能向随军商人购买补给，希腊式军队习惯和商人进行贸易，在敌国领土上能获得足够的收益。参见Thucydides, *History of Peloponnesian War*, 1.62.1, Cambridge, Mass.: Harvard University Press, 1956; Xenophon, *Anabasis*, 1.3.14, with an English translation by Carleton L. Brownson, Cambridge, Mass.: Harvard University Press, 1922；［美］阿彻·琼斯：《西方战争艺术》，刘克俭、刘卫国译校，北京：中国青年出版社，2017年，第34页。

4 马俊、荣朝和：《交通网络演进的过程与机制研究》，《物流技术》2012年第2期，第23页。

称，仅塞琉古一世就建立了34座新城市。[1]对于希腊式城市来说，由于城市自身不可能生产所有种类的生活物资，众多的必需品都依赖贸易供给，城市必须通过出口以积累购买资金。[2]城市对贸易的需求促使城市之间形成固定的交通网络。阿富汗阿伊·哈努姆（Ai Khanum）遗址的考古发现，证明了希腊化世界内部交通的发达。在建城者基涅阿斯（Kineas）陵墓残存的一个石柱基座上，有一条希腊格言铭文，据说是一位名为克莱亚尔库斯（Clearchus）的希腊人从希腊的德尔菲神庙抄写下来，带到这座城市的。[3]二者之间相距约5000公里，希腊化世界的道路体系和城市之间的紧密联系由此可见一斑。

四、丝绸之路交通网络基础的奠定

东地中海地区叙利亚的安条克是丝绸之路西端的重要城市之一，以它为起点，则可将希腊化世界的路线大致分为南北向和东西向两道。

1. 南北向道路

（1）从安条克向南沿地中海东岸经过加沙（Gaza），西行进入埃及。

（2）从安条克向南经大马士革、波斯特拉（Bostra）到达佩特拉（Petra），在此地产生两条支线：或走国王大道前往亚喀巴湾的埃拉（Aela），或转向阿拉伯半岛按香料之路的路线前往也门。这条路线容易受政治因素的影响，当托勒密王国和塞琉古王国分别控制科伊勒—

1 Appian, *Roman History*, 11.57, with an English translation by Horace White, Cambridge, Mass.: Harvard University Press, 1912.

2 Alain Bresson, *The Making of the Anicent Greek Economy*, Princeton: Princeton University Press, 2015, p. 358.

3 杨巨平:《阿伊·哈努姆遗址与“希腊化”时期东西方诸文明的互动》,《西域研究》2007年第1期，第101页。

叙利亚（Coele-Syria）时，这条路线的走向有较大差别。

2. 东西向道路

（1）从安条克出发向东经底格里斯河畔的塞琉西亚，沿伊朗北道东行至赫卡通皮洛斯，翻越厄尔布尔士山脉（Alborz Mountain），到达帕萨乌尼萨（Parthaunisa）。接着向东跨越捷詹河（Tejen River），经马尔吉亚那的安条克（木鹿）可到达索格底亚那（Sogdiana）。

此路也可沿后世知名的呼罗珊大道到达阿里亚的亚历山大里亚。在此地分出两条重要的东行路线：或是东行至巴克特里亚；或是南下经普罗弗塔西亚（Prophthasia）转向东行，抵达阿拉科西亚的亚历山大里亚（Alexandreia in Arachosia）。

（2）从安条克出发，东南方向经底格里斯河畔的塞琉西亚和苏萨，沿故波斯御道东行，经波斯波利斯（Persepolis）和帕萨尔加德（Pasargadae）进入卡尔马尼亚（Carmania）。由此继续东行的主要路线有两条：其一是经格德罗西亚（Gedrosia）沙漠地区前往印度，其二是经萨卡斯坦的亚历山大里亚（Alexandreia in Sacastana）东行至阿拉科西亚的亚历山大里亚。巴克特里亚、格德罗西亚、阿拉科西亚各有通道能够到达印度。

这些路线随着时间的推移会产生变化，同时这些路线彼此之间有可以连通的岔道支线，这就意味着行人可以在这些路线当中自由切换。《后汉书·西域传》记录了一条安息—阿蛮—斯宾的通道，[1]这条通道对应的正是赫卡通皮洛斯—埃克巴坦那—塞琉西亚/泰西封的道路。[2]《汉书·西域传》中记载的罽宾—乌弋山离道，[3]从皮山出发，翻过乌秅，穿越悬度，经罽宾至乌弋山离，可与伊朗到印度的东西向南

---

1 《后汉书》卷八八《西域传》，二十四史点校本，北京：中华书局，1965年，第2918页。

2 莫任南：《甘英出使大秦的路线及其贡献》，《世界历史》1982年第2期，第15—16页；余太山：《〈后汉书·西域传〉要注》，《两汉魏晋南北朝正史西域传要注》，北京：中华书局，2005年，第284—285页。

3 《汉书》卷九六《西域传》，二十四史点校本，北京：中华书局，1962年，第3882页。

道相衔接，1世纪甘英出使大秦时可能在到达阿拉科西亚之后，沿伊朗高原南线继续西行前往条支。由此可以看出，丝绸之路在帕米尔高原以西的路线实际上采用了希腊化世界遗留下来的交通网络，因此丝绸之路西线的路径与东西道中的路线基本重合。

由此可见，从后来丝绸之路的走向也可勾勒出希腊化世界道路体系的基本轮廓。后者是前者的基础，前者是对后者的利用和发展，二者可以互证。

第二节　陆路交通

一、希腊化世界西部地区的主要陆路

希腊化世界西部地区（伊朗高原以西，埃及、希腊半岛以东）主要包括叙利亚—巴勒斯坦地区、埃及和小亚、两河流域（亚述—巴比伦尼亚）地区。阿拉伯半岛部分地区是希腊化时期重要的陆海交通中转站，因此包括在本节的研究范围之内。

叙利亚—巴勒斯坦地区的地理位置决定了它在地中海东岸具有重要的战略意义。非洲大陆通过西奈半岛与叙利亚—巴勒斯坦地区相连，这一地区是埃及天然的屏障，也是埃及和西亚地区连通的门户。

埃及北临地中海，西面是大沙漠，东边是红海，在陆地上几乎只能依靠东北角的西奈半岛向东与其他文明地区进行交流，向西可以与利比亚—柏柏尔人和昔兰尼加（Cyrenaica）的希腊人交往。昔兰尼加在波斯帝国时期曾被并入埃及总督辖地，独立后在公元前321年又成

为托勒密埃及王国的一个行省。[1]埃及与亚洲地区的交往显然是埃及对外交往的重点。

亚述—巴比伦尼亚地区的基本地域在美索不达米亚，但范围比之略大，主要原因是两河流域临近的一些地区也处于这一地区概念之内，如阿迪亚比奈（Adiabene）。[2]亚述—巴比伦尼亚地区南部的范围向东扩展到扎格罗斯山脉（Zagros Mountain）附近的埃兰（Elymais），与苏西亚那（Susiana）和米底（Media）交界。[3]

阿拉伯半岛不同地区之间存在很大的环境差异。西部到南部海岸的山地存在断续的高原地区，有利于农业发展，但与海岸相连的山脉使海岸与内陆之间的陆路联系较为艰难，波斯湾一侧海岸的地势总体可称低平。[4]半岛内陆多沙漠，主要依靠绿洲城镇将阿拉伯半岛地区与周围地区连接起来。

1. 叙利亚—巴勒斯坦地区的交通

叙利亚—巴勒斯坦地区在古代可统称为叙利亚，其范围北至陶鲁斯山脉（Taurus Mountains）和阿马努斯山（Amanus Mountain），南及阿拉伯大沙漠，西面临海，东到幼发拉底河。[5]小亚细亚的西里西亚（Cilicia）[6]与叙利亚之间有两条主要通道，一条道路为从伊苏斯

---

1 拉乌尔·洛尼：《昔兰尼加与希腊殖民地》，[德]J. 赫尔曼、许理和主编：《人类文明史3：公元前7世纪至公元7世纪》，中文版编译委员会译，南京：译林出版社，2015年，第280页。

2 Strabo, *Geography*, 16.1.19, with an English translation by Horace Leonard Jones, Cambridge, Mass.: Harvard University Press, 1930.

3 Strabo, *Geography*, 16.1.17.

4 阿卜杜勒·拉赫曼·阿勒—安萨里：《阿拉伯半岛》，[法]A. H. 达尼、J. -P. 莫昂主编《人类文明史2：公元前3千纪至公元前7世纪》，中文版编译委员会译，南京：译林出版社，2015年，第221页。

5 "Syria", in William Smith, ed., *Dictionary of Greek and Roman Geography*, Vol. II, Albemarle Street, London: John Murray, 1872, pp. 1070-1073.

6 西里西亚与叙利亚之间的边界发生过变化，但西里西亚始终包括叙利亚海岸靠北的部分地区，因此将伊苏斯之战的战场认定为叙利亚境内的看法，并不符合希腊—马其顿人的认知。

（Issus）向东通过阿马努斯门（Amanus Gate）再南下，另一条道路的走向是直接向南穿越叙利亚门（Syrian Gate）。[1]这两道关隘都距伊苏斯[2]不远，叙利亚门现被称为贝伦关口（Belen Pass），向南通往奥龙特斯河畔的安条克（Antiocheia on the Orontes）；阿马努斯门在伊苏斯东北方向，既能够通往现土耳其卡拉曼马拉什（Kahramanmaras），[3]也能够通往安条克。

亚历山大在伊苏斯战役后从西里西亚进入腓尼基的马拉图斯（Marathus），[4]据斯特拉波记载，这座城市位于劳狄西亚（Laodicea）附近的海边，[5]亚历山大应从叙利亚门一路向南前行。由于亚历山大的战略目的是占领腓尼基沿岸港口，解决波斯海军对马其顿和希腊本土的威胁，[6]可以推测他沿着腓尼基海边城市之间的通道到达并围攻推罗（Tyre，一译提尔，位于今黎巴嫩境内）。加沙是亚历山大时代叙利亚通往埃及的最后一座城市。[7]

希腊化时期塞琉古王国在叙利亚建设了许多城市，著名的大城

---

1 西塞罗在给小加图的信里写明了西里西亚与叙利亚之间有两条狭窄的道路，可以轻易据守，然而他所谓的卡帕多西亚对叙利亚开放这一判断很令人费解。叙利亚的范围即使包括科马格尼，也没有越过陶鲁斯山脉，卡帕多西亚同样应易于防守，详见Cicero, “Cicero to M. Cato,” *The Letters to His Friends*, 15.4.4, with an English translation by M. Cary, Cambridge, Mass.: Harvard University Press, 1929.

2 伊苏斯位于皮纳鲁斯河边（Pinarus River），然而学界这条河流的位置有争议。传统说法认为这条河流为德利卡伊河（Deli Cay），哈蒙德在研究了地形并实际计算了距离之后，将皮纳鲁斯河比定为帕亚斯河（Payas River）。若从此说，则伊苏斯可能位于今土耳其帕亚斯，此地距伊斯肯德伦（Iskenderun）20公里左右，可认为处于伊斯肯德伦湾的范围内。详见“Pinarus”, https://referenceworks.brillonline.com/entries/brill-s-new-pauly/pinarus-e925620#; N. G. L. Hammond, “Alexander’s Charge at the Battle of Issus in 333 B.C.,” *Historia: Zeitschrift für Alte Geschichte*, Bd. 41, H. 4 (1992), pp. 395-406; “Issus”, in William Smith, ed., *Dictionary of Greek and Roman Geography*, Vol. II, p. 69.

3 “Amanides Pylae,” in William Smith, ed., *Dictionary of Greek and Roman Geography*, Vol. I, Boston: Little, Brown, and Company, 1870, p. 114.

4 Arrian, *Anabasis of Alexander*, 2.13.8.

5 Strabo, *Geography*, 16.2.12.

6 Arrian, *Anabasis of Alexander*, 2.17.3.

7 Arrian, *Anabasis of Alexander*, 2.26.1.

市有四座，分别是达弗尼附近的安条克（Antiocheia near Daphne，即奥龙特斯河畔的安条克，今土耳其安塔基亚）、皮埃里亚的塞琉西亚（Seleuceia in Pieria）、阿帕米亚（Apamea）和劳狄西亚。[1]由于奥龙特斯河畔的安条克是塞琉古王国的都城，地位极其重要，其北边有两座要塞拱卫这座城市。金达鲁斯（Gindarus，今叙利亚金迪勒斯，Jindires）要塞位于安条克东北方向的库勒斯提刻（Cyrrhestice），从安条克出发向东北行进前往美索不达米亚地区必然经过库勒斯提刻。另一要塞名为帕格雷（Pagrae），[2]连接着叙利亚门。塞琉西亚是安条克的港口城市。阿帕米亚（今叙利亚阿法米亚，Afamia）是塞琉古王国的军事重镇，易守难攻，周边地区资源丰富，王家种马场和战象饲养场都位于此地。[3]

在托勒密王国尚占领科伊勒—叙利亚地区之时，叙利亚南方有一条道路与阿拉伯地区相连。塔恩指出，这条道路的沿途城市有菲拉德尔菲亚（Philadelphia）[4]和格拉萨（Gerasa），[5]穿过加利利地区（Galilee），最后到达海边的托勒迈斯（Ptolemais）。[6]菲拉德尔菲亚的南方便是著名的佩特拉城，当塞琉古王国重夺科伊勒—叙利亚后，这条通往托勒迈斯的道路可能更换了终点。因此在南北方向上，自叙利亚门从北向南沿着海边行进能够进入埃及。在内陆依靠奥龙特斯河和

---

1 Strabo, *Geography*, 16.2.4.

2 波科克（Pococke）根据自己的实地考察情况，认为帕格雷的实际位置距安塔基亚16英里（25.75公里），则帕格雷应位于今土耳其托普博加奇（Topbogazi）和马拉斯博加奇（Marasbogazi）之间的山上，托勒密将此处称为叙利亚门。详见“Pagrae”, in William Smith, ed., *Dictionary of Greek and Roman Geography*, Vol. II, p. 515.

3 Strabo, *Geography*, 16.2.10.

4 位于今约旦首都安曼，波里比阿称这座城市为拉巴塔马纳（Rabbatamana）。详见Polybius, *The Histories*, 5.71.4, with an English translation by William Roger Paton, Cambridge, Mass.: Harvard University Press, 1923; “Philadelphia”, in William Smith, ed., *Dictionary of Greek and Roman Geography*, Vol. II, p. 597.

5 今约旦杰拉什（Jerash）。

6 托勒迈斯位于今以色列阿克里（Acre），详见W. W. Tarn, *Hellenistic Civilization*, London: Edward Arnold Ltd., 1959, p. 245.

约旦河，行人自北至南也能顺畅通行至死海，利用托勒密王朝曾经利用的商路便能实现与佩特拉的来往，从而将叙利亚—巴勒斯坦地区与阿拉伯半岛联系起来。

除了南北方向上的通道之外，叙利亚与亚述—巴比伦尼亚地区的东西道路在历史上也发挥了重要作用。公元前1世纪罗马和帕提亚围绕叙利亚地区展开了激烈争夺，宙格玛（Zeugma）是双方在两河流域和叙利亚之间频繁利用的重要渡口。帕提亚在卡莱（Carrhae）战役取得胜利后，屡次通过宙格玛进攻叙利亚。公元前51年，帕提亚王子帕克罗斯（Pacorus）曾占据整个叙利亚长达数月，[1]但他在公元前38年阵亡于金达鲁斯。[2]公元前40年帕克罗斯的进军路线值得注意。根据狄奥·卡西乌斯（Dio Cassius）的描述，帕克罗斯先攻击南边的阿帕米亚，后向北征服安条克，成为整个叙利亚的主人，[3]帕克罗斯的军队很可能从塔普萨库斯（Thapsacus）或纳巴加特（Nabagath）向西而来。

塔普萨库斯是连接美索不达米亚与叙利亚的重要渡口之一，《圣经》中曾出现这一地名。[4]斯特拉波在《地理学》第二卷中暗示塔普萨库斯是丈量世界各地距离的重要测点，[5]然而它的位置至今仍无法确定。接受者较多的一种观点将塔普萨库斯比定为幼发拉底河道转向处的迪布西（Dibsi），[6]此地位于幼发拉底河西岸，属于斯特拉波笔下的叙利亚帕拉波塔米亚地区（Parapotamia），[7]但主持发掘此地的考古工

---

1 Dio Cassius, *Roman History*, 40.28.3, with an English translation by Earnest Cary, Cambridge, Mass.: Harvard University Press, 1914.

2 Strabo, *Geography*, 16.2.8.

3 Dio Cassius, *Roman History*, 48.25-26.

4 Michal Gawlikowski, "Thapsacus and Zeugma the Crossing of the Euphrates in Antiquity," *Iraq*, Vol. 58 (1996), pp. 123-133.

5 Strabo, *Geography*, 2.1.21-39.

6 Michal Gawlikowski, "Thapsacus and Zeugma the Crossing of the Euphrates in Antiquity," *Iraq*, Vol. 58 (1996), pp. 123-133.

7 因此笔者将关于塔普萨库斯的讨论置于叙利亚—巴勒斯坦地区目下，而非在亚述—巴比伦尼亚地区。此外普林尼也明确交代了其归属，他认为塔普萨库斯位于叙利亚。详见 Pliny, *Natural History*, 5.21.87.

作者明确反对将它视为塔普萨库斯。古典作家未具体说明从安条克到塔普萨库斯沿途必须经过的据点，但通过阿勒颇（Aleppo）前往美索不达米亚的道路很可能在罗马帝国时期才更多地应用。[1]塔普萨库斯又被称为旧宙格玛，[2]迈克尔·高利科夫斯基（Michal Gawlikowski）综合各种资料，提出了上下塔普萨库斯的全新观点。[3]根据斯特拉波给出的距离，他将下塔普萨库斯的位置定于拜占庭城市芝诺比娅（Zenobia）附近，即今叙利亚哈莱比耶（Halebiyeh）。塔普萨库斯之名逐渐不见记载必然是因为其他沿河城市的兴起取代了它的作用，如杜拉·欧罗普斯（Dura Europus）。

公元前303年，出于军事防卫目的，塞琉古一世的将军尼卡诺（Nicanor）在幼发拉底河岸边兴建杜拉·欧罗普斯，[4]这座城市可能被用于拱卫塞琉古王国两河地区的首都底格里斯河畔的塞琉西亚，同时作为塞琉古王国伊朗地区与叙利亚地区之间交通保障的据点之一。[5]古典作家对这座城市的记载非常少，关于这座城市的发展与历史信息基本源于考古发掘。根据考古发掘的情况看，在塞琉古王国治下，这座城市的职能并未发生明显变化，但公元前113年被帕提亚人攻占

---

1 Michal Gawlikowski, "Thapsacus and Zeugma the Crossing of the Euphrates in Antiquity," *Iraq*, Vol. 58 (1996), pp. 123-133.

2 Strabo, *Geography*, 16.1.23.

3 高利科夫斯基指出，普林尼和保萨尼亚斯都记载了马其顿人在宙格玛桥边留下的铁链，再与克拉苏出征帕提亚的行迹对比佐证，足以证明亚历山大实际渡河的地点为科马格尼的宙格玛。这一地点在早些时候被称为塔普萨库斯，即上塔普萨库斯（Upper Thapsacus），后来被称为新宙格玛，而不再沿用塔普萨库斯之名，位于幼发拉底河中下游的下塔普萨库斯（Lower Thapsacus）便顺理成章地成为旧宙格玛。详见Michal Gawlikowski, "Thapsacus and Zeugma the Crossing of the Euphrates in Antiquity," *Iraq*, Vol. 58 (1996), pp. 123-133.

4 罗斯托夫采夫推测杜拉（Dura）之名来源于亚述词汇duru，意为要塞，详见M. Rostovtzeff, *Caravan Cities*, translated by D. and T. Talbot Rice, Clarendon: Oxford University Press, 1932, p. 93; D. N. MacKenzie, "Dura Europos," in *Encyclopaedia Iranica*, online edition, http://www.iranicaonline.org/articles/dura-europos.

5 M. Rostovtzeff, *Caravan Cities*, p. 94.

后，这座城市的防御功能逐渐淡化。[1]由于公元前3世纪腓尼基属于托勒密王国，大马士革也在托勒密王国的控制下，罗斯托夫采夫认为在安条克三世攻占腓尼基和巴勒斯坦地区之前，途经叙利亚沙漠地区的道路并未开通。[2]他同时认为杜拉·欧罗普斯逐渐繁荣的原因在于这座城市是帕尔米拉（Palmyra）到幼发拉底河道路上最近的一个幼发拉底河渡口，甚至猜想它可能是当时帕提亚人在两河流域前线的桥头堡。[3]鉴于没有任何考古成果能支持这种设想，该说法现在已被摒弃。纸草、铭文等资料显示，杜拉·欧罗普斯的发展得益于其地区首府的政治地位。[4]杜拉·欧罗普斯在与塔普萨库斯的竞争中逐渐占据优势，并将其取而代之也就有了合理的解释。

杜拉·欧罗普斯之所以成为重要的交通及贸易城市，确实与叙利亚地区另一座重要城市帕尔米拉有关。帕尔米拉早期的历史较为模糊，学界普遍认为《圣经》中的塔德摩尔（Tadmor）是帕尔米拉城的前身。[5]这座城市位于大马士革东北235公里处，考古学家除了在这一地区发现了少量青铜时代的陶器和遗迹之外，大量文物遗存的年代都在希腊化时代及其后，也就是说，希腊化时期之前，并没有证据证明帕尔米拉是一个商业中心。公元前41年，马克·安东尼（Mark Anthony）曾派一队骑兵去帕尔米拉劫掠，但帕尔米拉人提前收到了消息，带着城中所有的财富渡过了幼发拉底河，并在河边布防。阿庇安明确记载，帕尔米拉人从波斯运来了阿拉伯和印度的货物，在罗马

---

1 D. N. MacKenzie, “Dura Europos,” in *Encyclopaedia Iranica*, online edition, http://www.iranicaonline.org/articles/dura-europos.

2 M. Rostovtzeff, *Caravan Cities*, p. 96.

3 M. Rostovtzeff, *Caravan Cities*, p. 105.

4 D. N. MacKenzie, “Dura Europos,” in *Encyclopaedia Iranica*, online edition, http://www.iranicaonline.org/articles/dura-europos.

5 M. Rostovtzeff, *Caravan Cities*, p. 93; Trevor Bryce, *Ancient Syria - a Three Thousand Year History*, Oxford: Oxford University Press, 2014, p. 275.

领土内将其卖掉，[1]帕尔米拉显然在公元前1世纪已经以贸易和富有而在近东地区闻名。1世纪塔普萨库斯衰落后，[2]帕尔米拉与杜拉·欧罗普斯之间的商路成为帕尔米拉与两河流域之间商路的唯一选择。

大马士革虽然是叙利亚—巴勒斯坦地区一座重要的城市，但它在希腊化时期的作用似乎长期未受到应有的重视。大马士革西面有利塔尼河（Litani River），往北则是奥龙特斯河，向南有约旦河（Jordan River），并且能够前往波斯特拉。奥龙特斯河和约旦河都是能够通航的内河，虽然利塔尼河在希腊化时代能否用于通航仍未知，但斯特拉波说位于毕布罗斯（Byblus）[3]和贝里图斯（Berytus）[4]之间的莱库斯河（Lycus River in Syria）能供货船航行到内陆地区，[5]因此从大马士革向西渡过利塔尼河，前往腓尼基沿岸诸港口及海边仍十分便利。在波斯帝国时期，大马士革是叙利亚地区最著名的城市，历史上曾遭受过来自各方的侵略，[6]大概因为它是叙利亚地区南部极为重要的交通枢纽，具有重要的经济和战略价值。

因此叙利亚—巴勒斯坦地区前往两河流域的东西向道路有南道和北道之分。从安条克出发，北道既可以穿越库勒斯提刻，渡过宙格玛进入两河流域，也可以选择经过帕格雷和阿马努斯门进入科马格尼，然后从萨摩萨塔（Samosata）渡河。南道主要路径为腓尼基诸港口城市—大马士革—帕尔米拉—塔普萨库斯或杜拉·欧罗普斯。

---

1 Appian, *Roman History*, 5.9.

2 普林尼在《自然史》中仍能将塔普萨库斯的位置标定在叙利亚，但托勒密写《地理学》时已将此渡口置于阿拉伯的沙漠中，说明至少在托勒密生活的时代，时人对塔普萨库斯具体位置的认知已经产生了不同的说法，从而误导了托勒密。参见“Thapsacus”, in William Smith, ed., *Dictionary of Greek and Roman Geography*, Vol. II, p. 1135.

3 今黎巴嫩朱拜勒（Jubeil），详见“Byblus”, in William Smith, ed., *Dictionary of Greek and Roman Geography*, Vol. I, p. 460.

4 今黎巴嫩首都贝鲁特，详见“Berytus”, in William Smith, ed., *Dictionary of Greek and Roman Geography*, Vol. I, p. 395.

5 Strabo, *Geography*, 16.2.16.

6 Strabo, *Geography*, 16.2.20.

2. 埃及和阿拉伯地区的主要通道

在古典作家笔下，阿拉伯地区的记载常常与埃及的记载混而为一。[1]埃及和阿拉伯彼此相邻，古代交往频繁，将这两个地区并在一起进行研究，有利于把握这两个地区整体的陆上交通状况。

虽然叙利亚—巴勒斯坦的加沙在陆地上与埃及毗邻，但在希腊化时代，若想从叙利亚—巴勒斯坦沿海边径直进入埃及地域并非易事。尼罗河三角洲地区东部的塔尼斯（Tanis）河口和佩卢西阿（Pelusiae）河口之间有一个大湖，周边布满沼泽，这一地区很难通行。[2]从纳巴泰人阿拉伯地区（Arabia of Nabataeans）和北边的巴勒斯坦地区进入埃及只能共用同一条通道，这条通道需要经过海边多沙缺水的地峡，长度不到1500斯塔德（短于278.4公里），终点为佩卢西乌姆（Pelusium）。亚历山大远征进入埃及的第一站就是佩卢西乌姆，[3]此地距离海边有20斯塔德（约3.7公里）以上的距离。[4]

尼罗河在地中海的入海口附近有很多支流，整个下埃及的三角洲地区都可供通航。[5]地理位置优越的亚历山大里亚城在希腊化时期成为世界上最大的港口，[6]由运河运入的商品数量要远远超过从海外输入的商品数量，[7]这足以证明埃及内河航运的发达与便利。托勒密王朝采取了严格限制外国商船进入亚历山大港的政策，卡诺布斯（Canobus）附近的河口成为了外国人小型货船的贸易中心。[8]顺着尼

1 不同时期的学者对地域的认知不同。阿里安将亚历山大三世溯尼罗河而上前往孟斐斯（Memphis）时途经的赫利奥波利斯（Heliopolis）视作埃及城市，但在斯特拉波笔下，亚历山大里亚和马雷奥提斯湖（Mareotis Lake）周围位于尼罗河三角洲以东的地区属于阿拉伯，赫利奥波利斯又成为阿拉伯的城市。参见Arrian, *Anabasis of Alexander*, 3.1.3; Strabo, *Geography*, 17.1.30.

2 Strabo, *Geography*, 17.1.21.

3 Arrian, *Anabasis of Alexander*, 3.1.1.

4 Strabo, *Geography*, 17.1.21.

5 Strabo, *Geography*, 17.1.4.

6 ［法］保罗·佩迪什:《古代希腊人的地理学——古希腊地理学史》，蔡宗夏译，第78页。

7 Strabo, *Geography*, 17.1.7.

8 Strabo, *Geography*, 17.1.18.

罗河从北向南航行，沿途能够到达埃及许多出名的城市，如赫利奥波利斯、孟斐斯和托勒迈斯。即便有些城市不在尼罗河边，也有运河系统将它们联系起来，内河航运可以径直向南到达埃塞俄比亚，直到在科普托斯（Coptus）[1]转向东南方向前行才需要弃舟登陆。埃及境内很多地方的气候和环境恶劣，陆路行进相对水路要更加困难，不过根据斯特拉波的描述可知，沿着利比亚地区的三个绿洲在陆地上行进，也能够顺利穿越沙漠，起点应该就是距阿拜多斯七天路程的第一绿洲，终点为阿蒙神庙。[2]除此之外，可从科普托斯沿陆路分别到达临红海的密奥斯·荷耳摩斯港（Myos Hormos）和贝莱尼凯（Berenice）。[3]

托勒密王朝在希腊化时代初期采取了一系列措施促进埃及地区经济增长，其中包括发展通往红海的道路，[4]斯特拉波所了解的埃及内部的交通情况正是托勒密王朝数百年经营的结果。1994—2001年对贝莱尼凯的考古发掘证明这座港口城市存在了八个世纪之久，[5]它始建于托勒密二世（Ptolemy II，公元前282—前246年在位）之时，[6]其自然条件并不利于一个大型城市的发展。虽然它位于海边，但缺乏淡水，水供给依赖于远离城镇8公里处的水井，[7]显然这座城市必须依赖外界的供给才能保证居民的需求，这种情况迫使其与外界进行频繁的物资交换。托勒密二世在科普托斯和贝莱尼凯之间沿途修建驿站，为商旅提

---

1 今埃及齐夫特（Qift）。

2 Strabo, *Geography*, 17.1.42.

3 位于今埃及拉斯·巴纳斯（Ras Banas）附近。

4 Joseph G. Manning, “Hellenistic Egypt,” in Walter Scheidel, etc., *The Cambridge Economic History of the Greco-Roman World*, Cambridge: Cambridge University Press, 2007, p. 435.

5 W. Z. Wendrich, etc., “Berenike Crossroads: The Integration of Information,” *Journal of the Economic and Social History of the Orient*, Vol. 46, No. 1 (2003), pp. 46-87.

6 Donald W. Prakken, “A Ptolemaic Graffito in New York,” *TAPA*, Vol. 76 (1945), pp. 108-116.

7 W. Z. Wendrich, etc., “Berenike Crossroads: The Integration of Information,” *Journal of the Economic and Social History of the Orient*, Vol. 46, No. 1 (2003), pp. 46-87.

供便利；罗马帝国时期，当地政府在沿途修建水井、蓄水池。[1]根据铭文资料显示，这条道路甚至有军队为商人提供护卫。[2]相当一部分运入贝莱尼凯的物资是城市补给品，而非商品。[3]因此，尽管贝莱尼凯是一座沿海贸易城市，但通过陆路与其他城市的交往依然对其具有十分重要的意义。

沿着叙利亚海岸线从北向南到达最南端的加沙地区后，若不选择向西进入埃及，则可通往阿拉伯半岛。斯特拉波曾提到一条从加沙地区通往埃拉[4]的道路，总长度达1260斯塔德（约230公里）。[5]这座城市位于亚喀巴湾（Gulf of Aqaba）的顶端，[6]6世纪时航行去印度的基督教徒科斯马斯（Cosmas Indicopleustes）在其著作中也提到了这座城市。[7]埃拉正北方向是内盖夫（Negev）沙漠地区，以埃拉为起点从南向北的道路只有两条，其一为沿着阿拉伯谷地（Wadi Arabah）的边缘行进，[8]其二是穿越约旦高地（Jordanian highlands）。[9]单阿拉伯谷地的长

---

1 斯特拉波在《地理学》中称贝莱尼凯是一座无港城市，然而这与事实不符。如果他的认知是对的，则说明这条商路在斯特拉波在世时可能因缺乏保障而暂时衰落了，从而导致其港口的荒废。详见Strabo, *Geography*, 17.1.45.

2 Wilhelm Dittenberger, ed., *Orientis Graeci Inscriptiones Selectae*, Leipzig: S. Hirzel, 1903-1905, p. 674.

3 W. Z. Wendrich, etc., “Berenike Crossroads: The Integration of Information,” *Journal of the Economic and Social History of the Orient*, Vol. 46, No. 1 (2003), pp. 46-87.

4 斯特拉波称呼这座城市为埃拉只有这一次，在另一处描述位于阿拉伯湾顶端的城市时，他又用了埃拉纳（Aelana）这一名称，但根据他对这两座城市位置的描述来看，这两座城市为同一座城市。详见Strabo, *Geography*, 16.4.4.

5 Strabo, *Geography*, 16.2.30.

6 这座城市的大概位置在今以色列南部港口埃拉特（Eilat）和约旦亚喀巴（Al-Aqabah）附近。详见Heini Ynnila, *To Petra Via Jabal Haroun: Nabataean-Roman Road Remains in the Finish Jabal Haroun Project Survey Area*, Helsinki: University of Helsinki, 2006, p. 18.

7 不同抄本存在差异，但确实有“Ελα”的说法。详见Cosmas Indicopleustes, *Christian Topography of Cosmas Indicopleustes*, translated by J. W. McCrindle, London: The Hakluyt Society, 1897, p. 54.

8 冬雨后阿拉伯谷地两边的雨水会汇集到谷地当中，不利于行人前进，平常时候又干燥缺水，因此谷地底部反而没有作为道路使用。详见Heini Ynnila, *To Petra Via Jabal Haroun: Nabataean-Roman Road Remains in the Finish Jabal Haroun Project Survey Area*, pp. 17-18.

9 Heini Ynnila, *To Petra Via Jabal Haroun: Nabataean-Roman Road Remains in the Finish Jabal Haroun Project Survey Area*, p. 18.

度就有190公里（包括死海的长度在内），斯特拉波记载的道路长度明显短于实际路程。这就意味着斯特拉波描述的这条道路即使不经过死海，也必须经过佩特拉。

位于约旦高地的佩特拉地理位置得天独厚，使它成为四方交通的十字路口。南北方向上的主要通道穿过平缓的丘陵地区，地势起伏不大，因此行人往来便利。从埃拉出发选择约旦高地北上，穿越位于佩特拉以南8公里处的萨布拉峡谷（Wadi Sabra），经佩特拉中转，可从何珥山（Jabal Haroun）折向西北前往加沙，或者从贝蒂哈（Al-Baydha）走出向北前往波斯特拉。东西方向上泉水和峡谷穿城而过，塑造了一条著名的狭长通道——西克峡谷（Wadi Siq）。

公元1世纪时的罗马史学家弗拉维乌斯·约瑟夫斯（Flavius Josephus）在《犹太古事记》（*Jewish Antiquities*）中，称纳巴泰人居住在从红海到幼发拉底河的广大区域，并将之命名为纳巴特内（Nabatene），正是纳巴泰人将他们的名字授予了阿拉伯国家和诸部落。[1]约瑟夫斯生活的时代正是纳巴泰人活跃的时期，这一说法应该直接来源于纳巴泰人，可以采信。《圣经·旧约》中记载着一条“国王大道”（the King's Highway），这条道路连接着今天的叙利亚和亚喀巴湾，纳巴泰人长久依赖这条道路进行商业贸易。佩特拉城在斯特拉波生前就已经建成，并且是纳巴泰人的首都，[2]可以推断纳巴泰人在希腊化时代一直沿用了这条道路。

从佩特拉向东南方向深入阿拉伯半岛500公里会到达赫格拉城（Hegra），[3]这座城市开始建设于公元前1世纪，[4]在希腊化时代的大部分

1 Josephus, *Jewish Antiquities*, 1.220-221, with an English translation by H. ST. J. Thackeray, etc., Cambridge, Mass.: Harvard University Press, 1930.

2 Strabo, *Geography*, 16.4.21.

3 这座城市位于现沙特阿拉伯马达因·萨利赫（Madain Salih）。

4 “Advisory Body Evaluation (ICOMOS)”, p. 10; http://whc.unesco.org/en/list/1293/documents/%23ABevaluation.

时间里这一据点可能只是纳巴泰人的驿站。但阿拉伯人早以交易香料和宝石而闻名，奥古斯都（Augustus，公元前27—公元14年在位）派遣埃及总督埃利乌斯·加鲁斯（Aelius Gallus）侦查阿拉伯和埃塞俄比亚地区，并尝试征服这两个地区。[1]罗马人的目的或在于掌握香料贸易，或掌握前往印度的道路，但有学者否认这种观点，并指出这次行动是单纯的军事扩张。[2]这次军事行动虽然失败了，但提供了阿拉伯半岛具体的陆地交通信息。这支军队从埃及出发，在阿拉伯半岛临红海一侧的港口莱夫斯科姆（Leuce Come或Leucos Limen）登陆，佩特拉与这座城市可以通过骆驼队进行来往。[3]罗马军队勉强依靠骆驼提供的补给，在行军50天后到达了内格拉尼（Negrani），因为很多地方并没有道路。罗马人在攻占了名为阿斯卡（Asca）和阿斯鲁拉（Athrulla）的城市后，最终抵达马尔西亚巴城（Marsiaba）。[4]

由于资料匮乏，学界长期争论罗马人具体的行动路线。但沙特阿拉伯的奈季兰峡谷（Valley of Najran）曾出土两份日期不明的示巴人岩石铭文（Sabaic rock inscriptions），铭文内容为南方阿拉伯人和纳巴泰人的冲突，及纳巴泰人失利的结果。[5]目前仅有这次罗马人的远征能够与铭文的记载相匹配，那么奈季兰应该是罗马人曾到达过的地点之一。杰里米·希特卡特（Jeremie Schiettecatte）和穆尼尔·阿尔巴赫（Mounir Arbach）两位学者将这一路线描述的较为清晰：阿斯卡为今贝达（Al-Bayda），阿斯鲁拉是今也门巴拉基什镇（Baraqish），

---

1 Strabo, *Geography*, 16.4.22.

2 Gary K. Young, *Rome's Eastern Trade: International Commerce and Imperial Policy, 31 BC-AD 305*, London and New York: Routledge, 2001, p. 91.

3 Strabo, *Geography*, 16.4.23.

4 普林尼对这次远征过程的记载不如斯特拉波详尽，但他提到了八座市镇。详见Strabo, *Geography*, 16.4.24; Pliny, *Natural History*, 6.32.160.

5 Jeremie Schiettecatte, Mounir Arbach, "The Political Map of Arabia and the Middle East in the 3rd Century AD Revealed by a Sabaean Inscription: A View From South," *Arabian Archaeology and Epigraphy*, Wiley, Vol. 27, No. 2 (2016), pp. 176-196.

马尔西亚巴为今也门马里布市（Marib），奈斯图姆（Nestum）是今沙特阿拉伯索达（Al-Sawda），卡米纳库姆（Caminacum）是今卡姆纳（Kamna）。[1]从加鲁斯走过的地方可以看出，他大体上在阿拉伯半岛内陆的沙漠地区向南深入到阿拉伯福地（Arabia Felix），只是因缺乏水源，军队通行极为勉强。如果返程时罗马军队经过的马洛塔村（Malotha）确实是现吉达港（Jadda）附近的马洛坦（Malothan），则他可能尽量临近海边行军回到莱夫斯科姆。普林尼说这些城市都被加鲁斯摧毁，那么加鲁斯可能试图通过破坏香料贸易驿站这种方式削弱南方阿拉伯人的贸易优势。

阿拉伯人在阿拉伯半岛波斯湾一侧同样有港口，如格拉城（Gerrha）。这座城市通过陆路经营阿拉伯人的香料和其他商品，[2]显然阿拉伯人在当时已经能够从半岛一侧穿越沙漠到另一侧做生意。由于缺乏确凿证据，学界只能推测格拉与佩特拉之间的道路，未能形成统一意见。[3]

由此可见，希腊化时代埃及地区依靠发达的内河航运系统构建了内部主要为南北方向的交通网；在希腊化时期末的阿拉伯地区，香料之路（Incense Road）也已经发展成为贯穿阿拉伯半岛的交通路线，南北方向上半岛西侧在沙漠中经过的据点大多已明确位置，但东西方向上波斯湾一侧和红海一侧往来的具体路线仍不明确。

3. 亚述—巴比伦尼亚地区的主要道路

希腊化时期亚述—巴比伦尼亚地区先后属于亚历山大帝国、塞琉古王国和帕提亚帝国，公元前后，罗马扩张至东方，与帕提亚帝国反复争夺这一地区北部的土地。亚述—巴比伦尼亚地区频繁的军事行动

---

1 笔者未能在阿拉伯半岛地图上全部找到这些地点。

2 Strabo, *Geography*, 16.3.3.

3 D. T. Potts, “Trans-Arabian Routes of the Pre-Islamic Period,” in J. F. Salles, etc., eds., *L’Arabie et Ses Mers Bordières*, Tome 1, Itinéraires et Voisinages, Séminaire de Recherche 1985-1986, Lyon: Maison de l’Orient et de la Méditerranée Jean Pouilloux, 1988, p. 132.

留下了相对丰富的交通信息。

亚历山大从塔普萨库斯渡河后，出于行军方便考虑，没有顺着幼发拉底河南下，而是径直向东渡过底格里斯河后南下，在高加米拉（Gaugamela）与大流士三世的大军相遇。[1]高加米拉战后，亚历山大直接前往巴比伦。古典作家如狄奥多罗斯（Diodorus）等曾将这场战役的地点定为阿尔贝拉（Arbela，今伊拉克北艾比尔），[2]但这种看法已被斯特拉波和普鲁塔克（Plutarch）否定。[3]

亚历山大的行军路线得到了阿里安和斯特拉波的证实，因为高加米拉是饲养骆驼的地区，容易为军队提供补给。[4]然而普通人似乎并不走这条道路，有另一条道路可以从叙利亚到塞琉西亚或巴比伦：从安提姆西亚（Anthemusia）附近的渡口[5]过幼发拉底河后，通过两河流域沙漠地带的土著锡尼人（Scenitae）控制地区径直南下，[6]在沙漠里行进25天后到锡尼（Scenae），再从锡尼到塞琉西亚或巴比伦。[7]

伊西多尔（Isidore）给出的赴巴比伦路线是沿幼发拉底河南下，与斯特拉波记载的路线略有不同，途中很可能利用了内河航运，所以共渡河两次。[8]他记载的路线为：从尼凯福里翁（Nicephorium）沿河

---

1 Arrian, *Anabasis of Alexander*, 3.7.3-3.8.7.

2 Diodorus Siculus, *The Library of History*, with an English translation by C. H. Oldfather, 17.53.4, Cambridge, Mass.: Harvard University Press, 1963.

3 Strabo, *Geography*, 16.1.3; Plutarch, "Alexander," in *Parallel Lives*, 31.6, Cambridge, Mass.: Harvard University Press, 1919.

4 Strabo, *Geography*, 16.1.3.

5 伊西多尔（Isidore）说安提姆西亚距阿帕米亚有8肖尼（schoeni）的路程，斯特拉波说的这个渡口可能是指新宙格玛。详见Isidore of Charax, *Parthian Stations*, § 1 (An Account of the Overland Trade Route between the Levant and India in the First Century B.C.). The Greek text with a translation and commentary by Wilfred H. Schoff, Philadelphia: The Commercial Museum, 1914.

6 因为只有锡尼人收取的过路费价格合适，利于商旅通行。

7 Strabo, *Geography*, 16.1.27.

8 虽然伊西多尔给出的很多地名至今仍无法确定具体地点，但已知的部分地名基本沿幼发拉底河向南排布。详见Isidore of Charax, *Parthian Stations*, § 1.考证详见pp. 22-25.

行至塔普萨库斯，[1]继续沿河向南行至阿博拉斯河（Aburas River）和幼发拉底河交界处，[2]过杜拉·欧罗普斯等地，到达幼发拉底河畔的尼阿波利斯（Neapolis），渡河前往底格里斯河畔的塞琉西亚。[3]

以上路线均与罗马帝国时期北部较为出名的城市毫无关联，如埃德萨（Edessa）、[4]尼西比斯（Nisibis）等，与城市较为集中的巴比伦尼亚地区相比，北边亚述地区的诸多城市在希腊化时代尚未显现其交通重要性。波斯御道的走向很可能是自亚美尼亚的阿米达（Amida）向南穿过前陶鲁斯山脉，进入两河流域到达亚述地区的尼西比斯，[5]但没有证据证明有人曾在希腊化时代利用过这条道路。在亚历山大远征200多年后，克拉苏入侵到亚述地区时，远离幼发拉底河的平原中部仍是一片荒漠，毫无补给，[6]他向东推进到巴利苏斯河（Balissus River）[7]和尼凯福里翁[8]一线。根据《帕提亚驿程志》可知，克拉苏进军过程中所控制的地方主要是军事要塞，如伊克奈（Ichnae）和阿拉格玛（Alagma）等地，撤退时到达卡莱（今土耳其哈兰）并最终战败

---

1 伊西多尔并没有指出这个地方的确切地名，肖夫（Schoff）认为伊西多尔文中的“royal place”可能是今叙利亚泽莱比耶（Zelebiyeh），附近有芝诺比娅城堡，若从此说，则此地便为旧宙格玛—塔普萨库斯。

2 如果阿博拉斯河确为今叙利亚哈布尔河（Khabur River），则法利加（Phaliga）和纳巴加特（Nabagath）应在今叙利亚布萨伊拉镇（Al Busayrah）附近，这个地方是重要的军事渡口，伊西多尔说帕提亚大军从此地进入罗马领土内。详见Isidore of Charax, *Parthian Stations*, § 1.

3 Isidore of Charax, *Parthian Stations*, § 1.

4 塔恩认为，公元1世纪从埃德萨到小亚的阿帕米亚道路开始使用，埃德萨因此取代了安条克的作用。详见W. W. Tarn, *Hellenistic Civilization*, p. 244.

5 David French, “Pre- and Early-Roman Roads of Asia Minor: The Persian Royal Road,” *Iran*, Vol. 36 (1998), pp. 15-43.

6 Plutarch, “Crassus,” in *Parallel Lives*, 22.1.

7 伊西多尔和阿米亚努斯都提到了美索不达米亚的一条河流，分别为比勒卡河（Bilecha）和贝利亚斯河（Belias），斯特拉波和普鲁塔克则称其为巴利苏斯河（Balissus），这些名称对应的都是今叙利亚巴利克河（Balikh River）。详见“Balissus”, in William Smith, ed., *Dictionary of Greek and Roman Geography*, Vol. I, p. 375.

8 今叙利亚拉卡市（Rakka），详见“Euphrates”, in William Smith, ed., *Dictionary of Greek and Roman Geography*, Vol. I, p. 876.

身死，显然他从未考虑过向东北方向进军至尼西比斯。帕提亚帝国、萨珊波斯帝国与罗马帝国就亚述地区曾展开长期争夺，尼西比斯通往苏萨的古道路可能在公元1世纪后得以恢复。

由于亚美尼亚地区多山地，地势平坦的巴比伦尼亚和伊朗高原之间的陆地道路通行更为便利。菲罗斯特拉图斯（Philostratus）极为简略地记载了阿波罗尼乌斯（Apollonius）前往印度的路线，这条路线可概述为从巴比伦（Babylon）出发翻越高加索山脉（Caucasus Mountain）后到达高加索山脉与科芬河（Cophen River）之间的地区。[1]纵然现代学者已然知晓在菲罗斯特拉图斯眼中高加索山脉从安纳托利亚的潘菲利亚（Pamphylia）一直绵延至印度，阿波罗尼乌斯的路线也无从推测。[2]底格里斯河和幼发拉底河向南注入波斯湾，使内河贸易和海上贸易直接联系起来，亚述—巴比伦尼亚地区自古以来便是东西方交流的重要交通枢纽。曾兴盛一时的海陆两路青金石贸易在此交汇。[3]塞琉古王国的疆域广阔，亚述—巴比伦尼亚地区连接王国东西方领土的核心区域，塞琉古王国在两河流域的另一都城——底格里斯河畔的塞琉西亚[4]——的选址在很大程度上考虑了诸多有利的交通条件。

底格里斯河畔的塞琉西亚位于两河流域的中游，今伊拉克巴格达（Baghdad）以南，从波斯湾可直接通航至塞琉西亚，向东可前往

---

1 Philostratus, *Life of Apollonius of Tyana*, 2.1-6, with an English translation by Arthur Fairbanks, Cambridge, Mass.: Harvard University Press, 1912.

2 根据玛利亚·泽尔斯卡（Maria Dzielska）的考证，阿波罗尼乌斯生平仅在小亚细亚和叙利亚北部的城市活动过，未曾前往罗马帝国内部其他地区，更不用说帝国域外。因此阿波罗尼乌斯前往印度的事迹可能是伪造的。详见Maria Dzielska, *Apollonius of Tyana in Legend and History*, translated by Piotr Pienkowski, Roma: L'erma di Bretscheneider, 1986, pp. 185-187.

3 蓝琪:《丝绸之路开通前欧亚大陆中部的交通情况》，载《中外关系史论丛》第八辑，香港：香港社会科学出版社，2005年，第77—88页。

4 位于伊拉克首都巴格达东南25公里处。

塞琉古王国的上省（Upper Satrapies）。[1]帕提亚王国占领两河流域后，将塞琉西亚对岸的泰西封村作为国王冬季驻地，优越的自然条件和政治地位同样使泰西封在希腊化时代末期发展为一座大城市。[2]此时巴比伦城的大部分地区因为频繁的战争和塞琉西亚的兴建已经荒废，[3]不过笔者认为巴比伦城荒废的另一重要原因是幼发拉底河通航能力的下降，船只不再能直接出河口转为海运。

斯特拉波引用了很多作家对这一地区河流状况的记载，但这些作家并非与斯特拉波是同时代人，他们记录的说法年代不一，[4]此时诸多河流比之亚历山大时代已经发生了相当大的变化。[5]汉斯曼（John Handsman）认为帕西底格里斯河（Pasitigris）为今伊朗卡伦河（Karun River），乔阿斯佩斯河（Choaspes）是今伊朗库玛特—沙乌尔河（Qomat-Shaur River），欧拉乌斯河（Eulaeus）是今伊朗卡赫河（Karkheh River），卡赫河的故道直接注入波斯湾口的湖中。[6]最新的地理学研究利用C-14技术测定沙特阿拉伯河（Shatt Al-Arab River）形成于距今约1600—2000年间，[7]在斯特拉波及普林尼生活的时代，底格里斯河和幼发拉底河很可能已经并道。

普林尼在描述波斯湾边上的卡拉克斯·斯帕西努（Charax

---

1 邵大路:《塞琉西亚建城考：早期希腊化城市与帝国统治》,《历史研究》2017年第4期，第113—127页。

2 Strabo, *Geography*, 16.1.16.

3 Strabo, *Geography*, 16.1.5.

4 波利克列托斯说乔阿斯佩斯河（the Choaspes）、欧拉乌斯河（the Eulaeus）和底格里斯河汇聚在一个类似湖的地方，湖附近有一个商业城市，但它因为河上水坝的缘故只能通过陆路运送货物，也有其他人说底格里斯河的河口是帕西底格里斯河（Pasitigris）。尼阿库斯（Nearchus）称，幼发拉底河与帕西底格里斯河的河口以及阿拉比亚人的海岸在中央地区形成了一个湖，底格里斯河也注入其中。奥内西克里特（Onesicritus）说所有的河流都注入这个湖泊之中，但只有幼发拉底河流了出来，通过自己的河道注入大海。详见Strabo, *Geography*, 15.3.4-5.

5 John Hansman, “Charax and Karkheh,” *Iranica Antiqua*, 7 (1967), pp. 21-58.

6 John Hansman, “Charax and Karkheh,” *Iranica Antiqua*, 7 (1967), pp. 21-58.

7 Saif S. Al-Hamad, etc., “Geological History of Shatt Al-Arab River, South of Iraq,” *IJSR*, Vol. 6 (2017), pp. 2029-2039.

Spasinou）时，指出这座城市最初离海岸只有1.25罗马里（约1. 85公里），但在他生活的时代，这座曾经的海边城市距海岸线已经有120罗马里（约177. 6公里）。[1]这一数字可能并不符合实际情况，但毋庸置疑的是幼发拉底河和底格里斯河已经在波斯湾冲积出了大片土地。幼发拉底河的海拔高于底格里斯河，两者之间运河水的流向为从西向东流向底格里斯河，河口的淤积和水量的流失自然导致了幼发拉底河通航能力的下降。这种情况也很可能影响了泰西封—塞琉西亚的内河航运，因为无论是卡伦河还是卡赫河，它们与底格里斯河交汇的地点都位于塞琉西亚的下游，一旦下游有城市建坝蓄水，便确实会像波利克列托斯（Polycleitus）说的那样阻断内河交通。斯特拉波虽然没有明确提出这一点，但是他已经认识到内河航运需要看运河的水位以及运河闸门的开关情况，航运并不总是便利的，[2]因此两河流域的内河航运效率在希腊化时代末期显著下滑。

从塞琉西亚继续东行，距其500斯塔德的西塔塞内（Sittacene）城市阿尔特米塔（Artemita）非常重要，斯特拉波和伊西多尔都提到了这座城市。[3]肖夫认为这座城市很可能位于伊拉克卡拉斯塔尔（Karastar，现伊拉克巴古拜以东7公里处），从这里东行前往米底的道路明显向北方转折。进入卡洛尼提斯（Chalonitis）地区后，到达希腊城市卡拉（Chala），[4]离米底边界扎格罗斯山脉只剩下5肖尼（约26.15公里）的路程。

根据以上分析，在希腊化时代，亚述—巴比伦尼亚地区南北方向的交通在很大程度上依赖幼发拉底河和底格里斯河。随着地理条件的

---

1 这一数值接近今沙特阿拉伯河的长度。详见Pliny, *Natural History*, 6.31.139-140.

2 Strabo, *Geography*, 16.1.10.

3 Strabo, *Geography*, 16.1.17; Isidore of Charax, *Parthian Stations*, § 2.

4 这座城市位于伊朗赫尔宛（Hulwan）遗址，有学者将其比定为现伊朗萨尔波勒扎哈布（Sarpol-e Zahab）的村镇，详见Isidore of Charax, *Parthian Stations*, p. 27; “Hulwan”, https://referenceworks.brillonline.com/entries/encyclopaedia-of-islam-2/hulwan-SIM_2945.

变化，巴比伦以下幼发拉底河流域的通航能力受到了严重制约，底格里斯河可能也受到了影响，斯特拉波因此着重强调了自叙利亚从北到南穿越沙漠前往塞琉西亚的陆路是主干道。亚历山大远征时使用的道路可能只适用于军事行动。东西方向上泰西封—塞琉西亚自建立以来便一直是东西向陆路交通的枢纽。在不考虑海路的情况下，自西向东穿越亚述—巴比伦尼亚地区的道路无论是从宙格玛、萨摩萨塔还是塔普萨库斯渡过幼发拉底河，最终在泰西封—塞琉西亚汇合，然后通往苏西亚那或者米底。

二、希腊化世界东部的主要道路

亚历山大帝国的统一仅仅是昙花一现，在亚历山大死后帝国很快分裂。亚历山大的部将塞琉古继承了亚历山大帝国绝大部分的亚洲领土，并建立了自己的独立王国。公元前3世纪中期在塞琉古王国受到内忧外患困扰之后，东方的巴克特里亚地区和帕提亚地区总督相继独立，后来发展为独立国家巴克特里亚王国和帕提亚帝国。希腊化城市是这些国家巩固地方统治的根基，新旧城市之间的道路也因此得到了发展。

希腊化时期，帕米尔高原以西的河中地区、印度西北部等地政权在张骞凿空以后逐渐为中国人所知，并出现在中国的史书记载之中。虽然其中内容仍不乏传说和虚构的成分，但同时保留了许多两汉时期东西交通的第一手资料。这些地区位于希腊罗马人所认识的世界边缘，希腊和罗马的古典史家同样保留了与这些地区相关的古代信息。通过不同资料的对比互证，这些区域的古代交通网络也逐渐呈现。本节涉及的区域范围，大概从扎格罗斯山脉以东的波斯高原开始延续至马尔吉亚那、阿里亚、德兰吉亚那（Drangiana）、格德罗西亚、索格底亚那、阿拉科西亚（Arachosia）、巴克特里亚和希腊人曾经统治过的印度部分地区。

波斯帝国时，希腊人对亚洲腹地的情况了解有限。亚历山大和他麾下的军队从两河流域向东进军，经过了里海东南岸的赫卡尼亚地区和伊朗高原东北的帕提亚地区，后向东南方向进军至阿拉科西亚（今阿富汗坎大哈周围地区），兵锋接着向北指向巴克特里亚和索格底亚那，转战三年后翻越兴都库什山（Hindu Kush）向印度河流域扩张。在印度，亚历山大受到马其顿士兵的抵制被迫停止东进，南下印度河河口，撤军返回。大军分水陆两路，水路沿阿拉伯海西行，陆路穿越格德罗西亚，最后回到巴比伦。亚历山大的进军路线实际上经过了后来丝绸之路西段的主要区域，其中贯穿伊朗高原的东西向道路，根据地理方位可大概分为北道和南道。

1. 米底—河中地区之间的北道

波斯帝国的两大首都埃克巴坦那（今伊朗哈马丹，Hamadān）和苏萨分别位于伊朗高原的北南两部，若从塞琉西亚东行，偏北走可去往埃克巴坦那，偏南可到达苏萨。亚历山大选择了偏南的道路向东进军，先进入苏萨、波斯波利斯和帕萨尔加德，后转向西北进入埃克巴坦那，其行军路线在地图上绕了一个大弯。公元前210年塞琉古王国的安条克三世开始东征以收复东方失地，并于公元前209年到达米底的埃克巴坦那。[1]安条克三世并没有向南绕道苏萨，显然他所走的道路应与《帕提亚驿程志》中记载的道路大致相同。

自西而东从米底边境附近的卡拉城出发，经佩塔克山口（Paytak Pass）便能够翻越扎格罗斯山脉，东行需要穿越只有驿站而没有城市的卡里那地区（Carina，今伊朗克兰德格哈布附近区域），[2]进入克尔曼沙（Kirmānshāh）。克尔曼沙区域内有一重要城市巴基斯塔那

---

1 Polybius, *The Histories*, 10.27.12; Edwyn Robert Bevan, *The House of Seleucus*, Vol. II, London: Edward Arnold, 1902, p. 17.

2 Isidore of Charax, *Parthian Stations*, § 4..

（Bagistana）。根据肖夫的考证，伊西多尔的记载在这里出现了错误，名为巴普塔那（Baptana）的城市并不存在。[1]一路向东进入上米底后，首先要经过一座繁荣的城市康克巴尔（Concobar），[2]沿途路过巴奇格拉班（Bāzīgrābān）和阿德拉帕纳（Adrapana），[3]最终到达埃克巴坦那。狄奥多罗斯将这条从扎格罗斯山脉通往埃克巴坦那的道路称为"赛米拉米斯之路"（the road of Semiramis），因为他认为这条道路最早是传说中的亚述女王赛米拉米斯开辟的。[4]斯特拉波也说很多亚洲古代的遗迹都能看作是赛米拉米斯的遗产，[5]巴基斯塔那就有一座赛米拉米斯雕像。尽管赛米拉米斯并非真实存在的亚述国王，但古老的传说足以证明这段道路至少在亚述帝国时期就已经为人所知并利用了。

埃克巴坦那以北地区地形主要以山地为主，这些山地位于拉伽（Rhagae）和里海门（Caspian Gates）以北，[6]成为米底地区北部的自然屏障，通向中亚的道路只能如伊西多尔描述的那样依次经过拉伽和里海门。[7]拉伽位于今伊朗德黑兰南的雷伊（Ray），里海门的具体位置目前仍没有定论。[8]亚历山大和安条克三世都走过这条道路，塞琉古

---

1 Isidore of Charax, *Parthian Stations*, § 5.

2 今伊朗西北坎加瓦尔，详见Isidore of Charax, *Parthian Stations*, § 6.

3 巴奇格拉班大概是现在伊朗的曼德拉巴德（Manderābād），笔者未能在地图上找到这一地点，但根据伊西多尔给出的距离计算，应在拉马塔巴德（Rahmatabad）以北3公里左右的位置，阿德拉帕纳可能位于今天的阿萨达巴德（Asadābād），详见C. J. Brunner, "Adrapana," in *Encyclopaedia Iranica*, online edition, http://www.iranicaonline.org/articles/adrapana-the-third-station-from-the-western-border-of-upper-media-recorded-by-isidore-of-charax-in-the-1st-century-a.

4 Diodorus Siculus, *The Library of History*, 2.13.5. 这位女王的传奇事迹主要见于狄奥多罗斯《历史集成》2.1-22部分的记载，至于其传奇事迹能否与历史上真实的亚述王后萨姆·拉玛特（Sammu-Ramat）对应起来，至今仍是学界争论的问题。

5 Strabo, *Geography*, 16.1.2.

6 Strabo, *Geography*, 11.13.7.

7 Isidore of Charax, *Parthian Stations*, § 7.

8 若按普林尼的描述来寻找这段狭窄的山地通道，应该是唐—萨尔—达拉峡谷的西段。详见John H. Hansman, "Caspian gates," in *Encyclopaedia Iranica*, online edition, http://www.iranicaonline.org/articles/caspian-gates-an-ancient-toponym-identifying-a-ground-level-pass-that-runs-east-and-west-through-a-southern-spur-of-the-albo.

一世远征东方的军事行动可能使用了同一通道。[1]在东方与米底相邻的两个地区分别是帕提亚和赫卡尼亚，至少在希腊化时代末期，帕提亚地区的地理范围已扩大至拉伽和里海门附近，走出里海门后不久就进入其范围内。[2]持续向东行进，经过帕提亚的乔雷内（Choarene）、[3]科米塞内（Comisene）[4]便可到达赫卡尼亚。著名的百门城赫卡通皮洛斯是帕提亚的首府。

波里比乌斯称赫卡通皮洛斯是通往周边各地区的交通枢纽，[5]亚历山大和安条克三世都曾在此地驻足。[6]自此之后，亚历山大本人进入了一座名为萨德拉卡塔（Zadracarta）的赫卡尼亚城市，[7]安条克三世则是从赫卡通皮洛斯翻越厄尔布尔士山脉前往赫卡尼亚的塔盖（Tagae）。[8]学界曾有观点认为萨德拉卡塔即塔盖，位于今伊朗达

---

1 斯特拉波认为拉伽城由塞琉古一世所建，他可能在这里犯了错误。拉伽建城的时间要早于希腊化时期，如果塞琉古一世建立了拉伽城，那也只能说是重建这座城市。塞琉古将这座城市重命名为欧罗普斯，帕提亚人称之为阿萨西亚（Arsacia）。详见Strabo, *Geography*, 11.13.6.

2 Strabo, *Geography*, 11.9.1.

3 根据伊西多尔的描述（§8），这是一个东西长度近100公里的地区（19肖尼），其中心城市阿帕米亚（Apamea）应该位于雷伊（Ray）到塞姆南（Semnan）路途的中间，今伊朗卡瓦尔地区（Kavar或Khuvar）。详见Rüdiger Schmitt, “Choara,” in *Encyclopaedia Iranica*, online edition, http://www.iranicaonline.org/articles/choara-and-choarene-latin-forms-of-gk; Chirstopher Brunner, “Geographical and Administrative Divisions: Settlement and Economy,” in Ehsan Yarshater, ed., *The Cambridge History of Iran*, Vol. 3(2), Cambridge: Cambridge University Press, 1983, p. 768.

4《剑桥伊朗史》地理章节作者布鲁纳（Brunner）认为科米塞内就是库密斯（Qumis），然而施密特（Schmitt）认为科米塞内是塞姆南（Semnan）周围地区，由于库密斯是赫卡通皮洛斯（Hecatompylus）的观点已为学界所接受，科米塞内位于塞姆南周围的理解更有可能。若如此，则托勒密笔下的塞米纳（Semina）可能与科米塞内大致位于同处。详见Rüdiger Schmitt, “Choara,” in *Encyclopaedia Iranica*, online edition, http://www.iranicaonline.org/articles/choara-and-choarene-latin-forms-of-gk; Chirstopher Brunner, “Geographical and Administrative Divisions: Settlement and Economy,” in Ehsan Yarshater, ed., *The Cambridge History of Iran*, Vol. 3(2), p. 768.

5 Polybius, *The Histories*, 10.28.7.

6 Quintus Curtius, *History of Alexander*, 6.2.15, with an English translation by John C. Rolfe, Cambridge, Mass.: Harvard University Press, 1946; Polybius, *The Histories*, 10.28.7.

7 Arrian, *Anabasis of Alexander*, 3.25.1.

8 Polybius, *The Histories*, 10.29.3.

姆甘（Dameghan），[1]也有观点认为赫卡通皮洛斯位于达姆甘，[2]但是达姆甘位于厄尔布尔士山脉之南，这些观点或多或少都存在难以解释的问题。汉斯曼关于赫卡通皮洛斯位置的新说法得到了大多数学者的承认，他将百门城的位置定在伊朗沙里·库密斯地区（Shahr-i Qumis）。[3]同时塔盖和萨德拉卡塔也不再被视为同一座城市。[4]

赫卡尼亚土地肥沃，城市众多。[5]有学者认为，在希腊化时代通往赫卡尼亚的道路并非是东西方往来所必需依赖的路径，因为即使不翻越厄尔布尔士山脉，沿山脉南麓走日后著名的“呼罗珊大道”[6]仍能前往赫拉特。[7]笔者认为这一观点有欠考虑，即使亚历山大和安条克三世出于战略目的必须前往赫卡尼亚，但是伊西多尔和克劳狄乌斯·托勒密（Claudius Ptolemy，约公元100—约170年）却没有这样的描述。伊西多尔将前往赫卡尼亚的行程置于到达阿里亚之前，并未表示此地可以不去；托勒密在描述马其顿商人的代理人赴塞里卡（Serica）的路线时，也表示先到达赫卡尼亚的城市，再经阿里亚前往

1 “Zadracarta”, in William Smith, ed., *Dictionary of Greek and Roman Geography*, Vol. II, p. 1335; “Tagae”, in William Smith, ed., *Dictionary of Greek and Roman Geography*, Vol. II, p. 1084.

2 Chirstopher Brunner, “Geographical and Administrative Divisions: Settlement and Economy,” in Ehsan Yarshater, ed., *The Cambridge History of Iran*, Vol. 3(2), p. 768.

3 John Hansman, “The Problems of Qumis,” *Journal of the Royal Asiatic Society of Great Britain and Ireland*, No. 3/4 (Oct. 1968), pp. 111-139; John Hansman, “The Measure of Hecatompylos,” *Journal of the Royal Asiatic Society of Great Britain and Ireland*, No. 1 (1981), pp. 3-9.

4 学界最新的研究成果将萨德拉卡塔的位置定在戈尔甘（Gorgan）西部边缘地带，而塔盖则比定为格德库（Gerdkuh）。详见A. D. H. Bivar, “Gorgan,” in *Encyclopaedia Iranica*, online edition, http://www.iranicaonline.org/articles/gorgan-v.

5 Strabo, *Geography*, 11.7.2.

6 希腊化时期呼罗珊大道这一路径的概念并未产生，其作为一个专有名词最早由英国历史学家斯特拉吉（G. Le. Strange）提出，而他所依据的材料是中世纪穆斯林地理学家的相关记载。参见马瑞琼：《8—10世纪丝绸之路中段呼罗珊大道考述》，《中国历史地理论丛》第31卷第3辑，2016年，第17—28页。

7 Susan Sherwin-White and Amélie Kuhrt, *From Samarkhand to Sardis: A New Approach to the Seleucid Empire*, Berkeley and Los Angels: University of California Press, 1993, p. 79.

马尔吉亚那的安条克，[1]显然古典文献的记载并不符合呼罗珊大道的行程。呼罗珊大道前往赫拉特的路径为：自库密斯沿厄尔布尔士山脉南麓，经比斯塔姆（Bistam）前往图斯（Tus）。[2]目前学界并未在呼罗珊大道的必经之地尼沙普尔（Nishapur）[3]发现该地在希腊化时期存在市镇的相关证据，这令人不由怀疑这条道路在希腊化时期是否被开辟并使用，因此希腊化时期穿过伊朗高原前往赫拉特的陆路不能盲目等同于呼罗珊大道。

根据伊西多尔的记载可知，从萨德拉卡塔向北前往马尔吉亚那的道路是畅通的。伊西多尔提到一座名为阿塞克（Asaac）的城市，[4]这座城市可能位于今伊朗古昌（Quchan），在苏西亚（Sousia）之北，帕萨乌尼萨之南。帕萨乌尼萨正是伊西多尔笔下位于阿塞克之后的一座城市，从赫卡尼亚向东的道路很可能在此地分开。因此从萨德拉卡塔北行的道路到达帕萨乌尼萨（今土库曼斯坦尼萨遗址）后，可向东跨越捷詹河前往马尔吉亚那的安条克，因为阿保阿克提塞纳（Apauarcticena）地区只能位于安条克和尼萨之间，科佩达格山脉（Kopet Dag Mountain）以北，并且不能向南延伸至与苏西亚同一纬度。[5]

---

1 虽然托勒密并未明确提到他所说的赫卡尼亚城市名称，但这座城市很可能是阿里安笔下的萨德拉卡塔。详见Claudius Ptolemy, *The Geography*, translated by Edward Luther Stevenson, 1.12, New York: Dover Publications, 1991; 余太山:《托勒密〈地理志〉所见丝绸之路的记载》,《早期丝绸之路文献研究》，北京：商务印书馆，2013年，第213页。

2 Chirstopher Brunner, "Geographical and Administrative Divisions: Settlement and Economy," in Ehsan Yarshater, ed., *The Cambridge History of Iran*, Vol. 3(2), p. 768.

3 C. E. Bosworth, "Nishapur," in *Encyclopaedia Iranica*, online edition, http://www.iranicaonline.org/articles/nishapur-i.

4 Isidore of Charax, *Parthian Stations*, § 11.

5 阿保阿克提塞纳一旦与苏西亚同一纬度，便很可能进入了阿里亚境内，但伊西多尔并未将此地区划入阿里亚。从古昌能够径直向南前往马什哈德或赫拉特，伊西多尔没有道理刻意将道路导向位于北边的尼萨后，再导向南方折返前进，否则便只能认为伊西多尔对地域的认知存在严重错误。

亚历山大从萨德拉卡塔出发，向东进军至阿里亚的苏西亚，[1]这条偏南的道路可从苏西亚前往阿尔塔科纳（Artacoana）和阿里亚的亚历山大里亚。阿里亚的亚历山大里亚何时崛起并成为阿里亚的主要城市，目前尚不清楚，有证据显示阿尔塔科纳至少在公元1世纪仍存在，与阿里亚的亚历山大里亚并非同一城市。[2]不过阿里亚的亚历山大里亚位于今阿富汗赫拉特（Herat）逐渐成为学界共识，这座城市位于广阔富饶的绿洲中心，在伊斯兰时代仍是向东前往阿拉科西亚和向东北前往巴尔赫（Balkh）的道路的自然起点。[3]

马尔吉亚那地区位于阿里亚地区的北方，马尔吉亚那与阿里亚地区的分界线大概是位于哈里河以北的高地。在诸多古典文献中，只有普林尼称亚历山大进入马尔吉亚那地区并建立了一座亚历山大里亚城。[4]不少古典作家将之称为马尔吉亚那的安条克，这一名称显然与塞琉古王朝有关。夏德将汉语资料中的“木鹿”一词比定为马尔吉亚那的安条克，[5]此结论已被学术界广泛接受。

木鹿城何以成为马尔吉亚那地区的交通枢纽以至于名声远播中国？若以现代的地理条件作为参考，从木鹿前往巴克特里亚最方便的途径莫过于沿穆尔加布河（Murghab River）向南，经过巴拉穆尔加布（Bala Murghab）后折向东，先到梅马纳（Maymana），后到巴尔赫，仅仅如此的话，其相对于赫拉特并未具有东西方向上的交通优势。[6]在希腊化时期，木鹿周围的地理条件并非如此，诸如赫定等西方学者

---

1 苏西亚为今伊朗图斯，位于马什哈德之北。详见Arrian, *Anabasis of Alexander*, 3.25.1; Chirstopher Brunner, “Geographical and Administrative Divisions: Settlement and Economy,” in Ehsan Yarshater, ed., *The Cambridge History of Iran*, Vol. 3(2), p. 768.

2 P. M. Fraser, *Cities of Alexander the Great*, Oxford: Clarendon Press, 1996, p. 91.

3 P. M. Fraser, *Cities of Alexander the Great*, p. 112.

4 Pliny, *Natural History*, 6.18.47.

5 F. Hirth, *China and the Roman Orient: Researches into their Ancient and Medieval Relations as Represented in Old Chinese Records*, Leipsic and Munich: Georg Hirth, 1885, pp. 142-143.

6 在不考虑卡拉库姆运河（Karakum Canal）提供水源的情况下，从木鹿径直东行需要穿越卡拉库姆沙漠，相对于沿河和山麓行进的道路要困难许多。

都注意到阿姆河（Amu Darya）曾有一条名为乌兹博伊（Uzboi）的河道。[1]该河道连接了穆尔加布绿洲（木鹿所在区域）和今萨雷卡梅什湖（Sarygamysh Lake），向西注入里海。[2]从木鹿东行，便可依靠阿姆河这条中亚内陆大河直接航行前往巴克特里亚。斯特拉波曾记载印度生产的商品能够通过阿姆河直达里海，[3]位于这条通道途中的木鹿自然大受裨益。

从木鹿向东北方向前进很容易便进入了索格底亚那地区。索格底亚那[4]是希腊人在东方军事扩张的极限区域，位于奥克苏斯河（Oxus River，妫水，乌浒水）[5]和雅克萨提斯河（Iaxartes River，汉语称之为药杀水）[6]之间。[7]公元前329年，亚历山大在越过兴都库什山、占领巴克特里亚后，从巴克特拉出发向索格底亚那进军。[8]他在渡过了奥克苏斯河之后，经过当时索格底亚那的统治中心马拉坎达（Maracanda），来到了雅克萨提斯河边。[9]阿里斯托布鲁斯（Aristobulus）称雅克萨提斯是当地人的称呼，而希腊人称其为塔奈斯河（Tanais River），有学者认为这些名称都受到了伊朗语言的影响。[10]

---

1 ［瑞典］斯文·赫定：《丝绸之路》，江红、李佩娟译，乌鲁木齐：新疆人民出版社，1996年，第213页；Jeffrey D. Lerner, "On the Inland Waterways from Europe to Central Asia," *Ancient West and East*, Vol. 13 (2014), pp. 155-174.

2 Jeffrey D. Lerner, "On the Inland Waterways from Europe to Central Asia," *Ancient West and East*, Vol. 13 (2014), pp. 155-174.

3 Strabo, *Geography*, 11.7.3.

4 索格底亚那这一名称出现的时间非常早，诸多古代亚欧语言中都有"*suγd- / *suγδ"这种类似的语素，古波斯语称之为"Sugda"或"Suguda"，汉语的"粟特"在语音上与之同源，因此国内有学者将索格底亚那直接翻译成粟特，但从历史上看，二者所指范围还是有所不同。参见Pavel Lurje, "Sogdiana," in *Encyclopaedia Iranica*, online edition, http://www.iranicaonline.org/articles/sogdiana-name.

5 今阿姆河（Amu Darya）。

6 今锡尔河（Syr Darya）。

7 Strabo, *Geography*, 11.11.2.

8 Arrian, *Anabasis of Alexander*, 3.29.1.

9 Arrian, *Anabasis of Alexander*, 3.30.7.

10 George Huxley, "Sogdian Tanais in Aristobulus," *The Bulletin of the American Society of Papyrologists*, Vol. 22, No. 1/4 (1985), pp. 117-121.

巴克特拉位于今阿富汗巴尔赫，马拉坎达为今乌兹别克斯坦撒马尔罕（Samarkand），阿姆河成为两地之间的自然障碍。希腊化时期，马拉坎达和巴克特拉之间主要通道的路线一直存在争议，主要原因在于古典作家的记载较为模糊，学者们只能推测当时阿姆河主要渡口的位置。[1]此外，现在没有任何考古证据能够说明索格底亚那地区瑙塔卡（Nautaca）的确切位置。关于这座城的位置，主要说法有两种，即卡尔希（Qarshi）说[2]和沙赫里萨布兹（Shahrisabz）说，[3]因为阿里安称托勒密带着部队从渡河点到达这里共用了11天。这就说明翻越希萨尔山（Hissar Mountain）前往沙赫里萨布兹和经凯里夫（Kelif）绕过希萨尔山脉前往卡尔希的路线，看上去都是重要的古代通道。

根据阿里安的记载，亚历山大曾设想在锡尔河边建造一座亚历山大里亚城，[4]这座城市通常被称为最远的亚历山大里亚（Alexandria Eschate），但这座亚历山大里亚的具体位置在学界引发了长期争论。现在塔吉克斯坦的苦盏城（Khujand）被认为是这座古代城市最有可能的位置，因为它与撒马尔罕之间的距离符合阿里安的描述，并且具有极高的战略价值，控制着从西边进入费尔干纳盆地的通道，不过这一说法至今未能形成定论。[5]铁尔梅兹西北30公里处的阿姆河北岸有一个希腊化时代的城市遗址，它被称为坎培尔·特佩城堡（Citadel of Kampyr Tepe）。由于波斯历史学家哈菲兹·阿布鲁（Hafiz-i Abru）称

---

1 径直向北渡阿姆河的区域大概在基利夫（Kilif）与铁尔梅兹（Termez）之间，贝尔纳德（Bernard）支持这一观点。详见Frantz Grenet and Claude Rapin, “Alexander, Ai Khanum, Termez: Remarks on the Spring Campaign of 328,” *Bulletin of the Asia Institute, New Series, Vol. 12, Alexander's Legacy in the East Studies in Honor of Paul Bernard*, 1998, pp. 79-89.

2 Donald W. Engels, *Alexander the Great and the Logistics of the Macedonian Army*, Berkeley, Los Angeles and London: University of California Press, 1978, p. 102.

3 A. B. Bosworth, *A Historical Commentary on Arrian's History of Alexander*, Vol. 1, New York: Oxford University Press, 1980, p. 372.

4 Arrian, *Anabasis of Alexander*, 4.1.3.

5 Getzel M. Cohen, *The Hellenistic Settlements in the East from Armenia and Mesopotamia to Bactria and India*, Berkeley: University of California Press, 2013, pp. 252-255.

铁尔梅兹附近有一座作为渡口使用的要塞，一度非常繁荣，并且这座要塞由亚历山大建立，有学者据此认为这个要塞就是奥西亚纳的亚历山大里亚（Alexandria Oxeiana），不过更多学者认为这个要塞的原始名称是潘多奇昂（Pandocheion）。[1]要塞考古中发掘出的钱币绝大多数属于希腊—巴克特里亚王国，这个渡口可能在公元前3—前2世纪发挥了重要的作用。[2]

亚历山大对索格底亚那的入侵给撒马尔罕带来了严重破坏，在阿弗拉西亚卜（Afrasiyab）遗址的南面，马其顿部队造成的破坏痕迹仍清晰可见，防御工事被摧毁了几十米，延伸至高地脚下，[3]只是这座城市在公元前3—前2世纪很快复兴并繁荣起来。在泽拉夫善河谷（Zarafshan Valley）中，希腊人建立了新的城镇与要塞。考古工作确认马拉坎达的“希腊化”促进了城市的建设，最直接的证据来源于陶器，其希腊化造型被认为与阿伊·哈努姆相关，在对城墙的发掘过程中也发现了带有希腊字母的墙砖。[4]索格底亚那东面是山脉和高原，西北地形以沙漠为主，撒马尔罕所在的泽拉夫善河流域成为亚欧大陆东方游牧部落西迁的必经之地。根据对阿弗拉西亚卜遗址的考察，其防御设施被破坏的时间不早于公元前1世纪，这种状况应该是康居扩张的结果。大概在定居文明和游牧文明的交流与对抗中，撒马尔罕得以呈现其重要的交通价值，有学者猜测，锡尔河流域游牧民和定居民

---

1 Getzel M. Cohen, *The Hellenistic Settlements in the East from Armenia and Mesopotamia to Bactria and India*, pp. 277-278.

2 铁尔梅兹同样位于阿姆河边，在相隔如此近的距离有两个渡口，很难讲哪一个在东西交通中发挥了更重要的作用。

3 G. V. Shishkina, “Ancient Samarkand: Capital of Soghd,” *Bulletin of the Asia Institute, New Series, Vol. 8, The Archaeology and Art of Central Asia Studies from the Former Soviet Union*, 1994, pp. 81-99.

4 G. V. Shishkina, “Ancient Samarkand: Capital of Soghd,” *Bulletin of the Asia Institute, New Series, Vol. 8, The Archaeology and Art of Central Asia Studies from the Former Soviet Union*, 1994, pp. 81-99.

的交易可能催生了很多大城市。[1]

中国史籍《史记》与《汉书》曾记载了与希腊化时期大致同时期的西域史地状况，有不少学者曾认为其中的“康居”位于索格底亚那。[2]经现代学者的研究，学界普遍认为汉朝时康居本土位于锡尔河以北，索格底亚那处于康居五小王的统治之下，两者不能混同。[3]中国史籍对于具体道路的记载十分模糊，关于张骞如何前往大宛及康居，学界主要有两种说法。一种是从蒙古草原翻越阿尔泰山，沿额尔齐斯河西行，经巴尔喀什湖北岸南下通往费尔干纳盆地，继而前往撒马尔罕；另一种是从居延海向西南斜穿河西走廊，沿天山南麓西行至喀什绿洲，再翻越帕米尔高原到费尔干纳盆地，然后前往撒马尔罕。[4]如果《史记·大宛列传》对张骞西行方向和方位的记载大致合理，那么张骞理应选择后一种路径进入大宛（今费尔干纳盆地），因为张骞从匈奴逃亡后“西走数十日”，描述大宛所在的方位是“在汉正西”，《史记》中没有张骞自述向南前行到达大宛的记载，沿天山翻越帕米尔高原的路线大体上符合西行的描述。

2. *苏西亚那—格德罗西亚的南道*

古典作家对波斯御道的记载表明，在波斯帝国时至少有一条从两河流域进入苏西斯（Susis）的重要道路存在，因为波斯帝国的首都苏萨（今伊朗舒什）就位于这一区域。然而两河流域内部从北向南有不同的线路可供行人选择，学界对前往苏萨的道路走向也有不同的设想。主要的说法有三种：其一，从北向南到达底格里斯河，渡河后向

1 ［匈牙利］雅诺什·哈尔马塔主编：《中亚文明史》第二卷，徐文堪、芮传明译，北京：中国对外翻译出版公司，2002年，第220页。

2 莫任南：《康居古国初探》，《世界历史》1985年第11期，第48—55页。

3 莫任南：《康居古国初探》，《世界历史》1985年第11期，第48—55页；余太山：《大宛和康居综考》，《西北民族研究》1991年第1期，第17—45页。

4 丁笃本：《丝绸之路古道研究》，乌鲁木齐：新疆人民出版社，2010年，第58页。

东进入苏西斯；[1]其二是将御道走向从底格里斯河东岸引向巴比伦至海边，然后在波斯湾边连渡幼发拉底河和底格里斯河进入苏西斯；[2]第三种说法则是根据希罗多德给出的距离去推算，设想御道沿着扎格罗斯山脉西麓通向苏萨。[3]因此，亚历山大向苏萨进军时是否利用了波斯御道始终是学界争议的问题。由于亚历山大灭波斯帝国后，从波西斯切入北道进军，其大军从印度撤退时的行军路线与其在苏西亚那和波西斯的进军路线合起来形成了较为完整的南道路线。

长期以来学界并不知晓波斯的御道是否曾系统铺砌，但从苏萨到波斯波利斯的道路很可能经过建设，因为在这两座城市之间的道路上发现了两段铺石路面，分别是一段7米长的鹅卵石路面和一段5米长带有路缘石的石板路。[4]阿里安笔下的大道很可能指的就是这种经过建设的道路。亚历山大从苏萨向东出发，渡过帕西底格里斯河后便进入了乌克西人（Uxians）的地区。[5]住在高地和住在低地的乌克西人在对待亚历山大的问题上采取了截然不同的态度，低地人主动投降，而高地的乌克西人控制着通往波斯的道路，勒索亚历山大。现代学者们根据古典作家对狭窄路况的描述，将亚历山大攻击的乌克西人城市位置定在了伊朗马拉米尔（Malamir，现伊朗伊泽市），[6]那么自东而来的亚历山大很可能选择了卡伦河边的古城舒什塔尔（Shushtar）渡河。

这条伊朗高原南部的通道在没有更多考古资料之前只能根据地理

---

1 采取这种说法的学者认为，后来塞琉西亚城所在地在波斯帝国时期是御道横渡底格里斯河的渡口。详见邵大路:《塞琉西亚建城考：早期希腊化城市与帝国统治》,《历史研究》2017年第4期，第113—127页。

2 ［德］A-M. 威特基等主编:《古代世界历史地图集》，葛会鹏等译，上海：华东师范大学出版社，2016年，第87页。

3 这种说法部分利用了亚历山大的行军路线。详见David French, "Pre- and Early-Roman Roads of Asia Minor the Persian Royal Road," *Iran*, Vol. 36 (1998), pp. 15-43.

4 Henry P. Colburn, "Connectivity and Communication in the Achaemenid Empire," *Journal of the Economic and Social History of the Orient*, Vol. 56, No. 1 (2013), pp. 29-52.

5 Arrian, *Anabasis of Alexander*, 3.17.1; Quintus Curtius, *History of Alexander*, 5.3.3.

6 D. T. Potts, *The Archaeology of Elam: Formation and Transformation of an Ancient Iranian State*, Cambridge: Cambridge University Press, 1999, p. 350.

条件去推测，而不可能十分精确。[1]亚历山大既没有尝试翻越扎格罗斯山脉，也没有再渡卡伦河，他必然顺山势向东南方前行，在距离波西斯边境不远的地方分兵，让帕曼纽带兵走经过平原的大路（很可能是御道），自己走山间小路。[2]伊朗高原上的平原数量有限，波斯御道极有可能取道拉姆霍尔木兹（Ramhormoz）附近的平原，再经过马伦河（Marun River）下游贝赫贝汉（Behbehan）附近的平原。考古工作者在伊朗法尔斯省（Fars）马马萨尼地区（Mamasani District）的卡莱赫·卡利（Qaleh Kali或Qaleh Qale）发现了一个设施高级的驿站，有学者推测这可能是因为苏萨到波斯波利斯的道路是帝国交通主干线的缘故，[3]则今伊朗国内86号公路贝赫贝汉到设拉子（Shiraz）路段可能与古波斯御道路线有较多重合之处。至于亚历山大本人穿越山区到达波斯门（Persian Gates）[4]的道路则无从考证，[5]只能推测他在出山区后顺着科尔河（Kor River）[6]东岸南下前往波斯波利斯。

波西斯在东面与卡尔马尼亚接壤，然而古代关于卡尔马尼亚的信息极少，事实上自西向东利用南道经过卡尔马尼亚的实例目前尚未发现。亚历山大和安条克三世曾在自印度返回两河流域的过程中经过卡尔马尼亚。根据阿里安的说法，亚历山大在率军从印度撤退时，沿着

---

1 E. Badian, "Alexander in Iran," in Elya Gershevitch, ed., *The Cambridge History of Iran. Vol. 2: The Median and Achaemenian Periods*, Cambridge: Cambridge University Press, 1985, p. 440.

2 Arrian, *Anabasis of Alexander*, 3.18.1-2; Quintus Curtius, *History of Alexander*, 5.3.16.

3 Henry P. Colburn, "Connectivity and Communication in the Achaemenid Empire," *Journal of the Economic and Social History of the Orient*, Vol. 56, No. 1 (2013), pp. 29-52.

4 关于波斯门具体位置的研究成果极少，有说法认为这段通道是现唐伊·梅兰峡谷（Tang-e Meyran valley），从伊朗亚速季（Yasuj）可去赛代（Sedeh）。详见https://www.livius.org/articles/battle/persian-gate-330-bce/.

5 巴迪安认为斯坦因所说的法利延峡谷道路是亚历山大所抄的山道，此观点与马马萨尼地区新近的考古发现难以兼容，笔者不予采纳。详见E. Badian, "Alexander in Iran," in Elya Gershevitch, ed., *The Cambridge History of Iran. Vol. 2: The Median and Achaemenian Periods*, p. 442.

6 亚历山大渡过了阿拉斯河（Araxes River）到达波斯波利斯，这条河流也被称为居鲁士河（Cyrus River），而波斯波利斯遗址附近的小河正好流入科尔河中，则科尔河很可能就是古典作家所说的位于波斯地区的阿拉斯河和居鲁士河。

海岸向波西斯境内的帕萨尔加德进发，[1]则他理应经过了卡尔马尼亚。后来安条克三世东征的返程路线则是卡尔马尼亚可以大规模通行的实证。公元前206—前205年，安条克三世带着150头战象，通过德兰吉亚那到达了卡尔马尼亚，并在此过冬。[2]亚历山大穿越了南方格德罗西亚的沙漠地区才进入卡尔马尼亚，他和安条克三世必然采取了截然不同的行军路线。数量众多的军队在卡尔马尼亚地区成功通行，说明卡尔马尼亚地区能够保证行人的物资和水源补给需求，至少不是东西交通的禁区。由于没有更为详细的资料或者考古发现，难以推测穿越伊朗克尔曼省（Kerman）地区的古代道路走向。

从卡尔马尼亚向东南方向行进，便进入了临近海边的格德罗西亚地区。格德罗西亚位于今伊朗东南部和巴基斯坦的俾路支斯坦，西北邻卡尔马尼亚，东面与印度相连，大致以阿拉比乌斯河（Arabius River）[3]和吉尔特尔山脉（Kirthar Mountain）为界。[4]虽然亚历山大东征返回时走过了格德罗西亚沙漠，并成功返回巴比伦，但是否应将这条道路视为东西交通中一条常用的道路值得怀疑。亚历山大选择走贴近阿拉伯海的海边道路返回前，曾沿着海岸视察了三天，并提前派士兵进入沙漠打井供大军返回使用，[5]说明他并非对返程可能遇到的困难毫无准备，只是他低估了通过格德罗西亚沙漠的难度。沙漠中缺乏补给，士兵们白天要忍受酷热，即使只在夜间行军，也不能保证得到充足的饮用水，更何况亚历山大很可能还指望海军能够为陆地部队提供

---

1 Arrian, *Anabasis of Alexander*, 6.28.7-6.29.1.

2 Polybius, *The Histories*, 11.34.13.

3 这条河流早年曾被比定为今巴基斯坦普拉利河（Purali River），但现在学界倾向于认定这条河流为今巴基斯坦哈布河（Hab River）。详见Ian Worthington, *By the Spear: Philip II, Alexander the Great and the Rise and Fall of the Macedonian Empire*, New York: Oxford University Press, 2014, p. 260; "Arabius," in William Smith, ed., *Dictionary of Greek and Roman Geography*, Vol. I, p. 183.

4 Willem J. Vogelsang, "Gedrosia," in *Encyclopaedia Iranica*, online edition, http://www.iranicaonline.org/articles/gedrosia-.

5 Arrian, *Anabasis of Alexander*, 6.20.4; Strabo, *Geography*, 15.2.3.

补给，[1]因此这样的预备措施并没有阻止部队的大量非战斗减员。普通行人根本没有条件做这样的后勤预备，这条沙漠道路的利用率可想而知。由于班普尔（Bampur）地区有班普尔河，是格德罗西亚沙漠中少见的绿洲地区，阿里安笔下的普拉城（Pura）可能位于这里，[2]这座城市应该是格德罗西亚境内的一个交通枢纽。因此南道的路径大致可以推测为塞琉西亚—泰西封—苏萨—舒什塔尔—马拉米尔，经波斯御道到波斯波利斯—帕萨尔加德—卡尔马尼亚—普拉，继续东行穿越格德罗西亚沙漠后到达印度。

3. 巴克特里亚、德兰吉亚那、阿拉科西亚、帕罗帕米萨代及印度地区的陆路交通

巴克特里亚在阿里亚东北，它的一部分土地延伸至阿里亚北部，[3]核心区域位于今阿富汗西北部兴都库什山和阿姆河之间的平原。[4]巴克特里亚北临索格底亚那，南接帕罗帕米萨代。《史记》中记载的“大夏”位于“妫水南”，由于妫水被认定是阿姆河的古称，“大夏”在地理上大致等同于西方古典作家笔下的巴克特里亚地区。[5]

德兰吉亚那大致以赫尔曼德湖（Helmand Lake）为中心，西邻卡尔马尼亚，北面为阿里亚。帕提亚的米特里达特二世去世后，塞人在今锡斯坦地区建立了独立的斯基泰国家，德兰吉亚那从而改称萨卡斯坦。[6]

---

1 Arrian, *Anabasis of Alexander*, 6.24.4.

2 Arrian, *Anabasis of Alexander*, 6.24.1; Willem J. Vogelsang, “Gedrosia,” in *Encyclopaedia Iranica*, online edition, http://www.iranicaonline.org/articles/gedrosia-.

3 Strabo, *Geography*, 1.11.1.

4 P. Leriche, F. Grenet, “Bactria,” in *Encyclopaedia Iranica*, online edition, http://www.iranicaonline.org/articles/bactria.

5 斯特拉波记载有四个塞人部落从希腊人手中夺取了巴克特里亚，其中一个部落名为Tochari，大夏（dat-hea）可能就是其音译，因此有学者认为大夏即巴克特里亚。详见Strabo, *Geography*, 11.8.2；余太山：《两汉魏晋南北朝正史西域传要注》，北京：中华书局，2005年，第9页。

6 王治来：《中亚通史》（古代卷上），乌鲁木齐：新疆人民出版社，2004年，第97页。

阿拉科西亚的中心位于阿尔甘达布河谷（Argandab Valley），在斯特拉波笔下，阿拉科西亚延伸至印度河，与印度接壤。[1]帕罗帕米萨代位于阿拉科西亚的东北方，帕罗帕米苏斯山脉（Paropamisus Mountains，今兴都库什山）将此地与巴克特里亚分隔开来。帕罗帕米萨代虽然在地理上属于印度，但在希腊化时期，马其顿人视其为伊朗的一部分。

公元前2世纪以后进入印度的希腊人曾经突破了希发西斯河（Hyphasis River，今比亚斯河）的界限，进军恒河流域与华氏城。[2]杨巨平先生指出，此时希腊人实际统治的范围拓展到了整个印度河中游（五河地区）以下到河口三角洲的广大土地，已远超亚历山大的远征范围。[3]因此本节所指的古印度大概包括从哈布河以东至印度河中游的地区。

不论在南北方向上还是东西方向上，地区之间交往的主要路线往往不止一种，这些具体走向繁杂的道路形成了封闭的环状交通网。除了印度之外，根据道路起始点和终点，这些区域可以归纳出三条主要的交通路线。

（1）阿里亚—巴克特里亚的东西向路线

根据阿里安的描述可知，从阿里亚前往巴克特里亚并不需要绕道阿里亚的亚历山大里亚。[4]有学者认为亚历山大曾试图沿着哈里河谷东去，朝巴米扬方向追击贝苏斯（Bessus）。[5]因此在希腊化时期，存

---

1 Strabo, *Geography*, 11.10.1.

2 Strabo, *Geography*, 15.1.27.

3 杨巨平:《希腊化还是印度化——“Yavanas”考》,《历史研究》2011年第6期，第134—155页。

4 亚历山大一开始并没有前往阿尔塔科纳的计划，在阿里亚直接踏上了进军巴克特里亚的道路，只是阿里亚总督萨提巴扎奈斯叛乱才迫使他临时改变路线前往阿尔塔科纳，足见这座城市在亚历山大时代并非不可或缺的交通据点。参见Arrian, *Anabasis of Alexander*, 3.25.5.

5 P. M. Fraser, *Cities of Alexander the Great*, p. 120.

在一条从阿里亚的亚历山大里亚沿哈利河谷东行，经巴米扬进入巴克特里亚的路线。

（2）阿里亚—帕罗帕米萨代的东西向路线

为了平定阿里亚总督萨提巴扎奈斯（Satibarzanes）的叛乱，亚历山大改变了路线，从阿里亚进入了德兰吉亚那。[1]在此之后他经过了阿拉科西亚和帕罗帕米萨代，翻越兴都库什山进入巴克特里亚。[2]在德兰吉亚那有一座著名城市普罗弗塔西亚，斯特拉波认为它是一个重要的交通据点。[3]汉文史籍中的乌弋山离被称为排持，有学者认为排持是普罗弗塔西亚的汉语对译名称，将这座城市与亚历山大里亚联系起来。[4]这座城市可能位于今阿富汗法拉（Falah），但是并没有证据表明这座城市曾被称为亚历山大里亚。[5]

塔恩曾尝试还原出现在帕罗帕米萨代的马其顿行政区，将 6 世纪拜占庭地理学家斯特法努斯（Stephanus of Byzantium）笔下的奥皮亚内（Opiane）及其行政中心亚历山大里亚置于现阿富汗恰里卡尔（Charikar）附近的奥皮亚内村。[6]奥皮亚内在其他古典文献中无法得到证实，现代保持了这一名称的阿富汗村庄就因其位置被视为高加索的亚历山大里亚（Alexandria in Caucasus）。虽然这座城市的具体位置仍有争议，但绝大多数学者如科恩（Cohen）一样，把这座城市的位置定在了帕尔万（Parwan）、恰里卡尔及贝格拉姆附近区域。[7]佛教经

1 Arrian, *Anabasis of Alexander*, 3.25.5-8.

2 Arrian, *Anabasis of Alexander*, 3.28.1-4.

3 Strabo, *Geography*, 15.2.8.

4 余太山：《安息与乌弋山离考》，《敦煌学辑刊》1991年第2期，第82—90页。

5 Getzel M. Cohen, *The Hellenistic Settlements in the East from Armenia and Mesopotamia to Bactria and India*, pp. 284-286.

6 W. W. Tarn, *The Greeks in Bactria and India*, Cambridge: Cambridge University Press, 1951, pp. 96-97.

7 这座城市具体的地点仍不能确定，因此主要有帕尔万说、贝格拉姆说和恰里卡尔说。详见Getzel M. Cohen, *The Hellenistic Settlements in the East from Armenia and Mesopotamia to Bactria and India*, pp. 268-269.

典《那先比丘经》中保存了一个名为“阿荔散”的城市名，学界一般认为这座亚历山大里亚就是亚历山大建立的高加索的亚历山大里亚。[1]在这种情况下，加兹尼（Ghazni）可能就如托勒密笔下描述的加扎卡一样，只是一个小型商业城镇，而非一座亚历山大里亚城。[2]

托勒密记载帕罗帕米萨代有一城镇名为卡罗拉（Karoura或Kaboura），并将奥尔托斯帕纳（Ortospana）置于同一位置。卡罗拉显然是对本地名字的转译，因此这两座城市可能隔喀布尔河相邻，大致都位于今阿富汗喀布尔（Kabul）。[3]

埃拉托斯特尼（Eratosthenes）在描述从里海门通往印度的路径时表示，从普罗弗塔西亚到达帕罗帕米萨代的奥尔托斯帕纳之前要先走过阿拉科西亚的城市，长度为4120斯塔德。[4]这种说法将奥尔托斯帕纳排除在阿拉科西亚人（Arachotoi）的城市之外，与普林尼的观点一致。因此要确定阿拉科西亚首府的位置，必须先接受一个假设，即伊西多尔的亚历山德罗波利斯（Alexandropolis）就是斯特拉波和普林尼笔下的阿拉科西亚人的城市，根据现代考古发掘的情况，学界推测这座城市位于坎大哈（Kandahar）。[5]

在塞人占领了阿拉科西亚和德兰吉亚那以后，萨卡斯坦作为一个地域名称出现。但是萨卡斯坦并未完全包含阿拉科西亚和德兰吉亚

---

1 杨巨平:《希腊化还是印度化——“Yavanas”考》,《历史研究》2011年第6期，第134—155页。

2 Roberta Giunta, “Gazni,” in *Encyclopaedia Iranica*, online edition, http://www.iranicaonline.org/articles/gazni-.

3 Xavier de Planhol, “Kabul,” in *Encyclopaedia Iranica*, online edition, http://www.iranicaonline.org/articles/kabul-ii-historical-geography. 不过弗雷泽认为这座城市位于巴米扬地区，详见Getzel M. Cohen, *The Hellenistic Settlements in the East from Armenia and Mesopotamia to Bactria and India*, p. 266.

4 Strabo, *Geography*, 11.8.9.

5 Getzel M. Cohen, *The Hellenistic Settlements in the East from Armenia and Mesopotamia to Bactria and India*, pp. 255-256.

那旧日的地域，《帕提亚驿程志》中对地域的划分应该是准确的。[1]然而，伊西多尔记载萨卡斯坦中存在亚历山大里亚和亚历山德罗波利斯城，引发了诸多学者的关注。塔恩和肖夫都将其作为衍文处理，表示这是个错误，应该从萨卡斯坦这一节中删去一个或两个城市名。[2]位于坎大哈的亚历山大里亚城不可能既在萨卡斯坦，又在阿拉科西亚，科恩认为无法确定萨卡斯坦的亚历山大里亚位于何处，[3]弗雷泽则根据从赫拉特通往坎大哈的惯常道路，猜测萨卡斯坦的亚历山大里亚也许位于扎兰季（Zaranj）。[4]因此希腊化时期德兰吉亚那境内有两座重要的交通城市，靠北的是普罗弗塔西亚，靠南的是可能位于扎兰季的一座亚历山大里亚城。从这两座城市东行都可以到达阿拉科西亚的亚历山大里亚。

贝格拉姆遗址的考古发现使这座城市声名鹊起。J. 哈金（J. Hackin）在新王城II号发掘区发现了大批非当地文化特征的器物，罗帅从这些器物的特征分析“贝格拉姆宝藏”是商行货站的存货，部分文物可以断定是1世纪时的商品。[5]虽然新王城同样在公元1世纪才建立，[6]但其基础是早已存在的希腊式城市。在建城伊始，城内就有众多来自罗马、中国和印度的货物，显然贝格拉姆早在希腊化时期就已经作为重要的交通和贸易据点而广为人知。

---

1 费耐生（R. N. Fyre）和施密特（R. Schmitt）等学者都认为，根据伊西多尔的描述，萨卡斯坦没有包括阿拉科西亚的所有旧地，主要是取代了德兰吉亚纳这一旧称。参见R. N. Frye, *The History of Ancient Iran*, Munchen: C. H. Beck, 1984, p. 193; R. Schmitt, “Arachosia,” in *Encyclopaedia Iranica*, online edition, http://www.iranicaonline.org/articles/arachosia.

2 Isidore of Charax, *Parthian Stations*, p. 34; W. W. Tarn, *The Greeks in Bactria and India*, p. 471.

3 Getzel M. Cohen, *The Hellenistic Settlements in the East from Armenia and Mesopotamia to Bactria and India*, p. 244.

4 Getzel M. Cohen, *The Hellenistic Settlements in the East from Armenia and Mesopotamia to Bactria and India*, p. 245.

5 罗帅：《阿富汗贝格拉姆宝藏的年代与性质》，《考古》2011年第2期，第68—80页。

6 R. Ghrishman, *Bégram: recherches archéologiques et historiques sur les Kouchans*, Paris: Impr. de l’Institut français d’archéologie orientale, 1946, pp. 99-100.

从阿里亚的亚历山大里亚到高加索的亚历山大里亚的路线可还原如下：先从阿里亚的亚历山大里亚向南前往普罗弗塔西亚，从这里继续向南行至萨卡斯坦的亚历山大里亚，[1]然后转向东行，渡过赫尔曼德河（Helmund River），到达阿拉科西亚的亚历山大里亚。自此顺着塔尔纳克河（Tarnak River）向东北方向行进，经过加扎卡后至奥尔托斯帕纳，再向北到达翻越兴都库什山前的最后一站——高加索的亚历山大里亚。

（3）巴克特里亚—帕罗帕米萨代的南北向路线

巴克特里亚物产丰富，其首府巴克特拉的地理环境优越，处于各种道路的交汇处，但它在东西方向上并非是不可或缺的交通据点，自西向东无论是前往中国还是印度，都不一定需要经过巴克特拉。南北方向上它拥有无与伦比的优势，利用巴尔赫河带来的便利，巴克特拉—巴米扬—喀布尔是翻越兴都库什山最西面的一条路线。如果自西方进入巴克特里亚，这条道路同时是最短且最易于通行的南北方向道路，正是这条通道的存在使巴尔赫河注入的平原崛起了一座大城市。[2]

前文已述，亚历山大因为平叛的缘故绕道前往巴克特里亚，因此他由南向北从帕罗帕米萨代进入巴克特里亚。亚历山大进入巴克特里亚的第一站是德拉普萨卡（Drapsaka），虽然这座城市的位置并没有完全确定，[3]但恩格尔斯指出马其顿军队只能选择卡瓦克山口（Khawak

---

1 由于萨卡斯坦大部分地区是以前的德兰吉亚那，因此这座城市也可能是德兰吉亚那的亚历山大里亚。

2 X. De Planhol, etc., “Balk,” in *Encyclopaedia Iranica*, online edition, http://www.iranicaonline.org/articles/balk-town-and-province.

3 德拉普萨卡的希腊语名称有两种形式，一种为Δάραψα，另一种为Δρέψα。前一种形式的名称被发现保存在今阿富汗一个名为安达拉布（Andarab）的村庄中，但昆都士（Kunduz）仍被视作是古德拉普萨卡城。因此学界在比定亚历山大时代这座城市的位置时，并没形成统一意见，采取两种说法的都有。详见“Drapsaca”, https://referenceworks.brillonline.com/entries/brill-s-new-pauly/drapsaca-e324200; P. Leriche, F. Grenet, “Bactria,” in *Encyclopaedia Iranica*, online edition, http://www.iranicaonline.org/articles/bactria；王治来：《中亚通史》（古代卷上），第65页。

Pass）翻越兴都库什山，因为这条道路海拔相对最低，并且沿途能够保证队伍的补给。[1]随后亚历山大在德拉普萨卡调转方向西行，前往奥尔诺斯，[2]并到达巴克特拉。

斯特拉波认为巴克特拉和奥尔托斯帕纳之间有三条道路，[3]其中一条道路是亚历山大曾走过的卡瓦克山口；另一条道路路径稍显复杂，但海拔较低，冬天使用更为便利，依次需要通过格尔班德山谷（Gorband Valley）、希巴尔山口（Shibar Pass）、巴米扬盆地、阿克—雷巴特关口（Aq-Rebat Pass），最终到达巴克特拉；[4]最后一条道路则是较为出名的萨朗山口通道（Salang Pass）。从喀布尔出发，行人都要先向北走到萨朗河（Salang River）和潘杰希尔河（Panjsir River）流过的平坦地区，然后选择不同的路线北上，因此处于两条河流交汇处与喀布尔之间的贝格拉姆是必经之地。

（4）印度地区的交通路线

公元前327年，亚历山大从巴克特里亚南下进入印度地区，[5]在翻越兴都库什山经过了高加索的亚历山大里亚后，来到了名为尼开亚（Nicaea）的城市。[6]由于缺乏证据证明亚历山大渡过了喀布尔河，[7]亚

---

1 Donald W. Engels, *Alexander the Great and the Logistics of the Macedonian Army*, pp. 94-95.

2 一般认为奥尔诺斯位于今阿富汗塔什库尔干（Tashkurgan），即胡勒姆市，也有观点认为这座城市应该在阿尔腾·戴耶尔高地（Altyn Delyar Tepe），但位于德拉普萨卡西面的结论并没有问题。详见P. Leriche, F. Grenet, “Bactria,” in *Encyclopaedia Iranica*, online edition, http://www.iranicaonline.org/articles/bactria.

3 Strabo, *Geography*, 15.2.8.

4 Xavier de Planhol, “Kabul,” in *Encyclopaedia Iranica*, online edition, http://www.iranicaonline.org/articles/kabul-ii-historical-geography.

5 本节所指的印度地区纯粹为历史上的地理概念，与现代政治地图不同，因此今巴基斯坦国疆域内的道路放入本节讨论。

6 Arrian, *Anabasis of Alexander*, 4.22.6.

7 斯特拉波提到了科芬河（喀布尔河）和乔阿斯佩斯河（库纳河）的汇合处有普莱米利乌姆城（Plemyrium）和戈里斯城（Gorys），然而目前没有任何证据证明这两座城存在。

历山大应该在喀布尔河北岸行军，[1]尼开亚的位置成为一桩谜案。大体上亚历山大率军向东渡过科斯河（Choes River，今阿富汗阿林加尔河），穿过现阿富汗拉格曼地区（Lagman）和库纳尔地区（Kunar），进入巴基斯坦境内的巴焦尔（Bajaur）。[2]这意味着亚历山大侵入了中国文献中所描述的犍陀罗地区。

从巴焦尔继续东行，亚历山大到达了阿里伽亚斯（Arigaeus）城，[3]向东渡过古拉亚斯河（Guraeus River，今巴基斯坦潘吉克拉河），进攻马萨加城（Massaga）。[4]马萨加城的遗址位于巴基斯坦查克达拉（Chakdara）西北方向不远处的齐亚拉特·塔拉什（Ziarat Talash）。[5]斯坦因根据斯瓦特河（Swat River）周围的地理状况分析了亚历山大具体的路径，指出他的进军路线应该是从塔拉什向东沿山脊轻松到达卡特加拉（Katgala），再顺着斯瓦特河支流形成的宽阔峡谷南下至查克达拉，渡过斯瓦特河，进攻位于斯瓦特河东岸的阿萨西尼亚人（Assacenians）。[6]阿萨西尼亚人的城市巴兹拉（Bazira）的位置被比定为今巴基斯坦巴里果德（Barikot）遗址，另一座奥拉城（Ora）则位

1 A. H. 丹尼认为赫菲斯提昂（Hephaestion）和帕狄卡斯（Perdiccas）也没有利用开伯尔山口（Khyber Pass）进军，但伊恩·沃辛顿（Ian Worthington）的观点与此截然相反，他认为两人带领的偏师走过了开伯尔山口。详见［匈牙利］雅诺什·哈尔马塔主编：《中亚文明史》第二卷，徐文堪、芮传明译，第47页；Ian Worthington, *By the Spear: Philip II, Alexander the Great and the Rise and Fall of the Macedonian Empire*, p. 237.

2 阿里安还提到一条名为尤阿斯普拉（Euaspla River）的河流，这条河流很可能就是今库纳尔河（Kunar River）。详见“Euaspla”, in William Smith, ed., *Dictionary of Greek and Roman Geography*, Vol. I, p. 871; C. J. Brunner, “Aspasii,” in *Encyclopaedia Iranica*, online edition, http://www.iranicaonline.org/articles/aspasii-one-of-the-tribal-people-encountered-by-alexander-the-great-in-gandhara-327-26-b.

3 这座城市位于今巴基斯坦巴焦尔地区的纳瓦盖（Nawagai），巴基斯坦名为纳瓦盖的地方较多，极容易弄错其位置。详见［匈牙利］雅诺什·哈尔马塔主编：《中亚文明史》第二卷，徐文堪、芮传明译，第47页。

4 Arrian, *Anabasis of Alexander*, 4.24.6-4.26.1.

5 ［匈牙利］雅诺什·哈尔马塔主编：《中亚文明史》第二卷，徐文堪、芮传明译，第48页。

6 Aurel Stein, *On Alexander's Track to the Indus*, London: Macmillan and Co., 1929, p. 43.

于奥迪格拉姆（Odigram）。[1]在攻克巴兹拉城后，亚历山大率军通过东南方向的卡拉卡尔·巴里果德（Karakar Barikot）关口前往埃博利马城（Embolima），[2]进而攻克奥尔诺斯（Aornus），[3]再渡过印度河到达东南方向的塔克西拉（Taxila）。亚历山大的另一路大军则沿今喀布尔河，通过开伯尔山口进入犍陀罗。

亚历山大指挥的最后一场大规模会战希达斯皮斯河之战（Battle of Hydaspes）发生在亚历山大占领塔克西拉之后，希达斯皮斯河即今巴基斯坦杰卢姆河（Jhelum/Jelum River）已成为定论。[4]A. H. 丹尼指出塔克西拉与希达斯皮斯河之间有两条主要道路，一条穿过两道山梁，经过巴克拉拉（Bakralah）和罗塔斯要塞（Rhotas Fort）到河边；另一条是过盐岭（Salt Range）到贾拉尔普尔·沙里夫（Jalalpur Sharif）附近的道路，亚历山大更可能选择了南道前进。[5]不过博斯沃斯反对此观点，认为亚历山大更可能选择北道，在今巴基斯坦杰卢姆以南渡过希达斯皮斯河。[6]

亚历山大在希达斯皮斯河之战胜利后建立的两座河边城市布凯法拉（Boukephala）和尼卡亚（Nikaia）如今皆已不存，其位置也无

---

1 斯坦因在其书中使用的地名为Ude-Gram，与现地名并不符合，因而不使用旧称。详见Aurel Stein, *On Alexander's Track to the Indus*, pp. 46-61.

2 这座城市与前文提到的巴克特里亚的奥尔诺斯为同名城市，位置尚不能确定。目前主要有两种说法。或认为其位于印度河边的安布（Amb），或是巴基斯坦布内尔区（Buner）的安贝拉（Ambela）。详见［匈牙利］雅诺什·哈尔马塔主编:《中亚文明史》第二卷，徐文堪、芮传明译，第50页。

3 狄奥多罗斯和库尔提乌斯都将奥尔诺斯置于印度河边，如果认为他们对位置的记述准确无误，那么斯坦因比定的位置就是正确的，此地在皮尔萨尔山（Pir Sar）。如果无视古典作家对于奥尔诺斯位置的记载，也有说法认为它的实际位置为艾拉姆·加尔山（Ilam Ghar）。因此斯瓦特河东岸亚历山大具体的路线并不能得到确认。详见［匈牙利］雅诺什·哈尔马塔主编:《中亚文明史》第二卷，徐文堪、芮传明译，第50页。

4 "Hydaspes", in William Smith, ed., *Dictionary of Greek and Roman Geography*, Vol. I, p. 1100;［匈牙利］雅诺什·哈尔马塔主编:《中亚文明史》第二卷，徐文堪、芮传明译，第53页。

5 ［匈牙利］雅诺什·哈尔马塔主编:《中亚文明史》第二卷，徐文堪、芮传明译，第53页。

6 A. B. Bosworth, *A Historical Commentary on Arrian's History of Alexander*, Vol. 2, New York: Oxford University Press, 1980, pp. 267-268.

法确定，只能推测其位于贾拉尔普尔·沙里夫及其附近，不过对于塔恩所谓布凯法拉在东岸、尼卡亚在西岸的观点，有的学者并不信服。[1]自此之后亚历山大开始在五河地区的行军，先渡过阿塞西尼斯河（Acesines River，今印度奇纳布河），在希德拉欧提斯河（Hydraotes River，今印度拉维河）边遇到了卡萨亚人（Cathaeans）的抵抗。[2]卡萨亚人的首府名为桑加拉（Sangala，舍竭），位于今巴基斯坦拉合尔（Lahore）附近。[3]亚历山大夷平了这座城市，向东到达希发西斯河边，因士兵拒绝继续东行，率军撤回了希达斯皮斯河边。

亚历山大没有选择按来时的路线西归，致使马其顿军队的撤退行动成为对印度河流域南部的地理探索行动。他利用印度河流域发达的水系乘船南下，沿途遭遇了印度本土部落并与之战斗。在攻击一座苏德拉卡人（Sudracae）[4]的城市时，亚历山大受了重伤，这座城市可能位于今巴基斯坦木尔坦（Multan）。[5]在阿塞西尼斯河和印度河汇流处是否有一座亚历山大里亚城仍存在疑问，但即使是有，其位置也无法确定。[6]古典史家记述的印度河下游地区信息较为模糊，只能根据地形判断，亚历山大大致在苏库尔（Sukkur）附近穆西卡努斯（Musicanus）交战，在塔塔（Thatta）附近的三角洲顶端攻占了一座

---

1 Getzel M. Cohen, *The Hellenistic Settlements in the East from Armenia and Mesopotamia to Bactria and India*, pp. 309-312.

2 Arrian, *Anabasis of Alexander*, 5.22.1.

3 Alexander Cunningham, *The Ancient Geography of India*, London: Trubner and Co., 1871, p. 13; Ian Worthington, *By the Spear: Philip II, Alexander the Great and the Rise and Fall of the Macedonian Empire*, p. 251.

4 古典作家对于此部落的用词不尽相同，但可视为同一部落。阿里安笔下为“Oxydracae”，斯特拉波和狄奥多罗斯是“Sydracae”。详见Quintus Curtius, *History of Alexander*, 9.4.15; Arrian, *Anabasis of Alexander*, 6.4.3; Diodorus Siculus, *The Library of History*, 17.98.1.

5 ［匈牙利］雅诺什·哈尔马塔主编：《中亚文明史》第二卷，徐文堪、芮传明译，第56页。

6 可能的地点是今巴基斯坦乌杰·沙里夫（Uch Sharif）。详见Getzel M. Cohen, *The Hellenistic Settlements in the East from Armenia and Mesopotamia to Bactria and India*, pp. 291-292.

名为辛迪马那（Sindimana）的城市。[1]帕塔拉（Patala）这座印度洋边的城市同样无迹可寻，只能推测这座城市可能在今巴基斯坦海德拉巴德（Hyderabad）。[2]克拉特鲁斯等人从内地撤退，路线可能是阿罗尔（Arror）—伯朗山口（Bolan Pass）—坎大哈。[3]亚历山大沿海边撤退到阿拉比乌斯河后，来到一个名为拉姆巴西亚（Rambacia）的欧瑞坦人（Oreitans）村庄，阿里安称亚历山大下令在这里建造一座亚历山大里亚城，[4]狄奥多罗斯却说亚历山大在海边建城。[5]尽管很多学者根据文献试图推断这座城市的位置，但古典作家们自相矛盾，科恩认为连可能性的设想都无法提出。[6]亚历山大对印度的探索在渡过阿拉比乌斯河后宣告结束。

亚历山大的远征只是提供了北印度区域中的部分道路信息，有证据显示，早在亚历山大到来之前北印度已经出现了可靠的道路系统：公元前5世纪一位名为帕尼尼（Panini）的印度语法学家曾在《八章》（*Astadhyayi*）中用到“Uttarapathenahrtam”一词，其意为从北道带来。[7]

学者们已注意到，孔雀帝国（Mauryan Empire）的阿育王在第二份重要敕令（rock edict）中发布了在长途道路为行人和动物开井种树的命令。[8]斯特拉波引用麦伽斯梯尼的报告，极为简略地提及了孔雀

1 ［匈牙利］雅诺什·哈尔马塔主编:《中亚文明史》第二卷，徐文堪、芮传明译，第56页。

2 也有人推测其位于内陆更深的位置，在今巴基斯坦海德拉巴德东北75公里处的巴赫曼阿巴德（Bahmanabad）。详见Ian Worthington, *By the Spear: Philip II, Alexander the Great and the Rise and Fall of the Macedonian Empire*, p. 259; https://www.livius.org/articles/person/nearchus/.

3 ［匈牙利］雅诺什·哈尔马塔主编:《中亚文明史》第二卷，徐文堪、芮传明译，第57页。

4 Arrian, *Anabasis of Alexander*, 6.21.5.

5 Diodorus Siculus, *The Library of History*, 17.104.8.

6 Getzel M. Cohen, *The Hellenistic Settlements in the East from Armenia and Mesopotamia to Bactria and India*, pp. 297-299.

7 Jason Neelis, *Early Buddhist Transmission and Trade Networks*, Leiden and Boston: E. J. Brill, 2011, p. 187.

8 Jason Neelis, *Early Buddhist Transmission and Trade Networks*, p. 188.

帝国御道的相关信息。[1]孔雀帝国治下的犍陀罗得到了长足发展，塔克西拉一直是此地区举足轻重的大城市。巴克特里亚的希腊人建立了位于塔克西拉的斯尔卡普城（Sirkap），这座城市被后来占领此城的印度—希腊人王国和印度—帕提亚王国沿用，[2]甚至可能作过希腊—印度人国王阿伽托克勒斯（Agathocles）的都城。[3]英国考古学家马歇尔（Marshall）根据他在塔克西拉挖掘所见，认为菲罗斯特拉图斯对塔克西拉城市的描述符合考古遗址所呈现的情况。[4]根据前文所述，这恐怕是菲罗斯特拉图斯将其获得的塔克西拉信息归功于阿波罗尼乌斯。在塔克西拉的皮尔丘遗址，马歇尔发现了一个孔雀帝国时期的钱币窖藏。其中有两枚亚历山大发行的钱币，还有一枚腓力三世（Philip Aridaeus）的钱币。[5]这足以说明即使塔克西拉处于非希腊人统治的情况下，其与希腊化世界的交流并未停止。

在《自然史》中，普林尼对印度道路的记述在亚历山大远征路线的基础上，补充了塞琉古一世等后来人得到的交通信息：皮乌克拉提斯（Peucolatis，今巴基斯坦加尔色达）—塔克西拉—希达斯皮斯河—希发西斯河—赛德拉姆河（Sydrum River，今苏特莱杰河）—亚穆纳河（Yamuna或Jumna，朱木那河）—恒河（Ganges）—罗达法

---

1 斯特拉波提到自印度的西部疆界印度河流域至帕利波特拉（Palibothra）有一条长10000斯塔德的御道，御道每隔10斯塔德会立里程碑。帕利波特拉即孔雀帝国的首都华氏城。详见Strabo, *Geography*, 15.1.11, 50; Simon Hornblower and Antony Spawforth, eds., *The Oxford Classical Dictionary*, forth edition, Oxford: Oxford University Press, 2012, p. 1069.

2 John Marshall, *Taxila: An Illustrated Account of Archaeological Excavations, Carried out at Taxila under the Orders of the Government of India between the Years 1913 and 1934*, Vol. I, Cambridge: Cambridge University Press, 1951, pp. 112-114.

3 杨巨平:《希腊化还是印度化——“Yavanas”考》,《历史研究》2011年第6期，第134—155页。

4 John Marshall, *A Guide to Taxila*, Calcutta: Superintendent Government, 1918, pp. 68-70.

5 John Marshall, *Taxila: An Illustrated Account of Archaeological Excavations, Carried out at Taxila under the Orders of the Government of India between the Years 1913 and 1934*, Vol. I, pp. 105-106.

（Rhodapha）[1]—卡利尼帕扎（Callinipaza，可能位于今印度卡瑙季）—恒河与亚穆纳河（朱木那河）的交汇处—帕里波特拉（Palibothra，今印度帕特纳）—恒河河口。[2]希腊化时期北印度地区的交通网络无疑已经将恒河流域纳入其中。

第三节　海路交通

地中海世界大多数希腊城邦都在沿海地带，相互之间交通贸易都依赖于水路完成。[3]水路节省人力和物力，并且远比陆路便捷，对长途贸易来说，更是只要有海路，就会优先通过海路出行。[4]对于远在地中海地区的希腊和罗马人来说，东方地区提供的香料、宝石等贵重物品是极为重要的财富，波斯湾地区和红海地区开辟了很多港口以进行海路贸易。海路贸易受到诸多因素的限制，如季风、天气，在经纬度尚不能精确测定并被水手所掌握的时候，迷路也是极为正常之事。虽然文献和考古资料都证明希腊化时期海上贸易非常繁荣，但水路交通的稳定性始终低于陆地交通。

一、埃及—东非航路及港口

公元前275年，在原波斯帝国运河的基础上，托勒密二世再度开

1　虽然普林尼给出了距离，但位置仍然未知。

2　Pliny, *Natural History*, 6.21.61-64.

3　［英］莱斯莉·阿德金斯、罗伊·阿德金斯：《古代希腊社会生活》，张强译，北京：商务印书馆，2016年，第235页。

4　约翰内斯·G. 德·卡斯帕里斯等：《应用性科学技术》，［德］J. 赫尔曼、许理和主编《人类文明史3：公元前7世纪至公元7世纪》，中文版编译委员会译，第24页。

通了能够从尼罗河直达红海的运河。[1]苏伊士湾顶部有许多托勒密王国建立的城市，这些城市或在托勒密二世开通的运河附近，或处于运河边上。[2]依靠运河带来的直航大海优势，在希腊化时期这里理应存在非常繁荣的港口城市。[3]从考古发掘情况看，克里斯马（Klysma，今苏伊士附近）很可能是一个重要的托勒密港口，因为此地出土了托勒密二世、阿尔西诺和克列奥帕特拉七世的铜币，还有带着罗德岛戳记的双耳瓶。[4]令人匪夷所思的是，只有罗马帝国时期及其之后的历史文献才提到了这座城市。在这些记载出现之前，斯特拉波只提到靠近苏伊士湾的阿尔西诺城（Arsinoe）和克列奥帕特里斯城（Kleopatris），但是他对这两座城市位置的记载存在明显分歧，[5]因此阿尔西诺、克列奥帕特里斯和克里斯马之间的关系至今无从定论。

普林尼描述了三条通往阿尔西诺的道路，其中两条需要经过佩卢西乌姆并穿越沙漠，另有一条起点为盖鲁姆（Gerrum），[6]然而同样在公元1世纪成书的《厄立特里亚航海记》却没有提到任何苏伊士湾的港口。笔者以为大小苦湖的存在可能导致古代作家对红海的范围产生不同的认知，实际上阿尔西诺并不位于苏伊士湾海岸，而在大苦湖北岸附近。因此在托勒密王国统治时期至罗马帝国初期，阿尔西诺在交通贸易方面更有优势，但2世纪以后克里斯马完全取代了阿尔西诺的作用。威廉·史密斯认为北风和海岸边的浅滩礁石阻碍了船只进入阿尔西诺，致使它在远洋贸易中的竞争力不如密奥斯·荷耳摩斯和贝莱

---

1 Strabo, *Geography*, 17.1.25.

2 Strabo, *Geography*, 17.1.25-26.

3 皮索姆石碑（the Pithom Stele）有关运河提供税收的记录可能指的是这条运河。参见Katja Mueller, *Settlements of the Ptolemais: City Foundations and New Settlement in the Hellenistic World*, Appendix II: A translation of the Pithom Stela, Leuven: Peeters Press, 2006, p. 197.

4 Getzel M. Cohen, *The Hellenistic Settlements in Syria, the Red Sea Basin, and North Africa*, Berkeley: University of California Press, 2006, p. 327.

5 G. M. Cohen, *The Hellenistic Settlements in Syria, the Red Sea Basin, and North Africa*, p. 308.

6 第三条道路笔者尚无从判断其路径，待考。参见Pliny, *Natural History*, 6.33.167.

尼凯（位于今埃及拉斯·巴纳斯附近）。[1]但斯特拉波特别强调运河的深度足够大船航行，[2]无论是运河还是通往阿尔西诺的道路在希腊化时期应发挥了重要作用。[3]

托勒密王国积极沿尼罗河向南拓展土地，营建红海边的新港口有两大目的，其一是保持与塞琉古王国的军事力量平衡，获得更多的非洲象；其二是摆脱阿拉伯人的干扰，争取实现埃及与印度的直接贸易。由于塞琉古王国竭力阻止托勒密王国从印度获得战象，沃尔班克（F. W. Walbank）认为托勒密王国获取非洲象的动机可能大于从海路贸易获利。[4]因此在红海沿岸托勒密王国诸港口中，最靠北的并非密奥斯·荷耳摩斯港，而是托勒密二世时期（公元前270年）捕象队首领萨提洛斯（Satyros）建立的用以捕捉大象的菲罗泰拉（Philotera）。尽管没有确凿证据能证明菲罗泰拉的位置，但大多数学者倾向于将这座城市的位置定在埃及梅尔萨·加瓦西斯港（Mersa Gawasis）。[5]普林尼称菲罗泰拉是个小城镇，[6]考虑到托勒密王国兴建这座城市的

---

1 "Arsinoe", in William Smith, ed., *Dictionary of Greek and Roman Geography*, Vol. I, p. 225.

2 Strabo, *Geography*, 17.1.26.

3 学界对这条运河以及苏伊士湾尽头港口的作用认识不一。仍有相当数量的学者认同威廉·史密斯的判断，认为商人们不愿顶着北风前往苏伊士湾，而更多地选择在密奥斯·荷耳摩斯上岸，这条运河不是为了方便贸易而凿通的。同样有学者认为，因为密奥斯·荷耳摩斯和贝莱尼凯的存在，阿尔西诺也是非常重要的红海贸易港口。既然有明确考古证据表明克里斯马与罗德岛存在联系，地中海世界的各类船只自然能够自亚历山大里亚和运河经阿尔西诺和克里斯马进入红海南下，此时北风也不再成为航行的阻碍。或许在2世纪之前，将苏伊士湾港口城市称为地中海贸易城市，而不是红海贸易港口，更符合它们的实际作用。参见Gary K. Young, *Rome's Eastern Trade: International Commerce and Imperial Policy, 31 BC-AD 305*, pp. 75-79; Colin Adams, *Land Transport in Roman Egypt: A Study of Economics and Administration in a Roman Province*, Oxford: Oxford University Press, 2007, pp. 34-35; Dario Nappo, "On the Location of Leuce Kome," *Journal of Roman Archaeology*, Vol. 23 (2010), p. 345; Simon Hornblower and Antony Spawforth, eds., "Arsinoe", in *The Oxford Classical Dictionary*, forth edition, p. 171.

4 ［英］弗兰克·威廉·沃尔班克：《希腊化世界》，陈恒、茹倩译，上海：上海人民出版社，2009年，第193页。

5 G. M. Cohen, *The Hellenistic Settlements in Syria, the Red Sea Basin, and North Africa*, pp. 340-341.

6 Pliny, *Natural History*, 6.33.168.

目的，菲罗泰拉可能是一座军事化城市，因此在红海商路中声名不显。

公元前247年，托勒密王国建立了密奥斯·荷耳摩斯港，[1]它是《厄立特里亚航海记》提到的第一个港口。[2]这座城市有浓厚的商业气息，港口附近有较大的建筑充作贸易公司的库房，郊区专门开辟了商队的驼站。[3]斯特拉波称在他生活的时代，一年内至少有120条船从密奥斯·荷耳摩斯前往印度，[4]但在托勒密王国时，很少有船只敢冒险直接去印度做生意，每年最多只有20艘商船。[5]托勒密王国派出的商船数量何以与罗马相差如此之多？罗马尝试征服阿拉伯的军事行动失利，阿拉伯人控制的半岛港口依然在阿拉伯人手中，罗马人的贸易理应同样受到阿拉伯人和帕提亚人的干扰。商船数量上呈现的巨大反差应该是托勒密王国内部动荡不安的局面和两国消费市场规模不一导致的，罗马帝国庞大的消费市场能够使它在制定对外贸易政策时处于优势地位，希木叶尔人（Homerites）正是惧怕罗马对其提高关税而停止了对罗马商船的阻拦。[6]密奥斯·荷耳摩斯位于今埃及库赛尔市（El-Quseir），[7]整个希腊化时期它都是托勒密王国重要的贸易港口。

---

1 沈福伟:《丝绸之路：中国与非洲文化交流研究》，乌鲁木齐：新疆人民出版社，2010年，第31页。

2 肖夫将其译为“Mussel Harbor”，但同样指的是密奥斯·荷耳摩斯。

3 Raoul Mclaughlin, *Rome and the Distant East*, Auckland: MPG Books Group Ltd., 2010, p. 32.

4 斯特拉波并没有说每年至少有120艘商船出发前往印度，他记下的是加鲁斯（Aelius Gallus）成为埃及长官之后他所了解的数字。加鲁斯在埃及的任期总共两年（公元前26—前24年），斯特拉波行文时表示，不久之前加鲁斯带领罗马军队侵入了阿拉伯半岛（公元前25年），他陪同加鲁斯沿着尼罗河行进的时间应该是公元前25年加鲁斯出征之前。也就是说，斯特拉波的意思是在公元前26—前25年这一年内至少有120艘商船从密奥斯·荷耳摩斯去了印度，因此笔者认为每年至少120艘商船出发去印度是对斯特拉波原意的误解。详见Strabo, *Geography*, 2.5.12.

5 Strabo, *Geography*, 17.1.13.

6［英］赫德逊:《欧洲与中国》，王遵仲、李申、张毅译，北京：中华书局，1995年，第46—47页。

7 Lionel Casson, *The Periplus Maris Erythraei: Text with Introduction, Translation and Commentary*, New Jersey: Princeton University Press, 1989, p. 96.

贝莱尼凯是埃及沿岸地区另一座重要的港口。这座城市距离北面的密奥斯·荷耳摩斯有230海里，沿海地区登陆条件优越，与荷耳摩斯港交流极为便利。可能是因为货船在此汇聚的缘故，港口建有防备海盗的要塞。[1]贝莱尼凯到科普托斯有十一二天的路程，而从密奥斯·荷耳摩斯到科普托斯的时间是六七天，[2]相较于密奥斯·荷耳摩斯，贝莱尼凯在陆路的竞争上居于下风。但是红海盛行强力北风，不利于风帆船北行，前往密奥斯·荷耳摩斯可能往往得依靠桨帆船，对商船主来说，贝莱尼凯又是更好的停泊选择。乘船继续南下到达的港口名为阿杜里斯（Adulis），[3]这座城市属于阿克苏姆人（Aksumites）。阿杜里斯位于今厄立特里亚马萨瓦（Massawa）东南50公里处，是阿克苏姆用以对外贸易的港口，特别是用来出口象牙。[4]意大利人对阿杜里斯的考古发掘显示这座城市可能并非由阿克苏姆人建立，阿克苏姆人只是在1世纪占领了这座城市。[5]6世纪时，科斯马斯·因迪科普莱斯特在这里发现了托勒密三世（Ptolemy III，公元前246—前221年在位）的铭文，其主要内容是纪念托勒密二世父子在此地对大象的围捕行动。与捕象有关的铭文似乎表明这座港口在希腊化时期是用来捕象的据点，或是将大象运回埃及的港口，[6]在阿克苏姆人占领此地之前阿杜里斯可能在与印度的贸易里尚未具有重要价值。

---

1 Richard Stillwell, etc., eds., *The Princeton Encyclopedia of Classical Sites*, “Berenice or Pernicide Portum (Madinet el-Haras) Egypt”, Princeton: Princeton University Press, 1976.

2 Lionel Casson, *The Periplus Maris Erythraei: Text with Introduction, Translation and Commentary*, p. 13.

3 *The Periplus of the Erythraean Sea*, Chap. 4.

4 G. Mokhtar, ed., *General History of Africa II: Ancient Civilizations of Africa*, Paris: United Nations Educational, Scientific and Cultural Organization, 1981, p. 363.

5 普林尼虽然也记载了这座城市，但是他对这座城市起源的描述并不为学界接受。详见Eivind Heldaas Seland, *Ports and Political Power in the Periplus: Complex Societies and Maritime Trade on the Indian Ocean in the First Century AD*, Oxford: BAR International Series, 2002, 2010, pp. 35-36.

6 Eivind Heldaas Seland, *Ports and Political Power in the Periplus: Complex Societies and Maritime Trade on the Indian Ocean in the First Century AD*, p. 35.

托勒迈斯·特隆的位置在学界尚存在争议，支持者较多的一种说法是它位于今苏丹阿吉格（Agig）。[1]公元前270—前264年间，托勒密二世派遣攸美德斯（Eumedes）南下专门建设了这座用于捕猎大象的城市。[2]由于古典作家称大象御手为“Indos”，[3]显然训练大象的工作在很大程度上需要依赖印度人，他们在当时只能通过海路到达埃及。[4]不过，卡森（Casson）认为这座城市在公元1世纪的贸易规模萎缩到只剩下乌龟壳和象牙贸易，大概是托勒密王国早期海上贸易的缩影。[5]事实上斯特拉波记录了若干托勒密王国的捕象猎场，但只有能发展为贸易城市的猎场没有被废弃。普林尼指出在印度以外的地区很难获得象牙，[6]说明在古典作家认知的红海沿岸地区内部，大象资源几乎被托勒密王国耗尽，只能从印度进口，因此《厄立特里亚航海记》中的情况表明，至少在1世纪托勒迈斯·特隆仍然是参与远洋贸易的重要港口。

穿越曼德海峡（Bab al-Mandab Strait）之前会经过哈瓦基尔湾（Hawakil Bay），[7]随后就是在岸边一字排开的柏柏尔（Berber）港口，这些城镇分别为阿瓦利特斯（Avalites）、马劳（Malao）、芒杜（Mundu）、莫西隆（Mosyllon）和奥波内（Opone）。[8]托勒密认为阿

---

1 Simon Hornblower and Antony Spawforth, eds., “Ptolemais Theron”, in *The Oxford Classical Dictionary*, forth edition, p. 1234; G. M. Cohen, *The Hellenistic Settlements in Syria, the Red Sea Basin, and North Africa*, p. 342.

2 Lionel Casson, “Ptolemy II and the Hunting of African Elephants,” *Transactions of the American Philological Association (1974-2014)*, Vol. 123 (1993), p. 248.

3 Polybius, *The Histories*, 1.40.15.

4 Lionel Casson, “Ptolemy II and the Hunting of African Elephants,” *Transactions of the American Philological Association (1974-2014)*, Vol. 123 (1993), p. 251.

5 Lionel Casson, *The Periplus Maris Erythraei: Text with Introduction, Translation and Commentary*, p. 101.

6 Pliny, *Natural History*, 8.4.7.

7 *The Periplus of the Erythraean Sea*, Chap. 5.

8 Lionel Casson, *The Periplus Maris Erythraei: Text with Introduction, Translation and Commentary*, p. 115.

瓦利特斯在曼德海峡之外，《厄立特里亚航海记》明确表示这座城市在曼德海峡内，学界一般认为这座城市即今索马里塞拉城（Zeila），因为它距阿杜里斯3700斯塔德，距离马劳1000斯塔德，与文献上记载的距离最为符合。[1]马劳就是今索马里柏培拉（Berbera），这座城市的位置之所以基本形成定论，原因在于《厄立特里亚航海记》的作者称有一个从东面延伸出来的岬角为开阔的船只锚地提供了掩护，而亚丁湾非洲一侧海岸只有柏培拉能匹配这一描述。[2]芒杜是今索马里海斯（Heis），而目前仍无法找出莫西隆的准确位置。[3]奥波内位于今索马里哈丰（Hafun）。从阿尔西诺顺着红海海岸线南下，沿途停靠非洲一侧港口，穿过曼德海峡东行，越过瓜达富伊角（Cape Guardafui）后到达奥波内，便是红海与非洲的主要航线，最远能够到达拉普塔（Rhapta）。[4]这条非洲航线似乎在希腊化时期已经开辟，虽然《厄立特里亚航海记》中记载的部分城市在希腊化时期可能尚未出现，沿途仍有能够追溯到希腊化时期的考古证据。圭林（Guillain）推测《厄立特里亚航海记》提到的大型船只停泊点塔巴（Tabae）位于哈丰半岛北侧，临乔里·霍尔迪奥湾（the Bay of Chori Hordio），在当地考古发现的陶器能够追溯到公元前3—前2世纪。[5]哈丰一些材料的C-14测定结果显示，其出现时间在公元前3—前2世纪之间，虽然放射性检

1 也有持不同意见的学者将阿瓦利特斯置于塔朱拉湾（Gulf of Tadjoura）之北，认为其位置接近塔朱拉（Tadjoura）或奥波克（Obock）。基尔万（Kirwan）认为单从《厄立特里亚航海记》的描述分析，这座城市应位于今厄立特里亚阿萨布（Assab）。详见Lionel Casson, *The Periplus Maris Erythraei: Text with Introduction, Translation and Commentary*, pp. 116-117.

2 Lionel Casson, *The Periplus Maris Erythraei: Text with Introduction, Translation and Commentary*, p. 120.

3 莫西隆可能位于今索马里埃拉尤（El Ayo）或是甘达拉（Gandala）。详见Lionel Casson, *The Periplus Maris Erythraei: Text with Introduction, Translation and Commentary*, pp. 126-127.

4 今坦桑尼亚达雷斯萨拉姆（Dar es Salaam）。

5 Lionel Casson, *The Periplus Maris Erythraei: Text with Introduction, Translation and Commentary*, p. 130.

测的结果是否有效仍有争议。[1]

二、埃及—印度的航路及港口

季风规律的发现和掌握对红海地区直达印度的航线有至关重要的影响，两河流域早期文明留下的部分航海记录证明人们早已在航海活动中有意识地利用季风，但直到公元前后印度洋季风规律可能才被完全掌握。[2]斯特拉波记载托勒密八世（Ptolemy VIII Physcon）时，基齐库斯的欧多克斯（Eudoxus of Cizycus）曾在印度与埃及之间乘船往返，[3]这是希腊化时期托勒密王国直航印度的最早文字证据。《厄立特里亚航海记》将横渡印度洋航线的开辟之功归于希帕卢斯（Hippalus），[4]而希帕卢斯是否参与了欧多克斯的航行至今未有定论，很难断定红海周边地区与印度之间的直接贸易往来究竟始于何时。不过欧多克斯航行的时间被认为不会晚于公元前116年，[5]公元前2世纪末及其后时间可能是红海地区港口与印度港口进行直接往来的盛期，在此之前不可避免地需要依靠阿拉伯人或帕提亚人的港口才能前往印度。

1. 埃及—阿拉伯半岛南部地区

《厄立特里亚航海记》中前往阿拉伯半岛航线的起点仍为密奥斯·荷耳摩斯，卡森认为船只需要经过苏伊士湾口（the Mouth of the Gulf of Suez）和亚喀巴湾口，先到达北面的艾努纳（Aynunah），才能与作者描述的路径相吻合，因此他支持莱夫斯科姆位于艾努纳的观

1 Lionel Casson, *The Periplus Maris Erythraei: Text with Introduction, Translation and Commentary*, p. 132.

2 因为希帕卢斯航行的准确时间目前仍不清楚。详见王坤霞、杨巨平:《流动的世界:〈厄立特里亚航海记〉中的海上贸易》,《西域研究》2017年第1期，第37—48页。

3 Strabo, *Geography*, 2.3.4.

4 *The Periplus of the Erythraean Sea*, Chap. 57.

5 Kostas Buraselis, etc., eds., *The Ptolemies, the Sea and the Nile: Studies in Waterborne Power*, Cambridge: Cambridge University Press, 2013, p. 199.

点。[1]按照他的说法，从密奥斯·荷耳摩斯出发的船必须北行才可以到达此地，但是如果船只可以轻易顶着红海地区的北风逆行，则很难解释贝莱尼凯的崛起和阿尔西诺（Arsinoe）的衰退。从商船拥有的技术水平这一角度进行分析，逆风而行对风帆船来说并非是做不到的事，但商船从不逆风行驶。[2]《厄立特里亚航海记》的作者只说东行，乘船逆风往东北方向到达阿拉伯半岛的观点不符合实际的船只利用情况，肖夫等学者将莱夫斯科姆港口的位置定于密奥斯·荷耳摩斯东方或东南方是有道理的。莱夫斯科姆是一座纳巴泰人城市，[3]与纳巴泰人内陆的商业中心城市佩特拉有道路相连。

阿拉伯半岛一侧的红海海岸地理条件比埃及一侧要差，浪大且礁石多，船只一般选择在红海中间南行，直到停靠在卡塔塞考梅内岛（Katacekaomene Island）。[4]这个岛屿被比定为贾巴尔·阿尔泰尔岛（Jabal Al-Tair Island），因为岛上有一座活火山，与卡塔塞考梅内的拉丁语意义相符。[5]从这座岛继续往南便到达了穆扎（Muza，今也门摩卡市），这座城市是贝莱尼凯南行航线的必经之地，[6]与印度港口巴里加扎（Barygaza）有直接贸易，被认为是阿拉伯半岛南部唯一的没药出口港。[7]卡森认为“Emporion nomimon”意为法定的贸

---

1 卡森给出的经纬度坐标并不准确，北纬28°2′东经35°12′是一片大海，如果不是水域下有古城遗址，便是他实际上意指附近的胡赖拜（Al-Khuraybah）地区。详见Lionel Casson, *The Periplus Maris Erythraei: Text with Introduction, Translation and Commentary*, p. 143.

2 ［英］查尔斯·辛格等主编:《技术史》第二卷《地中海文明与中世纪》，潜伟主译，上海：上海科技教育出版社，2004年，第409页。

3 有学者称托勒密王国在莱夫斯科姆设有造船厂，但托勒密王国应该从未控制过位于阿拉伯半岛上的城市，此说成疑。详见J. Innes Miller, *The Spice Trade of the Roman Empire: 29 B.C. to A.D. 641*, Clarendon: Oxford University Press, 1969, p. 258.

4 *The Periplus of the Erythraean Sea*, Chap. 20.

5 Lionel Casson, *The Periplus Maris Erythraci: Text with Introduction, Translation and Commentary*, p. 147.

6 *The Periplus of the Erythraean Sea*, Chap. 21.

7 Eivind Heldaas Seland, *Ports and Political Power in the Periplus: Complex Societies and Maritime Trade on the Indian Ocean in the First Century AD*, p. 24.

易港口，因而解释当地统治者垄断了港口贸易，但这种解读并未得到学界的广泛承认。[1]在佚名作者写作《厄立特里亚航海记》时，示巴人（Sabaites）和希木叶尔人正处于同一王查理贝尔（Charibael）的统治之下，[2]从穆扎东去绍埃（Saue），[3]再向北经过玛法里提斯（Mapharitis）、[4]萨法尔（Saphar），[5]便与斯特拉波提到的示巴王国首都马尔西亚巴连接起来。

从穆扎南下的下一站是曼德海峡附近的奥克里斯（Okelis）。这座城市并非因贸易繁荣而著称，而是一个重要的船只停靠点，很可能发挥了补给站的作用，在地理学家托勒密生活的时代，它才成为一个商业港口。[6]奥克里斯同时是从埃及直航印度过程中被记录的第一个船只停泊地，因为此地的地理位置便于船只等待利于向东航行进入亚丁湾的风向。[7]一般认为奥克里斯位于称之为谢赫·萨义德（Shaykh Said）或是卡沃尔·古拉伊拉（Khawr Ghurayrah）的环礁湖旁。[8]

进入亚丁湾后，转向东方到达的第一个港口是尤戴蒙·阿拉比亚（Eudaimon Arabia）。港口名字的含义其实就是阿拉伯福地，即阿拉伯福地（ευδαιμονοζ Αραβιαζ）的拉丁化形式。《厄立特里亚航海记》

---

1 有很多证据显示在穆扎的市场里存在各种不同的买家，而且确实与受到国王控制的港口如莫斯卡·利门（Moscha Limen）和巴巴里孔（Barbarikon）有不同的描述，用相同词汇描述的穆扎、阿杜里斯和阿波罗戈斯（Apologos）应都不存在所谓的王室贸易垄断。详见Eivind Heldaas Seland, *Ports and Political Power in the Periplus: Complex Societies and Maritime Trade on the Indian Ocean in the First Century AD*, pp. 23-24.

2 *The Periplus of the Erythraean Sea*, Chap. 23.

3 位置无法确定，可能位于也门库韦拉（Kuwayrah）村庄附近。详见Lionel Casson, *The Periplus Maris Erythraei: Text with Introduction, Translation and Commentary*, p. 148.

4 位于也门高原城市塔伊兹（Taizz）附近。

5 位于也门亚里姆（Yarim）东南10公里处，今也门萨法尔（Zafar或Dhafar）遗址。

6 Lionel Casson, *The Periplus Maris Erythraei: Text with Introduction, Translation and Commentary*, p. 158.

7 Eivind Heldaas Seland, *Ports and Political Power in the Periplus: Complex Societies and Maritime Trade on the Indian Ocean in the First Century AD*, p. 19.

8 Lionel Casson, *The Periplus Maris Erythraei: Text with Introduction, Translation and Commentary*, p. 158.

的作者称在埃及与印度直航路线开辟之前，尤戴蒙·阿拉比亚是两地之间重要的中间贸易港。[1]然而在印度东海岸阿里卡梅杜遗址（site of Arikamedu）发现的地中海风格轮盘型器具（rouletted ware）将埃及与印度之间的贸易时间至少追溯到公元前2世纪，[2]因此有学者认为《航海记》中的描述可能与实际情况刚好相反。[3]这座城市的衰落很可能与一位凯撒（Caesar）的军事攻击有关，但这位凯撒不会是任何一位罗马皇帝，因为公元前后已知的罗马对阿拉伯半岛攻击行动只有加鲁斯带兵那一次，而他并没有到达亚丁湾附近。赛兰（Seland）认为如果这次攻击确实存在，应该是示巴—希木叶尔王国与卡塔班王国（Qatabanian Kingdom）之间的战争，因为在希木叶尔人崛起之前，红海贸易可能掌握在卡塔班人的手上。在这座城市被毁灭后，尤戴蒙·阿拉比亚可能作为一个补给点而开放，不再是交易市场。[4]这座城市位于今也门亚丁市（Aden）。

顺着阿拉伯半岛向东航行2000斯塔德，会到达一座名为卡内（Kane）的贸易城市。卡内除了与非洲、印度的巴里加扎有直接贸易往来外，还与波斯湾地区的港口、斯基泰（Scythia/Skythia）[5]和奥玛纳（Ommana）有商业往来。[6]这座城市位于黑森·阿尔古拉布岬角（Cape of Hisn al Ghurab）附近，现代也门城镇比尔·阿里（Bir Ali）与其相邻。[7]卡内是乳香（frankincense）生产地区的主要对外出口基

1 *The Periplus of the Erythraean Sea*, Chap. 26.

2 时间与是否直航等问题仍悬而未决。

3 因为阿里卡梅杜遗址出土的地中海风格器具是否通过直航到达印度仍有争议。详见Eivind Heldaas Seland, *Ports and Political Power in the Periplus: Complex Societies and Maritime Trade on the Indian Ocean in the First Century AD*, p. 20.

4 Eivind Heldaas Seland, *Ports and Political Power in the Periplus: Complex Societies and Maritime Trade on the Indian Ocean in the First Century AD*, p. 22.

5 这里的斯基泰应该是印度—斯基泰王国控制的印度地区。

6 *The Periplus of the Erythraean Sea*, Chap. 27.

7 Lionel Casson, *The Periplus Maris Erythraei: Text with Introduction, Translation and Commentary*, p. 161; "Hisn al-Ghurab", https://referenceworks.brillonline.com/entries/encyclopaedia-of-islam-2/hisn-al-ghurab-SIM_2908.

地，目前在此地区发现的考古材料中，留下记录的时间最早是公元1—2世纪，有学者认为地中海的季风贸易兴起后，卡内得以发展成为一个贸易据点。[1]

西亚格罗斯山（Syagrus）是沿着阿拉伯半岛海岸东行途中的一个重要地标，其现代名称为拉斯·法尔塔克（Ras Fartak）。[2]距离阿拉伯半岛和瓜达富伊角较近的索科特拉（Socotra）也参与了印度人、阿拉伯人和希腊人之间的贸易，《厄立特里亚航海记》称之为“狄奥斯库里德斯”（Dioscurides）。[3]位于阿拉伯半岛的下一个港口是莫斯卡·利门（Moscha Limen），[4]早在1890年马贝尔（Mabel）和J. T. 本特（J. T. Bent）就猜想其位置在今阿曼科洛里（Khor Rori），现代考古工作证实了他俩的推断。[5]在这座古城遗址重要大门（monumental gate）的墙上刻有记述了莫斯卡城建城历史及重修历史的铭文，皮雷奈（Pirenne）根据这些古文字证据，推断这些铭文刻于公元前1世纪。[6]不过意大利考古队近期的发掘显示，莫斯卡·利门早在公元前3世纪—前1世纪就已经形成了一个哈德拉米（Hadrami）定居点，与他们运用C-14技术测定的陶器和钱币年代属于两个阶段，在这两个阶段中间，这座城市可能短暂地处于废弃状态。《厄立特里亚航海记》作者没有描述这个港口与其他地方之间存在商业联系，涉及到的本地交易似乎与高价值的商品无关，只是些过冬所需的必要生活品，因此莫

---

1 Eivind Heldaas Seland, *Ports and Political Power in the Periplus: Complex Societies and Maritime Trade on the Indian Ocean in the First Century AD*, pp. 26-27.

2 卡森给出的经纬度坐标不够精准，这座山位于北纬15°38′07″，东经52°13′25″。详见Lionel Casson, *The Periplus Maris Erythraei: Text with Introduction, Translation and Commentary*, p. 166.

3 *The Periplus of the Erythraean Sea*, Chap. 30.

4 Limen的意思是港口。

5 Eivind Heldaas Seland, *Ports and Political Power in the Periplus: Complex Societies and Maritime Trade on the Indian Ocean in the First Century AD*, p. 28.

6 Eivind Heldaas Seland, *Ports and Political Power in the Periplus: Complex Societies and Maritime Trade on the Indian Ocean in the First Century AD*, p. 29.

斯卡的作用是汇聚商品并运输，而非在此地进行交易，绝大部分乳香从这里被运往卡内。[1]从时间上判断，在托勒密王国实现与印度的直航之前，来自印度的商品似乎可以经过莫斯卡港口。

受技术条件的限制，从埃及到阿拉伯半岛南部的航道必然离海岸较近，整个希腊化时期不会产生很大变化，但是季风规律的发现和利用为何没有导致阿拉伯半岛城市的迅速衰落呢？这可能与希木叶尔人长期坚持控制航道有关，他们使用武力既阻止印度商船驶入红海，也限制埃及船只出红海。[2]在这种情况下，托勒密王国只能继续维持与阿拉伯半岛之间的贸易，直至罗马控制了埃及后情况才有所改变。

2. 波斯湾地区/阿曼湾地区—印度

莫斯卡·利门是《厄立特里亚航海记》作者知晓的最后一个位于阿拉伯半岛南部的港口，东行1500斯塔德的距离会看到阿西孔山（Asichon），[3]过了芝诺比娅群岛（Zenobian）[4]就进入了波斯人控制的地区，在当时波斯人国家指的是帕提亚帝国。继续东行2000斯塔德，会到达萨拉皮斯岛（Sarapis island），[5]沿海岸线北行可进入波斯湾。需要指出的一点是，从埃及前往印度的间接航线并不需要进入波斯湾，[6]《厄立特里亚航海记》只是为了记述帕提亚人与印度之间的往来才提到了波斯湾地区。

波斯湾入口与萨拉皮斯岛之间有卡莱奥斯群岛（Isles of Kalaios），这个群岛延伸的长度共2000斯塔德，然而并没有岛屿满足这一条

1 Eivind Heldaas Seland, *Ports and Political Power in the Periplus: Complex Societies and Maritime Trade on the Indian Ocean in the First Century AD*, p. 30.

2 ［英］赫德逊：《欧洲与中国》，王遵仲、李申、张毅译，第43页。

3 今阿曼拉斯·哈西克山（Ras Hasik）。详见Lionel Casson, *The Periplus Maris Erythraei: Text with Introduction, Translation and Commentary*, p. 173.

4 今阿曼哈拉尼亚特群岛（Al Hallaniyyat Islands），现共有五个小岛。

5 今阿曼马西拉岛（Masirah Island）。

6 Lionel Casson, *The Periplus Maris Erythraei: Text with Introduction, Translation and Commentary*, pp. 178-179.

件。[1]总共只有两个帕提亚帝国的港口城市被提到，其中一个是阿波罗戈斯（Apologos），位于卡拉克斯·斯帕西努附近，幼发拉底河在其旁边流过。[2]斯特拉波记载了一座离波斯湾很近的城市，名为特雷登（Teredon），但没有对其进行详细说明。[3]普林尼除了提到特雷登之外，还提到了一座名为弗拉特（Forat）的城市。[4]卡拉克斯·斯帕西努遗址的考古挖掘工作已于2016年开始，所在地是今伊拉克南部的贾巴尔·凯巴尔（Jabal Khaybar），[5]距北边幼发拉底河和底格里斯河的汇合点库尔奈（Al-Qurnah）约19公里。弗拉特在卡拉克斯东南方的马格洛布（Maghloob），距卡拉克斯17.4公里。[6]汉斯曼称在《厄立特里亚航海记》写作之时，位于更南边的阿波罗戈斯已经取代了卡拉克斯商业中心的地位，[7]这显然是因为海岸线不断向南退后的缘故。卡森认为这座城市位于今伊拉克巴士拉的阿尔·阿萨尔（Al Ashar）地区。[8]既然整个希腊化时期海岸线持续向南发展，两河流域海边地区的重要贸易港口随之兴替，必然也会导致陆地交通路线的改变。

另外一个帕提亚港口奥玛纳距离波斯湾口有六日的行程，[9]除了《厄立特里亚航海记》之外，没有其他资料能够说明它的位置。虽然

---

1 肖夫认为卡莱奥斯与阿曼东南古城卡尔哈特（Qalhat）有联系，卡森则指出如果作者确实在描述岛屿，那么只能是AD·迪马尼亚群岛（AD Dimaniyat Islands），问题在于这两个地方都与波斯湾入口毫无关联。详见Lionel Casson, *The Periplus Maris Erythraei: Text with Introduction, Translation and Commentary*, p. 176.

2 *The Periplus of the Erythraean Sea*, Chap. 35.

3 Strabo, *Geography*, 16.3.2.

4 Pliny, *Natural History*, 6.32.145.

5 John Hansman, "Charax and Karkheh," *Iranica Antiqua*, pp. 21-58; Jane Moon, etc., "Charax Spasinou: Alexander's lost city in Iraq", https://www.academia.edu/30137012/CHARAX_SPASINOU_2016_ENGLISH_REPORT.

6 John Hansman, "Charax and Karkheh," *Iranica Antiqua*, pp. 21-58.

7 John Hansman, "Charax and Karkheh," *Iranica Antiqua*, pp. 21-58.

8 Lionel Casson, *The Periplus Maris Erythraei: Text with Introduction, Translation and Commentary*, p. 180.

9 *The Periplus of the Erythraean Sea*, Chap. 36.

很多学者都提出了自己的猜想，但终究没能形成一致结论。[1]不过阿波罗戈斯似乎只和印度有商业往来，而奥玛纳既与巴里加扎进行贸易，也与阿拉伯的港口进行交易。[2]

在航行经过奥玛纳的地界后，来到一个名为帕尔西代（Parsidae）的国家和一个海湾，[3]有一个小的商业城镇霍拉亚（Horaia）位于此地。卡森认为霍拉亚必然和欧瑞坦地区有联系，则位于霍拉亚附近的河流便很可能是亚历山大曾经到过的阿拉比乌斯河。[4]沿着海岸线行至印度河（River Sinthos）三角洲，印度河河口有一个港口名为巴巴里孔（Barbarikon），可是这座城市和印度—斯基泰王城明纳加尔（Minnagar）的位置已经无从知晓。[5]在巴巴里孔交易的商品种类非常丰富，巴巴里孔理应是印度西北部非常重要的出海口。

顺着印度次大陆西边的海岸线向南航行，首先到达艾里农湾（Eirinon Bay，今印度卡奇湾，Kutch），[6]接着到达巴里加扎湾（今印度肯帕德湾，Gulf of Khambhat）。[7]海边地区是阿里亚克（Ariake）的

---

1 关于奥玛纳是否位于波斯湾内这一问题，目前学界尚未形成一致看法，有学者认为其位于阿拉伯半岛。如果认为其在波斯湾外，波斯湾附近六日行程的起点也有颇多争议，以至于有伊朗恰巴哈尔港（Chabahar）、巴基斯坦瓜达尔西湾（Gwadar West Bat）和帕斯尼（Pasni）之争。详见Lionel Casson, *The Periplus Maris Erythraei: Text with Introduction, Translation and Commentary*, pp. 180-181; Daniel T. Potts, "Maritime Trade," in *Encyclopaedia Iranica*, online edition, http://www.iranicaonline.org/articles/maritime-trade-i-pre islamic-period

2 *The Periplus of the Erythraean Sea*, Chap. 36.

3 肖夫认为这个湾是格德罗西亚湾（the Bay of Gedrosia），似乎他直接将与格德罗西亚地区相邻的阿拉伯海当作了一个海湾，卡森则认为这个名为特拉布多（Terabdoi）的海湾是今巴基斯坦松米亚尼湾（Sonmiani Bay）。详见*The Periplus of the Erythraean Sea*, Chap. 37; Lionel Casson, *The Periplus Maris Erythraei: Text with Introduction, Translation and Commentary*, p. 184.

4 Lionel Casson, *The Periplus Maris Erythraei: Text with Introduction, Translation and Commentary*, p. 184.

5 Lionel Casson, *The Periplus Maris Erythraei: Text with Introduction, Translation and Commentary*, pp. 188-189.

6 *The Periplus of the Erythraean Sea*, Chap. 40.

7 肖夫并没提到这一名称，卡森称其为巴里加扎湾（gulf of Barygaza）。

领土，阿杜里斯、众多的柏柏尔港口和马拉巴尔海岸（Malabar coast）都与这个国家进行贸易，这里出现了第二个斯基泰王城——明纳加拉（Minnagara）。[1]季风贸易中最重要的港口之一巴里加扎同样位于此地，《厄立特里亚航海记》中巴里加扎共出现29次，除了埃及之外，其贸易范围包括了《航海记》中涉及的所有区域。[2]巴里加扎坐落在今印度古吉拉特邦布罗奇市（Broach），在这里发现了印度—希腊国王米南德一世（Menander I）的钱币。塔恩指出在米南德统治时期，巴里加扎是印度最大的海上贸易港口。[3]

从巴里加扎南下就进入了印度案达罗国（Andhra）的统治区域，[4]《厄立特里亚航海记》作者提到了案达罗的两个大城市。一个是派塔纳（Paithana），一个是塔加拉（Tagara）。派塔纳可以通过内河直达王舍城，在印度早期历史中，这条内河通道十分重要；塔加拉位于今印度马哈拉施特拉邦特尔（Ter）。[5]由此可知，北印度地区经过王舍城的大道经派塔纳可与巴里加扎联系起来。巴里加扎以南有诸如苏帕拉（Suppara）、[6]卡里埃纳（Kalliena）、[7]赛米拉（Semylla）[8]等十几座城市，现在已无法确认其中部分城市的具体地点。苏帕拉和卡里埃纳两

---

1 关于这座城市的比定主要有三种说法，分别是印多尔（Indore）、多哈德（Dohad）和巴罗达（Baroda）。详见*The Periplus of the Erythraean Sea*, Chap. 41; Lionel Casson, *The Periplus Maris Erythraei: Text with Introduction, Translation and Commentary*, p. 199.

2 Eivind Heldaas Seland, *Ports and Political Power in the Periplus: Complex Societies and Maritime Trade on the Indian Ocean in the First Century AD*, p. 51.

3 W. W. Tarn, *The Greeks in Bactria and India*, p. 260.

4 Lionel Casson, *The Periplus Maris Erythraei: Text with Introduction, Translation and Commentary*, p. 210.

5 Lionel Casson, *The Periplus Maris Erythraei: Text with Introduction, Translation and Commentary*, p. 213.

6 位于孟买北面的印度巴塞因镇（Bassein）。详见Lionel Casson, *The Periplus Maris Erythraei: Text with Introduction, Translation and Commentary*, p. 214.

7 孟买东北面的印度卡延市（Kalyan）。详见Lionel Casson, *The Periplus Maris Erythraei: Text with Introduction, Translation and Commentary*, p. 215.

8 孟买或者孟买南边。详见Lionel Casson, *The Periplus Maris Erythraei: Text with Introduction, Translation and Commentary*, pp. 215-216.

座城市可能在公元1世纪被塞人所夺，严重阻碍了这两座城市的正常贸易，误入的希腊船只不得不返回巴里加扎进行贸易。[1]

案达罗南方是利米力克（Limyrike）地区，即今印度马拉巴尔海岸，[2]这一地区部分由克罗波特罗斯王国（Kerobotros Kingdom）控制，[3]部分地区属于槃咀王国（Pandya Kingdom）。[4]从北至南先到达的两个贸易城市是瑙拉（Naura）和廷迪斯（Tyndis）。肖夫认为瑙拉位于今印度坎努尔（Kannur），但皮莱（Pillai）和斯坦因都不支持他通过相似地名的对比以确定位置的观点，而是将瑙拉定位于今印度芒伽罗市（Mangalore）。[5]廷迪斯可能位于今印度邦纳尼（Ponnani）。[6]利米力克有两大知名港口——穆季里斯（Muziris）和内尔辛达（Nelcynda）。[7]穆季里斯可能位于佩里亚尔河河口（the mouth of Periyar River）附近的帕塔纳姆（Pattanam），[8]在考古发掘中出土的陶制品时间跨度为公元前1—公元5世纪。[9]由于内尔辛达和巴卡雷（Bakare）在同一条河边，肖夫对两地的位置的推测被卡森否定，卡森把巴卡雷当作内尔辛达的港口，将印度喀拉拉邦（Kerara）的尼拉

1 *The Periplus of the Erythraean Sea*, Chap. 52.

2 许多学者将此地区写成“Dimirike”，卡森指出正确的地名应该是“Limyrike”。详见Lionel Casson, *The Periplus Maris Erythraei: Text with Introduction, Translation and Commentary*, p. 213.

3 原文为“Keprobotos”，卡森认为《厄立特里亚航海记》作者弄错了名称。如果卡森的看法是正确的，根据已发现的阿育王铭文，这个国家就是凯拉王国（Chera Kingdom）。详　见Lionel Casson, *The Periplus Maris Erythraei: Text with Introduction, Translation and Commentary*, p. 217.

4 *The Periplus of the Erythraean Sea*, Chap. 54.

5 Lionel Casson, *The Periplus Maris Erythraei: Text with Introduction, Translation and Commentary*, p. 298.

6 无法在距离上与《厄立特里亚航海记》相匹配，邦纳尼只是更为靠谱的推测。详见Lionel Casson, *The Periplus Maris Erythraei: Text with Introduction, Translation and Commentary*, p. 297.

7 *The Periplus of the Erythraean Sea*, Chap. 53.

8 Jason Neelis, *Early Buddhist Transmission and Trade Networks*, p. 223.

9 Eivind Heldaas Seland, *Ports and Political Power in the Periplus: Complex Societies and Maritime Trade on the Indian Ocean in the First Century AD*, p. 58.

纳姆（Niranam）比定为内尔辛达。[1]内尔辛达紧邻凯拉王国著名的胡椒产区科塔纳里克（Kottanarike）。[2]

继续沿海岸线南下，经过红山（Red Mountain）[3]可到达巴利塔港（Balita），[4]绕过印度次大陆最南端卡马里（Camari）地区后，[5]开始沿印度次大陆东岸北行。[6]首先到达科尔基（Colchi），学界认定其为婆咀王国的一个港口，位于今印度泰米尔纳德邦科凯（Korkai）。[7]科尔基与名为阿尔加鲁（Argaru）的内陆地区接壤，一般认为它就是朱罗王国的首都乌莱宇尔（Uraiyur）。[8]朱罗王国控制范围内有三个重要港口，分别是卡马拉（Camara）、[9]波杜克（Poduke，即印度阿里卡梅杜遗址）和索帕特玛（Sopatma）。[10]在此之后，《厄立特里亚航海

---

1 Lionel Casson, *The Periplus Maris Erythraei: Text with Introduction, Translation and Commentary*, pp. 297-298.

2 科塔纳里克（Kottanarike）是古代泰米尔文献地名库塔纳度（Kuttanadu）的变形，库塔纳度这一地名保留到现在，至今仍是重要的优质胡椒产区。详见Lionel Casson, *The Periplus Maris Erythraei: Text with Introduction, Translation and Commentary*, p. 221.

3 就是一片红色悬崖，位于今印度瓦尔卡拉（Varkala）。详见Lionel Casson, *The Periplus Maris Erythraei: Text with Introduction, Translation and Commentary*, pp. 297-298.

4 巴利塔的位置似乎没有什么依据，肖夫认为它可能就在红山旁边，将它同样定位在瓦尔卡拉，卡森则将其南移至维金詹姆港（Vizhinjam），但未说明原因。详见Lionel Casson, *The Periplus Maris Erythraei: Text with Introduction, Translation and Commentary*, p. 299.

5 今印度科莫林角（Cape Comorin）。

6 肖夫认为印度最南端还有一个地区名为帕拉利亚（Paralia），卡森认为作者意指海边地区而直接译为“Seaboard”，今从卡森。

7 Lionel Casson, *The Periplus Maris Erythraei: Text with Introduction, Translation and Commentary*, p. 226; Eivind Heldaas Seland, *Ports and Political Power in the Periplus: Complex Societies and Maritime Trade on the Indian Ocean in the First Century AD*, p. 58.

8 Lionel Casson, *The Periplus Maris Erythraei: Text with Introduction, Translation and Commentary*, p. 226.

9 在泰米尔文献中，卡马拉是一个繁荣的港口，位于今印度泰米尔纳德邦卡韦里帕蒂纳姆（Kavirippattinam）。但记录了卡韦里帕蒂纳姆这一名称的泰米尔诗歌《帕蒂纳帕莱》（*Pattinappaalai*）被认为创作于公元190年，而目前在此地的考古发现尚不能证明这座城市在公元初年就已经出现，因此这一比定仍然值得怀疑。详见Lionel Casson, *The Periplus Maris Erythraei: Text with Introduction, Translation and Commentary*, p. 228; Eivind Heldaas Seland, *Ports and Political Power in the Periplus: Complex Societies and Maritime Trade on the Indian Ocean in the First Century AD*, p. 59.

10 其位置尚不能确定。

记》作者除了提到一座恒河流域的城市外，再也没有提到任何一座城镇。

《厄立特里亚航海记》的写作时间在公元1世纪初，季风贸易已经盛行了至少百年，海上商路所及地区必然涌现了新的贸易城市，因此在希腊化时期，从埃及到印度可停靠的港口必然比《航海记》当中描述得要少，只是缺乏证据一一判断这些城市的建立时间。即使一直沿着海岸线航行并且不时停靠在某一港口，也不意味着必须在每个经过的港口都停留。

3. 远洋航线

在斯库拉克斯之后，尼阿库斯受亚历山大的命令也完成了一次海上航行，他带领马其顿舰队从印度河流域返回波斯湾。舰队在印度河边的帕塔拉出发，沿印度河西支流到达海边一个名为克罗卡拉（Corocala）的岛屿，[1]有学者认为，这座岛屿日后发展成为《厄立特里亚航海记》中大名鼎鼎的港口巴巴里孔。[2]如果这两者的位置比定是正确的，反而证明尼阿库斯在航行过程中所作的距离统计完全不可用以寻找古地名对应的实际位置。[3]因西南季风迟到的影响，尼阿库斯

1 在专门描述尼阿库斯航行经过的《印度志》中，未曾出现帕塔拉这一地名。阿里安记载，印度河河口有一个名为克罗卡拉的沙岛。上一个舰队经过的地名是科瑞艾斯提斯（Coreestis），距克罗卡拉150斯塔德。普林尼推测印度河河口有一个名为帕塔莱（Patale）的岛，克罗卡拉距这个岛至少在20罗马里以上。1罗马里的长度大约是8斯塔德，则普林尼笔下的帕塔莱和科瑞艾斯提斯应相距极近。详见Arrian, *Anabasis of Alexander*, 6.21.3; *Indica*, 21.7; Pliny, *Natural History*, 6.23.80.

2 威廉·文森特（William Vincent）将此地比定为卡兰奇（Carantchy），其现代名称应为科兰吉（Korangi），此地大致位于马利尔河（Malir River）河口，正好与巴巴里孔比定的地点位于同一座城市。详见William Vincent, ed., *Voyage of Nearchus: From the Indus to the Euphrates*, London: T. Cadell jun. and W. Davies, 1914, p. 182.

3 尼阿库斯估计，帕塔拉和克罗卡拉之间的航行距离换算成现代距离单位大概是60公里（略多于300斯塔德），然而卡拉奇与海得拉巴的直线距离已经超过了140公里。有说法认为阿里安提到的莫荣托巴拉港（Morontobara）就是今天卡拉奇的马诺拉岛（Manora Island），阿里安记叙的克罗卡拉和莫荣托巴拉之间的航程超过了960斯塔德（约178公里），但就算绕行现代海岸线，科兰吉和马诺拉岛之间的航程大概只有30多公里，无法匹配。

用了40天左右的时间才到达阿拉比乌斯河河口，现只能确定其航行经过了今印度河河口至哈布河河口沿岸地区，阿里安提到的大部分地点可能集中在卡拉奇海岸线，在此之后尼阿库斯带着舰队开始沿着欧瑞坦地区的海岸线航行。

由于尼阿库斯经过的大多数地点至今无法确定位置，我们只能对其航线进行粗略的描述。尼阿库斯舰队沿着欧瑞坦海岸经过了松米亚尼湾（Sonmiani Bay），在岸边遇到了正等待为舰队提供补给的莱昂那图斯（Leonnatus）部队。[1]舰队取得了足够补给后，向西航行到达托梅鲁斯河（Tomerus River）河口，[2]接着沿马克兰（Makran）海岸线西行到达“吃鱼者”（Ichthyophagoi）生活地区中一个名为巴吉萨拉（Bagisara）的港口。[3]舰队过巴吉萨拉后第一个能够确定地点的地名是卡宁岛（Carnine），[4]但是尼阿库斯并未登上这座岛屿。笔者根据尼阿库斯描述的地形判断，莫萨纳（Mosarna）和科法斯港（Cophas）应该位于今巴基斯坦瓜达尔港（Gwadar）东西两侧。[5]随后舰队抵达了基伊扎（Cyiza），有学者认为这个地名位于今伊朗恰巴哈尔（Chah Bahar）附近，[6]如果是这样，则尼阿库斯抢粮的地点应位于古尔迪姆（Gurdim）附近。直到舰队行至达加塞拉（Dagaseira）和巴迪斯（Badis）——卡尔马尼亚和格德罗西亚的边界处，学界较为普遍的认

1 Arrian, *Indica*, 23.7.

2 尼阿库斯估计托梅鲁斯河河口和阿拉比乌斯河河口之间的航程在1130斯塔德以上，因此普拉利河距离过近，比较符合描述的是今巴基斯坦境内的欣格尔河（Hingol River）。

3 马克兰海岸周围地方性小河过多，也缺乏城镇，欧瑞坦地区边境地点马拉那无从寻找。巴吉萨拉可能是今巴基斯坦的奥尔马拉港（Ormara）。详见https://www.livius.org/articles/person/nearchus/.

4 奥尔马拉附近岸边只有一座岛屿，它应是今巴基斯坦阿斯托拉岛（Astola Island）。

5 瓜达尔港附近的陆地向海中延伸明显，与其他地方的海岸线有明显不同。但是尼阿库斯的航行距离实在是太长了，他认为莫萨纳和科法斯之间的航程有1750斯塔德，这个距离至少可以让他进入阿曼湾。

6 https://www.livius.org/articles/person/nearchus/.

知是马其顿人到达了今伊朗城市贾斯克（Jask）附近。[1]

从巴迪斯出发，马其顿舰队到达了位于哈尔莫泽亚（Harmozeia）的阿那米斯河（Anamis River）河口。[2]越过阿曼湾进入波斯湾后，舰队的行程在现代可以较为清晰地呈现出来，沿途经过欧加纳（Organa，霍尔木兹岛）、[3]欧拉克塔（Oaracta，格什姆岛）、法鲁尔岛（Farur Island）[4]、卡塔亚（Cataea，基什岛），[5]卡尔马尼亚海岸到此为止。在波西斯海岸行进时，先后经过赛坎德鲁斯（Cecandrus，希德瓦尔岛）、捞珍珠的岛屿（拉万岛，Lavan Island）、阿波斯塔那（Apostana，疑在内邦德）、高伽那（Gogana，疑在巴尔德斯坦附近）、[6]西塔库斯河（Sitacus River，蒙德河）河口，到达人口众多的希拉提斯城（Hieratis）。[7]此后舰队行驶到伊朗布什尔周围的达什特·帕朗河（Dasht-e Palang River）、[8]格拉尼斯河（Granis River）、[9]罗戈尼斯河河口及港口（Rogonis River，里格河及里格港）、[10]布里扎纳河

1 达加塞拉和巴迪斯的比定仍有很多争议，这两座城市都有学者将其比定为贾斯克。详见D. T. Potts, “Jask,” in *Encyclopaedia Iranica*, online edition, https://iranicaonline.org/articles/jask; https://www.livius.org/articles/person/nearchus/; William Vincent, ed., *Voyage of Nearchus: From the Indus to the Euphrates*, p. 257.

2 阿那米斯河就是今伊朗米纳布河，但霍尔木兹海峡岸边已被发现的聚落遗址数量较多，这个地方是否为米纳布（Minab）仍未确定。详见D. T. Potts, “Hormuz,” in *Encyclopaedia Iranica*, online edition, https://iranicaonline.org/articles/hormuz-i; https://www.livius.org/articles/person/nearchus/.

3 “Organa,” in William Smith, ed., *Dictionary of Greek and Roman Geography*, Vol. II, p. 471.

4 尼阿库斯并未记载这座岛的名称。

5 “Cataea,” in William Smith, ed., *Dictionary of Greek and Roman Geography*, Vol. I, p. 567.

6 然而问题一如既往，地名之间的距离与尼阿库斯所说不能完全吻合。详见D. T. Potts, “Sailing to Pasargadae,” in Touraj Daryaee and Ali Mousavi, eds., *Excavating an Empire: Achaemenid Persia in Longue Duree*, Berkeley: University of California Press, 2011, p. 3.

7 Arrian, *Anabasis of Alexander*, 8.39.1. 这座城市可能位于今伊朗城市布什尔（Bushehr）附近。

8 阿里安笔下的帕达格鲁斯河（Padagrus River）。

9 关于这条河流的比定学者们意见尚不统一，仅凭现代地图参考的话，笔者倾向于达拉基河（Daraki River）的观点。详见D. T. Potts, “Sailing to Pasargadae,” in Touraj Daryaee and Ali Mousavi, eds., *Excavating an Empire: Achaemenid Persia in Longue Duree*, p. 4.

10 D. T. Potts, “Sailing to Pasargadae,” in Touraj Daryaee and Ali Mousavi, eds., *Excavating an Empire: Achaemenid Persia in Longue Duree*, p. 4.

（Bryzana River）[1]和欧罗提斯河（Oroatis River）。[2]由于苏西亚那和两河流域海岸线变化较大，很难追寻尼阿库斯随后的航程。

波斯帝国大流士一世斯库拉克斯航行距罗马帝国初期《厄立特里亚航海记》的问世已经相隔500年以上，但这段时间里古典文献中的航海记录仍以沿岸逐段航行为主，由此可以看出，在希腊化时期大量的海上贸易必然是通过类似的沿岸航线逐步中转进行的。托勒密王国虽然实现了埃及与印度的直航，但这并不意味着商船从密奥斯·荷耳摩斯港出发后，可以在无停靠补给的情况下直接到达印度。

普林尼在《自然史》中曾提到数条他所知道的直航航线：或是从阿拉伯半岛的西亚格罗斯山出发，利用西风前往印度河三角洲的帕塔莱（Patale）或西格鲁斯（Sigerus）。[3]塔恩认为西格鲁斯应位于巴里加扎南方，所以巴里加扎也是直航能够到达的地点。[4]或是从奥克里斯出发，利用西南季风前往尼特里亚（Nitriae）、[5]穆季里斯、巴卡雷。[6]普林尼特别提到在一个商人发现更短的航线之前，商船曾长时间使用从西亚格罗斯山到西格鲁斯山的航线。[7]西亚格罗斯山并非港口，普林尼称东方离西亚格罗斯山最近的港口莫斯卡并不在去往印度的直航

---

1 关于这条河流比定的分歧也比较大，主要有两个位置，其一为海萨尔（Hesar）附近的河流，其二为加纳韦（Bandar Ganaveh）附近的河流，笔者未查出两条河流的现代名称。详见D. T. Potts, “Sailing to Pasargadae,” in Touraj Daryaee and Ali Mousavi, eds., *Excavating an Empire: Achaemenid Persia in Longue Duree*, p. 4.

2 考虑到这条河流是苏西亚那的边界，笔者以为可能是佐莱河（Zohreh River）。如果马伦河如一些学者所说，在古代直接注入波斯湾，那么也可能是马伦河。详见https://www.livius.org/articles/place/arosis-marun/.

3 帕塔莱就是斯特拉波笔下的帕塔莱内（Pattalene），托勒密笔下的帕塔莱内（Patalene），大概范围指的是印度河三角洲。详见Pliny, *Natural History*, 6.26.100-101; “Pattalene,” in William Smith, ed., *Dictionary of Greek and Roman Geography*, Vol. II, p. 559.

4 W. W. Tarn, *The Greeks in Bactria and India*, p. 368.

5 《厄立特里亚航海记》称之为白岛（White Island），应是今斯里兰卡鸽岛（Pigeon Island）。详见Lionel Casson, *The Periplus Maris Erythraei: Text with Introduction, Translation and Commentary*, p. 217.

6 Pliny, *Natural History*, 6.26.104-105.

7 Pliny, *Natural History*, 6.26.101.

路线上，那么在季风贸易开辟后，西边最近的港口卡内应该是直航路线最佳的起点。考虑到巴巴里孔同样在印度河三角洲区域，因此能够确定，卡内—印度河三角洲和卡内—巴里加扎两条航线在公元前1世纪是主要的直航线路。

前文已述，示巴人和希木叶尔人长时间阻碍埃及的船只出红海，在这种情况下，从埃及出发的船只应该不可能利用卡内港前往印度。塔恩的观点是托勒密船只能够访问阿拉伯南部的港口，而且是希腊人发现了索科特拉岛，这就打破了阿拉伯人作为中间人对远距离贸易的垄断。[1]笔者以为塔恩可能忽视了地区统治者对港口贸易的控制权力。赛兰指出不管是示巴—希木叶尔王国、阿克苏姆王国还是哈德拉茂（Hadramaut）地区的港口，《厄立特里亚航海记》的作者都注意到统治者严格控制了主要出口港的对外贸易（以卡内、穆扎和阿杜里斯为代表），但是在亚丁湾非洲一侧海岸的远岸（far-side coast）港口却没有这种现象。[2]来自阿里亚克内陆地区和巴里加扎的商品常被运至远岸港口，一些船只的目的地就是这些港口，另一些船只沿着岸边遵循着他们的航线带走任意种类的货物。[3]这里明显记录了两种贸易网络的情况：一种是沿岸贸易，可能是小型船只进行的小规模贸易；另一种是为了特定的货物直航前来交易的远洋贸易。[4]既然远岸港口的贸易缺乏强力行政力量的干预，托勒密王国的船只想必是通过索马里海岸中转前往印度的。

希腊化时期波斯湾地区虽然与印度和阿拉伯南方港口保持着贸易联系，但是并没有任何资料能够说明两河流域与印度各港口之间的

---

1 塔恩的说法存在争议。详见W. W. Tarn, *Hellenistic Civilization*, p. 247.

2 Eivind Heldaas Seland, *Ports and Political Power in the Periplus: Complex Societies and Maritime Trade on the Indian Ocean in the First Century AD*, p. 41.

3 Lionel Casson, *The Periplus Maris Erythraei: Text with Introduction, Translation and Commentary*, p. 59.

4 Eivind Heldaas Seland, *Ports and Political Power in the Periplus: Complex Societies and Maritime Trade on the Indian Ocean in the First Century AD*, p. 42.

航线。笔者以为从两河河口出发的商船不太可能放弃离海岸较近的航线，而刻意选择进入深海前往印度。因为不管是从阿曼湾到巴里加扎还是到马拉巴尔海岸，船只进入深海便要一直保持向东南方向前进，不论是夏季的西南季风还是冬季的东北信风，对其帮助并不大。因此，整个希腊化时期真正可用的远洋航线数量极为有限。

小　结

从本质上看，希腊化世界的交通网络是对波斯帝国境内所有水陆道路系统的接受和拓展。但就其具体发展过程而言，还是经历了亚历山大东征、希腊化王国时期两个大的历史阶段。在亚历山大远征之前，希腊—马其顿人对波斯帝国的海陆通道并不十分熟悉。他们所知道的印度就是人类居住之世界（Ecumene, the inhabited world）的最东边界，其外就是环绕大陆的大洋河（Oceanus）了。他们对波斯腹地的了解大概主要来自希罗多德和色诺芬的记载。因此，亚历山大东征不仅仅是一次成功的军事行动，也是一次重要的地理探险活动。但亚历山大的东征路线并不能揭示波斯帝国原有道路系统的全貌。他的行军路线灵活多变，更多的是出于军事的需要。但他在充分利用原有道路系统的同时，也在不断开拓新的路线，兴建新的城市。这些城市实际上就是连接希腊化世界道路网络的节点。它们虽然有的湮没无闻，但也有相当一部分凭借着优越的地理条件逐渐发展成为重要的交通枢纽。

亚历山大之后的塞琉古王国、托勒密王国等国家，继承了亚历山大的建城事业和探险精神，扩大了在里海、中亚、红海、波斯湾和印度洋地区的探索，从而使希腊化世界的水陆交通网络逐渐连为一体。

塞琉古王国新建或改建了诸多城市，确保了从地中海东岸前往印度道路的畅通。即使在帕提亚王国兴起后，这些希腊化城市仍然在长途交通贸易中发挥着重要作用。托勒密王国则掌握了从埃及通往波斯湾和印度的航线，并最终实现了从埃及直航印度的壮举。可以说，张骞抵达中亚之前，从印度到地中海的海路和陆路都是畅通的，尽管由于地缘政治或商贸竞争的原因，或有人为的、暂时的障碍存在。就丝绸之路的开通而言，希腊化世界已经做好了准备。

（李毅铭）

第四编

希中文明的相会

从亚历山大帝国建立到张骞通西域之前，希腊化世界发生了重大的变化。首先是塞琉古王国的东部和马其顿本土的安提柯王朝或由于地方的独立，或由于外敌的入侵而萎缩或灭亡。远东的巴克特里亚王国受到北方游牧民族的冲击，残余的希腊人也退至印度。唯有埃及的托勒密王朝尚能自保，但也感受到了罗马人的步步逼近。希腊化世界的稳定性、一体化确实遭到了严重的挑战，但由于东地中海希腊化核心地区的存在，希腊化文明仍然保持了一定的活力，远东的希腊化政治和文化遗产则被取而代之的游牧民族和当地民族所接受。

与此同时，遥远的中国也正经历着一场历史的变革。大一统的秦汉帝国的出现预示着中华文明向外发展、走向世界的历史时刻已经到来。经过不懈努力，长期威胁秦、汉王朝发展的匈奴外患在汉武帝时得以暂时消除，汉王朝的统辖范围扩大到了塔里木盆地，甚至葱岭之外。这样，中华文明与西方文明，尤其是与远东希腊化文明的遗产的相会也就水到渠成。以亚历山大帝国及其希腊化世界为基础，以中国使者张骞为先导开启的丝绸之路，自然而然地成了沟通东西方文明的桥梁。

第十章 秦汉帝国的建立、西扩与张骞“凿空”

公元前3世纪前后，亚历山大帝国已然随着亚历山大大帝的英年早逝而分裂。不过，由于他的遗产被他的部将们所继承，所以一个新型的希腊化世界蔚然形成。这个希腊化世界“推进了从中亚、印度到东地中海、欧洲之间古代诸文明地区的文化交流和经济来往”，从而“为丝绸之路的开通和延伸以及东西方物质和文化的进一步交流和融合奠定了坚实而广阔的基础”。[1]

此一时期，处于中国西部的秦国在经过长期发展之后强大起来，随后结束了战国七雄混战的分裂局面，建立起一个空前统一的秦帝国。但是，秦帝国存在的时间过于短暂，其所实施的一系列创制未能充分发挥出应有的作用。不过，“汉承秦制”，秦帝国的这些遗产基本上为紧随其后的汉帝国所继承，并得到了进一步发展和完善。西汉时期，社会相对稳定，经济日趋繁荣。尤其是汉武帝时期，张骞“凿空”西域，使得中西之间的交通最终得以贯通，东西方文化交流开始日益兴盛起来。

1 杨巨平:《亚历山大东征与丝绸之路开通》,《历史研究》2007年第4期，第150—161页。

第一节 秦帝国的建立及西部边境开拓

公元前221年，秦王政统一六国，结束了兼并战争，建立起秦帝国。这是春秋战国以来社会发展的必然结果。作为中国古代历史进程中极为关键的一环，秦帝国无论是在版图的规模，还是在行政的力度、控制的效能以及文化理念的趋同上，都与先前的商周王朝、春秋战国有着根本的不同。[1]不仅如此，秦帝国在当时的整个世界中也占据着重要的地位。翦伯赞先生曾说："当嬴秦之世，中国、印度和罗马是世界史的三个动力。希腊虽已瓦解，但其文化，仍然在滋长之中。当此之时，罗马文化尚未东渐，但希腊文化与印度文化的浪涛，则已在冲击中国的西部疆界。人类历史正在走向世界的结合。秦代的历史，就在这样一个世界环境中展开其发展。"[2]尽管这一说法有些大而化之，甚至部分观点可能也有待商榷，但翦伯赞先生对当时世界形势的整体认知还是非常恰切的。因此，要想比较深入地了解秦帝国及其对外关系，就不仅需要将秦帝国放在中国文明的发展演变序列中予以观察，而且也应将其置于与同时期的希腊化文明、印度文明等世界文明形态的相互对照之下来加以认识。

一、秦帝国的建立

1. 秦国发展史

秦帝国是在春秋战国时期的西方诸侯秦国的基础上不断发展壮大并最终建立起来的。在秦帝国建立之前，秦国已经在中国西部持续经

1 王子今：《推荐序》，[日]鹤间和幸：《始皇帝的遗产：秦汉帝国》，马彪译，桂林：广西师范大学出版社，2014年，第1页。

2 翦伯赞：《秦汉史》，北京：北京大学出版社，1999年，第24页。

营了数百年，仅其都城就经历了从西垂、西犬丘、秦、汧渭之会、平阳、雍、泾阳、栎阳、咸阳的多次搬迁。[1]

据《史记·秦本纪》载：在商朝末期，秦“在西戎，保西垂”，至周代，“非子居犬丘”“主马于汧渭之间”。周孝王时，秦被封为“附庸”，后又“邑之秦”，开始被正式称为秦人。周宣王时，秦人首领秦仲被封为大夫。公元前770年，秦襄公护送周平王东迁有功，被封为诸侯，赐给岐山以西土地。自此，秦始正式成为诸侯国。[2]

秦襄公死，文公（公元前765—前716年在位）立，东徙至“汧渭之会”（今陕西宝鸡一带），定居于周人故地关中。秦文公死，宪公（公元前715—前704年在位）立，将都城迁往平阳（今陕西宝鸡陈仓区），又控制了关中西部。秦武公（公元前697—前678年在位）时期，秦国领土扩展到关中东部。至此，秦国已然成为以关中地区为中心的西部诸侯国政权。

秦武公死后，德公（公元前677—前676年在位）立，将都城迁至雍（今陕西宝鸡市凤翔县）。自秦德公起，历经宣公（公元前675—前664年在位）、成公（公元前663—前660年在位）、穆公（公元前659—前621年在位），秦国政权日益巩固，领土亦得到很大扩展。不过，当秦国势力到达黄河西岸后，遭到东边晋国的强力阻拦。再加上境内戎狄并未完全归顺，秦国依然面临着比较严峻的形势。

秦穆公死后，直至献公（公元前384—前362年在位），秦国先后历经康公、共公、桓公、景公、哀公、惠公、悼公、厉共公、躁公、怀公、灵公、简公、惠公、出公十几位君主的统治。[3]在这二百余年中，秦国的国力不断衰落，军事实力每况愈下。秦晋数次交战，多以

1 详情参见王蘧常:《秦史》，上海：上海古籍出版社，2000年，第100—102页。

2《史记》卷五《秦本纪》，二十四史点校本，北京：中华书局，1982年，第174—179页。以下所述关于秦早期发展史的内容基本依据于此，不再出注。

3 详情参见王蘧常:《秦史》，第11—16页。

秦国战败作为终结。

战国初年，各诸侯国纷纷变法图强。分晋而来的魏国已然通过改革强大起来，但秦国却仍未有大的举措，相较而言，发展速度显得过于缓慢。原本，秦晋之间基本以黄河为界，河西之地属秦，但自公元前413年起，魏国开始进攻秦国，逐渐深入到河西地区，并设置河西郡进行管辖。秦献公即位后，虽然实行了一些改革，也将国都迁往栎阳（今陕西西安阎良区武屯镇），秦国地位有所提升，但仍未能从根本上改变长期形成的积弱局面。

秦献公死，孝公（公元前361—前338年在位）立，决心继承父志，力图改变秦国的落后面貌。他重用卫人商鞅，实施变法，在政治、经济等方面进行一系列大刀阔斧的改革，如推行县制、奖励耕战等，并将国都从发展受限的栎阳迁到了交通便利的咸阳。自此，秦国开始走上富国强兵之路。

秦孝公去世，惠文王（公元前337—前311年在位）立。商鞅被诬谋反，遭逮捕车裂，族灭全家。不过，商鞅虽死，秦法未败。经过秦惠文王、悼武王（公元前310—前307年在位）、昭襄王（公元前306—前251年在位）统治期间的进一步发展，秦国国力日盛，为最终统一中国奠定了坚实基础。故荀子说："（秦国）四世有胜，非幸也，数也。"[1]

秦人长期在西部经营的早期发展史，可以说也是中国内地与西部边境、中国本土与西部世界的早期文化交流史。一方面，秦人一直"活动于华夏文明圈的西界"，由于"在西方长期艰苦的生存斗争，使得他们逐渐接受了原居于西方，与中原华夏部族渊源不同的诸部族的文化影响"，其文化特质具有非常鲜明的西部色彩。[2]另一方面，包括

1 （清）王先谦：《荀子集解》，沈啸寰、王星贤点校，北京：中华书局，1988年，第303页。

2 王子今：《史记的文化发掘——中国早期史学的人类学探索》，武汉：湖北人民出版社，1997年，第144页。

秦文化在内的中国文化，其影响力借助秦国播及更遥远的西方世界。长期从事新疆考古的王炳华先生曾撰文称，他在新疆天山阿拉沟峡谷发掘过一批战国时期的古冢，出土过具有楚文化风格的器物；在伊犁河流域的乌孙墓中，出土过具有秦式风格的茧形陶壶；甚至在俄罗斯属阿尔泰山北麓的巴泽雷克古墓（公元前1000年代中叶至公元前3世纪）中，也曾出土过与天山阿拉沟古冢风格相类的文物，它们与公元前5世纪的古代伊朗文物共存于一墓之中。[1]因此，如果以世界史的视野来看，秦人在中国西部的长期生活和持续开发，不仅对于中国由局部走向统一有着极为重要的作用，而且对于随后中西文化交流的兴盛，应当说也有着奠基性的历史意义。

2. 秦的统一

秦的统一，是秦帝国建立的前提，也是中国古代历史发展的重大转折点。自秦昭襄王死后，秦在仅仅三十年的时间里，就完成了统一。这一时期，统治秦国的君主是秦孝文王、庄襄王和嬴政，而其中最为重要的是秦王政。[2]

战国末期，天下一统已经成为历史发展的必然趋势。从民众意愿来讲，各地的百姓早已不堪忍受战争之苦，亟盼天下太平。从战国七雄的实力来看，秦自商鞅变法以来，经过数代百余年的努力，国富兵强，至公元前246年秦王政即位时，已经拥有了实现统一的基本条件。

面对这一有利局面，秦王政在解决了国家内部问题后，果断发动大规模战争，开始兼并六国的历史进程。从公元前230年至前221年，在不到十年的时间里，秦国就像秋风扫落叶一般迅速地消灭了韩、

---

1 王炳华:《西域只知有秦人》,《人民日报》2018年2月22日24版。关于巴泽雷克古墓的详细情况，参见［苏］С. И. 鲁金科:《论中国与阿尔泰部落的古代关系》，潘孟陶译,《考古学报》1957年第2期，第37—48页。

2 秦孝文王正式即位后，仅当政三天就去世了，紧随其后的庄襄王在位时间也只有短暂的三年。庄襄王死后，年仅13岁的儿子政即位。

赵、魏、燕、楚、齐六大诸侯国，“初并天下”。[1]

秦的统一，顺应了历史发展趋势，也符合广大民众的迫切心愿。秦始皇在《泰山刻石》中即宣称：“二十有六年，初并天下，罔不宾服……训经宣达，远近毕理，咸承圣志。”[2]这虽为歌功颂德之辞，却并非毫无根据。对于秦“一并天下”的功绩和民心之所向，就连一向热衷于贬秦的西汉时人也不得不承认。如贾谊就曾说：“秦灭周祀，并海内，兼诸侯，南面称帝，以四海养。天下之士斐然向风……元元之民冀得安其性命，莫不虚心而仰上。”[3]严安也认为，秦灭六国之后，“元元黎民得免于战国，逢明天子，人人自以为更生”。[4]

二、秦帝国的西部边境开拓

秦的统一，不仅是完成了对东方六国的兼并，而且“通过军事手段和战争方式实现了中原文化向北边匈奴控制区和岭南越人居住地的扩展”，特别是“后者的意义尤其重要”。[5]秦帝国对边境的大力开拓，使其疆域空前宽广，“东至海暨朝鲜，西至临洮、羌中，南至北向户，北据河为塞，并阴山至辽东”。[6]在这一辽阔疆域里，生活着各族人民，形成了一个统一多民族大帝国，促进了中原地区与周边各族的交往、交流和交融。尤其是秦帝国对西部边境的开拓和经营，使帝国西部成为中外文化和经济交流最为活跃的区域，这无论是在中国史还是在世界史上都具有极为巨大而深远的意义。

---

1 《史记》卷六《秦始皇本纪》，第235、243页。
2 《史记》卷六《秦始皇本纪》，第243页。
3 （汉）贾谊著，阎振益、钟夏校注：《新书校注》，北京：中华书局，2000年，第13—14页。
4 《史记》卷一一二《平津侯主父列传》，第2958页。
5 王子今：《推荐序》，［日］鹤间和幸：《始皇帝的遗产：秦汉帝国》，第1页。
6 《史记》卷六《秦始皇本纪》，第239页。

1. 对匈奴的征讨

匈奴是中国古代北方的一个游牧民族，其最高首领为单于，“士力能毌（弯）弓，尽为甲骑”，日常生活“逐水草迁徙，毋城郭常处耕田之业”，[1]主要活动于蒙古高原和南至阴山、北抵贝加尔湖的广阔区域。

“匈奴”之名，虽早在《逸周书》《山海经》等先秦典籍中已经出现，但有关匈奴族的早期史迹，则直至西汉司马迁的《史记·匈奴列传》中才有较为详细的记述。据载，匈奴族由众多部落构成，虽然很早以前就已成立了部落联盟，但是在头曼单于之前，其一直处于极不稳定的阶段，“自淳维以至头曼千有余岁，时大时小，别散分离，尚矣，其世传不可得而次云”。[2]至于匈奴的族源问题，尽管学界有东胡说、西羌说、夏人说等众多观点，但学者大都能够认同匈奴族的形成是中国古代北方游牧民族经过长期斗争与融合的结果。

匈奴人以畜牧与狩猎为主，畜群是他们的主要财富。无论是平常的饮食、衣着，还是其他众多的日常用品，大多仰仗于牲畜。塞北的地理环境和游牧的生活方式，既培养出匈奴人善于骑射的特长，也炼就了他们剽悍善战的性格。平时，妻儿老小生活在一起，从事畜牧生产；战时，又往往举族而迁，随军出征。这种生产组织与军事组织高度合一的体制，使得匈奴不仅拥有比较强大的战斗力，而且还具备相当强的灵活性。

匈奴也有一定规模的农业和手工业，特别是冶铁业在其中起着极为重要的作用。由出土的匈奴文物可知，自公元前3世纪前后开始，匈奴人对于铁器的制造和使用，已经逐渐深入到生产、生活和军事活动的众多领域。而且，许多铁具特别是刀剑等武器，与汉帝国的式样

1《史记》卷一一〇《匈奴列传》，第2879页。
2《史记》卷一一〇《匈奴列传》，第2890页。

非常相似，应是深受汉文化影响的结果。铁器的广泛使用，使匈奴社会生产获得了强大推动力，促进了匈奴畜牧业的繁盛和农业、手工业的发展，为其日后的强盛提供了重要物质前提。

公元前3世纪左右，当中原诸侯为争夺霸权而战斗不休之时，匈奴趁势在大漠南北兴起，并经常深入秦、赵、燕边境，抢财掳人。到战国后期，匈奴首领头曼单于将王庭设于阴山（今内蒙古狼山、大青山一带）之北，即头曼城（今内蒙古五原一带），控制了阴山南北的广阔地域，并渡过黄河，占据了河南地（今内蒙古河套以南）。

秦帝国建立之初，帝国北境直接面临着匈奴的严重威胁。特别是匈奴控制着河南地，不仅使秦帝国沿边诸郡云中、雁门、上郡等时刻处于匈奴直接攻击的危险之下，而且还威胁着秦都咸阳的安全。

公元前220年，秦始皇首次巡视，就来到北部边郡陇西、北地，已经关注并部署相关防御事宜。公元前215年，秦始皇再次巡视北境，“从上郡入”，而奉命入海求仙的燕人卢生等所编造的“亡秦者胡也”谶言，更加坚定了秦始皇征伐匈奴的决心。[1]正是在这一年，秦始皇派遣将军蒙恬发兵三十万，北击匈奴。

蒙恬大军一路进展顺利，很快就收复了河南地以及榆中一带。接着，他又率军渡过黄河，于次年进抵高阙（今内蒙古临河县北狼山口），收复了阳山和北假（均在今内蒙古乌加河以北和乌梁素海一带）直抵阴山一带的广大地区，并分设四十四县，设立九原郡（治九原，今内蒙古包头市西北），临河以为塞，统辖北抵阴山，南至河南地，西过黄河，东邻云中（今内蒙古呼和浩特市西南）的大片边地。随后，秦帝国移徙大批刑徒，“实之初县”，[2]同时还鼓励普通民众移居边地。

1《史记》卷六《秦始皇本纪》，第252页。
2《史记》卷六《秦始皇本纪》，第253页。

秦对匈奴的征讨，解除了匈奴对秦帝国的侵扰与破坏，“悉收河南地”，[1]使今河套内外、大河南北的广大地区，能够长时间内处于和平状态。而且，那些迁去的民众与刑徒，对于开发北方边地、充实武备也发挥了重要作用。这对于中国古代统一多民族国家的形成，边远地区经济文化的发展，以及中原与边地人员的联系和交往，都有着重要的积极意义。[2]

公元前214年，为进一步巩固北部边防，秦始皇令蒙恬修筑长城。蒙恬将战国时秦、赵、燕三国原有的长城连接起来，并重新修缮完固，形成一条西起临洮、东至辽东的万里长城。为了长城施工及布防需要，秦军沿长城还开通了横贯东西的北边交通道路。[3]秦始皇三十五年（公元前212年），蒙恬又主持修建直道工程。直道起自北边重镇九原，南至云阳甘泉宫（在今陕西淳化西北甘泉山），沿途开山填谷，开辟出一条新的联系南北的交通大道，为加强中央与北边防区的联系，及时颁布政令、调动军队巩固北部防线提供了可靠保证。长城的修筑以及北边道路和直道的开通，标志着秦帝国在北部边境构筑起一道坚固防线。

但是，这道防线并没有维持多久。随着秦帝国的灭亡，“中国扰乱，诸秦所徙適戍边者皆复去”，匈奴趁机南下，冒顿单于率领骑兵突破长城，重占河南地，“与中国界于故塞”，蒙恬所取得的胜利果实完全丧失，秦帝国北部边防彻底瓦解。[4]

2. 向“西南夷”的扩展

在中国西南地区，主要是今四川、重庆、贵州、云南及甘肃南部一带，分布着众多部族，当时统称为“西南夷”。据《史记·西南夷

1 《史记》卷一一〇《匈奴列传》，第2886页。

2 白寿彝总主编：《中国通史（秦汉卷）》，上海：上海人民出版社，1995年，第198页。

3 详见王子今：《秦汉长城与北边交通》，《历史研究》1988年第6期，第91—105页；《秦汉交通史稿（增订版）》，北京：中国人民大学出版社，2013年，第29—30页。

4 《史记》卷一一〇《匈奴列传》，第2887—2888页。

列传》载，西南夷地区族属众多，社会经济发展程度各不相同，风俗也大不一样。其中，分布在乌江、金沙江流域的，有夜郎、滇、邛都等，从事农耕，束发为髻，并有君长和政权机构；在澜沧江流域的，有巂、昆明等，习尚编发，以畜牧为生，随水草迁徙，没有君长；在大渡河流域的，有徙、筰都、冉、駹等，有君长，或农耕，或游牧；在甘肃南部的有白马，属氐人，当时也列在西南夷之中。[1]

西南夷地区早在战国时期就似乎已然存在以中亚或西亚为贸易方向的商贸活动。20世纪40年代，在四川茂汶地区出土的早期石棺葬中出土的琉璃珠，经测定并不含钡。[2]这种不含钡的钠钙玻璃，应当是由中亚或西亚输入的。[3]另外，云南江川李家山24号墓的年代断定为战国时期，也出土有来自西亚的蚀花肉红石髓珠。[4]西汉张骞出使西域，归国后向汉武帝汇报时，亦自言在大夏曾见到过经由身毒（印度）贸易而来的来自西南夷地区的邛竹杖、蜀布，[5]表明由川滇通往印度等地的所谓西南丝绸之路可能早已被民间商人开通。[6]

秦并六国后，在西南地区“略通五尺道”，开凿了一条从今四川宜宾通往云南滇池一带的栈道。栈道开通后，秦帝国的势力直接抵达夜郎、邛都、昆明等地。同时，秦帝国还在沿线设官置吏，通过蜀郡（郡治成都）加强了与邛都、筰、冉、駹之间的联系，将其初步纳入郡县制的行政系统。[7]西汉时，司马相如就曾说：“邛、筰、冉、駹者

1 《史记》卷一一六《西南夷列传》，第2991页。

2 童恩正：《略谈秦汉时代成都地区的对外贸易》，收入徐中舒主编：《巴蜀考古论文集》，北京：文物出版社，1987年，第153—158页。

3 高至喜：《论我国春秋战国的玻璃器及有关问题》，《文物》1985年第12期，第54—65页。

4 张增祺：《战国至西汉时期滇池区域发现的西亚文物》，《思想战线》1982年第2期，第82—87页；赵德云：《中国出土的蚀花肉红石髓珠研究》，《考古》2011年第10期，第68—78页。

5 《史记》卷一二三《大宛列传》，第3166页。

6 以上参见王子今：《秦汉交通考古》，北京：中国社会科学出版社，2015年，第166页。

7 《史记》卷一一六《西南夷列传》，第2993页。

近蜀，道亦易通，秦时尝通为郡县。”[1]

秦帝国对西南夷的开拓，不仅加强了西南民族地区与内地的密切关系，促使其成为统一多民族国家的重要组成部分，而且使西南民族地区成为中西经济文化交往中较为活跃的一个重要区域，为后来的西南丝路奠定了基础。

3.“秦人”声名的西播

秦对西部边境的开拓和经营，使其声名远播，甚至在汉灭秦以后，匈奴、西域及其以西之地仍称汉人为“秦人”。

西汉司马迁在《史记·大宛列传》中记载，贰师将军李广利第二次征伐大宛，“至宛，决其水源，移之，则宛固已忧困”，大宛人杀其王约降，李广利与赵始成、李哆等谋划时说，“闻宛城中新得秦人，知穿井，而其内食尚多”，其中提及“秦人”。[2]张星烺先生认为，“此处秦人盖指中国人。当时汉军所得消息必根据土人之报告。土人用秦人以称中国之为大宛穿井以拒汉师者，是可证明西域在汉时称汉人仍为秦人”。[3]东汉班固撰写《汉书·李广利传》在抄录此段文字时，仅将“秦人”改为“汉人”，其他如旧，[4]亦可见所谓“秦人”与“汉人”应当意思等同，即均指汉帝国之人或华夏之人。

与“秦人”有关的穿井事迹，匈奴地区也曾出现过。据《汉书·匈奴传》载，汉武帝时，卫律曾为匈奴单于出谋划策：“穿井筑城，治楼以藏谷，与秦人守之。汉兵至，无奈我何。”颜师古对此注解说：“秦时有人亡入匈奴者，今其子孙尚号秦人。”[5]卫律本是投降匈奴的汉化胡人，“秦人”或为先前“亡入匈奴者”之子孙，或者直接

1《史记》卷一一七《司马相如列传》，第3046页。

2《史记》卷一二三《大宛列传》，第3177页。

3 张星烺编注：《中西交通史料汇编》第一册，朱杰勤校订，北京：中华书局，1977年，第458页。

4 “贰师闻宛城中新得汉人知穿井，而其内食尚多。”《汉书》卷六一《张骞李广利传》，二十四史点校本，北京：中华书局，1962年，第2701页。

5《汉书》卷一一〇《匈奴传》，第3782—3783页。

即与其有着密切的关联。

亦有匈奴人径称汉人为“秦人”者。如《汉书·西域传》载，征和四年（公元前89年），汉武帝颁布轮台罪己诏，其中提及“军候弘上书”，言“匈奴缚马前后足，置城下，驰言‘秦人，我匄若马’”。颜师古作注曰：“谓中国人为秦人，习故言也。”[1]即认为匈奴人当时把汉帝国之人称为“秦人”很常见，是“习故言也”。

至东汉时期，西域依然有称汉人为“秦人”的记录。新疆拜城县天山博扎克拉格沟口西侧岩壁，有一方用汉隶书写的东汉摩崖石刻。这一刻石保留了时在龟兹（今新疆库车地区）任左将军的刘平国于东汉永寿四年（公元158年）率领“秦人”孟伯山、狄虎贲等六人，在沟口建“东乌累关城”的史迹。龟兹北向天山，穿越天山峡谷，通达伊犁河流域的乌孙，是汉帝国通向乌孙的重要通道。刘平国率孟伯山等六人于当年七月二十六日“发家”，八月一日“始斫山石作孔”，至十日后“以坚固”，建成关亭，于是刻石“作此诵”纪念。[2]自西汉武帝开拓西域，汉宣帝设西域都护府（公元前60年，一说公元前59年）进行管理，至东汉永寿四年，汉帝国在西域经营已经二百余年，但当地仍有“秦人”之说，[3]这无疑显示出秦人曾经对西域地区产生过深刻的经济、文化影响。

值得注意的是，虽然秦帝国早已土崩瓦解，但声威远震，古代印度、波斯、希腊和罗马人称中国为Cina、Chin、Thin、Sinae等，在佛

1 《汉书》卷九六《西域传》，第3913、3914页。

2 刻石具体录文内容详见任乃宏：《东汉刘平国摩崖刻石补考》，《文物春秋》2020年第1期，第76—79页。

3 王子今：《秦汉长城与丝绸之路》，《光明日报》2018年3月26日14版。不过，对此处“秦人”的理解，学界多有不同。或以为是居住在今新疆库车境内的孟伯山等人仍自称为“秦人”（王炳华：《“刘平国刻石”及有关新疆历史的几个问题》，《新疆大学学报（哲学社会科学版）》1980年第3期，第56—62页）；或以为此处之“秦人”应指“秦地之人”（任乃宏：《东汉刘平国摩崖刻石补考》，《文物春秋》2020年第1期，第76—79页）；或以为即“秦海（今博斯腾湖）民”（李铁：《汉刘平国治关刻石小考》，《社会科学战线》1979年第4期，第204—206页）。

教经典中译作支那、至那或脂那，现代西方各国称中国为China，其源盖皆出于“秦”字。如大约成书于公元前4世纪的印度古文献《国事论》（*Arthasastra*）中，曾经提到过“脂那”（Cina，或译为“震旦”，或译为“真丹”）的物产有丝及织皮两种。对此，季羡林先生指出：“至迟到公元前四世纪中国丝就已经输入印度。在梵文里，有许多与丝有关的字，如Cinapatta（成捆的丝）、Cināmuka（丝衣服）等，都有Cina（脂那）这个字作为组成部分。可见中国丝在古代印度影响是非常大的。”[1]据饶宗颐先生考证，Cina是“秦”的对音，“中印之交往，早在《国事论》成书之前”，公元前316年秦司马错灭蜀，是时蜀已归秦，蜀产之布自可被视为秦布，故得以Cinapatta称之。[2]又如罗马帝国时代的希腊地理学家托勒密（Ptolemy）于公元150年左右所著的《地理书》（*The Geography*，一译《地理学》或《地理志》）中记载有秦尼国（Sinae）的情况，[3]其中的“秦尼”当亦是由“秦”字读音转变而来的。[4]

秦与西部世界的联系，虽未有官方正式的交往，却已是现实的存在。可能当时有一些商贸之路沟通了二者的联系，正如张星烺先生所言：“汉以前之交通，或由于沙漠北道，经今哈密、吐鲁番、阿克苏、喀什噶尔等地，而再至西方也。藉使秦穆公之时，秦之势力，未及于帕米尔高原，仅至安西敦煌附近而止，秦国之威名，由商贩而播至印度，中央亚细亚，亦甚易也。”[5]

---

1 季羡林:《中印文化关系史论文集》，北京：生活·读书·新知三联书店，1982年，第76—77页。

2《饶宗颐史学论著选》，上海：上海古籍出版社，1993年，第233—244页。

3 张星烺编注:《中西交通史料汇编》第一册，第29—35页。

4 白寿彝总主编:《中国通史（秦汉卷）》，第202页。

5 张星烺编注:《中西交通史料汇编》第一册，第456页。

第二节　汉帝国的建立与汉匈关系

西汉帝国时期，大大加强了中原与周边各族之间的联系，国家统一局面得到极大发展。其中，汉武帝时期，汉帝国开始向西北方向开拓。汉武帝长期对匈奴和西域用兵，虽然致使边境局势一度比较紧张，但是汉帝国的相关军事行为和政治策略有利于加速中原民众与周边特别是西北各族的交往、交流和交融，对于沟通中外交通也有着极其重要的作用。

一、汉帝国的建立及发展

1. 秦末暴政与刘邦建汉

秦帝国建立之初，就面临着各种冲突和对抗的威胁。“秦取天下多暴”，[1]秦帝国以武力统一六国，因而帝国内部存在诸多离心因素，“六国公族散处闾巷之间……欲复其宗庙”。[2]“虎狼之秦”观念的出现正是东方六国民众对秦存在抵制和对抗情绪的反映。[3]

秦帝国的统治政策也存在重大问题。首先，赋税过于繁杂。除沉重的田租赋税之外，还有众多的苛捐杂税，可谓“竭天下之资财以奉其政，犹未足以澹其欲也”。[4]其次，徭役甚为繁重。秦始皇大兴土木，滥用民力，仅修筑阿房宫、兴建骊山墓，就征发刑徒数十万。其他如筑长城，开灵渠，戍边塞，修驰道、直道等，虽有一定的积极作用，但短期内百役并兴，必然会给民众造成巨大灾难。再者，刑罚

1《史记》卷一五《六国年表》，第686页。

2《章太炎全集（四）》，上海：上海人民出版社，1985年，第72页。

3 何晋:《秦称“虎狼”考》,《文博》1999年第5期，第41—50页。

4《汉书》卷二四《食货志》，第1126页。

异常繁苛。秦始皇推终始五德之传，以为秦得水德，主刑杀，因而他“刚毅戾深，事皆决于法，刻削毋仁恩和义，然后合五德之数。于是急法，久者不赦”，[1]刑罚名目繁多，既可单独使用，也可交错叠加，而且相当严酷。

秦的暴政最终大大激化了社会矛盾，“天下苦秦久矣”。[2]于是，陈胜、吴广在大泽乡揭竿而起，一举拉开了秦末农民战争的序幕。“伐无道，诛暴秦”，[3]起义席卷各地，“天下从之如流水”，[4]形成全国共起反秦的态势。

汉元年（公元前206年）十月，[5]刘邦率领起义大军进驻霸上（今陕西西安市东南）。即位仅四十六天的秦王子婴，“素车白马，系颈以组，封皇帝玺符节，降轵道旁”。[6]一个盛极一时却政苛刑峻的秦帝国烟消云散。

秦帝国灭亡后，刘邦和项羽两大反秦主力又发生了楚汉战争。刘邦由于实行宽厚的“长者”政治，深得民心，而项羽的所作所为恰恰相反。他坑杀秦降卒二十万，杀死秦王子婴，火烧秦宫殿，还掳掠大批财宝、妇女，因而“秦民大失望”，不得人心。[7]楚汉战争的较量以刘胜项败而告终。汉五年（公元前202年）二月，刘邦即皇帝位。

汉帝国建立之初，由于饱受秦之暴政和秦末战火的摧残，社会满目疮痍，经济十分萧条，“民失作业，而大饥馑。凡米石五千，人相食，死者过半”，甚至“民亡盖藏，自天子不能具醇驷，而将相或乘

---

1 《史记》卷六《秦始皇本纪》，第238页。

2 陈胜和刘邦在起兵时都曾提到这一言论，可见这种观念当能够得到秦末一般民众的广泛认同。参见《史记》卷四八《陈涉世家》，第1950页；《史记》卷八《高祖本纪》，第350页。

3 《史记》卷四八《陈涉世家》，第1952页。

4 《汉书》卷四九《爰盎晁错传》，第2284页。

5 公元前207年冬十月，刘邦在霸上接受秦王子婴的投降。汉初沿用秦《颛顼历》，以十月为岁首，故公元前207年冬十月起即为汉元年，而汉元年的大部分月份都在公元前206年。汉帝国的纪年即从此开始。

6 《史记》卷八《高祖本纪》，第362页。

7 《汉书》卷一《高帝纪》，第27页。

牛车”，政治秩序也尚未安定，百废待兴。[1]因此，摆在刘邦集团面前的迫切任务是恢复和发展经济，稳定社会秩序。

作为亡秦的见证者和参与者，刘邦集团凭借“据秦之地”“用秦之人”以及“承秦之制”的策略得以夺取最终胜利。[2]“汉兴……庶事草创，袭秦正朔”，[3]其从入关、定都、定朝仪到完成统一大业、确立中央集权政治形态，无一不是在秦帝国固有的地理、社会、经济、法制等各项条件的基础上完成的。[4]汉帝国大量继承了秦帝国的创制，是刘邦集团“反秦”之后继而“承秦”的产物。

但是，刘邦及其大臣也吸取了秦亡教训，在统治思想和政策上都有重大变化，把除秦苛法、与民休息作为帝国的施政方针。汉初，高帝刘邦颁布了一系列稳定政权和恢复社会生产的重要政令。其中，公元前195年，他接连下了两道重要诏令：一是布告天下，减少赋敛；一是诏令各郡国，荐举贤能之士。这两道诏令，一道体现了汉初轻徭薄赋方针的持续，一道则成为汉帝国重视荐举人才的先导。

2. 文景之治与汉武盛世

刘邦死后，其妻吕后继续奉行休养生息、恢复民力的政策。在吕后当政的十余年中，政治秩序保持相对稳定，社会经济得到长足发展。史称：

> 孝惠皇帝、高后之时，黎民得离战国之苦，君臣俱欲休息乎无为，故惠帝垂拱，高后女主称制，政不出房户，天下晏然。刑罚罕用，罪人是希。民务稼穑，衣食滋殖。[5]

---

1 《汉书》卷二四《食货志》，第1127页。

2 详见陈苏镇：《汉代政治与〈春秋〉学》，北京：中国广播电视出版社，2001年，第35—66页。

3 《汉书》卷二一《律历志》，第974页。

4 陈丽桂：《秦汉时期的黄老思想》，台北：文津出版社，1997年，第145页。

5 《史记》卷九《吕太后本纪》，第412页。

汉文帝和汉景帝在位近四十年（公元前179—前141年），轻徭薄赋，奖励生产，是西汉社会经济的稳定上升期，史称“文景之治”。这一时期，户口繁息的速度非常迅速。西汉初年，“大侯不过万家，小者五六百户”，至此“流民既归，户口亦息，列侯大者至三四万户，小国自倍，富厚如之”。[1]国家社会经济实力迅速上升，“吏安其官，民乐其业，畜积岁增，户口浸息”。[2]西汉国力大大增强，为鼎盛局面的到来奠定了坚实基础。

汉武帝在位的五十余年（公元前140—前87年），则是汉帝国的鼎盛期。

西汉鼎盛局面的出现，有其物质基础。自汉帝国建立至汉武帝初年，由于一直奉行恢复生产和休息民力的政策，国家最终拥有相当充足的经济实力。史载：

> 至今上即位数岁，汉兴七十余年之间，国家无事，非遇水旱之灾，民则人给家足，都鄙廪庾皆满，而府库余货财。京师之钱累巨万，贯朽而不可校。太仓之粟陈陈相因，充溢露积于外，至腐败不可食。众庶街巷有马，阡陌之间成群，而乘字牝者傧而不得聚会。守闾阎者食粱肉，为吏者长子孙，居官者以为姓号。[3]

西汉盛世出现的又一基本条件，是国家统一局面得到了长期的巩固。汉初以来，异姓诸侯王被逐一消灭，同姓诸侯王势力也大大削弱。汉景帝在平定“吴楚七国之乱”后，趁机“令诸侯王不得复治国，天子为置吏”，[4]诸侯王国只有封土而不再治民，朝廷能够有效地

1《汉书》卷一六《高惠高后文功臣表》，第527、528页。
2《汉书》卷二三《刑法志》，第1097页。
3《史记》卷三〇《平准书》，第1420页。
4《汉书》卷一九《百官公卿表》，第741页。

控制全国，国家统一程度大大加强。

西汉盛世出现的另一关键因素，则是汉武帝个人的雄才大略。他在政治、经济、文化等方面多有创设，主要功绩之一就是驱逐匈奴，打通河西走廊，将帕米尔以东的西域地区纳入汉帝国的控制之下，从而奠定了丝绸之路开通、中国文明首先与希腊化世界文明遗产接触交流的基础。

二、汉帝国同匈奴的和与战

1. 匈奴帝国的建立

秦帝国末年，冒顿继任匈奴单于。他把匈奴各部联合起来，形成一个强有力的政权，大大增强了匈奴自身的力量，最终促使匈奴崛起。

冒顿是头曼单于长子，但头曼“有所爱阏氏，生少子，而单于欲废冒顿而立少子”，就将冒顿派至当时游牧于敦煌、祁连之间的月氏做人质。头曼企图借月氏之手杀死冒顿，于是发兵急攻月氏。冒顿察觉到危险，及时盗取月氏宝马，逃归匈奴。冒顿的这种果敢行为，重新赢得头曼的欢心，“头曼以为壮，令将万骑”。不过，冒顿却开始暗中培育势力。公元前209年，冒顿“从其父单于头曼猎，以鸣镝射头曼，其左右亦皆随鸣镝而射杀单于头曼，遂尽诛其后母与弟及大臣不听从者”，自立为匈奴单于。[1]

冒顿夺取单于之位时，位于匈奴东部的东胡与西部的月氏势力都很强盛，从东西两面威胁着匈奴的安全。为此，冒顿展开了征服邻近各族的战争。

东胡素来轻视匈奴。冒顿杀父自立，东胡王认为匈奴内部不稳，

1《史记》卷一一〇《匈奴列传》，第2888页。

便趁机多次向匈奴勒索。对于东胡王的无理要求，冒顿每次都给予满足。就在东胡王“以为冒顿畏之”，公然要求独占位于两族之间作为缓冲地带的“瓯脱外弃地”之时，冒顿却大怒道：“地者，国之本也，奈何予之!”[1]随后，冒顿单于亲自领兵，踏上征服东胡之路。东胡王毫无防备，一败涂地，其所居之地被完全纳入匈奴的势力范围。

接着，冒顿移兵西征月氏。月氏不仅与冒顿有个人恩怨，而且其所占据的河西地区是中原通往西域的咽喉要道，有着极其重要的战略地位。在匈奴的攻击下，月氏被迫开始向西迁徙。但月氏毕竟是一个大族，拥有控弦之士十余万，匈奴无法也不可能在短时间内将其彻底征服。直至公元前176年左右，冒顿单于再次发动对月氏的大规模攻击，才完全占据了河西地区，迫使大部分月氏人进一步西迁。

在冒顿单于征服东胡、月氏前后，中原地区已陷入巨大的战乱旋涡中。经过秦末农民战争的冲击，公元前207年秦帝国灭亡，[2]汉王刘邦与西楚霸王项羽开始逐鹿中原。冒顿趁此时机，不仅南下征服楼烦、白羊河南王，“悉复收秦所使蒙恬所夺匈奴地者，与汉关故河南塞”，完全收复了河南地，而且“至朝那、肤施”，入侵燕、代地区。[3]随后，冒顿又挥师北上，征服了当时活动在匈奴北方的浑窳、屈射、丁零、坚昆、薪犁等部落。匈奴占据了这些地方，对于自身经济的发展及国力的增强都具有重要的意义。

经过多年东征西战、南侵北伐之后，匈奴控制的地域东起辽东，横跨蒙古草原，西与羌、氐相接，北达贝加尔湖，南抵河套及今山西、陕西北部。随着匈奴征服区域的不断扩大，一个强大的匈奴帝国

1《史记》卷一一〇《匈奴列传》，第2889页。

2 秦朝灭亡的时间，史学界公认为是汉高祖元年十月。因秦汉（初）人使用颛顼历，以十月为岁首，故不少学者把高祖元年全归于夏历乙未年，进而把夏历乙未年等同于公元前206年，故认为秦亡于公元前206年。实际上，高祖元年十月相当于夏历甲午年十月，即公元前207年11月。

3《史记》卷一一〇《匈奴列传》，第2890页。

在冒顿单于统治时期产生了。而在中原地区，公元前202年，楚汉战争终于降下帷幕，汉王刘邦称帝，定都长安。长期的战争消耗，使得中原地区残破不堪，民生凋敝，急需休养生息。当时，汉、匈的实力状况相较而言，差距极其明显，这就预示着两者之间的战争已经很难避免。

2. 汉前期的和亲之策

楚汉战争中，刘邦为合力击楚而分封了七位异姓诸侯王。他们据有关东广大区域，拥兵自重。因此，汉帝国建立后，面临的迫切任务除了休养生息以恢复经济之外，还需要铲除这些异姓王来加强中央集权。至于防御匈奴的侵扰，汉廷原本似乎并未重视，但其之所以还是引起了刘邦的注意，倒是和防范诸侯王的叛乱相关。

高祖六年（公元前201年），初封中原要地颍川的韩王信被徙封于和匈奴相邻的代地，都马邑。不久，“匈奴大攻围马邑”。由于没有足够兵力坚守，韩王信暗中与匈奴和谈。刘邦得知后，斥责他怀有贰心。韩王信在恐惧之下，投降匈奴。冒顿趁机南下，“因引兵南逾句注，攻太原，至晋阳下”。[1]七年冬，刘邦亲率大军讨伐韩王信，抵御匈奴，以解晋阳之围。

汉军最初进展顺利，韩王信在连续打击下逃入匈奴，刘邦乘胜追击，进驻平城。此时，匈奴冒顿单于故意“匿其壮士肥牛马，但见老弱及羸畜”，所以汉使还报都说匈奴可击，只有刘敬认为不可。[2]但是刘邦不听刘敬劝阻，结果中了圈套，刚到白登山一带，就陷入匈奴四十余万铁骑的围困之中，时间长达七日之久。最终，刘邦采用陈平计谋，派人贿赂单于阏氏。冒顿听从阏氏劝告，“解围之一角”，刘邦得以脱险。[3]

1《史记》卷一一〇《匈奴列传》，第2894页。

2《史记》卷九九《刘敬叔孙通列传》，第2718页。

3《史记》卷一一〇《匈奴列传》，第2894页。

刘邦的平城白登之围，是汉帝国的奇耻大辱，对日后汉匈战争也产生了极大影响。直到后来，在“汉既诛大宛，威震外国”之时，汉武帝“意欲遂困胡”，在其随后所下诏书中还曾有“高皇帝遗朕平城之忧……昔齐襄公复百世之仇，《春秋》大之”的话语。[1]

面对北境边患，刘邦苦无良策，于是向刘敬寻求计谋。刘敬对于当时汉匈双方力量的对比有着较为清醒的认识。他认为，“天下初定，士卒罢于兵，未可以武服也。冒顿杀父代立，妻群母，以力为威，未可以仁义说也”，安抚匈奴最好的方法只能是“和亲”。为此，刘敬建议：

> 陛下诚能以適长公主妻之，厚奉遗之，彼知汉適女送厚，蛮夷必慕以为阏氏，生子必为太子，代单于。何者？贪汉重币。陛下以岁时汉所余彼所鲜数问遗，因使辩士风谕以礼节。冒顿在，固为子婿；死，则外孙为单于。岂尝闻外孙敢与大父抗礼者哉？兵可无战以渐臣也。若陛下不能遣长公主，而令宗室及后宫诈称公主，彼亦知，不肯贵近，无益也。[2]

其实，刘敬的上述说法，虽然指出了汉匈关系的关键，但其自身也存在着矛盾之处。冒顿射杀生父而即单于位，备受宠爱的阏氏也能被其转送给东胡王，他又怎么可能会被婚姻的纽带束缚住手脚呢！不过，刘邦在别无良策的情况下也只能采纳这一建议。史载，“高帝曰：‘善。’欲遣长公主”，只是因为吕后日夜泣，曰：“妾唯太子、一女，奈何弃之匈奴”，因而“竟不能遣长公主，而取家人子名为长公主，妻单于”，命刘敬出使匈奴，“往结和亲约”。[3]

1《史记》卷一一〇《匈奴列传》，第2917页。
2《史记》卷九九《刘敬叔孙通列传》，第2719页。
3《史记》卷九九《刘敬叔孙通列传》，第2719页。

对于《史记》的这段记载，清代学者梁玉绳就曾提出疑问。他说：“《张耳传》鲁元公主于高帝五年适赵王敖，至是时已三年矣，而云以妻单于，岂将夺而嫁之乎？娄敬之言悖也。乃帝善其言，即欲遣公主，有是理哉，必非事实。”[1]梁玉绳对于刘敬和刘邦、吕后关于“以適（嫡）长公主妻之”的言行“必非事实”的判断，应该说是很有道理的。[2]据《匈奴列传》记述，“高帝乃使刘敬奉宗室女公主为单于阏氏”，“孝文皇帝复遣宗室女公主为单于阏氏”，都明说“宗室女公主”，而匈奴单于在给汉皇帝的书信中说“二国已和亲，两主欢说”，“和亲已定”，似乎并未引起对“诚意”的怀疑。[3]之所以如此，是因为刘敬在和亲策中提到的匈奴“贪汉重币”才最为真实地道出了匈奴甘愿接受和亲的真正关键。

汉高祖九年（公元前198年），刘敬奉命出使，与匈奴正式缔结和亲之约。此后终高祖之世，中经惠帝、吕后、文帝、景帝，直至汉武帝元光二年（公元前133年）发动对匈奴的战争时止，刘敬倡议的和亲政策成为汉帝国对匈奴的基本策略，一直被奉行六十余年。

显然，汉初的和亲政策，是汉帝国在汉匈双方力量对比处于劣势的状态下，不得不采取的委曲求全之策。为了执行这一政策，汉帝国每年都要向匈奴奉送大量财物，这无疑成为汉帝国的一个沉重经济负担。但是，汉匈和亲有助于消弭边境的紧张局势，使汉匈民众得以和平相处。在和平环境下，边境关市开通，对于汉匈经济发展、文化交流以及民间往来都大有益处。

然而，对于汉帝国君臣来说，此时的“和亲”是在平城之战的惨败阴影笼罩下不得已而为之，除了蒙受巨大经济损失外，更严重的是

1（清）梁玉绳：《史记志疑》，贺次君点校，北京：中华书局，1981年，第1354页。娄敬即刘敬，刘邦赐姓刘。

2 王子今：《南宫公主的婚事》，《读书》2006年第3期，第127—133页。

3《史记》卷一一〇《匈奴列传》，第2895、2898、2902、2903页。

对其心理的沉重打击。汉文帝时，贾谊在上疏陈述政事时就曾说，汉天子为“天下之首”，而匈奴不过是“天下之足”，如今“匈奴嫚娒（侮）侵掠，至不敬也，为天下患，至亡已也，而汉岁致金絮采缯以奉之”，这种“足反居上，首顾居下”的怪异现象实在是令人痛心疾首，“可为流涕者此也”。[1]

对于匈奴一方来说，长期的游牧狩猎生活早已使其形成了一种崇尚武力、以攻侵掳掠为荣的民族性格，汉匈和亲实际上对其也并不存在多少有效的约束力。

事实正是如此。就在刘敬赴匈奴约定和亲的同时，韩王信及其部将与匈奴联兵，多次侵扰代、雁门、云中等汉帝国边郡。高祖十年（公元前197年），负责赵、代地区边防事宜的代相陈豨反叛，与韩王信部将王黄等联合匈奴攻掠边郡。十二年，燕王卢绾投降匈奴，与匈奴联兵，侵掠上谷以东地区。对于匈奴联合或利用汉降将侵扰汉边的做法，有学者认为，“如果说汉族统治者有所谓以夷制夷的话，则匈奴采取的是以汉制汉”。[2]

当然，汉廷其实也并非打算完全依赖和亲而不做防范。平城之战失利后，刘邦一方面采纳刘敬建议，对匈奴实行和亲，试图缓解汉匈关系的紧张局面；另一方面则加紧部署北部边防，命令大将樊哙、周勃等率兵追击韩王信、陈豨等叛将，防止他们与匈奴勾结。同时，汉廷又迁徙原六国旧贵族及豪杰大族十余万人至长安附近，充实关中人口，以防匈奴突袭京畿地区。刘邦的这些举措很快就收到了积极成效。到高祖末年及惠帝初年，韩王信、陈豨在汉军追击下先后败亡，燕王卢绾也在归降匈奴后不久病死，匈奴由此失去南下侵扰的内应。

刘邦死后，匈奴一度侵扰更盛。汉惠帝三年（公元前192年），

1 《汉书》卷四八《贾谊传》，第2240页。
2 陈序经：《匈奴史稿》，北京：中国人民大学出版社，2007年，第201页。

冒顿单于甚至给吕后写了一封极其狂妄无礼的书信，无疑是对汉廷的一次极其严重的挑衅。吕后得书后震怒，召集群臣商议对策。大将樊哙表示愿率十万大军横行匈奴中，群臣亦多附和。唯独中郎将季布说：

> 哙可斩也！前陈豨反于代，汉兵三十二万，哙为上将军，时匈奴围高帝于平城，哙不能解围。天下歌之曰："平城之下亦诚苦！七日不食，不能彀弩。"今歌吟之声未绝，伤痍者甫起，而哙欲摇动天下，妄言以十万众横行，是面谩也。且夷狄譬如禽兽，得其善言不足喜，恶言不足怒也。[1]

季布的这番言论，既明确指出汉帝国难以承受汉匈战争一旦爆发所带来的灾难性后果，又通过将匈奴比作禽兽的手段，巧妙地化解了吕后受辱的愤怒和尴尬。在季布的劝谏下，吕后最终以一封措辞谦卑的信件作为答复。冒顿得信后，也意识到自己行为的唐突，遣使谢罪，自言"未尝闻中国礼义，陛下幸而赦之"，并送上马匹给吕后以修和亲之约。[2]在吕后统治时期，朝廷不再复议出击匈奴之事。

公元前179年，汉文帝即位，汉廷继续实行和亲政策，然而并无法阻挡住匈奴的不时入侵。三年（公元前177年）五月，匈奴右贤王入河南地，攻侵上郡，杀掠吏民。六年，冒顿去世，其子老上即位。老上单于自称"天地所生日月所置匈奴大单于"，而对汉文帝则直呼为"汉皇帝"，答复的书牍在尺寸上也要求大于汉文帝的来书。[3]这种狂傲的性格，再加上匈奴空前强盛的国力，使得老上单于更为好战。当时，从河西直至辽东，汉帝国北部边境烽火不断，局势严峻。汉文

1《汉书》卷九四《匈奴传》，第3755页。
2《汉书》卷九四《匈奴传》，第3755页。
3《汉书》卷九四《匈奴传》，第3760页。

帝十四年（公元前166年），匈奴十四万人在老上单于的亲自指挥下攻入朝那、萧关（均在今宁夏固原东南一带），杀害北地都尉，掳掠百姓，抢夺牲畜，随后大军进一步挺进至彭阳（今甘肃镇原东南）一带，并烧毁回中宫（在今陕西陇县西北），甚至进入雍县（今陕西凤翔）与甘泉宫，京师长安受到严重威胁。匈奴的这次入侵，是汉文帝时期规模最大的一次。汉文帝紧急调发车骑十余万人屯守在长安附近，同时派遣大军迎击匈奴。

汉文帝后元二年（公元前162年），汉匈再次恢复和亲。第二年，老上单于去世，其子军臣单于即位，汉文帝再次遣使缔结和亲盟约。此后，虽然匈奴屡次背约侵犯汉帝国北境，但是汉文帝只是诏令边郡长官严加守备，并不主动出击。

公元前156年，汉景帝即位。四月，匈奴侵入代地，汉景帝遣御史大夫陶青亲赴边塞，与军臣单于恢复和亲。汉景帝前元三年（公元前154年），吴楚七国之乱爆发。赵王秘密与匈奴联络，试图劝说匈奴与赵军联合行动，牵制汉军。不料汉军进展神速，不过三个月，吴楚联军就一败涂地。匈奴见势不妙，拒绝出兵。这次叛乱被平定后，汉帝国中央集权得到进一步加强，汉初以来内部分裂势力不断与匈奴勾结的现象不复存在。“自是之后，孝景帝复与匈奴和亲，通关市，给遗匈奴，遣公主，如故约。终孝景时，时小入盗边，无大寇”。[1]

文景时期，尽管汉廷继续奉行和亲政策，却不能真正保障帝国北境的安宁。当时位于北部的陇西、北地、上郡、云中、代郡、上谷、辽东等边郡，经常受到匈奴侵掠。这种情况，正如汉文帝在前元六年（公元前174年）答复冒顿单于的书信中所说：“汉与匈奴约为兄弟，所以遗单于甚厚。倍约离兄弟之亲者，常在匈奴。”[2]可是，汉帝国此

1《史记》卷一一〇《匈奴列传》，第2904页。
2《史记》卷一一〇《匈奴列传》，第2897页。

时的国力相较匈奴来说仍处劣势，而且又面临着诸侯王形成割据势力的风险，汉廷的主要任务仍是如何“削藩”与平定诸侯王反叛、巩固中央集权，而应付匈奴的侵扰只能被摆在一个次要位置上，采取消极防御策略。这是文景时期汉廷在屡次遭受匈奴侵掠之后，却始终委曲求全，坚持与匈奴和亲的关键所在。

在汉初实施和亲政策的六十余年中，汉匈关系始终处于边境冲突不断却没有大规模战争爆发，和亲约定经常被撕毁却又能得以恢复的状态之中。这种现象表明，此时汉匈双方正处于战略上的对峙阶段。随着汉帝国国力的全面恢复，汉武帝即位后，再也无法容忍和亲政策继续下去，而是希望早日报高帝在平城惨败之仇、雪吕后受书信受辱之耻，汉匈之间的战略决战已经势不可免。

3. 汉武帝对匈奴战略的改变

汉武帝时期，汉匈双方力量对比发生了巨大变化。经过六七十年的休养生息，“文景之治”积蓄下来的巨额财富与汉景帝平定吴楚七国后所形成的强有力的中央集权，使汉帝国繁荣昌盛，充满勃勃生机。

即位之初，汉武帝就显现出征伐匈奴的意图，他委派李广、程不识等名将镇守边郡要塞，征调戍卒巩固边防。建元三年（公元前138年），当汉武帝从匈奴降人的口中得知月氏被匈奴击败被迫西迁的消息时，就认为这是一个联合月氏夹击匈奴的绝好机会。于是他招募使者出使西域，张骞就是在这种背景下第一次出使西域的。

建元六年，匈奴军臣单于遣使请求和亲，汉武帝令群臣开展讨论。大行王恢曾长期在边郡为官，熟悉匈奴情况。他认为，匈奴每次与汉和亲，不过数年即违背约定，不如直接拒绝和亲，举兵抗击匈奴。而御史大夫韩安国却认为匈奴骑兵行动迅捷，难于制御，汉军千里出击，人困马乏，况且夺取匈奴土地和民众也给汉廷带不来特别大的好处，不如应允和亲。由于大多数朝臣赞成韩安国的意见，汉武帝就暂时同意了匈奴的和亲请求。所以，司马迁在《史记·匈奴列传》中写道：“今帝即位，明和亲约束，厚遇，通关市，饶给之。匈奴自单于以下皆亲汉，往来长城下。”[1]

元光二年（公元前133年），雁门郡马邑人聂壹通过大行王恢向汉武帝建议：匈奴刚与汉和亲，缺乏防备，如示之以利，引诱其深入，汉军设伏袭击，当可大获全胜。不过，一旦实施这一计划，就意味着汉匈关系彻底决裂，战争将会取代已经实行六十余年的和亲政策所换来的和平。汉武帝命群臣再次商议，一场更为激烈的争辩在王恢与韩安国之间展开。这一次，汉武帝采纳了王恢的建议。至此，断绝和亲，全面抗御匈奴的策略最终确定下来。

第三节　汉代“西域”与大月氏的西迁

“西域”作为一区域名称，有广、狭二义。广义而言，指中国新疆及其以西包括中亚、南亚、西亚等地。狭义来说，则仅指从敦煌、玉门到葱岭之间的中国新疆地区。汉代的“西域”一般是就其狭义而言，但有时则会有所扩展，而且其涵盖范围也有一个发展变化的过程。汉武帝时，西域有三十六国，后分为五十余国。各国语言不同，互不统属。人口亦多寡不等，如龟兹国人口多达八万人，而一般每国则仅有数千至二三万人。随着汉帝国对西域所采取的外交策略和军事行为的成功，特别是丝绸之路的开通，西域地区成为中西经济、文化交流的通道，对于汉文化向西传播以及中原人接受西来文化，都有着极其重要的历史意义。

---

1 《史记》卷一一〇《匈奴列传》，第2904页。

一、汉代的“西域”

“西域”一词最早出现在西汉时期的历史文献《史记》当中。《史记》卷六〇《三王世家》载有丞相庄青翟、御史大夫张汤颂扬汉武帝功德的奏言，其中说到“极临北海，西溱月氏，匈奴、西域，举国奉师”。[1]卷一一七《司马相如列传》记有司马相如告巴蜀檄文，其中有言“康居西域，重译请朝，稽首来享”。[2]卷一一〇《卫将军骠骑列传》在叙述占据河西的匈奴浑邪王等降汉后，引录有汉武帝褒奖霍去病之功的嘉奖令，提及“骠骑将军去病率师攻匈奴西域王浑邪，王及厥众萌咸相奔”。[3]

这些奏言、檄文和嘉奖令，均出自司马迁抄录汉武帝时代的正式文书，具有较高的可信度。可见，对“西域”的关注，自汉武帝时代已经开始，而且“西域”一词极有可能已经成为了当时社会的通行用语。[4]不过，这里的“西域”，往往和“匈奴”“康居”并列或者连称，或是指这些地方的西部地区，但所涵盖的具体地理范围却不十分明确。

1 《史记》卷六〇《三王世家》，第2109页。

2 《史记》卷一一七《司马相如列传》，第3044页。

3 《史记·霍去病列传》，第2933页。有学者认为此“西域”应为“西城”，如日本学者藤田丰八认为，“关于匈奴之西域，在《史记·霍去病传》及《汉书》同传中均载武帝嘉奖霍去病之功绩，而有‘西域王浑邪王’之句。按此‘西域王’，殆即‘西城王’之伪”，杨建新、刘光华、刘进宝诸先生赞同此说（参见［日］藤田丰八：《西域研究》，杨炼译，上海：商务印书馆，1935年，第83页；杨建新：《关于汉代乌孙的几个问题》，《新疆大学学报（哲学社会科学版）》1980年第2期，第66—79页；刘光华：《也谈汉代的乌孙——〈关于汉代乌孙的几个问题〉商榷》，《新疆大学学报（哲学社会科学版）》1981年第3期，第33—43页；刘进宝《“西城”还是“西域”——〈史记·大宛列传〉辨析》，《中国史研究》2017年第4期，第201—205页）。孙闻博加以考证，认为“‘西城’即便理解为用作泛指，从构词抑或史例上，依然缺乏依据”，不如“西域”更为对应（孙闻博：《〈史记〉所见“匈奴西域”考——兼论〈史记·大宛列传〉的撰作特征》，《西域研究》2019年第4期，第28—40页）。

4 王子今：《“西域”名义考》，《清华大学学报（哲学社会科学版）》2010年第3期，第100—105页。

《史记》中还可见称“西国”者。这些“西国”，其实与后来通行的“西域”意义相近。陈桥驿先生即曾写道：“西域之名由来已久，《史记·大宛列传》：‘匈奴奇兵，时时遮击使西国者。’清徐松认为：‘古音国读如域’（《汉书西域传补注》卷上）。因此，《史记》‘西国’即是‘西域’。”[1]从这一角度理解，“西域”也就是“西国”，或者说是“西戎远国”，西方“险远”之国。由此可见，汉代统称意义上的“西域”，实际是指汉廷所辖之地以西的地区。

据《汉书·西域传》记载：“西域以孝武时始通，本三十六国，其后稍分至五十余，皆在匈奴之西，乌孙之南。南北有大山，中央有河，东西六千余里，南北千余里。东则接汉，厄以玉门、阳关，西则限以葱岭。其南山，东出金城，与汉南山属焉。”[2]由此可知，在当时汉人的心目中，狭义的西域是在匈奴以西，乌孙之南。诚如李炳泉先生所言：“张骞西使西域的那个时代实际上已有明确的‘西域’概念。”[3]《史记》中所出现的“西域”，与后来一般所说的汉代的西域并没有根本性的歧义之别，而且其所指代的地域的细微差别，正表明汉代西域的涵盖范围有着一个发展变化的过程，这恰巧反映了汉代人对西域的认知有着一个变化的过程。

总而言之，汉代的“西域”是各游牧民族角逐的场所，先后出现了许多独立的王国。从公元前3世纪至公元前2世纪起，匈奴、塞种、月氏、乌孙等部族都曾通过这一地区陆续向西方大规模地迁移。[4]可以说，西域成为历史上中西交通特别是中西文化交流的一个主要通道。

---

1 陈桥驿：《〈西域历史地理〉序》，苏北海：《西域历史地理》，乌鲁木齐：新疆大学出版社，1988年，第1页。

2 《汉书》卷九六《西域传》，第3871页。

3 李炳泉：《关于汉代西域都护的两个问题》，《民族研究》2003年第6期，第69—75页。

4 白寿彝总主编：《中国通史（秦汉卷）》，第147页。

二、月氏的起源及原居地

月氏是曾经活动在中国北方草原地区的一个古老游牧部族。“月氏”一名，首见于《史记》。据载，秦时“东胡强而月氏盛”，[1]匈奴尚未崛起，月氏“控弦者可一二十万”。[2]

《史记·大宛列传》明确记载：“始月氏居敦煌、祁连间。”[3]按照这种说法，月氏人的原居地应该在敦煌和祁连山之间。只是对祁连山，学界有不同看法。有学者把祁连视为天山，因匈奴语中称天为祁连，《汉书·卫青霍去病传》颜师古注即云：“祁连山即天山也，匈奴呼天为祁连。”[4]

由于对古代文献中的月氏及其可能的前身“禺知”或“禺氏”所指相关地域的理解不同，学者们对月氏人的原居地分歧仍然较大。不过，综合史籍记载，可以推测月氏人的原居地可能是在敦煌和祁连山之间的河西走廊上，其势力影响西到阿尔泰山地区，东到河套地区，从河套到阿尔泰山都可能是他们的活动区域。

依据考古资料，学界对月氏人原居地也有新的认知。如有学者认为月氏人原居地在敦煌至新疆天山东部地区。[5]特别值得注意的是，早在2000年左右，西北大学考古团队启动了寻找大月氏的考古工作，从甘肃河西走廊到新疆东天山地区，基本确认以东天山地区为中心分布的公元前5世纪至公元前2世纪的古代游牧文化遗存，就是月氏人留下的。2009年，他们又首次进入中亚地区考古，在中亚地区寻找古代月氏文化遗存，后来发表了拉巴特（Rabat）遗址发掘简报，首次阐

1《史记》卷一一〇《匈奴列传》，第2887页。

2《史记》卷一二三《大宛列传》，第3161页。

3《史记》卷一二三《大宛列传》，第3162页。

4《汉书》卷五五《卫青霍去病传》，第2481页。

5 余太山：《塞种史研究》，北京：中国社会科学出版社，1992年，第55页；王建新：《古代月氏人活动的中心地域——古代月氏文化的考古学探索之三》，《中国文物报》2003年2月28日。

释月氏文化内涵。他们提出，在公元前2世纪末期至公元1世纪前期，帕米尔以西、西天山以南、铁门关（Iron Gate）以东、阿姆河以北这一所谓的“北巴克特里亚”地区，其时空范围、文化特征与中国古代文献所记大月氏西迁巴克特里亚地区（Bactria）的历史完全吻合，与中国新疆东天山地区公元前5世纪至公元前2世纪期间的古代游牧文化遗存面貌相似，应该是大月氏留下的考古学文化遗存。拉巴特墓地的发掘以及月氏文化的认定，为月氏的考古学探索提供了一个可靠的已知点和出发点，在学术史上具有突破性的意义。[1]

但也有学者认为大月氏原居地应在新疆天山北部巴里坤草原一带，而大月氏王庭就在所谓“天山”脚下的巴里坤草原。吐鲁番交河故城沟北墓地、洋海墓地、巴里坤东黑沟早期遗存的文化内涵一脉相承，皆属于苏贝希文化。[2]这一文化正是目前学界一直寻找的大月氏考古文化，其创造者应为月氏人以及大月氏西迁后留在故乡的小月氏遗民。[3]

---

1 详情参见西北大学中亚考古队、乌兹别克斯坦科学院考古研究所:《乌兹别克斯坦拜松市拉巴特墓地2017年发掘简报》,《文物》2018年第7期，第4—30页；西北大学中亚考古队等:《乌兹别克斯坦拜松市拉巴特墓地2018年发掘简报》,《考古》2020年第12期，第53—80页；唐云鹏、王建新:《乌兹别克斯坦苏尔汉河流域考古工作的主要收获——月氏与贵霜文化的考古学观察》,《西北大学学报（哲学社会科学版）》2021年第3期，第80—92页。

2 苏贝希文化是吐鲁番先民创造的史前文化，因在吐鲁番盆地苏贝希村附近首先发现车师人墓地数十处和数处遗址而得名。经过发掘的墓葬主要有喀格恰克墓地、洋海墓地、英亚伊拉克墓地、艾丁湖墓地、三个桥墓地、苏贝希墓群以及哈拉和卓和苏贝希两处遗址。此后，考古工作者又在以吐鲁番盆地为中心的周边地区，包括天山阿拉沟和乌鲁木齐及天山北部的奇台、木垒、吉木萨尔、米泉等地发现了与苏贝希一号墓地具有基本相同文化面貌的古代墓葬，特统一将原考古文献记载的车师文化重新命名为苏贝希文化。参见陈戈:《新疆史前时期又一考古学文化——苏贝希文化试析》，收入宿白主编:《苏秉琦与当代中国考古学》，北京：科学出版社，2001年，第153—171页；吕恩国等:《新疆鄯善县洋海墓地的考古新收获》,《考古》2004年第5期，第3—7页；新疆文物考古研究所、吐鲁番文物局:《鄯善洋海一号墓地发掘简报》《鄯善洋海二号墓地发掘简报》和《鄯善洋海三号墓地发掘简报》,《新疆文物》2004年第1期，第1—68页；李肖等:《新疆鄯善洋海墓地发掘报告》,《考古学报》2011年第1期，第99—166页；邵会秋:《新疆苏贝希文化研究》,《边疆考古研究》2012年第2期，第193—220页。

3 林梅村:《吐火罗人与龙部落》,《西域研究》1997年第1期，第11—20页;《大月氏人的原始故乡——兼论西域三十六国之形成》,《西域研究》2013年第2期，第90—104页。

这些考古新发现和新认知，既丰富了月氏原居地的史料，也大大加深和拓展了对相关古文献的理解。但上述研究只是就某一时期月氏人的活动区域而言。时间跨度从西周到汉代，先后相差千年。笔者无力，也没有必要对每种说法做出自己的判断，我们的研究只能从促使汉武帝派遣张骞寻觅的大月氏开始。因为正是这个大月氏的西迁才导致了中亚的巴克特里亚希腊人王国的灭亡。张骞也正是追寻着他们的足迹，才抵达了希腊化世界的故地。

三、大月氏的西迁

公元前2世纪前后，月氏遭受匈奴多次打击，从敦煌与天山之间的草原地带向西迁至伊犁河、楚河一带，后又败于乌孙和匈奴联军，被迫继续西迁，遂西击大夏，占领妫水（阿姆河）两岸，建立大月氏国。月氏西迁至伊犁河、楚河流域之时，逐走了原居该地的塞种人，迫使塞种人分散迁徙，一部分南迁罽宾，一部分西侵巴克特里亚的希腊人王国。不过，有关这一段的历史，学界仍有比较大的争议，特别是张骞所提到的大夏是塞人所建立还是就是巴克特里亚希腊人王国，迄今未有定论。[1]

1. 大月氏的第一次西迁

关于大月氏的西迁，《史记·大宛列传》有载：

> 及冒顿立，攻破月氏，至匈奴老上单于，杀月氏王，以其头为饮器。始月氏居敦煌、祁连间，及为匈奴所败，乃远去，过宛，西击大夏而臣之，遂都妫水北，为王庭。其余小众不能去

1 参见杨巨平:《碰撞与交融——希腊化时代的历史与文化》第十章《希中文明的接触与交汇》，北京：中国社会科学出版社，2018年，第193—198页。

者，保南山羌，号小月氏。[1]

司马迁的这段记述，初读起来，让人感觉大月氏似在匈奴的打击下，一次性就从敦煌、祁连山一带直接迁到了大夏之地。而事实上，如前所言，大月氏先西迁至伊犁河、楚河流域，后又为乌孙和匈奴联军所败，才再次迁往大夏。之所以造成这种错觉，主要是由于司马迁把匈奴对月氏的多次攻击混写在了一起，难以辨清，而且也没有提到大月氏西迁伊犁河、楚河流域的史实即第一次西迁的历史。

《后汉书·西域传》“大月氏国”条的记载则更为简单，只说“初，月氏为匈奴所灭，遂迁于大夏”，[2]就好像大月氏从未到过伊犁河、楚河流域一样。同书《西羌传》云“月氏王为匈奴冒顿所杀，余种分散，西逾葱领”，[3]直接记述大月氏的最后定居地，也同样漏写了大月氏的第一次西迁。

《汉书·西域传》在记述大月氏时，所述内容基本照录《史记》，也没有涉及大月氏第一次西迁的历史。[4]不过，在记述乌孙国时，却明确提到乌孙国“本塞地也，大月氏西破走塞王，塞王南越县度，大月氏居其地。后乌孙昆莫击破大月氏，大月氏徙西臣大夏”。[5]可见，大月氏在离开河西之地后，先是到了塞种人的原居住地伊犁河、楚河流域，而不是一下子就迁到了大夏的土地上。

《汉书·张骞传》记述有张骞对汉武帝询问大夏情况的回答，较《史记·大宛列传》所载而言更为详细，其中亦述及了大月氏西迁的

1 《史记》卷一二三《大宛列传》，第3161—3162页。

2 《后汉书》卷八八《西域传》，二十四史点校本，北京：中华书局，1965年，第2921页。

3 《后汉书》卷八七《西羌传》，第2899页。

4 《汉书·西域传》：“大月氏本行国也，随畜移徙，与匈奴同俗。控弦十余万，故强轻匈奴。本居敦煌、祁连间，至冒顿单于攻破月氏，而老上单于杀月氏，以其头为饮器，月氏乃远去，过大宛，西击大夏而臣之，都妫水北为王庭。”（《汉书》卷九六《西域传》，第3890—3891页。）

5 《汉书》卷九六《西域传》，第3901页。

历程。张骞言道：

> 臣居匈奴中，闻乌孙王号昆莫。昆莫父难兜靡本与大月氏俱在祁连、敦煌间，小国也。大月氏攻杀难兜靡，夺其地，人民亡走匈奴。子昆莫新生……单于爱养之。及壮，以其父民众与昆莫，使将兵，数有功。时，月氏已为匈奴所破，西击塞王。塞王南走远徙，月氏居其地。昆莫既健，自请单于报父怨，遂西攻破大月氏。大月氏复西走，徙大夏地。[1]

由此可见，大月氏的西迁分为两个阶段：第一阶段是从“祁连、敦煌间”迁到塞种人原居住地伊犁河、楚河流域，即第一次西迁；第二阶段再由伊犁河、楚河流域迁到大夏之地，即第二次西迁。

学界对于大月氏曾两次西迁已无异议，但对两次西迁的具体时间则众说纷纭。由于大月氏的西迁，特别是第一次西迁和匈奴的持续攻击有着极其密切的关系，所以理清匈奴对大月氏的多次攻击，无疑有助于确定大月氏第一次西迁的具体时间。

传世文献所载匈奴对月氏的第一次攻击，发生在匈奴头曼单于时期。《史记·匈奴列传》载：

> 单于有太子名冒顿。后有所爱阏氏，生少子，而单于欲废冒顿而立少子，乃使冒顿质于月氏。冒顿既质于月氏，而头曼急击月氏。月氏欲杀冒顿，冒顿盗其善马，骑之亡归。[2]

不过，对于这次攻击的胜负情况，文中并未提及。后来，冒顿制作鸣镝，射杀其父，自立为单于。接着，冒顿单于先向东灭掉了东胡，

---

1 《汉书》卷六一《张骞李广利传》，第2691—2692页。
2 《史记》卷一一〇《匈奴列传》，第2888页。

后又向西打败了月氏。这是文献所载匈奴对月氏发动的第二次攻击。《史记·匈奴列传》载：

冒顿既立……遂东袭击东胡……大破灭东胡王，而虏其民人及畜产。既归，西击走月氏，南并楼烦、白羊河南王。[1]

由于具体的时间难以确定，编年体史书《资治通鉴》将“头曼急击月氏”、冒顿射杀其父自立和冒顿单于“西击走月氏”这三件事均系于汉高祖六年（公元前201年）。[2]也就是说，在这三件相继发生的事件中，最晚发生的冒顿单于“西击走月氏”这件事，至迟不会晚于公元前201年。显然，这时已经开始处于匈奴的日益强盛期和月氏的逐渐衰落期。

匈奴对月氏的第三次攻击，仍然发生在冒顿单于时期。《史记·匈奴列传》记载，汉文帝前元三年（公元前177年），“匈奴右贤王入居河南地，侵盗上郡葆塞蛮夷，杀略人民”，于是汉文帝诏丞相灌婴发车骑八万五千，“诣高奴，击右贤王。右贤王走出塞”。[3]在随后的第二年，即前元四年，冒顿单于给汉文帝写了一封书信，其中提及，由于右贤王没有请示，与汉帝国发生战争，所以罚他攻击月氏，结果“夷灭月氏，尽斩杀降下之。定楼兰、乌孙、呼揭及其旁二十六国，皆以为匈奴。诸引弓之民，并为一家”。[4]

老上单于时期，匈奴再次发动对月氏的战争，并给予其毁灭性的打击。这是文献所载匈奴对月氏发动的第四次攻击。《史记·大宛列传》载：“至匈奴老上单于，杀月氏王，以其头为饮器。”[5]在匈奴的打

1《史记》卷一一〇《匈奴列传》，第2889—2890页。
2《资治通鉴》，北京：中华书局，1956年，第371—373页。
3《史记》卷一一〇《匈奴列传》，第2895页。
4《史记》卷一一〇《匈奴列传》，第2896页。
5《史记》卷一二三《大宛列传》，第3162页。

击之下，月氏惨败，其王也被攻杀。《汉书·匈奴传》所载相关内容与此基本一致，而且在述及元帝时汉匈立盟还提到“以老上单于所破月氏王头为饮器者共饮血盟”[1]的情景，亦可作为旁证。

综合上述文献所载匈奴对月氏的四次攻击，学界对大月氏第一次西迁的具体时间做出了判断，但却有着诸多争论。

首先，可以肯定的是，由于文献中未曾提及头曼单于“急击月氏”即匈奴第一次攻击月氏时双方的胜负关系，所以学界对此较少论及，基本上可以直接排除这次攻击致使大月氏西迁的可能性。

不过，对于冒顿单于第一次“西击走月氏”即文献中匈奴第二次攻击月氏，孙毓棠先生主张这一时间点应该是大月氏西迁的开始。而且，他认为大月氏的西迁应有一个过程，当匈奴右贤王“西求月氏击之”即文献中匈奴对月氏的第三次攻击之时，月氏人西迁到了准噶尔盆地，后来老上单于再一击，“杀月氏王，以其头为饮器”，大月氏遂迁往伊犁河流域。[2]可是，这其中更多的只是推测，在《史记》《汉书》等历史文献中找不到确切依据。

学界更多的争论主要集中在后两次攻击上。日本学者藤田丰八主张月氏西迁始于冒顿对匈奴的第二次攻击之后，“因冒顿单于而逐出敦煌、祁连间”，这次打击对月氏来说十分惨重，《史记·匈奴列传》载冒顿“夷灭月氏，尽斩杀降下之”。藤田丰八认为，此次“冒顿单于在河西地方，将月氏势力一扫而尽，遂使其势力扩张于西域。若月氏占据河西地方，则匈奴终难开拓其西域之门户”，并举出史书中紧接上句引文之后的另一句“定楼兰、乌孙、呼揭及其旁二十六国，皆以为匈奴”作为反证，以证实冒顿在征服“二十六国”之前，已经将月氏逐出河西地区了。[3]

---

1 《汉书》卷一一〇《匈奴传》，第3801页。
2 孙毓棠：《安息与乌弋山离》，《文史》第五辑，北京：中华书局，1978年，第7—21页。
3 ［日］藤田丰八：《西域研究》，杨炼译，第94、95页。

《史记·大宛列传》载:“是时天子问匈奴降者,皆言匈奴破月氏王,以其头为饮器,月氏遁逃而常怨仇匈奴,无与共击之。”[1]这就点明,在匈奴破月氏王以其头为饮器那次战争后,月氏才“遁逃”而大规模西迁的。杀月氏王的单于,联系前文看,正是老上单于。东汉末年的荀悦对月氏亦有记载,其所著《汉纪》云:“大月氏本匈奴同俗,居敦煌、祁连山间。匈奴老上单于杀月氏王,以其头为饮器。月氏乃远去,西过大宛,击大夏而臣之,国都妫水。”[2]荀悦未提冒顿破月氏事,直书老上杀月氏王,“月氏乃远去”。只不过遗憾的是,荀悦亦将大月氏的两次西迁混在一起,合二为一了。

莫任南先生注意到,西汉贾谊在所陈治安策中曾说:“将必以匈奴之众,为汉臣民,制之令千家而为一国,列处之塞外,自陇西延至辽东,各有分地以卫边,使备月氏、灌窳之变,皆属之置郡。”[3]而贾谊陈治安策之事,《资治通鉴》将其系于文帝前元六年(公元前174年),[4]荀悦《汉纪》定在前元八年(公元前172年)。[5]莫任南先生认为,由贾谊此文可知,在贾谊上对匈奴策略时,“月氏尚在故地未迁徙。如已西去,‘备月氏……之变’,可就是胡言乱语了”,所以“这表明月氏西迁当在公元前174年或公元前172年之后,亦即老上单于时期”。[6]《新书·匈奴》中发表的有关“备月氏、灌窳之变”的言论及所体现的意识,的确是贾谊在认真体察西北民族关系历史和现状的基础上形成的真知灼见。[7]不过,当时汉帝国对月氏乃至整个西域的了

1 《史记》卷一二三《大宛列传》,第3157页。

2 (汉)荀悦:《汉纪》卷一二《孝武皇帝纪》,张烈点校,北京:中华书局,2002年,第203页。

3 (汉)贾谊撰,阎振益、钟夏校注著:《新书校注》,第134页。

4 《资治通鉴》,第469—479页。

5 (汉)荀悦:《汉纪》卷七《孝文皇帝纪》,第104—107页。

6 莫任南:《关于月氏西迁年代问题》,《湖南师大学报(哲学社会科学版)》1985年第2期,第57—62页。

7 王子今:《论贾谊〈新书〉“备月氏、灌窳之变”》,《社会科学》2010年第3期,第151—157页。

解并不是很多，也不甚清楚准确，若仅依此来断定贾谊在上对匈奴策时，“月氏尚在故地未迁徙”，可能有些过于武断。因为贾谊对匈奴的认知虽然相对精当，但其消息来源却极有可能存在一定时段的滞后性。

实际上，如果我们不过于纠结大月氏的第一次西迁当定为哪一具体年份，那么将其断定在公元前177年至公元前172年之间，即匈奴冒顿单于统治末期至老上单于统治初期，就显得比较合情合理了。其实，如果再审视孙毓棠先生认为大月氏的西迁当是一个过程的观点，也可充实我们的这一想法。

匈奴连续两次对月氏的大规模战争不仅彻底地打败了月氏，老上单于甚至杀死了月氏王，并且还借机征服了月氏在西域的属国。匈奴右贤王在西域新开拓的疆土应该就是大月氏故地及其属国地域，这一区域北至阿尔泰山的呼揭，南达罗布泊东北的楼兰，西至天山中部的乌孙。

被匈奴所破的月氏人，在居地和属国皆被占领的情况下，只得离开所居住的河西走廊一带向西迁徙。在西迁途中，大月氏冲击了生活在他们西部的乌孙部，杀死了乌孙王难兜靡。乌孙余众则携刚出生的难兜靡之子向东迁徙，投靠匈奴。这　事件又为以后乌孙人讨伐西迁的大月氏埋下了伏笔。

随后，大月氏攻占了伊犁河、楚河流域的塞人的游牧之地。一般认为，中国称之为“塞”的民族，实际上是“亚洲斯基泰人”。这是对一个由许多互不统属的部族（联盟）构成的民族的统称。它们是从西北部草原上来的古老的游牧部族，当时居于药杀水（即今锡尔河）以北之地区，包括伊犁河流域及天山北麓。[1]

大月氏的第一次西迁可能就是沿着天山北麓进行的，最后抵达了

1 ［美］W. M. 麦高文：《中亚古国史》，章巽译，北京：中华书局，1958年，第48、267页。

中亚伊犁河、楚河流域，即史书上所记载的“塞地”。迁徙而来的月氏人迫使原来居住在伊犁河、楚河流域的塞人向南迁徙而去。对此，《汉书·张骞传》记载说：“月氏已为匈奴所破，西击塞王。塞王南走远徙，月氏居其地。”[1]

大月氏的西迁，自然冲击到当地的塞人部落，而塞人向西、向南的溃败，则又把动乱传递至其他地方。可以说，如果没有大月氏的西迁，就不会有塞人的移动。而如果没有塞人的移动，大月氏西迁的影响就要小很多。《汉书·西域传》“乌孙”条下载：“大月氏西破塞王，塞王南越县度，大月氏居其地。”“罽宾”条下载：“昔匈奴破大月氏，大月氏西君大夏，而塞王南君罽宾。塞种分散，往往为数国，自疏勒以西北，休循、捐毒之属，皆故塞种也。”这里提到的“塞王”“塞种”，历来争论颇多。有学者认为，“塞王”应是指南徙塞人的主流，其首领即原先部落之“王”；“塞种”则应是指那些散乱落伍者和中途分裂者，因其脱离大队各奔东西，遇有适当地方便滞留下来，故曰“塞种分散，往往为数国”。[2]

大月氏第一次西迁，迁居到伊犁河、楚河流域，尽管停留的时间不是很长，但却成为它发展史上文化交替的一个重要阶段。这里有着四通八达的交通，既有利于人们从事商业活动，也方便各种文化的相互交流传播。在这里，大月氏与当地的塞种部族产生了广泛交往（包括战争），并深受中亚地区历史文化以及希腊化文化的影响。

2. 大月氏的第二次西迁

大月氏的第二次西迁是指从伊犁河、楚河流域向大夏即阿姆河流域的迁徙，它是在乌孙和匈奴势力的联合进攻之后发生的。

乌孙和月氏原本均生活在敦煌、祁连山一带，大月氏攻杀了乌

1 《汉书》卷六一《张骞李广利传》，第2692页。
2 黄靖：《大月氏的西迁及其影响》，《新疆社会科学》1985年第2期，第96—105页。

孙的首领难兜靡，并掠夺了乌孙的地盘，乌孙人不得不逃到匈奴，受匈奴庇护。在大月氏杀死乌孙王难兜靡时，其子昆莫刚刚出生。《汉书·张骞传》载：

> 大月氏攻杀难兜靡，夺其地，人民亡走匈奴。子昆莫新生，傅父布就翕侯抱亡置草中，为求食，还，见狼乳之，又乌衔肉翔其旁，以为神，遂持归匈奴，单于爱养之。及壮，以其父民众与昆莫，使将兵，数有功。时，月氏已为匈奴所破，西击塞王。塞王南走远徙，月氏居其地。昆莫既健，自请单于报父怨，遂西攻破大月氏。大月氏复西走，徙大夏地。昆莫略其众，因留居，兵稍强，会单于死，不肯复朝事匈奴。匈奴遣兵击之，不胜，益以为神而远之。[1]

大月氏到底是何时从伊犁河流域向更西的阿姆河流域迁去的呢？依据上述材料，可知大月氏这次离开伊犁河流域西迁发生于某一位匈奴单于死亡之前。而且这段材料详细叙述了乌孙昆莫“新生”“及壮”“既健”的成长历程，为我们确定这位单于到底是哪位单于提供了至为关键的信息。查西汉前期，先后相继的单于有三个，即冒顿单于（公元前209—前174年在位）、老上单于（公元前174—前161年在位）和军臣单于（公元前161—前126年在位）。

冒顿单于死亡时，大月氏的第一次西迁可能还没有开始，更不要说第二次西迁了，所以可以不予考虑。日本学者藤田丰八认为，军臣单于死于公元前126年，此时大月氏早已“臣大夏而居之”，所以“会单于死”的这位单于只能是死于公元前161年的老上单于，大月氏第二次西迁当在孝文帝后元三年即公元前161年之前。[2]后人多认可这一

1《汉书》卷六一《张骞李广利传》，第2692页。

2［日］藤田丰八：《西域研究》，杨炼译，第90—96页。

说法。不过，藤田丰八的观点其实还有待再审视，存在商讨的余地。事实上，上述材料中只是说这位单于死于大月氏第二次西迁之后。因此，若径直将其死亡之时直接认定或等同于大月氏第二次西迁之时，逻辑上就存有漏洞，所得结论就不免有些过于武断甚或错误。

莫任南先生也是在这一并不严密的逻辑基础上从反面作了论证。他认为，如果将这一单于确定为军臣单于的话，则“从张骞出使情况看，这也不可能”，因为张骞“离开已征服阿姆河流域而定居下来的月氏”已经是在公元前127年，所以，“昆莫攻月氏，月氏离伊犁河西迁阿姆河就绝不可能是前127—前126年间的事情”，如此，“月氏被乌孙赶出伊犁河流域肯定是前162—前161年间的事了”。[1]

日本学者安马弥一郎则认为“会单于死”的单于不是老上而是军臣。因为昆莫之父被杀是在孝文前元三、四年（公元前177—前176年），当时昆莫一两岁，长大守西域时为三十岁左右，至武帝建元中击败月氏时，昆莫约四十岁。这样推算与《汉书》中昆莫“壮”“健”之说相合。[2]

麦高文采取折中的说法，将乌孙破月氏和月氏西迁阿姆河的时间放在了公元前160年至公元前140年之间。不过他依据的却是《史记·大宛列传》中说的“单于死，昆莫乃率其众远徙”，认为这一记载比《汉书》此处所记更可靠，因为若依《汉书》将乌孙破月氏定在老上单于死前，那就不好解释昆莫为匈奴单于所收养的事。[3]麦高文之所以相信《汉书》所记的昆莫破月氏事，却又不相信《汉书》所记大月氏第二次西迁在老上单于死之前，结果只能硬从《史记》中那并不涉及月氏与乌孙关系的“单于死，昆莫乃率其众远徙”中取年代，

---

1 莫任南：《关于月氏西迁年代问题》，《湖南师大学报（哲学社会科学版）》1985年第2期，第57—62页。

2 ［日］安马弥一郎：《月氏西迁考》，王崇武译，《禹贡》半月刊，1936年，第五卷第八、九合期，第29—36页。

3 ［美］W. M. 麦高文：《中亚古国史》，第266页。

其原因也在于他将这个单于死亡之时直接等同于大月氏第二次西迁之时了。

日本学者桑原隲藏认为大月氏第二次西迁是在张骞留居匈奴之时（公元前139—前129年）。据《史记·大宛列传》，张骞出使经匈奴，被匈奴单于扣留，曾云大月氏在其北边，若此时大月氏已迁至中亚河中地区，当在匈奴西偏南，绝不会在正北。若大月氏已移至阿姆河流域，则与匈奴相去甚远，与汉同盟共击匈奴也就失去了意义。因此，张骞出使从北道而行，其时大月氏应该仍在伊犁一带。[1]

黄靖先生则从西方情势出发加以考证。公元前130年，安息王弗拉特斯二世（Phraates II，约公元前138—前127年在位）西征，在已经击败塞琉古国王安条克七世·施恩者·西戴人（Antiochus VII Euergetes, Sidetes）致其被迫跳崖自尽之时，却“置唾手可得之叙利亚于不顾，急忙班师向东”，究其原因，是因为“当时有大批的游牧族从东方涌入安息帝国，严重地威胁了帝国的安全”，而这些游牧族“就是被大月氏从河间地区赶出来的塞人”。据此，“可推知大月氏第二次西迁进入河间地区当在前132—前130年间”。而且“会单于死”的这位单于若是死于前126年的军臣单于，时间上与此并无不合；再以年龄论之，乌孙昆莫此时当在45岁左右，亦符合“既健”的说法。[2]

综合上述，如果“单于死”是在大月氏第二次西迁之后，那么大月氏第二次西迁的时间就应该出现在军臣单于时而不必勉强提前至老上单于之时，只不过其距离军臣单于去世还有一段时间罢了。结合乌孙昆莫“新生”“及壮”“既健”的成长历程，张骞联络月氏、困居匈奴时匈奴和月氏的相对地理位置，以及当时西方所受游牧族威胁的具

1 ［日］桑原隲藏：《张骞西征考》，杨炼译，上海：商务印书馆，1934年，第23—25页。

2 黄靖：《大月氏的西迁及其影响》，《新疆社会科学》1985年第2期，第96—105页。

体情势等相关因素，大月氏第二次西迁的时间应该可以认定是在张骞出使西域的前后，即大致在公元前145年至公元前135年之间。

月氏王被匈奴所杀，大月氏第一次西迁，月氏虽在伊犁河、楚河流域立国，但其地距匈奴西部仍很近。其后，乌孙难兜靡之子昆莫为父报仇，在匈奴单于的协助下，西击大月氏。最终乌孙大获全胜，占领了伊犁河、楚河流域，并在当地建立了新家园。而战败的大月氏则无法在这里立足，不得不再次西迁。《史记·大宛列传》载：

> （大月氏）及为匈奴所败，乃远去，过宛，西击大夏而臣之，遂都妫水北，为王庭。[1]

大月氏第二次西迁的道路与塞种人大致相同，他们从伊犁河、楚河流域南下，过大宛西，越锡尔河到达中亚河中地区，“遂都妫水北，为王庭”。这里的“妫水”指中亚地区的阿姆河。

这次西迁，打破了中亚地区原来的格局，引起了一系列剧变，对古代中亚历史的进程影响很大。在大月氏的驱赶下，原留居在河中地区的塞人被迫离开，继续向西方和西南方向前进，进而和安息帝国发生了直接接触。这些中亚游牧族的大规模移动给安息帝国造成了严重危胁，当时的安息王弗拉特斯二世不得不竭尽全力来应付这股入侵浪潮。双方的战争持续了几年，最后以弗拉特斯二世战死、安息彻底失败而告终。这些塞人中的一部分后来又侵入印度西北部，在当地经营数百年之久，他们应该就是后来进入印度河流域的印度—斯基泰人（Indo-Scythians）或印度—帕提亚人（Indo-Parthians）。[2]

---

1 《史记》卷一二三《大宛列传》，第3162页。

2 详情可参见杨巨平：《传闻还是史实——汉史记载中有关西域希腊化国家与城市的信息》，《西域研究》2019第3期；《两汉中印关系考——兼论丝路南道的开通》，《西域研究》2013第4期；《文明的流动：从希腊到中国》，《光明日报》2013年7月4日11版。

大夏的灭亡，则是大月氏第二次西迁的直接后果。巴克特里亚希腊人王国的衰落，与大月氏的西迁密切相关。大月氏在索格底亚那（Sogdiana）安营扎寨后，凭借武力，越过阿姆河，最后灭亡臣服了大夏。这个大夏应该就是巴克特里亚的希腊人王国。

就古希腊人的地理分界而言，巴克特里亚一般是指阿姆河与兴都库什山之间的地区，但就巴克特里亚王国而言，它是从波斯帝国时期的巴克特里亚行省延续而来，因此，也包含了阿姆河之北的索格底亚那地区。这里物产丰富，农商发达，被称为“千城之国”。又由于扼交通要道，成为通向南亚的陆路大门。公元前2世纪初，巴克特里亚王国的希腊人越过兴都库什山，先后征服喀布尔、犍陀罗、旁遮普以至信德地区，国势臻于极盛，但随后不久却发生了分裂。在巴克特里亚的最后两位国王欧克拉提德（Eucratides，公元前171—前145年在位）及其子赫利奥克勒斯（Heliocles，公元前145—前130年在位）统治时期，由于北方游牧民族的南下，其中就包括远道而来的大月氏人，希腊人放弃了巴克特里亚中心地带，退往东部的山区和兴都库什山以南。

第四节　张骞出使西域

月氏以匈奴为敌但兵败被逐的消息传到汉廷，引起了汉武帝的重视，于是有了张骞出使西域之壮举，从而开启了中原文明与西域诸国，特别是与原来希腊化地区的联系。丝绸之路也由此发轫。

张骞曾先后两次出使西域，行程万余里，贯穿诸多国家，促进了汉帝国与西域诸国以及更为遥远的西方国家之间的经济、文化交流。正因如此，有学者说，张骞通西域，“不仅对于中国的历史，具有重大意义，即对于整个东方的历史，亦具有重大意义”。[1]事实上，对其“重大意义”的认知，即使扩展至“整个东方的历史”可能依然有所低估，应该说其对于整个欧亚大陆的历史亦具有重大意义，在人类文明交流史上具有划时代的意义。

一、背景和动机

中国中原地区与西域乃至中亚的交往，可以追溯到周穆王西行的故事。《左传·昭公十二年》中有周穆王“欲肆其心，周行天下”[2]的记载，司马迁在《史记》卷五《秦本纪》和卷四三《赵世家》中，也记述了造父为周穆王驾车西行巡狩，见西王母，乐而忘归的故事。[3]其中述及的造父，正是长期在中国西部经营的秦人的先祖。在俄罗斯属阿尔泰地区发现的公元前5世纪的巴泽雷克5号墓中出土了来自中国的带有凤凰图案的刺绣。[4]在这一地区公元前4世纪至前3世纪的墓葬中，还出土了有典型关中文化风格的秦式山字纹铜镜，从中可见秦文化对西北方地区的早期影响。[5]不过，即使到西汉初年，中原地区的人们对西域的了解程度其实仍然很有限，西望的视线被连绵不绝的祁连山脉所阻断，只有流传下来的一些上古传说，为人们提供了诸多的想象空间。但这一状况到西汉武帝时开始发生变化。汉武帝时期，汉匈战争的胜利将中国的疆域扩展到塔里木盆地，中原与西域之间的正式交通得以实现，双方的经济、文化交流日益频繁，中原地区的人们对西域的认知程度越来越深入。

---

1 张维华:《论汉武帝》，上海：上海人民出版社，1957年，第152页。

2 杨伯峻:《春秋左传注》，北京：中华书局，1981年，第1341页。

3 《史记》卷五《秦本纪》，第175页;《史记》卷四三《赵世家》，第1779页。

4 ［苏］С. И. 鲁金科:《论中国与阿尔泰部落的古代关系》，潘孟陶译，《考古学报》1957年第2期，第37—48页。

5 参见王子今:《穆天子神话和早期中西交通》，《学习时报》2001年6月11日，收入氏著《秦汉边疆与民族问题》，北京：中国人民大学出版社，2011年，第449—452页。

如前所述，西汉前期，汉帝国经济尚未恢复，国贫民乏，面对匈奴在帝国北境的不时入侵，只能采取消极防御政策，实行和亲，以期维持和平。经过数十年的休养生息，至汉武帝时，汉帝国中央集权得到加强，经济繁荣，国力雄厚，可谓“养民五世，天下殷富，财力有余，士马强盛”。[1]因此，汉武帝雄心勃勃，开始谋划发动全面抗击匈奴的战争，试图依靠强大的物力财力，彻底击败匈奴，以解除匈奴长期以来对帝国北境的威胁。

当时的大月氏仍然位于匈奴西部，骁勇善战，“控弦者可一二十万”，[2]的确可以作为汉帝国为对抗匈奴所考虑联合的对象。汉武帝获悉西迁的大月氏想向匈奴报仇的消息后，招募使者出使西域，希望能够找到大月氏，同其结成军事盟友，形成对匈奴的包围，在战略上“断匈奴右臂”。

不过，汉帝国当时通往西域的唯一交通要道是河西走廊，它却被匈奴浑邪王、休屠王牢牢控制着。而且，大月氏被迫西迁之后，其具体的位置也无人知晓，至于西域的详细情况，则更是不为汉廷所知。毫无疑问，出使西域，寻求大月氏，是一个前景未知且充满危险的艰巨任务。

正是在这样严峻而又迫切的形势下，汉中成固（今陕西成固）人张骞毅然应征，并从招募者中脱颖而出，以郎官身份踏上通往西域的艰辛路程，肩负起开通西域的历史使命。

二、西域“凿空”

汉武帝建元三年（公元前138年），张骞率领一百多名随员从长

1《汉书》卷九六《西域传》，第3928页。
2《史记》卷一二三《大宛列传》，第3161页。

安出发，“使月氏，与堂邑氏胡奴甘父俱出陇西”。[1]不过，他及其随从“经匈奴，匈奴得之”，刚进入河西地区，就被匈奴骑兵所俘，然后押送至单于王庭。当单于得知张骞欲出使月氏时，说：“月氏在吾北，汉何以得往使？吾欲使越，汉肯听我乎？”[2]不过，他对张骞的这种冒险精神极为欣赏，想劝其归降，于是为张骞娶胡女为妻，将其迁往匈奴西部看押。

张骞虽然身陷匈奴，但始终未曾忘记使命，一直保留着汉节。在被匈奴羁留十余年后，张骞终于寻到机会，趁监视有所松弛之时，与部分随员逃脱，继续西行。

张骞等穿过车师附近的天山缺口，沿天山南麓西行，进入大宛境内。大宛王早就听说汉帝国富饶，一直想与之交往，所以见到张骞非常高兴。张骞说明来意，请求大宛王派人送其至大月氏，并许诺归国后必以厚重财物酬谢。大宛王深信不疑，遣人将张骞送到康居，再由康居到达大月氏。

张骞虽然找到了大月氏，但此时大月氏的情况已发生了很大变化。在征服大夏后，大月氏于妫水（阿姆河）之北建立了王庭，立先王夫人为王。由于阿姆河流域一带“地肥饶，少寇”，其生产方式由传统的游牧生活改为农耕定居，“志安乐，又自以远汉”，已无“报胡之心”了。张骞在此地逗留了一年多的时间，无法劝说大月氏结盟，只好失望而归。[3]

为避开匈奴控制区，张骞越过葱岭后沿塔里木盆地南边与柴达木盆地北边回返，但还是不幸再次为匈奴所俘。一年后，军臣单于去世，匈奴内部因争夺单于之位发生争斗。张骞乘机脱身，携胡妻及子和随员堂邑甘父一起返回长安。

1《史记》卷一二三《大宛列传》，第3157页。
2《史记》卷一二三《大宛列传》，第3157页。
3《史记》卷一二三《大宛列传》，第3158页。

张骞自建元三年出使，至元朔三年（公元前126年）返回，历经十三年，出使时一百多人，只有他和堂邑甘父生还。此次出使西域，虽然联合大月氏夹击匈奴的军事战略目的没有达到，但他却带回了大量有关西域的真实信息，使得汉帝国对沿途西域诸国以及中亚各国有了比较翔实、准确的了解。汉帝国与西域首次建立了直接的联系。因此，张骞之行被视为丝绸之路的开端。

张骞将亲身经过的中亚诸国，如大宛、大月氏、大夏、康居及其旁传闻中的一些大国和塔里木盆地南边诸国的地理、物产、风俗等情况详细地向汉武帝作了汇报。张骞的独特经历及其所谈到的域外见闻，引起了汉武帝的浓厚兴趣，更坚定了汉武帝伐匈奴、通西域的决心。

张骞出使西域和汉匈战争有着极为紧密的联系。其实，就在张骞第一次出使西域后的第六年（公元前133年），汉军在马邑设伏，虽然因谋泄而功败垂成，但却促使汉匈战争全面爆发。在他回国的前一年（公元前127年），汉军又发动了“河南战役”，收复了河套地区。但是匈奴依然占据着河西地区，控制着中原通往西域的咽喉要道，往南又可与羌人联系，使汉帝国西北边境仍然受到来自匈奴右部的严重威胁。在听取了张骞的汇报之后，汉武帝更是急于沟通中原与西域的联系，进而控制西域，断绝匈奴的右臂。于是，在元狩二年（公元前121年），汉武帝又发动了“河西战役”。骠骑将军霍去病一举击溃匈奴在河西地区的部队，迫使驻守河西地区的浑邪王杀休屠王后降汉，收复了河西地区，控制了中原通往西域的道路，在与匈奴夺取西域的斗争中取得了初步但又极其重要的胜利。元狩四年（公元前119年），漠北大决战爆发。匈奴遭到卫青、霍去病两路大军的打击，东部的左贤王与中部的伊稚斜单于均受到重创，逃往漠北，从此“漠南无王庭”。

匈奴在汉北部边境全线失败后，势力开始转移到其右部，进一步强化了对西域的控制。匈奴在西域的统治十分暴虐，视西域各国如僮仆，在天山之北的焉耆（王治今新疆焉耆西南）、危须（王治今新疆焉耆东北）、尉犁（王治今新疆库尔勒）间设置“僮仆都尉”，负责从诸国聚敛赋税。西域各国，尤其是与匈奴相邻的天山北麓诸国畏之如虎，不敢抗命。如果汉帝国不能将匈奴势力逐出西域，就无法避免匈奴从其右部卷土重来，边境战争的胜利也就不可能巩固。在这种形势下，争取西域遂成为汉匈战争的新焦点。

大约在漠北之战前后，汉武帝曾数次向张骞询问有关大夏诸国的情况。张骞因始通西域及随大将军卫青出征有功，在元朔六年（公元前123年）被封为博望侯，但元狩二年（公元前121年）却因延误战机当斩，最终赎为庶人。所以张骞见汉武帝频繁向自己垂询西域事宜，有争夺西域之意，就非常想趁机再次立功而复封。于是，他向汉武帝建议，提出了遣使联络西域北部强国乌孙的策略：

> 今单于新困于汉，而昆莫地空。蛮夷恋故地，又贪汉物，诚以此时厚赂乌孙，招以东居故地，汉遣公主为夫人，结昆弟，其势宜听，则是断匈奴右臂也。既连乌孙，自其西大夏之属皆可招来而为外臣。[1]

即汉廷可以诱劝乌孙返回河西敦煌一带，同时遣公主出嫁乌孙，通过和亲方式与其结为兄弟，让其与汉帝国一起抵抗匈奴。这样既可以实现断绝匈奴右臂的意图，又可以完成对大夏诸国的招抚。

张骞的意见为汉武帝所采纳。元狩四年（公元前119年），汉武帝任命张骞为中郎将，派遣他再次出使西域。张骞所率使团，人数多达三百余人，其中设有多名副使，每人均备马二匹，携带“牛羊以万

1《汉书》卷六一《张骞李广利传》，第2692页。

数，赍金币帛直数千巨万”。[1]而且，这时的河西走廊已经掌控在汉帝国的手中，张骞再也不必担心遭到匈奴的骚扰或抓获。

张骞经由龟兹西行，顺利抵达乌孙。然而遗憾的是，此时恰逢乌孙内乱，乌孙王猎骄靡已年老体衰，不能完全掌控国家政局，根本无暇考虑与汉结盟的问题。况且，乌孙邻近匈奴，并服属匈奴已久，不敢轻易得罪匈奴，而其对汉帝国的真实情况却不甚清楚。在这种情势下，张骞自然无法也不可能实现与乌孙缔结盟约的意图，更别提让其东归故地了。

不过，张骞却实现了乌孙与汉帝国的和亲联姻。而且，他在乌孙时又派遣副使分别出使大宛、康居、大月氏、大夏、安息、身毒、于阗等国，寻求友好邦交。

元鼎二年（公元前115年），张骞携乌孙赴汉致谢专使数十人返回长安。随后，张骞所遣副使也先后完成使命，陆续携各国使臣返回长安。汉帝国又派使者至安息、奄蔡、犂轩、条支、身毒等国，同时西域诸国使臣也不断访问长安，这样的外交往来大大加强了双方的了解。从此，汉与西域的联系日益密切起来，“使者相望于道。诸使外国一辈大者数百，少者百余人……汉率一岁中使多者十余，少者五六辈，远者八九岁，近者数岁而反”，[2]每年都有许多使团或商队穿行于西域各国之间，中原的丝织品等也源源不断地输向西方，形成了一条举世闻名的丝绸之路。

张骞返回长安后不久便去世了，但他在两次出使西域时所表现出的顽强毅力，以及与各国交往时的友善态度，在西域各国中留下深刻印象。因此在他死后，许多出使西域的汉使都自称“博望侯”，试图以此获取各国的信任。司马迁在《史记》中最早记载了张骞的功

1 《汉书》卷六一《张骞李广利传》，第2692页。
2 《史记》卷一二三《大宛列传》，第3170页。

绩，称赞张骞通西域的壮举有“凿空”之功，“于是西北国始通于汉矣。然张骞凿空，其后使往者皆称博望侯，以为质于外国，外国由此信之”。[1]张骞“凿空”之举，打开了中西方直接交往的大门，使内地和西域第一次有了真正意义上的沟通和联系。

三、中国与远东希腊化世界的首次接触与交往

《史记》《汉书》中称西域为“西国”“西北国”。在张骞出使西域之前，中原人士对西域没有什么了解。张骞实地考察并带回了西方世界的自然气候、山川地势、人文物产、商业贸易、社会发展状况等信息，突破了由于匈奴强盛造成的中原与西域信息的隔绝，扩大了汉帝国对西域的认识，为中原了解西域打开了一扇世界之窗，进而加深了中原和西域各族的相互了解。

张骞初次回国不仅带回了大月氏的信息，而且详细报告了他在西域各地的见闻。后来，张骞关于西域情况的汇报，被司马迁收录在《史记·大宛列传》中，这些资料是第一手实地考察所得，可信性、准确性比较高，因而成为后人了解西域最为宝贵的资料。

《史记·大宛列传》主要依据张骞两次出使西域所带来的信息，描绘了公元前2世纪西域诸国的具体情况。其中比较重要的有大宛、康居、月氏、大夏、身毒、安息、条支等国，大多属于远东希腊化世界的范围。可以说，张骞出使西域是汉帝国对远东希腊化世界的首次接触和交往，并带回了大量与之相关的信息。

大宛一般被认为是现在乌兹别克斯坦、塔吉克斯坦、吉尔吉斯斯坦三国交界的费尔干纳及其周边地区。此地属于亚历山大时代的索格底亚那（Sogdiana），后来纳入巴克特里亚希腊人王国的统辖范围，

1 《史记》卷一二三《大宛列传》，第3169页。

或者至少是受其强烈影响地区。据说，第二个王朝的建立者欧泰德姆斯（Euthydemus）就曾经担任过该地的总督。亚历山大曾在锡尔河南岸建立最远的亚历山大里亚（Alexandria Eschate），后来，塞琉古一世的部将将其重建，名为斯基泰的安条克城（Antiochia in Scythia）或亚历山大里亚城（Alexandreschata in Scythia）。张骞说此地有“大小七十余城”，应是对亚历山大、塞琉古王朝和巴克特里亚王国在此地持续建城的反映。西方古典学者称巴克特里亚是“千城之国”，[1]应该也包括大宛诸多城市在内。

张骞提到大宛盛产“蒲陶酒”。“蒲陶”即今日“葡萄”的最初写法。其发音可能来自希腊语“botrus”的音译，此词在希腊语中表示“一串葡萄”。[2]希腊人对葡萄、葡萄酒有着久远的、深厚的文化情结。据斯特拉波的记载，希腊人把先进的葡萄栽培法和葡萄酒酿造法带入了西亚和中亚。[3]另外，大宛之名中的“宛”也可能来自波斯人对希腊人的称谓“Yauna”。此词本来是波斯人对小亚的希腊爱奥尼亚人（Ionians）的称呼，但传到了中亚、印度，希腊人被称为“Yonas”或“Yavanas”。[4]现代乌兹别克语称希腊人或希腊语为“Yunon”。由此可见，“宛”古音读为“yuan”是有希腊语来源的。

在张骞的描述中，康居位于大宛西北大约两千里，是一个逐水草而居、迁徙不定的“行国”，属游牧国家，与大月氏的风俗基本相同，有控弦之士八九万人，国家相对较小，“南羁事月氏，东羁事匈奴”。但事实上，康居此时应该已经定居下来，有了比较固定的方位。

1 Justin, *Epitome of the Philippic History of Pompeius Trogus*, 41.1.8, 41.4.5, translated by J. C. Yardley, Atlanta, GA: Scholar’s Press, 1994; Strabo, *Geography*, 15.1.3, with an English translation by Horace Leonard Jones, Cambridge, Mass.: Harvard University Press, 1988.

2 关于此词的来源，详参杨巨平:《亚历山大东征与丝绸之路开通》,《历史研究》2007年第4期，第150—161页。

3 杨巨平:《文明的流动：从希腊到中国》,《光明日报》2013年7月4日11版。

4 杨巨平:《希腊化还是印度化——“Yavanas”考》,《历史研究》2011年第6期，第134—155页。

由西北大学与乌兹别克斯坦科学院考古研究所组成的中乌联合考古队，于2015年至2016年发掘了乌兹别克斯坦撒马尔罕市西南的撒扎干（Sazagan）遗址。从墓葬形制、埋葬习俗、随葬品组合等方面看，其与哈萨克斯坦西南部、乌兹别克斯坦北部和中部的锡尔河、泽拉夫善河（Zarafshan River）流域过去发现的一批古代游牧人的墓葬、文化特征基本相同，从年代、分布区域和文化特征判断，它们应与中国古代文献记载的康居有关。[1]张骞所抵达之地，应该是泽拉夫善河畔的波斯帝国时期索格底亚那首府撒马尔罕（Samarkand，“石头城堡”之意），希腊人称之为马拉坎达（Maracanda）。亚历山大曾派兵占领该城。[2]后来此地先后属于塞琉古王国和独立后的巴克特里亚王国。在现在的撒马尔罕旧城址（Afrasiab，阿弗拉西亚卜）已经出土了希腊驻军的城堡和马厩、谷仓等。张骞所提到的康居国名，有可能来自Samarkand或Maracanda的谐音，或取二者的后半部分发音，是以城代国。张骞抵达这里的时间应该离希腊人的撤出并不遥远。[3]

张骞追寻的大月氏此时已经定居于“妫水北”，即今日阿姆河的北岸，且已经征服大夏，即希腊—巴克特里亚王国。现在的卡尔恰扬、铁尔梅兹都有可能是大月氏的“王庭”所在地。铁尔梅兹位于阿姆河沿岸，是一座渡口城市，亚历山大当年曾派兵驻守这个地方。坎培尔·特佩（Kampyr Tepe）遗址就是当年的阿姆河渡口所在地，希腊人的哨所遗迹仍然依稀可见。张骞应该就是从这里渡河进入大夏的。

---

1 详情参见西北大学丝绸之路文化遗产与考古学研究中心、乌兹别克斯坦共和国科学院考古研究所：《2015年度撒马尔罕萨扎干遗址发掘报告》，《西部考古》2017年第1期，第1—28页；西北大学中亚考古队、乌兹别克斯坦科学院考古研究所：《乌兹别克斯坦撒马尔罕市撒扎干遗址M11发掘简报》，《文物》2018年第7期，第31—41页；西北大学中亚考古队等：《乌兹别克斯坦撒马尔罕市撒扎干遗址M11—2发掘简报》，《考古与文物》2020年第3期，第27—36页。

2 Arrian, *Anabasis of Alexander and Indica*, 3.30. 6-7; 4.3.6; 4.6.3.

3 杨巨平：《传闻还是史实——汉史记载中有关西域希腊化国家与城市的信息》，《西域研究》2019年第3期，第23—35页。

根据张骞所述，大夏此时仅保有“妫水南”之地，国已亡，“无大君长，往往城邑置小长”。这就说明，虽然希腊人的巴克特里亚王国此时不复存在，但一些希腊人城市或小城主残留也是可能的。大宛都城为蓝市城。学界一般认为应该就是巴克特里亚地区的首府巴克特拉（Bactra），也就是今日阿富汗北部的巴尔赫城所在地。此地确实有古代城堡遗迹，而且近年在附近的扎尔伽兰·特佩（Zargaran Tepe）发现了希腊科林斯式、爱奥尼亚式柱头等。[1]张骞注意到了大夏人“善贾市”，特别提到蓝市城“有市贩贾诸物”，更让他惊讶的是，他在当地的市场上，竟然见到了来自大夏东南身毒的“邛竹杖、蜀布”。[2]张骞是汉中人，对于蜀地的物产十分熟悉。

张骞被告知：身毒国在大夏东南大约几千里，地势低湿，天气炎热；那里的风俗是人们定居一处，大致与大夏相同；人民“乘象以战”；那里临近“大水”（指印度河）。而这一地区，当时正在印度—希腊人的统治之下。其中最有名的国王是米南德一世（Menander I，约公元前165/155—前130年在位）。张骞在大夏耳闻的“临大水”之国“身毒”，应该就是米南德王国全盛时期的印度西北部。[3]

大宛、康居、大月氏、大夏是张骞亲历过的国家，这些地区都曾经在巴克特里亚希腊人王国的统辖之下。除了身毒之外，张骞还耳闻了西面的一些国家，它们也在原来的希腊化世界之内，如安息、条支、黎轩等。

安息本来是塞琉古王国的一个行省，公元前3世纪中期独立建国，张骞之时，已经扩张成为从中亚到幼发拉底河的大国。其开国君主是阿尔萨息（Arsace），张骞可能因其谐音称之为安息。当地“城邑如

---

1 杨巨平：《传闻还是史实——汉史记载中有关西域希腊化国家与城市的信息》，《西域研究》2019年第3期，第23—35页。

2 《史记》卷一二三《大宛列传》，第3158、3164—3166页。

3 杨巨平：《两汉中印关系考——兼论丝路南道的开通》，《西域研究》2013年第4期，第1—12页。

大宛。其属小大数百城”。当年亚历山大、塞琉古王朝都在此地建城。此地也是原来波斯帝国的核心地区，“数百城”当非夸张。

值得注意的是，张骞实际带回了希腊式钱币的信息。他说，安息人“以银为钱，钱如其王面，王死辄更钱，效王面焉”，用银作钱币，钱币上有国王的头像，国王死去，就改换钱币。其中，“钱如其王面”的习俗正是安息人接受希腊化文明遗产的一个最为明显的例子。公元前546年，波斯帝国阿黑门尼王朝吞并古代西方货币的发源国吕底亚，开始铸造货币，其货币主图是国王持弓、持矛或持盾牌全身像。[1]亚历山大东征后，把马其顿的神像和王像钱币传统带到了东方，他还在埃及孟斐斯（Memphis）第一次发行了印有自己头像的铜币。他死之后，他的部将吕西马库斯（Lysimachus）和托勒密一世（Ptolemy I）率先发行带有亚历山大特征的头像钱币，从此，王像钱币就成为希腊化钱币和仿希腊化钱币的主流。[2]张骞第一次出使西域虽然并没有亲往安息，但他却对安息钱币印象深刻，这应当是当时安息钱币在大宛、大月氏、大夏、康居等地流通比较普遍的缘故。

张骞还说到安息人“画革旁行以为书记”，即在羊皮纸上横写文字。这种羊皮纸是小亚细亚希腊化王国帕加马（Pergamum）的特产，纸上的文字应属于通行于希腊化世界的通用希腊语。20世纪60年代，法国考古队在阿姆河上游的阿伊·哈努姆（Ai-Khanum）希腊式城市遗址发现了希腊语铭文，说明希腊语在巴克特里亚地区的流行。[3]

条枝在安息西边数千里，临近西海。张骞并没有到过条枝。当时的“西海”应为地中海，“条枝”有可能指的是位于地中海之滨（现

---

1 袁炜:《丝绸之路上的伊朗货币》,《甘肃金融》2015年第5期，第56—59页。

2 杨巨平:《亚历山大东征与丝绸之路开通》,《历史研究》2007年第4期，第150—161页；《希腊式钱币的变迁与古代东西方文化交融》,《北京师范大学学报（社会科学版）》2007年第6期，第40—46页。

3 杨巨平:《文明的流动：从希腊到中国》,《光明日报》2013年7月4日11版。

叙利亚境内）的塞琉古王国的都城安条克（Antiochia）。[1]张骞到达中亚前后的半个世纪，正是安息帝国的强盛时期，安息王米特里达特一世（Mithridates I，公元前171—前138年在位）于公元前141年夺取了底格里斯河畔的塞琉西亚（Seleucia），又曾俘获入侵的塞琉古国王德米特里二世（Demetrius II）；公元前130年，塞琉古国王安条克七世入侵安息腹地，于公元前129年被安息王弗拉特斯二世杀死。此后塞琉古王国偏安于叙利亚一带，它的一些属地被“安息役属之”，[2]反映的就是当时两国版图的变化。

至于黎轩，因《大宛列传》中记载安息“其西则条枝，北有奄蔡、黎轩”，引起学界争议。从《汉书》和《后汉书》“西域传”的记载来看，如果“黎轩”可与“犂靬”“犂鞬”之方位大致勘同，那它不可能在安息之北，很可能是不同的时期有不同的地理范围。张骞此时的“黎轩”也有可能是指朦胧中的托勒密埃及，“黎轩”是亚历山大里亚的转音。如果如此，则原来的希腊化王国张骞均有所提及。但此说还需要进一步的探讨，仅为推测而已。

小　结

综上可知，推动张骞“凿空之举”、汉武帝经营西域壮举的一个重要因素就是游牧文明与农耕文明的互动，秦汉以来的汉匈关系史就充分证明了这一点。张骞出使西域的直接目的虽然没有达到，但对西

1 关于条支的方位，学界有争议。还有一说是指波斯湾的卡拉克斯（Karax）。详见杨巨平：《传闻还是史实——汉史记载中有关西域希腊化国家与城市的信息》，《西域研究》2019年第3期，第23—35页。

2 《史记》卷一二三《大宛列传》，第3163页。

域的“凿空”之举，却为汉帝国与西域及其以西诸国建立相互友好的外交关系、商贸来往、文化交流奠定了坚实基础。自此之后，大宛、康居、大夏、大月氏、安息等皆与汉帝国互派使节往来，西域文化渐渐波及中原，中国的丝绸等物品也传至西方。张骞耳闻目睹的这些国家，大都是原来希腊化王国的故地，有的还是尚存在的希腊化王国。因此，张骞的西域之行，不仅标志着丝绸之路的全线贯通，也标志着中国和希腊化世界直接联系的开始。

（党　超）

第十一章　西域都护府的设立与甘英出使大秦

张骞出使西域，对于丝绸之路的开通有着重大意义。自此，汉帝国与西域诸国的交往日益密切。不过，丝绸之路真正得以畅通并繁荣起来，还应归功于汉帝国为争夺西域而同匈奴展开的激烈争斗以及西域都护府的设置。

丝绸之路一直是中西交通的要道，是中国与中亚、西亚、南亚以及欧洲各国进行经济、文化交流的重要通道。这一交通道路的持续通畅，与不同时期中外使者的勇敢探索、奔走于途是分不开的。东汉时期，甘英奉命出使大秦，不畏艰难，“穷临西海”而还，大大地延伸和拓展了这一东西交通要道。

随着汉帝国设立西域都护府和甘英出使大秦，东西方文化交流的广度和深度均大大加强，希腊化文明的遗产也经由丝绸之路逐渐深入中国西域地区，进而传入中原。

第一节　西域都护府的设立

一、张骞以后的西域形势

张骞“凿空”西域，“于是西北国始通于汉矣”。[1]自此，汉帝国与西域诸国的交往日益密切，丝绸之路开始繁忙起来，并逐渐开通出南北二道。大体而言，自甘肃玉门关或阳关而出，至楼兰后，南道沿着塔里木盆地南缘与昆仑山北麓之间西行，北路则经由新疆中部天山南麓与塔里木盆地北缘之间西进，两路在疏勒会合，然后逾越葱岭远至大宛、康居、大夏、安息、大秦等国。通过丝绸之路，西域及其以西诸国与汉帝国建立起政治、经济、文化等各方面的联系和交流。

不过，张骞所开辟的汉帝国通往西域的早期陆上丝绸之路，在当时还远称不上安全畅通，甚至可以说仍充满着极大危险。这是因为，匈奴在当地保持着非常强大的政治影响力，使得西域诸国与汉帝国之间的交通依然受阻。匈奴时常遣骑兵“遮击使西国者”，[2]偷袭、拦截甚至杀害汉使，而且进一步加强了对西域诸国的控制力度，尤其对地处中原与西域交通要冲的楼兰与车师，控制得更为严密。

当时，西域诸国之所以甘愿与汉帝国保持较为密切的联系，其实并非真心臣服于汉，而是觊觎汉帝国的丰厚财物。史载，汉武帝为了彰显帝国的富庶强大，不惜耗费巨资，“数巡狩海上，乃悉从外国客，大都多人则过之，散财帛以赏赐，厚具以饶给之，以览示汉富厚焉。于是大觳抵，出奇戏诸怪物，多聚观者，行赏赐，酒池肉林，令外国客遍观各仓库府藏之积，见汉之广大，倾骇之。及加其眩者之工，而

---

1 《史记》卷一二三《大宛列传》，二十四史点校本，北京：中华书局，1982年，第3169页。
2 《史记》卷一二三《大宛列传》，第3171页。

觳抵奇戏岁增变，甚盛益兴”。[1]而且，汉武帝对西域诸国使者的赏赐远远超过了他们对汉帝国所朝贡物品的价值。

汉帝国这种让西域使臣“因令窥汉，知其广大”[2]的行为，的确取得了一定成效。如“乌孙使既见汉人众富厚，归报其国，其国乃益重汉”。[3]不过，“西北外国使，更来更去”，[4]随着汉使往来日渐增多，且人数众多，规模庞大，西域当道诸国特别是楼兰、车师对供应食物等事务应接不暇，难以承受。再加上众多使者良莠不齐，甚至一些不法之徒混迹其中，他们私带官物，依仗大汉声威强买强卖，勒索财物，更引起西域诸国的反感和不满。

西域诸国在地理位置上又靠近于匈奴，一直受匈奴的武力胁迫，往往不得不唯匈奴马首是瞻。再加上西域诸国多以为汉帝国距离自己非常遥远，汉军鞭长莫及，难能对其讨伐。《史记·大宛列传》就记载说：

> 宛以西，皆自以远，尚骄恣晏然，未可诎以礼羁縻而使也。自乌孙以西至安息，以近匈奴，匈奴困月氏也，匈奴使持单于一信，则国国传送食，不敢留苦；及至汉使，非出币帛不得食，不市畜不得骑用。所以然者，远汉，而汉多财物，故必市乃得所欲，然以畏匈奴于汉使焉。[5]

在这种态势下，西域诸国如楼兰、车师等对汉帝国时降时叛。受匈奴唆使与支持，他们甚至阻断交通，“度汉兵远不能至，而禁其食物以苦汉使”。其中，“楼兰、姑师小国耳，当空道，攻劫汉使”“尤

1《史记》卷一二三《大宛列传》，第3173页。
2《史记》卷一二三《大宛列传》，第3169页。
3《史记》卷一二三《大宛列传》，第3169页。
4《史记》卷一二三《大宛列传》，第3173页。
5《史记》卷一二三《大宛列传》，第3173页。

甚”，致使“汉使乏绝积怨，至相攻击”。[1]“绝远”之地的罽宾更是如此，“自武帝始通罽宾，自以绝远，汉兵不能至，其王乌头劳数剽杀汉使”。[2]

二、汉帝国的西扩

汉武帝派遣张骞出使西域，虽然联合大月氏以形成夹击匈奴的军事联盟未能建立，但这一战略安排，表明汉武帝其实早已将视野投向了帝国西部广袤的未知世界。

元朔二年（公元前127年），汉武帝派遣卫青出击匈奴，收复“河南地”，并设置朔方、五原郡，徙民实边，基本解决了帝国北境问题。元朔三年，张骞第一次出使西域归来，为汉廷带回了许多关于河西地区以及西域的重要信息，使得汉廷对这些地方有了较为详细的了解，加深了汉武帝对开拓河西地区必要性的认知，也为汉帝国开拓河西和控制西域的西扩行动提供了可能性。

1. 开拓河西之地

河西地区是匈奴和羌族之间交通的关键，汉帝国若掌控河西，就能“通道玉门，隔绝羌胡，使南北不得交关”，[3]从而切断匈奴和西羌的联系，保障帝国西北边境的安全。而且，河西地区也是汉帝国与西域诸国来往和交流的必经之地。为保证汉帝国与西域的交通往来，也为了“断匈奴右臂”，切断匈奴与西域之间的关联，汉武帝开始了向河西地区的开拓。

元狩二年（公元前121年），汉武帝派遣霍去病发动两度出击匈奴的河西战役。第一次进攻，霍去病率军从陇西郡出发，向西北过焉

1《史记》卷一二三《大宛列传》，第3171页。
2《汉书》卷九六《西域传》，二十四史点校本，北京：中华书局，1962年，第3885页。
3《后汉书》卷八七《西羌传》，二十四史点校本，北京：中华书局，1965年，第2876页。

支山千余里，与匈奴交战，获得了匈奴浑邪王的祭天金人。第二次攻击，霍去病更是一直打到居延和祁连山，最终匈奴浑邪王杀死休屠王，将其众降汉，汉帝国取得了河西地区。

不过，直至元封（公元前110—前105年）初年，汉帝国和匈奴争斗的主战场仍在蒙古草原及河西走廊，尚未波及至西域地区。对于河西之地的安置，汉武帝原本打算让乌孙回归故地以抗击匈奴，但乌孙“畏胡，不欲移徙”，[1]汉廷于是在此先后设置了武威、酒泉、张掖、敦煌四郡，进行直接管辖。河西四郡的设立，割断了匈奴与羌族的联系，保证了丝绸之路咽喉地带的畅通。此后，匈奴被迫向西发展，汉、匈双方在西域短兵相接，开始了争夺西域的长期斗争。

2. 两伐大宛

元封三年（公元前108年），汉武帝派遣赵破奴率军攻击匈奴的耳目楼兰、车师，俘获楼兰王，击破车师国。此役是汉军在西域进行的第一次军事行动，不仅保障了敦煌以西的交通安全，而且也向西域诸国展示了汉帝国强大的军事实力，对摇摆于匈奴与汉帝国之间的西域诸国起到了强烈的震慑作用。楼兰王向汉称臣献贡，与匈奴的关系逐渐疏远。元封六年，乌孙亦遣使至汉，请求和亲，随后汉帝国以宗室女细君公主妻乌孙王。

面对乌孙、楼兰亲近汉廷之举，匈奴单于也相应作出应对之策。他一方面集中全力经营车师，并联合大宛等国，指使一些丝路沿线国家扣留或截杀西域诸国与汉帝国双方来往的使团及商队，骚扰或阻断丝路交通，另一方面也以女妻乌孙王，企图进一步加强对乌孙的控制。但是，匈奴采取的这些措施并无法阻止汉帝国“断匈奴右臂”战略的持续实施。为了打破匈奴对大宛的控制，夺取汗血马，汉武帝发动了两次讨伐大宛的战役。

1 《史记》卷一二三《大宛列传》，第3169页。

大宛位于今中亚费尔干纳盆地，是西域南北二道会合后西行的必经之地，地理位置非常重要，而且以盛产汗血马闻名。太初元年（公元前104年），汉武帝听说大宛贰师城有善马，想获得大宛善马以改良中原的马种，于是任命期门郎车令为汉使，携千金及金马前往大宛交换。大宛距汉遥远，向来只敬畏匈奴，且又自珍宝马，以为“汉去我远，而盐水中数败，出其北有胡寇，出其南乏水草。又且往往而绝邑，乏食者多。汉使数百人为辈来，而常乏食，死者过半，是安能致大军乎？无奈我何”，就拒绝了车令的请求。车令“怒，妄言，椎金马而去”。[1]大宛王与贵臣自感受辱，于是勾结其东边的郁成王截杀了车令，尽掠财物而去。消息传到长安，汉武帝立即任命李广利为贰师将军，率兵数万征伐大宛。

汉军出玉门关后，须穿越道路险恶的盐泽（今新疆罗布泊地区），途中不少士卒倒毙，待走出盐泽，大军已经疲惫不堪。更严峻的是，西域北道诸国在匈奴策动下，断绝了汉军给养，“各坚城守，不肯给食”，[2]并不断袭击汉军。尚未抵达大宛，汉军就被西域小国郁成击败，死伤惨重。李广利只得率领残兵返回，退至敦煌时，士卒仅剩下十之一二。于是，李广利上书请求罢兵。汉武帝却认为“宛小国而不能下，则大夏之属轻汉，而宛善马绝不来，乌孙、仑头易苦汉使矣，为外国笑”，[3]决定将征伐大宛的战争继续下去。

太初四年（公元前101年），李广利第二次伐大宛。汉武帝赦免罪犯囚徒及不法少年，皆令从军，又调集郡国边骑等，共征发六万多人，牛十万头，马三万匹，负载粮食与武器的驴、骆驼数万匹，由内地向敦煌转运粮食的民夫络绎于路，“多赍粮，兵弩甚设，天下骚动，

1《史记》卷一二三《大宛列传》，第3174页。
2《史记》卷一二三《大宛列传》，第3175页。
3《史记》卷一二三《大宛列传》，第3176页。

传相奉伐宛，凡五十余校尉”。[1]由于此次出征兵多势盛，匈奴与西域诸国不敢再截击，汉军顺利地到达了大宛贰师城，并攻破贰师外城。大宛众贵人杀死大宛王，与汉军讲和，愿献善马三千匹，并约定以后每年贡献汗血马二匹。李广利终于以数万人死伤的惨重代价征服大宛，结盟而返。

汉武帝不惜耗费大量人力物力两伐大宛，夺取大宛善马固然是原因之一，但更重要的因素恐怕还是希望通过征服大宛来宣扬大汉国威，以抵消匈奴在西域的影响。事实结果也是如此。随后，汉军西征时所经过的一些西域小国，慑于汉军声威，纷纷遣子入汉，称臣纳贡，转而依附于汉。

3. 五夺车师

在征服大宛之后，汉帝国又与匈奴展开了对车师的多次争夺。车师位于今新疆吐鲁番盆地，是中原通往西域紧随楼兰之后的第二道重要门户。而且，车师在楼兰之北，“北与匈奴接”，其前部“西通焉耆北道”，后部“西通乌孙”，也是匈奴进出西域诸国的要道，并早在汉初就已臣服于匈奴。[2]车师这种扼守汉帝国与匈奴各自交通西域的要冲的特定地理位置，注定了其必然会成为汉、匈在西域反复争夺的焦点。从汉武帝天汉二年（公元前99年）首夺车师始，直至汉宣帝神爵二年（公元前60年），汉帝国才最终占有车师。在长达四十年的时间中，围绕车师，汉、匈共进行了五次规模较大的争夺战。

元封三年（前108年），汉将赵破奴曾攻破过车师，不过汉军很快就撤走了。天汉二年（公元前99年），汉武帝决心占领车师，以保证北道的安全，于是在命李广利、李陵等分出酒泉、居延北击匈奴的同时，另遣匈奴降者开陵侯成娩率楼兰国兵进击车师。匈奴右贤王率

---

1 《史记》卷一二三《大宛列传》，第3176页。
2 《后汉书》卷八八《西域传》，第2929页。

数万骑兵救援，汉军不利，只好退兵。此为汉、匈第一次争夺车师，以汉军的失败而告终。而且，对汉军不利的是，这次争夺战引起了匈奴的警惕。随后，匈奴加强了在西域的统治，征和元年（公元前92年），“匈奴西边日逐王置僮仆都尉，使领西域，常居焉耆、危须、尉黎间，赋税诸国，取富给焉”。[1]僮仆都尉的设置，可以说是匈奴开始直接统治西域的一个标志。[2]

征和四年（公元前89年），汉武帝遣李广利、商丘成、马通三将军分别出兵五原、西河、酒泉，北击匈奴。马通所率汉军需经过车师之北，汉武帝恐怕车师袭击汉军，再次派遣成娩率领楼兰、尉黎、危须等六国兵围攻车师。这次，匈奴在汉军的打击下，自顾不暇，根本无法前往增援，车师王降服，臣属于汉。此为汉、匈对车师的第二次争夺。

在二夺车师中，汉军征服车师，大大动摇了匈奴在西域的统治。不过，由于车师是匈奴在西域的重要基地，匈奴自然不肯轻易放弃。汉昭帝元凤四年（公元前77年），亲匈奴的楼兰王安归被汉使傅介子刺杀，安归之弟尉屠耆被汉廷立为王，更国名为鄯善，移都扜泥城（今新疆若羌），南道门户被汉帝国牢固控制。在这种情况下，车师对于匈奴来说就显得更为重要。元平元年（公元前74年），匈奴遣骑兵四千，屯田车师，车师便又倒向匈奴，并出兵与匈奴共同入侵乌孙。

汉宣帝本始元年（公元前73年），匈奴入侵乌孙，令其交出自汉帝国远嫁而来的解忧公主，并与汉帝国断绝关系，乌孙王上书汉廷求援。本始三年春，汉宣帝派遣范明友等五将军，率十五万骑，分道而出，北击匈奴；又命校尉常惠持节监护乌孙兵五万，从西方攻击匈奴。屯田于车师的匈奴骑兵得知汉军五路齐出，乌孙兵又将西至，

---

1 《汉书》卷九六《西域传》，第3872页。

2 参见苗普生：《匈奴统治西域述论》，《西域研究》2016年第2期，第1—9页。

于是惊散而逃。在三夺车师中，车师复通于汉。对此，匈奴非常不满，想要召来车师太子军宿当作人质。军宿亡走焉耆，车师王另立乌贵为太子。及乌贵为王，匈奴以女妻之，乌贵“教匈奴遮汉道通乌孙者”，[1]车师又依附于匈奴。不过，经此一战，匈奴元气大伤，很长一段时间根本无力同汉帝国在西域争雄。

地节二年（公元前68年），汉遣侍郎郑吉率士卒屯田于渠犁，垦荒积谷，准备再次进攻车师。次年秋收后，郑吉发西域诸国兵万余人及屯田士卒一千五百人围攻车师，车师王乌贵请求归附。匈奴得知车师降汉，发兵攻击，被击退。但是，匈奴并不甘心失去车师，一再扬言：“车师地肥美，近匈奴，使汉得之，多田积谷，必害人国，不可不争也。”[2]郑吉留下少许士卒守护车师王，自率大军回渠犁田所。车师王害怕匈奴再次来袭而被杀，弃国逃至乌孙，匈奴遂立车师王之弟兜莫为王。兜莫不敢再居车师故地，率残部迁徙至博格多山北麓，设王治于务涂谷（今新疆奇台西南）；郑吉则发兵三百人于车师故地屯田，充实其地。在四夺车师中，车师分裂为前后二国。

匈奴不甘心失去车师故地，数发精锐骑兵袭击屯田于车师的汉军。围绕车师，汉、匈展开最为激烈的争夺。元康元年（公元前65年），匈奴遣左、右奥鞬王及左大将军攻击车师交河城，未能攻下。元康二年，郑吉率渠犁田卒一千五百余人往救车师，被匈奴围于交河城。郑吉上书请朝廷增派士卒援助，但汉宣帝采纳丞相魏相建议，暂罢车师屯田，命长罗侯常惠将张掖、酒泉骑兵解车师之围，迎郑吉及士卒回还渠犁，并尽迁车师国民，立原车师太子军宿为车师王，放弃车师故地，使得车师之地重新为匈奴所控制。

匈奴虽然重新夺取车师，控制了北道，可是这一胜利并未能

1《汉书》卷九六《西域传》，第3922页。
2《汉书》卷九六《西域传》，第3923页。

维持多久。神爵二年（公元前60年，一说为神爵三年，即公元前59年），虚闾权渠单于死，匈奴日逐王先贤掸因与新单于争权结怨，遂率其部众数万骑降汉，骑都尉郑吉发兵迎之。日逐王辖区在匈奴右部南缘，与西域连界，统领西域的僮仆都尉即是由日逐王所派。日逐王降汉后，僮仆都尉自然不复存在，匈奴在西域的势力彻底瓦解，汉军重占车师。[1]汉、匈第五次争夺车师，以汉帝国全胜而告结束。从此，汉帝国的势力开始扩展至山后诸国，进一步在西域确立起全面的统治。随后，汉设都护府于乌垒城（今新疆轮台东北），任命郑吉为西域都护，护车师以西北道与鄯善以西南道，从此“汉之号令班西域矣”。[2]

自汉武帝初年张骞始通西域，至汉宣帝神爵年间（公元前61—前58年），汉帝国与匈奴争夺西域数十年，最终基本实现了断匈奴“右臂”的战略目标。[3]

三、西域都护府的设立及其影响

西域都护府的设立，宣告了西域地区正式纳入汉帝国的版图，郑吉成为历史上第一任西域都护。其所管辖的范围，大体为今敦煌以西，巴尔喀什湖、费尔干纳盆地和帕米尔高原以东，喀喇昆仑山以北，阿尔泰山以南的广大地区。

1. 西域都护的始置年代

关于西域都护的始置年代，《汉书·郑吉传》在记述郑吉当时事迹时仅言“神爵中”，在赞语中则又说“自元狩之际，张骞始通西域，

1 《汉书》卷九六《西域传》，第3873—3874页。

2 《汉书》卷七〇《傅常郑甘陈段传》，第3006页。

3 参见胡岩涛：《论汉武昭宣时期的西域羁縻策略》，《新疆大学学报（哲学人文社会科学版）》2016年第1期，第85—89页。

至于地节，郑吉建都护之号”，[1]前后说法并不一致。除《郑吉传》外，《汉书》中还有多处记载与郑吉任西域都护相关，但相互间亦多有抵牾。治西域史者，多主张西域都护始置于神爵二年（公元前60年）或神爵三年。[2]不过，也有一些学者认为，西域都护的设置可能有一个发展变化的过程。如张维华先生认为西域都护建号于地节二年（公元前68年），立府施政在神爵二年；[3]余太山先生认为地节二年郑吉以侍郎屯田渠犁，始建“都护（西域使者校尉）”之号，但直到神爵三年郑吉封为安远侯，并在乌垒城立府施政，才并护南北两道，正式成为西域都护；[4]佟柱臣先生依据居延汉简材料，认为“都护”的出现比神爵二年的记载早了四年；[5]刘洪波先生认为西域都护的建立早于神爵二年，不迟于元康二年（公元前64年）；[6]李炳泉先生主张西域都护的始置是在神爵二年，但其开府施政在神爵三年。[7]这些观点虽然差异很大，但都把西域都护的设置看成是逐渐形成的，这一认知应当引起我们足够的重视。

2. 西域都护府的内部建制

西域都护作为汉廷直接任命并派往管理西域的最高官吏，其下有一班行政人员，分别担任各项不同工作。据《汉书·百官公卿表》载：“西域都护加官，宣帝地节二年初置，以骑都尉、谏大夫使护西域三十六国，有副校尉，秩比二千石，丞一人，司马、候、千人各二人。”[8]这是《汉书》中关于西域都护内部建制情况的唯一记载。

1《汉书》卷七〇《傅常郑甘陈段传》，第3005、3032页。

2 详见李大龙：《西汉西域都护略论》，《中国边疆史地研究》1991年第2期，第64—70页。

3 张维华：《汉史论集》，济南：齐鲁书社，1980年，第245—308页。

4 余太山：《两汉魏晋南北朝与西域关系史研究》，北京：中国社会科学出版社，1995年，第237—240页。

5 佟柱臣：《从考古材料看汉、唐对西域的管辖》，《社会科学战线》1981年第4期，第214—221页。

6 刘洪波：《关于西域都护的始置时间》，《中国史研究》1986年第3期，第99—100页。

7 李炳泉：《关于汉代西域都护的两个问题》，《民族研究》2003年第6期，第69—75页。

8《汉书》卷一九《百官公卿表》，第738页。

西域都护府由汉廷直辖，作为西域都护府最高军政长官的西域都护，由中央直接任命，一般任期为三年。关于西域都护的官秩，张维华先生认为，“所谓加官者，盖指加于骑都尉之上而言，以西域都护为虚衔，都尉为比两千石官，而西域都护亦为比两千石官”。[1]即是说，西域都护秩比两千石，地位与内地郡守同级。

都护以下，设有属官，“有副校尉，秩比二千石，丞一人，司马、候、千人各二人”。李炳泉先生认为，“副校尉”的全称应当是“使副都护西域校尉”或“都护西域副使者校尉”，似从来都不是加官，“仅表示校尉的职责，所以《汉书·百官表》仅云‘有副校尉’，而不说它是加官”。[2]西域副校尉地位仅次于都护，其中的“副”指的是“西域副都护”，因为在汉帝国的正式职官序列中，根本就没有“副校尉”一职，故“副校尉”其实只是为了表明其“西域都护副贰”的地位而已。副都护亦由中央直接任命，安作璋先生认为，“副校尉为都护副贰，如果说都护为政府派驻国外的使臣，那末副校尉就是副使，副校尉由政府直接任命”。[3]

3. 西域都护府的管理权责

西域都护府有权册封国王，颁赐官吏印绶，征发粮草和调遣军队。因此，西域各国“自译长、城长、君、监、吏、大禄、百长、千长、都尉、且渠、当户、将、相至侯、王，皆佩汉印绶，凡三百七十六人”。[4]

至于西域都护府的主要职责，也是学界讨论焦点，主要有“护国说”与“护道说”两种。

《汉书·郑吉传》中记载，“吉于是中西域而立莫府，治乌垒城，

---

1 张维华:《汉史论集》，第245—308页。

2 李炳泉:《两汉“西域副校尉”略考》，《史学月刊》2008年第12期，第125—127页。

3 安作璋:《汉史初探》，上海：上海人民出版社，1957年，第104页。

4《汉书》卷九六《西域传》，第3928页。

镇抚诸国，诛伐怀集之”，[1]明确表明西域都护的职责是“镇抚诸国”。《汉书·匈奴传》载有汉哀帝时黄门侍郎扬雄关于汉帝国经营西域的评论，其中提到：“往者图西域，制车师，置城郭都护三十六国，费岁以大万计者，岂为康居、乌孙能逾白龙堆而寇西边哉？乃以制匈奴也。”[2]从中可以看出，西汉时人扬雄也认为西域都护的主要职责是“护国”以“制匈奴”。

唐代颜师古在《汉书·西域传》中为“都护”作注时则认为，“都犹总也，言总护南北之道”[3]，提出“护道说”。《新疆地方史》一书即持此说，认为“西域都护的主要职责是总领天山南北二道，确保丝绸之路的畅通”。[4]

事实上，西域都护府肩负有监督西域诸国与保障西域丝绸之路南北两道畅通的双重职能。西域都护的主要任务是统领西域诸国，联合起来共同抗击匈奴的侵扰，从而保护西域南北两道的安全和畅通。或者说，“护国说”与“护道说”两者从内在逻辑上来讲是一致的。洪涛先生在《汉西域都护府的建立及其历史地位》一文中认为西域都护府职责有三：一为维护社会安定，征调西域各地武装力量，反击匈奴势力；二为安抚西域诸国，代表汉廷掌管地方首领的任免奖惩；三为发展屯田事业，确保丝绸之路的畅通。[5]这实际上仍然可以归之于对“护国说”与“护道说”两种说法的综合阐释。

西域都护负有监视西域诸国的使命。作为西域都护府的最高军政长官和汉廷在西域的代表，西域都护“镇抚诸国，诛伐怀集之”，具有对归属汉帝国的西域诸城郭国进行管理、征伐、调兵、安抚、监督

1 颜师古注曰：“中西域者，言最处诸国之中，近远均也。”《汉书》卷七〇《傅常郑甘陈段传》，第3006页。

2《汉书》卷九四《匈奴传》，第3816页。

3《汉书》卷九六《西域传》，第3874页。

4 新疆维吾尔自治区教育委员会、新疆历史教材编写组：《新疆地方史》，乌鲁木齐：新疆大学出版社，1992年，第37页。

5 洪涛：《汉西域都护府的建立及其历史地位》，《西域研究》1999年第3期，第9—14页。

等权力。史载，汉宣帝任命郑吉为首任都护，“都护督察乌孙、康居诸外国动静，有变以闻。可安辑，安辑之；可击，击之”。[1]

对于西域诸国出现的重大变故，西域都护要及时向汉廷汇报，并可以根据汉帝国利益适时采取行动。如汉宣帝时，乌孙分为大昆弥国、小昆弥国。乌孙大昆弥乃西汉公主所生，得到汉廷的支持。甘露年间（公元前53—前50年），“都护韩宣奏，乌孙大吏、大禄、大监皆可以赐金印紫绶，以尊辅大昆弥，汉许之。后都护韩宣复奏，星靡怯弱，可免，更以季父左大将乐代为昆弥，汉不许。后段会宗为都护，招还亡畔，安定之”。[2]后来乌孙“两昆弥皆弱，卑爰疐侵陵，都护孙建袭杀之”。[3]

对于企图背叛的西域城郭国，西汉以及随后的新莽政权任命的西域都护则毫不手软。如车师后王须置离担忧不能给将要前往西域巡视的广新公甄丰提供足够的粮草、牛羊，因此与左右将谋划逃亡匈奴，“戊己校尉刀护闻之，召置离验问，辞服，乃械致都护但钦在所埒娄城。……至，钦则斩置离”。[4]

4. 西域都护府设立的意义

西域都护府的设立，确保了“丝绸之路”的安全畅通。在西域都护府设立之前，汉帝国疆域西扩至玉门关一带，在河西走廊设武威、张掖、酒泉、敦煌四郡并修建亭障等防御设施，打通了汉帝国通往西域的道路。而且，在汉宣帝前期，汉帝国已经控制了西域南道上的一些国家。西域都护府设立以后，西域都护常驻西域，汉帝国更是完全控制了位于西域南道和北道上的西域诸国，匈奴势力基本被驱逐出西域地区。

1《汉书》卷九六《西域传》，第3874页。
2《汉书》卷九六《西域传》，第3908页。
3《汉书》卷九六《西域传》，第3910页。
4《汉书》卷九六《西域传》，第3925页。

对于阻挠丝绸之路通道者，西域都护则率驻军和西域兵征讨之。如汉宣帝甘露二年（公元前52年），匈奴郅支单于西迁康居，直接威胁西域都护所管辖的乌孙和大宛等地，严重破坏丝绸之路的安全。于是在汉元帝建昭三年（公元前36年），西域都护甘延寿和副校尉陈汤率领西域诸国兵马组成远征军，诛杀了郅支单于，从而保证丝绸之路的畅通。在这次征讨中，西域诸国接受西域都护的调兵命令，十五个西域城郭国的首领亲自率本国兵并自备粮食、武器随大军出征。

由于汉使所携粮食、马匹有限，加上沿途消耗，在抵达西域之后往往会陷入补给用尽的窘境。“自张骞通西域，李广利征伐之后，初置校尉，屯田渠黎。”[1]即早在将西域收归中央之前，汉帝国已经开始在渠犁、轮台等地屯田生产粮食、饲养马匹，为出使西域的使者提供补给。此外，还修建了自敦煌直至盐泽的供往来使者休息补给且负责通信联络的“亭”。西域都护府设立后，西域诸国接受册封，成为汉帝国的地方政府。作为地方政府，西域诸国负有为汉帝国所派遣出使西域的使团以及巡视官员提供食物和水、向导和翻译以及迎来送往的义务。而且，西域都护还组织屯田吏士和各族民众在原有道路基础上，陆续开辟出连接天山南北各地的交通要道。这些道路的开通，不仅改善了西域地区的地方交通状况，同时也确保了丝绸之路的畅通，促进了各民族友好往来和中西方经济文化交流。

当然，西域诸国除了接受西域都护的领导之外，还各自保持独立的政治地位。亦即是说，西域都护对西域诸国的管辖，实施的仍是羁縻制度。这是因为，汉廷对西域诸国管控的主要目的，是防止匈奴势力染指该区域，保护西域诸国与汉帝国之间的交通安全与贸易安全，而不是从这些地方征收税物或深度介入地方政治。所以，比之匈奴的苛敛苛求，西域都护府的管理方式更符合西域各国的利益，因之各国

1 《汉书》卷七〇《傅常郑甘陈段传》，第3005页。

更愿意归属汉帝国。

西域都护的设立，是西域地区统一在汉帝国管辖之下的标志，这无疑对丝绸之路保持畅通与繁荣意义非凡。西域都护府驻军采取耕战结合、大力发展屯垦的方式实现自足，也推进了当地农耕文化的发展。西域都护府的设置在体制上保证了汉帝国与西域诸国中央和地方的隶属关系，开辟了西域历史发展的新纪元。

第二节　甘英出使大秦

一、班超经略西域

西汉晚期，汉帝国已经基本失去对西域的控制能力。王莽统治时，匈奴乘机略取西域。东汉初，莎车王康率领南道诸国与匈奴对抗，“拥卫故都护吏士妻子千余口，檄书河西，问中国动静，自陈思慕汉家”，匈奴则仅能控制北道诸国。因此，东汉建武五年（公元29年），驻河西大将军窦融奉命立莎车王康为“汉莎车建功怀德王、西域大都尉”，结果“五十五国皆属焉”。康死后，其弟贤代立，“与鄯善王安并遣使诣阙贡献，于是西域始通。葱领以东诸国皆属贤”。建武十七年，贤“复遣使奉献，请都护”，光武帝“以问大司空窦融，以为贤父子兄弟相约事汉，款诚又至，宜加号位以镇安之”，于是“帝乃因其使，赐贤西域都护印绶”。[1]不过，随后因敦煌太守裴遵上言“夷狄不可假以大权，又令诸国失望”，光武帝又果断“诏书收还都护印绶，更赐贤以汉大将军印绶”。但是，贤“犹诈称大都护”，

1 《后汉书》卷八八《西域传》，第2923页。

向各国发号施令，“重求赋税”，并不断进攻龟兹等国。[1]此时，北道诸国由于皆苦于匈奴“敛税重刻”，[2]也想联络东汉以摆脱匈奴的过度压榨。建武二十一年，车师前王、鄯善、焉耆等十八国均遣子入侍汉廷，请求汉帝国向西域派遣都护。但是，光武帝刘秀此时正忙于巩固内部统治，“未遑外事”，[3]所以就没有答应西域各国的请求，而是遣还其侍子，厚加赏赐。其后鄯善王上书，“愿复遣子入侍，更请都护”，光武帝还报说：“今使者大兵未能得出，如诸国力不从心，东西南北自在也。”[4]莎车见汉都护不出，遂发兵攻破鄯善、龟兹等国，并废徙于阗（今新疆和田一带）等国国王。于阗将休莫霸在于阗民众的支持下反抗莎车，大败莎车兵，自立为于阗王。休莫霸死后，其兄子广德立为王，乘莎车疲弊，率诸国兵围攻，擒杀莎车王贤并灭其地。于阗继莎车称霸南道。但后来于阗被匈奴和附属于匈奴的北道诸国联军击败，被迫接受匈奴使者的监护。此后，整个西域南北道完全隶属于匈奴统治之下。匈奴复得西域，凭借当地的人力和物力，将其作为南侵东汉帝国的后方基地。

汉明帝时，东汉在政局稳定、经济恢复的基础上开始发动向北匈奴进击的战争。永平十六年（公元73年），窦固、耿忠率军出酒泉塞，击破匈奴呼衍王，追至蒲类海（今巴里坤湖），占领伊吾（今新疆哈密西）。伊吾是“西域之门户”，又是敦煌到车师大道上的食粮补给站。《后汉书·西域传》载：“伊吾地宜五谷、桑麻、蒲萄。其北又有柳中，皆膏腴之地。故汉常与匈奴争车师、伊吾，以制西域焉。”[5]可见，伊吾是汉、匈奴为控制西域势在必争的关键地方。汉占领伊吾后，在那里设置宜禾都尉，留下部分军队进行屯田。次年，窦固、耿

1《后汉书》卷八八《西域传》，第2924页。
2《后汉书》卷八八《西域传》，第2909页。
3《后汉书》卷八八《西域传》，第2909页。
4《后汉书》卷八八《西域传》，第2924页。
5《后汉书》卷八八《西域传》，第2914页。

秉进攻车师后部，后王投降；车师前王为后王之子，亦率众投降。至此，北匈奴势力退出了天山东麓。东汉帝国恢复了西域都护，以陈睦充任，并以耿恭、关宠为戊、已校尉，分驻车师后王部金蒲城（今新疆奇台西北）和前王部柳中城（今新疆鄯善西南鲁克沁附近），为东汉使节通往西域恢复了安全通道。

永平十六年（公元73年），窦固派遣假司马班超率吏士三十六人出使西域。班超接受的使命，是联络西域各地君长，使他们亲汉，不被匈奴利用。他先到达鄯善。鄯善是汉帝国前往西域南北两道的东端起点，是交通西域的必经之地。鄯善王一开始对班超“礼敬甚备”，后来却突然怠慢起来。班超及时判断出是北匈奴也派来了使者，于是与随从三十六人计议，抱定“不入虎穴，不得虎子”的决心，果断行动，当夜火攻突袭消灭了匈奴使者，持其头以示鄯善王。鄯善遂专心臣服于汉。[1]班超随后又来到于阗。于阗当时已经成为新疆南道亲匈奴的地区，受匈奴使者监护。于阗王对班超“礼意甚疏”，并且听信亲北匈奴巫者的话，向班超索取所乘马匹以祀神。班超“密知其状，报许之，而令巫自来取马”，等到巫者一到，“即斩其首以送广德，因辞让之”。失去主心骨的于阗王“大惶恐”，又对班超在鄯善的壮举早有听闻，遂攻杀北匈奴使者而降。[2]永平十七年春，班超由间道至疏勒（今新疆喀什一带）。“时龟兹王建为匈奴所立，倚恃虏威，据有北道，攻破疏勒，杀其王，而立龟兹人兜题为疏勒王”，[3]班超出其不意，一举擒拿了兜题，立疏勒故王子忠为王，解除了龟兹对疏勒的奴役，疏勒也归附东汉帝国。至此，中断了六十多年的汉帝国和西域的交通得以恢复。

匈奴失去西域，自不甘心。永平十八年（公元75年）三月，北匈

1《后汉书》卷四七《班梁列传》，第1572页。
2《后汉书》卷四七《班梁列传》，第1573页。
3《后汉书》卷四七《班梁列传》，第1574页。

奴发动骑兵二万，反攻车师，包围金蒲城和柳中城。十一月，焉耆、龟兹攻杀都护陈睦。同时匈奴又策动车师后王叛变，共攻耿恭于柳中城。汉章帝建初元年（公元76年），东汉派耿秉屯兵酒泉，发张掖、酒泉、敦煌三郡兵及西域鄯善等地兵前往支援，会师柳中，大败车师和北匈奴，救出耿恭，车师复降。不过，东汉帝国因无力固守车师，决定撤销都护和戊、己校尉，下诏征召班超回京。次年又撤退了伊吾屯田兵，西域门户重新暴露于北匈奴骑兵面前。

汉帝国从西域撤退，引起了西域南道诸国的惊恐，他们惧怕北匈奴卷土重来，进行报复。因此，当班超奉命准备返京时，疏勒、于阗恳切慰留，疏勒都尉黎弇竟至引刀自杀。班超行至于阗，于阗王侯以下皆号泣，恳求说："依汉使如父母，诚不可去！"[1]抱班超马足，不让他离开。班超看到南道一些地区的人心可以信用，于是决定留驻西域，勒马回转，再定疏勒。当时，西域北道诸国隶属于匈奴，南道则仍大多数服从汉廷。但是，南道通往东汉内地的道路已经被匈奴切断，在疏勒与于阗之间的莎车也役属于匈奴。因此，班超决定首先从疏勒附近排除匈奴势力的威胁。建初三年，他联合疏勒、于阗、康居、拘弥等国，击破北道的姑墨，以解除北来的威胁。班超上疏请兵，报告了西域形势和自己的对策，取得了汉廷的同意和支持。东汉帝国先后发弛刑、义从一千人、士兵八百人，赴西域支援班超。

元和元年（公元84年），班超遂发疏勒、于阗兵进攻匈奴在南道的羽翼莎车。莎车贿买疏勒王忠，使其背叛班超。"超乃更立其府丞成大为疏勒王，悉发其不反者以攻忠"。[2]康居出兵救援忠。班超以锦帛贿买康居姻亲大月氏，劝说康居王罢兵，又击杀忠及其众。第二年，班超发于阗诸国兵二万五千人复攻莎车。北道龟兹王发温宿、姑

1《后汉书》卷四七《班梁列传》，第1575页。
2《后汉书》卷四七《班梁列传》，第1579页。

墨、尉头五万人救援。班超凌晨发动奇袭，大败北道诸国联军，莎车降服，龟兹等国兵退散。班超威震西域，南道遂通。

汉和帝永元元年至三年（公元89—91年），窦宪率军连破北匈奴于燕然山（今杭爱山）、金微山（即阿尔泰山），出塞五千里。北匈奴主力被迫向西远徙，西域形势发生了有利于汉帝国的变化。就在窦宪第二次征伐匈奴之际，大月氏贵霜帝国想乘机从中渔利。永元二年，大月氏发兵七万，越过帕米尔高原，企图与北道诸国连兵消灭班超势力。班超"度其粮将尽，必从龟兹求救，乃遣兵数百于东界要之"，将大月氏派往龟兹求援的士兵一举消灭，"持其使首以示"月氏副王谢，大月氏被迫撤军。[1]北匈奴已失败西迁，大月氏又受挫南退，于是龟兹率姑墨、温宿于永元三年降于班超。

汉廷任班超为西域都护，徐幹为长史。班超驻守龟兹，徐幹屯于疏勒。又设置戊校尉领兵五百人居车师前部高昌壁，戊部候居车师后部候城，东西遥相呼应。这时，西域只有焉耆、尉犁、危须因为在先前曾攻没都护，心怀疑虑，尚未降附。永元六年（公元94年），班超大发龟兹、鄯善等八地区的兵力共七万人，及汉吏士、客商一千四百人讨伐焉耆；同时又遣使向三地君长诱降。军事压力和政治安抚双管齐下，三地皆降服，北道遂通，至此"西域五十余国悉皆纳质内属"。[2]

自汉明帝永平十六年班超衔命出使西域，至汉和帝永元六年平定焉耆，经过二十余年的艰苦斗争，西域终于再度摆脱匈奴的役使，重新归属汉帝国。班超以功封定远侯。

班超在西域活动了三十余年，年老被病，乃上书朝廷，请求调回。永元十四年（公元102年）八月，班超终于回到洛阳，拜为射声

1《后汉书》卷四七《班梁列传》，第1580页。
2《后汉书》卷四七《班梁列传》，第1582页。

校尉。九月，病卒。班超一生的事业，主要是在西域开创的。他平定了西域诸国的内乱，开辟了中西交通，使汉帝国和西域诸国在经济、文化上的交流得以继续发展。

二、甘英出使大秦的目的和路线

班超平定天山南北以后，汉帝国的政治势力继续向西扩展，一度远达帕米尔高原以西的中亚地区，“其条支、安息诸国至于海濒四万里外，皆重译贡献”。永元九年（公元97年）甘英出使大秦，一直到达条支海滨。甘英的这次远行，是汉帝国与罗马帝国直接沟通的第一次尝试。虽然最终未能完成任务，但他的西行却为东西交通的拓展做出了不可磨灭的贡献。

据范晔《后汉书·西域传》载：

> （汉和帝永元九年，公元97年）都护班超遣甘英使大秦，抵条支。临大海欲度，而安息西界船人谓英曰：“海水广大，往来者逢善风三月乃得度，若遇迟风，亦有二岁者，故入海人皆赍三岁粮。海中善使人思土恋慕，数有死亡者。”英闻之乃止。[1]

该书还有其他两处提到了甘英出使大秦之事。一处出现在《西域传》的序中，范晔写道，汉和帝永元九年，“班超遣掾甘英穷临西海而还”。[2]另一处是在《西域传》末尾的赞语中，范晔盛赞班超在西域的成就时说“甘英乃抵条支而历安息，临西海以望大秦，拒玉门、阳关者四万余里，靡不周尽焉”。[3]另外，后世史书如《晋书》《梁书》

1《后汉书》卷八八《西域传》，第2918页。
2《后汉书》卷八八《西域传》，第2910页。
3《后汉书》卷八八《西域传》，第2931页。

《旧唐书》等亦载有其事，但所述内容与《后汉书》大致无二，故不再赘引。

不过，由于这些核心史料过于简单，许多具体情况往往缺失记载，东汉和帝时甘英出使大秦一事，虽是中外关系史与中外交通史上的壮举，亦引发学界广泛关注，但仍有诸多问题模糊不清。

1. 甘英出使大秦目的考

甘英出使大秦的目的，中外学者虽有所探讨，却因史籍缺载而难以说清。比较早的说法如少数西方学者的所谓班超派甘英侵略西亚国家说，无疑是无稽之谈，德国学者夏德早已直斥其非，[1]莫任南先生亦曾有批判。[2]20世纪40年代，龚骏先生在《甘英出使大秦考》一文中认为，因为大秦是西方大国，多珍贵奇物，又是中国丝缯的消费国，且非常想通使于汉，所以班超派甘英出使大秦，想探听大秦虚实。[3]其后，长泽和俊、余太山诸先生基本认同这一说法。不过，长泽和俊认为甘英应当还有探明中国丝绸在安息交易情况之目的。[4]莫任南先生在《甘英出使大秦的路线及其贡献》一文中指出甘英出使大秦的任务有二：其一，打破安息垄断，探寻直接同大秦贸易的商道；其二，宣扬汉威，招徕外域使臣。[5]对这一观点，姚胜先生则提出不同看法。他认为，自商鞅变法以来中国奉行重农抑商政策，商业被视为末业，东汉官员应该不可能会主动去探寻商道，莫先生所提第一个任务并不符合当时实际情况。至于第二个任务，“宣扬汉威，招徕外域使臣”，或有一定的可能性、合理性，但绝非根本目的。由此，姚胜先生结合东汉帝国与匈奴的关系、班超的个人因素以及甘英的出使路线三个方

---

1 ［德］夏德：《大秦国全录》，朱杰勤译，郑州：大象出版社，2009年，第15页。

2 莫任南：《甘英出使大秦的路线及其贡献》，《世界历史》1982年第2期，第13—19页。

3 龚骏：《甘英出使大秦考》，《东方杂志》1944年第8期，第21—27页。

4 ［日］长泽和俊：《丝绸之路史研究》，钟美珠译，天津：天津古籍出版社，1990年，第434页；余太山：《两汉魏晋南北朝与西域关系史研究》，第214—220页。

5 莫任南：《甘英出使大秦的路线及其贡献》，《世界历史》1982年第2期，第13—19页。

面加以分析，认为东汉帝国虽两次大败匈奴，但匈奴仍是与汉帝国争夺西域的劲敌，班超欲稳固汉帝国在西域的统治必须寻求政治盟友，大秦国则是理想之选，班超派甘英出使大秦是为了联合大秦夹击北匈奴。[1]

事实上，认为甘英出使大秦的目的是“打破安息垄断，探寻直接同大秦贸易的商道”，在史籍中还是能够找到很多支撑资料的。自张骞通西域以后，西域各国与汉帝国的贸易日益繁盛起来。随着丝路交通的畅通，中西交流日益频繁，越来越多的西方国家与汉帝国互派使者，实现了直接的政治、经济联系。其中儿可注意的是，当时东西两大帝国——罗马帝国与汉帝国理应实现直接联系，经贸通商。但当时的实际情况却并非如此。这是因为，在公元1世纪中叶后，从印度到叙利亚的陆路与波斯湾航线一直被安息及其藩属所控制着。他们是当时东西贸易的中间人及中介商。出于商业目的，他们不愿看到汉帝国和罗马帝国之间的直接来往。《后汉书·西域传》中就记载：“其（大秦）王常欲通使于汉，而安息欲以汉缯彩与之交市，故遮阂不得自达。”[2]研究者也普遍认为，“安息西界船人”对甘英所说的上述一席话，使得甘英放弃了渡海寻大秦，最终未能到达目的地。因为这番话实际上是有意阻挠甘英继续前行，其真正目的正是尽可能地设法阻断汉帝国和罗马帝国之间的直接联系，以便垄断丝路贸易的丰厚利润。而且，莫任南先生认为，在甘英出使之时，取水路去大秦并非唯一选择，其实当时还有其他几条从条支到大秦的路线。安息人并未告诉甘英去大秦的陆路交通，应该也是出于这一目的的考虑。[3]这样看来，姚胜先生仅仅以中国传统奉行重农抑商政策来加以批驳，似乎并不妥当。

---

1 姚胜：《甘英出使大秦原因考》，《塔里木大学学报》2009年第1期，第82—86页。

2 《后汉书》卷八八《西域传》，第2919—2920页。

3 莫任南：《甘英出使大秦的路线及其贡献》，《世界历史》1982年第2期，第13—19页。

对“安息西界船人”所讲述的“海中善使人思土恋慕，数有死亡者”的海妖故事，张绪山先生认为，联系到希腊神话，可以断言就是海上生活的人们所十分熟悉的海上女妖塞壬（Siren）的传说。在希腊神话中，海上女妖是半人半鸟形的怪物，能以娇媚动听的歌声迷惑航海者，使他们如醉如痴，停舟不前，呆在那里听下去，一直到死亡为止。这段希腊神话故事，经“安息西界船人”加以渲染后，成功地阻挡了来自远方的缺乏海上经验的中国使者甘英，但同时也经过甘英的讲述，永远地留在了中国的史册上，成为中国与希腊—罗马世界文化交流史中的一段插曲。[1]

至于“宣扬汉威，招徕外域使臣”，则比较符合中国古代传统政治观念，也是汉帝国持续西扩的目的之一。如前所述，早在汉武帝时期，这种政治倾向就极为明显。张骞两次被派遣出使西域，除了明确的与大月氏、乌孙军事结盟之目的外，宣扬大汉威德、招徕外国使者也可说是汉廷应有之意，更是“怀致远之略”[2]的张骞的目标。长期在西域经营的班超，也是如张骞一类的英雄人物。他立志“效傅介子、张骞立功异域，以取封侯”，[3]希望多多招徕外臣“东向而朝天子”，[4]实现汉帝国“振威德于荒外”[5]的意图。根据范晔在《后汉书·西域传》开篇所载：汉和帝永元六年（公元94年），班超“复击破焉耆，于是五十余国悉纳质内属”，基本上扫除了匈奴在西域的势力，重新打通了“丝路”。随后，班超进一步把目光投向更远的西方各国，而且取

1 张绪山:《甘英西使大秦获闻希腊神话传说考》,《史学月刊》2003年第12期，第118—120页。

2《后汉书》卷八八《西域传》，第2931页。

3《后汉书》卷四七《班梁列传》，第1571页。

4《后汉书》卷八八《西域传》，第2931页。

5《北史》卷九七《西域传》，二十四史点校本，北京：中华书局，1974年，第3205页。不过有意思的是，北魏朝臣所奏“依汉氏故事，请通西域，可以振威德于荒外，又可致奇货于天府”的建议，却并未得到北魏道武帝的认可。他反倒认为，“汉氏不保境安人，乃远开西域，使海内虚耗，何利之有？今若通之，前弊复加百姓矣”，因而并未听从。

得了“其条支、安息诸国至于海濒四万里外，皆重译贡献”的不错效果。正是在这一背景下，甘英奉命出使大秦。最终，甘英西使取得显著成果：其所至之地及所见闻，“皆前世所不至，《山经》所未详，莫不备其风土，传其珍怪焉”；一些边远之国慕名而来，“于是远国蒙奇、兜勒皆来归服，遣使贡献”。[1]范晔的这一段记载，内在逻辑清晰，“宣扬汉威，招徕外域使臣”的目的也是表露无遗。

姚胜先生的“班超派甘英出使大秦是为了联合大秦夹击北匈奴”的观点，由于现实中大秦和汉帝国的地理位置实在是相距过于遥远，因而未必正确，但这一探索路径却仍值得重视。

事实上，甘英的确是作为班超派出的使者而出使大秦的，这自然应和班超在西域的持续具体经营活动有着极其密切的联系。欲探究班超为何派甘英出使大秦，即甘英出使大秦之目的，就理应将其置于整个东汉帝国与北匈奴的关系，以及东汉帝国与北匈奴在西域争夺的大背景中去考察。

秦汉时期，北方匈奴始终是中原地区的巨大威胁。与汉武帝时期基本相同，东汉明帝、和帝之时，对北匈奴采取的基本政策也是给予其军事打击，而且汉匈斗争的核心都围绕着西域来进行。班超正是在这种大背景下被派往西域，并在当地经略三十余年。至永元六年，班超基本平定了西域，使得东汉帝国在当地的统治达到顶峰。

不过，东汉帝国虽然数次打败匈奴，但其在西域的统治并不稳固，“自建武至于延光，西域三绝三通”。[2]其中正是由于匈奴之祸不息，汉帝国西北地区才不稳。因此，如欲稳定西北汉地，就必须控制西域；若欲控制西域，则又必当杜绝匈奴之祸。

永平十六年（公元73年），汉明帝开始对匈奴进行军事打击，奉

1 《后汉书》卷八八《西域传》，第2910页。

2 “自建武至于延光”是公元25年到125年之间。《后汉书》卷八八《西域传》，第2912页。

车都尉窦固出击北匈奴，班超任假司马，领军攻击伊吾，与北匈奴战于蒲类海，斩获颇多。窦固看重班超过人的军事才能，派他出使西域。从永平十六年出使西域，到永元六年击破焉耆平定西域，班超运用正确的战略战术，取得了巨大成功。从表面上看，班超是在跟西域诸国斗争（期间还有同大月氏、康居的斗争），但从全局来看，班超实际上是在跟北匈奴斗争。[1]

在经营西域的过程中，班超认识到经营西域的艰巨性、重要性和长期性。建初三年（公元78年），班超在上书中说“实愿从谷吉效命绝域，庶几张骞弃身旷野”，就表达了要同匈奴斗争到底的信念。同时，他还在上书中谈到“以夷狄攻夷狄，计之善者也”，可见班超在长期斗争中已经充分认识到联合各个国家夹攻敌人的巨大益处。[2]实际上，班超确曾数次联合西域盟国诛伐叛逆，如建初三年亲率疏勒、康居、于阗、拘弥四国兵万人攻击姑墨，又上书言西域远国月氏、乌孙、康居愿归附汉。可见，班超既在努力争取葱岭以东诸国的支持，又非常注意结交葱岭之外的强国，试图联合一切可以联合的力量。[3]建初九年（公元84年），班超攻疏勒王忠，康居遣精兵援忠。当时康居与月氏联姻，班超遣使持锦帛厚赠月氏王，令其规劝康居王罢兵，结果康居收兵而还。这正是班超巧妙地利用了康居与月氏的姻亲关系，从而取得了不费兵卒就收服疏勒失地的巨大成功。

永元六年（公元94年），班超又采取“以夷狄攻夷狄”之策击破了焉耆，将匈奴势力从西域驱逐出去，平定了西域南北两道。不过，北匈奴在西部康居重新站稳了脚跟，而且在蒲类海一带也还游弋着北匈奴余部。而当时汉人已经知道在安息以西有一大秦国，不过对其了解可能并不多，因此误以为西迁的北匈奴常在大秦与蒲类之间活动。

1 参见姚胜：《甘英出使大秦原因考》，《塔里木大学学报》2009年第1期，第82—86页。

2 《后汉书》卷四七《班梁列传》，第1575、1576页。

3 参见姚胜：《甘英出使大秦原因考》，《塔里木大学学报》2009年第1期，第82—86页。

如汉安帝延光二年（公元123年），敦煌太守张珰上书陈策，其中就曾提到“北虏呼衍王常展转蒲类、秦海之间，专制西域，共为寇钞”。唐李贤注解曰：“大秦国在西海西，故曰秦海也。”[1]此处的秦海虽有可能不是确指大秦国，但也当指西亚一带。可见，在东汉时人张珰的认知里，大秦和匈奴之间有着联系，且并不算遥远。班超对西域的经营活动还远在张珰之前，其对匈奴西部诸国特别是西域之西的认知可能也并不明晰。抵御甚至消灭北匈奴，是班超经营西域的使命。而要实现这一目标，联合匈奴西部大国为盟友，“以夷狄攻夷狄”确为上策。班超派遣甘英出使大秦，不能排除其是出于结交诸如大秦之类的西部大国、寻求攻击北匈奴的盟友之目的。[2]

汉和帝永元九年（公元97年），西域都护班超派遣副使甘英出使大秦。甘英是班超的副手，其出使大秦直接体现了班超联合大秦夹攻北匈奴的战略意图。甘英途经十余国，往返三万八千多里，“穷临西海”，遥望大秦。此时，甘英可能是已经意识到大秦距离汉帝国实在太过遥远，联合大秦的战略根本不可能实现，所以也就没有继续冒险前往大秦的必要了。甘英未果而返，班超的战略意图终成泡影。

综上，甘英出使大秦的目的大致可分为三：其一，打破安息贸易垄断，探寻直通大秦的商道；其二，宣扬汉威，招徕外使；其三，外联大秦，以制匈奴。学界之所以对此认识不一，除了史书缺少明确记载外，还是研究者的思考角度不同所致。探寻直通商道，是从经济层面进行考察；招徕外使，则是考虑到中国古代传统的政治观念；而联合大秦夹击北匈奴，又是单纯从军事策略角度加以考虑。这三者是基于不同角度的论析，其实并不矛盾，应当可以并存，有助于丰富人们对甘英出使大秦意图的认知。

---

1 《后汉书》卷八八《西域传》，第2911、2913页。

2 姚胜：《甘英出使大秦原因考》，《塔里木大学学报》2009年第1期，第82—86页。

2. 甘英出使大秦路线考

甘英出使大秦的路线，亦是学界讨论的热点问题。对于西域的交通道路，《汉书·西域传》有载：

> 自玉门、阳关出西域有两道。从鄯善傍南山北，波河西行至莎车，为南道；南道西逾葱岭则出大月氏、安息。自车师前王廷随北山，波河西行至疏勒，为北道；北道西逾葱岭则出大宛、康居、奄蔡焉。[1]

《后汉书·西域传》则记载得更为详细：

> 自敦煌西出玉门、阳关，涉鄯善，北通伊吾千余里，自伊吾北通车师前部高昌壁千二百里，自高昌壁北通后部金满城五百里。此其西域之门户也……
>
> 自鄯善逾葱领出西诸国，有两道。傍南山北，陂河西行至莎车，为南道。南道西逾葱领，则出大月氏、安息之国也。自车师前王庭随北山，陂河西行至疏勒，为北道。北道西逾葱岭，出大宛、康居、奄蔡焉。……
>
> 自皮山西南经乌秅，涉悬度，历罽宾，六十余日行至乌弋山离国……
>
> 复西南马行百余日至条支。……
>
> 转北而东，复马行六十余日至安息……
>
> 安息国……北与康居接，南与乌弋山离接。……
>
> 自安息西行三千四百里至阿蛮国。从阿蛮西行三千六百里至斯宾国。从斯宾南行度河，又西南至于罗国九百六十里，安息

1 《汉书》卷九六《西域传》，第3872页。

西界极矣。自此南乘海，乃通大秦。[1]

其中，序言概括了汉代丝绸之路从塔里木盆地出发的南北两道路线：南道从莎车逾葱岭可达大月氏、安息，北道由疏勒逾葱岭可至大宛、康居、奄蔡。同时，正文中又插叙南道支线（即皮山到安息路线），自安息到阿蛮国、斯宾国、于罗国路线以及由莎车经蒲犁、无雷到大月氏的交通线。但这些记载明显分为多段，且方向不一，叙述的也不甚清楚，而且范晔在这里也并未明确说此为甘英出使大秦的线路。不过，由于范晔在《后汉书·西域传》序言中指明此全传是“建武以后其事异于先者（指《汉书·西域传》），以为《西域传》，皆安帝末班勇所记云”，[2]传世史料中未见有班勇出使域外的事迹，而甘英则曾奉勇父班超之命出使大秦，班勇所记材料当来自甘英的出使记录。《后汉书·西域传》在记载至大秦国以西时，也说“前世汉使皆自乌弋以还，莫有至条支者”。由此，许多学者推测范书《西域传》中通往域外的路线应当就是或者至少涵盖甘英出使的具体路线。为此，他们或糅合序言与正文中的两条路线，或直接撷取正文所述路线，以之作为甘英的具体出使路线。

龚骏先生在《甘英出使大秦考》一文中认为甘英出使路线应是自南道出发，从北道返归，其具体顺序应为：皮山—乌秅—悬度—乌弋—条支—安息—大月氏—无雷—蒲犁—莎车—疏勒—尉头—温宿—姑墨—龟兹—焉耆。他的主要依据是：范书《西域传》所述路线正是按照由南至北顺时针回转，通往域外的路线有始有终，或许就是甘英所经路线；正文所记述葱岭西诸国如天竺、大秦的内容比较空泛，当是甘英旁听而来，而罽宾、乌弋、条支、安息、大月氏五国则叙述得比较翔实，而且还有行程时间及诸国之间的确切距离，应是甘英亲身

1 《后汉书》卷八八《西域传》，第2914—2918页。
2 《后汉书》卷八八《西域传》，第2913页。

历经其地所得。[1]

莫任南先生在《甘英出使大秦的路线及其贡献》一文中则认为龚文以东汉都护府驻地在焉耆是错误的，而且汉和帝永元九年（公元97年）班超并未驻守在南道，因此甘英自南道出发的说法缺乏根据。随后，莫任南先生提出了甘英自北道出发、由南道返回的具体路线：龟兹—疏勒—莎车—蒲犁—无雷—大月氏—木鹿—和椟—阿蛮—斯宾—条支（于罗）—乌弋山离—罽宾—悬度—乌秅—皮山—龟兹。推断出这一路线的根据主要如下：其一，永元三年班超升任西域都护，西域都护府治地当时在龟兹它乾城，永元九年甘英既受班超派遣出使，应当自龟兹出发。其二，范书《西域传》载有莎车国西经蒲犁、无雷到大月氏的路线以及大月氏西接安息四十九日的行程时间，这表明东汉有使者走过这一路线，而东汉史籍中仅载有甘英曾经西逾葱岭，故应当是甘英所经路线。其三，范书《西域传》载安息到洛阳25000里，安息东界的木鹿到洛阳20000里，也即意味着安息都城到木鹿5000里。木鹿即安息东界的马尔吉亚那的安条克，向西到安息都城和椟城，其实际距离正约合古代西方历史学者所言5000“视距里”（Stadium，斯塔德），与《西域传》所载安息到木鹿的距离正好相符。而且，范书《西域传》所载大月氏到安息路线与罗马地理学家托勒密《地理书》有关内容相合，东西方学者所记载路线不谋而合，当可表明确实存在着自大月氏到安息的交通路线。范书《西域传》大月氏以西路线、道里比较精确，必是甘英亲身经历而得。其四，范书《西域传》又载有皮山到安息的路线，如将其途经地颠置成安息到皮山的路线，应当即为甘英返回时所经路线。[2]但莫任南先生沿袭夏德等说法，将古希腊的视距里（斯塔德）等于汉代一里，杨共乐先生并不认

1 龚骏：《甘英出使大秦考》，《东方杂志》1944年第8期，第21—27页。
2 莫任南：《甘英出使大秦的路线及其贡献》，《世界历史》1982年第2期，第13—19页。

同。因为据测算，一视距里（斯塔德）相当于184.97米，而两汉的一“里”则相当于420米。西方人的视距里标准“斯塔德”与中国两汉的长度单位“里”，两者相差悬殊，完全没法等同。以此来证明托勒密在《地理学》中提到的从希耶拉波利斯（Hierapolis）经埃克巴坦那（Ecbatana）、赫卡通皮洛斯（Hecatompylos）到巴克特里亚（Bactria）一线与甘英的出使线路一致，更是错误明显。[1]

但莫先生的基本观点还是有人支持补充。余太山先生认为，甘英出使应该自龟兹西行至疏勒后逾葱岭，复经大宛、大月氏至安息都城和椟城，此后历阿蛮、斯宾、于罗而抵条支。[2]

事实上，莫文、余文虽与龚文观点迥异，却很难分出对错，这其中最为关键的原因是他们都没有强有力的史料可以作为支撑。也就是说，诸多学者只是借助《后汉书·西域传》等所载西域诸国地望与路线，对甘英出使路线加以推测而已。之所以造成这一状况，主要是因为诸家在论证时均尚未注意到袁宏《后汉纪》中实际上存有甘英出使大秦路线的关键部分。袁宏（公元328—376年），东晋人，其所著《后汉纪》的成书年代要比南朝宋范晔的《后汉书》更早。据《后汉纪·孝殇皇帝纪》载：“大秦国一名犂靬，在海西，汉使皆自乌弋还，莫能通条支者。甘英逾悬度、乌弋山离抵条支，临大海，欲渡，人谓英曰：‘海广大，水咸苦不可食。往来者逢善风，时三月而渡；如风迟，则三岁，故入海者皆赍三岁粮。海中善使人思土恋慕，数有死亡者。’英闻之乃止，具问其土风俗。”而且，袁宏在此还明确指出：“和帝永元中，西域都护班超遣掾甘英临大海而还，具言葱岭西诸国地形风俗，而班勇亦见记其事，或与前史异，然近以审矣。”[3]可见袁

1 杨共乐：《甘英出使大秦线路及其意义新探》，《世界历史》2001年第4期，第115—118页。

2 余太山：《两汉魏晋南北朝与西域关系史研究》，第219页。

3（晋）袁宏：《后汉纪》卷一五《孝殇皇帝纪》，张烈点校，北京：中华书局，2002年，第301、300页。

宏所提供的这些材料正是来自于甘英本人所述。

杨共乐先生最先注意到袁宏《后汉纪》中的上述记载。他在《甘英出使大秦路线新探》一文中，对莫任南先生考证的甘英西使路线提出了质疑。他认为，托勒密《地理书》提到从希耶拉波利斯到巴克特里亚的路线，这是为计算经度及有人居住的世界长度的需要，其并没有说这一路线是通向中国的唯一交通路线；而且，《后汉纪》明确载有甘英出使大秦的路线，“甘英逾悬度、乌弋山离抵条支”，[1]即甘英沿着丝绸之路南道的路线到达安息，并非莫文所讲的北道。另外，杨文还指出《后汉书》实际上也载有类似路线：“自皮山西南经乌秅，涉悬度，历罽宾，六十余日至乌弋山离国，地方数千里，时改名排持。复西南马行百余日至条支……转北而东，复马行六十余日至安息。”[2]范晔在这里提供的线路不仅与《后汉纪》所载完全吻合，而且还大大丰富了《后汉纪》的内容。袁纪与范书路线途经地如此吻合，范书《西域传》又云其内容系班超之子班勇所记，而史料所及班勇的政治活动区域又仅局限在葱岭之东。基于甘英、班超、班勇之间的关系，可以断定《后汉书》皮山到安息的路线应当就是甘英出使大秦的完整路线。[3]

《后汉纪》所载甘英出使大秦的路线（即悬度—乌弋山离—条支）虽然过于简略，但其史料价值极高。“悬度”亦即《汉书》中的“县度”，《汉书·西域传》曰：“县度者，石山也，溪谷不通，以绳索相引而度云。”[4]其地即今克什米尔地区达地斯坦的达丽尔与吉尔吉特之间的印度河上游地带。皮山国“西南当罽宾、乌弋山离道”，[5]西汉成帝时杜钦曾劝说大将军王凤，其中说到以前汉使自皮山送还罽宾使者归国，

1（晋）袁宏:《后汉纪》卷一五《孝殇皇帝纪》，第301页。

2《后汉书》卷八八《西域传》，第2917—2918页。

3 杨共乐:《甘英出使大秦路线新探》，《光明日报》2000年10月13日C03版;《甘英出使大秦线路及其意义新探》，《世界历史》2001年第4期，第115—118页。

4《汉书》卷九六《西域传》，第3882页。

5《汉书》卷九六《西域传》，第3882页。

"起皮山南，更不属汉之国四五"，需要经历不属于汉帝国的四五国，"又历大头痛、小头痛之山，赤土、身热之阪，令人身热无色，头痛呕吐，驴畜尽然。又有三池、盘石阪，道狭者尺六七寸，长者径三十里。临峥嵘不测之深，行者骑步相持，绳索相引，二千余里乃到县度"，而且"今县度之阸，非罽宾所能越也"，道路艰险，盗贼横行，"今遣使者承至尊之命，送蛮夷之贾，劳吏士之众，涉危难之路，罢弊所恃以事无用，非久长计也。使者业已受节，可至皮山而还"，今后护送罽宾使者至皮山即可。[1]即循南道去往罽宾、乌弋山离的捷径当由皮山出发，而且要经过县度方可到罽宾。《后汉书》曰："其后甘英乃抵条支而历安息，临西海以望大秦。"[2]综合这些信息，又可将《后汉纪》甘英出使大秦的路线扩展为：皮山—悬度—罽宾—乌弋山离—条支—安息。[3]《后汉纪》又载有甘英自安息的返回路线："山离还，自条支东北通乌弋山离，可百余日行。"[4]即甘英自南道出发，又从南道沿原路返归。[5]

颜世明、高健先生在杨共乐先生所考证甘英出使路线的基础上，又结合《汉书·西域传》和《后汉书·西域传》所载相关路线进一步补充、完善，并与实地相印证，认为甘英西使大秦的境外路线是：由明铁盖达坂或洪其拉甫达坂逾喀喇昆仑山或帕米尔高原，进入克什米尔地区，沿洪扎河（即乌秅国，今罕萨地区）到吉尔吉特（即难兜国），再南下沿印度河支流至罽宾国（今阿富汗塔克西拉与白沙瓦临近地区），复由阿富汗南部洛拉河、赫尔曼德河至乌弋山离，再由伊朗境内克尔曼、法尔斯，后傍伊朗高原扎格罗斯山南麓进入条支，又东北过两河流域至安息王治泰西封（今伊拉克巴格达附近），其后由

1 《汉书》卷九六《西域传》，第3886—3887页。

2 《后汉书》卷八八《西域传》，第2931页。

3 颜世明、高健：《班超〈西域风土记〉佚文蠡测——兼析甘英出使大秦路线》，《南昌大学学报（人文社会科学版）》2014年第2期，第129—134页。

4 （晋）袁宏：《后汉纪》卷一五《孝殇皇帝纪》，第302页。

5 杨共乐：《甘英出使大秦线路及其意义新探》，《世界历史》2001年第4期，第115—118页。

原路归返。[1]但是，这一路程要经过格德罗西亚的沙漠地带，难于通行。由乌弋山离到波斯湾，较为合理的选择应该是绕道而行，由此北上，沿伊朗高原北缘的丝路主干道向西到塞琉西亚，再南下波斯湾，即北上至安息，经和椟、阿蛮、斯宾到条支。甘英看来并没有如此选择，不过他最后从条支“转北而东，复马行六十余日至安息”还是获得了伊朗北部交通要道的实地考察信息。[2]

事实上，上述这些所有的假设似乎都并未重视甚至是忽略了一条最为关键的史料：“自安息西行三千四百里至阿蛮国。从阿蛮西行三千六百里至斯宾国。从斯宾南行度河，又西南至于罗国九百六十里，安息西界极矣。自此南乘海，乃通大秦。”[3]如果甘英已经到了条支，到了安息西界，而且就此罢休，转北而东，抵达安息都城和椟，那么安息西行所至阿蛮、斯宾、于罗又是何人所行呢？而且，到了于罗，就抵达安息的最西界，由此乘海南行，也可通大秦。这样看来，通大秦之海并非一海，也非一处可达，条支也非安息的最西界。如此精确的路线和里数，绝非杜撰，定是有人亲历，而且是有心人，若此，除了甘英，我们不知班超、班勇之时还有何人曾到过如此遥远的地方。当然，也不排除来华的安息使节或商人带来这些信息。但从这些路线的指向上都是由东向西而推测，最有可能的是出自中国方面的信息。因此，对于甘英出使的路线及其出使的目的都还需要进一步的研究。

三、甘英之行的意义与丝路的延伸

甘英奉班超之命出使大秦，加深了东汉帝国对中亚、西亚各国的

1 颜世明、高健：《班超〈西域风土记〉佚文蠡测——兼析甘英出使大秦路线》，《南昌大学学报（人文社会科学版）》2014年第2期，第129—134页；《浅析〈后汉纪·孝殇皇帝纪〉西域史料价值》，《西北民族大学学报（哲学社会科学版）》2014年第6期，第78—83页。

2 参见杨巨平：《传闻还是史实——汉史记载中有关西域希腊化国家与城市的信息》，《西域研究》2019年第3期，第23—35页。

3《后汉书》卷八八《西域传》，第2918页。

了解，也使丝绸之路得到了极大延伸，拓展了东汉帝国与中亚、西亚各国经济文化交流的广度和深度。

甘英在前人基础上，对丝绸之路南道进行了新的探索，大大地延伸了南道的长度，将丝绸之路南道一直扩展到波斯湾。西汉自张骞以来，汉使纷纷西去，但“前世（指西汉王朝）汉使皆自乌弋以还，莫有至条支者也”。[1]班固在《汉书·西域传》中亦写道：“自玉门、阳关出南道，历鄯善而南行，至乌弋山离，南道极矣。”[2]这说明在西汉时期，人们对南道的认知最远也只到达乌弋山离。也即是说，在甘英之前，汉人对葱岭以外西方各国情况的了解还依然是模糊不清的，只有甘英涉悬度，历罽宾，经乌弋山离，“抵条支而历安息，临西海以望大秦”，才延展了丝绸之路南道，带回了大量有关葱岭以外西方各国的信息。《后汉书·西域传》中所记录的有关内容，应当即属于甘英回来以后的报告，其中一部分内容可能来自外国使者及商客，大部分则直接是甘英出使大秦所带回。[3]由此可见，甘英之行活动范围之广，所经西域之大，西去路程之远，都远远超过前人。从现有材料看，甘英是第一个到达条支的中国人，开创了中西交通的新记录。[4]

甘英之行，大大地丰富了东汉帝国有关中亚和西亚各国的知识，开阔了人们的眼界，进一步加深了东汉帝国对西方国家的认识。在出使过程中，甘英不仅克服了路途的艰辛，而且还一路搜集有关风土人情，对所经过地区的情况“若其境俗性智之优薄，产载物类之区品，川河领障之基源，气节凉暑之通隔，梯山栈谷绳行沙度之道，身热首痛风灾鬼难之域，莫不备写情形，审求根实”，[5]足见其当时考察之详

---

1 《后汉书》卷八八《西域传》，第2920页。

2 《汉书》卷九六《西域传》，第3889页。

3 莫任南：《甘英出使大秦的路线及其贡献》，《世界历史》1982年第2期，第13—19页。

4 杨共乐：《甘英出使大秦线路及其意义新探》，《世界历史》2001年第4期，第115—118页。

5 《后汉书》卷八八《西域传》，第2931页。

尽，亦为后人留下了丰富的第一手材料。此外，如前所述，甘英还详细地记录了安息西部的一些城镇名称以及它们之间的道路里程，从而明确揭示出安息各地的具体地理位置，同时也指明了由安息前往大秦的海上通道。

另外，甘英之行，也使东汉帝国知道了大秦方面的许多情况。如《后汉书·西域传》载："大秦国一名犂鞬，以在海西，亦云海西国。地方数千里，有四百余城。小国役属者数十。以石为城郭。列置邮亭，皆垩塈之。有松柏诸木百草。人俗力田作，多种树蚕桑。皆髡头而衣文绣，乘辎軿白盖小车，出入击鼓，建旌旗幡帜。"这些情况包括大秦国的国名、地理位置、风俗习惯、政治状况等，使人了解到大秦是一个出产"金银奇宝"的西方大国，它常与"安息、天竺交市于海中，利有十倍"。[1]虽然甘英之行并未到达大秦，上述信息当是其听闻而来，但依然能加深东汉帝国对大秦经济、文化、风俗等方面的了解，开阔了中国人的眼界，也足以使东汉帝国知道"其王常欲通使于汉"[2]的愿望，为中国使者进一步通往大秦之路提供了非常重要的信息。

甘英之行，促进了中西经济文化和各国友好关系的发展。甘英奉命出使大秦，自波斯湾返回，虽未到达预定地点，但却加深了西方国家对中国的了解和认识，也使西方了解到东汉帝国有与西方交往的意识和愿望。范晔在《后汉书·西域传》中述及甘英"穷临西海而还"之后，接着便提到"于是远国蒙奇、兜勒皆来归服，遣使贡献"。[3]汉和帝永元十三年（公元101年），"安息王满屈复献师子及条支大鸟，时谓之安息雀"。[4]汉桓帝延熹九年（公元166年），大秦王安敦"遣使

1 《后汉书》卷八八《西域传》，第2919页。

2 《后汉书》卷八八《西域传》，第2919—2920页。

3 《后汉书》卷八八《西域传》，第2910页。

4 《后汉书》卷八八《西域传》，第2918页。安息王满屈指的应是此时的帕提亚的国王帕克罗斯二世（Pacorus II，约公元78—105年在位）。"满屈"与Pacotus发音相近。

自日南徼外献象牙、犀角、玳瑁”。[1]这些都是西方国家同东汉帝国直接友好往来的记录，也是甘英出使大秦，对东西方交流所带来的直接结果。

小 结

西域都护的设立，是西域地区统一在西汉帝国管辖之下的标志，这无疑对丝绸之路的繁荣与畅通意义非凡。西域都护府驻军采取耕战结合、大力发展屯垦的方式实现自足，也推进了当地农耕文化的发展。西域都护府的设置在体制上保证了汉帝国与西域诸国中央和地方的隶属关系，开辟了西域历史发展的新纪元。

丝绸之路一直是中西交通的要道，是中国与中亚、西亚、南亚以及欧洲各国进行经济、文化交流的重要通道。东汉帝国时期，甘英奉命出使大秦，大大地延伸和拓展了这一东西交通要道。甘英西行是古代中西交通史上的一个标志性事件，也是丝绸之路延伸至东地中海地区的证明，他所抵达的“条支”，不论是波斯湾还是叙利亚，都是原来希腊化世界的中心地区。[2]随着中国方面对远到地中海的大西域地区的了解，东地中海地区的希腊化文明遗产信息也沿着丝绸之路愈来愈清晰地传向东方，传向中国，尽管就其主体而言，已经与其他文明融为一体，或者在表面上披上了其他文化的外衣。

（党 超）

1 《后汉书》卷八八《西域传》，第2920页。

2 杨巨平：《传闻还是史实——汉史记载中有关西域希腊化国家与城市的信息》，《西域研究》2019年第3期，第23—35页。

第十二章　丝绸之路全线贯通

公元前2世纪后期，张骞出使西域，标志着丝绸之路正式开通。彼时的丝绸之路主要指从中国内地经西域延伸至中亚地区的商路，可以说之后的两个世纪是丝绸之路不断向西拓展至伊朗高原、两河流域和地中海东岸的时期。这一时期，就丝绸之路的全线贯通而言，除了前述汉朝向西的开拓之外，塞琉古王国、帕提亚、罗马帝国和贵霜帝国都发挥了重要作用。

塞琉古王国几乎涵盖了从中亚到地中海东岸的领土，它修建城市、完善交通、发展对外贸易等举措都极大地促进了东西方贸易的进步。尤其是它在其核心区叙利亚地区的长期统治，为后世丝绸之路从伊朗高原、两河流域延伸至地中海东岸，提供了可资利用的城市、道路、市场和制造业等希腊化遗产。

帕提亚是丝绸之路从中亚向地中海东岸地区延伸的必经之地，它在西面和塞琉古王国、罗马帝国的关系，以及东面与汉朝建立的联系，成为丝绸之路能否从中亚向西顺利延伸的关键因素。

公元前1世纪中期，罗马将塞琉古王国据为己有，意味着自此之后，它成为两河流域至地中海东岸间商路的主人，是丝绸之路实现至地中海东岸的全线贯通的极为重要的条件。它与帕提亚的关系也长期左右着丝绸之路两河流域至地中海东岸段的基本格局。罗马帝国随后还占据了埃及并建立了行省，控制了红海通向印度洋的出海口，自此它与印度等地的海上贸易取得了前所未有的突破，尤其是公元1世纪中期后，它与印度西海岸的海上直航极大地促进了东西方的海上往来。

这一时期，贵霜统治着从中亚至西北印度的广阔地区，控制了西北印度的一些港口城市，不仅在陆路上成为丝绸之路向西延展的中转站，也在海路上与罗马埃及建立了贸易联系，最终促使由中国南部沿海经东南亚至印度，再由印度中转至罗马埃及的海上丝绸之路在公元2世纪中期（公元166年）实现了东西全线贯通。

第一节　塞琉古王国对于丝路西线开拓的贡献

本节的丝路西线指从帕米尔高原西至地中海东岸和小亚的路线。这一路线正好处于原来塞琉古王国的统治范围之内。虽然后来它的国土不断西缩，但它和从自身分裂出来的帕提亚王国和巴克特里亚王国一起，还是为张骞之后丝绸之路的开拓奠定了基础。

一、塞琉古王国时期的东西方商路

塞琉古王国时期，以波斯帝国原有道路为基础，以旧城和新城为商业枢纽，形成了从地中海东岸、小亚至中亚的四通八达的交通网。当时的商路主要有北、中、南三条。北路自东向西从巴克特里亚经帕提亚至里海、黑海，最终到拜占庭（Byzantium）。最重要的是中路，自西向东从地中海东岸的皮埃里亚的塞琉西亚港（Seleucia in Pieria）出发，经首都安条克（Antioch）、底格里斯河畔的塞琉西亚（Seleucia on the Tigris）、伊朗高原北缘、中亚至帕米尔高原西麓。[1]南路是印度洋、波斯湾海路，连接波斯湾、印度等地。其中，北路发挥的作用较小，塞琉古王国主要通过中路和南路进行转运贸易。

帕提亚独立前，塞琉古王国占据了从中亚经伊朗高原至巴比伦地区的商路主干线，沿线有军队驻扎，首要目的是巩固对各地的统治，[2]也在某种程度上保证了商路的安全与畅通。塞琉古王国初期对中亚至巴比伦地区、叙利亚地区商路的开拓和经营，为后世丝绸之路的东西贯通创造了基本条件。从整个塞琉古王国时期看，在东西方商路主干线中，两河流域至地中海东岸段商路与王国的关系最为密切。事实上，塞琉古王国的统治中心一直在叙利亚地区。这段商路实际上就是后来的丝绸之路西线西段，对丝绸之路最终延伸至地中海东岸发挥了关键作用。由中亚、印度而来的商品到达底格里斯河畔的塞琉西亚，向西到达幼发拉底河后沿河北上，过杜拉·欧罗普斯（Dura Europus），再向西到达安条克。或者，由塞琉西亚向西先到达位于两河流域上游之间的城市尼西比斯（Nisbis），再经埃德萨（Edessa），前往安条克、大马士革（Damascus）等叙利亚城市。[3]塞琉西亚是塞琉古王国接收印度、中亚和阿拉伯地区商品的中心。在塞琉西亚至叙利亚的商路上，有为数不少的塞琉古王国的新建城市，而且有塞琉古军队进行守卫，也有很多供商人休息的驿站。

罗马的东扩和帕提亚的西进，最终使塞琉古王国的统治范围仅剩叙利亚一隅，使它在丝路西线中的作用越来越小。公元前190年，塞琉古王国在与罗马的马革尼西亚（Magnesia）会战中惨败，开始逐渐沦为罗马的附庸。公元前2世纪中期，美索不达米亚被帕提亚吞并。

---

1 赵汝清主编：《丝绸之路西段历史研究——兼论沿途民族迁徙及国家关系》，兰州：甘肃文化出版社，1999年，第124页。

2 M. I. Rostovtzeff, *The Social and Economic History of the Hellenistic World*, Oxford: Clarendon Press, 1941, p. 459.

3 Philip K. Hitti, *History of Syria*, London: Macmillan Co. Ltd., 1951, p. 271.

塞琉古王国虽然退回叙利亚一隅，但仍然控制着丝路西线西端，帕提亚则控制了丝路西线大部。罗马人和帕提亚人从西东两个方向渐渐靠近，公元前64年罗马灭亡塞琉古王国后，两个强大的国家开始了正面交锋，丝路西线进入了一个新的历史时期。虽然塞琉古王国被罗马灭亡，但回溯整个王国尤其是其早期，它在丝路西线贸易格局的形成和塑造上发挥了极其重要的作用。

二、塞琉古王国时期的东西方贸易

塞琉古王国早期的经济政策和经济活动很大程度上决定了它与周边地区的贸易格局。塞琉古王国的对外贸易由国王垄断。塞琉古国王命令各行省的总督进口货物，不仅决定进出口何种货物，而且规定了进口货物的数量。[1]对外贸易税收是塞琉古王国财政来源之一，在塞琉古王国的税收体系中，专门包括贸易税，由各行省的总督针对国内外贸易征收，主要有港口税、关税等税项，[2]它们在一定程度上刺激了塞琉古王国各行省开展对外贸易的积极性，也在某种程度上推动了这一时期东西方贸易的进步。

货币的有效兑换是国际贸易发生的基础之一，国内贸易的流畅运转也依赖于货币的统一。塞琉古王国国内货币的一致，促进了商品的交换流通。塞琉古王国早期，从中亚至地中海东岸都在其统治之下，统一的货币保证了中亚至地中海东岸贸易的有效进行，从而为东西方商路及贸易创造了基本条件，也是塞琉古时代为丝绸之路开通做出的重大贡献之一。

塞琉古王国货币的统一表现在造币和币制两方面。塞琉古王国的造币场分布在国内的不同地区，如小亚、叙利亚、美索不达米亚、

1 M. I. Rostovtzeff, *The Social and Economic History of the Hellenistic World*, p. 443.
2 M. I. Rostovtzeff, *The Social and Economic History of the Hellenistic World*, p. 444.

伊朗等地。塞琉古王国东部商路上的重要城市塞琉西亚、埃克巴坦那（Ecbatana）、赫拉特（Herat）、巴克特拉（Bactra）均设有王室授权的造币场。[1]希腊化时期，阿提卡币制流行于叙利亚、巴克特里亚、印度西北部等地，成为国际通用货币的基础币制。[2]塞琉古王国的铸币不仅采用阿提卡标准，而且力求保持货币系统的稳定性和信用价值。公元前285—前281年，安条克一世（Antiochus I，约公元前294/293年始，与其父塞琉古一世共治，公元前281—前261年单独统治）与塞琉古一世（Seleucus I，公元前312—前281年在位）共同执政时期，塞琉古王国可能还在巴克特里亚地区发行了具有印度标准的货币，[3]目的是促进巴克特里亚与印度间的商品流通。

塞琉古王国广建希腊式城市和移民地，它们中很多都充当了贸易枢纽的角色。前三任国王（塞琉古一世、安条克一世、安条克二世）是主要的建城者。塞琉古一世兴建了9个塞琉西亚（Seleucia）、16个安条克（Antioch）、3个阿帕米亚（Apamea）及1个斯特拉东尼西亚（Stratonicea）。另外有25个城市或用马其顿和希腊本土地区、城市来命名，或用亚历山大、本朝国王和王后的名字命名。[4]其中，皮埃里亚的塞琉西亚、底格里斯河畔的塞琉西亚和王国首都安条克都是东西方商路中极其重要的贸易中心或港口。

安条克是塞琉古王国的都城，也是塞琉古时代东西方商路的西方主要终点，所以它充当了塞琉古王国及地中海世界商品分配中心的功能。安条克的外来商品一部分被塞琉古国内市场消费，一部分被运往小亚市场和托勒密埃及，还有一部分转运至它的港口城市塞琉西亚以

---

1 M. I. Rostovtzeff, *The Social and Economic History of the Hellenistic World*, p. 461.

2 杨巨平：《希腊化文明的形成、影响与古代诸文明的交叉渗透》，《陕西师范大学学报（哲学社会科学版）》1998年第3期，第92页。

3 M. I. Rostovtzeff, *The Social and Economic History of the Hellenistic World*, p. 461. 这可能只是一家之言，完全吻合的实物还未见到。

4 Appian, *Roman History*, 11.57, with an English translation by Horace White, Cambridge, Mass.: Harvard University Press, 1962.

及推罗（Tyre）、西顿（Sidon）和贝鲁特（Beirut）等市场发达的城市。其中，由于安条克与皮埃里亚的塞琉西亚有河流和海路相连，所以后者成为塞琉古时代东西方陆路贸易在地中海的主要转口地。通过这一港口，安条克的外来商品被转运至罗马意大利本土、希腊巴尔干半岛和托勒密埃及的亚历山大里亚等地，实现了东西方商路的向西延续，也使地中海周边在塞琉古时代就得以接收到来自东方的各种商品。推罗、西顿和贝鲁特是塞琉古时代地中海东岸的主要手工业中心，纺织、染色业发达，它们长时期属于托勒密埃及统治，所以，安条克与这些城市的贸易来往具有国际贸易的性质，扩大和丰富了东西方贸易及丝绸之路的范围和内容。安条克及其外港塞琉西亚等地中海东岸港口城市，确立了塞琉古王国在这一时期处于东西方贸易核心区域的基本格局。安条克能够成为丝绸之路西端的主要城市，主要得益于从伊朗高原、两河流域延伸而来的东西方商路及贸易。如前所述，塞琉古王国早期，这些地区都是它的领土。公元前3世纪中期，帕提亚独立后，伊朗高原长期由帕提亚统治，两河流域是它与塞琉古王国争夺的焦点地区，最终约在公元前2世纪中后期，后者最终完全失去了对幼发拉底河以东地区的控制。

在两河流域的商路上有一座极其重要的城市，即底格里斯河畔的塞琉西亚，它由塞琉古一世新建。古代地理学家斯特拉波（Strabo）对它的崛起有一段描述：

> 巴比伦现在成为一片废墟。后人没有完成修复它的任务，尤其是塞琉古一世建立底格里斯河畔的塞琉西亚城之后。因为他和后继者把统治重心转移到这座城市，它比巴比伦的规模还要大，巴比伦大部分地区就变成一片荒芜之地。[1]

1 Strabo, *Geography*, 16.1.5, with an English translation by Horace Leonard Jones, Cambridge, Mass.: Harvard University Press, 1967.

由此可知，塞琉西亚的城市建筑规模庞大，超过了之前该地区最大的城市巴比伦，而且取代后者成为该地区的中心城市。塞琉西亚选址极佳，位于底格里斯河右侧。由中亚而来的商路延伸至两河流域地区时，首先会抵达塞琉西亚，从此地向各个方向均有商路连通，可以连接幼发拉底河及其上游渡口、两河流域北部平原地区及波斯湾港口地带。塞琉西亚是东西方商路在两河流域地区的核心城市，是塞琉古时代东西方商路和丝绸之路向塞琉古王国统治核心区即叙利亚地区延伸的关键点，在整个塞琉古时代的东西方贸易中发挥了无可替代的重要作用。与安条克相比，塞琉西亚更是一个贸易中转城市，它最终被帕提亚帝国占据，但仍然在东西方商路中发挥着极其重要的集散作用。

一般来说，塞琉古王国不仅接受印度、中亚、阿拉伯地区的商品，而且也发挥了贸易转运的作用，即把这些商品从叙利亚转运至欧洲和小亚及其北部地区。[1]在帕提亚和巴克特里亚独立之前，中亚至叙利亚的陆上商路，几乎都在塞琉古王国的领土范围之内。统一的局面、完善的道路、通用的货币和繁荣的商业城市，使塞琉古王国的贸易具有国际性。[2]这种贸易格局虽然被帕提亚的独立所打破，但事实上，由于独特的地理位置，帕提亚却成为丝路西线最主要的贸易参与者和垄断者，尤其是公元前2世纪之后。

三、帕提亚前期东西方商贸格局的变化

本节的帕提亚前期指帕提亚独立至罗马征服小亚和叙利亚前。这一时期分布在后来丝路西线的主要国家由东向西分别是中亚的巴克特

1　M. I. Rostovtzeff, *The Social and Economic History of the Hellenistic World*, p. 455.

2　杨巨平:《希腊化文明的形成、影响与古代诸文明的交叉渗透》,《陕西师范大学学报（哲学社会科学版）》1998年第3期，第91页。

里亚王国、帕提亚和塞琉古王国。所以，这一时期的贸易格局主要由这三个国家的战和关系决定。

帕提亚和塞琉古王国间关系的好坏在一定程度上决定了东西方陆路贸易的兴衰。公元前238年，斯基泰人部落的一支帕尔尼人（Parni）首领阿尔萨息一世（Arsaces I，公元前247—前211年在位）趁塞琉古王国的帕提亚总督宣告独立之机，进入帕提亚建国称王。从帕提亚建国到米特里达特二世（Mithridates II，公元前124—前87年在位）时期，帕提亚同塞琉古王国争夺的焦点是伊朗高原和两河流域地区。

塞琉古国王塞琉古三世（Seleucus III，公元前225—前223年在位）时期，东征帕提亚，占领了帕提亚的都城百门城（Hecatompylos），帕提亚顽强抵抗，最终，塞琉古三世和阿尔萨息一世达成和解，正式承认了帕提亚国王的地位。[1]这是帕提亚真正独立的开端。自此，它开始在东西方陆上商路即后来的丝路西线中占据主导地位，尤其是在中国与塞琉古王国及西方间的贸易中充当了主要中间商的角色。

帕提亚在扩张过程中东西并进，东面主要与巴克特里亚王国对抗，西面主要向塞琉古王国的领土不断推进。自帕提亚王米特里达特一世（公元前171—前138年）起，帕提亚开始了大规模地扩张。它占领了米底（Media），攻入美索不达米亚，占领了巴比伦尼亚地区，以塞琉西亚为其西都。米特里达特二世即位后，在河对岸建立了新城泰西封（Ctesiphon）。[2]不久，他又征服了亚美尼亚地区（Armenia）。最终，帕提亚帝国占领了巴比伦尼亚南北地区，至此，塞琉古王国仅占有幼发拉底河—亚美尼亚一线以西的叙利亚地区。帕提亚的统治中心

1 ［伊朗］扎林库伯：《波斯帝国史》，张鸿年译，上海：复旦大学出版社，2011年，第273页。

2 E. T. Newell, *Mithradates of Parthia and Hyspaosines of Characene: A Numismatic Palimpsest*, New York: The American Numismatic Society, 1925, pp. 11-12.

也随之迁至塞琉西亚和泰西封。这一转变使得它取代了塞琉古王国在伊朗高原和两河流域地区商路中的主导作用，成为之后三百多年丝路西线的主要参与国。

由于帕提亚的中介作用，它逐渐成为丝绸之路上的最大受益方。帕提亚的兴起并不意味着塞琉古王国在东西方陆路贸易上的空位，可以说，帕提亚只是在丝绸之路中亚至两河流域一段拥有绝对控制权，而塞琉古王国仍然控制着两河流域至叙利亚地区的商路。

从帕提亚建国到丝绸之路正式开通，东西方贸易格局发生了明显变化。其中最主要的变化在于历史悠久的东西方陆路贸易，由于张骞的凿空以及帕提亚的中介和串联，最终在公元前2世纪后期演变成为丝绸之路贸易。也就是说，帕提亚对于丝绸之路向西亚延伸起到了十分重要的作用，连接了丝绸之路西线中亚段、伊朗高原段和两河流域至地中海东岸段。在帕提亚建国之初，丝路尚未开通，后世丝路西线所经过地区主要属于巴克特里亚王国、帕提亚帝国和塞琉古王国三个主要国家的领土。米特里达特二世时期，巴克特里亚王国已经不复存在。从公元前2世纪后期至公元1世纪贵霜帝国建立之前，丝路西线中亚段先后由塞人和大月氏人控制。丝路西线中亚至两河流域段即伊朗高原段主要由帕提亚帝国控制。从帕提亚建国至公元前64年，丝路西线西段即两河流域至地中海东岸段仍然主要由塞琉古王国控制。虽然帕提亚没有全部统治包含丝路西线中亚段的领土，但它仍然长期占有里海东南部、中亚西部的部分领土，对中亚巴克特里亚王国及后来的塞人、大月氏和贵霜均有强大的影响力，所以丝路西线中亚段能够顺利向西延伸，和帕提亚国内交通、商人中介传播运输及贸易政策密切相关。就丝绸之路能够最终实现从中国内地至地中海东岸的东西全线贯通而言，帕提亚的东西并进和张骞出使西域发挥了同样重要的历史作用。

第二节　罗马、帕提亚、贵霜帝国与汉帝国的交往和丝路的贯通

一、罗马和帕提亚的关系与丝路西线西段的发展

帕提亚位于罗马与中国之间，是丝绸之路向罗马境内延伸的关键，也是罗马与中亚、印度及中国陆上贸易的最主要中介。由于帕提亚的地理位置和垄断贸易，中国商人或罗马商人通过帕提亚国境直接去往对方国内进行贸易的情况罕有，所以双方的丝绸之路贸易很大程度上只能依赖帕提亚商人的中转，使得罗马在东方商品的需求方面对帕提亚的依赖性很强。公元前64年，庞培征服叙利亚、罗马建立叙利亚行省之后，罗马的东部边境直接与帕提亚接壤，而罗马东部地区也是丝绸之路西线的最西段，所以丝路西线西段是罗马与帕提亚利益冲突的焦点，这不仅表现在领土争夺上，而且体现在丝绸之路贸易利益的争夺上。

事实上，从罗马开始在地中海东岸扩张以来，它与帕提亚就产生了复杂的关系。公元前95年至前64年的三十年间，帕提亚谋求维持与正在东部扩张的罗马间的和平。这段时期，罗马正与小亚的本都国王米特里达特鏖战，也希望保持与帕提亚的和平。[1]罗马的这一策略最终保证了它能够战胜本都，占据了小亚的大部分地区。这段时期正值丝绸之路最初开通，罗马与帕提亚在两河至地中海东岸地区的和平局面，保证了丝绸之路能够通过中亚向西顺利延伸至地中海东岸。罗马征服本都也使它与亚美尼亚国土的距离相当接近，对亚美尼亚的王权抱有野心，而亚美尼亚地区向来是帕提亚的势力范围和附属国，此后

1　Arthur Keaveney, “Roman Treaties with Parthia circa 95-circa 64 B.C.,” *The American Journal of Philology*, Vol. 102, No. 2 (Summer 1981), pp. 211-212.

亚美尼亚问题成为罗马与帕提亚矛盾的焦点。

公元前53年，罗马和帕提亚在卡莱（Carrhae）附近进行了一场重要战役，由罗马统帅克拉苏（Crassus）对阵帕提亚名将苏雷那（Surena）。最终，帕提亚军几乎全歼罗马军。克拉苏被俘杀，罗马军团的鹰旗被夺。公元前36年，罗马"后三头"之一安东尼（Antony）远征帕提亚，帕提亚王弗拉特斯四世（Phraates IV，公元前37—前2年在位）率轻骑袭击罗马后续军队，亚美尼亚人倒向帕提亚一边，帕提亚人不仅缴获了大量装备，而且使罗马军队遭到惨败。总之，罗马帝国建立之前，帕提亚遏制了罗马的东进势头，双方的疆界基本上维持在亚美尼亚—幼发拉底河一线。罗马与帕提亚的交恶及对两河、叙利亚和亚美尼亚的争夺，使得罗马与帕提亚间的跨境贸易变得困难重重，双方商人间的贸易活动受到严重影响，阻碍了丝绸之路两河至地中海东岸、小亚段的畅通。罗马帝国建立后的第一个王朝朱里亚—克劳狄王朝（Julia-Claudius dynasty，公元前27—公元68年），与帕提亚保持着和平关系，丝绸之路西线西段也迎来了第一次繁荣期。

公元前27年，奥古斯都实行"元首制"，以皇帝为中心的帝国体制正式建立，罗马的东部疆土进至两河流域一线，和帕提亚对峙。罗马帝国为了保证东部边疆的安全，布置了八个军团，其中六个分布在叙利亚，两个在小亚的卡帕多西亚（Cappadocia）。[1]这一时期，罗马帝国在一定程度上控制了东部边境地区，占据了幼发拉底河渡口宙格玛（Zeugma）。帕提亚国王弗拉特斯四世时期，奥古斯都向帕提亚提出归还在卡莱战役中被俘获的罗马军旗的要求，最终获得弗拉特斯四世的同意，从此双方进入相对和平的时期，[2]丝绸之路西线西段贸易迎

---

1 Edward Gibbon, *The History of the Decline and Fall of the Roman Empire*, Vol. I, London: W. Strahan and T. Cadell, 1776, p. 17.

2 Neilson Carel Debevoise, *A Political History of Parthia*, Chicago: The University of Chicago Press, 1937, p. 140; Maria Brosius, *The Persians: An Introduction*, London and New York: Routledge, 2006, pp. 96-97, 136-138.

来了难得的发展机遇。西方学者索利（John Thorley）认为：“奥古斯都巩固东部边境，实行温和渗透的政策，与帕提亚建立友好关系是罗马商业扩张的需要。”[1]这种商业扩张既是国内商品市场及扩大贸易的需要，又迎合了帕提亚向罗马转售东方的丝绸等商品获取高额利润的需求。

丝绸之路西线西段的第一次繁荣期被罗马皇帝尼禄（Nero，公元54—68年在位）时期与帕提亚的战争暂时打破。因为亚美尼亚王位问题，公元58—63年，罗马帝国与帕提亚发生战争。公元63年，尼禄和帕提亚王沃洛加西斯一世（Vologases I，约公元51—78 年在位）订立和约，承认帕提亚帝国对亚美尼亚的宗主权，双方达成和平协议，维持了约半个世纪时间。从尼禄到图拉真时期将近三十年的时间是罗马帝国的弗拉维王朝（公元69—96年）时期，罗马与帕提亚保持了较长时间的和平，为丝绸之路贸易的繁荣创造了良好的外部环境。

从罗马帝国建国至公元1世纪，它对帕提亚的态度总体上是防卫，所以双方也保持了长时期的和平。但从公元2世纪初罗马皇帝图拉真（Trajan，公元98—117年在位）开始，帝国开始对帕提亚控制的两河流域地区发起攻击，并短暂地占领过两河流域和波斯湾。公元114年，图拉真合并了亚美尼亚、犹太地区的阿格里帕王国（Agrippa’s Kingdom）等地，[2]摧毁了帕提亚控制的两河流域重要城市塞琉西亚，导致丝绸之路西线西段一度中断。但随着图拉真的离世，其继任者哈德良（Hadrian，公元117—138年在位）将军队撤出两河流域。虽然罗马未能在这一地区建立持续统治，但哈德良的和平政策也使丝绸之路

1 John Thorley, “The Development of Trade between the Roman Empire and the East under Augustus,” *Greece and Rome*, Second Series, Vol. 16, No. 2 (Oct. 1969), pp. 209-223.

2 Richard Stoneman, *Palmyra and Its Empire*, Ann Arbor: The University of Michigan Press, 1992, p. 88.

西线西段的贸易得以恢复。

公元2世纪后半期，罗马帝国再次发起对帕提亚的征服，公元162—165年，击败帕提亚，占领塞琉西亚，一度控制了波斯湾地区，但并未持续多久。罗马皇帝维鲁斯（Verus，公元161—169年在位，与马可·奥勒留共治）对帕提亚作战取得胜利，不仅占领了两河北部重要的边境城市尼西比斯，而且控制了杜拉·欧罗普斯、尼凯福里翁（Nicephorium）等东部边境线周边的重要城市，[1]暂时消除了帕提亚对叙利亚行省的军事威胁。公元197年，罗马皇帝塞维鲁（Severus，公元193—211年在位）再次进攻帕提亚，摧毁了泰西封，吞并了美索不达米亚西北地区，建立了美索不达米亚行省，加强了对幼发拉底河中部地区的控制。[2]这是罗马帝国首次在此地建立行省统治。塞维鲁在该行省安置了两个军团，总部设在尼西比斯、辛伽拉（Singara）等地，[3]罗马帝国的统治范围随之扩大至幼发拉底河以东地区、底格里斯河上游地区。此行省的建立，从军事意义上讲，对保护罗马叙利亚行省至关重要；从经济意义上看，丝绸之路西线西段的绝大部分归属了罗马帝国的东部行省。此后一段时期是罗马帝国对丝绸之路西线西段商路控制范围最大的一个时期，在丝绸之路贸易中取得了更大的优势，但罗马商人通过帕提亚国境前往中亚、印度和中国从事直接贸易活动仍然很难实现。

从罗马征服塞琉古王国到帕提亚帝国灭亡（公元224年），罗马与帕提亚帝国的疆界基本上维持在幼发拉底河一线。罗马的领土基本上被限制在幼发拉底河以西地区，也就是说，这一时期丝路西线两河

---

1 Peter M. Edwell, *Between Rome and Persia: The Middle Euphrates, Mesopotamia and Palmyra under Roman Control*, New York: Routledge, 2008, p. 24.

2 S. Thomas Parker, *Roman and Saracens: A History of the Arabian Frontier*, Wikoma Lake: The American Schools of Oriental Research, 1988, p. 131.

3 Peter M. Edwell, *Between Rome and Persia: The Middle Euphrates, Mesopotamia and Palmyra under Roman Control*, p. 28.

流域至地中海东岸段基本上在罗马的领土范围之内。由于罗马和帕提亚长年在幼发拉底河和亚美尼亚地区交战，导致丝路西线西段出现时断时续的局面。

二、帕提亚和汉帝国外交关系的建立与丝绸之路的扩展

帕提亚能成为丝路西线的主要参与国，首要前提是丝绸之路的开通。米特里达特二世即位之初，恰逢张骞首次与第二次出使西域之间。《史记·大宛列传》记载："骞因分遣副使使大宛、康居、大月氏、大夏、安息、身毒、于窴、扜罙及诸旁国。"[1]其中"安息"指帕提亚，这是中国古代史籍中首次记载中国使节到达帕提亚境内。《汉书·西域传》中也有对安息较为具体的记载：

> 安息国，王治番兜城，去长安万一千六百里。不属都护。北与康居、东与乌弋山离、西与条支接。土地风气，物类所有，民俗与乌弋、罽宾同。亦以银为钱，文独为王面，幕为夫人面。王死则更铸钱。有大马爵。其属小大数百城，地方数千里，最大国也。临妫水，商贾车船行旁国。[2]

这表明，西汉时期中原王朝已经对帕提亚有相当程度的了解，知晓帕提亚城市众多、幅员广阔、使用银钱及具体地理位置。这些准确的认知得益于张骞通西域及其后两国间的贸易往来。通过以上描述可知，帕提亚的领土范围向东远至中亚西部和南亚西北部，与中国西域地区的距离越来越接近，有利于两国的来往。

1 《史记》卷一二三《大宛列传》，二十四史点校本，北京：中华书局，1982年，第3169页。
2 《汉书》卷九六《西域传》，二十四史点校本，北京：中华书局，1962年，第3889—3890页。

此外，《史记·大宛列传》还记载：

> 初，汉使至安息，安息王令将二万骑迎于东界。东界去王都数千里。行比至，过数十城，人民相属众多。汉使还，而后发使随汉使来观汉广大。[1]

《汉书·西域传》有一段与此类似的记载。[2]由此可知，汉武帝向安息遣使和安息王令部将军队在东界迎接，标志着帕提亚同中国建立了直接的官方来往。此后，以丝绸为主的中国商品开始有规模地流入帕提亚，并由此输入塞琉古王国以及后来的罗马帝国。安息东界至其都城间有数十个城市，这些城市大都是丝绸之路开通后的必经之地，是丝绸之路得以由中亚向西亚延伸的关键。

张骞出使西域后，丝绸之路上的使者来往不绝，他们很有可能同时充当了类似商人的角色，以中国丝绸作为礼物或者交换物，经过帕提亚商人的转手，使中国丝绸最终得以抵达西方。《史记·大宛列传》记载：

> 自博望侯开外国道以尊贵，其后从吏卒皆争上书言外国奇怪利害，求使。天子为其绝远，非人所乐往，听其言，予节，募吏民毋问所从来，为具备人众遣之，以广其道。来还不能毋侵盗币物，及使失指，天子为其习之，辄覆案致重罪，以激怒令赎，复求使。使端无穷，而轻犯法。其吏卒亦辄复盛推外国所有，言大者予节，言小者为副，故妄言无行之徒皆争效之。其使皆贫人子，私县官赍物，欲贱市以私其利外国。[3]

---

1 《史记》卷一二三《大宛列传》，第3173页。

2 《汉书》卷九六《西域传》，第3890页。

3 《史记》卷一二三《大宛列传》，第3171页。

这段记载表明，帕提亚等丝路沿线国家希望中国向其遣使，而官方则顾虑西方遥远而不愿派遣使者前去，但又抵不住西方珍奇异物的诱惑和宣扬大汉国威的欲望，最终还是委派了不少使节远赴西域。很多人之所以自愿前去帕提亚等国，还是因为丝路贸易有丰厚利润可图。帕提亚商人或者使节也携带商品来中国进行贸易，其主要目的是交换或购买中国丝绸，提供给本国市场或转卖给塞琉古王国、罗马等其他国家，以获得高额利润。

三、贵霜帝国与海上丝绸之路的开通

西汉时期，最早的海上丝绸之路已经初步开通，据《汉书·地理志》记载：

> 自日南障塞、徐闻、合浦船行可五月，有都元国；又船行可四月，有邑卢没国；又船行可二十余日，有谌离国；步行可十余日，有夫甘都卢国。自夫甘都卢国船行可二月余，有黄支国，民俗略与珠厓相类。其州广大，户口多，多异物，自武帝以来皆献见。有译长，属黄门，与应募者俱入海市明珠、壁流离、奇石异物，赍黄金杂缯而往。[1]

这条航线是汉武帝时期派遣的使节出访东南亚、南亚时所经过的海上路线，最终抵达印度东海岸的黄支国，即唐代玄奘提到的“建志补罗”。[2]从狭义上讲，早期的海上丝绸之路指由中国南部沿海经东南亚至南亚的海上交通与贸易路线。从广义上讲，从罗马帝国和贵霜帝

---

1 《汉书》卷二八《地理志》，第1671页。

2 据学者考证，汉时的黄支国即唐代的“建志补罗”。后者是达罗毗荼国都城名号，位于印度南部东海岸。详见（唐）玄奘、辩机著，季羡林等校注：《大唐西域记校注》，北京：中华书局，1985年，第851页，第854—855页注（二）。

国时期开始，海上丝绸之路表现出明显向西延伸的趋势，从印度西海岸至罗马帝国埃及行省的海上航线可以定义为海上丝绸之路西段。与此对应，中国南部沿海至东南亚、南亚的航线可以定义为海上丝绸之路东段。这种分段方法只针对公元初的两个世纪，即东汉、贵霜和罗马三大帝国同时存在的时期，这一时期，丝绸之路在陆路和海路出现了第一次大繁荣。

贵霜帝国对海上丝绸之路西段的贯通有至关重要的作用，首先表现在它对西北印度的控制及印度洋港口的影响。公元1世纪中期，印度洋季风被普遍利用，使罗马帝国从红海至印度西海岸的直航越来越普遍。事实上，埃及至印度间在托勒密王国托勒密八世（Ptolemy VIII Euergetes Physcon，公元前145—前116年在位）统治时期就已经实现直航。[1]虽然此后两地间的直航并不频繁，但托勒密王国时期的探索为罗马帝国时期两地间的常态直航奠定了基础。约公元1世纪中期，大月氏人从中亚南下进入印度，成为北部印度的主人。据《后汉书·西域传》：

> 初，月氏为匈奴所灭，遂迁于大夏，分其国为休密、双靡、贵霜、肸顿、都密，凡五部翕侯。后百余岁，贵霜翕侯丘就却攻灭四翕侯，自立为王，国号贵霜。侵安息，取高附地。又灭濮达、罽宾，悉有其国。丘就却年八十余死，子阎膏珍代为王。复灭天竺，置将一人监领之。月氏自此之后，最为富盛，诸国称之皆曰贵霜王。汉本其故号，言大月氏云。[2]

由此可知，大月氏人向西迁徙至阿姆河流域后，分为五部，即有五翕侯。公元1世纪中后期，贵霜翕侯丘就却（Kujūla Kadphises I，？—

1　详见本卷第八章第一节。
2《后汉书》卷八八《西域传》，二十四史点校本，北京：中华书局，1965年，第2921页。

约公元75年）统一了大月氏人其余四部，自立为王，建立了贵霜帝国（Kushan Empire）。贵霜帝国占有西北印度，毗邻印度洋，其势力辐射下的港口城市巴巴里库姆（Babaricum）成为罗马商人直航印度的主要目的地之一。

贵霜帝国对海上丝绸之路西段贯通的第二个推动，来自贵霜帝王对罗马帝国及海外贸易的开放态度。作为一个新兴帝国和中亚、西北印度的外来族群，贵霜统治者维持其稳定统治的一个有效方式是与其他国家保持友好关系，尤其表现为它与罗马帝国间的贸易和来往。据《后汉书·西域传》：

> 天竺国一名身毒，在月氏之东南数千里。俗与月氏同，而卑湿暑热。其国临大水。乘象而战。其人弱于月氏，修浮图道，不杀伐，遂以成俗。从月氏、高附国以西，南至西海，东至磐起国，皆身毒之地。身毒有别城数百，城置长。别国数十，国置王。虽各小异，而俱以身毒为名，其时皆属月氏。月氏杀其王而置将，令统其人。土出象、犀、玳瑁、金、银、铜、铁、铅、锡，西与大秦通，有大秦珍物。又有细布、好毾㲪、诸香、石蜜、胡椒、姜、黑盐。[1]

这些记载表明，东汉时期，天竺（印度）的很多小国归属于月氏，这里的月氏指的是贵霜，它与大秦（罗马帝国）已经相通，并通过印度洋海路引进了罗马帝国的很多商品。虽然贵霜对巴巴里库姆的控制并不直接，但无碍它成为贵霜与罗马帝国间海上贸易的最主要渠道。实际上，巴巴里库姆在希腊化时代后期已经成为印度半岛的重要港口，与波斯湾地区间的贸易比较活跃。罗马商人出口巴巴里库姆的

1 《后汉书》卷八八《西域传》，第2921页。

商品主要包括各类织品、珊瑚、绿松石、苏合香、玻璃器、银器等。[1] 巴巴里库姆出口至罗马帝国的商品主要有丝绸、棉纱、枸杞、甘松香、青金石等，其中，生丝无疑从中国进口，青金石等石料大部分来自中亚，棉纱和甘松等香料则产自本地。这些进出口商品只是贵霜与罗马帝国间海上贸易的一部分，双方间的贸易内容非常丰富，在公元初两个世纪保持着相当高的水平。

贵霜帝王对罗马帝国的开放态度，也表现为他们对罗马钱币制作工艺和图案的学习与模仿。贵霜王丘就却时代发行的一些钱币，和罗马帝国的钱币在重量、式样上极度相似。[2]其中有的铜币的反面有罗马皇帝的仿制像，很可能是奥古斯都。[3]丘就却时期打造的一些钱币的背面图像式样模仿了克劳狄（Claudius）时期的罗马钱币。[4]威玛·卡德菲塞斯（Vima Kadphises，阎膏珍）时期开始仿造罗马金币，这一时期的贵霜金币外观较大，相当于同时期的罗马金币的两倍，与罗马皇帝提图斯时期的罗马金币相仿。[5]威玛·卡德菲塞斯时期发行的银币，同样借鉴了罗马银币第纳里的重量标准铸造。[6]贵霜王胡韦色伽（Huvishka）时期，贵霜钱币图案吸收了密涅瓦（Minerva，即希腊的雅典娜）在内的很多罗马神，[7]印证了贵霜帝国对罗马帝国的开放程度之深。从贵霜帝国建立以来，其发行和流通的货币持续地受到罗马钱币的强烈影响，这既是双方海上贸易加深的结果，也是贵霜统治者主动学习、接纳罗马帝国先进技术和文化的结果。正是双方长期的

---

1 Lionel Casson trans., *The Periplus Maris Erythraei*, 39, New Jersey: Princeton University Press, 1914.

2 盛观熙:《中亚贵霜王朝钱币研究》,《亚洲钱币》2001年第1期，第35页。

3 ［印］辛哈、班纳吉:《印度通史》第一册，张若达等译，北京：商务印书馆，1974年，第174页。

4 张忠山主编:《中国丝绸之路货币》，兰州：兰州大学出版社，1999年，第19页。

5 张忠山主编:《中国丝绸之路货币》，第19页。

6 E. H. Warmington, *The Commerce between the Roman Empire and India*, London: Cambridge University Press, 1974, p. 298.

7 ［印］辛哈、班纳吉:《印度通史》第一册，张若达等译，第175页。

海上贸易及建立起来的友好关系，使得海上丝绸之路西段不仅在公元1世纪实现贯通，而且发展到很高的水平。

贵霜帝国对罗马帝国持开放态度的直接表现，就是向后者派遣使节，由此双方建立起正式的外交往来。公元2世纪和3世纪早期，罗马帝国和贵霜的关系得到了迅速发展。图拉真战胜达西亚（Dacia）人后，贵霜使臣曾参加罗马城的庆典，图拉真将贵霜使臣雕刻在其记功柱之上，这些使臣最有可能是通过印度洋海路抵达罗马。图拉真对两河流域的征服，使得罗马帝国与贵霜的海上距离更近。贵霜商人不仅可以通过印度洋海路到达红海沿岸的罗马埃及地区，而且在图拉真占领波斯湾期间，可以通过海路直达罗马控制下的波斯湾，还可以通过陆路到达两河流域地区，丰富的交通路线为贵霜与罗马帝国间的贸易提供了更多的选择。罗马皇帝哈德良时期，有“巴克特里亚人”使团访问罗马，这个使团似乎是贵霜人所派。我们无法确定使团访问罗马帝国的具体时间，但应该是在贵霜王迦腻色伽统治时期。[1]这一时期，贵霜总共派出四个使团到罗马，表明贵霜非常重视与罗马帝国的关系，有利于双方的贸易来往。公元138年、161年，印度使团又两次来到罗马帝国，访问安东尼·庇护（Antoninus Pius）。[2]贵霜帝国时期，海上丝绸之路西段不仅实现贯通，而且迎来了它的第一次大发展时期。

四、四大帝国并立与丝绸之路的全线贯通

公元1世纪中期后，欧亚大陆自西向东出现罗马帝国、帕提亚帝

1 John Thorley, “The Roman Empire and the Kushans,” *Greece and Rome*, Vol. 26, No. 2 (Oct. 1979), p. 186.

2 Osmond De Beauvoir Priaulx, “On the Indian Embassies to Rome from the Reign of Claudius to the Death of Justinian,” *The Journal of the Royal Asiatic Society of Great Britain and Ireland*, Vol. 19 (1862), p. 274.

国、贵霜帝国和东汉帝国四个大国并立的局面，四大帝国基本上控制了欧亚大陆间所有主要交通路线，即丝绸之路的几乎全部主要商路。所以，四大国的并立及其相互间的和平交往，成为公元后丝绸之路全线贯通以及实现第一次大繁荣最重要的原因。

就丝绸之路西线两河流域至地中海东岸段而言，罗马帝国与帕提亚的关系是此段能否保持畅通的关键因素。如前所述，自罗马帝国建立至公元1世纪末图拉真成为罗马皇帝，虽然其间双方偶有战争，但总体上看，罗马帝国与帕提亚长时期内保持着相对和平的关系，直接促成了丝绸之路西线两河流域至地中海东岸段在公元1世纪迎来首次大发展时期。

就丝绸之路西线中亚至两河流域段而言，帕提亚帝国的稳定统治成为此段贯通的最重要原因。由于帕提亚几乎全部控制了从中亚西部至两河流域的商路，即伊朗高原商路，所以帕提亚的对外态度成为丝绸之路能否向西延伸的关键。由于丝绸之路贸易能够为帕提亚王室带来高额税收，也能为帕提亚商人带来高额利润，所以帕提亚严密控制经过其境内的国际贸易，东西方商人穿过帕提亚的直接贸易非常罕见。也就是说，帕提亚商人几乎垄断了东西方贸易，但帕提亚积极地从事东西方间的转手贸易，同时保护并维护其境内商道，保证了丝绸之路西线中亚向两河流域方向的延伸和通畅。

就丝绸之路西线中亚段而言，公元1世纪中后期，贵霜帝国建立后对中亚的控制和稳定统治以及它与东汉的密切关系是公元后丝绸之路跨越中国新疆地区向中亚贯通的关键因素。贵霜帝国建立前，中亚地区先后由希腊人、塞人、大月氏人控制，长时间处于混乱动荡的局面。贵霜帝国建立后，统治了以阿姆河为中心的中亚大部分地区，尤其是覆盖了丝绸之路在中亚的主要商道，保证了丝绸之路西线中亚段的畅通。贵霜帝国初期，丘就却试图与汉保持友好关系。汉朝在经历了王莽乱政后，在公元1世纪前半期处于恢复调整时期，对西域的控制削弱，暂时失去了对丝绸之路西域段的强势控制。直到班超再次经营西域，丝绸之路西域段才又由东汉直接控制。据《后汉书·班梁列传》载：“初，月氏尝助汉击车师有功，是岁贡奉珍宝、符拔、师子，因求汉公主。超拒还其使，由是怨恨。永元二年，月氏遣其副王谢将兵七万攻超。”[1]这段记载中的月氏指贵霜帝国，它帮助东汉攻击车师，与东汉建立了类似于盟友的关系，向后者进贡。后来，可能在阎膏珍时期，贵霜试图与汉朝联姻，并准备派遣使节出使长安商谈此事，但遭到班超的拒绝，于是恼羞成怒，派遣军队进入中国西域，最终受困于粮草短缺、慑服于东汉的国威，从西域撤军并继续向东汉献岁贡。这是贵霜与东汉间关系的一段不和谐插曲。但从整体上看，占据着中亚的贵霜与重新控制西域的东汉基本保持着友好关系。在塔里木盆地两大丝绸之路中心城市和田、喀什出土的部分贵霜钱币表明，公元1世纪两地与贵霜有着一定的商贸关系。贵霜领土与东汉疆域的接壤，使得两国的关系越发密切，为中国以丝绸为代表的商品和物产向域外出口创造了有利条件。

在欧亚大陆上，罗马帝国、帕提亚帝国、贵霜帝国和东汉帝国并立局面的积极影响之一是海上丝绸之路在公元2世纪实现了东西全线贯通，海陆两路均拓展到地中海世界。其中，罗马帝国、帕提亚帝国和贵霜帝国继承了塞琉古王国、托勒密王国或者希腊—巴克特里亚王国遗留下的希腊化遗产——完善的交通、繁荣的商业、新建的城市、希腊式钱币、通用希腊语等，这些希腊化遗产显然为公元后丝绸之路实现东西贯通奠定了最坚实、最重要的基础。

（高克冰）

1《后汉书》卷四七《班梁列传》，第1580页。

附录

关于亚历山大研究的原始资料补记

亚历山大的雄心壮志使他一生都在战争中度过，同时也让同时代的人承担起了一项艰巨的任务，那就是理解他的非凡成就。不过他们的努力立即引发了另一场“战争”，一场旷日持久的“文字冲突”。时至今日，这场争斗仍是史学“战场”上的热点。我们常常认为历史是陈腐的、静止的，但事实上它充满了活力。无论如何，是希腊人创造了作为动词的“书写历史”（‘ιστορέω）一词，但事实上，秉笔直书是相当危险的。第一个书写亚历山大历史的人，事业未竟即被国王下令处死。亚历山大钦点奥林索斯的卡利斯梯尼（Callisthenes）来记录东征的历史，卡利斯梯尼或许认为这是因为自己既幸运又聪明。不过卡利斯梯尼的舅舅、哲学家亚里士多德在谈到他的外甥时说，[1]他有天赋，但缺乏一种常识，即对学术的追求永不满足。[2]把亚历山大描绘成一个年轻的阿喀琉斯，像神一样大步行走在世界舞台上，甚至连大自然都在他面前俯首听命，但这最终并没有使其免受国王的震怒。[3]卡利斯梯尼卷入了一场反对亚历山大的阴谋，他被捕后或许是被绞

1 关于二人的亲属关系，也有舅爷与甥孙之说。——译者注

2 Plutarch, *Alexander*, 54.2.

3 关于其谄媚的行为可见于Polybius, *The Histories*, 12.12b，此处引用了《蒂迈欧篇》。Strabo, *The Geography*, 17.1.43. 关于在潘菲利亚海岸所谓大自然向其俯首听命之事，可参考*Scholia* to Homer, *Iliad*, 13.26-30.

死，也或许被钉死在了十字架上，又或者被关在中亚或南亚某个肮脏的牢笼中痛苦地死去。[1]

接下来尝试撰史的是卡桑德里亚的阿里斯托布鲁斯（Aristobulus of Cassandreia），不过他的第一稿就被亚历山大扔进了印度的希达斯皮斯河，而且他还威胁说要把作者本人也扔进河里。[2]亚历山大还斥责他的舵手，来自阿斯提帕拉亚（Astypalaea）的奥内西克里特（Onesicritus），他写的历史将来可能会褪去荣光："哦，我多么想再活一次，就为了看看你所撰写的历史，在那些不再寻求我支持的读者中如何经得起推敲。"[3]历史学家普遍害怕惹恼像亚历山大这样的权贵。[4]事实证明，在马其顿的宫廷里，诗歌远没有散文那么危险。据称，亚历山大虽然严厉抨击了亚索斯的乔里卢斯（Choerilus of Iasus）所创作的关于他本人的史诗，不过最后还是付给了这位作者丰厚的报酬。[5]毫无疑问，那些为亚历山大创作诗歌、戏剧和歌曲的人，比那些为他立传的人，境遇要好得多。[6]

因此，当时大多数的历史学家会等到亚历山大去世后，才开始在莎草纸上撰写他的历史。他们虽然逃过了亚历山大，但却逃不脱彼此。在这个因国王早逝而引起高度紧张和争议的国度里，盟友变成了

---

1 关于卡利斯提尼的命运，参考Quintus Curtius Rufus, *History of Alexander*, 8.8.21; Plutarch, *Alexander*, 55.9; *Sulla*, 35.5; Arrian, *Anabasis of Alexander*, 4.14.3. 尽管他被逮捕是由于涉嫌叛国，并非与其历史学家的身份直接相关，但是古人还是将二者联系起来，见*FGrH* 124 T18c（关于*FGrH*中的片段，见下文菲利克斯·雅各比的著作）。关于早期亚历山大史学家群体，可以参考Lionel Pearson, *The Lost Histories of Alexander the Great*, London: American Philological Association, 1960, best read with Ernst Badian's Review in *Gnomon*, Vol. 33 (1961), pp. 660-667.

2 Lucian, *Quomodo Historia Conscibenda sit*, 12. 阿里斯托布卢斯在其晚年时又回归到撰史的事业上来，参见Lionel Pearson, *The Lost Histories of Alexander the Great*, pp. 150-187; *FGrH*, 139.

3 Lucian, *Quomodo Historia Conscibenda sit*, 40.

4 Lucian, *Quomodo Historia Conscibenda sit*, 38.

5 *FGrH*, 153, VII 10.

6 参见Frank Holt, *The Treasures of Alexander the Great: How One Man's Wealth Shaped the World*, Oxford: Oxford University Press, 2016, pp. 101-104.

敌人，言语变成了武器。历史，而非诗歌，为希腊化时代的统帅们加冕。托勒密在争夺和统治埃及的时候，还专门抽出时间来书写这段历史。在某种程度上，其目的就是要削弱他在政治和文学上的对手。[1]奥林索斯的历史学家伊菲普斯（Ephippus of Olynthus）是卡利斯梯尼的同胞，他很清楚其前辈的命运，所以他只在安全的时候才会表达出对亚历山大的不满。[2]亚历山大里亚的克雷塔库斯（Cleitarchus）也是如此，他并没有直接参与亚历山大的征战活动，却写出了最广为流传的版本。他的叙述似乎稍显诲淫和耸人听闻，因此包括德米特里（Demetrius）、西塞罗（Cicero）、昆提良（Quintilian）在内的许多人都认为该著作过于浮夸和失真。[3]为了奉承讨好托勒密国王，他还编造了托勒密在印度战场上救了亚历山大一命的故事。但其实当时托勒密根本就不在场。[4]托勒密的自述证明了此事系谣传，以致后世的作家都在贬低克雷塔库斯的讹误，并视之为亚历山大史学领域最大的败笔。[5]

拉里萨的米迪亚斯（Medius of Larissa）撰写了一篇充满溢美之词的亚历山大传记，期望自己可以免于继业者关于他毒害国王的指控。[6]克里特的尼阿库斯（Nearchus of Crete）也遭受了来自亚历山大部将的恶意中伤。[7]尼阿库斯是亚历山大的儿时好友，后来被腓力二世流放，理由是他帮年轻的王子出过坏主意。最终亚历山大又帮助这位好友一雪前耻，尼阿库斯十分感念这份恩情，在撰写的历史作品中

---

1 R. M. Errington, "Bias in Ptolemy's History of Alexander," *Classical Quarterly*, Vol. 63 (1969), pp. 233-242. 修正过的观点还有Joseph Roisman, "Ptolemy and his Rivals in His History of Alexander," *Classical Quarterly*, Vol. 34 (1984), pp. 373-385.

2 Lionel Pearson, *The Lost Histories of Alexander the Great*, pp. 61-67; *FGrH*, 126.

3 *FGrH*, 137; Lionel Pearson, *The Lost Histories of Alexander the Great*, pp. 212-342.

4 Quintus Curtius Rufus, *History of Alexander*, 9.5.21.

5 Arrian, *Anabasis of Alexander*, 6.11.8.

6 Pearson, *Lost Histories*, 68-70; *FGrH*, 129; Waldemar Heckel, *The Last Days and Testament of Alexander the Great: A Prosopographic Study*, Stuttgart: Franz Steiner Verlag, 1988.

7 *FGrH*, 133 T10d.

深情回顾了这位征服者的一生。[1]除此以外，尼阿库斯执笔写作，在某种程度上也是为了打垮他的对手——历史学家奥内西克里特，因为此人在作品中竟然篡改尼阿库斯作为亚历山大海军长官的荣耀。[2]正如恩斯特·巴迪安（Ernst Badian）所言："辩护和反击成为了尼阿库斯回忆录的主要关键词。"[3]此后，这场"战争"愈演愈烈。

目击者与证人之间的记录相互冲突，历史学家对此苦不堪言。有些人选择沉默，有些人则被斥为谎言家、传谣者、谄媚者、自吹自擂或宣传家（propagandists）。例如，在亚历山大是否与亚马逊女王私通这一丑闻上，他们都各执一词，莫衷一是。至少有五个人在史作中认为亚历山大确实曾与亚马逊女王私通；但是，至少还有九人反击说亚历山大并没有过这样的经历。[4]阿尼西里图斯因为在吟诵其历史著作时提到亚马逊女王，遭到了国王吕西马库斯（Lysimachus）的公开谴责。[5]在最早一批的亚历山大史家中，最令人同情的受害者可能是马革尼西亚的赫格西亚（Hegesias of Magnesia），他被人诬为"胡说八道且令人厌恶的大祭司"。[6]还有许多别的史家只是因为不热衷于他人抄写、引用或者批评自己的作品，因而留下的资料较少，这其中包括兰普萨库斯的阿那克西美尼（Anaximenes of Lampsacus）、法萨卢斯的塞尔希鲁斯（Cyrsilus of Pharsalus）、西库翁的麦奈克穆斯

1 Lionel Pearson, *The Lost Histories of Alexander the Great*, pp. 112-149. 尼阿库斯有可能向亚历山大读过自己著作的初稿（Plutarch, *Alexander*, 76.3），不过这也有可能是误读。详见 J. R. Hamilton, *Plutarch, Alexander: A Commentary*, Oxford: Clarendon Press, 1969, p. 211. 无论如何，国王的大限之期将至。

2 Lionel Pearson, *The Lost Histories of Alexander the Great*, pp. 83-111; *FGrH*, 134; Truesdell Brown, *Onesicritus*, Berkeley: University of California Press, 1949.

3 Ernst Badian, "Nearchus the Cretan," *Yale Classical Studies*, Vol. 24 (1975), p. 169.

4 五人分别为Onesicritus of Astypalaea、Polycleitus of Larissa、Ister of Paphos、Cleitarchus of Alexandria和某一位Antigenes。九人分别为Ptolemy of Egypt、Aristobulus of Cassandreia、Chares of Mytilene、Anticleides of Athens、Philo of Thebes、Philip of Theangela、Philip of Chalcidice、Hecataeus of Eretria和Duris of Samos。参见Plutarch, *Alexander*, 46.

5 Plutarch, *Alexander*, 46.4.

6 *FGrH*, 142 T4; Lionel Pearson, *The Lost Histories of Alexander the Great*, pp. 246-248.

(Menaechmus of Sicyon)、拜占庭的列昂(Leon of Byzantium)、培拉的马尔绪阿斯(Marsyas of Pella)、菲力比的马尔绪阿斯(Marsyas of Philippi)、赫拉克里的宁菲斯(Nymphis of Heraclea)、萨拉米斯的阿里斯图斯(Aristus of Salamis)、雅典的多罗泰乌斯(Dorotheus of Athens)、米蒂利尼的博塔蒙(Potamon of Mytilene)以及阿庇翁(Apion)、尼卡诺(Nicanor)和不知道来自何方的尼克布勒(Nicobule)。甚至亚历山大的信件和宫廷日志——如果它们的真实抄本确实存在过的话——也很快失去踪影，一般认为已佚。[1]此时伪史便趁虚而入。直到19世纪，法国的一个造假者丹尼斯·弗兰—卢卡斯(Denis Vrain—Lucas)还出售给数学家米歇尔·夏思莱(Michel Chasles)一批所谓的“原始”档案，其中包括亚历山大与亚里士多德之间的来往信件，所有这些文件都莫名其妙地以法语书写在现代纸张而非莎草纸上。[2]

亚历山大是希腊历史中最常被提及的人，但是后来关于他的浓墨重彩的记述很快便迅速褪色。正如阿玛西亚的斯特拉波(Strabo of Amaseia)所记载的那样：“散播在各地的歌颂亚历山大的传说，不再被所有人接受，因为这些故事的杜撰者总是关注阿谀奉承之能事，而非历史的本来面目。”[3]关于亚历山大的一些早期著作，只是周旋世事的应时之作，无法作为(像修昔底德所说的)将来所有时代都能从中汲取营养的财富：κτῆμά ἐς αἰεὶ(永远垂训后世)。[4]当时关于亚历山大的众多历史著述中，充斥着党派的狂热，因此注定会趋于湮没——它们之中没有一个能成为战争记忆的最终赢家。相反，从亚历山大统治时期到现存最早关于他的叙述，中间的历史书写经历了长达三百年

---

1 *FGrH*, 117.

2 1861年至1869年，在出售给夏思莱超过27000件的伪造品中，据说是由恺撒、克列奥帕特拉以及复活的拉扎勒斯(resurrected Lazarus)以法语写就。

3 Strabo, *The Geography*, 11.5.5.

4 Thucydides, *The Peloponnesian War*, 1.22.4.

的断层。因此，具有讽刺意味的是，亚历山大一手造就了希腊化时代，但希腊化时代却“绝口不提”亚历山大。[1]结果就是我们现在所熟知的关于亚历山大的历史，已经在很大程度上受到了罗马人的 影响。正是在罗马帝国而非亚历山大帝国时期，文人学士们完成了后来几乎所有历史学家都要依赖的五种著述。[2]

亚历山大的大帝（Magnus）称号来源于罗马人。[3]对于希腊人来说，他的伟大毋庸置疑。在希腊化世界里，有谁能行走在亚历山大里亚港、安条克或阿伊·哈努姆的大街上而对这位国王的巨大贡献视若无睹、无动于衷呢？即使远在印度，公元前2世纪时仍有希腊化君主为表尊敬，赋予每一位祖先以荣耀的称号，如救世主（Soter）、征服者（Nikator）、神（Theos）和不可战胜者（Aniketos）。但对于亚历山大，简单的一句“腓力之子”就足够了。[4]罗马人极力宣扬亚历山大的伟大，其实暴露了亚历山大的时代已经距离他们年代久远，不过也正因此赋予了他们自己重新定义伟大的权利。[5]罗马人也不再顾虑第一代亚历山大史家之间的角逐。这些原始史料已经失去了政治上的即时性，也无法当作攻击他人的手段；随着时间的流逝，它们已经变得不合时宜。对罗马人来说，这些史料只是一些趣闻和事例，用来为

1 幸运的是，这种情况只存在于历史编纂领域，我们还是可以从希腊化艺术、钱币以及其他一些渠道获取大量的知识。其中一个例子可以参考Andrew Stewart, *Faces of Power*, Berkeley: University of California Press, 1993.

2 下文会对这五种留存下来的著述加以说明。另外，罗马时代的一些地理志或百科全书也会提及亚历山大，比如斯特拉波和阿忒那奥斯的作品。

3 Plautus, *Mostellaria*, 3.2.775.

4 Frank Holt, “The So-Called Pedigree Coins of the Bactrian Greeks,” in W. Heckel and R. Sullivan, eds., *Ancient Coins of the Greco-Roman World*, Waterloo: Wilfrid Laurier University Press, 1984, pp. 69-91.

5 很明显，关于罗马人对亚历山大本人哪些方面更感兴趣，笔者与戴安娜·斯宾塞持不同意见。关于斯宾塞的观点，详见Diana Spencer, *The Roman Alexander*, Exeter: University of Exeter Press, 2002. 笔者不认为继业者战争对罗马人产生了多大影响，他们也得不到太多关于希腊化君主制的信息，从而加以模仿。吸引罗马人的乃是亚历山大的人格，而不是因为他开创了一个帝国。

这个新时代建构一个新的亚历山大形象。

毕竟，历史是一种由综合力量塑造的精神建构，它由已成之事构成。历史不是过去，它是现在对过去的诠释。这也就解释了为什么在每一代人心目中，亚历山大大帝都不再是过去那个真实的亚历山大了。将过去等同于历史，是一条危险的捷径，它低估了历史学家的作用。在我们的世界中，独立存在的是过去、自然和工艺品，经由它们，我们塑造了历史、科学和考古学。故而，如果没有历史学家，那么历史也就不复存在，与此相同，如果没有科学家和考古学家，那么科学与考古学也将消逝不见。这就是历史编纂的核心所在。

罗马时期的历史学家根据他们已有的资料，对亚历山大的所作所为进行了相当一致的概述。亚历山大去了哪里，打了什么仗，主要将领都是谁等等。无论对于当时的他们，还是现在的我们，这些问题都是可以确定的。例如，无论是当时还是现在，都没有人怀疑亚历山大围攻过推罗，洗劫过波斯波利斯，杀死了好友克雷塔斯，以及最后客死巴比伦。当然，每一个历史学家都有自己的旨趣，会决定省略或强调哪些细节，以哪种方式来刻画国王，用什么标准来评价他的为人为君。只是在关于亚历山大的以下问题上还存在诸多争议：他和其母是否参与了暗杀腓力二世的阴谋？他是否相信自己就是神？他有酗酒的习惯吗？科伊努斯（Coenus）的死是否应该由他负责？他是一个正派的人还是一个癫狂的暴君？因此，历史给我们留下的东西，有些可以认同，有些还有待商榷。[1]

罗马时代有五位作家的作品，对我们了解亚历山大的历史起到了

---

1 当大量阅读关于亚历山大的历史文献时，这一论点就十分明显，或者更直接的方法就是浏览以下几种著作：G. T. Griffith, ed., *Alexander the Great: The Main Problems*, New York: Barnes and Noble, 1966; Joseph Roisman, ed., *Alexander the Great: Ancient and Modern Perspectives*, Lexington: D. C. Heath, 1995; Ian Worthington, ed., *Alexander the Great: A Reader*, London: Routledge, 2003, pp. 303-325; Edward Anson, *Alexander the Great: Themes and Issues*, London: Bloomsbury, 2013.

决定性作用。那么，他们分别是谁呢？其中有三位在希腊语文献中可见（西西里的狄奥多罗斯、喀罗尼亚的普鲁塔克以及尼科米底亚的阿里安），其他两位的踪迹则幸存在拉丁语的资料中（库尔提乌斯以及查士丁的庞培乌斯·特洛古斯《腓力史摘要》）。[1]由于年代久远，这五种作品均有部分佚失。其中只有两本被认为是关于亚历山大统治时期的独立著述。西西里的狄奥多罗斯（Diodorus of Sicily）和高卢的庞培乌斯·特罗古斯（Pompeius Trogus of Gaul）的作品都撰于奥古斯都时代，他们并没有把亚历山大单独列为研究对象；相反，这位马其顿征服者，只是在罗马时代已知的广袤"世界"史中占据了一席之地。在狄奥多罗斯的作品中，关于亚历山大统治时期的内容，只占了该书40卷中的1卷（第17卷）；而在特罗古斯的作品中，44卷中只有2卷涉及亚历山大的统治（第11和12卷）。特罗古斯的作品仅见于其后，也就是公元3世纪作家查士丁（Justin）的拉丁文删节本中，这就使得我们很难公正地评价原作的水准。

公元2世纪初，喀罗尼亚的普鲁塔克在多卷本《名人传》（*Parallel Lives*）[2]中收录了亚历山大的简短传记。他把亚历山大与尤利乌斯·恺撒放在一起做了对传。普鲁塔克认为他的作品不同于历史，他觉得自己没有义务对亚历山大所做的每一件事都进行详尽的记述。相反，他就像一位肖像画家，只突出某些他认为能够反映亚历山大本质的特征。[3]其结果就是，这篇传记大致按照时间的顺序收录趣闻轶事，最后

1 关于查士丁摘要本的标准拉丁语文本有Otto Seel, ed., *Epitoma Historiarvm Philippicarvm Pompei Trogi*, Stuttgart: Teubner, 1972. 关于其英文翻译和评注，可参 Justin, *Epitome of the Philippic History of Pompeius Trogus*, edited by Waldemar Heckel and John Yardley, Oxford: Clarendon Press, 1997. 关于其四种史料的文本与翻译，或许可以在洛叶布古典丛书中获取。

2 或译《对传》《平行传》《传记集》，国内通行的《希腊罗马名人传》译名显然与原文内容有所不符，因为其中包含了波斯国王阿塔薛西斯二世（Artaxerxes II，公元前405/404—前358年在位）的传记。——译者注

3 Plutarch, *Alexander*, 1.

变成了一幅引人入胜的人物素描，它是我们了解亚历山大童年和少年经历的唯一来源。普鲁塔克还发表了一篇由两部分组成的文章《论亚历山大的幸运和德行》（*De Fortuna aut Virtute Alexandri*），探讨亚历山大的成功是源于德行（virtus）还是仅仅源于运气（fortuna）。其实这场争论本身，就暗示着亚历山大的伟岸形象已经略有几分没落。

昆图斯·库尔提乌斯·鲁弗斯（Quintus Curtius Rufus）编撰了一部《亚历山大大帝史》（*Historiae Alexandri Magni Macedonis*），“运气”的概念在这部辞藻华丽的历史著作中仍然扮演着重要的角色。[1]库尔提乌斯的个人与职业背景仍然是个谜，这部作品可能成书于公元1世纪左右，但确切的时间尚不为人所知。库尔提乌斯似乎也算得上一个史学研究的牺牲品，因为在现存的历史作品中，只有他的著述从未被其他古代作家引用过。[2]然而，尽管他在罗马时代的风云变幻中隐形匿迹，但在后来中世纪与文艺复兴时期的大部分时间里，他逐渐从迷雾中走出来，成为研究亚历山大的主要资料来源。不过库尔提乌斯的作品也并非全部传世，令人遗憾的是，时至今日，他作品中至少有五分之一的内容已经遗失。[3]

目前仅存有两部专门讲述亚历山大的历史作品，库尔提乌斯的著述就是其中之一；另一部是由尼科墨狄亚的阿里安（Arrian of Nicomedia）所著。他本人是一位希腊人，在公元2世纪时担任罗马元老的职位。[4]许多人都将阿里安这部详尽的作品视为罗马时代最优秀的亚历山大军事传记。虽然有点太迟了，但终于有位历史学家想要记录亚历山大的不朽事迹。按照修昔底德的风格，阿里安贬低了他的文学前辈，并声称自己的作品在内容上，更重要的是在风格上，比前辈

---

1 Elizabeth Baynham, *Alexander the Great: The Unique History of Quintus Curtius*, Ann Arbor: University of Michigan Press, 2004, pp. 101-131.

2 Elizabeth Baynham, *Alexander the Great: The Unique History of Quintus Curtius*, p. 1.

3 佚失的包括第一、二卷全文，以及第五、六和十卷的大部分内容。

4 A. B. Bosworth, *From Arrian to Alexander*, Oxford: Clarendon Press, 1988.

们更胜一筹。[1]阿里安还鼓励读者多阅读他对手的作品，以及亚历山大时代留下的一手资料，以求从中发现一部信史。他认为从来没有一位作家，在赞颂亚历山大的功绩方面做得很出色。阿里安想要超过他们所有的人。事实上，从现代亚历山大研究的标准来看，他也确确实实做到了这一点，现代的学术研究都倾向于支持阿里安对史实的描述。

通过阿里安的刻画，亚历山大给我们留下的印象首先是一位勇士的形象，而不是一个帝国的开创者或政治家。[2]罗马人从亚历山大的一生中，几乎找不到什么值得他们关注或能指导治国理政的东西，而且罗马人肯定也没必要像托勒密等人一样，把亚历山大当作一个合法的同胞看待。托勒密笔下的亚历山大是主导者（causal agent）、发起人（prime mover）以及慷慨的伙伴（boon companion）；阿里安对亚历山大的研究属于人物研究（character study），他笔下的亚历山大就像是一个遥不可及的新奇之物，吸引着人们的好奇心，作家们也通过研究他而得到成名机会。阿里安告诉我们，他主要依靠托勒密和阿里斯托布鲁斯（Aristobulus）留下的原始资料，因为他们都是那段历史的见证者，而且托勒密作为国王不太可能说谎，所以特别值得信赖。[3]阿里安对统治者诚实品质的信任，是他那个特定时代的产物，但在今天却显得有些古怪，不合时宜。毕竟，“像王者一样值得信赖”（royally reliable）的托勒密曾经坚称，是两条会说话的蛇指引着亚历山大的军队穿过利比亚沙漠，到达西瓦绿洲，之后又折返回去。[4]但是关于这件事，阿里安更倾向于阿里斯托布鲁斯的回忆，即实际上是乌鸦而非蛇，为亚历山大的军队指明了方向。阿里安强调了两个版本

1 Arrian, *Anabasis of Alexander*, Preface and 1.12.4-5.

2 Arrian, *Anabasis of Alexander*, 1.12.5.

3 Arrian, *Anabasis of Alexander*, Preface and 1-2.

4 Arrian, *Anabasis of Alexander*, 3.3.5-6.

的故事中都包含着类似的神秘元素，以这种巧妙的方式或多或少替托勒密挽回些颜面。

对许多罗马人来说，亚历山大具有英雄气概这一点毋庸置疑，但他是不是罗马人心目中的英雄，就是另外一回事了。[1]罗马共和国晚期的输家（庞培和安东尼）都效仿了亚历山大大帝的行为，但值得注意的是，赢家（恺撒和屋大维）却没有这么做。[2]在罗马，有为数不少的皇帝选择以亚历山大为典范：卡里古拉、尼禄、卡拉卡拉、亚历山大·塞维鲁（Alexander Severus）和马克里亚努斯父子（the Macriani）。[3]在罗马共和国晚期，人们视尤里乌斯·恺撒为伟大的“文明传承者”，将其奉若神明，但亚历山大则没有享受到这个待遇。[4]李维（Livy）甚至认为，作为一名军事指挥官，亚历山大并不比资质平平的罗马将军卢修斯·帕庇琉斯·库尔索（Lucius Papirius Cursor）强到哪里去，此人曾于亚历山大推翻庞大的波斯帝国之时，在意大利中部与当地的萨莫奈人（Samnites）作战。[5]李维接着列举了许多罗马指挥官，认为他们比亚历山大更有能力、更值得称赞。李维还声称，如果这位马其顿征服者胆敢进犯一步，罗马人完全可以轻易地将其赶回老家。[6]罗马历史学家威莱乌斯（Velleius）曾写道，亚历山大是一位可与尤里乌斯·恺撒相提并论的将领，但前提是这位马其顿国王没有喝醉。[7]塔西佗（Tacitus）认为日耳曼尼库斯（Germanicus）作为一

---

1 “罗马人对他（亚历山大）的态度总体上顶多算是有好有坏，甚至是敌对的。” Lara O’Sullivan, “Augustus and Alexander the Great at Athens,” *Phoenix*, Vol. 70 (2016), p. 339.

2 Peter Green, *Classical Bearings*, New York: Thames and Hudson, 1989, pp. 193-209. 恺撒本人在其海量的军事著述当中从没提及过亚历山大。

3 Suetonius, *Caligula*, 52; *Nero*, 19.2. Pliny, *Natural History*, 34.63; *Scriptores Historiae Augustae*, Caracalla, 2.1; Severus Alexander, 5.1-2, 13.1-4, 30.3, 31.5, 35.4, 39.1, 50.4-4, 64.3; Macriani, 14.2-6.

4 Charles Muntz, *Diodorus Siculus and the World of the Late Roman Republic*, New York: Oxford University Press, 2017. 详见本书第五章。

5 Livy, *History of Rome*, 9.16.11-19.

6 Livy, *History of Rome*, 9.17-19.

7 Velleius, 2.41.1.

名将领，和亚历山大一样出色；而作为一位个体的人，他甚至要比亚历山大更优秀。[1]如今，没有哪位军事史家会把帕庇琉斯（Papirius）或日耳曼尼库斯与亚历山大相提并论，这也表明李维和塔西佗的爱国主义倾向有多严重。历史，总是时代的特定产物。

恺撒时代的史家们在评价亚历山大时，往往会对某些方面特别感兴趣。但在今天看来，他们关注的这些东西对于分析亚历山大的领导力而言，其实是无足轻重的。罗马时代总是不断强调亚历山大的外貌和个人习惯等琐碎问题。在回顾亚历山大备受争议的一生时，历史学家可能会发现亚历山大个人的某些重大错误值得加以谴责，其中罗马人最常谴责的就是他身上那套浮夸的东方服饰。[2]这就好比我们每次想到拿破仑，脑海中只会浮现出一个经常将手插在衬衫里、脾气暴躁的矮个子将军的形象。尘世荣耀，就此消逝（Sic transit gloria mundi）。

当回顾最初800年的亚历山大史学时，我们会发现相关史家及其著作的"伤亡率"相当之高。关于这位征服者的文字成千累万，但真正幸存下来的却寥寥无几。只有拂去这场文字战争的尘雾硝烟，我们才能一窥亚历山大的真貌。到古代晚期，大量关于亚历山大的历史记载都已消失；到中世纪时，就只剩下很少的资料可供作家严肃地思考，当然，如果他们也愿意思考的话。[3]如前所述，在公元前334—前30年间问世的有关亚历山大大帝的著作，鲜少有流传至今者，惟剩五部罗马帝国时期的著作，把关于亚历山大的论战一直延续到中世纪，其中两部利用了中世纪时期拉丁文书写的巨大优势，而以希腊文写就的历史著述则灰溜溜地退出了西方世界的前沿。例如，阿里安

1 Tacitus, *Annals*, 2.73.

2 Arrian, *Anabasis of Alexander*, 4.7.4; Livy, *History of Rome*, 9.18.4; Quintus Curtius Rufus, *History of Alexander*, 10.5.33.

3 George Cary, *The Medieval Alexander*, Cambridge: Cambridge University Press, 1956.

的作品在欧洲消失了一千年之久，直到15世纪时才又重见天日。这种情况使得库尔提乌斯的遗作在该领域占据了主导地位，只要查验一下保存完好的手稿，这一事实便不言而喻。再如，胡利奥·贝佐扎（Julio Berzunza）收藏的手稿中，库尔提乌斯作品的抄本达到112份，相比之下，阿里安、普鲁塔克、查士丁等作品的抄本分别有16份、10份和6份，而狄奥多罗斯的作品只有区区1份抄本。[1]然而，即便是这些史作，也无法抵消流传甚广、纷乱如麻的民间传说，这些传说此前被误认为是卡利斯梯尼所编，也就是今日所见的《亚历山大传奇》（*Alexander Romance*）。[2]《亚历山大传奇》先后于公元4世纪和公元10世纪时被瓦里乌斯（Julius Valerius）和那不勒斯的列奥（Leo of Naples）译为拉丁语，后来该书又从冰岛传播到印度尼西亚，被翻译成各个国家的方言。这部浪漫的传奇为我们呈现了一个神秘的亚历山大，他行走在会说话的树林中，乘坐飞行器飞越天空，乘坐潜水钟探索深海，还和恶龙进行了殊死搏斗。[3]《亚历山大传奇》读起来就像是古代的托尔金（Tolkien）[4]虚构出来的故事，里面的亚历山大宛若漫游在中土世界一样。

14世纪时，杰弗里·乔叟（Geoffrey Chaucer）在他的《坎特伯雷故事集》中写道，任何一位有头脑的人，或多或少都了解亚历山大

1 笔者曾在得克萨斯州的奥斯汀大学考察过该藏品，不过如今它已经出售给别人。参见Julius Berzunza, *A Tentative Classification of Books, Pamphlets and Pictures Concerning Alexander the Great and the Alexander Romances, from the Collection of Julio Berzunza*, privately printed, 1939.

2 Albert Wolohojian, ed., *The Romance of Alexander the Great by Pseudo-Callisthenes*, New York: Columbia University Press, 1969.

3 比如可以参阅Jehan Wauquelin, *The Medieval Romance of Alexander*, translated by Nigel Bryant, Woodbridge: Boydell Press, 2012; Richard Stoneman, *Alexander the Great: A Life in Legend*, New Haven: Yale University Press, 2008.

4 托尔金（J. R. R. Tolkien，1892—1973），英国作家、诗人，以创作古典奇幻作品著名，著有《魔戒》《霍比特人》以及十二卷的《中土世界的历史》（*The History of Middle-Earth*）等。中土世界（或译中洲世界）曾出现在其多部作品当中，指人类、精灵、兽人等种族混居的奇幻世界。——译者注

的故事，知道这位“骑士之花”走到了世界的尽头。[1]但是，这些真的是历史吗？人们能合理地区分事实与虚构、现实与传奇吗？两个世纪以前，博学的本笃会修道士艾克哈德（Ekkehard）在研究亚历山大时，就发现了他所谓的“史学矛盾”（dissonantia hystoriographorum），因而选择放弃。[2]持续不断的笔战造成了一片史学的荒地，里面到处都是所谓的亚马逊女战士、蛇怪、格里芬和美人鱼，除此以外，还散布着原始飞行器、潜艇、神树，以及圣经中歌革（Gog）和玛各（Magog）摇摇欲坠的大门。马可·波罗在游记中提到他在前往中国的路上，还经过了这些关卡和树林，可谓是一次穿越亚历山大神话迷雾的旅行。[3]

后来，随着欧洲启蒙运动时期现代史料批评率先打响了第一枪，先进的“新型武器”横扫了这片纸笔战场。[4]19世纪的德国人将这种武器称为“史源研究”（Quellenforschung），即对原始历史资料及其背后的传统进行系统的分析。[5]就像1775年圣克罗伊男爵（Baron de Sainte-Croix）在其开创性的作品中所做的那样，这种方法论非常强调对史料进行批判性的处理。[6]很久以后，不知疲倦的菲利克斯·雅各比（Felix Jacoby）搜集到了大量碎片和文献记录，为研究散佚的希

---

1 Geoffrey Chaucer, *The Monks's Tale*, ll. 2631-2670.

2 Frank Holt, *Alexander the Great and the Mystery of the Elephant Medallions*, Berkeley: University of California Press, 2003, pp. 19-20.

3 Marco Polo, *Travels*, 1.4; Frank Holt, “Alexander the Great, Lightning, and the Lone Dead Tree,” in A. Sinitsyn and M. Kholod, eds., *Κοινον Δωρον*, St. Petersburg: Russian Academy of Sciences, 2013, pp. 483-487.

4 关于本领域的基础研究有Pierre Briant, *The First European: A History of Alexander in the Age of Empire*, translated by Nicholas Elliott, Cambridge, Mass.: Harvard University Press, 2017.

5 虽然当下有人认为这种方法已经过时，但最近兴起的“新史源研究”（New Quellenforschung）还是使得这种方法论保持在原始资料研究的最前沿。Lisa Hau, Alexander Meeus and Brian Sheridan, eds., *Diodoros of Sicily: Historiographical Theory and Practice in the “Bibliotheke”*, Leuven: Peeters, 2018, pp. 8, 189-276.

6 Guillaume Emmanuel Joseph de Sainte-Croix, *Examen Critique des Anciens Historiens d'Alexandre le Grand*, Paris: Dessain Junior, 1775.

腊原始资料做出了巨大贡献，其中就有一部分专门关注了亚历山大史家群体。[1]赫尔穆特·伯夫（Helmut Berve）还在其不朽之作《人物传记学下的亚历山大帝国》中，运用了人物传记学（prosopography）这种新的研究方法。[2]路德维格·穆勒（Ludvig Müller）则在钱币学方面有着开拓之功，他将钱币作为历史分析的辅助手段，在漫长的时间里对亚历山大时代的大量钱币进行了分类。[3]尽管铭文资料相对有限，但碑铭学还是有助于我们理解亚历山大统治时期的历史。[4]在一些论战的领域里，西方视角总是比东方视角更受青睐，而巴比伦、巴克特里亚和其他非希腊的一手史料，对于根除这种流弊却有着不可估量的作用。[5]

现代“史源研究”最杰出的成就之一，就是证明了现存的几份亚历山大史料背后拥有着共同的史料来源。因为很明显，狄奥多罗斯、库尔提乌斯以及查士丁等人的著作大部分都源自同一件已经遗失的作品。这些作品似乎都是以亚历山大里亚的克雷塔库斯已佚的作品为基础，共同构成了一种所谓“通行传统”（vulgate/common tradition）。[6]在相当消极的“通行传统”与阿里安、普鲁塔克所推崇的更为积极的观点之间的抉择，常常被过度简化，这也影响了现代史学的大部分内

1 通常缩写为*FGrH*。Felix Jacoby, *Die Fragmente der griechischen Historiker*, 15 vols., Berlin and Leiden: Wiedman and Brill, 1923-1958. 现在已经得到了更新。关于亚历山大文献残篇的英文翻译，可以参考Charles Robinson, Jr. *The History of Alexander the Great*, Vol. 1, Providence: Brown University Press, 1953. 第一卷提供了希腊语残篇的翻译以及对“佚名”作家如卡利斯梯尼的查证，并按照菲利克斯·雅各比在第二卷B部中所搜集到的《希腊史家作品残篇》的顺序排列。

2 初版为两卷本，即Munich: Beck'sche, 1926，后来翻印时合为一卷本，即Salem: Ayer, 1988。

3 Ludvig Müller, *Numismatique d'Alexandre le Grand*, Copenhagen: Bianco Luno, 1855.

4 A. J. Heisserer, *Alexander the Great and the Greeks: The Epigraphic Evidence*, Norman: University of Oklahoma Press, 1980.

5 例如Joseph Naveh and Shaul Shaked, eds., *Aramaic Documents from Ancient Bactria (fourth century BCE) from Khalili Collections*, London: Khalili Family Trust, 2012.

6 我们也可以把《梅茨摘要》(*Metz Epitome*)加入到“公认的传统”的行列中来，这部作品以前出现在一个手稿当中，只是该手稿已经在“二战”中遭到破坏。

容。然而事实上，我们不能单靠一种原始文献或史源传统，来讲述亚历山大的历史。[1]就好像在任何一场战争中，双方都会涌现出英雄，也都会发生令人气馁的事情；每一次交战都必须要根据自己所处的环境进行分析。例如，即便是青睐阿里安和普鲁塔克作品的学者也必须承认，那种“通行传统”对于理解亚历山大的征服活动——尤其是在中亚的征服——同样不可或缺。[2]

（弗兰克·霍尔特撰　张录译　孙艳萍校）

---

1 参见Frank Holt, “The Hyphasis Mutiny: A Source Study,” *The Ancient World*, Vol. 5 (1982), pp. 33-59.

2 Frank Holt, *Alexander the Great and Bactria: The Formation of a Greek Frontier in Central Asia*, Leiden: E. J. Brill, 1988.

帕提亚王朝的“爱希腊”情结

“爱希腊”是帕提亚钱币铭文上常见的国王名号之一，在一些石刻铭文中也有发现。[1]其希腊语原文是“ΦΙΛΕΛΛΗΝΟΣ”，系阳性名词φιλέλλην的单数属格，philhellene是它的拉丁化形式，字面意思是“希腊人的朋友”或“爱希腊者”，在古代既可专指爱好希腊文化的非希腊人，也可泛指爱国的希腊人，但主要用来指那些热爱希腊文化的外族统治者，尤其是帕提亚的国王。[2]综览帕提亚的钱币，事实确实如此。从国王米特里达特一世（Mithridates I，约公元前171—前138年在位）到该王朝之末，“ΦΙΛΕΛΛΗΝΟΣ”的头衔几乎为历代国王所采用。[3]帕提亚人本来是以希腊—马其顿人统治的反抗者自居，他们的王国就是在塞琉古王国东部失地的基础上发展起来的。那么，这些帕提亚国王为什么在大业底定之后反而会认敌为友了呢？而且在塞琉古王国不复存在之后，他们仍然乐此不疲，继续以“爱希腊者”为荣。这里到底隐藏着怎样的玄机？他们真的是与希腊人为友，诚心服膺希

1 G. R. F. Assar, “Parthian Calendars at Babylon and Seleucia on the Tigris,” *Iran*, Vol. 41 (2003), p. 177.

2 Henry George Liddell and Robert Scott, *A Greek-English Lexicon*, Oxford: Clarendon Press, 1996, p. 1932.

3 只有极个别国王没有采用这一头衔，如米特里达特一世的继任者弗拉特斯（Phraates II，约公元前138—前127年在位，这与此时美索不达米亚的希腊人城市两度支持塞琉古王朝的反攻显然有关，见下文）。还有一些国王的钱币铭文漫漶不清，难以确定是否有此名号。详见http://www.parthia.com/parthia_inscriptions.htm#Vologases6.

腊化文化，还是为了便于接受塞琉古王国的遗产，取得遗留希腊人的好感，或为了和罗马人争夺两河一线希腊人城市的支持而采取的权宜之计呢？

从百年以来的帕提亚史研究来看，[1]在帕提亚人与希腊人、希腊文化关系的问题上，存在着两种颇似对立的观点，即乔治·罗林森首倡的“反希腊说”和阿诺德·汤因比的“爱希腊说”。罗林森是近代帕提亚史研究的创始人，他在新版《帕提亚》中指出，与同样从塞琉古王国独立出来的巴克特里亚相比，帕提亚是“完全反希腊的”(thoroughly anti-Hellenic)。帕提亚人正是出于对本民族的热爱和对外族的仇恨，才推翻了希腊人的统治。“亚洲是亚洲人的”就是他们的呼声。[2]但他也坦承，就语言、艺术、钱币诸方面而言，帕提亚人还是不可避免地受到希腊化文化的影响。[3]汤因比是希腊文化的推崇者，他在1959年出版的《希腊主义》一书中，将帕提亚视为三大爱希腊帝国之一，称赞它采取了“爱希腊主义”(philhellenism)，“是希腊文化的好心赞助者”。[4]汤因比的这一观点得到了一些学者的认同。费耐生（Richard N. Frye，一译理查德·N. 弗莱）认为，帕提亚王朝不仅对被征服的希腊化的民族实行“爱希腊”政策，而且在艺术上也是如此，统治前期主要依赖希腊文化，后期才逐渐形成自己独特的文化

---

1 目前所知最早关于帕提亚的通史著作，是乔治·罗林森1873年出版的《七大君主国卷六：帕提亚》(*The Seven Great Monarchies of the Ancient Eastern World. Vol. 6 of 7: Parthia*)。以下提到的他的《帕提亚》(*Parthia*)一书，初版于1893年，1903年再版，内容与前书大致相同。

2 George Rawlinson, *Parthia*, New York: G. P. Putnam’s Sons, 1903, p. 47.

3 George Rawlinson, *Parthia*, pp. 112, 393, 400, 407-408, 415, 418.

4 根据汤因比，他之所以持此观点，是因为帕提亚尊重原来塞琉古王国遗留下来的希腊殖民城市的自治，成功遏制住了来自中亚腹地操伊朗语的游牧民族，如萨迦人(Sakas)和吐火罗人(Tokharians)的冲击。他虽然将帕提亚与罗马帝国、贵霜帝国并列为“爱希腊帝国”(philhellene empires)，但在对于希腊文化的关系上，三者仍有区别。在他看来，罗马人是希腊生活方式的倾心接受者，贵霜人是希腊人的继承者，帕提亚人“是希腊文化的好心赞助者”。详见Arnold J. Toynbee, *Hellenism: The History of a Civilization*, London: Oxford University Press, 1959, pp. 179, 182-183.

风格。他以钱币上坚持使用“Philhellene”赞语和对塞琉西亚、苏萨城自治制度的尊重为例，证明帕提亚人绝非像现代学者通常认为的那样，是塞琉古王朝希腊化遗产的破坏者，而像罗马人一样是希腊文化的捍卫者。[1]近年来的讨论更加深入，焦点已由是否“爱希腊”转为对其动机的探讨，即它是一种有目的的政治宣传还是确实对希腊人真诚相待？[2]对于这些观点究竟应该如何评价，对帕提亚与希腊人的关系到底应该如何定性？对“爱希腊”的本质应该如何认识？这些答案大概只能回到双方发生关系的场景——希腊化世界和帕提亚自身历史文化的变迁中去寻找。[3]

一、帕提亚人与希腊化世界的接触

帕提亚本土位于里海东南，曾是波斯帝国的23个行省之一。[4]公元前330年之后，此地先后归于亚历山大帝国和塞琉古王国的统治之下，公元前3世纪中期独立建国。[5]它与同时期其他希腊化王国的明显不同在于，它不是希腊—马其顿人内部统治范围重新划分的结果，而是崛起于希腊化世界内部并不断开拓出自己发展空间的一个新型的多

---

1 Richard N. Frye, *The History of Ancient Iran*, Munchen: C. H. Beck, 1984, pp. 244-246.

2 Edward Dabrowa, *Studia Graeco-Parthica: Political and Cultural Relations between Greeks and Parthians*, Wiesbaden: Otto Harrassowitz GmbH & Co. KG, 2011, p. 83.

3 由于有关帕提亚的文献资料严重缺乏，这里的论证将主要依靠近代以来在城市遗址、钱币、碑铭、建筑、雕塑艺术等方面的考古研究成果展开。

4 H. C. Tolman, *Ancient Persian Lexicon and Texts*, New York, Cincinnati and Chicago: America Book Company, 1908, pp. 2, 5 (Col. 1. 6), 10-11 (Col. 2. 2), 16-17 (Col. 2. 16).

5 关于帕提亚脱离塞琉古王国独立的起始时间，学术界有上限与下限两种说法。前者在安条克二世之时（公元前261—前246年），后者在塞琉古二世之时（公元前246—前226/225年）。根据帕提亚纪年，应在公元前247年。但这个过程可能历时数年，在安条克二世在位末年与塞琉古二世和安条克·希尔拉克斯（Antiochus Hierax）战争之间，即约公元前250—前237年间。参见F. W. Walbank, A. E. Astin, M. W. Frederiksen and R. M. Ogilvie, eds., *The Cambridge Ancient History. Vol. VII, Part I: The Hellenistic World*, Cambridge: Cambridge University Press, 1984, pp. 219-220, Chronological table.

民族国家。它能与希腊人、希腊化文化亲密接触，地缘政治的变化显然起了关键的作用。

早期帕提亚人的成分比较复杂。从时间上有建国之前和之后之分，从身份上有本土与外来之分。随着帝国的扩大，境内的其他民族特别是伊朗人也都成了帕提亚人。对于建国前帕提亚本土的原住民、后来迁入的阿尔萨息家族与其他部落的区别和融合，西方古典作家还是比较清楚的。[1]据斯特拉波（Strabo），帕提亚土地狭小，且森林密布，山脉纵横，十分贫困。[2]当塞琉古王国出现内乱，东邻巴克特里亚的欧泰德姆斯（Euthydemus）发动起义之后，一位名叫阿尔萨息（Arsaces，约公元前247—前211年在位）的斯基泰人联合达海人（Daae，Dahae）的一支，即活动于奥库斯河（the Ochus）一带的游牧民族阿帕尔尼人（Aparnians）或帕尔尼人（Parni），侵入帕提亚。[3]斯特拉波还提到另外一种说法：阿尔萨息是巴克特里亚人，因希腊人总督狄奥多托斯（Diodotus）势力扩大而逃亡帕提亚，从而领导了当地的起义。[4]据查士丁（Justin），帕提亚人最初是斯基泰人中的逃亡者，

---

1 关于早期帕提亚人的历史，主要有两种资料。一是斯特拉波的《地理志》（Strabo, *Geography*, 11.9.1-3, Cambridge, Mass.: Harvard University Press, 1988），一是查士丁的《庞培乌斯·特罗古斯〈菲利普史〉摘要》（Marcus Junianus Justinus, *Epitome of the Philippic History of Pompeius Trogus*, 41, translated by Rev. J. S. Watson, London: Henry G. Bohn, 1853. https://www.forumromanum.org/literature/justin/english/index.html）。但更早的资料应该是生活于帕提亚帝国境内的希腊人阿波罗多罗斯的著作《帕提亚史》（Apollodorus of Artemita, *Parthika*）。此书已亡佚。斯特拉波的《地理志》有对该书的大量摘引，庞培乌斯·特罗古斯也可能引用此书（见查士丁《摘要》的另一英译本。Justin, *Epitome of the Philippic History of Pompeius Trogus*, translated by J. C. Yardley, Atlanta, GA: Scholar's Press, 1994, p. 253 n.1. 此译本与J. S. Watson译本个别地方不尽一致，系所据拉丁文版本不同所致）。

2 Strabo, *Geography*, 11.9.1.

3 Strabo, *Geography*, 11.9.2.

4 Strabo, *Geography*, 11.9.3. 这里斯特拉波留下一个疑团，即阿尔萨息到底是在欧泰德姆斯还是在狄奥多托斯之时进入帕提亚？钱币学研究证明，巴克特里亚希腊人王国伊始，应该有两个狄奥多托斯先后称王，两王大约公元前250—前230年在位（也有始于公元前256年之说）。欧泰德姆斯约公元前230—前200年在位（也有始于公元前223/221年之说）。按照帕提亚纪年，阿尔萨息一世应在约公元前247年即位。因此他只能（转下页）

因“Parthi”在斯基泰语中是“逃亡者”之意，但何时移居此地不详。但可以确定的是，他们曾是波斯帝国和马其顿人的属民。然而就是这样“一群一文不名的乌合之众”，原来的“奴隶”，现在却成了统治这些地区的主人。[1]这里没有提到阿尔萨息，说明他与帕提亚人早期的历史无关。只是在塞琉古王朝派驻帕提亚的波斯人总督安德拉戈拉斯（Andragoras）宣告独立后，这位身份不明、靠劫掠为生的阿尔萨息才带着他的同伙侵入帕提亚。[2]尽管斯特拉波和查士丁在帕提亚人的起源和成分构成上说法有所不同，但提供的线索还是大体一致的：最初的帕提亚人很可能是来自黑海、里海一带的斯基泰人的一支，建国之前的帕提亚人实际上是这批斯基泰人的后裔，阿尔萨息及其部落（Aparnians，Aparni或Parni）是帕提亚的后来者。他们和本地区原有居民构成了所谓帕提亚人的主体。但不论是原来的本土帕提亚人，还是后来的阿尔萨息部落，在建国之前，他们事实上都活动于希腊—马其顿人的统治区域之内，已经开始了与希腊化世界的接触。

建国之初的帕提亚社会仍然具有明显的原始部落制遗风和游牧民族特征。王权已经确立，但受到所谓“人民阶层”（the order of the people）或“议事会成员”（a class of councilors）的制约。[3]根据斯特拉波，宫廷议事会由王族成员和贤人（the wise men）、祭司（Magi）

（接上页）在狄奥多托斯一世称王后进入帕提亚。出现不同说法的原因可能是，欧泰德姆斯原来是索格底亚那地区的官员，当时和狄奥多托斯一道脱离塞琉古王国。他先是以行省总督或一国之主的身份统治索格底亚那，后来杀死狄奥多托斯二世，夺取了巴克特里亚的王位。由于他的特殊身世和身份，后来的古典作家就把他与狄奥多托斯一世、阿尔萨息视为或混为同代人了。参见O. Bopearachchi, *Monnaies gréco-bactriennes et indo-grecques, Catalogue Raisonné*, Paris: Bibliothèque Nationale, 1991, p. 453, pl. 1-2; Jeffrey D. Lerner, *The Impact of Seleucid Decline on the Eastern Iranian Plateau*, Stuttgart: Steiner, 1999, p. 84.

1 Marcus Junianus Justinus, *Epitome of the Philippic History of Pompeius Trogus*, 41.1.1-6.

2 Marcus Junianus Justinus, *Epitome of the Philippic History of Pompeius Trogus*, 41.4.6-7.

3 Marcus Junianus Justinus, *Epitome of the Philippic History of Pompeius Trogus*, 41.2.1; Justin, *Epitome of the Philippic History of Pompeius Trogus*, translated by J. C. Yardley, p. 254 (41.2.1).

阶层组成，国王从这两部分人中产生。[1]估计是王族提供国王人选，贵族和祭司集团选举确认。这显然是部落民主制的残存。帕提亚人是马背上的民族，宗教信仰和生活习俗还比较原始，民风粗犷强悍，尚武好战。[2]这些特征无疑与它的游牧民族传统有关。斯特拉波在分析帕提亚帝国建立的原因时，特别提到他们的生活方式、习俗中所包含的诸多蛮族和斯基泰人因素。[3]总之，在古典作家的眼里，阿尔萨息一世之时的帕提亚人还是属于未开化的“蛮族”之列。但他们所面临的和即将统治的，却是一个既有深厚悠久的东方文化传统，又被来自东地中海的希腊—马其顿人统治了一到两个世纪的新世界。

从表面上看，这个世界的统治框架似乎与以前的波斯帝国没有什么大的区别，仍然实行行省制的管理，中央和地方只不过是换了主人而已。但实际上，政治格局和文化面貌都已经发生了根本性的变化。除了流行于境内的通用希腊语和希腊式钱币之外，最触目可及的一点就是散布各地的希腊式城市和移民地。它们相对于当地广袤的原野和众多的乡村，犹如沙漠中的绿洲，但由于这些新城市的主体居民是希腊—马其顿人，它们自然也就成了希腊化世界的政治和文化中心。据罗马史家阿庇安（Appian），仅塞琉古一世就建立了34个分别以他父母、自己和王后命名的城市，其中16个安条克（Antioch），5个劳狄西亚（Laodicea），9个塞琉西亚（Seleucia）、3个阿帕米亚

1 Strabo, *Geography*, 11.9.3 & n. 2-3.

2 根据查士丁，帕提亚人以马为生，履行公私职责，如出征、出国、赴宴、会客、交易，无不乘马而行。他们迷信，信仰多神，尤其敬畏河流（J. C. Yardley译本此处是“所有帕提亚人都非常虔信宗教，崇拜多神”，见第255页）。这个民族自尊心强，争雄好斗，傲慢骄横。视行为粗鲁者为男人，温文尔雅者为女人。不论在国内还是国外，都难以安分守己，喜欢惹是生非。他们沉默寡言，行动敏于言辞，不论成功失败，皆漠然处之。他们服从国王，但非出于谦恭，而是恐惧。他们好色，但饮食简朴。他们向来言而无信，除非符合他们的利益。Marcus Junianus Justinus, *Epitome of the Philippic History of Pompeius Trogus*, 41.3.

3 Strabo, *Geography*, 11.9.2.

(Apamea)、1个斯特拉东尼西亚（Stratonicea）。[1]另外他还建立或重建了若干城市，分别或以希腊、马其顿地名命名，或为纪念他自己的胜利和亚历山大而命名。这样的城市共有25个，主要分布在叙利亚和上亚细亚地区（regions of upper Asia）、帕提亚本土，甚至远到印度、斯基泰地区，仅在帕提亚行省就有5个。[2]加上亚历山大时期和塞琉古一世之后其他国王建立的城市，这些城市当有上百之多。[3]这些城市大都在后来的帕提亚帝国范围之内，即使一部分因为希腊—马其顿人的撤离而消失，遗留的希腊人城市当为数不少，据说至少有70个之多，[4]其中著名的有底格里斯河畔的塞琉西亚、苏萨的塞琉西亚（Seleucia-Eulaeus, Susa）、苏西亚那的塞琉西亚（Seleucia-Hedyphon, Susiana）、波西斯的安条克（Antioch-Persis）、马尔吉亚那的安条克（Antiocheia in Margiana，今土库曼斯坦梅尔夫以东39公里）、拉盖（Rhagae，今伊朗德黑兰附近）、“里海之门”（the Caspian Gate）附近的百门城（Hecatompylus）等。如何对待这些希腊人城市，成了帕提亚王国统治者面临的首要问题。

从现有材料看，帕提亚不仅没有毁灭这些城市，反而对其加以

1 Appian, *Roman History*, 11.57, with an English translation by Horace White, Cambridge, Mass.: Harvard University Press, 1999. 有学者认为此数有所夸大，把塞琉古一世的后继者所建立的同名城市也都归之于他的名下了。见Susan Sherwin-White and Amélie Kuhrt, *From Samarkhand to Sardis: A New Approach to the Seleucid Empire*, Berkeley and Los Angeles: University of California Press, 1993, p. 20.

2 这25个城市是：Berrhoea，Edessa，Perinthus，Maronea，Callipolis，Achaia，Pella，Orophus，Amphipolis，Arethusa，Astacus，Tegea，Chalcis，Larissa，Heraea，Apollonia (in Syria and upper Asia)，Sotera，Calliope，Charis，Hecatompylos，Achaia (in Parthia)，Alexandropolis (in India)，Alexandreschata (in Scythia)，Nicephorium (in Mesopotamia) 以及Nicopolis (in Armenia)。Appian, *Roman History*, 11.57.

3 关于塞琉古王国建城（或殖民地）的规模、数目和分布，也可参见M. Cary, *A History of the Greek World*, London: Methuen & Co. Ltd., 1959, pp. 244-245; Susan Sherwin-White and Amélie Kuhrt, *From Samarkhand to Sardis: A New Approach to the Seleucid Empire*, pp. 20-21; Getzel M. Cohen, *The Seleucid Colonies: Studies in Founding, Administration and Organization*, Wiesbaden: Steiner, 1978, pp. 2, 14-19 & “Map of Hellenistic Asia”.

4 George Rawlinson, *Parthia*, p. 82.

利用，保留其自治权。而且还从中选择了一些地位重要的城市一度作为王室的驻跸地或都城，如拉盖、百门城、底格里斯河畔的塞琉西亚等。这几个城市的建立者或重建命名者都是塞琉古一世（约公元前312—前281年在位）。拉盖改名为欧罗普斯（Europus），后来帕提亚人将其重建，命名为阿尔萨西亚（Arsacia）。[1]百门城位于帕提亚本土，之所以如此取名，是因为其处于交通要道，周围地区的道路都交汇于此。[2]塞琉西亚曾作为塞琉古王国的都城。后来虽然在叙利亚另建新都安条克，但它仍具有东部首府的地位，是塞琉古王国东部地区行政管理的中心。这些希腊式城市的存在，意味着大量的希腊人不仅生活在帕提亚帝国境内，而且依然保留了自己的生活方式和文化活动。可见，塞琉古王国从东部地区的退却，并不表明希腊人的全部离去和希腊化文化影响的衰竭，帕提亚的扩张反而使自己从希腊化世界的边缘进入了它的腹地。面对这个并不陌生的世界，刚刚脱离游牧部落文化阶段的帕提亚人，大概除了接受这个世界的政治和文化遗产之外别无选择。这与他们以塞琉古王朝的继承人身份来统治这个世界的意图显然是吻合的。

虽然帕提亚人与希腊人、希腊化文化的真正接触始于亚历山大时期，但两个民族早在波斯帝国时期就已经彼此知晓。公元前480年薛西斯入侵希腊的大军中，就有帕提亚人参与其中。[3]可能还有一位名为阿尔萨息（Arsaces, captains of the horse）的骑兵统帅在希腊阵亡。[4]此人与后来在帕提亚建国的阿尔萨息同名，或是一种巧合。二者有无族源关系，尚待考证。公元前331年高加米拉战役时，帕提

1 Strabo, *Geography*, 11.9.1, 13.6.

2 Polybius, *The Histories*, 10.28, with an English translation by William Roger Paton, Cambridge, Mass.: Harvard University Press, 1993.

3 Herodotus, *The Histories*, 3.93, 7.66, with an English translation by A. D. Godley, Cambridge, Mass.: Harvard University Press, 1995, 1998.

4 Herodotus, *The Histories*, 7.66; Aeschylus, *Persians*, 995, with an English translation by Charles Darwin Adams, Cambridge, Mass.: Harvard University Press, 1995.

亚人站在波斯一方参战。此后，帕提亚成为亚历山大帝国的一个行省。亚历山大先后任命帕提亚人阿明那斯皮斯（Amminaspes）、波斯人弗拉塔佛涅斯（Phrataphernes）为帕提亚的总督。[1]亚历山大死后，他的部将多次划分辖地，帕提亚的总督也几易其人。公元前321—前318年之间是一位名为腓力（Philip）的马其顿人，其后是大将培松（Peison）的弟弟欧达马斯（Eudamas）。两年后，帕提亚归于巴克特里亚总督管辖。但后来又分而治之。波斯人安德拉戈拉斯是塞琉古王国在帕提亚的最后一位总督，大约于公元前247—前245年间宣告独立。此时塞琉古二世与其兄弟“强夺者”安条克（Antiochus Hierax，the Grabber）陷入王位之争（约公元前240—前236年），无力东顾。阿尔萨息乘机而入，于前238年杀死了安德拉戈拉斯，并很快夺取了西邻赫卡尼亚。他还与巴克特里亚狄奥多托斯之子结盟，打败了前来征讨他的塞琉古二世。[2]虽然此后帕提亚曾遭受过安条克三世的大规模讨伐（公元前209或208年），也一度表示作为藩属归顺，但它的崛起已成必然之势。到公元前2世纪中期，包括美索不达米亚（Mesopotamia，两河流域）在内的原来塞琉古王国的大部分领土已经归帕提亚所有，其都城先迁至底格里斯河畔的塞琉西亚城，后来又在河对岸建立新都泰西封（Ctesiphon），表明统治重心的东移。自此，帕提亚帝国的疆域大致确定，东抵巴克特里亚，[3]西达幼

---

1 Arrian, *Anabasis of Alexander*, 3.11, 22-25; 5.20, with an English translation by P. A. Brunt, Cambridge, Mass.: Harvard University Press, 1996.

2 参见Marcus Junianus Justinus, *Epitome of the Philippic History of Pompeius Trogus*, 41.4.1-10, 41.5.1; Strabo, *Geography*, 11.9.2.

3 据狄奥多罗斯（Diodorus），米特里达特一世曾经东扩至印度，未经一战，就占领了原来由印度国王波鲁斯（Porus）统治的地盘。Diodorus, *Bibliotheca Historica*, 33.18, with an English translation by C. H. Oldfather, et al., Cambridge, Mass.: Harvard University Press, 1984. 但这是孤证，不足为据。帕提亚人进入印度西北部应在公元1世纪前后，所谓的印度—帕提亚人王国的建立者是贡多法勒斯一世（Gondophares I）。

发拉底河，北到里海，南濒波斯湾，成了雄踞西亚、中亚的大帝国。[1]以后的辖地虽有所变化，但大致在此范围之内，直到公元224或226年被萨珊波斯所取代。这一点从中国方面的记载中也可看出，其中提到的安息，学界公认即帕提亚。

根据《史记·大宛列传》，安息"在大月氏西可数千里"，"其属小大数百城，地方数千里，最为大国。临妫水"，"其西则条枝"。[2]妫水即今日之阿姆河，月氏位于妫水北，此时已经占领了原来巴克特里亚希腊人王国的故地。条枝则指塞琉古王国，应是其都城安条克城（位于叙利亚奥龙特斯河畔）的谐音。[3]张骞公元前126年抵达月氏、大夏，始闻安息。他所描述的应是米特里达特一世及其继任者之时帕提亚的疆域。《汉书·西域传》反映的是公元25年前中国方面对安息的了解。[4]由于相互之间已有使者来往，此时帕提亚（安息）的方位更为明确：东面是大月氏（巴克特里亚）和乌弋山离（阿拉科西亚和塞斯坦地区，Arachosia and Seistan），西面是条支，但原来条支的一些"小君长"，已经成为帕提亚的藩属。[5]王都"番兜城"（Parthaunisa，今尼萨

---

1 具体包括帕提亚本土、赫卡尼亚（Hyrcania）、米底（Media）、巴比伦尼亚（Babylonia）、亚述（Assyria）、埃兰（Elymais）、波西斯（Persis，波斯本土，今伊朗南部法尔斯省）以及塔普利亚（Tapuria，里海之南，厄尔布尔士山脉南北麓）和特拉克西亚纳（Traxiana，即后来的呼罗珊）地区。Neilson C. Debevoise, *A Political History of Parthia*, Chicago: The University of Chicago Press, 1938, p. 27.

2《史记》卷一二三《大宛列传》，二十四史点校本，北京：中华书局，1982年，第3162页。

3 参见余太山:《两汉魏晋南北朝正史西域传要注》，北京：中华书局，2005年，第17页注释79。详见其《塞种史研究》，北京：中国社会科学出版社，1992年，第184—192页。有学者认为"条枝"在波斯湾（J. E. Hill, *Through the Jade Gate to Rome: A Study of the Silk Routes during the Later Han Dynasty, 1st to 2nd Centuries CE*, Lexington, KY: John E. Hill, 2010, pp. 216-220），但实际上此时波斯湾已在安息—帕提亚的控制之下。

4《后汉书》卷八八《西域传》云："班固记诸国风土人俗，皆已详备《前书》。今撰建武以后其事异于后者，以为《西域传》，皆安帝末班勇所记云。"（二十四史点校本，北京：中华书局，1965年，第2912—2913页。）可见《汉书·西域传》所记安息之疆界，属东汉光武帝建武元年即公元25年以前。

5 此处反映的应是卡莱（Carrhae）战役之后帕提亚对叙利亚、巴勒斯坦沿东地中海一带的占领。参见George Rawlinson, *Parthia*, pp. 191-196.

遗址)。[1]《后汉书·西域传》中的相关记载与前大致相同，但提到安息西部有藩属阿蛮国、斯宾国、于罗国，自此“安息西界极矣”。安息的都城也移至“去洛阳二万五千里”的“和椟城”(Hecatompylos，百门城)。[2]该传的资料主要来自公元1世纪到2世纪初经略西域的班超、班勇父子。此时，塞琉古王国早已灭亡（公元前64年），与安息对峙于两河一线的是罗马帝国。可见，自西汉张骞之后到东汉班勇之时(公元127年返回中原)，安息的版图没有太大的变化。[3]这与西方古典作家的记载基本一致，再次证明帕提亚人的统治区域，数百年来大致都在原来波斯帝国、亚历山大帝国、塞琉古王国的范围之内。

帕提亚人可以脱离塞琉古王国而独立，取其疆土而建国，但却不得不接受塞琉古王国的遗产——希腊人殖民城市的大量存在以及触目可及的希腊化文化。与此前的希腊—马其顿统治者一样，帕提亚人也不得不面对人口占绝对多数的伊朗各地的部族和古老的波斯文化传统。在这样的民族格局、历史遗产和文化氛围中，帕提亚人要想进行有效的统治，达到长治久安的目的，就必须首先去蛮族化，文明化，也就是使自己在一定程度上希腊化或伊朗化，消除与被统治民族之间

1 关于“番兜”的对音，有学者认为可能来自贝希斯敦铭文上的帕提亚的波斯语名称“Parθava”。但最为可能的是伊西多尔在《帕提亚旅程志》中提到的王城“Parthaunisa”。希腊人将此城称为Nisaea。此城遗址位于今土库曼斯坦境内。现代考古证明，Nisa（尼萨）确是早期帕提亚的一座王城。米特里达特一世时曾改名为Mithradatkirt，但旧名应该还在使用。随着丝绸之路的开通，安息与汉王朝已有使者来往，“番兜”之名应由此传来。参见H. C. Tolman, *Ancient Persian Lexicon and Texts*, pp. 2 (Col. 1.6), 10 (Col. 2.2), 16 (Col. 2.16); *Parthian Stations* by Isidore of Charax, § 12, the Greek text with a translation and commentary by Wilfred H. Schoff, London edition, 1914.《汉书》卷九六《西域传》，二十四史点校本，北京：中华书局，1962年，第3889—3890页；余太山：《两汉魏晋南北朝正史西域传要注》，第115页。

2《后汉书》卷八八《西域传》，第2918页。“和椟”一般认为是帕提亚都城之一Hecatompylos（百门城）的对音，遗址在今伊朗塞姆南省（Semnan Province）。有关讨论详见J. E. Hill, *Through the Jade Gate to Rome: A Study of the Silk Routes during the Later Han Dynasty, 1st to 2nd Centuries CE*, pp. 233-238.

3 在米特里达特二世时期（公元前123—前91年），帕提亚版图最大，从幼发拉底河到阿姆河。他是第一个与罗马接触并自称“王中王”（ΒΑΣΙΛΕΩΣ ΒΑΣΙΛΕΩΝ）的帕提亚国王。

的文化隔膜。究竟是回归波斯帝国传统，还是继承希腊化遗产，延续塞琉古王国的统治方式，是建国之初的帕提亚统治者所面临的艰难抉择。事实证明，他们在恪守自己游牧民族文化特点的同时，对二者是兼容并包，但首先向希腊化文化表达了他们的欣赏仰慕之情。

二、帕提亚帝国对希腊化文化遗产的接受

据普林尼，帕提亚帝国有18个王国（省区），分布在从里海到红海之间，其中11个属于上王国或上省地区（the Upper kingdoms, the Higher provinces），从亚美尼亚边界到里海沿岸、斯基泰人之地。其余7个属于下王国或下省（the Lower kingdoms, the Lower provinces）。[1]这些省区在历史上往往就是一个地理、人文环境相对独特的民族或部族所在地。与以前的波斯帝国、亚历山大帝国、塞琉古王国一样，帕提亚对各地的统治实行比较松散的中央与地方分级管理体制。[2]中央政权君临天下，委派总督管理地方。他们要的是倾心的归附，而非形式上的划一。对于希腊人城市，他们采取攻心为上的特殊策略，在对方表示臣服的前提下，允许其保持原来的自治地位，甚至允许个别城市拥有铸币权。[3]底格里斯河畔的塞琉西亚就是这样一个典型城市。它不仅可以自行铸币，而且一直到塔西佗（公元56—117年）时代，都保持着自治传统。城中有依据个人财产或才能选举产生的300人元

---

1 参见普林尼《自然史》的两种英译本。Pliny, *Natural History*, 6.29, with an English translation by H. Rackham, Cambridge, Mass.: Harvard University Press, 1999; Pliny, *Natural History*, 6.29, translated by John Bostock and H. T. Riley, London: George Bell & Sons, 1856.

2 塞琉古王国和巴克特里亚王国在satrapy（总督区或大省区）或eparchy（可译为省或州，地位在satrapy之下）设置名为hyparcheia（hyparchy）的县或下一级政权。帕提亚是否也采取这种制度，现有证据并不充分。据出自杜拉·欧罗普斯（Dura Europos）的一份羊皮纸希腊语文件显示，美索不达米亚地区有hyparcheia的设立。Richard Tada, *Apollodorus of Artemita and the Rise of the Parthian Empire*, University of Washington, 2008, p. 51.

3 Neilson C. Debevoise, *A Political History of Parthia*, Chicago: The University of Chicago Press, 1938, “Introduction”, pp. xl-xli.

老院，[1]有所谓享有特权的“人民”，二者合作管理城市。但在元老院与“人民”发生冲突时，国王往往会借机介入。[2]普林尼（公元23—79年）也有类似的记载：塞琉西亚人口达60万，是一个自由和独立的城市，仍然保持了马其顿人的生活方式。[3]

为了与境内外的希腊人和希腊化的其他民族沟通，帕提亚人采用希腊语作为官方语言，[4]宫廷中也以说希腊语为荣。帕提亚人的民族语言是帕提亚语（Parthian），也是官方语言之一，但很少用于书面文件。[5]它用阿拉米亚字母（Aramaic）拼写而成，即后世所称之的“帕拉维语”（Pahlavi）。有学者认为，帕拉维语的出现应在帕提亚的势力扩展到伊朗，至少不会迟于他们占领美索不达米亚之时。[6]但阿拉米亚语铭文在阿尔萨息一世的钱币上与希腊语铭文同时出现，说明这时的帕提亚人已经开始借用阿拉米亚字母来拼写自己的民族语言。不过直到帕提亚王朝结束，钱币上的铭文几乎都是纯粹的希腊语，只是到了公元1世纪之后，尤其是帕提亚统治末期，阿拉米亚语铭文才在个别钱币上再现。[7]和塞琉古王朝一样，帕提亚国王给城市

1 普鲁塔克也提到塞琉西亚的元老院。见Plutarch, *Lives*, “Crassus”, 32, with an English translation by Bernadotte Perrin, Cambridge, Mass.: Harvard University Press, 1996.

2 Tacitus, *The Annals*, 6.42, with an English translation by John Jackson, Cambridge, Mass.: Harvard University Press, 1998.

3 这里的“马其顿人”实则是希腊人的统称。Pliny, *Natural History*, 6.30.

4 Edward Dabrowa, *Studia Graeco-Parthica: Political and Cultural Relations between Greeks and Parthians*, pp. 153-163.

5 在萨珊王朝之前，没有任何帕提亚语的文献流传下来。现在仅有的文字证据是在尼萨遗址发现的陶片和个别契约及商业文件的残部。据考古发掘资料，在尼萨和其他地方出土的约3000块陶片上的文字都是帕提亚语，其中大部分陶器制作的时间在公元前2—前1世纪。Edward Dabrowa, *Studia Graeco-Parthica: Political and Cultural Relations between Greeks and Parthians*, p. 159.

6 Neilson C. Debevoise, *A Political History of Parthia*, pp. 27-28.

7 除了阿尔萨息一世之外，钱币上有阿拉米亚语铭文的国王有：Mithridates IV (c. A.D. 129-140), Vologases IV (c. A.D. 147-191), Osroes II (c. A.D. 190), Vologases V (c. A.D. 191-208), Vologases VI (c.A.D.208-228), Artabanus IV (c. A.D. 216-224)。详见http://www.parthia.com/parthia_inscriptions.htm.

的指示或命令，也是通过希腊语的信件或文件，由信使或国王的代表来传达。据《巴比伦天文日志》记载，在公元前141、125年就有来自国王的信件在巴比伦城的剧场向公众宣读。[1]公元前53年，卡莱（Carrhae）战役捷报传来之时，帕提亚国王奥罗德斯二世（Orodes II，又名Hyrodes，公元前57—前38年在位）和亚美尼亚的国王阿塔瓦斯得斯（Artavasdes）正一道欣赏由希腊艺人演出的希腊悲剧家欧里庇德斯（Eurypides）的作品《酒神的伴侣》（*The Bacchae*）。这二人都熟悉希腊的语言文学，作为帕提亚藩属的亚美尼亚国王居然还用希腊语写过一些悲剧、演说词和历史。[2]国王瓦尔达尼斯一世（Vardanes I，公元40—47年在位）能与来访的希腊哲学家阿波罗尼乌斯（Apollonius，约公元15—100年）用希腊语流利交谈，并自诩他精通希腊语犹如他的本地语一样。[3]直到公元1世纪初，国王的信件仍用标准的希腊语写成。[4]公元151年，帕提亚国王沃洛加西斯四世（Vologases IV，公元147—191年在位）在一座赫拉克勒斯的雕像上，

1 A. Sachs and H. Hunger, *Astronomical Diaries and Related Texts from Babylonia. Volume III: Diaries from 164 B.C. to 61 B.C. Texts*, No.-140A, ‘Rev.5-6’; No.-124A, ‘Obv. 6-7’; No.-124B, ‘Rev. 17’, Wien: Verlag der Osterreichischen Akademie der Wissenschaften, 1996. 但该日志原文并没有直接说这些信件是用希腊语写成。但从其发信的对象——该城的首脑（governor）、公民（citizens），和信件宣读的地点——剧场（the house of observation）来看，这些信件肯定是写给巴比伦的希腊人社区或新建城市的。而且希腊语国王信件铭文的残片已经在巴比伦发现。其中一个表明刻于塞琉古纪年（SEM，以公元前312年10月为始）191年，即公元前122/121年；另一是帕提亚纪年（以公元前247年4月为始）137年，塞琉古纪年202年，即公元前111/110年。（G. R. F. Assar, “Parthian Calendars at Babylon and Seleucia on the Tigris,” *Iran*, Vol. 41, 2003, pp. 171-191.）因此，我们有理由推断日志中的国王信件是用希腊语写成。

2 Plutarch, *Lives*, “Crassus”, 33.

3 Philostratus, *The Life of Apollonius of Tyana*, 1.31-32, with an English translation by Arthur Fairbanks, Cambridge, Mass.: Harvard University Press, 1989.

4 Richard Tada, *Apollodorus of Artemita and the Rise of the Parthian Empire*, pp. 43-45. 该信件写于公元21年，铭文的希腊语原文和译文详见C. Bradford Wells, *Royal Correspondence in the Hellenistic Period*, New Heaven: Yale University Press, 1934, pp. 299-301.

用希腊语和阿拉米亚语铭文纪念他对美塞尼（Mesene）的征服。[1]在杜拉·欧罗普斯这样的希腊人城市，希腊语的使用至少延续到阿尔萨息王朝统治之末。[2]

帕提亚本土原来处于波斯帝国的边缘，缺乏深厚的琐罗亚斯德教（Zoroastrianism）背景和基础。帕提亚人信仰多神，崇尚自然力，与希腊人的宗教观念有所契合。因此，阿尔萨息王朝在面对希腊人的神祇时，能够做到来者不拒，坦诚相待。他们首先表示了对希腊神的好感。钱币上的国王持弓坐像，实际上就是从塞琉古王朝钱币上持弓的阿波罗（Apollo）形象转化而来。或许他们也自比阿波罗再世，认其为保护神，后来的王座也一度改成了希腊德尔斐阿波罗神庙的“肚脐石”（Omphalos）。[3]

帕提亚人对希腊神话英雄赫拉克勒斯（Heracles）尤其崇拜。他是古代伊朗艺术中唯一认可的裸体人物，他的外在特征——木棒、狮子皮——在帕提亚时期现存的雕塑中或多或少都有保留。贝希斯敦有一座赫拉克勒斯正在侧面倚坐休息的岩刻雕像，虽然是公元前149—前148年间的作品，即在帕提亚人占领此地之前，但能完整保存下来，说明随后而来的帕提亚人对他的接受和尊重。[4]塔西佗提到，帕提亚国王戈塔尔泽斯二世（Gotarzes II，约公元40—51年在位）曾在亚述地区的萨姆布罗斯山（Sambulos）向赫拉克勒斯献祭。[5]位于伊朗西南的埃兰（今伊朗胡齐斯坦省）是发现赫拉克勒斯雕像比较集中的

1 D. S. Potter, “The Inscriptions on the Bronze Herakles from Mesene: Vologeses IV’s War with Rome and the Date of Tacitus’ ‘Annals’,” *Zeitschriftfiir Papyrologie und Epigraphik*, Bd. 88 (1991), pp. 277-279.

2 Richard Tada, *Apollodorus of Artemita and the Rise of the Parthian Empire*, pp. 48-56.

3 参见Ehsan Yarshater, ed., *The Cambridge History of Iran. Volume 3(2)*: *The Seleucid, Parthian and Sasanian Periods*, Cambridge: Cambridge University Press, 2000, pp. 686, 1030; Trudy S. Kawami, *Monumental Art of the Parthian Period in Iran*, Leiden: E. J. Brill, 1987, p. 3.

4 参见Richard N. Frye, *The History of Ancient Iran*, pp. 210, 230. 此雕像保存完好，2017年5月14日，笔者在伊朗Hamidreza Pasha Zanous博士的陪同下实地观摩拍照。

5 Tacitus, *The Annals*, 12.13.

地区，著名的有“持苹果的赫拉克勒斯”“斜倚于长榻上的赫拉克勒斯”“制服狮子的赫拉克勒斯”，以及赫拉克勒斯的两个头像。这可能与公元前3世纪驻守于此的希腊—马其顿军队有关。[1]贝希斯敦的另外一座浮雕上，显示戈塔尔泽斯二世骑在马上，用长矛刺倒一个敌人，希腊的胜利女神尼科向他敬献花冠。[2]这说明他们像希腊人一样，把自己的胜利视为该女神护佑的结果。

当然，琐罗亚斯德教的神祇也在流行，尤其在原来波斯帝国的腹地——伊朗高原和两河流域。帕提亚人在接受这些伊朗神的同时，把他们与希腊的神相认同。如将琐罗亚斯德教的最高神阿胡拉·马兹达（Ahura Mazda）认同为宙斯，将太阳神密特拉（Mithra）认同为阿波罗或赫尔墨斯（Hermes），将女神阿娜希塔（Anahita）—娜娜（Nanai/Nana）认同为赫拉（Hera）、阿芙洛狄特（Aphrodite）或阿尔特米斯（Artemis），[3]将战神和胜利之神韦雷特拉格纳（Verethraghna）认同为赫拉克勒斯等。[4]总之，帕提亚帝国没有统一的国教，没有唯一的主神。帕提亚人对于这个新征服的希腊化世界充满了好奇，对各地形形色色的神祇和宗教信仰都兼容并包，为我所用。佛教流行于安息东部，这在中国的佛教文献中也有反映。[5]考古发掘证明，帕提亚境内的木鹿（Merv）是佛教西传的最后一站，当地的佛教雕塑深受犍

---

1 详见Trudy S. Kawami, *Monumental Art of the Parthian Period in Iran*, pp. 73-74, 111-117; Cat. No. 44-48; pl. 52-56; figs. 21-24.

2 Ehsan Yarshater, ed., *The Cambridge History of Iran. Volume 3(2): The Seleucid, Parthian and Sasanian Periods*, p. 691. 贝希斯敦这座浮雕，笔者也于同日观摩拍照。

3 关于娜娜与伊什塔尔的对应，与阿娜希塔、阿特米斯的认同，参见杨巨平：《娜娜女神的传播与演变》，《世界历史》2010年第5期，第103—115页。

4 Ehsan Yarshater, ed., *The Cambridge History of Iran. Volume 3(1): The Seleucid, Parthian and Sasanian Periods*, p. xxvi.

5 据中国佛教史料记载，东汉桓帝建和二年（公元148年），安息王子安世高曾来洛阳译经。“有菩萨名安清，字世高，安息王嫡后之子，让国与叔，驰避本土，翔而后进，遂处京师。”见康僧会：《安般守意经序》，《出三藏记集》卷六，北京：中华书局，1995年，第244页。关于其生平，详见（梁）释僧祐：《安世高传第一》，《出三藏记集》卷一三。

陀罗艺术的影响。[1]

帕提亚钱币也是在希腊式钱币的基础上发展而来。帕提亚最初几位国王的钱币，虽然采用了此类钱币的基本式样，圆形，正面，国王无须头像，反面有希腊语铭文，但还保留了帕提亚游牧民族的特征。如正面的国王头戴斜顶有护脸的皮风帽（bashlyk），反面一人身披斗篷，戴同样的风帽，持弓，坐在一个无背座椅上，旁边有开国国王阿尔萨息的名字ΑΡΣΑΚΟΥ。这个弓箭手应是国王无疑。这是对帕提亚人以弓箭为主要武器的反映，也是其尚武好战的象征。从米特里达特一世开始，帕提亚的钱币开始发生明显变化。正面的国王头上开始像希腊化君主一样，系上了表示王权的头带，反面弓箭手的座椅也恢复为阿波罗的肚脐石。希腊的神祇如胜利女神尼科、命运女神提刻（Tyche）、骑马并行的狄奥斯库里兄弟（the Dioscuri）、太阳神阿波罗，以及其他的象征性形象，如马、大象、蜜蜂等，都出现在米特里达特一世的钱币上。公元前141年之后，米特里达特一世利用塞琉西亚的造币场，发行较为纯粹的希腊式钱币。正面的国王系头带，面右，反面是裸体站立的赫拉克勒斯或王座上的宙斯。国王自我标榜的名号、赞语也开始在钱币上大量出现，“Philhellene”就是其中之一。尽管此后国王的头像有向波斯式王冠（tiara）发展的趋向，反面弓箭手（国王）也有回归王座的现象（始于米特里达特二世，公元前123—前91年在位），但希腊语铭文的主导地位却没有改变。[2]从米特里达特一世起，帕提亚人开始将塞琉古朝的纪年（以公元前312年塞琉古一世重返巴比伦为始）用缩写的铭文置于钱币上。这是他们以塞琉古王朝继承者自居的标志。帕提亚的钱币大多为银币，与塞琉古、巴克特里亚王国比较相似。司马迁记其“以银为钱，钱如其王面，王

---

1 Jonathan Tucker, *The Silk Road: Art and History*, London: Philip Wilson Publishers, 2003, p. 230.

2 有关钱币图像、铭文详见http://www.parthia.com/parthia_coins.htm; http://www.parthia.com/parthia_inscriptions.htm；http://www.grifterrec.com/coins/parthia/parthian4.html.

死辄更钱，效王面焉”，又说“自大宛以西至安息……得汉黄白金，辄以为器，不用为币”，[1]反映了帕提亚钱币真实的一面。

关于帕提亚文化艺术方面的文献记载极为匮乏，对它的了解主要依靠近代以来的考古发掘。但无可否认的是，这些发掘主要是在原来希腊式城市的遗址上进行，如著名的杜拉·欧罗普斯以及新近发现的费拉卡（Failaka，位于波斯湾科威特境内）。对于帕提亚人自己建立的城市，目前遗存比较完整、发掘比较系统的是位于今土库曼斯坦与伊朗交界处的尼萨古城。[2]至于另一著名的哈特拉（Hatra）遗址（位于今伊拉克北部），虽然也曾在帕提亚帝国的范围之内，但它最初可能是阿拉伯人部落所建。此城在公元1世纪以后才繁荣起来，它既是丝绸之路的重要商贸中心，也是帕提亚和罗马抗争的前哨。它的文化实际上包含了希腊、美索不达米亚、叙利亚和阿拉伯的因素。因此，就文化取向而言，尼萨更有资格作为帕提亚与希腊化文化关系的一个例证。

从尼萨的发掘结果并结合其他遗址遗物来看，帕提亚艺术对希腊化因素的接受，主要体现在建筑式样和人物雕塑两个方面。尼萨出土文物中给人印象最为深刻的是希腊式人物雕塑或形象。如希腊式的女神半裸体雕像，其上身的衣服褪至臀部，腹部以上裸露，两臂抬起，一伸一屈，头微微前倾左转下视，几乎是“断臂的维纳斯”的再现。[3]

---

1 《史记》卷一二三《大宛列传》，第3162、3174页。

2 尼萨遗址分为新尼萨（Novaia Nisa）和老尼萨（Straia Nisa）两处。其实二者都是约公元前2世纪建立的。只是前者是城市，一直存在到17世纪，后者是王家城堡（the royal-fortress），公元3世纪随着帕提亚王国的灭亡被遗弃。

3 据说这是米特里达特一世女儿罗多古娜（Rodoguna）的雕像。根据传奇故事，她正在沐浴化妆，忽闻敌人来袭，遂弃妆披甲，率军上阵。雕像可能表现她浴后整理头发的瞬间。还有一尊希腊古典式的全身雕像，被称为“尼萨女神”，据说表现的也是罗多古娜。当地还出土了一个阿芙洛狄特的头像，是对希腊古典雕塑大师普拉克西特勒斯（Praxiteles，约公元前400—前330年）作品“克尼多斯的阿芙洛狄特”（*Aphrodite of Knidos*）的模仿。（Jonathan Tucker, *The Silk Road: Art and History*, figs. 296, 297; p. 234.）事实上，这尊裸体雕像的原型可以追溯到公元前4世纪中叶的同类雕像“卡普亚的阿芙洛狄特”。“断臂的维纳斯”外形上也与它极为接近，但因二者时间相近（公元前2世纪下半期），地理上相距遥远，后者模仿前者的可能性不大。但二者无疑都（转下页）

一泥塑武士头戴马其顿式头盔，两边护脸上有宙斯的霹雳图案。还有一尊当地女神的雕塑，其服饰类似于希腊式的chiton（无袖通体长衣）和pelos（女式外套，上衣，穿在chiton之上），胸前有希腊蛇发女妖戈耳工（Gorgon，或美杜莎，Medusa）的正面头像。在大概是祭祀堂或宝库的地方，还发现了约40个大型的角形饮器——象牙来通（ivory rhyton）。上面的图像显示了希腊的神话主题和艺术风格，如奥林帕斯山诸神、马人（人首马身）、格里芬（狮身鹰头）以及其他传说中的野兽等。

建筑上的希腊化特征也值得注意，如新尼萨的爱奥尼亚柱头，老尼萨的列柱式走廊，仿科林斯式的柱头，模制的仿半柱式爱奥尼亚柱头，墙面陶板（metope tiles）上赫拉克勒斯的木棒、弓、箭筒和塞琉古王朝的象征物——锚的形象，棕榈叶形的饰板等。[1]当然，这些雕塑并非纯粹希腊式样或风格，其中都加入了本土的因素。特别是所谓的科林斯式柱头，已非石雕，而是将叶形饰板与涡旋体分别模制烧成，然后用灰浆砌在一起，纯粹成了一种装饰。[2]这既与当地的建材有关，也与帕提亚人的模仿不到位有关，说明对希腊化建筑、雕刻技术还只是粗略的了解和接受，或许是他们的有意改造而已。在尼萨还发现木胎泥塑，[3]可能是从巴克特里亚传来。[4]在尼萨还发现了30多枚希腊式钱币，除了帕提亚自己铸造的之外，还有属于塞琉古王朝、巴

（接上页）从前人同类主题的作品那里获得了灵感。或许这尊雕像的制作者就是一位来自希腊本土的艺术家。参见［英］苏珊·伍德福德：《剑桥艺术史：古希腊罗马艺术》，钱乘旦译，南京：译林出版社，2009年，第60—63、66—69页，图74、79。

1 关于尼萨遗址，详见Ehsan Yarshater, ed., *The Cambridge History of Iran. Volume 3(2): The Seleucid, Parthian and Sasanian Periods*, pp. 1037-1041 (pl. 63); V. N. Pilipko, Excavations of Staraia Nisa, http://www.cais-soas.com/CAIS/Archaeology/Ashkanian/excavation_staraia_nisa.htm.

2 Richard Tada, *Apollodorus of Artemita and the Rise of the Parthian Empire*, p. 36.

3 Amélie Kuhrt & Susan Sherwin-White, eds., *Hellenism in the East: The Interaction of Greek and Non-Greek Civilizations from Syria to Central Asia after Alexander*, London: Duckworth, 1987, Plate VIII.

4 参见杨巨平：《阿伊·哈努姆遗址与“希腊化”时期东西方诸文明的互动》，《西域研究》2007年第1期。

克特里亚、索格底亚那（Sogdiana）甚至黑海本都（Pontus）国王阿米索斯（Amisos）的钱币，说明尼萨与当时的希腊化世界有着密切的商贸、文化联系。

在帕提亚人接受希腊文化影响的同时，那些先前由希腊人建立或改造的城市也开始对帕提亚人的艺术创新做出回应。在这些城市遗址中，既可以看到爱奥尼亚式（哈特拉、廓尔赫，khorhe）、科林斯式柱头（尼尼微，Nineveh），赫拉克勒斯（尼尼微）、赫尔墨斯（尼尼微）、命运女神提刻（杜拉·欧罗普斯）的雕像，也可以看到帕提亚式的正面人物形象、拱形建筑及穹顶式厅堂iwan（eyvan），特别是嵌置于墙体上的灰泥塑像。[1]这些都显示了帕提亚艺术的多元因素特征。[2]

根据帕提亚艺术自身的演变，学术界一般将其划分为两个阶段。其一是希腊化，或者至少是受希腊化深刻影响的阶段。其二是有自己强烈个性、特殊风格的阶段。也有学者将其分为三个时期：先是“进口的”希腊艺术时期，即亚历山大及其继承者统治时期。其次是“希腊—伊朗”艺术时期。这是希腊化王国衰落之后，当地人的王朝不断取得权力的时期。最后是完美的“帕提亚艺术”时期，时间是公元1世纪以后。这一时期相当于通常说的第二阶段。[3]两种分期虽然稍有

1 A. D. H. Bivar, “Review,” [untitled] *Bulletin of the School of Oriental and African Studies*, University of London, Vol. 35, No. 1 (1972), pp. 170-171.

2 关于这些希腊式建筑和雕塑，除网络上的图片外，还可参见：J. E. Reade, “Greco-Parthian Nineveh,” *Iraq*, Vol. 60 (1998), pp. 65-83; Amélie Kuhrt and Susan Sherwin-White, eds., *Hellenism in the East: The Interaction of Greek and Non-Greek Civilizations from Syria to Central Asia after Alexander*, pp. 132-162, Plate II; Susan Sherwin-White and Amélie Kuhrt, *From Samarkhand to Sardis: A New Approach to the Seleucid Empire*, pp. 171-180; Henri Seyrig, “Palmyra and East,” *The Journal of Roman Studies*, Vol. 40 (1950), Part 1 and 2, pp. 1-7; Malcolm A. R. Colledge, *The Parthians*, London: Thames and Hudson, 1967, pl. 20, 28-31, 39, 54, 57, 59-60, 62, 64, 66-68, 72.

3 A. D. H. Bivar, “Review,” [untitled] *Bulletin of the School of Oriental and African Studies*, University of London, Vol. 35, No. 1 (1972), pp. 170-171. 类似的分期也可见Trudy S. Kawami, *Monumental Art of the Parthian Period in Iran*, p. 143.

不同，但都强调了希腊化文化的影响和帕提亚人的接受与创新。从现有资料看，帕提亚艺术受希腊化文化的影响贯穿于它的整个历史时期，只是因时因地程度不同而已。它实际上经历了由希腊—伊朗艺术向伊朗—希腊（罗马）艺术的转变。公元前后1世纪之交大致可视为一个转折点。

三、帕提亚王朝“爱希腊”情结的由来与实质

从以上考察可以看出，帕提亚人与希腊人、希腊化文化确实有着不解之缘。正如罗马诗人贺拉西所感叹的他那些“野蛮的”同胞一样，他们可以在军事上征服希腊人，最终却被希腊文化所俘虏。[1]阿尔萨息部落与希腊化世界在文明发展程度上的巨大反差，使得他们在取代希腊—马其顿人政治统治的同时，面对先进的希腊化文化遗产不得不甘拜下风。“爱希腊”，似乎就是帕提亚王朝在面对这一政治、文化困境时欲拒还迎、爱恨交集心态的反映。

从帕提亚帝国的发展轨迹和统治基础来看，该王朝的“爱希腊情结”并非一日形成，也非一成不变。其变化的动力还是自身利益的最大化。如果说出于政治动机的“爱希腊”始于帝国形成之后，文化上的“爱希腊”早在建国之初就已启动。

建国之初，面对亚历山大帝国、塞琉古王国的政治、文化遗产，帕提亚王朝别无选择。武力固然可以很快夺得天下，但要在东、西、北三面强敌压境的环境中生存、发展，内部的稳定就极为重要。这需要高超的政治智慧，其中就包括对多元文化的接受和包容。从钱币的图案、建筑的结构和服饰上看，帕提亚人确实在竭力维护自己民族的

---

1 原文见Horace, *Satires, Epistles and Ars poetica*, “To Augustus”, in *Epistles*, II.1.156, with an English translation by H. Rushton Fairclough, Cambridge, Mass.: Harvard University Press, 1999.

特色。初期的钱币虽然采用了希腊化的式样，但努力加入了本民族的元素。像正面国王的斜顶皮帽，反面弓箭手的服饰和所持的弓，都体现了帕提亚作为一个游牧民族的特征。老尼萨的整体建筑布局、宫殿房屋的构造也显然是当地的风格。即使是那些具有希腊造型艺术特征的柱头、雕塑，也都融入了一定的东方因素。这些所谓的科林斯式、爱奥尼亚式柱头也只是一种改造后的模仿，一些塑像的外观，包括面孔、身材、衣饰也清晰地显示出帕提亚人的特征。形似而非神似，有选择地吸收、改造、利用希腊化文化的因素是这一时期帕提亚艺术的基本特点。只是到了米特里达特一世时期，帕提亚钱币上的国王图像才与希腊式钱币大体一致，铭文上首次出现了“philhellene”的字样。这样的变化其实并不突然。因为，在前一阶段，帕提亚人的目标是推翻希腊—马其顿人的统治，扩大自己的地盘，这就必然引起塞琉古王国和巴克特里亚王国这两个近邻的巨大反弹。塞琉古二世（约公元前246—前225年在位）和安条克三世（约公元前222—前187年在位）都先后进兵帕提亚，试图夺回失地，恢复他们对帕提亚的统治。[1]巴克特里亚的狄奥多托斯一世也是帕提亚的对手，只是在他儿子狄奥多托斯二世在位（约公元前239—前223年）时，才与帕提亚签订了和平条约。[2]在这种生死存亡的关键时期，帕提亚人是不可能去爱希腊的。反之，当安条克三世攻陷赫卡尼亚的首府西林克斯（Sirynx）时，帕提亚守军在撤退前首先杀掉了城内的希腊人。[3]帕提亚与希腊—马其顿人的战争之残酷由此可见。而且，这时帕提亚的领土主要包括本土和赫卡尼亚地区，都是希腊化世界的边缘地带。此时的帕提亚人对希

1 这两次所谓的远征（Anabasis）分别发生于公元前约230—227年和约公元前209年。第一次，塞琉古二世无果而还，帕提亚人大获全胜。第二次，安条克三世进入帕提亚的腹地，占领了百门城和赫卡尼亚。帕提亚国王阿尔萨息二世被迫与之结盟。

2 关于这一时期帕提亚与塞琉古王朝和巴克特里亚之间的关系，见Marcus Junianus Justinus, *Epitome of the Philippic History of Pompeius Trogus*, 41.4.8-5.7; Polybius, *The Histories*, 10.28-31.

3 Polybius, *The Histories*, 10.31.

腊化文化的了解还很有限。建国之初的帕提亚人试图在文化上有所建树，但苦于自身的落后，只好将接触到的希腊化文化改头换面加以利用。

但到公元前2世纪中后期，中亚、西亚的政治格局已经大为改观。东面的希腊人巴克特里亚王国受到来自中国西北方向的大月氏人的进逼，退缩到最东面的山区和兴都库什山之南。西面的塞琉古王国内有犹太人的起义，外有罗马东进的威胁，此时无暇也无力东顾，事实上放弃了对伊朗高原的宗主权。米特里达特一世及其后继者的扩张，使帕提亚由地区性的王国变成了可与罗马、贵霜和汉代中国并列的大帝国。它的统治区域基本都是原来塞琉古王国的故地，境内尚存的希腊人城市与塞琉古时代相比，并没有成批地减少。这些城市像以前一样，继续发挥着经济、文化甚至政治中心的作用，成为帕提亚人接受希腊化文化影响的辐射源。经过一个多世纪的接触，帕提亚统治阶层希腊化的程度也大为提高。尤其是夺得原来塞琉古王国的腹地伊朗南部、美索不达米亚之后，帕提亚人对希腊人、希腊文化的了解更为深入。米特里达特一世选择在塞琉西亚造币，并创制新型的希腊式钱币，既是因地制宜，就地取材，也说明他对希腊化文化的向往。作为一种政治口号，“爱希腊”实际上也是对希腊人、希腊化文化在帕提亚帝国影响不可小觑的承认。[1]此后“爱希腊”成为帕提亚国王钱币铭文的一种定式。虽然这些钱币上的赞语或名号渐渐形式大于实际，与该国王的功绩德政已无多大关联，但在帕提亚钱币的国王形象越来越伊朗化（如戴波斯式王冠，长须髯）的背景下，能够保留下来，说明在塞琉古王国灭亡，希腊化时代也已结束之后，帕提亚王朝还是要把“爱希腊”这张牌打下去。这与境内的希腊化城市、希腊人依然存

1 有学者就如此推测，认为米特里达特一世可能是在帝国的这一特殊地区需要希腊人的支持，才提出了这样的口号。Vesta Sarkhosh Cutis and Sarah Stewar, eds., *The Age of the Parthians*, New York: I. B. Tauris & Co. Ltd., 2007, p. 11.

在有关，也显然与和罗马人竞相争取希腊人或希腊化的当地人的支持有关。

罗马与帕提亚人的对立是二者相向扩张的结果。从时间上看，帕提亚人大约先于罗马人一个世纪抵达两河地区。罗马与帕提亚的大规模直接冲突始于公元前64年罗马大将庞培占领小亚，并灭亡偏安叙利亚的塞琉古王国之后。卡莱一役，帕提亚人挫败了罗马人的东进锋芒，并于约公元前40—前38年间挺进叙利亚、腓尼基和巴勒斯坦，迫使安条克和阿帕米亚二城投诚。虽然帕提亚人旋即退出，但从此与罗马结为世仇，双方相持于两河一线。对亚美尼亚的宗主权成了双方争夺的焦点。从奥古斯都时代（公元前27—公元14年）开始，幼发拉底河成为双方都认可的天然界河，但只具有象征意义，并非不可逾越的天堑。两国的关系错综复杂，时好时坏，总的形势是罗马处于攻势，帕提亚处于守势。罗马人还插手帕提亚的宫廷斗争，帕提亚的王子有时被派往罗马做人质，接受罗马的教育。[1]公元前后在帕提亚篡位的女王穆萨（Musa/Thesmusa）就是奥古斯都赠给帕提亚国王的一位意大利女奴。[2]双方在两河一线的拉锯战一直延续到帕提亚王国的灭亡。其间，罗马皇帝图拉真曾一度占领了直到波斯湾的整个两河地区（公元114年）。帕提亚人也曾在沃洛加西斯四世统治时期攻进叙利亚（公元161年），占领了除安条克之外的东地中海沿岸地区。[3]但对于交战双方来说，这些都是短暂的胜利，难以改变以幼发拉底河为界的相持格局。

在这场旷日持久的争夺之中，这些地区希腊城市的向背就成为双

---

1 帕提亚的弗拉特斯四世（Phraates IV）就将其四个儿子交给奥古斯都做人质，以确保与罗马的友谊和免于宫廷内乱。Strabo, *Geography*, 16.1.28, 6.4.2.

2 这位穆萨就是弗拉特斯四世将儿子送往罗马的幕后推手。关于其人其事，详见Josephus, *Jewish Antiquities*, 18.39-44.

3 参见George Rawlinson, *Parthia*, pp. 321-324. 罗林森认为此沃罗伽塞斯是三世，在位时间是公元148/149—190/191年，与现今通行的帕提亚王位纪年稍有不同。

方决胜的关键因素。尽管帕提亚王朝在占领两河地区之初，对当地的希腊人城市采取了宽容的自治政策，但由于它们与罗马控制下的希腊人以及接受了希腊文化的罗马人之间存在着天然的亲缘关系，因此一有机会就想脱离帕提亚的控制。

塞琉古国王德米特里二世（Demetrius II，公元前146—前139、前129—前126年在位）和其弟安条克七世（Antiochus VII，公元前138—前129年在位）曾两次（公元前139—前138年，前130年）进入两河地区，试图收复失地，一开始都受到当地希腊人城市的支持和欢迎，初获大胜。但后来均告失败，原因之一就是这些城市不堪驻军重负转而反目。米特里达特一世甚至将被俘的德米特里二世在各城市中巡游示众，以儆效尤。但令人奇怪的是，他对德米特里进行一番羞辱之后，反而将其视为座上宾，待之以君王礼遇，将女儿嫁给他，但被安置到遥远的赫卡尼亚，防止他逃回。[1]这似乎也可看作是安抚境内的希腊人之举。而且这些城市并没有因此受到任何惩罚，依然享受着特殊的地位和尊荣。

同样的一幕在罗马将军克拉苏入侵美索不达米亚时再次发生。当克拉苏渡过幼发拉底河时，当地的希腊人城市纷纷向他投降。卡莱之役（公元前53年）他兵败被杀后，帕提亚将军苏雷那（Surena）专门在塞琉西亚这座美索不达米亚最大的希腊人城市举行了盛大的庆祝游行，嘲弄罗马人和克拉苏。这实际上是向希腊城市宣示帕提亚王朝的强大，恩威并重，迫使他们就范。[2]可见这些城市的归属对于帕提亚王朝在两河地区的统治何等重要。

塞琉西亚即使一直受到帕提亚王朝的尊重，没有在城中驻军，但

1 Josephus, *Jewish Antiquities*, 13.184-186, 249-253, Cambridge, Mass.: Harvard University Press, 1998; Marcus Junianus Justinus, *Epitome of the Philippic History of Pompeius Trogus*, 36.1.3-5, 38.10. 参见Edward Dabrowa, *Studia Graeco-Parthica: Political and Cultural Relations between Greeks and Parthians*, p. 154.

2 Plutarch, *Lives*, "Crassus", 17.32.

也不愿接受这些“野蛮人”的统治。公元1世纪中期，帕提亚王国内部起义频发，内战不断，显露出分裂瓦解之象，塞琉西亚城的希腊人乘机宣布独立，在孤立无援、力量悬殊的困境下，仍然坚持约七年之久（公元40—46年）。[1]起义虽被镇压，境内的其他希腊城市也没有群起反抗，但如何安抚和拉拢这些希腊人城市，确实关系到帝国的生死存亡。[2]

帕提亚王朝坚持“爱希腊”的名号，还有一个重要的原因，就是表明自己统治的正统，自己是塞琉古王国的合法继承人。这在当时各地独立性、离心力较强的大背景之下显得尤为重要。因为相对于原来的波斯人或伊朗人，帕提亚人也是外来民族。波斯帝国的统治腹地是以巴比伦为中心的美索不达米亚和伊朗西南部的波西斯、埃兰地区。当塞琉古王国对这些地区的统治被帕提亚人取代之后，这些波斯帝国发祥地的王公们就以波斯帝国的继承人自居，伺机恢复他们昔日的荣光。从钱币资料中可以看出，在埃兰、波西斯，当地独立或半独立的小君主都自己发行钱币。埃兰钱币的发展变化基本与帕提亚王朝同步，初期较多地保留了希腊式钱币的特征（正面的国王系头带，反面有阿波罗、宙斯、阿尔特米斯等形象，有“伟大的国王”“救世主”等希腊语铭文），后来则逐渐伊朗化。但大部分钱币上都有锚、新月与星的图案，表明他们不仅与塞琉古王朝，同时也与波斯帝国阿黑门尼德王朝有关。[3]波西斯是原来波斯帝国的发源地，波斯的传统文化（宗教、语言）在此地根深蒂固，影响深刻。从亚历山大帝国开始，此地一直保持着半独立的地位。帕提亚时期，此地的钱币虽然也属于仿希腊化式样，但上面仍然保留了阿拉米亚语铭文和琐罗亚斯德教的

1 Tacitus, *The Annals*, 11.8-9.

2 参见George Rawlinson, *Parthia*, pp. 258-259.

3 http://www.parthia.com/parthia_coins_elymais.htm.

祭火坛形象。[1]最后推翻帕提亚王朝的王公就是来自波西斯地区的阿尔达希尔一世（Ardashir I，公元224—242年在位）。他们采用这种形式作为国家钱币的固定模式，就是要宣示波斯王朝的延续和波斯文化的复兴，以证明自己改朝换代的合法性。

帕提亚王朝既然无法与阿黑门尼德王朝在政治上、血统上拉近关系，就只好借助于塞琉古王朝。脱胎于塞琉古王国的帕提亚不仅取得了塞琉古王国大部分领土，而且也接受了塞琉古王国的统治机制和宗教文化，所以统治者会有可能自认为是该王国的继承者。尤其是取得了曾经作为塞琉古王国都城的塞琉西亚，占领了希腊人和希腊城市比较集中的美索不达米亚后，这种合法性的需求就显得尤为迫切，“爱希腊”的口号也就应时而生。很显然，它的提出绝非米特里达特一世一时心血来潮，或仅仅是帕提亚王朝安抚希腊人的权宜之计，而是一种政治宣言，意在表明自己是塞琉古王国的当然继承人。[2]像亚历山大及其后继者一样，他们的天下也是用长矛打下的。

诚然，帕提亚人对希腊化文化的接受只是特殊统治环境下的一种顺势而为。它对希腊化文化的遗产也未全盘接受，而是根据本民族的需要对其加以改造利用。事实证明，从希腊化到伊朗化是帕提亚文化发展的必由之路。帕提亚帝国统治的核心地区毕竟有着数千年的文化传统，波斯帝国在此地的统治也延续了两个多世纪之久，帕提亚地区在亚述帝国、米底王国时期就已经在巴比伦文化的影响之下，因此，帕提亚的文化无论吸收多少希腊文化的因素，它的主体和基础都是以东方文化，或更明确一点是以波斯—伊朗文化为主。他们的希腊化或

1 关于这些地方钱币式样，可参见李铁生编著:《古波斯币》，北京：北京出版社，2006年，第135—148页。http://www.wildwinds.com/coins/greece/persis/t.html.

2 这种继承人心态在帕提亚国王阿尔塔巴努斯二世（Artabanus II，约公元10—38年在位）那里表现得极为自然，也极为强烈。他在与罗马人争夺亚美尼亚时，不仅坚持原来波斯帝国和马其顿帝国（应指塞琉古王国——笔者注）的界限，而且威胁要夺回先后属于居鲁士和亚历山大的疆土。Tacitus, *The Annals*, 6.42.

所标榜的“爱希腊”都是暂时的、表面的。随着公元前1世纪各希腊化王国的相继覆灭（希腊本土甚至先于东方的希腊化王国成为罗马的行省），帕提亚境内的希腊人城市和希腊化文化成了无源之水，无本之木。希腊化世界的衰落，希腊化文化的悄然消退，为帕提亚人的伊朗化创造了有利的文化环境，提供了强大的政治动力。

值得注意的是，从罗林森以来的一些西方学者之所以认为帕提亚统治者在政治上、情感上是反希腊的，唯恐帕提亚人受到希腊人和希腊化的影响，是因为他们还发现了一个反常的现象，即帕提亚人从建国之日起，就愿意自己建立都城，而不愿利用现有的希腊人城市为都，即使利用，也是暂时的。帝国的主要中心城市和都城，如达拉（Dara）、阿尔萨克（Arsak，即前述的阿尔萨西亚）、百门城、泰西封、尼萨、沃洛加西亚斯（Vologasias），都是帕提亚人自己新建或在原来希腊人城市基础上重建的。其中泰西封就是为使帕提亚人免受塞琉西亚影响的产物。[1]从现有资料看，这个情况确实存在。但这种政治上的分离政策显然是失败的。在自治的希腊人城市仍然长期存在，它们的向背有可能决定着帕提亚帝国安危的特殊环境下，在帕提亚的社会上层以会说希腊语为荣，对希腊化的艺术品和戏剧诗歌倾心爱慕的文化氛围中，要减少或消除希腊人和希腊化文化的影响显然是不可能的。

因此，就帕提亚人与希腊人和希腊化文化的整体关系而言，不

---

1 参见George Rawlinson, *Parthia*, pp. 57-58; R. James Ferguss, “Rome and Parthia: Power Politics and Diplomacy across Cultural Frontier,” *Center for East-West Cultural and Economic Studies (CEWCES) Research Paper*, No. 12 (Dec. 2005), Bond University, p. 8 & n. 66. 据斯特拉波，泰西封既是国王的冬宫，也是军队的营地，这就使塞琉西亚人避免了驻军的骚扰。（Strabo, *Geography*, XVI.1.16.）据普林尼，帕提亚国王建立泰西封是为了吸引塞琉西亚人迁居新城，就像塞琉西亚曾吸引了巴比伦城居民大批迁来一样。但计划落空。国王沃罗噶苏斯（Vologesus）不甘心，在泰西封附近又建了一个以他命名的新城。（Pliny, *Natural History*, 6.30.）不管这些国王最初的动机如何，宁愿在塞琉西亚附近另建新都，本身就说明他们对希腊人城市心存戒备。

论是出于政治统治的需要，还是宫廷生活的附庸风雅，帝国的那些国王（尤其是在公元以前）确实曾是希腊化文化的爱好者、模仿者、改造者或保留者。在这个意义上，他们自称爱希腊，是希腊人之友，并非矫情和自诩。汤因比称其是爱希腊帝国也非空穴来风，尽管这样的定性确有片面武断之嫌。罗林森说它“彻底的反希腊”也只是就其推翻希腊—马其顿人的统治而言。而且他也承认，帕提亚人对希腊人城市自治权的尊重虽是出于政治的考虑，但他们在钱币上自称的“Philhellene”确实所言不虚。[1]

总之，帕提亚王朝与希腊人、希腊化文化、希腊化世界的关系始终处于一个微妙的状态。在亚历山大帝国和塞琉古王国时期，帕提亚本土曾一度处于希腊—马其顿人的直接统治之下，他们对希腊人及其文化特征应该已经有所了解。阿尔萨息部落尽管来源不定，但其活动过的巴克特里亚和里海东南地区当时也在亚历山大帝国和塞琉古王国的范围之内，他们建国后对希腊化文化的接受、利用表明他们对这一文化是熟悉的，认可的。虽然从古代欧亚大陆游牧世界与农耕文明整体关系上看，游牧民族由于地缘政治的变化、文化环境的变迁从而引起本身文化的本质性变化，最后融入农耕文明之中，历史上并不乏其例，甚至可以说是一种规律，但由于每个游牧民族自身传统和社会发展阶段的不同，特别是所进入的新的文化环境不同，这种民族融合与文化认同的过程和结果也不太相同。由游牧部落起家的帕提亚王朝就是一个特例。它不是希腊化世界的外来者、闯入者，而是在这个世界内部发展起来的，它的发祥之地本来就是这个世界的一部分。正是由于具有这种特殊的身份和文化特征，它才能够在推翻希腊人统治的同时，顺便接受了他们的政治和文化遗产。但是，帕提亚人面临的是个多民族的世界，他们接受的遗产也非成分单一，其中既有包含东方文

1 George Rawlinson, *Parthia*, p. 82.

化因素的希腊化文化，也有原来的波斯文化传统。随着希腊化王国的灭亡，希腊化世界的不复存在，希腊化文化影响的式微，帕提亚人的文化取向逐渐转向波斯传统也在情理之中。对于一个游牧民族而言，地缘政治的变化与自身的文化更新，甚至民族的融合之间确实存在着某种必然的联系，帕提亚王朝的“爱希腊”情结不过是这种联系的一种特殊彰显而已。

（杨巨平）

译名表

A

Abgaros阿波伽鲁斯
Abiria阿比利亚
Aburas River阿博拉斯河
Acesines River阿塞西尼斯河
Achaemenid阿黑门尼王朝
Achaeus阿凯俄斯
Achilles阿喀琉斯
Actaeon阿克泰翁
AD Dimaniyat Islands AD·迪马尼亚群岛
Aden亚丁
Adiabene阿迪亚比奈
Adonis阿多尼斯
Adrapana阿德拉帕纳
Adriatic亚得里亚海
Adulis阿杜里斯
Aegae埃盖
Aegean Sea爱琴海
Aela埃拉
Aelana埃拉纳
Aelius Gallus埃利乌斯·加鲁斯
Aeropus埃罗普斯
Afamia阿法米亚
Afrasiab/Afrasiyab阿弗拉西亚卜
Agathocleia阿伽托克里娅
Agathocles阿伽托克勒斯
Agesilaus阿盖西劳斯
Agig阿吉格
Agis阿吉斯
Agrippa's Kingdom阿格里帕王国
Ahura Mazda阿胡拉·马兹达
Ai Khanoum阿伊·哈努姆
Ajax埃阿斯
Akkadiens阿卡德人
Aksumites阿克苏姆人
Al Ashar阿尔·阿萨尔
Al Hallaniyyat Islands哈拉尼亚特群岛
Al-Khuraybah胡赖拜
Alagma阿拉格玛
Alasanda阿荔散（高加索的亚历山大里亚）
Al-Bayda贝达
Al-Baydha贝蒂哈
Alborz Mountain厄尔布尔士山脉

Aleppo阿勒颇
Alexander of Pherae菲莱的亚历山大
Alexander Severus亚历山大·塞维鲁
Alexander亚历山大
Alexandr(e)ia Eschate最远的亚历山大里亚
Alexandr(e)ia in Arachosia阿拉科西亚的亚历山大里亚
Alexandr(e)ia in Aria阿里亚的亚历山大里亚
Alexandr(e)ia Margiana马尔吉亚那的亚历山大里亚
Alexandr(e)ia in Caucasus高加索的亚历山大里亚（贝格拉姆）
Alexandr(e)ia on the Oxus奥克苏斯河畔的亚历山大里亚
Alexandr(e)ia Oxeiana奥西亚纳的亚历山大里亚
Alexandr(e)ia亚历山大里亚
Alexandropolis亚历山德罗波利斯
Almaty阿拉木图
Al-Aqabah亚喀巴
Al-Qurnah库尔奈
Al-Sawda索达
Altyn Delyar Tepe阿尔腾·戴耶尔高地
Amanus Gate阿马努斯门
Amanus Mountain阿马努斯山
Amazon亚马逊河
Ambhi安碧
Amida阿米达
Amisos阿米索斯
Amminaspes阿明那斯皮斯
Amoghasiddhi如来佛
Amon阿蒙
Amor阿摩尔
Amorites亚摩利人
Amu Darya阿姆河
Amyntas阿明塔斯
Anahita阿娜希塔
Anamis River阿那米斯河
Anatolia安纳托利亚
Anaxachus阿那克萨库斯
Anaximenes阿那克西美尼
Andhra案达罗
Andragoras安德拉戈拉斯
Andriscus安德里斯库斯
Aniketos不可战胜者
Anthemusia安提姆西亚
Antialcidas安提阿尔吉达斯
Antigonus Gonatas安提柯·贡那特
Antigonus安提柯
Antimachos安提马科斯
Antioch/Antiocheia/Amtiyoka/Antiochia安条克（塞琉古王国都城）
Antiocheia in Margiana马尔吉亚那的安条克
Antiocheia near Daphne达弗尼附近的安条克
Antiocheia on the Orontes奥龙特斯河畔的安条克
Antiochia in Scythia斯基泰的安条克
Antioch-Persis波西斯的安条克
Antiochus Apollo安条克·阿波罗
Antiochus Hierax安条克·希尔拉克斯（“强夺者”安条克）
Antiochus I/Antiochus I Soter安条克一世·救主

Antiochus VII Euergetes, Sidetes塞琉古国王安条克七世·施恩者·西戴人
Antipater安提帕特
Antoninus Pius安东尼·庇护
Antony安东尼
Aornus奥尔诺斯
Apamea阿帕米亚
Aparnians阿帕尔尼人
Apauarcticena阿保阿克提塞纳
Aphrodite阿芙洛狄特
Apion阿庇翁
Apis阿皮斯
Apollo阿波罗
Apollodorus阿波罗多洛斯
Apollodotus阿波罗多托斯
Apollonius阿波罗尼乌斯
Apologos阿波罗戈斯
Apostana阿波斯塔那
Appian阿庇安
Aq-Rebat Pass阿克—雷巴特关口
Arabia Felix阿拉伯福地
Arabia阿拉比亚
Arabius River阿拉比乌斯河
Arachosia阿拉科西亚
Aradus阿拉杜斯
Araxes River阿拉斯河
Arbach, Mounir穆尼尔·阿尔巴赫
Arbela阿尔贝拉
Archelaus阿刻劳斯
Archimedes阿基米德
Ardashir阿尔达希尔
Areus阿柔斯
Argandab Valley阿尔甘达布河谷
Argaru阿尔加鲁
Argead dynasty阿基德王朝
Argos阿尔戈斯
Ariadne阿里阿德涅
Ariake阿里亚克
Ariamazes阿利亚马泽斯
Ariana阿里亚那
Aria阿里亚
Arigaeus阿里伽亚斯
Aristarchus阿里斯塔克
Aristobulus阿里斯托布鲁斯
Aristotle亚里士多德
Aristus阿里斯图斯
Arius River阿里乌斯河
Armenia亚美尼亚
Arrhabaeus阿拉巴亚斯
Arrhidaeus阿里戴乌斯
Arrian阿里安
Arroi阿罗尔
Arsaces阿尔萨息
Arsacia阿尔萨西亚
Arsak阿尔萨克
Arsinoe阿尔西诺
Artabanus阿尔塔巴努斯
artaba阿塔巴
Artacoana阿尔塔科纳
Artavasdes阿塔瓦斯德斯
Artaxerxes阿塔薛西斯
Artemis阿尔特米斯

B

Barbarikon 巴巴里孔
Barikot 巴里果德
Baroda 巴罗达
Baron Ferdinand von Richththofen 费迪南德·冯·李希霍芬男爵
Baron de Sainte-Croix 圣克罗伊男爵
Barsine 巴尔塞妮
Barygaza 巴里加扎（也译婆卢羯车）
Battus 巴图斯
Battle of Corupedium 科鲁拜迪乌姆之战
Bay of Chori Hordio 乔里·霍尔迪奥湾
Bayer, Theophilus 提奥非罗斯·拜尔
Bāzīgrābān 巴奇格拉班
Bazira 巴兹拉
Beas 贝阿斯河
Begram 贝格拉姆
Behbehan 贝赫贝汉
Behistun 贝希斯敦
Beirut 贝鲁特
Belen Pass 贝伦关口
Bent, J. T. 本特
Berber 柏柏尔
Berbera 柏培拉
Berenice 贝莱尼凯
Beroea 贝罗伊亚
Berossus 贝罗苏斯
Berytus 贝里图斯
Bessus 贝苏斯
Besnagar Pillar 贝斯纳加尔石柱
Bhir Mound 皮尔山丘
Bimaran 比马兰
Bindusara, Allitrochade 宾头沙罗
Bir Ali 比尔·阿里
Bistam 比斯塔姆
Biskek 比什凯克
Bithynia 比提尼亚
Bitter Lakes 苦湖
Bivar, A. D. H. 比瓦尔
Boeotia 彼奥提亚
Bolan Pass 伯朗山口
Bopearachchi, O. 波比拉赫奇
Borodin 鲍罗丁
Bostra 波斯特拉
Boukephalas 布凯法拉
Brahmanism 婆罗门教
Brahmi 婆罗米文
Broach 布罗奇
Brunt, P. A. 布伦特
Bryzana River 布里扎纳河
Bubares 布列巴斯
Bucephalus 布西法拉斯
Buddha 佛陀
Buddhism 佛教
Bushehr 布什尔
Byblos/Byblus 毕布罗斯
Byzantium 拜占庭

C

Cakravartin 转法轮王
Calicardenas 卡利卡德那斯
Callimachus 卡利马库斯

Callinipaza卡利尼帕扎
Callisthenes卡利斯梯尼
Calycadnus卡吕卡德努斯
Calynda卡林达
Camara卡马拉
Camari卡马里
Cambyses冈比西斯
Caminacum卡米纳库姆
Canaanite迦南人
Canobus卡诺布斯
Cape Comorin科莫林角
Cape Guardafui瓜达富伊角
Cape of Hisn al Ghurab黑森·阿尔古拉布岬角
Cappadocia卡帕多西亚
Carantchy卡兰奇
Cardia卡尔狄亚
Caria卡里亚
Carina卡里那地区
Carmania卡尔马尼亚
Carnine卡宁岛
Carrhae卡莱
Carthage迦太基
Caryanda卡里安达
Caspian Gate里海门
Caspian sea里海
Cassander卡桑德
Cassandra卡珊德拉
Cassandreia卡桑德里亚
Casson卡森
Cataea卡塔亚
Cathaeans卡萨亚人
Caucasus Mountain高加索山脉
Cecandrus赛坎德鲁斯
Celts凯尔特人
Central Asia中亚
Ceos西奥斯
Chabahar恰巴哈尔港
Chaeronea喀罗尼亚
Chah Bahar恰巴哈尔
Chakdara查克达拉
Chala卡拉
Chalcidian League卡尔基狄斯同盟
Chalcis卡尔基斯
Chaldeans迦勒底人，新巴比伦人
Chalonitis卡洛尼提斯
Chandragupta旃陀罗笈多
Charax Spasinou查拉克斯·斯帕西努
Charibael查理贝尔
Charikar恰里卡尔
Chasles, Michel米歇尔·夏思莱
Chios开俄斯
Choarene乔雷内
Choaspes乔阿斯佩斯河
Choerilus of Iasus乔里卢斯
Choes River科斯河
Chremonidean War克雷莫尼迪恩战争
Cicero西塞罗
Cilicia西里西亚
Citadel of Kampyr Tepe坎培尔·特佩城区
Cizycus基齐库斯
Claudius Ptolemy克劳狄乌斯·托勒密
Claudius克劳狄

D

E

F

G

H

Heracles/Herakles赫拉克勒斯
Herat赫拉特
Hermann, G. 赫尔曼
Hermes赫尔墨斯
Herodotus希罗多德
Heromenes赫罗美尼斯
Hesar海萨尔
Hierapolis希耶拉波利斯
Hieratis希拉提斯
Hiero希耶罗
Hieronymos海厄罗尼莫斯
Hindu Kush兴都库什山
Hingol River欣格尔河
Hippalus希帕卢斯
Hipparchus希帕库斯
Hissar Mountain希萨尔山
Hittites赫梯人
Holt, F. L. 霍尔特
Homer荷马
Homerites希木叶尔人
Horaia霍拉亚
Huvishka胡韦色伽
Hydaspes River希达斯皮斯河
Hyderabad海德拉巴德
Hydraötes River希德拉欧提斯河
Hyksos希克索斯
Hypanis希帕尼斯河
Hyphasis River希发西斯河
Hyrcania赫卡尼亚

I

Iaxartes River雅克萨提斯河
Ichnae伊克奈
Ichthyophagoi吃鱼者
Ilam Ghar艾拉姆·加尔山
Illyria伊利里亚
Illyrians伊利里亚人
Imaus伊毛斯
Indo-Parthians印度—帕提亚人
Indore印多尔
Indo-Scythians印度—斯基泰人
Indra因陀罗
Indus印度河
Iomouse伊奥穆塞
Ionia伊奥尼亚，爱奥尼亚
Ionians伊奥尼亚人，爱奥尼亚人
Ipsus伊普苏斯
Iron Gate铁门关
Isidore伊西多尔
Isis伊西斯
Isles of Kalaios卡莱奥斯群岛
Isocrates伊索克拉底
Issus伊苏斯
Italy意大利

J

Jabal Al-Tair Island贾巴尔·阿尔泰尔岛

Jabal Haroun何珥山
Jabal Khaybar贾巴尔·凯巴尔
Jacoby, Felix菲利克斯·雅各比
Jadda吉达港
Jainism耆那教
Jalalabad贾拉拉巴德
Jalalpur Sharif贾拉尔普尔·沙里夫
Jamuna/Jumna亚穆纳河/朱木那河
Jask贾斯克
Jaxartes锡尔河
Jerusalem耶路撒冷
Jhelum/Jelum River杰卢姆河
Jihonika吉霍尼卡
Jindires金迪勒斯
Jordan River约旦河
Jordan约旦
Jordanian highlands约旦高地
Josiah Ober约西亚·奥柏
Judaism犹太教
Judea犹太
Julia-Claudius dynasty朱里亚—克劳狄王朝
Julio Berzunza胡利奥·贝佐扎
Julius Valerius瓦里乌斯
Jumna/Yamuna亚穆纳河
Justine查士丁

K

Kabul喀布尔
Kafiristan卡菲里斯坦
Kahramanmaras卡拉曼马拉什
Kalidasa迦梨陀娑
Kalliena卡里埃纳
Kamna卡姆纳
Kampyr Tepe坎培尔·特佩
Kandahar坎大哈
Kane卡内
Kanishka I迦腻色伽
Kannur坎努尔
Kapisa迦毕试
Kapisene卡皮塞涅
Karakar Barikot卡拉卡尔·巴里果德
Karakum Canal卡拉库姆运河
Karastar卡拉斯塔尔
Karax卡拉克斯
Karkheh River卡赫河
Karnak卡纳克
Karoura/Kaboura卡罗拉
Karun River卡伦河
Kaspeiria卡斯佩利亚
Katacekaomene Island卡塔塞考梅内岛
Katgala卡特加拉
Keftiu克夫提乌
Kelif凯里夫
Kerara喀拉拉
Kerman克尔曼省
Kerobotros Kingdom克罗波特罗斯王国
Kharoshthi佉卢文
Khawak Pass卡瓦克山口
Khawr Ghurayrah卡沃尔·古拉伊拉
Khodzhent/Khujand苦盏
Khor Rori科洛里

khorhe廓尔赫
Khwarazm/Khwarezm花剌子模
Khyber Pass开伯尔山口
Kidenas基德那斯
Kineas基涅阿斯
Kirmānshāh克尔曼沙
Kirthar Mountain吉尔特尔山脉
Kleopatris克列奥帕特里斯
Klysma克里斯马
Knidos克尼多斯
Koine通用希腊语
Kopato科帕托
Kopet Dag Mountain科佩达格山脉
Kophene科芬尼
Kor River科尔河
Korangi科兰吉
Korkai科凯
Kottanarike科塔纳里克
Kouremenos, A.库勒米诺斯
Krishna克利须那
Kuhrt, A. 库特
Kujūla Kadphises丘就却
Kulindrene库林多勒涅
Kunar库纳尔
Kunduz昆都士
Kushan贵霜
Kutch卡奇湾
Kuttanadu库塔纳度

L

Lagman拉格曼
Lahore拉合尔
Lakshmi拉克希米（“吉祥天女”）
Lampsacus兰普萨库斯
Laocoon拉奥孔
Laodice劳狄西
Laodicea/Laodiceia/Laodicia劳狄西亚
Lapis Lazuli Trail青金石之路
Larissa拉里萨
Lavan Island拉万岛
Leo列奥
Leon列昂
Leonidas李奥尼达
Leonnatus莱昂纳图斯
Leriche, Pierre勒里什
Lerner, Jeffrey杰弗里·勒纳
Lesbos列斯堡
Leuce Come/Leucos Limen莱夫斯科姆
Levant黎凡特
Libyans利比亚人
Limyrike利米力克
Litani River利塔尼河
Livy李维
Lokayata顺世论
Lucius Papirius Cursor卢修斯·帕庇琉斯·库尔索
Lucullus卢库鲁斯

M

Medius米迪亚斯
Medusa美杜莎
Mcgalopolis麦加洛波里斯
Megasthenes麦伽斯梯尼
Meleager米利格
Meleagros墨勒阿革洛斯
Melquart麦尔夸特
Memnon门农
Memphis孟斐斯
Menaechmus麦奈克穆斯
Menander/Milinda米南德
Menes美尼斯
Menippus美尼普斯
Mentor曼托
Meropian墨洛庇亚人
Mersa Gawasis梅尔萨·加瓦西斯港
Mertens, M. 默腾斯
Merv木鹿
Mesene美塞尼
Mesopotamia美索不达米亚（两河流域）
Milesian School米利都学派
Miletus米利都
Minab米纳布
Minerva密涅瓦
Minnagar明纳加尔
Minnagara明纳加拉
Minos米诺斯
Mississippi密西西比河
Mitchiner米奇纳
Mithra密特拉神
Mithridates米特里达特
Morontobara莫荣托巴拉港
Mosarna莫萨纳
Moscha Limen莫斯卡·利门
Mosyllon莫西隆
Mouseion缪斯神宫
Müller, Ludvig路德维格·穆勒
Multan木尔坦
Mundu芒杜
Murghab River穆尔加布河
Musa, Thesmusa穆萨
Musicanus穆西卡努斯
Muza穆扎
Muziris穆季里斯
Mycale米卡尔
Mycenae迈锡尼
Myos Hormos密奥斯·荷耳摩斯
Mysia米西亚
Mytilene米蒂利尼

N

Nabagath纳巴加特
Nabataeans纳巴泰人
Nabatene纳巴特内
Nanai/Nana娜娜
Nandi南迪
Naples那不勒斯
Narain, A. K. 纳拉因
Naucratis瑙克拉替斯
Naura瑙拉
Nautaca瑙塔卡

Neapolis尼阿波利斯

Nearchus尼阿库斯

Nectanebo奈科坦尼布

Neelis尼利斯

Negev内盖夫

Negrani内格拉尼

Nelcynda内尔辛达

Nereides涅瑞德斯

Nero尼禄

Nestum奈斯图姆

Nicanor尼卡诺

Nicephorium尼凯福里翁

Nicobule尼克布勒

Nicomedes尼克美狄斯

Nicomedia尼科墨狄亚

Nikaia尼卡亚

Nike尼科

Nikopolis尼科波利斯

Nile尼罗河

Nineveh尼尼微

Niranam尼拉纳姆

Nisa尼萨

Nisbis尼西比斯

Nishapur尼沙普尔

Nisibis尼西比斯

Nitriae尼特里亚

Novaia Nisa新尼萨

Nubians努比亚人

Nymph宁芙

Nymphis宁菲斯

Nysa奈萨

O

Oaracta欧拉克塔

Obock奥波克

Oceanus大洋河

Ocelis奥凯利斯

Ochus奥库斯河

Octavian屋大维

Odigram奥迪格拉姆

Oesho奥伊索

Okelis奥克里斯

Olympias奥林匹娅斯

Olympus奥林帕斯山

Olynthus奥林图斯

Omana奥玛纳

Ommana奥玛纳

Omphis翁菲斯

Onesicritus奥内西克里特

Opiane奥皮亚内

Opis欧皮斯

Opone奥波内

Ora欧拉城

Oreitans欧瑞坦人

Organa欧加纳

Ormara奥尔马拉港

Oroatis River欧罗提斯河

Orodes奥罗德斯

Orontes奥龙特斯河

Orphism奥尔弗斯秘教

Ortospana奥尔托斯帕纳

Osiris奥西里斯

Osrhoene奥斯洛恩

Oxus River奥克苏斯河

Oxyartes欧克西亚提斯

P

Pacorus帕克罗斯

Padagrus River帕达格鲁斯河

Pagrae帕格雷

Paiones派奥尼亚人

Paithan派坦

Paithana派塔纳

Palestine巴勒斯坦

Palava帕拉瓦人

Palibothra帕里波特拉

Palmyra帕尔米拉

Pamir帕米尔

Pamphylia潘菲利亚

Pan潘神

Pandocheion潘多奇昂

Pandya Kingdom潘迪亚（婆咀）王国

Pangaeum潘革翁

Panini帕尼尼

Panion潘尼翁

Panjsir River潘杰希尔河

Pantaleon潘塔莱昂

Papirius帕庇琉斯

Parapotamia帕拉波塔米亚

Parasara帕剌萨剌

Paris帕里斯

Parmenion帕门尼奥

Parni帕尔尼人

Paropamisadae帕罗帕米萨代

Paropamisus帕罗帕米苏斯

Parsidae帕尔西代

Parthaunisa帕萨乌尼萨（番兜城，尼萨）

Parthia帕提亚

Parwan帕尔万

Parysatis帕利萨提斯

Pasargadae帕萨尔加德

Pasitigris帕西底格里斯河

Pasni帕斯尼

Patala帕塔拉

Patale帕塔莱

Patalene帕塔勒涅

Patalibotra/Pātaliputra/Pataliputra/Pataliputta 华氏城

Patanjali帕檀贾利

Patna巴特纳

Patrocles帕特罗克勒斯

Pattalene帕塔莱内

Pattanam帕塔纳姆

Pausanias of Orestis保桑尼阿斯

Paytak Pass佩塔克山口

Peison/Peithon培松

Pella培拉

Peloponnesian League伯罗奔尼撒同盟

Pelusiae佩卢西阿

Pelusium佩卢西乌姆

Perdiccas帕狄卡斯

Pergamum帕加马

Periyar River佩里亚尔

Persephone珀耳塞福涅
Persepolis波斯波利斯
Perseus柏修斯
Persian Empire波斯帝国
Persian Gates波斯门
Persian Gulf波斯湾
Persians波斯人
Persis波西斯
Peshawar白沙瓦
Petra佩特拉
Peucelaitis普科莱提斯
Peucolatis皮乌克拉提斯
Phalerum法勒隆
Pharos lighthouse法罗斯灯塔
Pharos法罗斯
Pharsalus法萨卢斯
Philadelphia菲拉德尔菲亚
Philadelphus爱姐者
Philemon菲力门
Philetaerus菲勒泰洛斯
Philip腓力
Philopator爱父者
Philometor爱母者
Philostratus菲罗斯特拉图斯
Philotas菲罗塔斯
Philotera菲罗泰拉
Phoenicia腓尼基
Phraates弗拉特斯
Phrada弗拉达
Phrataphernes弗拉塔佛涅斯
Phriapatius弗里亚帕提乌斯
Phrygia弗里吉亚
Phryni弗里尼
Phylarchus菲拉库斯
Pieria皮埃里亚
Pigeon Island鸽岛
Pillai皮莱
Pir Sar皮尔萨尔山
Piraeus庇里优斯港
Pirenne皮雷奈
Pisidia皮西迪亚
Pithon披松
Plataea/Platea普拉提亚
Plato柏拉图
Plemyrium普莱米利乌姆
Pliny普林尼
Plutarch普鲁塔克
Poduke波杜克
Polemon波勒蒙
Polybius波里比乌斯
Polycleitus波利克列托斯
Polytimetus波利提梅图斯
Pompeii庞贝城
Pompeius Trogus庞培乌斯·特罗古斯
Pompey庞培
Ponnani邦纳尼
Pontus本都
Porus波鲁斯
Posidonius波昔东尼斯
Potamon博塔蒙
Prasiane普拉西亚涅
Praxiteles普拉克西特勒斯

Priene普里尼
Prometheus普罗米修斯
Prophthasia普罗弗塔西亚
Prophthesis普罗弗特西斯
Propontis普洛彭提斯海
Prusias普鲁西阿斯
Ptolemaieia托勒密亚大节
Ptolemais托勒迈斯
Ptolemy Ceraunus托勒密・克劳努斯
Ptolemy II Philadelphus托勒密二世・爱姐者
Ptolemy VIII Euergetes Physcon托勒密八世（欧尔杰提斯・费斯孔）
Ptolemy托勒密
Punic布匿
Punic Wars布匿战争
Punjab旁遮普
Pura普拉
Purali River普拉利河
Puri, B. N. 普里
Pushkalvati布色羯逻伐底
Pushyamitra普沙密多罗
Pyrrho皮浪
Pyrrhus皮洛士
Pythagorean School毕达哥拉斯学派
Pythian Games皮提亚赛会

Q

Qaleh Kali/Qaleh Qale卡莱赫・卡利
Qalhat卡尔哈特
Qarshi卡尔希
Qatabanian Kingdom卡塔班王国
Qomat-Shaur River库玛特—沙乌尔河
Quchan古昌
Quintilian昆提良
Quintus Curtius Rufus昆图斯・库尔提乌斯・鲁弗斯

R

R. Sindhu信度河（印度河）
Rabat拉巴特
Rajagrha王舍城
Rambacia拉姆巴西亚
Ramhormoz拉姆霍尔木兹
Ramses拉美西斯
Raphia拉斐亚
Rapson, E. J.拉普森
Ras Fartak拉斯・法尔塔克
Ras Hasik拉斯・哈西克山
Ray雷伊
Red Mountain红山崖
Rekhmire列赫米拉
Rhagae拉盖/拉伽
Rhapta拉普塔
Rhea-Cybele瑞亚—库柏勒
Rhodapha罗达法
Rhodos罗德岛
Rhotas Fort罗塔斯要塞
Rio Grande格兰德河
Rodoguna罗多古娜
Rogonis River罗戈尼斯河

S

Seres赛里斯

Serica塞里卡

Servius Tullius塞尔维乌斯·图里乌斯

Severus塞维鲁

Shahr-i Qumis沙里·库密斯

Shahrisabz沙赫里萨布兹

Shatt Al-Arab River沙特阿拉伯河

Shaykh Said谢赫·萨义德

Sherwin-White, S. M. 舍尔文—怀特

Shibar Pass希巴尔山口

Shiraz设拉子

Shushtar舒什塔尔

Sicilian sea西西里海

Sicyon西库翁

Sidky, H. 西德基

Sidon西顿

Sigerus西格鲁斯

Silenus西勒诺斯

Sinae秦尼国

Sinai西奈

Sindimana辛迪马那

Singara辛伽拉

Sinope西诺普

Siren塞壬

Sirkap斯尔卡普

Sirynx西林克斯

Sisimithres西西米特勒斯

Sitacus River西塔库斯河

site of Arikamedu阿里卡梅杜遗址

Sittacene西塔塞内

Siva湿婆

Siwa/Siwah西瓦

Siwa Oasis西瓦绿洲

Smyrna士麦那

Socotra索科特拉

Socrates苏格拉底

Sogdiana索格底亚那，粟特

Solon梭伦

Somalia索马里

Sonmiani Bay松米亚尼湾

Sopatma索帕特玛

Sophagasenus索法伽塞努斯

Sophocles索福克里斯

Sophytos索菲托斯

Souastene苏亚斯特涅

Sousia苏西亚

Spalagadamos斯帕拉加达莫斯

Spalyrises斯帕拉利塞斯

Spartans斯巴达人

Spitamenes斯皮塔米尼斯

Stateira斯坦忒拉

Stephanus斯特法努斯

Stewart, Peter彼得·斯图尔特

Stilpo斯提尔波

Strabo斯特拉波

Straia Nisa老尼萨

Stratonicea斯特拉东尼西亚

Sudracae苏德拉卡人

Sukkur苏库尔

Sumer苏美尔

Sumerians苏美尔人

Suppara苏帕拉

Surastrene苏拉斯特瑞涅
Suren苏壬
Surena苏雷那
Susa苏萨
Susiana苏西亚那
Susis苏西斯
Swat River斯瓦特河
Syagrus西亚格罗斯山
Sydrum River赛德拉姆河
Syr Darya锡尔河
Syracuse叙拉古
Syria叙利亚
Syrian Gate叙利亚门

T

Tabae塔巴
Tacitus塔西佗
Tadmor塔德摩尔
Tagae塔盖
Tagara塔加拉
Taizz塔伊兹
Takht-i Sangin塔赫特—伊・桑金
Tanais River塔奈斯河
Tang-e Meyran valley唐伊・梅兰峡谷
Tanis塔尼斯
Tapuria塔普利亚
Taraz塔拉斯
Tarnak River塔尔纳克河
Tarsus塔尔苏斯
Tashkurgan塔什库尔干
Taugast桃花石
Taurus Mountains陶鲁斯山脉
Taxila塔克西拉
Taxiles塔克西里斯
Tejen River捷詹河
Temenids泰门努斯家族
Teos泰俄斯
Ter特尔
Terabdoi特拉布多
Teredon特雷登
Termez铁尔梅兹
Thapsacus塔普萨库斯
Thatta塔塔
The Song宋河
Thebes底比斯
Theocritus提奥克里图斯
Theodorus提奥多罗斯
Theophrastus提奥弗拉斯图
Thephila泰菲拉
Thera铁拉岛
Thermopylae德摩比利
Thessalonica/Thessalonike帖撒罗尼卡
Thessaly帖撒利
Thorley, J.索利
Thrace色雷斯
Thucydides修昔底德
Tiber台伯河
Tigranes 提格拉尼斯
Tigris底格里斯河
Tillia Tepe/Tillya Tepe提利亚・特佩，“黄金之丘”

Timaeus蒂迈欧斯
Timesah Lake蒂姆萨湖
Titidates提里达特斯
Tochari吐火罗人
Tolkien托尔金
Tomerus River托梅鲁斯河
Toynbee, Arnold阿诺德·汤因比
Trajan图拉真
Traxiana特拉克西亚纳
Troy特洛伊
Turiva图里瓦
Tus图斯
Tuthmosis图特摩斯
Tyana提亚纳
Tyche提刻
Tyndis廷迪斯
Tyre推罗

U

Uch Sharif乌杰·沙里夫
Upper Satrapies上省
Uraiyur乌莱宇尔
Ura-Tyube居鲁士城
Uxians乌克西人
Uzboi乌兹博伊

V

Vajrapani护法金刚
Vakhsh River瓦赫什河
Valley of Najran奈季兰峡谷
Vardanes瓦尔达尼斯
Varkala瓦尔卡拉
Vasudera-Krishna黑天
Vasumitra婆苏密多罗
Vedas吠陀书
Velleius威莱乌斯
Verethraghna韦雷特拉格纳
Vergina维尔吉纳
Verus维鲁斯
Vidisha毗底沙
Vima Kadphises威玛·卡德菲塞斯
Vishnu毗湿奴
Vizhinjam维金詹姆港
Vologases沃洛加西斯
Vologasias沃洛加西亚斯
Vologesus沃罗噶苏斯
Vonones沃诺尼斯
Vrain-Lucas, Denis丹尼斯·弗兰—卢卡斯

W

Wadi Arabah阿拉伯谷地
Wadi Sabra萨布拉峡谷
Wadi Siq西克峡谷
Wadi Tumilat土密拉特谷地
Walbank, F. W. 沃尔班克

X

Xenophon色诺芬

Xerxes薛西斯

Y

Yarim亚里姆

Yasuj亚速季

Z

Zadracarta萨德拉卡塔

Zafar/Dhafar萨法尔

Zagazig宰加齐格

Zagros Mountain扎格罗斯山脉

Zarafshan River泽拉夫善河

Zaranj扎兰季

Zargaran Tepe扎尔伽兰·特佩

Zeila塞拉

Zenobia芝诺比娅

Zeno芝诺

Zeugma宙格玛

Zeus宙斯

Ziarat Talash齐亚拉特·塔拉什

Zigazig齐加奇格

Zohreh River佐莱河

Zoroastrianism琐罗亚斯德

参考文献

一、外文古典文献[1]

Aelian, *Varia Historia*, edited and translated by N. G. Wilson, Cambridge, Mass.: Harvard University Press, 1958.

Aeschylus, *Persians*, with an English translation by Charles Darwin Adams, Cambridge, Mass.: Harvard University Press, 1922.

Appian, *Roman History*, with an English translation by Horace White, Cambridge, Mass.: Harvard University Press, 1976.

Aristotle, *Politics*, with an English translation by H. Rackham, Cambridge, Mass.: Harvard University Press, 1932.

Arrian, *Anabasis of Alexander and Indica*, with an English translation by P. A. Brunt, Cambridge, Mass.: Harvard University Press, 1983.

Arrian, *Anabasis of Alexander*, with an English translation by E. I. Robson, Cambridge, Mass.: Harvard University Press, 1929-1933.

Athenaeus, *The Deipnosophists*, with an English translation by Charles Burton Gulick, Cambridge, Mass.: Harvard University Press, 1927.

Casson, L., trans., *Periplus Maris Erythraei: Text with Introduction, Translation and Commentary*, New Jersey: Princeton University Press, 1989.

Cicero, *The Letters to His Friends*, with an English translation by M. Cary, Cambridge, Mass.:

1 参考书目中所有引自Loeb Classical Library丛书古典著作的出版年均为初版年。由于该书多次印刷或修订再版，作者在正文中的出版信息根据自己所引书而定。

Harvard University Press, 1929.

Claudius Ptolemy, *The Geography*, translated and edited by Edward Luther Stevenson, New York Public Library, 1932.

Cosmas Indicopleustes, *Christian Topography of Cosmas Indicopleustes*, translated by J. W. McCrindle, London: the Hakluyt Society, 1897.

Demosthenes, *Against Leptines*, with an English translation by C. A. Vince and J. H. Vince, Cambridge, Mass.: Harvard University Press, 1930.

Demosthenes, *Against Phormio*, with an English translation by A. T. Murray, Cambridge, Mass.: Harvard University Press, 1936.

Dio Cassius, *Roman History*,[1] with an English translation by Earnest Cary, Cambridge, Mass.: Harvard University Press, 1914-1955.

Dio Chrysostom, *Discourses*, with an English translation by H. Lamar Crosby, Cambridge, Mass.: Harvard University Press, 1932-1951.

Diodorus Siculus, *The Library of History*, with an English translation by C. H. Oldfather, et al., Cambridge, Mass.: Harvard University Press, 1933-1963.

Geiger, W., trans., *Mahavamsa*, Colombo: Ceylon Government Information Dept., 1912.

Herodotus, *The Histories*, with an English translation by A. D. Godley, Cambridge, Mass.: Harvard University Press, 1920-1925.

Homer, *Homeric Hymns*, edited and translated by Martin L. West, Cambridge, Mass.: Harvard University Press, 2003.

Homer, *Iliad*, with an English translation by A. T. Murray, Cambridge, Mass.: Harvard University Press, 1919.

Horace, *Satires, Epistles and Ars Poetica*, with an English translation by H. Rushton Fairclough, Cambridge, Mass.: Harvard University Press, 1926.

Horner, I. B., trans., *Milinda's Questions*, London: Luzac & Co. Ltd., 1964.

Isidore of Charax, *Parthian Stations*, (An Account of the Overland Trade Route between the Levant and India in the First Century B.C.). The Greek text with a translation and commentary by Wilfred H. Schoff, Philadelphia: The Commercial Museum, 1914.

1 Herodotus《历史》的英文译名一般根据希腊文标题“Ιστοριαι”译为“Histories”，但Loeb Classical Library丛书译为“The Persian Wars”。本书二者均可，正文脚注不作统一。

Josephus, *Jewish Antiquities*, with an English translation by H. ST. J. Thackeray, etc., Cambridge, Mass.: Harvard University Press, 1930.

Justin, *Epitome of the Philippic History of Pompeius Trogus*, translated by J. C. Yardley, Atlanta, GA: Scholar's Press, 1994.

Livy, *History of Rome*, translated by Evan T. Sage, Cambridge, Mass.: Harvard University Press, 1935.

Marcus Junianus Justinus, *Epitome of the Philippic History of Pompeius Trogus*, translated with notes by the Rev. John Selby Watson, London: Henry G. Bohn, 1853.

Pausanias, *Description of Greece*, with an English translation by W. H. S. Jones and H. A. Ormerod, Cambridge, Mass.: Harvard University Press, 1918.

Philostratus, *The Life of Apollonius of Tyana*, with an English translation by Arthur Fairbanks, Cambridge, Mass.: Harvard University Press, 1912.

Pliny, *Natural History*, with an English translation by H. Rackham, Cambridge, Mass.: Harvard University Press, 1938.

Plutarch, *Lives*, with an English translation by Bernadotte Perrin, Cambridge, Mass.: Harvard University Press, 1914.

Plutarch, *Moralia*, with an English translation by Frank Cole Babbitt, et al., Cambridge, Mass.: Harvard University Press, 1927.

Polybius, *The Histories*, with an English translation by William Roger Paton, Cambridge, Mass.: Harvard University Press, 1922.

Quintus Curtius Rufus, *History of Alexander*, translated by John Yardley; with an introduction and notes by Waldemar Heckel, Penguin Books, 1984.

Quintus Curtius Rufus, *History of Alexander*, with an English translation by John C. Rolfe, Cambridge, Mass.: Harvard University Press, 1946.

Rhys Davids, T. W., trans., *The Questions of King Milinda*, Oxford: Clarendon Press, 1890, 1894.

Schoff, W. H., trans., *The Periplus of the Erythraean Sea*, New York: Longmans, Green, and Co., 1912.

Strabo, *Geography*, with an English translation by Horace Leonard Jones, Cambridge, Mass.: Harvard University Press, 1916.

Strabo, *Strabonis Geographica*, recogn. Augustus Meineke, Lipsiae: in Aedibus B. G. Teubneri, 1877.

Strabo, *Strabonis Rerum Geographicarum*, Wilhelm Xylander, Johann Philipp Siebenkees, Lipsiae: in Libraria Weidmannia, 1806.

Tacitus, *The Annals*, with an English translation by John Jackson, Cambridge, Mass.: Harvard University Press, 1925.

Xenophon, *Anabasis*, with an English translation by Carleton L. Brownson, Cambridge, Mass.: Harvard University Press, 1921.

Xenophon, *Economics*, with an English translation by E. C. Marchant and G. W. Bowersock, Cambridge, Mass.: Harvard University Press, 1923.

Xenophon, *Memorabilia*, with an English translation by E. C. Marchant, Cambridge, Mass.: Harvard University Press, 1923.

[古希腊]阿里安:《亚历山大远征记》，李活译，北京：商务印书馆，1985年。

[古希腊]色诺芬:《长征记》，崔金戎译，北京：商务印书馆，1985年。

[古希腊]希罗多德:《历史》，王以铸译，北京：商务印书馆，1985 年。

[古印度]蚁垤（跋弥）:《罗摩衍那》，季羡林译，《季羡林文集》，南昌：江西教育出版社，1995年。

二、汉文典籍

（汉）司马迁:《史记》，二十四史点校本，北京：中华书局，1982年。

（汉）班固:《汉书》，二十四史点校本，北京：中华书局，1962年。

（南朝宋）范晔:《后汉书》，二十四史点校本，北京：中华书局，1965年。

（唐）李延寿:《北史》，二十四史点校本，北京：中华书局，1974年。

（清）梁玉绳:《史记志疑》，贺次君点校，北京：中华书局，1981年。

（宋）司马光:《资治通鉴》，北京：中华书局，1956年。

（汉）荀悦:《汉纪》，张烈点校，北京：中华书局，2002年。

（晋）袁宏:《后汉纪》，张烈点校，北京：中华书局，2002年。

（唐）杜佑:《通典》，王文锦、王永兴、刘俊文、徐庭云、谢方点校，北京：中华书局，1988 年。

（梁）释僧祐:《出三藏记集》，苏晋仁、萧炼子点校，北京：中华书局，1995年。

（唐）玄奘、辩机著，季羡林等校注:《大唐西域记校注》，北京：中华书局，1985年。

（汉）贾谊著，阎振益、钟夏校注:《新书校注》，北京：中华书局，2000年。

（清）王先谦:《荀子集解》，沈啸寰、王星贤点校，北京：中华书局，1988年。

《那先比丘经》，《大正新修大藏经》卷三二《论集部》，台北：佛陀教育基金会，1990年。

三、外文著作

Adams, C., *Land Transport in Roman Egypt: A Study of Economics and Administration in a Roman Province*, Oxford: Oxford University Press, 2007.

Anson, E., *Alexander the Great: Themes and Issues*, London: Bloomsbury, 2013.

Aperghis, G. G., *The Seleukid Royal Economy: The Finances and Financial Administration of the Seleukid Empire*, Cambridge: Cambridge University Press, 2004.

Archibald, Z. H., Davies, J. and Gabrielsen, V., eds., *The Economies of Hellenistic Societies, Third to First Centuries BC*, Oxford: Oxford University Press, 2011.

Archibald, Z. H., Davies, J., Gabrielsen, V. and Oliver, G. J., eds., *Hellenistic Economies*, London and New York: Routledge, 2001.

Austin, M. M. and Vidal-Naquet, P., *Economic and Social History of Ancient Greece: An Introduction*, London: Batsford Academic and Educational LID, 1977.

Austin, M. M., *The Hellenistic World from Alexander to the Roman Conquest: A Selection of Ancient Sources in Translation*, Cambridge and New York: Cambridge University Press, 1981, 2006 (second edition).

Banerjee, G. N., *Hellenism in Ancient India*, Delhi: Munshiram Manoharlal Publishers Pvt. Ltd., 1961.

Baumer, C., *The History of Central Asia. Vol. 1: The Age of the Steppe Warriors*, London: I. B. Tauris, 2012.

Bayer, T., *Historia Regni Graecorum Bactriani*, St. Petersburg: Academia Scientiarum, 1738.

Baynham, E., *Alexander the Great: The Unique History of Quintus Curtius*, Ann Arbor: University of Michigan Press, 2004.

Benjamin, C., *The Yuezhi: Origin, Mirgration and Conquest Northern Bactria*, Turnhout: Brepols, 2007.

Berzunza, J., *A Tentative Classification of Books, Pamphlets and Pictures Concerning Alexander the Great and the Alexander Romances, from the Collection of Julio Berzunza*, Privately printed, 1939.

Bevan, E. R., *The House of Seleucus*, Vol. I & II, London: Edward Arnold, 1902.

Boardman, J., etc., eds., *The Cambridge Ancient History*, second edition, Vol. IV, Cambridge: Cambridge University Press, 1988.

Boardman, J., Griffin, J. and Murray, O., eds., *The Oxford History of Classical World*, Oxford: Oxford University Press, 1986.

Boardman, J., *The Greeks in Asia*, London: Thames & Hudson, 2015.

Bopearachchi, O., *From Bactria to Taprobane. Vol. I: Central Asian and Indian Numismatics*, New Delhi: Manohar Publishers, 2015.

Bopearachchi, O., *Indo-Greek, Indo-Scythian and Indo-Parthian Coins in the Smithsonian Institution*, Washington D. C.: National Numismatic Collection, Smithsonian Institution, 1993.

Bopearachchi, O., *Monnaies gréco-bactriennes et indo-grecques, Catalogue raisonné*, Paris: Bibliothèque Nationale, 1991.

Bopearachchi, O., *Pre-Kushana Coins in Pakistan*, Karachi: IRM Associates Ltd., 1995.

Borza, E., *In the Shadow of Olympus: The Emergence of Macedon*, Princeton: Princeton University Press, 1990.

Borza, E., *Makedonika*, edited by Carol G. Thomas for the Association of Ancient Historians, California: Regina Books, 1995.

Bosworth, A. B., *A Historical Commentary on Arrian's History of Alexander*, New York: Oxford University Press, 1980.

Bosworth, A. B., *Conquest and Empire*, Cambridge: Cambridge University Press, 1988.

Bosworth, A. B., *From Arrian to Alexander*, Oxford: Clarendon Press, 1988.

Botsford, G. W. and Robinson, C. A., *Hellenic History*, New York: The Macmillan Company, 1947.

Bresson A., *The Making of the Anicent Greek Economy*, Princeton: Princeton University Press, 2015.

Briant, P., *Darius in the Shadow of Alexander*, translated by Jane Todd, Cambridge, Mass.: Harvard University Press, 2015.

Briant, P., *Histoire de l'empire perse de Cyrus à Alexandre*, 2 vols., Leiden: Nederlands Instituut, 1996.

Briant, P., *The First European: A History of Alexander in the Age of Empire*, translated by Nicholas Elliott, Cambridge, Mass.: Harvard University Press, 2017.

Brosius, M., *The Persians: An Introduction*, London and New York: Routledge, 2006.

Brown, T., *Onesicritus*, Berkeley: University of California Press, 1949.

Bryce, T., *Ancient Syria: A Three Thousand Year History*, Oxford: Oxford University Press, 2014.

Buraselis, K., Stefanou, M. and Thompson, D. J., eds., *The Ptolemies, the Sea and the Nile: Studies in Waterborne Power*, Cambridge: Cambridge University Press, 2013.

Burstein, S. M., *The Hellenistic Age from Battle of Iposos to the Death of Kleopatra VII*, Cambridge University Press, 1985.

Carney, E., *Olympias: Mother of Alexander the Great*, New York: Routledge, 2006.

Carney, E., *Women and Monarchy in Macedonia*, Norman: University of Oklahoma Press, 2000.

Carradice, I. and Price, M., *Coinage in the Greek World*, London: B. A. Seaby Ltd., 1988.

Cartledge, P., Garnsey, P. and E. S. Gruen, eds., *Hellenistic Constructs: Essays in Culture, History, and Historiography*, Berkeley, Los Angeles and London: University of California Press, 1997.

Cary, G., *The Medieval Alexander*, Cambridge: Cambridge University Press, 1956.

Cary, M., *A History of the Greek World from 323-146 B.C.*, second edition, London: Methuen & Co. Ltd., 1959.

Casson, L., *The Ancient Mariners*, New York: The Macmillan Company, 1967.

Casson, L., *The Ancient Mariners: Seafarers and Sea Fighters of the Mediterranean In Ancient Times*, New Jersey: Princeton University Press, 1991.

Chandrasekaran, S., Kouremenos, A. and Rossi, R., eds., *From Pella to Gandhara: Hybridisation and Identity in the Art and Architecture of the Hellenistic East*, Oxford: BAR, 2011.

Cohen, A., *The Alexander Mosaic*, Cambridge: Cambridge University Press, 1997.

Cohen, G. M., *The Hellenistic Settlements in Syria, the Red Sea Basin, and North Africa*, Berkeley: University of California Press, 2006.

Cohen, G. M., *The Hellenistic Settlements in the East from Armenia and Mesopotamia to Bactria and India*, Berkeley: University of California Press, 2013.

Cohen, G. M., *The Seleucid Colonies: Studies in Founding, Administration and Organization*, Wiesbaden: Steiner, 1978.

Colledge, M. A. R., *The Parthians*, London: Thames and Hudson, 1967.

Cook, S. A., Adcock, F. E. and Charlesworth, M. P., eds., *The Cambridge Ancient History. Vol. VII: The Hellenistic Monarchies and the Rise of Rome*, Cambridge: Cambridge University Press, 1928.

Cribb, J. and Herrmann, G., eds., *After Alexander: Central Asia before Islam*, Oxford: Oxford

University, 2007.

Cunningham, A., *The Ancient Geography of India*, London: Trubner and Co., 1871.

Cutis, V. S. and Stewar, S., eds., *The Age of the Parthians*, New York: I. B. Tauris & Co. Ltd., 2007.

Dabrowa, E., *Studia Graeco-Parthica: Political and Cultural Relations between Greeks and Parthians*, Wiesbaden: Otto Harrassowitz GmbH & Co. KG, 2011.

De Sainte-Croix, G. E. J., *Examen Critique des Anciens Historiens d'Alexandre le Grand*, Paris: Dessain Junior, 1775.

De Souza, P. and Arnaud, P., *The Sea in History: The Ancient World*, Woodbridge: The Boydell Press, 2017.

Debevoise, N. C., *A Political History of Parthia*, Chicago: The University of Chicago Press, 1937, 1938.

Dhammika, V. S., *The Edicts of King Ashoka*, Kandy, Sri Lanka: Buddhist Publication Society, 1993.

Droysen, J. G., *Geschichte des Hellenismus: Geschichte Alexanders des Grossen*, Gotha: Friedrich Andreas Perthes, 1877.

Droysen, J. G., *History of Alexander the Great*, translated from the German by Flora Kimmich, Philadelphia: American Philosophical Society, 2012.

Dzielska, M., *Apollonius of Tyana in Legend and History*, translated by Piotr Pienkowski, Roma: L'erma di Bretscheneider, 1986.

Edwell, P. M., *Between Rome and Persia: The Middle Euphrates, Mesopotamia and Palmyra under Roman Control*, New York: Routledge, 2008.

Ehrenberg, V., *The Greek State*, Oxford: Blackwell, 1960.

Errington, E. and Cribb, J. with Claringbull, M., eds., *The Crossroads of Asia: Transformation of Image and Symbol in the Art of Ancient Afghanistan and Pakistan*, Cambridge: The Ancient India and Iran Trust, 1992.

Erskine, A., *A Companion to the Hellenistic World*, Oxford: Blackwell Publishing, 2005.

Falk, H., *Kushan Histories: Literary Sources and Selected Papers from A Symposium at Berlin, December 5 to 7, 2013*, Bremen: Hempen Verlag, 2015.

Finley, M. I., *The Legacy of Greece*, Oxford: Clarendon Press, 1981.

Foucher, A., *Beginnings of the Buddhist Art*, Paris: Paul Geuthner, 1914, 1917.

Foucher, A., *L'Art gréco-bouddhique du Gandhāra*, 3 vols., Paris: Imprimerie Nationale, 1905, 1918 & 1922.

Fox, R. L., *Alexander the Great*, London: Futura Publications Limited, 1975.

Francfort, Henri-Paul, *Les Palette du Gandhara*, Paris: De Boccard, 1979.

Fraser, P. M., *Cities of Alexander the Great*, Oxford: Clarendon Press, 1996.

Fraser, P., *Ptolemaic Alexandria*, 3 vols., Oxford: Clarendon Press, 1972.

Frye, R. N., *The History of Ancient Iran*, Munchen: C. H. Beck, 1984.

Garnsey, P., Hopkins, K. and Whittaker, C. R., eds., *Trade in the Ancient Economy*, Berkeley and Los Angeles: University of California Press, 1983.

Gershevitch, I., ed., *The Cambridge History of Iran, Vol. 2: The Median and Achaemenian Periods*, Cambridge: Cambridge University Press, 1985.

Ghrishman, R., *Bégram: recherches archéologiques et historiques sur les Kouchans*, Paris: Impr. de l'Institut français d'archéologie orientale, 1946.

Gibbon, E., *The History of the Decline and Fall of the Roman Empire*, Vol. I, London: W. Strahan and T. Cadell, 1776.

Glotz, G., *Ancient Greece at Work*, New York: Barnes and Noble Inc., 1965.

Gobl, R., *System und Chronologie der Munzpragung des Kusanreiches*, Wien: Verlag der Osterreichischen Akademie der Wissenschaften, 1984.

Grant, M., *From Alexander to Cleopatra: The Hellenistic World*, London: Weidenfeld and Nicolson, 1982.

Green, P., *Classical Bearings*, New York: Thames and Hudson, 1989.

Grieb, V., et al., eds., *Alexander the Great and Egypt*, Wiesbaden: Harrassowitz, 2014.

Griffith, G. T., ed., *Alexander the Great: The Main Problems*, New York: Barnes and Noble, 1966

Grimal, P., *Hellenism and the Rise of Rome*, London: Weidenfeld and Nicolson, 1970.

Hadas, M., *Hellenistic Culture: Fusion and Diffusion*, New York: Columbia University Press, 1959.

Hamilton, J. R., *Plutarch, Alexander: A Commentary*, Oxford: Clarendon Press, 1969.

Hammond, N. G. L. and Griffith, G. T., *A History of Macedonia. Vol. II: 550-336 B.C.*, Oxford: Clarendon Press, 1979.

Hammond, N. G. L. and Scullard, H. H., eds., *The Oxford Classical Dictionary*, second edition, Oxford: Clarendon Press, 1970.

Hammond, N. G. L., *A History of Greece to 322 BC*, Oxford: Oxford University Press, 1984.

Hammond, N. G. L., *Alexander the Great: King, Commander and Statesman*, London: Chatto and Windus, 1981.

Hau, L., Meeus, A. and Sheridan, B., eds., *Diodoros of Sicily: Historiographical Theory and Practice in the 'Bibliotheke'*, Leuven: Peeters, 2018.

Heckel, W. and Yardley, J. C., *Alexander the Great: Historical Texts in Translation*, Malden, Mass.: Blackwell Publishing Ltd., 2004.

Heckel, W. and Yardley, J., eds., *Justin, Epitome of the Philippic History of Pompeius Trogus*, Oxford: Clarendon Press, 1997.

Heckel, W., *The Last Days and Testament of Alexander the Great: A Prosopographic Study*, Stuttgart: Franz Steiner Verlag, 1988.

Heckel, W., *Who's Who in the Age of Alexander the Great*, Malden: Blackwell, 2006.

Heisserer, A. J., *Alexander the Great and the Greeks: The Epigraphic Evidence*, Norman: University of Oklahoma Press, 1980.

Hill, G. F., *Historical Greek Coins*, London: Archibald Constable and Co. Ltd., 1906.

Hill, J. E., *Through the Jade Gate China to Rome: A Study of the Silk Routes 1st to 2nd Centuries CE*, Vol. 1, San Bernardino: John E. Hill, 2015.

Hill, J. E., *Through the Jade Gate to Rome: A Study of the Silk Routes during the Later Han Dynasty, 1st to 2nd Centuries CE*, Lexington, KY: John E. Hill, 2010.

Hirth, F., *China and the Roman Orient: Researches into their Ancient and Medieval Relations as Represented in Old Chinese Records*, Leipsic and Munich: Georg Hirth, 1885.

Hitti, P. K., *History of Syria*, London: Macmillan Co. Ltd., 1951.

Holt, F. and Bopearachchi, O., eds., *The Alexander Medallion: Exploring the Origins of a Unique Artefact*, Lacapelle-Marival: Imago Lattara, 2011.

Holt, F. L., *Alexander the Great and Bactria: The Formation of a Greek Frontier in Central Asia*, Leiden: E. J. Brill, 1989.

Holt, F. L., *Alexander the Great and the Mystery of the Elephant Medallions*, Berkeley: University of California Press, 2003.

Holt, F., *Into the Land of Bones: Alexander the Great in Afghanistan*, Berkeley: University of California Press, 2005, 2012.

Holt, F., *Lost World of the Golden King*, Berkeley: University of California Press, 2012.

Holt, F., *The Treasures of Alexander the Great*, Oxford: Oxford University Press, 2016.

Holt, F., *The Treasures of Alexander the Great: How One Man's Wealth Shaped the World*, Oxford: Oxford University Press, 2016.

Holt, F., *Thundering Zeus*, Berkeley: University of California Press, 1999.

Hopkins, C., *The Discovery of Dura-Europos*, New Haven and London: Yale University Press, 1979.

Hornblower, S. and Spawforth, A., eds., *The Oxford Classical Dictionary*, forth edition, Oxford: Oxford University Press, 2012.

Howgego, C., *Ancient History from Coins*, London and New York: Routledge, 2001.

Hulsewé, A. F. P. and Loewe, M. A. N., *China in Central Asia, the Early Stage: 125B.C.-A.D. 23*, Leiden: E. J. Brill, 1979.

Ingholt, H., *Gandharan Art in Pakistan*, New York: Pantheon Books, 1957.

Institute of Archeology of the UzSSR Academy of Sciences, etc., *Culture and Art of Ancient Uzbekistan: Exhibition Catalogue*, Moscow, 1991.

Jacoby, F., *Die Fragmente der griechischen Historiker*, 15 vols., Berlin and Leiden: Wiedman and Brill, 1923-1958.

Jairazbhoy, R. A., *Foreign Influence in Ancient India*, Bombay, New York: Asia Pub. House, 1963.

Jaspers, K., *The Origin and Goal of History*, New Heaven: Yale University Press, 1965.

Jayaswal, V., ed., *Glory of the Kushans: Recent Discoveries and Interpretations*, New Delhi: Aryan Books International, 2012.

Kaerst, J., *Geschichie des Hellenistischen Zeitalters*, Leipzig und Berlin: B. G. Teubner, 1909.

Karttunen, K., *India and the Hellenistic World*, Helsinki: The Finnish Oriental Society, 1997.

Kawami, T. S., *Monumental Art of the Parthian Period in Iran*, Leiden: E. J. Brill, 1987.

King, C., *Ancient Macedonia*, London: Routledge, 2018.

Konow, S., *Kharoshthi Inscription with Exception of those of Asoka, CII*, 2 vols., Calcutta: Government of India, central publication branch, 1929.

Kuhrt, A. and Sherwin-White, S., eds., *Hellenism in the East: The Interaction of Greek and Non-Greek Civilizations from Syria to Central Asia after Alexander*, London: Duckworth, 1987.

Kuhrt, A., *The Persian Empire: A Corpus of Sources from the Achaemenid Period*, Vol. 1, London and New York: Routledge, 2007.

Lane Fox, R., ed., *Brill's Companion to Ancient Macedon*, Leiden: Brill, 2011.

Leriche, P., ed., *La Bactriane au Carrefour des Routes et des Civilisations de l'Asie Centrale: Termez et les Villes de Bactriane-Tokharestan*, Paris: Maisonneuve et Larose, 2001.

Lerner, J. D., *The Impact of Seleucid Decline on the Eastern Iranian Plateau*, Stuttgart: Steiner, 1999.

Lewis, D. M., Boardman, J., Hornblower, S. and Ostwald, M., eds., *The Cambridge Ancient History. Volume VI: The Fourth Century B.C.*, Cambridge: Cambridge University Press, 1994.

Liddell, H. G. and Scott, R., *A Greek-English Lexicon*, Oxford: Clarendon Press, 1996.

Luczanits, C., *Gandhara: Das Buddhistische Erbe Pakistans: Legenden, Klöster und Paradiese*, Mainz: Verlag Philipp von Zabern, 2008.

Lund, H. S., *Lysimachus: A Study in Early Hellenistic Kingship*, London and New York: Routledge, 1992.

Mahaffy, J. P., *Greek Life and Thought*, New York: Arno Press, 1976.

Mairs, R., *The Archaeology of Hellenistic Far East (a Survey)*, BAR International Series 2196, Oxford: Archaeopress, 2011.

Mairs, R., *The Hellenistic Far East: Archaeology, Language, and Identity in Greek Central Asia*, Oakland: University of California Press, 2014.

Marsden, E. W., *The Campaign of Gaugamela*, Liverpool: Liverpool University Press, 1964.

Marshall, J., *A Guide to Taxila*, Calcutta: Superintendent Government, 1918.

Marshall, J., *Taxila: An Illustrated Account of Archaeological Excavations, Carried Out at Taxila Under the Orders of the Government of India between the Years 1913 and 1934*, Cambridge: Cambridge University Press, 1951.

Marshall, J., *The Buddhist Art of Gandhara*, Cambridge: The University Press, 1960.

Mclaughlin, R., *Rome and the Distant East*, Auckland: MPG Books Group Ltd., 2010.

Miller, J. I., *The Spice Trade of the Roman Empire: 29 B.C. to A.D. 641*, Oxford: Clarendon Press, 1969.

Mitchiner, E., *The Yuga Purana*, Calcutta: Asiatic Society, 1986.

Mitchiner, M., *Indo-Greek and Indo-Scythian Coinage*, 9 vols., London: Hawkins Publications, 1975-1976.

Mokhtar, G., ed., *General History of Africa II: Ancient Civilizations of Africa*, Paris: United Nations Educational, Scientific and Cultural Organization, 1981.

Moreno, P., *Apelles: The Alexander Mosaic*, Milan: Skira, 2001.

Mørkholm, O., *Early Hellenistic Coinage from the Accession of Alexander to the Peace of Apamea*, Cambridge: Cambridge University Press, 1991.

Müller, L., *Numismatique d'Alexandre le Grand*, Copenhagen: Bianco Luno, 1855.

Muntz, C., *Diodorus Siculus and the World of the Late Roman Republic*, New York: Oxford University Press, 2017.

Naiden, F. S., *Soldier, Priest, and God*, Oxford: Oxford University Press, 2019.

Narain, A. K., *The Coin Types of the Indo-Greek Kings*, Chicago: Ares Publishers Inc., 1976.

Narain, A. K., *The Indo-Greeks*, Oxford: Clarendon Press, 1957.

Narain, A. K., *The Indo-Greeks: Revisited and Supplemented*, New Delhi: B. R. Publishing Corporation, 2003.

Naveh, J. and Shaked, S., eds., *Aramaic Documents from Ancient Bactria (Fourth Century BCE) from Khalili Collections*, London: Khalili Family Trust, 2012.

Neelis, J., *Early Buddhist Transmission and Trade Networks*, Leiden and Boston: E. J. Brill, 2011.

Neilson, C. D., *A Political History of Parthia*, Chicago: The University of Chicago Press, 1938.

Newell E. T., *Mithradates of Parthia and Hyspaosines of Characene: A Numismatic Palimpsest*, New York: The American Numismatic Society, 1925.

Nichols, A., ed., *Ctesias on India and Fragments of His Minor Works*, London: Bloomsbury, 2011.

Nichols, A., *The Complete Fragments of Ctesias of Cnidus: Translation and Commentary with an Introduction*, Gainesville: University of Florida, 2008.

Nikam, N. A. and Mckeon, R., *The Edicts of Asoka*, Chicago: The University of Chicago Press, 1959.

Parker, S. T., *Roman and Saracens: A History of the Arabian Frontier*, Wikoma Lake: The American Schools of Oriental Research, 1988.

Pearson, L., *The Lost Histories of Alexander the Great*, London: American Philological Association, 1960.

Pollitt, J. J., *Art in the Hellenistic Age*, Cambridge University Press, 1986.

Potts, D. T., *The Archaeology of Elam: Formation and Transformation of an Ancient Iranian State*, Cambridge: Cambridge University Press, 1999.

Preaux, C., *Le monde hellénistique: la Grèce et l' orient de la morte d' Alexandre à la conquête romaine de la Grèce (323-146 av. J.-C.)*, Paris: Presses universitaires de France, 1978.

Price, M. J., *The Coinage in the Name of Alexander the Great and Philip Arrhidaeus*, Vol. 1,

Zurich and London: The British Museum and The Swiss Numismatics Society, 1991.

Qian, S., *Records of the Grand Historian: Han Dynasty* I-II, revised version, translated by Burton Watson, Hong Kong and New York: Columbia University Press, 1993.

Raoul, M., *Rome and the Distant East*, Auckland: MPG Books Group Ltd., 2010.

Rapson, E. J., *Cambridge History of India*, Vol. I, London: Cambridge University Press, 1922.

Rawlinson, G., *Parthia*, New York: G. P. Putnam's Sons, 1903.

Rawlinson, H. G., *Bactria, the History of a Forgotten Empire*, London: Probsthain & Co., 1912.

Rawlinson, H. G., *Bactria: From the Earliest Times to the Extinction of Bactrio-Greek Rule in the Punjab*, Bombay: The "Times of India" office, 1909.

Rawlinson, H. G., *Intercourse between India and the Western World from the Earliest Times to the Fall of Rome*, Cambridge: University Press, 1916.

Richthofen, F., *China. Ergebnisse eigener Reisen und darauf gegründeter Studien*, Vol. 1, Berlin: Dietrich Reimer, 1877.

Rienjang, W. and Stewart, P., eds., *Problems of Chronology in Gandhāran Art*, Oxford: Archaeopress, 2018.

Rienjang, W. and Stewart, P., eds., *Gandhāran Art in Its Buddhist Context*, Oxford: Archaeopress, 2023.

Rienjang, W. and Stewart, P., eds., *The Geography of Gandāhran Art*, Oxford: Archaeopress, 2019.

Rienjang, W. and Stewart, P., eds., *The Rediscovery and Reception of Gandhāran Art*, Oxford: Archaeopress, 2022.

Rienjang, W. and Stewart, P., eds., *The Global Connections of Gandhāran Art*, Oxford: Archaeopress, 2020.

Robinson, C., *The History of Alexander the Great*, Vol. 1, Providence: Brown University Press, 1953.

Roisman, J. and Worthington, I., eds., *A Companion to Ancient Macedonia*, Chichester: Wiley-Blackwell, 2010.

Roisman, J., ed., *Alexander the Great: Ancient and Modern Perspectives*, Lexington: D. C. Heath, 1995.

Rostovtzeff, M. I., *A History of Ancient World*, Vol. 1, translated by J. D. Duff, Oxford: Clarendon Press, 1926.

Rostovtzeff, M. I., *The Social and Economic History of the Hellenistic World*, Oxford: Clarendon

Press, 1941.

Rostovtzeff, M. I., *The Social and Economic History of the Roman Empire*, Oxford: Clarendon Press, 1957.

Rostovtzeff, M., *Caravan Cities*, translated by D. and T. Talbot Rice, Clarendon: Oxford University Press, 1932.

Sachs, A. and Hunger, H., *Astronomical Diaries and Related Texts from Babylonia. Vol. III: Diaries from 164 B.C. to 61 B.C.*, Wien: Verlag der Osterreichischen Akademie der Wissenschaften, 1996.

Sartre, M., *The Middle East under Rome*, London: Harvard University, 2005.

Scheidel, W., Morris, I. and Saller, R., *The Cambridge Economic History of the Greco-Roman World*, Cambridge: Cambridge University Press, 2007.

Schoff, W. H., *Parthian Stations by Isidore of Charax: The Greek Text*, with a translation and commentary, Philadelphia: Commercial Museum, 1914.

Schoff, W. H., tr. and ed., *The Periplus of the Erythraean Sea: Travel and Trade in the Indian Ocean by a Merchant of the First Century*, London: Bombay & Calcutta, 1912.

Seel, O., ed., *Epitoma Historiarvm Philippicarvm Pompei Trogi*, Stuttgart: Teubner, 1972.

Seland, E. H., *Ports and Political Power in the Periplus: Complex Societies and Maritime Trade on the Indian Ocean in the First Century AD*, Oxford: BAR International Series, 2002, 2010.

Sellwood, D., *An Introduction to the Coinage of Parthia*, 2nd rev. edition, London: Spink & Son Ltd., 1980.

Senior, R. C., *Indo-Scythian Coins and History*, 3 vols., Lancaster, PA: Classical Numismatic Group, 2001.

Sherwin-White, S. and Kuhrt, A., *From Samarkhand to Sardis: A New Approach to the Seleucid Empire*, Berkeley and Los Angeles: University of California Press, 1993.

Smith W., ed., *Dictionary of Greek and Roman Geography*, Vol. I, Boston: Little, Brown, and Company, 1870; Vol. II, Albemarle Street, London: John Murray, 1872.

Spencer, D., *The Roman Alexander*, Exeter: University of Exeter Press, 2002.

Srinivasan, D. M., ed., *On the Cusp of an Era*, Leiden: E. J. Brill, 2007.

Stein, A., *On Alexander's Track to the Indus*, London: Macmillan and Co., 1929; reprint edition: Castle Books, 2004.

Stewart, A., *Faces of Power: Alexander's Image and Hellenistic Politics*, Berkeley: University of

California Press, 1993.

Stillwell, R., etc., eds., *The Princeton Encyclopedia of Classical Sites*, Princeton: Princeton University Press, 1976.

Stoneman, R., *Alexander the Great: A Life in Legend*, New Haven: Yale University Press, 2008.

Stoneman, R., *Palmyra and Its Empire*, Ann Arbor: The University of Michigan Press, 1992.

Tada, R., *Apollodorus of Artemita and the Rise of the Parthian Empire*, University of Washington, 2008.

Tarn, W. W., *Alexander the Great*, Cambridge: Cambridge University Press, 1948.

Tarn, W. W., *Antigonos Gonatas*, Oxford: Clarendon Press, 1913.

Tarn, W. W., *Hellenistic Civilisation*, London: Edward Arnold, 1927 (first edition), 1930 (second edition), 1952 (third edition, revised by the author and G. T. Griffin).

Tarn, W. W., *The Greeks in Bactria and India*, Cambridge: Cambridge University Press, 1938 (first edition), 1951 (sencond edition); 1984 (third edition, edited by Frank Lee Holt, Chicago: Ares Publishers Inc.).

Thakur, M. K., *India in the Age of Kanishka*, Delhi: World View Publication, 1999.

Thonemann, P., *The Hellenistic World: Using Coins as Sources*, Cambridge: Cambridge University Press, 2015.

Thucydides, *History of Peloponnesian War*, Cambridge, Mass.: Harvard University Press, 1956.

Tissot, F., *The Art of Gandhara*, Paris: Librairie Adrien Maisonneuve, 1986.

Tolman, H. C., *Ancient Persian Lexicon and Texts*, New York, Cincinnati and Chicago: America Book Company, 1908.

Toynbee, A. J., *Hellenism: The History of A Civilization*, London: Oxford University Press, 1959.

Toynbee, A. J., *Some Problems of Greek History*, Oxford: Oxford University Press, 1969.

Toynbee, A., *A Study of History*, Vol. I, Oxford: Oxford University Press, 1948.

Tucker, J., *The Silk Road: Art and History*, London: Philip Wilson Publishers, 2003.

Vincent, W., ed., *Voyage of Nearchus: From the Indus to the Euphrates*, London: T. Cadell jun. and W. Davies, 1914.

Walbank, F. W., Astin, A. E., Frederiksen, M. W. and Ogilvie, R. M., eds., *The Cambridge Ancient History. Vol. VII, part I: The Hellenistic World*, Cambridge: Cambridge University Press, 1984.

Walbank, F. W., *The Hellenistic World*, Glasgow: William Collins Sons & Co. Ltd., 1981.

Wang, H., *Money on the Silk Road: The Evidence from Eastern Central Asia to c. AD 800*, London: British Museum Press, 2004.

Warmington, E. H., *The Commerce between the Roman Empire And India*, London: Cambridge University Press, 1974.

Wauquelin, J., *The Medieval Romance of Alexander*, translated by Nigel Bryant, Woodbridge: Boydell Press, 2012.

Welles, C. B., *Alexander and the Hellenistic World*, Toronto: A. M. Hakkert, 1970.

Welles, C. B., *Royal Correspondence in the Hellenistic Period*, New Heaven: Yale University Press, 1934.

Wheatley, P. and Baynham, E., eds., *East and West in the World Empire of Alexander*, Oxford: Oxford University Press, 2015.

Wheeler, M., *Flames over Persepolis*, New York: Reynal & Co. Inc., 1968.

Wissowa, G., etc., eds., *Paulys Realencyclopadie Der Classischen Altertumswissenschaft*, Band 12, Halbband 23, Stuttgart: J. B. Metzlersche Verlagsbuchhandlung, 1924.

Wolohojian, A., ed., *The Romance of Alexander the Great by Pseudo-Callisthenes*, New York: Columbia University Press, 1969.

Woodcock, G., *The Greeks in India*, London: Faber and Faber Limited, 1966.

Worthington, I., *By the Spear: Philip II, Alexander the Great and the Rise and Fall of the Macedonian Empire*, New York: Oxford University Press, 2014.

Worthington, I., ed., *Alexander the Great: A Reader*, London: Routledge, 2003.

Yarshater, E., ed., *The Cambridge History of Iran. Vol. 3(1): The Seleucid, Parthian and Sasanian Periods*, Cambridge: Cambridge University Press, 1983, 2000.

Yarshater, E., ed., *The Cambridge History of Iran. Vol. 3(2): The Seleucid, Parthian and Sasanian Periods*, Cambridge: Cambridge University Press, 1983, 2000.

Ynnila, H., *To Petra Via Jabal Haroun: Nabataean-Roman Road Remains in the Finish Jabal Haroun Project Survey Area*, Helsinki: University of Helsinki, 2006.

Young, G. K., *Rome's Eastern Trade: International Commerce and Imperial Policy, 31 BC-AD 305*, London and New York: Routledge, 2001.

Zwalf, W., *The Shrines of Gandhara*, London: British Museum Publications Limited, 1979.

四、中文译著

［巴基斯坦］艾哈默德·哈桑·达尼：《历史之城塔克西拉》，刘丽敏译，北京：中国人民大学出版社，2005年。

［巴基斯坦］穆罕默德·瓦利乌拉·汗：《犍陀罗艺术》，陆水林译，北京：商务印书馆，1997年。

［德］A-M. 威特基、E. 奥尔斯豪森、R. 希德拉克主编：《古代世界历史地图集》，葛会鹏、古原驰、史湘洁、王聪译，上海：华东师范大学出版社，2016年。

［德］J. 赫尔曼、许理和主编：《人类文明史3：公元前7世纪至公元7世纪》，中文版编译委员会译，南京：译林出版社，2015年。

［德］蒙森：《罗马史》，李稼年译，北京：商务印书馆，2017年。

［德］夏德：《大秦国全录》，朱杰勤译，郑州：大象出版社，2009年。

［法］A. H. 达尼、J.-P.莫昂主编：《人类文明史2：公元前3千纪至公元前7世纪》，中文版编译委员会译，南京：译林出版社，2015年。

［法］R. 格鲁塞：《从希腊到中国》，常书鸿译，杭州：浙江人民美术出版社，1985年。

［法］保罗·佩迪什：《古代希腊人的地理学——古希腊地理学史》，蔡宗夏译，葛以德校，北京：商务印书馆，1983年。

［法］沙畹：《中国之旅行家》，冯承钧译，上海：商务印书馆，1925年。

［美］W. M. 麦高文：《中亚古国史》，章巽译，北京：中华书局，1958年。

［美］阿彻·琼斯：《西方战争艺术》，刘克俭、刘卫国译校，北京：中国青年出版社，2017年。

［美］威尔·杜兰：《世界文明史：希腊的衰落》，幼狮翻译中心编译，台北：幼狮文化事业公司，1978年。

［美］西奥多·道奇：《亚历山大战史》，王子午编译，北京：中国长安出版社，2015年。

［日］鹤间和幸：《始皇帝的遗产：秦汉帝国》，马彪译，桂林：广西师范大学出版社，2014年。

［日］桑原隲藏：《张骞西征考》，杨炼译，上海：商务印书馆，1934年。

［日］藤田丰八：《西域研究》，杨炼译，上海：商务印书馆，1935年。

［日］藤田丰八等：《西北古地研究》，杨炼译，上海：商务印书馆，1935年。

［日］长泽和俊：《丝绸之路史研究》，钟美珠译，天津：天津古籍出版社，1990年。

［瑞典］斯文·赫定：《丝绸之路》，江红、李佩娟译，乌鲁木齐：新疆人民出版社，1996年。

[苏]波德纳尔斯基编:《古代的地理学》，梁昭锡译，赵鸣岐校，齐思和审，北京：商务印书馆，1986年。

[苏]科尔宾斯基等:《希腊罗马美术》，严摩罕译，北京：人民美术出版社，1983年。

[苏]塞尔格耶夫:《古希腊史》，缪灵珠译，北京：高等教育出版社，1955年。

[匈牙利]雅诺什·哈尔马塔主编:《中亚文明史》第二卷，徐文堪、芮传明译，北京：中国对外翻译出版公司，2002年。

[伊朗]扎林库伯:《波斯帝国史》，张鸿年译，上海：复旦大学出版社，2011年。

[意]卡列宁、菲利真齐、奥里威利编著:《犍陀罗艺术探源》，魏正中、王倩编译，上海：上海古籍出版社，2015年。

[印]辛哈、班纳吉:《印度通史》第一册，张若达等译，北京：商务印书馆，1974年。

[英]D. M.刘易斯等编:《剑桥古代史》第六卷，晏绍祥等译，北京：中国社会科学出版社，2020年。

[英]查尔斯·辛格等主编:《技术史》第二卷《地中海文明与中世纪》，潜伟主译，上海：上海科技教育出版社，2004年。

[英]弗兰克·威廉·沃尔班克:《希腊化世界》，陈恒、茹倩译，上海：上海人民出版社，2009年。

[英]赫德逊:《欧洲与中国》，王遵仲、李申、张毅译，北京：中华书局，1995年。

[英]莱斯莉·阿德金斯、罗伊·阿德金斯:《古代希腊社会生活》，张强译，北京：商务印书馆，2016年。

[英]罗素:《西方哲学史》上卷，何兆武、李约瑟译，北京：商务印书馆，1963年。

[英]苏珊·伍德福德:《剑桥艺术史：古希腊罗马艺术》，钱乘旦译，南京：译林出版社，2009年。

[英]约翰·马歇尔:《塔克西拉》，秦立彦译，昆明：云南人民出版社，2002年。

五、中文著作

《章太炎全集（四）》，上海：上海人民出版社，1985年。

安作璋:《汉史初探》，上海：上海人民出版社，1957年。

白寿彝总主编:《中国通史（秦汉卷）》，上海：上海人民出版社，1995年。

陈丽桂:《秦汉时期的黄老思想》，台北：文津出版社，1997年。

陈苏镇:《汉代政治与〈春秋〉学》，北京：中国广播电视出版社，2001年。

陈序经:《匈奴史稿》,北京:中国人民大学出版社,2007年。

丁笃本:《丝绸之路古道研究》,乌鲁木齐:新疆人民出版社,2011年。

敦煌文物研究所编:《中国石窟:敦煌莫高窟》,北京:文物出版社,1982年,2011年。

敦煌研究院编:《敦煌石窟全集·第一卷·莫高窟第266—275窟考古报告》,北京:文物出版社,2011年。

韩翔、朱英荣:《龟兹石窟》,乌鲁木齐:新疆大学出版社,1990年。

季羡林:《中印文化关系史论文集》,北京:生活·读书·新知三联书店,1982年。

翦伯赞:《秦汉史》,北京:北京大学出版社,1999年。

李铁匠:《伊朗古代历史与文化》,南昌:江西人民出版社,1993年。

李铁生编著:《古波斯币》,北京:北京出版社,2006年。

李铁生编著:《古希腊币》,北京:北京出版社,2013年。

李铁生编著:《古中亚币》,北京:北京出版社,2008年。

饶宗颐:《饶宗颐史学论著选》,上海:上海古籍出版社,1993年。

荣新江、李孝聪主编:《中外关系史:新史料与新研究》,北京:科学出版社,2004年。

上海博物馆:《上海博物馆藏丝绸之路古代国家钱币》,上海:上海书画出版社,2006年。

沈福伟:《丝绸之路:中国与非洲文化交流研究》,乌鲁木齐:新疆人民出版社,2010年。

苏北海:《西域历史地理》,乌鲁木齐:新疆大学出版社,1988年。

王蘧常:《秦史》,上海:上海古籍出版社,2000年。

王治来:《中亚通史》(古代卷上),乌鲁木齐:新疆人民出版社,2004年。

王子今:《秦汉交通考古》,北京:中国社会科学出版社,2015年。

王子今:《秦汉交通史稿(增订版)》,北京:中国人民大学出版社,2013年。

王子今:《史记的文化发掘——中国早期史学的人类学探索》,武汉:湖北人民出版社,1997年。

新疆维吾尔自治区教育委员会、新疆历史教材编写组:《新疆地方史》,乌鲁木齐:新疆大学出版社,1992年。

杨伯峻:《春秋左传注》,北京:中华书局,1981年。

杨巨平:《碰撞与交融——希腊化时代的历史与文化》,北京:中国社会科学出版社,2018年。

余太山:《两汉魏晋南北朝与西域关系史研究》,北京:中国社会科学出版社,1995年。

余太山:《两汉魏晋南北朝正史西域传要注》,北京:中华书局,2005年。

余太山:《塞种史研究》,北京:中国社会科学出版社,1992年。

余太山：《早期丝绸之路文献研究》，北京：商务印书馆，2013年。

张维华：《汉史论集》，济南：齐鲁书社，1980年。

张维华：《论汉武帝》，上海：上海人民出版社，1957年。

张星烺编注：《中西交通史料汇编》第一册，朱杰勤校订，北京：中华书局，1977年。

张忠山主编：《中国丝绸之路货币》，兰州：兰州大学出版社，1999年。

赵汝清主编：《丝绸之路西段历史研究——兼论沿途民族迁徙及国家关系》，兰州：甘肃文化出版社，1999年。

周一良、吴于廑主编：《世界通史资料选辑（上古部分）》，北京：商务印书馆，1962年。

六、外文论文

Adams, W. L., "Other People's Games: The Olympics, Macedonia and Greek Athletics," *Journal of Sport History*, Vol. 30 (2003), pp. 205-217.

Al-Hamad, S. S., etc., "Geological History of Shatt Al-Arab River, South of Iraq," *IJSR*, Vol. 6 (2017), pp. 2029-2039.

Anderson, A., "Bucephalus and His Legend," *American Journal of Philology*, Vol. 51 (1930), pp. 1-21.

Anson, E., "Alexander at Siwah," *Ancient World*, Vol. 34 (2003), pp. 117-130.

Assar, G. F., "Artabanus of Trogus Pompeius' 41st Prologue," *ELECTRUM*, Vol. 15 (Kraków, 2009), pp. 119-140.

Assar, G. R. F., "Parthian Calendars at Babylon and Seleucia on the Tigris," *Iran*, Vol. 41 (2003), pp. 171-191.

Badian, E., "Agis III: Revisions and Reflections," in Ian Worthington, ed., *Ventures into Greek History*, Oxford: Clarendon Press, 1994, pp. 258-292.

Badian, E., "Alexander the Great and the Loneliness of Power," *Journal of the Australian Universities Language and Literature Association*, Vol. 17 (1962), pp. 80-91.

Badian, E., "Harpalus," *Journal of Hellenic Studies*, Vol. 81 (1961), pp. 16-43.

Badian, E., "Nearchus the Cretan," *Yale Classical Studies*, Vol. 24 (1975), pp. 147-170.

Badian, E., "Review of Pearson, Lost Histories," *Gnomon*, Vol. 33 (1961), pp. 660-667.

Bernard, P. and Rapin, C., "Un parchemin gréco-bactrien d'une collection privée," *Comptes-rendus de l'Académie des Inscriptions et Belles-lettres*, 138 année (1994), pp. 261-294.

Bernard, P., "Ai Khanum on the Oxus: A Hellenistic City in Central Asia," *Proceedings of the British Academy*, Vol. 53 (1967), pp. 71-95.

Bernard, P., "An Ancient Greek City in Central Asia," *Scientific American*, Vol. 246 (Jan. 1982), pp. 148-159.

Bernard, P., "The Greek Colony at Ai Khanoum and Hellenism in Central Asia," in F. Hiebert and P. Cambon, eds., *Afghanistan: Hidden Treasures from the National Museum, Kabul*, Washington: National Geographic Society, 2008, pp. 258-292.

Bieber, M., "The Portraits of Alexander," *Greece and Rome*, 2nd Ser., Vol. 12, No. 2 (Oct. 1965), pp. 183-188.

Bivar, A. D. H. "The Indus Lands," in John Boardman, etc. eds., *The Cambridge Ancient History*, second edition, Vol. 4, Cambridge: Cambridge University Press, 1988, pp. 194-210.

Bivar, A. D. H., "Gorgan," in *Encyclopaedia Iranica*, online edition, http://www.iranicaonline.org/articles/gorgan-v.

Bivar, A. D. H., "Review," [untitled] *Bulletin of the School of Oriental and African Studies*, University of London, Vol. 35, No. 1 (1972), pp. 170-171.

Bivar, A. D. H., "The Political History of Iran under the Arsacids," in Ehsan Yarshater, ed., *The Cambridge History of Iran. Vol. 3(1): The Seleucid, Parthian and Sasanian Periods*, Cambridge: Cambridge University Press, 1983, pp. 21-99.

Bloedow, E., "The Siege of Tyre in 332 B.C.: Alexander at the Crossroads of his Career," *La Parola del Passato*, Vol. 53 (1998), pp. 255-293.

Bopearachchi, O., "Recent Discoveries of Coin Hoards from Central Asia and Pakistan: New Numismatic Evidence on the Pre-Kushan History of the Silk Road," *Unesco Knowledge Bank*, pp. 1-38.

Bosch-Puche, F., "L'Autel du Temple d'Alexandre le Grand à Bahariya Retrouvé," *Bulletin de l'Institut Français d'Archéologie Orientale*, Vol. 108 (2008), pp. 29-44.

Bosworth, C. E., "Nishapur," in *Encyclopaedia Iranica*, online edition, http://www.iranicaonline.org/articles/nishapur-i.

Brett, A., "Athena Alkidemos of Pella," *American Numismatic Society Museum Notes*, Vol. 4 (1950), pp. 55-72.

Brunner, C. J., "Adrapana," in *Encyclopaedia Iranica*, online edition, http://www.iranicaonline.org/articles/adrapana-the-third-station-from-the-western-border-of-upper-media-recorded-by-isidore-of-charax-in-the-1st-century-a.

Brunner, C. J., "Aspasii," in *Encyclopaedia Iranica*, online edition, http://www.iranicaonline.org/articles/aspasii-one-of-the-tribal-people-encountered-by-alexander-the-great-in-gandhara-327-26-b.

Burke, B., "Anatolian Origins of the Gordian Knot Legend," *Greek, Roman, and Byzantine Studies*, Vol. 42 (2001), pp. 255-261.

Calder, W. M., "The Royal Road in Herodotus," *The Classical Review*, Vol. 39, No. 1/2 (1925), pp. 7-11.

Carney, E., "Symposia and the Macedonian Elite: The Unmixed Life," *Syllecta Classica*, Vol. 18 (2007), pp. 129-180.

Carney, E., "The Role of the Basilikoi Paides at the Argead Court," in T. Howe and J. Reames, eds., *Macedonian Legacies: Studies in Ancient Macedonian History and Culture in Honor of Eugene N. Borza*, Claremont: Regina Books, 2008, pp. 145-164.

Casson, L., "Ptolemy II and the Hunting of African Elephants," *Transactions of the American Philological Association (1974-2014)*, Vol. 123 (1993), pp. 247-260.

Casson, L., "The Grain Trade of the Hellenistic World," *Transactions and Proceedings of American Philological Association*, Vol. 85 (1954), pp. 168-187.

Chin, T., "The Invention of the Silk Road, 1877," *Critical Inquiry*, Vol. 40 (2013), pp. 194-219.

Colburn, H. P., "Connectivity and Communication in the Achaemenid Empire," *Journal of the Economic and Social History of the Orient*, Vol. 56, No. 1 (2013), pp. 29-52.

Cribb, J., "The Sino-Kharosthi Coins of Khotan. Their attribution and relevance to Kushan Chronology (Part one)," *The Numismatic Chronicle*, Vol. 144 (1984), pp. 128-152.

De Osmond, P. B., "On the Indian Embassies to Rome from the Reign of Claudius to the Death of Justinian," *The Journal of the Royal Asiatic Society of Great Britain and Ireland*, Vol. 19 (1862), pp. 269-312.

De Planhol, X., "Kabul," in *Encyclopaedia Iranica*, online edition, http://www.iranicaonline.org/articles/kabul-ii-historical-geography.

De Planhol, X., etc., "Balk," in *Encyclopaedia Iranica*, online edition, http://www.iranicaonline.org/articles/balk-town-and-province.

Errington, R. M., "Bias in Ptolemy's History of Alexander," *Classical Quarterly*, Vol. 63 (1969), pp. 233-242.

Ferguss, R. J., "Rome and Parthia: Power Politics and Diplomacy across Cultural Frontier," *Center for East-West Cultural and Economic Studies (CEWCES) Research Paper*, No. 12 (December 2005), Bond University, pp. 1-38.

French, D., "Pre- and Early-Roman Roads of Asia Minor: The Persian Royal Road," *Iran*, Vol. 36 (1998), pp. 15-43.

Fussman, G., "Documents épigraphiques Kouchans," *Bulletin de l'École Francaise d'Extrême Orient*, Vol. 61 (1974), pp. 1-77.

Gawlikowski, M., "Thapsacus and Zeugma the Crossing of the Euphrates in Antiquity," *Iraq*, Vol. 58 (1996), pp. 123-133.

Giunta, R., "Gazni," in *Encyclopaedia Iranica*, online edition, http://www.iranicaonline.org/articles/gazni-.

Grenet, F. and Rapin, C., "Alexander, Ai Khanum, Termez: Remarks on the Spring Campaign of 328," *Bulletin of the Asia Institute, New Series, Vol. 12, Alexander's Legacy in the East Studies in Honor of Paul Bernard*, 1998, pp. 79-89.

Grierson, G. A., "The Birthplace of Bhakti," *Journal of the Royal Asiatic Society of Great Britain and Ireland*, Jul. 1911, pp. 800-801.

Hadley, R. A., "Royal Propaganda of Seleucus I and Lysimachus," *The Journal of Hellenic Studies*, Vol. 94 (1974), pp. 50-65.

Hall, K., "Did Alexander the Great Die from Guillain-Barré Syndrome?" *Ancient History Bulletin*, Vol. 32 (2018), pp. 106-128.

Hammond, N. G. L., "Alexander's Charge at the Battle of Issus in 333 B.C.," *Historia: Zeitschrift für Alte Geschichte,* Bd. 41, H. 4 (1992), pp. 395-406.

Hammond, N. G. L., "The Branchidae at Didyma and in Sogdiana," *The Classical Quarterly*, New Series, Vol. 48, No. 2 (1998), pp. 339-344.

Hansman, J. H., "Caspian gates," in *Encyclopaedia Iranica*, online edition, http://www.iranicaonline.org/articles/caspian-gates-an-ancient-toponym-identifying-a-ground-level-pass-that-runs-east-and-west-through-a-southern-spur-of-the-albo.

Hansman, J., "Charax and Karkheh," *Iranica Antiqua*, 7 (1967), pp. 21-58.

Hansman, J., "The Measure of Hecatompylos," *Journal of the Royal Asiatic Society of Great Britain and Ireland*, No. 1 (1981), pp. 3-9.

Hansman, J., "The Problems of Qumis," *Journal of the Royal Asiatic Society of Great Britain and*

Ireland, No. 3/4 (Oct. 1968), pp. 111-139.

Holt, F., "Alexander the Great at Bactra: A Burning Question," *Electrum*, Vol. 22 (2015), pp. 9-15.

Holt, F., "Alexander the Great, Lightning, and the Lone Dead Tree," in A. Sinitsyn and M. Kholod, eds., *Κοινον Δωρον*, St, Petersburg: Russian Academy of Sciences, 2013, pp. 483-487.

Holt, F., "In the Shadow of Alexander," *History Today*, Vol. 38 (1988), pp. 31-39.

Holt, F., "The Death of Coenus: Another Study in Method," *Ancient History Bulletin*, Vol. 14 (2000), pp. 49-55.

Holt, F., "The Hyphasis Mutiny: A Source Study," *The Ancient World*, Vol. 5 (1982), pp. 33-59.

Holt, F., "The So-Called Pedigree Coins of the Bactrian Greeks," in W. Heckel and R. Sullivan, eds., *Ancient Coins of the Greco-Roman World*, Waterloo: Wilfrid Laurier University Press, 1984, pp. 61-91.

Huxley, G., "Sogdian Tanais in Aristobulus," *The Bulletin of the American Society of Papyrologists*, Vol. 22, No. 1/4 (1985), pp. 117-121.

Johnston, E. H., "Demetrius in Sind?" *Journal of Royal Asiatic Society of Great Britain and Ireland*, No. 2 (Apr. 1939), pp. 217-240.

Keaveney, A., "Roman Treaties with Parthia circa 95-circa 64 B.C.," *The American Journal of Philology*, Vol. 102, No. 2 (Summer 1981), pp. 195-212.

Leriche P. and Pidaev S., "Termez in Antiquity," in Joe Cribb and Georgina Herrmann, eds., *After Alexander: Central Asia before Islam*, Oxford: Oxford University Press, 2007, pp.179-211.

Leriche, P. and Grenet, F., "Bactria," in *Encyclopaedia Iranica*, online edition, http://www.iranicaonline.org/articles/bactria.

Leriche, P., "Bactria, Land of One Thousand Cities," in Joe Cribb and Georgina Herrmann, eds., *After Alexander: Central Asia before Islam*, Oxford: Oxford University Press, 2007, pp. 121-153.

Leriche, P., "L'Hellenisation de L'orient en question," in Pierre Leriche, ed., *Art et Civilizations de L'orient Hellénisé*, Paris: Picard, 2014, pp. 11-48.

Lerner, J. D., "On the Inland Waterways from Europe to Central Asia," *Ancient West and East*, Vol. 13 (2014), pp. 155-174.

Lerner, J., "The Eastern Baktria under Da Yuezhi Hegemony," in Vidula Jayaswal, ed., *Glory of the Kushans: Recent Discoveries and Interpretations*, New Delhi: Aryan Books International, 2012, pp. 79-86.

Lippolis, C., "Parthian Nisa: Art and Architecture in the Homeland of the Arsacids," in Pierre Leriche, ed., *Art et Civilizations de L'orient Hellénisé*, Paris: Picard, 2014, pp. 223-230.

Litvinskii, B. A. and Pichikian, I. R., "The Hellenistic Architecture and Art of the Temple of the Oxus," *Bulletin of the Asia Institute*, New Series, Vol. 8 (1994), pp. 47-66.

Litvinskii, B., "Problems of the History and Culture of Baktria in Light of Archaeological Excavations in Central Asia," *Anabasis*, Vol. 1 (2010), pp. 30-32.

Lurje, P., "Sogdiana," in *Encyclopaedia Iranica*, online edition, http://www.iranicaonline.org/articles/sogdiana-name.

Lyonnet, B., "Questions on the Date of the Hellenistic Pottery from Central Asia (Ai Khanoum, Marakanda and Koktepe)," *Ancient Civilizations from Scythia to Siberia*, Vol. 18 (2012), pp. 143-173.

MacKenzie, D. N., "Dura Europos," in *Encyclopaedia Iranica*, online edition, http://www.iranicaonline.org/articles/dura-europos.

Mairs, R., "The Places in Between: Model and Metaphor in the Archaeology of Hellenistic Arachosia," in Anna Kouremenos, Sujatha Chandrasekaran and Roberto Rossi, eds., *From Pella to Gandhara: Hybridisation and Identity in the Art and Architecture of the Hellenistic East*, Oxford: BAR, 2011, pp. 177-189.

Markle, M., "Use of the Sarissa by Philip and Alexander of Macedon," *American Journal of Archaeology*, Vol. 82 (1978), pp. 483-497.

Mayor, A., "Alexander the Great: A Questionable Death," in Philip Wexler, ed., *History of Toxicology and Environmental Health*, Vol. 1, Waltham: Academic Press, 2014, pp. 52-59.

Mertens, M., "Did Richthofen Really Coin 'the Silk Road'?" *The Silk Road*, Vol. 17 (2018), pp. 1-9.

Muzio, C. L., "Gandharan Toilet Trays: Some Reflections on Chronology," *Ancient Civilization from Scythia to Siberia*, Vol. 17 (2011), pp. 331-340.

Nappo, D., "On the Location of Leuce Kome," *Journal of Roman Archaeology*, Vol. 23 (2010), pp. 335-348.

O'Sullivan, L., "Augustus and Alexander the Great at Athens," *Phoenix*, Vol. 70 (2016), pp. 339-360.

Ober, J., "Conquest Denied," in Robert Cowley, ed., *What If: Military Historians Imagine What Might Have Been*, New York: Berkley Books, 2015, pp. 37-56.

Panagiotopoulos, D., "Keftiu in Context: Theban Tomb-Paintings as a Historical Source," *Oxford Journal of Archaeology*, Vol. 20, No. 3 (2001), pp. 263-283.

Panagiotopoulos, D., "Keftiu in Context: Theban Tomb-Paintings as a Historical Source," *Oxford Journal of Archaeology*, Vol. 20, No. 3 (2001), pp. 263-283.

Potter, D. S., "The Inscriptions on the Bronze Herakles from Mesene: Vologeses IV's War with Rome and the Date of Tacitus' 'Annales'," *Zeitschriftfiir Papyrologie und Epigraphik*, Bd. 88 (1991), pp. 277-279.

Potts, D. T., "Hormuz," in *Encyclopaedia Iranica*, online edition, https://iranicaonline.org/articles/hormuz-i.

Potts, D. T., "Jask," in *Encyclopaedia Iranica*, online edition, https://iranicaonline.org/articles/jask; https://www.livius.org/articles/person/nearchus/.

Potts, D. T., "Maritime Trade," in *Encyclopaedia Iranica*, online edition, http://www.iranicaonline.org/articles/maritime-trade-i-pre-islamic-period.

Potts, D. T., "Sailing to Pasargadae," in Touraj Daryaee and Ali Mousavi, eds., *Excavating an Empire: Achaemenid Persia in Longue Duree*, Berkeley: University of California Press, 2011, pp. 1-18.

Potts, D. T., "Trans-Arabian Routes of the Pre-Islamic Period," in J. F. Salles, etc., eds., *L'Arabie et Ses Mers Bordières*, Tome 1, Itinéraires et Voisinages, Séminaire de Recherche 1985-1986, Lyon: Maison de l'Orient et de la Méditerranée Jean Pouilloux, 1988, pp. 127-162.

Prakken, D. W., "A Ptolemaic Graffito in New York," *TAPA*, Vol. 76 (1945), pp. 108-115.

Ray, H. P., "The Yavana Presence in Ancient India," *Journal of the Economic and Social History of the Orient*, Vol. 31, No. 3 (1988), pp. 311-325.

Rea, J. R., Senior, R. C. and Hollis, A. S., "A Tax Receipt from Hellenistic Bactria," *Zeitschrift für Papyrologie und Epigraphik*, Vol. 104 (1994), pp. 261-280.

Reade, J. E., "Greco-Parthian Nineveh," *Iraq*, Vol. 60 (1998), pp. 65-83.

Reames, J., "Crisis and Opportunity: The Philotas Affair...Again," in Timothy Howe and Jeanne Reames, eds., *Macedonian Legacies: Studies in Ancient Macedonian History and Culture in Honor of Eugene N. Borza*, Claremont: Regina Books, 2008, pp. 165-181.

Rezakhani, K., "The Road That Never Was: The Silk Road and Trans-Eurasian Exchange," *Comparative Studies of South Asia, Africa, and Middle East*, Vol. 30, No. 2 (2011), pp. 420-433.

Riginos, A., "The Wounding of Philip II of Macedonia: Fact and Fabrication," *Journal of Hellenic Studies*, Vol. 114 (1994), pp. 103-119.

Roisman, J., "Ptolemy and his Rivals in His History of Alexander," *Classical Quarterly*, Vol. 34 (1984), pp. 373-385.

Rtveladze, E. V., "Pathian and Bactria," in Antonio Invernizzi, ed., *In the Land of the Gryphons: Papers on Central Asian Archaeology in Antiquity; Monografie di Mesopotamia*, Vol. 5, Florence: Casa Editrice Le Lettere, 1995, pp. 181-190.

Salles, J.-F., "The Arab Persian Gulf under the Seleucids," in Amélie Kuhrt and Susan Sherwin-White, eds., *Hellenism in the East: The Interaction of Greek and Non-Greek Civilizations from Syria to Central Asia after Alexander*, Berkeley: University of California Press, 1987, pp. 75-109.

Schiettecatte, J. and Arbach, M., "The Political Map of Arabia and the Middle East in the 3rd Century AD Revealed by a Sabaean Inscription: A View from South," *Arabian Archaeology and Epigraphy*, Wiley, 2016, Vol. 27, No. 2 (2016), pp. 176-196.

Schmitt, R., "Arachosia," in *Encyclopaedia Iranica*, online edition, http://www.iranicaonline.org/.

Schmitt, R., "Choara," in *Encyclopaedia Iranica*, online edition, http://www.iranicaonline.org/articles/choara-and-choarene-latin-forms-of-gk.

Sears, M. and Willekes, C., "Alexander's Cavalry Charge at Chaeronea, 338 BCE," *Journal of Military History*, Vol. 80 (2016), pp. 1017-1035.

Seldeslachts, E., "The End of the Road for the Indo-Greeks?" *Iranica Antiqua*, Vol. XXXIX (2004), pp. 249-296.

Seyrig, H., "Palmyra and East," *The Journal of Roman Studies*, Vol. 40 (1950), part 1 and 2, pp. 1-7.

Shahbazi, A. Shapur, "Darius," in *Encyclopaedia Iranica*, online edition, http://www.iranicaonline.org/articles/darius-iii.

Shishkina, G. V., "Ancient Samarkand: Capital of Soghd," *Bulletin of the Asia Institute, New Series, Vol. 8, The Archaeology and Art of Central Asia Studies from the Former Soviet Union*, 1994, pp. 81-99.

Sircar, D. C., "The Account of Yavanas in the *Yuga-Purana*," *Journal of the Royal Asiatic Society of Great Britain and Ireland*, No. 1/2 (Apr. 1963), pp. 7-20.

Stein, O., "Yavanas in Early Indian Inscription," *Indian Culture*, I (1934-1935), pp. 343-357.

Tarn, W. W., "Notes on Hellenism in Bactria and India," *The Journal of Hellenic Studies*, Vol. 22 (1902), pp. 268-293.

Thorley J., "The Development of Trade between the Roman Empire and the East under Augustus," *Greece and Rome*, Second Series, Vol. 16, No. 2 (Oct. 1969), pp. 209-223.

Thorley J., "The Roman Empire and the Kushans," *Greece and Rome*, Vol. 26, No. 2 (Oct. 1979), pp. 181-190.

Vogelsang, W. J., "Gedrosia," in *Encyclopaedia Iranica*, online edition, http://www.iranicaonline.org/articles/gedrosia-.

Waugh, D., "Richthofen's 'Silk Roads': Toward the Archaeology of a Concept," *The Silk Road*, Vol. 5 (2007), pp. 1-10.

Wendrich, W. Z., etc., "Berenike Crossroads: The Integration of Information," *Journal of the Economic and Social History of the Orient*, Vol. 46, No. 1 (2003), pp. 46-87.

Whitfield, S., "Was there a Silk Road?" *Asian Medicine*, Vol. 3 (2007), pp. 201-213.

Williams, F., "Xenophon's Dana and the Passage of Cyrus's Army over the Taurus Mountains," *Historia: Zeitschrift für Alte Geschichte*, Bd. 45, H. 3 (3rd Qtr., 1996), pp. 284-314.

Wojtilla, G., "Did the Indo-Greeks Occupy Pataliputra," *Acta Ant*, Hung. 40 (2000), pp. 495-504.

Yang Juping, "Alexander the Great and the Emergence of the Silk Road," *The Silk Road*, Vol. 6 (2009), pp. 15-22.

Yang Juping, "Alexander the Great and the Emergence of the Silk Road," *The Silk Road*, Vol. 6 (2009), pp. 15-22.

Yang Juping, "Some Clues of the Hellenistic World and the Roman East Hidden in China's Early Four Historical Books," *Talanta. Proceedings of the Dutch Archaeological and Historical Society*, 46/47 (2014/2015), pp. 121-143.

Young, R. S., "Gordion on the Royal Road," *Proceedings of American Philosophical Society*, Vol. 107, No. 4 (1963), pp. 348-364.

Zhang Xushan, "On the Origin of Taugast in Theophylact Simocatta and the Later Sources," *Byzantion*, Vol. 80 (2010), pp. 485-501.

七、中文论文

陈戈:《新疆史前时期又一考古学文化——苏贝希文化试析》，收入宿白主编:《苏秉琦与当代中国考古学》，北京：科学出版社，2001年，第153—171页。
党超、张红杰：《秦亡年月辨疑》，《秦文化论丛》第十四辑，西安：三秦出版社，2007年，第83—87页。
高至喜：《论我国春秋战国的玻璃器及有关问题》，《文物》1985年第12期，第54—65页。
龚骏：《甘英出使大秦考》，《东方杂志》1944年第8期，第21—27页。
何晋：《秦称“虎狼”考》，《文博》1999年第5期，第41—50页。
洪涛：《汉西域都护府的建立及其历史地位》，《西域研究》1999年第3期，第9—14页。
胡岩涛：《论汉武昭宣时期的西域羁縻策略》，《新疆大学学报（哲学人文社会科学版）》2016年第1期，第85—89页。
黄靖：《大月氏的西迁及其影响》，《新疆社会科学》1985年第2期，第96—105页。
蓝琪：《丝绸之路开通前欧亚大陆中部的交通情况》，《中外关系史论丛》第八辑，香港：香港社会科学出版社，2005年，第77—88页。
李炳泉：《关于汉代西域都护的两个问题》，《民族研究》2003年第6期，第69—75页。
李炳泉：《两汉“西域副校尉”略考》，《史学月刊》2008年第12期，第125—127页。
李大龙：《西汉西域都护略论》，《中国边疆史地研究》1991年第2期，第64—70页。
李铁：《汉刘平国治关刻石小考》，《社会科学战线》1979年第4期，第204—206页。
李肖等：《新疆鄯善洋海墓地发掘报告》，《考古学报》2011年第1期，第99—166页。
林梅村：《大月氏人的原始故乡——兼论西域三十六国之形成》，《西域研究》2013年第2期，第90—104页。
林梅村：《吐火罗人与龙部落》，《西域研究》1997年第1期，第11—20页。
林梅村：《再论汉佉二体钱》，《中国钱币》1987年第4期，第3—11、20页。
刘光华：《也谈汉代的乌孙——〈关于汉代乌孙的几个问题〉商榷》，《新疆大学学报（哲学社会科学版）》1981年第3期，第33—43页。
刘洪波：《关于西域都护的始置时间》，《中国史研究》1986年第3期，第99—100页。
刘进宝：《“西城”还是“西域”——〈史记·大宛列传〉辨析》，《中国史研究》2017年第4期，第201—205页。
罗帅：《阿富汗贝格拉姆宝藏的年代与性质》，《考古》2011年第2期，第68—80页。
吕恩国等：《新疆鄯善县洋海墓地的考古新收获》，《考古》2004年第5期，第3—7页。
马俊、荣朝和：《交通网络演进的过程与机制研究》，《物流技术》2012年第2期，第22—26页。
马瑞琼：《8—10世纪丝绸之路中段呼罗珊大道考述》，《中国历史地理论丛》第31卷第3辑，

2016年，第17—28页。

苗普生：《匈奴统治西域述论》，《西域研究》2016年第2期，第1—9页。

莫任南：《甘英出使大秦的路线及其贡献》，《世界历史》1982年第2期，第13—19页。

莫任南：《关于月氏西迁年代问题》，《湖南师大学报（哲学社会科学版）》1985年第2期，第57—62页。

莫任南：《康居古国初探》，《世界历史》1985年第11期，第48—55页。

任乃宏：《东汉刘平国摩崖刻石补考》，《文物春秋》2020年第1期，第76—79页。

山西省文物管理委员会、山西省考古研究所：《山西长治北槽唐墓》，《考古》1962年第2期，第63—68页。

邵大路：《塞琉西亚建城考：早期希腊化城市与帝国统治》，《历史研究》2017年第1期，第113—127页。

邵会秋：《新疆苏贝希文化研究》，《边疆考古研究》2012年第2期，第193—220页。

盛观熙：《中亚贵霜王朝钱币研究》，《亚洲钱币》2001年第1期，第31—45页。

孙闻博：《〈史记〉所见“匈奴西域”考——兼论〈史记·大宛列传〉的撰作特征》，《西域研究》2019年第4期，第28—40页。

孙毓棠：《安息与乌弋山离》，《文史》第五辑，北京：中华书局，1978年，第7—21页。

唐云鹏、王建新：《乌兹别克斯坦苏尔汉河流域考古工作的主要收获——月氏与贵霜文化的考古学观察》，《西北大学学报（哲学社会科学版）》2021年第3期，第80—92页。

佟柱臣：《从考古材料看汉、唐对西域的管辖》，《社会科学战线》1981年第4期，第214—221页。

童恩正：《略谈秦汉时代成都地区的对外贸易》，收入徐中舒主编：《巴蜀考古论文集》，北京：文物出版社，1987年，第153—158页。

王炳华：《“刘平国刻石”及有关新疆历史的几个问题》，《新疆大学学报（哲学社会科学版）》1980年第3期，第56—62页。

王炳华：《西域只知有秦人》，《人民日报》2018年2月22日24版。

王建新：《古代月氏人活动的中心地域——古代月氏文化的考古学探索之三》，《中国文物报》2003年2月28日。

王冀青：《“丝绸之路”概念的提出者应为李特尔》，《中国社会科学报》2023年10月27日4版。

王冀青：《论丝绸之路概念的起源》，《丝路文明》第8辑，第183—192页。

王坤霞、杨巨平：《流动的世界：〈厄立特里亚航海记〉中的海上贸易》，《西域研究》2017年第1期，第37—48页。
王敏之、高良谟、张长虹：《河北献县唐墓清理简报》，《文物》1990年第5期，第28—33、53、101页。
王子今：《“西域”名义考》，《清华大学学报（哲学社会科学版）》2010年第3期，第100—105页。
王子今：《论贾谊〈新书〉“备月氏、灌窳之变”》，《社会科学》2010年第3期，第151—157页。
王子今：《穆天子神话和早期中西交通》，《学习时报》2001年6月11日，收入氏著：《秦汉边疆与民族问题》，北京：中国人民大学出版社，2011年，第449—452页。
王子今：《南宫公主的婚事》，《读书》2006年第3期，第127—133页。
王子今：《秦汉长城与北边交通》，《历史研究》1988年第6期，第91—105页。
王子今：《秦汉长城与丝绸之路》，《光明日报》2018年3月26日14版。
吴焯：《克孜尔石窟壁画裸体问题初探》，《中亚学刊》第一辑，北京：中华书局，1982年，第116—143页。
西北大学丝绸之路文化遗产与考古学研究中心、乌兹别克斯坦共和国科学院考古研究所：《2015年度撒马尔罕萨扎干遗址发掘报告》，《西部考古》2017年第1期，第1—28页。
西北大学中亚考古队、洛阳市文物考古研究院、乌兹别克斯坦科学院考古研究所：《乌兹别克斯坦撒马尔罕市撒扎干遗址M11—2发掘简报》，《考古与文物》2020年第3期，第27—36页。
西北大学中亚考古队、乌兹别克斯坦科学院考古研究所、洛阳市文物考古研究院：《乌兹别克斯坦拜松市拉巴特墓地2018年发掘简报》，《考古》2020年第12期，第53—80页。
西北大学中亚考古队、乌兹别克斯坦科学院考古研究所：《乌兹别克斯坦拜松市拉巴特墓地2017年发掘简报》，《文物》2018年第7期，第4—30页。
西北大学中亚考古队、乌兹别克斯坦科学院考古研究所：《乌兹别克斯坦撒马尔罕市撒扎干遗址M11发掘简报》，《文物》2018年第7期，第31—41页。
夏鼐：《和田马钱考》，《文物》1962年第7、8合期，第60—63页。
谢明良：《希腊美术的东渐？——从河北献县唐墓出土陶武士俑谈起》，《故宫文物月刊》15卷第7期，1997年，第32—53页。
新疆文物考古研究所、吐鲁番文物局：《鄯善洋海一号墓地发掘简报》《鄯善洋海二号墓地发掘简报》和《鄯善洋海三号墓地发掘简报》，《新疆文物》2004年第1期，第1—68页。
徐朗：《“丝绸之路”概念的提出与拓展》，《西域研究》2020年第1期，第140—151页。

徐晓旭:《“大宛”和“大夏”：张骞带回的两个希腊族称》,《华中师范大学学报（人文社会科学版）》2023年第6期，第138—147页。
颜世明、高健:《班超〈西域风土记〉佚文蠡测——兼析甘英出使大秦路线》,《南昌大学学报（人文社会科学版）》2014年第2期，第129—134页。
颜世明、高健:《浅析〈后汉纪·孝殇皇帝纪〉西域史料价值》,《西北民族大学学报（哲学社会科学版）》2014年第6期，第78—83页。
杨共乐:《甘英出使大秦路线新探》,《光明日报》2000年10月13日C03版。
杨共乐:《甘英出使大秦线路及其意义新探》,《世界历史》2001年第4期，第115—118页。
杨建新:《关于汉代乌孙的几个问题》,《新疆大学学报（哲学社会科学版）》1980年第2期，第66—79页。
杨巨平:《“Soter Megas”考辨》,《历史研究》2009年第4期，第140—152页。
杨巨平:《阿伊·哈努姆遗址与“希腊化”时期东西方诸文明的互动》,《西域研究》2007年第1期，第96—105页。
杨巨平:《传闻还是史实——汉史记载中有关西域希腊化国家与城市的信息》,《西域研究》2019年第3期，第23—35页。
杨巨平:《犍陀罗艺术中的“希腊神”在中国——一项基于图像的初步考察》,《西域研究》2022年第1期，第120—124页。
杨巨平:《两汉中印关系考——兼论丝路南道的开通》,《西域研究》2013第4期，第1—12页。
杨巨平:《弥兰王还是米南德？——〈那先比丘经〉中的希腊化历史信息考》,《世界历史》2016年第5期，第111—122页。
杨巨平:《娜娜女神的传播与演变》,《世界历史》2010年第5期，第103—115页。
杨巨平:《帕提亚王朝的“爱希腊”情结》,《中国社会科学》2013年第11期，第180—201页。
杨巨平:《文明的流动：从希腊到中国》,《光明日报》2013年7月4日11版。
杨巨平:《希腊化还是印度化——“Yavanas”考》,《历史研究》2011年第6期，第134—155页。
杨巨平:《希腊化文明的形成、影响与古代诸文明的交叉渗透》,《陕西师范大学学报（哲学社会科学版）》1998年第3期，第90—96页。
杨巨平:《希腊化文明与丝绸之路关系研究的回顾与展望》,《北京师范大学学报(社会科学版)》2016年第6期，第78—90页。
杨巨平:《希腊式钱币的变迁与古代东西方文化交融》,《北京师范大学学报（社会科学版）》

2007年第6期，第40—46页。
杨巨平：《亚历山大东征与丝绸之路开通》，《历史研究》2007年第4期，第150—161页。
姚胜：《甘英出使大秦原因考》，《塔里木大学学报》2009年第1期，第82—86页。
余太山：《安息与乌弋山离考》，《敦煌学辑刊》1991年第2期，第82—90页。
余太山：《大宛和康居综考》，《西北民族研究》1991年第1期，第17—45页。
余太山：《伊西多尔〈帕提亚驿程志〉译介》，《西域研究》2007年4期，第5—16页。
袁炜：《丝绸之路上的伊朗货币》，《甘肃金融》2015年第5期，第56—59页。
张绪山：《甘英西使大秦获闻希腊神话传说考》，《史学月刊》2003年第12期，第118—120页。
张增祺：《战国至西汉时期滇池区域发现的西亚文物》，《思想战线》1982年第2期，第82—87页。
赵德云：《中国出土的蚀花肉红石髓珠研究》，《考古》2011年第10期，第68—78页。

八、中文译文

［美］杰弗里·勒纳：《希腊—巴克特里亚时期的瓦罕城堡与丝绸之路》，庞霄骁译，《西域研究》2017年第3期，第60—70页。
［日］安马弥一郎：《月氏西迁考》，王崇武译，《禹贡》半月刊，1936年，第五卷第八、九合期，第29—36页。
［日］宫治昭：《近年来关于佛像起源问题的研究状况》，李静杰译，《敦煌研究》2000年第2期，第74—82页。
［日］宫治昭：《犍陀罗美术研究的现状》，李茹译，《丝绸之路》2015年第8期，第65—72页。
［苏］С. И. 鲁金科：《论中国与阿尔泰部落的古代关系》，潘孟陶译，《考古学报》1957年第2期，第37—48页。

国家出版基金项目

杨巨平 总主编

从地中海到黄河

希腊化文明与丝绸之路

FROM THE MEDITERRANEAN TO THE YELLOW RIVER

HELLENISTIC CIVILIZATION AND THE SILK ROAD

第二卷

从亚历山大里亚到撒马尔罕

——希腊化城市与丝路重镇

主编 杨巨平 ［法］皮埃尔·勒里什 徐晓旭（执行）

中華書局

编撰分工

第二卷主编　杨巨平　皮埃尔·勒里什　徐晓旭（执行）

协编　邵大路　庞霄骁

著译者

序　杨巨平

导言　徐晓旭

总论一　皮埃尔·勒里什撰　孙艳萍译

总论二　徐晓旭

第一章　邵大路

第二章　杰弗里·勒纳撰　孙艳萍（第一节）

张琳（第二节）译　孙艳萍校

第三章　王　潇

第四章　庞霄骁

第五章　汪世超（第一节）　邵大路（第二节）

第六章　邵大路

第七章　庞霄骁

第八章　哈米德礼萨·帕沙·扎努斯撰　李毅铭编译　孙艳萍校

第九章　齐小艳

第十章　邵大路

第十一章　高克冰

第十二章　王　潇

第十三章　哈米德礼萨·帕沙·扎努斯撰　李毅铭编译　孙艳萍校

附录　杨巨平

译名整理　靳　悦

文献整理　郜鑫玉

目录

第二卷

从亚历山大里亚到撒马尔罕

——希腊化城市与丝路重镇

附　录

序

本卷是本系列的第二卷，与主题关系最为密切。究其原因，与研究对象希腊化城市与丝路重镇本身的重要性及其在历史上的深远影响有关。

本人对希腊化城市的关注始于硕士学位论文《希腊化文化宏观考察》。尽管当时研究水平极其有限，资料十分缺乏，但还是接触了一些比较新的国外研究成果，现在仍然历历在目的就是沃尔班克的《希腊化世界》(1981) 和他主编的《剑桥古代史》第七卷第一分册 (1984)。其中对希腊化城市的整体概况和最新发掘的阿富汗阿伊·哈努姆的介绍，使我第一次对这类城市有了一些印象。在硕士学位论文写作中，又不断了解到，希腊化时期的诸多文化成就和名人巨擘有相当一部分出自这些新建的希腊化城市，于是便萌生了研究这一问题的念头。

毕业后我便开始全力搜集这方面的资料。但无论如何，还是二手材料居多。1992年我的第一篇关于希腊化城市的文章《论“希腊化”时期的城市化运动》(《城市史研究》总第7辑，全文见附录一)就是在这样的学术背景下写成并发表的。若干年后，我再次关注这个课题，是与研究方向的调整有关。我感到，关于希腊化文化本身的研究，自己还是底气不足，主要是文化现象过于宽泛，我过去把它分为六大类（文学、哲学、历史、艺术、宗教、自然科学），其中各自还可分为许多小类。我自觉缺乏解读这些零散的、深奥的文献资料的能力，所以还是转向宏观一点的希腊化文明与欧亚大陆其他文明的互动，切入点就是丝绸之路，正是它的开通，沟通了中国、希腊两大文明的源流。这时，一个早就被希腊人遗弃的城市再次引起了我的注意，就是前面提到的阿伊·哈努姆遗址。它无疑是一座希腊人的城市、希腊化的城市，但其中也有很多东方式的建筑遗迹，或可作为一个典型案例来说明远东之地希腊化城市的多元特征。这就有了《阿伊·哈努姆遗址与希腊化时期东西方诸文明的互动》(《西域研究》2007年第1期，全文见附录二）一文的发表。但严格说来，这些文章虽然主要依据考古资料，但并非直接使用考古报告，而是从发掘者的一般介绍中获取信息，因此，前面的所谓“研究”只是纸上谈兵。

真正对希腊化城市遗址有了亲身感受，是在2014年的乌兹别克斯坦和2017年的伊朗两次实地考察。在法国国家科学研究中心法乌考古队领队勒里什（Pierre Leriche）教授（后来应邀担任本项目第二子课题负责人和本卷主编之一）的邀请下，我参加了他主办的“世界文化体系中的阿姆河文明”国际学术会议，并考察了铁尔梅兹周围的多处希腊化城市遗址，包括铁尔梅兹老城和坎培尔·特佩遗址。这两座城市都是希腊人所建，或许与亚历山大有关，至今发掘出土的有城堡、渡口哨所遗迹。站在坎培尔·特佩遗址高地，不远处的阿姆河尽在眼中。这就是亚历山大渡过的奥克苏斯河（the Oxus），希腊人所谓的巴克特里亚和索格底亚那的分界线。但实际上，古代的希腊—巴克特里亚王国控制的地盘远不止于此，一度包括远至锡尔河的索格底亚那之地。

此行我还去了撒马尔罕的阿弗拉西亚卜（Afrasiab）遗址。此地在亚历山大时期名为马拉坎达，他本人和他的后继者都曾在此驻留。当地还可见到当年希腊人的城堡、马厩以及各种希腊式陶器、钱

乌兹别克斯坦坎培尔·特佩遗址：渡口、希腊驻军哨所

币。伊朗之行在来自伊朗德黑兰大学、与我合作研究的博士后哈米德礼萨·帕沙·扎努斯（Hamidreza Pasha Zanous）的精心安排下，非常顺利，从南到北，从西到东，几乎走遍了伊朗的主要古代城市和文化遗址。其中埃克巴坦纳遗址给人印象深刻，虽然现在保留的是帕提亚时期的城址，但出土物中的希腊化特征非常明显，如希腊式钱币等。此地是亚历山大两次亲临之地，最后一次是他的密友赫菲斯提昂（Hephaestion）病死于此地之时。我看到了他为纪念亡友专门雕刻的石狮，可惜残损严重，只有大致的轮廓而已。在著名的贝希斯敦铭文遗址，看到了保存完好的赫拉克勒斯石雕像。这是公元前148年塞琉古王朝为纪念从帕提亚人手中收复失地而作。

本来我们后面还有计划去塔吉克斯坦看苦盏（Khojand，“最远的亚历山大里亚”）、塔赫特—伊·桑金遗址，去巴基斯坦看塔克西拉遗址，去阿富汗看阿伊·哈努姆遗址、贝格拉姆遗址，还有土耳其、约旦、伊拉克、埃及等地希腊化和丝路城市遗址，竟然都因长期肆虐的疫情不得不暂时作罢。但疫情前的2019年9月末10月初，我们组织了研究团队的二访乌兹别克斯坦，还是得力于勒里什教授的帮助。这次有徐晓旭教授、董波教授、陈晓露副教授、庞霄骁博士、李毅铭博士

撒马尔罕阿弗拉西亚卜遗址希腊化时期城堡北面一部，博物馆模型。在此已经发现希腊人的马厩和谷仓

等几位成员前往，比我第一次去的地方还多，主要是获取了希腊化时期、贵霜时期城市遗址的第一手直观印象。这些对于本卷研究的深入和扩展无疑大有裨益。

本卷成员近年来都在希腊化城市的研究领域颇有收获。勒里什教授虽然年届八十高龄，仍然在铁尔梅兹坚持考古发掘，并在项目实施期间，两度来南开参加国际学术会议，介绍他在中亚希腊化城市研究方面的成果。美国维克森林大学的勒纳（Jeffrey Lerner）教授是国际著名的远东希腊化史研究专家，现任伊朗伊斯法罕大学的助理教授哈米德礼萨·帕沙·扎努斯则因其特殊的学术背景、语言基础，在帕提亚和萨珊时期希腊化城市和丝路城市研究方面具有得天独厚的有利条件。他们的加入无疑有助于本卷的研究水平接近国际一流。孙艳萍、张琳、李毅铭三位同学的高水平翻译更是使他们的研究成果能够让中文读者轻松分享，可谓锦上添花，令人欣慰。徐晓旭教授作为本卷主

笔者考察伊朗哈马丹（埃克巴坦那）的亚历山大石狮

伊朗贝希斯敦赫拉克勒斯雕像

编之一，不仅参与了本子课题的撰写组织工作，而且发挥其特有的古典语言优势，利用铭文资料，在波斯湾丝路城市与贸易研究方面取得了重大进展。邵大路、王潇的硕士、博士学位论文都是关于希腊化城市的个案研究或区域研究，如两河流域到叙利亚一线的塞琉西亚、杜拉·欧罗普斯、帕尔米拉、安条克等。庞霄骁、齐小艳、高克冰的博士学位论文也与希腊化城市，尤其是与由希腊化城市转型而来的丝路重镇有关。汪世超博士也是致力于城市史的研究。这样的学术训练为他们成功完成承担的章节提供了坚实的基础。邵大路和庞霄骁作为本卷的协编，还做了诸多编订整理工作。

正是在各位成员的共同努力下，我们完成了第二卷的研究任务。但遗憾之处仍然很多，不仅是还有一些重要的希腊化城市和丝路遗址没能够实地考察，而且就现有研究成果来看，也存有疏漏欠缺、各编各章立论深度不一等问题。这些只能俟后加以补救了。

杨巨平

2024年8月23日改定

导言

一、本卷缘起

公元前331年，亚历山大在埃及尼罗河三角洲亲自规划建立了第一座以他之名命名的亚历山大里亚城，此后他在中亚、印度又建立了十几个乃至数十个类似的城市。他的后继者步其后尘，也同样在各自的统治范围内建立了大小不等、类型各异的数百个城市。三大希腊化王国中，塞琉古王国建城最多，也最集中，主要分布于它统治的腹地：两河流域—叙利亚和远东以巴克特里亚为中心的地区。

公元前128年，来自中国西汉王朝的使者张骞来到了大宛、康居、大月氏、大夏。给他印象最为深刻的就是城市众多，大宛有七十余城，大夏也有城邑，还听闻西面的安息也有数百城。

在西方古典作家的笔下，亚历山大建城早有记载，虽不详细，但有迹可循，对于巴克特里亚希腊人王国城市数目之多，更是惊叹不已，称其为“千城之国”。

中西记载的吻合证实了亚历山大及其后继者建城事实的存在，近代以来的考古发掘也证明了这些城市的存在。最著名的希腊式城市遗址就是今阿富汗东北方的阿伊·哈努姆遗址。它和今乌兹别克斯坦、塔吉克斯坦、土库曼斯坦境内以坎培尔·特佩、塔赫特—伊·桑金和埃尔克—卡拉和吉奥尔—卡拉（属古代木鹿）为代表的诸多希腊化城市遗址的发现，不仅证实了史家所记载的这些城市的存在，而且也证明，这些城市并没有被历史的风尘湮没，其中的一部分在丝绸之路后，不仅顽强地存活了下来，有的甚至发展成了著名的丝路重镇。像亚历山大曾经驻跸过的马拉坎达（即乌兹别克斯坦的撒马尔罕），今阿富汗的贝格拉姆（高加索的亚历山大里亚）、坎大哈（阿拉科西亚的亚历山大里亚）、巴尔赫（希腊—巴克特里亚王国的都城巴克特拉），今巴基斯坦的塔克西拉（印度—希腊人王国的都城之一），底格里斯河畔的塞琉西亚（塞琉古一世建立），波斯湾的卡拉克斯·斯帕西努（亚历山大始建）、叙利亚的安条克（塞琉古一世建立），埃及的亚历山大里亚（亚历山大建立）等，都是后来丝路的商贸和文化中心，有的甚至是政治中心。由此可见，希腊化城市与后来丝路的发展具有密切的内在联系。

城市既是文明的标志，也是文明的集中地。可以说，没有城市的国家，像游牧民族国家（中国史书中的“行国”），可能存在，但有城市的国家才有可能在物质文明和精神文明方面得到更大、更好、更快的发展。古今中外，概莫能外，希腊化文明尤其如此。由于希腊—马其顿人在他们创立的希腊化世界中，只是人数极少的统治民族，他们要有效管理从东地中海到印度河如此广袤的多民族地区，唯一可行的办法就是广建希腊人的殖民地或城市，以此来作为政治统治的中心，作为文化辐射的中心，作为使当地人希腊化的融合之地。因此，在希腊化世界事实上就出现两个貌似分离、互不兼容的世界，一个是以城市为中心的希腊人和希腊化的当地人的世界，一个是以乡村为生存基础的当地人的世界。当然，并非是说希腊化的影响不会触及到乡村，至少官方的希腊语指令、带有国王头像和希腊神、希腊语铭文的希腊化钱币还是会对城市之外的乡村社会传递希腊化的信息。然而，希腊式城市的大量存在是希腊化世界特有的现象，在这个意义上，希腊化文明实则希腊式城市文明。虽然希腊化城市的主人或主体居民有可能因希腊化王国的灭亡而改变，但城市本身以及本身特有的文化遗产是不可能倏然消失的。

也正是这种城市及其文化遗产的延续，才使得它们首先有可能成为丝绸之路城市继续存在，它们的文化遗产也可能或者与当地新来的民族所带来的文化再度融合，并随着丝绸之路的扩展延伸，丝路商旅、使者、僧人的流动而被带到更为遥远的地方，不论方向如何。希腊化文明的遗产及其信息之所以能够传到中国的中原之地，也正是借助于丝绸之路强大而持久的文化传播能力。因此，希腊化城市与丝绸之路的关系就成为本卷的研究主旨。之所以将城市列于与其并称“三大遗产”的钱币、艺术之前，就是因为城市是它们二者和其他遗产延续、传播、交流、融合、演化的起点和基础。

二、本卷内容简介

本卷正文分为两大部分四编十三章。正文之前，设一总论，由本卷主编皮埃尔·勒里什教授和徐晓旭教授的两篇专题论文构成。

勒里什教授是法国著名考古学家，参与过叙利亚杜拉·欧罗普斯和阿富汗阿伊·哈努姆等遗址的发掘。20世纪90年代以后，致力于乌兹别克斯坦铁尔梅兹地区的希腊化和贵霜城市遗址的发掘近三十年，对当地地理环境的变迁和历史文化的演变极为熟悉。他所撰写的《古代巴克特里亚史概略》对该地从文明起源、波斯帝国到阿拉伯人到来之前的历史作了简要而系统的回顾，特别突出了希腊化时期和贵霜时期该地希腊化城市的兴衰变迁，对以巴克特里亚为中心的中亚地区的希腊化城市和丝路重镇的研究提供了广阔且深入的时代背景。

笔者的《丝绸之路与希腊化城市》一文从张骞出使西域见闻中的诸国城市入手，分析了希腊化城市的基本特征，并以波斯湾地区的卡拉克斯和叙利亚的帕尔米拉两座城市为例，说明了希腊化城市向丝路城市转化的原因、背景和途径。通过对巴林、帕尔米拉地区新出土铭文的解读分析，首次向学界揭示了海陆丝路贸易在这些地区的汇合和发展，“一个城市、两个故事”模式的提出就是试图对希腊化城市向丝路城市转型演变的基本路径做出比较形象的概括。

本卷第一编着力于从整体上展现从地中海到中亚和印度这一广阔世界中希腊化城市建立的历史，重点关注位于港口、商路要冲等战略位置的希腊化城市的定位，探索丝路重镇形成和发展的历史渊源。希腊化城市的营建传统是由亚历山大开启的，他之后各地的历代希腊化统治者更是掀起了一场绵延不绝、波澜壮阔的建城运动。第一、二章从不同的地理空间着手，详实考察了亚历山大、他的继业者及其所建立的安提柯王朝、托勒密王国和塞琉古王国的建城活动：第一章描绘的是地中海和西亚地区的图景，第二章则论述了发生在希腊化远东地区即中亚和印度的建城活动。第三章论述了阿塔卢斯王朝统治时期的帕加马王国的建城活动。鉴于有关中亚和西北印度希腊化城市的史料的特点，第四章在宏观考察这两个地区希腊化城市整体历史的背景下，聚焦于由塞琉古王国中独立出来的希腊—巴克特里亚王国和之后又由它扩张发展出来的印度—希腊人王国（Indo-Greek Kingdoms）中原有及新建的希腊化城市的发展状况。

第二编包括第五和第六章，采用综合研究和个案分析的方式揭示了希腊化城市的总体特征及其历史演变进程。第五章第一节对希腊化城市进行了类型学分析，它们有新建的希腊城市（polis）、重建与重新命名的旧城市、军事殖民地（katoikiai）三种不同的类型；再现了希腊化城市的希腊式市政制度和城市布局、建筑等文化面貌。紧接着，第六章从希腊化世界政治格局的变动、商路变动和文化交流等影响变量出发，追踪了希腊化城市的多方面变迁。其中特别关注到了仿希腊化城市这种新城市类型的出现、部分城市向沙漠商旅城市的转化，还从中国史书的记载当中解读了张骞“凿空”所见的希腊化城市。

第三编是对公元前2世纪—公元3世纪希腊化城市到丝路城市发展进程的重建。第七章考察了月氏、贵霜时期的希腊式城市遗存，除了原有的希腊化城市外，还对新建或改建城市中的希腊化因素进行了分析。第八章对帕提亚帝国境内主要的希腊化城市进行了总体论述，并对帕提亚城市的希腊化建筑因素给予了特别解析。第九章聚焦于索格底亚那，对希腊化文化影响下的该地区原有城市、希腊化时期和后希腊化时期的新建城市的希腊化特征进行了剖析和解读，呈现了以城市为载体的希腊化元素传入该地区以及之后发展消融的进程。第十、十一章关注的是罗马的东方。第十章描述和分析了小亚细亚和“黎凡特”这两个希腊化开始较早、程度更深地区的希腊式城市的发展。第十一章的主题是罗马—埃及地区的希腊式城市与海上丝绸之路相辅相成的关系，对亚历山大里亚和红海地区的港口城市作了逐一而又不失整体性的考察。

第四编的重点是公元3—7世纪希腊式城市与古代晚期丝路重镇的历史演变。第十二章以佩特拉和帕尔米拉、杜拉·欧罗普斯为重点研究对象，呈现了这一时期内东地中海地区希腊化—丝路城市的变迁，分析并阐释了商旅路线的转变和商旅城市的兴衰之间的相关性，之后又追踪了罗马—拜占庭时期（公元330—717年）原希腊城市的历史走向。第十三章以比沙普尔和泰西封为例，回顾了希腊化遗产对萨珊波斯帝国城市的影响，展现了城市建设中伊朗、希腊和罗马风格的融合。

最后的附录中，杨巨平教授提供了他早年发表的关于希腊化城市的两篇文章（修订版），可作为阅读参考。

（徐晓旭）

总论

古代巴克特里亚史概略

伟大而富饶的巴克特里亚（Bactria）平原是一个特殊的区域，有着广阔的地平线，与山脉和沙漠形成鲜明对比。在两者中间，它代表了一个不同的世界，与古典世界、印度世界和中华世界比邻而存。它东至喜马拉雅（Himalayas）山麓，西到土库曼沙漠（Turkmenia desert），向北自兴都库什山（Hindu Kush）延伸至阿姆河（Amu Darya）中游，再往前，直到希萨尔山（Hissar），将它与索格底亚那（Sogdiana）分开。[1]

若想到达此地，对任何人来说，均非易事。就像每一块应许之地一样，它必须努力争取。但是，那些大功告成的人都知道，在历经艰辛之后，你便会看到一片绿谷，通往一望无际的平原，从那里总能望见高山。除非有人想从克什米尔、印度或中国，经由帕米尔山脉，穿过奥克苏斯河（the Oxus）上游流域，夺取巴克特里亚，否则，只有三条路可走：要么像亚历山大那样，翻越世界上最高的关隘——兴

1 按照古希腊地理学家斯特拉波的说法，阿姆河是巴克特里亚和索格底亚那的分界线，锡尔河是索格底亚那和游牧民族萨迦（Sacae）的分界线（Strabo, 11.8.8, 11.11.2）。本文作者曾在《巴克特里亚：千城之国》一文中对巴克特里亚的地理位置作过详细的分析。这里他显然把巴克特里亚视为以阿姆河为中心的地区，北面以希萨尔山、南面以兴都库什山为界。参见P. Leriche, “Bactria, Land of One Thousand Cities,” in Joe Cribb and Georgina Herrmann, eds., *After Alexander: Central Asia before Islam*, New York: Oxford University Press, 2007, pp. 121-153. ——译者注

都库什山关隘（3000—4000米高），要么像成吉思汗（Genghis Khan）和帖木儿（Tamerlane）等北方征服者那样，穿过希萨尔山脉（其山峰高达4000—6000米）的“铁门关”（Iron Gates）。或者，从木鹿（Merv，梅尔夫），穿过卡拉库姆沙漠（Karakum desert），沿着它的大动脉奥克苏斯河而上。

巴克特里亚的绿洲，在古代便以农牧资源丰富而闻名。其炎热的气候和厚厚的黄土导致这里形成了一片天然草原（dasht），春天绿意盎然，夏天炎热干燥、尘土飞扬。但无论人们是否费心灌溉，除橄榄树外，所有作物在那里都长势良好，年年丰收。

它是波斯帝国阿黑门尼王朝的一个重要的总督辖区，首府是著名的巴克特拉城（Bactra），该行省便是以首府的名字命名的。它是强大的希腊—马其顿王国的一个发源地，印度的征服者。两个世纪后，它的名称变为吐火罗斯坦（Tokharestan），即中国和帕提亚帝国（Parthian Empire）之间神秘的贵霜帝国（Kushan Empire）之腹地。

对希腊人和罗马人来说，巴克特里亚代表已知世界的极限，位于波斯帝国的东部，是文明的极限。薛西斯大军中一支陌生而又给人深刻印象的队伍就是来自此地。为了征服这个偏远难及的国家，亚历山大不得不在此地战斗了很长一段时间，在这里，他遇到了罗克珊娜（Roxane），将她变成了自己的王后。巴克特里亚位于中亚腹地，素有“千城”之国、“富有的巴克特里亚”之称，著名的希腊—巴克特里亚王国（Graeco-Bactrian Kingdom）便建立于此，其后与中国、帕提亚和罗马帝国并立于世的贵霜帝国也诞生于此。再后来，它沦为萨珊波斯帝国（Sasanian Empire）的附庸，事实上从当地的历史中消失了。由于巴克特拉、铁尔梅兹（Termez）及其他众多城市的富有招致了诸多草原民族不断入侵，虽然它对倭马亚王朝（Ummayad dynasty）和阿拔斯王朝（Abbasid dynasty）进行了长期的抵抗，但最终还是被阿拉伯帝国所吞并，因此，它的命运跌宕起伏，通常是黑暗的，有时是辉煌的。不过，蒙古人灾难性的入侵，对它来说是致命的，即使帖木儿中兴曾使其恢复些往日光辉。

尽管难以到达，但巴克特里亚也是欧亚大草原、索格底亚那和印度世界之间的交通枢纽，穿越喜马拉雅群山、连接伊朗和中国的东西大通道都在此交汇。“此地主要是农牧区，西部没有固定的边界，安全总是难以保证，它是自然赐与的过境和交流之地。”[1]

如今，谁能相信现在分属于阿富汗、乌兹别克斯坦和塔吉克斯坦的古代巴克特里亚曾是古代世界多元文明汇聚的中心之一？印欧语（伊朗语、希腊语）、阿尔泰语（突厥语、蒙古语）和闪米特语（阿拉伯语），不同的民族、语言和文化在此邂逅、碰撞与融合，各种各样的文字（阿拉姆语、伊朗语、希腊语、印度语和阿拉伯语）曾在此地使用。这也是一个宗教蓬勃发展的地带，琐罗亚斯德教（Zoroastrianism）、希腊的多神教和印度的佛教（Buddhism），摩尼教、犹太教和聂斯托利派基督教（Nestorian Christianity）在这里共存并相互影响。阿拉伯大征服之后，巴克特里亚变成了伊斯兰教的思想中心之一，出现了哈吉姆·铁尔梅兹（Hakim Termezi，意即“铁尔梅兹的圣人”，逊尼派法学家）、苏菲派（Sufism）等。

纵观它的兴衰史，巴克特里亚在新文化的发展中起着至关重要的作用：它是“巴克特里亚艺术”的摇篮，受到美索不达米亚、印度以及后来伊朗的阿黑门尼王朝和草原艺术的共同影响，它也是“希腊—伊朗融合”的希腊化艺术的发源地。贵霜艺术和希腊—佛教艺术，一种特殊的佛教艺术在这里发展形成。最后，这里还出现了中亚伊斯兰建筑和装饰艺术的主要中心。

---

1 A. Foucher, *La Vieille Route de l'Inde de Bactres à Taxila*, Vol. 1, Paris: Les Editions d'art et d'histoire, 1942, p. 83.

一、巴克特里亚的出现与鼎盛

最早的文明

自公元前三千年代起，青金石贸易便使巴克特里亚经土库曼尼亚（Turkmenia）与伊朗和美索不达米亚发生联系，向南则与塞斯坦（Seistan）、俾路支斯坦（Baluchistan）和哈拉帕文明（Harappan Civilization）接触。灌溉农业突然出现，在巴克特里亚东部（绍图盖，Shortugai）、奥克苏斯河三角洲北端（法鲁卡巴德与达什利，Farukabad，Dashli）和希拉巴德河（Shirabad Darya/Cherabad Daria）流域（萨帕利与贾库坦，Sapalli，Djarkutan）导致了最早的一批定居点的出现。一般认为，这种现象应归因于大河流域（两河流域、埃及尼罗河流域和印度河流域）的影响，因为这些地区早已发明了这些灌溉技术。

公元前两千年代末，这个文明消失，继之而起的是一个融游牧和定居农业为一体的社会，其中骑士贵族阶层居于主导地位，整个社会都在一位居住于大城市巴克特拉/扎瑞亚斯帕（Bactra/Zariaspa）的君主的管辖之下。正是基于这样的背景，琐罗亚斯德教的圣书《阿维斯塔》（*Avesta*）创作完成，圣书将保护琐罗亚斯德（Zoroaster）之功归到巴克特里亚的一位君主名下。有几位作家提及某个“巴克特里亚王国”（Bactrian Kingdom），但是，对于这个说法，以及亚述国王尼努斯（Ninus）及其妻子塞米拉米丝（Semiramis）在公元前8世纪征服巴克特里亚的传说，许多人并不认可。

阿黑门尼王朝时期

公元前545—前540年，居鲁士一世（Cyrus I）将巴克特里亚并入波斯帝国，巴克特里亚由阿黑门尼家族的王室成员统治。在大流士的贝希斯敦（Behistoun）铭文中，它是23个行省中的一个。在《苏萨文献》（*Charters of Susa*）中，巴克特里亚人每年要提供黄金。在希罗多德的《历史》（3.9.3）中，它属于第十二个总督辖区，每年缴纳360塔兰特（约1吨）白银的贡赋。在波斯波利斯（Persepolis）和苏萨（Susa）的浅浮雕上，巴克特里亚人是牵着双峰骆驼，携带着珍贵器皿的形象。

在米底战争（Median Wars）[1]期间，巴克特里亚人是波斯大帝军队中一个重要组成部分。公元前462年，巴克特里亚起兵反抗。公元前4世纪，正是一位巴克特里亚人领导了“行省总督起义”（revolt of the Satraps）。巴克特里亚就像波斯帝国的西伯利亚荒原，是一块殖民区域，波斯大帝为从昔兰尼加（Cyrenaica）或爱奥尼亚（Ionia）迁徙而来的非本地人建立了殖民地。为了对抗亚历山大的军队，巴克特里亚动员了大约三万名骑兵，他们来自强大的贵族阶层。巴克特里亚总督贝苏斯（Bessos）正是依靠这些骑兵的支持篡夺了波斯王位。

在亚历山大到来之际，该地区已经高度发达，拥有巴克特里亚、奥尔诺斯（Aornos，今塔什库尔干，Tashkurgan，或阿尔廷·迪利亚尔·德佩，Altyn Diliar Depe）或德拉普萨卡（Drapsaca，今昆都士，Kunduz）等几个重要城市以及强大领主控制的岩垒要塞。这些情况得到了考古研究的证实，研究表明，在巴克特里亚东部和北部以及奥克苏斯河以北的十余个绿洲中，存在着庞大的灌溉渠系统，以及众多大小不一的城镇。

因此，对巴克特里亚来说，阿黑门尼王朝时期似乎是一个重要的发展阶段，这主要是得益于灌溉农业在克孜勒·特佩（Kyzyl Tepe）和塔拉什坎·特佩（Talashkan Tepe）等小型区域首府周边的扩展。该

---

1 即希波战争。——译者注

地的定居程度似乎比游牧仍占主导地位的索格底亚那地区要强得多。这一时期的建筑明显受到波斯帝国阿黑门尼王朝的影响，但在金属浮雕、金器和银器加工工艺上，仍可看到草原传统的强烈印记，如著名的“阿姆河宝藏”（Oxus treasure）。

希腊巴克特里亚时期（公元前329年至公元前2世纪中叶）

马其顿军队对该地区的入侵，以及亚历山大为征服巴克特里亚尤其是索格底亚那而不得不进行的战争，长达三个年头之久（前329—前327年）。它一开始就是一场真正的灾难。贝苏斯在撤出奥克苏斯以北之前实施焦土政策，导致巴克特里亚不战而降，贵族背叛并撤到其原领地。但是，不久后爆发的叛乱，以及索格底亚那人（Sogdians）领导并有游牧民族和某些巴克特里亚贵族参与的游击战，招致亚历山大的残酷镇压，镇压的高潮是“地狱纵队”（infernal columns）[1]组织屠杀了十万多居民。除首府外，所有城市都被摧毁，绿洲也被遗弃。

亚历山大随后建立了十几个军事殖民地。他命令赫菲斯提昂（Hephaestion）在这些新定居点安置改编后的士兵，并带走三万名人质以确保当地贵族的忠诚。

在亚历山大继业者的统治下，巴克特里亚通过大量移民希腊人或希腊化人口得以重建，并通过灌溉工程的大力修建得到了发展。在一个半世纪的时间里，它是希腊统治该地区的心脏。在狄奥多托斯一世（Diodotus I）、欧泰德姆斯（Euthydemus）、德米特里一世（Demetrios I）和欧克拉提德（Eucratides）等著名君主的领导下，它成为一个独

---

1 “地狱纵队”原是法国大革命期间路易·杜罗（Louis Turreau）将军在旺代（Vendée）地区采取的消灭保王党人的行动。据估计，仅1794 年1月至3月便有16000—40000名居民被杀害。作者在这里用“地狱纵队”可能是指代亚历山大的种族屠杀政策。参见Nicolas Delahaye et Pierre-Marie Gaborit, *Les 12 Colonnes infernales de Turreau*, Cholet: Editions Pays & terroirs, 1995, p. 53. ——译者注

立王国——希腊—巴克特里亚王国，其国力之强大，甚至抵抗住了帕提亚人和企图重新征服它的塞琉古王朝，还将其边界从索格底亚那扩展到印度西北部。

在此期间，巴克特里亚地域扩大，最重要的是，在巴克特里亚东部的阿伊·哈努姆（Ai Khanoum）创建了一座新都。随后，出现了卡拉埃扎尔（Kala e Zal）和沙赫里瑙（Shahr i Nao）等大城市以及第伯尔金·特佩（Dil'berjine Tepe）和达尔弗津·特佩（Dal'verzine Tepe）等较小的城市。在铁尔梅兹和坎培尔·特佩（Kampyr Tepe），巴克特里亚的希腊人还建立了军事定居点，以控制河流和要塞，从而保卫达尔班特（Derbent）山口附近的佩昂库尔干（Payon kurgan）等边境点。只有塔赫特—伊·桑金（Takht-i-Sangin）圣地在阿黑门尼王朝基础上继续发展，而哈伊塔巴德·特佩（Khaytabad Tepe）和贾达夫拉·特佩（Djandavlat Tepe）则是从灰烬中重生。

尽管与地中海世界逐渐疏离，巴克特里亚仍然是活跃的希腊化中心之一，有“阿里亚（Ariana）的明珠”（阿波罗多鲁斯语[1]）之称。新占领者发展了城市文明并在这些城市强行推广他们的防御技术和文字。希腊艺术渗透到各个领域。尤其是在建筑装饰、雕塑和钱币等方面，其中一些堪称杰作。同时，希腊人也知道如何充分利用当地的建筑和灌溉技术，并在不同程度上吸收了当地传统，以及草原或印度的传统，特别是在宗教领域。

游牧民族统治时期（公元前2世纪中叶至公元前1世纪末）

公元前2世纪中叶，因内斗而势衰的巴克特里亚希腊人，迫于北

1 语出Strabo, *Geography*, 11.11.1, with an English translation by Horace Leonard Jones, Cambridge, Mass.: Harvard University Press, 1988. 阿波罗多鲁斯（Apollodorus of Artemita），历史学家，帕提亚帝国希腊城市阿尔特米塔的希腊人，活跃于公元前130—前87年，著有《帕提亚史》（*Parthia*），已佚。——译者注

方游牧民族的压力，放弃了巴克特里亚本土，撤到他们已经统治了半个多世纪的印度西北部。他们的撤离给这些游牧民族的大规模到来腾出了空间。这些游牧民族先是扎营而居，积累起类似“黄金之丘”（Tillia Tepe）[1]的宝藏，然后逐渐转为定居。这导致小型设防定居点的激增，以至于斯特拉波和查士丁（Justin）说“巴克特里亚是千城之国”。事实上，这种情况反映了当时的不安定因素，某些灌溉区因此被遗弃。

公元前128—前126年，中国使节张骞抵达原来的巴克特里亚希腊人王国故地。他后来这样描述“妫水”（奥克苏斯河）以南的大夏（巴克特里亚本土）：“其俗土著，有城屋，与大宛（今费尔干纳）同俗。无大君长，往往城邑置小长。其兵弱，畏战。善贾市。及大月氏西徙，攻败之，皆臣畜大夏。大夏民多，可百余万。其都曰蓝市城，有市贩贾诸物。”[2]

贵霜时期（公元前1世纪至公元4世纪）

上述情况随着月氏五部征服巴克特里亚而告终。五部中的贵霜部征服其他部落后建国，定都卡尔恰扬（Khalchayan）或达尔弗津·特佩。王朝创立者将其权力扩展到兴都库什山脉。他的继任者将王国边界扩展到印度、旁遮普，建立起一个强大的帝国。贵霜帝国最伟大的国王是迦腻色伽（Kanishka，约公元127—150年），他的王家寺庙位于昆都士以东山脚下的苏尔赫·科塔尔（Surkh Kotal）遗址。

这一时期城镇化获得较大发展。旧的希腊军事定居点变成了城

---

1 提利亚·特佩，直译为“黄金之丘”，是阿富汗朱兹詹省（Jowzjan）北部的一处考古遗址。1978年，苏联和阿富汗的考古学家进行了联合发掘。出土的墓葬群年代为公元前1世纪前后，共出土两万多件金器，有的嵌有绿松石、红玉髓等宝石。——译者注

2 译文引自《史记》卷一二三《大宛列传》，二十四史点校本，北京：中华书局，1982年，第3164页。——译者注

市（铁尔梅兹、达尔弗津·特佩、坎培尔·特佩），新的定居点建立起来，如扎尔·特佩（Zar Tepc）、哈伊拉巴德·特佩（Khairabad Tepe），农业灌溉使得奥克苏斯河谷以及希萨尔、帕米尔和兴都库什山的高谷地带得以开垦。至此，巴克特里亚的殖民、发展过程才全部完成。

贵霜帝国对外大开国门（公元107年向罗马派遣使节），丝绸之路进一步拓展，铁尔梅兹和巴克特拉似乎是两个不可或缺的环节。位于帝国中心的巴克特里亚成为印度佛教传播的主要场所，其中巴克特拉、铁尔梅兹（卡拉·特佩）、达尔弗津·特佩（那里也有一个湿婆教派寺庙）或阿尔塔姆（Ayrtam）是最著名的佛教中心。也正是在这里，希腊遗产与草原和伊朗传统相融合，形成了贵霜王朝艺术和希腊—佛教艺术。前者以鲜明的正面石板雕为特色，后者具有强烈的自由生活气息，以各种形式（片岩雕或彩绘泥塑）繁荣于从印度西北部到希萨尔山的广大地区，并催生了依据阿波罗形象构想的典型佛像。

二、河中地区（Transoxania）和呼罗珊（Khorassan）之间的巴克特里亚—吐火罗斯坦

古代后期（公元3世纪至公元7世纪）

公元242年，萨珊王朝战胜贵霜王朝，巴克特里亚成为萨珊王朝的保护国，这段稳定和繁荣的时期戛然而止。国势衰弱的巴克特里亚无法抵抗来自草原新民族的入侵，这些新民族定居下来并建立起他们的统治：先是寄多罗人（Kidarites，月氏?），然后是匈尼特人

（Chionites，阿拉泰语族群），最后是嚈哒人/白匈奴（Ephtalites/Hiong Nou）。

公元4世纪，巴克特里亚之名逐渐湮没无闻，这片地区改称为吐火罗斯坦（名称来源于其主体民族）。在嚈哒人统治下，城市人口迁移到农村，多数城市衰落或消失。进入中世纪（the Middle Ages）后，吐火罗斯坦被分为若干小公国。它们有查干尼安（Chaganian/Chaghaniyan）、[1]科巴迪安（Kobadian）、库塔尔（Kuttal）、铁尔梅兹、巴克特里亚、昆都士、巴达赫尚（Badakhshan）等。军事贵族“德克汉”（dehkhans）在高高的台地上建造城堡，例如，在卡菲尔卡拉（Kafir Kala）、雅万（Yavan）或基科巴查（Key Kobad Chah），或巴拉里克·特佩（Balalyk Tepe）和奎雍库尔干（Kuyov kurgan）等，这些城堡饰有华丽绘画和雕塑，其风格与印度息息相关。当中国取经人玄奘（Hsuen Tsang）于630年造访该地时，佛教依然很繁荣，寺庙众多，例如，在阿加纳·特佩（Adjina Tepe）的一座寺庙，那里塑造了一尊巨大的涅槃姿态的卧佛像，与巴米扬（Bamiyan）的那些大佛非常相似。

569年，萨珊王朝与突厥人结盟，重新确立了对吐火罗斯坦的统治，然后，大约在625年，吐火罗斯坦落入一股新势力——西突厥汗国（Turkish Kaganate）之手，后者迅速衰落，但仍处于中国的宗主权之下。

阿拉伯征服者刚刚灭亡了萨珊帝国后便攻打吐火罗斯坦，后者抵抗了很长一段时间。早在653年，阿拉伯人就在有五万伊拉克人（Iraqis）居住的木鹿建立了牢固的统治，他们从木鹿发动了几次远征，最终在738年建立了对该地区的统治。这标志着古代巴克特里亚的寿终正寝。

---

1 汉文史籍中的“石汗那”。——译者注

附　录

古代巴克特里亚的边界

古代史料是相互矛盾的，因为它们来自不同的时代以及不了解这一地区的作家。波里比乌斯（Polybius）和阿里安（Arrian）认为，奥克苏斯河“跨越巴克特里亚”，而索格底亚那的南部边界位于奥克苏斯河以北很远的地方，可能在希萨尔山脉的某个地方。这种说法遭到了斯特拉波、普林尼（Pliny）和托勒密（Caudius Ptolemy）的反对，他们认为奥克苏斯河是巴克特里亚的北部边界，而昆图斯·库尔提乌斯·鲁弗斯（Quintus Curtius Rufus）经常混淆巴克特里亚和索格底亚那总督辖区的位置，给人以两者紧密结合在一起的印象。

事实上，在古代，河流很少形成边界，真正的边界是山脉和沙漠。考古遗迹证明，奥克苏斯河两岸的文明和文化高度统一。

巴克特里亚的研究史

对巴克特里亚的最早研究可追溯到上世纪中叶。长期以来，巴克特里亚研究完全依赖书面资料（希腊罗马文献和中国文献）以及遗留下来的丰富而引人注目的钱币材料，尤其是希腊—巴克特里亚统治者发行的钱币。直到第一次世界大战之后，考古遗址的发掘才开启。由于古代巴克特里亚的奥克苏斯河以南地区现在属于阿富汗，而奥克苏斯河以北地区属于原苏联加盟共和国乌兹别克斯坦和塔吉克斯坦，这项研究是在非常不同的条件下进行的。在已经高度开发的北部地区（运河、道路、电气化和灌溉有时会破坏某些遗址），已经确定并发掘了大量考古遗址。而在阿富汗，直到现在，只有大城市有道路可通（在1978年阿富汗战争爆发前，阿富汗仍然是世界上人均收入最低的国家之一），那些保存很好的古代遗迹，可以说几乎尚未开发。不幸的是，内战对许多考古遗址已经造成致命的伤害，这些遗址遭到严重洗劫，事实上，许多珍贵的钱币和雕塑已流入黑市。

在南部地区，成立于1922年的法国驻阿富汗考古队在巴克特里亚经历了一些挫折后，将其精力集中在兴都库什山脉的几个佛教或伊斯兰遗址上（巴米扬、贝格拉姆等）。从1960年代起，两个主要遗址被法国考古队发现：贵霜王朝的苏尔赫·科塔尔圣所和希腊式城市阿伊·哈努姆，在巴克特里亚北部和西部进行考古发掘的苏联团队则发现了几个青铜时代的遗址、一座位于第伯尔金·特佩的古城，和具有非凡宝藏的“黄金之丘”。

奥克苏斯河以北的考古研究于1926—1928年在铁尔梅兹和阿尔塔姆开启。第二次世界大战后，随着（苏联）科学院的创建以及与主要工作相关的勘探的开展和发掘投入资金的成倍增加，考古研究获得强大的推动。遗憾的是，在乌兹别克斯坦和塔吉克斯坦取得的成果，均以俄文发表，在冷战背景下很难获得，因而在西方鲜为人知，现在才开始公布。直到最近，学者们在出版相关书籍或文章时才能使用双方的研究成果。

好在自1988年尤其是乌兹别克斯坦独立以来，该国的开放和稳定有利于这项活动的开展。联合考古队已经成立，这加强了乌兹别克斯坦研究人员与日本（达尔弗津·特佩和卡拉·特佩）、法国（铁尔梅兹和苏尔汉河）和德国（贾库坦，Djarkutan）考古队的联系。联合出版的工作正在稳步推进，这将有可能弥补（以前的）延误，并使人们更好地了解巴克特里亚对文明的贡献。

（皮埃尔·勒里什撰　孙艳萍译）

丝绸之路与希腊化城市

丝绸之路出中国之后，穿行在从中亚和印度到地中海地区的广阔的欧亚世界。丝绸之路上的诸多商业、文化中心实际上都是从原来的希腊化城市发展而来。另外，丝绸之路作为一个商路网络，其运输的商品绝不仅限于丝绸，商品流动也并非单向度的。丝绸和来自多地的多种商品尤其是奢侈品的贸易，连同这些贸易所引发的丰富多彩的文化因素的迁移，也赋予这些希腊化城市以浓厚的商业气息和丝路文化风情。因此，即使在希腊化时代已经结束，丝绸之路开辟之后的数个世纪之内，这一路段的沿线城市仍然同时具有希腊化和丝路文化双重特征。

我来、我见、我胜（Veni，vidi，vici）：希腊化城市与张骞的来访

受汉武帝派遣，张骞曾于公元前139/138—前126年和公元前119—前115年两度出使西域。他和他率领的使团虽未达到说服大月氏和乌孙与汉结成反匈奴同盟的预期目的，却第一次给中国人带回了关于汉朝以西的欧亚大陆的族群地理、各国国情和地缘政治格局的基本

知识。司马迁《史记》中的《大宛列传》便是根据张骞等外交人员和后来出兵大宛的汉朝军队的报告写成的。这卷书将汉朝以西的国家分为两种类型，把一种描述为“土著”，另一种称作“行国”。用今天的话说，“行国”就是游牧人建立的政权。而在讲述“土著”类型的国家时，除了谈及其农业经济等国情外，还都提到它们拥有很多“城郭”或“城邑”。其实，换句话说，这类国家就是定居的城市文明。被明确指称为“土著”的国家有大宛、大夏、身毒、安息、条枝。

根据《大宛列传》文中关于这些国家地理和历史的描述，结合希腊语、拉丁语等域外语种文献对同期欧亚大陆的同类记载，人们对其地理位置日益达成了大体一致的意见。大夏应该是古代西方文献中的巴克特里亚，大体相当于今天阿富汗的北部（兴都库什山以北）；大宛无疑是费尔干纳谷地。这两个地区在张骞到达前夕，都是希腊—巴克特里亚王国的领土，该王国又是一个多世纪之前从塞琉古王国中独立出来的。身毒是指以印度河流域为中心的地区，即印度—希腊人王国控制的核心地区。该王国是由希腊—巴克特里亚王国向印度河流域扩张后发展而来。在张骞抵达大夏前两年，希腊—巴克特里亚王国的国王赫里奥克勒斯一世（Heliocles I）和印度—希腊人王国的国王米南德一世（Menander I）双双离世。后者把领土拓展至恒河流域，使之达到了王国历史上的最大范围。安息即帕提亚王国，它与希腊—巴克特里亚王国同时脱离塞琉古王国。条枝则是塞琉古王国，在亚历山大帝国的遗产当中，它曾是疆域最为广大的一个希腊化王国，统治着整个西亚和中亚地区。但到张骞之时，从伊朗高原到两河流域，塞琉古王国的领土已经被帕提亚蚕食殆尽，只剩下了幼发拉底河以西的叙利亚一隅，变成了名副其实的叙利亚王国，帕提亚则转而发展成为当时西亚和中亚范围内新的疆域最大的帝国，因此张骞才会报告说安息“最为大国”。

尽管在费尔干纳、索格底亚那和帕提亚及其征服地区的希腊人政权已被推翻，但这些地区，尤其是城市当中，依然生活着不少希腊人，三地各自的新统治者塞人、大月氏人和阿尔萨息（Arsakidai）王朝也不同程度地和以不同方式延续了希腊化政策。巴克特里亚的希腊人的国王虽已不复存在，但大月氏人并未直接占领和统治那里，而只是迫使其臣服，当地城市里希腊人口的基层自治政治应仍在继续。可以不无理由地说，张骞在中亚以亲身的所见所闻见证了一个希腊化世界。《大宛列传》里讲道："自大宛以西至安息，国虽颇异言，然大同俗，相知言。"[1]这一得自张骞报告的简短记录披露了中亚和西亚存在着一个拥有同一种国际通用语和共同文化的"希腊化世界"：各国境内虽然存在着多种不同的语言，但希腊语的共同语（koine）构成各国使用最普遍的官方行政语言和外交语言，而希腊文化和生活方式至少为各族群精英阶层所奉行和追捧，甚至在有些族群中其传播和影响还不局限于精英。《大宛列传》又将这些国家描述为"其人皆深眼，多须髯，善市贾，争分铢。"[2]这种描述也与我们所知的希腊化世界城市众多，商业发达、商路连通，城市中有市场等事实相吻合。

司马迁用"凿空"两字来概括张骞的历史贡献，言约而旨远，充分彰显了他作为太史公的深刻的历史洞察力：正是由张骞开启的出使行动，促成了"西北国始通于汉"，汉与中亚和西亚各重要国家自此有了正式的官方外交往来。在这个过程中，"帛"即丝绸也成为一种官方的国际馈赠和支付手段。[3]古代经济是"嵌入"在社会、政治乃

---

1 《史记》卷一二三《大宛列传》，二十四史点校本，北京：中华书局，1982年，第3174页。

2 《史记》卷一二三《大宛列传》，第3174页。

3 《史记》卷一二三《大宛列传》："天子以为然，拜骞为中郎将，将三百人，马各二匹，牛羊以万数，赍金币帛直数千巨万，多持节副使，道可使，使遗之他旁国。""是时上方数巡狩海上，乃悉从外国客，大都多人则过之，散财帛以赏赐，厚具以饶给之，以览示汉富厚焉。""自乌孙以西至安息，以近匈奴，匈奴困月氏也，匈奴使持单于一信，则国国传送食，不敢留苦；及至汉使，非出币帛不得食，不市畜不得骑用。所以然者，远汉，而汉多财物，故必市乃得所欲，然以畏匈奴于汉使焉。"《史记》卷一二三《大宛列传》，第3168、3173页。

至外交当中的，这种国际馈赠和支付又是在汉帝国的制度框架下发生的，从这个意义上讲，由汉朝官民到中亚、西亚各国官民之间的丝绸易手无疑也具有某种形式的国际贸易的性质，而这又构成了横贯整个欧亚大陆的常规化丝绸国际贸易的开端。因此，可以不无理由地说，张骞的出使标志着丝绸之路在官方层面的开通。

当然，我们不应忘记，“丝绸之路”是一个现代名词，有学者也因此质疑它是否真实存在，甚至认为它是现代发明的一个学术神话。不过，如果让我们留意一下发生在欧亚大陆东西端以丝绸为中心的两段故事，我们也许真的不好再怀疑该名词的合理性：一是尚处于匈奴霸权阴影下的西域各国普遍要求汉使像使用钱币一样使用丝绸来支付饮食和交通费用（“非出币帛不得食，不市畜不得骑用”）；另一是罗马时代留下了一些丝绸商人（sericarii）的墓志铭。或许，“丝绸之路”与其被接受为像学者们通常所认定的几条长期固定不变的路线，不如被理解为几条较为稳定的商业主干道和一系列弹性可变的支线交织而成的商路网络。并且，该名词也不意味着这些商路始终单一地或主要地贩卖丝绸，丝绸贸易及其路线也会随着不同时期各地政治、经济形势、社会需求和国际关系的变动而有所变动。但不管怎样，这一商路网络中的各条道路都构成了丝绸之路的现实的或潜在的路段。事实上，这些条贯通和交织于中亚、近东和欧洲的大小道路在张骞出使之前不仅长久存在，而且早已发展成为成熟的商路系统。张骞之前的一千年间，已有从新疆的昆仑山麓到中原的所谓“玉石之路”存在。张骞的历史作用正是把河西走廊与上述联结中亚、近东和欧洲的商路系统首次在官方层面上关联在了一起。同时，这也意味着，张骞的出使，让一种以丝绸为“名片”的文化与希腊化文化首次在中亚相遇了。

当汉帝国的“文化名片”丝绸成为希腊化世界国际贸易体系中一种常规的高档奢侈性商品之后，处于“丝绸之路”这一商路网络上的希腊化城市也随之发展成与丝绸贸易及其所带来的多种文化互动直接或间接相关的重镇。张骞看到和听说的各“土著”国家里的众多城邑，其中大部分，或者至少一部分便是即将发展成丝路重镇的希腊化城市。希腊化文明本身就是一种过度依赖城市生活的文明，希腊文化主要存在于城市当中，农村地区依然强有力地保留着当地的文化传统。星罗棋布的希腊化城市俨然构成了东方本土文化汪洋大海中的一座座生机勃勃的希腊文化岛屿。查士丁将希腊—巴克特里亚王国描述为“那个极其富庶的拥有一千座城市的巴克特里亚帝国”，[1]其措辞尽管有着强烈的修辞色彩，却仍包含着该国城市数量众多这一“历史内核”。而《大宛列传》报告的大夏正是希腊政权衰微和失去国王后的巴克特里亚，当中讲道的“无大君长，往往城邑置小长”，“善贾市”和“大夏民多，可百馀万”等情况，依然能够透露出这里人口和城市众多，市场（ἀγορά）设施建设完善，交易活跃，城市经济繁荣，城市内部自治，这些小长可能就是那些留守的城市居民推选的管理者，即便它们已落入大月氏人的政治控制之下。

事实上，城市是所有文明的要件之一，但城市对希腊人尤为重要，希腊文明就是一种以城市为国家组织框架的文明。在古希腊语中，最常用的指称城市和国家的名词都是πόλις，当它兼有两种涵义的时候，我们就把它译为“城邦”。在希腊化王国当中，城市虽然不再是一个独立的国家，但仍然是一个自治的地方行政实体，城邦的政治传统依旧，或者换句话说，仅就内政而言，它依然还是一个“城邦”。为城邦政治和社会生活提供场所、设施和装饰的市场、剧场、体育馆、神庙等公共建筑以及与此相配合的雕塑、绘画等造型艺术，也持续地塑造着希腊化城市公共空间的景观。希腊的生活方式、宗

1 Iustinus, 41.1.8. 另参见Iustinus, 41.4.5, “Eodem tempore etiam Theodotus, mille urbium Bactrianarum praefectus”.

教、艺术等多方面的文化项目被输送到近东、中亚、印度乃至更远的亚洲地区，也主要是通过大批新建希腊化城市和将当地老城改造为希腊化城市才得以实现的。

亚历山大早在远征过程中就开始了建城活动。其实，建立军事殖民城市也是其远征行动的策略之一。亚历山大建立的城市，绝大多数都在底格里斯河以东。其原因是这片广大的地区原有的城市较少，而随着他向更东地区的日益纵深挺进，遭遇的抵抗也越发强劲，一系列城市的建立无疑为其军队提供了稳扎稳打的军事据点。待他取得胜利之后，这些城市又成了安置留守士兵和退伍老兵的居住地。亚历山大的继承者和希腊化王国国王们的建城活动则不仅仅限于在这一更东的地带，他们在各自的控制区或帝国的全境之内广建希腊式城市。这些城市有的是完全新建，希腊—马其顿移民或希腊化的其他族裔的移民构成其人口主体；也有的是对当地原有城市进行更名，经常用国王或王室成员的名字来命名。

当一座当地老城被赋予了一个新的希腊语名称后，希腊式的生活方式和政治方式通常也会在这里落地生根。甚至当地老城未经改名或改造也有可能最终发生不同程度的希腊化。巴比伦尼亚地区的古老城市无疑提供了这方面情况的很好例证。在长期固守本土传统的过程中，这些城市也慢慢受到了希腊文化的影响。塞琉古纪元第143年（公元前169/168年）巴比伦的一篇楔形文字星象日志（第16行）记载道：[1]

> *lúpu-li-ṭe-e pu-up-pe-e u ép-še-e-tú šá* GIM ú-ṣur-tú ia-a-man-nu x [...

1 A. Sachs and H. Hunger, *Astronomical Diaries and Related Texts from Babylonia. Vol. II: Diaries from 261 B.C. to 165 B.C.*, Wien: Verlag der österreichische Akademie der Wissenschaften, 1989, pp. 470-471, No. -168, Obv.'A15.

公民按照希腊式样［举行了］了游行和祭礼（？）［……

当中的*pu-li-ṭe-e*和*pu-up-pe-e*分别是直接借用的希腊语名词πολῖται和πομπή。后者意即希腊宗教中的游行。πολῖται则由πόλις“城邦”而来，其“公民”的涵义指的就是城邦的成员，因而它在此处所指并非所有巴比伦的居民，而仅限于按城邦制度组织起来的人，即希腊人和希腊化了的城市居民。楔形文字泥板文书上出现的希腊语人名基本上属于公元前3世纪前半期和公元前161年之后。这些名字的拥有者绝大多数肯定都是巴比伦人，其中很多人的父亲都只有巴比伦当地的名字。巴比伦出土的希腊语铭文也显示了希腊化的扩大需要时间的积累：除一篇希腊语铭文来自马其顿统治之初外，其他铭文都来自较晚的年代，绝大多数属于帕提亚时代。

就目前所知，楔形文字一直使用到公元75年，这时巴比伦尼亚在帕提亚帝国统治之下已有二百余年之久。而由希腊—马其顿人到帕提亚人的政权易手并没有导致美索不达米亚希腊化进程的终止。在乌鲁克的伽莱乌斯（Gareus）神庙中发现的一则年代为公元110年的希腊语铭文，记录的是“多拉麦奈人共同体”（τὸ κοινὸν τῶν Δολλαμηνῶν）鉴于阿尔特米多罗斯（Artemidoros，一译“阿尔忒米多罗斯”）向伽莱乌斯神奉献土地的虔敬行为授予给他各项荣誉的法令。铭文提到了阿尔特米多罗斯及其父亲都同时拥有希腊语名字和当地的闪米特语名字：“狄奥盖奈斯之子阿尔特米多罗斯，又名图派奥斯之子敏那奈奥斯”（Ἀρτεμίδωρος Διογένους ὁ ἐπικαλούμενος Μινναναιος Τουφαιου）。[1]双重名字标志了一个人身上承载的双重文化传统。作为当地神的伽莱乌斯接受的也不乏希腊宗教的崇拜方式。另外，根据斯特拉波的记载，多拉麦奈是美索不达米亚北部的亚述古城尼尼微附近的一个地

---

1 *I.Estremo Oriente* No. 140.

区。[1]那里的居民选择用来称呼自己全体的κοινόν"共同体"一词，实则是希腊人对自己超越城邦规模的政治组织的通常称谓。从遣词造句和风格上看，铭文使用的是非常地道的希腊语。生活在北方不起眼的小地方的多拉麦奈人，能够采用如此希腊的方式在南方著名的苏美尔古城乌鲁克发布自己的铭文，这一情况说明，在帕提亚帝国统治了两个半世纪后，希腊化已不仅限于两河流域的大都市，在大都市以外的当地人社群中也有发生。

一段丝路《双城记》：
卡拉克斯·斯帕西努与帕尔米拉个案一瞥

两河流域和与之相邻的叙利亚地区是丝绸之路的重要路段，那里的诸多城市也因此发展成了丝路上的重镇，而在丝绸之路开辟后的相当长一段时期内，这些城市又是希腊化城市。城市间的经济和人员互动甚至可以是跨帝国的，这也与传统的希腊城邦关系模式一致。底格里斯河和卡伦河交汇处的卡拉克斯·斯帕西努（Charax Spasinou）是印度洋商路的波斯湾分支航线的终点，又是前往叙利亚地区的帕尔米拉（Palmyra）的两河流域商路的起点，帕尔米拉则是这条海陆地联运的"香料之路"和"海上丝绸之路"继续通往地中海地区的最重要的转运站之一，那里曾发现一般认为来自中国的丝绸织物残片。两地都曾属塞琉古王国。帕尔米拉是当地原有的自新石器以来就一直存在的居民点，它是在罗马帝国的统治之下发展起来的一个繁荣的商业城市。卡拉克斯·斯帕西努的前身是亚历山大和安条克五世（约

1 Strabo, 16.1.1.

公元前172—前161年）先后建造的亚历山大里亚（Alexandreia）和安条克城（Antiocheia），两城均被洪水冲毁。该城最后由安条克七世任命的总督叙斯帕奥西奈斯（Spaosines，Hyspaosines或Spasines）重建，并因而得名Charax Spasinou。[1]以之为首都，领土包括两河最下游和波斯湾最内部地区的王国，也因此被称为卡拉科尼（Characene/Charakene）王国。它还有另外一个语源不能被最终确定的国名美塞尼（Mesene）。在帕提亚时代的大多数时候，该王国都是帕提亚帝国的属国。卡拉克斯城的希腊人伊西多尔（Isidoros Charakenos）曾受罗马开国皇帝奥古斯之命，写过一部《帕提亚驿程志》（Σταθμοί Παρθικοί，*Partian Stations*，一译“帕提亚道里志”），向奥古斯都提供帕提亚境内的道路交通情报。从现存的该书的一份提要文本来看，当中记录的正是丝绸之路干道的帕提亚路段。

另一部记录印度洋海上丝绸之路的航海经商指南《厄立特里亚航海记》（Περίπλους τῆς Ἐρυθρᾶς Θαλάσσης，*Periplus of the Erythraean Sea*），最有可能出自一名比伊西多尔大约晚一代的罗马埃及的希腊商人之手。书中讲道，波斯湾最里面有一官方指定的商栈，名叫阿波洛戈斯（Apologos），位于“斯帕西努·卡拉克斯境内和幼发拉底河畔”。[2]与这一路上商栈衔接的海上港口，则是同样由卡拉科尼王国控制下的巴林岛。它们一起承担着由波斯湾到两河流域的海陆丝绸之路之间繁忙的联运任务。巴林岛当时的希腊语地名Tylos（泰奥弗拉斯托斯、波利比乌斯、阿里安、托勒密、斯泰法诺斯：Tylos；斯特拉波、斯泰法诺斯：Tyros；普林尼：Tyrus），正是苏美尔语Dilmun和阿卡德语Tilmun“迪尔蒙”的希腊化形式（中间经历了阿拉米语）。而在苏美尔时代，迪尔蒙就是与印度河流域文明海上贸易的重要补给口岸。这里出土的两则希腊语铭文里含有κυβερνήτης（“舵手，领航

1 Pliny, *Natural History*, 6.31.138-140.
2 Periplous tes Erythras Thalasses, 35.

员，船长”）一词，值得我们注意。其一作：

Αβιδισταρας
Αβδαιου
κυβερνήτης
4 ..ΚΡΛ[·]ΕΙΙ
χαῖρε.[1]

阿比狄斯塔拉斯，阿比戴奥斯之子，舵手……安息。

这是一篇墓碑铭文，年代被定在公元前2世纪后半期。最初发表该铭文的让·马尔西莱—若拜尔（Jean Marcillet-Jaubert）指出，头两行出现的人名都是闪米特人名都带有ʿbd“仆人”这一词根，第一行的人名Αβιδισταρας还带有两河流域的女神伊什塔尔（Ishtar）的神名。从其本人的名字和父名来看，这位墓主人有可能是来自巴比伦尼亚或更远的两河流域乃至西亚某地的人，但最有可能就是巴林岛当地人。其墓志铭采用希腊语书写，暗示了他拥有较深的希腊化背景和较广的国际贸易生涯。

另一篇铭文的年代被发表者认定在公元前2世纪后半期到公元130/140年间，更有可能是在公元前1世纪。铭文缺失的文字较多，但发表者皮埃尔—路易·伽提埃（Pierre-Louis Gatier）、皮埃尔·隆巴尔（Pierre Lombard）和哈利德·M. 阿尔—辛迪（Khalid M. Al-Sindi）对它的复原看起来颇为合理，如下：

[– – –]ος προστά-

1 Pierre-Louis Gatier, Pierre Lombard and Khalid M. Al-Sindi, “Greek Inscriptions from Bahrain,” *Arabian Archaeology and Epigraphy*, Wiley, 13 (2), 2002, pp. 223-233, Inscription 3 = Jean Marcillet-Jaubert, “Stèle funéraire du Musée de Bahrein,” *Syria*, T. 67, Fasc. 3/4, 1990, pp. 665-673.

[της – – – ἐπιδ]οὺς τὴν θύ-
[ραν – – – σὺν – –]δότωι κυ-
4 [βερνήτηι – – –]σωθέντος
[– – –].[1]

从这种复原来看，该铭文应该是一篇献祭铭文，内容很可能是προστάτη由于某人安全获救而向某神献祭以示感谢神恩，铭文最后一行或第一行原本应该出现有ἀνέθηκεν“奉献”一词。κυβερνήτης（铭文中当为与格形式）意即“舵手”“领航员”或“船长”，σὺν ...-δότωι κυβερνήτηι一语或可理解为上述那人获救时与他在一起，或可理解为他与προστάτης一起向神献祭。无论哪种理解，似乎均可断定，那人是在他的船上获救的。希腊语中προστάτης在不同的语境中有不同的所指。在这里它最有可能指两种人的一种。一种可能它是一种官职名称。在希腊或希腊化世界一些城邦当中，议事会主席、体育馆的主管官员或神庙管理者等都有以προστάτης冠名的情况。如果属于这种情况，那么当时的狄洛斯（Tylos）在设立以该称命名的官职一事上无疑移植了希腊城邦的传统。另一种可能就是它在此处具有“保护人”“担保人”“赞助人”一类的涵义，用以指称为获救人或κυβερνήτης提供支持或保护的人士。当然，两种可能或许并不彼此排他：προστάτης就是具有管理船只职能的官员，或者服务于海运的行业组织的负责人，因而具有与官方常规性接洽的社会背景。铭文中这位προστάτης的名字只保留下来了其第二变格法词尾，因而无法判断其名字词干的所属语言。κυβερνήτης的名字保留了-δότωι，这是一个希腊语中常见的含有神名的名字的后半部分（与格形式），构成这类名字的前半部分理论上讲可以是任何一位神的名字，例如Διόδοτος,

1 Pierre-Louis Gatier, Pierre Lombard and Khalid M. Al-Sindi, “Greek Inscriptions from Bahrain,” Inscription 4.

Ἡρόδοτος, Ἰσίδοτος。希腊语的名字意味着这位κυβερνήτης或是一位希腊人，或是一位希腊化的当地人或外地人。鉴于他与προστάτης的关系，再加上铭文本身就是用希腊语写的这一点，我们或可推知προστάτης也是一位至少具有希腊化背景的人。

尽管该铭文记录献祭详情的部分已毁，但我们有一定的理由可以推想，προστάτης有可能是向孪生兄弟神狄奥斯库里（Dioskouroi）奉献的祭品。这种推想主要是联系巴林岛出土的另一篇献祭铭文考虑的结果。这篇铭文直接提到了卡拉克斯·斯帕西努的建城者和卡拉科尼王国的创立者叙斯帕奥西奈斯（铭文中用该名的更能精确再现其伊朗语词源的转写形式Hyspaosines，也与其钱币上的形式一致），因而极具历史价值，其年代被较为确切地断定在公元前140—前124年间。其全文为：

Ὑπὲρ βασιλέως Ὑσπαοσίνου
καὶ βασιλίσσης Θαλασσίας,
τὸν ναὸν Διοσκόροις Σωτῆρσι
4 Κη[φισό]δωρος στρατηγὸς
Τύλου καὶ τῶν Νήσων
εὐχήν.[1]

狄洛斯及群岛总督凯菲索多罗斯为国王叙斯帕奥西奈斯和王后塔拉西娅丝向拯救者狄奥斯库罗伊奉献此神庙作为祭品。

στρατηγὸς字面的意思是“将军，统帅”，但按照希腊化传统，它这里应是总督的头衔。他有一个非常地道的希腊语名字。王后的名字Θαλασσία也是希腊语的，是由θάλασσα“海”一词派生而来的女名，

1 Pierre-Louis Gatier, Pierre Lombard and Khalid M. Al-Sindi, “Greek Inscriptions from Bahrain,” Inscription 1.

尽管比较罕见（相应的男名倒是常见）。受到献祭的神灵是被合称为“狄奥斯库里”的卡斯托尔（Kastor）和波吕丢凯斯（Polydeukes），是航海和水手的保护神。该铭文也沿用希腊传统，将他们称为Σωτῆρες“拯救者”。[1]从这一点来看，上一则为了感恩某人被救的献祭铭文也理应是献给这两位被奉为“拯救者”的神灵的。

卡拉克斯·斯帕西诺作为海陆丝绸之路联运重镇的地位和它所保持的强固的希腊化传统，在中国古代史书关于甘英奉命出使大秦却在抵达条支后中途折返的记载中也能窥见一二。有更多的理由使我们相信，甘英到达的条支应是以卡拉克斯·斯帕西诺为首都的卡拉科尼王国。

首先，甘英是越过悬度（帕米尔高原），经由乌弋山离（又名“排特”）即亚历山大里亚·普罗普塔西亚（Alexandreia Prophthasia），抵达的条支，乃至“临大海”。由这个位于伊朗高原东南部的亚历山大里亚作为关键性地理坐标的路线描述，决定了他到达的“临大海”的条支只可能是位于两河注入波斯湾的入海口附近的卡拉克斯·斯帕西诺，该城之前的名称恰为Antiocheia“安条克城”，“条支”被公认为在语音上与此地名堪同，而上述行进方向和路线上遇到的第一个拥有“安条克城”之名的国都也只有卡拉克斯·斯帕西诺。

并且，《魏略·西戎传》说：“前世又谬以为（条支）强于安息，今更役属之，号为安息西界。”[2]这一记述又与卡拉科尼是帕提亚帝国的属国且位于其西部边疆的南端的事实相吻合。当然，“前世”认为“条支强于安息”的认识，其实也不为错，因为《史记》《汉书》中所

1 Homeric Hymns ad Diosc. V. 6; Theocritos, Idyllion 22.6; Lucian, Alexandro c. 4; Artemidoros, 1.11.C.37.

2 《三国志》卷三〇《乌丸鲜卑东夷传》裴松之注引，二十四史点校本，北京：中华书局，1982年，第860页。又《后汉书·西域传》：“（安息）后役属条支，为置大将，监领诸小城焉。”见《后汉书》卷八八《西域传》，二十四史点校本，北京：中华书局，1965年，第2918页。

记的“条枝”或“条支”，还是张骞时代的以叙利亚境内奥龙特斯河畔的安条克城为首都的塞琉古王国。但在二百多年后甘英的时代，这个叙利亚的安条克早已是罗马帝国叙利亚行省的首府了，无论如何也无法被描述为“役属”于安息和“号为安息西界”。而且，如果甘英到达的是叙利亚的安条克城，那他岂不是已经到达了大秦？无论如何，亚历山大和希腊化王国的统治者们建城时多以国王或王室成员名字命名的习惯造成了很多城市重名，对于首次西进如此遥远的汉朝使节来讲，将同名的不同城市弄混实属正常，况且原来的“条枝”已变成“大秦”的一部分而不复存在。

另外，卡拉科尼与帕提亚一样，尽管已经不再属于塞琉古王国，但一直保持着塞琉古纪年，卡拉克斯·斯帕西诺之前的名称“安条克城”应该也不会被轻易忘记，既然它显得更具声望。事实上，在巴林岛出土的一篇年代属于公元前118/117年的墓志铭中，墓主人称自己即为“亚历山大里亚人”（Ἀλεξανδρεύς），这个亚历山大里亚更可能就是所谓“红海岸边的亚历山大里亚”，即卡拉克斯·斯帕西诺，墓主人看来更愿意使用得自名气更大的建城者名字的地名来称呼自己的籍贯。而卡拉克斯·斯帕西诺恐怕又是甘英所走路线上他听说的第一个安条克城，这个安条克城又足够远到恰在安息之西，从而使他相信它就是之前史书所言的“条支”，甘英也正是在这里发现了条支“役属”于安息。

按照《后汉书·西域传》的说法，当甘英到达这个“条支”后：

> 临大海欲度，而安息西界船人谓英曰：“海水广大，往来者逢善风三月乃得度，若遇迟风，亦有二岁者，故入海人皆赍三岁粮。海中善使人思土恋慕，数有死亡者。”英闻之乃止。[1]

1 《后汉书》卷八八《西域传》，第2918页。《后汉纪·孝殇皇帝纪》有着基本相同的记载，只是在“二岁”处，作“如风迟，则三岁”。见（晋）袁宏：《后汉纪》卷一五《孝殇皇帝纪》，张烈点校，北京：中华书局，2002年，第301页。

此处的“安息西界船人”，应该就是我们前面看到活跃在狄洛斯即巴林岛上的那种κυβερνήτης。从铭文透露的信息看，他们与官方有利益关联。这也就不难理解他们为什么不惜动用唬人的修辞来劝阻甘英继续前往大秦了。事实上，汉廷方面并非没有洞悉安息官方阻挠大秦与汉之间建立直接贸易关系以保持自己中间商地位及巨大利润的动机。[1]甘英很可能也并不是没有从其他人那里听说有从卡拉克斯·斯帕西努向西北通往罗马境内的佩特拉和帕尔米拉的路（《后汉书·西域传》描述条支“唯西北隅通陆道”一句暗示了这一点），尽管“安息西界船人”十有八九故意向他隐瞒了这条路线。甘英的中途放弃，更可能是考虑到直通大秦的外交和经济收益抵不上得罪安息这个距离更近的帝国会给汉朝在西域的存在带来的某种潜在的不利，而不是畏惧远途海上航程的艰险。而在帕提亚所掌控的国际贸易和过境贸易当中，卡拉科尼这个位置优越的属国，无疑又获得了得自海陆两方面的更多的利润，那里的κυβερνήτης（船长、舵手或领航员）即“安息西界船人”自然会更积极地阻止甘英与大秦取得联系，试图阻断活跃于印度洋商路西端的另一支线即红海支线上的罗马商人从汉朝官方那里获得直接丝绸贸易的商机。他们的这种变相的市场竞争行为在短期内无疑成功了。

对于甘英被劝阻一事，《晋书·四夷列传》的记述有一定的不同。除了没有提及前往大秦的海路航程以及相应的食物准备之外，当中关于“海中”的说法与《后汉纪》和《后汉书》所记有一个可见的差异：

---

1 《后汉纪·孝殇皇帝纪》：“与天竺、安息交市于海中，其利十倍。……其王常欲通使于汉奉贡献，而安息欲以汉缯彩与之交市，故遮不得令通。”《后汉书·西域传》：“与安息、天竺交市于海中，利有十倍。……其王常欲通使于汉，而安息欲以汉缯彩与之交市，故遮阂不得自达。”《魏略·西戎传》：“又常利得中国丝，解以为胡绫，故数与安息诸国交市于海中。”“常欲通使于中国，而安息图其利，不能得过。”分见（晋）袁宏著《后汉纪》卷一五：《孝殇皇帝纪》，第302页；《后汉书》卷八八《西域传》，第2919—2920页；《三国志》卷三〇《乌丸鲜卑东夷传》裴松之注引，第861页。

汉时都护班超遣掾甘英使其国，入海，船人曰："海中有思慕之物，往者莫不悲怀。若汉使不恋父母妻子者，可入。"英不能渡。[1]

对比之下，《后汉纪》和《后汉书》提供的"海水广大"这种关于路途遥远的描述固然可以构成促使甘英放弃渡海打算的理由，但"海中善使人思土恋慕"与"数有死亡者"除非被当作并列关系的两个分句来理解，否则它们之间无法建立起因果联系，即或大海中远航容易令人"思土恋慕"，但"思土恋慕"不会导致航行者"数有死亡"。《晋书》给出的说法似乎倒是更有逻辑性一些：海中有引发人们思慕的东西，导致航海者心怀悲伤。另一方面，《晋书》与前两书在措辞上又存在着明显的相关性，这暗示着它的史料来源与前两者依据的史料都源于某一共同的讲述。这种讲述最初肯定来自甘英，但在后续传播过程当中出现了不同的版本变异，而这种变异主要表现在若干细节的省略、文字的重组和语义的曲解。

张绪山敏锐地指出，"安息西界船人"关于"海中有思慕之物"的说法，实际上是古代希腊的塞壬（Seiren，复数Seirenes）神话。这种猜测不无道理。卡拉科尼当时有着一种大众性的希腊化社会环境，尤其是在作为海上丝绸之路波斯湾支线终点的贸易重镇狄洛斯即巴林岛在其管辖之下，关乎海洋航行和海港的希腊文化因素无疑会更加受到重视：既然作为航海救难神的狄奥斯库里兄弟在这里拥有神庙，并能够得到具有某种官方背景的人士的尊奉和崇拜，那么作为希腊神话中最常规性的海难制造者的塞壬难道不会经常被κυβερνήται即"安息西界船人"们挂在嘴边吗？在希腊文学中可以见到，塞壬们的甜美歌声会令听见的人快乐，心神游离，变得无知，失忆，萌生死亡的欲

1 《晋书》卷九七《四夷列传》，二十四史点校本，北京：中华书局，1974年，第2546页。

念，从而招致海难的厄运。[1]这种关于塞壬们用歌声迷惑航行者的描述，与“思慕之物”的说法比较吻合。塞壬也被赋予了悼亡者的形象。欧里庇得斯的悲剧《海伦》在演到海伦获知丈夫墨涅拉俄斯已死的传闻时，让她唱道：“哦，巨大痛苦让我陷入了巨大的悲痛，我该怎样地痛哭呢？或是该带着眼泪、挽歌和哀悼去见哪位缪斯呢？哎！哎！长着翅膀的少女们，大地的童贞的女儿们，塞壬们啊，请你们带着利比亚笛子、排箫和竖琴来出席我的哭悼，用泪水匹配我不幸的哀嚎，用不幸陪伴不幸，用悲歌唱和悲歌，请你们送来与挽歌相和谐的缪斯的歌曲。”[2]不能不说，欧里庇得斯的这段戏文与“往者莫不悲怀”一句也有相当的契合。并且，“若汉使不恋父母妻子者，可入”这样一句虚拟式的条件句，又不由得让人联想到《奥德赛》12.42-43两行讲道，听到塞壬歌声的人“无法回到家里见到妻子和孩子在身边欢乐”。[3]这些情况提示我们，那个劝止甘英的“安息西界船人”也许对希腊文学并不陌生，对像荷马、欧里庇得斯这样著名诗人的作品应当更为熟悉，尤其是涉及到关乎航行安全的海上精灵塞壬的诗句可能更是其耳熟能详的名句。因此，如果我们设想他在向甘英讲述塞壬神话时背诵了这些诗行，这应该距离事实也不会太远。

在甘英抵达卡拉科尼的三十多年以后，那里的国王任命的管理巴林岛（狄洛斯）的总督是一位帕尔米拉人。当时的帕尔米拉刚接待过罗马皇帝哈德良的巡访，哈德良除了用自己的名字给它重新命名为“哈德良奈·帕尔米拉”（Hadriane Palmyra）外，还授予了它自治市的地位。这座曾在塞琉古王国治下为沙漠商队提供饮水的叙利亚小镇，在落入罗马帝国之后发展成为一座举足轻重的丝路贸易中心。帕

1 Homeros, *Odysseia*, 12.39-44; Ploutarchos, *Moralia*, 745D.

2 Euripides, *Helene*, 164-174. 关于塞壬的功能，尤其是悼亡功能，请参见王以欣：《塞壬的起源、形象与功能》，《古代文明》2019年第2期，第10—19页。

3 Homeros, *Odysseia*, 12.42-43.

尔米拉人也淋漓尽致地在丝绸之路上展现了自己出色的商业行动力和管理才华，甚至能够凭借自身能力供职于外邦和其他城市。公元131年，驻在卡拉克斯·斯帕西努的帕尔米拉商人群体在祖国的市场为那位担任狄洛斯总督的同胞树立了雕像，雕像底座上的双语铭文记录了这段故事。其中的希腊语铭文要比帕尔米拉阿拉米语铭文保存得更为完好，大意如下：

> 此像为亚莱奥斯，他是奈布扎巴多斯之子，萨拉马拉托斯之孙，阿卡达诺斯之曾孙，哈德良奈·帕尔米拉人，担任狄洛斯人（Thilouanoi）的总督，由斯帕西努·卡拉克斯国王麦海尔达特（Meherdat）任命。此像作为授予他的荣誉，由在斯帕西努·卡拉克斯的商人所立。442年克珊狄科斯月。

这位帕尔米拉人及其之前三代祖先的名字均属闪米特语，卡拉科尼国王则拥有波斯语的名字（Μεερεδατης的经典的希腊语转写形式为Μιθριδάτης），但都被赋予了地道的希腊语词尾和变格。铭文在使用希腊语书写的同时，还采用了塞琉古纪年和马其顿立法，这也是希腊化传统的顽固留存，尽管当时马上就要到塞琉古王国灭亡的两百周年。事实上，麦海尔达特正是在此像此碑刻立的公元131年这一年才获得的卡拉科尼的王位，他出身帕提亚王室，与当时的帕提亚国王沃洛加塞斯三世（Vologases III，公元110—147年）是兄弟。之前的卡拉科尼一直由叙斯帕奥西奈斯的后裔统治。公元前116年，罗马皇帝图拉真吞并了卡拉科尼，当时臣服于他的当地国王阿塔姆拜洛斯七世（Attambelos VII，公元113/114—116/117年）。第二年图拉真病逝，新即位的哈德良主动放弃了图拉真占领的包括卡拉科尼在内的两河流域。从此时一直到麦海尔达特上台这段时期的卡拉科尼的政治史并不清楚，但正是他在卡拉克斯·斯帕西努称王的前两年，帕尔米拉获得了“哈德良奈”即“哈德良城”的新名称。

商队贸易给帕尔米拉人带来了财富和更为奢华的生活。领导或服务于商人和商队，为之提供便利、帮助或保护的各类人士自然也受到了商人、商队甚或城市的答谢和称颂，荣誉授予的方式是为恩主立像和在雕像底座上刻写奉献铭文。铭文通常用希腊语和作为阿拉米语的一种方言帕尔米拉语书写，这是当地的两种通用语言。拉丁语从来都没有在帕尔米拉获得广泛使用，它主要局限在军队圈子之内。帕尔米拉市场四周的柱子和作为城市主街的“大柱廊”的柱子上特意装配的石托架承放了大量的这种荣誉雕像。不过，雕像的放置场所还不止本城，帕尔米拉人有时也会在商路沿线的其他城市为某位有过贡献的人士树立雕像。

下面我们会看到一篇较长的雕像奉献铭文讲到，一位“虔敬而爱国”的帕尔米拉人索阿多斯（Soados）史无前例地获得了城邦为之树立七尊雕像的殊荣，其中四尊立在城市当中一事在另外两篇年代分别为公元132年和公元144年的铭文中也被提到，另有三尊则被立在两河丝路沿线的贸易重镇斯帕西努·卡拉克斯、沃洛加西亚斯（Vologasias）和根那埃（Gennäe，今Umm el-‘Amad）。这篇铭文正是在最后这一地点发现的。其希腊语版本的纪年残缺，但由阿拉米语版本可知立像时间是在塞琉古纪年457年，即公元145年，这一年距离汉文史籍中记载的自称为大秦王安敦使节的罗马商人到达汉朝还有21年。这批罗马商人取道海上丝绸之路的另一条分支，即从埃及的亚历山大里亚出发，出红海，横渡印度洋，经由印度，在今天的越南北部（日南郡）登陆后前往洛阳。同样来自亚历山大里亚的另一位罗马商人也在他的《厄立特里亚航海记》中记录了“金洲”（Χρυσῆ）即中南半岛之北就是出产羊毛、丝（νῆμα）和“赛里斯布”（τὸ ὀθόνιον τὸ Σηρικὸν）的“秦”（原文仅出现属格Θινός和宾格Θῖνα，可知词干为Θιν-），尽管他说这些货物是从该国名为“秦奈”（Θῖναι）的最大的城市由陆路经由巴克特拉（Baktra）贩运到印度沿海的，巴克特拉也正坐落在张骞曾经到达的大夏，即巴克特里亚，张骞当年在该地区的市场上见到了由印度转运而来的蜀布和邛竹杖。不管怎样，在“大秦王安敦”的年代，帕尔米拉和亚历山大里亚，与遥远的秦奈（洛阳）一样，作为国际性大都市，都从高档奢侈品丝绸当中获得了属于自己的那份不菲的利润。“安敦”这一汉译显然来自其拉丁语名字Marcus Aurelius Antoninus中的Antoninus，而这一名字又袭用自其叔父兼养父的前任皇帝安敦尼的名字Titus Aelius Hadrianus Antoninus Pius中的一个。正是这位安东尼（安敦）及其养父前任皇帝哈德良，曾经写信表彰过被帕尔米拉授予了树立七尊雕像殊荣的索阿多斯。而嘉奖他的铭文也透露了发生在丝绸之路一个路段上的关涉到商人、商队、商路、商栈、城市、皇帝、总督、城邦、公民的一系列故事，尽管由于书写程式的原因，这些故事没有被展开来讲述：

> （457）年……议事会和公民大会授予索阿多斯（Soados）荣誉。索阿多斯系波利亚戴斯（Boliades）之子，索阿多斯之孙，泰米萨姆索斯（Thaimisamsos）之曾孙。他虔敬并热爱祖国，在很多重大时刻他真挚而热诚地帮助商人、商队和在沃洛加西亚斯（Vologesias）的公民。这些已经在神哈德良及其子最神圣的皇帝安敦尼的来信中得到了见证，同样在普布利奇优斯·马尔凯卢斯（Publicius Macellus）的公告和他及继任的各执政官级别总督的来信中得到了见证。他被议事会和人民大会、当时的各商队和各位公民以投票决定和立像的方式授予了荣誉。在曾经因接连持续的善心受过祖国表彰的公民当中，目前只有他被议事会和人民大会认定为值得由公款出资在城邦广场的柱子上为他树立四尊雕像，另在斯帕西努·卡拉克斯、沃洛盖西亚斯和在根那埃（Gennäe）的商队客栈为他树立三尊雕像。他还在沃洛加西亚斯

建造并奉献了一座奥古斯都神庙。鉴于其诚信和慷慨，他被委以各种权能……

希腊语铭文中使用的πόλις（“城邦”）、πολεῖται（“公民”）、ἡ βουλὴ καὶ ὁ δῆμος（“议事会和人民（大会）”）、“公款”的“公”δημόσιος（意即“人民的”）给人们的印象是，帕尔米拉不仅是个希腊式的城市，而且是个民主制的城邦。事实也是如此，帕尔米拉政治制度上更为明显的希腊化正是在罗马帝国统治下发生的，也是在它发展为一个丝路重镇的时代发生的。甚至希腊政治制度的某些名词也被直接照搬进入了帕尔米拉阿拉米语当中：bwlʾ = βουλή，dms或dmws = δῆμος，ʾrkwnyʾ= ἄρχοντες“执政官”，grmṭws = γραμματεύς“书记员”，hgmnʾ 或hygmwnʾ = ἡγεμών“领导”，ʾsṭrṭwmʾ = στράτευμα“军队”。当然，希腊化只是帕尔米拉社会的一个方面，阿拉米语及其承载的文化传统在帕尔米拉依然保持着旺盛的活力。

另外，作为一个丝路重镇，一个国际性大都市，帕尔米拉自然也是一个文化荟萃之地。帕尔米拉人的审美取向也不止朝西，朝向地中海，他们还有向东，向其他方向看的趣味。异国情调，像在诸多商路城市中一样，在富庶的帕尔米拉也是受到喜爱和追捧的对象。丝绸显然是富含这种情调的一种商品。帕尔米拉人不仅会转运它，同时也会自己享用它。帕尔米拉墓葬里出土的丝绸残片即为明证。帕尔米拉的西墓地的七座塔墓中发现了两千多片织物残片，属于五百多件织物，年代在公元前9年到公元2世纪中期。织物的纺织材料包括当地出产的亚麻、大麻、羊毛、驼绒以及外地的丝、棉等。这些织物被裁成布块，大多数用于干尸的裹尸布的外层，尤其是被裹覆在头、手和脚部位，少数则被折叠放置在干尸身旁。当中大约有一百件为丝绸织物。技术分析表明，它们绝大多数系用家蚕（*Bombyx mori*）丝织成。其中大约80%完全为中国制造。一小部分是在中国织成后又在叙利亚、美索不达米亚、帕提亚或中亚某地添加了刺绣。另有九片则用家蚕丝与羊毛、亚麻等各种纤维线混合织成，它们连同四片全丝织物，是在帕尔米拉当地或其附近地区织造的。这几件全丝织物采用了中国经面织法，而非西方传统的纬面织法。在当地加工的丝绸织物当中，还有一件是用中国丝织成而用腓尼基紫色染料（murex）染成的。[1]在中国制造的丝绸织物当中有两个残片还带有汉字铭文，能确切识别出来者，在一个上面的是至少出现四次的“明”字和出现一次的“太”字，另一个上面的是“寿”字、“年”字、出现三次的“子”字和出现四次的“孙”字。这些用字和从语境中推知的它们可能构成的用语，恰与新疆多地出土的多件汉代丝绸织物上的用字和用语一致。[2]还有一件汉代织锦上带有希腊化的采摘葡萄的题材图案。[3]除了只可能来源于中国的家蚕丝外，丝织物中还有少量的以野蚕丝为原材料，以往学者对这些野蚕丝的来源并无定论。2022年的一份检测结果表明，其原材料为来自印度的印度柞蚕（*Antheraea mylitta*）丝。[4]

---

1 Cynthia Finlayson, “The Women of Palmyra – Textile Workshops and the Influence of the Silk Trade in Roman Syria”, *Textile Society of America Symposium Proceedings*, 2002, pp. 385-397; Marta Żuchowska, “From China to Palmyra: The Value of Silk”, *Światowit*, XI (LII)/A (2013), pp. 133-154; Kasper Gronlund Evers, *Worlds apart Trading Together: The Organisation of Long-Distance Trade between Rome and India in Antiquity*, Oxford: Archaeopress Publishing Ltd., 2017, pp. 62-63; Berit Hilderbrandt, “Silk Production and Trade in the Roman Empire”, in Berit Hilderbrandt and Carole Gillis, eds., *Silk: Trade and Exchange along the Silk Roads between Rome and China in Antiquity*, Oxford and Philadelphia: Oxbow Books, 2017, pp. 71-93; Berit Hilderbrandt, “The Terminology of Silks in Texts of the Roman Empire: Qualities, Origins, Products, and Uses,” *Acta Via Serica*, 6 (2021), pp. 117-140.

2 Lothar von Falkenhausen, “Die Seiden mit chinesischen Inschriften,” in Andreas Schmidt-Colinet et al., hrsg., *Die Textilien aus Palmyra. Neue und alte Funde*, Mainz am Rhein: Verlag Philipp von Zabern, 2000, S. 58-78; 苗荟萃、赵丰：《汉代铭文锦图文研究》，《丝绸》2021年第10期，第75—80页。

3 Marta Żuchowska, “‘Grape Picking’ Silk from Palmyra. A Han Dynasty Chinese Textile with a Hellenistic Decoration Motif,” *Światowit*, XII (LIII)/A (2014), pp. 143-162.

4 Boyoung Lee, Elisabete Pires, A. Mark Pollard and James S. O. McCullagh, “Species Identifcation of Silks by Protein Mass Spectrometry Reveals Evidence of Wild Silk Use in Antiquity,” *Scientifc Reports*, 12 (2022), p. 4579.

对帕尔米拉出土的丝绸的技术检测和分析的结果也证明了古代文献的相关记载在很大程度上是可靠的。《厄立特里亚海航行记》讲到的经由印度转运至东部罗马帝国“秦”的出口商品中不仅有成品丝绸，也包括丝线和生丝。[1]而《魏略·西戎传》则讲到大秦“又常利得中国丝，解以为胡绫，故数与安息诸国交市于海中。”戴克里先的限价法令中也对拆丝工的工资有两项规定，[2]这种工作很可能就是《魏略》记载的大秦拆解中国丝绸重织的第一道工序。事实上，也许很难排除帕尔米拉当地的丝绸织物制造所用的原材料当中含有一定数量从中国制造的丝绸成品拆来的丝线。无论情况是怎样的，帕尔米拉墓葬出土的丝绸织物在原材料来源、产地和再加工地点、制造方法和艺术风格上的多样性，都诉说了帕尔米拉人的多元审美取向和追求新奇的生活情趣。不过，在这一切当中，“中国风”依然是占据主导地位的。

无论是吹拂着帕尔米拉出土丝绸的“中国风”，还是甘英从卡拉克斯·斯帕西诺带回的变了形的用歌声制造海难的美丽的塞壬神话，在行进于丝绸之路上的商人的眼里和耳中，恐怕都不会觉得有多新鲜和惊奇：丝绸是他们白天路上奔波或大海航行时最需要精心守护的宝货和财源，神话则在暮色降临后构成他们在酒馆与当地朋友推杯换盏，在客栈与各地同行促膝夜话时的谈资。而对于商队和商船来说，他们每天清晨最需要离开的就是城市或港口（也是城市），但城市和港口又是黄昏时分他们心中最期盼立刻到达的一天的归宿。只有在城市和港口，他们的货物和财宝才能免于路匪或海盗的劫夺，得以安全的暂存，他们才能得到休整、体力恢复和食物、水源等多方面的补给。当然，他们也不会忘了去逛街、购物和欣赏当地各色各样的“西洋景”。而且，或许在当地人眼中，他们本身就是一种“西洋景”：

1 *Periplous tes Erythras Thalasses*, 39, 49, 56, 64.

2 *Edictum de pretiis rerum venalium*, XXIII.2, XXIV.13.

他们有着奇特的装束或外貌，他们也会带来新鲜货或者本地没有的新奇的小玩意儿。物质文化和精神文化的传播就在这种城市间包括商人在内的各类人员流动和相遇中，不知不觉地发生了，文化间的互动也在悄然发酵：或照搬，或借用，或改造，或并列，或重组，或珠联璧合，或水乳交融，当然也不排除相互对立，甚至冲突，激烈的冲突。

书写一个城市的两个故事：作为希腊化城市与作为丝路重镇

上面我们已与张骞和甘英两个最伟大的汉使为伴，从两个角度出发对公元前后各一个半世纪古代中亚和西亚世界的城市作了一番浮光掠影式的观察：我们先是观看了张骞为我们展示的他在开通丝绸之路的旅程中所了解到的希腊化世界整体的政治形势和城市状况，又追随甘英到达了波斯湾的两河入海口，对纵贯美索不达米亚和叙利亚的丝路两端的两个国际大都市（卡拉克斯·斯帕西努和帕尔米拉）做了某些近距离抽样调查。这样的观察尽管粗略，但也给我们提供了研究公元前4世纪晚期以来中国以西的古代世界的城市时需要重视的若干认识维度。

首先，亚历山大东征带来的巨变和张骞出使西域引发的蝶震，构成了来自经度方向上的两种重塑欧亚世界的历史动力。丝绸之路是在希腊化时代后期开通的，希腊化时代虽然在欧亚各地陆续结束了，但希腊化本身并未完结，丝绸之路事实上是与希腊化并行甚至携手延续发展的。可以说，丝绸之路是穿行在希腊化世界中的丝绸之路，而希腊化世界也变成了一个被丝绸商人往返穿梭的希腊化世界。在这样一个世界中，众多的城市同时具备了双重的属性，它们既是希腊化城市，又是丝路城市。

其次，希腊化文明是一种独特的城市文明，是一种城市小共同体自治和大帝国统筹管理相结合的文明。这种文明不以希腊人是否掌握和保有帝国政权为限制，希腊人并不过分在意帝国的统治者是否是希腊人，他们更在意的是统治者是否能继续原有的帝国管理方式和自己城市的自治是否能够不受触动。这种模式的城市文明具有传染性，以至于诸多非希腊人口的城市也采取了希腊城邦式的政治制度和管理形式。

再次，丝绸之路是一个国际和平的贸易物流网络，它依赖一系列设施完善的商栈、城市和港口为商贸活动以及商旅生活提供有效保障和便利，依赖大范围帝国体系维护境内路段的路政、交通安全和相对稳定。希腊化城市能够很好地承担这个功能：公民自治的政治体制能够为商贸活动提供宽松的经济环境和社会氛围，外来商人也能够在城内找到满意的接待住所，获得充足的给养补充。希腊化城市之间包括商人在内的多种人员的交往和友谊甚至可以是跨帝国的。这既是古典希腊城邦外交传统的延续，也部分地得益于帝国对这种传统的包容。帝国的道路和驿站等设施的修建、维护和治安保障，既利于商旅，也是将众多城市和广大乡村整合为一个经济体的手段。城市间的互动也从城邦式自治和帝国一体化的奇妙结合中获得了助推。

复次，丝绸之路上的贸易是跨国的，希腊化文明是一种超越地区政权的国际性文明，希腊化城市之间的若干交往可以跨越国界，一系列成为丝路重镇的希腊化城市也不出意外地发展成了古代国际性的大都市。这是古代经济全球性的一种体现，也是这种全球性的一种结果。当然，古代经济是原始的，但原始的不代表缺乏全球性，否则罗马的老普林尼也不会慨叹说："按最小数计算，印度、赛里斯人和阿拉伯半岛每年从我们的帝国夺走一亿塞斯特斯（sesterces）。"[1]只不

1 Pliny, *Natural History*, 12.84.

过，古代全球性的实现方式与近现代不同。商路上的分段贸易和多段的中间商贸易是其主要实现方式，但同一商队或商船贯穿某一路线的长途贸易也是其并不罕见的实现方式。而支持这种古代全球性贸易的要件之一，就是商路和航线沿途众多的国际性城市和港口。海陆丝绸之路上这种性质的城市和港口，很多都是希腊化或具有希腊化历史经历的城市。

又次，希腊化世界丝路沿线的城市和丝绸之路上的希腊化或拥有希腊化传统的城市，在提供贸易便利的同时，也是多种文化相遇的场域。希腊文化对其他文化通常并不加以排斥，相反，它始终与各地不同的文化之间发生着不同形式的互动。事实上，希腊化文化本身就是这样一种互动的结果。而当经过的商路具备了丝绸之路的属性后，一个城市内的文化互动也像绸缎的刺绣一样，当中被刺入了和被绣上了伴着丝绸和其他新商品而来的新文化、新风尚、新价值观和新的审美情趣。

最后，城市在经济、社会甚至政治中的中心地位，决定了它的人口成分和来源通常不会是固态单一的，最小、最次要的城市也会构成它所在小区域内的一个中心，也会从其周边农村地区不断地吸引人口，更遑论国际大都市人口的多族群性和移民的多元性了。城市的文化也因此是包容的，甚至那种文化样貌初看起来仿佛是单一的小城市，其具体的文化内容都不可能是单一来源的。城市的文化组成和组成方式也是动态的，有文化元素的流入，也有文化项目的流失；有文化基因的层累，也有文化传统的漂移；有文化记忆的叠加，也有文化失忆的介入。丝绸之路上的城市也经历了这一切，诸多城市经历的希腊化时代和（或）后希腊化时代的希腊化，在城市后续的发展史上或者产生了深远的影响，或者化作了传统中的一股涓滴细流，或者变成了一种隐性的文化基因，或者仅仅作为深埋于考古底层中的遗迹而被历史彻底遗忘。

以上的认识维度告诉我们，对希腊化世界的研究和对丝绸之路的研究，是书写“一个城市的两个故事”（two tales of a city）的时候了，正如我们从卡拉克斯·斯帕西努和帕尔米拉“两个城市的一个故事”（a tale of two cities）中窥见的。毋庸置疑，以往对希腊化城市已有丰富的研究问世，甚至还有科恩（Getzel M. Cohen）凭一己之力编写的多卷本指南，对欧亚世界所有希腊化城市的历史、史料和研究成果等全面信息进行了一网打尽式的汇编（*The Hellenistic Settlements*）。丝绸之路的研究也由来已久，到近几年又发生了最大规模的井喷。在这个领域当中，长期占据主导的是中西交通史的学术传统，以有限的文献记载为对象的考据构成其主流研究方法，尤其对于更早的历史时期，问题讨论经常性地聚焦于对某个国名、族称、地名或称谓的审音勘同。这种方法尽管在早期也解决了不少问题，但单纯地比对语音而不考虑历史情境，其最终的结果是，人们的认识依然在原地止步不前。当然，稍后考古资料的使用对这种方法造成的僵局给予了不同程度的补救，尤其是对丝绸之路上的一些城市的研究，但孤立碎化的研究局面依旧没有能够彻底扭转。当前，一些学者显然已经意识到了传统的中西交通史方法的局限，从而尝试从全球史的路径来观察丝绸之路。这种方法论的转向业已展现了一定的突破性。然而，丝绸之路在相当长的一段时间和相当广的空间内所处的希腊化历史情境仍未被给予应有的重视，正如国际上的希腊化研究至今未能充分关注到其中的丝绸之路的内容一样。这个时空内的古代城市的希腊化和丝绸之路属性也在等待着人们去发现和揭示。正是由于面对着这种问题的召唤，我们决心尝试合作书写一部能够展示自丝绸之路开通以来希腊化世界的城市和这些城市在后希腊化时代的古代时段发展全景的历史。

（徐晓旭）

第一编

希腊化城市的建立

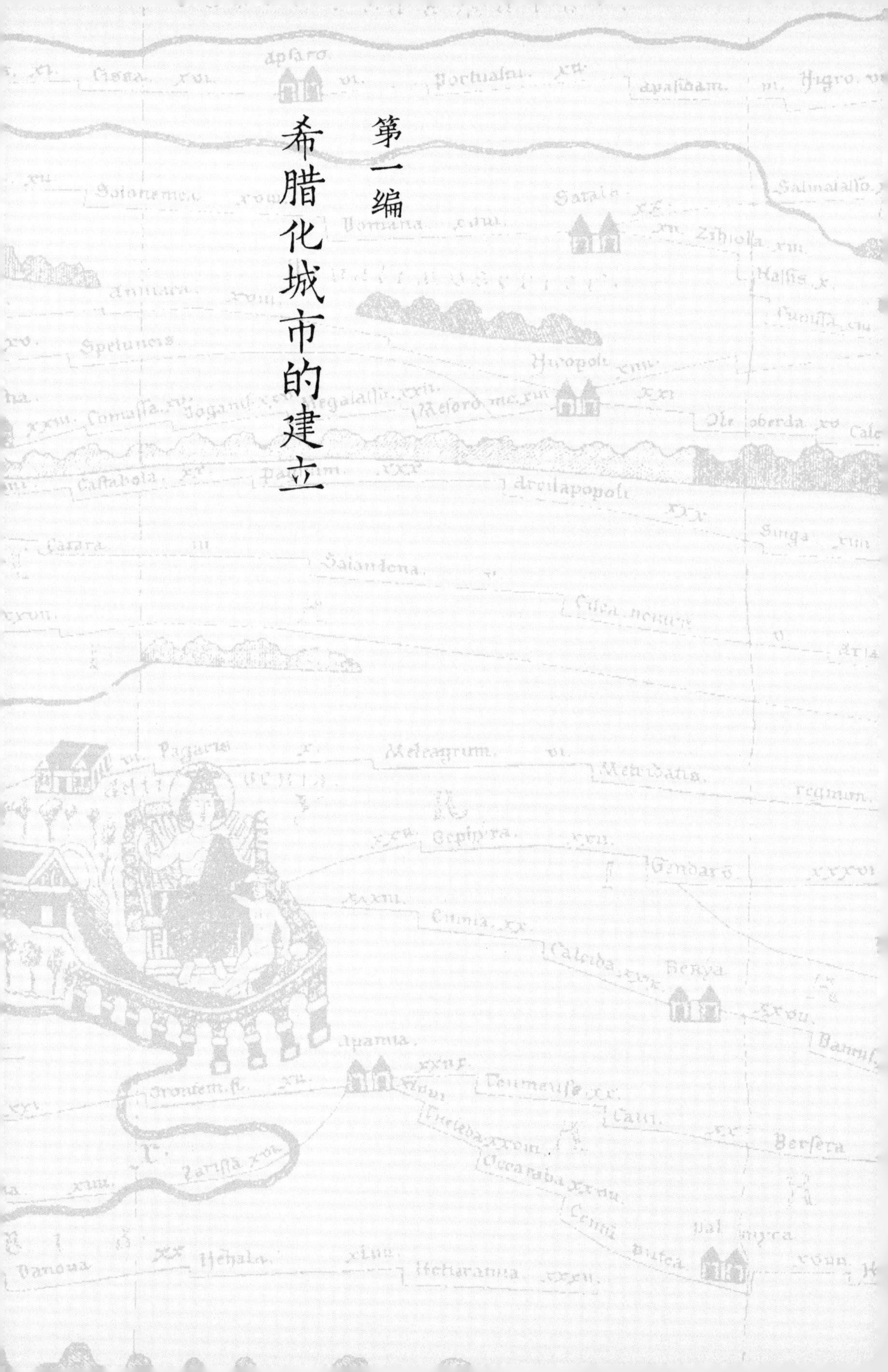

希腊化城市是希腊化王国在地方统治的基本单位，也是丝路重镇形成和发展的基础。亚历山大是希腊化城市的始建者，其后的各希腊化王国的国王也多热衷于新建或改建城市，热心赞助城市建设，一批批以国王、王室成员以及其他原马其顿地名等命名的城市拔地而起。

关于希腊化城市的建立，古典作家的零星记载常有含混不清甚至矛盾之处，目前的考古材料也难以反映建城初期的情形。本编主要以时间为纵轴，以空间分布为基础，对希腊化世界东西部希腊化城市的建立进行整体分析。重点关注位于港口、商路要道等战略位置的希腊化城市或希腊人殖民地、集居地（settlements），探索丝路重镇形成和发展的渊源。

亚历山大的建城活动不仅掀开了希腊化时期建城浪潮的序幕，也确立了希腊式城市的基本模式。但总体看来，亚历山大及其后继者在伊朗高原以西的西部希腊化世界和以巴克特里亚为中心的东部希腊化世界的建城模式还是有所不同，前者以polis式的希腊人城市为主，后者以希腊人与当地人混居的殖民地甚至军事要塞为主。这就决定了希腊化时期的大都市主要分布于西部，丝路重镇主要分布于原来希腊化世界东部的基本格局。当然，这也与巴克特里亚地区是丝绸之路的十字路口和与丝绸之路的起点——中国接壤有关。

第一章　亚历山大及其继业者在希腊化世界西部的建城活动

第一节　亚历山大的建城背景与早期实践

综观整个希腊化时期，亚历山大大帝（Alexander the Great，公元前336—前323年在位）无愧为最伟大的建城者，但他并非马其顿国王中第一个建城者。腓力二世时期（Philip II，公元前359—前336年在位），马其顿王国（Kingdom of Macedonia）不仅实现了内部的统一，而且开始向色雷斯（Thrace）、伊利里亚（Illyria）以及派奥尼亚（Paeonia）等周边地区扩张。在这一过程中，马其顿人开始了建城的尝试。随着亚历山大征服范围的扩大、帝国的建立，继承希腊城邦的殖民建城传统，建立希腊式城市以统治日益扩大的东方之地，就成为亚历山大面临的一个极为迫切的现实需要。埃及的亚历山大里亚就是他在东征过程中建立的第一个希腊式城市。

一、希腊城邦的殖民建城传统与马其顿的尝试

以往学界谈及希腊化时期建城、殖民的由来，很容易联想到古风时期希腊人的殖民活动。古风时代（公元前8—前6世纪）的移民，既有希腊本土不足以承载人口生存的经济原因，也有城邦内部矛盾不可

调和的政治原因，当然，希腊人勇于冒险、探索未知世界的民族精神也不可忽视。他们的足迹逐渐从爱琴海世界周边拓展到整个地中海以及黑海世界，这种海外移民也逐渐从个人、家族的出走扩大到城邦行为。这些殖民活动促使希腊人认识到自己和周边非希腊族裔——所谓“蛮族”的区别，促进了希腊人族群意识的形成。古风时期的殖民建城活动无疑是希腊人的历史记忆，希腊化时期出现的建城活动或与这种传统的影响有关，但又有着明显的区别。

首先，古风时期的殖民地实际是希腊本土城邦或曰母邦的翻版或再生。它们同样有自己的中心城市和周围的土地，有独立的主权和城邦自治制度，有城邦的外在标志，如议事堂、公民大会、市场、剧场、神庙、卫城等。城邦即公民集体，主权在民，城邦是公民的归属，城邦的事务都与公民息息相关。亚里士多德说，人是政治的动物，离开了城邦的人，不是野兽就是神。[1]城邦归全体公民所有，这是希腊城邦制度的精髓。不论是实行民主制，还是贵族制，甚至寡头制、王制（如斯巴达），都无法改变这一基本事实。这样的传统对于亚历山大及其后继者的建城很难说没有影响。但时过境迁，希腊化时期由希腊—马其顿人建立的城市虽然也称为polis，实际上不过是国王治理之下具有一定自治权的城市而已。这是希腊古风时代的殖民城邦与希腊化时期新建希腊式城市的根本区别。但城邦的一些市政外壳和文化设施也都有可能保留，这也就是我们将这些新建的殖民地、定居点称为希腊式城市的原因所在。

其次，古风时期的殖民是城邦主导，希腊化时期的殖民则是王朝殖民。不论具体的承建人是谁，新建城市的主导者或出资者，一般都

---

1 Aristotle, *Politics*, 1253a-5, with an English translation by H. Rackham, Cambridge, Mass.: Harvard University Press, 1959.［古希腊］亚里士多德:《政治学》，吴寿彭译，北京：商务印书馆，1996年，第7—8页。

是国王或类似于国王的统治者。[1]

再次，古风时期殖民城邦的形式比较单一。但希腊化时期的殖民地，除了有目的的建城之外，有的仅仅是临时安置老弱病残之地，有的不过是军事驻地、要塞、哨所，究竟以后能否发展为城市，则依据所处的历史环境而定。因此，按照polis的外在标准，它们中的大部分很难说是城市，这也是希腊化城市史研究专家科恩（Getzel M. Cohen）将他们统统归为“定居点”或“集居地”（settlements）的原因。它们大多悄然消失，但其中的一部分确实由于种种机缘存在了下来，并发展为丝路重镇。

至于亚历山大的建城动机，有的学者在强调亚里士多德（Aristotle）“交换欧亚人口”思想对亚历山大影响的同时，更多地谈到伊索克拉底（Isocrates）《致腓力》（*To Philip*）演说辞中向腓力的建言：希望腓力征服整个波斯帝国或至少夺取“从西里西亚（Cilicia）到西诺普（Sinope）的亚洲”，建立城市，安置那些“生活无着、四处流浪”的希腊人，解决希腊严重的社会危机。[2]他们认为伊索克拉底的建言或许对亚历山大父子是有影响的。例如，科恩认为：“腓力如果征服了（小亚细亚）……也一定会在小亚建城。”[3]“腓力长期的远征计划包括征服小亚，但是，他突然遇刺身亡打断了这一计划。”[4]其实仔细探究便会发现，亚历山大的建城活动与伊索克拉底的建言似乎并没有什么直接的联系。因为亚历山大东征途经小亚，并未停下征服

---

1 一些城市也修英雄祠纪念奉命建城者，如今阿富汗的阿伊·哈努姆（Ai Khanoum）遗址中心就有建城者基涅阿斯（Kineas）和特里巴罗斯（Triballos）的陵墓。

2 Isocrates, *To Philip*, 121, with an English translation by George Norlin, London: William Heinemann Ltd.; New York: G. P. Putnam's Sons, 1928.

3 Getzel M. Cohen, *The Hellenistic Settlements in Europe, the Islands and Asia Minor*, Berkeley: University of California Press, 1995, p. 17.

4 Getzel M. Cohen, "Colonization and Population Transfer in the Hellenistic World," in Van't Dack Edmond, ed., *Egypt and the Hellenistic World*, Lovanii: Publications Universitaires de Louvain, 1983, pp. 63-74.

的脚步在此建立任何城市，而且此后的建城活动与安置希腊贫民无关，与解决希腊的社会、经济危机的联系更是无从谈起。事实上，伊索克拉底仅仅考虑到向小亚西部移民，而亚历山大建立的绝大多数城市或殖民地都位于底格里斯河乃至伊朗高原以东。这些城市或殖民地的建立显然是出于帝国统治的需要。

近年来，学界更加倾向于从马其顿人的政治、军事及经济等方面的利益出发，探讨希腊化时期一些特征的历史渊源。因此，这里有必要分析一下马其顿的建城活动及其对亚历山大的影响。

马其顿人之所以能最终降服中南部的希腊城邦，成为科林斯同盟的统帅，腓力二世厥功至伟。在他即位之前，马其顿不仅不是一方强国，还受尽三面强邻的欺凌。东面的色雷斯是马其顿最忌惮的强敌。西面和北面没有高大的山脉作为屏障，附近的伊利里亚人（Illyrioi）和派奥尼亚人（Paiones）也“肆无忌惮地往来”：伊利里亚人可能控制了上马其顿（如俄瑞斯提斯和林科斯等，Orestis，Lynkos）的一些贵族；派奥尼亚人也常趁虚而入，大举南下，公元前360/359年马其顿被伊利里亚击败之时便是如此。腓力二世即位之后，最先着手解决的就是马其顿长期王权不振、部落分散自立的顽疾。他兼并了散布于山间的部落，将其迁至平原地区，建立有防御工事的据点。[1]为了巩固边防，尤其是东部与色雷斯的边界，马其顿王国先后建立了几座城市。根据古典作家的记载，腓力二世在色雷斯附近建立的城市主要有腓力比（Philippoi）[2]和腓力波利斯

1 Justin, *Epitome of the Philippic History of Pompeius Trogus*, with an English translation by J. C. Yardley, Atlanta, GA: Scholar's Press, 1994, 8.5.7-6.2.

2 即今希腊东北部马其顿地区同名城市腓力比（Philippoi）。参见Diodorus Siculus, *Library of History*, 16.3.7, 16.8.6, Cambridge, Mass.: Harvard University Press, 1995; Appian, *The Civil Wars*, 4.13.105-106; *IG II*^{2} 127.45, with an English translation by Horace White, Cambridge, Mass.: Harvard University Press, 1964.

(Philippopolis)[1]两座。[2]此举不仅有效地抵御了色雷斯人的侵袭，还控制了潘革翁山（Pangaion）的金矿。军事与经济上的需求都可能是腓力二世建城的重要动机。此外，腓力比是马其顿王国第一座以国王命名的城市，这或可说明腓力二世此时已经有意识地开始通过建城推行其个人的政治宣传。

这一时期，除了腓力二世本人建立的这两座城市之外，身为王子的亚历山大也建立了一座以其本人命名的城市——色雷斯的亚历山德罗波利斯（Alexandropolis in Thrace）。这是亚历山大所建的第一座城市，约建于公元前340年左右。亚历山大在城中安置了混合的人口。[3]

亚历山大在东征之前仍在巩固马其顿周边的疆土，卡林多亚(Kalindoia)[4]就是他在卡尔基斯半岛以北重建的一座城市。他在建城时将塔米斯克斯（Thamiskos）、卡马凯（Kamakai）和特里波伊埃(Tripoiai)三城的土地并入，这种兼并建城的做法虽然在希腊城市史中并不鲜见，但却是马其顿人有据可考的首次尝试。[5]

综上可知，无论腓力二世还是亚历山大本人，在东征开始之前都有过在战略要地建立以其本人命名的城市，吸引不同族群作为殖民者

---

1 位于今保加利亚普罗夫迪夫（Plovdiv）。参见Stephanos Byzantios, s.v. “Philippopolis,” in M. Billerbeck, ed., *Stephani Byzantii Ethnica*, Vol. 5, Berlin and New York: De Gruyter, 2017, pp. 38-39; Pliny, *Natural History*, 4.41, with an English translation by H. Rackham, Cambridge, Mass.: Harvard University Press, 1961; Dexippus Atheniensis, F.27.1 (*FGrH*, 100).

2 关于腓力二世的建城、殖民活动，主要的研究成果有：J. R. Ellis, “Population-transplants by Philip II,” *Makedonika*, Vol. 9, 1969, pp. 9-17; R. Ellis, *Philip II and Macedonian Imperialism*, London: Thames and Hudson, 1976, pp. 68-69, 167; Getzel M. Cohen, “Colonization and Population Transfer in the Hellenistic World,” in Van’t Dack Edmond, ed., *Egypt and the Hellenistic World*, pp. 63-64.

3 Plutarch, *Alexander*, 9, with an English translation by Bernadotte Perrin, Cambridge, Mass.: Harvard University Press, 1967.

4 位于今希腊东北部马其顿地区卡林多亚（Kallindoia）的卡拉摩托（Kalamoto）附近。参见*SEG* 36.626, ll. 5-10.

5 希腊化建城活动所涉及的兼并行为，希腊语最常用συνοικισμός，除此之外，一些文献也使用συμπολίζειν或συμπολιτεύειν来形容联盟或两座城市之间共享公民权的行为。

的实践，这些做法亦常见于希腊化时期的建城活动。[1]从这些城市的选址特点、命名方式来看，腓力、亚历山大父子的建城活动可谓希腊化时期建城活动的先声。

二、亚历山大建城活动的开启：埃及亚历山大里亚的建立

亚历山大的建城活动在古典作家，尤其是亚历山大史家的笔下多有记载，但关于其建城数量却说法不一，现代学者对此也颇有争议。但无论古典作家还是现代研究者，一般都认为，他在东征途中建立的第一座以他命名的城市就是埃及的亚历山大里亚城。

亚历山大之所以选择在埃及尼罗河三角洲濒海地区建立以他名字命名的城市，是出于多方面的考虑。其一，在此建城可为他进一步的东征提供稳固的后方基地，保证人力和物力的补充。[2]埃及历来是地中海世界的粮仓，不仅可以供养留下的驻军，还可以源源不断供应远征所需。其二，此地有良好的港湾，将来有可能发展成为海上贸易的中心。

希腊人对于埃及尼罗河（the Nile）三角洲地带早有了解，荷马史诗《奥德赛》（*Odyssey*）中就已经提到了尼罗河口的法罗斯岛（Pharos）、附近的良好港湾以及自然环境。公元前7世纪，希腊人还在尼罗河三角洲建立了一座名为瑙克拉提斯（Naukratis）的殖民地。

公元前331年，亚历山大里亚城始建。它位于尼罗河三角洲西侧，瑙克拉提斯西北75公里处，马里亚湖（Lake Mareotis或Lake

---

1 Adrian George Dumitru, "Les Seleucides et les Balkans: Les Thraces dans l'armee Seleucide," in A. Rufin-Solas, ed., *Armees grecques et Romaines dans le Nod des balkans. Conflits et integration des communautes guerrieres*, *Akanthina* 7, Gdansk: Fondation Traditio Europae, 2013, pp. 69-89.

2 关于亚历山大在埃及征兵的情况，参见比洛的著作。Richard A. Billows, *Kings and Colonists: Aspects of Macedonian Imperialism*, Leiden: E. J. Brill, 1995, p. 153.

Mareia）与地中海之间。[1]关于该城的建立，最主要的记载来自阿里安（Arrian，约公元86—160年）和狄奥多罗斯（Diodorus Siculus，公元前1世纪）。除此之外，伪卡利斯梯尼（Pseudo-Callisthenes，约公元3世纪）的《亚历山大传奇》（*Alexander Romance*）也提供了不少与建城有关的情节，常为后世史家所征引，但因其史料来源历来颇有争议，这些情节是否真实可靠尚待仔细甄别。据阿里安记载，亚历山大在选址与规划中事必躬亲，在万事俱备之后求诸神谕的认可与祝福。[2]据狄奥多罗斯记载，亚历山大选定城址，"熟练地划定街道"，并下令将这座城市以其本人的名字命名。[3]

关于实施建城的具体负责人，《亚历山大传奇》记录了两个人名，分别是瑙克拉提斯的克列奥美尼（Kleomenes of Naukrates）和罗德岛的狄诺克拉底（Deinokrates of Rhodes），其中后者为建筑师。[4]至于前者，亚历山大很有可能考虑到了他熟悉希腊和埃及两方面的传统以及尼罗河三角洲的自然环境。

关于该城的选址动机，学界历来争论不休：亚历山大研究专家博斯沃思（A. B. Bosworth）强调军事因素在选址上的关键，认为尼罗河三角洲西侧没有一处城堡可与佩鲁西昂（Pelousion，尼罗河三角洲最东端的一座城市）相匹配。[5]塔恩（W. W. Tarn）则认为，新城是为了替代刚刚被亚历山大摧毁的推罗的商业之都地位，也可以与

---

1 Plutarch, *Alexander*, 26.3-10; Strabo, *Geography*, 17.1.6, with an English translation by H. L. Jones, London: William Heinemann, 1967; Diodorus Siculus, *Library of History*, 17.52; Quintus Curtius Rufus, *History of Alexander*, 4.8.1-6; Justin, *Epitome of Philippic History of Pompeius Trogus*, 11.11.13.

2 Arrian, *Anabasis of Alexander*, 3.1.5-3.2.1, with an English translation by P. A. Brunt, Cambridge, Mass.: Harvard University Press, 1976. 另外，普鲁塔克在《亚历山大传》中也有类似的记载，见Plutarch, *Alexander*, 26.

3 Diodorus Siculus, *Library of History*, 17.52.

4 Getzel M. Cohen, *The Hellenistic Settlements in Syria, the Red Sea Basin, and North Africa*, Berkeley: University of California Press, 2006, p. 301.

5 A. B. Bosworth, *A Historical Commentary on Arrian's 'History of Alexander'. Vol. 1: Commentary on Books I-III*, Oxford: Clarendon Press, 1980, p. 264.

爱琴海建立联系。[1]弗雷泽（P. M. Fraser）同样指出了经济因素在亚历山大里亚建城中发挥的作用：它将是尼罗河三角洲以西安全的港口，足以挑战瑙克拉提斯的贸易地位。[2]埃及的亚历山大里亚后来也确实成为了这样一座举足轻重的商港。至于亚历山大究竟是否有意以亚历山大里亚作为都城，仍有较多争议。但也有学者提出："只要亚历山大身在何处，都城就在何处，都城是移动的，不是静止的。"[3]这或许也是亚历山大以及其他建城者国王热衷于到处建城的重要原因。

关于希腊化时期亚历山大里亚的城市布局与建筑的信息主要来自两方面：第一，斯特拉波在奥古斯都时代初期（公元前26—前20年）造访该城的见闻；第二，近代以来的考古调查和发掘。这些信息对于考察罗马帝国统治时期该城市的发展或有较多价值，但对于复原亚历山大里亚奠基及早期发展史则显然不足。公元前3世纪的一些作家，如卡利马库斯（Kallimachos）、泰奥克里图斯（Theokritos）、波西狄普斯（Posidippos）提到了一些建筑，但基本上无法追溯至亚历山大建城时期。一般认为，亚历山大亲自为建城规划布局应该是没有问题的。当地夏季盛行西北风，可以为城市驱散暑意，亚历山大里亚城市街道的走向很有可能依此设计。如果这一推测属实，亚历山大为城市所做的规划布局还是周密的。

无论如何，亚历山大帝国和希腊化时期的建城活动已经拉开序幕。此后出现的数以百计的希腊式城市，都可以说是亚历山大的遗产。

---

1 W. W. Tarn, *Alexander the Great. Vol. 2: Sources and Studies*, Cambridge: Cambridge University Press, 1948, p. 43.

2 P. M. Fraser, *Ptolemaic Alexandria*, Vol. 1, Oxford: Clarendon Press, 1972, pp. 1ff.

3 Peter Green, "Alexander's Alexandria," in Kenneth Hamma, ed., *Alexandria and Alexandrianism*, Malibu, California: The J. Paul Getty Museum, 1996, p. 18.

第二节　亚历山大继业者在东地中海地区的建城活动

公元前325年，亚历山大远征军从印度分海陆两路启程回返巴比伦，他本人于公元前324年抵达苏萨，次年突然病逝于巴比伦。虽然时间短促，但他对建城事业念念不忘。据普林尼，亚历山大曾在波斯湾建立了一座以他名字命名的亚历山大里亚城。[1]此城就是后来著名的卡拉克斯城。随后，帝国分裂，后继者为了争夺帝国的统治权和自己的领地开始了长达数十年的内战，直到公元前280年左右才尘埃落定，形成埃及托勒密王朝、亚洲塞琉古王朝和马其顿本土的安提柯王朝三足鼎立的政治格局。

由于继业者（Diadochoi）的核心统治区域和争夺中心都是围绕两河—东地中海地区展开，因此这些王国的建城活动也主要集中于这一地区。不论是身在马其顿周边的卡桑德，还是崛起于巴比伦尼亚的塞琉古，他们虽各据一方，但出身相似，地位相当，实力均衡，信息互通，目的相同。因此，他们建立的城市也有相近的建城原因、相似的城市布局与功能。作为其中一个继业者王国，塞琉古王国领土范围远至伊朗、中亚，其建城活动也延伸至此，关于这一地区的建城活动，将在下一章详细论述。

一、卡桑德的建城活动

虽然继业者称王直至公元前306/305年才最终到来，但是早在此前十年，就已有继业者跨出谋取王权的第一步。这一最早的“僭越者”就是安提帕特（Antipater）之子卡桑德（Kassander），他在继业

---

1 Pliny, *Natural History*, 6.138-139.

者中最早建城并以本人及亲属的名字命名。此举并非偶然，而是与亚历山大去世之后政治局势的发展有关。

公元前319年摄政安提帕特去世之后，其子卡桑德与新任摄政波吕佩尔孔（Polyperchon）之间的冲突成为继业者之争的焦点，最终引发了第二次继业者战争（公元前318—前315年）。除此之外，各继业者在宣传旗号、统治政策上都竞相攀比。公元前317年，亚历山大的母亲奥林匹娅斯（Olympias）控制了亚历山大之子亚历山大四世及其母亲罗克珊娜（Roxana/Roxane），重返马其顿政坛，处决了卡桑德支持的腓力三世、欧律狄刻（Eurydike）夫妇，以及卡桑德的家族及支持者。[1]卡桑德正是在此情形下侵入马其顿的，俘虏了奥林匹娅斯和亚历山大四世，在埃盖（Aigai/Aigeai）安葬了被奥林匹娅斯所害的腓力三世、欧律狄刻等人，并娶了腓力二世之女、亚历山大同父异母的姊妹帖萨洛尼卡（Thessalonike），以便与阿基德王室联姻，夺取王权。[2]根据著名的帕罗斯石碑（the Parian Chronicle或Parian Marble）铭文推算，他在公元前316年最先建立了卡桑德里亚（Kassandreia）[3]

---

1 Diodorus Siculus, *Library of History*, 19.35-36, 19.49-52, with an English translation by Russel M. Geer, Cambridge, Mass.: Harvard University Press, 1984.

2 Diodorus Siculus, *Library of History*, 19.52.5.关于卡桑德娶帖萨洛尼卡的记载，参见 Diodorus Siculus, *Library of History*, 19.52.1; Justin, *Epitome of Philippic History of Pompeius Trogus*, 14.6.3; Pausanias, *Description of Greece*, 8.7.7, 9.7.3, with an English translation by W. H. S. Jones, Cambridge, Mass.: Harvard University Press, 1995.

3 今希腊哈尔基迪基半岛（Chalkidiki）卡桑德里亚。关于卡桑德里亚的建立，参见 Diodorus Siculus, *Library of History*, 19.52.2; *Marmor Parium*, F B 14 (*FGrH*, 239)；张强：《〈帕罗斯碑〉译注》，《古代文明》2007年第1期，第32页。其他提及卡桑德里亚这一地名的文献还有：Strabo, *Geography*, 7 F25, 27; Livy, *Ab Urbe Condita*, 44.11.2, with an English translation by Alfred C. Schlesinger, London: William Heinemann, 1961; Stephanos Byzantios, s.v. “Kasandreia,” in M. Billerbeck, ed., *Stephani Byzantii Ethnica*, Vol. 3, Berlin and New York: De Gruyter, 2014, pp. 56-57; Stephanos Byzantios, s.v. “Potidaia,” in M. Billerbeck, ed., *Stephani Byzantii Ethnica*, Vol. 4, Berlin and New York: De Gruyter, 2016, pp. 92-93; Pliny, *Natural History*, 4.36; Pausanias, *Description of Greece*, 5.23.3, with an English translation by W. H. S. Jones and H. A. Ormerod, London: William Heinemann Ltd.; New York: G. P. Putnam’s Sons, 1926; Procopius, *De Aedificiis*, 4.3.21, with an English translation by H. B. Dewing, Cambridge, Mass.: Harvard University Press, 1996; Athenaeus, （转下页）

和帖萨洛尼卡（Thessalonike）[1]。

卡桑德里亚位于哈尔基迪基半岛（Chalkidike），以其本人的名字命名，很可能是有意将其作为自己的常驻地。这座新城兼并了帕列尼半岛（Pallene）、西宋尼亚半岛（Sithonia）及其周边其他城市的所有土地和人口，面积近1000平方公里，[2]很快成为爱琴海北部最大的中心城市之一，其规模和影响力远远超过了最盛时的奥林托斯（Olynthos）。

帖萨洛尼卡之名取自卡桑德新娶之妻、腓力二世之女帖萨洛尼卡，该城位于爱琴海北部的特尔玛湾（the Thermaic Gulf），是多瑙河与拜占庭商路的汇合点。帖萨洛尼卡与卡桑德里亚一样，都是由多个零散分布的原有城邦或市镇合并而成。根据斯特拉波的记载，卡桑德将26个居民点合并为一，由此可见他的地方治理政策是清晰、统一的。[3]与卡桑德里亚相比，这座城市并非建立在原来的特尔玛城（Therma）旧址之上，而是在其之外。这说明卡桑德建立新城时可能有意选择了未开发的区域，以便于新城的规划建设。由于培拉城的出海口日益淤塞，帖萨洛尼卡建立之后很快就成为整个马其顿地区的第一大城，即使卡桑德在公元前297年去世，该城繁荣依旧。

卡桑德里亚、帖萨洛尼卡与卡桑德的兄弟阿莱克萨克斯（Alexarchos）建立的乌拉诺波利斯（Ouranopolis），以及东征前夕就重建的卡林多亚，这四座希腊化新城皆由多座城镇兼并而成，互相接壤。由此可见，城市已经成为王国核心统治区地方行政的基本单位。这种模式很快被推广到马其顿以外的地区。

（接上页）*The Deipnosophists*, 3.98e, with an English translation by Charles Burton Gulick, London: William Heinemann, 1961; Claudius Ptolemy, *Geography*, 3.12.10, translated and edited by Edward Luther Stevenson, with an introduction by Prof. Joseph Fischer, New York: Dover Publication, Inc., 1991.

1 今希腊塞萨洛尼基（Thessaloniki）。

2 Diodorus Siculus, *Library of History*, 19.52.2-4.

3 Strabo, *Geography*, 7 F21.

尽管卡桑德所建城市因主要分布于马其顿周边地区而没有在后来的丝绸之路上扮演重要的角色，且由于卡桑德统治时间较短，他所建的城市大多为其他继业者摧毁或改造，但是卡桑德的建城方式在继业者之中有明显的示范作用。而且卡桑德以其本人及家族成员的名字为新城命名，以宣传国王权威的做法，也为其他继业者所效仿。受其影响，吕西马库斯、安提柯以及塞琉古等人相继以类似的方式建立了新城。

二、安提柯王朝的建城活动

“独眼”安提柯（Antigonos Monophthalmos）是亚历山大继业者中最重要、力量最强的一员。早在公元前333年他就被委任为弗里吉亚（Phrygia）总督，主要负责为亚历山大军队提供补给，保障交通；亚历山大去世之后，安提柯被摄政安提帕特授予亚洲将军（Strategos of Asia）头衔，后来又于公元前316年击败了欧麦尼斯（Eumenes），成为亚洲实际上的霸主，也是当时最有能力实现“统一梦想”的继业者。[1]公元前311年之后，安提柯加紧了在亚洲称王的脚步，开始大力经营小亚和叙利亚地区。然而，由于安提柯在伊普苏斯（Ipsus）战败去世，他在亚洲所建的城市，如特洛亚的安提柯尼亚（Antigoneia-Troas）、比提尼亚的安提柯尼亚（Antigoneia-Bithynia）、奥龙特斯河畔的安提柯尼亚（Antigoneia-Orontes）等都在建立之后就被改名、重建。[2]

安提柯最早的政治舞台位于以弗里吉亚为中心的小亚中西部，其势力深入亚洲内陆地区。他早就意识到控制陆路枢纽并修建要塞

1 Diodorus Siculus, *Library of History*, 19.12-35, 19.37-44; Plutarch, *Eumenes*, 13-19, with an English translation by Bernadotte Perrin, London: William Heinemann, 1959.

2 Richard A. Billows, *Antigonos the One-Eyed and the Creation of the Hellenistic State*, Berkeley: University of California Press, 1990, pp. 201ff.

的重要性。他在小亚西部建立的两座重镇凯莱奈（Kelainai，今土耳其迪纳尔，Dinar）和多奇美昂（Dokimeion/Dokimia，位于今土耳其阿菲永卡拉希萨尔［Afyon Karahisar］东北25公里）皆有相似的地理位置。从公元前333年安提柯受封弗里吉亚总督，到公元前307年叙利亚的安提柯尼亚建立，弗里吉亚的古城凯莱奈可能一直都是安提柯的常驻地。萨尔迪斯到苏萨的御道穿境而过，早在波斯帝国时期，凯莱奈就吸引着商人纷至沓来。安提柯统治时期，商路上已不再有任何敌对的强权，希腊人从小亚攫取商业利益时也不会受阻。除此之外，凯莱奈还驻有大批马其顿军队。后来，安条克一世在建立阿帕米亚的时候，就利用了这座城市的人口，其中不仅包括弗里吉亚人，还有希腊人。尽管文献未曾记载安提柯改建凯莱奈的行为，但该城在政治、军事上举足轻重，极有可能获得安提柯的青睐。

弗里吉亚的另一座城市多奇美昂可能是安提柯麾下的重要将领多奇莫斯（Dokimos）受命所建。此城位于佩西努斯（Pessinous）通往凯莱奈的商路主道上，连接着小亚的两条大动脉，向南可以通往“以弗所（Ephesos）—迈安德河（the Maeander）—凯莱奈—利考尼亚的劳狄西亚（Laodikeia-Lycaonia）”一线，向北可通往“塔维昂（Tavion）—安基拉（Ankyra）—佩西努斯—萨尔迪斯（Sardeis）”一线。

公元前309年亚历山大四世被害，继业者都加紧了称王、建城的步伐。很可能受公元前309年吕西马库斯建立吕西马奇亚的刺激，安提柯感受到了威胁，也开始模仿卡桑德和吕西马库斯等人的行为，在小亚西北部的特洛亚、比提尼亚等地区展开大规模的兼并建城活动。这些区域有四座城市可能系安提柯所建，即特洛亚的安提柯尼亚、[1]尼

1 今土耳其西北部埃斯基斯坦布尔（Eski Stambul）。斯特拉波提及该城之名，见Strabo, *Geography*, 13.1.33, 47, 52.

凯亚（Nikaia）、[1]基齐库斯的安提柯尼亚（Antigoneia-Kyzikos）[2]以及达斯奇利昂的安提柯尼亚（Antigoneia-Daskylion）。[3]另外，伊利昂的扩建可能也与其有关。

安提柯在征伐塞琉古失败之后，选定叙利亚为其新的统治中心区。公元前307年前后，几乎就在其子德米特里（Demetrios）与托勒密海上交锋的萨拉米斯（Salamis）战役（公元前306年）之时，安提柯在叙利亚地区建立了都城奥龙特斯河畔的安提柯尼亚，[4]以兼顾巴比伦和上省的塞琉古王国与埃及的托勒密王国。除此之外，叙利亚及其周边地区在塞琉古王朝统治时期出现了大量以马其顿或希腊本土地名命名的城市，很可能在塞琉古一世来到叙利亚之前就已经存在了，应该也可以归功于安提柯。[5]

公元前301年，安提柯在伊普苏斯战败身死，亚洲内陆的领地大部分被其他继业者蚕食，但其子"围城者"德米特里一世依然掌握着爱琴海和东南地中海的海上霸权，又抓住公元前298/297年卡桑德去世之机重返希腊本土，在公元前294年左右登上马其顿国王之位。次年夺取了帖撒利亚和彼奥提亚，侵入吕西马库斯控制的色雷斯地区。帖撒利亚的德米特里亚斯（Demetrias-Thessalia）很可能就建于德米特里登上马其顿王位之时（公元前294年）。[6]它扼守坦佩峡谷（Vale

1 今土耳其伊兹尼克（İznik），常译作尼西亚。提及该城的古典文献和铭文有：Strabo, *Geography*, 12.4.7; Stephanos Byzantios, s.v. "Nikaia," in M. Billerbeck, ed., *Stephani Byzantii Ethnica*, Vol. 3, pp. 382-393; *Syll.*[3] 348.

2 今土耳其巴勒克埃西尔省埃尔代克（Erdek）。提及该城的文献有：Stephanos Byzantios, s.v. "Antigoneia," in M. Billerbeck, ed., *Stephani Byzantii Ethnica*, Vol. 1, Berlin and New York: De Gruyter, 2006, pp. 210-211.

3 可能位于今土耳其班德尔马附近的埃尔吉利（Ergili）。Stephanos Byzantios, s.v. "Antigoneia," in M. Billerbeck, ed., *Stephani Byzantii Ethnica*, Vol. 1, pp. 210-211.

4 该城大致位于后来奥龙特河畔的安条克城范围内，具体城址仍未确定。

5 塞琉古一世在伊普苏斯之战后来到叙利亚，将培拉（Pella）改建为阿帕米亚，说明与培拉相似的以马其顿或希腊本土地名命名的城市在战前就已存在。

6 根据普鲁塔克的记载，德米特里此时已经控制了马其顿和希腊。Plutarch, *Demetrius*, 53.3, with an English translation by Bernadotte Perrin, Cambridge, Mass.: Harvard University Press, 1959.

of Tempe）南入口，控制了此地便可控制希腊中南部。[1]它还是一处良港，该城建立之后，帖撒利亚地区就有了出海口。在建立该城之时，德米特里兼并了帕伽塞湾（Pagasetikos Kolpos）北岸和西岸以及马革尼西亚（Magnesia）北部的居民点，吸收了马革尼西亚至少三分之一的人口。该城不仅战略意义重大，与帖撒利亚的两翼弗提亚的阿开亚（Achaia Phthiotis）和马革尼西亚的联系也非常方便。由此可见，德米特里选择此处建城，并推行大规模的兼并，将不同族群纳入到同一座城市中，在政治和文化上都消除原来的帖撒利亚痕迹，对于加强马其顿人的统治而言无疑是明智之举。

总而言之，安提柯王朝的建城活动在伊普苏斯战前主要集中在小亚西部和叙利亚地区，在伊普苏斯战后集中在马其顿和帖撒利亚周边地区。他们所建的城市虽然没有在后来的丝绸之路上发挥重要作用，但对于希腊化世界的建城活动的奠基和推动作用显而易见。第一，安提柯所建城市是塞琉古王朝所建城市的基础。在伊普苏斯战前，安提柯掌控着亚洲马其顿军队的大多数，叙利亚和小亚西部是其经营的重点区域，这些地区后来大多为塞琉古王朝所继承。第二，安提柯王朝的建城实践对其他继业者产生了示范作用。安提柯王朝在帖撒利亚的德米特里亚斯率先分设贸易性市场与仪式性市场的行为（指公共活动与商业活动空间分离），被塞琉古王朝在两河流域所建城市（如底格里斯河畔的塞琉西亚）仿效。

三、吕西马库斯的建城活动

吕西马库斯（Lysimachus）的建城活动大致可以分为两个时期，以伊普苏斯之战为界。公元前311年他和安提柯、托勒密、卡桑德签

1 Strabo, *Geography*, 9.5.15.

订和约之后，希腊化世界的局势依旧不明朗。所有的继业者都忙于巩固并扩张各自的势力，建城就是一个重要手段，可以集聚人口，加强凝聚力。在这方面，吕西马库斯可谓走在最前列。

根据帕罗斯石碑所记，公元前309年，吕西马库斯建立了一座以其本人名字命名的城市吕西马奇亚（Lysimacheia in Thrace）。[1]吕西马库斯之所以在此时建城，很可能与当时亚历山大四世被害，他有意借机称王建都有关。该城兼并了色雷斯半岛（Thracian Chersonese）的帕克提亚（Paktya）、卡尔狄亚（Kardia）和阿戈拉（Agora）三座城市以及其他村镇，[2]事实上控制了色雷斯半岛的东北部。这座城市后来成为吕西马库斯国王造币场所在地，发行银币和铜币。吕西马库斯去世之后还埋葬于此，被奉为英雄。吕西马奇亚是欧洲通往亚洲的桥头堡，也是防御色雷斯人侵袭的要塞，战略和经济意义非凡。

吕西马库斯在伊普苏斯之战以后才控制小亚西部，后来新建的尼凯亚、改建的特洛亚的亚历山大里亚（Alexandreia Troas）以及伊利昂原来皆属安提柯的势力范围。此外，他将以弗所异地重建为阿尔西诺伊亚（Arsinoeia Ephesos），并以其妻的名字命名。[3]以弗所位于爱奥尼亚通往弗里吉亚及其他内陆地区的道路西端，是爱奥尼亚最重

---

1 *Marmor Parium*, F B 19 (*FGrH*, 239). 提及该城为吕西马库斯所建的文献还有：Eusebius, *Chronika*, II, p. 116; Strabo, *Geography*, 7 F52. 此外，其他提及吕西马奇亚的主要史料还有：Justin, *Epitome of Philippic History of Pompeius Trogus*, 17.1-2, André Plassart, "Inscriptions de Delphes, la liste des Théorodoques," *Bulletin de Correspondance Hellénique*, Vol. 45, 1921, p. 19, col. III. 95; Memnon, F8.3 (*FGrH*, 434).

2 Ps- Skylax, *Periplus*, 67.（Karl Otfried Müller, ed., *Geographi Graeci Minor*, Vol. 1, Paris: A. Firmin Didot, 1855, pp. 54-57.）根据普林尼、斯特拉波和托勒密的记载，卡尔狄亚和帕克提仍然存在，但有可能是隶属于吕西马奇亚的港口。见Pliny, *Natural History*, 4.48; Strabo, *Geography*, 7 F52; Claudius Ptolemy, *Geography*, 3.12.2.

3 今土耳其塞尔丘克（Selçuk）附近。关于吕西马库斯迁建以弗所，并以其妻之名命名，参见Strabo, *Geography*, 14.1.21; Stephanos Byzantios, s.v. "Ephesos," in M. Billerbeck, ed., *Stephani Byzantii Ethnica*, Vol. 2, Berlin and New York: De Gruyter, 2011, pp. 188-191; *I. Milet* I.2, 10. 关于该城希腊化时期的城市面貌，参见S. Ladstätter, "Hafen und Stadt von Ephesos in hellenistischer Zeit," *Jahreshefte des Österreichischen Archäologischen Institutes in Wien*, Band. 85, 2016, pp. 233-272.

要的港口，在继业者战争时期是各方争夺的对象，其旧城在连年战乱中遭遇了严重破坏，港口也渐趋淤塞。公元前294年吕西马库斯从安提柯之子德米特里手中夺取该城之后，将其视为控制爱奥尼亚地区的重要中心，将它从阿尔特米斯神庙附近的低洼淤塞区域内迁了1.3公里，这样既能借助较高的地势筑防，又便于通往更为优良的深水港，并采用“居地兼并”方式，整合以弗所周边地区，使这座小亚西海岸最重要的港口城市、欧亚内陆商路最重要的出海口之一重新焕发了生命力。

位于以弗所以北的士麦那（Smyrna）同样是一处良港，在公元前6世纪吕底亚人统治时期或者波斯人入侵爱奥尼亚时受到了严重破坏，到亚历山大征服时期，此地可能已经退回村落散布的状态。在迁建以弗所之后，吕西马库斯改造了士麦那的旧港，修筑了新的城防工事，将其改造为集聚的城市，后来还可能改名为欧吕狄凯亚（Eurydikeia），并成为与以弗所齐名的小亚西海岸港口和商业城市。[1]

四、托勒密王朝的建城活动

以往学界讨论希腊化时期的建城活动时，往往忽视托勒密王朝的贡献，这与公元前301年伊普苏斯之战至公元前223年之间相关史料稀缺有关。其实，托勒密在称王拓土的过程中也新建了一些城市。它们大多以托勒迈斯（Ptolemais）、贝莱尼凯（Berenike）和阿尔西诺伊（Arsinoeia）等王室名或者菲罗泰拉（Philotera）、菲拉德

1 保萨尼阿斯、普林尼的记载与钱币材料都支持亚历山大为士麦那建城者，见Pausanias, *Description of Greece*, 7.5.1, with an English translation by W. H. S. Jones, Cambridge, Mass.: Harvard University Press, 1988; Pliny, *Natural History*, 5.118. 提及新城之名欧吕狄凯亚的只有钱币材料，参见H. P. Borrell, “Unedited Autonomous and Imperial Greek Coins,” *The Numismatic Chronicle*, Vol. 3, 1844, pp. 135-137.

尔菲亚（Philadelpheia）这样的称号命名。[1]从总体上看，托勒密王朝（Ptolemies）在海外与边远地区建城要多于埃及本土。以往不少学者认为托勒密王朝所建城市中很少有真正新建的城市，没有为推进城市化做出贡献。在埃及本土，托勒密王朝确实可能只建了一座真正的希腊化城市，即底比斯的托勒迈斯（Ptolemais in Thebai或Ptolemais Hermeiou）。这很可能与埃及已经具有健全、有效的行政体系有关，在埃及本土没有必要新建城市作为区域管理中心。

1. 续建亚历山大里亚

尽管埃及的亚历山大里亚为亚历山大本人规划，但具体的城市建设则是在托勒密王朝早期完成的。塔西佗主张，亚历山大里亚的城墙、神庙以及宗教节庆都是在托勒密王朝时期完成的。[2]“救主”托勒密在亚历山大去世之后成为埃及事实上的统治者，后来又杀死了亚历山大指派的建城负责人、行省总督克利奥米尼（Cleomenes）。[3]为了树立自己的统治权威，托勒密在亚历山大的规划基础之上，增加了国王崇拜的场所。这些工程直至托勒密二世时期才基本完工。

公元前321年，托勒密将本该运往马其顿本土的亚历山大的灵柩中途劫持至埃及。据狄奥多罗斯，托勒密计划在亚历山大里亚为亚历山大设立一个与其丰功伟业相称的英雄祠（temenos）。陵墓建成之后，还设立了纪念亚历山大的英雄崇拜和赛会。[4]亚历山大陵墓使这

---

1 关于托勒密王朝在埃及以外的统治，参见Roger S. Bagnall, *The Administration of the Ptolemaic Possessions outside Egypt*, Leiden: Brill, 1976; Tomasz Grabowski, “Ptolemaic Foundations in Asia Minor and the Aegean as the Lagids’ Political Tool,” *Electrum*, Vol. 20, 2013, pp. 57-76; Andrew Meadows and Peter Thonemann, “The Ptolemaic Administration of Pamphylia,” *Zeitschrift für Papyrologie und Epigraphik*, Vol. 186, 2013, pp. 223-226.

2 Tacitus, *Histories*, 4.83.1, with an English translation by Clifford H. Moore, Cambridge, Mass.: Harvard University Press, 1962.

3 Pausanias, *Description of Greece*, 1.6.3, with an English translation by W. H. Jones, London: William Heinemann Ltd.; New York: G. P. Putnam’s Sons, 1918.

4 Diodorus Siculus, *Library of History*, 18.28.4; Strabo, *Geography*, 17.1.8; Pseudo-Kallisthenes, *Romance of Alexander*, 3.34.

座城市自然而然成为亚历山大崇拜的中心，希腊化世界最受瞩目的城市之一。

除此之外，托勒密在没有正式称王的时候已经在“爱奥尼亚人海（即地中海）的岸边”修建王宫，将其称作“上下埃及之王、拉神之子的城堡”。[1]托勒密一世还在以前的萨拉皮斯（Sarapis）和伊西斯（Isis）圣所的位置设立了一座神庙，[2]并引入了雅典埃琉西斯（Eleusis）秘仪。[3]其他的城市建筑，如法罗斯的灯塔、缪斯神宫、图书馆等，可能都在托勒密一世统治时期开始兴建。[4]

2. 在埃及以外地区的建城活动

从海外建城情况来看，托勒密王朝在这方面颇有建树，其主要建城区域有：昔兰尼加、[5]红海沿岸、腓尼基和科伊勒—叙利亚、[6]小亚沿岸、爱琴海诸岛与塞浦路斯。

托勒密二世在爱琴海岛屿、塞浦路斯岛以及小亚沿岸建立了十余

1 R. K. Ritner, trans., “The Satrap Stela (CAIRO JdE 22182),” in William Kelly Simpson, et al., eds., *The Literature of Ancient Egypt: An Anthology of Stories, Instructions, Stelae, Autobiographies, and Poetry*, third edition, New Haven and London: Yale University Press, 2003, p. 393. 相关译文亦可参见Judith McKenzie, *The Architecture of Alexandria and Egypt (300BC-AD700)*, New Haven and London: Yale University Press, 2007, p. 40.

2 Tacitus, *Histories*, 4.84.

3 Tacitus, *Histories*, 4.83.

4 P. M. Fraser, *Ptolemaic Alexandria*, Vol. 1, Oxford: Clarendon Press, 1972, pp. 314-315, 321-322; Vol. 2, p. 469 n. 69. Judith McKenzie, *The Architecture of Alexandria and Egypt (300BC-AD700)*, p. 41.

5 托勒密王朝总共在该地区建立了四座城市，分别名为阿波罗尼亚（Apollonia）、阿尔西诺伊亚（Arsinoeia）、贝莱尼凯（Berenike）和托勒迈斯（Ptolemais）。参见G. M. Cohen, *The Hellenistic Settlements in Syria, the Red Sea Basin, and North Africa*, pp. 385-396.

6 腓尼基和科伊勒—叙利亚一直是各方势力角逐的舞台，从继业者战争开始，托勒密、安提柯和塞琉古都曾经占据该地区。托勒密曾在前318—前302年间短暂占领南叙利亚地区多次，并在安提柯失败后占据南叙利亚，参见Diodorus Siculus, *Library of History*, 20.113.1. 由于叙利亚的争端，托勒密王朝和塞琉古王朝展开了近百年的叙利亚战争，为了加强各自在腓尼基和科伊勒—叙利亚的防御，整个“黎凡特”地区都成了密集建城的地区。其中托勒密所建的据点中，比较确定具有城市地位的有托勒迈斯—阿克（Ptolemais Ake）、培拉/贝莱尼凯（Pella/Berenike）、菲拉德尔菲亚/安曼（Philadelphia/Amman）和菲罗特里亚（Philoteria），参见G. M. Cohen, *The Hellenistic Settlements in Syria, the Red Sea Basin, and North Africa*, pp. 213-221, 265-274.

座港口城市，大多以其同父同母的姐姐兼妻子阿尔西诺伊（Arsinoe）的名字命名。托勒密二世在这些地方可能建立了三座港口城市，包括马利翁的阿尔西诺伊亚（Arsinoeia-Marion）、帕莱帕福斯附近的阿尔西诺伊亚（Arsinoeia-Palaipaphos）和萨拉米斯附近的阿尔西诺伊亚（Arsinoeia-Salamis）。

红海沿岸城市后来成为海上丝绸之路前往印度和波斯湾的出发点。托勒密二世和托勒密三世都对猎象活动非常重视，他们在红海西岸建立的城市多与此有关。根据斯特拉波和普林尼，这些城市包括贝莱尼凯（Berenike-Troglodytica）、菲罗泰拉（Philotera）与猎象地附近的托勒迈斯（Ptolemais Theron）。[1]除此之外，红海沿岸还有众多规模较小的商站据点，其中最有影响力的如密奥斯·荷耳摩斯（Myos Hormos）也应建于公元前3世纪。[2]

综上可知，托勒密王朝建城主要是在海外，尤其是东地中海沿岸的领地，其目的有三：第一，控制海洋商路，保障海上交通；第二，建立强大的舰队，控制小亚沿岸及塞浦路斯等地；第三，吸引希腊兵源。埃及本土缺乏充足的希腊裔兵源，只有控制东地中海世界，才能源源不断地补充人力资源。

五、塞琉古王朝在小亚的建城活动

伊普苏斯战后，原属安提柯的小亚被多股势力瓜分，中西部地区的大部分由吕西马库斯接手，南部的西里西亚和卡里亚最初被卡桑德之弟普雷斯塔尔科斯（Pleistarchos）短暂控制，后来又分别易手于

1 Strabo, *Geography*, 16.4.5; Pliny, *Natural History*, 6.168, 171; Getzel M. Cohen, *The Hellenistic Settlements in Syria, the Red Sea Basin, and North Africa*, p. 47.

2 Strabo, *Geography*, 16.4.5; Getzel M. Cohen, *The Hellenistic Settlements in Syria, the Red Sea Basin, and North Africa*, p. 47.

德米特里和吕西马库斯。托勒密一世又占据了潘菲利亚（Pamphylia）和吕西亚（Lycia）。相比之下，塞琉古王朝是后来者。

1. 西里西亚的建城活动

塞琉古一世从伊普苏斯东归之后即占领叙利亚，将其建设成王朝的核心区。为了巩固叙利亚的安全，塞琉古王朝自然要向周边地区扩张。西里西亚扼小亚中西部地区通往叙利亚陆路之咽喉，背靠盛产木材的陶鲁斯山脉，且沿岸多港口，颇具战略意义。德米特里从爱琴海沿岸出发送其女斯特拉托尼克（Stratonike）嫁于塞琉古的路上，就多次在西里西亚停靠。[1]公元前295年左右，塞琉古一世开始涉足西里西亚，建了卡吕卡德诺斯河畔的塞琉西亚（Seleukeia on the Kalykadnos）。普林尼称塞琉古在建城时将海滨城市赫尔米亚（Hermia）迁至更靠内陆的该城，说明塞琉古也采用了兼并建城的方式。[2]除此之外，可能建了皮拉摩斯河畔的安条克城（Antiocheia on the Pyramos）[3]和库德诺斯河畔的安条克城（Antiocheia on the Kydnos）。[4]这两座城市可能分别在西里西亚原生城市麦伽尔萨（Magarsa）和塔尔苏斯（Tarsos）的基础上重建。[5]

从一开始，塞琉古一世在小亚的统治事实上就仅限于小亚东南部，除了吕西马库斯之外，比提尼亚（Bithynia）、本都（Pontos）、卡帕多西亚（Cappadokia）等地都已经建立了地方王朝，高卢人

1 Plutarch, *Demetrius*, 31.6-7.

2 今土耳其锡利夫凯（Silifke）。卡吕卡德诺斯河（Kalykadnos River）即今土耳其格克苏河（Goksu Nehri）。关于该城兼并旧城赫尔米亚，参见Pliny, *Natural History*, 5.93.

3 今土耳其杰伊汉（Ceyhan）。提及该城之名的古典文献及铭文有：Stephanos Byzantios, s.v. “Antiocheia,” in M. Billerbeck, ed., *Stephani Byzantii Ethnica*, Vol. 1, pp. 212-215; *Syll.*^{3} 585. 285; *IG II*^{2} 2316.49/50.

4 今土耳其塔尔苏斯。提及该城之名的主要是铭文及钱币材料：*SEG* 12. 511; *IG II*^{2} 2316.48; *IG* 11.4.822; *BMC* Lycaonia, 177, Nos. 92-93.

5 Getzel M. Cohen, *The Hellenistic Settlements in Europe, the Islands and Asia Minor*, pp. 357-360.

(Gauls)的一支加拉太人(Galatae)也在小亚腹地扎下根来。[1]托勒密也一直对小亚南岸包括西里西亚在内的一些地区维持着统治。直到公元前281年，塞琉古一世在库鲁佩狄昂(Kouroupedion)击败吕西马库斯之后，小亚的大部分地区并入塞琉古王国。此时塞琉古意欲进攻马其顿，却在经过色雷斯时被绰号"雷电"的托勒密(Ptolemaios Keraunos)[2]所杀。[3]塞琉古一世之死宣告了第一代继业者退出了历史舞台，希腊化王国对峙的局面基本稳定下来。

自从安条克三世(公元前223—前187年在位)在公元前190年马革尼西亚战役败于罗马人之后，塞琉古王朝的势力再度从小亚中西部地区撤出，西里西亚也再度成为塞琉古王国的前沿阵地。公元前175年安条克四世上台后，为了巩固西里西亚，建立了数座城市，如萨罗斯河畔的安条克城(Antiocheia on the Saros-Adana)、希耶拉波利斯—卡斯塔巴拉(Hierapolis on the Pyramos-Kastabala)以及皮拉摩斯河畔的塞琉西亚(Seleukeia on the Pyramos-Mopsuesia)，从目前可见的史料来看，这些城市应该仅仅是对当地原生城市的重命名而已。城市的重命名反映了王国的重视，或有可能在城市自治制度上得到了国王的认可，也有可能设置了驻军，但并不代表这些地方发生了实质的城市重建活动。

2. 小亚中西部的建城活动

公元前280年之后，塞琉古王朝在小亚的统治也不稳固。直到公元前270年左右，安条克一世才再一次征服了小亚，并艰难地击败了加拉太人。在安条克一世和安条克二世在位期间(迄公元前246年)，

---

1 关于高卢人入侵小亚细亚的记载，参见Memnon, *Peri Herakleias*, (*FGrH*, 434 F11).

2 "雷电"托勒密(约公元前319—前279年)本为托勒密一世之子，后因被褫夺王位继承权逃至控制色雷斯、马其顿的吕西马库斯那里，卷入宫廷斗争，导致该王国公元前281年灭亡于塞琉古一世之手。但他暗杀了塞琉古一世，夺取马其顿王位，在位仅17个月(公元前281—前279年)，就在与高卢人的战斗中丧生。

3 Justin, *Epitome of Philippic History of Pompeius Trogus*, 17.2.2-4.

塞琉古王朝在小亚的统治相对稳定，但是其疆土事实上是由许多互不相连的片区组成的松散整体。特洛亚、米西亚、弗里吉亚、吕底亚和卡里亚是通过以原波斯“御道”为主干的交通路线联系在一起的。而小亚的交通路线要穿越加拉太人和南部高原地区的部落。因此，塞琉古对这些地区的统治难免微弱无力，只能默许地方小王朝的存在，其中一些高地从未服从过塞琉古王朝的管辖。

然而，对于塞琉古王朝而言，只有控制了小亚，塞琉古王朝才能源源不断地得到充沛的来自希腊人或高度希腊化的族群的兵力补充。小亚不仅是最重要的人力来源，也是塞琉古王朝进军马其顿和希腊本土的必经区域。因此，对于安条克一世之后的国王而言，最迫切的无疑是要保证横贯西部行省的道路安全，这就要在小亚西部的河谷地带和关键的交通路线沿线建立一些重镇，在吕底亚和弗里吉亚等统治基础比较扎实的地区建立殖民地（katoikiai）。其中，迈安德河谷的“公路”（κοινὴ ὁδός）沿线[1]最受塞琉古王朝关注，建城颇多，其建城方式也以兼并为主。例如，将古城特拉雷斯（Tralleis）重建为塞琉西亚，[2]将阿廷布拉（Athymbra）、阿廷布拉达（Athymbrada）和叙德莱拉（Hydrela）等地并入尼萨（Nysa），[3]合并辛麦泰奥斯（Symmaitheos）和克拉瑙斯（Kranaos）两座已有的居民点，在迈安德河畔建立卡里亚的安条克城（Antiocheia in Caria）。[4]

至于吕库斯河畔的劳狄西亚（Laodikeia on the Lykos），普林尼记载了其旧名狄奥斯波利斯（Diospolis）和罗阿斯（Rhoas），前者反映

---

1 “公路”（κοινὴ ὁδός）是希腊化时期小亚细亚最主要的交通要道，斯特拉波引用阿尔特米多罗斯（Artemidoros）的记载提到了这段道路。Strabo, *Geography*, 14.2.29.

2 今土耳其艾登（Aydın）。关于特拉雷斯重建，并命名为塞琉西亚，参见Pliny, *Natural History*, 5.108. 公元前3世纪的铭文提到一些来自于迈安德河畔的塞琉西亚人，很有可能就来自特拉雷斯改建的这座城市，参见*IG* IX. 12 17. 100; *I. Milet* 85.

3 今土耳其苏丹希萨尔（Sultanhisar）。Strabo, *Geography*, 14.1.46.

4 今土耳其艾登省巴萨兰（Başaran）。Stephanos Byzantios, s.v. “Antiocheia,” in M. Billerbeck, ed., *Stephani Byzantii Ethnica*, Vol. 1, pp. 212-215.

出此地盛行宙斯崇拜。[1]斯泰凡诺斯和欧斯塔提乌斯（Eustathius）都提到其建城者名为安条克（Antiochos），前者认为该城以建城者之姐妹的名字命名，后者则主张城市得名于建城者之妻。[2]根据目前的了解，在塞琉古王朝有可能在此建城的安条克一世和安条克二世中，只有安条克二世有妻子兼堂姊妹名为劳狄凯（Laodike）。所以，该城最有可能为安条克二世所建。今土耳其代尼兹利（Denizli）附近的城市遗址，证实了吕库斯河畔的劳狄西亚这座城市的存在。该城址位于一处平顶山头上，可俯瞰吕库斯河谷（吕库斯河为迈安德河支流），战略位置重要。爱琴海和地中海通往内陆的道路在此交汇，向北可通往萨尔狄斯，向东通往伊朗高原和叙利亚。这座城市是小亚希腊化时期遗存保留最丰富的城市之一，出土了不少有价值的铭文材料。有铭文显示，该城有名为安条克节的庆典（Antiocheia），当地历法也有名为安条克的月份（Antiocheon），足见此地建城者崇拜的存在。另有铭文显示，该城曾名为阿波罗尼斯（Apollonis）、阿泰奈斯（Athenais）、劳狄奇斯（Laodikis）、阿塔利斯（Attalis）和塞巴斯泰（Sebaste）。这些部落名可能反映了城市崇拜的主要神祇阿波罗、雅典娜，也证实塞琉古王朝、帕加马的阿塔罗斯王朝以及罗马人相继在此进行统治。另外，这座城市自建立之日起就是一座希腊式城市，有议事会和公民大会等常规希腊式机构与名年执政官（兼任城市祭司）。城市的最高统帅是将军（strategos），驻扎在将军府（strategeion），有公元前200年的一篇铭文为证。[3]

从吕库斯河畔的劳狄西亚继续东行，可达波斯帝国时期弗里吉亚

---

1 今土耳其代尼兹利（Denizli）。Pliny, *Natural History*, 5.105.

2 Stephanos Byzantios, s.v. "Laodikeia," in M. Billerbeck, ed., *Stephani Byzantii Ethnica*, Vol. 3, pp. 198-199; Eustathios, 915.

3 Thomas Corsten, "The Foundation of Laodikeia on the Lykos: An Example of Hellenistic City Foundation in Asia Minor," in Hugh Eltron and Gary Reger, eds., *Regionalism in Hellenistic and Roman Asia Minor: Acts of the Conference Hartford, Connecticut (USA), August 22-24 August 1997*, Pessac: Ausonius, 2007, pp. 131-136.

的首府、安提柯在弗里吉亚的大本营凯莱奈，安条克一世将其迁至附近的马尔叙阿斯河（Marsyas）和迈安德河交汇处，重新命名为阿帕米亚（Apameia Kelainai）。[1]位于弗里吉亚和皮西狄亚交界地带的阿波罗尼亚（Apollonia）的建城殖民者来自色雷斯和吕西亚的军队，相关史料有待考证，可能都只是对原生城市摩尔狄埃昂（Mordiaion）的简单重命名。[2]斯特拉波记载了一座位于弗里吉亚邻近皮西狄亚处的安条克（Antiocheia near Pisidia），应即迈安德河畔的马革尼西亚。一篇铭文提到接受“白眉毛的阿尔特米斯节”（Artemiseia Leukophryene）邀请的安条克城，据说其人口来自迈安德河畔的马革尼西亚。[3]“被焚毁的”劳狄西亚（Laodikeia Katakekaumene）位于利考尼亚的“公路”沿线，关于其建城者，古典文献与铭文材料均无任何记载，但根据塞琉古王朝对该地区控制的情况推测，最有可能为安条克一世或安条克二世所建。[4]

除了“公路”沿线城市之外，塞琉古王朝在弗里吉亚南部从特拉雷斯通往吕西亚的道路上，可能还建立了卡里亚的斯特拉托尼凯亚（Stratonikeia in Karia或Stratonikeia ek Chrysaoreon），应是通过兼并卡里亚的马其顿人的殖民村落而成。[5]这片区域直到公元前270年左右仍处于托勒密王朝的控制之下，最有可能是安条克一世在公元前268—前261年间建立，并以其妻之名命名。因此，通过塞琉古王朝早期诸王的经营，希腊化城市与殖民地已经遍布于从小亚西海岸的爱奥尼亚到东南部的西里西亚的道路沿线。

1 Strabo, *Geography*, 12.8.15.

2 今土耳其乌卢博尔卢（Uluborlu）。Stephanos Byzantios, s.v. “Apollonia,” in M. Billerbeck, ed., *Stephani Byzantii Ethnica*, Vol. 1, Berlin and New York: De Gruyter, 2006, pp. 228-229.

3 今土耳其亚尔瓦奇（Yalvaç）。提及该城的古典文献及铭文有：Strabo, *Geography*, 12.8.14, 12.3.31; *I. Mag.* 79-80.

4 今土耳其科尼亚省（Konya）拉迪克（Lâdik）。Strabo, *Geography*, 14.2.29.

5 Strabo, *Geography*, 14.2.25; Stephanos Byzantios, s.v. “Stratonikeia,” in M. Billerbeck, ed., *Stephani Byzantii Ethnica*, Vol. 4, pp. 220-221.

第三节　塞琉古王朝在叙利亚—两河一线的建城活动

一、塞琉古称王与底格里斯河畔塞琉西亚的建立

由于长期受安提柯压制并寄居于托勒密麾下，直到公元前312年，塞琉古一世才返回巴比伦开创自己的基业。因此，他的建城活动也是继业者中起步最晚的一个。一般认为，底格里斯河畔的塞琉西亚（Seleukeia on the Tigris）是塞琉古一世最先建立的城市之一。该城位于两河流域巴比伦尼亚地区北部，国王运河[1]与底格里斯河交汇之处。然而，在具体的建城时间、建城背景上，学界尚有争议。

关于塞琉西亚的建城时间，到目前为止，西方学界至少提出了四种推测。

其一，建于公元前311年塞琉古重返巴比伦之后不久。[2]此观点没有将塞琉西亚与塞琉古称王联系起来，也没有将它视为都城。

其二，建于安提柯军队撤走之后、塞琉古称王之前，即公元前308—前305年。[3]此观点以钱币学者内维尔（Edward T. Newell）和

1　国王运河，阿卡德语读作Nahr Malcha，西起奈阿波利斯（Neapolis）附近，东至塞琉西亚，连接幼发拉底河和底格里斯河，开凿年代不详。参见F. H. Weissbach, s.v. "Naarmalcha," in August Friedrich Pauly and Georg O. A.Wissowa, et al., eds., *RE* Bd XVI. 2, Stuttgart: Verlagsbuchhandlung, 1935, cols. 1440-1449.

2　该说由贝洛赫（Karl J. Beloch）首先提出，先后得到史密斯（Sidney Smith）和马里诺尼（Elio Marinoni）的支持。Karl J. Beloch, *Griechische Geschichte III*, Strassburg: Verlag von Karl J. Trübner, 1904, p. 140 n. 1. Sidney Smith, "The Chronology of Philip Arrhidaeus, Antigonus and Alexander IV," *Revue d'Assyriologie et d'archéologie orientale*, Vol. 22, 1925, pp. 196-197; Elio Marinoni, "La capitale del regno di Seleuco I," *Rendiconti Istituto Lombardo*, Vol. 106, 1972, pp. 620-621.

3　M. Streck, "Seleukeia (am Tigris)," in August F. Pauly and Georg O. A.Wissowa, et al., eds., *RE* Bd IIA, Stuttgart: Verlagsbuchhandlung, 1921, cols. 1150-1151. 需要指出的是，哈德利在《塞琉西亚的建城年代》一文中将施特雷克归于前300年之后建城说的支持者有误。（Robert A. Hadley, "The Foundation Date of Seleucia-on-the-Tigris," *Historia: Zeitschrift für Alte Geschichte*, Vol. 27, 1978, p. 228.）

勒里德尔（Georges Le Rider）为代表。他们认为，塞琉古称王之时将包括巴比伦造币场在内的机构迁往新都塞琉西亚，因此，巴比伦尼亚出土的刻有铭文ΒΑΣΙΛΕΩΣ ΣΕΛΕΥΚΟΥ（国王塞琉古）的钱币应尽数归于塞琉西亚造币场之下。[1]另一位钱币学者瓦格纳（Nancy Waggoner）虽不认同内维尔对塞琉古一世早期钱币的年代与造币场的鉴定，但认为塞琉西亚最早打造的钱币为“四象战车钱币”（elephant quadriga coinage），造币年代为公元前305年，因此也认为建城年代应早于该年。[2]这几位钱币学者的共同点在于，认为造币场投入运营意味着新都的落成，与称王基本同时。

其三，建于塞琉古称王之后、伊普苏斯之战以前，即公元前305—前301年。1909年，克斯特（Julius Kaerst）首先提出该观点，[3]得到库尔特（Amélie Kuhrt）和舍文—怀特（Susan Sherwin-White）、默克尔摩（Otto Mørkholm）、科恩、卡普德特雷（Laurent Capdetrey）等学者的支持。该观点主张称王是建城的先导，既然塞琉古称王是在公元前305年，建立新都是宣示王权的一种方式，那么建城活动只能发生在此之后。[4]

其四，建于公元前301年（或公元前300年）之后。理由是，塞

---

1 Edward T. Newell, *The Coinage of the Eastern Seleucid Mints: From Seleucus I to Antiochus III*, New York: American Numismatic Society, 1938, pp. 12-14. Georges Le Rider, *Suse les Seleucides et les Parthes*, Paris: Librairie Orientaliste Paul Geuthner, 1965, p. 31.

2 Nancy M. Waggoner, “The Early Alexander Coinage at Seleucia on the Tigris,” *American Numismatic Society Museum Notes*, Vol. 15, 1969, p. 30.

3 Julius Kaerst, *Geschichte des hellenistischen Zeitalters II* (pt. 1), Leipzig: Teubner, 1909, pp. 73-74.

4 Amélie Kuhrt and Susan Sherwin-White, “The Transition from Achaemenid to Seleucid Rule in Babylonia: Revolution or Evolution?” in Heleen Sancisi-Weerdenburg, Amélie Kuhrt and Margaret Cool Root, eds., *Achaemenid History VIII: Continuity and Change*, Leiden: Nederlands Instituut Voor Het Nabijt Oosten, 1994, pp. 322-323; Otto Mørkholm, *Early Hellenistic Coinage: From Accession of Alexander to the Peace of Apamea*, Cambridge: Cambridge University Press, p. 71; Getzel M. Cohen, *The Hellenistic Settlements in the East from Armenia and Mesopotamia to Bactria and India*, Berkeley and Los Angeles: University of California Press, 2013, p. 163; Laurent Capdetrey, *Le pouvoir séleucide. Territoire, administration, finances d'un royaume hellénistique (312-129 av. J.-C.)*, Rennes: Presses Universitaires de Rennes, 2007, pp. 53-54.

琉古只有在伊普苏斯之战后才有余力经营自己的属地，建立新的城市。塞琉西亚的“建立应该不会比安条克建城的时间晚多少”。[1]布谢—勒克莱尔（Auguste Bouche-Leclerq）最早提出此观点，但未详论，后得到罗伊特（Oscar Reuther）、哈德利（Robert A. Hadley）和霍顿（Arthur Houghton）的支持。哈德利认为，塞琉古受频繁的军事活动所困，且无法从希腊本土获得移民，建城活动应在公元前300年之后才可进行。[2]霍顿则根据塞琉西亚可能在伊普苏斯之战（公元前301年）之后才开始造币，主张建城不会早于公元前300年。[3]

这些观点倚重的史料和解读的视角各异，但也存在一个基本共识，即塞琉西亚应为塞琉古建国初期所建。希腊化时期，国王通常只是名义上的建城者（κτίστης），是建城的决策者，实际上的主持建城者（οἰκιστής）是国王派出的代表，负责具体的建城事务，著名的阿伊·哈努姆遗址就有为具体的建城主持者基涅阿斯（Kineas）建造的英雄祠。

塞琉西亚开始是作为都城设计建造的，[4]就城市地理位置而言，也堪称精心之选。它地处水陆交通交叉汇合要道，是波斯御道横渡底格里斯河的渡口，也是一处“十字路口”，从塞琉西亚出发通

---

1 布谢—勒克莱尔将安条克建立的时间推定为公元前300年3—5月。Auguste Bouche-Leclerq, *Histoire des Séleucides (323 64 avant J.-C)*, Vol. II, Paris: Ernest Leroux, 1914, p. 524.

2 Robert A. Hadley, “The Foundation Date of Seleucia-on-the-Tigris,” *Historia: Zeitschrift für Alte Geschichte*, Vol. 27, 1978, pp. 226-229.

3 Arthur Houghton and Catherine Lorber, eds., *Seleucid Coins: A Comprehensive Catalogue. Part 1: Seleucus I through Antiochus III*, New York-Lancaster-London: American Numismatic Society, 2002, p. 2.

4 斯特拉波称塞琉古从巴比伦“迁都”塞琉西亚，那么，塞琉西亚应是继巴比伦之后成为王室驻跸地。（Strabo, *Geography*, 16.1.5.）而且从考古发掘结果来看，塞琉西亚在规划之时即有都城的特征。该城占地超550公顷，比后来建的安条克还大。Antonio Invernizzi, “Séleucie du Tigre, métropole grecque d’Asie,” *Revue Archéologique*, Nouvelle Série, Fasc. 1, 1991, p. 180; Antonio Invernizzi, “Hellenism in Mesopotamia: A View from Seleucia on the Tigris,” *Al-Rafidan*, Vol. 15, 1994, p. 2.

往三个方向的道路甚为关键。向东北经埃克巴塔纳（Ecbatana）通往伊朗高原和中亚方向，这条道路是联结帝国腹地与“上省”（the Upper Satrapies）最重要的纽带。距离城北不远即是迪亚拉河（Diyala River）汇入底格里斯河之处（今伊拉克首都巴格达南），通往埃克巴塔纳之路正是由此溯迪亚拉河向东北方向爬升，到了埃克巴塔纳之后则继续前行，途径拉盖（Rhagai）、百门城（Hekatompylos），一直通往巴克特里亚（Bactria），是两河流域通向伊朗高原、中亚和印度最便捷易行的通道。

塞琉西亚还是水运网络的重要枢纽，是底格里斯河北上通航的终点。[1]承载货物的商船可自波斯湾溯流而上，抵达塞琉西亚。但由于货物进入内陆必须要转换成其他的运输方式，塞琉西亚因而成为重要的水陆中转站。沿底格里斯河顺流而下，则可达波斯湾和伊朗高原的西南部。阿里安称亚历山大从苏萨沿欧莱乌斯河（The Eulaios）顺流而下到达波斯湾，又沿底格里斯河上行，最终从塞琉西亚的对岸奥皮斯（Opis）上岸。[2]可见，水路也是联系塞琉西亚与苏萨的重要途径。此外，国王运河在塞琉西亚附近注入底格里斯河，是底格里斯流域与幼发拉底河流域联系的重要纽带。

都城的地理位置通常可以反映一个国家当时的版图。早期的塞琉古王国局限于巴比伦尼亚以及周边区域，“底格里斯河畔的塞琉西亚”无疑正处于这一区域的核心地区。塞琉古王国版图的大幅扩大，是在伊普苏斯之战击败安提柯之后。此时塞琉古王国几乎占领了亚历山大帝国在亚洲的全部领土，以叙利亚为中心的地区成为该王国新的

---

1 斯特拉波称底格里斯河通航河道的起始处位于“奥皮斯和现在的塞琉西亚”（τὴν Ὦπιν καὶ τὴν νῦν Σελεύκειαν），波斯帝国曾在此修建水坝，以防止海船沿底格里斯河上溯侵犯。（Strabo, *Geography*, 16.1.9.）而亚述帝国时期的《辛那赫里布编年史》（*The Annals of Sennacherib*）也提到，从奥皮斯的码头船只可以顺底格里斯河而下，而上溯的船只则需在奥皮斯登岸，然后拖曳至Arahtu运河。Daniel D. Luckenbill, ed., *The Annals of Sennacherib*, Chicago: University of Chicago Press, 1924, p. 73.

2 Arrian, *Anabasis of Alexander*, 7.7.

统治重心，是与埃及的托勒密、希腊本土的卡桑德、德米特里等势力抗衡的前沿，在叙利亚建设新都是新的统治形势和地缘政治的需要。因此，塞琉西亚建城在前，新都安条克建城在后，二者不可能同时进行，应首先排除塞琉西亚建于公元前301年之后的可能。

塞琉古自公元前311年返回巴比伦之后，直至公元前308年前后才最终取得对巴比伦尼亚的控制，奠定王国之基。在此之前，建城条件尚未成熟。贝洛赫、史密斯和马里诺尼等人的“公元前311年之后不久建城说”，显然忽视了当时塞琉古正在承受的巨大军事压力。贝洛赫在构建继业者战争年表之时，[1]尚无法利用楔形文字泥版文书材料，主要依据狄奥多罗斯的《历史文库》(*Library of History*，也译《历史集成》)，并不知楔形文字材料所记的艰苦持久的“巴比伦尼亚战争”。[2]此次战争的发生随着《继业者编年纪》的问世，已无疑问。史密斯和马里诺尼写作的年代较晚，对这场战争的基本史实并不陌生，他们将躲避安提柯的袭击视为建城的动机。塞琉古从加沙出发前往巴比伦之时仅有八百步兵和两百骑兵，[3]即便从两河流域北部的殖民地中

---

1 贝洛赫构建的年表，学界一般称其为“高版年表”（the High Chronology）。该年表将托勒密、塞琉古与安提柯之子德米特里（Demetrios I Poliorketes）之间发生的加沙战役（Battle of Gaza）定在公元前312年春，而塞琉古重返巴比伦则在公元前312年秋。（Julius Beloch, *Griechische Geschichte* III, pp. 132, 189.）后来得到了莫米利亚诺（Arnaldo D. Momigliano）、比科尔曼（E. Bikerman）和布里昂（Pierre Briant）的支持。这套体系在此后的半个世纪里一直被奉为权威。1949年曼尼（E. Manni）利用楔形文字材料提出新说，即“低版年表”（the Low Chronology），逐渐替代了高版年表的地位，为绝大多数希腊化时代早期史研究者所接受。该年表认为加沙战役约在公元前312年秋冬之际，而塞琉古重返巴比伦在公元前311年春。20世纪90年代以来，高版年表在博斯沃思的倡导下又有复燃之势。相关讨论可参见Tom Boiy, *Between High and Low: A Chronology of the Early Hellenistic Period*, Frankfut am Main: Verlag Antike, 2007, pp. 111-117.

2 狄奥多罗斯也记载了德米特里的反攻，其笔下的征伐，特点是速战速决，这与旷日持久的巴比伦尼亚战争是否是同一场，在学界有很大争议。博伊（T. Boiy）的观点较有新意，他认为巴比伦尼亚战争可以分为两个阶段，第一阶段由德米特里和塞琉古交锋，德米特里只攻下了巴比伦的一座王宫就撤退了；第二阶段，安提柯亲率大军与塞琉古交战，完全控制了巴比伦。参见Tom Boiy, *Late Achaemenid and Hellenistic Babylon*, Leuven: Peeters Publishers & Department of Oriental Studies, 2004, p. 133.

3 Diodorus Siculus, *Library of History*, 19.90. 阿庇安的说法与狄奥多罗斯不一致，为1000步兵和300匹马。Appian, *Roman History*, “The Syrian Wars”, 54.

征用了老兵，兵力也只有“三千多步兵和四百匹马”。[1]即使后来又收编了安提柯驻守在两河流域以及米底、埃兰等地的守军，其兵力仍难以与安提柯、德米特里一方相比。

以上因素决定了塞琉古面临的必然是一场艰苦的持久战。这场巴比伦尼亚战争很可能从公元前310年夏季之前就已开始，[2]至少到次年Âbu月（公元前309年8月17日—9月15日）未有结束的迹象，可能一直延续到公元前308年。[3]在此期间，巴比伦尼亚的控制权在安提柯手中。假如塞琉古在此时建城，有两点不合理之处：一方面，塞琉古军队对于安提柯的进攻招架乏力，不可能有余力建城，即使建立新据点，势必也成为安提柯攻击的对象。另一方面，巴比伦周边一直遭受安提柯的袭击，说明安提柯在占领巴比伦之后确实没有放弃对塞琉古势力的清剿。[4]在这样生死攸关、大局未定的艰难时刻，塞琉古是否有余力建立新的都城，值得怀疑。那么，公元前311—前308年似乎也不太可能建城。

公元前308年之后，巴比伦尼亚为塞琉古所掌控，政局总体上维持稳定，事实上已经成为一个独立王国，塞琉古有能力在此时建立新城。[5]但从钱币材料来看，塞琉古称王之后似乎并没有马上建城。塞琉古一世早期钱币脱胎于亚历山大钱币（Alexander Coinages），以铭文ΒΑΣΙΛΕΩΣ ΣΕΛΕΥΚΟΥ（国王塞琉古）为标志，区别于此前的铭

---

1 Diodorus Siculus, *Library of History*, 19.91.

2 《继业者编年纪》涉及此战争的记录有残缺，现存自亚历山大四世七年Âbu月（公元前310年8月17日—9月15日）一直到八年Âbu月25日（公元前309年8月30日）的部分。这段记载的起始处（亚历山大四世七年Âbu月），距离“公元311年和约”的签订已近一年，因此，战争的真正起始时间很可能较此早许多。

3 波利艾努斯（Polyaenus）记录了塞琉古击败安提柯的信息，该战役或可理解为安提柯与塞琉古之间的最后一战，但是文中并未记录具体的时间。参见Polyaenus, *Strategemata*, 4.9.1, Lipsiae: Teubner, 1887.

4 关于安提柯对巴比伦城乡的洗劫，见“Diadochi Chronicle (BCHP3),” Rev. 23’-26’, 37’-38’.

5 根据普鲁塔克，塞琉古虽然没有称王，但已经“以王的身份在与蛮族人打交道了”。Plutarch, *Demetrius*, 18.4.

文ΒΑΣΙΛΕΩΣ ΑΛΕΞΑΝΔΡΟΥ（国王亚历山大）。其中一部分钱币除铭文之外，与此前的钱币完全一致，年代最早，应为塞琉古称王之时所造。[1]此后的一些钱币有所变化，如在赫拉克勒斯/宙斯型钱币上以“带翼的尼科”（Winged Nike）代替宙斯手中所执之鹰，又如在原雅典娜/胜利女神型的反面以犎牛（Humped bull）或大象替代胜利女神尼科，目的是表示对东方的征服。但它们都是在亚历山大钱币基础上的创新，应为塞琉古东征归来所造。[2]以上这些钱币都使用花押字，风格和布局也与塞琉古称王前巴比伦造币场的钱币一致。[3]这说明，从塞琉古称王直至东征归来，巴比伦仍是钱币的主要生产地，新都塞琉西亚尚未建成。而明确出自塞琉西亚造币场的钱币中，年代最早的应是“四象战车钱币”，[4]反映的应是塞琉古在伊普苏斯之战获胜的时代背景，不可能早于公元前301年。这说明塞琉西亚可能直至伊普苏斯之战前夕才开始发挥都城的作用，建城时间可能略早于此时。

既然塞琉西亚是作为都城设计建造的，称王应是塞琉西亚建城的前提。然而，塞琉古却没有在称王之后立即建城，那么他很有可能是在东征途中称王的，东征影响了其建城决策的实施。关于东征的启程时间，文献并无记载。但由于安提柯是塞琉古最大的军事威胁，他从巴比伦尼亚撤军并忙于东地中海的事务，此时（约公元前308年—前307年）塞琉古军事上最安全，正是其东征的最佳时机。一旦安提柯击败托勒密，就有可能再度对巴比伦尼亚发起攻击，与东征的前景

1 Edward T. Newell, *The Coinage of the Eastern Seleucid Mints: From Seleucus I to Antiochus III*, pp. 12-14.

2 Alfred R. Bellinger and Marjorie Alkins Berlincourt, *Victory as a Coin Type* (Numismatic Notes and Monographs 149), New York: American Numismatic Society, 1962, p. 27.

3 Edward T. Newell, *The Coinage of the Eastern Seleucid Mints: From Seleucus I to Antiochus III*, p. 18.

4 Edward T. Newell, *The Coinage of the Eastern Seleucid Mints: From Seleucus I to Antiochus III*, pp. 23-38; Arthur Houghton and Catherine Lorber, *Seleucid Coins: A Comprehensive Catalogue. Part 1: Seleucus I through Antiochus III*, p. 4.

相比，塞琉古自然更忧心其大本营巴比伦尼亚的安全。因此，塞琉古启程东征不太可能在称王之后，而应在安提柯撤军之后不久。至于塞琉古返回巴比伦的时间，目前无法作出精确的推断，但是有以下几点信息可供参考：第一，钱币材料已经证明，东征结束的时间应晚于称王之时（公元前305/前304年）；第二，塞琉古之所以不惜放弃印度西北部的统治权，以获取五百大象与联姻为条件，与事实上已经占据此地的孔雀国王旃陀罗笈多媾和，[1]很可能是因为在得到安提柯击败托勒密并称王的消息之后，希望尽快结束东征，返回巴比伦尼亚；返抵巴比伦的时间不可能晚于塞琉古出发前往小亚参加伊普苏斯之战的时间（公元前302年冬）。[2]综上所述，塞琉古称王时正在东征途中，不可能亲自选址建都，只有在返回巴比伦尼亚之后，他才有可能建立新都、发行东征纪念币，以宣示王权和纪念东征的胜利。因此，建都之年应在公元前304—前302年之间。

关于塞琉古一世在建城中扮演的角色，从阿庇安记录的建城故事中可见一斑：与亚历山大在埃及建立亚历山大里亚一样，塞琉古一世在选址规划中同样事必躬亲，在选定城址之后，参与建城的军队等待当地祭司提供关于吉时的神谕。尽管当地祭司预见到塞琉西亚的建立对巴比伦的威胁，并未将准确的时机及时汇报给国王，军队却在“命定”的时间自发开始了建城的工作。[3]尽管这一记载强调了命运的力量强于任何人的意志，但不可否认的是，在建城一事上，塞琉古一世的意志得到了贯彻。希腊化国王在建城活动中的核心作用再一次得到了体现。

除了底格里斯河畔的塞琉西亚之外，文献中未有塞琉古其他建

---

1 Strabo, *Geography*, 15.2.9.

2 根据狄奥多罗斯，塞琉古在公元前302年秋冬之际已到达小亚细亚的卡帕多西亚。Diodorus Siculus, *Library of History*, 20.113.

3 Appian, *Roman History*, “The Syrian Wars”, 58.

城活动的明确记载。从公元前308年之后，塞琉古与安提柯在两河流域北部对峙的情形来看，塞琉古在当地建立军事重镇的可能性是存在的。然而，目前尚无文献和考古资料可以证实。

二、新核心区的开辟：叙利亚及其周边地区的建城活动

公元前301年，在伊普苏斯战役获胜之后，塞琉古与吕西马库斯、卡桑德一起瓜分了安提柯的领土。叙利亚和美索不达米亚归属于塞琉古，与此前塞琉古王国最初的领土（巴比伦尼亚与上省）连成一片。塞琉古一世虽然在伊普苏斯战役中发挥了关键作用，但是更加繁荣的小亚西部地区分给了吕西马库斯，这也为此后吕西马库斯与塞琉古的争夺埋下了祸根。此外，塞琉古曾经的盟友托勒密一世虽然未参与伊普苏斯一役，却占领了腓尼基与巴勒斯坦地区。托勒密王朝势力盘踞在科伊勒—叙利亚（Koile-Syria）与巴勒斯坦地区，成为塞琉古王朝与托勒密王朝之间长达百年的叙利亚战争的根源。[1]除此之外，叙利亚的部分地区此时虽然已经为塞琉古所占，但同样为托勒密所觊觎。安提柯在伊普苏斯之战以前已经在此经营多年，基础颇深。安提柯安置在叙利亚的人口有可能仍效忠于其子德米特里；德米特里此时有可能仍然控制着推罗和塞浦路斯的港口，甚至更靠近叙利亚北部的阿拉多斯（Arados）。[2]托勒密在南，吕西马库斯在小亚，德米特里领有沿海重镇，卡桑德的兄弟控制着紧邻叙利亚的西里西亚，如何在叙利亚北部立足就成了塞琉古面临的首要难题。

因此，伊普苏斯之战结束后，塞琉古一世迫不及待地在叙利亚

---

1 Diodorus Siculus, *Library of History*, 21.1.5, with an English translation by Francis R. Walton, Cambridge, Mass.: Harvard University Press, 1980; Justin, *Epitome of Philippic History of Pompeius Trogus*, 15.4.1-2; Plutarch, *Demetrius*, 31.

2 Plutarch, *Demetrius*, 30-33, 35.

展开了建城活动。这片区域后来被称为塞琉基斯—叙利亚（Seleukis Syria，即塞琉古的叙利亚）。这不仅是塞琉古根据王朝当时拥有领土的最佳选择，也是他应对小亚的吕西马库斯和进占科伊勒—叙利亚的托勒密势力的必然之举。

首先，塞琉古摧毁了安提柯在这片区域内最有影响力的重镇——奥龙特斯河畔的安提柯尼亚，将其居民迁往别处。这显然表明，塞琉古不仅不愿意沿用带有安提柯之名的统治中心，更不愿意在安提柯王朝势力仍不可小觑的情势下完整地保留对安提柯忠诚的城市社会。摧毁安提柯尼亚，开启了短期内在叙利亚建立一个整体城市网络的序幕。至于其居民究竟迁往何处，不同文献记载不一，学界亦有争议，后文将讨论此问题。

随后，塞琉古在短期内先后建立了皮埃里亚的塞琉西亚（Seleucia in Pieria）与奥龙特斯河畔的安条克（Antiocheia on the Orontes，或称达弗尼附近的安条克，Antiocheia near Daphne）。阿庇安记载了皮埃里亚的塞琉西亚的建城故事：塞琉古正在叙利亚海滨选址之时，天空中出现了雷电，于是就依从宙斯之意，在此建城。事实上，在地中海沿岸出现雷电，尤其是在建城的那段时间（春季）根本不足为怪。塞琉古将这一季节寻常的自然现象解读为吉兆，事实上可能只是为其决策寻求宗教上的支持，以证明其合理性而已。[1]

关于安条克城的建立，较早的记载来自利巴尼乌斯（Libanius）。他在演说中提到这样一个故事：塞琉古正在安提柯尼亚献祭，宙斯的神圣动物——老鹰飞了过来，抓起祭牲的腿骨飞走了，栖息在亚历山大所建的波提埃亚的宙斯祭坛上。塞琉古之子（有可能是安条克）循

1 Kostas Buraselis, “God and King as Synoikists: Divine Disposition and Monarchic Wishes Combined in the Traditions of City Foundations for Alexander’s and Hellenistic Times,” in Lin Foxhall, Hans-Joachim Gehrke and Nino Luraghi, eds., *Intentional History: Spinning Time in Ancient Greece*, Stuttgart: Franz Steiner Verlag, 2010, p. 267.

着老鹰的飞行轨迹追逐，并将所见情景告知其父。塞琉古领悟出这是宙斯之意，迁移祭牲意味着建立新城、继承亚历山大未竟事业的必要性。[1]这一建城传说很有可能经过塞琉古王朝官方的美化修饰，直至利巴尼乌斯所在的公元4世纪中叶仍广泛流传。

有关塞琉古在公元前301—前299年之间活动最详尽的记载，主要来自公元6世纪安条克当地的编年史家马拉拉斯：

> 塞琉古首先到了皮埃里亚的塞琉西亚的城址，于克桑提克斯月（Xanthikos）23日（公元前300年4月）向卡西乌斯山的宙斯献祭之后，在衔肉之鹰的指引下建立了塞琉西亚；一个月后（阿尔特弥西奥斯月［Artemisios］22日），他又在鹰的指引下建立了奥龙特斯河畔的安条克。[2]

可见，老鹰参与建城的故事在利巴尼乌斯之后两个世纪再次出现。马拉拉斯记载的真实性历来为学界所诟病，然而，抛开其中富有传奇色彩的描写，马拉拉斯是安条克本地人，应熟谙当地的建城崇拜及建城节庆，他提供的建城顺序与具体时间应是较可信的。

至于以上两座城市究竟何者地位更重要，学界争议较多。不少学者主张皮埃里亚的塞琉西亚为新建立的都城，理由有以下几点：第一，该城与先其建立的底格里斯河畔的塞琉西亚一样，都以国王塞琉古本人的名字命名，也与当时其他继业者纷纷建立以本人名字命名的城市为都的惯例一致；第二，塞琉古一世死后，其子安条克一世在该城而不是后来的都城安条克城，建了一座“胜利者英雄祠”

---

1 根据利巴尼乌斯的演说，安条克的建城史不仅可追溯至塞琉古一世，甚至也与亚历山大大帝本人有关系。Libanius, *Orations*, 11, in Glanville Downey, ed., “Libanius’ Oration in Praise of Antioch (Oration XI),” *Proceedings of the American Philosophical Society*, Vol. 103, No. 5, 1959, pp. 652-686.

2 Malalas, *Chronographia*, 199.2ff.

（Nikatoreion），将塞琉古葬于其中；[1]第三，从安提柯尼亚迁出的造币场先迁往此地，而非安条克，而且在塞琉古一世时期，此地出产的钱币式样也更丰富。[2]然而，也有学者主张安条克都城说，这主要是着眼于该城后来的发展，尤其鉴于它在控制商路上得天独厚的作用。[3]

除了皮埃里亚的塞琉西亚和奥龙特斯河畔的安条克之外，塞琉古一世在此后不久还建立了海滨的劳狄西亚（Laodikeia on the sea）和奥龙特斯河畔的阿帕米亚（Apameia on the Orontes，或称Apamea on the Axios）。[4]以上四座城市共同组成了塞琉古王朝新的统治核心，即四城之城（tetrapolis）。[5]

四城之中，建城之初皮埃里亚的塞琉西亚占地面积最大，达300公顷，但其城址位于山区，可有效利用的土地有限。奥龙特斯河畔的安条克城大约150公顷（未计不确定最初建城时是否已包括在内的斯特拉波所谓的第二区，占地75公顷），奥龙特斯河畔的阿帕米亚205公顷，劳狄西亚约220公顷。[6]从各城市的规模可以看出，塞琉古王朝本来最青睐皮埃里亚的塞琉西亚，以王朝奠基者塞琉古一世本人的名字命名，并将原安提柯尼亚的造币场迁于此地。[7]安条克城的规模原本并不突出。塞琉古王朝后来的局势变化才决定了政治中心的迁移。

---

1 Appian, *Roman History*, “The Syrian Wars”, 63. 关于其他葬于都城的希腊化国王，参见Victor Tcherikower, *Die hellenistischen Städtegründungen von Alexander dem Grossen bis auf die Römerzeit*, s. 132.

2 参见G. Downey, *A History of Antioch in Syria: From Seleucus to the Arab Conquest*, Princeton, NJ: Princeton University Press, 1961, pp. 57-59.

3 参见G. Downey, *A History of Antioch in Syria: From Seleucus to the Arab Conquest*, pp. 57-59.

4 阿克西奥斯河（Axios）即奥龙特斯河，是马其顿人对该河的称呼。

5 在斯特拉波的眼里，这四座城市规划和谐，两座内陆城市（安条克与阿帕梅亚）各有一座港口城市与之对应（分别是皮埃里亚的塞琉西亚与海滨的劳狄西亚）。斯特拉波常曲解史料，追求数据对称，如四个区，四个省，四个姊妹城，就此而言，他的说法并不是完全可信的。

6 John D. Grainger, *The Cities of Seleukid Syria*, Oxford: Clarendon Press, 1990, pp. 91-92.

7 Edward T. Newell, *The Coinage of the Western Seleucid Mints: From Seleucus I to Antiochus III*, New York: American Numismatic Society, 1941, pp. 86-103.

公元前246年，托勒密三世占领了塞琉西亚等叙利亚地区的城市，安条克城可能也曾短暂沦陷，但塞琉西亚长期处于托勒密王朝的控制之下，与叙利亚腹地之间的山脉阻隔使托勒密王朝抵御了塞琉古王朝从内陆发起的反攻，控制这座城市达27年之久。[1]正是由于皮埃里亚的塞琉西亚被托勒密王朝长期占领，安条克城才成为塞琉古王朝重点发展的城市，安条克城腹地相对开阔、物产更丰富的优势这时也凸显出来。相比塞琉西亚山地较多、物资严重依赖海上，安条克所在的河谷地带的供应更适合长远的发展。

内忧外患之下，塞琉古二世在位期间（公元前246—公元前226年）对帝国的核心区作了重新的规划，第一次大规模扩建安条克城，将奥龙特斯河中的岛屿并入城中。有可能从那时起就在岛上修建王宫，以协助防范驻扎在塞琉西亚的托勒密王朝军队。[2]公元前190/前189年，安条克三世在马革尼西亚战役战败之后，势力收缩回叙利亚地区，将更多精力投入到叙利亚的经营开发中，安条克城自然成为其重点关注的城市。他引入了克里特（Crete）人、优卑亚（Euboea）人和埃托利亚（Aetolia）人等族群作为新的殖民者，其中应有不少被安置在安条克城。[3]安条克城人口迅速增长，促使安条克四世对城市再次扩建，新加的城区以安条克四世的称号“神显者”（epiphanes）命名为埃皮法尼亚（Epiphaneia）。[4]自此之后，安条克城在叙利亚地区的首城地位最终确立，在近东地区也堪与埃及的亚历山大里亚匹敌。

位于奥龙特斯河上游的阿帕米亚是塞琉古王朝最重要的军事基地，曾有力地抵御了托勒密王朝从海岸向内陆的进犯。但在公元前198年，安条克三世占领腓尼基和巴勒斯坦，将前线推进到加沙附近

1 Gurob Papyrus (*FGrH*, 160); A. Jähne, “Die ‘Syrische Frage’, Seleukeia Pierien und die Ptolemaeer,” *Klio*, Vol. 56, 1974, pp. 501-519.

2 Libanios, *Orations*, 11.205-207; John D. Grainger, *The Cities of Seleukid Syria*, pp. 124-125.

3 Libanios, *Orations*, 11.119.

4 Strabo, *Geography*, 16.2.4.

之后，阿帕米亚不再发挥军事中枢的作用，城市规模也基本定型。[1]至于劳狄西亚，因其位于海滨，与塞琉西亚情形相近，很有可能也被托勒密王朝长期占领。该地附近留下了不少托勒密驻军的痕迹和宗教崇拜影响。[2]由此可见，托勒密王朝的军事占领很可能也限制了该城的发展。

除此之外，叙利亚以及两河流域北部还有一些城市遗址，规模上虽不及四城之城，但被国王赋予城市（polis）的地位。这些城市大多拥有源自马其顿和希腊本土的地名，前文在介绍“独眼”安提柯的建城活动时已经指出，这些城镇或殖民地很有可能是由安提柯创建的。然而，阿庇安之所以将其归于塞琉古，[3]也说明了它们应是在塞琉古王朝统治时期才发展成熟，有可能是由原来的小型军事据点发展成为真正的polis。这些城市拥有完备的城市制度和公共建筑，占地面积在60—80公顷左右，通常是所在区域的中心城市。库罗斯（Kyrrhos，位于阿勒颇西北70公里的叙利亚—土耳其边界）约65公顷，卡尔基斯（Chalcis ad Belum，今叙利亚金纳斯林，Qinnasrin）约75公顷，贝罗伊亚（Beroia）约80公顷，塞琉西亚—宙格玛约61公顷，幼发拉底河畔的阿帕米亚（今土耳其提尔穆萨，Tilmusa）60公顷。[4]有学者认为，塞琉古一世通过在叙利亚及其周边的建城活动，建立了“城市—殖民地—哨所”（polis-katoikia-phrourion）的三级体系，将帝国统治传递到基层，这对于控制疆土、推行国王崇拜均有明显的助益。[5]

---

1 Janine Balty and Jean Charles Balty, “Apamée de Syrie, archéologie et histoire. I. Des origines à la Tétrarchie,” in Hildegard Temporini, ed., *Aufstieg und Niedergang der römischen Welt*: II. 8 *Principat: Politische Geschichte (Provinzen und Randvölker: Syrien, Palästina, Arabien)*, Berlin and New York: Walter de Gruyter & Co., 1978, pp. 111-115.

2 Louis Jalabert and René Mouterde, eds., *Inscriptions grecques et latines de la Syrie*, IV. *Laodicée. Apamène*, Paris: Librairie Orientaliste Paul Geuthner, 1955, No. 1261. (=*IGLS* 1261)

3 Appian, *Roman History*, “The Syrian Wars”, 57.

4 关于以上几城的面积，参见John D. Grainger, *The Cities of Seleukid Syria*, pp. 92, 244.

5 参见Laurent Capdetrey, *Le pouvoir séleucide. Territoire, administration, finances d’un royaume hellénistique (312-129 av. J.-C.)*, p. 51.

如前所述，伊苏斯湾的亚历山大里亚（Alexandreia kat' isson，今伊斯肯德伦，Iskenderun）虽然不太可能为亚历山大亲自所建，但因其位于伊苏斯湾东南岸的战略要冲，且有纪念战胜波斯帝国的宣传作用，自然会为后世国王所重视。塞琉古在伊普苏斯之战获胜之后，与吕西马库斯一样，在发行钱币和建城活动中，利用亚历山大相关主题宣传自己的统治合法性，因此，他在伊苏斯湾建立亚历山大里亚的可能性最大。此外，位于伊苏斯湾北岸的埃盖因其以马其顿旧都命名，与伊苏斯的亚历山大里亚一样都邻近伊苏斯战场，也声称亚历山大为其建城者。但从命名上看，该城与叙利亚众多以马其顿和希腊本土地名命名的城市一致，可能属于安提柯安置马其顿和希腊人的产物，但其城市建设主要应归功于塞琉古王朝早期国王。

叙利亚及其周边区域是塞琉古王朝建城最集中的地区，塞琉古一世从伊普苏斯战场归来后，虽有意尽快占领叙利亚北部等地区，但要推广一个大规模的建城计划，在战事尚未完全结束的情况下并不现实。事实上，在塞琉古在此立足近一个世纪之后，叙利亚地区的希腊化城市发展才逐渐定型。

在塞琉古王朝征服的区域中，一些城市起初是在当地城市的基础上建立的，后来被赋予建立polis的权力。这些地方的城市类型本与希腊城市比较接近，比如叙利亚的自治城邦阿拉多斯、腓尼基各城邦、卡里亚（Caria）和西里西亚的城市。他们迅速采纳了polis模式，在政治上、管理上和文化上都以希腊为范，甚至比不少新建的希腊化城市更早融入到希腊人世界中去。这些城市大多相当于王国二级城市的规模。

三、叙利亚到巴比伦尼亚沿线城市的建立

如上所述，伊普苏斯之战以后，塞琉古王朝已经形成了一个以

“叙利亚—两河流域”二元为核心的王国。国王本人主要驻跸叙利亚地区，指派共治王长期驻跸底格里斯河畔的塞琉西亚，以加强对帝国东部的控制，尤其是对上省的控制。[1]根据阿庇安的记载，塞琉古一世“将更广阔的疆土交给其子，自己则只统治从大海（指地中海）到幼发拉底河之间的地方”。[2]

为了维持叙利亚与巴比伦尼亚两片核心区域的联系，塞琉古王国自然重视这两片区域之间的过渡地带——两河流域北部的经营。两河流域北部被视为叙利亚的延伸，不仅有以王室成员之名命名的城市，还有不少移植自马其顿本土的地名，这片区域也被称为米格多尼亚（Mygdonia），同样得名自马其顿的区域名。[3]为了控制这片区域，保持道路通达，塞琉古王朝早期在道路沿线建立了若干军镇。

安菲波利斯（Amphipolis，今杰贝尔·卡利德，Jebel Khaled），得名自马其顿本土附近的希腊城邦，占地约57公顷，有完备的城防设施。通过与其他城市遗址的比较研究，可以判断该城建于公元前

---

1 前295年，波西斯爆发了一次旨在脱离塞琉古王国的叛乱，很可能正是此次事件促使塞琉古一世加强对地方的控制。Arthur Houghton and Catherine Lorber, *Seleucid Coins: A Comprehensive Catalogue. Part 1: Seleucus I through Antiochus III*, p. 2 n. 13. 关于安条克任共治王的时间，楔形文字泥版文书最为可靠，大英博物馆一块泥版（BM. 109941）有目前可见最早以塞琉古和安条克两人共同纪年的记载，可追溯至公元前294年11月18日，见J. Oelsner, *Materialen zur babylonischen Gesellschaft und Kultur in Hellenistischer Zeit*, Budapest: Eötvös Loránd Tudományegyetem, 1986, p. 271. 根据霍顿和洛伯，塞琉西亚除发行刻有塞琉古之名的四德拉克马银币（Tetradrachm）之外，还打造有风格类似的刻有幼王安条克之名的银币。Arthur Houghton and Catherine Lorber, eds., *Seleucid Coins: A Comprehensive Catalogue. Part 1: Seleucus I through Antiochus III*, p. 4. 根据麦克道尔（R. H. McDowell），安条克一世正式为王的时间共19年，但却出土了82枚钱币，数量明显多于塞琉古一世的47枚，其中一部分应是属于其任共治王时期所造。参见Robert H. McDowell, *Coins from Seleucia on the Tigris*, p. 51. 而在巴克特拉也发现了共治王钱币，证实了在安条克统治期间发挥的积极影响。

2 Appian, *Roman History*, “the Syrian Wars”, 62. 关于安条克任共治王的时间，楔形文字泥版文书最为可靠。大英博物馆一块泥版（BM. 109941）有目前可见最早以塞琉古和安条克两人共同纪年的记载，可追溯至前294年11月18日。J. Oelsner, *Materialen zur babylonischen Gesellschaft und Kultur in Hellenistischer Zeit*, p. 271.

3 Strabo, *Geography*, 16.1.23.

280年左右，街区呈网格状，说明该城可能有过希波达姆斯式的城市布局。这座城市可能在公元前2世纪中晚期之后废弃，此后再未作为城市。[1]

一些据点被赋予马其顿本土的地名，国王应有意在这些地方建立城市，但从目前对遗址的考古调查与发掘中，几乎看不到任何属于希腊化时期的城市建设遗迹，在文献中也难觅痕迹。

幼发拉底河畔的安条克城（Antiocheia on the Euphrates），又名乌里玛（Ourima），在今霍鲁姆·许于克（Horum Hüyük）附近。建城者不明，既可能是某位塞琉古王朝国王，也有可能是科马根尼（Commagene）国王。[2]从遗址上看，此地在希腊化时期至多为殖民地，并无城防，占地约21公顷。[3]尼凯佛里昂（Nikephorion，位于今叙利亚北部重镇拉卡），占地约55公顷，其地名源于希腊语，但几乎看不到希腊化时期的任何城市建筑遗迹，仅能见塞维鲁（Severus Alexander，公元222—235年在位）与萨珊建国时期（始于224年）之后的遗存，有可能在整个塞琉古王朝时期其规模仅仅相当于村落。[4]

欧罗普斯—卡尔凯米什（Europos Karchemish）和阿瑞图萨（Arethusa）虽然可以确定为希腊化城市遗址，但在整个希腊化时期基本没有扩建。卡尔凯米什在赫梯人统治时期就已经是一座占地110公顷的城市，希腊化时期留下的遗存非常有限，几乎仅集中在卫城。除

1 Justine Gaborit, “Jebel Khaled (Syrie) – B23,” in Justine Gaborit, *La vallée engloutie (Volume 2: Catalogue des sites). Géographie historique du Moyen-Euphrate (du IVe s. av. J.-C. au VIIe s. apr. J.-C.)*, https://books.openedition.org/ifpo/7159.

2 Strabo, *Geography*, 11.14.15; Getzel M. Cohen, *The Hellenistic Settlements in Syria, the Red Sea Basin, and North Africa*, p. 152.

3 Justine Gaborit, “Horum Höyük (Turquie) – A04,” in Justine Gaborit, *La vallée engloutie (Volume 2: Catalogue des sites). Géographie historique du Moyen-Euphrate (du IVe s. av. J.-C. au VIIe s. apr. J.-C.)*, https://books.openedition.org/ifpo/7103.

4 Justine Gaborit, “Raqqa/Ouweis Al Karani (Syrie) – F01,” in Justine Gaborit, *La vallée engloutie (Volume 2: Catalogue des sites). Géographie historique du Moyen-Euphrate (du IVe s. av. J.-C. au VIIe s. apr. J.-C.)*, https://books.openedition.org/ifpo/7262.

一小段城墙和城门等城防工事能追溯赫梯时代以及罗马帝国统治时期的痕迹之外，几乎找不到希腊化时期对防御工事的改造。卫城上的希腊化遗存也遭到了覆盖其上的科马根尼神庙的严重破坏。[1]由此可见，希腊化时期塞琉古王朝在这座城市只有极其有限的驻军。阿瑞图萨虽然未被系统发掘过，但根据考古调查，其希腊化时期的规模仅与贝罗伊亚（Beroia）的四分之一相当（约20公顷），且从希腊化时期到罗马帝国时期，城墙位置保持不变，城市规模似乎丝毫未扩大。[2]

据中世纪叙利亚作家“希伯来人之子”巴尔（Bar Hebraeus）和米哈伊尔（Michael Syrus）的记载，奇尔凯西昂（Kirkesion，今阿尔—布塞拉，Al-Bousayra）为塞琉古二世所建，但并无其他材料佐证这一说法。[3]根据目前对遗址的调查，塞维鲁—萨珊时期所建之城最初仅占地约21公顷，此前年代的遗迹还有待考证，但至少不会超过其规模。[4]但除地名之外，希腊化时期相关的文献与考古证据的隐身，反而证明了这一据点并没有受到重视，可能一直停留在殖民地或哨所的层次。

从占地面积看，宙格玛双子城——幼发拉底河畔的塞琉西亚（Seleukeia on the Euphrates或Seleukeia-Zeugma）和阿帕米亚（Apamea-Zeugma）、安菲波利斯、欧罗普斯/耶拉布鲁斯（Europos/Jerablous）都是希腊化时期的中心城市。根据阿庇安的记载，均由塞琉古一世所建。宙格玛双子城在其中规模最大。[5]波里比乌斯最先提

---

1 Justine Gaborit, “Carchemish/Jerablous (Turquie) – A28,” in Justine Gaborit, *La vallée engloutie (Volume 2: Catalogue des sites). Géographie historique du Moyen-Euphrate (du IVe s. av. J.-C. au VIIe s. apr. J.-C.)*, https://books.openedition.org/ifpo/7129.

2 John D. Grainger, *The Cities of Seleukid Syria*, pp. 102, 245.

3 Bar Hebraeus, *Chronography*, 38; Michael the Syrian, 5.6.

4 Justine Gaborit, “Al-Bousayra (Syrie) – F26,” in Justine Gaborit, *La vallée engloutie (Volume 2: Catalogue des sites). Géographie historique du Moyen-Euphrate (du IVe s. av. J.-C. au VIIe s. apr. J.-C.)*, https://books.openedition.org/ifpo/7287.

5 一般认为此二城即土耳其境内的Tilmusa Huyuk（Keskince）。由于比雷吉克（Birecik）水库的兴建，考古学家对其进行了抢救性发掘。

及此城，称其为“宙格玛的塞琉西亚”（Seleukeia-Zeugmatos）。[1]宙格玛（Zeugma）即希腊语“桥”之意，此地是穿越幼发拉底河必经之要塞。

如何沟通叙利亚地区和帝国第一座都城底格里斯河畔的塞琉西亚，是塞琉古一世建都之后亟待落实的问题。宙格玛位于幼发拉底河畔，这片区域在伊普苏斯之战以后才开始归属塞琉古王朝。因此，塞琉古在此建城显然有凭此控制交通之意。宙格玛双子城——塞琉西亚和阿帕米亚，扼守塞琉古王朝从叙利亚到巴比伦尼亚的要道，被赋予王室成员之名，战略地位十分重要。但从占地面积看，这两座隔河相望的城市与叙利亚的四城之城相比，均仅相当于第二等级城市的规模，这说明在建城者眼中，这两座城市的军事意义大于殖民和商业价值。关于宙格玛双子城的具体建城时间，目前并没有明确的文献和考古的证据佐证。塞琉西—宙格玛遗址目前并未发现属于公元前3世纪的遗迹，难以判断塞琉古王朝初期该城的规模与地位。其主要的城市建设集中在公元前2世纪塞琉古统治后期以及科马根尼、罗马人统治时期。[2]从公元前3世纪开始至公元前2世纪末，阿帕米亚一直是该地区规模最大且防御设施完备的城市，公元前2世纪末出现了明显的居民紧急撤离的迹象，在居民区遗址可见大量的物资遗存。[3]不难推测，撤离的应该是希腊—马其顿裔的族群，这很可能意味着塞琉古王朝在当地统治的终结。

根据现存文献的记载，过宙格玛双子城，沿幼发拉底河南下，

---

1 Polybius, *The Histories*, 5.43.1.

2 Justine Gaborit, “Belkis-Zeugma (Turquie) – A08,” in Justine Gaborit, *La vallée engloutie (Volume 2: Catalogue des sites). Géographie historique du Moyen-Euphrate (du IVe s. av. J.-C. au VIIe s. apr. J.-C.)*, Beyrouth: Presses de l’Ifpo, Institut français du Proche-Orient, 2015. https://books.openedition.org/ifpo/7107.

3 Justine Gaborit, “Tilmusa/Keskince (Turquie) – C07,” in Justine Gaborit, *La vallée engloutie (Volume 2: Catalogue des sites). Géographie historique du Moyen-Euphrate (du IVe s. av. J.-C. au VIIe s. apr. J.-C.)*, https://books.openedition.org/ifpo/7176.

在通往底格里斯河畔的塞琉西亚之路上，至少还有尼凯弗里翁和杜拉·欧罗普斯（Dura Europos）有可能为塞琉古一世所建。关于杜拉·欧罗普斯建城的唯一明确记载，是卡拉克斯的伊西多尔的《帕提亚驿程志》：

> 然后就来到了杜拉，尼卡诺尔（Nikanor）之城，马其顿人所建，希腊人称之为欧罗普斯。[1]

那么，这位建城者尼卡诺尔究竟是谁呢？此名字在继业者战争的时代颇为常见。通常认为主要有三种可能：独眼的安提柯任命的米底行省总督，塞琉古一世的侄子（?）以及塞琉古一世本人。第一位尼卡诺尔曾被独眼的安提柯任命为卡帕多西亚（Kappadokia）行省总督，后来又担任米底将军，公元前311年被塞琉古击败。假如他战败后生还，可能在伊普苏斯之战以后继续在安提柯之子德米特里麾下任职。如果这位尼卡诺尔建立了杜拉·欧罗普斯，那么，当公元前301年塞琉古溯幼发拉底河北上赶往伊普苏斯时，此地早已建立，应成为安提柯抗击塞琉古的要塞。然而，没有任何史料可以证明此尼卡诺尔曾活跃于叙利亚附近地区。[2]罗斯托夫采夫认为塞琉古于公元前302年左右建立了包括尼凯弗里翁和杜拉·欧罗普斯在内的几座城市，作为抵御安提柯威胁的前哨。[3]然而，一般认为，安提柯虽然放弃了巴比

---

1 Isidore of Charax, *Parthian Stations*, 1= *FGrH* 781.

2 普林尼和约翰·马拉拉斯称塞琉古之侄名为尼卡诺尔，曾任美索不达米亚总督，建立阿拉伯的安条克。罗斯托夫采夫支持此观点。M. I. Rostovtzeff, “The Foundation of Dura-Europos on the Euphrates,” *Annales de l’Institut Kondakov* (Seminarium Kondakovianum), Vol. 10, 1938, pp. 99-106. Paul J. Kosmin, “The Foundation and Early Life of Dura-Europos,” in Gail Hoffman and Lisa Brody, eds., *Dura-Europos: Crossroads of Antiquity*, New Haven: Yale University Press, 2011, pp. 150-176.

3 M. I. Rostovtzeff, “The Foundation of Dura-Europos on the Euphrates,” *Annales de l’Institut Kondakov* (Seminarium Kondakovianum), Vol. 10, 1938, pp. 99-106.

伦尼亚，但在与塞琉古的交锋中一直占据明显的优势，没有任何证据表明在此之前塞琉古有能力在这片区域建城。直到伊普苏斯之战以后，塞琉古分得了美索不达米亚，才真正将势力拓展到两河流域北部。此时塞琉古有可能在此战略要地建城，至于建城者究竟是塞琉古一世的侄子还是塞琉古本人，史无记载，不可考。

近年来考古学界通过对幼发拉底河中游地区的希腊化遗址进行调查，认为塞琉古王朝在杜拉·欧罗普斯建城的时间不早于公元前2世纪中叶。塞琉古一世最初可能在杜拉·欧罗普斯修建了哨所，公元前2世纪中叶它才最终发展为城市。

除了幼发拉底河谷之外，塞琉古王朝在两河之间的奥斯罗伊奈（Osrhoene）、索菲奈（Sophene）、科尔狄埃奈（Kordyene）等地区也建立了一些城市作为区域统治中心。主要有米格多尼亚的安条克城（Antiocheia in Mygdonia，原名尼西比斯，Nisibis）、埃德萨/卡利罗伊河畔的安条克城（Edessa或Antiocheia on the Callirhoe）、阿米达（Amida）等。

从塞琉古一世在幼发拉底河和底格里斯河中游的建城活动可以看出，他已经控制了从叙利亚到巴比伦尼亚之间的交通要道。

四、通往上省之路沿线城市的建立

在伊普苏斯之战以前，巴比伦尼亚和伊朗高原西部就是塞琉古王国的核心地带。希腊化时期，连接这两片区域主要有两条通道：其一，从塞琉西亚沿今迪亚拉河谷上溯，通往埃克巴坦那；其二，沿底格里斯河南下，经苏萨，通往波西斯。这些主干道沿线地区的控制和开发自然为国王们所重视。

第一条是从两河流域出发通往中亚地区的主要通道，沿途也是塞琉古王国殖民建城最集中的地区之一。普林尼提到一座位于底格里斯河和托尔纳多图斯河之间的安条克城（Antiochia inter duo flumina Tigrim et Tornadotum），但关于这座城市的建城者和建城时间的信息不详。[1]普林尼所谓的托尔纳多图斯河未见于其他记载，但根据其描述，很有可能指的就是迪亚拉河。沿迪亚拉河谷再上溯，根据卡拉克斯的伊西多尔的记载，在阿波罗尼阿提斯（Apolloniatis）有一座希腊城市阿尔特米塔（Artemita），距离塞琉西亚15斯科伊努斯（15 Schoinoi，约90公里）。[2]在埃克巴坦那以南约65公里处（今尼哈万德，Nihavand），还有一座名为劳狄西亚的城市，古典文献中未见其记载，其名见于尼哈万德出土的一篇铭文书信中（公元前193年），信中提到该城有执政官，是一座polis。[3]这座城市很有可能正是公元前3世纪末波西斯的安条克（Antiochia in Persis）在法令末尾提到的那座劳狄西亚，[4]也可能就是斯特拉波提到的马其顿人在米底建立的劳狄西亚。[5]

第二条是联系塞琉西亚和苏萨之间的主要陆路通道，[6]沿途很可能有一座（或两座）名为阿帕米亚的城市。据普林尼，美塞尼（Mesene）的底格里斯河畔有一座阿帕米亚，为安条克所建，得名自其母之名。[7]此建城者安条克很可能是曾在东部任共治者的安条克一世。斯泰凡诺斯的记载则与普林尼基本一致，称阿帕米亚位于美塞尼的土地上（ἐν τῇ Μεσηνῶν γῇ），还称底格里斯河在此分流，其中右面的支流是塞拉斯河（Potamos Sellas）。[8]这个阿帕米亚与上述的波西斯的安条克城法令铭文末尾提到的另一座名为塞莱斯河畔的阿帕米亚

---

1 Pliny, *Natural History*, 6.132.

2 Isidore of Charax, *Parthian Stations*, 2.

3 *I. Estremo Oriente* 277-278.

4 *OGIS 233=Rigsby, Asylia 111=I.Estremo Oriente 252=Euphrat 306.*

5 Strabo, *Geography*, 11.13.6.

6 从塞琉西亚到苏萨亦可顺底格里斯河而下，至入海口附近沿欧莱乌斯河上溯。

7 Pliny, *Natural History*, 6.129.

8 Stephanos Byzantios, s.v. “Apameia,” in M. Billerbeck, ed., *Stephani Byzantii Ethnica*, Vol. 1, pp. 222-223.

（Apameia on the Seleis），以及巴比伦天文日志中提到的希尔胡河畔的塞琉西亚（^{uru}*A-pa-am-a šá ana muḫ-ḫi* ^{id}*Ṣi-il-ḫu*），很有可能是同一座城市。[1]

结　语

亚历山大是希腊化时期建城活动的开创者，其关于城市的选址、布局、族群构成等理念与实践皆被他的继业者所效仿。东地中海地区是亚历山大最早建城的地区，也是希腊化世界西部，甚至整个希腊化世界的核心区域，其中尤以塞琉古王国建城居多。在王朝奠基、战事频仍的背景之下，继业者的建城活动与亚历山大时期已经有了明显的区别。对于继业者而言，最严峻的挑战已经不再是戍守边境，而是对已有疆土的控制和管理，建立希腊化城市显然是实现这一战略目标的关键。他们在东部希腊化地区所建的城市大多发展迅速，有的甚至成为王国的通都大邑，成为新的希腊化政治、经济和文化中心，像托勒密埃及的亚历山大里亚、塞琉古王国的安条克和塞琉西亚、马其顿的帖萨洛尼卡就是如此。这些城市实际上就是后来诸多丝路重镇的前身。

（邵大路）

1 A. J. Sachs and H. Hunger, eds., *Astronomical Diaries and Related Texts from Babylonia. Vol. 3: Diaries from 164 B. C. to 61 B. C.*, Wien: Verlag der Österreichische Akademie der Wissenschaften, 1996, -140 Obv. 35-36.

第二章　亚历山大与塞琉古王国在希腊化世界东部的建城活动

第一节　亚历山大在远东的建城活动[1]

一、亚历山大在中亚、印度的征服

公元前329年初春，亚历山大越过兴都库什山，追击贝苏斯（Bessos）。[2]此时，贝苏斯已穿过巴克特里亚，渡过奥克苏斯河（the Oxos，今阿姆河），进入索格底亚那（Sogdiana），而亚历山大经由德拉普萨卡（Drapsaka，今昆都士，Kunduz）[3]和奥尔诺斯（Aornos，今Shahr-i-Banu），进入巴克特里亚首府巴克特拉/扎瑞亚斯帕（Baktra/

1　作者原标题是“亚历山大及其继业者在希腊化远东的建城活动——以传统文献资料为据”（Urban Foundations in the Hellenistic Further East from Alexander to the Diodochi According to the Literary Source Tradition）。

2　Arrian, 3. 28. 4-8; Curtius, 7.4.5-32.（该作者对所引古典著作按照国际惯例注释。相关出版信息可参见本卷所附参考文献。——译者注）

3　这一考证来自F. von Schwarz, *Alexanders des Grossen Feldzüge in Turkestan. Kommentar zu den Geschichtswerken des Flavius Arrianus und Q. Curtius Rufus auf Grund vieljähriger Reisen im russischen Turkestan und den angrenzenden Ländern*, 2 Aufl., Stuttgart: Fr. Grub, 1906, pp. 5-7. 最近的论述参见Э. В. Ртвеладзе, *Александр Македонский в Бактрии и Согдиане. Историко-географические очерки*, Ташкент: Академии наук Республики Узбекистан, 20 Ball 02, c. 14, cc. 28-66.

Zariaspa，现代巴尔赫，Balkh）。[1]仲夏时节，他推进到奥克苏斯河，抵达索格底亚那的凯利夫（Kelif）[2]或其附近，在那里，他进入布兰开德人（Branchidai）的城镇——可能位于库吉坦陶（Kugitantau）[3]山麓地带——屠杀了那里的所有居民。此时，贝苏斯已逃至索格底亚那首府马拉坎达（Marakanda，即阿弗拉西亚卜，Afrasiab，今撒马尔罕，Samarkand），[4]随后在那里被俘。亚历山大在马拉坎达逗留不久，便面临镇压当地七城叛乱的任务，其中最大的城是居鲁士城（Kyropolis）。[5]平息叛乱之后，他沿亚克萨特斯河（Jaxartes）/塔奈

---

1 Arrian, 3.29.1; D. W. Engels, *Alexander the Great and the Logistics of the Macedonian Army*, Berkeley, Los Angeles and London: University of California Press, 1978, p. 97 with ns. 111-112.

2 关于凯利夫的考证，来自F. von Schwarz, *Alexanders des Grossen Feldzüge in Turkestan. Kommentar zu den Geschichtswerken des Flavius Arrianus und Q. Curtius Rufus auf Grund vieljähriger Reisen im russischen Turkestan und den angrenzenden Ländern*, 2 Aufl., pp. 30-33; Э. В. Ртвеладзе, *Александр Македонский в Бактрии и Согдиане. Историко-географические очерки*, c. 14, cc. 28-66; Ю. Ф. Буряков, Торговые трассы *Трансоксианы – Мавераннахра в системе Великого Шелкового Пути*, Zürich: Universität Zürich, 2006, c. 8.

3 Curtius, 7.5.1-35; L. M. Sverchkov, "The Kurganzol Fortress (On the History of Central Asia in the Hellenistic Period)," *Ancient Civilizations from Scythia to Siberia*, Vol. 4, 2008, pp. 123-191, 165. 在现代史学中关于亚历山大屠杀布兰开德人的重要分析，参见F. W. Zschietzschmann, "Branchidae," in G. E. Mylonas and D. Raymond, eds., *Studies presented to D. M. Robinson, II*, St. Louis: Washington University Press, 1953, pp. 1039-1043; H. W. Parke, "The Massacre of the Branchidae," *Journal of Hellenic Studies*, Vol. 105, 1985, pp. 59-68; N. G. L. Hammond, "The Branchidae at Didyma and in Sogdiana," *The Classical Quarterly*, Vol. 48/2, 1998, pp. 339-344; D. V. Panchenko, "The City of the Branchidae and the Question of Greek Contribution to the Intellectual History of India and China," *Hyperboreus*, Vol. 8/2, 2002, pp. 244-255.

4 Arrian, 3.29.2-30.6; Curtius, 7.6.10; Getzel M. Cohen, *The Hellenistic Settlements in the East from Armenia and Mesopotamia to Bactria and India*, Hellenistic Culture and Society 54, Berkeley and Los Angeles: University of California Press, 2013, pp. 279-282; D. Engels, *Benefactors, Kings, Rulers. Studies on the Seleukid Empire between East and West*, Studia Hellenistica 57, Leuven, Paris and Bristol, CT: Peeters, 2017, pp. 178-179, 208.

5 Arrian, 4.2.1-3.5; Curtius, 7.6.13-23; Justin, 12.5.12; Strabo, 11.11.4 (517-518); Stephanos Byzantinos, s.v. Κύρου πόλις (ἣ καὶ Κυρέσχατα καλεῖται, πόλις πρὸς τοῖς ἐσχάτοις Περσίδος. ὁ πολίτης καθ᾽ ἡμᾶς Κυροπολίτης, κατὰ δὲ Πέρσας Κυρεσχατηνοί ὡς Ἀραξηνοί καὶ Καμβυσηνοί.); Ptolemy, 6.12.5; Ammianus Marcellinus, 23.6.59; J. R. Hamilton, *Plutarch, Alexander. A Commentary*, Oxford: Clarendon Press, 1969, p. 115; P. Briant, "Colonisation hellénistique et populations indigènes," *Klio*, Vol. 60, 1978, p. 74; P. Briant, *Etat et pasteurs au moyen-Orient ancient*, Cambridge, New York, Paris: Cambridge University Press, （转下页）

斯河（Tanais）（今锡尔河，Syr Darya）[1]南岸建立亚历山大里亚·埃斯卡特（Alexandreia Eskhate，最远的亚历山大里亚），接下来，渡过塔奈斯河发起远征，击败一支斯基泰人（Skythians），[2]并与当地的一位斯基泰人首领结盟。墨涅得谟斯（Menedemos）率领的一支援军在马拉坎达附近被索格底亚那当地首领斯皮塔米尼斯（Spitamenes）围歼，亚历山大在索格底亚那的军事行动因此而告终。[3]为了复仇，亚历山大兵分数路，焚烧乡野，处决了当地所有役龄男子。[4]然后，亚历山大率领三千名重装步兵离开索格底亚那的佩乌科劳斯（Peukolaos），[5]返回巴克特拉，在那里接收增援部队，[6]决定将贝苏斯送到埃克巴坦那（Ekbatana）受罚，[7]并在那里度过公元前329—前328年的冬天。[8]

公元前328年初春，[9]亚历山大平定邻省叛乱，四天后，决定重返奥克苏斯河。这是因为他早前获悉许多索格底亚那人藏身于各种堡垒，且拒不服从他所任命的总督统治。他的目标很明确，便是入侵索格底亚那。离开巴克特拉之前，亚历山大留下波吕珀尔孔（Polyperchon）、阿塔卢斯（Attalus）、戈尔吉亚斯（Gorgias）、米利格（Meleager）等四位长官驻守，并命令他们，凡有不服，格

（接上页）1982, pp. 244-247; A. B. Bosworth, *A Historical Commentary on Arrian's 'History of Alexander'. Vol. 2: Commentary on Books IV-V*, Oxford: Clarendon Press, 1995, p. 19; P. M. Fraser, *Cities of Alexander the Great*, Oxford: Clarendon Press, 1996, pp. 67, 152 with n. 93; A. Kuhrt, *The Persian Empire*, London/New York: Routledge, 2010, p. 100 n. 1. 邦弗尼斯特（E. Benveniste）提出的观点仍是无可争议的：基罗波利斯是一个译名，而基莱斯卡塔（Kyreschata）是波斯语"Kuruš-kaθa"（居鲁士城）的音译。见E. Benveniste, "La ville de Cyreschata," *Journal Asiatique*, Tom. 234, 1943-1945, pp. 163-166.

1 Arrian, 4.4.1; Curtius, 7.6.25-27.

2 Arrian, 4.3.6-5.1; Curtius, 7.8.5-19.

3 Curtius, 7.6.24, 30-39.

4 Curtius, 7.8.20-22.

5 Curtius, 7.10.10.

6 Arrian, 4.7.1; Curtius, 7.10.11-12.

7 Arrian, 4.7.3; Curtius, 7.10.10.

8 Arrian, 4.7.1; Curtius, 7.10.10.

9 Curtius, 7.10.13.

杀勿论，保卫疆土，保持警惕，防止冲突升级。[1]此后，亚历山大便向奥克苏斯河进发。[2]据阿里安（Arrian）记载，[3]当他们在河岸扎营时，在亚历山大的帐篷附近发现了两眼泉，一眼水泉和一眼油泉。不过，库尔提乌斯（Curtius）只提到了直接在帐篷里发现的水泉。[4]在亚历山大离开前，该地区发生了一场暴动。据阿里安记载，[5]亚历山大命其部将镇压了这场叛乱，但库尔提乌斯认为镇压者是亚历山大本人。[6]更重要的是，阿里安说亚历山大离开巴克特拉后直接前往索格底亚那，[7]这与库尔提乌斯的说法相左，库尔提乌斯说亚历山大经由马尔吉亚那（Margiana）到达索格底亚那。[8]博斯沃思（Bosworth）认为，[9]阿里安之所以忽略这一重要情节，是因为他偏离了时间顺序叙述，插叙了导致亚历山大军队受困于中亚的那些内讧：克雷图斯（Kleitos）之死，卡里斯提尼斯（Kallisthenes）事件和国王卫队的刺杀阴谋。[10]在叙述这些事的过程中，阿里安两次指出他的叙述未遵循按时间顺序的原则。[11]此外，库尔提乌斯提到，亚历山大渡过奥科斯河（Okhos River），向马尔吉亚那进发，这对于确定战役的地点是至关重要的。[12]况且，普林尼关于亚历山大在马尔吉亚那建城的记述[13]支持了库尔提乌斯的说法，它与马尔提亚努斯·卡佩拉

1 Arrian, 4.16.1.

2 Arrian, 4.15.7; Curtius, 7.11.13.

3 Arrian, 4.15.7-8.

4 Curtius, 7.10.14.

5 Arrian, 4.16.1.

6 Curtius, 7.10.13.

7 Arrian, 4.15-16.7.

8 Curtius, 7.11.1.

9 A. B. Bosworth, “A Missing Year in the History of Alexander the Great,” *Journal of Hellenic Studies*, Vol. 101, 1981, pp. 23-29; A. B. Bosworth, *A Historical Commentary on Arrian's 'History of Alexander'. Vol. 2: Commentary on Books IV-V*, pp. 108-117.

10 Arrian, 4.8.1-14.4.

11 Arrian, 4.8.1; 4.14.4.

12 Cf. *Metz Epitome*, 14.

13 Pliny, *NH*, 6.18.47.

(Martianus Capella)[1]和索里努斯（Solinus）[2]的叙述大体一致，稍有不同在于，后两者说它后来改建为塞琉西亚（Seleukeia）或安条克城（Antiocheia）。

按照库尔提乌斯的说法，[3]亚历山大先后渡过奥科斯河和奥克苏斯—阿姆河（Oxos-Amu Darya），向巴克特拉以西长途跋涉350公里，抵达位于今木鹿（Merv）的马尔吉亚那城，[4]在进军索格底亚那之前，亚历山大将该城[5]命名为"亚历山大里亚"，置于巴克特拉总督辖区之内。[6]在那里，他建了六个城镇或据点，城镇或据点之间的距离很近，以便在必要情况下能够迅速提供援助。[7]这些城镇建在人造土丘（称之为tepes或tepas）之上，这是当地常见的一种做法。[8]奥科斯河，或称"凯利夫河道"（Kelif Uzboi），[9]是阿姆河中游分叉处的支流，从阿姆河经土库曼斯

---

1 Martianus Capella, 6.691.

2 Solinus, 48.3.

3 Curtius, 7.10.10-11.1.

4 正如下文所见，有关记述中最有用的一段内容是："然后，他渡过奥科斯河和奥克苏斯河，来到马尔吉亚那城。他在此城周围选了六个点用来建城，两座朝南，四座朝东。"（Curtius, 7.10.15.）参见《梅斯概要》（*Metz Epitome*, 14）：Deinde per agrum Sogdianum agmen duxit ex eo porro in Bactriam pervenit et Bessum adduci iussit eum que suspensum more Persarum fundis necavit. Deinde post diem undecimum ad flumen Ochum pervenit id trasit inde ad Oxum flumen devenit.

5 即马尔吉亚那。——译者注

6 至少从大流士一世时起，马尔吉亚那便作为巴克特里亚总督区的一部分被管理。Г. А. Кошеленко, А. Н. Бадер and В. А. Гаибов, "Маргиана в ахеменидской официальной традиции," *ПИФК*, Vol. 2, 1995, cc. 139-150; Г. А. Кошеленко, В. А. Гаибов, А. Н. Бадер, "Парфянские сюжеты в '*Истории Александра Македонского*' Курция Руфа," *Вестник древней истории*, Vol. 1, 1998, c. 305.

7 Curtius, 7.10.13-15.

8 A. Herrmann, "Alte Geographie des unteren Oxusgebiets," *Abhandlungen der königlichen Gesellschaft der Wissenschaften zu Göttingen, Philologisch-historische Klasse*, Neue Folge, Bd. 15/4, 1914, pp. 30-35.

9 Curtius, 7.10.15-16; cf. *Metz Epitome* 14. A. Herrmann, "Alte Geographie des unteren Oxusgebiets," pp. 31-35. 霍尔特在这个问题上犹豫不决。见F. L. Holt, *Alexander the Great and Bactria: The Formation of a Greek Frontier in Central Asia*, Mnemosyne bibliotheca classica Batava, Supplementum 104, Leiden: Brill, 1988, pp. 24, 62.

坦南部注入里海。[1]古老的凯利夫河道或凯利夫河（Kelif Darya），依靠阿姆河和阿富汗河流的供水，没有与萨雷卡梅斯河道（the Sarykamysh Uzboi）相通。发端于查尔朱（Chardzhoi）的这条河道构成了阿姆河最南端的支流，距离希腊化时代的密尔扎贝卡拉（Mirzabek kala）遗址不远。[2]这条河道由一系列相互连通的洼地或沉湖组成，其中一些宽达2000米，长达3000米。当洼地或沉湖的水涨满之时，它们连成一片，形成一条河流。这条河道向西倾斜，过穆尔加布绿洲（the Murgab oasis），经由巴尔罕湾（the bay of Balkhan）进入里海（Caspian Sea）。[3]

---

1 Strabo, 11.7.3-4 (511-512); 11.11.5 (512); cf. 11.9.2 (516). Г. А. Кошеленко, В. А. Гаибов and А. Н. Бадер, "О некоторых особенностях экологической ситуации в Мервском оазисе в древности и раннем средневековье," *ПИФК*, Vol. 4/1, 1997, сс. 63-69; Г. А. Кошеленко, В. А. Гаибов and А. Н. Бадер, "Александр македонский в Маргиане," *Вестник древней истории*, 2000/1, сс. 7-11; M. J. Olbrycht, *Parthia et ulteriores gentes. Die politischen Beziehungen zwischen dem arsakidishen Iran und den Nomaden der eurasischen Steppen*, München: Tuduv-Verlagsgesellschaft, 1998, pp. 51-56; M. J. Olbrycht, "The Ochos River in the Classical Sources: A Study in the Historical Geography of Northeastern Iran and Middle Asia," in T. Mkrtycheva, ed., *Центральная Азия. Источники, история, культура*, Москва: Русский Фонд Содействия Образованию и Науке, 2003, сс. 114-117; M. J. Olbrycht, *Aleksander Wielki i swiat iranski*, Rzeszow: Wydawnictwo Uniwersytetu Rzeszowskiego, 2004, pp. 213-217; M. J. Olbrycht, "Some Remarks on the Rivers of Central Asia in Antiquity," in T. N. Jackson, I. G. Konovalova and G. R. Tsetskhladze, eds., *Gaudeamus Igitur. Studies to Honour the 60th Birthday of A.V. Podossinov = Gaudeamus Igitur. Сборник статей к 60-летию А.В. Подосинова*, Москва: Русский Фонд Содействия Образованию и Науке, 2010, сс. 302-309; J. D. Lerner, "On the Inland Water Ways from Europe to Central Asia," *Ancient West & East*, Vol. 13, 2014, pp. 162-168. 相反，潘柯夫认为根本不存在凯利夫河道。（И. В. Пьянков, *Средняя Азия в античной географической традиции: Источниковедческий анализ*, Москва: Восточная литература, 1997, сс. 234-259, 268-269, 284.）对于阿尔萨凯斯王朝早期情况的概述，参见M. J. Olbrycht, *Parthia et ulteriores gentes. Die politischen Beziehungen zwischen dem arsakidishen Iran und den Nomaden der eurasischen Steppen*, pp. 51-76; J. D. Lerner, *The Impact of Seleucid Decline of the Eastern Iranian Plateau*, Historia-Einzelschriften 123, Stuttgart: Franz Steiner Verlag, 1999, pp. 13-31.

2 В. Н. Пилипко, *Поселения Северо-Западной Бактрии*, Ашхабад: Ылым, 1985, сс. 47-60, 72-75, 177-178.

3 凯利夫河道的历史重要性构成了一个多世纪以来一系列研究的基础。参见J. D. Lerner, "Which Way North? Retracing Alexander's Route to Marakanda in the Spring of 328 BCE," in K. Nawotka and A. Wojciechowska, eds., *Alexander the Great and the East: History, Art, Tradition*, Philippika – Altertumswissenschaftliche Abhandlungen, 103, Wiesbaden: Harrassowitz Verlag, 2016, pp. 135-141.

除了库尔提乌斯关于亚历山大征服马尔吉亚那的记述外，索里努斯[1]和马尔提亚努斯·卡佩拉[2]还记载，这座城市后来被塞琉古一世重建，更名为塞琉西亚，[3]老普林尼、[4]卡拉克斯的伊西多尔（Isidoros of Kharax）[5]和斯特拉波[6]声称，直到安条克一世之后，它才被命名为“安条克城”。[7]按照普林尼的记载，马尔吉亚那是一片周长1500斯塔特的地区，由纵深大约120英里的沙漠构成。它在帕提亚对面，亚历山大曾在此地创建一座亚历山大里亚。这座城市被蛮族毁灭后，塞琉古之子安条克将其重建为一座希腊式城市，命名为安条克城。该城周长70斯塔特，靠玛格斯河（River Margos）的河水灌溉。克拉苏战败后，帕提亚国王奥罗德斯（Orodes）将幸存的罗马士兵安置于此。蛮族马尔迪人（the Mardi）作为一支自由流动的民族，其分布范围从该地区的群山峰顶，经高加索山脉，一直延伸到巴克特里亚。科舍伦

1 Solinus, 48.1-3.

2 Martianus Capella, 6.691.

3 马尔提亚努斯·卡佩拉（Martianus Capella, 6.691）基本遵循了普林尼的叙述，他还说，亚历山大创建了这座城市并以其名字命名，后来该城市被易名为塞琉西亚。（Raegionis praedictae amoenitatem Alexander Magnus delegerat et ibi primo nominis sui condiderat civitatem, quae excise est et ab Antiocho Seleuci filio reparata cum nomine patris eiusdem.）索利努斯（48.3）与马尔提亚努斯·卡佩拉的叙述是一致的，因为他说这座城市原先叫亚历山大里亚，以其创建者命名，后来重建时被命名为塞琉西亚。（regionis huius amoenitatem Alexander Magnus usque adeao miratus est ut ibi primum Alexandriam condideret: quam mox a barbaris excisam Antiochus Seleuci filius reformavit et de nuncupatione domus suae dixit Seleuciam.）

4 Pliny, *NH*, 6.18.47.

5 Isidoros of Kharax, *FGrH*, 781 F2 (14).

6 Strabo, 11.10.2 (576).

7 伊西多尔（*FGrH*, 781 F2 [14]）和斯特拉波（11.10.2 [576]）只提到安条克（Antiocheia）。罗伯尔甚至怀疑米利都的德摩达玛斯（Demodamas of Miletos）是否参与了城市的重建。（L. Robert, “Documents d’Asie Mineure,” *Bulletin de correspondence hellénique*, Tom. 108/1, 1984, p. 472.）参见P. M. Fraser, *Cities of Alexander the Great*, pp. 31, 117-118; Getzel M. Cohen, *The Hellenistic Settlements in the East from Armenia and Mesopotamia to Bactria and India*, pp. 244-247; D. Engels, *Benefactors, Kings, Rulers. Studies on the Seleukid Empire between East and West*, pp. 176, 206.

科（Koshelenko）、盖博夫（Gaibov）和巴德（Bader）[1]通过研究文献发现，这群古代作家相互独立地证实了亚历山大在木鹿绿洲的活动，并由此相互独立地支持了库尔提乌斯的证据。亚历山大让克拉特鲁斯（Krateros）留下来处理和安排马尔吉亚那的事务，这很可能是战略上的权宜之计：首先，确保从巴克特里亚和索格底亚那前往西部的直行路线的安全；其次，在中亚西部占据一个前哨站，以扼制游牧民族，尤其是当时由斯皮塔米尼斯统领的马萨格泰人（Massagetae）。事实上，当亚历山大启程远征索格底亚那之后，克拉特鲁斯正是在这里打败了斯皮塔米尼斯及其追随者，不过，斯皮塔米尼斯等人仍设法撤回到大草原。[2]

在论及亚历山大建立的六个据点时，库尔提乌斯提到，当他撰写此书时，帕提亚人正统治着马尔吉亚那。[3]科舍伦科、盖博夫和巴德认为，在这六个据点中，四个位于凯利夫河道（奥科斯河）沿线，而另两个可能位于今木鹿绿洲以南的穆尔加布河（Murghab）沿岸，对着塔赫塔巴扎尔（Takhta-Bazar）和库什基（Kushki）。[4]此外，切拉塞蒂（Cerasetti）及其团队利用美国国家航空航天局（NASA）陆地卫星提供的多光谱ETM卫星图像，发现了一条由七个据点组成的

---

1 Г. А. Кошеленко, В. А. Гаибов and А. Н. Бадер, "Александр македонский в Маргиане," cc. 11-15; see F. Schachermeyr, *Alexander der Grosse: das Problem seiner Persönlichkeit und seines Wirkens*, second edition, Wien: Verlag der Österreichische Akademie der Wissenschaften, 1973, p. 349 n. 416. 参见F. von Schwarz, *Alexanders des Grossen Feldzüge in Turkestan. Kommentar zu den Geschichtswerken des Flavius Arrian,us und Q. Curtius, Rufus auf Grund vieljähriger Reisen im russischen Turkestan und den angrenzenden Ländern*, 2 Aufl, Stuttgart: Fr. Grub, 1906, pp. 68-70. 奥尔布里希特提到，伊朗传统上认为该城的创建者是亚历山大。（M. J. Olbrycht, *Aleksander Wielki i swiat iranski*, pp. 211-213.）

2 Arrian, 4.17.1-2; Curtius, 8.1.6.

3 Curtius, 7.10.16.

4 G. Koŝelenko, A. Bader, W. Gaibov, "Die Margiana in hellenistischer Zeit," in B. Funck, ed., *Hellenismus Beiträge zur Erforschung von Akkulturation und politischer Ordnung in den Staaten des hellenistischen Zeitalters (Akten des Internationalen Hellenismus-Kolloquiums 9.-14. März 1994 in Berlin.)*, Tübingen: Mohr, 1996, pp. 125-137.

线，这条线穿过穆尔加布三角洲的梅尔夫。每个据点，面积大约10公顷，沿凯利夫河床分布，各自间隔大约50公里（31英里），可为商队或乘船旅行者提供安全保障。基于这些卫星图像，研究小组认为，这些据点可追溯到帕提亚时期，但由于尚未进行考古挖掘，并不排除它们建造在更早遗址之上的可能，而更早的遗址可能追溯到亚历山大远征甚至阿黑门尼王朝（Achaemenid）时期。[1]这些防御工事的存在表明，在不同时期，该地区实际上都有堡垒作为防护。虽然目前的证据是间接的，但不排除将来利用类似方法发现该地区其他堡垒遗迹的可能。最后，奥尔布里希特（Olbrycht）正确地指出，如果库尔提乌斯所说的马尔吉亚那位于索格底亚那，那么，他几乎不可能提及那里城市（oppida）的创建，因为帕提亚人只是暂时统治这个地区，而且他们的统治仅限于奥克苏斯河流域。[2]然而，对于亚历山大建城的实际地点，人们的意见存在分歧。马尚（Masson）认为，埃尔克—卡拉（Erk-kala）只是一个要塞，而高尔—卡拉（Gaur-kala）实际上是亚历山大的殖民定居点。[3]科舍伦科、盖博夫和巴德认为，亚历山大创建的是埃尔克—卡拉，而奥尔布里希

---

1 B. Cerasetti, “Reasoning with GIS: Tracing the Silk Road and the Defensive Systems of the Murghab Delta (Turkmenistan),” *The Silk Road Foundation Newsletter*, Vol. 2/2, 2004, pp. 30-41; B. Cerasetti and M. Tosi, “Development of the ‘Open Frontier’ between Iran and Central Asia: The Murghab Defensive Systems in Antiquity and the Variants of the Silk Road across the Karakum,” *Parthia and beyond. Cultural Interconnections in the Classical Period. Papers in Honour of Gennadij A. Koselenko. Parthica* 6, 2004, p. 104.

2 M. J. Olbrycht, *Parthia et ulteriores gentes. Die politischen Beziehungen zwischen dem arsakidishen Iran undden Nomaden der eurasischen Steppen*, pp. 217-221; E. V. Rtveladze, “Parthians in the Oxus Valley. Struggle for the Great Indian Road,” *Anabasis: Studia Classica et orientalia*, Vol. 2, 2011, pp. 151-165; Э. В. Ртвеладзе, *Великий индийский путь из истории важнейших торговых дорог Евразии*, Санкт Петербург: Нестор-История, 2012, сс. 39-40, 63-74.

3 *М. Е. Массон*, “К вопросу о взаимоотношениях Византии и Средней Азии по данным нумизматики,” *Труды Среднеазиатского государственного университета*, новая серия, 22, кн. 4, Ташкент: Изд-во среднеазиатского гос. университета, 1951, с. 93.

特坚持认为那个地方是高尔—卡拉，[1]与前三者意见相左。无论如何，该地区后来似乎被游牧民族摧毁，在塞琉古一世和安条克一世统治下才得以重建。[2]最后，阿米亚努斯·马塞林努斯（Ammianus Marcellinus）[3]记载，在他那个时代，马尔吉亚那地区有三个城市闻名遐迩：亚索尼翁（Iasonion）、尼西亚/尼盖亚（Nisia/Nigaia）和安条克城。[4]

在东返过程中，亚历山大在西边的凯利夫和东边的铁尔梅兹

---

1 G. Koshelenko, V. Gaibov and A. Bader, "Evolution of the Settlement Patterns in the Merv Oasis (Turkmenistan) from Alexander the Great to Arab Conquest," in *Convegno internazionale sul temaLa Persia e l'Asia Centrale de Alessandro al X secolo in collaborazione con l'Istituto italiano per il Medio ed Estremo Oriente (Roma, 9-12 novembre 1994)*, Roma: Accademia Nazionale dei Lincei, 1996, p. 308; M. J. Olbrycht, *Aleksander Wielki i swiat iranski*, pp. 221-222.

2 Г. А. Кошеленко, *Греческий полис на эллинистическом Востоке*, Москва: Наука, 1979, сс. 150-153; W. Orth, *Die Diadochenzeit im Spiegel der historischen Geographie*, Wiesbaden: Dr. Ludwig Reichert Verlag, 1993, p. 108; S. Plischke, *Die Seleukiden und Iran. Die seleukidischen Herrschaftspolitik in den östlichen Satrapien*, Classica et Orientalia 9, Wiesbaden: Harrassowitz, 2014, pp. 118-120; The arguments of A. B. Bosworth, "A Missing Year in the History of Alexander the Great," *Journal of Hellenic Studies*, Vol. 101, 1981, pp. 17-37; Fr. Grenet and Cl. Rapin, Alexander, "Aï Khanoum, Termez: Remarks on the Spring Campaign of 328," *Bulletin of the Asia Institute*, Vol. 12, 2001, pp. 79-89; C. Rapin, "L'Afghanistan et l'Asie centrale dans la geographie mythique des historiens d'Alexandre et dans la toponymie des geographes greco-romains," in O. Bopearachchi and M.-F. Boussac, eds., *Afghanistan ancien carrefour entre l'est et l'ouest. Actes du colloque international*, Turnhout: Brepols, 2005, pp. 147ff; Cl. Rapin, "Nomads and the Shaping of Central Asia: From the Early Iron Age to the Kushan Period," in J. Cribb and G. Herrmann, eds., *After Alexander: Central Asia before Islam*, Proceedings of the British Academy 133, New York: Oxford University Press, 2007, pp. 29-31 (科恩重申了该观点，Getzel M. Cohen, *The Hellenistic Settlements in the East from Armenia and Mesopotamia to Bactria and India*, pp. 245-250), 这种观点的地位现已为科舍伦科和勒纳取代，Г. А. Кошеленко, "Л. М. Сверчков. Курганзол – крепость Александра на юге Узбекистана. Tashkent: SMI-ASIA, 2012. 182с," *ВДИ*, 2015/2, сс. 206-212; J. D. Lerner, "Which Way North? Retracing Alexander's Route to Marakanda in the Spring of 328 BCE," pp. 117-142.

3 Ammianus Marcellinus, 23.6.54.

4 托勒密知道亚索尼翁。亚索尼翁和尼西亚的确切位置尚不清楚，有人怀疑后者可能与位于该地区的两个帕提亚首都的其中之一相混淆了。（Ptolemy, 6.10.3.）关于前者，参见F. H. Weissbach, s.v. "Iasonion," *RE*, 9.1, 1914, col. 782; Victor Tcherikover, *Die hellenistichen Städtegründungen von Alexander dem Grossen bis auf die Römerzeit*, Leipzig: Dieterich'sche Verlagsbuchhandlung, 1927, s. 105. 至于后者，参见R. Hanslik, s.v. "Nisaia 2," *RE*, 17.1, 1936, cols. 711-713.

（Termez）[1]之间某地渡过奥克苏斯河，在那里，他按照奥克苏斯河中游右岸（或北边）从东到西的五条主要支流，将他的军队分成五个纵队，这五条支流分别是位于塔吉克斯坦和乌兹别克斯坦的克孜勒苏河（the Kyzyl-Su）、瓦赫什/索尔赫阿卜河（Wakhsh/Surkhab）、卡菲尔尼干河（Kafirnigan）、苏尔汉河（Surkhan Darya）和希拉巴德河（Shirabad Darya）。赫菲斯提昂（Hephaestion）统帅一个分队负责平定苏尔汉河流域；拉古斯（Lagus）之子托勒密率领第二分队完成征服卡菲尔尼干河流域的任务；帕狄卡斯（Perdikkas）被安排在第三分队，完成清除瓦赫什/索尔赫阿卜河沿线抵抗力量的任务；科伊努斯（Koinos）和阿塔巴扎斯（Artabazos）率领第四分队在奥克苏斯河/阿姆河上游活动；亚历山大本人则率领第五分队溯希拉巴德河而上到达马拉坎达。各分队在各自地盘一路清除敌人所占据的堡垒，或诉诸于武力，或通过谈判。[2]库尔提乌斯说，正是在这次远征中，亚历山大攻陷了三万索格底亚那人镇守的阿利亚马泽斯（Ariamazes）岩堡。攻占岩堡后，亚历山大将大部分人安置在他新建的六个城镇中。[3]每位指挥官受命突袭要塞，并伺机发动进攻，无情地消灭那些藏身要塞以求自保的人，并迫使其他人投降。[4]当全军在马拉坎达重新集结

---

1 P. Bernard, “Alexandre et l’Asie centrale: réflexions à propos d’un ouvrage de F. L. Holt,” *Studia Iranica*, Bd. 19/1, 1990, pp. 21-35, esp. 25-28. 与之相反的观点见A. B. Bosworth, *A Historical Commentary on Arrian’s ‘History of Alexander’. Vol. 2: Commentary on Books IV-V*, pp. 108-109.

2 Arrian, 4.16.1-3. 这些正好与格勒奈、拉平的叙述相反，因为他们说军队是从东部而不是从西部进发的。（Fr. Grenet and Cl. Rapin, “Alexander, Aï Khanoum, Termez: Remarks on the Spring Campaign of 328,” *Bulletin of the Asia Institute*, 12, pp. 81-83.）

3 Curtius, 7.11.1-29. 据库尔提乌斯记载（8.1.1），亚历山大将军队分为三支，分别由赫菲斯提昂、科伊诺斯和亚历山大统帅。

4 奥尔布里希特认为，亚历山大在公元前327年春与罗克珊娜联姻之前，在巴克特里亚和索格底亚那的军事行动本质上是马其顿人对当地人犯下的恐怖行动。见M. Я. Ольбрихт, “Политика Александра Македонского в отношении Иранцев в Средней Азии (329-327 гг. до н.э.),” *Метаморфозы истории*, 4, 2013, сс. 123-126.

之时，索格底亚那的大部分地区已被征服。[1]亚历山大以马拉坎达为作战基地，再次兵分数路，只不过这次分为三路纵队：赫菲斯提昂率领一个纵队，完成在各城镇建立殖民地的任务，而科伊努斯和亚历山大则率领各自的纵队在作战季的大部分时间里追击包括斯皮塔米尼斯在内的各路叛军，在巴克特里亚避难的斯基泰人边境攻占巴扎伊拉（Bazaira）[2]和克塞尼帕（Xenippa）地区。[3]这年（公元前328—前327年）年终，亚历山大在索格底亚那的瑙塔卡（Nautaka）过冬，开春后，亚历山大启程前往印度。[4]

在安排好索格底亚那和巴克特里亚的事务后，亚历山大于公元前327年春末返回高加索的亚历山大里亚（Alexandreia Kaukasos），并重新安排了该城和该地区的事务，着手入侵印度。[5]亚历山大提前向塔克西拉（Taxila，一译“呾叉始罗”）国王安碧（King Ambhi）派遣特使，让他迎接自己的到来。安碧，又叫塔克西莱斯（Taxiles）、翁菲斯（Omphis）和莫菲斯（Mophis），公元前329年曾派人送信给正在索格底亚那的亚历山大，表示归顺。亚历山大亲率大军渡过科芬河（Kophen，今喀布尔河）。[6]在这里，他把军队分成两支纵队。其中一支由赫菲斯提昂和帕狄卡斯率领，他们穿过佩乌凯劳提斯（Peukelaotis）地区（今查尔萨达，Charsada），向印度河进发，为军队渡河做准备。[7]亚历山大则率领其他士兵穿越斯瓦特河（Swat River）流域，一路攻取了马萨加（Massaga）、巴兹拉（Bazira）和奥

1 Arrian, 4.16.1-3.

2 Curtius, 8.1.1-19.

3 Arrian, 4.16.3-5; Curtius, 8.1-2.18.

4 Arrian, 4.18.1; Curtius, 8.2.19.

5 Arrian, 4. 22. 4-5; Curtius, 7.3.23; Diodoros, 17.83.2.

6 Arrian, 4.22.3-8; Strabo, 15.1.26 (697). Arrian, 4.22.6; *cf.* Diodoros, 86.4,7; Curtius, 8.12.5; *Metz Epitome*, 49.（此处原文有点费解，根据相关资料稍有改动，故保留原有出处，供参考。——译者注）

7 Pliny, *NH*, 6.62; Strabo, 15.1.27 (697-698).

拉（Ora）等城，[1]在这些地方设防之后，亚历山大前往佩乌凯劳提斯（Peukelaotis），接着攻取了奥尔诺斯山头（the Rock of Aornos），[2]最后进入塔克西拉。亚历山大与安碧再续友情，[3]继之向安碧的敌人波罗斯（Poros）进军，他在希达斯皮斯（Hydaspes，今杰赫勒姆）[4]打败波罗斯，随后与其结盟，迫使这两位印度仇敌消除分歧。[5]在离开前，亚历山大留下一支由总督菲利普斯（Philippos）指挥的马其顿人和希腊人组成的混合部队。[6]不久后，公元前325年，菲利普斯被杀，[7]亚历山大任命色雷斯人欧达穆斯（Eudamos）替代菲利普斯，与安碧共治。[8]当亚历山大解决了远至希德拉欧提斯（Hydraotes）地区的波罗斯王国事务后，便激励他的部队继续向东征伐，[9]但遭到了普遍反对，波莱摩克拉提斯（Polemokrates）之子科伊努斯据理力争：作为亚历山大的追随者，他们都已疲惫不堪，现在已经到了返乡的时刻。[10]不久后，亚历山大远征军沿印度河顺流而下，开启了他们的归途。[11]

公元前325年初，亚历山大在旁遮普南部遭遇马里人（Malli）[12]和奥克叙德拉凯人（Oxydrakai）[13]，在对战中亚历山大受重伤。[14]军中盛传亚历山大已死的谣言，[15]但他显然还活着，残余的马里人和其他印度

---

1 Arrian, 4.22.7-8, 26.1-28.4; Curtius, 8.1.10.

2 Arrian, 4.28.1-30.9; Curtius, 8.11.25, 12.1-4; Diodoros, 17.86.1-4; Ptolemy, 7.1.44.

3 Arrian, 5.3.5-4.1; Curtius, 8.12.4-15; Diodoros, 17.86.3-4.

4 Arrian, 5.8-20; Curtius, 8.12.13ff.

5 Curtius, 9.3.22.

6 Arrian, 6.2.2-3, 15.1-2.

7 Curtius, 10.1.20.

8 Arrian, 6.27.2.

9 Arrian, 5.25.3-26.8.

10 Arrian, 5.27.2-9.

11 Arrian, 6.1-3.

12 Arrian, 6.4.3, 5.4-11.8.

13 Arrian, 6.11.3; Curtius, 9.4.24-6; Diodoros, 17.98.1-2.

14 Arrian, 6.9.3-10.1; Curtius, 9.4.30-33; Diodoros, 17.98.5-6; Justin, 12.9.5; *Metz Epitome*, 76-77; Plutarch, *Alexander*, 63.3-7.

15 Arrian, 6.12.1-13.5, 6.15.5; Curtius, 9.5.19-20, 6.1.

人被迫求和。[1]接下来，亚历山大航经姆斯基亚努斯（Muskianos）、[2]奥克西卡努斯（Oxikanos）[3]和桑波斯（Sambos）[4]等王国，最终抵达帕塔拉（Patala），[5]他打算将其打造成一个拥有大型港口的行政和商业中心。公元前325年，亚历山大及其舰队开启了穿越印度的最后一段旅程，然后，他率领军队向西穿越格德罗西亚沙漠（Gedrosian desert），而舰队则沿着波斯湾航行。

二、亚历山大在中亚、印度的殖民

1. 中亚

亚历山大在东方的殖民活动要求他必须与伊朗贵族建立联盟，以巩固和维护他对"上省"（the Upper Satrapies）的统治权威。上省包括八大片历史悠久的伊朗语文化区：帕提亚和赫卡尼亚（Parthia and Hyrkania）、阿里亚（Areia）、马尔吉亚那、巴克特里亚、索格底亚那、帕罗帕米萨代（Paropamisadai）、阿拉科西亚（Arakhosia）和德兰吉亚那（Drangiana）。[6]这些地区通常授权总督管理，授予对象

---

1 Arrian, 6.14.1-15.2; cf. Strabo, 15.1.8 (687-688). 博斯沃思正确地认为整个事件是一种恐怖统治。（A. B. Bosworth, *Alexander and the East: The Tragedy of Triumph: The Tragedy of Triumph*, Oxford: Clarendon Press, 1996, pp. 133-165.）

2 Arrian, 6.15.5-7.

3 Arrian, 6.16.1-2, 17.1.

4 Arrian, 6.16.3-5; Curtius, 9.8.13.

5 Arrian, 6.17. 3-20.5.

6 Diodoros, 20.47.5; Appian, *Syriake* 57; Strabo, 15.2.1 (720); F. Altheim and R. Stiehl, *Geschichte Mittelasiens im Altertum*, Berlin: de Gruyter, 1970; D. Musti, "Syria and the East," in F. W. Walbank, et al., eds., *The Cambridge Ancient History.* 2nd ed. *Vol. 7.1: The Hellenistic World*, Cambridge, London, New York, New Rochelle, Melbourne, Sydney: Cambridge University Press, 1984, p. 211; K. W. Dobbins, "Alexander's Eastern Satrapies," *Persica*, Vol. 11, 1984, pp. 73-108; Laurent Capdetrey, *Le pouvoir séleucide. Territoire, administration, finances d'un royaume hellénistique (312-129 av. J.-C.)*, pp. 38-43; O. Coloru, *Da Alessandro a Menandro: Il regno Greco di Battriana*, Pisa, Rome: F. Serra, 2009, pp. 134-138; F. Muccioli, *Gli epiteti ufficiali dei re ellenistici*, Historia Einzelschriften 224, Stuttgart: （转下页）

包括伊朗人以及统领希腊化[1]（或希腊、马其顿血统）军队的希腊或马其顿将领。这种做法发端于对波斯人马扎伊奥斯（Mazaios）的任命。马扎伊奥斯曾任大流士的西里西亚（Kilikia）和阿巴尔纳哈拉（Abarnahara，外幼发拉底地区）总督，在高加米拉（Gaugamela）战役后逃往巴比伦（Babylon），旋即将该城献给亚历山大。[2]此后，亚历山大将其委任为巴比伦尼亚总督，[3]公元前328年马扎伊奥斯去世，斯塔麦奈斯（Stamenes）继任总督。[4]马扎伊奥斯的统治权受到另外任命的两位马其顿人的严重制约，其中，阿波罗多罗斯（Apollodoros）掌握军权，阿斯克莱皮奥多鲁斯（Asklepiodoros）掌握税权。[5]这种统治模式后来被延续下来，最初是阿布利泰斯（Abulites），他将苏萨（Susa）城献给亚历山大后被任命为苏萨总督，[6]亚历山大同时还委任了他的许多将领掌管要塞、城堡和国库。[7]波西斯（Persis）总督阿里

（接上页）Franz Steiner Verlag, 2013, pp. 94-107; M. J. Olbrycht, “Iranians in the Diadochi Period,” in V. A. Troncoso and E. M. Anson, eds., *After Alexander: The Time of the Diadochi (323-281 BC)*, Oxford, Oakville, Connecticut: Oakville Oxbow Books, 2013, pp. 159-182; S. Plischke, *Die Seleukiden und Iran. Die seleukidischen Herrsaftspolitik in den östlichen Satrapien*, pp. 22-314; D. Engels, *Benefactors, Kings, Rulers. Studies on the Seleukid Empire between East and West*, pp. 103-213 *et passim*.

1 希腊化是希腊文化，尤其是宗教行为、政治意识形态以及（更低程度上）语言对外族具有历史意义的传播的结果。它始于公元前4世纪，亚历山大大帝的征服开启了希腊化时代。这导致非希腊人不同程度地采纳了某些与当地因素相融合的希腊习俗。最初，这种变化在公共和私人领域造成了一种紧张关系，因为当地传统的生活方式与新接受的规范体系相冲突。随着时间的推移，这种代沟逐渐缩小，私人生活实践和公共领域的实践变得日益不可分割，因为旧文化元素被融入并归化到新的体系之中。关于希腊化城市性质的讨论，参见F. Millar, “The Phoenician Cities: A Case-study of Hellenisation,” *The Cambridge Classical Journal*, Vol. 29, 1983, pp. 55-71; É. Will, “Poleis hellénistiques: deux notes,” *Echos du monde classique: Classical Views*, Vol. 32, 1988, pp. 329-352; S. Sherwin-White and A. Kuhrt, *From Samarkhand to Sardis: A New Approach to the Seleucid Empire*, Berkeley: University of California Press, 1993, pp. 141-149.

2 Curtius, 4.16.7, 5.1.17-19; cf. Arrian, 3.16.3; Diodoros, 17.64.4.

3 Arrian, 3.16.4; Curtius, 5.1.44; cf. Diodoros, 17.64.5-6.

4 Arrian, 4.18.3; cf. Curtius 8.3.17, 称他为狄塔麦奈斯（Ditamenes）。

5 Arrian, 3.16.4; Curtius, 5.1.43; Diodoros, 17.64.5.

6 Curtius, 5.2.8-10; Arrian, 3.16.6.

7 Arrian, 3.16.9; Curtius, 5.2.16-17; Diodoros, 17.67.4-5.

奥巴扎尼斯（Ariobarzanes）死后，[1]亚历山大将总督权授予弗拉萨奥特斯（Phrasaortes），[2]同时任命马其顿人尼卡尔西德斯（Nikarkhides）掌管军权，不过，财税权方面的细节不得而知。[3]亚历山大还任命阿布利泰斯之子奥克萨特雷斯（Oxathres）担任帕莱塔凯奈（Paraitakene）[4]的总督[5]——此人可能以亚历山大里亚·帕莱塔凯奈（Alexandreia Paraitakene）作为他的行政管理中心，[6]任命奥克叙达泰斯（Oxydates）担任米底总督，[7]公元前330年任命自埃及时便一直追随他的帕提亚人阿米那佩斯（Amminapes）担任帕提亚和赫卡尼亚总督，[8]任命特莱波勒摩斯（Tlepolemos）担任督办（episkopos），后来，亚历山大将这两地的总督权重新授予前总督弗拉塔费涅斯（Phrataphernes）。[9]亚历山大允许奥托弗拉达特斯（Autophradates）继续担任塔布里亚人（Tapurians）的总督。[10]波斯贵族、阿里亚总督萨提巴扎奈斯

---

1 Curtius, 5.4.34.

2 Arrian, 3.18.11.

3 Curtius, 5.6.11.

4 米底南部。——译者注

5 Arrian, 3.19.2; Curtius, 5.2.8-9.

6 卡拉克斯的伊西多尔在《帕提亚驿程志》中记载，亚历山大里亚（亚历山大城）位于斯基泰—塞种人的萨卡斯泰尼（Sakastene），也叫帕莱塔凯尼（Paraitakene）。（Isidoros of Kharax, *Mans. Parth* [Mansiones Parthicae], 18-19.）切尔利科沃（Tcherikover）提出，拜占庭的斯特法努斯所说的位于阿拉科西亚的另一个亚历山大里亚（s.v. Ἀλεξάνδρεια 15），应该是伊西多尔所说的位于萨卡斯泰尼的那个亚历山大里亚。他进一步提出，该城位于赫尔曼德河（Hilmend）河畔的某处。（Victor Tcherikover, *Die hellenistichen Städtegründungen von Alexander dem Grossen bis auf die Römerzeit*, s. 103; cf. Arrian, 3.28.4.）P. M. Fraser, “The Son of Aristonax at Kandahar,” *Afghan Studies*, Vol. 2, 1979, pp. 13, 16-17 with n. 26; Г. А. Кошеленко, *Греческий полис на эллинистическом Востоке*, cc. 141-142; P. M. Fraser, *Cities of Alexander the Great*, pp. 29, 137-140; Getzel M. Cohen, *The Hellenistic Settlements in the East from Armenia and Mesopotamia to Bactria and India*, pp. 244-245; D. Engels, *Benefactors, Kings, Rulers. Studies on the Seleukid Empire between East and West*, p. 181.

7 Arrian, 3.20.3; cf. Curtius, 6.2.11.

8 Arrian, 3.22.1, 23.4; cf. Curtius, 6.4.23-25.

9 Arrian, 3.28.2; 5.20.7; cf. Curtius, 8.3.17.

10 据阿里安，塔布里亚人（Tapurians）住在里海附近。（Arrian, 3.23.7.）不过，这似乎是基于“Tourioua”“Tapuria（Turvia）”这些不同的拼写形式，不论是作为这座城市的名称，还是作为西部阿里亚总督区（先被亚历山大、后被安条克三世和（转下页）

（Satibarzanes）曾参加高加米拉战役，[1]并在杀害大流士三世的过程中帮助巴克特里亚和索格底亚那总督贝苏斯，[2]后向亚历山大投降，亚历山大允许他保留总督之职。[3]

然而，萨提巴扎奈斯的任命标志着波斯人反抗亚历山大的开始。公元前330年，亚历山大启程前往巴克特里亚之后，萨提巴扎奈斯杀死（可能担任督办的）马其顿人阿那克西普斯（Anaxippos）以及亚历山大配给萨提巴扎奈斯的40名标枪手。[4]继之，萨提巴扎奈斯在该地区首府阿塔科阿纳（Artakoana）集结起一支起义队伍，[5]但最终他在巴克特里亚被埃利基奥斯（Erigyos）杀死。[6]

尽管萨提巴扎奈斯起义暴露了这一政策的内在弱点，但由于要继续东进，亚历山大仍将它作为其统治的基础。不过，还是有些明显的例外。例如，当公元前330年阿拉科西亚和德兰吉亚那的波斯总督巴萨恩特斯（Barsaentes）逃往印度的萨马霍斯（Samaxus）后，[7]马其顿

（接上页）米特里达特一世所征服）的名称，它们是同义的。（J. Lerner, “Mithridates I’s Conquest of Western Greek-Baktria,” *Проблемы истории, филологии, культуры* [= *Journal of History, Philology and Cultural Studies*], Vol. 47/1, 2015, pp. 45-55, esp. 48-50.）奥尔布里希特认为，在米特里达特一世入侵期间，在阿里亚这一地区，马斯多拉尼人（Masdoranoi）正在反抗巴克特里亚的欧克拉提德一世（Eukratides I），后来，阿里亚被帕提亚帝国吞并。（M. J. Olbrycht, “Mithradates I of Parthia and His Conquests up to 141 B.C.,” in M. Dzielska, E. Dąbrowa, M. Salamon and S. Sprawski, eds., *Hortus Historiae. Studies in Honour of Professor Józef Wolski on the 100th Anniversary of His Birthday*, Kraków: Towarzystwo Wydawnicze “Historia Iagellonica”, 2010, p. 234. 关于马斯多拉尼人，参见 Ptolemy, 6.17.3; 6.5.1.）

1 Arrian, 3.8.4.

2 Cf. Arrian, 3.21.10.

3 Arrian, 3.25.1; Curtius, 6.6.20.

4 Arrian, 3.25.2; H. Berve, *Das Alexanderreich auf prosopographischer Grundlage*, Vol. II, München: Beck, 1926, s. 37 n. 3.

5 Arrian, 3.25.5; Curtius, 6.6.20-34. 狄奥多罗斯称该城为“霍尔塔卡纳”（Khortakana），参见Diodoros, 17.78.1.

6 Arrian, 3.28.3; Curtius, 7.4.33-7; Diodoros, 17.83.4-6.

7 H. Berve, *Das Alexanderreich auf prosopographischer Grundlage*, Vol. II, s. 102 no. 205; W. Heckel, *Who’s Who in the Age of Alexander the Great: Prosopography of Alexander’s Empire*, Malden, MA.: Wiley-Blackwell, 2006, p. 69.

人门农（Menon）便取代他成为总督。[1]公元前330/329年，亚历山大任命波斯人普罗埃赫斯（Proexes）为帕拉帕米萨代（Parapamisadai）总督，治所在高加索的亚历山大里亚（Alexandreia-in-Kaukasos）。[2]由于巴克特里亚和索格底亚那总督贝苏斯[3]打着其家族与阿黑门尼家族沾亲带故的幌子，[4]宣布自己为阿尔塔薛西斯四世（Artaxerxes IV），[5]领导波斯人反抗亚历山大，因此，公元前329年波斯人阿塔巴扎斯被任命为巴克特里亚和索格底亚那总督，取代贝苏斯。公元前328年，阿塔巴扎斯因年事已高，卸任总督之职，于是，亚历山大将共治总督之权委任给“黑”克雷图斯（Black Kleitos/Cleitus the Black）。[6]在克雷图斯死后，亚历山大将总督权和大量军队交给马其顿人阿明塔斯（Amyntas），[7]而亚历山大本人则向印度进发。[8]巴克特里亚、索格底亚那和马尔吉亚那等行政单位及总督辖区中心巴克特拉见证了亚历山大所采取的最艰巨的军事行动，其艰难程度，只有他在印度旁遮普至印度河河口之间所经历的那些战役可相提并论。总督辖区需要大量驻军，这就要求亚历山大从西部地区接收更多的军队。[9]公元前325年，他在印度去世的谣言，以及因此在巴克特里亚和索格底亚那驻

1 Arrian, 3.28.1; Curtius, 7.3.5.

2 Arrian, 3.28.4.

3 Arrian, 3.8.3; Curtius, 4.6.2; Diodoros, 17.73.2.

4 关于贝苏斯与波斯皇族间可能存在的联系，参见Arrian, 3.21; cf. Curtius, 5.3, 12; Plutarch, *Alexander*, 42. 这种联系有历史先例，参见Herodotos, 9.13; Diodoros, 11.69, cf. the contrasting views of A. B. Bosworth, *A Historical Commentary on Arrian's 'History of Alexander'. Vol. 1: Commentary on Books I-III*, Oxford: Clarendon Press, 1980, p. 343; И. Н. Хлопин, *Историческая география южных областей Средней Азии (античность и средневековье)*, Ашхабад: Ылым, 1983, с. 21; contra P. Briant, *L'Asie centrale et les royaumes proche-orientaux du premier millénaire avant notre ère (c. VIIIe-Ve siècle avant notre ère)*, Paris: Editions Recherche sur les civilisations, 1984, pp. 75-77.

5 Arrian, 3.25.3; Curtius, 6.6.13; Diodoros, 17.74.2; *ME*, 3.

6 Curtius, 8.1.19. 以区别于另一位白肤色的同名马其顿官员Cleitus the White。——译者注

7 Arrian, 4.17.3; Curtius, 8.2.14; *Itinerarium Alexandri*, 103.

8 Arrian, 4.22-23.

9 Curtius, 7.10.11.

扎士兵中引发的叛乱，进一步动摇了他对该地区的脆弱控制。[1]其结果之一就是亚历山大更加依赖中亚伊朗人来守卫这个王国，[2]比如，塔奈斯河畔的定居点，[3]那里安置着希腊雇佣军、附近的部民和不适合服役者（ἀπόμαχοι）。[4]他在印度几乎照搬了这一模式，例如在阿里盖翁（Arigaion）时，[5]亚历山大命令克拉特鲁斯建造城墙，安置一支驻军，并让附近居民连同不适合服役的士兵移居该城。

为了维护在远东地区的统治，亚历山大计划将军队驻扎在一系列具有战略地位的城市和堡垒中。[6]建立“城市”——希腊作家所说的*πόλις*、罗马作家所说的urbs，是亚历山大展示其统治权威的一种途径，尤其是针对上省。[7]例如，查士丁（Justin）指出，亚历山大在巴克特里亚和索格底亚那建了七座城。[8]厘清亚历山大建城问题的障碍在于我们不清楚他或其继任者建城的数量。到目前为止，中亚

---

1 Diodoros, 17.99.5; cf. 18.71.1; Curtius, 9.7.1-2.

2 E. Badian, “The Administration of the Empire,” *Greece & Rome*, Vol. 12, No. 2, Alexander the Great, 1965, p. 175; Г. А. Кошеленко, *Греческий полис на эллинистическом Востоке*, сс. 62-64; M. J. Olbrycht, “Parthia, Bactria and India: The Iranian Policies of Alexander of Macedon (330-323),” in C. Antonetti and P. Biagi, eds., *With Alexander in India and Central Asia: Moving East and Back to West*, Oxford/Philadelphia: Oxbow Books, 2017, pp. 195-199, 204-206; cf. M. J. Olbrycht, “‘An Admirer of Persian Ways’: Alexander the Great’s Reforms in Parthia-Hyrcania and the Iranian Heritage,” in T. Daryaee, A. Mousavi and K. Rezakhani, eds., *Excavating an Empire: Achaemenid Persia in Longue Durée*, Costa Mesa, California: Mazda Publishers, 2014, pp. 40-57.

3 Arrian, 4.4.1; cf. 4.16.3. D. Engels, *Benefactors, Kings, Rulers. Studies on the Seleukid Empire between East and West*, p. 178.

4 M. J. Olbrycht, “Ethnicity of Settlers in the Colonies of Alexander the Great in Iran and Central Asia/Этническая принадлежность поселенцев в колониях Александра Македонского в Иране и Средней Азии,” *Bulletin of International Institute for Central Asian Studies (Samarkand, Uzbekistan)*, Vol. 12, 2011, pp. 22-35, esp. 27-29.

5 Arrian, 4.25.5.

6 Curtius, 10.2.8.

7 关于亚历山大在希腊化世界远东地区创建城市（尤其是亚历山大城）的简要介绍，参见Г. А. Кошеленко, *Греческий полис на эллинистическом Востоке*, сс. 80-81, 120-180; P. M. Fraser, *Cities of Alexander the Great*, Oxford, 1996; Getzel M. Cohen, *The Hellenistic Settlements in the East from Armenia and Mesopotamia to Bactria and India*, pp. 32-38.

8 Justin, 12.5.13.

地区希腊化时期遗址尚未发现有城市名字的铭文，无论是用希腊语还是其他语言。例如，有大量城市的奠基归于亚历山大名下，但是除了城市名外，我们对其所知甚少。亚历山大里亚·普罗弗塔西亚（Alexandreia Prophthasia）便属于这种情况。据拜占庭的斯泰法诺斯（Stephanos Byzantinos）[1]记载，亚历山大将德兰吉亚那[2]地区重要的商贸中心弗拉达（Phrada）改名为普罗弗塔西亚，它可能成为锡斯坦（Sīstān）地区德兰吉亚那的首府。[3]不过，在整个古代，这两个名字持续沿用。[4]普鲁塔克（Plutarch）将这座城市的重要性与埃及的亚历山大里亚和底格里斯河的塞琉西亚相提并论。[5]这座城市在当地可能叫弗拉（Fra）或弗拉达（Frada），[6]据卡拉克斯的伊西多尔[7]记载，他

1 Stephanos Byzantinos, s.v. Προφθασία.

2 因萨朗齐亚人/德兰吉亚那人（Sarangians/Drangians）而得名，也称“萨郎齐亚纳”（Zarangiana）。R. Schmitt, Zranka, s.v. “Drangiana,” *Encyclopedia Iranica*, 1995. http://www.iranicaonline.org/articles/drangiana; cf. D. Engels, *Benefactors, Kings, Rulers. Studies on the Seleukid Empire between East and West*, p. 181.

3 亦参见Strabo, 11.8.9 (514-515), 15.2.8 (723-724); Pliny, *NH*, 6.61; Ptolemy, 6.19.4, 8.9.8; and Ammianus Marcellinus, 23.6.11. Г. А. Кошеленко, *Греческий полис на эллинистическом Востоке*, cc. 137-138; W. Orth, *Die Diadochenzeit im Spiegel der historischen Geographie*, p. 134; P. M. Fraser, *Cities of Alexander the Great*, pp. 123-131, 139, 142, 249; Getzel M. Cohen, *The Hellenistic Settlements in the East from Armenia and Mesopotamia to Bactria and India*, pp. 283-286; S. Plischke, *Die Seleukiden und Iran. Die seleukidischen Herrsaftspolitik in den östlichen Satrapien*, p. 129; D. Engels, *Benefactors, Kings, Rulers. Studies on the Seleukid Empire between East and West*, p. 181.

4 斯特拉波、普林尼和普鲁塔克将它比作埃及的亚历山大里亚和底格里斯河畔的塞琉西亚，并推定它位于索格底亚那。参见Strabo, 11.8.9 (514), 15.2.8 (723-724); Pliny, *NH*, 6.61; Plutarch, *De Fort. Alex.* 328F; Ptolemy, 6.19.4; Ammianus Marcellinus, 23.6.71; Isidoros of Kharax, *Mans. Parth.* 16; Г. А. Кошеленко, *Греческий полис на эллинистическом Востоке*, cc. 137-138; Getzel M. Cohen, *The Hellenistic Settlements in the East from Armenia and Mesopotamia to Bactria and India*, pp. 283-286; D. Engels, *Benefactors, Kings, Rulers. Studies on the Seleukid Empire between East and West*, p. 165. 该城市可能位于哈门湖附近的纳迪—阿里地区。（See Г. А. Кошеленко, *Греческий полис на эллинистическом Востоке*, c. 138 n. 398.）

5 Plutarch, *De Fort. Alex*. 328F.

6 Victor Tcherikover, *Die hellenistichen Städtegründungen von Alexander dem Grossen bis auf die Römerzeit*, ss. 102f.

7 Isidoros of Kharax, *Mans. Parth.* 16.

知道在阿里亚有座城市叫弗拉（Phra）。[1]该城可能位于纳迪—阿里（Nadi-Ali）地区的哈门湖（Lake Hamoun）附近。[2]

另一方面，没有一位亚历山大里亚作家提到阿里亚的亚历山大里亚，[3]该地区的首府通常对应现代的赫拉特（Herat）。[4]上述情况同样发生在其他城市，如帕拉帕米萨代地区的卡德鲁西亚/卡德鲁西翁（Kadrusia/Kadrusium）、[5]尼西亚（Nikia）、[6]泰特拉戈尼斯/卡尔塔纳

1 有学者认为该城便是中世纪的法拉城（Farah），参见P. Daffinà, *L'immigrazione dei Saka nella Drangiana*, Roma: IsMEO, 1967, p. 91.

2 B. M. Массон and B. A. Ромодин, *История Афганистана. С древнейших времен до начала XVI века*, Том. i, Москва: Издательство "Наука", 1964, cc. 85ff; cf. W. W. Tarn, *The Greeks in Bactria and India*, 2nd ed., Cambridge: Cambridge University Press, 1951, pp. 14 with n. 4, 49, 347, 482.

3 Arrian, 3.25; Diodoros, 17.78. Pliny, *NH*, 6.16-63 (cf. 6.92-93); Strabo, 11.10.1-2 (516) with 11.8.9 (514), 15.2.8 (723-724). 斯特拉波将其归入以其创建者而命名的城市行列，阿塔科阿纳（Artakoana/Artakaena）（F. Schachermeyr, *Alexander der Grosse: das Problem seiner Persönlichkeit und seines Wirkens*, second edition, Wien: Verlag der Österreichischen Akademie der Wissenschaften, 1973, p. 314; A. B. Bosworth, *A Historical Commentary on Arrian's 'History of Alexander'. Vol. 1: Commentary on Books I-III*, pp. 356-357; O. Coloru, *Da Alessandro a Menandro: Il regno Greco di Battriana*, p. 149.）和阿开亚（这个城市被混称为Herakleia/Akhais/Akhaia，以及阿里亚的亚历山大里亚，参见K. Brodersen, *Appians Abriss der Seleukidengeschichte [Syriake 45,323-70,369]: Text und Kommentar*, München: Editio Maris, 1989, pp. 160-161; Getzel M. Cohen, *The Hellenistic Settlements in the East from Armenia and Mesopotamia to Bactria and India*, pp. 274-276; S. Plischke, *Die Seleukiden und Iran. Die seleukidischen Herrsaftspolitik in den östlichen Satrapien*, pp. 108-109; D. Engels, *Benefactors, Kings, Rulers. Studies on the Seleukid Empire between East and West*, pp. 136, 177-178）。参见Isidoros of Kharax, *Mans. Parth.* 15-16; Ammianus Marcellinus, 23.6.69 and Stephanos Byzantinos, s.v. Ἀλεξάνδρεια 7. 斯特法努斯说它是阿里亚最著名的城市之一。参见Ptolemy, 6.17.17. 后来的琐罗亚斯德教经典将其创建归之于亚历山大，参见J. Markwart, *A Catalogue of the Provincial Capitals of Ērānshar*, Rome: Pontificio Istituto Biblico, 1931, p. 11 sect. 12.

4 Г. А. Кошеленко, *Греческий полис на эллинистическом Востоке*, cc. 136-137; contra Getzel M. Cohen, *The Hellenistic Settlements in the East from Armenia and Mesopotamia to Bactria and India*, pp. 260-261 with n. 5; cf. A. B. Bosworth, *A Historical Commentary on Arrian's 'History of Alexander'. Vol. 1: Commentary on Books I-III*, pp. 356-357; P. M. Fraser, *Cities of Alexander the Great*, pp. 109-113; S. Plischke, *Die Seleukiden und Iran. Die seleukidischen Herrsaftspolitik in den östlichen Satrapien*, p. 128.

5 Pliny, *NH*, 6.92. 索利努斯（Solinus, 54）说该定居点位于印度的高加索斯（Indian Kaukasos）或帕罗帕米苏斯（Paropamisos）。塔恩认为认为"卡德鲁西"（Kadrusi）指的是这个民族，卡德鲁西亚（Kadrusia）或卡德鲁西翁（Kadrusium）指代城市名。（转下页）

（Tetragonis /Cartana）、[1]阿斯泰鲁西亚（Asterousia），[2]巴克特里亚的罗伊提亚（Rhoitia）[3]和索格底亚那的铁拉（Thera）。[4]

一个特别扑朔迷离、引人关注的城市是奥克苏斯河畔的亚历山

（接上页）（W. W. Tarn, *The Greeks in Bactria and India*, second edition, p. 99 n. 6.）参见 R. Ghirshman, *Bégram: recherches archéologiques et historiques sur les Kouchans*, Paris: Impr. de l'Institut français d'archéologie orientale, 1946, p. 7 with n. 3. Г. А. Кошеленко, *Греческий полис на эллинистическом Востоке*, p. 146; Getzel M. Cohen, *The Hellenistic Settlements in the East from Armenia and Mesopotamia to Bactria and India*, pp. 276-277; D. Engels, *Benefactors, Kings, Rulers. Studies on the Seleukid Empire between East and West*, pp. 110, 119, 181, 310, 341.

6 Arrian, 4.22.6. Г. А. Кошеленко, *Греческий полис на эллинистическом Востоке*, pp. 147-148; A. B. Bosworth, *A Historical Commentary on Arrian's 'History of Alexander'. Vol. 2: Commentary on Books IV-V*, p. 146; P. M. Fraser, *Cities of Alexander the Great*, pp. 68, 144 n. 74, 145-146; Getzel M. Cohen, *The Hellenistic Settlements in the East from Armenia and Mesopotamia to Bactria and India*, pp. 282-283.

1 Pliny, *NH*, 6.92: *Cartana oppidum sub Caucaso, quod postea Tetragonis dictum. Haec regio est ex adverso Bactriae. Opiorum (regio) deinde cujus oppidum Alexandria a conditore dictum*. "在高加索山脚下坐落着卡尔塔纳城（*Cartana*），后来被称作泰特拉戈尼斯"（*Tetragonis*）（或广场）。塔恩认为这座城就是巴米扬（Bamyan）。（W. W. Tarn, *The Greeks in Bactria and India*, 2nd ed., pp. 98-99.）吉尔斯曼认为这座城市出现在托勒密的记载中（Ptolemy, 7.1.43），在那里，它被错误地释读为"卡尔纳萨"（Καρνάσα），而不是"卡尔萨纳"（Καρσάνα）。（R. Ghirshman, *Bégram: recherches archéologiques et historiques sur les Kouchans*, pp. 8-9.）而坎宁汉将其认定为迦毕试（Kapisa），这一观点是没有说服力的，因为在托勒密的记载中（Ptolemy, 6.18.3），迦毕试被写作 Κάτισα，他的结论是卡尔塔纳位于潘季希尔谷地（Panjshir Valley）的某个地方。（A. Cunningham, *The Ancient Geography of India*, London: Trübner & Co., 1871, pp. 31-33.）Г. А. Кошеленко, *Греческий полис на эллинистическом Востоке*, pp. 146-147; P. M. Fraser, *Cities of Alexander the Great*, pp. 149-150 with ns. 87-88; Getzel M. Cohen, *The Hellenistic Settlements in the East from Armenia and Mesopotamia to Bactria and India*, p. 287; D. Engels, *Benefactors, Kings, Rulers. Studies on the Seleukid Empire between East and West*, p. 181.

2 Stephanos s.v. Ἀστέρουσια, 将这座城市定位在高加索。Г. А. Кошеленко, *Греческий полис на эллинистическом Востоке*, c. 147; Getzel M. Cohen, *The Hellenistic Settlements in the East from Armenia and Mesopotamia to Bactria and India*, p. 307; D. Engels, *Benefactors, Kings, Rulers. Studies on the Seleukid Empire between East and West*, p. 181.

3 Stephanos Byzantinos, s.v. Ῥοιτία, πόλις Βάκτρων. τὸ ἐθνικὸν Ῥοιτιηνός ὡς Ἀριηνός, καὶ Ῥοιτιανός ὡς Βακτριανός. Getzel M. Cohen, *The Hellenistic Settlements in the East from Armenia and Mesopotamia to Bactria and India*, p. 286.

4 Stephanos Byzantinos, s.v. Θήρα. Getzel M. Cohen, *The Hellenistic Settlements in the East from Armenia and Mesopotamia to Bactria and India*, pp. 287-288.

大里亚（Alexandreia on the Oxus），[1]托勒密说它位于索格底亚那，[2]但由于托勒密还说这座城的位置与奥克苏斯河和亚克萨特斯河（今锡尔河）有关，因此关于它的位置争议很大。[3]贝尔纳（Bernard）据此评论道：将这个城市的位置与它的名称相认同的困难在于，我们可以推测它位于奥克苏斯河沿岸，因为一般情况下，以河流命名的城市都直接坐落在它们的河岸上，但托勒密却明显错误地将两个城市的信息混为一谈。[4]尽管如此，学者们对于它的位置仍提出了几种看法。一种认为，亚历山大将此城建于奥克苏斯河北岸的铁尔梅兹，但被游牧民族毁坏，安条克一世重建该城，命名为安条克—塔尔米塔（Antioch-Tarmita），但在公元2世纪，希腊—巴克特里亚国王德米特里一世（Demetrios I）又将其重建为德米特里亚斯（Demetrias）。[5]贝尔纳根据在巴克特里亚奥克苏斯河南岸、阿富汗东北部发现的阿

---

1 Г. А. Кошеленко, *Греческий полис на эллинистическом Востоке*, сс. 153-156; W. Orth, *Die Diadochenzeit im Spiegel der historischen Geographie*, p. 109; Getzel M. Cohen, *The Hellenistic Settlements in the East from Armenia and Mesopotamia to Bactria and India*, pp. 269-271; S. Plischke, *Die Seleukiden und Iran. Die seleukidischen Herrsaftspolitik in den östlichen Satrapien*, p. 120; D. Engels, *Benefactors, Kings, Rulers. Studies on the Seleukid Empire between East and West*, pp. 179-180.

2 Ptolemy, 6.12.5-6.

3 P. M. Fraser, *Cities of Alexander the Great*, pp. 153-156.

4 P. Bernard, "Aï Khanum on the Oxus: A Hellenistic City in Central Asia," *Proceedings of the British Academy*, Vol. 53, 1967, p. 92 with n. 4.

5 W. W. Tarn, "Two Notes on Seleucid History," *Journal of Hellenic Studies*, Vol. 60, 1940, pp. 90-94; W. W. Tarn, *The Greeks in Bactria and India*, 2nd ed., pp. 118-119, 525; cf. B. M. Массон and B. A. Ромодин, *История Афганистана. С древнейших времен до начала XVI века*, Том. i, c. 89. 塔恩的推测同样建立在如下认定基础上：奥克苏斯河畔的亚历山大里亚似乎是波伊庭格地图（the Peutinger Table, 11.5）中的安条克·塔尔玛塔（Antioch Tharmata）和拉文纳地理学家（the Ravennate geographer, 2.1.14-15）记载的安条克·塔尔玛塔（Antioch Tarmata），参见Fr. Grenet and Cl. Rapin, Alexander, "Aï Khanoum, Termez: Remarks on the Spring Campaign of 328," pp. 82-84; C. Pidaev, "Contribution à l'histoire ancienne de Termez," in P. Leriche, et al., eds., *La Bactriane au carrefour des routes et des civilisations de l'Asie centrale: Termez et les villes de Bactriane-Tokharestan*, Paris: Maisonneuve & Larose, 2001, pp. 296-299; Cl. Rapin, A. Baud, F. Grenet and Sh. Rakhmanov, "Les recherches sur la région des Portes de Fer de Sogdiane: bref état des questions en 2005," *История материальной культуры Узбекистана*, Tom. 35, 2006, cc. 95-105; contra P. Leriche, "Termez, foundation d'Alexandre?" *JA*, Tom. 290, 2002, pp. 411-415.

伊·哈努姆（Ai Khanoum）遗址来推测，巴克特里亚的这片地区实际上是索格底亚那的一部分。为了证实这一猜想，他进一步推测，在游牧民族征服马拉坎达后，阿伊·哈努姆变成该地区首府，而科克查河（Kokcha）则充当着巴克特里亚和索格底亚那之间的边界。[1]瑞德维拉扎（Rtveladze）认为坎培尔·特佩（Kampyr Tepe）便是奥克苏斯河畔的亚历山大里亚（Alexandreia Oxeiane）。[2]最后，也有人提出，在阿伊·哈努姆和铁尔梅兹之间奥克苏斯河北岸的（位于塔吉克斯坦境内）塔赫特—伊·桑金（Takht-i Sangin）城堡就是那座古代城市。这个遗址包括所谓的奥克苏斯神庙，一位叫作阿特罗索克斯（Atrosokes）的人在神庙向奥克苏斯河神献了一座祭坛。[3]

---

1 P. Bernard and H.-P. Francfort, *Études de géographie historique sur la plane d'Aï Khanoum (Afghanistan)*, pp. 3-9; Г. А. Кошеленко, *Греческий полис на эллинистическом Востоке*, pp. 153-156; P. Bernard, "Les nomades conquérants de l'empire gréco-bactrien: réflexions sur leur identité ethnique et culturelle," *CRAI*, 1987, pp. 758-768; B. Lyonnet, "The Problem of the Frontiers between Bactria and Sogdiana: An Old Discussion and New Data," in A. J. Gail, G. J. R. Mevissen, eds., *South Asian Archaeology 1991. Proceedings of the eleventh international conference of the Association of South Asian Archaeologists in Western Europe held in Berlin 1-5 July 1991*, Stuttgart, 1993, pp. 197-199; B. Lyonnet, *Prospections archéologiques en Bactriane orientale (1974-1978) sous la direction de Jean-Claude Gardin. V.2: Céramique et peuplement du chalcolithique à la conquête Arabe*. Mémoires de la Mission Archéologique Française en Asie Centrale, T. 8, Paris: diffusion De Boccard, 1997, pp. 154-155; C. Rapin, "L'Afghanistan et l'Asie Centrale dans la geographie mythique des historiens d'Alexandre et dans la toponymie des geographes greco-romains," p. 147.

2 Э. В. Ртвеладзе, "К истории Кампыртепа (Александрии Оксианской)," В: *Центральная Азия от Ахеменидов до Тимуридов: археология, история, этнология, культура*, Материалы международной научной конференции, посвящённой 100-летию со дня рождения Александра Марковича Беленицкого (*СПб, 2-5 ноября 2004 г.*), Санкт-Петербург: Ин-т истории материальной культуры РАН, 2005, сс. 189-190. 至于这次重建，参见P. Leriche, "Termez, foundation d'Alexandre?" *JA*, Tom. 290, 2002, pp. 411-415.

3 Б. А. Литвинский, И. Р. Пичикян, *Эллинистический храм Окса в Бактрии (Южный Таджикистан). Т. 1. Раскопки. Архитектура. Религизная жизнь*, Москва: Восточная лит-ра РАН, 2000, сс. 303-307; cf. V. F. Minorsky, "A Greek Crossing on the Oxus," *Bulletin of the School of Oriental and African Studies*, Vol. 30.1, 1967, pp. 45-53; P. Bernard, "Diodore XVII, 83, 1: Alexandrie du Caucase ou Alexandrie de l'Oxus?" *JS*, 1982.3-4, p. 236; Laurent Capdetrey, *Le pouvoir séleucide. Territoire, administration, finances d'un royaume hellénistique (312-129 av. J.-C.)*, p. 80 n. 183; Getzel M. Cohen, *The Hellenistic Settlements in the East from Armenia and Mesopotamia to Bactria and India*, pp. 277-279.

另一个引起广泛争论的城市是亚历山大里亚·埃斯卡特（Alexandria-Eschate）。[1]阿里安记载，[2]亚历山大“打算在塔奈斯河畔建一座城，用自己的名字命名。因为他认为这地方十分适合建城，不仅具有很大的发展潜力，而且可以很好地防范来自斯基泰人的潜在袭击，同时可以成为该地区防御河对岸蛮族入侵的屏障。他相信这座城一定会变成一座伟大的城市，因为他打算在此安置大量居民，而且它还拥有这个响亮的名字”。阿里安后来在解释亚历山大如何实现他的计划时重提这个话题：“他用了二十天时间修建他心仪的这座城市的城墙，并将希腊雇佣军、意欲移居于此的附近部族以及不再适合继续服役的马其顿士兵都安置在此。”[3]库尔提乌斯也在两段话中提到了这座城市的创建。在第一段话中，他提到，亚历山大事实上已在塔奈斯河畔选址“建造一座城市，作为屏障，用来牵制业已征服的民族以及将来某个时候意图攻击的那些民族。但是索格底亚那人叛变的消息使得这个计划被推迟，这场叛变还涉及巴克特里亚人”。[4]库尔提乌斯还提到这个城市本身的奠基：

---

1 Ptolemy, 6.12.6, cf. 8.23.14; Justin, 12.5.12; Appian, *Syriake* 57; Marmor Parium (*FGrH*, 239 B7). 相关讨论的简要回顾见 Г. А. Кошеленко, *Греческий полис на эллинистическом Востоке*, cc. 156-158，进一步的评论见cc. 158-160; K. Brodersen, *Appians Abriss der Seleukidengeschichte (Syriake 45,323-70,369): Text und Kommentar*, p. 161; W. Orth, *Die Diadochenzeit im Spiegel der historischen Geographie*, p. 108; A. B. Bosworth, *A Historical Commentary on Arrian's 'History of Alexander'. Vol. 2: Commentary on Books IV-V*, pp. 15-17; W. Posch, *Baktrien zwischen Griechen und Kuschan. Untersuchungen zu kulturellen und historischen Problemen einer Übergangsphase. Mit einem textkritischen Exkurs zum Shiji 123*, Wiesbaden: Harrassowitz, 1995, p. 11; P. M. Fraser, *Cities of Alexander the Great*, pp. 67-68, 151-161; O. Coloru, *Da Alessandro a Menandro: Il regno Greco di Battriana*, p. 149; Getzel M. Cohen, *The Hellenistic Settlements in the East from Armenia and Mesopotamia to Bactria and India*, pp. 252-255; S. Plischke, *Die Seleukiden und Iran. Die seleukidischen Herrsaftspolitik in den östlichen Satrapien*, pp. 117-118; D. Engels, *Benefactors, Kings, Rulers. Studies on the Seleukid Empire between East and West*, pp. 178, 196.

2 Arrian, 4.1.3-4.

3 Arrian, 4.4.1.

4 Curtius, 7.6.13.

> 亚历山大返回塔奈斯河畔，把他的营地所占区域全部围上城墙；城墙全长60斯塔特，然后他下令将此地命名为亚历山大里亚。建城工作进展迅速，十七天以后，城市堡垒和房屋皆已完工。士兵之间竞争激烈，都想领先他人，因为每个人都有自己的任务。亚历山大花钱将一些俘虏从他们的主人那里购买过来，并安置在这座新城；即使在今天，经过数百年以后，第一批居民的记忆，和亚历山大的记忆一起，被留存在他们的子孙后代中间。[1]

这个所谓的城市，实际上不过是一座堡垒而已，它在不到三周的时间里建造完成，居住着土著居民（实际上是亚历山大购买的奴隶）以及被认为不适合再服兵役的马其顿人。这些奴隶似乎是马其顿人先前在该地区其他地方打仗时掳来的，[2]查士丁提到，[3]他们来自于居鲁士（Kyros）所建的三座城市。[4]

---

1 Curtius, 7.6.25-27.

2 P. Briant, *Rois, tributes et paysans: etudes sur les formations tributaries du Moyen-Orient ancient*, Annales littéraires de l'Université de Besançon 269; Centre de recherches d'histoire ancienne v. 43, Paris: Les Belles Lettres, 1982, pp. 244-247; A. B. Bosworth, *A Historical Commentary on Arrian's 'History of Alexander' Vol. 2: Commentary on Books IV-V*, p. 248; cf. P. Briant, "Colonisation hellénistique et populations indigènes," p. 75.

3 Justin, 12.5.12.

4 亦参见Pliny, *NH*, 6.49. 有人认为该城市是斯基泰的安条克城（Antiocheia in Skythia），见下文。大多数人认为这个城市位于今塔吉克斯坦的苦盏（Khujand/Khodzhent）（旧称列宁纳巴德，Leninabad），参见Г. А. Кошеленко, *Греческий полис на эллинистическом Востоке*, cc. 157-158. 另一方面，基于当地的考古发掘，有充足的间接证据证明库克特佩的要塞便是真正的亚历山大里亚·埃斯卡特。参见Cl. Rapin, M. Isamiddinov,（Koktepe）M. Khasanov, "La tombe d'une princesse nomade à Koktepe près de Samarkand," *CRAI*, Tom. 145/1, 2001, pp. 33-92; Cl. Rapin, "Nomads and the Shaping of Central Asia: from the Early Iron Age to the Kushan Period," pp. 32-36, 42-47, 50-51; К. Рапен, "От Коктепе до Киндикли-тепе: новый подход к историивозникновения ирригации в северной части Зеравшанской долины," *Цивилизации и культуры Центральной Азии в единстве и многообразии. Материалы Международной конференции, Самарканд, 7-8 сентября 2009 г.* Отв. Ред. Ш. Мустафаев, Самарканд-Ташкент: Международный институт центральноазиатских исследований, 2010, cc. 142-143, 147-148; B. Lyonnet, "Questions on the Date of the Hellenistic Pottery from Central Asia (Ai Khanoum, （转下页）

至于普林尼，他记载道：“在更远处是索格底亚那人，潘达的城镇（oppidum），在他们领土最远的地方是亚历山大创建的亚历山大里亚。”[1]他还补充道，共治王塞琉古一世和安条克一世的将军德摩达玛斯（Demodamas）曾行至此地。出自同一资料来源的阿庇安记述道，塞琉古一世在东征期间创建该城，[2]不过很难确定的是，它到底是亚历山大所建、[3]后来被改名为“斯基泰（ἐν Σκυθίᾳ）的安条克”[4]的那座城市，抑或实际上是一座新建的城市。[5]无论如何，不管是亚历山大还是塞琉古，似乎都是在居鲁士城（Kyropolis）或“最远的居鲁士城”（Kyreschata）附近创建了这座城市。[6]因此，亚历山大里亚·埃斯卡特可能已被安条克一世改名为“斯基泰的亚历山大里亚”，对应着拜占庭的斯特法努斯所说的安条克。[7]

（接上页）Marakanda, Koktepe),"*Ancient Civilizations from Scythia to Siberia*, Vol. 18, 2012, pp. 167-170. 参见W. W. Tarn, *The Greeks in Bactria and India*, second edition, p. 83 with n. 3; and with a note of caution P. M. Fraser, *Cities of Alexander the Great*, pp. 36-40; 为科恩重申，见Getzel M. Cohen, *The Hellenistic Settlements in the East from Armenia and Mesopotamia to Bactria and India*, pp. 252-255.

1 Pliny, *NH*, 6.49.

2 Appian, *Syriake* 57.

3 W. W. Tarn, *Alexander the Great*, Vol. II, Cambridge, 1948, p. 234. 这个定居点可能相当于拜占庭的斯泰法诺斯所记的第十个亚历山大里亚（Stephanos Byzantinos, s.v., Ἀλεξάνδρεια 10）。

4 W. W. Tarn, *Alexander the Great*, Vol. II, p. 234.

5 Victor Tcherikover, *Die hellenistichen Städtegründungen von Alexander dem Grossen bis auf die Römerzeit*, s. 106; K. Brodersen, *Appians Abriss der Seleukidengeschichte (Syriake 45,323-70,369): Text und Kommentar*, p. 161; A. B. Bosworth, *A Historical Commentary on Arrian's 'History of Alexander'. Vol. 2: Commentary on Books IV-V*, p. 17; rejected by P. M. Fraser, *Cities of Alexander the Great*, pp. 38, 66-67, 153 n. 94.

6 Strabo, 11.11.4 (517-518); Stephanos Byzantinos, s.v. Κύρου πόλις, ἣ καὶ Κυρέσχατα καλεῖται, πόλις πρὸς τοῖς ἐσχάτοις Περσίδος. ὁ πολίτης καθ´ ἡμᾶς Κυροπολίτης, κατὰ δὲ Πέρσας Κυρεσχατηνοί ὡς Ἀραξηνοί καὶ Καμβυσηνοί; Ptolemy, 6.12.5; Amm. Marc. 23.6.59. 最近的讨论参见 I. V. P'yankov, s.v. "Cyropolis," *Encyclopaedia Iranica*, 2011. http://www.iranicaonline.org/articles/cyropolis-latin-form-of-gr.

7 Stephanos Byzantinos, s.v. Ἀντιόχεια 10. K. Brodersen, *Appians Abriss der Seleukidengeschichte (Syriake 45,323-70,369): Text und Kommentar*, p. 161; P. M. Fraser, *Cities of Alexander the Great*, p. 33 n. 72. 关于亚历山大传奇的讨论，参见Getzel M. Cohen, *The Hellenistic Settlements in the East from Armenia and Mesopotamia to Bactria and India*, pp. 250-252; D. Engels, *Benefactors, Kings, Rulers. Studies on the Seleukid Empire between East and West*, p. 178.

将塔吉克斯坦的苦盏城（Khujand）视作亚历山大里亚·埃斯卡特的所在地，已成普遍接受的常识，但考古发掘工作从未发现过该定居点的遗迹。涅戈马托夫（Negmatov）等人仅能模糊地暗示这座亚历山大里亚城可能是苦盏，或在其东面或西面的附近某处。他还认为，在马其顿人到来之前，当地的乌斯特鲁沙尼亚人（Ustrushanians）和塞人（Sakae）部民已在这里建有一座城市，亚历山大用他自己的名字将其重新命名。[1]另一些人则把遗址定位于苦盏西南的塔吉克斯坦苏格德省（Sughd Province）的瑙城（Nau），或巴卡巴德（Bakabad）附近，以及费尔干纳（Ferghana）山谷的奥什（Osh）和乌兹根（Uzgen）等吉尔吉斯城市。[2]

拜占庭的斯特法努斯曾提到一座巴克特拉的亚历山大里亚（Alexandreia κατὰ Βάκτρα），它通常被视为建在巴克特拉的一座城市，但这种看法并非定论，目前仍缺乏支持这种观点的证据。[3]举例来说，库尔提乌斯曾说希腊士兵已在巴克特拉附近建立了殖民地（*Graeci milites nuper in colonias a rege deducti circa Bactra*），[4]但他是否指的是这座城市？关于这个问题，我们并不清楚。“殖民地”（colony）一词可以指代“城市”，也可以不；可能它仅指屯兵之地，根本不是城市，但是考虑到现存史料的情况，我们很难断定孰对孰错。可能的答案是，这里作为希腊巴克特里亚的首府，拥有大量希腊人口。古代文献

1 Н. Н. Негматов, “Ходжент. Основные этапы истории,” В: Ответ. ред. Н. Н. Негматов, *Сборник статей. Исследования по истории и культуре Ленинабада*, Душанбе:Дониш, 1986, с. 9. 参见潘柯夫对古代文献的考证。（И. В. Пьянков, “Александрия крайняя в известиях античных авторов,” В: Ответ. ред. Н. Н. Негматов, *Сборник статей. Исследования по истории и культуре Ленинабада*, сс. 73-81.）

2 至于该问题的参考文献，参见Н. Н. Негматов, “Ходжент. Основные этапы истории,” с. 6; W. Orth, *Die Diadochenzeit im Spiegel der historischen Geographie*, p. 108.

3 Stephanos Byzantinos, s.v. Ἀλεξάνδρεια 11; cf. Diodoros, 17.83.2; Strabo, 11.11.4; Justin, 12.5.12-13. Г. А. Кошеленко, *Греческий полис на эллинистическом Востоке*, сс. 148-149; P. M. Fraser, *Cities of Alexander the Great*, pp. 153-154; Getzel M. Cohen, *The Hellenistic Settlements in the East from Armenia and Mesopotamia to Bactria and India*, cc. 262-263.

4 Curtius, 9.7.1.

多次提及这座城市，例如，波里比乌斯曾记述安条克三世围攻该城，[1]这些都进一步证实了上述观点。此外，有人认为，这座城市是一所皇家造币场的所在地，该造币场只打造单一文字的钱币，不像后来的印度—希腊人君主发行的双语币。[2]不过，塔恩认为，直到欧泰德姆斯一世统治时期，这座城市才称得上是一座真正的城市。[3]遗憾的是，关于这座城市的身份，仍存在许多问题。例如，尽管古典文献中多次提到巴克特拉，但我们不清楚为什么在拥有如此众多希腊人口的情况下，这些希腊公民却不能保留这座城市的希腊名字"亚历山大里亚"；而且，我们无法解释为什么该遗址出土的希腊陶器如此之少。[4]

在亚历山大进入中亚向巴克特拉进发之前，他建立的首座城市是高加索的亚历山大里亚，它位于兴都库什山南麓的帕拉帕米萨代地区，[5]亚历山大在此越冬。[6]亚历山大任命波斯人普罗埃赫斯为总督，同

---

1 Polybios, 11.34.

2 例如E. T. Newell, *The Coinage of the Eastern Seleucid Mints from Seleucus I to Antiochus III*, Numismatic Studies 1, New York: American Numismatic Society, 1938, pp. 228-249; A. D. H. Bivar, "The Bactra Coinage of Euthydemus and Demetrius," *NC*, Vol. 11, 1951, pp. 22-39; В. М. Массон, "Денежное хозяйство древней Средней Азии по нумизматическим данным," *Вестник древней истории*, 1955, No. 2, cc. 39-40; A. Simonetta, "An Essay on the So-Called Indo-Greek Coinage," *East and West*, Vol. 8.1, 1957, pp. 44-46.

3 W. W. Tarn, *The Greeks in Bactria and India*, second edition, p. 115.

4 C. E. Maxwell-Jones, *Typology and Chronology of Ceramics of Bactra, Afghanistan 600 BCE-500 CE*, Ph D. Dissertation, Ann Arbor, 2015, pp. e.g., 429-431, 489-496.

5 Arrian, 3.28, 4.22; Strabo, 15.2; Curtius, 6.3; Diodorus, 17.83; Pliny, *NH*, 6.62. 帕罗帕米萨代的首府，它的身份还有待证实，但可能是Bagrām、Bāmīān、Čarīkār或Parvān。参见R. Ghirshman, *Bégram: recherches archéologiques et historiques sur les Kouchans*, pp. 9-12; Г. А. Кошеленко, *Греческий полис на эллинистическом Востоке*, cc. 142-146; P. Bernard, "Diodore XVII, 83, 1: Alexandrie du Caucase ou Alexandrie de l'Oxus?" *JS*, 1982.3-4, pp. 217-242; A. B. Bosworth, *A Historical Commentary on Arrian's 'History of Alexander'. Vol. 1: Commentary on Books I-III*, pp. 369-370; A. B. Bosworth, *A Historical Commentary on Arrian's 'History of Alexander'. Vol. 2: Commentary on Books IV-V*, p. 247; W. Orth, *Die Diadochenzeit im Spiegel der historischen Geographie*, p. 108; P. M. Fraser, *Cities of Alexander the Great*, pp. 66, 68, 73, 140-151; Getzel M. Cohen, *The Hellenistic Settlements in the East from Armenia and Mesopotamia to Bactria and India*, pp. 263-269; D. Engels, *Benefactors, Kings, Rulers. Studies on the Seleukid Empire between East and West*, p. 181.

6 Strabo, 15.2.10 (724-725); cf. Plutarch, *De Fort. Alex.* 328F.

时任命萨提洛斯（Satyros）之子、马其顿人尼罗赫奈斯（Niloxenes）作为共治者监督、掌管军队。[1]库尔提乌斯说道，[2]这座被称为“亚历山大里亚”的城市位于山脚下，亚历山大将七千名最年长的马其顿人和其他不适合再服役的士兵安置于此。狄奥多罗斯（Diodoros）提到，在行军一天所到达的地点附近，还建有另一座不知名的城市，并推测，两座城市的总人口包括七千土著居民、三千随军人员和数目不详的志愿雇佣兵。[3]马尚和罗莫金（V. A. Romodin）认为它不是一座城市，而是一个屯兵地。[4]

按照锡兰编年史《大史》（*Mahāvaṁsa*）的记载，[5]公元前2—前1世纪的杜多伽摩尼王（king Duṭṭagāmini）邀请来自各国的众多比丘，庆祝阿努拉达普拉（Anurādhapura）大窣堵波的建成。在前来朝贺的人群之中，有一位来自希腊（Yonas）阿拉散达/阿荔散城（Alasanda）的长者马哈达马拉吉塔（Mahādhammarakkita），随其前行的共有三万比丘。[6]这座城在另一部锡兰佛经《那先比丘经》（*Milindapañha*）中也被提到，即两河之地（dvīpa，或译为“岛”或“洲”），名为阿荔散，距离米南德所在的舍竭城（Śākala/Sialkot，一译萨卡拉/锡亚尔科特）大约200由旬（Yojanas），[7]米南德便出生在这个阿荔散的卡拉斯村（Kalasi）。这就使得阿荔散在位置上更接近印度，[8]而不像中文文献上所说的在更遥远的地方。[9]后者记载的距离导致有人认为阿荔散应

1 Arrian, 3.28.4; cf. Pliny, *NH*, 6.62.

2 Curtius, 7.3.19-23; 7.14.

3 Diodoros, 17.83.1-2. Г. А. Кошеленко, *Греческий полис на эллинистическом Востоке*, сс. 145-146; Getzel M. Cohen, *The Hellenistic Settlements in the East from Armenia and Mesopotamia to Bactria and India*, pp. 263-269.

4 В. М. Массон and В. А. Ромодин, *История Афганистана. С древнейших времен до начала XVI века*, Том. i, с. 91.

5 *Mahāvaṁsa*, 29.29.

6 *Mahāvaṁsa*, 29.38-39.

7 古代印度距离计量单位，1由旬大约相当于12—15公里。——译者注

8 *Milindapañha*, 3.7.4. 文中提到这座城市位于印度河的一座岛上。

9 H. de Lubac, *La rencontre du bouddhisme et l'occident*, Paris: Cerf, 1952, p. 13.

该被视为某种神秘的城市，[1]还有人将其误认为埃及的亚历山大里亚，这种观点已经被彻底推翻，[2]因为巴利文《那先比丘经》在时间上比中文版本更接近（那个时代）。现在人们认为这座城市是一座更加靠近印度的亚历山大里亚，要么位于坎大哈（Kandahar）的“阿拉科西亚人中间的亚历山大里亚”（Alexandreia-among-the-Arachosians），要么可能位于今贝格拉姆（Bagrām）附近的高加索山下的亚历山大里亚（Alexandreia-under-the-Kaukasos）。[3]如果在坎大哈发现的阿育王希腊文铭文算是某种证据的话，阿拉科西亚古城在这两处的可能性似乎是比较大的。

随后，在从巴克特里亚向印度进发的路途中，亚历山大返回高加索的亚历山大里亚，进行了大刀阔斧的变革。由于无法进行有效统治，他解除了先前委任的副督（hyparchos）的指挥权，重新安置了更多的周边乡民和那些不宜再服役的退伍士兵，任命他的伙友之一尼卡诺尔（Nikanor）管理该城，同时委派提里斯皮斯（Tyriespis）担任该

1 P. Pelliot, "Les noms propres dans les traductions chinoises du Milindapanha," *JA*, 1914.2, p. 416.（伯希和的观点有误，详见杨巨平：《弥兰王还是米南德？——〈那先比丘经〉中的希腊化历史信息考》，《世界历史》2016年第5期，第111—122页。——译者注）

2 S. Lévi, "Alexandre et Alexandrie dans les documents indiens," in *Mélanges Maspero* II. *Orient Grec, Romain et Byzantin*. Mémoires publiés par les membres de l'Institut français d'archéologie orientale du Caire 67, Le Caire: Imprimerie de l'Institut Français d'archéologie orientale, 1934-1937, pp. 159-164. 在托勒密埃及的丹德拉（Denderah）曾发现一块墓碑，墓碑上刻有一系列特殊符号，这些符号被误认为是佛教符号，因此进一步强化了这种观点。参考W. M. Flinders Petrie, *Dendereh 1899*, Memoir of the Egypt Exploration Fund 17, London: Egypt Exploration Society, 1900, p. 54. 至于对此观点的驳斥，参见R. Salomon, "Epigraphic Remains of Indian Traders in Egypt," *Journal of the American Oriental Society*, 111.4, 1991, p. 736 n. 33.

3 Sylvain Lévi, "Le bouddhisme et les grecs," *Revue de l'histoire des religions*, Tome 23, 1891, p. 211; P. Demieville, "Les version chinoises du Milindapanha," *Bulletin de l'Ecole francaise d'Extreme-Orient*, Tome 24, 1924, p. 30; P. Bernard, "Diodore XVII, 83, 1: Alexandrie du Caucase ou Alexandrie de l'Oxus?" *JS*, 1982.3-4, pp. 237-239; V. M. Masson, *Das Land der tausend Städte. Baktrien, Choresmien, Margiane, Parthien, Sogdien. Ausgrabungen in d. südlichen Sowjetunion*, Wiesbaden: Pfriemer in der Bauverlag, 1987, p. 68; F. Coarelli, "Ritorno a Begram," *Parthica*, Vol. 11, 2009, pp. 95-102.

地区的总督。[1]

阿拉科西亚的亚历山大里亚（亚历山大城），[2]以前是阿黑门尼王朝的一座城市，[3]据卡拉克斯的伊西多尔[4]和阿米亚努斯·马塞林努

---

1 Arrian, 3.26.4, 4.22.4-5. 普林尼在《自然史》(6.62）指出，亚历山大创建了高加索地区（*sub ipso Caucaso*）的亚历山大里亚，它可能与拜占庭的斯特法努斯（Stephanos Byzantinos, s.v. Ἀλεξάνδρεια 5）所说的奥皮亚纳的亚历山大里亚（Alexandreia in Opiana）是同一座城市。（W. W. Tarn, *The Greeks in Bactria and India*, 2nd ed., pp. 96f; B. M. Массон and B. A. Ромодин, *История Афганистана. С древнейших времен до начала XVI века*, Том. i, c. 86.）如果这个属实的话，那么，普林尼在《自然史》(6.92）又将这座城市放在了另一个地方。它的身份认定同样是有问题的。参见Г. А. Кошеленко, *Греческий полис на эллинистическом Востоке*, cc. 142-143. 不过，科恩（Cohen）和奥杜安、贝尔纳都认为这座城市位于位置不明的印度某地。参见Getzel M. Cohen, *The Hellenistic Settlements in the East from Armenia and Mesopotamia to Bactria and India*, pp. 263-269; R. Audouin and P. Bernard, "Trésor de monnaies indiennes et indo-grecques d'Aï Khanoum (Afghanistan). I – Les monnaies indo-grecques," *RN*, 1974, pp. 30-31.

2 Strabo, 11.8-10, 15.2; Pliny, *NH*, 6.61-63; Ammianus Marcellinus, 23.6.72, "阿拉科西亚人的城市"。当时，阿拉科西亚的首府更有可能位于旧坎大哈（Old Kandahar）而不是加兹尼（Gazni）。参见P. H. L. Eggermont, "New Notes on Asoka and His Successors," *Persica*, Vol. 2, 1965-1966, pp. 64-65; P. Bernard, "Un problème de toponymie antique dans l'Asie centrale: les noms anciens de Qandahar," *Studia Iranica*, Vol. 3/2, 1974, pp. 171-184; P. M. Fraser, "The Son of Aristonax at Kandahar," pp. 16-17; Г. А. Кошеленко, *Греческий полис на эллинистическом Востоке*, cc. 138-141; A. B. Bosworth, *A Historical Commentary on Arrian's 'History of Alexander'. Vol. 1: Commentary on Books I-III*, pp. 368-369; W. Orth, *Die Diadochenzeit im Spiegel der historischen Geographie*, p. 107; P. M. Fraser, *Cities of Alexander the Great*, pp. 100-101, 132-140; P. Bernard, "Hellenistic Arachosia: A Greek Melting Pot in Action," *East and West*, Vol. 55, 2005, pp. 13-34; Getzel M. Cohen, *The Hellenistic Settlements in the East from Armenia and Mesopotamia to Bactria and India*, pp. 255-260; S. Plischke, *Die Seleukiden und Iran. Die seleukidischen Herrsaftspolitik in den östlichen Satrapien*, pp. 126-127; D. Engels, *Benefactors, Kings, Rulers. Studies on the Seleukid Empire between East and West*, pp. 129, 134, 141, 181, 194.

3 W. Vogelsang, *The Rise and Organization of the Achaemenid Empire. The Eastern Iranian Elite*, Studies in the History of the Ancient Near East 3, Leiden: Brill, 1992, pp. 48-49, 255-260.

4 Isidoros of Kharax, *Mans. Parth.* 18-19. 请注意，在*Mans. Parth.* 19，伊西多尔说另一座城市德米特里亚斯位于阿拉科西亚，这可能暗示，它是由希腊—巴克特里亚国王德米特里一世创建。参见Victor Tcherikover, *Die hellenistichen Städtegründungen von Alexander dem Grossen bis auf die Römerzeit*, s. 103; W. Tomaschek, s.v. "Demetrias 5," *RE* 4.2, 1901, col. 2765; Г. А. Кошеленко, *Греческий полис на эллинистическом Востоке*, c. 142; A. K. Narain, "The Greeks of Bactria and India," in A. E. Astin, et al., eds., *The Cambridge Ancient History. 2nd ed., Vol. 8: Rome and the Mediterranean to 133 B.C.*, Cambridge, New York, New Rouchelle, Melbourne, Sydney: Cambridge University Press, 1989, p. 399; P. Bernard, G.-J. Pinault and G. Rougemont, "Deux nouvelles inscriptions grecques de l'Asie Centrale," *JS*, 2004, p. 275; Getzel M. Cohen, *The Hellenistic Settlements in the East from Armenia and Mesopotamia to Bactria and India*, p. 272.

斯[1]描述，这个国家的主要城市有亚历山大里亚、阿尔巴卡（Arbaca）和科阿斯帕（Khoaspa）。拜占庭的斯特法努斯记载，[2]在阿拉科西亚有两座亚历山大里亚，[3]一座可能是卡拉克斯的伊西多尔和阿米亚努斯·马塞林努斯提及的那座城市，至于另一座，虽然也叫亚历山大里亚，斯特拉波[4]和普林尼[5]只是将其简单划定为阿拉科西亚的一座城市，先说它是阿拉科西亚城镇（Arachosiorum oppidum），然后说"阿拉科西亚有一条河，还有一座同样名为阿拉科西亚的城市"（*Arachosia cum flumi pae et oppido eiusidem nominis*）。按照库尔提乌斯的记载，[6]亚历山大指派麦农统治阿拉科西亚人，同时留下四千步兵六百骑兵供其调遣。虽然这个亚历山大里亚或亚历山大城无疑应与坎大哈的亚历山大里亚视为同一城，但阿庇安[7]说，这个亚历山大城是塞琉古一世为纪念亚历山大而重建的。[8]

在坎大哈发现的四篇希腊铭文进一步验证了这种说法。在1958年发现的第一篇铭文属于希腊语—阿拉米亚语双语铭文，是以孔雀帝国阿育王（Aśoka）在公元前3世纪中叶发布的一条诏令为基础的。希腊

1 Ammianus Marcellinus, 23.6.72.

2 Stephanos Byzantinos, s.v. Ἀλεξάνδρεια 12 and Ἀλεξάνδρεια 15.

3 有关Arakhotoi/Arakhotos，见Ptolemy, 6.20.5; Stephanos Byzantinos (s.v. Ἀραχωτοί), πόλις Ἰνδικῆς, ἀπὸ Ἀραχωτοῦ ποταμοῦ, ῥέοντος ἀπὸ τοῦ Καυκάσου, ὡς Φαβωρῖνος καὶ Στράβων ἑνδεκάτῃ. εἰσὶ καὶ ἄλλοι πλησίον Μασσαγετῶν, ὡς Στράβων ἑνδεκάτῃ. διχῶς δὲ λεκτέον, καὶ Ἀραχώτης καὶ Ἀραχωτός.

4 Strabo, 11.8.9 (514-515); cf. Ptolemy, 6.20.5.

5 Pliny, *NH*, 6.61, 92.

6 Curtius, 7.3.1-5.

7 Appian, *Syriake* 57.

8 K. Brodersen, *Appians Abriss der Seleukidengeschichte (Syriake 45,323-70,369): Text und Kommentar*, pp. 127, 161; W. Orth, *Die Diadochenzeit im Spiegel der historischen Geographie*, p. 109; Getzel M. Cohen, *The Hellenistic Settlements in the East from Armenia and Mesopotamia to Bactria and India*, pp. 203, 301. 关于塞琉古对远东地区征服的简要回顾，参见A. Mehl, *Seleukos Nikator und sein Reich*, Bd. 1, Leuven: Peeters, 1986, pp. 156-191. 弗雷泽并不认为印度某地存在所谓的东方亚历山大城，也不相信其他类似城市的存在，尤里乌斯·霍诺里乌斯（Julius Honorius, Cosmographia A5-A6）和普林尼都认为它们"虚无缥缈"。参见P. M. Fraser, *Cities of Alexander the Great*, Oxford: Clarendon Press, 1996, pp. 29-30.

语译文实质上表明，在这段时期，阿拉科西亚一直与希腊文明的主要中心保持着密切联系，其人民也保持着强烈的希腊文化意识。某些人因此提出假设：该城建有一座体育馆，并充当着一个希腊文化和教育中心。[1]同时，希腊译文也揭示了希腊语和古印度语（Prakrit）在开始融合的第一阶段所呈现的面貌。虽然这篇铭文的希腊语乍一看似乎不合规则，例如，异常使用某些冠词和格，源自ἐνακούω（听）的罕用语，将阿育王直译为Πιοδασσης（天爱善见王）——实际上，它表明希腊人对古印度语的日益熟悉及其对印度文明的吸收。这个译本更能表明这一变化，而非译者的文风怪癖。我们在这些铭文中看到希腊人试图传达古印度语语意的尝试，同时也反映了当时坎大哈所流行的希腊语风貌。[2]

第二篇希腊铭文刻在一块石灰石上。这块石灰石发现于1963年，当时它正躺在坎大哈老区靠近一个伊斯兰教圣地的废墟上。[3]由22条长句构成的这篇铭文是残缺不全的，包含阿育王颁布的第十二号诏刻铭文的最后一节和第十三号诏刻铭文的开篇。全部14篇诏令像一部全集那样规律地出现，因此该建筑可能包含全部诏令的希腊译文。

---

1 D. Schlumberger, "Un bilingue gréco-araméenne d'Asoka," *JA*, Tome 246, 1958, p. 17; S. W. Helms, "Excavations at the 'City and the Famous Fortress of Kandahar, the Foremost Place in all of Asia'," *Afghan Studies*, Vol. 3/4, 1982, pp. 1-24; S. W. Helms, *Excavations at Old Kandahar in Afghanistan 1976-1978 II*. BAR International Series 686, Oxford: Archaeopress, 1997; C. Baratin, "Les villes du sud-ouest de l'Afghanistan: Le long de itinéraire d'Herat à Kandahar," in O. Bopearachchi, M.-F. Boussac, eds., *Afghanistan. Ancien carrefour entre l'Est et l'Ouest. Actes du colloque international au Musée archéologique Henri-Prades-Lattes du 5 au 7 mai 2003*, Turnhout: Brepols, 2005, pp. 173-185.

2 J. D. Lerner, "Notes on the Greek Text of the Graeco-Aramaic Bilingual Inscription from Kandahar," in K. Sheel, K. Zysk and C. Willemen, eds., *Prof. A.K. Narain Commemoration Volume. From Local to Global. Papers in Asian History and Culture (in Three Volumes)*, Vol. 1, Delhi: Buddhist World Press, 2017, pp. 100-118.

3 D. Schlumberger, "Une nouvelle inscription grecque d'Açoka," *CRAI*, 1964, pp. 126-140; E. Benveniste, "Édits d'Asoka en traduction grecque," *JA*, Tome 252, 1964, pp. 137-157; D. Schlumberger and E. Benveniste, "A New Greek Inscription of Asoka at Kandahar," *Epigraphia Indica*, Vol. 37, 1968, pp. 193-200.

正如1958年发现的双语铭文那样，这篇铭文也以原来的古印度语文本为基础，在对阿育王诏令的传达之外，进行了一种通顺地道的意译，而非逐词逐句的直译。相当于第十二号诏令的那部分铭文倡导相互讨论（διατριβαί，激论，讨论）时的平等与和谐，而相当于第十三号诏令的铭文则历数了“弘扬正法”（*dhramanu asti*）的国家，包括臾那剑浮沙（Yonakamboja），即希腊人（Yonas，字面意为爱奥尼亚人）和剑浮沙人（Kambojas，即伊朗人）的国家。[1]虽然这些铭文展示的词汇基于希腊的道德和哲学等文学传统，[2]但在词汇的吸收、改变或省略等方面，它们也可与对应的印度语词汇相比较。[3]译者们并没有表现出希腊化世界主流之外孤立群体的特征，而是通过创造一套在风格、表达方式和内容上都符合自然主义希腊化基调的文本，成功地使印度的语言模式适应了希腊精神。[4]虽然仍是希腊语，[5]但这种语言体现出足够的非希腊因素，显示了这种通用希腊语（koine）的变化。虽然希腊语连续变化的阶段在文献中并没有得到充分记载，但这一过程似乎是不均衡的。例如，坎大哈的希腊人社会处在孔雀王朝统治下约125年，一直持续到约公元前175年。巴克特里亚希腊人越过兴都库什山，将其王国扩展到印度西北部。到公元前1世纪中叶，他们被来自中亚和伊朗东部的草原民族所征服。在

---

1 J. D. Lerner, “The Greek Inscriptions of Aśoka,” in *KOINON ΔΩΡΟΝ. Studies and Essays in Honour of Valery P. Nikonorov on the Occasion of His Sixtieth Birthday presented by His Friends and Colleagues*, Compiled and edited by Alexander A. Sinitsyn and Maxim M. Kholod, St. Petersburg 2013. = *KOINON ΔΩΡΟΝ. Исследования и эссе вчесть 60-летнего юбилея Валерия Павловича Никонорова от друзей и коллег*. Составление и научная ред. А. А. Синицына и М. М. Холода. Санкт-Петербург: Филологический факультет Санкт-Петербургского государственного университета, 2013, сс. 188-197.

2 D. Schlumberger, L. Robert, A. Dupont-Sommer, and E. Benveniste, “Une bilingue gréco-araméenne d’Asoka,” *JA*, Tome 246/1, 1958, pp. 12-13.

3 K. R. Norman, “Notes on the Greek Version of Aśoka’s Twelfth and Thirteenth Rock Edicts,” *JRAS*, Vol. 2, 1972, pp. 111-118.

4 D. Schlumberger, “Une nouvelle inscription grecque d’Açoka,” p. 134.

5 On *Yavanalipi* (“Greek writing”), Raj, 2010, pp. 306-307.

希腊统治者发行的钱币上，有些印有希腊语和古印度语的双语铭文，后者使用婆罗米文（Brahmi）或佉卢文（Kharoshthi）。[1]后来，希腊语不再是一种口语，希腊人似乎已经说古印度语，他们用佉卢文或婆罗米文书写铭文便是具体表现之一，其中许多铭文涉及与佛教有关的虔诚行为。[2]

至于其他两篇铭文，其一是一篇希腊文残篇，刻在一座雕像的底座上，由两个（或更多）挽歌对句组成，属于一篇格律献词的组成部分，可能是由阿里斯托纳克斯（Aristonax）之子、一位叫作“阿里克斯……”（Alex...）的人所献，暂时将其年代定为公元前275年前后。[3]弗雷泽（P. M. Fraser）认为，这篇铭文证明该城拥有圣地，是献给某位希腊神灵的，此外，肯定还拥有其他希腊机构，如神庙、市政广场、公共建筑和剧场。他同样认为，这些机构表明阿拉科西亚在公元前3世纪中叶以前仍属于塞琉古王国，此后，它被阿育王并入孔雀帝

1 关于这些双语币的名录，参见O. Bopearachchi, *Monnaies gréco-bactriennes et indo-grecques, Catalogue raisonné*, Paris: Bibliothèque Nationale, 1991, pp. 388 389.

2 关于佉卢文书写的铭文，参见*Kharoshthi inscriptions with the exception of those of Aśoka*, 1929, pp. xv-xvi, 1-9. 在马哈拉施特拉（Maharashtra）佛教石窟寺里镌刻的婆罗米铭文上，有些人称自己为Yavanas、Yaunas、Yonikas。关于这一问题，参见J. D. Lerner, “The Greek-Indians of Western India: A Study of the Yavana and Yonaka Buddhist Cave Temple Inscriptions,” *Indian International Journal of Buddhist Studies*, n.s. 1, 1999-2000, pp. 83-109.

3 *SEG* 30: 1664; *SEG* 34: 1434; P. M. Fraser, “The Son of Aristonax at Kandahar,” pp. 9-10; A. N. Oikonomides, “The Temenos of Alexander the Great at Alexandria in Arachosia (Old Kandahar),” *ZPE*, Vol. 56, 1984, pp. 145-147; A. N. Oikonomides, “The Deification of Alexander in Bactria and India,” *Ancient World*, Vol. 12, 1985, pp. 69-71; P. M. Fraser, *Cities of Alexander the Great*, p. 136 n. 61; W. Peek, “Spätes Grabepigramm aus Marcianopolis,” *ZPE*, Vol. 60, 1985, p. 76; *Steinepigramme aus dem griechischen Osten* (in 5 Vols.), R. Merkelbach and J. Stauber, eds., Vol. iv, Leipzig, 1998-2004, p. 470 no. 23/13; R. Merkelbach and J. Stauber, *Griechische Inschriften jenseits des Euphrats*, Leipzig: Walter de Gruyter, 2005, No. 106; G. Rougemont, *Inscriptions grecques d'Iran et d'Asie Centrale. Corpus Insriptionum Iranicarum,* Part 2: *Inscriptions of the Seleucid and Parthian Periods and of Eastern Iran and Central Asia. Vol. 1: Inscriptions in non-Iranian languages 1*, London: School of Oriental and African Studies, 2012, No. 81.

国。[1]另一篇铭文是丧葬诗，归于纳拉托斯（Naratos）之子索菲托斯（Sophytos）名下，他被认为生活在继业者时代。贝尔纳提出，索菲托斯是一位商人，来自印度，与同名的那位统治者有亲缘关系。[2]在这方面，福斯曼（Fussman）提醒我们，铭文的出处可疑，因为它是在可疑的情况下被一位伦敦的买家购买的。此外，“纳拉托斯之子索菲托斯是统治者索菲托斯（据说是坎大哈的一个总督）的亲戚”这种说法也是难以接受的，因为他的钱币只发现于巴克特里亚，从未在坎大哈城附近或周边地区被发现。[3]

2. 印度[4]

亚历山大在远征印度期间也建立了城市，[5]对于其中许多城市，除名称外，我们知之甚少：[6]拜占庭（Byzantion），[7]一个沿海

1 P. M. Fraser, “The Son of Aristonax at Kandahar,” pp. 12-13; contra R. Mairs, *Ethnic Identity in the Hellenistic Far East*, PhD. Dissertation, Cambridge University, 2006, pp. 151-153; cf. P. Bernard, “Hellenistic Arachosia: A Greek Melting Pot in Action,” pp. 21-30.

2 P. Bernard, G.-J. Pinault and G. Rougemont, “Deux nouvelles inscriptions grecques de l’Asie Centrale,” pp. 227-332; *SEG* 54: 1568; R. Schmitt, “Review. Griechische Inschriften aus dem ‘Fern Osten’,” *Indo-Iranian Journal*, Vol. 49.3, 2006, p. 352; cf. R. Mairs, *The Hellensitic Far East. Archaeology, Language, and Identity in Greek Central Asia*, Oakland, California, 2014, pp. 113-117; S. Plischke, *Die Seleukiden und Iran. Die seleukidischen Herrsaftspolitik in den östlichen Satrapien*, pp. 176-178 with bibliography.

3 G. Fussman, s.v. “Kandahar. ii. Pre-Islamic Monuments and Remains,” *Encyclopedia Iranica*, 2012. http://www.iranicaonline.org/articles/kandahar-pre-islamic-monuments-and-remains.

4 关于印度史料中有关旃陀罗笈多（Chandragupta）推翻希腊人在印统治的简述，参见 R. K. Mookerji, *Chandragupta Maurya and His Times*, fourth edition, Delhi/Varanasi/Patna: Motilal Banarsidass, 1966, pp. 1-33.

5 关于地名的考证，最好的研究仍是埃格蒙特的论著。（P. H. L. Eggermont, “Alexander’s Campaign in Gandhara and Ptolemy’s List of Indo-Scythian Towns,” *Orientalia Lovaniensia Periodica*, Vol. 1, 1970, pp. 63-123; P. H. L. Eggermont, *Alexander’s Campaign in Southern Punjab*, Leuven: Peeters, 1993.）

6 库尔提乌斯（Curtius 9.10.3）记载，亚历山大在印度河三角洲创建了无数座城市，但没有说这些城市的名称和位置。

7 Г. А. Кошеленко, *Греческий полис на эллинистическом Востоке*, с. 167; Getzel M. Cohen, *The Hellenistic Settlements in the East from Armenia and Mesopotamia to Bactria and India*, pp. 312-313.（此城并非东罗马帝国都城拜占庭。——译者注）

定居点；[1]戴达拉（Daidala），[2]在托勒密[3]和拜占庭的斯特法努斯[4]著述中有所提及；泰奥菲拉（Theophila），[5]是印度河沿岸的一个三角洲定居点，记载于托勒密著作中；[6]鲁克（Leuke），[7]位于印度西南海岸外的一个岛屿，出现在《厄立特里亚航海记》（*Periplus Maris Erythraei*）和托勒密的著作中；[8]潘塔波利斯（Pantapolis）[9]和潘提波利斯（Pantipolis），[10]托勒密记载它们是位于恒河河口的两座城市；在托勒密列举的希腊城市中，还包括索里亚诺伊斯的亚历山大里亚

1 Ptolemy, 7.1.7; Stephanos Byzantinos, s.v. Βυζάντιον; *Periplus Maris Erythraei*, 53; Anon. [Aethicus] *Cosmographia* I.6. 它是不是希腊定居点仍令人怀疑。（E. H. Warmington, *The Commerce between the Roman Empire and India*, second edition, London/New York: Octagon Books, 1974, p. 68.）

2 W. W. Tarn, *The Greeks in Bactria and India*, second edition, pp. 249-250; Г. А. Кошеленко, *Греческий полис на эллинистическом Востоке*, с. 167; Getzel M. Cohen, *The Hellenistic Settlements in the East from Armenia and Mesopotamia to Bactria and India*, pp. 313-314. 塔恩认为，这是一个由克里特雇佣军构成的军事殖民地，由印度—希腊国王米南德所创建。（W. W. Tarn, *The Greeks in Bactria and India*, second edition, pp. 249-250.）这个主张并无事实依据。

3 Ptolemy, 7.1.49.

4 Stephanos Byzantinos, s.v. Δαίδαλα…ἔστι καί Ἰνδικῆς καί Κρήτης ἄλλη (πόλις).

5 Г. А. Кошеленко, Греческий полис на эллинистическом Востоке, с. 168; Getzel M. Cohen, *The Hellenistic Settlements in the East from Armenia and Mesopotamia to Bactria and India*, pp. 328-329.

6 Ptolemy, 7.1.60. 塔恩推测，泰奥菲拉是一个希腊城市，为萨拉斯特莱尼首府（Sarastrene），城市之所以取名泰奥菲拉，是为了纪念德米特里（Demetrios）和阿波罗多托斯（Apollodotos）的母亲。（W. W. Tarn, *The Greeks in Bactria and India*, second edition, pp. 147, 164, 171, 234-235, 243, 258, 371-372, 526.）这一观点遭到纳拉因的批驳。（A. K. Narain, *The Indo-Greeks*, Oxford: Clarendon Press, 1957, p. 94.）

7 Г. А. Кошеленко, *Греческий полис на эллинистическом Востоке*, с. 168; L. Casson, *Periplus Maris Erythraei: Text with Introduction, Translation, and Commentary*, Princeton, New Jersey, 1989, p. 217; Getzel M. Cohen, *The Hellenistic Settlements in the East from Armenia and Mesopotamia to Bactria and India*, p. 315.

8 *Periplus Maris Erythraei* 53; Ptolemy, 7.1.95.

9 Ptolemy, 7.2.2. Getzel M. Cohen, *The Hellenistic Settlements in the East from Armenia and Mesopotamia to Bactria and India*, p. 321.

10 Ptolemy, 7.1.86. Г. А. Кошеленко, *Греческий полис на эллинистическом Востоке*, с. 168; Getzel M. Cohen, *The Hellenistic Settlements in the East from Armenia and Mesopotamia to Bactria and India*, p. 320.

（Alexandreia παρὰ Σωριανοῖς）、[1]纳伽拉—狄奥尼索波利斯（Nagara-Dionysopolis）、[2]萨拉吉萨（Salagissa）、[3]克索阿纳（Xoana），[4]可能还有格德罗西亚或马凯莱尼的亚历山大里亚（Alexandreia of Gedrosia or Makarene）。[5]

据阿里安记载，亚历山大在远征印度初期，即公元前327年夏离开高加索的亚历山大里亚前往印度河流域的途中，便创建城市。行经

---

1 Stephanos Byzantinos, s.v. Ἀλεξάνδρεια 14. 斯特法努斯说这座城市是具有印度特征的。关于它的位置，仍存在争议。（Arrian, 6.4-14; Curtius, 9.4-5; Diodoros, 17.98.1-6; Justin, 12.9.3-13; Plutarch, *Alexander* 63; Strabo, 15.1.8 [687].）坎宁汉认为它位于绍尔果德（Shorkot），是马洛人的城市。（A. Cunningham, *The Ancient Geography of India*, pp. 235-237.）亦参见 W. W. Tarn, *Alexander the Great*, Vol. II, p. 241; Getzel M. Cohen, *The Hellenistic Settlements in the East from Armenia and Mesopotamia to Bactria and India*, pp. 296-297.

2 Ptolemy, 7.1.43. W. Tomaschek, s.v. "Dionysopolis 3," *RE*, 5.1, 1903, cols. 1009-1010; A. Cunningham, *The Ancient Geography of India*, pp. 53-54; Victor Tcherikover, *Die hellenistichen Städtegründungen von Alexander dem Grossen bis auf die Römerzeit*, s. 107; W. W. Tarn, *The Greeks in Bactria and India*, second edition, pp. 158-159, 244; R. Burn, "Review: The Greeks in Bactria and India. By W. W. Tarn. pp. xxiii + 539, Pl. 1, maps 3, table 1. Cambridge: Cambridge University Press, 1938. 30s.," *JRAS*, Vol. 73.1, 1941, p. 68; cf. W. W. Tarn, *Alexander the Great*, Vol. II, p. 249 n. 2; C. Lassen, *Indische Altertumskunde*. Bd. 3, Bonn: Verlag von H. B. Koenig, 1874, p. 137 with n. 5; A. Cunningham, *The Ancient Geography of India*, pp. 53-54; W. W. Tarn, *The Greeks in Bactria and India*, 2nd ed., pp. 159, 244.

3 Ptolemy, 7.1.48. 没有理由像科恩一样接受塔恩富有想象力的推测。（Getzel M. Cohen, *The Hellenistic Settlements in the East from Armenia and Mesopotamia to Bactria and India*, p. 325.）塔恩认为，这座城市位于"萨特莱杰河（the Sutlej）以东的某个地方"，其名称是斯特拉波所说的皮西迪亚（Pisidia）地区"Sagalassos"的变体（12.6.5 [569]），因此，它是皮西迪亚雇佣军的军事殖民地。（W. W. Tarn, *The Greeks in Bactria and India*, second edition, pp. 250-251.）

4 Ptolemy, 7.1.61. Getzel M. Cohen, *The Hellenistic Settlements in the East from Armenia and Mesopotamia to Bactria and India*, p. 329.

5 Stephanos Byzantinos, s.v. Ἀλεξάνδρεια 13; Pliny, *NH*, 6.97; Diodorus Siculus, 17.104; Quintus Curtius, 9.10; Arrian, 6.21-24; Strabo, 15.2.8 (723-724). P. M. Fraser, *Cities of Alexander the Great*, p. 166 with n. 116; Getzel M. Cohen, *The Hellenistic Settlements in the East from Armenia and Mesopotamia to Bactria and India*, pp. 293-294. 在亚历山大研究领域，这座城市的真实性长期以来一直是争论的话题，如果它是真实的，它可能曾存在于伊朗南部——马克兰（Makran）或格德罗西亚，或可能是奥雷泰人土地上亚历山大里亚的替换性称呼。（A. Stein, "On Alexander's Route into Gedrosia: An Archaeological Tour in Las Bela," *The Geographical Journal*, Vol. 102.5/6, 1943, pp. 193-227; W. W. Tarn, *Alexander the Great*, Vol. II, pp. 249-260; J. R. Hamilton, "Alexander among the Oreitae," *Hisotoria: Zeitschrift für Alte Geschichte*, Vol. 21.4, 1972, pp. 603-608.）

朗格曼/兰帕卡（Langhman/Lampaka）地区后的某个时刻，他将军队分为两支。亚历山大派遣帕狄卡斯和赫菲斯提昂沿更直接的南方路线——可能沿喀布尔河河岸前进，充当渡河前锋，而亚历山大则沿着更艰辛的路线，即库纳尔/科奥斯佩斯（Kunar/Khoaspes）河前进，最终抵达斯瓦特河上游（Upper Swat）。公元前327—前326年冬，他经过犍陀罗/白沙瓦（Gandhara/Peshawar），前往塔克西拉。[1]正是在这次行军途中，亚历山大在斯瓦特某地“翻山越岭，进入一座叫作阿里盖翁[2]的城市，但当地居民已经放火毁城并逃离，亚历山大发现，这是一座空城。克拉特鲁斯在办完亚历山大交代给他的所有任务后，率部来此会合。因为该城处于有利的地理位置，亚历山大吩咐克拉特鲁斯建一道城墙并号召周围居民，如有意愿，均可移居进城，凡是不再适合服役的士兵，也可以在城里定居”。[3]阿里安[4]后来提到，克拉特鲁斯完成了加固城防的任务。

库尔提乌斯说，[5]亚历山大在桑巴格莱人（Sambagrae）和穆西卡努斯人（Musicani）之间的某个地方建了另一座亚历山大里亚。在希达斯皮斯河（Hydaspes River）战役后，亚历山大建了两座著名

1 Arrian, 4.23-28. 参见A. Stein, *An Archaeological Tour in Waziristan and Baluchistan*, Memoirs of the Archaeological Survey of India, No. 37, Calcutta: Government of India Central Publication Branch, 1929, p. 10; A. Stein, "From Swat to the Gorges of the Indus," *Geographical Journal*, Vol. 100, 1942, pp. 49-56; V. Smith, *The Early History of India from 600 B.C. to the Muhammadan Conquest including the Invasion of Alexander Great*, fourth edition, Oxford, 1924, p. 54.

2 这座城市可能位于今白沙瓦以北的纳瓦吉村（Nawagi）附近，参见P. Briant, "Colonisation hellénistique et populations indigènes," p. 83; Г. А. Кошеленко, *Греческий полис на эллинистическом Востоке*, сс. 160-163; P. M. Fraser, *Cities of Alexander the Great*, pp. 69, 159, 187; Getzel M. Cohen, *The Hellenistic Settlements in the East from Armenia and Mesopotamia to Bactria and India*, pp. 271-272.

3 Arrian, 4.24.6-7; Ammianus Marcellinus, 23.6.69; Curtius, 8.10.19; *Itinerarium Alexandri* 105 as perhaps *Argacum urbem*.

4 Arrian, 4.25.5.

5 Curtius, 9.8.4-8.

的城市：[1]尼凯亚（Nikaia）[2]和布凯法拉/布凯法莱亚（Boukephala/Boukephaleia）。[3]因为古代文献传统上将希达斯皮斯河附近的这两座城市联系在一起，我们最好一起来讨论它们。[4]狄奥多罗斯写道，亚历山大"创建了两座城市：一座位于他所渡河流的河岸，另一座在他击败波罗斯的那个地方。它们都是大量征发劳工迅速建成的"。[5]他在后面的一段话中写道，亚历山大之所以将希达斯皮斯河附近创建的这些城命名为"尼凯亚"，是因为这是他打胜仗的地方，而将另一座城命名为"布凯法拉"，是为了纪念在与波罗斯对战中阵亡的爱马。[6]关于这些城市的创建，阿里安提供了更多的细节，他特别指出，当亚历山大动身前往格劳伽尼凯人（Glauganikai）或格劳赛人（Glausai）的

---

1 Arrian, 5.19.4; cf. Curtius, 9.1.6, 4.23; Plutarch, *Alex*. 61; Diodoros, 17.89.6, 95.5.

2 R. Audouin and P. Bernard, "Trésor de monnaies indiennes et indo-grecques d'Aï Khanoum (Afghanistan). I – Les monnaies indo-grecques," p. 30; Г. А. Кошеленко, *Греческий полис на эллинистическом Востоке*, сс. 162-163; A. B. Bosworth, *A Historical Commentary on Arrian's 'History of Alexander'. Vol. 2: Commentary on Books IV-V*, pp. 311-313; P. M. Fraser, *Cities of Alexander the Great*, pp. 70, 161; Getzel M. Cohen, *The Hellenistic Settlements in the East from Armenia and Mesopotamia to Bactria and India*, pp. 317-318.

3 J. R. Hamilton, *Plutarch, Alexander. A Commentary*, p. 169-170; Г. А. Кошеленко, *Греческий полис на эллинистическом Востоке*, сс. 162-163; P. H. L. Eggermont, "The Kushan dynasty and Alexandria Bucephalus," in J. Quaegebeur, ed., *Studia Paulo Naster Oblate. Part 2: Oientalia Antiqua*, Orientalia Lovaniensia Analecta 13, Leuven, 1982, pp. 53-68; N. G. L. Hammond, *Sources for Alexander the Great*, Cambridge: Cambridge University Press, 1993, pp. 110-112; A. B. Bosworth, *A Historical Commentary on Arrian's 'History of Alexander'. Vol. 2: Commentary on Books IV-V*, pp. 311-313; P. M. Fraser, *Cities of Alexander the Great*, pp. 69-70, 161-162; Getzel M. Cohen, *The Hellenistic Settlements in the East from Armenia and Mesopotamia to Bactria and India*, pp. 308-312.

4 例如Aulus Gellius, 5.2.5; Arrian, 5.19.4-6; Curtius, 9.1.6, 3.23-24; Diodoros, 17.89.6, 95.5; *Itinerarium Alexandri*, 104; Justin, 12.8.8; *Metz Epitome*, 62; Orosius, 3.19.4; *Periplius of the Erythraean Sea*, 47; Pliny, *NH*, 6.77; Plutarch, *Alex*. 61-62 and *De Fort. Alex.* 328F; Ptolemy, 7.1.46, 8.26.8; *Ravennatis Anonymi Cosmographia et Gvidonis Geographica*, 2.1.12; Solinus, 45.9; Stephanos Byzantinos s.v. Βοὸς Κεφαλαί, and Βουκεφάλα, Νίκαια 4; Strabo, 15.1.29 (698-699); *Tabula Peutingeriana* 11.3. 关于后来的古希腊罗马和拜占庭史料以及在雅库特的活动，参看Getzel M. Cohen, *The Hellenistic Settlements in the East from Armenia and Mesopotamia to Bactria and India*, pp. 310-311, 318.

5 Diodoros, 17.89.6.

6 Diodoros, 17.95.5.

地盘时，留下克拉特鲁斯和一些军队去完成这些城市的建设和加固工作。[1]随后，阿里安告诉我们，亚历山大后来再次穿越阿塞西尼斯河（Akesines）返回这些城市，却发现它们被暴雨严重破坏。[2]因此，他和他的军队一同修复遭受暴雨袭击的那些地方。自古以来，这些城市的位置便不确定，存在争议。似乎可以肯定的是，它们面对面地建于希达斯皮斯河[3]两岸。很明显，布凯法拉城中住着马其顿人，[4]公元1世纪时，这座城市仍叫作布凯法洛斯·亚历山大里亚（Boukephalos Alexandreia）。[5]拉莫特（Lamotte）提出，在印度文学中，尼凯亚被冠之以"阿迪拉雅"（Ādirājya）之名，而布凯法拉被称作"巴德拉斯瓦"（Bhadrāśva）。[6]最后，如果普鲁塔克的说法[7]可信的话，亚历山大在离布凯法拉或尼凯亚不远的地方建立了另一座以其爱犬命名的城市——佩里塔斯（Peritas），还在市中心建了一座纪念碑，进一步纪念他的爱犬。

---

1 Arrian, 5.20.1-2.

2 Arrian, 5.29.5.

3 例如P. M. Fraser, *Cities of Alexander the Great*, p. 161 with n. 108.

4 Aelian, *NA*, 16.3.

5 *Periplus Maris Erythraei*, 47.

6 E. Lamotte, "Alexandre et le bouddhisme," *Bulletin de l'Ecole française d'Extrême-Orient*, Tome 44/1, 1951, pp. 151, 152, 156-157, 159-160. 塔恩的观点虽然别出心裁，但缺乏可靠性。（W. W. Tarn, *Alexander the Great*, Vol. II, pp. 237, 258ff.）R. B. Whitehead, "Notes on the Indo-Greeks," *NC*, 1940, p. 110.

7 Plutarch, *Alex.* 61; cf. Plutarch, *De sollertia animalium* 15.970f. 普鲁塔克补充道，这座城市的创建传说是经由索提昂（Sotion）传来的，而索提昂又是从莱斯博斯的博塔蒙（Potamon of Lesbos）那里得知的。另请参见Didodoros, 17.92; Pliny, *NH*, 8.149-150; Strabo, 15.1.31; Aelianus *De natura animalium*, 8.1; Curtius, 9.1.32-33; Pollux *Onomasticon*, 5.43-44. 以及H. Berve, *Das Alexanderreich auf prosopographischer Grundlage*, Vol. I, München: Beck, 1926, s. 294; A. B. Bosworth, *A Historical Commentary on Arrian's 'History of Alexander'. Vol. 1: Commentary on Books I-III*, p. 315; P. H. L. Eggermont, *Alexander's Campaign in Southern Punjab*, p. 16; J. M. Kistler, *Animals in the Military: From Hannibal's Elephants to the Dolphins of the U.S. Navy*, Santa Barbara, California/Denver, Colorado/Oxford: ABC-CLIO, 2011, pp. 5-6; T. Fögen, "Lives in Interaction: Animal 'Biographies' in Graeco-Roman Literature?" in T. Fögen and E. Thomas, eds., *Interactions between Animals and Humans in Graeco-Roman Antiquity*, Berlin: Walter De Gruyter, 2017, p. 110.

亚历山大还在阿塞西尼斯河（现在的杰纳布河）沿岸建了一座城，阿里安没有说这座城市的名称，但提到它是在亚历山大命令之下由赫菲斯提昂建造而成。[1]在城里居住着附近村镇的居民和丧失作战能力的雇佣兵。[2]公元前325年，亚历山大命令该地区总督菲利普斯在阿凯西内斯河和印度河交汇处建一座城和一个船坞，[3]阿里安同样省略了它们的名称。[4]亚历山大想要这座城变得兴旺发达、闻名四方（ἐλπίσας μεγάλη τε ἔσασθαι καὶ ἐπιφανῆ ἀνθρώπους）。他给菲利普斯留下色雷斯部队以及从其他各部抽调的部队，让他们驻守这座城市。但即使亚历山大创建了这座城市，[5]它是不是库尔提乌斯[6]和狄奥多罗斯[7]提到的那座亚历山大城，也很值得怀疑。亚历山大继续沿河而下，乘船前往索格德人（Sogdoi）的王城（βασίλειον τῶν Σόγδων），[8]在那里

1 Arrian, 5.21.5, 29.2-3.

2 Г. А. Кошеленко, *Греческий полис на эллинистическом Востоке*, с. 164; A. B. Bosworth, *A Historical Commentary on Arrian's 'History of Alexander'. Vol. 2: Commentary on Books IV-V*, p. 358; P. M. Fraser, *Cities of Alexander the Great*, pp. 70-71; Getzel M. Cohen, *The Hellenistic Settlements in the East from Armenia and Mesopotamia to Bactria and India*, pp. 295-296.

3 A. B. Bosworth, "Errors in Arrian," *The Classical Quarterly*, Vol. 26, No. 1, 1976, pp. 130-132; Г. А. Кошеленко, *Греческий полис на эллинистическом Востоке*, с. 164; P. H. L. Eggermont, *Alexander's Campaign in Southern Punjab*, pp. 106-110; P. M. Fraser, *Cities of Alexander the Great*, pp. 70-71; Getzel M. Cohen, *The Hellenistic Settlements in the East from Armenia and Mesopotamia to Bactria and India*, pp. 291-293.

4 Arrian, 6.15.2.

5 P. M. Fraser, *Cities of Alexander the Great*, p. 71; cf. W. W. Tarn, *Alexander the Great*, Vol. II, p. 237. 坎宁汉和埃格蒙特认为，如果菲利普斯确实在亚历山大命令下建造了一座城市，那么，这座城市应该就在乌杰（Uch）。参见A. Cunningham, *The Ancient Geographyof India*, pp. 277-279; P. H. L. Eggermont, *Alexander's Campaign in Southern Punjab*, p. 109. On the identification of Ptolemy's (7.1.46) Iomousa: W. W. Tarn, *Alexander the Great*, Vol. II, p. 237; W. W. Tarn, *The Greeks in Bactria and India*, second edition, pp. 246-247; P. H. L. Eggermont, "The Kushan Dynasty and Alexandria Bucephalus," in J. Quaegebeur, ed., *Studia Paulo Naster Oblate. Part 2: Oientalia Antiqua*, Orientalia Lovaniensia Analecta 13, pp. 65-66.

6 Curtius, 9.8.8.

7 Diodoros, 17.102.4.

8 Г. А. Кошеленко, *Греческий полис на эллинистическом Востоке*, сс. 164-165; Getzel M. Cohen, *The Hellenistic Settlements in the East from Armenia and Mesopotamia to Bactria and India*, pp. 294-295.

建了一座设防的新城，并修建了船坞（καὶ ἐνταῦθα πόλιν τε ἐτείχιζεν ἄλλην καὶ νεωσοίκους ἐποίει.）。[1]库尔提乌斯[2]和狄奥多罗斯[3]称其为亚历山大里亚，后者声称，一万居民被安置于此，还说这些居民不再被叫作索格德人，而叫作索德莱人（Sodrai）。[4]这便出现了一种可能，即索格德的亚历山大里亚与阿凯西内斯河、印度河交汇处的亚历山大里亚属于同一个城市。该城可能还是拜占庭的斯特法努斯[5]所说的那座位于“παρὰ Σωριανοῖς Ἰνδικῶ ἔθνει”的城市。这座城的位置目前仍未可知。唯有普林尼提到，亚历山大建了“克西里奈波利斯/木头城”（Xylinepolis），[6]还声称它是奥奈斯克利托斯（Oneskritos）和尼阿科斯（Nearchos）的登船地。这个城市可能就是阿里安[7]在记述军队建设一座海港和船坞以及后来某处海岸驻军撤走时所想的那座城市。它还可能是阿里安在《印度志》（*Indika*）中称为“亚历山大港”（Harbor of Alexander）的同一座城市。[8]拉普森（Rapson）[9]认为，由于海岸线的变化，这座城的位置很难确定，而塔恩[10]怀疑该城市是否存在过，因为它被描绘为一座木头城（ξυλίη πόλις），而印度的城镇，由于洪水不断，往往都是砖造的。然而，他认同拜占庭的斯特法努斯将这座城市描述为印度民族莫里伊人（Morieis）的城市，而他们的房屋是用木

1 Arrian, 6.15.4.

2 Curtius, 9.8.8.

3 Diodoros, 17.102.4.

4 O. Wecker, “Sodrai,” *RE*, 3A.1, 1927, col. 787.

5 Stephanos Byzantinos, s.v. Ἀλεξάνδρεια 14.

6 Pliny, *NH*, 6.96. Г. А. Кошеленко, *Греческий полис на эллинистическом Востоке*, с. 166; Getzel M. Cohen, *The Hellenistic Settlements in the East from Armenia and Mesopotamia to Bactria and India*, pp. 329-331. 关于位于马其顿米格多尼亚（Mygdonia）的木城，参见Pliny, *NH*, 4.35, and Ptolemy, 3.12.33. 关于卡帕多西亚的木头城（Xyline），参见Ptolemy, 5.6.6.

7 Arrian, 6.20.3. 阿里安在《印度志》21章（*Indika*, 21）提到的，可能是同一个城市。

8 Arrian, *Indika*, 21.11; followed by H. Treidler, s.v. “Xylinepolis,” *RE*, 9A.2, 1967, cols. 2164-2172.

9 E. J. Rapson, *The History of India. Vol. 1: Ancient India*, Cambridge: Cambridge University Press, 1922, p. 382.

10 W. W. Tarn, *The Greeks in Bactria and India*, second edition, p. 244.

头建造的。[1]科恩认为，这里是舰队的停靠地，所以这座城市很可能有充足的木材用来造船，该城可能因此得名。[2]普林尼的出处和该城市的下落仍然未知。

查士丁[3]记载，亚历山大在印度河三角洲某地建了一座城市，依据纸草文献，叫作巴尔克/巴尔凯/帕尔凯（Barke/Barce/Parce）。[4]假设它确实存在的话，在不同版本的文本中对这座城市名称的不同译文，使我们很难知道这个要塞（garrison）的称呼以及它的确切位置，[5]坎宁汉（Cunningham）推测，它与现代的班步拉（Bambhura）有关，[6]他还认为，它就是托勒密所说的巴巴雷（Barbarei）[7]和《厄立特里亚航海记》里提及的巴巴利康/巴巴利科（Barbarikon/Barbarike）。[8]对此，我们很难认同。然而，亚历山大的传记史家有类似的陈述，其中，阿里安说莱昂那托斯（Leonnatos）负责建设该定居点，狄奥多罗斯称其为亚历山大里亚，[9]但这个说法也有诸多的问题。

最后，公元前325年，亚历山大在奥雷泰人（Oreitai）最大村庄兰巴基亚（Rhambakia）所在地建了兰巴基亚的亚历山大里亚

1 Stephanos Byzantinos, s.v. Μωριεῖς, ἔθνος Ἰνδικόν, ἐν ξυλίνοις οἰκοῦντες οἴκοις, ὡς Εὐφορίων. W. W. Tarn, *The Greeks in Bactria and India*, second edition, p. 244 n. 6; 李维（Livy, 38.15.7）讨论了这座木头城（the city of Xyline）。

2 Getzel M. Cohen, *The Hellenistic Settlements in the East from Armenia and Mesopotamia to Bactria and India*, p. 331.

3 Justin, 12.10.6.

4 Getzel M. Cohen, *The Hellenistic Settlements in the East from Armenia and Mesopotamia to Bactria and India*, p. 308.

5 A. Fränkel, *Die Quellen der Alexanderhistoriker: ein Beitrag zur griechischen Literaturgeschichte und Quellenkunde*, Breslau: M. Müller, 1883, pp. 434-435.

6 A. Cunningham, *The Ancient Geography of India*, pp. 339-340; cf. P. H. L. Eggermont, *Alexander's Campaigns in Sind and Baluchistan*, Leuven: Leuven University Press, 1975, pp. 40-41, 132-137.

7 Ptolemy, 7.1.59.

8 L. Casson, *Periplus Maris Erythraei: Text with Introduction, Translation, and Commentary*, pp. 38-39.

9 Arrian, 6.21.5 (在6.22.3提及莱昂那托斯); Curtius, 9.10.7; Diodoros, 17.104.8.

（Alexandria Rambakia）。[1]经过短暂的战斗，亚历山大率军进入该地区最大的定居地——兰巴基亚，他命令在此建一座大城，因为他认为此地地理位置优越，如果在此建城，将来必会繁荣昌盛。[2]库尔提乌斯指出，在进入霍利泰人（Horitae）的地盘时（*quam emensus in Horitas transit*），亚历山大将部队分为三支，以便攻掠、毁坏该地区的不同区域。正是在这些行动中，他建了这座城市，并让阿拉科西亚人殖民于此；遗憾的是，库尔提乌斯没有提及这座城的名字。[3]在拜占庭的斯特法努斯提供的城市名录中，它似乎被称为"霍利泰人之城"（πόλις Ὠριτῶν）。[4]普林尼及其后的狄奥多罗斯说，亚历山大命令莱昂那托斯建立这座亚历山大里亚，他们都提到城内或附近有一个海港。而阿里安提到，后来尼阿科斯在科卡拉（Kokala）抛锚登陆并在那里遇到莱昂那托斯。[5]然而，阿里安的记载有几处前后矛盾，[6]这使得有些学者认为亚历山大实际上在奥雷泰人的地盘上建了两座城市。[7]另一些学者则认为，阿里安文本的本意是说亚历山大实际只建了一座

1 Arrian, 6.21.5, 22.2-3; cf. Curtius, 9.10.7; Pliny, *NH*, 6.97; Diodoros, 17.104.8. J. R. Hamilton, "Alexander among the Oreitae," pp. 603-608; P. H. L. Eggermont, *Alexander's Campaigns in Sind and Baluchistan*, pp. 91-96; Г. А. Кошеленко, *Греческий полис на эллинистическом Востоке*, cc. 166-167; P. Goukowsky, *Essai sur les origines du mythe d'Alexandre (336-270 av. J.-C.). T.2: Alexandre et Dionysos*. Mémoire - Annales de l'Est, n° 60, Nancy: Publications Université Nancy II, 1981, pp. 95-100; P. M. Fraser, *Cities of Alexander the Great*, pp. 71-73, 164-166; Getzel M. Cohen, *The Hellenistic Settlements in the East from Armenia and Mesopotamia to Bactria and India*, pp. 297-301.

2 相关历史的考证，参见A. Stein, "On Alexander's Route into Gedrosia: An Archaeological Tour in Las Bela," p. 213; J. R. Hamilton, "Alexander among the Oreitae," *Hisotoria: Zeitschrift für Alte Geschichte*, Vol. 21.4, 1972, pp. 606-608; Getzel M. Cohen, *The Hellenistic Settlements in the East from Armenia and Mesopotamia to Bactria and India*, pp. 299-301.

3 Curtius, 9.10.5-7.

4 Stephanos Byzantinos, s.v. Ἀλεξάνδρεια 4.

5 Pliny, *NH*, 6.97, Alexandria condita a Leonnato issuer Alexandri; Diodoros, 17.104.4-8; Arrian, *Indika*, 23.4.

6 Arrian, 6.21.5, 22.3; cf. *Indika*, 22.10.

7 H. Berve, *Das Alexanderreich auf prosopographischer Grundlage*, Vol. I, s. 295; G. Glotz, P. Roussel, R. Cohen, *Histoire grecque*, tome 4.1: *Alexandre et l'hellénisation du Monde antique*, 2e éd., Paris: Presses universitaires de France, 1945, p. 163.

城，而之所以出现这种混淆，其根源在于阿里安记述了亚历山大在这一地区两个阶段的活动。[1]

3. 亚历山大远东殖民的结果

在这段远征期间，军队被分派到业已存在的要塞——库尔提乌斯称其为praesidim，阿里安称其为φυλάκη或φρουρά——或定居点内新建的要塞，对于这些由马其顿总督或其指定人掌管的定居点，库尔提乌斯称之为oppidum，阿里安称之为κατοικία。[2]据阿里安记载，[3]当亚历山大离开巴克特里亚前往印度时，他给巴克特里亚总督阿明塔斯留下3500名骑兵和10000名步兵。这些数字与库尔提乌斯的说法比较吻合，因为库尔提乌斯说亚历山大打算在整个亚洲维持2000骑兵和13000步兵的兵力。[4]这些兵力驻扎在被征服地区的不同城市和定居点。因此，阿里安在讨论上省最东边的要塞时指出，有些φυλάκη或φρουρά坐落于卫城之上，它们是亚历山大在奥尔诺斯、[5]塔奈斯河沿线、[6]巴克特里亚、[7]扎瑞阿斯帕（Zariaspa）[8]等地

1 例如P. M. Fraser, *Cities of Alexander the Great*, p. 72 n. 31; J. R. Hamilton, "Alexander among the Oreitae," p. 603; W. W. Tarn, *Alexander the Great*, Vol. II, pp. 249-253.

2 B. Bar-Kochva, *The Seleucid Army: Organization and Tactics in the Great Campaigns*, Cambridge Classical Studies, New York: Cambridge University Press, 1976, pp. 22-24; G. M. Cohen, *The Seleucid Colonies: Studies in Founding, Administration and Organization*, Wiesbaden: Franz Steiner Verlag, 1978, pp. 4-5; K. W. Dobbins, "Alexander's Eastern Satrapies," pp. 73-108.

3 Arrian, 4.22.3.

4 Curtius, 10.2.8.

5 Arrian, 3.29.1; Curtius, 7.5.1. 关于这座城市可能的身份，参见Э. В. Ртвеладзе, "О местоположении бактрийского города Аорна," *Веестник древней истории*, 1982.1, сс. 149-151; Э. В. Ртвеладзе, *Александр Македонский в Бактрии и Согдиане. Историко-географические очерки*, Ташкент: Академия художеств Республики Узбекистан, Отдел истории искусств НИИ искусствозания, 2002, сс. 26-28; cf. P. Bernard, "L'Aornos bactrien et Aornos indien. Philostrate et Taxila: géographie, mythe et réalité," *TOPOI. Orient-Occident*, 6/2, 1996, pp. 475-476; P. Bernard, "Greek Geography and Literary Fiction from Bactria to India: The Case of the Aornoi and Taxila," in M. Alram and D. Klimburg-Salter, eds., *Coins, Art, and Chronology. Essays on the Pre-Islamic History of the Indo-Iranian Borderland*, Wien: Verlag der Österreichischen Akademie der Wissenschaften, 1999, pp. 54-55.

6 Arrian, 4.1.4, 4.1.

7 Arrian, 4.16.4-5.

8 Arrian, 4.16.6.

建立的，而在印度的要塞包括巴兹拉（Bazira）、奥拉（Ora）和马萨加、[1]奥罗巴提斯（Orobatis）、[2]犍陀罗首府佩乌凯劳提斯/布沙卡拉瓦蒂（Peukelaotis/Pushkalavati，今查尔萨达）、[3]印度的奥尔诺

---

1 Arrian, 4.27.7, 28.4; Strabo, 15.1.27 (698). 关于巴兹拉、奥拉和马萨加，参见P. H. L. Eggermont, "Alexander's Campaign in Gandhara and Ptolemy's List of Indo-Scythian Towns," *Orientalia Lovaniensia Periodica*, Vol. 1, 1970, pp. 71-74; P. H. L. Eggermont, *Alexander's Campaign in Southern Punjab*, p. 23; A. H. Dani and P. Bernard, "Alexander and His Successors in Central Asia," in J. Harmatta, et al., eds., *History of Civilizations of Central Asia. Volume II: The Development of Sedentary and Nomadic Civilizations: 700 B.C. to A.D. 250*, Paris: UNESCO Publishing, 1994, p. 77; A. B. Bosworth, *A Historical Commentary on Arrian's 'History of Alexander'.Vol. 2: Commentary on Books IV-V*, pp. 169-170, 176-177; Alessandra Bagnera, "Islamic Udegrām. An IsIAO Archaeological Project in Pakistan," Paolo Matthiae and Licia Romano, eds., *Proceedings of the 6th International Congress of the Archaeology of the Ancient Near East*, Vol. 3, Wiesbaden: Harrassowitz, 2010, pp.7-22; O. Tribulato and L.M. Olivieri, "Writing Greek in the Swat Region: A New Graffito from Barikot (Pakistan)," *ZPE*, Vol. 204, 2017, pp. 128-135. 科舍伦科推测，奥罗巴提斯也是一个拥有驻军的定居点，而不仅仅是个要塞。（Г. А. Кошеленко, *Греческий полис на эллинистическом Востоке*, сс. 160-162.）相反观点，参见Getzel M. Cohen, *The Hellenistic Settlements in the East from Armenia and Mesopotamia to Bactria and India*, pp. 319-320.

2 Arrian, 4.28.4-5. 在亚历山大的命令下，赫菲斯提昂、帕狄卡斯及其手下建了该城，留下一部分军队驻守后，出发前往印度。参见P. H. L. Eggermont, "Alexander's Campaign in Gandhara and Ptolemy's List of Indo-Scythian Towns," pp. 71-74; Г. А. Кошеленко, *Греческий полис на эллинистическом Востоке*, сс. 161-162; P. H. L. Eggermont, *Alexander's Campaign in Southern Punjab*, p. 23; A. B. Bosworth, *A Historical Commentary on Arrian's 'History of Alexander'. Vol. 2: Commentary on Books IV-V*, pp. 182-183; Getzel M. Cohen, *The Hellenistic Settlements in the East from Armenia and Mesopotamia to Bactria and India*, pp. 319-320.

3 Arrian, 4.22.7, 28.6; *Indika*, 1.8, 4.11; Pliny, *NH*, 6.62, 78, 94; Ptolemy, 7.1.44; Periplus Maris Erythraei, 47-48; Strabo, 15.1.27 (697-698). J. H. Marshall, *Archaeological Survey of India Annual Reports for the Years 1902-1903*, Calcutta: Office of the Superintendent of Government Printing, 1904, p. 177; A. K. Narain, *The Indo-Greeks*, Oxford: Clarendon Press, 1957, p. 151; A. H. Dani, *Pushkalavati – The Lotus City*, Archaeological Survey of India 1, Archaeological Guide Series 1, Peshawar: Department of Archaeology, University of Peshawar, 1963; A. H. Dani, "Shaikan Dheri Excavations (1963-1964 seasons): In Search of the Second City," *Ancient Pakistan* 2, 1965-1966, pp. 16-214; B. N. Puri, *Cities of ancient India*, Meerut: Meenakshi Prakashan, 1966, pp. 90-92; D. C. Sircar, *Cosmography and Geography in Early Indian Literature*, Calcutta: D. Chattopadhyaya, 1967, pp. 73-75, 96, 114, 128; M. Wheeler, *Flames over Persepolis: Turning Point in History*, London: Weidenfeld and Nicolson, 1968, pp. 98-102; P. H. L. Eggermont, "Alexander's Campaign in Gandhara and Ptolemy's List of Indo-Scythian Towns," p. 107; Г. А. Кошеленко, *Греческий полис на эллинистическом Востоке*, сс. 148, 162, 168-170, 219; P. H. L. Eggermont, *Alexander's Campaign in Southern Punjab*, （转下页）

斯、[1]间或作为犍陀罗首府的塔克西拉、[2]波罗斯统治下的城市、[3]穆西

（接上页）p. 57; A. B. Bosworth, *A Historical Commentary on Arrian's 'History of Alexander'. Vol. 2: Commentary on Books IV-V*, pp. 149-150, 183-184; R. A. E. Coningham and I. Ali, *Charsadda: The British – Pakistani Excavations at the Bala Hisar of Charsadda*, Oxford: Archaeopress, 2007; Getzel M. Cohen, *The Hellenistic Settlements in the East from Armenia and Mesopotamia to Bactria and India*, pp. 321-324. 关于巴拉·希萨尔丘（Bala Hisar Mound）的历史演变，参见Mortimer Wheeler, *Charsada, a Metropolis of the North-West Frontier: Being a Report on the Excavations of 1958*, London: Oxford University Press, 1962, pp. xi, 10, 33-103; R. Dittman, "Problems in the Identification of an Achaemenian and Mauryan Horizon in North Pakistan," *Archäologische Mitteilungen aus Iran und Turan*, Vol. 17, 1984, p. 159; W. J. Vogelsang, "A Period of Acculturation in Ancient Gandhara," *South Asian Studies*, Vol. 4, 1988, pp. 103-113; I. Ali, R. A. E. Coningham, M. A. Durrani, G. R. Khan, "Preliminary Report of Two Seasons of Archaeological Investigations at the Bala Hisar of Charsadda, NWFP, Pakistan," *Ancient Pakistan*, Vol. 12, 1998, pp. 1-14; R. Young, *Agriculture and Pastoralism in the Late Bronze and Iron Age, North West Frontier Province, Pakistan*, British Archaeological Reports 1124, Oxford: Archaeopress, 2003, pp. 37-40; R. A. E. Coningham, *Charsadda: The British-Pakistani Excavations at the Bala Hisar*, Society for South Asian Studies (British Academy) 5, Oxford: Archaeopress, 2004, p. 9. 印度—希腊人国王在距离巴拉·希萨尔约一公里的谢罕德里（Shaikhan Dheri），更靠近喀布尔河和斯瓦特河汇合处的地方建了一座城，从印度—希腊统治时期到贵霜统治早期，这座城市一直充当该地区的首府。按照达尼（Dani）的说法（1965—1966），印度—希腊人国王米南德按照希波达姆斯模式建设布什卡拉瓦蒂—谢罕德里（Pushkalavati-Shaikhan Dheri），与古代犍陀罗的另一座主要城市呾叉始罗—锡尔卡普（Takshasila-Sirkap）十分相似。在贵霜王朝统治的公元前2世纪，布什卡拉瓦蒂—谢罕德里被洪水毁灭。

1 Arrian, 4.30.4.

2 Arrian, 5.8.3, 6.15.2. J. H. Marshall, *Taxila: An Illustrated Account of Archaeological Excavations Carried out at Taxila under the Orders of the Government of India between the Years 1917 and 1934*, 3 vols., Cambridge: Cambridge University Press, 1951; J. H. Marshall, *A Guide to Taxila*, fourth edition, Karachi: Sani Communications, 1960; Г. А. Кошеленко, *Греческий полис на эллинистическом Востоке*, cc. 170-172; P. M. Fraser, *Cities of Alexander the Great*, pp. 159-160; A. H. Dani, *Historic City of Taxila*, Lahore, 2001; A. B. Bosworth, *A Historical Commentary on Arrian's 'History of Alexander'. Vol. 2: Commentary on Books IV-V*, pp. 221-222; Getzel M. Cohen, *The Hellenistic Settlements in the East from Armenia and Mesopotamia to Bactria and India*, pp. 325-328. 在这个地方建立的第一个城市位于比哈尔丘（the Bihar Mound）（公元前6—前2世纪）。希腊—巴克特里亚人（Graeco-Bactrians）在斯尔卡普（Sirkap）创建了该地区的第二个城市，而第三个城市锡尔苏克（Sirsukh）是在公元1世纪由贵霜人创建的。在莫卧儿帝国时代，这座城市改名为波斯语的"马尔加拉"（Margala）。

3 Arrian, 5.24.8.

卡努斯的首府及其城市、[1]帕塔拉（Patala，或波塔纳，Potana），[2]而

1 Arrian, 6.15.7, 17.1; Curtius, 9.8.8-10. Г. А. Кошеленко, *Греческий полис на эллинистическом Востоке*, c. 165; P. H. L. Eggermont, *Alexander's Campaign in Southern Punjab*, p. 110; Getzel M. Cohen, *The Hellenistic Settlements in the East from Armenia and Mesopotamia to Bactria and India*, p. 316. 阿里安记载，亚历山大命令克拉特鲁斯增强这座城市的卫城防御，并在那里布置了卫戍部队，"亚历山大认为这里的地理位置非常有利于观察周边部落，并让他们保持臣服"。库尔提乌斯与其一致，但是在提到这座城市时使用了复数形式Musicani，而不是使用国王名字的单数形式，说明穆西卡努斯可能是王衔，不是国王的本名。阿里安还说，在成功镇压了穆西卡努斯在全地区所领导的各种起义后，亚历山大在该地区的其他城市留下了驻军。有人认为，这座城市存在于阿罗拉（Alora）地区。（J. W. McCrindle, *The invasion of India by Alexander the Great, as described by Arrian, Q. Curtius, Diodoros, Plutarch and Justin; being translations of such portion of the works of these and other classical authors as describe Alexander's campaigns in Afghanistan, the Panjâb, Sindh, Gedrosia, and Karmania. With an introduction containing a life of Alexander*, Westminster: A. Constable and Co., 1896, p. 157; V. Smith, *The Early History of India from 600 B.C. to the Muhammadan Conquest including the Invasion of Alexander Great*, fourth edition, p. 98; Г. А. Кошеленко, Греческий полис на эллинистическом Востоке, c. 165.）

2 Arrian, 6.17.4, 18.2, 20.1 and 20.5. P. H. L. Eggermont, *Alexander's Campaigns in Sind and Baluchistan*, pp. 27-29, 37-38, 189-190ff; Г. А. Кошеленко, Греческий полис на эллинистическом Востоке, c. 165; A. B. Bosworth, *Conquest and Empire: The Reign of Alexander the Great*, Cambridge/New York, 1988, p. 249; M. Kervran, "Le delta de l'Indus au temps d'Alexandre. Quelques éléments nouveaux pour l'interprétation des sources narratives," *CRAI*, Tome 139.1, 1995, pp. 283-286; P. M. Fraser, *Cities of Alexander the Great*, pp. 71, 73; Getzel M. Cohen, *The Hellenistic Settlements in the East from Armenia and Mesopotamia to Bactria and India*, pp. 320-321. 据阿里安记载，帕塔拉是一个位于印度河三角洲的港口城市。亚历山大命令赫菲斯提昂加强城市及其港口的防御，并建设船坞码头。（Arrian, 5.3.3-4.1; 6.17.4, 18.1-2, 20.1. 参见Ptolemy, 7.1.59. 托勒密提到，帕塔拉是一个港口城市，帕塔莱内[Patalene]是一个与印度河三角洲相似的政治分区。）狄奥多罗斯提到，亚历山大在印度河流域创建了一座城市，叫波塔纳。（Diodoros, 3.47.9. 阿伽塔奇德斯在公元前2世纪时提到，埃及亚历山大里亚的商人从亚丁湾的索科特拉岛出发后抵达波塔纳。参见Agatharchides 105b in S. M. Burstein, *On the Erythraean Sea*, trans. and ed. S. M. Burstein, London: Hakluyt Society, 1989, p. 169.）"波塔纳"可能是"帕塔拉"的变体形式。（关于波塔纳与帕塔拉之间的互换，参见S. M. Burstein, *Agatharchides of Cnidus, On the Erythraean Sea*, London: Hakluyt Society, 1989, p. 169.）还有其他说法，如普林尼提到普拉西亚内岛和帕塔拉岛位于印度河河口，参见Pliny, *NH*, 6.71;《厄立特里亚航海记》里记载，有一个不知名的小岛位于另一个叫作巴巴利康的海港附近，Cf. the *Periplus Maris Erythraei* (38)；中国佛教高僧玄奘在公元7世纪曾到访印度，他说印度有一座城，叫皮塔西拉（Pitasila）。坎宁汉认为它可能与亚历山大建立的帕塔拉是一座城市，参见A. Cunningham, *The Ancient Geography of India*, p. 234. 尼阿科斯后来将这个港口作为他的海军基地。（Arrian, 6.21.3; T. S. Brown, *Onesicritus. A Study in Hellenistic Historiography*, （转下页）

且，留在腓力（Philip）总督区[1]内的军队与驻扎在塔克西拉的军队类似。[2]在索格底亚那，尤其是在马拉坎达，有大量驻军，据库尔提乌斯记载，[3]沿塔奈斯河居住的蛮族发动了一系列起义，这些起义让驻军疲于奔命。[4]而在马尔吉亚那，如前所述，库尔提乌斯记载，[5]亚历山大建了六个要塞（oppis），保护马尔吉亚那城与东部其他城市之间的商旅往来。在这个名录中，也许还可以加上阿尔比斯城（the polis of Arbis），[6]它可能是尼阿科斯在印度河河口附近所建的城市，[7]位于格德

（接上页）Berkeley: University of California Press, 1949, pp. 109-110.）后来，这座城市成为从索科特拉岛出发的商人的目的地之一。（M. G. Raschke, "New Studies in Roman Commerce with the East," *Aufstieg und Niedergang der römischen Welt*, 2.9.2, 1978, Berlin: De Gruyter, p. 657.）关于该城市的位置问题，至今仍无法解决，印度河河道的迁移和河口地区连续的河流沉积又在很大程度上加剧了解决的难度。（L. Flam, "The Prehistoric Indus River System and the Indus Civilization in Sindh," *Man and Environment*, Vol. 24.2, 1999, pp. 36-37.）有人认为，应将帕塔拉和"木城"克西里奈波利斯及尼阿科斯率舰队出发时的海港视为同一个地方（T. S. Brown, *Onesicritus. A Study in Hellenistic Historiography*, pp. 109-110）；另一些人认为，克西里奈波利斯是后来建设的城市（Paul Pédech, *Historiens Compagnons D'Alexandre: Callisthène, Onésicrite, Néarque, Ptolémée, Aristobule*, Paris: Les Belles Lettres, pp. 130-131; cf. A. H. Dani and P. Bernard, "Alexander and His Successors in Central Asia," in J. Harmatta, et al., eds., *History of Civilizations of Central Asia. Volume II: The Development of Sedentary and Nomadic Civilizations: 700 B.C. to A.D. 250*, p. 85）。

1 Arrian, 6.15.2.

2 Arrian, 5.8.3. 阿里安（Arrian, 4.27.2）对菲利普斯之死的描述有时会导致毫无根据的猜测，比如认为他是被当地雇佣军杀害的。例如A. B. Bosworth, "The Indian Satrapies under Alexander the Great," *Antichthon*, Vol. 17, 1983, p. 37; S. Sherwin-White and A. Kuhrt, *From Samarkhand to Sardis: A New Approach to the Seleucid Empire*, p. 9.

3 Curtius, 7.6.10.

4 Arrian, 4.1.4.

5 Curtius, 7.8.15.

6 P. H. L. Eggermont, *Alexander's Campaigns in Sind and Baluchistan*, p. 136; Г. А. Кошеленко, *Греческий полис на эллинистическом Востоке*, p. 166; Getzel M. Cohen, *The Hellenistic Settlements in the East from Armenia and Mesopotamia to Bactria and India*, pp. 305-307.

7 普林尼写道："Haec tamen digna memoratu produntur: *Arbis oppidum a Nearcho conditum in navigatione ea...*" *NH*, 6.97.（参见6.110。关于这段话，参见P. H. L. Eggermont, *Alexander's Campaigns in Sind and Baluchistan*, p. 136; R. Boucharlat and J.-F. Salles, "The History and Archaeology of the Gulf from the 5th Century B.C. to the 7th Century A.D.: A Review of the Evidence," *Proceedings of the Seminar for Arabian Studies*, Vol. 11, 1981, pp. 67-68. 必须指出，拉普森对城市创建的真实性表示怀疑，他认为这是传统材料混乱导致的结果。参见E. J. Rapson, *The History of India. Vol. 1: Ancient India*, p. 382.)

罗西亚，[1]因为沿海岸而居的阿尔比斯人（Arbies）就是以阿尔比斯河（它是奥雷泰人与阿尔比斯人之间的界河[2]）命名的，或者它就是所谓的“亚历山大港”[3]（the Harbor of Alexander）。难以确定这些城市地址的原因之一在于，许多城市，不管是否有意为之，只是暂时有军队驻守，这些城市被遗弃的现象太普遍了，以至于亚历山大史家明显很少关注他们，除非发生一些不寻常事件，如菲利普斯或阿那克西普斯被杀案。就此而言，军队在多数地方的驻守时间似乎都不长。

这些事例表明，亚历山大在帝国远东走廊地区采用了一种定居政策，作为控制这些被征服国家的手段。这一实践，正如亚历山大的其他很多做法一样，都是由其父最先发起，但在亚历山大这里得到更大规模的推广。[4]城市在实现这一目标过程中发挥了双重作用。首先，许多城市是数天之内仓促建成的，虽然被冠之以“亚历山大里亚”这样给人以宏大壮观之感的名字，但它们看起来不过是军事殖民地。亚历山大里亚·埃斯卡特的情况就是这样，它只不过是个边境哨所，所谓的双胞胎城——布凯法拉和尼凯亚，用土砖建造而成，遇到大雨降临，它们几乎就消失在泥浆中，即使被重建，我们也找不到它们在下一场暴雨中继续存在的迹象。另一方面，亚历山大喜欢以自己的名字给现有城市重新命名，如亚历山大里亚·阿拉科西亚/亚历山德罗波利斯（Alexandropolis）、亚历山大里亚·阿里亚（Alexandreia Areia）等等，这似乎带来了更持久的成功。理解亚历山大这一政策成功的关键在于他创造了由混杂人口组成的殖民地，其中绝大多数人口是土著

---

1 Ptolemy, 6.21.5.

2 Strabo, 15.2.1 (720).

3 Arrian, *Indika*, 21.10. Victor Tcherikover, *Die hellenistichen Städtegründungen von Alexander dem Grossen bis auf die Römerzeit*, s. 110; H. Berve, *Das Alexanderreich auf prosopographischer Grundlage*, Vol. I, s. 295; cf. P. H. L. Eggermont, “Alexander’s Campaign in Gandhara and Ptolemy’s List of Indo-Scythian Towns,” *Orientalia Lovaniensia Periodica*, Tome 1, 1970, pp. 75-82.

4 G. M. Cohen, *The Hellenistic Settlements in Europe, the Islands, and Asia Minor*, Hellenistic Culture and Society 17, Berkeley: University of California Press, 1995, pp. 17-18.

居民和希腊雇佣兵，只有极少数是马其顿人。[1]

这些殖民地，除了可以充当亚历山大在各总督区的直接代理外，还有一个好处，就是亚历山大可以通过发配到偏远地方的手段清除军队中的异己分子，作为对他们不服从命令的惩罚。[2]事实上，在公元前325年的叛乱之前，科伊诺斯强调性地声称，亚历山大让一些不愿留下的希腊人和马其顿人留在巴克特里亚。[3]当然，退役士兵会得到土地，很可能还会得到经济支持来建立农庄，但当地居民显然并不像留在当地的希腊人和马其顿人过得那样好。对于被强占地区的人口，例如在阿利亚马泽斯岩堡战役中被俘虏的那些人，[4]情况尤其如此。大多数投降的人，就像被没收的硬币一样，被分配给亚历山大里亚·马尔吉亚那附近六个城镇的殖民者。[5]事后看来，不管在（上省）被征服地区实行的这种殖民政策多么不完善，它确实提供了某种程度的管控，同时也保护了交往通道和边境。创建新城、在较大的老城部署驻军，再加上军事殖民地的建立，这些方法虽然是强制性的，但在一定程度上是以亚历山大的融合政策为基础的。驻军规模似乎很小，从几十个人到数百个人不等。这一政策的总体影响在于它成为各国人民之间接触以及由此产生的文化交流的基础，反之，这些可能都不会发生。[6]

---

1 P. Faure, *Alexandre*, Paris: Fayard, 1985, pp. 485-503; cf. 503-510.

2 例如Justin, 12.5.8 and 13.

3 Arrian, 5.27.5. 关于军队内部后来爆发的叛乱，参见Arrian, 4.22.3; Curtius, 9.7; Diodoros, 99.5f. R.A. Billows, *Kings and Colonists. Aspects of Macedonian Imperialism*, Columbia Studies in the Classical Tradition 22, Leiden/New York/Köln: Brill, 1995, pp. 157-158.

4 Curtius, 7.11.29.

5 Curtius, 7.10.15; A. B. Bosworth, *A Historical Commentary on Arrian's 'History of Alexander'. Vol. 2: Commentary on Books IV-V*, p. 247.

6 关于亚历山大出于经济原因而进行的殖民活动，参见M. J. Olbrycht, "Ethnicity of Settlers in the Colonies of Alexander the Great in Iran and Central Asia/Этническая принадлежность поселенцев в колониях Александра Македонского в Иране и Средней Азии," cc. 29-32; M. J. Olbrycht, "Die Alexandergründungen in den nordiranischen Ländern im Lichte der geographischen Tradition der Antike," in A. V. Podossinov, ed., *Periphery of the Classical World in Ancient Geography and Cartography*, Colloquia antiqua, Vol. 12, Leuven; Prais; Walpole, MA: Peeters, 2014, pp. 97-98, 108, 114, 116.

当公元前323年亚历山大在巴比伦逝世时，他在远征时期任命的许多总督已被替换。[1]例如，公元前328/327年，亚历山大在瑙塔卡任命斯塔麦奈斯或狄塔麦奈斯（Ditamenes）担任巴比伦总督，以填补马扎伊奥斯死后的空缺，[2]结果，公元前323年他便被来自培拉（Pella）的马其顿人阿尔孔（Arkhon）所替代。[3]同一年，亚历山大处死苏萨总督阿布利泰斯及其子奥克萨特雷斯，理由是亚历山大从印度返回、途经格德罗西亚时他没有送上他所要求的补给，[4]接替其职位的人，名叫阿尔盖奥斯（Argaios）或奥罗皮奥斯（Oropios），[5]随后的继任者则是科伊诺斯。[6]公元前332年亚历山大任命弗拉萨奥特斯担任波西斯总督，以填补前任总督阿里奥巴扎尼斯死后的空缺，[7]但他的职位后来被奥尔克西奈斯（Orxines）篡夺。[8]公元前324年，亚历山大从印度返回后将奥尔克西奈斯处决，[9]马其顿人佩乌凯斯塔斯（Peukestas）接任总督之职，他也是史料所记载的第一位学会波斯语的马其顿人，并因此赢得荣誉。[10]公元前330年任命的总督奥克叙达泰斯因执政不善，在公元前328/327年被处决。[11]阿特罗帕特斯（Atropates）接任其职，他后来在公元前323年又被委以小米底（Lesser Media）总督之职，[12]在公元前

1 É. Will, *Histoire politique du monde hellénistique*, Tome i, 2e, Nancy: Presses universitaires de Nancy, 1979, pp. 24-26.

2 Arrian, 4.28.3; Curtius, 8.3.17.

3 Diodoros, 18.3.3; Justin, 13.4.23.

4 Arrian, 7.4.1.

5 H. Berve, *Das Alexanderreich auf prosopographischer Grundlage*, Vol. II, s. 57 no. 107; W. Heckel, *Who's Who in the Age of Alexander the Great: Prosopography of Alexander's Empire*, pp. 43, 186.

6 Justin, 13.4.14.

7 Arrian, 3.18.11.

8 Arrian, 6.29.2, 30.1.

9 Arrian, 6.30.2; Curtius, 10.1.22-38.

10 Arrian, 6.30.2-3.

11 Arrian, 4.18.3; cf. 库尔提乌斯称其为阿尔萨西斯（Curtius, 8.3.17）。

12 Diodoros, 18.3.3; Justin, 13.4.13.

317/316年的加贝内（Gabene）战役后，他可能在米底的阿特洛帕特奈（Media Atropatene）[1]成为一名独立统治者。在奥托弗拉达特斯因执政不善被捕后，帕提亚—赫卡尼亚（Parthia-Hykania）联合总督辖区以及马尔迪亚人（Mardians）和塔布里亚人的里海地区，由弗拉塔费涅斯管理，直到公元前321/320年。[2]接着，在特里帕拉狄索斯（Triparadeisos）进行的总督区重组中，菲利普斯被任命为总督。[3]公元前328/327年冬，阿里亚总督斯塔萨诺尔（Stasanor）将叛将阿尔萨息（Arsakes）带到瑙塔卡，交给亚历山大。[4]亚历山大将斯塔萨诺尔的总督权扩大到德兰吉亚那，作为奖赏。[5]卡尔马尼亚（Karmania）前总督西比尔提奥斯（Sibyrtios）再次被任命为总督，统治格德罗西亚和阿拉科西亚联合辖区，而帕提亚—赫卡尼亚辖区的前督办（episkopos）特莱波勒摩斯被任命为卡尔马尼亚总督。[6]公元前327年，帕拉帕米萨代总督普罗埃赫斯被撤职，由提里斯皮斯取代，亚历山大同时任命尼卡诺尔管理高加索（的城市）。[7]尼卡诺尔后来被派往印度并在一次暴动中被杀，[8]公元前325年，提里斯皮斯

1 Strabo, 11.13.1.

2 Diodoros, 18.3.3; cf. *Liber de Morte*, 121; Justin, 13.4.23.

3 Diodoros, 18.39.6.

4 Arrian, 4.18.1. 斯塔萨诺曾是亚历山大伙友骑兵成员之一（Arrian, 3.29.5; Strabo, 14.6.3 [682-683]），并在东征过程中表现突出（Arrian, 3.29.5, 4.7.1, 4.18.1; Diodoros, 17.81.3）。斯托亚诺夫（Stoyanov）认为，斯塔萨诺与塞浦路斯的索利王朝（Solian dynasty of Cyprus）并无关联。（E. O. Стоянов, "К вопросу о происхождении Стасанора Солийского," *ПИФК*, Vol. 2, 2016, cc. 100-110. contra M. M. Sanahuja, "Stasanor of Soloi and the Government of Bactria during the Wars of the Diadochi," *Anabasis. Studia Classica et Orientalia*, Vol. 8, 2017, pp. 44-70.

5 Arrian, 3.29.5, 4.18.3; Diodoros, 17.81.3, 18.3.3; Dexippos Frag.1.6 (BNJ 100 F8); Justin, 13.4.21. 在这段时期，他似乎因为取缔了当地某些习俗而与当地居民发生了冲突。参见 Porphyrios, *De Abstinentia* 4.21. 通过观察他后来的事业轨迹，我认为他应该从这次事件中学到了重要的教训，因而后来再没重复这样的教训。显然，希腊人（而不是中亚人）入乡随俗，以便适应他们生活的环境。

6 Arrian, 6.27.1; cf. Curtius, 9.10.20.

7 Arrian, 4.22.5.

8 Arrian, 5.20.7.

因执政不善被撤职，随后被处死，[1]取而代之的总督是欧克西亚提斯（Oxyartes）。[2]

在征服远东地区的整个时期，亚历山大建立了许多军事殖民地，这些殖民地后来发展为城市，并以他自己的名字被重新命名，不过，每个城市的位置至今仍无定论。被他安置在这些城市的老兵反对他的安排，在公元前325年和公元前323年发动起义。[3]因为那些起义者不想生活在已知世界的边缘。相反，他们热切地希望回归一种由希腊制度和拥有共同价值观的公民共同体所构成的城邦生活方式，而不是生活在单调的定居点，他们在其中只是混合人口中的一个组成部分而已。亚历山大在不到三周内建成的所谓城市绝不可能像后来的阿伊·哈努姆那样的城市，因为它们是下一时期的产物。[4]这些老兵的数量无疑已严重下降，尤其在公元前323年起义之后，他们发现自己已然成为日益减少的少数族群。[5]他们是陌生世界的外来人。虽然他们帮助征服了亚历山大帝国的这一部分，但他们没有统治它的欲望。尽管如此，亚历山大在死前所建立的统治体系基本牢牢延续了下来，因为在整个帝国，马其顿人维持了最高统治权，除马其顿将军们外，这个统治权没有遇到任何严峻的挑战。继业者战争对帝国的土著居民几乎没造成什么影响，因为这留给了那些负责管理帝国的人，特别是远东地区的总督们。

---

1 Curtius, 9.8.9.

2 Arrian, 6.15.3.

3 Diodoros, 17.99.5-6, 18.4.8, 7.1-5; Curtius, 9.7.1. 参见P. Goukowsky, *Essai sur les origines du mythe d'Alexandre (336-270 av. J.-C.). T. 2: Alexandre et Dionysos*, p. 12.

4 Г. А. Кошеленко, *Греческий полис на эллинистическом Востоке*, Москва: Наука, 1979, сс. 65-78.

5 F. Widemann, *Les successeurs d'Alexandre en Asie Centrale et leur heritage culturel. Essai*, Paris: Riveneuve, 2009, p. 39.

附[1]：亚历山大在中亚和印度的继业者[2]

公元前323年亚历山大去世后，帕狄卡斯仍保有远东地区的总督权，因为这是被亚历山大任命的，唯一的例外是培松（Peithon）被任命为大米底（Media Maior）总督。[3]这个培松就是在公元前323年受命镇压巴克特里亚老兵起义的那个人。[4]之前，在公元前325年，有谣言称亚历山大已死于印度，在此鼓动之下，巴克特里亚总督阿明塔斯被杀，菲利普斯取而代之——后者的职位在公元前323年再次得

---

1 此节为原文的第三小节，重点是亚历山大死后他的继业者在中亚和印度的活动，未涉及建城活动，故列为附录。

2 关于这一话题，有大量简明扼要的研究成果：H. Berve, *Das Alexanderreich auf prosopographischer Grundlage*, 2 vols., München: Beck, 1926; P. Cloché, *La dislocation d'un empire. Les premiers successeurs d'Alexandre le Grand (323-281/280 avant J.-C.)*, Paris: Payot, 1959; É. Will, *Histoire politique du monde hellénistique*, Vol. i, 2e, Nancy: Presses universitaires de Nancy, 1979; L. Schober, *Untersuchungen zur Geschichte Babyloniens und der oberen Satranien von 323-303 v. Chr.*, Francfort am Main and Bern: P. D. Lang, 1981; A. C. Шофман, Распад империи Александра Македонского, Казань: Изд-во Казанского университета, 1984; K. W. Dobbins, "Alexander's Eastern Satrapies," *Persica*, Vol. 11, 1984, pp. 73-108; É. Will, "The Succession to Alexander," trans. F. McDonagh, in F. W. Walbank, A. E. Astin, M. W. Frederiksen and R. M. Ogilvie, eds., *The Cambridge Ancient History, 2nd ed. Vol. 7.1*, pp. 23-61; W. Heckel, *Who's Who in the Age of Alexander the Great: Prosopography of Alexander's Empire*, Malden, MA.: Wiley-Blackwell, 2006; Г. А. Кошеленко and В. А. Гаибов, "Сатрапы Востока. Время диадохов," *Центральная Азия и Южная Сибирь* 1, 2009, сс. 151-169; M. J. Olbrycht, "Iranians in the Diadochi Period," in V. A. Troncoso and E. M. Anson, eds., *After Alexander: The Time of the Diadochi (323-281 BC)*, Oxford, Oakville, Connecticut: Oxbow Books, 2013, pp. 159-182; R. Strootman, "Men to Whose Rrapacity neither Sea nor Mountain Sets a Limit. The Aims of the Diadochs," in H. Hauben and A. Meeus, eds., *The Age of the Successors and the Creation of the Hellenistic Kingdoms*, Leuven: Peeters, 2017, pp. 307-322; H. Hauben and A. Meeus, "Introduction. New Perspectives on the Age of the Successors," in H. Hauben and A. Meeus, eds., *The Age of the Successors and the Creation of the Hellenistic Kingdoms*, pp. 1-6.

3 Justin, 13.4.13; Curtius, 10.10.3; Diodoros, 18.3.1-2.

4 Diodoros, 17.9.5-6; 18.4.8; 18.7.3-9; 19.14.1. 关于这一事件的参考文献很多，最近的探讨有O. Coloru, *Da Alessandro a Menandro: Il regno Greco di Battriana*, pp. 130-134; L. Martinez-Sève, "Les Grecs d'extrême Orient: communautés grecques d'Asie Centrale et d'Iran," in L. Martinez-Sève, ed., *Les diasporas grecques de VIIIe à la fin du IIIe siècle av. J.-C., Pallas*, Tome 89, 2012, pp. 374-375.

到确认，[1]就像欧克西亚提斯[2]和印度的那些总督获得权力的过程那样。公元前321年帕狄卡斯被暗杀后，在叙利亚，按照特里帕拉狄索斯（Triparadisos）会议的分割案，[3]安提帕特代表亚历山大的异母兄弟菲利普斯·阿利戴奥斯（Philippos Arrhidaios）和亚历山大之子亚历山大四世执行摄政之权。在东部行省发生的唯一重要变化是菲利普斯从巴克特里亚调到帕提亚—赫卡尼亚，可能是由于弗拉塔费涅斯之死，而来自塞浦路斯索利（Cypriote Soli）的斯塔萨诺尔，阿里亚和德兰吉亚那的前总督，被任命为巴克特里亚和索格底亚那总督，[4]而他的一位同胞（可能是他的兄弟），[5]斯塔桑德罗斯（Stasandros），则成为阿里亚和德兰吉亚那总督。[6]

公元前319年，波吕珀尔孔（Polyperkhon）接替安提帕特（Antipater）担任帝国摄政。在安提帕特之死造成的一片混乱之下，来自米底总督区的培松进攻统治帕提亚—赫卡尼亚的菲利普斯，将其击败，同时将他的兄弟，所谓的“驯象者”欧达穆斯，安插到印度河流域。当欧达穆斯公元前318/317年杀死波罗斯成为行省总督后，他从印度带来了120头战象和军队。[7]然而，培松的胜利是短暂的，因为他和欧达穆斯被波西斯的佩乌凯斯塔斯领导的联盟所击败，该联盟由卡尔马尼亚总督特莱波勒摩斯、阿拉科西亚总督西比尔提奥斯、阿里亚和德兰吉亚那总督斯塔桑德罗斯（率领从巴克特里亚征募来的军

1 Diodoros, 18.3.3; Curtius, 10.10.4; cf. Justin, 13.4.23.

2 Diodoros, 18.3.3; Justin, 13.4.21.

3 关于近来对该会议的评价，参见J. Roisman, *Alexander's Veterans and the Early Wars of the Successors*, Austin: University of Texas Press, 2012, pp. 136-144.

4 Diodoros, 18.39.6, 19.48.1; Justin, 13.4.19-23.

5 J. D. Grainger, *Seleukos Nikator. Constructing a Hellenistic Kingdom*, London and New York: Routledge, 1990, p. 34.

6 Diodoros, 18.3.3; Justin, 13.4.13, 21-23.

7 Diodoros, 19.13.7, 14.7-8; cf. Plutach *Eumenes* 16.3; Arrian, 6.27.2; Curtius, 10.1.21. W. Heckel, *Who's who in the Age of Alexander the Great: Prosopography of Alexander's Empire*, Malden, MA.: Wiley-Blackwell, 2006, p. 120.

队）组成。[1]培松战败后逃往巴比伦，按照特里帕拉狄索斯分割案，[2]这里交由塞琉古统治，但后者拒绝与培松结盟。[3]正在此时，攸麦尼斯（Eumenes）牵扯进来。他本人先与帕狄卡斯结盟，在帕狄卡斯死后，他率领他的部队和帕狄卡斯残部向东进发，在特里帕拉狄索斯会议上这个结盟被宣布为非法，[4]安提柯（Antigonos）[5]受命击败他们。[6]攸麦尼斯及其追随者在苏萨度过了公元前317年的冬天，在那里他会见了来自东部地区、意图与其联手抗击培松的总督们。在入盟者中，有500名来自兴都库什地区的士兵和另外500名来自上省的色雷斯殖民者。[7]但是，春季刚一来临，攸麦尼斯便遭到安提柯、塞琉古和培松所领导的联军的追击。一开始，攸麦尼斯打了胜仗，[8]但最终他被俘[9]并被处决，于是，安提柯成为无可争议的亚洲之王。[10]

安提柯马不停蹄地巩固他在东方的统治地位。公元前316年，他指控培松谋反并将其处决，迫使塞琉古逃往埃及，在托勒密处寻求庇护。同一年，安提柯任命米底人奥隆托巴特斯（Orontobates）担任米底总督，后者迅速粉碎了攸麦尼斯和培松残军夺取总督区的企图。[11]不过，在更往东的地区，形势并不是那么危险，因此安提柯不

1 Diodoros, 19.14.2.

2 Diodoros, 18.39.6.

3 Diodoros, 19.14.3.

4 Diodoros, 18.37.1-2.

5 Diodoros, 18.39.7.

6 关于安提柯王国的简要概括，参见C. Wehrli, *Antigone et Demetrios*, Genève: Librairie Droz, 1968, pp. 75-102.

7 Diodoros, 19.27.

8 Diodoros, 19.26-27.

9 Diodoros, 19.42.

10 关于攸麦尼斯及其在东方的抵抗，参见P. Cloché, *La dislocation d'un empire. Les premiers successeurs d'Alexandre le Grand (323-281/280 avant J.-C.)*, pp. 80-135; É. Will, *Histoire politique du monde hellénistique*, Vol. i, 2e, pp. 39-46; A. B. Bosworth, *The Legacy of Alexander. Politics, Warfare and Propaganda under the Successors*, Oxford: Oxford University Press, 2002, pp. 89-168; Г. А. Кошеленко and В. А. Гаибов, “Сатрапы Востока. Время диадохов,” *Центральная Азия и Южная Сибирь* 1, 2009, сс. 156-160.

11 Diodoros, 19.46.47.

得不重新确认那些总督的统治权。斯塔萨诺尔，[1]作为一个公平公正的统治者，已经赢得了中亚人的信任，他的地位极其稳固，安提柯甚至让他占据巴克特里亚。[2]不过，他后来再也没有出现在历史记录中。斯塔桑德罗斯则是另一种情况。他参与了加贝内战役，帮助攸麦尼斯反对安提柯。随后，安提柯派欧伊托斯（Euitos）取代他，负责管理阿里亚和德兰吉亚那，[3]但欧伊托斯刚一上任便身亡，欧亚格拉斯（Euagoras）随之继任。[4]欧克西亚提斯也像卡尔马尼亚的特莱波勒摩斯一样，继续保有总督权。[5]他们成功的原因之一在于，他们像斯塔萨诺尔一样，普遍受到被统治者的尊敬，并拥有众多支持者。[6]由于西比尔提奥斯与攸麦尼斯公开闹翻，安提柯允许他继续保有阿拉科西亚。[7]安提柯还以保卫该地区为借口，将银盾兵（Argyraspides），也

---

1 关于斯塔萨诺尔，参见Г. А. Кошеленко and В. А. Гаибов, “Сатрапы Востока. Время диадохов,” *Центральная Азия и Южная Сибирь 1*, 2009, сс. 155-160. 科舍伦科（Г. А. Кошеленко, “Становление денежного обращения на эллинистическом Востоке,” *Российская археология*, 2006 No. 3, сс. 97-99.）辨认出两种钱币模仿了雅典的猫头鹰银币：带有ΣΤΑΜΝΑ字样或猫头鹰的雅典娜胸像币模仿了A型币（H. Nicolet-Pierre and M. Amandry, “Un nouveau trésor de monnaies d’argent pseudo-athéniennes venu d’Afghanistan (1990),” *RN*, 6e série, Tome 36, 1994, pp. 34-54, pls. iv-vii; 35-36, nos. 1-9），雅典娜胸像或鹰币模仿了B型币（H. Nicolet-Pierre and M. Amandry, “Un nouveau trésor de monnaies d’argent pseudo-athéniennes venu d’Afghanistan (1990),” *RN*, 6e série, Tome 36, 1994, p. 38 nos. 52-64; cf. G. Le Rider, *Alexandre le Grand: Monnaie, finances et politique*, Paris: Presses universitaires de France, 2003, pp. 279-282）。在奥克苏斯神庙，出土了属于希腊化统治者的两尊黏土肖像，其中一尊描绘了一位年轻人，另一尊描绘了一位老者，两者都戴着运动冠冕。以前，他们被认为是塞琉古或希腊—巴克特里亚王国的国王，甚或是无名的巴克特里亚统治者。巴拉霍万泽夫（Balakhvanzev）认为他们分别是塞浦路斯—索利的斯塔萨诺、塞浦路斯—阿曼托斯（Cypriot Amanthos）的统治者安德罗克莱斯（Androkles）之子安德拉戈拉斯（Andragoras）。参见А. С. Балахванцев, “Приложение VI. К вопросу об атрибуции глиняных голов из Тахти-Сангина,” in Б. А. Литвинский, *Храм Окса в Бактрии (Южный Таджикистан) III. Искусство, художественное ремесло, музикальные инструменты [The Temple of Oxus in Bactria (South Tajikistan 3. Art, Fine Art, Musical Instruments]*, Москва: Издательская фирма “Восточная литература” РАН, 2010, сс. 531-544.

2 Diodoros, 19.18.

3 Diodoros, 19.14.27, 48.

4 Diodoros, 19.48.2.

5 Diodoros, 19.48.2.

6 Diodoros, 19.48.1.

7 Diodoros, 19.48.4.

就是将攸麦尼斯移交给他的那支马其顿军队，派给西比尔提奥斯。古代作家告诉我们，真正的原因是，安提柯并不信任他们（指银盾兵），因此派他们去远征，希望他们在远征中被杀死。[1]这是史料中最后一次提到西比尔提奥斯。公元前316/315年，安提柯剥夺了佩乌凯斯塔斯的波西斯总督权，[2]让阿斯克勒皮奥多鲁斯取而代之。[3]另一位一直担任科芬（Kophen，犍陀罗）总督的培松，[4]被安提柯重新委任为巴比伦尼亚总督，以取代早已逃往埃及的塞琉古。[5]他还任命阿斯佩萨斯（Aspeisas）担任苏西亚那（Susiana）总督。[6]

公元前312年，西亚形势经历了许多重大变化。托勒密离开埃及，向安提柯之子德米特里进军，并在加沙（Gaza）战役中击败对方。[7]这使得塞琉古得以重返美索不达米亚，重新建立他在该地区的统治。[8]结果，公元前311年，安提柯和那些一致反对他的人——卡桑德（Kassander）、吕西马库斯（Lysimakhos）和托勒密——之间达成了和平。[9]就塞琉古而言，他此时正忙于对付安提柯的将军尼卡诺尔，[10]准备东征，以攻取安提柯自公元前316年打败攸麦尼斯后便控制的上省。卡桑德在公元前310年刺杀了亚历山大四世及其母亲罗克珊娜（Rhoxane），由此消灭了阿基德家族（Argead）的血脉，这样，所有觊觎王位的人现在都可以平等地宣布自己为王（basileus）。公元前306年，安提柯之子德米特里成功从托勒密手里夺取塞浦路斯。着眼于建立自己的王朝，安提柯本人和儿子德米特

---

1 Diodoros, 19.14, 23, 48; Polyaenos, 4.6.18.

2 Diodoros, 19.14-15, 17, 21-24, 37-38, 43, 48; Plutarch, *Eumenes* 14-16; Polyaenos, 4.6.13, 8.3.

3 Diodoros, 19.48.5.

4 Diodoros, 18.3.3, 39.6; Justin, 13.4.21.

5 Diodoros, 19.56.4.

6 Diodoros, 19.55.1.

7 Diodoros, 19.80-86, 93; Justin, 15.1.6-9; Plutarch, *Demosthenes*, 5-6.

8 Diodoros, 19.90-92; Plutarch, *Demosthenes*, 7.2-3.

9 Diodoros, 19.105.

10 此时任上省总督。——译者注

里同时称王。但他们没能利用这次的胜利，因为他们在随后夺取埃及的尝试中失败了，因此，公元前305/304年，托勒密也称王，紧随其后的是卡桑德、吕西马库斯和塞琉古。这些行为反映了帝国在地理上的分裂，正式终结了亚历山大帝国由一位统治者重新统一起来的任何可能。

第二节　塞琉古王国在远东地区的建城活动[1]

一、塞琉古一世·胜利者（Seleukos I Nikator）

公元前312年塞琉古占领巴比伦后，安提柯任命尼卡诺尔为米底和上省的总督，统领“米底和波斯以及周边领地”的17000名士兵，[2]向塞琉古和其仅有的3000名士兵进军。[3]据狄奥多罗斯记载，塞琉古施计诱杀尼卡诺尔，在底格里斯河附近歼灭诸多敌军，将幸存者降服在自己麾下。[4]但关于此次战役没有准确的人数统计：我们无法得知此次对抗之后塞琉古军队的希腊、马其顿以及伊朗士兵的数量，也无法明晰此次事件对于新建立的塞琉古王国所统治的希腊和马其顿人口有何影响。这是唯一记载了塞琉古征服活动详情的文献。十年之后，塞琉古追随亚历山大的脚步，通过外交或征服战争，成功将领土东扩至米底、波西斯、苏西亚那、赫卡尼亚—帕提亚、阿

1 原标题为“塞琉古王国在远东地区的建城活动——以传统文献资料为据”（Urban Foundations in the Hellenistic Further East: The Seleukids according to the Literary Source Tradition）。

2 Diodoros, 19.92.1.

3 关于军队人数的概述，见J. D. Grainger, *Seleukos Nikator. Constructing a Hellenistic Kingdom*, London and New York: Routledge, 1990, pp. 74-79.

4 Diodoros, 19.92, 100; Appian, *Syriake* 55.

里亚和德兰吉亚那、巴克特里亚和索格底亚那、马尔吉亚那、阿拉科西亚，最远至印度。[1]但关于他在这些地区的远征活动，仍存在诸多未知。例如，文献并未记载塞琉古如何与这些地区的总督们交涉。因此，我们无法得知究竟是塞琉古通过战争将其降服还是以和平方式将其劝降。

塞琉古对米底的征服包括行省首府埃克巴坦那，[2]他在此设立哨所，延续了其军事中心的职能。[3]与此同时，他将这座城市转变为皇家殖民地，采用希波达姆斯式（Hippodamian plan）即网格状的城市设计风格。[4]塞琉古在拉盖城（Rhagai/Rayy）的废墟（因地震被毁）之上建立了欧罗普斯（Europos）。[5]他很可能到访甚至建立了赫拉克里亚（Herakleia）、[6]拉盖的阿帕米亚（Apameia-Rhagiane）、[7]劳狄

---

1 Appian, *Syriake* 55; Justin, 15.4.10-12.

2 Polybios, 10.27; Diodoros, 17.110; Curtius, 5.8.1; Г. А. Кошеленко, *Греческий полис на эллинистическом Востоке*, cc. 126-127, 135; Getzel M. Cohen, *The Hellenistic Settlements in the East from Armenia and Mesopotamia to Bactria and India*, pp. 206-208; S. Plischke, *Die Seleukiden und Iran. Die seleukidischen Herrsaftspolitik in den östlichen Satrapien*, Classica et Orientalia 9, Wiesbaden: Harrassowitz, 2014, pp. 140-141.

3 Xenophon, *Anabasis*, 22.24.5; Diodoros, 14.22.1; Pliny, *NH*, 6.43.

4 W. Ball, *Rome in the East: The Transformation of an Empire*, second edition, London and New York: Routledge, 2016, p. 304.

5 Strabo, 11.13.6 (524-525); Ptolemy, 6.2.17; Ammianus Marcellinus, 23.6.39. Г. А. Кошеленко, *Греческий полис на эллинистическом Востоке*, cc. 125-126; Getzel M. Cohen, *The Hellenistic Settlements in the East from Armenia and Mesopotamia to Bactria and India*, pp. 209-210; S. Plischke, *Die Seleukiden und Iran. Die seleukidischen Herrsaftspolitik in den östlichen Satrapien*, 2014. 切里科夫（Tcherikover）认为此城由安提柯所建，见 Victor Tcherikover, *Die hellenistichen Städtegründungen von Alexander dem Grossen bis auf die Römerzeit*, ss. 100, 159.

6 Strabo, 11.91. (514); Ptolemy, 6.2.16; Ammianus Marcellenus, 23.6.39. Г. А. Кошеленко, *Греческий полис на эллинистическом Востоке*, cc. 122-123; Getzel M. Cohen, *The Hellenistic Settlements in the East from Armenia and Mesopotamia to Bactria and India*, pp. 238-239.

7 Strabo, 11.13.6 (524-525); Pliny, *NH*, 6.43; Isidoros Kharax, *Mans. Parth* 8. Г. А. Кошеленко, *Греческий полис на эллинистическом Востоке*, c. 123; Getzel M. Cohen, *The Hellenistic Settlements in the East from Armenia and Mesopotamia to Bactria and India*, p. 233.

西亚—米底（Laodikeia-Media）、[1]卡拉克斯（Kharax）[2]以及培特里昂（Pterion）[3]等城市。但有必要强调，即使他确实到过这些地区，我们仍难以确定他的行踪和活动。[4]安条克一世与乡村殖民地的关系也不明朗。[5]在帕提亚，塞琉古可能到过一座名为亚历山德罗波利斯的城市，[6]此城可能之前由亚历山大所建。阿庇安（Appian）[7]称，塞琉古建立了卡利俄珀（Kalliope）和卡里斯（Kharis），重建了赫卡通皮洛斯/百门城（Hekatompylos/Shahr-i Qumis）。根据波里比乌斯（Polybios）关于安条克三世围攻西林克斯城（Sirynx）的记载，[8]我们得知此城存在一个规模较大的希腊人社区。

1 Strabo, 11.13.6 (524-525). Г. А. Кошеленко, *Греческий полис на эллинистическом Востоке*, сс. 123-125; Getzel M. Cohen, *The Hellenistic Settlements in the East from Armenia and Mesopotamia to Bactria and India*, p. 249.

2 Ptolemy, 6.2.16; Ammianus Marcellinus, 23.6.43. Г. А. Кошеленко, *Греческий полис на эллинистическом Востоке*, с. 125; Getzel M. Cohen, *The Hellenistic Settlements in the East from Armenia and Mesopotamia to Bactria and India*, p. 234.

3 Stephanos Byzantinos, s.v. Πτερίον. W. W. Tarn, *The Greeks in Bactria and India*, second edition, p. 9.

4 例如，在马斯吉德苏莱曼（Masjid-i Suleiman）发现的要塞应该由塞琉古所建，见Getzel M. Cohen, *The Hellenistic Settlements in the East from Armenia and Mesopotamia to Bactria and India*, pp. 189-190; S. Plischke, *Die Seleukiden und Iran. Die seleukidischen Herrsaftspolitik in den östlichen Satrapien*, ss. 100-101.

5 关于塞琉古王国早期的国王可能到过的其他殖民地，参见Г. А. Кошеленко, *Греческий полис на эллинистическом Востоке*, сс. 128ff; Getzel M. Cohen, *The Hellenistic Settlements in the East from Armenia and Mesopotamia to Bactria and India*, pp. 232ff.

6 Pliny, *NH*, 6.113; Г. А. Кошеленко, *Греческий полис на эллинистическом Востоке*, сс. 129; Getzel M. Cohen, *The Hellenistic Settlements in the East from Armenia and Mesopotamia to Bactria and India*, pp. 232-233.

7 Kalliope (Appian, *Syriake* 57; cf. Pliny, *NH*, 6.44); Charis (Appian, *Syriake* 57); Hekatompylos (Curtius, 6.2.15; Diodoros, 17.75.1; Pliny, *NH*, 6.44; Appian, *Syriake* 7); Г. А. Кошеленко, *Греческий полис на эллинистическом Востоке*, сс. 127-129; Getzel M. Cohen, *The Hellenistic Settlements in the East from Armenia and Mesopotamia to Bactria and India*, pp. 235, 240-246; S. Plischke, *Die Seleukiden und Iran. Die seleukidischen Herrsaftspolitik in den östlichen Satrapien*, ss. 107-108.

8 Polybios, 10.31.11; Г. А. Кошеленко, *Греческий полис на эллинистическом Востоке*, с. 128; Getzel M. Cohen, *The Hellenistic Settlements in the East from Armenia and Mesopotamia to Bactria and India*, pp. 252-253; S. Plischke, *Die Seleukiden und Iran. Die seleukidischen Herrsaftspolitik in den östlichen Satrapien*, p. 109.

塞琉古的成功一部分归因于两个人的努力。第一位是他的妻子阿帕玛（Apama），[1]于公元前324年春嫁给塞琉古。阿帕玛的父亲斯皮塔米尼斯曾经领导巴克特里亚、索格底亚那和马尔吉亚那地区反叛亚历山大，公元前328年被杀。[2]斯特拉波（Strabo）称，阿帕玛是阿尔塔薛西斯二世（Artaxerxes II）之孙阿塔巴扎斯的女儿阿塔卡玛（Artakama），[3]但仍然难以确定她确实是阿黑门尼家族（Achaemenids）后裔还是斯特拉波混淆了阿帕玛与阿塔卡玛。当然，即使混淆，也无法排除阿帕玛是阿黑门尼后裔的可能性以及这一身份对塞琉古从总督到国王角色转变所起的作用。[4]他们的婚姻属于苏萨马其顿人与异族集体婚礼的组成部分，[5]展示了马其顿人的地位和权力。[6]然而这些与异

---

1 D. Engels, *Benefactors, Kings, Rulers. Studies on the Seleukid Empire between East and West*, pp. 153-154, 220-227.

2 Arrian, 4.3.6-7, 4.5.2-6.4; Curtius, 7.6.14-15; U. Wilcken, s.v. "Apama," *RE Hlbd. I*, 1894, col. 2662 no. 1.

3 Strabo, 12.8.15 (578).

4 W. Heckel, "Anonymi in the History of Alexander the Great," *Historia*, Vol. 36, 1987, p. 117; W. Heckel, *Who's Who in the Age of Alexander*, Oxford, 2009, p. 55; M. Brosius, *Women in Ancient Persia 559-531 BC*, Oxford, 1996, p. 185. 普鲁塔克称她为"波斯的阿帕玛"，参见Plutarch, *Demosthenes*, 31。在以下文献中，阿塔巴扎斯的一位女儿被称作阿帕玛：Plutarch, *Artaxerxes*, 27; Xenophon, *Hellenika*, 5.1.28; Plutarch, *Agesilaus*, 3. 穆勒（Müller）认为，阿帕玛的家族背景一部分源自希罗多德的相关主题，一部分源自托勒密的言论（S. Müller, "Im Interesse des oikos: Handlungsräume der antiken makedonischen Königinnen," *Feministische Studien* 2, 2007, ss. 206-207）。关于她的角色变化和她来自阿黑门尼家族的猜想，见G. Ramsey, "The Diplomacy of Seleukid Women: Apama and Stratonike," in A. Coşkun and A. McAuley, eds., *Seleukid Royal Women: Creation, Representation and Distortion of Hellenistic Queenship in the Seleukid Empire*, Historia Einzelschriften Bd. 240, Stuttgart: Franz Steiner Verlag, 2016, pp. 94-97.

5 需要指出的是，阿里安仅提及侍卫托勒麦奥斯（Ptolemaios）和王臣攸麦尼斯（Eumenes）分别迎娶了阿塔巴扎斯的两位女儿阿塔卡玛和阿托尼斯（Artonis）。他并未提及塞琉古妻子的名字，仅仅称她的父亲是斯皮塔米尼斯（Arrian, 7.4.6; 参见Photios, 91.68b）。梅尔（Mehl）对史料的重构可以为鉴：阿塔巴扎斯之女阿帕玛和斯皮塔米尼斯之女阿帕玛是两个人，前者是救主托勒密（Ptolemy，Soter）之妻（Plutarch, *Eumenes*, 1），后者是塞琉古之妻。见A. Mehl, *Seleukos Nikator und sein Reich*, Bd. 1, pp. 17-19.

6 A. B. Bosworth, *Conquest and Empire: The Reign of Alexander the Great*, Cambridge and New York, 1988, p. 157; A. B. Bosworth, "Alexander the Great Part I: The Events of the Reign," in D. M. Lewis, et al., eds., *The Cambridge Ancient History*, second edition, Vol. 6, Cambridge: Cambridge University Press, 1994, p. 840. 关于阿帕玛，见Arrian, 7.4.6; Strabo, 16.2.4; Appian, *Syriake,* 57; 参见Plutarch, *Demetrios*, 31; *Metz Epitome*, 20.

族结合的婚姻大部分被证明其作用是有限的，因为这些婚姻和10000名马其顿士兵迎娶波斯女子如此规模浩大的婚姻一样，均是短命的，[1]当这些士兵被禁止将他们的妻儿带回马其顿故乡时，便抛弃了他们。[2]然而，阿帕玛与塞琉古的婚姻打破了这一模式，因为她是唯一没有被抛弃的新娘，她的儿子安条克一世取得王位之后，她成了母后。史料记载塞琉古将他建立的三座城市以妻子命名，其中包括如阿帕米亚（Apamea）和宙格玛（Zeugma）的塞琉西亚，二者分立于幼发拉底河两岸的叙利亚和美索不达米亚，由一座象征二人婚姻的桥梁相连。[3]

塞琉古东征时，阿帕玛出面向军队宣称对东部行省拥有合法继承权，这对塞琉古的成功无疑具有关键性作用。例如，他任命索格底亚那的上层贵族担任被亚历山大里亚史家称为“hyparchs”或“统治者之下”（地方长官）的要职。[4]阿黑门尼王朝统治时期，地方王公贵族控制着小规模的半自治领地，它们的管辖中心一般都位于岩寨附近。亚历山大东征期间，欧克西亚提斯[5]和斯皮塔米尼斯之类的地方首领组织反抗马其顿人的入侵。[6]毫无疑问，整个希腊化时期，这些势力

1 Arrian, 7.4.8.

2 巴迪安称，亚历山大视这些婚生子为一个新世界（既非马其顿也非波斯）的继承者，笔者对此难以认同。E. Badian, “Alexander in Iran,” in I. Gershevitch, ed., *The Cambridge History of Iran. Vol. 2: The Median and Achaemenian Periods*, Cambridge: Cambridge University Press, 1985, pp. 483-484.

3 Strabo, 16.2.4; Livy, 38.13.5; Pliny, *NH*, 6.132; Appian, *Syriake* 57. 例如P. M. Fraser, *Greek Ethnic Terminology*, Oxford: Oxford University Press, 2009, pp. 337-341; M. Brosius, *Women in Ancient Persia 559-531 BC*, Oxford: Clarendon Press, 1996, p. 79; S. Sherwin-White and A. Kuhrt, *From Samarkhand to Sardis: A New Approach to the Seleucid Empire*, p. 15.

4 J.-M. Bertrand, Sur les Hyparques dans l’empire d’Alexandre, *Mélanges* 16, 1974, pp. 24-26; A. B. Bosworth, *Alexander and the East: The Tragedy of Triumph*, pp. 155-156; P. Briant, *From Cyrus to Alexander: A History of the Persian Empire*, transl. P. T. Daniels, Winona Lake, Indiana: Eisenbrauns, 2002, pp. 748-757.

5 D. Engels, *Benefactors, Kings, Rulers. Studies on the Seleukid Empire between East and West*, pp. 143-144.

6 H. Klinkott, *Der Satrap. Ein achaimenidischer Amtsträger und seine Handlungsspielräume*, Frankfurt am Main: Verlag Antike, 2005, p. 493; H. Klinkott, “Griechen und Fremde,” in G. Weber (Hg.), *Kulturgeschichte des Hellenismus. Von Alexander dem Großen bis Kleopatra*, Stuttgart: Klett-Cotta, 2007, p. 226.

和其他的家族，尤其是阿帕玛的族人，在各自的势力范围内作为地方精英参与地方行政事务，仍保有相当大的权力。从这一层面而言，阿帕玛之于塞琉古如同罗克珊娜之于亚历山大：她是统治者和被征服者的桥梁，是帝国东部领地和西部领地的桥梁，[1]对于儿子继承王位发挥了类似的作用。[2]阿帕玛为丈夫甚至为儿子游说的能力不仅仅表现在塞琉古东征的事宜上。公元前299/298年，塞琉古王国的将军、米利都一位有影响力的公民和议会成员——德摩达玛斯，劝说其同胞敬重阿帕玛和她的儿子安条克一世：

> 阿波罗多托斯（Apollodotus）之子吕库斯（Lycus）[提出动议]，议事会和人民进行了表决；关于[阿里斯提德斯（Aristeides）]之子德摩达玛斯向议会提交的建议——国王塞琉古之妻阿帕玛应该得到尊敬，议事会和人民表决如下：因为此前王后阿帕玛对于塞琉古军队中的米利都士兵友好而热心，现在被[国王]塞琉古传召过的使节团来到了[阿帕玛面前]，她对于在狄底玛（Didyma）建造阿波罗神庙表现出非同寻常的热情，她的儿子安条克积极地追随其父塞琉古[在狄底玛]建造圣域的政策，[宣布]他将会……为神[尽快]在城市建造[一座

1 学者常常强调相同的观点，如A. Bielman Sanchez, “Régner au féminin. Réflexions sur les reines attalides et séleucides,” in Fr. Prost, éd., *L’Orient méditerranéen de la mort d’Alexandre aux campagnes de Pompée, Cités et royaumes à l’époque hellénistique. Actes du colloque international de la SOPHAU*, Rennes, 4-6 avril 2003, Rennes: Presses universitaires de Rennes, 2003, pp. 45-46. 卡普德特雷（Capdetrey）表示反对，他认为塞琉古在东方征服活动的成功归因于印度孔雀王朝国王旃陀罗笈多（Chandragupta Maurya）向北扩张所带来的压力。见Laurent Capdetrey, *Le pouvoir séleucide. Territoire, administration, finances d’un royaume hellénistique (312-129 av. J.-C.)*, Rennes: Presses Universitaires de Rennes, 2007, pp. 39-43.

2 D. Engels and K. Erickson, “Apama and Stratonike – marriage and legitimacy,” in A. Coşkun and A. McAuley, eds., *Seleukid Royal Women: Creation, Representation and Distortion of Hellenistic Queenship in the Seleukid Empire*, Historia Einzelschriften Bd. 240, Stuttgart: Franz Steiner Verla, 2016, pp. 44, 64.

柱廊]，以便由此[获得固定的]收益，从而对圣所进行修缮装饰……[1]

铭文记载了阿帕玛所获得的荣誉——“eunoia”与“prothymia”（“善意”与“热心的帮助”）——因为她为米利都雇佣军提供了给养和财政支持，包括支持他们的将军德摩达玛斯，他于公元前307—前305年加入了塞琉古在阿帕玛的故乡巴克特里亚和索格底亚那进行的军事征服活动。她也帮助兑现安条克对米利都使节提出的资助承诺，这项资助或许与修复神庙有关。法令表明阿帕玛和安条克跟随了塞琉古的政策，均成为米利都和狄底玛的资助人，展现了家族和王国的团结稳定。[2]因此，阿帕玛被认为是其丈夫个人角色的延伸。[3]

另外一位多次参与塞琉古政治活动的是此前提及的米利都的德摩达玛斯，阿里斯提德斯之子。他是塞琉古一世麾下的一位将军，参加了国王在上省的远征活动，于公元前300/299年返回米利都，建议米利都公开授予塞琉古王族荣誉。我们从另一处同年的铭文中得知德摩达玛斯劝说米利都公民授予阿帕玛荣誉，并承担了监修阿帕玛圣像的职责。[4]他后来似乎返回东方，在安条克一世治下任职，关

1 *IDidyma*, 480; M. M. Austin, *The Hellenistic World from Alexander to the Roman Conquest: A Selection of Ancient Sources in Translation*, second edition, 2006, no. 51; A. Bielman Sanchez, *Femmes en public dans le monde hellénistique*, Paris: Femmes en public dans le monde hellénistique, 2002, pp. 67-68.

2 S. Sherwin-White and A. Kuhrt, *From Samarkhand to Sardis: A New Approach to the Seleucid Empire*, pp. 25-26; S. Müller, “Im Interesse des oikos: Handlungsräume der antiken makedonischen Königinnen,” *Feministische Studien* 2, 2007, s. 208; cf. S. Müller, “Im Interesse des oikos: Handlungsräume der antiken makedonischen Königinnen,” pp. 267-268.

3 A.-C. Harders, “The Making of a Queen – Seleukos Nikator and His Wives,” in A. Coşkun and A McAuley, eds., *Seleukid Royal Women: Creation, Representation and Distortion of Hellenistic Queenship in the Seleukid Empire*, Historia Einzelschriften Bd. 240, pp. 34-35.

4 *OGIS*, 213; *IDidyma*, 479; S. M. Burstein, ed. and trans., *The Hellenistic Age from the Battle of Ipsos to the Death of Kleopatra VII*, Cambridge and New York: Cambridge University Press, 1985, no. 2.

于这一点见下文。据说，有关他在印度，也可能包括上省地区的战役，他写过一部具有民族地理志色彩的著作。普林尼的《自然史》[1]曾经从他的记述和一部哈利卡那苏斯（Halikarnassos）的《历史》[2]中汲取了资料。

根据拜占庭的斯泰法诺斯所述，[3]德摩达玛斯在他作品中提到塞琉古远征期间，在巴克特里亚—索格底亚那或者印度建造了安提萨（Antissa）。[4]我们关于塞琉古在巴克特里亚—索格底亚那的军事活动几乎一无所知，查士丁[5]间接提及塞琉古占领巴比伦后，“降服巴克特里亚人”，由此表明此片领土并非完全通过和平方式获得。[6]他很可能巡查过此地的四个城市，首先是索格底亚那的马拉坎达和瑙塔卡。[7]第

---

1 Pliny, *NH*, 6.49; cf. 1.6.

2 *FGrHist*, 428 T1-3; F1-3. 涉及德摩达玛斯的论著，请参E. Meyer, *Blüte und Niedergang der Hellenismus in Asien*, Berlin: Verlag von K. Curtius, 1925, s. 33 n. 2; О. Ю. Климов, “Интеллектуальная элита: советники и консультанты эллинистических царей,” *МНЕМОН. Исследования и публикации по историиантичного мира*, Вып. 10, 2011, сс. 146-147; A. Primo, *La storiografia sui Seleucidi: da Megastene a Eusebio di Cesarea*, Pisa, Rome: Fabrizio Serra, 2009, pp. 79-82; 概述性的论著见F. Landucci Gattinoni, “La tradizione su Seleuco in Diodoro XVIII-XX,” in C. Bearzot and F. Landucci, eds., *Diodoro e l'altra Grecia. Macedonia, Occidente, Ellenismo nella Biblioteca storica. Atti del Convegno, Milano, 15-16 gennaio 2004*, Milan: Vita e pensiero, 2005, pp. 155-181.

3 Stephanos Byzantinos, *Ethn.* s.v. Ἄντισσα.

4 关于塞琉古可能发动过对印度的征服战争，见K. Brodersen, *Appians Abriss der Seleukideng eschichte (Syriake 45, 323-70, 369): Text und Kommentar*, p. 127; A. Mehl, *Seleukos Nikator und sein Reich*, Bd. 1, pp. 156-191. 关于塞琉古在印度建立亚历山德罗波利斯（Alexandropolis），见Appian, *Syriake* 57; Getzel M. Cohen, *The Hellenistic Settlements in the East from Armenia and Mesopotamia to Bactria and India*, p. 301.

5 Justin, 15.4.11.

6 M. J. Olbrycht, “Creating an Empire: Iran and Middle Asia in the Policy of Seleukos I,” in *Центральная Азия от Ахеменидов до Тимуридов. Археология, история, этнология, культура*, Материалы международной научной конференции, посвященной 100-летию со дня рождения Александра Марковича Беленицкого, Санкт-Петербург, 2-5 ноября 2004 года, Санкт-Петербург: Ин-т истории материальной культуры РАН, 2005, с. 232.

7 涉及两个城市的文献，见F. L. Holt, *Alexander the Great and Bactria: The formation of a Greek Frontier in Central Asia*, pp. 29-30，及全书其他论述（*et passim*）。cf. Getzel M. Cohen, *The Hellenistic Settlements in the East from Armenia and Mesopotamia to Bactria and India*, pp. 279-282.

三座城市应该是木鹿绿洲的马尔吉亚那城（Margiana in Merv），[1]此城有数个别名，根据文献关于城市重建者的记载，城市或称为亚历山大里亚，或随塞琉古一世被称为塞琉西亚，亦或根据安条克一世被称为安条克城。库尔提乌斯是唯一述及亚历山大远征马尔吉亚那的古代作家，[2]亚历山大以自己的名字再次命名此城（此城原名是马尔吉亚那城），并建立了六座哨所护卫过往旅人。除了库尔提乌斯关于亚历山大征服马尔吉亚那的记载，索里努斯和马尔提亚努斯·卡佩拉称此城之后被称为塞琉西亚，以重建者塞琉古一世命名。[3]老普林尼、卡拉克斯的伊西多尔以及斯特拉波称该城之后被称为安条克，以安条克一世命名。[4]阿米亚努斯·马塞林努斯称亚索尼翁、尼西亚和安条克是马

---

1 Г. А. Кошеленко, *Греческий полис на эллинистическом Востоке*, cc. 150-153; W. Orth, *Die Diadochenzeit im Spiegel der historischen Geographie*, p. 108; S. Plischke, *Die Seleukiden und Iran. Die seleukidischen Herrsaftspolitik in den östlichen Satrapien*, pp. 118-120. 博斯沃思、葛乐耐（Grenet）、拉平（Rapin）以及科恩的观点遭到科舍伦科和勒纳（Lerner）的质疑。见 A. B. Bosworth, “A Missing Year in the History of Alexander the Great,” *Journal of Hellenic Studies*, Vol. 101, 1981, pp. 17-37; Fr. Grenet and Cl. Rapin, “Alexander, Aï Khanoum, Termez: Remarks on the Spring Campaign of 328,” *Bulletin of the Asia Institute*, 12, pp. 79-89; Cl. Rapin, “L’Afghanistan et l’Asie centrale dans la geographie mythique des historiens d’Alexandre et dans la toponymie des geographes greco-romains,” in O. Bopearachchi and M.-F. Boussac, eds., *Afghanistan ancien carrefour entre l’est et l’ouest. Actes du colloque international*, pp. 147ff; Cl. Rapin “L’ère Yavana d’après les parchemins gréco-bactriens d’Asangorna et d’Amphipolis,” in K. Abdullaev, ed., *The Traditions of East and West in the Antique Cultures of Central Asia. Papers in honor of Paul Bernard (= Traditsii Vostoka I Zapada v antichnoi kul’ture srednei Azii. Sbornik statei v chest’ Polia Bernara)*, Tashkent, 2010, pp. 29-31; G. M. Cohen, *The Hellenistic Settlements in the East from Armenia and Mesopotamia to Bactria and India*, pp. 245-250; Г. А. Кошеленко, “Л. М. Сверчков, Курганзол-крепость Александра на юге Узбекистана. Tashkent: SMI-ASIA, 2012.182c.,” *ВДИ*, 2015/2, cc. 206-212; J. D. Lerner, “Which Way North? Retracing Alexander’s Route to Marakanda in the Spring of 328 BCE,” in K. Nawotka and A. Wojciechowska, eds., *Alexander the Great and the East: History, Art, Tradition*. Philippika-Altertumswissenschaftliche Abhandlungen, 103, Wiesbaden: Harrassowitz, 2016, pp. 117-142.

2 Curtius, 7.10.15.

3 Solinus, 48.1-3; Martianus Capella, 6.691.

4 Pliny, *NH*, 6.47; Isidoros of Kharax, *FGrH*, 781 F2 [14]; Strabo, 11.10.2 (576). 此外，普林尼（*NH*, 6.47）称，“亚历山大建立亚历山大里亚，后被蛮族摧毁（*in qua Alexander Alexandriam condiderat, qua diruta a barbaris*）。但是塞琉古之子安条克在原址上修复了这座塞琉古王国的城市，马尔格河（Marg）流经城内，流向佐塔湖（Zotha）。他更喜欢以他之名命名此城。”托勒密关于马尔吉亚那的地图中称此城为安条克（6.10）。

尔吉亚那最著名的三座城市。[1]亚历山大在木鹿的埃尔克—卡拉[2]或高尔—卡拉[3]所建城市被琐罗亚斯德教、阿拉伯以及波斯的作家所记载。最后，第四座城市应该是巴克特拉附近的亚历山大里亚。

塞琉古很可能巡查过诸多哨所，如亚历山大里亚—埃斯卡特或塔奈斯河畔的亚历山大里亚（Alexandreia of the Tanais）。[4]阿里安称亚历山大“打算在塔奈斯河畔建造一座城市，以自己的名字命名。因为他认为此地适合建造一座城市，它将会发展壮大，而且能够有效地抵制斯基泰人可能发起的进攻，也能够成为抵御对岸蛮族入侵的屏障。他相信因为城名的光辉和他打算聚集在此地的大规模移民，此城将会变得繁盛”。[5]阿里安在之后的段落又重新回到这一主题，解释了亚

1 Ammianus Marcellinus, 23.6.54; Ptolemy, 6.10.3. 托勒密知道亚索尼翁。亚索尼翁和尼萨亚（Nisaia）具体方位不详，有学者认为古代作家可能将帕提亚两个都城中的一座与尼萨亚相混淆。见R. Hanslik, s.v. “Nisaia 2,” *RE*, 17.1, 1936, cols. 711-713. 关于亚索尼翁，见F. H. Weissbach, s.v. “Iasonion,” *RE*, 9.1, 1914, col. 782; Victor Tcherikover, *Die hellenistichen Städtegründungen von Alexander dem Grossen bis auf die Römerzeit*, s. 105.

2 G. Koshelenko, V. Gaibov and A. Bader, “Evolution of the Settlement Patterns in the Merv Oasis (Turkmenistan) from Alexander the Great to Arab conquest,” in *Convegno internazionale sul temaLa Persia e l'Asia Centrale de Alessandro al X secolo in collaborazione con l'Istituto italiano per il Medio ed Estremo Oriente (Roma, 9-12 novembre 1994)*, p. 308. 参见M. E. Массон, “К вопросу о взаимоотношениях Византии и Средней Азии по данным нумизматики,” *Труды Среднеазиатского государственного университета*, новая серия, 22, кн. 4, с. 93.

3 M. J. Olbrycht, *Aleksander Wielki i swiat iranski*, pp. 221-222.

4 Arrian, 4.1, 3-4; Curtius, 8.6; Pliny, *NH*, 6.49; Marmor Parium (*FGrH*, 239 B7); Ptolemy, 6.12.6, 参见8.23.14; Justin 12.5.12. 此城建于锡尔河畔。据阿庇安《叙利亚战争》记载，它由塞琉古所建。Г. А. Кошеленко, *Греческий полис на эллинистическом Востоке*, сс. 156-158; K. Brodersen, *Appians Abriss der Seleukidengeschichte (Syriake 45,323-70,369): Text und Kommentar*, p. 161; W. Orth, *Die Diadochenzeit im Spiegel der historischen Geographie*, p. 108; A. B. Bosworth, *A Historical Commentary on Arrian's 'History of Alexander'. Vol. 2: Commentary on Books IV-V*, pp. 15-17; W. Posch, *Baktrien zwischen Griechen und Kuschan. Untersuchungen zu kulturellen und historischen Problemen einer Übergangsphase. Mit einem textkritischen Exkurs zum Shiji 123*, p. 11; P. M. Fraser, *Cities of Alexander the Great*, pp. 151-153; O. Coloru, *Da Alessandro a Menandro: Il regno Greco di Battriana*, p. 149; Getzel M. Cohen, *The Hellenistic Settlements in the East from Armenia and Mesopotamia to Bactria and India*, pp. 252-255; S. Plischke, *Die Seleukiden und Iran. Die seleukidischen Herrsaftspolitik in den östlichen Satrapien*, pp. 117-118.

5 Arrian, 4.1.3-4.

历山大如何实施其计划："他用二十天建造了城墙，安置希腊雇佣兵、希望定居于此的周边蛮族以及不再适合继续服兵役的马其顿士兵。"[1]

库尔提乌斯在两处提及此城的创建活动。首先，他提及亚历山大确实在塔奈斯河畔选址建城，作为已臣服者和计划要征服者之间的屏障。但是这项工程因索格底亚那人叛乱（巴克特里亚人也牵涉其中）而被迫延迟。[2]库尔提乌斯之后又谈及城市本身的创建：

> 亚历山大返回塔奈斯河畔，他用墙将营地所占领的区域包围起来，城墙长60斯塔迪亚（stadia），他将此城命名为亚历山大里亚。工程进展迅速，十七天后，城墙和房屋建筑均完工。士兵间竞相角逐，因为所建房屋归个人所有。亚历山大将购买的战俘迁移至新城，即使数个世纪之后，他们的后代仍然保留着关于首批定居者和亚历山大的记忆。[3]

普林尼记载："巴克特里亚之外是索格底亚那人的领地和潘达城（Panda），在其领地最边远的地方有一座亚历山大里亚城，由亚历山大所建。"[4]他称德摩达玛斯——塞琉古和安条克两位共治者的将军，曾经行进至此地。关于同样的问题，阿庇安称此城由塞琉古一世在东征途中所建，[5]尽管无法确定它与亚历山大所建的为同一座城市还是另建新城。[6]根据拜占庭的斯泰法诺斯，[7]此城似乎被重命名为斯基泰的

---

1 Arrian, 4.4.1.

2 Curtius, 7.6.13.

3 Curtius, 7.6.25-27.

4 Pliny, *NH*, 6.49.

5 Appian, *Syriake* 57.

6 Victor Tcherikover, *Die hellenistichen Städtegründungen von Alexander dem Grossen bis auf die Römerzeit*, s. 106; K. Brodersen, *Appian's Abriss der Seleukidengeschichte (Syriake 45,323-70,369): Text und Kommentar*, p. 161; A. B. Bosworth, *A Historical Commentary on Arrian's 'History of Alexander'. Vol. 2: Commentary on Books IV-V*, p. 17. 弗雷泽否认此说，见P. M. Fraser, *Cities of Alexander the Great*, pp. 38, 66-67, 153 n. 94.

7 Stephanos Byzantinos, s.v. Ἀλεξάνδρεια 10.

安条克（Antioch ἐν Σκυθία/Antioch in Skythia）。[1]不论城市由亚历山大还是塞琉古所建，它似乎均位于居鲁士城附近。[2]亚历山大里亚—埃斯卡特（最远的亚历山大里亚）可能被安条克一世重命名为斯基泰的安条克，与拜占庭的斯泰法诺斯记载吻合。[3]

学界普遍认为塔吉克的现代城市苦盏是古代的亚历山大里亚—埃斯卡特，但目前尚未发现该城的考古遗迹，故这一观点尚存争议。事实上，涅戈马托夫（Negmatov）和其他诸多学者只是推断亚历山大所建城市可能是今天的苦盏，或者位于城市东部或西部。他认为，马其顿人到来之前，此处已经存在一座城市，由当地的乌斯特鲁沙尼亚人和塞人（Saka tribesmen）所建，之后亚历山大更名为自己的名字。[4]其他学者将此城定位在苦盏西南苏格德省瑙城附近，临近巴卡巴德，位于吉尔吉斯斯坦费尔干纳盆地的奥什、乌兹根等城市群当中。[5]

塞琉古巡视的哨所还有克塞尼帕[6]和亚历山大里亚—奥克西亚

---

1 参见W. W. Tarn, *Alexander the Great*, Vol. II, p. 234.

2 Strabo, 11.11.4 (517-518); Stephanos Byzantinos, s.v. Κύρου πόλις; Ptolemy, 6.12.5; Amm. Marc. 23.6.59. 近期的讨论，见I. V. P'yankov, s.v. "Cyropolis," *Encyclopaedia Iranica*, 2011. http://www.iranicaonline.org/articles/cyropolis-latin-form-of-gr. 参见W. Ball, *Rome in the East. The Transformation of an Empire*, p. 304.

3 Stephanos Byzantinos, s.v. Ἀντιόχεια 10. Victor Tcherikover, *Die hellenistichen Städtegründungen von Alexander dem Grossen bis auf die Römerzeit*, s. 106; W. W. Tarn, *The Greeks in Bactria and India*, 2nd ed., pp. 83-84; K. Brodersen, *Appian's Abriss der Seleukidengeschichte (Syriake 45,323-70,369): Text und Kommentar*, p. 161; P. M. Fraser, *Cities of Alexander the Great*, p. 33 n. 72. 关于文献对亚历山大的叙述传统，见Getzel M. Cohen, *The Hellenistic Settlements in the East from Armenia and Mesopotamia to Bactria and India*, pp. 250-252.

4 Н. Н. Негматов, "Ходжент. Основные этапы истории," В: Ответ. ред. Н. Н. Негматов, *Сборник статей. Исследования по истории и культуре Ленинабада*, сс. 9, 57. 关于古代文献的考察，见И. В. Пьянков, "Александрия крайняя в известиях античных авторов," В: Ответ. ред. Н. Н. Негматов, *Сборник статей. Исследования по истории и культуре Ленинабада*, сс. 73-81.

5 关于此论题的参考文献，见Н. Н. Негматов, "Ходжент. Основные этапы истории," В: Ответ. ред. Н. Н. Негматов, *Сборник статей. Исследования по истории и культуре Ленинабада*, с. 6; W. Orth, *Die Diadochenzeit im Spiegel der historischen Geographie*, p. 108.

6 Curtius, 8.2.14-15.

纳。[1]虽然托勒密（Ptolemy）称此处的亚历山大里亚是“索格底亚那的城市”，[2]它的准确位置仍饱受争议，[3]因为托勒密将此城位置与阿姆河和锡尔河（the Iaxartes）相关联，称“位于两条河流之间的上游（μεταξὺ δὲ καὶ ἀνωτέρω τῶν ποταμῶν）”。贝尔纳认为很难将城市名与阿姆河统一起来，因为直接以河流命名的城市通常位于此河畔。显然，托勒密错将两座城市位置混杂在一起描述。[4]总之，学者对此亚历山大里亚城的位置提出了几种看法。塔恩认为亚历山大在阿姆河北岸的铁尔梅兹建造了一座城市，之后被游牧民族摧毁，安条克一世将其重建，命名为安条克—塔尔米塔，公元前2世纪此城被希腊—巴克特里亚国王德米特里一世重建，命名为德米特里亚斯。[5]位于巴克特里亚的阿姆河南岸，即今阿富汗东北部的阿伊·哈努姆遗址的发现，

---

1 W. Tomaschek, s.v. “Alexandreia 4,” *RE* 1.1, 1893, col. 1389; H. Berve, *Das Alexanderreich auf prosopographischer Grundlage*, Vol. I, München: Beck, 1926, s. 294; Victor Tcherikover, *Die hellenistichen Städtegründungen von Alexander dem Grossen bis auf die Römerzeit*, ss. 105-106; W. W. Tarn, *The Greeks in Bactria and India*, second edition, pp. 118-119; W. Orth, *Die Diadochenzeit im Spiegel der historischen Geographie*, s. 109; S. Plischke, *Die Seleukiden und Iran. Die seleukidischen Herrsaftspolitik in den östlichen Satrapien*, s. 120.

2 托勒密将其置于索格底亚那，见Ptolemy, 6.12.5-6。关于此城位置的讨论，作者在本章第一节中已有涉及。——译者注

3 例如P. M. Fraser, *Cities of Alexander the Great*, pp. 153-156.

4 P. Bernard, “Aï Khanum on the Oxus: A Hellenistic City in Central Asia,” p. 92 with n. 4.

5 W. W. Tarn, “Two Notes on Seleucid History,” *Journal of Hellenic Studies*, Vol. 60, 1940, pp. 90-94; W. W. Tarn, *The Greeks in Bactria and India*, 2nd ed., pp. 118-119, 525. 参见 B. M. Массон and B. A. Ромодин, *История Афганистана. С древнейших времен до начала XVI века*, Том. i, c. 89. 塔恩的推论建立如下结论基础之上：他将奥克索斯的亚历山大里亚等同于波伊庭格地图（Peutinger Table）中的安条克·塔尔玛塔（Antioch Tharmata）（11.5）和地理学家拉文纳（Ravennate）所载的安条克·塔尔玛塔（Antioch Tarmata）。奥克苏斯河畔的亚历山大里亚（Alexandreia Oxeiane）和安条克·塔尔米塔（Antioch Tarmita）的旧址是铁尔梅兹，见Fr. Grenet and Cl. Rapin, “Alexander, Aï Khanoum, Termez:Remarks on the Spring Campaign of 328,” *Bulletin of the Asia Institute*, 12, pp. 82-84; C. Pidaev, “Contribution à l’histoire ancienne de Termez,” in P. Leriche, et al., eds., *La Bactriane au carrefour des routes et des civilisations de l’Asie centrale: Termez et les villes de Bactriane-Tokharestan*, pp. 296-299; Cl. Rapin, A. Baud, F. Grenet and Sh. Rakhmanov, “Les recherches sur la région des Portes de Fer de Sogdiane: bref état des questions en 2005,” *История материальной культуры Узбекистана*, Tom. 35, 2006, cc. 48-50.

使贝尔纳认为这一区域实际上归索格底亚那。他进一步推断游牧民族征服马拉坎达后，阿伊·哈努姆成为索格底亚那的首府，科克查河则成为巴克特里亚和索格底亚那的边界。[1]瑞德维拉扎（Rtveladze）认为奥克苏斯河畔的亚历山大里亚是坎培尔·特佩古城。[2]阿姆河北岸今塔吉克斯坦的塔赫特—伊·桑金一处哨所位于阿伊·哈努姆和铁尔梅兹之间，也被认为是这座古城。此处发现一座所谓的阿姆河神庙，

1 P. Bernard and H.-P. Francfort, *Études de géographie historique sur la plane d'Aï Khanoum (Afghanistan)*, pp. 3-9; Г. А. Кошеленко, *Греческий полис на эллинистическом Востоке*, сс. 3-9, 153-156; P. Bernard, "Les nomades conquérants de l'empire gréco-bactrien: réflexions sur leur identité ethnique et culturelle," *CRAI*, 1987, pp. 758-768; B. Lyonnet, "The Problem of the Frontiers between Bactria and Sogdiana: An Old Discussion and New Data," in A. J. Gail and G. J. R. Mevissen, eds., *South Asian Archaeology 1991. Proceedings of the eleventh international conference of the Association of South Asian Archaeologists in Western Europe held in Berlin 1-5 July 1991.* Stuttgart, 1993, pp. 197-199; B. Lyonnet, *Prospections archéologiques en Bactriane orientale (1974-1978) sous la direction de Jean-Claude Gardin. V. 2: Céramique et peuplement du chalcolithique à la conquête Arabe*, pp. 154-155; Cl. Rapin, "L'Afghanistan et l'Asie centrale dans la geographie mythique des historiens d'Alexandre et dans la toponymie des geographes greco-romains," in O. Bopearachchi and M.-F. Boussac, eds., *Afghanistan ancien carrefour entre l'est et l'ouest. Actes du colloque international*, p. 147. 最初，贝尔纳并不同意博斯沃思所认为的亚历山大北上的意见，不过他在研究过程中放弃了自己的早期观点，即阿伊·哈努姆所在地可能在索格底亚那，而非巴克特里亚，并充当着奥克苏斯河以南、科克查河以东地区的行政首府。（P. Bernard, H.-P. Francfort, *Études de géographie historique sur la plane d'Aï Khanoum (Afghanistan)*, Publications de l'U. R. A. no. 10: Mémoire, no. 1. Centre de recherches archéologiques, U. R. A. Peuplement de Bactriane antique, Publications de l'U. R. A. no. 10: Mémoires, no. 1. Paris: C. N. R. S., 1978, pp. 5-9, 14-15.）现在，他反而断言这座城市实际上位于巴克特里亚东部（P. Bernard, "Alexandre et l'Asie centrale: réflexions à propos d'un ouvrage de F. L. Holt," *Studia Iranica*, Bd. 19/1, 1990, pp. 21-35, esp. 25-28）。博斯沃思自然还是坚信他最初的观点（A. B. Bosworth, *A Historical Commentary on Arrian's 'History of Alexander'. Vol. 2: Commentary on Books IV-V*, pp. 108-109）。

2 Э. В. Ртвеладзе, "К истории Кампыртепа (Александрии Оксианской)," В: *Центральная Азия от Ахеменидов до Тимуридов: археология, история, этнология, культура*, Материалы международной научной конференции, посвящённой 100-летию со дня рождения Александра Марковича Беленицкого (СПб, 2-5 ноября 2004 г.), сс. 189-190; cf. Getzel M. Cohen, *The Hellenistic Settlements in the East from Armenia and Mesopotamia to Bactria and India*, pp. 277-279. 关于重建问题，见P. Leriche, "Termez, foundation d'Alexandre?" *JA*, Tome 290, 2002, pp. 411-415.

其中的祭坛已经修复，是一位阿特罗索克斯敬献给奥克苏斯河神的。[1]另一方面，没有证据表明塞琉古甚至安条克曾试图征服阿姆河下游的花剌子模（Khorasmia）。可能阿黑门尼王朝灭亡之前此地已独立并继续维系了独立主权，亚历山大与国王法尔萨美尼斯（Pharsamenes）曾在此会面（公元前328—前327年）。[2]

塞琉古可能在阿姆河南岸也留下过足迹，例如亚历山德罗波利斯，[3]阿里亚的索忒拉（Soteira）或阿里亚。[4]阿庇安认为索忒拉由塞琉古一世所建，拜占庭的斯泰法诺斯认为由安条克一世所建。[5]一些学者推断此城最初为亚历山大所建，之后塞琉古王国前两位君主分别进行了重建。[6]此城位于阿里亚湖南岸，可能是今天的泽拉（Zerrah）。[7]

阿庇安[8]称塞琉古对于他所建城市的选名严格地遵循命名原则。遗憾的是，对于我们而言，这些城市名仅有一小部分与地理方位相关。有

---

1 Б. А. Литвинский, И. Р. Пичикян, *Эллинистический храм Окса в Бактрии (Южный Таджикистан). Т. 1. Раскопки. Архитектура. Религизная жизнь*, сс. 303-307; cf. V. F. Minorsky, "A Greek Crossing on the Oxus," *Bulletin of the School of Oriental and African Study*, Vol. 30.1, 1967, pp. 45-53; P. Bernard, "Diodore XVII, 83, 1: Alexandrie du Caucase ou Alexandrie de l'Oxus?" *JS*, 1982.3-4, pp. 236; Laurent Capdetrey, *Le pouvoir séleucide. Territoire, administration, finances d'un royaume hellénistique (312-129 av. J.-C.)*, p. 80 n. 183.

2 Arrian, 4.15.4-5; Curtius, 7.4.6, 8.1.8; Strabo, 11.8.8 (513). P. Briant, *L'Asie centrale et les royaumes proche-orientaux du premier millénaire avant notre ère (c. VIIIe-Ve siècle avant notre ère)*, pp. 23ff; H.-P. Francfort, *Namdes et sédentaires en Asie Centrale. Apports de l'archéologie et de l'ethnologie*, Paris, 1988, pp. 186-189.

3 Appian, *Syriake* 57. 参见 Isidoros of Kharax, *Mans. Parth*. 19.

4 Appian, *Syriake* 57; Ptolemy, 6.17.7; Ammianus Marcellinus, 23.6.69. Г. А. Кошеленко, Греческий полис на эллинистическом Востоке, с. 137; Getzel M. Cohen, The Hellenistic Settlements in the East from Armenia and Mesopotamia to Bactria and India, p. 286; S. Plischke, *Die Seleukiden und Iran. Die seleukidischen Herrsaftspolitik in den östlichen Satrapien*, ss. 129-130.

5 Appian, *Syriake* 57; Stephanos Byzantinos, s.v. Σώτειρα.

6 沃尔斯基（J. Wolski）认为亚历山大所建的这座城市毁于游牧民族的入侵。见 J. Wolski, "Les Séleucides et l'héritage d'Alexandre le Grand en Iran," in B. Virgilio, ed., *Studi ellenistici I*, Pisa: Giardini editorie stampatori, 1984, p. 18.

7 P. Herrmann, "Σώτειρα," *RE* 3A.1, 1927, col. 1211.

8 Appian, *Syriake* 57.

理由相信他在东方的建城活动牵涉到地方长官的任命（或重新任命），不论通过行政权的再分配或是军事行动的方式。他甚至在收到某些惧怕孔雀王朝国王旃陀罗笈多（Chandragupta，希腊文为Sandrakottos，Σανδροκόττος）入侵的地方总督的求助后，冒险进入这些地区。[1]根据查士丁记载，[2]塞琉古远征之前，印度人已经发生暴动，亚历山大任命的马其顿总督们被杀。[3]为对抗培松，斯塔桑德罗斯从其辖区阿里亚和德兰吉亚那调遣兵力，并联合斯塔萨诺尔所辖的巴克特里亚和索格底亚那的军队，共计有2500人。[4]即使一定数量甚至大部分兵力仍在后方，但不得不承认上省的兵力自亚历山大起已经锐减。安提柯将三千银盾兵（Argyraspides）发配至西比尔提奥斯，希望他们在此处老死，这是我们所知军事移民驻扎在没有战略价值地区的唯一例证。[5]

遗憾的是，仅有一个例证证明，塞琉古在公元前305—前303年之间的某时与旃陀罗笈多签订过和平协定。我们仅知道协议的三个条款：两位国王同意某种性质的联姻（ἐπιγαμία or κῆδος）；塞琉古同意放弃亚历山大帝国最东端从印度河河谷北至犍陀罗的领地，包括其首府塔克西拉，也许还包括帕罗帕米萨代和阿拉科西亚；[6]作为

---

1 P. Bernard, *Fouilles d'Aï Khanoum. IV, Les monnaies hors trésors: questions d'histoire gréco-bactrienne*, Paris: De Boccard, 1985, pp. 85-95; Laurent Capdetrey, *Le pouvoir séleucide. Territoire, administration, finances d'un royaume hellénistique (312-129 av. J.-C.)*, pp. 42-43; С. В. Смирнов, *Государство Селевка I (политика, экономика, общество)*, Москва: Университет Дмитрия Пожарского, 2013, сс. 62-68.

2 Justin, 15.4.12.

3 L. Schober, *Untersuchungen zur Geschichte Babyloniens und der oberen Satranien von 323-303 v. Chr.*, pp. 151-153; Laurent Capdetrey, *Le pouvoir séleucide. Territoire, administration, finances d'un royaume hellénistique (312-129 av. J.-C.)*, pp. 44-45.

4 Diodoros, 19.14.2.

5 Polyaenos, 4.6.15. 例如N. G. L. Hammond, "Alexander's Veterans after His Death," *Greek, Roman, and Byzantine Studies*, Vol. 25, 1984, pp. 60-61; E. M. Anson, "Alexander's Hypaspists and Argyraspids," *Historia*, Vol. 30, 1981, pp. 117-120; A. B. Bosworth, *The Legacy of Alexander. Politics, Warfare and Propaganda under the Successors*, Oxford: Oxford University Press, 2002, p. 165. 关于攸麦尼斯和银盾兵，见罗伊斯曼（Roisman）近期论著。J. Roisman, *Alexander's Veterans and the Early Wars of the Successors*, pp. 177-236.

6 Plutarch, *Alexander* 62.4; Strabo, 15.1.10 (688-689), 2.9 (724); Justin, 15.4.12-21.

回报，旃陀罗笈多为塞琉古提供500头战象。[1]惠特利（Wheatley）认为，[2]阿拉科西亚是两国的缓冲区。如果霍顿（Houghton）和洛伯（Lorber）将造币场13，可能包括造币场11—12和14—17归为阿拉科西亚的推断正确，那么此行省的全部或者部分领地并未包含在协议中，至少在塞琉古一世和安条克一世共治期间仍然归属于塞琉古王国，此后的某个时间才不再属于塞琉古王国。[3]但目前无法确定亚历山大里亚—阿拉科西亚/亚历山德罗波利斯（Alexandreia Arachosia/Alexandropolis）的易手究竟发生在安条克一世时期还是他与儿子安条克二世共治时期，还是安条克二世继位之后，同样也无法确定发生在旃陀罗笈多在位期间还是其子宾头沙罗（Bindusara）亦或孙子阿育王（Aśoka）统治期间。[4]

塞琉古与孔雀王朝旃陀罗笈多的谈判在政治和经济层面具有深远影响。一直以来学者认为二者为同代人，甚至进行过会晤。旃陀罗笈多的姓名和身份被古典作家写作Σανδράκοττος、[5]Σανδρόκοττος、[6]Ανδρ

1　关于塞琉古远征印度对抗旃陀罗笈多，见A. Mehl, *Seleukos Nikator und sein Reich*, Bd. 1, pp. 156-191; J. D. Grainger, *Seleukos Nikator. Constructing a Hellenistic Kingdom*, pp. 128-136; S. Plischke, *Die Seleukiden und Iran. Die seleukidischen Herrsaftspolitik in den östlichen Satrapien*, ss. 178-194; P. Wheatley, "Seleukos and Chandragupta in Justin XV 4," in H. Hauben and A. Meeus, eds., *The Age of the Successors and the Creation of the Hellenistic Kingdoms* pp. 503-512. 梅尔（Mehl）认为，旃陀罗笈多向塞琉古提供500头战象作为塞琉古放弃印度以西领地的筹码不可信（A. Mehl, *Seleukos Nikator und sein Reich*, Bd. 1, pp. 180-181），见K. Karttunen, *India and the Hellenistic World*, Studia Orientalia 83, Helsinki: Finnish Oriental Society, 1997, p. 263; P. Wheatley, "Seleukos and Chandragupta in Justin XV 4," pp. 511-512; P. Wheatley, "Seleukos and Chandragupta in Justin XV 4," in H. Hauben and A. Meeus, eds., *The Age of the Successors and the Creation of the Hellenistic Kingdoms*, pp. 503-512.

2　P. Wheatley, "Seleukos and Chandragupta in Justin XV 4," in H. Hauben and A. Meeus, eds., *The Age of the Successors and the Creation of the Hellenistic Kingdoms*, p. 510.

3　A. Houghton and C. Lorber, *Seleucid Coins: A Comprehensive Catalogue. Part 1: Seleucus I through Antiochus III*, New York-Lancaster-London: American Numismatic Society, 2002, pp. 91-97, Mints 11-17.

4　见D. Musti, "Syria and the East," in F. W. Walbank, et al., eds., *The Cambridge Ancient History. 2nd ed. Vol. 7.1: The Hellenistic World*, p. 211.

5　例如Arrian, 5.6.2, 20.7; *Indika*, 5.3.9.

6　例如Strabo, 15.1.36 (703), 1.53 (709), 1.57 (711), 2.9 (724); Athenaios 1.18.d-e.

όκοττος、[1]Sandrocottus、[2]Sisocostus[3]或Androcottus，[4]但在普拉克里特语（Prākrit，古印度土语）中，他被称作Sasigupta/Śaśigupta，塞斯（H. C. Seth）很早之前已意识到这一点。[5]对此，学者将这一段的历史重构如下：亚历山大征服奥尔诺斯之后，任命西斯科图斯（Sisikottos）[6]为该地的长官，在总督尼卡诺尔领导下，统领土著阿撒肯吉亚人（Assakenians）。在亚历山大入侵印度之前，西斯科图斯已经离开印度，投奔巴克特拉的贝苏斯，对抗亚历山大，但当这位马其顿的国王征服巴克特里亚后，他又归顺亚历山大。塞琉古远征期间，旃陀罗笈多自称“印度人的国王”，王国实力已足够强大，因此孔雀王朝和塞琉古王国计划以联姻方式和平解决争端。[7]上述关于印度国王和两位

---

1 例如Plutarch, Alexander 62.9; On Inoffensive Self-Praise (De se ipsum citra inv. laud) 10 (542)（原文此处或用拉丁文译本，改为Loeb版编号。——译者注）; Appian, *Syriake* 9.

2 例如Justin, 15.4.13ff.

3 例如Curtius, 8.11.25.

4 例如Orosius, Historiae adversus paganos 3.23.45-46.

5 H. C. Seth, “Note on Śaśigupta and Candragupta,” *The Indian Historical Quarterly* 13.2, 1937, pp. 361-362; H. C. Seth, “Did Candragupta Maurya belong to North Western India?” *Bhandarkar Oriental Research Institute* 18. 2, 1937, pp. 158-165. 根据卡图南（Karttunen），旃陀罗笈多姓名的词尾“-κοττος”源自中古印度—雅利安语支普拉克里特语（或称古印度土语），分布在印度西北部。旃陀罗笈多在巴利语中的写法见《岛史》（Pāli: Dīpavaṃsa）5.69和《大史》（*Mahāvaṃsa*）5.21。

6 此人本是兴都库什山与印度河流域之间地区（Paropamisadae）的统治者。他先追随贝苏斯到巴克特里亚，后归顺亚历山大。他能否与前面提到的Sasigupta/Śaśigupta或Chandragupta等同，还是悬案。——译者注

7 见H. Berve, *Das Alexanderreich auf prosopographischer Grundlage*, Vol. II, s. 354 n. 707; P. H. L. Eggermont, “Alexander’s Campaign in Gandhara and Ptolemy’s List of Indo-Scythian Towns,” *Orientalia Lovaniensia Periodica* 1, 1970, pp. 185, 188; A. B. Bosworth, *A Historical Commentary on Arrian’s ‘History of Alexander’. Vol. 2: Commentary on Books IV-V*, pp. 192-193, 321-322; W. Heckel, *Who’s Who in the Age of Alexander the Great: Prosopography of Alexander’s Empire*, Malden, MA, 2006, pp. 249-250; S. Plischke, *Die Seleukiden und Iran. Die seleukidischen Herrsaftspolitik in den östlichen Satrapien*, ss. 180-195. 另一方面，没有证据表明旃陀罗笈多曾经为塞琉古王国属国的国王。参见H. Scharfe, “The Maurya Dynasty and the Seleucids,” *Zeitschrift für vergleichende Sprachforschung*, Bd. 85.2, 1971, pp. 216-217; C. Epplett, “War Elephants in the Hellenistic World,” in W. Heckel, L. Tritle and P. Wheatley, eds., *Alexander’s Empire. Formulation to Decay*, Claremont, CA: Regina Books, 2007, pp. 222-223.

马其顿国王的关系更多来自猜想而非事实，存在争议，甚至目前并没有力证表明旃陀罗笈多与亚历山大和塞琉古存在联系。[1]

很明显，公元前307—前306年，塞琉古王国在上省尤其是在巴克特里亚、索格底亚那以及马尔吉亚那的统治主要依靠外交手段，塞琉古与地方贵族建立了联盟关系，维持了稳定的秩序，这很大程度上得益于妻子阿帕玛的帮助。与此同时，塞琉古为后继者设立了衡量“东征”成败与否的标准：充实国库和占领幼发拉底河以东的领土。塞琉古再创辉煌，堪与亚历山大比肩。只是在后来，塞琉古王国与东方领地的关系开始变得紧张，但那是在塞琉古去世、安条克一世结束在东方的任职之后。[2]

二、安条克一世（Antiochos I）

根据一块楔形文字泥版可知，安条克一世与父亲塞琉古一世共治始于公元前294年，[3]直到公元前281年塞琉古被杀，他统辖幼发拉底河以东的上省。安条克一世似乎定居在巴克特拉而非底格里斯河

1 F. F. Schwarz, “Die Griechen und die Maurya-Dynastie,” in F. Altheim und R. Stiehl, eds., *Geschichte Mittelasiens im Altertum*, Berlin: De Gruyter, 1970, ss. 276-277; T. Trautmann, *Kauṭilya and the Arthaśāstra. Statistical investigation of the authorship and evolution of the text*, Leiden, 1971, p. 64; K. Karttunen, *India and the Hellenistic world*, Studia Orientalia 83, p. 258; G. Parker, *The Making of Roman India*, Cambridge: Cambridge University Press, 2008, pp. 58-60; J. C. Yardley, P. Wheatley and W. Heckel, eds., *Epitome of the Philippic History of Pompeius Trogus. Volume II, Books 13-15: The Successors to Alexander the Great*, Oxford and New York: Cambridge University Press, 2011, p. 284.

2 W. W. Tarn, *The Greeks in Bactria and India*, 2nd ed., pp. 446-451; T. 1 *История таджикского народа, Древнейшая и древняя история*, Под ред. Б. А. Литвинского и В. А. Ранова, Душанбе, 1998, сс. 327-330; Laurent Capdetrey, *Le pouvoir séleucide. Territoire, administration, finances d'un royaume hellénistique (312-129 av. J.-C.)*, p. 43.

3 BM. 109949. J. Oelsner, *Materialen zur babylonischen Gesellschaft und Kultur in hellenistischer Zeit*, Budapest: Eötvös University, 1986, ss. 271, 505-506; G. E. Del Monte, *Testi dalla Babilonia ellenistica. Vol. 1: Testi cronografici*, Pisa/Roma: Istituti editorialie poligrafici internazionali, 1997, p. 226.

畔的塞琉西亚。[1]因其皇族身份，安条克的财力和人力雄厚。安条克执政期间迎来了塞琉古王国在东方，尤其是中亚地区的第二次殖民浪潮。在此期间，塞琉古王国的主要任务是巩固政权。与亚历山大或后继者不同，塞琉古王国作为殖民者，有足够的时间参照小亚传统的希腊城市、美索不达米亚的城市以及伊朗人的殖民城市的模式。除了职业军人，商人、建筑师、诗人、造币者以及艺术家等也携带其技艺移民至阿伊·哈努姆之类的极远地区。[2]公元前286—前282年，塞琉古王国舰队司令帕特罗克勒斯（Patrokles）奉安条克之命考察了里海海岸。[3]与此同时，即在塞琉古与安条克双王共治时期，[4]米利都的德摩达玛斯同样受命于安条克，率军深入中亚腹地。远

1 相关史料并未谈及安条克确切的职责，见Appian, *Syriake* 61-62; Strabo, 16.1.5 (738); Plutarch, *Demosthenes*, 38.8; Pausanias, 1.16.2 (参见E. Bikerman, *Institutions des Séleucide*, Paris: Librairie Orientaliste Paul Geuthner, 1938, p. 22 with n. 4). 参见H. H. Schmitt, *Untersuchungen zur Geschichte Antiochos des Grossen und seiner Zeit*, Bd. 1, Wiesbaden: Franz Steiner Verlag, 1964, pp. 109, 116-117; L. Robert, "Inscriptioins séleucides de Phrygie et d'Iran," *Hellenica* 7, 1949, pp. 5-29; L. Robert, "Inscription honorifique à Laodicée d'Iran (Nehavend)," *Hellenica* 8, 1950, p. 73; D. Musti, "Lo stato dei Seleucidi. Dinastia, popoli, città da Seleuco I ad Anticho III," *Studi Classici e Orientali*, Vol. 15, 1966, pp. 107-111; P. Briant, "The Seleucid Kingdom, the Achaemenid Empire and the History of the Near East in the First Millenium BC," in P. Bilde, et al., eds., *Religion and Religious Practice in the Seleucid Kingdom*, Aarhus: Aarhus University Press, 1990, p. 49; S. Plischke, *Die Seleukiden und Iran. Die seleukidischen Herrsaftspolitik in den östlichen Satrapien*, ss. 22-23; P. Briant, *Histoire de l'empire perse. De Cyrus à Alexandre*, Paris: Fayard, 1996, pp. 765-766. 关于狄奥多罗斯使用"上省（Upper Satrapies）"一词，见18.3.3, 7.1; 19.14.5-8, 21.1-2, 73.2, 100.4。H. Bengtson, *Die Strategi in der hellenistischen Zeit*. Münchener Beiträge zur Papyrusforschung und antiken Rechtsgeschichte, 32. Bd. I^2, München: C. H. Beck'sche, Verlagsbuchhandlang, 1964, p. 176; P. Briant, "The Seleucid Kingdom, the Achaemenid Empire and the History of the Near East in the First Millenium BC," in P. Bilde et al. eds., *Religion and Religious Practice in the Seleucid Kingdom*, p. 49.

2 关于塞琉古王国早期的殖民运动，见D. Engels, *Benefactors, Kings, Rulers. Studies on the Seleukid Empire between East and West*, pp. 157-212. 关于亚历山大对于丝绸之路开通的作用，见Juping Yang, "Alexander the Great and the Emergence of the Silk Road," *The Silk Road*, Vol. 6.2, 2009, pp. 15-22; Juping Yang, "Hellenistic World and the Silk Road," *Anabasis: Studia classica et orientalia*, Vol. 4, pp. 73-91.

3 Pliny, *NH*, 6.58. 关于他的行迹以及由此引发的更多猜想，见J. D. Lerner, "On the Inland Water Ways from Europe to Central Asia," *Ancient West & East*, Vol. 13, 2014, pp. 155-174.

4 Pliny, *NH*, 6.49.

征的重要任务是对抗游牧民族。他在斯基泰的亚历山大里亚横跨斯基泰人所称的西里斯河（Silis），[1]即亚历山大及其军队所知的塔奈斯河（即锡尔河），击败了游牧部落。为纪念此次胜利，他效仿了赫拉克勒斯（Herakles）、狄奥尼苏斯（Dionysus）、居鲁士、塞米拉米丝（Semiramis）以及亚历山大等世界征服者建立神坛的做法，在此地建立了祭坛献给狄底玛的阿波罗神（Didymaean Apollo）。[2]安条克治理东方领地期间，面对地方原住民的反抗活动和游牧部落周期性（而非一次性）的大规模入侵反抗，他强化地区防御能力，建立新城，重建因塞琉古征服活动遭受重创的城市，[3]例如斯基泰的安条克城；[4]阿里亚的赫拉克里亚，此城由亚历山大所建，被摧毁后，由安条克重建，被命名为阿凯斯（Achais）；[5]此外还有亚历山大里亚—安条克城—阿塔科阿纳（Alexandreia-Antiocheia-Artakoana）[6]和库克特佩（Koktepe）[7]

1 也许重新被命名为亚历山大里亚·埃斯卡特，见Arrian, 3.27.4-5, 3.28.4, 4.1.3, 4.4.1; Curtius, 7.6.13, 7.6.25-27, 7.7.1. 参见P. M. Fraser, *Cities of Alexander the Great*, p. 33 with n. 72.

2 W. Voigtländer, *Der jüngste Apollontempel von Didyma*, Deutsches archäologisches Institut, Istanbuler Mitteilungen: Wasmuth 14, Tübingen: Wasmuth, 1975, ss. 29-30; L. Robert, "Documents d'Asie Mineure," *Bulletin de correspondence hellénique*, Tome 108/1, 1984, p. 172; S. Sherwin-White and A. Kuhrt, *From Samarkhand to Sardis: A New Approach to the Seleucid Empire*, pp. 25-27.

3 É. Will, *Histoire politique du monde hellénistique*, Vol. i, 2e, pp. 269-272. C. B. Смирнов, *Государство Селевка I (политика, экономика, общество)*, cc. 201-203.

4 Strabo, 11.10.2 (515). 可能前身为亚历山大里亚·埃斯卡特。P. Bernard, "The Seleucids in Central Asia," in J. Harmatta, et al. eds., *History of Civilizations of Central Asia. Vol. II: The Development of Sedentary and Nomadic Civilizations: 700 B.C. to A.D. 250*, 1994, p. 91.

5 Pliny, *NH*, 6.48; Solinus, 48. P. Bernard, "The Seleucids in Central Asia," in J. Harmatta, et al. eds., *History of Civilizations of Central Asia. Vol. II: The Development of Sedentary and Nomadic Civilizations: 700 B.C. to A.D. 250*, p. 91; Getzel M. Cohen, *The Hellenistic Settlements in the East from Armenia and Mesopotamia to Bactria and India*, pp. 274-276; S. Plischke, *Die Seleukiden und Iran. Die seleukidischen Herrsaftspolitik in den östlichen Satrapien*, ss. 108-109.

6 Appian, *Syriake* 57; Pliny, *NH*, 6.93. 此城的城市规划可追溯至希腊化时期，也许可具体到安条克统治时期。A. Lézine, "Hérat: notes de voyage," *Bulletin d'études orientales*, Tome 18, 1963-64, pp. 127-148; P. Bernard, "The Seleucids in Central Asia," in J. Harmatta, et al. eds., *History of Civilizations of Central Asia. Vol. II: The Development of Sedentary and Nomadic Civilizations: 700 B.C. to A.D. 250*, pp. 91-92; Getzel M. Cohen, *The Hellenistic* （转下页）

等城。他牢牢控制着索格底亚那，包括其主要城市马拉坎达。[1]塞琉古和安条克划分了殖民地的行政等级。除城市外，塞琉古王国早期的君主建立了小的定居点，称为katoikai，在难以容纳大规模人口的地方建立要塞或卫城（phrouria）。[2]安条克建城的典型例证位于木鹿绿洲："亚历山大在此地建立了亚历山大里亚城，后被蛮族摧毁，由塞琉古之子安条克重建，马尔格斯河（Margus）与佐特勒河（Zotale）流经该城，此城被称为叙利亚那（Syriana）（塞琉西亚?），但安条克更愿

（接上页）*Settlements in the East from Armenia and Mesopotamia to Bactria and India*, pp. 260-261; S. Plischke, *Die Seleukiden und Iran. Die seleukidischen Herrsaftspolitik in den östlichen Satrapien*, ss. 128-129.

7 Cl. Rapin, M. Isamiddinov, M. Khasanov, "La tombe d'une princesse nomade à Koktepe près de Samarkand," pp. 33-92; Cl. Rapin, "Nomads and the Shaping of Central Asia: From the Early Iron Age to the Kushan Period," pp. 32-36, 42-47, 50-51; К. Рапен, "*От Коктепе до Киндикли-тепе*: *новый подход к историивозникновения ирригации в северной части Зеравшанской долины*," in *Цивилизации и культуры Центральной Азии в единстве и многообразии. Материалы Международной конференции, Самарканд, 7-8 сентября 2009 г. Отв. Ред. Ш. Мустафаев*, cc. 142-143, 147-148; B. Lyonnet, "Questions on the Date of the Hellenistic Pottery from Central Asia (Ai Khanoum, Marakanda, Koktepe)," *Ancient Civilizations from Scythia to Siberia*, Vol. 18, 2012, pp. 167-170. 有充分的证据表明这座城址是真正的亚历山大里亚·埃斯卡特。

1 A. Kh. Atakhodjaev, "Données numismatiques pour l'histoire politique de la Sogdiane (Ive-IIe siècles avant notre ère," *RN*, 2013, pp. 233-240 nos. 42-45 with n. 65. 阿塔科杰夫（Atakhodjaev）认为这些钱币由安条克三世东征期间（公元前206—前204年）发行，但他也不排除安条克一世在某些小殖民地发行的可能。高林（Gorin）则认为这些钱币（95: nos. 1-4）发行时间约为公元前280—前250年，应该由安条克一世或安条克二世发行，参A. N. Gorin, "A New Slelukid Mint: Samarkand-Marakanda," *Anabasis Studia classica et orientalia*, Vol. 6, 2015, pp. 94-104.

2 Laurent Capdetrey, *Le pouvoir séleucide. Territoire, administration, finances d'un royaume hellénistique (312-129 av. J.-C.)*, pp. 158-166; *cf.* Б.А. Литвинский, *Храм Окса в Бактрии (Южный Таджикистан). Том 3. Искусство, художественное ремесло, музыкальные инструменты*, Москва, 2010, cc. 460-461. 关于古代"phrourion"与"polis"的区别，见T. H. Nielsen, "*Phrourion*. A Note on the Term in Classical Sources and in Diodorus Siculus," in T. H. Nielsen, ed., *Even More Studies in the Ancient Greek Polis*, Histoira: Einzelschriften, H. 162. Papers from the Copenhagen Polis Centre 6, Stuttgart, 2002, pp. 49-64. 关于塞琉古王国的殖民运动概述，见B. Bar-Kochva, *The Seleucid Army: Organization and Tactics in the Great Campaigns*, New York, 1976, pp. 20-48; A. Mehl, "The Seleucid Cities in Syria: Development, Population, Constitution," in E. Arabatzes, ed., *Ο Ελληνισμος στην Ανατολη · International meeting of History and Archaeology. Delphi 6-9 November 1986*, Athens, 1991, p. 107.

称它为安条克城。”[1]斯特拉波称：“被此处的肥沃的土壤所吸引，救主安条克（Antiochos Soter）下令用城墙围起此地，周长为1500斯塔迪亚。”[2]安条克建立的其他城市还包括索忒拉或阿里亚、[3]塔赫特—伊·桑金[4]以及马拉坎达（或称阿弗拉西亚卜）。[5]以下这些东方城市即使不是由安条克所建，安条克也很可能也巡视过这些地区：奥克苏斯河畔

---

1 Pliny, *NH*, 6.47-48; Martianus Capella, 6.691; Solinus, 48.3. Г. А. Кошеленко, “Антиохия в Маргиане по информации Стефана Византийского,” *ПИФК 10*, 2001, сс. 414-418.

2 Strabo, 11.10.2 (516); See Pliny, *NH* 6.47-48. Г. А. Кошелеко, *Греческий полис на эллинистическом Востоке*, Москва, 1979, сс. 150-153; З. И. Усманова, “Разрез крепостной стены Эрк-калы старого Мерва,” in *Труды Южно-Туркменистанской археологической комплексной экспедиции* 19, Под ред. М. Е. Массона, Ашхабад, 1989, сс. 21-61; В. А. Завьялов, “Оборонительные сооружения Антиохии Маргианской (Гяур Калы Старого Мерва),” in *Центральная Азия от Ахеменидов до Тимуридов: археология, история, этнология, культура*, Материалы международной научной конференции, посвящённой 100-летию со дня рождения Александра Марковича Беленицкого (СПб, 2-5 ноября 2004 г.), Под ред. В. П. Никоноров, Санкт-Петербург, 2005, сс. 90-91. 关于城市遗址，见A. Bader, V. Gaibov and G. Koshelenko, “Walls of Margiana,” in A. Invernizzi, ed., *In the Land of Gryphons. Papers on Central Asian Archaeology in Antiquity*, Torino, 1995, pp. 39-50. 吉奥尔・卡拉（Giaur-kala）即古代的木鹿（Merv）可追溯至此时期。参见V. A. Zavyalov, “The Fortifications of the City of Gyaur Kala, Merv,” in J. Cribb and G. Herrman, eds., *After Alexander: Central Asia before Islam*, New York: Oxford University Press, 2007, p. 325; Г. А. Пугаченкова, “К познанию античной и раннесредневековой архитектуры Северного Афганистана,” *Древняя Бактрия. Материалы Советско-Афганской экспедиции. 1969-1973 гг.*, Москва, 1976, сс. 137-141.

3 Ptolemy, 6.17.7; Ammianus Marcellinus, 23.6.69; Stephanos Byzantinos, s.v. Ἀρεία; Appian, Syriake 57. P. Bernard, “The Seleucids in Central Asia,” in J. Harmatta, et al. eds., *History of Civilizations of Central Asia. Vol. II: The Development of Sedentary and Nomadic Civilizations: 700 B.C. to A.D. 250*, pp. 91-92; Getzel M. Cohen, *The Hellenistic Settlements in the East from Armenia and Mesopotamia to Bactria and India*, p. 286; S. Plischke, *Die Seleukiden und Iran. Die seleukidischen Herrsaftspolitik in den östlichen Satrapien*, ss. 129-130.

4 Б. А. Литвинский, *Храм Окса в Бактрии (Южный Таджикистан). Том 3. Искусство, художественное ремесло, музыкальные инструменты*, Москва, 2010, с. 14; S. Plischke, *Die Seleukiden und Iran. Die seleukidischen Herrsaftspolitik in den östlichen Satrapien*, ss. 124-125.

5 B. Lyonnet, “Questions on the Date of the Hellenistic Pottery from Central Asia (Ai Khanoum, Marakanda, Koktepe),” *Ancient Civilizations from Scythia to Siberia*, Vol. 18, 2012, p. 167; S. Plischke, *Die Seleukiden und Iran. Die seleukidischen Herrsaftspolitik in den östlichen Satrapien*, ss. 122-124.

的亚历山大里亚、[1]坎培尔·特佩、[2]铁尔梅兹、[3]克塞尼帕、[4]乌尊达拉要塞（Uzundara，在安条克所建的铁门附近）[5]以及阿伊·哈努姆。[6]阿伊·哈努姆遗址由安条克一世所建的证据最为明显。[7]

理论上，安条克拥有大量财力和充足的人力（自愿加入）来开展

1 Ptolemy, 6.12.6. S. Plischke, *Die Seleukiden und Iran. Die seleukidischen Herrsaftspolitik in den östlichen Satrapien*, s. 120; cf. Getzel M. Cohen, *The Hellenistic Settlements in the East from Armenia and Mesopotamia to Bactria and India*, pp. 269-271; P. Leriche and S. Pidaev, "Termez in Antiquity," in J. Cribb and G. Herrmann, eds., *After Alexander: Central Asia before Islam*, pp. 179-211; P. Leriche, "Bactria, Land of One Thousand Cities," in J. Cribb and G. Herrmann, eds., *After Alexander: Central Asia before Islam*, p. 133; P. Leriche, "Das Baktrien der 1 000 städte," in S. Hansen, A. Wieczorek, M. Tellenbach (Hrsg.), *Alexander der Große und die Öffnung der Welt: Asiens Kulturen im Wandel; egleitband zur Sonderausstellung "Alexander der Große und die Öffnung der Welt-Asiens Kulturen im Wandel" in den Reiss-Engelhorn-Museen Mannheim (vom 3. Oktober 2009-21. Februar 2010)*, Publikationen der Reiss-Engelhorn-Museen Bd. 36, 2009, s. 165; P. Leriche, "L'ancienne Termez dans l'antiquité," *ПИФК* 27.1, 2010, pp. 157-160; cf. P. Leriche and C. Pidaev, *Termez sur Oxus*, Paris: Maisonneuve et Larose, 2008; P. Leriche, "La découverte de l'Ancienne Termez, metropole de Bactriane," *Electrum*, Vol. 22, 2015, pp. 47-85.

2 S. Plischke, *Die Seleukiden und Iran. Die seleukidischen Herrsaftspolitik in den östlichen Satrapien*, ss. 121-122.

3 S. Plischke, *Die Seleukiden und Iran. Die seleukidischen Herrsaftspolitik in den östlichen Satrapien*, ss. 124-125.

4 Curtius, 8.2.14-15; S. Plischke, *Die Seleukiden und Iran. Die seleukidischen Herrsaftspolitik in den östlichen Satrapien*, s. 126.

5 A. N. Gorin, "A New Seleukid Mint: Samarkand-Marakanda," *Anabasis Studia classica et orientalia*, Vol. 6, 2015, pp. 103-104.

6 S. Plischke, *Die Seleukiden und Iran. Die seleukidischen Herrsaftspolitik in den östlichen Satrapien*, ss. 109-117.

7 这一问题似乎有了解释：塞琉古一世共治期间，安条克一世下令将阿伊·哈努姆改造成一座希腊城市。以该遗址的考古遗存为基础，学界目前出现了两种研究趋向。其一以陶器研究为根据，参见P. Bernard, "Le quartier d'habitation près de l'hérôon de Kinéas," in Guy Lecuyot, ed., *Fouilles d'Aï Khanoum: L'habitat. IX*, Paris: Éditions de Boccard, 2013, pp. xii-xiv; H.-P. Francfort, "Habitat rural achéménide, hellénistique et kouchan dans la plaine d'Aï Khanoum-Shortughaï," in Guy Lecuyot, ed., *Fouilles d'Aï Khanoum: L'habitat. IX*, p. 175; B. Lyonnet, "La céramique de la maison du quartier sud-ouest d'Aï Khanoum," in Guy Lecuyot, ed., *Fouilles d'Aï Khanoum: L'habitat. IX*, pp.181-183, 191; L. Martinez-Sève, "Données historiques," in Guy Lecuyot, ed., *Fouilles d'Aï Khanoum: L'habitat. IX*, pp. 214-217. 其二以双语砖块和钱币的研究为根据，笔者的文章经历了十余年的努力准备，即将发表。已发表文章也涉及相关研究，见J. D. Lerner, "Correcting the Early History of Āy Kānom," *Archäologische Mitteilungen aus Iran und Turan* Bd. 35-36, 2003-2004, pp. 379-386 with n. 56.

帝国最东端的征服行动，但史料缺乏相关记载。目前仅有一些关于此项计划如何实施的推论。塞琉古与安条克共治期间，唯一能够调动的希腊兵力来自小亚西部城市。[1]如欧莱乌斯河畔的塞琉西亚（Seleukeia on Eulaeus）即苏萨（Susa），也有来自以弗所（Ephesos）的殖民者。[2]斯特拉波相信迈安德河畔的马革尼西亚（Magnesia on Maeander）的公民是波西斯的安条克（Antioch in Persis）的建立者，[3]一篇铭文也记载了迈安德河畔的马革尼西亚在此城建立过程中发挥的作用。[4]吕库斯的亚历山大里亚（Alexandreia Lykos）的建立者不仅有马其顿公民，也有来自爱奥尼亚（Ionia）诸城的希腊人。[5]与塞琉古共治期间，如果安条克一世在中亚设立的造币场数量属实，那么安条克建城计划是成功的。例如，霍顿和洛伯认为安条克建造了造币场11—15，[6]高林在此基础上增加了新近确认的马拉坎达/阿弗拉西亚卜的造币场。[7]建立

1 Г. А. Кошеленко, *Греческий полис на эллинистическом Востоке*, cc. 42-43, 215-217, 233, 238, 240, 255; P. Briant, *Rois, tributes et paysans: etudes sur les formations tributaries du Moyen-Orient ancient,* Annales littéraires de l'Université de Besançon 269; Centre de recherches d'histoire ancienne v. 43, p. 91; P. Bernard, "Le Marsyas d'Apamée, l'Oxus et la colonisation séleucide en Bactriane," *Studia Iranica*, Vol. 16, 1987, pp. 103-115.

2 P. Briant, *Rois, tributes et paysans: etudes sur les formations tributaries du Moyen-Orient ancient*, Annales littéraires de l'Université de Besançon 269; Centre de recherches d'histoire ancienne v. 43, p. 91.

3 Strabo, 12.8.14.

4 *OGIS*, 233. M. M. Austin, *The Hellenistic World from Alexander to the Roman Conquest: A Selection of Ancient Sources in Translation*, second edition, 2006, no. 190; S. M. Burstein, ed. and transl., *The Hellenistic Age from the Battle of Ipsos to the Death of Kleopatra VII*, no. 32.

5 P. Briant, *Rois, tributes et paysans: etudes sur les formations tributaries du Moyen-Orient ancient*, Annales littéraires de l'Université de Besançon 269; Centre de recherches d'histoire ancienne v. 43, p. 91.

6 A. Houghton and C. Lorber, *Seleucid Coins: A Comprehensive Catalogue. Part 1: Seleucus I through Antiochus III*, pp. 90-107. 其他归为“无归属钱币”或“存疑钱币”，可能属于塞琉古王国，见A. Houghton and C. Lorber, *Seleucid Coins: A Comprehensive Catalogue. Part 1: Seleucus I through Antiochus III*, pp. 107-110.

7 A. N. Gorin, "A New Seleukid Mint: Samarkand-Marakanda," *Anabasis Studia classica et orientalia*, Vol. 6, 2015, pp. 101-102. 有沙果树图案的钱币仍存疑问，可能由安条克一世或安条克二世发行，学界倾向于前者。葛乐耐认为，沙果树图案表明殖民者来自科斯（Kos）和以弗所。A. N. Gorin, "A New Slelukid Mint: Samarkand-Marakanda," （转下页）

新的希腊城市（polis）或赋予前已存在的城市以希腊城市的地位，安条克的这些做法毫无疑问均来自他父亲的创举，这与亚历山大匆忙建立哨所、要塞（虽然文献习惯称其为polis）的做法明显不同。[1]

共治者塞琉古和安条克父子二人清楚地认识到，这些地区之前的叛乱源于亚历山大东征计划没有得到军队的广泛支持，因为士兵不愿在远东偏远之地停留。塞琉古王国放弃亚历山大的征服计划是完全可以理解的。塞琉古与安条克实施灵活政策，允许规模较大的殖民地与小亚的希腊化城市一样享有较大自治权，以此吸引了大批希腊和马其顿人定居在东方。甚至军事殖民地也可能通过敕令逐渐地转变为城市，诸如杜拉·欧罗普斯（Dura Europos）、[2]欧莱乌斯河畔的塞琉西亚[3]以及阿伊·哈努姆等城市。塞琉古王国早期，新的希腊城市无一试图叛乱独立，进一步证明了这一政策的成功。它建立在国家和城市的利益互惠基础之上，正如联盟的受益者一样。[4]例如，公元前273年，第一次叙利亚战争期间，巴克特里亚提供了20头象兵，这是安条克在东方任职期间感受到地方忠诚的较早的例证。[5]此外，安条克作为共治者，在上省任职期间与孔雀王朝存在外交联系，这一点从他与孔雀王朝国王宾头沙罗（希腊语译名Amitrochates）之间的友谊可得

（接上页）*Anabasis Studia classica et orientalia*, Vol. 6, 2015, p. 102 n. 57. 奈马克（Naymark）认为不排除这四枚存疑钱币来自安条克三世，或者是由地方发行的涉及当地神祇的钱币。A. Naymark, "Seleucid Coinage of Samarqand?" *Journal of the Oriental Numismatic Society*, No. 221, 2014, pp. 1-6.

1 Г. А. Кошеленко, *Греческий полис на эллинистическом Востоке*, сс. 221-222. 参考É. Will, *Histoire politique du monde hellénistique*, Vol. i, 2e, pp. 269-272.

2 M. Rostovtzeff, *Dura-Europos and Its Art*, Oxford: Clarendon Press, 1938, pp. 1-32.

3 С. В. Новиков, "Городской строй Суз-Селевкии на Эвлае по данным эпиграфики," *Вестник МГУ*, Серия 8. История. 2, 1982, pp. 78-89; 1989, сс. 50-70.

4 J. D. Grainger, *Seleukos Nikator. Constructing a Hellenistic Kingdom*, pp. 134-138.

5 J. Epping and J. N. Strassmaier, "Babylonische Mondbeobachtungen aus den Jahren 38 und 79 der Seleuciden-Aera," *Zeitschrift für Assyriologie und Vorderasiatische Archäologie* 7/1, 1892, s. 233.

到佐证。[1]公元前281年塞琉古去世，安条克返回王国西部的国都。他在上省的府治尚不明确，如果本特森（H. Bengtson）的结论正确，[2]安条克延续了塞琉古的共治方式，任命儿子塞琉古为共治者，但后者因公元前268/267年谋反被处决，安条克二世旋即即位。[3]

结　语

亚历山大的殖民政策[4]需要将士兵定居在被征服的各个地区，包括军事殖民地、已有城市以及新建城市。传统文献的记载令我们相信殖民者自愿定居在这些地区，即使公元前325年和公元前323年的暴动表明事实并非如此。亚历山大急于在东方安置定居点的举措导致了公元前325年和公元前323年的动乱。在接下来的三十年，在亚历山大所征服的东方领土上，希腊人和马其顿人数量骤减，没有出现新的移民浪潮。亚历山大新建或在原有城市基础上建立的诸多殖民地的最终流失印证了这一点。塞琉古一世政权稳固，力量渗入地中海世界之后，不断吸引大批希腊人和马其顿人从欧洲移民至叙利亚，进而逐步东进。到公元前294年，安条克一世凭借其财力和人力，开始在上省

---

1 Hegesander Delphus (*FHG* IV: 421), frag. 43.

2 H. Bengtson, *Die Strategie in der hellenistischen Zeit*, Bd. I^2, ss. 82-84, esp. p. 83 n. 1; J. Epping, J. N. Strassmaier, “Babylonische Mondbeobachtungen aus den Jahren 38 und 79 der Seleuciden-Aera,” *Zeitschrift für Assyriologie und Vorderasiatische Archäologie* 7/1, 1892, s. 234; R. A. Parker and W. H. Dubberstein, *Babylonian Chronology 626 B.C.-A.D. 75*, Providence: Brown University Press, 1956, p. 19.

3 Joannes Antiochenus (*FHG* IV: 558), frag. 55.

4 简明的综述见P. Briant, *Alexander the Great and His Empire: A Short Introduction*, trans. A. Kuhrt, Princeton and Oxford: Princeton University Press, 2010, pp. 63-66, 116-119.

正式实施殖民计划，即使希腊人在人口比例中并不占多数。[1]事实上，正是因为他们作为殖民者的地位并不稳固，才会从文化、政治和社会层面依赖那些共同生活的本土民族。[2]

（杰弗里·勒纳撰　孙艳萍、张琳译　孙艳萍校）

1 J. D. Grainger, *Seleukos Nikator. Constructing a Hellenistic Kingdom*, p. 150; D. Engels, *Benefactors, Kings, Rulers. Studies on the Seleukid Empire between East and West*, pp. 351-356.

2 此文的修订和扩增版见即将出版的*Anabasis: Studia Classica et Orientalia*。

第三章　帕加马王国的建城活动

帕加马在希腊化初期本属于吕西马库斯控制，后来归属于塞琉古王国。但在攸麦尼斯一世（Eumenes I，公元前263—前241年）时期，帕加马脱离塞琉古王国独立。此后帕加马不仅致力于都城的建设，使之成为希腊式城市的典范、希腊化世界中与亚历山大里亚和雅典齐名的文化中心，而且还在其王国辖区内建立了不少城市。这些城市大多是为安置雇佣兵或军事殖民而建。

第一节　帕加马城——希腊化世界著名文化中心之一

希腊化时期，由于亚历山大及其后继者在东方大地上的广泛建城活动，希腊化世界的政治和文化中心也就随之东移。新兴的最为著名且最有影响的文化中心就是埃及的亚历山大里亚和小亚的帕加马城。但相比较而言，帕加马新城兴建较迟，是后起之秀。作为帕加马王国的都城，它的重建或扩建都是国王出于与其他希腊化王国的竞争而全力支持的结果。

一、帕加马城的初建与重建

帕加马城坐落在凯库斯（Caicus）平原的北端，位于古代的米西亚（Mysia）地区——现在的土耳其西北部。城址距海仅26公里，在希腊化时期，凯库斯河口的艾拉亚城（Elaia）是它的港口城市。同时，它所在的山丘位于塞里努斯（Selinus）河与凯提乌斯（Cetius）河之间，交通战略地位相当重要。

正如其他的希腊城市一样，帕加马也有着自己的建城神话。就这一点而言，帕加马从建立之初就沿袭了希腊城邦的传统。关于帕加马城的建城神话，古希腊《史诗集成》（*Epic Cycle*）曾记载帕加马城是由赫拉克勒斯之子特勒福斯（Telephus）建立的。传说特勒福斯带着神谕来到米西亚寻找他的母亲，成为米西亚国王图特拉斯（Teuthras）[1]的养子，后继承了米西亚的王位。[2]米西亚王国囊括了帕加马到凯库斯河之间的地区。特勒福斯建城神话显然成为后来阿塔卢斯王朝强调其正统性的宣传工具，帕加马城居民也习惯将自己称为特勒福斯的后代（Telephidai），将帕加马称为“特勒福斯的城市”（Telephian City）。[3]

帕加马城的建立可以追溯至古风时期（Archaic Period），大约在公元前8世纪晚期，它已经发展成为一座典型的希腊式城邦。色诺芬在《长征记》和《希腊史》中曾提到帕加马城，那时它在波斯帝国的控制之下。大约公元前400/399年，色诺芬远征的万人部队到达米西

---

1 在古希腊神话中，图特拉斯是米西亚的国王。

2 Diodorus Siculus, *Library of History*, 4.33.10-12, London: William Heinemann, 1967.

3 Sabine Müller, “Genealogie und Legitimation in den hellenistischen Reichen,” in Hartwin Brandt, Katrin Köhler and Ulrike Siewert, eds., *Genealogisches Bewusstsein als Legitimation: Inter-und intragenerationelle Auseinandersetzungen sowie die Bedeutung von Verwandtschaft bei Amtswechseln*, Bamberg: University of Bamberg Press, 2009, pp. 61-82; Ulrich-Walter Gans, *Attalidische Herrscherbildnisse. Studien zur hellenistischen Porträtplastik Pergamons*, Wiesbaden: Harrassowitz, 2006, p. 108.

亚地区，并在帕加马城最终落脚。[1]大约公元前362年，米西亚的总督奥龙特斯（Orontes）[2]试图反抗波斯帝国的统治，将该城重新迁移到山后的旧城。奥龙特斯死后，帕加马城再次回到波斯国王阿尔塔薛西斯手中。[3]也有一种说法是，奥龙特斯的反抗最终被摧毁。[4]无论如何，帕加马最终脱离波斯帝国统治是在亚历山大东征之后。

该城的大规模重建始于公元前3世纪。当时已表面归顺塞琉古王国，实则独立掌管帕加马的菲勒泰洛斯（Philetaerus，公元前283—前263年）和后来的阿塔卢斯一世（Attalus I，公元前241—前197年）在位时修建了帕加马上城的城墙，使其成为一座重要的防御性城市。菲勒泰洛斯还在卫城上修建了雅典娜神庙、宫殿和得墨特尔神庙（the temple of Demeter）。城市文化设施的重建扩建，则主要完成于攸麦尼斯二世（Eumenes II，公元前197—前159/158年）和阿塔卢斯二世（公元前159/158—前139/138年）统治时期。

二、帕加马的希腊化建筑与艺术

卫城是帕加马城的宗教、政治和文化中心，它坐落在一千多英尺高的山丘上，东北两面临凯提乌斯河，西南方则是面向色里努斯河谷（Selinus）的缓坡。卫城上呈阶梯型分布着诸多大型的建筑，最高处是阿塔卢斯王室的宫殿，其下的主要建筑包括大祭坛、雅典娜神庙（Athena Polias）、图书馆、剧场、市场、狄奥尼苏斯神庙（Dionysos

1 Xenophon, *Anabasis*, 7.8.8, with an English translation by Carleton L. Brownson, Cambridge, Mass.: Harvard University Press, 1980; Xenophon, *Hellenica*, 3.1.6, with an English translation by Carleton L. Brownson. Cambridge, Mass.: Harvard University Press, 1918.

2 据铭文，他是一个巴克特里亚人。

3 *OGIS,* 264A. http://www.attalus.org/docs/ogis/s264.html.

4 Max Fränkel, *Altertümer von Pergamon: Die Inschriften von Pergamon*, Band 8.2, Berlin: W. Spemann, 1895, No. 613.

图3-1-1
帕加马城卫城复原图

Temple）、体育馆等。[1]（图3-1-1）

大祭坛是帕加马城最为著名的建筑，[2]整体呈现三面柱廊式结构，内部是列柱廊庭院，外墙饰以大型浮雕，内墙饰以小浮雕。（图3-1-2）外墙浮雕尤为壮观，高2.3米，长113米，是现存古代第二大浮雕，仅次于雅典帕特农（Parthenon）神庙浮雕，主要描绘了奥林匹亚诸神与巨人之战（Gigantomachy）的场景。（图3-1-3）内墙浮雕则以特勒福斯神话为主要内容，刻画了其充满冒险的生涯和事迹，再现了帕加马王国建立过程中的艰难险阻，也追溯着帕加马的建城神话。[3]（图3-1-4）根据祭坛中的铭文和浮雕推测，雅典娜神庙可能是献给宙斯和雅典娜的。[4]

1 Carlos A. Picón and Seán Hemingway, eds., *Pergamon and the Hellenistic Kingdoms of the Ancient World*, New York: Metropolitan Museum of Art, 2016, p. 26.

2 关于帕加马的大祭坛遗址考古文献与图录，参见Hermann Winnefeld, *Altertümer von Pergamon: Die Friese des grossen Altars*, Band 3.2, Berlin: W. Spemann, 1910.

3 Andreas Scholl, “The Pergamon Alter: Architecture, Sculpture, and Meaning,” in Carlos A. Picón and Seán Hemingway, eds., *Pergamon and the Hellenistic Kingdoms of the Ancient World*, pp. 44-53.

4 Hermann Winnefeld, *Altertümer von Pergamon: Die Friese des grossen Altars*, Band 3.2, p. 236.

图3-1-2
柏林博物馆复原的帕加马大祭坛

图3-1-3
描绘雅典娜与巨人之战的大祭坛浮雕

雅典娜神庙坐落在王室宫殿下方，是城市保护神的崇拜圣地。神庙圣域与帕加马早期城墙的一部分毗邻。它是典型的希腊式建筑，柱廊使用了多利亚柱式结构，[1]沿用了雅典帕特农神庙的一些传统元素。大概在公元前188年阿帕米亚和约（Peace of Apameia）签订以后，攸麦尼斯二世开始了大规模的城市重建，雅典娜神庙也是其修复重建

1 在古典建筑结构中，排挡间饰（metope）位于多利亚柱式上方饰带或中楣上。这种方形的装饰位于三竖线花纹装饰（triglyphs）之间。一般情况下这个空间会有颜色或雕刻的装饰，雅典帕特农神庙柱廊顶部的92个方形装饰可为典型，其中描绘了一些战争的场景。

公元前2世纪

约公元前160年

图3-1-4
帕加马大祭坛的特勒福斯浮雕

的重点之一。这次修复在神庙原始结构上加筑了三面双层的斯多亚（stoa）柱廊，其入口位于东南角，整体风格混合了爱奥尼亚柱式和多利亚柱式。柱廊门上的浮雕是各种神话场景，其中一些浮雕以武器为主，以示对攸麦尼斯军事功绩的纪念。

雅典娜神庙内还保存了大量的帕加马雕塑艺术作品。大理石雕塑以普罗米修斯（Prometheus）的雕塑为典型，位于神庙北部长廊，由三个小雕塑组成。其他的大理石雕塑主要是对古典作品的复刻，一些雕塑底座上刻有当时著名雕塑家的名字。此外，攸麦尼斯还建立了一个铜制的胜利纪念性雕塑。

图书馆是帕加马文化遗存中最重要的建筑之一，也是帕加马王国希腊文化的代表。其规模仅次于亚历山大里亚图书馆，据称藏书至少20万卷。考古研究表明，雅典娜神庙北面有双向通道的斯多亚式建筑可能就是帕加马图书馆的遗址。[1]图书馆内有一个大型的祭祀房间，里面有“贞女”雅典娜（Athena Parthenos）的雕塑。（**图3-1-5**）

1 Richard Bohn, *Altertümer von Pergamon: Die Heiligtum der Athena Polias Nikephoros*, Band 2 *Text*, Berlin: W. Spemann, 1895, pp. 56-88.

图3-1-5
□女”雅典娜半身像

图3-1-6
剧场遗址，帕加马

大剧场（**图3-1-6**）和狄奥尼苏斯神庙位于卫城西部斜坡上，体育馆位于南部斜坡上。此外，在与市场毗邻的地方还发现了一个列柱廊式的建筑，后来成为市场考古成果的收藏地，因此被称为“市场博物馆”（Market Museum）。

鼎盛时期的帕加马王朝建筑艺术甚至传入雅典，阿塔卢斯二世在雅典市场建立了斯多亚柱廊，现在雅典卫城下的市场博物馆就是原来的斯多亚柱廊的复制。

雕塑艺术可谓帕加马城建筑的灵魂。帕加马城的雕塑艺术虽然以希腊神话为主，但也力图通过建城神话和现实主题的雕塑表彰阿塔卢斯王朝诸王的功绩，维护对希腊文化传统的认同。阿塔卢斯一世战胜加拉太人之后，帕加马城的雕塑艺术进入一个新纪元，各种与阿塔卢斯一世本人及其继业者相关的纪念性浮雕开始出现于城市的建筑上。雅典娜神庙是这类纪念性浮雕保存最为丰富的遗址。在神庙中央的圆柱形柱础上，刻写着阿塔卢斯一世战胜加拉太人的托里斯托吉安部落（Tolistoagian）一事。此外，一尊公元前200多年的雅典娜雕塑在神庙南部发现，其基台上的铭文记载了阿塔卢斯王朝的一系列对外战争，包括战胜加拉太人的战役，对抗安条克·希拉克斯和弗里吉亚吕西安王朝的战役，以及对抗塞琉古三世副将的战役。[1]

总而言之，帕加马城作为帕加马王国政治文化中心，无论是其建筑艺术还是雕塑艺术都表现出鲜明的希腊化艺术特征，也堪称同一时期希腊化城市中的艺术宝库。

第二节　阿塔卢斯王朝的新建城市

除了都城帕加马城之外，阿塔卢斯王朝还建立了许多城市。这些城市的建立最初大多出于军事防御原因，很大程度上沿袭了希腊化王朝的建城传统。关于这些城市的记载和考古材料并不丰富，我们对它们建城史的重构主要依赖拜占庭的斯特法努斯（Stephanus of Byzantium）的记载和一些铭文、钱币资料。

1 Massimiliano Papini, "Commemorations of Victory: Attalid Mounuments to the Defeat of the Galatians," in Carlos A. Picón and Seán Hemingway, eds., *Pergamon and the Hellenistic Kingdoms of the Ancient World*, p. 43.

1. 菲勒泰里亚城

这座城可能是伊达山下的菲勒泰里亚城（Philetairea-under-Ida）。一份攸麦尼斯一世与其雇佣兵之间的和约中提到此城：

> 攸麦尼斯，菲勒泰洛斯之子答应菲勒泰里亚城（Philetairea）和阿塔雷亚[1]士兵的要求。
>
> 帕拉莫诺斯（Paramonos）和他们手下的指挥官及士兵在伊达山下的菲勒泰里亚（Philetairea-under-Ida）发誓……
>
> 攸美尼斯的誓言：……我将对帕拉莫诺斯和伊达山下的菲勒泰里亚的指挥官和其他受薪的人……保持友好。[2]

在这份和约中，菲勒泰里亚的名字两次被称为"伊达山下的菲勒泰里亚"。[3]有学者将其城址定位于"亚德拉米特内（Adramyttene）湾[4]北部的某个地区，在特洛伊东南部"。[5]在另外一份阿塔卢斯王朝的铭文中也出现了"菲勒泰里亚"。[6]

> 第欧根尼（Diogenes），埃比克莱斯（Epichles）之子，为了城邦，将驻守的人和防御工事建立在菲勒泰里亚和"攸麦尼亚神庙"。[7]

---

1 这个阿塔雷亚极有可能是吕底亚的阿塔雷亚。

2 *OGIS*, 266.

3 参见Max Fränkel, *Altertümer von Pergamon: Die Inschriften von Pergamon*, Band 8.1, Berlin: W. Speman, 1890, Nos. 1-250, No. 13.

4 关于这个地名，参见Xenophon, *Anabasis*, 7.8.8. 它位于米西亚地区。

5 R. E. Allen, *Attalid Kingdom*, Oxford: Clarendon Press, 1983, p. 23.

6 Max Fränkel, *Altertümer von Pergamon: Die Inschriften von Pergamon*, Band 8.1, No. 240. 这是一份由第欧根尼（Diogenes, son of Epikles）所作的献词，其中提到了"攸麦尼斯庙"（Eumeneion）。

7 *OGIS*, 336.

两个菲勒泰里亚是否同一城市，难以确定；“攸麦尼亚庙”是否象征着攸麦尼斯就是伊达山下的菲勒泰里亚城的建城者，也是个疑问。[1]因此，该城的建立者存在争议，一说菲勒泰罗斯，一说攸麦尼斯一世。上文的和约大约是在撒尔狄斯战役（公元前263—前261年）之前签订的，而攸麦尼斯一世即位于公元前263年，因此菲勒泰里亚或“伊达山下的菲勒泰里亚”在攸麦尼斯即位之前应该就已经建立了。[2]笔者认为菲勒泰罗斯为建城者更为可信。

2. 吕底亚的阿塔雷亚

根据斯特法努斯的说法，吕底亚的阿塔雷亚（Attalea in Lydia）最初被称为阿哥罗拉（Agroeira）或阿洛艾拉（Alloeira）。[3]

该城的位置比较明确。根据古典作家的记载和一些考古证据，该城位于忒亚提拉（Thyatira）东北部8公里左右的地方，[4]接近吕库斯（Lycus）河上游的河谷地区，控制着河谷上游和吕底亚平原之间的通道。[5]作为一个新建城市，其选址在某些现代学者看来，缺乏战略性思考。[6]阿塔雷亚城并不一定是边界要塞，它并没有发挥边界防卫的

1 关于这些问题的讨论，参见弗兰克尔（Max Fränkel）的评论：Max Fränkel, *Altertümer von Pergamon: Die Inschriften von Pergamon*, Band 8.1, Nos. 1-250, No. 13.

2 R. E. Allen, “Attalos I and Aigina,” *The Annual of the British School at Athens*, Vol. 66, 1971, p. 3. 另参R. E. Allen, *Attalid Kingdom: A Constitutional History*, Oxford: Clarendon Press, 1983, p. 24.

3 Stephanus of Byzantium, *Ethnica*, A144.4, trans., Margarethe Billerbeck in Germany, Berlin: De Gruyter, 2016.

4 B. V. Head, Percy Gardner, Barclay Vincent Head and Warwick Wroth, eds., *A Catalogue of the Greek Coins in the British Museum. Vol. 22: Catalogue of the Greek Coins of Lydia*, London: Trustees of the British Museum, 1901,（=*BMC, Vol. 22: Lydia*）p. 36. 参见Georges Albert Radet, “Notes de géographie ancienne: Attaleia de Lydie,” *Bulletin de correspondance hellenique*, Vol. 11, 1887, pp. 173-175. 在Thyateira北部的阿塔雷亚发现的一份文书表明，阿塔雷亚的城址坐落在现在的高尔杜克·卡勒（Gorduk Kale）。

5 L. Robert, “Voyages dans l’Anatolie septentrionale,” *Revue Archeologique*, Vol. 3, 1934, p. 90.

6 在高尔杜克·卡勒之前，吕库斯河及其多石的河水形成了一块狭窄的地带，而阿塔雷亚城就建在这样的一个台地上。

功能。[1]另外，它坐落在偏僻的河谷地区，并不在从撒尔狄斯（Sardis）通往帕加马的主路上。但阿塔雷亚城毗邻临吕库斯河，土壤肥沃，可能是一个重要的选址因素。可见，阿塔卢斯王朝的一些军事殖民地可能并非防御要塞，而是农业中心，这有可能是出于经济因素的考虑。

关于阿塔雷亚城的建立，提及该城的和约铭文中记载的建城时间大约是公元前269/268年。[2]因此，阿塔雷亚极有可能也是由菲勒泰洛斯建立的。[3]

3. 阿波罗尼斯城

阿波罗尼斯城（Apollonis）位于忒亚提拉西部大约十公里处。根据斯特拉波，它距离帕加马和撒尔狄斯的距离都是300斯塔迪亚（stadia），坐落于从撒尔狄斯通往帕加马的道路上。[4]考古发掘表明，其具体位置在弗里吉乌斯河（Phrygius）支流的一个狭窄河谷地区的山丘上，由此很容易进入凯库斯河谷。[5]这一选址显然是经过战略性思考的，极有可能是为了防御凯库斯河谷免受东部入侵。[6]

关于该城的建城时间，目前悬而未定。根据相关研究，这个城址可能早就存在，在攸麦尼斯二世时期，城市逐渐扩展。[7]其早期钱币的铭文（大约公元前186年）是“ΑΠΟΛ”和“ΒΑ. ΕΥ. Δ”（“阿波罗

---

1 L. Robert, “Voyages dans l’Anatolie septentrionale,” *Revue Archeologique*, Vol. 3, 1934, pp 90-92.

2 R. E. Allen, *Attalid Kingdom: A Constitutional History*, Oxford: Clarendon Press, 1983, p. 24, note50.

3 R. E. Allen, *Attalid Kingdom: A Constitutional History*, p. 24; R. E. Allen, “Attalos I and Aigina,” *The Annual of the British School at Athens*, Vol. 66, 1971, p. 3, n. 12.

4 Strabo, *Geography*, 13.4.4, with an English translation by Horace Leonard Jones, Cambridge, Mass.: Harvard University Press, 1960.

5 Pliny, *Natural History*, 5.115, with an English translation by H. Rackham, Cambridge, Mass.: Harvard University Press, 1961.

6 Richard Evans, *A History of Pergamum: Beyond Hellenistic Kinship*, New York: Continuum, 2012, p. 162.

7 D. Magie, *Roman Rule in Asia Minor: To the End of the Third Century after Christ*, 2 vols., Princeton: Princeton University Press, 1950, p. 124.

尼斯”，“国王攸麦尼斯二世”），表明攸麦尼斯二世可能是该城当时的统治者。[1]城内的考古遗存也大多属于攸麦尼斯二世时期，主要是大约公元前190年代的建筑，包括部分城墙、24座城塔以及一个长方形的建筑遗址（可能是体育馆），[2]另外西北部还有一个小堡垒。城中发现了一份埃弗比（ephebi，18—20岁接受军事训练的男青年）的名单，[3]表明这个城市可能曾经以城邦的形式进行管理。

4. 希耶拉波利斯

希耶拉波利斯（Hierapolis）坐落在迈安德（Maeander）河谷地区，与现在土耳其的帕姆卡勒（Pamukkale）和代尼兹利城（Denizli）毗邻，位于古代劳狄西亚分叉的南部通道，跨山可到达费拉德尔菲亚城和赫尔姆斯盆地。在攸麦尼斯二世统治之下（公元前197—前159年），该城发展成为一座有城邦特征的移民城市。[4]希耶拉波利斯崇拜阿波罗·莱尔贝诺斯，人们在城市东北面发现了这个混合神的神庙。[5]

5. 费拉德尔菲亚[6]

据说费拉德尔菲亚（Philadelphia）是由阿塔卢斯二世（Philadelphus，公元前159—前138年）建立的。[7]该城坐落在特莫鲁斯（Mt. Tmolus）

---

1 http://snible.org/coins/hn/lydia.html.

2 关于城塔和体育馆，参见R. Stillwell, ed., *The Princeton Encyclopedia of Classical Sites*, Princeton: Princeton University Press, 1976, s.v. “Apollonis”.

3 关于埃弗比名单，参见Paul-Francois Foucart, “Exploration de la plaine de l’Hermus par M. Aristote Fontrier,” *Bulletin de correspondence Hellenistic*, Vol. 11, 1887, p. 86, No. 6; Salomon Reinach, “Inscriptions Inedites d’Asie Mineure & de Syrie Recueillies par M. le Campitaine Callier (1830-1834),” *Revue des Etudes Grecques*, Vol. 3, 1890, p. 69, No. 22.

4 D. Magie, *Roman Rule in Asia Minor: To the End of the Third Century after Christ*, 2 vols., Princeton: Princeton University Press, 1950, p. 128.

5 https://www.turizm.net/cities/hierapolis/.

6 现在土耳其的阿拉舍尔（Alasehir）城，坐落在古代的考格姆斯，今土耳其境内的库祖卡伊（Kuzucay）河河谷处，现在的波兹达格山（Bozdag Mountain）脚下。

7 Stephanus of Byzantium, *Ethnica*, s. v. “Philadelphia,” No. 1; S. Pétridès, “Philadelphia,” in Charles Herbermann, ed., *Catholic Encyclopedia*, New York: Robert Appleton Company, 1913. https://en.wikisource.org/wiki/Catholic_Encyclopedia_(1913)/Philadelphia.

半坡，俯瞰考格姆斯（Cogamus）河谷（现在的Kuzucay河）。它处于连接赫尔姆斯河（River Hermus）[1]和迈安德河谷的道路上，[2]同时也位于从帕加马和撒尔狄斯到劳狄西亚（Laodikeia）和小亚南部的主路上，距离撒尔狄斯27公里左右。[3]现在的城市名为阿拉舍尔（Alasehir）。普林尼笔下的菲拉德尔芬尼（Philadelpheni）坐落在考格姆斯河畔、特莫鲁斯山脚下，[4]应该就是这个城市。

考古证据和文献表明，至少在公元前2世纪，费拉德尔菲亚城已是一座希腊式城市。该城遗址可见一部分城市外墙，西南部在山脊上仍有卫城、剧场和体育场遗存。城内大量的神庙建筑使其享有“小雅典”的称号，但现存的遗迹仅剩一个单独的小神庙。早期钱币上的马其顿盾牌表明城中最初的居民可能是马其顿雇佣兵。[5]公元前2世纪的钱币铭文为“ΦΙΛΑΔΕΛΦΕΩΝ”（“爱兄弟”），上面还有地方执政官的花押。[6]在奥林匹克运动会的记载中，公元前108年，来自费拉德尔菲亚的尼科马库斯（Nicomachus of Philadelphia）是胜利者。[7]

6. 潘菲利亚的阿塔雷亚

据斯特拉波记载：“在潘菲利亚，过了卡塔拉科特（Catarractes）河就是阿塔雷亚，是以其建城者阿塔卢斯·费拉德尔甫斯命名的。”[8]据此，其建立者似乎并无争议。一些学者指出，阿塔卢斯二世

1 今盖迪兹河（Gediz）。

2 B. V. Head, *A Catalogue of the Greek Coins in the British Museum. Vol. 22: Catalogue of the Greek Coins of Lydia*, London: Trustees of the British Museum, 1901, p. 84.

3 Strabo, *Geography*, 12.8.18, 13.4.10.

4 Pliny, *Natural History*, 5.30.1.

5 关于钱币上的马其顿盾牌，参见*BMC, Vol. 22: Lydia*, p. 187, Nos. 1-4. http://www.wildwinds.com/coins/greece/lydia/philadelphia/.

6 http://www.wildwinds.com/coins/greece/lydia/philadelphia/.

7 “Olympiad, 168. 1”, http://www.attalus.org/bc2/year108.html#_; Eusebius, *Chronicle*, in Schoene-Petermann ed., *Amerian translation,* p. 191.

8 Strabo, *Geography*, 14.4.1.

（Attalus II Philadelphus）可能是在公元前189年与罗马执政官曼利乌斯（Cn. Manlius Vulso）一起向潘菲利亚行军中建立了这座阿塔雷亚城（Attalea in Pamphylia）。[1]然而，考古挖掘表明该城存在公元前3世纪的遗存，因此这座阿塔雷亚可能此前就已经建立。[2]

7. 攸麦尼亚城

攸麦尼亚城（Eumeneia/Εὐμένεια）是一座位于弗里吉亚的古城，坐落在科鲁德罗斯（Cludros）河畔，位于多利鲁姆（Dorylaeum）到阿帕米亚的路上，著名的迈安德河流经该城。[3]据说是阿塔卢斯二世用他兄弟和继业者（攸麦尼斯二世）的名字命名了该城。[4]定年于公元前133年的钱币表明，至少在阿塔卢斯王朝统治时期，该城享有城市自主权。[5]

8. 狄奥尼苏波利斯

关于狄奥尼苏波利斯（Dionysoupolis）的具体位置，有学者指出狄奥尼苏波利斯坐落在迈安德河的北岸，大约是现在的卡尔达格（Çal Dag）和卡尔奥瓦（Çal Ova）地区。[6]

关于建城者，据斯特法努斯的说法，该城由阿塔卢斯和攸麦尼斯建立，[7]在该城发现的一个狄奥尼苏斯的木雕铭文中曾提及此二人。可能性最大的一个推断是，攸麦尼斯二世决定在该地建城，而其兄弟阿塔卢斯二世则是城市建设的实际实施者。[8]拉姆塞（William Mitchell

---

1 参见G. M. Cohen, *Hellenistic Settlements in Europe, the Islands, and Asia Minor*, p. 338. 其中指出，彼得森（Petersen）和冯·鲁西山（Felix von Luschan）两人认为阿塔卢斯在远征曼利乌斯（Manlius）时建立了潘菲利亚的阿塔雷亚。

2 https://topostext.org/place/369307PAtt.

3 Pliny, *Natural History*, 5.29, 5.31.1. Strabo, Volume V, Maps: Asia Minor and Syria Superior.

4 Stephanus of Byzantium, *Ethnica*, E286.1.

5 B. V. Head, *A Catalogue of the Greek Coins in the British Museum. Vol. 24: Phrygia*, London: Trustees of the British Museum, 1906, p. 211, Nos. 1-5.

6 今代尼兹利（Denizli）省的一个地区。

7 Stephanus of Byzantium, *Ethnica*, s.v. “Dionysoupolis”.

8 Georges Le Rider, “Un Groupe de Cistophores de L’Epoque Attalide,” *Bulletin de correspondence hellenique*, Vol. 114, 1990, p. 701.

Ramsay）认为，狄奥尼苏波利斯城是阿塔卢斯王朝为了对抗塞琉古的布劳恩多斯城（Blaundos）而建立的。[1]钱币证据表明，在公元222年，该城举行了建城400周年的庆典。[2]也就是说，其建城时间可能是公元前178/177年。

9. 斯特拉东尼斯

关于斯特拉东尼斯（Stratonices/Στρατονικεια of Lydia）的建立时代和建城者颇有争议。该城早期被称为因迪（Indi），[3]在罗马帝国治下改名为哈德利安波利斯（Hadrianapolis）。城址在凯库斯河谷地区，位于现在土耳其爱琴海地区的马尼萨（Manisa）省的斯勒迪克（Siledik）村。[4]关于该城建城者的说法有两种，一说是安条克一世，并以其妻子的名字命名该城。[5]另一说是攸麦尼斯二世。公元前2世纪到公元3世纪中期，斯特拉东尼斯城曾发行自己的钱币，[6]其中年代最早的钱币是公元前186年左右的，为罗马钱币（Cistophori），铭文释读为“BA EY”和表示造币地的“ΣTPA”。因此，推测“BA EY”表示的是攸麦尼斯二世。一种说法是，攸麦尼斯的钱币上的阿塔卢斯王并非攸麦尼斯二世，而是他的私生子阿里斯托尼库斯（Aristonikos），即攸麦尼斯三世；带有“BA EY”币文的罗马币则断代至大约公元前

---

1 拉姆塞认为阿塔卢斯王朝的新建城市大多是为了对抗塞琉古城市，参见W. M. Ramsay, *The Historical Geography of Asia Minor*, Vol. 4, London: John Murray, 1890, p. 44, note 3. 另参Louis Robert, “Voyages dans l’Anatolie septentrionale,” *Revue Archeologique*, Vol. 3, 1934, pp. 90-91.

2 B. V. Head, *A Catalogue of the Greek Coins in the British Museum. Vol. 24: Phrygia*, p. 186, No. 24.

3 Christian Habicht, “New Evidence on the Province of Asia,” *Journal of Roman Studies*, Vol. 65, 1975, p. 82.

4 Georges Albert Radet, “Lettres de l’empeur Hadrien a la ville de Stratonicee-Hadrianopolis,” *Bulletin de Correspondance Hellenique*, Vol. 11, 1887, p. 108.

5 Stephanus of Byzantium, *Ethnica*, s.v. “Stratonices” = Margarethe Billerbeck, *Stephanus Byzantius Von Byzanz*, Berlin: De Gruyter, 2016, “Stratonices”. 据此，斯特拉托尼斯城之名是以安条克妻子的名字命名的。

6 “Ancient coins of Lydia”, Snible.org. Retrieved 2013-04-11. http://snible.org/coins/hn/lydia.html.

133/132—前130/129年，因此该城极有可能是攸麦尼斯二世所建。[1]

结 语

自菲勒泰洛斯从吕西马库斯的统治下独立出来，到阿塔卢斯二世统治时期，应该是帕加马王朝领土最广也最稳定的时期，为了发展内部经济，抵御外部入侵，这一时期的建城活动尤为突出。由阿塔卢斯二世建立的城市大多出于两个原因：一则出于安置雇佣兵的考虑，二则出于对王国领地防守的战略性考虑。而总体上看，阿塔卢斯王朝新建城市的选址大多都有地理因素的考虑，它们大多都临迈安德河而建，位于河谷地区，土壤肥沃。另外，有些城市也可能是出于与塞琉古王国的城市对峙而建，狄奥尼苏波利斯和攸麦尼亚城就属于这样的城市。帕加马城虽然在阿塔卢斯王朝之前就已经建立，但也正是在帕加马王国之时，它才得以重建，成为堪与雅典和亚历山大里亚媲美的希腊化世界第三大文化大都市。

与同时期的其他希腊化城市相比，帕加马王国的希腊化城市不仅表现出明显的希腊化时代特征，且反映了小亚地区源远流长的希腊古典文化传统。以帕加马都城为代表的城市建筑和艺术、城市布局和城市管理机制，在沿袭希腊本土传统的同时均有所创新，从而客观上对其他希腊化城市产生了示范效应。

（王 潇）

---

1 E. S. G. Robinson, “Cistophori in the Name of King Eumenes,” *The Numismatic Chronicle*, ser. 6, Vol. 14, 1954, pp. 1-8.

第四章　中亚和印度西北部希腊化城市的新建与发展

中亚和印度西北是亚历山大建城最多的地方。虽然在他死后帝国迅即分裂，部分城市因希腊—马其顿人驻军的撤离而废弃，但大部分依然保留，并在后来的塞琉古王国、巴克特里亚王国，甚至印度—希腊人王国时期得到利用和重建。同时，他们还以这些城市为模板，新建了一些具有地方特色的希腊化城市。正是它们的存在，使希腊化文明得以继续传播，这些城市客观上也成为这一地区丝绸之路的贸易和文化中心，成为以希腊化文明遗产为主的多元文明在此地传承、融合的基础。我们所说的以阿姆河和印度河为中心的“远东希腊化文明圈”实际上就是这些城市的组合体。

第一节　中亚的主要希腊化城市

一、阿伊·哈努姆

阿伊·哈努姆（Ai Khanum）遗址位于阿富汗东北方向的阿姆河与科克查河交汇处，由于废弃之后上面再无城市重建，保存比较完整。1964—1978年间由法国考古队发掘，此后因战乱停止。这是迄今发掘的最有研究价值的一座希腊化城市遗址，也是希腊人在中亚和印度地区生存、统治，希腊文化与东方文化相结合的见证。[1]

有关这座城市的建立，学界目前尚有争议。主持发掘的保罗·贝尔纳（Paul Bernard）曾认为：阿伊·哈努姆很可能就是托勒密（Claudius Ptolemaeus）在《地理志》中提到的“奥克苏斯河畔的亚历山大里亚”（Alexandreia Oxeiane），它甚至还可能是希腊—巴克特里亚王国的都城之一。[2]不过，弗雷泽（P. M. Fraser）提出反对意见，认为遗址中英雄祠的铭文已经明确提及了一位名为基涅阿斯（Kineas）的建城者。通过分析，他认为有三点理由足以支持这个城市是塞琉古一世时期所建：(1) 建城者为基涅阿斯，并非亚历山大；(2) 这座城市没有被亚历山大的随行者，或几个世纪之后的那些亚历山大传记作家提及；(3) 发掘出来的建筑基本上都不早于公元前3世纪。[3]以霍尔特（F. L. Holt）、西德基（H. Sidky）等为代表的部分学者也都认为这

---

1 关于阿伊·哈努姆城市布局最详细的第一手资料，当属保罗·贝尔纳主持编撰的系列考古报告。P. Bernard, “Campagnes 1965, 1966, 1967, 1968,” in P. Bernard, et al., eds., *Fouilles d'Ai Khanoum*, Paris: Editions Klinckseick, 1973. C. Rapin, *La Tresorerie du Palais Hellenistique d'Ai Khanoum. L'Apogee et la Chute du Royaume grec de Bactriane. Fouilles d'Ai Khanoum*, Vol. VIII, Paris: Diffusion de Boccard, 1992. 有关该城的简要介绍，可参考P. Bernard, “Ai Khanoum on the Oxus: A Hellenistic City in Central Asia,” *Proceedings of the British Academy*, Vol. 53, 1967, pp. 71-95, Plates I-XX; P. Bernard, “An Ancient Greek City in Central Asia,” *Scientific American*, Vol. 246, 1982, pp. 148-159; P. Leriche, “Les Remparts et Les monument Associés,” *Fouilles d'Ai Khanoum*, Vol. V, Paris, 1973; G. M. Cohen, *The Hellenistic Settlements in the East from Armenia and Mesopotamia to Bactria and India*, Berkeley: University of California Press, 2013, pp. 225-244; Rachel Ruth Mairs, *Ethnic Identity in the Hellenistic Far East*, PhD. Diss., University of Cambridge, 2006. 中文材料可参见［匈牙利］哈尔马塔主编：《中亚文明史》第二卷，徐文堪译，北京：中国对外翻译出版公司，2002年，第74页；杨巨平：《阿伊·哈努姆遗址与“希腊化”时期东西方诸文明的互动》，《西域研究》2007年第1期，第96—105页；等等。

2 贝尔纳的观点见Paul Bernard, “Ai Khanum on the Oxus: A Hellenistic City in Central Asia,” *Proceedings of the British Academy*, Vol. 53, 1967, pp. 71-95; Paul Bernard, “An Ancient Greek City in Central Asia,” *Scientific American*, Vol. 246, 1982, pp. 148-159. 托勒密的记载见Claudius Ptolemy, *The Geography*, 6.12, translated and edited by Edward Luther Stevenson, with an introduction by Prof. Joseph Fischer, New York: Dover Publication, Inc., 1991. 不过，托勒密将这城市置于索格底亚那地区。

3 P. M. Fraser, *Cities of Alexander the Great*, Oxford: Clarendon Press, 2007, pp. 155-156.

个城市应该是塞琉古时期所建，很可能是塞琉古一世之子安条克作为共治者管理帝国东部时的驻跸地之一（一般认为，塞琉西亚才是安条克作为共治者的驻跸地）。[1]

从布局上看，阿伊·哈努姆西南两面临河，北面是平原，大体上呈长边为1.8公里、短边为1.5公里的三角形。与传统的希腊城市不同，它是典型的中亚和希腊建筑风格相结合的产物，注重城市防御。四周城墙和防御使用上城（Citadel）。其中，北面的城门是进入城市的唯一陆上通道，所以城墙比较厚实，10米多高，6—8米厚，且布有防御用的塔楼，部分塔楼长约19米，宽约11米，比城墙还高。西面和南面的城墙稍微简单，但也有近7米厚。上城位于东南角，有60米高，为城市在遭受外敌入侵时提供最后的庇护。（图4-1-1）

受希腊古典时代的建城传统影响，希腊化城市的布局一般会采用以希腊人希波达姆斯命名的"希波达姆斯布局法"（Hippodamian plan），其最直观的特点就是网格状。阿伊·哈努姆也大致如此，它被一条由东北—西南方向的主街划分为两个大区，且有不少街道与主街垂直。

从城市的设施来看，当地的希腊人依然在尽可能地追求希腊式城市的风格。波桑尼阿斯（Pausanias）在游历希腊中部时，曾感叹法诺泰欧斯（Phanotcus）不像个城邦，因为它没有市政建筑，没有体育馆、露天剧场、广场，也没有水池。[2]而这些要素在阿伊·哈努姆是完备的。露天神庙等组成的宗教与公共活动区位于阿伊·哈努姆城的东南，剧场位于主街道的东侧，西部和南部则主要是宫殿群、体育馆、主神庙、祭所等公共建筑以及大量的私人住宅，显示出建筑者对希腊式城市基本设施的有意识保留。

城市的宫殿区位于城西，主要分为办公区、居住区、库房三大部分。王宫正门是一座庭院，长约137米，宽约108米。四周是用科林

---

1 H. Sidky, *The Greek Kingdom of Bactria*, Lanham: University Press of American, 2000, p. 134.

2 Pausanias, *Periegesis*, 10.4.1.

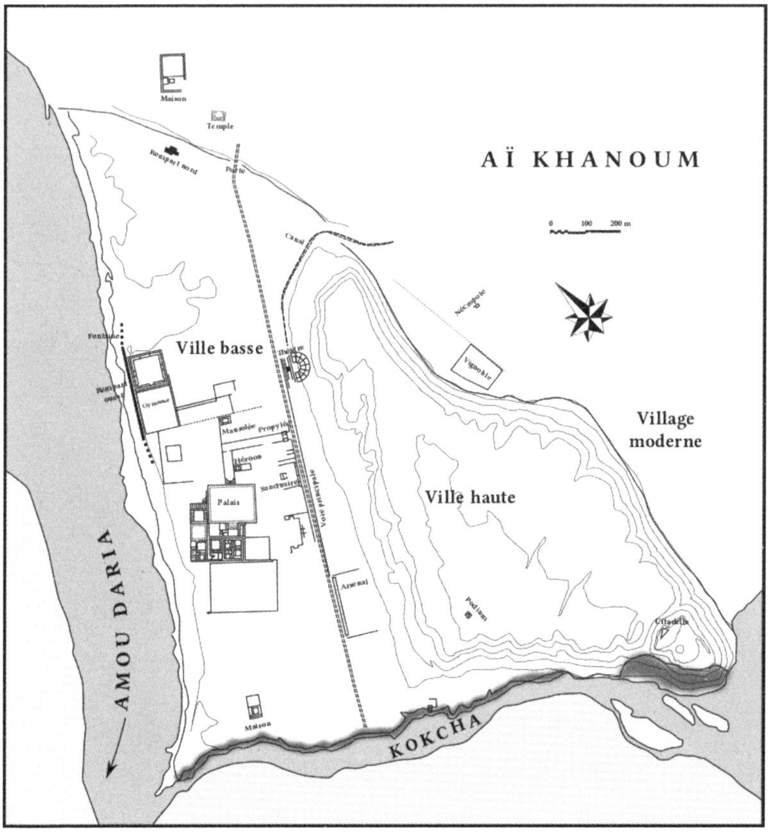

图4-1-1
阿伊·哈努姆 平面图

斯风格柱头装饰的柱廊。南面柱廊后是门厅，由18根科林斯式石柱组成，纵向列成三排。按照保罗·贝尔纳的解释，这种装饰与阿黑门尼波斯帝国的建筑风格颇为相似，很可能是对波斯式宫殿的效仿。[1]毕竟，典型的希腊式城市中并无王宫，这就使得建筑宫殿的建筑师们只能采用以波斯式或者巴比伦式的宫殿为蓝本，辅以希腊艺术风格装饰的办法。

在这座城市中，希腊化文化占据主导地位，其最重要的体现就是体育馆和希腊式的剧场。从考古发掘来看，阿伊·哈努姆的体育馆

1 P. Bernard, “Ai Khanoum on the Oxus: A Hellenistic City in Central Asia,” *Proceedings of the British Academy*, Vol. 53, 1967, pp. 71-95, Plates I-XX.

与传统的希腊体育馆类似，其主体是一座庭院，由四周的房屋和柱廊围绕而成。整个建筑群沿阿姆河而建，长约350米，规模巨大，建筑对称，庭院的北面还有用于授课学习的房屋。[1]剧场则建在卫城的内坡上，整体呈半圆形，比著名的埃皮道罗斯（Epidauros）剧场略小，半径为42米，高17米，一次性可容纳5000人之多。[2]按照希腊的传统，体育馆和剧场是希腊人日常公共活动的中心，只有希腊人才会热衷于去体育馆运动或到剧场看悲喜剧演出。阿伊·哈努姆遗址的体育馆和剧场能有如此庞大的规模，无疑体现了该城或附近的希腊人口还是有一定的数量。此外，希腊语的使用也是希腊化文化的重要体现。建城者基涅阿斯的英雄祠就出土过一块刻着希腊语箴言的石座，这是希腊人克利尔克斯（Klearchos）从德尔斐神庙带来的。[3]

同时，该遗址随处可见希腊柱廊式建筑遗迹和爱奥尼亚式、多利亚式、科林斯式三种风格的柱头。浴室地板铺设的马赛克图案有海豚、海马和海怪等海洋动物，而石砌喷泉的水管出口则用希腊喜剧人物的面具进行装饰。[4]这样的选址、布局和装饰说明，希腊人仍然坚持自己的希腊性，要在自己熟悉的城市环境中生活。不过，相对于拥挤的希腊城邦，阿伊·哈努姆城区的每一块街区一般只有一处住所，这和古希腊常见的同一块街区由好几座住所共享的情况不同。这种格

1 P. Bernard, "Ai Khanoum on the Oxus: A Hellenistic City in Central Asia," *Proceedings of the British Academy*, Vol. 53, 1967, pp. 71-95, Plates I-XX.

2 Rachel Ruth Mairs, *Ethnic Identity in the Hellenistic Far East*, pp. 120-122.

3 有关该格言的英译，请参Paul Bernard, "An Ancient Greek City in Central Asia," *Scientific American*, Vol. 246, 1982, pp. 149-159. 中译可参杨巨平：《阿伊·哈努姆遗址与"希腊化"时期东西方诸文明的互动》，《西域研究》2007年第1期，第96—105页。

4 P. Bernard, "Ai Khanoum on the Oxus: A Hellenistic City in Central Asia," *Proceedings of the British Academy*, Vol. 53, 1967, pp. 71-95, Plates I-XX; P. Bernard, "An Ancient Greek City in Central Asia," *Scientific American*, Vol. 246, 1982, pp. 148-159; P. Leriche, "Les Remparts et les Monument Associés," *Fouilles d'Ai Khanoum*, Vol. V, Pairs, 1973; G. M. Cohen, *The Hellenistic Settlements in the East from Armenia and Mesopotamia to Bactria and India*, Berkeley: University of California Press, 2013, pp. 225-244; Rachel Ruth Mairs, *Ethnic Identity in the Hellenistic Far East*, pp. 120-122.

局一方面暗示当地贫富差距较大，有些当地住户特别富有，可以在一块土地上建造一座大房屋独享；另一方面也暗示居住在这里的人口数量远小于希腊城邦。

与城市结构类似，阿伊·哈努姆的神庙受到希腊和东方文化的双重影响。它们与传统希腊式的柱廊结构神庙有很大的不同，大部分都有较高的石基，整体呈“凹”字型，有露天的前厅和祭祀场所，结构更类似于两河流域或者波斯帝国的神庙。以位于宫殿不远的主干道的一座神庙为例，它建于三个台阶高的基面上，神像的基座（神像已不复存在）正对门口，两旁还有圣物室。[1]同时，在位于卫城东南角的另一处神庙中，学者们发现了一个露天的台阶型平台。按照贝尔纳的观点，这种建筑设计很可能来自波斯，因为波斯人常常在露天的高台上祭拜各种神灵。[2]从具体的位置来看，这个圣所正处于卫城边上，无论如何也不可能仅供外族人使用，很可能是希腊的移民们按照当地的风格修建了自己的神庙。在宗教人物形象的塑造上，希腊文化与东方文化的融合也越来越明显。在该地出土的一个饰板图案上，大母神库柏勒（Cybele）正乘着一辆由几头狮子拉的车，驭手则是希腊的胜利女神；库柏勒的形象完全是东方式的，正面直立，从脸形到服饰与希腊式神像有很大的差别。[3]这些东方风格的神像能够在以希腊人为主体的希腊式城市内出现，很显然是东方文化对希腊城市产生影响的重要体现。

大约公元前3世纪中期，巴克特里亚总督狄奥多托斯（Diodotus）脱离塞琉古王国独立。该王国先后经历了三个希腊人王朝的统治。贝尔纳等认为，阿伊·哈努姆可能一度被第三个王朝的欧克拉提德一

1 Paul Bernard, “An Ancient Greek City in Central Asia,” *Scientific American*, Vol. 246, 1982, p. 159.

2 Paul Bernard, “Ai Khanoum On Oxus: A Hellenistic City in Central Asia,” *Proceedings of the British Academy*, Vol. 53, 1967, pp. 77-78.

3 Paul Bernard, “An Ancient Greek City In Central Asia,” *Scientific American*, Vol. 246, 1982, pp. 158-159. 杨巨平:《阿伊·哈努姆遗址与“希腊化”时期东西方诸文明的互动》,《西域研究》2007年第1期，第96—105页。

世改名成“欧克拉提底亚”（Eukratidia）。[1]在城中，希腊人依旧是人口的主体。体育馆就曾经发现过一则公元前150年前后的希腊语铭文，它刻在一尊雕塑的石头底座上，雕塑本身已经毁坏，但铭文得以保存，上面写着“特里巴罗斯和斯特拉同之子斯特拉同诺斯，（献给）赫尔墨斯和赫拉克勒斯”（Τριβαλλὸς καὶ Στράτων Στράτωνος Ἑρμῆι Ἡρακλεῖ）等字样。[2]赫尔墨斯和赫拉克勒斯是希腊体育馆的保护神，可见在该遗址废弃的前几年，这个体育馆依然在运行。

除下城的圣所、基涅阿斯的英雄祠和部分城墙外，大部分的建筑已被证实是希腊—巴克特里亚王国时期重建，更准确地说，重建于欧克拉提德一世统治期间。[3]据加尔丁，阿伊·哈努姆的实际面积并不局限于城墙的范围，城外还有占地近150公顷的郊区。郊区之外，还有一个占地近300公顷的村落，有花园、果园以及别墅、小房子等建筑物。城墙外的2号贵族私宅面积达到了7700平方米。它的布局方式和城中住宅相似，光是柱廊庭院面积就达到了65×60米的规模，远大于城内的民居。[4]这显示出，在希腊—巴克特里亚王国时期，该城进入了一个新的发展阶段。

同时，与塞琉古王国统治时期相比，多民族聚居的现象在希腊—巴克特里亚王国时期越来越普遍。阿伊·哈努姆遗址曾发现两份公元前2世纪的货物单据。它们写在兽皮纸上，一份残缺严重，一份尚可阅读。较为清晰的那份单据上用希腊语断断续续写着“安提马库斯30年……于K-arelote附近的安菲波利斯城生产……属于40……雇佣兵……斯基泰人，100德拉克马银币……以上所提及的……总计……”

---

1 G. M. Cohen, *The Hellenistic Settlements in the East from Armenia and Mesopotamia to Bactria and India*, p. 243.

2 Rachel Ruth Mairs, *Ethnic Identity in the Hellenistic Far East*, pp. 120-122.

3 Rachel Mairs, ed., *The Graeco-Bactrian and Indo-Greek World*, London: Routledge, 2021, p. 25.

4 J. C. Gardin, *Prospections Archéologiques en BactrianeOrientale (1974-1978)*, Vol. 3, Description des Sites et Notes de Synthèse, Paris: Éditions du CNRS, 1989, pp. 41-42.

[1]从内容上看，这份单据记录的很可能是巴克特里亚王国国王对斯基泰人雇佣军的赏赐。

此外，阿伊·哈努姆遗址还保留了不少的题铭，其中部分题铭者的名字具有伊朗文化的特征，如Oumanes、Xatranos等。[2]这些类似伊朗人的名字提醒我们，在巴克特里亚王国的城市中存在希腊人和外族人交错杂居的局面。

二、阿姆河的亚历山大里亚

希腊人在阿姆河流域的另一座重要城市是“亚历山大里亚—奥克西亚纳”（Alexandreia Oxeiane），字面的意思是“奥克苏斯河畔的亚历山大里亚”，它只在托勒密的《地理志》中有所提及。[3]不过，托勒密将这座城市置于索格底亚那地区。由于文献记载的缺乏，[4]有关此城的具体所在，学界目前争议巨大。

第一种观点以弗雷泽为代表，他认为该城可能就是拜占庭文法家斯泰法诺斯（Stephanos）笔下的“巴克特拉附近的亚历山大里亚”（原文写作Ἀλεξάνδρεια κατὰ Βάκτρα），[5]不过，这一猜想得不到其他古代文献记载的支持。据波里比乌斯（Polybius），塞琉古王国国王安

---

1 Willy Clarysse and Dorothy J. Thompson, “Two Greek Texts on Skin from Hellenistic Bactria,” *Zeitschrift für Papyrologie und Epigraphik*, Bd. 159, 2007, pp. 273-279.

2 ［匈牙利］哈尔马塔主编:《中亚文明史》第二卷，徐文堪译，第72页。

3 Claudius Ptolemy, *The Geography*, 6.12.

4 亚历山大到底建立了多少以他名字命名的城市，古典作家记载不一，至今也难有定论。据普鲁塔克，总数在70座以上。据阿里安，他在埃及、中亚、印度建了3个亚历山大里亚和其他3个可能也有此名称的城市。斯特拉波说，仅在巴克特里亚和索格底亚那，他建城8座；查士丁说12座。据普林尼，他在马尔吉亚那（Margiana）、阿里亚（Aria）、索格底亚那（Sogdiana）建了4座城市，其中有3个命名为亚历山大里亚。见Plutarch, *Moralia*, 328E; Arrian, *Anabasis of Alexander*, 3.1.5-2.1, 3.28.4; 4.1.3, 4.4.1; 5.1.5, 5.19.4; 6.15.2. Strabo, *Geography*, 11.11.4; C. Yardley, trans., *Epitome of the Philippic History of Pompeius Trogus*, prologue, 12.5.12-13; Pliny, *Natural History*, 6.18.47-49, 6.21.61.

5 Stephanos, *s.v. Alexandreia* 11.

条克三世东征时曾一度围攻希腊—巴克特里亚王国的首都巴克特拉。[1]如果“亚历山大里亚—奥克西亚纳”和“巴克特拉附近的亚历山大里亚”同为一城的话，那它肯定在巴克特拉附近。可是，波里比乌斯并没有提及这两座城市。

第二种观点认为亚历山大里亚—奥克西亚纳是阿伊·哈努姆遗址。支持这一观点的是保罗·贝尔纳。不过，如前所述，考古发掘的材料已经证实，其一，这座城市的建城者并不是亚历山大，而是一个叫基涅阿斯的人。当然基涅阿斯也可能是受命而为；其二，该城大部分建筑始建于公元前3世纪初的塞琉古一世时期。同时，上述两个地点都在阿姆河以南，而据斯特拉波，阿姆河是巴克特里亚和索格底亚那的分界线。[2]

第三种观点认为这座城市可能是在阿姆河北岸的铁尔梅兹（Termez），支持者是塔恩。他曾提出过一个猜想，巴克特里亚的希腊人国王德米特里（Demetrius）曾在索格底亚那地区建过一座名为“索格底亚那的德米特里亚”（Demetrias in Sogdiana）的城市。结合巴利文文献中提到的德米特里的名字“Dharmamitra”以及一些藏文（Thibetan）文献中提到的“达尔马米特拉城”（Dharmamitra），[3]塔恩推断，这个城市很可能就是托勒密《地理志》中提到的位于索格底亚那的亚历山大里亚—奥克西亚纳（塔恩默认巴克特里亚与索格底亚那以阿姆河为界，以北为索格底亚那）。[4]从发音上看，与Demetrias最为相近的城市无疑就是铁尔梅兹，而且这座城市位于阿姆河北岸，也能切合托勒密的记载。

近年来，勒里什和皮达耶夫（Ch. Pidaev）对塔恩的观点进行

---

1 Polybius, *The Histories*, 11.34.5-7.

2 Strabo, *Geography*, 11.11.2.

3 W. W. Tarn, *The Greeks in Bactria and India*, Cambridge: Cambridge University Press, 1951, pp. 195-224.

4 Claudius Ptolemy, *The Geography*, 6.12. 不过，托勒密将这城市置于索格底亚那地区。

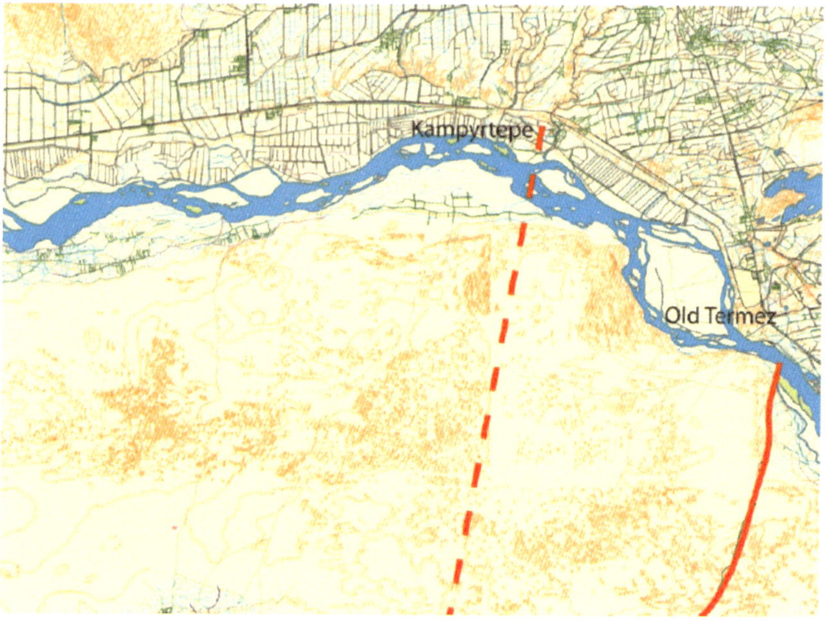

图4-1-2
老铁尔梅兹附近的阿姆河江心洲

了修正。他们认为，阿姆河在铁尔梅兹遗址附近有一个巨大的江心洲（Aral Pay Gambar），河面较窄，无论是渡河还是设防，它都是一个理想的选址地，希腊人在此建城或者据点的可能性很大。[1]（**图4-1-2**）但是，与塔恩不同，勒里什和皮达耶夫似乎更倾向于认为铁尔梅兹遗址不是亚历山大而是之后的塞琉古或者希腊—巴克特里亚王国所建。[2]

从考古发掘上看，铁尔梅兹的布局与阿伊·哈努姆类似，同样有上城和下城之分，同样有防御用的城墙。城墙的东北部入口处防御比较严密，设有塔楼。上城东西长500米，南北宽200米，位于城市的西南，地势较高，靠近阿姆河。2004年在上城的一处土层中发现了厚达

---

1 P. Leriche, et al., eds., *La Bactriane au Carrefour des Routes et des Civilisations de l'Asie Centrale*, Paris: Maisonneuve et Larose, 2001, pp. 47-54.

2 P. Leriche, et al., eds., *La Bactriane au Carrefour des Routes et des Civilisations de l'Asie Centrale*, pp. 47-54.

两米的希腊化地层碎片。[1]据加尔丁（Gardin）和里昂（Lyonnet），这些希腊化时期陶器近600片，可分为三类。其中有一类陶器所用黏土非常罕见，是黑灰色的，而这也是阿伊·哈努姆定居点第四期陶器的特征。[2]这一切都显示出该地与阿伊·哈努姆的密切联系。不过，铁尔梅兹的建筑并不像阿伊·哈努姆一样，它的布局比较随意，没有主街和与主街垂直的小道，也没有体育馆、剧场等希腊化城市常见的建筑。

从1993年开始，勒里什的团队对铁尔梅兹老城内可能是希腊化时代遗址的两个区域进行了调查。第一个是城堡区域的南部，该地早在1983年已被确认为希腊化遗址。整个希腊化地层长50米，高达2.5米，主要的构造是方形泥砖。根据勒里什的说法，最早的希腊化地层可以追溯到公元前280年之前，主要是一些围墙结构，这有力地证明铁尔梅兹一开始是作为早期驻军点存在。[3]另一个调查的区域是一个大型土丘，可能是宫殿，也可能是具有宗教功能的建筑，最早的地层可以追溯到公元前3世纪中叶。同时，还发现了一枚欧泰德姆斯（Euthydemos）硬币和一个在风格上接近孔雀王朝造型艺术的狮子雕塑碎片。[4]

第四种观点是把现今铁尔梅兹以西30公里的坎培尔·特佩（Kampir Tepe）比定为亚历山大里亚—奥克西亚纳。这个观点主要依据的是遗址中出土的钱币。支持者是米诺尔斯基（V. Г. Minorsky）和

---

1 P. Leriche, "Bactria, Land of One Thousand Cities," in Joe Cribb and Georgina Herrmann, eds., *After Alexander: Central Asia before Islam*, New York: Oxford University Press, 2007, pp. 121-153.

2 J. C. Gardin and B. Lyonnet, "La Prospection Archéologique de la Bactriane Orientale (1974-1978): Premiers Résultats," *Mesopotamia*, Vol. 13-14, 1978-1979, pp. 99-154.

3 P. Leriche, "L'Ancienne Termez dans l'Antiquité," *Проблемы истории, филологии, культуры* 1(27), 2010, pp. 153-190.

4 P. Leriche and S. Pidaev , "Termez in Antiquity," in Joe Cribb and Georgina Herrmann, eds., *After Alexander: Central Asia before Islam*, New York: Oxford University Press, 2007, pp. 186-187.

图4-1-3
坎培尔·特佩遗址

鲁特威拉泽（E.V. Rtveladze）。[1]鲁特威拉泽整理了坎培尔·特佩和老铁尔梅兹城出土钱币，发现两地出土的希腊化钱币最早都属于安条克一世，而最晚的属于赫利奥克勒斯一世（Heliocles I），老铁尔梅兹城出土的最晚钱币属于欧克拉提德一世。同时，出土于坎培尔·特佩的钱币要略多于老铁尔梅兹城。[2]

不过，从布局上看，将坎培尔·特佩作为一个城市确实有点牵强。（图4-1-3）它的上城面积只有150×100米大小，总体的面积（包含贵霜时代的遗迹）也只不过是350×225米，远小于铁尔梅兹。[3]与之前提到的阿伊·哈努姆类似，它同样是上城和下城的分区，同样有防

1 V. F. Minorsky, "A Greek Crossing on the Oxus," *Bulletin of the School of Oriental and African Study*, Vol. 30.1, 1967, pp. 45-53; E.V. Rtveladze, "Archaeological Research at Kampyr Tepe: A Kushan Fortress on the Oxus," *CIAA*, No. 10, 1999, pp. 5-7.

2 E. V. Rtveladze and A. N. Gorin, "Hellenistic Coins from Kampyr Tepa," *Ancient Civilizations from Scythia to Siberia*, Vol. 21, 2015, pp. 120-182.

3 C. Benjamin, *The Yuezhi: Origin, Migration and Conquest Northern Bactria*, Turnhout: Brepols Publishers, 2007, pp. 195-200; P. Leriche, "Bactria, Land of One Thousand Cities," in Joe Cribb and Georgina Herrmann, eds., *After Alexander: Central Asia before Islam*, p. 145.

御用的围墙和塔楼。但是，相对于阿伊·哈努姆和铁尔梅兹，坎培尔·特佩的结构更为特别，它有两层城墙，上城与下城之间还有围墙和护城河相隔。很可能这个城市先有一个作为驻军点的上城，然后随着人口的增加开始出现下城，最后不得不在下城之外再建一道新的城墙。

据鲁特维拉泽，这个遗址的城墙和城门组可以追溯到公元前4世纪末期—前3世纪，属于塞琉古王朝时期，该要塞保存部分的总面积约为4公顷。这里存在一些希腊—巴克特里亚时期的物质遗存，人们用地层学的方法已经确定了遗址的年代，从安条克一世到迦腻色伽一世统治时期，此地持续有人居住。

从城市内部的格局来看，整个城市同样也没有遵循希波达姆斯式的城市格局，结构比较凌乱。城中房屋的结构也与希腊的房屋有一定差别，没有出现任何带柱廊结构的建筑。不过，值得注意的是，这个城市的墓地（Necropolis）位于城外的西北角，紧邻城墙，这与阿伊·哈努姆类似（阿伊·哈努姆的墓地也是位于靠近城墙的外侧），这在一定程度上显示出希腊式城市布局的影响。但从民居的内部结构来看，坎培尔·特佩和铁尔梅兹的民居早已不是希腊式的布局。根据哈尔马塔，希腊式的民居一般都有一个较大的天井，天井的四周可能有柱廊，主人的起居室、仓库，客人的房间等都环绕着这个天井。[1]而在这两个遗址，我们看不到任何这样的布局，它们房子都比较小，房间少且封闭，很明显是针对中亚地区阳光强烈、风沙大等特点。

最后有一点需要说明，这种从驻军点发展成城市的模式在苏尔汗河流域非常常见，如乌尊达拉（Uzundara）遗址。考古学者在该遗址发现不少公元前3世纪上半叶的塞琉古王国钱币，还有两个亚历山

1 J. Harmatta, ed., *The History of Civilizations of Central Asia II. The Development of Sedentary and Nomadic Civilizations*, Paris: UNESCO Publishing, 1994, pp. 113-114.

大钱币的仿制品。不过，出土最多的是欧泰德姆斯一世的铜币，有79枚，占该地钱币发现总量的一半以上。[1]这些钱币在一个小型驻军点出现，很可能暗示它们是被用作士兵甚至雇佣兵的报酬。此外，2018年在乌尊达拉一地还出土了500个铁箭头，以及许多弹弓、头盔面颊和许多其他武器和盔甲的碎片。[2]

另一个重要的堡垒是达尔班特（Derbent），又名铁门关，是连接古代巴克特里亚和索格底亚那的少数交通走廊之一。该遗址主要是一堵长墙（长约1.6—1.7公里）的遗迹，最初由石头制成，并沿其路线由几座独立的塔楼加固，以及中南部的一座小堡垒，该地出土的钱币主要属于欧泰德姆斯一世，但拉平（C. Rapin）也曾经发现过一枚亚历山大时期的钱币。[3]不过，由于是局部发掘，目前还没有太多有关城市布局的信息。

三、马尔吉亚那的亚历山大里亚

库尔提乌斯（Curtius）是唯一述及亚历山大远征马尔吉亚那的古典作家，他说亚历山大以自己的名字命名此城并建立了六座哨所护卫过往旅人。[4]后来，这座城市又分别被称为塞琉西亚，[5]或安条克

---

1 N. Dvurechenskaya, “Results of the Excavations at the Bactrian Hellenistic Fortress of Uzundara (2013-2018),” in L. Stančo, G. Lindström, R. Mairs and J. Havlík, eds., *Seen from Oxyartes Rock: Central Asia Under and After Alexander*, Book of Abstracts of the International Conference HCARN 3, 14-16 November 2018, Prague: Faculty of Arts, Charles University, pp. 17-18.

2 Rachel Mairs, ed., *The Graeco-Bactrian and Indo-Greek World*, London: Routledge, 2021, p. 23.

3 C. Rapin, “On the Way to Roxane: The Route of Alexander the Great in Bactria and Sogdiana (328-327 BC),” in G. Lindström, S. Hansen, A. Wieczorek and M. Tellenbach, eds., *Zwischen Ost und West. Neue Forschungen zum antiken Zentralasien, Archäologie in Iran und Turan* 14, Darmstadt: Verlag Philipp Von Zabern, 2013, pp. 43-82.

4 Quintus Curtius, Rufus, *History of Alexander*, 7.10.15.

5 Solinus, 48.1-3; Martianus Capella, 6.691.

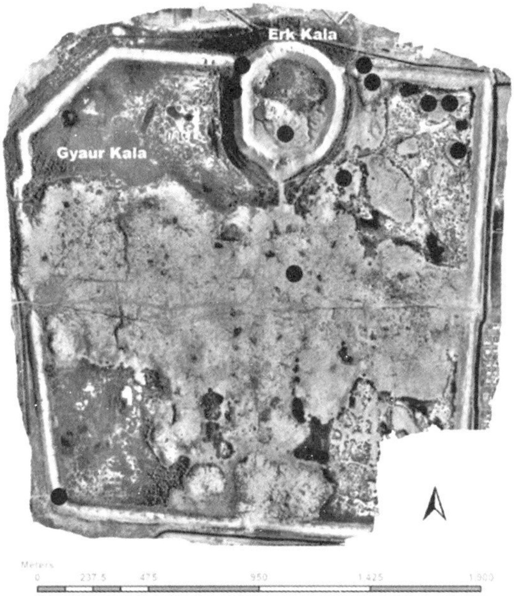

图4-1-4
木鹿遗址鸟瞰图，黑点即为发现希腊化遗存的地方

城。[1]与前两座城市相比，马尔吉亚那的亚历山大里亚（Alexandreia in Margiane）发展相对缓慢。因为，它地处伊朗高原到巴克特里亚的咽喉要道，一直是各方势力争夺的焦点。自亚历山大东征后，它先后被塞琉古王国、希腊—巴克特里亚王国、帕提亚王国、萨珊波斯帝国所控制，频繁的战争让这个城市受到严重的破坏，这也是它不断重建并更名的主要原因。目前，作为世界文化遗产的木鹿遗址（Merv，马尔吉亚那的亚历山大里亚的另一名字）主要是以帕提亚、萨珊波斯的遗迹为主，希腊化的城市留存其实并不多。

目前，木鹿遗址的主要遗迹就是城墙。（图4-1-4）它把吉奥尔·卡拉（Giaur-kala）的和埃尔克·卡拉（Erk Kala）两个遗迹合并为一个

1 Pliny, *Natural History*, 6.47; Isidoros of Kharax, *FGrH*, 781 F2 (14); Strabo, *Geography*, 11.10.2 (576). 此外，普林尼（*NH*, 6.47）称："亚历山大建立亚历山大里亚，之后被蛮族摧毁（in qua Alexander Alexandriam condiderat, qua diruta a barbaris）。但是塞琉古之子安条克在相同的地方修复了这座塞琉古王国的城市，马尔格河（Marg）流经城内，流向佐塔（Zotha）湖。他更喜欢以他之名命名此城。"托勒密关于马尔吉亚那（Margiana）的地图称此城为安条克（6.10）。

大城。城墙内的面积共占地约350公顷，称之为城市，确实当之无愧。对城墙的研究已有较长一段时间。乌斯马诺娃（Usmanova）将最初的城墙的扩展分成三个阶段，第一阶段可以追溯到阿黑门尼波斯帝国时期，主要是埃里克·卡拉中央土丘的防御工事的修建与扩建；第二阶段是希腊化时期，扩建城墙；第三阶段是帕提亚时期。[1]不过，帕提亚时期的砖块形状与阿伊·哈努姆的非常相似，有部分学者据此认为第三阶段实际上也属于希腊化时期。

出土的钱币提供了希腊人在马尔吉亚那活动的蛛丝马迹。据斯米尔诺娃2007年的整理研究，从亚历山大征服到公元前4世纪末，马尔吉亚那没有发现任何钱币。最早出现的希腊化钱币属于塞琉古王国时期，共4枚，最早的一枚属于塞琉古一世（现已遗失），其他的钱币都是属于安条克一世。数量最多的是希腊—巴克特里亚王国的钱币，有23枚，时代从狄奥多托斯一世到欧克拉提德一世。[2]这显示出巴克特里亚一直以来都有自主造币的传统。值得注意的是，其中一枚属于狄奥多托斯一世的钱币出土于吉奥尔·卡拉的泥砖中，暗示着这座城市与希腊—巴克特里亚王国的密切联系。

至于希腊化时期该城的公共生活和政治管理，我们目前不得而知。延伸的城墙似乎表明希腊人渴望控制这片领土。从建立之日起，这座城市就一直是该地区的主要中心，因为它在文献中多被提及。但非常可惜的是，学者们目前还没有发现体育馆或剧场等希腊城市的标志性建筑。再加上希腊化遗址年代较早，位于城市的下层，厚厚的地层也阻碍着对城市的建筑布局、公共建筑和住宅分布的探索。即使在今天，我们也很难勾勒出希腊化城市遗址的布局和架构。不过，有一

---

1 Usmanova, “The Section through the Fortress Wall in Erk-Kala, Old Merv,” *Trudy Yu TAKEI*, Vol. 19, 1989, pp. 21-61.

2 N. Smirnova, “Some Questions Regarding the Numismatics of Pre-Islamic Merv,” in J. Cribb and G. Herrmann, eds., *After Alexander: Central Asia Before Islam*, New York: Oxford University Press, 2007, pp. 377-388.

点可以肯定，伴随着米特里达特一世的东征，马尔吉亚那的亚历山大里亚将会在帕提亚帝国时期迎来自己的黄金时代。

四、“最远的亚历山大里亚”

除了少部分能够找到相应遗址的城市之外，很多希腊化城市只出现于文献之中，具体位置目前尚有较大争议。其中，最重要且最有代表性的遗址是“最远的亚历山大里亚”（Alexandreia Eschate）。

据阿里安，在征服兴都库什山以北和索格底亚那的过程中，亚历山大在塔奈斯（Tanais）河畔建了一座城市，并以他自己的名字命名。[1]不过，阿里安并没有明确指出这座城市就是“最远的亚历山大里亚”。关于这一名称的最早记录来自罗马历史学家阿庇安（Appianus Alexandrinus），他提到塞琉古一世在斯基泰地区所建造的城市中有一座名为“最远的亚历山大里亚”（Alexandreschata）。[2]此外，普林尼也提及，在索格底亚那人领土的最远处，有一座由亚历山大所建的亚历山大里亚城；一位名叫德摩达玛斯（Demodamas）的总督曾到锡尔河外，重建阿波罗的祭坛，这座祭坛此前曾先后被赫拉克勒斯、狄奥尼苏斯、塞米拉米丝（Semiramis）、居鲁士（Cyrus）和亚历山大重建，他们的征服都止步于此。[3]对此，美国学者科恩认为，“最远的亚历山大里亚”实际上就是另一座名为“斯基泰的安条克”的城市。这座城是很可能位于游牧民族南下的通道，与马尔吉亚那的亚历山大里亚一样毁于游牧民族的入侵，后来又被安条克一世所重建。[4]

---

1 Arrian, *Anabasis of Alexander*, 4.1.3-4.

2 Appian, *Roman History*, 11.57, with an English translation by Horace White, Cambridge, Mass. Harvard University Press, 1999.

3 Pliny, *Natural History*, 6.49.

4 G. M. Cohen, *The Hellenistic Settlements in the East from Armenia and Mesopotamia to Bactria and India*, Berkeley: University of California Press, 2013, p. 253.

同时，亦有学者认为，这座城市在亚历山大东征时就存在，当时名为“居鲁士城”（Cyropolis）。这一说法有一定的合理性。据阿里安，“居鲁士城”相传是居鲁士所修，城墙要比同一地区的要高。亚历山大拿下居鲁士城之后，才开始建立新的城市，据说修城墙就花了二十天时间，亚历山大本人也对这个城市十分重视。[1]可见，这个城市肯定是一个重要的战略据点。不过，希腊人是否在原来居鲁士城的基础之上修建，我们不得而知。

由于文献记载的混乱，有关这个城市的具体位置，百余年来都存在争议。目前最受学界认同的观点来自塔恩，他认为该城很可能就是现今塔吉克斯坦的苦盏城（Khojand，又译胡占德）。[2]从考古发掘来看，当地陶器在一定程度上受到希腊化文化的影响。希腊式的盘子、高脚杯、奠酒器，在当地也有发现，部分器皿的风格与阿伊·哈努姆发现的类似。[3]科舍伦科（G. A. Keshelenko）还提出塞琉古王朝在索格底亚那的第一个造币场应该建立于此。[4]由于城市尚有人居住，无法进行彻底的考古发掘，有关这个城市的具体结构和分区，我们尚缺乏证据。

此外，汉文史籍的记载也为我们提供了一些希腊化文化影响的证据。在汉文史籍中，控制费尔干纳的国家叫大宛，从发音上看，“宛”一词的汉语古音yuan与波斯人对希腊人的称呼Yauna和印度人的Yavanas、Yonas的发音相似，似乎暗示大宛很可能与希腊化世界有一定的联系。根据《汉书·西域传》的记载，大宛都城名叫贵山城，[5]与“Khojand”发音相近。很可能该地曾是巴克特里亚希腊人王国的领土，或者深受希腊化的影响。根据《史记·大宛列传》的记载，李广

---

1 Arrian, *Anabasis of Alexander*, 4.4.1.

2 W. W. Tarn, *The Greeks in Bactria and India*, pp. 474-477.

3 R. Mairs, *The Archaeology of Hellenistic Far East (a Survey)*, BAR International Series 2196, Oxford: Archaeopress, 2011, p. 34.

4 G. A. Koshelenko, *Grecheskii polis na Ellinisticheskom Vostoke [Greek Polis on the Hellenistic East]*, Moscow: Nauka, 1979, pp. 157-158.

5 《汉书》卷九六《西域传》，二十四史点校本，北京：中华书局，1962年，第3894页。

利虽攻下了大宛，但“终不得入中城”，[1]可见该城防御之严密，城中有城，与中亚希腊化城市的基本特点基本吻合。考古发掘也证实，费尔干纳地区有一套非常完善的扇形灌溉系统，为各自孤立的绿洲农业区提供水源。[2]从当时的情况看，在当时能负担起如此大规模水利建设的国家必定是巴克特里亚希腊人王国。

五、阿拉科西亚的亚历山大里亚

有关阿拉科西亚的亚历山大里亚（Alexandreia in Arachosia）的城市布局和希腊人活动的情况，考古资料很少，我们只能通过零星的文字记载还原。

1974—1978年，英国学者对坎大哈老城（Old Kandahar，又称Shahr-i-Kuhna）进行了一定程度的考古发掘。由于时间和资源的限制，挖掘被限制六个左右的独立区域，很难反映出城市的全貌。1979年苏联入侵阿富汗，考古发掘不得不中止。总的来说，此次发掘是令人失望的。尽管挖掘者发现了一些希腊风格的陶器碎片，但关于他们的归属有巨大争议。在其他的小型出土物中，也很少有能明显证明是属于希腊的物品。

从钱币上看，希腊人在当地确实有过活动。坎大哈博物馆保存有一枚属于欧克拉提德一世的铜币、两枚属于阿波罗多托斯一世和一枚属于米南德一世的银币，以及部分安提马库斯（Antimachos）的钱币，显示出这个城市与希腊人的联系并不算非常紧密。毕竟，塞琉古在公元前305—前303年之间的某时与旃陀罗笈多签订过和平协定，同意放弃亚历山大帝国最东端从印度河河谷北至犍陀罗（Gandhara）

1 《史记》卷一二三《大宛列传》，二十四史点校本，北京：中华书局，1982年，第3177页。

2 参见［匈牙利］哈尔马塔主编：《中亚文明史》第二卷，徐文堪译，第193—194页。

的领地，包括其首府塔克西拉（Taxila），也许还包括帕罗帕米萨代（Paropamisadai）和阿拉科西亚（Arachosia）；[1]作为回报，旃陀罗笈多为塞琉古提供五百头战象。[2]该地区应该是在德米特里一世或欧克拉提德一世重新征服印度之后才再次回到希腊人的手中。

希腊人在阿拉科西亚的亚历山大里亚活动的最主要证据就是希腊语在当地的继续使用。在阿育王所发布的诏令中，一部分用的是纯粹的希腊语，一部分用的是阿拉米亚字母拼写的印度语和希腊语，目前较为完整的有四篇。这种用希腊语和印度语的双语诏令的出现，不仅证实了希腊人在孔雀帝国境内的存在，也证明这些希腊人仍然保持着自己的文化传统和宗教信仰。因为，阿育王要把这些看似简单的佛理说教译成标准的希腊语，传播给当地的希腊人，势必需要找到通晓两种语言的译者，这样的人才恐怕只能从希腊人或者是希腊化的的印度人中寻找。[3]此外，在坎大哈还曾经出土过一份希腊语的铭文，内容是一位当地人记述自己到各地经商，最后致富荣归故里，立碑纪念祖先的经历。按照瑞秋·梅尔斯（Rachel Mairs）的看法，这份铭文使用了很多《荷马史诗》中出现的词汇和表达方式，可见，作者受过非常良好的希腊语教育，但是，从作者名字上看，他和他父亲一样，并不是希腊人。[4]

可以说，这些双语铭文表明，即使脱离了希腊人的控制，阿拉科西亚一直与希腊文明的主要中心保持着密切联系，其人民也保持着强烈的希腊文化意识。

---

1 Plutarch, *Alexander*, 62.4; Strabo, *Geography*, 15.1.10 (688-689), 2.9 (724); Justin, *Epitome of Philippic History of Pompeius Trogus*, 15.4.12-21.

2 Strabo, *Geography*, 15.2.9.

3 杨巨平:《希腊化还是印度化——“Yavanas”考》,《历史研究》2011年第6期，第134—155页。

4 Rachel Mairs, “Greek Settler Communities in Central and South Asia, 323 BC-AD 10,” in Girish Daswani and Ato Quayson, eds., *A Companion to Diaspora and Transnationalism*, Oxford: Blackwell, 2013, pp. 43-63.

第二节　印度西北部的主要希腊化城市

除了改建原有的希腊化城市之外，巴克特里亚希腊人和印度—希腊人还以原希腊化城市为模板，另建新城。这些城市大多分布于印度西北部，成为希腊文化和印度文化相互接触融合的前沿。

一、高加索的亚历山大里亚

在中亚和印度的众多城市中，在文献中留下最多记录的是高加索的亚历山大里亚（Alexandreia-in-Kaukasos）。据阿里安，亚历山大离开普洛夫达西亚（Prophthasia）后，开始进军高加索山脉（实际上是兴都库什山，古代希腊人和罗马人误认为这是高加索山的延伸），在那里，他建造了一座以他之名命名的城市。[1]库尔提乌斯和狄奥多罗斯则进一步指出，当地最初可能有七千当地人和三千退伍老兵。[2]亚历山大死后，这个城市在塞琉古王国、希腊—巴克特里亚王国时期继续发展。著名的印度—希腊国王米南德一世可能就出生在这座城市。[3]

有关这个城市的具体方位，古典学者早有记载。普林尼指出这个城市在兴都库什山的山脚（原文作Sub ipso Caucaso），狄奥多罗斯则指出这个城市距离米底（Media）大约需要十六天的行程。[4]目前，随考古发掘和研究的进步，绝大部分学者都认为现今阿富汗的

1 Arrian, *Anabasis of Alexander*, 3.28.2-4.

2 Diodorus Siculus, *Library of History*, 17.83.2; Quintus Curtius, Rufus, *History of Alexander*, 7.3.19-23.

3 杨巨平：《弥兰王还是米南德？——〈那先比丘经〉中的希腊化历史信息考》，《世界历史》2016年第4期，第111—122页。

4 Diodorus Siculus, *Library of History*, 17.83.1.

贝格拉姆遗址（Begram）就是“高加索的亚历山大里亚”的所在地。从地理位置上看，该遗址位于古尔班德河（Ghurband）和潘季希尔河（Panjshir）的交汇处，喀布尔以北约60公里。与阿伊·哈努姆的选址略有不同，它并不是位于两河的夹角，而是位于两河夹角的对岸，靠近潘季希尔河的一侧。希腊人之所以建城于此，除了地理位置优越之外，还有得益于此地盛产葡萄酒。该地的古代名字叫迦毕试（Kapisa），在公元前5世纪的著名梵语语法家帕尼尼（Panini）的笔下，迦毕试盛产一种名为“Kapiśayana”的葡萄酒。[1]

贝格拉姆的发掘同样要归功于法国学者。1936年，在哈金（J. Hackin）的领导下，法国驻阿富汗考古队决定在喀布尔、巴米扬和贝格拉姆一地寻求突破。一年后，他们在贝格拉姆遗址的发掘取得了重大的进展。在两个可能是仓库或厅屋的房间中，发现了大量的来自印度、罗马和中国的珍贵文物。从1941年开始，罗曼·吉尔什曼（R. Ghirshman）接替哈金继任法国驻阿富汗考古队的负责人。他在哈金研究的基础上，利用考古地层学的方法，对贝格拉姆的遗址的地层进行了断代，认为该遗址很可能与亚历山大所建的高加索的亚历山大里亚有关，后来该城先后被巴克特里亚希腊人、印度—希腊人和贵霜人使用，最后因萨珊波斯的入侵而毁灭。[2]

从布局上看，贝格拉姆整体呈矩形，与前文提到的所有希腊化城市一样，有防御用的城墙和上城。其中，上城位于遗址的北面，靠近潘季希尔河，南面还有一个大的建筑群遗址。起初，哈金等认为北面是旧的王城，南面是新的王城。[3]但是，学界目前基本认为，北面其实是防御用的堡垒，目的是控制潘季希尔河和古尔班德河沿岸。整个城

1 Panini, *Sutra*, 4.2.29.

2 R. Ghirshman, *Bégram: Recherches Archéologiques et Historiques sur les Kouchans*, Paris: Impr. de l’Institut Français d’Archéologie Orientale, 1946, pp. 135, 174, 225.

3 J. Hackin, *Recherches Archéologiques à Begram*, Paris: Editions d’Art et d’Histoire, 1939, pp. 340-341.

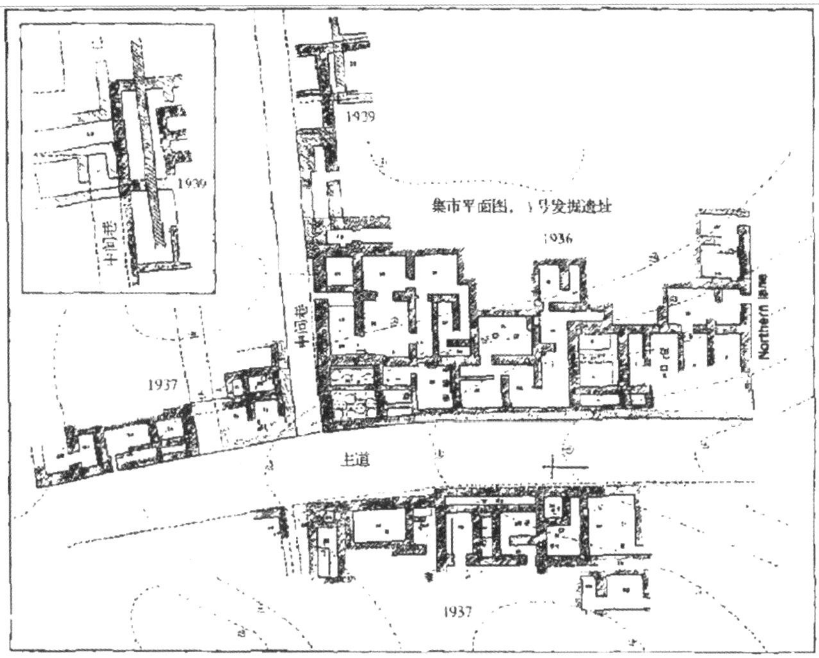

图4-2-1
贝格拉姆部分主街

市内部没有完全遵循“希波达姆斯”式的布局，房屋分布比较凌乱。南面的略大一些的遗址是王城，南北相距800米，东西则为450米，沿着城墙还有瞭望塔和壕沟，年代大致是公元前2世纪中期到公元4—5世纪，属于巴克特里亚希腊人和贵霜时期。除了有王宫遗址以外，南部王城遗址还有一个市场，布局相对严整，有一条明显的主街，房子之间的街道与主街垂直，可见希腊化城市风格的影响。（图4-2-1）

从哈金的考古发掘成果来看，贝格拉姆出土的钱币属于贵霜帝国时代，主要是索特·美加斯（无名王，Soter Megas）、威玛·卡德菲塞斯（Vima Kadephises）、迦腻色伽一世、胡韦色伽一世（Huvishka I）和瓦苏提婆一世（Vasudeva I）等几位国王。在此地不仅发现了来自印度的牙雕、中国的漆器，还有希腊罗马世界的玻璃器皿和灰泥圆形浮雕，上面有特洛伊故事中赫克托尔和阿喀琉斯战斗的场景，也有典型的希腊神话人物形象，如美神阿芙洛狄特（Aphrodite）、美少年伽尼墨德斯（Ganymede）与化作老鹰的宙斯、有翼小爱神阿摩尔（Amor）、月神塞勒涅（Selene）与美少年恩底弥翁（Endymion）。此外值得注意的是，此地还发现了作为秤砣使用的希腊神雅典娜和赫尔墨斯胸像，以及具有埃及萨拉皮斯神特征的赫拉克勒斯神像（Serapis-Heracles）和手持火炬的有翼爱神厄洛斯（Eros）青铜雕像。希腊青年埃菲比（Ephebe）、青年骑手“亚历山大”、希腊音乐家的形象也以不同的艺术形式出现。[1]这些艺术品不论是出自本地的艺术家之手，还是从地中海的罗马世界运来，都反映了此地浓厚的希腊化文化氛围。

最后需要说明，近年来，有学者对贝格拉姆的定年和地位进行了新的思考。例如，罗帅就在综合前人研究的基础上认为，这批文物的发现地是罗马人在印度—帕提亚人统治地区经营的一家商站，大约在公元55年前后伴随着贵霜人的入侵而废弃。[2]不过，在笔者看来，这一说法似乎有点过度演绎。从当时的历史来看，虽然罗马人确实在南部印度建立了大量商站，但截至目前，并未有罗马商站深入印度河流域和喀布尔周边地区的记载。所以，即使是商站，主人也应该是当地人，至少也应该是印度—帕提亚人。

二、斯尔卡普

在众多的新建城市中，最为重要的希腊化城市遗址就是斯尔卡普

1 杨巨平:《远东希腊化文明的文化遗产及其历史定位》,《历史研究》2016年第5期，第132页。有关图片参见Pierre Cambon and Jean-François Jarrige, *Hidden Afghanistan*, with scientific contributions by Paul Bernard and Véronique Schiltz, Amsterdam: Nieuwe Kerk; Paris: Musée Guimet, 2007, pp. 228-275 (catalogue: nos. 147-228).

2 罗帅:《阿富汗贝格拉姆宝藏的年代与性质》,《考古》2011年第2期，第68—79页。更早的观点见D. Whitehouse, “Begram, the Periplus and Gandharan Art,” *Journal of Roman Archaeology*, Vol. 11, 1989, pp. 90-100; S. Mehendale, *Begram: New Perspectives on the Ivory and Bone Carvirzgs*, PhD. Diss., University of California, Berkeley, 1997, pp. 261-270.

（Sirkap）。它是塔克西拉三处主要遗址之一，也是希腊古典文献有过详细记载的希腊化城市。据菲洛斯特拉图斯（Philostratus）的描述，希腊哲学家阿波罗尼乌斯（Apollonius of Tyana，约公元1世纪）曾到印度—帕提亚的统治者弗拉特斯（Phraates）的宫廷以及塔克西拉城进行访问。其中就提到，塔克西拉（实际上是斯尔卡普）和尼尼微（Nineveh）一样，防御非常完善，是个典型的希腊式城市。[1]

有关这座城市的建立时间，起初并没有太大争议。据马歇尔，斯尔卡普城的考古地层有七层，第七层是前希腊化时期，第六层和第五层是希腊人统治时期，第四层是印度—斯基泰人统治早期，第三层和第二层有点重叠，属于印度—斯基泰人晚期和印度—帕提亚时期，最上面一层是贵霜时期。斯尔卡普本来应该是另一处遗址皮尔丘的郊区，始建于希腊—巴克特里亚王国入侵印度的时期（大约是公元前2世纪初）。[2]然而，近年来，也有学者认为马歇尔的定年可能有误，他所谓的“前希腊化时期地层”很可能属于印度—希腊人统治时期，以此类推，第六到部分第三层实际上是印度—斯基泰人统治时期，第三层的一部分和第二层的一部分是印度—帕提亚时期，剩下是贵霜时期（一直持续使用到瓦苏提婆一世时代）。[3]

在这个问题上，笔者认为，无论是巴克特里亚希腊人建城还是印度—希腊人建城，都不影响我们的判断。因为，巴克特里亚希腊人和印度—希腊人这两个概念实际上存在着一定的交集。在纳拉因的著

---

1 Philostratus, *The Life of Apollonius*, 2.20-2.33, with an English translation by F. C. Conybeare, Cambridge, Mass.: Harvard University Press, 1989.

2 John Marshall, *Taxila: An Illustrated Account of Archaeological Excavations, Carried out at Taxila under the Orders of the Government of India between the Years 1913 and 1934*, Vol. 1, Cambridge: Cambridge University Press, 1951, p. 123.

3 G. Erdosy, “Taxila: Political History and Urban Structure,” in M. Taddei edited with the assistance of P. Calleri, *South Asian Archaeology 1987: Proceedings of the Ninth International Conference of the Association of the South Asian Archaeologists in Western Europe*, Rome: Istituto italiano per el medio ed Estremo Oriente, 1990, pp. 657-674.

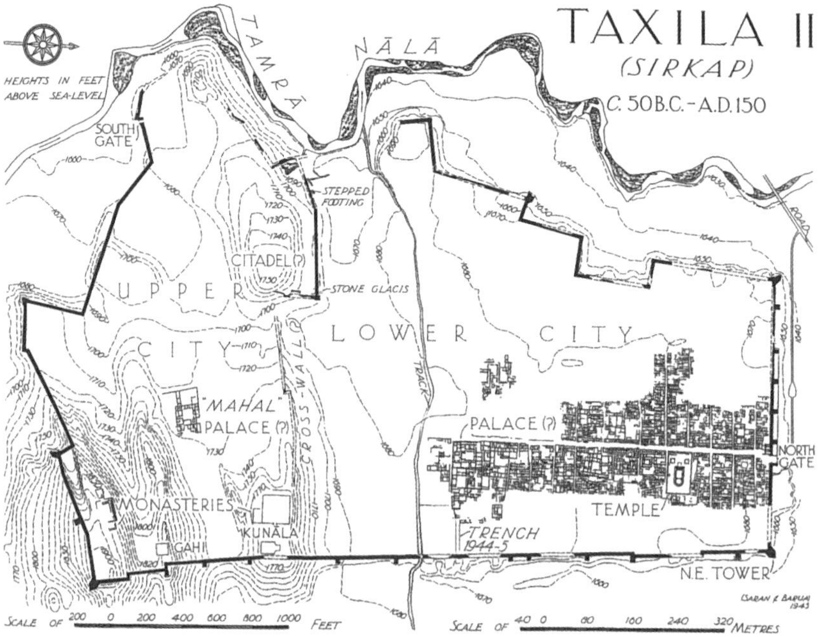

图4-2-2
斯尔卡普的城墙和城市结构

作《印度—希腊人》（*The Indo-Greeks*）问世之前，学界一般把中亚和印度地区的希腊人统称为希腊人。公元前 2 世纪之后，巴克特里亚希腊人重新征服印度，希腊人得以重新控制印度西北部，今人所说的印度—希腊人就是指这批定居于印度的希腊人。但本质上两者都是希腊人。

斯尔卡普位于现今巴基斯坦塔木拉河（Tamra Nala）以东，盖乌河（Gau Nala）以南。从布局上看，城市整体呈一个不规则的四边形。与中亚的希腊化城市类似，它同样有防御用的上城和城墙（**图4-2-2**）。城墙总长约5.6公里，宽约6.4米，高约10米。据马歇尔，斯尔卡普的城墙是垒石而成，内层用坚硬的石灰岩为基底，再用泥和不规则的石块铺成墙面。[1]城北的防御要更为严密，除城墙外，还有一条25英尺（约

1 John Marshall, *Taxila: An Illustrated Account of Archaeological Excavations, Carried out at Taxila under the Orders of the Government of India between the Years 1913 and 1934*, Vol. 1, p. 115.

合7.6米）宽的护坡。城墙上每隔一段还有防御用的塔楼，每个塔楼长约7.5米，宽约7米，遍布北面和东面的城墙。西面和南面由于靠近塔木拉河，城墙防御略微薄弱，没有建造塔楼。

值得注意的是，据马歇尔的研究，斯尔卡普仅仅是希腊人统治时期城市的一部分，真正的城市还包括斯尔克卡普北面一块被称为“喀查科特”（Kaccha Kot）的大空地，在这个大空地以北的塔木拉河畔还有一条土墙的遗迹。[1]起初，马歇尔一度认为是城市规划的错误，但是经过学者们的研究，大部分的学者们认为这一截残留的土墙是印度—希腊人时期所建，很有可能用作贸易和取水的滩头建筑。[2]

斯尔卡普的城市内部结构与阿伊·哈努姆类似，依据地势分成了上下两个半区。山上半区是王宫和防御用的堡垒，下半部分是居民区，有神庙和一座大型建筑遗存。从结构上看，下城的结构非常符合“希波达姆斯”式城市的传统，呈网格状，一条宽约600米的主街贯穿整个街区，房屋之间的小道与之垂直。（图4-2-3）从细节上看，从希腊人建城到贵霜人早期，这个城市的主街和街道变化不大，但房屋变化比较明显，基本是一个露天的院子，围绕这个院子两面甚至四面都有房间。马歇尔认为，这是一种东方式的风格。[3]

从出土文物上看，希腊人在当地的活动非常活跃。据马歇尔的发掘，斯尔卡普共出土了471枚希腊钱币，涉及21位希腊国王。其中，最早的是希腊—巴克特里亚国王欧泰德姆斯的钱币（共3枚），种类最

---

1 John Marshall, *Taxila: An Illustrated Account of Archaeological Excavations, Carried out at Taxila under the Orders of the Government of India between the years 1913 and 1934*, Vol. 1, pp. 117-118.

2 此观点以福斯曼（G. Fussman）、达尼（A. H. Dani）等为代表。见G. Fussman, “Taxila: The Central Asian Connection,” in H. Spodek and D. M. Srinivasan, eds., *Urban Form and Meaning in South Asia: The Shaping of Cities from Prehistoric to Precolonial Times*, Washington DC: National Gallery of Art, 1993, pp. 83-100; A. H. Dani, *The Historic City of Taxila*, Lahore: UNESCO Publishing, 1986, p. 91.

3 John Marshall, *Taxila: An Illustrated Account of Archaeological Excavations, Carried out at Taxila under the Orders of the Government of India between the Years 1913 and 1934*, Vol. 1, pp. 120-124.

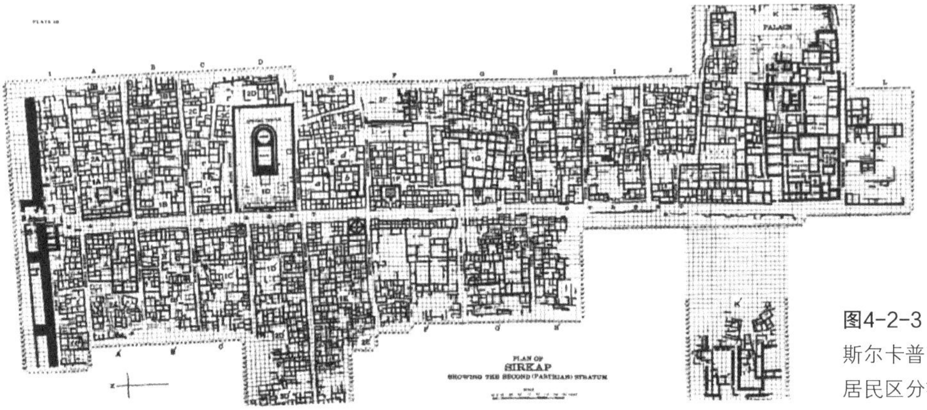

图4-2-3
斯尔卡普下城居民区分布图

多的是印度—希腊人国王米南德的钱币（共8类，34枚），最晚的钱币来自赫尔迈欧斯（Hermaeus/Hermaios），时间跨度大致从公元前230年到公元前70年。希腊或者地中海风格的产品在斯尔卡普均有发现。其中包括一个希腊风格的中央有装饰的盘子、用失蜡法做成的油瓶，以及大量的玻璃珠子。[1]这些物品显然不是出自印度工匠之手，很可能来源于与东地中海地区的贸易。

在众多希腊风格的文物中，一批以希腊神话为主题的石盘（Stone Palettes，一译Toilet Tray，化妆盘）颇为引人注意。以斯尔卡普遗址出土的“醉酒”类石盘为例，其上一个男子手持酒杯、斜卧在榻上，一女子手持酒杯与其交谈，另一女子持花环侍立，是典型的希腊“会饮”。[2]此外，其他石盘也涉及了“阿波罗与达芙妮”“乘海兽的人物”“醉酒的狄奥尼苏斯”“酒神的婚礼”等主题。[3]据英国学者博德曼（Boardman）的考证，这种石盘最早出现于希腊人控制下的塔

1 John Marshall, *Taxila: An Illustrated Account of Archaeological Excavations, Carried out at Taxila under the Orders of the Government of India between the Years 1913 and 1934*, Vol. 1, pp. 126-130.

2 John Marshall, *Taxila: An Illustrated Account of Archaeological Excavations, Carried out at Taxila under the Orders of the Government of India between the Years 1913 and 1934*, Vol. 3, Pl. 144, no. 63; Pl. 146, no. 106.

3 相关信息可参见H. P. Francfort, *Les Palettes du Gandhra*, Mémoires de la Délégation Archéologique Franaise en Afghanistan, Vol. 23, Paris: Presses Universitaires de France, 1979, pp. 32-33; John Boardman, *The Greeks in Asia*, London: Thames & Hudson, 2015, pp. 142-153.

克西拉，并一直被使用到了公元1世纪，阿伊·哈努姆遗址出土的有分隔区的大石碗很可能有助于这种石盘的出现。[1]

在斯尔卡普遗址还有一座带有双头鹰雕塑的佛塔遗迹。整个建筑目前只剩下底座，南北长20英尺10英寸，东西长26英尺10英寸。[2]底座周身有各种柱子的浮雕，正面的所有柱子都是希腊科林斯式的柱子，中央为圆形，其余为方。靠近阶梯的微型佛龛是仿照希腊建筑的山墙，后面两个佛龛的顶上有飞鸟的浮雕，其中一只为双头鹰。按照马歇尔的考证，双头鹰的传播经历了一个非常漫长的过程。它最初出现在两河流域的赫梯和巴比伦雕塑中，后来传到希腊，在斯巴达出土的一枚陶片上有双头鹰的图案，最后很可能是经由斯基泰人的转手，到达塔克西拉。[3]

公元前2世纪后期，大批游牧部落入侵希腊—巴克特里亚王国和帕提亚帝国，带来了中亚和印度西北部历史上的"黑暗时代"，其中，有一支斯基泰人在公元前1世纪前后越过帕米尔和克什米尔地区进入印度河流域，取代印度—希腊人，建立起自己的统治。半个多世纪之后，一支帕提亚人也来到这一地区，建立新的王朝。学界把这两支部落分别称为"印度—斯基泰人"和"印度—帕提亚人"。在他们统治时期，中亚和印度西北部的城市也有了一定的变化。

有关印度—斯基泰人和印度—帕提亚人的证据，大多来自塔克西拉。据马歇尔，塔克西拉出土的印度—斯基泰钱币和印度—帕提亚钱币一共有3983枚，远多于印度—希腊人的钱币。其中，印度—斯基泰国王阿泽斯二世（Azes II）的钱币最多，一共有1548枚，其次是阿泽

---

1 John Boardman, *The Greeks in Asia*, London: Thames & Hudson, 2015, pp. 142-143.

2 John Marshall, *Taxila: An Illustrated Account of Archaeological Excavations, Carried out at Taxila under the Orders of the Government of India between the Years 1913 and 1934*, Vol. 1, pp. 163-164.

3 John Marshall, *Taxila: An Illustrated Account of Archaeological Excavations, Carried out at Taxila under the Orders of the Government of India between the Years 1913 and 1934*, Vol. 1, pp. 165-166.

斯一世，一共有1291枚；印度—帕提亚钱币方面，最多的是贡多法勒斯（Gondophares）的钱币，一共有744枚。[1]

从斯尔卡普的地层来看，塔克西拉在公元20—30年之间似乎发生过地震，导致第二和第三层不太好区分。按照马歇尔的看法，这场地震后，城市的布局没有太大变化，还是希腊式网格状的布局，但是，一些新的建筑方法开始引进斯尔卡普。以城墙为例，之前的用坚硬的石灰岩为基底，再用泥和不规则的石块铺成墙面的做法被一种新的方法所取代。人们先把石块向外的一面和底部凿平，然后小心翼翼地放在泥浆之中，石块间的缝隙用打磨过的小块石灰岩或质地较软的石头填平。[2]

为了让新的建筑更稳固，这一时期的建筑地基比之前打得更深，达到9英尺（约合2.74米），房子的高度也有所降低，最下一层一般是地下室，按照马歇尔的观点，这可能是地震后人们又在旧房子的基础上加盖房间的缘故。[3]此外，马歇尔曾在当地发现过一个王宫的遗址。这个遗址与阿伊·哈努姆的王宫类似，是一个大院子环绕着许多小房间的结构，这是典型的希腊式院落的特点，也与亚述时期的宫殿形式类似，但面积要小很多。[4]

城中的希腊化元素没有因为统治者的变化而消失。以詹迪亚尔神庙（Jandial Complex）为例。（**图4-2-4、5**）据马歇尔，该遗址位

1 John Marshall, *Taxila: An Illustrated Account of Archaeological Excavations, Carried out at Taxila under the Orders of the Government of India between the Years 1913 and 1934*, Vol. 2, London: Cambridge University Press, 1951, pp. 784-786.

2 John Marshall, *Taxila: An Illustrated Account of Archaeological Excavations, Carried out at Taxila under the Orders of the Government of India between the Years 1913 and 1934*, Vol. 1, pp. 137-139.

3 John Marshall, *Taxila: An Illustrated Account of Archaeological Excavations, Carried out at Taxila under the Orders of the Government of India between the Years 1913 and 1934*, Vol. 1, pp. 137-139.

4 John Marshall, *Taxila: An Illustrated Account of Archaeological Excavations, Carried out at Taxila under the Orders of the Government of India between the Years 1913 and 1934*, Vol. 1, pp. 172-175.

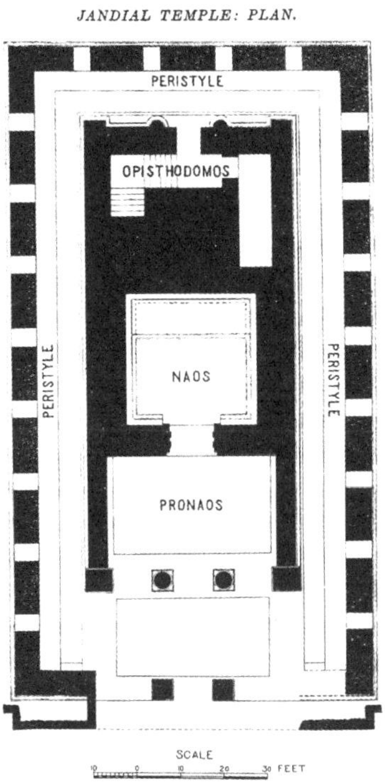

图4-2-4
詹迪亚尔神庙布局

图4-2-5
门口爱奥尼亚柱遗存

于斯尔卡普北门外。整个神庙长158英尺（约合48米），宽85英尺（25米）。整个神庙是典型的希腊式神庙，分成前厅（pronaos）、圣堂（naos）、后门厅（opisthodomos）三部分，不过，并没有采用希腊神庙传统的柱廊结构，而是改用围墙结构，后门厅和圣堂之间没有过渡用的小房间，而是立了一堵墙。在神庙的入口有两座爱奥尼亚式的石柱，工艺与希腊石柱类似，柱底，柱身和柱头分别用不同的圆石分别凿成，中间是榫头，建造时层叠在一起，再加装饰。[1]

同时，神庙的装饰同样有希腊文化的影子。菲洛斯特拉图斯曾提到："他们在城墙前面看到一座庙，那道墙近百英尺，用斑岩砌成。神庙里有一座神殿，比巨大的围绕着柱廊的神庙小得多，但仍值得留意。因为每面墙上都钉着铜版，上面刻着亚历山大和波鲁斯（Porus）的事迹。"[2]在印度—斯基泰人地层中，还出土过一些石雕和石器，包括六个装饰着人物、动物形象浮雕的化妆盘和一个女性小圆雕。按照马歇尔的说法，虽然这些雕塑

1 John Marshall, *Taxila: An Illustrated Account of Archaeological Excavations, Carried out at Taxila under the Orders of the Government of India between the Years 1913 and 1934*, Vol. 1, pp. 223-224.

2 Philostratus, *The Life of Apollonius*, 2.20.

属于希腊的风格，但是其制作工艺相对粗糙，很可能是犍陀罗当地的工匠们对希腊风格艺术品的模仿。[1]

从功能上看，詹迪亚尔神庙遗址没有发现任何佛教塑像和佛教遗存，显然不是一座佛寺。马歇尔认为这座神庙很可能是一座火神庙，遗址的中部有一个台基遗存，结构像金字塔一样逐层缩小，没有发现神灵雕像。[2]

希腊化城市在印度—斯基泰人和印度—帕提亚人时期的一大变化就是佛教建筑的兴起。塔克西拉在阿育王时期就是一个重要的佛教中心，希腊人征服印度后对佛教采取了宽容的态度，米南德一世甚至还皈依了佛教，这推动了佛教在印度西北部的传播，也使得印度—斯基泰人和印度—帕提亚人深受影响。据马歇尔，早期的佛塔是圆的，低矮的稍显弧形的圆顶，塔底是一个简单的圆形底座或者低矮的平台，到了公元前1世纪，简单的圆形底座开始被长方形的底座取代，后来又在长方形底座和塔之间加上一个圆鼓形的石垫，形似希腊柱子的柱底。[3]可以说，这是希腊建筑风格的一种体现。同时，相关的铭文也证明佛教活动在印度—斯基泰人和印度—帕提亚人统治时期的频繁。出土于塔克西拉的一块铜锭上就记载过当时修造释迦牟尼舍利塔和僧伽蓝以供诸佛的情况。[4]

---

1 John Marshall, *Taxila: An Illustrated Account of Archaeological Excavations, Carried out at Taxila under the Orders of the Government of India between the Years 1913 and 1934*, Vol. 1, pp. 133-135, Plates 144-145.

2 John Marshall, *Taxila: An Illustrated Account of Archaeological Excavations, Carried out at Taxila under the Orders of the Government of India between the Years 1913 and 1934*, Vol. 1, pp. 225-227.

3 John Marshall, *Taxila: An Illustrated Account of Archaeological Excavations, Carried out at Taxila under the Orders of the Government of India between the Years 1913 and 1934*, Vol. 1, pp. 234-235.

4 John Marshall, *Taxila: An Illustrated Account of Archaeological Excavations, Carried out at Taxila under the Orders of the Government of India between the Years 1913 and 1934*, Vol. 1, pp. 327-328.

三、舍竭城

舍竭城（Sagala）的情况比较特殊，它在考古方面的证据比较少，主要出现在文献之中，与印度—希腊国王米南德有关。据阿里安的记载，亚历山大打败波鲁斯之后，曾回师舍竭城（Σάγγαλα），将这座城市夷为平地，并让臣服的当地部族居住。[1]后来，这座城市很可能一度被重建，托勒密在《地理志》中曾提到舍竭城又名为“欧泰美底亚”（Σάγαλα ἡ καὶ Εὐθυμηδία）。[2]从名称来看，这个城市名与希腊—巴克特里亚王国国王欧泰德姆斯的名字比较接近，舍竭城是否是他重新修建并改名，我们不得而知。在这个问题上，塔恩持否定态度，他认为“欧泰美底亚”才是正确的读音，这个城市与欧泰德姆斯没有任何关系。[3]

有关这个城市的详细记载来自佛教典籍。《那先比丘经》曾提及：

> “此地有一城，名为舍竭（Sagala），为巴克特里亚希腊人中之最大商贸中心。它依山傍水，风景宜人，有花园、游乐场、小树林、湖泊和莲花池之属。河流、山坡、小树林构成一幅美景，令人赏心悦目。此城出自能工巧匠之手。敌人、对手已被摧毁，城市无外患之虞。瞭望塔、城楼坚固多样。拱形城门高大雄伟。宫殿被深深护城河和灰白城墙所环绕。街道平整，十字交错，广场宽大，三或四条道路交汇于此。市场排列于道路两侧，货物琳琅满目。城中有百所施舍大厅，使其装扮一新；数十万豪宅广厦，宛若雪山之冠，令其辉煌壮丽。象、马、车、步四军，以及成群结队的俊男美女，招摇过市；平民，士兵、贵族、婆罗门、

---

1 Arrian, *Anabasis of Alexander*, 4.24.1.

2 Claudius Ptolemy, *The Geography*, 3.16.19.

3 W. W. Tarn, *The Greeks in Bactria and India*, pp. 247-249.

商人、工匠云集街头，对苦修者和婆罗门致敬之声此起彼伏。这是一个博学之士荟萃之胜地。城中有一些专营布店，出售贝拿勒斯（Benares）精细棉布和Kotumbara布料以及其他各种织物。有的商铺出售鲜花和香水，散发出沁人心脾的甘甜和芳香。迷人的珠宝在城中也随处可见。店铺中排列有序，四面开放。高雅的客商一群群出入其中，熙熙攘攘、摩肩接踵。它是一座金光闪耀的宝库，钱币（Kahapanas，斯里兰卡的一种硬币）、银器、青铜器和石瓷制品充盈其中。仓廪殷实，金银财宝粮食应有尽有。正如在俱卢洲（Uttrakuru），城中有诸多美食、醇酒、甜点、果汁、香薄荷。正如在天神提婆之城阿拉迦曼达（Alakamanda，俱卢洲的一个重要城市），这里岁稔年丰。[1]

至于这座城市是否与印度—希腊国王米南德有关，学界目前多有讨论。杨巨平教授曾提出，所谓的米南德一世的都城舍竭可能只是他的偏安栖身之所。[2]他援引波比拉赫奇的观点，认为“高加索的亚历山大里亚”可能是他的国都。米南德曾率兵远征恒河流域，但在巴克特里亚称王的欧克拉提德一世南下侵入米南德的地盘，后院起火，他不得不回撤。一场恶战之后，国土大部沦陷，只好在王国的边地城市舍竭暂为栖身。那先比丘正好云游此地，二人才有机会相见，从而促成了这一历史性的奇遇。米南德在位时间大约是公元前165/155—前130年。公元前145年，欧克拉提德被其子弑杀，米南德才恢复失地，成为印度—希腊人最强大的国王。[3]

---

1 译文引自杨巨平:《弥兰王还是米南德？——〈那先比丘经〉中的希腊化历史信息考》，《世界历史》2016年第4期，第111—122页。英文原版见I. B. Horner, trans., *Milinda's Questions*, London: Luzac & Company, Ltd., 1964, pp. 1-3.

2 杨巨平:《弥兰王还是米南德？——〈那先比丘经〉中的希腊化历史信息考》，《世界历史》2016年第4期，第111—122页。

3 Osmund Bopearachchi, *From Bactria to Taprobane: Seleced Work of Osmund Bopearachchi*, Vol. 1, New Delhi: Manohar Publishers, 2015, pp. 198-200.

最后，有关舍竭城的具体所在，学界目前未有定论。最主流的观点来自塔恩，他认为舍竭城很可能是现今巴基斯坦的锡亚尔科特（Sialkot，位于旁遮普西北，靠近古吉拉特邦）。不过，由于锡亚尔科特目前仍是巴基斯坦的重要城市，考古发掘不多。只是近年发现过两处含有米南德钱币的窖藏（总数分别是693和400枚，其中明确知道有90枚四德拉克马钱币属于米南德），这在一定程度上反映出这个城市与希腊人和米南德之间的关系。同时，前文《那先比丘经》中的“城市无外患之虞。瞭望塔、城楼坚固多样。拱形城门高大雄伟。宫殿被深深护城河和灰白城墙所环绕。街道平整，十字交错，广场宽大，三或四条道路交汇于此。市场排列于道路两侧”等描写，也在某种程度上符合希腊化城市的大致特点。

四、布色羯逻伐底

与舍竭城相反，印度地区另一座城市布色羯逻伐底（Pushkalavati）的希腊化特征则主要来自考古。据阿里安，在亚历山大的征伐过程中，布色羯逻伐底（希腊语有两种拼法，Πευκέλα/Πευκελαώτις）曾遭到一定程度的破坏。[1]不过，从近期的研究来看，原来被认为是为对抗希腊人入侵而修建的壕沟很可能建于公元前10世纪。[2]在玄奘的记载中，这个城市一直是丝绸之路上的重要城市之一。从出土钱币来看，这个城市的重建很可能要归功于印度—希腊人。因为出土的钱币大部分都是印度—希腊人时期，主要是米南德一世、斯特拉托、阿伽托克莱亚（Strato with Agathokleia）和赫尔迈欧斯所发行，时间跨度为公元前2世纪中期到公元前1世纪中期。

---

1 Arrian, *Anabasis of Alexander*, 4.22.3.

2 R. Cuningham and I. Ali, *Charsadda. The British-Pakistani Excavations at the Bala Hisar*, Oxford: Archaeopress, 2007, pp. 96-98.

图4-2-6
谢罕德里遗址航拍图

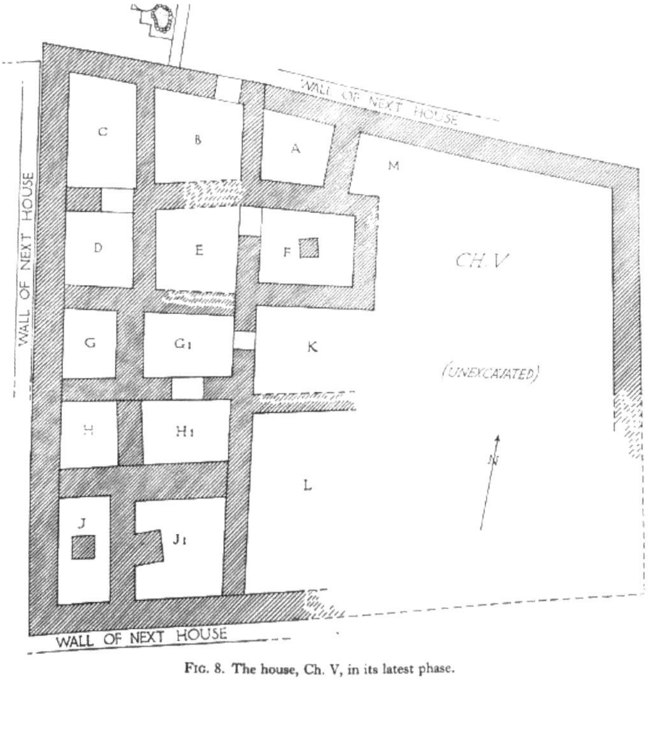

FIG. 8. The house, Ch. V, in its latest phase.

图4-2-7
谢罕德里遗址的房屋

图4-2-8
戴狮头皮盔的
亚历山大

图4-2-9
雅典娜图案的
印痕

布色羯逻伐底的希腊化遗存分布比较零碎，比较有代表性的是位于今巴基斯坦的巴拉·希萨尔（Bala Hissar），又叫谢罕德里（Shaikhan Dheri）。从整体布局上看，谢罕德里总体呈四边形，虽然没有单独的主街，但整个城市布局属于网格状，几组平行的街道将城市划分为几个大区，城中心有一座大型建筑遗迹，学者们推断它很可能是一座佛塔。[1]与其他希腊化城市一样，这个遗址有完备的城墙和防御工事，但民居已经大不相同，它们大小不一，呈L形，部分房屋还有琐罗亚斯德教的圣火坛，只有房屋间距的一致性，还能体现希腊化城市的些许影响。[2]（图4-2-6、7）

谢罕德里出土的文物主要涉及钱币、赤陶俑、陶罐、雕塑等日常用品。其中，雕塑和陶器的风格虽以印度风格为主，但也不乏地中海地区和希腊主题的雕塑，如亚历山大、雅典娜等人的赤陶俑，显示出希腊化文化在当地曾一度活跃。（图4-2-8、9）

---

1 R. E. M. Wheeler, *Charsada, A Metropolis of Northwest Frontier. Being a Report on the Excavations of 1958*, London: Oxford University Press, pp. 16-17; A. H. Dani, “Shaikhan Dheri Excavation,” *Ancient Pakistan*, pp. 17-214.

2 Kameshwar Prasad, *Cities Crafts and Commerce under The Kushānas*, Delhi: Agam, 1984, pp. 80-81.

五、巴里果德

巴里果德（Barikot）遗址位于斯瓦特（Swat）河流域，斯坦因（Sir Aurel Stein）和朱塞培·图奇（Giuseppe Tucci）等将其比定为《亚历山大远征记》中提到的巴兹拉（Bazira）。根据阿里安的记载，亚历山大在公元前327年进攻印度时曾一度征服这个城市，并将之作为重要的后勤基地加以保护。[1]公元前150年前后，这个遗址归属于印度—希腊人。公元前50年以后，又被印度—斯基泰人和印度—帕提亚人所占领。

希腊化时期的城墙建在一个高高的封土堆上，一直延续到防御沟渠的上边缘。印度—希腊人修建了一座巨大的石墙将下城和卫城围起来，每28米（相当于100英尺）还有一个长方形堡垒，是迄今为止南亚次大陆唯一出土的印度—希腊城市防御结构。[2]值得注意的是，堡垒西南角靠近城墙的地方有一个年轻的女性和一只小型哺乳动物（可能是一只狗）的遗骸，以及一个几乎完好无损的容器。[3]这种埋葬死者的方式与希腊传统的埋葬方式非常相似。

图4-2-10
不同陶器上的希腊文和婆罗米文

1 Arrian, *Anabasis*, 4.27.5-9; 4.28.4.

2 P. Callieri, “Barikot, An Indo-Greek Urban Center in Gandhāra,” in D. M. Srinivasan, ed., *On the Cusp of an Era. Art in the Pre-Kuṣāṇa World*, Leiden/Boston: Brill, 2007, pp. 133-164.

3 P. Callieri, P. Brocato, A. Filigenzi, M. Nascari and L. M. Olivieri, *Bīr-kot-ghwandai 1990-1992. A Preliminary Report on the Excavations of the Italian Archaeological Mission*, IsMEO Suppl. 73, agli Annali Vol. 52, dell’Istituto Universitario Orientale di Napoli, 1992, pp. 37-45.

从出土的文物看，巴里果德的陶器虽然有着强烈的印度风格，但也大量引入了希腊化的艺术形式。例如，希腊化女战士形象，通常为红色（很少出现金色）带有外翻（有时涂漆）水平边缘的半球形碗，鱼深高脚杯、黑底红漆碗盘和植物图案器皿。同时，多民族交错杂居的现象也很明显。例如，希腊文和婆罗米文常常被刻在巴里果德的不同的器皿上，希腊铭文仅见于希腊餐具，婆罗米字母则出现在典型的印度器皿上。（**图4-2-10**）

结　语

总的来说，希腊—巴克特里亚王国和印度—希腊人时期的希腊化城市有其自身的特点，它们远离希腊文明的核心区域，但在希腊—巴克特里亚王国和印度—希腊人的统治下，当地的希腊人在坚持自身文化传统的同时，不断调适自己，有选择地吸收当地的文化。如在希腊化城市的整体布局和希腊文化的氛围中，包含了东方式的神庙、宫殿。正是这些城市的存在，一个以阿姆河为中心，横跨中亚与印度西北部的远东希腊化文化圈得以形成。虽然游牧民族入侵的浪潮让希腊人的统治最终落幕，但这些城市依旧存在，他们如同沙海中的一个个“岛屿”，既保留着希腊化文化的火种，也预示了未来丝路城市的发展方向。

（庞霄骁）

第二编

希腊化城市的总体特征及其发展演变

希腊化城市的建立与亚历山大帝国及其后继者所建立王国的兴衰相始终。它们从建立之日起，就会随着政局的变化和形势的需要发生一些变化。这不仅包括地位、归属、规模等显性变化，也包含族群结构、管理机制、文化内涵等内在的隐性变化。但无论如何，这些城市显然具有一些共同的特征，比如，城市的建立者一般是希腊—马其顿统治者，城市居民的主体是希腊—马其顿人或者希腊化的当地人，城市的布局、公共设施、宗教生活、文化艺术都具有鲜明的希腊化特征，城市的市政管理制度基本延续了希腊polis的模式，但管理者的职能，尤其是城市的地位都发生了本质的变化。

当然，这些希腊化城市也存在着明显的地域差别，远东地区的希腊化城市结构与东地中海地区城市就不可同日而语，它们的“希腊性”（Greekness）就明显低于东部希腊化世界的希腊化城市，但它们的发展演变都趋于一个方向，即都有可能成为未来丝绸之路的一个节点。

第五章　希腊化城市的总体特征

第一节　希腊化城市的类别

希腊化城市就其修建时间、性质、规模和文化内涵而言，大致可以分为三类，即新建的希腊城市（polis[1]）、重建或者重新命名的旧城市和军事殖民地（katoikiai）或定居点（setttlements）。

一、新建的希腊城市

亚历山大及其继业者们在被征服土地上新建了很多希腊式城市。这些新建城市有一个特点，即其名义上的建城者一般来说是国王等统治者。新建城市大多数以建立者，如国王及其王室成员的名字来命名，也有部分城市沿用了马其顿老家的地域或城市名称。希腊化时代大规模的建城活动是从亚历山大开始的。普鲁塔克说，亚历山大建造了七十余座城市，[2]此数过于夸大，现有文献和考古资料可证实的城市

1 “polis”是一个古希腊语单数名词（复数为poleis）。“polis”的内涵是因时而变的，如果说希腊古风古典时期的“polis”是指一个公民集体，一个独立的城邦，那希腊化时期国王新建的“polis”就只是国王治下的一个城市，充其量有一定的自治机制而已。

2 Plutarch, “On the Fortune or the Virtue of Alexander,” *Moralia* 328E, with an English translation by Frank Cole Babbitt, Cambridge, Mass.: Harvard University Press, 1959.

大约有二十余座。[1]亚历山大建立的城市绝大多数都以自己的名字命名（Αλεξάνδρεια，Alexandreia）。托勒密埃及的新建城市也是以国王之名命名，如托勒迈斯，还有的则以王室成员命名，如克列奥帕特拉（Kleopatra）、阿尔西诺（Arsinoe）、贝莱尼凯（Berenike）。亚历山大的其他继业者和他们的王国新建城市的命名也大体如此。

新建城市一般采用棋盘状的希波达姆斯式城市规划方案（Hippodamian plan），一些城市出现了王宫等体现君主集权的建筑物，取代了前希腊化时期以市场为核心的传统希腊城市规划。希腊化时代的新建城市大多是出于政治原因和统治者的个人意志在短时间内兴建起来的，承载着统治者的远大理想和远景规划，而非顺应城市聚落的自身发展规律，因地制宜，经过长时段的演变发展而来。希腊化时代大量的新建城市如雨后春笋般出现，是希腊人生活的需求和希腊化经济长足发展的必然结果。一些新建城市在希腊化时代末期随着希腊人的消亡而衰落或消失，也在情理之中。

新建的城市规模庞大，占地面积一般是前希腊化城市的两三倍。根据考古发现，我们能够知道很多城市的边界、面积、社区和大致人口数量，以及附属的城市和卫城等等。城市一般基础设施完善，有市场或中心广场、剧场、议事堂、体育馆和竞技学校等，保留了希腊式的生活方式。

二、重建与重新命名的旧城市

希腊化时代的统治者热衷于重建或者以自己的名号重新命名旧城市。他们希望通过更改城市的名字和加速城市化进程来巩固对新征服地区的政治统治，统一帝国境内的文化。

---

1 参见杨巨平：《远东希腊化文明的文化遗产及其历史定位》，《历史研究》2016年第5期，第127—143页。

大致来说，希腊化时代重建或者重新命名旧城市的原因有以下三种。

首先，旧有城市经历多年战乱之后残破不堪，无法继续居住。亚历山大摧毁了很多古代大都市，有些毁于战火，有些被故意焚毁。在原有基础上重建旧城市成为最为经济的选择，如在地中海东岸重建腓尼基人港口城市推罗（Tyros）和加沙（Gaza）。

其次，旧有城市虽然残破不堪，但是其原有的经济地位或政治地位重要，具有重要的战略价值。有些旧城市占据着重要的地理位置，对于新的统治者来说有很高的利用价值。很多希腊化国家的君主重修旧有的城市，并在一些传统中心城市建设神庙，奉献财物，捐建雕塑等。这些城市规模不断扩大，人口众多，城市建设越来越宏大，装饰越来越华丽。例如希腊化时代的耶路撒冷，公元前3世纪被托勒密一世占领之后，得到了较快的发展。根据阿布德拉的赫卡泰欧斯（Hecataeus of Abdera）的记载，耶路撒冷城市规模宏大，周长50斯塔迪亚，建筑漂亮，是犹太地区唯一有城墙的设防城市，居住着12万犹太人。[1]他还记录了城市中央有一座巨大的圣殿和祭台，这点在阿利斯泰书信（Letter of Aristeas）中也有记述。除此以外，约瑟夫斯、《马加比一书》和《马加比二书》还记录了在塞琉古王国占领时期，耶路撒冷兴建了很多希腊样式的建筑，如竞技场、体育学校（Ephebion）等。[2]波斯帝国所有的古都都得到了重建，波斯古驿道上的重要商路城市都得到了重建或者重新命名。一些旧有的城市原本就

---

1 Josephus, *Against Apion*, 1.195-197, with an English translation by H. St. J. Thackeray, Cambridge, Mass.: Harvard University Press, 1926; S. Honigman, *The Septuagint and Homeric Scholarship in Alexandria*, London: Routledge, 2003, pp. 128-130. 特别是耶路撒冷在希腊化时代早期还建设了著名的尼希米城墙，参见Israel Finkelstein, "Jerusalem in the Persian (and Early Hellenistic) Period and the Wall of Nehemiah," *Journal for the Study of the Old Testament*, Vol. 32.4, 2008, pp. 501-520.

2 *1 Maccabees* 5, 29-30; S. Rocca, *The Forts of Judaea 168 BC-AD 73*, Oxford: Osprey Publishing, 2008, p. 16.

是首都或者行省首府，政治地位较高。如在原阿里亚的首府阿塔科阿纳（Artakoana）城址上建立的阿里亚的亚历山大里亚（Alexandria in Areiai），在原德兰吉亚那的首府弗拉达（Phrada）城址上建立的德兰吉亚那的普罗弗塔西亚（Prophthasia in Drangiana）。

再次，旧城市往往被新的统治者赋以新名。托勒密埃及王室在国王结婚仪式、登基仪式、出生仪式等重大典礼之时，都会对境内一座重要城市进行改名。重新命名的城市一般都是用亚历山大或者希腊化王国国王的名字。重新命名既可以笼络行省地方上层，恢复旧有的地方统治秩序，又可以宣誓主权，防卫外族入侵。亚历山大在印度河流域一处古城址上重建的帕塔拉（Patala），或者叫作克西里奈波利斯（Xylinepolis），可能是最远的重建城市。

三、军事殖民地

大多数军事殖民地建立之初是为亚历山大东征大军服务的。亚历山大东征的数万人大军，只有一半是士兵，另一半是各种组织运送补给的随从，这些人组成了一个庞大的“移动城市”。亚历山大建设的希腊人军事殖民式城市大约有20余座，这些军事殖民式城市包括真正的完整的希腊式城市（polis）、永久的军事殖民地（katoikiai）和临时的军事殖民地（phrouria）。永久的军事殖民地可以说是希腊化时代的一个共同特征，尤其是在塞琉古王朝，如最著名的幼发拉底河畔的欧罗普斯（Europos）。

关于军事殖民地（katoikiai）的概念，塔恩和格里菲斯（G. T. Griffith）在《希腊化文明》一书中，以塞琉古王国的军事殖民地为范例，对katoikiai一词进行了深入的词源学和历史学分析。[1]根据他们

1 W. W. Tarn and G. T. Griffith, *Hellenistic Civilization*, London: Arnold, 1952, p. 146. 但对希腊化殖民地颇有研究的美国学者科恩提出了不同看法，认为这种katoikiai即使存在，在塞琉古王国也不具有普遍性。详见Getzel M. Cohen, “Katoikiai Katoikoi and Macedonians in Asia Minor,” *Ancient Society*, Vol. 22, 1991, pp. 41-50.

的解释，这类军事殖民地的成员大多为军队当中的退伍人员。每位退伍人员会分得一小块土地进行耕作，这一小块土地被称为kleros。承租人的性质还是军事的，归属军事组织进行管理。承租人对土地终身所有，但是他们需要随时准备应征服役。这些被编入军队的军事殖民者部队被称为kleroi（the cleruchs），他们组成了塞琉古军队中重要的后备军事力量，史称“希腊—马其顿方阵”（the Graeco-Macedonian phalanx）。这些殖民者也可称为katoikoi，而katoikiai则成为这种军事殖民制度的代称。军事殖民城市大多城防坚固，居民除了退伍老兵以外，还有伤员、残疾军人和希腊雇佣兵。随着军事殖民城市的发展，居民中增加了商人、工匠和其他随军人员。临时的军事殖民地，希腊语经常用phrouria或teichos两个词汇表示。[1]

军事殖民制度在碑铭和古典作家的作品中都有记载，但是在考古资料中却没有留下很多痕迹。[2]此外各地的军事殖民制度也略有不同。例如，塞琉古的军事殖民制度与兵役制度联系紧密，军事殖民者可能随时受到部队的征召而前往军队服役；托勒密埃及的军事殖民者与部队联系较为松散，这些退役的军事殖民者仅仅耕作土地，自谋生路，不会受到部队的再次征召。[3]也有学者认为，托勒密埃及的军事殖民者可能还是要负担某种军事职能，比如在地方上服役，或者仍旧隶属

---

1 “phrouria”（φρούριον）原意为碉堡、哨所。类似的表示临时的军事殖民地的希腊语词汇还有“acropolis”（阿克罗波利斯，意为卫城）。在一般意义上，阿克罗波利斯与polis不同，前者通常指代城市内部带有防御功能的城堡，有时拥有一个独立的防御城墙。参见Hyperides, *Speeches*, 6.17; Xenophon, *Hellenica*, 4.4.15.

2 见Diodorus Siculus, *The Library of History*, with an English translation by Francis R. Walton, Cambridge, Mass.: Harvard University Press, 1980, 23.4a (Syrian Larissa); *OGIS*, I 229 (Magnesia under the Sipylos); *SEG* VII 13 II, 9-12 (Seleukeia on the Eulaios).

3 A. Bouche-Leclerq, *Histoire des Séleucides (323-64 avant J.-C) II*, Paris: Ernest Leroux, 1914, pp. 476-477; E. Bikerman, *Institutions des Seleucides,* Paris: Librairie Orientaliste Paul Geuthner, 1938, pp. 87-88; M. Launey, *Recherches sur les armées hellénistiques*, dans Bibliothèque des Ecole française d’Athènes et Rome, Paris: E. de Boccard, 1949, pp. 49-52; G. M, Cohen, *The Seleucid Colonies*, Wiesbaden: Steiner, 1978, pp. 51-52.

于某个军事殖民组织（koinon）。[1]无论如何，军事殖民制度是希腊化诸王国获取兵源和军事力量的重要手段，没有军事殖民制度，就没有威武的马其顿方阵。

关于军事殖民地分布的区域，有些学者如巴尔科赫瓦（B. Bar-Kochva）认为，军事殖民地只局限于小亚西部地区，并不具备代表意义和普遍意义。[2]小亚西部的军事殖民地起初只是一些希腊化的小型殖民地。但是有些学者如科恩（G. M. Cohen）对此持有异议，认为军事殖民制度并不是起源于希腊人在小亚的一些小型殖民地，而是起源于体量庞大的希腊化诸王国。[3]根据法国学者劳内（M. Launey）的定义，军事殖民制度（法语作clerouquie）指希腊人离开他所属的城邦，去托勒密、塞琉古和帕加马等希腊化王国服兵役，此后长居服役国，甚至形成一个独特的军事殖民阶层。[4]笔者认为，希腊化诸王国连年征战，导致各国政府无法支付庞大的军费开支，王国内部征发青年劳动力编入军队，又导致国内耕地荒芜。军事殖民制度正好适应了这种历史状况，国家以荒芜的耕地作为军饷支付给退伍老兵，也为这些耕地及时补充了所需的劳动力，使得国家机器能够持续运作。军事殖民城市和军事殖民制度使得希腊化王国得以在战争不断的希腊化时代保存实力，继续存在。

同时我们也发现，一些希腊化的犹太人、其他亚洲人也被纳入军事殖民城市之中。军事殖民城市的居民并不仅仅包含血统上的希腊人，也包含文化上的希腊人。很多外族人按照族裔，被分别编入军事殖民系统中。近年来，针对犹太人与军事殖民制度，欧洲发起了“雅典与

1 G. T. Griffith, *The Mercenaries of the Hellenistic World*, Cambridge: Cambridge University Press, 1935, p. 148; B. Bar-Kochva, *The Seleucid Army*, Cambridge: Cambridge University Press, 1976, p. 21.

2 B. Bar-Kochva, *The Seleucid Army*, p. 24.

3 G. M. Cohen, *The Hellenistic Settlements in Europe, the Islands, and Asia Minor*, Berkeley: University of California Press, 1995, p. 6.

4 M. Launey, *Recherches sur les armées hellénistiques*, p. 675.

耶路撒冷工程”（Athens and Jerusalem project，简称ERC），旨在收集、整理和研究犹太思想在希腊化和罗马化过程中的转型及其面临的挑战。犹太人在希腊化过程中扮演的重要角色就是军事殖民者，犹太人与其他古代东方民族是希腊化的军事殖民制度中重要的组成部分。

如同希腊人的公民权利一样，军事殖民者的身份可以世袭，在希腊化社会中仅次于拥有公民权的希腊人，社会地位较高。在希腊化诸王国中，希腊人和希腊军事殖民者拥有的土地从属于“王室土地”，而叙利亚人和亚洲其他族裔的军事殖民者则按照自身的民族属性被安排到各自的军事殖民者序列之中。[1]同时，军事殖民城市也按照不同的民族属性来征召士兵。这种按照民族属性来分配土地和征召士兵的方式，也是军事殖民城市的特点之一。

托勒密王朝早期，埃及有两个地区的殖民人口迅猛增长，一个是红海沿岸地区，另一个是法尤姆（Fayoum）绿洲地区。位于埃及中部的法尤姆绿洲是托勒密一世安置退伍老兵的主要区域，[2]军事殖民制度对该地区的发展起了至关重要的作用。

塞琉古王国在亚洲建立了大量军事殖民城市，以考古资料最为丰富的杰贝勒·卡里德（Jebel Khalid）为典型。该城市族群复杂，[3]各个民族也有一些明显的界限，比如在行政方面，每个族群都有本民族的自治系统。

军事殖民城市的规模一般略小于希腊城市，拥有坚固的城市防御设施，能有效地吸引民众前来定居，城市中的居民不仅包括具备公民身份（politai）的希腊人，还有很多不具备公民权的定居者

1 G. M. Cohen, *The Seleucid Colonies*, Wiesbaden: Franz Steiner Verlag, 1978, pp. 85-86.

2 K. Mueller, *Settlements of the Ptolemies: City Foundations and New Settlement in the Hellenistic World*, Leuven: Peeters Publishers, 2006, p. 148.

3 该城市存在于公元前3—前1世纪。G. Clarke, et al., *Jebel Khalid on the Euphrates. Vol. 5: Report on Excavations 2000-2010*, Mediterranean Archaeology supplement, 10, Sydney: Sydney University Press, 2016, pp. 133-139; Nathanael J. Andrade, *Syrian Identity in the Greco-Roman World*, Cambridge: Cambridge University Press, 2013, p. 43.

（metoikoi）和原住民（laoi）。[1]有时候城市还会吸纳一些非希腊人进入城市，并授予公民权，例如西亚、北非的很多希腊化城市的犹太人都拥有城市公民权。

军事殖民地也可改变身份，向国王直辖城市转化。公元前188年，帕加马阿塔卢斯王朝的攸麦尼斯二世（Attalid Eumene II）将原塞琉古王朝的军事殖民地——弗里吉亚的蒂利亚翁（Tyriaion Phrygias）升级成希腊城市。根据国王的敕令，该殖民地树碑立传，标记城市地位的提升。同时，国王给该城的军事殖民者（katoikountes）颁布了一部共同的法律（politeia），要求所有的军事殖民者不分族群都融入到一个新的城市共同体（politeuma）之中。这个敕令要求蒂利亚翁的所有居民，包括希腊的军事殖民者、一些本地的弗里吉亚人和加拉太人（Galatian）军事殖民者都要遵守该法律。

至于远在遥远的东方的那些由亚历山大、塞琉古王朝建立或重建的军事殖民地，有的很快就湮没无闻，有的则发展为城市，如马尔吉亚那的亚历山大里亚、高加索的亚历山大里亚和坎大哈的亚历山大里亚等也都得到重建。[2]

（汪世超）

第二节　希腊化城市的市政制度、建筑布局

希腊化时期，新建或重建的希腊化城市普遍存在于各希腊化王国

---

1 A. Kasher, *Jews and Hellenistic Cities in Eretz-Israel: Relations of the Jews in Eretz-Israel with the Hellenistic Cities during the Second Temple Period (332BCE- 70CE)*, Tübingen: Mohr Siebeck, 1990, p. 177.

2 详见杨巨平：《远东希腊化文明的文化遗产及其历史定位》，《历史研究》2016年第5期。

之中。纵使古典作家对这些城市的描述和评价千差万别，但无法掩盖它们之间的一个共性，即它们都是马其顿人按照希腊式建城传统建立的地方社会组织，都是希腊化王朝治下的一个政治单位。不论其市政制度如何民主，城市如何具有自治权利，如何具有希腊城邦的基本文化设施和功能，它们得听命于国王，所有的市民也都是国王的臣民。它们分布于广袤的东方大地，置身于当地文化的包围之中，因此，尽管希腊城市坚持其希腊性，但也不得不接受当地文化的影响。一元为主、多元并存或混合成为希腊化城市文化的总体特征。

一、希腊式的市政制度

如前所述，希腊化城市是希腊化国王在开疆拓土过程中建立的战略据点。然而，长远、稳定的统治秩序仅靠军事占领是无法维持的。希腊化王国的国王都面临如何妥善构建据点的管理制度，使之顺利运转，融入帝国统治网络之中的问题。不仅被其纳入帝国统治之下的原住民族需要健全有效的机构来统辖，即便颇受国王信赖的希腊—马其顿移民同样需要合理的组织，才能发挥其镇守战略要地的核心作用。希腊化时期的城市是希腊化君主统治下的城市，对于大多数希腊本土城邦而言，君主制与通行的贵族制或民主制抵牾。但对于马其顿、小亚的希腊殖民城邦，以及原波斯帝国控制下的其他希腊城邦而言，君主制并不陌生。这些新建城市要构建自己的管理制度，有两个问题必须解决：第一，如何组织城市社会，维持城市的日常运转？这涉及公民社会的构建以及对非公民社会地位的确定和管理。第二，如何处理城市自治与国王统治的关系？这涉及国王在城市设置的代理人的地位与作用。

由于目前可见的材料以希腊语、拉丁语为主，古代作家难免借用希腊人熟悉的术语表述各地城市中具有地方特色的职官与机构等，这就有可能影响我们对希腊化城市制度性质的判断。另外，希腊化城市的自治权限有可能因城市类型和地位而异，因地域而异。以下仅就希腊化城市自治制度的一般特征加以概括。

1. 议事政治的延续

早在古风和古典时代，议事会和公民大会就已经成为希腊城邦最核心的议事机构。古希腊指称城邦议事会的词汇较多，如boule、gerousia、synedrion等，其中boule是最流行的一种，意为“商议、建议”。[1]在东征开始以前，马其顿人在其统辖的城市中就已经开始推行议事政治，其制度渊源是与其地缘关系紧密的希腊城邦。[2]马其顿人在新征服的土地上建立据点之时，自然也会采用自己更熟悉的城市自治制度。

因此，希腊化城市普遍继承了古希腊城邦的自治管理形式。它们一般有自己的最高权力机构——城市议事会和公民大会，城市的日常事务皆汇聚于此商议，然后将法令公之于众，或刻于石碑之上，立于祭坛、卫城、市场中，或刻于神庙及其他公共建筑的墙上，这就进一步拉近了城市公共事务与民众的联系。[3]议事会在多数城市中居于中枢地位，只有少数城市不设议事会，而由执政官掌握实权。因此，议事会和公民大会是城市自治体系的核心，城市通过议事会或公民大会选举城市官员，颁布法令。议事会在大多数城市都是名义上的最高权力机构，通过法令的形式，对一些具体的案例予以裁决。国王在致这些城市的书信中，通常要向“议事会和人民”（ἡ βουλὴ καὶ ὁ δῆμος）

---

1 Henry George Liddell and Robert Scott, eds., *A Greek-English Lexicon*, Oxford: Clarendon Press, 1996, p. 325.

2 关于马其顿制度的研究，参见Miltiades B. Hatzopoulos, *Macedonian Institutions under the Kings*, 2 vols., Meletēmata (Kentron Hellēnikēs kai Rōmaikēs Archaiotētos), No. 22, Athens: De Boccard, 1996.

3 某些城市的最高权力掌握在执政官手中，国王在致这些城市的书信中向“archon kai polis”（执政官与城邦）致意。

致意，城市法令往往也宣示其权力源自于“议事会和人民”。[1]“议事会和人民”不仅是自古典时代以来铭文中常见的一种程式化语言，更是议事会掌握城市实权的反映。轮值主席团（prytaneis）是议事会的执行机构，负责召集议事会全体会议以及公民大会，接见使节等事务。

根据铭文材料显示，希腊化城市的“议事会和人民”对应城邦的boule和ekklesia。然而，根据古典作家的记载，希腊化城市的议事机构还有多种其他的表述，可能因各城市政体不同而在实际特征上存在差异，较常见的有gerousia和peliganes。一部分传统城邦将元老议事会称作gerousia，比较有代表性的是斯巴达和以弗所。希腊化早期，吕西马库斯在改建以弗所并重构其政制（reconstitution）时，保留了其传统的议事会之名——gerousia，这一先例很有可能对小亚的其他城市也有影响，如弗里吉亚的希耶拉波利斯（圣城）也将议事会称作gerousia。[2]至于peliganes，学界一般公认该词源于马其顿语。[3]该名词主要出现于塞琉古王朝建立的叙利亚北部的四城之城以及底格里斯河畔的塞琉西亚、欧莱乌斯河畔的塞琉西亚（苏萨）等地的铭文中，这些城市马其顿殖民者较为集中，因此才有关于这种议事会成员的记载。另外，根据亚历山大里亚的辞书学家海叙奇奥斯，peliganes即“那些身披荣誉之人；在叙利亚人中，他们是议事会成员”（οἱ ἔνδοξοι παρὰ δὲ Σύροις οἱ βουλευταί）。[4]因此，peliganes很有可能指的就是希

1 在议事会不具实权的城市，国王信件中通常使用“执政官与城邦”（archon kai polis）的表述取代“议事会和人民”。

2 D. G. Hogarth, “The Gerousia of Hierapolis,” *Journal of Philology*, Vol. 19, Iss. 37, 1890, pp. 69-101.

3 也有学者认为，罗马帝国时期古典作家可能根据时代和社会背景将peliganes与功能相似的罗马元老院联系起来，以便于读者理解，因此peliganes应是一种“元老议事会”。参见Vojislav Sarakinski, “Peliganes: the State of the Question and Some Other Thoughts,” *Macedonian Historical Review*, Vol. 1, 2010, p. 34.

4 Hesychius, s. v. “peliganes,” in Moritz Schmidt, ed., *Hesychii Alexandrini Lexicon*, Jenae: Sumptibus Hermanni Dufftii, 1867, col. 1213.

腊人熟悉的boule的成员，这一名词可能是马其顿人对议事会成员的别称。

2. 社会组织形式的继承与演变

建立一座希腊化城市，将一片区域合并为一座城市，重新组建城市社会组织是其中的关键。从东地中海世界到扎格罗斯山脉的希腊化城市仍普遍采用希腊式的社会组织形式，以polis为公民的社会共同体，以希腊式的部落（phyle，复数phylai）和德莫（demes）为基层自治组织。

根据埃及的亚历山大里亚一份纸草文献可知，公元前265年，该地由5个部落、60个德莫以及720个胞族组成，其中出现了3个部落名：贝莱尼凯和托勒迈斯（Ptolemais）显然得名于王室成员，而狄奥尼西阿斯（Dionysias）则可能反映了当地的狄奥尼苏斯崇拜。[1]

卡里亚的斯特拉托尼凯亚是塞琉古王朝安条克一世（或二世）兼并卡里亚村落并加上少量马其顿移民而新建的城市，也将城市分成若干个（数量及名称不明）部落，在部落之下还设德莫，每一个德莫可能相当于原来卡里亚的一个村落，其下甚至还有更小的共同体组织（koina）。卡里亚总督阿桑德罗斯（Asandros）将拉特摩斯和皮达萨合并为赫拉克莱亚（Herakleia），设立了一个以自己名字命名的部落（Asandris），其中既有拉特摩斯人，也有皮达萨人。铭文材料还记载，阿桑德罗斯强制推行拉特摩斯人和皮达萨人通婚，以消除他们之间的族群界限。[2]这种做法在塞琉古王朝新建的城市中颇为常见，可以打破族群界限，有利于推行统一的地方族群认同（civic ethnikon），巩固帝国统治。

---

1 *P. Tebt.* III.2 879.3. “狄奥尼西亚”（Dionysia）一名还见于萨提洛斯的残篇中，见Satyrus, *Demoi Alexandreon*, ll. 3, 18 (*FGrH*, 631). 弗雷泽认为，亚历山大里亚的五个部落其实指的是城市的五个区域。P. M. Fraser, *Ptolemaic Alexandria*, Vol. 1, Oxford: Clarendon Press, 1972, p. 40.

2 *SEG*, 47.1563.

弗里吉亚的攸麦尼亚（Eumeneia）有两个部落名为Argeias和Herais。[1]前者显然源自于阿尔戈斯（Argos），后者则可能与阿尔戈斯当地颇为流行的赫拉崇拜有一定联系，这或能说明该地的殖民者有可能来自伯罗奔尼撒半岛的这座希腊城邦。

公元前186年，皮埃里亚的塞琉西亚的一篇铭文提到了当地一个名为奥林匹亚的德莫和一个名为劳狄奇斯（Λαοδικίς）的部落。[2]公元4世纪，演说家利巴尼乌斯（Libanius）多次提及“达夫尼附近的安条克”（即奥龙特斯河畔的安条克）直至罗马帝国统治时期仍有18个部落。[3]

部落和德莫命名方式多样，多数部落和德莫以王室成员名字命名，反映出王室在基层组织建立过程中发挥的重要影响；一些部落和德莫使用希腊本土的地名、希腊神名以及当地的名字，这可能反映了他们不同的族群来源与祖先认同。

由上可见，部落和德莫不仅存在于马其顿周边地区，还存在于小亚，甚至叙利亚以东地区。希腊化时期新建城市不仅具有polis之名，而且普遍采用希腊传统城邦的内部自治组织。新建的希腊化城市，将若干城镇合并归于同一座城市管辖之下，自然废除了地方原有的基层社会关系，对原有的既得利益者以及原有的地方族群认同造成强烈的冲击，但却将复杂的地方社会融合在一起，并依照希腊传统对基层社会组织实施希腊化改造，以希腊式的地缘性的部落和德莫重组地方社会，形成希腊式的城市共同体。它们是国王在基层推行帝国统治的保证。

---

1 Thomas Drew-Bear, *Nouvelles inscriptions de Phrygie*, Zutphen: Terra, 1978, pp. 79, No. 11, 45, 106.

2 C. B. Welles, ed., *Royal Correspondence in the Hellenistic Period: A Study in Greek Epigraphy*, New Haven: Yale University Press, 1934, No. 45. (=RC 45)

3 Libanius, *Orations*, 19.62.

3. 城市自治与国王统治

希腊化城市选举并任命官员管理城市内部事务。执政官(archon)、将军(strategos)、书记官(grammateus)、监事官市场监督(agoranomos)和市政监督(astynomos,复数astynomoi)、司库官(tamiai)、礼仪官员祭司(theoroi)和竞技裁判(agonothetai)等希腊城邦中常见的官职,大都能在希腊化城市中见到。

希腊化时期除了以上具有常规职能的职官之外,国王还在各城市设置代理人,维护国王在地方的利益,其中最具特色的官员莫过于国王监督(epistates,复数epistatai)。为了将王国的旨意顺利传达到地方并得到贯彻,国王有可能安排一人或多人来执行其旨意。事实上,这一官职并非希腊化时期的创造,也可以在传统的希腊城邦中寻得踪迹。《雅典政制》最早提及了epistates的两种职能。根据希英词典的词义,epistates主要有以下几种表现形式:第一,担任议事会的主席。每天从议事会的常务委员会中抽签产生,任职一天。其职责包括召集议事会或公民大会。一旦有决议,就应署名并标明时间。第二,被委任为某种特殊任务的监督,其任期可能为一年。一些大工程可能会委任多个监督,比如修建帕特农神庙与山墙,委任了五个epistates。第三,雅典派往提洛岛或德尔菲等圣地的监督。从该词的词根上看,监督作用是其基本职能。希腊化城市尽管由国王或王国所建,但至少在表面上仍以自治的“polis”自居,国王也标榜对城市自治传统的尊重,表面上并未粗暴地干预城市管理。然而,国王并未放弃对地方的控制,只是通过扶持代理人贯彻其意志。综观整个希腊化世界,因各王国制度不同,并非所有epistatai都具有国王监督的身份,也有不少是神庙监督,例如宙克西斯在阿米宗(Amyzon)任命了一个名为麦奈斯特拉托斯的人担任epistates掌管阿尔特米斯神庙(Artemision)。因此,很可能只有在塞琉古王国新建的城市中,epistates才真正具有明确的国王监督身份。这可能是塞琉古王国模仿雅典政制传统,并根据其统治现实作出的调整。[1]

关于国王监督的地位、权力来源、职权范围及与其他职官的关系，学界也有分歧。有的学者认为国王监督身为国王在地方的代表，应该是首席执政官，是在城市中选出的。[2]理想的情况下，此人不仅应为王室所信任，还应出身地方社群，或者至少与地方社群联系密切。尽管国王监督的选举规则目前尚不清楚，但可以基本确定的是多数城市的国王监督确实身兼执政官之位，也是国王书信的收信人。皮埃里亚的塞琉西亚的国王监督泰奥菲洛斯（Theophilos）收到了国王塞琉古四世的书信，他同时还是执政官中的一员。海滨的劳狄西亚的一篇法令也说明，该城的国王监督的职能与四城之城的其他城市一致。另外位于今尼哈万德附近的劳狄西亚（Laodikeia Nihavand）的铭文也提到了一个名为阿斯克莱皮阿戴斯（Asklepiades）的人，其职能与前两者基本一致。

一些学者根据一些国王监督身兼将军一职，认为国王监督具有军事统帅权力，有必要选择有军事才能的人担当此职。但根据波里比乌斯的一处记载来看，阿帕米亚军队统帅并非国王监督，而是卫城戍卫长（akrophylax）。综合文献与考古的证据来看，国王监督出现在多个机构中，这正证明了它事实上并不具备某种具体、特定的职能。在塞琉古王国建立的希腊化城市中，众多国王监督的共性在于他们都是国王在城市中委任的亲信，维系着地方政权和中央政权之间的联系。国

1 关于epistates的来源与职能的讨论，哈佐布罗斯认为这是一个国王下派到地方的代表。M. B. Hatzopoulos, *Macedonian Institutions under the Kings*, 2 vols., Athens: Boccard, 1996. 埃林顿认为他应选拔自地方，可能身兼城市的执政官而不是国王代理人。R. M. Errington, "König und Stadt im hellenistischen Makedonien: die Rolle des Epistates," *Chiron*, Band 32, 2002, ss. 51-63.

2 E. Bikerman, *Institutions des Séleucides*, p. 163; W. W. Tarn, *The Greeks in Bactria and India*, Cambridge: Cambridge University Press, 1951, p. 24; Susan Sherwin-White and Amélie Kuhrt, *From Samarkhand to Sardis: A New Approach to the Seleucid Empire*, Berkeley: University of California Press, 1993, pp. 165-166; Tom Boiy, "Between the Royal Administration and Local Elite: The Pahatu in Hellenistic Babylonia as Epistates?" *Anabasis: Studia Classica et Orientalia*, Vol. 1, 2010, pp. 49-57.

王通过任命的方式选取某些特殊岗位的亲信为其代表，在普通的希腊化城市中，军事权和行政权最为关键，故将军和执政官也是担任国王监督最多的城市官员。

国王监督最有可能的人选是王友及其亲族。希腊人常把友人视为兄弟、另一个自己，王友是希腊化国王身边最亲近的幕僚，也常被希腊化国王奉为亲属（syngeneis）或兄弟（adelphoi）。[1]不少王友来自王国境内的各类城市（包括希腊化时期新建或改建的城市），其出身多为地方贵族。这些精英即便身在国王周边，与故乡及其家族仍保持密切的联系，自然被国王视为调和中央与地方关系的重要途径。[2]地方在王友的推动下通过法令向国王致敬，[3]一些国王也下令地方向王友致敬。[4]国王通过王友影响地方政治，王友也成为地方利益在宫廷的代表，亲族也借国王的支持巩固其在地方上的地位。[5]

除了国王监督之外，国王还有可能设置一些财务官，例如分税官（eglogistes）、征税官（logeutes）等，负责征税和王室财产的经营。[6]

二、希腊式城市的布局与建筑

从亚历山大建立亚历山大里亚起，新涌现的希腊化城市在外观上

1 *OGIS*, 148, 259; Polybius, *The Histories*, translated by W. R. Paton, London: William Heinemann, 1979, 4.48.5; Plutarch, *Moralia*, 197a; *1 Macc*. 3.32; *2 Macc*. 11.12; Livy, *Ab Urbe Condita*, 30.42.6.

2 I. Savalli-Lestrade, *Les philoi royaux dans l'Asie hellénistique*, Genève: Droz, 1998; F. Muccioli, "La scelta delle titolature dei Seleucidi: il ruolo dei φίλοι e delle classe dirigenti cittadini," *Simblos*, Vol. 3, 2001, pp. 295-318.

3 *OGIS*, 128, 171, 255.

4 *Syll.*[3] 462; *RC*, 45; *OGIS*, 317.

5 关于希腊化时期国王与城市、王友的关系，详见杨巨平：《碰撞与交融——希腊化时期的历史与文化》，北京：中国社会科学出版社，2018年，第104—118页。

6 关于国王在地方上设置的财务官，参见Laurent Capdetrey, *Le pouvoir séleucide. Territoire, administration, finances d'un royaume hellénistique (312-129 av. J.-C.)*, Rennes: Presses Universitaires de Rennes, 2007, pp. 306-321.

或多或少都表现出了希腊化时代的文化特征。

1. 希波达姆斯式的城市布局

希腊化城市在外观上最突出的特征莫过于其规整的网格状或棋盘式布局，但凡在此期间经历过大规模重建的城市多用此方式来布置新区，从希腊本土的帖萨洛尼卡、帖撒利亚的德米特里亚斯到中亚的阿伊·哈努姆皆是如此。一般认为，这种布局由公元前5世纪中期的米利都人希波达姆斯（Hippodamus）创立，首先运用于雅典的庇里优斯港（Piraeus），故被称为希波达姆斯式布局或规划，在希腊化世界最为流行。[1]

埃及的亚历山大里亚虽然名义上为亚历山大所建，但事实上主要的城市规划建设都发生于托勒密王朝统治时期。这一时期有城墙环绕城市，街道按网格式布局，整座城市分为五个片区，分别以希腊字母A—E命名。[2]

塞琉古王朝的新建城市一般采用标准网格式布局，城市通常被一条主路一分为二。城堡通常位于高地，有坚固的城墙。但也有一部分城市例外，这主要是由城市所在地的地貌决定的。塞琉西亚位于平坦的两河流域，无天然地势可据，就只能依靠周边的水域作为城防屏障。

棋盘式布局之所以广泛适用于希腊化世界，与其简单易行不无关系。欧文斯认为，希腊化世界东方的许多希腊殖民地都形同兵营，这

---

1 根据对希腊化城市遗址的考古发掘可见，以下的希腊化时期新建城市明显具有希波达姆斯式的城市布局：埃及的亚历山大里亚（Alexandreia in Egypt）、帖萨洛尼卡（Thessalonike）、西库翁的德米特里亚斯（Demetrias Sikyon）、奥龙特斯河畔的安条克（Antiocheia on the Orontes/Antiocheia near Daphne）、海滨的劳狄西亚（Laodikeia on the Sea）、奥龙特斯河畔的阿帕米亚（Apameia on the Orontes，或称Apameia on the Axios）、皮埃里亚的塞琉西亚（Seleukeia in Pieria）、杜拉·欧罗普斯（Doura Europos）、大马士革的德米特里亚斯（Damascus Demetrias）、菲拉德尔菲亚（Philadelpheia）、底格里斯河畔的塞琉西亚（Seleukeia on the Tigris，见图5-2-1）、幼发拉底河畔的阿帕米亚（Apameia on the Euphrates）、幼发拉底河畔的塞琉西亚—宙格玛（Seleukeia on the Euphrates-Zeugma）、贝罗伊亚（Beroia）、阿伊—哈努姆（Ai Khanoum）和塔克西拉（Taxila）。

2 Strabo, *Geography*, 17.1.8.

使得新城反映出明显的军事特征。许多新城布局极其规整，常常使用最简单的比例设计，这种刻板的模式显然是王朝军事化统治导致的。[1]

马歇尔在塔克西拉（斯尔卡普）也发掘出一座典型的规整的网格状城市遗址。“城市是典型的希腊棋盘式，街道相互以直角交错，形成一个个独立的建筑单元。尽管这座城市多次被毁，毁而再建，个体建筑上已经面貌大改，但是希腊式的整体布局一直较好地保存至城市史的最后时日。”[2]在马歇尔眼中，严格规整的希腊式布局与印度和中亚原生城市不规整、随意的布局形成了鲜明的对比。

这种希波达姆斯式布局在城区的功能、街道的走向、街区的长宽比例上也有规律可循。希腊化时期的城市通常有城堡、公共建筑区、居民区等功能区之分。通常都有一条主街，不仅是联系城堡、公共建筑区与主城门的通道，也是规范城市道路走向的基线。公共建筑区的主要建筑如剧场、体育馆皆面向主街，其他城市道路或与主街平行，或与其呈直角交错。以德米特里亚斯为例，其公共建筑顺着道路走向布置，大多集中于城市西部，其中有一片市场，四周是画廊（stoa）以及王宫，王宫紧挨着市场，这说明国王对市民政治生活的影响力。街区一般流行2 ∶ 1的长宽比。[3]不论马其顿本土附近的德米特里亚斯，还是塞琉古王朝在叙利亚和两河流域建立的城市，皆遵循这一点。

奥龙特斯河畔的安条克位于奥龙特斯河与希尔皮乌斯山（Silpius，位于东面）之间，希腊化时期仅限于奥龙特斯河东岸一隅，罗马帝国时期的规模是多次扩建的结果。街区呈直角状，有五条主街

1 E. J. Owens, *The City in the Greek and Roman World*, London and New York: Routledge, 1991, pp. 74-75.

2 J. H. Marshall, *A Guide to Taxila*, Calcutta: Calcutta, Superintendent government printing, 1918, p. 5.

3 街区的长宽比也有1 ∶ 1、2 ∶ 1甚至10 ∶ 3等多种不同的规格，但塞琉古王朝新建城市的街区相对整齐划一（大多长宽比为2 ∶ 1）。

和若干支路，所有的街区均长112米，宽58米，中央城墙不规则，街道之下埋有发达的排水和输水管道。其他城市如阿帕米亚和劳狄西亚也反映出塞琉古王朝建城的特点。阿帕米亚几乎和安条克同时建立，主街宽约20—25米，街区长122米，宽58米，有一座城堡，也有发达的供水排水系统。劳狄西亚是阿帕米亚的外港，主街为南北走向，有三条街道与其直角交错，由于位于海角上，东侧有两山，街区呈长条形，长110—120米，宽57米。

在采用希波达姆斯式布局的希腊化新建城市中，底格里斯河畔的塞琉西亚堪称典范。（**图5-2-1**）

塞琉西亚被两条东西走向的宽阔线路分为三部分。城市的中部也即南北两条分际线之间，是整齐如棋盘状的街区。根据考古工作者的大致统计，塞琉西亚至少有200个以上这样的街区。最惊人的是单个街区长140米，宽70米，大约是杜拉·欧罗普斯的四倍，可见塞琉西亚的规模绝非普通城市可比。南分际线应该是沙漠商路，其东端是河港，北分际线则是国王运河的一条支流，它的末端在河港的北侧。根据普林尼的比喻，假如将沙漠商路与运河之间的区域视为鹰的躯干，

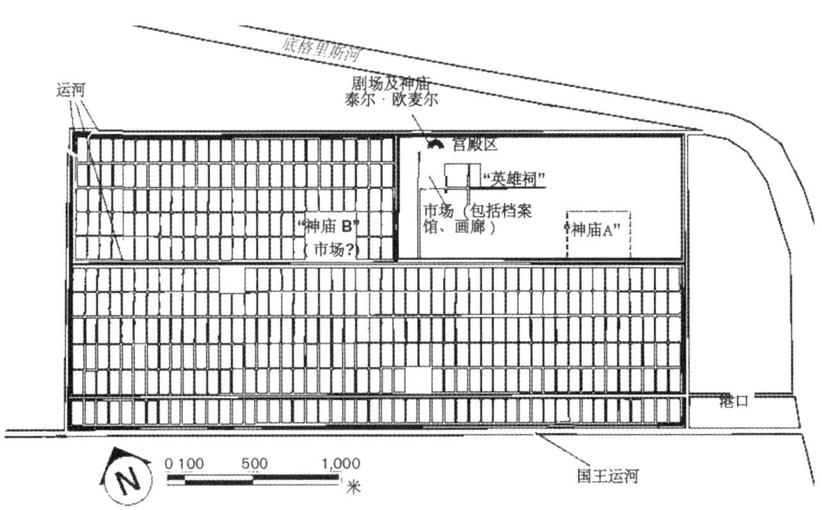

图5-2-1
底格里斯河畔的塞琉西亚平面图

其余两部分则可视为鹰之两翼。城东河港之港湾构成了鹰之喙，而鹰之尾部与腿部，也就是城市的西段很可能并不在城墙之内。

塞琉西亚的布局也有因地制宜之处。斯特拉波曾明确说，塞琉古一世建立塞琉西亚城，并将王宫搬往那里。[1]塞琉西亚初建时应当是依照王国都城的规格来建的。在已经发掘的希腊化王国都城之中，最具有对比参照价值的就是帕加马（Pergamon）了。帕加马的宫殿位于卫城之上，是城市的最高点，周围还有图书馆、雅典娜神庙、英雄祠、军械库。无独有偶，阿伊·哈努姆遗址（Ai Khanoum）也有这样的卫城。然而，塞琉西亚没有显著的地势差以区分上下城。它位于开阔的美索不达米亚平原，是一个四面临河的城市（东临底格里斯河，其余三面为分岔的运河所环绕），没有任何制高点可据，因此没有如帕加马和阿伊·哈努姆遗址所具有的天然有利的地形，也就不存在这种卫城。但是，塞琉西亚城区也有区分。城市的北区实际上扮演了传统希腊polis中的卫城角色。根据考古发掘，王国的宫殿很可能位于北区中央，在此处发现了王室的封印等器物。其两侧为两片神庙区，在地表以下显示有数层铺砖的痕迹，这也能证明城市历史未曾出现过断裂，从建城伊始起，这片作为宗教崇拜的区域一直没有变过。可见，塞琉西亚的城市分区虽然不如雅典、帕加马依靠地形所做的分区直观明显，但是巧妙地利用了河流和商路对城市进行分区，这是希腊人对新的地形环境做出的灵活应对。

总之，对于以政治、军事为主要目的建立的新城市而言，棋盘式布局是一种最方便、最易速成的规划方式，尤其在严重缺乏人力物力投入的希腊化时代早期最实用。这正是希腊化新建城市大量采用希波达姆斯布局的主要原因。

---

1 Strabo, *Geography*, 16.1.5.

2. 希腊式城市的主体建筑与公共空间

希腊式城市的建筑按其功能主要分为四类：第一类与城市政治有关，如议事会堂（Bouleuterion）、轮值主席团办公厅（Prytaneion），还有一些和城市的公共生活有关，如体育馆、剧场和运动场；第二类与国王和王宫有关，主要以王宫及宫殿式府邸为主，只有都城才有；第三类是神庙及建城者英雄祠；第四类是城防工事等军事性场所。并非所有城市都兼具以上这些建筑，不仅一般的城市与都城不可等同，就是那些军事殖民地也千差万别，有的仅仅是一个堡垒、军营或哨所而已。

（1）希腊式的公共空间

在希腊化时期的新建城市中，一般都有希腊传统的polis通常具有的公共空间，公共建筑常围绕市场（Agora）分布，包括体育馆、剧场神庙和议事堂等。

古风和古典时期的市场通常是一片比较开阔的空间，周边分布着各种公共建筑，是古希腊城市集会和公共活动的场所，戏剧表演、体育训练与竞技、宗教仪式通常都在此举行，城市通过的法令在此公布，纪念性雕塑在此树立。这里也是希腊人贸易、社交的中心，被视为希腊城市的心脏，以及希腊人存在的标志之一。[1]因此，希腊化城市初建时，市场是必不可少的。

在希腊化时期，由于贸易发展迅速，不少城市出现了仪式性市场和贸易性市场分离的现象，在港口或商路附近新修贸易性市场，城市初建的市场则保留仪式性功能。希腊化时期的帖撒利亚的德米特里亚斯分上下两城，上城有内城墙包围，其内有王宫和神圣市场（Hiera Agora），[2]这个神圣市场很可能仅涉及宗教和政治事务。贸易性的市场

---

1 Herodotus, *The Persian Wars*, 1.153 with an English translation by A. D. Godley, Cambridge, Mass.: Harvard University Press, 1995-1999.

2 *IG* IX.2 1105, https://inscriptions.packhum.org/text/149093.

则很可能位于港口附近。一般认为，德米特里亚斯分设两个市场的做法是帖撒利亚地区的创新，这种做法在希腊化时期的新建城市中得到了迅速推广，帖萨洛尼卡、阿尔西诺伊亚—以弗所以及底格里斯河畔的塞琉西亚都出现了分设两个市场的现象。

在建筑特点上，希腊化时期的市场多由三面或四面公共机构建筑围成，外侧可能还有高大的围墙，其中一面为主入口，通常有标志性的大门。这种风格最初可能出现于马其顿的都城培拉，到希腊化时期成为新建城市市场的标准模式。从东地中海到两河流域的塞琉西亚，（图5-2-2）再到希腊化世界最东端的阿伊·哈努姆遗址，建筑风格基本一致。

体育是古希腊文化中的重要组成部分。竞技是宗教节庆的核心环节，体育训练是教育和军事训练中的关键。因此，相关的场所在新建的城市中也是应有尽有。在阿伊·哈努姆遗址发现了一个由每边长99.9米的正方形围墙围成的体育馆，中间是一个每边长73.6米的庭院。

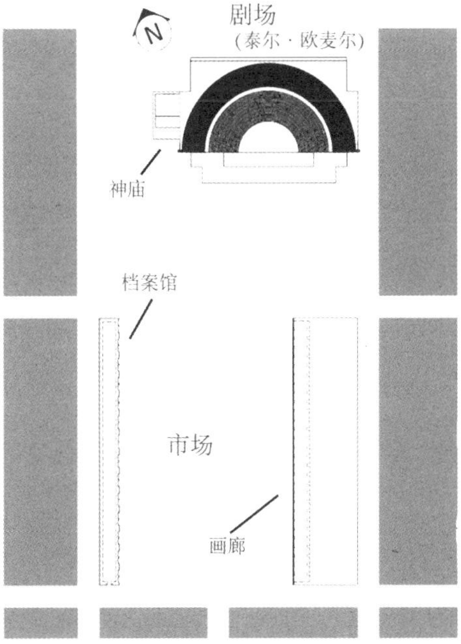

图5-2-2
塞琉西亚的市场（北）

在体育馆以南有一个室外场地，长118.5米，宽96.5米，更往南还有一个游泳池，长58.5米，宽53.5米。[1]

再以底格里斯河畔的塞琉西亚为例。该城拥有典型的希腊运动场，虽然没有找到体育馆的考古证据，但是塞琉西亚作为一个典型的希腊化城市，很可能也是有体育馆的。根据考古发掘，塞琉西亚的体育场可能位于城市的中心，位于集市以西五个街区的位置，是一个近似圆形的下陷区域。

剧场在希腊人的城市中必不可少，是希腊人最重要的公共空间之一。塞琉西亚也有典型的希腊式剧场，而且是该城市遗址最庞大的单体建筑（Tell Umar，乌马尔土丘）。在希腊化世界最东端的希腊化城市遗址阿伊·哈努姆，也发现了一座可容纳数千人的剧场。甚至在帕尔米拉、格拉萨（Gerasa）、佩特拉、巴比伦等东方希腊化城市中，也都设有剧场。

由此可见，典型的希腊式公共建筑是城市中的希腊—马其顿人的主要公共活动空间，是身在异域的希腊—马其顿人过传统文化生活的主要载体，也是一部分希腊化当地民众融入希腊文化的重要场所。

（2）宫殿式建筑

希腊化时期的所谓宫殿不仅包括王宫，也包括地方长官的府邸。王宫保留下来的不多，目前所知的希腊化王宫要么居于城市中心，要么紧贴城的内墙。

公元前1世纪末斯特拉波曾经游历亚历山大里亚，详细描绘了他所见到的王宫区域：

> 城市有精致的公共神庙和王城，占整体的四分之一，甚至三分之一大小。每位国王都为公共建筑增砖添瓦，每位国王都在

1 Laurianne Martinez-Sève, “The Spatial Organization of Ai Khanoum, a Greek City in Afghanistan,” *American Journal of Archaeology*, Vol. 118, No. 2, 2014, fig. 4.

已有建筑的基础之上新建更多的建筑。[1]

普林尼则称亚历山大里亚的王城只占城市面积的五分之一左右，即便如此，其面积仍达一平方公里左右。[2]

(3) 建城者纪念地

许多希腊化城市中都出现了崇拜建城者的公共纪念地（temenos），包括建城者（ktistes或oikistes）陵墓以及英雄祠（Heroon）。建城者崇拜是希腊城邦的传统，但是以国王为建城者，为其建立崇拜却是这一时期特有的现象。

希腊城邦的公民群体往往拥有共同的祖先和血统，有共同的起源神话。庆祝建城者的崇拜仪式往往是城邦最重要的一种仪式，使公民能从过去寻根，形成城邦的身份认同。希腊化城市大多诞生于亚历山大及其继业者时期，国王往往就是城市的规划建造者或出资者，国王及其代理人于是成为城市的主要崇拜对象。

阿尔西诺伊—以弗所有一处建城者吕西马库斯的圣所。[3]圣所内除了吕西马库斯的雕像之外，其他的像都是神像。西里西亚的阿尔西诺伊不仅将阿尔西诺伊二世奉为同名女神，而且还有一处“姐弟神”圣所。[4]帖撒利亚的德米特里亚斯有建城者德米特里一世的崇拜圣所。[5]西库翁的德米特里亚斯与建城者德米特里有关的仪式，不仅有

1 Strabo, *Geography*, 17.1.9.

2 Pliny, *Natural History*, 5.2.62.

3 *I. Ephesos* 29=*OGIS* 480=*CILIII*.14195; Kenneth Scott, “The Significance of Statues in Precious Metals in Emperor Worship,” *Transactions and Proceedings of the American Philological Association*, Vol. 62, 1931, pp. 101-123; Wolfgang Leschhorn, *“Gründer der Stadt”. Studien zu einem politisch-religiösen Phänomen der griechischen Geschichte*, Stuttgart: Franz Steiner Verlag, 1984, ss. 255-256.

4 *Zeitschrift für Papyrologie und Epigraphik*, Vol. 77, 1989, pp. 55-66.

5 *IG IX* 2.1099; Wolfgang Leschhorn, *“Gründer der Stadt”. Studien zu einem politisch-religiösen Phänomen der griechischen Geschichte*, ss. 263-267.

献祭、节庆，还有一年一度的赛会。[1]色雷斯的吕西马奇亚、皮埃里亚的塞琉西亚、底格里斯河畔的塞琉西亚都有纪念建城者国王的英雄祠及陵墓。皮埃里亚的塞琉西亚很有可能是塞琉古一世占领叙利亚之后建立的第一处都城。塞琉古一世去世之后也归葬此地，安条克一世在此设立了一处英雄祠以纪念其父，称作尼卡托里昂（Nikatoreion）。

在古希腊，英雄祠的意义不仅在于缅怀先祖，更是一种政治手段，即通过建祠使城邦得到某英雄的护佑。塞琉西亚也有一座英雄祠，但是这处英雄祠祭祀的并不是希腊传统意义上的英雄，而是塞琉古王国的国王。该英雄祠位于塞琉西亚正北方向，乌马尔土丘东南，地面以上是一座公元1—2世纪的独立建筑，被考古学者称为"帕提亚别墅"（Parthian Villa）。它实际上由一座希腊式的早期建筑改建而来，该早期建筑建于塞琉古王朝统治美索不达米亚的晚期。东西长55米，南北宽40米，内有23平米的中央大厅以及环绕其一周的小房间。这些小房间中，南北两侧的是单排的，东西两侧的则是双排，西边的房间面积最大。这与巴比伦尼亚地区的神庙规制具有惊人的相似性，与帕提亚时期杜拉·欧罗普斯的东方神庙布局最为相似。英雄祠遗址出土了一块铭文，刻自德米特里二世时期，尽管残缺不全，但我们仍能从中判定较低地层的建筑是祭献塞琉古王朝诸王的。这很可能是塞琉古家族的英雄祠。

公元1世纪时，鼓吹塞琉古家族的正统性已不再具有任何意义，原来塞琉古王国的国土已被罗马人和帕提亚人瓜分殆尽，罗马人统治了叙利亚，帕提亚人则占据了美索不达米亚。为了取得自治地位，反对帕提亚的控制，塞琉西亚再次将该建筑献给城市的建立者。新建筑在规模和整体布局上依循旧制，很可能在宗教崇拜的具体内容上也维持原样。

---

1 Plutarch, *Demetrius*, 53.

迄今所知，从地中海沿岸的吕西马奇亚和亚历山大里亚到两河流域的塞琉西亚，甚至中亚的阿伊·哈努姆以及阿拉科西亚的亚历山大里亚（坎大哈）等地都出现了类似的建城者崇拜。这些纪念地自建立之后时时提醒远离故土的希腊人谨记建城者的功德，坚持希腊—马其顿人的身份认同，这对于维持希腊化王国的统治具有重要意义。

（4）城防工事

建城的另一大工程就是修筑城墙。公元前4世纪，由于马其顿人攻城术的迅速进步，在征服新土之后，国王自然需要考虑如何修筑更坚固的城墙以抵御外敌来犯。

皮埃里亚的塞琉西亚的城墙比较典型。该城址采用的石材主要有巨石（Cyclopean）、多边形（Polygonal）石材、琢石、方石堆（切石，Ashlar）这几种。波里比乌斯在谈及安条克三世与托勒密埃及争夺叙利亚之时，提到了皮埃里亚的塞琉西亚的地貌。这座城市是塞琉古一世进入叙利亚之后建立的第一座城市，不仅很有可能是塞琉古王朝在叙利亚地区的早期都城，也是一座军事重镇，曾经于公元前246年易手于托勒密王朝。波里比乌斯提到，这座城市位于奥龙特斯河口以北，为坚固的城墙环绕。[1]除此之外，卡里亚的斯特拉托尼凯亚的城防近年来也因考古发掘受到关注。[2]

结　语

希腊化时期的城市主要由新建城市、重建城市和各种军事殖民地

1 Polybius, *The Histories*, 5.59.3-11.

2 E.Varinlioğlu,"La Fortification Hellénistique de Stratonicée, archéologie et épigraphie," *Revue des Études Anciennes*, Vol. 96, 1994, pp. 189-191.

构成，不论哪种城市，它们都是希腊化王国治下的一个单位，只不过保留了希腊“polis”的外壳而已。由于历史或现实环境的原因，各地城市的布局、建筑、族群构成、市政管理机制或有所不同，但本质上都属于希腊式或者希腊化城市。正是这些形形色色、星罗棋布的希腊化城市将希腊化世界以点带面地连接为一个整体，奠定了后来丝路城市的基础。可以毫不夸张地说，后来从中亚、印度到地中海世界的丝路重镇和文化中心几乎都与原来的希腊化城市有关，甚至就是从它们转型而来。

（邵大路）

第六章　希腊化城市的发展演变

亚历山大和各希腊化王国初期的建城活动效果是明显的，这些城市或殖民地构成了他们各自的统治基础，可谓立国之本。但因其分布地域极广，特色各异，在建立之后命运也不尽相同，城市的基本面貌、自治程度和历史地位甚至包括自身的存在与否，往往随各王国本身，乃至整个希腊化世界政治格局的变化而变化。同时，希腊化世界内部的发展，如商路的改变与拓展，特别是丝路的开通，也有可能导致一些原有城市的变迁和新城市的兴起。

第一节　政局变动与城市兴衰

希腊化城市是在国王主导下建立的，城市的命运与建城者和所在国的命运息息相关。希腊化时期不仅是一个建城时代，而且政权更替频繁，其结果就是城市的兴衰不定。

一、亚历山大之后其新建城市的变迁

亚历山大东征时一路上建立的城市或殖民地，总体上呈现出“临

时性”和“战时性”的特点。多数在当时并未发挥统治中心的作用，有的仅仅在短暂驻扎过后就被主动放弃，有的则很快受到了周边族群的侵袭。

根据普林尼和斯特拉波的记载，马尔吉亚那的亚历山大里亚在公元前3世纪初之前就已经被蛮族人所毁，安条克一世很可能在担任共治者期间重建了该城。[1]根据伪卡利斯梯尼的《亚历山大传奇》（Pseudo-Kallisthenes，*Alexander Romance*）和阿拔斯帝国时期的叙利亚学者库达玛（Qudama）的记载，斯基泰的亚历山大里亚即“最远的亚历山大里亚”，是萨卡人（即斯基泰人）南下首先攻陷的城市。塔恩和弗雷泽等学者尽管在细节上见解不一，但都认同一个事实，即它很有可能在亚历山大军队主力撤走之后被游牧民族所毁。[2]

位于波斯湾两河汇合处的亚历山大里亚很有可能也在亚历山大帝国解体之后废弃，后被洪水冲毁。根据普林尼的记载，“第五王安条克”（Antiochus quintus regum）重建了它，并以自己的名字命名。[3]公元前141年塞琉古王朝失去了对两河流域的控制之后，担任卡拉科尼行省总督的叙斯帕奥西奈斯（Hyspaosines，Spaosines，或Spasines）乘机称王，重建了该城，并将其改名为“卡拉克斯·斯帕西努”（Charax Spasinou）。此城有可能即《后汉书·西域传》所记载的甘英到访过的“条支国城”。[4]

亚历山大所建城市大多在建立之后不久就迅速衰败、废弃，究其原因，可以归结为以下几个方面。

第一，建城仓促。在“最远的亚历山大里亚”建立时，“亚历山

1 Pliny, *Natural History*, 6.47, translated by H. Rackham, Cambridge, Mass.: Harvard University Press, 1961; Strabo, *Geography*, 11.10.2, translated by Horace Leonard Jones, Cambridge, Mass.: Harvard University Press, 1960.

2 W. W. Tarn, “Two Notes on Seleucid History,” *Journal of Hellenic Studies*, Vol. 60, 1940, pp. 90-94; P. M. Fraser, *Cities of Alexander the Great*, Oxford: Clarendon Press, 1996, p. 153.

3 Pliny, *Natural History*, 6.138-139.

4 《后汉书》卷八八《西域传》，二十四史点校本，北京：中华书局，1965年，第2918页。

大本人花了20天时间修筑城墙"，然后就开始安排殖民。[1]库尔提乌斯则称亚历山大建最远的亚历山大里亚花了17天。[2]狄奥多罗斯称亚历山大在修筑高加索的亚历山大里亚花了16天。[3]在当时的条件下，十几天显然是不足以完成整座城市的建设的。文献中所见的"建城过程"（κτίζειν）可能偏重于修筑城墙（τειχίζειν）。[4]这种城市也更容易被摧毁，这可能正是这些城市难以得到考古学的证明的重要原因。

第二，殖民留守人员不足。亚历山大率军前往亚洲时，马其顿军队的总兵力大约是35000—40000人。有学者估计，十年的战争伤亡人数至少在5000—7000人，那么整个亚洲可以用来殖民的人数不超过30000人，即便在征途中亚历山大有能力从本土调遣补充力量，也难以在短期内满足需要。[5]更何况这些兵力还要承担继续征服的任务，无论城市建设还是殖民，调动大量的兵力参与都是不现实的。这也能解释了为什么在游牧民族的冲击下亚历山大在中亚所建城市往往不堪一击。

第三，殖民者人心不齐。居民的凝聚力是城市生命力的重要象征之一，也是城市社会稳定存在的重要保证。文献史料足以显示，亚历山大所建城市以退役或伤病员、希腊雇佣兵以及周边居民为主，其中当地人在人口上应居多数。[6]亚历山大摧毁的那些城市的居民有可能

1 Arrian, *Anabasis of Alexander*, 4.4.1, translated by P. A. Brunt, Cambridge, Mass.: Harvard University Press, 1976.

2 Quintus Curtius Rufus, *History of Alexander*, 7.6.27, translated by John C. Rolfe, Cambridge, Mass.: Harvard University Press, 1985.

3 Diodorus Siculus, *Library of History*, 17.83.1, translated by C. Bradford Welles, London: Heinemann, 1983.

4 斯特拉波在提到塞琉西亚建城时使用了ἐτείχισε，其动词原形即τειχίζειν。Strabo, *Geography*, 16.1.5.

5 Richard A. Billows, *Kings and Colonists*: *Aspects of Macedonian Imperialism*, Leiden and New York: E. J. Brill, 1995, p. 153.

6 古典文献中有关中亚希腊化城市殖民者的记载主要有：高加索的亚历山大里亚（Arrian, *Anabasis of Alexander*, 4.22.4），阿里盖翁（Arrian, *Anabasis of Alexander*, 4.24.7），阿克西尼河畔的亚历山大里亚（Alexandreia on the Akesines）（Arrian, *Anabasis of Alexander*, 5.29.3），最远的亚历山大里亚（Diodorus Siculus, *Library of History*, 17.83; Arrian, *Anabasis of Alexander*, 4.4.1; Quintus Curtius Rufus, *History of Alexander*, 7.6.27）。

曾一度被卖为奴隶，后来由于殖民需要，亚历山大只得从这些奴隶的新主手中将这些人赎出。[1]

事实上，几乎每一座所谓的新建城市，对于留守该地的马其顿士兵和希腊雇佣军而言，都并非幸事。亚历山大建立的据点中有相当一部分可以视为“惩罚性殖民地”，这些是为了尽可能减少叛乱嫌疑人的危害，而将他们集中发配的边缘地带。[2]这符合马其顿王国在东征前的殖民方式，在文献中亦有迹可循。[3]查士丁在谈到亚历山大在巴克特里亚和索格底亚那的建城活动时，称亚历山大建了七座城市，把军中有叛乱之嫌者尽留于此地。[4]此外，他在另一处也提到，亚历山大将一部分有叛意的士兵送往偏远的殖民地。[5]

这些被丢弃在世界边缘处的希腊殖民者，都在寻找一切机会回归。公元前325年和公元前323年两次关于亚历山大去世的传闻最终都酿成了兵变，可见边地驻军的不满。狄奥多罗斯和库尔提乌斯就提到了巴克特里亚和索格底亚那的希腊人的一次叛乱，他们觉得很难再在蛮族人中生活，渴望返乡。[6]

那些被迫殖民的当地人也不甘心继续充当亚历山大戍守边地的工具。根据查士丁的记载，亚历山大去世之后，印度人挣脱了奴役的枷锁，杀死了亚历山大派驻的官员，亚历山大在中亚和印度的统治基本

---

1 Quintus Curtius Rufus, *History of Alexander*, 7.6.27.

2 这不难让人联想到，阿黑门尼王朝就曾经将巴克特里亚作为流放战败的叛乱者的区域。尽管在波斯人看来巴克特里亚有可能是一处适合殖民的边区，若要下结论仍有待进一步的考证。

3 参见J. R. Ellis, “Population-transplants by Philip II,” *Makedonika*, Vol. 9, 1969, pp. 9-17.

4 Justin, *Epitome of the Philippic History of Pompeius Trogus*, 12.5.13, translated by J. C. Yardley, Atlanta, GA: Scholar’s Press, 1994.

5 Justin, *Epitome of the Philippic History of Pompeius Trogus*, 12.5.8.

6 关于公元前325年的动乱，参见Diodorus Siculus, *Library of History*, 17.99.5-6; Quintus Curtius Rufus, *History of Alexander*, 9.7.1-11. 关于公元前323年亚历山大去世之后巴克特里亚的动乱，参见Diodorus Siculus, *Library of History*, 18.7, translated by Russel M. Geer, London: William Heinemann, 1984.

化为乌有。[1]公元前317年，最后一支希腊驻军从印度撤离。

殖民者的反叛、驻军的撤离自然导致原有城市或殖民地的废弃。但有的城市后来被塞琉古王国和巴克特里亚王国重建，有的城市依然使用亚历山大赋予的名号，[2]甚至在希腊化王国的统治结束之后依旧延续发展，成为丝绸之路上的商贸中心。斯特拉波和查士丁笔下的千城之地，[3]张骞出使西域所见的多城邑的大宛、大夏，[4]其中很多城市都可溯源至亚历山大之时。

二、希腊化王国政局变动与城市的变迁

希腊化时代初期，继业者围绕着亚历山大的遗产展开了激烈的争夺。战火未灭，领土争夺不休，王朝更迭频繁，城市的宗主变换也是常见之事。对于新领地上的城市，他们多数情况下采用更名的办法，以抹去前朝的痕迹。

1. 新王朝对原新建城市的改造

安提柯从公元前319年开始长期担任亚洲将军，是继业者中的最强者，也是继业者战争前期最活跃的建城者之一。公元前301年被卡桑德、吕西马库斯和塞琉古联手击败后，其领地也被他们瓜分。

塞琉古接手之后立即不遗余力地去安提柯化。根据约翰·马拉拉斯、利巴尼乌斯等作家的记载，塞琉古摧毁了安提柯尼亚，并将其居

---

1 Justin, *Epitome of the Philippic History of Pompeius Trogus*, 15.4.12; Laurent Capdetrey, *Le pouvoir séleucide. Territoire, administration, finances d'un royaume hellénistique (312-129 av. J.-C.)*, Rennes: Presses Universitaires de Rennes, 2007, pp. 44-45.

2 阿庇安称，塞琉古一世所建一部分城市是为了向亚历山大致敬（ἐς τιμὴν 'Αλεξάνδρου τοῦ βασιλέως）。W. W. Tarn, "Two Notes on Seleucid History," *Journal of Hellenic Studies*, Vol. 60, 1940, pp. 90-94.

3 Strabo, *Geography*, 15.1.3; Justin, *Epitome of the Philippic History of Pompeius Trogus*, 41.4.5.

4《史记》卷一二三《大宛列传》，二十四史点校本，北京：中华书局，1982年，第3160、3164页。

民迁往新建的四城之城（Tetrapolis）。从马其顿王国的移民传统可以推知，塞琉古此举可能也有防范忠于安提柯之遗民的考虑。同时，将造币场迁往皮埃里亚的塞琉西亚。造币权是安提柯尼亚作为叙利亚北部乃至整个王国经济中心的象征，也是城市地位的反映，造币场的撤离意味着城市经济职能的废除。此外，将命运女神提科、雅典娜等神像迁往安条克城，事实上剥夺了该城市的宗教崇拜中心地位。[1]

小亚西部是安提柯另一片重点统治区域，吕西马库斯接手之后，特洛亚的安提柯尼亚被改建为特洛亚的亚历山大里亚，另一座安提柯尼亚则被改为尼凯亚。[2]

吕西马奇亚的命运更几经波折，在吕西马库斯统治时期，这座城市主要发挥着抵御内陆的色雷斯人和海峡对岸的安提柯夹击的战略作用。该城有一定的自治权，可以发行自治钱币。[3]尽管吕西马库斯去世后该城归于塞琉古王朝控制，但它还是迎回了吕西马库斯的遗体，将其葬于城中，建立起吕西马库斯祠（Lysimacheion）。[4]这座城市随着王朝的衰微，逐渐被忽略、遗忘，最终在公元前199/198年毁于色雷斯人之手。后来，该城虽然得到了安条克三世的眷顾，得以重建并被赐予自由与民主，获免赋税和驻军，[5]但是城市的复苏昙花一现，在安条克三世从欧洲以及小亚撤出之后，又再度陷入衰败。公元1世纪，该城已经完全废弃。[6]

卡桑德在公元前297年去世，其政权很快陷入内乱。马其顿王国

---

1 Diodorus Siculus, *Library of History*, 20.47.6; Ioannes Malalas, *Chronographia*, 8.199ff.

2 Edward T. Newell, *The Coinage of the Western Seleucid Mints from Seleucus I to Antiochus III*, New York: American Numismatic Society, 1941, nos. 890-906.

3 R. S. Poole, ed., *A Catalog of the Greek Coins in the British Museum, the Tauric Chersonese, Sarmatia, Dacia, Moesia, Thrace, etc.*, London: British Museum, 1877, nos. 195-196.

4 Appian, *Roman History*, "the Syrian Wars," 64.

5 Francis Piejko, "The Treaty between Antiochus III and Lysimachia: ca. 196 B.C. (With a Discussion of the Earlier Treaty with Philip V)," *Historia: Zeitschrift für Alte Geschichte*, Bd. 37, H.2, 1988, pp. 151-165.

6 Pliny, *Natural History*, 4.47.

的王位在多股势力之间不断易手。总体上看，卡桑德所建城市大多由于地处哈尔基迪基半岛和马其顿，其他继业者及其后裔（epigonoi）在接手之后，对城市做了一定的改造。帖萨洛尼卡在易手于安提柯王朝之后，非但没有转衰，反而成了重要的港口和文化中心。萨拉皮斯神崇拜源于埃及，公元前3世纪以来风靡东地中海世界，主要与托勒密王朝热衷在东地中海沿岸的扩张有关。帖萨洛尼卡在公元前187年之前就已经有一处萨拉皮斯神庙，在该神庙遗址还发现了疑似为希腊化时期的伊西斯头像，这些可能正是公元前3世纪被托勒密王朝短暂统治或影响的产物。[1]

2. 部分城市的自我解体

希腊化建城活动的本质是通过城市建设重构地方统治秩序。国王为达成此目的，兼采居地兼并和殖民的方式建立新城。但凝聚不同来源的族群并非易事。这些群体尽管比邻而居，但在经济活动、信仰传统、社会管理等方面都有较强的独立性，尤其是某些群体之间有着世仇宿怨，不仅不愿住在一起，甚至还有可能发生流血冲突。如果没有国王对经济利益强有力的协调兼顾，没有地方精英对地方崇拜秩序的规范和统一,一旦政局动荡，城市就会走向分崩离析。

一些城市由于建城组织得当、选址优越，得到了迅速的发展，如改名为阿尔西诺伊亚的以弗所和帖萨洛尼卡等。但也有城市建立之后，遭遇政治变动和城市内乱等状况，有的群体借机脱离城市，某些城市甚至遇到了除中心城区之外，所属城镇完全独立的尴尬局面。特洛亚的安提柯尼亚的建立与解体就是一个典型案例。

特洛亚的安提柯尼亚由凯布伦（Kebren）和斯凯普西斯（Skepsis）两座城市合并组建，但斯凯普西斯人包含了一部分来自米利都的爱

1 Michael Vickers, "Hellenistic Thessaloniki," *Journal of Hellenic Studies*, Vol. 92, 1972, pp. 164-165.

奥尼亚难民后裔，凯布伦则为埃奥利斯人（Aeolians）所建，两城是世仇，经常交战。[1]直到安提柯把他们都迁入安提柯尼亚，才暂时平息了这两座城市无休止的争斗，但仍无法弭平两者间的矛盾。安提柯去世之后，吕西马库斯接管了这座城市，并将其改建为亚历山大里亚，允许斯凯普西斯人返回自己的故乡。很有可能，凯布伦后来也从新城中脱离，并新建了一座名为安条克的城市（Antiocheia Kebren）。[2]城市规模的萎缩自然限制了城市发展的前景。因此，城市能否真正长久发展下去，与这座城市的凝聚力是分不开的。凝聚力弱，甚至群体间存在不可调和的内部矛盾，那么这座城市是早晚会解体的。

3. 塞琉古王国领土的丧失与城市变迁

塞琉古王国在公元前2世纪中叶，尤其是安条克七世公元前129年彻底败于帕提亚之后，一蹶不振，势力逐步收缩回叙利亚地区，并因此引发了外围军事重镇的废弃或城市功能与风格的变迁等一系列连锁反应。

宙格玛双子城位于幼发拉底河畔，是叙利亚通往两河流域的重要津渡，其中阿帕米亚（今提尔穆萨，Tilmusa）公元前2世纪末出现了明显的居民紧急撤离的迹象，在居民区遗址可见大量的物资遗存。[3]不难推测，撤离的应该是希腊—马其顿裔的族群，这很可能意味着塞琉古王朝在当地统治的终结。

安菲波利斯（Amphipolis，今杰贝尔·卡利德，Jebel Khaled）位于宙格玛下游的幼发拉底河畔，也曾是一座军事重镇，可能在公元前

1 关于斯凯普西斯的米利都族源，可参Strabo, *Geography*, 13.1.52. 关于凯布伦的埃奥利斯人族源，参见Ephoros, F10 (*FGrH*, 70).

2 Strabo, *Geography*, 13.1.33, 13.1.47, 13.1.52.

3 Justine Gaborit, "Tilmusa/Keskince (Turquie) – C07," in Justine Gaborit ed., *La vallée engloutie (Volume 2: Catalogue des sites). Géographie historique du Moyen-Euphrate (du IVe s. av. J.-C. au VIIe s. apr. J.-C.)*, https://books.openedition.org/ifpo/7176.

2世纪中晚期之后废弃，此后再未作为城市。[1]

底格里斯河畔的塞琉西亚从塞琉古建城以来至公元3世纪初最终废弃，政权更迭和政治格局的变动造成了城市地位与功能、城市的文化风格的变迁。考古学家将该城遗址地层按城市性质自上而下分为四层：第一地层，毁城后的衰败期，从图拉真征服到帕提亚灭亡；第二地层，帕提亚城市时期，从塞琉西亚动乱结束到图拉真征服；第三地层，自治城市时期，从帕提亚人初次征服到塞琉西亚动乱结束；第四地层，塞琉古都城时期，从建城到帕提亚人初次征服。[2]

第四地层属于塞琉西亚作为塞琉古王国直辖城市时期。由于塞琉古王朝政治格局的变动，新都城安条克建立后，塞琉西亚不再扮演帝国都城的角色，但依旧在帝国东部维持着首屈一指的经济和文化地位。帕提亚人的到来则开启了塞琉西亚从希腊化城市到帕提亚城市的过渡进程，为其向丝路重镇转化做了铺垫。不少学者认为，第四期到第三期之间没有战火毁城迹象，帕提亚国王米特里达特一世和平占领了该城。[3]但这并不意味着希腊化政权统治的结束对塞琉西亚毫无影响。从帕提亚人初次征服至米特里达特二世即位期间，由于塞琉古王朝的反攻、埃兰王国（Kingdom of Elymais，即帕提亚在埃兰地区的羁縻王国）和卡拉克斯王国等周边政权的牵制，以及帕提亚王位继承之乱等原因，帕提亚在两河流域的统治经历了颇多波折才最终确立。[4]尤其是塞琉古王朝与帕提亚人在公元前141—前129年间在两河流域的

---

1 Justine Gaborit, “Jebel Khaled (Syrie) – B23,” in Justine Gaborit ed., *La vallée engloutie (Volume 2: Catalogue des sites). Géographie historique du Moyen-Euphrate (du IVe s. av. J.-C. au VIIe s. apr. J.-C.)*, https://books.openedition.org/ifpo/7159.

2 Clark Hopkins, *Topography and Architecture of Seleucia on the Tigris*, Ann Arbor: University of Michigan Press, 1972, pp. 4-7.

3 Clark Hopkins, *Topography and Architecture of Seleucia on the Tigris*, p. 5; N. C. Debevoise, *A Political History of Parthia*, Chicago: University of Chicago Press, 1937, p. 23.

4 关于帕提亚西侵两河流域以来两河流域周边的政局，参见N. C. Debevoise, *A Political History of Parthia*, pp. 29-39; M. Rahim Shayegan, *Arsacids and Sasanians. Political Ideology in Post-Hellenistic and Late Antique Persia*, Cambridge: Cambridge University Press, 2011, pp. 60-150.

反复争夺，给城市带来了明显的破坏，塞琉西亚的官方档案馆等公共区域有明显的过火痕迹，希腊式的民居也开始向帕提亚式转变，很有可能是政权更迭所致。塞琉西亚虽然基本维持了希腊化城市的文化特色，并未直接从希腊化城市骤然转变为典型的帕提亚城市，但是从帕提亚人的征服开始，这座城市的文化风格就已经逐渐由比较纯粹的希腊式向希腊—伊朗混合风格过渡。[1]

总体上看，希腊化世界西部的城市往往具有更强的自治性、更和谐的族群关系、更活跃的商业和手工业活动、更成熟的城市信仰崇拜体系，最终自然解体的情况并不多见。希腊化世界东部的城市密度较低，城乡聚落分布较为稀疏，城市在融合不同族群来源的人口、调动资源、组织经济活动方面更加困难，因此，其凝聚力通常较低，也容易解体与衰亡。尤其是在希腊化王国的统治被当地的或外来的非希腊王朝取代之后，希腊化城市不再是国王统治地方的工具，中心城邑管束周边城镇的职能往往也随之终结。巴比伦尼亚为帕提亚人占领之后，塞琉西亚周边的城镇或村落也有脱离城市管辖的趋势。公元前1世纪之前，由于帕提亚人的青睐，塞琉西亚附近的泰西封已经从一个大村落（kome）发展为具有较大人口规模、商业地位非凡的城邑，这显然是要以削弱该地区最大的希腊化城市塞琉西亚的地位为代价的。[2]巴比伦尼亚城市数量的增长，虽然推进了这些区域的城市化进程，但也削弱了原希腊化城市的影响力。随着希腊化王国的灭亡，原来的希腊化城市的性质和作用也发生了变化。

三、希腊化世界边远地区仿希腊化城市的出现

希腊化城市作为地方的政治、文化、经济中心，不仅存在于希

1 Clark Hopkins, *Topography and Architecture of Seleucia on the Tigris*, p. 5.

2 Strabo, *Geography*, 16.1.16; Pliny, *Natural History*, 6.122.

腊—马其顿人直接控制的地区，而且也被希腊化世界边缘地带以及域外之地的统治者所模仿。

比提尼亚是较早接受希腊化影响的区域之一。早在公元前4世纪末，安提柯统治比提尼亚，在此地建立了一座安提柯尼亚（后被吕西马库斯改建为尼凯亚）。安提柯战败身死之后，比提尼亚人吉波伊泰斯（Zipoites/Ziboites）称王，其后的尼克美狄斯一世（Nikomedes I）和普鲁西阿斯一世（Prousias I）不断向周边扩张。这些比提尼亚人虽然在血统上不属于马其顿人或希腊人，但与同时代的希腊化国王往来密切，在许多方面都呈现出“爱希腊者”的形象，在新统治区域模仿马其顿人建立希腊化城市正是其典型表现。吉波伊泰斯建立了吉波伊提昂（Zipoition），尼克美狄斯一世建立了尼科米底亚（Nikomedeia），普鲁西阿斯建立了海滨的普鲁西阿斯（Prousias on the Sea）和普鲁萨（Prousa）等城。[1]这些城市建立之后，不仅有助于比提尼亚王国的统治，还成为重要的经济中心和希腊化文化中心。例如，尼科米底亚成为重要的港口和商贸中心，普鲁萨则扮演了军事重镇的角色。[2]

本都与比提尼亚相似，早在公元前4世纪末就已经臣属于安提柯，在公元前281年左右最终摆脱塞琉古王朝的控制，但是此后与塞琉古王朝始终保持比较友好的关系。米特里达特六世是本都王国最热衷征服和建城的国王，在黑海西岸和北岸的扩张中，在征服周边的比提尼亚等区域时，建了多座以本人名号“父贵者”（Eupator）命名的城市欧帕托里亚（Eupatoria）。[3]但相对于比提尼亚王国所建的城市，本都

1 Getzel M. Cohen, *The Hellenistic Settlements in Europe, the Islands, and Asia Minor*, Berkeley: University of California Press, 1995, pp. 415-416.

2 Getzel M. Cohen, *The Hellenistic Settlements in Europe, the Islands, and Asia Minor*, pp. 60-63.

3 Getzel M. Cohen, *The Hellenistic Settlements in Europe, the Islands, and Asia Minor*, pp. 384-386.

的希腊化程度和城市化程度弱很多。

卡帕多西亚地区对塞琉古王朝横贯小亚的“公路”（κοινὴ ὁδός）的通达有着重要影响，但一直是塞琉古王朝未能控制的区域。卡帕多西亚王室总体上与塞琉古王朝保持着比较友善的关系，多次联姻。这些国王至少建立了四座城市。阿里亚拉姆奈斯（Ariaramnes）可能建了阿里亚拉姆尼亚（Ariaramneia），阿里亚拉泰斯四世（Ariarathes IV）可能建了阿里亚拉提亚（Ariaratheia），阿里亚拉泰斯五世建立了两座欧西比亚（Eusebeia），它们分别改建自马扎卡（Mazaka）和提亚纳（Tyana）两座古城。[1]公元前2世纪后期，卡帕多西亚的一座名为哈尼萨的城市发布了一篇铭文法令，除了人名之外，几乎完全符合希腊各城邦法令的格式，从中可以看到这座城市拥有议事会和公民大会（ἡ βουλὴ καὶ ὁ δῆμος），议事会也设有轮值主席团（prytaneis）。[2]从城市名看，哈尼萨在卡帕多西亚的地位可能并不如作为卡帕多西亚王国都城的欧西比亚等城市，但却已经实行了成熟的希腊城市制度。这些城市很可能以附近的西里西亚等希腊化程度比较高的区域的城市为范，建立了比较成熟的城市制度。

科马根尼（Kommagene）位于小亚进入叙利亚或两河流域的道路交汇之处，但在塞琉古王朝时期却是国王统治的薄弱地带。当塞琉古王朝在公元前2世纪面临内忧外患的局面，收缩至叙利亚一隅时，科马根尼逐渐脱离出来，在新兴的帕提亚、亚美尼亚等强权的夹缝中逐渐独立建国，在此期间也建立了几座希腊化城市。科马根尼王国的都城萨摩萨塔（Samosata），意为萨摩斯的愉悦，很有可能得名自亚美尼亚裔奥龙特斯家族的一位名为萨摩斯的国王。[3]从城市的命名方

---

1 Getzel M. Cohen, *The Hellenistic Settlements in Europe, the Islands, and Asia Minor*, pp. 377-378.

2 Getzel M. Cohen, *The Hellenistic Settlements in Europe, the Islands, and Asia Minor*, p. 378.

3 Getzel M. Cohen, *The Hellenistic Settlements in Syria, the Red Sea Basin, and North Africa*, Berkeley: University of California Press, 2006, p. 187.

式来看，萨摩萨塔效仿了希腊化城市以国王之名命名城市的传统，但城市名尾缀又带有典型的亚美尼亚地方风格。关于萨摩萨塔的城市制度与社会生活，文献并无详细记载。罗马帝国时期的著名作家琉善（Loukianos Samosateus）诞生于此，自幼受叙利亚传统文化的熏陶，又有着较深的希腊文化情结。[1]有理由推断，萨摩萨塔是一座以非希腊族裔为基础的仿希腊化城市。

亚美尼亚位于希腊化世界的边缘，同时深受米底和波斯文化的影响，亚历山大并未对此地施行有效的统治，塞琉古王朝对此地区的控制力也相当薄弱，目前并无确切的证据证明塞琉古王朝曾在此建城。亚美尼亚地区的仿希腊化城市在地名上多有规律可寻。如阿尔萨摩萨塔（Arsamosata）、阿尔塔克萨塔（Artaxata），与科马根尼的萨摩萨塔一样，皆有相似的后缀“-xata”或“-sata”，古波斯语意为“欢乐”（古波斯语：*šiyāti*）。[2]亚美尼亚王国所建规模最大的仿希腊化城市莫过于提格拉诺凯尔塔（希腊语：Tigranokerta，亚美尼亚语：Tigranakert），这座城市并非位于亚美尼亚本土，而是位于两河流域北部，是希腊化时代后期由亚美尼亚国王提格拉奈斯大帝（Tigranes Megas）所建。从城市名来看，它显然得名自建城者提格拉奈斯，符合希腊化城市的命名传统，城市名尾缀则是古亚美尼亚语借自伊朗语支的“制造、建造”一词（-kṛta），意为“提格拉奈斯所建”。[3]其建

---

1 关于琉善的研究，参见J. L. Lightfoot, *Lucian: On the Syrian Goddess*, Oxford: Oxford University Press, 2003. Nathanael John Andrade, *“Imitation Greeks”: Being Syrian in the Greco-Roman World (175BCE-275CE)*, PhD. Diss., University of Michigan, 2009. 倪滕达：《盛世罗马帝国社会风气研究——以琉善之眼观帝国之魂》，北京：中国社会科学出版社，2017年。

2 R. H. Hewsen, “Artaxata,” *Encyclopaedia Iranica*, online edition, 2011, https://iranicaonline.org/articles/artaxata-gk.

3 关于提格拉诺凯尔塔城市名尾缀的词源，参见“𐭪𐭫𐭲”, Wiktionary, the free dictionary, https://en.wiktionary.org/w/index.php?title=%F0%90%AD%AA%F0%90%AD%AB%F0%90%AD%B2&oldid=59246881. 关于提格拉诺凯尔塔城址，学界争议一直很大。相关讨论可参见T. A. Sinclair, *Eastern Turkey: An Architectural and Archaeological Survey*, Vol. 3, London: Pindar Press, 1989, pp. 361-363.

城方式也类似希腊人建城常采用的“居地兼并”（synoikismos），即把12座卡帕多西亚和西里西亚被毁坏的希腊城市居民集中到提格拉诺凯尔塔居住，人口达30万之众。[1]

塔克西拉（Taxila）是希腊化时期印度西北部的重镇。亚历山大征服印度时，曾任命当地王公塔克西莱斯（Taxiles）为行省总督，统辖犍陀罗附近地区，还在该地留下了驻军和病残人员，但并未提及对这座城市的改造。[2]希腊—马其顿人真正对印度西北部地区实行长期有效统治则始于公元前2世纪初的印度—希腊人时期，即巴克特里亚王国德米特里一世南下征服印度之后。根据塔克西拉斯尔卡普遗址（Bhir Mound Sirkap）的发掘，该地的街区也呈现出明显的希腊网格式布局（grid plan）。

仿希腊化城市的出现不仅扩大了希腊式城市的数量和范围，而且为丝绸之路的拓展延伸创造了更为有利的前提条件。

第二节　商路变迁与城市兴衰

商路变迁与城市兴衰之间很难断言孰为因果，须视具体情形而定。古代贸易路线的兴废常受政治军事因素驱动，进而为沿途城市带来商机与挑战。城市是交通路线的支点和保障。希腊化城市在新建时虽然有多方面的考虑，但位于水陆交通要道、自然资源丰富、地理环境优越则是首要因素。合适的选址不仅对于地方经济有着显著的促进作用，还能增强城市参与远距离贸易的能力。从长远看，城市兴衰与

---

1 Strabo, *Geography*, 11.14.15; Plutarch, *Lucullus*, 21.4, 26.1, 29.2; Appian, *Mithridatic Wars*, 67.

2 Arrian, *Anabasis of Alexander*, 5.8.3.

商路变迁二者互为因果。

一、安条克城与塞琉西亚之间沿线城市的兴衰

从叙利亚到两河流域南部巴比伦尼亚的交通路线早已有之。然而，两河流域南北分立长期存在，直至塞琉古一世在巴比伦尼亚初建王国时，依旧与控制小亚和叙利亚的安提柯在两河流域北部对峙。政治分立当然不会完全阻隔民间的贸易往来，但也的确阻碍了正常的交流。这种局面随着塞琉古在伊普苏斯一役战胜安提柯并分得叙利亚的安提柯旧土而改变。塞琉古在叙利亚建立了以四城之城为首的希腊化城市群，作为统治的核心区。同时，他也没有放松对帝国东部的经营，底格里斯河畔的塞琉西亚依旧是东部的统治中心。因此，帝国两片核心区——叙利亚和巴比伦尼亚之间往来密切，文献和碑铭材料不仅可见国王本人的巡视和行军活动，还可见沿线城市的商业繁荣。塞琉西亚作为两河流域陆路交通的十字路口和水陆转运的枢纽，天然具有成为贸易集散地的优势，是古代世界首屈一指的大都市。

除塞琉西亚之外，安条克城到塞琉西亚沿途其他城市的发展也值得关注。

首先，从北叙利亚到幼发拉底河流域的交通路线早已有之，以穿越叙利亚沙漠直接到达幼发拉底河中游的路径最短。但直至希腊化初期，往来商旅不仅缺乏有组织的商队以及沿线充足的水源补给，也没有应对游牧部落侵袭的安全保障。因此，商旅只能从沙漠最北端绕行。但在塞琉古王朝占领北叙利亚之后，商路交通大为改观，原因就在于该王朝在安条克城至幼发拉底河沿岸的宙格玛沿线，建立了金达罗斯（Gindaros）、库罗斯（Kyrrhos）、多利凯（Doliche）等要塞，在宙格玛与杜拉·欧罗普斯之间也沿幼发拉底河一线新建了包括城市、殖民地和哨所在内的一系列定居点。这些沿线城市和定居点无疑

推动了叙利亚和两河地区、乃至波斯湾的商路的发展。然而，希腊化晚期到罗马帝国时期，叙利亚沙漠商路兴起，成为连接叙利亚河两河流域的主要通道，原来经安条克城经宙格玛到幼发拉底河流域的商路重要性显著减弱，沿线城市在公元前2世纪之后渐衰或与此商路变迁显然有关。

原来从杜拉·欧罗普斯沿幼发拉底河南下，再沿国王运河通往底格里斯河畔塞琉西亚的路线总体变化不大，但商路的繁荣刺激了沿线城镇的进一步发展壮大。值得一提的是位于国王运河与幼发拉底河交汇处的奈哈尔迪亚（Neharde'a）。犹太史家约瑟夫斯、罗马史家阿米安、拜占庭的斯泰法诺斯（Stephanos Byzantios）等作家以及巴比伦塔木德（Babylonian Talmud，Talmud Bavli）均提供了有关这座城市的信息。[1]根据约瑟夫斯的记载，该城是巴比伦尼亚最重要的犹太人聚居城市，城防坚固。[2]帕提亚时期如此多的犹太人在此地聚集，很有可能与商路的繁荣有关。该城的地理位置虽不及塞琉西亚优越，但也是一处水陆交通的枢纽。目前尚不能确定此处在希腊化时代早期是否已经建城。楔形文字文献中虽提及一座位于“幼发拉底河和国王运河交汇处的王城塞琉西亚”，[3]但此处距离底格里斯河畔的塞琉西亚太近（仅30公里左右），并不符合希腊化城市在同一地理单元通常不重名的命名规则，很有可能为底格里斯河畔的塞琉西亚之讹。另外，公元2世纪的伊西多尔称同一位置有一座奈阿波利斯（Neapolis），从此

---

1 Josephus, *Jewish Antiquities*, 18.9; Ketubot, 54a; 'Eruvin, 6b, 34b, 45a; Ta'anit, 20b; Hullin, 50b; 'Avodah Zarah, 43b, 70b; Bava Qamma, 83a; Rosh ha-Shanah, 24b; Niddah, 13a; Megillah, 29a; Qiddushin, 70b; Mishnah, Yevamot, 16.7. 转引自Aharon Oppenheimer, *Babylonica Judaica in the Talmud Period*, Wiesbaden: Dr. Ludwig Reichert Verlag, 1983, pp. 276-286.

2 Julius Newman, *The Commercial Life of the Jews in Babylonia, between the Years 200 C.E. and 500 C.E.*, London: Uden forlag, 1932, pp. II-III.

3 "BCHP 11: Invasion of Ptolemy III Chronicle," Bert van der Spek, eds., Obv. 3, https://www.livius.org/sources/content/mesopotamian-chronicles-content/bchp-11-invasion-of-Ptolemy-iii-chronicle/.

处渡河前往塞琉西亚仅9斯科伊努斯（schoinoi）。[1]奈阿波利斯是一个典型的描述性地名，意为新城，反映了这座城市在塞琉古—帕提亚时期经历过改造的事实。因此，“新城”奈阿波利斯很有可能指的就是奈哈尔迪亚。

二、沙漠商路的开辟与杜拉·欧罗普斯的兴起

从两河流域穿越叙利亚沙漠，经帕尔米拉到达大马士革的贸易路线，在前希腊化时期虽已存在，但只是在希腊化晚期到罗马帝国初期，这条商路才在帕尔米拉人的苦心经营之下成为连接叙利亚与波斯湾的主要通道。帕尔米拉本来是一座沙漠小城，但其利用自己的商路和地理优势，周旋于在塞琉古王国、帕提亚和罗马帝国之间，保持了相对的独立性和自治地位。帕尔米拉人在沙漠中修建了一系列水源地和骆驼驿站，更重要的是在沿路驻有军队，这就保证了商路的畅通与安全。正是由于这条沙漠上路的开辟，帕尔米拉城才成为希腊、罗马、两河、帕提亚多元文化的汇聚之地，现存的宏伟建筑足以证明当时该城的繁荣辉煌。同时它也带动了沿线城市的发展，杜拉·欧罗普斯就是典型一例。

杜拉·欧罗普斯是帕尔米拉沙漠商旅之路与幼发拉底河交汇处的重镇，但真正发展为城市应在公元前2世纪。根据考古遗址的发掘和城市命名的特点，学界以前一直认为杜拉·欧罗普斯始建于公元前4世纪末至前3世纪初，塞琉古王国统治初期，属于希波达姆斯式布局，但目前法—叙考古队已经推翻了这一结论，认为当初建立据点主要出于军事目的，殖民活动是次要的，当时仅仅开发了河岸附近的狭长地带，并没有成熟的希腊式的城市规划，街区布局不规则，也没

1 Isidore of Charax, *Parthian Stations*, trans. W. H. Schoff, Philadelphia: The Commercial Museum, 1914, p. 4.

有堡垒等城防工事。[1]规整的城市布局以及城市公共建筑、将军府邸（Strategeion）和城防工事直至公元前2世纪中叶才出现，城市占地面积达75公顷左右，符合王国中等城市的规模。

促使杜拉·欧罗普斯城市地位变化的原因可能是多方面的，但帕尔米拉沙漠商路的兴起应是主要原因之一。当时进入波斯湾的印度、中国、阿拉伯的商品就是通过杜拉·欧罗普斯转运至叙利亚沙漠商旅城市帕尔米拉，反之亦然，地中海地区的商品也可由此带往东方或波斯湾，进而至印度。正是这种过境贸易使杜拉·欧罗普斯城在希腊化后期得以迅速发展，成为丝绸之路上一个重要的枢纽城市。[2]

三、波斯湾海上贸易与法伊拉卡的兴衰

希腊化时期的波斯湾被视为厄立特里亚海（红海）的一部分。早在亚历山大时期，波斯湾作为通往印度等地的通道就已经受到希腊—马其顿人的关注，他们在波斯湾岛屿设立了要塞和商站。根据阿里安，亚历山大还曾经将今波斯湾科威特的法伊拉卡岛（Failaka）命名为伊卡罗斯（Ikaros）。[3]亚历山大去世之后，希腊—马其顿人依旧在此殖民，从卡兹奈赫土丘（Tell Khazneh）发现的泥质饰板上有希腊人的献祭铭文。塞琉古王朝早期（公元前3世纪初），国王对开拓波斯湾还颇有兴趣。萨莱等学者认为，法伊拉卡岛上的希腊化要塞应是塞琉古一世或安条克一世有意在波斯湾发展海军的证明。[4]

---

1 P. Leriche and Justine Gaborit, “La ville dans la Syrie hellénistique. Quelques réflexions à la lumière de découvertes récentes,” in M.-Th. Le Dinahet, ed., *L'Orient méditerranéen de la mort d'Alexandre au ier siècle avant notre ère*, Nantes: Editions du Temps, 2003, pp. 386-391.

2 关于杜拉·欧罗普斯和帕尔米拉之间的商业关系，详见第十二章第一节。

3 Arrian, *Anabasis of Alexander*, 7.20.5.

4 J.-F. Salles, “The Arab-Persian Gulf under the Seleukids,” in A. Kuhrt and Susan Sherwin-White, eds., *Hellenism in the East: The Interaction of Greek and Non-Greek Civilizations from Syria to Central Asia after Alexander*, London: Duckworth, pp. 90-91.

但相比以上猜测，希腊—马其顿人将贸易延伸至波斯湾岛屿之上更有迹可循。此地不仅发现了不少具有两河流域传统风格以及希腊化风格的陶像，甚至还有来自小亚的雕像以及阿提卡的黑釉陶片。这些发现足见波斯湾与两河流域乃至小亚之间存在一条商路。除此之外，在岛上的要塞和两个窖藏中还发现了大量来自阿拉伯半岛的希腊式仿造币，其所有者很有可能是据守于此的塞琉古王朝殖民者。

公元前2世纪之后，随着塞琉古王朝国力的衰减，波斯湾的贸易活动呈现明显减弱之势，这也有可能是法伊拉卡转衰之因。

第三节　张骞西域见闻中的希腊化城市

张骞出使西域并为汉廷带回关于西域的考察报告，这一事件不仅被视为丝绸之路正式开通的标志，而且也是希腊化信息入华的开端。张骞初次出使西域，亲至大宛、大月氏、大夏和康居，再次出使时又亲至乌孙，遣副使前往大宛、康居、大月氏、大夏、安息、身毒等国。这些国家大致涵盖了此前的希腊化人统治过的中亚、伊朗和印度地区。张骞和他的副使应该访问过这些国家的一些城市，其中包括亚历山大及其后继者建立的希腊式城市，可惜他们没有带回这些城市的详情。

大宛（今费尔干纳盆地）应是张骞途经的第一片希腊化城市密布的地区。根据《史记·大宛列传》："（大宛）有城郭屋室。其属邑大小七十余城，众可数十万。"[1]《汉书·西域传》亦有记载："大宛国，王治贵山城。……宛别邑七十余城。"[2]此地建城历史悠久。波斯帝国居

1《史记》卷一二三《大宛列传》，第3160页。
2《汉书》卷九六《西域传》，二十四史点校本，北京：中华书局，1962年，第3894页。

鲁士大帝就在此建立居鲁士城（波斯语原名应为*Kuru(š)-kaθa-，希腊语*Kuroupolis*），作为抵御游牧民南侵的前哨。后来，亚历山大及其后塞琉古王朝的安条克一世皆在这一地区的锡尔河畔建城，使其成为一座“伟大的城市”以抵御蛮族入侵，其城址即便不是原来的居鲁士城，也应在其附近。[1]游牧民族南侵的浪潮使得希腊—马其顿人在该地区的早期建城活动常以徒劳告终。[2]然而，根据前引《史记·大宛列传》和《汉书·西域传》的记载，在希腊—马其顿人到来近两个世纪之后，张骞所见的费尔干纳盆地已然城郭遍布。它们的前身当然不可能皆为希腊式的城市（polis），但可能有次一级的殖民地（katoikia）和哨所（phrourion），如果张骞提供的数据属实，则可以推测当地已经形成了发达的希腊式城镇网络。

另外，该地得名“宛”，可能直接或间接来自波斯语对希腊的称呼Yauna，也有可能受印度梵语（Sanskrit）中的Yavanas或俗语（Prakrit）中的Yona的影响。[3]所谓大宛国都贵山城，音近《新唐书·西域传》中的俱战提和元代《西游录》以及《元史·薛塔剌海传》等文献中的苦盏、忽缠等地名，皆有词根*-č-and(a)*。[4]可见，贵山城应是费尔干纳盆地传统的区域政治中心，该城有可能与亚历山大及安条克一世所建的“最远的亚历山大里亚”认同。

由于月氏人的西迁和斯基泰人（塞人）的南下，张骞抵达之时，希腊人统治的巴克特里亚王国已经灭亡。《史记》和《汉书》“多善

---

1 Strabo, *Geography*, 11.11.4; Claudius Ptolemy, *Geography*, 6.12.5; Ammianus Marcellinus, *Res Gestae*, 23.6.59.

2 W. W. Tarn, “Two Notes on Seleucid History,” *Journal of Hellenic Studies*, Vol. 60, 1940, pp. 93-94.

3 参见杨巨平:《希腊化还是印度化——“Yavanas”考》,《历史研究》2011年第6期，第134—155页。

4 其地名带有词根-jand，反映出古波斯语地名特征，可能有“边缘、边界”之意。参见Pavel B. Lurje, “The Element KAΘ/KAND in the Place-Names of Transoxiana,” *Studia Iranica*, Vol. 32, 2003, pp. 201-202.

马”的记载正反映了此时这些城市的统治者可能出身游牧民族。[1]除此之外，王都“贵山城”已经不再使用希腊式的地名，而改用本地地名，这与其他地区的希腊化城市在原希腊化王国之后大多改用本地地名的趋势一致。[2]但是，政权更迭似乎并没有对大宛的希腊化城市造成明显破坏，从苦盏旧城堡的发掘可见，这座城市从波斯帝国时期到希腊化时期乃至更晚近的时代一直在使用。[3]当然，也不排除这些原来的希腊化城市在历经蛮族入侵之后，仍有一小部分的城市政权掌握在希腊人手中。

张骞在大宛时，请求大宛王送其至月氏。大宛先送其至康居，又由康居传致大月氏。根据《史记》所载，康居在大宛西北二千里，描述相对模糊，似应在索格底亚那（Sogdiana）西北部地区，在张骞之时仍以游牧为生，被称为行国。这一地区基本位于希腊化世界的外围。张骞由康居到大月氏期间很可能经过撒马尔罕。该地在希腊化时期被称作马拉坎达（今乌兹别克斯坦撒马尔罕附近的阿弗拉西阿卜遗址，Afrasiab），是索格底亚那地区的重镇，位于游牧和定居文明接触的前沿，具有重要的战略意义。这座城市初建于公元前8—前7世纪，在亚历山大东征期间遭受重创，虽然未必改建为亚历山大里亚，但城市中驻有马其顿军队，现有希腊化时期的城堡遗迹留存。在希腊化时期，尤其是希腊—巴克特里亚王国统治前期，这里是希腊人在索格底亚那的统治中心，也是最重要的造币场所在。

张骞大约于公元前128年到达位于妫水（阿姆河）以北的大月氏王庭。大月氏人虽为随畜移徙的行国，但迁徙此地之后，逐渐稳定下来。一般认为，大月氏位于妫水以北的王庭原应是一座希腊化城市，最有可能位于现在的铁尔梅兹（Termez）或哈尔恰扬（Khalchayan）。

---

1 《史记》卷一二三《大宛列传》，第3160页；《汉书》卷九六《西域传》，第3894页。

2 John D. Grainger, *The Cities of Seleukid Syria*, Oxford: Clarendon Press, 1990, p. 201.

3 P. M. Fraser, *Cities of Alexander the Great*, Oxford: Clarendon Press, 1996.

有学者认为铁尔梅兹可能是亚历山大渡河进入索格底亚那之处，是奥克苏斯河畔的亚历山大里亚（Alexandreia Oxeiane）和安条克城·塔尔玛塔（Antiocheia Tharmata）的旧址所在。[1]根据法国—乌兹别克斯坦考古队的发掘，这里确实很有可能是一处希腊化王国的都城。[2]

张骞西域之行的最后一站是妫水南的大夏。张骞在此地见识了与大宛相似的城市文明，"（大夏）其俗土著，有城屋，与大宛同俗。无大君长，往往城邑置小长。……善贾市。……其都曰蓝市城，有市贩贾诸物"。[3]大夏之都蓝市城显然是张骞必往之地。一般认为，蓝市城即巴克特里亚的首府巴克特拉（今阿富汗巴尔赫，Balkh）。"无大君长"可能反映了当时巴克特里亚受月氏所制，但较为松散的政治状况；而城邑所置小长则可能是当地的行政和军事长官，为希腊式城市制度在中亚残存的证明。据古典作家斯特拉波和查士丁，巴克特里亚王国曾经统辖着一千座城市，被称为千城之国。[4]这说明，巴克特里亚和索格底亚那已经具有发达的城镇网络，这显然是希腊—马其顿人推行城市化之功。

张骞沿阿姆河谷上溯回返，有可能经过阿姆河和科克查河交汇处的阿伊·哈努姆遗址。这是目前中亚地区保存最完整最典型的希腊化城市遗址，也是希腊人在边陲修建的军事重镇。在张骞到来之时，阿伊·哈努姆已不作为都城而存在。[5]

---

1 关于亚历山大渡河之处的讨论，参见Frantz Grenet and Claude Rapin, "Alexander, Aï Khanum, Termez: Remarks on the Spring Campaign of 328," *Bulletin of the Asia Institute*, New Series, Vol. 12, Alexander's Legacy in the East Studies in Honor of Paul Bernard, 1998, pp. 79-89.

2 Pierre Leriche, "La découverte de l'Ancienne Termez, métropole de la Bactriane du Nord," *Electrum*, Vol. 22, pp. 47ff.

3 《史记》卷一二三《大宛列传》，第3164页。

4 Strabo, *Geography*, 15.1.3; Justin, *Epitome of the Philippic History of Pompeius Trogus*, 41.4.5.

5 Paul Bernard, "Aī Khanoum on the Oxus: A Hellenistic City in Central Asia," *Proceedings of British Academy*, Vol. 53, 1967, pp. 75, 93.

张骞及其副使在西域所见所闻的城市，大多都与亚历山大及其后继者建立或重建的希腊化城市有关。这些城市在经历了近二百年的沧桑后，与建城之时相比，在人口和规模上已经有了明显的改观。这些城市带动了周边城镇的形成，无意中推动了后来丝路城市网络的形成。这些城市的相关信息经张骞等传入汉地，成为希腊化文明与中国文明接触的先声。

结　语

希腊化王国的兴衰、周边环境的变化、商路的改道都有可能影响城市的发展和最终的命运。从三个多世纪的希腊化城市变迁史来看，虽然起步基本一致，都是始于亚历山大及其后继者，但结局却大为不同。有的一直存在，甚至延续至今；有的原来默默无闻，但借助于天时地利，在希腊化晚期或罗马帝国时期发展了起来；有的则昙花一现，仅留名于史家的模糊记载中；还有的几经沉浮，最后还是消失于历史的长河之中。但它们中的相当一部分，还是或以原名，或是改头换面留存了下来，成为丝绸之路网络上的重要节点。张骞耳闻目睹的城市应该就包括其中的一部分。

（邵大路）

第三编

希腊化城市向丝路城市的转化（公元前2—公元3世纪）

公元前3世纪中期之后，希腊人控制的疆域在内部的纷争、分裂与外来民族的冲击下逐渐收缩。公元前168年，马其顿王国首先亡于罗马之手。公元前146年，整个希腊沦为罗马的一个行省。十余年后（公元前133年），另一个希腊化王国帕加马也被其统治者拱手赠与罗马，三大希腊化王国中，只剩下塞琉古王国、托勒密王国苟延残喘，偏安一隅。罗马人正逐渐取代希腊人，成为东地中海地区的主导力量。几乎与此同时，东部的巴克特里亚王国亡于北方的游牧民族——塞人和大月氏人，残余的希腊人退至印度西北部，他们的主导地位最终被贵霜人取代。只有帕提亚依然欣欣向荣，它扩张至两河流域，逐渐吞并了原来塞琉古王国的地盘，成为丝绸之路上的新兴强国。

在这样的历史巨变中，原来的那些希腊化城市命运多舛，有的居民主体发生了改变，有的甚至几易其主。有的城市发展了，由一个小小的据点、殖民地变成了通衢大都，有的则湮没无闻。但随着公元前2世纪后期丝绸之路的开通，沿线城市又焕发了新的生机。但城市功能也随之发生了变化，更多地成为商旅重镇，成为希腊化文化与其他文化交流融合并向外辐射传播的中心。

第七章　月氏、贵霜时期的希腊式城市遗存

从公元前2世纪中期到公元1世纪，伴随着大月氏人由游牧转向定居，以及月氏—贵霜帝国的建立，贵霜人在维持、利用或改建现有的城市的同时，也有意识仿建了一些新的城市。这些城市分布于中亚和印度西北部，即“远东希腊化世界”的故地，处于丝绸之路的主要干线和通往印度河口的主要支线上，这就使得贵霜帝国治下的城市既保留了一些希腊化城市的特征，也深受丝绸之路多元文化的影响。

第一节　原有的希腊化城市

1934年，著名的“阿尔塔姆装饰带”（Airtam Frieze）被发现。以此为契机，列宁格勒艾尔米塔什博物馆（Hermitage Museum）举办了第三届国际伊朗学大会（The Third International Congress of Iranology），会上展出的苏联中亚考古成果激发了人们在古代巴克特里亚，尤其是在老铁尔梅兹进行大规模考古活动的热情。经过两年的筹备，老马尚（M. E. Masson）于1936年创建了铁尔梅兹考古队（Термезская Археологическая Комплексная Экспедиция，简称TAKE），正式掀开

了对老铁尔梅兹及苏尔汗河（Surkhan River）流域的考古发掘工作。

经过近一个世纪的后续发掘（20世纪90年代以来主要是国际合作），以卡尔恰扬（Khalchayan）、达尔弗津·特佩（Dalverzin Tepe）、第伯尔金（Dilberjin）、佩昂库尔干（Payon kurgan）和塔赫特—伊·桑金（Tahkt-i Sangin）等为代表的一批月氏—贵霜遗址重见天日。这些遗址大多都是从希腊人的驻军点或商栈改建而来，它们和巴克特拉、贝格拉姆、塔克西拉等原希腊化城市一起，构成了贵霜帝国的主要城市群。它们的兴衰演变，可以说是丝绸之路上希腊化城市遗存之命运的缩影。

一、坎培尔·特佩与老铁尔梅兹

如前所述，坎培尔·特佩（Kampir Tepe）是希腊人在阿姆河设立的一个渡口哨所，面积只有15000平方米。贵霜帝国初期，这个据点逐步扩展成一座面积为78750平方米的小城。从结构上看，贵霜时期的城市较之希腊化时代的变化不大，这显示出其在一定程度上对希腊式城市的继承。（图7-1-1）

由于规模较小，该城的围墙比较简单，整体呈扇形，四周还分布着向外射箭用的塔楼，城内的柱廊结构也很少，没有体育馆和剧场，[1]整体结构更像中亚地区的城市，有明显的上城和下城之分，很可能贵霜人像希腊人一样，也将它作为阿姆河哨所。随着近邻铁尔梅兹城的迅速发展，这座小城很快废弃。（图7-1-2）

在铁尔梅兹遗址，对希腊化城市的改建同样存在。据法国—乌兹

---

1 C. Benjamin, *The Yuezhi: Origin, Migration and Conquest Northern Bactria*, Turnhout: Brepols Publishers, 2007, pp. 195-200; P. Leriche, “Bactria, Land of One Thousand Cities,” in Joe Cribb and Georgina Herrmann, eds., *After Alexander: Central Asia before Islam*, New York: Oxford University Press, 2007, p. 145.

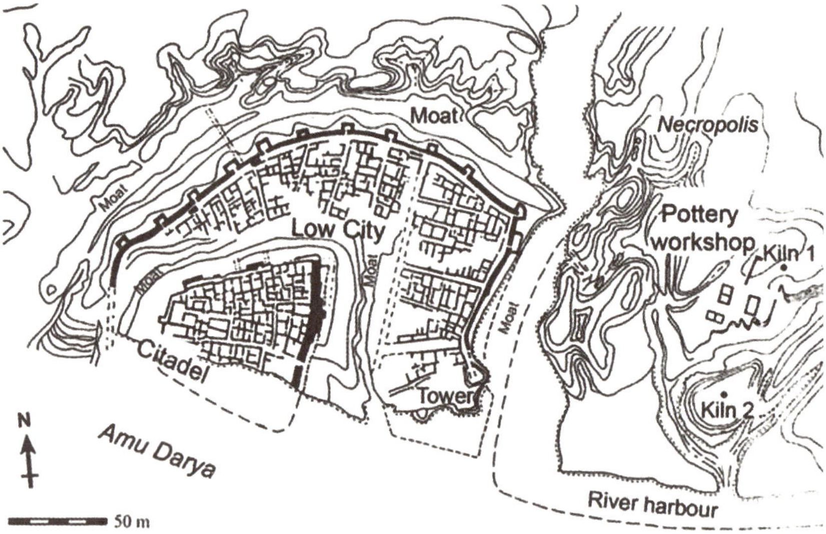

图7-1-1
坎培尔・特佩遗址平面图

图7-1-2
坎培尔・特佩遗址堡垒与下城

别克斯坦考古队的发掘结论，铁尔梅兹不仅是一座堪与阿伊・哈努姆相比的真正的希腊化都城（City-Capital），很可能也是早期月氏国家的都城。这个都城在贵霜帝国时期得到了扩展，成为古代中亚地区主要的佛教中心。尽管该城后来遭到萨珊波斯人的破坏，但在贵霜—萨珊王朝时期，它仍然是马维兰纳赫尔地区（Maverannahr，即阿姆河、锡尔河两河流域）的主要城市，直到伊斯兰征服此地之后才被彻底放弃。[1]

从结构上看，铁尔梅兹老城遗址同样分为堡垒与下城，沿河分布。由于阿富汗局势动荡，目前铁尔梅兹的堡垒受到军事管制，考古发掘暂时停滞。（图7-1-3）但2004年的一次考古发掘曾在堡垒的一处土层中发现了厚达两米的希腊化时期的陶片，风格与阿伊·哈努姆遗址出土的陶器大致相同，显示二者当时保持着一定程度的联系。从残留的城垣来看，希腊化时代的堡垒要比目前的上城小一半，这表明月氏—贵霜人在原来希腊化城市的基础上有了一定的扩展。[2]此外，在法雅津·特佩（Fayaz Tepe）、卡拉·特佩等佛寺遗址中都有希腊式柱础的遗存。2001年在铁尔梅兹伊斯兰遗址的地下，还出土了一个装饰着佛教人物画像的科林斯柱头。[3]这一切都显示了贵霜人对希腊化城市风格的借鉴和保留。

不过，由于丝绸之路的开通，月氏—贵霜时期的铁尔梅兹与希腊化时期大不相同，佛教和琐罗亚斯德教的建筑在城市中的广泛出现就是最明显的变化。在贵霜帝国的支持下，佛教在中亚站稳了脚跟，铁尔梅兹是当时最为重要的佛教中心之一。当玄奘在公元630年前后到达铁尔梅兹时，该城尚有伽蓝十余所，僧徒千余人，可见佛教之盛。[4]铁尔梅兹佛教遗址主要集中于卡拉·特佩和法雅津·特佩两大遗址。

---

1 关于铁尔梅兹城的考古发掘和城市演变，参见法国学者勒里什教授在南开大学丝路古代文明研究中心主办的“丝绸之路上的希腊化文明遗产国际学术研讨会”上的发言。杨巨平、王潇、邵大路:《城市、钱币与艺术：丝绸之路上的希腊化文明遗产国际学术研讨会综述》,《西域研究》2018年第4期，第136—140页。

2 P. Leriche, “Bactria, Land of One Thousand Cities,” in Joe Cribb and Georgina Herrmann, eds., *After Alexander: Central Asia before Islam*, pp. 186-187.

3 P. Leriche, “Bactria, Land of One Thousand Cities,” in Joe Cribb and Georgina Herrmann, eds., *After Alexander: Central Asia before Islam*, pp. 190-191.

4（唐）玄奘、辩机著，季羡林等校注:《大唐西域记校注》，北京：中华书局，1985年，第103页。

图7-1-3
铁尔梅兹老城遗址

卡拉·特佩的佛寺遗址很可能建造于迦腻色伽一世时期，由三个院落组成。北面是佛塔的所在地，该佛塔是用泥砖砌成。中间是供奉佛像的主厅，呈回字形，四周是有希腊柱式的底座，佛像已不复存在；南面则是开凿于悬崖的一些佛窟遗址。[1]此外，在迦腻色伽一世时期，该地既有大众部僧侣在传播大乘佛教，也有说一切有部的僧侣在传播小乘佛教，体现了贵霜帝国宗教宽容的特点。[2]

法雅津·特佩的佛寺遗址是中亚地区保存最完整的寺庙遗址之一。该地曾出土过一座完整的佛陀浮雕像，椭圆形的佛龛内端坐着佛陀，两旁各站着一个面朝佛陀的僧人。从材质上看，这座雕像使用的材料是盛产于阿姆河右岸山地的白色石灰岩，而并非犍陀罗雕塑中常见的板岩和马图拉（Mathurā）佛教雕塑中常见的红色砂岩。[3]目前，

---

1 J. Harmatta, *From Hecataeus to Al-Huwarizmi*, Budapest: Akadémiai Kiadó, 1984, pp. 98-101.

2 J. Harmatta, “K interpretasii nadpisey iz Kara Tepe, ii,” in B. Gafurov, et al., eds., *Kushan Studies in U.S.S.R.: Papers Presented by the Soviet Scholars at the UNESCO Conference on History, Archaeology, and Culture of Central Asia in the Kushan Period*, Dushanbe: UNESCO Publishing, 1968, p. 65.

3 ［苏］Г. А. 普加琴科娃、Л. И. 列穆佩：《中亚的古代艺术》，陈继周、李琪译，乌鲁木齐：新疆美术摄影出版社，1994年，第31页。

在日本学者的资助下，法雅津·特佩的土质佛塔（stūpa，窣堵波）被保护在一个类似于佛塔的建筑中。塔底是阶梯形的基座，塔身有金箔装饰，塔顶有伞盖痕迹，显示出典型犍陀罗佛寺建筑艺术的特点。（图7-1-4）

2011年，西北大学、中国国家博物馆、陕西省考古研究院组织的联合考察队对该遗址进行了实地考察。[1]从他们提供的寺庙的复原图上看，法雅津·特佩的寺庙结构非常复杂且年代不一，北面的佛塔和讲经堂年代较早，南面僧院的年代则相对较晚，笔者猜想，这很可能是由于僧众越来越多，寺庙不断发展，进行了扩建。与卡拉·特佩一样，法雅津·特佩佛寺的主殿位于遗址正中，四周也有回字型的柱廊，中间则是“覆钵式”的佛塔。

此外，斯塔维斯基曾在卡拉·特佩的佛寺遗址中发现了琐罗亚斯德教圣火坛的遗存。[2]这种现象的出现，很可能是受丝路商旅往来和贵霜帝国政策的影响。中亚绿洲中有相当一部分灌溉农田属于宗教寺院，特殊的僧侣阶级还可能拥有自己的土地。[3]由于佛教本身比较宽容，也为了吸引香客，这些相对富裕的寺庙有可能成为丝路商人、旅行家们的投宿之处。为了方便琐罗亚斯德教信徒，僧人在寺内单独开放一处琐罗亚斯德教圣火坛，供这些人来祭拜，也合情合理。这也使得琐罗亚斯德教遗址与佛教遗址的并存成了贵霜城市遗址的重要特色之一。佛教传入巴克特里亚后，佛寺建筑形制受到当地琐罗亚斯德教文化传统的影响，引入了封闭式回廊结构，围绕佛塔而建，并逐渐与琐罗亚斯德教建筑的前厅、门廊等分离，形成回字形的布局形式。这

1 任萌:《塔吉克斯坦、乌兹别克斯坦考古调查：前贵霜时代至后贵霜时代》,《文物》2015年第6期，第17—33页。

2 J. Harmatta, *From Hecataeus to Al-Huwarizmi*, pp. 112-114.

3 J. Harmatta, et al., eds., *The History of Civilizations of Central Asia II. The Development of Sedentary and Nomadic Civilizations*, Paris: UNESCO Publishing, 1994, pp. 289-290.

a 佛塔

b 佛教寺院及希腊式柱础

c 佛塔内部窣堵波一侧

d 佛像及其两侧仿科林斯柱式

图7-1-4
法雅津·特佩佛寺遗址

一布局日后成为西域早期佛寺的主要建筑形式之一。[1]

铁尔梅兹应是丝绸之路上重要的商贸据点之一。帕帕克里斯图（O. Papakhristou）等人曾对铁尔梅兹金属作坊的残存进行过分析，认为这些铁器残存的工艺各异，应该不是出自同一地区工匠之手，若非一定数量的罗马工匠在铁尔梅兹工作，就是一定数量的罗马金属制品在此流通。[2]附近的一处遗址佩昂库尔干（Payonkurgan）也出土了不少公元1—2世纪的赤陶俑，其中不乏伊朗娜娜（Nana）女神，希腊神赫拉克勒斯、雅典娜、赫斯提亚（Hestia）和狄奥尼苏斯的形象，[3]这些赤陶俑基本都是当地生产，但不排除当地的工匠是从帕提亚或原来希腊化雕塑中获得了灵感。不过，总体而言，丝路西线的贸易并不稳定，伴随着贵霜政治中心向印度的转移以及贵霜与帕提亚的竞争，贵霜商人要去西方通常会借道印度，经海路前往两河流域和地中海东部地区。

此外，贵霜人与中国的贸易也是丝路商贸的重要组成部分。在悬泉汉简中，除提到“大月氏使者”以外，我们同样能看到一些“大月氏客人”的身影，[4]这些人很可能就是到中国贸易的大月氏商人。《全后汉文》中曾收录过班固的一封家书，里面提到一位姓窦的侍中派人带着大量的丝织品（包括杂彩和白素等），去换取月氏人出产的马匹、苏合香和毛织品。[5]这与《厄立特里亚航海记》中提到的产于中国的

---

1 陈晓露：《西域回字形佛寺源流考》，《考古》2010年第11期，第79—90页。

2 O. Papakhristou and T. Rehren, “Iron and Steel Production in Old Termez,” in P. Leriche, et al., eds., *La Bactriane au Carrefour des Routes et des Civilisations de l’Asie Centrale*, Paris: Maisonneuve et Larose, 2001, pp. 145-159.

3 Kazim Abdullaev, “New Finds of Pre-Kushan and Early Kushan Plastic Art in Northern Bactria and the Khalchayan Reliefs,” *Parthica*, Vol. 6, 2004, pp. 27-46.

4 荣新江、李孝聪主编：《中外关系史：新史料与新问题》，北京：科学出版社，2004年，第134页。

5（清）严可均辑：《全后汉文》，徐振生审订，北京：商务印书馆，1999年，第247页。

丝绸经巴克特里亚最后转销到印度的情况基本符合。[1]

二、巴克特拉

早在月氏时期，中亚希腊化重镇巴克特拉（Baktra）就落入他们的掌控。中国史书中曾提到一座名为“蓝市”（《汉书》作“监氏”，《后汉书》作“蓝氏”）的城市。[2]以塔恩（W. W. Tarn）为代表的学者认为，汉文史籍提到的蓝氏城的“蓝”字很可能取自“亚历山大里亚”一词，余太山也认同这一说法，进一步指出这座城很可能是巴克特拉。[3]法国汉学家列维（S. Levi）则认为，蓝氏城一名的“蓝”字应该来自布色羯逻伐底，因为布色羯逻伐底一词是“莲花城”的意思，而莲花在佛教典籍中亦作青莲，蓝氏城一名很可能就是因此而来。[4]法国学者葛乐耐（Frantz Grenet）援引蒲立本的考证，认为无论蓝氏城还是监氏城，在发音上都很难与巴克特拉的波斯语发音相对应，所

---

1 Lionel Casson, ed., *Periplus Maris Erythraei: Text with Introduction, Translation, and Commentary*, “Text and translation” 64, Princeton, NJ: Princeton University Press, 1989.

2 《汉书·西域传》：“大月氏国，治监氏城，去长安万一千六百里。不属都护。户十万，口四十万，胜兵十万人。东至都护治所四千七百四十里，西至安息四十九日行，南与罽宾接。土地风气，物类所有，民俗钱货，与安息同。出一封橐驼。”（《汉书》卷九六《西域传》，二十四史点校本，北京：中华书局，1962年，第3891页。）“大月氏国，居蓝氏城，西接安息，四十九日行，东去长史所居六千五百三十七里，去洛阳万六千三百七十里。户十万，口四十万，胜兵十余万人。初，月氏为匈奴所灭，遂迁于大夏，分其国为休密、双靡、贵霜、肸顿、都密，凡五部翖侯。后百余岁，贵霜翖侯丘就却攻灭四翖侯，自立为王，国号贵霜。侵安息，取高附地。又灭濮达、罽宾，悉有其国。丘就却年八十余死，子阎膏珍代为王。复灭天竺，置将一人监领之。月氏自此之后，最为富盛，诸国称之皆曰贵霜王。汉本其故号，言大月氏云。”（《后汉书》卷八八《西域传》，二十四史点校本，北京：中华书局，1965年，第2920—2921页。）由于《后汉书·西域传》在其后的注释中有“《前书》‘蓝氏’作‘监氏’”的注解，因而《汉书·西域传》中的“监氏城”和《后汉书·西域传》中的“蓝氏城”应是同一座城市。

3 W. W. Tarn, *The Greeks in Bactria and India*, Cambridge: Cambridge University Press, 1951, p. 115. 余太山：《塞种史研究》，北京：商务印书馆，2012年，第53页。

4 S. Levi, “Note sur les Indo-Scythes,” *Journal Asiatique*, Vol. 9, 1897, pp. 5-26. 这个说法显然比较勉强。

以蓝氏城并非巴克特拉。而在巴克特拉以西有一处叫库尔姆（Kholm/Khulm）的地区，其名称在波斯语发音上能与蓝氏城对应。[1]希尔（J. E. Hill）则认为，“蓝氏”一名很可能来自阿富汗的另一座城市巴格兰（Baghlan），此城在昆都士以南140公里处，控制着翻越兴都库什山的关隘。[2]

由于库尔姆和巴格兰地区并没有得到大规模的发掘，在没有决定性证据前，笔者暂时倾向于将蓝氏城比定为巴克特拉。从地理上看，它位于阿姆河以南，北临铁尔梅兹，西接木鹿（Merv），南通苏尔赫·科塔尔（Surkh Kotal），是巴克特里亚地区重要的交通枢纽，也是巴克特里亚地区的核心。[3]它是传说中琐罗亚斯德教的诞生地，创立者琐罗亚斯德（Zoroaster）曾居住于此。征战到这里的亚历山大大帝曾经在这里安排他的部队补给。[4]

起初，除波里比乌斯的记载之外，学者们在巴克特拉迟迟没有发现希腊人统治的有力证据，学界一度对它是否为希腊—巴克特里亚王国的都城产生过怀疑。不过，近年在该地发现的科林斯式和爱奥尼亚式柱头已经证明此地确实是希腊化城市所在地。[5]月氏—贵霜人对巴克特拉的控制始于翖侯时期（月氏人征服大夏之后与贵霜统一建国之间，公元前2世纪后期到公元1世纪初）。从出土的钱币上看，巴克特拉城是贵霜钱币的主要窖藏区之一。在美国钱币学会收藏的贵霜钱币中，就有相当一部分来自巴克特拉及其周边地区，时间上涵盖了从

---

1 Frantz Grenet, “Nouvelles données sur la localisation des cinq yabghus des Yuezhi: L’arrière plan politique de l’itinéraire des marchands de Maès Titianos,” *Journal Asiatique*, Vol. 294/2, 2006, pp. 325-341.

2 J. E. Hill, *Through the Jade Gate to Rome: A Study of the Later Han Dynasty 1st to 2nd Centuries CE*, KY: Lexington, 2010, p. 312.

3 波利比乌斯曾记载安条克三世围困巴克特拉的情况，见 Polybius, *The Histories*, 11.34.5-7.

4 H. Sidky, *The Greek Kingdom of Bactria*, Lanham: University Press of America, 2000, p. 50.

5 P. Leriche, “Bactria, Land of One Thousand Cities,” in J. Cribb and G. Herrmann, eds., *After Alexander: Central Asia before Islam*, pp. 131-132; http://www.afc.ryukoku.ac.jp/tj/tajikistanEnglish/C-ancienttime/C-04SouthernBC1-AD1/C-4.html.

翎侯时代到萨珊波斯征服前所有的贵霜国王。[1]可见，巴克特拉这座原希腊化城市即使不是贵霜都城蓝氏城，也应是贵霜时期的一座重要城市。

至于贵霜人为何保留巴克特拉并建都于此，主要与贵霜统治重心的转移有关。对于位于汉帝国和帕提亚帝国之间的贵霜而言，往东方和西方扩张的可能性已经不大。尤其是公元90年，贵霜人在与班超的战争中失败，基本上放弃了向塔里木盆地扩张的企图。因此，贵霜帝国像原来的巴克特里亚希腊人和印度—斯基泰人（Indo-Skythians）一样，先定居中亚，再选择向南发展，跨过兴都库什山，进入南亚次大陆。很可能就是在此时，贵霜人开始移都巴克特拉。此地水源丰富，自然条件比较优越，成为贵霜帝国的都城，也在情理之中。

值得注意的是，到目前为止，我们对这个城市实际上还是知之甚少。不过，从出土钱币和相关文献的记载来看，可以肯定的是，此城拥有坚固的围墙、塔楼、庙宇、造币场和城市广场。不然，欧泰德姆斯不可能坚守如此之久，甚至还在和安条克三世媾和后迅速恢复实力。[2]

近年来，随着考古发掘的进步，关于古代巴克特拉建筑的结构和特点，我们有了更多的实物证据。目前已知的巴克特拉的集聚区包括一个在希腊化时期后面积达到最大的下城（超过400公顷）和一个被称为巴拉·希萨尔（Bala Hissal）的上城。后者呈圆形，面积超过120公顷，有强大的防御工事，在其东南部有一座城堡。根据勒贝尔（M. Le Berre）的说法，最早的城市可以追溯到希腊化时期，包括上城和

---

1 Robert Bracey, “The Mint Cities of the Kushan Empire,” in Fernando López Sánchez, ed., *The City and the Coin in the Ancient and Early Medieval Worlds*, BAR International Series 2402, 2012, pp. 120-123; David Jongeward and Joe Cribb with Peter Donovan, *Kushan, Kushano-Sasanian, and Kidarite Coins: A Catalogue of Coins from the American Numismatic Society*, New York: The American Numismatic Society, 2015, pp. 7-8.

2 公元前206年前后，塞琉古国王安条克三世（Antiochos III）围攻巴克特拉两年而不克，最后只能与“僭位者”欧泰德姆斯一世议和。详见Polybius, *The Histories*, 11.34.5-7.

伽兰·特佩（Tepe Zargaran）。一个由城墙保护的相对较小、较低的城镇构成了下城。然而，新的发掘表明，早在波斯帝国时期，城市就已经出现了下城，主要的防御工事则建造于希腊化初期。希腊化城市在巴拉·希萨尔南部和东南部发展，并将其包括在边界内。[1]到了贵霜时期，贵霜人为平整河岸，将伽兰·特佩拆除。

此外，月氏—贵霜人在巴克特拉并不是一味利用旧城，他们也以现有的希腊化城市为模式，另建卫星城。巴克特拉以北的扎迪扬（Zadiyan）遗址就是最好的证据。这座遗址整体呈一个非常规则的正方形，颇有希腊希波达姆斯式城市布局的影子。[2]普加琴科娃（Pugachenkova）甚至认为，这个遗址是巴克特里亚希腊人王国国王狄奥多托斯一世或者欧泰德姆斯一世所建。不过，根据2012年最新的考古发掘和C-14检测，学者们发现，这一遗址的底层城墙主要建造于公元前61—公元76年，属于早期月氏—贵霜时代；东部的城墙建于公元134—344年，属于贵霜帝国时期或萨珊—贵霜沙时期；墙上的射箭孔建于公元222—294年，属于晚期贵霜时代和萨珊—贵霜沙时期。可见，这个遗址正是贵霜人所建，并使用到他们统治的结束。与其他中亚城市一样，它也有上城和下城的分区，城墙高约7米，长约4000米，其上还有射击孔。城市内部非常整齐，上城正好位于城市正中间。由于这个遗址正好位于巴克特拉到阿姆河渡口——坎培尔·特佩——的交通要道上，因此，有学者猜测它很可能是一处月氏—贵霜时期的军事据点，是贵霜人仿效坎培尔·特佩所建，目的是控制从铁尔梅兹到巴克特拉一线的交通。

---

1 P. Marquis, “The Balkh Oasis. A Huge Potential,” in J. Lhuillier and N. Boroffka, eds., *A Millennium of History. The Iron Age in Southern Central Asia. Proceedings of the Conference Held in Berlin* (June 23-25, 2014), MDAFA XXXV, Berlin: D. Reimer Verlag, 2018, pp. 159-170.

2 Harry Falk, *Kushan Histories: Literary Sources and Selected Papers from a Symposium at Berlin, December 5 to 7, 2013*, Bremen: Hempen Verlag, 2015, pp. 241-254.

与铁尔梅兹类似，巴克特拉在贵霜时代也成为一个重要的佛教中心。《大唐西域记》记载，“（缚喝国）[1]土地所产，物类尤多，水陆之诸花，难以备举。伽蓝百有余所，僧徒三千余人，并皆习学小乘佛教”。

三、迦毕试

在南亚次大陆的贵霜城市主要集中于犍陀罗，其中最重要的当属迦毕试（Kapisa），即现在阿富汗的贝格拉姆（Begram）遗址。正如前文所说，学界一般认为它就是原“高加索的亚历山大里亚城”。[2]从地理上看，它既是丝路中亚段的终点，也是丝路印度段的起点。[3]

贵霜帝国主要通过军事征服的方式将迦毕试纳入自己的版图。在达希迪纳沃3号（Dasht-I Nawur III）铭文中，曾提到贵霜国王（国王名字为Katvisa，可能是Kadphises的音译）登上山岗俯察迦毕试城（铭文作Kam-pi-sa）。[4]同时，依据玄奘的记载，“昔健驮逻国迦腻色迦王，威被邻国，化洽远方。治兵广地，至葱岭东。河西蕃维，畏威

---

1 据季羡林等校注，缚喝国都即大夏都城巴克特拉（Bactra，Baktra）之对音。（唐）玄奘、辩机著，季羡林等校注:《大唐西域记校注》，第115页。

2 参见［日］桑山正进:《迦毕试国编年史料稿》，张亚平节译，《南亚研究》1985年第4期，第30—39页。有关迦腻色伽一世定都迦毕试的记录，见（唐）玄奘、辩机著，季羡林等校注:《大唐西域记校注》，第138—139页。有关它与“高加索的亚历山大里亚”的关系，参见G. M. Cohen, *The Hellenistic Settlements in the East from Armenia and Mesopotamia to Bactria and India*, Berkeley: University of California Press, 2013, pp. 263-269.

3 R. E. M. Wheeler, *Charsada, a Metropolis of Northwest Frontier: Being a Report on the Excavations of 1958*, London: Oxford University Press, 1962, p. 6.

4 Gérard Fussman, “Documents épigraphiques kouchans,” *Bulletin de l'Ecole Française d'Extrême-Orient*, Vol. 61, 1974, pp. 1-76. 铭文译文主要参考哈尔马塔执笔的《贵霜王朝的语言与文献》，见［匈牙利］哈尔马塔主编:《中亚文明史》第二卷，徐文堪、芮传明译，北京：中国对外翻译出版公司，2002年，第337—338页。必须要说明的是，这则铭文发现于达希迪纳沃，该地距离贝格拉姆还有相当长的距离。因此这段铭文很可能描述的是某一次在迦毕试附近的军事行动，但战斗胜利后的庆祝活动并不在迦毕试，而在达希迪纳沃。

送质。迦腻色迦王既得质子；特加礼命。寒暑改馆。冬居印度诸国，夏还迦毕试国，春秋止健驮逻国。故质子三时住处，各建伽蓝。今此伽蓝，即夏居之所建也。”[1]可见，贵霜人对迦毕试的控制是毋庸置疑的。依据罗曼·吉尔什曼的考古发掘，新王城遗址大约始建于公元1世纪，最后在公元3世纪40年代因萨珊波斯的入侵而废弃。[2]

贵霜时代的迦毕试与希腊化时期相比变化不大，这显示出贵霜人对希腊化城市的继承。贵霜的遗存主要集中于南面的“新王城”遗址。作为出入印度的交通隘口之一，贝格拉姆遗址出土的文物种类繁多，来源广泛。中国的漆器、罗马的青铜雕像和石膏塑像、东地中海地区的玻璃制品、帕提亚的羊头来通、印度的象牙雕刻在贝格拉姆遗址中都有出土。[3]这一方面证明了玄奘在《大唐西域记》中提到的“异方奇货，多聚此国”一说并非虚言，[4]另一方面也暗示了迦毕试与巴克特里亚地区、中国西域、印度中南部和地中海世界等地都有一定程度上的商贸往来。

此外，学界对于贝格拉姆遗址的定位尚存争议。起初，有人依据《大唐西域传》的记载，[5]认为此地很有可能是迦腻色伽一世的夏宫所在。近年来，以英国麦罕达尔、印度洛丽塔·尼赫鲁以及我国罗帅为代表的学者认为，贝格拉姆并非贵霜帝国的夏宫，而是一处商栈，所谓的“贝格拉姆宝藏”仅仅是一批商品的存货。因为出土的文物中缺乏贵重物品，都是日常用品，也不是当地常见的风格，而具有明显的

---

1 （唐）玄奘、辩机著，季羡林等校注：《大唐西域记校注》，第135—136页。

2 R. Ghirshman, *Begram: Recherches rcheologiques et Historiques sur les Kouchans*, Le Caire: Impr. de l’Institut Français d’Archéologie Orientale, 1946, pp. 99-100.

3 Sanjyot Mehendale, “Begram at the Heart of the Silk Road,” in Fredrik T. Hiebert and Pierre Cambon, eds., *Afghanistan: The Crossroad of Ancient World*, British Museum; Mūzah-’iKābul; National Geographic Society (U.S.), London: British Museum Press, 2011, pp. 164-208.

4 （唐）玄奘、辩机著，季羡林等校注：《大唐西域记校注》，第135—136页。

5 “迦腻色迦王既得质子，特加礼命，寒暑改馆，冬居印度诸国，夏还迦毕试国，春秋止健驮逻国。故质子三时住处，各建伽蓝。”（唐）玄奘、辩机著，季羡林等校注：《大唐西域记校注》，第135—136页。

东地中海和印度风格，年代最早是公元1世纪，贵霜此时刚刚开始扩张，可能尚未控制贝格拉姆。[1]

四、塔克西拉

贵霜人在兴都库什山以南的另一个大城市是塔克西拉。贵霜帝国对该地的控制主要依靠铭文和钱币来证实。当地的达摩拉吉卡佛塔遗址曾出土过一份刻在银锭上的铭文，记录了一位叫乌拉沙卡（Urasaka）的巴克特里亚人于阿泽斯纪元136年[2]将佛陀的遗骨供奉于此塔，并为贵霜国王、家人和自己祈福一事。[3]由于其中出现了“大王、王中王、天神之子、贵霜王”（Maharajasa Rajatirajasa Devaputrasa Khushanasa）的字样，这则铭文成为贵霜人统治塔克西拉的最重要证据之一。

目前，塔克西拉城已经得到了较为全面的发掘，它由三处主要遗址组成。最早的遗址在皮尔丘（Bhir Mound），属于亚历山大大帝东征和孔雀帝国时期。第二处遗址是斯尔卡普（Sirkap），由巴克特里亚希腊人和印度—希腊人修建，一直存续到贵霜帝国的中期。真正建于贵霜帝国时期的遗址是斯尔苏克（Sirsukh），其建立时间大约是在索特·美加斯（Soter Megas）或者威玛·卡德菲塞斯（Vima

---

1 Sanjyot Mehendale, “Begram at the Heart of the Silk Road,” in Fredrik T. Hiebert and Pierre Cambon, eds., *Afghanistan: The Crossroad of Ancient World*, pp. 164-208; E. R. Stone, “Some Begram Ivories and the South Indian Narrative Tradition: New Evidence,” *Journal of Inner Asian Art and Archaeology*, Vol. 3, 2008, pp. 45-59; L. A. Nehru Fresh, “Look at the Bone and Ivory Carvings from Begram,” *Silk Road Art and Archaeology*, Vol. 10, 2004, pp. 97-137. 罗帅:《阿富汗贝格拉姆宝藏的年代与性质》,《考古》2011年第2期，第68—80页。

2 阿泽斯纪年最新的研究结论是约公元前48/47或前47/46年。以此计算，阿泽斯纪年136年约相当于公元88/89或89/90年。

3 John Marshall, *Taxila: An Illustrated Account of Archaeological Excavations, Carried out at Taxila under the Orders of the Government of India between the Years 1913 and 1934*, Vol. 1, Cambridge: Cambridge University Press, 1951, pp. 256-257.

Kadphises）时期。

以斯尔卡普遗址为例，该遗址出土的贵霜钱币最多，有2641枚。其中，归于丘就却名下的钱币共有2522枚，归于索特·美加斯名下的钱币有12枚，另有37枚属于威玛·卡德菲塞斯，39枚属于迦腻色伽一世（Kanishka I），4枚属于胡韦色伽一世（Huvishka），27枚属瓦苏提婆一世（Vasudeva I），[1]足见该遗址使用之长久。

不过，从钱币的分布上可以发现一个很有趣的现象。在斯尔卡普遗址库久拉·卡德菲塞斯（Kujula Kadphises，一般认为即丘就却）的钱币要远远多于威玛·卡德菲塞斯的钱币。马歇尔的解释是：威玛·卡德菲塞斯在库久拉·卡德菲塞斯在世的时候就将城市从斯尔卡普迁到了斯尔苏克。[2]然而，依据拉巴塔克铭文（Rabatak Inscription），两位国王并非前后相继，中间至少隔了一位统治者。与其说是迁都，不如说是该时段内贵霜统治的暂时中止。至于什么原因，目前不好判断，但外敌入侵和自然灾害都有可能。

斯尔卡普的布局从建城到月氏—贵霜人占领后基本上保持着希腊式城市的规划，呈不规则的四边形，其南北长1300米，东西最宽处达900米，一条主干道将城市分成东西两个大区，其他的支路大部分都与主道垂直。但是，由于公元30年塔克西拉发生地震，斯尔卡普城主街在贵霜时代要比两侧街区低很多。在城墙方面，也秉承了阿伊·哈努姆等远东希腊化城市的建筑传统，城市的四周有厚实的城墙和防御用的棱堡。[3]不过，与中亚地区贵霜人扩建的城市不同，贵霜时代的

1 John Marshall, *Taxila: An Illustrated Account of Archaeological Excavations, Carried out at Taxila under the Orders of the Government of India between the Years 1913 and 1934*, Vol. 2, Cambridge: Cambridge University Press, 1951, pp. 786-789.

2 John Marshall, *Taxila: An Illustrated Account of Archaeological Excavations, Carried out at Taxila under the Orders of the Government of India between the Years 1913 and 1934*, Vol. 1, p. 304.

3 John Marshall, *Taxila: An Illustrated Account of Archaeological Excavations, Carried out at Taxila under the Orders of the Government of India between the Years 1913 and 1934*, Vol. 1, pp. 112-120.

斯尔卡普遗址比原来希腊化时期要小。[1]

贵霜时期的城市水平较之希腊化时代有了一定程度的倒退。马歇尔分析过该遗址主街西侧的地层情况，发现希腊化时期的房子遗址要远大于贵霜时期。[2]笔者猜想，这种缩减很可能缘于希腊—巴克特里亚王国、印度—希腊人王国崩溃后的混乱所带来的人口减少。从城中的房屋遗址来看，在希腊化时代，房屋是希腊与东方建筑风格的结合，有露天的院落，院子的两侧和四面都是房屋，呈对称结构，这一点影响了后来的印度—斯基泰人和印度—帕提亚人（Indo-Parthians）。虽然到了贵霜时代，房屋的对称性已经不是很明显，但是大部分房屋的结构仍保持着自希腊化时代以来的样式，部分房屋还被贵霜人继续利用。

如果说斯尔卡普遗址主要属于印度—希腊人、印度—斯基泰人和印度—帕提亚人时期，那么斯尔苏克遗址则毫无疑问是贵霜人的城市。在斯尔苏克遗址出土的37枚贵霜钱币中，4枚属于丘就却（3枚为其本人名字，1枚写作Kara Kadphises，一般认为也是由丘就却所发行），3枚属于威玛·卡德菲塞斯，12枚属于迦腻色伽一世，1枚属于胡韦色伽一世，11枚属瓦苏提婆一世，还有6枚磨损较严重的晚期贵霜帝国的钱币。[3]可见，该遗址是贵霜时期所建，并一直使用到贵霜帝国末期。

与斯尔卡普类似，斯尔苏克呈不规则的长方形，南北长约1400米，东西宽约1000米，附近的伦蒂河（Lundi Nala）为其提供了天然

1 John Marshall, *Taxila: An Illustrated Account of Archaeological Excavations, Carried out at Taxila under the Orders of the Government of India between the Years 1913 and 1934*, Vol. 1, pp. 117-118.

2 John Marshall, *Taxila: An Illustrated Account of Archaeological Excavations, Carried out at Taxila under the Orders of the Government of India between the Years 1913 and 1934*, Vol. 1, pp. 121-122.

3 John Marshall, *Taxila: An Illustrated Account of Archaeological Excavations, Carried out at Taxila under the Orders of the Government of India between the Years 1913 and 1934*, Vol. 1, pp. 221-222.

的保护。[1]斯尔苏克的城墙与斯尔卡普的城墙有着一定的差别。首先，其手法主要采用印度—帕提亚人以石灰岩筑墙的工艺；其次，墙上有观察孔，守卫者不用登城即可观察城外情况；最后，城市防御用的棱堡是半圆形，底层空心，增加了防御的层次感。[2]这表明贵霜人在吸收希腊式城市风格之后有了自己独特的改进。

伴随着丝绸之路的延伸，塔克西拉逐渐成为丝绸之路上的商贸重镇。斯尔卡普遗址的贵霜时代地层就出土过希腊罗马样式的耳环、戒指以及玻璃珠子等工艺品，这表明在早期贵霜帝国时期，东西方商品交换即已存在且保持活跃。[3]根据马歇尔对斯尔苏克遗址中几所民居的发掘可知，斯尔苏克的民居不但房间众多，而且都有院落和储藏室，[4]这表明当时的城市商贸和人民生活水平已经达到了较高的水准。其中一所民居里还出土了一片用于戒指装饰的光玉髓，上面有胜利女神尼科的图案；一个灰色片岩材质的蛇形支架，顶部是科林斯柱式的装饰，架底刻有一个半身男子像，但手法相对粗糙。此外，还有57枚用于装饰的珠子，包括玛瑙、光玉髓、绿松石、天青石、水晶、贝壳、釉陶、玻璃、珍珠等东西方贸易中常见的材质。这些物品的出现一定程度上揭示出该遗址在丝路贸易中的重要地位。[5]

---

1 John Marshall, *Taxila: An Illustrated Account of Archaeological Excavations, Carried out at Taxila under the Orders of the Government of India between the Years 1913 and 1934*, Vol. 1, p. 218.

2 John Marshall, *Taxila: An Illustrated Account of Archaeological Excavations, Carried out at Taxila under the Orders of the Government of India between the Years 1913 and 1934*, Vol. 1, pp. 218-219.

3 John Marshall, *Taxila: An Illustrated Account of Archaeological Excavations, Carried out at Taxila under the Orders of the Government of India between the Years 1913 and 1934*, Vol. 1, pp. 124-136.

4 John Marshall, *Taxila: An Illustrated Account of Archaeological Excavations, Carried out at Taxila under the Orders of the Government of India between the Years 1913 and 1934*, Vol. 1, pp. 220-221.

5 John Marshall, *Taxila: An Illustrated Account of Archaeological Excavations, Carried out at Taxila under the Orders of the Government of India between the Years 1913 and 1934*, Vol. 1, pp. 221-222.

第二节　新建或改建城市中的希腊化因素

除希腊化城市之外，中亚和印度西北部还有大量当地人所建的城市，它们只是短暂地被希腊人占领过，希腊化元素比较淡薄。为了巩固统治，发展经济，贵霜人将这些城市加以改建和利用，这为希腊化建筑风格的融入提供了前提。同时，贵霜人还以希腊化城市为模式新建城市。这就使得贵霜的新建和改建城市中出现了一定程度的希腊化因素。不过，由于时代的局限和多元文化的冲击，这些希腊化因素体现得并不明显。

一、“护澡城”

《汉书·西域传》曾提及一个名为“护澡”的城市，它是贵霜翎侯的所在地。关于这个城市的具体位置，目前学界尚无定论。白鸟库吉和余太山依据《魏书·西域传》中有关贵霜故地的记载，[1]将贵霜翎侯定位于瓦罕谷地（Wakhan Valley）西部一带的昏驮多（Kandud）附近。[2]岑仲勉先生认为，护澡城与昆都士（Kunduz）在语音上有一定的相似之处，很可能该城就在昆都士地区。[3]希尔则认为贵霜贵霜翎侯很有可能位于巴达赫尚地区（Badakhshan），该地区的首府Baharak可能就是护澡的所在地。[4]法国学者葛乐耐认为，阿姆河支流瓦赫什河的发音“Vakhsh”与贵霜翎侯所在的护澡城的发音比较相似，它应位于瓦赫什河畔，对应的遗址是塔赫特—伊·桑金（Takht-I

1 《魏书》卷一〇二《西域传》，二十四史点校本，北京：中华书局，1974年，第2274页。
2 余太山:《塞种史研究》，第24—51页。
3 岑仲勉:《汉书西域传地里校释》，北京：中华书局，1981年，第223—224页。
4 J. E. Hill, *Through the Jade Gate to Rome: A Study of the Later Han Dynasty 1st to 2nd Centuries CE*, pp. 329-332.

Sangin）。[1]

在笔者看来，葛乐耐的考证要相对合理一些。一方面，瓦赫什河的发音“Vakhsh”与汉文史籍中的“护澡城”发音确实比较相似；另一方面，自公元前6世纪以来，瓦赫什河畔的塔赫特—伊·桑金遗址就是祭拜阿姆河河神的重要场所之一，阿姆河周边地区的不同民族都有可能在此地献祭，从而使得这一地区成为文化和人口汇聚的中心。贵霜翎侯治所在塔赫特—伊·桑金附近也是完全有可能的。[2]

从考古发掘来看，该遗址的主要建筑散见于阿姆河右岸100—450米宽、3000米长的河流阶地。聚落区被几堵东西向的城墙和一条干涸的小溪细分为几个区域，但各区域间没有明显的功能区分，建筑结构的密度也并不相同。[3]遗址的核心是城堡及其内部的神庙。城堡呈不规则的矩形，长约100米，宽约85米，采用波斯式的厚泥砖墙，沿墙还有箭塔状的防御设施。神庙是典型的波斯封闭式神庙和希腊柱廊结构相结合的产物。神庙的入口是希腊风格的爱奥尼亚式石柱，但神庙主体却是封闭式的东方风格。大厅由四根柱子支撑，如今仅保留了石灰岩环面底座，三边由长12—26米、宽3米的L形走廊围合。中央大厅通过柱状前庭可以通向大寺庙广场。前厅两侧各有小门，有两条非常小的走廊通向一个小房间。（图7-2-1）根据神庙上的希腊铭文，这个神庙是祭阿姆河的河神奥克苏斯（Oxos/Oxus）。[4]

---

1 Frantz Grenet, “Nouvelles données sur la localisation des cinq yabghus des Yuezhi: L’arrière plan politique de l’itinéraire des marchands de Maès Titianos,” *Journal Asiatique*, Vol. 294, 2006, pp. 325-341.

2 在塔赫蒂·伊桑金，学者们就曾发现过一块象牙的雕版，上面雕刻有早期贵霜贵族的狩猎场景，人物的造型与卡尔恰扬的雕像及“赫劳斯”钱币上的头像非常相似。见B. A. Litvinskiy and I. R. Pichikiyan, “The Temple of the Oxus,” *The Journal of the Royal Asiatic Society of Great Britain and Ireland*, No. 2, 1981, pp. 133-167.

3 Rachel Mairs, ed., *The Graeco-Bactrian and Indo-Greek World*, London: Routledge, 2021, pp. 291-295.

4 A. Drujinina and G. Lindström, “Kultgefäße im Oxos-Tempel – zur Frage der Kultkontinuität im unruhigen 2, Jh. v. Chr,” in G. Lindström, S. Hansen, A. Wieczorek and M. Tellenbach, eds., *Zwischen Ost und West. Neue Forschungen zum antiken Zentralasien, Archäologie in Iran und Turan 14*, Darmstadt: Verlag Philipp Von Zabern, 2013, pp. 171-186.

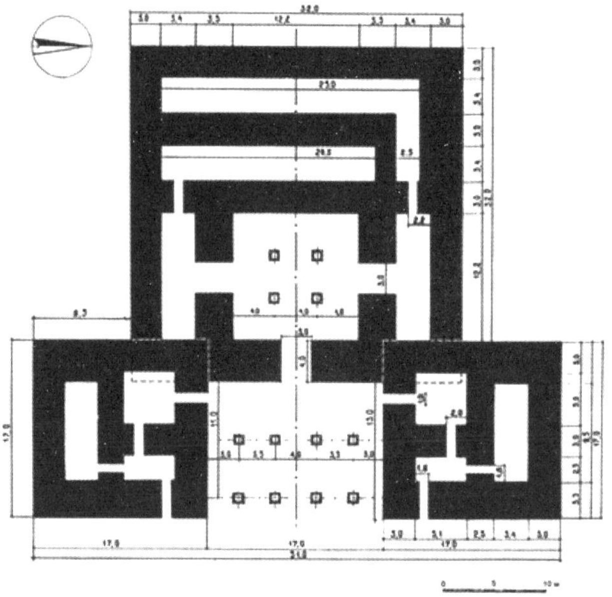

图7-2-1
塔赫特—伊·桑金的
阿姆河神庙平面图

神庙中发现的物品主要是祭品的残余物，数量众多，至少有5000—8000块手工制品的残余，包括金、银、铜、铁、铅、石膏、未加工的灰泥、陶土、未烘烤的粘土、宝石、贝壳、骨头、象牙、木材和纺织品的碎片。[1]贵霜风格的陶器只见于城堡和神庙，很可能这座城市的规模在贵霜统治时期已经大幅缩水，仅有城堡和神庙部分还存在。[2]贵霜人或许只是把它当作一个宗教圣所，并没有大力拓展。

此外，非希腊的建筑工艺也逐渐被塔赫特—伊·桑金的建筑者所采用。有别于希腊神庙的石灰石结构，整个神庙的墙体都使用一种名

1 Rachel Wood, "Cultural Convergence in Bactria: The Votives from the Temple of the Oxus at Takht-i Sangin," in Anna Kouremenos, Sujatha Chandrasekaran and Roberto Rossi eds., with a foreword by Sir John Boardman, *From Pella to Gandhara Hybridisation and Identity in the Art and Architecture of the Hellenistic East*, BAR International Series 2221, 2011, pp. 141-151.

2 Lindström, "Der. Oxos-Tempel. Räumliche Aspekte und Kultkontinuität im Spiegel der Votivpraxis," in S. Hansen, D. Neumann and T. Vachta, eds., *Raum, Gabe, Erinnerung. Weihgaben und Heiligtümer in prähistorischen und antiken Gesellschaften*, Berlin Studies of the Ancient World 38 (Berlin, 2016), ss. 281-310.

为帕赫萨（Pakhsa）的干砖，约50厘米见方。达尔弗津·特佩和第伯尔金的部分房屋也使用过这样的砖。[1]神庙周围的民居同样是按照伊朗的建筑传统建造的。为了应对极端天气，这些房屋都有厚厚的泥砖墙，它们的顶部是平屋顶、石门槛和带数层凸面嵌线的柱底或阿提卡式柱底。[2]

由于地理位置重要，塔赫特—伊·桑金出土的文物种类非常多，包括希腊风格的雕像、印度地区的象牙雕塑，以及来自草原斯基泰人的金锭，这是献祭者来自不同地区的反映。[3]可以说，这在一定程度上为贵霜吸收希腊化建筑风格提供了条件，也为日后贵霜城市中多元文化的并存融合提供了基础。

二、卡尔恰扬遗址

卡尔恰扬遗址位于今乌兹别克斯坦南部的德农弗（Denov）附近，是大月氏人在中亚最早的遗址之一。虽然它的规模非常有限，主体部分只是一座神庙，[4]但从出土的雕像残片和建筑遗存上，我们还是可以看到希腊化文化对月氏—贵霜人的影响。神庙遗址采用了希腊前

---

1 J. Harmatta, ed., *The History of Civilizations of Central Asia II. The Development of Sedentary and Nomadic Civilizations*, pp. 333-334.

2 Susanne Weiss, *Archaeology Worldwide, Magazine of the German Archaeological Institute*, Vol. 1, 2015, p. 50.

3 B. A. Litvinsky and I. R. Pichikian, "The Temple of the Oxus," *The Journal of the Royal Asiatic Society of Great Britain and Ireland*, No. 2, 1981, pp. 133-167.

4 它更有可能是月氏—贵霜人的一处展示本民族功绩的祭祀场所。因为主要的遗迹就是发现雕像残片的大型建筑遗存，至于其他的建筑诸如手工作坊、军营、居民住宅等，几乎没有发现。钱币的出土则更出乎预料。根据阿卜杜拉耶夫2004年发表的关于卡尔恰扬周边地区出土铜币的考察报告，在卡尔恰扬附近的色卡拉卡特村（Sekharakat）就曾经出土一定数量的贵霜铜币。其中，有73枚属于威马·卡德菲赛斯（Wima Kadephises，拉巴塔克铭文所提及的贵霜第三位国王），476枚属于迦腻色伽一世（Kanishka I），367枚属于胡韦色迦一世（Huvishka I）。见Kazim Abdullaev, "A Hoard of Kushan Copper Coins from the Khalchayan Area (Sekharakat village, Surkhandarya Region, Uzbekistan) – a Preliminary Report," *The Numismatic Chronicle*, Vol. 164, 2004, pp. 272-279.

柱廊式的房屋结构，柱头是爱奥尼亚式，但形式已经有了一定变化。

房屋门楣上有一组浮雕，出土的雕像残片构成的图案大致有三幅。第一幅主要展示的是王室：一位国王手持权杖，与王后一起坐在宝座上，两侧簇拥着王室的各色人等，部分女性身着长袍，颇有希腊的风格。不过，与希腊化时代只有国王头戴王带不同，浮雕上普通贵族戴着类似的束发带，而国王则戴王冠，手持权杖。（图7-2-2）

另外两幅浮雕很可能描绘的是大月氏扩张的情况。其中一幅上有数位骑兵，手持弓箭，正在与一位身穿重甲的骑兵作战。（图7-2-3）另一幅则是士兵们在分享战利品，其中一位士兵押解着一个身穿重甲的俘虏（俘虏的面部部分已经遗失），似在炫耀自己的战功。一位驾着马车的神位于他们的右侧，头上散发出太阳一样的光芒，可能是太阳神密特拉。（图7-2-4）

图7-2-2
卡尔恰扬遗址中的王室雕塑

图7-2-3
卡尔恰扬遗址雕塑之一

图7-2-4
卡尔恰扬遗址
雕塑之二

从服饰上看，这些人的装束与之前的希腊人、帕提亚人和塞人有一定的差别。他们没有标志性的尖顶帽或是重甲，而是头戴束发带，身穿结实的长袍，裤腿宽松，显然是另一个游牧民族，很可能就是西迁至阿姆河以北的大月氏人。这种将丰功伟绩刻在门楣上的装饰风格与雅典帕特农神庙（Parthenon）上的“与马人作战”“与亚马逊人作战”类似，似乎有着宣示自己武功的意味。虽然我们不能就此断定雅典卫城的建筑风格影响了大月氏人，但从当地出土的一尊中亚风格的雅典娜雕像来看，大月氏人经巴克特里亚希腊人接触到相关的信息和装饰技巧是完全有可能的。

三、第伯尔金遗址

第伯尔金的情况也类似。该城位于今阿富汗马扎尔沙里夫西北40公里处。起初也是波斯人和希腊人控制绿洲的据点，布局呈正方形，大约390米见方，四周有厚实的城墙和防御用的堡垒，显示出对希腊化城市某种程度上的效仿。在贵霜时期，它出现了城墙和上城，正式发展成一座城市。

最能体现希腊化元素的证据来自壁画。在城市西北的一座神庙里就曾经发现狄奥斯库里兄弟（Dioscuri）的壁画。从柱底遗迹来看，这个神庙为希腊柱廊结构，但内部的壁画却体现出多元文化的特点，其上有狄奥斯库里兄弟、舞蹈的湿婆神（Siva）、戎装的雅典娜

图7-2-5
疑似雅典娜女神的壁画

女神，以及伊朗宗教中的女神阿施塔尔特（Astarte）、正义女神阿多索（Ardoksho）等不同宗教的神灵形象。[1]目前，学界对于狄奥斯库里兄弟的画像到底属于希腊巴克特里亚王国时期还是贵霜时期尚有争议，[2]但它能够在贵霜时代存在，就足以证明希腊化文化对贵霜城市的影响。同时被改造的还有一处疑似雅典娜女神的壁画。[3]女神身穿戎装，手持盾牌，颇有雅典娜的神韵，但风格受佛教的影响，头上有光晕。（图7-2-5）

---

1 Irina Kruglikova, "Les Fouilles de la Mission Archéologique Soviéto-afghane sur le Site Gréco-Kushan de Dilberdjin en Bactriane," *Comptes Rendus des Séances de l'Académie des Inscriptions et Belles-Lettres*, année, N. 121-2, 1977, pp. 407-427. J. Harmatta, ed., *The History of Civilizations of Central Asia II. The Development of Sedentary and Nomadic Civilizations*, p. 339.

2 Ciro Lo. Muzio, "The Dioscuri at Dilberjin (Northern Afghanistan): Reviewing Their Chronology and Significance," *Studia Iranica*, Tome 28, 1999, pp. 41-71.

3 Irina Kruglikova, "Les Fouilles de La Mission Archéologique Soviéto-Afghane sur Le Site Gréco-Kushan de Dilberdjin en Bactriane," *Compte-Rendus de l'Académie des Inscriptions et Belles Lettres*, année, N. 121-2, 1977, pp. 407-427.

四、达尔弗津·特佩遗址

达尔弗津·特佩遗址位于今乌兹别克斯坦铁尔梅兹市以北，是贵霜时代才兴起的一座城市。从出土钱币上看，贵霜钱币主要涉及的国王是索特·美加斯、威玛·卡德菲塞斯、迦腻色伽一世、胡韦色伽一世和瓦苏提婆一世，并无丘就却的钱币和“赫劳斯币”的出土记录。可见，该城应该是贵霜帝国建立后才逐渐发展起来的。[1]

该城整体呈不规则四边形，四周围绕着带防御塔的城墙，城墙外是一圈护城河。防御用的堡垒已经作为一组独立的建筑，与城市主体相分离，城墙根厚达8—12米，高15—20米，所有的防御性塔楼都集中在这一区域，墙壁也较希腊化时期坚固。[2]下城的守备比较松，只有城墙保护，这与中亚古典城市的布局一脉相承。[3]陈晓露指出，中亚地区的城市发展有其自身的规律，起初大多建于较高的台地上，逐渐发展出神庙区、不同等级阶层居民区、手工业区等功能分区。城市注重防御，城墙和城内大型建筑外墙或将墙体建造得十分厚重，或使用内外双层墙体，大多还加筑向外突出的塔楼。波斯帝国建立后，中亚古典城市的布局模式最终形成。城堡的内城，延续了中亚一脉相承的厚重墙体和塔楼，而下城作为生活区，防御性则逊色得多。[4]据法国学者勒里什的结论，堡垒部分属于希腊化时代。[5]

---

1 G. A. Pugačenkova, Galina Anatol’evna, *Les Trésors de Dalverzine-Tépé*, Leningrad: Ed. D’art Aurore, 1978, pp. 228-230.

2 G. A. Pugačenkova, Galina Anatol’evna Pugačenkova, *Les Trésors de Dalverzine-Tépé*, pp. 6-8. 简要介绍可参考P. Leriche, “Bactria, Land of One Thousand Cities,” in Joe Cribb and Georgina Herrmann, eds., *After Alexander: Central Asia before Islam*, p. 145.

3 J. Harmatta, ed., *The History of Civilizations of Central Asia II. The Development of Sedentary and Nomadic Civilizations*, pp. 425-426.

4 陈晓露:《中亚早期城址形制演变初论——从青铜时代到阿契美尼德王朝时期》,《西域研究》2019年第3期，第113—131页。

5 P. Leriche, “Bactria, Land of One Thousand Cities,” in J. Cribb and G. Herrmann, eds., *After Alexander: Central Asia before Islam*, pp. 131-132.

与其他贵霜城市一样，达尔弗津·特佩也深受丝绸之路传来之宗教的影响，据普加琴科娃，早在贵霜帝国崛起的公元1世纪，就有佛教徒定居于中亚的达尔弗津·特佩。从考古发掘的情况看，该地曾发现一座佛塔的地基残留，北面佛堂排列有一座大的佛像和若干小的菩萨和和尚像，西边是另一处佛堂，有一尊大佛像和若干供养人像，包括国王和其他的王公贵胄等。[1]在达尔弗津·特佩的民居中，逐渐出现了家庭用的祈祷室和圣火坛，这显然不是希腊式民居的特点，很可能与琐罗亚斯德教在当地的传播有关。[2]在达尔弗津·特佩城外的一处作坊遗址中，学者们发现了项链、绿松石、手镯、耳环和带有重量标识的用佉卢文写就的金块。这很可能是一座首饰作坊，由贸易而得的金块在此被重新熔铸成饰品。根据普加琴科娃的分析，这些黄金饰品大多偏向游牧风格，[3]贩卖对象极有可能是游牧人。

五、阿尔塔姆与苏尔赫·科塔尔遗址

除了传统城市之外，贵霜时期还大量兴起一种新类型的城市，即宗教祭祀场所。它们一般规模不大，但因人员往来频繁，成为丝绸之路上文化融合的重要场所。其中，最有代表性的是阿尔塔姆（Airtam）与苏尔赫·科塔尔（Surkh Kotal）。

阿尔塔姆位于今乌兹别克斯坦泰尔梅兹市城郊。早在1932—1937年，老马尚和瓦兹米提娜（M. I. Vyazmitina）就先后在阿尔塔姆进行过考古发掘，发现了一座很可能建于“Soter Megas”时期的大型建筑遗迹。该遗迹为泥砖结构，里面有许多神龛和附属建

1 ［苏］Г. А. 普加琴科娃、Л. И. 列穆佩：《中亚的古代艺术》，陈继周、李琪译，第29页。
2 G. A. Pugacenkova, Galina Anatol’evna, *Les Trésors de Dalverzine-Tépé*, pp. 33-45.
3 G. A. Pugacenkova, Galina Anatol’evna, *Les Trésors de Dalverzine-Tépé*, pp. 47-48, 213-214.

筑，[1]显示出该地是贵霜帝国的重要宗教中心。在阿尔塔姆也曾出土过一座佛塔，佛塔内部用方形泥砖构成，塔身高达两米，外表用石灰岩的碎片覆盖，暗示了这座佛塔的建造和装饰很可能是同时进行。[2]

阿尔塔姆出土的最著名的佛教遗存当属本章第一节提到的“阿尔塔姆装饰带”。（图7-2-6）这个装饰常出现在柱头和门楣上，其特点是佛教人物出现在棕榈饰叶丛中。[3]有关这一艺术的内涵众说纷纭，尚无定论，但普加琴科娃的猜想可以备为一说。她曾经依据几种不同的装饰带，推断这一图案很可能表现的是佛教的“涅槃与本生”（Parinirvana-Jataka）的主题。[4]从装饰上看，这些人物是手拿不同乐器的乐师形象。

图7-2-6
阿尔塔姆装饰带

1 老马尚和瓦兹米提娜的考古报告已经遗失，可参考B. Gafurov, et al., eds., *Kushan Studies in U.S.S.R.: Papers Presented by the Soviet Scholars at the UNESCO Conference on History, Archaeology, and Culture of Central Asia in the Kushan Period*, pp. 73-74.

2 G. A. Pugacenkova, *K. stratigrafi novyh monetnyh nakhodak iz Sevenoi Baktrii*, VDI., 1967, No. 3, p. 75, Nos. 10-14. 转引自*Kushan Studies in U.S.S.R.: Papers Presented by the Soviet Scholars at the UNESCO Conference on History, Archaeology, and Culture of Central Asia in the Kushan Period*, p. 74.

3 铁尔梅兹发现的科林斯柱头残片就是最明显的例子，上面的阿堪突斯叶饰中有一尊菩萨胸像。P. Leriche and S. Pidaev, “Termez in Antiquity,” in Joe Cribb and Georgina Herrmann, eds., *After Alexander Central Asia before Islam*, pp. 190-191, fig. 9.

4 G. A. Pugacenkova, *Dve stupy na yuge Uzbekistana*, SA, 1967, No. 3, p. 262. 转引自*Kushan Studies in U.S.S.R.: Papers Presented by the Soviet Scholars at the UNESCO Conference on History, Archaeology, and Culture of Central Asia in the Kushan Period*, pp. 74-75.

贵霜帝国最重要的琐罗亚斯德教遗址当属苏尔赫·科塔尔，[1]主要建筑时间是在贵霜迦腻色伽一世初期。[2]从考古发掘上看，该神庙位于当地的一座小山丘上，从遗址到山下有石阶相连。神庙主体由庭院和柱廊构成，属于开放式神庙。祭坛位于庭院的中央，四角是希腊式石柱的遗存，装饰柱头属于希腊科林斯式，这在一定程度上显示出希腊化元素的旺盛生命力。[3]关于这个神庙多宗教并存的特点，沃尔维克·保尔（Warwick Ball）曾提出过一个猜想，认为苏尔赫·科塔尔神庙可能是一庙多用，既作琐罗亚斯德教火神庙，也对佛教等其他宗教信众开放。[4]

宗教的和平并存推动了文化之间的融合。佛教和琐罗亚斯德教本身也在这一时期交流和融合，其中最重要的就是“未来佛”弥勒佛的出现。亚历山大·索普（Alexander Soper）认为，弥勒佛的思想很可能来自琐罗亚斯德教中的密特拉（Mithra）崇拜，因为“弥勒”的发音与“密特拉”的发音基本一致，而且弥勒佛所带的救助思想也是早期佛教没有的，很可能是佛教受到其他宗教影响后的新变化。[5]不过，也有学者认为弥勒佛并非起源于伊朗的密特拉神，而是来源于吠陀经中的一个叫Maitri的神，它和伊朗的Mithra有一定的联系，很可能都沿袭自远古雅利安人的宗教信仰，但两者在功能上没有任

1 Daniel Schlumberger, “The Excavations at Surkh Kotal and the Problem of Hellenism in Bactria and India,” in Mr. Albert L. Reckitt, ed., *Albert Reckitt Archaeological Lecture*, London: Oxford University Press, 1961, pp. 77-95.

2 J. Harmatta, ed., *The History of Civilizations of Central Asia II. The Development of Sedentary and Nomadic Civilizations*, pp. 428-430.

3 Daniel Schlumberger, “The Excavations at Surkh Kotal and the Problem of Hellenism in Bactria and India,” in Mr. Albert L. Reckitt, ed., *Albert Reckitt Archaeological Lecture*, pp. 77-95.

4 Warwick Ball, *The Monuments of Afghanistan: History, Archaeology and Architecture*, London: I. B Tauris & Co Ltd., 2008, p. 266.

5 Alexander Soper, “Aspects of Light Symbolism in Gandharan Sculpture,” *Artibus Asiae*, Vol. 12, 1949, pp. 265-266.

何交集。[1]

虽然学界关于弥勒形象的起源与发展未有定论，但笔者认为，不管其背后的佛理如何，弥勒佛形象能够在贵霜时期广泛出现，与当时的历史背景肯定有关。从考古资料上看，早在月氏人进入巴克特里亚之时，密特拉的信仰就被大月氏人所熟知。卡尔恰扬那尊带光芒的人物塑像有可能就是密特拉神。[2]由于卡尔恰扬遗址并未出现佛教的图像，月氏人应该是先接受了琐罗亚斯德教的密特拉神，然后才接触到佛教，所以，贵霜人很可能是在接触到原始佛教中的弥勒佛之后，才自然而然地将之与他们所熟悉的密特拉神相联系，再加上贵霜帝国时期占统治地位的说一切有部本身就主张过去、现在和未来都有法，作为未来佛的弥勒佛的广泛出现也就在情理之中了。

六、瓦罕河谷与克什米尔地区的贵霜据点

瓦罕河谷和克什米尔地区同样有贵霜人活动的迹象。今瓦罕河谷一带存在着一些最初由巴克特里亚希腊人建立的堡垒，如卡哈卡一号（Kaakhka I）城堡、纳姆德（Namdgut）城堡、阳存一号（Yamchun I）城堡和兰干尔（Langar）城堡等。[3]它们起初是用于抵御来自东面的游牧民族的侵扰，贵霜时代被继续使用，部分城堡还发展成了小型的城市。

贵霜人在克什米尔活动的最明显的证据，是北传佛教历史上著

---

1 Lee Yu-min, *The Maitreya Cult and Its Art in Early China*, PhD. Diss., Ohio State University, 1983, pp. 358-394.

2 可参看V. P. Nikonorov, *The Armies of Bactria 700B.C.-450A.D.*, Vol. 2, Stockport: Montvert publications, 1997, p. 64.

3 该地区的考古发掘主要由巴巴耶夫、萨格杜拉耶夫等苏联学者主持。美国勒纳（Jeffery D. Lerner）教授曾对该地的古堡遗址进行实地考察，详见［美］杰弗里·勒纳:《希腊—巴克特里亚时期的瓦罕城堡与丝绸之路》，庞霄骁译，杨巨平审校，《西域研究》2017年第3期，第60—70页。

名的克什米尔结集（又称迦湿弥罗结集）。玄奘在《大唐西域记》中就提到了这次结集的情况。[1]该地能被迦腻色伽王作为佛教结集的地点，本身就暗示了该地文化的繁荣和佛教的兴盛。另一个重要的证据是出土于拉达赫（Ladakh）的哈拉策铭文（Khalaste Inscription）。该铭文实际上只有一句话，提到了当时统治该地区的国王叫“Uvima Kavthisa”，学界一般将之被比定为魏玛·卡德菲塞斯（读音类似Vima Kadphises），[2]这也是贵霜人控制克什米尔地区的证据之一。同时，克什米尔地区还发现了一些贵霜帝国的钱币，包括了从丘就却到瓦苏提婆一世的贵霜诸王。[3]

有关贵霜人在克什米尔建城的记载主要来自印度的文献。根据卡尔哈那（Kalhana）创作的史诗《罗阇塔兰吉尼》（*Rajatarangini*），曾有三位名为Huska（很可能是胡韦色伽一世）、Juska（具体所指不详）和Kaniska（很可能是迦腻色伽二世）的贵霜国王先后控制过克什米尔地区，并建造了以他们名字命名的城市护瑟伽普尔（Huskapur）、贾斯卡普尔（Juskapur）和加尼斯普尔（Kanispur）。[4]其中，加尼斯普尔于1998—1999年得到了一定程度的发掘。该遗址位于印度克什米尔邦的夏季首府斯利那加（Srinagar）附近，主要由诸多小遗址构成。从出土的文物来看，有关贵霜时代的遗物主要是贵霜钱币、赤陶俑和陶罐。其中，钱币大部分属于迦腻色伽一世（也可能是二世）。从部分陶罐风格上看，它们与马歇尔在塔克西拉诸遗址出土的陶器有一定的相似之处，显示出该地曾是贵霜的领土。[5]不过，由于克什米尔地

1 （唐）玄奘、辩机著，季羡林等校注：《大唐西域记校注》，第1006—1012页。

2 Sten Konow, *Corpus Inscriptionum Indicarum*, II, Varanasi: Indological Book House, 1962, pp. 79-81.

3 Iqbal Ahmad, *Kashmir Coins: Ancient Coins of Jammu, Kashmir, Ladakh and Its Frontier Districts*, New Delhi: Dilpreet Publishing House, 2013, pp. 26-28.

4 M. A. Stein, *Kalhana's Rajatarangini*, Vol. I, p. 168. 转引自Kameshwar Prasad, *Cities Crafts and Commerce under The Kushānas*, Delhi: Agam, 1984, p. 37.

5 Buddha Rashmi Mani, *The Kushan Civilization: Studies in Urban Development and Material Culture*, New Delhi: B. R. Publication Corp., 1987, pp. 170-181.

区是印巴争议领土，考古发掘无法全面展开，从目前已知的考古发掘来看，希腊化城市的元素比较缺乏。

汉文典籍《大慈恩寺三藏法师传》中提到，玄奘在途经迦湿弥罗国（克什米尔）时，曾借宿于一座名为“护瑟伽罗”的寺庙。[1]从语音上判断，护瑟伽罗一名与贵霜王胡韦色伽一世有一定的相似之处，很可能该寺庙的所在地就是前文提到的护瑟伽普尔。该遗址出土的雕像虽以印度风格为主，但装束和服饰也不乏希腊、塞人和印度的风格，可以说，希腊文化对当地的建筑和艺术风格还是有一定的影响。[2]

七、印度河下游的港口城市

印度河地区也曾是希腊化城市在印度的分布地区。据阿里安，亚历山大曾在印度河流域建立或重修了数座城市和驻军点，如庆祝希达斯皮斯（Hydaspes）战役胜利的尼卡亚（Nikea），纪念其战马的布凯法拉（Boukephala）。[3]在沿印度河南下撤军途中，亚历山大还派大将赫菲斯提昂（Hephaestion）在印度河口的帕塔拉（Patala）一地修建过港口和码头等设施，[4]并在印度河与阿塞西尼斯河（Acesines）交汇口以及印度河下游的索格德人（Sogdoi）的地区进行过建城活动。[5]虽

1 （唐）慧立、彦悰:《大慈恩寺三藏法师传》，孙毓棠、谢方点校，北京：中华书局，2000年，第43页。

2 Ram Chandra Kak, with a foreword by Liuet-Colonel Sir Francis Younghusband and an introduction by Professor A. Foucher, *Ancient Monuments of Kashmir*, London: The India Society, 1933, pp. 152-154, plate LVIII.

3 Arrian, *Anabasis of Alexander*, 5.19.4, with an English translation by E. I. Robson, Cambridge, Mass.: Harvard University Press, 1967.

4 Arrian, *Anabasis of Alexander.* 6.18.1.

5 Arrian, *Anabasis of Alexander*, 6.15.1-2. 需要说明的是，根据相关记载，亚历山大在阿塞西尼斯河和索格多伊的建城活动是确凿无疑的，但这些城市的名称在文献中并无明确记载。有关亚历山大大帝在印度河所建城市的分析，可参见G. M. Cohen, *The Hellenistic Settlements in the East from Armenia and Mesopotamia to Bactria and India*, pp. 291-293, 294-295, 308-312, 317-318, 320-321.

然目前无法确证亚历山大在此地所建的城市在贵霜帝国时期是否存在，[1]但从《厄立特里亚航海记》的记载来看，至少希腊人曾经在这些地区有过活动，并产生过一定的影响。[2]

从考古资料上看，贵霜帝国控制的主要港口是巴巴里库姆（Babaricum），它位于印度河口，距今巴基斯坦的卡拉奇港（Karachi）不远。一些零星的考古发现也证明贵霜帝国可能控制该地。例如，在巴巴里库姆附近的班布尔（Bambore）地区（今巴基斯坦卡拉奇港附近），发现了许多属于晚期贵霜王迦腻色伽三世的铜币。[3]

从路线上看，从巴巴里库姆进口的货物会溯印度河而上，到达一座叫明纳加尔（Minnagar）的印度—斯基泰人王城。[4]最有说服力的证据来自塔克西拉出土的玻璃制品。虽然印度本地也能制造玻璃，但真正质量上乘的玻璃制品还是来自地中海世界。在塔克西拉的斯尔卡普遗址公元1世纪前后的贵霜地层中，就出土过一些红色不透明的玻璃碎片，马歇尔认为这很可能就是从亚历山大里亚进口的未加工的毛玻璃。[5]此外，在同一地层还出土了一盏蓝白两色套色的玻璃碗。整个碗以蓝色玻璃为基底，上面有乳白色的玻璃装饰，样式跟大英博物馆中收藏的波特兰岛（Isle of Portalnd，今英国多赛特郡波特兰岛）出

---

1 亚历山大所建的部分城市在《厄立特里亚航海记》中也被提及，如布凯法拉城。见Lionel Casson, *Periplus Maris Erythraei: Text with Introduction, Translation, and Commentary*, pp. 80-81.

2 Lionel Casson, ed., *Periplus Maris Erythraei: Text with Introduction, Translation, and Commentary*, p. 185. 亦可参考杨巨平：《两汉中印关系考——兼论丝绸之路南道的开通》，《西域研究》2013年第4期，第1—12页。

3 D. W. Macdowall, "Hoard of Later Kushan Copper Coins from Bambore," *Indologica Taurinensia*, Vols. 23-24, 1998, pp. 551-559.

4 Lionel Casson, ed., *Periplus Maris Erythraei: Text with Introduction, Translation, and Commentary*, pp. 74-75.

5 John Marshall, *Taxila: An Illustrated Account of Archaeological Excavations, Carried out at Taxila under the Orders of the Government of India between the Years 1913 and 1934*, Vol. II, p. 688.

土的器皿有一定的相似之处，很可能都是来自罗马帝国。[1]

结 语

月氏—贵霜的城市与希腊化城市有着千丝万缕的联系。从地理上看，铁尔梅兹、巴克特拉、迦毕试、塔克西拉等著名的丝路城市，都是贵霜人在原亚历山大、塞琉古王国、巴克特里亚希腊人、印度—希腊人、印度—斯基泰人、印度—帕提亚人甚至是印度人所建城市的基础上逐步拓展而来。贵霜人基本上保持了这些城市的原有结构，并以它们为模板，在一些交通要道上建立起新的城市。这些城市的出现，使得远行的商旅有了依托，而城市数量的增加也推动了商贸的发展，丝绸之路中南段在贵霜帝国时期的定型正是得益于此。

（庞霄骁）

1 John Marshall, *Taxila: An Illustrated Account of Archaeological Excavations, Carried out at Taxila under the Orders of the Government of India between the Years 1913 and 1934*, Vol.II, pp. 689-691.

第八章　帕提亚帝国时期的希腊化城市

希腊化时期，塞琉古王朝赖以统治的政治、军事和经济基础是希腊化城市。随着塞琉古王国势力的衰退，希腊—巴克特里亚人、帕提亚人和罗马人统治的更替，希腊化城市进入了生命中的新阶段。连续的叛乱和危险的起义迫使帕提亚帝王建设皇家城市，以抵制和削弱领土内的希腊化城市。在帕提亚帝国时期，由于帝国领土广阔和标准建筑范式缺失，多样化的建筑风格得以形成，它们起源于中亚，然后传播到西方。尽管希腊建筑风格对帕提亚建筑的影响深远而持久，但这种影响在帕提亚帝国时期逐渐减弱，最终在萨珊波斯帝国时期的建筑中消失。

由于帕提亚脱胎于塞琉古王国，后来的疆土也一直在塞琉古王国的亚洲领土上扩展，所以它在接受希腊化文化影响的同时，也不得不接受了原来的希腊化城市的遗产。需要指出的是，塞琉古王国时期的城市规划同亚历山大统治时期一样，仍然不是真正意义上对城市的完整建设。此时的城镇化主要是对既有城市的重建和扩建，如建造希腊式的体育馆、剧场和图书馆等工程。建设一座城市必须要能满足城市的需要，因此建设工期往往较长。城市的修建受塞琉古王朝在不同时期的统治权力变化的影响，没有固定的流程和形式。新建或重建城市的主要原因，是它们在军事上的战略地位以及维护贸易路线的需要。[1]

塞琉古王国对美索不达米亚地区的占领终结于公元前141年[2]米特里达特一世（Mithridates I）攻陷底格里斯河畔的塞琉西亚（Seleucia on the Tigris），然而亚历山大和塞琉古诸王建立的希腊化城市在帕提亚帝国时期继续存在。帕提亚帝国的建筑师继承了各种建筑传统，其中既有古老的中亚建筑特色（帕提亚帝国时期这一进程起步）和伊朗高原内部的建筑特点（伊朗本地建筑），又有在塞琉古王国统治伊朗期间的希腊建筑传统。随着帕提亚帝国对美索不达米亚的征服，建筑多样性增加了，城市规划则采用希波达姆斯式即棋盘式。[3]事实上，尽管人们仍可以看到城市规划和城市建筑方面的希腊化影响，不过这种影响只在伊朗部分地区有所反映。帕提亚帝国统治时期，城市化的主要特点是近似圆形的城市布局，诸如尼萨（Nysa）、木鹿（Merv）、泰西封（Ctesiphon）、达拉贝格德（Darabgerd）和哈特拉（Hatra）等城市皆是如此。法尔斯（Fars）地区很多城市布局也都呈圆形。同时，与伊朗西部相比，法尔斯地区的建筑看上去受到希腊的影响微乎其微，可能是因为塞琉古对此地的统治过于短暂。

第一节　帕提亚帝国境内的主要希腊化城市

亚历山大的帝国在他去世后迅速分裂，继业者之间的冲突导致东

---

1 J. F. Salles, “The Arab-Persian Gulf under the Seleucids,” in Amelie Kuhrt and Susan Sherwin White, eds., *Hellenism in the East*, Berkley and Los Angeles: University of California Press, 1987, p. 90.

2 原文为公元前147年，误。——译者注

3 E. J. Owens, *The City in the Greek and Roman World*, London and New York: Routledge, 2018, pp. 74-93.

方的希腊化城市很少受到关注。塞琉古虽然延续了亚历山大的建城政策，但塞琉古王国对上省地区的统治过于短暂，加上帕提亚帝国遗留的资料本就不多，学界实际上对帕提亚帝国时期的诸希腊化城市历史缺乏了解。笔者根据文献和考古资料，对帕提亚帝国境内主要的希腊化城市做了尽可能的盘点梳理。它们的信息可以大致概括如下。

（1）卡尔马尼亚的亚历山大里亚（Alexandria in Carmania）。这座城市位于今克尔曼（Kerman），可能是亚历山大从格德罗西亚（Gedrosia）返程时所建。[1]在帕提亚帝国统治时期，这座城市被改名为古拉什吉德或巴拉什吉德（Gulashkird/Golashkerd or Valashgird）。[2]卡尔马尼亚的亚历山大里亚可能是《帕帕克之子——阿尔达希尔事迹书》（*Kar-Namag i Ardashir i Pabagan*）中提到的阿格·巴姆城（Arg-e Bam）。[3]

（2）波西斯的安条克（Antioch in Persis）。马革尼西亚（Magnesia）的白眉毛的阿尔特米斯庆典（Leukophryene celebrations）第一次将安条克这一名称授予这座城市，[4]然而这座城市由哪一位塞琉古国王所建仍不得而知。据信波西斯的安条克是波西斯王家港口城市之一，[5]可能位于今伊朗布什尔省（Bushehr）。[6]

（3）马尔吉亚那的安条克即木鹿（Antiocheia in Margiana）。木

1 Ammianus Marcellinus, *Res Gastae*, 23.6.49, Cambridge, Mass.: Harvard University Press, 1940; Claudius Ptolemy, *The Geography*, 6.8.14, translated and edited by Edward Luther Stevenson, New York: Dover Publications, Inc., 1991; Pliny, *Natural History*, 6.107, Cambridge, Mass.: Harvard University Press, 1942.

2 R. Boucharlat and J. F. Salles, "The History and Archaeology of the Gulf from the Fifth Century BC to the Seventh Century AD: A Review of the Evidence," *Seminar for Arabian Studies,* 1981, p. 67.

3 D. T. Potts, "Seleucid Karmania," *Achaeologia Iranica et Orientalis*, Vol. 2, 1989, p. 592.

4 Getzel M. Cohen, *The Hellenistic Settlements in the East from Armenia and Mesopotamia to Bactria and India*, Berkeley: University of California Press, 2013, p. 365.

5 G. Le Rider, *Suse sous les Séleucides et les Parthes: les trouvailles monétaires et l'histoire de la ville* (Vol. 38), Paris: P. Geuthner, 1965, pp. 1526-1528.

6 T. Daryaee, "Sasanian Persia (ca. 224-651 CE)," *Iranian Studies*, Vol. 31(3-4), 1998, pp. 442-444.

鹿是土库曼斯坦共和国最古老的城市之一，如今这座城市的遗迹位于马里省贝拉马里市（Bayramaly）。木鹿绿洲位于中亚南部卡拉库姆沙漠的边缘，在科佩达格山脉（Kopet Dag）和东厄尔布尔士山脉（Eastern Alborz Mountains）北部与阿姆河之间。汉文史料称这座城市为木鹿。[1]木鹿于公元前6世纪建城，在波斯帝国时期是一座重要的行省首府。马其顿的亚历山大访问木鹿仅仅是一个传说，[2]但这座城市一度被命名为亚历山大里亚。公元前323年亚历山大去世后，木鹿一直是塞琉古王国、希腊—巴克特里亚王国、帕提亚帝国和萨珊波斯帝国马尔吉亚那行省的首府。安条克一世（公元前281年—前261年在位）将木鹿重命名为马尔吉亚那的安条克。[3]

木鹿在帕提亚帝国时期是丝绸之路上的枢纽城市之一，考古工作者发现了帕提亚帝国统治时期马尔吉亚那造币场制造的大量铜币。[4]此时木鹿成为马尔吉亚那地区最大的城市，进入了发展的鼎盛期。城市的居住区已不限于加布里城堡（Gabri Castle），还扩展到城堡之外。考古发掘显示了木鹿在手工业生产上的重要性，证明木鹿是马尔吉亚那地区最重要的纺织和陶器制作中心之一，因此它也是帕提亚帝国重要的商业中心城市。卡拉城区（Qala）的巨大要塞可能建于公元前2世纪。史载卡莱[5]战役（the battle of Carrhae）之后，部分来自克拉苏（Crassus）军队的罗马战俘重建了木鹿。由于木鹿在政治和经济上的重要性，帕提亚人将它建为圆形城市，城墙就是城市的

---

1 Yang Juping, “Hellenistic Information in China,” *CHS Research Bulletin* 2, No. 2, 2014, https://research-bulletin.chs.harvard.edu/2014/10/03/hellenistic-information-in-china/.

2 此问题较为复杂，主要原因是学界对古典作品中记载的马尔加尼亚（Margania）和马尔基尼亚（Marginia）存在不同的理解，作者有意区别了这些词和马尔吉亚那的不同。——译者注

3 Pliny, *Natural History*, 6.18.46-47.

4 S. D. Loginov and A. B. Nikitin, “Parthian Coins from Margiana: Numismatics and History,” *Bulletin of the Asia Institute*, New Series, Vol. 10, 1996, pp. 45-47.

5 美索不达米亚的一个城镇。公元前53年5月李锡尼·克拉苏指挥的罗马军队与帕提亚军队在此会战，罗马人惨败，克拉苏被斩首。

防御带。

在萨珊波斯帝国统治时期，木鹿发行了沙普尔一世的钱币。[1]《伊朗行省首府》（*Šahrestānīhā ā Ērānšahr*）[2]提到了马尔加尼亚（Margania），并将这座城市的建立归功于亚历山大。[3]木鹿在萨珊波斯帝国时期和伊斯兰波斯时期保持了其重要性。8世纪中期杜环曾到达木鹿，为壮观的末禄国（即木鹿）感到惊异。[4]

（4）米格多尼亚的安条克（Antiocheia in Mygdonia）。据普林尼记载，安条克建立了这座城市。[5]然而这座城市应为亚历山大所建，并在安条克一世时得到重建，后来这座城市被称为尼西比斯（Nisibis）。[6]

（5）卡利罗伊河畔的安条克（Antiocheia on Kallirhoe）。叙利亚的卡利罗伊河畔的安条克因其旁边一条河流水量充沛而被塞琉古一世重建。塞琉古一世以自己大女儿之名安条克重新命名了这座城市，并将它作为女儿的嫁妆。卡利罗伊河畔的安条克在安条克四世（Antiochus IV）在位时最为繁盛。[7]

（6）米底的阿帕米亚（Apameia in Media）。根据斯特拉波记载，希腊人在米底地区建立了阿帕米亚。[8]米底的阿帕米亚和劳狄西亚在拉伽城（Raga）附近。[9]普林尼说阿帕米亚城也被称为拉伽奈

---

1 V. G. Lukonin, "Political, Social and Administrative Institutions: Settlements and Economy," in Ehsan Yarshater, ed., *The Cambridge History of Iran*, Vol. 3(2), Cambridge: Cambridge University Press, 1983, p. 729.

2《伊朗行省首府》是最重要的帕拉维语（Pahlavi）著作之一。它完成于8世纪末9世纪初，提供了伊朗城市和城市建立者的详细信息，详述了伊朗地区建造于不同时代的约100座城市的建设情况。它也提及一些城市建设于帕提亚帝国时期。事实上，这是一部独立的古代伊朗城市规划史著作。

3 T. Daryaee, *Šahrestānīhā Ī Ērānšahr*, Costa Mesa: Mazda Publishers Inc., 2002, p. 38.

4 Yang Juping, "Hellenistic Information in China," *CHS Research Bulletin* 2, No. 2, 2014.

5 Pliny, *Natural History*, 6.117.

6 P. M. Fraser, *Cities of Alexander the Great*, Clarendon: Oxford University Press, 1996, p. 33.

7 J. B. Segal, *Edessa: The Blessed City*, Oxford: Clarendon Press, 1970, p. 16.

8 Strabo, *Geography*, 11.13.6, London: William Heinemann, 1928.

9 Strabo, *Geography*, 11.9.1.

（Rhagiane）。[1]卡拉克斯的伊西多尔（Isidore of Charax）称这座城市位于里海门（the gates of the Caspian Sea）。[2]文献资料表明这座城市的建立者为塞琉古一世。[3]

（7）阿尔特米塔（Artemita）。卡拉克斯的伊西多尔将它称为一个城邦。[4]他认为这座城市的当地名称为卡拉萨尔（Chalasar）。根据伊西多尔的描述，阿尔特米塔位于距底格里斯河畔的塞琉西亚90公里的地方。阿尔特米塔的阿波罗多罗斯（Apollodorus of Artemita）在他的作品中说，阿尔特米塔距底格里斯河畔的塞琉西亚有500公里远，并且在描述城市地理位置时，将阿尔特米塔置于巴比伦（Babylon）与苏萨（Susa）两座著名城市之间。[5]这座城市的位置应当在今巴格达（Baghdad）的城市范围之内。[6]

（8）卡拉克斯（Charax）。斯泰法诺斯（Stephanus）提到亚洲有四座卡拉克斯城。其中一座由栅栏围城，被称为卡拉克斯（在今德黑兰附近），这座卡拉克斯接近穿越厄尔布尔士山脉通道的里海门。伊朗中部库姆（Qom）附近科拉（Ḵorra）的爱奥尼亚式结构（Ionic structure）是伊朗中部地区和卡拉克斯存在希腊影响的佐证。这片废墟既是帕提亚帝国的神庙，也是塞琉古王国的圣地。科拉具有明显的希腊风格，但是与伊朗境内其他的希腊或伊朗历史遗迹无任何真正相似之处。[7]

另一座卡拉克斯城是波斯湾尽头的港口城市，位于今伊拉克巴

1 Pliny, *Natural History*, 6.43.

2 Isidore of Charax, *Parthian Stations*, 8, http://www.parthia.com/doc/parthian_stations.htm.

3 Ammianus Marcellinus, *Res Gastae*, 23.6.43; Claudius Ptolemy, *The Geography*, 6.5.3.

4 Isidore of Charax, *Parthian Stations*, 2, http://www.parthia.com/doc/parthian_stations.htm.

5 Strabo, *Geography*, 16.1.17.

6 M. L. Chaumont, "Recherches sur quelques villes helléniques de l'Iran occidental," *Iranica Antiqua*, Vol. 17, 1982, p. 172.

7 K. Schippmann, *Die iranischen Feuerheiligtümer*, Berlin and New York: Walter De Gruyter, 1971, pp. 424-430.

士拉（Basra）附近，帕提亚时期名为卡拉克斯·斯帕西努（Charax Spasinou），也是卡拉科尼王国（Characene Kingdom）的主要城市。[1]该城由亚历山大始建，在塞琉古王国统治时期繁荣起来。公元前141年，帕提亚人入侵美索不达米亚之后，当地的总督叙斯帕奥西奈斯（Hyspaosines）领导这座城市独立。卡拉克斯作为地方王国的首都长达282年之久，与周边地区和国家有广泛的商业往来。尽管卡拉科尼在公元前1—公元1世纪的大部分时间里有很大的自治权力，但考古发现和诸如《厄立特里亚航海记》之类的历史文献证明，当时整个波斯湾都受到帕提亚帝国的控制。[2]希尔（John Hill）认为，《后汉书》中的于罗国可能就是这个卡拉克斯·斯帕西努。[3]

（9）底格里斯河畔的埃皮法尼亚（Epiphaneia on the Tigris）。埃皮法尼亚这一称号在安条克四世侵入亚美尼亚期间首次出现在钱币上。[4]根据文献记载，这座城市可能在晚些时候被称为阿米达（Amida）。[5]

（10）拉盖·欧罗普斯（Europos Rhagai）。这是一座靠近里海门的城市。根据托勒密（Ptolemy）和阿米亚努斯（Ammianus）的记载，塞琉古一世建立的这座城市以欧罗普斯为名。[6]斯特拉波和斯泰法诺斯称，在帕提亚帝国时期，拉盖·欧罗普斯因被称作阿尔萨息亚（Arsakia）而闻名。[7]这座城市后又被改回旧名称，被称为拉伽（Raga）

1 Pliny, *Natural History*, 6.31.138-140.

2 Leonardo Gregoratti, “A Parthian Port on the Persian Gulf: Characene and Its Trade,” *Anabasis: Studia Classica et Orientalia*, Vol. 2, 2011, p. 218.

3 《后汉书》卷八八《西域传》，二十四史点校本，北京：中华书局，1965年，第2918页。John E. Hill, *Through the Jade Gate China to Rome: A Study of the Silk Routes during the Later Han Dynasty 1st to 2nd Centuries CE*, Vol. 1, North Charleston: Create Space Independent Publishing Platform, 2015, pp. 254-266.

4 Strabo, *Geography*, 11.14.5; Appian, *Roman History*, 11.45, 66.

5 J. D. Grainger, *A Seleukid Prosopography and Gazetteer*, Leiden and Cologne: E. J. Brill, 1997, p. 718.

6 Pliny, *Natural History*, 6.2.17; Ammianus Marcellinus, *Res Gastae*, 23.6.39.

7 P. M. Fraser, *Greek Ethnic Terminology*, Oxford: Oxford University Press, 2009, p. 341.

或雷伊（Rey）。[1]

（11）赫卡通皮洛斯（Hecatompylos，百门城）。这是一座帕提亚行省的城市，亚历山大曾在此地驻留。[2]根据库尔提乌斯（Curtius）的记载可知，希腊人建立了这座城市，[3]但根据考古发掘的情况看，赫卡通皮洛斯早在铁器时代和波斯帝国时期就已建城。[4]这座城市重建之后，在塞琉古王国统治时期被重新命名。波里比乌斯（Polybius）认为这座城市是帕提亚的中心，并称帕提亚行省所有的道路都要经过赫卡通皮洛斯。[5]赫卡通皮洛斯在萨珊波斯帝国时期仍然存在，《伊朗行省首府》提到了它和它的异族建城者。近年，在达姆甘（Damghan）附近的库密斯（Qūmis）发现了具有陵寝和宗教功能的帕提亚建筑遗迹。[6]因此，将库密斯比定为赫卡通皮洛斯的观点被大多数人所接受。

帕提亚人大约在公元前3世纪的最后25年修建了赫卡通皮洛斯。赫卡通皮洛斯坐落于厄尔布尔士山脉南麓的一片平原上，可能是冬都，夏天帕提亚宫廷会迁移到帕提亚祖地更为凉爽的城市。库密斯的帕提亚建筑可以追溯到帕提亚帝国早期。在公元前1世纪，这座城市不再被用作首都，可能被位置更靠西的泰西封取代。[7]汉斯曼（Hansman）和斯特罗纳赫（Stronach）带领的不列颠考古协会分别在1967年、1971年、1976年和1978年对库密斯进行了四个季度的发掘。

---

1 Richard N. Frye, *The History of Ancient Iran*, München: Beck, 1984, p. 184.

2 Quintus Curtius, *History of Alexander*, 6.2.15, Cambridge, Mass.: Harvard University Press, 1946; Diodorus Siculus, *The Library of History*, 17.75.1, Cambridge, Mass.: Harvard University Press, 1963.

3 A. B. Bosworth, *Conquest and Empire: The Reign of Alexander the Great*, Cambridge: Cambridge University Press, 1993, pp. 342-343.

4 J. Hansman and D. Stronach, “Excavations at Shahr-i Qūmis,” *Journal of the Royal Asiatic Society*, 102 (1), 1970, p. 34.

5 Polybius, *The Histories*, 10.28.7, London: William Heinemann, 1922.

6 S. A. Matheson, *Persia: An Archaeological Guide*, New York: Noyes Publications, 1973, pp. 191-192.

7 M. L. Chaumont, “Etudes d’histoire parthe. II. Capitales et résidences des premiers Arsacides (IIIe-Ier s. av. J.-C.),” *Syria*, Vol. 50, 1973, pp. 217-222.

由于发掘地域广阔，陶器的分布较为分散。考古学家将遗址分为A、B、C、D四部分。库密斯发掘地区总长5000米，宽2000米。A区域属于铁器时代和波斯帝国时期；B区域属于帕提亚帝国时期；C区域是萨珊波斯帝国时期的遗址；D区域归于伊斯兰时期。由于自然因素（主要是风雨）的侵蚀，库密斯如今只有最重要的建筑仍然保存完整，其他建筑完全被摧毁。

（12）巴克特拉的亚历山大里亚（Alexandreia in Baktra）。这座城市可能位于今巴尔赫（Balkh）。[1]斯特拉波指出，亚历山大在巴克特里亚和索格底亚那地区共建立了八座城市，[2]在公元前208—前206年安条克三世与欧泰德姆斯一世（Euthydemos I）的战争之后，巴克特里亚的亚历山大里亚相对独立。公元前2世纪中期以后，此地被大月氏人占领，公元前1世纪中期归属贵霜帝国。在萨珊波斯帝国时期，沙普尔一世（Shapur I）在纳克希·鲁斯塔姆（Naqsh-e Rostam）铭文中宣布贵霜（Kushan）王归顺萨珊波斯国王。《伊朗行省首府》同样提到了巴尔赫。[3]

（13）阿里亚的亚历山大里亚（Alexandria of Ariana）。普林尼认为，亚历山大在阿里亚地区建立了一座以亚历山大为名的城市。[4]斯特拉波则相信亚历山大在阿里亚总督区建立了阿尔塔科纳（Artkoana/Artakaena）、亚历山大里亚和阿开亚（Achaia）三座城市。[5]在塞琉古王国统治时期，位于阿里亚的亚历山大里亚的皇家造币场表现活跃。[6]卡拉克斯的伊西多尔和《伊朗行省首府》也提到了这座城市，后者还

---

1 P. M. Fraser, *Cities of Alexander the Great*, pp. 154-155.

2 Strabo, *Geography*, 11.11.4.

3 T. Daryaee, *Šahrestānīhā Ī Ērānšahr*, p. 38.

4 Pliny, *Natural History*, 6.61.

5 Donald W. Engels, *Alexander the Great and the Logistics of the Macedonian Army*, Berkeley, Los Angeles and London: University of California Press, 1978, pp. 90-91.

6 A. Houghton and C. Lorber, *Seleucid Coins: A Comprehensive Catalogue. Part I: Seleucus I through Antiochus III. 1 and 2*, New York: American Numismatic Society, 2002, pp. 612-613.

将城市的建城者认定为亚历山大。[1]

但是到了帕提亚帝国中期，很多希腊化时代的城市在文献中没有再被提及，部分城市如下所示。

（1）阿波罗尼亚（Apollonia）。阿波罗尼亚位于巴比伦和苏萨之间。[2]根据罗马史家波里比乌斯的记载，它是保留了希腊—马其顿风格的城市之一。[3]

（2）埃皮法尼亚/埃克巴坦那（Epiphaneia/Ecbatana）。埃克巴坦那是米底王国的城市，在塞琉古王国统治时期复兴。[4]斯泰法诺斯称，这座城市也被称为埃皮法尼亚，与安条克四世的头衔相似。[5]在米特里达特一世（Mithridates I）之后，埃克巴坦那成为帕提亚帝国的首都之一。[6]

（3）米底的劳狄西亚（Laodikeia in Media）。它靠近拉盖·欧罗普斯。[7]普林尼称这座城市的建城者应该是希腊—马其顿人。[8]米底的劳狄西亚可能与位于尼哈万德（Nihavand）的劳狄西亚城属于同一座，由安条克一世所建。[9]在白眉毛的阿尔特米斯神庙（the temple of Artemis Leukophryene）铭文中，劳狄西亚被描述为一个城邦。[10]尼哈万德这一名称出现在《伊朗行省首府》中，帕拉维语文献将城市的建立归功于萨珊波斯帝国的瓦赫兰五世（Bahram Gor）。[11]

---

1 T. Daryaee, *Šahrestānīhā Ī Ērānšahr*, p. 38.

2 Strabo, *Geography*, 16.1.17.

3 Polybius, *The Histories*, 5.51.1-8.

4 W. Orth, *Die Diadochenzeit im Spiegel der historischen Geographie*, Wiesbaden: Dr Ludwig Reichert, 1993, p. 118.

5 O. Mørkholm, *Antiochus IV of Syria*, Copenhagen: Gyldendal, 1966, pp. 118, 314.

6 A. R. Bellinger, *Troy, the Coins* (No. 2), Princeton: Princeton University Press, 1961, p. 314.

7 Strabo, *Geography*, 11.13.6.

8 Pliny, *Natural History*, 6.115.

9 P. M. Fraser, *Greek Ethnic Terminology*, p. 347.

10 S. Dmitriev, *City Government in Hellenistic and Roman Asia Minor*, Oxford: Oxford University Press, 2005, pp. 13-17.

11 T. Daryaee, *Šahrestānīhā Ī Ērānšahr*, p. 39.

（4）尼科波利斯（Nikopolis）。塞琉古最初建立了这座城市，[1]由于城址接近伊苏斯（Issus）古战场，有学者认为建城者是亚历山大。[2]然而斯特拉波和狄奥·卡西乌斯（Dio Cassius）相信庞培（Pompey）[3]建立了这座城市。[4]

（5）波尔图斯·马其顿努姆（Portus Macedonum）。这是一座临近卡尔马尼亚的亚历山大里亚的港口城市。[5]普林尼提到这座城市有一座亚历山大的祭坛。[6]根据文献中对它的描述可知，在萨珊波斯帝国时期，它应被认作霍尔木兹·阿尔达希尔（Hormoz Ardashir）。[7]

（6）底格里斯河畔的塞琉西亚。塞琉古一世建立了这座城市。[8]底格里斯河畔的塞琉西亚是塞琉古王国的皇家城市[9]和首都之一[10]。塞琉古将巴比伦的希腊—马其顿人迁移至塞琉西亚。[11]普鲁塔克记载，在公元前1世纪中期，城市由议事会控制。[12]塔西佗（Tacitus）也在《编年史》（*The Annals*）中描述了300名议事会成员统治底格里斯河畔

---

1 Appian, *Roman History*, 11.57.

2 A. H. M. Jones, *Cities of the Eastern Roman Provinces*, second edition, Oxford: Oxford University Press, 1971, p. 452.

3 庞培是罗马共和国的将军和政治家，在公元前79年苏拉放弃职位后，成为罗马的主要政治人物。

4 Strabo, *Geography*, 12.3.28; Dio Cassius, *Roman History*, 36.50.3, London: William Heinemann, 1914.

5 Pliny, *Natural History*, 6.110; Claudius Ptolemy, *The Geography*, 6.8.5, 8.22.21.

6 Pliny, *Natural History*, 6.110.

7 Lionel Casson, *The Periplus Maris Erythraei: Text with Introduction, Translation and Commentary*, Princeton, NJ: Princeton University Press, 1989, pp. 180-181.

8 Getzel M. Cohen, *The Hellenistic Settlements in the East from Armenia and Mesopotamia to Bactria and India*, pp. 316-317.

9 J. M. Fiey, *Assyrie chrétienne: contribution à l'étude de l'histoire et de la géographie ecclésiastiques et monastiques du nord de l'Iraq*, Beyrouth: Imprimerie Catholique, 1965, pp. 255-261.

10 G. F. Del Monte, *Testi dalla Babilonia ellenistica*, Vol. 9, Pisa: Istituti Editoriali e Poligrafici Internazionali, 1997, p. 292.

11 Pausanias, *Description of Greece*, 1.16.3, with an English translation by W. H. S. Jones, London: William Heinemann, 1918.

12 Plutarch, "Crassus," in *Parallel Lives*, 32, Cambridge, Mass.: Harvard University Press, 1916.

的塞琉西亚的情形，称它是保持了原样的希腊城市。[1]塞琉西亚曾几次反抗帕提亚，但都遭到失败。此后，帕提亚国王们最终建造了巴拉萨巴德（Valashabad）和泰西封。

（7）苏萨。考古发掘和文献记载证明，苏萨是伊朗高原上最古老的城市之一。[2]在波斯帝国统治时期，这座城市的重要性没有减弱，并且是伊朗地区的波斯帝国首都之一。在帕提亚帝国晚期，该城仍然保持了自治，并有希腊式的城市议事会。从塞琉古王国时期和帕提亚王国时期的苏萨出土铭文中可以看到，城市居民使用了多种希腊—马其顿式姓名。[3]人们已经在苏萨发现了塞琉古王国统治时期的建筑，如体育场和神庙。[4]

（8）欧莱乌斯河畔的塞琉西亚（Seleukeia on the Eulaios）。这座城市位于苏萨，可能与苏萨实为一城。最初它是一个军事殖民地，建立者有塞琉古一世、安条克一世、安条克三世多说。[5]与马革尼西亚的白眉毛的阿尔特米斯神庙庆典有关的一则法令提到了这座城市，它在法令中作为一个城邦被提及。[6]苏萨出土了当地神庙的一块泥板，泥板文字内容与向塞琉古四世母亲的灵魂献祭有关。法令也提到了这座城市的名字。[7]在安条克三世统治时期，苏萨繁荣起来，[8]并在帕提亚帝国和萨珊波斯帝国时期保持了繁荣状态。

---

1 Tacitus, *The Annals*, 6.42, Cambridge, Mass.: Harvard University Press, 1937.

2 G. G. Aperghis, *The Seleukid Royal Economy: The Finances and Financial Administration of the Seleukid Empire*, Cambridge: Cambridge University Press, 2004, p. 38.

3 R. Ghirshman, *Persian Art: The Parthian and Sassanian Dynasties, 249 BC-AD 651*, Vol. 3, Racine: Golden Press, 1962, p. 104.

4 N. Biffi, *Il Medio Oriente di Strabo, ne. Libro XVI della Geografia: Introduzione, traduzione e comment*, Bari: Edipuglia, 2002, p. 192.

5 Getzel M. Cohen, *The Hellenistic Settlements in the East from Armenia and Mesopotamia to Bactria and India*, pp. 194-199.

6 K. J. Rigsby, *Asylia: Territorial Inviolability in the Hellenistic World*, Berkeley, Los Angeles, London: University of California Press, 1997, p. 111.

7 R. MacMullen, *Paganism in the Roman Empire*, New Haven: Yale University Press, 1981, p. 163.

8 G. Le Rider, *Suse sous les Séleucides et les Parthes: les trouvailles monétaires et l'histoire de la ville*, pp. 299-306.

（9）厄立特里亚海边的塞琉西亚（Seleukeia on the Erythraean Sea）。公元前205年，安条克三世在白眉毛的阿尔特米斯神节庆中提到了这座城市。《巴比伦尼亚编年史》（*Babylonian Chronicles*）也提到了这座塞琉西亚。[1]它可能位于今伊朗布什尔省。[2]

（10）西林克斯（Sirynx）。根据波里比乌斯的记载，西林克斯是伊朗东部希腊人的城市之一。[3]三条护城河保护着这座城市。安条克三世和阿尔萨息二世（Arsaces/Arshak II）争斗时，希腊人曾围攻这座城市。[4]西林克斯的准确地点仍不得而知，但根据古典文献的描述，应靠近戈尔甘（Gorgan，位于里海沿岸，今伊朗戈勒斯坦省省会）。西林克斯与帕提亚帝国统治时期和萨珊波斯帝国统治时期的萨德拉卡塔（Zadrakarta）[5]是同一座城市。[6]尽管《伊朗行省首府》没有记录这座城市的名字，但提到了“在帕迪什科瓦加尔（Padishkhwārgar）建造了21座城市”。[7]

第二节 帕提亚城市的希腊化建筑因素

由于帕提亚帝国幅员广阔，领土内建筑风格多元，不可能存在一种通行的建筑规划风格。前文已述，帕提亚帝国的城市规划受到了多

1 R. J. van der Spek, “New Evidence from the Babylonian Astronomical Diaries Concerning Seleucid and Arsacid History,” *Archiv für Orientforschung*, Bd. 44/45, 1997, pp. 168-169.

2 G. F. Del Monte, *Testi dalla Babilonia ellenistica*, Vol. 9, pp. 91-94.

3 Polybius, *The Histories*, 10.31.6.

4 Polybius, *The Histories*, 10.31.11.

5 萨里可能与公元前6世纪古希腊文献提到的萨德拉卡塔城同义。

6 R. M. Adams, *Heartland of Cities: Surveys of Ancient Settlement and Land Use on the Central Floodplain of the Euphrates*, Chicago: University of Chicago Press, 1981, p. 191.

7 帕迪什科瓦加尔是古典晚期萨珊波斯的一个行省，几乎与今伊朗马赞达兰省和吉兰省一致。帕迪什科瓦加尔在西面与阿杜巴达甘和巴拉萨甘接壤，东接戈尔甘，南临伊斯法罕。行省主要城市为阿莫尔和拉什特。

方面的影响，这种情况致使研究人员将很多建筑划分为前帕提亚帝国时期和后帕提亚帝国时期。但除了半装饰性柱子之外，帕提亚帝国时期城市建设最重要的特点是其近乎圆形的城防布局，能够更有效地发挥城市的防御作用，这种设计受到了亚述军营的启迪。帕提亚建筑的另一特点是使用材料种类繁多，从而导致这一时期各种建筑风格和传统得以涌现，有时它们之间互相冲突。建筑师面对的困难是既要达成风格的和谐统一，又要运用希腊和更晚时期罗马的建筑规范。希腊罗马风格的建筑材料与本地材料不同，因此所有这些问题直到公元1世纪才得以解决，建筑师能够克服这些困难，并将这些风格协调一致。

帕提亚建筑师改造了罗马（主要支柱和横梁）和希腊元素，并将它们用于装饰。完整的柱式变为附着于墙的半柱式，希腊人的大厅变为门廊，这些都是帕提亚人在建筑方面的创新。砖的使用和石膏制作技术的进步促进了这一变化，通过将希腊建筑主要元素转化为装饰（如用于柱子），这些元素呈现出不同的样子，建筑师在制作和装饰时也关注了古代元素和传统。此外，罗马混凝土的运用使帕提亚建筑师可以使用拱门和穹顶装饰整个天花板。例如，在卡介山（Khajeh Mountain）存在使用拱门的迹象，可谓是萨珊波斯帝国时期和更晚时期建造巨型拱门的基础。

结　语

帕提亚帝国一方面尽可能保留并利用帝国境内的原希腊化城市，另一方面在营建新的城市时，尽可能吸收希腊化城市的一些要素。但这只是外形上的接受，如希波达姆斯式的城市布局，以及城市建筑中的希腊化柱式和装饰性艺术品。城市中居民的主体是当地人。它们本质上是帕提亚人的城市。

然而，不可否认，像塞琉西亚、埃克巴坦纳、百门城、尼萨、马尔吉亚那等希腊化时期就存在或建立的城市还是发挥了更大的政治和商业中心的作用。它们应该是丝绸之路开辟之后第一批为中国方面所知晓的丝路城市。上述帕提亚时期的希腊化城市主要集中于伊朗高原和两河流域一线，也就是位于丝路西段主干道沿线，当年甘英西行往返应该经过了这些城市。中国史书中提到的斯宾、阿蛮、和椟、番兜、木鹿有可能和这些城市相对应。

（哈米德礼萨·帕沙·扎努斯撰　李毅铭编译　孙艳萍校）

第九章　索格底亚那城市的希腊化文化特征

索格底亚那（Sogdiana），在中国4世纪后的史籍中称为“粟特”。但实际上二者的地理范围有所不同。本章以希腊化时期为界，此前称其“索格底亚那”，其后称其“粟特”。

索格底亚那和巴克特里亚（Bactria）是中亚南北相邻的两个地区。据史料记载，从波斯后期到亚历山大及其继承者时期，索格底亚那一直受到巴克特里亚总督的控制。亚历山大在征服中亚之后，继续保持波斯帝国时期的统治政策，由巴克特里亚总督负责管理。亚历山大死后，其部将维持了亚历山大的行省政策。塞琉古王朝时期，索格底亚那和巴克特里亚继续由一个共同总督进行管理。希腊—巴克特里亚王国统治早期，这种情况依然存在。在这种历史背景之下，索格底亚那和巴克特里亚之间的区分并不明显，因此经常被看作一个统一体。但是两者分属不同的地区，不能将其相提并论。

索格底亚那广义上指代阿姆河和锡尔河之间的大片区域，但以泽拉夫善河流域为其活动中心。本章分析的是希腊化时期和丝路开通之后索格底亚那地区的城市，旨在说明，不论是被亚历山大所征服的原有城市，还是希腊—马其顿人的新建城市，或是后来的丝路重镇，它们都或多或少地受到希腊化文化的影响，从这些遗址所反映的城市文化面貌中，都可以感受到希腊化文明遗产的存在。

第一节　希腊化文化影响下的索格底亚那原有城市

古波斯帝国曾在索格底亚那南部地区修建了防御工事。波斯国王阿尔塔薛西斯三世（Artaxerxes III，？—前338年）统治第十一年，巴克特里亚行省总督阿卡瓦马兹达（Akhvamazda）在发给巴格瓦塔（Bagavant）的信中，提到古波斯帝国在此地修建城墙和壕沟。这份书信的写作日期大约在公元前348年6月21日到前347年6月10日之间，执笔者是纳拉弗拉塔拉（Narafratara）。[1]在其不远处是公元前9—前8世纪建造的桑伊尔·特佩（Sangir-tepe），而这里被看作是《阿维斯塔经》中记载的"加瓦"所在地。公元前7—前6世纪，加瓦—苏格达又被称作"瑙塔卡"（Nautaca），这是亚历山大在索格底亚那的入侵之地之一。

公元前329年，亚历山大跨过阿姆河，经由瑙塔卡及其附近一带到达马拉坎达（Maracanda），即今撒马尔罕。该城位于索格底亚那中部地区，阿弗拉西亚卜（Afrasiyab）是其古代遗址。其北边是一个军事要塞，与居民区分开。城堡位于要塞的东边，这里还发现了一个储水系统，两者之间可能有一处庙宇建筑。关于阿弗拉西亚卜的建立及城市的出现时间都有争议。据苏莱曼诺夫（R. Kh. Suleimanov）和科舍伦科（G. A. Koshelenko）的观点，阿弗拉西亚卜大致是在波斯人到来之后从一个小的乡村迅速发展为一个城市中心。然而普加琴科娃（G. A. Pugachenkova）和瑞德维拉扎（Ī. V. Rtveladze）认为，在波斯人到来之前，大约在公元前7世纪到前6世纪初，这里已经出现了初具规模的城市。到公元前5—前4世纪，这个城市发展成为亚历山大入侵

---

1 Joseph Naveh and Shaul Shaked, eds., *Aramaic Documents from Ancient Bactria (Fourth Century BCE.): From the Khalili Collections*, London: Khalili Family Trust, 2012, pp. 96-106.

之时所见到的马拉坎达。[1]

现存的阿弗拉西亚卜遗迹占地219公顷，考古层厚8—12米。在阿黑门尼王朝时期，阿弗拉西亚卜城被长达5.5公里的军事要塞环绕。到希腊化时期，要塞的长度增至13公里。遗址内的北部区域是包括居住区在内的上城区，宫殿主要集中在东部，西部是宗教活动场所。考古学家在居住区发掘出很多高质量的高脚杯、瓶、盘子和双耳罐，显示出希腊人曾在此地居住，其中一个高脚杯上刻有希腊名字NIKIAΣ，另外一则希腊铭文KTHC出现在一个游戏用的羊距骨（ἀστράγαλος）上。[2]由于此类发现物较少，很难确切断定其属于塞琉古王国还是希腊—巴克特里亚王朝统治时期，但公元前4世纪到前2世纪早期都是有可能的。

考古学家还在当地发现了一些本土化的雅典娜雕塑，雕刻家最初使用的是希腊化时期艺术风格，但到了后期，雕塑上的头像逐渐变大，背离了原有的希腊化风格。陶片的发现范围给了我们更多的惊喜。从阿弗拉西亚卜及周边地区出土的陶片来看，希腊化的制陶工艺不仅在阿弗拉西亚卜城市中心盛行，在城市周边或者更远山区也较为流行，即使周边地区的人们不懂得制作陶器的程序。[3]这有力地证明了希腊化文化的渗透力。

此外，此地还发现了一些具有典型希腊化特征的铜器、三叶箭头、装饰品和印章。塞琉古安条克一世、欧泰德姆斯一世和欧克拉提德（Eucratides/Eukratides）的钱币在此地也有出土。[4]希腊化特征也表

---

1 G. A. Pugachenkova and Ī. V. Rtveladze, “Afrasiab i. The Archeological Site,” *Encyclopaedia Iranica*, http://www.iranicaonline.org/articles/afrasiab-the-ruined-site.

2 Aleksandr Naymark, *Sogdiana: Its Christians and Byzantium: A Study of Artistic and Cultural Connections in Late Antiquity and Early Middle Ages*, PhD. Diss., Indiana University, 2001, p. 44.

3 K. A. Abdullaev, *Culture and Art of Ancient Uzbekistan: Exhibition Catalogue (1)*, Moscow: Vneshtorgizdat, 1991, p. 167.

4 G. A. Pugachenkova and Ī. V. Rtveladze, “Afrasiab i. The Archeological Site,” *Encyclopaedia Iranica*, http://www.iranicaonline.org/articles/afrasiab-the-ruined-site.

现在之前厚重的器皿被薄的、红釉和抛光的器皿替代。希腊化式的鱼盘，[1]边缘内卷的碗，抛光的红釉器皿，大的装饰有森林之神西勒诺斯（Silenus）头像的希腊式盛酒器，[2]以及具有弧状把手和圆形或三叶状的嘴希腊大酒壶（oinochoe）等都是最好的证明。

希腊化影响还表现在建筑的材料使用和风格上。在索格底亚那几乎没有发掘出完整的石头建筑物，但在阿弗拉西亚卜遗迹发现了一些带有叶形装饰的石头残片。1980年，在撒马尔罕的西部发现了六块柱状的石头基底，这些基柱形状和大小以及在顶部独立切割圆环面留下的痕迹，很类似在巴克特里亚北部希腊化庙宇所发现的石柱特征。一些希腊式的正方形砖块替代了长方形的砖块，希腊字母曾作为标识被这些砖块生产者使用。希腊建筑艺术也对阿弗拉西亚卜的建筑风格产生了影响，新的防御原则被用到建筑中。尽管防御墙的修建依然保留了纵向走廊，但在此基础上修建了便于长距离战斗的希腊式结构。[3]除此之外，此地还发现了希腊驻军的城堡、马厩和粮仓。粮仓被埋于地下，其中的六间已被清理出来，三间曾藏有大麦，三间曾藏有黍。[4]

这些具有希腊化特征的出土物，尽管分散且保存不太完整，但为学界构建阿弗拉西亚卜—马拉坎达希腊化时期的历史框架提供了重要的资料。其中，菲奥娜·基德（Fiona Jane Kidd）和贝蒂·莱奥内特（Bertille Lyonnet）的观点具有代表性。前者认为，阿弗拉

1 https://en.wikipedia.org/wiki/Fish_plate.

2 http://www.beazley.ox.ac.uk/tools/pottery/shapes/kraters.htm. (2020-5-18) K. A. Abdullaev, *Culture and Art of Ancient Uzbekistan: Exhibition Catalogue (1)*, p. 170, No. 258.

3 G. V. Shishkina, “Ancient Samarkand: Capital of Soghd,” *Bulletin of the Asia Institute*, Vol. 8, 1994, pp. 81-99.［法］葛勒耐：《法国—乌兹别克考古队在古代撒马尔干遗址阿弗拉西阿卜发掘的主要成果》，阿米娜译，《法国汉学》第8辑，2003年。

4 Frantz Grenet, “Samarqand i. History and Archeology,” *Encyclopaedia Iranica*, http://www.iranicaonline.org/articles/samarqand-i (2018-7-8); Boris I. Marshak, “The Archaeology of Sogdiana,” http://www.silkroadfoundation.org/newsletter/december/archaeology.htm (2017-7-8).

西亚卜的希腊化因素主要表现在从亚历山大征服到安条克一世时期以及欧克拉提德试图恢复对索格底亚那占领的这两个阶段。[1]然而，贝蒂·莱奥内特在对阿弗拉西亚卜和阿伊·哈努姆（Ai Khanoum）考古发现比较的基础上，认为阿弗拉西亚卜的希腊化历史应该是一个连续的过程，具体可划分为：第一阶段是阿弗拉西亚卜IIA，相当于阿伊·哈努姆I—III期，大约是公元前320—前280年左右；第二阶段是从安条克一世到欧克拉提德一世时期，相当于阿伊·哈努姆IV—VI期，大约是公元前280—前171/170年；第三阶段是阿弗拉西亚卜IIB期，相当于阿伊·哈努姆VII—VIII及其之后的一段时间，大体是公元前171/170—前145年之后。[2]

库伊·特佩（Koj-tepa）位于撒马尔罕西南50公里处。公元前8—前7世纪，这里带有半独立式房屋的居民区被占地大约100公顷的城市所替代。此后不断出现了新的城墙和庙宇建筑。从2007年开始，阿卜杜拉耶夫（K. Abdullaev）和热尼托（B. Genito）联合进行了五次大规模的考古发掘工作，发现了大量波斯、希腊化时期和后希腊化时期的遗迹和艺术品，其中陶器最具有代表性。希腊人征服之前，陶器以地方特征为主，形态各异，但自从被希腊—马其顿人占领之后，传统陶器上出现了新的装饰风格，陶器形状、生产技术和使用功能也发生了变化，出现了新的陶器品种，如大的希腊式盛酒器和壶。到塞琉古王朝时期，陶器生产进入了一个“希腊化”的阶段，这一时期希腊化风

1 Fiona Jane Kidd, *The Samarkand Region of Sogdiana: Figures, Costume and Identity (2nd-1st Century BCE-8th Century CE)*, PhD. Diss., University of Sydney, 2004, pp. 35-36. 菲奥娜·基德在她的博士论文中，以公元前2—公元8世纪索格底亚那撒马尔罕一带发现的雕像为切入点，考察了服饰风格的界定、基于与周边地区服饰风格相比较的撒马尔罕地区服饰风格以及索格底亚那的民族认同等三大问题。

2 Bertille Lyonnet, “Questions on the Date of the Hellenistic Pottery from Central Asia (Ai Khanoum, Marakanda and Koktepe),” *Ancient Civilizations from Scythia to Siberia*, Vol. 18, 2012, pp. 143-173.

格超越了当地传统，成为陶器生产的主流。[1]

库克特佩（Kök-tepe）和塔里·巴尔祖（Tali-Barzu）也是位于索格底亚那中部的两个重要城市。库克特佩位于撒马尔罕以北30里处。20世纪80年代，施什基那（G. V. Shishkina）开始在库克特佩进行考古工作，之后，克劳德·拉平（Claude Rapin）和伊萨米底诺夫（M. Isamiddinov）等人发现了宗教建筑、房屋和城市等遗迹。这一遗址规模大、存在时间长，经历了从青铜时代的聚落遗址至希腊化时期的城址再到前贵霜游牧民族墓地的演变过程。在古波斯考古层，发现希腊化特征的方形砖出现在当地居民的建筑中。尽管这些居民区的建筑时间难以推断，但这一地区城墙的连续性说明，很有可能希腊人在古波斯帝国衰落之前就已经出现在此，将希腊文化也传到了此地。库克特佩IIIb和IV阶段属于希腊化时期，在这两个阶段建造的建筑中使用了大量的希腊式方形砖块。[2]此地还出土了具有希腊化特征的陶器和三件完全具有希腊化特征的物品，即大的希腊式盛酒器、鱼盘，一个厚边缘状的红釉盘和抛光的红色高脚杯。[3]

塔里·巴尔祖城堡位于撒马尔罕南3里处的达尔贡右岸。从1936年到1940年，格里戈里耶夫（G. V. Grigoryev）等人对塔里巴尔祖城堡进行了联合发掘，收获颇丰，其中大部分发现物现存于撒马尔罕列吉斯坦博物馆（Registan Museum）和彼得堡艾尔米塔什博物馆（Hermitage Museum）。塔里·巴尔祖遗址占地12.5公顷，时间约为公

---

1 Raiano Fabiana, “Hellenistic and Post-Hellenistic Pottery from Kojtepa,” *Newsletter di Archeologia CISA*, Vol. 5, 2014, pp. 455-477.

2 Claude Rapin, “Nomads and the Shaping of Central Asia: From the Early Iron Age to the Kushan Period,” in Joe Cribb and Georgina Herrmann, eds., *After Alexander: Central Asia before Islam*, Proceedings of the British Academy 133, New York: Oxford University Press, 2007, pp. 29-72.

3 Bertille Lyonnet, “Questions on the Date of the Hellenistic Pottery from Central Asia (Ai Khanoum, Marakanda and Koktepe),” *Ancient Civilizations from Scythia to Siberia*, Vol. 18, 2012, pp. 143-173.

元前11世纪至公元8世纪上半期，大体可分为六个阶段。塔里·巴尔祖III属于希腊化时期的考古层，在此发现了大量新型陶器，包括高脚杯、单耳罐、双耳罐、有红圈装饰的罐子、新类型的杯子、花瓶和一个希腊大酒壶。人的肖像位于陶罐手柄之下，并带有典型的诸如花瓣和莨菪叶形装饰的希腊化艺术母题。尤需注意的是，虽然第V阶段考古层反映了公元5—7世纪的历史，但在此还发现了一些带有希腊化特征的早期物品。其中一个陶器上刻有希腊悲剧的场景，另外两枚陶器碎片上刻有戴头盔的战士，一个是人物四分之三侧面图，一个是标准的侧面图，并戴着鹰头状的头盔，而这些意象均源自希腊化文化母题。[1]

第二节 希腊化时期新建城市的希腊化特征

亚历山大·埃斯卡特（Alexandreia Eschate，“最远的亚历山大里亚”）是公元前329年亚历山大在锡尔河南岸建立的一个城市。学者们关于这一遗址的具体位置已经争论了近两个半世纪，基于文献记载提出了不同的假设，如塔吉克斯坦的“苦盏”（Khujand，曾名列宁纳巴德，Leninabad）及其周边地区、乌兹别克斯坦的贝科博德（Bekabad）、吉尔吉斯斯坦的奥什（Osh）、吉尔吉斯斯坦的乌兹根（Uzgen）和阿克苏（Aksu）等。1954—1982年，北塔吉克斯坦考古队在锡尔河右岸的苦盏—列宁纳巴德（1939—1992年）发现了一座大的城市遗址，后来被定为亚历山大·埃斯卡特的遗址。[2]

---

1 Stephen B. Luce, L. E. A. E., D. R. C., G. R. C, “Archaeological News and Discussions,” *American Journal of Archaeology*, Vol. 46, 1942, pp. 261-281.

2 Numan N. Negmatov, “Archaic Khojent-Alexandria-Eschata (to the Problem of the Syr-darya Basin Urbanization),” *Journal of Central Asia*, Vol. 9, 1986, pp. 41-48.

亚历山大·埃斯卡特建立之后，亚历山大安排希腊雇佣军、年老不能服役的希腊人与当地居民一起移民此地。他还在此地举办过献祭、骑马和竞技比赛，[1]考古发现证实这一边远地区与希腊化世界并非处于隔绝状态。前文提及的带有希腊字母的砖块就是最好的证明。[2]

库尔干索尔（Kurganzol）位于希萨尔（Hisar）山脉西南角乌兹别克斯坦南部的苏尔汗河州（Surxondaryo Province）。莱奥尼德·M.·斯维奇科夫（Leonid M. Sverchkov）认为这是亚历山大公元前328年返回索格底亚那后建立的六要塞之一，也是公元前4世纪末到公元前2世纪新建的希腊化居住区。在他看来，这一要塞与阿富汗北部的阿伊·哈努姆、南塔吉克斯坦的塔赫特—伊·桑金（Takht-i Sangin）、塔克提·库巴德（Takht-i Kuwad）都属于典型的希腊化城市。依据防御工事特征、钱币学资料和陶器类型，他将这一地区的历史划分为四个阶段，即公元前328年到公元前3世纪初，公元前3世纪上半期到前3世纪中期，公元前3世纪后半期到末期或公元前2世纪初，公元前2世纪上半期。[3]然而，杰夫里·勒纳（Jeffery Lerner）认为这一划分标准有不妥之处。具体来说，斯维奇科夫提出，在其他地方并没有发现类似库尔干索尔I阶段考古层出土的无釉陶器，但勒纳指出，大约公元前4世纪末到前3世纪后半期，此类陶器出现在了阿伊·哈努姆II、III阶段；斯维奇科夫认为，库尔干索尔II阶段出土的红釉和黑釉陶器与阿伊·哈努姆的类似陶器均属于公元前280—前250年的产品，而不是公元前4世纪末到公元前3世纪早期。鉴于这种分歧，勒纳提出，这一遗址出现的时间并不能完全确定，但大致属于后亚历山大时期。亚历山大之后、亚历山大继承者时期、塞琉古王朝早期的巴克

---

1 H. Sidky, *The Greek Kingdom of Bactria*, Lanham: University Press of America, 2000, p. 63.

2 R. Mairs, *The Archaeology of Hellenistic Far East (a Survey)*, BAR International Series 2196, Oxford: Archaeopress, 2011, p. 34.

3 Leonid M. Sverchkov, "The Kurganzol Fortress on the History of Central Asia in the Hellenistic Era," *Ancient Civilizations from Scythia to Siberia*, Vol. 14, 2008, pp. 123-191.

特里亚总督德摩达玛斯（Demodamas）远征锡尔河以北的斯基泰人时期（大约在公元前294—前293年和公元前281—前280年之间）或者希腊—巴克特里亚王朝时期都有可能。[1]

尽管学界对这一要塞的修建时间和历史分期有争议，但从整体来看，都属于索格底亚那的希腊化时期范畴之内。这里城墙和塔楼的修建采用了希腊式标准的砖块，出土了诸如鱼盘和希腊式盛酒器的希腊式陶器。

第三节　后希腊化时期索格底亚那新建城市的希腊化特征

新建于公元5世纪的片治肯特古城保存较为完整，虽然距离公元前2世纪中期希腊人统治的结束已经过去六个多世纪之久，但无论是建筑风格还是壁画内容，都证明了希腊化文化因素在索格底亚那（粟特）的延续。

就城市布局而言，居民区用晒干的砖和泥土修建，街道和小巷在直角处汇合，形成方格形状。在城市中心有两座用于宗教祭祀的庙宇，特别相似，坐西朝东，出口面向街道，在大厅最远处有一扇门通向内堂，两边都有泥制的神像。其中的壁画艺术反映了希腊化、印度、贵霜、中亚等多元文化因素，而希腊化文化因素主要表现在一些细节和图像形式的使用上。《伊索寓言》的故事出现在壁画上，就是索格底亚那受到希腊化文化影响的一个例证。41/6室反映了《伊索寓

1 Jeffery D. Lerner, "Revising the Chronologies of the Hellenisitc Colonies of Samarqand-Marakanda (Afrasiab II-III) and Ai-Khanoum (northeastern Afghanitan)," *Anabasis: Studia Classica et Oriental*, Vol. 1, 2010, pp. 73-75.

言》中的第53个寓言故事——《父亲与儿子》，[1]描绘了一个父亲正在告诫他的儿子们：兄弟们就像一捆棍子，如果在一起的话，他们不容易被拆开，但如果各自独立的话，则很容易被敌人击败。1/21室反映的是寓言故事《下金蛋的鹅》和《狮子和兔》。[2]在壁画中还有其他带有古典主题的例子，但有的图像不清晰，有的可能在服饰上完全粟特化，所以很难识别。

大厅北墙的壁画上有一幅《宴饮人物图》，描绘的是“两两对坐的四个人，穿着及膝的丝绸袍子，坐在锦绣毯子上，手持金色的来通杯，角杯有时是鸟头形，有时是岩羊形。其中一位赤手捧着一束鲜花，另一位头戴皮毛帽子，帽子上有彩色镶边，注视着持花者。还有一位正扭头回望，酒液正从高举的角杯中倾注而下，恰好落入口中”。[3]壁画也反映了粟特多元化的神祇形象，在哭丧场景中出现了希腊女神得墨特尔。[4]得墨特尔还以*δrym(ᵓ)t*形式出现在粟特历法中，用来表示11月份。[5]

除上述希腊化特征之外，壁画所呈现的图像特征及所使用的艺术手法也是希腊化文化遗产的一部分。壁画上的人物头部呈现出典型的四分之三比例，人像之间保持一定的距离，交叠较少。壁画使用了“破界法”，即“墙壁上下分割成长条形的绘画带，以强化水平视觉效果所产生的水平移动空间。这种‘破界法’有时较隐蔽，限于人物头顶和脚底的微妙细节，将人物的头部、足部分别叠压在画面顶端与低

1 B. Marshak, *Legends, Tale, and Fables in the Art of Sogdiana*, New York: Bibliotheca Persica Press, 2002, p. 90.

2 B. Marshak, *Legends, Tale, and Fables in the Art of Sogdiana*, pp. 82, 137.

3 齐东方：《输入·模仿·改造·创新——粟特器物与中国文化》，载荣新江、张志清主编：《从撒马尔干到长安——粟特人在中国的文化遗迹》，北京：北京图书馆出版社，2004年，第26—33页。

4 Antonio Invernizzi, “Remarks on the Intercultural Encounters in the Hellenized Orient,” *Parthica*, Vol. 14, 2012, pp. 89-108.

5 Sims-Williams and de Blois, “The Bactrian Calendar,” *Bulletin of the Asia Institute*, Vol. 10, 1996, pp. 149-165.

端的边框上，形成超越边框的感觉”。[1]壁画内容是以从左到右或是从右到左的顺序安排。如果内容分别位于上下两排的话，下面一排从左到右，上面一排则从右到左，反之亦然。这种顺序不仅使得壁画内容看上去生动，也便于画师操作。马尔沙克认为，这种方法类似于早期希腊文的拼写规则，被称为“牛耕式转行书写法”（Boustrophedon）。[2]就整体轮廓而言，画师一般倾向于使用凸曲线，并结合赭石色，以表达强烈的现实性。明暗对照法（Chiaroscuro）和没有阴影的绘画特征在粟特壁画中非常普遍。这些技巧在古希腊浮雕上实属常见，因此，马尔沙克认为，“片治肯特壁画所体现的技巧毫不逊色于古典时期希腊庙宇浮雕技巧”。[3]这种希腊—粟特相结合的图像特征以及艺术手法出现在希腊化时代结束之后的几个世纪里，本身就反映了希腊化文化影响的深远。

结　语

有史料可证的索格底亚那的历史最早可追溯到古波斯阿黑门尼帝国时期，在希波战争期间，索格底亚那与希腊文化开始了局部、表面的接触。从公元前329年到公元前2世纪中期，索格底亚那受亚历山大及其继承者、塞琉古王朝和希腊—巴克特里亚王国的控制和影响，希腊化文化随之逐渐融入，并成为此地文化的重要组成部分。希腊—马其顿人及其后继者在中亚的建城运动推动了新的希腊式城市和居住区

1 宋永忠:《中亚美术的奇葩——索格底亚那壁画艺术》,《美术》2016年第6期，第129—133页。

2 B. Marshak, *Legends, Tale, and Fables in the Art of Sogdiana*, p. 31.

3 B. Marshak, *Legends, Tale, and Fables in the Art of Sogdiana*, p. 39.

的建立。虽然有的是重新修建的城市，有的是建立在已存在的设防遗址周围，另一些城镇则建造在前城镇本身的遗址之上，但希腊人确实将希腊式建筑风格、希腊艺术和文化等传到了这里。

希腊化时期，索格底亚那新城市的建立基本上出于军事上的需要，早期的希腊式城市多由希腊—马其顿人的军事殖民地、哨所或者东方城市转变而来，但这些城市大部分都位于商贸往来要道，成了希腊和东方文明的交汇点。公元前2世纪中叶，大月氏人的入侵结束了希腊人在索格底亚那的统治，此后的索格底亚那又受早期贵霜王朝、萨珊波斯、嚈哒、突厥和中国唐朝的控制和影响，但这里仍然可以看到希腊化文化的遗存。随着丝路贸易的发展与繁荣，多种民族和多元文化在此汇聚，索格底亚那（粟特）成为文明融合之地。外来文化纷纷涌入，先前的希腊化文化因素随之逐渐弱化，但并没有彻底消失，无论是传统城市还是新建城市，都体现了希腊化文化因素对索格底亚那（粟特）的影响。

（齐小艳）

第十章　罗马治下小亚与“黎凡特”地区希腊式城市的发展

公元前133年，根据帕加马王国阿塔鲁斯三世（Attalos III）的遗愿，罗马人接手其王国，正式拉开了罗马人对东方征服与统治的序幕。从在帕加马王国故地设立亚细亚行省（Provincia Asia）开始，罗马人逐渐将其东方前线推进到两河流域一带，并设立一系列行省，以巩固地方统治。罗马人征服和统治的“东方”正是原希腊化王国的旧土，因此，希腊化时期涌现的“新建城市”自然也成为其继承的重要遗产。本章从小亚地区、“黎凡特”地区这两个政治、经济和文化传统各异的地理单元，分析罗马人统治下希腊式城市的延续和变迁。事实上，这些地区和城市已经作为丝路西段的重镇进入了中国史家的视野。

第一节　小亚地区

小亚地理环境复杂多样，可以分作多个地理单元，族群构成、语言文字、宗教、艺术传统亦皆复杂多元。从公元前2世纪初以来，随着与安条克三世的角逐，罗马人的势力已经伸向小亚地区，慢慢蚕食原属希腊化王国的地盘。在逐渐接管小亚的过程中，罗马人为了建立帝国统治体系，也像希腊化王国一样在地方上建立统治中心。小亚的爱琴海沿岸本来就遍布原来的希腊城市，希腊化时期，内陆的城市大多在不完全放弃其地方特色的情况下接受了希腊语和希腊文化，社会组织、政府机构、城市建设都已经高度希腊化。这些变迁都为罗马统治时期小亚希腊式城市的发展和转型确立了基本方向。除了规模最大的几座城市，如以弗所、士麦那、凯莱奈之外，众多地位稍次要、势力稍弱的城市，在此期间也得到了迅速的成长。

一、罗马在小亚的扩张和对希腊化城市的控制

罗马人开始关注小亚远在亚细亚行省设立之前。塞琉古王朝安条克三世从公元前197年开始有意恢复王国在小亚的旧土，他先从托勒密王朝手中夺取了不少小亚南海岸的城市，如潘菲利亚的阿尔西诺伊亚（Arsinoeia Pamphylias）。[1]这直接威胁到罗德岛的安全，激起了罗德人的反对，也引起了帕加马国王攸麦尼斯的警觉，并引发了托勒密的同盟者罗马人的担忧。罗马人将自己装扮成城市自由的捍卫者，开始参与小亚的争端。安条克三世意图将更多城市纳入自己的掌控之下，其中就包括希腊化时期改建的城市士麦那和兰普萨科斯（Lampskos），这些城市都偏向于罗马人。士麦那甚至请求罗马人同意在该城设立罗马女神崇拜。[2]安条克三世坚决反对罗马人插手，最终只能诉诸战争。

这场纷争最终以公元前190年安条克三世败于马革尼西亚（Magnesia under the Sipylos）告终。安条克在最终签订的“阿帕米亚和约”（Treaty of Apameia）中，将自己所有的小亚领地都交给了罗马人。罗

1 Roger Bagnall, *The Administration of the Ptolemaic Possession outside of Egypt*, Leiden: Brill, 1976, pp. 110-114.

2 Tacitus, *Annals*, 4.56.

马人则将这些区域分给了自己的同盟者罗德岛人和帕加马人。攸麦尼斯取得了弗里吉亚、米西亚、吕底亚和爱奥尼亚，迈安德河以北的城堡、村落和城市，以及迈安德河以北的卡里亚一部分地区，其中包括希腊化时期的“新建城市”马革尼西亚、以弗所（Ephesos）和特拉雷斯（Tralleis）。[1]罗德岛人则取得了迈安德河以南的卡里亚。罗马人提出，那些曾经向帕加马纳贡称臣的城市应该继续履行义务，那些曾经向安条克称臣的城市则可以获得自由。后来罗马人又把条件改成了只有在与安条克三世作战时站在罗马人一边的城市才能获得自由。罗马人的做法显然是为了取悦攸麦尼斯。

公元前133年，罗马人接受了帕加马王国的领土，然而并没有立即进入这块土地，而是将整个亚洲都宣布为自由土地，因此给了阿里斯托尼库斯（Aristonikos）发动起义之机。

公元前129年，阿里斯托尼库斯起义被罗马人镇压。为了加强对小亚的控制，罗马人设立了亚细亚行省，该行省不仅包括米西亚、吕底亚和弗里吉亚，还包括早在公元前167年时就已经从卡里亚人手中取得并宣布为“自由”的迈安德河以南的卡里亚城市。罗马人对亚细亚行省的管理可能继承了帕加马王国城市自治的传统。在罗马人统治的最初半个多世纪里，很多小亚城市和殖民地仍然在发行钱币，甚至一些部落也开始发行钱币。[2]在塞琉古和帕加马有效统治时期，城市、殖民地以及其他地方社会之间等级分明，权利和功能有别。钱币发行权的滥用反映了小亚地方统治秩序已陷入混乱，原来的城市管理体系解体。

真正给罗马人在小亚的统治带来挑战的则是本都的米特里达特

---

1 以弗所在希腊化时期被吕西马库斯改建并重命名为阿尔西诺伊亚（Arsinoeia-Ephesos），特拉雷斯则被塞琉古王朝改建并重命名为塞琉西亚（Seleukeia-Tralleis）。

2 Barclay V. Head, *Historia Numorum, a Manual of Greek Numismatics*, Oxford: Clarendon Press, 1911, pp. 520ff.

六世（Mithridates VI，公元前120—前63年）。公元前88—前63年，罗马与本都之间发生了三次战争，才最终确保了小亚统治的稳定。庞培在战胜本都之后建立了几座以其本人或其名号命名的城市，这些城市不论从命名方式还是城市制度以及基本的建筑风格上，都采用了希腊模式。在此期间，公元前74年，比提尼亚末代君主尼科美戴斯四世也通过遗嘱赠土的方式将国土赠予罗马人。罗马人在新并入的区域设立了比提尼亚和本都行省。公元前25年，奥古斯都最终将加拉提亚（Galatia，一译加拉太）也纳入帝国版图。至此，小亚全境尽归罗马。

由上可见，从公元前133年到帝国建立的一个世纪，小亚经历了战火的洗礼和内乱的困扰，经济衰退不可避免。尽管罗马人在征服的过程中逐渐加强了对东部行省的控制，却不愿意直接以征服者的姿态管理这些原属希腊化王国的土地。共和晚期开始，罗马人常以这些希腊城市保护人（patrons）的形式出现，这些人通常都在行省出任要职，有的还同时担任了好几座城市的保护人。瓦莱里乌斯·弗拉库斯（C. Valerius Flaccus）在公元前96/95年左右任亚细亚行省总督，担任了克拉罗斯（Klaros）的保护人，其弟（L. Valerius Flaccus）后来成了该城和特拉雷斯的保护人。斯喀埃沃拉（A. Q. Mucius Scaevola）则做了以弗所的保护人。[1]保护人制度、罗马人担任城市保护人的现象一出现，很快得到很多城市的效仿。直到共和末期，多数城市都有了自己的保护人，从帕加马、以弗所、特拉雷斯、阿拉班达（Alabanda）等城市都可以找到相关的铭文例证。这种保护人制度一直流行至奥古斯都时代，此后逐渐衰落。[2]

1 *SEG*, 29.1129-1130; *I. Ephesos*, III. 630a.

2 Claude Eilers, *Roman Patrons of Greek Cities*, Oxford: Oxford University Press, 2002, pp. 161-181.

二、罗马帝国统治下的希腊式城市

1. 城市的“自治”与“自由”

希腊化王国统治下的城市的自治程度与王国在该区域的战略布局有关，也与王国对这些城市的控制能力有关。但在古典作家的作品中，在铭文等官方性质浓厚的史料中，城市的“自治”“自由”“神圣”和“不可侵犯”等“标签”不仅是各城市努力追求和捍卫的目标，更是不少城市优越感的来源和知识精英公认的理念。罗马人早已从希腊化世界了解到了这些理念，从东进以来开始与小亚的城市接触，就以承认或赐予城市自治地位为手段换取忠诚。直到罗马帝国时期，罗马人仍然对其东方各行省的城市采取赋予“自由”与“自治”，保持其地方特色的政策。

政治正确与否是罗马人决定对小亚城市态度的主要原则。无论是在对待外部敌人时，还是内部出现王位继承之争，城市的立场都影响了其“自由”与“自治”是将延续还是被褫夺，甚至城市政权的更替。在行省设置之初，罗马人可能并未干预这些希腊式城市的内政，第一次米特里达特战争（公元前89—前85年）是亚细亚行省历史的转折点。许多城市对米特里达特的举事持支持态度，苏拉（Sulla）在重新征服这些区域之后，调整了这些区域的地方行政体系，许多城市于是开始采用苏拉纪年。在西塞罗的时代，这些城市的制度已经开始以罗马为范，从此时起，城市自由就只是那些在战乱之时仍对罗马效忠者的特权。西塞罗提到阿波罗尼斯由于忠于罗马人，在米特里达特手中受尽磨难，有可能是苏拉将其解救出来，并赋予“自由”。[1]同样被苏拉赋予自由的还有卡里亚的斯特拉托尼凯亚，同时获得了城乡的土地和赋税。[2]由于塔尔苏斯僭主在内战中支持安东尼，奥古斯

1 Cicero, *Pro Flacco*, 71.

2 *OGIS*, 441.

都就派了阿泰诺多罗斯将僭主赶下台，重组城市政府。[1]塞维鲁皇帝（Septimius Severus）因为尼凯亚支持他的竞争对手佩斯凯尼乌斯·尼盖尔（Gaius Pescennius Niger）而迁怒该城，并且剥夺了它的城市地位。[2]

罗马帝国统治时期沿用了希腊化时期小亚城市的大多数城市机构，从总体上看，似乎并未给这些城市的政局带来革命性的变化。然而，罗马在政治文化上也有自己独立的体系，帝国时代的时局也会对城市官职的职能、任期和地位产生影响。在罗马人的影响下，这些城市也设立了不少新官职。例如，审计官（logistai，可能对应拉丁语的curatores）负责审查希腊城市，包括城市议事会和其他社会组织在内的财政状况；[3]评估官（timetai，可能对应拉丁语的censor）有可能是负责评估财产，作为罗马人征税的依据。[4]希腊化时期，小亚城市的官职通常都有固定的任期，终身任职的职位只出现在宗教职位上。罗马统治时期，终身任职依旧主要适用于希腊宗教的神职人员，但已经开始扩展到新设立的罗马女神祭司和奥古斯都祭司（neokoroi）。[5]甚至一部分世俗官职，如在以弗所、特拉雷斯、士麦那等城市的赛会裁判（agonothetes），比提尼亚的阿帕米亚的体育馆监督（gymnarsiarches）等，也出现了终身任职的情况。[6]

罗马帝国虽然在名义上保持了城市政府的延续，但也重新组织了东方行省的行政体系。例如，在亚细亚行省境内分了多个司法区

1 Sviatoslav Dmitriev, *City Government in Hellenistic and Roman Asia Minor*, Oxford: Oxford University Press, 2005, p. 308.

2 Ruprecht Ziegler, "Die Polis in der römischen Kaiserzeit: Selbstdarstellung und Rangstreitigkeiten," in Günther Hödl and J. Grabmayer, *Leben in der Stadt. Gestern-heute-morgen*, Wien, Köln and Weimar: Böhlau, 1995, s. 91.

3 Sviatoslav Dmitriev, *City Government in Hellenistic and Roman Asia Minor*, p. 189.

4 Sviatoslav Dmitriev, *City Government in Hellenistic and Roman Asia Minor*, p. 200.

5 Sviatoslav Dmitriev, *City Government in Hellenistic and Roman Asia Minor*, pp. 217-223.

6 Sviatoslav Dmitriev, *City Government in Hellenistic and Roman Asia Minor*, p. 220.

(dioceseis或conventus)。根据普林尼，设法庭的城市包括菲洛美里翁(Philomelion)、辛那达(Synnada)、帕加马、士麦那、萨尔狄斯、以弗所、特拉雷斯、迈安德河畔的马革尼西亚、阿拉班达、吕库斯河畔的劳狄西亚、阿帕米亚等，这些城市大多为原希腊化城市所在，有的甚至仍在沿用希腊化时期的地名。[1]可见，罗马人在继承希腊化城市制度和行省制度的基础上，对地方的行政体系做了改革。由于原有的希腊化城市业已成为所在地区的政治、经济和文化中心，这些城市自然也被罗马人作为地方统治中心沿用。官方的地方统计调查就是以司法区为单位展开的。

2. 帝王崇拜与帝国统治

罗马帝国时期，小亚城市逐渐开始流行帝王崇拜。帝王崇拜往往以宗教仪式的形式呈现，又往往与现实政治有着千丝万缕的联系。希腊化时期的国王崇拜应是其直接源头。

对于东部行省的城市而言，帝王崇拜并不陌生，希腊化时期这些城市大多有过希腊化国王崇拜的经历，国王崇拜对于组织大规模的地方社会有着明显的助益。崇拜通常由政权中心创立，其崇拜地往往也位于其地理中心。从希腊化时期开始，希腊化王国就已经积累了通过宗教崇拜组织规训地方社会的成功范例。罗马帝国不仅在规模上，而且在政权的统治方面都前无古人。士麦那早在罗马人与安条克三世交锋之时就请求在当地设立对“罗马女神”的崇拜，但是罗马人直到公元前29年才批准这一请求。[2]同时，奥古斯都还批准在亚细亚行省的以弗所和“比提尼亚和本都”行省的尼凯亚设立罗马女神和凯撒崇

1 A. H. M. Jones, *The Cities of Eastern Roman Provinces*, Oxford: Clarendon Press, 1998, pp. 61ff.

2 Erich S. Gruen, *The Hellenistic World and the Coming of Rome*, Berkeley: University of California Press, 1984, pp. 178-179; Sviatoslav Dmitriev, *City Government in Hellenistic and Roman Asia Minor*, p. 248.

图10-1-1
“皮西狄亚附近的安条克城”的奥古斯都神庙复原图

拜，此外还批准了在帕加马、尼科米底亚对他本人的崇拜。[1]

然而，在帝国初期，正如帝国政府仍然披着共和的外衣一样，奥古斯都也不愿意公然以共和破坏者的形象出现，通常要求城市将其本人的崇拜与罗马女神的崇拜并立，以减轻民众的反感。在奥古斯都死后，小亚的一些城市修建了奥古斯都神庙，如“皮西狄亚附近的安条克城”（Antiocheia near Pisidia）。（图10-1-1）以弗所的“塞巴斯托伊”神庙，最早称图密善（Domitian）神庙，是弗拉维王朝（Flavian dynasty）的帝王崇拜。此后，小亚城市中的帝王崇拜愈发盛行，在主要的希腊式城市都建立了帝王崇拜的神庙或圣所。

帝王崇拜往往参与地方传统的宗教节庆，帝王崇拜地通常也都位于圣所和神庙之间，为诸神所做的献祭同时也表达了对罗马皇帝的保佑。即便那些专门为皇帝设立的节庆、神庙，为皇帝做的献祭通常也模仿地方最熟悉的敬奉诸神的做法。以帕加马为例，帕加马人在医神阿斯克勒皮乌斯（Asclepius）的神庙设立帝王之家，将图拉真（Trajan）的崇拜与宙斯崇拜（Zeus Philios）并立。[2]以弗所则在议事会旁设立对罗马女神与凯撒的崇拜之所。奥古斯都批准设立

1 David Magie, *Roman Rule in Asia Minor: To the End of the Third Century after Christ*, Princeton: Princeton University Press, p. 106; Sviatoslav Dmitriev, *City Government in Hellenistic and Roman Asia Minor*, p. 248, note 7.

2 S. R. F. Price, *Ritual and Power: The Imperial Cult in Asia Minor*, Cambridge: Cambridge University Press, 1984, p. 252.

该神庙，主要供亚细亚行省罗马公民崇拜之用。在阿尔特米斯神庙（Artemision）旁设立奥古斯都崇拜之所（Sebasteion/Augusteum），但并没有将崇拜堂设在神庙里面，而是各有各的管辖范围（precinct）。除了在宗教圣地建立帝王崇拜之外，以弗所人在城邑内部也设立奥古斯都崇拜之所。[1]

城市设立罗马帝王崇拜之所不仅仅是对罗马忠诚的宣誓，也是将帝王崇拜纳入到城市传统的崇拜体系中，将城市纳入到整个帝国的帝王崇拜体系中的一种方式。城市之间在帝国赋予的自治权限的程度高低和征税多少等问题上展开竞争，帝国在这种同等政治体竞争中受益，在地方统治上占据主动。

帝王崇拜的意义不仅在于其融入了城市宗教自治体系，还在于与帝国政治宣传之间的关联。其中一个表现就是用罗马统治者之名给城市重新命名。

罗马人最初并没有以凡人之名命名城市的传统，在扩张的过程中虽然建立了一系列殖民地，但仍普遍沿用当地原有地名。公元前1世纪庞培在征服本都之后，将欧帕托利亚（Eupatoria）重命名为Magnopolis，即以其本人的头衔“magnus”命名。除此之外，他还建立了多座以其本人名字命名的城市，称庞培亚（Pompeia）或庞培奥波利斯（Pompeiopolis）。[2]庞培采用这样的命名方式，与这些曾经受希腊化王国统治的地区的命名传统有关。

此后罗马开始向帝国时代过渡，统治者崇拜愈演愈烈，因此，在其统治的“罗马的东方行省”（the Eastern Roman Provinces）出现

---

1 S. R. F. Price, *Ritual and Power: The Imperial Cult in Asia Minor*, p. 254.

2 关于西里西亚的庞培奥波利斯（Pompeiopolis in Cilicia），参见Georgius Cyprius, *Descriptio*, 41. 关于帕夫拉戈尼亚的庞培奥波利斯（Pompeiopolis in Paphlagonia），参见Strabo, *Geography*, 12.3.1; Cassius Dio, *Roman History*, 37.20.2. 该城约建于公元前64年，根据铭文及其他考古发现，可以确认位于今土耳其城市Taşköprü（土耳其语，意为石桥）。C. Marek, s.v. “Pompeiopolis,” in *Brill's New Pauly*.

了更多的此类城市，如纪念凯撒的凯撒利亚（Caesarea）[1]和尤里亚（Ioulia）或尤利奥波利斯（Iouliopolis）。

卡帕多西亚的凯撒利亚，初名玛扎卡（Mazaka），曾被阿里亚拉泰斯四世（Ariarathes IV）改名为尤西比亚（Eusebeia），以其别称尤西比斯（Eusebes，意为虔诚者）命名，后又成为罗马帝国治下卡帕多西亚行省的首府，命名为凯撒利亚。

公元前31年，罗马人在尼凯亚（即尼西亚）通往安基拉（Ancyra）之路跨越斯科帕河（Skopas）处建立了一座尤利奥波利斯（Iuliopolis/Juliopolis）。该城曾是本地王朝克莱昂（Cleon）的王庭所在，位于加拉提亚的腹地，降于奥古斯都之后遂更名向其致敬。曾经改名为“基德诺斯河畔的安条克”的塔尔索斯，也被罗马人更名为尤利奥波利斯，向凯撒出身的尤利乌斯家族致敬。[2]

塞巴斯托斯（Sebastos），本为希腊人对奥古斯都的敬称，奥古斯都在小亚和“黎凡特”地区也建立了不少以本人命名的城市，称塞巴斯特（Sebaste）或塞巴斯提亚（Sebasteia）。[3]弗里吉亚的塞巴斯特位于辛德河（The Sinders）河谷东缘，建城时还采取了希腊式的居地兼并方式，将周边的村镇并入。

除此之外，还有吕底亚的安东尼奥波利斯（Antoniopolis）、克劳狄亚（Claudia）[4]和克劳狄奥波利斯（Claudiopolis），纪念图拉真的图

1 根据保利威索瓦辞书，名为凯撒利亚的城市共有17座。参见*RE*, s.v. “Caesarea”. 卡帕多西亚的凯撒利亚（Caesarea in Cappadocia），参见s.v. “Caesarea,” in *Brill's New Pauly*. 位于今土耳其城市Kayseri，其现代地名显然由Caesarea一名演变而来。

2 关于比提尼亚的尤利奥波利斯，参见Strabo, *Geography*, 12.574; Pliny, *Natural History*, 5.143, 149; Ptolemy, *Geography*, 5.1.3; M. Ruge, *RE*, s.v. “Iuliopolis 1”. 关于卡帕多西亚的尤利奥波利斯，参见Ptolemy, *Geography*, 5.6.25; Weissbach, *RE*, s.v. “Iuliopolis 3”. 关于塔尔索斯的改名，参见*RE*, s.v. “Tarsos in Kilikien”.

3 参见Ptolemy, *Geography*, 5.6.9; Pliny, *Natural History*, 6.8.

4 关于叙利亚的阿帕米亚改名为克劳狄亚，参见Jean-Charles Balty, “Claudia Apamea. Données nouvelles sur l’histoire et la topographie d’Apamée,” *Comptes rendus des séances de l’Académie des Inscriptions et Belles-Lettres*, Vol. 144, 2000, pp. 459-481.

拉真城（Traianopolis），[1]纪念哈德良的哈德良城（Hadrianopolis）等。[2]希律王则将安塞顿（Anthedon）重命名为阿格里皮阿斯（Agrippias）。

在罗马帝国建立的这些城市中，影响力最大的莫过于改建自古希腊城邦拜占庭的君士坦丁堡（Constantinopolis）。可见，至晚于奥古斯都时期，罗马人开始沿用希腊化时期的行政中心，将战略要地改建为自己名下的城市，并仿效了希腊化的新城命名方式和社会组织方式。

3. 城市精英与城市建设

城市建设有两个决定因素：第一，时代的偏好与族群、地域的传统决定建筑的种类与功能；第二，自然与技术条件决定建筑材料和建筑方法。与帝国西部相比，东部行省的城市已经经历过希腊化时期，甚至更悠久的城市化历程。然而，罗马帝国时期这些区域的城市建设却丝毫未减弱，目前所见的小亚城市遗址大多都为罗马帝国时期的遗存。

罗马帝国统治时期，希腊化程度较高的小亚各希腊式城市热衷建城主要有以下两个原因。

第一，帝国通过建立罗马殖民地的方式安置老兵，以平息地方反抗，震慑动乱分子，加强对地方的控制。为了给这些老兵创造适应的生活环境，罗马帝国在建设方面耗费了大量资金，为移民到这些殖民地的罗马公民提供熟悉、适宜的环境，又重修、扩建旧建筑，将希腊式的公共空间转变为罗马式的，例如将希腊市场（Agora）转变为罗马市场（Forum）。但他们也会修建新建筑，例如神庙和纪念碑等

---

1 名为图拉真城的至少有四座，分别位于色雷斯赫布鲁斯河畔（Hebros）、大米西亚和西里西亚（两座）。参见Eugen Oberhummer, *RE*, s.v. “Traianopolis 1”; W. Ruge, *RE*, s.v. “Traianopolis 2-4”.

2 改名为哈德良城的米西亚的斯特拉托尼亚，参见Buerchner, *RE*, s.v. “Hadrianopolis 1”. 此外，还有利考尼亚、卡里亚、比提尼亚、比西迪亚、西里西亚、吕西亚、色雷斯以及埃及西部的九座哈德良城。

纪念性建筑。这些士兵通过与当地人的交流，不仅逐渐适应了各地带有不同希腊化程度的地方文化，而且将罗马人的语言和风俗带到了地方，使罗马文化元素融入到当地的希腊化文化中去。

第二，城市贵族为了获得自身利益而积极推动城市建设。在小亚城市中掌权执政的通常是希腊人或希腊化的当地贵族，往往都被罗马人赋予公民权，这些人往往通过服兵役，在返乡之前取得高阶军职或行政职务，最终甚至入选元老院。公元1世纪后半期的元老中有17%来自各行省，其中多数集中在帝国西部，到了公元2世纪后半期，这一比例达到了58%，其中又有约57%的人来自东方。[1]其入选原因主要与其财富和文化有关。慈善和赞助是希腊化时期以来特别盛行的行为。希腊化时期，为了提升社会地位，地方城市精英热衷慈善。到了罗马统治时期，地方精英为了成为各种崇拜的祭司，取得罗马公民权和城市官员的职位，甚至入选罗马元老院，总而言之就是为了罗马人的各种特权而热衷于行善。这些精英往往因为善举而被塑像，从而点缀了城市公共空间，也成为当地人效仿的对象。这对于向城市公民宣传对罗马帝国的忠诚与奉献无疑大有裨益。因此，这些新贵族的出现对于罗马帝国重建地方秩序非常重要，对城市建设的推动作用更是显著。[2]

许多大型城市建筑、耗资巨大的节庆和赛会都由这些富裕的新贵族捐助。这些特权阶层在政治上接受罗马化之前，都接受了希腊式的教育，由其赞助的城市建设不免带有浓厚的希腊化色彩。

列柱街道（colonnade streets）和纪念雕像是罗马统治时期小亚城市最引人注目的城市景观。不少城市将主要街道改造成列柱街道，两

---

1 Michael Sage, *Septimius Severus and the Roman Army*, Philadelphia: Pen and Sword Military, 2020, pp. 1-2.

2 参见 Arjan Zuiderhoek, *The Politics of Munificence in the Roman Empire: Citizens, Elites and Benefactors in Asia Minor*, New York: Cambridge University Press, 2009.

旁树以一系列常人大小、衣着光鲜、摆放位置明显的雕塑，以表现希腊—罗马世界熟知的神话故事、历史人物和政治传统。（**图10-1-2、3、4、5**）罗马的地方精英对城市景观的规整大气与和谐美观相当重视，他们将大量的资金投入到慈善和公益中，可能也是为了消除民众对他们日益增长的财富和权力的担忧，但更是为了借街道建设这样难得的机会

图10-1-2
以弗所阿卡狄亚列柱大街

图10-1-3
帕加马列柱大街

图10-1-4
阿弗罗狄西阿斯的塞巴斯提翁神庙旁的列柱大街

图10-1-5
弗里吉亚的希耶拉波利斯列柱大街

图10-1-6
使用方琢石穹顶的希耶拉波利斯浴场

系统地呈现精英们所理解的理想社会，这有助于增强社会凝聚力和认同感。为了向周边城市宣示本城的影响力和优越感，更为了向帝国表示忠心，不少城市的街道建设常与皇帝以及行省总督巡游地方直接相关。列柱街道是罗马帝国追求恢弘且和谐的象征。[1]

小亚自然资源丰富，盛产各种石料。罗马帝国时期的建筑穹顶与外墙使用的建筑材料主要有方琢石（ashlar）和砂浆鹅卵石（mortared rubble）。方琢石是古希腊常用的传统石料，希腊化—罗马时期小亚使用的方琢石主要是大理石和硬石灰岩，如西里西亚的希腊式城市卡斯塔巴拉的希耶拉波利斯的浴场穹顶。[2]（图10-1-6）砂浆鹅卵石是罗马帝国时期小亚城市砌墙的主要材料。（图10-1-7、8、9）

图10-1-7
萨尔狄斯浴场—体育馆冷水浴池使用砂浆混凝土砌成的墙，公元2世纪晚期—公元3世纪早期

1 Pelin Yoncaci, *Roman Urban Space Framed by Colonnades: Mediating between Myth, Memory and History in Ephesus*, PhD. Diss., Middle East Technology University, pp. 121-125.

2 Fikret Yegül and Diane Favro, *Roman Architecture and Urbanism. From the Origins to Late Antiquity*, Cambridge: Cambridge University Press, 2019, pp. 603ff.

图10-1-8
埃莱乌萨·塞巴斯特港口浴场砖墙

图10-1-9
帕加马使用混合材料的萨拉皮斯神庙

4. 城市文化的发展与转型

在小亚，城市作为罗马帝国从塞琉古王国和帕加马王国继承的希腊化文明遗产，在基本规划和布局、城市制度、经济和社会网络以及宗教和艺术等方面都普遍延续着一定的希腊化特点。但在罗马帝国统治期间，由于政局的变动和族群关系的变化等原因，小亚的城市文化也发生了改变，主要表现在以下几方面。

第一，公共空间功能与性质的变化。城市设施日益完善，图书馆、浴场是罗马统治时期城市公共建筑的代表。小亚希腊式城市中的图书馆可溯源至攸麦尼斯二世时所建的帕加马图书馆。罗马统治时期最典型的城市图书馆莫过于以弗所的凯尔苏斯（Celsus）图书馆，它以其绝佳的位置、壮观的立面而著名于世。除此之外，萨加拉索斯（Sagalassos）、尼萨（Nysa）等希腊式城市也都建有图书馆。

第二，日益重视竞技。城市原本是参与竞技的基本单位，也是训练的主持者，至少有一座体育馆用以公民训练，有一套成熟的青少年训练方式。竞技比赛优胜者会被授予奖励。

第三，一些希腊式城市成为新的重要文化中心，人才辈出，有可能是文化教育水平发展的结果。有不少古典作家开始出自罗马东部行省，其中最突出的是吕底亚和卡里亚。公元前1世纪开始，吕克斯河畔的劳狄西亚出了修辞学家泽诺（Zeno），叙利亚的阿帕米亚出了著名哲学家和历史地理学家波斯多尼乌斯（Poseidonios），叙利亚的安条克城出了诗人阿尔吉亚斯（Aulus Licinius Archias），尼科米底亚（Nicomedia）出了历史学家阿里安，尼凯亚出了历史学家狄奥·卡西乌斯（Dio Cassius）。

第四，希腊式城市进一步融入丝路交通网络。希腊化时期，新建的希腊化城市以及地方王朝建立的仿希腊化城市已经遍布小亚各地区的战略要地。但是，无论塞琉古王国还是帕加马王国都无法完全掌控该地区，政局的动荡更限制了该区域的连通性。然而，随着罗马人完成征服，到公元1世纪初期，小亚内陆地区已经得到了迅速的开发。起自小亚西部沿海的贸易路线可以顺利延展到内陆的卡帕多西亚等地区。根据斯特拉波的记载，卡帕多西亚盛产精美的代赭石，原本商人们通常将这些矿石运往黑海沿岸的西诺普（Sinope），直到从以弗所深入卡帕多西亚的道路贯通才改变贸易路线。[1]除此之外，来自小亚中部的奴隶也经此路线贩往以弗所。[2]由此可见，罗马帝国的军事征服和政治统一有助于内陆交通，尤其是丝路西段贸易网络的开拓，便于内陆人员与商品向小亚西海岸港口输出。

5. 代表性城市

这一时期，罗马帝国时期小亚的希腊式城市不胜枚举，其中尤以西海岸的重要港口城市与内陆交通枢纽城市的发展最令人瞩目，以下仅举以弗所、塔尔苏斯（Tarsus）等城为例。

（1）以弗所

罗马帝国时期，以弗所成为亚细亚行省的首府，经历了一段和平和繁荣时期。以弗所现存的多数遗址为奥古斯都和提比略（Tiberius）时代所建，如主席团议事厅（prytaneion）、跑马场（hippodrome stadium）以及供水管（aqueduct lines）。一直到公元180年左右，城市发展都较迅速。罗马帝国时期整修了剧场，新建了音乐厅（odeon）、凯尔苏斯图书馆（library of Celsus）、城市广场、浴场和公厕。

罗马帝国的商业枢纽在以弗所，以弗所的商业中心在市场。这一市场大约112米见方，四面都有两层画廊，大约始建于公元23年提比略统治时期，至少公元43年左右已经投入使用，彻底竣工于公元50年左右。以弗所的人工港与市场息息相关，西去东来的货物在此转运。

1 Strabo, *Geography*, 12.2.10.

2 *I. Ephesos*, Ia. 13. ii.18.

（2）塔尔苏斯

塔尔苏斯位于西里西亚，公元前2世纪初得名卡吕卡德诺斯河畔的安提奥奇亚。公元前67年，庞培肃清了西里西亚的海盗，征服了塔尔苏斯，将其设为西里西亚行省首府。为了取悦凯撒，这座城市重命名为尤利奥波利斯（Iuliopolis）。罗马帝国时期这座城市成了一座文化之都，其学园培养出了奥古斯都之师卡那那人阿泰诺多罗斯（Athenodorus Cananites），更保证了帝国对这座城市的赞助。西里西亚行省拆分后，塔尔苏斯仍是第一西里西亚行省的行政和宗教中心，修建有宫殿、市场、道路、桥梁、浴场、喷泉和水利工事，在库德诺斯河畔建有一座体育馆和运动场。后来附近的阿达纳（Adana）发展起来，削弱了塔尔苏斯的地位，但仍然是重要的港口和造船厂。公元前66年，恢复了旧名"塔尔苏斯"，在凯撒死后又被命名为尤利奥波利斯。

罗马帝国时期是塔尔苏斯最繁荣的时代，古典作家金嘴狄奥（Dio Chrysostom）称它是西里西亚城市中最大的一座。罗马统治时期该城最著名的城市建设应是罗马人精心铺筑的街道，还带着罕见的排水系统，耗资巨大。此外，塔尔苏斯是密特拉崇拜和帝王崇拜的重要中心。

（3）特洛亚的亚历山大里亚

特洛亚的亚历山大里亚是希腊化时代早期通过兼并村镇方式所建的最典型的希腊化城市。目前所见的遗存也足以证明这座城市曾经的规模和地位，在最繁荣的时候这座城市可能有十万人口。根据斯特拉波，奥古斯都在这座城市范围内建立了一处殖民地，名为"特洛亚的亚历山大里亚·奥古斯塔殖民地"（Colonia Alexandria Augusta Troas）。[1]奥古斯都、哈德良和富有的语法学家"阿提卡的海罗戴斯"（Herodes Atticus）都曾经为城市的发展作出了重要贡献。罗马帝国时

---

1 Strabo, *Geography*, 13.1.52.

期所建的引水渠仍残存至今，就是海罗戴斯的杰作。

（4）特拉雷斯

特拉雷斯在塞琉古王朝时期被重命名为塞琉西亚。公元前129年，阿里斯托尼库斯举事之后，特拉雷斯支持阿里斯托尼库斯，反对罗马人。罗马人获胜之后剥夺了城市发行钱币的权利。特拉雷斯在罗马共和国统治时期是司法区驻地，米特里达特战争中再为叛军所占，不少罗马人在此期间被杀，后来以弗所取代了它在司法区的地位。特拉雷斯在公元前26年的地震中受灾严重，奥古斯都提供了资金助其重建，后来这座城市因此改名作凯撒里亚。奥古斯都时代该城发行的城市钱币正面出现了行省总督的侧面头像，呈现出明显的罗马统治痕迹。**（图10-1-10）**

图10-1-10
奥古斯都时代特拉雷斯发行的铜币，正面为行省总督维狄乌斯（Vedius Pollio）的侧面头像，反面是戴桂冠的宙斯

（5）吕库斯河畔的劳狄西亚

公元前133年之后，吕库斯河畔的劳狄西亚易手于罗马人，该城在米特里达特战争中遭到了大规模的破坏，但在罗马人平息动乱之后又迅速恢复。罗马共和晚期到帝国初期，得益于其在商路上的优越位置，成为小亚最重要和最繁荣的商业都会之一。这座城市所在区域地震频发，尤其是尼禄统治时期的大地震几乎彻底摧毁了这座城市。但是居民没有接受帝国的支援，而是自力更生。该城富有的地方精英重建了一系列公共建筑和城市基础设施，包括目前仍残存的列柱大街、剧场和桥梁等。

第二节 “黎凡特”地区

与希腊化晚期已经高度希腊化的小亚相比，“黎凡特”地区的希腊化是有限的。有限的希腊化居民主要集中在原来的希腊化城市，原生族群则有着迥异的面孔，希腊语通行也有限，在宗教、艺术、民俗上仍保留着浓厚的原生族群风格。对于罗马帝国而言，“黎凡特”地区由于位于抵御帕提亚以及后来的萨珊波斯的东方前线，与小亚地区相比，其战略意义更加重要。

一、罗马在“黎凡特”地区的征服

从公元前129年安条克七世在东征帕提亚时全军覆没开始，塞琉古王朝的统治就急剧衰退，不断陷入王朝内乱、地方割据的困局中。希耶拉波利斯·班比克（Hierapolis Bambyke，今叙利亚曼比季）和贝罗伊亚（Beroia，今阿勒颇）都为赫拉克莱昂家族（House of Herakleon）统治。阿拉伯人则以奥龙特斯河上游的埃麦萨（Emesa，今霍姆斯）为中心建立了半游牧半定居的王国。叙利亚的腓利一世（Philip I，公元前95—前84/83年）去世之时，塞琉古王朝控制的可能只有安条克城和阿帕米亚等寥寥数城而已。此时，亚美尼亚的提格拉奈斯大帝（Tigranes the Great）也西向扩张，在叙利亚称王。但是，罗马人直到公元前1世纪中叶之前一直忙于米特里达特战争，其东方政策并不明确，无意兼并新领土。

公元前69年，罗马执政官卢库鲁斯（Lucullus）率军征服安纳托利亚，并直指亚美尼亚新都提格拉诺凯尔塔（Tigranocerta），提格拉奈斯匆匆从叙利亚返回，这理论上给了塞琉古王朝以喘息之机。但是，王朝仍有两位继承人争位：安条克十三世控制皮埃里亚的塞琉西亚，腓力二世（Philip II，公元前84/前83年）的基地则在奇里奇亚的一隅。在这些争端未得到解决之时，公元前65年末，庞培率军越过了陶鲁斯山，他对叙利亚的情况早已有了充分的了解，次年顺利地吞并了叙利亚，最终设立了叙利亚行省。

罗马人在叙利亚统治之初，主要以防范帕提亚进犯为主。直到十余年后，克拉苏的征服才将两个帝国的战场争夺推进至两河流域中游，从此掀开了罗马—帕提亚长期对抗的序幕。但两个帝国的交锋不仅限于近东地区的战场，而且通过外交活动涉及双方的内战。在公元前53年的卡莱（Carrhae）战役中，罗马将军克拉苏（Crassus）战败，这使得帕提亚人打开了通往叙利亚之路，且控制了亚美尼亚，并于公元前51年占领了安条克城。叙利亚总督卡尔普尔尼乌斯·比布鲁斯（Marcus Calpurnius Bibulus）趁帕提亚内乱之机发动反击，驱逐了入侵的帕提亚军队。帕提亚人则通过拉拢科马根尼（Commagene）、埃德萨以及叙利亚的地方精英，牵制叙利亚行省当局。

罗马的共和派在内战中失利后，卡西乌斯和拉比埃努斯（Titus Labienus）前往帕提亚寻求军援，帕克罗斯（Pacoros）于是应邀在公元前40年入侵叙利亚。受安东尼的委派，文提狄乌斯（Publius Ventidius Bassus）在宙格玛击败了帕提亚军队，并且在根达罗斯（Gindaros）杀死了帕克罗斯。从此时起，罗马逐渐占据主动，通过干涉帕提亚王位继承，保障了叙利亚的和平。“黎凡特”地区在经历了塞琉古王朝后期以来的动荡之后，城市普遍呈现衰退景象，直到罗马人在此正式立足之后才逐渐复苏。

二、罗马统治下的主要希腊式城市

1. 奥龙特斯河畔的安条克城

在罗马共和国晚期，庞培和恺撒就已经以修建公共建筑来表示对这座叙利亚首城的关注。奥古斯都将帝国的行省分为元老院行省、元首行省和总督行省。由于战略意义重大，叙利亚被列为元首行省，由元首军团司令（legatus Augusti）管理。安条克城就是叙利亚行省的首府，有时在帝国外交上扮演重要角色，例如，大马士革的尼科劳斯（Nikolaos of Damascus）在安条克城的时候还遇见了自印度而来觐见奥古斯都的使节。[1]不仅如此，安条克城作为叙利亚行省的首府，在抵御帕提亚的侵袭上发挥了重要的前线中枢作用。城市的政治和军事地位刺激了经济的繁荣和人口的增长，它作为欧亚大陆最重要的贸易路线的终端的地位日益稳固，扮演着商贸中心和文化交流中心的角色，也成为帝国官员和知识精英最青睐的城市。

文献和考古证据都足以证明，帝国时代以来，安条克城城市建设的发展，不仅将城市罗马化，也使其恢复自塞琉古王朝以来的风采。奥古斯都、阿格里帕（Agrippa）以及提比略都对公共建筑的新建与修缮特别关注。根据公元6世纪安条克城当地的编年史家约翰·马拉拉斯（Ioannes Malalas）的记载，奥古斯都的女婿阿格里帕开辟了一片新区，并以其本人命名（ἡ γειτνία Ἀγριππιτῶν），其中还有一个公共浴场。同时，在城外的山坡下的一眼泉水旁又修建了一座公共浴场。由于城市人口的增加，从阿格里帕到提比略都参与了剧场的扩建，增加了剧场的座位。奥古斯都时代，安条克城开始举办赛会，成为当时罗马帝国最重要的赛会之一。[2]在公元43/44年，该赛会正式被批准为奥林匹克赛会。另外，奥古斯都到提比略统治时期修建的贯穿城市的列柱大街也是古代世界最早的景观大道。在提比略时期，可能还修缮了安条克四世时期开辟的埃皮凡尼亚区（Epiphaneia），并为该区修建了城墙。还修缮或重建了“卡皮托林的朱庇特神庙”（Temple of

---

1 Strabo, *Geography*, 15.1.73.

2 Ioannes Malalas, *Chronographia*, 224.22-225.2, 248.5ff.

Jupiter Capitolinus，可能即安条克四世所建的宙斯神庙）；[1]修建了狄奥尼苏斯神庙，神庙前还立有狄奥斯库里兄弟塑像；在剧场后的山坡上修建了潘神庙。[2]为了向提比略的善举致敬，安条克城的议事会和人民在列柱大街上的"城市之脐"（omphalos of the city）立了一尊提比略的青铜像。

公元115年，当图拉真因东征在安条克城过冬之时，安条克城发生了一场强烈地震，城市受损严重。图拉真在震后除了修缮主街之外，还修建了纪念性的拱门，并最终使剧场竣工，剧场里立有安条克城地位第三高的神卡利奥佩（Kalliope，次于宙斯和阿波罗）雕像，在城郊的达夫尼（Daphne）建了阿尔特米斯神庙。[3]根据马拉拉斯的描述，由于人口持续增长，哈德良又开辟了新区，还修建了引水渠和以其本人命名的公共浴场。[4]

2. 奥龙特斯河畔的阿帕米亚

从提格拉奈斯入侵叙利亚时起，阿帕米亚的自治地位得到了承认。直到共和晚期帕提亚和拉比埃努斯入侵期间发行的钱币仍有币文"不可侵犯"（asylos），可能反映了该城仍然维持着一定的自治地位，此后其币文"神圣且自治的"（ἱερὰ καὶ αὐτόνομος）从安东尼统治时期一直延续至公元前30/29年。公元前4/3年，其钱币上开始出现奥古斯都头像，到公元14/15年换成了提比略头像，直到克劳狄统治时期被重命名为克劳迪亚·阿帕米亚为止。[5]根据贝鲁特出土的一篇墓志

---

1 Ioannes Malalas, *Chronographia*, 232.22ff, 230.10-11; Livy, *Ab Urbe Condita*, 41.20.9.

2 Ioannes Malalas, *Chronographia*, 235.6-7.

3 Glanville Downey, *A History of Antioch in Syria: From Seleucus to the Arab Conquest*, Princeton, NJ.: Princeton University Press, 1961, pp. 214-218.

4 Glanville Downey, *A History of Antioch in Syria: From Seleucus to the Arab Conquest*, pp. 221-223.

5 J. Balty and J. C. Balty, "Apamée de Syrie, archéologie et histoire. I. Des origines à la Tétrarchie," in Hildegard Temporini, ed., *Aufstieg und Niedergang der römischen Welt*: II. 8 *Principat: Politische Geschichte (Provinzen und Randvölker: Syrien, Palästina, Arabien)*, Berlin and New York: Walter De Gruyter, 1978, p. 120.

铭文所载，公元6年阿帕米亚城拥有11.7万人。[1]

如果说希波达姆斯网格式城市布局是希腊化城市的重要特征，那么，壮观、和谐的列柱街道就是罗马城市的标志。罗马统治时期，这些希腊化城市的基本格局，尤其是主街的基本走向得到了保留，由于帝国的支持以及地方精英的赞助，贯穿城市主要公共空间的城市主街普遍作了改造。阿帕米亚就是其中的代表，其列柱大街也是目前保存较好、规模较大的一处。

3. 宙格玛

幼发拉底河中游从公元前1世纪末开始就是罗马与帕提亚相争的前沿地带。宙格玛作为希腊化时期以来幼发拉底河上最重要的渡口城市，其战略要塞的地位之高自然毋庸赘言。根据对宙格玛遗址所做的考古调查可知，公元1世纪早中期宙格玛城市的面积和市场面积都呈现扩大的迹象，这很有可能正是罗马进占宙格玛的证明。公元66年左右，斯基泰第四军团进驻宙格玛，在城西的巴赫克谷地（Bahce Dere）扎营，有大量刻有军团名的瓦片为证。罗马城市的政治与宗教中心也位于宙格玛城西。一直到公元2世纪中期为止，该城一直兼有市民社会与军事要塞的性质。

1993—2000年间，抢救性考古发掘出了10座房屋，基本上都是模仿地中海风格的庭院式柱廊建筑，有大量的马赛克、灰泥和壁画装饰。其中属于罗马统治时期的建筑中最有代表性的是波塞冬之家和帕西法埃之家（the house of Pasiphae），都发现了表现希腊神话主题的马赛克。

4. 杜拉·欧罗普斯

在杜拉·欧罗普斯城市遗址的南面，发掘出了公元1世纪的罗马

---

1 J. Balty and J. C. Balty, "Apamée de Syrie, archéologie et histoire. I. Des origines à la Tétrarchie," in Hildegard Temporini, ed., *Aufstieg und Niedergang der römischen Welt*: II. 8 *Principat: Politische Geschichte (Provinzen und Randvölker: Syrien, Palästina, Arabien)*, p. 117.

临时军营遗址，证明了罗马人对此地的占领，但罗马人似乎是从帕提亚人手中夺取此城。帕提亚正式征服并统治杜拉·欧罗普斯始于公元前113年，但似乎没有在城市建设上留下什么明显的痕迹。公元165年，罗马人占领杜拉·欧罗普斯之后对城墙中的薄弱点做了加固，并在城内扎营。由于其军镇的特殊性质，杜拉·欧罗普斯并不具备罗马城市典型的列柱街道的特点。公元257年，该城被萨珊波斯的沙普尔一世所毁。

结　语

公元前1世纪中期之后，罗马帝国灭亡了塞琉古王国，与帕提亚帝国相持于幼发拉底河一线，原来东地中海地区的希腊化城市都尽数归于罗马帝国的统治之下。此时的丝绸之路也已经拓展至东地中海地区，小亚和“黎凡特”地区已经纳入丝路贸易的网络之中。像杜拉·欧罗普斯、奥龙特斯河畔的安条克城、宙格玛等城市，既是罗马帝国东部的边城，也是丝路重镇或要津。中国史书，尤其是《后汉书·西域传》和《魏略·西戎传》中提到的诸多地名有的可能和这些城市勘同。这两书中提到的“大秦”一般认为是指罗马帝国或罗马的东方。所谓“大秦”的“四百余城”，应该就包括了这些丝路沿线的罗马城市。

（邵大路）

第十一章　罗马—埃及地区的希腊式城市与海上丝绸之路

公元前30年，罗马统治埃及，给后者带来的一个重要影响是它的商业贸易有了比托勒密埃及时代更大的市场和更多的机会，托勒密埃及时代遗留下来的希腊式城市逐渐向丝绸之路城市转变。以亚历山大里亚（Alexandria）、贝莱尼凯（Berenike）和密奥斯·荷耳摩斯（Myos Hormos）为代表的希腊式城市在托勒密埃及时代就已经是罗马对外贸易的主要出口，罗马对地中海周边的征服及其在埃及建立的统治，不仅使亚历山大里亚成为整个地中海市场的罗马帝国境内大港，拥有了更广阔的出口消费市场和更通畅的进出口环境，而且使贝莱尼凯和密奥斯·荷耳摩斯成为红海商路的重要进出口港口。

第一节　亚历山大里亚

亚历山大里亚是亚历山大来到埃及后在尼罗河口规划建设的城市。[1]亚历山大里亚城自建立之日起，就在托勒密王国的扶持下迅速发展起来，不仅拥有发达的手工业和商业，而且还与地中海世界建立

1　Strabo, *Geography*, 16.1.5, with an English translation by Horace Leonard Jones, Cambridge, Mass.: Harvard University Press, 1967.

了广泛的贸易联系。托勒密王国时期，亚历山大里亚成为都城和经济贸易中心。虽然在亚历山大里亚有埃及人、犹太人、腓尼基人、希腊人等族群，但希腊人毕竟是城市的统治者和管理者，所以托勒密王国时期的亚历山大里亚仍是个典型的希腊化城市，同时也是其最大的对外贸易中心。它对外贸易的对象主要有希腊本土、意大利本土以及阿拉伯、印度，它的海外贸易主要通过地中海和红海、印度洋实现。这些经由海路联结起来的包括诸多国家和地区在内的贸易网络，为日后海上丝绸之路西段的贯通奠定了基础。

亚历山大里亚在与希腊本土的贸易中，最重要的出口商品是粮食，另外还有玻璃、纸草、纺织品等。由于在托勒密埃及有大量的希腊和马其顿移民，他们依旧保持着希腊人的生活方式和习惯，从希腊世界进口了大量的农产品和手工产品，其中包括在希腊人日常生活中必不可少的葡萄酒、橄榄油、蜂蜜、坚果、水果、蔬菜、奶酪和羊毛等生活用品。这些进口商品的主要接收渠道就是亚历山大里亚港。它与希腊本土的进出口商品往往借助爱琴海的一些岛屿进行转运，其中最重要的就是罗德岛（Rhodos）和提洛岛（Delos）。总的来看，亚历山大里亚是托勒密王国在地中海世界的进出口中心。

尤为值得关注的是亚历山大里亚和意大利本土的贸易往来。公元前2世纪，由于罗马在东地中海的不断扩张，亚历山大里亚在商业贸易上对罗马的重要性显得尤为突出，一些罗马商人开始出现在亚历山大里亚。亚历山大里亚出口意大利的商品，除了粮食之外，主要是埃及的手工制品。公元前2世纪末，埃及通往印度的商路开通，使亚历山大里亚可以为意大利提供更多的东方奢侈品。西塞罗（Cicero）在他的演讲中曾提到，来自亚历山大里亚的商船在意大利南部港口普泰奥利（Puteoli）停靠，船上商品琳琅满目，有亚麻布、纸草、玻璃制品等。[1]斯特拉波在《地理志》中也记录过亚历山大里亚与普泰奥利之间的频

1 P. M. Fraser, *Ptolemaic Alexandria*, Vol. II, Oxford: Oxford University Press, 1972, pp. 271, 226.

繁贸易："凡是到过亚历山大里亚和普泰奥利的人都会发现这样一个事实，即亚历山大里亚的出口量远大于进口量，亚历山大里亚港的许多船都是满载商品驶向普泰奥利港。"[1]斯特拉波《地理志》中记载的事件约发生在托勒密王国末期至罗马帝国早期，说明这一时期普泰奥利是意大利接收亚历山大里亚商品的一个重要港口。

亚历山大里亚还建立起与阿拉伯地区乃至印度的贸易往来。公元前275年，托勒密二世菲拉德尔弗斯（Ptolemaios II Philadelphos，公元前282—前246年）重新开通了红海和尼罗河间的运河，[2]称为托勒密运河。通过海路从阿拉伯地区、印度进口的货物可以在红海沿岸卸载，然后转运河进尼罗河，到达亚历山大里亚。由亚历山大里亚向印度、阿拉伯地区出口商品主要有两种渠道，一是通过托勒密运河到达红海西岸转海运，二是由亚历山大里亚溯尼罗河而上，至埃及中部地区的科普托斯（Koptos）等尼罗河河港，再由这些河港通过陆运经埃及东部沙漠至红海西岸港口，由此通过红海、印度洋海路向阿拉伯地区甚至印度出口。第二种出口渠道被越来越多地利用。当然，托勒密王国时期，埃及到印度的航路尚未普遍使用。但亚历山大里亚无疑是托勒密王国与阿拉伯地区、印度进行贸易的中心城市。

罗马征服埃及之后，亚历山大里亚成为罗马埃及行省首府。虽然城中人口依然是希腊人和埃及人占据多数，但毕竟其统治权已经转移至罗马人手中，所以，亚历山大里亚不仅开始了罗马化进程，而且随着海上丝绸之路的开通，它也开始从地中海的商业中心转变为海上丝绸之路枢纽城市。值得注意的是，包括亚历山大里亚在内的罗马埃及城市的罗马化程度有限，大多城市保持着托勒密埃及时期的希腊式生活方式和"自治"模式。可以说，托勒密埃及的整套官僚体系、经济组织、财政组织和税收制度一直延续到罗马埃及时期。

---

1 Strabo, *Geography*, 17.1.7.

2 杨巨平：《亚历山大东征与丝绸之路开通》，《历史研究》2007年第4期，第154页。

亚历山大里亚在罗马帝国时期成为地中海、红海贸易圈的中心城市，主要得益于罗马帝国统一地中海周边地区，实行和平对外政策及有利于贸易发展的经济措施，以及造船海运技术的提高，印度洋季风的利用等因素。

第一，罗马帝国建立后，统治人口将近五千万，地中海形成了一个统一的大市场，客观上扩大了贸易市场，刺激了它的进出口贸易。帝国国家财富增加，集中于统治阶级手中，他们对东方的奢侈品有巨大需求，使得社会整体购买力也有所提高。

第二，奥古斯都时期，实行相对和平的对外政策，地中海世界的和平局面对罗马帝国的地中海贸易极为有利。帝国加强了埃及行省与意大利本土的联系，整顿了地中海的海上交通，在亚历山大里亚建设行省舰队，目的之一就是为了保护地中海的贸易路线。[1]罗马埃及行省牢牢控制着红海西岸，越来越多地控制了红海贸易，并因为贸易的缘故，与阿拉伯地区的统治者及其商人建立了友好关系。与托勒密埃及相比，罗马埃及更多地参与到红海、印度洋贸易之中。

埃及是奥古斯都的私产，他在埃及实行了不少促进商贸发展的举措。他命令埃及官员改善红海到尼罗河间埃及东部沙漠商路的交通条件，在沙漠商路上建立休息站和饮水处，[2]保证了红海港口进出口贸易的陆上转运，使得印度、阿拉伯地区等地的商品经由海路和埃及陆路转运越来越多地汇集至亚历山大里亚，再由此流向整个地中海市场。奥古斯都还降低了埃及商品的出口税，促进了埃及行省的出口贸易。

第三，罗马帝国的造船技术有了很大提高。罗马帝国在红海沿岸建设造船厂，可容纳数百战船以及运输船只，确立了红海海岸的主要

1 Lionel Casson, *The Ancient Mariners: Seafarers and Sea Fighters of the Mediterranean in Ancient Times*, Princeton, NJ: Princeton University Press, 1991, pp. 186-187.

2 Raoul Mclaughlin, *Rome and the Distant East*, Auckland: MPG Books Group Ltd., 2010, p. 27.

船只供应线，促进了帝国同非洲、阿拉伯半岛和印度的贸易。[1]造船技术上，罗马商船的建造开始使用榫接技术，使船体更为坚固。[2]造船材质上，罗马帝国时期也有了进步，更多地使用进口的柚木等上好木材。船体设施上，罗马的商船有较高的舷墙，保证了船只的安全。甲板上有额外的隔间和小屋，确保了船员的住宿安全，也能够存放更多货物。船上还载有可以靠岸的小船只，它们对于进入没有大船驶入条件的印度等地港口来说至关重要。

最后，公元1世纪中期开始，印度洋季风被广泛地利用。罗马埃及商船在夏季利用印度洋西南季风向印度方向行驶，在冬季利用印度洋东北季风返航。印度洋季风的利用，使罗马埃及与印度间的贸易直航成为可能而且成为普遍现象，也宣告了从罗马埃及至印度西海岸的海上丝绸之路西段的贯通。

由于印度、阿拉伯地区等地商品经由埃及陆上转运后先在亚历山大里亚汇集，再由它经海路向地中海周边市场转运，所以跨越阿拉伯海的海上丝绸之路经由亚历山大里亚扩展到了意大利本土、希腊半岛和爱琴海、小亚海岸等环地中海的港口市场，并由这些港口市场向内陆市场再次转输。可见，亚历山大里亚是海上丝绸之路在罗马帝国境内最为重要和关键的中心枢纽港口城市。

第二节　红海地区的港口城市

托勒密王国时期，在红海西岸新建了两座港口城市贝莱尼凯和密

1 M. Rostovtzeff, *Rome*, London: Oxford University Press, 1960, p. 181; Raoul Mclaughlin, *Rome and the Distant East*, p. 28.

2 Raoul Mclaughlin, *Rome and the Distant East*, p. 37.

奥斯·荷耳摩斯。它们是典型的希腊式港口城市，在托勒密王国时期便发挥着红海主要进出口港的重要作用，只是这一时期它们主要的海外贸易目的地是阿拉伯地区、包括非洲角和索科特拉（Socotra）在内的东非地区，和波斯湾、印度等地的海上来往十分稀少。

罗马帝国建立后，随着季风的利用，它们才与印度西海岸建立了频繁的海上贸易关系，发挥着越来越重要的港口功能，成为罗马帝国与阿拉伯地区、印度及东方海上贸易的主要进出口港，也成为海上丝绸之路在罗马帝国境内的主要港口城市，实现了由希腊式城市向海上丝绸之路城市的转变。但与此同时，它们也延续了托勒密王国时期的众多希腊化特征，兼具希腊式城市和海上丝绸之路城市的双重特征。托勒密王国时期新建的这两座港口城市，为罗马埃及与阿拉伯地区、印度的海上贸易，为罗马埃及时期海上丝绸之路西段的贯通，提供了扬帆远航的起点和货物的中转站。从这个意义上说，它们是海上丝绸之路上尤为重要的希腊化遗产。

一、贝莱尼凯

罗马帝国时期，贝莱尼凯迎来大发展，首先表现为它与埃及内地间商路的完善。罗马地理学家斯特拉波在《地理志》中特别强调了埃及内地至贝莱尼凯商路的重要性，认为它对于埃及的海外贸易有至关重要的影响。[1]罗马博物学家普林尼也记录了贝莱尼凯与尼罗河港口科普托斯间沙漠商路的发展，据他记载，这段商路约有257罗马里（1罗马里约为1.6公里）。他还记载了商路中各个驿站的名字和它们之间的距离，[2]诸多驿站保证了过往商人的休息补给。罗马帝国初期就非

1 Strabo, *Geography*, 16.4.24.

2 Pliny, *Natural History*, 6.26.101-104. with an English translation by H. Rackham, Cambridge, Mass.: Harvard University Press, 1999.

常重视科普托斯至贝莱尼凯的商路。奥古斯都恢复了托勒密王国时期辅助商队的系统，在科普托斯至贝莱尼凯的商路上提供储藏仓库，修建蓄水池，建立武装护卫，布置了一支军队专门管理这条商路。[1]之后的罗马历代皇帝大都非常重视对这段商路的保护和修缮，尼禄（Nero，公元54—68年）、韦帕芗（Vespasian，公元69—79年）时期，这条商路上发现了矿石，开发矿产使这条商路更为繁忙。贝莱尼凯港口基础建设也逐步完善，重要性得以提升。弗拉维王朝时期（Flavian dynasty，公元69—96年），这条商路上有重要的补给站，可以容纳大量的驼队商人。据普林尼记载，这一时期的商路，隔一段就会有补水站和供商人休息的驿站，而且驿站的规模越来越大，可供两千人休息，[2]说明更多的商队和商人参与到从贝莱尼凯到内陆的货物运输中，罗马埃及红海、印度洋地区的贸易规模得到了扩大。

贝莱尼凯发展的黄金时期是在罗马皇帝提比略（Tiberius，公元14—37年）时期。这一时期，帝国对贝莱尼凯的投资增加，极大地促进了它的发展。这一结论的依据主要有三个方面：第一，位于贝莱尼凯中心的赫姆庙的卷饰上提到了提比略；第二，在埃及的皮特里陶片文书（Petrie Ostraca）中，有十二篇提及贝莱尼凯的具体时间都是提比略统治时期；[3]第三，贝莱尼凯的出口规模扩大。此地的陶片铭文表明它是向东方出口贸易的基地，来自地中海各地的商品大量汇聚到此地，被运往远东。[4]值得注意的是，这些陶片铭文只记录了由尼罗河港到贝莱尼凯商路的运输驼队的运载量，而没有记录运至贝莱尼凯用

---

1 John Thorley, "The Development of Trade between the Roman Empire and the East under Augustus," *Greece & Rome*, Second Series, Vol. 16, No. 2, 1969, pp. 209-223.

2 Pliny, *Natural History*, 6.26.101-104.

3 S. E. Sidebotham, *Roman Economic Policy in the Erythra Thalassa 30 BC-AD 217*, Leiden: E. J. Brill, 1986, pp. 52-53.

4 R. S. Bagnall, C. Helms and A. M. F. W. Verhoogt, *Documents from Berenike 1: Greek Ostraka from the 1996-1998 Seasons*, Bruxelles: Fondation Égyptologique Reine Élisabeth, 2000, p. 15.

于出口贸易的货物名称。[1]

从考古证据上看，在贝莱尼凯发现了希腊语铭文，但在其附近区域的其他城镇尚未发现希腊人遗迹。[2]这在一定程度上说明贝莱尼凯是一个受到希腊化影响的港口城市。在贝莱尼凯的西部高地一处定年为公元初两个世纪的遗址中发现了很多物品，包括丝织品、种子、垫子、绳索、皮革、宝石，以及书信、税收和契约合同的文本存档，[3]证明了这一地区在古代作为贸易港口的真实性。此外，在此地的考古发掘中还发现了一个印度储藏罐，储存有黑胡椒子，[4]从而证明了它与印度间海上贸易，尤其是香料贸易的真实性。1994—2001年的考古发掘证明，古代贝莱尼凯作为一个贸易城市存在了九个世纪，即从公元前6—公元3世纪。[5]贝莱尼凯贸易发展的黄金时期是公元1世纪，自此之后，贝莱尼凯成为古代世界经济网络中的重要组成部分。[6]

公元2世纪，贝莱尼凯继续发挥进出口贸易功能和陆海转运的枢纽作用。罗马皇帝哈德良（Hadrianus，公元117—138年）时期，修建了从尼罗河畔的安提诺波利斯（Antinopolis）到贝莱尼凯的道路，

---

1 W. Z. Wendrich, R. S. Tomber, S. E. Sidebotham, J. A. Harrell, R. T. J. Cappers and R. S. Bagnall, "Berenike Crossroads: The Integration of Information," *Journal of the Economic and Social History of the Orient*, Vol. 46, No. 1, 2003, p. 80.

2 R. Wellsted, "Notice on the Ruins of Berenice," *Journal of the Royal Geographical Society of London*, Vol. 6, 1836, pp. 96-100.

3 W. Z. Wendrich, R. S. Tomber, S. E. Sidebotham, J. A. Harrell, R. T. J. Cappers and R. S. Bagnall, "Berenike Crossroads: The Integration of Information," *Journal of the Economic and Social History of the Orient*, Vol. 46, No. 1, 2003, pp. 50-52.

4 W. Z. Wendrich, R. S. Tomber, S. E. Sidebotham, J. A. Harrell, R. T. J. Cappers and R. S. Bagnall, "Berenike Crossroads: The Integration of Information," *Journal of the Economic and Social History of the Orient*, Vol. 46, No. 1, 2003, pp. 68-69.

5 W. Z. Wendrich, R. S. Tomber, S. E. Sidebotham, J. A. Harrell, R. T. J. Cappers and R. S. Bagnall, "Berenike Crossroads: The Integration of Information," *Journal of the Economic and Social History of the Orient*, Vol. 46, No. 1, 2003, p. 48. 公元前3世纪，在贝莱尼凯建立之前，该城市所在的地区即存在小城镇或者聚居区，所以该文中说贝莱尼凯从公元前6世纪起就已经存在，指的是贝莱尼凯建立之前的原址，它被考古发掘证实。

6 Steven E. Sidebotham, *Berenike and the Ancient Maritime Spice Route*, Berkeley and Los Angeles: University of California Press, 2011, pp. 7-22.

道路上设有驿站和军事堡垒。[1]据埃及纸草的记载，公元163年，埃及官方征用了来自法尤姆地区的驼队，经过沙漠商路到达贝莱尼凯。[2]公元166年，一场天花传染病席卷了贝莱尼凯，[3]自公元2世纪后期至3世纪，贝莱尼凯逐渐衰落。但是，公元4世纪，埃及东部地区城镇得以重建，贝莱尼凯重新兴起。[4]

二、密奥斯·荷耳摩斯

公元前247年，托勒密二世在贝莱尼凯北建立密奥斯·荷耳摩斯。[5]这一典型的希腊语地名反映了它的希腊化程度。它和贝莱尼凯是托勒密王国在红海最主要的两个港口。由于它在贝莱尼凯以北，所以在托勒密王国时期似乎发挥了更为重要的港口功能，一直延续至罗马帝国时期，它所发挥的进出口港的功能性越来越强。斯特拉波对此有具体的记载：

> 密奥斯·荷耳摩斯也被称为阿芙洛狄特的港口。它是一个大港口，距离贝莱尼凯不远，距离尼罗河港科普托斯有六至七天的行程。每年有120艘船从密奥斯·荷耳摩斯出发到印度，进口的货物在密奥斯·荷耳摩斯卸载，运往科普托斯。[6]

另外，考古发掘提供了有关密奥斯·荷耳摩斯更为准确的信息，

1 Fergus Miller, *The Roman Empire and Its Neighbors*, London: George Weidenfeld and Nicolson Ltd., 1967, p. 96.

2 Steven E. Sidebotham, *Berenike and the Ancient Maritime Spice Route*, pp. 259-282.

3 Steven E. Sidebotham, *Berenike and the Ancient Maritime Spice Route*, pp. 221-258.

4 W. Z. Wendrich, R. S. Tomber, S. E. Sidebotham, J. A. Harrell, R. T. J. Cappers and R. S. Bagnall, "Berenike Crossroads: The Integration of Information," *Journal of the Economic and Social History of the Orient*, Vol. 46, No. 1, 2003, p. 48.

5 沈福伟:《丝绸之路——中国与非洲文化交流研究》，乌鲁木齐：新疆人民出版社，2010年，第31页。

6 Strabo, *Geography*, 16.4.5, 17.1.45.

不仅确定了它的地理位置，而且更好地说明了这一希腊式港口是如何转变为罗马埃及时期的主要港口，及其与东方间交往和贸易的不断增长。考古学家在埃及东部地区的一系列考古发掘，证实了密奥斯·荷耳摩斯位于现在的库赛尔·艾尔—卡蒂姆（Quseiral al-Qadim）。1970年代末至80年代初，在此地的考古发掘中，发现了带有印度南部泰米尔语（Tamil）铭文的陶片，[1]陶片文字属泰米尔语的辅音文字系统，与在印度东南部的阿里卡门度（Arikamedu）遗址发现的铭文（公元1世纪后期）类似。[2]根据文字类型，泰米尔铭文的时期被断定为公元2世纪。[3]除了泰米尔铭文，在库赛尔·艾尔—卡蒂姆还发现了古印度俗语普拉克里特语（Prakrit）的铭文，从文字和地理的角度分析，这些铭文来自印度南部地区，[4]从而强有力地证实了印度南部地区和密奥斯·荷耳摩斯的贸易往来。

1978—1982年，芝加哥大学考古队在库赛尔·艾尔—卡蒂姆发现了两份很可能是关于密奥斯·荷耳摩斯的碎片资料，其时间大约在公元1世纪至2世纪早期。[5] 1994年，屈维尼（H. Cuvigny）等学者在库赛尔·艾尔—卡蒂姆至科普托斯的商路上发现了八个陶罐。陶罐上的铭文提到了密奥斯·荷耳摩斯，有的陶罐刻有希腊文ὁδὸς Μυσορμιτική，意为“密奥斯·荷耳摩斯的道路”，有的陶罐铭文还提到了为密奥斯·荷耳摩斯运送造船用的木材。[6] 1999年、2000年，南安普顿大学考古队在库赛尔·艾尔—卡蒂姆发现了港口码头，出土了一些空的细

1 Ian Shaw, ed., *The Oxford History of Ancient Egypt*, Oxford: Oxford University Press, 2000, p. 434.

2 R. E. M. Wheeler, “Arikamedu: An Indo-Roman Trading-Station on the East Coast of India,” *Ancient India*, Vol. 2, 1946, pp. 109-114.

3 Richard Salomon, “Epigraphic Remains of Indian Traders in Egypt,” *Journal of the American Oriental Society*, Vol. 111, No. 4, 1991, p. 734.

4 Richard Salomon, “Epigraphic Remains of Indian Traders in Egypt,” *Journal of the American Oriental Society*, Vol. 111, No. 4, 1991, p. 731.

5 Getzel M. Cohen, *The Hellenistic Settlements in Syria, the Red Sea Basin, and North Africa*, Berkeley: University of California Press, 2006, p. 333.

6 Getzel M. Cohen, *The Hellenistic Settlements in Syria, the Red Sea Basin, and North Africa*, p. 333.

颈双耳陶罐。其上的文字大部分为拉丁文，根据对陶罐时期的鉴定，确定此码头是罗马帝国初期的遗址。该考古队还在库赛尔·艾尔—卡蒂姆发掘出了公元93年的纸草文献和一个陶罐，上面均有密奥斯·荷耳摩斯的名字。[1]在当地海域发现了罗马的沉船和意大利本土坎帕尼亚制造的陶罐，[2]有力地证明了密奥斯·荷耳摩斯海外贸易的繁荣。

根据以上考古发掘证据，可以确切地说，罗马帝国时期，密奥斯·荷耳摩斯的海外贸易迎来了大发展，它与意大利本土以及印度等地均建立起海上贸易往来，尤其是它与后者的海上贸易成为海上丝绸之路西段繁荣发展的重要标志。

结 语

罗马帝国初期，从亚历山大里亚经红海、阿拉伯到印度的直航的实现，奠定了其后海上丝绸之路全线贯通的基础。通过亚历山大里亚、贝莱尼凯和密奥斯·荷耳摩斯三地，罗马帝国与阿拉伯半岛、波斯湾、印度的海上贸易网络得以形成。亚历山大里亚和印度港口成为东西方商品的集散地，地中海周边地区和远东地区事实上也直接或间接地纳入到这个“全球性”的贸易体系之中。公元166年，罗马商人从南海来到中国就是这一体系形成的标志。在这一进程中，罗马埃及行省的这三个港口城市发挥了重要的枢纽作用。亚历山大里亚也从一个典型的希腊式城市转变为罗马帝国最大的商贸中心，海陆丝绸之路的起点与终点。

（高克冰）

1 http://www.arch.soton.ac.uk/Research/Quseir.

2 Raoul Mclaughlin, *Rome and the Distant East*, p. 19.

第四编

原希腊式城市与古代晚期丝路重镇（公元3—7世纪）

公元3世纪之后，罗马、帕提亚、贵霜和汉代中国四大帝国并立的欧亚政治格局逐渐分崩离析。在西边，罗马帝国进入了所谓的“三世纪的危机”，自顾不暇。萨珊波斯取代帕提亚成为唯一可与罗马帝国（及之后的拜占庭帝国）抗衡的东方大国；中亚—印度的贵霜帝国已经衰落，国土分别被萨珊波斯和新来的北方游牧民族寄多罗人和嚈哒人占领。中国中原地区也进入了分裂对立的魏晋南北朝时期。唯一不变的就是丝绸之路依然是各个地区之间沟通、联系的主要通道。因此，沿线由原希腊式城市演变发展而来的丝路重镇仍然发挥着东西方文化与经贸交流的中介作用。

第十二章　东地中海地区希腊化—丝路城市的变迁

公元3世纪中期，东地中海地区政局出现重大变化。阿尔达希尔一世（Ardashir I，公元224—242年在位）建立的萨珊帝国（Sassanian Empire，公元224—651年）取代帕提亚帝国，成为罗马帝国的最大威胁。经过“三世纪危机”的冲击，罗马帝国的分裂难以避免。君士坦丁一世（Constantine I，公元324—337年在位）即位后，重整罗马帝国东部，建立新都君士坦丁堡（Constantinople）。这不仅标志着罗马政治中心的改变，也让罗马人更清楚地认识到波斯人的威胁。双方长期僵持不下，直到公元7世纪萨珊波斯帝国亡于阿拉伯人之手。和平时代的结束与政治格局的剧烈变化，显然影响着丝路的走向及其沿线城市的命运。

第一节　商旅路线的转变和商旅城市的兴衰

尽管东地中海地区的政治格局和各帝国的版图在不断变化，但东地中海地区的商贸仍在继续。最初由阿拉伯游牧民族主导的“香料贸易”在埃及、红海沿岸以及阿拉伯、叙利亚沙漠地区曾盛极一时，一些希腊化城市也借机发展成重要的商贸驿站。但公元3世纪后，随着萨珊波斯的兴起与扩张，大量希腊化商旅城市（Caravan cities）被摧毁，固定的商旅路线也发生转变。

一、香料之路与佩特拉城的兴衰

1. 佩特拉城与早期的“香料之路”

所谓的“香料之路”（Spice Trade Route）最早可能在公元前7世纪就已经存在，它是一条从印度、阿拉伯直到地中海地区的商路，因阿拉伯的香料为主要运输品而得名。当然，这条商路也运来了印度的香料、宝石、珍珠、象牙和布料等。公元前6世纪，来自阿拉伯地区的纳巴泰人（Nabataeans）进入约旦，最终定居于水源充足和商业地位优越的佩特拉城（Petra）。佩特拉城位于红海亚喀巴湾（Gulf of Aqaba）到叙利亚商城大马士革之间，控制着“佩特拉—加沙—大马士革”的部分香料贸易路线。

公元前4—前1世纪，纳巴泰人开始成为“香料之路”的主导。他们主要从事南阿拉伯香料的贸易，[1]将乳香、没药等运往埃及、腓尼基等地区的沿海城市。据狄奥多罗斯记载，安提柯一世（Antigonus I）曾派兵入侵纳巴泰（公元前312年），掠夺了大量香料和500塔兰特银，可以想见当时纳巴泰香料贸易的盛况。[2]

大约在公元前100—前85年间，纳巴泰人占领大马士革，纳巴泰的香料之路极有可能在这时开始与丝绸之路产生连接。纳巴泰人对经过阿拉伯的“香料之路”的控制削弱了托勒密埃及的红海贸易，公元前82年左右，纳巴泰和托勒密埃及之间的争端愈演愈烈。[3]纳巴泰

1 Gary Young, *Rome's Eastern Trade: International Commerce and Imperial Policy, 31BC-AD305*, London: Routledge, 2001, p. 82.

2 Diodorus Siculus, *Library of History*, 19.94-96, with an English translation by C. H. Oldfather, Cambridge, Mass: Harvard University Press, 1998.

3 斯特拉波记载了纳巴泰人对埃及商船的掠夺事件。参见Strabo, *Geography*, 16.4.4.

人则开始与罗马人交好，并参与到屋大维（Octavian）对克列奥帕特拉（Cleopatra）的战争中。纳巴泰人势力逐渐强大起来，开始建立王国，[1]在“爱希腊者”（Philhellene）阿勒塔斯三世（Aretas III，公元前85—前60年）时期，将佩特拉城定为纳巴泰王国都城。[2]佩特拉逐渐发展成为一座希腊化城市。[3]同时，阿拉伯半岛北部的红海城市琉克·柯梅（Leuce Kome）[4]成为纳巴泰王国极为重要的商业港口，[5]佩特拉则成为琉克·柯梅港在内陆的商站。斯特拉波称，“从琉克·柯梅出发的骆驼商人能够安全顺利地往返佩特拉城”，[6]“香料商品从琉克·柯梅运往佩特拉，转运至瑞诺科罗拉（Rhinocoloura）。该地位于埃及附近的腓尼基，从这里再运送到其他民族那里”。[7]

此外，阿拉伯商人还通过内陆路线，经佩特拉北部的波斯特拉（Bostra）进入罗马叙利亚行省的德卡波利斯（Decapolis）[8]地区。这条路线与一些横跨犹太地区的商贸路线相连接，使得南部阿拉伯的商人们甚至可以远行至大马士革地区。[9]普林尼还记载了另外一条从佩特

---

1 Pliny, *Natural History*, 6.32.144, with an English translation by H. Rackham, Cambridge, Mass.: Harvard University Press, 1999.

2 王室钱币的断代始于阿勒塔斯三世时期。

3 Martha Sharp Joukowsky, “Nabataean Petra,” *Bulletin of the American Schools of Oriental Research*, No. 324, Nabataean Petra, 2001, p. 1.

4 意为白色村庄（White Village）。参见Gary Young, *Rome's Eastern Trade: International Commerce and Imperial Policy, 31BC-AD305*, p. 85.

5 J. Whitewright, “How Fast if Fast? Technology, Trade and Speed under Sail in the Roman Red Sea,” in J. Starkey, P. Starkey and Wilkinson, eds., *Natural Resources and Cultural Connections of the Red Sea*, Oxford: Archaeo Press, 2007, pp. 85-87. 他指出红海湾的北风使得航行到艾拉（Aila/Ayla）耗时而费力。

6 Strabo, *Geography*, 16.4.23. 另可参R. Stoneman, *Palmyra and Its Empire: Zenobia's Revolt against Rome*, Ann Arbor: University of Michigan Press, 1992, p. 35; S. E. Sidebotham, *The Red Land: The Illustrated Archaeology of Egypt's Eastern Desert*, New York: American University in Cairo Press, 2008, p. 159.

7 Strabo, *Geography*, 16.4.24.

8 古代巴勒斯坦地区。

9 F. Millar, “Caravan Cities the Roman Near East and Long-distance Trade by Land,” *Bulletin of the Institute of Classical Studies*, Supp. No. 71, 1998, p. 124.

拉穿越阿拉伯沙漠到达波斯湾的卡拉科尼王国（Characene Kingdom）都城卡拉克斯·斯帕西努城（Charax Spasinu）的商路。[1]这条商路将东方的商品从波斯湾运往地中海，同时也满足了帕提亚人对红海香料的需求。[2]

这一时期，佩特拉城不仅在"香料之路"上发挥着极为重要的枢纽作用，也在香料贸易中大获其利，很快发展成为繁华的商旅城市。公元106年，罗马帝国征服纳巴泰王国，将佩特拉地区纳入帝国统治，[3]佩特拉成为阿拉伯·佩特拉（Arabia-Petraea）行省的首府。

2. 商路的改道与佩特拉城的衰落

罗马帝国统治初期，佩特拉仍然繁荣发展。经过佩特拉的这条香料之路并没有停滞，而是一直持续到公元2—3世纪。从佩特拉城到加沙地区的骆驼沙漠商路，也并没有被罗马帝国的统治打断。[4]一些考古证据表明，这条路线直到公元3—4世纪仍在使用。[5]希腊—罗马时期的纪念性建筑表明，当时佩特拉还是一个小型的行省城市，[6]刻写在佩特拉城中恰希尔·艾尔—宾特（Qasr al-Bint）神庙（Temenos）雕像底基上的希腊语铭文中，仍将佩特拉称为首府（Metropolis）和大殖民地（Metrokolonia）。[7]公元130年，罗马皇帝哈德良（Hadrian，公元117—138年在位）还访问过该城，并将其重新命名为"哈德良·佩特拉"（Hadriana Petra），同时期的佩特拉印章印文也有"哈

---

1 Pliny, *Natural History*, 6.32.

2 Raoul Mclaughlin, *Rome and The Distant East: Trade Routes to the Ancient Lands of Arabia, India and China*, London: Coninuum, 2010, p. 65.

3 Dio Cassius, *Roman History*, 67.4.5, with an English translation by Earnest Cary, Cambridge, Mass: Harvard University Press, 1993.

4 Rudolph Cohen, "New Light on the Date of the Petra-Gaza Road," *The Biblical Archaeologist*, Vol. 45, No. 4 (Autumn 1982), pp. 240-247.

5 Rudolph Cohen, "New Light on the Date of the Petra-Gaza Road," *The Biblical Archaeologist*, Vol. 45, No. 4 (Autumn 1982), p. 246.

6 F. Millar, *The Roman near East 31BC-AD337*, London: Harvard University Press, 1993, p. 421.

7 F. Millar, *The Roman near East 31BC-AD337*, p. 421; G.W. Bowersock, "A Report on Arabia Provincia," *Journal of Roman Studies*, Vol. 61, 1971, p. 232.

德良·佩特拉大都市”（Adriana Petra metropolis）的字样，[1]城中的伊西斯女神庙（Basileion of Isis）和德尔神庙（Temple of Der）也可能建立于哈德良时期。罗马皇帝埃拉伽巴鲁斯（Elagabalus，公元218—222年在位）统治时期，佩特拉的钱币铭文表明佩特拉享有“殖民地”（Colonia）的头衔。[2]

大约在公元3世纪，[3]罗马人在佩特拉东部如焦夫谷地（Jawf Al-Sirhan）、希尔汉谷地（Sirhan Valley）建立了军事据点，作为边界防御地，抵抗外来入侵。这一举措无疑有助于发展商业，收取过路税。尽管这种作用可能是次要的，但是这的确可以证实佩特拉城的商贸在公元2—3世纪仍对帝国经济发挥着重要作用。不可否认的是，罗马人此时的注意力已经开始转向东北部的帕尔米拉城。但佩特拉城在帝国南部的重要性并没有明显下降，它与帕尔米拉城之间仍然保持着商贸联系。[4]

佩特拉的衰落是个不可否认的历史事实。当代古典作家赫罗迪安（Herodian，约公元170—240年）的记载表明，从3世纪初开始，佩特拉城逐渐丧失了香料贸易的垄断地位。至迟到4世纪，“玫瑰红之城”佩特拉已经风光不再。[5]

关于佩特拉城的衰落之因，学界观点纷纭。笔者认为，陆上商贸路线的改道是佩特拉城渐趋衰落的一个主要原因。

---

1 A. Negev, “Seal-Impressions from Tomb 107 at Kurnub (Mampsis),” *Israel Exploration Journal*, Vol. 19, 1969, p. 90.

2 G. W. Bowersock, “A Report on Arabia Provincia,” *Journal of Roman Studies*, Vol. 61, 1971, pp. 219-242.

3 M. P. Speidel, “The Roman Road to Dumatha (Jawf in Saudi Arabia) and the Frontier Strategy of the Praetensione Colligare,” *Historia*, Vol. 36, 1987, pp. 211-221; T. Bauzou, “La Pretensio de Bostra a Dumata(el-Jowf),” *Syria*, Vol. 73, 1996, pp. 23-35.

4 关于佩特拉城在罗马帝国时期的发展状况，参见Zbigniew T. Fiema, “Roman Petra (AD 106-363): A Neglected Subject,” *Zeitschrift des Deutschen Palastina-Vereins*, Vol. 119, No. 1, 2003, pp. 38-58.

5 纳巴泰铭文最晚的一份断代于公元4世纪。

首先看陆路的改道。经过佩特拉的商路主要有三条：一条向北，可直达叙利亚的大马士革、安条克；一条向东，通往巴比伦（Babylon）、底格里斯河的塞琉西亚（Seleucia on the Tigris）、波斯湾的卡拉克斯、希尔汉谷地的焦夫、约旦的马安城（Ma'an）；一条向西，通往加沙（Gaza）、[1]西奈（Sinai）、埃拉特（Eilat）、孟斐斯（Memphis）。[2]公元3世纪时，经过佩特拉向东、向北的商路的重要性逐渐消减，据商旅铭文记载，帕尔米拉此时的商旅盛极一时，因此推测，这条路线的衰落可能与帕尔米拉商旅的兴起有关。

此外，戴克里先时期，罗马建立了一条跨越内盖夫（Negev）的新路线，相比佩特拉一线更加简便，也是一个原因。同时，罗马人将原有的道路体系拓展至德卡波利斯（Decapolis，古代巴勒斯坦地区）南部。最值得注意的则是"图拉真新路"的建立，这条道路贯穿整个阿拉伯行省（Provincia Arabia），从波斯特拉（Bostra）至亚喀巴（Aqaba），[3]也穿越佩特拉。此时，许多内部的小道路体系也发展起来，其中原因可能是佩特拉、杰拉萨、波斯特拉和其他在德卡波利斯、豪兰地区（Wadi Hauran/Hauran）以及内盖夫地区的城镇乡村交流频率的逐渐提升。[4]佩特拉城此时已经不再是商旅路线的中心，新道路和新商旅中心的兴起无疑对佩特拉城的地位形成了冲击。

其次，海上丝路的开通也是一个重要原因。早在希腊化末期，随着季风的发现，海上商路就已经逐渐兴起，这种更加便利且节约成本

1 普林尼曾提到这个路线，参见Pliny, *Natural History*, 6.144. 关于罗马时期的佩特拉—加沙路线，参见R. Cohen, "New Light on the Date of the Petra-Gaza Road," *Biblical Archaeologist*, Vol. 45, No. 4, 1982, pp. 240-247.

2 Pliny, *Natural History*, 6.145. 其中提及了佩特拉的商人们远行到佛拉特（Forat）和卡拉克斯。

3 此地位于红海北口，西奈半岛东部以及阿拉伯半岛西部。也被称为埃拉特湾（Gulf of Eilat），当时纳巴泰王国的重要商业港口艾拉（Aila）位于此地。图拉真新路在阿恰巴与王家公路汇合，连接非洲和亚洲以及"黎凡特"和红海之间的海路。

4 Gary Young, *Rome's Eastern Trade: International Commerce and Imperial Policy, 31BC-AD305*, pp. 99-100.

的交通方式很快受到商人们的青睐。陆路贸易无疑受到这种新兴商贸方式的冲击，经过佩特拉的沙漠商旅路线也无从幸免。但考古证实，公元1世纪初到公元3世纪间，纳巴泰佩特拉城的香料瓶（unguentaria）生产保持着其活跃性，在带翼狮神庙（Temple of the Winged Lions）中的塞普提米乌斯·塞维鲁斯（Septimius Severus，公元193—211年）、卡拉卡拉（Caracala，公元198—217年）和亚历山大·塞维鲁（Severus Alexander，公元222—235年）钱币窖藏中，发现了佩特拉生产的最后一批香料瓶。[1]真正的衰落可能始于公元3世纪中后期，此时海上商路更加兴盛，陆路商道改线，沙漠商路开始受到海上贸易的显性冲击，随之而来的是沿线商旅重镇的凋敝，佩特拉城的衰落也不可避免。

二、帕尔米拉的兴衰

帕尔米拉（Palmyra）始建时间不详。早在希腊化时期，帕尔米拉城似乎已经与塞琉古王朝产生依附关系。首先，公元前2世纪的帕尔米拉神庙铭文揭示了当时帕尔米拉内部的土地制度是部落管理制。这种土地所有权制度实际上广泛应用于希腊化时期的近东地区。这或表明帕尔米拉在公元前2世纪已建立塞琉古王朝的管理制度。[2]其次，在帕尔米拉城内的巴尔夏明（Baal Shamin）神庙后面发现了公元前2世纪左右的墓地。[3]再则，在一块发现于帕尔米拉城公元前82年进献给阿施塔特（Astarte）女神的石碑附近发现了希腊语铭文，其中提到

1 Zbigniew T. Fiema, “Roman Petra (AD106-363): A Neglected Subject,” *Zeitschrift des Deutschen Palastina-Vereins*, 2003, Vol. 119, No. l, p. 48. 这说明佩特拉的香料瓶生产业直到公元3世纪初仍在继续。

2 Javier Teixidor, “Nomadisme et sedentarisation en Palmyrene,” in Edmond Frezouls, eds., *Societes urbaines, societes rurales dans l’Asie Mineure et la Syria hellenistiques et romaines*, AECR, 1987, pp. 49-55.

3 Fergus Millar, *The Roman Near East 31 BC-AD 337*, p. 320.

“王—埃皮法内”（Basilea epiphane）。[1]埃皮法内（Epiphane）是塞琉古王国君主常用的一个别名。推测这个埃皮法内可能是安条克十二世（Antiochus XII）。[2]因此，尽管并无证据表明帕尔米拉城是由希腊—马其顿人建立的，但是公元前2—前1世纪间，帕尔米拉城还是留下了塞琉古王国统治的痕迹。

帕尔米拉城的繁盛始于公元1—2世纪。在罗马帝国与帕提亚帝国两大势力纷争交织的近三个世纪内，帕尔米拉一直处于相对独立的状态。3世纪中期，帕尔米拉甚至发展成地区性的王国。一度独立于罗马帝国之外的帕尔米拉，开始将自己的势力拓展至埃及、叙利亚、美索不达米亚和罗马的阿拉伯行省。公元3世纪末，萨珊波斯帝国瓦解了罗马帝国在叙利亚的统治，罗马帝国开始逐渐走向衰落，帕尔米拉也逐渐因为地缘政治和商贸重要位置的丧失而渐趋衰落。

1. 商旅贸易与帕尔米拉兴起

帕尔米拉城的兴起首先得利于其优越的自然地理条件。老普林尼写道：

> 帕尔米拉城因地理位置优越、土地肥沃、水源充足甜美而闻名，周围巨大的沙漠地区自然地将其与外界隔绝开来。尽管位于罗马和帕提亚两大帝国之间，它依旧保持独立，并能够在二者争斗之始就得到二者的悉心关注。[3]

---

1 参见Javier Teixidor, “Palmyre Hellenistique et Romaine,” *Revue Archeologique*, Nouvelle Serie, Fasc. 1, 1994, p. 172.

2 J. T. Milik, *Recherches d'epigraphie proche-orientale, I, Dedicaces faites par des dieux (Palmyre, Hatra, Tyr) et thiases semitiques a l'epoque romaine*, Paris: P. Geuthner, 1972, pp. 172-174.

3 Pliny, *Natural History*, 5.21.25.

沙漠地带的绿洲之地，让帕尔米拉城天然成为一片沃土。它孕育了帕尔米拉人，也滋养了帕尔米拉城。帕尔米拉在绿洲地区大约拥有近1000平方米的灌溉土地，环绕其城。[1]为保障城市供水，帕尔米拉人在北部山区建设了大规模的灌溉系统，其中包括蓄水池和用于储存绿洲降水的水渠。最著名的灌溉设施就是哈巴恰大坝（Harbaqa Dam），这个水利工程大约建于公元1世纪晚期。得天独厚的自然优势为帕尔米拉奠定了良好的农业发展基础。沙漠的水源是最为重要的资源，占据了水源和绿洲之地，就相当于掌握了沙漠生存和发展的命脉。这也正是帕尔米拉能够逐渐崛起的最基本条件，奠定了它作为商贸中转站的基础。

公元前1世纪，纳巴泰王国经营下的阿拉伯半岛“香料贸易”兴起，“香料之路”连接起阿拉伯半岛和叙利亚、埃及，通往希腊—罗马世界。而“香料之路”正是后来我们称之为沙漠商路的前奏。这为阿拉伯—叙利亚的沙漠地区带来了新的生机，也为帕尔米拉带来了前所未有的商贸机遇。到公元106年，罗马战胜了纳巴泰人，并将阿拉伯纳入自己的统治范围，建立阿拉伯·佩特拉行省（Provincia Arabia Petraea），原由纳巴泰人主导的商路开始转至由帕尔米拉人主导的商旅路线上。正因如此，公元2世纪的帕尔米拉在沙漠商路带来的贸易滋润下得到了迅速的成长。

帕尔米拉城市遗址表明，在公元前后的两个世纪，该城不仅城市化进程加快，还与周边的绿洲民族建立了联系。在此之前，帕尔米拉已经与罗马帝国建立了合作关系。公元137年的帕尔米拉文税法表明，公元18—19年罗马的杰尔马尼库斯（Germanicus）已经开始涉入帕尔米拉城的事务。[2]另外，帕尔米拉领土的边界可能是由叙利亚总督柯

1 Andrew M. Smith II, *Roman Palmyra: Identity, Community, and State Formation*, Oxford: Oxford University Press, 2013, p. 68.

2 J. F. Matthews, "The Tax Law of Palmyra," *Journal of Roman Studies*, Vol. 74, 1984, p. 161.

莱提库斯·西拉努斯（Creticus Silanus）在公元11—17年间确定的。[1]

帕尔米拉在公元1世纪后的持续繁荣，主要依托于商旅贸易。如果说商路的开通是帕尔米拉城繁荣的契机，那么，帕尔米拉人对商路的经营以及对商机的敏锐判断则是这一契机得以延续的主要原因。帕尔米拉人对自己商旅贸易自主权和商业利益的维护，也保证了帕尔米拉城经济政治的独立性和自治权。

帕尔米拉的商旅铭文似乎暗示了帕尔米拉人在整个商旅贸易中的重要作用。[2]事实上，相比幼发拉底河这条路线而言，从美索不达米亚到罗马东部途经帕尔米拉的路线并不具备优势，一则这条路线缺少补给休憩栈点，二则水源补给也是个问题。但是早在公元1世纪，这条看似并不占优势的沙漠路线却在帕尔米拉人的主导下繁荣一时。当时，穿越沙漠的商旅路线很难持续，沙漠部落的劫掠十分频繁。沙漠商路的维持首先需要对商队提供保护，同时还要提供栈点、补给和居所。[3]帕尔米拉人做到了这两点。在大量的商旅铭文中，赞助者和保护者出现的频率极高，还有一些拥有“synodiarchs”或“archemporos”头衔的人维持着商旅的行进。synodiarchs被认为是“被一群商人雇佣来组织商队将货物运送到目的地并返回的领队”，archemporos可能是前者的另一种称呼。[4]然而无论是赞助者还是synodiarchs或archemporos，似乎并未形成特定的阶层，他们对商旅的所有支持活动都是个人行为。这些人要么有着强有力的管理实力，要么有着强大的经济能力，为商队的商旅提供资金和安全的保障。例如，塞普提米乌斯·伍德（Septimius Worod）就是这样的角色。一篇

1 Henri Seyrig , “L’incorporation de Palmyre à l’empire romain,” *Syria*, Vol. 13, 1932, p. 266.

2 Gary Young, *Rome’s Eastern Trade: International Commerce and Imperial Policy, 31BC-AD305*, pp. 124-129.

3 Gary Young, *Rome’s Eastern Trade: International Commerce and Imperial Policy, 31BC-AD305*, p. 124.

4 Gary Young, *Rome’s Eastern Trade: International Commerce and Imperial Policy, 31BC-AD305*, p. 135.

纪念他的铭文描述了他在城市中担任的职务以及他与商队贸易的关系。他是城市的监察官（procurator）、奥古斯都的百夫长（ducenarius of Augustus）、大殖民地的法官（iuridicus of the metrocolonia），又是帕尔米拉的执政官和管理者（strateges and agoranomos），还是宙斯—贝尔神祭司团的祭祀主持者（symposiarch）。他自己出资带回了商队。[1]显然，他为商队提供了保护和支持，得到民众的赞誉。除塞普提米乌斯·伍德之外，支持商旅的个人还很多。他们以一种希腊—罗马式的公共捐赠（euergetism）支持了城市的商旅贸易。

可以说，帕尔米拉城在公元1—3世纪的发展兴盛，不仅得益于优越的自然地理条件，而且受益于此时兴盛的商旅贸易，帕尔米拉的一些公民则以一种公共服务的形式为该城的商旅贸易提供了有效支持。帕尔米拉的兴盛既是客观条件使然，也有赖于主观的积极营建。

2. 帕尔米拉与罗马帝国的关系及其转型

有利的政治环境也为帕尔米拉的商旅贸易提供了支撑，罗马帝国与帕尔米拉的关系直接影响了帕尔米拉商旅贸易的发展。从公元1世纪到3世纪末，两者的关系大致经历了三个阶段，最终罗马帝国将帕尔米拉纳为附属。然而就总体而言，帕尔米拉城在这一过程中仍然保持了一定的独立性。

最早关于罗马出现在帕尔米拉的文献断代于公元18年，这一年，罗马将军杰尔马尼库斯试图与帕提亚发展友好关系。他将帕尔米拉人亚历山大（Alexandros）派到帕提亚的一个属国——美塞尼王国（Kingdom of Mesene）。[2]次年，罗马的海峡第十军团（Legio

---

1 Gary Young, *Rome's Eastern Trade: International Commerce and Imperial Policy, 31BC-AD305*, p. 154.

2 Dirven Lucinda, *The Palmyrenes of Dura-Europos: A Study of Religious Interaction in Roman Syria*, Leiden: Brill, 1999, p. 20.

X Fertensis，tenth legion of the Strait）到达该城。[1]据一份由军团使节进献的雕塑底座铭文记载，为了纪念提比略（Tiberius）、德鲁苏斯（Drusus）和杰尔马尼库斯，考布罗（Corbulo，公元60—63年）和穆西亚努斯（Mucianus，公元67—69年）进献了这座雕塑。[2]公元58年的铭文使用了希腊语、拉丁语和帕尔米拉语，其中记载，名为克里桑图斯（Lucius Spedius Chrysanthus）的罗马公民是一位征税官（希腊语和拉丁语文本并没有出现任何表示官职的词汇，“征税官”的头衔是用帕尔米拉文书写的，这可能表示当时帕尔米拉的官员并未享有任何罗马官方的官职）。[3]这些证据并不能表明罗马帝国在公元1世纪时已经正式将帕尔米拉城兼并为附属国，[4]但间接的控制是可能的。

公元1世纪是帕尔米拉城发展的重要阶段，城市建筑布局逐渐完善，第一道城墙防御工事也是在这时建立的。公元32年，贝尔（Bel）神庙完工。[5]帕尔米拉的城市布局在很大程度上带有希腊模式，包括剧场、柱廊和那布神庙（Temple of Nabu）。公元74年的铭文中提到了一个城市议会（boule）。[6]公元75年，罗马人建立了帕尔米拉与苏拉（Sura）之间的公路，[7]作为交通枢纽之一的帕尔米拉开始表现出它在沙漠地区的交通重要性。弗拉维王朝（Flavian Dynasty）时期，罗马人对帕尔米拉市场（agora）进行重建。公元1世纪的商旅铭文表明，帕

1 此处的海峡是指墨西那地峡。公元前36年，在奥古斯都的率领下，罗马第十军团与塞克斯都·庞培在此处附近发生过一场海战，该军团由此以“海峡”命名。Edward Dąbrowa, *Legio X Fretensis. A Prosopographical Study of Its Officers (I-III c. AD)*, Historia: Zeitschrift für Alte Geschichte, Vol. 66, Stuttgart: Franz Steiner, 1993, p. 12.

2 Hugh Elton, *Frontiers of the Roman Empire*, London: B. T. Batsford Ltd., 1996, pp. 91-92.

3 Hugh Elton, *Frontiers of the Roman Empire*, pp. 91-92.

4 Hugh Elton, *Frontiers of the Roman Empire*, p. 91.

5 Fergus Millar, *The Roman near East, 31BC-AD337*, p. 323.

6 Andrew M. Smith II, *Roman Palmyra: Identity, Community, and State Formation*, p. 122.

7 Hugh Elton, *Frontiers of the Roman Empire*, p. 92.

尔米拉此时从一个小型的沙漠商旅驿站发展成主导贸易的商贸中心。[1] 道路的建设与城市的重建表明，此时的帕尔米拉城已经在罗马帝国的控制之下。

公元2世纪之后，帕尔米拉与罗马帝国的关系逐渐明确。公元129年，哈德良皇帝进入帕尔米拉，将其命名为“哈德良·帕尔米拉”（Hadriane Palmyra），[2]作为罗马帝国下的一个自由城市。哈德良时期建立的公共建筑很大程度上受到希腊—罗马因素影响，带有强烈的希腊化建筑色彩。[3]此后，罗马军团也开始驻扎于此。帕尔米拉城内可考的罗马要塞断代于公元167年，正是骑兵军团阿拉·色雷斯·赫拉克勒斯第一军团（Ala I Thracum Herculiana）转移至该城之时。[4]公元2世纪末，城市建筑工程建设的高峰已过，城市规模的发展变得缓慢。

公元 2 世纪末，帕尔米拉被划归为腓尼基行省（Provincia Phoenicia），这是塞维鲁王朝（Severan Dynasty）新建立的一个行省。帕尔米拉开始从一个传统的希腊式城市逐渐转型为罗马帝国直接管辖之下的城市。塞维鲁王朝在这一过程中扮演了极为重要的角色。

公元206年，罗马弗拉维·哈尔西季第一军团（Cohors I Flavia Chalcidenorum）在帕尔米拉城驻扎。[5]公元213—216年间，卡拉卡拉将帕尔米拉视为一个殖民城市（Colonia），以罗马管理方式取代了之前的希腊式制度。[6]公元229年，罗马皇帝塞维鲁斯·亚历山大

---

1 根据埃德威尔，这种转型事实上在公元前1世纪就开始了。参见Peter Edwell, *Between Rome and Persia: The Middle Euphrates, Mesopotamia and Palmyra under Roman Control*, New York: Routledge, 2008, pp. 45-46.

2 Henri Seyrig, “Antiquites syriennes: 36. Le statut de Palmyre,” *Syria*, Vol. 22, 1941, p. 171.

3 Andrew M. Smith II, *Roman Palmyra: Identity, Community, and State Formation*, p. 25.

4 Manfred G. Raschke, “New Studies in Roman Commerce with the East,” in Wolfgang Haase, ed., *Geschichte und Kultur Roms im Spiegel der neueren Forschung, II Principat. Aufstieg und Niedergang der römischen Welt*, Berlin: De Gruyter, 1978, p. 9.

5 Peter Edwell, *Between Rome and Persia: The Middle Euphrates, Mesopotamia and Palmyra under Roman Control*, p. 58.

6 Peter Edwell, *Between Rome and Persia: The Middle Euphrates, Mesopotamia and Palmyra under Roman Control*, p. 60.

（Severus Alexander，公元222—235年在位）来到帕尔米拉，此时的帕尔米拉已经由一座商旅城市转型为边境军事防御城市。

塞维鲁王朝发动的罗马—帕提亚战争（公元194—217年）影响了帕尔米拉地区的安全，也阻碍了城市贸易的发展。[1]从帕尔米拉的商旅铭文中可以看出，公元2世纪末到3世纪期间，帕尔米拉城的商旅贸易明显减少。[2]

3. 萨珊波斯入侵与帕尔米拉商旅之城的衰落

进入3世纪后，萨珊波斯帝国兴起，不断侵袭罗马帝国东界，帕尔米拉人的商贸受阻。[3]在这样的国际背景下，帕尔米拉逐渐发展成独立王国。然而常年的战争却最终阻断了沙漠商路，商旅之城帕尔米拉最终走向衰落。

萨珊波斯对罗马帝国的入侵带有经济动机。早在阿尔达希尔一世时期，萨珊帝国就意图控制阿拉伯半岛东海岸的北部地区，征服波斯湾沿岸的城市，与罗马帝国争夺商贸利益。帕提亚帝国灭亡后，萨珊波斯对卡拉克斯的占领已经波及帕尔米拉的贸易。

在一份写于公元252年的铭文中，帕尔米拉的统治者奥登纳图斯（Odaenathus，？—267年）的头衔是帕尔米拉最高的首领（exarchos[4]）。[5]奥登纳图斯时期，帕尔米拉正式参与到罗马帝国对萨珊—波斯的战争。史载，奥登纳图斯曾两次发动对萨珊波斯的战役。[6]

---

1 Andrew M. Smith II, *Roman Palmyra: Identity, Community, and State Formation*, p. 28.

2 M. Gawlikowski, "Palmyra as a Trading Centre," *Iraq*, Vol. 56, 1994, p. 23, lists. 29-34.

3 Andrew M. Smith II, *Roman Palmyra: Identity, Community, and State Formation*, p. 176.

4 该头衔的帕尔米拉文拉丁转写为"rs'dy tdmwr"，意为"帕尔米拉的首领"。但是这个头衔实际上是比较模糊的界定。高利考斯基认为这可能反映了当时罗马皇帝高迪安三世（Gordian III，公元238—244年）死后罗马东部政况的混乱，参见M. Gawlikowski, "Les princes de Palmyre," *Syria*, Vol. 62, 1985, p. 261.

5 M. Gawlikowski, "Les princes de Palmyre," *Syria*, Vol. 62, 1985, p. 257, No. 13; M. Dodgeon and Samuel N. C. Lieu, eds., *The Roman Eastern Frontier and the Persian Wars, AD 226-363, a Documentary History*, London and New York: Routledge, 2005, p. 60.

6 M. Dodgeon and Samuel N. C. Lieu, eds., *The Roman Eastern Frontier and the Persian Wars, AD 226-363, a Documentary History*, p. 62.

他发动对萨珊波斯战役的动机，并非如《奥古斯都史》所说是为了救援瓦略良（Valerian，公元253—260年在位），而是为了捍卫帕尔米拉商业中心的地位。[1]此前，奥登纳图斯曾向萨珊国王沙普尔一世（Shapur I）提出要求，保证帕尔米拉在波斯境内的利益，但最终遭到拒绝。[2]

公元260年，罗马皇帝瓦略良在与沙普尔一世的埃德萨战争（Battle of Edessa）中惨遭失败，终被俘虏。萨珊波斯帝国趁机开始发动反罗马的战争，支持帕尔米拉独立。

公元260—262年间，奥登纳图斯组织了一支由帕尔米拉人和叙利亚农民构成的军队对战沙普尔。[3]公元267年，奥登纳图斯遭到暗杀。其遗孀芝诺比娅（Bat Zabbai/Zenobia）开始辅佐幼子瓦巴拉图斯（Vaballathus，公元267—272年在位），以摄政的身份开启了帕尔米拉王国的征服。公元270年春，在罗马皇帝克劳迪·高提库斯（Claudius Gothicus，公元268—270年）统治时期，芝诺比娅以进攻阿拉伯人部落联盟塔努柯德（Tanukhids）为托词，征服了罗马的阿拉伯行省。10月，她又向埃及扩张，并终获胜利，芝诺比娅宣称为埃及的女王。次年，帕尔米拉进攻安纳托利亚，抵达安卡拉（Ankara），这也标志着其扩张达到顶峰。[4]但是，她的这些征服都是打着罗马的旗号进行的。然而，到公元271年末，芝诺比娅与其子采用了奥古斯塔（Augusta）

1 Southern, Patricia, *Empress Zenobia: Palmyra's Rebel Queen*, London and New York: Continuum International Publishing Group, 2008, p. 70.

2 Andrew M. Smith II, *Roman Palmyra: Identity, Community, and State Formation*, p. 177.

3 Jordanes, *Historia Romana*, 290 = M. Dodgeon and Samuel N. C. Lieu, eds., *The Roman Eastern Frontier and the Persian Wars, AD 226-363, a Documentary History*, p. 66. 使用了“collecta rusticorum”一词。Orosius, *Adversus Paganos*, 7.22.12 = M. Dodgeon and Samuel N. C. Lieu, eds., *The Roman Eastern Frontier and The Persian Wars, AD 226-363, a Documentary History*, p. 65. 在这里将奥登纳图斯的军队称为“农民集体”（collecta agresti）。

4 Warwick Ball, *Rome in the East: The Transformation of an Empire*, London and New York: Routledge, 2002, p. 80.

和奥古斯都（Augustus）的头衔。[1]次年，奥略良（Aurelian，公元270—275年在位）经博斯普鲁斯（Bosphorus）进入安纳托利亚，[2]向安条克（Antioch）进发，在伊迈（Immae）战役中击败了芝诺比娅。在埃梅萨（Emesa）的战役中，芝诺比娅再次被击败。随后帕尔米拉城迅速臣服于罗马帝国。[3]

此后，奥略良在该城驻扎了一支有六百弓箭手的卫戍部队作为和平护卫队。[4]公元273年，帕尔米拉人再次起义，[5]将芝诺比娅的一个亲信安条克（Antiochus）立为奥古斯都。奥略良发兵进攻帕尔米拉，将其夷为平地，居民遭屠杀，贝尔神庙也惨遭洗劫。[6]

奥略良洗劫之后，帕尔米拉逐渐消失在史书的记载中。该城或成为一座军事驻地，奥略良曾重修贝尔神庙，并派遣伊利里亚第一军团（Legio I Illyricorum）在该城驻扎。[7]在马拉拉斯的记载中，帕尔米拉再次出现：查士丁尼一世（Justinian I，公元527—565年）在位时，为了抵抗阿拉伯莱赫米（Lakhmid）王国国王阿尔·孟迪尔三世（Al-Mundhir III）的入侵，下令重修帕尔米拉城。他还下令在此地驻扎军队，以保卫罗马疆土和耶路撒冷。[8]但帕尔米拉作为商旅之城的辉煌已成过去。

---

1 这一行为究竟是宣称独立的表现还是对罗马帝国的篡位行为，学界目前未有定论。

2 Trevor Bryce, *Ancient Syria: A Three Thousand Year History*, Oxford: Oxford University Press, 2014, p. 307.

3 John Drinkwater, "Maximinus to Diocletian and the 'Crisis'," in Alan K. Bowman, Peter Garnsey and Averil Cameron, eds., *The Cambridge Ancient History. Vol. 12: The Crisis of Empire, AD 193-337*, Cambridge: Cambridge University Press, 2005, p. 52.

4 Trevor Bryce, *Ancient Syria: A Three Thousand Year History*, p. 313.

5 Andrew M. Smith II, *Roman Palmyra: Identity, Community, and State Formation*, p. 180.

6 Warwick Ball, *Rome in the East: The Transformation of an Empire*, p. 81.

7 Nigel Pollard, *Soldiers, Cities, and Civilians in Roman Syria*, Ann Arbor: University of Michigan Press, 2000, p. 298.

8 Geoffrey Greatrex and Samuel N. C. Lieu, *The Roman Eastern Frontier and the Persian Wars, AD 363-628*, London and New York: Routledge, 2005, p. 85.

三、杜拉·欧罗普斯城的转型与毁灭

相比帕尔米拉城与佩特拉城，杜拉·欧罗普斯城（Dura Europus）[1]仅仅是一座兴起于希腊化时期的希腊殖民城市，规模和影响都相对较小。但是它坐落在幼发拉底河畔，具有战略性地理优势，易守难攻。这一先决条件奠定了它在帕提亚帝国和罗马帝国时期转型发展的基础。从建立到转型再到毁灭，该城延续了近六个世纪。

1. 杜拉城的建立

早在公元前1000年左右的亚述时期，该地就有人类居住的痕迹。但作为一座城市或要塞，杜拉·欧罗普斯城建立于塞琉古王国时期，大约在公元前280年左右。根据城内发现的刻有塞琉古一世铭文的浮雕推测，塞琉古一世是城市的真正建立者；但是根据文献，实际的建城者可能是塞琉古王国一位名为塞琉古·尼卡诺（Seleucus Nicanor）的将军。约翰·格兰杰（John D. Grainger）持此观点，并指出狄奥多罗斯和阿庇安笔下记载的塞琉古·尼卡诺生卒存在矛盾之处。他推测阿庇安记载有误。在此前提下，他认为杜拉·欧罗普斯城正是由那位建立了安条克—埃德萨（Antioch-Edessa）城的尼卡诺所建。[2]这也表明，杜拉·欧罗普斯实际上是在罗马与塞琉古王国的“叙利亚战争”时期所建。加之城市基址显示塞琉古时期的主要建筑基址集中在城市东北角，包括防御城墙、王室宫殿与军事驻地，不难推测，该城的建立主要是出于军事角度的考虑。

---

1 该城最初称为Dura，后来希腊人为纪念建城者塞琉古·尼卡诺（Seleucus Nicanor）的马其顿起源，将其命名为“Europus”。古代二名单独使用，杜拉·欧罗普斯合称是近代才出现的，1922年由弗朗茨·库蒙（Franz Cumont）创造。学界也有“欧罗普斯·杜拉”之称，因时代背景而异。本卷统称为“杜拉·欧罗普斯”，或简称为“杜拉”。参见https://en.wikipedia.org/wiki/Dura-Europos.

2 Getzel M. Cohen, *The Hellenistic Settlements in Syria, the Red Sea Basin, and North Africa*, Berkeley: University of California Press, 2006, p. 163.

2. 杜拉·欧罗普斯城的转型

（1）帕提亚时期的杜拉·欧罗普斯城

公元前141年，帕提亚国王米特里达特一世（Mithridates I）占领塞琉西亚，控制了美索不达米亚和巴比伦尼亚。[1]公元前129年，弗拉特斯二世（Phraates II）在埃克巴坦那战役（Battle of Ecbatana）中俘虏了安条克七世（Antiochus VII），最终粉碎了塞琉古收复伊朗的企图。[2]塞琉古王朝领土丧失殆尽，自此一蹶不振，在帕提亚帝国和罗马之间苟延残喘。正是在这一时期，帕提亚占领了位于美索不达米亚的杜拉·欧罗普斯城（公元前116年）。帕提亚治下的杜拉·欧罗普斯的城市功能开始向商业化明显转型。

（2）帕提亚的边界城市和商贸驿站

帕提亚帝国时期，一方面，罗马与帕提亚两大势力在美索不达米亚和巴比伦尼亚地区对峙，边界不定；另一方面，随着东西方联系的加强，丝绸之路的拓展，途经帕提亚和罗马地域的几条商路逐渐形成，商贸随之兴起。伴随着帕提亚帝国在叙利亚和美索不达米亚地区的扩张，杜拉·欧罗普斯城开始成为帕提亚帝国统治下的边界城市，进入转型阶段。

大约从公元前113年起，杜拉·欧罗普斯城逐渐发展成为一座商旅城市。[3]帕提亚时期，杜拉·欧罗普斯的城市空间被城墙环绕，大量的神庙建筑开始兴建和重建，市场区域逐渐向商业化市场转型，城市中心区域开始出现大量私人建筑，商业手工业渐兴。[4]人口成分日

---

1 Ehsan Yarshater, ed., *The Cambridge History of Iran. Vol. 3(1): The Seleucid, Parthian and Sasanian Periods*, Cambridge: Cambridge University Press, 2000, pp. 21-99.

2 Ehsan Yarshater, ed., *The Cambridge History of Iran. Vol. 3(1): The Seleucid, Parthian and Sasanian Periods*, p. 40.

3 M. Rostovtzeff, *The Social and Economic History of The Hellenistic World*, Vol. II, Oxford: Clarendon Press, 1941, p. 858; J. A. Baird, *The Inner Lives of Ancient Houses: An Archaeology of Dura-Europos*, Oxford: Oxford University Press, 2014, p. 293

4 Ann Perkins, *The Are of Dura-Europos*, Oxford: Clarendon Press, 1973, p. 5.

益复杂，除了主要的希腊—马其顿人，本地人地位有所提升，城市市民文档中的当事人开始出现一些拥有闪米特名字和伊朗名字的城民。此时商旅贸易的主导者实际上并非希腊—马其顿人，而是东方的商人，也就是那些有着闪米特和伊朗名字的人群。

帕提亚帝国对杜拉城的统治延续了两个多世纪，其影响也辐射周边村镇以及其他城市。公元115年，图拉真的远征一度切断了帕提亚对该城的统治，但直到公元165年，罗马帝国才再次征服杜拉城。

（3）罗马帝国时期的军事驻地

大约在公元160年，杜拉城可能遭遇地震，城市临悬崖一侧的宫殿建筑部分坠毁。公元161—166年罗马—帕提亚战争期间，罗马皇帝卢西乌斯·奥略留·维鲁斯（Lucius Aurelius Verus，公元161—169年在位）率领罗马军队攻陷了帕提亚帝国在两河地区的领土，并于公元165年夺取了帕提亚首都泰西封（Ctesiphon）。此时，杜拉城成为罗马帝国在东部的一个军事据点，罗马开始在该城派遣军队，驻扎军营。公元3世纪初，杜拉城的北部成为罗马军营的驻扎地，大量的罗马军旅人员进驻杜拉城，他们有的是长期驻守，有的可能是临时调来。

杜拉城出土了大量纸草羊皮卷，其中包含诸多军队考勤表，揭示了罗马军团在杜拉城内的军队生活和日常社会生活。其中，帕尔米拉第二十军团在罗马统治杜拉城时最为知名。除此之外，罗马帝国还向杜拉城派遣过其他的分遣队或临时的驻扎军队，因为杜拉城出土的军队文献中有两份罗马军营起草的文件分别属于奥古斯都·色雷斯第三军团（Tertia Augusta Thracum）和巴勒斯坦第十二（Duodecima Palestinorum）军团。[1]

1 C. Bradford Welles, Robert O. Fink and J. Frank Gilliam, *The Excavations at Dura-Europos, Dura Final Report V, Part I: The Parchments and Papyri*, New Haven: Yale University Press, 1959, pp. 134-139, 153-159.

公元194年，罗马皇帝塞普提米乌斯·塞维鲁斯统治时期，杜拉城被划归为科伊勒—叙利亚（Coele-Syria）行省。大约在公元3世纪初（可能是211年），塞维鲁斯授予杜拉城“殖民地”（Colonia）的称号。至迟到公元212年，杜拉城内还存在一个类似于公民大会集会的地方，坐落在罗马时期扩建的阿尔特米斯神庙中，其形制类似于半圆式的剧院。在这一建筑的座椅上，当时以公民议员身份参加会议的人刻下了自己的名字。[1]在公元254年的离婚契约中，出现了“殖民地”这一城市头衔，[2]表明了杜拉城对罗马帝国的重要性。它作为罗马帝国在叙利亚行省内的一个军事据点，在罗马帝国对东部地区的征服过程中担任了重要的角色。[3]

因此，罗马帝国统治时期，无论是在宗教信仰还是在社会生活方面，杜拉城内都表现出很大程度上的罗马化，尤其是城市北部军营地区，大量神庙建筑中逐渐出现罗马军队的崇拜群体。杜拉城贝尔神庙内的壁画也展示了城市晚期社会生活的一些图景，其中一幅被称为“特伦提乌斯”（Julius Terentius）壁画的作品描绘了帕尔米拉第二十军团向贝尔二合神献祭的场景。[4]这似乎揭示出帕尔米拉主导的商旅贸易与杜拉城建立了紧密联系。

（4）杜拉·欧罗普斯城转型的原因

从塞琉古王国建城到罗马帝国统治时期，杜拉城的城市职能经历了几次转型，先从塞琉古王国的军事殖民地转型为帕提亚帝国时期的商贸驿站，再转型为罗马帝国时期的边防城市。但是杜拉城的商旅驿

---

1 详参考古报告以及Ann Perkins, *The Art of Dura-Europos*, Oxford: Clarendon Press, 1973, p. 18, fig. 3. 后文将会对这一信息进行详细的分析。

2 C. Bradford Welles, Robert O. Fink and J. Frank Gilliam, *The Excavations at Dura-Europos, Dura Final Report V, Part I: The Parchments and Papyri*, p. 166, Inv. D. P. 90.

3 Simon James, *The Roman Military Base at Dura-Europos, Syria: An Archaeological Visualization*, Oxford: Oxford University Press, 2019, p. 10.

4 L. Dirven, *The Palmyrenes of Dura-Europos: A Study of Religious Interaction in Roman Syria*, Pl. 13.

站职能在罗马帝国时期基本保持，其原因就在于杜拉城的商业化与帕提亚帝国时期兴起的商旅之路有关。

公元前30年左右，帕尔米拉商人已经出现在杜拉·欧罗普斯城外，[1]也就是说，此时杜拉城已经成为帕尔米拉商旅路线上的一个驿站。不仅如此，帕尔米拉商旅铭文表明，这一时期，帕提亚帝国并没有阻断帕尔米拉通往美塞尼王国和波斯湾的商旅贸易，相反，帕提亚为这一路线提供了便利。大量断代于公元1—2世纪的铭文表明，帕尔米拉与波斯湾的卡拉克斯城[2]保持着稳定的贸易联系。在帕提亚政策允许和帕尔米拉商旅贸易带动下，杜拉城很快成为叙利亚地区一个重要的商旅驿站。帕提亚时期的城内商铺和客栈建筑基址，可能就是为了方便商旅而建。

3. 杜拉·欧罗普斯城的衰落与灭亡

公元3世纪中期左右，杜拉·欧罗普斯城逐渐衰落。究其原因，学界主要观点集中在萨珊波斯入侵一说上。但杜拉城到底是在哪一年被萨珊波斯占领的，仍然难有定论。

观点的分歧主要在公元253年和256年两个时间点上。罗斯托夫采夫根据杜拉城出土的钱币和壁画证据，佐以沙普尔一世的铭文，[3]推断杜拉城应该是在公元253年与安条克城一起被萨珊波斯占领的。[4]但是钱币学证据表明，杜拉城迟至公元256年仍未衰落。在萨珊人入侵时埋葬的受害者坟墓中发现了最晚的钱币窖藏，其中一部分瓦略良的钱币断代于256年。[5]罗斯托夫采夫对于这一矛盾的解释是，杜拉城可

1 L. Dirven, *The Palmyrenes of Dura-Europos: A Study of Religious Interaction in Roman Syria*, pp. 41-42.

2 时为附属于帕提亚帝国的卡拉科尼王国（即美塞尼王国）的都城。

3 W. B. Henning, “The Great Inscription of Sapur I,” *Bulletin of the School of Oriental Studies*, Vol. 9, No. 4, 1939, p. 826.

4 M. I. Rostovtzeff, “Res Gestae divi Saporis and Dura,” *Berytus*, Vol. 8, 1943-1944, pp. 17-60.

5 David MacDonald, “Dating the Fall of Dura-Europos,” *Historia: Zeitschrift für Alte Geschichte*, Vol. 35, 1986, p. 63.

能在公元253年曾短暂被奥登纳图斯夺回。但是麦克唐纳通过对钱币证据和“沙普尔一世纸草”的再分析提出第二种观点：杜拉城是在公元256或257年被萨珊波斯占领的。[1]实际上两种断代的矛盾主要在于“沙普尔一世纸草”文献与钱币证据之间出现的分歧。杜拉城内出土的纺织物也为城市陷落的断代提供了更多的证据。这些纺织物大多生产于3世纪中期的几年间，且至迟到公元256年，城市纺织物的供应出现了明显的限制。因此，我们判断，大约到公元256年商品生产开始停滞，贸易中断，城市开始衰落。这表明在罗马帝国与萨珊波斯的相持之下，杜拉城最终可能在公元256年被萨珊波斯人攻陷。

综合以上推测，杜拉城被萨珊波斯攻陷的时间不晚于公元256年。杜拉城的毁弃则是在此后的一二十年间。萨珊波斯帝国极有可能对杜拉城居民实施了“驱逐出境”（deportation）[2]政策，因此到公元4世纪中期，阿米亚努斯（Ammianus Marcellinus）笔下记载的杜拉城已经是一座废墟。[3]

第二节　罗马—拜占庭时期的原希腊化城市

“三世纪危机”之后，罗马帝国事实上分为东西两部。学界一般将君士坦丁堡的建立视为拜占庭时期的开始，但名义上和实际上，这时的地中海世界还属于一个罗马帝国。后来随着东西罗马分治，西罗

---

1 David MacDonald, “Dating the Fall of Dura-Europos,” *Historia: Zeitschrift für Alte Geschichte*, Vol. 35, 1986, pp. 63-64.

2 A. Shapur Shahbazi, Erich Kettenhofen and John R. Perry, “Deportations,” *Encyclopaedia Iranica*, VII/3, pp. 297-312, available online at http://www.iranicaonline.org/articles/deportations.

3 Ammianus Marcellinus, *Res Gestae*, 23.5.8, translated by J. C. Rolfe, Cambridge, Mass.: Harvard University Press, 1950.

马帝国灭亡，以君士坦丁堡为都的东罗马帝国一家独大，真正的拜占庭帝国统治时期开始。本节为行文方便，也由于讨论的希腊化城市都位于罗马帝国的东部，所以将公元330年到476年最后一个西罗马帝国皇帝被推翻这一段时间统归于罗马—拜占庭统治时期。

一、拜占庭帝国对小亚丝路城市的经营

相比沙漠中的佩特拉城而言，小亚的希腊化城市似乎并未受到商道改线的影响。得益于得天独厚的地理位置，处于东地中海沿岸的商业城市一直是东西方海陆贸易的中转枢纽。随着丝绸之路的拓展，海上贸易在3世纪后日渐繁荣，加之拜占庭帝国对商业的经营和重视，这些港口城市长期保持了发展的势头，有的甚至存在至今。但具体而言，由于各种历史因素的影响，小亚地区原来的希腊化城市经历了不同的变迁和命运。

1. 士麦那

士麦那（Smyrna）是希腊人在安纳托利亚建立的一座战略性中心城市。现存的古城遗址有两处，一是本地人建立的城址，古典时期成为希腊在安纳托利亚十分重要的殖民地，一般称之为士麦那老城（Old Smyrna）；一是亚历山大大帝东征时建立的城址，学界一般称之为士麦那本城（Smyrna proper）。后者一直延续发展至罗马帝国时期，并成为首府城市（metropolitan）。现存的主要遗迹属于罗马帝国时期，大多断代于公元2世纪的地震之后。

公元3世纪中期，随着基督教的兴起，士麦那成为一座基督教化的希腊式城市。公元395年罗马帝国分裂后，士麦那受拜占庭帝国统治，其商贸重要性很快被帝国重点经营的君士坦丁堡取而代之。

2. 以弗所

公元263年遭哥特人入侵，以弗所（Ephesos）在很大程度上被摧

毁。君士坦丁大帝（Constantine the Great，公元303—337年在位）重建了该城，并建立了新的公共浴场，直到公元5—6世纪，以弗所仍是拜占庭帝国治下最为重要的城市之一，其地位甚至仅次于君士坦丁堡。公元6世纪，查士丁尼一世在以弗所建立了圣约翰教堂（Basilica of St. John）。不幸的是，公元614年的地震摧毁了城市的一部分，随后以弗所作为商业中心的重要性逐渐衰落。其中一个重要的原因是河流淤积导致其通往爱琴海的港口的堵塞，以弗所连接地中海西岸的贸易中断。公元7世纪中期，阿拉伯人的侵扰开始危及以弗所。公元654—655年及公元700—716年阿拉伯人的两次洗劫，进一步加速了以弗所的衰落。

3. 萨尔狄斯

波斯帝国时期，作为“皇家大道”的驿站，萨尔狄斯（Sardis）逐渐发挥重要作用，是波斯帝国当时最为重要的一个辖区。[1]亚历山大大帝远征时，萨尔狄斯也被征服。罗马治下的公元17年，萨尔狄斯不幸遭地震摧毁，但是在提比略皇帝的支持下得以重建。一直以来，依托小亚的一些港口城市和内陆路线，萨尔狄斯有着活跃的商贸活动和商业组织。直到拜占庭帝国晚期，它仍然是小亚西部一座十分富有且重要的城市。君士坦丁堡成为东部首都后，各行省与该城之间建立了新的道路系统，萨尔狄斯因此丧失了它原有的交通重要性。但是作为一座主教区城市（metropolitan bishop），其地位仅次于以弗所和士麦那。

二、叙利亚安条克和埃及亚历山大里亚城在拜占庭时期的继续

1. 安条克城

安条克城建于公元前300年，安条克一世在位时成为都城，逐渐

1 Leo Raditsa, “Iranians in Asia Minor,” in Ehsan Yarshater, ed., *The Cambridge History of Iran. Vol. 3(1): The Seleucid, Parthian and Sasanian periods*, Cambridge: Cambridge University Press, 1983, p. 102.

发展为一座繁荣的商业化都市，而且这种角色似乎一直延续到罗马帝国统治时期，从未中断。萨珊波斯帝国兴起之后，安条克城开始进入不稳定的发展状态，原因有两个，一是波斯人的外部侵扰，二是罗马帝国内部严重的危机。

公元256年，萨珊波斯第一次突袭安条克。萨珊波斯与罗马帝国之间的对峙，罗马帝国内部的衰微，使这个位于叙利亚行省边界的港口城市政局更加不稳。公元387年，狄奥多西一世（Theodosius I）的税收政策导致了严重的社会矛盾，安条克城中爆发动乱，商业都城地位不保，危机初露端倪。罗马帝国分治后，安条克最终落入君士坦丁一世的统治之下。公元540年，萨珊波斯再次洗劫该城。仅仅两年之后，查士丁尼瘟疫爆发，安条克城遭遇了空前的浩劫，迅速衰落。公元611年，萨珊波斯人夺取叙利亚，第三次占领安条克城。公元613年的安条克之役后，安条克和叙利亚以及安纳托利亚东部的大量城市纷纷落入萨珊波斯手中。

尽管政局十分不稳，但作为一个港口城市，安条克城一直是联系东西商贸的交通枢纽。直到拜占庭帝国早期，它仍是东部贸易的主要港口和商业都会，其商贸地位是在公元13世纪后才最终丧失的。

2. 亚历山大里亚城

公元3世纪末，亚历山大里亚（Alexandria）转而成为一个基督教中心，罗马人在亚历山大里亚确立了基督教的正统地位。由于罗马人对异教的排斥，该城已经俨然成为一座异族人的城市，愈发地脱离埃及本土文化。公元365年，克里特地震引发的海啸波及亚历山大里亚，上千人口死于这场巨大的自然灾难，该城因此遭到严重的打击。4世纪末，罗马帝国的分裂打破了城市和平繁荣的商业景象，基督教徒对异教徒的迫害使城市内部矛盾加剧，大量神庙建筑、雕塑遭摧毁，人口骤减，城市也逐渐衰落，亚历山大里亚丧失了原来的商贸地位。到公元5世纪，犹太人和希腊人或者王室所在地的布鲁切姆（Brucheum）区逐渐被隔离，许多中心性的纪念性建筑遭摧毁。

此间，萨珊帝国与拜占庭帝国之间战乱频仍，公元616年，萨珊波斯国王库思老一世最终夺取了亚历山大里亚城。公元640年，阿拉伯帝国崛起，亚历山大里亚城在经历了长达14个月的围攻后最终陷落。

结　语

综观公元3世纪以后的地中海东岸丝路城市，它们最初都是因优越的地理位置发展成为古代道路体系中重要的交通枢纽，在公元前后一个世纪间逐渐成为东西贸易的直接受益者，转而发展为丝路商贸城市。阿拉伯和叙利亚的重要城市如佩特拉和帕尔米拉，因沙漠商路和长途的商旅贸易迎来了城市最为繁荣的阶段，杜拉·欧罗普斯城也在帕尔米拉人主导的沙漠商路发展中成为重要的商贸驿站。但是它们也无可避免地因为政治格局的变化和商路的转线而逐渐衰落，尤其是3世纪中后期，萨珊波斯帝国兴起，罗马帝国内部危机加深，东地中海地区政局混乱，商贸受到极大影响。这些枢纽城市逐渐丧失了商贸优势，或一蹶不振，或逐渐转型。同样，东南部的阿拉伯地区的佩特拉城也因为帕尔米拉沙漠商路的兴起逐渐衰落。

公元4世纪后，拜占庭帝国迎来了东地中海新的商贸繁荣景象，一些小亚的原希腊化城市虽然仍在地中海沿岸贸易中占有一席之地，但是海上交通和贸易重点已经在很大程度上转到新建都城君士坦丁堡，士麦那、以弗所以及萨尔狄斯等城逐渐丧失其重要性。在拜占庭帝国的经营下，尽管安条克、亚历山大里亚这样的希腊化时期兴建的商业大都市保持着商业基础和活力，但自然条件的变化，如河道的淤积，也使这些传统的商业港口大不如前。但是二者在丝绸之路上仍发挥了重要的枢纽作用，安条克最终是在蒙古人入侵时才彻底丧失其商业地位的。

（王　潇）

第十三章　希腊化遗产对萨珊波斯帝国城市的影响

——以比沙普尔和泰西封为例

萨珊波斯帝国的城市可以分为三类：圆形城市；矩形城市（希波达姆斯式）；普通城市。在萨珊波斯帝国的圆形城市中，值得一提的有达拉贝格德（Darabgerd）、阿尔达希尔·科雷（Ardeshir Khoreh）、梅尔夫和塔科特·索莱曼（Takht-e Soleiman）。矩形城市的代表有比沙普尔（Bishabour）、贡迪沙普尔（Gondishapur）、伊瓦内·克尔卡（Ivan-e Kerkha）、西拉夫（Siraf）、尼沙普尔（Neishabour）和伊什塔克尔（Istakhr）。普通城市有拉姆·沙赫里斯坦（Ram Shahrestan）、泰西封和卡斯尔·希林（Qasr Shirin）。但也有人认为，泰西封是一座圆形城市。[1]阿尔达希尔一世（Ardeshir Babakan）建造的第一座萨珊波斯城市阿尔达希尔·科雷是圆形城市。这种城市布局常见于帕提亚帝国之前和帕提亚帝国统治时期。哈特拉和达拉贝格德几乎是圆形的，据说萨珊城市的布局来源于帕提亚军营。[2]

为了更好地理解伊朗、希腊和罗马风格的融合，笔者以萨珊波斯帝国时期的比沙普尔和泰西封作为萨珊波斯城市的代表展开论述，这两座城市成功协调了不同的建筑风格。

---

1 A. Maricq, “Res Gestae Divi Saporis,” *Syria*, Vol. 35, 1958, pp. 314-315; R. Ghirshman, *Bichapour: Fouilles de Chapour*, Vol. I, Paris: Librairie Orientaliste Paul Geuthner, 1971, p. 11.

2 Shirin Bayani, *Ctesiphon va Baghdad dar Gozar Zaman*, Tehran: Jami, 1998, p. 53.

第一节　比沙普尔

在公元3世纪早期，阿尔达希尔一世推翻了帕提亚帝国的统治，萨珊波斯王朝成功崛起，沙普尔一世决定在扎格罗斯山脉（Zagros Mountains）距离波斯湾水域最近的地点修建比沙普尔。

比沙普尔是一座面积为200公顷的古代城市，有宫殿、神庙、公共浴室和独特的马赛克。水之女神阿娜西塔神庙（the temple of Anahita）、战败后被俘的罗马皇帝瓦略良（Valerian）宫殿（监狱）和以古希腊城市结构为基础的比沙普尔城市结构，这些遗迹讲述了比沙普尔辉煌的过去，是这座城市真正有价值的圣地。据说沙普尔一世在公元260年击败罗马皇帝瓦略良之后，他俘虏的罗马工程师参与建造了比沙普尔。根据伊斯兰学者伊本・库塔伊巴（Ebn Qotayba）的记载可知，沙普尔一世将罗马囚犯安置在比沙普尔（其他的安置地点为贡迪沙普尔和舒什塔尔）。[1]在位于纳克希・鲁斯塔姆的琐罗亚斯德圆柱铭文中，沙普尔一世描述了他与瓦略良战斗并获胜的事迹，以及罗马战俘在法尔斯省和其他省份的最终安置情况。[2]如今这座城市遗留的马赛克优雅地陈列在巴黎的卢浮宫，比沙普尔博物馆和德黑兰的古伊朗博物馆也有此城的马赛克藏品。

塔尔伯特・赖斯（Talbot Rice）在1935年出版的一份报告中公布了比沙普尔第一张全景地图。[3]这张地图并不精准，不过它标出了城市建筑的轮廓，包括壕沟和巨大的古山丘。报告描述了当时城市中最著名的一些建筑，城市边界由沟渠和河流环绕，此外，市中心有两条道路交叉的十字路口。赖斯对这座城市的评论完全建立在对比沙普尔

1 R. Ghirshman, *Bichapour: Fouilles de Chapour*, Vol. I, p. 11.

2 A. Maricq, "Res Gestae Divi Saporis," *Syria*, Vol. 35, 1958, pp. 314-315.

3 David Talbot Rice, "The City of Shāpūr," *Ars Islamica*, Vol. 2(2), 1935, p. 174.

的观察之上，没有使用测量设备或者进行考古发掘，所以存在缺陷。他没有注意到纪念柱和阿娜希塔神庙在城市设计中的关键地位，对城市设计中平整、垂直的道路网络也无认知。然而出乎意料的是，城市的轮廓与希腊—罗马世界中的城市相似。[1]

自1935年起，吉尔什曼（Ghirshman）一直在萨珊波斯城市比沙普尔寻找罗马建筑的踪迹，他是在此地实施考古发掘的第一人。比沙普尔第一张相对准确的地图由吉尔什曼团队的建筑师安德烈·哈代（Andre Hardy）绘制。他根据已发掘的通道和建筑绘制了山丘和其他地形。值得注意的是，吉尔什曼和哈代认为，比沙普尔采用了希腊希波达姆斯式或棋盘式城市规划，拥有棋盘式的道路网络。[2]

1969年，萨尔法拉兹（Sarfarāz）发现了部分原始的北城墙，在这里，河流迫使原本为矩形的城市规划采用了不规则的边界。这段城墙由间距不到1米、均匀分布的小圆塔连接而成，这种模式来源不详，现在所知的与它相关的文献材料是拜占庭的斐洛（Philo of Byzantium）留下的一条注释。F. E.温特（F. E. Winter）将它解释为半圆形城墙遗迹，并将它与希腊化时期一种罕见的做法联系起来。[3]然而，北墙是否为罗马囚犯所建仍是一个值得思考的问题。

第二节　泰西封

泰西封始建于帕提亚时期，在萨珊波斯帝国时期得到了改建和扩建，并且采用了罗马建筑的风格。

---

1 David Talbot Rice, "The City of Shāpūr," *Ars Islamica* , Vol. 2(2), 1935, p. 178.

2 R. Ghirshman, *Bichapour: Fouilles de Chapour*, Vol. I, p. 11.

3 A.-A. Sarfarāz, "Bishāpūr: in Survey of Excavations," *Iran*, Vol. 8, 1970, p. 178.

阿拉米亚语将泰西封所处周边地区称为马达因（Madain）。作为帕提亚帝国和萨珊波斯帝国政治中心的马达因地区包含附近若干城市，这一地区的每一座城市都是不同时期的国王基于政治和战略原因在特定形势下修建的，[1]其中最重要的城市是泰西封。

泰西封位于底格里斯河左岸，在今巴格达东南方向35公里处。地理气候条件优越，不同方向的贸易路线交汇于此，可谓财富集聚之地。丝绸之路的东西主干道就从泰西封穿越而过。由于底格里斯河、幼发拉底河以及从幼发拉底河分出的伊萨运河（Isah River/Malik River）洪水泛滥带来了沉积物，灌溉网络覆盖范围广，泰西封所在区域土地肥沃。根据伊本·科尔达德比赫（Ibn Khordadbeh）的说法，卡瓦德一世（Khordadbeh, Ghobad I）称“我的国家最优秀的物产是泰西封的水果”。[2]在公元9世纪，雅虎比（Yaghoubi）赞扬泰西封的气候健康、温和，比其他城市都要好。

米特里达特一世在位时期（约公元前171—前138年），帕提亚人征服了美索不达米亚。为了建造一座优于塞琉古王国首都的都城和便于管理塞琉西亚人，帕提亚人选择建设泰西封，以使底格里斯河畔的塞琉西亚相形见绌。帕提亚人最初进入泰西封时围圈扎营，在完成城市的基本建设后，他们在城市外围建设了圆形防御工事。[3]据说，帕克尔一世（Pakor I，西方文献称他为帕克罗斯，公元前38年为帕提亚王子）建造了城墙。在沃洛加西斯一世（Vologases I）统治时期，塞琉西亚—泰西封地区修建了一座被称为巴拉萨巴德的重要贸易中心，意图打破希腊人对贸易的垄断，[4]但尚不清楚它的准确地点。它也因此

---

1 Shirin Bayani, *Ctesiphon va Baghdad dar Gozar Zaman*, Tehran: Jami, 1998, p. 41.

2 Ibn Khordadbeh, *Kitāb al-Masālik wa'l-Mamālik*, translated by Hossein Qara Chanlou, Tehran: Mtarjem, 1991, p. 172.

3 Shirin Bayani, *Ctesiphon va Baghdad dar Gozar Zaman*, p. 53.

4 Leonardo Gregoratti, “The Parthian Empire: Romans, Jews, Nomads, and Chinese on the Silk Road,” *Journal of Late Antiquity*, 2014, pp. 56-57.

成为丝绸之路沿线以及波斯湾地区的奢侈品的贸易终端。从米特里达特一世到公元224年帕提亚帝国灭亡，它是帕提亚国王们的冬季驻跸地。[1]公元224年阿尔达班四世（Artabanus IV）战死宣告了帕提亚帝国的终结，萨珊王朝的阿尔达希尔一世于公元226年在泰西封加冕。

泰西封是萨珊波斯帝国的统治中心和巴比伦尼亚地区最重要的城市之一。它拥有水路交通网、肥沃的土地以及底格里斯河东岸的大量人口。它曾经是帕提亚帝国的皇城，阿尔达希尔将它作为自己的首都，沙普尔一世在泰西封建造了一座宫殿。[2]沙普尔二世统治时期，他将泰西封建为一座伟大的城市。阿尔达希尔一世用铁链在底格里斯河上建造了一座桥，但其难以满足附近地区之间的往来。因此，沙普尔二世在底格里斯河上修建了另一座桥，这座桥也是沙普尔二世最重要的成就之一。[3]沙普尔二世继续在泰西封东边扩大首都，并修建了一座宫殿。几乎能够肯定这座宫殿就是著名的泰西封宫殿（泰西封拱门），后来库思老一世（Khosrow I）和其他国王完成了宫殿的修建。[4]

公元363年，当罗马皇帝尤利安（Julian）在美索不达米亚地区进攻萨珊波斯帝国时，罗马历史学家阿米亚努斯·马塞林努斯（Ammianus Marcellinus）随军效力。他简短地描述了萨珊波斯国王靠近泰西封的驻跸地。原文为：

> 接着我们来到盛产各种水果的富饶果林和田野。我们在那里发现一座罗马式宫殿，我们对这座宫殿很满意，没有对它造成损害。同一地区有一片广阔的圆形土地，由坚固的栅栏将它

1 Strabo, *Geography*, 16.1.16; Tacitus, *The Annals*, 6.42.

2 R. Ghirshman, *Iranian Art; Parthian and Sasanian Art*, translated by Bahram Farhoushi, Tehran: Scientific and Cultural, 2011, p. 32.

3 Shirin Bayani, *Ctesiphon va Baghdad dar Gozar Zaman*, p. 62.

4 Shirin Bayani, *Ctesiphon va Baghdad dar Gozar Zaman*, p. 62.

围绕起来……在与他最杰出的将领们就围攻泰西封这一议题召开会议之后，皇帝采纳了一部分人的意见，他们确信围攻泰西封草率且不合时宜，因为这座城市单凭它的位置便牢不可摧，而且防御坚固。此外，据信萨珊波斯国王很快会带领一支强大的军队出现。[1]

阿米亚努斯·马塞林努斯还写道：

然后，为了能在辛苦的劳作之后得到及时的休息，我们在一片富饶的土地扎营，那里有许多果园、葡萄园和碧绿的柏树林。在这片土地中央有一个宜人的阴凉住所，按照波斯风俗，在房子的每一处展示的画作表现了国王在各种狩猎活动中猎杀野兽的内容。因为除了各种形式的屠杀和战争场面之外，萨珊波斯帝国没有其他东西可供绘画或者雕塑。[2]

罗马人与波斯人似乎进行了一些文化交流，例如泰西封的一些建筑完全是罗马风格。

塞尔吉乌斯（Sergius）在公元6世纪到访泰西封，他受到了萨珊波斯国王特别是胡斯洛一世的影响。尽管他并不精通伊朗人的语言，但他获准查阅公元531—579年的皇家档案，他的研究促使拜占庭历史学家阿加西亚斯（Agathias）撰写萨珊波斯帝国的历史和宗教。阿加西亚斯关于萨珊波斯建筑的知识揭示了萨珊波斯帝国在建筑学上的部分秘密，萨珊王朝的宫殿无疑是萨珊波斯建筑学特征的最佳证据。塔巴里称：在这座宫殿里，特别是门廊上，建造者在主宫殿周围绘制男人和女人的画面，并修建了一些房子为宫殿管理人

1 Ammianus Marcellinus, *Res Gastae*, 24.5.1, 24.5.7.

2 Ammianus Marcellinus, *Res Gastae*, 24.6.3.

员居住。

胡斯洛宫殿或者卡斯拉拱门（Kasra Arch）是一个巨型拱门，75英尺宽，内部纵深150英尺，高约190英尺。这一拱门是一条死胡同，在拱门的后方没有建筑。研究表明，拱门由一名希腊式建筑设计师设计，他意图复制一座罗马剧院式建筑。阿拉伯人征服泰西封后，胡斯洛宫殿拱门上的所有珍宝作为战利品被劫掠。在阿拔斯王朝初期，为了使用泰西封的建筑材料营建巴格达，许多建筑被拆毁，其中包含作为泰西封最重要的建筑之一的白宫。

结　语

萨珊波斯时期，到底还有多少“希腊式”城市存在不得而知，但有一点可以证明，萨珊王朝在接受这些城市时，往往会改变它的结构，或通过在城市附近建造皇家城市（如泰西封）这种巧妙方式来削弱附近的希腊化城市。这种现象在帕提亚时期就已经出现，这时尤甚。正如我们在《帕帕克之子——阿尔达希尔事迹书》中看到的那样，阿尔达希尔崛起的原因之一是推翻了240位卡德克达斯（Kadkhodas，意为地方统治者），并将伊朗统一在一面旗帜之下。阿尔达希尔一世和沙普尔一世试图通过征服伊朗高原的大部分土地，摧毁剩余的希腊化城市，并通过建造皇家城市取代它们的作用。希腊化城市在沙普尔二世统治时期终于消失得无影无踪。沙普尔二世甚至摧毁了苏萨，并建设了一座名为伊朗—阿桑—科尔德—卡瓦德（Eran-Asan-Kerd-Kawad）的新城市取代了它。

（哈米德礼萨·帕沙·扎努斯撰　李毅铭编译　孙艳萍校）

附录

希腊化时期的城市化运动

一般认为，公元前334年开始的亚历山大东征揭开了西方古典文明史上希腊化时期的序幕。这个时期前后延续约三百年，结束于公元前30年最后一个希腊—马其顿人王国托勒密埃及沦入罗马之手之时。这一时期，特别是这一时期的前期，即从公元前4世纪末到公元前3世纪约一百年间，在希腊—马其顿人控制和占领过的地区，出现了一场前所未有的城市化运动。这场运动波及面极广，从东地中海到锡尔河、印度河流域，数以百计的希腊式城镇犹如雨后春笋般地涌现出来。这场运动影响非常深远，人类历史上东西方文化的第一次大交流、大汇合就是以这些城市为中心进行的，并由此形成了熔希腊文化与东方文化为一炉的希腊化文化。这一文化是从希腊古典文化到罗马文化，进而到西方近代文化的桥梁，它的重要历史地位已经得到古史学界的普遍承认。从这个意义上说，希腊化时期的城市化运动不仅奠定了“希腊化”文化的基础，而且与近代西方文化有着必然的、不可分割的联系。

一、城市化的动因

推动这场城市化运动的原因是多方面的，概括起来有两点：一是传统的余波，二是现实的需要。

在古典时期的希腊，像我们今天所理解的“城市”概念是不存在的。古希腊语中表示“城市”的“polis”一词严格来说，只能译为“城邦”，不能译为“城市”。因为“polis”虽然一般是以城为中心，但就其本质而言，不是地理概念，而是政治概念、国家概念。组成“polis”的居民不是一般的市民，而是具有特定政治身份、享有一定政治权利与义务的公民。公民的权利与义务又靠特殊的政治制度与经济制度来保证。

“polis”是古希腊独特的地理环境与历史条件下的产物。它产生于古风时代，鼎盛于古典时期的公元前5世纪，衰落于伯罗奔尼撒战争后的公元前4世纪。公元前338年的喀罗尼亚战役标志着独立城邦时代的结束，它们的命运从此受到来自希腊大陆北陲的马其顿王国的摆布。城邦开始了向帝国或王国统辖下的城市的转化，然而城邦的传统不会倏然失去，历史的余波仍在亚历山大新开辟的天地中泛动着浪花。亚历山大的东征使陷于城邦危机中的希腊人看到了新的希望，他们跟随这位伟大的征服者及其后继者的铁骑，踏入了一个全新的世界。在这个世界中，他们是统治民族。他们虽然听命于国主的旨意，而不是自己到公民大会上投票讨论，但他们只要生活在一起，昔日的传统就会被重新记起并发挥作用，城邦的外壳就会重新披在他们身上。他们集居的地方尽管仍被称为“polis”，但显然已经不是主权国家，而是国王治下的城市了。

希腊人素有海外殖民的传统，公元前8—前6世纪的古风时代也是大殖民时代。当时殖民的主要方向是爱琴海对面的小亚沿岸。这些殖民者每到一地，就按照母邦的模式，建立城市，平分土地，组成新的城邦管理机构。这些城邦从建立之日起，就是希腊城邦的一部分。希波战争前与伯罗奔尼撒战争后不久，它们两度处于波斯帝国的统治之下。亚历山大东征之后，这些希腊城邦摆脱了异族君主的压迫，却又套上了亚历山大的枷锁。亚历山大以“解放者”自居，表面上免除了各邦的赋税，让它们自治，但干涉城邦的内政，禁止相互争斗。这些城邦实际上已失去独立地位，但城邦旧有的制度仍然保留，公民大会、议事会等城邦机构仍然存在。希腊人的殖民传统和殖民城邦的客观存在，也影响了新建的希腊—马其顿人移民地的组成形式，即按照旧的殖民传统组建新的移民城市。城邦与城市的最大区别就在于有无独立的国家主权。既然老一代城邦都正在向城市转化，由国王组织新建的移民地也就只能是城市了。

这场建城运动的领导者和组织者是马其顿国王亚历山大及其后继者。马其顿是希腊民族的后起之辈，当希腊城邦鼎盛之时，它还处于氏族部落社会的末期。城邦生活对于他们来说太陌生了，但为什么这些长期处于城邦之外的半开化君主会对希腊式的城市感兴趣呢？更何况这种城市的自治性与正在加强的王权似乎有所冲突。究其原因是特定环境下统治的需要。首先，在横跨欧、亚、非三大洲的统治区域里，征服者只有依靠强大的军事力量，才能维持自己的征服成果，而亚历山大之后，各马其顿国王放弃了先王利用东方人的政策，唯一可依赖的就只有自己的同胞希腊—马其顿人了。要吸引希腊人，就得给他们创造一定的生存环境。对于一直生活在城邦中的希腊人，建立有一定程度自治权力的城市当然是最具吸引力的了。其次，希腊—马其顿人与当地人相比，处于绝对的少数，只有集中力量，才能有效地进行威慑和统治，因此，在战略要地和商路津渡建立城市，就成为征服者刻不容缓的、十分必要的一步。再次，新帝国或王国建立后，由于统治区域、重心与对象的变化，统治者需要新的都城或商业、文化中心，这也促进了新城市的建立。最后，希腊—马其顿人统治者还有一种文化优越感，想通过希腊文化的传播对当地人产生影响。因此，建立希腊式城市就不仅是出于军事统治的考虑，也是文化征服的需要。

尽管亚历山大及其后继者对建立城市的热心程度以及对城市自治

权的让予程度因地因时因人有所差异，但出于共同的统治需要，都参与和推动了城市化运动的发展。

二、城市化的实现

希腊化时期的城市化是由城市的建立与城市的发展来实现的。

亚历山大是这场运动的发起人，“是所有时代最伟大的城市建立者之一”。[1]他在征服的道路上到底建了多少城市，后人一直争论不休。罗马帝国初期的传记作家普鲁塔克认为他建立了70个以上以他名字命名的亚历山大里亚城。[2]但今人一般认为，这样的数字太夸张了，20个左右是可能的，而且主要在底格里斯河以东。其中影响最大的公元前331年建于埃及尼罗河三角洲，所谓“最远的亚历山大里亚”（Alexandria Eschate）公元前329年建于索格底亚那，这是亚历山大向东北方向征服的极限。公元前325年，他在印度河上游还建了一座同名城市。[3]亚历山大在匆匆征程中建立这些城市的目的很显然是为了保卫战略要地，监视被征服的广大地区，但也可能是为了促使他的希腊人与东方人和谐共处之理想的实现。[4]他所建城市的外观、市政制度都是希腊式的，但也考虑到当地人的因素，他在为埃及亚历山大里亚拟定的城市规划中，就特别给埃及神伊西斯安排了神庙。[5]他的城

1 W. W. Tarn, *Alexander the Great*, Vol. I, Cambridge: Cambridge University Press, 1948, p. 133.

2 Plutarch, “On the Fortune or the Virtue of Alexander,” *Moralia*, 328E, with an English translation by Frank Cole Babbitt, Cambridge, Mass.: Harvard University Press, 1993.

3 Arrian, *Anabasis of Alexander*, 6.15.2 with an English translation by E. I. Robson, Cambridge, Mass.: Harvard University Press, 1967.

4 亚历山大曾在奥皮斯（Opis）为马其顿人和波斯人之间的友谊与和谐祈祷。见Arrian, *Anabasis of Alexander*, 7.11.

5 Arrian, *Anabasis of Alexander*, 3.1.

市居民主体是希腊雇佣军、不适合服役的马其顿人，还有当地人。他们一起构成了城市的第一批定居者。

亚历山大所建城市的命运不一，有的蓬勃发展，有的萎缩消失，但亚历山大开创的城市化运动却显示了强大的生命力，他的后继者在建国之初对建立城市都表示了很大的热忱。

诸王国中建城成就最突出的是统治亚洲的塞琉古王国。这个王朝统治的范围因时而变，依赖于对外战争的结果，最大时是从赫勒斯滂海峡到兴都库什山。统治这样一个帝国困难重重：民族众多，文化各异，社会发展程度悬殊，各地的独立性极强。塞琉古王朝无力实行严厉的中央控制，又不满足于只拥有宗主权，只好紧步亚历山大的后尘，希望通过建立城市，加强对各地的控制，促进经济联系，从而使整个统治区域统一起来。塞琉古王国前三个国王在位之时（公元前312—前246年）建城最多。据古代作家阿庇安，塞琉古一世建立了34个以王朝命名的城市，其中包括16个安条克，5个劳狄西亚，9个塞琉西亚，3个阿帕米亚，1个斯特拉东尼西亚。[1]此外，他还建立或

1 Appian, *Roman History*, 11.57, with an English translated by Horace White, Cambridge, Mass.: Harvard University Press, 1999. 参见［古罗马］阿庇安:《罗马史》上卷，谢德风译，北京：商务印书馆，1979年，第396—397页。但有的学者认为此数字有所夸大，把后来其他国王建立的几乎所有的Antioch和Laodicea同名城市都归于塞琉古一世名下了。明确应属于他建立的城市有：卡吕卡德努斯（Calycadnus）河畔的塞琉西亚（位于Cilicia）；叙利亚的皮埃里亚的塞琉西亚（Seleucia-Pieria）、奥龙特斯河的安条克（Antioch-Orontes）、奥伦特河中游的阿帕米亚、滨海的劳狄西亚（Laodicea-on-the Sea）等四城；位于幼发拉底河渡口的塞琉西亚—宙格玛（Seleucia-Zeugma）、东岸的阿帕米亚、阿瑞图萨（Arethusa）、幼发拉底河中游的杜拉·欧罗普斯（Dura Europus）要塞、贝罗伊亚（Beroea，古代的Halab，现代的Aleppo)；在肥沃新月形地区，建有底格里斯河上的塞琉西亚（Seleucia-Tigris），也许还有埃德萨（Edessa，后来的奥斯洛尼［Osroene］的Antioch-Fairflowing，现代的Urfa，古代的Harran）。到公元前3世纪之末，巴比伦尼亚的阿帕米亚—希尔胡（Apamea-Silhu，Mesene）已经建立，在苏西亚那（Susiana），苏萨的塞琉西亚—欧莱乌斯（Seleucia-Eulaeus）和塞琉西亚—赫底封（Seleucia-Hedyphon）也已建立。正如从命名法上来看，红海的塞琉西亚（Seleucia on the Red Sea）可被归于塞琉古一世的红海地区（即阿拉伯—波斯湾）总督区，所有这些城市都可以归于塞琉古一世或其子安条克一世的主要殖民阶段。如同美索不达米亚北部的两个塞琉西亚，（转下页）

重建了25个城市，分别以希腊、马其顿地名命名，或为纪念他自己和亚历山大而命名，主要分布在叙利亚和上亚细亚地区（the regions of upper Asia）、帕提亚本土，甚至远到印度、斯基泰地区。[1]安条克一世继承父业，进一步在伊朗诸行省和小亚殖民建城。他在东部行省建立了安条克—波西斯（Antioch-Persis），重建了安条克—马尔吉亚那（Antioch-Margiana），在阿里亚，他建立了索忒拉（Soteira），在斯基泰，他建立了另外一个安条克。此外现在已经发掘出来的阿伊·哈努姆（Ai Khanum）古城遗址也可能是这一时期所建。[2]这些城市可分为两类，一类是军事移民地（cleruchy/colony/settlement），一类是所谓的“polis”。这二者在内部组织上区别不大，都是以希腊城邦为模式。主要区别在自治权上，军事移民地从属性强，土地由国王支配，“polis”的自治性较大，有自己支配的土地。二者的地位不是一成不变的，大部分军事移民地后来可能都发展成了“polis”。“军事移民地向‘polis’的演化是塞琉古王朝的伟大成就之一。”[3]塞琉古王朝的城市主要集中于从两河流域到东地中海沿岸地区，特别是塞琉古王朝统治重心的北叙利亚。“许多希腊人马其顿人定居于此，以致那儿成了第二个希腊。”[4]塞琉古王朝建城（包括移民地）数目不详，但希腊化时期

（接上页）它们有可能都属于这一时期。在伊朗，塞琉古一世还重建了拉盖（Rhagae，现在的德黑兰附近）。详见Susan Sherwin-White and Amelie Kuhrt, *From Samarkhand to Sardis*, Berkeley: University of California Press, 1993, p. 20.

1 这25个城市是：Berrhoea, Edessa, Perinthus, Maronea, Callipolis, Achaia, Pella, Orophus, Amphipolis, Arethusa, Astacus, Tegea, Chalcis, Larissa, Heraea, Apollonia (in Syria and upper Asia); Sotera, Calliope, Charis, Hecatompylos, Achaia (in Parthia); Alexandropolis (in India); Alexandreschata (in Scythia); Nicephorium (in Mesopotamia) and Nicopolis (in Armenia)。Appian, *Roman History*, 11.57. 其中有的城市如印度的Alexandropolis显然非他所建。参见G. M. Cohen, *The Hellenistic Settlements in the East from Armenia and Mesopotamia to Bactria and India*, Berkeley and Los Angeles: University of California Press, 2013, p. 301.

2 Susan Sherwin-White and Amelie Kuhrt, *From Samarkhand to Sardis*, pp. 20-21.

3 G. A. Botsford and C. A. Robinson, *Hellenic History*, New York: The Macmillan Company, 1947, p. 327.

4 G. A. Botsford and C. A. Robinson, *Hellenic History*, p. 326.

希腊人的殖民地绝大部分都在塞琉古王国的统治范围之内却是事实。[1]

统治埃及的托勒密王朝一度热心建城，但不久就冷却了下来，原因是它的统治对象基本是单一的埃及民族。它几乎全部接受了法老时期的统治机制，并辅以无孔不入的税收制度及遍布各地的屯防军。它向往的是法老那样的绝对君主专制，具有自治性的希腊式城市显然与此目的相悖。因此，在上下埃及，除了亚历山大里亚以及古老的希腊人殖民地瑙克拉提斯（Naucratis）以外，托勒密朝只建立了一座命名为托勒迈斯（Ptolemais）的希腊城市，这还是托勒密一世建立的。托勒密朝建城较多的地方是在红海沿岸南达索马里一线，这儿有一连串的以王朝命名的城市和移民地，是为通商和猎象而建立的。[2]

控制希腊本地的马其顿王国也经历了城市化的冲击。在腓力二世与亚历山大时，下马其顿几乎没有马其顿人自己的城市。但此后，城市成倍增加。公元前316年，卡桑德建立了两个重要城市卡桑德里亚（Kassandreia）和帖萨洛尼卡（Thessalonike）。[3]公元前292年，德米特里在帖撒利亚建了德米特里亚斯城（Demetrias）。[4]安提柯控制马其顿后，建了四座城市。[5]总的看来，安提柯王朝从未像塞琉古朝那样大力推行城市化，原因在于它主要是对本民族的统治，比塞琉古王朝面临的统治对象要简单得多。

尽管如此，经过亚历山大及其后继者几代人的努力，希腊式的城市已遍布于以东地中海为中心的欧、亚、非大地上了。现在已知的移

---

1 据M. 卡里考证，希腊人的移民地主要集中在地中海沿岸。建在幼发拉底河中下游、伊朗、巴克特里亚以及印度的城市也为数不少。见M. Cary, *A History of the Greek World from 323-146 B.C.*, London: Methuen & Co. Ltd., 1959, pp. 244-245.

2 F. W. Walbank, *The Hellenistic World*, Glasgow: William Collins Sons & Co. Ltd., 1981, p. 202.

3 F. W. Walbank, *The Hellenistic World*, p. 86.

4 F. W. Walbank, *The Hellenistic World*, p. 89.

5 S. A. Cook, F. E. Adcock and M. P. Charlesworth, eds., *The Cambridge Ancient History. Vol. VII: The Hellenistic Monarchies and the Rise of Rome*, Cambridge: The University Press, 1928, p. 220.

民地名字虽然只有275个，其实际数目至少要超过300个。[1]公元前3世纪中期以后，大规模移民逐渐停止，建城活动接近尾声，但城市的发展仍在继续，其明显的标志是：

（1）国际性的大都市出现，希腊化世界新的政治、经济、文化中心形成。其中最引人注目的是埃及的亚历山大里亚、奥龙特河畔的安条克、底格里斯河中游的塞琉西亚和小亚的帕加马。亚历山大里亚是托勒密王朝的都城，托勒密诸王为显示自己统治的伟大，竭尽全力，将此城建成了希腊化世界中最美、最繁荣的城市。斯特拉波描写该城有5.25公里（约30 stades）长，1.25—1.4公里（约7或8 stades）宽。城区的形状像一个斗篷（a cloak，chlamys），但有街道纵横交错，东西、南北两方向有宽约100英尺的两条主干大道。城中有辉煌壮观的王宫、博物馆、藏书70万册的图书馆，有保存完好、宏大精美的亚历山大陵墓、托勒密历代国王的陵寝、希腊神与埃及神为一体的萨拉皮斯神庙，有供人娱乐消遣的动物园、花园、体育馆、跑马场、竞技场和圆形剧场等。城外法罗斯岛上有被誉为古代世界七大奇观之一的灯塔。[2]由于托勒密诸王慷慨赞助，附庸风雅，各地的文人学士纷纷慕名逐利而来。亚历山大里亚英才荟萃，孕育了当时世界上最先进、最丰富的科学文化。城中除希腊人、马其顿人外，还有犹太人、波斯人、叙利亚人、阿拉伯人和来自撒哈拉以南的非洲黑人以及埃及本地人，总人口达40—50万，[3]还有人估计高达100万。[4]亚历山大里亚是东西方贸易的中心，阿拉伯的香料、塞浦路斯的铜、埃塞俄比亚和印度

---

1 M. Cary, *A History of the Greek World from 323-146 B.C.*, pp. 244-245. 对于这些希腊式城市的最新研究，详见G. M. Cohen, *The Hellenistic Settlements in the East from Armenia and Mesopotamia to Bactria and India*.

2 关于亚历山大里亚的地理位置、城市布局和设施等，详见Strabo, *Geography*, 17.1.6-10. 也可参见［美］威尔·杜兰：《希腊的衰落》，幼狮翻译中心编译，台北：幼狮文化事业公司，1978年，第196页。

3 ［美］威尔·杜兰：《希腊的衰落》，幼狮翻译中心编译，第197页。

4 D. W. Darst, *Western Civilization to 1648*, New York: McGraw-Hill, 1990, p. 104.

的金、不列颠的锡、努比亚的象和象牙、北爱琴海与西班牙的银、小亚的地毯、中国的丝绸，[1]甚至印度的胡椒，[2]都从四面八方汇集而来。

安条克是塞琉古王国新建的首都，城中约有50万居民，其中包括许多犹太人、叙利亚人和其他民族人。与亚历山大里亚相比，它主要是政治、商业和娱乐中心。塞琉西亚是塞琉古王国的东都，王位继承人常驻跸这里。此城发展很快，在建城不到50年的时间内，城中居民就达60万。[3]由于它地处东西方商路交会之处，因而商业中转贸易十分繁荣，故有学者认为它是塞琉古王国的"第二，或者甚至是第一商业都市"。[4]

帕加马是一个重建的希腊人城市，先属塞琉古王国，后脱离成为帕加马王国的都城。这个城市以其宙斯大祭坛、奢华的宫殿、藏书20万卷的图书馆、希腊化世界最大的体育馆，以及特产羊皮纸等著称于世。正是由于藏书丰富的图书馆和帕加马国王对纯正希腊风格的爱好，这个城市在希腊化时代末期竟成了希腊散文修辞学的中心。一位当代史家情不自禁地称赞道："在半个世纪中，帕加马曾是希腊文明中的最美之花。"[5]

（2）边远地区的希腊人城市仍充满着勃勃生机。当然，它们中有的不久就消失了，但有的仍在发展，最为典型的一个位于阿姆河畔的今阿伊·哈努姆村附近。在这座远离地中海3000英里的城市遗址上，考古学家发现了许多希腊化城市或都城的特征：卫城、体育馆、大剧场、宫殿群、图书馆等。建城者基涅阿斯（Kineas）祭所石柱的底座上刻写着从希腊德尔斐神庙抄录而来的铭文，在明显是图书馆的

---

1 E. M. Burns, *World Civilization from Ancient to Contemporary*, New York: W. W. Norton & Co., 1982, p. 215. 中国的丝绸此时是否已经到达亚历山大里亚，待考。

2 W. W. Tarn, *Hellenistic Civilization*, London: Edward Arnold, 1959, p. 248.

3 G. W. Botsford and C. A. Robinson, *Hellenic History*, p. 329.

4 S. A. Cook, F. E. Adcock and M. P. Charlesworth, eds., *The Cambridge Ancient History. Vol. VII: The Hellenistic Monarchies and the Rise of Rome*, p. 187.

5 ［美］威尔·杜兰：《希腊的衰落》，幼狮翻译中心编译，第177页。

废址上发现了似乎是亚里士多德学派的一页哲学纸草文献，其所用语言是纯正的希腊语。考古证明，尽管与东地中海的希腊人阻隔，这座城市仍繁盛了近200年，直到公元前2世纪后半期才毁于草原游牧民族之手。[1]

(3) 城市化并不仅指新城市的建立与发展，同时也包括旧城市的复兴与繁荣。在东地中海特别在小亚一带，旧的希腊人城市虽然政治上失去了独立，但经济上仍出现了较大的发展。罗德岛(Rhodes) 是地中海上最大的贸易中转站，希腊化世界的金融中心，以弗所 (Ephesos) 地处东西方陆地商路一端终点，是小亚沿岸最大的城市，米利都毛织业发达，至少有10万居民。这些老城市还为新城市输送人员、提供示范，从另一方面推动了城市化的进展。塞琉古王国中被称为"polis"的许多城市就是由小亚的希腊人旧城市帮助建立的。[2]

城市的普遍建立与发展标志着希腊化时期城市化的实现。从整体上看，这次城市化是在马其顿诸王国范围之内的希腊—马其顿人的城市化，当地人中只有很少一部分加入了这一行列。然而，正因为如此，在城市化运动中新建与兴起的城市才具有了共同的鲜明特征。

三、希腊化城市的特征

这些特征主要表现在三个方面。

一是政治地位的从属与自治。这些城市既非拥有国家主权，也不

---

1 F. W. Walbank, *The Hellenistic World*, pp. 60-61. 此城的详细布局见Richard J. A. Talbert, *Atlas of Classical History*, London: Routledge, 1985, p. 69.

2 G. W. Botsford and C. A. Robinson, *Hellenic History*, p. 327.

是由国家一统到底，而是在国王统辖之下具有一定处理内部事务的自治权力。它们与国王的关系视国王力量的消长而变化。一般来说，新建城市比旧城市与国王的关系较为紧密、直接。因为国王是城市的建立者，城市的自治权、土地，甚至建城费用以及一定时期的免税都是国王提供的。新建城市对国王的依赖性削弱了本身的自治性。城市每年要向国王交纳一定数目的贡金，要接受国王代表的监督，有的可能还要接受国王派来的驻军。城市有自己的议事会和市政官员，城市的首脑（strategos）或者选举产生，或者由国王任命。[1]国王一般不干涉城市内部的事务，对城市并不发布强制性的政策。[2]塞琉古王国的安条克三世曾写信给各城市表示，如果他的命令违反法律，它们尽可置之不理，而只假定那是由于他无知而做的处置。[3]国王是法律之源，他的决定作为法律通令全国，但给城市的命令不用文件而用书信的形式，用第一人称而不用第三人称，并且设法使自己的命令与城市的法律相一致，[4]这也许是为了搞好关系，但也因为城市对内部事务有一定的权力。

城市在形式上设有希腊“城邦”的机构与制度，一般有公民大会、议事会。公民由希腊人与马其顿人组成，其他民族人无权参与城市事务，他们是居民而非公民。希腊—马其顿人分为德莫（Deme）、部落，并由此来选举市政官员、议员。城市有属于自己的土地。在马其顿，城市甚至可以把公民权赠给其他城市的马其顿人，还可与希腊世界的其他城市交换使者，委托荣誉代理人（Proxenia），俨然以独立

1 S. A. Cook, F. E. Adcock and M. P. Charlesworth, eds., *The Cambridge Ancient History. Vol. VII: The Hellenistic Monarchies and the Rise of Rome*, p. 186.

2 J. Boardman, J. Griffin and O. Murray, eds., *The Oxford History of Classical World*, Oxford: Oxford University Press, 1986, p. 330.

3 ［美］威尔·杜兰:《希腊的衰落》，幼狮翻译中心编译，第169页。

4 F. W. Walbank, A. E. Astin, M. W. Frederiksen and R. M. Ogilvie, eds., *The Cambridge Ancient History. Volume VII, Part I: The Hellenistic World*, Cambridge: Cambridge University Press, 1984, p. 71.

主权国家的面貌出现。[1]这种情况也发生在对城市控制最严的托勒密埃及。在公元前3世纪的托勒迈斯城，竟然出现了“国王的大使”，这意味着在国王的眼里，此城的自治政府似乎还有点主权国家的影子。[2]

但是，不管这些城市拥有多大的自治权力，它们本身的性质决定了其政治从属地位。城市既是国王统治下的基层单位，也是维持、巩固国王统治的一种工具。

二是外观形式的沿袭与创新。这些城市一般都建有希腊“polis”的基本建筑，但在布局与风格上有所创新。凡是重建或新建的城市，建立之前都有总体规划。城市一般呈棋盘状，街道纵横交错。有的城市街道上不仅铺了路面，两旁还有柱廊连接，以遮阳避雨，夜间街上总有路灯。有的城市建有供水、排水系统。城市的主要建筑是神庙、议事厅、图书馆、体育馆、剧院、市场（又称人民大会广场）、纪念性雕塑等。各大都城还有王宫建筑。神庙失去了显赫地位，到这一时期只不过是整个中心建筑群的一部分。这些建筑物基本上是希腊式的，但也吸收了东方的拱形、[3]平面屋顶[4]等建筑风格，华丽的科林斯柱头、科林斯与爱奥尼亚式的混合型柱头取代了单调凝重的多利亚式。

三是城市政治职能的退化。由于城市不是城邦，城市的生活失去了城邦时代的政治激情，人们的注意力转向了个人生活的追求。人们可能还去参加公民大会，但大会的议题已不可能是关于和战、签约等有关城市前途命运的讨论，而是听取国王信件的宣读；人们仍然去剧场观剧，但从舞台上已听不到政治风云的呼唤，看到的只是由发生在自己身边的生活琐闻编成的通俗喜剧。他们要去参加各种庆典或崇拜活动，但他们顶礼膜拜的已是可与东方神等同化一的希腊神或混合

---

1 F. W. Walbank, *The Hellenistic World*, p. 87.

2 S. A. Cook, F. E. Adcock and M. P. Charlesworth, eds., *The Cambridge Ancient History. Vol. VII: The Hellenistic Monarchies and the Rise of Rome*, p. 122.

3 J. Boardman, J. Griffin and O. Murray, eds., *The Oxford History of Classical World*, p. 500.

4 C. B. Welles, *Alexander and the Hellenistic World*, Toronto: A. M. Hakkert, 1970, p. 218.

神，或者纯粹就是东方的神。他们的儿子仍去体育馆学习锻炼，但其目的已不是把自己造就成为国捐躯的战士，而是要成为一个熟谙希腊文、多才多艺的人才。适应这种社会心态的新哲学也出现了，主张修身克己的斯多亚学派，宣扬回归自然的犬儒派，倡导快乐主义的伊壁鸠鲁学派，还有各种各样对人生持怀疑态度的东方哲学，在这些城市受到广泛的欢迎。人们由相信理性转为相信命运，“命运”这种抽象之神也成了崇拜的对象。城市生活职能的加强与民间组织的出现，是城市政治职能退化的标志。城市官员的主要任务转为市政管理、举办公益事业。帕加马城官员的职责之一就是负责水的供应与公共厕所。[1]许多城市有市立的医务组织，个别城市还有大的医务学校，医生的薪水由城市支付，他们对病人不分贫富、一视同仁。[2]民间组织以互助为特征，这是城市失去政治凝聚力的必然结果。在新城市里，由于人口的混杂和传统的缺乏，这些组织在协调社会成员关系方面起了特别重要的作用。有的组织与崇拜某一神有关，如波塞冬公会（Poseidoniatai）即把海神波塞冬看作他们的保护神。从一篇铭文中可以看出这种组织好像具有公餐会与殡葬会的作用。这些组织的结构和运行程序似乎是对城市制度的模仿，但它远非排外和纯希腊的，它们的成员既包括希腊人，也包括当地人；既有自由人，也有奴隶；既有男人，也有女人。[3]

希腊化时期的城市确实披着希腊城邦的外衣，但旧瓶装上了新酒，新的时代精神已注入其中。这一切表明，不论在政治地位上，还是在建筑格局与生活方式上，“希腊化”时期的移民地已远非昔日的“城邦”，它们已经具备了城市的基本特征。

---

1 F. W. Walbank, *The Hellenistic World*, revised edition, Cambridge, Mass. Harvard University Press, 1993, p. 133.

2 ［美］威尔·杜兰：《希腊的衰落》，幼狮翻译中心编译，第265页。

3 F. W. Walbank, *The Hellenistic World*, pp. 64-65.

四、城市化的意义

这次城市化运动在公元前2世纪以后随着希腊—马其顿人统治的逐渐结束而结束，但城市化运动中建立并兴盛起来的城市却不会从地平线上骤然消失。亚历山大里亚仍以其雄姿屹立于尼罗河口，亚洲的希腊式城市有的存在到14世纪。[1]这次城市化运动的重要意义并不在于它给考古学家、历史学家留下了多少可待发掘、考证的遗迹，而在于它给当时及其以后的历史文化画卷中增添了不少新的篇章。

希腊化时期的君主们在建国之初热心于城市的建立，目的主要是通过它们来维持自己的征服成果。以此而论，他们的目的在一定程度上达到了。第一，城市享有一定的自治权，但真正起来反叛国王的并不多。已知的例子是帕加马城，但此后的帕加马城一直是帕加马国王的都城。第二，这些城市对被征服的当地民族起到了一定的震慑作用，因为最后灭掉塞琉古和托勒密两大希腊化王国的主要力量不是来自它们所统治的民族，而是东渡地中海、远道而来的罗马军团。第三，这些城市中的希腊—马其顿人给国王们提供了取之不竭的人才之库、兵力之源。国王统治集团的王友、一般官吏、雇佣军以及所需的各种专门人才有相当一部分是从这些城市招募而来，或更确切地说是从这些城市的体育馆培养出来的。

希腊化王国的君主建立城市的另一个目的是扩大商业，加强各地联系。由于这些城市大多建在商路要道、海港河口，不少城市发展成了希腊化世界的商业中心。像前面提到的亚历山大里亚、安条克、塞琉西亚等都具有国际商业城市的性质。东西方贸易扩大了，商路的安全有了保证。从印度到地中海，以这些城市为连接点的海陆商路逐渐

1 I. M. Cooks, *The Greeks till Alexander*, London: Thames and Hudson, 1961, p. 208.

形成。城市的建立有助于商路的开通，商路的开通促进了城市的繁荣。如果没有亚洲内陆的那些希腊人城市，很难设想安条克、亚历山大里亚等沿海城市能成为国际性商业城市，也很难设想公元前2世纪以后会出现把中国与地中海联系起来的丝绸之路。

然而，这次城市化运动的最大意义在于它促进了希腊化文化，即区别于古典城邦文化的“希腊化”城市文化的形成。首先，城市是新文化产生的基地。这些城市尽管是“沙漠”中的“绿洲”，但它们肯定会对周围地区以及混居在一起的当地人产生影响，就连宗教传统极为保守的犹太地区也都一度受到希腊文化的冲击。[1]有些东方人学习希腊语，并以此来撰写本国的历史；[2]希伯来语《圣经》在亚历山大里亚城被译为希腊语；这些都证明了希腊文化的渗透力之强。但是，希腊人在传播自己文化的同时，也不可避免地受到东方当地文化的影响。他们力图保持自己的“希腊性”，却难以冲破东方文化的氛围。于是东西方文化的碰撞交流、汇合首先在城市中开始，新的“希腊化”文化在城市中形成了。东方的君权神授观念、君主制的一些统治方式，被亚历山大及其后继者继承并发扬光大。巴比伦的天文学与希腊的天文学结合了，东方的神与希腊的神混而为一了。来自塞浦路斯岛的泽诺在雅典创立了风行于这一时期的斯多亚派哲学，他的杰出弟子都来自亚洲的希腊式城市。从城市本身而言，东方的一些建筑形式与希腊式的庙堂浑然一体。东方文化与希腊文化的交流汇合构成了希腊化文化的两个基本特征——多元与统一。其次，城市是培养新文化人才的学校。许多著名文化人士就出自这些新建城市，如出自亚历山大里亚城的高产作家狄戴姆斯（Didymus Chalcenterus，约公元前63—公元10年）、几何学大师欧几里德、塞琉西亚城的天文学家塞琉

---

1 ［美］威尔·杜兰:《希腊的衰落》，幼狮翻译中心编译，第179—180页。

2 著名的有两人：巴比伦人贝罗苏斯写了《巴比伦史》，埃及人曼涅托写了《埃及史》。

古（Seleucus，活跃于公元前150年）、帕加马城的数学家阿波罗尼乌斯、底格里斯河以东阿尔特米塔城（Artemita）的历史学家阿波罗多罗斯（Apollodoros）。他们都促进了希腊化文化的形成。最后，这一时期的主要文化中心也在新城市形成，最有名的是亚历山大里亚，它取代了雅典成了希腊化世界中最大的文化都会。远东的希腊人城市也对希腊化文化作出了贡献。在它们影响之下形成的、以希腊艺术之形表达佛教精神之实的犍陀罗艺术，就是希腊化文化中的一枝奇葩，它通过丝绸之路传到了中国。[1]我们的祖先对希腊造型艺术的了解首先来自印度的佛教艺术。

城市孕育了文化，文化使城市不朽。由这些城市所产生的希腊化文化经由罗马人、拜占庭人、阿拉伯人，文艺复兴时代的西方人传到了今天，“人们已经对希腊化时代作出了这样的评论，认为它在许多方面比古典时代的希腊人离今日之世界更为接近”。[2]如果西方历史学家的这段话反映了历史的真实，那正是希腊化时期的城市化运动缩短了昨天与今天的距离。

（杨巨平）

1 法国学者R. 格鲁塞（R. Grousset）写过一本《从希腊到中国》（常任侠译，杭州：浙江人民美术出版社，1985年），简略论述了这一过程。

2 J. B. Bury, et al., *The Hellenistic Age*, Cambridge: Cambridge University Press, 1923, p. 32.

阿伊·哈努姆遗址与东西方诸文明的互动

阿伊·哈努姆是20世纪60年代由法国考古队（DΛFA）在阿富汗东北部发现的一座古代城市遗址。该遗址位于阿姆河与其支流科克查河（Kokcha）的交汇处，与塔吉克斯坦隔河相望。城址的最初地名已经湮没无闻，所以考古学家以该遗址现代所在地的名称命名。虽然该遗址的大规模发掘由于苏联1979年入侵阿富汗被迫中止，但国外关于它的讨论仍在继续。[1]发掘报告和相关研究结果[2]表明，该城具有明显的希腊式城市特征，但也受到当地东方文化因素的渗入与影响。它的

1 详见Gerard Fussman, *A Review of Archaeological Report: Southern Bactria and Northern India before Islam*, http://www.cais-soas.com/CAIS/Archaeology/southern_bactria.htm.

2 这里主要指主持该遗址发掘的法国考古队负责人保罗·贝尔纳（Paul Bernard）的三篇重要文章:（1）“An Ancient Greek city in Central Asia,” *Scientific American*, Vol. 246, 1982, pp. 148-159.（2）“Ai Khanum on the Oxus: A Hellenistic City in Central Asia,” *Proceedings of the British Academy*, Vol. 53, 1967, pp. 71-95.（3）［匈牙利］雅诺什·哈尔马塔主编，徐文堪、芮传明译:《中亚文明史》第二卷第四章《中亚的希腊王国》（P. 贝尔纳撰），北京：中国对外翻译出版公司，2002年，第67—93页。实际上，自从该遗址的发掘由于苏联的入侵而中止以来，该地的文物仍不断出现。最近，当地的一位军人首领自称从该遗址发掘出金银器物300磅，其中绝大多数是钱币和珠宝饰物。这些器物包括一个有镀金图案的玻璃碗，一条眼镜蛇形状的项链，一些还愿用的雕塑品，一尊赫拉克勒斯的青铜雕像，一尊希腊国王的陶釉胸像，一尊比真人还要大的雅典娜雕像，以及一块象牙饰板，上面有希腊爱神爱洛斯和美神阿芙洛狄特（Aphrodite）的形象。这些发现对于我们研究该遗址的文化构成和性质，同样有着不可估量的价值。参见Frank L. Holt, *Into the Land of Bones: Alexander the Great in Afghanistan*, Berkeley: University of California Press, 2005, pp. 162-163. 霍尔特的资料来自Anna Badkhen, “War Gives Cover to Antiquities Looter,” *San Francisco Chronicle*, November 3, 2001.

建立与废弃的具体年代难以确定，大致在公元前4世纪末与前2世纪后期之间。那么，远离希腊本土约五千公里的阿富汗，怎么会出现这样一座城市，而且在如此遥远的地方存在了约两个世纪之久？它的建立对当时以巴克特里亚为中心的中亚地区乃至整个希腊化世界的历史进程又有什么意义？

笔者认为，阿伊·哈努姆希腊式城市的出现绝非一个孤立的事件。它虽然只是亚历山大及其后继者所建数百个同类城市或殖民地中的一个，但它是迄今在中亚地区唯一完整发掘出来的一座。和其他的希腊式城市一样，它既是希腊—马其顿人对东方之地进行军事征服和政治统治的工具，更是希腊文明与东方诸文明长期碰撞、交流、融合的产物。从这一小小的无名城址上，既可以看到不同文明在同一历史场景之下的交相辉映，也能感受到希腊人在这一地区难以避免的命运沉浮。

一、阿伊·哈努姆遗址：希腊—马其顿人在中亚长期立足的见证

希腊—马其顿国王亚历山大对东方的征服始于公元前334年。仅仅四年，他就横扫亚非大陆，灭亡了波斯帝国。但他为了平定中亚地区，却用了整整三年时间，直到公元前327年才转而进军印度。据阿里安，他在巴克特里亚留下了13500名士兵，以巩固后方。[1]据斯特拉波，他在中亚的巴克特里亚和索格底亚那至少建立了八座以他名字命名的城市——亚历山大里亚。[2]罗马帝国时期的托勒密

1 Arrian, *Anabasis of Alexander*, 4.22.［古希腊］阿里安：《亚历山大远征记》，李活译，北京：商务印书馆，1985年，第147页。

2 Strabo, *Geography*, 11.11.4.

（Claudius Ptolemy，公元100—170年）在其《地理学》中提到一座名为“Alexandria Oxiane”的城市，即阿姆河上的亚历山大里亚。[1]现在阿姆河畔发掘出来的这座唯一的希腊式城市遗址是否就是该城，学界仍难以定论。[2]但该城的出现显然是他对中亚征服的直接结果。

公元前323年亚历山大遽然死去，匆匆建立起来的帝国迅即崩溃。他的后继者经过数十年的征战，最后大致三分天下。塞琉古几乎继承了亚历山大在亚洲的全部遗产，统治区域从地中海东岸直到中亚的兴都库什山。巴克特里亚成为该王国最东部的一个重要省份。亚历山大当初在东方之地建城，或设立殖民地，安排驻防军，目的主要是解决如何以少量的希腊—马其顿人来统治不断扩大的被征服之地的矛盾。塞琉古王朝自然碰到了同样的问题。于是，以亚历山大的建城战略为指导，在军事、政治、经济地位重要的地区建立希腊式城市或希腊人殖民地，就成了塞琉古王国初期诸王的明智选择。[3]

据统计，亚历山大及其后继者在东方建城（包括殖民地）在300个以上，其中保留下名称者约275个。它们主要分布在东地中海沿岸（约160个），其余的则大多在幼发拉底河及其以东地区，在巴克特里

1 Claudius Ptolemy, *The Geography*, 6.12.

2 关于Alexandria Oxiane的定位，目前学术界有三种选择。其一是阿伊·哈努姆。见Paul Bernard, “An Ancient Greek City in Central Asia,” *Scientific American*, Vol. 246, 1982, p. 92; H. Sidky, *The Greek Kingdom of Bactria*, Lanham: University Press of American, 2000, p. 132; F. L. Holt, *Alexander the Great and Bactria: The Formation of a Greek Frontier in Central Asia*, Leiden: E. J. Brill, 1988, p. 62. 但也有学者提出异议，认为已有证据证明该城的建立者是一位名叫Kineas的人物，而非亚历山大。见P. M. Fraser, *Cities of Alexander the Great*, Oxford: Clarendon Press, 1996, pp. 154-156. 这种观点显然没有考虑到Kineas有可能是受命而为。其二是乌兹别克境内的铁尔梅兹（Kampyr Tepe）遗址。见Pierre Leriche, “Bactria, Land of One Thousand Cities,” in Joe Cribb and Georgina Herrmann, eds., *After Alexander: Central Asia before Islam*, New York: Oxford University Press, 2007, p. 133. 其三是距阿伊·哈努姆不远的塔赫特—伊·桑金（Takht-i Sangin）遗址。见H. Sidky, *The Greek Kingdom of Bactria*, p. 153 n. 24. 后二者都符合托勒密所说的位于阿姆河以北的索格底亚那境内。但如何定位索格底亚那与巴克特里亚的界限，学界有争论。

3 在三大希腊化王国中，它建城最多，前几位国王可谓是“最伟大的建城者”。参见M. Cary, *A History of the Greek World from 323-146 B.C.*, London: Methuen & Co. Ltd., 1959, pp. 258-259.

亚及其相邻地区有名可据者就有19个。[1]除了亚历山大建立的8个之外，其余的11个应为塞琉古朝所建。因此，阿伊·哈努姆古城如果不属于亚历山大时期，也一定属于塞琉古王朝初期，建于塞琉古公元前305年称王之时也有可能。[2]

至于城市的具体建立者，阿伊·努姆遗址提供了较为明确的线索。遗址的宫殿群入口处附近有两座类似于小神庙的陵墓。[3]按照希腊城市的惯例，城中居民死后一般都要葬在城外，但对城市的建立者或赞助者（the benefactors）是例外。因此这二位墓主人很可能就具有这样的身份。其中一座留下了Kineas（基涅阿斯）的名字，另外一位可能是Triballos。他们一定是受亚历山大或塞琉古一世之命率人来此建城，或者还提供了一定的赞助，以至于死后获此永久纪念的尊荣。

公元前250年左右，巴克特里亚地区的总督狄奥多托斯（Diodotus）乘塞琉古王朝内有宫廷斗争，外有托勒密埃及入侵，陷入政治危机之时，宣告独立。阿伊·哈努姆古城的希腊人在这场政治动荡中扮演什么角色，不得而知，但该城显然成为新王国的一个重要组成部分。由于该遗址有巨大的宫殿遗址，有学者估计，它或许被作为该王国的都城之一，目的是加强对王国东部地区的控制。其中一个有力的证据就是在此遗址发现了未经打压的铜币毛坯，说明阿伊·哈努姆古城有自己的造币场。这是希腊化时期的国王才有的特权。[4]也有学者进一步估计，该遗址在遗弃前的最后一段时间曾是国王欧克拉提德的王庭所在地。[5]考古学家们在宫殿群中，可能是金库的遗址中，发掘出了

1　见M. Cary, *A History of the Greek World from 323-146 B.C.*, pp. 244-245.

2　也有学者推测此城有可能是塞琉古一世之子安条克作为共治王统治东部地区时所建，并以此作为驻跸地。参见H. Sidky, *The Greek Kingdom of Bactria*, p. 134.

3　见Paul Bernard, “An Ancient Greek City in Central Asia,” *Scientific American*, Vol. 246, 1982, p. 157.

4　Paul Bernard, “An Ancient Greek City in Central Asia,” *Scientific American*, Vol. 246, 1982, p. 151.

5　H. Sidky, *The Greek Kingdom of Bactria*, p. 215. 沃尔班克认为，这一宫殿式行政管理中心的建造时间可能是公元前150年。F. W. Walbank, *The Hellenistic World*, Glasgow: William Collins Sons & Co. Ltd., 1981, p. 61. 这种说法虽在欧克拉提德统治时间之内，但似乎过于靠后。

几个希腊式的陶瓶或陶罐（vases），里面虽然空空如也，但外面有希腊文字，表明其中装有印度和希腊的钱币。欧克拉提德曾将统治范围扩展到印度西北部，这些钱币有可能是他作为战利品带回的。在欧克拉提德父子统治时，巴克特里亚有一座城市名为欧克拉提底亚（Eucratidia），但这座城市究竟是欧克拉提德所建，还是将原来的一座城市重新命名为同名城市，尚不能确定。[1]如果是后者，这个城市应该有都城的一些基本设施，如宫殿、造币场。若此，阿伊·哈努姆遗址则有可能就是重新命名的欧克拉提底亚。[2]

虽然近代以来的古史学界对亚历山大远征至中亚、印度，并在沿途建立若干亚历山大里亚城的事实，[3]对塞琉古王朝前期诸王的建城热情，以及巴克特里亚希腊人对中亚和印度西北部的统治并不怀疑，但在阿伊·哈努姆遗址发现之前，人们在中亚地区实际上从未发现一个完整的希腊式城市遗址。据斯特拉波，巴克特里亚希腊人国王欧克拉提德在位时统辖着一千个城市，[4]巴克特里亚由此在历史上留下了“千城之国”的美称。[5]但城在何处，是什么式样，始终是未解之谜。有

---

1 参见Strabo, *Geography*, 11.11.2. 塔恩曾对此城市的建立或重命名作过讨论，提出过一些假设，见W. W. Tarn, *The Greeks in Bactria and India*, 2nd edtion, Cambridge: Cambridge University Press, 1951, pp. 207-209. 但阿伊·哈努姆遗址的发现，对他的假设提出了有力的挑战。

2 参见Paul Bernard, “An Ancient Greek City in Central Asia,” *Scientific American*, Vol. 246, 1982, p. 154.

3 一般认为，亚历山大一路上先后建立了约二十座以他名字命名的亚历山大里亚城，普鲁塔克甚至说他建了七十座以上。Plutarch, “On the Fortune or Virtue of Alexander,” *Moralia*, 328E. 这些城市除一处在埃及外，其余的均在亚洲，而且主要在底格里斯河以东。

4 斯特拉波的资料来源于阿波罗多鲁斯的《帕提亚史》（*The Parthica*）。详见Strabo, *Geography*, 15.1.3.

5 巴克特里亚是多城之国，在《史记·大宛列传》中也有反映。司马迁的材料来自亲身深入巴克特里亚地区（大夏，也可能一度包括大宛）的汉朝使者张骞。根据张骞对汉武帝的报告，大夏、大宛等国城郭林立。大宛“有城郭屋室。其属邑大小七十余城”，大夏“有城屋，与大宛同俗。无大君长，往往城邑置小长”。张骞抵大夏当在公元前128年。如果依塔恩之见，巴克特里亚希腊人王国最后灭亡的时间大致在张骞到达该地之前，即公元前141—前128年之间，那张骞所见所闻应该就是原来希腊人王国的遗存。见W. W. Tarn, *The Greeks in Bactria and India*, 1951, p. 277.

的学者将其视为“巴克特里亚的海市蜃楼”，甚至怀疑希腊人在中亚的统治以及由此产生的“希腊—巴克特里亚艺术”的存在。[1]阿伊·哈努姆遗址的发现，不仅证明了希腊—马其顿人对中亚地区的长期统治，而且为研究这一时期希腊文明与当地文明的相互交流和融合提供了极为罕见的实物标本。[2]

二、阿伊·哈努姆古城风貌：希腊与东方文明因素的交汇融合

从阿伊·哈努姆遗址的整体面貌上看，该城具有希腊式城市的主要特征。

一是它的城市布局与希腊的城市相似。尽管该城西、南两面临河，陡峭的河岸和位于城东南方向高达60米的卫城使其具有天然的有利地形，但它还是像一般的希腊城市那样，周围建有防御性的城墙。由于北面是一片开阔的平原，不利于防守，所以北面的城墙加固加厚，有10米多高，6—8米厚，城墙的塔楼高高耸起，超过城墙近10米。墙外有深沟或护城河，以防攻城器械的进攻。城中还有一座长140米、宽100米、拥有一组储藏间的大型军械库（the arsenal）。很显然，此城最初主要出于军事目的而建，或许本身就是一座军事要塞。城市总体上可分为上下两城。上城由卫城和一露天神庙组成，下城则主要是宫殿群、剧场、体育

1 这是法国著名考古学家福歇（A. C. D. Foucher）的观点，他是在巴克特里亚王国的都城巴克特拉（Bactra）遗址进行大规模发掘但收获甚少时发出的感叹。参见Paul Bernard, “Ai Khanum on the Oxus: A Hellenistic City in Central Asia,” *Proceedings of the British Academy*, Vol. 53, 1967, p. 73; H. Sidky, *The Greek Kingdom of Bactria*, p. 131 & n. 18.

2 霍尔特教授甚至认为，此城的发现不仅使巴克特里亚研究，而且使我们对作为一个整体的希腊化世界的理解，都发生了革命性的变化。Frank L. Holt, *Thundering Zeus: The Making of Hellenistic Bactria*, Berkley: University of California Press, 1999, p. 16.

馆以及主神庙、祭所、军械库等公共建筑和私人住宅。这样的选址与布局，除了宫殿之外，基本上是对希腊本土城市结构的模仿。

二是城中的主要公共建筑具有明显的希腊特征。在一般的希腊城市中，体育馆、剧场和神庙是必不可少的基本设施。体育馆是希腊男子的健身之地，非希腊公民是禁止进入的。[1]即使在希腊化世界的东方，有的当地人学会了希腊语，也跻身于城市的管理阶层中，但一般也因非希腊人而止步。而且要进入，就必须像希腊人那样裸体，这对于当地人也似乎难以接受。塞琉古王朝的安条克四世就因为在耶路撒冷设立体育馆，强行推行希腊文化而引发了一场声势浩大的犹太人起义。[2]可见体育馆是希腊人城市生活的标志之一。阿伊·哈努姆体育馆遗址的献辞铭文表明，它的保护神是希腊的赫尔墨斯（Hermes）和赫拉克勒斯（Heracles）。[3]这与希腊化时期其他希腊人城市体育馆的保护神也完全一致。[4]体育馆的运动场呈正方形（100米见方），场地周围环绕着一系列房间与希腊式柱廊。从布局上看，与古典时期的体育馆没有什么大的差异。

剧场是希腊人的主要政治生活空间之一。在古典时期，观剧本身就是公民的一项义务。不论这里上演的是悲剧还是喜剧，其目的都是要通过神话或现实的故事对公民进行爱国主义教育，宣扬城邦的政治理想、宗教信仰和道德观念。尤其是喜剧，它的内容常常就是城邦正在发生的政治事件的再现。当事人可能就坐在观众席上正津津有味地

---

1 发现于同一时期北叙利亚希腊人城市贝罗伊亚（Beroia）的体育馆铭文上就明确规定：奴隶、由奴隶解放出来的自由民以及他们的儿子不能进入体育馆进行裸体锻炼。M. M. Austin, *The Hellenistic World from Alexander to the Roman Conquest, a Selection of Ancient Sources in Translation*, Cambridge: Cambridge University Press, 1981, No. 118 (p. 204).

2 参见M. M. Austin, *The Hellenistic World from Alexander to the Roman Conquest, a Selection of Ancient Sources in Translation*, No. 168 (pp. 278-279).

3 Frank L. Holt, *Thundering Zeus: The Making of Hellenistic Bactria*, p. 177.

4 也见M. M. Austin, *The Hellenistic World from Alexander to the Roman Conquest, a Selection of Ancient Sources in Translation*, No. 118 (p. 203).

看着自己在被丑化或讽刺。但这无伤大雅，被讽刺者并不因此感到耻辱，或受到伤害，往往一笑了之。雅典政府为鼓励公民去观剧接受教育，甚至向观剧者发放津贴，其待遇与参加陪审法庭相同，都是两个奥波尔（obol）。[1]因此，凡是希腊人的城市，剧场是必不可少的。阿伊·哈努姆的剧场依山坡而建，观众席呈半圆形向上延伸，是个典型的希腊式剧场，能容纳约5000名观众。它是已知的希腊人在东方所建剧场中最大的一座，甚至超过了巴比伦的希腊式剧场，[2]说明该城的希腊人为数不少。[3]与希腊近邻的罗马人大约在这一时期也接受了希腊的剧场，但把它改造成了建于平地之上的圆形剧场或斗兽场。而远在中亚兴都库什山麓的阿伊·哈努姆城却仍然坚持了希腊的建筑传统。究其原因就在于这是希腊人的城市。

这里的神庙虽然采用了东方的建筑形式，但里面供奉的至少应该包括希腊的神。大神庙遗址中的神像几乎荡然无存，仅有一块穿着希腊式凉鞋的左脚的石雕残存，说明此神像一定是希腊的神，但是什么神，是男神还是女神，确实难以分辨了。[4]有学者推测是宙斯神像，并认为这是希腊—巴克特里亚雕刻艺术流派的作品。[5]

三是城中的希腊式造型艺术突出了它的希腊文化特征。希腊建筑的柱廊式结构以及爱奥尼亚式、多利亚式和科林斯式（为主）三种柱头，浴室中由花卉、海豚、海马和海怪等海洋动物的图案构成的马赛

---

1 在当时的雅典，两个奥波尔相当于一天的生活费。

2 Frank L. Holt, *Into the Land of Bones: Alexander the Great in Afghanistan*, p. 156.

3 普鲁塔克曾在《论亚历山大的幸运或美德》一文中写道：“当亚历山大使亚洲文明化之时，荷马的诗作被广泛阅读，波斯、苏西亚那人（Susianian）、格德罗西亚人（Gedrosian）的孩子们都学习并能够谈论索福克里斯和幼里披底斯的悲剧。”（Plutarch, *Moralia*, 328D.）看来普鲁塔克的说法还是有一定的根据，并非全是夸张。

4 图像见Paul Bernard, “An Ancient Greek City in Central Asia,” *Scientific American*, Vol. 246, 1982, p. 151.

5 G. Rauf Roashan, *The Left Foot of Zeus*, http://www.institute-for-afghan-studies.org/Contributions/Commentaries/DRRoashanArch/2001_04_27_foot_of_zeus.htm.

克地面，作为出水口的希腊喜剧人物厨子的面具，[1]未完成的希腊青年雕像和用赤陶模制作的戴头巾的女子半身像，[2]特别是巴克特里亚诸王发行的印有个人头像的希腊式钱币，以及近年发现的希腊国王胸像、赫拉克勒斯、雅典娜、厄洛斯（Eros）和阿芙洛狄特诸神像等，都是这方面典型的例证。在人物造型艺术上，巴克特里亚的希腊雕塑家不仅恪守希腊的传统，而且大胆创新。他们用铅杆或木棒制成塑像的骨架，然后在上面涂上灰泥或者其他材质的泥，塑成神像。这种泥塑艺术影响深远，首先被西邻帕提亚人接受，[3]后来也可能影响了印度的犍陀罗佛教艺术，成为佛教人物造型艺术中除石雕、石刻之外的一个重要分支，最后传入中国内地。

四是希腊语的铭文、格言、哲学手稿的遗迹，显示了阿伊·哈努姆文化与希腊本土文化的一脉相承。[4]从这些为数不多的铭文来看，它们的语言结构与书写方法的变化都与东地中海流行的通用希腊语同步。值得注意的是，在基涅阿斯陵墓中残存的一个石柱的基座上，刻着来自希腊德尔斐神庙的格言："少年时，举止得当；年轻时，学会自制；中年时，正义行事；老年时，良言善导；寿终时，死而无憾。"[5]这些道

1 有关图像参见Paul Bernard, "An Ancient Greek City in Central Asia," *Scientific American*, Vol. 246, 1982, pp. 150-151, 158; "Ai Khanum on the Oxus: A Hellenistic City in Central Asia," *Proceedings of the British Academy*, Vol. 53, 1967, Plate VI.

2 见F. Chamoux, *Hellenistic Civilization*, translated by Michel Roussel in cooperation with Margaret Roussel, Malden, MA: Blackwell, 2003, p. 321.［匈牙利］雅诺什·哈尔马塔主编:《中亚文明史》第二卷，第84—85页。

3 在帕提亚都城尼萨遗址上也发现了这样的泥塑女神像，时间被定于约公元前150—公元100年。参见A. Kuhrt and S. Sherwin-White, eds., *Hellenism in the East*, London: Duckworth, 1987, Pl. VIII, p. 153.

4 在此遗址上已发现了四例石刻铭文，两份写本，以及约三十份刻在瓶罐（vases）上的简明财政记录。［匈牙利］雅诺什·哈尔马塔主编:《中亚文明史》第二卷，徐文堪、芮传明译，第73页。

5 关于这些格言的英译，笔者见到的至少有四种，大同小异，这里参照以下二者译成。其一为L. Robert的译文："When a child show yourself well behaved; when a young man, self-controlled; in middle age, just; as an old man, a good counselor; at the end of your life, free from sorrow." 引自M. M. Austin, *The Hellenistic World from Alexander to the Roman Conquest, a Selection of Ancient Sources in Translation*, No. 192 (p. 315). （转下页）

德伦理方面的说教，充满着希腊人对理想人生的深切感悟。这些格言原来共有约150条，这里留存下来的是最后5条。据一块铭文的记载，这是一个名叫克利尔克斯（Klearchos）的希腊人从希腊本土的德尔斐神庙认真抄写下来带到这里的。[1]另外在宫殿的一间储藏室（或许一度曾是图书馆）的地面上发现了希腊语手稿的遗迹。原来抄写它的纸草早已化作泥土，但墨迹渗印在地面上，手稿的片段内容依稀可见，可能是关于柏拉图知识理论的对话的摘录。[2]它好像是亚里士多德学派的一位哲人的作品，而把德尔斐格言带到此地的克利尔库斯就属于这一学派。[3]这似乎有点巧合，但可说明当时此地的希腊人对祖国家乡的哲学并未忘怀。虽然两地远隔千山万水，但共同的文化传统、共同的精神遗产、共同的民族情感仍然把它们紧紧联系在一起。可以肯定地说，在阿伊·哈努姆的希腊人遗弃此地他去之前，希腊语一直是该城的通用语言。

上述这一切表明此地的希腊人仍然希望生活在他们所熟悉的文化氛围之中，并试图将这一文化生态尽可能地保持下去。但事实上从建城之日起，他们就不得不面对周围东方文化传统的影响。他们毕竟生活在远离希腊本土五千公里之外的完全不同的环境之中。而且随着公元前3世纪中期帕提亚（即中国古代史籍中的“安息”）的独立及其后来向两河流域方向的扩张，希腊人的移民来源逐渐枯竭。在不断加大的生存压力之下，巴克特里亚的希腊人必须对当地的文化做出让步，否则他们更难以生存。因此，我们在阿伊·哈努姆遗址感受到强烈的希腊化

（接上页）另一为Bernard的译文：“In childhood, learn good manners; in youth learn to control your passions; in middle age learn to be just; in old age learn to be of wise counsel; die without regret.” 引自Paul Bernard, “An Ancient Greek City in Central Asia,” *Scientific American*, Vol. 246, 1982, p. 157.

1 F. W. Walbank, *The Hellenistic World*, 1981, p. 60.

2 J. Wiesehofer, *Ancient Persia: From 550 BC to 650 AD*, London: I. B. Tauris Publishers, 1996, p. 114.

3 F. W. Walbank, *The Hellenistic World*, p. 61.

文化气息的同时，也感受到了东方文化的大海对这些“孤岛”的冲击与渗透，感受到了当地民族的“大漠”对这些“绿洲”的威胁和侵蚀。

最为明显的是在城中建筑的风格和式样上，大量的东方因素已经融于其中。这说明该城的殖民者在建城过程中已经十分注意吸收当地的文化。[1]城内外共有大小神庙遗址三座，但从整体结构上几乎看不到希腊神庙的迹象。以位于下城的主神庙为例，巨大的方形神庙建在高高的三层台基之上，厚厚的外壁上有内缩凹置的神龛，宽大的门厅通向内部的一间较小的房间，该房间两侧各有一间小屋。这里曾供奉过一位神的雕像。[2]这与希腊神庙开放的柱廊式结构迥然不同。这种所谓的“凹进式神庙”（the indented temple）显然具有波斯“大屋”式神庙类型（“broad room” temple style）的建筑特征。[3]

这里的希腊人对东方建筑风格的接受还表现在宫殿群遗址上。宫殿本身对于希腊人来说就非常陌生。在他们的城邦内，不可能出现专门供城邦首脑或管理者居住的宫殿或其他建筑。但在希腊化时期，随着以马其顿王权、东方君主制以及希腊城邦制残余三流合一的新型君主制统治的建立，在东方部分新建的希腊式城市中也就自然而然出现了宫殿式的建筑群，因为这些国王或地方总督之类的统治者总要有自己的王宫、署衙及住宅。但因希腊人本身无传统可循，所以这一建筑群在布局上基本采用了东方的式样。像波斯在苏萨的王宫一样，宫殿群可分为办公区、居住区和金库。办公区位于宫殿群的东南角，内设接待厅、档案室或城市首脑办公室。居住区在办公区左侧。金库在宫殿的东北方向，一个中心庭院，四周环以若干个储藏室。进入宫殿群，首先是一个很大的庭院（长137米，宽108米），周围环绕118根

1 有学者认为，该城遗址显示了希腊、巴克特里亚、波斯、美索不达米亚四种艺术形式的融合。Josef Wiesehofer, *Ancient Persia: From 550 BC to 650 AD*, p. 114.

2 Paul Bernard, “An Ancient Greek City in Central Asia,” *Scientific American*, Vol. 246, 1982, p. 159.

3 参见Amelie Kuhrt and Susan Sherwin-White, eds., *Hellenism in the East*, p. 142.

科林斯式柱子组成的柱廊。此外，值得注意的是居住区的屋子内设有浴室，铺有用不同颜色卵石拼成的马赛克地面。这些图案的内容都是与海洋有关的生物。如果不是希腊人带来，简直难以想象它们在亚洲内陆腹地的出现。此外，这些建筑的屋顶虽然是东方式的平顶，但屋檐却用科林斯式的赤陶瓦装饰，呈现希腊式的外观。[1]圆形石柱和矩形的壁柱也显示了希腊化的效果。可见希腊人在建造这个陌生的宫殿时，仍不忘注入自己熟悉的文化因素。

在宗教人物形象的塑造上，东方文化也显示了强大的渗透力。在一个饰板图案上，小亚弗吕吉亚的自然女神库柏勒（又称“大母神”）正乘着一辆由几头狮子拉的车，而驭手则是希腊的胜利女神。[2]另外一位女神的骨雕像完全是东方式的，正面直立，体形粗壮呆板，从脸型到服饰与希腊式神像毫无相似之处。[3]这些东方神是否只被当地人崇拜，不得而知，但它们能出现在希腊人为主体的希腊式城市内，总会或多或少对希腊人产生影响。就是在极具希腊特征的剧场观众席上，也出现了一些包厢式的座位，[4]这无疑是给城中的重要人物，或许是王室成员设立的。这表明在新的政治环境中，古典时代希腊城邦公民平等民主的传统已受到严重削弱，不大可能延续。

但无论如何，阿伊·哈努姆遗址自始至终保持了希腊式城市的基本特征。它的居民肯定是以希腊人为主，它的上层统治者也一定是清一色的希腊人，但也有一些当地人生活于他们中间，如有的担任了城

1 Paul Bernard, “Ai Khanum on the Oxus: A Hellenistic City in Central Asia,” *Proceedings of the British Academy*, Vol. 53, 1967, pp. 77-78.

2 Paul Bernard, “An Ancient Greek City in Central Asia,” *Scientific American*, Vol. 246, 1982, p. 158.［匈牙利］雅诺什·哈尔马塔主编:《中亚文明史》第二卷，徐文堪、芮传明译，第88页。库柏勒崇拜起源于小亚的弗吕吉亚，后来希腊人将她与他们的瑞亚女神（Rhea）崇拜相混合，成为“瑞亚·库柏勒”崇拜。此处所引二文（作者均为P. 贝尔纳）将库柏勒说成是希腊的自然女神，似有不妥。

3 Paul Bernard, “An Ancient Greek City in Central Asia,” *Scientific American*, Vol. 246, 1982, pp. 158-159.

4［匈牙利］雅诺什·哈尔马塔主编:《中亚文明史》第二卷，徐文堪、芮传明译，第79页。

市的财务管理人员（accountants），或做雇工。[1]阿伊·哈努姆遗址之所以呈现出如此强烈的混合文化特征，它地处中亚内陆深处，受当地文化影响较大，当地人又混居城市之中当是主要原因。可以设想，此地的希腊人既然可以建造希腊式的体育馆和剧场，为什么就不能建造希腊式的神庙呢？这一定与城内外当地居民的宗教传统有关。[2]至于这些神庙中到底供奉的什么神，从已发现的希腊神像残迹和东方神像的骨雕，以及希腊与东方题材相结合的浮雕，我们有理由相信他们或是希腊神（其一已经可以肯定），或是东方神，也有可能是二神共奉，或二神合一，就像亚历山大和塞琉古一世都在巴比伦为当地的主神马尔都克重新建庙，[3]或像埃及托勒密王朝创立的具有埃及神奥西里斯与希腊神宙斯、哈得斯外形特征的萨拉皮斯神一样。[4]但是，也如同亚历山大及其后继者那样，阿伊·哈努姆遗址的希腊人对东方神祇的接受或将其与希腊神混合，在很大程度上都是出于政治统治的需要，而非对东方宗教精神的需求。从这个意义上说，我们在此地所看到的文化混合现象并非当地希腊人的自觉行为，而是特定历史条件下的产物。

三、北方游牧民族的冲击与阿伊·哈努姆的废弃

从亚历山大进入中亚开始，如何应对北方游牧民族的不断侵入，

---

1 Paul Bernard, “An Ancient Greek City in Central Asia,” *Scientific American*, Vol. 246, 1982, pp. 157-158. 也可参Frank L. Holt, *Into the Land of Bones: Alexander the Great in Afghanistan*, pp. 161-162.

2 有学者认为，卫城的墩座型露天神庙可能就是为了举行波斯式的宗教仪式而建。Amelie Kuhrt and Susan Sherwin-White, eds., *Hellenism in the East*, p. 146. 若依此说，这种波斯宗教仪式或与琐罗亚斯德教的拜火仪式有关。

3 A. Kuhrt and S. Sherwin-White, eds., *Hellenism in the East*, pp. 139-140, 142.

4 M. Hadas, *Hellenistic Culture*, New York: Columbia University Press, 1959, p. 189.

就成为长期困扰历代希腊统治者的棘手问题。作为交通要道上的军事要塞，阿伊·哈努姆自然成了抵御游牧民族南下的前哨重镇。虽然它的遗弃或毁灭年代与它的建立年代同样难以确定，[1]但一般认为至少要到公元前2世纪中期以后。[2]从公元前3世纪中叶起，它不仅是巴克特里亚希腊人王国东部的一个重要城市，而且有可能是它的都城之一，因此，该城的命运必然和巴克特里亚希腊人王国的兴衰相始终，与北方游牧民族的活动相联系。

自从狄奥多托斯宣告脱离塞琉古王朝以来，巴克特里亚王国实际上几易其主。狄奥多托斯和他的同名儿子统治了相当长的时间。但到塞琉古朝安条克三世约公元前208年深入远东收复失地时，发现那里已经换了主人，是一个名叫欧泰德姆斯（Euthydemus，公元前230—前200年）的人占据着王位。他可能弑杀了狄奥多托斯二世并取而代之。

在欧泰德姆斯及其儿子德米特里（Demetrius I，约公元前200—前190年）统治之时，巴克特里亚王国的版图大概达到极盛。它不仅遏制了帕提亚人的东进，稳定了西部的边境，而且向东面的赛里斯和弗里尼扩张。[3]巴克特里亚之东就是现在中国的新疆塔里木盆地。而赛里斯在希腊人眼里就是东方的产丝之国，即朦胧意识中的中国。至于弗里尼，曾有匈奴说。[4]但此时匈奴的势力范围似乎还未到达塔里木及其以东地区。因此我们不应把巴克特里亚这两位父子向东面的扩

---

1 P. 贝尔纳对此就有不同的说法。他在1967年撰文说：该遗址在公元前100年左右遭遇一场大火，使它突然毁灭，但未真正破坏它的原貌。（见 "Ai Khanum on the Oxus: A Hellenistic City in Central Asia," *Proceedings of the British Academy*, Vol. 53, 1967, p. 75.）1982年他却含糊地说，大约公元前145年前后，阿伊·哈努姆的希腊人被游牧民族的入侵者赶了出来。（见 "An Ancient Greek City in Central Asia," *Scientific American*, Vol. 246, 1982, p. 148.）究竟是经过一场攻守战后希腊人城破逃走，还是未作抵抗，闻风弃城而去，没有说明。

2 还有毁于公元前1世纪或前1世纪后期之说。见P. Green, *Alexander to Actium: The Historical Evolution of the Hellenistic Age*, Berkeley: University of California Press, 1990, p. 332; Richard J. A. Talbert, *Atlas of Classical History*, London: Routledge, 1985, p. 71.

3 Strabo, *Geography*, 11.11.1.

4 G. F. Hudson, *Europe and China*, London: Arnold, 1931, p. 58.

张想象得太远。但他们向现在中国新疆的塔里木盆地方向发展则是无可怀疑的事实，[1]而且有可能途经阿伊·哈努姆古城遗址，或由此出发，因为此城就位于通往塔里木方向的交通要道。[2]德米特里此后还进军印度，控制了南到今日坎贝湾的广大地区。

大约在公元前170年，一位名叫欧克拉提德的希腊人将军起兵推翻了欧泰德姆斯家族的统治，自立为王。[3]他可能也向印度进军，并获得了不少战利品。阿伊·哈努姆遗址发现的来自印度的钱币有可能就是这次进军的收获。[4]欧克拉提德王朝对巴克特里亚的统治也不太长久，至少在中国汉朝的张骞公元前128年抵达此地之前，已被南下的游牧部落征服或驱逐。阿伊·哈努姆城的希腊人有可能就是在此前（或约公元前145年）弃城而去的。[5]

那么，是哪些游牧部落灭亡了这里的希腊人王国呢？由于中外古代史料记载的不一致以及没有明确的年代可以参照，这一问题仍是一大

---

1 塔恩、迈克尔·格兰特、胡德森均坚持这种观点。参见W. W. Tarn, *The Greeks in Bactria and India*, 1951, pp. 84-87, 111; M. Grant, *The Hellenistic Greeks*, London: Weidenfeld & Nicolson, 1990, p. 85; G. F. Hudson, *Europe and China*, p. 58.

2 后来张骞通西域第一次从中亚返回的路线，就是经阿姆河上游越过葱岭而进入塔里木盆地。其后的丝绸之路南道也是沿此路线往返葱岭。因此，张骞有可能途经阿伊·哈努姆城。参见郭沫若主编:《中国史稿地图集》上册，北京：地图出版社，1979年，第33页“张骞通西域”“丝绸之路”;［匈牙利］雅诺什·哈尔马塔主编:《中亚文明史》第二卷，徐文堪、芮传明译，第408页，地图5“丝绸之路”。

3 关于此人的身份与来源，有两种说法：据塔恩，欧克拉提德与塞琉古王室有关，是安条克四世的表兄弟，上省（the Upper Satrapies，即东部行省）的总督，受命率军恢复对东方的控制，而后在巴克特里亚称王。参见W. W. Tarn, *The Greeks in Bactria and India*, pp. 195-212. 据H. Sidky，欧克拉提德是当地的一位骑兵长官，起兵称王；他的母亲可能是被他取而代之的欧泰德姆斯王朝的一位公主。参见H. Sidky, *The Greek Kingdom of Bactria*, pp. 219-221.

4 Paul Bernard, “An Ancient Greek City in Central Asia,” *Scientific American*, Vol. 246, 1982, pp. 151-152. 当然，该城的统治者还有可能通过贸易等其他手段获得印度的钱币。贝尔纳的推测仍有进一步求证的必要。

5 但美国学者勒纳认为，此城直到公元前1世纪中期可能还有希腊人居住。Jeffrey D. Lerner, “The Eastern Baktria under Da Yuezhi Hegemony,” in Vidula Jayaswal, ed., *Glory of the Kushans: Recent Discoveries and Interpretations*, New Delhi: Aryan Books International, 2012, pp. 79-86.

悬案。[1]但不论他们是希腊古典作家斯特拉波《地理志》中提到的来自锡尔河彼岸的Asii、Pasirani、Tochari和Sacarauli四部落，[2]还是中国《史记》《汉书》中提到的来自敦煌、祁连一带的大月氏人，[3]有一点可以肯定，即中外古代史料都承认巴克特里亚希腊人王国亡于游牧民族之手，而且也正是在与这些游牧民族的不断冲突中，残余的巴克特里亚希腊人被迫后撤印度。印度西北部此前本来就是巴克特里亚王国的一部分，这样希腊人在印度西北部的存在又延续了下来，一些印度—希腊人（Indo-Greeks）的小王国甚至残存到公元前后。这些印度—希腊人中，应该包括来自阿伊·哈努姆遗址的巴克特里亚希腊人的后裔。

从公元前327年亚历山大进入印度开始，希腊人对印度西北部的统治或控制断断续续长达三百年。在此期间，希腊文化与印度文化相互接触、了解、影响，从而产生了许多具有希印文化特征的文明成果。其中最著名的是以米南德国王为代表的印度—希腊人开始诚心接受印度的佛教，从而最终促使以希腊造型艺术形式来表现印度佛教内容和精神的犍陀罗艺术的诞生。[4]作为希腊艺术、思想进入印度的唯一中转站和推动者，巴克特里亚的希腊人王国功不可没，而阿伊·哈努姆遗址那些兼具希腊与当地文化因素的建筑风格和雕塑作品实际上就是犍陀罗艺术的先驱。[5]

---

1 笔者曾对国内外有关此问题的研究作过一些梳理，详见《希中文明的接触与交汇》，《世界史年刊》1996年第2期，第518—520页。

2 Strabo, *Geography*, 11.8.2.

3 详见《史记》卷一二三《大宛列传》，二十四史点校本，北京：中华书局，1982年，第3161—3162、3164页；《汉书》卷九六《西域传》，二十四史点校本，北京：中华书局，1962年，第3890—3891页。

4 关于印度—希腊人统治时期的希印文化交流和融合，详见杨巨平：《希腊化还是印度化——“Yavanas”考》，《历史研究》2011年第6期，第134—155页。

5 参见美国迈阿密大学的Edmin M. Yamauchi为Ehsan Yarshater主编的《剑桥伊朗史》（*The Cambridge History of Iran*, Cambridge: Cambridge University Press, 1983）第三卷撰写的书评。其中说到，阿伊·哈努姆遗址的发现，为那些认为犍陀罗雕塑艺术是受到希腊化而非罗马的模式影响的艺术史家的观点提供了进一步的证明。（*American Historical Review*, Vol. 89, No. 4, 1984, p. 1056.）

综上所述不难看出，阿伊·哈努姆的希腊人之所以能在此地建城，并长期立足，首先是亚历山大征服的结果。正是亚历山大及其后继者对东方之地的征服、统治引起了希腊文明与东方诸文明的碰撞、接触、交流和在某种程度上的融合。也正是由于这种文明的互动，阿伊·哈努姆遗址才会呈现多元文明因素并存交融的特征。它与巴克特里亚希腊人王国的关系可谓是一荣俱荣，一损俱损。它因巴克特里亚希腊人王国的统治而繁荣，也因这个王国的衰亡而遗弃。它地处文明冲突的最前哨，首先遭受到北方的游牧民族的强大压力，也在情理之中。考古发掘证明，希腊人之所以在阿伊·哈努姆建城，还与这里有适于农牧、便于灌溉的广阔平原很有关系。[1]这些沟渠纵横的土地由谁来耕种，也不得而知。是像希腊人早期殖民者那样，每到一地，就平分所占据的土地，自己或是做地主式的土地经营者，或是从事劳作的自耕农，还是土地仍由当地人来耕种，希腊人以统治者的身份向他们征收赋税，目前尚不得而知。但此地的希腊人的生活来源，尤其是粮食的供给肯定与这里的农业资源有关。因此，阿伊·哈努姆遗址凸显的不仅是希腊文明和已有数千年传统的古老东方文明的互动关系，在某种意义上还有农业文明与游牧文明的互动关系。而且正是后一种互动将希腊文明因素与印度文明因素的交流与融合引向深入。因此，从这个意义上说，阿伊·哈努姆遗址的兴衰就是希腊化时期东西方文明互动关系的缩影。

（杨巨平）

---

1 Gerard Fussman, *A Review of Archaeological Report: Southern Bactria and Northern India before Islam,* http://www.cais-soas.com/CAIS/Archaeology/southern_bactria.htm.

图片目录

第三章

图3-1-6 剧场遗址，帕加马

图片采自：https://en.wikipedia.org/wiki/Pergamon#/media/File:Theatre_of_Pergamon.jpg.

第四章

图4-1-1 阿伊·哈努姆平面图

图片采自：https://commons.wikimedia.org/w/index.php?search=AiKhanoum&title=Special%3ASearch&go=Go&ns0=1&ns6=1&ns12=1&ns14=1&ns100=1&ns106=1#/media/File:Plan_AI_Khanoum-fr.svg.

图4-1-2 老铁尔梅兹附近的阿姆河江心洲

图片采自：Harry Falk, *Kushan Histories: Literary Sources and Selected Papers from a Symposium at Berlin, December 5 to 7, 2013*, Bremen: Hempen Verlag, 2015, pp. 241-254.

图4-1-3 坎培尔·特佩遗址。杨巨平摄

图4-1-4 木鹿遗址鸟瞰图，黑点即为发现希腊化遗存的地方

图片采自：Rachel Mairs, ed., *The Graeco-Bactrian and Indo-Greek World*, London: Routledge, 2021, p. 339.

图4-2-1 贝格拉姆部分主街

图片采自：[匈牙利]哈尔马塔主编：《中亚文明史》第二卷，徐文堪、芮传明译，北京：中国对外翻译出版公司，2002年，第74页。原版见J. Harmatta, ed., *The History of Civilizations of Central Asia Vol. II: The Development of Sedentary and Nomadic Civilizations*, Paris: UNESCO Publishing, 1994, pp. 305-306.

图4-2-2 斯尔卡普的城墙和城市结构

图片采自：R. E. M. Wheeler, "Postscript: The Two Cities of Sirkap," *Ancient India*, Director General of Archaeology in India, 1948, Pl. 22.

图4-2-3 斯尔卡普下城居民区分布图

图片采自：John Marshall, *Taxila: An Illustrated Account of Archaeological Excavations, Carried out at Taxila under the Orders of the Government of India between the Years 1913 and 1934*, Vol. III, London: Cambridge University Press, 1951, fig. 10.

图4-2-4 詹迪亚尔神庙布局

图片采自：https://commons.wikimedia.org/wiki/File:Jandial_Temple_Plan.jpg.

图4-2-5 门口爱奥尼亚柱遗存

图片采自：https://commons.wikimedia.org/w/index.php?search=Jandial&title=Special:Search&go=

Go&ns0=1&ns6=1&ns12=1&ns14=1&ns100=1&ns106=1#/media/File:Jandial_Column_Archaeological_Survey_of_India_Report_1912-1913.jpg.

图4-2-6 谢罕德里遗址航拍图

图片采自：R. E. M. Wheeler, *Charsada, a Metropolis of Northwest Frontier: Being a Report on the Excavations of 1958*, London: Oxford University Press, 1962, Plate xvi.

图4-2-7 谢罕德里遗址的房屋

图片采自：R. E. M. Wheeler, *Charsada, a Metropolis of Northwest Frontier: Being a Report on the Excavations of 1958*, fig. 8.

图4-2-8 戴狮头皮盔的亚历山大

图片采自：R. E. M. Wheeler, *Charsada, a Metropolis of Northwest Frontier: Being a Report on the Excavations of 1958*, Pl. XXXVI; XL.

图4-2-9 雅典娜图案的印痕

图片采自：R. E. M. Wheeler, *Charsada, a Metropolis of Northwest Frontier: Being a Report on the Excavations of 1958*, Plate XXXVI; XL.

图4-2-10 不同陶器上的希腊文和婆罗米文

图片采自：Rachel Mairs, ed., *The Graeco-Bactrian and Indo-Greek World*, p. 406.

第五章

图5-2-1 底格里斯河畔的塞琉西亚平面图

图片采自：Matthew P. Canepa, *The Iranian Expanse: Transforming Royal Identity through Architecture, Landscape, and the Built Environment, 550 BCE-642 CE*, Berkeley: University of California Press, 2018, fig. 3.2.

图5-2-2 塞琉西亚的市场（北）

图片采自：Matthew P. Canepa, *The Iranian Expanse: Transforming Royal Identity through Architecture, Landscape, and the Built Environment, 550 BCE-642 CE*, fig. 3.3.

第七章

图7-1-1 坎培尔·特佩遗址平面图

图片采自：C. Benjamin, *The Yuezhi: Origin, Mirgration and Conquest Northern Bactria*, Turnhout:

第十章

E3%82%AB%E3%83%87%E3%82%A3%E3%82%A2%E9%80%9A%E3%82%8A_-_panoramio.jpg.

图10-1-3 帕加马列柱大街

图片采自：https://commons.wikimedia.org/wiki/File:Via_Tecta_in_Pergamon_Asclepium.jpg.

图10-1-4 阿弗罗狄西阿斯的塞巴斯提翁神庙旁的列柱大街

图片采自：https://commons.wikimedia.org/wiki/File:Aphrodisias_-_Sebasteion.jpg.

图10-1-5 弗里吉亚的希耶拉波利斯列柱大街

图片采自：https://commons.wikimedia.org/wiki/File:Hierapolis_colonnade.jpg.

图10-1-6 使用方琢石穹顶的希耶拉波利斯浴场

图片采自：https://commons.wikimedia.org/wiki/File:Basilica_Baths,_Hierapolis_03.jpg.

图10-1-7 萨尔狄斯浴场—体育馆冷水浴池使用砂浆混凝土砌成的墙，公元2世纪晚期—公元3世纪早期

图片采自：https://commons.wikimedia.org/wiki/File:The_Bath-Gymnasium_complex_at_Sardis,_late_2nd_-_early_3rd_century_AD,_Sardis,_Turkey_(16477799584).jpg.

图10-1-8 埃莱乌萨·塞巴斯特港口浴场砖墙

图片采自：https://commons.wikimedia.org/wiki/File:Elaiussa_Sebaste_Harbour_Bath_6731.jpg.

图10-1-9 帕加马使用混合材料的萨拉皮斯神庙

图片采自：https://commons.wikimedia.org/wiki/File:PergamonRoteHalleInnen1.JPG.

图10-1-10 奥古斯都时代特拉雷斯发行的铜币，正面为行省总督维狄乌斯（Vedius Pollio）的侧面头像，反面是戴桂冠的宙斯

图片采自：https://commons.wikimedia.org/wiki/File:Vedius_Pollio.jpg.

译名表

A

Abarnahara阿巴尔纳哈拉
Abbasid阿拔斯王朝
Abdullaev K. 阿卜杜拉耶夫
Abulites阿布利泰斯
Acesines阿塞西尼斯河
Achaea/Achaia阿开亚
Achaemenid阿黑门尼王朝/家族
Achaia Phthiotis弗提亚的阿开亚
Achais阿凯斯
Adana阿达纳
Ādirājya阿迪拉雅
Adjina Tepe阿加纳·特佩
Adramyttene亚德拉米特内湾
Aeolians埃奥利斯人
Afrasiab/Afrasiyab阿弗拉西亚卜
Afyon Karahisar阿菲永卡拉希萨尔
Agatharchides阿伽塔奇德斯
Agathias阿加西亚斯
Agathokleia阿伽托克莱亚（城市）
Agathopolis阿伽托波利斯
Agonothetai竞技裁判
Agora阿戈拉（色雷斯半岛城市）
Agoranomoi市场监督
Agrinion阿格里尼昂
Agrippias阿格里皮阿斯
Agroeira阿哥罗拉
Ahtopol阿赫托波尔
Ai Khanom/Ai Khanoum阿伊·哈努姆
Aigeai (Kilikia) 埃盖（西里西亚）
Aigospotamoi羊河
Aineia埃尼阿
Airtam阿尔塔姆
Akanthos阿坎托斯
Akesines阿塞西尼斯河
Akhvamazda阿卡瓦马兹达
Akko阿克
Aksu阿克苏
Alakamanda阿拉迦曼达
Alasanda阿拉散达/阿荔散城
Alasehir阿拉舍尔

Al-Bousayra阿尔—布塞拉
Alexander Romance亚历山大传奇
Alexander Severus亚历山大・塞维鲁
Alexander Soper亚历山大・索普
Alexander/Alexandros亚历山大
Alexandr(e)ia by Issos/Alexandreia kat'Isso伊苏斯旁的亚历山大里亚
Alexandr(e)ia Eschate/ Alexandr(e)ia Eskhate最远的亚历山大里亚
Alexandr(e)ia in Arachosia阿拉科西亚的亚历山大里亚
Alexandr(e)ia in Egypt埃及的亚历山大里亚
Alexandr(e)ia in Margiana马尔吉亚那的亚历山大里亚
Alexandr(e)ia in Opiana奥皮亚纳的亚历山大里亚
Alexandr(e)ia Lykos吕库斯的亚历山大里亚
Alexandr(e)ia of Gedrosia or Makarene格德罗西亚或马凯莱尼的亚历山大里亚
Alexandr(e)ia of the Tanais/Alexandreia on the Tanais塔奈斯河畔的亚历山大里亚
Alexandr(e)ia on the Oxos奥克苏斯河畔的亚历山大里亚
Alexandr(e)ia Oxeiane奥克苏斯河畔的亚历山大里亚
Alexandr(e)ia Paraitakene亚历山大里亚・帕莱塔凯奈
Alexandr(e)ia Prophthasia亚历山大里亚・普罗弗塔西亚
Alexandr(e)ia Rambakia兰巴基亚的亚历山大里亚
Alexandr(e)ia παρὰ Σωριανοῖς索里亚诺伊斯的亚历山大里亚
Alexandr(e)ia-among-the-Arachosians阿拉科西亚人中间的亚历山大里亚
Alexandr(e)ia-in-Kaukasos高加索的亚历山大里亚
Alexandr(e)ia-under-the-Kaukasos高加索山下的亚历山大里亚
Alexandreia Arachosia/Alexandropolis亚历山大里亚—阿拉科西亚/亚历山德罗波利斯
Alexandreia in Mesopotamia美索不达米亚的亚历山大里亚
Alexandreia near Babylon巴比伦附近的亚历山大里亚
Alexandreia on the Tigris底格里斯河畔的亚历山大里亚
Alexandreia Troas特洛亚的亚历山大里亚
Alexandreia-Antiocheia-Artakoana亚历山大里亚—安条克城—阿塔科阿纳
Alexandreia-Baktra巴克特拉的亚历山大里亚
Alexandria in Aria/Alexandria of Ariana阿里亚的亚历山大里亚
Alexandria in Carmania卡尔马尼亚的亚历山大里亚
Alexandropolis in Thrace色雷斯的亚历山德罗波利斯
Alexandros Iannaios亚历山大・伊安奈奥斯
Alexandroschoine巴勒斯坦的亚历山大城
Alexarchos阿莱克萨克斯
Alloeira阿洛艾拉
Al-Mundhir阿尔・孟迪尔

Alora阿罗拉

Altyn Diliar Depe阿尔廷·迪利亚尔·德佩

Amazons亚马逊人

Ambhi安碧

American Numismatic Society美国钱币学会

Amida阿米达

Amitrochates宾头沙罗（Bindusaro，希腊语名）

Ammianus/Ammianus Marcellinus阿米亚努斯/阿米亚努斯·马塞林努斯

Amminapes阿米那佩斯

Amor阿摩尔，有翼小爱神

Amphipolis安菲波利斯

Amu Darya阿姆河

Amyntas阿明塔斯

Amyzon阿米宗

Anahita阿娜希塔

Anaxippos阿那克西普斯

Ancyra安基拉

Andragoras安德拉戈拉斯

Androkles安德罗克莱斯

Ankara安卡拉

Anonymos (Skymnos Chiou) 伪斯基姆诺斯

Antalya安塔利亚

Anthedon安塞顿

Antigoneia on the Orontes奥龙特斯河畔的安提柯尼亚

Antigoneia-Daskylion达斯奇利昂的安提柯尼亚

Antigoneia-Kyzikos基齐库斯的安提柯尼亚

Antigoneia-Troas特洛亚的安提柯尼亚

Antigonid Dynasty/Antigonidai安提柯王朝

Antigonos III Doson安提柯·多宋

Antigonos Monophthalmos“独眼”安提柯

Antigonus/Antigonos安提柯

Antimachos安提马库斯

Antinopolis安提诺波利斯

Antioch安条克

Antioch(e)ia in Caria卡里亚的安条克城

Antioch(e)ia in Margiana马尔吉亚那的安条克

Antioch(e)ia in Mygdonia米格多尼亚的安条克

Antioch(e)ia in Persis波西斯的安条克

Antioch(e)ia in Skythia/Antioch ἐν Σκυθία斯基泰的安条克

Antioch(e)ia安条克

Antiocheia near Pisidia“近皮西狄亚”的安条克

Antiocheia on the Euphrates幼发拉底河畔的安条克城

Antiocheia on the Kallirhoe卡利罗伊河畔的安条克城

Antiocheia on the Kydnos库德诺斯河畔的安条克城

Antiocheia on the Orontes/Antiocheia near Daphne奥龙特斯河畔的安条克/达弗奈附近的安条克

Antiocheia on the Pyramos皮拉摩斯河畔的安条克城

Antiocheia on the Saros-Adana萨罗斯河畔的安条克城—阿达纳

Antiocheia Tarmata/Antiocheia Tharmata安条

Ariaratheia阿里亚拉提亚

Ariarathes阿里亚拉泰斯

Aridaia阿里代亚

Arigaion阿里盖翁

Arikamedu阿里卡门度

Ariobarzanes阿里奥巴扎尼斯

Aristeides阿里斯提德斯

Aristodemos阿里斯托戴摩斯

Aristonax阿里斯托纳克斯

Aristonikos阿里斯托尼库斯

Aristotle亚里士多德

Arkhon阿尔孔（人名）

Arrian阿里安

Arsaces/Arshak阿尔萨息

Arsacids阿尔萨息王朝

Arsakia阿尔萨息亚

Arsamosata阿尔萨摩萨塔

Arsinoe阿尔西诺（人名）

Arsinoe(ia) near Nagidos靠近纳吉多斯的阿尔西诺

Arsinoe(ia) 阿尔西诺（伊亚）（城市名）

Arsinoe(ia)Ephesos以弗所的阿尔西诺伊亚

Arsinoe(ia)-Marion马利翁的阿尔西诺伊亚

Arsinoe(ia)-Palaipaphos帕莱帕福斯附近的阿尔西诺伊亚

Arsinoe(ia)-Patara阿尔西诺—帕塔拉

Arsinoe(ia)-Salamis萨拉米斯附近的阿尔西诺伊亚

Arsinoe(ia)-Taucheira阿尔西诺—塔乌彻拉

Arsinoeia Pamphylias潘非利亚的阿尔西诺伊亚

Artabanus/Ardavan阿尔塔巴努斯/阿尔达旺

Artabazos阿塔巴扎斯

Artakama阿塔卡玛

Artakoana/Artakaena阿塔科阿纳

Artaxata阿尔塔克萨塔

Artaxerxes阿尔塔薛西斯

Artemidoros阿尔特米多罗斯

Artemis Leukophryene白眉毛的阿尔特米斯

Artemiseia Leukophryene白眉毛的阿尔特米斯节

Artemision阿尔特米斯神庙

Artemita阿尔特米塔

Artonis阿托尼斯

Asandros阿桑德罗斯

Asklepiades阿斯克莱皮阿戴斯

Asklepieion阿斯克勒庇俄斯圣所

Asklepiodoros阿斯克勒皮奥多鲁斯

Asklepios/Asclepius阿斯克勒庇俄斯

Asoka/Ashoka阿育王

Aspeisas阿斯佩萨斯

Assakenians阿撒肯吉亚人

Astarte阿施塔特

Asterousia阿斯泰鲁西亚

Asyla阿叙拉

Atakhodjaev阿塔科杰夫

Athena Nikephoros雅典娜·尼克佛罗斯

Athena Parthenos“处女”雅典娜

Athenaeus阿特奈乌斯

Athenodorus Cananites卡那那人阿泰诺多罗斯

Athymbra阿廷布拉

B

Battle of Edessa埃德萨战争
Battle of Gabene加贝内战役
Battle of Gaza加沙战役
Battle of Hydaspes River希达斯皮斯河战役
Battle of Immae伊迈战役
Battle of Ipsos伊普苏斯之战
Battle of Magnesia马革尼西亚战役
Bay of Balkhan巴尔罕湾
Bayramaly贝拉马里
Bazaira巴扎伊拉
Bazira巴兹拉
Behistoun贝希斯敦
Bekabad贝科博德
Bekilli贝克力
Bel贝尔神
Belilli贝力利
Bellinger, A. R. 贝林格
Beloch, K. J. 贝洛赫
Belyaeva, T. V. 贝尔雅娃
Benares贝拿勒斯
Benveniste, E. 邦弗尼斯特
Bengtson, H. 本特森
Berenike near Euesperides欧斯佩里德斯附近的贝莱尼凯
Berenike-Troglodytica贝莱尼凯—特罗格洛狄提卡
Berenike贝莱尼凯
Bernard, Paul保罗·贝尔纳
Beroea/Beroia贝罗伊亚
Bessos贝苏斯
Bhadrāśva巴德拉斯瓦
Bhir Mound皮尔丘
Bihar Mound比哈尔丘
Bikerman, E./Bickermann, E. 比科尔曼
Billows, R. A. 比洛
Bindusara宾头沙罗
Birecik比雷吉克
Bisalthe比萨尔特
Bishabour比沙普尔
Black Kleitos/Cleitus the Black“黑”克雷图斯
Blaundos布劳恩多斯
Boardman, J. 博德曼
Boiy, T. 博伊
Boliades波利亚戴斯
Bosphorus博斯普鲁斯
Bostra波斯特拉
Bosworth博斯沃思
Bouche-Leclerq, A. 布谢—勒克莱尔
Boukephala/Boukephaleia布凯法拉/布凯法莱亚
Boukephalos Alexandreia布凯法洛斯·亚历山大里亚
Bouleuterion议事会堂
Bowersock, G. W. 鲍尔索克
BozDag Mountain波兹达格山
Brahmi婆罗米文
Branchidai布兰开德人
Briant, P. 布里昂
Brucheum布鲁切姆
Buddhism佛教
Bushehr布什尔

Cyrus居鲁士

Cyzicus基齐库斯

D

Daidala戴达拉

Dalverzin Tepe/Dal'verzine Tepe达尔弗津·特佩

Damghan达姆甘

Dani, A. H. 达尼

Daphne达夫尼

Darabgerd达拉贝格德

Dashli达什利

Dasht-I Nawur III达希迪纳沃3号

Datos达托斯

Decapolis德卡波利斯地区

Değirmendere代伊尔门代雷

Deinokrates of Rhodes罗德岛的狄诺克拉底

Dekeleia德克莱亚

Délégation Archéologique Française en Afghanistan (DAFA) 法国驻阿富汗考古队

Delos提洛岛

Deme德莫

Demeter得墨特尔

Demetrias Sikyon西库翁的德米特里阿斯

Demetrias-Thessalia帖撒利亚的德米特里阿斯

Demetrias德米特里亚斯

Demetrios I Poliorketes"围城者"德米特里

Demetrios德米特里

Demodamas德摩达玛斯

Demosthenes德摩斯梯尼

Denderah登德拉

Denizli代尼兹利

Denov德农弗

Derbent达尔班特

Dharmamitra达尔马米特拉城

Dhul-Qarnayn/Dhul'Karnain双角王

Diadochi Wars继业者战争

Diadochoi继业者

Didyma狄底玛

Didymus Chalcenterus狄戴姆斯

Dilberjine Tepe第伯尔金·特佩

Dilberjin第伯尔金

Dinar迪纳尔

Dio Cassius狄奥·卡西乌斯

Diocletian戴克里先

Diodorus/Diodoros狄奥多鲁斯/狄奥多罗斯

Diodotus狄奥多托斯

Diogenes第欧根尼狄奥根尼/狄奥格内斯

Dion Chrysostom金嘴狄翁

Dionysia狄奥尼苏斯节

Dionysios I of Syracuse叙拉古的狄奥尼修斯一世

Dionysoupolis狄奥尼苏波利斯

Dionysus/Dionysos狄奥尼苏斯

Dioskouri/Dioskourai狄奥斯库里兄弟

Diospolis狄奥斯波利斯

Ditamenes狄塔麦奈斯

Diyala (River) 迪亚拉河

Djandavlat Tepe贾达夫拉·特佩

Djarkutan贾库坦

Dokimeion/Dokimia多基美昂

E

Eustathius欧斯塔提乌斯
Eustephios欧斯泰菲奥斯
Euthydemos/Euthydemus欧泰德姆斯

F

Failaka法伊拉卡
Farah法拉
Farasa法拉萨
Farhad弗拉特斯
Fars法尔斯
Farukabad法鲁卡巴德
Fayaz Tepe法雅津・特佩
Fayoum法尤姆
Ferdinando Castagnoli卡斯塔尼奥利
Ferghana费尔干纳
Fiema费耶马
Firuzabad菲鲁兹阿巴德
Flamininus弗拉米尼努斯
Flavian Dynasty弗拉维王朝
Flavius Heraclius Augustus希拉克略
Forat佛拉特
Foucher, Alfred阿尔弗雷德・福歇
Fra弗拉
Frada弗拉达
Fraser, P. M. 弗雷泽
Fussman, G. 福斯曼

G

Gabri Castle加布里城堡
Gaibov盖博夫
Galatia加拉太
Galatian加拉太人
Gallienus加利努斯
Gandhara犍陀罗
Ganymede伽尼墨德斯
Gardin加尔丁
Gareus伽莱乌斯
Gates of the Caspian Sea里海门
Gau Nala盖乌河
Gaugamela高加米拉
Gauls高卢人
Gaur-kala高尔—卡拉
Gaza加沙
Gazni加兹尼
Gediz盖迪兹河
Gedrosia格德罗西亚
Genito, B. 热尼托
Genghis Khan成吉思汗
Gerasa格拉萨
Germanicus杰尔马尼库斯
Gerousia长老会议
Gerrha盖拉
Ghirshman吉尔什曼
Ghirshman, R. 罗曼・吉尔什曼
Ghurband古尔班德河
Giaur/Gyaur-kala吉奥尔・卡拉
Gigantomachy巨人之战
Gindaros金达罗斯
Giuseppe Tucci朱塞培・图奇
Glaucus格劳库斯河

H

Hermes赫尔墨斯

Hermia赫尔米亚

Hermitage Museum艾尔米塔什博物馆

Hermus, R. 赫尔姆斯河

Herodes Atticus阿提卡的海罗戴斯

Herodian赫罗迪安

Heroon英雄祠

Hestia赫斯提亚

Hexamilion赫克萨米利昂

Hicrapolis Bambyke班比克的希耶拉波利斯

Hierapolis on the Pyramos-Kastabala希耶拉波利斯—卡斯塔巴拉

Hierapolis希耶拉波利斯

Hieronymos of Kardia卡尔迪亚人希耶洛尼姆斯

Hill, J. E. 希尔

Hilmend赫尔曼德河

Himalayas喜马拉雅

Hindu Kush兴都库什山

Hippodamian plan希波达姆斯布局法

Histiaiotis西斯提艾奥提斯

Holt, F. L. 霍尔特

Homs霍姆斯

Honorius (Julius Honorius) 尤里乌斯・霍诺里乌斯

Horitae霍利泰人

Hormoz Ardashir霍尔木兹・阿尔达希尔

Horum Hüyük霍鲁姆・许于克

Houghton, A. 霍顿

Hsuen Tsang玄奘

Humann, Carl卡尔・胡曼

Huskapur护瑟伽普尔

Huvishka胡韦色伽

Hydaspes希达斯皮斯

Hydraotes希德拉欧提斯

Hydrela叙德莱拉

Hyparchos副督

Hyrgaleian Plain黑加莱恩平原

Hyrgaleis黑加莱斯城

Hyrkania赫卡尼亚

Hyspaosines叙斯帕奥西奈斯

I

Iasonion亚索尼翁

Iaxartes/Jaxartes锡尔河/药杀水

Ibn Khordadbeh伊本・科尔达德比赫

Idumaeans伊都迈人

Ikaros伊卡罗斯

Ilion伊利昂

Illyria伊利里亚

Illyrioi伊利里亚人

Indi因迪

Indo-Greek Kingdom印度—希腊人王国

Indo-Greeks印度—希腊人

Indo-Parthians印度—帕提亚人

Indo-Skythians/Indo-Scythians印度—斯基泰人

Ionia爱奥尼亚/伊奥尼亚

Ioulia尤里亚

Ipsus/Ipsos 伊普苏斯

Iron Gates铁门关

Isah River/Malik River伊萨运河

J

K

Karakum desert卡拉库姆沙漠
Kardia卡尔狄亚
Karmania卡尔马尼亚
Karttunen卡图南
Karun卡伦河
Kasra arch卡斯拉拱门
Kassander/Kassandros卡桑德
Kassandreia卡桑德里亚
Kastor卡斯托尔
Kastoria卡斯托里亚
Kavala卡瓦拉
Kebren凯布伦
Kelainai凯莱奈
Kelif Darya/Uzboi凯利夫河
Kelif凯利夫
Kennedy, Hugh胡夫·肯尼迪
Kerman克尔曼
Key Kobad Chah基科巴查
Khajch Mountain卡介山
Khalaste Inscription哈拉策铭文
Khalchayan哈尔恰扬/卡尔恰扬
Khalid, Jebel杰贝勒·卡里德
Kharis卡里斯
Kharoshthi佉卢文
Khaytabad Tepe/Khairabad Tepe哈伊塔巴德·特佩
Khoaspa科阿斯帕
Khojand/Khujand/Khodzhent/Khojent苦盏/胡占德/霍占德
Khorasmia花剌子模
Khorassan呼罗珊
Khulm/Kholm库尔姆
Khurasan Road呼罗珊大道
Kidd, Fiona菲奥娜·基德
Kilkis基尔基斯
Kineas基涅阿斯
King Duṭṭagāmini杜多伽摩尼王
Kingdom of Elymais埃兰王国
Kingdom of Mesene美塞尼王国
Kingdom of Pergamon帕加马王国
Kirkesion奇尔凯西昂
Klaros克拉罗斯
Klearchos克利尔克斯
Kleomenes of Naucrates瑙克拉提斯的克列奥美尼
Kleitos/Cleitus克雷图斯
Kobadian科巴迪安
Koile Syria科伊勒—叙利亚
Koine通用希腊语
Koinos科伊努斯/科伊诺斯
Koj-tepa库伊特佩
Kokala科卡拉
Kokcha科克查河
Koktepe/Kök-tepe库克特佩
Kolophon科罗丰
Kolpe Issos伊苏斯湾
Komai村社
Konya科尼亚
Kopet Dag科佩达格山脉
Kophen科芬
Koptos科普托斯
Kordyene科尔狄埃奈

L

M

N

Nahr Malcha（阿卡德语）/ Nahr al-Malik（阿拉伯语）国王运河

Namdgut纳姆德城堡

Nana娜娜

Naqsh-e Rostam纳克希·鲁斯塔姆

Narafratara纳拉弗拉塔拉

Narain, A. K. 纳拉因

Naratos纳拉托斯

Nau瑙城

Naucratis/Naukratis瑙克拉提斯

Nautaka瑙塔卡

Nawagi纳瓦吉村

Naymark奈马克

Neandreia奈安德里亚

Neapolis奈阿波利斯

Nearchos尼阿科斯

Necropolis墓地

Negev, A. 内盖夫

Negmatov, N. N. 涅戈马托夫

Nehardea/Neharde'a奈哈尔迪亚

Neishabour尼沙普尔

Nero尼禄

Nestorian Christianity聂斯托利派基督教

Newell, E. T. 内维尔

Nicomachus of Philadelphia费拉德尔菲亚的尼科马库斯

Nicomedes/Nikomedes尼科米戴斯

Nihavand尼哈万德

Nikaia/Nikia尼凯亚/尼西亚

Nikanor尼卡诺尔

Nikarkhides尼卡尔西德斯

Nikatoreion尼卡托里昂

Nikea尼卡亚

Nikephoria尼柯佛里亚节日

Nikephorion尼凯弗里翁

Nikomedeia尼科米底亚

Nikopolis尼科波利斯

Niloxenes尼罗赫奈斯

Nineveh尼尼微

Ninus尼努斯

Nisaia/Nigaia尼萨亚/尼盖亚

Nisibis尼西比斯

Notion诺提翁

Nysa尼萨

O

Ochus River奥库斯河

Octavian屋大维

Odaenathus奥登纳图斯

Okhos River奥库斯河

Olbrycht, M. J. 奥尔布里希特

Old Termez老铁尔梅兹

Olympias奥林匹亚斯（城市）

Olympias奥林匹娅斯（人名）

Olynthos奥林托斯

Omphis翁菲斯

Oneskritos奥奈斯克利托斯

Ophellas欧菲拉斯

Opis奥皮斯

Ora奥拉

Oreitai奥雷泰人

P

Pelousion佩鲁西昂
Peltae佩尔泰
Perdiccas/Perdikkas帕狄卡斯
Pergamon帕加马
Peritas佩里塔斯
Perseis佩尔西斯
Persepolis波斯波利斯
Perseus of Macedon马其顿的柏修斯
Persis波西斯
Peshawar白沙瓦
Pessinous佩西努斯
Petersen彼得森
Petra佩特拉
Petrie Ostraca皮特里陶片文书
Peukelaotis佩乌凯劳提斯
Peukestas佩乌凯斯塔斯
Peukolaos佩乌克拉乌斯
Peutinger Table波伊庭格地图
Phanoteus法诺泰欧斯
Pharnake法尔那克
Pharos法罗斯岛
Pharsamenes法拉美尼斯
Pherai菲莱
Philadelphia Amman菲拉德尔菲亚（安曼）
Philadelphia费拉德尔菲亚
Philadelphus费拉德尔甫斯
Philetaerus菲勒泰洛斯
Philetairea-under-Ida伊达山下的菲勒泰里亚城
Philetaireia菲勒泰洛斯节（节庆）
Philetaireia菲勒泰里亚（地名）
Philetaireion神庙
Philippoi腓力比
Philippopolis, Thrace腓力波利斯（色雷斯）
Philippos Arrhidaios菲利普斯·阿利戴奥斯
Philippos菲利普斯
Philo of Byzantium拜占庭的菲洛
Philomelion菲洛美里翁
Philostratus菲洛斯特拉图斯
Philotera菲罗泰拉
Philoteria菲罗特里亚
Phlorina弗洛里纳
Phraates弗拉阿特斯
Phrada弗拉达
Phrasaortes弗拉萨奥特斯
Phrataphernes弗拉塔费涅斯
Phra弗拉
Phrygius弗里吉乌斯河
Pidaev, Ch. 皮达耶夫
Piraeus庇里优斯
Pisidia皮西迪亚
Pitasila皮塔西拉
Pleistarchos普雷斯塔尔科斯
Pliny/Plinius普林尼
Plovdiv普罗夫迪夫
Plutarch普鲁塔克
Polemokrates波莱摩克拉提斯
Polyaenus波利艾努斯
Polybius/Polybios波里比乌斯
Polydeukes波吕丢凯斯
Polyperkhon/Polyperchon波吕佩尔孔
Pompey庞培

Q

R

Ramitha拉米塔

Ramsay, W. M. 拉姆塞

Rapin, C. 拉平

Rapson, E. J. 拉普森

Resaena勒塞纳

Reuther, O. 罗伊特

Rhagai/Rayy拉盖城

Rhagiane拉伽奈

Rhambakia兰巴基亚

Rhinocoloura瑞诺科罗拉

Rhoas罗阿斯

Rhodes罗德岛

Rhoitia罗伊提亚

Rhosos罗苏斯城

Rice, Talbot塔尔伯特·赖斯

River Caicus凯库斯河

River Margos玛格斯河

River Mataha马塔哈河

Robcrt, L. 罗伯尔

Robinson, S. G. 罗宾森

Rock of Aornos奥尔诺斯岩垒

Roisma, J. 罗伊斯曼

Romodin, V. A./Ромодин, В. А. 罗莫金

Rostovtzeff, M. I. 罗斯托夫采夫

Roxana/Roxane/Rhoxane罗克姗娜

Royal Road王家大道/御道

Rtveladze, E. V. 瑞德维拉扎

S

Sachs, A. J. 萨克斯

Sagalassos萨加拉索斯

Śākala/Sagala/Sialkot舍竭城/萨卡拉/锡亚尔科特

Sakastene萨卡斯泰尼/萨卡斯坦

Saka萨卡/塞人

Salagissa萨拉吉萨

Samareians撒马利亚人

Samareia巴勒斯坦的撒马利亚

Samarkand撒马尔罕

Samaxus萨马霍斯

Sambagrae桑巴格莱人

Sambos桑波斯

Samosata萨摩萨塔

Sanē萨奈

Sangir-tepe桑伊尔特佩/桑伊尔捷佩

Sapalli萨帕利

Saradi, H. 萨拉蒂

Sarangians萨朗齐亚人

Sarapis/Serapis萨拉皮斯

Sarastrene萨拉斯特莱尼

Sardis/Sardeis萨尔狄斯

Sarfarāz萨尔法拉兹

Sarykamysh Uzboi萨雷卡梅斯河

Sasanian/Sassanian Empire萨珊波斯帝国

Satibarzanes萨提巴扎奈斯

Satyros萨提洛斯

Sauria索里亚

Schlumberger, Daniel丹尼尔·希鲁姆伯格

Seire塞壬

Seistan塞斯坦

Selçuk塞尔丘克

Sirsukh锡尔苏克
Sirynx西林克斯
Sisikottos西斯科图斯
Sīstān锡斯坦
Sithonia西宋尼亚半岛
Siva湿婆
Siyagh西亚夫
Skepsis斯凯普西斯
Skopas斯科帕河
Skythian-Sakae斯基泰—塞种人
Skythians斯基泰人
Smith, S. 史密斯
Smyrna/Smyrne士麦那
Soados索阿多斯
Socotra索科特拉
Sodrai索德莱人
Sogdiana/Sogdiane索格底亚那
Sogdians索格底亚那人
Sogdoi索格德人
Solian dynasty of Cyprus塞浦路斯的索利王朝
Solinus索利努斯
Sophagasenus幸军王
Sophene索菲奈
Sophytos索菲托斯
Soteira索忒拉
Soter Megas索特・美加斯
Soter救世主
Sotion索提昂
Southern萨瑟恩
Spitamenes斯皮塔米尼斯
Srinagar斯利那加
Stadia斯塔迪亚
Stamenes斯塔麦奈斯
Stasandros斯塔桑德罗斯
Stasanor斯塔萨诺尔
Stein斯坦因
Stephanos Byzantios/Stephanus of Byzantium 拜占庭的斯泰法诺斯
Stoboi斯托比
Stoyanov, E. O./Стоянов, E. O. 斯托亚诺夫
Strabo斯特拉波
strategos将军
Strato with Agathokleia斯特拉托和阿伽托克莱亚
Stratonikeia/Stratonikeia-Karias/Stratonikeia ek Chrysaoreon卡里亚的斯特拉托尼凯亚
Stratonike斯特拉托尼克
Straton斯特拉同
Stratos斯特拉托斯
Streck, M. 施特雷克
Stronach斯特罗纳赫
Sufism苏菲派
Sughd Province苏格德省（塔吉克斯坦）
Suleimanov, R. Kh. 苏莱曼诺夫
Sulla苏拉
Sultanhisar苏丹希萨尔
Sura苏拉
Surkh Kotal苏尔赫・科塔尔
Surkhab索尔赫阿卜河
Surkhan Darya苏尔汉河
Susa苏萨
Susiana苏西亚纳

T

Thera 铁拉
Thermaic Gulf 特尔玛湾
Therma 特尔玛
Thessalonike 帖萨洛尼卡
Thessaloniki 塞萨洛尼基
Thilouanoi 狄洛斯人
Thrace 色雷斯
Thracian Chersonesos 色雷斯半岛
Thyat(e)ira 忒亚提拉
Tiberius 提比略
Tigranes Megas 提格拉奈斯大帝
Tigranokerta/Tigranocerta 提格拉诺凯尔塔
Tillia Tepe 提利亚·特佩（“黄金之丘”）
Tilmusa 提尔穆萨
Tisbōn/Tisfōn 蒂斯本（泰西封）
Tivoli 蒂沃利
Tlepolemos 特莱波勒摩斯
Tmolus Mountain 特莫鲁斯山
Tokharestan 吐火罗斯坦
Tolistoagian 托里斯托吉安部落
Tralleis 特拉雷斯
Transoxania 河中地区
Treaty of Apameia 阿帕米亚和约
Triballos 特里巴罗斯
Triparadeisos/Triparadisos 特里帕拉狄索斯
Tripoiai 特里波伊埃
Tscherikower, V. 维克托·切里科夫
Turkish kaganate 西突厥汗国
Turkmenia desert 土库曼沙漠
Turkmenia 土库曼尼亚
Turreau, Louis 路易·杜罗
Tyana 提阿纳
Tylos 狄洛斯
Tyre/Tyros 推罗
Tyriaion in Phrygia/Tyriaion Phrygias 弗里几亚的蒂利亚翁/弗里吉亚的蒂利亚翁
Tyriespis 提里斯皮斯

U

Uch 乌杰
Uckuyu 乌克库伊
Uluborlu 乌卢博尔卢
Ummayad 倭马亚王朝
Upper Satrapies 上省
Urasaka 乌拉沙卡
Usmanova 乌斯马诺斯
Ustrushanians 乌斯特鲁沙尼亚人
Utika 尤提卡
Uttrakuru 俱卢洲
Uzgen 乌兹根
Uzundara 乌尊达拉要塞

V

Vaballathus 瓦巴拉图斯
Valashabad 巴拉萨巴德
Valashgird 巴拉什吉德
Valentinian 瓦伦提尼安
Valerian 瓦略良
Vasudeva 瓦苏提婆
Vedius Pollio 维狄乌斯

W

X

Y

Z

缩略语表

一、期刊

CRAI	*Comptes rendus des séances de l'Académie des Inscriptions et Belles-Lettres*
JA	*Journal asiatique*
JHS	*Journal of Hellenic Studies*
JRAS	*Journal of the Royal Asiatic Society of Great Britain and Ireland*
JS	*Journal des Savants*
NC	*Numismatic Chronicle*
RN	*Revue numismatique*
ZPE	*Zeitschrift für Papyrologie und Epigraphik*
ВДИ	Веестник древней истории
ПИФК	Проблемы истории, филологии, культуры

二、工具书

AD	A. J. Sachs and H. Hunger, *Astronomical Diaries and Related Texts from Babylonia*, 7 vols., Wien: Verlag der Österreichischen Akademie der Wissenschaften, 1988-2014
BCHP	R. J. Van der Spek, and I.L. Finkel, eds., *Babylonian Chronicles of the Hellenistic Period.* https://www.livius.org/

BMC	*A Catalogue of the Greek Coins in the British Museum*, London: British Museum, 1873-1927
CIL	*Corpus Inscriptionum Latinarum*
CSE	Arthur Houghton, *Coins of the Seleucid Empire from the Collection of Arthur Houghton*, New York: American Numismatic Society, 1983
CSHB	B. G. Niebuhr, et al., eds., *Corpus Scriptorum Historiae Byzantinae*, 50 vols., Bonn, 1828-1897
Euphrat	R. Merkelbach and J. Stauber, *Griechische Inschriften Jenseits des Euphrats*, München and Leipzig: K. G. Saur, 2005
FGrH	F. Jacoby, *Die Fragmente der griechischen Historiker*, 3 vols. in 14 parts, Leiden: Brill, 1923-1958 (plus continuation 1998-)
FHG	C. Müller, *Fragmenta Historicorum Graecorum*, 5 vols., Paris: Editore Ambrosio Firmin Didot, 1841-1870
Hellenica	Louis Robert, ed., *Hellenica*: *Recueil d'épigraphie, de numismatique, et d'antiquités grecques*, 9 vols., Paris: A. Maisonneuve, 1940
I. Cilicie	Gilbert Dagron and Denis Feissel, eds., *Inscriptions de Cilicie*, Paris: De Boccard, 1987
I. Délos	F. Dürrbach, et al., eds., *Inscriptions de Délos*, Paris: De Boccard, 1923-1937
I. Ephesos	H. Wankel, C. Börker, et al., eds., *Die Inschriften von Ephesos*, 8 vols., Bonn: Habelt, 1979-1984
I. Estremo Oriente	Filippo Canali De Rossi, ed., *Iscrizioni dello Estremo Oriente Greco*, Bonn: Dr. Rudolf Habelt, 2004
I. Magnesia	O. Kern, ed., *Die Inschriften von Magnesia am Maeander*, Berlin: W. Spemann, 1900
I. Ilion	P. Frisch, ed., *Die Inschriften von Ilion*, Bonn: Habelt, 1975
I. Milet	G. Kawerau and R. Rehm, eds., *Das Delphinion in Milet*. Milet 1.3, Berlin: Reimer, 1914
I. Nikaia	Sencer Şahin, ed., *Katalog der antiken Inschriften des Museums von Iznik (Nikaia)*, 2 vols. in 3 parts, Bonn: Habelt, 1979, 1981-1982
I. Priene	Friedrich Hiller von Gaertringen, ed., *Inschriften von Priene*, Berlin: Reimer, 1906

I. Stratonikeia	Mehmet Çetin Şahin, *Die Inschriften von Stratonikeia*, 2 vols., Bonn: Habelt, 1982-1990
I. Tralleis	Fjodor B. Poljakov, *Die Inschriften von Tralleis und Nysa. Teil I: Die Inschriften von Tralleis*, Bonn: Habelt, 1989
IG IX	Wilhelm Dittenberger, ed., *Inscriptiones Graecae. Vol. 9.1: Inscriptiones Phocidis, Locridis, Aetoliae, Acarnaniae, insularum maris Ionii*, Berlin: De Gruyter, 1897
IG V	Friedrich Hiller von Gaertringen, ed., *Inscriptiones Graecae. Vol. 5(2): Inscriptiones Arcadiae*, Berlin: Reimer, 1913
IG X	Charles Edson, ed., *Inscriptiones Graecae. Vol. 10: Inscriptiones Epiri, Macedoniae, Thraciae, Scythiae*. Pars II, fasc. 1: *Inscriptiones Thessalonicae et viciniae*, Berlin: De Gruyter, 1972
IGLS	Louis Jalabert, et al., *Inscriptions grecques et latines de la Syrie*, Paris: Librairie Orientaliste Paul Geuthner, 1929-2009
IGR IV	René Cagnat and Georges Lafaye, eds., *Inscriptiones graecae ad res romanas pertinentes*, Chicago: Ares, 1975
MAMA	W. H. Buckler W. M. Calder, J. M. R. Cormack, eds., *Monumenta Asiae Minoris Antiqua*, Manchester: Manchester University Press, 1928-1963
OGIS	Wilhelm Dittenberger, ed., *Orientis Graeci Inscriptiones Selectae*, 2vols., Leipzig: S. Hirzel, 1903-1905
P. Amerst	B. P. Grenfell and A. S. Hunt, eds., *The Amherst Papyri*, 2 vols., London: H. Frowde, 1900-1901
PECS	R. Stillwell, et al., eds., *The Princeton Encyclopedia of Classical Sites*, Princeton: Princeton University Press, 1976
RC	C. Bradford Welles, *Royal correspondence in the Hellenistic Period*, New Haven: Yale University Press, 1934
RE	*Paulys Real-Encyclopädie der classischen Altertumswissenschaft*
SEG	*Supplementum Epigraphicum Graecum*
Syll.[3]	W. Dittenberger, ed., *Sylloge Inscriptionum Graecarum*, 2 vols., third edition, Leipzig: S. Hirzel, 1883

（邵大路　编）

参考文献

一、外文古代文献（含中文译著）[1]

Appian, *Roman History*, 4 vols. with an English translation by Horace White, Cambridge, Mass.: Harvard University Press, 1912.

Aristotle, *Politics*, with an English translation by H. Rackham, Cambridge, Mass.: Harvard University Press, 1932.

Arrian, *Anabasis of Alexander*, with an English translation by E. I. Robson, Cambridge, Mass.: Harvard University Press, 1929, 1933.

Arrian, *Anabasis of Alexander*, with an English translation by P. A. Brunt, Cambridge, Mass.: Harvard University Press, 1976, 1983.

Claudius Ptolemy, *The Geography*, translated and edited by Edward Luther Stevenson, New York: Public Library, 1932 (the Dover Edition, 1991).

Diodorus Siculus, *Library of History*, Vol. 1-6 with an English translation by C. H. Oldfather, Cambridge, Mass.: Harvard University Press, 1933-1954.

Diodorus Siculus, *Library of History*, Vol. 9-10 with an English translation by Russel M. Geer, Cambridge, Mass.: Harvard University Press, 1947, 1954.

Eusebius, *Chronicle*, in Schoene-Petermann ed., *Eusebii Chronicorum Libri duo*, 2 vols., Berlin, 1866-1875.

1 参考书目中所有引自Loeb Classical Library丛书古典著作的出版年均为初版年。由于该书多次印刷或修订再版，作者在正文中的出版信息根据自己所引书而定。

Herodotus, *The Persian Wars*,[1] with an English translation by A. D. Godley, Cambridge, Mass.: Harvard University Press, 1920-1925.

Ibn Khordadbeh, *Kitāb al-Masālik wa'l-Mamālik*, translated by Hossein Qara Chanlou, Tehran: Mtarjem, 1991.

Isidore of Charax, *Parthian Stations, (An Account of the Overland Trade Route between the Levant and India in the First Century B.C.)*, the Greek text with a translation and commentary by Wilfred H. Schoff, Philadelphia: The Commercial Museum, 1914.

Isocrates, *To Philip*, with an English translation by George Norlin, London: William Heinemann Ltd; New York: G. P. Putnam's Sons, 1928.

Josephus Flavius, *Against Apion*, with an English translation by H. St. J. Thackeray, Cambridge, Mass.: Harvard University Press, 1926.

Justin, *Epitome of the Philippic History of Pompeius Trogus*, translated by J. C. Yardley, Atlanta GA: Scholar's Press, 1994.

Livy, *Ab Urbe Condita*, with an English translation by Alfred C. Schlesinger, London: William Heinemann, 1961.

Pausanias, *Description of Greece*, translated by R. E. Wycherley, W. H. S. Jones and H. A. Ormerod, Cambridge, Mass.: Harvard University Press, 1918, 1926, 1935.

Pausanias, *Description of Greece*, with an English translation by W. H. S. Jones and H. A. Ormerod, London: William Heinemann Ltd; New York: G. P. Putnam's Sons, 1926.

Pausanias, *Description of Greece*, with an English translation by W. H. Jones, London: William Heinemann Ltd; New York: G. P. Putnam's Sons, 1918, 1926, 1935.

Pliny, *Natural History*, Vol. 1-5, with an English translation by H. Rackham, Cambridge, Mass.: Harvard University Press, 1938-1950.

Plutarch, *Lives*, with an English translation by Bernadotte Perrin, Cambridge, Mass.: Harvard University Press, 1914-1926.

Plutarch, *Moralia*, with an English translation by Frank Cole Babbitt, Cambridge, Mass.: Harvard University Press, 1927-2004.

Polybius, *The Histories*, 8 vols. with an English translation by W. R. Paton, Cambridge, Mass.:

1 Herodotus《历史》的英文译名一般根据希腊文标题“Ιστοριαι”译为“Histories”，但Loeb Classical Library译为“The Persian Wars”。本书两者均可，正文脚注不作统一。

Harvard University Press, 1922-1927.

Pseudo-Callisthenes, *The History of Alexander the Great, being the Syriac Version of the Pseudo-Callisthenes*, edited by E. A. W. Budge, Cambridge: Cambridge University Press, 1889.

Quintus Curtius, *History of Alexander*, with an English translation by John C. Rolfe, Cambridge Mass.: Harvard University Press, 1946.

Stephanus Byzantius, *Stephani Byzantii Ethnica*, 5 vols., edited by M. Billerbeck, Berlin and New York: De Gruyter, 2006-2017.

Strabo, *Geography*, with an English translation by Horace Leonard Jones, Cambridge, Mass.: Harvard University Press, 1917-1932.

Tacitus, *Annals*, 3 vols. with an English translation by John Jackson, Cambridge, Mass.: Harvard University Press, 1931-1937.

Tacitus, *Histories*, with an English translation by Clifford H. Moore, Cambridge, Mass.: Harvard University Press, 1925.

Theophylact Simocatta, *The History of Theophylact Simocatta*, an English translation with introduction and notes, Michael and Mary Whitby, Oxford: Clarendon Press, 1986.

Theophylactus Simocatta, *Historiae*, Lipsiae: Teubner, 1887.

[古希腊]阿里安:《亚历山大远征记》，李活译，北京：商务印书馆，1985年。

[古希腊]亚里士多德:《政治学》，吴寿彭译，北京：商务印书馆，1996年。

二、汉文典籍

（汉）司马迁:《史记》，二十四史点校本，北京：中华书局，1982年。

（汉）班固:《汉书》，二十四史点校本，北京：中华书局，1962年。

（南朝宋）范晔:《后汉书》，二十四史点校本，北京：中华书局，1965年。

（晋）陈寿:《三国志》，二十四史点校本，北京：中华书局，1982年。

（北齐）魏收:《魏书》，二十四史点校本，北京：中华书局，1974年。

（晋）袁宏:《后汉纪》，北京：中华书局，2002年。

（唐）玄奘、辩机著，季羡林等校注:《大唐西域记校注》，北京：中华书局，1985年。

（唐）慧立、彦悰:《大慈恩寺三藏法师传》，孙毓棠、谢方点校，北京：中华书局，2000年。

（清）严可均辑:《全后汉文》，徐振生审订，北京：商务印书馆，1999年。

三、外文著作

Abdullaev, K. A., *Culture and Art of Ancient Uzbekistan: Exhibition Catalogue (1)*, Moscow: Vneshtorgizdat, 1991.

Ahmad, I., *Kashmir Coins: Ancient Coins of Jammu, Kashmir, Ladakh and Its Frontier Districts*, New Delhi: Dilpreet Publishing House, 2013.

Allen, R. E., *Attalid Kingdom: A Constitutional History*, Oxford: Clarendon Press, 1983.

Altheim, F. and Stiehl, R., *Geschichte Mittelasiens im Altertum*, Berlin: De Gruyter, 1970.

Andrade, N. J., *"Imitation Greeks": Being Syrian in the Greco-Roman World (175BCE-275CE)*, PhD. Dissertation, University of Michigan, 2009.

Aperghis, G. G., *The Seleukid Royal Economy: The Finances and Financial Administration of the Seleukid Empire*, Cambridge: Cambridge University Press, 2004.

Austin, M. M., *The Hellenistic World from Alexander to the Roman Conquest: A Selection of Ancient Sources in Translation*, Cambridge: Cambridge University Press, 1981.

Austin, M. M., *The Hellenistic World from Alexander to the Roman Conquest: A Selection of Ancient Sources in Translation*, 2nd edition, Cambridge: Cambridge University Press, 2006.

Bagnall, R. S., Helms, C. and Verhoogt, A. M. F. W., *Documents from Berenike 1: Greek Ostraka from the 1996-1998 Seasons*, Bruxelles: Fondation Égyptologique Reine Élisabeth, 2000.

Bagnall, R., *Administration of the Ptolemaic Possession outside of Egypt*, Leiden: Brill, 1976.

Ball, W., *Rome in the East: The Transformation of an Empire*, 2nd edition, London and New York: Routledge, 2016.

Ball, W., *The Monuments of Afghanistan: History, Archaeology and Architecture*, London and New York: I. B Tauris and Co. Ltd, 2008.

Bar-Kochva, B., *The Seleucid Army: Organization and Tactics in the Great Campaigns*, Cambridge Classical Studies, New York: Cambridge University Press, 1976.

Bayani, S., *Ctesiphon va Baghdad dar Gozar Zaman*, Tehran: Jami, 1998.

Bellinger, A. R. and Marjorie, A. B., *Victory as a Coin Type*, Numismatic Notes and Monographs, Vol. 149, 1962, New York: American Numismatic Society, 1962.

Beloch, K. J., *Griechische Geschichte*, III, Strassburg: Verlag von Karl J. Trübner, 1904.

Bengtson, H., *Die Strategie in der hellenistischen Zeit*, II, München: C. H. Beck'sche, Verlagsbuchhandlang, 1964.

Benjamin, C., *The Yuezhi: Origin, Migration and Conquest Northern Bactria*, Turnhout: Brepols Publishers, 2007.

Bernard, P. et Francfort, H.-P., *Études de géographie historique sur la plaine d'Aï Khanoum (Afghanistan)*, Paris, 1978 (CNRS, Publications de l'URA 10. mémoire, 1).

Bernard, P., *Fouilles d'Aï Khanoum. IV, Les monnaies hors trésors: questions d'histoire gréco-bactrienne*, Paris: De Boccard, 1985.

Berve, H., *Das Alexanderreich auf prosopographischer Grundlage*, 2 vols., München: Beck, 1926.

Bielman, S. A., *Femmes en public dans le monde hellénistique*, Paris: Femmes en public dans le monde hellénistique, 2002.

Biffi, N., *Il Medio Oriente di Strabo, ne. Libro XVI della Geografia: Introduzione, traduzione e comment*, Bari: Edipuglia, 2002.

Bikerman, E., *Institutions des Séleucide*, Paris: Librairie Orientaliste Paul Geuthner, 1938.

Billows, R. A., *Antigonos the One-Eyed and the Creation of the Hellenistic State*, Berkeley: University of California Press, 1990.

Billows, R. A., *Kings and Colonists: Aspects of Macedonian Imperialism*, Leiden and New York: E. J. Brill, 1995.

Boardman, J., Griffin, J. and Murray, O., eds., *The Oxford History of Classical World*, Oxford: Oxford University Press, 1986.

Bohn, R., *Altertümer von Pergamon: Die Heiligtum der Athena Polias Nikephoros*, Band 2, Berlin: W. Spemann, 1885.

Boiy, T., *Between High and Low: A Chronology of the Early Hellenistic Period*, Frankfut am Main: Verlag Antike, 2007.

Boiy, T., *Late Achaemenid and Hellenistic Babylon*, Leuven: Peeters Publishers and Department of Oriental Studies, 2004.

Bopearachchi, O., *Monnaies gréco-bactriennes et indo-grecques*, Catalogue raisonné, Paris: Bibliothèque Nationale, 1991.

Bosworth, A. B., *A Historical Commentary on Arrian's 'History of Alexander'*, 2 vols., Oxford: Clarendon Press, 1980-1995.

Bosworth, A. B., *Alexander and the East: The Tragedy of Triumph*, Oxford: Clarendon Press, 1996.

Bosworth, A. B., *Conquest and Empire: The Reign of Alexander the Great*, Cambridge and New

York: Cambridge University Press, 1988.

Bosworth, A. B., *The Legacy of Alexander. Politics, Warfare and Propaganda under the Successors*, Oxford: Oxford University Press, 2002.

Botsford, G. W. and Robinson, C. A., *Hellenic History*, New York: The Macmillan Company, 1947.

Bouche-Leclerq, A., *Histoire des Séleucides (323-64 avant J.-C) II*, Paris: Ernest Leroux, 1914.

Briant, P., *Alexander the Great and His Empire: A Short Introduction*, trans. A. Kuhrt, Princeton and Oxford: Princeton University Press, 2010.

Briant, P., *Etat et pasteurs au moyen-Orient ancient*, Cambridge, New York and Paris: Cambridge University Press, 1982.

Briant, P., *Histoire de l'empire perse. De Cyrus à Alexandre*, Paris: Fayard, 1996.

Briant, P., *L'Asie centrale et les royaumes proche-orientaux du premier millénaire avant notre ère (c. VIIIe-Ve siècle avant notre ère)*, Paris: Editions Recherche sur les civilisations, 1984.

Briant, P., *Rois, tributes et paysans: etudes sur les formations tributaries du Moyen-Orient ancient*, Annales littéraires de l'Université de Besançon 269; Centre de recherches d'histoire ancienne v. 43, Paris: Les Belles Lettres, 1982.

Brodersen, K., *Appians Abriss der Seleukidengeschichte (Syriake 45,323-70,369): Text und Kommentar*, München: Editio Maris, 1989.

Brosius, M., *Women in Ancient Persia 559-531 BC*, Oxford: Clarendon Press, 1996.

Brown, T. S., *Onesicritus. A Study in Hellenistic Historiography*, Berkeley: University of California Press, 1949.

Bryce, T., *Ancient Syria: A Three Thousand Year History*, Oxford: Oxford University Press, 2014.

Burstein, S. M., *Agatharchides of Cnidus, on the Erythraean Sea*, London: Hakluyt Society, 1989.

Bury, J. B., et al., *The Hellenistic Age*, Cambridge: Cambridge University Press, 1923.

Callieri, P., Brocato, P., Filigenzi, A., Nascari, M. and Olivieri, L. M., *Bīr-kot-ghwandai 1990-1992. A Preliminary Report on the Excavations of the Italian Archaeological Mission*, IsMEO Suppl. 73, agli Annali Vol. 52, dell'Istituto Universitario Orientale di Napoli, 1992.

Cambon, P. and Jarrige, J.-F., *Hidden Afghanistan, Hidden Afghanistan*, with scientific contributions by Paul Bernard and Véronique Schiltz, Amsterdam: Nieuwe Kerk; Paris: Musée Guimet, 2007.

Capdetrey, L., *Le pouvoir séleucide. Territoire, cheskii polis na Ellinisticheskom administration, finances d'un royaume hellénistique (312-129 av. J.-C.)*, Rennes: Presses Universitaires de Rennes, 2007.

Cary, M., *A History of the Greek World from 323-146 B.C.*, London: Methuen and Co. Ltd, 1959.

Casson, L., *Periplus Maris Erythraei: Text with Introduction, Translation, and Commentary*, Princeton, NJ: Princeton University Press, 1989.

Casson, L., *The Ancient Mariners: Seafarers and Sea Fighters of the Mediterranean in Ancient Times*, Princeton, NJ: Princeton University Press, 1991.

Chamoux, F., *Hellenistic Civilization*, translated by Michel Roussel in cooperation with Margaret Roussel, Malden, MA: Blackwell, 2003.

Clarke, G., Jackson, H., Nixon, C. E. V., Tidmarsh, J., Wesselingh, K. and Cougle-Jose, L., *Jebel Khalid on the Euphrates. Vol. 5: Report on Excavations 2000-2010*, Mediterranean Archaeology supplement 10, Sydney: Sydney University Press, 2016.

Cloché, P., La dislocation d'un empire. Les premiers successeurs d'Alexandre le Grand (323-281/280 avant J.-C.), Paris: Payot, 1959.

Cohen, G. M., *The Hellenistic Settlements in Europe, the Islands, and Asia Minor*, Berkeley: University of California Press, 1995.

Cohen, G. M., *The Hellenistic Settlements in Syria, the Red Sea Basin, and North Africa*, Berkeley: University of California Press, 2006.

Cohen, G. M., *The Hellenistic Settlements in the East from Armenia and Mesopotamia to Bactria and India*, Berkeley: University of California Press, 2013.

Cohen, G. M., *The Seleucid Colonies: Studies in Founding, Administration and Organization*, Wiesbaden: Franz Steiner Verlag, 1978.

Coloru, O., *Da Alessandro a Menandro: Il regno Greco di Battriana*, Pisa and Rome: F. Serra, 2009.

Coningham, R. A. E. and Ali, I., *Charsadda: The British-Pakistani Excavations at the Bala Hisar*, Oxford: Archaeopress, 2007.

Coningham, R. A. E., *Charsadda: The British-Pakistani Excavations at the Bala Hisar*, Society for South Asian Studies (British Academy) 5, Oxford: Archaeopress, 2004.

Cook, S. A., Adcock, F. E. and Charlesworth, M. P., eds., *The Cambridge Ancient History. Vol. VII: The Hellenistic Monarchies and the Rise of Rome*, Cambridge: Cambridge University Press, 1928.

Cooks, I. M., *The Greeks till Alexander*, London: Thames and Hudson, 1961.

Cunningham, A., *The Ancient Geography of India*, London: Trübner & Co., 1871.

Dąbrowa, E., *Legio X Fretensis. A Prosopographical Study of its Officers (I-III c. AD), Historia: Zeitschrift für Alte Geschichte*, Vol. 66, Stuttgart: Franz Steiner Verlag, 1993.

Daffinà, P., *L'immigrazione dei Saka nella Drangiana*, Roma: IsMEO, 1967.

Dani, A. H., *Pushkalavati – The Lotus City*, Archaeological Survey of India 1, Archaeological Guide Series 1, Peshawar: Department of archaeology, University of Peshawar, 1963.

Daryaee, T., *Šahrestānīhā Ī Ērānšahr*, Costa Mesa: Mazda Publishers Inc., 2002.

De Lubac, H., *La rencontre du bouddhisme et l'occident*, Paris: Cerf, 1952.

Debevoise, N. C., *A Political History of Parthia*, Chicago: University of Chicago Press, 1937.

Del Monte, G. E., *Testi dalla Babilonia ellenistica*, Pisa/Roma: Istituti editoriali e poligrafici internazionali, 1997.

Delahaye, N. et Pierre-Marie, G., *Les 12 Colonnes infernales de Turreau*, Cholet: Editions Pays & Terroirs, 1995.

Dirven, L., *The Palmyrenes of Dura-Europos: A Study of Religious Interaction in Roman Syria*, Leiden: Brill, 1999.

Dmitriev, S., *City Government in Hellenistic and Roman Asia Minor*, Oxford: Oxford University Press, 2005.

Dodgeon, M. and Lieu, Samuel N. C., eds., *The Roman Eastern Frontier and the Persian Wars, AD 226-363, a Documentary History*, London and New York: Routledge, 2005.

Downey, G., *A History of Antioch in Syria: From Seleucus to the Arab Conquest*, Princeton, NJ: Princeton University Press, 1961.

Drew-Bear, T., *Nouvelles inscriptions de Phrygie*, Zutphen: Terra, 1978.

Edwell, P., *Between Rome and Persia: The Middle Euphrates, Mesopotamia and Palmyra under Roman Control*, New York: Routledge, 2008.

Eggermont, P. H. L., *Alexander's Campaign in Southern Punjab*, Leuven: Peeters, 1993.

Eggermont, P. H. L., *Alexander's Campaigns in Sind and Baluchistan*, Leuven: Leuven University Press, 1975.

Eilers, C., *Roman Patrons of Greek Cities*, Oxford: Oxford University Press, 2002.

Ellis, R., *Philip II and Macedonian Imperialism*, London: Thames & Hudson, 1976.

Elton, H., *Frontiers of the Roman Empire*, London: B. T. Batsford Ltd, 1996.

Engels, D. W., *Alexander the Great and the Logistics of the Macedonian Army*, Berkeley, Los Angeles and London: University of California Press, 1978.

Engels, D., *Benefactors, Kings, Rulers. Studies on the Seleukid Empire between East and West*, Studia Hellenistica 57, Leuven/Paris/Bristol, CT: Peeters, 2017.

Evans, R., *A History of Pergamum: Beyond Hellenistic Kinship*, New York: Continuum, 2012.

Falk, H., *Kushan Histories: Literary Sources and Selected Papers from a Symposium at Berlin, December 5 to 7, 2013*, Bremen: Hempen Verlag, 2015.

Faure, P., *Alexandre*, Paris: Fayard, 1985.

Fögen, Th. and Thomas, E., eds., *Interactions between Animals and Humans in Graeco-Roman Antiquity*, Berlin: Walter De Gruyter, 2017.

Foucher, A., *La Vieille Route de l'Inde de Bactres à Taxila*, Vol. 1, Paris: Les Editions d'art et d'histoire, 1942.

Francfort, H.-P., *Les Palettes du Gandhra*, Mémoires de la Délégation Archéologique Franaise en Afghanistan, Vol. 23, Paris: Presses Universitaires de France, 1979.

Fränkel, A., *Die Quellen der Alexanderhistoriker: ein Beitrag zur griechischen Literaturgeschichte und Quellenkunde*, Breslau: M. Müller, 1883.

Fränkel, M., *Altertümer von Pergamon: Die Inschriften von Pergamon*, Band 8.1, Berlin: W. Spemann, 1890; Band 8.2, Berlin: W. Spemann, 1895.

Fraser, P. M., *Cities of Alexander the Great*, Oxford: Clarendon Press, 1996.

Fraser, P. M., *Greek Ethnic Terminology*, Oxford: Oxford University Press, 2009.

Fraser, P. M., *Ptolemaic Alexandria*, 3 vols., Oxford: Clarendon Press, 1972.

Gafurov, B., et al., eds., *Kushan Studies in U.S.S.R.: Papers Presented by the Soviet Scholars at the UNESCO Conference on History, Archaeology, and Culture of Central Asia in the Kushan Period*, Dushanbe: UNESCO Publishing, 1968.

Gans, U.-W., *Attalidische Herrscherbildnisse. Studien zur hellenistischen Porträtplastik Pergamons*, Wiesbaden: Harrassowitz, 2006.

Gardin, J. C., *Prospections Archéologiques en BactrianeOrientale (1974–1978)*, Vol. 3, Description des Sites et Notes de Synthèse, Paris: Éditions du CNRS, 1989.

Ghirshman, R., *Bégram: recherches archéologiques et historiques sur les Kouchans*, Paris: Impr. de l'Institut français d'archéologie orientale, 1946.

Ghirshman, R., *Bichapour: Fouilles de Chapour*, Vol. I, Paris: Librairie Orientaliste Paul Geuthner, 1971.

Ghirshman, R., *Iranian Art: Parthian and Sasanian Art*, translated by Bahram Farhoushi, Tehran: Scientific and Cultural, 2011.

Ghirshman, R., *Persian Art: The Parthian and Sassanian Dynasties, 249 BC-AD 651*, Vol. 3, Racine: Golden Press, 1962.

Glotz, G., Roussel, R. and Cohen, R., eds., *Histoire grecque*, tome 4.1: *Alexandre et l'hellénisation du Monde antique*, 2nd edition, Paris: Presses universitaires de France, 1945.

Goukowsky, P., *Essai sur les origines du mythe d'Alexandre (336-270 av. J.-C.). T. 2: Alexandre et Dionysos*, Nancy: Publications Université Nancy II, 1981.

Grainger, J. D., *Seleukos Nikator. Constructing a Hellenistic Kingdom*, London/New York: Routledge, 1990.

Grainger, J. D., *The Cities of Seleukid Syria*, Oxford: Clarendon Press, 1990.

Grant, M., *The Hellenistic Greeks*, London: Weidenfeld & Nicolson, 1990.

Greatrex, G. and Lieu, S. N. C., *The Roman Eastern Frontier and the Persian Wars, AD 363–628*, London and New York: Routledge, 2005.

Green, P., *Alexander to Actium: The Historical Evolution of the Hellenistic Age*, Berkeley: University of California Press, 1990.

Griffith, F. L., Petrie, W. M. F., *Dendereh 1898*, Memoir of the Egypt Exploration Fund 17, London: Egypt Exploration Society, 1900.

Griffith, F. L., *The Mercenaries of the Hellenistic World*, Cambridge: Cambridge University Press, 1935.

Gruen, E. S., *The Hellenistic World and the Coming of Rome*, Berkeley: University of California Press, 1984.

Hackin, J., et al., *Recherches archéologiques à Begram*, Paris: Les Éditions d'Art et d'Histoire, 1939.

Hadas, M., *Hellenistic Culture*, New York: Columbia University Press, 1959.

Hamilton, J. R., *Plutarch, Alexander. A Commentary*, Oxford: Clarendon Press, 1969.

Hammond, N. G. L., *Sources for Alexander the Great*, Cambridge: Cambridge University Press, 1993.

Harmatta, J., *From Hecataeus to Al-huwarizmi*, Budapest: Akadémiai Kiadó, 1984.

Hatzopoulos, M. B., *Macedonian Institutions under the Kings*, 2 vols., Meletēmata (Kentron

Hellēnikēs kai Rōmaikēs Archaiotētos), 22, Athens: Boccard, 1996.

Head, B. V., *A Catalogue of the Greek Coins in the British Museum. Vol. 24: Phrygia*, London: Trustees of the British Museum, 1906.

Head, B. V., ed., *A Catalogue of the Greek Coins in the British Museum. Vol. 22: Catalogue of the Greek Coins of Lydia*, London: British Museum, 1901.

Head, B. V., *Historia Numorum, a Manual of Greek Numismatics*, Oxford: Clarendon Press, 1911.

Heckel, W., *Who's Who in the Age of Alexander the Great: Prosopography of Alexander's Empire*, Malden, MA.: Wiley-Blackwell, 2006.

Helms, S. W., *Excavations at Old Kandahar in Afghanistan 1976-1978 II*, BAR International Series 686, Oxford: Archacopress, 1997.

Hill, J. E., *Through the Jade Gate to Rome: A Study of the Later Han Dynasty 1st to 2nd Centuries CE., Charleston*, SC.: Booksurge Publishing, 2010.

Holt, F. L., *Alexander the Great and Bactria: The Formation of a Greek Frontier in Central Asia*, Mnemosyne bibliotheca classica Batava, Supplementum 104, Leiden: Brill, 1988.

Holt, F. L., *Into the Land of Bones: Alexander the Great in Afghanistan*, Berkeley: University of California Press, 2005.

Holt, F. L., *Thundering Zeus: The Making of Hellenistic Bactria*, Berkeley: University of California Press, 1999.

Hopkins, C., *Topography and Architecture of Seleucia on the Tigris*, Ann Arbor: University of Michigan Press, 1972.

Houghton, A. and Lorber, C., *Seleucid Coins: A Comprehensive Catalogue. Part I: Seleucus I through Antiochus III*, New York-Lancaster-London: American Numismatic Society, 2002.

Hudson, G. F., *Europe and China*, London: Arnold, 1931.

James, S., *The Roman Military Base at Dura-Europos, Syria: An Archaeological Visualization*, Oxford: Oxford University Press, 2019.

Jones, A. H. M., *The Cities of Eastern Roman Provinces*, Oxford: Clarendon Press, 1998.

Jongeward, D. and Cribb, J. with Donovan, P., eds., *Kushan, Kushano-Sasanian, and Kidarite Coins: A Catalogue of Coins from the American Numismatic Society*, New York: American Numismatic Society, 2015.

Kaerst, J., *Geschichte des hellenistischen Zeitalters II*, Leipzig: Teubner, 1909.

Karttunen, K., *India and the Hellenistic World*, Studia Orientalia 83, Helsinki: Finnish Oriental

Society, 1997.

Kasher, A., Jews and Hellenistic Cities in Eretz-Israel: Relations of the Jews in Eretz-Israel with the Hellenistic Cities during the Second Temple Period (332BCE- 70CE), Tübingen: Mohr Siebeck, 1990.

Kidd, F. J., *The Samarkand Region of Sogdiana: Figures, Costume and Identity (2nd-1st Century BCE-8th Century CE)*, PhD. Dissertation, University of Sydney, 2004.

Kistler, J. M., *Animals in the Military: From Hannibal's Elephants to the Dolphins of the U.S. Navy*, Santa Barbara, California/Denver, Colorado/Oxford: ABC-CLIO, 2011.

Klinkott, H., *Der Satrap. Ein achaimenidischer Amtsträger und seine Handlungsspielräume*, Frankfurt am Main: Verlag Antike, 2005.

Konow, S., *Corpus Inscriptionum Indicarum*, Varanasi: Indological Book House, 1962.

Koshelenko, G. A., *Grecheskii polis na Ellinisticheskom Vostoke [Greek Polis on the Hellenistic East]*, Moscow: Nauka, 1979.

Kuhrt, A. and Sherwin-White, S., eds., *Hellenism in the East*, London: Duckworth, 1987.

Kuhrt, A., *The Persian Empire*, London/New York: Routledge, 2010.

Lassen, C., *Indische Altertumskunde*, Bd. 3, Bonn: Verlag von H. B. Koenig, 1874.

Le Rider, G., *Alexandre le Grand: Monnaie, finances et politique*, Paris: Presses universitaires de France, 2003.

Le Rider, G., *Suse sous les Séleucides et les Parthes: les trouvailles monétaires et l'histoire de la ville*, Paris: P. Geuthner, 1965.

Leriche, P. and Pidaev, C., *Termez sur Oxus*, Paris: Maisonneuve et Larose, 2008.

Lerner, J. D., *The Impact of Seleucid Decline of the Eastern Iranian Plateau*, Historia-Einzelschriften 123, Stuttgart: Franz Steiner Verlag, 1999.

Liddell, H. G. and Scott, R., *A Greek-English Lexicon*, Oxford: Clarendon Press, 1996.

Lightfoot, J. L., *Lucian: On the Syrian Goddess*, Oxford: Oxford University Press, 2003.

Luckenbill, D. D., ed., *The Annals of Sennacherib*, Chicago: University of Chicago Press, 1924.

Lyonnet, B., *Prospections archéologiques en Bactriane orientale (1974-1978) sous la direction de Jean-Claude Gardin. Vol. 2: Céramique et peuplement du chalcolithique à la conquête Arabe, Mémoires de la Mission Archéologique Française en Asie Centrale, T. 8*, Paris: diffusion De Boccard, 1997.

MacMullen, R., *Paganism in the Roman Empire*, New Haven: Yale University Press, 1981.

Magie, D., *Roman Rule in Asia Minor: To the End of the Third Century after Christ*, 2 vols., Princeton: Princeton University Press, 1950.

Mairs, R., ed., *The Graeco-Bactrian and Indo-Greek World*, London: Routledge, 2021.

Mairs, R., *Ethnic Identity in the Hellenistic Far East*, PhD. Dissertation, Cambridge University, 2006.

Mairs, R., *The Archaeology of Hellenistic Far East (A Survey)*, BAR International Series 2196, Oxford: Archaeopress, 2011.

Mani, B. R., *The Kushan Civilization: Studies in Urban Development and Material Culture*, New Delhi: B. R. Pub. Corp., 1987.

Markwart, J., *A Catalogue of the Provincial Capitals of Ērānshar*, Rome: Pontificio Istituto Biblico, 1931.

Marshak, B., *Legends, Tale, and Fables in the Art of Sogdiana*, New York: Bibliotheca Persica Press, 2002.

Marshall, J. H., *A Guide to Taxila*, 4th edition, Karachi: Sani Communications, 1960.

Marshall, J. H., *A Guide to Taxila*, Calcutta: Calcutta, Superintendent government printing, 1918.

Marshall, J. H., *Taxila: An Illustrated Account of Archaeological Excavations, Carried out at Taxila under the Orders of the Government of India between the years 1917 and 1934*, 3 vols., Cambridge: Cambridge University Press, 1951.

Masson, V. M., *Das Land der tausend Städte. Baktrien, Choresmien*, Margiane, Parthien, Sogdien. Ausgrabungen in d. südlichen Sowjetunion, Wiesbaden: Pfriemer in der Bauverlag, 1987.

Maxwell-Jones, C. E., *Typology and Chronology of Ceramics of Bactra, Afghanistan 600 BCE-500 CE*, PhD. Dissertation, University of Michigan, 2015.

McCrindle, J. W., *The Invasion of India by Alexander the Great, as Described by Arrian, Q. Curtius, Diodoros, Plutarch and Justin; being Translations of such Portion of the Works of these and other Classical Authors as Describe Alexander's Campaigns in Afghanistan, the Punjâb, Sindh, Gedrosia, and Karmania. With an Introduction Containing a Life of Alexander*, Westminster: A. Constable and Co., 1896.

McDowell, R. H., *Coins from Seleucia on the Tigris*, Ann Arbor: University of Michigan Press, 1935.

McKenzie, J., *The Architecture of Alexandria and Egypt (300BC-AD700)*, New Haven and London: Yale University Press, 2007.

Mclaughlin, R., *Rome and the Distant East: Trade Routes to the Ancient Lands of Arabia*, India and China, Auckland: MPG Books Group Ltd, 2010.

Mehendale,S., *Begram: New Perspectives on the Ivory and Bone Carvirzgs*, PhD. Dissertation, University of California, Berkeley, 1997.

Mehl, A., *Seleukos Nikator und sein Reich*, Bd. 1, Leuven: Peeters, 1986.

Merkelbach, R. and Stauber, J., *Griechische Inschriften jenseits des Euphrats*, Leipzig: Walter De Gruyter, 2005.

Meyer, E., *Blüte und Niedergang der Hellenismus in Asien*, Berlin: Verlag von K. Curtius, 1925.

Milik, J. T., *Recherches d'epigraphie proche-orientale, I, Dedicaces faites par des dieux (Palmyre, Hatra, Tyr) et thiases semitiques a l'epoque romaine*, Paris: P. Geuthner, 1972.

Millar, F., *The Roman Empire and Its Neighbors*, London: George Weidenfeld and Nicolson Ltd, 1967.

Millar, F., *The Roman Near East 31BC-AD337*, London: Harvard University Press, 1993.

Mookerji, R. K., *Chandragupta Maurya and His Times*, 4th edition, Delhi, Varanasi and Patna: Motilal Banarsidass, 1966.

Mørkholm, O., *Early Hellenistic Coinage: From Accession of Alexander to the Peace of Apamea*, Cambridge: Cambridge University Press.

Muccioli, F., *Gli epiteti ufficiali dei re ellenistici*, Historia Einzelschriften 224, Stuttgart: Franz Steiner Verlag, 2013.

Müller, K. O., ed., *Geographi Graeci Minor*, Vol. 1, Paris: A. Firmin Didot, 1855.

Narain, A. K., *The Indo-Greeks*, Oxford: Clarendon Press, 1957.

Naveh, J. and Shaul, S., eds., *Aramaic Documents from Ancient Bactria (Fourth Century BCE.): From the Khalili Collections*, London: Khalili Family Trust, 2012.

Naymark, A., *Sogdiana: Its Christians and Byzantium, a Study of Artistic and Cultural Connections in Late Antiquity and Early Middle Ages*, PhD. Dissertation, Indiana University, 2001.

Newell, E. T., *The Coinage of the Western Seleucid Mints from Seleucus I to Antiochus III*, New York: American Numismatic Society, 1941.

Newman, J., *The Commercial Life of the Jews in Babylonia, between the Years 200 C.E. and 500 C.E.*, London: Oxford University Press, 1932.

Oelsner, J., *Materialen zur babylonischen Gesellschaft und Kultur in Hellenistischer Zeit*,

Budapest: Eötvös University, 1986.

Olbrycht, M. J., *Aleksander Wielki i swiat iranski*, Rzeszow: Wydawnictwo Uniwersytetu Rzeszowskiego, 2004.

Olbrycht, M. J., *Parthia et ulteriores gentes. Die politischen Beziehungen zwischen dem arsakidishen Iran und den Nomaden der eurasischen Steppen*, München: Tuduv-Verlagsgesellschaft, 1998.

Oppenheimer, A., *Babylonica Judaica in the Talmud Period*, Wiesbaden: Dr. Ludwig Reichert Verlag, 1983.

Orth, W., *Die Diadochenzeit im Spiegel der historischen Geographie*, Wiesbaden: Dr. Ludwig Reichert Verlag, 1993.

Parker, G., *The Making of Roman India*, Cambridge: Cambridge University Press, 2008.

Parker, R. A. and Dubberstein, W. H., *Babylonian Chronology 626 B.C.-A.D. 75*, Providence: Brown University Press, 1956.

Perkins, A., *The Art of Dura-Europos*, Oxford: The Clarendon Press, 1973.

Picón, C. A. and Hemingway, S., eds., *Pergamon and the Hellenistic Kingdoms of the Ancient World*, New York: Metropolitan Museum of Art, 2016.

Plischke, S., *Die Seleukiden und Iran. Die seleukidischen Herrschaftspolitik in den östlichen Satrapien*, Classica et Orientalia 9, Wiesbaden: Harrassowitz, 2014.

Pollard, N., *Soldiers, Cities, and Civilians in Roman Syria*, Ann Arbor: University of Michigan Press, 2000.

Poole, R. S., ed., *A Catalog of the Greek Coins in the British Museum, the Tauric Chersonese, Sarmatia, Dacia, Moesia, Thrace, etc.*, London: British Museum, 1877.

Posch, W., *Baktrien zwischen Griechen und Kuschan. Untersuchungen zu kulturellen und historischen Problemen einer Übergangsphase. Mit einem textkritischen Exkurs zum Shiji 123*, Wiesbaden: Harrassowitz, 1995.

Prasad, K., *Cities Crafts and Commerce under The Kushānas*, Delhi: Agam, 1984.

Price, S. R. F., *Ritual and Power: The Imperial Cult in Asia Minor*, Cambridge: Cambridge University Press, 1984.

Primo, A., *La storiografia sui Seleucidi: da Megastene a Eusebio di Cesarea*, Pisa and Rome: Fabrizio Serra, 2009.

Pugacenkova, G. A. and Galina, A., *Les trésors de Dalverzine-Tépé*, Leningrad: Ed. d'art Aurore,

1978.

Puri, B. N., *Cities of Ancient India*, Meerut: Meenakshi Prakashan, 1966.

Rapin, C., *La Tresorerie du Palais Hellenistique d'Ai Khanoum. L'Apogee et la Chute du Royaume grec de Bactriane. Fouilles d'Ai Khanoum*, Vol. VIII, Paris: Diffusion de Boccard, 1992.

Rapson, E. J., *The History of India. Vol. 1: Ancient India*, Cambridge: Cambridge University Press, 1922.

Rigsby, K. J., *Asylia: Territorial Inviolability in the Hellenistic World*, Berkeley, Los Angeles and London: University of California Press, 1997.

Roisman, J., *Alexander's Veterans and the Early Wars of the Successors*, Austin: University of Texas Press, 2012.

Rostovtzeff, M., *Dura-Europos and Its Art*, Oxford: Clarendon Press, 1938.

Rostovtzeff, M., *Rome*, London: Oxford University Press, 1960.

Rougemont, G., *Inscriptions grecques d'Iran et d'Asie Centrale. Corpus Insriptionum Iranicarum, Part 2: Inscriptions of the Seleucid and Parthian periods and of eastern Iran and Central Asia. Vol. 1: Inscriptions in non-Iranian languages*, London: School of Oriental and African Studies, 2012.

S. M. Burstein, ed. and trans., *The Hellenistic Age from the Battle of Ipsos to the Death of Kleopatra VII*, Cambridge, New York: Cambridge University Press, 1985.

Sachs, A. J. and Hunger, H., eds., *Astronomical Diaries and Related Texts from Babylonia. Vol. 3: Diaries from 164 B. C. to 61 B. C.*, Wien: Verlag der Österreichische Akademie der Wissenschaften, 1996.

Sage, M., *Septimius Severus and the Roman Army*, Philadelphia: Pen and Sword Military, 2020.

Savalli-Lestrade, I., *Les philoi royaux dans l'Asie hellénistique*, Genève: Droz, 1998.

Schachermeyr, F., *Alexander der Grosse: das Problem seiner Persönlichkeit und seines Wirkens*, 2nd edition, Wien: Verlag der Österreichische Akademie der Wissenschaften, 1973.

Schmitt, H. H., *Untersuchungen zur Geschichte Antiochos des Grossen und seiner Zeit*, Bd. 1, Wiesbaden: Franz Steiner Verlag, 1964.

Schober, L., *Untersuchungen zur Geschichte Babyloniens und der oberen Satranien von 323-303 v. Chr.*, Francfort am Main and Bern: P. D. Lang, 1981.

Shaw, I., ed., *The Oxford History of Ancient Egypt*, Oxford: Oxford University Press, 2000.

Shayegan, M. R., *Arsacids and Sasanians. Political Ideology in Post-Hellenistic and Late Antique*

Persia, Cambridge: Cambridge University Press, 2011.

Sherwin-White, S. and Kuhrt, A., *From Samarkhand to Sardis: A New Approach to the Seleucid Empire*, Berkeley: University of California Press, 1993.

Shirin, B., *Ctesiphon va Baghdad dar Gozar Zaman*, Tehran: Jami, 1998.

Sidebotham, S. E., *Berenike and the Ancient Maritime Spice Route*, Berkeley and Los Angeles: University of California Press, 2011.

Sidebotham, S. E., *Roman Economic Policy in the Erythra Thalassa 30 BC-AD 217*, Leiden: E. J. Brill, 1986.

Sidebotham, S. E., *The Red Land: The Illustrated Archaeology of Egypt's Eastern Desert*, New York: American University in Cairo Press, 2008.

Sidky, H., *The Greek Kingdom of Bactria*, New York: University Press of America, 2000.

Sinclair, T. A., *Eastern Turkey: An Architectural and Archaeological Survey*, Vol. 3, London: Pindar Press, 1989.

Sircar, D. C., *Cosmography and Geography in Early Indian Literature*, Calcutta: D. Chattopadhyaya, 1967.

Smith II, A. M., *Roman Palmyra: Identity, Community, and State Formation*, Oxford: Oxford University Press, 2013.

Smith, V., *The Early History of India from 600 B.C. to the Muhammadan Conquest including the Invasion of Alexander Great*, 4th edition, Oxford: Clarendon Press, 1924.

Southern, P., *Empress Zenobia: Palmyra's Rebel Queen*, London and New York: Continuum International Publishing Group, 2008.

Stein, A., *An Archaeological Tour in Waziristan and Baluchistan*, Memoirs of the Archaeological Survey of India, No. 37, Calcutta: Government of India Central Publication Branch, 1929.

Stillwell, R., ed., *The Princeton Encyclopedia of Classical Sites*, Princeton: Princeton University Press, 1976.

Stoneman, R., *Palmyra and Its Empire: Zenobia's Revolt against Rome*, Ann Arbor: University of Michigan Press, 1992.

Talbert, R. J. A., *Atlas of Classical History*, London: Routledge, 1985.

Tarn, W. W. and Griffith, G. T., *Hellenistic Civilization*, London: Arnold, 1952.

Tarn, W. W., *Alexander the Great*, 2 vols., Cambridge: Cambridge University Press, 1948.

Tarn, W. W., *Hellenistic Civilization*, Third edition revised by the Author and G. T. Griffith,

Edward Arnold, London, 1959.

Tarn, W. W., *The Greeks in Bactria and India*, 2nd ed., Cambridge: Cambridge University Press, 1951.

Tarn, W. W., *The Greeks in Bactria and India*, Cambridge: Cambridge University Press, 1938.

Tcherikower, V., *Die hellenistichen Städtegründungen von Alexander dem Grossen bis auf die Römerzeit*, Leipzig: Dieterich'sche Verlagsbuchhandlung, 1927.

Vogelsang, W., *The Rise and Organization of the Achaemenid Empire. The Eastern Iranian Elite*, Studies in the History of the Ancient Near East 3, Leiden: Brill, 1992.

Voigtländer, W., *Der jüngste Apollontempel von Didyma*, Deutsches archäologisches Institut, Istanbuler Mitteilungen 14, Tübingen: Wasmuth, 1975.

Von Schwarz, F., *Alexanders des Grossen Feldzüge in Turkestan. Kommentar zu den Geschichtswerken des Flavius Arrianus und Q. Curtius Rufus auf Grund vieljähriger Reisen im russischen Turkestan und den angrenzenden Ländern*, 2 Aufl, Stuttgart: Fr. Grub, 1906.

Walbank, F. W., et al., eds., *The Cambridge Ancient History. 2nd ed. Vol. 7.1: The Hellenistic World*, Cambridge, London, New York, New Rochelle, Melbourne, Sydney: Cambridge University Press, 1984.

Walbank, F. W., *The Hellenistic World*, Glasgow: William Collins Sons & Co. Ltd., 1981.

Warmington, E. H., *The Commerce between the Roman Empire and India*, 2nd edition, London and New York: Octagon Books, 1974.

Wehrli, C., *Antigone et Demetrios*, Genève: Librairie Droz, 1968.

Welles, C. B., ed., *Royal Correspondence in the Hellenistic Period: A Study in Greek Epigraphy*, New Haven: Yale University Press, 1934.

Welles, C. B., Robert, O. F. and Gilliam, J. F., *The Excavations at Dura-Europos, Dura Final Report V, Part I: The Parchments and Papyri*, New Haven: Yale University Press, 1959.

Wheeler, M., *Flames over Persepolis: Turning Point in History*, London: Weidenfeld and Nicolson, 1968.

Wheeler, M., Charsada, *A Metropolis of the North-West Frontier: Being a Report on the Excavations of 1958*, London: Oxford University Press, 1962.

Widemann, F., *Les successeurs d'Alexandre en Asie Centrale et leur héritage culturel.*, Essai, Paris: Riveneuve, 2009.

Wiesehöfer, J., *Ancient Persia: From 550 BC to 650 AD*, London: I. B. Tauris Publishers, 1996.

Will, É., *Histoire politique du monde hellénistique*, Tome i, 2e, Nancy: Presses universitaires de Nancy, 1979.

Winnefeld, H. H., *Altertümer von Pergamon: Die Friese des groszen Altars*, Band 3.2, Berlin: W. Spemann, 1910.

Yardley, J. C., Wheatley, P. and Heckel, W., eds., *Epitome of the Philippic History of Pompeius Trogus. Volume II, Books 13-15: The Successors to Alexander the Great*, Oxford and New York: Clarendon Press, 2011.

Yarshater, E., ed., *The Cambridge History of Iran. Vol. 3(1): The Seleucid, Parthian and Sasanian Periods*, New York: Cambridge University Press, 2000.

Yegül, F. and Diane, F., eds., *Roman Architecture and Urbanism. From the Origins to Late Antiquity*, Cambridge: Cambridge University Press, 2019.

Yoncaci, P., *Roman Urban Space Framed by Colonnades: Mediating between Myth, Memory and History in Ephesus*, PhD. Dissertation, Middle East Technology University.

Young, G., *Rome's Eastern Trade: International Commerce and Imperial Policy, 31BC-AD305*, London and New York: Routledge, 2001.

Young, R., *Agriculture and Pastoralism in the Late Bronze and Iron Age, North West Frontier Province, Pakistan, British Archaeological Reports 1124*, Oxford: Archaeopress, 2003.

Zuiderhoek, A., *The Politics of Munificence in the Roman Empire: Citizens, Elites and Benefactors in Asia Minor*, New York: Cambridge University Press, 2009.

Буряков, Ю. Ф., *Торговые трассы Трансоксианы – Мавераннахра в системе Великого Шелкового Пути*, Zürich: Universität Zürich, 2006.

Кошеленко, Г. А., *Греческий полис на эллинистическом Востоке*, Москва: Наука, 1979.

Литвинский, Б. А. и Пичикян, И. Р., *Эллинистический храм Окса в Бактрии (Южный Таджикистан). Том. 1. Раскопки. Архитектура. Религизная жизнь*, Москва: Восточная лит-ра РАН, 2000.

Литвинский, Б. А., *Храм Окса в Бактрии (Южный Таджикистан). Том. 3. Искусство, художественное ремесло, музыкальные инструменты*, Москва: Восточная литература, 2010.

Массон, В. М. и Ромодин, В. А., *История Афганистана. С древнейших времен до начала XVI века*, Том. i, Москва: Наука, 1964.

Негматов, Н. Н., *Сборник статей. Исследования по истории и культуре Ленинабада*,

Душанбе: Дониш, 1986.

Пилипко, В. Н., *Поселения Северо-Западной Бактрии*, Ашхабад: Ылым, 1985.

Пьянков, И. В., *Средняя Азия в античной географической традиции: Источниковедческий анализ*, Москва: Восточная литература, 1997.

Ртвеладзе, Э. В., *Александр Македонский в Бактрии и Согдиане. Историко-географические очерки*, Ташкент: Академия художеств Республики Узбекистан, Отдел истории искусств НИИ искусствозания, 2002.

Ртвеладзе, Э. В., *Великий индийский путь из истории важнейших торговых дорог Евразии*, Санкт Петербург: Нестор-История, 2012.

Смирнов, С. В., *Государство Селевка I (политика, экономика, общество)*, Москва: Университет Дмитрия Пожарского, 2013.

Хлопин, И. Н., *Историческая география южных областей Средней Азии (античность и средневековье)*, Ашхабад: Ылым, 1983.

Шофман, А. С., *Распад империи Александра Македонского*, Казань: Издательство Казанского университета, 1984.

四、外文论文

Abdullaev, K., "A Hoard of Kushan Copper Coins from the Khalchayan Area (Sekharakat village, Surkhandarya Region, Uzbekistan) – a Preliminary Report," *The Numismatic Chronicle*, Vol. 164, 2004, pp. 272-279.

Abdullaev, K., "New Finds of Pre-Kushan and Early Kushan Plastic Art in Northern Bactria and the Khalchayan Reliefs," *Parthica: incontri di culture nel mondo antico*, Vol. 6, 2004, pp. 27-46.

Ali, I., Coningham, R. A. E., Durrani, M. A. and Khan, G. R., "Preliminary Report of Two Seasons of Archaeological Investigations at the Bala Hisar of Charsadda, NWFP, Pakistan," *Ancient Pakistan*, Vol. 12, 1998, pp. 1-14.

Allen, R. E., "Attalos I and Aigina," *The Annual of the British School at Athens*, Vol. 66, 1971, pp. 1-12.

Anson, E. M., "Alexander's Hypaspists and Argyraspids," *Historia*, Vol. 30, 1981, pp. 117-120.

Atakhodjaev, A. Kh., "Données numismatiques pour l'histoire politique de la Sogdiane (Ive-IIe siècles avant notre ère," *Revue numismatique*, 6e série, Tome 170, 2013, pp. 213-246.

Audouin, R. and Bernard, P., "Trésor de monnaies indiennes et indo-grecques d'Aï Khanoum (Afghanistan). I – Les monnaies indo-grecques," *Revue numismatique*, 6e série, Tome 15, année 1973, pp. 238-289.

Bader, A., Gaibov, V. and Koshelenko, G., "Walls of Margiana," in A. Invernizzi, ed., *In the Land of Gryphons. Papers on Central Asian Archaeology in Antiquity*, Firenze: Le lettere, 1995, pp. 39-50.

Badian, E., "Alexander in Iran," in I. Gershevitch, ed., *The Cambridge History of Iran. Vol. 2: The Median and Achaemenian Periods*, Cambridge: Cambridge University Press, 1985, pp. 420-501.

Badian, E., "The Administration of the Empire," *Greece and Rome*, Vol. 12, No. 2, Alexander the Great, 1965, pp. 162-182.

Bagnera, A., "Islamic Udegrām. An IsIAO Archaeological Project in Pakistan," in Paolo Matthiae and Licia Romano, eds., *Proceedings of the 6th International Congress of the Archaeology of the Ancient Near East*, Vol. 3, Wiesbaden: Harrassowitz, 2010, pp. 7-22.

Balty, J. and Balty, J. C., "Apamée de Syrie, archéologie et histoire. I. Des origines à la Tétrarchie," in Hildegard Temporini, ed., *Aufstieg und Niedergang der römischen Welt.* II. 8 *Principat: Politische Geschichte (Provinzen und Randvölker: Syrien, Palästina, Arabien)*, Berlin and New York: Walter De Gruyter, 1978, pp. 103-134.

Balty, J., "Claudia Apamea. Données nouvelles sur l'histoire et la topographie d'Apamée," *Comptes rendus des séances de l'Académie des Inscriptions et Belles-Lettres*, Vol. 144, 2000, pp. 459-481.

Baratin, C., "Les villes du sud-ouest de l'Afghanistan: Le long de itinéraire d'Herat à Kandahar," in O. Bopearachchi, M.-F. Boussac, eds., *Afghanistan. Ancien carrefour entre l'Est et l'Ouest. Actes du colloque international au Musée archéologique Henri-Prades-Lattes du 5 au 7 mai 2003*, Turnhout: Brepols, 2005, pp. 173-185.

Bauzou, T., "La Pretensio de Bostra a Dumata (el-Jowf)," *Syria*, Vol. 73, 1996, pp. 23-35.

Benveniste, É., "Édits d'Asoka en traduction grecque," *Journal asiatique*, Tome 252, 1964, pp. 137-157.

Benveniste, É., "La ville de Cyreschata," *Journal asiatique*, Tome 234, 1943-1945, pp. 163-166.

Bernard, P. "L'Aornos bactrien et Aornos indien. Philostrate et Taxila: géographie, mythe et réalité," *TOPOI. Orient-Occident*, 6/2, 1996, pp. 475-530.

Bernard, P., "Ai Khanoum on the Oxus: A Hellenistic City in Central Asia," *Proceedings of the British Academy*, Vol. 53, 1967, pp. 71-95.

Bernard, P., "Alexandre et l'Asie centrale: réflexions à propos d'un ouvrage de F. L. Holt," *Studia Iranica*, Bd. 19/1, 1990, pp. 21-35.

Bernard, P., "An Ancient Greek City in Central Asia," *Scientific American*, Vol. 246, 1982, pp. 148-159.

Bernard, P., "Campagnes 1965, 1966, 1967, 1968," in P. Bernard, et al., eds., *Fouilles d'Ai Khanoum*, Paris: Editions Klinckseick, 1973.

Bernard, P., "Diodore XVII, 83, 1: Alexandrie du Caucase ou Alexandrie de l'Oxus?" *Journal des Savants*, 1982.3-4, pp. 217-242.

Bernard, P., "Greek Geography and Literary Fiction from Bactria to India: The Case of the Aornoi and Taxila," in M. Alram and D. Klimburg-Salter, eds., *Coins, Art, and Chronology. Essays on the Pre-Islamic History of the Indo-Iranian Borderland*, Wien: Verlag der Osterreichischen Akademie der Wissenschaften, 1999, pp. 51-98.

Bernard, P., "Hellenistic Arachosia: A Greek Melting Pot in Action," *East and West*, Vol. 55, 2005, pp. 13-34.

Bernard, P., "Le Marsyas d'Apamée, l'Oxus et la colonisation séleucide en Bactriane," *Studia Iranica*, Vol. 16, 1987, pp. 103-115.

Bernard, P., "Le quartier d'habitation près de l'hérôon de Kinéas," in Guy Lecuyot, ed., *Fouilles d'Aï Khanoum: L'habitat. IX*, Paris: Éditions de Boccard, 2013, pp. 145-156.

Bernard, P., "Les nomades conquérants de l'empire gréco-bactrien: réflexions sur leur identité ethnique et culturelle," *Comptes rendus des séances de l'Académie des Inscriptions et Belles-Lettres*, 1987, pp. 758-768.

Bernard, P., "The Seleucids in Central Asia," in J. Harmatta, et al., eds., History of civilizations of Central Asia. Vol. II. The Development of Sedentary and Nomadic Civilizations: 700 B.C. to A.D. 250, Paris: UNESCO Publishing, 1994, pp. 87-95.

Bernard, P., "Un problème de toponymie antique dans l'Asie centrale: les noms anciens de Qandahar," *Studia Iranica*, Vol. 3/2, 1974, pp. 171-184.

Bernard, P., Pinault, G.-J., and Rougemont, G., "Deux Nouvelles Inscriptions Grecques de l'Asie Centrale," *Journal des Savants*, n°2, 2004, pp. 227-356.

Bertrand, J.-M., "Sur les Hyparques dans l'empire d'Alexandre," *Mélanges d'histoire ancienne offerts à W. Seston*, Vol. 16, 1974, pp. 26-34.

Bielman, S. A., "Régner au féminin. Réflexions sur les reines attalides et séleucides," in Fr. Prost, ed., *L'Orient méditerranéen de la mort d'Alexandre aux campagnes de Pompée, Cités et royaumes à l'époque hellénistique. Actes du colloque international de la SOPHAU*, Rennes, 4-6 avril 2003, Rennes: Presses universitaires de Rennes, 2003, pp. 41-61.

Bivar, A. D. H., "The Bactra Coinage of Euthydemus and Demetrius," *The Numismatic Chronicle*, Vol. 11, 1951, pp. 22-39.

Boiy, T., "Between the Royal Administration and Local Elite: The Pahatu in Hellenistic Babylonia as Epistates?" *Anabasis: Studia Classica et Orientalia*, Vol. 1, 2010, pp. 49-57.

Borrell, H. P., "Unedited Autonomous and Imperial Greek Coins," *The Numismatic Chronicle*, Vol. 3, 1840-1841, pp. 133-148.

Borrell, H. P., "Unedited Autonomous and Imperial Greek Coins," *The Numismatic Chronicle*, Vol. 4, 1841-1842, pp. 1-11.

Bosworth, A. B., "A Missing Year in the History of Alexander the Great," *Journal of Hellenic Studies*, Vol. 101, 1981, pp. 17-39.

Bosworth, A. B., "Alexander the Great Part I: The Events of the Reign," in D. M. Lewis, et al., eds., *The Cambridge Ancient History*, 2nd ed., Vol. 6, Cambridge: Cambridge University Press, 1994, pp. 791-845.

Bosworth, A. B., "Errors in Arrian," *The Classical Quarterly*, Vol. 26, No. 1, 1976, pp. 117-139.

Bosworth, A. B., "The Indian Satrapies under Alexander the Great," *Antichthon*, Vol. 17, 1983, pp. 37-46.

Boucharlat, R. and Salles, J.-F., "The History and Archaeology of the Gulf from the 5th Century B.C. to the 7th Century A.D.: A Review of the Evidence," *Proceedings of the Seminar for Arabian Studies*, Vol. 11, 1981, pp. 65-94.

Bowersock, G. W., "A Report on Arabia Provincia," *Journal of Roman Studies*, Vol. 61, 1971, pp. 219-242.

Bracey, R., "The Mint Cities of the Kushan Empire," in Fernando López Sánchez, ed., *The City and the Coin in the Ancient and Early Medieval Worlds*, BAR International Series 2402, 2012, pp. 117-129.

Briant, P., "Colonisation hellénistique et populations indigènes. I. La phase d'installation," *Klio*,

Vol. 60, 1978, pp. 57-92.

Briant, P., "The Seleucid Kingdom, the Achaemenid Empire and the History of the Near East in the First Millenium BC," in P. Bilde, et al., eds., *Religion and Religious Practice in the Seleucid Kingdom*, Aarhus: Aarhus University Press, 1990, pp. 40-65.

Buraselis, K., "God and King as Synoikists: Divine Disposition and Monarchic Wishes Combined in the Traditions of City Foundations for Alexander's and Hellenistic Times," in Lin Foxhall, Hans-Joachim Gehrke, Nino Luraghi, eds., *Intentional History: Spinning Time in Ancient Greece*, Stuttgart: Franz Steiner Verlag, 2010, pp. 265-274.

Burn, R., "Review: The Greeks in Bactria and India. By W. W. Tarn. pp. xxiii + 539, Pl. 1, maps 3, table 1. Cambridge: Cambridge University Press, 1938. 30s.," *Journal of the Royal Asiatic Society*, Vol. 73.1, 1941, pp. 61-68.

Cerasetti, B. and Tosi, M., "Development of the 'Open Frontier' between Iran and Central Asia: The Murghab Defensive Systems in Antiquity and the Variants of the Silk Road across the Karakum," *Parthia and beyond. Cultural Interconnections in the Classical Period. Papers in Honour of Gennadij A. Koselenko. Parthica* 6, 2004, pp. 101-106.

Cerasetti, B., "Reasoning with GIS: Tracing the Silk Road and the Defensive Systems of the Murghab Delta (Turkmenistan)," *The Silk Road Foundation Newsletter*, Vol. 2/2, 2004, pp. 30-41.

Christides, V., "Misr – 1. The Byzantine Background, the Arab Conquest and the Umayyad Period, 602-750," in C. E. Bosworth, E. van Donzel, W. P. Heinrichs and Ch. Pellat, eds., *The Encyclopaedia of Islam*, new edition, *Vol. 7: Mif-Naz,* Leiden: Brill, 1993, pp. 212-213.

Coarelli, F., "Ritorno a Begram," *Parthica*, Vol. 11, 2009, pp. 95-102.

Cohen, G. M., "Colonization and Population Transfer in the Hellenistic World," in Van't Dack Edmond, ed., *Egypt and the Hellenistic World*, Louvain: Publications universitaires de Louvain, 1983, pp. 63-74.

Cohen, R., "New Light on the Date of the Petra-Gaza Road," *Biblical Archaeologist*, Vol. 45, No. 4, 1982, pp. 240-247.

Corsten, T., "The Foundation of Laodikeia on the Lykos: An Example of Hellenistic City Foundation in Asia Minor," in Hugh Eltron and Gary Reger, eds., *Regionalism in Hellenistic and Roman Asia Minor: Acts of the Conference Hartford, Connecticut (USA), August 22-24 August 1997*, Pessac: Ausonius, 2007, pp. 131-136.

Dani, A. H. and Bernard, P., "Alexander and His Successors in Central Asia," in J. Harmatta, et al., eds., *History of Civilizations of Central Asia. Vol. II: The Development of Sedentary and Nomadic Civilizations: 700 B.C. to A.D. 250*, Paris: UNESCO Publishing, 1994, pp. 65-96.

Dani, A. H., "Shaikan Dheri Excavations (1963-1964 seasons): In Search of the Second City," *Ancient Pakistan* 2, 1965-1966, pp. 17-214.

Demieville, P., "Les version chinoises du Milindapanha," *Bulletin de l 'Ecole francaise d'Extreme-Orient*, Tome 24, 1924, pp. 1-258.

Dittman, R., "Problems in the Identification of an Achaemenian and Mauryan Horizon in North Pakistan," *Archäologische Mitteilungen aus Iran und Turan*, Vol. 17, 1984, pp. 155-193.

Dobbins, K. W., "Alexander's Eastern Satrapies," *Persica*, Vol. 11, 1984, pp. 73-108.

Downey, G., ed., "Libanius' Oration in Praise of Antioch (Oration XI)," *Proceedings of the American Philosophical Society*, Vol. 103, No. 5, 1959, pp. 652-686.

Drinkwater, J., "Maximinus to Diocletian and the 'Crisis'," in Alan K. Bowman, Peter Garnsey and Averil Cameron, eds., *The Cambridge Ancient History: The Crisis of Empire, AD 193-337*, Vol. 12, Cambridge University Press, 2005, pp. 28-58.

Drujinina, A. and Lindström, G., "Kultgefäße im Oxos-Tempel – zur Frage der Kultkontinuität im unruhigen 2, Jh. v. Chr," in G. Lindström, S. Hansen, A. Wieczorek and M. Tellenbach, eds., *Zwischen Ost und West. Neue Forschungen zum antiken Zentralasien, Archäologie in Iran und Turan 14*, Darmstadt: Verlag Philipp Von Zabern, 2013, pp. 171-186.

Dumitru, A. G., "Les Seleucides et les Balkans: Les Thraces dans l'armee Seleucide," in A. Rufin-Solas, ed., *Armees grecques et Romaines dans le Nod des balkans. Conflits et integration des communautes guerrieres*, *Akanthina 7*, Gdansk: Fondation Traditio Europae, 2013, pp. 69-89.

Eggermont, P. H. L., "Alexander's Campaign in Gandhara and Ptolemy's List of Indo-Scythian Towns," *Orientalia Lovaniensia Periodica*, Vol. 1, 1970, pp. 63-123.

Eggermont, P. H. L., "New Notes on Asoka and His Successors," *Persica*, Vol. 2, 1965-1966, pp. 27-70.

Eggermont, P. H. L., "The Kushan Dynasty and Alexandria Bucephalus," in J. Quaegebeur, ed., *Studia Paulo Naster oblate*, part 2: *Oientalia Antiqua*, Orientalia Lovaniensia Analecta 13, Leuven: Peeters, 1982, pp. 53-68.

Ellis, J. R., "Population-Transplants by Philip II," *Makedonika*, Vol. 9, 1969, pp. 9-17.

Engels, D. and Erickson, K., "Apama and Stratonike – Marriage and Legitimacy," in A. Coşkun and A. McAuley, eds., *Seleukid Royal Women: Creation, Representation and Distortion of Hellenistic Queenship in the Seleukid Empire*, Historia Einzelschriften Bd. 240, Stuttgart: Franz Steiner Verlag, 2016, pp. 28-60.

Epping, J., Strassmaier, J. N., "Babylonische Mondbeobachtungen aus den Jahren 38 und 79 der Seleuciden-Aera," *Zeitschrift für Assyriologie und Vorderasiatische Archäologie*, 7/1, 1892, pp. 220-254.

Epplett, C., "War Elephants in the Hellenistic World," in W. Heckel, L. Tritle and P. Wheatley, eds., *Alexander's Empire. Formulation to Decay*, Claremont, CA: Regina Books, 2007, pp. 209-232.

Erdosy, G., "Taxila: Political History and Urban Structure," in *South Asian Archaeology 1987: Proceedings of the Ninth International Conference of the Association of the South Asian Archaeologists in Western Europe*, Rome: Istituto italiano per el medio ed estremo oriente, 1990.

Errington, R. M., "König und Stadt im hellenistischen Makedonien: die Rolle des Epistates," *Chiron*, Band 32, 2002, ss. 51-63.

Fabiana, R., "Hellenistic and Post-Hellenistic Pottery from Kojtepa," *Newsletter di Archeologia CISA*, Vol. 5, 2014, pp. 455-477.

Fiema, Z. T., "Roman Petra (AD106-363): A Neglected Subject," *Zeitschrift des Deutschen Palästina-Vereins*, Vol. 119, 2003, pp. 38-58.

Flam, L., "The Prehistoric Indus River System and the Indus Civilization in Sindh," *Man and Environment*, Vol. 24.2, 1999, pp. 36-37.

Fögen, T., "Lives in interaction: Animal 'Biographies' in Graeco-Roman Literature?" in T. Fögen and E. Thomas, *Interactions between Animals and Humans in Graeco-Roman Antiquity*, Berlin: Walter De Gruyter, 2017, pp. 89-138.

Foucart, P., "Exploration de la plaine de l'Hermus par M. Aristote Fontrier," *Bulletin de Correspondance Hellénique*, Vol. 11, 1887, pp. 79-107.

Francfort, H.-P., "Habitat rural achéménide, hellénistique et kouchan dans la plaine d'Aï Khanoum-Shortughaï," in Guy Lecuyot, ed., *Fouilles d'Aï Khanoum: L'habitat. IX*, Paris: Éditions de Boccard, 2013, pp. 157-176.

Fraser, P. M., "The Son of Aristonax at Kandahar," *Afghan Studies*, Vol. 2, 1979, pp. 9-21.

Fussman, G., "Documents épigraphiques kouchans," *Bulletin de l'Ecole française d'Extrême-Orient*, Tome 61, 1974, pp. 1-76.

Fussman, G., "Taxila: The Central Asian Connection," in H. Spodek and D. M. Srinivasan, eds., *Urban Form and Meaning in South Asia: The Shaping of Cities from Prehistoric to Precolonial Times*, Washington DC: National Gallery of Art, 1993, pp. 83-100.

Gaborit, J., "Al-Bousayra (Syrie) – F26," in Justine Gaborit, *La vallée engloutie (Volume 2: Catalogue des sites). Géographie historique du Moyen-Euphrate (du IVe s. av. J.-C. au VIIe s. apr. J.-C.)*, https://books.openedition.org/ifpo/7287.

Gaborit, J., "Carchemish/Jerablous (Turquie) – A28," in Justine Gaborit, *La vallée engloutie (Volume 2: Catalogue des sites). Géographie historique du Moyen-Euphrate (du IVe s. av. J.-C. au VIIe s. apr. J.-C.)*, https://books.openedition.org/ifpo/7129.

Gaborit, J., "Horum Höyük (Turquie) – A04," in Justine Gaborit, *La vallée engloutie (Volume 2: Catalogue des sites). Géographie historique du Moyen-Euphrate (du IVe s. av. J.-C. au VIIe s. apr. J.-C.)*, https://books.openedition.org/ifpo/7103.

Gaborit, J., "Jebel Khaled (Syrie) – B23," in Justine Gaborit, *La vallée engloutie (Volume 2: Catalogue des sites). Géographie historique du Moyen-Euphrate (du IVe s. av. J.-C. au VIIe s. apr. J.-C.)*, https://books.openedition.org/ifpo/7159.

Gaborit, J., "Raqqa/Ouweis Al Karani (Syrie) – F01," in Justine Gaborit, *La vallée engloutie (Volume 2: Catalogue des sites). Géographie historique du Moyen-Euphrate (du IVe s. av. J.-C. au VIIe s. apr. J.-C.)*, https://books.openedition.org/ifpo/7262.

Gaborit, J., "Tilmusa/Keskince (Turquie) – C07," in Justine Gaborit, *La vallée engloutie (Volume 2: Catalogue des sites). Géographie historique du Moyen-Euphrate (du IVe s. av. J.-C. au VIIe s. apr. J.-C.)*, https://books.openedition.org/ifpo/7176.

Gardin, J. C. and Lyonnet, B, "La Prospection Archéologique de la Bactriane Orientale (1974-1978): Premiers Résultats," *Mesopotamia*, Vol. 13-14, 1978-1979.

Gatier, P.-L., Lombard, P. and Al-Sindi, K. M., "Greek Inscriptions from Bahrain," *Arabian Archaeology and Epigraphy*, Wiley, 13 (2), 2002, pp. 223-233.

Gawlikowski, M., "Les princes de Palmyre," *Syria*, Vol. 62, 1985, pp. 251-261.

Gawlikowski, M., "Palmyra as a Trading Centre," *Iraq*, Vol. 56, 1994, pp. 27-33.

Gorin, A. N., "A New Seleukid Mint: Samarkand-Marakanda," *Anabasis Studia classica et orientalia*, Vol. 6, 2015, pp. 94-104.

Gossen, H., "Seleukos (38)," *RE*, Bd. IIA., 1921, cols. 1249-1250.

Grabowski, T., "Ptolemaic Foundations in Asia Minor and the Aegean as the Lagids' Political Tool," *Electrum*, Vol. 20, 2013, pp. 57-76.

Green, P., "Alexander's Alexandria," in Kenneth Hamma, ed., *Alexandria and Alexandrianism*, Malibu, California: The J. Paul Getty Museum, 1996, pp. 3-28

Gregoratti, L., "The Parthian Empire: Romans, Jews, Nomads, and Chinese on the Silk Road," *Journal of Late Antiquity*, 2014, pp. 43-70.

Grenet, F. and Rapin, C., "Alexander, Aï Khanoum, Termez: Remarks on the Spring Campaign of 328," *Bulletin of the Asia Institute*, Vol. 12, 2001, pp. 79-89.

Grenet, F., "Nouvelles données sur la localisation des cinq Ybghus de Yuezhi. L'arriére plan politique de l'itinéraire des marchands de Maés Titianos," *Journal asiatique*, Tome 294, No. 2, 2006, pp. 325-341.

Grenet, F., "Samarqand i. History and Archeology," *Encyclopaedia Iranica*, http://www.iranicaonline.org/articles/samarqand-i.

Hadley, R. A., "The Foundation Date of Seleucia-on-the-Tigris," *Historia: Zeitschrift für Alte Geschichte*, Vol. 27, 1978, pp. 228-230.

Hamilton, J. R., "Alexander among the Oreitae," *Hisotoria: Zeitschrift für Alte Geschichte*, Vol. 21.4, 1972, pp. 603-608.

Hammond, N. G. L., "Alexander's Veterans after His Death," *Greek, Roman, and Byzantine Studies*, Vol. 25, 1984, pp. 52-61.

Hammond, N. G. L., "The Branchidae at Didyma and in Sogdiana," *The Classical Quarterly*, Vol. 48/2, 1998, pp. 339-344.

Hanslik, R., "Nisaia 2," *RE*, 17.1, 1936, cols. 711-713.

Harders, A.-C., "The Making of a Queen – Seleukos Nikator and His Wives," in A. Coşkun and A McAuley, eds., *Seleukid Royal Women: Creation, Representation and Distortion of Hellenistic Queenship in the Seleukid Empire*, Historia Einzelschriften Bd. 240, Stuttgart: Franz Steiner Verlag, pp. 25-38.

Hauben, H. and Meeus, A., "Introduction. New Perspectives on the Age of the Successors," in H. Hauben and A. Meeus, eds., *The Age of the Successors and the Creation of the Hellenistic Kingdoms*, Leuven: Peeters, 2017, pp. 1-6.

Heckel, W., "Anonymi in the History of Alexander the Great," *Historia*, Vol. 36, 1987, pp. 130-

147.

Helms, S. W., "Excavations at the 'City and the Famous Fortress of Kandahar, the Foremost Place in all of Asia'," *Afghan Studies*, Vol. 3/4, 1982, pp. 1-24.

Henning, W. B., "The Great Inscription of Sapur I," *Bulletin of the School of Oriental Studies*, University of London, Vol. 9, No. 4, 1939, pp. 823-849.

Herrmann, A., "Alte Geographie des unteren Oxusgebiets," *Abhandlungen der königlichen Gesellschaft der Wissenschaften zu Göttingen, Philologisch-historische Klasse*, Neue Folge, Bd. 15/4, 1914, pp. 30-35.

Herrmann, P., "Σώτειρα," *RE*, 3A.1, 1927, col. 1211.

Hewsen, R. H., "Artaxata," *Encyclopaedia Iranica*, online edition, 2011, available at https://iranicaonline.org/articles/artaxata-gk.

Hogarth, D. G., "The Gerousia of Hierapolis," *Journal of Philology*, Vol. 19, Iss. 37, 1890, pp. 69-101.

Invernizzi, A., "Hellenism in Mesopotamia: A View from Seleucia on the Tigris," *Al-Rafidan*, Vol. 15, 1994, pp. 1-24.

Invernizzi, A., "Remarks on the Intercultural Encounters in the Hellenized Orient," *Parthica*, Vol. 14, 2012, pp. 89-108.

Invernizzi, A., "Séleucie du Tigre, métropole grecque d'Asie," *Revue Archéologique*, Nouvelle Série, Fasc. 1, 1991, pp. 180-185.

Jähne, A., "Die 'Syrische Frage', Seleukeia Pierien und die Ptolemäer," *Klio*, Vol. 56, 1974, pp. 501-520.

Joukowsky, M. S., "Nabataean Petra," *Bulletin of the American Schools of Oriental Research*, No. 324, Nabataean Petra, 2001, pp. 1-4.

Kervran, M., "Le delta de l'Indus au temps d'Alexandre. Quelques éléments nouveaux pour l'interprétation des sources narratives," *Comptes rendus des séances de l'Académie des Inscriptions et Belles-Lettres*, Tome 139.1, 1995, pp. 283-286.

Klinkott, H., "Griechen und Fremde," in G. Weber (Hg.), *Kulturgeschichte des Hellenismus. Von Alexander dem Großen bis Kleopatra*, Stuttgart: Klett-Cotta, 2007, pp. 224-241.

Košelenko, G., Bader, A. and Gaibov, W., "Die Margiana in hellenistischer Zeit," in B. Funck, ed., *Hellenismus Beiträge zur Erforschung von Akkulturation und politischer Ordnung in den Staaten des hellenistischen Zeitalters (Akten des Internationalen Hellenismus-Kolloquiums*

9.-14. März 1994 in Berlin), Tübingen: Mohr, 1996, pp. 125-137.

Koshelenko, G., Gaibov, V., and Bader, A., "Evolution of the Settlement Patterns in the Merv Oasis (Turkmenistan) from Alexander the Great to Arab Conquest," in *Convegno internazionale sul tema: La Persia e l'Asia Centrale de Alessandro al X secolo in collaborazione con l'Istituto italiano per il Medio ed Estremo Oriente (Roma, 9-12 novembre 1994)*, Roma: Accademia Nazionale dei Lincei, 1996, pp. 305-317.

Kosmin, P, J., "The Foundation and Early Life of Dura-Europos," in Gail Hoffman and Lisa Brody, eds., *Dura-Europos: Crossroads of Antiquity*, New Haven: Yale University Press, 2011, pp. 150-176.

Kruglikova, I., "Les Fouilles de la Mission Archéologique Soviéto-afghane sur le Site Gréco-Kushan de Dilberdjin en Bactriane," *Comptes Rendus des Séances de l'Académie des Inscriptions et Belles-Lettres, année*, N. 121-2, 1977, pp. 407-427.

Kuhrt, A. and Sherwin-White, S., "The Transition from Achaemenid to Seleucid Rule in Babylonia: Revolution or Evolution?" in Heleen Sancisi-Weerdenburg, Amélie Kuhrt and Margaret Cool Root, eds., *Achaemenid History VIII: Continuity and Change*, Leiden: Nederlands Instituut Voor Het Nabijt Oosten, 1994, pp. 311-327.

Ladstätter, S., "Hafen und Stadt von Ephesos in hellenistischer Zeit," *Jahreshefte des Österreichisc hen Archäologischen Institutes in Wien*, Band. 85, 2016, pp. 233-272.

Lamotte, E., "Alexandre et le bouddhisme," *Bulletin de l'Ecole française d'Extrême-Orient*, Tome 44/1, 1951, pp. 147-162.

Landucci, G. F., "La tradizione su Seleuco in Diodoro XVIII-XX," in C. Bearzot and F. Landucci, eds., *Diodoro e l'altra Grecia. Macedonia, Occidente, Ellenismo nella Biblioteca storica. Atti del Convegno, Milano, 15-16 gennaio 2004*, Milan: Vita e pensiero, 2005, pp. 155-181.

Leriche, P. and Gaborit, J., "La ville dans la Syrie hellénistique. Quelques réflexions à la lumière de découvertes récentes," in M.-Th. Le Dinahet, ed., *L'Orient méditerranéen de la mort d'Alexandre au i^er^ siècle avant notre ère*, Nantes: Éditions du Temps, 2003, pp. 386-391.

Leriche, P. and Pidaev, S., "Termez in Antiquity," in Joe Cribb and Georgina Herrmann, eds., *After Alexander: Central Asia before Islam*, New York: Oxford University Press, 2007, pp. 179-211.

Leriche, P., "Bactria, Land of One Thousand Cities," in Joe Cribb and Georgina Herrmann, eds., *After Alexander: Central Asia before Islam*, New York: Oxford University Press, 2007, pp.121-153.

Leriche, P., “L’ancienne Termez dans l’antiquité,” *ПИФК*, 27.1, 2010, pp. 153-190.

Leriche, P., “La découverte de l’Ancienne Termez, metropole de Bactriane,” *Electrum*, Vol. 22, 2015, pp. 47-85.

Lerner, J. D. “Which Way North? Retracing Alexander’s Route to Marakanda in the Spring of 328 BCE,” in K. Nawotka, A. Wojciechowska, eds., *Alexander the Great and the East: History, Art, Tradition*, Philippika-Altertumswissenschaftliche Abhandlungen, 103, Wiesbaden: Harrassowitz Verlag, 2016, pp. 117-142.

Lerner, J. D., “Correcting the Early History of Āy Kānom,” *Archäologische Mitteilungen aus Iran und Turan*, Bd. 35-36, 2003-2004, pp. 373-410.

Lerner, J. D., “Notes on the Greek Text of the Graeco-Aramaic Bilingual Inscription from Kandahar,” in K. Sheel, K. Zysk and C. Willemen, eds., *Prof. A.K. Narain Commemoration Volume. From Local to Global. Papers in Asian History and Culture (in Three Volumes)*, Volume 1, Delhi: Buddhist World Press, 2017, pp. 100-118.

Lerner, J. D., “On the Inland Water Ways from Europe to Central Asia,” *Ancient West and East*, Vol. 13, 2014, pp. 155-174.

Lerner, J. D., “Revising the Chronologies of the Hellenistic Colonies of Samarqand-Marakanda (Afrasiab II-III) and Aï Khanoum (Northeastern Afghanitan),” *Anabasis: Studia Classica et Oriental*, 2010 (1), pp. 58-79.

Lerner, J. D., “The Eastern Baktria under Da Yuezhi Hegemony,” in Vidula Jayaswal, ed., *Glory of the Kushans: Recent Discoveries and Interpretations*, New Delhi: Aryan Books International, 2012, pp. 79-86.

Lerner, J. D., “The Greek Inscriptions of Aśoka,” in *KOINON ΔΩΡΟΝ*. Studies and Essays in Honour of Valery P. Nikonorov on the Occasion of His Sixtieth Birthday presented by His Friends and Colleagues, Compiled and edited by Alexander A. Sinitsyn and Maxim M. Kholod, St. Petersburg 2013. = KOINON ΔΩΡΟΝ. Исследования и эссе вчесть 60-летнего юбилея Валерия Павловича Никонорова от друзей и коллег. Составление и научная ред. А. А. Синицына и М. М. Холода. Санкт-Петербург: Филологический факультет Санкт-Петербургского государственного университета, 2013, pp. 188-197.

Lerner, J. D., “The Greek-Indians of Western India: A Study of the Yavana and Yonaka Buddhist Cave Temple Inscriptions,” *Indian International Journal of Buddhist Studies*, n.s. 1, 1999-

2000, pp. 83-109.

Lerner, J., "Mithridates I's Conquest of Western Greek-Baktria," *Проблемы истории, филологии, культуры* (= *Journal of History, Philology and Cultural Studies*), Vol. 47/1, 2015, pp. 45-55.

Leschhorn, W., "Gründer der Stadt," *Studien zu einem politisch-religiösen Phänomen der griechischen Geschichte*, Stuttgart: Franz Steiner Verlag, 1984.

Lévi, S., "Alexandre et Alexandrie dans les documents indiens," in *Mélanges Maspero* II. *Orient Grec, Romain et Byzantin*, Mémoires publiés par les membres de l'Institut français d'archéologie orientale du Caire 67, Le Caire: Imprimerie de l'Institut Français d'archéologie orientale, 1934-1937, pp. 155-164.

Lévi, S., "Le bouddhisme et les grecs," *Revue de l'histoire des religions*, Tome 23, 1891, pp. 36-49.

Lévi, S., "Note sur les indo-scythes," *Journal asiatique*, IX, 1897, pp. 5-26.

Lézine, A., "Hérat: notes de voyage," *Bulletin d'études orientales*, Tome 18, 1963-1964, pp. 127-148.

Litvinskiy, B. A. and Pichikiyan, I. R., "The Temple of the Oxus," *The Journal of the Royal Asiatic Society of Great Britain and Ireland*, No. 2, 1981, pp. 133-167.

Loginov, S. D. and Nikitin, A. B., "Parthian Coins from Margiana: Numismatics and History," *Bulletin of the Asia Institute*, New Series, Vol. 10, 1996, pp. 39-51.

Luce, S. B., et al., "Archaeological News and Discussions," *American Journal of Archaeology*, Vol. 46, 1942, pp. 261-281.

Lurje, P. B., "The Element ΚΑΘ/KAND in the Place-Names of Transoxiana," *Studia Iranica*, Vol. 32, 2003, pp. 185-212.

Lyonnet, B., "La céramique de la maison du quartier sud-ouest d'Aï Khanoum," in Guy Lecuyot, ed., *Fouilles d'Aï Khanoum: L'habitat. IX*, Paris: Éditions de Boccard, 2013, pp. 179-192.

Lyonnet, B., "Questions on the Date of the Hellenistic Pottery from Central Asia (Ai Khanoum, Marakanda and Koktepe)," *Ancient Civilizations from Scythia to Siberia*, Vol. 18, 2012, pp. 143-173.

Lyonnet, B., "The Problem of the Frontiers between Bactria and Sogdiana: An Old Discussion and New Data," in A. J. Gail and G. J. R. Mevissen, eds., *South Asian Archaeology 1991. Proceedings of the Eleventh International Conference of the Association of South Asian Archaeologists in Western Europe Held in Berlin 1-5 July 1991*, Stuttgart: Franz Steiner Verlag, 1993, pp. 195-208.

MacDonald, D., "Dating the Fall of Dura-Europos," *Historia: Zeitschrift für Alte Geschichte*, Vol. 35, 1986, pp. 45-68.

Macdowall, D. W., "Hoard of Later Kushan Copper Coins from Bambore," *Indologica Taurinensia*, Vol. 23-24, 1998, pp. 551-559.

Marcillet-Jaubert, J., "Stèle funéraire du Musée de Bahrein," *Syria*, T. 67, Fasc. 3/4 (1990), pp. 665-673.

Maricq, A., "Res Gestae Divi Saporis," *Syria*, Vol. 35, 1958, pp. 295-360.

Marinoni, E., "La capitale del regno di Seleuco I," *Rendiconti Istituto Lombardo*, Vol. 106, 1972, pp. 579-631.

Marquis, P., "The Balkh Oasis. A Huge Potential," in J. Lhuillier and N. Boroffka, eds., *A Millennium of History. The Iron Age in Southern Central Asia. Proceedings of the Conference Held in Berlin (June 23-25, 2014)*, MDAFA XXXV, Berlin: D. Reimer Verlag, 2018, pp. 159-170.

Marshak, B. I., "The Archaeology of Sogdiana," http://www.silkroadfoundation.org/newsletter/december/archaeology.htm (2017-7-8).

Martinez-Sève, L., "Données historiques," in Guy Lecuyot, ed., *Fouilles d'Aï Khanoum: L'habitat. IX*, Paris: Éditions de Boccard, 2013, pp. 213-220.

Martinez-Sève, L., "Les Grecs d'extrême Orient: communautés grecques d'Asie Centrale et d'Iran," in L. Martinez-Sève, ed., *Les diasporas grecques de VIIIe à la fin du IIIe siècle av. J.-C., Pallas*, Tome 89, 2012, pp. 367-391.

Martinez-Sève, L., "The Spatial Organization of Ai Khanoum, a Greek City in Afghanistan," *American Journal of Archaeology*, Vol. 118, 2014, pp. 267-283.

Matthews, J. F., "The Tax Law of Palmyra," *Journal of Roman Studies*, Vol. 74, 1984, pp. 157-180.

Meadows, A. and Thonemann, P., "The Ptolemaic Administration of Pamphylia," *Zeitschrift für Papyrologie und Epigraphik*, Vol. 186, 2013, pp. 223-226.

Mehl, A., "The Seleucid Cities in Syria: Development, Population, Constitution," in E. Arabatzes, ed., *Ο Ελληνισμος στην Ανατολη · International meeting of History and Archaeology. Delphi 6-9 November 1986*, Αθήνα: Ευρωπαϊκό Πολιτιστικό Κέντρο Δελφών, 1991, pp. 99-111.

Millar, F., "Caravan Cities the Roman Near East and Long-Distance Trade by Land," *Bulletin of the Institute of Classical Studies*, Supp. No. 71, 1998, pp. 119-137.

Millar, F., "The Phoenician Cities: A Case-Study of Hellenisation," *The Cambridge Classical*

Journal, Vol. 29, 1983, pp. 55-71.

Minorsky, V. F., "A Greek Crossing on the Oxus," *Bulletin of the School of Oriental and African Studies*, Vol. 30.1, 1967, pp. 45-53.

Muccioli, F., "La scelta delle titolature dei Seleucidi: il ruolo dei φίλοι e delle classe dirigenti cittadini," *Simblos*, Vol. 3, 2001, pp. 295-318.

Müller, S., "Genealogie und Legitimation in den hellenistischen Reichen," in Hartwin Brandt, Katrin Köhler and Ulrike Siewert, eds., *Genealogisches Bewusstsein als Legitimation: Inter- und intragenerationelle Auseinandersetzungen sowie die Bedeutung von Verwandtschaft bei Amtswechseln*, Bamberg: University of Bamberg Press, 2009, ss. 61-82.

Müller, S., "Im Interesse des oikos: Handlungsräume der antiken makedonischen Königinnen," *Feministische Studien*, 2, 2007, ss. 206-207.

Musti, D., "Lo stato dei Seleucidi. Dinastia, popoli, città da Seleuco I ad Anticho III," *Studi Classici e Orientali*, Vol. 15, 1966, pp. 61-197.

Musti, D., "Syria and the East," in F. W. Walbank, et al., eds., *The Cambridge Ancient History. Vol. 7.1: The Hellenistic World*, 2nd edition, Cambridge, London, New York, New Rochelle, Melbourne, Sydney: Cambridge University Press, 1984, pp. 175-220.

Muzio, C. L., "The Dioscuri at Dilberjin (Northern Afghanistan): Reviewing their Chronology and Significan," *Studia Iranca*, Tome 28, 1999, pp. 41-71.

Narain, A. K., "The Greeks of Bactria and India," in A. E. Astin, et al., ed., *The Cambridge Ancient History. Vol. 8: Rome and the Mediterranean to 133 B.C.*, 2nd edition, Cambridge, New York, New Rouchelle, Melbourne, Sydney: Cambridge University Press, 1989, pp. 388-421.

Naymark, A., "Seleucid Coinage of Samarqand?" *Journal of the Oriental Numismatic Society*, No. 221, 2014, pp. 1-6.

Negev, A., "Seal-Impressions from Tomb 107 at Kurnub (Mampsis)," *Israel Exploration Journal*, Vol. 19, 1969, pp. 89-106.

Negmatov, N. N., "Archaic Khojent-Alexandria-Eschata (to the Problem of the Syr-darya Basin Urbanization)," *Journal of Central Asia*, Vol. 9, 1986, pp. 41-48.

Nehru, F. L. A., "Look at the Bone and Ivory Carvings from Begram," *Silk Road Art and Archaeology*, Vol. 10, 2004, pp. 97-150.

Nicolet-Pierre, H. and Amandry, M., "Un nouveau trésor de monnaies d'argent pseudo-athéniennes venu d'Afghanistan (1990)," *Revue Numismatique*, 6e série, Tome 36, 1994, pp. 34-54.

Nielsen, T. H., "Phrourion. A Note on the Term in Classical Sources and in Diodorus Siculus," in T. H. Nielsen, ed., *Even More Studies in the Ancient Greek Polis*, Papers from the Copenhagen Polis Centre 6, Stuttgart: Franz Steiner Verlag, 2002, pp. 49-64.

Norman, K. R., "Notes on the Greek Version of Aśoka's Twelfth and Thirteenth Rock Edicts," *Journal of the Royal Asiatic Society*, Vol. 2, 1972, pp. 111-118.

Oikonomides, A. N., "The Deification of Alexander in Bactria and India," *Ancient World*, Vol. 12, 1985, pp. 69-71.

Oikonomides, A. N., "The Temenos of Alexander the Great at Alexandria in Arachosia (Old Kandahar)," *Zeitschrift für Papyrologie und Epigraphik*, Vol. 56, 1984, pp. 145-147.

Olbrycht, M. J., "'An Admirer of Persian Ways': Alexander the Great's Reforms in Parthia-Hyrcania and the Iranian Heritage," in T. Daryaee, A. Mousavi and K. Rezakhani, eds., *Excavating an Empire: Achaemenid Persia in Longue Durée*, Costa Mesa, California: Mazda Publishers, 2014, pp. 37-62.

Olbrycht, M. J., "Creating an Empire: Iran and Middle Asia in the Policy of Seleukos I," in *Центральная Азия от Ахеменидов до Тимуридов. Археология, история, этнология, культура*, Материалы международной научной конференции, посвященной 100-летию со дня рождения Александра Марковича Беленицкого, Санкт-Петербург, 2-5 ноября 2004 года, Санкт-Петербург: Ин-т истории материальной культуры РАН, 2005, pp. 231-234.

Olbrycht, M. J., "Die Alexandergründungen in den nordiranischen Ländern im Lichte der geographischen Tradition der Antike," in A. V. Podossinov, ed., *Periphery of the Classical World in Ancient Geography and Cartography*, Colloquia antiqua, Vol. 12, Leuven; Prais; Walpole, MA: Peeters, 2014, pp. 95-121.

Olbrycht, M. J., "Ethnicity of Settlers in the Colonies of Alexander the Great in Iran and Central Asia / Этническая принадлежность поселенцев в колониях Александра Македонского в Иране и Средней Азии," *Bulletin of International Institute for Central Asian Studies (Samarkand, Uzbekistan)*, Vol. 12, 2011, pp. 22-35.

Olbrycht, M. J., "Iranians in the Diadochi Period," in V. A. Troncoso and E. M. Anson, eds., *After Alexander: The Time of the Diadochi (323-281 BC)*, Oxford, Oakville, Connecticut: Oakville Oxbow Books, 2013, pp. 159-182.

Olbrycht, M. J., "Mithradates I of Parthia and his Conquests up to 141 B.C.," in M. Dzielska, E.

Dąbrowa, et al., eds., *Hortus Historiae. Studies in honour of Professor Józef Wolski on the 100th anniversary of his birthday*, Kraków: Towarzystwo Wydawnicze "Historia Iagellonica", 2010, pp. 229-245.

Olbrycht, M. J., "Parthia, Bactria and India: The Iranian Policies of Alexander of Macedon (330-323)," in C. Antonetti and P. Biagi, eds., *With Alexander in India and Central Asia: Moving East and back to West*, Oxford/Philadelphia: Oxbow Books, 2017, pp. 194-211.

Olbrycht, M. J., "Some Remarks on the Rivers of Central Asia in Antiquity," in T. N. Jackson, I. G. Konovalova and G. R. Tsetskhladze, eds., *Gaudeamus Igitur. Studies to honour the 60th birthday of A.V. Podossinov = Gaudeamus Igitur. Сборник статей к 60-летию А.В. Подосинова*, Москва: Русский Фонд Содействия Образованию и Науке, 2010, pp. 302-309.

Olbrycht, M. J., "The Ochos River in the Classical Sources: A Study in the Historical Geography of Northeastern Iran and Middle Asia," in T. Mkrtycheva, ed., *Центральная Азия. Источники, история, культура*, Москва: Русский Фонд Содействия Образованию и Науке, 2003, pp. 114-117.

P. Leriche, "Les Remparts et Les monument Associés," *Fouilles d'Ai Khanoum*, Vol. V, Paris: De Boccard, 1973.

Panchenko, D. V., "The City of the Branchidae and the Question of Greek Contribution to the Intellectual History of India and China," *Hyperboreus*, Vol. 8/2, 2002, pp. 244-255.

Papakhristou, O. and Rehren, T., "Iron and Steel Production in Old Termez," in P. Leriche, et al., eds., *La Bactriane au Carrefour des routes et des civilisations de l'asie centrale: Termez et les villes de Bactriane-Tokharestan*, Paris: Maisonneuve & Larose, 2001, pp. 145-159.

Papini, M., "Commemorations of Victory: Attalid Mounuments to the Defeat of the Galatians," in Carlos A. Picón and Seán Hemingway, eds., *Pergamon and the Hellenistic Kingdoms of the Ancient World*, New York: Metropolitan Museum of Art, 2016, pp. 40-43.

Parke, H. W., "The Massacre of the Branchidae," *Journal of Hellenic Studies*, Vol. 105, 1985, pp. 59-68.

Peek, W., "Spätes Grabepigramm aus Marcianopolis," *Zeitschrift für Papyrologie und Epigraphik*, Vol. 60, 1985, pp. 75-76.

Pelliot, P., "Les noms propres dans les traductions chinoises du Milindapañha," *Journal asiatique*, Vol. 2, 1914, pp. 379-419.

Pétridès, S., "Philadelphia," in Charles Herbermann, ed., *Catholic Encyclopedia,* New York:

Robert Appleton Company, 1913, p. 794.

Pidaev, C., "Contribution à l'histoire ancienne de Termez," in P. Leriche et al., eds., *La Bactriane au carrefour des routes et des civilisations de l'Asie centrale: Termez et les villes de Bactriane-Tokharestan*, Paris: Maisonneuve & Larose, 2001, pp. 296-299.

Pidaev, C., "Contribution à l'histoire ancienne de Termez," in P. Leriche, et al., eds., *La Bactriane au carrefour des routes et des civilisations de l'Asie centrale: Termez et les villes de Bactriane-Tokharestan*, Paris: Maisonneuve & Larose, 2001, pp. 296-299.

Piejko, F., "The Treaty between Antiochus III and Lysimachia: ca. 196 B.C. (with a Discussion of the Earlier Treaty with Philip V)," *Historia: Zeitschrift für Alte Geschichte*, Bd. 37, H. 2, 1988, pp. 151-165.

Pugachenkova, G. A. and Rtveladze, Ī. V., "Afrasiab i. The Archeological Site," *Encyclopaedia Iranica*, http://www.iranicaonline.org/articles/afrasiab-the-ruined-site.

Radet, G. A., "Notes de géographie ancienne: Attaleia de Lydie," *Bulletin de correspondance hellenique*, Vol. 11, 1887, pp. 173-175.

Raditsa, L., "Iranians in Asia Minor," in Yarshater, Ehsan, ed., *The Cambridge History of Iran. Vol. 3 (1): The Seleucid, Parthian and Sasanian Periods*, Cambridge: Cambridge University Press, 1983, pp. 100-115.

Ramsey, G., "The Diplomacy of Seleukid Women: Apama and Stratonike," in A. Coşkun and A. McAuley, eds., *Seleukid Royal Women: Creation, Representation and Distortion of Hellenistic Queenship in the Seleukid Empire*, Historia Einzelschriften Bd. 240, Stuttgart: Franz Steiner Verlag, 2016, pp. 87-104.

Rapin, C., "L'Afghanistan et l'Asie Centrale dans la géographie mythique des historiens d'Alexandre et dans la toponymie des géographes gréco-romains," in O. Bopearachchi and M.-F. Boussac, eds., *Afghanistan ancien carrefour entre l'est et l'ouest. Actes du colloque international*, Turnhout: Brepols, 2005, pp. 143-172.

Rapin, C., "Nomads and the Shaping of Central Asia: From the Early Iron Age to the Kushan Period." in Joe Cribb and Georgina Herrmann, eds., *After Alexander: Central Asia before Islam*, New York: Oxford University Press, 2007, pp. 29-72.

Rapin, C., "On the Way to Roxane: The Route of Alexander the Great in Bactria and Sogdiana (328-327 BC)," in G. Lindström, S. Hansen, A. Wieczorek and M. Tellenbach, eds., *Zwischen Ost und West. Neue Forschungen zum antiken Zentralasien, Archäologie in Iran und Turan*

14, Darmstadt: Verlag Philipp Von Zabern, 2013, pp. 43-82.

Rapin, C., Baud, A., Grenet, F. and Rakhmanov, Sh., "Les recherches sur la région des Portes de Fer de Sogdiane: bref état des questions en 2005," *История материальной культуры Узбекистана*, Tome 35, 2006, pp. 95-105.

Rapin, C., Isamiddinov, M. and Khasanov, M., "La tombe d'une princesse nomade à Koktepe près de Samarkand," *Comptes rendus des séances de l'Académie des Inscriptions et Belles-Lettres*, Tome 145/1, 2001, pp. 33-92.

Reinach, S., "Inscriptions Inedites d'Asie Mineure & de Syrie Recueillies par M. le Campitaine Callier (1830-1834)," *Revue des Etudes Grecques*, Vol. 3, 1890, pp. 48-85.

Rice, D. T., "The City of Shāpūr," *Ars Islamica*, Vol. 2(2), 1935, pp. 174-188.

Ritner, R. K., trans., "The Satrap Stela (CAIRO JdE 22182)," in William Kelly Simpson, et al., eds., *The Literature of Ancient Egypt: An Anthology of Stories, Instructions, Stelae, Autobiographies, and Poetry*, 3rd edition, New Haven and London: Yale University Press, 2003, pp. 392-397.

Robert, L., "Documents d'Asie Mineure," *Bulletin de correspondence hellénique*, Tome 108/1, 1984, pp. 457-532.

Robert, L., "Inscription honorifique à Laodicée d'Iran (Nehavend)," *Hellenica*, Vol. 8, 1950, pp. 85-91.

Robert, L., "Inscriptions séleucides de Phrygie et d'Iran," *Hellenica*, Vol. 7, 1949, pp. 5-29.

Robert, L., "Voyages dans l'Anatolie septentrionale," *Revue Archeologique*, Vol. 3, 1934, pp. 88-94.

Robinson, E. S. G., "Cistophori in the Name of King Eumenes," *The Numismatic Chronicle*, ser. 6, Vol. 14, 1954, pp. 1-8.

Rostovtzeff, M. I., "Res Gestae divi Saporis and Dura," *Berytus*, Vol. 8, 1943-1944, pp. 17-60.

Rostovtzeff, M. I., "The Foundation of Dura-Europos on the Euphrates," *Annales de l'Institut Kondakov* (Seminarium Kondakovianum), Vol. 10, Praha, 1938, pp. 99-106.

Rtveladze, E. V., "Parthians in the Oxus Valley. Struggle for the Great Indian Road," *Anabasis: studia classica et orientalia*, Vol. 2, 2011, pp. 151-165.

Salles, J.-F., "The Arab-Persian Gulf under the Seleukids," in A. Kuhrt and Susan Sherwin-White, eds., *Hellenism in the East: The Interaction of Greek and Non-Greek Civilizations from Syria to Central Asia after Alexander*, London: Duckworth, 1987, pp. 90-91.

Salomon, R., "Epigraphic Remains of Indian Traders in Egypt," *Journal of the American Oriental Society*, Vol. 111, No. 4, 1991, pp. 731-736.

Sanahuja, M. M., "Stasanor of Soloi and the Government of Bactria during the Wars of the Diadochi," *Anabasis. Studia Classica et Orientalia*, Vol. 8, 2017, pp. 44-70.

Sanjyot, M., "Begram at the Heart of the Silk Road," in Fredrik T. Hiebert and Pierre Cambon, eds., *Afghanistan: The Crossroad of Ancient World*, British Museum; Mūzah-'iKābul; National Geographic Society (U.S.), London: BritishMuseum Press; 2011, pp. 164-208.

Scharfe, H., "The Maurya Dynasty and the Seleucids," *Zeitschrift für vergleichende Sprachforschung*, Bd. 85.2, 1971, pp. 211-225.

Schlumberger, D. and Benveniste, E., "A New Greek Inscription of Asoka at Kandahar," *Epigraphia Indica*, Vol. 37, 1968, pp. 193-200.

Schlumberger, D., "The Excavations at Surkh Kotal and the Problem of Hellenism in Bactria and India," in Mr. Albert L Reckitt, ed., *Albert Reckitt Archaeological Lecture*, London: Oxford University Press, 1961, pp. 77-95.

Schlumberger, D., "Une nouvelle inscription grecque d'Asoka," *Comptes rendus des séances de l'Académie des Inscriptions et Belles-Lettres*, Tome 108, 1964, pp. 126-140.

Schlumberger, D., Robert, L., Dupont-Sommer, A. and Benveniste, E., "Une bilingue gréco-araméenne d'Asoka," *Journal asiatique*, Tome 246/1, 1958, pp. 1-48.

Schmitt, R., "Review. Griechische Inschriften aus dem 'Fern Osten'," *Indo-Iranian Journal*, Vol. 49.3, 2006, pp. 347-359.

Scholl, A., "The Pergamon Alter: Architecture, Sculpture, and Meaning," in Carlos A. Picón and Seán Hemingway, eds., *Pergamon and the Hellenistic Kingdoms of the Ancient World*, New York: Metropolitan Museum of Art, 2016, pp. 44-53.

Schwarz, F. F., "Die Griechen und die Maurya-Dynastie," in F. Altheim and R. Stiehl, eds., *Geschichte Mittelasiens im Altertum*, Berlin: De Gruyter, 1970, pp. 267-316.

Scott, K., "The Significance of Statues in Precious Metals in Emperor Worship," *Transactions and Proceedings of the American Philological Association*, Vol. 62, 1931, pp. 101-123.

Seth, H. C., "Did Candragupta Maurya belong to North Western India?" *Bhandarkar Oriental Research Institute*, Vol. 18, No. 2, 1937, pp. 158-165.

Seth, H. C., "Note on Śaśigupta and Candragupta," *The Indian Historical Quarterly*, Vol. 13.2, 1937, pp. 361-362.

Seyrig, H., "Antiquites syriennes: 36. Le statut de Palmyre," *Syria*, Vol. 22, 1941, pp. 155-175.

Seyrig, H., "L'incorporation de Palmyre à l'empire romain," *Syria*, Vol. 13, 1932, pp. 266-277.

Shahbazi, A. S., Kettenhofen, E. and Perry, J. R., "Deportations," *Encyclopaedia Iranica*, VII/3, pp. 297-312, available online at http://www.iranicaonline.org/articles/deportations.

Shishkina, G. V., "Ancient Samarkand: Capital of Soghd," *Bulletin of the Asia Institute*, Vol. 8, 1994, pp. 81-99.

Simonetta, A., "An Essay on the So-Called Indo-Greek Coinage," *East and West*, Vol. 8.1, 1957, pp. 44-46.

Sims-Williams, N. and de Blois., F., "The Bactrian Calendar," *Bulletin of the Asia Institute*, Vol. 10, 1996, pp. 149-165.

Smirnova, N., "Some Questions Regarding the Numismatics of Pre-Islamic Merv," in J. Cribb and G. Herrmann, eds., *After Alexander: Central Asia Before Islam*, New York: Oxford University Press, 2007, pp. 377-388.

Smith, S., "The Chronology of Philip Arrhidaeus, Antigonus and Alexander IV," *Revue d'Assyriologie et d'archéologie orientale*, Vol. 22, 1925, pp. 179-197.

Soper, A., "Aspects of Light Symbolism in Gandharan Sculpture," *Artbus Asiae*, Vol. 12, 1949, pp. 252-283.

Speidel, M. P., "The Roman Road to Dumatha (Jawf in Saudi Arabia) and the Frontier Strategy of the Praetensione Colligare," *Historia,* Vol. 36, 1987, pp. 211-221.

Stein, A., "From Swat to the Gorges of the Indus," *Geographical Journal*, Vol. 100, 1942, pp. 49-56.

Stein, A., "On Alexander's Route into Gedrosia: An Archaeological Tour in Las Bela," *The Geographical Journal*, Vol. 102.5/6, 1943, pp. 193-227.

Stone, E. R., "Some Begram Ivories and the South Indian Narrative Tradition: New Evidence," *Journal of Inner Asian Art and Archaeology*, Vol. 3, 2008, pp. 45-59.

Strootman, R., "Men to whose Rapacity neither Sea nor Mountain Sets a Limit. The Aims of the Diadochs," in H. Hauben and A. Meeus, eds., *The Age of the Successors and the Creation of the Hellenistic Kingdoms*, Leuven: Peeters, 2017, pp. 307-322.

Sundermann, W., "Mani, India and the Manichaean Religion," *South Asian Studies*, Vol. 2, 1986, pp. 11-19.

Sverchkov, L. M., "The Kurganzol Fortress (on the History of Central Asia in the Hellenistic

Period)," *Ancient Civilizations from Scythia to Siberia*, Vol. 4, 2008, pp. 123-191.

Takht-I Sangin," in Anna Kouremenos, Sujatha Chandrasekaran and Roberto Rossi, eds., with a foreword by Sir John Boardman, *From Pella to Gandhara Hybridisation and Identity in the Art and Architecture of the Hellenistic East*, BAR International Series 2221, 2011, pp. 141-151.

Tarn, W. W., "Two Notes on Seleucid History," *Journal of Hellenic Studies*, Vol. 60, 1940, pp. 90-94.

Tarn, W. W., "Two Notes on Seleucid History: 1. Seleucus' 500 Elephants, 2. Tarmita," *Journal of Hellenic Studies*, Vol. 60, 1940, pp. 84-94.

Teixidor, J., "Nomadisme et sedentarisation en Palmyrene," in Edmond Frezouls, ed., *Societes urbaines, societes rurales dans l'Asie Mineure et la Syria hellenistiques et romaines*, Strasbourg: AECR, 1987, pp. 49-55.

Teixidor, J., "Palmyre Hellenistique et Romaine," *Revue Archeologique*, Nouvelle Serie, Fasc. 1, 1994, pp. 171-176.

Thorley, J., "The Development of Trade between the Roman Empire and the East under Augustus," *Greece and Rome*, Second Series, Vol. 16, No. 2, 1969, pp. 209-223.

Tomaschek, W., "Alexandreia 4," *RE*, 1.1, 1893, col. 1389.

Tomaschek, W., "Demetrias 5," *RE*, 4.2, 1901, col. 2765.

Tomaschek, W., "Dionysopolis 3," *RE*, 5.1, 1903, cols. 1009-1010.

Treidler, H., "Xylinepolis," *RE*, Bd. 9A.2, 1967, cols. 2164-2172.

Tribulato, O. and Olivieri, L. M., "Writing Greek in the Swat Region: A New Graffito from Barikot (Pakistan)," *Zeitschrift für Papyrologie und Epigraphik*, Vol. 204, 2017, pp. 128-135.

Usmanova, "The Section through the Fortress Wall in Erk-Kala, Old Merv," *Trudy Yu TAKEI*, Vol. 19, 1989, pp.21-61.

Van der Spek, R. J., "New Evidence from the Babylonian Astronomical Diaries Concerning Seleucid and Arsacid History," *Archiv für Orientforschung*, Bd. 44/45, 1997, pp. 167-175.

Varinlioğlu, E., "La Fortification Hellénistique de Stratonicée, archéologie et épigraphie," *Revue des Études Anciennes*, Vol. 96, 1994, pp. 189-191.

Vickers, M., "Hellenistic Thessaloniki," *Journal of Hellenic Studies*, Vol. 92, 1972, pp. 156-170.

Vogelsang, W. J., "A Period of Acculturation in Ancient Gandhara," *South Asian Studies*, Vol. 4, 1988, pp. 103-113.

Waggoner, N. M., "The Early Alexander Coinage at Seleucia on the Tigris," *American Numismatic Society Museum Notes*, Vol. 15, 1969, pp. 21-30.

Wecker, O., "Sodrai," *RE*, Bd. 3A.1, 1927, col. 787.

Weissbach, F.H., "Iasonion," *RE*, Bd. 9.1, 1914, col. 782.

Wellsted, R., "Notice on the Ruins of Berenice," *Journal of the Royal Geographical Society of London*, Vol. 6, 1836, pp. 96-100.

Wendrich, W. Z., Tomber, R. S., Sidebotham, S. E., Harrell, J. A., Cappers, R. T. J. and Bagnall, R. S., "Berenike Crossroads: The Integration of Information," *Journal of the Economic and Social History of the Orient*, Vol. 46, No. 1, 2003, pp. 46-87.

Wheatley, P., "Seleukos and Chandragupta in Justin XV 4," in H. Hauben and A. Meeus, eds., *The Age of the Successors and the Creation of the Hellenistic Kingdoms*, Leuven: Peeters, 2014, pp. 503-512.

Wheeler, R. E. M., "Arikamedu: An Indo-Roman Trading-Station on the East Coast of India," *Ancient India*, Vol. 2, 1946, pp. 17-125.

Whitehead, R. B., "Notes on the Indo-Greeks," *The Numismatic Chronicle*, 1940, pp. 89-122.

Whitehouse, D., "Begram, the Periplus and Gandharan Art," *Journal of Roman Archaeology*, Vol. 11, 1989, pp. 90-100.

Whitewright, J., "How Fast if Fast? Technology, Trade and Speed under Sail in the Roman Red Sea," in J. Starkey, P. Starkey and T. Wilkinson, eds., *Natural Resources and Cultural Connections of the Red Sea*, Oxford: Archaeopress, 2007, pp. 77-87.

Will, É., "Poleis hellénistiques: deux notes," *Echos du monde classique: Classical Views*, Vol. 32, 1988, pp. 329-352.

Will, É., "The Succession to Alexander," trans. F. McDonagh, in F. W. Walbank, A. E. Astin, M. W. Frederiksen and R. M. Ogilvie, eds., *The Cambridge Ancient History. Vol. 7 Part 1: The Hellenistic World*, 2nd edition, Cambridge: Cambridge University Press, 1984, pp. 23-61.

Willy Clarysse and Dorothy J. Thompson, "Two Greek Texts on Skin from Hellenistic Bactria," *Zeitschrift für Papyrologie und Epigraphik*, Bd. 159, 2007, pp. 273-279.

Wolski, J., "Les Séleucides et l'héritage d'Alexandre le Grand en Iran," in B. Virgilio, ed., *Studi ellenistici I*, Pisa: Giardini editori e stampatori, 1984, pp. 9-20.

Wood, R., "Cultural Convergence in Bactria: The Votives from the Temple of the Oxus at Takht-i Sangin," in Anna Kouremenos, Sujatha Chandrasekaran and Roberto Rossi eds., with a foreword by Sir John Boardman, *From Pella to Gandhara Hybridisation and Identity in the Art and Architecture of the Hellenistic East*, BAR International Series 2221, 2011, pp. 141-151.

Yang, Juping, "Alexander the Great and the Emergence of the Silk Road," *The Silk Road*, Vol. 6.2, 2009, pp. 15-22.

Yang, Juping, "Hellenistic World and the Silk Road," *Anabasis: Studia classica et orientalia*, Vol. 4, pp. 73-91.

Zavyalov, V. A., "The Fortifications of the City of Gyaur Kala, Merv," in Joe Cribb and Geogiana Hermann, eds., *After Alexander: Central Asia before Islam*, New York: Oxford University Press, 2007, pp. 313-329.

Ziegler, R., "Die Polis in der römischen Kaiserzeit: Selbstdarstellung und Rangstreitigkeiten," in Günther Hödl and J. Grabmayer, *Leben in der Stadt. Gestern-heute-morgen*, Wien, Köln and Weimar: Böhlau, 1995, pp. 83-105.

Zschietzschmann, F. W., "Branchidae," in G. E. Mylonas and D. Raymond, eds., *Studies Presented to D. M. Robinson, II*, St. Louis: Washington University Press, 1953, pp. 1039-1043.

Балахванцев, А. С., "Приложение VI. К вопросу об атрибуции глиняных голов из Тахти-Сангина," В: Ответ. ред. Б. А.Литвинский, *Храм Окса в Бактрии (Южный Таджикистан) III. Искусство, художественное ремесло, музикальные инструменты*, Москва: Восточная литература, 2010, С. 531-544.

Дружинина, А., "Результаты исследования структуры городища Тахти-Сангин и его округи (2002–2009 гг.)," *Археологические Работы в Таджикистане,* 35, 2012, С. 335-382.

Завьялов, В. А., "Оборонительные сооружения Антиохии Маргианской (Гяур Калы Старого Мерва)," В: Ответ. ред. В. П. Никоноров, *Центральная Азия от Ахеменидов до Тимуридов: археология, история, этнология, культура*, Материалы международной научной конференции, посвящённой 100-летию со дня рождения Александра Марковича Беленицкого (СПб, 2-5 ноября 2004 г.), Санкт-Петербург: Институт истории материальной културы РАН, 2005, С. 90-98.

Климов, О. Ю., "Интеллектуальная элита: советники и консультанты эллинистических царей," *МНЕМОН. Исследования и публикации по историиантичного мира*, Вып. 10, 2011, С. 141-160.

Кошеленко, Г. А. и В. А. Гаибов, "Сатрапы Востока. Время диадохов," *Центральная Азия и*

Южная Сибирь, 1, 2009, С. 151-170.

Кошеленко, Г. А., “Антиохия в Маргиане по информации Стефана Византийского,” *Проблемы Истории Филологии Культуры* 10, 2001, С. 414-418.

Кошеленко, Г. А., “Л. М. Сверчков, Курганзол - крепость Александра на юге Узбекистана. Tashkent: SMI-ASIA, 2012.182 с ,” *Вестник древней истории*, 2, 2015, С. 206-212.

Кошеленко, Г. А., “Становление денежного обращения на эллинистическом Востоке,” *Российская археология*, 3, 2006, С. 95-105.

Кошеленко, Г. А., Бадер, А. Н. и Гаибов, В. А., “Маргиана в ахеменидской официальной традиции,” *Проблемы Истории Филологии Культуры*, 2, 1995, С. 137-150.

Кошеленко, Г. А., Гаибов, В. А. и Бадер, А. Н., “Александр македонский в Маргиане,” *Вестник древней истории*, 1, 2000, С. 3-15.

Кошеленко, Г. А., Гаибов, В. А. и Бадер, А. Н., “О некоторых особенностях экологической ситуации в Мервском оазисе в древности и раннем средневековье,” *Проблемы Истории Филологии Культуры*, 4/1, 1997, С. 57-72.

Кошеленко, Г. А., Гаибов, В. А. и Бадер, А. Н., “Парфянские сюжеты в ‘*Истории Александра Македонского’* Курция Руфа,” *Вестник древней истории*, 1, 1998, С. 301-313.

Массон, В. М., “Денежное хозяйство древней Средней Азии по нумизматическим данным,” *Вестник древней истории*, 2, 1955, С. 37-47.

Массон, М. Е., “Городища смарого Термеза и их изучерие,” В: Ответ. ред. Л.В. Баженов, *Термезская археологичесная комплексная экспедиция 1936 г.* Вып. 2, Ташкент: Издательство Узбекистанского Филиала Академии Наук, 1940, С. 5-122.

Массон, М. Е., “К вопросу о взаимоотношениях Византии и Средней Азии по данным нумизматики,” *Труды Среднеазиатского государственного университета*, новая серия, 23, кн. 4, Ташкент: Издательство среднеазиатского гос. университета, 1951, С. 91-104.

Негматов, Н. Н., “Ходжент. Основные этапы истории,” В: Ответ. ред. Н. Н. Негматов, *Сборник статей. Исследования по истории и культуре Ленинабада*, Душанбе: Дониш, 1986, С. 3-15.

Новиков, С. В., “Городской строй Суз-Селевкии на Эвлае по данным эпиграфики,” *Вестник МГУ*, Серия 8. История. 2, 1982, С. 78-89.

Ольбрихт, М. Я., “Политика Александра Македонского в отношении Иранцев в Средней Азии (329-327 гг. до н.э.),” *Метаморфозы истории,* 4, 2013, С. 119-129.

Пугаченкова, Г. А., “К познанию античной и раннесредневековой архитектуры Северного

Афганистана," В: Ответ. ред. И. Т. Кругликова, *Древняя Бактрия. Материалы Советско-Афганской экспедиции. 1969-1973 гг.*, Москва: Наука, 1976, С. 125-162.

Пьянков, И. В., "Александрия крайняя в известиях античных авторов," В: Ответ. ред. Н. Н. Негматов, *Сборник статей. Исследования по истории и культуре Ленинабада*, Душанбе: Дониш, 1986, С. 73-81.

Рапен, К., "От Коктепе до Киндикли-тепе: новый подход к историивозникновения ирригации в северной части Зеравшанской долины," В: Ответ. ред. Ш. Мустафаев, *Цивилизации и культуры Центральной Азии в единстве и многообразии. Материалы Международной конференции, Самарканд, 7-8 сентября 2009 г.*, Самарканд-Ташкент: Международный институт центральноазиатских исследований, 2010, С. 139-150.

Ртвеладзе, Э. В., "К истории Кампыртепа (Александрии Оксианской)," В: Ответ. ред. В. П. Ииконоров, *Центральная Азия от Ахеменидов до Тимуридов: археология, история, этнология, культура*, Материалы международной научной конференции, посвящённой 100-летию со дня рождения Александра Марковича Беленицкого (СПб, 2-5 ноября 2004 г.), Санкт-Петербург: Институт истории материальной культуры РАН, 2005, С. 189-190.

Ртвеладзе, Э. В., "О местоположении бактрийского города Аорна," *Веестник древней истории*, 1, 1982, С. 149-152.

Стоянов, Е. О., "К вопросу о происхождении Стасанора Солийского," *Проблемы Истории Филологии Культуры*, 2, 2016, С. 100-110.

Усманова, З. И., "Разрез крепостной стены Эрк-калы старого Мерва," В: Ответ. ред. М. Е. Массон, *Труды Южно-Туркменистанской археологической комплексной экспедиции*, 19, Ашхабад: Ылым, 1989, С. 21-61.

五、中文论著（含译著）

岑仲勉：《汉书西域传地里校释》，北京：中华书局，1981年。

倪滕达：《盛世罗马帝国社会风气研究——以琉善之眼观帝国之魂》，北京：中国社会科学出版社，2017年。

荣新江、李孝聪主编：《中外关系史：新史料与新问题》，北京：科学出版社，2004年。

沈福伟：《丝绸之路——中国与非洲文化交流研究》，乌鲁木齐：新疆人民出版社，2010年。

杨巨平：《互动与交流——希腊化世界与丝绸之路关系研究》，北京：中华书局，2022年。

杨巨平：《碰撞与交融——希腊化时期的历史与文化》，北京：中国社会科学出版社，2018年。

余太山：《塞种史研究》，北京：商务印书馆，2012年。

［美］威尔·杜兰：《希腊的衰落》，幼狮翻译中心编译，台北：幼狮文化事业公司，1978年。

［苏］Г. А. 普加琴科娃、Л. И. 列穆佩：《中亚的古代艺术》，陈继周、李琪译，乌鲁木齐：新疆美术摄影出版社，1994年。

［匈牙利］雅诺什·哈尔马塔主编：《中亚文明史》第二卷，徐文堪、芮传明译，北京：中国对外翻译出版公司，2002年。

六、中文论文（含译文）

陈晓露：《西域回字形佛寺源流考》，《考古》2010年第11期。

陈晓露：《中亚早期城址形制演变初论——从青铜时代到阿契美尼德王朝时期》，《西域研究》2019年第3期。

罗帅：《阿富汗贝格拉姆宝藏的年代与性质》，《考古》2011年第2期。

齐东方：《输入·模仿·改造·创新——粟特器物与中国文化》，载荣新江、张志清主编：《从撒马尔干到长安——粟特人在中国的文化遗迹》，北京：北京图书馆出版社，2004年。

任萌：《塔吉克斯坦、乌兹别克斯坦考古调查：前贵霜时代至后贵霜时代》，《文物》2015年第6期。

宋永忠：《中亚美术的奇葩——索格底亚那壁画艺术》，《美术》2016年第6期。

杨巨平、王潇、邵大路：《城市、钱币与艺术：丝绸之路上的希腊化文明遗产国际学术研讨会综述》，《西域研究》2018年第4期。

杨巨平：《阿伊·哈努姆遗址与"希腊化"时期东西方诸文明的互动》，《西域研究》2007年第1期。

杨巨平：《传闻还是史实——汉史记载中有关西域希腊化国家与城市的信息》，《西域研究》2019年第3期。

杨巨平：《两汉中印关系考——兼论丝绸之路南道的开通》，《西域研究》2013年第4期。

杨巨平：《论"希腊化"时期的城市化运动》，《城市史研究》1992年第7辑。

杨巨平：《弥兰王还是米南德？——〈那先比丘经〉中的希腊化历史信息考》，《世界历史》

2016年第5期。

杨巨平：《希腊化还是印度化——“Yavanas”考》，《历史研究》2011年第6期。

杨巨平：《希中文明的接触与交汇》，《世界史年刊》1996年第2期。

杨巨平：《亚历山大东征与丝绸之路开通》，《历史研究》2007年第4期。

杨巨平：《远东希腊化文明的文化遗产及其历史定位》，《历史研究》2016年第5期。

［法］葛勒耐：《法国—乌兹别克考古队在古代撒马尔干遗址阿弗拉西阿卜发掘的主要成果》，阿米娜译，《法国汉学》第8辑，2003年。

［美］杰弗里·勒纳：《希腊—巴克特里亚时期的瓦罕城堡与丝绸之路》，庞霄骁译，杨巨平审校，《西域研究》2017年第3期。

［日］桑山正进：《迦毕试国编年史料稿》，张亚平节译，《南亚研究》1985年第4期。

国家出版基金项目

杨巨平 总主编

从地中海到黄河

希腊化文明与丝绸之路

FROM THE MEDITERRANEAN TO THE YELLOW RIVER

HELLENISTIC CIVILIZATION AND THE SILK ROAD

第三卷

从马其顿到粟特

——希腊化钱币与丝路钱币

主编 杨巨平 ［法］奥斯蒙德·波比拉赫奇 林 英（执行）

中華書局

编撰分工

第三卷主编　杨巨平　奥斯蒙德·波比拉赫奇　林英（执行）

协编　李　潇

著译者

序　杨巨平

导言　林英

总论一　杨巨平

总论二　奥利维尔·波尔多撰　李潇译　徐朗校

第一章　王　杨

第二章　王　杨

第三章　王　杨

第四章　弗兰西斯·约瑟夫撰　李潇译　孙艳萍校

第五章　庞霄骁

第六章　李　潇

第七章　李　潇

第八章　张　录

第九章　齐小艳

第十章　郭云艳

第十一章　郭云艳

附录　李　潇

译名整理　靳　悦

文献整理　邰鑫玉

目录

第三卷

从马其顿到粟特
——希腊化钱币与丝路钱币

第三编　希腊式钱币的利用与改造

序

本卷的主题是笔者多年来关注的一个问题。2007年，我在《北京师范大学学报》第6期发表了《希腊式钱币的变迁与古代东西方文化交融》一文，算是对早年研究心得的一个总结。但之后这些年，尤其是把这一问题的研究上升到国家社科基金重大课题的子课题层面之后，我对这一问题的认识也有所深入，所以就班门弄斧，把该文加以补充修正，列入本卷的总论之中。

我对希腊化钱币的研究兴趣始于我的硕士学位论文。因为论文题目“希腊化文化宏观考察”涉及希腊化时期中希两大文明的接触，自然也就要在同时期的中国文献中寻找材料。结果发现，《史记·大宛列传》《汉书·西域传》中描述的安息、罽宾和乌弋山离的钱币与我所知晓的希腊化钱币多有相似之处。随着研究的深入，我逐渐认识到它们之间居然有着承继关系。“以银为钱，钱如其王面”，“文为骑马，幕为人面”，“文为人头，幕为骑马”，这不就是希腊化或希腊式钱币的基本特征吗？从希腊化钱币到丝路钱币，虽然历经千年沧桑，钱币的外观上已经发生了很大的变化，但基本特征仍然保留了下来。国王形象，不论是头像、胸像还是立像，也不论是侧面像还是正面像，都还在钱币上基本保留；反面一般是王朝或国王的保护神，不论是希腊的神或其他民族的神，还是混合神，或是宗教的象征符号；正面或反面有表示国王名称及其名号的铭文，有时两面都有，一般是单语希腊语，也有双语，甚至三语或仅有其他单语；形制为圆形，无孔，打压而成；重量采用阿提卡制，也会减重，但兑换比例不变；币材以金、银、铜为主，也有合金。一王一币或多币，但新王即位，即发行自己的钱币。此类金银币一般都是实币，金属含量就是实际价值，因而便于流通，后来成为丝路西线的通用货币，一直流行到阿拉伯人来临之时。这种希腊化钱币由于特殊的保存价值和流通上的便利，在希腊化文明遗产中流传最广、影响最为深远。所以，在考察希腊化文明遗产与丝绸之路的密切关系时，我们就自然将其列为三大类遗产之一。

关于希腊钱币、希腊化钱币，以及本卷中提到的希腊式钱币、丝路钱币，国际钱币学界素有研究，且成果甚丰，国内也有不少著述推介。但如何将其置于欧亚大陆文明互动和丝绸之路文明交流融合的大视野之下研究，确实还是一个新的课题。好在有前辈和国内外同行的研究成果作为基础，有本卷全体执笔者的共同努力，我们基本厘清了希腊化钱币与希腊城邦钱币、马其顿王国钱币，甚至与波斯帝国、印度当地钱币的渊源关系，揭示了西域地区或丝路西线钱币与希腊化钱币的继承、利用、仿制和改造关系。从希腊化钱币到丝路希腊式钱币，就是希腊化文明与丝绸之路密切关系的一个缩影。

在本卷完成之际，我要特别感谢国际著名钱币学家、本卷的主编之一、法国国家科学研究中心（CNRS，或译法国国家科学院）教授奥斯蒙德·波比拉赫奇（Osmund Bopearachchi）。他不仅欣然应邀担任子课题负责人，积极参与申报，而且对本卷的大纲和具体的研究内容提出了许多中肯的意见。他的有关著作、论文集和钱币图录事实上就是本卷中亚、印度地区钱币研究的起点和主要依据。本卷采用了他对于印度—希腊人诸王的年代推定。波比拉赫奇教授对本项目做出的另一贡献，是与南开大学联合培养了三名博士生，本卷的主要撰写者王杨、李潇博士就是在他的指导下入门的（另一位是赵家田，主攻犍陀罗艺术）。他的另一位得意弟子奥利维尔·波尔多博士在其指导下，从钱币学的角度撰写了关于中亚—印度希腊化钱币本体发展源流的总论，另一篇关于印度—希腊人币模研究的论文则收入本书第六卷。

林英教授是本卷的主编之一、子课题的中方负责人。她在丝路钱币研究方面造诣颇深，自始至终参与了大纲拟定和审稿统稿工作。她对本卷的完成和出版竭尽全力，对所有的成员热情指导鼓励，令人感佩。其余参与撰写的还有美国休斯顿大学的弗兰西斯·约瑟夫博士，河北大学的郭云艳副教授，南开大学的庞霄骁、齐小艳、张录博士。他们的研究领域都与希腊化钱币或丝路钱币有关，对本卷贡献良多。

郭云艳和张录虽是临时受命，但出手不凡，按期保质完成了预定的写作任务，可谓一诺千金。李潇博士作为本卷的协编，还为后期的整理修订做了许多默默无闻的工作。

在项目启动时，本卷的国内撰写者大都还是南开在读博士生，但在结项和出版时，多已成为钱币学研究领域的后起之秀，甚至某一方面的专家。作为和他们一路风雨兼程走过来的老师，也深感“与有荣焉”。这虽然是“题外话”，但情之所至，难以自抑，权且如此吧！

杨巨平

2024年7月15日

导言

一、本卷缘起

公元前334年，亚历山大大帝率军渡过达达尼尔海峡，踏上了亚洲的土地，开始了他雄心勃勃的东方远征，希腊化时代（公元前334—前30年）由此拉开了序幕。在三个多世纪中，亚历山大及其继业者们建立的帝国或王国重构了从爱琴海到兴都库什山脉的广袤区域内的政治格局，将希腊人与希腊文明带至时人难以想象的遥远地区，在东西方文明交融互鉴的历史进程中留下了浓墨重彩的一笔。本卷所研究的希腊化钱币就是这个时代的产物。当然，它不过是希腊化时代的诸多遗产之一，但其对后世的影响却堪称最为深远、最为广泛。

所谓的希腊化钱币可溯源至马其顿王国的钱币，但真正的成型却在亚历山大东征及继业者战争期间。后来各希腊化王国虽然自行发行钱币，但都保持了希腊化王像钱币的基本特征。就古希腊钱币体系而言，希腊化王像钱币可以说是它的最后发展阶段，但就其影响而言，它却是大部分丝路沿线国家钱币和罗马钱币模仿和改造的对象，并由此奠定了世界性货币体系主要源头之一的历史地位。

1. 希腊化钱币是促进希腊化世界经济一体化趋势的重要工具

古代钱币或称金属铸币，是一种标准化的货币单位。在古代经济中，充当交换等价物的物品多种多样，贵金属、粮食、牲畜、布匹乃至日用品都可以在一时一地成为社会接受的货币。但是，钱币则代表了一种完全不同的思路，它是以国家信用为基础的贵金属铸币，蕴藏的核心理念就是标准化。在商品经济发达的古代两河流域，早在乌尔第三王朝时期就已经广泛使用白银充当支付媒介，[1]但是巴比伦尼亚的白银一直都是计重的，无形中使得商品交换的过程环节更多，也更复

1 欧阳晓莉:《乌尔第三王朝白银的货币功能探析》,《世界历史》2016年第5期。

杂，因此很难用于小宗商品贸易和日常支付之中。相比之下，由古代希腊人发扬光大的金属制式钱币具有突出的优势。它以国家财富作为信用保证，有着统一的重量与兑换体系，在使用过程中无需称重和校验成色，可以直接投入到商品交换中，既便捷可靠，又易于储存。因此，希腊城邦国家发行的钱币很快被地中海地区接受，甚至传播到波斯帝国统治的小亚和巴比伦尼亚，为古典时代希腊城邦国家的经济繁荣作出了重要的贡献。

约公元前334年，亚历山大大帝以个人名义发行了金币斯塔特，伊苏斯战役结束后又发行了银币，金银币都采用阿提卡币值标准，希腊化钱币由此肇始。据估计，从公元前333年到前290年，仅亚历山大的王室造币场就打造了6000万枚四德拉克马银币，6600万枚德拉克马银币，1200万枚金斯塔特，按金银比率1∶10折算，大约相当于9.1万塔兰特的白银以通用货币形式流入市场。[1]

希腊化货币并非伴随着军事征服以强制方式进入当地市场，但是得到了广泛接受。公元前325年之前，希腊世界仍存在着多种金属铸币体系，到了公元前300年左右，地方造币急剧减少，很多城市，特别是小亚的城市，放弃了自己的钱币类型，开始仿造亚历山大型钱币。有些城市会同时打造阿提卡标准和地方标准两种类型的钱币，这种改变并非为了效忠亚历山大，而是地方城市希望进入通用货币体系以谋求经济利益。公元前190年之后，很多小亚希腊化城市获得了独立的造币权，但它们仍然统一打造亚历山大型银币，这充分表明希腊化钱币在这两百年中得到了广泛流通。总之，希腊化钱币继承了城邦时代钱币的标准化和便捷性，作为一种新型希腊钱币广泛传播，为促进希腊化世界的经济一体化趋势作出了重要贡献。

---

1 崔丽娜：《定义希腊化世界：亚历山大型钱币的出现和传播》，《全球史评论》2020年第2期，第85页。

2. 希腊化钱币是“希腊化认同”的重要标志

与城邦时代希腊诸城市国家发行的钱币相比，希腊化钱币有着鲜明的时代特征。在本卷中，“希腊化王像钱币”被视为希腊化钱币的主要类型和基本特征。它与马其顿阿基德王朝钱币一脉相承，但是更突出了王权神化和王朝崇拜的主题。在希腊化钱币中，国王的侧面头像取代了希腊城邦钱币正面的神像，钱币的背面则是王朝创建者的祖先神或者家族保护神，铭文书写王名的属格形式，即“某某国王的”，明确了钱币的发行者是统治国家的君主，钱币由君主授权发行，体现出王权的威严与信用。此外，希腊化王像钱币大多采用阿提卡重量标准。这一种由王像、神像、王名共同构成的钱币样式组合在各个希腊化王国发行流通，形成了一种统一而持久的钱币风格，钱币上的三元素可以随着统治者的更替及其宗教信仰的不同而改变，但是形制、材质以及币制都基本不变，因此，希腊化钱币不仅便利了希腊化世界的贸易往来，也成为统治者宣传统治合法性、表达王权观念的工具，体现了新的希腊化认同，成为定义“希腊化世界 ”的标志之一。

3. 希腊化钱币是希腊化时代东西文明交融互鉴研究的标本

希腊化时代是一个世界主义的时代，伴随着亚历山大帝国与诸希腊化王国的建立，希腊文明与东地中海区域、小亚、两河流域、中亚和西北印度等东方之地诸文明的交流融合逐渐深入、扩展。值得注意的是，这种文明融合进程并没有随着希腊化王国的消亡而中止。希腊化时代结束后，无论是掌控地中海世界的罗马帝国，还是东至中亚、印度，甚至中国新疆和田的丝路沿线广大地区，都沿用了希腊化钱币的基本模式，从而成就了以希腊式钱币为基础的世界性货币格局。

与希腊化时代留存的遗址、艺术品和文献片段相比，希腊化钱币数量众多，体系完备，保存较好，构成了一个稳定而丰富的史料来源。希腊化钱币上的图像和铭文反映了当时的政治文化，我们可以由此观察希腊化世界的王权观念、君主崇拜乃至重大事件。通过比较希腊化钱币上的王像、神像和希腊语铭文在随后的罗马帝国、帕提亚帝国、贵霜帝国等钱币上的流变，我们可以推测希腊化文明对于周边地区的影响程度如何，不同地区如何接纳、吸收和调适了希腊化的钱币类型与背后的政治文化，这些吸收和改变背后又有哪些原因。由此可见，希腊化或希腊式钱币及其与丝绸之路的关系研究，是我们理解希腊化时代东西文明交融互鉴的一个重要窗口。

二、主要内容

本卷名为《从马其顿到粟特——希腊化钱币与丝路钱币》。我们所说的希腊化钱币指希腊化时代希腊—马其顿统治者发行的钱币，主要包括亚历山大本人发行的钱币及希腊化诸王国钱币，以及中亚的希腊—巴克特里亚王国及由此分化出来的印度—希腊人地方小王国的钱币。丝路钱币指张骞通西域之后，由丝路沿线国家非希腊人（当地民族）统治者发行的仿希腊化钱币或希腊式钱币，包括帕提亚（公元3世纪中期脱离塞琉古王国）钱币、贵霜钱币、萨珊波斯钱币、粟特钱币、嚈哒钱币等。这些国家基本都建立在原来希腊化世界的故地之上，其钱币在形制、图像和铭文上深受希腊化钱币的影响，发行和流通时间从公元前3世纪延续到公元7—8世纪。卷名“从马其顿到粟特”旨在凸显两大类型钱币先后相继、一脉相承的时间和空间联系。作为丝路终端、主导地中海世界的罗马人的钱币，事实上也是希腊化钱币影响的结果。随着海上丝路的开通，罗马的钱币也传入到印度和中亚，5—6世纪时则大量涌入中亚，甚至在中国西北地区也有流通。所以，罗马—拜占庭钱币也属于丝路钱币，本卷特设两章对此加以论述。

为了让读者对从希腊化钱币到丝路钱币的发展演变过程，以及与丝路钱币联系最为紧密的巴克特里亚和印度—希腊人钱币先有一个基本的了解，本卷总论收入了杨巨平教授和奥利维尔·波尔多博士的两篇论文。其后的正文内容基本按照时间顺序排列，由十一个专题研究构成。

杨巨平的论文虽然发表时间较早，但他吸收增补了最新的研究成果，从历史学的角度，对希腊化钱币的起源、形成以及其后在丝绸之路上的流通、演化作了全面的分析，特别是对希腊化钱币和丝路钱币作了新的分类，即二者可以在广义上统称为希腊式钱币，但具体可分为希腊化钱币（希腊人国王发行）、仿希腊化钱币（非希腊人统治者发行）两类。后一类钱币也可视为狭义上的希腊式钱币。仿希腊化钱币也有二仿甚至三仿之分。该文重点关注了希腊式钱币与中国中原王朝钱币在新疆和田地区的结合，揭示了中华文明有容乃大、为我所用的博大胸怀。

波尔多博士的论文是在他的导师奥斯蒙德·波比拉赫奇教授的指导下独立完成的。该文从钱币学角度，以中亚和印度西北部地区的希腊化钱币为主要研究对象，认为希腊化时代之前，兴都库什山以南就已经存在组织相对完备的银币生产体系，流行波斯、印度等多元钱币。在这样的背景下，希腊国王们发行的金银铜币迅速取代了本地钱币，其原因令人深思。作者全面介绍了这-·地区希腊化钱币的图像和铭文特征，钱模与国王谱系的关系，币面固定符号（花押）的内涵，涉及许多尚待探索的新问题，展示了这一地区希腊化钱币研究的广阔空间与难度。

本卷正文分为四编十一章。

第一编（第一、二章）是希腊化钱币的起源与演变，重点是亚历山大式王像钱币的形成。

第一章追根溯源，明确提出马其顿阿基德王朝钱币是“希腊化王像钱币”的重要源头。马其顿的王国政治和国王崇拜有别于希腊城邦，政治与宗教影响了马其顿人对钱币图案，即国王形象和保护神的选择。随着希腊—马其顿人的征服，他们又将这种钱币传统带到了东方。亚历山大发行的四德拉克马银币从重量标准到币面设计，主要沿用的是阿基德王朝钱币的传统。本卷的标题“从马其顿到粟特”就体现了这一观点。

在第二章中，作者探讨了“王像钱币”形成过程中亚历山大及其部将的作用，认为亚历山大式钱币在“希腊化王像钱币”发展历程中起到了承前启后的作用。“承前”指亚历山大式钱币承袭了马其顿阿基德王朝钱币的设计理念，“启后”则强调了以亚历山大东征为契机，他的继业者们通过对“亚历山大式”钱币的仿造与变革，开创了“希腊化王像钱币”的新时代。国王头像取代传统城邦钱币正面的神像，是希腊化钱币最突出的特征，在这个意义上，也可将希腊化钱币统称为“王像钱币”。

第二编（第三、四章）是希腊化王国时期“王像钱币”的发展。

第三章分别论述了各希腊化王国，尤其是托勒密王国、塞琉古王国钱币的特点。它们都各有自己的保护神、重量标准和王朝政治特征的反映，但总体上都属于希腊化钱币的范畴，是丝路钱币发展的基础，尤其是塞琉古王国的钱币对后来巴克特里亚和帕提亚王国钱币的影响直接而深远。在某种意义上，后来的丝路钱币就是在塞琉古王国钱币的基础上发展而来的。其中最重要的的二传手就是从塞琉古王朝独立出来的巴克特里亚希腊人王国的钱币。

第四章重点讨论了希腊—巴克特里亚王国以及后来的印度—希腊人王国、印度—斯基泰王国、印度—帕提亚王国发行的钱币。严格来说，这四种钱币确实有着密切的连贯性。但就发行者而言，希腊—巴克特里亚人和印度—希腊人的钱币由希腊人或其后裔发行，从大的分类看，属于希腊化钱币；印度—斯基泰人和印度—帕提亚人的钱币由当地的非希腊统治者发行，属于仿希腊化钱币。后三者同地发行，虽有先后之别，但也有共存之时，因此合为一章，予以分别论述。这些钱币流行的时间是公元前3世纪末到公元1世纪初，体现出希腊化文化与当地文化逐步混合的趋势，出现了带有希腊语—佉卢文双语铭文的钱币，钱币背面也开始刻有印度神像和印度风格的动物图案。这些钱币向我们揭示出，随着希腊化王国的建立和希腊化钱币的流通，中亚和西北印度地区的政治文化发生了深刻的变化，国王统治的合法性自此与希腊化风格的钱币结合起来。印度—斯基泰王国、印度—帕提亚王国的统治者是非希腊人，但是他们发行的钱币仍然可归属于“希腊化王像钱币”类型。王像与变形到无法释读的希腊字母组合在一起，意味着希腊化风格的钱币已经成为古代印度西北部政治传统的一部分，希腊化时代利用钱币宣传王权的理念落地生根。

第三编（第五至九章）是对丝路主要国家钱币的专题研究，旨在揭示它们与希腊化钱币的传承源流关系。巴克特里亚王国和印度—希腊人王国之后，从中国西北地区迁徙而来的游牧民族大月氏在中亚和印度建立了贵霜帝国，游牧文化与原有的希腊化文化、印度文化、波斯文化和地方传统相互碰撞、融合，推动着新的文化格局的诞生，这种变化也反映到钱币当中。

第五章梳理了贵霜钱币的形制、图像及其整体发展的进程和特点，认为贵霜钱币的发展演变主要经历了三个阶段。第一阶段是立足和立国初期对希腊—巴克特里亚王国、印度—希腊人王国、印度—斯基泰人、印度—帕提亚人钱币的仿制，其中包括对罗马钱币影响的接受。第二阶段是贵霜钱币的成型期，主要发生在第三任国王威玛·卡德菲塞斯时期。可能是出于商贸的考虑，他对铜币的重量进行了一定的调整，钱币面值虽然依旧以希腊式钱币的德拉克马为单位，但四德拉克马的重量已经从原来印度希腊化钱币的9克左右上升到16克左右。为了与之配套，威玛·卡德菲塞斯还发行了二德拉克马（8克）和一德拉克马（4克）两种较小面额的铜币。同时，受海上丝绸之路开通所传入的罗马金币的影响，以及当地金矿资源的开采，金币也在威玛·卡德菲塞斯时期出现，并成为贵霜帝国时期的主要币种之一。第三阶段是迦腻色伽及其以后，钱币的重大变化是钱币上印度、波斯神祇的大量出现，以及铭文由希印双语变为用希腊字母拼写的巴克特里亚语。这些地方神祇往往与希腊神祇结合，以新的混合形象出现。总之，从迦腻色伽一世开始，希腊化文化逐渐衰落，瑣罗亚斯德教和印度教的神逐渐成为贵霜钱币上神祇形象的主流。作者认为贵霜钱币反映了贵霜帝国中希腊化元素的衰微和地方化的崛起。

第六章专论帕提亚钱币中的希腊化特征。作者认为，帕提亚人不仅继承了塞琉古王国的造币传统，也继承了他们通过钱币传达王朝政治理念的宣传方式。从这个意义上说，帕提亚钱币整体都可被视作塞琉古文化或者说是希腊化文化的遗产。具体层面上，帕提亚钱币的制作技术依赖已有的希腊化造币工艺和基础设施，呈现出相当高的技术和艺术水准。币制标准也沿用了塞琉古钱币体系，材质以银和铜为主，钱币重量以阿提卡币制为基础。银币正面均是国王的头像或胸像，这是希腊化钱币最重要的特征之一，铭文则完全用希腊字母书写。总之，帕提亚王国自塞琉古王国脱胎而来，帕提亚钱币也以希腊化钱币，尤其是塞琉古王国钱币为基础。在此基础上，作者详细探讨了帕提亚钱币上的国王像、弓箭手图像、希腊神像以及铭文书写，并由此得出结论：帕提亚人虽然在钱币铭文中标明“爱希腊者”，但出于现实政治统治的需要，帕提亚钱币在延续希腊化传统的同时也表现出诸多的地方和王国特色。帕提亚钱币上的“众王之王”希腊语铭文体现了古波斯政治传统，是两河流域及伊朗高原地区对于国王的至高赞誉。这一头衔也大量出现在印度—斯基泰、印度—帕提亚钱币上，很可能是受到西邻帕提亚钱币的直接影响的结果。贵霜早期的钱币也延续使用了这一头衔，我国汉朝时期于阗王国汉佉二体钱上的“众王之王”头衔显然与这些贵霜钱币有关。

第七章聚焦于萨珊帝国，它继帕提亚帝国之后统治两河流域与伊朗高原。作者重点讨论了萨珊王室的兴起之地波西斯（Persis）的造币状况。此地的独立造币始自塞琉古王朝统治时期，其形制以塞琉古钱币为基础，既有希腊化钱币的一般特征，又充分彰显了波斯传统文化，尤其是琐罗亚斯德教宗教传统的特色。此外，波西斯钱币的图文有时也受地方政权与其宗主塞琉古—帕提亚帝国政治关系的影响。波西斯地区也是萨珊钱币的起源地，萨珊钱币由波西斯钱币发展而来。随着帝国势力的扩张，贵霜沙（萨珊—贵霜）、寄多罗以及嚈哒、粟特等钱币均受到萨珊钱币的影响。

第八章讨论了早期丝路钱币研究中的难点——嚈哒钱币。嚈哒帝国在公元4—6世纪控制了丝绸之路中亚段的大部分以后，一度垄断了中国与萨珊波斯之间的陆上商贸往来，在利用萨珊波斯的岁贡弥补与中国贸易逆差的同时，也积极参与到丝绸之路的商业网络当中去。尽管嚈哒帝国缺乏统一的货币体系，境内不同地区通常都会发行较个性化的钱币，但它作为中亚地区的新生政权，也不得不遵循旧有的货币惯例，以保障往来交换的顺利进行。所以，嚈哒帝国的大部分钱币具有辗转传来的希腊化钱币元素，在这个意义上，它们也可以被视为对“仿希腊化钱币”的再改造、再利用，而被列入到丝路希腊式钱币的范畴。值得注意的是，嚈哒钱币上所见的希腊化元素并非自己主动模仿的结果。事实上，在萨珊波斯帝国兴起以后，中亚地区的外来政权就很少像帕提亚人、印度—斯基泰人、印度—帕提亚人、早期贵霜王朝那样，有意识地继承所谓的希腊化钱币遗产，嚈哒帝国更多的只是将这种经贵霜王朝、萨珊王朝钱币传承下来的钱币类型理所当然地为己所用。但正是这种非自觉的继承，才真正表明了希腊化钱币的传统在中亚和西北印度地区的影响深远，成为上述地区文化基因的一部分，带有希腊化钱币元素的嚈哒钱币就是最后的极为有力的例证。

第九章对粟特和花剌子模钱币中的希腊化因素进行了详尽的分析。粟特地区曾经是塞琉古王国与希腊—巴克特里亚王国的领土，先后受到大月氏—贵霜帝国、萨珊波斯帝国、嚈哒人、突厥和阿拉伯帝国的控制和影响，本地文化与多种外来文化长期并存、融合。粟特诸国钱币也经历了从希腊化钱币、希腊化仿造币、希腊化仿造币的再仿造到萨珊波斯式钱币的演变。公元前3世纪初，粟特各地以亚历山大钱币、塞琉古王朝的安条克一世钱币、希腊—巴克特里亚王国欧泰德姆斯一世钱币为原型发行地方钱币。在大月氏—贵霜王朝统治时期，粟特依然延续了希腊式仿造币传统。从公元4世纪70年代到公元7世纪初，粟特先后处于萨珊波斯、嚈哒人和突厥人的统治和影响之下，但钱币依然沿用了希腊式造币体系，即以阿提卡币制为基础打制而成，钱币正面基本为国王头像，背面为希腊神，币值主要有四德拉克马、德拉克马、奥波尔等。早期的钱币上希腊语铭文较为标准且清晰，但后期图像、字母有些变形甚至难以识别，甚至铭文语言也由地方语取而代之。 总体来说，粟特钱币呈现出承继与变化并存的钱币演变特征，是丝绸之路上经济、地缘政治等因素综合作用的结果，见证了丝绸之路上东西方文明在粟特地区的交流与融合。本章的第二节讨论了花剌子模（中心地区为今乌兹别克斯坦西北乌尔根奇）钱币。与花剌子模政治历史演变相伴随，钱币上的文字经历了从希腊文到希腊文与花剌子模文双语，由此双语到花剌子模文，再从花剌子模文向粟特文与花剌子模文双语的转变。早期花剌子模钱币呈现了典型的希腊式特征，采用阿提卡标准，带有变形的希腊文，正面是国王半身像，并沿用四分之三的比例。尽管花剌子模并非希腊—马其顿人的直接管辖之地，但能保留、延续使用、仿造希腊式钱币，也是其影响广泛深远的一个佐证。

第四编（第十、十一章）关注与希腊化钱币和丝绸之路有密切联系的罗马—拜占庭钱币。在贵霜帝国初期，罗马钱币就通过海上丝绸之路被罗马商人带到印度、中亚。公元4世纪以后，拜占庭金币通过绿洲丝绸之路也传到中亚乃至中国，成为丝路钱币家族的一员。

第十章讨论了直接承袭希腊化钱币要素与特征的罗马钱币。本章宏观与微观相结合，系统考察了希腊化钱币在不同时期对罗马钱币的影响。第一节将视角转向共和国时期。当时罗马人学习希腊化钱币的形式、图案，但结合罗马社会自身的文化特色与需求，在希腊化货币制度的基础上确立了罗马钱币的基本类型。第二节关注罗马帝国时期货币的发展。此时罗马人对希腊化文化的吸收深入到政治思想层面，本节以胜利女神形制在希腊化时期、罗马帝国初期及至拜占庭时期寓意的发展演变为线索，揭示不同时期货币文化的变化规律。

第十一章则跟随公元5—7世纪拜占庭金币向东传播的轨迹，结合当时中亚地区的政治与经济的发展变化，考察拜占庭金币在推动中亚的希腊化钱币传统延续中所发挥的具体作用。作者指出，正是拜占庭金币在中亚的大规模仿制与继续向东传播，推动了中古初期欧亚大陆上以钱币为载体的东西方经济、文化交流。

附录部分是希腊化钱币演变及其影响的图示。从马其顿钱币开始，经过亚历山大钱币、继业者和各希腊化王国钱币的几个发展阶段，以“王像钱币”为基本特征的希腊化钱币得以形成，后来的丝路西线的国家和民族在取代希腊人统治的同时，也接受了这些钱币，并对其加以改造、利用，仿制甚至再仿制、再改造。但无论如何变化，希腊化钱币的三大基本要素——王像、保护神和铭文，在阿拉伯人到来之前还大致保留可辨。该图表选取了各个时期统治者的代表性钱币，并对其作了详细的说明，既可以补充正文中钱币信息的不足，也可提供一个从希腊化钱币到丝路希腊式钱币的发展轨迹。

（林　英）

总论

希腊式钱币的变迁与古代东西方文化交融

“希腊式钱币”（Greek-style coins）是亚历山大东征之后在希腊化世界流行并对以西亚、中亚和印度西北部为主的东方地区产生了深远影响的一种钱币类型。它创始于亚历山大东征之初（公元前4世纪末），消失于萨珊王朝与阿拉伯帝国之交（公元7世纪），主要仿制、改造、流通于古代丝绸之路沿线国家和地区。因此它的历史变迁又和丝绸之路的命运兴衰紧紧地联系在了一起。其间，由于各地政治、经济格局的变化和历史文化传统的影响，这类钱币总体上呈现出由“希腊化”到“去希腊化”的趋势。特别是公元以后，随着希腊人在西亚、中亚、印度等地统治的最终结束，希腊化文化影响的逐渐衰退，希腊式钱币的基本特征也越来越模糊，以至最后面目全非。为什么亚历山大在征服波斯的过程中，要以个人名义发行新的突出自己形象特征的钱币，为什么这些钱币又被他的继承者仿而效之？为什么在各希腊化王国不复存在，希腊—马其顿人的后裔从血统上和文化上都融入东方当地民族的汪洋大海后，希腊式钱币仍能以顽强的生命力存在、延续下去，其基本形制、币值等特征仍然被当地形形色色的统治者所接受？这些钱币的希腊化特征最后又为什么会蜕化变异，悄然消失了呢？笔者试图通过对这一类型钱币的兴衰演变及其动因背景的分析，尽可能对上述问题做出回答。

一、亚历山大帝国的建立与希腊式钱币的创始

“希腊式钱币”与我们通常所说的“希腊钱币”（Greek coins）有何区别？这是必须首先回答的问题。按照一般的钱币学常识，希腊化时期由希腊—马其顿各王国统治者发行的钱币都归入希腊钱币的类别。就钱币的基本特征和发行者而言，这种归属无疑是成立的，但从钱币本身的时代特征和文化内涵而言，这样的归属似乎忽略了希腊古风、古典时期的本土（包括希腊人殖民地）钱币和希腊化时期亚历山大及其后继者在东方发行的具有当地文化色彩的钱币的明显区别。因此，笔者以亚历山大东征为界，将此前的称为“希腊城邦钱币”或“希腊古典钱币”，其后的称为“希腊式钱币”，后者包括“希腊化钱币”与“仿希腊化钱币”两个类型。前者指希腊化时期希腊—马其顿统治者发行的钱币，后者指西亚、中亚、印度各地非希腊人统治者所发行的具有希腊化钱币基本特征的钱币。由于这些钱币主要发行、流通于中国西域之外的丝路沿线地区，故也可称为“丝路钱币”。狭义的“希腊式钱币”也主要指这一部分钱币。

希腊式钱币与古典时期希腊城邦钱币在形制上的最主要区别，在于国王头像出现于钱币之上。这不仅仅是图像设计的表面变化，而是希腊钱币史上一次具有革命意义的变革，是对古希腊人所经历的一次历史巨变的反映。首先，从钱币属性上来看。前者是希腊各城邦的钱币（马其顿王朝钱币是个例外），体现的是城邦的独立精神和民主共和理念，如钱币上标志性图案是各城市的保护神；[1]钱币的发行者是城邦，也即公民集体，而非某位个人。后者则是帝国或王国的钱币，发

1 如雅典钱币上的雅典娜及猫头鹰形象，厄基那钱币上的乌龟形象（美神、港湾之神阿芙洛狄特的象征），科林斯钱币上的双翼小公马珀伽索斯（Pegasos）和戴科林斯式头盔的雅典娜形象。

行者是统治者本人；钱币上面有国王的形象、名字、称号和保护神，表明是某某国王的钱币，[1]体现的是王权神授、帝王独尊和家天下的君主制观念。其次，从文化内涵上来看，前者是纯粹的希腊传统和风格，而后者则是多元文化的混合。

王像出现于钱币，在腓力二世时就已出现端倪。他在位时就已经发行有自己骑马图案的钱币，但正面一般还是宙斯（Zeus）或赫拉克勒斯（Heracles）。[2]真正把自己的肖像打压在钱币上，则始于亚历山大。他在东征过程中，大概是为了支付雇佣兵和士兵的薪饷，在公元前330年就开始打造自己的钱币。这些钱币依图形可分为两种。一种是雅典娜（Athena）/胜利女神尼科（Nike）型。正面为雅典娜头像，戴头盔，面右；反面为尼科全身站立像，面左。另一种是赫拉克勒斯/宙斯型。正面为赫拉克勒斯头像，戴狮头皮盔，面右；反面为宙斯面左而坐，左手持权杖，右臂伸出托一只鹰。钱币铭文是“亚历山大”的希腊语属格字符（ΑΛΕΞΑΝΔΡΟΥ ΑΖΙΛΙΣΟΥ）。米利都（Miletus）、西顿（Sidon）、亚历山大里亚（Alexandria）、巴比伦（Babylon）是这类钱币的主要制造地。

亚历山大以希腊神作为它所发行的钱币的图案，原因可能有二：一是他本是希腊北部马其顿地区的国王，现在却一跃而为全希腊的主人，并代表希腊以报希波战争之仇的名义远征波斯，他要表明他是希腊文化的正统继承者，而且希望这些希腊神能保佑他成功；二是受王族传统的影响，他自认为是希腊神宙斯和赫拉克勒斯的后裔，以他们的形象表明自己统治的合法性和神圣性。与此同时，他也可能开始发

---

1 这些钱币上的国王名字与称号，一般均用希腊语属格，如ΑΛΕΞΑΝΔΡΟΥ（of Alexander），意即“亚历山大的钱币”。

2 李铁生编著:《古希腊币》，北京：北京出版社，2013年，第44—45页，图4-5、4-6、4-7、4-8。笔者2018年11月到马其顿王国都城遗址培拉（Pella）考察，在博物馆看到了数十枚当地出土的马其顿王国的钱币。其中在归属于阿明塔斯三世（Amyntas III，约公元前393—前370/369年）和腓力二世的钱币上，正面多为赫拉克勒斯、宙斯的头像。关于希腊化钱币的马其顿渊源，详见本卷第一章。

行有他本人头像的钱币。有学者指出，早在公元前332年亚历山大在埃及访问孟斐斯（Memphis）时，就发行了一种正面有自己头像的铜币，以便将此前的波斯铜币驱逐出流通领域。[1]他从印度返回巴比伦后，还发行了一种纪念徽章，正面是他骑马追击乘象的印度国王波鲁斯的场面，反面是他一手握权杖，一手持宙斯霹雳，站立着接受飘然而来的胜利女神敬献花冠。虽然这种徽章并不进入流通，但这是他个人形象的再现。[2]

亚历山大死后，他的部将们都以亚历山大的继承人自居。将亚历山大神化、发行带有他的头像的钱币就成了他们抬高自身地位的重要手段。从公元前318年起，统治埃及的托勒密一世（Ptolemy I，约公元前305—前285年）首先在孟斐斯发行了一种正面有亚历山大戴象头皮盔的钱币，以纪念亚历山大在印度的胜利。[3]亚历山大的另一位部将吕西马库斯（Lysimachus，约公元前360—前281年）约公元前297年开始在色雷斯（Thrace）和小亚的马革尼西亚（Magnesia）大量发行有亚历山大头戴公羊角形象的钱币。公羊角是埃及阿蒙神的标志，亚历山大自称是宙斯—阿蒙神（Zeus-Ammon）之子，头戴公羊角的只能是亚历山大本人。这是具有亚历山大本人真实肖像的标准钱币的开始。[4]

国王头像出现于钱币正面这一希腊式钱币的基本特征由此确立。后来的希腊化王国诸王纷纷仿效，一时成为时尚。他们不仅继续发行具有纪念意义的亚历山大钱币，也开始制造有自己头像的钱币。其中

---

1 Ian Carradice and Martin Price, *Coinage in the Greek World*, London: B. A. Seaby Ltd., 1988, p. 109.

2 F. L. Holt, *Alexander the Great and the Mystery of the Elephant Medallions*, Berkeley: University of California Press, 2003, Plate 2-5.

3 Ian Carradice and Martin Price, *Coinage in the Greek World*, p. 116; M. Bieber, "The Portraits of Alexander," *Greece and Rome*, Second Series, Vol. 12, No. 2 (Oct. 1965), p. 185.

4 Ian Carradice and Martin Price, *Coinage in the Greek World*, p. 120; M. Bieber, "The Portraits of Alexander," *Greece and Rome*, Second Series, Vol. 12, No. 2 (Oct. 1965), p. 186.

塞琉古王国在希腊式钱币的延续和演变中发挥了承前启后的关键作用。其一，塞琉古王国在三大希腊化王国中版图最大，几乎继承了亚历山大帝国在亚洲的全部遗产。后来的巴克特里亚王国、帕提亚王国都是在它的故地上独立发展起来的。这种特殊的地理政治环境为希腊式钱币继续使用和流通提供了可能。其二，它的钱币在坚持突出王像这一基本特征的同时，保留或创制了宙斯、阿波罗（Apollo）、雅典娜、狩猎女神阿尔特米斯（Artemis）、赫拉克勒斯、尼科、酒神狄奥尼苏斯（Dionysus）、命运女神提刻（Tyche）、赫尔墨斯（Hermes）等希腊神祇的形象。它们成了后来本族或其他民族统治者仿制的依据。其三，除了王家造币场外，塞琉古王国也允许各地总督设场造币。这些早期造币场在各地易主后不仅继续生产，而且对新建的造币场起着示范作用。这对希腊式钱币传统的延续起了重要的作用，尤其在帕提亚和巴克特里亚王国时期。

可以说，到塞琉古王国分裂之前，希腊式钱币，或者更准确一点说，希腊化钱币已完成了自身的过渡。[1]但这种变化绝非源于亚历山大个人的一时兴起，而是有其深层次历史原因。

首先，这与马其顿的钱币传统有关。马其顿本来就是荷马（Homer）式的王国，阿基德王朝（Argead dynasty）早就把他们的祖先和宙斯、赫拉克勒斯联系在了一起。这两位神也就受到他们的崇拜，反映在钱币上，就是这两位神的头像在钱币正面的出现，反面有的则是国王本人的形象，以骑马型为主，如腓力二世的钱币。这就是亚历山大东征时将正面是赫拉克勒斯、反面是宙斯的钱币作为主要银币类型的原因。表面上看，他只不过在延续马其顿王朝钱币的传统，但他也有创新。以前这二位神，甚至还有其他的希腊神，如阿波罗神，都是单独出现于钱币正面，但亚历山大将二者置于同一钱币的正

1 关于希腊化钱币的形成演变过程，详见本卷第二、三章。

反面，而且创制了一手持权杖、一手托鹰的宙斯坐像。因此，赫拉克勒斯/宙斯坐像型钱币既是继承，又是创新。

其次，与亚历山大在东征过程中所接受的东方的“王权神化”观念有关。希腊人受荷马史诗和赫西俄德（Hesiod）《神谱》（*Theogony*）的影响，向来就有将自己的祖先追溯到神话传说中的某一位神或英雄的习俗。亚历山大和他的家族都自认为或被认为是希腊主神宙斯和希腊英雄赫拉克勒斯的后裔。[1]征服埃及后，他被当地的祭司尊为宙斯—阿蒙神。等到灭亡波斯进入印度后，他更感到自己就是神的化身，具有超人甚至超过其他神的力量。在他看来，只有像赫拉克勒斯、狄奥尼苏斯这样的希腊神才能征服到这里，而他甚至要比他们征服得更远。[2]因此，他的形象像诸神一样出现在他所发行的钱币上，也就理所当然了。

再次，王像出现于钱币之上在波斯素有传统，亚历山大有可能受其影响。[3]波斯的金币名大流克（Daric，重约8.3克），银币名西格罗（Sigloi，重约5.4克）。正面一般是一个头戴王冠的弓箭手，左手持弓，右手持矛，呈半跪状；反面一般空白，个别的有人骑马形。正反面都无铭文。这个弓箭手无疑就是国王。希腊人对此币并不陌生，因为他们与波斯帝国的接触已有两个多世纪之久。小亚的希腊城邦居民曾经沦为波斯人的臣民，不少的希腊人曾到波斯帝国任职、游历，有的希腊人充当波斯人的雇佣军。他们的服务报酬就

---

1 Arrian, *Anabasis of Alexander*, 4.10.6-7, with an English translation by P. A. Brunt, Cambridge, Mass.: Harvard University Press, 1983.［古希腊］阿里安:《亚历山大远征记》，李活译，北京：商务印书馆，1985年，第133页。伊索克拉底曾以赫拉克勒斯是腓力二世的祖先，来呼吁亚历山大领导希腊人进攻波斯。见Isocrates, *To Philip*, 109-115, with an English translation by George Norlin, Cambridge, Mass.: Harvard University Press, 1928. 也见N. G. L. Hammond, *A History of Greece to 322 BC*, 2nd ed., Oxford: Oxford University Press, 1984, p. 576.

2 Arrian, *Anabasis of Alexander*, 5.26.5-6.

3 Ian Carradice and Martin Price, *Coinage in the Greek World*, p. 34.

是这种金币或银币。亚历山大和他的后继者既然取代波斯国王成了新的统治者，他们也就顺理成章地把自己的肖像打制到新的钱币上，表明自己的正统性。但需要注意的是，波斯钱币上的国王（弓箭手）是侧面全身像，而希腊化时期的钱币上则是国王的侧面头像。此外，小亚的一些波斯总督也发行过有自己头像的钱币。[1]希腊化时期王像币的出现是否也与此有关，尤其是宙斯的座椅与小亚总督和波斯国王的座椅相似，二者之间有无借鉴关系，都有待于进一步探讨。

最后，还有一点也值得注意，即不能忽视亚历山大从波斯王室的宝库中共劫掠了约17万塔兰特（talent）（约合4835吨）的银子。[2]他把这些银子造成货币，投入流通，从而促进了近东地区以及整个希腊化世界货币经济的发展。

因此，希腊式钱币的创制既是亚历山大征服波斯、建立帝国统治的需要，也是东方王权神授、帝王观念影响之下的产物。如果说原来的马其顿钱币和城邦钱币（主要是币制标准）奠定了新型钱币创制的基础，那么具有国王形象的波斯钱币则在某种程度上为亚历山大及其后继者提供了模仿的对象。

希腊式钱币流传甚广，影响深远，总体上看，它在东部希腊化世界有两个传播中心或两条传播路线：一是以帕提亚（Parthia，中国史书中的“安息”）为中心的地区，一是以巴克特里亚（Bactria，中国

---

1 Otto Mørkholm, *Early Hellenistic Coinage from the Accession of Alexander to the Peace of Apamea(336-188 B. C.)*, Cambridge: Cambridge University Press, 1991, p. 27. 关于小亚波斯总督的个人头像钱币图片，见李铁生编著：《古希腊币》，北京：北京出版社，2013年，第89页图8-10、第90页图8-12、第108页图9-9、第111页图9-16、9-17。另见 John Boardman, *The Greeks in Asia*, London: Thames & Hudson, 2015, p. 36, Illus. 14-16.

2 有学者估计，此数大约是伯罗奔尼撒战争前夕雅典整个国库储存量的19倍。Frank L. Holt, *Thundering Zeus: The Making of Hellenistic Bactria*, Berkeley: University of California Press, 1999, p. 30, n. 21. 参见修昔底德：《伯罗奔尼撒战争史》，谢德风译，北京：商务印书馆，1985年，第115页及页下注3所提供的数据。

史书中的“大夏”）为中心的地区。这两地都是亚历山大及塞琉古王国的故地。前者影响了帕提亚、萨珊波斯和阿拉伯帝国初期的货币；后者影响了印度—希腊人王国、印度—斯基泰人（Indo-Scythians，中国史书中的“塞人”）、印度—帕提亚人、贵霜帝国以及后来进入这一地区的嚈哒人（The Hephthalites）、柔然人（Jouan-jouans）等游牧民族的钱币。[1]中国新疆地区的“和田马钱”也与此有关。

二、希腊式钱币在巴克特里亚、帕提亚的延续与渐变

公元前3世纪中期，西亚、中亚的政治格局发生了巨大的变化。先是原为塞琉古王国巴克特里亚总督的狄奥多托斯一世（Diodotus I，约公元前250—前230年）独立称王，后是活动于里海附近的当地游牧民族帕尔尼人（Parni，又称阿帕尔尼人，Aparni）首领阿尔萨息（Arsaces I，约前247—前211年）侵入帕提亚，起兵建国。政治格局的变化自然带来王权象征之一的钱币的变化。希腊式钱币进入了与东方文化因素明显交融的新阶段。

巴克特里亚希腊人孤悬亚洲腹地，难免受到当地的东方文化的影响。1964年在阿富汗发现的阿伊·哈努姆古城遗址，尽管希腊式城市的特征非常明显，有希腊式的剧场、体育馆，有希腊语铭文、希腊神雕塑、希腊式钱币等，但东方文化的因素已比较浓厚，如东方式的宫殿布局、神庙建筑等。[2]公元前2世纪中期，巴克特里亚的希腊人王国

1 关于具体的类型、式样，可参见上海博物馆:《上海博物馆藏丝绸之路古代国家钱币》，上海：上海书画出版社，2006年。

2 详见杨巨平:《阿伊·哈努姆遗址与“希腊化”时期东西方诸文明的互动》，《西域研究》2007年第1期，第96—105页。

被来自中国西北部的大月氏人或其他北方游牧民族所灭，残部退往印度西北部。

巴克特里亚希腊人其实早在公元前2世纪初，就已经进入此地。与以往亚历山大和塞琉古一世的侵入不同，这次希腊人是长期立足，直到公元前后才消失于印度民族的汪洋大海之中。希腊人是外来民族，相较于当地的印度人，数量极少，且经过数代通婚，纯粹的希腊人后裔已难以寻觅。为了维护对当地人的统治，这些印度—希腊人加快了对当地文化的接受。这种民族融合和文化交流的最主要证据就是他们所发行的明显含有印度地方文化和宗教色彩的希腊式钱币。

首先是印度大象的标志出现在国王头像上。其实这一过程始于亚历山大。如前所述，他的大徽章上就有印度大象的形象。托勒密一世曾发行过一种亚历山大戴象头皮盔标志的纪念币。公元前2世纪初侵入印度的巴克特里亚国王德米特里一世（Demetrius I，约公元前200—前190年）的钱币上也采用了这种象头皮盔标志。[1]不管这些希腊统治者的本意如何，印度的大象标志出现在希腊式钱币上，实际上反映了希印两种文化的相互认同和融合。

其次是希印双语币的出现。这种钱币一面是希腊文，一面是印度佉卢文（Kharosthī），语言虽不同，但意思一致，后者基本是前者的翻译。希印双语币的发行既表示对当地语言的认可，也表示自己对当地统治的合法性，同时方便了这种钱币在当地的流通。

再次是佛教文化因素的吸收。著名的印度—希腊人国王米南德（Menander，约公元前165/155—前130年）曾发行一种印度标准的四方形钱币，正面是八辐车轮——表示佛教八正道的法轮（Dharma-

1　A. K. Narain, *The Indo-Greeks*, Oxford: Clarendon Press, 1957, plate I. 5-6.

chakra)，[1]反面则是希腊表示胜利的棕榈枝。这种币虽然是两种文化的结合，但似乎印度的成分已占了主体。

最后，对印度的动物特产也多有显示，如印度的大象和犎牛（颈肉隆起）全身站立的形象就出现在阿波罗多托斯（Apollodotus，约公元前180—前160年）的仿印式方形钱币上。但在希腊标准的椭圆形钱币上，印度的因素就相对少一些。这说明希腊式钱币对印度文化因素的吸收是个渐进的过程。

帕提亚曾经是希腊人统治的地区，独立后又处在东有塞琉古王国、帕加马（Pergamum）王国，西有巴克特里亚王国的包围之中，深受希腊化文化的影响。加之帕提亚人本身就是马背上的民族，自身的文化相对落后，因此，建国后的帕提亚人接受了原来的希腊主人带来的文化，帕提亚语和希腊语同时成为官方语言。希腊语在帕提亚的使用和普及程度超过了任何非希腊人建立的王国，这在帕提亚诸王发行的钱币上得到了充分的体现。这在希腊化历史上是极为罕见的文化现象。

从现在发现的帕提亚钱币来看，它经历了一个部分模仿、全盘接受、逐渐本土化的过程。帕提亚钱币可视为东方希腊化钱币的滥觞。

---

1 印度—希腊人国王Agathocles的双语钱币上的印度神黑天（Vasudeva-Krishna，克利须那）也持有这样的八辐轮。可见此轮是印度宗教观念中的一个象征，任何宗教都可以赋予其特殊的含义。佛教将其视为法轮也是可以理解的。若仔细观察，两个八辐轮还是有区别的。前者的八辐是交叉分布，中间相交于一点；后者则是从中间的一个车毂辐射而出。而且虽然二者的外圈都有类似把手的突出部分，但前者明显，后者则似隐似现。详见Osmund Bopearachchi, *Monnaies Gréco-Bactriennes et Indo-Grecques, Catalogue Raisonné*, Paris: Bibliothèque Nationale, 1991, pl. 7 (Agathocle, serie 9), pl. 33 (Menander, serie 37).

图A　阿伽托克勒斯双语币：大力罗摩/黑天

图B　米南德双语币：法轮/棕榈枝

在阿尔萨息一世到米特拉达特一世（Mithradates I，约前171—前138年）之间的大约一百年间，帕提亚钱币完成了第一阶段的过渡。这些钱币采用了希腊钱币的形制、材质和币值。如钱币外形呈圆形，打压而成；采用希腊阿提卡标准，主要是一德拉克马（约4克）和四德拉克马银币（约16克）两种；两面都有图案，正面是国王的侧面头像，反面是一个面右或面左、坐于无靠背王座、双手正在张弓的弓箭手形象。反面的左右两边是希腊语铭文，标有ΑΡΣΑΚΟΥ、ΒΑΣΙΛΕΩΣ以及各种赞语，[1]表明这是国王阿尔萨息发行的钱币。但这类钱币仍保持了明显的波斯和游牧民族的特征。其一，国王头戴游牧人的平顶垂肩头套（bashlyk，一译为波斯风帽），这与希腊式钱币国王仅在头上扎一头带的形象迥然不同。其二，背面的弓箭手形象与波斯帝国钱币上的国王持弓形象似有先后继承关系。帕提亚人素以善于骑马打仗著名，特别擅长在佯装策马撤退时，突然回过头来开弓射箭，置追敌于死地。因此也就有了“帕提亚人的回射”（Parthian shot）这样的成语。这与希腊式钱币反面一般表现神的形象也极为不同。这种弓箭手形象实际上就是国王的化身，[2]是帕提亚本地造币场所出钱币的标志之一。此外，初期的钱币还形成了一个传统，即几乎所有的钱币上只有开国君主阿尔萨息的名字，而无其他任何国王个人的名字。这是与以前的或其他的希腊式钱币极为不同的一点。

从米特拉达特一世统治时期开始，帕提亚钱币图案发生了重大变化。原因是帕提亚的统治者利用了原来塞琉古王国的造币场为他制造新币，从而使帕提亚的钱币增添了更多的希腊化因素。如同以前希腊

1 这些赞语言简意赅，内容丰富，几乎包含了希腊化时期所有国王的荣誉称号。如“伟大的国王”（ΒΑΣΙΛΕΩΣ ΜΕΓΑΛΟΥ）、“王中王”（ ΒΑΣΙΛΕΩΣ ΒΑΣΙΛΕΩΝ），“正义者”（ΔΙΚΑΙΟΥ）、“神显者”（ΕΠΙΦΑΝΟΥΣ）、“爱希腊者”（ΦΙΛΕΛΛΗΝΟΣ）等。详见http://www.parthia.com/parthia_inscriptions.htm#Greek.

2 有学者认为此为开国君主阿尔萨息。见Josef Wiesehöfer, *Ancient Persia from 550 BC to 650 AD*, London, New York: I. B. Tauris, 1996, p. 128.

统治者的钱币，正面的国王头上也只扎表示王权的头带，反面呈坐姿（王座改成了希腊人视为大地中心的德尔斐“脐石”，Omphalos）的弓箭手外，还出现了希腊神祇如命运女神提刻、赫拉克勒斯、宙斯、胜利女神尼科、农业丰产之神得墨特尔（Demeter）等形象。有的钱币也依照塞琉古王国的惯例，打上了表示发行年代的希腊字母符号，并以塞琉古实际在位年代纪年。[1]这或许为了表明他们也是塞琉古王国的正宗继承者。但也有例外，公元前1世纪初的两位国王（Gotarzes I，约前95—前90年；Orodes I，约前90—前80年）的钱币上就出现了头戴波斯王冠的形象。

公元以后，诸希腊化王国已不复存在，希腊化的影响逐渐减弱。钱币的总体面貌虽然没有大的改变，但希腊语铭文的字迹却变得越来越模糊或错讹，难以辨认，一些国王的名字也开始用帕提亚文字（阿拉米字母，Aramic，或帕拉维文，Pahlavi）来表示。那些表示国王称号、功绩和荣誉的铭文慢慢也失去了原有的、特定的、富有个性的政治含义，变成了一种机械的模仿。但一直到帕提亚王朝终结，希腊式钱币帕提亚类型的基本特征没有根本的变化。这是一个非常值得注意的事实，它说明希腊化文化、希腊式钱币在帕提亚统辖区域的影响颇深。

三、贵霜、萨珊波斯的崛起与希腊式钱币的变异及消亡

公元前后，西亚、中亚和印度的政治版图再次发生了变化。公元前1世纪后期，印度—希腊人的小王国逐渐退出历史舞台。从阿富汗

1　以公元前312年为始，以马其顿历1月、巴比伦历7月、公历10月为岁首。参http://www.parthia.com/parthia_ calendar.htm.

南部和经葱岭悬度进入印度的印度—斯基泰人（塞人）王国开始活跃于印度西北部。公元1世纪初，以大月氏王国为基础的贵霜帝国建立，囊括了中亚和印度的一部分。公元3世纪初，萨珊波斯帝国取代帕提亚称霸西亚和中亚的广大地区。由于希腊化影响的彻底消失，希腊式钱币失去了存在的文化基础和依托，成为无源之水、无本之木。贵霜和萨珊波斯的统治者虽然仍采取了拿来主义，但他们所接受的希腊式钱币经过数百年、数代的模仿改造，在外观上已与亚历山大时代的钱币相去甚远。他们在仿制这类钱币的同时，又注入了自己民族的文化因素，因此希腊式钱币的变异与消亡也就为时不远了。

从现在发现的萨珊钱币来看，它仍可属于希腊式钱币的范畴，是其变种或亚种之一。它的形制、材质和币值（重量）与帕提亚的钱币相比没有大的变化，币面呈圆形，银币为主，以德拉克马作为基本的重量单位。但正反两面的图像文字已完全波斯化、琐罗亚斯德教化。正面的国王一般都留着络腮大胡，头戴波斯式三重冠、雉堞形王冠或高高耸起的日月冠，发辫下垂，头后有下垂或扬起的飘带，这似乎是从希腊式王带演变而来。背面是象征萨珊波斯国教——琐罗亚斯德教的祭火坛，祭坛两侧一般有两个祭司站立看护圣火。币上的铭文已完全变成了波斯帕拉维语，希腊语字符彻底消失。公元7世纪中期，随着阿拉伯人的征服、萨珊王朝的灭亡，萨珊型钱币渐渐退出了流通领域。

相较于萨珊波斯，贵霜帝国诸王的钱币上较多地保留了希腊式钱币的特征。从大月氏于公元前2世纪中期灭掉巴克特里亚王国，到公元3至5世纪先后被萨珊波斯、印度的笈多王朝（Gupta dynasty）和北方的寄多罗人（the Kidarites）、嚈哒人（the Hephthalites）入侵并取代，月氏—贵霜人的统治在以印度西北部为中心的中亚和南亚地区延续了大约五六个世纪。这一地区恰恰是原来巴克特里亚希腊人和印度—希腊人的活动之地，希腊化程度较深，希腊人的文化遗存随处可见。贵霜人的祖先本来就是来自中国西北的游牧民族，他们在军事上可以征服巴克特里亚希腊人王国，但最终却不得不接受当地先进的希腊化文化遗产，或波斯文化、印度文化的影响。

贵霜钱币基本上保持了希腊式钱币的特征，正面的国王头像仍然扎着头带，但也有国王骑象，或手持权杖站立，或向一小祭坛献祭的图像。反面有人骑马形，也有坐着的赫拉克勒斯，或手持丰饶角的伊朗的大地女神阿多索（Ardoxsho相当于印度的Lakshmi），中亚的月亮女神（Mao），印度的湿婆（Siva）、公牛（Nandi），波斯的娜娜神（Nanania）、风神（Vado），佛教的佛陀（Buddha）以及箭、雷电等图像。币上的铭文有希腊语，也有佉卢文或婆罗米文（Brahmi）。贵霜时期的钱币显然是多种文化的混合体，希腊、波斯、印度，甚至罗马的因素都有所反映。[1]这是由贵霜人所处之地的地理环境和文化传统以及公元前后的东西方政治格局所决定的。

四、希腊式钱币与古代中国

既然希腊式钱币曾在塞琉古王国、巴克特里亚王国、帕提亚帝国、印度—希腊人王国、印度—斯基泰人、印度—帕提亚人和其他游牧民族建立的小王国、贵霜帝国以及萨珊波斯帝国流通，这些帝国或王国的故地、曾经统辖的区域都曾在历史上通过丝绸之路与古代中国发生过或多或少、或这样或那样的商贸和文化关系。那么，从公元前

1 迦腻色伽的一枚钱币上就既有希腊式光轮和披衣的佛陀立像，也有希腊字母拼写的“佛陀”（BOΔΔO）字样。参见［法］雷奈·格鲁塞:《东方的文明》，常任侠、袁音译，北京：中华书局，1998年，第252页。图像见http://www.coinindia.com/galleries-kanishka.html.

2世纪后期张骞通西域开始，这些形形色色的钱币到底有多少通过丝绸之路流入中国境内或中原内地呢？现在又有多少实物被发现了呢？据笔者所知，除了贵霜钱币、萨珊波斯银币、东罗马金币和和田马钱外，此前的希腊式钱币目前在国内似乎罕有发现。[1]但值得庆幸的是，我们的古人早在丝路开通之初就开始了对它们的观察和记载。

第一位明确把希腊式钱币信息带入中原的是凿空西域的张骞。他在给汉武帝的报告中特别提到了安息即帕提亚的钱币：安息人“以银为钱，钱如其王面，王死辄更钱，效王面焉”。这和现在所能看到的帕提亚的钱币特征非常一致。对于他亲自到过的大夏（巴克特里亚），他虽然没有具体提到此地的钱币，但他提到大夏人“善贾市。……其都曰蓝氏城，有市贩贾诸物”。[2]《史记·大宛列传》的另一处提到“自大宛以西至安息，国虽颇异言，然大同俗，相知言。其人……善市贾，争分铢”，而且说到“其地……得汉黄白金，辄以为器，不用为币”。[3]由此可见，张骞之时，自巴克特里亚、索格底亚那（Sogdiana, 即汉文中的粟特、大宛，曾为巴克特里亚希腊人王国的一部分）到帕提亚这一带商业发达，人们语言相通，善于经商，锱铢必争，但不用金币，可能都像安息那样主要用银币和铜币进行交易。考虑到希腊式钱币中还有大量的铜币奥波尔（obol），或其他小面值的辅币（半德拉克马等），我们不能把“争分铢”仅仅理解为是一种

---

1 2013年8月4日，笔者在敦煌市博物馆发现了一枚印度—希腊人国王Lysias（公元前120—前110年）的方形铜币，正面的希腊语铭文和头像都清晰可见。正面是赫拉克勒斯肩扛他的标志性武器——木棒，希腊语铭文是ΒΑΣΙΛΕΩΣ/ΑΝΙΚΗΤΟΥ/ΛΥΣΙΟΥ。当时陈列的是正面，没有看到反面，但很显然，这是一个双语币。从钱币图谱可以看出，反面是侧身站立的大象，其三边是佉卢文铭文：maharajasa/apadihatasa/lisikasa，意思与希腊文基本一致。这是在国内发现的第一枚印度—希腊人钱币。但不知是当地出土，还是来自别处。参见http://coinindia.com/galleries-lysias.html; Osmund Bopearachchi, *Monnaies Gréco-Bactriennes et Indo-Grecques, Catalogue Raisonné*, pl. 38-39 (Lysias, serie 8).

2《史记》卷一二三《大宛列传》，二十四史点校本，北京：中华书局，1982年，第3164页。

3《史记》卷一二三《大宛列传》，第3174页。

赢利手段，而要看到它实际反映了民间交易时辅币或小币的存在。

《汉书》中的相关记载大致相同，但也有相异之处。其中提到安息时说：“亦以银为钱，文独为王面，幕为夫人面，王死辄更铸钱。”[1]这里说得更具体了，但“幕为夫人面”如何理解？帕提亚钱币对此作出了非常令人信服的回答。原来在公元前2—公元4年在位的弗拉特斯五世（Phraates V，又称为弗拉塔克斯，Phraataces）的钱币反面，一反常态地出现了一位女王的头像。此人名为穆萨（Musa，原名为Thusmusa），本是一意大利女奴，被罗马皇帝奥古斯都赠送给帕提亚国王弗拉特斯四世为妾，弗拉特斯五世即为其所生。为了保证亲生儿子能继承王位，她先是劝诱弗拉特斯四世将其他王子送到罗马做人质，再乘机把自己的儿子立为王位继承人，然后毒死弗拉特斯四世，把儿子扶上王位。自己则与儿子结婚，成为王后或女王。从钱币上看，她是以共治者的身份出现的。他们二人在位时间不长，六年后即被推翻。然而他们发行的这类钱币却被中国的西域使者所目睹，将此信息带回中国，并在班固的《汉书》中留下了记载。如果不是这种钱币的实物出现，真不知这段记载的真实性何时能得到世人公认。[2]（图1）

图1
钱币上的弗拉特斯五世与穆萨

《汉书·西域传》中还提到位于印度西北部的罽宾“以金银为钱，文为骑马，幕为人面”，乌弋山离“其钱独文为

1 《汉书》卷九六《西域传》，二十四史点校本，北京：中华书局，1962年，第3889页。

2 有关的钱币图像见上海博物馆：《上海博物馆藏丝绸之路古代国家钱币》，第27页第84图；http://www.parthia.com/phraataces.htm#Musa。女王穆萨的石雕头像也于1939年在苏萨发现。见Benjamin Rowland Jr., “The Hellenistic Tradition in the Northwest India,” *The Art bulletin*, Vol. 31, No. 1 (Mar. 1949), pp. 5-6. 有关穆萨的记载见Josephus, *Jewish Antiquities*, 18.39-44, with an English translation by Ralph Marcus, Cambridge, Mass.: Harvard University Press, 1930.

图2
汉佉二体六铢钱

人头，幕为骑马”。[1]这些也都与印度—希腊人王国和贵霜时期钱币上的国王形象、人骑马形极为吻合。甚至罽宾“出封牛”，也可从此地钱币上的瘤牛形象得到印证。

可见在汉代，希腊式钱币的基本特征和两大类型的信息都传到了中原。至于介绍过于简略和以偏概全（如女王或王后的头像出现于钱币是帕提亚钱币中的特例，而且仅此一例），甚至误传，都是可以理解的。

此后的《魏书》《北史》在提到罽宾、康国、小月氏、粟特时，虽然都涉及这些地方用金银钱币交易、纳税，但未对其具体式样作出详细描述。特别是关于萨珊波斯的记载中，只有国王“戴金花冠，衣锦袍，织成帔，饰以真珠宝物”[2]的记述可与波斯钱币上的国王衣饰基本吻合，其他信息则阙如，不免令人遗憾。

但值得注意的是，贵霜钱币曾在中国的新疆塔里木盆地留下它们的印记。被夏鼐先生称为“和阗马钱”的汉佉二体钱显然受到了来自贵霜钱币的影响。该币圆形无孔，上铸有汉文与佉卢文两种文字，汉文表明币值（如“六铢钱”“重廿四铢铜钱”），佉卢文表示王名或王号，正面的图案为马或驼形。[3]（**图2**）这种钱币显然是希、印（贵霜）、中三种文化因素的结合。

尽管关于希腊式钱币的中外文献十分缺乏，但现有的考古学和钱币学实物资料表明：流通于丝绸之路千年之久的希

---

1 《汉书》卷九六《西域传》，第3885、3889页。

2 《魏书》卷一〇二《西域传》，二十四史点校本，北京：中华书局，1974年，第2271页。

3 关于汉佉二体钱的形制与分类，详见J. Cribb, “The Sino-Kharosthi Coins of Khotan. Their Attribution and Relevance to Kushan Chronology” (Part 1), *The Numismatic Chronicle*, Vol. 144 (1984), pp. 128-152. 也见［英］克力勃：《和田汉佉二体钱》，姚朔民编译，《中国钱币》1987年第2期。

腊式钱币确实在古代欧亚大陆的历史上发挥了重要的作用。作为交换媒介和手段，它们直接推动了东西方物质文明的交流。安息之所以能在相当长的时间内控制中国与西亚、欧洲的丝绸贸易，且与西面的其他希腊化王国，而后同占据东地中海的罗马帝国通商，其对希腊式钱币的接受无疑起了十分关键的作用。此外，这些希腊式钱币仿制、改造、流通的过程也是东西方文化交流融合的过程。它们既是多元文化的载体，也是多元文化的传播者。希腊式钱币的影响远远超出了它们的发行地，就是很好的证明。

（杨巨平）

巴克特里亚和印度—希腊人钱币综论

在过去的物质遗存中，钱币构成了一个重要的证据体系，供考古学家、历史学家和钱币学家今天研究使用。钱币不仅是一种货币，也是财富和权力的象征，有时还承载着复杂的政治信息。公元前7世纪初，钱币诞生于小亚细亚地区的古吕底亚王国。它是在更早的交换手段，如金属锭、雕刻金属物品、牲畜和粮食等基础上发展而来的。尽管钱币的出现并不意味着人们抛弃了其他类型的交易方式，但它很快便取得了成功，从小亚扩散到阿黑门尼帝国和埃及，然后传到希腊和西欧，又随着亚历山大东征到达了当时欧洲人所知道的东方世界边缘——中亚和印度。

尽管钱币在大小、形状、重量、材质、制作方法和图案等方面存在很大差异，但它们最基本和共同的特征是一块圆形（有时是方形）的金属，其中一面或两面刻有代表发行机构的某种文字、符号或标记，该机构通常是统治一个特定地理空间的主要政治力量。用于制造硬币的材料多种多样，包括黄铜、青铜、银、金、琥珀金、铅、铜镍合金等，这也证明一些古代工匠已经具备了高超技艺。金属自身对硬币的价值有自然影响，同时也具有象征性价值，尤其是金币。与现代钱币不同，希腊化时代流通的钱币没有面值（face value），其购买力由自身重量决定，重量标准因发行地而异。钱币首先是一种工具，旨在控制和促进经济生活。我们必须时刻牢记这一方面几乎一直影响着其他各个方面，尤其是政治和文化方面的含义。

就印度西北部而言，从打造所谓的“戳记币”（punch-marked coins），以及流通阿黑门尼“大流克”（Daric）和“西格罗”（Sigloi）来看，公元前5世纪时当地人就已经掌握了钱币制作和生产技术。亚历山大大帝（Alexander the Great，公元前336—前323年）到来之后，在马其顿和希腊殖民者的推动下，整个中亚地区成为重要的造币中心。马其顿和希腊人的统治衰落之后，又长久地影响了继续统治这片土地的游牧民族（印度—斯基泰人、印度—帕提亚人和贵霜人）。从这方面来说，中亚和印度西北部见证了东西方之间、不同文化与文明之间罕见、特殊的交汇，从而形成了像犍陀罗艺术这样独特的融合现象。希腊—巴克特里亚人（Graeco-Bactrians，公元前250—前130年）和后来印度—希腊人（Indo-Greeks，公元前180—公元10年）的钱币被专家们视作整个希腊化世界最精美的范本。从公元前4世纪到公元6世纪，即从希腊人到来至贵霜帝国衰落、萨珊时代兴起的这段时期，钱币流通于丝绸之路沿线，也很好地证明了它们的重要性。

历史著作

关于希腊人在中亚和印度西北部的文献记载极为稀少，文献中一共只提到8位国王，而钱币学研究则表明曾有45位希腊—巴克特里亚和印度—希腊人国王。文献中提到的8位国王分别是：

狄奥多托斯一世（Diodotus I，公元前250—前230年）和狄奥多托斯二世（Diodotus II，公元前250—前230年）。（查士丁：《庞培乌斯·特罗古斯〈腓力史〉摘要》，41.4.3-5，41.4.8-9；斯特拉波：《地理志》，11.9.3）

欧泰德姆斯一世（Euthydemus I，公元前230—前200年）。（波里比乌斯：《通史》，11.34.1-12）

德米特里一世（Demetrius I，公元前200—前190年）。（波里比乌斯：《通史》，11.34.8；斯特拉波：《地理志》，11.11.1）

阿波罗多托斯一世（Apollodotus I，公元前180—前160年）。（《厄立特里亚航海记》，47）

德米特里二世（Demetrius II，公元前175—前170年）。（查士丁：《庞培乌斯·特罗古斯〈腓力史〉摘要》，41.6.4）

欧克拉提德一世（Eucratides I，公元前170—前145年）。（查士丁：《庞培乌斯·特罗古斯〈腓力史〉摘要》，41.6.1；41.6.4）

米南德一世（Menander I，公元前155—130年）。（《厄立特里亚航海记》，47；普鲁塔克：《道德篇》，52；斯特拉波：《地理志》，11.11.1。除此之外，米南德一世也以“弥兰陀”［Milinda］之名出现在《弥兰陀问经》中，是与佛教僧人那先［Nāgasena］对话的中心人物。《弥兰陀问经》成书于公元前100—公元200年之间，现存巴利文和中文两个版本）

关于希腊—巴克特里亚钱币的出版物，最早可以追溯到18世纪中期。但直到19世纪，由于欧洲人在印度（后来也包括今巴基斯坦）活动，大量源自该地区的古币才进入欧洲的钱柜中。大英帝国的许多对历史感兴趣的军官和探险家进行了早期形式的考古探索，或在当地市场购买古币，这些都促进了钱币学研究的发展。查尔斯·马松（Charles Masson，本名James Lewis，1800—1853年）就是这类活动的杰出代表。马松通过在阿富汗进行野外收集和发掘，收集了数以万计的钱币，其中大部分最终进入大英博物馆。19世纪30年代，马松还发现了贝格拉姆遗址（Begram, 即古代高加索的亚历山大里亚），之后又继续考察了这一地区的若干佛教遗址。[1]

19世纪中叶至20世纪中叶，关于希腊—巴克特里亚和印度—希腊人的研究成果大多出自英国学者。法国人在这个领域也很活跃，法国驻阿富汗考古代表队（Délégation Archéologique Française en Afghanistan，简称DAFA）的考古学家们做了诸多工作。这一时期的主要成果是公布博物馆藏品以及进行历史研究。[2]尽管已经有很多出版物，但相当长一段时间内该领域仍饱受缺乏文献史料和确切考古证据的困扰，这导致有时会出现一些关于希腊化王朝谱系或国王年代模糊，甚至是怪异的理论。新研究方法和新考古成果极大地促进了希腊—巴克特里亚和印度—希腊人研究领域的更新和进步。近期主要的和全面的著作是由波比拉赫奇（O. Bopearachchi）根据法国国家图书馆币章古物部（Cabinet des Monnaies, Médailles et Antiques, Bibliothèque Nationale de France）藏币及其他所有已知系列整理出版的图录：《巴克特里亚和印度—希腊人的钱币：法国国家图书馆馆藏

1 E. Errington, *The Charles Masson Archive: British Library, British Museum and Other Documents Relating to the 1832–1838 Masson Collection from Afghanistan*, London: The British Museum, 2017.

2 博物馆收藏目录的代表性成果有：P. Gardner, *The Coins of the Greek and Scythic Kings of Bactria in the British Museum*, London: The British Museum, 1886; V. A. Smith, *Catalogue of the Coins in the Indian Museum Calcutta, including the Cabinet of the Asiatic Society of Bengal*, Vol. 1, Oxford: Clarendon Press, 1906; R. B. Whitehead, *Catalogue of Coins in the Panjab Museum, Lahore. Vol. 1: Indo-Greek Coins*, Oxford: Clarendon Press, 1914; M. Mitchiner, *Indo-Greek and Indo-Scythian Coinage*, 9 vols., London: Hawkins Publications, 1975-1976. 历史研究代表作品有：J. Prinsep, *Essays on Indian Antiquities*, 2 vols., Cambridge: Cambridge University Press, 1858; A. Cunningham, *Coins of Alexander's Successors in the East*, London: Argonaut Inco., 1884; E. J. Rapson, ed., *The Cambridge History of India. Vol. I: Ancient India*, Cambridge: Cambridge University Press, 1922; W. W. Tarn, *The Greeks in Bactria and India*, Cambridge: Cambridge University Press, 1938; A. K. Narain, *the Indo-Greeks*, Oxford: Clarendon Press, 1957; A. N. Lahiri, *Corpus of Indo-Greek Coins*, Calcutta: Poddar Publications, 1965.

分类目录》（1991）。[1]虽然之后又有一些新的钱币类型和系列被发现，但迄今为止这本图录仍是主要参考资料。

20世纪90年代至今，希腊—巴克特里亚王国已经成为许多研究的主题。最初关注的重点是通过模具研究来区分狄奥多托斯一世和狄奥多托斯二世的钱币，因为这两位国王使用了相同的图像（投掷闪电的宙斯）和铭文（ΒΑΣΙΛΕΩΣ ΔΙΟΔΟΤΟΥ）。[2]近来有两篇文章提出了一种颇有争议的假设，认为在欧泰德姆斯一世崛起之前，还存在第三位未被文献提及的巴克特里亚国王。[3]关于欧泰德姆斯一世，以钱币正面国王年龄为依据的"初始"模型已经差不多被放弃，[4]有些研究者试图将这种钱币与安条克三世东征联系起来，更准确的说，是与安条克三世围攻巴克特拉（Bactra）联系起来。所以，围绕欧泰德姆斯一世钱币的主要问题还是如何将他大量的钱币与宽泛的年代框架相协调。

另一个存在激烈争论的问题是如何区分巴克特拉和阿伊·哈努姆（Ai Khanoum）造币场生产的塞琉古钱币。内维尔（N. T. Newell）认为，[5]及其变体都是巴克特拉造币场的标记，但后来在阿伊·哈努姆初期公共建筑的几块砖上也发现了这种花押，旁边还有字母或符号├。所以这就带来一个问题：所有带这种花押的钱币都应归于阿伊·哈努姆吗？伯纳德（Paul Bernard）曾经讨论过，但最终放弃了这种假设。[6]一些不太了解情况的作者在几本书中依然支持这一假设，

1 O. Bopearachchı, *Monnaies Gréco-Bactriennes et Indo-Grecques, Catalogue Raisonné*, Paris: Bibliothèque Nationale, 1991.

2 S. Kovalenko, "The Coinage of Diodotus I and Diodotus II, Greek Kings of Bactria," *Silk Road Art and Archaeology*, Vol. 4 (1995-1996), pp. 17-74.

3 J. Jakobsson, "Antiochus Nicator, the Third King of Bactria?" *The Numismatic Chronicle*, Vol. 170 (2010), pp. 17-33; C. D. Zeng, "Some Notable Die-links among Bactrian Gold Staters," *The Numismatic Chronicle*, Vol. 173 (2013), pp. 73-78.

4 O. Bopearachchi, *Monnaies Gréco-Bactriennes et Indo-Grecques, Catalogue Raisonné*.

5 E. T. Newell, *The Coinage of the Eastern Seleucid Mints: From Seleucus I to Antiochus III*, New York: American Numismatic Society, 1938.

6 P. Bernard, *Fouilles d'Aï Khanoum IV. Les Monnaies Hors-Trésors. Questions d'Histoire Gréco-Bactrienne*, Paris: De Boccard, 1985.

而我们已经在其他地方证明了这些结论非常值得怀疑。[1]此外，与阿伊·哈努姆相比，从巴克特拉得到的考古信息严重不足，也提醒我们讨论该问题时需格外谨慎。

最后同样重要的是，笔者新近出版了一本关于希腊—巴克特里亚和印度—希腊人王国的书，旨在通过模具研究来解答几位国王的货币政策问题。[2]除了上述所有研究外，一切涉及巴克特里亚人独立问题，一般都要利用狄奥多托斯一世钱币。钱币学家们现在尤其关注造币的地理问题，两个或三个造币场的解释模式曾长期受到支持。在这个问题上，最近在中亚地区特别是坎培尔·特佩（Kampyr Tepe）、乌宗达拉（Uzundara）、詹达夫拉特帕（Jandavlattepa）等地考古发现的钱币至关重要。通过研究，我们认为早期希腊—巴克特里亚王国只有一个造币场制作金币和银币。此外，根据最新考古证据，伯纳德曾提出的“铜币分散生产”的假设似乎是可信的。[3]

对任何钱币体系的分析都能基于多种标准，可能是像花押这种钱币本身的固有元素，也可能是像出土环境这样的外在因素。模具研究关注的是钱币固有特质，与历史和考古背景无关。需要强调的是，在极度缺乏文献资料的情况下，中亚历史主要就是通过钱币学来研究的。如前文所述，我们通过钱币知道曾经存在45位希腊—巴克特里亚和印度—希腊人国王，而文献记载中只提到其中8位的名字。[4]这种方法论包括对一个特定体系中的所有钱币系统进行比较，而形成这些体系最常见的标准，是其中所有钱币都属于同一位国王。模具研究的基

---

1 参见O. Bordeaux, “Compte-Rendu de B. Kritt, the Seleucid Mint of Aï Khanoum,” *Topoi*, 21/2 (2017), pp. 647-656.

2 O. Bordeaux, *Les Grecs en Inde. Politiques et Pratiques Monétaires (IIIe S. A.C. – Ier S. P.C.)*, Numismatica Antiqua 8, Bordeaux: Éditions Ausonius, 2018.

3 P. Bernard, *Fouilles d'Aï Khanoum IV. Les Monnaies Hors-Trésors. Questions d'Histoire Gréco-Bactrienne*.

4 O. Bopearachchi, “Deux Documents Exceptionnels en Numismatique Indo-Grecque,” *Cahiers Numismatiques*, 189 (2011), pp. 3-6.

础是钱币制作方式，就中亚钱币而言，即锤子打制法。两个青铜或铁制的模子手工雕刻而成，通过锤子击打在钱币上留下浮雕图像。每个模具都有或多或少有明显的区别，所以就有可能将钱币进行组合，发现其中某些要素，如图像或花押是相互关联的。2007—2009年，法国国家科学研究中心（CNRS）一支团队利用实验考古学证明了模具研究的可靠性，并提供了关于钱币生产的基本数据。[1]在缺乏历史背景的情况下，这种方法是获取钱币体系的组织、生产力以及更全面地了解某位国王货币政策的重要方式。

起源背景

如前文所述，最早的钱币出现在公元前7世纪初阿吕阿特斯（Alyattes of Lydia，约公元前610—前560年）统治下的吕底亚王国，阿吕阿特斯的后继者克洛伊索斯（Croesus，约公元前560—前546年）被视为现代钱币的创造者。[2]几个世纪之内，地中海沿岸的所有国家都学会了用金属块作为支付方式。优卑亚的埃雷特里亚（Erctria of Euboea，位于希腊）和以弗所的阿尔特米斯神庙（Temple of Artemis in Ephesus，位于土耳其）都曾发掘出这些文物。它们有各种样式，如条形、块形、切割或塑成的金属等，典型材质是银，金币比较珍稀。

---

1 T. Faucher, L. Brousseau and J. Olivier, “Expérimentations sur la Technique de Fabrication des Monnaies Grecques: Approches, Réalisation, Perspectives,” in F. Tereygeol, ed., *Comprendre les Savoir-Faire Métallurgiques Antiques et Médiévaux, Actes de la Table-Ronde, Décembre 2009*, Paris: Errance, 2013, pp. 71-99.

2 G. Le Rider, *La Naissance de la Monnaie. Pratiques Monétaires de l’Orient Ancien*, Paris: Presses Universitaires de France, 2001.

我们知道，早在公元前6世纪以前，希腊半岛、小亚和近东沿海（黎凡特地区，包括今土耳其南部、叙利亚、黎巴嫩、约旦、以色列和巴勒斯坦）就已经开始与美索不达米亚有经济和艺术上的密切交往，所以它们在货币实践方面存在相似之处。公元前10世纪，上述部分地区被新亚述帝国（公元前911—前609年）征服，后来又被新巴比伦王国统治（公元前629—前539年），它们的关系变得更加紧密。虽然没有打制和签名的钱币，但大量楔形文书生动地记录了当时货币运作体系之复杂和精细。

一种颇有吸引力的观点认为，发明造币是为了满足商人和公民日常生活的实际需求。另一种合理的观点是钱币被用于税收制度，而且成为发行机构的收入来源。制作钱币很可能是王族或公民的特权，在他们自己的领土范围内，不容许任何伪造或竞争机制存在，并且可能通过施行严厉的惩罚措施来保护这一制度。我们可以从多个方面来解释钱币何以成功。例如，钱币发行国可以通过与外币间的汇率波动盈利，比如托勒密埃及，或者通过操控钱币本身所含金属价值与其重量标准之间的比率获利。[1]同时，还有一种假设认为，对于发行者（如国王或自由城市）来说，钱币是一种强大的工具，通过发行成千上万在境内外流通的钱币，创造特定图像来满足发行者和使用者的自豪感，可以维护其统治和权力。如此看来，希腊语nomos（法律）和nomisma（钱币或钱币系列）两个术语的近似关系就尤为明显了。[2]

在阿黑门尼帝国（公元前550—前330年），最早的王家钱币是克洛伊索斯金币和银币（约10.70克），出现于公元前6世纪中期。它们正面展示的是一头狮子前半身与一头牛相对而立的图像。从大流士一

1 G. Le Rider, *La Naissance de la Monnaie. Pratiques Monétaires de l'Orient Ancien*.

2 O. Picard, "Séries Monétaires et *Nomisma*: Comment Classer les Monnaies Grecques?" *Revue Belge de Numismatique et de Sigillographie*, Vol. 164 (2018), pp. 3-25.

世（Darius I，约公元前522—前486年）时起，波斯大王所造的经典钱币是大流克金币（约8.40克）。“大流克”之名就源自大流士国王，正面是以弓箭手形象出现的戴王冠的国王。银币也采用相同图像，称作西格罗（约5.50克），价值相当于一枚大流克的1/20。然而，公元前6—前5世纪，希腊出现了一种新型的钱币，即所谓的雅典猫头鹰币，它成为一种典型的国际货币，甚至在阿黑门尼帝国境内也大量流通，数量比西格罗还要多，尽管后者是国家货币。与此同时，埃及和近东地区也出现了大量的仿猫头鹰币。[1]

希腊人到来之前的中亚和印度西北部

大流克和西格罗是整个阿黑门尼帝国的法定货币，然而亚历山大到达兴都库什山以北之时，当地对使用加盖戳记和打制的钱币仍不熟悉，大部分支付还是要借助物物交换、实物支付以及称量金属等方式完成。[2]一般认为在兴都库什山以北发掘出的大流克和西格罗不是当地钱币，虽然其中一部分很可能是亚历山大东征之后，由在此定居的希腊和马其顿殖民者所发行。[3]值得注意的是，后者是一系

1 P. Briant, *Histoire de l'empire Perse. De Cyrus a Alexandre*, Paris: Fayard, 1996; P. G. Van Alfen, "Mechanisms for the Imitation of Athenian Coinage: Dekeleia and Mercenaries Reconsidered," *Revue Belge de Numismatique*, Vol. 157 (2011), pp. 55-93. 关于这一主题，斯伦贝谢的《阿黑门尼帝国境内的希腊货币》是必读之作。D. Schlumberger, "L'Argent Grec dans L'Empire Achéménide," in R. Curiel and D. Schlumberger, *Trésors Monétaires d'Afghanistan*, Paris: Klincksieck, 1953.

2 G. Le Rider, *Alexandre le Grand. Monnaies, Finances et Politiques*, Paris: Presses Universitaires de France, 2003.

3 O. Bordeaux (*Pace* Bopearachchi 1999), "Sôphytos et Andragoras. Deux Cas de Monnayages Autonomistes entre Bactriane et Parthie Séleucides," *Monuments et Mémoires de la Fondation Eugène Piot. Académie des Inscriptions et Belles-Lettres*, Vol. 99 (2021), pp. 77-154.

列双倍面值的大流克，带有ΣTA MNA ΦΛ、ΦA、ΦΛ、ᛗ和Φᛗ 等花押，这些花押与仿雅典猫头鹰币和巴克特里亚地区发行的以索菲特斯（Sophytos）名义打造的钱币直接相关，下文会再讨论到这几种钱币。

至于兴都库什山的另一侧，学界对西北印度的北部地区何时何地出现最早的钱币问题争论不休。1924年，在塔克西拉的皮尔丘遗址（Bhir Mound in Taxila）的一处窖藏中发现了1167枚所谓的“弯条币”（bent-bars）。钱币学家们认为，这种特殊类型钱币应当就是该地区最早的钱币。[1]约翰·阿兰和H. C. 沃尔什根据其中的三枚外来币判断，该窖藏被掩埋的时间应当是公元前5—前4世纪。[2]这三枚外来币中，两枚为亚历山大大帝所造，另一枚属于腓力三世（Philip III Arrhidaeus of Macedonia，公元前323—前317年），它们品相良好，而窖藏中的西格罗则有明显磨损痕迹，证实了阿兰和沃尔什的判断。

波比拉赫奇已经证明过，弯条形钱币曾在印度的帕罗帕米萨代（Paropamisadae）和犍陀罗地区广泛流行，尤其是像米尔扎卡（Mir Zakah）一号、二号这样的窖藏中发现了大量弯条币。[3]此外，塔克西拉的王公——印度国王翁菲斯（Omphis，后来以“Taxiles”之名为人熟知）为了说服亚历山大不要毁灭自己的王国而向其赠送的钱币也跟这种弯条币相似。昆图斯·库尔提乌斯·鲁弗斯（Quintus Curtius Rufus，生活于公元1世纪）记载，公元前327年春，亚历山大向塔克

---

1 J. Marshall, *Taxila*, 3 vols., Cambridge: Cambridge University Press, 1951.

2 J. Allan, *Catalogue of the Coins of Ancient India*, London: The British Museum, 1936; E. H. C. Walsh, “Two Hoards of Silver Punch-Marked Coins Found in the Bhir Mound at Taxila,” in J. Marshall, *Taxila*, Vol. 2, pp. 843-852.

3 O. Bopearachchi, “La Circulation et la Production Monétaires en Asie Centrale et dans l’Inde du Nord-Ouest (Avant et Après la Conquête d’Alexandre),” *Indologica Taurinensia*, 25 (1999), pp. 15-119; O. Bopearachchi, “Achaemenids and Mauryans: Emergence of Coins and Plastic Arts in India,” in A. Patel and T. Daryaee, eds., *Iran and India in the Longue Durée*, Irvine: UCI Jordan centre for Persian studies, 2017, pp. 15-48.

西拉进军，翁菲斯派遣使者告诉亚历山大，他已经准备好献出自己的王国。亚历山大欣赏这位印度国王的态度，于是允许他仍然保持自己的地位、头衔和权力。[1]我们还知道，翁菲斯献给亚历山大80塔兰特银币：

> 他宴请了亚历山大三天，到第四天，宣布自己已经为赫菲斯提昂（Hephaestion）的军队准备好粮食，不仅要送给亚历山大和他所有的朋友们黄金冠冕，还另有80塔兰特银币（argentum signatum）作为礼物。亚历山大对翁菲斯的慷慨非常满意，不仅归还了他的赠礼，而且额外从自己的战利品中拿出1000塔兰特回礼，另外还有许多供餐桌使用的金银器皿……[2]

昆图斯提到的“argentum signatum”，很可能就是前文提到的弯条形钱币或银块。

圆形币与弯条币并行存在，丹尼尔·斯伦贝谢（Daniel Schlumberger）将其称为“新型钱币”（monnaies d’une espèce nouvelle）。它们通过捶打模具或加盖戳记制成，主要发现于沙曼哈佐利窖藏（Tchaman-I Hazouri hoard）和谢罕德里窖藏（Shaikhan Dehri hoard）之中。[3]这些钱币按照阿黑门尼西格罗银币的重量标准（5.50克）制作，使用单倍或双倍（11克）面值。波比拉赫奇已经证明，通过捶打模了制作的圆形钱币在时间上早于印戳记的圆形钱币，前者时间为公元前5世纪，后者时间为公元前3世纪，弯条或方块状钱币出现得比它

---

1 Quintus Curtius Rufus, *Histories of Alexander the Great*, 8.12.4-14.

2 Quintus Curtius Rufus, *Histories of Alexander the Great*, 8.12.15-16.

3 前者位于喀布尔附近，1993年发现；后者位于布色羯逻伐底古城（Pushkalvalti），2007发现。关于这两处窖藏，分别参见R. Curiel and D. Schlumberger, *Trésors Monétaires d’Afghanistan*; O. Bordeaux, “Compte-Rendu de B. Kritt, the Seleucid Mint of Aï Khanoum,” *Topoi*, 21/2 (2017), pp. 647-656.

们更晚。[1]根据斯伦贝谢的假设，追溯这类钱币的起源“不必越过印度河，应该在阿黑门尼帝国的东部行省之内寻找”。[2]谢罕德里窖藏发现的几个空白的币坯可以帮助我们了解弯条或方块币的生产过程，即通过浇铸或从金属板上切割而来。但该窖藏最重要的发现是四个金属块，每块重量相当于72个西格罗银币（约400克），证明自公元前5世纪，印度就已经掌握了白银冶炼和精炼技术。法国奥尔良的IRAMAT实验室对谢罕德里窖藏的若干钱币、币坯和金属块作了计量分析，结果明确表明含银量在90%到92%之间，与阿黑门尼王朝打造的银币不相符，因为后者含银量在97%到98%之间。以上几点都支持这些钱币起源于本土的判断。[3]

通过对上述各类钱币、币坯和银块的研究，我们得出以下结论：它们是印度西北部最初的钱币，当时该地区尚处于波斯大王统治之下。波比拉赫奇提出要重新考虑这些“新型钱币”的发行时间，应将它们重新归到公元前5世纪，因为谢罕德里窖藏中发现了一枚可以追溯到公元前520年左右的雅典四德拉克马银币，从而为我们确定了窖藏的上限。现已发现了各种面值的弯条形钱币：二西格罗（11克），一西格罗（5.50克），半西格罗（2.75—2.80克），四分之一西格罗（1.40克），六分之一西格罗（0.90克），八分之一西格罗（0.70克），二十分之一西格罗（0.27克），直至四十分之一西格罗（0.13克），它们的存在肯定了波比拉赫奇1999年所提出的假设的合理性。考虑到米尔扎卡一号窖藏中至少有560枚小面值的弯条币，[4]这种钱币的流通量一定相当可观。1992—1993年冬天，米尔扎卡二号窖藏有近50万枚钱

1 O. Bopearachchi and A. Ur Rahman, *Pre-Kushana Coins in Pakistan*, Karachi: IRM Associates Ltd., 1995.

2 R. Curiel and D. Schlumberger, *Trésors Monétaires d'Afghanistan*.

3 O. Bopearachchi, “Achaemenids and Mauryans: Emergence of Coins and Plastic Arts in India,” in A. Patel and T. Daryaee, eds., *Iran and India in the Longue Durée*, pp. 15-48.

4 R. Curiel and D. Schlumberger, *Trésors Monétaires d'Afghanistan*.

币和数千枚弯条形钱币遭到非法发掘和抢劫。[1]巴基斯坦境内也发掘出了数百枚钱币，特别是1924年在皮尔丘发现了79枚。[2]以上种种充分证明，亚历山大到来之前，兴都库什山以南地区就早已存在一个组织完备且高产的钱币生产体系。

钱币的基本特征

希腊—巴克特里亚和印度—希腊人王国的历史相互影响，它们的钱币铭文布局经历了几次重大变化。希腊—巴克特里亚钱币都是圆形，铭文特点是只出现在背面，而印度—希腊人钱币则有希腊语和印度语言两种文字，同时出现在正面和背面。币文始终有相同的构成元素——属格形式的国王头衔（ΒΑΣΙΛΕΩΣ）和名字（意为：某国王的［钱币］）。从公元前2世纪早期开始，使用赞语（如ΘΕΩΣ，“神圣的”；ΜΕΓΑΣ，“伟大的”；ΣΩΤΗΡ，“拯救者”）也成为币文的特征之一。特殊情况下，币文中会提到国王父母或前任国王等，如所谓的“谱系”（pedigree）四德拉克马。[3]

最早的希腊—巴克特里亚钱币铭文布局方式相对简单，所有的金、银和铜币都垂直排列（↓↓）。铜币上有微小的变化，铭文有时会横向平行排列（$\overrightarrow{\rightarrow}$）。从公元前250年至前170年，兴都库什山以北的钱币没有其他明显变化。但是在兴都库什山以南，希腊人新征服的印度土地上的情况正好相反。一些有趣的特征影响了印度—希腊人钱币

1 相关钱币照片参见O. Bopearachchi, “Deux Documents Exceptionnels en Numismatique Indo-Grecque,” *Cahiers Numismatiques*, 189 (2011), pp. 3-6.

2 J. Marshall, *Taxila*, Vol. 3.

3 O. Bopearachchi, *Monnaies Gréco-Bactriennes et Indo-Grecques*, *Catalogue Raisonné*.

上的铭文布局：它们采用双语铭文和新式的方形币坯，导致正面和背面的铭文都沿三条边排列（正面：↑→↓；背面：↓←↑）。有少数例外的情况，背面是用佉卢文字母拼写的犍陀罗语，从右向左读，内容与希腊语完全对应，包括国王的头衔“maharaja”和名字。方形币上的铭文排列方式又反过来影响了圆形钱币，起初以圆圈状连续排列（先是↻，后是↺），公元前2世纪中期开始变为从中间断开（⟳）。这种排列方式随即成为其他印度—希腊人国王钱币铭文的标准样式。

这些钱币正面的国王头像或胸像也颇具特色（背面图像留待后文讨论）。国王额头上系着王带（diadem），即一种环绕额头的布条，以此表明他的王室身份，所以国王可以被清晰地辨认出来。但前三位希腊—巴克特里亚国王，即狄奥多托斯一世、狄奥多托斯二世和欧泰德姆斯一世，似乎都不太重视自己的肖像，尽管欧泰德姆斯一世在钱币上将自己描绘成了长者的形象。可能直到公元前190—前180年德米特里一世统治时，我们才能在他的钱币看到国王真实的肖像。公元前2世纪之后，国王肖像上开始出现少量不同头饰，其中最常见、最著名的是饰有牛角或公牛耳朵的彼奥提亚头盔（Boeotian helmet）。欧克拉提德一世是最早戴这种头盔的国王，他的钱币数量巨大，政治地位极其重要，这些都深刻地影响了他的后继者们。

最后，必须提到花押所扮演的核心角色。几乎所有的希腊化钱币上都有花押，它们由一串希腊字母组合而成。尽管一些钱币因为花押的形状和构成要素差异很大而显得非常复杂，但大量的钱币正面模具相互关联，证明它们的生产其实是组织有序的。花押曾先后被解释为：

——城市名

——统治年代

——督造钱币的地方官标志

——造币场标志

——被国王授权制作钱币的私人商行标志

随着钱币学研究的发展，通过对模具、币文和钱币风格的研究，各种花押逐渐被联系起来。2003年，波比拉赫奇根据对一处印度-–斯基泰窖藏（Bara hoard）的模具研究，以及希腊—巴克特里亚（欧克拉提德一世）和印度—希腊人（米南德一世）钱币之间的模具联系，估算希腊—巴克特里亚王国至少有三个或四个造币场。[1]他没有判断花押本身的含义，而是通过正面模具、风格和语言之间的联系，勾勒出了两个王国所用花押的时空和地理框架。要完善这个框架，不仅有待未来进一步的模具研究，还需对不同地区所用花押的频率进行详细分析。

在塞琉古王国，几乎所有钱币上都有一个或多个花押，通常位于背面。尽管其中一部分花押的地理分布已经得到比较充分的研究，如底格里斯河畔的塞琉西亚（Seleucia on the Tigris）、奥龙特斯河畔的安条克（Antiocheia on the Orontes）、安菲波利斯（Amphipolis）、巴克特拉（Bactra）等地的造币场，并且可以通过它们的开工、迁移甚至活动中断等情况来追踪造币场的历史，但我们目前对这些花押的解释仍然存在争议。勒里德尔（G. Le Rider）驳斥了花押是造币官标记的假设，认为当时存在一个常设公共职位（即官员）来专门监管持续不断的造币活动的可能性很小。更可信的假设是这些花押代表了造币场的工匠，他们承担间歇性的造币任务。[2]

总之，根据福斯曼（G. Fussman）的观点，我们可以断言，花押既不是城市名，也不是纪年标志、造币场标记、团体名字或刻模师标记。是作坊标志的假设更不太可能，如果这样的话，就存在有些模具会在不同作坊，甚至是同一个城市里的作坊之间传来传去的情况，这不符合造币是有计划地分配生产活动的预期目标。基于以上分析，我

---

1 O. Bopearachchi, *An Indo-Greek and Indo-Scythian Coin Hoard from Bara (Pakistan)*, Seattle: Amir Nawar Khan, 2003.

2 也可以参考O. Bopearachchi and S. B. Majumbar, *From Hindu Kush to Salt Range. Mauryan, Indo-Greek and Indo-Scythian Coin Hoards*, Kolkata: The Ink Beyond Imagination, 2020. 作者支持花押是刻模师的标志和造币名匠签名的观点。

们提出假设：有特定的人被委派监督钱币生产。这可以支持我们的若干结论，虽然这种假设仍不确定，尤其是如何解释某些花押被长期使用的情况。然而，从长远来看，有些造币场可能因为各种钱币学分析无法知晓的原因（领土丧失、政治动荡等）而搬迁。

类型、图像和风格

中亚希腊化钱币的类型可以分为以下几种：希腊神、印度神、各种人物、附属物与象征符号，以及动物。希腊—巴克特里亚和印度—希腊人钱币上的希腊神有阿波罗（Apollo）、阿尔特米斯（Artemis）、雅典娜（Athena）、狄奥尼苏斯（Dionysus）、狄奥斯库里兄弟（Dioscuri）、赫利奥斯（Helios）、赫拉克勒斯（Heracles）、赫尔墨斯（Hermes）、尼科（Nike）、波塞冬（Poseidon）、塞勒涅（Selene）、提刻（Tyche）和宙斯（Zeus）。金、银币与铜币之间有一项基本区别，前者背面通常是一位主要的希腊神祇，后者则展示了更为丰富的与宗教事件相关的希腊化图像。因此，这些图像提供了关于希腊和马其顿殖民者的日常生活以及逐渐受到来自印度世界影响的丰富信息。印度—希腊人从公元前190年开始打制钱币，这一时期正是德米特里一世征服印度领土的时候。有学者认为，以大象/马作为图像的无字铜币（偶尔带有希腊字母）可能是德米特里一世在塔克西拉发行的，[1]所以，这种在当地已经消失了两个半世纪的技术和上文提到的“新型钱币”被重新引入。尽管德米特里一世及其部分继承者被明确地视作是希

1 O. Bopearachchi, “La Circulation et la Production Monétaires en Asie Centrale et dans l’Inde du Nord-Ouest (Avant et Après la Conquête d’Alexandre),” *Indologica Taurinensia*, 25 (1999), pp. 15-119.

腊—巴克特里亚国王，但他们从这时起就已经打制印度—希腊钱币了。

在印度—希腊人王国早期阶段，阿伽托克勒斯（Agathocles，约公元前180—前176年）统治下印度神对中亚希腊化钱币的影响引人注目。他的一个方形银币系列展示了两位印度神，正面是大力罗摩（Balarāma-Saṃkarṣaṇa），背面是黑天—克利须那（Vāsudeva-Kṛṣṇa）。这类钱币最早在阿伊·哈努姆被发现，[1]它让我们清楚、明确地了解印度毗湿奴信徒的最初迹象。[2]阿伽托克勒斯和潘塔莱昂（Pantaleon）都发行了纯印度风格的铜币，这些钱币正面是身穿长纱、手持莲花的女性形象，背面则是典型的印度狮子。另外还有些钱币的图案是星星浮现在山丘上和树被围在栅栏中，与当地印度钱币非常相似。[3]所以，阿伽托克勒斯和潘塔莱昂的钱币表明，公元前180年中亚的希腊殖民者已经深入到犍陀罗和塔克西拉周边地区，即印度河流域，此前这里曾是阿黑门尼帝国的最东部边境。[4]

正面国王肖像也迅速变化，以一系列不同帽子和头盔为特征，这些元素都向钱币使用者传递着特定政治信息。国王德米特里一世总被描绘成戴象头皮盔的形象。这种头饰令人印象深刻，被解释成与他在印度的征服事业相关，或者也可能是为了庆祝已经取得的成功。

两位印度—希腊人国王吕西亚斯（Lysias，公元前120—前110年）和德米特里三世（公元前100年）也戴着相同的象头皮盔。国王安提马库斯一世（Antimachus I，公元前176—前171年）戴半顶帽（kausia），这是军人们常戴的一种典型马其顿头饰，与他大约同时的阿波罗多托斯一世也戴这种帽子。前文提到，欧克拉提德一世大王引

---

1 R. Audouin and P. Bernard, "Trésor de Monnaies Indiennes et Indo-Grecques d'Aï Khanoum (Afghanistan)," *Revue Numismatique*, 1973, pp. 238-289.

2 C. Schmid, *Le Don De Voir. Premières Représentations Krishnaïtes de la Région de Mathurā*, Paris: Efeo, 2010.

3 J. Marshall, *Taxila*, Vol. 3.

4 O. Bopearachchi, *When West Met East: Gandhāran Art Revisited*, Vol. 2, New Delhi: Manohar, 2020.

入了有牛角和公牛耳朵装饰的彼奥提亚头盔。他的主要竞争对手米南德一世则戴一种可调节面罩的头盔。有意思的是，他们的后继者可以分成两种，一种模仿欧克拉提德头盔类型，另一种模仿米南德头盔类型。此外，除胸像外，国王还可从背面视角展示自己系王带，戴或不戴头盔，以一种相当军旅风格的姿势投掷长矛的样子。安提马库斯二世（Antimachus II，公元前165—前162年）还开创了国王骑马的类型，早在印度—斯基泰人之前，它就已经成为印度—希腊人国王钱币上流行的形象，并一直延续到公元前1世纪中期。

雅典娜·阿尔基德莫斯（Athena Alkidemos），即“人民的保卫者”，在马其顿是一种广为人知的钱币图像类型，米南德一世时期被应用于印度—希腊人钱币。虽然她曾经在亚历山大大帝的钱币上短暂出现过，但出现在中亚的希腊化钱币上更可能是在暗示本地希腊权力的马其顿起源。[1]起初，这位女神的风格非常古风，后来逐渐演化，到印度—希腊人统治末期特别是公元前1世纪末，其形象明显退化。另一方面，宙斯被描绘成各种不同的姿态（头像或胸像、站像、坐在王座上的形象等），且与各种附属物一同出现（闪电、赫卡特[Hecate]、尼科、大象等）。除最后五十年外，几乎整个希腊时期的钱币上都描绘过宙斯。

通过中亚希腊化钱币的风格，我们可以确定哪些钱币是国王在世时发行的，哪些是他们去世后以其名义发行的。实际上，有些钱币无论是从风格还是花押（或者二者结合）来看，都应晚于钱币上所提及国王的统治年代。为此，我们必须讨论一下“蛮族化”（barbarization）的概念，这是根据各类元素的缺失或变形（例如，人物特征变得越来越粗糙），以及币文的错误或完全缺失来确定的。虽然有时我们并不清楚这些国王死后以其名义发行的钱币（posthumous

---

1 O. Bopearachchi, *Monnaies Gréco-Bactriennes et Indo-Grecques, Catalogue Raisonné.*

issues）究竟是希腊人还是非希腊人所造，但它们的年代学和类型学研究常常是理解希腊—巴克特里亚和印度—希腊人与周边游牧民族关系的关键。这些希腊化钱币被外族模仿并沿用类型，足以证明希腊钱币在中亚的重要性和声誉。希腊—巴克特里亚和印度—希腊人国王中，以下几位国王的钱币被仿造过：欧克拉提德一世、赫利奥克勒斯一世（Heliocles I，约公元前145—前130年）、米南德一世、安提阿尔吉达斯（Antialcidas，公元前115—前95年）和赫尔迈欧斯（Hermaios，公元前90—前70年）。毋庸置疑，这些国王统治时期都是发生深刻政治变革的时期。

作为"国际"货币的希腊钱币

公元前6—5世纪，雅典猫头鹰币是当之无愧的"国际"货币。它们在整个希腊世界流通，并且在黎凡特和埃及等地被大量模仿。[1]从公元前4世纪中期开始，阿拉伯半岛、美索不达米亚甚至巴克特里亚地区也参与到这一经济现象中来。在埃及，阿塔薛西斯三世（Artaxerxes III，公元前358/359—前338年）、萨巴凯斯（Sabaces，公元前338—前333年）、马扎凯斯（Mazaces，公元前333—前332年）都发行过雅典猫头鹰仿造币。阿塔薛西斯三世使用的是埃及世俗文字，后两位用阿拉米文。[2]因此，波斯大王最后的总督们似乎在埃及开创了在钱币上出现国王名字的波斯传统。

在更往东的地区，马扎欧斯（Mazaeus，约公元前361—前333年）

1 P. G. Van Alfen, "Mechanisms for the Imitation of Athenian Coinage: Dekeleia and Mercenaries Reconsidered," *Revue Belge de Numismatique*, Vol. 157 (2011), pp. 55-93.

2 G. Le Rider, *Alexandre le Grand. Monnaies, Finances et Politiques*.

于公元前360年左右被任命为西里西亚总督，后来又被阿塔薛西斯三世委任河外行省（Transeuphratia）总督之职。公元前331年底，马扎欧斯投降亚历山大并献出塔普萨库斯（Thapsacus）后，被亚历山大任命为巴比伦总督。马扎欧斯很快开始发行所谓的“狮子”四德拉克马，采用阿提卡重量标准，这是亚历山大允准他的特权。公元前328年马扎欧斯去世后，这种钱币上不再使用阿拉米字母但继续生产，可能直至公元前281年安条克一世即位才停止。此外，公元前4世纪末，巴比伦尼亚也制作了大量仿雅典猫头鹰币，上面刻有铭文ΑΘΕ或者是阿拉米字母拼写的马扎凯斯名字。有马扎凯斯名字的钱币相当复杂，有人认为它们是模仿了马扎凯斯在埃及发行的钱币（所以钱币上有铭文），或者来自美索不达米亚。伊拉克1973窖藏中出土了数十枚有MZDK铭文的仿造币。P. G. 万·阿尔芬（P. G. Van Alfen）认为，只有从公元前320年左右开始，随着马其顿人的到来，大量猫头鹰币的真品和仿品才从美索不达米亚流通到中亚，它们发挥作用的时间只有十年左右。[1]

众所周知，公元前333年10月至公元前332年9月，塔尔苏斯（Tarsus）和西顿（Sidon）先后开始发行亚历山大钱币。亚历山大生前虽在底格里斯河以西地区（西里西亚、腓尼基、叙利亚）发行了自己的四德拉克马银币，但他有生之年未曾试图在帝国范围内削弱其他钱币，强制推行自己的钱币。皮尔格鲁伯（R. Pirngruber）估计，公元前324至公元前318年间，巴比伦尼亚造币场用于制作“亚历山大”钱币的正面模具有203个，共做出2706银塔兰特（或者400万四德拉克马）。[2]公元前311年以后，塞琉古王国和托勒密王国仍发行亚历山大的钱币，塞琉古一世（Seleucus I，公元前311—前281年）的大部分金银币都是

1 P. G. Van Alfen, “Mechanisms for the Imitation of Athenian Coinage: Dekeleia and Mercenaries Reconsidered,” *Revue Belge de Numismatique*, Vol. 157 (2011), pp. 55-93.

2 R. Pirngruber, *The Economy of Late Achaemenid and Seleucid Babylonia*, Cambridge: Cambridge University Press, 2017.

这种类型，而托勒密一世（Ptolemy I，约公元前305—前285年）进行重大币制改革之前发行的钱币很少。在塞琉古王国，巴比伦是亚历山大钱币最主要的产地，直到公元前300—前290年仍在大量生产。

综合考虑，公元前325年左右，希腊化世界东部地区流通的各式钱币普遍越来越弱势，即使是雅典猫头鹰币也不例外，无论原版还是仿造币，它们都很快被亚历山大钱币以及后来的塞琉古国王钱币所取代。四德拉克马银币采用阿提卡重量标准，尽管重量有时会明显波动，暗示统治当局控制力的削弱或它们在地方流通。不过无论如何，巴克特里亚为了参与与西邻间的国际贸易，应该也会发行雅典猫头鹰币。[1]

中亚地区的前塞琉古钱币

正如前面讨论的，巴克特里亚由于位于伊朗和印度世界的边缘，在亚历山大东征之前仍未通行货币，交易时使用未经加工的金属，根据需要剪切相应重量。据波比拉赫奇的说法，中亚地区发现的少量大流克并非当地制作，尽管一些钱币的生产时间可能是公元前4世纪末。[2]公元前329年后，随着希腊—马其顿殖民者来此定居，情况发生了彻底改变，这些人不仅习惯使用钱币，而且还懂得打制钱币。虽然后续时间线仍然不甚清楚，但公元前294年左右出现了一个新的转折点——塞琉古王朝开始在巴克特里亚造币，当时塞琉古一世刚开始与儿子安条克一世（Antiochus I，公元前281—前261年）共治。这两个

---

1 P. Bernard, *Fouilles d'Aï Khanoum IV. Les Monnaies Hors-Trésors. Questions d'Histoire Gréco-Bactrienne*.

2 O. Bordeaux, "Sôphytos et Andragoras. Deux Cas de Monnayages Autonomistes entre Bactriane et Parthie Séleucides," *Monuments et Mémoires de la Fondation Eugène Piot. Académie des Inscriptions et Belles-Lettres*, Vol. 99 (2021), pp. 77-154.

事件之间发生过什么呢？公元前325年和公元前323年分别发生了两次起义，都遭到残酷镇压，领导者是希腊—马其顿殖民者，他们可能不愿在中亚永久定居，期望能在积累一些财富之后返回故土。[1]

因此，公元前4世纪末至前3世纪初的特点是突发了诸多政治变革。中亚曾经是，并且依然是一片多种影响交汇之地，也是一个社会大熔炉，西方统治者必须适应这种环境以确保自己的地位。这三十年间，希腊化世界普遍存在动荡，导致了许多暴力冲突，并出现了各种由半自治的统治者们发行的钱币。巴克特里亚也生产了几种钱币，包括雅典猫头鹰仿造币、所谓的“鹰”系钱币（“eagle” series），以及最重要的索菲特斯钱币（Sophytos coins）等。[2]

公元前330年亚历山大抵达中亚，公元前294年，安条克一世被任命为上省总督，二者为我们提供了发行雅典猫头鹰仿造币、鹰系钱币和索菲特斯钱币的明确时间界限，它们显然都是在这个时间点之间制作的。有“索菲特斯”名字的钱币有一个新的突出特点——它描绘了带有护颊片（paragnatides）的头盔。公元前305年左右，塞琉古一世在苏萨（Susa）发行的纪念币也是这种类型，[3]诚然，这种钱币目前尚未在巴克特里亚地区发现，但二者之间有明显的相似之处。尽管我们可以提出假设，公元前294年之后，当安条克一世正以享有国王权威的共治者身份生活在伊朗和巴克特里亚，并于公元前292年左右开设了巴克特拉造币场的时候，索菲特斯或许也能打制自己的钱币，但这种假设很难成立。[4]因为塞琉古王国在此处发行钱币，而且对巴克特

---

1 P. Bernard, *Fouilles d'Aï Khanoum IV. Les Monnaies Hors-Trésors. Questions d'Histoire Gréco-Bactrienne*.

2 O. Bopearachchi, “Sophytes, the Enigmatic Ruler of Central Asia,” *Nomismatika Chronika*, No. 15 (1996), pp. 19-32.

3 A. Houghton and C. Lorber, *Seleucid Coins: A Comprehensive Catalogue. Part I, Seleucus I through Antiochus III*, Vol. 2, New York-Lancaster-London: ANS-CNG, 2002.

4 E. Will, *Histoire Politique du Monde Hellénistique*, Vol. 1, Nancy: Presses Universitaires de Nancy, 1979.

里亚格外关注，说明这期间不能制作其他钱币。公元前281年，安条克一世成为唯一的国王后情况更加明确，当地标准被彻底废除。

有两种钱币的归属仍然很复杂，难以确定，主要是由于它们的类型学问题。第一类钱币是卡拉索斯（Kalathos）？/面正而立的猫头鹰型，重量接近当地标准的“三个半奥波尔”（trihemiobol，0.87克）。1973年首次公布了一枚这种类型的钱币，[1]来自在阿富汗发现的一批钱币中。这批钱币共8枚，大多是雅典猫头鹰仿造币和鹰型币。此后又公布了3枚。乍一看，这个系列与前面提到的雅典猫头鹰仿造币之间没有太大联系，然而，1973年窖藏中出现的一枚钱币让卡拉索斯型钱币与雅典猫头鹰仿造币有关的假设有了一定的可信度。第二类钱币上也没有铭文，正面是野猪头，背面是狮头。这类钱币共11枚，1947年在米尔扎卡一号窖藏中被首次发现，重量是当地标准的二奥波尔（1.17克）。钱币的正面是一串葡萄的图案，至少三枚的正面还有花押 ⋈。尽管类型不同，这两个元素都表明该系列与雅典猫头鹰仿造币之间存在联系。现在已经充分证明，来自地中海希腊世界的钱币至少从公元前4世纪初开始在中亚流通，所以为了确定哪些钱币可能影响了希腊化世界东部的刻模师，必然要回顾希腊和马其顿殖民者们来自何处。

雅典猫头鹰仿造币和索菲特斯钱币都使用MNA（有时写作ΣTA MNA）组成的花押。另外，一种以“持矛和弓的国王/椭圆形凹陷”为图案的二大流克上有花押（或铭文?）ΣTA/MNA/ΦΛ，与上述钱币有明显相似之处。钱币学家们对这些字母有多种看法。B. V. 黑德（B. V. Head）曾经认为它们表示重量，后来更倾向认为指的是公元前321年开始担任巴克特里亚总督的斯塔萨诺尔（Stasanor of Soloi），而F. 伊姆霍—布鲁默（F. Imhoof-Blumer）则认为这些字母代表了Stamenes

1 H. Nicolet-Pierre, “Monnaies Grecques Trouvées en Afghanistan,” *Revue Numismatique*, 1973, pp. 35-42.

的名字。最近，伯纳德在谈到这些花押时提到了“签名”的概念，但也承认无法确定具体指代的个人。最后，M. 门多萨—萨那胡亚（M. Mendoza-Sanahuja）也认为这些字母是指斯塔萨诺尔，他发行这些二大流克可能是为了支付军饷，同时提醒士兵们要效忠自己。[1]

亚历山大统治时期，最东部也是最高产的造币场之一位于巴比伦，它于公元前331年开启，公元前305年停止生产。一般认为，公元前330年大流士三世（Darius III，公元前335—前330年）去世后出现的一系列大流克和二大流克由该造币场生产，据尼古拉—皮埃尔（H. Nicolet-Pierre），这些钱币的发行时间甚至可以追溯到公元前323年6月亚历山大去世之后。如果很难证明这些钱币是亚历山大本人所造，那么它们极有可能是被充作了军饷。亚历山大在穿越崩溃的波斯帝国的过程中，逐渐积累了成千上万的塔兰特。无论情况究竟如何，对于亚历山大留在中亚的希腊和马其顿定居者来说，大流克是司空见惯的货币，他们决定继续使用这些钱币也不足为奇。不管字母ΣTA MNA / ΦΛ和花押  的真正含义是什么，它们都足以证明这些二大流克的产地位于伊朗高原以东地区。最后，即使我们无法找到任何能将其与斯塔萨诺尔或斯塔山德罗斯（Stasandros）联系起来的决定性因素，但也没有充分的证据否认这一假设。

重量及度量标准的演变

公元前4世纪末至公元前3世纪初，巴克特里亚钱币的特点是存在两种重量体系：四德拉克马和二德拉克马采用阿提卡重量标准，而更

1 M. Mendoza Sanahuja, “Stasanor of Soloi and the Government of Bactria during the Wars of the Diadochi,” *Anabasis*, Vol. 8 (2017), pp. 44-70.

低的面值——德拉克马、半德拉克马、二奥波尔和奥波尔则采用所谓的“当地”标准。尽管阿提卡重量标准的钱币可能也在巴克特里亚使用，但它们更可能是用于满足国际贸易的需求，正如我们前面已经讨论过的，雅典猫头鹰币是其中最重要的货币之一。地方标准的存在以及它只用低面值，说明这些钱币的使用范围限于巴克特里亚。对于所有这些系列中的二德拉克马硬币，一部分钱币学家认为它们同时符合两种不同的重量标准，另一观点则认为它们仅符合本地标准。然而，如果当地德拉克马重不超过3.5克左右的话，那么与之相匹配的二德拉克马重量应该在7克左右。两种面值的平均重量不仅明确了与当地德拉克马相匹配的重量，更重要的是还需对二者加以区分。[1]

这种重量标准一直用到塞琉古王朝时期，塞琉古一世和安条克一世联名发行的钱币就是这种标准。那么它是如何起源的呢？有一种有趣的钱币标准在年代和地理上都与之相近，即印度戳印币的重量标准，理论上每拉提（ratti）0.11克，三十二拉提即3.52克。[2]除产地印度外，在巴克特里亚也发现了这种印度钱币，尤其是阿伊·哈努姆遗址中发掘出了数百枚。[3]所以，这种数量丰富的钱币很可能影响了定居在兴都库什山以北的希腊和马其顿殖民者的货币政策。然而，前文已经提到殖民者精通钱币的制作过程，如果考虑到这一点，以及他们所表现出的强烈文化认同的话，这种观点又太过牵强。最重要的是没有证据证明在亚历山大之前，这些印度钱币曾在巴克特里亚流通，当时这里是阿黑门尼帝国的一部分。事实上，从公元前4世纪初开始，兴都库什山以南地区就开始打制一些“新型钱币”，它们可以被视

1 O. Bordeaux, “Compte-Rendu de B. Kritt, the Seleucid Mint of Aï Khanoum,” *Topoi*, 21/2 (2017), pp. 647-656.

2 O. Bopearachchi, “La Circulation et la Production Monétaires en Asie Centrale et dans l’Inde du Nord-Ouest (Avant et Après la Conquête d’Alexandre),” *Indologica Taurinensia*, 25 (1999), pp. 15-119.

3 R. Audouin and P. Bernard, “Trésor de Monnaies Indiennes et Indo-Grecques d’Aï Khanoum (Afghanistan),” *Revue Numismatique*, 1973, pp. 238-289.

作弯条币的前身。虽然伯纳德有力证明了公元前4世纪，阿拉科西亚（Arachosia）、帕罗帕米萨代和印度河流域，也就是和孔雀帝国建立了经济联系，[1]但我们无法对巴克特里亚得出同样明显的结论。所以，目前还是要对这种假设保持审慎的态度。

伯纳德根据斯伦贝谢的分析，认为所谓的地方标准实际上是马其顿标准，在亚历山大钱币改革之前就已经使用。事实上，公元前359年，马其顿人腓力二世（Philip II，约公元前359—前336年）上台后发行了两种重量标准的钱币：金币采用阿提卡重量标准，银币采用新的、短暂的“色雷斯—马其顿”（Thracian-Macedonian）标准，四德拉克马重14.5克。对此最可能的解释是两种钱币分别有不同的使用目的，因为雇佣兵更青睐黄金。亚历山大统治之初也采用了这种标准，发行了一种宙斯/鹰型钱币，反面的鹰转头回望下方的雷电。至于我们所关注的巴克特里亚，当地重量标准理论上每德拉克马3.62克，半德拉克马1.81克，二奥波尔1.21克，一奥波尔0.60克，然而实际上由于磨损或钱币生产过程中缺乏精准控制，有时会导致钱币重量略低于标准。

从钱币学方面讲，生活在兴都库什山以北的希腊—巴克特里亚人和兴都库什山以南的印度—希腊人之间最主要的区别，是他们使用不同重量标准的钱币。阿提卡重量标准是每德拉克马重4.20克，公元前4世纪在巴克特里亚定居的希腊殖民者自然采用这一标准。而帕罗帕米萨代、犍陀罗和旁遮普的印度人则在公元前2世纪初创造了重量更轻的所谓“印度标准”，每德拉克马重约2.45克，继承了印度戳记币的重量标准。两种标准包含了类似的面值，但重量不同：四德拉克马分别是16.8克和9.8克，半德拉克马分别是2.10克和1.22克。希腊—巴

1 P. Bernard, G.-J. Pinault and G. Rougemont, “Deux Nouvelles Inscriptions: Grecques de l’Asie Centrale,” *Journal des Savants*, No. 2 (2004), pp. 227-356.

克特里亚人还打制奥波尔（0.70克）和半奥波尔（0.35克），印度—希腊人则未用这种面值。两个群体都发行了阿提卡标准的斯塔特金币（8.40克）。最后，几位印度—希腊人国王曾发行过阿提卡标准的四德拉克马银币，[1]这就带来一个问题：如何解释这一系列钱币的起源和用途？如果不是在他们自己的领土范围内使用的话，国王们为什么会发行这种钱币？一些历史学家认为，这可能证明公元前2世纪中期希腊人虽然受到斯基泰游牧民族和月氏人的冲击，但仍占据着兴都库什山以北的部分领土，更确切的说是仍占据着巴达赫尚地区（Badakhshan region）。更可能的解释是，这些钱币被用于商业目的，或者是为了阻止游牧民族越过兴都库什山而向其交纳的供奉，但公元前1世纪，他们最终还是逐渐摧毁了印度—希腊人的统治。

铜币存在许多问题，因为有时重量标准会急剧变化，导致面值分类非常困难。[2]此外，铜币更易遭到腐蚀，重量也会有所变化。铜币最基本的希腊面值是查柯（chalkos），相当于六分之一德拉克马，然而，大多数钱币学家更倾向于使用“单位”（unit）这一术语来描述希腊—巴克特里亚和印度—希腊人的铜币。希腊—巴克特里亚人的一单位重量大约是4.20克，以此为基础，可以分为四分之一单位（1.05克）、二分之一单位（2.10克）、二单位（8.40克）、三单位（12.60克）、四单位（16.80克）以及六单位（25.20克）。印度—希腊人的一单位铜币重约2.45克（所以像印度标准的德拉克马一样，一单位重量也更轻）。两个王国的历史都对铜币体系产生了至关重要的影响：公元前2世纪，欧克拉提德一世统治下的希腊—巴克特里亚王国和米南德统治的印度—希腊人王国之间爆发了一场大战，欧克拉提德的胜利深刻地改变了兴都库什山南北两侧的货币政策。当公元前145年左右

1 O. Bopearachchi, “Graeco-Bactrian Issues of Later Indo-Greek Kings,” *The Numismatic Chronicle*, Vol. 150 (1990), pp. 79-104.

2 O. Bopearachchi, *Monnaies Gréco-Bactriennes et Indo-Grecques, Catalogue Raisonné.*

米南德一世重新掌权的时候，他从根本上改变了自己的铜币系统，一单位铜币从2.45克变为2.75克，[1]同时，上面还有相应的希腊字母（A、B、Γ、Δ、H、Θ、Σ）表示面值，防止印度人不清楚钱币的类型和大小。但这一尝试显然没有成功，米南德的后继者们放弃了字母系统。

希腊化钱币的影响

大约公元前2世纪中期，先是索格底亚那，然后是巴克特里亚逐渐落入游牧部落控制之下。这些游牧民族分为斯基泰人和来自中国西部的月氏人。月氏人在其中扮演了重要角色，他们后来建立了贵霜王朝。在兴都库什山以南，印度—希腊人继续统治了大约150年。这场危机是内外因素的直接后果。希腊—巴克特里亚人和印度—希腊人之间的对抗日益紧张，巴克特里亚和索格底亚那之间的领土争夺战争都导致了深重的王朝危机，当地人对希腊人的统治感到不满。希腊—巴克特里亚王国由于置身于西方的帕提亚王国、北方和东方游牧的斯基泰人和月氏人之间，也感到压力与日俱增。

要理解印度—希腊人政权消失，以及月氏人在帕罗帕米萨代定居的情况，对各种仿赫尔迈欧斯的钱币系列的研究是关键。[2]赫尔迈欧斯与阿奇比乌斯（Archebius）同时代，但这两位国王统治区域不同。根据花押为我们提供的信息，阿奇比乌斯统治犍陀罗和西旁遮普（印度河流域以及塔克西拉周边），赫尔迈欧斯的王国则位于帕罗

1 O. Bordeaux, *Les Grecs en Inde. Politiques et Pratiques Monétaires (IIIe S. A.C. – Ier S. P.C.)*.

2 O. Bopearachchi, "La Circulation et la Production Monétaires en Asie Centrale et dans l'Inde du Nord-Ouest (Avant et Après la Conquête d'Alexandre)," *Indologica Taurinensia*, 25 (1999), pp. 15-119.

帕米萨代地区，在高加索的亚历山大里亚（Alexandria in Caucasus，即贝格拉姆）附近。约公元前70年，赫尔迈欧斯去世后，帕罗帕米萨代的希腊人政权最终灭亡，但他的钱币却被后来的一系列钱币模仿，区分这些仿造币的主要依据是它们的风格和铭文都越来越“蛮族化”。最早打制这些仿造币的是月氏人和印度—斯基泰人，后来印度—帕提亚人贡多法勒斯（Gondophares，公元30—50年）统治时期也发行了仿赫尔迈欧斯钱币。这一漫长系列最引人注目的变化发生在最后：库久拉·卡德菲塞斯（Kujula Kadphises）的名字（Kujulakasa kushanayavugasa dhramathidasa意为“丘就却　贵霜首领　虔诚的”），取代了原有的印度铭文Maharajasa rajarajasa mahatasa Heramayasa（“大王　众王之王　伟大的　赫尔迈欧斯”）。丘就却是月氏贵霜部落成员，公元1世纪建立了以自己部落命名的王朝。

印度—斯基泰人属于东斯基泰人，大约于公元前1世纪中期定居在今巴基斯坦北部。他们是罗马文献中提到的“萨卡人”（Sacae），也是中国文献记载中的“塞人”。考古资料清楚地证明，他们与黑海沿岸的斯基泰人，即萨尔玛提亚人（Sarmatians），以及来自阿尔泰山的斯基泰人之间存在联系。然而，即使最近几年有大量铭文被发现，由于缺乏可靠的文献记载，印度—斯基泰人的历史和年代问题仍模糊不清。印度—斯基泰国王阿泽斯一世（Azes I）创造的纪年在一个半世纪后仍被使用，[1]见证了该王朝在整个犍陀罗地区的强大影响力。印度—斯基泰钱币很容易辨认，公元前1世纪中期，沃诺尼斯（Vonones）发明了国王骑马像后，几乎所有的印度—斯基泰钱币都采用这种类型。

月氏人占领帕拉帕米萨代的同时，一位名叫毛伊斯（Maues）

---

1 H. Falk and C. Bennett, “Macedonian Intercalary Months and the Era of Azes,” *Ars Orientalia*, Vol. 70 (2009), pp. 197-216.

的印度—斯基泰王公占领了塔克西拉。他的统治时间开始于公元前78—前58年之间。通常认为，毛伊斯就是1862年发现的Pakita铜板铭文中提到的国王“Moga”，该铭文的时间是Moga大王第78年。[1]到目前为止，只有这则铭文中提到了毛伊斯。毛伊斯彻底颠覆了他的印度—希腊人前辈们的造币习惯，取消了在钱币正面描绘国王胸像的传统，他的后继者们亦是如此。毛伊斯还将常见的希腊和犍陀罗语头衔ΒΑΣΙΛΕΥΣ/maharaja（“国王”）替换为ΒΑΣΙΛΕΥΣ ΒΑΣΙΛΕΩΝ/rajatiraja（“众王之王”），这是源自波斯的称号。[2]他在布色羯逻伐底（Pushkalvati）和塔克西拉设有造币场，另外还有一个造币场位置尚不确定。[3]他与印度—希腊人国王阿尔特米多罗斯（Artemidoros）之间关系密切，阿尔特米多罗斯在一类钱币上声称自己是毛伊斯的儿子（养子?）。毛伊斯去世后，他的王国被希波斯特拉图斯（Hippostratus）、泰勒夫斯（Telephos）、阿波罗多托斯二世（Apollodotus II）和阿尔特米多罗斯等四个印度—希腊人国王瓜分。

印度—帕提亚王国起源于伊朗东部和阿富汗西部地区之间的锡斯坦（Sistan），所以这个王朝中有帕提亚（即伊朗）元素不足为奇。印度—帕提亚王国的范围要比印度—斯基泰王国更加广阔，包括锡斯坦（阿里亚和德兰吉亚那）、阿拉科西亚、帕罗帕米萨代、犍陀罗、查谟（Jammu）和信德（Sind）等地。印度—帕提亚人生产银币和银铜合金币，但没有青铜币，放弃了当时使用的复本位制。印度—帕提亚钱币的类型因地区而定，每个地区都有自己的特色，根据情境不同有所变化。在锡斯坦，钱币类型、重量标准（每德拉克马3.70克）以

1 S. Baums, “Catalog and Revised Texts and Translations of Gandharan Reliquary Inscriptions,” in D. Jongeward, E. Errington, R. Salomon and S. Baums, eds., *Gandharan Buddhist Reliquaries (Gandharan Studies, Vol. 1)*, Early Buddhist Manuscripts Project, Seattle, 2012, pp. 200-251.

2 C. Fröhlich, *Monnaies Indo-Scythes et Indo-Parthes. Catalogue Raisonné*, Paris: Bibliothèque Nationale de France, 2008.

3 O. Bordeaux, *Les Grecs en Inde. Politiques et Pratiques Monétaires (IIIe S. A.C. – Ier S. P.C.)*.

及国王肖像模式都直接受帕提亚钱币影响；在阿拉科西亚，钱币采用印度重量标准，是希腊语—犍陀罗语双语币；在犍陀罗，印度—斯基泰人钱币尤其是钱币正面的国王骑马像，是印度—帕提亚钱币的模范；在查谟，印度—帕提亚人钱币受拉竺乌拉（Rajuvula）钱币的启发。

最后，各贵霜王中，只有库久拉·卡德菲塞斯（Kujula Kadphises）的统治时间（公元50—90年）相对确切，这得益于中国史书的记载和他的钱币。《后汉书》提到一位名叫“丘就却”的翎侯（yabghu，意为领导者）统一了贵霜帝国。历史学家和钱币学家都认为，中国史书中记载的这位人物就是这位库久拉·卡德菲塞斯，他的名字用希腊语拼写为ΚΑΔΑΦΕΣ 或ΚΟΖΟΛΑ ΚΑΔΑΦΕΣ，用犍陀罗语拼写为Kujula kasa或Kuyula Kaphsa。[1]丘就却的孙子，威玛·塔克图（Vima Takto，公元90—95年或公元95—100年）的儿子威玛·卡德菲塞斯（Vima Kadphises）统治初年，发行了一系列特殊金币，上面刻有铭文BACIΛEωC OOHMO TAKTOOY KOÞÞANOY YIOC（贵霜人威玛·塔克图之子）。这类钱币的设计，尤其是铭文排列方式受到了250多年前希腊—巴克特里亚国王阿伽托克勒斯和安提马库斯一世“谱系”钱币的启发。[2]这些钱币可能是威玛·卡德菲塞斯发行的最早的钱币，首次用希腊文转写了威玛·塔克图的名字（Vema Taktu 或 Vema Takho）和头衔（kushana yavugasa），之前这些内容都用印度语拼写，虽然最后一个头衔在赫劳斯币（Heraios coins）上刻成了“KOIIANOY”。[3]正如拉巴塔克铭文（Rabatak inscription）所反映的，希腊文直到迦腻

1 R. Göbl, *System und Chronologie der Münzprägung des Kušānreiches*, Vienna: Österreichischen Akademie der Wissenschaften, 1984.

2 O. Bopearachchi,“Les Premiers Souverains Kouchans: Chronologie et Iconographie Monétaire,” *Journal des Savants*, 2008, pp. 3-56.

3 J. Cribb, “The ‘Heraus’ Coins: Their Attribution to the Kushan King Kujula Kadphises,” in M. J. Price, A. M. Burnett and R. Bland, eds., *Essays in Honor of Robert Carson and Kenneth Jenkins*, London: Spink and Son Ltd., 1993, pp. 107-134.

色伽一世时期（Kanishka I，公元127—150年）才在官方文书和钱币中正式被巴克特里亚语所取代。[1]

结 语

希腊—巴克特里亚和印度—希腊人统治下发行的中亚希腊化钱币为我们了解那些生活在希腊世界边缘的人的历史和文化发挥了重要作用。希腊—巴克特里亚国王们发行了大量钱币，他们的货币政策受技术条件的直接影响，最早一批统治者们钱币风格的多样性证明了这一点。所以，希腊—巴克特里亚王国的前五十年，见证了一个缓慢但清晰的转变过程：巴克特里亚继承了塞琉古的造币习惯，在公元前3世纪上半叶实现了货币化，国王、造币场人员以及刻模师能完全掌控生产过程。钱币与国家联系在一起。但我们必须牢记，它们最初并不打算在王国之外流通，无论含有怎样的政治信息，它们的首要以及最重要的目标是服务希腊—巴克特里亚人和当地的巴克特里亚人。所以，公元前2世纪初之前，我们在钱币上找不到相对真实的肖像。最早的希腊—巴克特里亚国王看起来并不真正在意自己的肖像是否写实。欧泰德姆斯二世和安提马库斯一世统治时期，这种倾向逐渐减弱，这二人虽使用了多种花押，但肖像非常相似。模具研究证明，金银币似乎是集中生产，产地无疑与主要的权力所在地密切相关，这个中心很可能是巴克特拉。希腊—巴克特里亚王国内部如何分配钱币仍是棘手问题，虽然将其与军队驻防网络联系起来合乎逻辑，但它肯定与应对游牧民族的威胁也有紧密的关联。

1 N. Sims-Williams and J. Cribb, “A New Bactrian Inscription of Kanishka the Great,” *Silk Road Art and Archaeology*, 4 (1995-1996), pp. 75-142.

印度—希腊人王国初创的几十年，即公元前170—前130年间，王国疆界不断变动，在战争与和平中发展到顶峰。阿波罗多托斯一世在位期间进行了创新，引入了新的钱币重量标准。钱币证实了考古学已经告诉我们的信息：兴都库什山南北两侧的交流活跃而持久，并且，无论希腊—巴克特里亚人和印度—希腊人关系如何，他们似乎都无法设想自己的领土空间与对方相分离。统治帕罗帕米萨代、犍陀罗和旁遮普的印度—希腊人国王都非常关心自己的钱币是否被当地的印度人所接受。这种行为并不意味着他们要让一个不习惯使用钱币的族群去使用钱币，他们要利用日常且重要的钱币来确立希腊人的权力。但是，缺乏铭文资料使我们很难理解他们各自的钱币是如何与另一种钱币交互使用的，尤其是如果二者之间有兑换，兑换比率是多少。在纯钱币学的层面上，尽管花押的使用情况并不总与政治传承相一致，但能看到国王之间因对抗关系或世系传承而相互影响。最后，米南德一世的王国分裂后出现了许多统治短暂的印度—希腊人王国，他们的货币政策至今仍不明确，最近也没有关于它们的研究成果。

因此，我们提醒读者不要将自己的研究局限于传世的钱币，而应将它们视为一个运行和演变的整体。希腊—巴克特里亚和印度—希腊人国王们似乎系统地采用了我们所称的“半干预货币政策”，这体现在对钱币背面图案、所用的金属、铭文尤其是王衔等几项固定的、明确的特征的影响。希腊人在中亚和印度的历史首先是钱币学的历史，对希腊人的后继者们，即公元1世纪初期，逐渐终结了希腊人的统治那些人来说亦是如此。

（奥利维尔·波尔多撰　李潇译　徐朗校）

第一编

希腊化王像钱币的起源与形成

希腊化钱币是亚历山大影响最为深远的历史遗产。但希腊化钱币的源头并非始于亚历山大，而是直接从马其顿王国钱币和希腊城邦钱币发展而来，同时吸收了波斯钱币的一些元素。随着各希腊化王国的建立，希腊化钱币更多地融入了东方各地的政治和文化元素。但其基本特征还是可以追溯到腓力二世，甚至更为久远的时代。希腊化王像钱币实际上就是马其顿王像钱币的延续和发展。

亚历山大之所以在远征途中发行大量的有自己名字铭文的钱币，直接原因是为了支付军饷和市场流通，从波斯帝国获取的18—20万塔兰特的金银为他的钱币发行提供了丰厚的基础。然而，通过发行具有马其顿王朝祖先神和保护神形象的钱币，尤其以赫拉克勒斯暗喻自己，从而扩大自己的影响，宣示征服的合理性和帝国的富足伟大，才是他的真实目的。他的钱币之所以被归为一个类型，主要是除了极个别的例外，还没有以自己的头像取代神像。就王像钱币而言，亚历山大钱币还只是一个雏形，但他确实迈出了王像钱币最重要的一步：他的伟业使他足可以与诸神比肩，他真实的个人形象在他发行的徽章上实际已经出现。希腊化钱币的形成以“王像钱币”的出现为标志。这个转化是在他的后继者手中完成的。继业者战争期间，他们为了争夺正统接班人的地位，纷纷发行具有亚历山大头像的钱币。他们称王后，也开始发行有自己头像的钱币。至此，以王像为特征的希腊化钱币初步形成。

第一章　希腊化钱币的起源：马其顿阿基德王朝钱币

本章的“希腊化时代”是指从公元前334年亚历山大东征开始，到公元前30年最后一个希腊化王国托勒密埃及被罗马灭亡和公元前后最后一个印度—希腊人小王国在印度消失这一历史时期。希腊化时代的重要特征之一就是希腊文明与从东地中海到中亚、印度的东方文明的互动交融。这一时期出现的希腊化钱币就是这种互动交融的结果和标志之一。

希腊化钱币最引人注目的特点是其正面一般为国王肖像，钱币背面是代表王权的希腊神肖像以及钱币发行者名字属格的古希腊语铭文（仅印度—希腊人发行了希印双语币）。[1]基于此种特点，希腊化钱币通常又名“希腊化王像钱币”（the Hellenistic Royal Portrait coins）。[2]希腊化时期的另一个特征是军事征服与王权博弈，学术界对希腊化历

1　杨巨平：《希腊式钱币的变迁与古代东西方文化交融》，《北京师范大学学报（社会科学版）》2007年第6期，第40—46页。

2　学术界有许多类似的名称来指代“希腊化钱币”，比较有代表性的名称有以下几种：希腊化王国肖像钱币（the Hellenistic Kingdoms Portrait Coins），参见Norman Davis and Colin M. Kraay, *The Hellenistic Kingdoms Portrait Coins and History*, London: Thames and Hudson, 1973. 希腊王室肖像钱币（Royal Greek Portrait Coins），参见Edward T. Newell, *Royal Greek Portrait Coins*, New York: Wayte Raymond, 1937. 希腊化王室钱币（Royal Hellenistic Coinages），参见François de Callataÿ, “Royal Hellenistic Coinages: From Alexander to Mithradates,” in William E. Metcalf, ed., *The Oxford Handbook of Greek and Roman Coinage*, New York: Oxford University Press, 2012, pp. 175-190.

史的切入点首先是以亚历山大为首的希腊—马其顿人发动的征服战争。[1]因此，希腊化王朝君主们发行的钱币带有强烈的政治因素，是统治者证明自己统治合法性的重要手段，也是展示其公共形象的重要媒介。

希腊化钱币主要直接传承自马其顿王国钱币，也与希腊城邦钱币有间接的借鉴联系。马其顿发行钱币的历史可以追溯到公元前6世纪末期。按照发行者的不同，马其顿钱币可以分为三类：(1) 色雷斯—马其顿部落钱币，钱币主题体现了马其顿居民的日常生活场景与宗教信仰，钱币铭文有部落名和疑似部落首领的名字。(2) 马其顿城市钱币，马其顿地区的希腊移民建城之后发行，继承的是希腊城邦钱币的传统，钱币上印有城市徽记和希腊语的城市名称。(3) 马其顿王国钱币，是马其顿阿基德王朝（Argead dynasty）君主以王国名义发行的钱币。

马其顿阿基德王朝钱币的发行始于亚历山大一世（Alexander I，公元前498—前454年），到腓力二世（Philip II，公元前359—前336年）时期已经相当成熟，相继出现多种样式的国王全身像钱币。亚历山大正是从其父腓力二世那里继承了阿基德王朝的钱币传统。

本章主要从马其顿阿基德王朝钱币入手，来探讨希腊化钱币的起源。但本章也会涉及其他两种马其顿钱币，因为王朝钱币源于部落钱币，并在发展过程中吸收了城市钱币的部分元素。从亚历山大一世到腓力二世，先后有十位马其顿君主发行过王朝钱币，[2]按照钱币样式的

---

1 Johann Gustav Droysen, *Histoire de l'Hellénisme*, Édition intégrale, Grenoble: Éditions Jérôme Million, 2005, p. 13.

2 他们分别是：亚历山大一世、帕狄卡斯二世（Perdiccas II，公元前452—前413年）、阿刻劳斯一世（Archelaus I，公元前413—前399年）、阿刻劳斯二世（Archelaus II / Aeropus，公元前398/397—前395/394年）、阿明塔斯二世（Amyntas II，公元前395/394—约前393年）、保桑尼阿斯（Pausanias，公元前395/394—约前393年）、阿明塔斯三世（Amyntas III，约公元前393—前370/369年）、亚历山大二世（公元前370—前368年）、帕狄卡斯三世（Perdiccas III，公元前365—前359年）、腓力二世。

演变特点，可将马其顿王朝钱币分为三个发展时期：(1) 早期钱币，主要是指亚历山大一世与帕狄卡斯二世发行的国王全身像钱币。这种钱币在保留部落钱币地方特色的基础上，逐渐加强王权特征，王名成为铭文的主体，马其顿王朝祖先与家族神话成为钱币图案的主题。(2) 中期钱币，从阿刻劳斯一世到帕狄卡斯三世，钱币图案以青年男子头像以及戴狮头皮盔的赫拉克勒斯头像为主题。祖先神钱币类型的出现意味着马其顿钱币类型的逐渐丰富，并且成为阿基德王朝最有影响力的钱币类型。(3) 后期钱币，以腓力二世钱币为代表。由于马其顿军事实力的增强，以及马其顿王朝在希腊世界影响力的扩大，腓力二世钱币上的国王全身像和希腊神像都出现了新的类型。此时的马其顿钱币已经从一种地方性钱币转型为希腊世界的代表性钱币，并且为亚历山大发行帝国钱币奠定了基础。

第一节　早期钱币的基本类型与特征

国王骑马全身像钱币是阿基德王朝最早的钱币类型，起源于马其顿的比萨尔泰（Bisaltae）部落，体现了马其顿地区对马匹的驯服与使用，以及马其顿地区的骑兵形象。从亚历山大一世开始，这种骑兵类型成为马其顿国王用来塑造与宣传国王戎马形象的重要媒介，表明国王具有身先士卒的骑兵统帅、英勇的猎狮者以及奥林匹克运动会胜利者的多重形象。

一、从部落钱币到早期国王骑像钱币

色雷斯—马其顿部落主要分布在斯特吕蒙河（Strymon River）流

图1-1-1
比萨尔泰银币

域，这里有丰富的金矿和银矿资源，其中矿藏最丰富的区域是斯特吕蒙河以东的潘革翁山，比萨尔泰部落所在地。色雷斯—马其顿部落钱币发行于公元前500年左右，不晚于公元前480年。部落钱币反映了部落居民的生活场景，主要有骑兵类型与农耕类型。

马其顿人尚武，尤其善于驯化和使用战马。“这里的气候适宜马的生长，也适宜放牧牛羊。色雷斯的马和骑兵在古代都以骁勇善战著称”，[1]马其顿地区的钱币图案也表现了明显的尚武特征。马的形象在马其顿的钱币上十分常见，如骑马的战士、骑马的猎人和马拉战车等。发行这种钱币的代表性部落是比萨尔泰部落。钱币正面的骑士赤裸上身，头戴马其顿宽边帽（kausia），手持两支长矛走在马旁或坐在马上。钱币的背面有时带有铭文ΒΙΣΑΛΤΙΚΟΝ或ΜΟΣΣΕΩ，前者是城市名，而对于后者，钱币学界通行的观点认为它是比萨尔泰部落的首领名字。[2]（**图1-1-1**）关于这位摩塞斯（Mosses），有学者根据钱币铭文与古典文献的相互印证，认为他是希罗多德笔下那位不愿向波斯国王薛西斯（Xerxes I，公元前486—前465年）称臣的比萨尔泰和色雷斯部落首领。[3]

---

1 Athanasios Papaioannou, *Horse and Horsemen on Classical and Hellenistic Coins in Thessaly*, Thessaloniki: International Hellenic University, 2019, p. 7.

2 关于带有铭文ΜΟΣΣΕΩ的钱币，可参见Barclay V. Head, *A Catalogue of the Greek Coins in the British Museum, Macedonia, etc.*, London: Order of the Trustees, 1879, p. 143; Dimitra I. Tsangari, *Coins of Macedonia in the Alpha Bank Collection*, No. 9, Athens: Alpha Bank, 2009. 大英博物馆的马其顿钱币图录将这种钱币归为比萨尔泰部落的王名钱币。

3 据说，薛西斯大军压境时，这位部落首领藏身于山中。当他得知自己的六个儿子为波斯王效力，不禁怒火中烧，竟挖去了他们的眼睛。参见Herodotus, *Histories*, 8.116, with an English translation by A. D. Godley, Cambridge, Mass.: Harvard University Press, 1998; Barclay V. Head, *A Catalogue of the Greek Coins in the British Museum, Macedonia, etc.*, p. xxii.

在漫长的岁月中，马其顿人经历了从游牧转向定居的过程，对于他们而言，农业生活的重要性日渐凸显。马其顿是希腊最富饶的地区，这里有高大的山峦、充沛的河流和广阔的平原，极其适宜耕种。[1]发行农耕主题钱币的部落主要是伊多尼（Edoni）和奥瑞斯克（Orrescii）。[2]伊多尼部落钱币正面是头戴马其顿软帽、赤裸上身的农夫，驾驭着带有牛轭的两头牛在田间工作，生动地再现了马其顿人耕作的场景。马其顿软帽表明了农夫的马其顿人身份，因为这种帽子下到普通百姓、上至王孙贵族都会佩戴。更重要的是，在这种类型的钱币上第一次明确出现了带有国王名号的希腊语铭文ΓΕΤΑ ΒΑΣΙΛΕΥ ΗΔΩΝΑΝ[3]（盖塔，伊多尼的王）。如果说骑士与马主题的钱币铭文ΜΟΣΣΕΩ是部落头领的名字尚属推测，那么出现在伊多尼部落的钱币则是确凿无疑的国王钱币，因为铭文中明确地出现了“王”（Basileus）的字样。王的称号再一次出现在希腊钱币上，则要到希腊化时代。这也进一步证明了希腊化钱币同马其顿钱币之间的传承关系。

与伊多尼部落相邻的奥瑞斯克部落也发行了同样重量标准和农夫主题的钱币。[4]然而，值得注意的是，奥瑞斯克部落钱币的农夫手持双矛。这一细节和比萨尔泰部落的骑士钱币相呼应。手持双矛的农夫形象或许体现了马其顿男子战士与农民的双重身份，说明古代马其顿

---

1 N. G. L. Hammond, *The Macedonian State: Origins, Institutions, and History*, Oxford: Clarendon Press, 1989, p. 1.

2 Barclay V. Head, *A Catalogue of the Greek Coins in the British Museum, Macedonia, etc.*, pp. 152-155.

3 据记载，这种钱币是希腊—小亚细亚标准的八德拉克马银币，现存两枚，都出土于底格里斯河流域。据推测，这两枚钱币可能是由波斯人带到了那里。伊多尼部落很可能那时臣服于波斯。色雷斯—马其顿的窖藏钱币多发现于近东和埃及地区。公元前510—前479年间，马其顿臣服于大流士的波斯帝国，不得不向其纳贡。参考Barclay V. Head, *A Catalogue of the Greek Coins in the British Museum, Macedonia, etc.*, p. xxiii; Peter R. Franke and Max Hirmer, *La Monnaie Grecque*, Paris: Flammarion, 1966, p. 83.

4 Barclay V. Head, *A Catalogue of the Greek Coins in the British Museum, Macedonia, etc.*, p. 145, No. 1, No. 2.

地区社会的特点是兵农合一。这是由军事民主制的部落转化而来的早期城邦国家的普遍现象。

公元前480年前后，率先完成由部落到国家转化的马其顿王朝开始进行领土扩张。亚历山大一世向比萨尔泰部落发动军事进攻，将其攻陷以后，获得了当地银矿与金矿的开采权，自此拥有了发行钱币的能力。可能是为了获得原住民对新统治者的认同，以及维系当地原有的商品经济，亚历山大一世沿用了比萨尔泰部落旧有的钱币类型和重量标准，发行了八德拉克马（octadrachm）和四德拉克马（tetradrachm）银币。[1]钱币的正面是手握双枪的骑士全身像，背面是方形印记。（图1-1-2）

图1-1-2
亚历山大一世银币

由于比萨尔泰部落钱币与亚历山大一世钱币的类型一致，发行时间相近，学术界对相同类型钱币的归属问题存在一定的争议。[2]不过，钱币铭文在一定程度上解决了这个问题。钱币背面的希腊语铭文出现ΑΛΕΞΑΝΔΡΟ，意思是“属于亚历山大的”，证明亚历山大一世是钱币的发行者。亚历山大一世在保留骑士形象的同时，将部落首领的铭文替换成自己的铭文，暗示了这位骑士就是国王本人。[3]

阿基德王朝早期还有一种骑士钱币类型，正面是骑士乘坐于马上，背面是山羊或狮子半身像。这种钱币没有铭文，

---

1 比萨尔泰部落采用希腊—小亚细亚重量标准（Graeco-Asiatic Standard），参见 Barclay V. Head, *A Catalogue of the Greek Coins in the British Museum, Macedonia, etc.*, p. xxi. 四德拉克马银币是更加通用的面值，但是在银产量丰富的比萨尔泰及周边地区，都曾发行八德拉克马甚至十德拉克马（dckadrachm）的大面值银币。参见Peter R. Franke and Max Hirmer, *La Monnaie Grecque*, p. 82.

2 Hyla A. Troxell, *Sylloge Nummorum Graecorum, The Collection of the American Numismatic Society. Part 8, Macedonia II: Alexander I-Philip II*, New York: The American Numismatic Society, 1994, p. 1.

3 Peter R. Franke and Max Hirmer, *La Monnaie Grecque*, p. 101.

无法确定钱币的确切发行者。这种钱币的特点是沿用了比萨尔泰部落的骑士与马主题，但是背面不是单纯的方形印记，而是同希腊城邦钱币类似，在方形印记中出现了动物（山羊或狮子）主题的图案。带有亚历山大一世铭文的钱币并没有出现这种演变，但在带有帕狄卡斯二世铭文的钱币上可以看到钱币背面也出现了动物图案，说明这种方形印记的变化是渐进式的。因此，钱币学界将其划归为亚历山大一世与帕狄卡斯二世的过渡性钱币。[1]

虽然在国王骑像钱币类型上亚历山大一世只是继承了比萨尔泰地区旧有的骑兵类型，但这是马其顿国王第一次利用王权，对马其顿地方钱币的发行进行干涉，其目的在于将地方性的部落钱币演化为王国钱币。王朝钱币既融合了部落钱币的本土特色，也吸收了城市钱币中的希腊元素，同时还出现了具有王权特征的新主题。早期的马其顿君主们已经有意识地通过钱币宣示自身统治的合法性。亚历山大一世继续发行马其顿都城埃盖城（Aegae）的山羊跪像类型钱币，就有此意。山羊一度是马其顿皇室的徽记。这种钱币类型上的铭文ΔE被学界解读为马其顿中部城市埃德萨（Edessa）的缩写。[2]

二、早期国王骑像钱币的发展

在阿明塔斯三世第二次执政时期（约公元前393—前370年），骑士钱币类型出现了一次复兴。国王发行了带有自己名字缩写的铭文AMYNT的骑士钱币，但较之前的部落钱币以及王国早期钱币又发生了变化。钱币的正面是骑在马上的战士，头戴马其顿软帽，身穿长

---

1 Barclay V. Head, *A Catalogue of the Greek Coins in the British Museum, Macedonia, etc.*, pp. 158-161.

2 Barclay V. Head, *A Catalogue of the Greek Coins in the British Museum, Macedonia, etc.*, p. xx.

图1-1-3
阿明塔斯三世银币

袍，右手持枪做投射动作，左手牵马缰绳；背面是狮子全身像，狮子的口中咬住一枝断成两截的投枪。（图1-1-3）

狮子是古代马其顿地区常见的野生动物，据希罗多德记述，薛西斯军队中负责驮运物资的骆驼曾在色雷斯遭到狮子的袭击。在希罗多德的记载里，希腊地区的狮子栖息地分布于流经阿布戴拉（Abdera）的奈斯图斯河（Nestus）以及流经阿卡那尼亚（Acarnania）的阿彻鲁斯河（Achelous River）之间的地区。[1]马其顿的哈尔基迪基半岛（Chalcidice Peninsula）分布着众多的希腊城市，其中有四个城市发行过狮子捕猎食草动物主题的城市钱币，分别是门德（Mende）、斯奇奥奈（Scione）、阿坎图斯（Acanthus）和斯塔吉鲁斯（Stagirus）。城市不同，钱币上狮子捕猎的动物也有所不同。[2]这四个城市的钱币有三个共同特征：一是钱币主题为狮子狩猎食草动物；二是钱币中的狮与兽首尾相连；三是钱币发行时间都在公元前6世纪晚期到前5世纪初期之间，与波斯帝国在此地活动的时期一致。[3]

希波战争时期，波斯统治过马其顿地区，希罗多德也记载了马其顿王族与波斯的密切关联。[4]虽然波斯在马其顿的统治时间不足三十年，但是二者的互动并没有因为波斯在马其顿地区的失势而中断。腓力二世以前的马其顿王国钱币采用

---

1 Herodotus, *Histories*, 7.125-126.

2 Dimitra I. Tsangari, *Coins of Macedonia in the Alpha Bank Collection*, No. 70, No. 78, No. 95, No. 99, No. 103.

3 据希罗多德记载，阿坎图斯顺从波斯，在希波战争期间帮助波斯人修筑运河。Herodotus, *Histories*, 7.116.

4 阿明塔斯一世和亚历山大一世与波斯的关系，见Herodotus, *Histories*, 5.5, 5.44, 7.25, 7.172-173, 7.185, 8.34, 8.136, 8.140, 9.31, 9.44-45.

过波斯重量标准，可见两地往来甚密。[1]波斯在多大程度上影响了早期马其顿钱币的主题与类型有待商榷，但可以从马其顿与波斯长期的互动中作出合理的推测。有研究者以最近的马其顿考古成果为基础，提出了一种假设：哈尔基迪基半岛东部斯塔吉鲁斯城的鹿和狮面面相对的浮雕存在于波斯入侵马其顿地区之前，证明鹿与狮这两种动物形象在此之前就是这座城市的徽记。不过早期钱币上并没有鹿与狮子近身搏斗的场面，也许后来受到波斯狮子捕食动物表现手法的影响，才有了新的首尾相接的造型。[2]也有研究认为，每个城市的代表性动物各不相同，但是都设计成首尾相连的狮子捕猎样式，可能是某种城市联盟的产物。[3]

早在马其顿阿基德王朝发行钱币之前，马其顿地区就存在地方性的王权，部落钱币中的国王名字以及国王称号的铭文可以证明王权的存在。但是这时的钱币还属于徽记钱币，钱币主要代表的是贵族家族的权力。马其顿王国的君主在模仿部落钱币的同时，也继承了徽记钱币的理念，用发行王国钱币来体现王室家族的权威。随着王国的扩大，马其顿钱币完成了从具有部落特征的徽记钱币向王国钱币的转化，成为整个王国的象征。

马其顿王权对于马其顿钱币的主题与类型影响深远。比萨尔泰部落以王的名义发行钱币，当亚历山大一世获得部落的控制权以后，就继承了部落原来的钱币类型，并将部落首领的铭文换成自己的名字。从此，标记钱币发行者的钱币铭文成为马其顿王朝钱币不可或缺的元素。

---

1 亚历山大一世和帕狄卡斯二世发行希腊—小亚细亚重量标准（Graeco-Aiatic Standard，即腓尼基标准）的钱币；从阿刻劳斯一世到帕狄卡斯三世，马其顿王国改为发行波斯重量标准（Persic Standard）的钱币。参考Barclay V. Head, *A Catalogue of the Greek Coins in the British Museum, Macedonia, etc*., pp. 163-176.

2 Stavros A. Paspalas, “The Achaemenid Empire and the North-Western Aegean,” *Ancient West and East*, Vol. 5 (2006), pp. 90-120.

3 Dimitra I. Tsangari, *Coins of Macedonia in the Alpha Bank Collection*, p. 73.

第二节　中期钱币的基本类型与特征

马其顿史专家哈蒙德（N. G. L. Hammond）认为，马其顿地区从公元前800年左右就有希腊移民定居于此。[1]可见，马其顿地区与希腊本土的民族和语言文化同根同源，这一点也体现在钱币上。马其顿钱币具有希腊钱币体系的共性，同时也有其地方特点。随着马其顿王朝与中南部希腊城邦接触的加深，马其顿人也在努力证明自己是正宗的希腊人，有资格参加奥林匹克赛会。[2]发行与祖先神有关的钱币的目的，就是要再度表明自己是希腊人后裔。

一、赫拉克勒斯侧面头像类型钱币

据普鲁塔克（Plutarch）的记载，由于马其顿人的祖先和第一位国王卡拉努斯（Caranus）是赫拉克勒斯的后代，所以阿基德王朝以赫拉克勒斯的子孙自居。[3]马其顿王国钱币上主要有三位希腊的神：赫拉克勒斯、宙斯和阿波罗（Apollo）。其中赫拉克勒斯和宙斯是马其顿王室的祖先神，而阿波罗作为泛希腊神，代表了马其顿在希腊世界日渐重要的地位。赫拉克勒斯形象在希腊城邦钱币上并不常见，而宙斯和阿波罗往往是以城市保护神的身份出现在钱币上，如德尔斐（Delphi）发行的阿波罗类型，多多纳（Dodona）和埃利斯（Elis）发

---

1 N. G. L. Hammond, *A History of Macedonia. Volume I: Historical Geography and Prehistory*, Oxford: Clarendon Press, 1972, pp. 4, 405-407, 420-442.

2 Herodotus, *Histories*, 5.22, 8.137-139.

3 Plutarch, *Alexander*, 2.1, with an English translation by Bernadotte Perrin, Cambridge, MA: Harvard University Press, 1919.

行的宙斯类型。[1]阿基德王室将希腊神赫拉克勒斯和宙斯视为祖先神，一定程度上扭转了希腊人对马其顿蛮族的刻板印象。

在帕狄卡斯二世在位时期，钱币类型有了新的变化。帕狄卡斯二世的钱币除了继承亚历山大一世的骑士与马类型以外，另一个重要变化是出现了戴狮头皮盔的赫拉克勒斯侧面头像。[2]不过，在帕狄卡斯二世和阿刻劳斯一世时期，赫拉克勒斯类型仅仅在一些四奥波尔（quarter obol）、二奥波尔（diobol）和一奥波尔（obol）面值的小银币上出现。小面值银币正面的赫拉克勒斯，根据细节可分为成年有胡须和青年无胡须两种。钱币背面是狼的半身像以及木棒，有国王的名字缩写铭文APX。这种类型也是马其顿王国的代表性钱币类型之一。

到阿明塔斯三世时期，赫拉克勒斯侧面头像成为王国钱币的主要类型，并出现了面值为二德拉克马的银币。银币正面是长须、戴狮头皮盔的赫拉克勒斯侧面头像；背面是一匹站立的马，有阿明塔斯名字的希腊语铭文AMYNTA。这种钱币的背面类型与青年祖先侧面头像钱币的背面类型完全一致，说明了两种钱币在题材与类型上的双重关联性。与青年祖先侧面头像类型有所不同的是，赫拉克勒斯侧面头像钱币的表现形式更加丰富——赫拉克勒斯时而是一位有胡须的长者，时而是一位光着下巴的青年，而钱币的背面侧重表现与狩猎有关的武器与猎物。另外，由于宙斯是赫拉克勒斯的父亲，马其顿人也信奉宙斯为祖先神，故而赫拉克勒斯侧面头像钱币的背面出现了代表宙斯的老鹰。

---

1 阿波罗钱币的信息参见Gilbert Kenneth Jenkins and M. Castro Hipólito, *A Catalogue of the Calouste Gulbenkian Collection of Greek Coins. Part II: Greece to the East*, Lisbon: Calouste Gulbenkian Fundation, 1989, pl. li, p. 36; Philip Kinns, "The Amphictionic Coinage Reconsidered," *The Numismatic Chronicle*, Vol. 143 (1983), pp. 1-22. 宙斯钱币的信息参见Peter R. Franke and Max Hirmer, *La Monnaie Grecque*, pl. 150, pl. 157.

2 Barclay V. Head, *A Catalogue of the Greek Coins in the British Museum, Macedonia, etc.*, p. 163.

赫拉克勒斯是天父宙斯之子，凭借过人的神力完成十二项任务，并且最终位于奥林帕斯神列。人类渴望战胜死亡，赫拉克勒斯由凡人向天神的转变，为人类提供了一个追求永生、成为“神人”（god-like）的阶梯。[1]鉴于非凡的成就和特殊的经历，赫拉克勒斯成了王权与神权结合的象征，被视为王室的代表。这种现象在斯巴达（Sparta）、马其顿、色雷斯、埃及和西西里（Sicily）的王权社会里都有迹可寻。[2]即使是波斯人，可能也意识到赫拉克勒斯的形象有助于希腊人对波斯王权的理解与接受。有研究者认为，阿黑门尼王朝（Achaemenid）发行的带有国王单膝跪地射箭图像的钱币，可能借用了赫拉克勒斯射箭的形象。[3]

在马其顿地区，赫拉克勒斯有双重的身份。他既是马其顿王室的祖先神，也是狩猎之神赫拉克勒斯（Heracles Cynagidas）。[4]相传，赫拉克勒斯用弓箭和木棒对付尼米亚狮子（Nemean Lion）却接连失败，索性与狮子展开肉搏，最终将其杀死。尼米亚狮皮刀剑不入，故赫拉克勒斯以狮皮为甲、以狮头为盔。作为最著名的猎狮者，赫拉克勒斯手持木棒、头戴狮头皮盔的造型被广泛接受。在马其顿王国钱币上，赫拉克勒斯的侧面头像就以头戴狮头皮盔的形象示人。

马其顿王国对宙斯的信仰，也有本土的信仰源头。赫拉克勒斯的父亲宙斯统治着奥林帕斯山圣山，而山的南麓就是最初的马其顿王

---

1 John M. Bell, *An Introduction to Greek Mythology*, New York: The Edwin Mellen Press, 2002, p. 79.

2 色雷斯人与埃及人对赫拉克勒斯的崇拜，参见Herodotus, *Histories*, 2.44, 4.8-10. 西西里岛的许多城市发行了赫拉克勒斯形象的钱币，参见Peter R. Franke and Max Hirmer, *La Monnaie Grecque*, pl. 46, pl. 52, pl. 53, pl. 82, pl. 89, pl. 94. 公元前3世纪末期，斯巴达发行了正面是国王侧面头像、背面是赫拉克勒斯坐像的钱币。参见 Peter R. Franke and Max Hirmer, *La Monnaie Grecque*, pl. 161.

3 Stavros. A. Paspalas, “The Achaemenid Empire and the North-Western Aegean,” *Ancient West and East*, Vol. 5 (2006), pp. 90-120.

4 Paul Christesen and Sarah C. Murray, “Macedonian Religion,” in Joseph Roisman and Ian Worthington, eds., *A Companion to Ancient Macedonia*, translated by W. E. Higgins, Hoboken: Wiley-Blackwell, 2010, pp. 428-445.

国发源地，上马其顿地区的所在地。早在腓力二世发行宙斯侧面头像钱币之前，马其顿王国钱币上与宙斯有关的图案是闪电与老鹰。闪电是宙斯作为天空之神与雷电之神的重要标志，老鹰则是宙斯的化身。在希腊战场上，老鹰是胜利者的象征，它将利爪中握着的猎物带向哪一方，哪一方便获得胜利。如果老鹰爪中的猎物逃脱了，则是一个凶兆，意味着某一方将会面临战争的失败。

在阿刻劳斯（Archelaos，约公元前413—前399年）的奔马型钱币、阿明塔斯三世和帕狄卡斯三世的赫拉克勒斯钱币上，背面也出现了代表宙斯的老鹰。比如阿明塔斯三世发行的银币，正面是戴狮头皮盔的赫拉克勒斯侧面像，背面是老鹰或者老鹰与蛇斗争的场景。**（图1-2-1）**而带有宙斯头像的钱币，则直到腓力二世时期才正式发行。

图1-2-1
阿明塔斯三世铜币

二、青年祖先侧面头像类型钱币

亚历山大一世在发行国王骑马全身像钱币的同时，还发行过一种奥波尔面值的小银币。钱币正面是头戴佩塔索斯宽沿帽（petasus）的青年男子侧面头像，背面是方形印记。[1]从阿刻劳斯一世开始，这种类型替代国王骑马全身像，成为马其顿王国的重要钱币类型。不仅有二德拉克马大面值的银币发行，男子的形象也较亚历山大一世时期发生了明显的变化。钱币的正面是戴发带的青年男子侧面头像，背面是一匹站立的战马以及国王之名的铭文ΑΡΧΕΛΑΟ。学术界对这位

1 Hyla A. Troxell, *Sylloge Nummorum Graecorum*, *The Collection of the American Numismatic Society. Part 8, Macedonia II: Alexander I-Philip II*, No. 35.

图1-2-2
阿明塔斯二世铜币

青年男子的身份众说纷纭，始终没有定论。[1]

这种类型被阿刻劳斯二世、阿明塔斯二世和保桑尼阿斯继续发行。在阿刻劳斯二世的铜币上，青年男子头上的配饰由发带变成了马其顿宽边帽。从这一点也可以看出，这种侧面头像类型并没有希腊神的属性。加之这种青年侧面头像的面容相对单一，缺少变化，所以这位青年男子既不是希腊神，也不是马其顿国王，很可能是马其顿王族集体追忆的一位祖先。

在阿刻劳斯二世铜币和阿明塔斯二世银币上，青年侧面头像类型的背面是狼的半身像。（图1-2-2）狼的半身像是伯罗奔尼撒半岛（Peloponnese）阿尔戈斯（Argos）钱币的正面类型。据古典作家保桑尼阿斯记载，阿尔戈斯最有名气的圣所属于狼神阿波罗（Apollo Lykeios）。相传北非的利比亚国王达努斯（Danaus）征服阿尔戈斯时，狼起到了关键的作用。达努斯取得阿尔戈斯统治权以后，认为是阿波罗派狼来协助自己，于是为狼神阿波罗建立神庙，[2]并在其钱币上采用了狼的形象，作为自己胜利的象征。

马其顿王国之所以采用阿尔戈斯这种将狼作为钱币的背面类型，是因为在他们的传统中，马其顿王室与阿尔戈斯有着密切的亲缘关系。据记载，马其顿王室是阿尔戈斯国王提

1 有的钱币图录称其为“戴王带的年轻人”。但是“王带”本身就暗示了他的皇室背景。参见Peter R. Franke and Max Hirmer, *La Monnaie Grecque*, p. 101. 有的钱币图录认为这个戴发带的年轻男子可能是马其顿的某个英雄或者神话传说中的先祖，参见Dimitra I. Tsangari, *Coins of Macedonia in the Alpha Bank Collection*, p. 2. 也有钱币图录将这位青年解读为阿波罗，参见 Barclay V. Head, *A Catalogue of the Greek Coins in the British Museum, Macedonia, etc*., p. 1.

2 具体故事参见Pausanias, *Description of Greece*, 2.19.3-4, translated by W. H. S. Jones, Cambridge, MA: Harvard University Press, 1918.

麦诺斯（Temenus）的直系后裔。[1]所以马其顿王国钱币上戴王带的青年侧面头像，可能也与马其顿早期的建城神话人物有关，有可能就是阿基德王朝的祖先帕狄卡斯一世或者卡拉努斯。

第三节　腓力二世与马其顿阿基德王朝后期钱币

腓力二世继位以后，实施了军事改革与经济改革，增强了马其顿的实力，通过加入第三次神圣战争，扩大了马其顿王国在希腊世界的影响力。腓力二世的钱币也在进一步吸收希腊城邦钱币元素的基础上，丰富了国王全身像的形象，增加了宙斯与阿波罗的侧面头像。

一、泛希腊运动赛会与国王全身像钱币的新类型

腓力二世时期开始，马其顿王国推行金银复本位制。腓力二世发行的四德拉克马银币，正面是戴桂冠的宙斯侧面头像或戴狮头皮盔的赫拉克勒斯，背面是国王骑马全身像。依照背面细节的不同，可以分为两类。一类是国王头戴马其顿宽边帽骑在马上向左行进，高举右手致意。国王名字属格形式的希腊语铭文ΦΙΛΙΠΠΟΥ呈弧形排列在国王头顶与马头前侧。另一类是国王骑在马上，向右行进，手拿一枝

1　据希罗多德和修昔底德的记载，马其顿王国的建城者是帕狄卡斯一世（Perdiccas I）。参见Herodotus, *Histories*, 8.137.1, 8.139, 9.45.2; Thucydides, *History of the Peloponnesian War*, 2.99.3, 2.100.2. 更晚近的史家阿里安将马其顿的第一位君主追溯到提麦诺斯的儿子卡拉努斯。参见Arrian, *Anabasis of Alexander*, 4.5.7.

图1-3-1
腓力二世银币

象征胜利的棕榈枝，铭文ΦΙΛΙΠΠΟΥ呈弧形排列在国王与马的两侧。[1]（图1-3-1）在腓力二世的银币上，国王表示胜利的挥手动作和同样象征胜利的棕榈枝代替了用于战争和狩猎的双矛。这说明钱币的题材发生了变化。

约公元前345年，腓力二世发行阿提卡重量标准的金币斯塔特（stater）。金币正面是阿波罗侧面头像，背面是国王驾驭二马战车（synoris），国王的铭文ΦΙΛΙΠΠΟΥ水平地印在马车和马蹄下方。[2]（图1-3-2）

四德拉克马银币和金币斯塔特上的国王全身像会让人自然而然地联想到腓力二世在奥林匹克赛会上的胜利。奥林匹克运动会的参赛资格是希腊人身份的重要标志之一。[3]腓力二世第一次参加奥林匹克运动会是在公元前356年。据普鲁塔克记载，他在同一天收到三个喜讯：他的将军帕门尼奥（Parmenion）在一次战役中征服了伊利里亚人（Illyrians），他的马车在奥林匹克赛会上获胜，他的儿子亚历山大也在当天出生。[4]这很可能是他发行有个人骑像的四德拉克马银币的直接原因。随后，腓力二世又分别在公元前352年的四马车赛以及公元前348年的二马车赛获得了第一名。这又为腓力二世发行有个人驾驭马车像的金币斯塔特提供了素材。[5]

图1-3-2
腓力二世金币

---

1 Dimitra I. Tsangari, *Coins of Macedonia in the Alpha Bank Collection*, pl. 27; Georges le Rider, *Le Monnayage d'Argent et d'Or de Philippe II, Frappé en Macédoine de 359 à 294*, Paris: É. Bourgey, 1977, pp. 5-21.

2 Georges le Rider, *Le Monnayage d'Argent et d'Or de Philippe II, Frappé en Macédoine de 359 à 294*, p. 129.

3 关于马其顿人参与奥林匹克运动会的具体情况以及马其顿人的希腊身份认同，可参考徐晓旭：《希腊化时代马其顿人的身份认同》，《郑州大学学报》2018年第3期，第105—112页。

4 Plutarch, *Alexander*, 3.5.

5 Plutarch, *Alexander*, 4.5.

有研究者认为，普鲁塔克的记载并非完全可信。关于金币斯塔特类型的来源，还有另外一种合理的解释。由于腓力二世参与了第三次神圣战争，马其顿王国在希腊世界的影响力得到扩大。以这次战争为契机，腓力二世与德尔斐近邻同盟建立了密切联系。[1]腓力二世在公元前346年以主持人的身份参加了皮提亚赛会。[2]这项赛会的目的是向阿波罗神献祭，赛会上也有赛马比赛举行。这样就可以完美解释腓力斯塔特正面阿波罗侧面肖像类型和背面马拉战车类型的来源问题。该研究者还注意到腓力二世的银币上出现了新的正面类型——宙斯的侧面肖像，这也可视为一种泛希腊崇拜的象征。[3]就目前为止，学术界对于腓力二世发行新的钱币类型的原因尚无定论。但是，所有的证据都证明，这与腓力二世因为王国的强大而有更多的机会参与到希腊世界的事务有关。钱币的主题都在体现与强调这一点。

除了阿波罗/二马拉车斯塔特以外，还有一种面值是二分之一斯塔特和四分之一斯塔特的小面值金币，[4]正面是戴狮头皮盔的赫拉克勒斯侧面肖像，背面是赫拉克勒斯的弓箭和木棒。这种类型可能是最早发行的腓力斯塔特。在腓力二世之前的国王全身像表现的是国王作为战士和猎人的形象，重点是在马其顿王国内部树立与宣传王室的形象。腓力二世时期的国王全身像表现的是国王赢得比赛以后的荣耀，主要是面向马其顿地区以外的希腊世界，强调马其顿王室的希腊人血统。

---

1 Ian Worthington, *Philip II of Macedonia*, New Haven: Yale University Press, 2008, p. xvii, pp. 53-73.

2 Ian Worthington, *Philip II of Macedonia*, p. xvii.

3 具体内容参考Allen B. West, "The Early Diplomacy of Philip II of Macedon Illustrated by His Coins," *The Numismatic Chronicle and Journal of the Royal Numismatic Society*, fifth series, Vol. 3 (1923), pp. 169-210.

4 Georges le Rider, *Le Monnayage d'Argent et d'Or de Philippe II, Frappé en Macédoine de 359 à 294*, pp. 233-252.

二、马其顿的领土扩张与希腊神钱币类型的丰富

学术界普遍认为，腓力二世发行的金币斯塔特上的戴桂冠的希腊神是阿波罗。[1]对于阿基德王朝而言，这是一种全新的钱币类型。腓力金币的阿波罗类型受到了卡尔基迪克同盟（the Chalcidian League）银币类型的影响。哈尔基迪基半岛的许多沿海城市是由希腊移民建立的，自希波战争以来就始终面对着复杂的政治局面。为求自保，这些城市长时期周旋于波斯、雅典、斯巴达和马其顿王国等势力之间。公元前432年，在马其顿国王帕狄卡斯二世的促成之下，哈尔基迪基半岛宣告独立，成立了以奥林图斯（Olynthus）为中心的卡尔基迪克同盟。卡尔基迪克同盟既是政治共同体，也是经济共同体，在马其顿地区吸收了许多城市加盟其中，具有极强的政治与经济影响力。据色诺芬（Xenophon）记载，当时马其顿最大的城市培拉（Pella）也是卡尔基迪克同盟的一员。[2]

奥林图斯是卡尔基迪克同盟的领导者。奥林图斯的钱币经历了阿提卡重量标准向希腊—小亚细亚重量标准的转变。公元前5世纪，奥林图斯发行了阿提卡重量标准的四马拉车类型钱币。到了卡尔基迪克同盟时代，转为发行希腊—小亚细亚重量标准的阿波罗类型钱币。在这个过程中，钱币类型也随之改变。[3]公元前379年前后，该城以同盟的名义发行四德拉克马银币，钱币正面是短发头戴橄榄叶桂冠的阿波罗侧面头像，背面是象征着阿波罗的七弦里拉琴。正面有城市铭文ΟΛΥΝΘ，背面是城市联盟的铭文ΧΑΛΚΙΔΕΩΝ。有时，里拉琴的

---

1 腓力二世钱币研究的权威专家勒里德尔就持此种观点。参见 Georges le Rider, *Le Monnayage d'Argent et d'Or de Philippe II, Frappé en Macédoine de 359 à 294*, p. 407.

2 Xenophon, *Hellenica*, V. 2, 12-3, translated by Carleton L. Brownson, Cambridge, MA: Harvard University Press, 1921.

3 Barclay V. Head, *A Catalogue of the Greek Coins in the British Museum, Macedonia, etc.*, pp. 86-87.

下方也会出现ΕΠΙ ΟΛΥΜΠΙΧΟΥ，用来凸显奥林图斯在同盟中的领导地位。

另外，安菲波利斯（Amphipolis）也于公元前424—前358年间发行了希腊—小亚细亚重量标准的阿波罗主题银币，但是类型与联盟钱币的类型不同。[1]安菲波利斯钱币的正面类型是戴桂冠的阿波罗正面像，背面类型是象征着阿尔特米斯女神（Artemis）的火炬，并有城市铭文ΑΜΦΙΠΟΛΙΤΕΩΝ。公元前379年前后，结盟的城市基本都摒弃了原有的钱币类型，统一发行希腊—小亚细亚重量标准的四德拉克马银币。银币的正面是头戴橄榄叶桂冠的阿波罗侧面头像，背面是七弦的里拉琴以及代表着城市联盟的铭文ΧΑΛΚΙΔΕΩΝ。[2]

公元前357年，腓力二世获得了安菲波利斯的统治权，从此这座城市失去了钱币的发行权。公元前348年，腓力二世获得奥林图斯的统治权。奥林图斯的陷落一方面宣告了以其为中心的卡尔基迪克同盟的最终解体，另一方面也意味着整个哈尔基迪基半岛都被阿基德王朝收入囊中。腓力二世不断地扩大马其顿王国的势力范围，重新获得了潘革翁金矿与银矿的开采权，使腓力二世大规模发行钱币成为可能。

在奥林图斯陷落的同一年，腓力二世发行金币斯塔特，采用了阿提卡币制。[3]可能是考虑到卡尔基迪克同盟巨大的影响力，所以腓力二世发行金币斯塔特时借鉴了以同盟名义发行的阿波罗类型钱币，但同时也做了必要的更改。他将同盟钱币背面的里拉琴改为二马战车，

---

1 Barclay V. Head, *A Catalogue of the Greek Coins in the British Museum, Macedonia, etc*., pp. 43-44.

2 Barclay V. Head, *A Catalogue of the Greek Coins in the British Museum, Macedonia, etc*., p. 66.

3 马其顿王国从亚历山大一世开始发行王国钱币，采用的是色雷斯—马其顿（Thraco-Macedonian）重量标准，四德拉克马银币重约14.5克。但是在希腊世界更为通用的阿提卡币制中，四德拉克马的重量约为17克。

铭文也改为ΦΙΛΙΠΠΟΥ（属于腓力的）。[1]

公元前353年或公元前352年，腓力二世参与了第三次神圣战争。在对抗奥诺马科斯（Onomarchus）的克罗库斯原野战役（Battle of Crocus Field）中，令手下兵卒都头戴象征着阿波罗的橄榄枝桂冠，起到了震慑敌军的作用，并赢得了战争的最终胜利。[2]腓力二世利用马其顿的军事实力干预希腊世界的政治事务，控制德尔斐近邻同盟，成为阿波罗神的代言人。第三次神圣战争激活了马其顿人的希腊身份，[3]战争结束以后，腓力二世还以主持人的身份出席了向阿波罗献祭的皮提亚赛会。[4]

阿波罗神的形象有助于腓力二世对内稳定新获得的疆土，对外树立马其顿人的希腊身份。作为马其顿雇佣军的军饷，腓力斯塔特被外籍士兵们带到马其顿王国以外的地区。[5]阿波罗类型钱币成为有效的对外宣传媒介，强化了阿基德王朝与阿波罗神的关系。当然，学界对此也有不同意见，如加德纳（P. Gardner）就曾撰文指出，腓力二世斯塔特金币正面的希腊神并非是太阳神阿波罗，而是战神阿瑞斯。[6]但无论戴桂冠的希腊神侧面头像被解读为阿波罗还是阿瑞斯，都体现了马其顿王国对太阳神的崇拜，本质上也是对王权的崇拜。

---

1 Georges le Rider, *Le Monnayage d'Argent et d'Or de Philippe II, Frappé en Macédoine de 359 à 294*, p. 129.

2 Justin, *Epitome of the Philippic History of Pompeius Trogus*, 8.2; Ian Worthington, *Philip II of Macedonia*, p. 61.

3 Kate Mower, *Creating Greek Identity: How Philip II of Macedon Used the Third Sacred War to Infiltrate Greek Politics and Establish Macedonia as a Greek State*, thesis for the degree of Master of Arts, Department of History, The University of Utah, 2016, p. 3.

4 Ian Worthington, *Philip II of Macedonia*, pp. 53-73, p. xvii.

5 腓力二世发行金币斯塔特用以支付雇佣军的军饷。其中凯尔特地区的雇佣军将钱币带回故乡，从而对当地的钱币产生了深远的影响。参见 Sylvia Nieto, Julien Oliver, "Les Statères aux Types de Philippe II de Macédoine: de l'Égée à la Gaule, des Originaux aux Imitations," in *Revue Numismatique*, 6e Série, Tome 173 (2016), pp. 171-229.

6 详见Percy Gardner, "Ares as a Sun-god, and Solar Symbols on the Coins of Macedon and Thrace," *The Numismatic Chronicle and Journal of the Numismatic Society*, New Series, Vol. 20 (1880), pp. 49-61.

结　语

至此，马其顿阿基德王朝钱币的特点已逐渐凸显出来。其一，马其顿王室极度重视国王的骑士形象，也力图通过钱币对其进行宣传。国王全身像类型的目的是突出国王的个人形象，强调国王的高贵，受到神的庇佑，分享神的荣耀。其二，腓力二世的钱币已经可以称为“国家钱币”。[1]因为国力强大，腓力二世有能力参与希腊世界的事务，并且在其中起到举足轻重的作用，所以他发行的钱币类型大多与泛希腊神话以及赛会有关，目的是向整个希腊世界彰显马其顿国王所取得的胜利。其三，马其顿王国钱币从产生到发展的过程中，始终都在借鉴周边地区的钱币样式为己所用。这种做法不仅使马其顿钱币类型日益丰富，而且有助于马其顿形成具有极高辨识度的钱币样式。马其顿钱币的王权属性与兼容并蓄的风格，为希腊化钱币的出现奠定了基础。

令人遗憾的是，在以往的钱币学研究中，马其顿阿基德王朝钱币在整个希腊钱币体系中的作用被严重地低估了。事实上，它是连接希腊城邦钱币与希腊化钱币的关键。亚历山大帝国是从马其顿王国发展而来，亚历山大背负的与其说是希腊城邦传统，不如说是马其顿王权传统。马其顿王国是荷马式的王朝统治，自然有别于希腊城邦的政治制度。反映到钱币上，就是要突出国王个人的权威，国王的祖先神、保护神甚至自己的肖像出现在钱币上也就可以理解了。马其顿王国钱币是希腊钱币中用钱币表达王权统治的最初形态，为希腊化钱币的真正形成奠定了重要基础。马其顿王国钱币以成熟的国王全身像和希腊神像为基础，逐渐形成了国王侧面头像的雏形。随着亚历山大东征的

1 Edward T. Newell, *Royal Greek Portrait Coins*, p. 9.

深入，波斯的因素也进入了他的钱币之中。因此，希腊化王像钱币的传统不是亚历山大东征以后的创新，而是在马其顿王国钱币基础上的发展。

（王　杨）

第二章　希腊化钱币的形成：亚历山大钱币和继业者钱币

希腊化钱币范式形成的关键时期是亚历山大大帝东征以及亚历山大去世之后的继业者战争期间。希腊—马其顿人来到了亚洲与非洲，受到君主制传统的影响，其钱币样式也发生了转变，钱币上的神像逐渐被国王的头像所替代。

亚历山大虽然英年早逝，但是他留下了一个庞大的帝国遗产。为了争夺继承权，他的继业者——昔日并肩而战的将军们——或反目成仇，或临时结盟，相互之间的战争延续了近半个世纪，最后形成了托勒密、塞琉古和安提柯三大希腊化王国鼎足而立的局面。它们在建立自己特色统治的同时，也确立了各自的钱币范式。在这个过程中，亚历山大被他的部下们逐渐神化，不再是一个人间的君主，而成为神的化身。

亚历山大被神化的重要载体，是继承者们在战争期间发行的亚历山大式钱币。这些继承者们建国称王，对亚历山大式钱币又因地制宜地做了改造，使其成为希腊化时代通用钱币。正是由于希腊化各王国钱币的同源性和同质性，所以才产生了“希腊化王像钱币”这样一个整体上可以涵盖所有希腊化王国钱币的概念。

第一节　亚历山大式钱币类型的创立

亚历山大钱币中，最具代表性的是“戴头盔的雅典娜侧面头像/尼科站像”类型金币，以及“戴狮头皮盔的赫拉克勒斯侧面头像/宙斯坐像”类型银币。尽管学术界习惯于将希腊化钱币的源头追溯到亚历山大钱币，然而，需要注意的是，亚历山大发行的这两种最著名的钱币，都不属于严格定义下的希腊化钱币。因为钱币上面的肖像是亚历山大的祖先神或保护神，而非真正意义上的统治者肖像。

法国钱币学家卡拉泰（François de Callataÿ）认为，亚历山大的钱币政策是务实且保守的。[1]卡拉泰没有否认亚历山大钱币举足轻重的地位，但更强调亚历山大钱币、马其顿王国钱币、小亚总督钱币三者之间的密切关系，因为亚历山大银币融合了马其顿盛行已久的戴狮头皮盔的赫拉克勒斯侧面头像类型和小亚地区流行的巴力神（Baaltars）坐像类型。换言之，亚历山大钱币在继承了马其顿王朝钱币的同时，也开创了希腊化钱币的最初范式。亚历山大钱币是马其顿王国钱币转化为希腊化王像钱币的一个关键环节。

一、亚历山大继位初期的阿波罗类型钱币

亚历山大发行的钱币大体上以东征为界，分为前后两个阶段。第一个阶段是他继位之初到东征之前，第二个阶段是自他开始东征到去世。亚历山大在第一阶段并没有直接发行个人钱币，而是继续以腓

1 François de Callataÿ, “Royal Hellenistic Coinages: From Alexander to Mithradates,” in William E. Metcalf, ed., *The Oxford Handbook of Greek and Roman Coinage*, New York: Oxford University Press, 2012, pp. 175-190.

力二世的名义发行钱币。[1]法国国家图书馆收藏有一枚以腓力二世名义发行的阿波罗金币，金币上的阿波罗侧面头像酷似亚历山大本人。[2]这枚阿波罗斯塔特发行于腓力二世末期到亚历山大初期，很有可能就是亚历山大执政初期发行的金币。

需要着重说明的是，这枚钱币体现了亚历山大利用宙斯与阿波罗的父子关系来表现子承父业与权力转移。腓力二世曾发行正面是宙斯侧面头像、背面是骑士的银币，宙斯的样貌肖似腓力二世本人。腓力二世以宙斯自喻，亚历山大应该也是受此启发，以阿波罗自喻。有研究者认为，银币正面的宙斯侧面头像与腓力二世本人的形象相近可能不是巧合，而是有意为之。[3]这就说明马其顿君主有可能已经不满足于钱币上仅体现祖先神形象，而是希望国王本人的肖像也出现在钱币上。这或许就是亚历山大继位之初发行腓力金币的深层次原因。仿照父亲的做法，此时的亚历山大已经有意识地将金币上戴橄榄枝桂冠的阿波罗的神像替换成他本人的面容。[4]有胡须的年长腓力二世与无胡须的年轻亚历山大，是两个君王分别对自身形象的不同定位。赫拉克勒斯是马其顿的祖先神，该类型钱币一直是银币的重要类型。在亚历山大以前，赫拉克勒斯时而是有胡须的长者形象，时而是无胡须的青年形象。从亚历山大开始，有胡须的赫拉克勒斯形象不再出现，无胡须的青年赫拉克勒斯形象作为亚历山大的个人象征，出现在钱币的正面。钱币上的宙斯、阿波罗和赫拉克勒斯也成为腓力二世与亚历山大三世父子身份的隐喻。

---

1 钱币学家勒里德尔（George Le Rider）依据这一时期马其顿银储量和钱币上的标记（symbols），证明了这一论断。Grorges Le Rider, *Alexander the Great: Coinage, Finances, and Policy*, translated by W. E. Higgins, American Philosophical Society, 2007, pp. 37-38.

2 Peter R. Franke and Max Hirmer, *La Monnaie Grecque*, Paris: Flammarion, 1966, pl. 18.

3 Georges le Rider, *Monnayage et Finances de Philippe II*, Paris: Diffusion de Boccard, 1996, p. 92.

4 Peter R. Franke and Max Hirmer, *La Monnaie Grecque*, p. 102.

二、亚历山大东征途中发行的赫拉克勒斯/宙斯类型银币

亚历山大东征初期，亚历山大发行了全新的个人钱币，钱币铭文也变成了亚历山大本人的名字。亚历山大钱币继承了腓力二世的金银双本位。金币是“戴头盔的雅典娜侧面头像/胜利女神站像”类型，银币是“戴狮头皮盔的赫拉克勒斯侧面头像/宙斯坐像”类型。

亚历山大东征成为国王发行个人钱币的良好契机。[1]虽然亚历山大只是沿用了马其顿王国传统的赫拉克勒斯侧面头像类型，但是学术界公认此时的赫拉克勒斯与亚历山大的容貌相像。[2]或者更严谨地讲，此时赫拉克勒斯的相貌与亚历山大雕塑的相貌一致，[3]无胡须的青年赫拉克勒斯形象成为亚历山大的固定形象，也是他树立个人形象的方式之一。[4]戴着赫拉克勒斯的狮头皮盔，亚历山大完成了个人形象的神化。尽管钱币图录仍然将其称为赫拉克勒斯类型，但是亚历山大的这一创举，事实上标志着希腊化钱币的诞生。

亚历山大将自己等同于赫拉克勒斯，主要有三个原因。(1) 赫拉克勒斯是马其顿阿基德王朝的祖先神，亚历山大认为自己当然是赫拉克勒斯的后代。(2) 亚历山大深入亚洲腹地之后，试图将自己置于与神平等的地位。亚历山大甚至受波斯文化的影响，希望身边的人向他行跪拜礼。对于希腊人和马其顿人而言，跪拜礼是人敬神才用的礼

---

1 1980年以前，钱币学家们认为亚历山大三世继承王位之后就立即发行了个人钱币。但是现在主流的观点认为，公元前333年，亚历山大取得伊苏斯战争（Battle of Issus）胜利之后，才开始以自己的名义发行银币，而他发行个人金币的时间则更晚。参见Grorges Le Rider, *Alexander the Great: Coinage, Finances, and Policy*, pp. 8-16.

2 Edward T. Newell, *Royal Greek Portrait Coins*, New York: Wayte Raymond, 1937, p. 12.

3 Margarete Bieber, “The Portraits of Alexander the Great,” *Proceedings of the American Philosophical Society*, Vol. 93, No. 5 (1949), pp. 373-421, 423-427.

4 Víctor Alonso Troncoso, “The Bearded King and the Beardless Hero: From Philip II to Alexander the Great,” in Elizabeth Carney and Daniel Ogden, eds., *Philip II and Alexander the Great*, Oxford: Oxford University Press, 2010, pp. 13-24.

节。这说明亚历山大坚持将自己视为神的化身。[1]（3）对于希腊人而言，赫拉克勒斯曾来到亚洲。亚历山大的一些追随者认为他的功绩已经超越了酒神狄奥尼苏斯（Dionysus）和赫拉克勒斯，因为亚历山大在东方征服的地区远远超过了他们。[2]

图2-1-1
亚历山大大帝银币

亚历山大银币背面的宙斯类型，则很明显是受到小亚巴力神坐像钱币类型启发的结果。[3]就像他的先祖亚历山大一世所做的，当国王征服了一片新的领土，就会发行当地居民熟悉的钱币类型来巩固政权，以获得当地人的认同感。依据希腊人的理念，既然巴力与宙斯都是主神，他们是可以彼此等同的。马其顿王国本来就有信奉宙斯的传统，也已经发行过与宙斯有关的钱币。而且，克里特在公元前4世纪初期也发行过与巴力神相似的钱币类型，用以象征国王或者宙斯的形象。[4]由于克里特的宙斯类型早于小亚地区的巴力神类型，也许是前者影响了后者。不过，亚历山大钱币上的宙斯坐椅已经带有明显的波斯元素以及王权色彩。

亚历山大钱币中的宙斯神面向左侧，坐在一把波斯风格的无靠背高坐凳上，上身赤裸，以正面示人；右手持鹰，左手握着权杖，钱币右侧有希腊语铭文ΑΛΕΞΑΝΔΡΟΥ（属于亚历山大的）。**（图2-1-1）**在波斯，这种坐椅专属于君主。波斯高坐凳最有特点的是它的凳腿装饰有四到五个圆环

1 Arrian, *Anabasis of Alexander*, 4.8-12.

2 Arrian, *Anabasis of Alexander*, 8.5.8-13.

3 Françaís de Callataÿ, "Royal Hellenistic Coinages: From Alexander to Mithradates," in William E. Metcalf, ed., *The Oxford Handbook of Greek and Roman Coinage*, pp. 175-190; John Boardman, *The Greeks in Asia*, London: Thames and Hudson, 2015, p. 36.

4 Peter R. Franke and Max Hirmer, *La Monnaie Grecque*, pl. 165, 166.

(torus)，靠近底部有狮爪和倒垂的圆花饰（rosette）。[1]这种设计融入了埃及坐椅和亚述坐椅的诸多元素，进而形成了独特的地域风格。[2]对于马其顿人而言，这种凳腿设计并不陌生，因为早在亚历山大入侵小亚地区之前，这种设计就由波斯传入了马其顿地区。[3]

三、亚历山大在巴比伦发行的亚洲纪念币

当亚历山大进军巴比伦时，当地的波斯总督马扎欧斯（Mazaeus，约公元前385—前328年）一度奋起反抗。但是当他发现无力回天时，就拱手献出了城池。亚历山大因此对他网开一面，仍任命他为巴比伦尼亚的总督。马扎欧斯在巴比伦发行狮子类型的钱币。钱币的正面是巴力神（Baaltars）坐像，身披斗篷，手里持有联珠纹样式的王杖，有阿拉米文铭文“巴力神”。钱币的背面是一只面向左的狮子全身像，用阿拉米文写有马扎欧斯的名字。很长一段时间，学界都认为这种阿提卡重量标准的四德拉克马银币是马扎欧斯在臣服于亚历山大时期发行的，即从公元前331年被亚历山大任命为巴比伦尼亚总督，到公元前328年他去世为止。但最近，有学者提出了异议。

勒里德尔（Le Rider）认为，很难想象亚历山大占领了巴比伦之后，还能允许巴比伦总督以个人的名义发行钱币，更何况这种钱币

---

1 Parivash Jamzadeh, “The Achaemenid Throne-leg Design,” *Iranica Antiqua*, Vol. 31 (1996), pp. 101-146; Helen Dixon, “Writing Persepolis in Judah: Achaemenid Kingship in Chronicles,” in Martti Nissinen and Charles E. Carter, eds., *Images and Prophecy in the Ancient Eastern Mediterranean*, Göttingen: Vandenhoeck and Ruprecht, 2009, pp. 163-194.

2 Howard Carter and A. C. Mace, *The Tome of Tutankhamen*, New York: George H. Doran Company, 1923, pl. 11; Peter Pfälzner, “The Royal Palace at Qatna: Power and Prestige in the Late Bronze Age,” in Joan Aruz, Kim Benzel, and Jean M. Evans, eds., *Beyond Babylon, Art, Trade, and Diplomacy in the Second Millennium B.C.*, New York: The Metropolitan Museum of Art, 2009, p. 218.

3 Stavros A. Paspalas, “On Persian-Type Furniture in Macedonia: The Recognition and Transmission of Forms,” *American Journal of Archaeology*, Vol. 104, No. 3, 2000, pp. 531-560.

类型还能令人回想起波斯的旧有统治。勒里德尔将巴比伦的钱币与塔尔苏斯（Tarsus）的钱币作了对比，认为塔尔苏斯也在亚历山大统治期间发行了波斯风格和重量标准的钱币。但是，他的钱币不再印有总督的名字，而且与亚历山大式类型同时发行。这意味着塔尔苏斯本地的钱币只能在当地流通，可能是为了维系当地原有的经济。[1]

巴比伦的四德拉克马银币是阿提卡重量标准，应该拥有更广的流通范围，但是这种钱币实际上也只限于在当地流通，用以为士兵们发放军饷。这批军人本来是马扎欧斯从西里西亚招募而来，到巴比伦尼亚为大流士作战。当马扎欧斯归顺了亚历山大后，这批雇佣军转而为亚历山大效命。亚历山大重新任命马扎欧斯为巴比伦总督时，也赋予他以个人名义发行钱币的权力。亚历山大之所以如此做，是因为他还没有创制出完备的个人钱币体系，为了维系当地的货币经济，他允许当地钱币继续发行与流通，并继续用以支付士兵的军饷。

亚历山大也从宙斯形象中汲取了国王站像类型的灵感。亚历山大与印度军队交战之后发行的十德拉克马徽章，展示了自己在战场上的形象。[2]徽章的正面是一位骑兵和象军作战的场景，背面是手拿“霹雳”的宙斯站像。（图2-1-2）无论是正面的骑兵，还是背面的神像，都被认为是亚历山大本人的象征。骑马的国王与骑象的印度军队展开正面交锋，用战斗场景塑造国王的勇武形象，这显然是马其顿国王全身像钱币的延续。背面的亚历山大以宙斯的形象示人，暗示宙斯是国王的保护神，在他的庇佑之下，亚历山大不断取得胜利。

图2-1-2
亚历山大征服印度纪念币

1 Grorges Le Rider, *Alexander the Great: Coinage, Finances, and Policy*, p. 209.
2 Frank L. Holt, *Alexander the Great and the Mystery of the Elephant Medallions*, Berkeley: University of California Press, 2003, pp. 43-44.

四、亚历山大个人肖像钱币的创始

亚历山大虽然没有发行真正意义上的个人肖像金银币，但是有证据表明，一种发现于埃及的铜币疑似为最早的亚历山大钱币肖像。在此之前，埃及的主要钱币是雅典的四德拉克马银币。而且这种雅典娜/猫头鹰钱币是在埃及仿制的，因为雅典发行的钱币上的铭文是ΑΘΕ，而埃及的相同类型钱币，铭文是Taos，被认为是当时埃及法老名字的缩写。[1]但是，埃及并没有建立以钱币为主要交换媒介的商品经济。在埃及发现的钱币最主要的作用，应该是为雇佣军发军饷。亚历山大于公元前322年进入埃及，不战而胜。他在完成了亚历山大里亚城的奠基规划，并拜访了锡瓦绿洲的阿蒙神庙之后，就于次年春天离开了埃及。离开之前，他发行了带有本人肖像的铜币，具体的发行时间是公元前332年末到前331年初。钱币正面印有字母A，被解读为亚历山大名字的首字母，代表了亚历山大对埃及的占领与统治。[2]

由此可知，钱币上的青年人便是亚历山大，头上所戴的弗里吉亚无边帽（Phrygian cap）或被解读为色雷斯头盔（Thracian helmet）。钱币背面的飞马珀珈索斯（Pegasos）指代科林斯联盟，亚历山大以该联盟的名义对波斯人发动了战争。亚历山大仿效他征服埃及之前的两位埃及总督的做法，将个人头像印在了这种小面额铜币上。亚历山大发行的铜币试图调和他作为科林斯联盟首领以及作为东方波斯人征服者的双重身份。[3]德波尔（Pierre Debord）认为，亚历山大在埃及发行的钱币采纳了总督钱币的某些装饰特征，因为亚历山大的形象比之前马其顿国王或者赫拉克勒斯的形象有很大的不同。而他在埃及钱币上

---

1 当时在位的埃及法老名为Takhos，钱币铭文有可能是其希腊语字母的缩写。Grorges Le Rider, *Alexander the Great: Coinage, Finances, and Policy*, p. 166.

2 Karsten Dahmen, *The Legend of Alexander the Great on Greek and Roman Coins*, London: Routledge, 2007, pp. 111-112.

3 Grorges Le Rider, *Alexander the Great: Coinage, Finances, and Policy*, p. 164.

的形象更接近于一位波斯的君主或者是行省总督的样子。[1]

勒里德尔以上述研究为基础，对钱币的图像内涵及其开创性提出了质疑。勒里德尔首先考虑了当时亚历山大面临的处境：他刚刚打败了大流士，取得了对埃及的军事胜利，成为亚洲与非洲的主人。在如此具有纪念意义的时刻，他如果想要通过发行钱币来纪念这次胜利，会满足于只发行小面值的、流通范围有限的铜币吗？会在铜币上仅仅留下名字的首字母A吗？对于此时的亚历山大，科林斯联盟的军事首领头衔是否还有那么重要？

但是，勒里德尔肯定了其他学者对青年头像头饰的界定，对比波斯王冠的一般样式，[2]铜币上青年头戴的是希腊的头盔，并不具有波斯的风格。至于钱币背面的飞马半身像，动物的半身像一直是小亚地区十分流行的一种艺术主题。可见，亚历山大铜币吸收了小亚的艺术元素。

第二节　继业者对亚历山大式钱币的继承与发展

公元前323年亚历山大突然病逝之后，他的部将们在争夺帝国领土的同时，也纷纷发行亚历山大式钱币。对亚历山大钱币类型进行改造的继业者主要有三位：托勒密（Ptolemy I Soter，约公元前305—前283年）、吕西马库斯（Lysimachus，约公元前288—前281年）和塞琉古（Seleucus I Nicator，约公元前305—前281年）。不同的继业者发行的亚历山大式钱币各不相同，但是他们都以最初的亚历山大钱币为

1 Pierre Debord, *L'Asie Mineure au IVe siècle (412-323 Av J.-C.)*, Appendice 5, Alexandre et les monnayages "perses", Pessac: Ausonins Editions, 1999, pp. 479-492.

2 Daniel Schlumberger, "La Coiffure du Grand Roi," *Syria*, T. 48, Fasc. 3/4 (1971), pp. 375-383.

基础，进一步神化亚历山大，力图用这种方式来宣传自身统治的合法性。

亚历山大式钱币在继业者战争时期有了新的发展。继业者们继续发行亚历山大的“宙斯/赫拉克勒斯”四德拉克马银币以及“雅典娜/尼科”斯塔特金币。此举不仅意在宣告自身统治的合法性，以及亚历山大正统继承人的身份，同时还进一步巩固了阿提卡重量标准钱币在希腊化世界的广泛采用。各希腊化王朝的钱币体系是以亚历山大银币与金币为基础建立起来的，继业者们对亚历山大式钱币进行了创新，塑造了新的亚历山大形象，并以此为基础发行了完全属于个人特色的头像钱币，全面地取代了亚历山大钱币。

一、吕西马库斯与“宙斯—阿蒙神类型”钱币

吕西马库斯并非马其顿贵族出身，他本人虽然生于马其顿的培拉，但父亲是帖撒利（Thessaly）人。有关吕西马库斯的记载，始于亚历山大对抗印度国王波鲁斯（Porus）的希达斯皮斯战役（Battle of the Hydaspes）。吕西马库斯当时的身份是亚历山大的个人护卫，后来又被任命为印度河船队的一名三排桨战船的舰长。在亚历山大手下，吕西马库斯始终没有被委任为可以独立带兵的将军。

据昆图斯·库尔提乌斯（Quintus Curtius）记载，在公元前333年或者前332年，亚历山大与他的友人们在西顿（Sidon）附近的皇家猎场猎狮，吕西马库斯受到一只雄狮的攻击，肩头也受了伤，他在孤立无援的情况下打败了这头猛兽。通过这一事件，他的勇气与顽强得到了初步的体现。后来他的个人钱币展示了这一使他锋芒初露的事件。吕西马库斯铜币最典型的背面类型是一头奔跑的狮子的前半身，狮子的下方有一支矛头。半身狮子也成为吕西马库斯的个人标志，频繁地出现在他的金币与银币上。

亚历山大去世以后，吕西马库斯任色雷斯总督。色雷斯是一处军事要地，尤其是东部的赫尔索尼斯半岛（Chersonese，今加利波利半岛，Gallipoli），通过赫勒斯滂（Hellespont）连接亚洲与欧洲，不仅是马其顿远征军回归马其顿故土的必经之地，更是希腊人的补给线，极具战略意义。半岛归属于马其顿，半岛以南的小亚沿海地区遍布着许多希腊城市，且多为马其顿所管辖，如拜占庭（Byzantium）、马松布利亚（Mesembria）、奥德苏斯（Odessus）、卡拉提斯（Callatis）、托米（Tomi）、伊斯特鲁斯（Istrus）等。吕西马库斯还要面对色雷斯本地好战部落的威胁与挑战。继业者都希望重建亚历山大帝国，这里也就成为必争之地。吕西马库斯带领他忠实的部下顽强地守在这里，寸土必争。公元前308年，在卡尔狄亚（Cardia）附近，吕西马库斯建立了新的都城吕西马科亚（Lysimacheia），开始发行亚历山大类型的钱币。

公元前303年前后，恢复亚历山大帝国之梦终于彻底破灭。“独眼”安提柯一世（Antigonus I Monophthalmus，公元前306—前301年）与其子“围城者”德米特里一世（Demetrius I Poliorcetes，公元前307—前283年）统治着叙利亚、小亚、希腊本土的大部分领地以及地中海东部海域。其他继业者相对分散但也各具实力，如马其顿的卡桑德（Cassander，公元前305—前297年）、占有巴比伦和波斯的塞琉古、埃及的托勒密等。公元前301年，卡桑德、托勒密一世、吕西马库斯和塞琉古一世联手，在伊普苏斯（Ipsus）战役中打败了安提柯一世与其子德米特里。这场战役使吕西马库斯成为色雷斯与小亚细亚西部的主人，他开始大规模地发行金币与银币。吕西马库斯的主要造币场有吕西马科亚、塞斯图斯（Sestus）、阿拜多斯（Abydus）、亚历山大里亚、特洛亚斯（Troas）、泰俄斯（Teos）、科洛丰（Colophon）、萨迪斯（Sardes）、马革尼西亚（Magnesia）等。这些钱币仍然是亚历山大式，但是铭文改为吕西马库斯的名字以及个人徽记（狮子的半身像）。

到公元前297年前后，上述的造币场都开始发行一种全新的钱币类型。钱币的正面是容貌俊美的亚历山大侧面头像，头上有象征着阿蒙神的山羊角；背面是雅典娜面向左侧的坐像，左臂靠在盾牌上，右手前伸，手里托着一个袖珍的双翼胜利女神，女神手中握有花环（laurel wreath），为国王加冕。吕西马库斯的斯塔特金币、四德拉克马银币和德拉克马银币都是同样的类型。钱币的庞大数量也反映了吕西马库斯王国的财力以及这些造币场重要的经济地位。宙斯—阿蒙神也成为继赫拉克勒斯之后，在钱币上代表亚历山大的重要天神。

关于宙斯—阿蒙神最早的记载见于希罗多德《历史》。在希罗多德所处的时代，有两处最著名的宙斯神谕所，一处在希腊西北部伊庇鲁斯地区的多多纳，一处在北非利比亚地区的西瓦（Siwa）绿洲。两只黑色鸽子一同从底比斯出发，一只飞到利比亚，一只飞到多多纳，带去了宙斯的神谕，两名女祭司便在两地分别修起神谕所。[1]多多纳的宙斯被称为宙斯·多多奈斯（Zeus Dodonais），利比亚的宙斯被称为宙斯—阿蒙神。有关这两个宙斯的形象，都可以找到钱币学的证据。

皮洛士统治时期（Pyrros，公元前319—前272年）的伊庇鲁斯王国发行了宙斯·多多奈斯类型的四德拉克马银币。钱币正面，宙斯的侧面头像长须，头发垂肩，头上饰有橡树叶；[2]背面是爱神阿芙洛狄特之母狄奥内（Dione）女神坐像，有铭文ΒΑΣΙΛΕΩΣ ΠΥΡΡΟΥ（国王皮洛士）。利比亚地区的昔兰尼加城（Cyrenaica）以宙斯—阿蒙神的名义发行四德拉克马银币，最早可追溯到公元前5世纪早期。[3]钱币正

1 Herodotus, *Histories*, 2.54-57.

2 Peter R. Franke and Max Hirmer, *La Monnaie Grecque*, No. 150. 据希罗多德记载，有一只黑色的鸽子从底比斯飞到多多纳，落在一棵橡树上，并口出人言，说这里应该建一座信奉宙斯的神谕所。所以，橡树叶是宙斯·多多纳的象征。具体内容参见Herodotus, *Histories*, 2.55.

3 Peter R. Franke and Max Hirmer, *La Monnaie Grecque*, No. 214.

面是宙斯—阿蒙神，头发垂肩，长须，耳边长有公羊角；背面是开花的串叶松香草（silphium）植株，[1]并有城市名KYPAKE。位于昔兰尼加西边的巴尔卡城（Barca）是昔兰尼加的姊妹城，该城于公元前5世纪末期发行的四德拉克马银币与昔兰尼加城的钱币类型一致，但是宙斯的发须风格有所调整，我们也可以从钱币背面的铭文BAPKAION区别发行城市的不同。[2]

当亚历山大访问西瓦绿洲并求取神谕时，称自己是宙斯—阿蒙神的儿子。亚历山大帝国解体后，宙斯—阿蒙神的形象融合进亚历山大的继业者们发行的钱币中。吕西马库斯在公元前305年称王，但是他发行亚历山大钱币的时间不早于公元前297年。[3]吕西马库斯钱币正面的亚历山大头像戴王带、饰有公羊角，王带的飘带呈波浪状飞舞在脑后。

阿蒙神是法老时代埃及的最高神。早在亚历山大征服埃及之前，昔兰尼加就已经在信奉阿蒙神，并将他的形象塑造成希腊神的样子。由于昔兰尼加与斯巴达和底比斯有贸易往来，阿蒙神崇拜也因此流传到希腊的这两个城邦。马其顿的阿费提斯（Aphytis）设有阿蒙神谕所。这也是除西瓦以外阿蒙神唯一的神谕所。[4]有研究者认为，马其顿地区因为拥有阿蒙的神谕所，所以一直有信奉阿蒙神的传统。而这一传统，在腓力二世于公元前348年统治哈尔基迪基半岛（Chalcidice peninsula）之后，再次被强化。所以，亚历山大到达埃及之后，向阿蒙神献祭，一定程度上也是由于他在马其顿就已经开始信奉阿蒙神。

宙斯—阿蒙神的山羊角造型，[5]一说与狄奥尼苏斯的山羊角形象有

---

1 串叶松香草是昔兰尼加最重要的经济作物，从最早发行的琥珀金币上就能发现串叶松香草的身影。德拉克马钱币流通到这里之后，这种植物成为该地区钱币背面的固定类型。Peter R. Franke and Max Hirmer, *La Monnaie Grecque*, p.141.

2 Peter R. Franke and Max Hirmer, *La Monnaie Grecque*, No. 216.

3 Peter R. Franke and Max Hirmer, *La Monnaie Grecque*, p. 105.

4 Grorges Le Rider, *Alexander the Great: Coinage, Finances, and Policy*, p. 164.

5 Pausanias, *Description of Greece*, 8.31.1

关，也有传说认为，宙斯曾在赫拉克勒斯的一再坚持下身披山羊皮。赫拉克勒斯穿过利比亚的沙漠，差点被渴死，于是召唤天父宙斯，找到了水源。宙斯—阿蒙神的标志即是公羊角。[1]

图2-2-1
吕西马库斯银币

吕西马库斯发行的钱币，除了“赫拉克勒斯/宙斯”类型以外，还有一种钱币正面为戴山羊角的亚历山大，背面是雅典娜手持胜利女神的坐像。（图2-2-1）这是对亚历山大金币类型的创新，将金币上的雅典娜与尼科放在同一个画面里，尼科手持花环，表示战争的胜利，对新君的加冕。

希腊化钱币铭文的变化是渐进式的。吕西马库斯的钱币铭文是ΒΑΣΙΛΕΩΣ ΛΥΣΙΜΑΧΟΥ（国王吕西马库斯）。起初，继业者的钱币上只有亚历山大的名字，后来增加了“王”称号，最后继业者的名字取代了亚历山大的名字。[2]马其顿是王权社会，所以马其顿人称他们的国王为“巴西琉斯”。[3]但是马其顿史学家哈蒙德指出，马其顿的君主从来不自称“巴西琉斯”，他们只是自称自己的名字。钱币上的铭文也可以反映出来这一点。这是因为马其顿王族自以为血统高贵，是唯一的王族，不需要另外的称谓来强化他们的国王身份。希腊化时期，第一位自称“巴西琉斯”的君主是卡桑德，因为他本身不是阿基德王室的成员，所以他要通过“巴西琉斯”这个称号来表明自己的王族身份。[4]吕西马库斯被视为第一位将国王的称号打压在钱币上的继业者。

公元前281年，吕西马库斯死于吕底亚。科鲁珀狄翁之战

---

1 Charles Victor Daremberg, *Le Dictionnaire des Antiquités*, Paris: Hachette, 1919, p. 230.

2 N. G. L. Hammond and G. T. Griffith, *A History of Macedonia. Voll. II: 550-336 B.C.,* Oxford: Clarendon Press, 1979, p. 387.

3 Herodotus, *Histories*, 8.138.1.

4 N. G. L. Hammond and G. T. Griffith, *A History of Macedonia. Voll. II: 550-336 B.C.,* p. 387.

（Battle of Corupedium）是亚历山大继业者们之前的最后一场战役。敌对双方是吕西马库斯与塞琉古一世。吕西马库斯战死沙场之后，他的王国解体，其钱币也停止发行。然而，吕西马库斯钱币类型具有重要的商业价值，其广泛的流通性使得许多王国北部的城市继续发行吕西马库斯的钱币类型的斯塔特金币与四德拉克马银币。例如吕西马科亚、埃努斯、马罗尼亚、佩林托斯和奇乌斯（Cius）。吕西马库斯去世一百年之后，许多商业重镇如托米、卡拉提斯、拜占庭、赫拉克里亚（Heraclea）以及罗德岛（Rhodes）等城市还有吕西马库斯类型钱币在流通。这些钱币也是对这位色雷斯王的长久纪念。

二、塞琉古一世与“狄奥尼苏斯类型”钱币

塞琉古出身于马其顿贵族，是亚历山大的同龄人。他虽有将才却性格相对谨慎，与其他继业者相比，显得有些大器晚成。他早年是亚历山大身边的亲密伙伴，在希达斯皮斯河战役中担任步兵首领。亚历山大去世之后，任摄政王帕狄卡斯（Perdiccas）的骑兵首领。公元前321年，塞琉古任巴比伦的总督，很快就赢得了当地人对他统治的认可与支持，但也正是他本人的能力与野心，引起了安提柯一世的忌惮。

公元前316年，迫于安提柯一世的压力，塞琉古从巴比伦逃往埃及，去托勒密那里寻求庇护。托勒密任他为海军总司令。在接下来的四年里，塞琉古一直骚扰安提柯一世的领海。最后，在公元前312年的加沙战役（Battle of Gaza）中，托勒密彻底击溃了安提柯一世的儿子德米特里，将他赶出了叙利亚。塞琉古也趁此机会重新统治了巴比伦。虽然安提柯一世的儿子德米特里一度卷土重来，但是以失败告终。塞琉古逐渐巩固了他在两河流域的统治，并且于公元前306年在巴比伦称王。他将米底（Media）、波斯、巴克特里亚（Bactria）逐一收入囊中，并且向印度进军，试图“收复”亚历山大最东方的土地。

图2-2-2
塞琉古一世银币

但是他遇到了孔雀帝国（Mauryan Kingdom）的建立者旃陀罗笈多（Chandragupta，约公元前322—前297年），两个国王最终达成了和平协议，塞琉古带着对方赠予的五百头战象回到了巴比伦。公元前301年的伊苏斯战役，塞琉古与吕西马库斯结盟，击败了安提柯一世。塞琉古得到了从小亚中部地区到印度边境的亚洲广大领土。而塞琉古一世发行的钱币，也随着他权力的消长而有了相应的变化。

塞琉古第一次入主巴比伦的时候，发行的还是带有亚历山大名字的亚历山大类型钱币。当时最重要的巴比伦造币场发行斯塔特金币、四德拉克马银币、一德拉克马银币。这些钱币体现不出任何塞琉古的个人标记，完全是亚历山大钱币的翻版。直到公元前306年，塞琉古才在亚历山大类型钱币上印上自己的名字，目的是向敌人宣示他的主权。

塞琉古一世称王后，他的名字出现在埃克巴坦那（Ecbatana）和苏萨（Susa）等东部造币场发行的钱币上。王国的新都底格里斯河畔的塞琉西亚（Seleucia on the Tigris）建立后，王国的中央造币场就从河对岸的巴比伦搬来，并开始发行新的钱币类型。如正面是阿波罗侧面头像、背面是象车上的阿尔特米斯（Artemis）的斯塔特金币，四德拉克马银币与一德拉克马银币上则是宙斯头像与象车上的戎装雅典娜。

伊普苏斯战役之后，塞琉古发行过正面是国王头戴豹皮盔的侧面头像，皮盔上有公牛耳与公牛角。（**图2-2-2**）这一形象介于狄奥尼苏斯、亚历山大和塞琉古本人之间。有研究认为，这个形象是化身为酒神狄奥尼苏斯的亚历山大。[1]史料也

1 奥斯蒙德·波比拉赫奇：《亚历山大大帝与印度—希腊君主们的钱币肖像》，杨巨平、王杨译，《四川大学学报（哲学社会科学版）》2018年第3期，第87—95页。

记载了塞琉古与公牛有关的故事。亚历山大在世时，有一次用于祭祀的野牛逃走了。塞琉古因为身强力壮，只身将牛捉回。塞琉古的雕像也因此用牛角来装饰。[1]这可以视为具有塞琉古的个人特征的亚历山大式钱币，代表着他的胜利以及对亚洲的全面统治。

塞琉古战胜吕西马库斯之后，渡过赫勒斯滂，但是却被戏剧性地谋杀了。死前他还发行过正面是头上长角的战马半身像的钱币，以纪念自己最珍爱的战马。为此，塞琉古还在安提柯尼亚（Antigoneia）城门外竖立了一座镀金的战马雕像。钱币的背面是一只大象，代表了塞琉古从印度国王那里得到的战象。因为象军对他日后的对外作战大有助益，所以大象成为塞琉古一世钱币重点表现的动物。

三、托勒密一世与“戴象皮盔的亚历山大”钱币

托勒密出身于马其顿贵族，幼年时为腓力二世宫廷近卫侍从。从那时起，他就有机会与少年亚历山大建立亲密的友谊。亚历山大远征亚洲时，托勒密在军中担任重要职务，是七位国王贴身随从之一，并且在印度战场上立下赫赫战功。亚历山大死后，在巴比伦分封大会上，托勒密辅助帕狄卡斯成为帝国的摄政，托勒密本人则得到了埃及行省。在他看来，埃及是整个亚历山大帝国最安全、最有发展前景的领土。所以，在取得了埃及之后，托勒密就着手巩固他的个人力量。

在帕狄卡斯的安排下，亚历山大的遗体本应被运回马其顿本土埃盖的阿基德王室陵墓。但是托勒密意识到，如果他能拥有亚历山大的遗体，将会获得巨大的声誉和继承亚历山大遗产的合法性。于是，他中途将亚历山大的灵柩劫持到埃及，并安葬在法老时期的首都孟斐斯。由此，托勒密与帕狄卡斯交恶。随后，托勒密拉拢昔兰尼加，以

---

1 Appian, *Roman History*, 11.57, translated by Brian McGing, Cambridge, MA: Harvard University Press, 1999.

便招募非洲本土的希腊人参加到他的军队中来，同时可以巩固领土的西部防线。帕狄卡斯入侵埃及，却因出师不利和众叛亲离而被暗杀。

托勒密显然是一位很有军事眼光的将领。帕狄卡斯死后，继业者们重聚叙利亚，商讨对帝国的划分。虽然托勒密因为彻底打败了帕狄卡斯，被推举为新的摄政，但他本人只想重申他在埃及与昔兰尼加的统辖权，以此地作为他稳固的根据地。埃及东部有著名的沙漠防线(desert defenses)，易守难攻。托勒密在对抗帕狄卡斯以及安提柯一世、德米特里一世的入侵时，这道防线都起到了关键的作用。

据狄奥多罗斯所记，托勒密于公元前323年统治埃及，并且对埃及人很友善。[1]在亚历山大帝国中，埃及只是其中的一个行省，亚历山大里亚的造币场一直发行亚历山大类型的斯塔特金币和四德拉克马银币。埃及生产的亚历山大钱币，主要依靠钱币上所印的制造者的小标记来与其他的亚历山大钱币相区别。

大约在公元前320年，托勒密开始发行更有创意的钱币。这种创新首先发生在银币上面。公元前316年，托勒密开始发行一种正面是戴象头皮盔的亚历山大，反面是左手持盾、右手掷矛的雅典娜的银币。[2]有研究者指出，此前亚历山大四世（Alexander IV，约公元前323—前310年）也发行过类似钱币。[3]亚历山大四世是亚历山大死后不久出生，这种钱币如果确实有，也应该是仅仅以他的名义发行，或者本来就是托勒密发行。鉴于它和托勒密一世的同类钱币属于同一类型，此处就其基本特征予以说明。正面的亚历山大头像侧面向右，头戴象头皮盔。[4]（图2-2-3）在象头皮盔的掩盖下，亚历山大额头上的王

1 Diodorus Siculus, 18.14.1., *Library of History,* with an English translation by C. H. Oldfather, Cambridge, Mass.: Harvard University Press, 1998.

2 Peter R. Franke and Max Hirmer, *La Monnaie Grecque*, pl. 217.

3 Peter R. Franke and Max Hirmer, *La Monnaie Grecque*, pl. 217.

4 大象被视为象征皇家的动物，在罗马时期还有钱币上印有象拉车的形象。Edward T. Newell, *Royal Greek Portrait Coins*, p. 24.

带，耳边象征着埃及神宙斯—阿蒙的公羊角，以及肩上象征着宙斯的山羊皮宙斯盾都若隐若现。象头皮盔和王带代表了亚历山大的君主身份，山羊角（阿蒙神的标志）和宙斯盾则表现了亚历山大的神性，宙斯盾也是王权的象征。整个象头皮盔则象征着亚历山大对印度的征服。这种钱币的反面也有的是宙斯坐像，但托勒密仍使用亚历山大名字铭文。

图2-2-3
托勒密一世银币

这种钱币显然与托勒密一世有关。一方面，对于当时的人们而言，大象是王室的象征，它们最聪慧，也最有战斗力。象头不仅代表了亚历山大对印度的征服，而且暗示了托勒密本人在印度战场上的出色表现。另一方面，埃及是亚历山大安葬之地，亚历山大的灵柩就是托勒密从半路劫持而来。所以，在埃及，戴狮头皮盔的赫拉克勒斯被戴象头皮盔的亚历山大所替代也是水到渠成。

托勒密立国后，一方面着手巩固自己的领土，一方面积极向外扩张，将统治范围扩大到巴勒斯坦地区。同时，托勒密钱币的背面类型也发生了转变。早期的背面类型与赫拉克勒斯类型一致，是宙斯持鹰坐像，铭文为ΑΛΕΞΑΝΔΡΟΥ（属于亚历山大的）；随后发行的背面类型（公元前310—前309年）变为手持盾牌和长矛的雅典娜站像，铭文为ΑΛΕΞΑΝΔΡΕΙΟΝ（亚历山大的钱币）。[1]再后来，钱币背面的铭文变成ΠΤΟΛΕΜΑΙΟΥ ΑΛΕΧΑΝΔΡΕΙΟΝ（托勒密的亚历山大钱币）。[2]这种钱币之所以还可以称作亚历山大类型，是因为钱币上还保留着亚历山大的形象。自此以后，希腊化君主们终于不再顾忌希腊本土以神喻王的传统，开始发行自

1 Peter R. Franke and Max Hirmer, *La Monnaie Grecque*, p. 217.

2 Peter R. Franke and Max Hirmer, *La Monnaie Grecque*, p. 143.

图2-2-4
托勒密一世金币

图2-2-5
托勒密一世金币

己的王像钱币。

公元前304年，托勒密发行金币斯塔特。钱币正面是托勒密的肖像。他头戴王冠，肩上披着山羊皮宙斯盾，用来暗指宙斯。钱币背面是手握闪电、驾四象拉车的亚历山大，铭文是ΠΤΟΛΕΜΑΙΟΥ ΒΑΣΙΛΕΩΣ（属于托勒密王的）。（图2-2-4）但是托勒密一世最著名的钱币类型，其正面是托勒密头像，背面是双爪握闪电的雄鹰，铭文是ΠΤΟΛΕΜΑΙΟΥ ΒΑΣΙΛΕΩΣ。也因此，托勒密成为第一个将本人的名字、国王称号和带有王冠的个人肖像印在钱币上的继业者。[1]在腓力二世之前，鹰的形象出现在马其顿王国钱币上，标志着马其顿人对宙斯的崇拜。很明显，托勒密选择了马其顿王国钱币中的雄鹰作为自己的徽记，并被后世的托勒密君主沿用下来。（图2-2-5）而金币背面，国

1 R. A. Hazzard, *Ptolemaic Coins, an Introduction for Collectors*, Toronto: Kirk and Bentley, 1995, p. 1.

王驾驭四象战车的形象无疑是腓力二世驾车类型的沿续。由于印度战象给东征的马其顿人留下了深刻的印象，所以这一形象在钱币主题上也多有体现。

卡桑德、吕西马库斯与塞琉古于公元前301年在伊普苏斯迎战安提柯一世，托勒密坐收渔翁之利，重新取得了巴勒斯坦、科伊勒—叙利亚（Coele-Syria）和腓尼基南部，得到了西顿、推罗与塞浦路斯的海港。伊普苏斯战役的结果直接影响了托勒密的钱币政策。塞浦路斯因盛产铜矿，也成为托勒密制造军舰的原木产地。托勒密由此成为希腊世界的海洋霸主。罗德岛商人在地中海有重要的地位，为了方便商贸往来，托勒密发行钱币不再采用阿提卡重量标准，而是改为罗德岛的腓尼基重量标准。包括金币、银币与铜币在内的多种面值的钱币体系也完善起来。从此以后，他发行的四德拉克马银币的重量就由17克调整为15.5克，但“国王头像与雄鹰”的钱币类型没有发生变化，一直沿用到托勒密王国的最后一位君主克列奥帕特拉七世（Cleopatra VII，公元前51—前30年）女王统治时期。

结　语

希腊化钱币的奠基人非亚历山大莫属。他在东征期间发行的钱币，在整个“希腊化王像钱币”体系中具有特殊的引领地位。亚历山大式钱币塑造了亚历山大与希腊神别无二致的形象，也为马其顿君王头像堂而皇之地取代钱币正面的希腊神头像提供了契机。亚历山大发行的四德拉克马面值银币是最具代表性的亚历山大式钱币。

希腊化王像钱币形成的关键期是亚历山大去世以后的继业者战争。这场战争使各个希腊化王国确立了自己的钱币范式。各希腊化王国的钱币范式遵从的都是腓力二世钱币改革以后的新类型以及亚历山大的钱币类型。这一方面是因为亚历山大式钱币采用当时最具影响力的阿提卡重量标准，全面取代了“雅典娜/猫头鹰”钱币的贸易地位；另一方面是因为亚历山大式钱币代表了亚历山大大帝的绝对权威，所以继业者们在亚历山大去世以后继续发行“赫拉克勒斯/宙斯”类型钱币。与此同时，继业者们也对钱币上的亚历山大形象进行了别出心裁的创新，为其饰以公羊角、公牛角、象皮头盔、豹皮头盔和山羊皮甲（宙斯盾）。由此可见，亚历山大式钱币并非亚历山大一人所独创，他的继业者们也功不可没。正是继业者用亚历山大的头像直接取代希腊神，才使希腊化王像钱币的正式成型成为可能。

（王　杨）

第二编

希腊化钱币的延续与渐变

埃及的托勒密王国、亚洲的塞琉古王国和希腊本土的安提柯—马其顿王国构成了希腊化世界的主体。这些王国的统治者在继承亚历山大政治遗产的同时，也继承和发展了他的钱币制度。他们在继续发行有亚历山大头像钱币的同时，也开始发行有自己头像的钱币，这类钱币也可称为王朝钱币。由于所处的地域、文化环境不同，他们在保持钱币基本形制和内涵的同时，也赋予其特殊的王朝特色。其中最为重要的是各自选择了特定的希腊保护神，另外，在重量标准上也因地制宜，采用了不同的原希腊城邦的标准。但阿提卡制受到普遍的采用。

这一时期值得注意的是，从塞琉古王国内部分裂出来的巴克特里亚王国、帕提亚王国和帕加马王国均发行了自己王朝的钱币。其中巴克特里亚的钱币在远东地区影响最大，传播最广。希腊化钱币中唯一的希印双语币就是由从巴克特里亚南下而来的印度—希腊人统治者发行的。这种双语币又影响了印度—斯基泰人、印度—帕提亚人的钱币。

第三章　希腊化钱币的发展：三大希腊化王朝钱币

希腊化王国时期是希腊化钱币范式发展与演变的阶段。尤其是托勒密王朝早期钱币，已经出现了该王朝最基本和最主要的钱币类型。托勒密一世发行的正面是本人头像、背面是宙斯鹰的钱币类型，成为整个王朝的标志性钱币，被后代君主们继承。塞琉古王朝在第二位君主安条克一世时期（Antiochus I，公元前281—前261年），正式发行了正面是国王头像、背面是阿波罗坐像类型的钱币。相较于托勒密王朝，塞琉古王朝钱币类型更加多变。究其原因，不仅在于塞琉古王国地域面积广大，也因为其地方政权的分裂，导致自立为王的现象时有发生。受希腊化王朝的影响，这些从塞琉古王国分裂而出的国家也将钱币币图作为政治宣传的一种手段，所以，一个新王朝的出现就意味着一种新的希腊化王朝钱币类型的出现。

第一节　托勒密王朝钱币

托勒密钱币的特点在于类型的极度稳定，从托勒密一世（Ptolemy I，公元前305—前283年）建国到克列奥帕特拉七世（Cleopatra VII，公元前51—前30年）覆国，钱币的基本类型一直是“国王头像/雄鹰抓握闪电”的类型。而“女王与丰饶角”以及统治者夫妻或母子并排胸像，也都是最容易辨识的托勒密钱币类型。

托勒密埃及钱币可以分为四种：托勒密一世肖像钱币，历代托勒密君主的头像钱币，托勒密王后或者女王头像钱币，托勒密王室夫妻胸像或者母子胸像钱币。在托勒密一世去世以后，埃及的银币与铜币的类型并没有产生很大的变化，主要的区别只在于发行日期、造币场的标记以及日渐下降的质量。

一、托勒密女王力量的逐渐增强以及在钱币上的体现

公元前283年，托勒密一世去世，托勒密二世（公元前283—前246年）继位。托勒密一世生前有两位正式的妻室——欧吕狄克（Eurydice）和贝莱尼凯（Berenice）。这两位女子都是马其顿贵族出身。托勒密二世是托勒密一世最小的儿子，由贝莱尼凯所生。他甫一继位，就将他的父母奉为“救主神”（Theoi Soteres）。这样做既能加强自己生母与托勒密一世的关系，又能排斥和贬低欧吕狄克以及她的子女们。托勒密二世为他的双亲修建神庙，而他本人也就堂而皇之地成为救主的儿子。

托勒密二世继位初期，有一种极其稀有的四分之一奥波尔银币，正面是托勒密一世的头像，背面是贝莱尼凯的头像。[1]如果说这种少见并且图案模糊的小面值钱币不足以证明托勒密二世神化双亲的举动，那么，在科伊勒—叙利亚，托勒密二世还发行了一种铜币，上面是他母亲系王带的胸像，并有铭文ΒΑΣΙΛΙΣΣΗΣ ΒΕΡΕΝΙΚΗΣ（属于王后贝莱尼凯的）。[2]托勒密王朝出现的另外一种夫妻胸像或母子胸像

1 R. A. Hazzard, *Ptolemaic Coins, an Introduction for Collectors*, Toronto: Kirk and Bentley, 1995, p. 2.

2 J. N. Svoronos, 1047-1057. 转引自R. A. Hazzard, *Ptolemaic Coins, an Introduction for Collectors*, 1995, pp. 2-3.

则是更明显的神化王室的举动，并排胸像继承的是从埃及法老时期就已存在的夫妻神理念。在托勒密二世发行的金币上，正面是托勒密二世与妻子的并排胸像，背面则是父亲托勒密一世与母亲贝莱尼凯。（图3-1-1）

图3-1-1
托勒密二世金币

从托勒密二世时期，王后对王朝政治的干预就已经初现端倪。其他希腊化王朝也不乏“女主政治”[1]的现象，但唯独托勒密埃及在王朝钱币上大规模地出现女王头像。这从一个侧面说明，在托勒密王朝，王后主政的现象是十分重要且普遍的。大多数学者认为，这种现象的盛行与王室兄妹婚的传统直接相关。[2]王室女性参与政治决策，甚至成为王朝事务的实际决策者，是埃及法老时代的传统。埃及的十八王朝还一度因为女性参政而被称为“一个罕见的女权主义时代”。[3]虽然托勒密王朝的希腊—马其顿人继承了埃及法老时期女性参与政治的传统，但是这种参政程度是逐渐加深的。托勒密王朝名义上是国王和王后共同治理。起初国王占据主导地位，但从克列奥帕特拉一世担任儿子的摄政开始，王后权力逐渐变大，直到克列奥帕特拉七世成为唯我独尊的女王。[4]

托勒密二世不仅神化了他的父母，而且还为他和他的妻子阿尔西诺二世（Arsinoe II）在埃及神庙里修了夫妻塑像。阿尔西诺二世是托勒密一世与其第四任妻子贝莱尼凯

1 参见孟凡青:《希腊化王国的女主政治现象》,《外国问题研究》2012年第4期，第30—36页。

2 详见孟凡青:《国外希腊化时期王后参政现象研究综述》,《外国问题研究》2017年第3期，第78—87页。

3 王海利:《尼罗河畔的古埃及妇女》，北京：中国青年出版社，2007年，第62页。

4 参见孟凡青:《希腊化王国的女主政治现象》,《外国问题研究》2012年第4期，第30—36页。

一世的女儿，也是托勒密二世的姐姐，先后成为色雷斯国王吕西马库斯、托勒密·克劳诺斯以及托勒密二世的妻子。托勒密二世发行的八德拉克马、四德拉克马、二德拉克马和一德拉克马面值金币的正面，是他与这位姐姐的并排胸像，背面是他的父母的并排胸像。正面铭文是ΑΔΕΛΦΩΝ（姐弟），背面是ΘΕΩΝ（神），也可以合称“姐弟神”（Theoi Adelphoi）。

图3-1-2
阿尔西诺二世金币

阿尔西诺于公元前268年去世。托勒密二世封其为女神，以其名义设立神庙，并以与阿尔西诺同名女祭司的名义颁布法律条文。为了表示纪念，托勒密二世发行了新的金币与银币类型。由于是纪念币，所以钱币的面值都比较大，有十德拉克马的银币、四德拉克马的银币、两倍八德拉克马的金币以及八德拉克马的金币。钱币正面的女神头戴面纱，背面是两个丰饶角，以及铭文ΑΡΣΙΝΟΗΣ ΦΙΛΑΔΕΛΦΟΥ（“菲拉德尔弗斯”阿尔西诺）。（**图3-1-2**）

托勒密二世的第一任妻子，是色雷斯国王吕西马库斯的女儿，托勒密三世（Ptolemy III Euergetes）的母亲。托勒密三世还有一个姐姐贝莱尼凯（Berenice）嫁给了塞琉古国王安条克二世为妻。安条克二世废除了他与第一任王后劳狄西（Laodice）所生长子的继承权，将王位传给贝莱尼凯所生之子。由于安条克二世离奇地死于劳狄西的住处，劳狄西的儿子依然顺利即位，即塞琉古二世。贝莱尼凯随即向托勒密王朝寻求帮助。为了支持自己的姐姐，托勒密三世从亚历山大里亚向安条克进军。但是塞琉古一派在托勒密三世尚在途中的时候，就已经将贝莱尼凯与她的孩子杀害了。

托勒密三世得到这个消息之后，并没有向外宣告，而是继续利用贝莱尼凯的名义获得各省总督的支持。军事行动需要大量的经济支持，虽然托勒密的姐姐已经去世了，但他仍以贝莱尼凯的名义发行了大量的钱币。为了方便托勒密军队在叙利亚使用，钱币采用了在托勒密本土已不再使用的阿提卡重量标准。钱币正面是贝莱尼凯戴面纱的胸像，背面是丰饶角，有希腊语铭文BEPENIΛHΣ BAΣIΛIΣΣHΣ（属于贝莱尼凯女王的）。之后，托勒密三世顺利推进他在叙利亚的远征，但此时埃及出现了叛乱，于是他赶紧调转方向，返回埃及。这些在亚洲发行的钱币也被士兵们带回了埃及。

默克尔摩（O. Mørkholm）认为，这种钱币是托勒密三世为他的同名妻子发行的钱币。但是有新的研究对这种说法进行了修订。[1]首先，钱币具有流通性，所以钱币的出土地不一定是钱币的发行地，而很可能是流通结束之地。其次，钱币上的肖像风格，与托勒密三世时期在以弗所发行的金币有差别。再次，托勒密一世时期就已经放弃了阿提卡重量标准，不太可能像默克尔摩所认为的那样，于公元前245年重新发行阿提卡标准的钱币。

托勒密三世统治时期，国王的军队在西里西亚、爱奥尼亚、色雷斯以及伯罗奔尼撒也都很活跃。他们将正面印有托勒密三世头像、背面是老鹰爪握闪电形像的银币与铜币也带到了这些地区。相比而言，托勒密三世时期的金币更独特，且意义非凡。他发行了八德拉克马的金币，正面是贝莱尼凯二世的头像，背面是丰饶角以及铭文BEPENIKHΣ BAΣIΛIΣΣHΣ（贝莱尼凯女王）。钱币背面的蜜蜂标记或许是造币场的标记。[2]

从克列奥帕特拉一世开始显现的王后权力的增大，也明显地体

1 R. A. Hazzard, *Ptolemaic Coins, an Introduction for Collectors*, p. 5.

2 Svoronos 894-896. 转引自R. A. Hazzard, *Ptolemaic Coins, an Introduction for Collectors*, p. 5.

图3-1-3
托勒密六世金币

现在钱币类型的变化上。托勒密六世时期的八德拉克马面值金币，正面是他母亲克列奥帕特拉一世头戴面纱的头像，肩头有权杖，女王周围环以铭文ΚΛΕΟΠΑΤΡΑΣ ΒΑΣΙΛΙΣΣΗΣ；背面才是托勒密六世本人头系王带的头像，周围环以铭文ΠΤΟΛΕΜΑΙΟΥ ΒΑΣΙΛΕΩΣ。（图3-1-3）从钱币正反面的排序就可以看出，摄政的克列奥帕特拉一世拥有更大的权力。钱币的铭文也为王后冠以“巴西琉斯”阴性形式的称呼。

克列奥帕特拉一世的肖像出现在钱币的正面，并被冠以王名，充分显示了女王身份地位的提升。钱币正面是戴面纱的王后侧面头像、背面是丰饶角的设计，成为托勒密王朝钱币的一种固定样式。但是需要注意的是，这种钱币上的托勒密埃及王后形象已经被明显神化，无法体现出个人特征。在女王面纱下面，有时可以隐约见到象征着王权的王带以及象征着宙斯—阿蒙神的山羊角，就连王后的发型也与伊西斯女神一致。这种神化王后的方式，与亚历山大式钱币神化亚历山大的做法如出一辙。

钱币上王后形象的单一化现象，在克列奥帕特拉七世时期有所变化。克列奥帕特拉七世经历了与其父托勒密十二世、其弟托勒密十三世和托勒密十四世共同执政的阶段。在罗马统帅凯撒（Caesar，公元前100—前44年）的支持下，克列奥帕特拉七世最终除掉了托勒密十四世，成为埃及唯一的执政者。作为托勒密王朝拥有最大权力的女性统治者，克列奥帕特拉七世钱币有以下两个特点。（图3-1-4）

首先，她的钱币肖像明显区别于传统的伊西斯式王后肖像，个人特征明显。在钱币正面，她戴着王带，挽着发髻，虽然还留有伊西斯女神式的卷发，但是不再披头纱，容貌也较之前有明显的区别。其次，钱币背面不再是象征丰产的丰饶角，而是使用了国王钱币类型才会出现的雄鹰，爪握“霹雳”，有铭文ΚΛΕΟΠΑΤΡΑΣ ΒΑΣΙΛΙΣΣΗΣ（克列奥帕特拉女王）。这种银币的发行时间大约在公元前44年她单独执政之后。

图3-1-4
克列奥帕特拉七世铜币

除此以外，我们还可以在克列奥帕特拉七世发行的铜币上见到另外一种女王形象。钱币正面是克列奥帕特拉七世的侧面头像，头戴王带，脖子上带有褶皱，具有明显的罗马钱币肖像风格；背面是罗马“后三头”之一的安东尼（Antonius，公元前83—前30年）的肖像。这种钱币可能是为了纪念她与安东尼的密切关系而发行。

二、托勒密君主肖像的神化以及相关标志

托勒密三世自称是酒神狄奥尼苏斯的后代。公元前222年，托勒密四世继承王位，也以狄奥尼苏斯自喻。他发行了两德拉克马、一德拉克马和半德拉克马银币，[1]正面的托勒密四世头上有葡萄藤以及权杖，象征着酒神狄奥尼苏斯。

公元前219年，安条克三世入侵叙利亚，当时科伊勒—

1 R. A. Hazzard, *Ptolemaic Coins, an Introduction for Collectors*, p. 6.

叙利亚处于托勒密的统治下。为了巩固埃及对叙利亚的控制，维持庞大的军费开支，托勒密四世发行了八德拉克马、四德拉克马、德拉克马以及半德拉克马的金币。这些金币的图像是为纪念他的父亲托勒密三世而设计。钱币的正面是托勒密三世的胸像，头戴由赫利奥斯的光芒所装饰的王冠，身披宙斯盾，波塞冬的三叉戟位于左肩后上方。宙斯与波塞冬的合体，象征托勒密三世拥有陆地与海洋的控制权。[1]（图3-1-5）

托勒密五世继位之前，他的母亲阿尔西诺三世（Arsinoe III，约公元前246—前204年）被暗杀，国内对于这一事件颇有议论，而王国外部有马其顿的腓力五世和塞琉古王国安条克三世的入侵威胁。这种紧张的战争环境迫使托勒密王朝发行大量的钱币。由于托勒密五世尚年幼，所以发行的钱币上分别有他的父亲托勒密四世、母亲阿尔西诺以及托勒密五世本人的肖像。其中，亚历山大里亚的造币场发行了八德拉克马金币，科伊勒—叙利亚的造币场发行了四德拉克马银币以及托勒密四世和托勒密五世的斯塔特银币。托勒密五世的斯塔特面值银币最为少见。[2]

托勒密五世出生与登基时都有彗星出现，这被视为吉兆，所以他

图3-1-5
托勒密四世金币

1 R. A. Hazzard, *Ptolemaic Coins, an Introduction for Collectors*, p. 7.
2 R. A. Hazzard, *Ptolemaic Coins, an Introduction for Collectors*, p. 8.

的钱币上有星星主题。四德拉克马银币正面是托勒密五世的胸像，背面铭文是ΠΤΟΛΕΜΑΙΟΥ ΕΠΙΦΑΝΟΥΣ（“神显者”托勒密五世），图案是带翅膀的闪电，闪电两边各有一颗彗星。托勒密五世与安条克三世政治联姻，迎娶了安条克三世的女儿克列奥帕特拉（史称克列奥帕特拉一世）。托勒密五世有三个孩子，分别是后来的托勒密六世、托勒密八世和克列奥帕特拉二世。托勒密五世去世的时候，最年长的儿子托勒密六世只有五岁。

“爱母者”托勒密六世（Ptolemy VI Philometor，公元前180—前145年）的钱币类型并没有创新。女王类型的钱币可能是用来表现克列奥帕特拉一世对埃及的执政，但是这种类型也基本上是对阿尔西诺钱币类型的继承。公元前145年，托勒密六世的弟弟成为托勒密八世，与哥哥相比，他是一个性格苛刻的人，给埃及带来了三十年痛苦的统治。他同时也将托勒密家族的肥胖基因发挥得淋漓尽致。关于这一点，我们可以从他的肖像钱币上看出。托勒密王朝的钱币具有很明显的写实功能。托勒密八世的钱币肖像一定是高度还原了国王本人的面庞。钱币上的国王脸颊臃肿，眼睛突出，鼻孔张开，活脱脱一个受到哮喘病困扰的人。

第二节　塞琉古王朝钱币

塞琉古王朝的国王们始终强调自己是正宗的希腊—马其顿君主、亚历山大的继承人。从安条克四世（Antiochus IV，公元前175—前164年）开始，亚历山大的宙斯坐像类型也重新回到塞琉古王国钱币的背面。从塞琉古王国脱离出来的巴克特里亚希腊人王国也发行了风格类似的钱币。虽然远离希腊化文明的中心，但这里的希腊化君主们依然发行正面是君主侧面头像、背面是希腊神全身像的钱币，完整地继承了希腊化王像钱币的传统。钱币上的君主侧面头像还会特意戴一顶马其顿宽边帽，表明自己的马其顿人身份。巴克特里亚王国以及随后的印度—希腊人钱币上的国王名字，成为钱币学家们重构国王谱系的重要依据。[1]

一、宙斯—阿波罗—宙斯崇拜的转变

根据塞琉古家族的传统，阿波罗被视为塞琉古一世真正的父亲，所以塞琉古王朝初期以阿波罗作为保护神。在希腊世界，天神主要通过神谕和梦境这两种方式向凡人传达意愿和指示。[2]在阿波罗与塞琉古一世建立联系的过程中，这两种方式都得到了体现。其一是狄底玛（Didyma）的阿波罗圣所神谕，其二是塞琉古母亲劳狄西的梦。相关的记载可见阿庇安（Appian）、查士丁（Justin）与狄奥多罗斯（Diodorus）。[3]另据保桑尼阿斯（Pausanias）记载，塞琉古是最虔诚的国王，因为他将一尊被薛西斯掠到波斯的阿波罗铜像送还给狄底玛圣所的布朗开德家族（Branchidae）。[4]

阿庇安记载了有关塞琉古早年经历的传闻，这些传闻都暗示他将来会成为亚洲君主。阿庇安提到，塞琉古在狄底玛圣所听到的神谕建议他留在亚洲，不要急于回到希腊。据说，塞琉古的母亲劳狄西在梦

1 Osmund Bopearachchi, *Monnaies Gréco-Bactriennes et Indo-Grecques, Catalogue Raisonné*, Paris: Bibliothèque Nationale, 1991, p. 453.

2 Panagiotis P. Jossif and Catharine C. Lorber, "More Than Men, Less Than Gods: Concluding Thoughts and New Perspectives," in Panagiotis P. Jossif, Andrzej S. Chankowski and Catharine C. Lorber, eds., *More than Men, Less than Gods, Studies on Royal Cult and Imperial Worship*, Leuven: Peeters, 2011, pp. 691-710.

3 Diodorus, *Diodorus of Siculus*, 19.90.4; Justin, *Epitome of the Philippic History of Pompeius Trogus*, 15.4.3; Appian, *Roman History*, 11.56.

4 Pausanias, *Description of Greece*, 1.16.3.

中与阿波罗结合后怀孕，并且从天神那里得到一枚刻有锚的戒指。阿波罗嘱托劳狄西日后将戒指交给出世后的孩子。塞琉古出生时大腿上带有锚形的胎记，这使劳狄西的梦境显得更加不同寻常。在塞琉古参与远征波斯的战争之前，劳狄西将这枚戒指交给了塞琉古，并告诉了他与阿波罗的父子关系。塞琉古也一再地通过各种方式强调他与阿波罗的联结，锚也成为塞琉古王国的标志。[1]

受母亲梦中的启示，塞琉古一世得到一枚上面刻有锚的铁戒指，并在幼发拉底河畔附近将其遗失。这预示着他将在此处称王。狄奥多罗斯也提到了狄底玛圣所的预言。塞琉古提醒他的追随者们要相信神谕，因为神灵预言了他的军事行动最终会获胜。他在狄底玛的布朗开德家族那里求取了神谕，神灵视其为塞琉古国王。在梦中，亚历山大站在他身侧，意味着未来的领导权将随着时间的推移而落在他身上。

在与塞琉古有关的传说中，狄底玛圣所是一个很关键的地点。它位于米利都（Miletus）附近，崇拜阿波罗神。[2]有研究认为，狄底玛圣所的神谕对塞琉古的重要性类似于西瓦圣所给亚历山大的神谕。[3]塞琉古一世强调阿波罗神谕对他统治亚洲的预言，是为了取得爱奥尼亚（Ionia）地区对其统治的认同，尤其是获得这一地区最重要的城市米利都以及在当地最负盛名的狄底玛阿波罗圣所的认同。也有研究认为，塞琉古追随亚历山大时，可能并不存在这样一个神谕，因为这将给塞琉古带来麻烦，亚历山大不会容忍有人威胁自己的王位。[4]虽然塞琉古一世重视狄底玛圣所，归还了掳到波斯多年的阿波罗铜像，但

1 Justin, *Epitome of the Philippic History of Pompeius Trogus*, 15.4.

2 Pausanias, *Description of Greece*, 8.46.3.

3 Krzysztof Nawotka, "Apollo, the Tutelary God of the Seleucids, and Demodamas of Miletus," in Zosia Archibald and Jan Haywood, eds., *The Power of Indicidual and Community in Ancient Athens and Beyond, Essays in Honour of John K. Davies*, Swansea: The Classical Press of Wales, 2019, p. 261.

4 Panagiotis P. Jossif, "Apollo Toxotes and the Seleukids: Comme un air de famille," in Panagiotis P. Jossif, Andrzej S. Chankowski and Catharine C. Lorber, eds., *More than Men, Less than Gods, Studies on Royal Cult and Imperial Worship*, Leuven: Peeter, 2011, pp. 229-292.

是这个神谕很有可能是后来的杜撰。

塞琉古一世母亲的梦境也值得质疑。在塞琉古之前，并没有证据可以证明锚是阿波罗的象征物。阿波罗与锚曾经同时出现在米利都发行于黑海西岸的殖民地阿波罗尼亚（Apollonia）的银币上。有研究者认为，锚与阿波罗并无直接的联系，船锚象征着城市的航海贸易，公元前6世纪阿波罗尼亚刚开始发行钱币时上面就出现了这个形象。[1]而阿波罗的头像在公元前4世纪才出现在该城邦钱币上，应该是代表着阿波罗尼亚与母邦米利都的联系。阿波罗尼亚发行的阿波罗类型银币也许就是塞琉古努力将锚与阿波罗建立联系的最初灵感的来源。[2]

另有一种说法认为，塞琉古之所以要发行印有锚的钱币，很可能因为锚最初是代表他曾在托勒密军中任职海军将领。[3]据阿庇安所记，塞琉古在前往巴比伦的路上被一块锚形的石头绊倒在地。预言家们认为这不是好的预兆。当时托勒密也与塞琉古同行，但他说锚是一个好的预兆。正因为此，塞琉古称王以后采用锚的图案作为自己的印信符号。与塞琉古有关的传说中，锚的图案曾在如戒指、石头和胎记等多种物品上反复出现，这种现象本身就说明了这个标记的重要性。也许塞琉古一世的腿上千真万确有一个锚形的胎记，而且是广为人知的。所以，塞琉古一世或者他的子孙后代才要通过传说故事，将锚形标记与阿波罗建立联系。

另外还有一个细节可以进一步证明塞琉古身世有人为编造的痕

---

1 Evgeni Paunov, “The Tetradrachm Coinage of Apollonia Pontica: Icongraphy, Issues and Magistrates,” in Diliyana Boteva, ed., *Ex Nummis Lux. Studies in Ancient Numismatics in Honour of Professor Dimitar Draganov*, Sofia: Bobokou Bros. Foundation, 2017, pp. 59-88.

2 C. Bearzot, “Il santuario di Apollo Didimeo e la spedizione di Seleuco I a Babilonia (312 a. C),” in M. Sordi (a cura di), *I Santuari e la Guerra nel Mondo Classico,* Milano: Pubblicazioni della Università Cattolica, 1984, pp. 51-81.

3 Krzysztof Nawotka, “Apollo, the Tutelary God of the Seleucids, and Demodamas of Miletus,” in Zosia Archibald and Jan Haywood, eds., *The Power of Indicidual and Community in Ancient Athens and Beyond, Essays in Honour of John K. Davies*, p. 261.

迹。阿庇安在记述塞琉古的故事时，频频使用“据说”“又据说”“有人说”“这些是我所听到的有关塞琉古的预言”等道听途说的表述。这些用语说明阿庇安是听到而非读到这些故事，而且故事的提供者通常是不具名的。阿庇安的这种记述方式带有明显的希罗多德式的口述历史遗风。[1]相关研究认为，口述历史至多可以回溯150年或200年。但是阿庇安生活的时间是公元95—165年，他记录的塞琉古一世的身世与早期塞琉古建国，则发生在公元前300年前后。这中间相隔了四五百年的时光，早已超过了口述历史可以追溯的时间范围。所以阿庇安的史料来源要早于他所在的时代。阿庇安记录塞琉古建国的原因是罗马对叙利亚发动战争，安条克三世（Antiochus III，公元前223—前187年）败于罗马。阿庇安关注塞琉古最初的历史，也许是他当时收集史料时，塞琉古地区还保留着多种版本的传说故事。这些故事应该是塞琉古本人，或者更可能是他儿子安条克一世的宣传。

相较于阿庇安的记载，查士丁仅保留了一种与锚形戒指有关的传说，即塞琉古母亲的梦境。同时，查士丁在这个故事里添加了更多的细节。记载塞琉古是阿波罗的儿子的铭文也出现相对较晚，在塞琉古二世（Seleucus II，约公元前246—前225年）时期初见。铭文记载了塞琉古二世向米利都致意，向狄底玛的阿波罗圣所献祭并提及了塞琉古王朝与阿波罗的关系。可以确定塞琉古二世时期，阿波罗被视为王朝的祖先。[2]由此可见，塞琉古一世称王之时，阿波罗同他的父子关系并没有正式形成，是由他自己或者其子安条克一世逐步创造出了这种关联，并在塞琉古二世时期成为一段确凿的历史，最终出现在罗马史家的记录中。

1 王以欣:《居鲁士的早年传奇与口传历史》,《古代文明》2014年第1期，第2—13页。

2 阿波罗在凡间的子嗣，母亲多为王室或半神的身份。但是塞琉古母亲劳狄西不在其列，并非王室的成员。Panagiotis P. Jossif, “Apollo Toxotes and the Seleukids: Comme un air de famille,” in Panagiotis P. Jossif, Andrzej S. Chankowski and Catharine C. Lorber, eds., *More than Men, Less than Gods, Studies on Royal Cult and Imperial Worship*, pp. 229-292.

虽然阿波罗神谕对塞琉古王权做出了预言，塞琉古一世也对阿波罗礼遇有加，但是也有文献提到塞琉古一世建立皮埃里亚的塞琉西亚（Seleukeia in Pieria）时，有老鹰飞来叼走祭品，老鹰落足的地方就成为城市的选址地。[1]雄鹰是宙斯的象征，塞琉古用神的形象来宣传王权。然而相关的文献碑铭研究以及钱币证据都证实了一个不容忽视的细节，[2]即塞琉古一世主要信奉宙斯，安条克一世主要信奉阿波罗。

塞琉古王国将宙斯崇拜改为阿波罗崇拜，最重要的钱币类型也随之改变，原因可以归纳为以下四点：

首先，宙斯与阿波罗象征着塞琉古一世和安条克一世的父子关系。塞琉古一世与他的儿子安条克一世于公元前294—前281年间联合执政。[3]有研究认为，安条克一世作为共治者的时候就出现了阿波罗类型，[4]神的父子关系与君王的父子关系形成一种完美的呼应。另外，希腊的宙斯与阿波罗，分别可以对应小亚地区本土的父子神马尔都克（Marduk）和那布（Nabû）。[5]

其次，从宙斯崇拜转为阿波罗崇拜，说明了安条克一世对塞琉古一世政策的背离。塞琉古一世在公元前305年正式使用国王头衔，定都底格里斯河畔的塞琉西亚。塞琉古一世希望自己可以重新实现亚历山大帝国的统一，通过公元前301年的伊普苏斯战役和公元前281年的

---

1 John Malalas, *The Chronicle of John Malalas*, 8.199, translated by Elisabeth Jeffreys, Michael Jeffreys and Roger Scott, ect., Melboume: Australian Association for Bysantine Studies, 1986.

2 Panagiotis P. Jossif, "Apollo Toxotes and the Seleukids: Comme un air de famille," in Panagiotis P. Jossif, Andrzej S. Chankowski and Catharine C. Lorber, eds., *More than Men, Less than Gods, Studies on Royal Cult and Imperial Worship*, pp. 229-292.

3 Nicholas L. Wright, Seleukos, "Zeus and the Dynastic Cult at Seleukeia in Pieria," in Kyle Erickson, ed., *The Seleukid Empire, 281-222 BC, War Within the Family*, Swansea: The Classical Press of Wales, 2018, pp. 83-99.

4 Kyle Erickson, "Apollo-Nabû: The Babylonian Policy of Antiochus I," in K. Erickson and G. Ramsey, eds., *Seleucid Dissolution: The Sinking of the Anchor*, Wiesbaden: Harrassowitz Verlag, 2011, pp. 51-65.

5 Eva Anagnostou-Laoutides, *In the Garden of the Gods, Models of Kingship from the Sumerians to the Seleucids*, London: Routledge, 2017, p. 150.

科鲁珀狄翁之战，塞琉古一世在亚洲取得了一系列的军事胜利。当他开始向欧洲进军之际，却被托勒密二世暗杀。塞琉古一世对宙斯的崇拜应该是继承了亚历山大的统治策略。对于希腊—马其顿人而言，宙斯是胜利的化身。这种胜利往往是雅典娜与尼科带来的，[1]塞琉古钱币上沿用了宙斯以及尼科的主题。随后安条克一世继承了父亲的江山，却没有继承父亲的遗志，转而重点经营亚洲。安条克一世也背弃了塞琉古一世的钱币政策，不再发行亚历山大类型的钱币，开始发行个人特征明显的全新类型钱币。[2]

再次，阿波罗类型有利于安条克一世对内宣传希腊人统治的合法性，尤其有助于稳定刚刚获得的小亚地区。安条克一世继位之初，小亚刚刚归属塞琉古，统治的根基未稳，[3]所以当务之急是巩固小亚地区的新领土。而安条克一世发行的阿波罗类型钱币上，阿波罗神的形象与含义兼顾了小亚地区希腊居民的信仰传统以及波斯的王室弓箭手形象，多种文化元素的融合有助于在地域广大、民族众多的亚洲地区获得更坚实的认同。位于米利都附近的狄底玛圣所信奉阿波罗，[4]有狄底玛圣所神谕的指引，塞琉古家族就会更容易地获得爱奥尼亚地区对其统治的认同，尤其是获得这一地区最重要的城市米利都以及狄底玛阿波罗圣所的认同。

希腊的阿波罗也与弓箭有关。比如牧神阿波罗使用弓箭驱赶野狼来保护羊群，[5]《荷马史诗》也描述了阿波罗弓箭的力量，阿波罗弓

1 Eva Anagnostou-Laoutides, *In the Garden of the Gods, Models of Kingship from the Sumerians to the Seleucids*, p. 172.

2 Krzysztof Nawotka, "Apollo, the Tutelary God of the Seleucids, and Demodamas of Miletus," in Zosia Archibald and Jan Haywood, eds., *The Power of Indicidual and Community in Ancient Athens and Beyond, Essays in Honour of John K. Davies*, p. 261.

3 John D. Grainger, *A Seleukid Prosopography and Gazetteer*, Leiden: Brill, 1997, pp. 55-56.

4 Pausanias, *Description of Greece*, 8.46.3.

5 李永斌、郭小凌:《阿波罗崇拜的起源与传播路线》,《历史研究》2011年第3期，第166—180页。

箭所射出的金雨会带来瘟疫。[1]阿波罗在寻找建立圣所的地点时，在德尔斐用弓箭杀死了地母该亚（Gaia）的儿子巨蟒皮托（Pytho），据说德尔斐肚脐石下面就是皮托最后的葬身之所。[2]阿波罗在希腊的形象都相对平和，很少会携带武器。[3]但是塞琉古王朝最典型的阿波罗形象是手持弓箭的战士，这一变化的发生，主要是吸收了波斯的王室弓箭手形象。因为对于波斯人而言，弓箭是王权的象征。阿黑门尼王朝（Achaemenid）银币与金币的类型都有国王手持弓箭的形象。

图3-2-1
安条克一世金币

最后，阿波罗坐像类型有其原型出处，借鉴了相同主题的赫拉克勒斯雕像。安条克一世时期，出现了新的肚脐石上的阿波罗坐像类型的四德拉克马银币。钱币正面是安条克一世的头像，背面是坐在肚脐石上的阿波罗，正在仔细地查看他的弓箭。阿波罗手中的弓箭弓弦朝外，弓弩则竖立在阿波罗的身后，倚靠在肚脐石上。（**图3-2-1**）

需要注意的是，与阿波罗坐像类型同时期出现的还有赫拉克勒斯坐像类型和雅典娜坐像类型。赫拉克勒斯坐在大石头上，右手伸向身前，将木棒拄在地上，左手向后面

---

1 Homer, *Iliad*, 1.43-1.52, translated by A. T. Murray, Cambridge, MA: Harvard University Press, 1924, 唐卉：《阿波罗形象的演变系谱——古希腊神话研究之一》，《文艺理论研究》2012年第2期，第44—50页。

2 Pierre Grimal, *The Concise Dictionary of Classical Mythology*, translated by A. R. Maxwell-Hyslop, Oxford: Basil Blackwell, 1990, p. 383.

3 阿波罗多数情况下被刻画成无须的青年，样貌平和，很少持有武器。在早期的希腊艺术作品中，一个出图于雅典市政广场考古遗址的公元前5世纪的陶罐残片上的图案描述了勒托遭到提梯俄斯（Tityos）的非礼，阿波罗和阿尔特米斯前来解救她。阿波罗很少见地长有胡须，还披戴铠甲和头盔。这与阿波罗通常所呈现的平和姿态有很大不同。但是，到了公元前6世纪，阿波罗的塑像开始变成无须的裸体青年，这一倾向随后逐渐成为阿波罗的主流艺术形象。参见李永斌：《阿波罗崇拜研究》，北京：商务印书馆，2015年，第232页。

扶在石头上，支撑着身体。雅典娜坐在王座上，右手向前伸，扶着立在地上的有戈尔工头像的盾牌，一支长矛靠在她左肩，左手肘向后倚靠在斯芬克斯（Sphinx）扶手上。阿波罗、赫拉克勒斯和雅典娜银币的正面都是安条克一世戴王带的侧面头像，但是钱币背面的铭文有所不同。阿波罗与赫拉克勒斯类型的铭文都是ΒΑΣΙΛΕΩΣ ΑΝΤΙΟΧΟΥ，雅典娜钱币类型的铭文是ΦΙΛΕΤΑΙΡΟΥ，表明该类型钱币的发行者是帕加马的菲勒泰罗斯（Philetaerus of Pergamum，约公元前343—前263年）。他虽然是帕加马王朝的奠基者，但是宣示臣服于塞琉古王国。所以他发行的四德拉克马银币背面是全新的雅典娜类型以及个人名字的铭文，但是钱币正面有安条克一世的头像。

安条克一世时期出现的这三种类型虽然有很大的不同，但是三位希腊神手持武器的坐像类型应该是出自同一题材。这是一种源于亚历山大时期赫拉克勒斯坐像的艺术设计。[1]该坐像由西库翁的吕西普斯（Lysippus of Sicyon）设计，表现赫拉克勒斯在一番艰辛劳作之后坐下来休息的场景，然而他的武器并没有离手。这尊雕像是送给亚历山大的礼物，寓意亚历山大经历了一系列军事活动之后，可以坐享他的天下。安条克一世发行这种类型的银币，无疑也是想利用这种雕像主题所传达的寓意，表明塞琉古家族是叙利亚的合法继承者。[2]安条克一世选定这种艺术主题来设计钱币以后，阿波罗类型只是其中之一。安条克二世时期（Antiochus II，约公元前261—前246年）还能见到少量赫拉克勒斯的坐像与站像类型，但是阿波罗类型基本上已经完全取代了之前出现的其他希腊神的坐像类型，成为最主要的钱币类型。塞

1 Panagiotis P. Jossif, “Apollo Toxotes and the Seleukids: Comme un air de famille,” in Panagiotis P. Jossif, Andrzej S. Chankowski and Catharine C. Lorber, eds., *More than Men, Less than Gods, Studies on Royal Cult and Imperial Worship*, pp. 229-292.

2 Panagiotis P. Jossif, “Apollo Toxotes and the Seleukids: Comme un air de famille,” in Panagiotis P. Jossif, Andrzej S. Chankowski and Catharine C. Lorber, eds., *More than Men, Less than Gods, Studies on Royal Cult and Imperial Worship*, pp. 229-292.

琉古二世还发行过另外一种阿波罗站像类型。钱币正面是国王侧面头像，背面的阿波罗站在祭祀用的三脚架旁边，左手肘向后靠在其上，右手前伸，握着一支箭。（图3-2-2）直到安条克四世发行宙斯类型之前，阿波罗类型一直都是塞琉古王朝最主要的钱币类型。

图3-2-2
塞琉古二世银币

在统治异族的环境下，塞琉古王朝初期将阿波罗视为王位的保护神，旨在强调阿波罗对王权的象征与庇佑，其牧神与音乐神的职能不再重要。阿波罗在钱币上的形象也一改之前田园牧歌的风格，有了新的变化。肚脐石上的阿波罗身兼希腊神阿波罗、小亚智慧神那布以及波斯王权统治者三种身份，“阿波罗不一定被帝国的所有阶层视为一个纯粹的希腊人物。相反，阿波罗可能被不同的主体人群以不同的方式解释”。[1]这是希腊—马其顿人在异族地区宣传统治合法性所使用的方式。阿波罗同时具有希腊与东方的属性，这种模糊性使他成为代表多民族统治家族的理想人物，有助于巩固塞琉古王室对帝国统治的合法性，提高他们在异族民众中的权威，最终使塞琉古王朝成为一个多文化、多中心的统一帝国。[2]

二、安条克四世钱币与王像的美化与神化

安条克四世在位期间，位于地中海西海岸奥龙特斯河畔

1 Kyle Glenn Erickson, *The Early Seleucids, Their Gods and Their Coins*, University of Exter, a thesis for the degree of Doctor of Philosophy in Classics and Ancient History, 2009, p. 2.

2 Kyle Glenn Erickson, *The Early Seleucids, Their Gods and Their Coins*, p. 2; Panagiotis P. Jossif and Catharine C. Lorber, “More than Men, Less than Gods: Concluding Thoughts and New Perspectives,” in Panagiotis P. Jossif, Andrzej S. Chankowski and Catharine C. Lorber, eds., *More than Men, Less than Gods, Studies on Royal Cult and Imperial Worship*, p. 701.

的安条克城（Antiochia on the Orontes）的造币场发行了“奥林匹亚的宙斯”（Zeus at Olympia）坐像类型银币。**（图3-2-3）**与此同时，塞琉古王国的东部依然发行手持弓箭坐在肚脐石上的阿波罗类型银币。这种类型又进一步影响了帕提亚人和亚洲腹地的巴克特里亚人、印度—希腊人、印度—斯基泰人的钱币类型。

图3-2-3
安条克四世“国王头像/宙斯坐像”银币

四德拉克马曾是地中海地区对外贸易的主要银币面值。希波战争之后，雅典一度居于海外贸易的霸主地位，由雅典发行的“雅典娜/猫头鹰”类型的四德拉克马银币也一度是地中海世界流通最广泛的货币。亚历山大的东征打破了这种局面。亚历山大发行的四德拉克马银币取代了雅典银币，成为新的国际货币。希腊化王国建立以后，再无人有能力兼顾希腊海外领土与马其顿本土。从此以后，希腊化世界再没有出现过像雅典钱币或者亚历山大钱币那样唯一的主流国际贸易钱币。亚历山大类型虽然没有彻底消失，但也只是偶尔流通。

不过，亚历山大所采用的阿提卡币制的四德拉克马面值成为地中海地区贸易的通用面值。在这种背景下，四德拉克马银币很自然地成为各希腊化王国最具代表性的钱币，是希腊化王国巩固其统治的合法性的重要媒介。在希腊化君主们发行的四德拉克马银币上，往往有统治者的侧面肖像以及王朝最具代表性的希腊神，以对外宣传国王的形象。因此，对于四德拉克马银币的研究有助于理解这一时期的王朝政治、外交与文化。如果同一类型的四德拉克马银币被数代君主持续发行，则能在一定程度上说明这一时期该王国政权的稳定。如果四德拉克马银币出现了新的类型，甚至是多种类型同时发行，则可能意味着政治的变动或分裂。

对于塞琉古王国的政治而言，塞琉古一世、安条克一世与安条克四世在位时四德拉克马银币的发行情况值得重点研究。塞琉古一世的钱币虽有创新，但主要是沿用了亚历山大旧有的类型。同时发行的戴豹皮盔的狄奥尼苏斯侧面头像类型以及大象类型，象征着亚历山大和塞琉古一世对亚洲的征服。塞琉古一世在亚洲称王的同时，希望自己在继业者战争中取得胜利，收复马其顿故地，重建亚历山大帝国。安条克一世继位之后，转而将经营的重点放在亚洲。他背离了塞琉古一世的钱币政策，不再发行带有亚历山大印记的钱币。[1]他发行的肚脐石上的阿波罗坐像类型完美地实现了希腊与东方模式的融合，巩固了希腊化君主对异族的统治。[2]

安条克四世是一个有政治野心的强势君主，他继位以后发行了全新的钱币类型。新的四德拉克马银币正面是经过修饰的安条克四世头像，[3]背面是宙斯坐像。奥龙特斯河畔的安条克城的造币场是这种全新类型钱币主要的发行地。[4]宙斯坐像类型成为塞琉古王朝西部最重要的四德拉克马银币类型。宙斯是托勒密王朝的保护神，塞琉古采用宙斯类型很可能缘于当时塞琉古与托勒密剑拔弩张的局势，其目的是与托勒密王朝分庭抗礼。塞琉古王国西部直接与托勒密王国针锋相对，所以四德拉克马银币类型发生了重要的变化。与此同时，塞琉古王国东部依然发行阿波罗类型的四德拉克马银币。

钱币从来不仅仅是经济生活的必要参与者，也是政治变化的晴雨

1 Krzysztof Nawotka, “Apollo, the Tutelary God of the Seleucids, and Demodamas of Miletus,” in Zosia Archibald and Jan Haywood, eds., *The Power of Indicidual and Community in Ancient Athens and Beyond, Essays in Honour of John K. Davies*, p. 261.

2 Panagiotis P. Jossif and Catharine C. Lorber, “More than Men, Less than Gods: Concluding Thoughts and New Perspectives,” in Panagiotis P. Jossif, Andrzej S. Chankowski and Catharine C. Lorber, eds., *More than Men, Less than Gods, Studies on Royal Cult and Imperial Worship*, p. 705.

3 Marie-Christine Marcellesi, *Histoire et Monnayage des Séleucides de 175 à 129 avant J.-C.*, Université Paris IV-Sorbonne, Mémoire de Maitrise, 1991, p. 67.

4 Panagiotis P. Jossif, “The Numismatic Production of Antichos IV: Tool of Diplomacy or Legitimacy? A Quantifying Approach of Hoard Evidence,” *Electrum*, Vol. 25 (2018) , pp. 47-72.

表。公元前175—前129年是塞琉古王朝走向没落的时期，以安条克四世为界，塞琉古钱币发生了变化。在广大的国境内，为了应对王朝的内忧外患，对那些难以亲眼见到统治者真容的臣民发行正面带有君王头像的钱币，在统治者而言，是一种最为便利的巩固统治的方式。但是，归根到底，钱币的宣传手段毕竟是有限的，巩固统治最重要的还是要靠国王本身的军事实力与治理能力。安条克四世通过钱币取得的最终效果如何，尚有待商榷，但是，钱币所透露出的重要信息，对于我们研究那一时期的历史与文化起到了重要的作用。

安条克四世利用钱币上的这些元素将自己树为一位神，或体现自己与神接近。他不仅是第一个以这种目的发行钱币的塞琉古国王，而且是第一位使用神的称号的希腊化君主。[1]希腊化时期的钱币，随着政治的变化而变化。早期马其顿钱币以及腓力二世、亚历山大的钱币为了神化自己，将个人形象装扮成神的样子。继承者早期依然重复这种王室崇拜的手段。到了安条克四世，国王的头像出现在钱币上已经是一件顺理成章的事情。国王的本来面目不再重要，重要的是让国王与神的完美形象无限接近。

安条克四世时期，在西部的造币场中，阿波罗类型不再是四德拉克马钱币的主要类型。通过钱币上宙斯的类型、国王的头光、国王的称号，都可以看到塞琉古与托勒密剑拔弩张、分庭抗礼的态度。但是东部造币场依然发行阿波罗类型。安条克四世宙斯类型也称“奥林匹亚的宙斯”，应该是取材于雅典雕刻家菲狄亚斯（Phidias）在公元前432年完成的由黄金和象牙制作而成的石首石肢木身雕像（chryselephantine sculpture，或音译为克里斯凡亭雕像）。这个雕像有12米高，被后世称为古代世界七大奇观之一。安条克四世的四德拉克

1 Marie-Christine Marcellesi, *Histoire et Monnayage des Séleucides de 175 à 129 avant J.-C.*, p. 72.

马银币表现的正是这个雕像，而非亚历山大四德拉克马银币的重现。二者的区别在于，亚历山大银币上的宙斯手中是鹰，坐椅是波斯风格，而安条克四世钱币中的宙斯手中是尼科，坐椅也是希腊式样，体现出希腊文化与波斯文化的融合。

三、塞琉古王朝的分裂以及新王朝钱币的出现

大约公元前305年，塞琉古将印度西北部的土地割让给孔雀帝国的旃陀罗笈多（Chandragupta），其王国东部边界收缩至巴克特里亚。[1]塞琉古早年曾经追随亚历山大远征印度西北部，在希达斯皮斯河与当地国王波鲁斯进行了一场恶战。在战斗中，年轻的塞琉古率领右侧方阵对抗象队及步兵。[2]早年在印度的这些经历让塞琉古充分认识到这片由印度本土邦主（Rajah）统治的土地有其根深蒂固的传统，靠武力统治是行不通的。希腊人想要涉足此地，唯有以外交手段立下条约方是上策。事实上，塞琉古的外交使臣也的确凭借双方签订的正式协定常驻于在孔雀帝国的都城华氏城。一个世纪之后，安条克三世与印度当地的统治者续约。[3]条约签订以后，巴克特里亚不再单纯是一条通往印度的通道，索格底亚那（Sogdiana）也不仅仅只是作为抵抗游牧民族的北面防线而存在。我们至少可以从塞琉古的实际行动中推测他并不曾拥有染指印度的野心，这便于他能集中精力统治巴克特里亚。该地拥有希腊化世界远东地区的皇家造币场。霍尔特（F. L. Holt）认为，亚历山大掠夺了金块之后就立即将他们制成钱币，投入

1 Frank L. Holt, *Thundering Zeus: The Making of Hellenistic Bactria*, Berkeley: University of California Press, 1999, p. 28.

2 John. D. Grainger, *Seleukos Nikator: Constructing a Hellenistic Kingdom*, London: Routledge, 1990, p. 9.

3 Frank L. Holt, *Alexander the Great and Bactria: The Formation of a Greek Frontier in Central Asia*, Leiden: E. J. Brill, 1988, p. 100.

流通使用，从而刺激东部经济的增长。[1]

但是，塞琉古王国对东部地区的统治在公元前3世纪中期就遇到了严峻的挑战。巴克特里亚和帕提亚两地的总督大约同时独立。此后的一个多世纪里，巴克特里亚经历了狄奥多托斯（Diodotus）、欧泰德姆斯（Euthydemus）和欧克拉提德（Eucratides）三个家族的统治。狄奥多托斯一世与二世（Diodotides）父子建立的短命政权统治所及仅包括兴都库什山以北的巴克特里亚、索格底亚那、费尔干纳（Ferghana）等地。欧泰德姆斯一世（Euthydemus I，约公元前230—前200年）随后取代了这个王朝，然而版图并无扩大。直到他的儿子德米特里一世（Demetrius I，约公元前200—前190年）在位期间，适逢孔雀帝国解体，巴克特里亚的希腊人才重新沿着亚历山大大帝东进的道路来到兴都库什山以南，将领土扩大至帕罗帕米萨代（Paropamisadae）与阿拉科西亚（Arachosia），甚至印度河流域。潘塔莱昂（Pantaleon，约公元前190—前185年）和阿伽托克勒斯（Agathocles）在此基础上正式吞并了犍陀罗（Gandhara）和旁遮普（Panjab），建立了自己的王朝。所谓的印度—希腊人继续统治了一个多世纪，直到公元前后才彻底消失。

塞琉古王国的中心地区是希腊化传统深厚的安纳托利亚地区与西亚，在狄奥多托斯宣布巴克特里亚独立以前，中亚地区与西部希腊世界接触密切，人员往来频繁。塞琉古一世迎娶巴克特里亚公主阿帕玛（Apama），她的父亲正是曾经率领本土民众抵抗亚历山大的索格底亚那军队首领斯皮塔米尼斯（Spitamenes）。阿帕玛的儿子就是后来的安条克一世。塞琉古任命安条克作为共治者，负责东部“上省”的大小事务，最早可以追溯到公元前285—前280年之间，巴克特里亚造币场打制的钱币上刻有这两位国王的名字——ΒΑΣΙΛΕΩΣ ΣΕΛΕΥΚΟΥ

1 Frank L. Holt, *Thundering Zeus: The Making of Hellenistic Bactria*, p. 30.

KAI ANTIOXOY。这是安条克一世和巴克特里亚辖区特殊关系的见证。[1]

位于帕纳索斯山的德尔斐神庙被希腊人称为世界的中心，塞琉古王朝通行全境的徽记正是端坐在肚脐石上的阿波罗，其被塞琉古的国王们不断地印在他们的钱币上。塞琉古第三位国王安条克二世在位时期，巴克特里亚的总督狄奥多托斯意欲独立，从钱币学的证据上看，巴克特里亚不再发行端坐于肚脐石之上的阿波罗类型钱币，而改为发行雷电宙斯类型钱币。（**图3-2-4**）

图3-2-4
狄奥多托斯一世的“宙斯/雄鹰”型银币

为什么一定要是宙斯呢？狄奥多托斯的名字是ΔΙΟΔΟΤΟΣ，而ΔΙΟΣ是宙斯一词的古希腊语属格形式，狄奥多托斯名字的本义是“宙斯的馈赠”。宙斯代表了狄奥多托斯对外宣传的政治形象，所以他会以宙斯的形象来作为其王朝钱币的类型，在金币与银币上使用。

而且比起体态清秀的阿波罗形象，挥舞雷电、动感十足的宙斯更容易让人联想起军事征服，联想起王国在扩张阶段应该拥有的活力与进取精神。宙斯的形象并非最先出现在狄奥多托斯的钱币上，塞琉古一世的钱币上就曾印有宙斯头戴桂冠、面朝右的肖像。[2]不过狄奥多托斯的宙斯是站立的全身像，这一类型的钱币最早可以追溯到公元前255—前250年，[3]即安条克二世早期，这与我们通过考证史料残篇得出的巴克特里亚独立于塞琉古的时间基本吻合。

虽然造币场的刻模师在钱币的正面用总督的肖像替换了

---

1 E. T. Newell, *The Coinage of the Eastern Seleucid Mints: From Seleucus I to Antiochus III*, New York: The American Numismatic Society, 1938, pp. 115-117.

2 E. T. Newell, *The Coinage of the Eastern Seleucid Mints: From Seleucus I to Antiochus III*, p. 231.

3 Frank L. Holt, *Thundering Zeus: The Making of Hellenistic Bactria*, p. 97.

宗主国国王的肖像，在钱币的背面刻上了投掷雷电的宙斯，但是巴克特里亚王国仍然分别以安条克和狄奥多托斯两人的名义（ΒΑΣΙΛΕΩΣ ΑΝΤΙΟΧΟΥ和ΒΑΣΙΛΕΩΣ ΔΙΟΔΟΤΟΣ）发行这一类型的钱币。所以，可以推测狄奥多托斯率领巴克特里亚的希腊人脱离塞琉古的过程是渐进式的，这批生活在希腊化最东端的土地上的希腊人对宗主国的认同感逐渐淡化，对新家园的归属感却日渐浓厚。

这种雷电宙斯的类型主要应用于金币与银币，铜币上一般印有赫尔墨斯、雅典娜或者宙斯的头像。[1]雷电宙斯的钱币正面与背面的边缘通常都由圆点装饰（联珠纹），正面头戴王带的狄奥多罗斯一世或者二世的肖像面朝右侧；背面的宙斯向左侧迈开步伐，高举的右手在投掷着雷电，左臂上搭着宙斯盾并向左伸，左脚边一只翅膀张开的鹰也面朝左站着。[2]

希腊—巴克特里亚王国早期的国王狄奥多托斯一世、二世父子和欧泰德姆斯都可以在文献中找到片言只语的记载，这些文字记录可以与钱币实物相对照，将可猜测的范围大大缩小，从而大体勾勒出巴克特里亚王朝的早期历史。

例如，当狄奥多托斯一世死后，狄奥多托斯二世将他父亲钱币上宙斯头上戴的花冠去掉了。按希腊化政治运行的方式来看，花冠不仅象征着父子间的承袭关系，也是军事胜利与力量的彰显。子承父业的狄奥多托斯二世正需要这样的标志来强调自己的正统性，借以抵挡其他挑战者。然而事实却是，狄奥多托斯二世有意要永久性地去掉花冠，淡化这个象征胜利的标志。

霍尔特结合文献材料给出了一种合理的解释：依照查士丁的记

1 Frank L. Holt, *Thundering Zeus: The Making of Hellenistic Bactria*, Appendix B.

2 Osmund Bopearachchi, *Indo-Greek, Indo-Scythian and Indo-Parthian Coins in the Smithsonian Institution*, Washington D. C.: Smithsonian Institution, 1993, p. 69.

载，巴克特里亚的“千城之主”狄奥多托斯揭竿而起，独立称王。[1]他的所作所为鼓舞了全体塞琉古东部人民起来反抗马其顿人。其中有一个名叫阿尔萨息（Arsaces）的人随后入主帕提亚地区，并举兵与塞琉古二世和狄奥多托斯一世对峙。公元前239年，塞琉古二世与狄奥多托斯一世联手对抗阿尔萨息的帕提亚军队，这个花冠最早出现在公元前240年发行的巴克特里亚钱币上，所以两个事件发生的时间是吻合的。然而，在狄奥多托斯一世死后，继任的狄奥多托斯二世一反父亲生前的政策，与阿尔萨息修好，签订了和平条约。阿尔萨息随后在塞琉古镇压叛军的战斗中取得胜利，帕提亚也自此正式独立。[2]这样一来，那个公然向阿尔萨息挑衅的花冠必然要被摘掉。[3]

作为巴克特里亚希腊人王国的奠基者，狄奥多托斯父子的作用是承上启下。巴克特里亚衔接东侧的印度和西部的塞琉古，所以狄奥多托斯父子既沿袭了塞琉古以及亚历山大大帝的希腊传统，也开创了希腊文化在中亚及印度传播与融合的新纪元。印度—希腊人的钱币中首先采用希印双语铭文和印度当地的宗教文化元素，就是这种希印文明互鉴的结果。

第三节　安提柯王朝钱币

亚历山大死后，阿基德王朝很快就没落了。腓力三世（Philip Arrhidaeus，公元前323—前317年，亚历山大的同父异母兄，在亚历山大死后被推为名义上的继承人）发行的钱币，类型上完全遵循亚

1 Justin, *Epitome of the Philippic History of Pompeius Trogus*, 41.4.

2 Justin, *Epitome of the Philippic History of Pompeius Trogus*, 41.4.2-20.

3 Frank L. Holt, *Thundering Zeus: The Making of Hellenistic Bactria*, p. 106.

历山大式四德拉克马银币，正面是戴狮头皮盔的赫拉克勒斯侧面头像，背面是宙斯持鹰坐像，只是将铭文改为腓力的名义（ΒΑΣΙΛΕΩΣ ΦΙΛΙΠΠΟΥ）。[1]继业者战争偃旗息鼓以后，主宰马其顿的是“独眼”安提柯（Antigonus I Monophthalmus）之子——“围城者”德米特里一世（Demetrius I Poliorcetes），新的钱币类型也开始在马其顿出现。

安提柯王朝钱币的整体发展特点可归纳如下：首先，由于安提柯王朝建立在马其顿阿基德王朝的基础之上，其钱币的马其顿传统更加深厚，具体体现在对阿基德王朝赫拉克勒斯崇拜的延续，对腓力二世和亚历山大钱币的继承。其次，安提柯王朝钱币始终没有抛弃祖先神与国王头像相结合的传统，因此安提柯王朝钱币的国王头像带有神像的特征，而神像也具有王朝统治者的容貌。再次，海战的胜利，确立了对海神波塞冬的崇拜，安提柯王朝发行了波塞冬类型的钱币。最后，由于王室间的联系，安提柯王朝钱币也受到了托勒密埃及钱币类型的影响。

一、国王头像钱币在马其顿本土的出现

亚历山大死后，帝国的龙兴之地最后由安提柯王朝（Antigonids）接管。在马其顿地区，亚历山大的“赫拉克勒斯/宙斯坐像”类型钱币被多位君主发行，只是将铭文改为钱币的发行者名字。德米特里一世是第一位在马其顿地区发行带有个人形象钱币的君主。由于钱币背面是海神波塞冬手持三叉戟的全身像，学界认为，这种钱币是为了庆祝马其顿在塞浦路斯的萨拉米斯海战（Battle of Salamis）中战胜托勒密王国而发行。安提柯王朝最后的两位君主腓力五世（Philip V，约公元前221—前179年）和柏修斯也发行过带有个人侧面头像的

1 Dimitra I. Tsangari, *Coins of Macedonia in the Alpha Bank Collection*, No. 39.

钱币，其中长胡须的形象近似腓力二世。

德米特里一世的钱币极具个人特征。一方面，他的钱币继承了亚历山大的四德拉克马银币类型，也就是说，在德米特里一世时期，正面是赫拉克勒斯侧面头像，背面是宙斯坐像的亚历山大式钱币依然在马其顿地区发行，铭文有时依然是以亚历山大的名义，有时则是以德米特里一世本人的名义（ΒΑΣΙΛΕΩΣ ΔΗΜΗΤΡΟΙΥ）。[1]但另一方面，德米特里一世以亚历山大式钱币类型为基础，发行了个人风格明显的新钱币类型，他是第一位在马其顿地区发行带有个人头像钱币的君主。

图3-3-1
德米特里一世“饰有公羊角的国王头像/波塞冬”型银币

安提柯王朝发行的个人钱币有四种，其中有两种类型的正面带有他本人的头像。这种带有德米特里一世头像的钱币还采用着继业者战争时期的方式，即国王面容与神的形像相互融合。德米特里一世戴王带的侧面头像长有牛角，暗示着统治者具有区别于凡人的神性。背面的波塞冬有两种形象。一种很明显是仿照了亚历山大式银币背面的宙斯坐像类型。但是与宙斯坐像类型不同的是，波塞冬坐在巨石上，前伸的右手握着象征海战胜利的羽状船尾装饰，左手持有三叉戟。另有波塞冬站像的背面类型，波塞冬右腿前伸蹬住身前的石块，左腿直立，右手肘顶在右大腿上，使身体保持稳定站立的姿态，左手握有三叉戟。（**图3-3-1**）另有一种钱币，正面是德米特里一世头戴王带、长有公牛角的侧面头像，背面是右手持矛、策马的国王全身像。德米特里一世发行的第四种钱币类型，正面是胜利女神尼科站立船头，吹响胜利的号角，背面是向前抛掷三叉戟的波塞冬站像，体现了德米特

1 Dimitra I. Tsangari, *Coins of Macedonia in the Alpha Bank Collection*, No. 41.

里一世取得萨拉米斯海战胜利的强大海军实力。这是在德米特里一世取得萨拉米斯控制权以后发行的全新钱币类型。公元前292年，德米特里一世还发行过一种新的斯塔特面值金币。[1]正面与德米特里一世银币类型基本一致，侧面头像也是系王带，饰有公牛角，背面是回归了马其顿阿基德王朝传统的国王骑马全身像。

二、腓力五世的肖像钱币

图3-3-2
腓力五世银币

在德米特里之后，他的继承人一直没有在马其顿本土发行真正的国王肖像钱币。第一位发行国王肖像钱币的是腓力五世。（图3-3-2）腓力五世是德米特里二世（Demetrius II）的儿子，安提柯·贡那特（Antigonus Gonatas）的孙子。公元前229年父亲去世时，腓力五世只有8岁，由他的叔叔安提柯·多松（Antigonus Doson）摄政。直到公元前220年叔叔去世，17岁的腓力五世才登基为马其顿的君主。当时对马其顿威胁最大的是逐渐向外扩张的罗马，也正是罗马的东扩使马其顿最终灭亡。

马其顿王国后期发行的钱币主题与马其顿军事实力紧密相关。腓力五世发行了第一种四德拉克马银币，也是马其顿王国的第一种真正意义的国王肖像钱币。钱币的正面是年轻国王的头像，留着胡须，戴着飘动的流苏头饰，神采奕奕；反面是战士女神雅典娜向左迈步，她的面前举着阿基德星星装饰的盾牌，右手挥舞着宙斯的雷电。

腓力五世还发行了相当数量且做工精美的四德拉克马、

1 Edward T. Newell, *Royal Greek Portrait Coins*, New York: Wayte Raymond, 1937, p. 28.

两德拉克马、一德拉克马和半德拉克马银币。四德拉克马银币是当时最大的面值，其正面图案是马其顿盾牌，盾牌上装饰有腓力五世标志性的带胡须的肖像。只不过他化身为英雄帕尔修斯，头戴有翅膀的龙头盔。银币的背面是赫拉克勒斯的木棒，周围有橡树花环。较小面额的银币正面图案是腓力五世本人戴着王冠的侧面肖像，虽然有时造模师会将腓力描绘成性格粗暴之人。

图3-3-3
柏修斯的“国王头像/雄鹰闪电”型银币

三、柏修斯钱币以及马其顿钱币的终结

公元前179年，腓力五世的儿子柏修斯登基，他继承了父亲对罗马的仇恨，并为一场大战做准备。接下来的几年里，他进一步加强了军队和财政，与希腊其他城邦保持友谊，争取到一些盟友。柏修斯继承了他父亲所发行的银币类型，正面的国王肖像与腓力五世十分近似。（图3-3-3）

在政治层面，这种国王容貌的近似实际上可能是有意为之。根据李维和普鲁塔克的说法，当时有一种广为流传的谣言，说他不是腓力五世的亲生儿子。这种钱币除了背面有国王本人的名字以外，钱币正面国王的脖子下面还有一行希腊文的小字ΖΩΙΛΟΥ，似乎是钱币制造者的签名，因为这个名字曾在柏修斯发行的钱币上多次出现。这些钱币只在柏修斯在位初期发行，可以被看作是旨在纪念新君的登基的纪念币。

紧接着发行的钱币上，钱币正面的肖像有了变化，不再是前国王腓力五世的头像，而显然是柏修斯本人的肖像，非常英俊，与腓力五世的肖像相比，他的鼻子更尖锐、更突出，轮廓更倾斜，头发的卷曲度也有所下降。新钱币的

背面图案是一只张开翅膀的老鹰骄傲地站在雷电上，整个图案被围在一个橡树花环内。与他在位初期的钱币相比，背面虽然都是被橡树环围绕的老鹰，不过之前发行的钱币上老鹰的体型较大，设计得也更加精巧，橡树花环图案非常细致，甚至刻画了一些点缀其间的橡树子。相伴随而发行的小面值银币则相对罕见，背面类型不是老鹰，而是由橡树花环环绕的赫拉克勒斯木棒。

面对强敌压境、咄咄逼人的罗马，柏修斯实行了一种货币节流政策。尽管前面两代马其顿君主辛辛苦苦地储存了大量的贵金属，但是柏修斯还是减少了马其顿钱币的重量，结果损害了国家的信用。此前，腓力的所有四德拉克马银币以及柏修斯的一部分钱币都采用了阿提卡重量标准，一般都是17克左右。但柏修斯在位期间最后发行的四德拉克马银币只有15—15.5克。这是一种官方有意而为的减重行为。钱币资料证明，所有标准重量的钱币（柏修斯发行的纪念币除外），其花押字母都放在鹰的头部上方，而每一枚轻质量的四德拉克马银币上的字母符号（在这种情况下是ΛY）总是放在鹰的右侧。这一细节成为区别优质钱币与重量缩水的钱币的最直观方法。

公元前168年，柏修斯惨败于罗马，马其顿王国灭亡。公元前150年，一位来自阿德拉米提翁（Adramyttium）的年轻人安德里斯库斯（Andriscus）出现在马其顿，自称是柏修斯之子。在一些色雷斯首领的帮助下，他侵入马其顿东部，两次击溃了罗马人指挥的仓促集结的当地民兵。马其顿人奋起反抗，赶走了罗马官员，拥戴安德里斯库斯为王。

在安德里斯库斯统治的两年中，他以马其顿人的名义发行了四德拉克马银币，灵感直接取自之前腓力五世的银币样式。钱币正面是马其顿盾牌，盾牌里面是年轻的安德里斯库斯的头像。与腓力五世的银币一样，他戴着长着翅膀的狮鹫头盔，但不同的是，他没有胡子。钱币背面是被橡树花环包围的赫拉克勒斯木棒。

结 语

“希腊化王像钱币”是从马其顿阿基德王朝钱币和亚历山大帝国钱币发展而来，并在希腊化王朝并立时期，形成了以托勒密王朝、塞琉古王朝和安提柯王朝钱币为主，其他周边希腊化王朝钱币为辅的多线发展特征。

托勒密王朝钱币极具创新精神，这可能与埃及本土没有发行钱币的传统有关，直到希腊—马其顿人的到来，才将王像钱币引入埃及。“托勒密一世/雄鹰”类型、“戴面纱的王后/丰饶角”以及国王王后并排胸像钱币，都是典型的托勒密钱币类型。

希腊化钱币在发展传播的过程中，难免受到东方文化的影响。塞琉古钱币上的保护神尽管经历了“宙斯—阿波罗—宙斯”的演变过程，但总体上还是以阿波罗形象为主。安提柯王朝钱币从德米特里一世时期出现国王头像钱币以及波塞冬崇拜，但是其钱币类型始终没有远离阿基德王朝钱币类型的范式。

（王 杨）

第四章　希腊化钱币在中亚、印度的发展与演变

第一节　希腊—巴克特里亚人钱币

希腊—巴克特里亚、印度—希腊、印度—斯基泰和印度—帕提亚几个文化混合型王国虽然在统治时间和地域上重叠交织，但仍存在一定程度的线性发展关系。这几个王国之中最早出现的是希腊—巴克特里亚王国，然而它并不是中亚和南亚最早的希腊国家。亚历山大大帝之后，塞琉古王国是第一个统治巴克特里亚地区的希腊人政权。不过，塞琉古王国并没有表现出像独立的希腊—巴克特里亚以及之后的几个政权那样明显的文化混合特征。希腊—巴克特里亚的钱币遗产始于其从塞琉古王国中分离出来，获得独立之际。最早的希腊—巴克特里亚国王是狄奥多托斯一世（Diodotus I，约公元前250—前230年）和狄奥多托斯二世（约公元前250—前230年），他们开创了中亚和南亚的希腊化行政体系和钱币体系的先例。这套体系最初虽然很少展现，但也承认当地文化的存在和影响。

狄奥多托斯一世原是塞琉古王国的巴克特里亚行省总督。公元前246年左右，塞琉古王国被迫应对一些地方的叛乱。一位名为阿尔萨息（Arsaces，约公元前238—前211年）的游牧部落首领率众举事，意

图4-1-1
狄奥多托斯一世以安条克名义发行的钱币

图独立，最终建立了帕提亚王国。[1]大约同时，可能正是利用了阿尔萨息叛乱的机会，身为总督的狄奥多托斯也悄悄地逐渐建立起自己的独立王权。之后，他开始与儿子狄奥多托斯二世共治，以强化自己的地位。

狄奥多托斯发行了三种材质的钱币：金币、银币和铜币。狄奥多托斯王朝以及后来的巴克特里亚钱币中最常见的面额是四德拉克马银币，重约16.8克，属于阿提卡标准中比较大的度量单位。狄奥多托斯王朝钱币最重要的特点是狄奥多托斯一世和他的儿子通过刻意操纵金币和银币上肖像、铭文的变化，使钱币实际成为他们公开宣布和实现王权独立的工具。[2]塞琉古国王安条克二世统治时期（Antiochus II，公元前261—前246年），巴克特里亚行省就已经有几个造币场，狄奥多托斯作为行省总督，可能掌管着当地王家造币场的运营。然而，大约公元前246年左右，他发行的钱币上开始突然出现自己的肖像，头系王带，并且将宙斯视作保护神，用站着投掷闪电的宙斯取代了塞琉古王朝钱币上的阿波罗图像。尽管如此，狄奥多托斯的新钱币类型并没有彻底改头换面，其铭文依然用“国王安条克”的名字和头衔。（**图4-1-1**）狄奥多托斯通过钱币这种公共媒介，初步展示了一种新的王权归属关系，使用新王像和新神像，但没有狄奥多托斯本人的名字。

狄奥多托斯二世和他父亲一起参与了这场阴谋独立的活动。狄奥多托斯一世去世后，他开始了下一步行动，发行的钱币上不仅有自己肖像和宙斯神像，而且公开地、明

1 Justin, *Epitome of Pompeius Trogus*, 41.4.1-20; Strabo, *Geography*, 11.9.2.
2 关于这一过程的深入分析，可参考Frank L. Holt, *Thundering Zeus: The Making of Hellenistic Bactria*, Berkeley: University of California Press, 1999.

确地称ΒΑΣΙΛΕΩΣ ΔΙΟΔΟΤΟΥ（“国王狄奥多托斯”）。安条克二世于公元前246年去世，去世前或许也意识到两场几乎同时发生的叛乱可能会导致他的儿子塞琉古二世（Seleucus II，公元前246—前225年）即位时遭遇动荡。塞琉古二世在军事方面软弱无力，既无力阻止部分领土丧失于埃及之手，更遑论去控制远东的领土。[1]总之无论如何，狄奥多托斯二世的独立都毋庸置疑。

狄奥多托斯二世的金币和银币在设计方面完全是希腊式的，保持了主要由塞琉古王朝及其他亚历山大后继者们所开创的王像钱币传统，钱币上有国王肖像，细节精致且尽力展示出每位国王的准确相貌。国王头上都系着王带，表示自己的国王身份。狄奥多托斯钱币的背面图像展示的也完全是希腊文化。图像中有一手持埃癸斯盾（Aegis），一手正投掷闪电的宙斯，鹰作为宙斯的保护动物，站在主人脚边。任何希腊人都能轻易地识别出这个人物就是宙斯。那些居住在巴克特里亚、文化上属于希腊的人大多是与国王宫廷有关的精英阶层——大臣、贵族、军官以及部分士兵。也有一些生活在巴克特里亚的希腊人是亚历山大军队中的老兵后代，但是经过与巴克特里亚妇女几代通婚之后，到狄奥多托斯王朝时期，他们的希腊血统已经很少。当地大部分人是波斯帝国时期就已经在巴克特里亚的波斯人和巴克特里亚本土居民，这是一种目前我们仍知之甚少的中亚人。狄奥多托斯金币和银币上所传达的信息对当地人是否有意义值得怀疑，因为没有任何证据证明他们曾经接受过教育，更别提能阅读希腊语。另外，普通巴克特里亚人能否经常持有金币和银币也是个问题。塞琉古王国的每位士兵每月能得到七八个四德拉克马，每四德拉克马能购买五个半月的大麦。[2]如果巴克特里亚的数据与之相当的话，我们可以推测，

1 Appian, *Syrian Wars*, 11.65-66.

2 G. G. Aperghis, *The Seleukid Royal Economy: The Finances and Financial Administration of the Seleukid Empire*, Cambridge: Cambridge University Press, 2004, pp. 220-221.

图4-1-2
有宙斯和阿尔特米斯图像的
狄奥多托斯二世铜币

一位普通的农民或手工艺者不可能像士兵一样能得到政府支付的报酬，他们每月能挣到的钱将远低于四德拉克马，甚至他们可能从未见过一枚四德拉克马。因此，国王钱币作为一种宣传合法性和王朝延续性的媒介一定不是面向普通民众的，它们主要面向的是讲希腊语的精英阶层，这些人在支持或反对一个人称王时有切实的影响力。

希腊—巴克特里亚王国的臣民使用铜币来满足大部分日常交易需求。古代的铜币是一种信托（fiduciary），也就是说，其价值并非由所含金属价值决定，而是由官方赋予的面额决定。国王发行和规范铜币的目的，是保持对领土的集中控制。由于铜币的目标受众是普通人，而不是那些有政治影响力的精英，所以铜币的风格与金币、银币风格迥异。巴克特里亚铜币上很少出现王像。它们的正面可能是一位神的头像，背面则是某位神的全身像或神的附属物。所以，与精英们使用的金、银币相比，铜币上倾向于使用更多的象征性符号作为图像。这种区别也许是刻意为之，因为政治家和有文化的阶层能够获取直接信息，而知识文化水平较低的普通大众则要通过他们的宗教和文化信仰间接获取信息。

在狄奥多托斯二世的铜币上，我们也能够感受到利用钱币来宣扬地方文化的最初尝试。狄奥多托斯的铜币上展示了希腊诸神，如宙斯、阿尔特米斯、赫尔墨斯以及雅典娜等，其中阿尔特米斯对于巴克特里亚人来说具有特殊意义。（**图4-1-2**）阿尔特米斯是司掌月亮、狩猎和荒野的希腊女神，尤其还和水有关。月亮崇拜是巴克特里亚地方崇拜中的重要部分，我们举个现代地名为例。

巴克特里亚东部有一个村庄名为阿伊·哈努姆（Ai Khanoum），意即“月亮女士”（lady moon）。它与目前唯一一个被完全发掘的希腊—巴克特里亚城市遗址毗邻，这个遗址很可能是希腊—巴克特里亚王国的都城之一。尽管该城市的古代名字已经不可考，但这里很可能曾经流行过月亮女神崇拜，也就有理由喜爱阿尔特米斯。阿尔特米斯与荒原和水有关，这一点对巴克特里亚来说也非常重要，因为一条大河——奥克苏斯河（Oxus，今阿姆河）从其国土穿流而过。在山脉和贫瘠的土地之间，奥克苏斯河提供了肥沃的土壤。证据表明这片地方古代就有灌溉系统，[1]农业资源丰富，是理想的定居之地。最后，琐罗亚斯德教的阿娜希塔（Anahita）女神也与荒原有关。希腊人到来之前，巴克特里亚是崇拜琐罗亚斯德教的波斯帝国的一部分，许多当地人以及部分新迁入的移民可能仍然保持了他们的琐罗亚斯德教信仰。受希腊化时代文化混合的影响，希腊神和其他的亚洲神经常发生“混同现象”（syncretism）。阿伊·哈努姆城市遗址的发掘成果也证明了这一点，当地发现了一个琐罗亚斯德教的神庙，但庙里却有宙斯雕像。[2]所以，阿尔特米斯很可能与此前的地方女神阿娜希塔相混同。当时巴克特里亚的臣民可能已经将铜币上的阿尔特米斯形象视作一位他们能够联系起来的女神，这就进一步强化了狄奥多托斯的统治基础。

狄奥多托斯家族的统治并有没持续太久，独立的希腊—巴克特里亚王国却延续了下去。来自马革尼西亚（Magnesia）的希腊人欧泰德姆斯（Euthydemus I，约公元前230—前200年）篡取了狄奥多托斯二世的王位。当塞琉古国王安条克三世（Antiochus III，约公元前222—前187年）征讨巴克特里亚时，欧泰德姆斯曾一度面临亡国危险。不过，他任命自己的儿子德米特里充当谈判使者，最终成功说服安条克

1 Paul Bernard, “The Greek Colony at Aï Khanoum and Hellenism in Central Asia,” in *Afghanistan: Hidden Treasures from the National Museum, Kabul*, Washington: National Geographic Books, 2008, p. 87.

2 Paul Bernard, “The Greek Colony at Aï Khanoum and Hellenism in Central Asia,” in *Afghanistan: Hidden Treasures from the National Museum, Kabul*, p. 93.

三世允许他们继续统治巴克特里亚。也许是为了证明自己统治的合法性，欧泰德姆斯继续使用狄奥多托斯及其他亚历山大后继者们所统治的王国的钱币体系。他发行了金币、银币和铜币，其中最主要的是四德拉克马银币。

根据笔者对钱币样本的统计，狄奥多托斯父子和欧泰德姆斯发行的四德拉克马银币重量都比阿提卡重量标准略轻，这一点非常重要。四德拉克马的重量标准本应是16.8克，但狄奥多托斯王朝和欧泰德姆斯王朝四德拉克马银币的平均重量分别是16.12克和16.07克。[1]他们可能一直都在保存自己的白银以备将来，还有一种可能是为了供养大规模的防卫军而降低了重量标准。虽然狄奥多托斯父子独立过程比较顺利，但是这个独立小国周围的游牧部落、塞琉古王国以及刚独立的帕提亚王国虎视眈眈。为防失国，狄奥多托斯二世可能在短时间内招募了大量的雇佣兵。这种情况下，支付士兵的钱币数量应比每一枚钱币的重量更重要。我们知道欧泰德姆斯曾被安条克三世围困，[2]为了应付塞琉古军队，欧泰德姆斯也许额外招募了一些雇佣兵，然后不得不为他们发放自己预存的白银。

欧泰德姆斯的钱币符合希腊—巴克特里亚钱币的标准样式。他的银币正面是国王肖像，背面是保护神赫拉克勒斯。从欧泰德姆斯的铜币上，我们开始看到越来越多不那么明确属于希腊文化的图像。他的主要铜币类型正面是赫拉克勒斯头像，背面是一匹奔腾的骏马。马是一种普遍符号，塞琉古王国的一些君主也使用它。在巴克特里亚，马并不是某位希腊神的动物，而是代表了当地文化。巴克特里亚境内以及四周的草地是理想的牧场，希罗多德提到著名的“内塞亚

1 Frances Marcinkiewicz-Joseph, *Demetrius I of Bactria: An Analysis of Hellenistic Royal Power through Numismatic Evidence*, PhD. Dissertation, University of Houston, 2016, Ch. 5.

2 Polybius, *Histories*, 10.49.

（Niseian）马”可能就来自这个地方。[1]这一时期的军队也高度依赖骑兵。亚历山大征服波斯靠的就是训练有素的骑兵，他的继承者们亦是如此，中亚当地人也习惯于将骑在马背上的游牧民族视作英勇的战士。因此，对这个地方的所有人来说，马都是一种明确的军事力量象征。

通过欧泰德姆斯的四德拉克马银币，我们能够清楚看到钱币已经成为一种展示国王精确相貌的媒介。它们不仅完美细致地展示了欧泰德姆斯的肖像，相当一部分钱币还明显描绘出国王的衰老过程（如加深的皱纹和松垂的脸颊），所以就能很容易地对这些钱币进行年代排序。在古代，靠军事立国的王国钱币主要被用于支付军饷，[2]这些精细的、准确的肖像说明国王指挥军队的时候，兵士们应该能够通过面庞认得他。（**图4-1-3**）

欧泰德姆斯去世前，已经指定他已经成年的儿子德米特里（Demetrius I，约公元前200—前190年）为共治者。[3]亚历山大之后，希腊—马其顿人国王开始普遍任命共治者，如塞琉古国王们就经常如此。由于希腊化君主们总是面临被行刺的威胁，他们便采用在世时就给继承人授予统治权的办法来避免去世后的继承问题。欧泰德姆斯被塞琉古国王安条克三世围困时，德米特里还是个年轻人，为了摆脱困境，欧泰德姆斯派遣德米特里与一名使者前去谈判。显然，安条克三世对这位年轻人的举止口才印象深刻，他最终同意欧泰德姆斯继续统治巴克特里亚，甚至还将自己的一个女儿嫁给德

图4-1-3
欧泰德姆斯银币与铜币
银币展示了国王衰老的面庞，铜币背面图像为骏马

---

1 Herodotus, *Histories*, 3.106.

2 François de Callataÿ, “Guerres et monnayagcs à l’époque hellénistique,” *Dossiers d’Archéologie*, 248 (1999), pp. 28-35.

3 Frances Marcinkiewicz-Joseph, *Demetrius I of Bactria: An Analysis of Hellenistic Royal Power through Numismatic Evidence*, p. 50.

米特里。[1]

德米特里不仅是一位了不起的外交家，更是一位伟大的征服者。一项对德米特里钱币上的印记和肖像的深入研究表明，当他征服了兴都库什山以南、印度西北部之后，被欧泰德姆斯任命为共治者。库里亚布铭文（Kuliab inscription），即在塔吉克斯坦的库里亚布附近发现的一份献给赫斯提亚女神（Hestia）的石碑上写着：奉献者请求女神保护国王欧泰德姆斯和他的儿子、“光荣的胜利者”（καλλινικον）德米特里。[2]这意味着当欧泰德姆斯仍是国王的时候，人们已经普遍认可德米特里是胜利者。更进一步，斯特拉波（Strabo）曾记载，德米特里征服了印度的若干小国，但称其为“欧泰德姆斯国王的儿子”，而非简单的“德米特里国王”。[3]德米特里成为共治者后开始打造自己的钱币，此时他的钱币上使用自己的专属标记，而非复刻欧泰德姆斯的标记，说明当时他的父亲仍然在世。当德米特里年岁更长（依据肖像判断）后才开始使用父亲的标记，表明此时欧泰德姆斯已经去世，他成为唯一的君主。作为共治者，德米特里在巴克特里亚有自己的中心造币场，与欧泰德姆斯的造币场相互独立。除中心造币场外，德米特里在自己的周边领地上还拥有三个附属造币场。[4]

德米特里的钱币数量要比他的前几任国王多得多。通过这些钱币，我们能进一步看到亚洲希腊化钱币发展的两种主要类别：一是各种大小的标准银币，供军队和其他政府机构使用；二是作为信托的铜币，用来满足国内经济需求。德米特里沿用了自己父亲的保护神赫拉克勒斯。赫拉克勒斯也是一位巴克特里亚人和希腊人都能认同

1 Polybius, *Histories*, 11.34.

2 Paul Bernard, Georges-Jean Pinault, and Georges Rougemont, “Deux Nouvelles Inscriptions: Grecques de l’Asie Centrale,” *Journal des Savants*, No. 2 (2004), p. 333.

3 Strabo, *Geography*, 11.11.1.

4 Frances Marcinkiewicz-Joseph, *Demetrius I of Bactria: An Analysis of Hellenistic Royal Power through Numismatic Evidence*, p. 50.

的神。对于希腊人来说，赫拉克勒斯当然是一位勇敢的英雄和半神。银币上，赫拉克勒斯提着被杀死的尼米亚狮子（Nemean Lion）的皮的形象对中亚人来说也是一种象征符号。在古代近东和波斯，猎狮是国王特权，所以赫拉克勒斯的形象在他们眼中代表着王权。德米特里在铜币和银币上都使用了大象来宣传他对印度的征服。他所有钱币上的国王肖像，不仅细致描绘了国王相貌和年龄变化，国王头上还戴着象头皮盔。在印度，大象是一种常见的动物，印度军队中经常使用战象，戴象头皮盔就意味着掌控了大象和印度军队。学者们普遍认为这种形象代表了德米特里对印度的胜利。此外，亚历山大发行的钱币上有赫拉克勒斯戴着狮头皮盔的形象，模糊来看的话，赫拉克勒斯的样貌像是亚历山大，德米特里钱币上的象头皮盔与这类亚历山大钱币上的形象相似。亚历山大曾征服过印度的一部分，因此德米特里戴着象头皮盔是在表示他以同样征服印度的方式追随着亚历山大的足迹。（**图4-1-4**）

图4-1-4
德米特里戴象头皮盔的钱币

据文献记载，德米特里征服印度的时间大约在公元前200—前180年之间，[1]除此之外，钱币证据也表明德米特里是一位成功的、强大的国王。他的钱币明显要比欧泰德姆斯和狄奥多托斯的钱币更重，这意味着他所拥有的银要比后两者更多。值得强调的是，既然银币是被用于支付军饷，那么钱币重量增加，就意味着他的士兵所获得的报酬要比欧泰德姆斯和狄奥多托斯的士兵所获得的报酬更高。后两者供养军队主要是为了防御，但德米特里则是为了扩张，并且最终如愿以偿。可能是因为他通过征服获得了更多的土地，得到了更

1 Strabo, *Geography*, 11.11.1.

多的财富，也可能是因为他的确在印度得到了几个新的银矿，所以不必动用自己的私产就能支付士兵所需报酬。

此外，德米特里的钱币标准严格，造币工序组织复杂但有条不紊，说明德米特里有发展完善的、影响深远的王室管理机构。[1]尽管我们不知道德米特里所掌控的印度领土的准确范围，但他的统治对希腊化文化在亚洲的存在是个转折点。即使到公元前140年左右，他的后继者们在游牧民族的侵袭之下最终丧失了巴克特里亚王国，但他在印度设立的政治机构仍被保持下来。[2]得益于德米特里所取得的军事成就，后来的印度—希腊人统治了印度，兴盛繁荣，他们在印度既有军事上的优势，又能获得资源，享有优越的社会地位。不过我们并不知道德米特里在印度的都城在何处，有可能在阿拉科西亚（Arachosia）附近，后来的印度—希腊人逐渐扩张到塔克西拉（Taxila）和萨加拉（Sagala）。[3]

德米特里在巴克特里亚的后继者有欧泰德姆斯二世（Euthydemus II，约公元前190—前185年）、安提马库斯（Antimachus I，约公元前185—前170年）以及德米特里二世（Demetrius II，约公元前175—前170年）等，这些国王都比较短命。从名字来看，欧泰德姆斯二世可能与欧泰德姆斯一世和德米特里有亲缘关系，要么是德米特里的弟弟，要么是他的儿子。同样的，德米特里二世可能是欧泰德姆斯二世的兄弟或儿子。基于欧泰德姆斯一世和德米特里的政治影响力，德米特里的后继者们发行了与之风格相同的国王钱币，他们认为这种钱币已经行之有效，前辈们的成功让他们没有理由再去创新。所以，欧泰德姆斯二世

1 Frances Marcinkiewicz-Joseph, *Demetrius I of Bactria: An Analysis of Hellenistic Royal Power through Numismatic Evidence*.

2 Osmund Bopearachchi, *Monnaies Gréco-Bactriennes et Indo-Grecques, Catalogue Raisonné*, Paris: Bibliothèque Nationale, 1991, p. 74.

3 Osmund Bopearachchi, *Monnaies Gréco-Bactriennes et Indo-Grecques, Catalogue Raisonné*, pp. 79-81.

和德米特里二世发行的钱币仍属于非常纯粹的希腊风格。

欧泰德姆斯二世继续使用欧泰德姆斯一世的保护神赫拉克勒斯作为钱币图像。除了标准青铜币外，他还发行了一系列的铜镍合金币。许多学者关注镍突然出现的问题，他们对镍的来源有多种看法。部分学者认为这种材料来自与中国的贸易，另外一些学者则认为这种镍产自当地，是被特意从铜矿石中冶炼而得。[1]因为镍币的颜色与青铜币明显不同，所以很显然，当时是特意选用这种材料来制作钱币。或许德米特里得到印度以后，从欧泰德姆斯二世时起巴克特里亚王国就走向衰落，以致于突然需要降低货币成色。可能当时流通的银减少，除青铜币外，镍币便被作为另一种信托面值使用。在巴克特里亚发现的一份羊皮纸收据上提到，欧泰德姆斯二世曾用四德拉克马银币向斯基泰雇佣兵支付报酬。[2]此举意味着当时一定有仗要打，欧泰德姆斯二世可能要利用斯基泰雇佣兵来对抗另一支邻近的斯基泰人或其他游牧部落。

我们对安提马库斯家族与欧泰德姆斯王朝的关系同样不了解，根据他的钱币只局限于巴克特里亚，[3]并且也保持了纯粹希腊化样式的情况来看，他可能仍属于欧泰德姆斯王朝世系。

安提马库斯的钱币上表现出更多巴克特里亚王国正在衰落的迹象。安提马库斯发行了“纪念币”（commemorative coins），这类钱币似乎只是为了证明他已经取得王位。纪念币上的内容包含之前巴克特

1 C. F. Cheng and C. M. Schwitter, “Nickel in Ancient Bronzes,” *American Journal of Archaeology*, Vol. 61, No. 4 (1957), pp. 351-365; Jean-Noel Barrandon and Helene Nicolet-Pierre, “Analyses de Monnaies Royales Gréco-Bactriennes et Indo-Grecques des IIe-Ier siècles avant J.-C.,” *Schweizer Münzblätter* 39, No. 155 (1989), pp. 57-66.

2 Willy Clarysse and Dorothy J. Thompson, “Two Greek Texts on Skin from Hellenistic Bactria,” *Zeitschrift für Papyrologie und Epigraphik*, No. 159 (2007), pp. 273-279.

3 Osmund Bopearachchi, *Monnaies Gréco-Bactriennes et Indo-Grecques, Catalogue Raisonné*, pp. 183-187; J. R. Rea, Robert C. Senior and Adrian S. Hollis, “A Tax Receipt from Hellenistic Bactria,” *Zeitschrift für Papyrologie und Epigraphik*, No. 104 (1994), pp. 261-280.

图4-1-5
安提马库斯一世发行的
欧泰德姆斯一世纪念币

里亚国王狄奥多托斯一世和欧泰德姆斯一世钱币上所用的侧面王像、背面图案以及国王名字等。[1]钱币正面，即展示侧面王像的一面，不仅分别有狄奥多托斯和欧泰德姆斯的肖像、头衔和名字，安提马库斯还为他们增加了ΣΟΤΗΡΟΣ（救主）和ΘΕΟΥ（神的）称号。这为我们了解早期国王们曾经使用但是并未展示在钱币上的称号提供了线索。我们知道，亚历山大之后，最早的那些希腊化国王们用过一些称号，这些称号只出现在铭文或其他的历史文献中，却没有在钱币上展示出来。不过需要注意的是，因为没有其他的材料为我们提供狄奥多托斯或欧泰德姆斯的称号，所以也就无法证实安提马库斯纪念币中出现的这些称号是否真的为其所用。这些纪念币的背面采用了两位先王的钱币背面图案，同时，安提马库斯通过增加铭文ΒΑΣΙΛΕΥΟΝΤΟΣ ΘΕΟΥ ΑΝΤΙΜΑΧΟΥ（"神，安提马库斯统治之时"）来表明自己是在位者。安提马库斯发行带有先王名字和图像的钱币，显然是为了证明自己是他们的王系中的合法一员。（图4-1-5）

这种纪念币还有另外一项重要创新。安提马库斯在这些钱币上自称为"神"。巴克特里亚另一份羊皮收据上也将安提马库斯称为"神"。[2]"神"是一个标准但并不通用的希腊化国王称号。安提马库斯使用这个称号，说明王权崇拜广泛传播，已经成为希腊化宗教的一部分。安提马库斯和印度的阿伽托克勒斯（Agathocles，约公元前190—前180年）是

1 阿伽托克勒斯发行纪念币的时间比安提马库斯略早，但只局限于印度地区。Osmund Bopearachchi, *Monnaies Gréco-Bactriennes et Indo-Grecques, Catalogue Raisonné*, pp. 178-180.

2 J. R. Rea, Robert C. Senior and Adrian S. Hollis, "A Tax Receipt from Hellenistic Bactria," *Zeitschrift für Papyrologie und Epigraphik*, No. 104 (1994), pp. 261-280.

最早在钱币上有规律地使用各种称号的国王，塞琉古国王安条克四世（Antiochus IV，公元前175—前164年）紧随其后，也开始在自己的钱币上使用赞语。

尽管安提马库斯的纪念币刻模工艺精湛，但它们却是衰落而非强盛的信号。我们须考虑到，希腊化时代钱币上精细复杂的设计都是有意为之，[1]每种新设计都有其目的。安提马库斯钱币上的种种新元素都是为了宣扬他的国王特质（自称为神），增强自身权力的正当性（通过发行纪念币），只有当安提马库斯的继承权受到质疑或有其他不安全因素时这些行为才是必要的。这些变化以及欧泰德姆斯二世、德米特里二世等其他德米特里的继承者比较短命的事实，都说明德米特里去世后巴克特里亚经历了一个王权衰微期，甚至可能在王位继承方面也出现了混乱。从欧泰德姆斯到德米特里，再到欧泰德姆斯二世、德米特里二世，王位传承顺序是简单的父子相传，然而古代马其顿人往往有多个妻子和孩子，王位争夺司空见惯，例如亚历山大本人就不是腓力二世的长子。虽然有共治的方式来保障王位交接，但并不能保证它总能平稳施行。

印度作为巴克特里亚帝国的一部分，也由德米特里的继承者（欧泰德姆斯二世、安提马库斯一世以及德米特里二世）掌管，与此同时，有几个印度—希腊人国王也统治着印度。他们虽然肯定仍在巴克特里亚控制之下，但像已经独立了一样发行钱币。我们将在下一节讨论这些印度—希腊人国王，他们的存在意味着这些巴克特里亚国王并非是一片广袤土地上的强大的“皇帝”。如果巴克特里亚国王们向印度派遣了总督的话，这些总督也只能在得到国王默许后，发行没有“国王”称号的钱币。

---

1 Marcinkiewicz-Joseph, *Demetrius I of Bactria: An Analysis of Hellenistic Royal Power through Numismatic Evidence*, p. 18, 77, 213.

德米特里二世是欧泰德姆斯王朝的最后一位国王，下一位统治巴克特里亚的国王欧克拉提德一世（Eucratides I，约公元前170—前145年）是位谋逆者。正如查士丁（Justin）记载，欧克拉提德被围困五个月后，从德米特里二世手中夺得了印度。查士丁还提到，由于他在从印度返回巴克特里亚的途中被杀，[1]所以欧克拉提德直到统治末期才得到印度。这意味着，虽然德米特里二世大部分时间都在北方都城，逐渐失去对印度的影响力，但他还是将巴克特里亚拱手让给欧克拉提德，自己逃往印度以图再次抵御对手，结果并没有成功。如果在印度的臣民已经效忠当地统治者，而且认为与巴克特里亚的帝国没什么关系的话，德米特里二世难以守卫自己的南方领土就是意料之中的事情。

欧克拉提德的钱币数量非常多，他统治的时间应该比较久，约在公元前170—前145年之间。[2]欧克拉提德也是一位影响深远的统治者，查士丁称其为“伟大的”，斯特拉波说他统治着“一千个城市”。[3]从钱币学方面看，欧克拉提德有几项重要创新。其中最主要的是使希腊—佉卢文双语币成为标准钱币，从而改变了中亚和印度希腊化钱币的整个发展进程。

在北部巴克特里亚，欧克拉提德延续惯例发行单语币，正面是国王肖像，背面是自己的保护神狄奥斯库里兄弟（Dioscuri）。狄奥斯库里兄弟很少被当作保护神，但他们的特质能满足中亚统治者的需求。他们通常被描绘成骑马的勇士，在欧克拉提德钱币上的形象亦是如此，骑着骏马，拿着长矛。矛是希腊—马其顿人最主要的武器，亚历山大就曾使用过，所以不必了解希腊宗教，每个人只要仔细观察这

1 Justin, *Epitome of Pompeius Trogus*, 41.6.

2 Osmund Bopearachchi, *Monnaies Gréco-Bactriennes et Indo-Grecques, Catalogue Raisonné*, p. 66.

3 Justin, *Epitome of Pompeius Trogus*, 41.6; Strabo, *Geography*, 15.1.3.

些钱币，就能很快想到两个世纪前持矛的勇士已经在这片土地上取得了胜利。希腊的臣民不仅可以辨识狄奥斯库里，还知道他们是马术之神，而马术对一位重军事的巴克特里亚国王来说是必备能力。狄奥斯库里兄弟也适合欧克拉提德这种篡位者。他不是通过继承，而是靠军事政变赢得王位，正如狄奥斯库里通过伟大事迹获得了不朽一样。欧克拉提德最后还改变了自己的王像，增加了头盔，将自己装扮成一位军事统治者。后来他又将自己的头像替换为胸像，展示出举起长矛时赤裸强健的背部。欧克拉提德有意识突出自己与狄奥斯库里的相似性，进一步强化了自己的勇士形象。

欧克拉提德的另一项新举措是从他的从头盔系列钱币开始，币文内容都增加了赞语。

欧克拉提德自称ΜΕΓΑΣ（“伟大的”），且将这个赞语置于ΒΑΣΙΛΕΩΣ之后，使之成为自己头衔的一部分。与安提马库斯的纪念币及其赞语相似，欧克拉提德钱币上的这些创新说明他统治时期危机不断。这并不是说欧克拉提德不强势。他长期统治着大片区域，但政权并不稳固，他要不停地征战。据查士丁，欧克拉提德的疆土被缩小，力量被削弱，且最终被打败。[1]希腊化世界发行钱币的首要目的是满足和维持军需，所以欧克拉提德在钱币上夸耀自己军功的做法显然是为了鼓舞自己的士兵们和精英公民们为其效忠，而如果他疆土安稳的话，就不需要做这些努力。

欧克拉提德还有一种独特的钱币样式，正面是他本人的肖像，背面是其父母并排的胸像，旁边有铭文ΗΛΙΟΚΛΕΟΥΣ ΚΑΙ ΛΑΟΔΙΚΗΣ（“赫利奥克勒斯与劳狄西”）。学者们之所以认为背面二人是他的父母，是因为其中的女性而非男性头系王带，所以这位男性就不可能是欧克拉提德的后继者赫利奥克勒斯。作为篡位者，欧克拉提德也不可

1 Justin, *Epitome of Pompeius Trogus*, 41.6.

能是国王之子，但如果他是某位王后或公主的儿子的话就能解释得通。再次强调，发行一种钱币一定有其目的。欧克拉提德为战争所困，没有时间和资源浪费在“有趣的”钱币上，所以他发行这种父母纪念币系列是为了向支持者证明，因为母亲的缘故他本人也享有统治权。这一举措表明欧克拉提德的地位并不牢固。部分历史学者认为，希腊化钱币只由官方造币场设计，国王不加干涉，而欧克拉提德的钱币类型为反驳这种理论提供了依据。[1]一个官方造币场必须小心翼翼地决定是否或如何描绘统治者父母的形象，尤其是当这个统治者还是篡位者的时候。钱币的设计至少需要得到国王的支持是常识。（图4-1-6）

图4-1-6
有欧克拉提德父母肖像的钱币

欧克拉提德在钱币方面的创新还表现为使用了大量的双语币。欧克拉提德从德米特里二世手中夺取了印度领土，在尽力维持印度新领土的同时，也发行了使用当地佉卢文的钱币。这说明欧克拉提德可能征募了印度士兵，并且寻求印度精英阶层的支持。为了方便，他的双语币在印度制作而成，采用一种更低的印度重量标准，通常为方形，与当地钱币形状相一致。因为工艺流程不同，圆形币和方形币可能分别由不同的造币场打造。制作圆形币的毛坯时，需要将熔化的金属倒入独立的圆形模子中，而制作方形币则要将金属倒入一个长方形的模子里，然后再将长条切割。这也是方形币重量不如圆形币重量稳定的原因。（图4-1-7）

图4-1-7
典型的欧克拉提德方形双语铜币

毫无疑问，欧克拉提德在印度的统治是不稳固的，他无法保证印度民众愿意接受自己作为新统治者，其钱币表明他

---

1 在南开大学2018年8月举办的“丝绸之路上的希腊化遗产”国际学术研讨会上，部分学者就该问题进行了讨论。

做了多种令自己合法化的尝试。首先，在他的双语币上，使用当地常用的佉卢文（Kharosthī）拼写而成的俗语（Prakrit）。俗语铭文的内容经常变化，是因为国王总要寻找最恰当的宣传信息。在欧克拉提德的双语币上，希腊文内容始终是属格的“伟大的国王欧克拉提德”，俗语铭文中国王称号起初是“国王，伟大的”（Rajasa Mahatakasa），后来则变为“大王”（Mahalajasa）。这两个头衔看起来差不多，但在当时的语境中，“国王”（Raja）和“大王”（Mahalaja）的政治含义有很大差别。与欧克拉提德同时代的印度各地区的小王侯，使用第一级的头衔“Raja”，直到公元前1世纪，印度统治者的钱币上才开始出现“Maharajasa”。[1]还有一类欧克拉提德钱币使用了古波斯帝王曾用过的头衔“Maharajasa Rajatirajasa”，即“大王，众王之王”。尽管当地人或许能理解这一头衔的含义，但该头衔似乎并未被接受，因为欧克拉提德的钱币上没有持续使用这个称号。

根据查士丁的记载，欧克拉提德不幸被自己儿子杀死。[2]欧克拉提德去世后，他的儿子欧克拉提德二世（Eucratides II，约公元前145—前140年）以及柏拉图（Plato，约公元前145—前140年）、赫利奥克勒斯（Heliocles I，约公元前145—前130年）等后继者没有发行任何双语币或其他印度钱币。这意味着他们很可能只统治巴克特里亚，同时也证明欧克拉提德对印度的控制的确是脆弱的。

上述三位继承者的钱币表明，在欧克拉提德去世后，巴克特里亚国王并没有持续太长的时间。他们的钱币数量少，类型也不丰富，均为单语币和单一类型，并且现存的只有银币。赫利奥克勒斯可能是最后一位统治阿伊·哈努姆城的国王，游牧民族萨卡人或月氏人占领该

1 Harry Falk, “The Tidal Waves of Indian History: Between the Empires and Beyond,” in Patrick Olivelle, ed., *Between the Empires: Society in India 300 BCE to 400 CE*, New York: Oxford University Press, 2006, p. 147.

2 Justin, *Epitome of Pompeius Trogus*, 41.6.

城后将之废弃。丧失阿伊·哈努姆后，希腊—巴克特里亚人很可能撤退到了巴克特拉，之后四处流散，最终完全失去了巴克特里亚。游牧民族占领巴克特里亚的同时，印度那些拥有希腊名字的国王们（他们的出身也许与德米特里王朝有关）建立了一系列新王国，被统称为印度—希腊人王国。

第二节　印度—希腊人钱币

从德米特里一世征服，到欧克拉提德从德米特里后继者手中夺取印度，其间有一系列只统治印度、从未统治过巴克特里亚的拥有希腊名字的国王。这些国王在位时期，巴克特里亚王国也发展到顶峰，其领土同时包含了巴克特里亚和印度，所以，早期的印度—希腊人并非完全独立，而是从属于巴克特里亚国王。他们可能是希腊人精英，被德米特里一世委任管理王国南部，或者也可能是印度人中的精英，在获得任命之前为自己取了希腊名字。这些印度—希腊人在钱币上以“国王”而非“总督”自居，所以他们一定拥有不受约束的权力。他们发行的钱币也明显与希腊—巴克特里亚钱币不同，坚持使用双语币，钱币上还常常出现印度图像。

德米特里征服后，最早掌权的印度—希腊人国王是潘塔莱昂（Pantaleon，约公元前190—前185年）和阿伽托克勒斯。他们于德米特里统治后期或去世后开始发行钱币，时间大约为公元前190—前180年。[1]潘塔莱昂和阿伽托克勒斯二人的钱币类型非常相似，发行时间

1 Osmund Bopearachchi, *Monnaies Gréco-Bactriennes et Indo-Grecques, Catalogue Raisonné*, p. 56.

和流通范围也相近，[1]所以认为这两位国王是兄弟的观点有其道理。潘塔莱昂在位时间一定早于阿伽托克勒斯，因为后者发行的纪念币中也含纪念潘塔莱昂的钱币。

阿伽托克勒斯纪念币的风格和样式与安提马库斯在巴克特里亚发行的纪念币相似，但是流通范围更加广泛。有趣的是，他为亚历山大发行的纪念币上，只称其为“属于腓力的”，[2]图像则复制了亚历山大的标准四德拉克马银币，正反两面分别为赫拉克勒斯的胸像和坐在王座上的宙斯。他还发行了纪念塞琉古国王安条克二世的钱币，这令人惊讶，因为狄奥多托斯一世正是通过反叛安条克二世建立起独立的巴克特里亚王国，安条克二世显然与正在统治的巴克特里亚王朝无关。

阿伽托克勒斯也发行了代表狄奥多托斯一世和狄奥多托斯二世、欧泰德姆斯一世以及德米特里一世的钱币。由于狄奥多托斯是建国者，而欧泰德姆斯是谋逆者，所以巴克特里亚王系血统再次中断。阿伽托克勒斯并非要证明自己是上述所有国王的后裔，相反，他是在表达对巴克特里亚先王们的尊敬。这些纪念币非常重要，因为尽管阿伽托克勒斯似乎只据有印度，但它们却表现出与巴克特里亚的紧密联系。这使得阿伽托克勒斯的王室身份问题悬而未决。他要么与德米特里和欧泰德姆斯二世同时在位，要么与安提马库斯同时在位，那他究竟是一位只是利用了国王头衔的忠诚军官，还是想假装成德米特里继承人来夺取巴克特里亚王位呢？亦或者，他的确是德米特里一世的儿子或其他亲属？无论哪种情况，阿伽托克勒斯和他的“伙伴”潘塔莱昂确实与巴克特里亚有密切联系，二人也并未将印度部分的领土视为独立的王国。

需要特别指出的是，尽管潘塔莱昂、阿伽托克勒斯以及许多后

---

1 Osmund Bopearachchi, *Monnaies Gréco-Bactriennes et Indo-Grecques, Catalogue Raisonné*, pp. 56-59.

2 完整铭文为ΑΛΕΞΑΝΔΡΟΥ/ΤΟΥ ΦΙΛΙΠΠΟΥ。——译者注

来的印度—希腊人王国只统治印度，没有统治巴克特里亚，但却与希腊—巴克特里亚国王们一样，发行了一系列只有希腊语的单语银币。我们尚不清楚他们这样做的原因。这些国王的钱币并不急于向北流通到巴克特里亚，那里不属于他们的统治范围。他们可能只是在模仿既有的模式，使用者已经适应了这种钱币类型，所以潘塔莱昂和阿伽托克勒斯发行的单语银币能够作为合法钱币而被接受。这并不是说使用钱币的民众和士兵都是希腊人或讲希腊语的人，而是使用者期望交易的时候能看到固定样式的钱币，以确保手中所持钱币是货真价实的银子。如果对每一枚钱币都进行称重和查验的话将非常不便，所以只要钱币看起来是真的，就可以让收款人接受。这些希腊语单语币在印度存在，说明其设计迎合了士兵等特定使用者的需求，他们认可这种钱币的价值。

此外，潘塔莱昂和阿伽托克勒斯都发行了一种低面值的单语币，与欧泰德姆斯二世的类似，这类钱币也是由铜镍合金而非青铜制成。这并非巧合，它为我们提供了一条线索，即欧泰德姆斯二世可能是潘塔莱昂和阿伽托克勒斯的上级，这三人同时存在。为了创造一种介于银币和青铜币之间的面值，欧泰德姆斯二世特意将镍资源分配给了自己的这两个副王。这也是王国南北两部分之间存在行政联系的证据，两者也许同归一个军事组织。至于潘塔莱昂和阿伽托克勒斯为什么被允许自称为“王”，仍然没有答案。

潘塔莱昂和阿伽托克勒斯看起来并不像之前巴克特里亚国王那样专注信仰希腊的宗教。他们虽在单语币上使用希腊神，但并没有将任何一位希腊神作为自己的唯一“保护神”。潘塔莱昂和阿伽托克勒斯大部分银币正面是王像，背面是宙斯，区别是前者采用了宙斯坐像，后者使用站立的宙斯作为图像。他们的铜镍合金币和青铜币上一般展示的不是宙斯，而是狄奥尼苏斯以及狄奥尼苏斯的豹子。阿伽托克勒斯另有一个铜币系列，正面是宙斯头像，背面是一位女神。

没有可以识别这个女神具体身份的标识，但她向上拢起的发型（也可能是王冠）以及长袍（或纱丽）都表明这是位印度女神。潘塔莱昂和阿伽托克勒斯的双语币，即所谓的“印度”钱币中，有一种相同类型的铜币，正面是一位女神，衣服和体态都明显属于印度风格，背面是一头狮子。（图4-2-1）此外，阿伽托克勒斯还单独发行了一种双语币类型，分别展示了两位印度神，可能是大力罗摩（Samkarshana）和克利须那（Krishna）。[1]

图4-2-1
阿伽托克勒斯双语币，两面分别为印度女神和狮子

出现有印度图像的双语币，说明纯粹希腊元素的钱币已经无法满足潘塔莱昂和阿伽托克勒斯臣民的需求。这二人所有的“印度”钱币都不是阿提卡重量标准，而是使用了一种更轻的印度重量标准。方形银币和铜币都有这种标准的各种面值。潘塔莱昂和阿伽托克勒斯的双语币具有独一无二的特征。钱币铭文使用希腊语和印度俗语两种语言，但是这两位国王采用的不是俗语文献中常见的佉卢文，而是婆罗米文（Brahmi）。这些钱币是最早的希腊语—俗语双语币，此时佉卢文尚未成为希印双语币上的标准用语。孔雀王朝及之后的一个世纪，印度次大陆的大部分地区流行使用婆罗米文。[2]孔雀王朝的许多铭文都用婆罗米文拼写，包括著名的阿育王诏令。[3]尽管如此，阿伽托克勒斯和潘塔莱昂很可能做了一个错误决定。他们选择的是先前王朝所用的文字，而非古代印度西北部的人所用的文字。波斯帝国曾在孔雀王朝之前统治过

1 Osmund Bopearachchi, *Monnaies Gréco-Bactriennes et Indo-Grecques, Catalogue Raisonné*, p. 175.

2 Himanshu Prabha Ray, “Inscribed Pots, Emerging Identities: The Social Milieu of Trade,” in Patrick Olivelle, ed., *Between the Empires: Society in India 300 BCE to 400 CE*, New York: Oxford University Press, 2006, p. 124.

3 Romila Thapar, “The Mauryan Empire in Early India,” *Historical Research* 79, No. 205 (August 2006), pp. 287-305.

图4-2-2
有佛教图像的阿伽托克勒斯双语币

印度西北部，波斯人将阿拉米字母（Aramic）引入了该地。后来阿拉米字母逐渐吸收印度方言成为佉卢文。[1]阿育王也意识到了印度西北部的特殊情况，所以他在这里颁发的诏令都用佉卢文而非婆罗米文。[2]阿伽托克勒斯和潘塔莱昂在钱币上使用婆罗米文，可能是想把自己和荣耀的孔雀王朝联系起来，以此来增强治下的印度族群的归属感，加强统治合法性。

潘塔莱昂钱币数量有限，并且只有前文提及的女神/狮子这一种类型的双语币。阿伽托克勒斯的钱币则丰富得多，除了“女神/狮子型”外，还有“大力罗摩/克利须那”，以及一种有佛教图像的钱币类型。（**图4-2-2**）佛教图像上符号化的佛塔（stupa）和菩提树直接取自孔雀王朝造币上的简单印记，币面没有希腊文，只有以佉卢文而非婆罗米文拼写的俗语。其中一面内容是阿伽托克勒斯的名字Akathukreyasa，这种拼写与阿伽托克勒斯其他双语币上的Agathakalayasa[3]发音不同，后者更接近国王的希腊语名字的发音，所以将希腊文翻译成婆罗米文

1 Michael Witzel, “Brahmanical Reactions to Foreign Influences and to Social and Religious Change,” in Patrick Olivelle, ed., *Between the Empires: Society in India 300 BCE to 400 CE*, New York: Oxford University Press, 2006, p. 460.

2 Romila Thapar, “The Mauryan Empire in Early India,” *Historical Research* 79, No. 205 (August 2006), p. 293.

3 最初释读工作由普林塞普完成。James Prinsep, “Further Notes and Drawings of Bactrian and Indo-Scythic Coins,” *Journal of the Asiatic Society of Bengal*, Vol. 4 (1835), pp. 327-348.

可能要比译成佉卢文更容易。此类钱币另一面的铭文是Hiranasame。学者们对这个词的含义争论不休，可能表示一个城市的名字。[1]它肯定模仿了当地之前的钱币。希腊人的根据地——塔克西拉城市钱币上就有佉卢文Hiranasame。[2]

这种“佛塔/菩提树型”的双语币上虽然宣扬了阿伽托克勒斯之名，但实际可能并不是由阿伽托克勒斯治下的机构发行。它们虽不能被称作仿造币，可在阿伽托克勒斯的各类钱币中似乎也并不是必要组成部分，因为阿伽托克勒斯已经发行了能够吸引希腊人和印度人的钱币，再另外增加一种只面向佛教徒或那些怀念阿育王的人的类型，好像略显多余。这些钱币形状不规则，应该是由一些更小的独立造币场所造。

潘塔莱昂和阿伽托克勒斯之后的印度—希腊人国王是阿波罗多托斯（Apollodotus I，约公元前180—前160年），当时安提马库斯正统治巴克特里亚。与此前的潘塔莱昂、阿伽托克勒斯以及同时代的安提马库斯不同，阿波罗多托斯的钱币非常丰富。尽管我们需小心谨慎地运用默证法（argumentum ex silentio[3]），也许更多的安提马库斯钱币有待发掘，但数量庞大的阿波罗多托斯钱币可能暗示了帝国内部权力发生转移，印度部分正在变得比统治巴克特里亚核心区的政权更强大。或许这正是前文所述不久之后欧克拉提德王朝走向衰落的预兆。

阿波罗多托斯统治时期，钱币印度化程度更深一步。阿波罗多托斯的单语币只有银质四德拉克马一种面值，一面是自己的头像，一面是雅典娜。他更低面额的银币和铜币都是双语币，既有圆形，也有方形。其中一种类型的钱币上有希腊神阿波罗及其三脚架的图像；另

---

1 Parmanand Gupta, *Geography from Ancient Indian Coins and Seals*, New Delhi: Concept Publishing Co., 1989, p. 126.

2 Michael Mitchiner, *Indo-Greek and Indo-Scythian Coinage. Vol. I: The Early Indo-Greeks and Their Antecedants*, London: Hawkins Publications, 1975, p. 82.

3 基于缺乏历史文献证据的结论。——译者注

图4-2-3
安提马库斯二世银币

一种类型虽未使用印度神作为图像，但有地方的代表性动物大象和瘤牛。阿波罗多托斯钱币上的另一项重要变化是，币文变为用佉卢文拼写俗语。他的佉卢文头衔为Maharajasa（“大王”），要比简单的希腊文ΒΑΣΙΛΕΩΣ（“国王”）更强势。阿波罗多托斯应当很早就洞见到这是最恰当的一个称号，最终所有的印度—希腊人国王都以Maharajasa作为自己的印度俗语头衔。

阿波罗多托斯也保持了阿伽托克勒斯和安提马库斯开创的先例，在自己的双语币上增加了赞语ΣΩΤΗΡΟΣ，意为“救主”，对译的佉卢文为tratarasa。统治者使用这个赞语通常是因为赢得了战争，或在其他方面“拯救”了人民。然而，阿波罗多托斯究竟为何自称为“救主”，我们最多也只能猜测是这样。

阿波罗多托斯的继承者是安提马库斯二世（Antimachus II，约公元前160—前155年）。他似乎在欧克拉提德篡夺巴克特里亚王权期间就已经是印度—希腊人国王。目前没有证据证明安提马库斯二世与安提马库斯一世之间存在明显联系。他可能是安提马库斯一世的后代，打算在欧克拉提德阴谋篡位时暂避锋芒，等欧克拉提德被打败后在印度称王，也可能和安提马库斯一世没有任何关系，只是选择了“安提马库斯”作为自己的希腊语名字而已。目前没有发现安提马库斯二世的四德拉克马银币存世，所以无法确定他是否发行过希腊单语币。安提马库斯二世的低面额银币和铜币虽没有使用印度图像，但都是双语币。他的银币引入了一种重要的新的图像，一面是女神尼科，另一面展示的是国王骑在马背上的形象，而不是国王头像。（图4-2-3）这是一项重大改变，晚期的印度—希腊人国王以及许多印度—斯基泰和印度—帕提亚人国王也使用国王骑马像。也许是因为游牧民族势力在巴克特里亚增长（安提马库斯二世统治时，欧克拉提德正在巴克特里亚与游牧民族作战），骑马勇士图像成为王权的象征。

下一位必须被提及的国王是米南德（Menander I，约公元前155—前130年）。米南德的钱币数量丰富，流通范围广泛，类型多样，与欧克拉提德的钱币非常相似。米南德和欧克拉提德的统治时间大致相同，可能因军事冲突相互影响，他们的钱币上有许多相同的印记，并且都以国王回首的姿势作为正面图像。[1]此外，他们二人的钱币上也都有混合了希腊和印度宗教形象的图像。米南德的钱币类型要比欧克拉提德更多，如前所述，这说明了米南德的统治的不稳定性，因为他必须尽力满足不同群体的需求。

米南德的钱币上的图像丰富得令人惊异。他的银币虽是双语币，但只用希腊形象，尤其重视雅典娜女神，而他的许多铜币却非常特别。例如，其中一种类型，正面是米南德头像，背面是一条鱼或者海豚。另一种类型，正面是脖子上系着铃铛的象头，背面则是狼牙棒。我们一般认为狼牙棒是赫拉克勒斯的武器，但由于米南德钱币上的其他神祇象征物都属于雅典娜，所以狼牙棒的出现令人费解。如果从另一方面考虑，脖子上系铃铛的大象这种图像曾为德米特里一世所用，而德米特里一世将赫拉克勒斯视作保护神，那么米南德就有可能是在致敬德米特里。再一种不寻常的铜币类型，一面是巴克特里亚骆驼，另一面是牛头。这种类型有意思的地方在于，巴克特里亚骆驼是该地区非常著名的动物，本应在钱币上大量出现，但实际上直到此时才首次出现在当地钱币图像中。还有一种稀有的钱币类型展示了野猪头，也是新出现的动物。

---

1 奥利维尔·波尔多作过全面讨论。Olivier Bordeaux, *Les Grecs en Inde, Politiques et Pratiques Monétaires (IIIe S. A.C. – Ier S. P.C.)*, Bordeaux: Ausonius Éditions, 2018.

米南德最著名的钱币类型一面是佛教法轮，另一面是棕榈枝。有趣的是，他选用了佛教而非印度教的图像。从阿育王时代起，该地区就有一定数量的佛教徒，但我们并不清楚米南德为何选择迎合佛教徒而不是印度教徒，因为佛教徒是和平主义者，不会加入到他的军队中。有些学者认为，米南德可能皈依了佛教。《弥兰陀问经》（*Milindapañha*）记录了米南德国王与一位僧人之间的对话，僧人通过这段对话向米南德传授了佛教教义。[1]

米南德之后还有28位印度—希腊人国王。他们一般只是小国王，相互之间没有明显的世系关系。在许多古代王系中，重名是明确血统关系的常用标识，而这些国王中很少出现重名现象。晚期印度—希腊人国王中有一位米南德二世（Menander II，约公元前90—前85年）、德米特里三世（Demetrius III，约公元前100年），以及阿波罗多托斯二世（Apollodotus II，约公元前80—前65年），但他们出现的时间都与之前的同名者相隔较远。而且，与印度妇女通婚数代之后，他们很可能只是从官方的身份地位上来说是希腊人，也许其中大多数人都有自己的印度名字，选择和使用希腊语名字是出于政治需求。

这些印度—希腊人国王的钱币大多模仿同一种范例。许多国王发行了一种只有希腊语的单语币和多种希印双语币。他们采用各种各样的希腊图像，但有时也使用有印度元素的图像，其中最常出现的是大象。多数国王发行的钱币既有圆形，也有方形。

晚期印度—希腊人钱币的演变过程中有几个重要节点。吕西亚斯（Lysias，约公元前120—前110年）的单语币和圆形双语币中各有一种系列模仿德米特里一世的钱币类型。正面是戴象头皮盔的国王肖像，背面是站立的赫拉克勒斯正在为自己加冕，与德米特里的钱币设

1 T. W. Rhys Davids, trans., *The Questions of King Milinda* (1890/1894), sacred texts online, http://www.sacred—texts.com/bud/milinda.htm.

计完全一致。还有一种类型钱币，背面设计与德米特里钱币相一致，正面的国王回首图像则是模仿欧克拉提德一世的发明。国王安提阿尔吉达斯（Antialcidas，约公元前115—前95年）引入了宙斯端坐王座，旁边有一头大象的新图像，另外也有一些钱币上是宙斯正在驱赶一头大象。所以，我们看到希腊和印度宗教已经达到了合而为一的程度，甚至大象可能已经变成了宙斯的象征动物。从此之后，鹰从宙斯身旁消失了。这种变化也合乎情理，因为大象在南亚次大陆很常见，而且显然是一种强大的动物。相较之下，在印度很少能见到老鹰，鹰的文化意义也没有那么重要。（**图4-2-4**）

图4-2-4
安提阿尔吉达斯钱币上的混合图像

国王安提阿尔吉达斯另外一个引人关注的地方，是他的使者赫利奥多罗斯（Heliodoros）在印度留下了一则向印度神黑天（Vasudeva）献祭的铭文。[1]这篇铭文虽不能被当作安提阿尔吉达斯本人是印度教徒的证据，但它证明了安提阿尔吉达斯的使者虽有希腊名字，却是印度教的信徒。所以，安提阿尔吉达斯并没有在官僚系统中强制推行传统的希腊宗教。

另一位国王斯特拉同（Straton，约公元前125—前110年）的钱币铭文开始使用多重赞语，如ΣΩΤΗΡΟΣ ΔΙΚΑΙΟΥ（救主 公正者），ΕΠΙΦΑΝΟΥΣ（神显者 救主）。没人知道他选择各种赞语的具体原因，但使用多重赞语的事实表明他对自己的统治并没有什么自信，所以才要费力地用特定方式向臣民展示自己。斯特拉同还与一位名为阿伽托克里娅（Agathocleia）的女性共治，此人可能是他的母亲，说明他继承王位的时候非常年轻。他们联合发行的双语币上，希腊语

1 Richard Salomon, *Indian Epigraphy: A Guide to the Study of Inscriptions in Sanskrit, Prakrit, and the other Indo-Aryan Languages*, New York: Oxford University Press, 1998, pp. 265-266.

有他们二人的名字，但佉卢文却只提到了斯特拉同，这说明钱币的两面特意针对两种不同的文化群体。对使用希腊语的读者和官员们来说，一位女性和年幼的儿子共治是完全可以理解的。但印度民众无法认可这位女性，当地人可能会对一位女性统治者感到不适，或者至少对这位女性没有足够的信任。这不免让人怀疑，在印度—希腊人统治晚期，钱币上仍用希腊语，究竟是因为在印度仍有人通晓希腊语，还是为了延续希腊文化的优越地位，亦或者是为了延续希腊式钱币的地位。

如前所述，印度—希腊人后半期，即约公元前130年至公元前后，近百年的时间里出现了28位统治者。显然这一时期战争频仍，并且经常存在国王统治范围相互重叠或领土被分裂的情况。以此来看，当时并不存在所谓的帝国，甚至连一个强大的“王国”也没有。每个能占领一小片地方的人都试图通过发行钱币使自己的权力合法化。这些钱币不只是货币，还是一种希腊遗产，表明发行者具有希腊血统。同时，这些钱币也面向印度当地的上层人士，有时也体现出对这一群体的宗教信仰的尊重。因此，通过印度—希腊人，希腊文化成为钱币合法性的象征，不再是种族上的希腊人统治着一个殖民帝国的反映。

最终，印度—希腊人完全停止使用单语币。从泰勒夫斯（Telephos，约公元前80—前70年）之后，即大约公元前75年之后，就再没出现过单语币。钱币上希腊神的多样性也在减少，大多是重复人们熟悉的宙斯、雅典娜或者尼科等。几乎所有末期印度—希腊人国王都在他们最重要的钱币上使用雅典娜作为背面图像。与其说他们是为了突出自己与雅典娜之间的特殊联系，不如说是希腊宗教已经变得无意义。

与此同时，他们开始尝试展示更多的印度图像和印度神。国王阿明塔斯（Amyntas，约公元前95—前90年）使用了一种混合神，可能是以宙斯—密特拉（Zeus-Mithras）作为钱币图像。希波斯特拉图斯（Hippostratus，约公元前65—前55年）发行的钱币上，一面是一种奇

怪的章鱼状生物，另一面是一位地方女神。[1]（图4-2-5）

晚期印度—希腊人钱币上的国王形象设计多样，有些是传统的免冠式肖像（只有王带），有些则戴头盔或帽子，还有一些采用欧克拉提德和米南德钱币上的投矛姿势。另外一些国王，如菲罗克塞诺斯（Philoxenos，约公元前100—前95年），使用的则是安提马库斯二世首创的钱币类型，正面是国王胸像，背面是国王骑马像，其他印度—希腊人国王也用这种类型，完全去除了一切宗教形象。这些钱币向士兵和臣民们只展示国王的相貌，而且将国王描绘成英勇骑士，表明他有足够的领导能力，这种做法无疑是创造国王合法性的尝试。这一时期，将一个人描绘成富有经验的国王或者军事专家的形象，可能要比让贵族相信此人是由某些外来神选中的统治者效果更佳。正如我们将要看到的，印度—斯基泰人取代印度—希腊人统治后，将国王骑马像作为他们钱币的标准图像。晚期印度—希腊人仍掌握政权的时候，印度—斯基泰人就已经在印度定居，所以他们钱币上的国王骑马像也是模仿的印度—希腊人钱币。

图4-2-5
希波斯特拉图斯钱币上的混合图像

希腊性对印度—希腊人来说显然非常重要。即使在双语币上，不仅一直有希腊语币文，而且始终保持着正确的拼写。所有国王都有希腊语名字，他们的钱币图像中也有一些希腊宗教形象。然而，印度—希腊人国王们很可能既不是种族上的希腊人，也不是任何希腊血统的后裔。小国王如此之多，他们原本应该是印度统治者，而不是延续已久的希腊—马其顿王朝的君主。其中很多国王可能都有当地语言的名字，出于政治目的，又为自己取了希腊语名字。有些国王的王名

1 Osmund Bopearachchi, *Monnaies Gréco-Bactriennes et Indo-Grecques, Catalogue Raisonné*, p. 304.

(royal name）与早先的巴克特里亚国王有关，如德米特里，但是他们在世的时间相隔甚远，似乎不可能有任何联系。这再次证明了形成合法统治、发行合法钱币时，“希腊性”究竟有多重要。

显然，印度—希腊人对其周边完全非希腊的印度人政权也有影响。与印度—希腊人大约同时的巽加王朝，以及其他印度东部和中部的国王们制作钱币时，开始以击打模具（die-struck）取代在坯面加印戳记（punch-marked）的传统钱币制作方式。他们的钱币上也出现了铭文，能确认统治者的名字，以及更多地使用精致图像取代小的、重复性的象征符号。所以，即使没有希腊文化图像，希腊式钱币的影响仍传递到印度其他地方。

第三节　印度—斯基泰人钱币

公元前70年左右，一群征服者开始在印度北部取代印度—希腊人的地位。[1]他们起初是游牧民族，是骑在马背上的战士，波斯人称其为“萨卡人”（Saka），希腊史家称其为“斯基泰人”（Scythians）。公元前2世纪中期到前2世纪末，萨卡人以及来自中国西部的另外一支游牧民族——月氏人，在巴克特里亚与希腊—巴克特里亚人相遇。文献和考古证据表明，他们之间发生过战争，最终巴克特里亚的希腊人被赶走。[2]战争期间，萨卡人和月氏人都发行过仿希腊—巴克特里亚的

1 关于这批斯基泰人（塞人）进入印度的时间，学界说法不一，大致在公元前 2 世纪末期到公元前 1 世纪前半期之间。——译者注

2 Polybius, *Histories*, 11.34; Strabo, *Geography*, 11.9.2; *Hou Hanshu,*《后汉书》卷八八《西域传》，二十四史点校本，北京：中华书局，1965年，第2921页; Paul Bernard, “The Greek Colony at Aï Khanoum and Hellenism in Central Asia,” in *Afghanistan: Hidden Treasures from the National Museum, Kabul*, p. 104.

钱币，工艺有时精致，有时则比较粗糙。离开巴克特里亚后，萨卡人继续向印度征服，就此转向定居文明。这些统治者及其发行的钱币都以“印度—斯基泰”（Indo-Scythian）之称而知名。

与印度—希腊人不同，尽管印度—斯基泰人可能偶尔也与希腊人通婚，但他们不能佯称自己是任何希腊族群的后裔。他们是外族入侵者，而不是继承者、总督或藩王。虽然希腊文化不是印度—斯基泰人的传统，但他们仍在自己的钱币上使用希腊宗教形象和象征物，宙斯、赫拉克勒斯以及其他的希腊神经常出现。印度—斯基泰人钱币正面也使用希腊语铭文。至少统治者们通晓希腊语，因为他们能正确地将自己的非希腊名字翻译成希腊语。

印度—斯基泰人的区域性钱币上仍然保持希腊性的原因是他们缺少创新。遇到巴克特里亚的希腊人之前，游牧的萨卡人没有造币。对于一个不停迁徙的文明来说，很难有可移动造币场，因为他们需要运输或建造炉子来熔化金属，另外还得运送要打造的金属、模子、设备、重锤等。萨卡人最早的钱币完全模仿希腊—巴克特里亚钱币，说明这可能是他们第一次发行通常意义上的钱币，同时也说明，他们认为设计自己的钱币或通过钱币进行自我宣传无益。希腊—巴克特里亚钱币已经存在，而且它们适用于贸易，类型多样。萨卡人定居后，认为没有任何必要拓展新的钱币样式。事实上，有证据证明，发行钱币的欲望才是迫使萨卡人定居的动力。政治学理论认为，游牧文明经常参与到稳定的贸易中，并借此增强自己的力量，能做到这一点的关键是中央集权和有效的管理。当然，发行钱币无疑是一种集中和组织权力的方式。[1]定居的印度—斯基泰人国王有自己个性化的钱币样式，但这些钱币都是希腊式的。他们可以利用已经熟悉的类型打造钱币，

1 Barry Buzan and Richard Little, *International Systems in World History: Remaking the Study of International Relations*, Oxford: Oxford University Press, 2000, pp. 187-188.

没有再创新的必要。

第一个拥有确定领土的萨卡统治者是毛伊斯（Maues，约公元前98/85—前60/57年），所以他也是第一位印度—斯基泰人国王。有趣的是，虽然毛伊斯肯定是萨卡人，但印度—希腊人国王阿尔特米多罗斯（Artemidoros，约公元前85年）却被认为是他的儿子。西尼尔（R. C. Senior）认为，毛伊斯的母亲玛凯奈（Machene）有印度—希腊人血统。印度—希腊人的统治阶层是众所周知的精英群体，印度—斯基泰人要争取权力，自然就会将自己与印度—希腊人联系起来。[1]他很容易给自己的儿子取一个阿尔特米多罗斯这样的希腊名字，或许他的儿子应当被归为印度—斯基泰统治者，而不是印度—希腊人国王。当然，除非因为更深的政治联系，阿尔特米多罗斯得到了一部分印度—希腊人的领土，才可以被视为印度—希腊人国王。

毛伊斯的钱币一般与印度—希腊人钱币非常相似。它们都是有希腊文和佉卢文的双语币，使用希腊和印度图像组合。从面值来说，有四德拉克马、德拉克马的银币以及铜币，铜币既有圆形也有方形。有人可能对毛伊斯仍然使用圆形钱币感到奇怪。如果在印度经常使用方形币，而且所有钱币都是双语的话，那么圆形钱币谁来用呢？这证明即使是与希腊人无关的印度—斯基泰人也被分为两类：一类能得到更多精制的、足重的圆形币，另一类则只能使用粗糙的、没那么精确的方形币。可能支付给士兵的都是圆形币，以确保公平，防止他们抱怨。

毛伊斯确实增添了少许重要的新特征，使印度—斯基泰人钱币能与之前的钱币区分开来。其中最重要的是他的钱币上没有国王头像，而是两面都用了宗教或未知名的人物作为图像。例如，有些钱币的正

1 R. C. Senior, *Indo-Scythian Coins and History*, Vol. 1, Lancaster, PA: Classical Numismatic Group, 2001, pp. 27-28.

面是宙斯站像，背面是尼科站像；另一些钱币，一面是驾驭双轮战车的车夫，可能是国王，另一面则是宙斯。毛伊斯铜币上有我们熟悉的印度大象和公牛，但是他还引入了一种新的图像：一个人双腿交叉而坐，可能也是位国王，这种姿势说明国王也许信奉了佛教。（图4-3-1）

图4-3-1
有“国王坐像”的毛伊斯铜币

毛伊斯钱币的另一个新特征是开始使用新标准的希腊语头衔。希腊—巴克特里亚和印度—希腊人国王都自称ΒΑΣΙΛΕΩΣ，有时加些赞语，毛伊斯则用了更加高贵的波斯风格头衔ΒΑΣΙΕΩΣ ΒΑΣΙΛΕΩΝ ΜΕΓΑΛΟΥ（“伟大的众王之王”）。[1]后来所有的印度—斯基泰国王都模仿毛伊斯以此自称。它还被翻译成印度俗语Rajadirajasa Mahatasa。当然，欧克拉提德一世曾经尝试过使用相似头衔Maharajasa Rajatirajasa，但最终放弃。

印度—斯基泰人的编年模糊不清，西尼尔认为下一任国王是阿泽利塞斯（Azilises，约公元前57—前35年）。[2]但是，没有任何文献或铭文解释阿泽利塞斯和毛伊斯的关系。他可能是毛伊斯的另一位儿子，比阿尔特米多罗斯年长，因此获得王位继承权。

与毛伊斯一样，阿泽利塞斯发行了多种正面是宙斯站像或坐像的钱币类型。之后他引入的另一种新类型也成为标准。此类钱币上描绘的既不是国王头像，也不是神像，而是国王骑马像。（图4-3-2）对印度—斯基泰人来说，这种图像有重要意义。前一节提到，少数印度—希腊人国王如安提马库斯二世和菲罗克塞诺斯的钱币上也用了国王骑马形象，

图4-3-2
阿泽利塞斯钱币，
正面国王骑马像，
背面地方女神像

1 R. C. Senior, *Indo-Scythian Coins and History*, Vol. 1, p. 3.
2 R. C. Senior, *Indo-Scythian Coins and History*, Vol. 1, p. 7.

但它们都是在钱币背面，而且菲罗克塞诺斯的其他钱币上仍展示国王肖像。阿泽利塞斯统治时间在公元前60年左右，所以这种印度—希腊人的图像可能在他统治之前就已经流行。[1]阿泽利塞斯或许模仿了这些图像，但目的完全不同。他的钱币正面用国王骑马像而不是国王肖像，使得前者比后者更加重要。

希腊—巴克特里亚和印度—希腊人钱币上极为精细的国王肖像说明，对大众来说，知道统治者的相貌是一件重要的事情，同时也说明国王钱币的主要受众是在战争中追随国王的士兵。显然，阿泽利塞斯看起来没有这样的需求。骑在马背上的一般性的国王形象取代了个性的国王形象，这可能也是亚历山大大帝所宣扬的马其顿式统治方式被打破的信号。马其顿人意识形态中的国王是一位勇士，由士兵选出且与士兵一起战斗，亚历山大之后的国王们亦是如此。即使后来这种选举制度被废除，希腊化国王们越来越多地依赖雇佣兵，但他们熟悉和认可的王权理念似乎仍被保留下来。相反，印度—斯基泰人似乎继承了波斯的统治方式，国王或皇帝是一种遥远的存在，在所有士兵之上。这种情况下，没有必要通过容貌认识国王和国王的画像。钱币上的称号也是印度—斯基泰国王支持波斯式王权的证据，因为“伟大的众王之王”就是一个波斯头衔。

所有的阿泽利塞斯银币正面都是国王骑马像，但背面图像至少有八种，用各种希腊或印度神来搭配王像。铜币更加多样，有些正面是国王骑马像，有些则使用希腊或印度神，还有些铜币两面都只有动物。钱币的多样性说明当时缺乏强有力的中央政府。尽管毛伊斯似乎控制着大片区域，他的继承者阿泽利塞斯却遭受了应该如何统治多个地区的困扰，各种各样的钱币可能是出自若干管控不严的零散造币场。他可能给了地方造币场官员很多设计方案。造币场没

---

1 R. C. Senior, *Indo-Scythian Coins and History*, Vol. 1, pp. 25-35.

有受到严格管控的另一个表现，是我们第一次在希腊化亚洲钱币上看到了希腊币文的变体形式。阿泽利塞斯的许多钱币上开始出现希腊字母“Σ”变成了方形，写作“匚”，“O”也同样有变为方形的情况。

毛伊斯和阿泽利塞斯之后还有五位已知的印度—斯基泰国王。这些国王之所以值得关注，是因为他们都不是独立统治，而是与一位男性亲属至少部分共治，这位亲属与国王可能是兄弟关系，也可能是叔侄关系。共治并不新鲜，塞琉古和希腊—巴克特里亚王国都曾有过先例，但这些更早的国王不会在钱币上展示共治。例如，据阿庇安（Appian）记载，塞琉古一世在位时就将大部分疆土交给自己的儿子管理，[1]可这在他们的钱币上没有任何表现。[2]德米特里一世的父亲仍在世时，他也曾经短暂参与统治，发行了自己专属的钱币，但也未在这些钱币上向父亲致敬。五位印度—斯基泰国王是分别是沃诺尼斯（Vonones）、斯帕拉霍莱斯（Spalahores）、斯帕拉伽达摩斯（Spalagadames）、斯帕利里塞斯（Spalirises）和阿泽斯（Azes）。共治似乎不仅延续下来，还相当被国王们重视。

上述印度—斯基泰国王钱币的设计延续了一种有意思的模式：正面仍展示国王骑马像，国王的名字和头衔都用希腊语，背面只有希腊神，但用印度俗语列出了共治者的名字和头衔。例如，沃诺尼斯—斯帕拉霍莱斯钱币上的希腊语币文是“伟大的众王之王　沃诺尼斯”，印度俗语币文内容则是“公正的斯帕拉霍莱斯　国王的兄弟”。两面币文并非对译。这种变化有重大意义，它意味着只有通晓两种语言的人才能获取完整信息，也许只有少数精英有能力阅读两面的文字。假如大多数印度民众只认识由佉卢文拼写的印度俗语的话，他们就无法

1 Appian, *Syrian Wars*, 12.59.

2 此说有待商榷。在安条克担任“共治者”期间，巴克特里亚造币场的钱币上曾出现过这两位国王的名字。——译者注

通过钱币得知国王的名字，只能知道国王兄弟的名字。

关于这种现象，历史学家有两种解释：印度—斯基泰人的中央政府要么不在乎，要么是非常刻意地这样做。如果是前者，那他们本就没打算让大众阅读钱币上的文字，在钱币上铭刻国王及其兄弟的名字只是为了满足自己，或者是将荣誉范围延伸到国王的兄弟斯帕拉霍莱斯。这种情况下，民众应该只是基于骑马的国王和宙斯图像而接受或使用钱币。如果是后者，故意这样设计，那么就可能是斯帕拉霍莱斯被委任管理几个行省，类似行省总督，而这些行省识字的人只能读印度俗语，然后他们通过钱币了解到自己的直接统治者叫斯帕拉霍莱斯，是王室成员、国王的兄弟。很难说哪种情况可能性更大。西尼尔对印度—斯基泰人钱币进行了细致的研究，认为钱币背面的人名斯帕拉霍莱斯是此类钱币的发行者，但西尼尔并没有特别在意这类钱币。[1]无论如何，印度—斯基泰国王的一般民众都是文盲，他们比较容易接受有一位骑士和一位神作为图像的钱币。

除此之外，还有“沃诺尼斯—斯帕拉伽达摩斯（斯帕拉霍莱斯之子）”、“斯帕拉霍莱斯—斯帕拉伽达摩斯”、“沃诺尼斯—斯帕拉霍莱斯”、斯帕利里塞斯个人以及“斯帕利里塞斯—阿泽斯”的双名钱币。（图4-3-3）在此之后，阿泽斯独立统治了很长一段时间。

联名钱币带来了沃诺尼斯后继者们的编年问题。沃诺尼斯和自己的两个兄弟——斯帕拉霍莱斯、斯帕利里塞斯，以及侄子斯帕拉伽达摩斯，都发行过联名钱币。西尼尔认为，这几位国王曾与沃诺尼斯共治，分别管理不同地

图4-3-3
沃诺尼斯—斯帕拉霍莱斯以及斯帕利里塞斯—阿泽斯的关联钱币

1 R. C. Senior, *Indo-Scythian Coins and History*, Vol. 1, pp. 39-44.

区，并且也都与阿泽利塞斯共治过。[1]出现斯帕拉霍莱斯和斯帕拉伽达摩斯的联名钱币不难理解，这父子二人都没有被称作“国王”，父亲称“国王的兄弟”，儿子称“斯帕拉霍莱斯之子”，而且他们只发行铜币。还存在另一种可能。即斯帕拉霍莱斯和斯帕利里塞斯是同一个人，只是这个人名的希腊语和印度俗语的拼写没对应。从毛伊斯开始，印度—斯基泰人只在印度定居了短短几十年，此前他们没有读写文化。并且，印度—斯基泰人的口头语言既不是希腊语也不是印度俗语。钱币的设计者可能了解其中一种或两种语言，但也不一定精通，拼写外族名字的时候很容易出现多种理解。如果真是后一种情况，那么王位的传承顺序就应该是沃诺尼斯—斯帕拉霍莱斯/斯帕利里塞斯—阿泽斯。沃诺尼斯和侄子斯帕拉伽达摩斯的联名钱币只是昙花一现。无论如何，斯帕拉伽达摩斯从来没有以个人之名独立进行过统治。如果斯帕拉霍莱斯是另外一个人，他也没有如此。

阿泽斯的统治非常重要。他是最强势、统治范围最广的印度—斯基泰国王。究竟有一位还是两位名为阿泽斯的国王，学者们存在争议。西尼尔认为只有一位阿泽斯，因为有阿泽斯之名的钱币设计变化很少。[2]虽然阿泽斯的统治从作为斯帕利里塞斯的共治者开始，但他不是后者的亲戚，而是凭自己出身获得统治权的国王，斯帕利里塞斯钱币背面铭文称其为“大王阿泽斯”。

阿泽斯有大量自己的钱币，这在共治者中很少见。他的钱币流通范围广，时间长。阿泽斯各种面值的银币和铜币，都使用了与之前印度—斯基泰国王钱币相同的图像。几乎所有银币的正面都是国王持矛或持鞭骑马像，钱币背面则一直是宙斯、雅典娜或瘤牛。有一种奇怪的银币，正面是宙斯，背面是尼科。希腊化时期的亚洲钱币上，通

---

1 R. C. Senior, “The Last Greek Kings in India,” *Nomismatika Chronika*, No. 16 (1997), pp. 67-86.

2 R. C. Senior, *Indo-Scythian Coins and History*, Vol. 1, pp. 29-35.

图4-3-4
泽奥尼赛斯银币，属典型的阿泽斯总督钱币

常只有铜币的正面才会出现宗教人物。还有一种阿泽斯钱币，正面展示的是国王交腿而坐的形象，与毛伊斯钱币上的形象相似。阿泽斯铜币上有所有我们熟悉的印度—希腊图像：公牛、大象、狮子以及印度诸神。图像种类极多，可能是不同地区或城市为吸引印度民众而做的地方化设计。

目前至少发现了五位阿泽斯总督的钱币，他们的存在进一步增强了阿泽斯的权力。这些通过钱币可以确认其身份的总督的是：Zeionises、Kharahostes、Hajatria、Rajuvula以及Sodasa。阿泽斯的中央政府和总督造币场之间明显没有关联，说明阿泽斯的领土虽然广阔，但实际却是松散的。阿泽斯钱币和这些总督钱币上的铭文也明显不同。与之前的印度—斯基泰人国王一样，阿泽斯钱币正面的希腊语拼写都是正确的，但总督钱币上的希腊语单词要么被扭曲，不是真正希腊字母的形状，要么无法识读。例如，一枚典型的泽奥尼赛斯（Zeionises）钱币的币文大致是“**ΛΙΛΙΙΙΛΙVΥΙΙΥCΑΤΡΑΜΙΥ ZEIWNIΣIY**”。虽然可以认出第二、三个单词是“Satrapou Zeionisiu”（总督泽奥尼赛斯），但第一个单词却不知其义。这位总督的另一枚钱币的币文看着是“ΣΕΙΩΗΙ|ΟΥ ΑΗΑ ΚΙ ΙΟ ΡΑΠΟΥ‖ΡΑCΑΧ”。[1]所以，不能简单地说希腊语在各行省总督钱币上越来越退化，事实是同一位总督的钱币上所用的希腊字母可能完全不同。相较之下，这些钱币上的印度俗语则清晰得多，说明总督们确实认识佉卢文。大部分总督钱币都模仿阿泽斯的钱币图像，一面是骑马的国王，另一面是各种各样的神和动物。（**图4-3-4**）

还有一点需要指出，印度许多小国王以阿泽斯之名发行

---

1 西尼尔转写。R. C. Senior, *Indo-Scythian Coins and History*, Vol. 2, pp. 119-122.

的钱币上一直有希腊语，印度俗语则时有时无。也许他们效忠于阿泽斯，但更可能的情况是，阿泽斯去世后他们统治了数代。币文极度退化证明，他们不是受阿泽斯本人命令发行钱币。他们的钱币与那些独立总督的钱币风格非常相似，但没有写自己的名字，结果就导致这些地方统治者目前仍是无名王。虽然希腊币文模仿阿泽斯的钱币，写作“伟大的众王之王阿泽斯”，但拼写讹误太多，以致于经常近乎无法辨认。例如，其中一枚由未知名统治者发行的钱币铭文是“ BΆCIΛEI BΑCIΛEШИ MΓΛIIOYVZZOY ”。[1]我们可以很容易看出这个文本内容本应是什么，但其他一些钱币就需要更多的想象力，如一枚可能是由名为Aspavarma发行的钱币铭文看起来是“□ICILE ILEИWEИ M L□Y L□V AZZ”。[2]

根据这些钱币，我们可以得出结论：无论是作为官方还是其他用途，钱币的发行者都对希腊语没有任何的了解或兴趣。他们甚至不认为必须要如实复制这些外国符号。这使得他们尝试模仿这些钱币的行为变得更加有趣。很难想象这些无意义的符号如何能使统治者合法化，因此将它们视为市场力量的产物更有道理。或许即使是在最基础的经济交易活动中，商贩和劳动者也更愿意接受这种带有奇怪希腊式符号的钱币作为支付手段，所以这类钱币需求量仍然很大。同时还要强调，钱币上的佉卢文虽然更清晰，但也不是完美无瑕的。

在讨论从印度—希腊人到印度—斯基泰人钱币的过渡时，不可避免地要考虑艺术风格的变化。希腊—巴克特里亚和印度—希腊人钱币都被认为是非常精美的艺术品，得到钱币学家的盛赞。虽然艺术中的“美”是主观概念，但客观上可以说，钱币图像中的肖像、人物形象以及物品等都表现出高度写实主义。前文提到，那些钱币

1 R. C. Senior, *Indo-Scythian Coins and History*, Vol. 2, p. 135.

2 R. C. Senior, *Indo-Scythian Coins and History*, Vol. 2, p. 135.

图4-3-5
阿泽斯钱币上的抽象动物艺术

上的肖像描绘的非常细致，甚至能呈现君主们细微的衰老迹象。诸神和动物的全身像也展示了清晰的肌肉、头发、服饰以及其他细节。印度—斯基泰人的钱币却并非如此。早期学者曾用带有明显偏见的词语——“蛮族的”——来描述这些部分希腊化的钱币。这种说法站不住脚。因为印度—斯基泰人和希腊—巴克特里亚人是完全不同的族群。虽然印度—希腊人试图保持其前任的艺术风格，但印度—斯基泰人有完全不同的艺术传统，所以可以料想他们的钱币设计风格也明显不同。

印度—斯基泰人不使用肖像，所以不能从这方面去比较他们和希腊—巴克特里亚人的艺术。印度—斯基泰人使用了大量的人物全身像和动物图像。动物风格的不同最为显著。希腊—巴克特里亚人和印度—希腊人钱币的设计者强调动物的躯体形状和肌肉，印度—斯基泰人钱币上的动物则具有夸张的脚、腿、脖子和尾部。例如狮子的躯体很瘦，但腿很长；一种公牛背部有高高凸起的肉瘤。大部分的钱币图像是骑马的国王，所以马的形象非常多。马的设计更加抽象，尾巴和鬃毛很长。有一种马尾巴明显是螺旋形的。马的图案还会夸大眼睛，躯体相对较小。（图4-3-5）有趣的是，尽管印度—斯基泰人有自己的艺术感受力，但选择了调适印度—希腊人的图像，而非使用自己的图案。这也是统治者雇佣了当地的印度刻模师的证据，所以设计风格反映了一种印度传统，与为印度—希腊人服务的刻模师的作品不同。与币文一样，这也是印度—希腊图像为市场所需的证明，否则，印度—斯基泰人就会用他们自己的宗教和民族艺术。

很难想象有谁生活在公元前最后几十年印度—斯基泰人统治下的印度，会拿着一枚钱币，将上面的希腊神宙斯和雅典娜认作生活在遥远的奥林匹斯山上的神祇。

第四节　印度—帕提亚人钱币

大约公元前1世纪末或公元1世纪初，印度—帕提亚人进入印度。他们是帕提亚帝国发展到顶峰时分裂出来的帕提亚人。帕提亚帝国吞食了塞琉古王国的绝大部分，并且覆盖了许多曾属于波斯的地方。我们无法准确说出究竟哪些人属于印度—帕提亚人，但可以确定的是他们曾被一个帕提亚显贵家族领导。当萨卡人仍在中亚活动时，他们与萨卡人也有联系。[1]帕提亚帝国本身就是由游牧民阿尔萨息建立，他属于萨卡人或萨卡人的近支部落，[2]所以无论如何，印度—斯基泰和印度—帕提亚人都应有远亲关系。可能阿泽斯仍然掌权但已经走向衰落之际，印度—帕提亚人向西迁移，在犍陀罗的塔克西拉建立都城。

曾有四位主要的印度—帕提亚国王。第一位无疑是贡多法勒斯（Gondophares，约公元前19—公元46年），他统治了从锡斯坦（今伊朗东部）到犍陀罗的大片地区。在西边，一位自称贡多法勒斯·萨塞斯（Gondophares Sases）的国王继承了贡多法勒斯的地位；在东边，他的地位先由侄子阿布达伽塞斯（Abdagases），然后是萨塞斯（Sases）继承。另外可能还有一位阿布达伽塞斯二世。[3]

印度—帕提亚人的钱币被精准地描述为帕提亚风格和印度—斯基泰风格的结合。帕提亚公元前247年左右建国（与希腊—巴克特里亚

1　R. C. Senior, *Indo-Scythian Coins and History*, Vol. 1, p. 110.

2　Strabo, *Geography*, 11.9.2.

3　Christine Fröhlich, "Indo-Parthian Dynasty," *Encyclopaedia Iranica*, online edition, http://www.iranicaonline.org/articles/indo-parthian-dynasty-1.

同时建立），是一个强大持久的国家，有自己完善的钱币体系。帕提亚人的标准钱币样式与希腊—巴克特里亚钱币相似，后者的特点是正面为国王肖像和希腊语铭文，背面为希腊神；帕提亚钱币上的肖像一般戴独特的波斯头饰，背面图像通常是一位弓箭手或尼科正为国王戴王冠。

三位主要的帕提亚国王贡多法勒斯、阿布达伽塞斯一世以及贡多法勒斯·萨塞斯发行的一些钱币正面采用帕提亚风格的国王面左头像，背面也是帕提亚样式，为弓箭手、尼科或者尼科正在为国王戴上王冠。这些肖像没有试图展示国王个人样貌，相反，钱币上呈现出一般化的面孔。同时，这三位国王也都发行了印度—斯基泰样式的钱币，正面是国王骑马像，背面是一位希腊或印度神。

贡多法勒斯恢复了早期印度—希腊人既发行单语银币也发行双语银币和铜币的传统。然而，令人奇怪的是，贡多法勒斯虽然发行了希腊语单语币，但希腊语并不是他的母语。与帕提亚人一样，印度—帕提亚人主要使用帕拉维文（Pahlavi）。不过与帕提亚人不一样的是，贡多法勒斯并不精通希腊语。他的单语币铭文中有些变体，例如，一枚钱币铭文是“BACIΛEYC BACIΛEWN MEΓAC YNΔOΦEPHC AYTOKPATWΣ NIKE”。[1]也有少量拼写错误，比如第一个单词中的字母“Y”本应是“Ω/W”，另外还漏掉了国王名字中的首字母Γ。除此之外，刻模师在有些单词中使用C，另一些单词中又用Σ，没有统一。虽然没有重大错误，但如果希腊语是他们的官方语言的话，造币场的官员或国王本人应该能意识到这些问题。

印度—帕提亚钱币铭文的另一个显著特征是内容特别长。许多印度—希腊人在国王钱币上增加了赞语，但印度—斯基泰人在推行更长的头衔“众王之王”后，一般会去掉各种赞语。贡多法勒斯的

---

1 西尼尔释读。R. C. Senior, *Indo-Scythian Coins and History*, Vol. 2, p. 148.

铭文如此之长，以致于钱币背面的铭文内容要分为两排，结果使尼科为国王戴王冠的图像变得很小，而且缺少细节。（图4-4-1）

贡多法勒斯也发行了各种各样的双语币，包括四德拉克马和德拉克马的银币，圆形和方形的铜币等。风格与印度—斯基泰钱币相似，大多正面是国王骑马像，背面是希腊和印度神，包括湿婆、宙斯、尼科或雅典娜等。他还在一些方形铜币上推行了新的设计：正面是国王骑马像，背面没有图像，只有一个花押或徽记，状如牛首，但非常简化，两边还有更小的花押。（图4-4-2）政府突然放弃已经使用了很多代的有清楚的人像、神像以及动物图像的钱币，只用一个符号，这很有意思。这种钱币设计理念不可能凭空出现。与希腊化王朝同一时间统治印度中部和东部的王朝，如百乘王朝（Satavahanas），发行的钱币上有类似符号设计。[1]贡多法勒斯的一个小造币场或一个钱币系列可能受到了附近流通的印度钱币的影响。贡多法勒斯的另外一些钱币上有标准的国王骑马像和宙斯像，但用牛首徽记作为小花押。这种符号模糊，看着像牛，却没有任何国王名字或宗教象征方面的意义。早期印度钱币上没有与此一致的符号，后来同期的维迪哈斯（Vidishas）或乌贾因（Ujjains）钱币上倒有相似符号出现。[2]

贡多法勒斯双语币铭文的复杂性转到了佉卢文上。希腊语铭文变回标准的短格式（“伟大的众王之王”），佉卢文

图4-4-1
贡多法勒斯波斯风格肖像以及长而混乱的希腊语铭文

图4-4-2
贡多法勒斯铜币，背面有徽记

1 Wilfried Pieper, “The Coin Galleries: Eran-Vidisha Region Inscribed Types,” CoinIndia online, http://coinindia.com/galleries-eran2.html.
2 Wilfried Pieper, “The Coin Galleries: Eran-Vidisha Region Inscribed Types,” CoinIndia online, http://coinindia.com/galleries-eran2.html.

图4-4-3
阿布达伽塞斯钱币，马前有徽记

却变得非常长，而且使用了一些之前没有出现过的短语。例如，一则币文内容是“大王，伟大的，拯救者，公正的，不可征服的，神佑的”。[1]在印度—希腊人和印度—斯基泰人钱币上，佉卢文居于次要地位，一般是对希腊文的翻译。在印度—帕提亚钱币上，佉卢文变为主要文字。因为到这时，印度可能只剩很少还讲希腊语的人。这带来的问题就是，为什么钱币上还继续使用希腊文？也许对这些人来说，有印度俗语和帕提亚人的母语帕拉维文的双语币更有意义。原因与之前的王朝一样：希腊字母能提升钱币本身的合法性和被接受程度。

贡多法勒斯的继承者是他的侄子阿布达伽塞斯。这个关系是明确的，因为他在多种印度—帕提亚钱币系列上用印度俗语自称“国王阿布达伽塞斯，贡多法勒斯兄弟之子”，而且使用了和他叔叔相同的“国王骑马/宙斯图像”。[2]从他统治伊始便是如此，可能因为在王位继承权方面有质疑声音。贡多法勒斯一定没有自己的儿子或适合继承王位的人选，他的这个侄子也不出名，所以为了被接受，阿布达伽塞斯不得不声明自己和前任国王的关系。此外，他的钱币正面是贡多法勒斯方形铜币上牛首徽记的缩版。由于他和贡多法勒斯使用了相同的戳记，所以它可能代表造币场，但其他钱币背面的戳记又不像是造币场标志。有一种猜测比较合理，即这个徽记代表了印度—斯基泰王朝。（**图4-4-3**）

必须强调，阿布达伽塞斯钱币上的希腊文拼写和字母形式基本正确，要比贡多法勒斯仔细得多。最大的变异在国王

1 R. C. Senior, *Indo-Scythian Coins and History*, Vol. 2, pp. 148-155.
2 R. C. Senior, *Indo-Scythian Coins and History*, Vol. 2, pp. 159-165.

名字上，希腊文有时是正确的Γ，有时用K或者C代替，不过总体来说还是注重了细节。然而，国王并非真能自在地使用希腊语。他在一类钱币上用印度俗语自称贡多法勒斯的侄子，但希腊文却只说“众王之王　阿布达伽塞斯”。他可能不知道怎么翻译，也可能认为这不重要。不过他似乎还是有些在乎这个问题的，比如另一种钱币上的希腊文就尝试翻译得更多一点，希腊语铭文包含单词ΓΟΝΔΟΦΑΡΑΒΡΑΙ，与之相应的俗语应是Guduvharabrhrataputrasa。[1]无论是谁负责钱币设计，都应该知道“侄子”的希腊语，他们只是用了几个字母“ΒΡΑΙ”作为印度俗语“brhata”（兄弟）的近义词。还有一类钱币上的希腊语退化得更加彻底。印度俗语仍继续宣称阿布达伽塞斯是贡多法勒斯兄弟之子，还增加了“救主”的头衔，但希腊语是完全无意义的一串字母。

阿布达伽塞斯也发行了以国王自称的钱币，使用“自己的肖像/尼科”作为图像。尽管如此，这个肖像也不是个性化的，看起来与之前贡多法勒斯的肖像没什么区别。所以，与希腊—巴克特里亚和印度—希腊人钱币不同，阿布达伽塞斯使用肖像的目的并非展示自己真实的相貌。还有一点比较有意思，他给自己加了一个简单的头衔“国王　阿布达伽塞斯　救主”，跟贡多法勒斯的头衔相比，荣耀程度大大降低。这些钱币上希腊语的名字和头衔的翻译、拼写都是正确的。

第三位印度—帕提亚国王自称贡多法勒斯·萨塞斯。他可能把贡多法勒斯当成了一种王家头衔而非名字，就像罗马皇帝自称“凯撒”（Caesar）一样。与贡多法勒斯一样，这位萨塞斯也同时发行了单语币和双语币。单语币上，国王头戴引人注目的华丽高冠。与贡多法勒斯相似，钱币背面也有尼科的小图像，受到周围冗长的双排希腊语铭

1　R. C. Senior, *Indo-Scythian Coins and History*, Vol. 2, pp. 159-160.

文挤压。币文拼写大多是正确的，也有部分铭文没有意义。（图4-4-4）他还发行了一种“国王骑马/宙斯”型双语币。这些钱币上一直使用贡多法勒斯引入的徽记。显然，这种符号已经成为王朝的象征。

图4-4-4
贡多法勒斯·萨塞斯钱币，有自己独特的肖像

这是印度—帕提亚王国不同地区有两种不同钱币版本的例证。王国北部更多地使用波斯/帕提亚风格的钱币，南部更多的使用印度—斯基泰型钱币。[1]这些钱币告诉我们，印度—帕提亚人受到了合法性问题的困扰。他们没有信心只向臣民推行一种钱币，不得不调整自己的钱币样式，让当地人能够接受。这也提升了“合法钱币能帮助统治者提升统治合法性”这一观点的合理性。

上述三位国王之后，是统治各个行省的小国王们的若干钱币。其中一种有国王阿布达伽塞斯之名的钱币系列与众不同，被认为其实是由阿布达伽塞斯二世发行。这类钱币上的肖像看起来有些失真，人物的头发长而浓密；背面描绘的是位非常抽象的弓箭手，冗长的希腊语铭文排列了两圈。它们属于单语币，希腊语有拼写错误，发行者自认为足够强大，所以自称“伟大的众王之王”。

其他次要统治者有萨塔瓦斯特雷（Satavastres）、萨佩多尼（Sarpedones）、奥塔戈尼（Orthagnes）、乌布扎尼（Ubouzanes）、（萨那巴雷（Sanabares）以及帕科雷（Pakores）等，他们的钱币既没有创新，也无甚特别，说明地位较低。这几位国王发行的都是单语币，钱币背面有各式各样但构造不佳的希腊语铭文；正面都是国王肖像，风格各异，但并不是非常写实；背面图像要么只有尼科，要么是尼

1 R. C. Senior, *Indo-Scythian Coins and History*, Vol. 2, pp. 148-173.

科正在为坐着的国王戴上王冠。这些国王的身份可能是附庸国王，受三位主要国王监督；也可能是继承者，争夺破碎的领土。无论哪种情况，印度—帕提亚王国没有再出现强有力的国王，也没能在这些小国王统治之后延续下去。大约公元1世纪晚期或公元2世纪早期，一片接一片的领土先后丧失于印度国王和贵霜人之手。贵霜人是月氏人的后裔，也是征服了希腊—巴克特里亚的另一支游牧民族。

结　语

在希腊—巴克特里亚以及部分印度—希腊人统治之下，中亚和南亚的希腊人王国对这片地区的钱币体系有重大影响。其中最重要的是传播了有国王个人头像的钱币，这造就出合法钱币的概念。在此之前，任何人都可以制作印度的戳记钱币，不需要经谁认可。这些钱币虽由贵金属制作，但无法快速确定它们的价值。相比之下，能够明确属于某个国王的钱币在社会上有更强的合法性。这并不意味着人们希望国王能确保或核实每一枚钱币上都有他们的名字或图像，而是说可能许多人会认为这种钱币真实价值的可能性要比戳记钱币更高。自从希腊—马其顿人在这个地区开始使用个性化的合法钱币，钱币就一直保持着有希腊语铭文和希腊宗教形象的特点。这并不意味着到公元前1世纪，印度人说希腊语、读希腊语或尊崇希腊神，它们只是经过统治者授权的钱币的标志。这种钱币类型如此重要，以致于实际上有希腊特征就等于钱币本身有合法性，进而延伸到国王的合法性问题。如果一位国王想被承认是正当统治者，就不得不发行合法钱币，即必须发行希腊式钱币。当合法性动摇时，我们看到统治者会通过发行大众认可度更高的钱币来重构他们的地位。即便族群意义上的希腊人在中亚和南亚统治的时代已经过去，这些钱币内容依然是王家标准。

希腊钱币风格也影响到其他印度邻国。这将导致巨大的政治变革，因为统治者合法性与其发行钱币的合法性之间出现了密切联系。任何人都能统治非货币化社会的时代已经一去不复返。当然，希腊—巴克特里亚人的第二个主要影响是他们使萨卡和月氏这两个游牧群体开始造币，前者变为印度—斯基泰人，后者变成了贵霜人。这些族群因打造钱币被迫转向定居，并且参与到中亚和南亚的均势体系中。这两个群体最终都采用了完全独立风格的钱币，从而深刻影响了整个地区的政治格局、军事活动和贸易体系。

（弗兰西斯·约瑟夫撰　李潇译　孙艳萍校）

第三编

希腊式钱币的利用与改造

公元前后，希腊化王国彻底消失，但希腊化钱币还在延续。位于丝路西线的帕提亚人、贵霜人(包括此前的印度—斯基泰人、印度—帕提亚人）和后来的萨珊波斯、粟特、嚈哒、花剌子模等地的统治者都在对其利用、仿造或改造、再仿造。此时丝绸之路海陆两路都已经开通，这些钱币在丝路贸易中流通，因此可称为丝路希腊式钱币或者丝路仿希腊化钱币。

这些钱币虽然是由非希腊民族的统治者发行，其中包含了当地国王的头像，当地语的铭文，甚至当地的神祇和宗教标志，重量标准也因时因地有所不同，但它们都保持了希腊化钱币的基本特征：圆形，打制，币值名称及其比例，特别是正面王像、反面保护神、铭文（双语或单语）三大要素都基本保留。这一方面与这些新来的统治者大多属于游牧民族有关。他们本来就没有自己的钱币和文字，所以在取得原希腊化地区统治权的同时，也只好接受现有的希腊式钱币，将它们改造利用。另一方面，则与这些国家都地处丝路要道有关。丝路贸易的需要促使他们接受这些现有的钱币。从希腊化钱币到丝路钱币的转化就是在这样的历史背景下自然而然实现的。

第五章　月氏—贵霜钱币中的希腊化遗产

由于资料有限，贵霜帝国的历史一直比较模糊。我们现在大致可以肯定的是，大月氏人到达中亚后分成五部翖侯进行统治。大约在公元40年前后，贵霜人在其第一任国王丘就却的领导下崛起，统一五部翖侯，建立贵霜王国，并于公元1世纪末征服印度西北部，完成了由王国向帝国的过渡。作为“随畜移徙”的游牧民族，大月氏人与周边民族之间的交换是否使用钱币，史无明确记载，可能还是以物易物，互通有无。现在已知的大月氏钱币，发行时间都在大月氏人迁徙至中亚之后。这些钱币大多是对原来中亚、印度流行的希腊式钱币的仿制和改造，可以统称为月氏—贵霜钱币。

月氏—贵霜钱币上的希腊化元素演变经历过三个阶段：第一个阶段是从月氏翖侯时期到威玛·塔克图（Vima Taktu，约公元90—113年）时期。这时的钱币基本上都是希腊式钱币的二次仿制币，希腊化特征还比较明显。第二个阶段是威玛·卡德菲塞斯（Vima Kadphises，约公元113—127年）时期。这时的贵霜钱币出现较大的变化，金币开始发行，国王形象和神祇的地方化现象非常明显。不过，这一转变实际上也是希腊化钱币传统的一种延续。因为在自己钱币上加上印度元素，用以宣扬自己对印度的征服，是希腊—巴克特里亚国王和印度—希腊人国王钱币上的常用手段之一。第三个阶段是迦腻色伽一世

(Kanishka I，约公元127—150年）直到晚期贵霜时期。这一时期钱币上的希腊化元素逐渐退化，其他文化元素加深。贵霜钱币成为贵霜帝国文化多元化的重要标志。

第一节　早期月氏—贵霜钱币的希腊性

大月氏到达阿姆河流域时，中亚和西北印度地区主要流通着三种类型的钱币。第一类是原来希腊—巴克特里亚人和印度—希腊人的钱币。他们的币制以德拉克马和四德拉克马为主，大多为圆形币，但也不乏印度风格的方形币。钱币上的铭文是希腊语和佉卢文，神祇以希腊和印度当地神祇为主，也有当地的特产大象等图像。月氏—贵霜人最先接触到这一类钱币，这是早期贵霜钱币希腊化特征比较明显的重要原因。

第二类钱币出自印度—斯基泰人之手。这批人在公元前1世纪之后曾控制了西北印度的部分地区，但随着印度—帕提亚人和贵霜人的到来，他们的生存空间不断受到蚕食挤压，最终被贵霜人取而代之。由于印度—斯基泰人曾经一度占领原巴克特里亚王国和印度—希腊人的领地，因此一定程度上受到了希腊化文化的影响。他们的钱币主要以原巴克特里亚王国的希腊式钱币为基础，基本仿照了希腊化钱币的币形和币制，以德拉克马和四德拉克马为主，铭文主要是希腊文和佉卢文，正面大多为国王骑马像，背面是以希腊神为主的保护神。

第三类钱币来自较晚兴起的印度—帕提亚人。他们从帕提亚帝国的东境进入印度，先南后北，逐渐取代印度—斯基泰人和印度—希腊人的统治，控制了从坎大哈到犍陀罗的大片区域。他们的钱币币形和币制基本承袭了印度—希腊人的钱币风格，同时也受到印度—斯基泰人和帕提亚人钱币的影响。不过，由于其控制的地区白银矿缺乏，钱币的含银量有一定的下降。随着贵霜人向塔克西拉等地区的推进，他们的钱币样式也逐渐被贵霜人所吸收。

可以说，上述三类钱币是贵霜钱币出现的前提和基础，也是贵霜钱币上希腊化文化元素的主要来源。不过，除希腊巴克特里亚王国钱币之外，印度—希腊人钱币、印度—斯基泰人钱币、印度—帕提亚人钱币上的希腊化元素已经出现了不同程度的衰落和变异，而贵霜人的二次仿制更是出于维持统治的目的，因此，贵霜钱币与真正的希腊化钱币的区别还是十分明显的，无论是国王与守护神的形象，还是钱币铭文的语种和含义，都发生了较大的变化。部分钱币上甚至还有贵霜的族徽。但就希腊化钱币的基本要素来看，我们还是可以将贵霜钱币整体上视为仿希腊化钱币或希腊式钱币中的典型币种，也是流通于海陆丝路的主要钱币。

一、大月氏仿制币

大月氏人到达中亚不久就开始发行自己的钱币，最有代表性的是赫劳斯币（Heraus coins）。这类钱币的铭文大多是“TYPANNOYNTOΣ HIAΛOY KOIPANOY（KOIPPANOY）”或“MIAOY KOPΣANOY”两种，主要由希腊字母拼写而成，均为属格形式。TYPANNOYNTOΣ（统治者）、ΣAKA（塞人）、KOIPANOY/KOIPPANOY/KOPΣANOY（这几个词均被考证为“贵霜”一词）都好辨认，唯独HIAΛOY/MIAOY一词不好理解，因此学界就其铭文称之为赫劳斯币。[1]

起初，大部分学者认为HIAΛOY很可能是当时某位名为“赫劳

1 相关钱币图片可参见Joe Cribb, "The 'Heraus' Coins: Their Attribution to the Kushan King Kujula Kadphises," in Martin Price, Andrew Burnett and Roger Bland, eds., *Essays in Honor of Robert Carson and Kenneth Jenkins*, London: Spink and Son Ltd., 1993, pp. 107-134.

斯”的统治者，[1]但英国钱币学家克里布（Joe Cribb）认为，这些钱币上的HIAΛOY应该读作“hyau”，很可能不是人名，而是王衔，是“翎侯”（Yabgu）一词的某种拼写形式。[2]从分布的地域来看，这类币分布较广，除巴克特里亚外，在塔克西拉（Taxila）、喀布尔（Kabul）河谷等地也有出土，与汉文史籍中大月氏五翎侯和早期贵霜帝国的记载也能对应。

图5-1-1
赫劳斯银币

从钱币的图像上看，赫劳斯币与希腊化钱币在形制上非常相似。例如，美国钱币学会收藏的一枚四德拉克马赫劳斯银币，正面是国王头像，长发，戴王带；背面是国王骑马像，旁有希腊胜利女神尼科相随，并有铭文TYPANNOVOTOΣ HΛOV ΣANAB KOPPANOY（君主，赫劳斯，贵霜翎侯）。（图5-1-1）

除赫劳斯币外，其他的大月氏仿制币也基本遵循希腊式钱币“正面王像，背面保护神”的定式。例如，美国钱币学会收藏的另一枚大月氏翎侯帕比斯（Pabes）发行的银币，其

---

1 支持这种观点的学者是坎宁汉（A. Cunningham）、加德纳（P. Gardner）、泽伊马尔（E. V. Zeymal）等人，他们认为这类钱币的发行者是一位名为Heraious（赫劳斯）或Miaou（米奥）的统治者。参见A. Cunningham, “Literary Intelligence,” *Journal of the Asiatic Society of Bengal*, Vol. 31(1862), p. 425; P. Gardner, “A Coin of Heraus, Saka King,” *The Numismatic Chronicle*, 1874, pp. 161-167; E. V. Zeymal, *Drevnie Moneti Tadzhikistana*, Dushambe, 1983, pp. 149-159. 哈尔马塔的观点比较折中，他在认同HIAΛOY一词是指“翎侯”的同时，认为ΣANAB一词才是人名，钱币应该是一位叫萨纳布的翎侯发行的。J. Harmatta, et al., eds., *The History of Civilizations of Central Asia. Vol. II: The Development of Sedentary and Nomadic Civilizations*, Paris: UNESCO Publishing, 1994, pp. 314-317.

2 克里布曾在1981年和1993年两次发文对赫劳斯币进行考证。详见Joe Cribb, “A New Coin of Vima Kadphises, King of the Kushans,” in Lionel Casson and Martin Price, eds., *Coins, Culture, and History in the Ancient World*, Detroit: Wayne State University Press, 1981, p. 31; Joe Cribb, “The ‘Heraus’ Coins: Their Attribution to the Kushan King Kujula Kadphises,” in Martin Price, Andrew Burnett and Roger Bland, eds., *Essays in Honor of Robert Carson and Kenneth Jenkins*, pp. 107-134.

图5-1-2
月氏翖侯帕比斯发行的
“赫拉克勒斯”银币

上也有王名“ΠΑΒΗΣ”和希腊神赫拉克勒斯的图案。(**图5-1-2**)

二、贵霜王丘就却发行的仿制币

1.“赫尔迈欧斯—丘就却”钱币

从贵霜国王丘就却统治时期开始，贵霜钱币的类型开始逐渐丰富起来。其中最有代表性的是“赫尔迈欧斯—丘就却”铜币。它的流通最为广泛，数量也最多。这类钱币是以原印度—希腊人国王赫尔迈欧斯（Hermaios）的希腊式钱币为模板，正面是希腊国王赫尔迈欧斯的头像，背面是各式各样的希腊神。钱币的重量以减重后的希腊阿提卡钱币为标准，四德拉克马的钱币大约重9.5克。钱币铭文也是希腊语和佉卢文双语，内容因窖藏地的不同而略有变化，部分钱币的正面是希腊语ΒΑΣΙΛΕΩΣ ΣΩΤΕΡΟΣΣΥ ΕΡΜΑΙΟΥ（国王，救世主，赫尔迈欧斯），背面是佉卢文Kuyula Kasasa Kushana Yavugasa Dramathidasa（丘就却，翖侯，信法者）。(**图5-1-3**)

后来，这种正反面铭文不一致的钱币很快被新钱币取代。在稍晚出现的同一类型钱币上，国王的头像、背面的保护神和佉卢文铭文均如前，但是正面的希腊语铭文改成了“贵霜翖侯”（ΚΟΖΟΥΛΟ ΚΑΔΦΙΖΥ ΚΟΡΣΝΟΥ）的字样。[1]

---

1 David Jongeward and Joe Cribb with Peter Donovan, *Kushan, Kushano Sasanian, and Kidarite Coins: A Catalogue of Coins from the American Numismatic Society*, New York: The American Numismatic Society, 2015, p. 32, no. 73, Plate 4.

丘就却钱币中的希腊保护神中，最常见的是赫拉克勒斯和宙斯。仅斯尔卡普（Sirkap）遗址出土的贵霜钱币中，就有2109枚属于“赫尔迈欧斯和赫拉克勒斯”类型，78枚属于“坐在王座上的国王和站立的宙斯”类型。[1]不过，丘就却钱币上的希腊神形象已经出现本地化的趋势。例如，在迦毕试（Kapisa）出土的一枚丘就却钱币上，宙斯的形象不明显，只能略微看出投掷闪电的姿势。（图5-1-4）

图5-1-3
丘就却发行的“赫尔迈欧斯—丘就却”铜币

至于丘就却仿制赫尔迈欧斯钱币的原因，学界目前有两种看法：第一种观点以塔恩（W. W. Tarn）为代表，认为丘就却和赫尔迈欧斯曾联盟并联合发行钱币。国内余太山先生也倾向这一观点。[2]另一种观点以纳拉因（A. K. Narain）和普里（B. N. Puri）为代表，认为这些钱币是丘就却在赫尔迈欧斯死后仿制的，并不能证明丘就却和赫尔迈欧斯有联盟关系。[3]

由于缺乏决定性的证据，笔者认为两个观点皆有合理之处。[4]毕竟，对不同风格钱币的仿制本来是丘就却时期贵霜钱币的主要特点之一。除了仿制赫尔迈欧斯的钱币之

图5-1-4
丘就却钱币，反面为宙斯神

1 John Marshall, *Taxila: An Illustrated Account of Archaeological Excavations*, Vol. 2, Gwalior: Bhartiya Publishing House, 1913, pp. 785-786.

2 W. W. Tarn, *The Greeks in Bactria and India*, Cambridge: Cambridge University Press, 1951, pp. 501-507. 余太山：《贵霜史研究》，北京：商务印书馆，2015年，第27—30页。

3 A. K. Narain, *The Indo-Greeks*, Oxford: Clarendon Press, 1957, pp. 159-160; B. N. Puri, *India under the Kushanas*, Bombay: Bharatiya Vidya Bhavan, 1965, p. 17.

4 塔恩将赫尔迈欧斯比定为《汉书·西域传》中所提及的容屈王子“阴末赴”。依据汉文史籍的记载，汉元帝时期（公元前48—前34年），他在汉关都尉文忠的支持下，杀死原来的罽宾王乌头劳，篡位为王；汉成帝时期（公元前33—前7年），他还遣使来汉意图修好。（W. W. Tarn, *The Greeks in Bactria and India*, pp. 339-342, 418.《汉书》卷九六《西域传》，二十四史点校本，北京：中华书局，1962年，第3885—3886页。）不过，按照波比拉赫奇的研究，赫尔迈欧斯在位年代大约在公元前90—前70年之间，与元帝（公元前48—前33年）、成帝（公元前32—前7年）的在位时期差距甚大。“联合说”只能备为一说。参见O. Bopearachchi, *Monnaies Gréco-Bactriennes et Indo-Grecques, Catalogue Raisonné*, Paris: Bibliothèque Nationale, 1991, p. 453.

外，丘就却还仿制了巴克特里亚希腊人国王欧克拉提德一世（Eucratides I，约公元前171—前145年）和赫利奥克勒斯一世（Heliocles I，约公元前145—前130年）、罗马皇帝奥古斯都（Augustus，公元前27—公元14年）、印度—斯基泰人国王阿泽斯一世（Azes I，约公元前48/47—前25年）的钱币。[1]

2. 仿印度—斯基泰人钱币

印度—斯基泰人发行的钱币属于仿希腊化钱币。丘就却对它的仿制就属于二次模仿。其中最为典型的就是常见的“印度瘤牛和巴克特里亚骆驼”类型。据罗森弗雷德（J. M. Rosenfield）等人的考证，这种有动物图像的钱币实际上早有传统。印度—希腊人国王赫利奥克勒斯二世（Heliocles II，约公元前90—前75年）、阿波罗多托斯（Apollodotus）[2]钱币上就曾出现大象和公牛，印度—斯基泰人国王毛伊斯（Maues，约公元前98/85—前60/57年）、阿泽斯一世、阿泽利塞斯（Azilises，约公元前57—35年）的钱币上都有这样的图案。[3]从钱币图像上看，这类钱币是圆型币，重量并未按照希腊阿提卡的标准，最重的钱币有12克，最轻的钱币也在4克左右。钱币上的铭文为佉卢文，而不是希腊文（Maharajasa Rajarajasa Kajala Kara Kapasa，“大王，王中王，丘就却”）。[4]

另一种数量较多的是“国王交脚式”（Cross Legger King type）钱币，主要仿制自毛伊斯和阿泽斯一世的部分钱币。这类钱币主要出土

1 David Jongeward and Joe Cribb with Peter Donovan, *Kushan, Kushano-Sasanian, and Kidarite Coins: A Catalogue of Coins from the American Numismatic Society*, pp. 22-26.

2 实际上，这种类型可能属于阿波罗多托斯一世（Apollodotus I，约公元前174—前165年）。Osmund Bopearachchi, *Monnaies Gréco-Bactriennes et Indo-Grecques, Catalogue Raisonné,* pl. 11-12; 63-64.

3 John M. Rosenfield, *The Dynastic Arts of The Kushans*, Berkeley: University of California Press, 1967, pp. 11-17.

4 David Jongeward and Joe Cribb with Peter Donovan, *Kushan, Kushano-Sasanian, and Kidarite Coins: A Catalogue of Coins from the American Numismatic Society*, p. 35.

于斯尔卡普遗址。钱币正面是国王的坐像，背面是宙斯，[1]重约2克，铭文只有佉卢文（Kujula Kadaphasa Khushanasa，“丘就却，贵霜王”）。[2]

3. 仿罗马钱币

除仿制希腊式钱币之外，丘就却还有可能仿制过罗马的钱币。塔克西拉曾出土过一类戴王冠男子头像的钱币。起初，马歇尔（J. Marshall）认为这则头像可能是罗马皇帝克劳狄乌斯（Claudius，公元41—54年），但大部分的学者目前认为它描绘的可能是奥古斯都。[3]该钱币的背面是国王的坐像，旁边还有专门的标记。铭文正面是希腊语ΧΟΡΑΝΣΥ ΖΑΟΟΥ ΚΟΖΟΛΑ ΚΑΔΑΦΕΣ（贵霜翎侯，丘就却），背面是佉卢文Kuyula Kaphsasa Sacadhramthitasa Khusahnasa（贵霜翎侯，丘就却，坚信正法）。[4]（图5-1-5）

图5-1-5
丘就却发行的“奥古斯都”头像铜币

有关这类钱币的考证，学界争论已久。据罗森弗雷德，这种类型的钱币并不能证明贵霜钱币源于罗马钱币，仅能体现出罗马钱币对贵霜钱币的影响。这枚钱币坐像的服饰和风格有浓郁的中亚特点，应该是丘就却本人的坐像，而并非罗马人。[5]

---

1 John Marshall, *Taxila: An Illustrated Account of Archaeological Excavations*, Vol. 2, pp. 786-789.

2 David Jongeward and Joe Cribb with Peter Donovan, *Kushan, Kushano-Sasanian, and Kidarite Coins: A Catalogue of Coins from the American Numismatic Society*, pp. 32-33

3 John Marshall, *Taxila: An Illustrated Account of Archaeological Excavations*, Vol. 2, pp. 792-793. 其他观点可参R. Gobl, “Numisamtic Evidence of Relating to the Date of Kanishka,” in A. L. Basham, ed., *Papers on the Date of Kaniska*, Leiden: Brill, 1968, pp. 103-113.

4 David Jongeward and Joe Cribb with Peter Donovan, *Kushan, Kushano-Sasanian, and Kidarite Coins: A Catalogue of Coins from the American Numismatic Society*, pp. 34-35.

5 John M. Rosenfield, *The Dynastic Arts of The Kushans*, pp. 11-17.

此外，从地理上看，塔克西拉是丝路印度段的枢纽，经由印度河河口而来的地中海地区的商品和经华氏城（Pataliputra）输入的南印度商品，都要先在塔克西拉中转，才会到达贝格拉姆和中亚各地。因此，这种钱币的出现就是印度河河口及南部印度地区的贸易发展的结果。《厄立特里亚航海记》中提到，罗马钱币在这两个地区曾作为商品被进口，这也能够合理地解释为什么之后的威玛·卡德菲塞斯、迦腻色伽一世和胡韦色伽一世等国王会继续仿造罗马帝国的钱币。

三、索特·美加斯/威玛·塔克图钱币

在贵霜钱币中有一个索特·美加斯（Soter Megas，“伟大的救主”）类型，由于其上的铭文只有赞语，没有国王的名字，所以也被称为“无名王”钱币。按照《后汉书·西域传》的记载，丘就却之子是阎膏珍。这个无名王是否就是阎膏珍，曾一度引发学界争议。随着拉巴塔克碑铭的出土，贵霜前期王系的问题得以解决，但新的问题随之产生。立碑者迦腻色伽一世在碑铭中明确提到他的祖父，也就是贵霜的第二个国王，叫威玛·塔克图，他的父亲是威玛·卡德菲塞斯。那么，这个无名王是其中的哪一个王？他和阎膏珍、威玛·塔克图、威玛·卡德菲塞斯有无关系？[1]最近，英国钱币学家克里布宣称已经

1 索特·美加斯问题的研究由来已久。英国考古学者坎宁汉早在1890年前后就发现部分索特·美加斯钱币上有vi的标记，认为这一符号的出现，表明钱币的主人可能是印度传说中的国王维克拉马蒂提亚（Vikramaditya），或者是已被发现的贵霜王威玛·卡德菲塞斯。见A. Cunningham, “Coins of the Sakas,” *The Numismatic Chronicle*, Vol. 3, 1890, pp. 103-172. 后来，拉普森（E. J. Rapson）和文森特·史密斯（V. G. Smith）对这一观点进行了修正，正式将这枚钱币认定为贵霜钱币。见E. J. Rapson, ed., *The Cambridge History of India. Vol. I: Ancient India*, Cambridge: Cambridge University Press, 1922, pp. 563-592; Vincent A. Smith, *The Early History of India, from 600 B.C. to the Muhammadan Conquest*, 2nd edition, Oxford: Clarendon Press, 1908, p. 268. 目前，学界对这一钱币的认定大致分成三种：（1）认为索特·美加斯等同于威玛·塔克图。见Joe Cribb, “The Early Kushan Kings: New Evidence for Chronology Evidence from the Rabatak Inscription of Kanishka I,” in M. Alram and D. E. Klimburg-Salter, eds., *Coins, Art, and Chronology – Essays on the Pre-Islamic*（转下页）

解决这一问题，即无名王钱币是贵霜钱币的一种类型，自第一位国王丘就却起就开始发行，并非固定属于某一位国王。[1]

但无论“Soter Megas”无名王钱币归属如何，它是比较典型的仿希腊式钱币无疑。其正反面图案基本保持一致，造型优雅，制作精美，富有动感。正面一般是国王侧面头像，系头带，面右，头顶上有数目不等的光芒，手持权杖或箭头，身着希腊式长衣，右肩打结，国王面貌类似希腊人。反面是国王骑马前行图像，铭文是单一的主格希腊语，也有三叉或四叉的贵霜族徽。[2]（图5-1-6）与丘就却发行双语币的做法不同，单一希腊语更接近于传统的希腊化钱币铭文，面向的应该是熟悉希腊

图5-1-6
“无名王”铜币

（接上页）*History of the Indo-Iranian Borderlands*, Vienna: Vöaw, 1999, pp. 177-205; D. W. MacDowall, “Soter Megas, the King of Kings, the Kushana,” *Journal of the Numismatic Society of India*, Vol. 30 (1968), pp. 41, 48. 余太山：《新发现的腊跋阏柯铭文和〈后汉书·西域传〉有关阎膏珍的记载》,《新疆文物》2003年第3、4期合刊，第43—47页。（2）认为索特·美加斯既不是威玛·塔克图，也并非威玛·卡德菲塞斯，而是一位未知的篡位者。他刻意隐藏了自己的身份，很有可能就是被委派镇守印度的那位将军。见G. Fussman, “L’inscription de Rabatak, la Bactriane et les Kouchans,” in P. Leriche, et al., eds., *La Bactriane au Carrefour des routes et des civilisations de l’asie centrale*, Paris: Maisonneuve and Larose, 2002, pp. 251-287；杨巨平：《“Soter Megas”考辨》,《历史研究》2009年第4期，第150—152页。（3）更为激进的观点认为，威玛·塔克图和索特·美加斯其实都不存在，这类钱币的发行者应该叫萨达沙卡那（Sadashkana），可能未能即位，只是担任过一段时间的共治者。见B. N. Mukherjee, “The Great Kushana Testament,” *Indian Museum Bulletin*, Vol. 30 (1995), p. 88.

1 Joe Cribb, “The Soter Megas Coins of the First and Second Kushan Kings, Kujula Kadphises and Wima Takto,” *Gandhara Study*, Vol. 8 (2014), pp. 79-140. 实际上，克里布的观点是在苏联学者观点基础上的发展。苏联学者斯塔维斯基（B. Y. Stavisky）在将索特·美加斯钱币和其他钱币比对后认为，大部分的索特·美加斯钱币实际上铸造于丘就却晚期，应该归属于丘就却。泽伊马尔则提出反对意见，认为不该将索特·美加斯钱币全部归于某一位国王。见B. Y. Stavisky, *La Bactriane sous les Kushans: Problèmes d’Histoire et de Culture*, revised edition of Stavisky 1977, translated by P. Bernard, M. Burda, F. Grenet and P. Leriche, Paris: Maisonneuve, 1986, pp. 138-140; E. V. Zeymal, *Drevnie Monety Tadzhikistana*, Dushanbe: Izd-vo Donish, 1983, pp. 160-177.

2 参见杨巨平：《“Soter Megas”考辨》,《历史研究》2009年第4期，第150—152页。

图5-1-7
“无名王”铜币，反面为宙斯

语的使用者。

这类钱币上的希腊神也有一定变化。赫拉克勒斯被宙斯和命运女神提刻（Tyche）所取代。不过，提刻女神已经被用来指代中亚当地女神阿多索（Ardoxsho）。宙斯外形和衣着已经不像希腊人。（图5-1-7）

第二节　本地化与希腊化的再次合流：威玛·卡德菲塞斯的钱币改革

按照拉巴塔克铭文，威玛·塔克图的继承者是威玛·卡德菲塞斯。在其统治期间，贵霜帝国的版图得到了极大的扩展，出于巩固统治和宣扬武功的需要，威玛·卡德菲塞斯对贵霜钱币进行了一次重大的改革，但希腊式钱币的基本特征依然有一定保留。

一、铜币重量的变化与金币的大规模出现

贵霜铜币的重量在威玛·卡德菲塞斯时期得到提升。从美国钱币学会提供的钱币样本来看，威玛·卡德菲塞斯的铜币虽然保持着正面王像、背面神像的传统，但重量已经发生了变化，四德拉克马的重量

从原来的9克左右上升为16克左右，与之配套的还有二德拉克马（约8克）和一德拉克马（约4克）。[1]不过，需要说明一点，德拉克马一般只是希腊银币的重量单位，贵霜人只是机械地借用这一名称，不会刻意去区分是银币还是铜币。

这一变化的出现有可能是受商贸的影响。当时正值东汉班超经营西域的年代（公元69—100年），丝绸之路贸易相对繁荣，但由于各国钱币不统一，钱币兑换的困难始终存在。以中国五铢钱为例，一枚五铢钱的重量大约在3.25—4克，这与9克左右的贵霜铜币难以形成稳定的兑换。因此，威玛·卡德菲塞斯主动将四德拉克马的重量提升至16克左右，贵霜发行的四德拉克马和五铢钱之间就形成较为合适的兑换关系。随着于阗地区出现了六铢的汉佉二体钱，同为铜币的贵霜钱币和中国的五铢钱之间有了合适的兑换中介，即5枚汉佉二体钱可换6枚五铢钱。[2]

除铜币重量的变化外，威玛·卡德菲塞斯还首次发行了贵霜金币。早期的贵霜金币叫“第纳拉”，一般认为其名称借自于罗马银币名称“第纳尔”，重量也借鉴罗马帝国前期第纳尔的重量，1第纳拉的重量约为8克，还有少量的1/2第纳拉（约4克）和1/4第纳拉（约2克）。从此，金币取代银币，成为贵霜帝国的主要币种之一。

从美国钱币学会提供的部分金币来看，威玛·卡德菲塞斯发行的金币正面主要是国王胸像或者坐像，背面图案主要是湿婆神和南迪（Nandi）神牛，或者是裸露的湿婆、湿婆三叉戟等。铭文主要是希腊语和佉卢文双语，头衔基本上沿袭丘就却、威玛·塔克图和索

---

1 David Jongeward and Joe Cribb with Peter Donovan, *Kushan, Kushano-Sasanian, and Kidarite Coins: A Catalogue of Coins from the American Numismatic Society*, pp. 54-56.

2 Joe Cribb, “The Sino-Kharosthi Coins of Khotan, Their Attribution and Relevance to Kushan Chronology: Part 1,” *The Numismatic Chronicle*, Vol. 144 (1984), pp. 128-152; “The Sino-Kharosthi Coins of Khotan, Their Attribution and Relevance to Kushan Chronology: Part 2,” *Numismatic Chronicle*, Vol. 145 (1985), pp. 136-149. 译文详参［英］克力勃：《和田汉佉二体钱》，姚朔民编译，《中国钱币》1987年第2期。

特·美加斯等人的称呼。以著名的“国王驾战车”的金币为例，该钱币正面是威玛·卡德菲塞斯端坐在一辆马拉战车上，背面是站立的湿婆神。正面的铭文依然是希腊语Βασιλευς Οοημο Καδφισης（国王，威玛·卡德菲塞斯），背面是佉卢文Maharajasa Rajatirajasa Logaisvaraja Mahaisvarasa Vima Kathpisasa（国王，王中王，世界之王，伟大的君主，威玛·卡德菲塞斯）。[1]

贵霜金币在威玛·卡德菲塞斯时期的大量出现，一方面有威玛·卡德菲塞斯的个人因素。作为印度的征服者，他与之前的希腊巴克特里亚国王一样，也在钱币上加上印度的元素来标榜自己的征服。除了前文提到的“国王驾战车”的金币之外，巴克特里亚地区还出土过一枚“湿婆与公牛”的金币，上面还有一套非常夸张的佉卢文头衔：Maharajasa Rajadirajasa Sarvaloga Isvarasa Mahisvarasa Vima Kathphishasa Tratara（大王，王中王，世界之王，伟大的王，威玛·卡德菲塞斯，救世主）。[2]可见，他用比白银更为珍贵的黄金来制币，也有借以显示自己的地位之意。

另一方面，贵霜帝国发行金币是贵霜帝国的扩张和丝路商贸发展的结果。虽然我们很难确定威玛·塔克图、索特·美加斯和威玛·卡德菲塞斯这三位国王中，谁才是《后汉书·西域传》中提到的贵霜王阎膏珍，但贵霜帝国在这一时期复灭天竺，重新控制西北印度地区是毋庸置疑的。伴随着此次扩张，贵霜人控制了恒河中上游德里和马图拉附近的金矿，从而为贵霜金币的铸造提供了重要的基础，也为罗马金币进入贵霜帝国提供了便利。

与钱币形制的变化相对应，威玛·卡德菲塞斯钱币上的国王形象

1 David Jongeward and Joe Cribb with Peter Donovan, *Kushan, Kushano-Sasanian, and Kidarite Coins: A Catalogue of Coins from the American Numismatic Society*, pp. 57-58.

2 David Jongeward and Joe Cribb with Peter Donovan, *Kushan, Kushano-Sasanian, and Kidarite Coins: A Catalogue of Coins from the American Numismatic Society*, p. 59.

也呈现出本地化和本民族化的特点。在之前的贵霜钱币上，国王的形象主要仿照的是原来印度—希腊人、印度—斯基泰人的国王形象，卷发，头戴王带，面部清秀俊朗，看上去具有一定的希腊人气质。到了威玛·卡德菲塞斯时期，国王的装束出现了明显的变化。以美国钱币学会收藏的威玛·卡德菲塞斯铜币为例，国王立像在其发行的钱币上占了绝大多数。从形象上看，这些国王与希腊国王有很大的差别，胡须浓密，更有波斯人或者中亚当地人的韵味。国王的装束除了常见的王带之外，还出现了厚重的圆顶王冠、长袍，两旁还有湿婆的三叉戟、琐罗亚斯德教圣火坛以及赶象棒等。（图5-2-1）可以说，这是贵霜特色的国王形象在贵霜钱币中的首次出现，也是日后贵霜钱币上最为常见的国王形象之一。

图5-2-1
威玛·卡德菲塞斯铜币

二、Oesho[1]神的大规模出现

威玛·卡德菲塞斯时期，希腊神祇影响逐渐式微，以印度宗教、佛教和琐罗亚斯德教为代表的本土信仰在贵霜帝国境内逐渐成为主流。尤其当贵霜人扩展到印度之时，这些宗教的信众在贵霜境内已经占据绝大多数，反映到威玛·卡德菲塞斯钱币上，最大的变化就是湿婆神形象的广泛出现。

以美国钱币学会和上海博物馆均有收藏的威玛·卡德菲塞斯“国王头像”型金币为例。该金币正面遵循了丘就却以来的贵霜钱币传统，为希腊语的铭文配合国王头像，但是背面的图案从宙斯、赫拉克勒斯变成了执三叉戟的湿婆，而在湿婆像的左边还有圣牛足印的图案和贵霜王室的徽记。在巴

1 有多种中文音译名，如崴狩、韦肖、奥斯胡等，为方便理解，本章正文使用外文名。

克特里亚出土的两枚四分之一斯塔特金币上，虽然没有湿婆图案，但是湿婆神三叉戟赫然可见。[1]在威玛·卡德菲塞斯发行的铜币上，背面的图案也大多数都是湿婆和神牛的图案。不过，需要注意的是，湿婆神的名字是Oesho，与印度语的发音Śiva并不能很好对应，很可能是当地对湿婆神的另一种称呼。[2]

威玛·卡德菲塞斯对湿婆信仰的大力推崇本身也是对希腊化君主统治方式的一种继承。因为自亚历山大东征以来，在钱币上引入印度元素已成为希腊化国王重要的宣传手段。威玛·卡德菲塞斯故技重施，引入湿婆的形象，显然有宣扬自己是印度征服者的意味。此外，按照波比拉赫奇的考证，威玛·卡德菲塞斯钱币上的裸体湿婆形象来源于丘就却钱币上的赫拉克勒斯形象，是对后者的一种模仿。[3]从形象上看，两者都是裸身站立，姿势和朝向确有一定相似之处。这两位神祇虽出自不同宗教，但他们在各自的神话传说中创造了丰功伟绩，因此，威玛·卡德菲塞斯可能是刻意用功能相似的湿婆神取代赫拉克勒斯，而这也是从希腊化向本地化过渡的一种表现。

当然，威玛·卡德菲塞斯的这种替代并未彻底消除希腊化的影响，一些希腊神话的要素也不时出现在他发行的钱币之上。以美国钱币学会收藏的部分威玛·卡德菲塞斯金币为例，国王手持的权杖大多呈粗树枝状，有时甚至被国王扛在肩上，这与赫拉克勒斯的狼牙棒颇有几分相似，很可能是希腊宗教元素的体现。（图5-2-2）

1 David Jongeward and Joe Cribb with Peter Donovan, *Kushan, Kushano-Sasanian, and Kidarite Coins: A Catalogue of Coins from the American Numismatic Society*, pp. 60-61.

2 David Jongeward and Joe Cribb with Peter Donovan, *Kushan, Kushano-Sasanian, and Kidarite Coins: A Catalogue of Coins from the American Numismatic Society*, pp. 61-64. 有关这一称呼的由来可见John M. Rosenfield, *The Dynastic Arts of the Kushans*, pp. 92-93.

3 O. Bopearachchi, "Some Observations on the Chronology of the Early Kushans," in Vidula Jayaswal, ed., *Glory of the Kushans: Recent Discoveries and Interpretations*, published by Aryan Books International, 2012, pp. 123-136.

第三节　迦腻色伽一世及其后的贵霜国王钱币上的希腊化元素

图5-2-7
威玛·卡德菲塞斯发行的金币

按照拉巴塔克铭文，威玛·卡德菲塞斯的继承者是迦腻色伽一世。他在位的时期也被认为是贵霜帝国最为鼎盛的时期，疆域的扩大，丝路多元文化的融合，让贵霜钱币的希腊性逐渐减弱，希腊化的元素更多是和其他文化的元素杂糅在一起。

一、钱币形制

到迦腻色伽一世时期，贵霜的钱币最终定型，主要为金币和铜币，两者之间是否存在兑换，学界存在争议。金币种类缩减成1第纳拉（8克左右）和1/4第纳拉（2克左右）两种，依然保留着与希腊化钱币相似的兑换比。铜币则增加为四种，分别对应1四德拉克马（16克左右）、2德拉克马（8克左右）、1德拉克马（4克左右）和1/2德拉克马（2克左右），显示出丝路贸易与多元文化的影响。因为印度南部的百乘王朝曾经发行过2克左右的钱币，而在憍赏弥一地出土的南部印度钱币也大多为2克左右。[1]贵霜帝国发行2克左右的金币和铜币，显然存在与印度中南部发展贸易的考虑。

迦腻色伽一世时期贵霜钱币的另一大变化，是巴克特

1　O. Bopearachchi and Wilfried Pieper, *Ruhuna, an Ancient Civilisation Revisited: Numismatic and Archaeological Evidence on Inland and Maritime Trade*, Colombo: R. M. Wickremesinhe, 1999, pp. 135-138, 149-158.

里亚语的广泛使用。按照哈尔马塔的解释，巴克特里亚语也是以希腊字母为基础，通过改变部分字母的发音来拼读巴克特里亚当地的语言。例如，用ει和ου来表示长音i和长音u；σ字母的发音除了s，还有k；ζ字母的发音在z之外还有s。巴克特里亚语最大的特点就是sh音的出现，它用字母Þ来表示。因为巴克特里亚语里的辅音群ks被同化成了ss或者s，因此希腊字母ξ不能简单地读成ks，而希腊语中的χ和新引进的sh音（Þ）也被引入来指代s辅音群。[1]

实际上，巴克特里亚语的使用并不是迦腻色伽一世的刻意改变，而是语言发展的一种自然演变。从当时的历史情况来看，迦腻色伽一世距离最后一个印度—希腊人国王赫尔迈欧斯统治时期已经过去了近百年，当地熟练掌握希腊语的人已经越来越少，再加上中亚和印度西北部地区方言的影响，贵霜时代的希腊语即使存在，也肯定发生了一定的变化，巴克特里亚语逐渐替代希腊语很可能就是这种变化的结果。因为在迦腻色伽一世较早发行的钱币上，我们依然能够看到希腊语的使用。例如，在巴克特里亚的巴尔赫遗址出土过一枚迦腻色伽一世的金币，其上的铭文为ΒΑΣΙΛΕΥΣ ΒΑΣΙΛΕΩΝ ΚΑΝΗÞΚΟΥ（王中王，迦腻色伽），只有Þ音的变化，大致拼法依旧遵循希腊语，这与稍晚出土的另一枚钱币上纯巴克特里亚语的铭文ÞΑΟΝΑΝΟÞΑΟ ÞΑΝΗÞΚΙ ΚΟÞΑΝΟ（王中王，迦腻色伽，贵霜）不同。[2]

到了胡韦色伽一世时期，贵霜铜币的质量和重量都出现一定程度的下降，类型也缩减成两类，第一种类型重15—16克，约等于一个四德拉克马的重量；第二种类型重8克，约等于二分之一个四德拉克马

1 J. Harmatta, et al., eds., *The History of Civilizations of Central Asia. Vol. II: The Development of Sedentary and Nomadic Civilizations*, pp. 318-321.

2 David Jongeward and Joe Cribb with Peter Donovan, *Kushan, Kushano-Sasanian, and Kidarite Coins: A Catalogue of Coins from the American Numismatic Society*, p. 71.

的重量。[1]按照美国钱币学会的研究，胡韦色伽一世时期的铜币重量波动较大，从早期每四德拉克马近16克的重量，下滑到了13克左右。其中，北部出土的铜币下滑比较明显，部分钱币甚至低至每四德拉克马6克，大部分则在10克到12克之间。犍陀罗地区的钱币虽维持过一段时间的每四德拉克马16克，但很快也下降到每单位12克左右。同一时期的马图拉钱币更是降低到每单位10克左右。[2]不过，贵霜金币依旧维持着希腊钱币的兑换比，分成一第纳拉和四分之一第纳拉两种，重量分别为8克左右和2克左右。

胡韦色伽一世铜币的重量变化很可能与当时历史发展的趋势有关。自迦腻色伽一世去世后，贵霜国势转衰，只能勉强维持金币的发行，铜币的发行则交给各地造币场自行负责，这就导致钱币重量的不统一。同时，胡韦色伽时代距离希腊人统治中亚和西北印度的时代已经非常遥远，对于贵霜人而言，与其恪守传统的希腊式钱币图像，还不如因地制宜，打造具有自身特色的钱币。可以说，胡韦色伽一世铜币重量的下降标志着传统希腊式钱币的重量和比例逐渐被打破。

到了瓦苏提婆一世（Vasudeva I，约公元190—230年）时期，贵霜铜币的重量进一步下降。根据美国钱币学会的研究，这一时期的铜币已经分成了两种毫不相干的类型，也不再按希腊的标准，一种类型的重量为每单位9—10克，另一种为4—6克，二者之间不存在任何兑换关系。[3]从流通的地域上看，前者分布较广，后者主要集中于贵霜帝国的西北部，尤其克什米尔一带。但是，瓦苏提婆一世发行的金币

1 David Jongeward and Joe Cribb with Peter Donovan, *Kushan, Kushano-Sasanian, and Kidarite Coins: A Catalogue of Coins from the American Numismatic Society*, p. 91.

2 David Jongeward and Joe Cribb with Peter Donovan, *Kushan, Kushano-Sasanian, and Kidarite Coins: A Catalogue of Coins from the American Numismatic Society*, p. 91.

3 David Jongeward and Joe Cribb with Peter Donovan, *Kushan, Kushano-Sasanian, and Kidarite Coins: A Catalogue of Coins from the American Numismatic Society*, p. 136.

还坚持着自迦腻色伽一世以来的希腊钱币交换比，依然是8克左右和2克左右两种类型。

自瓦苏提婆一世之后，贵霜帝国进入了衰落和分裂期，前后持续了近120年。从目前美国钱币学会收藏的晚期贵霜钱币上看，除最后一任贵霜王吉普那达（Kipunadha，约公元335—350年）的金币下降到了每第纳尔7克以外，其他诸王的金币基本维持了每第纳拉8克的重量。铜币的重量则继续下降，迦腻色伽二世（Kanishka II，约公元230—247年）时期的铜币每枚约重8.5克，瓦施色伽（Vasishka，约公元247—267年）时期每枚约重5.5—6.6克，瓦苏提婆二世（Vasudeva II，约公元267—300年）时期每枚约重3.5—4.5克，到了吉普那达时期甚至降至1克左右。[1]

用巴克特里亚语书写王名和王衔的方式也在晚期贵霜时代被放弃。目前，只有迦腻色伽二世、瓦施色伽、瓦苏提婆二世和迦腻色伽三世的钱币上还有保留有希腊字母拼写的巴克特里亚语。这些国王的头衔也仅有“王中王”。例如，美国钱币学会收藏的大部分瓦苏提婆二世的钱币上，王名和王衔都是用巴克特里亚语拼写的ÞAONANOÞAO BAZOΔHO KOÞANO（王中王，瓦苏提婆，贵霜）。[2]

从迦腻色伽二世开始，犍陀罗地区的贵霜钱币上开始出现婆罗米字母的标志，[3]并逐渐普遍化，最终取代了巴克特里亚语，在最后三位贵霜国王的钱币上只剩下了婆罗米字母，巴克特里亚语已经消失，随之消失的还有希腊字母。

---

1 David Jongeward and Joe Cribb with Peter Donovan, *Kushan, Kushano-Sasanian, and Kidarite Coins: A Catalogue of Coins from the American Numismatic Society*, p. 151.

2 David Jongeward and Joe Cribb with Peter Donovan, *Kushan, Kushano-Sasanian, and Kidarite Coins: A Catalogue of Coins from the American Numismatic Society*, pp. 171-172.

3 David Jongeward and Joe Cribb with Peter Donovan, *Kushan, Kushano-Sasanian, and Kidarite Coins: A Catalogue of Coins from the American Numismatic Society*, p. 153.

二、国王形象

从迦腻色伽一世时期开始，贵霜钱币上的国王已经基本抛弃希腊国王的形象。以最常见的“国王在祭坛边”的金币为例，钱币上的国王身披中亚式的长袍，头戴尖顶王冠和王带，左手执三叉戟，姿态和握法似在模仿湿婆神，而右手则是向琐罗亚斯德教圣火坛献祭。（图5-3-1）这与之前威玛·卡德菲塞斯向圣火坛祭祀的形象非常相似。

图5-3-1
迦腻色伽一世“国王在祭坛边”金币

到了胡韦色伽一世（Huvshka I，约公元150—190年）时期，国王形象进一步变化。按照美国钱币学会的划分，胡韦色伽的金币按发行时间可以分为前后两期，按造币地可以分为巴克特里亚、犍陀罗（可能是白沙瓦）、克什米尔和马图拉四大类，相互之间各有区别。[1]犍陀罗地区打造的金币上有国王骑大象的图案，其余地区打造的基本是国王的半身像，面左，执权杖，仅有一枚是执权杖、面右。克什米尔地区的金币上还有国王的坐像。[2]此外，早期的胡韦色伽一世金币上，国王身穿一件长袍，褶皱很多，类似罗马的托加袍，头上戴着圆顶的王冠并系王带，王冠的前部有V型标志。[3]后期发行的金币上，国王身穿的是中亚游牧民族的开胸长衫，头戴尖顶的王冠；犍陀罗地区的金币虽

---

1 David Jongeward and Joe Cribb with Peter Donovan, *Kushan, Kushano-Sasanian, and Kidarite Coins: A Catalogue of Coins from the American Numismatic Society*, pp. 93-133.

2 David Jongeward and Joe Cribb with Peter Donovan, *Kushan, Kushano-Sasanian, and Kidarite Coins: A Catalogue of Coins from the American Numismatic Society*, pp. 251-258.

3 David Jongeward and Joe Cribb with Peter Donovan, *Kushan, Kushano-Sasanian, and Kidarite Coins: A Catalogue of Coins from the American Numismatic Society*, pp. 251-253, 255-256.

然保留了原来的服饰，但王冠变成了尖顶偏扁的造型。[1]

瓦苏提婆一世钱币的国王形象虽然一度恢复了迦腻色伽一世钱币的风格，以国王立像为主，但王像的制作工艺水平退步比较明显，国王的衣着也发生了一定的变化。以美国钱币学会和上海博物馆均有收藏的一种瓦苏提婆一世金币为例，钱币上的国王形象与迦腻色伽一世钱币上的部分国王形象类似，左手持三叉戟，姿势和握法类似湿婆神，右手向圣火坛献祭，圣火坛的一旁还另有一根湿婆神的三叉戟，王像的右边是南迪神牛的徽记，显示出印度宗教和琐罗亚斯德教的地位。但从衣着上看，国王头戴一顶尖顶的鱼鳞头盔，头盔有后护颈，国王仅露出前半脸，面左，身穿鳞片状的铠甲，这与之前国王的装束迥然不同。[2]

这种国王戎装像的出现，应与当时的社会状况密切相关。瓦苏提婆一世是最后一位统治巴克特里亚地区的贵霜王。新崛起的萨珊波斯的扩张使贵霜帝国感到巨大的压力。《三国志·魏书·明帝纪》记载的大月氏王波调（瓦苏提婆一世）向魏明帝朝贡一事，[3]很可能就有希望其予以支援之意。不难猜测，瓦苏提婆一世空前重视起国防和军事，反映在钱币上自然就是国王戎装像的出现。

三、神祇形象

与希腊钱币体制被打破不同，希腊神祇形象在迦腻色伽一世和胡韦色伽一世时期，以神祇更名和形象杂糅的方式继续存在。

例如，以手捧丰饶角为标志的希腊命运女神提刻。这位女神的形

---

1 David Jongeward and Joe Cribb with Peter Donovan, *Kushan, Kushano-Sasanian, and Kidarite Coins. A Catalogue of Coins from the American Numismatic Society*, pp. 253-255, 257.

2 David Jongeward and Joe Cribb with Peter Donovan, *Kushan, Kushano-Sasanian, and Kidarite Coins: A Catalogue of Coins from the American Numismatic Society*, p. 138. 杜维善：《贵霜帝国之钱币》，上海：上海古籍出版社，2012年，第140页。

3《三国志》卷三《魏书·明帝纪》，二十四史点校本，北京：中华书局，1982年，第97页。

图5-3-2
带“阿多索”女神像的迦腻色伽一世金币

象从迦腻色伽一世统治时期开始在贵霜帝国的钱币上大规模出现。她的形象与娜娜女神相似，混合了希腊罗马神话中的命运女神提刻、福尔图娜（Fortuna）、印度的吉祥天女拉克希米（Lakshmi）等因素，手持丰饶角是其基本的造型。[1]（图5-3-2）

根据哈尔马塔（J. Harmatta）的解释，阿多索原来是一个东伊朗地区的地方神，司掌水和降雨。由于功能相近，她常常被比定为《阿维斯陀经》中提到的水神阿德维，因其流行于阿姆河地区，才有了“oxsho”的后缀。在琐罗亚斯德教的经典中，水神阿德维也有王权授予者之意。由于水资源在中亚地区非常重要，决定着一个国家财富的多少、力量的强弱，所以当阿多索女神被引入贵霜宗教之后，手上也开始出现代表丰收和财富的希腊丰饶角，并行使着王权与财富的授予者的职能。[2]

到晚期贵霜的迦腻色伽二世统治时期，这个女神的形象又发生新的变化，更加类似印度女神吉祥天女拉克希米，站像变成了坐像，但希腊式的丰饶角一直保留。（图5-3-3）

另两位被更名的希腊神是太阳神赫利奥斯和月亮神塞勒涅。这两

---

1 David Jongeward and Joe Cribb with Peter Donovan, *Kushan, Kushano-Sasanian, and Kidarite Coins: A Catalogue of Coins from the American Numismatic Society*, pp. 278-279.

2 J. Harmatta, et al., eds., *The History of Civilizations of Central Asia. Vol. II: The Development of Sedentary and Nomadic Civilizations*, pp. 321-323.

个神祇大规模出现于迦腻色伽一世统治的早期。[1]以美国钱币学会收藏的迦腻色伽一世的金币为例，赫利奥斯神身穿一件希腊式外衣，面部无胡须，造型与传统的希腊赫利奥斯神像比较相似，神像下方是用希腊语拼写的“赫利奥斯”（ΗΛΙΟΣ）。（图5-3-4）

从另一枚较晚发行的四分之一第纳尔金币来看，其上的太阳神形象与之前金币上的赫利奥斯神相比，只是手臂和站姿略有不同，但名字已换成了用巴克特里亚语拼写的琐罗亚斯德教太阳神米罗“MIIPO”。（图5-3-5）

除上述保留形象只改名字的神祇之外，更多的希腊神祇实际上是被杂糅进了新的神祇形象之中。娜娜女神和Oesho神就是最好的例子。

在迦腻色伽一世时期，贵霜人有了自己的王权保护神——娜娜女神。在迦腻色伽一世到晚期贵霜诸王的钱币上，我们都可以发现这位女神的形象。著名的拉巴塔克铭文更是提到了迦腻色伽一世得到了娜娜女神等神祇的庇护，成为伟大的救世主。从形象上看，迦腻色伽一世铜币上的娜娜女神基本保持了希腊诸神的外貌特点，身穿希腊服饰，持丰饶角，头戴希腊式王带。（图5-3-6）从职能上看，它融合了希腊月神阿尔特弥斯、印度杜尔佳女神、伊朗阿娜希塔等女神的职能，主管植物生长、动物生育，为生命带来丰饶之水等。由于这些功能与国家命运息息相关，所以娜娜女神同时被称为王权授予者，在迦腻色伽一世及其之后的贵霜国王的钱币上常常会出现“娜娜王”（Nanashao）这一称呼。

另一个杂糅出现的神祇是Oesho。他的形象杂糅了湿婆神、赫拉克勒斯神等诸多神祇的形象。在美国钱币学会收藏的一枚迦腻色伽一世钱币上，Oesho神混合了希腊的赫拉克勒斯、宙斯甚至两河流域神的元素。他以湿婆神为原型，头像四周有光晕，一般呈四臂（也有两

1 David Jongeward and Joe Cribb with Peter Donovan, *Kushan, Kushano-Sasanian, and Kidarite Coins: A Catalogue of Coins from the American Numismatic Society*, p. 74.

图5-3-3
带“阿多索”女神像的迦腻色伽二世金币

图5-3-4
迦腻色伽一世的“赫利奥斯”金币

图5-3-5
迦腻色伽一世的“米罗”金币

图5-3-6
迦腻色伽一世铜币上的娜娜女神

臂），一手握闪电，一手握三叉戟，一手提着一只动物，一手伸向前方。（图5-3-7）这一形象与赫拉克勒斯差异很大，但在同类型钱币中，也有用巴克特里亚语拼写的赫拉克勒斯的名字。[1]

不过，需要说明的是，赫拉克勒斯形象并没有彻底消失。在美国钱币学会收藏的一枚胡韦色伽一世的“国王骑大象”铜币上，我们又看到了希腊式的赫拉克勒斯的形象，甚至有的钱币上还直接标注了赫拉克勒斯的名字。（图5-3-8、9）这在某种程度上体现出希腊化元素旺盛的生命力。

最后，还有个别希腊神祇一开始没有出现在贵霜钱币中，他们是在迦腻色伽一世时期和胡韦色伽一世时期才被新引进。火神赫淮斯托斯（Hephaestus）和萨拉皮斯（Sarapis）就是其中的代表，它们主要出现在胡韦色伽一世统治时期。其中，有萨拉皮斯神形象的钱币只有一枚，据美国钱币学会提供的图录，其上的萨拉皮斯神为坐像，头顶其标志性的凸起物，铭文是希腊语拼写的“萨拉皮斯”（ΣΑΡΑΠΟ）。[2]火神赫淮斯托斯的形象主要与伊朗的火神（Athsho）相结合，从相关的钱币来看，依然有希腊神祇的影子，身穿长袍，手持锤子。不过，受贵霜人的影响，他已经出现了火焰肩。（图5-3-10）

结　语

贵霜帝国时期是中亚历史上一个非常重要的转型时期。在游牧民族的迁徙浪潮中，中亚和印度西北部以希腊化文化为主导，印度文

---

1 David Jongeward and Joe Cribb with Peter Donovan, *Kushan, Kushano-Sasanian, and Kidarite Coins: A Catalogue of Coins from the American Numismatic Society*, p. 67.

2 David Jongeward and Joe Cribb with Peter Donovan, *Kushan, Kushano-Sasanian, and Kidarite Coins: A Catalogue of Coins from the American Numismatic Society*, p. 289.

图5-3-7
迦腻色伽一世发行的
Oesho金币

图5-3-8
胡韦色伽一世的“国王
骑大象”铜币

图5-3-9
胡韦色伽一世的“国王
骑大象”金币

图5-3-10
胡韦色伽一世发行的
Athsho金币

化、波斯文化等多元文化并存发展的文化格局受到了一定程度的冲击。社会的动荡带来了文化上的整合，游牧民族带来的游牧文化与这些地区原有的希腊化文化、印度文化、波斯文化和地方传统相互碰撞、融合，推动着新文化格局的诞生。反映在钱币上，自然是希腊化元素的逐步消失和地方化的不断加强。

早期大月氏翎侯钱币的数量较少，主要是以赫劳斯币为主，带有典型的希腊式钱币风格。贵霜帝国建立后，丘就却开始发行本国的钱币，但由于帝国草创，钱币尚未定型，基本上也是以仿制或者二次打压原有的希腊式钱币为主，甚至还冒用原希腊—巴克特里亚国王的名义发行，希腊化特征比较明显。

在第三任国王威玛·卡德菲塞斯时期，伴随着向印度扩张的胜利，以湿婆神为代表的印度神祇形象开始广泛出现在贵霜帝国的钱币上。同时，受海上丝绸之路开通所传入的罗马金币的影响，贵霜金币也在威玛·卡德菲塞斯时期出现，并成为贵霜帝国时期的主要币种之一。

迦腻色伽一世及之后的贵霜国王不再使用德拉克马或者第纳尔作为其钱币的面值，琐罗亚斯德教和印度教的神祇逐渐成为贵霜钱币上神祇形象的主流，希腊神祇的形象或被取代，或直接消失。然而，希腊式钱币正面王像，背后神像的传统，以及希腊式钱币中1∶4的兑换比例，始终在贵霜钱币中存在，并影响了后来的萨珊波斯和寄多罗王朝的部分钱币。

（庞霄骁）

第六章 帕提亚钱币中的希腊化特征

帕提亚本是塞琉古王国东部的一个行省，位于里海东南方向。公元前3世纪中期，塞琉古王国在与托勒密王国争夺叙利亚的战争中失利，加之王室内部争夺继承人的斗争，导致王国内外交困，东部行省总督们纷纷伺机独立。约公元前245年，帕提亚行省总督安德拉戈拉斯（Andragoras，？—前238年）也宣布独立，但他的统治很快被一位名为阿尔萨息（Arsaces I，约公元前247—前211年）的斯基泰游牧部落首领取而代之。安德拉戈拉斯发行的钱币也被新的帕提亚钱币取代。

帕提亚王国的造币传统始于阿尔萨息一世，无论是造币观念还是具体设计，新王国的钱币都以希腊化钱币，尤其是塞琉古钱币为模仿对象。帕提亚人不仅继承了塞琉古王国的造币传统，也继承了他们通过钱币传达王朝政治理念的宣传方式。因此，帕提亚钱币整体上可被视为塞琉古王国或者说是希腊化世界的遗产之一。具体设计方面，帕提亚钱币的制作依赖于从塞琉古王国继承的造币工艺和基础设施，钱币上的诸多币图、铭文也源自希腊化钱币提供的灵感。

由于本章主要是从图像和铭文两个方面进行专题论述，这里先概述一下帕提亚钱币的总体发展进程及主要特征。

帕提亚人建国后不久便接管了原属于塞琉古王国的造币场，继续雇佣原来的工匠，因此建国初期发行的钱币就已相当精致。公元前2世纪后半期，当他们占领了塞琉古在两河流域的中心城市塞琉西亚（Seleucia on the Tigris）的造币场之后，发行的钱币与典型的希腊化钱币几无区别。但是在公元前1世纪前后，帕提亚钱币的伊朗化程度加深，国王戴上了波斯式的王冠，希腊语铭文依然保留，但逐渐退化，仅仅成为一种形式。

帕提亚钱币材质以银和铜为主。钱币重量以阿提卡币制为基础，略有变化。最常见的是一德拉克马银币，重约4克，主要在伊朗高原流通。总体来看，这类银币品质比较稳定，没有出现明显的成色下降、重量不足等问题。四德拉克马银币则在帕提亚人征服美索不达米亚之后才开始出现，由塞琉西亚造币场发行，主要在美索不达米亚流通。王朝后期发行的四德拉克马银币含银量降低，常常会掺入铜，重量也经常不足16克。[1]另外，还有一些小面额银币，如一奥波尔（obol）、二奥波尔（diobol）、三奥波尔（triobols）等，六个奥波尔可以兑换一个德拉克马。帕提亚王朝也发行了大量铜币。铜币的主要单位是查柯（chalkos），一查柯重约2克。这种重量标准最初由塞琉古的亚历山大·巴拉斯（Alexander Balas，约公元前150—前145年）在埃克巴坦那发行，大概公元前148—前147年间，米特拉达特一世（Mithradates I，约公元前171—前138年）占领埃克巴坦那（Ecbatana）后，也开始采纳这一重量标准。[2]

帕提亚银币的正反图案有继承，也有自己的创造。与希腊化钱币不同的是，它并没有遵循“国王头像/希腊保护神”的惯例，而是对其做了一定的改造，正面还是国王头像，反面则是一位弓箭手（身份

1 奥罗德斯二世（Orodes II，约公元前57—前38年）时期，帕提亚银币成色普遍下降，一德拉克马银币的含银量不足70%，四德拉克马银币下降得更多，含银量甚至不足50%。William E. Metcalf, ed., *The Oxford Handbook of Greek and Roman Coinage*, Oxford: Oxford University Press, 2012, p. 276.

2 William E. Metcalf, ed., *The Oxford Handbook of Greek and Roman Coinage*, p. 276.

考证详见下文）。帕提亚国王也系王带，不过他们系王带的同时往往还会戴有游牧特色的风帽（bashlik，或称软帽）或者波斯式高冠。

绝大多数帕提亚钱币上都有希腊语铭文，都是国王的称号和对其特定成就的褒奖。其中既有对原来希腊化钱币的继承，也有自己的独创。这些铭文以方形排列，三面或四面直列在图像周围。有些帕提亚钱币上还有用希腊字母表示的塞琉古纪年。与希腊化钱币相比，帕提亚钱币铭文的最大特征是没有发行者国王的具体名字，只有祖先之名“阿尔萨息”。

第一节　帕提亚钱币的希腊化图像

与希腊化钱币相似，帕提亚银币的正面均为国王头像，不过，国王的装扮风格却经历了几次明显变化。银币背面的弓箭手形象与塞琉古钱币背面的阿波罗有诸多相似之处，但他究竟是地方化了的阿波罗神、阿尔萨息一世，还是帕提亚人建国神话中的祖先，学界存在多种争议。除弓箭手之外，宙斯、得墨特尔、赫拉克勒斯、尼科、提刻等希腊神祇也时常出现在帕提亚的币图之中。这些都是帕提亚钱币受希腊化国王钱币影响的痕迹。

一、帕提亚钱币上的希腊化国王形象

起初，在帕提亚钱币正面，国王以头戴风帽、头发束于脑后、戴耳环、面右的形象出现。钱币背面的弓箭手是全身坐像，面左，手持弓，坐在无靠背凳子上，装扮风格与正面的国王头像类似，也是头戴风帽，以裤装搭配长袍。（图6-1-1）这种装束似乎与游牧民族的骑乘习

惯相适应。但是在阿黑门尼波斯时期小亚总督，如提萨弗尔尼斯（Tissaphernes，约公元前420—前395年）和斯皮提里达特斯（Spithridates，约公元前440—前330年）的银币上，也头戴相似的风帽。所以有学者提出，早期帕提亚国王的装扮属于波斯总督装扮风格，而非斯基泰游牧风格。[1]

这种国王形象一直沿用至米特拉达特一世即位。米特拉达特一世在位前期发行的钱币依旧沿用这种装扮风格，随后变为仿希腊化国王的形象——头系王带，身着希腊式长袍。（图6-1-2）不过与经典的希腊化君主形象仍有不同，一是米特拉达特一世的钱币上国王都有长胡须，而希腊化国王发行的钱币上，国王无论年轻还是年长，面部都没有胡须；二是米特拉达特一世的钱币上国王戴着耳环。

我们很难确定米特拉达特一世究竟何时开始对钱币上的国王形象进行了改革，只能结合古典作家的记载以及钱币铭文的变化等线索，初步追溯变化的时间。

据查士丁，巴克特里亚国王欧克拉提德（Eucratides I，约公元前170—前145年）和帕提亚国王米特拉达特一世都是“伟大人物”，他们二人大约同时即位，并且有过直接冲突，最终米特拉达特取得了胜利，而欧克拉提德遭遇了一系列的失败后，在印度成就了自己的功业。另外查士丁还提到，米特拉达特有段时间是东西两线作战，东边对巴克特里亚，西边对米底，东西两线都取得成功后，他派人占领了整个米底，这个时间与欧克拉提德被儿子谋杀的时间基本同时。[2]根据在阿伊·哈努姆的考古资料，欧克拉提德被杀的时间可能是公

图6-1-1
帕提亚开国君主阿尔萨息一世钱币

图6-1-2
米特拉达特一世银币

1 V. S. Curtis, “The Iranian Revival in the Parthian Period,” in V. S. Curtis and Sarah Stewart, eds., *The Idea of Iran*, Vol. 2, London: Middle East Institute, 2007, pp. 7-25.

2 Justin, *Epitome of the Philippic History of Pompeius Trogus*, 41.6.

元前145年，那么也就是在此前后，帕提亚人占领了米底。之后帕提亚人继续挥师西进，最终占领了塞琉西亚。

米特拉达特一世钱币的变化与其征服过程紧密关联。塞尔伍德（D. Sellwood）的帕提亚钱币图录里收录了七个类型的米特拉达特一世钱币，其中银币上的国王称号、肖像风格以及造币场（**图6-1-3**）可归纳如下：

米特拉达特一世银币类型[1]

	币文	王像	造币场
1	ΑΡΣΑΚΟΥ	传统式（面左）	赫卡通皮洛斯
2	ΑΡΣΑΚΟΥ	传统式（面左）	赫卡通皮洛斯
3	ΒΑΣΙΛΕΩΣ ΑΡΣΑΚΟΥ	传统式（面左）	赫卡通皮洛斯、尼萨
4	ΒΑΣΙΛΩΣ ΜΕΓΑΛΟΥ ΑΡΣΑΚΟΥ	传统式（面左）	赫卡通皮洛斯、尼萨、埃克巴坦那
5	ΒΑΣΙΛΩΣ ΜΕΓΑΛΟΥ ΑΡΣΑΚΟΥ	希腊化式（面左）	赫卡通皮洛斯、尼萨等
6	ΒΑΣΙΛΩΣ ΜΕΓΑΛΟΥ ΑΡΣΑΚΟΥ	希腊化式（面右）	埃克巴坦那、拉盖
7	ΒΑΣΙΛΩΣ ΜΕΓΑΛΟΥ ΑΡΣΑΚΟΥ ΦΙΛΕΛΛΗΝΟΣ	希腊化式（面右）	塞琉西亚

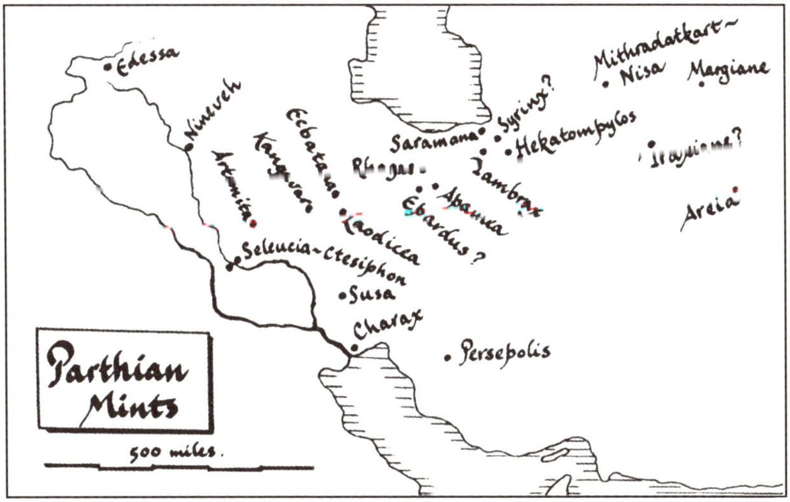

图6-1-3
提亚主要造币场示意图

1 数据来源：David Sellwood, *An Introduction to the Coinage of Parthia*, type 7-13.

米特拉达特一世钱币铭文经历了“阿尔萨息”—“国王阿尔萨息”—“大王阿尔萨息”—“大王、爱希腊者阿尔萨息”的变化过程。巧合的是，欧克拉提德是米特拉达特在东方的主要对手，他们二人都在钱币上采用了“大王”（ΒΑΣΙΛΕΩΣ ΜΕΓΑΛΟΥ）的称号。之前并没有任何一位巴克特里亚或者帕提亚国王在钱币上自称大王。与这二人基本同时代的另一位统治者、塞琉古王国的“谋逆者”——米底王提马尔库斯（Timarchus，约公元前164—前161年），也发行了“大王”钱币，币图与欧克拉提德一样，采用骑马的狄奥斯库里兄弟。结合造币场信息看，米特拉达特一世很可能是在占领埃克巴坦那之后，即公元前145年左右，受欧克拉提德和提马尔库斯影响，开始发行有“大王”称号的钱币。在塞尔伍德提供的米特拉达特一世钱币目录中，所有希腊化风格的王像钱币上都有“大王”，而一部分“大王”称号的钱币上仍然沿用早期帕提亚国王肖像风格，说明服饰改革的时间应当略晚于在钱币上正式称大王的时间。

米特拉达特一世改变钱币样式，是其面对新形势的必然选择。米特拉达特一世的征服活动使得王国疆域迅速扩张，妥善处理与希腊人的关系便成为迫在眉睫的问题。埃克巴坦那和底格里斯河畔的塞琉西亚在希腊化时期都具有特殊地位。埃克巴坦那原是波斯国王的夏宫所在地，希腊化时期被重建，地处从底格里斯河畔的塞琉西亚到巴克特里亚的必经之地上，重要性不言而喻，塞琉古一世曾在此开设皇家造币场。塞琉西亚既是塞琉古王国在东方的最大根据地，也是两河流域的中心城市。最初建城的主要目的之一是安置希腊—马其顿殖民者，后来又吸引大量希腊裔和非希腊裔族群前来居住，最终发展为希腊化世界规模最大的城市之一，人口达数十万。[1]自建城伊始至公元1世纪

1 R. J. Van Der Spek, “New Evidence from the Babylonian Astronomical Diaries Concerning Seleucid and Arsacid History,” *Archiv für Orientforschung*, 44/45 (1997/1998), p. 171.

中叶，希腊文化始终是这座城市的主流文化。希腊—马其顿人使用希腊语、坚持希腊的生活方式，非希腊的族群想要融入这座城市，必然也要学习希腊语、效仿希腊人的生活方式。米特拉达特一世显然认识到希腊人归顺与否关乎王国统治基础的稳固，所以他向希腊人保证他们继续享有公民权，不会剥夺他们既有的各项特权，且保存原有的机构和官职。[1]直到塔西佗（Tacitus，公元56—117年）时代，塞琉西亚都保持着自治传统。老普林尼（Pliny the Elder）记载塞琉西亚的人口达60万，是一个自由和独立的城市，仍然保持着马其顿人的生活方式。[2]

之后，不仅埃克巴坦那和塞琉西亚，赫卡通皮洛斯（Hecatompylos，又称百门城）、尼萨、苏萨等帕提亚境内的各大主要造币场也陆续开始打造有希腊式国王肖像的钱币。不过，只有塞琉西亚造币场为帕提亚国王发行的钱币完全是希腊式的，钱币背面采用赫拉克勒斯手持木棒行走像或是宙斯执权杖坐像。在一些面额较低的钱币上，背面还有狄奥斯库里兄弟或二人的帽子、尼科驾驶双马战车等，表现出帕提亚国王对希腊文化的“热情友好”态度。其他造币场发行的银币背面图像则仍然采用持弓武士的形象，并未采用希腊神祇。

然而，这种所谓的“友好”背后真正的动机是稳固统治的需要，一旦形势发生变化，统治者的政策也会随之调整。到阿尔塔巴努斯一世（Artabanus I，约公元前127—前124年）时期，帕提亚钱币上的工像开始向“伊朗化”的方向发展。国王依旧系王带，但发型极有特色，头发一圈圈呈同心圆状，仿若帽子；戴耳环、项链等装饰品；衣着不再是希腊式长袍，上衣变为V形开口，领口、膀到手臂处都有点

---

1 Edward Dąbrowa, “Greeks under the Arsacid Rule (2nd Century BCE),” in *Studia Graeco-Parthica: Political and Cultural Relations between Greeks and Parthia*, Wiesbaden: Harrassowitz Verlag, 2011, pp. 84-85.

2 Pliny the Elder, *Natural History*, VI.xxx, with an English translation by H. Rackham, Cambridge, Mass.: Harvard University Press, 1952.

状装饰物。[1]米特拉达特二世（Mithradates II，约公元前123—前88年）时期，钱币上的国王肖像风格再次改变，国王头戴东方传统的高冠成为新风尚，但是头戴王带的形象并未被抛弃，一直被沿用到王国统治结束。

图6-1-4
阿尔萨息一世—德拉克马银币

二、帕提亚钱币背面弓箭手的形象、身份及其象征意义

从阿尔萨息一世起，绝大多数帕提亚银币的背面都是一个戴风帽、穿斗篷的无须男子坐像。（**图6-1-4**）该男子面左或面右而坐，一手自然下垂，另一手持弓前伸，弓弦朝外。这一图像被一直沿用至帕提亚王朝结束。关于这位男子的身份尚无定论，通常以“弓箭手”（archor）泛称。四百余年间，弓箭手的姿态、服饰几乎没有变化，仅不同时期所坐之物有所不同。

从建国之初到米特拉达特一世统治前期，弓箭手都坐在一种无靠背的凳子上。凳子四条腿上均有球形或环状装饰，与波斯小亚地区的行省总督法尔纳巴祖斯（Pharnabazus II，约公元前413—前374年）钱币上的巴力神所坐的凳子相似。[2]塞琉西亚造币场为米特拉达特一世、弗拉特斯二世、阿尔塔巴努斯一世等帕提亚国王发行的四德拉克马银币背面，宙斯、得墨特尔等希腊神也坐在这种凳子上。

米特拉达特一世时期，钱币背面弓箭手所坐之物变为翁法洛斯石（Omphalos）。翁法洛斯石位于德尔斐神庙，形似倒扣的

---

1 D. Sellwood, *An Introduction to the Coinage of Parthia*, type 19.1-2; 20.1-7; 21.1-4; 22.1-4.

2 此外，波斯总督达塔麦斯、马扎欧斯（Mazaeus，约公元前361—前333年）等的钱币上也有类似图像。参见V. S. Curtis, “Parthian and Sasanian Furniture,” in Georgina Herrmann and Neville Parker, eds., *The Furniture of Western Asia Ancient and Traditional: Papers of the Conference Held at the Institute of Archaeology*, Mainz: Zaban Verlag, 1993, p. 233.

篮子，在希腊神话中代表着大地的中心，是阿波罗的象征物。塞琉古王室宣称是阿波罗的后裔，国王皆以阿波罗为保护神，自安条克二世起，“裸体阿波罗坐在翁法洛斯石上”成为塞琉古钱币背面的标准图像。

米特拉达特二世时期，高背王座逐渐取代翁法洛斯石，成为新的弓箭手所坐之物。近东地区与王权相关的图像上经常出现这种王座。例如，波斯波利斯（Persepolis）的一组浮雕上描绘了大流士一世端坐在高背王座上接受米底贵族拜见的场景。亚历山大发行的“赫拉克勒斯/宙斯”银币上背面即为宙斯坐在高背王座上的图样，王座的四条腿底部有环状装饰。[1]这可以视为亚历山大对波斯王座的借用。亚历山大之后的希腊化钱币上，坐在王座上的宙斯成为最常见的宗教图像之一。宙斯一般左手持权杖，右手托尼科（或神鹰），尼科正在为宙斯带上象征胜利的花环。[2]

由上可见，无论是早期的无背矮凳，还是后来的翁法洛斯石或高背王座，似乎都可以从亚历山大及其继承者的钱币上找到相似参照物。仅从弓箭手的姿态看，的确与塞琉古王国钱币背面阿波罗坐在翁法洛斯石上的形象十分相似，学者们基本认同其造型灵感来源于后者。但其具体身份究竟为何，还存在多种解释。[3]

埃克尔（J. Eckhel）、加德纳（P. Gardner）、内维尔等认为这位弓箭手就是阿尔萨息一世本人。[4]沃斯（W. Worth）大致也持这

1 https://www.brown.edu/academics/archaeology/publications/alexander.

2 A. Houghton and C. Lorber, *Seleucid Coins: A Comprehensive Catalogue. Part I, Seleucus I through Antiochus III*, Vol. 2, New York-Lancaster-London: ANS-CNG, 2002, Plate I, 27-30, 43, 45.

3 针对这一问题的详细学术史介绍，参见Jeffery D. Lerner, “Mithradates I and the Parthian Archer,” in Jason M. Schlude and Benjamin B. Rubin, eds., *Arsacids, Romans, and Local Elites: Cross-Cultural Interactions of the Parthian Empire*, Oxford: Oxbow Books, 2017, pp. 1-14.

4 J. Eckhel, *Doctrina Numorum Veterum*, Vol. 3.1, Vindobonae: Sumptibus Iosephi Vincentii Degen [tum] Sumptibus Friderici Volke, 1828, pp. 544-546, 549-550; P. Gardner, *The Parthian Coinage*, London: Trubner, 1877, p. 18; N. T. Newell, “The Coinage of the Parthian,” in A. U. Pope, P. Ackerman and T. Bestmann, eds., *A Survey of Persian Art from Prehistoric Times to the Present*, Vol. 1, Oxford: Oxford University Press, 1938, p. 476.

种观点，同时，他又提出也可能是阿尔萨息的兄弟提里达特斯一世（Tridates I）。[1]根据阿里安所述帕提亚建国故事，阿尔萨息和提里达特斯兄弟二人共同起兵推翻马其顿人的统治，阿尔萨息去世后，提里达特斯继承了帕提亚王位，在位时间长达37年。[2]沃斯还对比了帕提亚钱币与塞琉古钱币，帕提亚钱币背面的弓箭手只持弓，不拿箭，而塞琉古钱币背面的阿波罗通常是前伸的手中持箭，另外一只下垂的手中拿弓，只有安条克一世和安条克二世的部分钱币上，阿波罗前伸的手中拿的是弓，所以帕提亚钱币很可能就是以这些钱币为原型。但约瑟夫（P. P. Jossif）指出，后一种阿波罗造型在塞琉古钱币上出现的次数实际上要比沃斯所意识到的多，帕提亚弓箭手也并非受此影响。[3]另有部分学者也认为这个弓箭手是阿尔萨息一世，但并非是世俗生活中的国王本人，而是被神化了的国王阿尔萨息一世。科里奇（M. A. R. College）提出，这个弓箭手可能会有一些"宗教象征意义"，但没有确定他代表的究竟是神化的阿尔萨息、某些帕尔尼人（Parni）的神祇，还是阿黑门尼波斯钱币上的武士以帕提亚形式的复兴。[4]科舍伦科（Г. А. Кошеленко）认为帕提亚人在钱币背面展示"神化了的阿尔萨息一世"，这种做法模仿塞琉古的王权崇拜方式，目的在于通过建

---

1 Warwick Worth, *Catalogue of the Coins of Parthia*, London: Printed by Order of the Trustees, 1903, pp. xviii-lxix.

2 Arrian, *Parthica*. 原书已亡佚，仅有残篇保留在佐西莫斯（Zosimus）、弗提乌斯（Photius）以及乔治·辛塞鲁斯（George Syncellus）等三位拜占庭史家的作品中。Zosimus, *New History*, 1.18.1; Photius, *Library of Photius*, 1.58; Syncellus, "Chronographia," in G. Dindorfius, ed., *Corpus Scriptorium Historiae Byzantinae*, Vol. 22.1, Bonnae, 1829, pp. 539-540.

3 P. P. Jossif, "Imago Mundi: Expression et representation de l'idéologie royale Séleucid. La procession de Daphné," *Electurm*, 18 (2011), pp. 121-152; P. P. Jossif, "Apollo Toxotes and the Seleukids: Comme un air de famille," in P. P. Jossif, A. S. Chankowski and C. C. Lorber, eds., *More than Men, Less than Gods: Studies on Royal Cult and Imperial Worship*, Leuven: Peeters, 2011, pp. 262-264.

4 M. A. R. College, *The Parthians: Ancient People and Places*, New York: Praeger, 1967, p. 103.

立王权与神权之间的联系，使王朝统治合法化。[1]

还有学者将注意力转向这种图像与波斯传统之间的联系。泽马尔（E. B. Зеймаль）曾将弓箭手形象的原型追溯到阿黑门尼王朝西里西亚行省总督达塔麦斯（Datames，约公元前405—前362年）发行的斯塔特银币上。[2]此类钱币背面是一名男性，面右坐在王座上，正在瞄准一支箭，弓被放在人物脚边，人物右前方有一个双翼太阳盘的符号。（图6-1-5）泽马尔认为，尽管与波斯总督钱币相比，帕提亚钱币画面中缺少了有翼太阳盘这个象征着灵魂、守护神明以及命运，被认为能够给予统治者以支持的符号，但波斯总督钱币仍是帕提亚钱币的来源。泽马尔的观点为柯尔提斯（V. S. Curtis）、瓦尔丹扬（R. Vardanyan）以及约瑟夫等人所接受。[3]如果认可这种观点，那就意味着帕提亚钱币的制作者从一开始就注意到了阿黑门尼行省总督钱币，并将其作为参考模板。

图6-1-5
波斯总督达塔麦斯银币

拉维斯基（Д. С. Расвский）则将这个弓箭手与希罗多德笔下的斯基泰神话联系起来，认为这位弓箭手既是阿尔萨息一世，也是斯基泰人传说中的克拉克赛斯（Kolaxais）。据

1 Jeffery D. Lerner, “Mithradates I and the Parthian Archer,” in Jason M. Schlude and Benjamin B. Rubin, eds., *Arsacids, Romans, and Local Elites: Cross-Cultural Interactions of the Parthian Empire*, pp. 3-5.

2 Jeffery D. Lerner, “Mithradates I and the Parthian Archer,” in Jason M. Schlude and Benjamin B. Rubin, eds., *Arsacids, Romans, and Local Elites: Cross-Cultural Interactions of the Parthian Empire*, p. 9.

3 V. S. Curtis, “Parthian and Sasanian Furniture,” in Georgina Herrmann and Neville Parker, eds., *The Furniture of Western Asia Ancient and Traditional: Papers of the Conference Held at the Institute of Archaeology*, pp. 233-244; R. Vardanyan, “Tendenzene Culturali e Ideologiche Nell’ Impero Portico Riflesse Dalla Monetazione,” *Parthica*, 3 (2001), pp. 25-132; P. P. Jossif, “Apollo Toxotes and the Seleukids: Comme un air de famille,” in Panagiotis P. Jossif, Andrzej S. Chankowski and Catharine C. Lorber, eds., *More than Men, Less than Gods, Studies on Royal Cult and Imperial Worship*, pp. 262-264.

希罗多德记载，斯基泰人认为他们的始祖塔吉塔乌斯—赫拉克勒斯（Targitaos-Herakles）有三个儿子，分别是斯基泰人不同支系的祖先，其中克拉克赛斯是帕拉莱泰族，即斯基泰人王族的祖先。[1]为了配合自己的这一观点，他还将黑海沿岸库尔—奥巴（Kul-Oba）和沃尔奈兹—库尔干（Voronezh Kurgans）等地出土的银瓶上所描绘的场景解释为塔吉塔乌斯正在将象征王权的弓授予克拉克赛斯，提出帕提亚钱币背面所谓的“弓箭手持弓”，实际上展示的是阿尔萨息一世/克拉克赛斯正从父亲手中接过圣弓的瞬间。

近来，勒纳（J. D. Lerner）将这个弓箭手识别为雅利安神话中的天神阿拉什（Ārash）。[2]勒纳还提出，弓作为图像的一部分出现在帕提亚钱币背面，不仅是天神阿拉什的象征，也代表着阿尔萨息及其追随者们所赢得的军事胜利以及帕提亚人对箭术的重视。弓箭图像组合提供了阿尔萨息王室作为阿黑门尼王朝继承者的合法性和正当性来源，也是帕提亚人作为伊朗土著民的族群认同的表现。

上述多种观点表明，斯基泰—帕提亚人、波斯人、希腊—马其顿人也许都能在帕提亚银币背面的这位弓箭手图像上找到自己熟悉的元素，这也正反映了帕提亚王国的特殊之处。帕提亚本土位于里海东南部，曾是波斯帝国行省之一，“帕提亚人”最早是指生活在阿黑门尼波斯帝国帕提亚行省的居民。公元前330年后，帕提亚先后处于亚历山大帝国和塞琉古王国统治之下。而通常意义上的帕提亚人则是指帕提亚王国的建立者，他们原是斯基泰游牧民族的一支。所以这群人进入帕提亚地区时，要面临和即将统治的是一片既有深厚悠久的波斯文化传统，又被希腊—马其顿人统治了近两个世纪的土地，二者都在当

1 Herodotos, *The Histories*, 4.5-7; 4.8-10.

2 Jeffery D. Lerner, “Mithradates I and the Parthian Archer,” in Jason M. Schlude and Benjamin B. Rubin, eds., *Arsacids, Romans, and Local Elites: Cross-Cultural Interactions of the Parthian Empire*, pp. 7-14.

地有深厚基础。而作为统治阶层的斯基泰—帕提亚人则是外来者，在物质文化和精神文化上并无绝对优势，既不可避免地会受到两种文化传统的影响，又必须妥善处理复杂的族群关系。出于稳定统治的需要，国王要在各种不同的压力和倾向之间寻求平衡。钱币是进行政治宣传的重要媒介，选择一种来源模糊、含义暧昧的图像，体现了国王的统治智慧。不同臣民在同一个国家象征符号上各取所需，看出自己想要看出的内涵，对于稳定各种民族情绪、塑造一个有凝聚力的国家，无疑意义深远。

米特拉达特一世取得了对希腊—马其顿人的胜利之后，将弓箭手所坐之物替换成翁法洛斯石，不同的人会对这一举动的含义产生不同的理解。在熟悉希腊神话和阿波罗造型的希腊人看来，尽管钱币背面男性的面貌和装扮风格都发生了改变，但他依然是阿波罗神。而对于帕提亚人来说，“如果不能准确地识别出这个弓箭手其实是以阿波罗的姿势出现的话，那么就会对希腊艺术形式的复制品产生非希腊含义的理解”。翁法洛斯石代表着曾属于希腊人的领土，帕提亚国王或英雄坐在翁法洛斯石上，显然象征着帕提亚人对希腊人的胜利。

三、帕提亚钱币上的希腊神

从米特拉达特一世开始，帕提亚钱币背面图像开始发生明显变化。希腊命运女神提刻、胜利女神尼科、骑马的狄奥斯库里兄弟、太阳神阿波罗以及其他的象征性形象，如马、大象、蜜蜂等，都出现在米特拉达特一世及其后继者的钱币上。

1. 提刻

提刻作为命运女神，在希腊化时期常被视作城市的保护神。与其职能相对应，一般被描绘成手持丰饶角、头戴城墙状王冠的形象，是帕提亚钱币上常见的希腊神之一。帕提亚钱币上的提刻有单独或手持尼科的提刻、与国王共同出现的提刻以及提刻头像或胸像等几种类型。

（1）单独或手持尼科出现的提刻弗拉特斯二世（Phraates II，约公元前138—前127年）最早在四德拉克马的银币背面使用提刻。此类钱币由塞琉西亚造币场发行，提刻头戴圆柱王冠（polos）面左而坐，左手持丰饶角，右臂前伸，手托胜利女神尼科，尼科正欲为其戴上象征着胜利的花环。[1]（图6-1-6）这类钱币发行的契机应当是公元前129年，寓意弗拉特斯二世对塞琉古国王安条克七世（Antiochus VII，约公元前164/160—前129年）的胜利。值得关注的是，提刻虽然身穿一种古希腊流行的女士长外衣（peplos），下颌处却有明显的长胡须，表明这位女神被刻画成了一位男子形象。

图6-1-6
弗拉特斯二世银币

有学者认为，这种形象的提刻实际上是与两河流域最古老的女神之一娜娜女神的等同。[2]这两位女神的在功能上有相似性，她们都能为城市或国家带来好运、胜利与丰饶。女神“雌雄同体”在两河流域也素有传统。新亚述时期一首献给娜娜的赞美诗将娜娜视作两河流域南部诸多城市的保护神，描述了她在这些城市、神庙中的不同身份、地位等信息，其中提到：“在巴比伦，我长着胡子，但我仍是娜娜。”[3]这一记述

---

1 D. Sellwood, *An Introduction to the Coinage of Parthia*, type 17.1-3.

2 A. Invernizzi, “A Bearded Tyche for Phraates II,” *Journal of Historical, Philological and Cultural Studies*, Vol. 47 (2015), p. 57. 也有学者认为这只是由于工匠不熟悉提刻而导致的误会。参见V. S. Curtis, “Religions Iconography on Ancient Iranian Coins,” in Joe Cribb and Georgina Hermann, eds., *After Alexander: Central Asia before Islam*, Oxford and New York: Oxford University Press, 2007, pp. 420-421.

3 杨巨平：《娜娜女神的传播与演变》，《世界历史》2010年第5期，第104—105页。

可以说与弗拉特斯二世钱币背面的提刻形象完美呼应。另外，在一份亚述时期的楔形文书中，伊什塔尔女神说自己：“尽管我是一个女人，但我也是个高贵的少年。”[1]伊什塔尔是苏美尔神话中司性爱、丰产和战争的女神，与伊南娜、娜娜本质上是同一位女神，只是阿卡德人、苏美尔人的不同称呼，因此这则记载也为此说提供了佐证。

弗拉特斯二世的后继者阿尔塔巴努斯一世、米特拉达特二世也都发行了背面是尼科的四德拉克马银币，同样出自塞琉西亚造币场。[2]此时提刻完全是希腊女神的形象，没有胡须。除此之外，其他与弗拉特斯二世钱币上的提刻完全一致。

（2）与国王共同出现的提刻

图6-1-7
弗拉特斯三世钱币，背面提刻与国王同时出现

提刻与国王的组合图像最先出现在弗拉特斯三世（Phraates III，约公元前70—前57年）的四德拉克马银币背面。国王面左坐在王座上，左手持权杖，右手前伸托鹰，与希腊化钱币上普遍流行的宙斯坐像十分相似，提刻头戴城墙状的王冠，手持权杖站在国王背后，似乎正在保护国王。[3]（**图6-1-7**）这种图像的出现与帕提亚的政治局势相呼应。米特拉达特二世时期，帕提亚王国发展到鼎盛。他去世之后帕提亚陷入内乱，阿尔萨息王室开始分为米特拉达特二世王系与西纳特卢克家族（Sinatrukids）两大支派，后者逐渐在夺权斗争中占据上风。弗拉特斯三世便是西纳特卢克的儿子，最终在庞培的协助下逐渐稳定国内局势。[4]他的这类

1 Miguel Civil and Ignace J. Gelb, eds., *The Assyrian Dictionary of the Oriental Institute of the University of Chicago (M. 2)*, Chicago: The Oriental Institute, 1977, p. 306.
2 D. Sellwood, *An Introduction to the Coinage of Parthia*, type 21.1-4; 23.1-2.
3 D. Sellwood, *An Introduction to the Coinage of Parthia*, type 39.1.
4 D. Sellwood, *An Introduction to the Coinage of Parthia*, p. 114.

钱币上还专门增加了铭文ΘΕΟΥ，也说明弗拉特斯三世有意宣扬自己的王权得到了神的授意。弗拉特斯三世的两个儿子米特拉达特三世（Mithradates III，约公元前57—前54年）和奥罗德斯二世（Orodes II，约公元前57—前38年）之间也爆发了争夺王位继承权的斗争。前者主要控制区域在以米底为中心的伊朗高原，后者占据两河流域。[1]最终，奥罗德斯二世赢得了胜利。塞琉西亚造币场为其发行的四德拉克马银币背面，国王头系王带，面右坐在王座上，一手前伸，提刻或者持权杖跪在国王面前，右手向前伸向国王，似乎正在向国王表示臣服或宣誓效忠；或者持权杖（或丰饶角）站在国王面前，国王正从其手中接过棕榈枝。[2]

阿尔塔巴努斯二世（Artabanus II，约公元10—38年）起初也沿用了上述提刻型的钱币，但是后期四德拉克马银币背面在提刻和国王之间加入了一位男子跪像，男子手持王带单膝跪在国王面前，提刻站在该男子身后向国王赠送棕榈枝。[3]

（3）提刻头像

提刻头像的情况只出现在铜币上。米特拉达特一世的铜币上有“提刻头像/提刻站像”和“提刻头像/阿波罗”两种类型，均出自苏萨造币场。[4]另外多位帕提亚国王的铜币上采用过戴城墙状王冠的提刻头像。米特拉达特二世等几位国王的铜币上并未直接出现提刻的具体形象，但是有提刻的象征物丰饶角。

---

1 关于奥罗德斯二世和米特拉达特三世争夺继承权的记载，参见Justin, *Epitome of Pompeius Trogus*, 42.4.2-4; Plutarch, *Crassus*, 21; Dio Cassius, *Roman History*, 40.12, with an English translation by Earnest Cary, Cambridge, Mass.: Harvard University Press, 1914.

2 D. Sellwood, *An Introduction to the Coinage of Parthia*, 1980, type 45.1-8; 46.1-7; 47.1-4. 瓦尔达内斯（Vardanes I，约公元40—47年）、戈塔尔泽斯二世（Gotarzes II，约公元40—51年）、沃洛加西斯（Vologases I，约公元51—78年）、沃洛加西斯二世（Vologases II，约公元77—80年）以及其他数位晚期帕提亚国王也采用过相似的提刻图像。

3 这个男子可能是阿尔塔巴努斯二世的竞争者沃诺尼斯一世（Vonones I，约公元8—12年）。D. Sellwood, *An Introduction to the Coinage of Parthia*, type 62.1-5.

4 D. Sellwood, *An Introduction to the Coinage of Parthia*, type 12.26; 12.29.

2. 尼科

在希腊神话中，尼科是提坦神帕拉斯（Pallas）和斯提克斯（Styx）的女儿，寓意胜利，尼科为某个人授予花环是希腊艺术中经常出现的主题。在希腊化钱币上，尼科经常以被宙斯或雅典娜托在右手中的形象出现，这种造型与尼科自身职能的补充性有关。[1]当她单独作为钱币图像主题时，多以手拿棕榈枝、花环或王带的形象出现。另外，塞琉古钱币也流行以尼科驾驶战车作为钱币图像主题。[2]在帕提亚银币上，尼科多以被提刻托在右手中的形式出现，其灵感或来源于希腊化时期流行的被宙斯或雅典娜托在右手中的图像。

图6-1-8
弗拉特斯二世银币

（1）单独出现的尼科

尼科单独出现在帕提亚国王银币背面时形式较为单一，基本都是手拿棕榈枝、王带或花环行走的样式。（图6-1-8）

弗拉特斯二世似乎非常推崇尼科。前文已经提及，他的四德拉克马银币背面以尼科被提刻托在手中作为图像。在面值稍小的德拉克马上，尼科独自出现，左肩扛一大棕榈枝，向左，右手拿王带。

弗拉特斯二世的一枚奥波尔银币比较特殊。银币正面，国王不仅系王带，还戴着以放射状线条作为装饰的王冠，这种肖像风格在塞琉古国王安条克六世（Antiochos VI，公元前145—前142年）的铜币上也曾出现过；银币背面是尼科扛着棕榈枝向右行走的形象，尼科前伸的右手中拿着的不是王带，而是一个半圆拱形的物品，两端有球状装饰物。塞尔伍德认

---

1 Ladislav Stančo, *Greek Gods in the East: Hellenistic Iconographic Schemes in the Central Asia*, Prague: Karolinum Press, 2012, pp. 176-177.

2 具体来说，有尼科驾驶四象战车、双马战车、四马战车等几种类型。

为这是一个有宗教或王权内涵的护身符。[1]由于银币币面没有花押，无法判断造币场，推测可能最先出自赫拉特（Herat）或者木鹿（Merv），在西北边境地区流通。

弗拉特斯二世之后，帕提亚国王很少在大面额的银币上单独使用尼科，直到公元1世纪沃诺尼斯在位时期，尼科才再次作为银币主题图像出现。塞琉西亚造币场为沃诺尼斯一世（Vonones I，约公元8—12年）发行的四德拉克马银币背面，尼科站立，左手拿棕榈枝，右手拿王带，与弗拉特斯二世的银币没有明显不同。

（2）与国王共同出现的尼科

奥罗德斯二世四德拉克马的银币背面以国王手托尼科坐在王座之上为图像，与希腊化钱币上流行的宙斯托尼科坐在王座上的图像非常相似。奥罗德斯二世时期一个更明显变化是，尼科开始频繁出现在帕提亚国王银币的正面。[2]埃克巴坦那造币场为国王打造的一德拉克马银币正面，国王面左，背后飞翔的尼科正在将王带赠予国王。

弗拉塔克斯（Phraataces，约公元前2—公元4年）银币正面，国王前后各有一个尼科向其赠予王带，两个尼科相对称。弗拉塔克斯的王后穆萨（Musa）也是他的母亲，穆萨扶持自己儿子登上王位之后，二人共同执政。这段时期弗拉塔克斯的银币正面是国王头像，背面是穆萨头像，二人头像前侧各有一个飞翔的尼科分别向其授予王带。（图6-1-9）一般认为，《汉

图6-1-9
弗拉塔克斯与女王穆萨银币

1 David G. Sellwood, “Parthian and Scythians,” in Amal Kumar Jha and Sanjay Garg, eds., *EX MONETA: Essays on Numismatics, History and Archaeology in Honor of Dr. David W. MacDowell*, Vol. 1, New Delhi: Harman Publishing House, 1998, p. 100.

2 在奥罗德斯二世的竞争对手米特拉达特三世的四德拉克马银币背面，也出现了正面国王头像旁边有飞翔的尼科的图像。D. Sellwood, *An Introduction to the Coinage of Parthia*, type 41.1.

书·西域传》中记载安息（即帕提亚）“亦以银为钱，文独为王面，幕为夫人面”，说的可能就是弗拉塔克斯和穆萨的这类钱币。(3) 铜币上的尼科及其象征物

尼科是帕提亚铜币上出现频率最高的希腊神，十几位帕提亚国王的铜币采用过尼科或花环、棕榈枝等尼科的象征物为图像，并且大部分都能从塞琉古铜币或希腊—巴克特里亚和印度—希腊人铜币上找到原型或相似图像。例如，米特拉达特一世的一种铜币背面是尼科驾驶双马战车，塞琉古二世也曾发行过这种图像的铜币。[1]其他国王的钱币上经常出现尼科向左或向右行走的姿态，也是希腊化钱币上常见的尼科形象。

赫拉克勒斯、宙斯和阿波罗也曾出现在大额的帕提亚银币上，但是远不及提刻和尼科出现的频率高。赫拉克勒斯和宙斯只分别在塞琉西亚造币场为米特拉达特一世发行的四德拉克马和一德拉克马上出现，坐在翁法洛斯石上的阿波罗则只在苏萨造币场为弗拉特斯二世发行的四德拉克马上出现。[2]铜币上的希腊神祇及其象征物则要丰富的多，狄奥斯库里兄弟、珀伽索斯、锚、弓首、蜜蜂等在帕提亚铜币上数见不鲜。

第二节 帕提亚钱币的希腊语铭文

从所用语言看，几乎所有的帕提亚钱币上的铭文都用希腊语写成，这是希腊语在帕提亚帝国时期影响力的最有力证据。[3]帕提亚继

1 D. Sellwood, *An Introduction to the Coinage of Parthia*, 1980, type 12.14; A. Houghton and C. Lorber, *Seleucid Coins: A Comprehensive Catalogue. Part I, Seleucus I through Antiochus III*, Vol. 2, Plate 84, 797-798.

2 D. Sellwood, *An Introduction to the Coinage of Parthia*, 1980, type 13.1-5; 13.6-10; 14.1-2.

3 阿尔萨息一世曾短暂发行过少量希腊语和阿拉米语的双语币。不过直到帕提亚王朝结束，钱币铭文几乎都是纯粹的希腊语，到王朝末期才再次在少量钱币上出现。

承了塞琉古王国大部分疆域，在很长一段时间内，境内仍有相当数量的希腊人居住，然而，这些钱币并非只在希腊人聚集区使用，而是流通于帝国全境，这就表明帕提亚人不仅面向希腊人，在面向其他各族群时也使用希腊语作为官方语言之一。

从币文具体内容看，帕提亚钱币既受希腊化王国钱币的影响，又有明显独特个性。与希腊化钱币相比，帕提亚钱币铭文最大的特点是钱币上没有国王具体的名字，国王统一被称作“阿尔萨息”（ΑΡΣΑΚΟΥ）。另外，早期的帕提亚统治者并未在钱币上使用希腊化君主惯用的“王”（ΒΑΣΙΛΕΩΣ）的称号，到米特拉达特一世在位时，才开始像塞琉古王朝的君主一样将“王”的称号刻写在钱币上，同时增加了其他各种体现王权崇拜的称号，有些属于希腊化国王常用称号，但也有一些为帕提亚国王独有。受文献、碑铭记载缺乏等条件限制，我们无法一一追溯每个称号的启用背景或具体内涵，因此，本节主要通过举例说明帕提亚钱币对希腊化钱币的继承与发展以及其在丝路沿线国家的影响。

一、帕提亚钱币上常见的希腊化君主称号[1]

“独裁者”（ΑΥΤΟΚΡΑΤΡΟΣ）是帕提亚统治者在钱币上最先使用的称号，且只有阿尔萨息一世使用。在希腊语中，该词最初指赢得了战争胜利的军事首领，到公元前4世纪时，词义逐渐发生了变化，更多地指称国王或僭主，腓力二世与亚历山大大帝都曾使用过这一称号。

该称号亦与帕提亚早期政体相适应。建国之初的帕提亚社会仍然具有明显的原始部落制遗风和游牧民族特征，王权已经确立，但受到

1 以下国王称号的铭文均为希腊语属格。

所谓人民阶层或议事会成员的制约，首领由选举产生，军功是决定能否当选首领的最重要依据。[1]所以，这个称号一定程度上暗示了阿尔萨息权力的合法性来源于自身的努力和军事征服。尽管在古典作家眼中，阿尔萨息所率领的是“一群一文不名的乌合之众”和“奴隶”，[2]但阿尔萨息选择“独裁者”，而非直接模仿希腊化钱币上已经普遍流行的“国王”，说明当时部分帕提亚人甚至阿尔萨息一世本人熟谙希腊文化，了解希腊—马其顿人对于统治者的各种称呼。东布罗瓦（E. Dąbrowa）认为，阿尔萨息一世钱币上选择使用希腊语，并非是简单的模仿已有的希腊化钱币，而是一种慎重的政治抉择，辅以与塞琉古钱币相似的图像，使得被征服的人能够很快知晓“阿尔萨息”之名，也更容易将其视作塞琉古国王的后继者。[3]

1. 王（ΒΑΣΙΛΕΩΣ）

公元前329年，米利安德鲁斯城（Myriandrus，古腓尼基港口，位于伊苏斯附近）为亚历山大发行的钱币上开始出现“王”的称号。[4]但是整体来看，亚历山大生前发行的钱币仍延续了马其顿钱币的传统，铭文内容一般只有自己名字属格形式。亚历山大去世后，继业者们为争夺合法继承权，不仅发行了大量有“王”的称号的亚历山大后世版钱币（posthumous issues），也开始在以自己名义发行的钱币上称王。托勒密一世（Ptolemy I，公元前305/304—前282年）可能是最早开始发行有自己名字和“王”号的希腊化国王，其他竞争者随后纷纷效仿，到公元前3世纪，在国王名字前增加“王”之称号已成希腊化钱币的惯例。

---

1 杨巨平:《帕提亚王朝的“爱希腊”情结》,《中国社会科学》2013年第11期，第184页。Marek Jan Olbrycht, “The Titulature of Arsaces I, King of Parthia,” *Parthica*, 15 (2013), p. 63.

2 Justin, *Epitome of the Philippic History of Pompeius Trogus*, 41.4.6-7.

3 Edward Dąbrowa, “Greek: A Language of the Parthian Empire,” in *Studia Graeco-Parthica: Political and Cultural Relations between Greeks and Parthia*, p. 157.

4 Otto Mørkholm, *Early Hellenistic Coinage*, Cambridge: Cambridge University Press, 1991, p. 29.

米特拉达特一世是最先在钱币上称“王”的帕提亚国王。米特拉达特一世在位时期东征西讨，极大地扩张了帕提亚王国的领土，西至美索不达米亚，东至索格底亚那，北至里海、黑海一线，南至波斯湾之间的广阔地区，名义上都归其所有。钱币作为宣传媒介，图文内容随政治格局的变动而变化。米特拉达特一世与塞琉古王国和巴克特里亚王国都有过直接军事接触，他的钱币上开始使用“王”的称号可能与二者影响有关。[1]米特拉达特一世之后，所有的帕提亚国王都和希腊化统治者一样，在钱币上使用希腊语的ΒΑΣΙΛΕΩΣ。

2. 大王（ΒΑΣΙΛΕΩΣ ΜΕΓΑΛΟΥ）

希腊化时代之前，对希腊人来说，“大王”是波斯国王的专属称谓。希腊化时期，这个称号并不常见于国王钱币，但是它在日常习语、文书等其他材料中经常出现。例如，安条克一世（Antiochus I，约公元前281—前261年）的钱币上只有“国王安条克”，然而巴比伦的一份关于安条克一世的材料中写道：“我是安条克一世，大王，强大的国王……马其顿国王，巴比伦国王”；安条克三世（Antiochus III，约公元前241—前187年）取得第五次叙利亚战争的胜利之后也开始称“大王”。[2]因此正如东布罗瓦所说，尽管“大王”称号起源于波斯帝国时期甚至更早，但经过希腊人两百余年的统治，也成为希腊化王权特征的一部分。[3]

---

1 米特拉达特一世的西征活动可参见J. D. Lerner, “Mithradates I’s Conquest of Western Greek-Bactria,” *Journal of Historical, Philological and Cultural Studies*, Vol. 47 (2015), pp. 45-54. 东征活动可参见M. R. Shayegan, *Arsacids and Sasanians, Political Ideology in Post-Hellenistic and Late Antique Persia*, Cambridge: Cambridge University Press, 2011, pp. 60-120.

2 引文及关于安条克三世的“大王”称号，参见R. E. Bevan, “Antiochus III and His Title ‘Great-King’,” *The Journal of Hellenistic Studies*, Vol. 22 (1902), pp. 241-244. 钱币参见A. Houghton and C. Lorber, *Seleucid Coins: A Comprehensive Catalogue, Part I, Seleucus I through Antiochus III*, Vol. 1, pp. 351-470.

3 Edward Dąbrowa, “Hellenistic Elements in the Parthia Kingship: The Numismatic Portrait and Titulature,” in *Studia Graeco-Parthica: Political and Cultural Relations between Greeks and Parthia*, p. 148.

米特拉达特一世在钱币上称“王”后不久便改称“大王”。这可能与他占领美索不达米亚和巴比伦有关，目的在于强调自己的地位凌驾于包括塞琉古国王在内的其他所有国王之上。[1]然而，值得关注的是，与之大致同时，另外两位希腊化国王欧克拉提德和提马尔库斯的钱币上也出现了“大王”。[2]提马尔库斯是塞琉古王国的谋逆者，曾据米底称王，他统治的时间虽短，但也一度与欧克拉提德、米特拉达特一世并立。他们三人都称“大王”，在塞琉古钱币、巴克特里亚钱币和帕提亚钱币体系中均属首次。这种巧合背后有无其他深入或具体关联，尚有待进一步考察。

3. 帕提亚钱币上的其他常见希腊化君主称号

塞琉古国王安条克四世（Antiochus IV，约公元前175—前164年）时期，在钱币上增加各种各样的称号成为新风尚。[3]公元前172年，他开始在钱币上使用“神的”（ΘΕΟΣ）和“神显者”（ΕΠΙΦΑΝΗΣ），几年之后又增加了“胜利者”（ΝΙΚΗΦΟΡΟΥ）。随后，在钱币上增加各种有王权崇拜性的称号在整个希腊化世界流行开来。例如，巴克特里亚的安提马库斯一世（Antimachus I，约公元前174—前165年）在钱币上增加了“神”的称号，印度—希腊人国王阿波罗多托斯一世（Apollodotus I，约公元前174—前165年）在钱币上称“救主”（ΣΩΤΗΡΟΣ），另外还有前文中提到的欧克拉提德和提马尔库斯增加“大王”等。[4]帕提亚钱币也受到这种风尚的影响。

帕提亚钱币上常用的此类头衔可以分作几类。首先是与国王和其他王室成员有关的铭文，主要包括“爱父亲者”（ΦΙΛΟΠΑΤΩΡ）、

---

1 David Engels, *Benefactors, Kings, Rulers: Studies on the Seleukid Empire between East and West*, Leuven: Peeters Publishers, 2017, p. 57.

2 可参考本章第一节相关内容。

3 此前一般只在某些国王的后世币上出现。

4 关于希腊化钱币上常见的国王称号，参见Otto Mørkholm, *Early Hellenistic Coinage*, pp. 29-35.

“爱兄弟者”（ΦΙΛΑΔΕΛΦΟΣ）、“父贵者”（ΕΥΠΑΤΩΡ）等。使用“爱父亲者”的有奥罗德斯一世、弗拉特斯三世、米特拉达特三世、奥罗德斯二世等，“父贵者”和“爱兄弟者”分别见于米特拉达特三世和阿尔塔巴努斯一世的钱币铭文之中。这类称号在塞琉古和巴克特里亚钱币中都不常见，主要出现在托勒密王朝钱币之上。但二者之间具体存在何种联系仍未可知。

第二类是与胜利有关的铭文。弗拉特斯二世可能是因为战胜了安条克七世，在钱币上使用了“胜利者”（ΝΙΚΗΦΟΡΟΣ）；[1]戈塔泽斯一世（Gotazes I，约公元前95—前90年）出于未知的原因，使用了与之相似的另一个称号“征服者”（ΝΙΚΑΤΩΡ）。[2]与铭文相适应，帕提亚国王也常以尼科表示胜利，有些国王钱币背面采用一个或两个尼科为国王戴上胜利花环的图像。例如弗拉特斯四世钱币的正面，国王头像的背后有一只老鹰口衔花环正欲为国王戴上。[3]这些钱币往往出自埃克巴坦那、拉盖（Rhagae）、苏萨等造币场。

除上述两大类之外，帕提亚钱币上常见的希腊化君主称号还包括“正义者”（ΔΙΚΑΙΟΣ）、“施恩者”（ΕΥΕΡΓΕΤΗΣ）、“神显者”（ΕΠΙΦΑΝΗΣ）、“拯救者”（ΣΩΤΗΡ，或译“救主”）、“神”等，其中“神显者”由阿尔塔巴努斯一世引入，之后被大多数帕提亚国王沿用，最终成为帕提亚钱币铭文最终固定格式中的一部分。

通过以上观察，我们发现，帕提亚王朝借用了大量的希腊化世界流行的国王称号来展示自己的官方意识形态，目的在于向希腊人以及其他族群展示一个国王的“正确形象”，即人们已经熟悉了的希腊化国王形象。有些学者甚至认为，米特拉达特一世时期开始流行的统治

---

1 D. Sellwood, *An Introduction to the Coinage of Parthia*, type 17.1-17.4.

2 D. Sellwood, *An Introduction to the Coinage of Parthia*, type 33.1-33.19.

3 D. Sellwood, *An Introduction to the Coinage of Parthia*, type 52.11-52.39. 详见本章第一节。

者崇拜也源自塞琉古或希腊—巴克特里亚王权政策的启发。[1]尽管如此，帕提亚王朝采取的这些措施并不意味着他们要放弃强调自己的文化传统，因为他们在借用希腊化称号的同时，也采用了诸多富有自己特色的铭文。

二、帕提亚钱币币文的个性化发展

1. 爱希腊者（ΦΙΛΕΛΛΗΝΟΣ）

ΦΙΛΕΛΛΗΝΟΣ，意为“希腊人的朋友”或“爱希腊者”，主要指爱好希腊文化的非希腊人，是帕提亚钱币上常见的国王称号。米特拉达特一世占领塞琉西亚后开始在钱币上采用这一头衔。关于米特拉达特一世采用这一称号的动机，学界有多种观点，例如真诚热爱希腊文化，安抚境内希腊人的权宜之计，表明自己已经是塞琉古王国继承人的宣示，标榜与塞琉古王国共享同样的价值观等。[2]

无论其动机究竟为何，塞琉西亚造币场发行的米特拉达特一世钱币的确全面展示出“爱希腊”的特征。除铭文外，钱币正面国王头系希腊化国王惯用的王带，背面是裸体站立的赫拉克勒斯或坐在王座上的宙斯。其他造币场的银币虽然很少像塞琉西亚的银币一样在背面直接采用希腊神，也没有“爱希腊者”字样，但是反面弓箭手的所坐之物由波斯式凳子变为阿波罗的象征翁法洛斯石，正面国王的形象也开始像希腊化君主一样，以头系王带的形象取代早期的戴风帽形象。各造币场的铜币则普遍展示希腊神和希腊象征符号，胜利女神尼科、命运女神提刻、狄奥斯库里兄弟以及这些神祇的象征物都曾出现。

---

1 Edward Dąbrowa, “Mithradates I and the Beginning of the Ruler-cult in Parthia,” in *Studia Graeco-Parthica: Political and Cultural Relations between Greeks and Parthia*, p. 106.

2 关于这一问题的学术史，参见杨巨平:《帕提亚王朝的“爱希腊”情结》,《中国社会科学》2013年第11期，第181—182页。

米特拉达特一世去世后，直到王国结束，绝大多数帕提亚国王都沿用了“爱希腊者”的头衔，使之最终成为帕提亚国王钱币铭文定式的一部分。虽然到王国后期，钱币上的称号已经变得形式大于实际，与该国王的功绩、政策并无多大关联，但在帕提亚钱币的国王形象越来越波斯化的背景下，[1]这一称号能够保留下来，表明在塞琉古王国灭亡、希腊化时代也已经结束之后，帕提亚王朝仍然未彻底抛弃“爱希腊”的传统。

2. 众王之王（ΒΑΣΙΛΕΩΣ ΒΑΣΙΛΕΩΝ）

米特拉达特二世钱币上开始使用“众王之王”。与“大王”相同，“众王之王”最初也源自两河流域，后来成为波斯国王的专属称号。然而，与“大王”不同，“众王之王”这一头衔在希腊化时代似乎销声匿迹。除了一种据称属于希腊—巴克特里亚国王欧克拉提德一世的希印双语铜币上有佉卢文形式的“众王之王”外，[2]目前可见有关希腊化君主的文献、钱币、碑铭等各类史料中均无此说。因此，这一头衔的采用往往被学界视作帕提亚政策和文化开始波斯化转向的标志。

关于米特拉达特二世开始使用这一称号的时间，相关的文献和碑铭材料为我们提供了两条重要线索：公元前111/110年，《巴比伦天文日志》首次以“众王之王”称呼帕提亚国王，另外，远在提洛岛的一篇献祭铭文中也提到“伟大的众王之王阿尔萨息”，时间也恰在公元

1 详见本章第一节。

2 该类型钱币正面铭文为希腊语ΒΑΣΙΛΕΩΣ ΜΕΓΑΛΟΥ ΕΥΚΡΑΤΙΔΟΥ，意为“大王，欧克拉提德”；背面为佉卢文maharajasa rajatirajasa evukratidasa，意为“大王，众王之王，欧克拉提德”。欧克拉提德以狄奥斯库里为保护神，钱币背面也通常采用“骑马的狄奥斯库里”作为图像，然而这类铜币背面图像却是尼科，且做工粗糙，所以它很可能并不是由欧克拉提德本人在位期间发行，而是巴克特里亚王国灭亡后，游牧民族（月氏人或印度—斯基泰人）以欧克拉提德名义发行的仿造币。关于这类钱币的基本介绍，参见Osmund Bopearachchi, *Monnaies Gréco-Bactriennes et Indo-Grecques, Catalogue Raisonné*, Paris: Bibliothèque Nationale, 1991, pp. 215-216, Série 23.

前110年。[1]两相结合可以推测，很可能公元前110年左右，米特拉达特二世的钱币上也已开始出现“众王之王”。米特拉达特二世钱币上的“众王之王”包含在三类铭文之中：

（1）ΒΑΣΙΛΕΩΣ ΒΑΣΙΛΕΩΝ ΜΕΓΑΛΟΥ ΑΡΣΑΚΟΥ ΕΠΙΦΑΝΟΥΣ

伟大的众王之王阿尔萨息、神显者

（2）ΒΑΣΙΛΕΩΣ ΒΑΣΙΛΕΩΝ ΑΡΣΑΚΟΥ ΔΙΚΑΙΟΥ ΕΥΕΡΓΕΤΟΥ ΚΑΙ ΦΙΛΕΛΛΗΝ（ΟΣ）

众王之王阿尔萨息、正义者、施恩者和爱希腊者

（3）ΒΑΣΙΛΕΩΣ ΒΑΣΙΛΕΩΝ ΑΡΣΑΚΟΥ

众王之王阿尔萨息[2]

至于米特拉达特二世称众王之王的原因，有必要从现实统治需要的层面进行考量。米特拉达特二世即位之前，帕提亚既有外患，又有内忧。从疆域看，米特拉达特一世在位期间，帕提亚就已经由一个地域性王国发展为大帝国，西至美索不达米亚，东至索格底亚那，北至里海、黑海一线，南至波斯湾之间的广阔地区，名义上都归其所有，然而帕提亚国王却不能对新征服的领土施以强有力的控制。塞琉古王国、埃兰王国（Kingdom of Elymais）以及卡拉塞尼王国（Kingdom of Characene）等多方势力依旧在两河流域角逐，挑战阿尔萨息王室在此地的统治权威。公元前130/129年，安条克七世试图重夺塞琉古旧土，起初在希腊人的支持下连连获胜，一度夺回了巴比伦尼亚，然而塞琉古士兵进入米底后肆意烧杀抢掠，导致很多城市转而支持帕提亚人，驱逐塞琉古军队，使得战争形势逆转，安条克七世兵败身亡，帕提亚

1 Abraham J. Sachs and Hermann Hunger, eds., *Astronomical Diaries and Related Texts from Babylonia. Vol. 3: Diaries from 164 B.C. to 61 B.C.*, Wien: Verlag der Österreichische Akademie der Wissenschaften, 1996, No.-109; Wilhelm Dittenberger, ed., *Orientis Graeci Inscriptiones Selectae*, Vol. I, Leipzig: S. Hirzel, 1903, No. 430; S. Reinach, “Fouilles de Délos,” *Bulletin de correspondance hellénique*, Vol. 7 (1883), pp. 349-53. 转引自Neilson C. Debevoise, *A Political History of Parthia*, Chicago: University of Chicago Press, 1938, p. 41.

2 D. Sellwood, *An Introduction to the Coinage of Parthia*, type 23-29.

人取得最终胜利。[1]埃兰是波斯湾沿岸的一个小王国，首府位于苏萨（Susa），公元前145至前133年，短短十多年内至少三次大规模侵扰美索不达米亚。[2]直到公元前133年，米特拉达特一世之子弗拉特斯二世首次征服埃兰本土，才为美索不达米亚解决一大威胁。[3]但是弗拉特斯二世并没有将之纳入帕提亚中央政权的直接管理体系，埃兰实际上仍是相对独立的羁縻王国，其国王只是名义上承认帕提亚国王的宗主地位。与此同时，波斯湾沿岸另一小国卡拉塞尼也趁乱崛起，一度占领了巴比伦尼亚，威胁帕提亚人在此地的统治权威。[4]帝国东境形势同样严峻。约公元前145年，希腊—巴克特里亚王国在北方游牧民族的冲击下几近崩溃，其中可能就包括被来自中国西北部的大月氏驱逐而来的塞人。[5]在大月氏人西进的压力之下，塞人又进一步向阿姆河以东和以南地区推进，大规模涌入帕提亚王国东部，木鹿、阿里亚、萨卡斯坦（Sakastan）等地皆为其所占，弗拉特斯二世及其叔叔阿尔塔巴努斯一世先后亡于东征战场。[6]

因此，米特拉达特二世登基之初面临的首要任务是消除东西两境危机。在东境，米特拉达特二世重新控制了木鹿—布哈拉—撒马尔罕一线的交通，收回了阿里亚行省和萨卡斯坦，甚至将势力拓展到今阿

1 Justin, *Epitome of the Philippic History of Pompeius Trogus*, 38.10.

2 Abraham J. Sachs and Hermann Hunger, eds., *Astronomical Diaries and Related Texts from Babylonia. Vol. 3: Diaries from 164 B.C. to 61 B.C.*, No. -144. obv.14’-18’, 36’-37’, rev.20’-22’, No. -140.C.obv.34’-44’, No. -137.A.rev.3’-11’. Neilson C. Debevoise, *A Political History of Parthia*, Chicago: University of Chicago Press, 1938, pp. 24-25; M. R. Shayegan, *Arsacids and Sasanians, Political Ideology in Post-Hellenistic and Late Antique Persia*, pp. 77-79.

3 Abraham J. Sachs and Hermann Hunger, eds., *Astronomical Diaries and Related Texts from Babylonia. Vol. 3: Diaries from 164 B.C. to 61 B. C.*, No. -137.C.rev.16’-17’. M. R. Shayegan, *Arsacids and Sasanians, Political Ideology in Post-Hellenistic and Late Antique Persia*, pp. 79-80.

4 Abraham J. Sachs and Hermann Hunger, eds., *Astronomical Diaries and Related Texts from Babylonia. Vol. 3: Diaries from 164 B.C. to 61 B.C.*, No. -137.D.obv.13’-14’, rev.1’-3’, 24’-26’. M. R. Shayegan, *Arsacids and Sasanians, Political Ideology in Post-Hellenistic and Late Antique Persia*, pp. 80-82.

5 余太山：《塞种史研究》，北京：商务印书馆，2012年，第16—21页。

6 Justin, *Epitome of the Philippic History of Pompeius Trogus*, 42.1, 42.2.2.

富汗以南地区。[1]在西境，也成功稳定了两河流域局势，卡拉塞尼王国和亚美尼亚都俯首称臣，前者甚至发行了有米特拉达特二世头像的钱币。[2]

不过，对于缺乏成熟统治经验的帕提亚人而言，军事征服暂时结束，如何巩固辽阔的疆土，整合帝国不同区域和复杂的民族等问题随之而来。面对各地表面臣服，但又具有半独立地位的藩属和具有一定自主权的希腊城市，借助于波斯帝国时期的“众王之王”称号安抚各地的藩士，同时再次确立自己的最高权威，也就顺理成章。

从米特拉达特二世统治后期开始，帕提亚王国又重新陷入危机，这在钱币上也有所反映。从米特拉达特二世去世到奥罗德斯二世即位这段历史时期的王位更迭，因文献、铭文材料有限，钱币年代序列也难以排定，学界众说纷纭，称之为“帕提亚黑暗时代”。[3]这一时期，“众王之王”也在钱币上消失，正是国土控制力虚弱、政局混乱的表现。不过，官方文书和政治生活中可能仍保留了这一称呼。弗拉特斯三世虽然没有正式发行有“众王之王”头衔的钱币，但公元前63年的《天文日志》中却以此来称呼帕提亚国王。[4]另外，根据普鲁塔克的记载，庞培在致弗拉特斯三世的书信中也称其为“众王之王”。[5]

弗拉特斯三世的两个儿子奥罗德斯二世、米特拉达特三世为争夺王位继承权，都自称“众王之王”，且发行了相应的钱币，占据两河流域后，奥罗德斯二世在塞琉西亚造币场发行的四德拉克马银币

---

1 Isidore of Charax, *Parthian Stations*, trans. and ed. by W. H. Schoff, Philadelphia: Commercial Press, 1914, p. 8. 余太山:《伊西多尔〈帕提亚驿程志〉译介》,《西域研究》2007年第4期，第5—16页。

2 E. T. Newell, *Mithradates of Parthia and Hyspaosines of Characene: A Numismatic Palimpsest*, New York: The American Numismatic Society, 1925, pp. 11ff.

3 G. R. F. Assar, “The Genealogy of the Parthian King Sinatruces (93/2-69/8BC),” *Journal of Classical and Medieval Numismatic Society*, 2005, pp. 16-33.

4 Abraham J. Sachs and Hermann Hunger, eds., *Astronomical Diaries and Related Texts from Babylonia. Vol. 3: Diaries from 164 B.C. to 61 B.C.*, No. -62, upper edge 1.

5 Plutarch, *Pompey*, 38.2.

币文为ΒΑΣΙΛΕΩΣ ΒΑΣΙΛΕΩΝ ΑΡΣΑΚΟΥ ΦΙΛΟΠΑΤΟΡΟΣ ΔΙΚΑΙΟΥ ΕΠΙΦΑΝΟΥΣ ΦΙΛΕΛΛΗΝΟΣ，意为“众王之王阿尔萨息、爱父亲者、公正者、神显者、爱希腊者”；[1]米特拉达特三世主要控制区域在以米底为中心的伊朗高原地区，他的一部分钱币上也有“众王之王”头衔，主要来自埃克巴坦那和尼萨的造币场。[2]对争夺继承权的双方来说，采纳“众王之王”头衔对其王位合法性至关重要。二人争相使用这一头衔，说明它不仅仅是凌驾于地方和部族之上的霸权的象征，已经演变成为王室内部拥有最高权威和最具有合法性的标志。

“众王之王”头衔出现、消失、再次重现的反复过程表明，这一称号不仅与两河流域和波斯帝国的政治文化传统相联系，而且也与帕提亚帝国的扩张及其王室内部的斗争有关。

3. 晚期帕提亚钱币铭文上的希腊语讹误及阿拉米字母的出现

自奥罗德斯二世之后，帕提亚钱币的图案和铭文基本形成定式，铭文“众王之王，阿尔萨息，爱父亲者，正义者，神显者，爱希腊者”环钱币背面图像呈回字型排列（右侧一般只有一列铭文）。

在相当长的时间内，帕提亚钱币上的铭文都能保持正确拼写。质量衰退出现在米特拉达特二世去世之后的黑暗时期。这时不仅阿尔萨息家族为争夺王权同室操戈，其他大贵族也试图篡夺王位，他们纷纷发行自己的专属钱币。这种集中的造币活动一方面导致匆忙间开设的造币场设施简陋，另一方面也使得高水准的造币者供不应求，小造币场缺少精通希腊语的刻模师。这些不通希腊语的刻模师的工作方式就是从之前的钱币上抄袭已有的铭文，即使他们完全不了解这些文字的内涵。因此，我们发现这一时期一些不知名造币场打造的钱币工艺相当低劣，铭文字母甚至难以辨认。[3]

---

1 D. Sellwood, *An Introduction to the Coinage of Parthia*, type 45.

2 D. Sellwood, *An Introduction to the Coinage of Parthia*, type 41.

3 参见D. Sellwood, *An Introduction to the Coinage of Parthia*, type 32.2.

从弗拉特斯三世时期开始，钱币上铭文错误急剧增加。比较常见的是“Σ”与“E”的混写，但更多的则是刻模师似乎只是在模仿既有钱币铭文的轮廓，实际字母已经难以识别。后来不仅新开设的不知名造币场，甚至如拉盖、埃克巴坦那等主要造币场打造的钱币上铭文也会出现讹误，而这些城市在希腊化时代曾是希腊人的主要居住中心。底格里斯河畔的塞琉西亚在帕提亚治下长期保持着自治权，公元37年，塞琉西亚在罗马人的挑唆之下发动叛乱，直到43年叛乱才被彻底平息，城市自治权被收回，塞琉西亚不可避免地走向衰落。但是这个城市始终保持着希腊文化特征，希腊语在此地仍然流行，对造币场的刻模师来说，准确地拼写希腊语也不是什么难事。因此，帕提亚王国所有的造币场之中，只有底格里斯河畔的塞琉西亚发行的钱币上始终保持着正确的希腊语拼写。到公元1世纪，帕提亚钱币上希腊语衰退得更加明显。不过总体来说，大多数有讹误的钱币主要还是出自那些即使是塞琉古统治时期希腊人数量也很有限的城市造币场。

沃洛加西斯一世（Vologases I，约公元51—78年）钱币正面国王肖像旁边出现了阿拉米字母的国王名字缩写wl，这是自阿尔萨息一世以来，帕提亚钱币上首次出现国王的具体名字。[1]到公元2世纪中期，埃克巴坦那造币场的钱币正面有阿拉米字母已经比较普遍。至于希腊语铭文则越来越流于形式，象征意义大于实际意义，只是在沿袭一种既有模式而已。

三、帕提亚钱币铭文对丝路沿线国家钱币的影响——以“众王之王”头衔为例

帕提亚与印度—斯基泰人、印度—帕提亚人和贵霜人的统治时

1 Edward Dąbrowa, “Greek: A Language of the Parthian Empire,” in *Studia Graeco-Parthica: Political and Cultural Relations between Greeks and Parthia*, p. 158.

间都有重叠，“众王之王”在这些国家和地区的钱币上相继出现，虽然我们无法断言他们采用该头衔是否缘于帕提亚钱币的影响，毕竟这些地区都是波斯帝国的故土，波斯王权文化的影响也不能忽视，但是从币图、发行年代以及这些族群曾在帕提亚东境活动的经历等方面来看，缘自帕提亚影响的可能性很大。

“众王之王”头衔大量出现在印度—斯基泰、印度—帕提亚钱币上，继而又影响到贵霜钱币的铭文。[1]这些钱币多是双语币。学界通常将早期印度—斯基泰人分为毛伊斯（Maues，约公元前95/85—前60年）和沃诺尼斯两大支系，其钱币也鲜明地呈现两种不同的风格，[2]其中最早使用“众王之王”头衔的是毛伊斯。[3]他推翻印度河西岸印度—希腊人统治后，在哈扎拉—克什米尔地区（Hazara-Kashmir）发行了“众王之王”头衔钱币，比较精致，刻模师可能是希腊人。[4]这些钱币正面有希腊语币文ΒΑΣΙΛΕΩΣ ΒΑΣΙΛΕΩΝ ΜΕΓΑΛΟΥ ΜΑΥΟΥ，反面为佉卢文币文Rajadirajasa mahatasa Moasa，意思均为“众王之王，伟大的，毛伊斯”，主要模仿印度—希腊人钱币上常见的宙斯/尼科图型钱币，但是印度—希腊人钱币上从未出现过“众王之王”，甚至“大王”也十分

1 有关印度—希腊人钱币和印度—斯基泰人钱币目录，参见Michael Mitchiner, *Indo-Greek and Indo-Scythian Coinage*, 9 vols., London: Hawkins Publication, 1975-1976; R. C. Senior, *Indo-Scythian Coins and History*, 3 vols., Lancaster, PA: Classical Numismatic Group, 2001.

2 也有学者认为印度—斯基泰人还存在第三个支系，即“赫尔迈欧斯”（或称伪赫尔迈欧斯）支系，主要仿造巴克特里亚国王赫尔迈欧斯、欧克拉提德一世和阿波罗多托斯一世在卡皮萨和帕罗帕米萨代发行的钱币。参见K. Walton Dobbins, “Vonones, Maues and Hermaios: The Imperial Coinage of Mithradates II,” *East and West*, Vol. 30, No. 1/4 (1980), p. 32.

3 1835年，英国钱币学家普林塞普（James Prinsep）最先关注到毛伊斯的钱币，并将其置于“巴克特里亚—印度—斯基泰”一类之下。后来，威尔逊从名字推断其出自蛮族，坎宁汉提出梵文文献中的“Moga”即钱币中出现的“Maues”（毛伊斯）。参见J. F. Fleet, “Moga, Maues, and Vonones,” *Journal of the Royal Asiatic Society of Great Britain and Ireland*, Oct. 1907, pp. 1013-1040.

4 毛伊斯很有可能曾与一位名为玛凯奈（Machene）的印度—希腊人女王联姻。威德曼认为，在与王后玛凯奈的共治期结束后，毛伊斯才开始放弃印度—希腊人式钱币。参见François Widemann, “Maues King of Taxila: An Indo-Greek Kingdom with a Saka King,” *East and West*, Vol. 53, No. 1/4 (2003), pp. 95-125.

罕见。[1]除此之外，也有部分“众王之王”头衔钱币展示了“马/弓箭”的主题，这在帕提亚铜币中颇为常见。[2]

钱币学者西尼尔曾提出不一样的意见，认为“众王之王”这个称号源自斯基泰人，毛伊斯在米特拉达特二世之后开始发行“众王之王”钱币，不过二者之间并没有任何相互影响的关系。[3]但是，目前并没有直接证据表明“众王之王”这个称号的斯基泰文化渊源，西尼尔的观点有待讨论。考虑到时间上的巧合性和钱币图像主题的相似性，更合理的解释是毛伊斯很可能为了表明自己的独立地位，借鉴了帕提亚国王的称号。继毛伊斯之后，沃诺尼斯家族也在萨卡斯坦和阿拉科西亚建立了政权，沃诺尼斯家族与帕提亚人的渊源较毛伊斯更深，马歇尔（J. Marshall）认为，沃诺尼斯本人很可能出自帕提亚的苏伦家族，他们发行的“众王之王”头衔钱币以银币为主。[4]

印度—帕提亚人公元前后从萨卡斯坦进入印度，有学者认为印度—帕提亚人国王贡多法勒斯（Gondophares）可能出自帕提亚大贵族苏伦家族。[5]公元前10—公元20年左右，印度—帕提亚人国王以贡多法勒斯和阿布达伽塞斯（Abdagases）为代表，也发行了“众王之王”钱币。不过从币图和币文质量上看，均明显劣于印度—斯基泰人发行的“众王之王”钱币。与帕提亚后期钱币铭文类似，说明这些“众王之王”币文只是在沿袭旧例，不再具有实际的政治含义。

贵霜帝国继印度—斯基泰人王国、印度—帕提亚人王国而崛起。

---

1 目前所知，只有两位印度—希腊人国王的钱币上出现过ΒΑΣΙΛΕΩΣ ΜΕΓΑΛΟΥ。参见Osmund Bopearachchi, *Monnaies Gréco-Bactriennes et Indo-Grecques, Catalogue Raisonné*, pp. 387-388.

2 关于米特拉达特二世钱币中的马/弓箭主题，参见R. B. Whitehead, *Catalogue of Coins in the Panjab Museum, Lahore. Vol. 1: Indo-Greek Coins*, Oxford: Clarendon Press, 1914, pl. X35.

3 R. C. Senior, *Indo-Scythian Coins and History*, Vol. 1, p. 25.

4 John Marshall, *Taxila: An Illustrated Account of Archaeological Excavations*, Cambridge: Cambridge Univesity Press, 1951, p. 49.

5 A. D. H. Bivar, “The Political History of Iran under the Arsacids,” in Ehsan Yarshater, ed., *Cambridge History of Iran*, Vol. 3 (1), Cambridge: Cambridge University Press, 2000, p. 51.

早期的贵霜钱币不乏仿制印度—斯基泰人钱币之例，前三王（Kujula Kadphises、Vima Taktu、Vima Kadphises）在币文上多采用希腊、佉卢双语铭文，尽管赞语略有差异，但基本都含有“大王、众王之王”。例如，印度—斯基泰人国王阿泽斯一世和阿泽斯二世的“印度瘤牛和巴克特里亚骆驼式”钱币就被贵霜王丘就却所模仿，其佉卢文币文中也有“伟大的众王之王”之意（maharajasa rajarajasa）。[1]根据拉巴塔克铭文，从迦腻色伽即位开始，贵霜帝国将官方语言从希腊语改为巴克特里亚语，不久之后正面币文也仅保留希腊语字母拼写的巴克特里亚语的“众王之王”头衔。[2]贵霜帝国时期，贵霜人的势力一度延伸至塔里木盆地。于阗王国位于贵霜通往汉地的前沿地带，发行的汉佉二体钱（Sino-Kharosthi Coin）正面为马或骆驼像，故又称“和田马钱”，其中有两种佉卢文铭文带有“众王之王”头衔：一是“Maharajasa Rajatirajasa Mahatasa +王名”，意为“大王，众王之王、伟大者某某”；二是“Maharajasa Rajadirajasa yidirajasa+王名”，意为“大王、众王之王、于阗王某某”。第一种币文与威玛·塔克图在西犍陀罗地区发行的德拉克马和四德拉克马的币文格式（“大王、众王之王、伟大者、救主”）几乎一致，可见汉佉二体钱在币文头衔上深受贵霜钱币的影响。

综合来看，印度—斯基泰人和印度—帕提亚人发行的希印双语币不仅受印度—希腊人钱币影响，很可能也受到西邻帕提亚钱币的直接影响。贵霜钱币和于阗王国的汉佉二体钱上出现的“众王之王”头衔，则是对印度—斯基泰人、印度—帕提亚人传承、改造、再传播的产物。

---

1 David Jongeward, Joe Cribb and Peter Donovan, *Kushan, Kushano-Sasanian, and Kidarite Coins: A Catalogue of Coins from the American Numismatic Society*, New York: The American Numismatic Society, 2015.

2 N. Sims Williams, “The Bactrian Inscription of Rabatak: A New Reading,” *Bulletin of the Asia Institute*, Vol. 18 (2004), p. 56; 罗帅：《罗巴塔克碑铭译注与研究》，载《西域文史》第6辑，北京：科学出版社，2012年，第122—124页。

结　语

综上可知，帕提亚钱币虽然具有鲜明的民族和地域特色，但它仍然属于希腊式钱币之列。其铭文中的称号，尤其是“众王之王”对同时期的印度—希腊人、印度—斯基泰人、印度—帕提亚人的钱币甚至贵霜钱币都有不同程度的影响。它也是真正意义上的丝路钱币，其基本信息早在张骞时代就已经传到中国。公元224年，帕提亚作为一个帝国被萨珊波斯灭亡，但其钱币的基本特征被萨珊王朝传承、改造。这是“塞琉古—帕提亚—萨珊波斯”希腊式钱币演变过程中的最后一环，也是我们下一章的主题。

（李　潇）

第七章　希腊化钱币与波西斯钱币、萨珊钱币的关系

波西斯地区（Persis）位于伊朗高原西南，是阿黑门尼王朝（Achaemenid）的发祥之地，也是萨珊王朝的兴起之地。此地自塞琉古王朝统治时期开始独立造币，其钱币图像以塞琉古钱币为基础，既有希腊化钱币的一般特征，又充分彰显了波斯传统文化，尤其是琐罗亚斯德教宗教传统的特色，图文有时也受地方政权与塞琉古—帕提亚帝国政治关系的影响。萨珊钱币虽然由波西斯钱币发展而来，但它也部分吸收了帕提亚钱币遗产。随着帝国势力的东扩，贵霜沙（萨珊—贵霜）、寄多罗以及嚈哒、粟特等钱币均受到萨珊钱币的影响。

第一节　塞琉古、帕提亚钱币影响下的波西斯钱币

一、塞琉古钱币影响下的波西斯钱币

希腊化时期，波西斯成为塞琉古王国名义上的附属国。安条克三世（Antiochus III，约公元前222—前187年）统治末年，波西斯於塞琉古内外交困之际成为独立王国。独立之前，波西斯地方统治

者被称作“frataraka”（prtrk’），所以这段时期通常被现代学者称为“fratarakas王朝”。“frataraka”原本是阿黑门尼波斯帝国时期设立的一项官职名称，一般认为有首领、长官之意，其地位名义上附属于帝国委派的行省总督，实际上却掌握相当大的权力。[1]到希腊化时代，波西斯的地方统治者仍沿用这一称呼，反映出塞琉古治下波西斯地方与中央的微妙关系。由于波斯波利斯（Persepolis）的记录和档案在阿拉伯人征服萨珊之后受到了比较严重的破坏，我们对这段波斯历史所知非常有限，只能通过钱币了解波西斯部分统治者的名字和基本世系。公元前3至公元前2世纪中期，至少有四位波西斯统治者在钱币上自称为“frataraka”，分别是：巴格达一世（Bagdat I）、瓦呼巴兹（Wahbarz）、阿尔达希尔一世（Ardashir I）和奥图弗拉达特一世（Autophradat I）。

“fratarakas钱币”是波西斯钱币独立发展的奠基阶段，这与塞琉古王朝的影响密不可分。在此之前，波西斯并没有独立造币，特别是独立发行银币的传统。大流士一世（Darius I，约公元前550—前486年）改革之后，大流克金币（Daric）在波斯和希腊世界都比较流行，但是银币西格罗（Sigloi，亦称“谢克尔”，Shekel）却主要限于安纳托利亚西部地区，对其他地方尤其是两河流域以东的使用范围和影响力都十分有限。[2]波斯银币对两河流域以东地区的影响力更是微弱。希腊—马其顿人将打造、使用银币的传统带到波西斯。继业者战争时期，塞琉古一世（Seleucus I，公元前305—前281年）以亚历山大的名义发行了大量银币，这些银币流行于从东地中海到伊朗高原甚至

1 也有学者将“*frat”解释为“火”，认为“frataraka”即为“火的创造者”或“火的守护者”。参见Mary Boyce and Frantz Grenet, *A History of Zoroastrianism. Vol. III: Zoroastrianism under Macedonian and Roman Rule*, Leiden: E. J. Brill, 1991, p. 111.

2 曾晨宇：《古希腊钱币史》第一卷，北京：文物出版社，2019年，第131页。波斯钱币改革、流通使用范围及其他相关信息，可参考Michael Alram, “The Coinage of the Persian Empire,” in William E. Metcalf, ed., *The Oxford Handbook of Greek and Roman Coinage*, New York: Oxford University Press, 2012, pp. 61-87.

印度河流域之间的辽阔范围内。塞琉古一世称王之后，苏萨造币场为塞琉古一世发行了一种胜利币，出于某些原因，这类钱币似乎只在波西斯流通。[1]这类银质纪念币的正面为戴豹盔的男性头像，头盔侧面有牛角装饰，背面描绘的是尼科正将胜利花环戴在纪念柱上的场景，两侧有铭文“国王　塞琉古”（ΒΑΣΙΛΕΩΣ ΣΕΛΕΥΚΟΥ）。关于正面男性头像的身份，有亚历山大大帝、塞琉古一世、狄奥尼苏斯等多种解读。fratarakas钱币从一开始就表现出比较高超的造币工艺，图文精致，很大程度上也得益于塞琉古王国造币场培养的一批熟练掌握希腊造币工艺的当地工匠。

币制方面，fratarakas钱币皆为银质，以四德拉克马（约16克）和一德拉克马为主，另外也有半德拉克马和四奥波尔（约2.8克）等面额较小的银币，这一币制体系与塞琉古钱币相吻合。[2]根据霍顿（A. Houghton）与罗伯（C. Lorber）等人的研究，塞琉古王国银币面值以四德拉克马最多，一德拉克马次之，半德拉克马只在美索不达米亚平原及其以东的造币场发行，奥波尔面值的银币更少，主要在苏西亚纳（Susiana）、米底以及德兰吉亚那（Drangiana）和巴克特里亚的造币场打造。并且，早期塞琉古国王之中，只有塞琉古一世同时使用这四种面额的银币。[3]据此推测，波西斯钱币在币制方面可能主要以塞琉古王国东部造币场，尤其是苏萨造币场为塞琉古一世发行的钱币为参照。

铭文和图像方面，希腊化钱币对fratarakas钱币的影响主要表现在意图与格式上，而非外在形式上的相似。

1 A. Houghton and C. Lorber, *Seleucid Coins: A Comprehensive Catalogue. Part I, Seleucus I through Antiochus III*, Vol. 1, New York-Lancaster-London: ANS-CNG, 2002, p. 3; type 173-176.

2 George F. Hill, *Catalogue of the Greek Coins of Arabia, Mesopotamia and Persia*, London: The British Museum, 1922, pp. 195-203.

3 A. Houghton and C. Lorber, *Seleucid Coins: A Comprehensive Catalogue. Part I, Seleucus I through Antiochus III*, Vol. 2, Appendix 5.

图7-1-1
巴格达一世钱币（1）

希腊化钱币上的铭文或者使用希腊语单语，或者使用希腊语加婆罗米文、佉卢文、希伯来文等当地语言的对译，但所有的波西斯钱币都只有阿拉米字母拼写的中古波斯语。尽管准确释读波西斯钱币上的铭文还有一定困难，但可以确定，fratarakas钱币铭文均采用“统治者名字＋头衔＋称号”的基本格式。如巴格达一世银币背面铭文为“巴格达，首领，神的”（bgdt prtrk’ zy ’lhy’）；瓦呼巴兹自称为“波斯首领”，他的银币铭文为“瓦呼巴兹，波斯首领，神的”（whbrz prs prtrk’ zy ’lhy’）等。这种格式显然借鉴了塞琉古钱币的铭文结构。博伊斯（M. Boyce）等人甚至认为，波西斯钱币上将统治者称为“神”的做法也是受塞琉古王国的王权神化政策影响。[1]

图像方面，与希腊化钱币相同，fratarakas钱币正面均为统治者肖像。巴格达一世早期的一种银币背面图像是统治者身穿波斯服饰坐在王座上，一手持权杖，另一手持玫瑰花。（图7-1-1）塞尔伍德（D. Sellwood）认为，这批钱币的造币地在波斯波利斯，人物姿势与波斯波利斯浮雕上大流士一世的坐姿非常相似，不排除造币工匠就近选择图像原型的可能性。[2]此外，或许还存在另一种可能。塞琉古一世发行了大量以宙斯坐在高背椅上为背面图像的亚历山大后世版银币，尤其是苏萨造币场，在受塞琉古一世之命打造胜利币之前，一直以发行亚历山大银币为主。我们还发现波西斯的许多四德拉克马银币对亚历山大后世币进行了二次打压，部分重铸币

---

1 Mary Boyce and Frantz Grenet, *A History of Zoroastrianism. Vol. III: Zoroastrianism under Macedonian and Roman Rule*, p. 111.

2 David Sellwood, “Minor States in Southern Iran,” in Ehsan Yarshater, ed., *The Cambridge History of Iran*, Vol. 3(1), Cambridge: Cambridge University Press, 2000, p. 300.

的原型仍依稀可见。[1]所以波斯工匠应当对宙斯坐在高背椅上的形象与波斯波利斯浮雕同样熟悉。如果波西斯钱币在币制和铭文构成方面均以塞琉古钱币为参考对象，那么他们最初在选择图像时很可能也参考了塞琉古钱币，以当时颇为流行的“端坐在高背椅上的宙斯”图像为基础，做了“波斯化”改造。巴格达一世所用的这种仿大流士一世或仿宙斯型图像并没有被延续使用，背面为“首领/祭司与祭火坛”才是波西斯钱币图像的主流。（图7-1-2）与典型的希腊化钱币相比，原应展示希腊神的位置变为展示首领/祭司与祭火坛，二者的差异来自希腊化君主和波西斯统治者关于宗教信仰和统治者权力合法性来源的不同解释，但他们对于钱币“应展示内容”的选取原则是一致的。

图7-1-2
巴格达一世钱币（2）

fratarakas钱币受塞琉古钱币多方面影响，但作为流行于波斯文化的核心之地的钱币，不可避免地带有浓厚的地方文化特色，其图文充分彰显了琐罗亚斯德教传统。

正面人物肖像，统治者们普遍头戴阿黑门尼时期总督钱币上流行的风帽（bashlyk）。巴格达一世两种类型银币的正面风帽均为两侧护耳或垂带垂至脑后的样式。从瓦呼巴兹起，波西斯统治者更流行将两侧垂带系在下巴处。（图7-1-3）塞尔伍德认为，这种装扮便于挡住祭祀者的口鼻，可以防止祭祀阿胡拉·马兹达（Ahura Mazda）时人类的呼吸污染圣火。[2]巴格达一世银币背面图像的中心是一个方形建筑，顶部有三个高台，建筑左侧有一位站立的祭司双手举起，似

图7-1-3
瓦呼巴兹银币

1 David Sellwood, “Minor States in Southern Iran,” in Ehsan Yarshater, ed., *The Cambridge History of Iran*, Vol. 3(1), p. 301.

2 David Sellwood, “Minor States in Southern Iran,” in Ehsan Yarshater, ed., *The Cambridge History of Iran*, Vol. 3(1), p. 302.

乎正在祷告，另一侧则是一个缀有流苏的幡。博伊斯认为，这个建筑所代表的应当是一座宏伟的祭火坛，阿黑门尼时期的印章上也出现过相似图像。[1]可以说，瓦呼巴兹银币代表了fratarakas王朝时期波西斯钱币的经典样式，其后统治者的银币仅在此基础上做细微调整。阿尔达希尔一世和奥图弗拉达特一世银币的背面，祭火坛上方增加了张开双翅的阿胡拉·马兹达。[2]奥图弗拉达特一世的一种钱币背面，祭司手中拿着一张弓，这不免使人联想到阿黑门尼钱币上的国王跪地持弓像。[3]

fratarakas钱币的图像和文字偶尔也会受到波西斯与塞琉古王朝中央的政治军事关系的影响。根据波利埃努斯（Polyaenus，公元2世纪马其顿作家）的记载，波斯首领瓦呼巴兹掌管着三千希腊驻军，当他获悉这些军队欲发动叛乱后，先下手为强，结果一夜之间三千希腊人丧命。[4]瓦呼巴兹发行的一类钱币背面是一名希腊士兵跪在地上，身穿波斯服装的国王手持短刃站在身后，正准备将其杀死，配有铭文“瓦呼巴兹是胜利者，领袖”（Whbrz wnt ZY krny），可能就是为了纪念上述事件。[5]奥图弗拉达特一世的部分钱币背面，祭司背后站着希腊胜利女神尼科，女神正高举手中的花环欲授予祭司，图像所暗示的具体历史事件我们不得而知，但很可能也与希腊—马其顿人与波斯人的政治或军事博弈有关。[6]

---

1 P. Naster, “Fire-altar or Fire-tower on the Coins of Persis?” *Orientalia Lovaniensia Periodica*, Vol. I, pp. 125-129; Mary Boyce, *A History of Zoroastrianism. Vol. II: Under the Achaemenians*, Leiden: E. J. Brill, 1991, p. 145.

2 George Francis Hill, *Catalogue of the Greek Coins of Arabia, Mesopotamia and Persia*, pp. 198-201.

3 George Francis Hill, *Catalogue of the Greek Coins of Arabia, Mesopotamia and Persia*, pl. XXIX.5, 6, 8, 9; Mary Boyce and Frantz Grenet, *A History of Zoroastrianism. Vol. III: Zoroastrianism under Macedonian and Roman Rule*, p. 111.

4 Polyaenus, *Stratagems in War*, 12.40.

5 M. R. Shayegan, *Arsacids and Sasanians, Political Ideology in Post-Hellenistic and Late Antique Persia*, Cambridge: Cambridge University Press, 2011, p. 169.

6 George Francis Hill, *Catalogue of the Greek Coins of Arabia, Mesopotamia and Persia*, p. 201.

公元前222年，安条克三世继承王位，此时塞琉古王国已经面临四分五裂的严重危机。富庶的东方行省巴克特里亚和帕提亚都早已成为独立王国，米底和波西斯也企图趁机独立。安条克三世在位三十余年，不断东征西讨，意图恢复塞琉古一世时期的疆域。公元前205年左右，当他抵达波西斯的安条克城（Antiocheia in Persis）时，甚至一度取消了波西斯的造币权。但塞琉古王国对伊朗地区的控制仍无可挽回地走向衰落。奥图弗拉达特一世是目前所知最后一个使用frataraka头衔的波西斯统治者，此后一段时间，波西斯钱币上的铭文短暂消失了。现代学者普遍认为，“无名王”时期波西斯很可能已经宣告独立，不再使用frataraka作为头衔，一定程度上意味着当地统治者对塞琉古王国“代理人”这一身份的拒绝。不久之后，波西斯钱币上便开始出现对统治者的新称呼——“王”（MLK），说明这时波西斯已经正式成为独立王国。但波西斯的完全自治也仅是昙花一现，随着帕提亚帝国的崛起，很快又沦为帕提亚名义上的附属国。

二、波西斯钱币对帕提亚钱币的模仿

据斯特拉波，“波斯人的国王们过去臣服于马其顿国王，现在则臣服于帕提亚国王”。[1]波西斯钱币的变化与斯特拉波的记载吻合。早期的波西斯钱币以塞琉古钱币为基础，塞琉古王国影响力衰退之后，地方统治者寻求独立，开始以“王”自称。大流士一世（Darius I，或拼写为Darayan I，公元前2世纪末）是最早在钱币上使用王号的波西斯统治者。从大流士一世的儿子奥图弗拉达特二世（Autophradat II，公元前1世纪上半叶）起，帕提亚钱币对波西斯钱币风格的影响表现得比较明显，一是银币标准面值的变化，二是统治者肖像和装扮风格

1 Strabo, *Geography*, 15.3.24.

的变化。

银币标准面值发生变化，是波西斯钱币受到帕提亚影响的重要信号。塞琉古银币以四德拉克马和一德拉克马为标准面值，受塞琉古钱币影响，fratarakas统治时期，波西斯钱币也采用相同的面值体系。但是帕提亚王国不同，建国初期只发行了一德拉克马银币，米特拉达特一世（Mithradates I，约公元前171—前138年）征服美索不达米亚平原之后，才由塞琉西亚（Seleucia on the Tigris）的造币场打造四德拉克马银币，也主要在美索不达米亚平原流通。[1]波西斯的奥图弗拉达特二世统治时期，一德拉克马成为波西斯钱币的标准面值，同时四德拉克马银币停止发行。

帕提亚统治之下，波西斯钱币上的统治者肖像经历了波斯总督装扮—仿米特拉达特一世—仿米特拉达特二世（Mithradates II，约公元前123—前88年）—仿晚期帕提亚国王的发展变化过程。

除了自称为王之外，大流士一世的钱币大体上仍延续了fratarakas钱币的一贯风格。钱币正面国王仍戴波斯总督软帽，但是软帽两侧的垂带没有系拢，而是分散垂在脑后，钱币背面依然是传统的方形祭火坛。[2]值得一提的是，大流士一世的风帽顶部有新月装饰，新月常被视为波斯君主的象征，频繁出现在各种图像中，包括多位波西斯国王的钱币上。

奥图弗拉达特二世的银币的正面不再采用波斯总督装扮，取而代之的是国王头系王带、蓄长须、戴耳环和项链等装饰品的新形象，与米特拉达特一世的希腊式银币上的形象相似。他的肖像和装扮风格明显受到帕提亚钱币，尤其是塞琉西亚造币场为米特拉达特一世发

1 参见David Sellwood, *An Introduction to the Coinage of Parthia*, London: Spink and Son Ltd., 1980, pp. 1-43.

2 George Francis Hill, *Catalogue of the Greek Coins of Arabia, Mesopotamia and Persia*, pp. 204-211.

行的银币的影响。[1]二者区别在于，与米特拉达特一世银币相比，奥图弗拉达特二世在王带之上添加了一弯新月装饰。[2]（图7-1-4）

米特拉达特二世钱币上所展示的国王形象同样受到波西斯君主的仿效。公元110年左右，米特拉达特二世再次确立起帕提亚人对美索不达米亚的统治之后，对国王钱币进行了一系列改革，如在铭文中增加阿黑门尼时期流行的对波斯大王的敬称“众王之王”，以头戴波斯式高冠的新形象示人等。[3]奥图弗拉达特二世之子大流士二世（Darius II，约公元前1世纪）的钱币正面，国王所戴高冠与米特拉达特二世的高冠相似，两侧有护耳，冠体侧面饰有一弯新月，为多圈联珠纹环绕。（图7-1-5）这一象征物反复出现表明波西斯国王们对自己波斯君主的身份认同。

米特拉达特二世之后，帕提亚国王的装扮风格更加多样化。希腊化王带和高冠流行的同时，将短发向两侧梳理整齐挡住耳朵，系宽王带或戴城垛状的王冠，以及将头发在脑后挽成两个圆发髻，用王带束起的样式等也比较常见。[4]这些风格也都受到波西斯国王们的仿效。

帕提亚统治时期的波西斯钱币仍然使用阿拉米文，但铭文格式和排列方式略有变化，去掉了“神”，增加了国王父亲的名字。这一变化始于大流士二世。他的钱币上的铭文为“大流士，国王，奥图弗拉达特国王之子”（d’ryw mlk’

图7-1-4
奥图弗拉达特二世银币

图7-1-5
大流士二世钱币

1 David Sellwood, “Minor States in Southern Iran,” in Ehsan Yarshater, ed., *The Cambridge History of Iran*, Vol. 3(1), p. 304.

2 George Francis Hill, *Catalogue of the Greek Coins of Arabia, Mesopotamia and Persia*, pp. 212-215.

3 米特拉达特二世的高冠形象，参见David Sellwood, *An Introduction to the Coinage of Parthia*, type 28, 29.

4 David Sellwood, *An Introduction to the Coinage of Parthia*, type 30.

brh wtprdt mlk）。大流士二世的儿子瓦呼克沙尔也采用相同的铭文格式“瓦呼克沙尔，国王，大流士国王之子”（whwhstr mlk’ brh d’ryw mlk’）。此后的波西斯国王均继承了这种新的铭文格式。这种在钱币上尊崇国王父亲的做法可能也与帕提亚有关。帕提亚国王虽不直接在钱币上铭刻父亲之名，但是从米特拉达特一世时起，帕提亚钱币铭文中经常出现“尊父为神者”（ΘΕΟΠΑΤΟΡ）。晚期波西斯钱币上常出现正背两面均为人像的情况，通常背面人像比正面略小，一般认为，背面就是国王的父亲，这种图像组合方式与铭文所传递的信息显然一致。

另外，大流士二世及之后波西斯王钱币的铭文排列方式多为“□”型，这种排列方式也属于帕提亚钱币的典型特色。与帕提亚钱币相比，波西斯钱币上有国王的具体名字和父系传承，为现代学者减少了排定世系的难度。

第二节　萨珊钱币及其在中亚和印度的影响

公元208年，波西斯伊什塔克尔神庙祭司萨珊的后人阿尔达希尔（约公元208—242年）继任波西斯王。此时帕提亚帝国已经被一分为二，阿尔塔巴努斯四世（Artabanus IV，约公元213—224年）统治两河流域地区，以泰西封为都；沃洛加西斯六世（Vologases VI，公元208—228年）统治两河以东地区，以埃克巴坦那为都。公元224年，波西斯王阿尔达希尔率领波斯人先后打败沃洛加西斯六世和阿尔塔巴努斯四世，帕提亚王朝灭亡。[1]两年后，即226年，阿尔达希尔在

1 R. N. Frye, “The Political History of Iran under the Sasanians,” in Ehsan Yarshater, ed., *The Cambridge History of Iran*, Vol. 3(1), pp. 116-124.

泰西封举行了加冕仪式，自称“众王之王”，正式开启了萨珊王朝的统治。

总体来看，萨珊钱币有金、银、铜三种材质，其中以银币为主，金币较少，大部分属于沙普尔一世（Shapur I，公元241—272年）和卑路斯一世（Peroz I，公元459—484年），铜币也比较少。[1]从外观看，萨珊钱币外观大而薄，故又被称为“薄片币”，钱币直径大大增加，这给了工匠更多的设计空间。纵观整个萨珊钱币的发展过程，虽然表现出风格的明显变化以及类型细节上的多样性，但钱币两面的样式基本一致。[2]

从钱币正面看，萨珊钱币上的王像面右，与萨珊王朝建立前的波西斯钱币上的王像相同。萨珊钱币王像上国王均系王带，并且王带依然是最重要的王权象征要素。王冠在昭示国王身份方面同样重要。根据冠体不同，萨珊钱币上的王冠可分为圆帽冠、雉堞冠、鹰翅冠以及宽沿冠等。冠体及装饰往往有特定的宗教内涵。例如，根据传统解释，王冠上的翅膀是琐罗亚斯德教中掌管战争与胜利的神韦勒斯拉纳（Verethragna）的象征。韦勒斯拉纳，传说其在战场上以四枚翅膀的身姿显现于两军之间，最先获得他关注的一方将会获得胜利，在萨珊王朝期间受到崇拜。阿尔达希尔一世建立起韦勒斯拉纳的圣火台，从此以后萨珊王朝历代的皇帝都必须要到此朝圣。韦勒斯拉纳又与猎鹰密切相关，霍尔米兹德二世（Hormazd II，公元303—309年）的王冠上描绘了一只几乎完整的猎鹰形象。王冠上的雉堞元素则通常暗示

---

1 李铁生编著:《古波斯币（阿契美尼德 帕提亚 萨珊）》，北京：北京出版社，2006年，第170页。

2 萨珊钱币图录，可参考Robert Göbl, *Sasanian Numismatics*, Braunschweig: Klinkhardt und Biermann, 1971; David Sellwood, Phillip D. Whitting, Richard Williams, *An Introduction to Sasanian Coins*, London: Spink and Son Limited, 1985; M. Alram, R. Gyselen, *Sylloge Nummorum Sasanidorum (vol. 1-6)*, Wien: Austrian Academy of Science Press, 2003; 李铁生编著:《古波斯币（阿契美尼德 帕提亚 萨珊）》。

阿胡拉·马兹达。[1]公元4世纪末至5世纪初，象征阿胡拉·马兹达的城墙元素和象征韦勒斯拉纳的翅膀构成的组合“双翅雉堞冠”成为萨珊国王的常见王冠样式。耶兹底格德一世（Yazdegerd I，公元399—420年）的王冠额前位置开始出现新月装饰。自此以后，瓦赫兰五世（Bahram V，公元420—438年）、耶兹底格德二世（公元438—457年）、扎马斯普（Jamasp，公元497—499年）等多位国王的王冠上均饰有新月装饰。与翅膀和雉堞装饰不同，新月并不清晰指向某位具体神明。到7世纪时，个人专用王冠的原则已经被放弃。[2]

萨珊钱币背面最显著、最重要的图像类型是以琐罗亚斯德教的祭火坛为主体，左右两侧分别站立着一位祭司或国王。如前文所述，这种主题可以追溯至自波西斯frataraka王朝时期。萨珊王朝被认为是政教合一的国家，但有别于我们当今所理解的一般意义上的政教合一。严格意义上的“政教合一”制度不仅要求国家元首和宗教领袖为同一人，还要求国家法律以宗教教义为依据，宗教教义也是处理一切民间事物的准则。萨珊王朝的统治者出身于世代侍奉拜火神庙的祭司世家，国王在年少时即接受过完备的祭司教育，即位之后，国王便同时具有国家最高世俗统治者和宗教管理者的双重身份，但二者并未完全合二为一。在世俗统治层面上，国王主要通过复活古代的行政部门以增强其政权的正统性和合法性；宗教政策上，除琐罗亚斯德教之外，萨珊国王对摩尼教等其他宗教也曾采取一定程度的容忍态度。

在极少数的节日庆典币和地方钱币上，偶尔会出现特殊图像或符号。例如库斯老二世（Khusrau II，公元591—628年）晚期钱币上曾出现阿娜希塔女神（Anahita）头像。[3]

---

1 R. N. Frye, “The Political History of Iran under the Sasanians,” in Ehsan Yarshater, ed., *The Cambridge History of Iran*, Vol. 3(1), pp. 116-124.

2 R. N. Frye, “The Political History of Iran under the Sasanians,” in Ehsan Yarshater, ed., *The Cambridge History of Iran*, Vol. 3(1), pp. 116-124.

3 李铁生编著:《古波斯币（阿契美尼德 帕提亚 萨珊）》，第280—285页。

币文方面，萨珊钱币使用中古波斯语帕拉维文书写，而非帕提亚钱币上惯用的希腊语。萨珊钱国王在钱币上常用的称号有“马兹达崇拜者”“天降的”“神圣的”以及某某“之火”、“伊朗的和非伊朗的王中之王”等，中后期的萨珊钱币上往往还有纪年、造币地等信息。

币制方面，与帕提亚相同，萨珊钱币最重要的面值也是德拉克马。阿尔达希尔一世取得了对帕提亚人的胜利之后，就发行了与帕提亚钱币相同重量标准和含银量的钱币，后期将每德拉克马的重量标准提升到约4.2克，含银量提升到95%左右。卑路斯一世之后，每德拉克马的重量略有下降，但波动轻微，直到被阿拉伯—萨珊钱币取代。

还有一部分萨珊银币是半德拉克马或六德拉克马。此前，这两种面额在波西斯流行。半德拉克马流行的时间很短，霍尔米兹德二世之后便不再发行。六德拉克马的命运不同，虽然沙普尔二世（Shapur II，公元309—379年）以后就不再大规模发行，但是一直被使用到公元5世纪末。六德拉克马银币的背面经常会出现其他面值钱币上没有的特殊类型，相对来说，重量也并不稳定，总体呈现下降趋势，更像是节日所用的捐赠钱币，而非实用币。

以上萨珊钱币的特征表明，即使是最基本的类型，虽然看起来风格统一，但其中的细节一直有变化。

萨珊王朝兴起、扩张之时，东邻贵霜帝国却日益衰落。公元3世纪中期，瓦苏提婆二世（Vasudeva II，约公元267—300年）和迦腻色伽三世（Kanishka III，约公元前267—270年）以印度河为界，将贵霜帝国一分为二，东部以塔克西拉为都，最后屈服于印度笈多王朝的沙摩陀罗笈多（Samudragupta），西部定都迦毕试，臣服于萨珊王朝，成为贵霜沙（Kushanshah）附庸国。贵霜沙王国疆域大致包括犍陀罗、喀布尔河谷和巴克特里亚等地。

最早的贵霜沙币模仿贵霜钱币，少数钱币的图文混合了萨珊钱币元素。如有些钱币正面为统治者戴萨珊式高冠肖像，或者正面为贵霜

图7-2-1
卑路斯·贵霜沙钱币

钱币风格的国王站像，但国王却身穿萨珊式的衣服，戴萨珊国王的高冠；背面是琐罗亚斯德教神。出土窖藏证明，贵霜沙王国的一些造币场，如喀布尔（Kabul），可能同时打制萨珊币和贵霜沙币。[1]第三位贵霜沙统治者卑路斯（Peroz I Kushanshah，约公元245—270年）获取了贵霜在兴都库什山以南的部分领土之后，发行的钱币充分融合了贵霜和萨珊钱币的特点。正面是戴高冠的国王形象，旁边是祭火坛，国王的形象要比祭火坛高大得多。祭火坛上方有一个二叉戟，在贵霜钱币上，三叉戟是湿婆的象征。钱币背面图像是湿婆手持三叉戟站在公牛（瘤牛？）前面的形象，但是湿婆的帽子和发型都是萨珊式。（图7-2-1）有些贵霜沙钱币上使用萨珊钱币上流行的帕拉维文，有些则使用贵霜钱币上流行的巴克特里亚语。

萨珊波斯国王统治贵霜沙近一个世纪，萨珊国王沙普尔二世统治中后期，一个新的王国寄多罗崛起，逐渐控制了原本萨珊统治下的贵霜王朝领土。萨珊钱币的影响也由此传至寄多罗、嚈哒、突厥等政权。

信德省也曾经发行过萨珊风格的钱币。此类钱币发行于公元325—480年间，主要流通范围在信德省，即现在巴基斯坦南部，多模仿沙普尔二世至卑路斯一世期间的萨珊钱币。这类钱币与贵霜沙钱币（萨珊—贵霜钱币）一起被称作“印度—萨珊币”，它们也是萨珊钱币的重要组成类别。

萨珊王朝曾经的统治核心区域被阿拉伯人征服后，萨珊钱币类型仍然被沿用了一段时间，此类钱币被称作“阿

---

1 Joe Cribb, “Money as a Marker of Cultural Continuity and Change in Central Asia,” in J. Cribb and G. Herrmann, eds., *After Alexander: Central Asia before Islam*, Oxford and New York: Oxford University Press, 2007, p. 368.

拉伯—萨珊币型”。它们延续了萨珊主题，包括展示琐罗亚斯德教的祭火坛。这一时期，相当一部分钱币模仿了耶兹底格德三世的钱币类型。根据现代钱币学者分析，“阿拉伯—萨珊币”所用的模具可能最初是萨珊王朝时期的模具，或者是阿拉伯人征服之后雇佣了原来的刻模师。[1]

结　语

萨珊王朝的钱币虽然植根于原来阿黑门尼波斯帝国的发祥地，深受波斯琐罗亚斯德教文化的影响，但总体看来，它的钱币从波西斯时期起，就先后处于塞琉古王国和帕提亚王国的影响之下，所以，尽管它属于希腊式钱币的最后一传，或是对希腊化钱币的再仿造，但仍然保留了希腊式钱币的基本形制和重量标准，“国王/祭火坛”的主流类型实则希腊化钱币“国王与保护神”类型的翻版，只不过“物似是而人全非”而已。

（李　潇）

1 Alexander Nikitin and Gunter Roth, “The Earliest Arab-Sasanian Coins,” *The Numismatic Chronicle*, Vol. 155 (1995), p. 133.

第八章　嚈哒—阿尔雄钱币的希腊化元素

嚈哒（Hephthalites）是约公元5世纪崛起于中亚的一个游牧帝国。中外学术界对嚈哒这一民族或国家的定义并不一致，不少学者将嚈哒与阿尔雄（Alchon）等其他匈人诸部落区分开来。但根据钱币和文献资料来看，兴都库什山以南的阿尔雄部落，实际上是嚈哒游牧联盟中的重要分支。因此，本章将在梳理嚈哒—阿尔雄帝国钱币史及其产生的文化背景基础上，具体考察嚈哒钱币上所见的希腊化元素，并对其长期存续的原因作一定的探讨。[1]

第一节　嚈哒—阿尔雄历史与钱币的演化

整体看来，嚈哒—阿尔雄帝国的疆域大致以巴克特里亚和犍陀罗地区为中心向四周扩张。尽管两地经过萨珊波斯与印度本土文化的洗

1　目前中外学术界对于嚈哒钱币的研究固然不少，但很少注意到其与希腊化钱币之间的关联，其中明确提出这一观点的有杨巨平：《远东希腊化文明的文化遗产及其历史定位》，《历史研究》2016年第5期；杨巨平：《希腊式钱币的变迁与古代东西方文化交融》，《北京师范大学学报（社会科学版）》2007年第6期。奥地利学者戈布尔（Robert Göbl）是研究嚈哒钱币的主要学者之一，他在其名著《巴克特里亚与印度地区伊朗匈人的史料》中对嚈哒等政权发行的钱币进行了分类与编号，为以后学者提供了极大便利。详见Robert Göbl, *Dokumente zur Geschichte der Iranischen Hunnen in Baktrien und Indien*, 4 vols., Wiesbaden: Otto Harrassowitz, 1967.

礼后，希腊化传统遭到削弱，但其毕竟是原来希腊化世界远东文明圈的核心地区，希腊化文明的遗产，尤其是希腊式钱币的遗产还在丝路沿线流通，因此嚈哒人在其征服迁徙过程中，都无可避免地会接触到它们，并为己所用。

关于嚈哒人的历史信息大多散见于古代中国、拜占庭、叙利亚、亚美尼亚、伊朗、印度以及后来的阿拉伯史料当中。这其中，由于嚈哒帝国曾与古代中原王朝有过频繁的官方往来，并且中国的使节和求法僧在其境内有过实地考察的经历，因此中文史料最为后世史家倚重。但是，中外史料中关于嚈哒帝国的记载不乏相互抵牾、与史实颇有出入之处。即使在同一部文献中，也有前后矛盾的地方。[1]仅就其族群名称而言，不同的史料中就多达数十种。[2]不过其中大都属于同名异译。至于其族属问题的记载与推测，更是众说纷纭，如高车说、车师说、匈奴说、月氏说、白狄说、突厥说、乙弗鲜卑说、伊朗说、猃胡说、藏人说等，不胜枚举。[3]

---

1 比如普罗柯比（Procopius）的《战史》中就对嚈哒人有着完全不同的记载。参见［古罗马］普罗柯比:《战史》，崔艳红译，陈志强审校注释，郑州：大象出版社，2010年，第11—12页。关于这一点，库尔巴诺夫（A. Kurbanov）曾经作过比较详细的列举，参见A. Kurbanov, *The Hephthalites: Archaeological and Historical Analysis*, PhD. Disser., Free University, Berlin, 2010, pp. 2-32, 110.

2 A. Kurbanov, *The Hephthalites: Archaeological and Historical Analysis*, pp. 2-32, 110-122; B. A. Litvinsky, "The Hephthalite Empire," in B. A. Litvinsky, ed., *The History of Civilizations of Central Asia. Vol. III: The Crossroads of Civilizations, A.D. 250 to 750*, Paris: UNESCO Publishing, 1996, pp. 135-147.

3 学界关于嚈哒族属问题的探讨较多，此处只列举其中比较重要者。余太山:《嚈哒史研究》，北京：商务印书馆，2012年；马冬、吴洪琳:《猃胡与嚈哒》,《西域研究》2005年第4期；刘洁:《象雄与嚈哒关系考略》,《中国藏学》2015年第1期；Michael Alram, "New Coins of the Hephthalites along the Silk Road"，载《丝绸之路古国钱币暨丝路文化国际学术研讨会论文集》，上海：上海书画出版社，2011年，第240—258页。Michael Alram, "From the Sasanians to the Huns New Numismatic Evidence from the Hindu Kush," *The Numismatic Chronicle*, Vol. 174 (2014), pp. 261-291; K. Enoki, "The Origin of the White Huns or Hephthalites," *East and West*, Vol. 6, No. 3 (1955), pp. 231-237; Kazuo Enoki, "On the Nationality of the Ephthalites," in *Memoirs of the Research Department of the Toyo Bunko*, No. 18 (1959), Tokyo: The Toyo Bunko, pp.1-58; S. Kuwayama, *Across the Hindukush of the First Millennium: A Collection of the Papers, Institute for Research in Humanities*,（转下页）

在西方学术界，戈布尔（Robert Göbl）基于中亚“匈人”大多采用了伊朗世界的语言、文化传统以及复杂的钱币形制等，于是创造了“伊朗匈人”（Iranian Huns）一词，并将其分为寄多罗（Kidarites）、嚈哒、阿尔雄以及纳扎克（Nazak/Nspk）等四部，认为这四部并不相互统属，而是分别独立。同时，他根据阿尔雄钱币与巴克特里亚的嚈哒钱币之间存在的较大差异，如所载铭文不同，认为嚈哒人从未向南越过兴都库什山，阿尔雄则盘踞在犍陀罗地区并不时向南进犯旁遮普甚或恒河流域一带，印度史料中的“匈奴人”（Hunas/Sevta Hunas）指的就是这一族群。[1]这一主要基于钱币得出的结论，得到了魏义天（Étienne de la Vaissière）、麦克·阿尔拉姆（Michael Alram）等众多西方学者的支持。[2]不过，更熟悉汉文史料的中国和日本学者，如余太山、榎一雄（K. Enoki）、桑山正进（S. Kuwayama）等人并不认可这一观点。[3]因此，关于二者是否为同族或同一政权的问题，实际上历史学家与钱币学家之间产生了严重的

（接上页）Kyoto University, 2002; Étienne de la Vaissière, “Is There a ‘Nationality of the Hephtalites’? ” *Bulletin of the Asia Institute*, New Series, Vol. 17 (2003), pp. 119-132; A. Kurbanov, *The Hephthalites: Archaeological and Historical Analysis*, PhD. Disser., Free University, Berlin, 2010.

1 参见Robert Göbl, *Dokumente zur Geschichte der Iranischen Hunnen in Baktrien und Indien*.

2 关于魏义天、麦克·阿尔拉姆的观点，参见前文引述二人的作品。不过比瓦尔（A. D. H. Bivar）、李特文斯基（B. A. Litvinsky）等人认为，嚈哒与阿尔雄为同族。莱扎汗尼（Khodadad Rezakhani）则承认二者之间存在着紧密联系，但互为独立的政治实体。具体参考B. A. Litvinsky, “The Hephthalite Empire,” in B. A. Litvinsky, ed., *The History of Civilizations of Central Asia. Vol. III: The Crossroads of Civilizations, A.D. 250 to 750*, pp. 141-142; Khodadad Rezakhani, *ReOrienting the Sasanians: East Iran in Late Antiquity*, Edinburgh: Edinburgh University Press, 2017, p. 104.

3 余太山先生认为所谓阿尔雄一名，其实是早期入侵印度的嚈哒特勤之名（余太山:《嚈哒和乾陀罗的关系》,《西域研究》2023年第2期，第12—13页）。榎一雄并未专门对嚈哒和阿尔雄等族群进行区别，而是沿袭了汉史的传统，认为在公元5—6世纪之间入侵犍陀罗等地的正是嚈哒（Kazuo Enoki, “On the Nationality of the Ephthalites,” in *Memoirs of the Research Department of the Toyo Bunko*, No. 18 (1959), p. 11）。桑山正进也认为所谓头罗曼（Toramana）、摩酰逻矩罗（Mihirakula）等国王毫无疑问仍是嚈哒人（S. Kuwayama, *Across the Hindukush of the First Millennium: A Collection of the Papers, Institute for Research in Humanities*, p. 215）。

分歧，至今仍为学术界争论的热点。[1]

笔者认为，嚈哒政权明显并非由单一民族或部落构成，而是中亚草原与西北印度地区一个松散的游牧部落联盟。这一点是理解不同地区嚈哒钱币形制出现差异的基本前提。公元5—6世纪，嚈哒人在中亚与西北印度建立了一个庞大的帝国，曾先后“征其旁国波斯、盘盘、罽宾……等国，开地千余里”。[2]其极盛时，“西域康居、于阗、沙勒、安息及诸小国三十许，皆役属之，号为大国”。[3]嚈哒也曾越过兴都库什山，入侵印度。据汉文史籍，“乾陀国，在乌苌西，本名业波，为嚈哒所破，因改焉。其王本是敕勒，临国二世矣”。[4]正光元年（公元520年），奉命出使西域的宋云注意到，乾陀国“土地亦与乌场国相似，本名业波罗国，为嚈哒所灭，遂立敕勤为王。治国以来，已经二世。”[5]这里的乾陀国自然是指犍陀罗，而所谓敕勒、敕勤，即是特勤之讹。根据这些说法，嚈哒或者至少是嚈哒联盟下的一支在犍陀罗建立了附属政权。这个分支就是阿尔雄部落。

阿尔雄部落是在抵达印度自立为王时，才开始独立发行钱币的。但是，值得注意的是，阿尔雄的S1型族徽频繁出现在巴克特里亚的嚈哒钱币、印章和遗址上；[6]阿尔雄在兴都库什山以南发行的许多钱币上，也带有巴克特里亚语铭文。根据喀布尔等地出土的阿尔雄钱币，不难发现，他们与巴克特里亚的嚈哒人一样，起初也是直接仿制萨珊

---

1 只有少数钱币学家如米契纳（Michael Mitchiner）等人认为阿尔雄是嚈哒的一个部落。参见Michael Mitchiner, *Indo-Greek and Indo-Scythian Coinage*, Vol. 9, London: Hawkins Publications, 1975, p. 166.

2《梁书》卷五四《西北诸戎传》，二十四史点校本，北京：中华书局，1973年，第812页。

3《北史》卷九七《西域传》，二十四史点校本，北京：中华书局，1974年，第3231页。

4《魏书》卷一〇二《西域传》，二十四史点校本，北京：中华书局，1974年，第2280页。

5（北魏）杨衒之撰，周祖谟校释：《洛阳伽蓝记校释》卷五，北京：中华书局，2010年，第195页。

6 Jangar Ilyasov, "The Hephthalite Terracotta," *Silk Road Art and Archaeology*, Vol. 7 (2001), p. 196.

波斯的钱币。[1]这说明阿尔雄是嚈哒一部，翻越兴都库什山进入印度之初，在钱币上继续坚持嚈哒宗主模仿萨珊钱币的传统。只是后来随着阿尔雄的“自我”意识逐渐增强，才开始发行独具特色的钱币，表明自身政权的合法性与独立性。

此外，一种阿尔雄双语币上刻有alxano sǎō的铭文，也揭示了它和嚈哒钱币存在着某种渊源关系。[2]所谓sǎō其实类似于萨珊王朝的šāh或shah，虽然有时被译为“国王”，但其本意更接近“总督”。更重要的是，通常出现在巴克特里亚嚈哒钱币上的S2型徽记，也曾经出现在阿尔雄的钱币上。[3]由此可见，犍陀罗地区的阿尔雄最初很可能是嚈哒帝国的一个总督辖区，其地位如同萨珊波斯治下的“贵霜沙”（Kushanshah）。

嚈哒钱币的主要模仿对象是萨珊波斯钱币。这是因为它所占据的中亚地区本来就是萨珊波斯帝国的疆土。在与萨珊波斯的连年征战中，嚈哒掠取了大量萨珊钱币和币模，从而奠定了嚈哒货币的基础。萨珊皇帝卑路斯一世（Peroz I）被俘后，曾向嚈哒支付了三十麻袋的银德拉克马作为赎金。拜占庭史家普里斯库斯（Priscus）也曾提到：“由于赎金过重，卑路斯负担不起，不得不向拜占庭皇帝列奥一世（Leo I）求助。”[4]这些萨珊钱币显然成为嚈哒钱币乃至阿尔雄钱币的源头之一。

---

1 Klaus Vondrovec, “Numismatic Evidence of the Alchon Huns Reconsidered,” *Beiträge zur Ur- und Frühgeschichte Mitteleuropas*, Vol. 50 (2008), p. 27; Khodadad Rezakhani, *ReOrienting the Sasanians: East Iran in Late Antiquity*, p. 113; A. Kurbanov, *The Hephthalites: Archaeological and Historical Analysis*, p. 101.

2 Michael Alram, “From the Sasanians to the Huns New Numismatic Evidence from the Hindu Kush,” *The Numismatic Chronicle*, Vol. 174 (2014), pp. 261-291.

3 本文中涉及到S1与S2两种嚈哒族徽，该分类仍依据戈布尔的编号。

4 R. C. Blockley, *The Fragmentary Classicising Historians of the Later Roman Empire: Eunapius, Olympiodorus, Priscus and Malchus*, Oxford: Francis Cairns, 1983, p. 344.

第二节　嚈哒—阿尔雄钱币中的希腊化元素

尽管阿尔雄钱币有其地方特色，但实际仍是嚈哒钱币中的一种，与嚈哒钱币有着先后传承关系，所以，本章将阿尔雄钱币与嚈哒钱币视为一个整体进行分析，称其为嚈哒—阿尔雄钱币。嚈哒钱币类似粟特钱币，都是多次仿制之后的变种，实际上接近于希腊式钱币的尾声，但其中的希腊化因素还是依稀可见。

首先，嚈哒钱币正面一般为国王面右头像，背面为琐罗亚斯德教祭火坛等宗教象征。这种图像特征来源于萨珊波斯，也是希腊化钱币的传统："钱币的正面一般是国王头像，反面是其保护神或其他特殊的象征物，并附有表示国王头衔及名字的希腊字母铭文。"[1]钱币背面的祭火坛实际就是萨珊国教——琐罗亚斯德教的标志，也是保护神的变体，仍然具有宗教和政治意义。

可以说，嚈哒钱币是对萨珊波斯钱币的仿造或利用。比如钱币正面的萨珊皇帝头像、雉堞冠以及背面的祭火坛等，与此前相比几乎没有什么变化。[2]（图8-2-1）但在阿尔雄时期，其钱币不再简单地模仿萨珊，而是涌现出了大量本族的元素。阿尔雄钱币的正面逐渐放弃了仿制萨珊皇帝头像的做法，改以本族首领的头像取而代之，并且这种头像以其"细长畸形的头骨"成为判断阿尔雄钱币的最显著特点。此时的阿尔雄首领头像一般面向右侧，不再戴雉堞冠，而是选

图8-2-1

带有S2族徽标志的嚈哒钱币

1　参见杨巨平：《远东希腊化文明的文化遗产及其历史定位》，《历史研究》2016年第5期，第135页。

2　A. Kurbanov, *The Hephthalites: Archaeological and Historical Analysis*, p. 91.

图8-2-2
尔雄“馨孽”（Khingila）
银德拉克马

择头系王带，同时额前还有一弯月。[1]其中大部分王带较宽，风格类似萨珊王冠后的飘带，可以将其视为希腊化王带（diadem）的变种。（图8-2-2）一枚疑似属于头罗曼（Toramana）的钱币，上面嚈哒首领所系的王带与希腊化时期的王带最为相似，并且该头像的头型也最接近正常比例。[2]

与希腊化钱币一样，嚈哒钱币上的国王肖像大多面向右方，但也有例外。在一枚头罗曼钱币上，正面就是一个面向左侧的人物肖像，在一点钟方向的位置上刻有婆罗米文。背面是一只展翅的孔雀，也是面向左方，这与塞犍陀笈多（Skandagupta）的中部类型（Madhyadesa type）钱币如出一辙。只是在塞犍陀笈多钱币的正面，国王肖像依然是面右的。因此，基本可以判定这是头罗曼进入印度后直接使用当地的币模，稍加修改后打造的钱币。这也从侧面反映出嚈哒人同其他游牧民族一样，对于被征服地区先进的文化总是实行“拿来主义”。

嚈哒钱币的背面一般都是琐罗亚斯德教祭火坛的图案。据《梁书》记载，滑国“事天神、火神”，[3]滑国即是中国南期梁时对嚈哒的

1 A. Kurbanov, “The Hephthalite Numismatics,” *Journal of the National Museum of Moldova*, Vol. 7 (2013), p. 372.

2 该币刻有*jayatu torana*的婆罗米铭文，详见http://coinindia.com/galleries-toramana.html.

3《梁书》卷五四《西北诸戎传》，第812页。

称呼，其中的火神当属琐罗亚斯德教无疑。至于天神，则应该是琐罗亚斯德教神与本民族原始宗教信仰相结合的结果，这种现象在接受琐罗亚斯德教信仰的中亚游牧民族中并不罕见。祭火坛作为琐罗亚斯德教最重要的象征物，可以理解为琐罗亚斯德教主神阿胡拉·马兹达的化身。所以钱币上的祭火坛，甚至琐罗亚斯德教神祇的形象，可以被视为嚈哒首领及其政权的保护神。这与希腊化时期的做法并无二致。事实上，希腊化诸王国除了直接在钱币背面打印宙斯、雅典娜、赫拉克勒斯或尼科等希腊保护神的形象以外，也会用其象征物来代替，最典型的当属托勒密王朝发行的“鹰币”，这种钱币的背面就是以宙斯的化身老鹰作为图案。

当然，嚈哒钱币并非完全都以祭火坛作为钱币的图案。比如一枚戈布尔编号287A的巴克特里亚嚈哒钱币就极为特殊。其正面依旧为萨珊皇帝肖像，从风格及装饰来看似乎是仿造的卑路斯一世银币，但该币背面却出现了一位面向左侧、手持酒杯（或莲花?）的嚈哒男性半身肖像，其旁有以草体希腊字母书写的族名ēbodalo，这也是目前为数不多的带有嚈哒全称的钱币。（**图8-2-3**）有学者认为这是一位嚈哒工了。[1]但笔者以为，考虑到长期以来中亚钱币背面都是宗教—神话符号的传统，这极可能与嚈哒的民族神话有关。

图8-2-3

带有族徽标志的中亚嚈哒钱币

事实上，类似的形象在嚈哒印章等其他物器上也曾多次出现。在一只出土于撒马尔罕的银碗（Chilek silver bowl）底部，有一嚈哒男子半身肖像，手持莲花，颔首面左，其

1 M. Alram, “A Rear Hunnish Coin Type,” *Silk Road Art and Archaeology*, Vol. 8 (2002), pp. 149-153; Klaus Vondrovec, *Coinage of the Iranian Bactria to Gandhara, (4th to 8th Century CE)*, Vienna: Austrian Academy of Sciences Press, 2014, pp. 412-414.

图8-2-4
撒马尔罕附近乞力克（Chilek）出土银碗底部的阿尔雄贵族形象

图8-2-5
笈多王朝时期卡查钱币上的吉祥天女持花形象

形态与287A钱币上的人物颇为相似。[1]（图8-2-4）学者认为右手持花的形象当来自琐罗亚斯德教中的“良知神”（Dēn）。同时，花朵这一意象在琐罗亚斯德教仪轨中也占据了相当重要的作用。[2]不过，这种创作主题也经常出现在佛教或印度教艺术当中，比如桑奇二号塔柱身上有吉祥天女手持莲花的浮雕。[3]二者之间在主题与形态上多有雷同。此外，类似的主题还有印度—希腊人国王潘塔莱昂（Pantaleon）钱币上的拉克希米（Lakshmi）右手持花的形象[4]、笈多王朝（Gupta dynasty）国王卡查（Kacha）钱币背面右手持花的吉祥天女形象（图8-2-5）、迦腻色伽钱币上的赫利奥斯（Helios）和阿施狩（Athsho）等。而且从银碗碗壁上的浮雕来看，它也明显属于印度笈多王朝的艺术流派。嚈哒很有可能与被征服地产生过宗教认同，并以融合后的艺术主题来进行本族神话的具象表现。

其次，按照币文来看，嚈哒钱币主要分为单语币和双语币，并带有大量草体希腊字母铭文。这也承袭了希腊化钱币的传统。早期希腊化钱币一般为希腊单语币，但到了公元前2世纪初，印度—希腊人国王开始发行带有婆罗米文或佉卢文的双语币。铭文内容一般由王名、王号及名号

---

1 A. Kurbanov, “The Hephthalites: Iconographical Materials,” *Tyragetia*, Vol. 8, No.1 (2014), pp. 327-328.

2 Pierfrancesco Callieri, “The Bactrian Seal of Khingila,” *Silk Road Art and Archaeology*, Vol. 8 (2002), p. 128.

3 学界通常认为这一吉祥天女手持莲花、两侧有幼儿随侍的形象来源于罗马时期的维纳斯（Venus）与丘比特（Cupid）。详见Mirella Levi D’Ancona, “An Indian Statuette from Pompeii,” *Artibus Asiae*, Vol. 13, No. 3 (1950), pp. 170-172.

4 参见杨巨平:《希腊化还是印度化——“Yavanas”考》,《历史研究》2011年第6期，第149页及注释3。

组成。[1]这种做法在希腊化钱币、萨珊和嚈哒钱币上也有明确的体现。嚈哒钱币的种类虽然复杂，但钱币上的铭文一般有三种文字——草体希腊字母铭文、帕拉维铭文以及婆罗米字母铭文。[2]其中巴克特里亚嚈哒的钱币主要为单语币，类型较为单一，变种不多。这种嚈哒钱币通常会在背面祭火坛的右方刻有如βαχλο字样的希腊字母铭文，代表造币场所在地巴尔赫（Balkh），延续了希腊化钱币在背面刻印造币场地名简称的做法。[3]

这种钱币可分为两类，第一类在钱币正面国王肖像的旁边刻有ēb、ēbo或者ēbod字样的希腊字母铭文，辛维廉（N. Sims-Williams）将之解读为嚈哒（ηβοδαλο）族名的简写。[4]这种钱币占大多数。第二类中，正面没有族名等字样的铭文，但在国王所戴王带的右上方有一新月，左上方有一颗星。不过以上两种钱币正面的一、四、七和十一点钟的位置上一般会被打上四个圆点作为标记。[5]（图8-2-6）除此以外，嚈哒人通常不会在钱币上刻印国王的名字或称号，而是选择以族徽（S2）作为其法定钱币的标志。这也是巴克特里亚嚈哒钱币与希腊化钱币之间最重要的区别之一。

图8-2-6
中亚嚈哒钱币，正面打制有四个圆点，背面为仿造萨珊钱币的祭火坛

1 杨巨平:《碰撞与交融：希腊化时代的历史与文化》，北京：中国社会科学出版社，2018年，第213页。

2 A. Kurbanov, *The Hephthalites: Archaeological and Historical Analysis*, p. 91; M. Mitchiner, "Some Late Kushano-Sassanian and Early Hephthalite Silver Coins," *East and West*, Vol. 25, No. 1/2 (1975), p. 157.

3 Michael Alram, "From the Sasanians to the Huns New Numismatic Evidence from the Hindu Kush," *The Numismatic Chronicle*, Vol. 174 (2014), pp. 278-279; Michael Alram, "New Coins of the Hephthalites along the Silk Road"，载《丝绸之路古国钱币暨丝路文化国际学术研讨会论文集》，第246页。

4 M. Alram, "A Rear Hunnish Coin Type," *Silk Road Art and Archaeology*, Vol. 8 (2002), pp. 149-153.

5 A. Kurbanov, "The Hephthalite Numismatics," *Journal of the National Museum of Moldova*, Vol. 7 (2013), p. 376.

阿尔雄部向南越过兴都库什山后，钱币系统就变得复杂许多。据统计，阿尔雄嚈哒的钱币系统中包含了150余种类型的钱币。虽然它们在类型学上大都相互关联，但却逐渐与巴克特里亚嚈哒钱币显示出了诸多不同之处。[1]按照造币时间的先后，大致可以将阿尔雄嚈哒钱币分为两类。第一类主要是其早期模仿萨珊沙普尔二世和沙普尔三世的钱币类型，只是在钱币上打印本族的族徽（S1型）、造币场地名以及族名“αλχονο”或“αλχοννο”等希腊字母铭文，阿尔雄之名便是来源于此。第二类与第一类相比，除了族徽族名以外，钱币上多了一些蛮族化的元素，钱币正面开始出现本族首领的头像、王名以及头衔或名号。这一点与希腊化钱币相同，只是铭文变得更加潦草、模糊不清，且错误频出，逐渐沦为一种装饰性的元素。[2]

阿尔雄发行的双语币上经常用希腊字母表示族名，用婆罗米文字表示人名或头衔。不过也有例外，比如某些双语币上“Khingila”这一人名就以希腊字母“χιγγιλο”的形式呈现。阿尔雄单语或双语币上除了刻有首领的名字以外，也会有各种头衔或称号，比如常见的þαυο αλχανο，辛维廉将之解读为“阿尔雄之王”（King of Alchon）。[3]无独有偶，河北定县出土的嚈哒钱币也属于阿尔雄双语币。该币正反面仍留有不少帕拉维文字，但同时还有一行巴克特里亚语的铭文，也被解读为alxano săō，即“阿尔雄王”之意。[4]

除此以外，阿尔雄钱币还经常用到其他一些头衔或称号，比如婆罗米铭文devashahi。其中deva可译为“天”，shahi为“国王”头衔，

1 Klaus Vondrovec, “Numismatic Evidence of the Alchon Huns Reconsidered,” *Beiträge zur Ur- und Frühgeschichte Mitteleuropas*, Vol. 50 (2008), p. 27.

2 Michael Alram, “New Coins of the Hephthalites along the Silk Road”，载《丝绸之路古国钱币暨丝路文化国际学术研讨会论文集》，第247页。

3 大英博物馆编号为1894,0506.215。

4 林梅村：《北魏太和五年舍利石函所藏嚈哒钱币考》，《中国钱币》1993年第4期，第5页。

可合译为“天王”。[1]同时，钱币上依然采用印度传统的“raja”（国王）称号。不难发现，阿尔雄后期的钱币明显带有晚期贵霜钱币的风格，吸收了许多古代印度的文化元素，这也可以作为文献资料中嚈哒入侵印度笈多王朝的互证。总之，希腊化时期发行单语币和双语币以及印刻王名或王号的传统，至嚈哒时期仍未中断。

嚈哒钱币继续沿用希腊化钱币的重量标准，采用阿提卡制，币值为德拉克马，重量大多在3.75—4.24克之间波动，中位数大致为3.85—3.95克。[2]河北定县的那枚嚈哒银币图像是仿造萨珊波斯耶兹底格德二世（Yazdegerd II）的钱币（编号为7：3），其重量正好为4克。[3]山西大同出土的一批萨珊银币中，也混杂着一枚仿制卑路斯银币的嚈哒钱币，重量为4.1克。[4]可见，嚈哒钱币的重量标准也是仿自萨珊钱币。

在钱币边缘打压密集联珠纹，是希腊化钱币的重要标识之一。联珠纹作为装饰元素出现的时间很早，但钱币上应用联珠纹的时间大致在公元前6世纪末。[5]波斯波利斯的“百柱厅窖藏”（Apadana Coin Hoards）曾出土一枚塞浦路斯型的钱币。[6]以往学者们大多把注意力放在该币背面的狮人弓箭手上，将其与之后波斯帝国的弓箭手型钱币

---

1 A. Cunningham, “Later Indo-Scythians, ‘Ephthalites, or White Huns’,” *The Numismatic Chronicle and Journal of the Numismatic Society Third Series*, Vol. 14 (1894), pp. 269, 278.

2 Michael Alram, “New Coins of the Hephthalites along the Silk Road”，载《丝绸之路古国钱币暨丝路文化国际学术研讨会论文集》，第248页。

3 夏鼐:《河北定县塔基舍利函中波斯萨珊银币》,《考古》1966年第5期，第268页。

4 张庆捷:《民族汇聚与民族互动：北朝社会的考古学观察》，北京：商务印书馆，2010年，第235页。

5 姚崇新认为钱币上联珠纹的源自阿契美尼德王朝及其以前的时期。这一观点无疑是正确的。不过，他在文中误将一枚贵霜钱币认成了波斯帝国钱币。事实上，贵霜钱币正是因为大量保存了希腊化钱币的元素，才延续了希腊式钱币压制联珠纹的做法。参见姚崇新：《珍珠与景教——以十字架图像为中心的考察》,《西域研究》2021年第1期，第85—86页。

6 学界关于该窖藏的断代并未取得一致的意见，但同意大致建造于大流士一世远征斯基泰之前，即公元前515年左右。详见Antigoni Zournatzi, “The Apadana Coin Hoards, Darius I, and the West,” *American Journal of Numismatics*, Vol. 15 (2003), p. 4.

进行对比。但围绕着这名弓箭手的周围已经出现了密集联珠纹，只不过此时这种纹饰呈方形排列。此后，这种联珠纹在公元前5世纪时又被应用在其他希腊城邦的钱币上。公元前4世纪晚期时，部分波斯钱币上也逐渐出现了类似的联珠纹，如后来被亚历山大所借鉴的塔尔苏斯（Tarsus）银币。但彼时钱币上使用联珠纹的做法尚不普及。直到亚历山大东征期间发行银德拉克马时，才在钱币背面宙斯图案的周围打上了密集的联珠纹，此后一直被希腊化诸王国所效仿，逐渐成为希腊化钱币的重要标志。从目前的资料来看，嚈哒钱币延续了希腊化以来的做法，在正反两面的边缘都打上了相对规整的密集联珠纹。圆形钱币边缘的联珠纹即使到了阿拉伯时代也并没有消失。

结　语

由于嚈哒帝国位于中国、印度、萨珊波斯和草原游牧文明的流动汇合之地，以及丝绸之路的十字路口，各地的历史文化传统和文明发展的程度差异较大，导致境内缺乏统一的货币体系。但不论是巴克特里亚地区的嚈哒主流钱币，还是独具特色的印度阿尔雄钱币，都是以模仿萨珊波斯钱币为主，因此均可归于丝路希腊式钱币的范畴。

但嚈哒钱币及其内含的希腊化元素并非他们主动模仿的结果。事实上，在萨珊波斯帝国兴起以后，中亚地区的外来政权就很少像帕提亚人、印度—斯基泰人，印度—帕提亚人、早期贵霜王朝那样有意识地、自觉地承继所谓的希腊化文明遗产。嚈哒帝国更多地只是将这种经贵霜王朝、萨珊王朝钱币传承下来的钱币底本，理所当然地为己所用。对于嚈哒等游牧民族而言，希腊化传统无疑是遥远且陌生的，遑论自觉地接受甚至学习。但正是这种非自觉的继承借鉴，才证明希腊化钱币的传统在中亚和西北印度地区的根深蒂固，影响久远，事实上已经成为上述地区文化基因的一部分。嚈哒钱币就是最后却极为有力的例证。

（张　录）

第九章　粟特—花剌子模钱币中的希腊化钱币影响

粟特（索格底亚那）[1]位于阿姆河（Amu Darya）与锡尔河（Syr Darya）之间的广大地区，曾先后处于阿黑门尼王朝（Achaemenid）、亚历山大帝国、塞琉古王朝、希腊—巴克特里亚王朝、大月氏—贵霜帝国、萨珊波斯帝国、嚈哒人、突厥、中国和阿拉伯帝国的控制和影响之下。到公元10—11世纪，粟特地区完全被伊斯兰文化所覆盖，粟特人也悄然退出历史舞台。历史上的粟特地区没有出现过统一的中央政权，在不同的历史时期和不同语言的文献中或有不同的名称、表述。严格来讲，粟特并不是一个国家概念，而是一个地理和民族概念，是绿洲文明古国的集合体。这一地区存在着诸多绿洲小国，它们在政治方面具有很大的灵活性，在经济和文化上有较高的适应性和独立性。也正是由于这种特殊的历史环境，粟特地区没有出现过统一的货币体系，而是一直模仿外来统治民族或影响较强国家的钱币。从整体类型上看，可分为希腊式钱币、萨珊波斯式钱币和中国式钱币三种。但实际上各个国家的钱币还是有其各自的特征和发展演变路径。

据《新唐书》，公元7世纪初到8世纪中叶的一个半世纪里，粟特地区最终形成了康国最大，安、曹、石、米、何、火寻、戊地、史

1　粟特之名正式出现于北齐魏收所撰《魏书·西域传》。虽然其大致范围与古希腊人的索格底亚那（Sogdiana）相近，但还是有所区别的。为行文方便，本章一般以粟特称之。但涉及希腊人在该地区的统治以及古典资料引文或有所特指时，则用索格底亚那原名。

八国附属于康国的政治格局，“世谓‘九姓’，皆氏昭武”。[1]根据在此地理范围内发现的钱币，我们可以大致勾勒出各地钱币的大致源流及其与希腊化钱币的关系。康国钱币经历了从塞琉古式钱币到萨珊波斯式钱币，再到中国式钱币的演变。安国钱币经历了从巴克特里亚王国欧泰德姆斯式钱币到希尔科德斯王（Hyrcodes）钱币，从萨珊波斯式钱币再到中国式钱币的演变。史国钱币经历了从亚历山大式仿造币到弗赛格哈雷斯币（Phseighacharis），再到阿胡尔帕特王（Ahurpat，公元7世纪）钱币的演变。石国钱币经历了从早期无名王钱币、阿克坎尼亚（Akcania）、塔尔纳夫奇王（King Tarnavch，公元7—8世纪）钱币到贝纳坎城（Benakan）、坎卡城（Kanka）、卡巴尔纳城（Cabarna）的无名王钱币的演变。东曹国钱币经历了从奇尔德米希（Chirdmish）钱币到萨塔恰雷（Satachari）钱币的演变。火寻国即花剌子模（Chorasmia），则经历了从欧克拉提德仿造币到地方币的演变。

可见，粟特地区各小国的钱币是以希腊化钱币为基础，以仿希腊式钱币为主体，并结合地方因素或其他外来文化因素逐渐发展而来，体现了模仿与创新并存、多元与统一兼顾、兼容与承继结合的特征。本章的重点是希腊化钱币对本地区钱币的整体影响，集中讨论这二者之间的关系以及粟特仿希腊式钱币在丝绸之路上的流通。由于花剌子模地理位置特殊，位于阿姆河下游地区，与古代的索格底亚那属于不同的地区，与其他的粟特小国相比，花剌子模钱币发展到后期，才与粟特其他小国的钱币有一定的联系，因此单独作为一节。

1《新唐书》卷二二一《西域传》，二十四史点校本，北京：中华书局，1975年，第6243页。

第一节 粟特仿希腊式钱币

一、希腊人在索格底亚那的统治及希腊化钱币在该地的流行

有关索格底亚那地区的史料记载可追溯到古波斯帝国时期，但此地的考古中并未发现波斯货币窖藏，相关文献记载的匮乏更是加大了回答该地造币起源问题的难度。学者们就此提出过不同假设和看法。一类观点是在亚历山大征服之前，索格底亚那人从未打造过钱币。[1]另一种观点则认为，亚历山大到来之前索格底亚那就已经打造过“雅典娜/猫头鹰”和所谓的“鹰型系列”（eagle series）钱币，只是形状不一致，也没有文字。[2]不过，亚历山大东征期间，他利用从波斯帝国各地抢掠的金银发行钱币则是不争的事实。[3]公元前329—前327年，亚历山大及其军队征战于中亚地区。据阿里安记载，亚历山大为了鼓励士兵攻占索格底亚那名岩寨，向部队宣布，第一个冲上山顶的人得一等奖12塔兰特（talent），第二个得二等奖11塔兰特，第三个得三等奖10塔兰特，最后一个冲到山顶上的人得300大流克，即1塔兰特。”[4]

大约在公元前300—前294年间，在巴克特里亚地区出现了一位名为“索菲特斯”（Sophytos）的地方总督，以希腊式钱币为原型发行钱币。索菲特斯本人及其钱币是中亚钱币史研究上的一个难点。索菲特

---

1 Oliver Hoover, *Handbook of Coins of Baktria and Ancient India, including Sogdiana, Margiana, Areia, and the Indo-Greek, Indo-Skythian and Native Indian States South of the Hindu Kush*, Lancaster, Penn: Classical Numismatic Group, Inc., 2013, p. 187.

2 Alexandra Villing, *The Greeks in the East*, London: The British Museum Press, 2005, p. 64.

3 据估计，亚历山大仅仅在苏萨和波斯波利斯两地就劫掠了约17万塔兰特（约合4835吨）银子。Frank L. Holt, *Thundering Zeus: The Making of Hellenistic Bactria*, Berkeley: University of California Press, 1999, p. 30, n. 21.

4 Arrian, *Anabasis of Alexander*, 4.18, with an English translation by P. A. Brunt, Cambridge, Mass.: Harvard University Press, 1996.

斯钱币正面一般是朝右的男性头像，背面是站立的公鸡，上方有赫尔墨斯权杖（caduceus）标识，正面是戴头盔的男性头像，面右；背面是雄鸡，面右，左上方有赫尔墨斯权杖标识，右侧有铭文ΣΩΦΥΤΟΥ。（图9-1-1）该钱币为德拉克马（drachm），重约3.4克。这类钱币既是对之前背面带有鹰图案钱币的一种延续，又是塞琉古王朝时期巴克特里亚—粟特钱币的先驱。

图9-1-1
“索菲特斯”银币

公元前305年之后，塞琉古王朝正式控制了包括索格底亚那在内的巴克特里亚地区。[1]塞琉古王朝对巴克特里亚的统治主要集中于塞琉古一世、安条克一世（Antiochus I）和安条克二世（Antiochus II）时期。安条克一世曾委派一个名为塞琉古的儿子共治，后怀疑其谋反而将之处死。公元前266年，他委派了另一个名为安条克的儿子共治。[2]这些共治者一般都驻跸塞琉西亚，分管上省的事务，当然包括巴克特里亚和索格底亚那。塞琉古王朝统治者之所以非常重视这两个地区，有如下几个原因：第一，塞琉古奉亚历山大之命于公元前324年娶阿帕玛（Apama）为妻，阿帕玛是索格底亚那贵族斯皮塔米尼斯（Spitamenes）总督的女儿，因此塞琉古王室具有索格底亚那血统；第二，索格底亚那是农耕文明与游牧世界之间的分界线，在抵抗游牧民族入侵中具有举足轻重的地位；第三，阿姆河和泽拉夫善河流域的绿洲为索

1 据阿庇安记载：“他（塞琉古一世）所统治的亚细亚帝国，除了亚历山大帝国以外，比以前任何人的帝国都广阔，从弗里吉亚到印度河，包括巴克特里亚和索格底亚那，全部归塞琉古统治。”Appian, *Roman History*, 11.9.55, with an English translation by Horace White, Cambridge, Mass.: Harvard University Press, 1999.

2 M. M. Austin, *The Hellenistic World from Alexander to the Roman Conquest: A Selection of Ancient Sources in Translation*, Cambridge: Cambridge University Press, 2006, No. 163, n. 9.

格底亚那的经济发展提供了得天独厚的自然条件，建立在人工灌溉基础上的农业使得索格底亚那具有重要的经济地位，这里成为塞琉古王朝重要的财富来源之一。面对如此庞大、多民族居住、多元文化的帝国，塞琉古王朝国王们沿袭了亚历山大的传统，在保留原有行省体制的基础上，通过建立城市、安置希腊人、推行希腊神和打造希腊化钱币等方式，延续了希腊文化在巴克特里亚和索格底亚那的影响。

塞琉古王国在希腊式钱币的延续和演变中发挥了承前启后的关键作用。正如杨巨平教授所说，其一，塞琉古王国在三大希腊化王国中版图最大，几乎继承了亚历山大帝国在亚洲的全部遗产。后来的巴克特里亚王国、帕提亚王国都是在它的故地上独立发展起来的。这种特殊的地理政治环境提供了希腊式钱币继续使用和流通的可能。其二，它的钱币在坚持王像钱币这一基本特征的同时，保留或创制了一些希腊神祇的形象，成为后来本族或其他民族统治者仿制的依据。其三，除了王家造币场外，塞琉古王国也允许各地总督设场造币。这些早期造币场在各地易主后不仅继续生产，而且对新建的造币场起着示范作用。这对希腊式钱币传统的延续起了重要的作用。[1]塞琉古钱币对索格底亚那地区的造币也有同样的影响。塞琉古王朝统治时期，其钱币曾在索格底亚那大规模流通，这为后来粟特诸国仿造希腊化钱币打下了基础。塞琉古国王钱币，尤其是安条克一世钱币成了粟特仿造币的原型之一。

公元前3世纪中期，塞琉古王朝逐渐失去对中亚的控制，帕提亚总督安德拉戈拉斯和巴克特里亚总督狄奥多托斯（Diodotus I，约公元前250—前230年）分别宣布脱离塞琉古王朝的统治。狄奥多托斯将兴都库什山以北的领土变成一个独立的希腊—巴克特里亚王国。索格底亚那先后受到该王国狄奥多托斯王朝、欧泰德姆斯王朝和欧克拉提德

1　杨巨平:《希腊式钱币的变迁与古代东西方文化交融》,《北京师范大学学报（社会科学版）》2007年第6期，第40—46页。

王朝的统治，希腊人的统治在一定程度上也巩固和扩大了希腊化文化尤其是希腊化钱币在索格底亚那地区的影响。

二、粟特仿希腊式钱币的出现与分布

一般认为，索格底亚那—粟特当地人大规模自行造币始于公元前3世纪初。他们对亚历山大及其后继者发行的钱币进行了不同程度的模仿和创新，学者们通常称之为“仿希腊式钱币”。由于粟特在政治上并未形成统一的中央政权，学界往往按照地域将其分为东粟特、西粟特和南粟特，不同地区出现了不同类型的仿希腊式钱币。南粟特以渴石（今Shahrisabz，乌兹别克斯坦境内）为中心，流行的是亚历山大仿造币；东粟特以撒马尔罕为中心，流行的是塞琉古王朝安条克一世仿造币；西粟特以布哈拉为中心，流行的是欧泰德姆斯一世仿造币。

1. 南粟特的仿亚历山大式钱币

亚历山大在公元前334年左右开始发行有自己名字的钱币。起初，亚历山大钱币主要包括两种，一种是戴头盔的雅典娜头像/胜利女神尼科站像，另一种是戴狮头盔的赫拉克勒斯头像/手持权杖的宙斯坐像，两类钱币上都有希腊语铭文亚历山大（ΑΛΕΞΑΝΔΡΟΥ）和王（ΒΑΣΙΛΕΩΣ）。但这些钱币严格来说，只是由亚历山大发行，上面还没有他的个人头像。有一种观点认为，早在公元前332年，亚历山大在埃及访问孟斐斯（Memphis）时就曾发行过一种正面有自己头像的铜币。[1]不过，到继业者战争时期，亚历山大头像才正式出现在银币上。公元前320年左右，可能是为了纪念亚历山大在印度的胜利，托勒密一世在孟斐斯发行了一种正面有亚历山大戴象头皮盔的钱

1 Carradice I, Prince M., *Coinage in the Greek World*, London: B. A. Seaby Ltd., 1988, p. 109.

币。约公元前300年左右，亚历山大部将吕西马库斯开始在色雷斯（Thrace）和小亚的马革尼西亚（Magnesia）大量发行有亚历山大头戴公羊角形象的钱币，一般认为这是有亚历山大真实肖像的标准钱币的开始。[1]这些钱币背面仍以希腊神作为图案。自此，正面是国王头像、背面是希腊保护神形象成为希腊化钱币的显著特征。南粟特地区流行的主要就是这种仿亚历山大钱币。

图9-1-2
南粟特仿亚历山大式钱币

从图像看，这一地区发行的仿亚历山大钱币主要包括“面右头像（赫拉克勒斯）/坐着的宙斯”，以及“宙斯坐像/站立的赫拉克勒斯像”两种。图9-1-2钱币正面是面右头像；背面是坐在王座上的宙斯，朝左，右手上是一只鹰；德拉克马，重约2.2克。图9-1-3正面是坐着的宙斯像，朝左；背面是赫拉克勒斯站像，右手持棍棒，左手持动物皮，朝右；奥波尔，重约0.6克，两类钱币皆使用打压的方式，但重量变化较大，字母变形，工艺较为粗糙。

图9-1-3
南粟特仿亚历山大式钱币

2. 东粟特的仿安条克一世式钱币

塞琉古一世在位时大量沿用了亚历山大式钱币，到安条克一世时期，这一类型的钱币依然存在。塞琉古的儿子安条克曾与父亲共治，管理东部行省。他在东部行省主要发行四德拉克马和一德拉克马钱币，上面有宙斯和雅典娜的图像。这部分钱币有的是以塞琉古一世名义发行，有的是以安条克一世名义，还有的则是以两者名义联合发行的。随着安条克一世正式成为塞琉古国王，塞琉古王朝钱币有所变化，但是这种变化也因地域而定。在西部行省，钱币变得统一，正面是统治者头像，背面是坐着的神（如阿波罗、赫拉克勒斯），而东部行省依然流

1 Carradice I, Prince M., *Coinage in the Greek World*, pp. 109, 116, 120.

通着之前的钱币类型。安条克一世在粟特的统治时间较长，他作为共治者和国王时期发行的钱币也长期流通。塞琉古王朝势力退出后，撒马尔罕及其周边地区开始发行仿安条克一世式钱币。（图9-1-4）

图9-1-4
东粟特仿安条克一世式钱币

东粟特地区的仿安条克一世币大体有如下四类：(1) 正面是国王头像，朝右；背面是坐着的赫拉克勒斯像，朝左，两边是希腊文的国王名字和头衔。(2) 正面是国王头像，朝右；背面是马头，朝右，下面是希腊文的国王名字和头衔。(3) 正面是雅典娜头像，朝右；长着翅膀的胜利女神尼科手拿花环朝左走，希腊文的国王名字和头衔垂直平行排列。(4) 正面是国王头像，背面是代表赫拉克勒斯的棍棒。其中，撒马尔罕地区发行的仿安条克一世钱币主要是第二种类型。有德拉克马和奥波尔两种币值，既有银币也有铜币，以银币为主。但是，这些钱币上的国王头像和马前半身像一般比较模糊，钱币尺寸逐渐变小，重量逐渐减少，钱币上的希腊字母也不断变形，甚至消失。

3. 西粟特的仿欧泰德姆斯一世式钱币

西粟特的仿希腊化钱币以仿欧泰德姆斯一世（Euthydemus I，约公元前230—前200年）的钱币为主。此人曾任巴克特里亚王国粟特地区的总督，后来推翻前朝，成为巴克特里亚国王。

目前，学界认为欧泰德姆斯钱币上的头像分别展示了国王25岁左右、40岁左右和55岁左右的样子，断定其统治时间长达30年之久。坎宁汉（A. Cunningham）分析了欧泰德姆斯钱币发现地，进而推测欧泰德姆斯一世不仅控制了兴都库什山以北的粟特、巴克特里亚和兴都库什山以南的阿拉科西亚（Arachosia）、德兰吉亚那（Drangiana）和帕罗帕米萨代（Paropamisadae），而且可能还包括阿里亚（Aria）和马尔吉亚纳（Margiana）等地。[1]

由于我们在文献史料中很难找到希腊人在西粟特地区进行政治统治和扩张的证据，因此，布哈拉绿洲有时仅被看作是索格底亚那的边缘，不在希腊化世界的范围中。然而，在布哈拉西北的拉米什·特佩（Ramish Tepe）和布哈拉本地发现了大量属于公元前4世纪到公元2—3世纪的希腊式陶器。因此，布哈拉的早期历史应视为希腊化历史的一部分。[2]此外，在布哈拉还发现了仿造的欧泰德姆斯一世“国王/赫拉克勒斯”型钱币。虽然形态略有差异，但总体上属于同一个类型。（图9-1-5、6、7）钱币正面均为国王头像，背面是坐在石头上的赫拉克勒斯，手持棍棒。

图9-1-5
西粟特仿欧泰德姆斯一世式钱币

德拉吕耶（Allotte de la Fuye）最先解读了欧泰德姆斯仿造币上的阿拉米文，他将钱币上频繁使用的字母转写为A、H、K、M和T。在此基础上，他解读出Mahat Malka表示国王头衔，除Mahat Malka之外，还有表示王国名称或者国王名字的阿拉米文。这些组成了9个不同的阿拉米字母，即A、H、K、L、M、TG和Ts，后又加入了A和R两个字母。[3]除了币文发生变化之外，这组钱币的正背面图像、打造方式与希腊式钱币基本相似。还有一个明显变化就是钱币重量。上述三枚钱币都是四德拉克马银币，但实际重量分别是

图9-1-6
西粟特仿欧泰德姆斯一世式钱币

1 A. Cunningham, “Coins of Alexander’s Successors in the East (continued),” *The Numismatic Chronicle and Journal of the Numismatic Society*, Vol. 9 (1869), pp. 138-139.

2 Ciro Lo Muzio, “An Archaeological Outline of the Bukhara Oasis,” *Journal of Inner Asian Art and Archaeology*, Vol. 4 (2009), pp. 43-68.

3 Michael Mitchiner, *The Early Coinage of Central Asia*, London: Hawkins Publications, 1973, pp. 14-15.

12.4克、10.2克、8.67克。[1]波比拉赫奇（O. Bopearachchi）先生通过解读欧泰德姆斯一世钱币，提出了“欧泰德姆斯一世在位时期粟特曾建立独立王国”的观点。他将欧泰德姆斯银币分为由欧泰德姆斯一世本人发行和粟特仿造的两大类，它们均为正面是国王头像，背面是赫拉克勒斯像。根据其他细节特征的不同，前者又可以被细分为7种，后者则被分成5种。经过比较，他认为，币轴从↑↓变为↑↑的变化是最为明显的特征之一，这一变化大约发生在欧泰德姆斯一世统治晚期（公元前206/205年）。因此，他推断粟特的独立应发生在公元前206年左右。[2]

我们从上述三种仿造币类型及其原型可以看出，它们均属于仿希腊式钱币。钱币的打压方式、材质、正背面图像、神祇等特征表明这一时期粟特钱币的希腊化特征较为明显。

从钱币的生产工艺上看，采用的是希腊的打压式，将坯子放置于两个模具之间，然后用重锤冲压。根据这种生产流程，背面模具的磨损会远大于正面模具，因而其更换的频率亦高于后者，所以产生了所谓模具组合现象，这也为研究钱币的先后顺序、发行量和发行时间提供了重要的钱币学资料。

从材质上看，这些钱币以银币为主，偶尔有铜币，币值也在模仿希腊式钱币，但希腊式仿造币的重量不一定与阿提卡重量标准完全吻合。小币值的仿造说明这一时期粟特并没有出现大规模的、跨地区的贸易往来，而是以地方贸易经济

图9-1-7
西粟特仿欧泰德姆斯一世式钱币

1 Michael Mitchiner, *Indo-Greek and Indo-Scythian Coiange. Vol. I: The Early Indo-Greeks and Their Antecedents: Alexander the Great, the Satraps of Egypt, Babylon, Ecbatana, Bactra and Kapisa: the Seleucids circa 330 to 150 B.C.*, London: Hawkins Publications, 1975, pp. 3-5.

2 Osmund Bopearachchi, “The Euthydemus' Imitation and the Date of Sogdian Independence,” *Silk Road Art and Archaeology*, Vol. 2 (1991/1992), pp. 1-21.

为主。几乎所有的钱币都留有希腊语铭文，文字虽逐渐变化，但其内容主要还是表示国王头衔和名字，从根源上还是属于希腊式钱币文化的延续。

图9-1-10
弗赛格哈雷斯钱币

三、对希腊式钱币的再仿造

公元前2世纪中叶，大月氏人入侵粟特，希腊人在此地的政治统治结束，但这并不意味着希腊化文化影响的结束。月氏人是古代生活在中国西北一带一个古老的游牧民族。秦汉之际，月氏人的势力变得强盛。然而，随着匈奴势力的崛起和发展，月氏人被迫西迁，最后定居于阿姆河北岸，因此与索格底亚那和巴克特里亚地区发生了直接的联系。后来在月氏人九翎侯基础上建立起来的贵霜帝国更是继承和发扬了远东希腊化文明的遗产，因此，希腊化文化因素的影响在粟特地区持续存在。

近年来，在粟特地区出土了许多大小不同的大月氏人墓葬群，大墓葬基本上远离绿洲，小墓葬在离绿洲不远但不适合农耕的地方。粟特的丰富河水资源和农业经济为大月氏人提供了坚实的经济基础。但是，他们面临的是与逐水草而居的"行国"完全不同的定居文明。为了统治当地，他们接受了被征服地的文明。粟特不仅是大月氏人入侵巴克特里亚的路经地，更是大月氏人在中亚定居的一个重要地区。从现在已知的材料来看，他们接受了当地的希腊化遗产，对希腊式钱币进行再仿造，但模仿的程度不同，各有特色。

大月氏人在粟特的钱币大体可以分为三类：第一类是南粟特一带出现的钱币，在仿亚历山大式钱币的基础上演变为弗赛格哈雷斯钱币。如图9-1-8所示，正面是国王头像，背面是站立的赫拉克勒斯像，右手上有狮子皮，头上有光环（或戴着花环），四周是变形的希腊字母。半德拉克马，重1.6克。第二类是流行于布哈拉一带的钱币，它们从仿希腊—巴克特里亚国王欧泰德姆斯一世钱币，逐渐演变为希尔科德斯钱币，正面是统治者半身像，头部后面用希腊字母书写YPKωΔωY；背面是手持长矛站立的士兵像，两侧有垂直平行的希腊文MAKAPOY OPΔHΘPOY。半德拉克马，重2.3克。如图9-1-9所示，或者背面是马的前半身。第三类是撒马尔罕一带流行的钱币，在仿塞琉古王朝安条克一世钱币的基础上逐渐演变为阿诗塔姆（Ashtam）钱币，这类钱币也被称为“撒马尔罕弓箭手”型钱币，正面是国王半身像，有粟特文´st´m（Ashtam）；背面是弓箭手，周边是希腊文书写的ΒΑΣΙΛΕΩΣ ΑΝΤΙΟΧΟΥ。德拉克马，具体重量未知。（图9-1-10）

这些钱币仍采用打压的方式制作，以银币为主，面值主要有德拉克马、半德拉克马和奥波尔。综合来看，虽然它们在大小、重量、币文和神祇形象都有所变化，但整体上保持并延续了希腊式钱币的基本特征。

就贵霜帝国与粟特的政治关系而言，部分学者认为粟特曾受贵霜帝国统治，但统治范围和程度或略有不同，也有学者否定贵霜帝国曾统治过粟特。粟特钱币与早期贵霜钱币的相似性反映了两者之间存在着某种联系。贵霜国王丘就却发行的早期钱币（Heraios–Kujula Kadphises）与这一时期的粟特钱币非常相似。以赫劳斯—丘就却名义打造的钱币主要有德拉克马和奥波尔。四德拉克马钱币正面是翎侯的半身像，头发垂到耳朵以下，戴着王带，下巴凸出，胡须非常明显，高鼻，这是典型的中亚游牧民族形象；背面是穿着

图9-1-9
希尔科德斯钱币

图9-1-10
“撒马尔罕弓箭手”型钱币

束腰宽松服饰的首领，挂着大弓，骑在马上，在骑马者的后面是一个小的手持花环的胜利女神尼科像。奥波尔钱币正面与其相似，但背面是站立的部落首领。粟特的“撒马尔罕弓箭手”和希尔科德斯钱币也都展示出与此类钱币的相似性，尤其是正面国王肖像都有一些非常独特的细节，如两条细线画出眼睑，眼球饱满。而在威玛·卡德菲塞斯（Vima Kadphises）及其继承者统治之际，贵霜帝国钱币与粟特钱币则表现出了明显差异。随着贵霜人对西北印度、中印度以及喀什米尔部分地区的征服，贵霜帝国的统治范围逐渐南移，失去了对粟特的控制。在撒马尔罕、阿弗拉西亚卜（Afrasiab）和片治肯特（Panjikent）各发现了一枚索特·美加斯（Soter Megas）钱币。在渴石基塔布附近发现了一枚迦腻色伽一世（Kanishka I）铜币。在泽拉夫善河流域的卡塔—库尔干（katta-kurgan）发现了贵霜人的墓葬群和陶器。根据考古发现，早期贵霜帝国在粟特的活动范围主要集中在泽拉夫善河流域及其以南一带。

贵霜时期的粟特钱币也展示了希腊化因素的延续。撒马尔罕钱币在经历了大月氏人的“国王头像/马前半身像”类型的钱币之后，又出现了一系列“弓箭手”类型的钱币，包括“国王头像/弓箭手”钱币、“字母/弓箭手”钱币和“字母组合KI/弓箭手”钱币等，这一系列钱币依旧采用打压的生产工艺和希腊阿提卡标准。不过，这些钱币上的国王头像越来越模糊，马前半身像被弓箭手像替代，而且弓箭手往往以线条化形式出现，钱币上的希腊字母也不断变形，最终被粟特文取代。此外，钱币直径逐渐变小，重量逐渐减轻。而在布哈拉绿洲，依然流通着希尔科德斯钱币，即采用国王头像/士兵和国王头像/马作为图像的两类钱币，并一直延续到公元4世纪初。这一时期的希尔科德斯钱币与撒马尔罕钱币类似，即尽管钱币重量、大小、币文有所变化，但在打造方式、正背面特征方面继续沿用希腊式造币传统。

从公元4世纪开始到7世纪中期，粟特不断遭到来自萨珊波斯、嚈哒人和突厥人等的入侵，随后，粟特人又承认了唐朝的统治，但当地统治者只是接受唐朝统治者的封号而已，他们在经济和文化上一直享有很大的独立性。在萨珊波斯帝国的直接统治之下，粟特发行了一些仿萨珊币，到嚈哒人统治时期，撒马尔罕的钱币也以仿萨珊波斯银币为主，即钱币正面是国王头像，背面是典型的祭火坛，钱币依然沿用德拉克马币值、希腊式钱币的打造方式以及国王头像等。另外，国王头像朝右，呈四分之三比例的特征还是比较明显，这也是希腊化遗产的一种延续。公元6世纪末7世纪初，除国王头像外，撒马尔罕钱币上纯粹的希腊文完全消失，取而代之的是粟特文，背面也由希腊保护神或者相应的象征物，变成了中亚特有的徽记。

第二节　花剌子模地区的希腊式钱币

一、花剌子模的历史演变

花剌子模历史最早可追溯到古波斯帝国时期（公元前550—前330年）。自居鲁士二世（Gyrus II，约前590—前530年）开始，花剌子模被纳入古波斯帝国的统治范围。之后，其子塔尼奥克萨里斯（Tanyoxares）[1]统治着巴克特里亚、花剌子模和帕提亚等地。冈比西斯二世（Cambyses II，公元前529—前522年）继位后，为了保障帝国东北边疆的安全，继续与中亚地区的游牧部落作战。遗憾的是，关于

1　Tanyoxarces可能是巴尔迪亚的绰号。巴尔迪亚源自前伊朗语bardz，意思是“高的”，贝希斯敦的埃兰语的铭文称之为Pirtiya，阿卡德语版本称之为Barziya，希罗多德称之为Smerdis（3.30）。参见M. A. Dandamayev, “Bardiya”, http://www.iranicaonline.org/articles/bardiya-son-of-cyrus, 2019-8-28.

此事的记载非常有限，因此很难了解冈比西斯二世时期的花刺子模地区历史。大流士一世（Darius I，约公元前558—前486年）统治时期，花刺子模与帕提亚、粟特、阿里亚被合并为第十六个行省，向波斯帝国缴纳贡金300塔兰特。[1]公元前486年，大流士一世去世，其子薛西斯一世（Xerxes I，公元前486—前465年）继位。花刺子模依然是古波斯行省之一，据希罗多德记载，“帕尔那凯斯的儿子阿尔塔巴佐斯统领帕提亚人和花刺子模人，出现在薛西斯一世征讨希腊的精锐部队中”。[2]然而，从薛西斯二世（公元前424年）到大流士三世（公元前336—前330年）统治时期，有关花刺子模人的历史记载甚少。笔者推测，在希波战争中，波斯的战败可能导致花刺子模人脱离了它的统治。在公元前331年的高加米拉（Gaugamela）战役中，贝苏斯（Bessus）率领着由巴克特里亚人、粟特人、萨卡人和印度人组成的军队支援大流士三世与亚历山大作战，而此时远征军中并不包括花刺子模人，[3]这在一定程度上印证了自公元前4世纪中期以后，花刺子模可能摆脱了波斯帝国的统治而独立。

花刺子模再次出现在史料记载中是在亚历山大东征之际。阿里安的《亚历山大远征记》、库尔提乌斯（Quintus Curtius Rufus）的《亚历山大大帝史》和查士丁的《庞培乌斯·特罗古斯〈菲利普史摘要〉》为我们了解这一时期花刺子模的历史提供了重要信息。高加米拉战役之后，贝苏斯及其随从挟持大流士三世，逃往巴克特里亚。在亚历山大追捕贝苏斯的过程中，花刺子模人帮助贝苏斯抵抗亚历山大。[4]公元前330年，亚历山大向中亚进军。公元前329年，亚历山大

---

1 Herodotus, *Histories*, 3.93, with an English translation by A. D. Godley, Cambridge, Mass.: Harvard University Press, 1995-1999.

2 Herodotus, *Histories*, 7.66.

3 Arrian, *Anabasis of Alexander*, 4.15.

4 Quintus Curtius Rufus, *The History of Alexander*, 8.4.6, translated by John Yardley, with an introduction and notes by Waldemar Heckel, Penguin Books, 1984.

征服索格底亚那之际，花剌子模成为当地贵族斯皮塔米尼斯的藏身之地。[1]然而，公元前328年，花剌子模的使者在马拉坎达（Maracanda）等候亚历山大，以示友好。[2]据库尔提乌斯记载："花剌子模国王Phrataphernes与马萨格泰人、Dacians一起派使者向亚历山大表达臣服的意愿。但［花剌子模］国王本人并没有前往索格底亚那。"[3]据保利辞书的解释，"Pharasnames是花剌子模国王Phratephernes的儿子"。[4]总的来说，公元前329到公元前327年，亚历山大在征服中亚过程中，并没有到达花剌子模，但花剌子模人对希腊—马其顿人的态度从对抗转为求和，亚历山大也接受了花剌子模人结盟的意愿。

然而，古典文献很少涉及亚历山大之后的继承者、塞琉古王朝和希腊—巴克特里亚王朝时期的花剌子模历史。直到张骞出使西域之后，汉文史料中出现了花剌子模地区及其民族的记载。据《史记·大宛列传》记载，"及宛西小国驩潜、大益……皆随汉使献见天子"，[5]余太山考证，驩潜为《汉书·西域传》中的康居五小王奥鞬王治地。[6]若此，花剌子模已成为康居属地。公元4世纪，花剌子模以"呼似密国"的形式出现在《魏书》中，该地物产丰富，并与北魏王朝建立了联系。[7]及至唐朝，花剌子模被称作"火寻""货利习弥"等。[8]

二、花剌子模钱币与希腊化钱币

古波斯帝国时期，花剌子模没有钱币，主要使用"金属块、铜

1 Strabo, *Geography*, 11.8.8, with an English translation by Horace Leonard Jones, Cambridge, Mass.: Harvard University Press, 1988.
2 Arrian, *Anabasis of Alexander*, 4.15.4.
3 Quintus Curtius Rufus, *The History of Alexander*, 8.1.8, 7.48.1.
4 Pauly-Wissowa XX/1, col. 739, s.v. Phradasmanes.
5《史记》卷一二三《大宛列传》，二十四史点校本，北京：中华书局，1982年，第3173页。
6 余太山：《大宛和康居综考》，《西北民族研究》1991年第1期，第17—45页。
7《魏书》卷一〇二《西域传》，二十四史点校本，北京：中华书局，1974年，第1538页。
8《新唐书》卷二二一《西域传》，第6247页。

图9-2-1
欧克拉提德式仿造币

图9-2-2
无名王钱币

箭头、玉米、羊、牛、皮毛、棉状物和羊毛制品等原始钱币”。[1]从亚历山大东征到公元前1世纪，花剌子模出现了达海人（Dahae，也称“大益”）发行的钱币。达海人的钱币主要经历了三个阶段：公元前330—前250年，仿马其顿式钱币，以赫拉克勒斯半身像/宙斯和站着的赫拉克勒斯/宙斯为特征；公元前250—前130年，仿塞琉古王朝安条克二世式钱币，以国王半身像/弓箭手为特征；公元前130年—前1世纪，发行希尔科德斯式钱币，以国王半身像/士兵像为特征。[2]

花剌子模钱币体系主要形成和演变于公元前100—公元995年之间，经历了四个阶段。

第一阶段包括发行于公元前100年的欧克拉提德（Eucratides I，约公元前170—前145年）仿造币和发行于公元1世纪的无名王钱币。前者正面是国王半身像，背面中间为双子座神，上方是希腊文IVΛYEΩIE MEΛYΛ，下方是EIΛVIΛV，左侧是花剌子模天鹅状徽记。为四德拉克马银币，重15.64克。（图9-2-1）后者正面是头戴王冠的国王半身像，胜利女神尼科或是琐罗亚斯德教女神Arta[3]手持花环为其加冕；背面中间是骑像，上方是变形的希腊文IVΛYEΩIE MEΛYΛ，下方是EIΛVIΛV，左侧是“双头大鹅状徽记”。四德拉克马银币，重13.57克。[4]（图9-2-2）

1 Michael Fedorov, “Money Circulation of Khwarezm in the Ancient Period,” *Oriental Numismatic Society*, Vol. 182 (2005), pp. 13-23.

2 M. Mitchiner, *Oriental Coins and Their Values: Ancient and Classical World, BC 600-AD 600*, London: Hawkins Publications, 1978, p. 93.

3 B. I. Vainberg, “Chorasmian Coinage”, *Encyclopædia Iranica*, http://www.iranicaonline.org/articles/chorasmian-coinage.

4 Djangar Ilyasov, “On a Number of Central Asian Tamghas,” *Silk Road Art and Archaeology*, Vol. 9 (2003), pp. 131-157.

第二阶段即公元50—500年之间，出现希腊文和花刺子模文双语币。包括公元50—100年无名王铜币和阿尔塔弗（Artav）银币（图9-2-3）、公元200年阿特拉姆西（Artramush）银币和铜币、约公元250—300年瓦札马尔（Vasamar）国王银币和铜币（图9-2-4）、约公元300—350年比瓦尔沙尔（Bivarsar）银币和铜币、公元4世纪Kawi/Rawi（目前没有发现钱币）、无名王铜币（图9-2-5）、公元5世纪善巴尔（Sanabar）国王铜币、拉斯特（Rast）国王铜币、希雅夫希帕希（Sijawsparsh）国王铜币、无名王铜币和维克或维尔（Wik/Wir？）铜币（图9-2-6）。阿尔塔弗国王时期只有银币，正面是国王头像，背面中间是马人，周边是希腊字母和阿拉米文拼写的国王名字、头衔（'rt'w MLK'）和花刺子模徽记。阿特拉姆西统治到比瓦尔沙尔二世统治时期，花刺子模发行银币以及对应的铜币，铜币背面一般是与银币相对应的徽记，偶有变化。

图9-2-3
国王阿尔塔弗银币

第三阶段以公元6世纪的图突哈斯（Tutuchas）国王铜币为主，钱币上只有花刺子模文。主要包括两类钱币，一类正面是头戴骆驼状王冠的国王头像，背面中间有五点，周边是花刺子模文tw/y t w/y hs（图9-2-7），另一类与第一类正面相同，但背面是花刺子模徽记（图9-2-8）。

第四个阶段是公元6世纪末到995年期间的阿弗里格王朝（Afrighids dynasty）钱币，主要包括公元6世纪末拉米克（Ramik）国王钱币（图9-2-9）、7世纪早期布拉维克（Brawik）国王钱币（图9-2-10）、7世纪的希拉姆（Shram）钱币、公元8世纪阿兹卡特斯瓦尔一世（Azkatswar I）钱币、卡尼克（Kanik）国王钱币、夏瓦特（Shawat）国王钱币（图9-2-11）、萨夏凡（Sawrshafan）国王钱币和阿兹卡

图9-2-4
瓦札马尔国王银币

图9-2-5
无名王铜币

图9-2-6
维克或维尔铜币

图9-2-7
图突哈斯国王铜币

图9-2-8
图突哈斯国王铜币

图9-2-9
拉米克国王钱币

图9-2-10
布拉维克国王钱币

图9-2-11
夏瓦特国王钱币

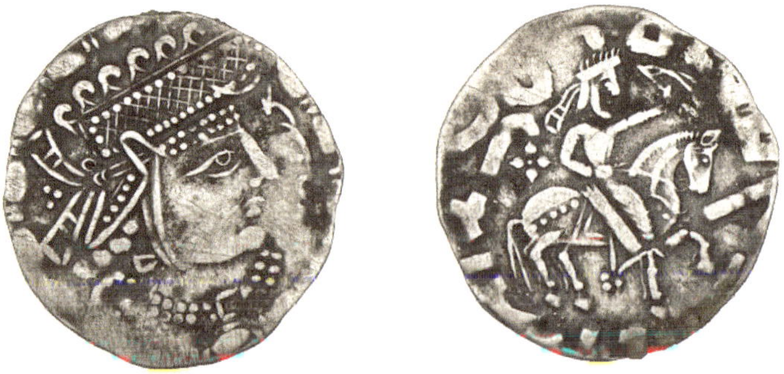

图9-2-12
阿兹卡特斯瓦尔二世钱

特斯瓦尔二世（Azkaswar II）钱币（图9-2-12）。这一时期钱币基本上是银币和铜币并行发行，银币币值继续下降，铜币大小和重量逐渐上升，钱币上也出现了粟特文，文字的内容从上一阶段的MLK`加国王名字演变为MR´Y MLK`加国王名字。

三、希腊式钱币在花剌子模的演化

古典史料没有提供关于亚历山大之后花剌子模的历史以及是否受到希腊化王朝的控制。但是此地发现的达海人钱币和大月氏人钱币说明，这一时期的花剌子模先后受到达海人、大月氏人的影响。亚历山大征服中亚时期，达海人据说活动于巴克特里亚东北和粟特以东，另有一部分居于卡拉库姆沙漠的东部边缘。他们甚至加入了亚历山大的骑兵。[1]公元前3世纪，达海部落迁居花剌子模地区。公元前2世纪中期，大月氏人在受到来自匈奴和乌孙的压力后被迫两次西迁，最终定都阿姆河以北。根据在花剌子模发现的大月氏人发行的希尔科德斯式钱币，可以推测大月氏人曾入侵花剌子模一带。

贵霜王朝时期，花剌子模钱币与早期贵霜国王丘就却发行的赫劳斯—丘就却钱币具有一定的相似性。此时的粟特地区也出现了与丘就却钱币相似的钱币类型，[2]因此，不能否认贵霜王朝的影响一直延伸到花剌子模一带，但很可能时间较为短暂。之后，花剌子模开始打造具有明显当地特征的钱币，且币文出现了MLK’。由于粟特人将MLK’读作“伊赫希德”（Ikhshid），所以由这些国王统治的时期被称作伊赫希德王朝，属于由当地统治者建立的地域性王朝。到公元4世纪早期，比

---

1 François de Blois, Willem Vogelsang, “Dahae”, http://www.iranicaonline.org/articles/dahae, 2020-7-8.

2 Edvard Rtveladze, “Monetary Circulation of Ancient Tokharistan,” in Joe Cribb and Georgina Herrmann, eds., *After Alexander: Central Asia Before Islam*, Oxford and New York: Oxford University Press, 2007, pp. 389-397.

瓦尔沙尔钱币正面出现了类似鹰状的头盔和带圆点的月牙形，这与萨珊波斯国王霍尔米兹德二世（Hormizd II，公元302—309 年）钱币特征较为相似，可以说，萨珊波斯钱币曾对花剌子模产生了一定的影响。4世纪中期到5世纪初，花剌子模铜币正面还是国王头像，但王冠各有不同，背面也不再是花剌子模徽记，花剌子模的整个造币系统较为混乱。这可能与嚈哒人的入侵有关。公元410年，嚈哒人入侵中亚，受此影响，花剌子模爆发了由Avar部落带领的起义并建立新王国。但无论王朝和国王如何变幻，他们发行的钱币都还保留了明显的希腊式王像钱币的特征，前面提供的诸多类型的钱币图像已经充分证明了这一点。

结　语

粟特地区和花剌子模地区的钱币虽然都曾受到希腊化或希腊式钱币的影响，但二者接受影响的方式和程度有所不同。

由于索格底亚那—粟特地区先后受到希腊—马其顿人和曾经采用过仿希腊式钱币的大月氏—贵霜帝国、萨珊波斯、嚈哒人的统治，索格底亚那—粟特诸国钱币也经历了从希腊式仿造币、希腊式仿造币的再仿造到萨珊波斯式钱币的演变。公元前3世纪初，粟特的几个地区先后以亚历山大钱币、塞琉古王朝的安条克一世钱币、希腊—巴克特里亚王国欧泰德姆斯一世钱币为原型发行地方钱币。在大月氏—贵霜王朝统治时期，粟特诸国依然延续了希腊式仿造币传统。从公元4世纪70年代到公元7世纪初，粟特先后受到萨珊波斯、嚈哒人和突厥人等国家和民族的统治和影响，但钱币依然沿用了希腊式造币体系，即以阿提卡币制为基础，打制而成，钱币正面基本为国王头像，背面为神像或宗教象征，币值主要有四德拉克马、德拉克马、奥波尔等。早期粟特钱币上的铭文较为标准且清晰，但后期图像和字母逐渐变形甚至难以识别。总体来说，粟特钱币呈现出承继与变化并存的钱币演变特征，是丝绸之路上经济、地缘政治等因素综合作用的结果。后来唐代开元通宝的输入与仿造就是丝绸之路上东西方文明在粟特地区的交流与融合的见证。

花剌子模则由于特殊的地理环境和历史机缘，并未纳入希腊—马其顿人的直接统治之下。它在钱币方面受到的希腊化影响虽然是间接的，但也清晰可见。花剌子模钱币，尤其是早期钱币，采用阿提卡标准，带有变形的希腊文，正面是国王半身像，并沿用四分之三的比例。花剌子模钱币之所以出现希腊化文化因素，一方面是因为，亚历山大征服中亚之际，花剌子模国王亲自或派儿子作为使者，向亚历山大表示臣服意愿，说明当地的统治者有意与希腊化世界接触，接受希腊化文化，另一方面，西邻的帕提亚、东邻的索格底亚那和巴克特里亚等地区都曾属于希腊化世界的一部分，它的钱币难免受到周边地区希腊化式钱币不同程度的影响。花剌子模作为一个希腊化世界的边缘国家，能够保留、使用、仿造希腊式钱币长达数世纪之久，足以说明希腊化钱币的影响广泛深远。

（齐小艳）

第四编

罗马钱币的希腊化及其在丝路的流传

希腊化钱币在东方，尤其在远东地区甚至中国新疆地区的影响前已备述。但是不可忽视的是，兴起于意大利半岛的罗马早就开始了罗马钱币的希腊化进程。随着希腊人在南意大利的殖民，罗马人开始大规模地接受希腊钱币，并由此获得灵感，创制了具有明显罗马特色的钱币。罗马钱币真正受到希腊化钱币的影响还是在公元前3世纪罗马对意大利南部的希腊城邦展开征服之后。希腊化钱币的王像钱币对于那些试图建立独裁统治的罗马政治家、统帅们尤其有吸引力。从苏拉（Sulla）开始，到凯撒（Cacsur），再到奥古斯都，都发行了有个人头像的钱币。这种仿希腊化的“王像钱币”可以说一直延续到罗马—拜占庭帝国的灭亡（1453年）。

随着丝绸之路的开通和延伸，丝路各国交往的扩大，罗马帝国初期的钱币首先通过海上丝绸之路传到印度，给贵霜钱币输入了新的王像因素，其后拜占庭帝国的钱币也通过绿洲和草原丝绸之路传到中亚，进入中国，并在传播途中被仿造。从这个意义上，罗马钱币也可视为希腊化钱币的一个变种——丝路希腊式钱币之一。

第十章　罗马货币对希腊化钱币的继承与发展

无论是罗马共和国，还是帝国时期的钱币，均直接承继了希腊化钱币的要素与特征。共和国时期的罗马人接受希腊化钱币的形式、图案，结合罗马社会自身的文化特色与需求，在希腊化货币制度的基础上完成了自己的发展；帝国时期，罗马人对希腊化文化的吸收深入到政治思想层面，胜利女神图像寓意的发展演变揭示出希腊化时期、罗马帝国初期及至拜占庭时期钱币文化的变化规律。

第一节　共和国时期罗马货币对希腊化钱币的模仿与调适

一、币制上的模仿与调适

币制，一般指货币制度，这里特指货币的构成。罗马共和国在公元前3世纪初开始发行铜币，[1]其后逐渐增加了银币和金币，这与古

1　希尔（D. R. Sear）认为罗马共和国发行铜币“重阿斯（Aes）”的时间为公元前275年，克洛福德（M. H. Crawford）认为是公元前280年（分别见D. R. Sear, *Roman Coins and Their Values*, Vol. 1, London: Spink and Son Ltd., 2000, p. 8; M. H. Crawford, *Roman Republican Coinage*, Vol. 1, Cambridge: Cambridge University Press, 1974, p. 44）。（转下页）

希腊世界特别是希腊化世界中通行的金币、银币、铜币的币制一脉相承，但罗马人的模仿更为主动。

首先，罗马人使用货币本身就与希腊货币文化的影响有关。罗马共和国时期出现的早期等价交换物是不同形状的铜锭；公元前4世纪后半期，罗马开始采用扁平状、圆形的货币形态，把青铜铸成铜币。到公元前3世纪前半期，他们采用希腊货币的计量单位德拉克马（drachm），发行重约6.5克的银币两德拉克马（didrachm）。[1]

罗马人的模仿对象最早是意大利半岛的希腊人殖民地——大希腊区（Magna Graecia）的钱币。以铜币为例，在公元前4世纪中后期，罗马的扩张脚步延伸到意大利中部的坎帕尼亚（Campania）地区，控制了拥有造币场的那不勒斯，还改变了自己的铜锭传统。那不勒斯的希腊人在继续发行自己原来的货币之余，还新发行了一种铜币。这种铜币图像沿用当地金银币的图像，正面为表示那不勒斯女神的右侧头像，背面为人面公牛的前半身，背面铭文为ΡΩΜΑΝΩΝ，即希腊语的“罗马的”之意，[2]显示出当地希腊人向罗马示好的意图。这一做法也影响到罗马对钱币流通价值的认识，之后他们才发行圆形铜币。

罗马发行的银币同样如此。希腊化世界的主流银币单位是四德拉

（接上页）但在这种“重阿斯”币出现之前，意大利已经出现了一些带有希腊语铭文ΡΩΜΑΝΩΝ的铜币，这些铜币的单位为利特拉（litra）。其发行时间和发行地存在较大争议：有学者认为这就是罗马最早发行的铜币；有的认为这是被罗马征服或受到罗马威慑的意大利南部希腊城邦发行。基于前者，罗马发行铜币的时间上限在公元前335年左右；基于后者，则为公元前275年（见H. A. Grueber, *Coins of the Roman Republic in the British Museum*, Vol. 1, London: Longmans and Co., 1910, pp. xix-xx）。

1 H. A. Grueber, *Coins of the Roman Republic in the British Museum*, Vol. 1, p. xxxviii.

2 由于这类铜币没有任何标记，无法判断其可能的铸造时间和地点，因此也有学者认为这就是罗马人发行的最早铜币，若如此，铜币出现的时间应该在公元前4世纪中后期，而非希尔判断的公元前280年（H. A. Grueber, *Coins of the Roman Republic in the British Museum*, Vol. 1, pp. xix-xx）。比较新的研究还是认为罗马发行铜币“重阿斯”的时间在公元前4世纪60年代。见A. M. Jaia and M. C. Molinari, “Two Deposits of Aes Grave from the Sanctuary of Sol Indiges,” *The Numismatic Chronicle*, Vol. 171 (offspring 2011), pp. 87-93.

克马（tetradrachm），只有个别地区发行两德拉克马、德拉克马等作为辅币，但意大利的大希腊区流行的是两德拉克马，罗马也正是模仿后者发行了银币。公元前275年，罗马击败皮洛士（Pyrrhus，公元前319—前272年），完全控制了意大利中南部大希腊区的各个城邦，与这里的日常往来增多。在此背景下，公元前3世纪60年代初，罗马正式发行银币两德拉克马。[1]

其次，罗马在模仿希腊货币制度时，始终坚持自主意识，无论是开始发行、使用银币，还是制作圆形铜币，都根据共和国自身的发展需求做出调适。

第一，罗马发行的银币根据自身需求，采用了新的重量标准。虽然罗马银币的单位两德拉克马模仿自大希腊区，但其重量约6.5克，而大希腊区银币的重量大多在7—7.5克不等。[2]罗马此举乃出于其自身的政治和经济考量。希腊社会内部一直缺乏统一的重量标准。古典时期的希腊诸城邦各自发行货币，并根据地域、政治或经济关系，形成不同的重量标准体系。到希腊化时期，这些繁杂的重量标准依然未能统一，而且由于东方其他地区被纳入到希腊化世界中来，反而出现了新的标准。当时在希腊化世界存在的较为重要的货币标准体系有8种，分别为阿提卡（Attica）标准、厄基那（Aeginetan）标准、减重厄基那标准（亦称科孚标准，Corcyrean）、开俄斯（Chian）标准、罗德岛（Rhodian）标准、托勒密（Ptolemaic）标准、波斯标准和晚期帕加马（Pergamum）王国开创的齐斯托夫里克（Cistophoric）标准。[3]其中阿提卡标准因古典时期雅典的重要影响以及希腊化初期亚历山大的采

---

1 D. R. Sear, *Roman Coins and Their Values*, Vol. 1, p. 8; H. A. Grueber, *Coins of the Roman Republic in the British Museum*, Vol. 1, p. xxxvi.

2 F. S. Benson, *Ancient Greek Coins*, Vol. 1. II. "Magna Graecia", privately printed, 1900, pp. 3-15.

3 O. Mørkholm, *Early Hellenistic Coinage from the Accession of Alexander to the Peace of Apamea (336-188 B. C.)*, Cambridge: Cambridge University Press, 1991, pp. 9-10.

用，成为使用最为广泛的货币重量标准。实行阿提卡标准的地区主要发行重量为16.8—17.3克的四德拉克马，也会发行两德拉克马和德拉克马作为辅币，分别重8.4—8.65克和4.2—4.3克。厄基那标准以距离雅典不远的海岛厄基那岛（Aegina）所用银币重量为准，主要发行两德拉克马和一德拉克马，其重量分别为12克和6.1克左右，在希腊中部、伯罗奔尼撒半岛（Peloponnese）和克里特岛（Crete）比较流行。埃及使用的托勒密标准是在爱琴海诸岛比较普遍的开俄斯（Chios）标准基础之上减重而成，减重前开俄斯标准的四德拉克马重15.6克，减重后依据托勒密标准重14.2—14.3克。后来托勒密标准为腓尼基人接受，也称腓尼基标准。大希腊区各城邦发行的两德拉克马重量在7.0—7.5克之间，一般认为更接近开俄斯标准或托勒密标准。

罗马发行的两德拉克马银币重约6.5克，与上述任何重量标准均不相符。这是由于罗马根据自身的需要制定银币重量，目的是使银币能够与社会上通用的铜币进行兑换。罗马在正式发行银币时，对铜币主要单位阿斯（as）的重量做出调整，规定一枚银币可兑换10枚铜阿斯，一阿斯重一罗马磅，当时一罗马磅的1/72约6.5克。[1]由此，罗马通过发行银币达到与大希腊区希腊社会进行商业往来的目的，并加强对该地的政治控制，同时调整银币的重量，以适应自身社会的需求。

第二，相比于以银币为主的希腊货币制度，罗马共和国在公元前1世纪之前坚持以铜币为主。古典时期的希腊货币包含金币、银币和铜币三种，银币为主要货币。希腊在不同时期、不同地区根据矿藏及经济条件发行货币，即便只有两种或一种，银币必然要位列其中。如腓力二世、亚历山大大帝统治时期，三种货币均有发行，但银币数量最多；亚历山大之后的马其顿统治者们由于战争不断，所辖地区经常更迭，在不同时期不同地区发行的币种不尽相同，有时只发行银币，

1 H. A. Grueber, *Coins of the Roman Republic in the British Museum*, Vol. 1, pp. xxxvii-xxxix.

有时发行金币、银币，有时只发行银币和铜币。[1]希腊人使用银币传统如此之强，以至于即便埃及本身不产银，托勒密王朝所控制的金属矿藏只有位于努比亚（Nubia）的金矿和塞浦路斯的铜矿，却仍然将从外地流入的银币重新加工，刻印上当地的王像与符号，和当地发行的金币、铜币一起用于流通。[2]

一直以来，罗马人把铜作为财富积蓄方式和交易手段。起初罗马人对所使用的铜并不做特殊加工，目前发现的早期铜块大多为不规则形状。大约在公元前6世纪中期，即国王塞尔维乌斯（Servius，约公元前578—前535年）时，罗马开始将黄铜铸成特定式样用于交易；这种铜块也成为当时衡量财富的标准，一个拥有12万阿斯（aes，亦称as，此处仅为重量单位）铜块的人就属于非常富有，可位列第一等级。[3]目前学者们发现的此类铜块均为铜棒或铜锭，两面铸有某些形象，如公牛、野猪、大象等动物，也有诸如剑与剑鞘、船锚、三叉戟等象征符号。这些铜锭具备了钱的功能，《十二铜表法》中规定违反法令者需要分别需要缴纳相应的罚金，如“300阿斯（asses）”“23塞斯特斯（sesterces）”，即以这种铜锭缴纳。[4]铜锭没有固定币值，均以重量计，被称为“粗阿斯（aes rude）”。[5]由于这种粗糙的阿斯仍按重量计算，尚不能称为真正的货币。

尽管国际市场上银币更受欢迎，但罗马在发行两德拉克马银币后也未用它取代铜币。罗马早期发行的铜币分为两利特拉（double

---

1 O. Mørkholm, *Early Hellenistic Coinage from the Accession of Alexander to the Peace of Apamea (336-188 B. C.)*, pp. 41-42, 77-93.

2 O. Mørkholm, *Early Hellenistic Coinage from the Accession of Alexander to the Peace of Apamea (336-188 B. C.)*, p. 4.

3 Pliny the Elder, *Natural History*, 33.13.3, with and English translation by H. Rackham, Cambridge, Mass.: Harvard University Press, 1961.

4 H. A. Grueber, *Coins of the Roman Republic in the British Museum*, Vol. 1, p. xvii.

5 A. Bertol, K. Farac and T. Ivana, “Aes Rude and Aes Formatum: A New Typology Based on the Revised Mazin Hoard,” *Vjesnik Arheološkog muzeja u Zagrebu (VAMZ)*, Vol. 45, No. 1 (2012), pp. 93-113.

litrae）和利特拉（litra）两种。[1]其后，为了让新的银币能与铜币方便兑换，罗马发行重量为一罗马磅的铜币阿斯及其辅币系列，一枚重6.5克的两德拉克马银币可兑换10阿斯。[2]此后，在公元前1世纪因严重贬值最终退出流通前，铜币始终是罗马共和国的基准货币。例如在公元前211年，由于铜币相对于银币严重贬值，罗马人为维持一枚银币兑换10阿斯的标准，将银币的重量降为4.8克，并根据这一兑换比价将银币命名为第纳尔（denarius）。[3]因此，在共和国的大部分时期，罗马实行的是以铜币阿斯为基准货币的银铜并用币制，与希腊世界以银币为基础的币制完全不同。

罗马货币制度之所以与希腊古典时期，特别是希腊化货币体系形成如此明显差别，是由于东地中海缺乏锌矿，青铜钱币的使用范围有限。于是在希腊世界，铜币只是辅币，许多地区的铜币发行并不规则，且使用区域不超过发行方所控制的地区。而罗马所在的拉丁地区银矿很少，只有征服大希腊区以后，才利用当地的白银发行银币。

罗马长期坚持自己的铜币传统，不仅确立以阿斯为基础的币制体系，还凭借自身的政治和军事力量，将铜币文化传播到罗马以外地区。大希腊区的希腊城邦，如普莱奈斯特（Praneste，今帕莱斯特里那，Palestrina）、提布尔（Tibul，今蒂沃利，Tivoli）等地被征服后，也开始发行铜币。[4]尽管在实际使用中，铜币相比于银币毫无优势，时常贬值，甚至在共和国末期的一个世纪中不再发行，但在奥古斯都重新制定货币制度时，铜币得以恢复。虽然帝国时代铜币难以恢复原先的地位，银币和金币先后充当基准货币，但它作为贵金属货币的辅助货币，一直是帝国臣民日常交换的重要媒介。

---

1 D. R. Sear, *Roman Coins and Their Values*, Vol. 1, p. 17.

2 H. A. Grueber, *Coins of the Roman Republic in the British Museum*, Vol. 1, pp. xxxvii-xxxix.

3 Pliny, *Natural History*, 33.13.3.

4 相关货币信息参见大希腊区货币（Magna Graecia Coins）网站，http://www.magnagraecia.nl/coins/。

二、图像、铭文上的模仿与调适

罗马货币在图像上对希腊货币的模仿十分明显，并且与其他艺术领域的表现一样，罗马人对货币图像的构图、审美等也没有创新。[1]但在选择主题时，罗马人表现出强烈的自信，传达着自己的理念与价值观。尤其是自共和国末期开始，罗马人通过选择与确定图像，将货币变成政治家舆论宣传的重要舞台。

首先，共和国时期的罗马货币在模仿希腊货币图像的同时，着力突出罗马自身的文化特色。最初开始发行货币时，罗马对图像尚无明确倾向，选用的是在希腊化世界及大希腊区比较流行的式样，如阿波罗、密涅瓦（雅典娜）、赫拉克勒斯以及马匹、贝壳等；在选择寓意符号方面，由于罗马人并不擅长将神祇或某一概念、特征具象化，因此他们采用的与神祇有关的符号基本上完全来自希腊化世界，例如船首、雷电、权杖等。逐渐地，罗马人的喜好开始影响到货币图像的主题，频繁出现在货币上的是更受罗马人欢迎的神祇，如马尔斯（阿瑞斯）、维纳斯（阿芙洛狄特）、朱庇特（宙斯）、墨丘利（赫尔墨斯）、赫拉克勒斯等，出现频率最高的是那些罗马的本地神祇，如雅努斯（Ianus/Janus）、罗马（Roma，罗马城的人格化女神）等。

雅努斯的双面头像是罗马共和国时期极具代表性的货币正面图像。从公元前280年之后正式发行铜币重阿斯系列开始，直到公元前2世纪末铜币退出市场，阿斯的正面图像始终为雅努斯双面头像；约公元前3世纪初发行的银币第纳尔以及首次发行的金币斯塔特，也采用这种图像。雅努斯是罗马本地的神祇，在罗马人的信仰体系中，其寓意十分复杂。他掌控着时间，因此是“门、通道、过去与未来”之

---

1 A. R. Bellinger and M. A. Berlincourt, *Victory as a Coin Type*, New York: The American Numismatic Society, 1964, [ANS Digital Library, http://numismatics.org/digitallibrary/ark:/53695/nnan62016# (2020-3-23)].

神，以一头两面的形象出现，一边看着过去，一边看着未来；他还代表着“秩序”，一旦雅努斯神庙之门全部打开，表示罗马正当战时；而当两座门全部关闭，罗马得享和平。[1]关于为什么要在货币上刻印雅努斯的双头像，奥维德在《岁时记》中假托雅努斯之口回答道：“我长居于这方土地，台伯河水不断冲刷；如今，此地名为罗马……我，与战争毫不相涉：和平与通道由我守卫，两者皆为吾之双臂。”[2]可以说，雅努斯成为共和国时期货币重要图像的原因在于，他作为罗马当地的神祇，有着万事开端和战争胜利的积极寓意。

罗马的形象则是共和国时期货币上经常出现的另一本地主题。从公元前3世纪末开始到前2世纪，银币第纳尔的正面图像统一采用罗马女神戴盔面右的头像。同一时期发行的铜币也规定了统一的背面图像——“船首”。“船首”的构图与创意来自于希腊化货币，例如“围城者”德米特里一世（Demetrius I Poliorcetes）在公元前300年发行的银币四德拉克马的正面图像就采用“船首”，其上站立着胜利女神尼科（Nike）；再如小亚细亚的萨摩斯（Samos）在公元前310—前300年间发行的铜币背面图像也为“船首”。[3]在罗马，“船首”被赋予特殊寓意，奥维德假托雅努斯之口，述及铜币上船首的由来：萨图恩（Saturn）被朱庇特推翻驱逐后，在各地流浪无处容身，后来他带着镰刀乘船来到托斯卡纳，并在此停留下来，教导人们耕种；此后当地居民被称为萨图尼安人（Saturnian），该地称为拉丁姆（Latium），即神祇藏匿之地。[4]铜币背面的“船首”是为了纪念萨图恩乘船来到拉丁地区。

---

1 N. S. Gill, “Who Was the Ancient Roman God Janus?” Thought Co., [https://www.thoughtco.com/ancient-roman-god-janus-112605 (2023-7-4)].

2 Ovid, *Fasti*. I.235, translated by J. G. Frazer, Cambridge, Mass.: Harvard University Press, 1996, p. 19.

3 O. Mørkholm, *Early Hellenistic Coinage from the Accession of Alexander to the Peace of Apamea (336-188 B. C.)*, pp. 29, 93-94.

4 Ovid, *Fasti*, I.235, p. 19.

其次，罗马人对希腊货币图像的模仿和调适还反映在对现实人物形象的采用与阐释。

货币上最早出现的罗马人是提图斯·昆克提斯·弗拉米尼努斯（Titus Quinctius Flamininus，公元前229—前174年），当他在公元前194年击败马其顿的腓力五世（Philip V，公元前221—前179年），宣布希腊人摆脱马其顿人获得独立后，他的形象出现在希腊一些地区发行的金币上，一般认为此举是希腊人为了感谢并纪念他的解救。[1]这些货币主要在希腊地区流通，属于希腊货币范畴，但无疑为一百多年后罗马人在货币上刻印独裁官肖像提供了范本。

罗马人自己发行的货币上最早出现的人物标记是苏拉。尽管此前罗马货币上经常出现现实人物的名姓，但他们都是造币官，把自己的名姓留在货币上属于其职责范畴，而苏拉的名姓却是出于明确的政治意图。公元前1世纪初，罗马向外扩张的范围越来越远，所辖疆域越来越大，罗马发行的货币难以满足远方军队所需，元老院不得不授权在外领兵的将领（无论冠以何职，imperator、consul或proconsul）按照罗马标准发行货币，主要是银币。[2]公元前1世纪80—70年代，在东方、高卢、西班牙等地，将军们发行的军事货币十分普遍。这其中最不寻常的是公元前84年米特拉达特战役（Mithradatic War）前线苏拉发行的金银币。这套钱币的正面采取与当时罗马发行货币一致的图像，即维纳斯面右，戴王冠头像，面前是手持棕榈枝的小丘比特立像，下方铭文LSVLLA；背面为并排的四件物品，左右两边为战利品，中间夹着水瓶和螺旋线，上方的铭文为IMPER。[3]这套钱币的重量和图案并不特别，金币重10.76克，银币重4.03克，但铭文L·SVLLA和IMPER却强调苏拉作为军事指挥官的身份，强调这些金

1 H. A. Grueber, *Coins of the Roman Republic in the British Museum*, Vol. 1, p. lvi.

2 H. A. Grueber, *Coins of the Roman Republic in the British Museum*, Vol. 1, p. 318.

3 M. H. Crawford, *Roman Republican Coinage*, Vol. 2, Plate XLVII, Nos. 359/1-2.

银币来自苏拉，而非共和国。

造币权的下放不仅为将军们的财权扩张打开缺口，也使因募兵制而逐渐形成的将军崇拜更加严重。在此背景下，苏拉首次将自己的形象刻印在钱币上。公元前83年，苏拉返回罗马建立独裁；次年，他的亲信以苏拉之名在东方发行一批金银币。这批货币的正面为罗马女神戴冠右侧头像；背面为作为胜利者的苏拉驾驶四马拉的马车，马匹上方飞翔着的胜利女神在为其加冠，背面铭文为L · SVLLA IMPER。[1]这是罗马人首次发行图像为现实政治人物的钱币。苏拉之后，一些权势极重的将军也仿效其做法，将自己的形象刻印在钱币上。庞培发行了类似的金币，背面为他本人持鞭驾驶四马战车，胜利女神在上方为其加冠。[2]

苏拉与庞培等人的做法显然模仿自东地中海的希腊化世界。希腊化钱币的典型特征是王像刻于币面（王像钱币），无论是很早就开始为每位新王制作新币的塞琉古王朝和其后的巴克特里亚王朝，还是长期采用王朝开创者头像的托勒密王朝，抑或比其他地区略晚、直到公元前3世纪末才刻印王像的马其顿王国，都是如此。[3]这些无疑是君主集权的反映。显然，在罗马共和国末期，军事将领的权力逐渐膨胀，

---

1 M. H. Crawford, *Roman Republican Coinage*, Vol. 2, Plate XLVII, Nos. 367/1-2, 5.

2 关于此类型金币的时间仍有争议，格鲁伯认为其铸造时间为公元前61年，在庞培取得对米特拉达梯王国的彻底胜利后发行；克劳福德根据正面戴着象皮的非洲女神头像，认为这应该是纪念庞培在非洲所取得的胜利，而且其年份约在公元前71年。H. A. Grueber, *Coins of the Roman Republic in the British Museum*, Vol. 1, p. lvii.

3 传统上，一般认为亚历山大在位期间发行的钱币以他本人的形象为原型，也就是银币上披着狮皮的赫拉克勒斯是以亚历山大为原型。然而，近年来钱币学家逐渐抛弃这一观点，转而认为亚历山大去世后，其形象才出现在钱币上，这是其后继者们为强调自己作为亚历山大继承人的身份，同时也是亚历山大在去世后被神化的结果，因此出现在钱币上的亚历山大形象更多地表现为希腊化世界的神祇崇拜。随着希腊化世界的发展演化，地方因素以及分裂趋势日盛，各地君主不再努力强调自己与亚历山大的联系，而开始关注自身在辖区内的影响与控制，故而将自己的形象刻印在钱币上，这样既能彰显自己统治的权威，也是向其他竞争者圈定自己的势力范围。O. Mørkholm, *Early Hellenistic Coinage from the Accession of Alexander to the Peace of Apamea (336-188 B. C.)*, pp. 27-28.

当军权扩张到政权、财权后，他们也开始从意识形态上确立自己的地位。

凯撒把军事将领的权力集中和个人崇拜推至顶峰，随着其在政治上取得胜利，他的头像作为王权象征登上钱币。凯撒建立王权的第一步是控制罗马造币权。公元前49年，凯撒进入罗马，作为独裁权力的一部分，他控制了罗马的造币场，要求造币场为他制造用于向士兵发放的金币。[1]虽然此时凯撒发行的钱币上并没有出现他的形象，但这一行为本身就是其至高权力的反映。在罗马，发行钱币一直是元老院的专有权力，对共和国与元老院而言，凯撒在罗马发行钱币的行为是严重僭越，而在被刺之前，他始终控制着这项权力。

凯撒建立王权的第二步是尝试用不同方式来宣扬自己的功绩。内战期间，当凯撒领军在外时，其随行财务官以凯撒之名发行金银币。这些钱币延续传统，一面为神祇头像，一面为其他形象或寓意符号。不过，他利用一些小细节来强调对凯撒的尊崇。如公元前48年发行的金银币正面出现铭文“LII”，即罗马数字52，表示当年凯撒的年纪。[2]再如公元前48—前44年发行的一些银币背面图像为战利品及下方一名或两名瘫坐的高卢俘虏，[3]这是赞颂凯撒在高卢的胜利与功绩。最能暴露凯撒称王之心的是带有铭文“LII”的金币重约为8.6克。[4]这种重量的金币在罗马共和国并未出现过，苏拉在80年代发行的金币重10.5克左右，70年代庞培的金币重约9克；而8.6克的金币采用的是阿提卡标准的亚历山大金币斯塔特的重量，因此这是模仿亚历山大而发行的金

---

1 H. A. Grueber, *Coins of the Roman Republic in the British Museum*, Vol. 1, p. lvii.

2 M. H. Crawford, *Roman Republican Coinage*, Vol. 2, Plate LIII, Nos. 452/2-5.

3 M. H. Crawford, *Roman Republican Coinage*, Vol. 2, Plate LIII, No. 452; Plate LV, No. 468; Plate LVII, No. 482.

4 相关信息可见大英博物馆编号为1864，1128.4的罗马金币，该系列在克洛福德的钱币目录中编号为Cr. 452，于公元前48年7月13日到前47年之间生产，大英博物馆的这枚金币重8.62克。图片见：https://www.britishmuseum.org/collection/object/C_1864-1128-4, 2023-7-6。

币。这一做法似乎有些露骨，故不久之后，凯撒发行的金币重量降至8.1克左右。

凯撒建立王权的最后一步就是在罗马发行图像为自己头像的银币。公元前44年初凯撒回到罗马，元老院为奉承他，将其头像置于银币第纳尔之上。这样的第纳尔有两种：一是凯撒戴花冠右侧头像，一是凯撒戴花冠包头巾右侧头像。[1]至此，凯撒真正成为没有称王的国王，政治领袖的肖像也成为罗马货币的标准图像。

凯撒被刺后，先是屋大维和马克·安东尼继续发行有凯撒头像的银币，强调自己作为凯撒继承人的身份；不久他们把自己的肖像也刻印在银币上，有时还与凯撒头像各占一面。于是发行有自己肖像的钱币成为当时参与权力争夺者的必然选择，其所暗含的王权意识也为整个罗马社会所接受，从而在帝国时代为历代皇帝沿用。

从弗拉米尼努斯到凯撒及至奥古斯都，罗马货币对希腊化世界人物肖像图像的模仿，从形式深入到理念，并将其调适为罗马社会普遍接受的价值观。后来表示皇帝的称号，无论是“凯撒”“奥古斯都”，还是“皇帝（imperator）”，都与希腊化时期的“国王”异曲同工。在希腊化时代，亚历山大及其后诸王均强调自己作为军事统帅的身份，通过宣扬军事胜利来表达王位的正当性与合法性。腓力二世发行金币背面的胜利女神像，意在祈求战争胜利，获胜意味神的庇佑，也意味着神对其王位的认可，而亚历山大则把“胜利”赋予自己，他的一生就是“胜利”的写照，其王权及死后封神与其胜利和荣耀密不可分。[2]在此背景下，亚历山大的继业者们为强调自身合法性，尤其强调自己的军事胜利。例如，公元前300年前后塞琉古一世（Seleucus I，约公元前358—前281年）的银币上出现胜利女神授予花冠和战利

1 M. H. Crawford, *Roman Republican Coinage*, Vol. 2, Plate LVII, Nos. 480/2-22.

2 A. R. Bellinger and M. A. Berlincourt, *Victory as a Coin Type*.

品的图像，意指他在对东方作战中获得胜利，证明他是亚历山大的合格继任者；公元前297—前296年，吕西马库斯（Lysimachus，公元前360—前281年）的金币背面为雅典娜右手高举胜利女神，胜利女神将花环置于国王名字上，意指他的胜利使其王位具备合法性。[1]由此，希腊化世界形成了军事胜利自然得到王权的理念，公元前194年罗马将军弗拉米尼努斯在击败腓力五世后，其个人头像被刻印在钱币上就是这种意识的体现。到共和国末期，罗马的将军们在东地中海世界的征战中接触到这一理念，军事胜利也确实助其获得包括财权在内的诸多权力。由此，罗马的“军事指挥官”与希腊化世界的“国王”具有同种内涵，凯撒发行印有自己形象的钱币是对希腊化世界王权理念的模仿与接受，帝国时代皇帝以“Imperator”为名是这种概念的具体化。

及至帝国时代，东地中海的希腊化世界成为罗马世界的组成部分，原希腊化世界的文化因素内化到罗马社会的方方面面。罗马不再是拉丁地区的小城，罗马钱币也不再像共和国时期那样强调罗马的特色与元素，而是敞开胸怀，将所征服地区包括希腊在内的所有文化纳为己用。

三、币值上的模仿与创新

币值，即单位货币价值，也就是其购买商品的能力。对于金属货币来说，币值包含实际价值和币面价值两种情况：实际价值为货币所包含的实际金属价值，币面价值为发行方赋予货币购买商品的能力。

在希腊和罗马的货币体系中，贵金属货币多以实际价值计。如亚历山大时期的金币除斯塔特（stater）外，还有两斯塔特、半斯塔特

1 O. Mørkholm, *Early Hellenistic Coinage from the Accession of Alexander to the Peace of Apamea (336-188 B. C.)*, p. 29, 80.

等，银币除四德拉克马（tetradrachm）外，还有两德拉克马、德拉克马、两奥波尔（diobol）、奥波尔（obol）[1]等。[2]铜币的币面价值往往与实际价值不符，大量使用铜币的埃及托勒密王朝有两个主要铜币单位，分别是两奥波尔和奥波尔，公元前265—前260年货币改革前重约15.2克和7.6克，改革后约为22.8克和11.4克，这是政府根据银铜比价的变化，选择真实铜价的一定比例来铸造铜币。[3]在罗马，早期直接使用希腊重量单位来称呼贵金属货币，如银币两德拉克马、德拉克马和利特拉；[4]公元前217年，罗马首次发行的金币也采用斯塔特，重约6.82克。[5]

由于贵金属货币主要以重量计，且希腊化世界本身存在多种重量标准，因此银币的重量不一对币值名称并无多大影响。但罗马在使用两德拉克马一段时间后，给银币换了一个纯罗马的名称——第纳尔。公元前211年，由于铜币贬值，原先重6.5克的两德拉克马兑换10阿斯的标准难以为继。为了维持与铜阿斯1∶10的兑率，银币重量减至约4.8克，并直接以"10"将其命名为第纳尔（来自拉丁语dēnī，即含有或等于10个阿斯之意）。第纳尔的出现反映出罗马人对于货币比价的重视。

罗马人不仅从名称上强调银币与铜阿斯的比价，还用特殊符号标志币值。这些变化是罗马人在模仿希腊货币文化时不断调适，为适合

1 1奥波尔 = 1/6 德拉克马。

2 H. A. Troxell, *Studies in the Macedonian Coinage of Alexander the Great*, New York: The American Numismatic Society, 1997, p. 34, 100.

3 D. Wolf, "A Metrological Survey of Ptolemaic Bronze Coinage," *American Journal of Numismatics*, 25 (2013), pp. 49-118.

4 H. A. Grueber, *Coins of the Roman Republic in the British Museum*, Vol. 1, pp. xxxvi-xxxvii. 需要指出的是：该作者在文中称呼早期的两德拉克马银币为第纳尔（denarius）、德拉克马为半第纳尔（quinarius），利特拉为塞斯特提乌斯（sestertius），这是受罗马帝国时期人们称呼钱币的习惯影响。利特拉是西西里及大希腊区常用的重量单位，早期罗马发行的铜币也称利特拉。

5 H. A. Grueber, *Coins of the Roman Republic in the British Museum*, Vol. 1, pp. lii-liv.

自身需求而做出的创新。

首先，铜币在罗马货币制度中占据很大比重，而罗马人在引入金银币后，不仅继续使用铜币，还制定了一套包含多种币值的相当完整的铜币制度，即重阿斯系列（aes grave）。

重阿斯系列共包括6种币值，其核心是重一罗马磅的阿斯，其他币值分别为一磅的1/2、1/3、1/4、1/6和1/12，[1]并分别命名，最小单位为“乌其亚”（uncia，这是罗马的另一重量单位，该名称即为沿用至今的“盎司”）。多种币值传统在希腊化世界也普遍存在，但罗马人的创新在于铜币正背面均添加了币值标记。阿斯的标记符号为“I”，塞米斯为“S”，以圆点“·”表示乌其亚，以4个“·”到1个“·”分别表示特里恩斯（triens）、夸德兰斯（quadrans）、塞克斯坦斯（sextans）和乌其亚。最初发行的重阿斯系列在不同币值上采用不同图像，但同一种币值的图像并未统一，反而时常变化，因此除根据重量估算铜币币值外，还可根据正背面的币值符号判断。

铜币重阿斯系列的重量、符号与图像

币值名称	重量	比价	标记符号	正面的神像
阿斯（aes, as）	1 磅	12 乌其亚	I	雅努斯（Janus）
塞米斯（semis）	1/2 磅	6 乌其亚	S	萨图恩（Saturn）
特里恩斯（triens）	1/3 磅	4 乌其亚	· · · ·	密涅瓦（Minerva）
夸德兰斯（quadrans）	1/4 磅	3 乌其亚	· · ·	赫拉克勒斯（Hercules）
塞克斯坦斯（sextans）	1/6 磅	2 乌其亚	· ·	墨丘利（Mercury）
乌其亚（uncia）	1/12 磅	1 乌其亚	·	罗马（Roma）

1 需要指出的是，最初铜币的名称与其实际重量大体相当，随着时间的流逝，铜币经过数次改革不断减重后，币值已经与其实际重量不符。例如3世纪中期的铜币，阿斯重约284克，塞米斯重约128克，特里恩斯重约81克，夸德兰斯重约63克，塞克斯坦斯重约43克，乌其亚重约18.2克；到3世纪末新发行的铜币，阿斯重约67克，塞米斯重约40克，特里恩斯重约23克，夸德兰斯重约16克，塞克斯坦斯重约13克，乌其亚重约6克。至此，铜币的币值完全依赖国家信用维系。不过这并非罗马货币首创，在希腊化世界中，一些地方发行的铜币也不以其实际价值衡量，而且根据发行者凭借国家信用赋予其价值。

公元前217年，罗马人在币值标志外，进一步规范铜币币值体系。每种币值采用固定图像；所有铜币背面统一为帆船船首，船首朝向左右不定。阿斯的正面图像为雅努斯双面戴花环头像，塞米斯为萨图恩面右的带花环头像，特里恩斯为密涅瓦面右的戴盔头像，夸德兰斯为赫拉克勒斯面右的戴狮皮盔头像，塞克斯坦斯为风神墨丘利面右的戴有翼宽边帽头像，乌其亚为罗马面右的戴盔头像。此后，铜币在使用时仅从正面就可辨别币值，比仅有币值标记时更为便捷。这一做法也延续到后世。公元498年阿纳斯塔修斯一世（Anastasius I，公元491—518年）货币改革后，新发行的铜币弗里斯（follis）系列背面均用字母标记该币币值。[1]

其次，罗马人在币值符号上的创新也适用于银币。早在罗马人引入银币两德拉克马时，就基于罗马社会的铜币，将银币重量下调至6.5克，[2]确立1枚银两德拉克马兑换10枚铜币阿斯的比价。当时银币上没有刻印任何符号。

公元前3世纪末第纳尔系列发行后，为了标记银币与铜币的比价，银币也增加币值标记。第纳尔标记为“X”；等于5阿斯的半第纳尔（quinarius）为“V”；塞斯特提乌斯（sestertius）的标记为“IIS”，表示等于2.5枚阿斯。由于银铜比价变化及铜币贬值，第纳尔系列不断减重以维持与铜阿斯的比价：第纳尔从最初约4.8克很快降至4.2克左右，公元前2世纪初再降至4克左右，遂大体固定下来。银币降至4克时，实际上铜币因贬值已无法维持与银币的10：1比价，只是银币币面上仍然保留“X”。到公元前2世纪末，铜币严重贬值以至于难以为继，罗马造币场不再定期发行铜币，公元前112年以后几乎见不到铜

---

1 A. R. Bellinger, *Catalogue of the Byzantine Coins in the Dumbarton Oaks Collection and in the Whittemore Collection. Vol. 1: Anastasius I to Maurice, 491-602*, Washington, D. C.: Dumbarton Oaks Research Library and Collection, 1992, pp. 12-24.

2 M. H. Crawford, *Roman Republican Coinage*, Vol. 2, p. 593.

币，银币的币值符号随即消失。此后，银币在罗马经济生活占据主导地位，第纳尔和半第纳尔不再标记币值。

当银币上需要刻印币值时，图像与同时期铜币一样，保持统一。第纳尔正面统一采用罗马女神戴盔右侧头像（有时为左侧头像），背面图像多样。到铜币停止发行、银币放弃币值符号时，图像也开始变得五花八门，反映出共和国末期罗马社会转型期的思想动荡。

再次，罗马币值符号方面的创新同样适用于金币。公元前218年到前1世纪中期，罗马模仿希腊化世界发行斯塔特和半斯塔特，[1]但罗马的斯塔特重约6.8克，不同于希腊化世界流行的8.6克。这是为了方便与银币、铜币的兑换：1金斯塔特等于6银第纳尔，也即60铜阿斯。然而重6.8克的金币仍然无法满足罗马的需求，于是到公元前211年就被另一种金币取代。这套金币包含三种币值，分别重约3.4克、约2.2克和约1.1克，图像完全一致；特别之处在于所有金币的正面都印刻有币值符号：↓X、[2]XXXX和XX，分别表示该金币可兑换的铜币数量为60枚、40枚与20枚阿斯。[3]这套标有币值符号的金币没有固定名称，不定期发行。随着公元前1世纪末铜币退出流通，银币改版后不再刻印币值符号，金币也随即取消币值符号。

同样地，这套金币虽发行量不大，但图像上依然保持统一。无论币值几何，金币的正面图像均为马尔斯的戴盔右侧头像，背面为双翼张开微向右侧、抓着雷电的雄鹰。与银币第纳尔一样，公元前1世纪后金币不再刻印币值符号，特别是以公元前49年凯撒首次在罗马发行金币为起点，[4]金币发行量大幅增加，其图像也开始呈现出丰富多样的特征。

---

1 M. H. Crawford, *Roman Republican Coinage*, Vol. 2, p. 628.

2 罗马人在金币上用向下的箭头和X表示“60（↓X）”，此处↓应当是表示“50”的“L”的异体。

3 M. H. Crawford, *Roman Republican Coinage*, Vol. 2, p. 593.

4 H. A. Grueber, *Coins of the Roman Republic in the British Museum*, Vol. 1, p. lvii.

在币值方面，罗马人充分表现出他们对希腊文化的模仿与创新。虽然早期复制了银币和金币的币值名称，但始终坚持以铜币为基础，将贵金属的货币重量调低。他们不仅制定了一套完整的铜币系列，将币值刻印在铜币上，还用与铜币的比价来制定银币和金币的重量，为银币命名，并在其上刻印各自的币值单位，由此形成一套以铜币阿斯为基础的包含金、银、铜的货币体系。因此，这些标记方法是罗马人在货币管理上的重要成就。

由于罗马共和国时期的币值体系以铜币为基础，相比于金、银，铜币极易贬值，且在国际市场的接受度不高，随着军事上的不断胜利，罗马人的世界不断扩大，难以满足需求的铜终将被银币取代。在此背景下，以铜币阿斯为基础的币值体系崩溃，罗马进入金、银双币制时代；直到498年的阿纳斯塔修斯一世货币改革，币值标记才再次出现在铜币上。

第二节　亚历山大式“胜利”图像在罗马—拜占庭帝国的流变

如果说共和国时期罗马货币仍表现出强烈的地方特色，那么到帝国时期，罗马的钱币则成为帝国之内的通用货币，相应地，王权意识、个人崇拜也更多地反映在钱币上。希腊化世界的王权概念从凯撒时代开始被罗马人吸收，此后帝国的统治者频繁地从希腊化钱币中选择寓意君主荣耀的图像，例如亚历山大式“胜利”图像。这一图像具有极强的生命力，它不仅与帝国时期的君权概念完美结合，还延续到基督教时代，作为基督教胜利的标志出现在货币上。因此，本节将以亚历山大式“胜利”图像为例，考察其在罗马—拜占庭帝国货币上形式与寓意的流传与变化，探究希腊化钱币文化的深远影响。

一、亚历山大式“胜利女神”图像的特征与寓意

亚历山大式“胜利女神”图像指的是亚历山大大帝在世时发行的金币斯塔特的背面图像，[1]即胜利女神尼科的全身立像，她的双翼展开于身体两侧，头部朝向币面左侧，身体也因此动作略微转向左侧，右臂向前伸出，掌上托一花环，左臂持一桅杆，上有表示风向的旗子（στυλος，stylos）。（图10-2-1）这个图像的要素是胜利女神单独出现，且其全身立像构成整个图像的主体。之所以将这种图像称为“亚历山大式胜利”，是因为它是在亚历山大即位后以“亚历山大（ΑΛΕΞΑΝΔΡΟΥ）”之名发行，与此前出现在马其顿钱币以及其他希腊城邦钱币上的胜利女神像相比，其形式与寓意都明显不同。且因亚历山大的军事胜利与巨大声望，其在后亚历山大时代再次出现时，往往表示对这位君王的尊崇与效仿。

首先，亚历山大的胜利女神有着不同此前马其顿钱币的图像与寓意，是他的创新之作。但其创新在于胜利女神的形式而非主题。事实上，在他父亲腓力二世之前，马其顿王国的钱币从没用过胜利女神形象，是腓力二世首次将她引入。腓力二世在取得对希腊联军的胜利后，约在公元前345年发行金币。[2]这套新币采用全新图像，其中金币斯塔特的正面为阿波罗头戴花冠右侧头像，背面为御者驾驶向右的二马战车。（图10-2-2）关于这一图像，贝林杰（A. R. Bellinger）认为正面的阿波罗寓意神的守护，背面的“马车与御者”

1　A. R. Bellinger, *Essays on the Coinage of Alexander the Great*, New York: The American Numismatic Society, 1963, p. 3.

2　O. Mørkholm, *Early Hellenistic Coinage from the Accession of Alexander to the Peace of Apamea (336-188 B. C.)*, p. 41.

图10-2-1
亚历山大的金币斯塔特

图10-2-2
腓力二世的金币斯塔特

源于奥林帕斯运动会上马车比赛的胜利，是表示“胜利”的主题，以此铭记腓力二世的成功。[1]而默克尔摩（O. Mørkholm）认为御者就是胜利女神尼科，[2]虽然尼科的典型形象是背生双翼，但在古希腊的造型艺术中，特别是钱币上，也出现过没有双翼的尼科，如雅典卫城的“无翼尼科（Apteros Nike）”，再如意大利的特里纳（Terina）在公元前5世纪初发行的银币背面的无翼尼科，[3]因此默克尔摩的判断也不是毫无道理。

---

1 A. R. Bellinger and M. A. Berlincourt, *Victory as a Coin Type*.

2 O. Mørkholm, *Early Hellenistic Coinage from the Accession of Alexander to the Peace of Apamea (336-188 B. C.)*, p. 41.

3 F. S. Benson, *Ancient Greek Coins*, Vol. 1. IV. “Terina”, privately printed, 1900, p. 6, Plate IV: 10-23; R. S. Poole, “Athenian Coin-engravers in Italy,” *The Numismatic Chronicle*, Vol. 3, Third Series, 1883, pp. 269-277.

古币学家之所以没有普遍认同马车的御者即胜利女神，一方面是因为这位御者左手拉缰，右手持马鞭，并没有表现出任何与胜利女神或其他神祇有关的符号或事物，而此前马其顿人也未有对无翼胜利女神崇拜的先例；另一方面，当时的希腊钱币已经形成程式化的胜利女神形象，马其顿人对此并不陌生。在腓力二世的另一些金币斯塔特上，奔跑的马蹄下出现了非常典型的胜利女神：她背负双翼，飞翔在空中，身体呈水平状，双臂伸出，手捧花环，似乎要为什么人加冕。（**图10-2-3**）从形式上看，她是胜利女神无疑；但从所处位置来看，她与背面主题无关，因为易于遭到马蹄践踏的“胜利”显然不合情理。根据腓力二世的其他金币，出现在马蹄下方的符号（如图10-2-2）或是城市象征，或是模具制作者的家族徽记，因此这里的胜利女神应当是模具制作匠人的标记，[1]并不表示胜利之意。

图10-2-3
腓力二世的金币斯塔特

如果金币背面的御者是胜利女神，可能表示腓力二世受到雅典无翼胜利女神的影响，采用该形象来表达自己的胜利；如果她不是胜利女神，那么腓力二世为表达胜利而选择的形式就是奔腾的马车。与之相比，亚历山大在庆祝“胜利”时，将胜利女神的形象放大、突出，形成比较强烈的视觉印象：她的全身微侧立像构成画面主体，背后双翼填充了币面的空白，水平前伸的右手和花环以及身侧几近垂直的桅杆打破了画面的僵硬，赋予其美感。这种在钱币上表现胜利的不同方式反映出两人在政治军事上取得的成就差异，正如其钱币上的胜利女神形象，亚历山大的成就是如此突出、如此醒目。

其次，亚历山大式胜利的重要意义还在于对胜利女神寓

1 A. R. Bellinger and M. A. Berlincourt, *Victory as a Coin Type.*

意的推进，从古希腊钱币上她的寓意发展演变来看，正是亚历山大将之推至顶峰。

胜利女神尼科在希腊神话体系中的地位并不高，她作为泰坦神帕拉斯（Pallas）和海洋之女斯提克斯（Styx）的女儿，与她的父母和兄弟姐妹，即表示“竞争”的女神泽洛斯（Zelos）、表示“武力”的克拉托斯（Kratos）以及表示“活力”的维亚（Vios），在泰坦战争中加入奥林帕斯诸神的阵营。[1]在古希腊的艺术形式中，尼科时而单独出现，时而与其他神祇一同出现。单独出现的尼科主要为双翼展开、正欲降落的形象，手中拿着表示胜利的花环（wreath）、绶带（sash）、水瓶（oinochoe）和浅底碗（phiale）、里拉琴（Lyre）等物品，表示胜利降临。与她一同出现的神祇有宙斯、雅典娜、赫尔墨斯、狄奥尼苏斯、阿瑞斯以及赫拉克勒斯，寓意他们的胜利，其中最常见的是宙斯或雅典娜。

早期出现在希腊钱币上的胜利女神寓意运动场上的胜利。最早在钱币上采用胜利女神形象的是奥林匹亚。约在公元前5世纪末，当地发行背面为胜利女神的银币。目前发现数量较多的公元前5世纪前半期发行的胜利女神，双翼展开于身体侧后方，身体略向左侧，双腿呈向前奔跑状，左手在后，右手在前，持花环前送。[2]此后奥林匹亚继续使用胜利女神，她的姿态也增加了走、坐、飞翔降落等，并且逐渐摆脱僵直，看上去更为舒适。在古币学家看来，奥林匹亚作为祭祀宙斯的圣地，这里的泛希腊运动会吸引来自不同地区的参赛者，这里所发行钱币的受众也是他们，故而钱币上的胜利女神是对

---

1 ［古希腊］赫西俄德:《神谱》，张竹明、蒋平译，北京：商务印书馆，1998年，第38页。

2 R. Plant, *Greek Coin Types and Their Identification*, London: Seaby Publications Ltd., 1979, No. 103, p. 22. 参见奥林匹亚钱币——银斯塔特，约公元前450—前440年生产，网站编号：Seltman 60。（图片见野风网站：http://www.wildwinds.com/coins/greece/elis/olympia/i.html (2020-4-14).）另参 P. Gardner, *A Catalogue of the Greek Coins in the British Museum: Peloponnesus*, Vol. X, London: Elibron reprint, 2004, p. 64, No. 51, Plate XII. 9.

参赛者的期许和鼓励。她寓意运动场上的胜利，是参赛者通过自己的努力与拼搏得到宙斯所赐予的奖赏，是所有人的希望，[1]不属于某一个体或地区。

当奥林匹亚以外地区的钱币使用胜利女神时，其寓意有了明确的地域或个体指向。西西里的叙拉古于公元前6世纪末5世纪初开始在钱币上采用胜利女神，比较常见的图像是：一名御者驾驶向右前行的二马战车，胜利女神向右飞翔于马的上方，正在将花冠加于马头，[2]有时是将花冠加到御者头上。由于叙拉古人对于竞技、竞争有特殊的热情，他们不仅积极参与奥林匹亚的运动会，还鼓励自己城邦的参赛者努力追求胜利，因此叙拉古城邦选择他们最喜爱的赛车比赛作为四德拉克马（tetradrachm）的图像，而这里胜利女神所带来的胜利属于叙拉古参赛者，尤其是赛车的参与者。[3]此后，在叙拉古钱币图像的影响下，西西里和意大利大希腊区的一些城邦也开始在钱币上采用胜利女神，如墨西拿（Messana）、利吉姆（Rhegium）、阿克拉伽斯（Acragas）等，[4]其后这种实践与寓意也影响到更远的那不勒斯等地。[5]

到公元前5世纪末4世纪初，钱币上胜利女神图像的寓意从赛会胜利扩展到军事胜利。其中最典型的是叙拉古在公元前413年左右发行的银币，飞翔在上方的胜利女神左手拿着带有雕饰的翘起船尾（aphlaston），寓意海军的胜利；正面底部的甲胄、盾牌、长矛，特别

---

1 A. R. Bellinger and M. A. Berlincourt, *Victory as a Coin Type*.

2 R. Plant, *Greek Coin Types and Their Identification*, no. 102, p. 22. 参见叙拉古钱币——银四德拉克马（tetradrachm），约公元前485—前480年生产，网站编号：Boehringer 41。图片见 http://www.wildwinds.com/coins/greece/sicily/syracuse/deinomenid/i.html, 2020-4-14.

3 A. R. Bellinger and M. A. Berlincourt, *Victory as a Coin Type*.

4 今墨西拿（Messana）位于西西里岛东北，与意大利半岛隔海相望；利吉姆（Rhegium）位于意大利半岛靠近西西里的海岸，与墨西拿隔海相望；阿克拉伽斯即今阿格里真托（Agrigento），位于西西里中南部海岸。

5 F. S. Benson, *Ancient Greek Coins*, Vol. 1. III "Magna Graeca", privately printed, 1900, pp. 5, 13, 15.

是阿提卡头盔，则表明这是庆祝叙拉古对雅典的胜利。[1]除叙拉古及西西里其他城邦外，其他地区钱币上的胜利女神也增添了军事胜利的寓意。如小亚细亚的基齐库斯（Cyzicus）在前410年发行的合金钱币上，胜利女神手持船尾，以庆祝对斯巴达的胜利。[2]至公元前4世纪前半期，钱币上胜利女神用来表示军事胜利的寓意已经确立，[3]腓力二世用奔腾马车庆祝自己对希腊联盟的胜利，正是这种图像寓意发展演变的结果。

在此背景下，亚历山大胜利女神的寓意再次发生了飞跃性变化，她不再仅限于赛事胜利或军事胜利，而是具备了独立的抽象意义——胜利。此前“胜利”作为宙斯、雅典娜等神祇的特征，将其赋予那些通过坚持不懈的努力与拼搏在运动场或战场上获得成就的人，因此胜利也往往寄于某种形式，如奔跑、赛车等运动，或某一战事，如叙拉古对雅典的胜利、腓力二世对希腊联盟的胜利。而亚历山大的胜利不在于具体战争或某一对手，而是恰如宙斯和雅典娜，“胜利”被视为亚历山大的属性，寓意亚历山大在任何事、任何地方都将获得胜利。

亚历山大去世后，他本人被神化，其成就被继任者膜拜以至于争相效仿。但其成就过高，难以企及，以致于在希腊化时期的钱币上，除亚历山大之后的腓力三世（Philip III，公元前323—前317年）外，只有个别统治者在亚历山大金币基础之上做出改变，如公元前322—前314年昔兰尼加（Cyrenaica）发行金币时将铭文改为ΚΥΡΑΝΑΙΟΝ ΠΤΟΛΕΜΑΙΩ或ΠΤΟΛΕΜΑΙΟΥ（“托勒密监管之下的

---

1 F. S. Benson, *Ancient Greek Coins*, Vol. 2, privately printed, 1901-1902, “Syracuse 2”, pp. 12-15.

2 W. Greenwood, *The Electrum Coinage of Cyzicus*, London: Rollin and Feuardent Collection cdl, 1887, p. 74.

3 A. R. Bellinger and M. A. Berlincourt, *Victory as a Coin Type*.

昔兰尼加的钱币”之意)。[1]那些继任者们要么在银币、铜币上复制亚历山大金币的图像,[2]要么在发行货币时采用其他胜利图像来庆祝自己的胜利。[3]

二、亚历山大式“胜利女神”图像在罗马的传承与发展

在罗马共和国向帝国转变的过程中,掌控着强大军团、不断为自己和罗马带来光荣胜利的军事将领们,逐渐受到希腊化世界以亚历山大为代表的王权和君主制的影响,并将这种理念和实践引入到罗马社会。前一节提到的凯撒在公元前48—前47年发行的重量约8.6克的金币斯塔特,突然采用亚历山大时期的阿提卡标准,随后又马上改变,降至8.0克,就是凯撒的追随者将其比作亚历山大的短暂尝试。当屋大维以“指挥官”(imperator)和“奥古斯都”(Augustus)之名开启帝制时代后,以皇帝为代表的王权理念继续发展、深化,亚历山大式胜利图像的寓意与使用进入新阶段。

罗马帝国时期(公元4世纪之前),钱币上的胜利女神图像与亚历山大时期相比已发生变化。第一,从姿态看,亚历山大的胜利女神虽面向左侧,但因其两翼分立左右,故而其身体只是略微朝左,不是完全侧身。在罗马帝国的钱币上,以全身立像出现的胜利女神多为完全侧身,有时朝左,有时朝右,双翼在身后,胜利的姿态也分为站立、行进、飞翔、挺进等不同类型。第二,从构图看,除侧身的胜利

1 O. Mørkholm, *Early Hellenistic Coinage from the Accession of Alexander to the Peace of Apamea (336-188 B. C.)*, p. 68.

2 R. Plant, *Greek Coin Types and Their Identification*, No. 54-103, pp. 21-22.

3 公元前301年吕西马库斯(Lysimachus,公元前323—前281年)取得伊普苏斯(Ipsus)战役胜利后,发行的金币背面图像为雅典娜向左坐于宝座,右手伸出,托胜利女神,小胜利女神的花冠正位于吕西马库斯名字的上方。参见色雷斯—吕西马库斯的金币斯塔特,约公元前3世纪卡拉提斯(Callatis)造币场生产,网站编号:AMNG 255。图片见http://wildwinds.com/coins/greece/thrace/kings/lysimachos/t.html, 2020-4-20.

女神的图像外，还出现了胜利保持双翼微张，立于船首或踩在球上的式样。第三，从胜利所持物品看，它们的种类愈发多样，除亚历山大时先后出现的“花冠与桅杆”和“花冠与棕榈枝”外，增加了盾牌、螺旋纹、战利品等等。第四，从动作看，胜利女神持花冠时以斜递向前或单（双）手高举为主，盾牌分怀抱、手扶多种。这些图像的形式虽有不同，但均为亚历山大式胜利女神形象的演变结果。

胜利图像的这种变化在亚历山大去世后就已出现。他的继业者均以其继承人自居，采用其钱币图像，只是在特殊情况下才会根据理念或现实需求进行调整。例如，继业者们发行金币时，大多数沿用亚历山大时期的图像和铭文，只有个别有变化，如塞琉古一世（Seleukos I Nikator，公元前321—前281年）在后期将金币背面的铭文改成“ΒΑΣΙΛΕΩΣ ΣΕΛΕΥΚΟΥ”，[1]胜利女神尼科的姿势和铭文的位置均没有变化，只是将“ΑΛΕΞΑΝΔΡΟΥ”采用改为“ΣΕΛΕΥΚΟΥ”。与金币相比，希腊化时期的银币、铜币政治寓意稍弱，故而在因循亚历山大的钱币图像时修改幅度较大。例如公元前3世纪时色雷斯的吕西马科亚城（Lysimacheia）发行的铜币，背面采用亚历山大式胜利女神，但比较粗糙，左手的桅杆已不可见。[2]塞琉古王国的安条克一世

1 参见塞琉古一世的金币斯塔特，约公元前300—前280年塞琉西亚（Seleucia on the Tigris）[illegible] seleukos_I/t.html, 2020-4-20. 包括塞琉古一世在内的亚历山大的部将们，均在努力模仿、接近亚历山大，这一特征也表现在钱币图像方面。尤其是在金币上，他们通过细节来强调自己的功勋以及作为亚历山大继承人的合法性。如色雷斯的吕西马库斯在后期发明了一种新图像：雅典娜朝左坐像，右手持小尼科伸向前方，小尼科高举的花环正位于币面左侧的铭文上方。在亚历山大的金币背面，币面左侧铭文为ΒΑΣΙΛΕΩΣ，币面右侧为亚历山大的名字；但在新的金币上，ΒΑΣΙΛΕΩΣ改在右侧，左侧铭文为ΛΥΣΙΜΑΧΟΥ，正是这段铭文恰好位于小尼科高举的花环下方，寓意雅典娜授意胜利女神尼科将“胜利”赋予吕西马库斯，从而使其王权拥有合法性。参见色雷斯—吕西马库斯国王的金币斯塔特，约公元前3世纪卡拉提斯造币场生产，网站编号：AMNG 255。图片见http://wildwinds.com/coins/greece/thrace/kings/lysimachos/ t.html, 2020-4-20.

2 参见色雷斯—吕西马科亚的铜币，约公元前309—前221年生产，网站编号：Moushmov 5499.2。图片见http://wildwinds.com/coins/greece/thrace/lysimacheia/t.html, 2020-5-20.

（Antiochos I Soter，公元前281—前261年）的铜币将尼科改成完全侧身向左，双翼位于身后的币面右侧，手持花环和棕榈枝，[1]这种也成为此后亚历山大式胜利女神的主要形式。此后，随着这一图像的扩散，其变化愈发多样，有的是尼科侧身向右，有的是尼科高举花环。

随着罗马人与东地中海地区接触的日益频繁，流行于希腊化世界的钱币图像出现在罗马共和国的钱币上，其中自然包括胜利女神。罗马人关于胜利女神的信仰来自于意大利南部的希腊城邦，[2]他们选用的胜利女神图像也来自这些地区。在公元前2—前1世纪，罗马钱币上出现比较频繁的胜利女神图像有：驾驶马车；为战利品加冕。驾驶马车的图像包括胜利女神独自驾驶二轮马车以及为驾驶马车的神祇加冕，这些都是对叙拉古经典图像的复制。而胜利女神站立、为立在身侧的战利品加冕的图像，也是受到西西里的影响，且此前在色雷斯等地比较流行。对此，贝林杰认为，正是由于这些图像与胜利寓意紧密联系，更受罗马人欢迎，故而长期使用。[3]而此时希腊化世界比较普遍的亚历山大式胜利女神却很少出现在罗马官方发行的钱币上，因为该图像寓意的王权并不符合罗马共和国的喜好，它属于希腊—马其顿人。

罗马人直到公元前1世纪中期才开始接受希腊人关于胜利女神的特殊寓意，钱币上出现亚历山大式胜利女神图像。公元前52年罗马发行的银第纳尔背面出现一种胜利女神图像：她跳跃着向右前方行进，肩扛棕榈枝，在其身体两侧的棕榈枝旁有四个花环。[4]那一年，凯撒在阿莱西亚（Alesia）战役中决定性地击溃高卢叛军，罗马为此举行

1 参见塞琉古一安条克一世的铜币，约公元前309—前220年生产，网站编号：Hoover 145。图片见http://wildwinds.com/coins/greece/seleucia/antiochos_I/t.html, 2020-5-20.

2 D. Miano, "How Roman was Victory? The Goddess Victoria in Republican Italy," in L. Sacco e V. Severino, eds., *APEX Studi storico-religiosi in onore di Enrico Montanari*, Roma: Edizioni Quasar, 2016, pp. 111-126.

3 A. R. Bellinger and M. A. Berlincourt, *Victory as a Coin Type*.

4 M. H. Crawford, *Roman Republican Coinage*, Vol. 2, Plate LII, No. 436/1.

图10-2-4
奥古斯都的银币第纳尔

了二十天的谢神祭，[1]这类银币当是庆祝这一伟大胜利。然而，这种不依托其他符号表现并庆祝的胜利，显然带有亚历山大式胜利女神的痕迹。即便它的出现与具体事件有关，其寓意可以解释为罗马的“胜利”，或“胜利”是罗马共和国的内在属性，但它必然与凯撒这一伟大的军事统帅密切相关，流行于东地中海的胜利寓意此时已然渗透至罗马社会。

在公元前48年之后，罗马发行的银币上出现了这一图像的多种变体，如：胜利女神向右或向左前行，持墨丘利节杖（caduceus）、棕榈枝、圆盾、战利品；胜利女神朝右侧面站立，双翼张开，左手持棕榈枝，右手牵四匹马；胜利女神朝左或朝右坐像，手持花篮、棕榈枝、战利品等物；以及胜利女神面向前方，但身体略微向左或向右侧身的胸像。[2]屋大维完全掌控罗马政权后，金币、银币、铜币上出现多种包含胜利女神的图像，除原先已经出现的向前的胜利女神外，还发展出其他图像，如持花冠和棕榈枝的胜利女神降落在船首，或降落在一颗球上（图10-2-4），胜利女神坐在球上，或胜利女神以不同姿势持有名誉盾牌（clupeus Virtutis，即上面记录奥古斯都品格与成就的盾牌），等等。自此，钱币上的亚历山大式胜利女神为罗马社会所接受，并被赋以新意义，即奥古斯都的“胜利女神”来自其强大的武力与美德的共同作用，[3]“胜利女神”构成了罗马皇帝与帝国的内在属性。

从图像看，在奥古斯都之后，罗马的皇帝们并没有给钱币上的胜利女神图像增加新的样式，多为沿用。只是在使用

1 ［古罗马］凯撒：《高卢战记》，任炳湘译，北京：商务印书馆，1982年，第207页。

2 M. H. Crawford, *Roman Republican Coinage*, Vol. 2, Plates LIII-LIV, Nos. 449/4, 453/1c, 460/4.

3 A. R. Bellinger and M. A. Berlincourt, *Victory as a Coin Type*.

旧有的图像时，在不同时期会因具体情况出现对某些图像的偏好。例如在尤里乌斯王朝，屋大维之后的四位皇帝发行钱币时使用胜利女神图像的比例极低，种类也较少，仅有胜利女神侧身坐在球上或踩在球上，罗马女神持小胜利女神等。[1]这可以解释为这些皇帝们作为屋大维的继承者，因功绩无法与之媲美，故而仅发行一种或两种胜利女神图像的钱币，以表达“胜利女神”作为帝国本质属性的寓意，过多的胜利图像显然是为凸显皇帝本人的胜利属性。

事实上，在公元4世纪之前，每一任罗马皇帝都要发行至少一种背面为胜利女神图像的钱币，且均为亚历山大式胜利的变种，即单独出现的胜利女神侧身立像或坐像，[2]无论其统治时期帝国是强是弱，无论罗马军队在战场上是胜是败。这是因为这种图像的“胜利女神”寓意着权柄。胜利的亚历山大通过军事征服成为其广袤帝国的统治者，神赋予其“胜利”的属性，就意味着授予其统治世界的权柄。罗马人在继承这一图像与理念时加入了“美德”的含义；凭借军事与美德方面的“胜利”，罗马及皇帝拥有了统治世界的权柄。因此，作为罗马的统帅、奥古斯都的继承人，每一任罗马皇帝都必然拥有这一权柄，发行这种图像的钱币即是向臣民公告其权柄。

从此，亚历山大式胜利女神图像作为寓意罗马和皇帝们胜利属性、合法权柄的表达方式，在帝国时期的钱币上不断重复，表现为对此传统的坚持。但与此同时，胜利女神作为神祇的力量被削弱，特别是随着罗马皇帝的日益神化，钱币上由带翼女性形象与棕榈枝、花冠等象征物组成的图像，寓意从“胜利”属于皇帝、属于罗马，转变为“胜利”来自皇帝、来自罗马、来自军团。具象化的女性形象成为

---

1 C. H. V. Sutherland, *The Roman Imperial Coinage. Vol. 1: From 31 BC to AD 69*, London: Spink and Son Ltd., 1984, pp. 93-187.

2 参见H. Mattingly, E. A. Sydenham and C. H. V. Sutherland, eds., *The Roman Imperial Coinage, Vol. 1-6: From 31 BC to AD 313*, London: Spink and Son Ltd., 1930, 1967, 1984.

图10-2-5
狄奥多西二世的金币索里得

抽象“胜利”的外在表达，成为与罗马（Roma）、和平（Pax）、富饶（Abundantia）、命运（Fortuna）、协作（Concordia）等类似的拟人化形象。正是这一转变，使得表示“胜利女神”的带翼女性形象得以延续到基督教时代，并在公元5—6世纪完成转型。

三、亚历山大式“胜利女神”图像与基督的胜利

从公元4世纪初开始，罗马帝国逐渐进入到基督教时代，随着时间的流逝，这种转变在钱币上也逐渐显现出来。正是在此背景下，“胜利女神”这一源于异教神祇的形象，从罗马帝国时期逐渐发展出的抽象“胜利”概念的拟人化女性形象，进入到基督教的表达体系。其标志是420年狄奥多西二世（Theodosius II，公元402—450年）发行的金币索里得（solidus）的背面图像：胜利女神向左前行，手持与其等高的巨大十字架。（图10-2-5）它的出现，显然与基督的胜利有关。

这一结果无疑与4世纪以来基督教地位不断提升及其思想持续渗透有关，在钱币上主要表现为：以多神教神祇为主题的图像数量减少，同时图像中基督教符号的数量和种类不断增加。具体来说，直到3世纪末，钱币上仍经常出现诸如朱庇特、马尔斯、赫拉克勒斯、维纳斯、密涅瓦等神祇，但到君士坦丁王朝，除罗马的造币场在公元

361—364年间采用以伊西斯（Isis）、阿努比斯（Anubis）等埃及神祇为主题的图像[1]外，传统神祇中只有朱庇特、马尔斯偶尔出现，到4世纪中后期已完全消失。同一时期，钱币上与基督教有关符号不断增加。君士坦丁时，与基督教有关的符号仅有两处，出现在军旗上方的☧以及从天堂伸出的手；在其继承者时代，☧频繁出现在各种不同位置，例如手握、币面空白处、花环、旗帜图案等，十字架也多次出现；到4世纪后期，☧、⳨、十字架等基督教符号成为钱币图像中的主流元素。

与此同时，钱币上的基督教符号还与胜利女神形象紧密结合。以君士坦丁时期的两种图案为例。327年君士坦丁堡造币场发行一种铜币（RIC 19），背面主体为一柄竖着的军旗，扎着一条蜿蜒的蟒蛇，军旗上方为☧，学者们认为蟒蛇指代李锡尼（Licinius），该图像旨在纪念此前君士坦丁的胜利。[2]在公元328—329年间，君士坦丁堡造币场还发行过一种重量高达253.72克的金奖章（RIC 42），背面为君士坦丁皇帝立于两子之间，接受来自天空的手加冕，左侧王子被士兵加冕，右侧王子被女性形象的胜利加冕。[3]其寓意在于君士坦丁通过神的认可与帮助，获得胜利，获得帝国的权柄，因此其权柄来自于神。由于胜利的形象代表着帝国及皇帝权柄，因此钱币上基督教符号与胜利等符号的结合遂成必然。

及至4世纪中后期，钱币上基督与胜利的结合表现为：(1) ☧成为军旗图案（即拉伯兰军旗），有时为⳨或十字架；(2) ☧、十字架被花环包裹，或镶嵌在花环上；(3) 在以胜利女神为主体的图像上，经常在空白处出现☧、⳨、十字架等。比较常见的一种铜币背面图像是：

---

1 J. P. C. Kent, *Roman Imperial Coinage. Vol. 8: The Family of Constantine I, A.D. 337-364*, London: Spink and Son Ltd., 1981, pp. 302-305.

2 P. M. Bruun, *Roman Imperial Coinage. Vol. 7: Constantine and Licinius A.D. 313-337*, London: Spink and Son Ltd., 1966, pp. 62-63, 572.

3 P. M. Bruun, *Roman Imperial Coinage. Vol. 7: Constantine and Licinius A.D. 313-337*, p. 576.

图10-2-6
尼禄的金币（aureus）

胜利女神向左前行，肩扛战利品，拖拽俘虏，其身前空白处有☧。较为普遍的一种金币背面图像是：皇帝着戎装正面立像，其左手握顶上有胜利的圆球，右手持拉伯兰军旗，有时空白处还有十字架或☧。不过这些只是两类符号被放在一起，还没有完全结合，距离420年胜利女神持长柄十字架的图像还需要一关键变化。

要追溯这一关键变化，需考察亚历山大式胜利女神图像的一个变种——立在球上的尼科。这种图像始于奥古斯都（**图10-2-4**），此后频繁出现在钱币上。尼禄时该图像有所创新，被缩小后拿在手中（**图10-2-6**），例如公元64—65年间的一种金银币背面为：尼禄头戴太阳冠，左手持立在球上的胜利女神。[1]此后仅偶有出现，直到3世纪末变得十分普遍。持这一符号的，不仅有朱庇特、赫拉克勒斯等强大的神祇和英雄，还有罗马、和平等拟人化女性形象，以及皇帝们，表示他们掌握着统治世界的权柄。有时皇帝也从他人那里获得该符号，如戴克里先从朱庇特处接受立在球上的尼科；[2]君士坦丁从罗马、太阳（Sol）、共和国（Respublica）、和平，甚至从士兵手中接过立在球上的尼科。[3]该符号作为一个整体，表示统治世界的权柄，这其中的尼科虽然具有女性拟人化形象，但已完全抽象，只表示“胜利”本身。如公元324—325年间，在一些金币的背面，“胜利”坐于王座，面朝左，右手持尼科，或手持花环的尼科，

1 C. H. V. Sutherland, *The Roman Imperial Coinage. Vol. 1: From 31 BC to AD 69*, p. 153.

2 C. H. V. Sutherland, *Roman Imperial Coinage. Vol. 6: From Diocletian's Reform (A.D. 294) to the Death of Maximinus (A. D. 313)*, London: Spink and Son Ltd., 1967, pp. 484-485.

3 P. M. Bruun, *Roman Imperial Coinage. Vol. 7: Constantine and Licinius A.D. 313-337.*

图10-2-7
狄奥多西二世的金币特雷米塞斯

或托顶部为尼科的圆球。对此，古币学家认为作为图像主体的“胜利”形象表示皇帝，[1]其手握的尼科或尼科球则寓意权柄。

表示权柄的“立在球上的尼科”在狄奥多西一世时出现关键变化——“十字架圆球”诞生。从公元383年开始，君士坦丁堡和米兰的造币场生产的金币特雷米塞斯（tremis or tremisses，表示三分之一的索里得）采用一种新图像，并且作为此类金币的固定模式，一直持续到狄奥多西二世时期。“胜利”双翼展开于身后，向右前方行进，右手持花环，左手托顶部为十字架的圆球。[2]（图10-2-7）在当时出现在不同材质、不同币值的多种钱币图像中，这一变化并不突兀，且特雷米塞斯的发行量不多，影响力有限，其寓意也无剧烈更改，胜利依然可视为皇帝化身，“十字架圆球”亦可理解为权柄，且添加了“基督”寓意的权柄，罗马帝国正式进入基督教时代。

当基督教符号在罗马帝国的钱币上不断蔓延时，过去数百年间恒定出现在每位皇帝发行钱币上的亚历山大式胜利图像仍在延续。胜利或立、或行、或跑，其朝向时左时右，手中所持之物仍然以花冠和

1 P. M. Bruun, *Roman Imperial Coinage. Vol. 7: Constantine and Licinius A.D. 313-337*, p. 383, 476, 514, 612.
2 J. W. E. Pearce, *Roman Imperial Coinage. IX: Valentinian I — Theodosius I*, London: Spink and Son Ltd., 1951, pp. 78, 81, 84, 232.

棕榈枝为主，偶尔抱盾，盾面上主要以表示皇帝统治时间的铭文为主，后来☧、⳨、十字架等基督教符号也时有出现。而且，由于公元4世纪时罗马帝国边境不宁，极度盼望军事胜利，因此钱币上的胜利主题还有新发展，如前面提到的“胜利”肩扛战利品、拖拽俘虏的背面图像。事实上，进入基督教时代后，帝国早期钱币上频繁出现的众多拟人化形象中，只有罗马、君士坦丁堡（Constantinopolis）和胜利（Victoria）较为成功，特别是后者，在钱币背面的图像中，其所占比例仅次于以皇帝为主题的图案。正是凭借其表示胜利的积极寓意，与权柄有关的抽象概念，“胜利”与帝国的基督教理念完美结合，为公元420年胜利持长柄十字架图像的出现准备好基础。

具体到公元420年，该图像的诞生还有几分偶然。古币学家认为，这种巨大、镶满珠宝的长柄十字架表示耶路撒冷的真十字架，因为在这一年，狄奥多西二世曾亲临耶路撒冷，亲手将其立在骷髅地遗址上。[1]这一看似偶然的变化，却在此后造成长期的深远影响，它和它的变化图像几乎成为东部帝国金币索里得的固定图像。

可以说，基督与胜利的结合正是拜占庭帝国早期钱币图像的主要特征。从公元420年开始，这种向左前进的女性胜利手持镶满珠宝的长柄十字架，是公元5世纪索里得背面的标准图像。公元498年，阿纳斯塔修斯一世对该图像做出细微调整，将胜利所持之镶满珠宝的十字架，改为细长、顶部为P的十字架，作为“⳨”的变形，其寓意仍是十字架与基督。公元519年，查士丁一世（Justin I，公元518—527年）时，侧身向左的女性胜利改为正面的男性形象，学者们也转而用基督教的天使来称呼他。直到公元610年以后，随着希拉克略一世选用三级台阶与强力十字架为固定背面图像，这种带有强烈古典多神教形式

---

1 J. P. C. Kent, *Roman Imperial Coinage. Vol. 10: The Divided Empire and the Fall of the Western Parts, AD 395-491*, London: Spink and Son Ltd., 1994, p. 55.

的拟人化形象才从钱币上彻底消失。

结 语

公元前3世纪初，罗马受希腊人影响开始发行仿希腊化钱币。由于当时罗马的扩张还限于意大利半岛，罗马社会还在强调自身特色与传统，因此始终坚持以青铜为币，并制定细致的兑换比价和多种币值体系，建立一套以铜币阿斯为中心的金、银、铜货币制度。在钱币图像上，罗马人模仿希腊钱币上的主题与表现形式，但多选用如雅努斯、罗马等本地神祇，或马尔斯、维纳斯、萨图恩等与罗马关系密切的神祇；共和国末期，罗马人不仅模仿希腊化货币图像的统治者形象，而且吸收、同化该形象背后的“王权”概念，在罗马社会中确立了王权意识。在币值方面，罗马人从开始模仿希腊化钱币的币值单位，逐渐过渡到根据自身需求统一币面图像，并在币面上标注币值单位。这是罗马货币文化上的重要创新。

从希腊化时代开始，由于亚历山大赋予胜利女神以特殊意义，他所采用的尼科形象成为希腊化及至罗马—拜占庭帝国钱币上的重要部分。最初，她是表示胜利的神祇，在希腊化时期与国王权柄建立联系，之后被罗马人因袭；到罗马帝国前期，用胜利女神表示罗马及皇帝权柄成为传统；在罗马帝国步入基督教时代的过程中，这种“胜利”形象与基督教符号结合，构成了拜占庭帝国早期钱币图像中的主要内容，并借由欧亚大陆上的横向交流传到中亚和东亚。

不论从共和国到拜占庭帝国时期罗马钱币的总体发展过程，还是从胜利女神钱币的个案演变来看，希腊或希腊化钱币的影响都是显而易见的。当然，罗马人如同对于其他的希腊文化影响一样，罗马的钱币并非全部“希腊”化，而是采取“取其所有，为我所用”的原则，在接受、模仿的同时，进行了必要的调适、改造和创新。随着丝路的拓展，拜占庭钱币也成为丝路钱币的一员。

（郭云艳）

第十一章　拜占庭金币东传与中亚的希腊化钱币传统

罗马—拜占庭时期的钱币与希腊化钱币的文化影响，还传播至地中海以外地区，并且它们的碰撞还促成了东西方经济文化交流史上的一次重要突破：大量公元5—7世纪时发行的拜占庭金币及其仿制品传入到东亚，特别是中国。这些金币数量之丰，甚至可以支撑北周时期河西走廊地区的人们将其用作流通货币。[1]金币从拜占庭帝国向东传播自然是当时欧亚大陆上各地之间政治互动的结果，但它们会被仿制并传入东亚各地则与中亚的希腊化钱币传统有关。

第一节　中亚地区与东传的拜占庭金币

根据目前的考古发现，5—7世纪发行的拜占庭金币大量东传是客观存在的事实：在中亚一些地区、印度以及中国和蒙古等地，均发现这个时期的拜占庭金币或仿制品。

首先，由于中亚地区地理环境多样，族群构成复杂，且当今中亚

1 "河西诸郡，或用西域金银之钱，而官不禁。"《隋书》卷二四《食货志》，二十四史点校本，北京：中华书局，1973年，第691页。

各地政治环境差别较大，导致各地的考古工作进展不一，无法全面梳理整个中亚发现的确切拜占庭金币数量。即便在这种情况下，各地区发现的拜占庭金币及仿制品总量仍然十分可观。2001年，耐马克教授（A. Naymark）就粟特地区迄今发现的拜占庭金币及仿制品进行过统计，数量共有41枚，其中仿制品有22枚，金币以及仿制品原型的时间大体在5世纪到7世纪初。[1] 此后他对包括阿姆河中游、粟特地区、费尔干纳、楚河流域以及花剌子模等地在内的中亚西部发现的罗马—拜占庭钱币进行了梳理，又提到28枚拜占庭时期的金币，其中拜占庭的金币有6枚，仿制金币为9枚，仿制金片为18枚；金币以及仿制品仿制原型的时间集中在5世纪到8世纪初。[2] 虽然第二次统计的金币与仿制品也有来自粟特地区的布哈拉、撒马尔罕等地，但从总数上来看，这两次统计数据中重合的比例不高。再者，钱币学家阿尔拉姆（M. Alram）在总结中亚与印度西北部发现的匈奴与突厥钱币时指出，在阿富汗的瓦达克（Wardak）省发现的一处窖藏中，有4枚仿制拜占庭金币的金片，而此类金片也在巴基斯坦、阿富汗、塔吉克斯坦等地有发现。[3] 在学界公认比较专业的“东方钱币数据库（Zeno.ru）”中，一些钱币收藏者也上传了20多枚中亚地区发现的仿拜占庭金币的金片。[4] 这样一来，这几处提到的中亚发现的拜占庭金币及仿制品数量几近百枚。

其次，印度半岛上同样出现这一时期的拜占庭金币及仿制品。

1 A. Naymark, *Sogdiana, Its Christians and Byzantium: A Study of Artistic and Cultural Connections in Late Antiquity and Early Middle Ages*, Dissertation in Indiana University, 2001, pp. 92-176.

2 A. Naymark, “Roman Coins in Western Central Asia,” in International Symposium on “Byzantine Gold Coins in the World of Late Antiquity”, Changchun, 2017.

3 M. Alram, *Huns and Western Turks in Central Asia and Northwestern India, in a Survey of Numismatic Research 2002-2007*, International Association of Professional Numismatists, Special Publication 15, Glasgow, 2009, p. 517.

4 相关信息参见东方钱币数据库（Zeno.ru）网站“拜占庭风格的仿制金币（Gold imitations of Byzantine Style）”条目。https://www.zeno.ru/showgallery.php?cat=11184, 2021-8-23.

英国学者丽贝卡·达利（Rebecca Darley）的统计，印度地区发现的拜占庭金币有189枚，且主要集中在恒河中下游地区；这些金币中她亲自察看过的有62枚，其中金币为37枚，疑似以及可确定为仿制金币的有21枚，仿制金片4枚。不过，与中亚所现金币与仿制品的时间分布不同，印度的这些金币集中在5世纪初到6世纪初。[1]

再次，根据统计，中国发现的拜占庭金币与仿制品数量，主要分布新疆、陕西、宁夏与河南等省，在青海、甘肃、宁夏、河北、内蒙、辽宁也有一定数量的发现。这些金币与仿制品共96枚，其中金币37枚，仿制金币15枚，仿制金片44枚；时间范围在5世纪到7世纪中后期。

最后，蒙古国境内也有相当数量的拜占庭金币及仿制品发现。2011年在蒙古国布尔干省巴彦诺尔（Bayannuur）发掘的突厥壁画墓出土了40枚金币、金片，这其中除7枚仿自萨珊波斯银币的金片以及8枚不确定归属的金片外，有25枚仿制拜占庭的金币，包括金币1枚、仿制金币3枚、金片21枚。[2]此外，在蒙古考察期间，我们还得知其他地区也曾经发现了至少两枚以上仿自拜占庭金币的金片。对这些金币与金片进行分析后可知，唯一的一枚金币由7世纪初的希拉克略一世（Heraclius I，公元610—641年）发行，仿制金币的图像差别较大，经过分析可判断出其原型也为7世纪初的拜占庭金币。而仿制金片中除无法确定时间的三枚以皇帝面右胸像为图像的钱币外，其余仿制的原型时间也集中在5世纪至7世纪初。

由此可见，在中亚、印度、中国、蒙古等地均发现了拜占庭金币

---

1 R. R. Darley, *Indo-Byzantine Exchange, 4th to 7th Centuries: A Global History*, Birmingham: University of Birmingham, 2014, pp. 248, 269 and Appendix 1.

2 郭云艳：《论蒙古国巴彦诺尔突厥壁画墓所出金银币的形制特征》，《草原文物》2016年第1期，第115—123页。A. Ochir and L. Erdenebold, *Archaeological Relics of Mongolia, Vol. VII: Cultural Monuments of Ancient Nomads*, Ulaanbaatar: [s.n.], 2017, pp. 219-232.

及仿制品。其中，印度和中亚与东地中海地区存在直接联系，能够获取拜占庭金币，而中国与蒙古显然需要其他地区的中转才可能获取，中亚与印度都是可能的传递者。不过从时间分布来看，除印度外，其他三地的金币及仿制品大体一致，说明它们从中亚向东传播的可能性更高。再考虑到地理位置的分布特征，中国北方与蒙古与西方的交往也主要通过中亚来实现，可以得出这样的结论：公元5世纪至7世纪末发行的拜占庭金币首先大量传入中亚，再从中亚东传中国与蒙古高原。

通常而言，钱币的传播反映出地区间商贸往来的频繁与兴盛，中亚与东地中海之间也确实一直保持联系。亚历山大东征及之后的希腊化时代，是两地间政治、经济、文化往来的一个顶峰。此后数百年中，特别是丝绸之路开通之后，各地虽历经多次政治变动，但民间商贸交易未曾断绝，不时会有货币以及货币文化的跨地区传播。在公元初期，贵霜帝国早期的钱币曾受到罗马钱币的影响，例如丘就却时期（Kujula Kadphises，约公元30—90年），塔克西拉（Taxila）仿照罗马钱币的式样发行重量在3.5克的铜币。该系列正面为皇帝戴冠右侧头像，背面为身着游牧服饰、头戴高帽的国王右侧全身坐像，身下的椅子是一只罗马式的牙座（curule）。[1]到威玛·塔克图时期（Wima Takto，约公元90—113年），[2]巴克特里亚、喀布尔、犍陀罗、旁遮普等地的铜币上，正面的太阳神米罗（Mirro）头部散出一圈点状光线，研究者认为这是受提比略或尼禄发行钱币的影响。[3]费尔干纳的穆吉

---

1 D. Jongeward, J. Cribb and P. Donovan, *Kushan, Kushano-Sasanian, and Kidarite Coins: A Catalogue of Coins from the American Numismatic Society*, New York: The American Numismatic Society, 2015, pp. 5, 21, 34-35.

2 贵霜王系的排序尚存在争议。学界有将威玛·塔克图等同于阎膏珍之说，但后者是否就是如中国《后汉书·西域传》所记系丘就却之子，仍是悬案。

3 D. Jongeward, J. Cribb and P. Donovan, *Kushan, Kushano-Sasanian, and Kidarite Coins: A Catalogue of Coins from the American Numismatic Society*, pp. 44-45.

姆（Mujum）曾发现罗马帝国初期的银币窖藏；[1]木鹿（Merv）地区发现的4—5世纪的拜占庭铜币约有30多枚；[2]从粟特、吐火罗、楚河流域到我国的喀什地区，都发现过同时期的铜币；土库曼斯坦还发现了查士丁尼一世（Justinian I，公元527—565年）时期的铜币弗里斯（follis）。[3]同样地，中亚地区的货币也向西传至欧洲，在今罗马尼亚、匈牙利、波兰等地曾发现4世纪时控制兴都库什山中南部区域的寄多罗（Kidarites）王朝发行的金币。[4]如此大范围的分布说明，5世纪之前中亚与地中海、黑海地区的商贸往来相对畅通，两地之间的钱币能够实现传递。

然而，5—7世纪末大量出现在中亚的拜占庭金币显然与上述情况不同。根据耐马克教授的统计，传入中亚的钱币当中，4世纪时的拜占庭铜币有14枚，而金币以及仿制品完全没有；5世纪之后的数百年间，铜币共6枚，金币及仿制品共33枚。[5]再加上中国与蒙古发现的大量金币及仿制品，可见5世纪之后东传的拜占庭金币数量急遽增多；相应地，铜币数量却明显减少。这一变化并不能完全从两地之间商贸往来的发展来解释，因为金币与铜币不仅仅是价值高低的差别，更在于黄金本身是具有战略价值的贵金属，各国政府一般会对其进行严格管控。事实上，拜占庭的法律明确规定，禁止私人行为导致黄金外

1 A. Naymark, "Roman Coins in Western Central Asia," in International Symposium on "Byzantine Gold Coins in the World of Late Antiquity", Changchun, 2017.

2 N. Smirnova, "Some Questions Regarding the Numismatics of Pre-Islamic Merv," *Proceedings of the British Academy*, 133 (2007), p. 387.

3 A. Naymark, "Roman Coins in Western Central Asia," in International Symposium on "Byzantine Gold Coins in the World of Late Antiquity", Changchun, 2017.

4 K. Vondrovec, *Coinage of the Iranian Huns and Their Successors from Bactria to Gandhara (4th to 8th Century CE)*, Wien: Verlag der Österreichischen Akademie der Wissenschaften, 2014, p. 27.

5 A. Naymark, "Roman Coins in Western Central Asia," in International Symposium on "Byzantine Gold Coins in the World of Late Antiquity," Changchun, 2017.

流，[1]而史籍当中记载的金币外流现象主要是因政治、军事导致的战争赔款、赎金以及贡金等。[2]因此，在上述统计中，尽管拜占庭帝国自4世纪初就确立了金币的核心地位，但流入中亚的主要是铜币，而少有金币。由此一来，5—7世纪出现在东方的大量拜占庭金币就不能仅从商贸往来上寻找原因，还要从政治、军事角度探究。

在考察这一时期从东地中海到中亚的政治发展时，有两个变化值得关注。其一，从5世纪中期开始，控制着中亚的嚈哒汗国崛起，其在政治、军事上的强盛应当是引起5世纪以后拜占庭金币传入中亚的主要原因。其二，6世纪中期，消灭嚈哒并控制中亚地区的西突厥汗国兴起，它的存在导致7世纪的拜占庭金币大量东传。当然，一个强大的政权在中亚出现本身并无法直接导致拜占庭金币传入，而只有它直接或间接地与拜占庭帝国发生政治交往，才会引发金币的转移。

具体来说，嚈哒汗国得到拜占庭金币的途径，既包括直接获取，也包括间接途径。502年，萨珊波斯国王举军对拜占庭帝国东部边境的多座城市发动攻击，与波斯军队一起的还有一支嚈哒军队；他们攻克了一些城市，劫掠一番后离开，[3]因此参与其中的嚈哒军队有可能抢走了一定数量的金币。

拜占庭帝国与嚈哒汗国并不接壤，大量金币经由萨珊波斯帝国间接进入嚈哒。可以确定的是，嚈哒在5世纪中逐渐强盛，且与萨珊波斯帝国发生冲突，两者爆发数次战争。这种冲突在5世纪后半期趋于白热化：在波斯国王卑路斯一世（Peroz I，公元459—484年）当政期间，波斯军队数次败于嚈哒，卑路斯本人在484年的战争中阵亡，直接引发

1 *Codex Justinianus*, IV.63.2, translated by S. P. Scot, *The Civil Law*, XIII, New Jersey: The Lawbook Exchange, Ltd., 2001.

2 M. Hendy, *Studies in the Byzantine Monetary Economy, c. 300-1450*, Cambridge: Cambridge University Press, 1985, pp. 261-279.

3 Joshua of Stylite, *Chronicle of Joshua the Stylite*, translated by W. Wright, Cambridge: Cambridge University Press, 1882, pp. IX-X, 150, 154.

国内政治动荡。[1]在此情形下，波斯人为解决内部纷争，向嚈哒求和，缴纳年贡。这些年贡以货币来支付，当时萨珊波斯政府能够用来支付的主要是银币，也包括拜占庭金币。[2]当时拜占庭与波斯处于和平的结盟状态，史籍记载，芝诺（Zeno）能为卑路斯的作战提供资金，在其被嚈哒俘虏后，还提供了赎金。[3]卑路斯去世后，经过一段时间的斗争，曾在嚈哒为质的卡瓦德（Kabad I，公元488—496、498—531年）即位，此后卡瓦德采取与嚈哒结盟的策略，向后者缴纳高额贡赋，而贡赋的来源正是拜占庭帝国。502年萨珊波斯与拜占庭之间爆发战争，与当时拜占庭皇帝阿纳斯塔修斯一世拒绝为其提供金钱有关；[4]后来卡瓦德还曾向查士丁尼写信索取金钱，被拒后，两国再次爆发战争。[5]在战争中，萨珊波斯军队占据上风，拜占庭东部地区被数番劫掠；同时嚈哒与波斯始终保持友好，这表明波斯向嚈哒的贡金支付正常，也就意味着波斯将劫掠到的拜占庭金币作为贡金送往嚈哒。这一点也与5—6世纪前半期的拜占庭金币大量出现在东方的结果相吻合。

与嚈哒通过直接及间接途径获取拜占庭金币相比，6世纪中期以后控制中亚的突厥人则是直接获取金币。自嚈哒灭亡后，突厥与波斯处于竞争状态，[6]突厥无法从波斯人那里得到金币。6世纪后半期，西

1 G. Greatrex and S. N. C. Lieu, eds., *The Roman Eastern Frontier and the Persian Wars, a Narrative Sourcebook*, II, London: Routledge, 2002, p. 102.

2 萨珊波斯帝国的货币主要是银币，在立国之初，曾偶尔发行金币，但数量十分有限。4世纪后，随着罗马帝国更改币制，金币索里得出现，萨珊波斯帝国通过和约、赎金、年贡等途径得到大量罗马金币。因此在5世纪中后期，当萨珊波斯人向嚈哒缴纳年贡时，其支付手段主要是银币，或有金币，而金币主要是拜占庭的金币。

3 Joshua of Stylite, *Chronicle of Joshua the Stylite*, pp. IX-X, 18-19.

4 Procopius, *History of Wars*, 1.7.1-2, trans. H. B. Dewing, Cambridge: Harvard University Press, 1954.

5 John Malalas, *The Chronicle of John Malalas*, book 13:42, translated by E. Jeffreys, M. Jeffreys and R. Scott, Melbourne: Australian Assoc. for Byzantine Studies, 1986, pp. 263-264.

6 Menander the Guardsman, *The History of Menander the Guardsman: Introductory Essay, Text, Translation, and Historiographical Note*, Fragment 10.1, translated by R. C. Blockley, Liverpool: F. Caims, 1985, pp. 111-115.

突厥汗国与拜占庭之间曾经保持了相当长时间的使节往来，但当时地处中亚的突厥人并不需要拜占庭皇帝馈赠金币以换取其在政治或军事上的帮助，因此史籍中并无此时拜占庭向西突厥人提供黄金的记载。直到7世纪20年代，由于拜占庭帝国遭到严重的外部威胁，皇帝希拉克略一世决定对波斯发动远征，同时他还寻求与西突厥汗国结盟，用大笔金钱换取突厥人从东部夹击波斯。[1]正是在此背景之下，7世纪初发行的拜占庭金币再次大量涌入突厥治下的中亚地区。

第二节　拜占庭金币在中亚或周边地区的仿制

在中亚、中国以及蒙古高原上发现的所谓的拜占庭钱币中，出现了一批特殊的类型，即带有拜占庭金币图案的仿制金币和仿制金片。这里需要对上述两个概念稍作解释。传统上，那些具有拜占庭金币图像特征、可明确非拜占庭官方生产的圆形币状金制品称为金币仿制品。不过，这些仿制品的外观存在较大差别：有的具有正背面图像，所用黄金较多，制作十分精良，与拜占庭官方金币几无二致；有的是薄薄的、重量很轻的圆形金片，绝大多数仅有单面图像，个别为双面。前者中大多数在大小、规格方面与拜占庭金币较为接近，故称为仿制金币。而金片大多极薄，重量很轻，极易折损，即使黄金自身具有流通功能，做成这种形状的金片也难用作流通，因此称其为仿制金片。

之所以要对仿制品进行区分，是因为无论是在中亚还是中国与蒙古，发现的金币仿制品所占比例极高，且样式差别较大，如果不做区

---

1 Movsēs Dasxuranci, The *History of the Caucasian Albanians*, C. J. F. Dowsett tr., London: Oxford University Press, 1961, p. 87.

分，很难从中获取有用的信息。具体来说，中亚西部发现的金币、仿制金币与仿制金片的数量分别为6、9、18枚；中国境内则为37、15、44枚；蒙古发现的为1、3、23枚。但目前我们对中亚发现的仿制品情况了解得很少，不知其具体重量与图像特征；相较而言，在中国与蒙古发现的金币仿制品有着较为清晰的图片与信息，为研究者提供了它们的重量、图像特征等情况。基于此，我们可以总结出与仿制品有关的一些信息，而这些信息可以反映出当时围绕着拜占庭金币的十分庞杂的仿制体系。

首先，在金片上打制图案应当是当时许多地区的流行做法，但不同地区制作金片的方法存在很大区别。这一点可以从目前已经发现的金片图案判断出。如蒙古国巴彦诺尔省突厥贵族壁画墓出土的金片中，有的金片图案十分模糊，仅可隐约看出大致轮廓，[1]线条似乎是将金片压在原型上粗略打压而成。（**图11-2-1**）而大多数金片上的形象轮廓明确，线条的弯曲、变化清晰可见，如宁夏固原南郊史氏墓地中史索岩墓出土的金片，直径19毫米，重0.8克，人物形象虽存在扭曲，但联珠纹、弯曲的线条均十分清楚。[2]（**图11-2-2**）再如1973年新疆吐鲁番阿斯塔那墓群第191号墓出土的金片，直径17毫米，重1.4克，[3]人物形象同样略有扭曲，线条十分清楚，而且具有双面图案，这表明线条清楚的金片应当是使用制好的模具在小块金坯上打压而成。（**图11-2-3**）根据金片图案的效果

图11-2-1
2012年蒙古巴彦诺尔突厥贵族墓出土仿制金片

图11-2-2
1986年宁夏固原南郊史索岩墓出土金片

1 A. Ochir and L. Erdenebold, *Archaeological Relics of Mongolia*, Vol. VII, [s.m.]: Cultural Monuments of Ancient Nomads, pp. 219-232.

2 罗丰：《中国境内发现的东罗马金币》，荣新江、李孝聪主编：《中外关系史：新史料与新问题》，北京：科学出版社，2004年，第49—78页。

3 鲁里鹏：《吐鲁番阿斯塔那古墓葬群发掘墓葬登记表》，《新疆文物》2000年第3/4期，第215—243页。

图11-2-3
吐鲁番阿斯塔那墓地出土金片

图11-2-4
2012年蒙古巴彦诺尔突厥贵族墓出土仿制金片

来看，各地制作的模具在线条、人物构图等方面存在较大差距。

其次，当使用模具来制作金片时，就表明仿制金片的行为并非临时、偶然，而是批量完成。前面提到的蒙古巴彦诺尔的突厥贵族墓出土的可辨识图案的金片有21枚，且多枚有着完全一致的图案。如有7枚金片的图案均为6世纪时萨珊波斯银币的背面图案（图11-2-4），有3枚金片为完全一致的面右头像（图11-2-5），图案为一大一小两正面胸

图11-2-5
2012年蒙古巴彦诺尔突厥贵族墓出土仿制金片

图11-2-6
2012年蒙古巴彦诺尔突厥贵族墓出土仿制金片

像的金片（图11-2-6）也有6枚，[1]其中面右头像的图案十分清晰，似乎用模具打压而成。而波斯银币背面图案的金片以及数枚一大一小两正面胸像的金片，似乎是直接将金片放在原型上打压出来。

1 仿自波斯银币背面图案的金片有：245号、256号、260号、262号、264号、265号、279号；图案为面右头像的金片有：248号、266号、269号；图案为一大一小两两正面胸像的金片有：249号、252号、258号、261号、263号、273号。A. Ochir and L. Erdenebold, *Archaeological Relics of Mongolia. Vol. VII; Cultural Monuments of Ancient Nomads*, pp. 219-232.

图11-2-7
2004年新疆吐鲁番巴达木墓群第238号墓出土金片

图11-2-8
1915年斯坦因在新疆吐鲁番阿斯塔那墓群i区6号墓出土金片

如果说上述金片均出自同一墓葬，其批量制作不具普遍性，那么在新疆吐鲁番地区不同墓葬、不同时期出土的金片中，个别金片的图案则是一致的，这清楚地表明这些金片是批量完成。举两个例证。第一个是2004年吐鲁番巴达木墓群第238号出土的金片。[1]（图11-2-7）这枚金片图案为3/4微向右侧正面胸像，皇帝的脸颊明显隆起，脑后的飘带几乎垂直向下，只是最下端略有弯曲。就这枚金片的图案而言，笔者在其他金片上见过两次：一次是1915年斯坦因在吐鲁番阿斯塔那墓群发现的Ast.i.6.03金片（图11-2-8），[2]另一次是在中国钱币博物馆，其中一枚标号为A的金片与上述两枚图案一致。该金片直径18毫米，重0.67

1 吐鲁番市文物局等:《吐鲁番晋唐墓地——交河沟西、木纳尔、巴达木发掘报告》，北京：文物出版社，2019年，第273—274页，彩版42.1。

2 H. Wang, *Money on the Silk Road, the Evidence from Eastern Central Asia to c. AD 800*, London: The British Museum Press, 2004, p. 239.

克。[1]上述三枚金片在不同时期、不同墓群，以不同方式发现，但图案却完全一致，说明这种金片是批量制作而成。另一个例证也是在吐鲁番发现的金片，它们分别是2004年在木纳尔墓群出土的04TMNM102:11（图11-2-9）以及1975年在采坎墓群出土的75TKM105:6（图11-2-10）。两枚金片虽然一枚顶部镶环，一枚顶部穿孔，但图案均为皇帝3/4微向右侧正面胸像，脑后无飘带。虽然两个图片的拍摄效果与清晰度不同，但从人物的轮廓、两侧铭文的形状，能判断出这是同一模具制作出的金片。因此，根据蒙古与中国境内发现的仿制金片，可以确定它们的制作是有组织的、成批量的。

图11-2-9
2004年新疆吐鲁番木纳尔墓群第102号墓出土金片

再次，仿制金片的原型既包括拜占庭金币，也包括仿制金币。从目前能够找到的金片图案来看，大多存在扭曲、变形，往往也许能够判断出其仿制的是某一时段拜占庭索里得的正面图案，但难以确定其具体制作时间和方法。因此，可能在被模仿币传入的某个时间，金片的制作者参照金币圆形来制作模具，但因技术水平以及对拜占庭文化不太熟悉，故而模具上的图案产生了扭曲、变形。但随着考古发现的成果越来越多，各种各样的金片不仅反映出制作者技艺水平以及对拜占庭文化了解水平的参差不齐，也证明金片仿制的原型既包括拜占庭金币，也包括其他人制作的仿制金币。

图11-2-10
1975年新疆吐鲁番采坎墓群第105号墓出土金片

也就是说，制作金片的模具可以与其原型十分接近，不存在严重变形与扭曲。例如2004年吐鲁番巴达木墓群出土的04TBM103:1金币，虽然只有单面，但其上的皇帝肖像、皇帝穿戴的铠甲与头盔均与官方发行的金币毫无二致，甚至比

1 金德平、于放：《考说在中国发现的罗马金币——兼谈中国钱币博物馆22枚馆藏罗马金币》，《新疆钱币》2004年第3期，第53页。

例还更加协调，一周的铭文准确且清晰可辨。[1]（图11-2-11）再如，1973年吐鲁番阿斯塔那墓群第222号墓出土的73TAM222:21号金片，其上的人物肖像与拜占庭金币正面的皇帝像相差较大，虽然也是四分之三微向右侧正面胸像，但头盔变得像是一个宽顶的帽子，铠甲也只是用两条联珠纹弧线表示。[2]（图11-2-12）在找不到原型的情况下，这枚金片只能看作是制作者对拜占庭金币图像的过度改造所致。但蒙古巴彦诺尔突厥贵族墓中出土的一枚仿制金币（278号，图11-2-13）[3]为它提供了原型，两者虽然略有差别，金片上的铭文部分不可见，但仍表明了金

图11-2-11
2004年新疆吐鲁番巴达木墓群第103号墓出土金片

图11-2-12
1973年新疆吐鲁番阿斯塔那墓群第222号墓出土金片

1 吐鲁番市文物局等:《吐鲁番晋唐墓地——交河沟西、木纳尔、巴达木发掘报告》，第151页，彩版41.1。

2 鲁里鹏:《吐鲁番阿斯塔那古墓葬群发掘墓葬登记表》,《新疆文物》2000年第3/4期，第207页。

3 A. Ochir and L. Erdenebold, *Archaeological Relics of Mongolia. Vol. VII: Cultural Monuments of Ancient Nomads*, p. 232.

片上的图案与原型极高的相似度。同样的例子还可以在这座突厥贵族墓出土的图案为一大一小两正面胸像的金片上看出。在前面提到的金片中，第263号（**图11-2-14**）严格上说不能算金片，但因其背面黏着另一枚金片，因此无法判定其究竟是双面还是单面。其正面的图案压痕较深，图案清晰。通过对比可以发现，其他几枚金片上模糊难辨的一大一小两胸像轮廓与它的图案轮廓十分接近，很可能是拿金片直接放置在它的图案之上，轻轻打压制成。因此，最后呈现出的其他金片图案虽然很不清楚，但仍能清晰识别其原型。

最后，制作者在仿制金币时，会主动地对原有图像进行调整，以符合自身的审美或价值取向。经过前面的分析，已知金片上的图案并非偶然导致，而是用精心制作的模具打压而成，那么模具上那些与拜占庭官方发行的金币图像不太一致的地方，也是特意设计改变的，因此这种改变也就反映出制作者的意图。通过对比可以发现，一些仿制金币和仿制金片上的人物脸盘较宽，与拜占庭金币上较为立体、骨骼清晰的脸型有较大差别，如前面提到的图11-2-1、图11-2-6以及图11-2-12、图11-2-13，人物的脸颊明显更大。这并非特例，蒙古突厥贵族墓出土金片上的一大一小两正面胸像也呈现脸部较宽的特征。在欧亚大陆上确实有些族群似乎更为崇尚面骨宽阔的大脸庞，比如新疆、蒙古等草原上十分常见的石人像，就大多为方形大脸。再如中亚的吐火罗地区，从早期的希腊化巴克特里亚王国到后来的贵霜王朝，当地制作的钱币上人物的形象也从立体脸型过渡到较为方正饱满的大脸颊。因此，仿制金币以及金片上人物脸型的变化，反映出仿制品的制作者在制作模具时有意识地修改设计，使人物形象变成更符合他们自己喜好的面骨宽阔大脸庞。当然，这可能

图11-2-13
2012年蒙古巴彦诺尔突厥贵族墓出土仿制金片

图11-2-14
2012年蒙古巴彦诺尔突厥贵族墓出土仿制金片

图11-2-15
希拉克略一世金币索里得

也与仿制者或属于面颊较宽的蒙古人种有关。

在仿制金币与仿制金片上，制作者对图像的改变不仅仅停留在脸庞的变化，具体构图也会做出调整。最为典型的例子是蒙古突厥贵族墓出土的一大一小两正面胸像的金片。这一图案由于有着一大一小两个胸像的醒目特征，因此极易辨识其模仿的原型，这就是7世纪初希拉克略一世发行的金币索里得。（**图11-2-15**）两个胸像分别是希拉克略一世和他的儿子希拉克略·君士坦丁（Heraclius Constantine，公元612—641年），这种图像于613年开始使用，一直持续到631年。[1]在这20年间，希拉克略·君士坦丁从婴儿逐渐长成壮年，其在索里得上的形象也从极小慢慢变大，到最后与希拉克略一世的胸像同样大小，而希拉克略一世的形象也从蓄络腮胡的壮年形象变为蓄长须的老年形象。但拜占庭帝国以左为尊，作为掌握实权的皇帝，希拉克略一世在币面的左侧，逐渐变大的希拉克略·君士坦丁始终在右侧。但在蒙古突厥贵族墓出土的这6枚金片，以263号为代表，均为较大胸像在币面右侧，小胸像在币面左侧，显然两个人物的主次位置发生了调换。（**图11-2-14**）尤其是263号金片的正面图案轮廓清晰，这是用模具制作而成，而且还以其为模板，又压印出一些金片，可见制作者非常喜欢这

1 P. Grierson, *Catalogue of the Byzantine Coins in the Dumbarton Oaks Collection and in the Whittemore Collection. Vol. 2: Phocas to Theodosius III, 602-717*, Washington, D. C.: Dumbarton Oaks Research Library and Collection, 1968, pp. 244-267.

种设计。无独有偶，根据耐马克教授的介绍，在今塔吉克斯坦伽姆区（Garm）的哈伊特（Khayit）发现了一枚金片。[1]该金片也是一大一小两人物的并排胸像，同样根据人物身着外袍的搭扣位置，可以确定它采用的也是左小右大的人物格局。由此可知，希拉克略一世金币的这种左大右小两人物并排图像在草原地区传播的过程中，被有意地做出改变，变成两人物左小右大，这似乎反映出当地统治者尚右的价值取向，认为重要人物应该位于右侧。考虑到这种类型的拜占庭金币是通过西突厥汗国传入东方的，而草原游牧民族一向有尚右的传统，[2]因此上述仿制金片上的图案应当是因突厥人的尚右观念而特意设计出的新图像，反映出突厥统治者的价值取向。

虽然上述例证均来自中国和蒙古境内发现的仿制金币与仿制金片，但从历史上看，当时无论是中国还是蒙古高原，均不具备制作模具并打制黄金的技术条件，因此，当5—7世纪的拜占庭金币大量传入中亚后，先是在中亚的一些地区被再次复制，然后这些仿制金币与金片再与拜占庭金币一起继续流传。而中亚地区能够大量复制此类金币，则得益于当地的希腊化钱币传统。

第三节　金币仿制背后中亚的希腊化钱币传统

亚历山大东征之前，中亚地区的交易主要还是通过物品交换或使用未经加工的金属。亚历山大东征之后，定居在中亚地区的希腊—马

1 A. Naymark, “Roman Coins in Western Central Asia,” in International Symposium on “Byzantine Gold Coins in the World of Late Antiquity,” Changchun, 2017.

2 ［波斯］拉施特:《史集》第一卷第一分册，余大钧、周建奇译，北京：商务印书馆，1992年，第140页。

其顿殖民者开始在当地打制希腊式钱币。公元前3世纪初，巴克特里亚出现了最早的塞琉古钱币。到公元3世纪中期，希腊—巴克特里亚王国独立后，该地区的货币体系更加完善，金、银、铜币皆具，且制作工艺精湛，由希腊—巴克特里亚国王们发行的希腊化钱币被誉为古代世界最精美的钱币之一，影响深远。

张骞通西域时，大月氏人已经占据巴克特里亚，最早的大月氏—贵霜钱币之一——赫劳斯币（Heraus coins）就是以希腊—巴克特里亚国王钱币为原型，正面是国王头像，背面图像则是一位男子骑在马上，身后有胜利女神飞来。币值方面，贵霜人起初也沿用了希腊化钱币的传统。丘就却时期制作仿希腊化的银币，包括四德拉克马、德拉克马和奥波尔等币值。[1]国王威玛·卡德菲塞斯（Wima Kadphises，约公元113—127年）时，中亚再次出现了高品质的金币，与铜币一起货币满足社会所需。[2]与之前不同的是，希腊—巴克特里亚王国虽然也发行金币，但数量较少，银币和铜币才是主流，印度—斯基泰人、印度—帕提亚人和早期大月氏—贵霜人亦是如此，而到贵霜王朝时期金币的重要性大大提升。

中亚的这种钱币构成与制作传统，在贵霜政权崩溃后的萨珊波斯人统治时期（公元3世纪初—4世纪中后期）继续存在，之后的寄多罗人也继续沿用原有的钱币生产体系，同时发行金币、银币和铜币。[3]但中亚各地的钱币种类略有不同：巴克特里亚、犍陀罗等地银币比较普遍，有时银币上或有戳印，表示该地方的具体统治者，如巴克特里亚和犍陀罗地区有“阿尔雄”（Alchon，αλχονο）铭文的金银币，巴克特里亚发现的

1 D. Jongeward, J. Cribb and P. Donovan, *Kushan, Kushano-Sasanian, and Kidarite Coins: A Catalogue of Coins from the American Numismatic Society*, p. 27.

2 D. Jongeward, J. Cribb and P. Donovan, *Kushan, Kushano-Sasanian, and Kidarite Coins: A Catalogue of Coins from the American Numismatic Society*, pp. 53-56.

3 K. Vondrovec, *Coinage of the Iranian Huns and Their Successors from Bactria to Gandhara (4th to 8th Century CE)*, p. 27.

银币上有戳记（eb，表示嚈哒）；[1]撒马尔罕地区的银币上则有其特有的徽记。[2]但从发现钱币的数量比较来看，4世纪以后的钱币总量明显少于贵霜时期，虽然也有“阿尔雄”金币，但数量极少，而此时恰恰有相当数量的拜占庭铜币传入中亚。耐马克教授认为，4世纪的中亚地区存在严重的贵金属稀缺问题，因此才对来自拜占庭的铜币也有较高的接受度。[3]

总体上看，中亚各地一直延续着希腊式钱币的工艺与制作传统。在5世纪之前，可能由于贵金属严重缺乏，中亚生产的金币和银币数量明显减少，从而不得不通过流通获取罗马—拜占庭世界的低价铜币作为通货的补充。正是在这样的背景下，从5世纪中期开始，萨珊波斯与嚈哒数次开战，战胜后的嚈哒开始得到来自西方的金银币。484年，卑路斯战死，嚈哒通过扶植卡瓦德控制萨珊波斯政权，每年有大量金币和银币输送到嚈哒治下的中亚地区。

来自拜占庭帝国的金币进入中亚后，必然与这里原有的钱币制作与使用传统相遇，这在客观上推动了对拜占庭金币的仿制与再次传播。

首先，基于原有的钱币传统，中亚各地的人易于接受来自西方的钱币。因为自希腊化时代以来，无论统治者如何变换，使用圆形金属钱币用作交换的习惯始终存在，拜占庭的钱币属于他们所熟悉的钱币范畴，因此才会出现4世纪时不少拜占庭铜币被带到中亚的情况。不过这些金币与过去中亚的金币存在两点不同：一是重量，二是钱币上的形象。重量不同不会影响金币的使用，因为无论在哪里，金币始终是重量货币，黄金本身的价值就是交易价值。

但钱币上的形象仍然是希腊化钱币的特征：正面为统治者形象，

1 K. Vondrovec, *Coinage of the Iranian Huns and Their Successors from Bactria to Gandhara (4th to 8th Century CE)*, p. 160, 402.

2 M. Fedorov and A. Kuznetsov, “A Rare Anonymous Coin of Samarqandian Sogdia from the Vicinity of Aflasiyab,” *Iran*, XLL (2012), pp. 141-143.

3 A. Naymark, “Roman Coins in Western Central Asia,” in International Symposium on “Byzantine Gold Coins in the World of Late Antiquity,” Changchun, 2017.

背面为神的形象。自希腊化时代以来，中亚各地经过数次政权更迭，钱币上的形象会根据统治者的变化而发生变化。然而，从4世纪的寄多罗人开始，统治者们似乎对钱币上的王像与神像不太在意，并没有重新设计与他们自身相应的形象。如寄多罗时期发行的银币均仿照萨珊波斯银币的图像，正面大多为面向右侧的波斯国王，背面为祭司与火焰祭坛，只有通过钱币上的一些细节，如国王头像前方的新月，以及铭文，才能判断其为寄多罗发行。[1]嚈哒统治时期各地发行的银币也大多采用萨珊波斯样式，只是额外添加诸如阿尔雄、嚈哒（eb）这样的铭文或粟特人的徽记。钱币正反面的图案一般反映的是统治者希望传达的权力归属与宗教信仰等意识形态方面的信息，如果当地统治者不介意，那么拜占庭金币就可以在其辖地自由使用。事实上，从发现的大量拜占庭金币仿制品来看，当地人不仅不禁止这种图像，还颇为喜爱，在金币、金片上大量仿制。

其次，由于中亚希腊化钱币传统的影响，当地均有比较成熟的造币产业，从金银的提纯、浇铸，到模具的设计、制作，以及钱币和金片的打制，均能顺利完成。钱币制作包括一套较为复杂的流程，这包括：金矿或黄金制品的征集与调配，黄金的提炼，浇铸一定重量的金坯，钱币图像的设计，模具的选材与制作，以及最后的打制。前两个步骤属于黄金加工与提炼的范畴，这是人类很早就已掌握的技能，而且中亚及周边地区出土了许多早期的黄金制品，其考古发现表明该地区的人们对于黄金的提炼与加工技术十分精通。而后面的步骤则得益于这里的希腊化钱币传统。百余年来，造币场的工匠们能够按照统治者的要求设计钱币上的王像与神明，再将其图案雕刻在质地十分坚硬的模具上，整个过程只有技艺足够熟练的工匠才能完成。

前面提到的大多数拜占庭金币的仿制金币和仿制金片，均需要用

1 K. Vondrovec, *Coinage of the Iranian Huns and Their Successors from Bactria to Gandhara (4th to 8th Century CE)*, pp. 27-37.

模具打制完成，因此就需要制作出相应的模具。从目前已知的仿制金币和仿制金片参差不齐的成品效果来看，模具的制作水平相差较大。尽管有些成品的效果十分成功，如图11-2-11金片上的图案完全可以与拜占庭金币索里得相媲美，如果不是使用了来自拜占庭帝国的模具制作，那么仿制时模具制作者的技艺堪称完美；但大多数情况下，制作者虽然能够把握拜占庭金币上图案的要素，但构图效果与拜占庭金币差别明显。以5世纪时拜占庭金币索里得上的典型正面图像为例：皇帝头戴冠盔，身着铠甲，左手持盾，右手持矛扛于肩头，这些要素以及整个构图均能表现，但在一些细节的把控上，表现出十分明显的粗糙与不协调。以1996年西安何家村附近出土的仿制金币为例，[1]该币正面的皇帝形象比较完整，铠甲的细节也表现得比较清楚，甚至一周的铭文也准确可辨，但总体效果却非常不协调，反映出模具制作者对于图案雕刻工艺的熟悉以及对于图案背后文化的相对陌生。随着时间的推移，后来以7世纪拜占庭金币为模板制作的仿制品，在构图上已经更加协调。如图11-2-13和图11-2-14，是参考拜占庭金币，依据当地社会以及统治者喜好重新设计的图案，特别是图11-2-14上右侧老皇帝的肖像，两鬓微翘的发梢和略微凌乱的络腮胡须看起来非常协调。这表明，经过近一百年的仿制，造币场的工匠已经能够十分熟练地制作拜占庭钱币图像的模具，并根据需求重新设计。这种熟练程度在图11-2-12与图11-2-13上也有清晰呈现，制作金片的模具并非全盘复刻金币上的图案，而是有选择地保留核心图像，将简化了的图案打制在金片上。因此，正是由于中亚及周边地区长期存在的希腊化钱币传统，才能够完成对拜占庭金币图像的大量复制，从而造成5—8世纪这种具有拜占庭钱币特征的金币与金片在中亚以及东亚的广泛分布。

再次，同样是中亚地区的希腊化钱币传统，促使出现在中亚的拜

1 参见郭云艳：《两枚拜占廷金币仿制品辨析》，《考古与文物》2008年第3期，第87—89页。

占庭金币与仿制品继续向东传播。在希腊化钱币传统中，除了当地居民对此类钱币的熟悉以及相应造币产业的成熟外，还表现在整个社会习惯于将金、银等贵金属用于流通。

前面已经提到，5世纪以后，大量拜占庭金币和萨珊波斯银币进入中亚地区，其并非日常商业交换的产物，而是嚈哒与突厥先后基于政治原因直接从拜占庭帝国或萨珊波斯帝国政府获取的。这种政治原因导致的金币馈赠行为对于拜占庭帝国及其周边国家来说并不陌生，史书记载帝国政府向萨珊波斯、黑海周边匈人部落交纳的大量贡金均以金币支付。但那些政权在得到金币后并没有出现大量金币的外溢，唯一产生外溢的是5—7世纪的中亚。这背后的原因当然是复杂多样的，但中亚地区与其他地区最大的差别在于：它距离拜占庭帝国最远，在此前并没有形成接受拜占庭金币的习惯。事实上，在5世纪之前，中亚地区政权从来没有强大到能够撼动其西部伊朗高原上的萨珊波斯帝国，以至于东地中海的罗马—拜占庭帝国需要以黄金换取与之结盟，因此考古发现中，也从没有在中亚地区发现5世纪之前的拜占庭金币。特别是考虑到学者们提出的中亚在4世纪还出现了金属荒的问题，那么，当5世纪中后期大量拜占庭金币与萨珊波斯银币作为贡金或赔款进入中亚后，就有可能对当地的社会经济产生巨大冲击。

具体说来，当统治者得到大量金银币时，他们就会按照传统，将金币与银币作为薪金发放给官员和军队，再经由这些人之手，将这些金银币推入流通市场。但对于原本缺少贵金属的中亚来说，短期内涌入的贵金属货币相对于其他稳定的货物供应，出现了供大于求的局面，这必然导致该地区的金银价格降低。[1]虽然目前并没有拜占庭金

1 1324年马里国王曼萨·穆萨（带着在前往麦加朝觐的途中，在开罗停留期间留下了大量黄金，使得开罗的黄金价格骤降，直到12年之后才缓慢恢复。参见J. V. Steenbergen, “Edition and Translation of al-Maqrizi’s al-Dahab al-masbuk,” in *Caliphate and Kinship in a Fifteenth-Century Literary History of Muslim Leadership and Pilgrimage*, critical edition, annotated translation, and study by Jo Van Steenbergen, Leiden: E. J. Brill, 2016, pp. 399-401.

币涌入中亚的具体数据，但就萨珊波斯与嚈哒从5世纪末到6世纪初的相对和平来看，拜占庭帝国需要支付的贡金是稳定的。这种稳定供应必然导致在相当长的时间里，中亚地区的黄金与白银价格下降，从而与其东部的西域乃至中原地区相比，形成严重的贵金属价格洼地。因此对于长期从事跨地区贸易的商人来说，这一价值差必然使其更愿意携带金币与银币前往东方购置货物后带回中亚，以实现最大利润。

当然，当大量金币和银币经由政治途径为统治者获取时，并不必然冲击经济领域，只要不将这些金银迅速投放市场，就可以避免可能的冲击。不过，我们现在不能期待5世纪的君主或官员有着十分成熟的金融理论，能够预见到大量贵金属涌入后的冲击。更不用说，无论是嚈哒人，还是后来的突厥人，他们在占领中亚之前生活在草原，过着游牧生活，对于定居社会的管理还不太熟悉，对金融知识所知更少，因此也就不会限制金银币进入市场的速度。正是由于这些统治者习惯于将这些金银币直接发放，并迅速进入流通，从而冲击市场上贵金属价格，进而促成了5—7世纪时黄金、白银以钱币或仿制品的形式大量向东传播。

结　语

综上所述，5—7世纪时发行的拜占庭金币索里得曾大规模向东传播，其起因在于5世纪中后期以及6世纪中期先后崛起于中亚的嚈哒汗国与西突厥汗国曾经拥有强大的军事力量。凭借这种力量，嚈哒压制了波斯，通过波斯缴纳的贡金以及与波斯共同对拜占庭帝国的军事进攻，获取到大量5—6世纪前半期的拜占庭金币；西突厥汗国则在7世纪初与拜占庭帝国结盟共同进攻波斯，直接获得大量7世纪初发行的拜占庭金币。这些金币在进入中亚后，由于同样属于希腊化钱币传统，很容易为当地人接受，直接进入流通领域。当地人甚至还用各种模具制作了大量的仿制金币与仿制金片。

但大量涌入的金币导致中亚地区的黄金价格降低，从而促使商人们在利益的驱使下，通过丝绸之路，将中亚的拜占庭金币、仿制金币和仿制金片带往东方的中国大地，从而客观上造成了拜占庭金币及其仿制品在5—8世纪的欧亚大陆东端广泛传播，推动了丝路东西方经济、文化的交流。

（郭云艳）

附录

希腊化钱币的形成及其在丝路沿线的演化图例

一、希腊化钱币的起源与发展

	钱币	描述
希腊城邦		雅典城邦银币，四德拉克马[1] 正面：雅典娜头像 背面：猫头鹰；AΘE 重量：17.23克 时间：公元前450—前406年
		科林斯银币，斯塔特[2] 正面：珀伽索斯 背面：雅典娜 重量：8.18克 时间：约公元前400—前375年
马其顿王国		亚历山大一世银币，二德拉克马[3] 正面：身穿斗篷，戴平顶帽，手持两个长矛的武士站在马旁 背面：方形戳记；AΛEΞANΔPO 重量：4.27克 时间：约公元前498—前454年

1 图片采自：https://www.britishmuseum.org/collection/object/C_1948-0506-11.

2 图片采自：https://www.wildwinds.com/coins/greece/corinth/BMC_155.jpg.

3 图片采自：https://www.britishmuseum.org/collection/object/C_1866-1201-967.

续表

	钱币	描述
马其顿王国		腓力二世银币，四德拉克马[1] 正面：头戴月桂冠的宙斯 背面：手持橄榄枝的骑马武士；ΦΙΛΙΠ- ΠΟΥ 重量：14.48克 时间：约公元前370—前350年
		腓力二世金币，半斯塔特[2] 正面：赫拉克勒斯头像，面右； 背面：狮子前半身、弯月；ΦΙΛΙΠ ΠΟΥ 重量：不详 时间：约公元前340—前328年 造币场：安菲波利斯
波斯总督		法尔纳巴祖斯银币[3] 正面：巴力神坐像 背面：戴头盔的男子头像；FRNBZ HLK 重量：10.74克 时间：约公元前380—前375年 造币场：塔尔苏斯
希腊化时期		亚历山大银币，四德拉克马[4] 正面：赫拉克勒斯头像 背面：宙斯坐像；ΑΛΕΞΑΝΔΡΟΥ 重量：17.09克 时间：约公元前336—前323年 造币场：安菲波利斯

1　图片采自：http://www.sylloge-nummorum-graecorum.org/ ID: SNGuk_0102_0135.
2　图片采自：https://www.cngcoins.com/Coin.aspx?CoinID=114534.
3　图片采自：https://www.britishmuseum.org/collection/object/C_1979-0101-995.
4　图片采自：https://www.britishmuseum.org/collection/object/C_1911-0409-45.

	钱币	描述
希腊化时期		亚历山大金币，斯塔特[1] 正面：雅典娜头像 背面：尼科左手持stylis，右手持花环，面左；ΑΛΕΞΑΝΔΡΟΥ 重量：8.52克 时间：公元前323—前317年 造币场：Abydus（存疑）
		托勒密一世银币（以亚历山大名义），四德拉克马银币[2] 正面：亚历山大头像，戴象头盔 背面：雅典娜站像，脚旁站着鹰；ΑΛΕΞΑΝΔΡΟΥ 重量：15.65克 时间：不详 造币场：埃及（具体不详）
		吕西马库斯银币，四德拉克马[3] 正面：亚历山大头像，系王带，戴公羊角 背面：手托尼科的雅典娜坐像，右手边靠放盾牌，身后有长矛；ΒΑΣΙΛΕΩΣ ΛΥΣΙΜΑΧΟΥ 重量：17.25克 时间：约公元前305—前281年 造币场：小亚，兰普萨库斯（Lampsacus）
		托勒密一世银币，四德拉克马[4] 正面：托勒密一世头像，系王带 背面：鹰，ΠΤΟΛΕΜΑΙΟΥ ΒΑΣΙΛΕΩΣ 重量：14克 时间：约公元前305—前285年

1 图片采自：https://www.britishmuseum.org/collection/object/C_1871-1107-31.

2 图片采自：https://www.britishmuseum.org/collection/object/C_1897-0601-1.

3 图片采自：https://www.britishmuseum.org/collection/object/C_1919-0820-1.

4 图片采自：https://numismatics.org/collection/1984.5.101.

续表

	钱币	描述
希腊化时期		塞琉古一世银币（仿亚历山大式），四德拉克马 正面：赫拉克勒斯[1] 背面：宙斯，托鹰；ΒΑΣΙΛΕΩΣ ΣΕΛΕΥΚΟΥ 重量：17.05克
		塞琉古一世银币，四德拉克马[2] 正面：面右的男性头像（亚历山大/塞琉古/狄奥尼修斯），头戴公牛角和牛耳朵，身穿豹皮 背面：尼科面右站立，将花环戴在胜利柱上；ΒΑΣΙΛΕΩΣ ΣΕΛΕΥΚΟΥ 时间：公元前301—前295年 重量：16.89克 造币场：苏萨
		安条克一世银币，四德拉克马[3] 正面：安条克一世头像，系王带 背面：阿波罗坐在脐石上，左手持箭，右手拿弓；ΒΑΣΙΛΕΩΣ ΑΝΤΙΟΧΟΥ 时间：约公元前281—前261年 重量：17.08克
		安条克四世银币，四德拉克马[4] 正面：安条克四世头像，系王带 背面：宙斯坐在王座上，右手托尼科，左手持权杖；ΒΑΣΙΛΕΩΣ ΑΝΤΙΟΧΟΥ ΘΕΟΥ ΕΠΙΦΑΝΟΥΣ ΝΙΚΗΦΟΡΟΥ 重量：16.61克 时间：约公元前168—前164年 造币场：叙利亚的安条克（存疑）

1 图片采自：https://www.britishmuseum.org/collection/object/C_2002-0101-1389.
2 图片采自：https://numismatics.org/collection/1944.100.74108.
3 图片采自：https://numismatics.org/collection/1944.100.78035.
4 图片采自：https://numismatics.org/collection/1908.115.1

二、希腊式钱币在丝路沿线的演变

伊朗地区	帕提亚		阿尔萨息一世银币，一德拉克马[1] 正面：青年男性（阿尔萨息一世?）头像，面左，戴风帽 背面：弓箭手坐像，右手持弓；Krny?-ΑΡΣΑΚ[ΟΥ] 重量：4.04克 时间：约公元前247—前211年 造币场：尼萨（Mithradatkart-Nisa?）
			米特拉达特一世银币，一德拉克马[2] 正面：米特拉达特一世头像，系王带 背面：弓箭手坐在脐石上，左手持弓；ΑΡΣΑΚΟΥ ΒΑΣΙΛΕΩΣ ΜΕΓΑΛΟΥ 重量：3.63克 时间：公元前171—前138年 造币场：尼萨
	帕提亚		米特拉达特一世银币，4德拉克马[3] 正面：米特拉达特一世头像，系王带 背面：赫拉克勒斯，持杯、狮子皮、木棒；ΒΑΣΙΛΕΩΣ ΜΕΓΑΛΟΥ ΑΡΣΑΚΟΥ ΦΙΛΕΛΛΗΝΟΣ 重量：15克 时间：公元前171—前138年 造币场：底格里斯河的塞琉西亚
			米特拉达特二世银币，德拉克马[4] 正面：米特拉达特二世头像，戴高冠 背面：弓箭手坐在高背椅上，一手持弓；ΒΑΣΙΛΕΩΣ ΒΑΣΙΛΕΩΝ ΜΕΓΑΛΟΥ ΑΡΣΑΚΟΥ ΕΠΙΦΑΝΟΥΣ 重量：3.97克 时间：公元前123—前88年 造币场：埃克巴塔那

1 图片采自：https://www.parthia.com/coins/pdc_10907.jpg.

2 图片采自：https://numismatics.org/collection/1944.100.82064.

3 图片采自：https://www.parthia.com/coins/pdc_24312.jpg.

4 图片采自：https://numismatics.org/collection/1970.156.728.

伊朗地区	波西斯		波西斯大流士二世银币，一德拉克马[1] 正面：国王头像，戴高冠 背面：疑似国王站在祭火坛边；阿拉米文 d’ryw mlk’ brh wtprdt mlk 重量：3.94克 时间：约公元前1世纪 造币场：不详
	萨珊		阿达希尔一世合金币，四德拉克马[2] 正面：国王头像，戴高冠；mzdysn bgy ’rt (lšš) w MRKAn MRKA ’y[r’n] 背面：燃烧的祭火坛；NWRA ZY ’rthštr 重量：12.78克 时间：公元224—244年 造币场：泰西封
			库斯老二世银币，德拉克马[3] 正面：国王头像，戴翅冠，面右，饰有两圈细密联珠纹；pzwt’ bwl’n 背面：祭火坛，两侧各站一位侍者，饰有三圈细密联珠纹；hštwyst’ bba 重量：4.23克 时间：公元618/619年 造币场：宫廷，BBA (Court) mint
中亚、印度	希腊—巴克特里亚		狄奥多托斯一世金币，斯塔特[4] 正面：狄奥多托斯头像，面右，系王带 背面：宙斯站像，面左，脚边站着鹰；ΒΑΣΙΛΕΩΣ ΔΙΟΔΟΤΟΥ 时间：约公元前250—前230年 重量：8.28克 造币场：不详

1 图片采自：https://www.zeno.ru/showphoto.php?photo=268526.

2 图片采自：https://www.britishmuseum.org/collection/object/C_1850-0412-93.

3 图片采自：https://www.cngcoins.com/Coin.aspx?CoinID=394841.

4 图片采自：https://numismatics.org/collection/1995.51.46.

续表

中亚、印度	希腊—巴克特里亚		德米特里一世银币，四德拉克马[1] 正面：德米特里一世头像，面右，戴象头盔 背面：赫拉克勒斯站像，左手持木棒、狮皮，右手正给自己戴上花环；ΒΑΣΙΛΕΩΣ ΔΗΜΗΤΡΙΟΥ 时间：公元前200—前185年 重量：16.41克 造币场：不详
	印度—希腊		阿波罗多托斯一世银币[2] 正面：向右行走的大象；ΒΑΣΙΛΕΩΣ ΑΠΟΛΛΟΔΟΤΟΥ ΣΩΤΗΡΟΣ 背面：向右行走的瘤牛；Maharajasa Apaladatasa tradarasa 时间：约公元前174—前165年 重量：2.36克
			米南德一世银币，德拉克马[3] 正面：米南德头像，面右，系王带，ΒΑΣΙΛΕΩΣ ΣΩΤΗΡΟΣ ΜΕΝΑΝΔΡΟΥ 背面："人民的保卫者"雅典娜，面左；佉卢文，Maharajasa tratarasa Menamdrasa 时间：约公元前155—前130年 重量：2.47克
	印度—斯基泰		阿泽斯银币，四德拉克马[4] 正面：国王骑马像，手持长矛，面右； 背面：宙斯站像，左手持权杖，右手举[illegible] 重量：9.14克 时间：约公元前35—前20年 造币场：塔克西拉

1 图片采自：http://numismatics.org/collection/1997.9.67.

2 图片采自：https://numismatics.org/collection/2000.7.138.

3 图片采自：https://www.britishmuseum.org/collection/object/C_1838-EIC-24.

4 图片采自：https://numismatics.org/collection/1973.186.22.

续表

中亚、印度	印度—帕提亚		贡多法勒斯银币，德拉克马[1] 正面：国王头像，面左，系王带 背面：国王坐像，手持玫瑰花，尼科站在国王身后，正为其加冕 重量：3.34克 时间：约公元前1世纪后半期
	贵霜		阿布达伽塞斯银币，四德拉克马[2] 正面：国王骑马像，面右 背面：宙斯站像，面右，左手持权杖，右手做赐福状 重量：9.71克 时间：公元1世纪
			丘就却银币，四德拉克马[3] 正面：国王头像，面右 背面：国王骑马像，尼科正为国王戴上王冠；TYPANNOYOVHΣ OAOV SAZABO 重量：15.56克 时间：公元50—90年
			迦腻色伽金币，第纳尔[4] 正面：国王全身像，左手持权杖，右手伸向祭火坛，ÞAONANOÞAO KA-NHpKI KOÞANO 背面：娜娜女神，面右；NANAÞAO 重量：7.88克 时间：公元127—151年 造币场：巴尔赫（存疑）

1 图片采自：https://www.cngcoins.com/Coin.aspx?CoinID=48311.

2 图片采自：https://www.cngcoins.com/Coin.aspx?CoinID=68063.

3 图片采自：http://numismatics.org/collection/1995.51.328.

4 图片采自：https://numismatics.org/collection/1977.158.1355.

中亚、印度	贵霜沙		卑路斯·贵霜沙金币，第纳尔[1] 正面：国王全身像 背面：湿婆站像，身后有其坐骑南迪，萨珊波斯式发型 重量：7.93克 时间：公元245—270年 造币场：巴尔赫（存疑）
	嚈哒		嚈哒仿卑路斯一世银币，德拉克马[2] 正面：国王头像，戴翅冠 背面：祭火坛，两侧各有一位侍者 重量：3.93克 时间：公元474—561年 造币场：巴尔赫（存疑）
	粟特		仿亚历山大银币[3] 正面：人头（或为赫拉克勒斯） 背面：宙斯 重量：约2.2克 时间：公元前2—前1世纪
			仿希腊—巴克特里亚（欧泰德姆斯国王）银币[4] 正面：国王头像 背面：赫拉克勒斯正坐在石头上休息 重量：10.2克 时间：不详 造币场：布哈拉

1 图片采自：https://www.zeno.ru/showphoto.php?photo=244336.
2 图片采自：https://www.zeno.ru/showphoto.php?photo=230266.
3 图片采自：https://www.zeno.ru/showphoto.php?photo=20067.
4 图片采自：https://www.zeno.ru/showphoto.php?photo=99902.

中亚、印度	花剌子模		仿希腊希腊—巴克特里亚国王（欧克拉提德国王）银币，四德拉克马[1] 正面：国王头像，戴彼奥提亚头盔 背面：骑马的狄俄斯库里兄弟 重量：15.46克 时间：公元前1世纪中期
			阿弗里格王朝银币[2] 正面：国王头像 背面：国王骑马像 重量：2.43克 时间：公元770—800年
罗马	罗马帝国		奥古斯都银币，第纳尔[3] 正面：奥古斯都头像，面左 背面：胜利女神站在球上 重量：3.91克 时间：公元前31—前30年 造币场：意大利，具体不详
			君士坦丁大帝金币，索里[4] 正面：君士坦丁头像，戴月桂冠；CONSTANTINVS P F AVG 背面：君士坦丁站像，身穿托加，手拿胜利球；CONSVL P P PROCONSVL 重量：5.28克 时间：不详 造币场：奥龙特的安条克

（李　潇）

1　图片采自：https://www.zeno.ru/showphoto.php?photo=35225.

2　图片采自：https://www.zeno.ru/showphoto.php?photo=229316.

3　图片采自：http://www.wildwinds.com/coins/sear5/s1552.html#RIC_0254b.

4　图片采自：https://www.britishmuseum.org/collection/object/C_R-164.

图片目录

图片采自：https://www.britishmuseum.org/collection/object/C_2002-0101-1097.

图1-3-1 腓力二世银币

正面：戴桂冠的宙斯侧面头像；背面：国王骑马全身像，铭文ΦΙΛΙΠΠΟΥ

图片采自：https://www.britishmuseum.org/collection/object/C_2002-0101-1511.

图1-3-2 腓力二世金币

图片采自：https://www.britishmuseum.org/collection/object/C_G-406.

第二章

图2-1-1 亚历山大大帝银币

图片采自：https://www.britishmuseum.org/collection/object/C_1888-0614-27.

图2-1-2 亚历山大征服印度纪念币

图片采自：https://www.britishmuseum.org/collection/object/C_1926-0402-1.

图2-2-1 吕西马库斯银币

图片采自：https://www.britishmuseum.org/collection/object/C_RPK-p86B-22-Lys.

图2-2-2 塞琉古一世银币

图片采自：https://www.britishmuseum.org/collection/object/C_2002-0101-1358.

图2-2-3 托勒密一世银币

图片采自：https://www.britishmuseum.org/collection/object/C_2002-0101-1413.

图2-2-4 托勒密一世金币

图片采自：https://www.britishmuseum.org/collection/object/C_EH-p685-2

图2-2-5 托勒密一世金币

图片采自：https://www.britishmuseum.org/collection/object/C_1919-1120-133.

第三章

图3-1-1 托勒密二世金币

图片采自：https://www.britishmuseum.org/collection/object/C_1909-0505-2.

图3-1-2 阿尔西诺二世金币

图片采自：https://www.britishmuseum.org/collection/object/C_1841-0726-516.

图3-1-3 托勒密六世金币

图片采自：https://www.britishmuseum.org/collection/object/C_1978-1021-1.

图3-1-4　克列奥帕特拉七世铜币

图片采自：https://www.britishmuseum.org/collection/object/C_G-1117.

图3-1-5　托勒密四世金币

图片采自：https://www.britishmuseum.org/collection/object/C_G-4565.

图3-2-1　安条克一世金币

图片采自：https://www.britishmuseum.org/collection/object/C_1888-1208-31.

图3-2-2　塞琉古二世银币

图片采自：https://www.britishmuseum.org/collection/object/C_1928-0312-3

图3-2-3　安条克四世“国王头像/宙斯坐像”银币

图片采自：https://www.britishmuseum.org/collection/object/C_1908-0110-1230.

图3-2-4　狄奥多托斯一世的“宙斯/雄鹰”型银币

图片采自：https://www.britishmuseum.org/collection/object/C_1995-0505-1.

图3-3-1　德米特里一世“饰有公羊角的国王头像/波塞冬”型银币

图片采自：https://www.britishmuseum.org/collection/object/C_1908-0408-9.

图3-3-2　腓力五世银币

图片采自：https://www.britishmuseum.org/collection/object/C_1911-0409-296.

图3-3-3　柏修斯的“国王头像/雄鹰闪电”型银币

图片采自：https://www.britishmuseum.org/collection/object/C_1841-B-929.

第四章

图4-1-1　狄奥多托斯一世以安条克名义发行的钱币

图片采自：https://numismatics.org/search/results?q=fulltext%3A1995.51.48.

图4-1-2　有宙斯和阿尔特米斯图像的狄奥多托斯二世铜币

图片采自：https://numismatics.org/search/results?q=department_facet%3A%22Greek%22+AND+fulltext%3A1944.100.74367.

图4-1-3　欧泰德姆斯银币与铜币，银币展示了国王衰老的面庞，铜币背面图像为骏马

图片采自：http://coinindia.com/galleries-euthydemos1.html.

图4-1-4　德米特里戴象头皮盔的钱币

图片采自：https://numismatics.org/collection/1997.9.67?lang=zh.

图4-1-5 安提马库斯一世发行的欧泰德姆斯一世纪念币

图片采自：http://coinindia.com/MIG0129-Antimachus1-414.07.jpg.

图4-1-6 有欧克拉提德父母肖像的钱币

图片采自：http://coinindia.com/galleries-eucratides1.html.

图4-1-7 典型的欧克拉提德方形双语铜币

图片采自：https://numismatics.org/search/results?q=department_facet%3A%22Greek%22+AND+fulltext%3A1944.100.74456.

图4-2-1 阿伽托克勒斯双语币，两面分别为印度女神和狮子

图片采自：https://numismatics.org/search/results?q=department_facet%3A%22Greek%22%20AND%20fulltext%3A1944.100.74404.

图4-2-2 有佛教图像的阿伽托克勒斯双语币

图片采自：http://coinindia.com/2613-Agathocles-AE-136.22.jpg.

图4-2-3 安提马库斯二世银币

图片采自：http://coinindia.com/MIG0135-Antimachos2-H08.jpg.

图4-2-4 安提阿尔吉达斯钱币上的混合图像

图片采自：http://coinindia.com/MIG0270a-CNGTritIX.1128.jpg.

图4-2-5 希波斯特拉图斯钱币上的混合图像

图片采自：https://numismatics.org/search/results?q=department_facet%3A%22Greek%22+AND+fulltext%3A1979.45.211.

图4-3-1 有“国王坐像”的毛伊斯铜币

图片采自：http://coinindia.com/MIG0734a-192.03.jpg.

图4-3-2 阿泽利塞斯钱币，正面国王骑马像，背面地方女神像

图片采自：https://numismatics.org/search/results?q=fulltext%3A1973.186.74.

图4-3-3 沃诺尼斯—斯帕拉霍莱斯以及斯帕利里塞斯—阿泽斯的关联钱币

图片采自：http://coinindia.com/galleries-vonones.html.

图4-3-4 泽奥尼赛斯银币，属典型的阿泽斯总督钱币

图片采自：https://numismatics.org/search/results?q=fulltext%3A1944.100.59978.

图4-3-5 阿泽斯钱币上的抽象动物艺术

图片采自：http://coinindia.com/MIG0850j-H27.jpg.

图4-4-1 贡多法勒斯波斯风格肖像以及长而混乱的希腊语铭文

图片采自：https://www.cngcoins.com/Coin.aspx?CoinID=48311.

第五章

图5-2-2 威玛·卡德菲塞斯发行的金币

图片采自：http://coinindia.com/VimaK-13.4v-503.09.jpg.

图5-3-1 迦腻色伽一世“国王在祭坛边”金币

图片采自：http://coinindia.com/Kanishka-G59-224.1.jpg. 详细介绍见 David Jongeward and Joe Cribb with Peter Donovan, *Kushan, Kushano-Sasanian, and Kidarite Coins: A Catalogue of Coins from the American Numismatic Society*, pp. 68-69.

图5-3-2 带“阿多索”女神像的迦腻色伽一世金币

图片采自：http://coinindia.com/Kanishka-G71-414.04.jpg.

图5-3-3 带“阿多索”女神像的迦腻色伽二世金币

图片采自：http://coinindia.com/Kanishka2-G544-634.7.jpg.

图5-3-4 迦腻色伽一世的“赫利奥斯”金币

图片采自：http://coinindia.com/Kanishka-G25-533.jpg. 详细介绍见David Jongeward and Joe Cribb with Peter Donovan, *Kushan, Kushano-Sasanian, and Kidarite Coins: A Catalogue of Coins from the American Numismatic Society*, p. 74.

图5-3-5 迦腻色伽一世的“米罗”金币

图片采自：http://coinindia.com/Kanishka-G31-503.10.jpg. 相关介绍见David Jongeward and Joe Cribb with Peter Donovan, *Kushan, Kushano-Sasanian, and Kidarite Coins: A Catalogue of Coins from the American Numismatic Society*, p. 72.

图5-3-6 迦腻色伽一世铜币上的娜娜女神

图片采自：http://coinindia.com/Kanishka-3087-S347.jpg.

图5-3-7 迦腻色伽一世发行的Oesho金币

图片采自：http://coinindia.com/Kanishka-G62-627.01.jpg.

图5-3-8 胡韦色伽一世的“国王骑大象”铜币

图片采自：http://coinindia.com/Huvishka-3285-S412.jpg.

图5-3-9 胡韦色伽一世的“国王骑大象”金币

图片采自：https://commons.wikimedia.org/wiki/Category:Coins_of_Huvishka#/media/File:Dinar,_Kushan_Empire,_Depiction_of_Hercules,_152-192_AD.jpg.

图5-3-10 胡韦色伽一世发行的Athsho金币

图片采自：https://coinindia.com/Huvishka-G257-682.03.jpg.

第六章

图6-1-1 帕提亚开国君主阿尔萨息一世钱币

图片采自：https://parthia.com/coins/pdc_10906.jpg.

图6-1-2 米特拉达特一世银币

图片采自：https://numismatics.org/collection/1944.100.82070?lang=zh.

图6-1-3 帕提亚主要造币场示意图

图片采自：David Sellwood, *An Introduction to the Coinage of Parthia*, London: Spink and Son Ltd., 1980, p. 14.

图6-1-4 阿尔萨息一世—德拉克马银币

图片采自：http://parthia.com/coins/pdc_10907.jpg.

图6-1-5 波斯总督达塔麦斯银币

图片采自：https://commons.wikimedia.org/wiki/File:Coin_Datames.jpg.

图6-1-6 弗拉特斯二世银币

图片采自：http://parthia.com/coins/pdc_53378.jpg.

图6-1-7 弗拉特斯二世钱币，背面提刻与国王同时出现

图片采自：https://www.parthia.com/coins/pdc_4491.jpg.

图6-1-8 弗拉特斯二世银币

图片采自：https://www.parthia.com/coins/pdc_20721.jpg.

图6-1-9 弗拉塔克斯与女王穆萨银币

图片采自：https://www.parthia.com/coins/pdc_22773.jpg.

第七章

图7-1-1 巴格达一世钱币（1）

图片采自：https://numismatics.org/search/results?q=fulltext%3A1968.244.40.

图7-1-2 巴格达一世钱币（2）

图片采自：https://www.britishmuseum.org/collection/object/C_1872-1202-2_1.

图7-1-3 瓦呼巴兹银币

图片采自：https://en.wikipedia.org/wiki/Wahbarz.

图7-1-4 奥图弗拉达特二世银币

图片采自：https://www.zeno.ru/showphoto.php?photo=21744.

图7-1-5　大流士二世钱币

图片采自：https://www.zeno.ru/showphoto.php?photo=268526.

图7-2-1　卑路斯·贵霜沙钱币

图片采自：https://www.zeno.ru/showphoto.php?photo=244336.

第八章

图8-2-1　带有S2族徽标志的嚈哒钱币

图片采自：httpswww.coinarchives.comebdac11cd04e723dd2044067dfdcf242imgalbum046image00104.jpg.（2023-8-18）

图8-2-2　阿尔雄"馨孽"（Khingila）银德拉克马

图片采自：https://coinindia.com/H061-607.2.jpg.（2023-8-18）

图8-2-3　带有族徽标志的中亚嚈哒钱币

图片采自：https://en.wikipedia.org/wiki/Hephthalites#/media/File:Hephthalites_coin._Uncertain_ruler._Late_5th_century_CE.jpg.（2023-8-18）

图8-2-4　撒马尔罕附近乞力克（Chilek）出土银碗底部的阿尔雄贵族形象

图片采自：A. Kurbanov, "The Hephthalites: Iconographical Materials," *Tyragetia*, Vol. 8, No. 1 (2014), pp. 327-328.

图8-2-5　笈多王朝时期卡查钱币上的吉祥天女持花形象

大英博物馆编号为1894，0507.504，见 https://www.britishmuseum.org/collection/image/1221166001.

图8-2-6　中亚嚈哒钱币，正面打制有四个圆点，背面为仿造萨珊钱币的祭火坛

图片采自：https: //www.vcoins.comenstoresn_b_j_the_art_of_numismatics267producthephthalites_ar_drachm_unknown_king_sasanian_model_of_peroz_minted_balkh_343gm1518462Default.aspx.（2023-8-18）

第九章

图9-1-1　"索菲特斯"银币

Zeno. Ru 15035. 图片采自：https://www.zeno.ru/showphoto.php?photo=+15035.（2023-9-13）

图9-1-2　南粟特仿亚历山大式钱币

Zeno. Ru 20067. 图片采自：https://www.zeno.ru/showphoto.php?photo=20067.（2023-9-13）

Zeno. Ru 134208. 图片采自：https://www.zeno.ru/showphoto.php?photo=134208.（2023-9-13）

图9-2-9　拉米克国王钱币

Zeno. Ru 104915. 图片采自：https://www.zeno.ru/showphoto.php?photo=104915.（2023-9-13）

图9-2-10　布拉维克国王钱币

Zeno. Ru 19376. 图片采自：https://www.zeno.ru/showphoto.php?photo=19376.（2023-9-13）

图9-2-11　夏瓦特国王钱币

Zeno. Ru 225413. 图片采自：https://www.zeno.ru/showphoto.php?photo=225413.（2023-9-13）

图9-2-12　阿兹卡特斯瓦尔二世钱币

Zeno. Ru 229316. 图片采自：https://www.zeno.ru/showphoto.php?photo=229316.（2023-9-13）

第十章

图10-2-1　亚历山大的金币斯塔特

安菲波利斯（Amphipolis）造币场，约公元前328—前323年生产，直径18毫米，重8.59克，类型：Price 172，网站标号：Lot 5091

图片采自：https://www.coinarchives.com/7e1b692f31d8940c8b0dd9fe2e33dca6/img/cng/e/554/image05091.jpg.（2024-1-23）

图10-2-2　腓力二世的金币斯塔特

培拉（Pella）造币场，约公元前340—前328年生产，直径18毫米，重8.59克，类型Le Rider II.252b，网站标号：Lot 144

图片采自：https://www.coinarchives.com/99c5b8e347ddcb2c308d7361bd452599/img/cng /125/image00144.jpg.（2024-1-23）

图10-2-3　腓力二世的金币斯塔特

培拉造币场，约公元前340—前328年生产，重8.64克，网站编号：Le Rider 372

图片采自：http://www.wildwinds.com/ coins/greece/macedonia/kings/philip_II/t.html.（2020-3-30）

图10-2-4　奥古斯都的银币第纳尔

罗马造币场，公元前31—前30年生产，《罗马帝国货币》第一卷编号：RIC I 254b

图片采自：http://www.wildwinds.com/coins/ric/ augustus/t.html.（2021-8-20）

图10-2-5　狄奥多西二世的金币索里得

君士坦丁堡造币场，公元420—422年生产，直径20毫米，重4.50克，《罗马帝国货币》第10卷编号：RIC X 219，网站标号：Lot 4454

图片采自：https://www.coinarchives.com/3ff295a49dfb4a9d36e5d8bc9929e69a/img/leu_winterthur/e28/image04454.jpg.（2024-1-23）

图10-2-6 尼禄的金币（aureus）

罗马造币场，公元65—66年生产，重7.10克，《罗马帝国货币》第一卷编号：RIC 46，网站标号：Lot 5

图片采自：https://www.coinarchives.com/7827d505cdb6548eb2d5f60f3f515d7f/img/spink/392/image00005.jpg.（2024-1-23）

图10-2-7 狄奥多西二世的金币特雷米塞斯

君士坦丁堡造币厂，公元402—450年生产，直径14.5毫米，重1.50克，《罗马帝国货币》第10卷编号：RIC X 213，网站标号，Lot 6363

图片采自：https://www.coinarchives.com/184d56da35a14f361738b6bc117ba7fc/img/cng/e/554/image06363.jpg.（2024-1-23）

第十一章

图11-2-1 2012年蒙古巴彦诺尔突厥贵族墓出土仿制金片。蒙古科技大学额尔登宝力道教授供图

243号，直径18毫米，重0.24克，仿自希拉克略一世金币索里得正面图案

图11-2-2 1986年宁夏固原南郊史索岩墓出土金片。固原博物馆供图

直径19毫米，重0.8克，仿自5世纪时拜占庭金币索里得正面图案

图11-2-3 吐鲁番阿斯塔那墓地出土金片

编号：73TAM191:83，直径17毫米，重1.4克

图片采自：阿迪力·阿布力孜：《从东罗马金币等文物看古代中西交流》，《东方收藏》2013年第1期，第29页。

图11-2-4 2012年蒙古巴彦诺尔突厥贵族墓出土仿制金片。额尔登宝力道教授供图

上：264号，直径21毫米，重0.17克；下：279号，直径19毫米，重0.11克；仿自萨珊波斯银币背面的祭司与祭坛图案

图11-2-5 2012年蒙古巴彦诺尔突厥贵族墓出土仿制金片。额尔登宝力道教授供图

上：266号，直径18毫米，重0.12克；下：269号，直径18毫米，重0.17克

图11-2-6 2012年蒙古巴彦诺尔突厥贵族墓出土仿制金片。额尔登宝力道教授供图

273号，直径20毫米，重0.45克

图11-2-7 2004年新疆吐鲁番巴达木墓群第238号墓出土金片

编号：04TBM238:5，直径14.5毫米，重0.6克

图片采自：吐鲁番地区文物局：《吐鲁番晋唐墓地——交河西、木纳尔、巴达木发掘报告》，北京：文物出版社，2019年，图版42.1。

图11-2-8 1915年斯坦因在新疆吐鲁番阿斯塔那墓群i区6号墓出土金片

编号：Ast.i.6.03（Stein no.），直径16毫米，重0.85克

图片采自：https://www.britishmuseum. org/collection/object/C_IA-XII-c-1.（2023-7-4）

图11-2-9 2004年新疆吐鲁番木纳尔墓群第102号墓出土金片

编号：04TMNM102:11，直径14毫米，重1.05克

图片采自：吐鲁番地区文物局：《吐鲁番晋唐墓地——交河西、木纳尔、巴达木发掘报告》，图版14.1。

图11-2-10 1975年新疆吐鲁番采坎墓群第105号墓出土金片

编号：75TKM105:6，直径17毫米，重0.58克

图片采自：新疆维吾尔自治区文物局：《丝路瑰宝：新疆馆藏文物精品图录》，乌鲁木齐：新疆人民出版社，2011年，第91页。

图11-2-11 2004年新疆吐鲁番巴达木墓群第103号墓出土金片

编号：04TBM103:1，直径17毫米，重0.5克

图片采自：吐鲁番地区文物局：《吐鲁番晋唐墓地——交河西、木纳尔、巴达木发掘报告》，图版41.1。

图11-2-12 1973年新疆吐鲁番阿斯塔那墓群第222号墓出土金片。新疆维吾尔自治区博物馆供图

编号：73TAM222:21，直径20毫米，重1.55克

图11-2-13 2012年蒙古巴彦诺尔突厥贵族墓出土仿制金片。额尔登宝力道教授供图

278号，直径23毫米，重2.92克

图11-2-14 2012年蒙古巴彦诺尔突厥贵族墓出土仿制金片。额尔登宝力道教授供图

263号，直径21毫米，重2.76克

图11-2-15 希拉克略一世金币索里得

君士坦丁堡造币场，公元613—616年生产，直径20毫米，重4.47克，类型：DOC 8e，网站标号：Lot 1352

图片采自：https://www.coinarchives.com/184d56da35a14f361738b6bc117ba7fc/img/cng/e/554/image06363.jpg.（2024-1-25）

译名表

A

Abdagases阿布达伽塞斯

Abdera阿布戴拉

Abydus阿拜多斯

Acanthus阿坎图斯

Acarnania阿卡那尼亚

Achaemenid阿黑门尼王朝

Achelous River阿彻鲁斯河

Acragas阿克拉伽斯

Adramyttium阿德拉米提翁

Aegae埃盖

Aegina厄基那

Aegis埃癸斯盾

Aemilius Paullus Macedonicus, L.埃米利乌斯·保卢斯·马克多尼库斯

Aenus埃努斯

Aetolians埃托利亚人

Afrasiab阿弗拉西亚卜

Afrighids dynasty阿弗里格王朝

Agathocleia阿伽托克里娅

Agathocles阿伽托克勒斯

Agrigento阿格里真托

Ahura Mazda阿胡拉·马兹达

Ahurpat阿胡尔帕特

Ai Khanoum阿伊·哈努姆

Akcania阿克坎尼亚

Alchon阿尔雄

Alesia阿莱西亚

Alexander Balas亚历山大·巴拉斯

Alexander亚历山大

Alexandria in Caucasus高加索的亚历山大里亚（贝格拉姆）

Alexandria亚历山大里亚

Alram, M.阿尔拉姆

Alyattes阿吕阿特斯

Amon阿蒙

Amphipolis安菲波利斯

Amyntas阿明塔斯

Anahita阿娜希塔

Anastasius阿纳斯塔修斯

Andragoras安德拉戈拉斯

Andriscus安德里斯库斯

Antialcidas安提阿尔吉达斯

Antigoneia安提柯尼亚

Antigonids安提柯王朝

Antigonus Doson安提柯·多松

Antigonus Gonatas安提柯·贡那特

Antigonus Monophthalmus“独眼”安提柯

Antimachus安提马库斯

Antiocheia in Persis波西斯的安条克城

Antiocheia on the Orontes奥龙特斯河畔的安条克城

Antiochos I Soter安条克一世

Antiochus安条克

Antoninus Pius安东尼·庇护

Antonius安东尼

Anubis阿努比斯

Apadana百柱厅

Apama阿帕玛

Aphytis阿费提斯

Apollo Lykeios狼神阿波罗

Apollo阿波罗

Apollodotus阿波罗多托斯

Apollonia阿波罗尼亚

Appian阿庇安

Apteros Nike无翼尼科

Arachosia阿拉科西亚

Ārash阿拉什

Archebius阿奇比乌斯

Archelaus阿刻劳斯

Ardashir阿尔达希尔

Ardoxsho阿多索

Ares阿瑞斯

Argead dynasty阿基德王朝

Argos阿尔戈斯

Aria阿里亚

Arrian阿里安

Arsaces阿尔萨息

Arsinoe阿尔西诺

Artabanus阿尔塔巴努斯

Artav阿尔塔弗

Artaxerxes阿塔薛西斯

Artemidoros阿尔特米多罗斯

Artemis阿尔特米斯

Artemita阿尔特米塔

Artramush阿特拉姆西

Ashtam阿诗塔姆

Ashurbanipal阿舒尔巴尼帕

Athena雅典娜

Athens雅典

Athsho阿施狩

Attica阿提卡

Augustus奥古斯都

Autophradat奥图弗拉达特

Azes阿泽斯

Azilises阿泽利塞斯

Azkatswar阿兹卡特斯瓦尔

B

Baaltars巴力神

Babylon巴比伦

Bactra巴克特拉

Bactria巴克特里亚

Badakhshan region巴达赫尚地区

Gondophares贡多法勒斯

Gotazes戈塔泽斯

Gupta dynasty笈多王朝

H

Hadrian哈德良

Hammond, N. G. L.哈蒙德

Harmatta, J.哈尔马塔

Hazara-Kashmir哈扎拉—克什米尔地区

Head, B. V.黑德

Hecatompylos赫卡通皮洛斯/百门城

Heliocles赫利奥克勒斯

Heliodoros赫利奥多罗斯

Helios赫利奥斯

Hellespont赫勒斯滂

Hephaestion赫菲斯提昂

Hephaestus赫淮斯托斯

Hephthalites嚈哒

Heraclea赫拉克里亚

Heracles Cynagidas狩猎之神赫拉克勒斯

Heracles Epitrapezios赫拉克勒斯坐像

Heracles/Hercules/Herakles赫拉克勒斯

Heraclius Constantine希拉克略·君士坦丁

Heraclius希拉克略

Heraios/Heraus赫劳斯

Herat赫拉特

Hermaios赫尔迈欧斯

Hermes赫尔墨斯

Hesiod赫西俄德

Hestia赫斯提亚

Hill, G. F.希尔

Hippostratus希波斯特拉图斯

Holt, F. L.霍尔特

Homer荷马

Hormizd霍尔米兹德

Houghton, A.霍顿

Huvishka胡韦色伽

Hydaspes希达斯皮斯

Hyrcodes希尔科德斯王

I

Ianus/Janus雅努斯

Ikhshid伊赫希德

Illyrians伊利里亚人

Imhoof-Blumer, F.伊姆霍—布鲁默

Indo-Scythians印度—斯基泰人

Ionia爱奥尼亚

Ipsus伊普苏斯

Isis伊西斯

Istrus伊斯特鲁斯

J

Jamasp扎马斯普

Jammu查谟

Jandavlattepa詹达夫拉特帕

Javukha昭武

Jossif, P. P.约瑟夫

Jupiter/Zeus朱庇特（宙斯）

Justin查士丁

Maronea 马罗尼亚

Marshall, J. 马歇尔

Masson, Clarles 查尔斯·马松

Mathura 马图拉

Mat 马特

Maues 毛伊斯

Mauryan Kingdom 孔雀帝国

Mazaces 马扎凯斯

Mazaeus 马扎欧斯

Media 米底

Mehama 米哈迈

Memphis 孟斐斯

Menander/Milinda 米南德/弥兰陀

Mende 门德

Mendoza-Sanahuja, M. 门多萨—萨那胡亚

Mercury 墨丘利

Merv 木鹿

Mesembria 马松布利亚

Mesopotamia 美索不达米亚

Messana 墨西拿

Mihirakula 摩醯逻矩罗

Miletus 米利都

Minerva 密涅瓦

Mir Zakah 米尔扎卡

Mirro 米罗

Mithridates 米特拉达特

Mørkholm, O. 默克尔摩

Mosses 摩塞斯

Mujum 穆吉姆

Mukherjee, B. N. 慕克吉

Musa 穆萨

Myriandrus 米利安德鲁斯

N

Nabû 那布

Nandi 南迪

Narain, A. K. 纳拉因

Narana/Narendra 那拉纳

Naupactus 瑙帕克图斯

Naymark, A. 耐马克

Nazak/Nspk 纳扎克/那色波

Nemean Lion 尼米亚狮子

Nero 尼禄

Nestus 奈斯图斯河

Newell, N. T. 内维尔

Nicolet-Pierre, H. 尼古拉—皮埃尔

Niko 尼科

Nisa 尼萨

Niseian 内塞亚

Nubia 努比亚

Nymph 宁芙

O

Octavian 屋大维

Odessus 奥德苏斯

Olympia 奥林匹亚

Olympus 奥林帕斯

Olynthus 奥林图斯

Omphis 翁菲斯

Onomarchus 奥诺马科斯

P

Q

Quintus Curtius Rufus昆图斯·库尔提乌斯·鲁弗斯

R

Rabatak inscription拉巴塔克铭文
Rajuvula拉竺乌拉
Ramik拉米克
Ramish Tepe拉米什·特佩
Rapson, E. J.拉普森
Rast拉斯特
Rhagae拉盖
Rhegium利吉姆
Rhodes罗德岛
Roma罗马
Rosenfield, J. M.罗森弗雷德
Rosette罗塞达

S

Sabaces萨巴凯斯
Sadashkana萨达沙卡那
Sagala萨加拉/舍竭
Saka/Sacae萨卡人/塞人
Sakastan萨卡斯坦
Salamis萨拉米斯
Samos萨摩斯
Samothrace萨摩色雷斯
Samudragupta沙摩陀罗笈多
Sanabar善巴尔
Saqqara萨卡拉
Sarapis萨拉皮斯
Sardes萨迪斯
Sarmatians萨尔玛提亚人
Satachari萨塔恰雷
Satavahanas百乘王朝
Saturnian萨图尼安人
Saturn萨图恩
Sawrshafan萨夏凡
Schlumberger, D.斯伦贝谢
Scione斯奇奥奈
Selene塞勒涅
Seleucia on the Tigris底格里斯河畔的塞琉西亚
Seleucus I Nikator塞琉古一世
Seleukeia in Pieria皮埃里亚的塞琉西亚
Sellwood, D.塞尔伍德
Seltman, Charles查尔斯·塞尔特曼
Senior, R. C.西尼尔
Servius塞尔维乌斯
Sestus塞斯图斯
Sevta Hunas白匈奴
Shahrisabz沙赫里萨布兹，渴石
Shaikhan Dehri hoard谢罕德里窖藏
Shapur沙普尔
Shawat夏瓦特
Shram希拉姆
Sicily西西里
Sicyon西库翁
Sidon西顿
Sijawsparsh希雅夫希帕希

T

Tityos提梯俄斯

Tomi托米

Toramana头罗曼

Trajan图拉真

Tridates提里达特斯

Troas特洛亚斯

Tutuchas图突哈斯

Tycho提刻

Tyre推罗

U

Ujjains乌贾因

Uzundara乌宗达拉

V

de la Vaissière, É.魏义天

Van Alfen, P. G.万・阿尔芬

Varahran/Bahram瓦赫兰

Vardanyan, R.瓦尔丹扬

Vasamar瓦札马尔

Vasishka瓦施色伽

Vāsudeva-Kṛṣṇa/Vasudeva-Krishna黑天—克利须那

Vasudeva瓦苏提婆/波调

Venus维纳斯

Verethragna韦勒斯拉纳

Victory胜利女神

Vidishas维迪哈斯

Vikramaditya维克拉马蒂提亚

Vima Kadphises/Wima Kadphises威玛・卡德菲塞斯

Vima Takto/Vima Taktu/Wima Takto威玛・塔克图

Vios维亚

Vologases沃洛加西斯

Vonones沃诺尼斯

Voronezh Kurgans沃尔奈兹—库尔干

W

Wahbarz瓦呼巴兹

Wardak瓦达克

Welcker维洛克

Worth, W.沃斯

X

Xanthians克桑提人

Xenophon色诺芬

Xerxes薛西斯

Y

Yazdegard耶兹底格德

Z

Zabulistan扎布里斯坦

Zama扎马

Zelos泽洛斯

参考文献

一、外文古典文献[1]

Appian, *Roman History*, translated by Brian McGing, Cambridge, MA: Harvard University Press, 1912.

Appian, *Roman History*, with an English translation by Horace White, Cambridge, Mass.: Harvard University Press, 1913.

Arrian, *Anabasis of Alexander*, with an English translation by P. A. Brunt, Cambridge, Mass.: Harvard University Press, 1976, 1983.

Codex Justinianus, translated by S. P. Scot, *The Civil Law*, New Jersey: The Lawbook Exchange, Ltd., 2001.

Dio Cassius, *Roman History*, with an English translation by Earnest Cary, Cambridge, Mass.: Harvard University Press, 1914-1927.

Diodorus Siculus, *Library of History*, with an English translation by C. H. Oldfather, Cambridge, Mass.: Harvard University Press, 1933-1954.

Herodotus, *The Persian Wars*,[2] with an English translation by A. D. Godley, Cambridge, Mass.: Harvard University Press, 1920-1925.

Homer, *Iliad*, with an English translation by A. T. Murray, Cambridge, Mass.: Harvard

---

1 参考书目中所有引自Loeb Classical Library丛书古典著作的出版年均为初版年。由于该书多次印刷或修订再版，作者在正文中的出版信息根据自己所引书而定。

2 Herodotus《历史》的英文译名一般根据希腊文标题“Ιστοριαι”译为“Histories”，但Loeb Classical Library译为“The Persian Wars”。本书两者均可，正文脚注不作统一。

University Press, 1924-1925.

Isidore of Charax, *Parthian Stations*, trans. and ed. by W. H. Schoff, Philadelphia: Commercial Press, 1914.

Isocrates, *To Philip*, with an English translation by George Norlin, Cambridge, Mass.: Harvard University Press, 1928.

John Malalas, *The Chronicle of John Malalas*, translated by E. Jeffreys, M. Jeffreys and R. Scott, Melbourne: Australian Assoc. for Byzantine Studies, 1986.

Josephus, *Jewish Antiquities*, with an English translation by Ralph Marcus, Cambridge, Mass.: Harvard University Press, 1930.

Joshua of Stylite, *Chronicle of Joshua the Stylite*, translated by W. Wright, Cambridge, Eng.: Cambridge University Press, 1882.

Justin, *Epitome of the Philippic History of Pompeius Trogus*, translated by J. C. Yardley, Atlanta, GA: Scholar's Press, 1994.

Menander the Guardsman, *The History of Menander the Guardsman: Introductory Essay, Text, Translation, and Historiographical Note*, translated by R. C. Blockley, Liverpool: F. Caims, 1985.

Ovid, *Fasti*., with an English translation translated by J. G. Frazer, Cambridge, Mass.: Harvard University Press, 1931.

Pausanias, *Description of Greece*, translated by W. H. S. Jones, Cambridge, MA: Harvard University Press, 1918.

Pliny the Elder, *Natural History*, with an English translation by H. Rackham, Cambridge, Mass.: Harvard University Press, 1938-1963.

Polybius, *Histories*, 8 vols., with an English translation by W. R. Paton, Cambridge, Mass.: Harvard University Press, 1922-1927.

Procopius, *History of Wars*, Vols. 1-6, with an English Translation by H. B. Dewing, Cambridge: Harvard University Press, 1954.

Quintus Curtius Rufus, *The History of Alexander*, translated by John Yardley, with an introduction and notes by Waldemar Heckel, Penguin Books, 1984.

Rhys Davids, T. W. translator, *The Questions of King Milinda* (1890/1894), sacred texts online. http://www.sacred—texts.com/bud/milinda.htm.

Strabo, *Geography*, with an English translation by Horace Leonard Jones, Cambridge, Mass.:

Harvard University Press, 1917-1932.

Syncellus, "Chronographia," in G. Dindorfius, ed., *Corpus Scriptorium Historiae Byzantinae*, Vol. 22.1, Bonnae, 1829.

Thucydides, *History of the Peloponnesian War*, with an English translation by C. F. Smith, Cambridgy, Mass.: Harvard University Press, 1921-1956.

Xenophon, *Hellenica*, translated by Carleton L. Brownson, Cambridge, Mass.: Harvard University Press, 1918, 1921.

Xenophon, *Hellenica*, books 5-7, translated by Carleton L. Brownson, Cambridge, Mass.: Harvard University Press, 1921.

Zosimus, *New History*, with translation and commentaries by Ronald T. Ridley, Australian Association for Byzantine Studies, 1982.

［波斯］拉施特：《史集》第一卷第一分册，余大钧、周建奇译，北京：商务印书馆，1992年。

［古罗马］凯撒：《高卢战记》，任炳湘译，北京：商务印书馆，1982年。

［古罗马］普罗柯比：《战史》，崔艳红译，陈志强审校注释，郑州：大象出版社，2010年。

［古希腊］阿里安：《亚历山大远征记》，李活译，北京：商务印书馆，1985年。

［古希腊］赫西俄德：《神谱》，张竹明、蒋平译，北京：商务印书馆，1998年。

［古希腊］修昔底德：《伯罗奔尼撒战争史》，谢德风译，北京：商务印书馆，1985年。

二、汉文史籍

《史记》，二十四史点校本，北京：中华书局，1982年。

《汉书》，二十四史点校本，北京：中华书局，1962年。

《三国志》，二十四史点校本，北京：中华书局，1982年。

《北史》，二十四史点校本，北京：中华书局，1974年。

《魏书》，二十四史点校本，北京：中华书局，1974年。

《梁书》，二十四史点校本，北京：中华书局，1973年。

《隋书》，二十四史点校本，北京：中华书局，1973年。

《新唐书》，二十四史点校本，北京：中华书局，1975年。

（北魏）杨衒之撰，周祖谟校释：《洛阳伽蓝记校释》，北京：中华书局，2010年。

三、钱币、铭文等史料集成

Allan, J., *Catalogue of the Coins of Ancient India*, London: The British Museum, 1936.

Alram, M. and Gyselen, R., *Sylloge Nummorum Sasanidorum*, 6 vols., Wien: Austrian Academy of Science Press, 2003.

Bernard, P., *Fouilles d'Aï Khanoum IV. Les Monnaies Hors-Trésors. Questions d'Histoire Gréco-Bactrienne*, Paris: De Boccard, 1985.

Blockley, R. C., *The Fragmentary Classicising Historians of the Later Roman Empire: Eunapius, Olympiodorus, Priscus and Malchus*, Oxford: Francis Cairns, 1983.

Bopearachchi, O., *An Indo-Greek and Indo-Scythian Coin Hoard from Bara (Pakistan)*, Seattle: Amir Nawar Khan, 2003.

Bopearachchi, O., *Monnaies Gréco-Bactriennes et Indo-Grecques, Catalogue Raisonné*, Paris: Bibliothèque Nationale, 1991.

Cunningham, A., *Coins of Alexander's Successors in the East*, London: Argonaut Inco., 1884.

Curiel, R. and Schlumberger, D., *Trésors Monétaires d'Afghanistan*, Paris: Klincksieck, 1953.

Dittenberger, W., ed., *Orientis Graeci Inscriptiones Selectae*, Vol. I, Leipzig: S. Hirzel, 1903.

Errington, E., *The Charles Masson Archive: British Library, British Museum and other Documents Relating to the 1832-1838 Masson Collection from Afghanistan*, London: The British Museum, 2017.

Frank, P. R. and Hirmer, M., *La Monnaie Grecque*, Paris: Flammarion, 1966.

Fröhlich, C., *Monnaies Indo-Scythes et Indo-Parthes, Catalogue raisonné*, Paris: Bibliothèque Nationale de France, 2008.

Gardner, P., *The Coins of the Greek and Scythic Kings of Bactria in the British Museum*, London: The British Museum, 1886.

Gardner, P., *The Parthian Coinage*, London: Trubner, 1877.

Gardner, P., *The Types of Greek Coins*, Cambridge: Cambridge University Press, 1883.

Göbl, R., *Dokumente zur Geschichte der Iranischen Hunnen in Baktrien und Indien*, 4 vols., Wiesbaden: Otto Harrassowitz, 1967.

Göbl, R., *Sasanian Numismatics*, Braunschweig: Klinkhardt und Biermann, 1971.

Göbl, R., *System und Chronologie der Münzprägung des Kušānreiches*, Vienna: Österreichischen Akademie der Wissenschaften, 1984.

Head, B. V., *A Catalogue of the Greek Coins in the British Museum, Macedonia, etc.*, London: Order of the Trustees, 1879.

Hill, G. F., F. B. A., *Catalogue of the Greek Coins of Arabia, Mesopotamia and Persia*, London: The British Museum, 1922.

Houghton, A. and Lorber, C., *Seleucid Coins: A Comprehensive Catalogue. Part I, Seleucus I through Antiochus III*, Vol. 1 and 2, New York-Lancaster-London: ANS-CNG, 2002.

Jenkins, G. K. and Hipólito, M. C., *A Catalogue of the Calouste Gulbenkian Collection of Greek Coins. Part II: Greece to East*, Lisbon: Calouste Gulbenkian Foundation, 1989.

Jongeward, D. and Cribb, J., *Kushan, Kushano-Sasanian, and Kidarite Coins: A Catalogue of Coins from the American Numismatic Society*, New York: The American Numismatic Society, 2015.

Lahiri, A. N., *Corpus of Indo-Greek Coins*, Calcutta: Poddar Publications, 1965.

Mitchiner, M., *Indo-Greek and Indo-Scythian Coinage*, 9 vols., London: Hawkins Publications, 1975-1976.

Mitchiner, M., *The Early Coinage of Central Asia*, London: Hawkins Publications, 1973.

Newell, E. T., *The Coinage of the Eastern Seleucid Mints: From Seleucos I to Antiochos III*, New York: The American Numismatic Society, 1938.

P. Gardner, *A Catalogue of the Greek Coins in the British Museum: Peloponnesus*, London: Elibron reprint, 2004.

P. Grierson, *Catalogue of the Byzantine Coins in the Dumbarton Oaks Collection and in the Whittemore Collection. Vol. 2: Phocas to Theodosius III, 602-717*, Washington, D. C.: Dumbarton Oaks Research Library and Collection, 1968.

Sachs, A. J. and Hunger, H., eds., *Astronomical Diaries and Related Texts from Babylonia. Vol. 3: Diaries from 164 B.C. to 61 B.C.*, Wien: Verlag der Österreichischen Akademie der Wissenschaften, 1996.

Sellwood, D., *An Introduction to the Coinage of Parthia*, London: Spink and Son Ltd., 1980.

Senior, R. C., *Indo-Scythian Coins and History*, 3 vols., Lancaster, PA: Classical Numismatic Group, 2001.

Smith, V. A., *Catalogue of the Coins in the Indian Museum Calcutta, including the Cabinet of the Asiatic Society of Bengal*, Vol. 1, Oxford: Clarendon Press, 1906.

Troxell, Hyla A., *Sylloge Nummorum Graecorum, The Collection of the American Numismatic*

Society. Part 8, Macedonia II: Alexander I-Philip II, New York: The American Numismatic Society, 1994.

Tsangari, D. I., *Coins of Macedonia in the Alpha Bank Collection*, Athens: Alpha Bank, 2009.

Vondrovec, K., *Coinage of the Iranian Huns and Their Successors from Bactria to Gandhara (4th to 8th Century CE)*, Wien: Verlag der Österreichischen Akademie der Wissenschaften, 2014.

Whitehead, R. B., *Catalogue of Coins in the Panjab Museum, Lahore. Vol. 1: Indo-Greek Coins*, Oxford: Clarendon Press, 1914.

Worth, W., *Catalogue of the Coins of Parthia*, London: Printed by Order of the Trustees, 1903.

四、外文著作（含译著）

Alram, M., *Huns and Western Turks in Central Asia and Northwestern India, in a Survey of Numismatic Research 2002-2007*, International Association of Professional Numismatists, Special Publication 15, Glasgow, 2009.

Anagnostou-Laoutides, E., *In the Garden of the Gods, Models of Kingship from the Sumerians to the Seleucids*, London: Routledge, 2017.

Aperghis, G. G., *The Seleukid Royal Economy: The Finances and Financial Administration of the Seleukid Empire*, Cambridge: Cambridge University Press, 2004.

Austin, M. M., *The Hellenistic World from Alexander to the Roman Conquest: A Selection of Ancient Sources in Translation*, Cambridge: Cambridge University Press, 2006.

Bell, J. M., *An Introduction to Greek Mythology*, New York: The Edwin Mellen Press, 2002.

Bellinger, A. R. and Berlincourt, M. A., *Victory as a Coin Type*, New York: The American Numismatic Society, 1964, [ANS Digital Library, http://numismatics.org/digitallibrary/ark:/53695/ nnan62016# (2020-3-23)].

Bellinger, A. R., *Catalogue of the Byzantine Coins in the Dumbarton Oaks Collection and in the Whittemore Collection. Vol. 1: Anastasius I to Maurice, 491-602*, Washington, D. C.: Dumbarton Oaks Research Library and Collection, 1992.

Benson, F. S., *Ancient Greek Coins, Magna Graecia*, privately printed.

Boardman, J., *The Greeks in Asia*, London: Thames and Hudson, 2015.

Bopearachchi, O. and Pieper W., *Ruhunu, an Ancient Civilisation Revisited: Numismatic and Archaeological Evidence on Inland and Maritime Trade*, Colombo: R. M. Wickremesinhe, 1999.

Bopearachchi, O. and Rahman, A. Ur, *Pre-Kushana Coins in Pakistan*, Karachi: IRM Associates Ltd., 1995.

Bopearachchi, O., *When West Met East: Gandhāran Art Revisited*, Vol. 2, New Delhi: Manohar, 2020.

Boperachchi, O., *Indo-Greek, Indo-Scythian and Indo Parthian Coins in the Smithsonian Institution*, Washington D. C.: Smithsonian Institution, 1993.

Bordeaux, O., *Les Grecs en Inde. Politiques et Pratiques Monétaires (IIIe S. A.C.-Ier S. P.C.)*, Numismatica Antiqua 8, Bordeaux: Éditions Ausonius, 2018.

Boyce, M. and Grenet, F., *A History of Zoroastrianism. Volume III: Zoroastrianism under Macedonian and Roman Rule*, Leiden: E. J. Brill, 1991.

Boyce, M., *A History of Zoroastrianism. Vol. II: Under the Achaemenians*, Leiden: E. J. Brill, 1991.

Bruun, P. M., *Roman Imperial Coinage. Vol. 7: Constantine and Licinius A.D. 313-337*, London: Spink and Son Ltd., 1966.

Buzan, B. and Richard Little, *International Systems in World History: Remaking the Study of International Relations*, Oxford: Oxford University Press, 2000.

Cardwell, E., *Lectures on the Coinage of the Greeks and Romans*, London: J. Murray, 1832.

Carradice, I. and Prince, M., *Coinage in the Greek World*, London: B. A. Seaby Ltd., 1988.

Carter, H. and Mace, A. C., *The Tome of Tutankhamen*, New York: George H. Doran Company, 1923.

Civil, M. and Gelb, I. J., eds., *The Assyrian Dictionary of the Oriental Institute of the University of Chicago (M. 2)*, Chicago: The Oriental Institute, 1977.

College, M. A. R., *The Parthians: Ancient People and Places*, New York: Praeger, 1967.

Crawford, M. H., *Roman Republican Coinage*, Vol. 1 and 2, Cambridge: Cambridge University Press, 1974.

Cribb, J. and Georgina, H., eds., *After Alexander: Central Asia before Islam*, Oxford and New York: Oxford University Press, 2007.

Dąbrowa, E., *Studia Graeco-Parthica: Political and Cultural Relations between Greeks and Parthia*, Wiesbaden: Harrassowitz Verlag, 2011.

Dahmen, K., *The Legend of Alexander the Great on Greek and Roman Coins*, London: Routledge, 2007.

Daremberg, C. V., *Le Dictionnaire des Antiquités*, Paris: Hachette, 1919.

Darley, R. R., *Indo-Byzantine Exchange, 4th to 7th Centuries: A Global History*, Birmingham: University of Birmingham, 2014.

Davis, N. and Kraay, C. M., *The Hellenistic Kingdoms Portrait Coins and History*, London: Thames and Hudson, 1973.

Debevoise, N. C., *A Political History of Parthia*, Chicago: University of Chicago Press, 1938.

Debord, P., *L'Asie Mineure au IVe siècle (412-323 Av J. -C.)*, Bordeaux, 1999.

Droysen, J. G., *Histoire de L'Hellénisme*, Édition Intégrale, Grenoble : J. Millon, 2005.

Eckhel, J., *Doctrina Numorum Veterum*, Vol. 3.1, Vindobonae: Sumptibus Iosephi Vincentii Degen [tum] Sumptibus Friderici Volke, 1828.

Engels, D., *Benefactors, Kings, Rulers: Studies on the Seleukid Empire between East and West*, Leuven: Peeters Publishers, 2017.

Erickson, K. G., *The Early Seleucids, Their Gods and Their Coins*, University of Exter, a thesis for the degree of Doctor of Philosophy in Classics and Ancient History, 2009.

Errington, R. M., *A History of Macedonia*, Berkeley: University of California Press, 1990.

Grainger, J. D., *A Seleukid Prosopography and Gazetteer*, Leiden: Brill, 1997.

Grainger, J. D., *Seleukos Nikator: Constructing a Hellenistic Kingdom*, London: Routledge, 1990.

Greatrex, G. and Lieu, S. N. C., eds., *The Roman Eastern Frontier and the Persian Wars, a Narrative Sourcebook*, II, London: Routledge, 2002.

Greenwood, W., *The Electrum Coinage of Cyzicus*, London: Rollin and Feuardent Collection cdl, 1887.

Grimal, P., *The Concise Dictionary of Classical Mythology*, translated by A. R. Maxwell-Hyslop, Oxford: Basil Blackwell, 1990.

Grueber, H. A., *Coins of the Roman Republic in the British Museum*, Vol. 1, London: Longmans and Co., 1910.

Hammond, N. G. L. and Griffith, G. T., *A History of Macedonia. Volume II: 550-336 B.C.*, Oxford: Clarendon Press, 1979.

Hammond, N. G. L., *A History of Greece to 322 BC*, 2nd ed., Oxford: Oxford University

Press, 1984.

Hammond, N. G. L., *A History of Macedonia. Volume I: Historical Geography and Prehistory*, Oxford: Clarendon Press, 1972.

Hammond, N. G. L., *The Macedonian State: Origins, Institutions, and History*, Oxford: Clarendon Press, 1989.

Harmatta, J., Puri, B. N. and Etemadi, G. F., eds., *History of Civilizations of Central Asia. Vol. II: The Development of Sedentary and Nomadic Civilizations*, Paris: UNESCO Publishing, 1994.

Hazzard, R. A., *Ptolemaic Coins, an Introduction for Collectors*, Toronto: Kirk and Bentley, 1995.

Hendy, M., *Studies in the Byzantine Monetary Economy, c. 300-1450*, Cambridge: Cambridge University Press, 1985.

Holt, F. L., *Alexander the Great and Bactria: The Formation of a Greek Frontier in Central Asia*, Leiden: E. J. Brill, 1988.

Holt, F. L., *Alexander the Great and the Mystery of the Elephant Medallions*, Berkeley: University of California Press, 2003.

Holt, F. L., *Thundering Zeus: The Making of Hellenistic Bactria*, Berkeley: University of California Press, 1999.

Hoover, O., *Handbook of Coins of Baktria and Ancient India, including Sogdiana, Margiana, Areia, and the Indo-Greek, Indo-Skythian and Native Indian States South of the Hindu Kush*, Lancaster, Penn: Classical Numismatic Group, Inc., 2013.

Jevons, W. S., *Money and the Mechanism of Exchange*, New York: D. Appleton, 1877.

Iossif, P. P., Chankowski, A. S. and Lorber, C. C., eds., *More than Men, Less than Gods: Studies on Royal Cult and Imperial Worship*, Leuven: Peeters, 2011.

Kent, J. P. C., *Roman Imperial Coinage. Vol. 10: The Divided Empire and the Fall of the Western Parts, AD 395-491*, London: Spink and Son Ltd., 1994.

Kent, J. P. C., *Roman Imperial Coinage. Vol. 8: The Family of Constantine I, AD 337-364*, London: Spink and Son Ltd., 1981.

Kurbanov, A., *The Hephthalites: Archaeological and Historical Analysis*, PhD. Dissertation, Free University, Berlin, 2010.

Kuwayama, S., *Across the Hindukush of the First Millennium: A Collection of the Papers*,

Institute for Research in Humanities, Kyoto University, 2002.

Marcellesi, M.-C., *Histoire et Monnayage des Séleucides de 175 à 129 avant J.-C.*, Université Paris IV-Sorbonne, Mémoire de Maitrise, 1991.

Marcinkiewicz-Joseph, F., *Demetrius I of Bactria: An Analysis of Hellenistic Royal Power through Numismatic Evidence*, PhD Dissertation, University of Houston, 2016.

Marshall, J., *Taxila*, 3 vols., Cambridge: Cambridge University Press, 1951.

Marshall, J., *Taxila: An Illustrated Account of Archaeological Excavations*, 3 vols., Cambridge: Cambridge University Press, 1951.

Mattingly, H., Sydenham, E. A. and Sutherland, C. H. V., eds., *The Roman Imperial Coinage. Vol. 1-6: From 31 BC to AD 313*, London: Spink and Son Ltd., 1930, 1967, 1984.

Metcalf, W. E., ed., *The Oxford Handbook of Greek and Roman Coinage*, Oxford: Oxford University Press, 2012.

Mitchiner, M., *Indo-Greek and Indo-Scythian Coinage. Vol. I: The Early Indo-Greeks and Their Antecedants*, London: Hawkins Publications, 1975.

Mitchiner, M., *Oriental Coins and Their Values: Ancient and Classical World, BC 600-AD 600*, London: Hawkins Publications, 1978.

Mitchiner, M., *The Early Coinage of Central Asia*, London: Hawkins Publications, 1973.

Mørkholm, O., *Early Hellenistic Coinage from the Accession of Alexander to the Peace of Apamea (336-188 B.C.)*, Cambridge: Cambridge University Press, 1991.

Mørkholm, O., *Early Hellenistic Coinage from the Accession of Alexander to the Peace of Apamea (336-188 B.C.)*, Cambridge: Cambridge University Press, 1991.

Mower, K., *Creating Greek Identity: How Philip II of Macedon Used the Third Sacred War to Infiltrate Greek Politics and Establish Macedonia as a Greek State*, thesis for the degree of Master of Arts, Department of History, The University of Utah, 2016.

Narain, A. K., *The Indo-Greek*s, Oxford: Clarendon Press, 1957.

Naymark, A., *Sogdiana, Its Christians and Byzantium: A Study of Artistic and Cultural Connections in Late Antiquity and Early Middle Ages*, Dissertation in Indiana University, 2001.

Newell, E. T., *Mithradates of Parthia and Hyspaosines of Characene: A Numismatic Palimpsest*, New York: The American Numismatic Society, 1925.

Newell, E. T., *Royal Greek Portrait Coins: Being an Illustrated Treatise on the Portrait Coins of the Various Kingdoms, and Containing Historical References to Their Coinages, Mints, and Rulers*, New York: Wayte Raymond, 1937.

Ochir, A. and Erdenebold, L., *Archaeological Relics of Mongolia. Vol. VII: Cultural Monuments of Ancient Nomads*, Ulaanbaatar: [s.n.], 2017.

Papaioannou, A., *Horse and Horsemen on Classical and Hellenistic Coins in Thessaly*, Thessaloniki: International Hellenic University, 2019.

Pearce, J. W. E., *Roman Imperial Coinage. IX: Valentinian I – Theodosius I*, London: Spink and Son Ltd., 1951.

Pirngruber, R., *The Economy of Late Achaemenid and Seleucid Babylonia*, Cambridge: Cambridge University Press, 2017.

Plant, R., *Greek Coin Types and Their Identification*, London: Seaby Publications Ltd., 1979.

Puri, B. N., *India under the Kushanas*, Bombay: Bharatiya Vidya Bhavan, 1965.

Rapson, E. J., ed., *The Cambridge History of India. Vol. I: Ancient India*, Cambridge: Cambridge University Press, 1922.

Rezakhani, K., *ReOrienting the Sasanians: East Iran in Late Antiquity*, Edinburgh: Edinburgh University Press, 2017.

le Rider, G., *Alexander the Great: Coinage, Finances, and Policy*, translated by W. E. Higgins, American Philosophical Society, 2007.

le Rider, G., *Alexandre le Grand. Monnaies, Finances et Politiques*, Paris: Presses Universitaires de France, 2003.

le Rider, G., *Le Monnayage d'Argent et d'Or de Philippe II, Frappé en Macédoine de 359 à 294*, Paris: É. Bourgey, 1977.

le Rider, G., *Monnayage et Finances de Philippe II*, Paris: Diffusion de Boccard, 1996.

le Rider, G., *La Naissance de la Monnaie. Pratiques Monétaires de l'Orient Ancient*, Paris: Presses Universitaires de France, 2001.

Roisman, J. and Worthington, I., *A Companion to Ancient Macedonia*, Malden, Mass.: Blackwell, 2010.

Rosenfield, J. M., *The Dynastic Arts of The Kushans*, University of California Press in Berkeley, 1967.

Salomon, R., *Indian Epigraphy: A Guide to the Study of Inscriptions in Sanskrit, Prakrit, and the other Indo-Aryan Languages*, New York: Oxford University Press, 1998.

Schmid, C., *Le Don De Voir. Premières Représentations Krishnaïtes de la Région de Mathurā*, Paris: Efeo, 2010.

Sear, D. R., *Roman Coins and Their Values*, Vol. 1, London: Spink and Son Ltd., 2000.

Sellwood, D., Phillip D. Whitting and Richard Williams, *An Introduction to Sasanian Coins*, London: Spink and Son Ltd., 1985.

Shayegan, M. R., *Arsacids and Sasanians, Political Ideology in Post-Hellenistic and Late Antique Persia*, Cambridge: Cambridge University Press, 2011.

Smith, V. A., *The Early History of India, from 600 B.C. to the Muhammadan Conquest*, 2nd edition, Oxford: Clarendon Press, 1908.

Stančo, L., *Greek Gods in the East: Hellenistic Iconographic Schemes in the Central Asia*, Prague: Karolinum Press, 2012.

Stavisky, B. Y., *La Bactriane sous les Kushans: Problèmes d'Histoire et de Culture, revised edition of Stavisky* 1977, translated by P. Bernard, M. Burda, F. Grenet and P. Leriche, Paris: Libr. d'Amérique et d'Orient, 1986.

Sutherland, C. H. V., *Roman Imperial Coinage. Vol. 6: From Diocletian's Reform (AD 294) to the Death of Maximinus (AD 313)*, London: Spink and Son Ltd., 1967.

Sutherland, C. H. V., *The Roman Imperial Coinage. Vol. 1: From 31 BC to AD 69*, London: Spink and Son Ltd., 1984.

Tarn, W. W., *The Greeks in Bactria and India*, Cambridge: Cambridge University Press, 1938 (first edition), 1951 (sencond edition); 1984 (third edition, edited by Frank Lee Holt, Chicago: Ares Publishers Inc.).

Troxell, H. A., *Studies in the Macedonian Coinage of Alexander the Great*, New York: The American Numismatic Society, 1997.

Villing, A., *The Greeks in the East*, London: British Museum Press, 2005.

Vondrovec, K., *Coinage of the Iranian Bactria to Gandhara, (4th to 8th Century CE)*, Vienna: Austrian Academy of Sciences Press, 2014.

Wang, H., *Money on the Silk Road, the Evidence from Eastern Central Asia to c. AD 800*, London: The British Museum Press, 2004.

Wiesehöfer, J., *Ancient Persia from 550 BC to 650 AD*, London, New York: I. B. Tauris, 1996.

Will, E., *Histoire Politique du Monde Hellénistique*, Vol. 1, Nancy: Presses Universitaires de

Nancy, 1979.

Worthington, I., *Philip II of Macedonia*, New Haven: Yale University Press, 2008.

Zeymal, E. V., *Drevnie Monety Tadzhikistana*, Dushanbe: Izd-vo Donish, 1983.

［法］雷奈·格鲁塞：《东方的文明》，常任侠、袁音译，北京：中华书局，1998年。

五、中文著作

杜维善：《贵霜帝国之钱币》，上海：上海古籍出版社，2012年。

李铁生编著：《古波斯币（阿契美尼德 帕提亚 萨珊）》，北京：北京出版社，2006年。

李铁生编著：《古希腊币》，北京：北京出版社，2013年。

李永斌：《阿波罗崇拜研究》，北京：商务印书馆，2015年。

林英：《唐代拂菻丛说》，北京：中华书局，2006年。

上海博物馆：《上海博物馆藏丝绸之路古代国家钱币》，上海：上海书画出版社，2006年。

吐鲁番市文物局、吐鲁番学研究院、吐鲁番博物馆：《吐鲁番晋唐墓地——交河沟西、木纳尔、巴达木发掘报告》，北京：文物出版社，2019年。

王海利：《尼罗河畔的古埃及妇女》，北京：中国青年出版社，2007年。

杨巨平：《互动与交流：希腊化世界与丝绸之路关系研究》，北京：中华书局，2022年。

杨巨平：《古国文明与丝绸之路》，北京：中国社会科学出版社，2021年。

杨巨平：《碰撞与交融：希腊化时代的历史与文化》，北京：中国社会科学出版社，2018年。

余太山：《贵霜史研究》，北京：商务印书馆，2015年。

余太山：《塞种史研究》，北京：商务印书馆，2012年。

余太山：《嚈哒史研究》，北京：商务印书馆，2012年。

张庆捷：《民族汇聚与民族互动：北朝社会的考古学观察》，北京：商务印书馆，2010年。

曾晨宇：《古希腊钱币史》第一卷，北京：文物出版社，2019年。

六、外文论文（含译文）

Alram, M., "A Rear Hunnish Coin Type," *Silk Road Art and Archaeology*, Vol. 8 (2002), pp. 149-153.

Alram, M., "From the Sasanians to the Huns New Numismatic Evidence from the Hindu

Kush," *The Numismatic Chronicle*, Vol. 174 (2014), pp. 261-291.

Alram, M., "New Coins of the Hephthalites along the Silk Road",《丝绸之路古国钱币暨丝路文化国际学术研讨会论文集》，上海：上海书画出版社，2011年，第240—258页。

Assar, G. R. F., "The Genealogy of the Parthian King Sinatruces (93/2-69/8BC)," *Journal of Classical and Medieval Numismatic Society*, 2005, pp. 16-33.

Audouin, R. and Bernard, P., "Trésor de monnaies indiennes et Indo-grecques d'Aï Khanoum (Afghanistan)," *Revue Numismatique*, 1973, pp. 238-289.

Barrandon, J. and Nicolet-Pierre, H., "Analyses de Monnaies Royales Gréco-Bactriennes et Indo-Grecques des IIe-Ier siècles avant J.-C.," *Schweizer Münzblätter* 39, No. 155 (1989), pp. 57-66.Baums, S., "Catalog and Revised Texts and Translations of Gandharan Reliquary Inscriptions," in D. Jongeward, E. Errington, R. Salomon and S. Baums, eds., *Gandharan Buddhist Reliquaries (Gandharan Studies, Vol. 1)*, Early Buddhist Manuscripts Project, Seattle, 2012, pp. 200-251.

Bearzot, C., "Il santuario di Apollo Didimeo e la spedizione di Seleuco I a Babilonia (312 a. C)," in M. Sordi (a cura di), *I Santuari e la Guerra nel Mondo Classico*, Milano: Pubblicazioni della Università Cattolica, 1984, pp. 51-81.

Benjamin, R. Jr., "The Hellenistic Tradition in the Northwest India," *The Art bulletin*, Vol. 31, No. 1 (Mar. 1949), pp. 1-10.

Bernard, P., "The Greek Colony at Aï Khanoum and Hellenism in Central Asia," in Fredrik Hiebert, ed., *Afghanistan: Hidden Treasures from the National Museum, Kabul*, Washington: National Geographic Books, 2008, pp. 81-105.

Bernard, P., Pinault, G.-J. and Rougemont, G., "Deux Nouvelles Inscriptions: Grecques de l'Asie Centrale," *Journal des Savants*, No. 2 (2004), pp. 227-356.

Bertol, A., Farac, K., and Ivana, T., "Aes Rude and Aes Formatum: A New Typology Based on the Revised Mazin Hoard," *Vjesnik Archeološkog muzeja u Zagrebu (VAMZ)*, Vol. 45, No. 1 (2012), pp. 93-113.

Bevan, R. E., "Antiochus III and His Title 'Great-King'," *The Journal of Hellenistic Studies*, Vol. 22 (1902), pp. 241-244.

Bieber, M. "The Portraits of Alexander," *Greece and Rome*, Second Series, Vol. 12, No. 2 (Oct. 1965), pp. 183-188.

Bieber, M., "The Portraits of Alexander the Great," *Proceedings of the American Philosophical Society*, Vol. 93, No. 5 (Nov. 30, 1949), pp. 373-421, 423-427.

Bivar, A. D. H., "The Political History of Iran under the Arsacids," in Ehsan Yarshater, ed., *Cambridge History of Iran*, Vol. 3(1), Cambridge: Cambridge University Press, 2008, pp. 21-99.

Bopearachchi, O., "Achaemenids and Mauryans: Emergence of Coins and Plastic Arts in India," in A. Patel and T. Daryaee, eds., *Iran and India in the Longue Durée*, Irvine: UCI Jordan centre for Persian studies, 2017, pp. 15-48.

Bopearachchi, O., "Graeco-Bactrian Issues of Later Indo-Greek Kings," *The Numismatic Chronicle*, Vol. 150 (1990), pp. 79-104.

Bopearachchi, O., "La Circulation et la Production Monétaires en Asie Centrale et dans l'Inde du Nord-Ouest (Avant et Après la Conquête d'Alexandre)," *Indologica Taurinensia*, 25 (1999), pp. 15-119.

Bopearachchi, O., "Les Premiers Souverains Kouchans: Chronologie et Iconographie Monétaire," *Journal des Savants*, 2008, pp. 3-56.

Bopearachchi, O., "Some Observations on the Chronology of the Early Kushans," in Vidula Jayaswal, ed., *Glory of the Kushans: Recent Discoveries and Interpretations*, published by Aryan Books International, 2012, pp. 123-136.

Bopearachchi, O., "Sophytes, the Enigmatic Ruler of Central Asia," *Nomismatika Chronika*, No. 15 (1996), pp. 19-32.

Bopearachchi, O., "The Euthydemus' Imitation and the Date of Sogdian Independence," *Silk Road Art and Archaeology*, Vol. 2 (1991/1992), pp. 1-21.

Bordeaux, O., "Compte-Rendu de B. Kritt, the Seleucid Mint of Aï Khanoum," *Topoi*, 21/2 (2017), pp. 647-656.

Bordeaux, O., "Sôphytos et Andragoras. Deux Cas de Monnayages Autonomistes entre Bactriane et Parthie Séleucides," *Monuments et Mémoires de la Fondation Eugène Piot. Académie des Inscriptions et Belles-Lettres*, Vol. 99 (2021), pp. 77-154.

de Callataÿ, F., "Guerres et monnayages à l'époque hellénistique," *Dossiers d'Archéologie*, 248 (1999), pp. 28-35.

de Callataÿ, F., "Royal Hellenistic Coinages: From Alexander to Mithradates," in William E. Metcalf, ed., *The Oxford Handbook of Greek and Roman Coinage*, New York: Oxford

University Press, 2012, pp. 175-190.

Callieri, P., "The Bactrian Seal of Khingila," *Silk Road Art and Archaeology*, Vol. 8 (2002), pp. 121-141.

Cheng, C. F. and Schwitter, C. M., "Nickel in Ancient Bronzes," *American Journal of Archaeology*, Vol. 61, No. 4 (1957), pp. 351-365.

Christesen, P., and Murray, S. C., "Macedonian Religion," in Joseph Roisman and Ian Worthington, eds., *A Companion to Ancient Macedonia*, translated by W. E. Higgins, Hoboken: Wiley-Blackwell, 2010, pp. 428-445.

Clarysse, W. and Thompson, D. J., "Two Greek Texts on Skin from Hellenistic Bactria," *Zeitschrift für Papyrologie und Epigraphik*, No. 159 (2007), pp. 273-279.

Cribb, J., "A New Coin of Vima Kadphises, King of the Kushans," in Lionel Casson and Martin Price, eds., *Coins, Culture, and History in the Ancient World*, Detroit: Wayne State University Press, 1981, pp. 29-37.

Cribb, J., "Money as a Marker of Cultural Continuity and Change in Central Asia," in J. Cribb and G. Herrmann, eds., *After Alexander: Central Asia before Islam*, Oxford and New York: Oxford University Press, 2007, pp. 333-375.

Cribb, J., "The 'Heraus' Coins: Their Attribution to the Kushan King Kujula Kadphises," in Martin Price, Andrew Burnett and Roger Bland, eds., *Essays in Honor of Robert Carson and Kenneth Jenkins*, London: Spink and Son Ltd., 1993, pp. 107-134.

Cribb, J., "The Early Kushan Kings: New Evidence for Chronology Evidence from the Rabatak Inscription of Kanishka I," in M. Alram and D. E. Klimburg-Salter, eds., *Coins, Art, and Chronology – Essays on the Pre-Islamic History of the Indo Iranian Borderlands*, Vienna, pp. 177-205.

Cribb, J., "The Sino-Kharosthi Coins of Khotan: Their Attribution and Relevance to Kushan Chronology: Part 1," *The Numismatic Chronicle*, Vol. 144 (1984), pp. 128-152.

Cribb, J., "The Sino-Kharosthi Coins of Khotan: Their Attribution and Relevance to Kushan Chronology: Part 2," *The Numismatic Chronicle*, Vol. 145 (1985), pp. 136-149.

Cribb, J., "The Soter Megas Coins of the First and Second Kushan Kings, Kujula Kadphises and Wima Takto," *Gandhara Study*, Vol. 8 (2014), pp. 79-140.

Cunningham, A., "Coins of Alexander's Successors in the East (continued)," *The Numismatic Chronicle and Journal of the Numismatic Society*, New Series, Vol. 9 (1869), pp. 121-153.

Cunningham, A., "Coins of the Sakas," *The Numismatic Chronicle*, Vol. 3 (1890), pp. 103-172.

Cunningham, A., "Later Indo-Scythians, 'Ephthalites, or White Huns'," *The Numismatic Chronicle and Journal of the Numismatic Society Third Series*, Vol. 14 (1894), pp. 243-293.

Cunningham, A., "Literary Intelligence," *Journal of the Asiatic Society of Bengal*, Vol. 31 (1862), pp. 408-425.

Curtis, V. S., "Parthian and Sasanian Furniture," in Georgina Herrmann and Neville Parker, eds., *The Furniture of Western Asia Ancient and Traditional: Papers of the Conference Held at the Institute of Archaeology*, Mainz: Zaban Verlag, 1993, pp. 233-244.

Curtis, V. S., "Religious Iconography on Ancient Iranian Coins," in J. Cribb and G. Hermann, eds., *After Alexander: Central Asia before Islam*, Oxford and New York: Oxford University Press, 2007, pp. 413-434.

Curtis, V. S., "The Iranian Revival in the Parthian Period," in V. S. Curtis and Sarah Stewart, eds., *The Idea of Iran*, Volume 2, London: Middle East Institute, 2007, pp. 7-25.

D'Ancona, M. L., "An Indian Statuette from Pompeii," *Artibus Asiae*, Vol. 13, No. 3 (1950), pp. 170-172.

Dixon, H., "Writing Persepolis in Judah: Achaemenid Kingship in Chronicles," in Martti Nissinen and Charles E. Carter, eds., *Images and Prophecy in the Ancient Eastern Mediterranean*, Göttingen: Vandenhoeck and Ruprecht, 2009, pp. 163-194.

Dobbins, K. W., "Vonones, Maues and Hermaios: The Imperial Coinage of Mithradates II," *East and West*, Vol. 30, No. 1/4 (1980), pp. 31-53.

Enoki, K., "On the Nationality of the Ephthalites," in *Memoirs of the Research Department of the Toyo Bunko*, No. 18 (1959), Tokyo: The Toyo Bunko, pp. 1-58.

Enoki, K., "The Origin of the White Huns or Hephthalites," *East and West*, Vol. 6, No. 3 (1955), pp. 231-237.

Erickson, K., "Apollo-Nabû: The Babylonian Policy of Antiochus I," in K. Erickson and G. Ramsey, eds., *Seleucid Dissolution: The Sinking of the Anchor*, Wiesbaden: Harrassowitz Verlag, 2011, pp. 51-65.

Falk, H. and Bennett, C., "Macedonian Intercalary Months and the Era of Azes," *Ars Orientalia*, Vol. 70 (2009), pp. 197-216.

Falk, H., "The Tidal Waves of Indian History: Between the Empires and Beyond," in Patrick Olivelle, ed., *Between the Empires: Society in India 300 BCE to 400 CE*, New York:

Oxford University Press, 2006, pp. 144-160.

Faucher, T., Brousseau, L. and Olivier, J., “Expérimentations sur la Technique de Fabrication des Monnaies Grecques: Approches, Réalisation, Perspectives,” in F. Tereygeol, ed, *Comprendre les Savoir-Faire Métallurgiques Antiques et Médiévaux. Actes de la Table-Ronde, Décembre 2009, Saclay*, Paris: Errance, 2013, pp. 71-99.

Fedorov M., and Kuznetsov, A., “A Rare Anonymous Coin of Samarqandian Sogdia from the Vicinity of Afrasiyab,” *Iran*, XLL (2012), pp. 141-144.

Fedorov, M., “Money Circulation of Khwarezm in the Ancient Period,” *Oriental Numismatic Society*, Vol. 182 (2005), pp. 13-23.

Fleet, J. F., “Moga, Maues, and Vonones,” *Journal of the Royal Asiatic Society of Great Britain and Ireland*, Oct. 1907, pp. 1013-1040.

Fröhlich, C., “Indo-Parthian Dynasty,” *Encyclopaedia Iranica*, online edition, 2004, http://www.iranicaonline.org/articles/indo-parthian-dynasty-1.

Frye, R. N., “The Political History of Iran under the Sasanians,” in Ehsan Yarshater, ed., *The Cambridge History of Iran*, Vol. 3(1), Cambridge: Cambridge University Press, 2000, pp. 116-124.

Fussman, G., “L’inscription de Rabatak, la Bactriane et les Kouchans,” in P. Leriche, et al., eds., *La Bactriane au Carrefour des routes et des civilisations de l’asie centrale*, Paris: Maisonneuve and Larose, 2002, pp. 251-287.

Gardner, P., “A Coin of Heraus, Saka King,” *The Numismatic Chronicle*, 1874, pp. 161-167.

Gardner, P., “Ares as a Sun-god, and Solar Symbols on the Coins of Macedon and Thrace,” *The Numismatic Chronicle and Journal of the Numismatic Society*, New Series, Vol. 20 (1880), pp. 49-61.

Gill, N. S., “Who Was the Ancient Roman God Janus?” Thought Co., [https://www.thoughtco.com/ancient-roman-god-janus-112605 (2023-7-4)].

Gobl, R., “Numisamtic Evidence of Relating to the Date of Kaniska,” in A. L. Basham, ed., *Papers on the Date of Kaniska*, Leiden: Brill, 1968, pp. 103-113.

Ilyasov, J., “On a Number of Central Asian Tamghas,” *Silk Road Art and Archaeology*, Vol. 9 (2003), pp. 131-157.

Ilyasov, J., “The Hephthalite Terracotta,” *Silk Road Art and Archaeology*, Vol. 7 (2001), pp. 187-200.

Invernizzi, A., “A Bearded Tyche for Phraates II,” *Journal of Historical, Philological and Cultural Studies*, Vol. 47 (2015), pp. 55-72.

Jaia A. M., and Molinari, M. C., “Two Deposits of Aes Grave from the Sanctuary of Sol Indiges,” *The Numismatic Chronicle*, Vol. 171 (offspring 2011), pp. 87-93.

Jakobsson, J., “Antiochus Nicator, the Third King of Bactria?” *The Numismatic Chronicle*, Vol. 170 (2010), pp. 17-33.

Jamzadeh, P., “The Achaemenid Throne-leg Design,” *Iranica Antiqua*, Vol. 31 (1996), pp. 101-146.

Jossif, P. P. and Lorber, C. C. “More than Men, Less than Gods: Concluding Thoughts and New Perspectives,” in Panagiotis P. Jossif, Andrzej S. Chankowski, and Catharine C. Lorber, eds., *More than Men, Less than Gods, Studies on Royal Cult and Imperial Worship*, Leuven: Peeters, 2011, pp. 691-710.

Jossif, P. P., “Apollo Toxotes and the Seleukids: Comme un air de famille,” in Panagiotis P. Jossif, Andrzej S. Chankowski, and Catharine C. Lorber, eds., *More than Men, Less than Gods, Studies on Royal Cult and Imperial Worship*, Leuven: Peeters, 2011, pp. 229-292.

Jossif, P. P., “Apollo Toxotes and the Seleukids: Comme un air de famille,” in Panagiotis P. Jossif, Andrzej S. Chankowski and Catharine C. Lorber, eds., *More than Men, Less than Gods, Studies on Royal Cult and Imperial Worship*, Leuven: Peeters, 2011, pp. 229-284.

Jossif, P. P., “Imago Mundi: Expression et representation de l’idéologie royale Séleucid. La procession de Daphné,” *Electurm*, 18 (2011), pp. 121-152.

Jossif, P. P., “The Numismatic Production of Antichos IV: Tool of Diplomacy or Legitimacy? A Quantifying Approach of Hoard Evidence,” *Electrum*, Vol. 25 (2018), pp. 47-72.

Kinns, P., “The Amphictionic Coinage Reconsidered,” *The Numismatic Chronicle*, Vol. 143 (1983), pp. 1-22.

Kovalenko, S., “The Coinage of Diodotus I and Diodotus II, Greek Kings of Bactria,” *Silk Road Art and Archaeology*, Vol. 4 (1995-1996), pp. 17-74.

Krzysztof, N., “Apollo, the Tutelary God of the Seleucids, and Demodamas of Miletus,” in Zosia Archibald and Jan Haywood, eds., *The Power of Indicidual and Community in Ancient Athens and Beyond, Essays in Honour of John K. Davies*, Swansea: The Classical Press of Wales, 2019, pp. 261-284.

Kurbanov, A., “The Hephthalite Numismatics,” *Journal of the National Museum of Moldova*,

Vol. 7 (2013), pp. 369-380.

Kurbanov, A., "The Hephthalites: Iconographical Materials," *Tyragetia*, Vol. 8, No. 1 (2014), pp. 327-328.

Lerner, J. D., "Mithradates I and the Parthian Archer," in J. M. Schlude and B. B. Rubin, eds., *Arsacids, Romans, and Local Elites: Cross-Cultural Interactions of the Parthian Empire*, Oxford: Oxbow Books, 2017, pp. 7-14.

Lerner, J. D., "Mithradates I's Conquest of Western Greek-Bactria," *Journal of Historical, Philological and Cultural Studies*, Vol. 47 (2015), pp. 45-54.

Litvinsky, B. A., "The Hephthalite Empire," in B. A. Litvinsky, ed., *The History of Civilizations of Central Asia. Vol. III: The Crossroads of Civilizations, A.D. 250 to 750*, Paris: UNESCO Pubilishing, 1996, pp. 135-162.

MacDowall, D. W., "Soter Megas, the King of Kings, the Kushana," *Journal of the Numismatic Society of India*, Vol. 30 (1968), pp. 28-55.

Miano, D., "How Roman was Victory? The Goddess Victoria in Republican Italy," in L. Sacco e V. Severino, eds., *APEX Studi storico-religiosi in onore di Enrico Montanari*, Roma: Edizioni Quasar, 2016, pp. 111-126.

Michael Alram, "The Coinage of the Persian Empire," in William E. Metcalf, ed., *The Oxford Handbook of Greek and Roman Coinage*, New York: Oxford University Press, 2012, pp. 61-87.

Mitchiner, M., "Some Late Kushano-Sassanian and Early Hephthalite Silver Coins," *East and West*, Vol. 25, No. 1/2 (1975), pp. 157-165.

Mukherjee, B. N., "The Great Kushana Testament," *Indian Museum Bulletin*, Vol. 30, Calcutta, 1995, pp. 1-106.

Muzio, C. L., "An Archaeological Outline of the Bukhara Oasis," *Journal of Inner Asian Art and Archaeology*, Vol. 4 (2009), pp. 43-68.

Naster, P., "Fire-alter or Fire-tower on the Coins of Persis?" *Orientalia Lovaniensia Periodica*, Vol. I, 1970, pp. 125-129.

Naymark, A., "Roman Coins in Western Central Asia," in International Symposium on "Byzantine Gold Coins in the World of Late Antiquity", Changchun, 2017.

Newell, N. T., "The Coinage of the Parthian," in A. U. Pope, P. Ackerman and T. Bestmann, eds., *A Survey of Persian Art from Prehistoric Times to the Present*, Vol. 1, Oxford:

Oxford University Press, 1938, pp. 475-492.

Nicolet-Pierre, H., "Monnaies Grecques Trouvées en Afghanistan," *Revue Numismatique*, 1973, pp. 35-42.

Nieto, S., Oliver, J., "Les Statères aux Types de Philippe II de Macédoine: de l'Égée à la Gaule, des Originaux aux Imitations," *Revue Numismatique*, 6e Série, Tome 173 (2016), pp. 171-229.

Nikitin, A., and Roth, G., "The Earliest Arab-Sasanian Coins," *The Numismatic Chronicle*, Vol. 155 (1995), p. 131-137.

Olbrycht, M. J., "The Titulature of Arsaces I, King of Parthia," *Parthica*, 15 (2013), pp. 63-74.

PasPalas, S. A., "On Persian-Type Furniture in Macedonia: The Recognition and Transmission of Forms," *American Journal of Archaeology*, Vol. 104, No. 3, 2000, pp. 531-560.

Paspalas, S. A., "The Achaemenid Empire and the North-Western Aegean," *Ancient West and East*, Vol. 5 (2006), pp. 90-120.

Paunov, E., "The Tetradrachm Coinage of Apollonia Pontica: Icongraphy, Issues and Magistrates," in Diliyana Boteva, ed., *Ex Nummis Lux. Studies in Ancient Numismatics in Honour of Professor Dimitar Draganov*, Sofia: Bobokou Bros. Foundation, 2017, pp. 59-88.

Pfälzner, P., "The Royal Palace at Qatna: Power and Prestige in the Late Bronze Age," in Joan Aruz, Kim Benzel, and Jean M. Evans, eds., *Beyond Babylon, Art, Trade, and Diplomacy in the Second Millennium B.C.*, New York: The Metropolitan Museum of Art, 2009, pp. 218-231.

Picard, O., "Séries Monétaires et *Nomisma*: Comment Classer les Monnaies Grecques?" *Revue Belge de Numismatique et de Sigillographie*, Vol. 161 (2018), pp. 3-23.

Pieper, W., "The Coin Galleries: Eran-Vidisha Region Inscribed Types," CoinIndia online, http://coinindia.com/galleries-eran2.html.

Poole, R. S., "Athenian Coin-engravers in Italy," *The Numismatic Chronicle*, Vol. 3, Third Series, 1883, pp. 269-277.

Prinsep, J., "Further Notes and Drawings of Bactrian and Indo-Scythic Coins," *Journal of the Asiatic Society of Bengal*, Vol. 4 (1835), pp. 327-348.

Ray, H. P., "Inscribed Pots, Emerging Identities: The Social Milieu of Trade," in Patrick

Olivelle, ed., *Between the Empires: Society in India 300 BCE to 400 CE*, New York: Oxford University Press, 2006, pp. 113-143.

Rea, J. R., Senior, R. C., and Hollis, A. S. "A Tax Receipt from Hellenistic Bactria," *Zeitschrift für Papyrologie und Epigraphik*, No. 104 (1994), pp. 261-280.

Reinach, S., "Fouilles de Délos," *Bulletin de correspondance hellénique*, Vol. 7 (1883), pp. 329-373.

Rtveladze, E., "Monetary Circulation of Ancient Tokharistan," in Joe Cribb and Georgina Herrmann, *After Alexander: Central Asia before Islam*, Oxford and New York: Oxford University Press, 2007, pp. 389-397.

Sanahuja, M. Mendoza, "Stasanor of Soloi and the Government of Bactria during the Wars of the Diadochi," *Anabasis*, Vol. 8 (2017), pp. 44-70.

Schlumberger, D., "La Coiffure du Grand Roi," *Syria*, T. 48, Fasc. 3/4 (1971), pp. 375-383.

Sellwood, D. G., "Parthian and Scythians," in A. K. Jha and S. Garg, eds., *Ex Moneta: Essays on Numismatics, History and Archaeology in Honor of Dr. David W. MacDowell*, Vol. 1, New Delhi: Harman Publishing House, 1998, pp. 97-102.

Sellwood, D.,"Minor States in Southern Iran," in Ehsan Yarshater, ed., *The Cambridge History of Iran*, Vol. 3(1), Cambridge: Cambridge University Press, 2000, pp. 299-321.

Senior, R. C., "The Last Greek Kings in India," *Nomismatika Chronika*, No. 16 (1997), pp. 67-86.

Sims-Williams, N. and Cribb, J., "A New Bactrian Inscription of Kanishka the Great," *Silk Road Art and Archaeology*, 4 (1995-1996), pp. 75-142.

Smirnova, N., "Some Questions Regarding the Numismatics of Pre-Islamic Merv," *Proceedings of the British Academy*, 133 (2007), pp. 376-388.

Steenbergen, J. V., "Edition and Translation of al-Maqrizi's al-Dahab al-masbuk," in *Caliphate and Kinship in a Fifteenth-Century Literary History of Muslim Leadership and Pilgrimage*, critical edition, annotated translation, and study by Jo Van Steenbergen, Leiden: E. J. Brill, 2016, pp. 177-416.

Thapar, R., "The Mauryan Empire in Early India," *Historical Research* 79, No. 205 (August 2006), pp. 287-305.

Troncoso, V. A., "The Bearded King and the Beardless Hero: From Philip II to Alexander the Great," in Elizabeth Carney and Daniel Ogden, eds., *Philip II and Alexander the Great,*

Oxford: Oxford University Press, 2010, pp. 13-24.

Vainberg, B. I., "Chorasmian Coinage", *Encyclopaedia Iranica*, http://www.iranicaonline.org/articles/chorasmian-coinage.

Vaissière, É., "Is There a 'Nationality of the Hephtalites'?" *Bulletin of the Asia Institute*, New Series, Vol. 17 (2003), pp. 119-132.

Van Alfen, P. G., "Mechanisms for the Imitation of Athenian Coinage: Dekeleia and Mercenaries Reconsidered," *Revue Belge de Numismatique*, Vol. 157 (2011), pp. 55-93.

Van Der Spek, R. J., "New Evidence from the Babylonian Astronomical Diaries Concerning Seleucid and Arsacid History," *Archiv für Orientforschung*, 44/45 (1997/1998), pp. 167-175.

Vardanyan, R., "Tendenzene Culturali e Ideologiche Nell' Impero Portico Riflesse Dalla Monetazione," *Parthica*, 3 (2001), pp. 25-132.

Vondrovec, K., "Numismatic Evidence of the Alchon Huns Reconsidered," *Beiträge zur Ur- und Frühgeschichte Mitteleuropas*, Vol. 50 (2008), pp. 25-56.

Walsh, E. H. C., "Two Hoards of Silver Punch-Marked Coins Found in the Bhir Mound at Taxila," in J. Marshall, *Taxila*, Vol. 2, Cambridge: Cambridge University Press, 1951, pp. 843-852.

West, A. B., "The Early Diplomacy of Philip II of Macedon Illustrated by His Coins," *The Numismatic Chronicle and Journal of the Royal Numismatic Society*, Fifth Series, Vol. 3 (1923), pp. 169-210.

Widemann, F., "Maues King of Taxila: An Indo-Greek Kingdom with a Saka King," *East and West*, Vol. 53, No. 1/4 (2003), pp. 95-125.

Williams, N. S., "The Bactrian Inscription of Rabatak: A New Reading," *Bulletin of the Asia Institute*, Vol. 18 (2008), pp. 53-68.

Witzel, M., "Brahmanical Reactions to Foreign Influences and to Social and Religious Change," in Patrick Olivelle, ed., *Between the Empires: Society in India 300 BCE to 400 CE*, New York: Oxford University Press, 2006, pp. 456-499.

Wolf, D., "A Metrological Survey of Ptolemaic Bronze Coinage," *American Journal of Numismatics*, 25 (2013), pp. 49-118.

Wright, N. L., Seleukos, "Zeus and the Dynastic Cult at Seleukeia in Pieria," in Kyle Erickson, ed., *The Seleukid Empire, 281-222 BC, War Within the Family*, Swansea: The Classical Press of Wales, 2018, pp. 83-99.

Zeng, C. D., “Some Notable Die-links among Bactrian Gold Staters,” *The Numismatic Chronicle*, Vol. 173 (2013), pp. 73-78.

Zournatzi, A., “The Apadana Coin Hoards, Darius I, and the West,” *American Journal of Numismatics*, Vol. 15 (2003), pp. 1-28.

［英］克力勃：《和田汉佉二体钱》，姚朔民编译，《中国钱币》1987年第2期。

［法］奥斯蒙德·波比拉赫奇：《亚历山大大帝与印度—希腊君主们的钱币肖像》，杨巨平、王杨译，《四川大学学报（哲学社会科学版）》2018年第3期。

七、中文论文

崔丽娜：《定义希腊化世界：亚历山大型钱币的出现和传播》，《全球史评论》2020年第2期。

郭云艳：《两枚拜占廷金币仿制品辨析》，《考古与文物》2008年第3期。

郭云艳：《论蒙古国巴彦诺尔突厥壁画墓所出金银币的形制特征》，《草原文物》2016年第1期。

金德平、于放：《考说在中国发现的罗马金币——兼谈中国钱币博物馆22枚馆藏罗马金币》，《新疆钱币》2004年第3期。

李永斌、郭小凌：《阿波罗崇拜的起源与传播路线》，《历史研究》2011年第3期。

林梅村：《北魏太和五年舍利石函所藏嚈哒钱币考》，《中国钱币》1993年第4期。

刘洁：《象雄与嚈哒关系考略》，《中国藏学》2015年第1期。

鲁里鹏：《吐鲁番阿斯塔那古墓葬群发掘墓葬登记表》，《新疆文物》2000年第3/4期。

罗丰：《中国境内发现的东罗马金币》，荣新江、李孝聪主编：《中外关系史：新史料与新问题》，北京：科学出版社，2004年。

罗帅：《罗巴塔克碑铭译注与研究》，载《西域文史》第6辑，北京：科学出版社，2012年。

马冬、吴洪琳：《猃胡与嚈哒》，《西域研究》2005年第4期。

孟凡青：《国外希腊化时期王后参政现象研究综述》，《外国问题研究》2017年第3期。

孟凡青：《希腊化王国的女主政治现象》，《外国问题研究》2012年第4期。

欧阳晓莉：《乌尔第三王朝白银的货币功能探析》，《世界历史》2016年第5期。

唐卉：《阿波罗形象的演变系谱—古希腊神话研究之一》，《文艺理论研究》2012年第2期。

夏鼐：《河北定县塔基舍利函中波斯萨珊银币》，《考古》1966年第5期。

徐晓旭：《希腊化时代马其顿人的身份认同》，《郑州大学学报》2018年第3期。

杨巨平：《“Soter Megas”考辨》，《历史研究》2009年第4期。
杨巨平：《阿伊·哈努姆遗址与“希腊化”时期东西方诸文明的互动》，《西域研究》2007年第1期。
杨巨平：《娜娜女神的传播与演变》，《世界历史》2010年第5期。
杨巨平：《帕提亚王朝的“爱希腊”情结》，《中国社会科学》2013年第11期。
杨巨平：《希腊化还是印度化——“Yavanas”考》，《历史研究》2011年第6期。
杨巨平：《希腊式钱币的变迁与古代东西方文化交融》，《北京师范大学学报（社会科学版）》2007年第6期。
杨巨平：《远东希腊化文明的文化遗产及其历史定位》，《历史研究》2016年第5期。
姚崇新：《珍珠与景教——以十字架图像为中心的考察》，《西域研究》2021年第1期。
余太山：《大宛和康居综考》，《西北民族研究》1991年第1期，第1745页。
余太山：《新发现的腊跋闼柯铭文和〈后汉书·西域传〉有关阎膏珍的记载》，《新疆文物》2003年第3、4期合刊。
余太山：《嚈哒和乾陀罗的关系》，《西域研究》2023年第2期。
余太山：《伊西多尔〈帕提亚驿程志〉译介》，《西域研究》2007年第4期。

编撰分工

第四卷上编　杨巨平　彼得·斯图尔特　董波（执行）

著译者

序　杨巨平

导论一　彼得·斯图尔特撰　徐朗译

导论二　董　波

第一章　徐　朗

第二章　徐　朗

第三章　余琛瑱

第四章　彼得　斯图尔特撰　赵家田译　徐朗校

第五章　彼得·斯图尔特撰　赵家田译　徐朗校

第六章　汪　璐

第七章　汪　璐

第八章　余琛瑱

第九章　余琛瑱（第一节）　张龙海（第二节）

第十章　拉吉斯拉夫·斯坦科撰　赵团团编译　徐朗校

译名整理　靳　悦

文献整理　郜鑫玉

目
录

第四卷
从阿波罗到佛陀
——希腊化艺术与丝路艺术

序

第四卷《从阿波罗到佛陀》终于完成，确有如释重负之感。原因是，这一卷在申报课题时设想得很完满，至少是顺理成章。但在实际实施之初却碰到了意想不到的困难，主要有二：其一，对于希腊艺术东渐和犍陀罗艺术诞生之间的关系，团队内部需要形成共识；其二，如何在历史背景之下研究艺术的发展，在艺术现象背后发现内在的历史联系和规律，对于由两种专业背景组成的团队成员来说，都是一个严峻的挑战。幸赖及时的调整和现有团队成员的精诚合作、不懈努力，这些问题最后都得到了比较圆满的解决。在此，谨向本卷的各位作者、译者表示衷心的感谢！

犍陀罗艺术是本卷的核心。它既是希印文化交流融合的结晶和希腊化时代多元文化背景下的产物，也得益于丝绸之路东传，在这一过程中实现了自身的发展、演变。本卷的内容几乎都是围绕这一主题展开的。其中，犍陀罗艺术与希腊、罗马抑或希腊化文化的关系是本卷讨论的重点。

关于犍陀罗艺术的起源，20世纪初以来，中外学界已有共识，即与希腊、罗马艺术或以希腊艺术为代表的西方古典艺术的影响有关。这个观点最早由法国的考古学家A. 福歇提出，他从1905年起陆续出版了三卷本《犍陀罗希腊—佛教艺术》和论文集《佛教艺术的起源》。[1]根据在今巴基斯坦、阿富汗、印度等地的多年考察，福歇认定以古代犍陀罗为中心的地区是这一艺术的起源地，故将其命名为“犍陀罗希腊—佛教艺术”。这样的发现和结论在当时的国际学术界引起了轰动。尽管也有来自“印度本土起源论”的反对和“罗马起源论”的挑战，但最终还是“希腊起源说”，或者折中一点，“希腊—罗马起源说”占了上风。关于这一争论，我在最近的一篇文章《犍陀罗艺术

1 Alfred Foucher, *L'Art gréco-bouddhique du Gandhāra*, 3 vols., Paris: Imprimerie Nationale, 1905, 1918 and 1922; A. Foucher, *The Beginnings of Buddhist Art and other Essays in Indian and Central-Asian Archaeology*, Paris: Paul Geuthner, 1914.

中的“希腊神”在中国——一项基于图像的初步考察希腊》（《西域研究》2022年第1期）中已经有所归纳综述。[1]

其实，在我刚刚涉足希腊化文化研究时，也在思考犍陀罗艺术的归属问题。它与希腊文化到底是什么关系？它是否属于希腊化文化的一个组成部分？印度的佛教艺术又是如何与地中海的希腊艺术联系起来的？对我而言，这些都是难解之谜。在当时有限的资料条件下，因为触目所及都是类似说法，也就形成了一个先入为主的印象，即犍陀罗艺术的本质是以希腊艺术之形表达佛教之精神，是亚历山大东征与印度—希腊人统治印度西北部近两个世纪的直接结果。这样的观点在1993年的《公元前希印文化关系初探》（《南亚研究》1993年第3期）一文中已有所提及：

> 犍陀罗艺术是希腊人在印度留下的最大遗产与标志。其基本特征是：以佛教为主题，以佛陀为中心人物，以希腊雕塑造型艺术为表现形式，以某些希腊神为创作原型。希腊人到来前，佛教无佛像崇拜。早期佛教纪念物上仅以脚印、菩提树、空王座等象征符号表示佛陀的存在。但到了公元前1世纪，具有希腊特征的佛陀像似乎出现了，这显然与希腊人有关。犍陀罗地区在阿育王时，佛教已经在流行，这时是印度—希腊人的统治重心。长期的共同生活，使两个民族的了解沟通大大加深。希腊人熟悉了当地的佛教，有的可能像米南德王那样成了佛教徒，印度人则耳濡目染希腊式的城市、建筑、装饰、钱币、语言，并由此熟悉了希腊的神。这种了解沟通是两种宗教、艺术结合的基础。我们不知是希腊艺术家受印度佛教徒之请，还是他们本身就是佛教徒而主动投身于这种创作，但若没有对佛教精神的领悟，他们是不会用

1 也可见第五卷第十一章。

他们民族的神阿波罗去表现印度佛教的精神领袖乔达摩·悉达多（Siddhattha Gotama）的，而且即使创作出来也不会被印度佛教徒接受。

犍陀罗艺术属宗教艺术。它的出现与当时的宗教混合主义倾向也是分不开的。既然希腊的神可与印度的神等同，当需要用一位神的形象体现佛陀时，希腊艺术家们自然就想到本民族的神，而且制作这样的神像正是他们的艺术特长。同时由宗教混合主义导致的一神论倾向也促使佛陀的神化、形体化。由于希腊化世界各地宗教混合程度的加深，当时在埃及、西亚乃至印度都出现了一神论倾向。东地中海秘教的盛行与印度教中巴克提思想（Bhakti，对一位精神导师或人格神的虔诚崇拜）的出现就是这种倾向的反映。在这种宗教气氛下，不论是印度的还是希腊人佛教徒都感到有必要把作为教主的佛看作最高的神，对他加以崇拜，从而获得恩赐。对希腊人而言，神人同形同性，最高的神也即最完美的人，希腊的阿波罗神就是佛陀的理想替身。佛陀由人到神，再由抽象神到具体人的过程就这样潜移默化地完成了。从此，有关佛的一切故事都成为希腊雕塑家的题材，希腊式的建筑风格、服饰、人物形象都运用于这些题材的雕塑之中，犍陀罗艺术从而诞生。

犍陀罗艺术的诞生在佛教史上意义重大。从本质上讲，它不只是一次艺术变革，而且是一场宗教革命。它是以崇拜偶像为特征的大乘佛教的先声，并随着它的形成传播而发展、演变。

至于犍陀罗艺术产生的时间，众说纷纭，争论的范围在公元前1世纪到贵霜时期，甚至在贵霜之后。我们之所以倾向于公元前1世纪的观点，不仅是因为它与希腊化世界后期宗教发展趋势相吻合，与希腊人印度化，开始皈依佛教的背景相适应，而且有在阿富汗比马兰村（Bimaran）发现的圣物盒（relic casket）上的佛陀立像为证。[1]虽然犍陀罗艺术的辉煌期在公元之后的贵霜时期，罗马时代的艺术风格对它也产生了较大的影响，但笔者同意西方史学家塔恩的意见：**把犍陀罗艺术定于希腊人的消失和希腊影响在印度的结束之后是不可能的。争论的焦点不在风格、石雕，而在于一种思想观念的起源。**[2]犍陀罗艺术就是希、印两个民族宗教观、艺术观结合的产物。

如果我不注明此文发表的时间，可能读者还以为这就是现在本卷的观点，但实际上变化还是很大。一是个人的看法由朦胧、从众变得比较清晰，也有了一些所谓的“己见”；二是诸多国内外艺术史方面的专家、学者参与本卷的写作，带来了学界最新的研究信息和他们最新的研究心得。

这里首先要提到的就是本卷的主编之一、第二编两章的撰写

1 同时发现的还有阿泽斯二世（Azes II，约公元前35/30—前12/公元10年）的四枚钱币。即使是后人仿造（约公元60年），也不能否认一个成熟的佛陀艺术形象肯定会有一个渐进的演化过程。因此，佛陀形象至少在公元前1世纪的印度—斯基泰人时期就已经出现。参见Elizabeth Errington and Joe Cribb with Maggie Claringbull, eds., *The Crossroads of Asia: Transformation of Image and Symbol in the Art of Ancient Afghanistan and Pakistan*, Cambridge: The Ancient India and Iran Trust, 1992, pp. 186-192.【补注】此前学界以第一位印度—斯基泰人国王毛伊斯（Maues，约公元前85—前60年）钱币上的疑似佛陀坐像作为佛陀形象出现的例证。但其说争议较大。“佛陀说”见W. W. Tarn, *The Greeks in Bactria and India*, Cambridge: Cambridge University Press, 1951, pp. 399-404. “国王坐姿说”见Elizabeth Errington and Joe Cribb with Maggie Claringbull, eds., *The Crossroads of Asia: Transformation of Image and Symbol in the Art of Ancient Afghanistan and Pakistan*, pp. 47, 63;［巴基斯坦］穆罕默德·瓦利乌拉·汗:《犍陀罗艺术》，陆水林译，北京：商务印书馆，1997年，第96—98页。“完全否定说”见 J. Marshall, Taxila: *An Illustrated Account of Archaeological Excavations Carried out at Taxila under the Orders of the Government of India between the Years 1913 and 1934*, Vol. I, Cambridge: Cambridge University Press, 1951, pp. 79-80;［英］约翰·马歇尔:《塔克西拉》（三卷本），秦立彦译，昆明：云南人民出版社，2002年，第94—95页。在我看来，坐姿说可能更为合理。即使不是佛陀，他的坐姿还是对后来的佛陀坐像提供了模仿借鉴的可能。

2 W. W. Tarn, *The Greeks in Bactria and India*, pp. 395-396.

者、牛津大学古典艺术研究中心主任彼得·斯图尔特（Peter Stewart）教授。斯图尔特的专业是罗马艺术史。正是出于对犍陀罗艺术中的罗马艺术因素的研究兴趣，他才转向了这一个课题的研究，并在英国申请了两项基金会资助，主持了名为“犍陀罗联系”（Gandhara Connections）的国际合作项目。我和斯图尔特教授的相识，始于2016年4月在英国雷丁大学举行的第一次“中亚希腊化”国际会议，当时我就想邀请他参与本项目。但对于这么一位世界名校的著名学者，我还是不敢抱有过多的期望。随着联系越来越多，我尝试向他发出了邀请。没有想到他当即回复，表示同意承担子课题负责人的重任。就这样我们开始了长达六年的合作。

斯图尔特的加盟，使得第四子课题能够在国际知名专家指导下推进，这是多么令人振奋啊！从此第四子课题的研究有了明确的方向，进入了快车道。他完全同意我们最初的设想，也同意我关于希腊和罗马艺术及其与希腊化艺术关系的基本观点。我们达成了共识：罗马艺术是希腊艺术的继承、延续和发展，属于广义上的希腊化艺术范畴，因此，后来的罗马人带来的艺术也属于希腊化艺术。从这个意义上说，无论犍陀罗艺术起源于希腊艺术还是罗马艺术，都与希腊化艺术有关。而且他在强调罗马艺术对贵霜时期犍陀罗艺术直接影响的同时，也不否认印度—希腊人、印度—斯基泰人和印度—帕提亚人时期的希腊化艺术及其遗产对犍陀罗艺术起源、发展的推动作用。在关于希腊罗马艺术与犍陀罗佛教艺术的关系问题上，他坚持不是前者影响了后者，而是后者借用、改造了前者。这种观点与我们整个项目的文明互动互鉴、互惠互利的基本思路是一致的。总之，学术观点的认同和包容，使得我们的合作十分顺利，且富有成效。他两次来南开，或讲学，或参加国际会议和项目的工作会议，我也应邀参加了2019年他主办的以“犍陀罗艺术的全球联系”（The Global Connections of Gandhāran Art）为主题的第三次项目学术研讨会。[1]现在第四卷中由他撰写的两章（赵家田译），就是他对于犍陀罗艺术起源的回应。

本人的视野、观点也在这些年的实地考察和学术交流中有所扩大、深化。第一，不再把犍陀罗艺术的起源单向地、大而化之地归于希腊，而是改为：亚历山大对印度的征服，塞琉古王国与印度的联系，孔雀王朝时期佛教在印度西北部的传播，尤其是巴克特里亚希腊人王国的存在及其在印度的扩张，印度—希腊人在以犍陀罗为中心的印度西北部的统治，希印民族和文化的融合，印度—希腊人对佛教文化的认同和对佛教本身的皈依，加之印度—斯基泰人、印度—帕提亚人对印度—希腊人希腊化遗产的接受（如继续发行有王像和神像的钱币），甚至存在于帕提亚和巴克特里亚的希腊化艺术流派，都有可能推动以阿波罗为佛陀原型的、具象化的新佛教艺术的诞生，因此，犍陀罗艺术的希腊起源说可以成立。但不可忽视的是，在贵霜时期，由于海上丝路的开通，一部分希腊人或希腊化的罗马人，或者希腊化的罗马艺术品通过海路（或者陆路）来到了印度，从而激发了犍陀罗艺术的二次发展或首次繁荣。我们在哈达看到的此时的佛像和其他佛教人物形象比之前更接近于希腊罗马的古典风格。有的佛教装饰，如小爱神肩扛花纲的图案显然来自罗马帝国初期的石棺图案，佛陀的服饰上也可看出罗马托加（toga）的影子。因此，罗马艺术的影响也是真实的、可以直接感受到的。但如前所述，它仍然属于希腊化艺术的范畴。

希腊化艺术本身的起源、发展以及后来在丝绸之路上的流传、演化，也是本卷重点探讨的内容。在子课题负责人之一、本卷执行主编董波教授的指导下，徐朗、余琛瑱、汪璐、张龙海几位博士承担了具

1 发言稿后来收入会议论文集出版。Juping Yang, “The Sinicization and Secularization of Some Graeco-Buddhist Gods in China,” in Wannaporn Rienjang and Peter Stewart, eds., *The Global Connections of Gandhāran Art. Proceedings of the Third International Workshop of the Gandhāra Connections Project*, University of Oxford, 18th-19th March, 2019, Oxford: Archaeopress Publishing Ltd., 2020, pp. 234-247.

体的撰写工作。

董波教授多年来从事艺术史研究，学术底蕴深厚，又兼任所在单位学报的编辑，对于全书内容的调整补充、文字表述和图片编排做了大量的工作，付出了超常的心血和精力。

余琛瑱博士的研究方向是古代巴克特里亚地区的艺术史，相关内容的撰写自然非他莫属。他在希腊留学多年，有天时地利之便，利用了诸多国内难见的外文资料。徐朗博士撰写了希腊古典艺术向希腊化艺术转化、过渡的有关章节。汪璐博士对犍陀罗艺术后期的发展及其在中亚的传播和演变作了梳理。张龙海则深入分析了提利亚·特佩出土物中的多元文化因素，揭示了中亚草原丝路艺术与希腊化艺术的密切联系。

特别值得一提的是捷克考古学家斯坦科博士的参与。我与他以文会友，多次在德国、英国、乌兹别克斯坦、捷克的学术会议上相见。他欣然应邀参与本项目，并提供了自己新近出版的专著《希腊神在东方》供本课题编译使用。此书图文并茂，对所有希腊化时期传入中亚甚至印度的希腊神（含罗马化的或与其他地方神混合的神）逐一作了描述，勾勒出一幅浩浩荡荡的希腊神在中亚地区沿着丝绸之路流传、演化的图景。编译者赵团团博士撷其精华，将其汇编为《“希腊化远东地区”的希腊神图像及其演变》一章。

总之，希腊化艺术与犍陀罗艺术的关系、犍陀罗艺术在丝路的东传是本卷的重点，但希腊化艺术与包括草原游牧民族艺术在内的东方各地艺术的关系及其相互影响也在本卷中得到了相应的关注。本卷和其他各卷一样，既是一种历时性的研究，也是专题性的个案研究，各部分、各章节既有内在的联系，也有各自的重点，甚至个别观点和材料解读的不同也在所难免，这是特别需要读者理解的。

杨巨平

2024年6月5日改定

导论一

艺术是古代文化最为明显和独特的表现形式之一。在讨论古代希腊主义（Hellenism，一译“希腊化”）和希腊文化的传播时，艺术始终是关键主题之一。对艺术的考察或许也能以最生动的方式呈现出所谓的丝绸之路沿线国家内各种文明的融合。因此，本卷的全部篇幅都在阐述希腊艺术传统的发展以及它在丝绸之路上独具一格的传播。

此处提到的“艺术”是一种广泛的形式。本卷的作者们将人物形象、各种装饰物以及它们所承载的更广义的视觉文化都包括在内。这是因为，许多看似不起眼的物品在整体上其实和气势恢宏的建筑具有同等重要性。过于狭义地定义艺术实则无益。需要说明的是，几乎很少有古代世界的艺术品能够符合现代人把艺术当作一种高雅文化的观念，即便它们来自古代罗马或者中国。我们所面对的艺术品已与人们的生活完全融为一体，这就为我们解读古代文化提供了丰富的信息。

古代艺术，无论来自哪个国家，都有一种共性。除了一些特例（保存至今的建筑、石窟绘画，或许还有某些反复使用了几个世纪之久的宝石）外，它们大多发现于后来的考古发掘之中，无论是偶然的还是系统性的。从古希腊到中国的唐朝，我们目前所研究的实物和图像都是偶然幸存下来的。我们对于这些考古遗存的了解取决于它们的材质、发现时的状况、考古遗址的可见性、考古调查中的倾向、公开的档案以及非法发掘的破坏痕迹。简而言之，我们所依靠的只是那些曾经存在过的图像中的极少部分，它们是研究者有意识选择的结果。

因此，当我们试图叙述希腊化文明和丝绸之路上的艺术发展过程时，我们面临两项根本性的挑战：一是从地中海直至中国北部，跨越诸多文化圈和历史时期的材料具有丰富性、多元性和复杂性；二是凭借我们已有的知识很难叙述一个准确且有很强连贯性的故事，因为我们的材料是碎片化的、不全面的。本卷的作者们意在以一种全局的视角来解决这一难点，因此会提供一些学术知识的概要，内容涉及文中提到的诸多富于独特性却又相互关联的艺术文化。同时，作者们更多地关注许多特定的话题、媒介、重要考古遗址和有争议的问题。

除了证据上的困难外，希腊化和丝绸之路艺术研究也产生了一些模式。本卷中一个反复提到的主题即艺术谱系。人们可以探究一些艺术传统的延续和转变，而这些艺术传统打破了下述研究中的地理和时间界限——独特的图像学、具有某种风格的全部作品、宗教思想的视觉展示、工艺技术以及视觉化的特定表达方式。这些传统来源于不同的地区和环境，包括南亚、中东的伊朗人社会，特别是佛教。佛教从印度经中亚向中国的传播是本卷讨论的艺术史的一个重要部分。

因为我们的目的是将希腊化世界和丝绸之路相提并论，探讨它们在长时间内是如何相互产生联系的，所以我们特别注意了希腊艺术的历史，以及它从公元前4世纪至晚期古典时期之间在亚洲的传播。

希腊艺术的起源要更早一些。对古希腊艺术和文化的研究通常从青铜时代，也就是公元前二千年代的被称作迈锡尼和米诺斯的宫殿文化开始。[1]在迈锡尼时代的希腊，我们发现了希腊语的最早证据、后来希腊诸神的痕迹，以及与邻近埃及和中东相媲美的奢侈品和建筑工艺。与荷马相关的著名希腊史诗，即《伊利亚特》和《奥德赛》，同样反映出青铜时代的文明。它们在公元前6世纪时成型，成为古典时期和希腊化时期希腊文化最重要的源泉之一。

但迈锡尼社会在公元前12世纪左右解体，而在公元前1000年时的铁器时代，几乎没有证据能证明艺术的延续。因此，我们所谈到的希腊艺术传统的起源实际上要更晚一些，即公元前8至前6世纪的古风时代，此时希腊大陆和爱琴海沿岸的城邦受近东和埃及的影响发展出了新的艺术形式。正是在这样的背景下，希腊艺术的许多基本特征

1 关于爱琴青铜时代艺术的最新概述，参见D. Preziosi and L. Hitchcock, *Aegean Art and Architecture*, Oxford: Oxford University Press, 1999；关于希腊—罗马艺术广泛而又具体的探讨，参见J. Boardman, *The Oxford History of Classical Art*, Oxford: Oxford University Press, 1993；关于希腊—罗马艺术在亚洲的传播，尤其参见J. Boardman, *The Diffusion of Classical Art in Antiquity*, London: Thames and Hudson, 1994.

开始发展。基于一些目前尚未完全理解的复杂原因，公元前500年左右——大致与雅典建立民主制同时——希腊的艺术家们发展出了以自然的手法来展现事物的技艺，将视觉幻觉主义、现实主义与常用的形式相结合，将艺术形象提升到一种理想和通用的水平。这段时期内发展出的希腊艺术的要素持续了几个世纪之久，在希腊化时期和罗马帝国时代达到鼎盛。它们在14至16世纪的欧洲文艺复兴期间重获新生，故而极大地影响了西方文化。但除了这些古典希腊艺术的方法外，新的风格和主题也有所发展。在希腊化时期，当希腊艺术的遗产像希腊文化的许多其他方面一样经过阿黑门尼帝国（Achaemenid Empire，公元前550—前330年）的故地时，希腊艺术的作品也得到传播。希腊化时期的艺术家们发展出了新主题、新风格和以自然主义视觉手法表现作品的新技艺。

希腊艺术在希腊化时期的传播具有深刻和普遍性的影响。和之前相比，希腊人想象和表达世界的方式更为广泛地和其他文化产生了交流。希腊艺术是亚历山大大帝在巴克特里亚的继承者们传播到中亚的文化的一个组成部分。但希腊艺术的遗产此时也出现在一些非希腊文明中，最典型的是帕提亚人所创作的一些艺术作品。与此同时，罗马人继承了希腊文化的全部传统，以致于学者们努力寻找罗马帝国时期的艺术与希腊化时期相比究竟存在哪些独特性。

最后，在公元后的几个世纪内，这种希腊传统的一些因素出现在犍陀罗佛教艺术中，这也是本卷要讨论的重点。在它们的推动下，佛教信念通过新的方式而传递。通过这种方式，希腊艺术传统的一些方面传播至中亚和中国，甚至一直延续到公元3、4、5世纪及以后。

这便是下述几章要讲述的内容。但考虑到资料的复杂性和选择性所带来的各种挑战，这种叙述真的能被称作是一个简单的、单线性的“故事”吗？当我们尝试从所有形式的材料中归纳出清晰的结论时，势必要诉诸比喻。我们可以谈论一种艺术发展的“叙事”，但这意味着一种目的论的视角：我们知道故事应当如何构建。这同样冒着整合各种矛盾和荒谬的结论的风险。我们可以讨论希腊艺术的“影响”和“传播”，但这种说法意味着希腊文化倾注给其他文化的被动接受者，而我们从证据中得出的一直是这样的印象，即艺术家们和他们的赞助人吸收了希腊（或罗马）艺术中符合他们目的或对他们而言有着特殊价值的部分。无论我们选用哪种比喻来说明古代艺术的迁移，都会存在各自的困难：“传播”“输出”“混合”……这些问题是不可避免的（毕竟“丝绸之路”也是一种比喻），但我们要一直提防古代艺术研究中过度简单化或还原论的观点。古代艺术始终有违于我们的解释并且令我们感到惊讶，即便当我们试图从广义上去理解它时也是如此。

与此相关的一个问题是，我们需要使用文化标签来描述一些古代民族和他们的艺术（“希腊的”“罗马的”“印度的”“帕提亚的”“巴克特里亚的”），或者是混合的文化标签（“希腊—巴克特里亚的”“印度—帕提亚的”“印度—斯基泰的”“印度—希腊的”）。这些标签本身就可能具有欺骗性：人们经常没有细致地对其进行审查，直到它们开始具有误导性或者难以定义。但我们还必须要使用它们作为方便的“手段”。然而当我们开始考虑希腊艺术在希腊社会以外的地方传播时，这个问题便更为错综复杂。因为在这种情况下，我们所谓的“希腊艺术”或“希腊化艺术”实际上是“其形式可追根溯源至希腊罗马传统的艺术”。这种说法并不会向我们暗示使用这种艺术的人的文化身份，或他们是否将这种艺术看作是“外来的”还是独特希腊式的。但使用这种命名法会立刻提示一种解释。我们再一次别无选择，只能用这种语言作为一种简便的方式，以求以一种可操作的方式来理解古代的材料。但同样重要的是以它自己的方式去接近它，考虑古代艺术在它本身特有的环境内的意义。

即便本卷的目的并不在于展现一幅关于古代世界的艺术及其互动的全面图景，但它在一些方面以一种全球史的视角来看待艺术。“全球化”的概念不能被直接地用在这一主题上——它有太多不合时宜的联系——但或许我们现代全球化的经验能够让我们对此处讨论的古代艺术文化之间错综复杂的联系和共鸣有着更为细微的理解。[1]举例来说，我们从现代的视角不难想象一种文化的某个方面——例如英语或者古代希腊艺术——如何能在某一特殊时间和地点与某种源头产生联系，但同时它也能自行发展，实际上脱离了这一源头。希腊艺术的诸多要素已经在希腊化时期希腊人的居住之处成为类似于一种共同视觉“语言”的事物，最终得到解放并融入不同的文化中，甚至在几个世纪之后，对于那些对自己的历史根源可能一无所知的人们来说仍旧具有某种意义。艺术史家的全景式视角使我们得以追溯这条谱系，就如同一名语言学家可能会研究一种语言的语法和词汇的传播与发展一样(然而还是用了一个比喻!)，而这些是那些日常使用这种语言的人们所看不到的。这就是本卷的目标。

（彼得·斯图尔特撰　徐朗译）

1 相关讨论参见J. M. Versluys and M. Pitt, eds., *Globalisation and the Roman World: World History, Connectivity and Material Culture*, Cambridge: Cambridge University Press, 2015; A. Gardner, “Thinking about Roman Imperialism: Postcolonialism, Globalisation and Beyond?” *Britannia*, Vol. 44 (2013), pp. 6-9. 另外值得注意的是Falser对全球古代艺术（主要是犍陀罗艺术）的敏锐评论。参见 M. Falser, “The Graeco-Buddhist Style of Gandhara – a ‘Storia Ideologica’, or How a Discourse Makes a Global History of Art,” *Journal of Art Historiography*, Vol. 13 (2015), pp. 1-52.

导论二

希腊化艺术（Hellenistic Art），即希腊化时期以希腊艺术为主并与东方艺术因素相结合的混合艺术。希腊艺术的源头当然可以追溯到爱琴文明时期，但它的真正形成、发展却是在希腊的古风、古典时期。由于亚历山大（Alexander the Great）的东征，希腊古典艺术作为希腊文化的一个重要组成部分也被带到了遥远的中亚、印度，所谓的“希腊化艺术”就是在这样的东西方文明互动交流的背景之下产生的。本卷主要考察希腊化艺术的形成，以及在丝绸之路上传播、演变的历史进程。“希腊化远东地区”，也就是丝路西线东段（中亚、印度）是考察的重点地区，时间的下限则在阿拉伯人征服之前。

希腊化时期，希腊城邦制衰落，区域性王国兴起，贸易和文化交流在更广阔的区域展开。艺术不再承载城邦的集体荣耀，而更多展现着君王、权贵和富人的旨趣。考古遗存显示，很多希腊化艺术本来就是王宫或豪宅的一部分。古典时期的希腊艺术获得了新的演绎。在形式和风格上，希腊化艺术走向张扬、奢华和宏伟，并且注重细节和个性的表现，尤其强调刻画人物的情绪（pathos）和精神特质（ethos），艺术史家有时甚至用“巴洛克”（Baroque）[1]来称呼某些富有戏剧感的希腊化雕塑。艺术的题材和内容选择范围明显扩大，雕塑常见孩童和老人，以及不同民族和种族的人物形象；女性裸体雕塑较为流行，最常见的有阿芙洛狄特（Aphrodite）的裸体像；希腊神也出现新的形象，如光明之神阿波罗（Apollo）开始拥有太阳神赫利奥斯（Helios）式样的头光，还可见到成群的性爱之神厄洛斯（Eros），海神波塞冬（Poseidon）和安菲特里特（Amphitrite）的儿子特里同（Triton，鱼人）与马人（centaur）相结合而形成的鱼马人（Ichthyocentaurs）等。从艺术品类上说，贵金属珠宝首饰技艺日臻成熟，制品精美绝伦；古

1 巴洛克是欧洲17世纪的一种艺术风格。该词最早指意大利戏剧的一种夸张表演技法，因为其营造紧张、繁琐、恢宏的效果俱佳，后用于其他艺术领域，尤其用于雕塑、绘画和建筑中。

典时期十分出众的瓶画艺术走向衰落，而适合装点建筑的马赛克绘画大兴；泥陶制的彩绘小塑像流行起来，最突出的是一种“塔纳格拉小塑像”（Tanagra figurine），得名于雅典以北的塔纳格拉（Tanagra），而事实上从小亚细亚到西西里岛地中海沿岸的很多地方都有出产，其制作成本明显低于石雕；金饰技艺大兴，陶制器物或塑像常见金彩，大型青铜像则始见镀金的品种，还出现了一种夹金玻璃，即将剪刻好纹样的金箔夹在透明玻璃之间，体现出玻璃技艺的精致化倾向，这些都得益于埃及工艺的影响。

希腊化艺术的基本内容和形式来自古风和古典时期的希腊艺术，但其中注入了新的世界，尤其是东方的艺术因素。在亚历山大东征之前，希腊艺术就已经向外传播，这主要是通过古希腊人的海外殖民而实现的。在希腊本土以西，古希腊艺术的突出影响体现于埃特鲁里亚（Etruria/Etruscan）艺术。当然这种影响是相互的，埃特鲁里亚艺术率先获得发展的一些要素也影响到希腊，如头部发光、人物侧卧、骑兵回身射箭[1]等形象，这些艺术形式在希腊化时期传播到亚洲广大地区。

埃特鲁里亚黄金首饰技艺十分出众，尤其是黄金珠粒工艺（Granulation）后来也影响到东方。黑海一带是古希腊人主要殖民的地区之一。黑海西侧的色雷斯艺术和黑海北侧的斯基泰艺术拥有众多来自希腊的因素，很多贵金属制品就是由希腊工匠制作的。欧亚草原良好的传导作用，使得诸多来自希腊的艺术因素东传。爱琴海以东的塞浦路斯岛与古希腊的关联十分紧密，青铜时代晚期以来形成了诸多希腊与塞浦路斯合流的造型要素，希腊化时期也传播到东方，如手执衣角的人物形象、偏袒右肩的穿着方式、吐舌的狮子形象等。古希腊人还大量进入小亚细亚东南部操安纳托利亚语的地区。卡里亚（Caria）东端至吕西亚（Lycia）一带的崖墓，年代可以上溯至公元前

1 这种射箭战术后来由帕提亚人（Parthians）发扬光大，“帕提亚射”（Parthian Shot）之称由此产生。

4世纪中期，[1]其立面常采取古希腊神庙立面或古希腊墓碑的形式，无论这种神庙立面是墓碑形式还是崖墓形式，希腊化时期以来都在更远的东方有所表现；公元前4世纪，吕西亚还有一种崖墓拥有尖拱形墓门，其形制见于公元前3世纪中期以后的印度石窟或寺庙的大门。

亚历山大大帝及其后继者在从东地中海到中亚、印度的广袤区域内新建了不少城镇。这些城市既是他们的政治中心、军事要地，也是希腊文化与当地文化汇合的中心。希腊化艺术的演变和传播与这些城市是分不开的。希腊人新建的城镇可见到“希波达姆斯布局法”（Hippodamian Plan），即由“欧洲城市规划之父”希腊人希波达姆斯（Hippodamus，公元前498—前408年）创制的棋盘状城市布局（Grid Plan）。从考古资料看，正方形抹去四角的藻井形式从色雷斯一带传播到小亚细亚，再传播到中亚，其后在南亚、东亚流行。雕塑、绘画以及器物中可见对希腊题材的描绘，希腊的造型和纹饰也较为常见。亚历山大大帝的形象十分流行，并被各地统治者效仿。各地的神像和人像也受到希腊造型艺术的影响，泥塑神像或人像获得很大发展。艺术及文化要素相互混合的倾向较为明显，当地的神祇形象常常受到希腊神形象的影响，并且出现各种神祇混合的现象。在今土耳其东南的希腊化国家科马根尼王国（Kingdom of Commagene，公元前163—公元72年），印度—伊朗的光明之神密特拉（Mitra）与希腊神赫利奥斯、阿波罗，以及赫尔墨斯（Hermes）混为一体。各地还出现了一些新神，采用希腊的造型，其形象的更多变体在后来的丝绸之路上传播。最明显的例子是埃及托勒密王国（Ptolemaic Kingdom，公元前305—前30年）的一些神祇。托勒密一世（Ptolemy I Soter，公元前305/前304—前282年在位）统治时期推崇萨拉皮斯（Serapis）神，他是古埃及冥王奥西里斯（Osiris）和神牛阿匹斯（Apis）的合

1 *Ancient City of Kaunos*, https://whc.unesco.org/en/tentativelists/5906/.（联合国教科文组织世界遗产保护网站网页）

体，也融合了希腊冥界之神哈得斯（Hades）的一些特征，但其造型是典型的希腊式。萨拉皮斯还有人首蛇身或人身蛇尾的形象，且常与同样形象的古埃及健康、婚姻和爱之女神伊西斯（Isis）相配，此类形象在同时代或更晚的南亚和东亚也有呼应。在托勒密埃及的亚历山大城（Ptolemaic Alexandria），从原来埃及王权守护神荷鲁斯（Horus）的“子神”（son god）演绎出一位新神，称为哈尔波克拉特斯（Harpocrates）。他被视为初升的太阳，其形象为伸出右手食指贴住自己的下嘴唇的孩童，一般认为代表缄默和保守秘密。希腊式样的哈尔波克拉特斯像常见于希腊化世界，远至公元前后的中亚。

在远离希腊本土的中亚、印度西北部一带，著名的希腊式城市主要有阿姆河流域的巴克特拉（Bactra）和阿伊·哈努姆（Ai Khanoum）、印度西北部的塔克西拉（Taxila，Sirkap遗址，位于今巴基斯坦）、高加索的亚历山大里亚（Alexandria in Caucasus，今阿富汗的贝格拉姆）和阿拉科西亚的亚历山大里亚（Alexandria in Arachosia，今阿富汗的坎大哈）。塔克西拉也是稍晚印度—斯基泰王国（Indo-Scythian Kingdom）和印度—帕提亚王国（Indo-Parthian Kingdom）的统治中心。一些源自古希腊造型要素都在这里出现，如浮雕或绘画中的裸体（尤其是女性）背影、飘带或披帛的形象，这些要素后来都融入了犍陀罗佛教艺术中。

孔雀帝国（Maurya Empire，公元前322—前184年）第三代君主阿育王（Ashoka，约公元前268—前232年在位）统治时期，大型石制地表建筑在印度兴起，其中可见希腊化艺术的要素。公元前3世纪中期以来的圆形庙宇建筑，被认为受到古希腊圆顶建筑（tholos）的影响。希腊的造型和纹饰也出现在印度建筑的石构件上，最明显的例子是著名的孔雀帝国首都华氏城（Pataliputra）王宫遗址出土的柱头（Pataliputra capital），以及传为佛陀悟道之处、位于菩提伽耶（Bodhgaya）摩诃菩提寺（Mahabodhi Temple）的金刚座和阿育王在帝国各地树立的阿育王石柱（pillars of Ashoka）。

在地中海地区，罗马人在军事上征服东地中海诸希腊化王国的同时，也全盘接受了希腊人的文化，对希腊的艺术品尤其钟爱，并自觉效仿和传承。因此，罗马艺术也成为希腊化文明遗产中最能够展现古希腊艺术特征的部分。在后来的犍陀罗艺术中，可以明显感到希腊化的罗马艺术的影响。

定居文明与游牧文明的对立、冲突是古代世界文明互动的一个重要方面。在西亚和中亚，定居文明之间的文化整合主要靠游牧民族的力量，尤其靠来自欧亚草原（steppe）的民族的南下。欧亚草原在东西向拥有明显的文化传导优势。黑海北侧的斯基泰人将希腊文化的要素东传，中亚北侧草原地带的塞人（Sakas，多认为是斯基泰人的东部族群）可能早在亚历山大东征前就受到希腊文化的影响。公元前2世纪，塞人南下中亚和印度，他们继承并发展了希腊—巴克特里亚王国和印度—希腊人王国文化和艺术中的希腊化因素。中亚一带的东伊朗游牧民帕尔尼人（Parni，一译阿帕尔尼人，Aparnians，源自斯基泰人）则早在公元前3世纪中期就进入今土库曼斯坦和伊朗东北的帕提亚（Parthia）地区，独立建国，并逐渐将版图扩大到从中亚到美索不达米亚的广大地区。早期帕提亚人十分喜爱希腊文化。从米特里达特一世（Mithridates I，公元前171—前138年在位）开始，帕提亚王朝将“Philhellene”（意为“爱希腊者”）的希腊语铭文打印在自己钱币上。[1]现如今，有不少希腊—罗马题材与风格的帕提亚艺术品存世，主要为雕塑和器皿。帕提亚帝国西侧的属国哈特拉王国（Kingdom of Hatra，公元2世纪—公元241年，由阿拉伯人建立）由于紧靠罗马帝国的属地，也有罗马风格的艺术品出土，最明显的例子莫过于一些金属塑像和祭坛石雕的阿堪突斯叶饰。

公元1世纪，贵霜帝国（Kushan Empire，约公元30/40—375年）兴

---

1 Edward Dąbrowa, “The Arsacid Empire,” in Touraj Daryaee, ed., *The Oxford Handbook of Iranian History*, Oxford: Oxford University Press, 2012, p. 170.

起于中亚，其建立者与草原游牧民族很有关系，一般认为是月氏人的一支。阿富汗北部的著名贵族墓葬遗址提利亚·特佩（Tillya Tepe，葬于公元25—50年之间）出土的文物，被认为与当时的月氏人或早期贵霜王族有关。其中可见明显的希腊—罗马文化因素，也与当时草原上的萨尔玛提亚（Sarmatian）艺术有明显相似之处。在欧亚草原中西部，萨尔玛提亚人是斯基泰人和塞人的继承者。正如斯基泰艺术明显受到古希腊文化的影响，萨尔玛提亚人的艺术明显受到古罗马文化的影响。由此可见，欧亚草原当时也是希腊—罗马文化东传的重要途径。

在公元最初的两百多年，罗马帝国、帕提亚帝国、贵霜帝国自西而东并立。罗马与帕提亚长期处于对立状态，但和贵霜帝国通过海上丝绸之路建立了密切的商贸关系。根据罗马帝国早期成书的《厄立特里亚航海记》（*Periplus of the Erythraean Sea*）之记述，罗马帝国和贵霜帝国之间有着较为畅通的海上通道。[1]所谓的贝格拉姆宝藏（Begram treasure，今阿富汗首都喀布尔以北的贝格拉姆出土）中很多就是罗马的舶来品，如很多玻璃器、灰塑和大部分金属器。贵霜人喜爱罗马艺术，首先与中亚当地自希腊—巴克特里亚王国以来深厚的希腊化传统有关。

犍陀罗艺术既是希腊化艺术的一个重要组成部分，也是佛教艺术史上一个具有划时代意义的发展阶段。孔雀王朝时期，佛教传入印度西北部一带。公元前2世纪初，巴克特里亚的希腊人南下，开启了所谓的“印度—希腊人王国时期”，地处印度河与喀布尔河交汇处的犍陀罗地区则成为印度—希腊人统治区域的核心地区。由于希腊人在印度西北部的长期存在，希印两大文明发生了直接的、深入的接触和交流，一些印度—希腊人可能皈依了佛教，其中最著名的就是印度—

1 William H. Schoff (2004) [1912]. Lance Jenott, ed., “The Periplus of the Erythraean Sea: Travel and Trade in the Indian Ocean by a Merchant of the First Century,” in *The Voyage around the Erythraean Sea*, Depts. Washington. edu., Retrieved 19 September 2016.

希腊人的国王米南德。巴克特里亚希腊人带来的希腊化艺术也开始被佛教借鉴、利用，以其具体的艺术造型来传达佛教教义。这就是学界一般所称之的希腊式佛教艺术（Greco-Buddhist Art）的开端。贵霜时期，由于海上丝绸之路的开通，希腊化的罗马艺术也进入犍陀罗地区，为犍陀罗佛教艺术增添了新的西方古典因素，而最突出的标志就是以希腊阿波罗神像为原型的佛陀形象的出现。按照佛教本义，佛不是神而是大彻大悟的人，但此时出现的大乘佛教凸显了佛陀的神性。在希腊神人同形同性观念的影响下，佛显出人形已是时代的需要，而采用希腊—罗马的造型无疑是最佳选择，其写实性更能获得跨文化的认同。正是借助于犍陀罗艺术符号的魅力，佛教才能迅速传播到更远的地区。虽然在佛教传播的过程中，佛像和其他佛教艺术造型总体上走向本土化、程式化，但最初的希腊化痕迹仍然依稀可辨。

希腊化艺术沿着丝绸之路向东传播，可以从内容和形式两方面加以识别。内容上，主要表现在出现了希腊和罗马神的形象或神话题材。形式上，则主要体现为纹饰和造型。较能体现古希腊、罗马文化特点的装饰形式有：古希腊柱式、丰饶角（Cornucopia）、人物头光（halo）、维尔吉纳之星（Vergina Star）、卵箭纹（Egg and Dart）、叶箭纹（Rais-de-cœur）、棕榈纹（Palmette）、阿堪突斯叶形纹（Acanthus，也译莨苕纹、莨苕纹）、月桂纹（Laurus）、常春藤纹（Ivy）、珠链饰（Bead and reel）、希腊回纹（Meander）、齿饰（Dentil）、扎花带式（[illegible]）、裸体小男孩（Putto，复数为Putti）、花彩（festoon）、叶漩涡饰（Rinceau）、加德龙凸曲线饰（Gadrooning）等。有些纹饰和造型需要仔细梳理辨别，如玫瑰饰（Rosette）、罐子（Pyxis）的圆筒造型等，只有特定的形式才能体现出希腊罗马的影响。还有像卷草纹（忍冬纹）这种纹样，它是希腊化时期综合多种叶纹形式而产生的，并在后来呈现出多种风格。

人物和动植物的写实形象往往与希腊罗马的影响有关。就人物形象而言，这种写实性凸显在“对立式平衡”(Contrapposto)上，它是一种人的放松姿态。比如人在站立或慢走时，重心通常偏向一条腿，这条腿会伸直，另一条腿则微微弯曲放松，这样骨盆就会向微微弯曲的腿那边倾斜，为了平衡，腰椎就要向相反的方向微微弯曲，这又导致肩部向伸直的腿那边微微倾斜，于是颈椎再向相反的方向微微弯曲以获得头部的平衡。整个身体从头到脚呈现一种平缓的S形曲线。“对立式平衡”最早见于公元前5世纪初的古希腊造像，后来成为希腊—罗马人物造像的特征。不仅立姿，坐姿或其他姿态的表现也需要考虑人体因重心所在而造成的身体微微扭动。早期犍陀罗造像“对立式平衡”的特征比较明显，后来在传播的过程中则慢慢淡化或走向程式化。此外，人体结构、毛发和衣纹的写实表现也是希腊—罗马艺术的一大特色，它们走向程式化，便是希腊化因素衰退的标志。

希腊化时期，地中海至中亚的文化获得了整合。一些并不源自古希腊的技艺开始被广泛用来表现希腊—罗马的艺术形式。如灰泥(Stucco)雕塑，在地中海东岸可以追溯到新石器时代早期，古埃及、爱琴文明、阿姆河文明均有灰塑传统。古风古典时期的希腊人不怎么使用灰泥去塑像，但在希腊—巴克特里亚王国，灰泥开始用来制作希腊式的塑像。后来的罗马帝国继承了埃及等地的灰泥技艺，而罗马的灰塑也输往贵霜帝国，犍陀罗希腊式佛教艺术后期，灰泥取代石料成为塑造或模制佛像的主要材料。再如各种材料的镀金工艺，在古埃及拥有最为深厚的传统，后被罗马帝国继承。犍陀罗希腊式佛教艺术中的贴金工艺正是得益于罗马的影响。

本卷论述的是希腊化艺术与丝绸之路的关系，重点论述希腊化艺术在“希腊化远东地区”的发展，聚焦于贵霜犍陀罗艺术，即希腊式佛教艺术的起源、演变与传播。全书共十章，分为四编。

第一编“希腊化艺术的起源与演变”，论述希腊化艺术的起源、基本特征和它在远东希腊化地区的演变。其中，第一章探索了希腊化艺术的希腊起源；第二章分析归纳了希腊化时期各希腊化王国的艺术成果及其特征；第三章论述了希腊化艺术在希腊化远东世界的初步发展与演变，指明其是贵霜犍陀罗艺术的重要来源之一。

第二编“犍陀罗艺术的诞生”，聚焦于犍陀罗艺术起源及其早期发展。其中，第四章论证了犍陀罗艺术与贵霜帝国的渊源关系，认为贵霜帝国的兴起是犍陀罗艺术取得重大发展的关键因素；第五章系统论述了希腊—罗马文化与艺术对犍陀罗艺术的影响。犍陀罗艺术正是希腊化艺术在“希腊化远东地区”结出的最大果实，是全卷论述的重中之重。

第三编“犍陀罗艺术的发展及其在中亚的传播”，聚集于希腊式佛教艺术以及希腊化艺术因素在兴都库什山南北两侧的进一步发展、演变和传播。其中，第六章论述了晚期犍陀罗艺术或阿富汗犍陀罗艺术的发展与演变；第七章论述了贵霜帝国以来希腊化艺术在巴克特里亚、马尔吉亚那、粟特和费尔干纳地区的存续。犍陀罗艺术在中亚进一步传播的过程中，本土化的特点日渐明显。由于中亚位于欧亚内陆绿洲丝路的十字路口，希腊化艺术获得了进一步向东发展的空间。

第四编“丝绸之路上的希腊化艺术”，对其他具有希腊化艺术特征或受其影响的丝路艺术现象进行专题探讨。其中，第八章论述了草原丝绸之路先于亚历山大之前的形成以及游牧民族对于希腊—罗马艺术东传至“希腊化远东地区”的意义和作用；第九章以哈尔恰扬和提利亚·特佩两处遗址为例，说明月氏—贵霜人在从游牧转向定居时期的文化选择与艺术表现形式。很显然，他们接受了当地的希腊化艺术遗产，但同时也保留了自身的民族特征和草原艺术的强烈影响；第十章梳理、分析了亚历山大东征以来希腊神的形象在希腊化远东世界的传播和演变，这些形象有的后来被希腊式佛教艺术所吸收。

（董　波）

第一编 希腊化艺术的起源与演变

亚历山大帝国的建立和希腊化世界的形成，标志着一个新的世界性文明的兴起。城邦文化让位于帝国文化是历史的必然，但二者都和原来希腊本土的古风古典传统有着内在的密切联系。希腊化世界的艺术也是如此。它源于古风古典时期，在此基础上吸收了或整合了诸多东方艺术的因素，并在希腊化统治者的慷慨赞助和大力支持下，不仅在艺术风格上有了明显的转变，更重要的是艺术的对象从希腊神、运动员更多地转向了统治者本人、社会下层、所谓的“蛮族”以及他们的神，从城邦的神庙建筑转向了国王的宫殿、陵墓以及城市的剧场、图书馆。

从理想主义到现实主义，从单一因素到多元混合，从希腊本土到中亚、印度，经过数代希腊或希腊化的艺术家的努力，希腊化艺术终于完成了自身的演变与发展。在这一进程中，希腊式城市作为希腊化艺术的中心，无疑发挥了重要的创造、示范、辐射作用。即使在中亚和印度西北部一带，即“希腊化远东地区”，希腊化艺术也与当地的文化艺术再次结合，从而奠定了犍陀罗艺术产生的基础。

第一章　希腊古风—古典艺术向希腊化艺术的过渡

古希腊人的艺术产生于克里特和迈锡尼文明时期，但真正的城邦艺术产生于古风古典时代。毫无疑问，它们都受到了近东地区艺术的影响，但在所谓的“东方化革命”之后，希腊艺术形成了自己独特的风格，并且对周边地区和后世产生了深远的影响。

然而，希腊人的艺术风格并非一成不变。无论是艺术主题还是形式，从古风到古典时期再到希腊化时期，都在不断地发展和创新。亚历山大帝国的出现，不仅确立了希腊化世界的基本政治格局，更推动了艺术上的个人主义、世俗主义和混合主义趋势，具体表现为艺术上的一元为主、多元并存。

第一节　主题的演化

古希腊辉煌的艺术成就，如建筑、雕塑、绘画等，各自涉及的内容和表现形式各异，但它们都拥有一些共同的艺术主题。在古风和古典时期，神话与英雄传说是艺术中最重要的题材，但到了希腊化时期，艺术家更关注的是现实中的人，不仅包括高高在上、生活奢靡的国王，还有社会底层的劳苦大众甚至外族人。这种艺术主题上的演化所反映的正是希腊艺术的人文主义内涵。此外，从古风时期以来，希腊人便积极吸收周边民族的文化元素，进一步丰富了希腊艺术的主题。

一、古风和古典时期

古希腊历史上的古风时代大致从公元前8世纪至公元前6世纪，是希腊城邦的形成期。古风时代之后为古典时代，从公元前6世纪至公元前334年亚历山大东征之时，是古希腊文化最为辉煌的时期。

神话和英雄传说，是希腊古风和古典时期艺术的重要主题。希腊神话体系的建构离不开两位重要的诗人，即赫西俄德（Hesiod，约公元前750—约前650年）和荷马（Homer，公元前9—前8世纪）。赫西俄德著有《神谱》（*Theogony*）一书，借缪斯女神之口吟诵宇宙与诸神的起源。他的另一部著作《工作与时日》（*Works and Days*）则将人类的时代分为由盛至衰的五个阶段，其中在关于英雄时代的讲述中，提及那些在底比斯（Thebes）和特洛伊（Troy）曾经鏖战过的英雄的故事，随后的铁器时代则是诗人所处时期，乱象丛生。古希腊英雄传说的一个重要来源是两部荷马史诗。《伊利亚特》（*Iliad*）讲述了特洛伊战争最后一年的故事。特洛伊战争虽然以争夺被特洛伊王子帕里斯（Paris）诱拐的斯巴达王后海伦（Helen）为起因，但实际上是希腊人联盟与特洛伊在小亚的势力争夺。《奥德赛》（*Odyssey*）则描述了特洛伊战争结束后，希腊英雄奥德修斯（Odysseus）及其同伴历经各种坎坷最终回到家乡的故事。

希腊人对这些神话传说和英雄故事可谓耳熟能详。在这样的社会文化背景下，神话为文学和艺术创作提供了重要素材。现今出土的一些古风时期的希腊陶瓶即绘有神话故事场景。例如，在希腊米科诺斯岛发现的陶瓶（Mykonos vase）是目前发现的最早描绘特洛伊木马情景的器皿。（图1-1-1）发现于希腊埃琉西斯（Eleusis）的波吕斐摩斯双耳陶瓶（Polyphemus amphora，也称埃琉西斯双耳陶瓶，Eleusis amphora），则在瓶颈处绘有《奥德赛》中奥德修斯及其同伴刺瞎独目巨人波吕斐摩斯的情景。（图1-1-2）还有一件阿提卡黑绘式双耳陶瓶，其瓶颈处绘有希腊英雄赫拉克勒斯（Heracles）与马人（centaur）涅索斯（Nessos）搏斗的场景，瓶肚部分则绘有长着翅膀、疾跑的戈耳工女怪（Gorgon）。（图1-1-3）这些都是希腊神话的题材。以神话为主题的艺术作品反映出希腊人对代代相传的神话故事的热爱，很容易引起观者的共鸣，从而得到更广泛的认可。

位于德尔斐（Delphi）的西弗尼亚宝库（Siphnian Treasury）是公元前6世纪晚期西弗尼亚人为存放他们向德尔斐阿波罗圣所捐献的

图1-1-1
米科诺斯陶瓶，约公元前670年

图1-1-2
波吕斐摩斯双耳陶瓶，约公元前650年

财富而特意修建的。（图1-1-4）尽管圣所的建筑大部分已不复存在，但残存的大理石饰带仍旧向人们展示了神话的主题。其中东侧的饰带描绘了特洛伊战争中阿喀琉斯（Achilles）与门农（Memnon）的战斗，北侧的饰带则表现了奥林匹亚诸神和巨人的战斗（Gigantomachy）。

图1-1-3
阿提卡黑绘式双耳陶瓶，雅典，约公元前620—前610年

图1-1-4
西弗尼亚宝库线描复原图

（图1-1-5、6）在希腊神话中，巨人是大地女神盖亚（Gaia）的儿子。他们虽然在神话谱系上要早于以宙斯为首的奥林匹亚诸神，但却是野蛮、无序和蒙昧的象征。因此奥林匹亚诸神对抗巨人的胜利象征着新旧势力的交替，也就是秩序和文明终将取代蒙昧。

自古风时期开始，希腊艺术便开始吸收周边地区例如近东和埃及等地的文化元素，公元前750—前650年被学者们称为希腊历史的“东方化”时期（Orientalizing period）。例如罗德岛（Rhodes）发现的一件公元前7世纪早期的铜质三足鼎上有格里芬（Griffin）的头作为装饰。（图1-1-7）格里芬是一种传说中的生物，流行于两河流域乃至埃及地区。据说它有着狮子的身体

图1-1-7
青铜格里芬头像，罗德岛，公元前7世纪

图1-1-5
西弗尼亚宝库东侧石浮雕饰带，公元前6世纪晚期

图1-1-6
西弗尼亚宝库北侧石浮雕饰带，公元前6世纪晚期

以及鹰的头、喙和翅膀，因此按其外形特征也被称为“狮鹫兽”。在这些民族的传说中，格里芬是一种看守宝石、金矿等财宝的凶猛的动物，令无数寻宝者望而生畏。罗德岛发现的这只铜制格里芬，其头部和颈部呈现出流畅的“S”形曲线，头部高昂，双目圆睁，双耳直立，锋利的鸟喙大张，所摆出的进攻姿势符合传说中的凶兽形象。希腊传统器皿三足鼎上出现格里芬的形象，说明当时希腊世界已经受到近东文化的影响。

图1-1-8
埃及穆特女神铜像，萨摩斯岛赫拉神庙，约公元前700年

还有一个说明古风时期文化融合的例子是爱琴海东端萨摩斯岛（Samos）的赫拉神庙（Heraion）。该圣所最早修建于公元前750年，出土了大量近东风格的艺术品，尤其是神像。[1]特别是圣所守护神赫拉女神（Hera）的木像与同地出土的埃及女神穆特（Mut）的铜像，从外观上看几乎一致，都是身体直立，两臂垂于身体两侧，腰部细窄，赫拉女神头上所戴的冠冕也是埃及式样的高冠。尽管有一些装饰细节上的差异，但两件神像在整体艺术风格上的相似性说明古风时期希腊与周边民族存在密切的文化联系。（图1-1-8、9）

图1-1-9
赫拉女神木像，萨摩斯岛赫拉神庙，约公元前640年

公元前5世纪初，希波战争爆发，希腊人与外族的冲突也随之成为同时期艺术作品的新主题。战争的主题反映出艺术与政治的密切联系。古典时期的希腊艺术家们通过塑造奥林匹亚诸神和希腊人的

1 R. Osborne, *Archaic and Classical Greek Art*, Oxford: Oxford University Press, 1998, p. 47.

勇武形象来称颂希腊人在军事上对抗以波斯为代表的异族的胜利。

例如在希腊巴塞（Bassae）的阿波罗神庙，内室一圈的大理石饰带上描绘了希腊人与亚马宗人（Amazon），以及马人与拉庇泰人（Lapiths）的战争。从西北角到西侧中间饰带呈现的是亚马宗人在其女王彭特西勒亚（Penthesilea）的领导下在特洛伊与希腊人激烈战斗的情景，最终彭特西勒亚被希腊英雄阿喀琉斯所杀。西侧中间到东南角的饰带描述了希腊人在赫拉克勒斯的带领下与亚马宗人展开了激烈的战斗。东侧和北侧的饰带上是希腊神话中喝醉的马人大闹皮瑞透斯（Pirithous）婚宴的场景。据说马人曾应邀参加皮瑞透斯的婚礼，但他们因为饮酒而野性大发，试图劫掠包括新娘希波达米亚（Hippodamia）在内的妇女，最终拉庇泰人战胜了发狂的马人。但与神话传说不一致的是，巴塞阿波罗神庙的饰带上描绘了阿波罗（Apollo）和阿尔特米斯（Artemis）两神亲临并战胜马人的场景，显然是为了凸显这座神庙的守护神阿波罗的英雄形象。（**图1-1-10、11、12、13**）

类似的希腊人与亚马宗人、马人与拉庇泰人的战斗场面还出现在雅典卫城帕特农神庙的排挡间饰（metopes of the Parthenon）上。虽

图1-1-10
巴塞阿波罗神庙内室饰带全景，公元前5世纪

图1-1-11
西侧饰带局部，阿喀琉斯杀死彭特西勒亚的场景

图1-1-12
南侧饰带局部，赫拉克勒斯与亚马宗人的战斗

图1-1-13
饰带局部，阿波罗与阿尔特米斯驾车前来协助希腊人

然这些排挡间饰上的雕塑目前已残缺不全，但战斗的场景仍旧可辨。（图1-1-14、15）

除了神庙中的雕像外，各城邦还常用人物雕像来装饰公共场所，供全体公民瞻仰，以彰显祖先的丰功伟绩，强化公共记忆。按照罗马学者老普林尼（Pliny the Elder，公元23/24—79年）的说法，第一座由官方竖立于雅典的雕像是诛杀僭主希帕库斯（Hipparchus，公元

前528—前514年在位）的哈莫狄乌斯（Harmodius）和阿里斯托吉吞（Aristogeiton）像。[1]公元前514年，哈莫狄乌斯因其姿容俊美而被庇西特拉图的儿子希帕库斯觊觎，这燃起了其求爱者（同性恋）阿里斯托吉吞的怒火，二人遂谋划刺杀了僭主。虽然哈莫狄乌斯和阿里斯托吉吞刺杀僭主的动机是个人报复，但这一行为激化了庇西特拉图家族的暴虐统治，从而加速了僭主的灭亡和民主政治的到来。雅典人将二人奉为民主政治的功臣，克里斯提尼（Cleisthenes，公元前570—?）掌权后曾命工匠为两位刺杀僭主者塑像。从现存的复制品来看，哈莫狄乌斯与阿里斯托吉吞同时向前大跨一步，手握武器。虽然两人手臂的动作各不相同，但向前的同步动作表现出同仇敌忾、视死如归的气势和勇于为城邦献身的精神。据称波斯人在公元前480年入侵雅典时曾带走二人的雕像，意图打击雅典人的士气，[2]可见这组雕像的社会政治意义已经远超其艺术价值，是民主政治的重要象征。城邦政治的大事件为艺术创作提供了主题和素材，艺术作品则服务于城邦的舆论宣传目的，聚焦于城邦至上的目标和追求荣誉的个人英雄主义情结。（**图1-1-16**）

从古风到古典时期的艺术杰作大多属于公共生活范畴，其主题以神话英雄和城邦杰出人物为主。神话，特别是荷马史诗，构成了希腊人共同的文学基础，而共同

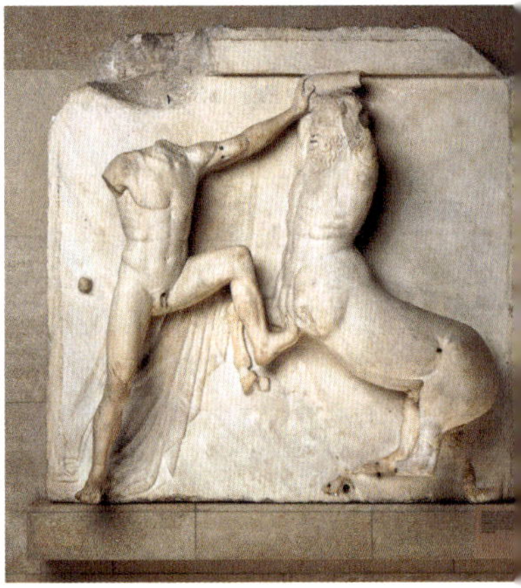

图1-1-14
帕特农神庙南侧第26号排挡间饰
“马人与拉庇泰人的战斗”，雅典卫城，
公元前447—前432年

图1-1-15
帕特农神庙西侧第1号排挡间饰
“骑马战斗的亚马宗人”，雅典卫城，
公元前447—前432年

1 Pliny, *Natural History*, 34.17, with an English translation by H. Rackham, Cambridge, Mass.: Harvard University Press, 1952.

2 Pausanias, *Description of Greece*, 1.8.5, with an English translation by W. H. S. Jones, Cambridge, Mass.: Harvard University Press, 1918.

的宗教信仰形成了泛希腊崇拜，这些都为艺术创作提供了素材，构成希腊人共同的集体记忆。早在古风时代，希腊人便开始接触到近东、埃及等地的宗教与文化传统，丰富了希腊艺术的主题元素与风格。希波战争的爆发不仅令希腊艺术家创作了大量象征希腊战胜波斯的艺术品，同时也推动了希腊和波斯两个民族的交流互动，为后来希腊文化向东的进一步传播创造了条件。

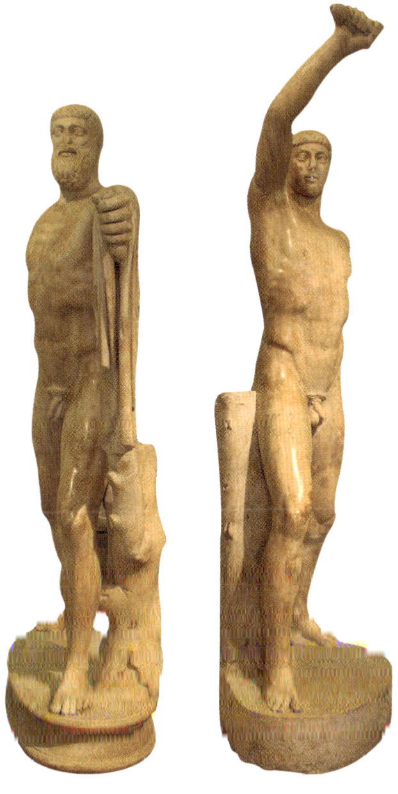

图1-1-16
哈莫狄乌斯与阿里斯托吉吞二人像，罗马东北蒂沃利（Tivoli）哈德良别墅，罗马帝国哈德良时期（公元117—138年）仿制品

二、希腊化时期

如果说古风和古典时期希腊艺术的主题是神话与城邦，希腊化时期（公元前334—前30年）的艺术则呈现出强烈的现实主义和个人化趋势。其表现之一就是由服务城邦和公民集体转变为服务王室和贵族。希腊化时代政治局势动荡不安，各希腊化王国的君主们除了通过战争扩展自己的势力外，也需要借助舆论手段来树立和巩固自己的权威。一个常见的做法便是标榜自己是亚历山大大帝的继任者。为了达到这一目的，很多国王仿照亚历山大的形象来塑造自己的雕像和钱币头像。在以亚历山大之名进行的模仿风潮中，大量的亚历山大像有一些共同特征，例如不蓄胡须的青年男子样貌，如狮子般的波浪式卷发以及向上看的、闪烁明亮的眼神等。这些皆以亚历山大本人认可的艺术家吕西普斯（Lysippus，约公元前390—约前300年）所创作的亚

历山大像为蓝本。[1]（图1–1–17）

类似的特征出现在许多希腊化统治者的雕像和钱币头像上。例如马其顿安提柯王朝国王“围城者”德米特里一世（Demetrius I Poliorcetes，公元前294—前288年在位）和帕加马王国（Kingdom of Pergamon，约公元前282—前129年）阿塔卢斯一世（Attalus I，公元前241—前197年在位）的雕像都是卷发的年轻男子形象。（图1–1–18、19）狮子毛般的卷发还出现在托勒密王国创建者托勒密一世（Ptolemy I，公元前305—前282年在位）、塞琉古王国安条克一世（Antiochus I，公元前281—前261年在位）和自立为王的特里丰（Tryphon，公元前142—前138年在位）等人的钱币头像上。（图1–1–20、21、22）其中特里丰本是塞琉古王国的一名官吏，于公元前142年篡位夺权。他的钱币正面的头像头戴王带（diadem），卷发的样子和亚历山大颇为相似，背面则是一顶马其顿式头盔。特里丰采用这样的形象显然是要将自己与马其顿王朝，特别是亚历山大相联系，表明自己统治的正统性。

崇拜和模仿亚历山大的风潮一直延续到罗马的兴起。

图1–1–17
亚历山大头像，埃及亚历山大里亚，公元前2—前1世纪

图1–1–18
“围城者”德米特里一世头像，意大利赫库兰尼姆（Herculaneum）莎草纸别墅（Villa of the Papyri）列柱中庭，公元1世纪中期复刻品

图1–1–19
阿塔卢斯一世头像，土耳其帕加马，公元前2世纪

图1–1–20
银币正面，托勒密一世头像

图1–1–21
银币正面，安条克一世头像

1 Plutarch, *Alexander*, 4, with an English translation by B. Perrin, Cambridge, Mass.: Harvard University Press, 1919.

图1-1-22
银币正面，特里丰头像

图1-1-23
金币，正面米特里达特六世头像

图1-1-24
银币，正面米特里达特六世头像

罗马早期的宿敌本都国王米特里达特六世（Mithridates VI，公元前120—前63年在位）被希腊人看作是反抗罗马人的英雄，宛如当年亚历山大解救希腊人摆脱波斯的奴役。国王本人便利用这一声望在形象上刻意模仿亚历山大。例如在米特里达特六世发行的钱币上，年轻、卷发的国王形象与亚历山大颇为类似。（图1-1-23、24）

作为希腊的征服者，罗马人亦热衷于谈论亚历山大。普鲁塔克提到庞培（Pompey the Great）的发型和长相类似亚历山大，特别是他年少成名，战功显赫，令不少人将其与亚历山大相提并论。更为出名的一则轶事是，凯撒（Caesar）年轻时曾感叹亚历山大在同龄时已建立横跨欧、亚、非三大洲的帝国，自己却碌碌无为。[1]现存于

1 Plutarch, *Pompey*, 2; *Caesar*, 11, with an English translation by B. Perrin, Cambridge, Mass.: Harvard University Press, 1917, 1919.

威尼斯国家考古博物馆的一尊庞培雕像（**图1-1-25**），无论是抬头向上看的姿势还是卷曲的头发，都和吕西普斯的亚历山大像（图1-1-20）有相似之处。由此可见亚历山大已经成为一种象征。作为庞大帝国的建立者和统治者，他不仅是希腊人的英雄，而且是成为所有怀有征服野心的人竞相效仿的榜样。

图1-1-25
庞培头像，奥古斯都时期（公元前43—公元18年）复制品

希腊化时期黄金制作工艺发达，这固然与上层贵族的奢侈享乐之风密不可分，但也与亚历山大的东征和掠夺有关。据统计，波斯几座都城如苏萨（Susa）、波斯波利斯（Persepolis）和帕萨尔加德（Pasargadae）所存储的金银总价值高达15万塔兰特，此外还有大量的钱币和贵金属制品。[1]数额如此巨大的财富流入希腊世界后，奢华的金银制品自然而然成为当时贵族享乐生活中的常见之物。

宴饮是希腊贵族男性的传统社会活动，到了希腊化时期，宴饮所用的酒杯日趋精巧和奢华。例如大英博物馆所藏的一只玻璃酒碗分为内外两层，中间夹有纯金打磨的叶子和花朵等装饰。工匠首先打磨出内层的玻璃小碗，在上面附加黄金装饰图案后，再把它套在另一层更大的玻璃碗上，这样既具备观赏性又具有实用性。（**图1-1-26**）

图1-1-26
夹金箔玻璃碗，可能制作于埃及亚历山大里亚，发现于意大利普利亚地区的卡诺萨（Canosa），约公元前250年

从墓葬出土的随葬品来看，黄金打造的耳环、项链、戒指等饰物在希腊化时期贵族女性的日常生活中屡见不鲜。其中值得一提的是一件黄金发网，在造型上极尽奢华精巧。（**图1-1-27**）其顶部和发圈上各有一串黄金垂饰，中间用红色的石榴石予以点缀，其前端是由黄金打造的发圈，用来卡住佩戴者的发髻，顶部是一块圆盘状的黄金，上面刻有阿芙

1 A. Stewart, *Art in the Hellenistic World: An Introduction*, New York: Cambridge University Press, 2014, p. 206. 也有18—20万塔兰特之说。

图1-1-27

黄金发网，制作于埃及，公元前225—前175年洛狄特的浮雕半身像和一尊小爱神，通过一串串黄金小珠与前端发圈相连。阿芙洛狄特作为司掌情爱的女神，是希腊化时期女性饰物上经常出现的形象，在一只希腊化时期的黄金戒指上，甚至还出现了阿芙洛狄特手握盾牌和长矛的造型。（**图1-1-28**）

图1-1-28
黄金嵌石榴石戒指，希腊埃雷特里亚（Eretria）厄洛特斯（Erotes）之墓出土，公元前3世纪早期

在希腊化时期，贵族女性不仅享有奢侈的生活和崇高的社会地位，一些王室女性甚至还手握政治权力，这一点尤以埃及托勒密王国最为突出。托勒密王国的许多王后或是和国王共同执政，或是辅佐年幼的国王。相应的，她们也和男性统治者一样成为艺术服务的对象，在钱币上刻有头像。

例如一枚发行于托勒密二世时期的八德拉克马金币，正面是托勒密二世（Ptolemy II，公元前284—前246年在位）和他的第二任妻子也是他的亲姐姐阿尔西诺二世（Arsinoe II）的头像，二人皆头戴王带，币文为希腊语“姐弟二人的”（ΑΔΕΛΦΩΝ）。（**图1-1-29**）王后与国王成对出现在钱币上，足以反映出王后的个人影响力。根据史料记载，阿尔西诺二世享有与国王一样的头衔，拥有受封赐的城市，埃及人甚至将她当作神明一样崇拜。[1]托勒密二世统治时期还发行过刻有阿

图1-1-29
托勒密二世时期发行的八德拉克马金币，国王与王后头像

图1-1-30
托勒密二世时期发行的八德拉克马金币，正面阿尔西诺二世头像

1 E. D. Carney, *Arsinoe of Egypt and Macedon: A Royal Life*, Oxford: Oxford University Press, 2013, p. 85, pp. 95-100.

图1-1-31
金币，克列奥帕特拉一世与其子托勒密六世头像，埃及，公元前180—前176年

图1-1-32
银币，克列奥帕特拉七世头像，以色列亚实基伦（Ashkelon），公元前50—前49年

尔西诺二世单人头像的钱币，王后头戴王带。（图1-1-30）

在阿尔西诺二世之后，钱币上出现王后单人头像是十分普遍的现象。例如托勒密六世（Ptolemy VI，生卒年约公元前186年—前145年）时期发行的八德拉克马金币，正面为年轻的头戴王带的托勒密六世头像，背面的图案是他的母亲克列奥帕特拉一世（Cleopatra I），她头戴王带和头巾，币文为希腊语“王后克列奥帕特拉”（ΚΛΕΟΠΑΤΡΑΣ ΒΑΣΙΛΙΣΣΗΣ）。（图1-1-31）克列奥帕特拉七世（Cleopatra VII，公元前51—前30年在位）的头像也单独出现在钱币上。（图1-1-32）

希腊化时期的艺术具有现实主义特征的表现之二，是开始关注普通大众真切实在的日常生活和情感世界。希腊古典艺术关注的是神话与英雄人物、城邦的命运、公民的责任等社会重大问题，而随着政治上从城邦到王国的转变，个人主义逐渐取代集体主义。艺术一方面需要满足统治者们对俗世享乐的追求，另一方面则开始关注个体的遭遇和诉求。我们在希腊化时期的雕塑中可以发现随从、教师、渔夫、农民、老人孩童等各种形象，这些富于现实主义色彩的艺术品所反映的正是社会底层人民的生活。

例如现藏于卢浮宫的黑色大理石雕塑“老渔翁”，刻画了一位年迈的渔翁。他仰面朝天，面容憔悴，露出绝望和痛

苦的神情。而全身肌肉线条分明，颈部和手臂青筋凸起，应该是一位常年从事捕鱼劳作的底层劳动者。最吸引观者的莫过于人物所传达的一种对长年艰苦生活的无奈甚至绝望，渔夫为了谋生而踏入水中准备捕鱼，但并不抱有满载而归的期望。这种对消极情绪的细微刻画，反映出希腊化时期艺术家们不同于古典时期追求理想化的目标，力图展示出人物真实的情感和苦难。（图1-1-33）

类似的雕塑作品还有“市场老妇”“醉酒老妇”“牧羊老妇”等。其中老妇人的形象屡见不鲜，也说明希腊化时期女性成为艺术家关注的群体。除了雍容华贵的王室女性外，社会底层女性的生活与苦难也被真实地记录在艺术作品中。（图1-1-34、35、36）

除了平凡的普通人外，外族人也是希腊化时期艺术家们所关注的对象。例如“垂死的高卢人”描绘了一位战败受伤倒地的高卢人形象。受伤的战士已经无法再拿起自己的武器，头部无力地下垂，这一情景生动地表现出高卢人临死前的悲壮与静默。（图1-1-37）另一尊雕像“高卢人与妻子”则有一种视觉冲击的对比效果。绝望的高卢人在杀死自己的妻子后，举刀毅然自尽。艺术家恰到好处地定格这一瞬间，将妻子已经死亡的静态和高卢人迎接死亡的动态形成一组时间上的对比。（图1-1-38）这两尊作品将高卢人的异族特征描绘得非常清楚：身材高大健壮、头发呈卷曲状、只留髭须而无胡须。[1]

可能是出于对敌人的尊敬，艺术家将高卢人刻画为裸身形象，这在表现希腊英雄和勇士时屡见不鲜。这些

图1-1-33
老渔翁像，公元2世纪罗马复制品

图1-1-34
市场老妇像，罗马帝国儒略—克劳狄时期（Julio-Claudian，公元14—68年）复制品

1 Diodorus Siculus, *Library of History*, 5.28.1-3, with an English translation by C. H. Oldfather, Cambridge, Mass.: Harvard University Press, 1984.

图1-1-35
醉酒老妇像，公元2世纪罗马复制品

图1-1-37
垂死的高卢人像，罗马萨卢斯特（Sallust）花园，罗马时期复制品

图1-1-36
牧羊老妇像，罗马时期复制品

图1-1-38
高卢人与妻子像，罗马萨卢斯特花园，罗马时期复制品

高卢人的雕塑是公元前230—前220年帕加马国王阿塔卢斯一世为纪念其击败高卢人的胜利而立，原作为青铜像，现仅存罗马时期大理石复制品。尽管高卢人在战场上与希腊人为敌，但他们健硕的身体和勇猛的气质给希腊人留下了深刻的印象，因此成为受希腊艺术家关注的新群体。

除了现实主义、个性化以外，希腊化艺术的另一个重要特征是它整体上的多元性。亚历山大的征服将小亚细亚、埃及、伊朗、中亚、印度等地囊括进帝国的版图，特别是他在所到之处建城驻军，大大推动了希腊文化在东方的传播。与此同时，新建城市的希腊人也不免受到当地文化的影响。亚历山大本人极力推进希腊人与东方各民族的交流与融合，接受当地的风俗习惯与宗教信仰，因此亚历山大帝国带来的不仅是希腊文化的向外输出，更准确地说是当地文化与希腊文化的合流。这一点在宗教信仰方面尤为突出。

例如在托勒密埃及时期，统治者打造了新的希腊化的神——萨拉皮斯神（Serapis）。萨拉皮斯神的雕像通常是长须成年男子，与宙斯、哈得斯（Hades）、狄奥尼苏斯（Dionysus）等希腊神的塑像有一定的相似性。但他头上所戴的象征丰产的圆柱形王冠（modius）则是埃及本地的艺术特色，埃及穆特神庙中出土的王后雕像即戴有此冠。[1]在阿富汗的贝格拉姆遗址（Begram）发现的萨拉皮斯神像，除了头戴埃及风格的圆柱形王冠外，手中还握有赫拉克勒斯的木棒。由此可见，萨拉皮斯崇拜结合了希腊神与埃及神的特性与职能，是希腊化时期多元文化融合的重要表现。（图1-1-39、40）

这种希腊神与本土神结合的宗教多元性也出现在希腊化世界其他地区。例如在安纳托利亚的许多地区，阿芙洛狄特崇拜与美索不达米

1 B. M. Bryan, “A Newly Discovered Statue of a Queen from the Reign of Amenhotep III,” in S. H. D’Auria, ed., *Servant of Mut: Studies in Honor of Richard A. Fazzini*, Leiden: Brill, 2008, pp. 40–41.

▲图1-1-39
萨拉皮斯大理石胸像，
公元2世纪罗马复制品

▶图1-1-40
萨拉皮斯青铜立像，
阿富汗贝格拉姆，公元
1—2世纪

亚地区女神阿娜希塔（Anahita）相结合。[1]在科马根尼国王安条克一世（Antiochus I of Commagene，公元前70—前31年在位）的墓地，即今土耳其东南部的内姆鲁特山（Mount Nemrut），有五尊结合了东方神和希腊神特征的神像。这些神像的头部是由整个石块雕刻而成，身体以石块垒筑，现已倒塌散落。神像的底座刻有神明的名称，其中包括宙斯—阿胡拉·马兹达（Zeus-Ahura Mazda）、赫拉克勒斯—波斯战神韦勒斯拉纳—阿瑞斯（Heracles-Verethagna-Ares）和阿波罗—密特拉—赫利奥斯—赫尔墨斯（Apollo-Mithra-Helios-Hermes）等。**（图1-1-41）**

1 L. Burn, *Hellenistic Art: From Alexander the Great to Augustus*, London: British Museum Press, 2004, p. 152.

宙斯—阿胡拉·马兹达像

赫拉克勒斯—韦勒斯拉纳—阿瑞斯像

阿波罗—密特拉—赫利奥斯—赫尔墨斯像

图1-1-41
安条克一世墓地西侧发现的石雕头像，公元前1世纪

在塞琉古王国，赫拉克勒斯被认为与印度—伊朗胜利之神韦勒斯拉纳（Verethragna）等同。[1]伊朗贝希斯敦（Behistun）的“赫拉克勒斯像”被认为表现的是韦勒斯拉纳。[2]岩刻距地面约2米，长1.47米，赫拉克勒斯的右肩上方刻有希腊语铭文[3]，可知刻于塞琉古纪年164年（公元前148年），是一位塞琉古王国的当地总督为统辖上省的大将军祈福所刻。赫拉克勒斯（韦勒斯拉纳）斜躺于一只立狮背部，其右手抚膝，左手托着一个碗。（**图1-1-42**）这种人物侧卧的姿势最早出现在新亚述时期，在当时新亚述宫廷仅见孤例（**图1-1-43**），后来在古希腊世界，尤其是与希腊文化关系紧密的埃特鲁里亚（Etruria/Etruscan）十分流行。（**图1-1-44**）但神灵位于立兽之上的造型则是西亚传统。（**图1-1-45**）

---

1 M. P. Canepa, *The Iranian Expanse: Transforming Royal Identity through Architecture, Landscape and the Built Environment, 550BCE-642CE*, Oakland: University of California Press, 2018, p. 185.

2 Gherardo Gnoli and P. Jamzadeh, “Bahrām (Vərəθraγna),” *Encyclopaedia Iranica*, Vol. III, Fasc. 5 (1988), p. 510-514.

3 希腊语铭文见https://en.wikipedia.org/ wiki/Statue_of_Hercules_in_Behistun.

图1-1-42
贝希斯敦赫拉克勒斯岩刻

图1-1-43
新亚述（Neo-Assyria）石浮雕上的人物侧卧形象，伊拉克，公元前645—前635年

图1-1-44
埃特鲁里亚陶瓶，意大利武尔奇（Vulci），公元前520—前510年

图1-1-45
马尔泰（Maltai）岩刻线描图，伊拉克北部哈拉马塔洞穴（Halamata Cave），新亚述，公元前[illegible]—前[illegible]年

第二节　艺术形式的演化

从古风到希腊化时期，希腊人在建筑、雕塑和绘画等领域都取得了卓越的成就。希腊化时期的艺术不仅继承了古风和古典时期的成果，并在此基础上有所发展和创新，特别是在不同地区加入当地的文化元素，体现出鲜明的多元化特征。

一、建筑柱式

在古典时期的希腊，神庙是每个城邦必不可少的建筑。除了宗教功能外，神庙的后室还经常被用作城邦金库。希腊神庙的外部通常有圆柱围绕，列柱的基本功用是承重受压和分隔视觉空间，但希腊人在柱头和柱身上加以艺术处理。

最先风靡希腊世界的是多利亚式（Doric order）。（**图1-2-1**）柱身由一块块鼓形石块上下组合而成，石块内部中央设置凹槽，嵌有榫卯和木钉，可起到减震作用。柱身直接从台阶拔起，足部没有任何装饰，柱头与柱身相连处有圈层。柱顶装饰可分为三层，底部是一条带状无修饰的长方形托石，中楣则是三陇板与陇间壁构成的饰带，上楣主要指的是山墙和檐口。陇间壁与山墙部分是装饰的重点部分，通常填充以浮雕或绘画。（**图1-2-2、3**）

爱奥尼亚柱式（Ionic order）起源于公元前6世纪左右的爱奥尼亚（Ionia）地区，位于今土耳其西侧的

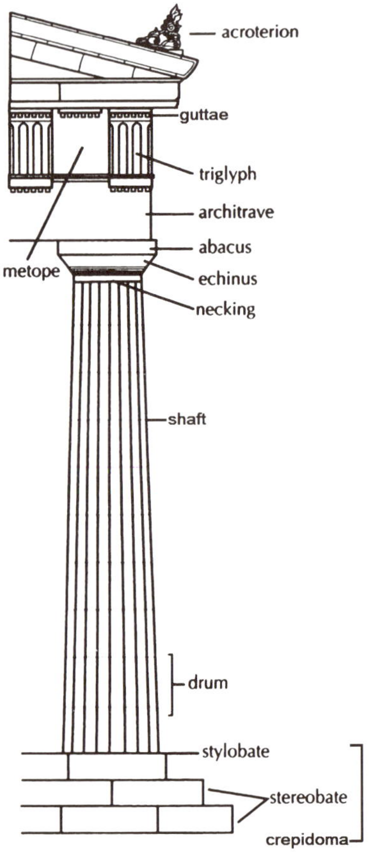

图1-2-1
多利亚柱式简图

图1-2-2
雅典帕特农神庙的多利亚式柱头，公元前447—前432年

图1-2-3
雅典苏尼翁海角（Cape Sounion）的波塞冬（Poseidon）神庙，公元前444—前440年

伊兹密尔省（Izmir Province）一带，公元前5世纪时流行于希腊半岛。（图1-2-4）与多利亚式相比，爱奥尼亚柱式的柱身比例更高，柱头则呈现独特的涡卷状，由内向外开始画弧形成对称的涡眼，中间饰以箭卵形浮雕。（图1-2-5、6）

到公元前5世纪末期，科林斯柱式（Corinthian order）开始在希腊出现。相比于多利亚式和爱奥尼亚柱式，科林斯柱式的装饰性更强，

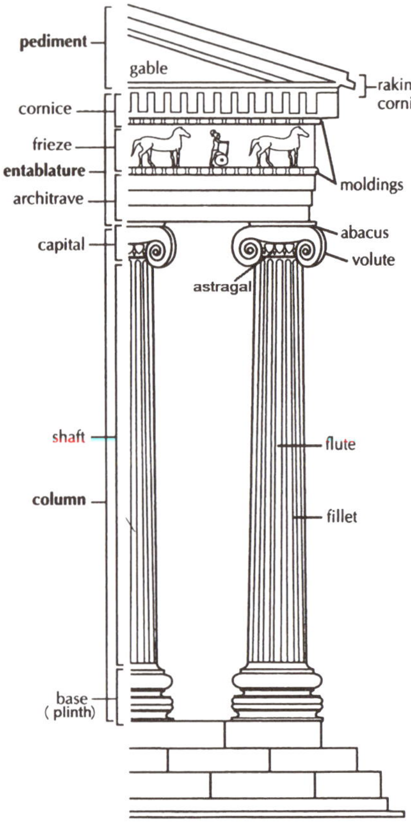

图1-2-4
爱奥尼亚柱式简图

图1-2-5
雅典厄瑞克提翁神庙（Erechtheum）的爱奥尼亚式柱头，约公元前421—前406年

图1-2-6
雅典厄瑞克提翁神庙北门廊的爱奥尼亚柱式

它的柱头用阿堪突斯叶（Acanthus）作装饰，形似盛满花草的花篮。（图1-2-7、8）按照古罗马建筑学家维特鲁维（Marcus Vitruvius Pollio）的说法，科林斯柱式模仿了少女的身材，其独特的柱头形状也与一则少女的轶事有关。据说有一位科林斯少女因病去世，其家人将其生前爱物装在篮子里置于墓前。篮子下面恰巧有一株阿堪突斯属植物，顶芽而出后卷须沿着篮子向上伸展并卷曲。这一景象启发了卡里马库斯

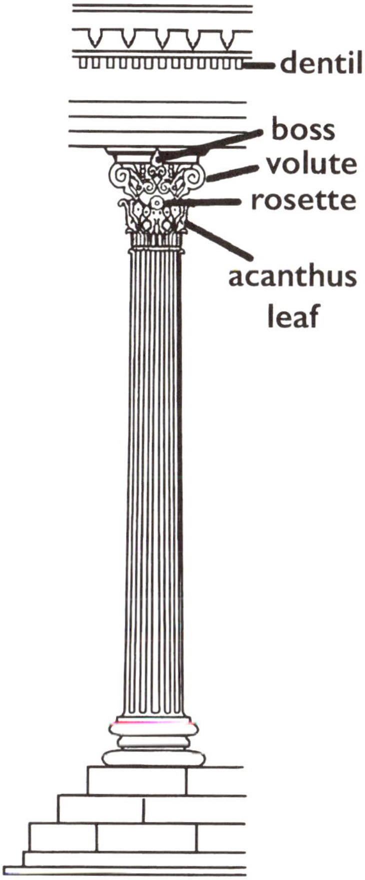

图1-2-7
科林斯柱式简图

图1-2-8
雅典奥林匹亚宙斯神庙（Temple of Olympian Zeus）科林斯柱，公元前174年

图1-2-9
印度—科林斯式石雕柱头，中间有一尊立佛，印度贾马尔·加西（Jamal Garhi）地区出土，公元1—5世纪

（Callimachus），后者便为科林斯人设计了这种类型的柱子。[1]到了希腊化时期，科林斯柱式随着希腊人的海外建城活动传播到更遥远的地区，例如在中亚与印度佛教犍陀罗艺术中就能看到对科林斯柱式的改造利用。（图1–2–9）

马其顿建筑继承了希腊的基本柱式。例如，腓力二世为庆祝喀罗尼亚之战的胜利，在奥林匹亚修建了圆形神庙，外面是爱奥尼亚柱式，里面是科林斯柱式。位于维尔吉纳（Vergina）的马其顿王宫，其前门采用双层结构，下层是爱奥尼亚柱式，内部装饰则是科林斯柱式。公元前4世纪初，马其顿都城从埃盖（Aegae/Aigai，今维尔吉纳）迁往其东北方向的培拉（Pella），这里的马其顿王宫正门也是双层结构，底层是多利亚式，上面叠加的一层是爱奥尼亚式半柱。但马其顿人的创新之处在于将立柱由建筑性元素发展为装饰性元素。在现今已发掘的一些马其顿墓葬里，墓门两侧的立柱并非建筑物整体的一部分，而是类似舞台布景，起到装点的作用。换言之，观者可以将墓门看作是一堵实体墙，两旁的立柱则类似于墙上的浮雕。例如维尔吉纳的腓力二世墓，墓正面是多利亚式的装饰元素，大理石墓门上方是三陇板和排挡间饰，再往上是爱奥尼亚式的饰带，绘有贵族行猎的景象。（图1–2–10）又如在今希腊北部勒夫卡地亚（Lefkadia）发现的一座马其顿墓，墓门中间的饰带上有步兵、战马等形象，描绘了一幅战争的场景。饰带上方为爱奥尼亚式装饰柱，高约1.5米，现已部分损毁。饰带下方为多利亚式装饰柱，两柱之间绘有冥府的引路人和审判官的形象，象征着墓主人死后在冥府接受审判的场景。此墓也因此而得名"审判之墓"（Tomb of Judgement）。（图1–2–11）

---

1 Vitruvius, *De Architectura*, 4.1.9-10, with an English translation by F. Granger, Cambridge, Mass.: Harvard University Press, 1931.

二、雕塑

古风时期较为流行的一种雕塑是青年男子裸体立像，被后世学者称为“库洛斯”（kouros），即古希腊语中“男孩”的意思。这类雕像

图1-2-10
维尔吉纳腓力二世墓墓门，公元前359—前336年

图1-2-11
勒夫卡地亚“审判之墓”墓门，希腊勒夫卡地亚，约公元前3世纪初

通常采取正面直立的姿势，站姿端正，双臂置于两侧，左脚向前迈出。这种造像风格显然受到埃及文化的影响，例如现存于卢浮宫的一尊男子立像。（图1-2-12）这尊埃及男子雕像尽管摆出一脚在前的姿势，但身体线条僵硬，双臂下垂，拳头紧握置于大腿两侧，看上去缺少动感。与埃及式雕塑较为刻板的表情相比，希腊青年男子立像往往带有微笑的表情，传达出一种幸福、满足的感觉。

古风时期的青年男子立像在人体形态上还有一些不合常理之处，说明当时人们对人体生理结构缺乏足够的了解。例如公元前600年左右制作的苏尼翁青年男子立像（Sounion kouros），其头颅的背部和顶部是扁平的，耳朵有着巨大的涡状耳垂，眼睛为超常的杏仁形。（图1-2-13）此像呈现出与图1-2-12埃及雕像相似的站姿，身体僵硬刻板，头部和身体在一条中轴线上。与埃及男子立像的区别在于全身赤裸，而且面部带有微笑的表情。

到了古典时期，古希腊雕塑家们已经对人体解剖学有了一定的了解，雕像的头部、躯干与四肢的比例与真人类似，胸部、小腹等细节部位的肌肉线条呈现出优美的圆弧形。古典时期的青年男子立像也摆脱了古风时期僵硬的站姿，手臂自然向前伸出，两腿放松，摆出一种轻松的走路姿态。例如雅典以南比雷埃夫斯（Piraeus）发现的一尊阿波罗像，面朝前方，一脚向前，全身的肌肉线条显得丰满而紧实，显然受到当时流行的青年男子立像风格的影响，但上抬的左臂、伸出的右手以及自然分开的两腿使得整尊雕像呈现出放松的姿势。（图1-2-14）

就青年男子立像的功能而言，一些学者认为这类雕像应当与阿波罗有关。[1]但在其他神明的圣所中，例如萨摩斯岛的赫拉神殿

图1-2-12
埃及男子立像，古埃及第26王朝（公元前664—前525年）

1 B. S. Ridgway, *The Archaic Style in Greek Sculpture*, Chicago: Ares, 1993, pp. 72-74.

和雅典苏尼翁海角的波塞冬神庙，也发现了类似的雕像。[1]这就说明这类雕像应当是给神明的献祭品，但并不局限于祭祀阿波罗神。

此外还有一些青年雕像发现于墓地中，很可能是被当作墓碑。例如克洛伊索斯（Croesus）青年立像的碑座下方刻有铭文，说明这位名叫克洛伊索斯的年轻人乃是阵亡于战场。[2]亲友为悼念他而塑造了这尊立像，象征他在死后如英雄般永远年轻。

还有一个值得争议的问题是裸体的形象是否具有某种含义，例如裸体的运动员或者英雄。虽然人们至今没有发现手持运动器械的立像范例，但艺术家在刻画这类阳刚健美的青年形象时很可能取材于现实原型，体育竞技活动的兴盛足以引发艺术家们对人体的关注。到了古典时期，青年男子立像的雕塑风格更为灵活和多元化，因此一些学者推测这类雕塑早年所寓意的宗教和丧葬功能在古典时期开始淡化。例如艺术史家安德鲁·斯图尔特（Andrew Stewart）认为，此时青年男子立像的分布模式与古希腊贵族传统有着直接的关系，这种雕塑是对贵族美德的认同。[3]

图1-2-13
苏尼翁青年男子立像，雅典苏尼翁海角波塞冬神庙，约公元前600年

图1-2-14
比雷埃夫斯阿波罗青铜像（Piraeus Apollo），公元前530—前520年

1 J. Whitley, *The Archaeology of Ancient Greece*, Cambridge: Cambridge University Press, 2001, p. 218.

2 Inscriptiones Graecae, I^3 1240.

3 A. Stewart, *Greek Sculpture*, New Haven: Yale University Press, 1990, pp. 109-110.

相比于古风时期，古典时期的青年男子立像在动作上显得更为自然，反映出当时艺术家们对人体结构的细致观察和对理想身体状态的向往。但青年男子立像端正向前看的姿势和直立的双腿仍旧给人一种僵硬死板的印象。与此相对的是，一些男性雕像开始尝试将四肢和头部偏离躯干中轴线，例如公元前5世纪古希腊雕塑名匠波利克列托斯（Polykleitos）的名作“持矛者”（Doryphoros）。雕像的重心放在右腿上，左腿轻抬，右臂微垂，呈放松状态，左肘略弯折，臀部肌肉也随着腿部动作，一边紧绷，一边下垂。头部转向右侧肩膀，与腿部和臀部不在同一中轴线上。这种站姿被后人称作“对立式平衡”（Contrapposto），其特点为重心只集中在一侧的腿上，上半身的头部、肩部和手臂偏离中轴而做出更富有动态、更自然的姿势。对立式平衡技巧的发明不仅反映出艺术家们对鲜活人物形态的追求，也说明他们能够掌握人像的合理比例，巧妙地实现自力支撑。（图1-2-15）

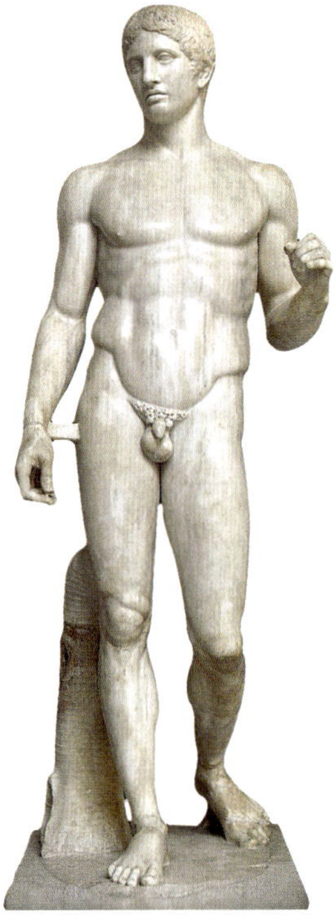

图1-2-15
持矛者像，意大利庞贝（Pompeii），罗马帝国提比略（Tiberius）时期（公元14—37年）复制品

古典时期同样诞生了一批优秀的女性雕像。例如雅典卫城博物馆所藏的“整系凉鞋的女神”（Goddess fixing her sandal），表现的是高高在上的女神所做的一件日常化的举动。（图1-2-16）女神的身体微微前倾，右肩裸露，右腿抬起以便右手触及凉鞋，左臂为了保持平衡而张开。尽管女神身着层叠的衣袍，但富于曲线感的衣褶令身体的线条若隐若现。

如果说这尊“整系凉鞋的女神”是通过对衣褶细节的加工而隐约地凸显出女性身体曲线之美，古典时期还有艺术家直接抛开衣褶与身体的问题，创作了第一件女性裸体雕像“尼多斯的阿芙洛狄特”（Aphrodite of Knidos）。雕刻家普拉克西特勒斯（Praxiteles）刻画了洗浴前的阿芙洛狄特，女神左手拿着衣物，右手遮住私密处，头转向左侧，采取对立式平衡的站姿。（图1-2-17）按照老普林尼的说法，普拉克西特勒斯当时完成了两尊雕像，一个着衣，一个裸身，科斯岛选了前者，尼多斯则要了裸身的那尊。后来裸身女神像反而成为尼多斯的著名看点，观者如潮。[1]这尊裸身女神像的意义不仅在于雕像本身的艺术技巧和审美价值，还在于打破了希腊自古风时代以来裸身雕塑只有男性的传统。在这尊阿芙洛狄特裸体像问世之前，裸体一直被看作是男性阳刚健美的象征，着力表现英雄、战士或者运动员的男子气概。

图1-2-16
“整系凉鞋的女神”，雅典卫城的雅典娜胜利女神庙，公元前420—前410年

希腊化时期女性雕像已经十分普遍。相比于古典时期，希腊化女性雕像在衣褶的处理上更为灵动，层层叠加的衣褶可增强雕像的真实感与可信度，其最佳范例是著名的卢浮宫三大镇馆之宝之一的“萨摩色雷斯的胜利女神像”(Nike of Samothrace)。这尊神像是萨摩色雷斯神庙建筑群的一部分，用以纪念一场海战的胜利。由于头部和上肢残缺，从目前的部分来看，女神的动势由双翼和迈开的双腿来完成。在观者视线所及的空间内，女神向身体靠拢的双翼和胯部形成三角形构图，再顺着视线聚焦到腿部动作，一张一弛的姿势马上令

图1-2-17
“尼多斯的阿芙洛狄特”，躯干和大腿部分是公元2世纪罗马帝国复制品，其余部分由意大利雕塑家伊波利托·布齐(Ippolito Buzzi，1562—1634年)修复

1 Pliny, *Natural History*, 36.20, with an English translation by D. E. Eichholz, Cambridge, Mass.: Harvard University Press, 1962.

人意识到女神意欲前行的脚步。从双翼到虚空，再到腿部的虚实交替，也可增添动态的韵律感。细节方面，胸前和右腿的层层衣褶制造出的布料质感让人感受到向前的张力，垂下的衣裙宛如在强劲的海风中随风摆动，观众可以自由地想象胜利女神在船头迎风而立的情景。（图1-2-18）

图1-2-18
“萨摩色雷斯的胜利女神”，萨摩色雷斯岛，约公元前200—前190年

希腊化时期雕像的另一个新发展是群像和巨型雕像。古典时期的神庙山墙浮雕，例如前文提到的德尔斐西弗尼亚宝库山墙和饰带上众神战斗的场面，可谓是群像的雏形。但这并不是独立的雕塑，只不过是神庙建筑的一部分。希腊化艺术对群像的关注使其不再依附于建筑物，而是聚焦于如何表达两人或多人的关系。与此同时，希腊化艺术对个人主义的重视也将群像人物从模式化的单一表情中解放出来。

以“拉奥孔和他的儿子们”（Laocoon and his sons）为例，三个人物各自扭曲的面部表情、四肢的位置、充满张力的肌肉，无一不是在表达备受折磨的状态，也是引发观众共情的重点所在。艺术家按照神话传说安排了几条蛇游走在三人之间，既把人物串联起来，又设定了一个框架。观众从任一角度，都能观赏到拉奥孔父子三人遭受痛苦的面部和即将咬下去的蛇的位置，不由自主地回想起神话传说中拉奥孔违抗众神意志、试图揭开特洛伊木马秘密的下场。（图1-2-19）

与拉奥孔父子三人所带来的恐惧和威慑相比，“男孩与天鹅”（Boy with goose）则富于世俗色彩和家庭嬉戏意味。（图1-2-20）由此推测，这种描绘世俗日常情景的雕塑很可能是富人们的私人财产，用来装点门面

图1-2-20
“男孩与天鹅”，罗马昆蒂利尼别墅（Quintilii Villa），公元1—2世纪罗马复制品

图1-2-19
“拉奥孔和他的儿子们”，罗马图拉真浴场（Baths of Trajan），公元前200—公元70年罗马复制品

或私人收藏。希腊化时期私宅与别墅的兴起既增加了人们对雕塑的需求，也进一步推动了雕塑艺术的普及，艺术品作为商品的属性更加突出。

希腊化时期出现的巨型雕像，以罗德岛港口矗立的太阳神青铜像（Colossus of Rhodes）为代表。据称，太阳神的高度超过30米，曾被称为古代世界七大奇观之一。（**图1-2-21**）雕塑家卡雷斯（Chares of Lindos）在公元前280年左右雕刻完成此像，以纪念罗德人在公元前305年抵抗马其顿安提柯王朝国王德米特里一世入侵的胜利。该像毁于公元前226年的地震。

图1-2-21
罗德岛太阳神像复原图

三、绘画

按照老普林尼的说法，希腊人在黄杨木上作画的工艺起源于西库翁（Sikyon）或科林斯。[1]但木板在希腊的气候条件下易腐而难以保

1 Pliny, *Natural History*, 35.15-16, with an English translation by H. Rackham, Cambridge, Mass.: Harvard University Press, 1952.

存，因此我们无法得知古风时代之前的木板画（panels）情况。不过古风时期的木板画尚有遗存。古代科林斯的皮察（Pitsa）地区还留有一些木板画，据考证其年代大约为公元前540年—前530年间，是目前同类中遗存最早的。这些木板画包括一幅相对完整的和三幅残片，其中完整的那一幅描绘了一队七人在笛子和里拉琴的伴奏下将一只羊献给宁芙女神（Nymph）的场景，另有一幅残缺的画描绘了几位头戴头巾的女性，很可能即是宁芙女神。由此推测，这些木板画很可能是献祭品。（**图1-2-22、23**）

古风时期的绘画成就主要体现在瓶绘上，黑绘式与红绘式是古希腊瓶绘艺术中最重要的两种技术。

公元前700年左右，科林斯最先出现了在浅色底上绘画黑色轮廓的黑绘式技术。公元前6世纪初，这项技艺传入阿提卡地区，戈耳工陶

图1-2-22 皮察木板画

图1-2-23 皮察木板画（残片）

瓶绘者（Gorgon painter，活跃于公元前600—前580年）是最早的阿提卡黑绘式画家之一。（图1-2-24）公元前560—前530年，黑绘陶器在阿提卡地区广为流行，当时最著名的陶工兼画家是埃克塞基亚斯（Exekias，早于公元前550—约前525年）。（图1-2-25）

公元前530年左右，红绘式技法开始出现在雅典，代表画家是安多基德斯陶瓶绘者（Andocides Painter）。这位画家的具体姓名不详，因其许多绘画作品出现在名为安多基德斯的陶工所制的陶器上，故被后世学者们称为"安多基德斯陶瓶绘者"。安多基德斯陶瓶绘者的一些作品出现在"双式瓶"（bilingual vases）上，即一件陶瓶上同时出现黑绘式和红绘式两种画法，这说明画家本人所处的年代是由黑绘式向红绘式过渡的阶段。例如大英博物馆所藏的一件阿提卡双耳瓶。一面是安多基德斯陶瓶绘者的红绘式风格瓶绘"赫拉克勒斯与尼米亚狮子"（the Nemean lion），图中左侧为雅典娜女神，右侧为赫拉克勒斯的侄子伊

图1-2-24
阿提卡早期黑绘式风格陶瓶局部，可见戈耳工追逐柏修斯（Perseus）的形象，约公元前580年

图1-2-25
埃克塞基亚斯制作并绘制的黑绘式双耳陶瓶，可见阿喀琉斯与埃阿斯掷骰子的形象，公元前540—前530年

正面

背面

图1-2-26
阿提卡双耳瓶，约公元前520—前500年

俄拉俄斯（Iolaus），中间是正在和尼米亚狮子搏斗的赫拉克勒斯；另一面是另一位画家的黑绘式风格瓶绘“阿喀琉斯和埃阿斯（Ajax）掷骰子”（复原图）。（图1-2-26）红绘式画家们使用凸起的轮廓线与稀释的涂料在黑色背景中创造浅色形象，使得创作空间更大且更具立体感。[1]（图1-2-27）

图1-2-27
阿提卡红绘式陶罐，雅典，约公元前470—前460年

除了黑绘式和红绘式之外，还有一部分古希腊瓶画属于白底黑绘或彩绘式。白底陶瓶最初出现在公元前6世纪，主要集中在雅典。它以白色石灰石黏土为釉料，用深色轮廓线和色彩图层作画。（图1-2-28）白底陶瓶的一个缺点是颜色易褪，因此不常用于日常器皿，后来主要成为妇女使用的家居装饰，以及用来盛放祭祀的橄榄油。

古典时期的绘画艺术包括瓶画、板画和墙画，同时也出现了希腊化时期盛行一时的镶嵌画的萌芽。在公元前5世纪初，雅典所建造的赫淮斯托斯神庙（Temple of Hephaestus/Hephaisteion）和画廊（Stoa Poikile）中皆有绘在大型木板和墙壁上的纪念性绘画。[2]在希腊以外的地区也发现了一些大型墓室壁画，其中最著名的是意大利帕埃斯图姆（Paestum）的“潜水者之墓”（Tomb of the Diver）。该墓的墓室由五块石灰石板组成，组成四周墙壁的四块石板上均绘有宴饮的情景，屋顶上还绘有一名男子纵身跃入水池的场面。（图1-2-29、30）在当地

图1-2-28
阿提卡白底彩绘式酒罐局部，意大利南部，约公元前490—前470年

1 Thomas Mannack, “Greek Decorated Pottery I: Athenian Vase-painting,” in T. J. Smith, ed., *A Companion to Greek Art*, Vol. 1, Chichester: Wiley-Blackwell, 2012, pp. 46-56.

2 M. Stansbury-O’Donnell, *A History of Greek Art*, Chichester: Wiley Blackwell, 2015, p. 255.

图1-2-29
“潜水者之墓”西侧墙壁人物像，约公元前470年

图1-2-30
“潜水者之墓”顶部壁画

留存至今的同时期希腊墓葬中，这是唯一绘有人物图案壁画的墓葬。[1]由于帕埃斯图姆位于当时希腊人与埃特鲁里亚人之间的边界地带，而且埃特鲁里亚人流行在墓中绘制壁画，这座墓葬也很可能受到埃特鲁里亚墓葬文化的影响。

到了希腊化时期，马其顿墓葬中同样不乏大型壁画，例如维尔吉纳的一处马其顿墓中有一幅“哈得斯掳走珀耳塞福涅”（Hades

1 R. R. Holloway, “The Tomb of the Diver,” *American Journal of Archaeology*, Vol. 110, No. 3 (2006), p. 365.

abducting Persephone）。传说冥王哈得斯对得墨特尔（Demeter）之女珀耳塞福涅（Persephone）一见钟情，就告诉了宙斯，两人合计在少女游玩的时候突袭。某日，珀耳塞福涅与女伴在花园嬉戏玩耍，哈得斯突然出现，令地面开裂，他顺手将少女掳走。壁画中心是哈得斯一手抱着珀耳塞福涅，一手驾车，左侧是奔驰的马匹和一位冥界引路人，右侧是珀耳塞福涅惊惶失措的女伴。画面整体色调以不同程度的红色为主，线条描绘有素描一般的笔触效果。相比古典时期的前辈，这一时期的艺术家对光有了更多的感知，通过透视与明暗手法的处理获得的立体效果，在马车、人物的头发、衣褶处尤为突出。这幅壁画依然以希腊神话为主题，但人物的处理和互动更为生动鲜活。（图1-2-31）

军事活动也是马其顿壁画中经常出现的主题。在希腊勒夫卡地亚的一座马其顿墓中有一幅武士图，图中骑士身着希腊—波斯混合式装束，策马前行，用手中的长矛刺向对面惊慌之下以盾抵挡的对手。（图1-2-32）在勒夫卡地亚的另一处马其顿墓葬中，一面墙上绘有马其顿式的盾牌，盾牌中间是类似于太阳的图案，四周有花环围绕。盾牌下面是两片胫甲，左右各有一顶头盔，墙上还悬挂着两把剑。另一面墙上也绘有盔甲的图案。这类军事题材的壁画说明墓主人卢桑和卡里克勒斯（Lyson and Callicles）出身行伍，画家通过模拟墓主人生前的生活环境，为其描绘了一处往生的居所。（图1-2-33）

图1-2-31
维尔吉纳马其顿墓壁画，约公元前340年

图1-2-32
勒夫卡地亚马其顿墓中武士图，约公元前310—前290年

武器图

甲胄图

图1-2-33
卢桑和卡里克勒斯墓壁画，约公元前250年

希腊化时期在绘画领域的新成就是镶嵌画艺术。希腊早期的卵石镶嵌画出现在奥林图斯（Olynthus）、科林斯等地。[1]至公元前4世纪晚期，卵石镶嵌画工艺在马其顿得到进一步的发展，其中的代表作便是都城培拉（Pella）两处贵族宅邸中发现的大幅镶嵌画“猎狮图”和“猎鹿图”。

1 M. Stansbury-O'Donnell, *A History of Greek Art*, pp. 310-311.

图1-2-34
马其顿卵石镶嵌画“猎狮图”，希腊培拉古城，公元前4世纪后期

图1-2-35
马其顿卵石镶嵌画“猎鹿图”，希腊培拉古城，公元前4世纪后期

“猎狮图”描绘了两名贵族男青年狩猎狮子的场景，其中人物和狮子以白色为主色调，用少量的红色和黄色作为点缀，与黑色的背景形成鲜明的对照。位于图画中间的狮子鬃毛直立，向前俯身意欲扑噬，形象逼真。两旁的狩猎者全身赤裸，丰满紧实的肌肉表现出体态的健美。面对凶猛的狮子，两人拔剑相对，毫无惧色。整幅画面虽然仅有四种颜色，却通过深浅色调的对比而细致地勾勒出人物动作的细节，将狩猎的紧张气氛展现得淋漓尽致。（**图1-2-34**）

在另一处宅邸中发现的“猎鹿图”同样描绘了狩猎的场景，但不同的是，艺术家在狩猎的场景四周还设计有波纹和花朵图案的饰带，使整幅画面更具有观赏性。（**图1-2-35**）狩猎和宴饮是马其顿男性贵族

日常的主要活动。这些马赛克镶嵌画都铺设在宅邸宴饮厅的地面上，可见是为精英阶层的宴饮活动营造专门的氛围感。

到公元前3世纪时，镶嵌画的材料由天然卵石逐渐演变为花岗岩、玻璃、陶土、黏土等材料制成的嵌片。这一方面是为了适应希腊化时期以精细和写实为特征的整体艺术转向，因为卵石的特性无法满足主题和色彩的更高要求，而且卵石也容易褪色。另一方面，相对廉价的其他替代性材料可以满足更多人的需求。还有一种可能性是一些人追求装饰材料的多元性，将多种原材料结合使用。

公元前3世纪后期还出现了色彩更为艳丽的镶嵌画作品，例如艺术家索菲罗斯（Sophilos）创作的一幅女性镶嵌画像。（图1-2-36）索菲罗斯还开创了镶嵌画工艺的新技法，即被罗马人称之为“蠕虫状纹样”（opus vermiculatum）的镶嵌工艺。之前的棋盘状纹样（opus tessellatum）采取直径1厘米左右的直角大嵌片，蠕虫状纹样则是以2—3毫米为边长的小嵌片排列于弯曲的蠕虫般的线条中。

至公元前2世纪，镶嵌画最流行的地方是爱琴海南部的提洛岛（Delos），目前已在当地发现大约350幅镶嵌画。[1]提洛岛镶嵌画的代

图1-2-36
索菲罗斯所作的女性镶嵌画像，埃及特穆伊斯（Thmuis），约公元前200年

1 A. Stewart, *Art in the Hellenistic World: An Introduction*, p. 203.

表作是一幅酒神狄奥尼苏斯骑豹图，采用的正是蠕虫状镶嵌工艺。（图1-2-37）

古风和古典时期的公共建筑，例如神庙和卫城，服务的对象是公民集体。但到了希腊化时期，艺术更多的是为统治者效力，王公贵族的住所和墓地皆精美奢侈。古风和古典时期的艺术家们在塑像时已经开始探索如何展示理想的身体，希腊化时期的雕像更注重对人物表情和内心世界的刻画，视觉艺术语言更为丰富。在希腊化时期，镶嵌画成为绘画领域的新成就，在主题和色彩上都迎合了当时以精细和写实为特征的整体艺术趋势。这些艺术形式上的新发展所反映的正是希腊化时期的个人主义、现实主义与人文主义特征。艺术品不仅是城邦中供人瞻仰的纪念物，更是人们的日常用品。社会各阶层的人们都能从艺术元素中汲取所需，满足政治、文化乃至日常生活等不同方面的需求。

图1-2-37
狄奥尼苏斯骑豹图，提洛岛的“狄奥尼苏斯之家”（House of Dionysos），公元前2世纪后期

结　语

从古风时期到希腊化时代，社会政治环境的改变直接影响到艺术的发展和创新。在古风和古典时代的生活中，城邦和宗教是希腊人关注的中心。到希腊化时期，人们对俗世享乐的追求显而易见，国王宫廷、墓地以及私人住宅都成了展示奢侈艺术品的舞台。与世俗化相伴的是个人主义倾向，不仅反映在以亚历山大为代表的国王肖像艺术上，更体现为艺术家对普通人的关注。

希腊艺术的另一大特征是艺术要素的多元化。古风时期以来，希腊人积极吸收近东地区民族的文化传统和艺术成果，以至于出现了被西方史家所称之的“东方化革命”时代。希波战争的爆发在客观上进一步促进了希腊与近东地区的文化交流。至希腊化时期，亚历山大帝国的建立及希腊化世界的形成，极大地推动希腊文化向外的传播。此时的艺术表现出更明显的地域特色，尤其是希腊的艺术主题、风格和观念传入东方，与当地的艺术形式相融合，形成独特的希腊化艺术。

（徐　朗）

第二章　希腊化世界的艺术发展及其特征

早在阿黑门尼帝国（Achaemenid Empire，公元前550—前330年）时期，希腊艺术精品就已被波斯君王收藏。[1]（图2-0-1）亚历山大东征开启了希腊乃至世界历史的新篇章，希腊人的文化艺术也随着希腊人的军事征服和殖民建城活动从地中海沿岸一直东传到中亚内陆地区和印度西北部。当希腊人走向更广阔世界的时候，文化艺术也面临新的发展机遇和挑战。亚历山大帝国的建立和解体对希腊艺术的发展和传

图2-0-1
波斯波利斯薛西斯王宫（Palace of Xerxes/Hadiš）出土的古希腊白色大理石雕像，公元前5世纪晚期

1　李零：《波斯笔记》下册，北京：生活·读书·新知三联书店，2019年，第402页。J. Boardman, *The Greeks in Asia*, London: Thames & Hudson, 2015, pl. VI.

播产生了哪些影响？在亚历山大帝国和随后建立的各希腊化王国，统治者如何借助艺术手段来满足其政治需求？在本地艺术相对较发达的地区，例如埃及和印度，外来的希腊化艺术如何实现与当地文化的共存和融合？这些问题的答案对于我们了解希腊化艺术的本质特征是极为重要的。

第一节　亚历山大大帝的“理想化”艺术形象

随着亚历山大东征不断取得胜利，他的形象和生平事迹成为同时期艺术创作的重要素材。值得注意的是，亚历山大有意识地利用视觉艺术作为

◀图2-1-1
亚历山大持矛青铜像，埃及，公元前325—前200年

▶图2-1-2
亚历山大持矛青铜像（底座为石质），罗马帝国，公元2世纪—3世纪早期

图2-1-3
阿提卡红绘式双耳瓶上的阿喀琉斯，约公元前455年

政治宣传和宣示王权的工具。自亚历山大开始，现世的国王被塑造为受人崇拜的对象，国王的肖像刻意模仿神明和英雄人物的标志特征。从现存的亚历山大塑像来看，亚历山大的形象与阿喀琉斯、赫拉克勒斯和狄奥尼苏斯等人物存在着密切的联系。

根据一些史料的记载，亚历山大自幼便熟悉荷马史诗，他的老师、阿卡纳尼亚的吕西马库斯（Lysimachus of Acarnania）有一次将亚历山大和自己的师生关系比作是阿喀琉斯和他的老师福尼克斯（Phoenix）。当亚历山大后来东征至伊利昂（Ilion）的时候，他在阿喀琉斯的墓前举行了盛大的祭奠仪式和纪念赛会。[1]根据荷马史诗，我们发现阿喀琉斯与现存的亚历山大塑像有许多相似之处，例如长发、不留胡须的青年男子形象以及狮子般的勇气。[2]现今我们无法确切得知，当时艺术家们是否是在亚历山大的授意下刻意将他的形象雕刻成荷马笔下阿喀琉斯的样子。但从亚历山大对荷马和阿喀琉斯的崇敬态度来看，这是极有可能的。

另外一个值得注意的艺术造型是持矛。现存的一些亚历山大雕像经常摆出手持一柄长矛的姿势，这种造型很可能是后人模仿吕西普斯最早创作的亚历山大持矛雕塑。[3]（**图2-1-1、2**）对于艺术家而言，长矛并不是一件普通的兵器。在荷马史诗中，阿喀琉斯手持长矛冲锋陷阵，长矛代表他为名誉和美德而战斗的意志。在公元前5世纪的一些陶瓶画中，阿喀琉斯都是手握长矛的形象，可见长矛是阿喀琉斯的标志物。（**图2-1-3**）由此推测，亚历山大持矛的姿势也是仿效阿喀琉斯。

1 Plutarch, *Alexander*, 5, 8, 15, with an English translation by B. Perrin, Cambridge, Mass.: Harvard University Press, 1919.

2 A. A. Trofimova, *Imitatio Alexandri in Hellenistic Art: Portraits of Alexander the Great and Mythological Images*, Roma: L'Erma di Bretschneider, 2012, p. 35.

3 Plutarch, *Isis and Osiris in Moralia*, 360d, with an English translation by F. C. Babbitt, Cambridge, Mass.: Harvard University Press, 1936; Pliny, *Natural History*, 34.18, with an English translation by H. Rackham, Cambridge, Mass.: Harvard University Press, 1952.

但亚历山大的长矛很可能还有另一层含义，即向世人昭示他通过武力征服而获得的统治者身份。这种持矛的英雄形象甚至还影响了罗马人。例如著名的“第一门奥古斯都”像（Augustus of Prima Porta）右手向前伸出，左臂弯折，左手呈卷握状，手中应当握有长矛一类的兵器。雕像的重心放在右腿上，左腿呈放松的姿势，这一姿态与公元前5世纪时波利克列托斯的名作“持矛者”（图1-2-15）颇为类似。奥古斯都全身披甲，严肃的面容呈现出一种精神矍铄、勇于征伐的姿态。（图2-1-4）除了遵循希腊传统的雕像平衡设计与审美风格外，持矛的姿势也是这尊雕像继承希腊艺术风格的一个重要体现。

图2-1-4
罗马“第一门奥古斯都”像，公元1世纪

马其顿王族将赫拉克勒斯视为他们的祖先。[1]在亚历山大的心中，赫拉克勒斯既是值得敬佩的英雄，也是他企图超越的对手。据阿里安记载，亚历山大不畏艰苦到达埃及阿蒙神庙的目的“即是与他的两位先祖赫拉克勒斯和柏修斯相竞争”。[2]除了文字记载外，实物材料也可证明亚历山大与赫拉克勒斯的联系。例如亚历山大本人发行的一枚四德拉克马银币，正面是头戴狮头帽的赫拉克勒斯的头像。（图2-1-5）这实际是自己形象的展示。又如在塔吉克斯坦南部塔赫特—伊·桑金（Takht-i Sangin）遗址发现的一尊亚历山大像。虽然该像仅存头部和左肩，但我们仍旧可以看出亚历山大头上的狮头帽，左肩残存部分也可依稀辨认出狮爪的形状。（图2-1-6）

图2-1-5
亚历山大大帝发行的银币，公元前336—前323年

1 Herodotus, *The Persian Wars*, 8.138, with an English translation by A. D. Godley, Cambridge, Mass.: Harvard University Press, 1920-1925; Plutarch, *Alexander*, 2.

2 Arrian, *Anabasis*, 3.3.1, with an English translation by P. A. Brunt, Cambridge, Mass.: Harvard University Press, 1976.

狮子的造型显然与赫拉克勒斯战胜尼米亚狮子的传说有关。耐人寻味的是，人们还发现了一尊戴有狮头皮盔的米特里达特六世的头像。（图2-1-7）米特里达特六世是黑海沿岸本都王国的君主，其在位期间（公元前120—前63年）多次击退罗马人向小亚细亚的扩张。根据史料记载，米特里达特六世受到小亚各城邦的普遍爱戴，被尊称为“亚洲的解放者”。[1]米特里达特六世抗击罗马入侵的举动自然令希腊人回想起当年亚历山大战胜波斯的壮举，而国王本人也不失时机地自称为“新亚历山大”。[2]出于政治宣传的目的，米特里达特六世需要在形象上贴近亚历山大。然而这尊戴有狮头帽的雕像模仿的是赫拉克勒斯，也就是亚历山大本人所效仿的对象。由此看来，米特里达特六世的用意不仅在于追随和模仿亚历山大，甚至还试图通过建立与赫拉克

◀图2-1-6
亚历山大象牙雕像，塔吉克斯坦
塔赫特—伊·桑金，公元前3世纪

▶图2-1-7
戴狮头皮盔的米特里达特六世像，
罗马帝国，公元1世纪

1 Cicero, *Pro L. Flacco*, 25, with an English translation by C. Macdonald, Cambridge, Mass.: Harvard University Press, 1976; Diodorus Siculus, *Library of History*, 37.26, with an English translation by F. R. Walton, Cambridge, Mass.: Harvard University Press, 1967.

2 A. A. Trofimova, *Imitatio Alexandri in Hellenistic Art: Portraits of Alexander the Great and Mythological Images*, p. 72.

勒斯的联系而将自己等同于亚历山大本人。

除了赫拉克勒斯之外，另一个对亚历山大产生重要影响的神话人物是狄奥尼苏斯。马其顿人素有敬奉狄奥尼苏斯的传统，亚历山大的母亲奥林匹娅斯（Olympias）即是一位狂热的酒神信徒。[1]根据古典作家阿里安的记载，亚历山大在征服印度途中，曾经抵达据说是酒神狄奥尼苏斯征服印度后返回时建立的城市尼萨（Nysa），称自己要比酒神征服得更远。[2]历史学家卡利塞努斯（Callixenus）曾描述公元前275/274年在埃及的亚历山大里亚举行的一场狄奥尼苏斯节祭典游行。酒神虽然在穿着上仍旧保持了传统希腊特征，例如头戴常春藤和葡萄叶织成的桂冠，但他的坐骑是一头大象。亚历山大的形象也出现在这场游行祭典中，其中一尊亚历山大像头戴常春藤形的金冠，另一尊由黄金塑成的亚历山大像则被放置在一辆由大象所拉的战车上。[3]由此可见，大象、狄奥尼苏斯、亚历山大三者之间应当存在某种联系，并且对于托勒密王国而言具有重要的舆论宣传作用。一些学者认为大象出现在这场祭典上是因为托勒密王国曾使用战象作战，但另有一些人认为大象很可能寓意狄奥尼苏斯和亚历山大在印度的胜利，[4]例如在托勒密一世所发行的亚历山大钱币上出现了象头皮盔的形象。（**图2-1-8**）倘若说亚历山大当年征服印度时是以狄奥尼苏斯为典范，托勒密王国则是在宣扬自己继承了亚历

图2-1-8
托勒密一世发行的四德拉克马银币

---

1 Plutarch, *Alexander*, 2; Athenaeus, 14.659, with an English edition and translation by S. D. Olson, Cambridge, Mass.: Harvard University Press, 2011.

2 Arrian, *Anabasis*, 5.1-2.

3 J. J. Pollitt, *Art in the Hellenistic Age*, Cambridge: Cambridge University Press, 1986, pp. 280-281; A. A. Trofimova, *Imitatio Alexandri in Hellenistic Art: Portraits of Alexander the Great and Mythological Images*, pp. 90-91.

4 J. J. Pollitt, *Art in the Hellenistic Age*, p. 28; A. A. Trofimova, *Imitatio Alexandri in Hellenistic Art: Portraits of Alexander the Great and Mythological Images*, p. 87.

山大乃至狄奥尼苏斯的征服者角色，在异族的土地上树立了统治者的权威。

艺术史家波利特（J. J. Pollitt）曾将亚历山大塑像大致分为两类：一类是“英雄般的”，其原型应当是吕西普斯创作的亚历山大像。这类雕像普遍模仿原作的特征，例如无胡须的年轻人形象、狮子般的头发、抬头向上看的姿势等，凸显亚历山大精神矍铄的面貌和坚毅果敢的性格。另一类则是“神明般的”，最早的作品很可能是阿佩勒斯（Apelles）的画像“持闪电的亚历山大”。[1]亚历山大早在当年征服埃及时便相信自己是宙斯—阿蒙神的儿子，在东征过程中以赫拉克勒斯和狄奥尼苏斯为榜样和竞争对手，而在他成为庞大帝国的统治者之后，更是要求臣民们将他当作神明一般崇拜。与此相对应，他的肖像中加入了许多神明和英雄的特征标志物。除了阿喀琉斯、赫拉克勒斯和狄奥尼苏斯这些明显的特征，其他神明的标志物，例如宙斯的闪电、阿蒙神的角、赫利奥斯的光环等，也被替换、衍生或融合为亚历山大的标志物。虽然学者们在具体细节上尚存争议，但不可否认的一点是，亚历山大在艺术的领域被塑造为一个理想的统治者，在遥不可及的神明与人类之间树立起了一个现实立体的英雄形象。

这两类塑像风格都被亚历山大的后继者们所继承。一方面，亚历山大作为伟大的征服者和统治者，具有成功和幸运的象征意义。对于那些野心勃勃、争斗不断的后继者们而言，与亚历山大在外貌、表情、姿态等方面的相似性显然有助于宣扬继任者身份的正统性，特别是服务于某些特殊目的，例如米特里达梯六世的希腊解放者形象。另一方面，亚历山大在肖像艺术上开创了神人合一的先河，通过在本人肖像上增加神明或传说英雄的特征来强调征服和统治的合理性。这种利用视觉艺术进行政治宣传的做法是希腊化艺术的一个重要特征。毫

1 J. J. Pollitt, *Art in the Hellenistic Age*, pp. 29-30. 关于阿佩勒斯的画像，参见Pliny, *Natural History*, 34.18.

图2-1-9
“亚历山大镶嵌画”，意大利庞贝（Pompeii）农牧神之家（House of the Faun），约公元前100年

无疑问，希腊化艺术服务于王权，但我们也可以说，塑造王权的需要成为一种促进肖像艺术发展的催化剂。

如果说肖像艺术向后人传达的是亚历山大的容貌特征，一些以战争、狩猎为题材的艺术作品则向我们展示了亚历山大的现实生活。

在战争题材的作品中，最著名的便是镶嵌画“亚历山大镶嵌画”，表现了亚历山大大帝与波斯帝国末代君王大流士三世（Darius III，公元前336—前330年在位）在伊苏斯（Issus）对战的场景。该画据说是模仿画家阿佩勒斯的一幅画作，创作于公元前100年左右。它由100万个左右的嵌片拼成，[1]一平方厘米内甚至有30个小嵌片，[1]从远处看，画面的细节表现如同油画一般细腻出色。亚历山大的面部采用四分之三侧面表现的手法，头发宛如狮毛一般耸立于前额，眼神凝视对手大流士。他上半身穿着有袖长袍与胸甲，铠甲图案是美杜莎，寓意着战斗中被赋予强大的力量。亚历山大骑于马上，手持长矛刺向敌人。大流士身着波斯服饰，神情慌张，与亚历山大的勇猛和镇定自若形成了鲜明对比。尽管大流士身边军士环绕，但杂乱无序的士卒和倒地受伤的马匹等细节都说明波斯人面对士气高昂的马其顿军队毫无招架之力。画家选取了对阵高潮的一个动态瞬间，尽管双方仍在交战，但在观众

1 J. J. Pollitt, *Art in the Hellenistic Age*, p. 212.

眼中胜负局势已昭然若揭。这幅画作并未加入过多的神话元素，而是以较为写实的风格刻画出亚历山大在战场上的英姿。（图2-1-9）

狩猎也是亚历山大日常生活的重要活动。据说有一次亚历山大在部下克拉特鲁斯（Craterus）的帮助下亲手猎杀了一只巨狮，这一场景被雕刻家吕西普斯和莱奥卡雷斯（Leochares）塑成铜像予以纪念。[1]猎狮是古代埃及和美索不达米亚地区的一项传统活动，国王和贵族们为展示自己的勇气和武艺而与凶猛的野兽相搏斗。对于亚历山大而言，猎狮的行为有着重要的政治意义：一方面他继承了近东君主的传统，借助狩猎的胜利而进一步提升自己在东方各民族中的权威；另一方面，猎狮的举动也会让希腊人回想起他们的英雄赫拉克勒斯捕杀尼米亚狮子的事迹，而赫拉克勒斯正是亚历山大竭力效仿和试图超越的对象。

尽管亚历山大猎狮铜像没有保存下来，但马其顿故都培拉和维尔吉纳的2号墓中却存有以猎狮为主题的镶嵌画和壁画（图1-2-34），可见猎狮是马其顿上层贵族中流行的活动。现存于土耳其伊斯坦布尔考古博物馆的“亚历山大石棺”（Alexander Sarcophagus）上也生动地刻画了猎狮的场景。（图2-1-10）一位身着波斯服饰的贵族正举矛刺向

图2-1-10
“亚历山大石棺”，黎巴嫩西顿，公元前4世纪晚期

1 Plutarch, *Alexander*, 40.

图2-1-11
亚历山大猎狮雕像细节

狮子，据猜测，这具石棺的主人应是被亚历山大扶植登上西顿（Sidon）王位的阿达洛尼姆斯（Abdalonymus，公元前332—前311年在位）。左右两侧各有一人身着希腊装束，正骑马冲向狮子，其中左边的人头上戴有带状王冠，很可能就是亚历山大本人。（图2-1-11）阿达洛尼姆斯在自己的石棺上刻上他与亚历山大一同猎狮的情景，显然是向世人表明他与亚历山大的亲密关系，同时也反映出猎狮是亚历山大所喜爱的活动。

学界曾经对马其顿的艺术是否自成一派而有所争论，答案应该是肯定的。在希腊城邦基础上诞生的高度发达的文化艺术成就，对于地处希腊世界边缘地区的马其顿人来说有着天然的吸引力。马其顿人有着征服整个希腊的野心，也热衷于学习希腊中南部城邦的文化和艺术。从现有的考古发现来看，马其顿人在建筑柱式、壁画等领域继承了希腊古典艺术的工艺手法，并根据本民族的文化和宗教信仰进行调整和融合。希腊与本地文化的多元融合是马其顿艺术的一个重要特征。随着亚历山大挥师东征，希腊—马其顿艺术与埃及、近东、中亚等地的文化相融合，进一步推动了艺术领域的多元化发展。

图2-2-1
托勒密二世石立像，罗马城，公元前3世纪

马其顿艺术的另一项重要贡献即是以亚历山大为代表的国

王肖像艺术。亚历山大开启了以视觉艺术宣扬国王权威的先例，而在他死后，他的形象更是成为其后各希腊化王国君主们争相效仿的原型。这种带有英雄崇拜色彩的国王肖像艺术兴起于马其顿，并迅速流行于希腊化世界，使得希腊化艺术呈现出强烈的个人主义倾向。

第二节　托勒密埃及的“法老型”王室雕塑

在托勒密王国留存于世的艺术作品中，王室塑像占据了很大的比例。尽管很多雕塑现今只残留头部，但面部特征、发型和头饰的变化仍然能够反映出当地艺术发展的趋势。值得注意的是，托勒密王国的君主虽然是希腊—马其顿血统，他们的塑像却具有浓厚的埃及文化特征，其中一些塑像甚至与埃及法老无异。

例如现存于梵蒂冈博物馆的一尊托勒密二世像，头戴埃及法老独有的头巾（Nemes），头巾上还有圣蛇的形象（Uraeus）。（图2-2-1）圣蛇是埃及法老必不可缺的饰物。它是埃及蛇形女神瓦吉特（Wadjet）的代表物，寓意法老受到女神的保护，也是法老王权的权威标志之一。从雕像的姿势来看，国王站姿端正，头部和身体呈一条直线，双手固定于身侧，左脚前迈。这种肃穆古板的姿态也是沿用了埃及法老的传统姿势。同时发现的还有一尊阿尔西诺二世像，同样头戴法老头巾，摆出身体直立、左脚向前的姿势。（图2-2-2）

图2-2-2
阿尔西诺二世石立像，罗马城，公元前3世纪

托勒密二世和阿尔西诺二世是托勒密王国的早期统治者，他们的塑像遵循埃及法老的传统造型，应当是早年间巩固政权、笼络人心的需要。但托勒密王国后期的统治者也采取了相同的服

图2-2-3
托勒密九世石立像，埃及尼罗河三角洲，托勒密王国时期

图2-2-4
托勒密十二世石立像，埃及法尤姆（Fayoum）的鳄鱼庙（Temple of Crocodile），托勒密王国时期

图2-2-5
托勒密八世石像，公元前145—前116年

图2-2-6
托勒密十二世石像，托勒密王国时期

饰和姿势，例如托勒密九世（Ptolemy IX，公元前116—前107年、公元前88—前81年在位）和托勒密十二世（Ptolemy XII Auletes，约公元前80—前58年在位）。这种艺术造型上的延续性，说明埃及传统文化和艺术风格在托勒密王国统治期间始终具有重要的影响力。（**图2-2-3、4**）

埃及法老的另一个特征是佩戴象征上下埃及王权的双层王冠，其中红色的王冠代表下埃及，白色的王冠代表上埃及。这一点亦为托勒密王国所继承。在现存的托勒密国王塑像中，一些人佩戴了双层王冠（**图2-2-5**），另一些人同时佩戴了带式王冠（diadem）和埃及式双层王冠（**图2-2-6**）。

埃及法老宣称自己乃是神明眷顾之人，甚至神明之子，因而

在埃及神庙的壁画上经常出现法老佩戴神明标志物，或法老蒙受神明庇护的场景。亚历山大征服埃及时，不顾路途艰辛而急于前往沙漠中的阿蒙神庙，即是为了获得“阿蒙神之子”的认可。作为外来的统治者，托勒密王国的国王自然需要借助埃及传统宗教信仰的力量来巩固政权，因此采取了多种途径以强调自己的神圣性。除了大兴王室崇拜、自称神明之子外，托勒密王国还会在国王塑像上添加神明的专属标志。例如一些国王雕像的头发在右侧编成发辫，即所谓的荷鲁斯式发型（Horus sidelock）。这种风俗在埃及自古王国时期便已有之。古埃及人相信奥西里斯神（Osiris）之子荷鲁斯年轻时曾梳过这种发辫，因此将这种发型视作荷鲁斯神的一种象征。只有法老的子女才有资格梳这种发辫，寓意他们是奥西里斯神的合法后裔。（图2-2-7）

人物造型上的诸多埃及元素反映出托勒密王国对本地传统文化的重视，但这并不意味着他们为此而放弃了希腊文化。现存的一些托勒密国王头像具有明显的希腊风格，例如卷发，佩戴带状王冠，以及模仿亚历山大抬头向上看的姿势。（图2-2-8）甚至在一些埃及式的塑像上也出现了卷发的痕迹。（图2-2-9）

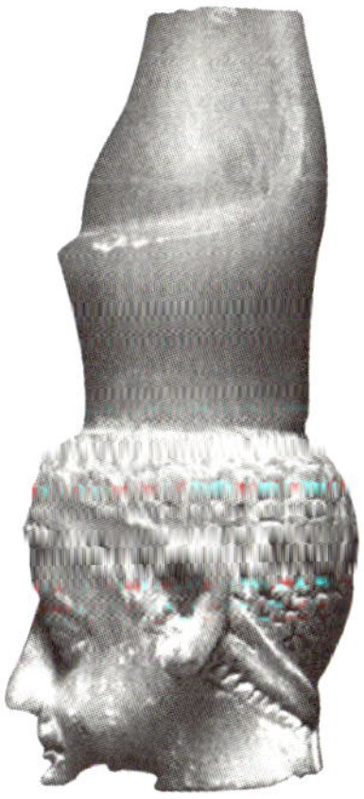

图2-2-7
托勒密王国国王头像，右侧头发梳成荷鲁斯式发辫

图2-2-8
托勒密一世石像，公元前4世纪末

图2-2-9
君王石像，托勒密王国后期至罗马帝国初

雕塑铭文也反映出埃及本地文化与希腊文化的融合。一些雕塑底座或背后的铭文是由埃及象形文字和希腊语双语书写而成，更有甚者，一些纯粹埃及式样的雕塑的铭文只有希腊语。[1]

除了雕塑外，钱币头像也是国王造像艺术的重要组成部分，而托勒密王国的许多钱币头像都是希腊风格的。钱币正面的国王形象通常是头戴希腊式带状王冠，并具有卷发、高鼻深目等明显的希腊人特征。（图1-1-23、32、33、34、35，2-1-8）

托勒密王国时期另一个典型的希腊文化元素是象征食物和丰饶的丰饶角（cornucopia），通常和女性王室成员有关。例如一件三叶嘴陶壶上绘有阿尔西诺二世手持丰饶角举行祭奠仪式的场景，该器物很可能是在阿尔西诺二世死后，每年一度纪念她的阿尔西诺亚节（Arsinoeia）上所用的物品。**（图2-2-10）**

阿尔西诺二世的钱币头像上也经常出现丰饶角的图案。除了前文提到的托勒密二世时期发行的八德拉克马金币（图1-1-33），托勒密六世到托勒密八世期间都曾发行印有阿尔西诺二世头像的钱币，背面同样选用了丰饶角的图案。**（图2-2-11、12）**作为第一位手握实权的托勒密王国王后，阿尔西诺二世频频出现在钱币上，一直延续到公元前2世纪末。钱币背面的丰饶角寓意着早已被宣布为神的阿尔西诺二世将永远为埃及带来丰饶富足。与之类似，人们在托勒密三世时期的钱币中也发现了印有王后贝莱尼凯二世（Berenice II）单人头像的钱币，背面同样是一枚丰饶角。这种做法显

图2-2-10
三叶嘴陶壶，制作于埃及，发现于意大利南部，公元前270—前240年

图2-2-11
托勒密六世时期发行的八德拉克马金币，正面阿尔西诺二世头像

1 P. E. Stanwick, *Portraits of the Ptolemies: Greek Kings as Egyptian Pharaohs*, Austin: University of Texas Press, 2002, pp. 38-39.

图2-2-12
托勒密八世时期发行的八德拉克马金币，正面阿尔西诺二世头像

图2-2-13
托勒密三世时期发行的五德拉克马银币，正面贝莱尼凯二世头像

然是在效仿阿尔西诺二世。（图2-2-13）

除了器皿和钱币上的浮雕外，丰饶角也可作为圆雕的一部分。例如两尊克列奥帕特拉七世的塑像虽然整体风格是埃及式的，却手握丰饶角。这说明希腊文化在公元前1世纪的埃及仍旧具有相当程度的影响力。（图2-2-14、15）

从年代顺序来看，公元前3世纪，也就是托勒密王国前四代国王统治的时期，国王雕像的面部形象显得较为模式化。人像面部肌肉丰满，呈现完美的左右对称性，双眼直视前方，嘴唇较厚，嘴角微微上扬。这种形象继承了埃及传统的法老造像艺术，显得庄重威严，但缺少个性特征。到了公元前2世纪时，一些国王雕像开始打破前代刻板化的形象，转而带有鲜明的个人特征。例如雅典国家考古博物馆收藏的一尊托勒密六世像，明显是年轻人的样貌。（图2-2-16）还有法国卢浮宫收藏的一尊托勒密十世像，嘴唇较薄，面容丰腴。（图2-2-17）

一些雕像虽然主体是埃及式的，却带有卷发这一希腊雕塑人物特征。（图2-2-9）这种变化反映的是埃及的希腊化程度逐渐提高的过程。

在托勒密王国立国之初，埃及人对外来希腊文化持有怀疑甚至抵制的态度。为了安抚民心，统治者需要沿袭法老的艺术风格以证明自己是原来法老王朝的继任者而非外来侵入者。随着埃及的政治局势日渐稳定，加上希腊化世界内部各民族之间往来日渐频繁，埃及人逐渐接纳了希腊文化。雕塑上两种艺术风格的融合也不由得令人猜测，当

◄图2-2-14
克列奥帕特拉七世石立像，
托勒密王国

►图2-2-15
克列奥帕特拉七世石立像，
埃及，公元前1世纪

时可能有希腊的工匠来到埃及，与本地工匠合作为国王塑像。但需要注意的是，希腊化程度的提高并不意味着埃及本地文化的衰落。在统治埃及的二百多年间，托勒密王国的塑像始终保留了埃及特征，希腊文化与其说是逐渐取代埃及文化，不如说是使埃及文化具有更为多元的表现形式。

图2-2-16
托勒密六世石像，希腊埃伊纳岛（Aigina），公元前180—前145年

图2-2-17
托勒密十世石像，托勒密王国时期

第三节　帕加马卫城的建筑艺术

帕加马王国的建立始于菲莱泰罗斯（Philetairos，公元前282—前263年在位）。帕加马虽然是小国，帕加马城却是希腊城市中的后起之秀，在文化上堪与雅典和亚历山大里亚媲美，为希腊化艺术贡献了不朽的杰作。

帕加马卫城的布局特色鲜明。卫城依山而建，沿着扇形台地顺势而下，由上到下包括武库、兵营、宫殿、神庙、图书馆、祭坛等建筑，西边斜坡上建有剧场。剧场观众席顺着地势缓缓而下，有台地作为视觉上的缓冲。长长的柱廊穿插在建筑群落之中，既可以起到分隔视线空间的作用，又可以通过不同的高度来协调地势不平造成的高低不一。帕加马的宫殿中也有一些柱廊建筑，应该是消遣和宴饮的场所，里面遗留着一些希腊风格的镶嵌画和立柱装饰。（图2-3-1、2）

在帕加马卫城的诸多建筑中，最著名的莫过于宙斯祭坛。整座建筑高约12米，人们可沿台阶拾级而上进入圣所。入口处由三面爱奥尼亚式柱廊围成“Π”形，柱廊内有数尊高2.3米的女性雕像，很可能是缪斯女神的象征。穿过爱奥尼亚式柱廊，人们即可进入圣所内部。（图2-3-3）

图2-3-1
帕加马卫城复原图，左侧为宙斯祭坛，德国古典学家弗雷德里希·提尔赫（Friedrich Thierch）1882年绘

图2-3-2

帕加马卫城柱廊建筑遗存，公元前281—前133年

图2-3-3

帕加马宙斯祭坛概貌（复原后），公元前2世纪前半期

圣所中间是一座祭坛，四周环绕着58米长、1.6米高的饰带，描述了帕加马的建城者、赫拉克勒斯之子特勒丰（Telephus）的神话故事。柱廊屋顶转角处有雕像。柱廊之下是长幅的雕像饰带，高约2.3米，上面刻画了奥林帕斯诸神与巨人战斗的情景。饰带浮雕上的神身材高大，肌肉线条丰满，神情严肃紧张，表现出战斗的激烈气氛。作为诸神对立面的巨人往往是半人半动物的形象，面容狰狞，在与诸神的对决中明显处于下风。长幅的战斗场面令人不由得产生动态的错觉，而西侧饰带的一些人物甚至还超越了阶梯的边界，仿佛冲到了观者的真实世界。（**图2-3-4**）

从艺术主题来看，帕加马宙斯祭坛以神明战胜巨人的神话故事来凸显阿塔卢斯王朝战胜异族的功绩。内侧的特勒丰饰带（The Telephus Frieze）讲述了赫拉克勒斯之子特勒丰的生平故事，特别是他参与特洛伊战争并受伤的经过，以强调帕加马与希腊世界自古以来的密切联系。（**图2-3-5**）从艺术风格来看，东侧饰带上的神与巨人战斗场景和雅典帕特农神庙西侧饰带的情景较为相似，[1]艺术家们很可能借鉴了雅典帕

图2-3-4
诸神与巨人战斗场景浮雕示例

1 A. Stewart, *Art in the Hellenistic World: An Introduction*, New York: Cambridge University Press, 2014, p. 108.

特农神庙的风格与主题，隐喻阿塔卢斯家族将帕加马打造成“新雅典”的目的。

第四节　塞琉古王国和帕提亚帝国的希腊化造型艺术

塞琉古王国继承了亚历山大帝国亚洲的最大部分，领土从地中海东岸一度延伸到中亚与印度。公元前3世纪中期，总督安德拉戈拉斯（Andragoras）发动叛变。游牧民族斯基泰人其中一支的首领阿尔萨息一世（Arsaces I，约公元前247—前217年在位）趁机进入帕提亚地区建立了王朝，史称帕提亚帝国。该帝国后来继承了塞琉古王国从美索不达米亚到中亚的广大领土。塞琉古和帕提亚艺术是一脉相承的。

塞琉古王国的艺术基本保留了古希腊的传统。其大城市如安条克（Antioch）和塞琉西亚（Seleucia）都采用希波达姆斯式布局法（Hippodamian Plan）网格状布局，一些王宫建筑具有希腊式柱头和长廊

图2-3-5
特勒丰饰带浮雕示例

等外部装饰。一件出土于美索不达米亚的塞琉古王国时期的雕塑——裸体男性身躯，体现出鲜明的希腊风格特点（图2-4-1），与同期罗马城的大型雕塑形态亦十分相似（图2-4-2）。另一件着衣女性立姿石雕，其脸部、手部等身体裸露部分以大理石雕刻，且施以细腻的磨光处理，其余部分如衣服、头发等处则以相对粗糙的石灰石雕刻。（图2-4-3）这种雕塑技法来自古希腊，称为“Acrolith”，本义是“末端与石头”，意指人物雕像身体的末端部分如头部、手部和脚部以质地细腻的石头制成，而身体的其他部分以一些相对廉价粗糙的材料如石灰石、木头等制成。[1]（图2-4-4）这件雕塑局部还可见到用灰泥塑造的细节，这也是来自古希腊的技术。[2]

伊朗西南的胡齐斯坦省（Khuzestan Province）出土了一件塞琉古王国时期某位统治者青铜像头部的残片，其技艺和造型均具有鲜明的

图2-4-3
着衣女立像，伊拉克塞琉西亚，公元前3—前2世纪

图2-4-1
赤陶裸体男性身躯像，伊拉克塞琉西亚，公元前3—前2世纪

图2-4-2
大理石贝尔维德雷躯干（Belvedere Torso），罗马城，公元前后，被认为是公元前2世纪早期希腊化雕塑的仿制品

1 Janet Grossman, *Looking at Greek and Roman Sculpture in Stone*, Los Angeles: Getty Publications, 2003, p. 3; Hugh Chisholm, ed., “Acroliths,” *Encyclopædia Britannica*, Vol. 1 (11th ed.), Cambridge: Cambridge University Press, 1911, p. 155.

2 R. M. Cook, *Greek Art*, Harmondsworth: Penguin, 1986, pp. 74-76.

希腊特点。（**图2-4-5**）伊朗高原西侧的纳哈旺德（Nahavand）有一座塞琉古王国时期希腊定居者所使用的神庙遗址。该地出土了一批希腊风格的青铜像。（**图2-4-6**）在中亚出土的一件公元前4—前3世纪的玉雕雌

图2-4-4
女神立像，意大利西西里岛阿伊多内（Aidone），公元前425—前400年

图2-4-5
塞琉古统治者青铜像残片，伊朗胡齐斯坦省伊泽市（Izeh）沙米（Shami），塞琉古王国时期

图2-4-6
希腊风格的青铜像，伊朗哈马丹省（Hamadan province）纳哈旺德，塞琉古王国时期

猎犬体现出鲜明的希腊写实风格。其脊柱和尾部较为夸张的程式化处理，则显出中亚本土特点。（图2-4-7）这件玉雕很可能是塞琉古王国时期中亚工匠在希腊文化的影响下创作而成。[1]

图2-4-7
玉雕雌猎犬，乌兹别克斯坦撒马尔罕，公元前4—前3世纪

帕提亚帝国的文化艺术具有明显的多元性特征，特别是早期吸收了大量希腊文化的元素。位于今土库曼斯坦境内的尼萨（Nisa）遗址是帕提亚帝国早期的一座重要城市，当地出土了大量希腊风格的雕塑和小雕像。例如一尊半裸的女性雕像，上半身裸露部分为精细打磨的白色大

图2-4-8
尼萨出土的女性雕像，公元前2世纪

图2-4-9
“米洛的维纳斯”大理石像，公元前2世纪，希腊米洛岛

图2-4-10
尼萨出土的银质雅典娜女神像，约公元前2—前1世纪

1 JADE iii. Jade Carving, 4th century B.C.E to 15th century C.E., *Encyclopædia Iranica*, https://iranicaonline.org/articles/jade-iii.

图2-4-11
罗马帝国时期仿帕特农神庙雅典娜女神像

理石，下身裙摆为颜色较深、质地较粗糙的石材。（图2-4-8）其手法来自古希腊，造型与著名的“米洛的维纳斯”（Venus de Milo，图2-4-9）也颇为相似，采取了希腊传统的“对立式平衡”（Contrapposto）的站姿。类似的还有一尊雅典娜女神小雕像（图2-4-10），女神身穿希腊传统的佩普洛斯长裙（Peplos，图2-4-11），胸前还有雅典娜标志物之一的戈耳工女怪像（Gorgoneion）。还有一尊帕提亚武士像，佩戴的头盔类似于希腊传统的弗里吉亚头盔（Phrygian helmet）。（图2-4-12）随着亚历山大的东征，这种头盔传入西亚乃至中亚地区。[1]在今黎巴嫩西顿出土的著名的“亚历山大石棺”上即出现了头戴弗里吉亚头盔的马其顿步兵与敌人战斗的场景。（图2-4-13）

尼萨遗址最引人注目的发现是出土了大量角状酒杯（rhyton）。这种角杯通常是用来饮酒或斟仪式祭酒的容器，造型类似于漏斗，底端呈现圆锥形，带有开口，饮酒者需仰头饮用。角杯广泛流行于地中海沿岸、美索不达米亚乃至阿姆河流域的

图2-4-12
尼萨出土的帕提亚武士像，公元前2世纪

图2-4-13
“亚历山大石棺”战斗场景石浮雕，黎巴嫩西顿，公元前4世纪晚期

图2-4-14
尼萨出土的象牙角杯上部希腊风格的人像浮雕，公元前2世纪

1 在中国的新疆近年也有发现，参见第五卷第四章第一节。

广大地区，在古代伊朗地区是十分常见的器物。尼萨发现的许多角杯是由象牙制成，上部绘有精美的纹饰，底部塑造有人物或动物的形象，而且带有明显的希腊风格。（图2-4-14）

还有一些角杯上的雕塑反映出希腊文化与近东和中亚文化的融合。例如一件角杯底端的雕塑是一个持水罐的女子，她的身份有可能是希腊女神宁芙，但也有可能是波斯本地司掌水源的女神阿娜希塔（Anahita）。（图2-4-15）另一件角杯的底端是一只带翼的大象，很可能是受到印度文化的影响，也有学者推测是与狄奥尼苏斯征服印度的传说有关。[1]（图2-4-16）

帕提亚帝国实际上就是在原来塞琉古王国的领土上建立起来的，在向西扩张的过程中，也继承了当地的希腊化艺术，并将其进一步本土化。考古学家对伊朗西部塞琉古王国至帕提亚帝国时期的爱奥尼亚

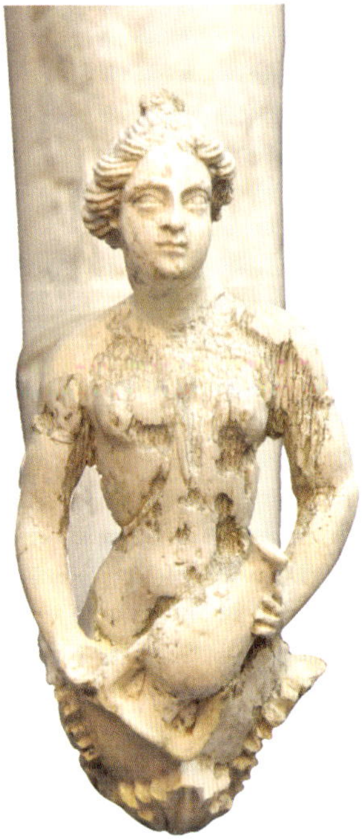

◀图2-4-15
尼萨出土的象牙角杯底部一名持水罐的女像圆雕，公元前2世纪

▼图2-4-16
尼萨出土的带翼大象角杯，公元前2世纪

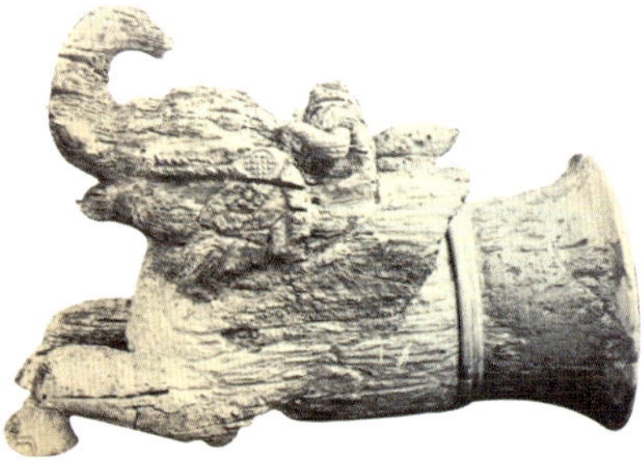

1 A. Invernizzi, “A Note on the Nisa Rhytons,” in A. Invernizzi, ed., *Μνεμεῖον: Scritti in memoria di Paolo Fiorina*, Alessandria: Edizioni dell’Orso, 2013, p. 95.

式和科林斯式柱头进行了梳理，得出的结论是此类柱头的涡卷形式一直在延续。[1]（图2-4-17）伊拉克北部库尔德斯坦（Kurdistan）地区奇兹卡潘（Qizqapan）岩墓门两边的半柱雕刻于帕提亚帝国时期，具有明显的希腊爱奥尼亚柱式的风格特点。（图2-4-18）

帕提亚的希腊化艺术突出体现在希腊神像圆雕上。在美索不达米亚北部，古城哈特拉（Hatra）出土了一件帕提亚帝国时期的阿波罗裸体立像，为典型的希腊古典时期艺术风格。（图2-4-19）伊朗胡齐斯坦省的古城苏萨（Susa）出土了帕提亚帝国时期由希腊工匠安条克（Antiochus）创作的女性石雕头像，希腊—罗马的风格特点鲜

图2-4-17
灰塑柱头，伊朗东塞拜疆省卡勒·扎哈克（Qaleh Zahak），帕提亚帝国时期

图2-4-18
奇兹卡潘岩墓，伊拉克库尔德斯坦地区，公元前600—前330年建造

1 Sajjad Alibaigi, Shahram Aliyari and Naser Aminikhah, “A New Ionic Type Capital from the Shiyan Plain: Tracing an Important Monument of the Seleucid/Parthian Periods Near the Khorasan High Road, Kermanshah, Western Iran,” in Kamal-Aldin Niknami and A. Hozhabri, eds., *Archaeology of Iran in the Historical Period*, Tehran: Springer, 2020, pp. 209-217.

明，一些学者认为它表现的是希腊女神提刻(Tyche)。[1]（图2-4-20）

帕提亚最著名的希腊神像圆雕作品为仿亚历山大大帝的宫廷雕塑师吕西普斯（Lysippus）作品的赫拉克勒斯像。底格里斯河畔的塞琉西亚遗址出土的一件赫拉克勒斯青铜像便是典型，其左右大腿上部分别有帕提亚语和希腊语铭文，内容基本相同，从铭文中可知这尊塑像是帕提亚君王沃洛加西斯四世（Vologases IV，公元147—191年在位）从美索不达米亚南部的附庸国美塞尼（Messene）掠取的，公元150—151年被奉献给阿波罗神庙。（图2-4-21）此类仿吕西普斯作品的赫拉克勒斯像在帕提亚还有陶塑和石雕作品，说明是当时流行的雕塑品类。（图2-4-22、23）

帕提亚常见的小型女性全身像雕塑也显示出希腊化艺术的特征。如立姿着衣女性陶塑，体现出希腊化“塔纳格拉小塑像”(Tanagra figurine)[2]的影响。（图2-4-24、25）雪

图2-4-20
女性头像，伊朗苏萨，帕提亚帝国时期

图2-4-19
阿波罗立像，伊拉克哈特拉，公元前2世纪—公元2世纪

图2-4-23
赫拉克勒斯石坐像，伊拉克尼尼微古城出土，公元1世纪前半叶

1 Joan M. Bigwood, “Queen Mousa, Mother and Wife(?) of King Phraatakes of Parthia: A Re-evaluation of the Evidence,” *Journal of the Classical Association of Canada*, Project Muse, Vol. 4，No. 1 (2004), pp. 35-70.

2 希腊化时期流行的泥陶制的彩绘小塑像，因产于雅典以北的塔纳格拉（Tanagra）而得名，实际上从小亚细亚到西西里岛地中海沿岸很多地区都有出产。Dorothy Thompson, “The Origin of Tanagras,” *American Journal of Archaeology*, Vol. 70，No. 1 (1966), pp. 51-63.

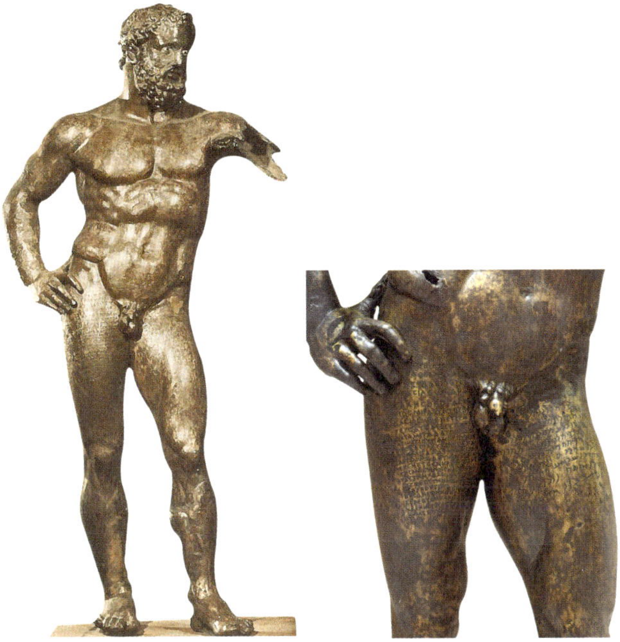

图2-4-21
塞琉西亚出土的赫拉克勒斯青铜立像，公元前3世纪—公元150年
（铭文公元150—151年）

图2-4-22
赫拉克勒斯陶立像，伊拉克巴
比伦古城出土，公元1—324年

图2-4-24
赤陶立姿着衣女像，公元前3—公元1世纪

图2-4-25
赤陶“塔纳格拉小塑像”，公元前3世纪前半叶

花石膏女性裸体雕像，其侧卧姿是受希腊艺术影响的结果，[1]而立姿可见希腊式的“对立式平衡”姿态。（图2-4-26、27）所有这些帕提亚女性全身像雕塑的表现，都呈现出程式化和偏离希腊化雕塑生动性的倾向，体现出本土化的特征。

图2-4-26
裸女侧卧像，雪花石膏雕刻，局部陶塑，眼睛和肚脐处嵌红色玻璃，伊拉克巴比伦古城产，帕提亚帝国时期

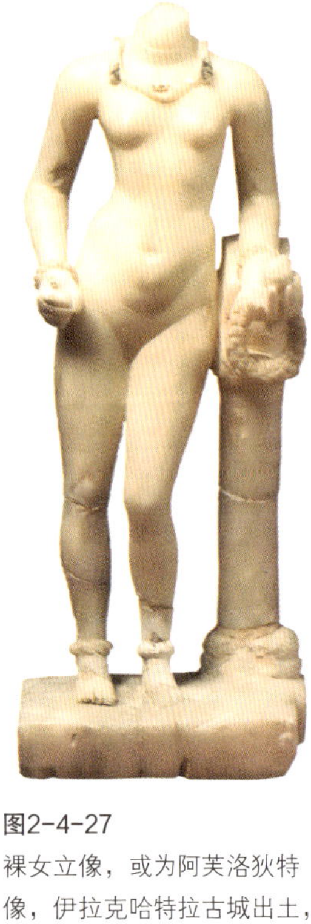

图2-4-27
裸女立像，或为阿芙洛狄特像，伊拉克哈特拉古城出土，公元前2世纪

图2-4-28
石制香炉，伊拉克哈特拉，公元2—3世纪

图2-4-29
哈特拉公主多莎弗里（Doshafri）和她的女儿思米（Simi）石立像，伊拉克哈特拉，公元2世纪

1 参见本卷第一章第一节对塞琉古王国末期贝希斯敦赫拉克勒斯岩刻的讨论。

图2-4-30
犍陀罗石雕佛立像，巴基斯坦萨尔依—巴赫洛（Sahri-Bahlol），公元2—3世纪

帕提亚帝国后期，统治者刻意复兴伊朗本地文化，对希腊化文化表现出抑制甚至反对的态度。帕提亚统治者本非希腊人，因此希腊化文化的传播难免会受到帝国内部政治结构和统治政策的限制。但这种思想意识上的改变并不能完全阻止希腊化文化以潜移默化的方式继续影响着帕提亚艺术的发展。

公元2世纪，一支阿拉伯人在美索不达米亚北部的哈特拉建立了哈特拉王国（Kingdom of Hatra，公元2世纪—公元241年），是帕提亚帝国的属国，其造型艺术遗存丰富，可以为晚期帕提亚艺术的发展提供注脚，我们从中仍可以看到希腊艺术要素的渗透。比如，哈特拉王国的石制香炉上部的四角常见竖起的阿堪突斯叶石雕装饰，这是受到了科林斯柱式的影响。（**图2-4-28**）哈特

青铜，传来自爱奥尼亚，公元前550—前525年

青铜，埃特鲁里亚，公元前520—前500年

石灰石，塞浦路斯，约公元前500年

图2-4-31
古希腊及其周边地区左手执衣角的女性立像

拉王国的女性着衣立像还流行左手执衣角的形象。（图2-4-29）左手执衣角也常见于同时代的犍陀罗佛像（图2-4-30），这种姿势滥觞于爱琴海及其周边地区的古希腊世界。（图2-4-31）

结 语

随着亚历山大帝国的建立，希腊文化向外传播至小亚细亚、埃及乃至更远的中亚和印度地区，希腊古典艺术得到进一步的传承和发扬。亚历山大大帝的“理想化”肖像艺术被多位国王继承，成为颂扬王权和政治宣传的工具。托勒密王国在国王造像艺术上展现出希腊艺术风格和埃及当地造像传统的融合，同时表现出一定的创新性。从塞琉古王国中分裂而出的帕加马王国和帕提亚帝国继承和吸收了希腊艺术的成果，为当地艺术的发展注入了新的动力。希腊化艺术的传播和融合丰富了埃及、近东、中亚等地的艺术表达形式，对区域文明的交流互鉴产生了积极的影响。

（徐 朗）

第三章 巴克特里亚与印度西北部的希腊化城市艺术

公元前3世纪中期，中亚的希腊—巴克特里亚王国（Greco-Bactrian Kingdom）从塞琉古王国独立，成为“希腊化远东地区”的中心。在其存在的120余年间（一般认为被征服于公元前130年之前），对中亚的艺术发展产生了深远的影响。阿伊·哈努姆（Ai Khanoum）是此地目前所发现的最具代表性的希腊式城市遗址，其中的希腊式剧场、体育馆、德尔斐格言碑文及相关文物，证明希腊文化在该城中居于主体地位。古希腊的传统观念、建筑技术和雕塑艺术已经融入了这些建筑中。[1]

公元前2世纪初，希腊—巴克特里亚王国入侵印度西北部，开启了所谓的印度—希腊人王国时期（Indo-Greek Kingdom，约公元前2世纪初—公元10年），其艺术中有不少沿袭希腊—巴克特里亚王国的成分。后世的贵霜帝国（Kushan Empire，公元30—375年）的赤陶塑像艺术可溯源至印度—希腊人时期。

约公元前1世纪，中亚的斯基泰人和西边的帕提亚人先后进入印度西北部，分别建立了后世所称之的印度—斯基泰人（Indo-Scythians）王国和印度—帕提亚人（Indo-Parthians）王国。他们都以

1 Pierre Leriche and Joël Thoraval, “La fontaine du rempart de l’Oxus a Aï Khanoum,” *Syria*, T. 56, Fasc. 1/2, Institut Francais du Proche-Orient, 1979, p. 205.

接受希腊化文化为荣。随着公元前后佛教艺术的发展，希腊艺术元素也融入其中。

第一节　希腊—巴克特里亚王国的城市艺术

巴克特里亚是多民族共存之地，希腊和东方传统之间的碰撞产生了希腊—巴克特里亚艺术。其显著特点是忠实于希腊艺术原型，又与东方影响密切交织。从考古资料看，希腊化造型艺术常常集中于城市遗址，最明显的例子是阿伊·哈努姆、塔赫特—伊·桑金（Takht-i Sangin）和坎培尔·特佩（Kampir Tepe）。

一、阿伊·哈努姆

阿伊·哈努姆是希腊—巴克特里亚王国的重要城市，位于今阿富汗东北部，毗邻塔吉克斯坦，是奥克苏斯河（Oxus，即阿姆河）上游喷赤河（Panj）与其支流科克查河（Kokcha）的交汇之地。它是巴克特里亚地区唯一比较完整地被挖掘出的希腊式城市，被誉为中亚“希腊文化的前哨”。[1]

（一）城市布局

阿伊·哈努姆是希腊—巴克特里亚王室成员的一个居住地，有可能是巴克特里亚王国的东都。其建筑风格结合了东方和希腊的元素。整座城市长1.8公里，宽1.5公里，呈三角形，分下城、上城及介于两

---

1 Rachel Mairs, “Achaemenid Ai Khanoum,” *Archäologische Mitteilungen aus Iran und Turan*, Vol. 46 (2014), p. 1.

者间的中间台地三部分。下城是主要部分，城市大型建筑及主要居住区域都在此。上城是卫城，有一座露天祭坛。

1. 希波达姆斯布局法（Hippodamian plan）

阿伊·哈努姆下城的规划采用希波达姆斯布局法，它按照纵横相交的网格状来安排城市布局，因此属于方格布局法（grid plan）的一种。

古希腊最初并没有合理规划市区的理念，许多历史名城，包括雅典城（Athens），都杂乱不堪，扩建城区时也很随意。直到公元前5世纪，伯里克利（Pericles，公元前495—前429年）邀请身兼建筑师、城市设计师和数学家的米利都人希波达姆斯（Hippodamus of Miletus，公元前498—408年）为其设计雅典在意大利的殖民地图里（Thurii）和雅典新港比雷埃夫斯（Piraeus）城区（图3-1-1），由此形成了希波达姆斯布局法。

希波达姆斯的设计并不像东方城市布局法那样强调中轴线对称，而是考虑到希腊多山的特点，因地制宜，兼顾城市布局的严整性和几何性。在“棋盘”布局中，纵横等距而垂直交叉的平行线成为街道，由此分隔出的每个“棋盘格”成为一个四方街区。这些街区主要是普

图3-1-1
希波达姆斯设计的比雷埃夫斯平面图

通市民的居住区，也包括一些大型豪华私宅。古希腊人又比较注重公共空间的建设，城中的大型公共建筑一般有宗教圣所、剧场、体育馆、城市广场（agora，古代市集，兼有市民政治、文化、休闲、宗教生活中心功能）等，它们往往占据两块以上街区的面积。希波达姆斯根据地形等因素，将它们合理地嵌入城市布局中。

希腊化时期，希腊人在东方地区热衷于建希腊式新城，希波达姆斯布局法被广泛采用，其中最著名的是埃及的亚历山大里亚（Alexandria）。

2. 因地制宜的棋盘状城市布局

阿伊·哈努姆下城以棋盘状的方式分割成多个四方街区，其中包含一些贵族公寓的居住区或宫殿区。[1]城中建筑主要集中在下城西部和南部。（图3-1-2）

下城中央大道为主街，始于北门，笔直向南，延伸到卫城脚下，长约1.5公里，起到中轴线的作用。中心建筑是有116根柱子的宫殿，门口设立建城者基涅阿斯（Kineas）的大型丧葬建筑。宫殿的大部分建筑沿中央大道的走向而建。沿主街的建筑包括剧场、凹龛神庙等。除宫殿外，城内所有建筑与主街保持平行。城内两座大型住宅、一处圣所、两座陵墓和一座体育馆，各占据一整块街区的空间。城南估计有四五十处希腊移民的民宅。已发掘出的最早的房子建于公元前2世纪。私人住宅一般有浴室，这也是希腊元素在中亚的体现。[2]（图3-1-3）

城中所有建筑都是单层平房构造。许多建筑使用约40×40厘米的“古典标准”尺寸（边长为五个手掌长度的正方形）方砖。在中

---

1 P. Bernard, “The Greek Kingdoms of Central Asia,” in Janos Harmatta, B. N. Puri and G. F. Etemadi, eds., *History of Civilizations of Central Asia. Vol. II: The Development of Sedentary and Nomadic Civilizations: 700 B.C. to A.D. 250*, Paris: UNESCO Publishing, 1994, p. 105.

2 Leonid M. Sverchkov, “The Kurganzol Fortress (on the History of Central Asia in the Hellenistic Era),” *Ancient Civilizations from Scythia to Siberia*, Vol. 14 (2008), p. 137.

图3-1-2
阿伊·哈努姆平面图及其地理位置

a. 宫殿群；b. 体育馆；c. 剧场；d. 军械库；e. 贵族住宅；
f. 卫城城堡；g. 露天神庙祭坛；h. 主街神庙；j. 北门外神庙

图3-1-3
主圣所西北住房的浴室遗址，阿伊·哈努姆

亚，这种建筑格式至希腊化时期才开始使用。[1]大多数建筑的墙壁都使用经烧制或未经烧制的泥砖来建造，这是当地的传统，在希腊世界并不常见。军事建筑与当时幼发拉底河中游西南岸的杜拉·欧罗普斯（Dura Europos）和底格里斯河畔的塞琉西亚（Seleucia on the Tigris）的建筑有相似之处，使用的是泥砖砌石技术。[2]剧场也用泥砖砌成，和巴比伦（Babylon）及底格里斯河畔的塞琉西亚的剧场一样。

希腊人在当地还采用一种阿黑门尼帝国（Achaemenid Empire，公元前550—前330年）常见的土坯砖和夯土墙体。不过在阿伊·哈努姆，希腊人建造的城墙未见土坯砖层和夯土层交替的现象。西部城墙的一些部分使用土坯砖进行加固，但仅仅是为防止城墙倒塌而进行的修补。[3]

阿伊·哈努姆城墙具有明显的非希腊元素，其墙基和方形实心塔楼皆非希腊式设计。一些建筑所用的瓦片和石板，与今土耳其西岸的古希腊城市普里尼（Priene）、今希腊北部的古马其顿城市奥林图斯（Olynthus）和撒丁岛的奥尔比亚（Olbia）等处相应的考古材料相似。

（二）大型公共建筑

希波达姆斯布局法不仅把希腊人的城市规划理念灌输到中亚，而且为输出希腊文化奠定了基础。可以想象，公元前4—前2世纪，在距古希腊腹地约5000公里的今阿富汗一带，希腊人和或多或少受希腊化影响的地方贵族一起坐在希腊式剧场中，欣赏希腊剧作；希腊殖民者

---

1 Sören Stark, et al., “Bashtepa 2016: Preliminary Report of the First Season of Excavations,” *Archäologische Mitteilungen aus Iran und Turan*, Vol. 48 (2016), p. 245.

2 Anthony McNicoll and N. P. Milne, *Hellenistic Fortifications from the Aegean to the Euphrates*, Oxford: Clarendon Press, 1997, p. 102.

3 Pierre Leriche, “Ai Khanoum: un rempart hellenistique en asia central,” *RA*, 1974, pp. 237-238.

的儿子和土著居民的孩子一同嬉闹，一起在希腊式体育馆中接受希腊式的教育。在阿伊·哈努姆的铭文中共发现15个希腊人名及其他伊朗名字，这表明希腊移民有意与当地居民共同生活。[1]

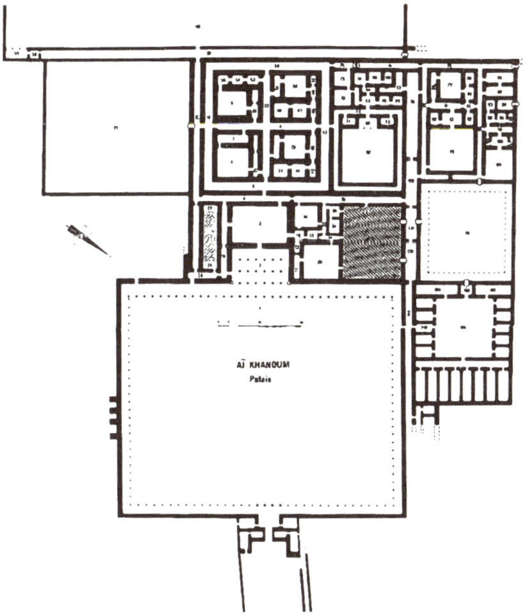

图3-1-4
阿伊·哈努姆宫殿平面图

1. 宫殿、公共体育馆、造币场和神庙

占据阿伊·哈努姆最核心位置的是宫殿，它由一个大型的科林斯柱廊庭院和一组宫廷住宅区构成。这一整体格局遵循了希腊—马其顿建造住宅和宫殿的传统。（图3-1-4）城市广场虽然至今尚未确切发现，但一些颇具规模的空地往往被推测为城市广场的所在地，比如宫殿中占地面积多达1.5公顷的柱廊庭院空间，与雅典占地2公顷的城市广场颇为相似。[2]

1 P. Bernard, "The Greek Kingdoms of Central Asia," in Janos Harmatta, B. N. Puri and G. F. Etemadi, eds., *History of Civilizations of Central Asia. Vol. II: The Development of Sedentary and Nomadic Civilizations: 700 B.C. to A.D. 250*, p. 103.

2 P. Bernard, *Fouilles d' Aï Khanoum (Campagnes 1965, 1966, 1967, 1968). Vol. 1: Text et Figures*, Paris: Klincksieck, 1973, p. 2.

图3-1-5
阿伊·哈努姆体育馆内的摔跤场遗址

宫殿北邻体育馆庭院区，体育馆也是很能体现希腊文化认同性的建筑。（图3-1-5）阿伊·哈努姆的体育馆呈方形，符合希腊传统布局方式，不过这里希腊常见的柱廊被外围一圈走廊取代了。这种走廊在当地很寻常，且制造成本远低于柱廊。靠近体育馆还有一个露天水池，其所蓄之水可能是为运动员洗浴，或为花园灌溉所用。

城中设有造币场，[1]但在大窖藏中发现的印度—希腊式钱币，是由早期印度—希腊人国王“公正者”阿伽托克勒斯一世（Agathocles I Dikaios，公元前190—前180年在位）发行的，应是外来输入。

城内主庙被考古学家称为“凹龛神庙”，庙宇正立面外墙饰有凹龛。凹龛神庙被明确划分为一个单独的有围墙的圣域，能从主街直接进入。（图3-1-6）凹龛神庙的装饰呈现出明显的希腊化风格，门廊的柱础借用古罗马建筑师维特鲁威（Vitruvius，约公元前75—前15年）的

1 P. Bernard, “The Greek Kingdoms of Central Asia,” in Janos Harmatta, B. N. Puri and G. F. Etemadi, eds., *History of Civilizations of Central Asia. Vol. II: The Development of Sedentary and Nomadic Civilizations: 700 B.C. to A.D. 250*, p. 102.

术语，是罗德斯式（Rhodian）的，其凹圆线脚搭配有两个拥有凸圆的线脚。

2. 希腊式公共建筑

阿伊·哈努姆的剧场（图3-1-7）、英雄祠（内有德尔斐铭文），以及奥克苏斯河石砌喷泉等，体现出希腊文化相当强的生命力。

剧场为希腊式的，可能仿自巴比伦的希腊式扇形剧场，有歌舞场（orchestra）、景屋（skene，一个有正门的呈长方形的木结构建筑）

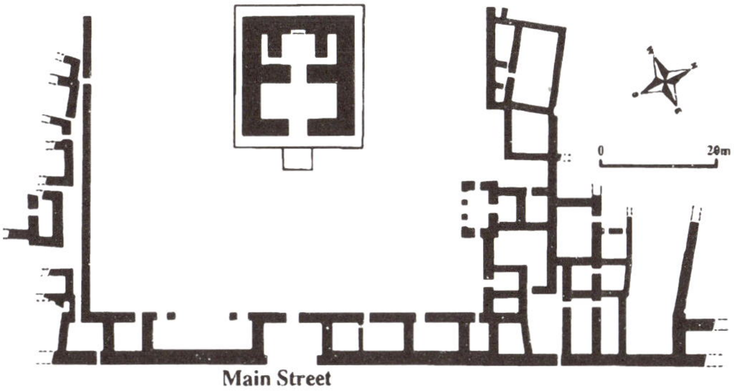

图3-1-6
阿伊·哈努姆“凹龛神庙”及其所处圣所平面图

图3-1-7
阿伊·哈努姆希腊式剧场复原图

和座位。座位有35排，几乎可容纳城中希腊移民与当地居民。剧场座位中间有三个凸起的平台，用以搭建凉廊（或包厢）供国王和宫廷成员专用，相当于古希腊剧场前排所谓“荣誉座位”（proedria）。不过传统古希腊剧场荣誉座位通常位于正中间第一排，与歌舞场处于同一个平面，而这些平台则高出歌舞场约五六米，与巴比伦、帕加马（Pergamon）和普里尼的希腊化剧场类似。其实从这一位置更容易观看演员表演，因这一时期演员更经常地在景屋的前台（proskenion）顶端表演，而非在原来的表演区中。[1]这与古希腊剧作家米南德（Menander，约公元前342/341—约前290年）的新喜剧表演惯例有关。[2]

基涅阿斯（被视为城市建立者）的陵墓位于临街的宫殿区入口一侧，体现出更地道的希腊建筑风格。（图3-1-8）它酷似一座希腊小神庙，带列柱和双柱门廊（distyle in antis，两端壁角柱间有两根柱子），可算是阿伊·哈努姆乃至希腊化东方地区最标准的希腊式建筑之一。

阿伊·哈努姆城墙外的地面上还有一座石头喷泉，[3]它可能是属于城中摔跤场的设施，在希腊的埃雷特里亚（Eretria）、土耳其的帕加马或普里尼也可以看到此类喷泉，一般设在一个更大的建筑群之中。

3. 希腊式及混合式的建筑装饰

阿伊·哈努姆建筑中的装饰元素展现了很强的希腊影响。科林斯和多利亚式的柱列，爱奥尼亚柱式，被应用在城中诸多建筑中，如宫殿、列柱庭院、多柱大厅、圣所、入口大门、体育馆等。一些房顶上

---

1 Laurianne Martinez-Sève, “The Spatial Organization of Ai Khanoum, a Greek City in Afghanistan,” *American Journal of Archaeology*, Vol. 118, No. 2 (2014), p. 278.

2 Olga Plagia, “The Impact of Alexander the Great,” in Richard Stoneman, Kyle Erickson and Ian Richard Netton, eds., *The Alexander Romance in Persia and the East*, Groningen: Barkhuis, 2012, p. 378.

3 Laurianne Martinez-Sève, “Aï Khanoum and Greek domination in Central Asia,” *Electrum: Journal of Ancient History*, Vol. 22 (2015), p. 33.

覆有瓦，并配有檐饰。

宫殿布局是东方式结构，希腊和马其顿的艺术元素主要集中在装饰部分。（图3-1-9）宫殿南部和东部的列柱也展现出不同风格的融合。其柱础是阿提卡—亚细亚（Attic-Asiatic）风格，但柱头属于仿科林斯风格（Pseudo Corinthian）。也有一些亚细亚—爱奥尼亚式柱础。这种类型与以弗所（Ephcsus）建筑采用的类型相似，它出现于希腊古风时期，后传播到希腊化世界东部。阿伊·哈努姆宫殿中许多科林斯柱础风格与波斯波利斯的相似。在一个石灰石科林斯式柱头上，涡卷直接从阿堪突斯叶饰（Acanthus）顶部涌出，其制作应早于公元前145

▲图3-1-9
阿伊·哈努姆宫殿檐饰，赤陶，公元前3世纪

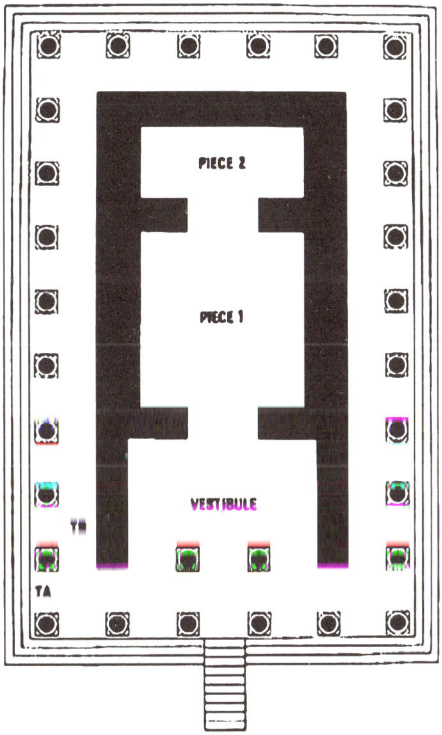

▶图3-1-8
阿伊·哈努姆北部陵墓平面图

年，被称为科林斯柱式的“自由风格”。（图3-1-10）

宫殿中的图像、鹅卵石地板和马赛克的设计，与马其顿古都埃盖（Aigae）所在地维尔吉纳（Vergina）的宫殿遗址相近。（图3-1-11）马赛克中有个发出光束的星形图案，正是马其顿王国的标志。（图3-1-12）值得注意的是，在城中浴室里的马赛克中也发现了表现海洋生物的艺术母题，包括在阿富汗地区见不到的海豚、章鱼等动物。

图3-1-10
阿伊·哈努姆的科林斯式柱头

（三）雕塑

1. 希腊风格的雕像

阿伊·哈努姆造像艺术遵循希腊风格传统。比如体育馆中的一根赫尔墨斯柱（herma）上有身着斗篷的老人半身像，这位老人可能是体育馆的监理官（gymnasiarchos），也可能是祭司或高级神职人员。他留着卷曲的胡须，右手从里面抓住外袍，使其紧贴胸部，

图3-1-12
腓力二世或三世金棺盒，希腊维尔吉纳，公元前4世纪后期

图3-1-11　阿伊·哈努姆浴池马赛克铺地遗存

图3-1-13
疑为体育馆监理官形象的赫尔墨斯方柱，阿伊·哈努姆，公元前2世纪上半叶

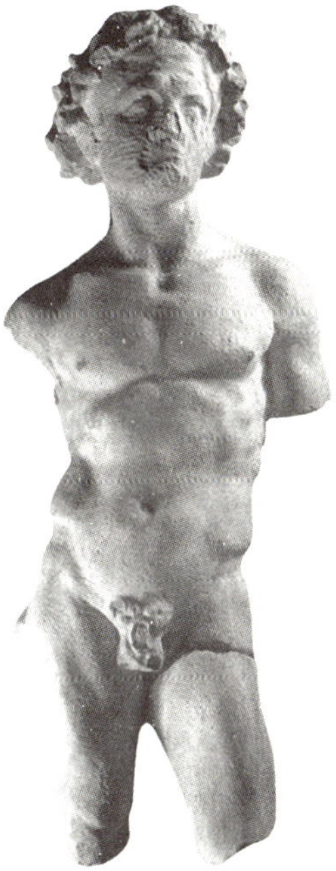

图3-1-14
裸体男子石圆雕像，阿伊·哈努姆，公元前3世纪

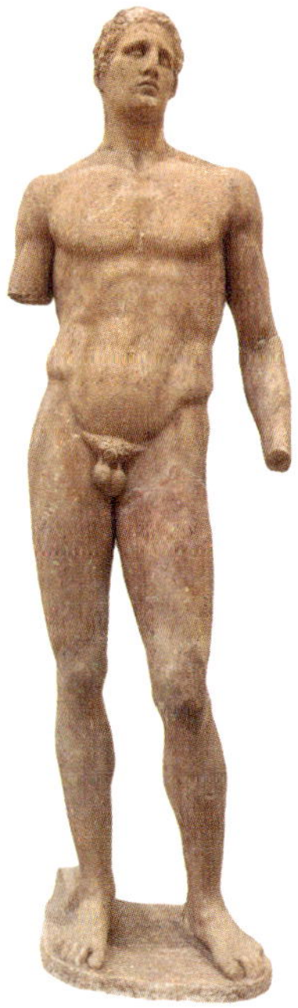

图3-1-15
阿易雅斯大理石雕像，希腊德尔斐，希腊公元前4世纪

左手握着青铜权杖（已失），躯干表现为赫尔墨斯方柱的形式。（**图3-1-13**）莫蒂默·惠勒（Mortimer Wheeler）称其为“有史以来发现的第一件希腊巴克特里亚雕塑”。[1]

凹龛神庙中发现了一位裸体青年男子的立像，他有运动员的身形，头发上戴着一个以叶子编织而成的花环，花环的背后系着两条长长的带子，垂到肩胛骨下角。雕像双臂残断，右大腿外侧凸出来的一小截显示右臂曾贴身，左臂最上端稍微向后拉动，显示它是弯曲的，左手中可能曾持有一物。脖子强壮，姿势灵活，头部转向左腿一侧，浑身肌肉充满张力，蕴藏蓄势待发的冲劲。该雕像以希腊裸体运动员形象为范式，头身比例为1：9，与德尔斐达欧荷斯还愿群雕（Delphian ex voto of Daochos）中的阿基雅斯（Agias）雕像相似，后者的原作被

---

1 Mario Bussagli, *L'Art du Gandhara*, trans. Béatrice Arnal, Paris: Librairie Générale Française, 1996, p. 146.

喜剧中厨子面具滴水嘴，
公元前2世纪

海豚头像滴水嘴，公元前3—前2世纪

猎犬头像滴水嘴，公元前3—前2世纪

图3-1-16
阿伊·哈努姆三种形象的石滴水嘴

认为是希腊雕塑家吕西普斯（Lysippus，约公元前390—前300年）或其子欧泰克拉特斯（Euthykrates）所作青铜雕塑。其头部剧烈扭转，脸部微抬，两眼望天，则是亚历山大肖像雕塑特点，而吕西普斯正是亚历山大的御用雕刻师。这件雕塑非常接近希腊古典后期向希腊化时期过渡时的风格，制作时间可追溯到公元前3世纪。[1]（**图3-1-14、15**）

在城中喷泉的排水设施中，还有分别雕刻为三种形象的石制滴水嘴，分别是海豚形象、喜剧中厨子的面具（典型的希腊喜剧主题）和巴克特里亚的狗头形象（当地创作风格），这也从一个侧面说明阿伊·哈努姆的居民对希腊喜剧人物形象的熟悉。（**图3-1-16**）

2. 泥塑、石首石肢木身雕像

在城市主庙，还发现三件真人大小的黏土或灰泥塑像残件，其中两件似为面具，分别表现女性和男性。女性脸庞饱满圆润，带有希腊古典时期雕塑理想化的形式特点。（**图3-1-17**）男性五官端正，拥有挺

1 Paul Bernard, “Quatrième campagne de fouilles à Aï Khanoum (Bactriane),” *Comptes-rendus des séances de l’Académie des Inscriptions et Belles-Lettres*, Vol. 113, No. 3 (1969), p. 341.

拔的鹰钩鼻，具有希腊化时期写实和戏剧化的特点。这些头像其实是空心高浮雕，反面挖空，紧靠墙面。其制作方法是先做一个木制骨架，其上敷上一层层泥，有的最后涂刷灰泥层。骨架有时缠绳结，以增大黏土或灰泥附着力。最上层若涂刷灰泥，待干燥后在其上再刷一层胶质涂料，以避免干燥太快造成表面开裂。有时，金箔被贴附在塑像表现肌肤的部位，如上述男性塑像面部。这种复杂而巧妙的手法正是后来佛教雕塑常用的造型方法之一。[1]阿伊·哈努姆这种雕塑和犍陀罗雕像有相似之处，尤其是灰泥时期的犍陀罗雕塑，因此阿伊·哈努姆的希腊—巴克特里亚艺术也被视为犍陀罗艺术的源头之一。

图3-1-17

灰塑女性头像，公元前2世纪

在主庙还发现一尊神像雕塑身上仅剩的一只穿凉鞋的脚，可能由同一批艺术家制造。这尊雕像是石首石肢木身雕像（acrolith），即整体木制，但用石头或大理石制作四肢（手脚）和头像。[2]可以肯定的是，此像出自希腊艺术家之手。这只希腊型凉鞋上饰以棕榈叶饰、玫瑰花饰和希腊主神宙斯的象征物——一束发出的雷电。（图3-1-18）神庙的这些特点使人不禁要追问此城崇拜的主神究竟是谁，而这样的神像在城中并不少见，其中有希腊神、当地神祇及其他一些人型的祭祀神像。这尊雕像的形象被认为属于供奉在此的宙斯，也可能是一位融合古希腊与东方元素的神祇，如混合神宙斯—密特拉（Zeus-Mithra）。

图3-1-18

石首石肢木身雕像的脚，公元前[illegible]世纪

1 Paul Bernard, "Quatrième campagne de fouilles à Aï Khanoum (Bactriane)," *Comptes-rendus des séances de l'Académie des Inscriptions et Belles-Lettres*, Vol. 113, No. 3 (1969), p. 344.

2 Acrolith参见本卷第二章第四节。

（四）小型工艺品

1. 银质圆盘

其上描绘的场景是：狮子牵引的战车上站着源于小亚但已被希腊人接受的大母神库柏勒（Cybele，自然女神），御者是带翼的胜利女神尼科（Nike），一侍女站在库柏勒背后，举起伞盖。他们上方是日神赫利奥斯（Helios）、月神塞勒涅（Selene），还有放射光芒的星。多头狮子拉车面向祭坛，一位祭司正在举行祭仪。有学者认为侍女和祭司可能是专属库柏勒的男性阉人祭司加卢斯（Gallus）。库柏勒乘类似战车的形象大约也在同一时间传入罗马。这幅描绘希腊神祇的作品虽属于希腊题材，但艺术手法不是纯粹的希腊风格。不过还是有一些元素符合古希腊的审美特征，如女性衣裙缕缕垂下的衣褶，以及狮腿向前迈的行进姿态。[1]（图3-1-19）

图3-1-19
描绘库柏勒女神的银盘，局部镀金，公元前3世纪

2. 陶器

阿伊·哈努姆房宅中家具通常较少，但有很多陶器，且有不少源自古希腊的器型，如“安法拉罐”（amphora，古希腊的双耳细颈瓶）和克拉特罐（crater，古希腊用于向酒中掺水的、有脚的双耳喷口酒罐）等。还出现一种所谓“麦加拉碗”（Megarian bowl），其上的浮雕图案采用模制印花工艺，源自地中海地区。[2]（图3-1-20）

图3-1-20
陶制麦加拉碗，公元前2世纪初

---

1 Pierre Leriche, “The Greeks in the Orient: From Syria to Bactria,” in Vassos Karageorghis, ed., *The Greeks beyond the Aegean: From Marseilles to Bactria*, New York: Alexander S. Onassis Public Benefit Foundation, 2003, p. 123. Papers presented at an international symposium held at the Onassis Cultural Center, New York, 12th October, 2002.

2 Rachel Mairs, “Models, Moulds and Mass Production: The Mechanics of Stylistic Influence from the Mediterranean to Bactria,” *Ancient West and East*, Vol. 3 (2014), p. 179.

图3-1-21
分隔式石碗，阿伊·哈努姆，公元前145年以前

3. 其他

阿伊·哈努姆还发现不少希腊工艺品和谷物磨粉机、葡萄酒压榨机、墨水罐，以及油灯和日晷等物。[1]如发现于城市主庙圣所中的一批分隔式石碗，片岩材料，类似于一种被称为皮克西斯（pyxis）的小容器，这种容器一般为圆筒或方筒形，体内常有分隔设计，常见于古希腊，但是古希腊的皮克西斯很少为石制。不过就器型而言，阿伊·哈努姆的石碗很可能受到其影响。这些分隔式石碗主要用于盛放化妆品、珠宝等，其中一种形制可能在后来变成了犍陀罗地区常见的舍利函。[2]（图3-1-21、22）

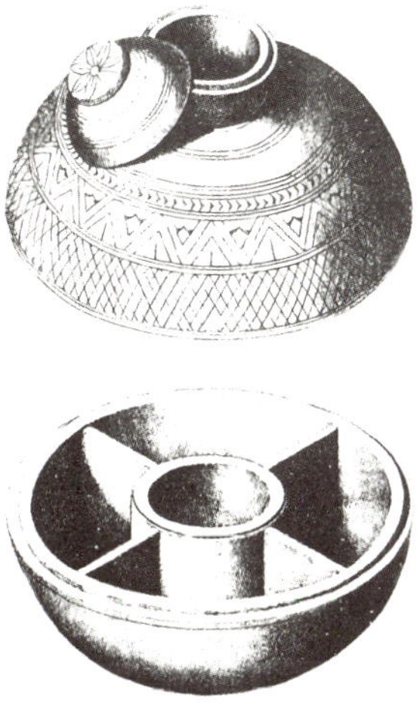

图3-1-22
内部有隔间的石舍利函效果图，阿富汗贾拉拉巴德（Jalalabad）达伦塔（Darunța）的帕萨尼（Passani）2号佛塔，公元1世纪

二、塔赫特—伊·桑金

塔赫特—伊·桑金城址位于瓦赫什河（Vakhsh）和喷赤河交汇处，地处今塔吉克斯坦南部，是阿姆河两个右岸要塞

1 P. Bernard, “The Greek Kingdoms of Central Asia,” in Janos Harmatta, B. N. Puri and G. F. Etemadi, eds., *History of Civilizations of Central Asia. Vol. II: The Development of Sedentary and Nomadic Civilizations: 700 B.C. to A.D. 250*, p. 116.

2 Fredrik Hiebert and Pierre Cambon, eds., *Afghanistan: Crossroads of the Ancient World*, London: British Museum Press, 2011, p. 117.

之一，希腊化时期称为奥克夏纳（Oxiana）。

城市中心是一座卫城，有深达3米的城壕拱卫，其上有一道2米厚的石墙，墙的转角处有防御塔。与阿伊·哈努姆一样，其防御工事融合了希腊和东方的因素。

城中最重要的庙宇被称为“奥克苏斯神庙”（Oxus temple），许多人认为这是著名的“奥克苏斯宝藏”的出土地。[1]它建于公元前4世纪末至前3世纪初，是塞琉古王国早期建筑，在塞琉古王国和希腊—巴克特里亚王国时期是宗教重地，直到公元前2世纪中叶被游牧民族摧毁。经过重建后，继续使用至公元4世纪。它建于一片空旷圣域（temenos）的中央，整体布局是波斯式而非希腊式的，但细节上有希腊风格的装饰，如爱奥尼亚式柱头和带线脚的石灰岩大型祭坛，类似帕提亚早期重镇尼萨古城（Old Nisa）的希腊化建筑。

图3-1-23
奥克苏斯神庙的石柱础和柱头，公元前4世纪晚期—前3世纪早期

“奥克苏斯神庙”的石柱风格源自希腊。其门廊的立柱将爱奥尼亚式柱头与不带柱槽（fluting）的柱身及波斯建筑中带双层凸面嵌线（torus，混线）的柱础结合，这在同时期伊朗和巴克特里亚的一些大型建筑中都能看到。柱头涡卷饰（volute）之间的水平直线与希腊本土爱奥尼亚式柱头风格相对应。（**图3-1-23**）

在祭坛两翼的房间里，发现了烧后灰层。外有两座大祭坛，由粗石灰石制成，其建筑形制和建筑材料表面抛光工序符合希腊规范。此外，这里发现了大量的还愿祭品。圣所内的文物可分三类：（1）纯希腊风格的祭品和崇拜物。（2）明显有亚洲传统的制品。它们属于亚历山大征服时期至希腊—

1 Frank Lee Holt, *Alexander the Great and Bactria: The Formation of a Greek Frontier in Central Asia*, Leiden and New York: E. J. Brill, 1989, p. 43.

图3-1-24
银像，塔赫特—伊·桑金4号祭品贮藏坑，公元1世纪

图3-1-25
泥塑青年像，可能为阿波罗或厄洛斯，塔赫特—伊·桑金奥克苏斯神庙，约公元前3—前2世纪

巴克特里亚王国时期，或至塞琉古王国时期的第二波希腊殖民时期。（3）巴克特里亚作坊的产品，有浓郁的地方风格和鲜明的艺术特色。祭祀遗存可追溯到希腊化时期（公元前2世纪上半叶），因为它们在公元前1至公元1世纪被隐藏在神庙中廊道的偏远角落和墙后的缝隙中，这种空间被称为“祭品贮藏坑”（bothroi），常在圣域内。

4号祭品贮藏坑位于2号廊道北端尽头，其中发现一件小银像，内着希顿（chiton，古希腊贴身袍衫），外着希玛申（himation，古希腊披身式长外衣），右手可能握持石榴，其头饰只余一小部，或许是头顶的瓶状卡拉索斯（kalathos/calathus，本义“编织篮”），表现的可能是一位女神，与奥克苏斯河神一起被崇拜。[1]（**图3-1-24**）庙中发现了一尊描绘带箭筒的男青年形象泥塑，形似阿波罗或厄洛斯，具有明显的希腊风格，说明庙中可能有希腊式的崇拜仪式。（**图3-1-25**）

4号祭品贮藏坑也发现有各种风格的黏土和雪花石膏制的头像，[2]推测为当地制作。由于这些头像今天都有碎裂痕迹，从而可辨认出各头像中的木制框架，其上的粗黏土或灰泥用细铅丝固定。坑中出土一件戴冠无须青年肖像，只有真人头颅一半大小，用黄棕色黏土制成，

1 Michael Shenker, “Temple Architecture in the Iranian World in the Hellenistic Period,” in A. Kouremenos, S. Chandrasekaran and R. Rossi eds., *Pella to Gandhara: Hybridisation and Identity in the Art and Architecture of the Hellenistic East*, with foreword of Sir John Boardman, Oxford: Archaeopress, 2011, p. 120.

2 Paul Bernard, *Fouilles d’Ai Khanoum (Campagnes 1965, 1966, 1967, 1968)*, Vol. 1, pp. 344-345.

光滑的表面夹杂沙质石灰石颗粒，[1]施以彩绘，可见蓝黑色波浪状头发和裹在头上的粉红色的发带（taenia），瞳孔上带有深色颜料。[2]（图3-1-26）其工艺为希腊式的，可能表现的是一位希腊化时期的王子。同一坑中另一尊头像用类似材料和工艺制成，初步推测它是"胜利者"塞琉古一世的肖像，具有明显的希腊风格。（图3-1-27）

同一坑中还有一尊黏土和雪花石膏材质的男性头像，可能表现的是一位琐罗亚斯德教（Zoroastrianism）祭司。他戴有巴克特里亚风格的白色头巾式样的平顶头饰罩，这是用带夹层的皮革做成的软帽，叫"齐尔巴细阿"（kyrbasia）或"巴什利克"（bashlyk），是一种游牧民族头领风帽或波斯冠冕，帽前有护脸的挡风帽檐，后坠垂肩双飘带。此头像的浓密胡须略高于脸表面，形成浮雕状突起，赋予雕塑写实主义的风格。它只有真人头颅的三分之一大小，是为彩塑，黝黑的脸上清晰地刻画有黑色虬髯、长髭、眉毛、眼睛和红色的嘴唇。这尊未烧制泥塑所使用的技法和上述的王子肖像类似，系用黏土在框架上塑形，再在外层敷以雪花石膏装饰。此像有希腊式肖像的精致感，胡子上流畅的纹理切口和柔和自然的写实主义特征造型并不常见于伊朗风格，倒是与当地更常见的希腊化泥塑风格相一致，只是缺乏希腊化雕塑常见的戏剧性张力和个性化表现，整体看还是属于伊朗传统的视觉艺术形式，这展示了艺术形式的混合。

图3-1-26
疑为希腊化王子肖像，塔赫特—伊・桑金4号祭品贮藏坑，公元前3世纪

图3-1-27
希腊化国王肖像，塔赫特—伊・桑金奥克苏斯神庙，约公元前3—前2世纪

---

1 Boris Anatolyevich Litvinskiy and Igor Rubenowitsch Pitschikjan, "The Temple of the Oxus," *The Journal of the Royal Asiatic Society of Great Britain and Ireland*, No. 2 (1981), p. 155.

2 Boris Anatolyevich Litvinskiy and Igor Rubenowitsch Pitschikjan, "The Hellenistic Architecture and Art of the Temple of the Oxus," *Bulletin of the Asia Institute*, New Series, Vol. 8 (1994), p. 61.

图3-1-28
男像头部，塔赫特—伊·桑金奥克苏斯神庙，公元前3—前2世纪

其制作年代一般认为是公元前3—前2世纪。[1]（图3-1-28）

还有一尊年长的、没有胡子的男子头像，其头部稍向一边扭转，周围有一圈较明亮的红紫色的宽发带式头冠（diadem）。雕塑家逼真勾勒出了这位年长者的短卷发发型，此人稀疏的头发向前梳至高高的前额和耳朵上方，[2]整体呈现出希腊风格。（图3-1-29）

位于神庙最后面廊道最南端入口的四尊类似的少女（kore）泥塑，呈早期希腊化风格，尺寸约为人体一半大小，发现时已断裂散落成七件残块。泥塑内部为木制骨架，表层为一层施彩灰泥，给人一种大理石雕像的错觉。（图3-1-30）这种小雕像具有类

图3-1-29
泥塑年长者头像，塔赫特—伊·桑金奥克苏斯神庙，公元前3—前2世纪

图3-1-30
彩绘泥塑女像，塔赫特—伊·桑金奥克苏斯神庙南端入口，公元前3—前2世纪

图3-1-31
女祭司尼科索（Nikeso）大理石雕像，土耳其普里尼，公元前3世纪前半叶

1 Boris Anatolyevich Litvinskiy and Igor Rubenowitsch Pitschikjan, "The Temple of the Oxus," *The Journal of the Royal Asiatic Society of Great Britain and Ireland*, No. 2 (1981), p. 156.

2 Boris Anatolyevich Litvinskiy and Igor Rubenowitsch Pitschikjan, "The Hellenistic Architecture and Art of the Temple of the Oxus," *Bulletin of the Asia Institute*, New Series, Vol. 8 (1994), p. 60.

◀图3-1-32
塔纳格拉赤陶彩绘女俑，希腊彼奥提亚，公元前3世纪

►图3-1-33
胜利女神大理石像，帕奥纽斯帕罗作，希腊奥林匹亚，公元前425—前420年

似于希腊化雕像丰富动态的形象，让人想起了小亚细亚普里尼的雕塑或主要出产于希腊中部彼奥提亚（Boeotia）塔纳格拉（Tanagra）的所谓“塔纳格拉小陶像”（Tanagra figurine），其大步迈前的姿态更让人联想到希腊奥林匹亚（Olympia）由古希腊雕塑师帕奥纽斯（Paeonius of Mendes，活跃于公元前5世纪晚期）雕刻的胜利女神尼科像。（**图3-1-31、32、33**）塔赫特—伊·桑金的这些雕塑展示了希腊化雕塑主题和风格的持久性。[1]这四尊泥塑女像和一尊仅余残片的青铜巨像，[2]可能曾立在廊道入口的基座上。它们和上述的希腊化统治

1 Rachel Wood, “Cultural Convergence in Bactria: The Votives from the Temple of the Oxus at Takht-i-Sangin,” in A. Kouremenos, S. Chandrasekaran and R. Rossi, eds., *From Pella to Gandhara: Hybridisation and Identity in the Art and Architecture of the Hellenistic East*, Oxford: Archaeopress, 2011, p. 144.

2 Michael Shenker, “Temple Architecture in the Iranian World in the Hellenistic Period,” in A. Kouremenos, S. Chandrasekaran and R. Rossi, eds., *From Pella to Gandhara: Hybridisation and Identity in the Art and Architecture of the Hellenistic East*, Oxford: Archaeopress, 2011, p. 121.

图3-1-34
立有马尔绪阿斯青铜像的石坛，塔赫特—伊·桑金奥克苏斯神庙，公元前3—前2世纪

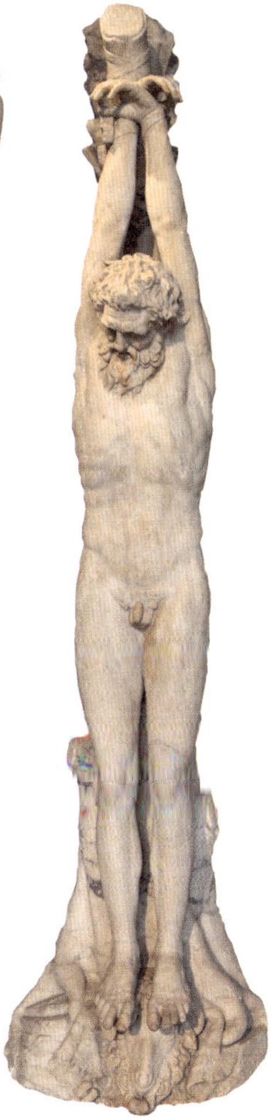

图3-1-35
“希腊化时期的巴洛克”风格的马尔绪阿斯大理石雕像，罗马城戴克里先（Diocletian）浴场，公元前3—前1世纪

者黏土头像、阿波罗雕像及希腊式祭坛，皆是希腊艺术品，说明希腊宗教祭祀艺术在奥克苏斯神庙具有重要地位。神庙里至少有一个房间中的祭坛与希腊化时期修建的墙壁是同时代的。

同样在4号祭品贮藏坑，发现 座上面立有吹双管竖笛（aulos）者雕像的石坛。祭坛基座上刻有希腊语献词铭文Εὐχὴν ἀνέθηκεν Ἀτροσωκης Ὄξωι，意为“阿特罗索克斯（Atrosokes）为履行诺言，而将此献于奥克苏斯神”。通过这段铭文与公元前3世纪的碑志铭文，以及在阿伊—哈努姆出土陶片上的记录，可推断此处题记年代在公元前2世纪。[1]祭坛顶部吹笛者形象被认为是希腊神马尔绪阿斯（Marsyas），他在希腊神话中以擅长吹双管竖笛而著称。（图3-1-34）这种古希腊双管竖笛管身分开，管身长度相等，每只手控制一根管子，使用双簧哨片。其雕刻者显然是希腊人。但此像中的马尔绪阿斯有着大肚腩、下垂的胸部和狭窄的肩膀，与“希腊化时期的巴洛克”（Hellenistic Baroque）风格的马尔绪阿斯雕像瘦削而肌肉发达的身材特点形成鲜明对比。（图3-1-35）

1 Boris Anatolyevich Litvinskiy and Igor Rubenowitsch Pitschikjan, “The Temple of the Oxus,” *The Journal of the Royal Asiatic Society of Great Britain and Ireland*, No. 2 (1981), p. 153.

“奥克苏斯”很可能对应于伊朗神祇瓦赫什（Wakhs），后者是阿姆河在伊朗语言中的古名。奥克苏斯—瓦赫什显然是神庙供奉的主神。对奥克苏斯河的崇拜在巴克特里亚和阿姆河流域可能非常流行，阿黑门尼帝国时期、希腊化时期和后希腊化时期的文献中皆提到这位河神。关于河神的祭仪和融入他名字的铭文证明了这一点。而希腊神马尔绪阿斯，正好是小亚细亚（Asia Minor）弗里吉亚（Phrygia）迈安德尔（Meander）河的同名支流的河神。[1]在神话中，他用竖笛指挥河流，使其惠及求助者。在此地，他被借来对应奥克苏斯河神，并与之结合。[2]但它没成为奥克苏斯河神的一个标准形象。到贵霜时期，马尔绪阿斯吹笛形象在当地似乎被弃用了。奥克苏斯神庙的这个马尔绪阿斯成了一例孤证，或许可以证明马尔绪阿斯神和奥克苏斯河神合体的形象并未被广泛接受，但它仍是希腊文化和伊朗文化尝试融合的表现之一。

希腊人喜欢赋予河神人形，或牛、蛇等其他动物的形象。因为按照希腊习俗，献祭品的仪式常在圣域或神庙其他地方进行，所以这座祭坛必定曾经设立于神庙之内。这件石坛的奇特之处在于祭坛上的希腊字母并不代表它们出自希腊裔族人之手，其希腊语铭文的题献者的名字阿特罗索克斯是典型的巴克特里亚人名，源自《波斯古经》（*Avesta*），意为“引火的干柴”（atra saoka）。[3]史料无法提供关于这位“阿特罗索克斯”身份的线索，我们无法确认他是祭司还是富有的公民，但可推断的是，他是虔诚的信徒，信仰一种来自非希腊世界的

1 Michael Shenker, “Temple Architecture in the Iranian World in the Hellenistic Period,” in A. Kouremenos, S. Chandrasekaran and R. Rossi, eds., *From Pella to Gandhara: Hybridisation and Identity in the Art and Architecture of the Hellenistic East*, p. 123.

2 Mary Boyce and Frantz Grenet, *A History of Zoroastrianism. Vol. 3: Zoroastrianism under Macedonian and Roman Rule*, Leiden: Brill, 1991, p. 62.

3 J. Harmatta, “Languages and Scripts in Graeco-Bactria and the Saka Kingdoms,” in Janos Harmatta, B. N. Puri and G. F. Etemadi, eds., *History of Civilizations of Central Asia. Vol. II: The Development of Sedentary and Nomadic Civilizations: 700 B.C. to A.D. 250*, p. 402.

宗教，但该宗教的活动得到来自希腊人和非希腊人的资助。这份希腊语铭文不能说明当地对希腊文化的接受程度，也不能显示此地非希腊裔的巴克特里亚人所接受的希腊化教育程度，但证实了希腊语至少传播至巴克特里亚的贵族和祭祀团体间。

巴克特里亚因接近印度，故象牙制品加工发达，涉及范围广泛，从家具饰品到武器饰品。希腊传统强烈地体现在这一领域。[1]在2号廊道南端3号祭品贮藏坑发现的主要是象牙材质的图像遗存。其中一件象牙制的鱼马人（Ichthyocentaurs）或水泽宁芙女神（Nymph）小像，是刀鞘下方的装饰物（bouterolle）。[2]女性躯干，手持果实，下半身像鱼，有尾鳍和腹鳍，甚至有马腿和鸟翼。在其上下半身衔接处使用棕叶饰（palmette），使得从上半身人的躯体到下半身鱼的鳞片过渡得更自然。此像与希腊神话中吞吃水手的女海妖斯库拉（Scylla）有相似处，后者也被描绘成人身鱼尾的带翼形象。这一形象常加入船桨和贝壳作为特征物，一如这尊水泽宁芙女神像。不过在斯库拉形象中，其腰间往往缠绕着一条由许多恶犬的狗头（或是狗腿，通常为六对）围成的腰环。如果此处描绘的不是斯库拉，那或许这女神的形象是一组合图像，可能是北叙利亚的生育女神阿塔耳伽提斯（Atargatis）的当地版本，更可能是奥克苏斯河神的伴侣神，也可能是希腊和斯基泰（Scythian）元素混合的结果，因马或鱼混合的神话动物常见于斯基泰艺术。基于其风格，其制作年代被推测是公元前2世纪早中期。它主要由希腊艺术元素组成，但似乎缺乏希腊化艺术大家在作品中表现的动感。它可能出自一位非希腊裔工匠之手，而他正努力模仿更精致

1 P. Bernard, “The Greek Kingdoms of Central Asia,” in Janos Harmatta, B. N. Puri and G. F. Etemadi, eds., *History of Civilizations of Central Asia. Vol. II: The Development of Sedentary and Nomadic Civilizations: 700 B.C. to A.D. 250*, p. 116.

2 Boris Anatolyevich Litvinskiy and Igor Rubenowitsch Pitschikjan, “The Hellenistic Architecture and Art of the Temple of the Oxus,” *Bulletin of the Asia Institute*, New Series, Vol. 8 (1994) , p. 58.

图3-1-36
有鱼马人或水泽宁芙女神形象的象牙刀鞘饰，塔赫特—伊·桑金奥克苏斯神庙，公元前4—前3世纪

图3-1-37
描绘赫拉克勒斯与西勒诺斯角力场景的象牙剑柄，塔赫特—伊·桑金奥克苏斯神庙，公元前4世纪初

的、被人称道的希腊风格。（图3-1-36）

同一坑中还出土了一把剑柄，两侧有赫拉克勒斯（Heracles）制服西勒诺斯（Silenus）场景的高浮雕形象。赫拉克勒斯挺立着，右臂举起一个多节疤的棍子。他只穿一件狮皮盔甲，前爪交叉，打成一个“赫拉克勒斯结”挂在脖子上。西勒诺斯则以惯常的裸身示人，他的向上竖立的山羊耳朵清晰可见。但此处也可能描绘的是为争夺美女得伊阿尼拉（Deianeira）而同赫拉克勒斯角力的阿凯鲁斯（Achelous）。这两个人体格健壮，从解剖学的角度看，全身的筋肉都表现得十分合理自然。两股力量的角力体现在赫拉克勒斯举起棍子的动作，西勒诺斯或阿凯鲁斯奋力站起的双腿姿势，以及肌肉紧绷的身体。从人物的风格来看，这剑柄能追溯到公元前4世纪初。[1]（图3-1-37）

1 Boris Anatolyevich Litvinskiy and Igor Rubenowitsch Pitschikjan, “The Temple of the Oxus,” *The Journal of the Royal Asiatic Society of Great Britain and Ireland*, No. 2 (1981), p. 157.

此处小型工艺品也数量众多，品种繁杂，质量甚高，成为中亚希腊化文明的特色。有些是实用性的，有些是装饰性的，还有的则是宗教性的，所用材料也各不相同。[1]

奥克苏斯神庙最引人注目的发现之一便是在2号祭品贮藏坑发现的一个被供奉还愿的微型马开拉直刀（makhaira，希腊罗马时代的一种厚背且刀身微弯曲的短砍刀）的鞘，上面装饰有亚历山大浮雕像。此处他被描绘成赫拉克勒斯，面部呈椭圆形，线条圆润，下巴突出，头发被狮子头饰紧紧包裹。[2]亚历山大脑后飞舞的几簇狮子鬃毛刻画得细致入微，狮皮从肩上搭下来，在他胸前，狮爪交叉打成一个“赫拉克勒斯结”，其中一只爪子和一部分狮皮幸存下来。[3]目前无法确定它照哪件雕塑仿造，但显然原作是公元前3世纪大量摹制品的原型。其理想化特征是早期希腊化时期的特点，据此推测该马开拉刀鞘可追溯到公元前3世纪。这一点还可从这一时期类似钱币上的浮雕图案得以佐证。它是一幅不折不扣的希腊肖像画，揭开了希腊—巴克特里亚艺术神秘面纱的一角。

该遗址出土的兵甲，展示了来自巴克特里亚以外的许多不同地域的传统。此外，还有希腊、近东和伊朗类型的长矛和枪头，伊朗和希腊的剑，以及少数盾牌碎片和五种希腊形式的头盔护颊。

综上，塔赫特—伊·桑金奥克苏斯神庙的大多数献祭物是功能性、仪式性和缩微的兵甲。这是地中海地区常见的献祭习俗，但奥克苏斯神庙发现的献祭品数量之多前所未见。该地区历史上战事冲突频

1 P. Bernard, “The Greek Kingdoms of Central Asia,” in Janos Harmatta, B. N. Puri and G. F. Etemadi, eds., *History of Civilizations of Central Asia. Vol. II: The Development of Sedentary and Nomadic Civilizations: 700 B.C. to A.D. 250*, p. 116.

2 Boris Anatolyevich Litvinskiy and Igor Rubenowitsch Pitschikjan, “The Temple of the Oxus,” *The Journal of the Royal Asiatic Society of Great Britain and Ireland*, No. 2 (1981), p. 159.

3 John Boardman, *The Greeks in Asia*, London: Thames and Hudson, 2015, p. 125. 参见https://commons.wikimedia.org/wiki/File:Alexander-Herakles_head,_Takht-i_Sangin,_Temple_of_the_Oxus,_3rd_century_BCE.jpg.

仍，定有众多兵士穿行此地，途中很可能要祈求神祇保护或对其表达谢意。

此地既有商人、殖民定居者和士兵或雇佣兵活动和存在于此地的线索，也有精通希腊化造型艺术的工匠活跃在此的证据。除了与献祭者的关系（希腊人还是非希腊裔），这些献祭品到底是当地制作还是海外贸易的舶来品，尚存在争议。明确的证据表明，在神庙本身所在的圣域内有工匠活动，周围的居住区中更有可能存在作坊。

图3-1-38
赤陶浮雕板，坎培尔·特佩2号塔楼，约公元前175—前145年

这组献祭品给人的总体印象是文化融合和“视觉语言的多元表现”，[1]而不是各民族风格图像的简单混合。这里未烧制的泥塑表现的是伊朗和希腊化的母题，使用了伊朗世界北部的材料，但以希腊化风格完成。除此之外，个人献祭品似乎均为某种特定视觉文化和传统的产物，彼此间几乎没有重复的表现和交流。

塔赫特—伊·桑金是阿黑门尼帝国时期和希腊人统治时代的大型宗教祭祀中心，敬献给奥克苏斯河神。但它不是个案，在铁尔梅兹古城（Old Termez）的大型建筑群中，也有一个可追溯到希腊化时期的河边圣所。[2]

三、坎培尔·特佩

坎培尔·特佩位于今乌兹别克斯坦最南端铁尔梅兹附近，是阿姆河北岸重要的希腊化城市遗址，有“中亚的庞贝城”的

---

1 Rachel Wood, *After the Achaemenids: Exchange, Transmission and Transformation in the Visual Culture of Babylonia, Iran and Bactria c.330-c.100 BC*, Vol. 1, Oxford: Lincoln College, 2012, p. 133.

2 Pierre Leriche, “L’apport de la Mission archéologique franco-ouzbeque (MAFOuz) de Bactriane du Nord à l’histoire de l’Asie centrale, L’Archéologie française en Asie centrale, Nouvelles recherches et enjeux socioculturels,” *Cahiers d’Asie centrale*, 21/22, sous la direction de Julio Bendezu-Sarmiento, Paris: De Boccard, 2013, p. 159.

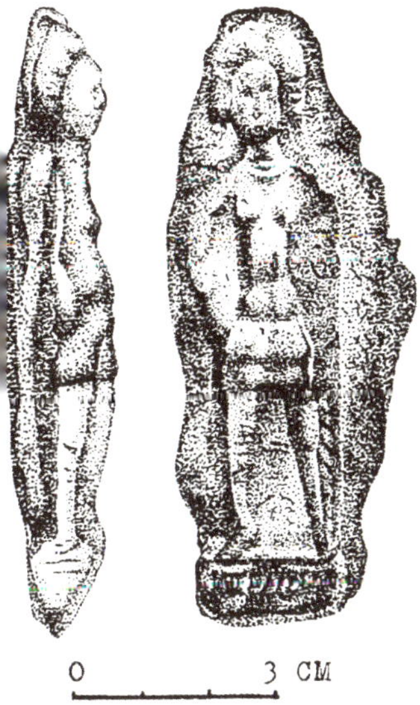

图3-1-39
赤陶浮雕板，坎培尔·特佩主城墙与9号、10号塔楼和3号房间之间的区域，公元1世纪末2世纪初

图3-1-40
赤陶浮雕板，铁尔梅兹钦吉兹土丘，公元1世纪末到2世纪初

美誉，[1]亦被一些学者视为是地理学家托勒密（Claudius Ptolemy，约公元100—约170年）所记载的“奥克苏斯河畔的亚历山大里亚”（Alexandria on the Oxus）。[2]

坎培尔·特佩有大量赤陶塑像及其模型表现武士的形象，其中一些显得非常“古典”。它们可被用来研究希腊化时期巴克特里亚的兵甲。

一块模制的赤陶饰板展示着一位士兵，他头戴一顶高高的圆锥形头盔，盔上有一个圆球和长长的盔缨，还配有护颊和护鼻。他身上穿着一种类似于希腊重装步兵的胸甲（thorax）、皮甲裙（pteruges，被制成一种短裙的皮带）和护胫。[3]（图3-1-38）他一手持带有“宙斯霹雳”图案的椭圆形长盾，一手握有四棱形剑身的希腊式短剑（xiphos）。

除了这个士兵形象之外，还有另外一个同样穿短皮甲裙的人物形象，尽管此像属于贵霜时期作品，但仍身着希腊式铠甲。此像胸部看似裸露，但衣领的存在表明他可能穿着一件勾勒胸肌与腹肌线条的“肌肉甲”（muscle cuirass）。（图3-1-39）后一尊雕像与铁尔梅兹钦吉兹土丘（Tchingiz Tepe）发现的赤陶浮雕板有相似处，其上也描绘了穿短皮甲裙的男性武士，可能赤裸上身，或穿着肌肉甲。（图3-1-40）

士兵雕像集中在坎培尔·特佩的城堡中，与这个阿姆河上重要的设防渡口的驻军有关。这些雕像，可能是当地的崇拜对象，或只是普通祭品或饰物。在坎培尔·特佩城堡中确

1 Sophie Ibbotson, “Inside the ‘Pompeii of Uzbekistan’, Alexander the Great’s Forgotten City,” *The Telegraph*, 31st October 2020.

2 “Uzbek authorities say Alexandria-Oxiana lost 2,000 years ago re-discovered,” https://akipress.com/news:624225.

3 Valeri P. Nikonorov and Serge A. Savchuk, “New Data on Ancient Bactrian Body-Armour (in the Light of Finds from Kampyr Tepe),” *Iran*, Vol. 30 (1992), p. 50.

实也发现了希腊式青铜盔甲残片。它们是胸甲残片和左护臂开孔的边缘部分，护胸有两层甲片，以铁制铆钉固定。[1]（图3-1-41）

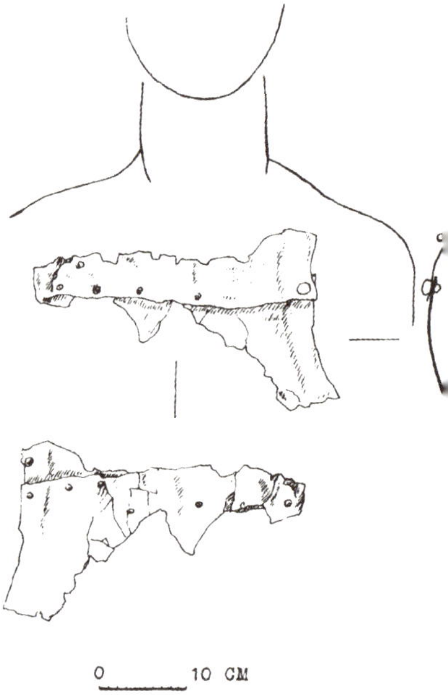

图3-1-41
青铜盔甲残片，坎培尔·特佩城堡93号房间，公元前145—前130年

除士兵形象外，在巴克特里亚还有很多别的赤陶像，其制作始于希腊化时期，持续至贵霜时期，产量巨大，所以使希腊化传统的影响可以体现在之后的佛教造型艺术中。这批赤陶小雕像中年代最早的可追溯到公元前3—前2世纪，表现一些穿着希腊服装的女性，这些服装包括希顿、佩普洛斯长裙（peplos）和希玛申。这些袍子一般裹住肩膀和手臂，只露出手。这些图像有些表现的是希腊众神中比较出名的雅典娜（Athena）、得墨特尔（Demeter）、库柏勒、赫斯提亚（Hestia）女神形象。在巴克特里亚，她们可能充

图3-1-42
赤陶双人立像，公元前1世纪

图3-1-43
赤陶女神像，公元前1—公元2世纪

1 Valeri P. Nikonorov and Serge A. Savchuk, "New Data on Ancient Bactrian Body-Armour (in the Light of Finds from Kampyr Tepe)," *Iran*, Vol. 30 (1992), p. 49.

当城市或家族或日常生活的守护神。因这些女神像常在住宅发现，可见当地人更偏好于她们作为日常生活守护神的角色。这些女神像在坎培尔·特佩、恺塔巴德·特佩（Khaytabad Tepe）、达尔维津·特佩、帕雍·库尔干（Payon Kurgan）都有发现，证明这些女神在希腊化的巴克特里亚特别流行。

坎培尔·特佩的这种雕像有的表现出希腊风格。其中一个陶塑双人像，可见二人“对立式平衡”的站姿，其中一人为背部朝向观众，这是希腊化时期流行的艺术形象。（图3-1-42）在坎培尔·特佩第76号房间还发现一女神小雕像。此模制雕像表面微红，还上了釉。雕塑原本可能被塑造得很精致，但如今已严重受蚀，尤其是这位优雅女性丰满的脸。（图3-1-43）她靠近胸部的右手托着一个祭盘（phiale）。她的系带束腰外衣，让人联想起希腊化赤陶像。她的发型与一些尼萨来通（rhyton）杯上发现的女性小雕像相似。类似发型后来出现在哈尔恰扬（Khalchayan）的雕塑中。[1]

赤陶女性裸像象征着古代中亚对生殖力的崇拜。在坎培尔·特佩，女性裸像中手臂常常贴身。坎培尔·特佩的一些公元前3—前2世纪的裸体女神形象具有高度写实主义色彩，与苏尔汉河（Surxondaryo/Surkhandarya）中游城市巴拉特·特佩（Barat Tepe）的小陶像风格接近。（图3-1-44）在另一种女性裸像母题中，有两条带子交叉胸前，该细节在希腊化造型艺术中十分常见，可以和古希腊阿芙洛狄特（Aphrodite）的形象联系起来。

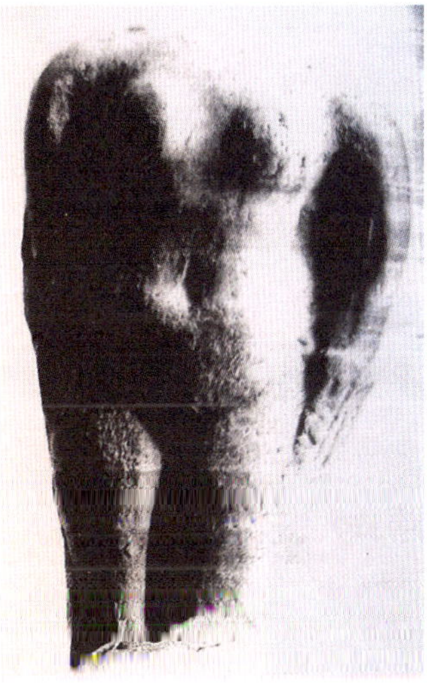

图3-1-44
陶裸体女神像，巴拉特·特佩，公元2世纪

1 Galina A. Pugacenkova, “New Terracottas from North Bactria,” *East and West*, Vol. 42, No. 1 (1992), p. 51.

图3-1-45
赤陶裸体萨提尔像，颗粒状发型，公元1—2世纪

图3-1-46
萨拉皮斯和哈尔波克拉特斯赤陶俑，可能来自希腊或罗马东部，发现于和田约特干，公元2—3世纪

希腊化时期另一种常见造型艺术品是古希腊酒神狄奥尼苏斯(Dionysus)主题雕塑。这些雕塑常描绘酒神的随从萨提尔（Satyr）的全裸或半裸形象，且突出生殖器的部分。（**图3-1-45**）这类雕像中的人物手里会握一个犹如来通杯的物件。在坎培尔·特佩塞琉古和希腊—巴克特里亚时期文化层发现的一件赤陶头像，采用圆雕技法制作，非常精致，细节处理刻画出人物个性特征。头像显出高加索人种的特征，脸型丰满圆润，大眼直鼻，小嘴厚唇，下巴丰腴，有点前凸。其头饰上能看到马其顿式小帽（kausia），顶部状如圆盘。在头饰下，脸的两边留着短卷发。这种头饰和发型，在狄奥多托斯一世（Diodotus I，约公元前250—约前235年在位）、安提马库斯一世（Antimachus I，约公元前185—前170年在位）、阿波罗多托斯一世（Apollodotus I，公元前180—前160年在位）、安提阿尔吉达斯一世（Antialcidas I，公元前115—前95年在位）等希腊—巴克特里亚或印度—希腊人君主的一些钱

币肖像上也能看到。[1]

坎培尔·特佩贵霜时期的模具结合了之前希腊—巴克特里亚王国的风格和图像。[2]类似的赤陶小雕像和用于制作它们的模具遍布希腊化的中亚和贵霜帝国，包括印度西北部的塔克西拉（Taxila）和查尔萨达（Charsadda）。这种工艺生产过程对后来犍陀罗艺术的发展产生了深远的影响。犍陀罗佛像作品中无论是大尊还是小尊，许多都是用模具制作和复制的。20世纪初，日本探险家大谷光瑞在新疆收集到了希腊罗马化的埃及神萨拉皮斯（Serapis）和哈尔波克拉特斯（Harpocrates）的模制赤陶俑。（图3-1-46）

第二节　印度—希腊人王国的城市艺术

大约公元前2世纪初，希腊—巴克特里亚王国的君主德米特里一世（Demetrius I of Bactria，约公元前200—约前180年在位）挥师南下，越过兴都库什山，进入古代印度。从此，不仅希腊人的政治势力再次扩展到了印度西北部，希腊—巴克特里亚的文化和艺术也随之被带入了这片地区，并和当地的文明再次碰撞、交融。

但是，除了钱币之外，印度—希腊人王国时期的物质遗存并不多。不过，在历史文献提及的几座印度—希腊人的城市城址中，如塔克西拉的斯尔卡普（Sirkap）、查尔萨达附近的谢赫德里（Shaikhan Dheri）和巴里果德（Barikot），还是发现了一些印度—希腊人艺术的

1 K. Abdullaev, “Les figurines en terre cuite de l’ancienne Bactriane septentrionale,” *Dossiers d’Archéologie*, N° 211, p. 56.

2 Rachel Mairs, “Models, Moulds and Mass Production: The Mechanics of Stylistic Influence form the Mediterranean to Bactria,” *Ancient West and East*, Vol. 13 (2014), p. 185.

遗迹，年代约在公元前190—前90年，足以证明此地对希腊—巴克特里亚王国艺术传统的继承。这从城市布局和造型艺术，尤其赤陶塑像艺术中可见一斑。另外，印度—希腊人也逐渐接受了印度的佛教，著名的印度—希腊人国王米南德一世（Menander I，公元前165/155—前130年在位）就皈依了佛教。佛教艺术由此开始受到希腊宗教观念和艺术的直接影响。

一、城市布局、建筑和雕塑

（一）城市布局和建筑

塔克西拉古城的考古遗址位于今巴基斯坦旁遮普省（Punjab）的塔克西拉市，在伊斯兰堡（Islamabad）西北约32公里处。塔克西拉是南亚次大陆连接绿洲丝路、草原丝路和海上丝路的一个重要节点。

在塔克西拉发现了三个连续定居点的遗迹，其中第二个是斯尔卡普（公元前163—公元80年），属于印度—希腊人时期。[1]它是坐落在希腊化世界最东端的希腊城市建筑遗址，是希腊人在印度建造的最后一座城市。

斯尔卡普的城市规划遵循希波达姆斯布局法，以宽阔的街道（plateiai）和狭窄的小街（stenopoi）正交规划为原则，划分出有特定用途的街区。[2]但希腊式公共建筑，如剧场、宗教建筑、希腊式神庙，至今未发掘出，目前仅有形似宫殿的建筑。不过这些建筑后来被多处点缀的佛塔和佛寺取代。此外，城中也有一些地方因地制宜，保留了当地特征。如今的斯尔卡普遗址仍能看出当年的城市布局。（图3-2-1）

1 S. Gohar, "The Making of a Theory an Analysis of the Trajectory of the 'Great Earthquake' at Taxila in Sir John Marshall's Works," *Journal of Asian Civilizations*, Vol. 42, No. 1 (2018), p. 137.

2 Kirk Rappe, "The Greco-Bactrian Mirage: Reconstructing a History of Hellenistic Bactria," *Archive: A Journal of Undergraduate History*, Vol. 4 (2002), p. 64.

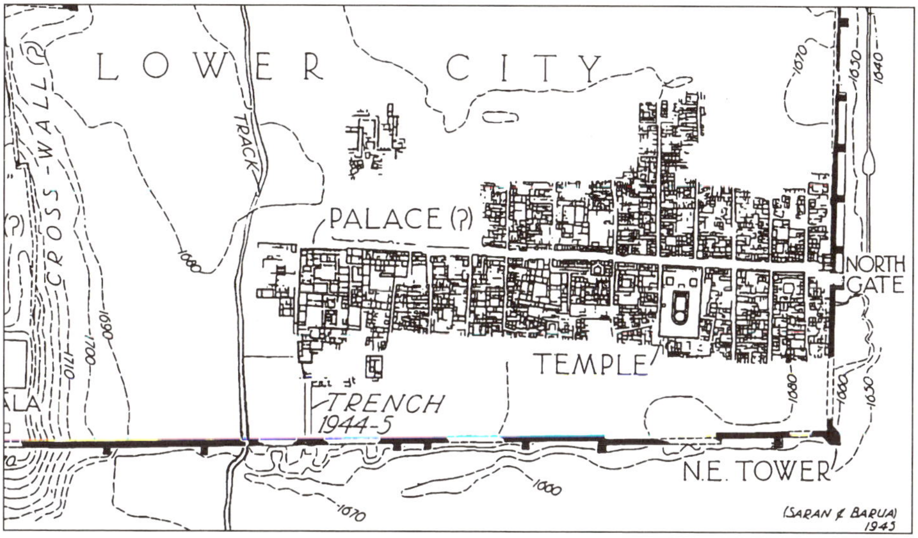

图3-2-1
斯尔卡普平面图

公元20—30年地震后，印度—帕提亚人重建此城。此地出土的文物仍然具有希腊化的特征，在斯尔卡普整个有人居住的时期，这一特征都未曾改变。

在印度—希腊人时期，沿着主街的是一些小型单层建筑，被认为是商铺，商铺后面是私人住宅，其中许多房子面积很大，且私宅皆朝东。有学者认为，这些商铺实际上可能是私宅的露台。[1]（图3-2-2）

传统的带中央庭院的希腊式房舍布局在斯尔卡普城的私宅中也有体现。在这些住宅内，房间环绕着开放的中央庭院建造，某些庭院周围甚至有多达11个房间。希腊式住宅的房间里，没有太多通风和采光的开口，开放式中央庭院很大程度上满足了通风和采光的功能。[2]

其实希腊式住宅的规划也受到东方尤其是美索不达米亚（Mesopotamia）的影响。其中庭院也扮演着中心角色。但在美索不达

---

1 Ahmad Hasan Dani, *Historic City of Taxila*, Paris: UNESCO; Tokyo: Centre for East Asian Cultural Studies, 1986, p. 93.

2 Charles Higham, *Encyclopedia of Ancient Asian Civilizations*, New York: Facts on File, Inc., 2004, p. 344.

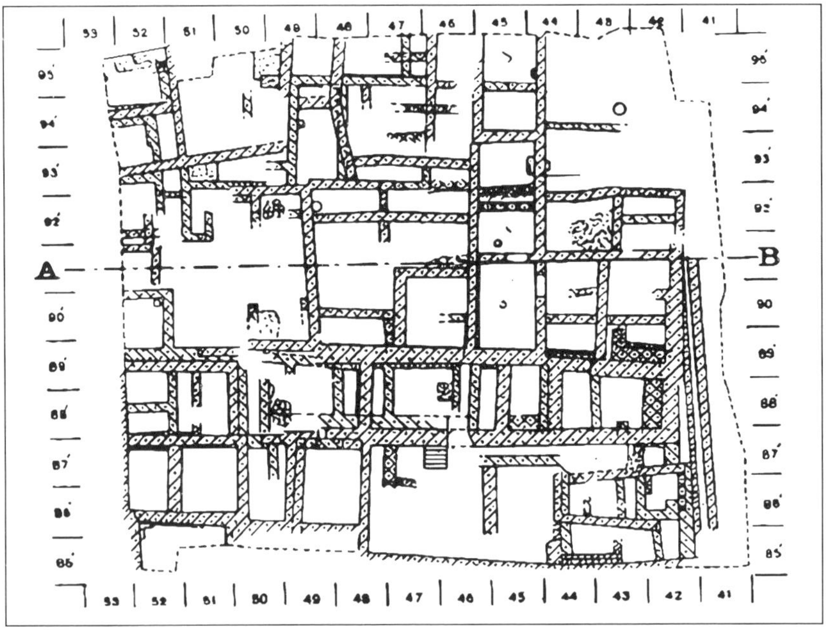

图3-2-2
斯尔卡普街区C，遗址堆积第四、五、六层平面图

米亚，庭院无论在功能还是外形上，都是房子的绝对中心，而希腊式的庭院不一定四面都有房间。有时，房间只出现在庭院的两边，这点在斯尔卡普城的私宅中有所体现。

印度—斯基泰人统治斯尔卡普后，似乎一开始也像希腊人一样规整地规划城中的住房和街道，但随后他们的城市布局变得越来越随意。印度—帕提亚人占据斯尔卡普之后，城市的规划方式又变得对称规范起来。

查尔萨达位于斯瓦特（Swat）河和喀布尔河交汇处的白沙瓦山谷。查尔萨达的巴拉·希萨尔（Bala Hissar）可能是历史文献记载的犍陀罗首府布色羯逻伐底—柏西劳提斯（Pushkalavati-Peucelaotis），梵语意为“莲花城”（Lotus City）。在米南德统治时期，谢罕德里取代了巴拉·希萨尔成为布色羯逻伐底新城址。[1]谢罕德里采用棋盘状

1 P. Bernard, “The Greek Kingdoms of Central Asia,” in Janos Harmatta, B. N. Puri and G. F. Etemadi, eds., *History of Civilizations of Central Asia. Vol. II: The Development of Sedentary and Nomadic Civilizations: 700 B.C. to A.D. 250*, p. 111.

的网格式布局，显示它是由印度—希腊人所建。

巴里果德的必尔—果德—格宛代（Bir-kot-ghwandai）遗址位于今巴基斯坦斯瓦特山谷，是堪比塔克西拉和查尔萨达的另一个中心城市，其繁荣延续了很长的时间，有一些希腊化的显著标志。有学者认为巴里果德为亚历山大远征最后阶段夺取的巴济拉（Bazira）古城。[1]

阿里安称此城“建在高岗之上，四周工事又极坚固”。[2]公元前2世纪左右，希腊人在巴里果德建立一定居点。该定居点被防御墙体包围，墙壁上有突出的长方体塔楼，城墙外有一条城壕。这种城防结构在希腊化东方世界的别处也可见到。其布局和构造特征与阿伊·哈努姆的防御性城墙结构规制一致。这道防御墙建于公元前2—前1世纪初，表明它修建于印度—希腊人占领期间（有可能是著名的印度—希腊人国王米南德时期）。（图3-2-3）

图3-2-3
巴里果德遗址

1 S. Ghosh, “Imprints of Hellenism in the Northwest of India: Case Studies of Barikot and Charsada,” *Proceedings of the Indian History Congress*, Vol. 73 (2012), p. 169.

2 Arrian, *Anabasis*, 4.27, with an English translation by P. A. Brunt, Cambridge, Mass.: Harvard University Press, 1976.

（二）雕塑

斯尔卡普城址印度—希腊人时期的赤陶文物多为动物形玩具及骰子、石榴状的拨浪鼓和弹子状的哨子。[1]动物形玩具包括玩具鸟、玩具马，有些装在轮子上，可能连在玩具车上。[2]（图3-2-4）也有希腊化风格的赤陶人像，采取希腊“对立式平衡”的立姿。[3]（图3-2-5）

谢罕德里遗址发现了一件具有希腊化风格的陶塑，很有立体感，描绘赤裸的小爱神厄洛斯（Eros）用左臂抱一只家禽的形象。（图3-2-6）这是典型的希腊化时期双模制雕塑，可能是外来物品。即使这件作品不是在犍陀罗本地制作，也暗示着犍陀罗赤陶雕塑进入一个新的阶段，因为它是塑像表现复杂动作的早期范例。在谢罕德里还发现了陶制人像镶板（emblemata），这些半身像用一个模具塑形，然后贴附于轮制的碗内侧底部，其风格是从希腊化时期雕塑原型衍生出来的。[4]（图3-2-7）

从巴里果德的防御工事上，我们不仅可以看出其与希腊化时代的统治者有密切关系，也可通过传统艺术品感受它受到的希腊—巴克特里亚艺术的影响。[5]在这里，具有明显的希腊化时代性特色的雕刻材质开始出现，不同的技术被用于不同的类型。最大创新出现在陶俑造型上。

当地发现的一件可能是双模制的头像，其上带有涂敷材料，立体感鲜明，具有写实主义风格，是“希腊化远东地区”赤陶雕塑品的范例。（图3-2-8）在巴里果德遗址出土了这一时期希腊化风格的单模制雕

1 Ahmad Hasan Dani, *Historic City of Taxila*, p. 95.

2 J. Marshall, *Taxila*, Vol. 1, Cambridge: Cambridge University Press, 1951, p. 127.

3 J. Marshall, *Taxila*, Vol. 2, Cambridge University Press, 1951, p. 451.

4 K. W. Dobbins, “Gandharan Art from Stratified Excavations,” *East and West*, Vol. 23, No. 3/4 (1973), p. 283.

5 S. Ghosh, “Imprints of Hellenism in the Northwest of India: Case Studies of Barikot and Charsada,” *Proceedings of the Indian History Congress*, Vol. 73 (2012), p. 173.

塑。（图3-2-9）有一件头像，其面部特征现在只能隐约看到，头上戴着一个高高的冠状头饰。（图3-2-10）一些头像还附有其他元素，例如带有中央圆盘的花冠。（图3-2-11）在斯尔卡普和谢罕德里也发现了此类小型雕塑。此地女性雕像的希腊化形制较为明显，许多赤陶制的希腊化风格人像、动物形玩具类型都始于印度—希腊人，并延续到印度—帕提亚时期直至贵霜末期。

二、佛教艺术的发展

文献和钱币资料显示，有的印度—希腊人国王是佛教的资助者。阿伽托克勒斯一世是第一位占有塔克西拉地区的印度—希腊人国王，他实行宽容政策，对印度的宗教信仰，包括佛教和婆罗门教提供支持与保护。[1]

接下来一位被佛教所吸引的就是前面提到的印度—希腊人国王米南德。他以虔诚的问经者形象闻名。《弥兰王问经》（*Milindapanha*，汉译《那先比丘经》）是一部米南德与佛教僧侣那先比丘间有关佛教教义的问答记录。米南德和那先比丘在此佛经中的问对，亦是典型的苏格拉底式对话。[2]

正是因为印度—希腊人的赞助，才留下那一时期与佛教有关的遗存。米南德统治时期制作的“辛科特舍利函”（Shinkot casket）可能是犍陀罗地区已知最早的镌有铭文的舍利函。盖子的外圈上的文字

---

1 A. K. Narain, “The Greeks of Bactria and India,” in A.E. Astin, et al., eds., *The Cambridge Ancient History. Vol. III: Rome and the Mediterranean to 133 B.C.*, London: Cambridge University Press, 1989, p. 406.

2 Georgios T. Halkias, “When the Greeks Converted the Buddha: Asymmetrical Transfers of Knowledge in Indo-Greek Cultures,” in Peter Wick and Volker Rabens, eds., *Religions and Trade: Religious Formation, Transformation and Cross-Cultural Exchange between East and West*, Leiden and Boston: Brill, 2014, p. 92.

图3-2-4
赤陶玩具，斯尔卡普，印度—希腊人时期

图3-2-5
赤陶立像，斯尔卡普，
印度—希腊人时期

图3-2-6
陶塑厄洛斯，谢罕德里，
公元前150—前75年

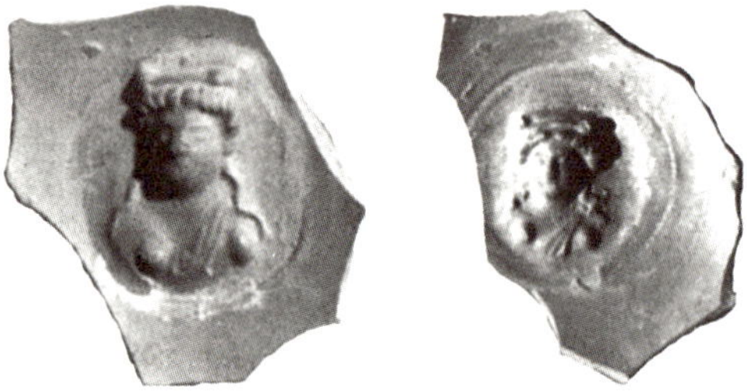

图3-2-7
陶人像镶板残片，谢罕德里，公元前75—公元25年

图3-2-8
希腊化赤陶女像头部，巴里果德，公元前1世纪

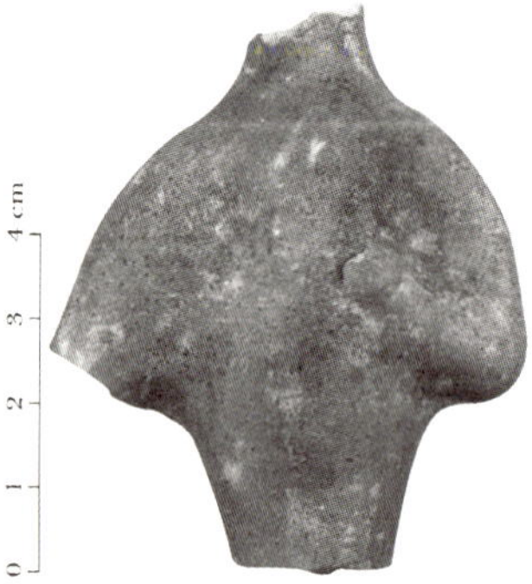

图3-2-9
单模制赤陶女像，巴里果德，
公元前1世纪

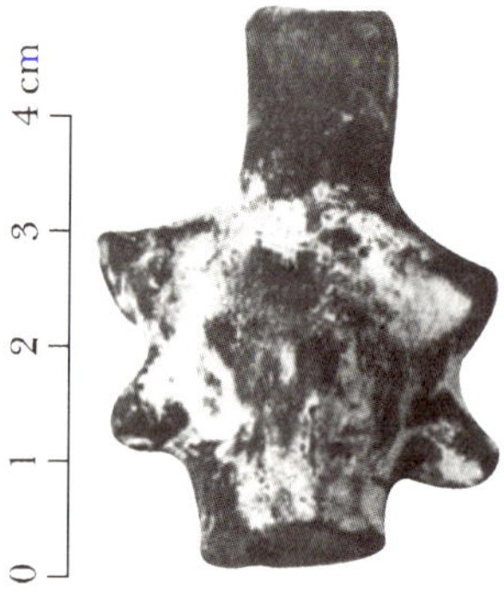

图3-2-10
单模制赤陶女像头部，带白色
涂料，巴里果德，公元前1世纪

图3-2-11
单模制赤陶女像头部，巴里果德，
公元前1世纪

“伟大的米南德王”（Minadrasa Maharajasa）可为证。[1]（图3-2-12）

但总的来说，目前还没太多印度—希腊人时期的大型历史建筑或其他考古证据。在印度西北部发现的奉献品铭文中，只有两件属于印度—希腊人时期，即上述的申科特舍利函铭文和泰乌都塔（Theuduta，即“塞奥多托斯”，Theódotos）舍利函铭文。[2]因此可推断，佛教在印度—希腊人统治时期有可能达到一定程度的繁荣。但这并不表示他们对佛教的全力支持。印度—希腊人皈依佛门或许有政治意义，也或许他们对深奥微妙的佛法感兴趣。[3]相对于此后的印度—斯基泰、贵霜时期，印度—希腊人时期的捐赠铭文数量不多。可见，公元前2世纪佛教在印度北部和西北部地区的势力还相对有限。

最早的几处佛塔和相关遗存可归于印度—希腊人王国、印度—斯基泰王国统治时期。它们在塔克西拉的斯尔卡普、达摩拉吉卡（Dharmarajika）建筑群和布特卡拉1号遗址（Butkara I）均有发现。[4]

斯瓦特等地有关佛教的实物资料，特别是布特卡拉1号遗址大塔可以追溯到孔雀王朝晚期或印度—希腊人王国早期。大塔及其僧院被认为是阿育王时期的产物，此后大塔经历了孔雀王朝晚期、印度—希腊人王国、印度—斯基泰和贵霜时期四个改造阶段。[5]每一期新建筑都在前一期基础上重建。

图3-2-12
“申科特舍利函”，皂石雕刻，巴基斯坦巴焦尔（Bajaur）申科特，公元前2世纪

1 N. P. Chakravarti, *Epigraphia Indica*, Vol. 24, 1937-38, New Dehli: Manager of Publications, 1942, pp. 1-10.

2 Henry Albery, *Buddhism and Society in the Indic North and Northwest: 2nd Century BCE-3rd Century CE*, Ludwig-Maximilians-Universität München, 2020, pp. 106, 703

3 J. Marshall, *The Buddhist Art of Gandhara*, Cambridge: Cambridge University Press, 1960, p. 4.

4 Kurt A. Behrendt, *The Buddhist Architecture of Gandhāra*, Leiden and Boston: Brill, 2004, pp. 256-259.

5 Henry Albery, *Buddhism and Society in the Indic North and Northwest: 2nd Century BCE-3rd Century CE*, p. 246.

对布特卡拉1号遗址大塔的考古分析，可以让我们比较清晰地了解犍陀罗佛教艺术在印度—希腊人时期以及后来的发展变化过程。通过对布特卡拉1号遗址寺院的考古研究，自公元前2世纪以来斯瓦特建筑中的希腊化影响要素得到证实。该佛塔以其特有的希腊化建筑艺术元素和壁龛装饰，取得了雍容华贵的效果。[1]

印度—希腊王国前期（公元前2世纪）出现了环绕佛塔的立柱。柱基表面平整光滑，底座平面为圆形或方形，带圆形底座的立柱柱础有凸圆线脚和凹弧线脚（cavetto），带方形底座的立柱柱础的特点是两个凸圆线脚间有凹圆线脚（scotia），无凹弧线脚。（**图3–2–13、14**）随后，佛塔建筑中加入更多根柱子。其中一根的柱础上有柱脚（plinth）、凸圆线脚、凹弧线脚，而底座有类似挑檐线脚（cornice）的线饰：两个平缘线脚（fillets）间有正波纹嵌线（cyma recta）。（**图3–2–15**）

这些让人想到古希腊爱奥尼亚式的柱础形式。印度—希腊人晚期与印度—斯基泰时代（公元前1世纪），布特卡拉1号遗址佛塔的立柱有高而比例匀称的底座，柱础特点是两个凸圆线脚和凹弧线脚间的一个凹圆线脚，也可以视为古希腊爱奥尼亚式柱础的一种形式。（**图3–2–16**）该遗址也不乏印度—科林斯式柱头，阿堪突斯叶间可见穿着希腊式短斗篷克拉米斯（chlamys）的佛教信徒。（**图3–2–17**）

图3–2–17
印度—科林斯式石柱头，布特卡拉1号遗址大塔，公元前1世纪

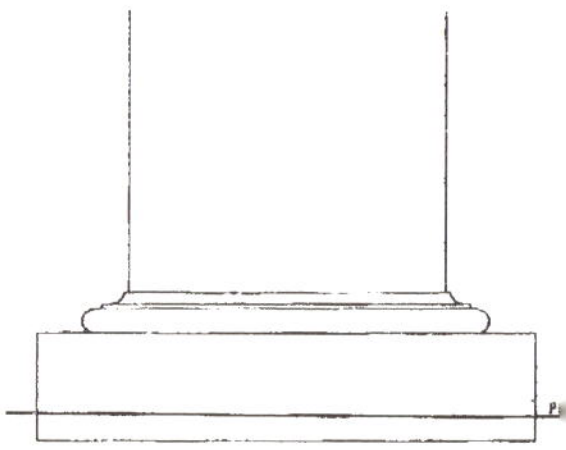

图3–2–13
布特卡拉1号遗址第66号立柱柱础示例

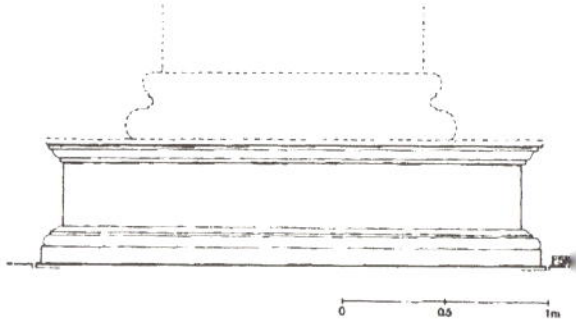

图3–2–14
布特卡拉1号遗址第149号立柱柱础示例

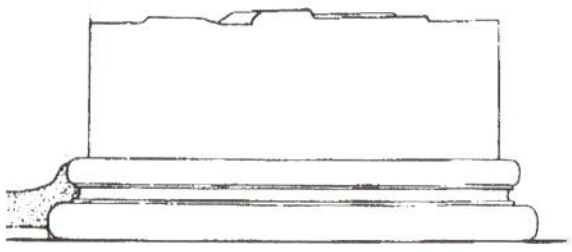

图3–2–15
布特卡拉1号遗址第214号立柱柱础示例

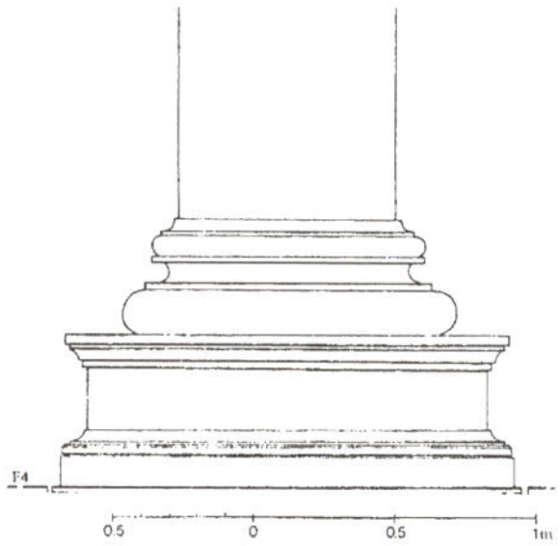

图3–2–16
布特卡拉1号遗址第78号立柱柱础示例

1 O. Bopearachchi, C. Landes and C. Sachs, eds., *De l'Indus aÌ l'Oxus: archeìologie de l'Asie centrale*, Lattes: Association imago-museìe de Lattes, 2003, p. 212.

第三节　印度—斯基泰王国和印度—帕提亚王国的城市艺术

从公元前1世纪初开始，来自中亚草原的斯基泰人开始进入印度西北部，占领犍陀罗地区，逐渐取代印度—希腊人王朝在此地的统治。公元10年左右，印度—希腊人的最后一个王国在印度西北部消失。但是对希腊人遗留下来的文化，印度—斯基泰人却是欣然接受。只是相比前任统治者，印度—斯基泰人的雕塑艺术水准出现衰退，造型相对笨拙，雕工粗疏。

在另一个和其他希腊化王国有着千丝万缕联系的帕提亚帝国境内，也生活着很多希腊人，故帕提亚人能与地中海周边的希腊化世界保持商业和文化上的交流。从某种意义上来说，帕提亚艺术也是繁荣于亚洲的希腊化艺术的一个分支。公元1世纪初，印度—帕提亚人成为西北印度的主人，希腊式的艺术和工艺又有了新的发展动力，其艺术品表现出比印度—斯基泰时期更高的水准。古希腊风格艺术在此出现复兴，为日后的犍陀罗佛教艺术发展起到重要作用。

由于斯基泰人和帕提亚人皆出身游牧民族，游牧文化艺术元素也不免随着他们进入印度西北部。佛教艺术在印度—斯基泰人和印度—帕提亚人时期得到了比印度—希腊人时期更长足的进步。这些发展成果被日后统治此地的贵霜帝国的艺术吸收融合。

一、印度—斯基泰人的艺术

印度—斯基泰人时期制作的人像，一般会有突出的大眼，服装褶襞刻画多显粗略。他们似乎无法从前任的希腊人那里继承高水平的艺术。

斯尔卡普一件女性小雕像头戴着希腊母神常用的圆柱形波洛斯

（polos）冠冕，只是这里是一顶“矮冠”。这个小人俑可能原先被用作一个小的人像柱（caryatid）。人像底部的榫头和头顶的波洛斯冠可能与其他构件相衔接。（图3-3-1）

在另一件可能属于同时期的小雕像上，可见直接雕刻衣纹线条的手法，也是日后犍陀罗雕塑的重要特征。此类雕像从阿芙洛狄特式雕像演变而来，但已相当印度化。[1]

著名的双头鹰庙（Double-Headed Eagle Stupa Shrine）位于斯尔卡普城F街区内。希腊人带来的希腊式建筑装饰，在此庙的多个角落都有发现。此庙壁龛和壁龛互相间隔，装饰壁龛两侧的壁柱为科林斯式，各壁龛组成一建筑立面。此处共有三种类型壁龛，其中一种（两座）有希腊建筑山墙特色。[2]一些壁龛顶部是鹰的形象。（图3-3-2）

这种鹰的图像可能是印度—斯基泰人引进塔克西拉的。[3]许多展翅鹰的图案来自黑海（Black Sea）沿岸斯基泰人居住地，基辅（Kiev）附近波波夫卡（Popovka）的库尔干（kurgan/kurhan，坟冢）也发现了正面有双头鹰的青铜饰板。在西伯利亚南部，鹰似乎一直是受喜爱的主题：阿尔泰地区的金质饰板展示鹰与各种动物间的争斗；在阿尔泰（Altai）北部的图瓦（Tuva）地区，出土了展翅鹰形的金币。所以在斯尔卡普看到的鹰的形象可能是希腊化、印度艺术和斯基泰艺术元素的结合。

图3-3-1
绿色云母片岩女像，斯尔卡普，公元前1世纪下半叶

1 J. Marshall, *The Buddhist Art of Gandhara*, p. 20.

2 B. N. Puri, “The Sakas and Indo-Parthians,” in Janos Harmatta, B. N. Puri and G. F. Etemadi, eds., *History of Civilizations of Central Asia. Vol. II: The Development of Sedentary and Nomadic Civilizations: 700 B.C. to A.D. 250*, p. 198.

3 J. Marshall, *Taxila*, Vol. 1, p. 164.

图3-3-2　双头鹰庙三种类型的壁龛，公元前30—公元80年

二、印度—帕提亚人的艺术

印度—帕提亚人约于公元25年左右占领塔克西拉，希腊化艺术在此复兴，为日后的犍陀罗佛教艺术发展起到重要作用。

斯尔卡普的阿普西达尔（apsidal，意指建筑有半圆形后殿）寺庙发现的灰泥雕塑，证明当地有熟悉希腊艺术风格的艺术家，他们有能力创作和希腊原型一样高质量的作品。其中一尊为萨提尔头像，近似肖像雕塑，表现出强烈的面部表情，这和后来的犍陀罗艺术有区别，更接近于晚期希腊艺术流派。这件展现四分之三侧脸的头像属质量上乘的作品。[1]（图3-3-3）

图3-3-3
灰塑萨提尔像头部，斯尔卡普阿普西达尔寺庙，公元1世纪中叶

另一件展现虬髯男子头像的雕塑，也是纯粹的希腊化风格。他的气质中透露着静谧的庄严与和谐，与常见的希腊神祇雕像并无二致。尽管这头像上部已毁，但仍属质量一流的作品。仅从留存下来的下半部，就能看出这尊雕塑的作者对希腊

1　J. Marshall, *The Buddhist Art of Gandhara*, p. 29.

艺术非常熟悉，且能将其用到当地常见的材料中。（图3-3-4）

一件做工稍逊的女性头像的花冠近似希腊的类型，这种头饰也在帕提亚贵族中流行。其头顶发髻形状可能影响了后来佛陀雕像的肉髻造型。[1]（图3-3-5）

一些小雕像可能直接引自西方。一件表现狄奥尼苏斯或西勒诺斯形象的银质凸雕，其头顶被藤蔓缠绕，右手握一康撒罗斯杯（kantharos，一种希腊大双耳酒杯），一根酒神杖（thyrsus）绕到其脑后。这件雕像工艺水平很高，可能是件早期器物的复制品。[2]（图3-3-6）

一件哈尔波克拉特斯的银质小雕像，左手所握之物已失，可能原本是一朵代表重生的莲花或喻示繁殖力的丰饶角。他头发中间卷起，一簇长发搭在右肩上。这尊小雕像是典型的希腊罗马风格，可能来自埃及的亚历山大里亚。（图3-3-7）

一件女性头像，有个往后脑勺戴的高高的发罩，左耳上有玫瑰花饰。（图3-3-8）在古希腊也有类似头饰，很多时候在双耳及额上都有玫瑰花饰。（图3-3-9）此物可能也来自西方，当然这种象征丰饶的女神雕像在西北印度也是可以看到的。[3]

出自谢罕德里的印度—帕提亚时期文化层的双模制赤陶头像，也有些希腊古风装饰元素及希腊化特征。只是头饰外观上与花冠相似，头两侧的玫瑰花饰看似素面圆盘，也可能因为被考古学家发现时已经磨损。（图3-3-10）这些发现证明，受雇佣的印度—希腊人或希腊化的本土艺术家活跃于印度西北部。[4]

同样表现丰饶女神的另一些雕塑，则用写实主义手法展现躯体。

---

1 J. Marshall, *The Buddhist Art of Gandhara*, p. 30.

2 J. Marshall, *The Buddhist Art of Gandhara*, p. 26.

3 K. W. Dobbins, "Gandharan Art from Stratified Excavations," *East and West*, Vol. 23, No. 3/4 (1973), p. 283.

4 S. Ghosh, "Imprints of Hellenism in the Northwest of India: Case Studies of Barikot and Charsada," *Proceedings of the Indian History Congress*, Vol. 73 (2012), p. 172.

图3-3-4
灰塑像脸部残件，斯尔卡普阿普西达尔寺庙，公元1世纪中叶

图3-3-5
灰塑像头部，斯尔卡普阿普西达尔寺庙，公元1世纪中叶

图3-3-6
有狄奥尼苏斯或西勒诺斯凸雕像的银碗把手，斯尔卡普，公元前1世纪

图3-3-7
埃及儿童之神哈尔波克拉特斯青铜像，斯尔卡普，公元1世纪

图3-3-8
米色赤陶女像头部，斯尔卡普，公元1世纪

图3-3-9
赤陶狄奥尼苏斯像头部，意大利南部塔兰托，公元前4世纪

图3-3-10
头戴花冠的陶像，谢罕德里，公元前75—公元75年

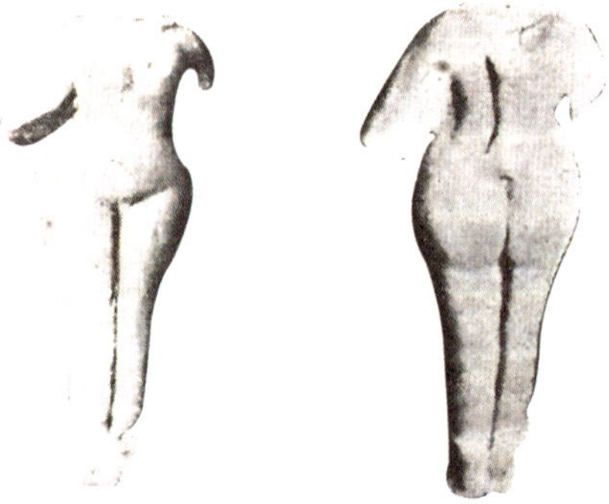

图3-3-11
赤陶裸女立像，谢罕德里，公元前75—公元75年

图3-3-13
希腊化风格的赤陶人像镶板，谢罕德里，公元1世纪

图3-3-14
古怪面容的赤陶小面具，谢罕德里，公元1世纪

图3-3-12
赤陶丰饶女神立像，塔克西拉，公元1世纪

制作模具应产自本地。这些丰饶女神的胯部与典型的印度丰饶女神像更接近，但在其他地方和古典希腊世界的作品相似。（**图3-3-11**）贵霜工匠制作赤陶俑及泥塑时，遵循了这些原则。[1]（**图3-3-12**）

巴里果德公元1世纪的文化层里，一个凸雕的人像镶板可能本属于一个红陶碗或杯的内底装饰。它表现了一位希腊化女性形象，头部略向右弯曲，展现四分之三的侧脸。（**图3-3-13**）这里出土的赤陶造型，

---

1 G. A. Pugachenkova, et al., "Kushan Art," in Janos Harmatta, B. N. Puri and G. F. Etemadi, eds., *History of Civilizations of Central Asia. Vol. II: The Development of Sedentary and Nomadic Civilizations: 700 B.C. to A.D. 250*, p. 358.

除一些零散的手工制作的雕像外，还有一尊描绘古怪面容的模制小头像（**图3-3-14**），让人想起阿伊·哈努姆喷泉的戏剧面具形象滴水嘴。[1]

三、佛教艺术的发展

印度—斯基泰和印度—帕提亚时期的艺术是在历史变迁大背景下产生的。在一系列外来入侵中，外来文化影响与先前存在的印度佛教文化融合，这一时期可视为新移民皈依佛教的时期。装饰佛塔和寺院建筑各部分的浮雕体现出不同族群人物的相貌、服饰特点。比如一些浮雕板上的尖楣圆拱的支提窗（chaitya arch）下的人物描绘，展现出当地和异族神祇（如希腊小爱神）、僧侣以及一些印度、希腊、中亚民族上层人士的风貌。

由于布特卡拉1号遗址的发掘提供了新证据，所以学界对最早体现明确犍陀罗雕塑特征的造像制作年代有了新的说法。[2]布特卡拉1号遗址的14号和17号佛塔是印度—斯基泰人统治后期或印度—帕提亚人立国初期建造的，其檐口雕带是此地现存最早的雕刻品。这两座佛塔都由“小型皂石石块”筑成，佛塔上保存柱顶楣构（entablature），包括一个首楣梁（architrave），由一排圆凸形线脚装饰（ovolo）和两条挑口饰（fascia，盘座面）构成，后者上面有一条雕狮头的饰带，再往下是檐下齿饰（dentil）和一个饰有心形叶尖饰（leaf-and-dart）的反波纹嵌线（cyma reversa），以及一列颠倒的圆门形图案。

14号佛塔柱顶楣构风格相对简朴，有三层石板。佛塔上，狮头浮

1 P. Callieri, “Barikot, an Indo-Greek Urban Center in Gandhāra,” in Doris Meth Srinivasan, ed., *On the Cusp of an Era: Art in the Pre-Kuṣāna World*, Leiden: Brill, 2007, p. 157.

2 Domenico Faccenna, “The Excavations of the Italian Archaeological Mission (ISMEO) in Pakistan: Some Problems of Gandhara Art and Architecture,” *Proceedings of the International Conference on the History, Archaeology and Culture of Central Asia in the Kushan Period, Dushanbe September 27-October 6*, Vol. 1, Moscow: Central Dept. of Oriental Literature, 1974, pp. 161-176.

雕饰和莲花纹上的忍冬饰或棕叶饰、老鹰图案或有翼小爱神纹样交替组成饰带。（图3-3-15）17号佛塔柱顶楣构比14号佛塔多一条带三联槽排档（triglyph）和排档间饰的雕带，这是古希腊多利亚式神庙的建筑要素特征。（图3-3-16）佛塔上装饰有狮面的雕带，通过小壁柱和横向排列的S形纹分隔为几部分。（图3-3-17）

两座佛塔上的狮子双目突出，内圈瞳孔为锐器刻画。雕带描绘狮子图腾形象，并以忍冬饰、莲花和其他纹样的交替形成变化丰富的装饰效果。交替使用植物纹样与狮面无疑是传自希腊的主题，而用作滴水嘴的狮子常常出现在古典建筑上。叶矢饰也是希腊建筑风格的主要装饰图案。棕叶饰、叶矢饰及狮首造型同样出现在阿伊·哈努姆。虽然在巴克特里亚尚未发现一例狮面与忍冬饰或棕叶饰组成的方式，但这种母题很可能由希腊—巴克特里亚人传至犍陀罗。布特卡拉1号遗

图3-3-15
布特卡拉1号遗址14号佛塔檐口，公元前1世纪末

图3-3-16
布特卡拉1号遗址17号佛塔的三联槽排档与排档间饰，公元前1世纪末

图3-3-17

布特卡拉1号遗址17号佛塔雕带，公元前1世纪末

图3-3-18

狮头形石滴水嘴，阿伊·哈努姆，公元前3—前2世纪

址的狮子有几簇分开的、末端卷曲的鬃毛，形似在阿伊·哈努姆的狮头形滴水嘴的处理方式。[1]（**图3-3-18**）

从布特卡拉3号遗址中编号为A的小佛堂内室和编号为B、C、D的小佛堂中发掘出的雕塑，其制作年代可追溯至贵霜初期统治者威玛·塔克图（Vima Taktu，公元80—90年在位）之前，其标志性特点类似于1号遗址14号和17号佛塔的檐口雕带。布特卡拉3号遗址第16号佛塔（编号为C的小佛堂）中一种独特的承托花带（花纲，garland）人物形象的雕塑中，也有类似的狮头浮雕装饰图案。布特卡拉3号遗址带有托花带人物形象的浮雕板显示的狮头像，布特卡拉1号遗址14号和17号佛塔的檐口雕带及3号大佛塔的建筑是同一时期的，即阿泽斯二世（Azes II，约公元前35—约前12年在位）统治末期。[2]

14号和17号佛塔的雕带可以与布特卡拉另外两件同时期的雕带相关联。画面显示一排圆凸形线脚装饰下的莲花上，有类似的狮头和

---

1 Paul Bernard, “Fouilles de Aï-Khanoum (Afghanistan), campagnes de 1972 et 1973,” *Comptes rendus des séances de l’Académie des Inscriptions et Belles-Lettres*, 1974, p. 305.

2 M. S. A. Khan, “The Tradition of Buddhist Narrative Illustration in the Swat Valley,” *Ancient Pakistan*, Vol. 28 (2017), p. 121.

鹰，在下半区域装饰一排半身像，以帕提亚艺术后期常见的“正面律”（frontalism）表现方式来呈现。（图3-3-19）他们有假发般的发型、颈部的褶痕、扁平而平行的衣褶线条，而阴刻瞳孔的大眼，与上述狮头像相似。

这些特征与斯尔卡普印度—斯基泰及印度—帕提亚文化层的“化妆盘”上的雕像很像。而雕带的浅浮雕处理方式、构图及装饰纹样，也反映了帕提亚艺术中帕尔米拉（Palmyra）风格的雕塑特点。人物睁大的眼睛，带尖端的长胡子，两道颈部褶痕，及八瓣玫瑰花饰、阿堪突斯叶饰、老鹰等纹饰，加上圆凸形线脚装饰，和帕尔米拉一些浮雕作品相同。而帕尔米拉许多作品本身也包含来自希腊化东方的元素。（图3-3-20）对老鹰写实主义的处理手法、阿堪突斯叶饰、藤蔓纹样、圆凸形线脚装饰，均来自希腊化的美索不达米亚。[1]

前文提及，鹰的图像是印度—斯基泰人引入，但也常出现在帕提亚艺术中，甚至双头鹰图案已为帕提亚人所知。在中亚，这种图案在帕提亚引入前较罕见。[2]所以布特卡拉1号遗址14号佛塔雕带上出现老鹰，可能是受到帕提亚人的影响。布特卡拉与塔克西拉的一些类似主题和风格的雕塑的对比结果也支持这样的判断。塔克西拉的达摩拉吉卡建筑L和D3佛塔间发现的片岩浮雕残片，和布特卡拉浮雕大致同时期。[3]在其上半部也有藤蔓纹样和连拱，拱的下半部都有正面的半身像。每两个拱之间交叉的三角形空间中，也各有一只展翅的鹰的形象。（图3-3-21）塔克西拉达摩拉吉卡佛塔的两个雕带也包含狮头浮雕装饰和忍冬饰或棕叶饰交替组成的装饰条。其中一条雕带，据说是在坐落于达摩拉吉卡大佛塔西南方向的建筑L附近发现的。（图3-3-22）

达摩拉吉卡D3佛塔有一条雕带，与原属建筑L的1号雕带在细节

---

1 M. A. R. Colledge, *The Art of Palmyra*, London: Westview Press, 1976, pp. 125-126.

2 L. Hambis, *Recherches sur les Saces et leurs rapports avec les Wou-Souen*, Paris: Annuaire du College de France, 1977-1978, p. 591.

3 J. Marshall, *Taxila*, Vol. 1, p. 251.

图3-3-19　布特卡拉石浮雕带残片，公元1世纪初

图3-3-20

石浮雕，上有帕尔米拉太阳神亚希波尔（Yarhibol）、月亮神阿戈黎波（Aglibol）半身像与鹰的形象，帕尔米拉巴尔夏明（Baalshamin）神庙，公元1世纪

图3-3-21

片岩浮雕残件，塔克西拉的达摩拉吉卡建筑L和D3佛塔之间，约公元1世纪中叶

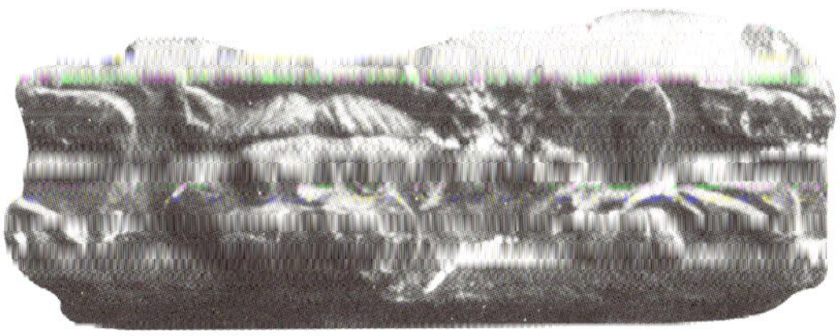

图3-3-22

石雕带残件，塔克西拉达摩拉吉卡建筑群建筑物L的构件，公元1世纪末

上不同，狮头浮雕装饰和忍冬饰或棕叶饰的形状与更早期的希腊—巴克特里亚遗物有关联。（**图3-3-23**）狮头鬃毛从中间两分，细节部位使用平行线刻画，就像阿伊·哈努姆的陶狮头，而忍冬饰或棕叶饰末端后卷，是希腊化世界装饰纹样的常见特征。另外，布特卡拉1号遗址的14、17号佛塔狮头浮雕装饰和忍冬饰或棕叶饰雕带下的基座，饰有细长的科林斯式壁柱，这结构与塔克西拉D3佛塔有共同之处。（**图3-3-24**）

从斯尔卡普等地的佛寺遗址中，还发现一组小佛塔的托架，从制作时间相对晚一些的托架上能看到西方元素的影响，如人像底部的阿堪突斯叶饰和多处涡卷纹。[1]斯尔卡普托架上的带翼男性形象，衣褶厚重繁密，也有假发状的头发、圆睁的眼睛及阴刻的瞳孔，或可视为

图3-3-23
石雕带残件，约为塔克西拉达摩拉吉卡建筑群D3佛塔构件，公元1世纪后半叶

图3-3-24
布特卡拉1号遗址17号佛塔基座，公元1世纪初

1 J. Marshall, *The Buddhist Art of Gandhara*, Cambridge: Cambridge University Press, 1960, p. 22.

犍陀罗佛像的直接源头之一。[1]（图3-3-25）

图3-3-25
有带翼天神形象的支架，绿色云母片岩，塔克西拉，公元1世纪

结　语

巴克特里亚王国时期，希腊化艺术获得蓬勃发展，例证见于阿伊·哈努姆、塔赫特—伊·桑金、坎培尔·特佩等城镇。公元前2世纪初，巴克特里亚王国的希腊人南下印度，希腊化艺术因此在兴都库什山以南也获得较大发展，著名的遗迹见于斯尔卡普、谢罕德里和巴里果德。

公元前1世纪前后，来自中亚草原的斯基泰人逐渐取代印度—希腊人，成为印度西北部一带新的统治者。他们欣然接受了原来印度—希腊人王国的文化遗产，但就现存的实物资料来看，其艺术水平有所下降。

公元1世纪初以来，一些帕提亚人进入印度西北部一带，建立印度—帕提亚人王国。帕提亚人有着"爱希腊"的传统，他们在印度也推动了希腊化艺术的发展，甚至还带来了罗马帝国东端（如帕尔米拉）的希腊化艺术要素（也可能是通过丝绸之路传来）。

印度—希腊人时期，希腊化艺术的因素开始进入佛教艺术。印度—斯基泰人和印度—帕提亚人时期，佛教建筑上的雕刻造型和纹饰也融入了许多希腊化艺术的因素。至贵霜帝国兴起时，中亚与印度西北一带的希腊化艺术已有三个世纪的传统，成为犍陀罗艺术的重要来源之一。

（余琛瑱）

1 J. Marshall, *Taxila*, Vol. 2, pp. 693-694.

第二编

犍陀罗艺术的诞生

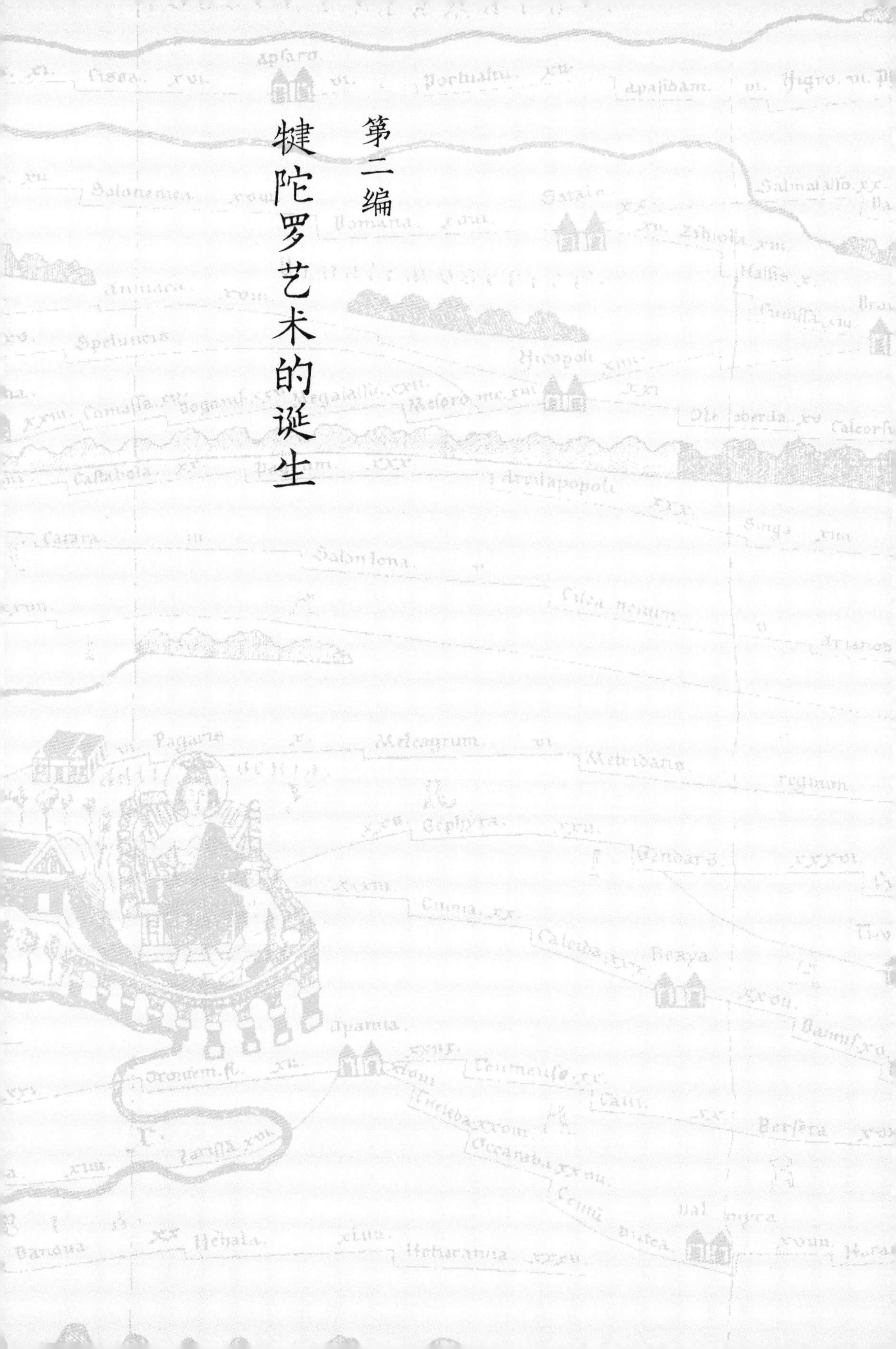

希腊式佛教艺术（Greco-Buddhist Art）因兴起于犍陀罗地区，通常也被称为“犍陀罗艺术”。狭义的犍陀罗位于喀布尔河、斯瓦特河和印度河上游交汇地带，是波斯帝国最东面的一个行省。亚历山大曾征服此地，后来的印度—希腊人也主要活动于这一地区。其后的印度—斯基泰人、印度—帕提亚人和贵霜帝国都统治过此地。由巴克特里亚希腊人直接带来的希腊化文化在这里生根开花，与当地的印度文化交流融合，最终诞生了以希腊艺术之形表现佛教精神的犍陀罗艺术。

就犍陀罗艺术本身的发展进程而言，印度—希腊人时期应该是萌芽期，印度—斯基泰人和印度—帕提亚时期是过渡期，贵霜帝国时期则是它的繁盛期。贵霜帝国纵跨中亚、印度，民族众多，文化多样。具有包容性的佛教，尤其是大乘佛教，得到贵霜国王尤其是迦腻色伽一世的大力弘扬。当时海上丝绸之路开通，印度和罗马的东方建立了直接的商贸和文化联系，犍陀罗艺术中的罗马艺术因素应该就是这时输入的。贵霜帝国本来就是中亚、印度希腊化遗产的继承者，这从他们前期继续发行希腊式钱币，接受希腊语和希腊神就可看出。因此，具有希腊罗马文化特征的佛教犍陀罗艺术的产生也就成为历史的必然。

第四章　贵霜帝国与犍陀罗艺术的诞生

引言　何为犍陀罗艺术？

本章和下一章探讨“丝绸之路”文化里一个众所周知却了解甚浅的现象，即公元1至4世纪，甚至还包括5世纪时在犍陀罗地区发展繁荣的艺术传统。[1]关于犍陀罗艺术的广泛背景，前面的章节已有所阐述，但由于犍陀罗艺术使我们认识了思想观念与图像沿丝绸之路传播的情况，它值得受到更进一步的关注。本章会介绍犍陀罗艺术自身发展的情况，下一章将解释犍陀罗艺术为什么总是与希腊化的希腊文化（Hellenistic Greek culture）联系在一起，同时也会考虑到罗马帝国在犍陀罗艺术形成过程中所担任的角色，以及它是如何协调希腊化世界在中亚和南亚地区的影响的。

“犍陀罗”是个古老的名字。尽管波斯、希腊、印度和中国的文

1　关于犍陀罗艺术的概述，见L. Nehru, *Origins of the Gandhāran Style: A Study of Contributory Influences*, Delhi: Oxford University Press, 1989; J. Cribb, E. Errington and M. Claringbull, eds., *The Crossroads of Asia: Transformation in Image and Symbol in the Art of Ancient Afghanistan and Pakistan*, Cambridge: Ancient India and Iran Trust, 1992; W. Zwalf, *A Catalogue of the Gandhāra Sculpture in the British Museum*, London: British Museum Press, 1996; C. Luczanits, ed., *Das buddistische Erbe Pakistans: Legenden, Klöster und Paradiese*, Mainz: Zabern, 2008.

献都以不同形式采用了这一名称，含义却相当不一致。[1]如今它主要用来指一个地区，大致相当于今巴基斯坦的北端。从狭义上来说，犍陀罗地区就是白沙瓦盆地的周边，斯瓦特河与喀布尔河由此汇入印度河上游。该地区的西、北和东三面均被群山阻隔。这里孕育了至少三座非常重要的城市，前面的章节已经讨论过它们：位于今伊斯兰堡附近的塔克西拉，包括希腊化晚期的斯尔卡普，以及后来贵霜时期的斯尔苏克（Sirsukh）定居点；[2]查尔萨达（Charsada）附近的布色羯逻伐底/莲花城（Pushkalavati，谢罕德里，Shaikhan Dheri）；[3]还有白沙瓦——古代城市布路沙布逻（Purusapura）。[4]

虽然该地区的范围相对较小，但它却对佛教和佛教艺术的发展产生过巨大影响。从西边的开伯尔山口（Khyber Pass）到东边的阿伯塔巴德（Abbottabad），直线距离不超过190公里。从更广泛的意义上

---

1 W. Zwalf, *A Catalogue of the Gandhāra Sculpture in the British Museum*, p. 11, p. 17 n. 1; J. Pons, "Gandhāran Art(s): Methodologies and Preliminary Results of a Stylistic Analysis," in W. Rienjang and P. Stewart, eds., *The Geography of Gandhāran Art, Proceedings of the Second International Workshop of the Gandhāra Connections Project*, University of Oxford, 22nd-23rd March, 2018, Oxford: Archaeopress, 2019, p. 7.（有进一步的参考资料。）

2 J. Marshall, *Taxila: An Illustrated Account of Archaeological Excavations 1913-1934*, 3 vols., Cambridge: Cambridge University Press, 1951. 斯尔卡普（Sirkap）遗址是"希腊化"的，它的繁荣时期是希腊化晚期和公元1世纪。传统观点认为这是塔克西拉的印度—希腊阶段，其实这是一种误解。埃尔多西已经表明其与印度—斯基泰人和印度—帕提亚人在该地区的统治最为相关，而塔克西拉的"希腊"城市尚未找到。G. Erdosy, "Taxila: Political History and Urban Structure," in M. Taddei and P. Callieri, eds., *South Asian Archaeology 1987. Proceedings of the Ninth International Conference of the Association of the South Asian Archaeologists in Western Europe*, Rome: Istituto Italiano per il Medio ed Estremo Oriente, 1990, pp. 657-674.

3 一个广泛的共识是，谢罕德里遗址与希腊—巴克特里亚到贵霜时期的布色羯逻伐底存在联系，尽管发掘信息有限。见A. H. Dani, "Shakhan Dheri Excavation 1963 and 1964 Seasons (in Search of the Second City of Pushkalavati)," *Ancient Pakistan*, 2 (1965-1966), pp. 17-214. 相关评述见C. Petrie, "Charsadda," in D. K. Chakrabarti and M. Lal, eds., *History of Ancient India. Vol. 3: The Texts, Political History and Administration till c. 200 BC*, New Delhi: Vivekananda International Foundation and Aryan Books International, 2013, pp. 512-522.

4 布路沙布逻在古代文献中得到了充分证明，但人们只是对贵霜时期的城市进行了非常有选择性的挖掘。注意L. M. Olivieri, "Notes on the Problematical Sequence of Alexander's Itinerary in Swat: A Geo-Historical Approach," *East and West*, Vol. 46, No. 1/2 (1996), p. 55, n. 14.

说，“犍陀罗”通常指一个更大的、具有共同文化特征的区域，特别体现在语言、艺术和佛教的宗教实践方面。这个更大的区域包括阿富汗东部、斯瓦特河谷（直达白沙瓦盆地的北部）、克什米尔，有时甚至远达中亚。近年来，学者们倾向于用“大犍陀罗”（Greater Gandhara）来指代这个更大的区域。[1]本章以及接下来的篇幅将主要关注“犍陀罗本土”（Gandhara proper）——白沙瓦盆地及其北部的斯瓦特河谷地区——不过，这与其所属的更广泛的犍陀罗文化之间并无明显区别。

连续几个世纪里，犍陀罗生产的艺术品和工艺品千差万别。其中不仅包括大型纪念物和建筑、雕刻与壁画，也有较小易携的物品。（我们甚至可以把该地区的钱币归为“犍陀罗艺术”的形式之一，钱币对于理解犍陀罗历史非常重要。）但事实上，“犍陀罗艺术”一词通常用来更具体地指佛教艺术，特别是那些在公元1—5世纪被大量生产的佛教造像。从某种程度上说，这是一种现代的偏见。这些极其生动的古代宗教思想遗迹在今日散发着强烈的吸引力。自19世纪被重新发现以来，它们与希腊罗马艺术和西方古典传统的显著联系激起了考古学家们特别的兴趣。这种偏见也体现在考古学家们过去对挖掘对象的选择上。考古学一直侧重于大型佛教结构的建筑与装饰，它们通常为石制，在犍陀罗被大量地发现。但这样一来，较小的建筑遗址得到的关注就更少了。这在一定程度上解释了为什么我们对犍陀罗的家居艺术、建筑、定居点、特别是丧葬遗存知之甚少。直至最近，人们才开始对一些不具备足够视觉吸引力却具有重要历史意义的考古地区和遗址进行更大规模的调查。

然而，这种对佛教建筑艺术的偏见也反映出古人行为的真实情

1 关于这些名称，见K. Behrendt, *The Buddhist Architecture of Gandhāra*, Leiden and Boston: Brill, 2004, pp. 1-2; J. Pons, “Gandhāran Art(s): Methodologies and Preliminary Results of a Stylistic Analysis,” in W. Rienjang and P. Stewart, eds., *The Geography of Gandhāran Art, Proceedings of the Second International Workshop of the Gandhāra Connections Project*, University of Oxford, 22nd-23rd March, 2018, pp. 6-10.

况。正如下文将进一步解释的那样，这些耐用的石制建筑是佛教世俗供养的产物。在公元早期几个繁荣的世纪里，世俗供养人出于宗教目的，渴望将自身的财富转化为这些石制纪念建筑。在宗教经济中，建造纪念建筑来纪念和庆祝佛陀与他的教义（dharma，佛法），是一种获取功德的手段，也可以减轻一个人在未来的苦难。出于这个原因，或许也是出于渴望在社会上展现出他们的虔诚，犍陀罗佛教艺术和建筑的供养人斥重金修建这种石制纪念建筑，而这种行为成功地使它们赢得了现代学者的特别关注。

我们不知道这类建筑代表了多少犍陀罗人口。毋庸置疑的是，佛教在该地区的势力曾经非常强大，但其他宗教团体依旧存在，众神相互重叠，因此我们可能会问：佛教赞助人在形象上的突出地位是否放大并夸大了他们在该地区的存在？[1]下一节将简要介绍犍陀罗的各民族以及佛教艺术和其他形式的犍陀罗艺术得以发展的政治背景。

第一节　公元之初犍陀罗地区的居民

我们既有的资料零散且不一致，从中只能得到关于公元前后

1　关于贵霜统治者不同的宗教信仰，见F. Grenet, “Zorastrianism among the Kushans,” in H. Falk, ed., *Kushan Histories: Literary Sources and Selected Papers from a Symposium at Berlin December 5 to 7, 2013*, Bremen: Hempen Verlag, 2015, pp. 203-239. 关于其他向克什米尔·斯马斯特（Kashmir Smast）遗址捐赠的当时的宗教团体，见H. Falk, “Money Can Buy Me Heaven: Religious Donations in Late and Post- Jushan India,” *Archäologische Mitteilungen au Iran und Turan*, 40 (2018), pp. 137-148. 有关该地区婆罗门教的图像或早期印度教图像，见C. Luczanits, “Buddhism in a Cosmopolitan Environment: The Art of Gandhara,” *Orientations*, Vol. 39, No.7 (2008), pp. 49-50; A. Samad, *Emergence of Hinduism in Gandhāra*, unpublished PhD. thesis, Freie Universität, Berlin, 2010. 关于犍陀罗艺术反映的宗教多元化，参见C. Luczanits, ed., *Das buddistische Erbe Pakistans: Legenden, Klöster und Paradiese*, pp. 116-161. 其中有各种论文和图录说明。

几个世纪的犍陀罗的混乱描述。前面几章已对其中一些资料作过研究。特别是钱币，它们勾勒出一幅希腊人、印度—斯基泰人和印度—帕提亚人相继统治的画面。钱币帮我们建立了这一时期犍陀罗命运变化的大致年表，尽管很难准确地确定某位统治者在特定时期控制了哪些地区。似乎该地区最后几位认为自己是希腊人的统治者，其生活年代不晚于公元前75—前50年。他们的名字——阿尔凯比乌斯（Arkhebios）、特勒丰（Telephos）和其他人，我们都只能从其铜币上得知，这些铜币结合了希腊图像、传统铭文以及犍陀罗语的对应铭文。[1]从这一时期到公元20年左右，印度—斯基泰人或塞人（Sakas）控制着犍陀罗。统治者的名字，如毛伊斯（Maues）、沃诺尼斯（Vonones）、阿泽斯一世（Azes I）等，都保留在他们的钱币上。这些人是游牧民族统治者，他们的祖先在希腊化时期从巴克特里亚迁移至此。[2]到了公元30年，具有帕提亚（伊朗）背景的印度—帕提亚人占领了该地区，国王有贡多法勒斯（Gondophares）、阿布达伽塞斯（Abdagases）和萨珊（Sasan）。公元1世纪末，他们又被另一个具有游牧民族血统的王朝——贵霜所取代，但钱币学证据表明，贵霜统治者从1世纪中期开始就已经控制了塔克西拉和巴克特里亚（关于这些统治政权的钱币，见第三卷的第四、五章）。[3]

---

1 关于最后的印度—希腊人国王，特别见O. Bopearachchi, *Monnaies gréco-bactriennes et indo-grecques, Catalogue raisonné*, Paris: Bibliothèque Nationale, 1991. 最近的批判性讨论，尤其是关于旁遮普最后统治者的讨论，见S. Bhandare, “The Last Phase of the Indo-Greeks: Methods, Interpretations and New Insights in Reconstructing the Past,” in R. Mairs, ed., *The Graeco-Bactrian and Indo-Greek World*, Abingdon: Routedge, 2020, ch. 23.

2 关于塞人（或者塞卡，Sakas/Shakas），参见卡列里的概述。P. Callieri, “Sakas: In Afghanistan,” in *Encyclopaedia Iranica*, online edition, http://www.iranicaonline.org/articles/sakas-in-afghanistan (last accessed 28th July 2020), 2016. 关于钱币，见O. Bopearachchi, *Monnaies gréco-bactriennes et indo-grecques, Catalogue raisonné*.

3 克里布还对该时期犍陀罗及周边地区统治者年表的钱币证据进行了最新的、权威性的综合分析。J. Cribb, “Numismatic Evidence and the Date of Kaniṣka,” in W. Rienjang and P. Stewart, eds., *Problems of Chronology in Gandhāran Art, Proceedings of the Second International Workshop of the Gandhāra Connections Project*, University of Oxford, （转下页）

这几个世纪里，犍陀罗的政治史显然是混乱的。它不是一个独立自治的王国，而是一个冲突不断的地区。犍陀罗在不同时期被纳入了跨越中亚和北印度的更广泛的领土扩张中。同样重要的是，在中亚的这一地区，历代政权是相互重叠的。比如，即使当犍陀罗本土的其他区域被印度—帕提亚人控制时，贵霜人似乎还统治着塔克西拉。不同的印度—帕提亚统治者在犍陀罗和阿拉科西亚（阿富汗南部的山脉对面）共存。[1]早期贵霜钱币和印度—帕提亚钱币一起流通，但公元1世纪末左右，贵霜钱币和印度—帕提亚钱币出现了相互叠压。[2]这意味着政治上有一定程度的分裂。由此可见，我们要小心使用钱币图像和铭文传递的信息。虽然钱币本身表明了希腊化和波斯传统中伟大国王的权威，但实际上“王”的权力可能更有限，并且是临时性的。

近年来出现的犍陀罗语手稿，使我们可以暂且一窥这一时期的犍陀罗社会。这些手稿一直是研究和翻译的对象。[3]这些文本的内容是

（接上页）23rd-24th March, 2017, Oxford: Archaeopress, 2018, pp. 7-34 (note esp. 28, table 6). 由于白沙瓦盆地没有发现早期贵霜钱币，因此推测贵霜王在犍陀罗的统治时间相对较晚，但请注意《后汉书》卷八八《西域传》中的记载：第一个贵霜王丘就却“灭罽宾”，而罽宾通常被认为指犍陀罗（北京：中华书局，1965年，第2921页）。见H. Falk, ed., *Kushan Histories: Literary Sources and Selected Papers from a Symposium at Berlin, December 5 to 7, 2013*, p. 88, no. 058. 关于“罽宾”的含义，见J. Pons, “Gandharan Art(s): Methodologies and Preliminary Results of a Stylistic Analysis,” in W. Rienjang and P. Stewart, eds., *The Geography of Gandhāran Art, Proceedings of the Second International Workshop of the Gandhāra Connections Project*, University of Oxford, 22nd-23rd March, 2018, pp. 7-8.

1 J. Cribb, “Numismatic Evidence and the Date of Kaniṣka,” in W. Rienjang and P. Stewart, eds., *Problems of Chronology in Gandhāran Art, Proceedings of the Second International Workshop of the Gandhāra Connections Project*, University of Oxford, 23rd-24th March, 2017, pp. 14-17, pp. 26-29 with tables 5 and 6. 弗勒李希的概述，见C. Fröhlich, “Indo-Parthian Dynasty,” in *Encyclopaedia Iranica*, vol. [illegible], pp. [illegible], available online, http://www.iranicaonline.org/articles/indo-parthian-dynasty-1 (last accessed 29th July 2020).

2 J. Cribb, “Numismatic Evidence and the Date of Kaniṣka,” in W. Rienjang and P. Stewart, eds., *Problems of Chronology in Gandhāran Art, Proceedings of the Second International Workshop of the Gandhāra Connections Project*, University of Oxford, 23rd-24th March, 2017, esp. p. 16.

3 整体而言，见R. Salomon, *The Buddhist Literature of Ancient Gandhara: An Introduction with Selected Translations*, Somerville, Mass.: Wisdom Publications, 2018. 自1996年以来，华盛顿大学“早期佛教手稿项目”（Early Buddhist Manuscripts Project）对个别文本进行了编辑和分析。

佛教的，本质上是宗教的，但它们给人的印象却是，犍陀罗是一个接触到更广阔世界和不同文化的地区，其中还暗示了伊朗文化和塞人的存在。学者们通常称犍陀罗是“多元文化的”（multi-cultural）或“世界性的”（cosmopolitan），这可能是一个有点理想化的现代视角。但不管怎样，这些罕见的原始资料强化了公元1世纪犍陀罗地区社会与文化呈现出的复杂性印象。[1]

统治阶层的变化对人口构成或人们的日常生活有多大影响？对此我们无法确定，但犍陀罗语（古印度俗语的一种形式）和城址的持续，至少意味着犍陀罗存在合理的定居人口。冲突与政治动荡必然会阻碍犍陀罗的贸易往来。同样重要的是，犍陀罗的艺术产出在贵霜人建立统治以后大为增加。得益于贵霜人的统治，这片广阔的领土在200余年间呈现出相对的和平与稳定。历史学家有时将这一时期命名为“贵霜的和平”（Pax Kushanica），以比照罗马帝国的“罗马和平”（Pax Romana）。

我们在很大程度上无从了解早期几个世纪的犍陀罗普通民众。如前所述，我们缺乏那种对理解其他古代文化往往非常重要的丧葬考古。这一令人惊讶的证据空白可能反映出当时人们更偏爱薄葬（以及火葬的盛行），但人们也发现了一些更有纪念意义的墓葬证据，包括犍陀罗艺术中坟墓的形象。一些现存的证据可能被人忽视，或被误认为是宗教建筑遗存。[2]同样，与佛寺和佛塔证据相比，已公布的城市

1 法尔克汇编了所有最相关的不同语言的文献资料，包括珍贵的中国史料，见H. Falk, ed., *Kushan Histories: Literary Sources and Selected Papers from a Symposium at Berlin, December 5 to 7, 2013*.

2 关于丧葬习俗，见H. T. Bakker, “Monuments to the Dead in Ancient North India,” *Indo-Iranian Journal*, Vol. 50 (2007), pp. 11-47, esp. pp. 17-43（关于北印度，包括犍陀罗）; F. Grenet, “Zorastrianism among the Kushans,” in H. Falk, ed., *Kushan Histories: Literary Sources and Selected Papers from a Symposium at Berlin, December 5 to 7, 2013*, pp. 231-232（有关中亚贵霜埋葬习俗的参考文献）. 犍陀罗缺乏贵霜时期的丧葬考古成果，这仍然令人惊讶，特别是至少应有一部分人被埋在坟墓或者大型墓穴中，（转下页）

和定居点证据也少得惊人。犍陀罗城市考古研究的证据主要出自塔克西拉，文献记录相对较少，考古发掘还不充分，年代也有争议。较小的定居点一定有很多，但除了有时候知道它们的名字以外，我们实际上一无所知。[1]据推测，建筑中大量使用木材和日晒砖可能是这些遗址消失的部分原因。只有在斯瓦特河谷，我们才能有系统地对定居点进行考古发掘并取得一定成果，比如在巴里果德城（Barikot）。[2]因此，我们甚至很难推测犍陀罗普通民众的规模或其与统治阶级的关系，即便贵霜帝国时期所积累的证据可使我们一瞥城市的繁荣和发展。[3]

不管怎样，佛教信仰显然已经确立，而且有很好的证据表明某些遗址的宗教活动具有持续性。在一些情况下，建筑遗存是非常早期的。例如，塔克西拉达摩拉吉卡大佛塔（Dharmarajika stupa）的持续使用至少可以追溯到公元前2世纪早期或中期，布特卡拉1号遗址

（接上页）就像从犍陀罗浮雕图像中所推断的那样。见G. De Marco, “The Stūpa as a Funerary Monument: New Iconographical Evidence,” *East and West*, Vol. 37, No. 1 (1987), pp. 191-246. 如今斯瓦特河谷的发现为大型墓葬提供了罕见的确凿证据（非常感谢卢卡·奥里威利提醒我注意这一点）。L. M. Olivieri, “The Early-Historic Funerary Monuments of Butkara IV: New Evidence on a Forgotten Excavation in Outer Gandhara,” *Rivista degli Studi Orientali*, New Series, Vol. 92 (2019), pp. 231-258.

1 S. Baums, “A Survey of Place-Names Gāndhārī Inscriptions and a New Oil Lamp from Malakand,” in W. Rienjang and P. Stewart, eds., *The Geography of Gandhāran Art, Proceedings of the Second International Workshop of the Gandhāra Connections Project*, University of Oxford, 22nd-23rd March, 2018, pp. 167-174.

2 P. Callieri, “Barikot, an Indo-Greek Urban Center in Gandhāra,” in D. Meth Srinivasan, *On the Cusp of an Era: Art in the Pre-Kuṣāṇa World*, Leiden: Brill, 2007, pp. 133-164; L. M. Olivieri, “The Last Phases at Barikot: Urban Cults and Sacred Architecture. Data from the 2013 Excavation Campaign in Swat,” *Journal of Inner Asian Art and Archaeology*, Vol. 7 (2012), pp. 7-30.

3 关于这些证据的概述，见B. A. Litvinsky, “Cities and Urban Life in the Kushan Kingdom,” in J. Harmatta, ed., *History of Civilizations of Central Asia. Vol. II: The Development of Sedentary and Nomadic Civilizations: 700 B.C. to A.D. 250*, Paris: UNESCO Publishing, 1994, pp. 291-312.

（Butkara I）的大塔（great stupa）则更早。[1]到公元1世纪上半叶，在斯瓦特河谷的布特卡拉1号遗址与塞杜沙里夫，我们开始发现大规模的佛教叙事雕刻，就是以前在北印度制作的那种。[2]我们有理由相信，在更南边的白沙瓦盆地的佛教遗址中，存在类似的雕刻装饰。[3]下文将进一步讨论这些发现对构建犍陀罗艺术年表的影响。

这里只需指出，这就是我们通常认为的犍陀罗艺术传统的第一个明确证据。显然，在公元1世纪中期贵霜人掌权时，它已经建立起来了。就像罗马皇帝君士坦丁（Constantine）在4世纪初利用罗马基督徒的支持，并赞助他们的建筑项目那样，“外来者”贵霜人（the Kushan “outsiders”）似乎也能从与犍陀罗佛教团体的接触中获益。这

---

1 关于塔克西拉，最早见马歇尔的研究，论证了其长达三个世纪的起源。J. Marshall, *Taxila: An Illustrated Account of Archaeological Excavations 1913- 1934*, Vol. 1, pp. 230-295.（关于修订后的年表，见E. Errington, “Numismatic Evidence for Dating the Buddhist Remains of Gandhāra,” in E. Errington and O. Bopearachchi, eds., *Silk Road Art and Archaeology. Vol. 6: Papers in Honour of Francine Tissot*, London: Strathmore, 1999/2000, pp. 91-116.）关于布特卡拉1号，见D. Faccenna, *Butkara I (Swāt, Pakistan) 1956-62* (IsMEO Reports and Memoirs III. 1-5.2), Rome: Istituto Poligrafico dello Stato, 1980-1981.

2 D. Faccenna and M. Taddei, *Sculptures from the Sacred Area of Butkara I (Swat, Pakistan)*, Rome: Istituto Poligrafico dello Stato, 1962-1964; D. Faccenna, *Il fregio figurato dello Stūpa Principale nell'area sacra buddhista di Saidu Sharif I (Swat, Pakistan)*, (IsIAO Reports and Memoirs 28), Rome: Istituto Poligrafico dello Stato, 2001. 需要注意的是，近来印度的先例受到了质疑，有人认为巴尔胡特（Barhut）和桑奇（Sanchi）的著名佛教建筑可能最晚建于公元前1世纪下半叶和公元1世纪。见洛·穆齐奥的讨论与参考文献。C. Lo Muzio, “On the Relationship between Gandhāran Toilet-Trays and the Early Buddhist Art of Northern India,” in W. Rienjang and P. Stewart, eds., *Problems of Chronology in Gandhāran Art, Proceedings of the Second International Workshop of the Gandhāra Connections Project*, University of Oxford, 23rd-24th March, 2017, pp. 123-134. 关于巴尔胡特，见A. Kumar, “Barhut Sculptures and their Untenable Sunga Associations,” *Heritage: Journal of Multidisciplinary Studies in Archaeology*, 2 (2014), pp. 223-241.

3 尽管众所周知断代很难，但正如我们将要看到的，白沙瓦盆地的一些雕刻与斯瓦特河谷最早的叙事性雕刻在风格上有相似之处，表明它们可能是同时代的。S. Naiki, “Geographical Differences and Similarities in Gandhāran Sculptures,” in W. Rienjang and P. Stewart, eds., *The Geography of Gandhāran Art, Proceedings of the Second International Workshop of the Gandhāra Connections Project*, University of Oxford, 22nd-23rd March, 2018, pp. 41-57.

个新统治阶级的赞助，可能在促进犍陀罗艺术的发展方面发挥了重要作用。

第二节 贵霜的统治

我们从汉文资料得知，犍陀罗的贵霜新精英是月氏人的一个分支。月氏是游牧民族，他们在公元前2世纪与匈奴发生冲突后，最终从中国西部的故乡迁到了巴克特里亚（见第一卷第十一章）。[1]第一任贵霜王是丘就却（Kujula Kadphises，库久拉·卡德菲塞斯），其统治时间始于公元40年左右。到其曾孙迦腻色伽王（Kanishka，约公元127—150年在位）时，贵霜王朝已经建立了一个从巴克特里亚西部到印度东北部的帝国。在这个帝国里，犍陀罗绝不属于边缘地带，事实上，白沙瓦常常被视为贵霜王朝的首都之一。[2]到了这个阶段，无论贵霜人对他们的游牧祖先还保留着什么样的文化记忆，他们统治下的人口已经是定居的和部分城市化的。

贵霜统治者自身的视觉图像很有参考价值。这种图像各式各样，历经几代人的演变，但或多或少一直都以广义上的伊朗世界为导向。他们的衣着，有些时候某些具体特征，在伊朗民族特别是在帕提亚王族形象中都有先例，或许在游牧民族传统的骑马文化中也早已有之。[3]钱币

1 关于丘就却的崛起，特别参考了《后汉书》卷八八《西域传》，第2921页。有关月氏的重要汉文史料选集，可大致见H. Falk, ed., *Kushan Histories: Literary Sources and Selected Papers from a Symposium at Berlin, December 5 to 7, 2013*, pp. 30-97.

2 从钱币学角度对其重要性进行的批判性评估，见R. Bracey, "The Mint Cities of the Kushan Empire," in F. López Sántez, ed., *The City and the Coin in the Ancient and Early Medieval Worlds*, Oxford: British Archaeological Reports Publishing, 2012, pp. 123-124.

3 关于贵霜文化和王室形象中的游牧元素，见F. Grenet, "The Nomadic Element in the Kushan Empire (1st-3rd Century AD)," *Journal of Central Eurasian Studies*, Vol. 3 (2012), pp. 1-22.

上，贵霜统治者的头部很突出，他们有胡子，有时留着长发和杂乱的胡须，戴着不同类型的精致头饰，特别表现在头冠（*tiara*）和冠冕（*mitre*）两种形式上。他们身着长裤，有时还穿着过大的鞋子。[1]他们身穿硬挺的喇叭形长袍（flared caftans）或套领束腰外衣（pull-over tunics），通常在腰部系着腰带，挂着剑鞘。（图4-2-1）在中亚和伊朗的复杂图像中，出现了颇具特色的贵族服饰，其外衣和裤子与地中海世界宽松且笨重的服装（例如希腊的长衫希玛申，himation；罗马的长袍托加，toga）形成了鲜明对比。这几个世纪，这些图像元素可能是中亚各地统治者所表现出的共同视觉趋势（the common visual currency），不需要明显地暗示任何其他政权。印度马图拉（Mathura）附近的马特（Mat）和阿富汗苏尔赫·科塔尔（Surkh Kotal）现存的统治者雕像（可惜残缺不全）呈现出类似的形象。每件作品上的王像都呈僵硬的正面站姿或坐姿，双脚分开。[2]这里又带有伊朗世界王室艺术的特点。

图4-2-1
贵霜王迦腻色伽一世的金币，约公元127—150年

贵霜的这种图像并不限于统治者本身，显然也不限于政治性纪念物。我们在佛教遗址的犍陀罗浮雕上看到了穿着相似服装的人物，比如在多伦多（Toronto）一家博物馆收藏的一个台阶浮雕上就有一

---

1 关于钱币上贵霜王室形象的演变及其与帕提亚人和其他外来文化的联系的批判性分析，见F. Sinisi, "Royal Imagery on Kushan Coins: Local Tradition and Arsacid Influences," *Journal of the Economic and Social History of the Orient*, Vol. 60 (2017), pp. 818-927. 关于贵霜王室形象的经典研究，参见J. M. Rosenfield, *The Dynastic Arts of the Kushans*, Berkeley and Los Angeles: University of California Press, 1967, note e.g. 176-177.（有关服装的研究）

2 关于马特的神庙及其残缺的贵霜雕像，参见J. M. Rosenfield, *The Dynastic Arts of the Kushans*, pp. 139-153. 关于苏尔赫·科塔尔（Surkh Kotal），亦见J. M. Rosenfield, *The Dynastic Arts of the Kushans*, pp. 154-163.

图4-2-2

犍陀罗片岩台阶立板浮雕，贵霜帝国，公元1—2世纪

排（可能是）供养人像。[1]（图4-2-2）这种衣服与犍陀罗浮雕上许多世俗人物所穿的或多或少具有希腊化特征的服装（多是非正式的外衣或希腊长衫希玛申的款式）形成了鲜明对比，但我们并不清楚这些差异蕴含的意义。这可能意味着犍陀罗人口内部存在着不同族群——本地人与贵霜精英阶层，但或许我们还应该推断出其他等级或地域方面的差异。

犍陀罗王室形象的普遍特点是抽象、正式、强调正面性，缺乏个性。这些是权力的象征图像，而不是对活人的研究表现。就此而言，政治图像与我们接下来要关注的佛教遗址的很多艺术之间存在着明显的不同。它提醒我们，赞助人可以利用不同的表现模式，或是不同的艺术家，以达到不同的目的。

需注意的是，这将是我们最后一次从普遍意义上讨论贵霜帝国的艺术，因为只有在这种权力图像中，我们才能强烈地感受到一个统一

1 J. M. Rosenfield, *The Dynastic Arts of the Kushans*, pp. 215-220; W. Zwalf, *A Catalogue of the Gandhāra Sculpture in the British Museum*, p. 56, with bibliography 59 n. 115. 关于多伦多浮雕，亦见J. M. Rosenfield, *The Dynastic Arts of the Kushans*, p. 217, fig. 59; D. Jongeward, *Buddhist Art of Pakistan and Afghanistan: The Royal Ontario Museum Collection of Gandhara Sculpture*, Toronto: Centre for South Asian Studies, University of Toronto, 2003, no. 35.

的艺术传统。[1]与其他一些帝国不同，特别是与罗马帝国不同，贵霜帝国没有那种持续的视觉文化。它的艺术传统是分散且地方化的。实际上，贵霜艺术通常体现在两个相当不同的地区“流派”上——犍陀罗和其东南800多公里外的马图拉。

第三节 小型犍陀罗艺术

或许不足为奇的是，往往是那些较小的、更便携的物体，包括那些非宗教目的使用的物品，最能说明犍陀罗与“丝绸之路”其他区域的联系。但这种材料很容易出现问题。在犍陀罗发现的小型艺术品很难确定年代和背景，对它们的解读也存在争议。据称属于犍陀罗的艺术品经常出现在私人收藏和艺术市场上，而发掘出土的材料却不为人熟知，也没有广泛出版。也许最熟悉的例子就是所谓的托盘（palettes）或化妆盘（toilet-trays），其中许多出自塔克西拉的斯尔卡普遗址，但它们的年代与功用还存在争议。下文将进一步讨论这些问题。

在较小的私人物品中，印章石（seal stones，intaglios，阴刻、凹雕）可能最著名，也被研究得最充分。这些雕刻的印章石本身就可以作为装饰物。它们作为镶嵌在戒指上的微型雕刻或珠宝，被当作美丽的物品来欣赏。但它们也是功能性的。这种阴刻被用来封印信件或其他需要保险的物品。私人戒指则是一种身份标志。它就像一个人的签名。因此，这类印章的发现蕴含着许多与之相关的社会信息，特别是

1 P. Stewart, “The Global Connections of Kushan Art,” in J. Cribb and R. Bracey, eds., *The Kushan World*, Abingdon: Routledge.（即将出版）

该社会的一个重要方面——文人与官僚的文化。此外，虽然亚洲各地对印章石的使用由来已久，但犍陀罗所使用的这种特殊形式的雕刻石，从根本上源于古希腊—罗马。[1]事实上，这些印章石上的图像经常采用希腊化与罗马世界的自然主义风格和图像题材。其中有些阴刻石是进口的，有些显然不是，而是用当地石头雕刻的，有时还用当地语言刻字。

关于该地区的珠宝，有一些壮观的墓葬发现为证，例如阿富汗公元1世纪的“黄金之丘”（Tillya Tepe，提利亚·特佩，一个与游牧民族有关的墓地，见第九章第二节）。[2]但我们对与佛教雕塑同时期的犍陀罗珠宝艺术的认识，主要来自犍陀罗佛教图像里黄金制品和宝石的突出地位。[3]在雕塑中，衣着华丽的人物，尤其是菩萨，都身披厚重且奢华的装饰物，如缠绕的金链，链子末端装饰着奇妙的动物头。这种装饰显然是为了使人想起王公贵族的财富。释迦牟尼王子本人——未来佛（the future Buddha）——在放弃宫廷生活之前，就佩戴着这样的装饰品；在其作为佛陀的形象中，他那长而空的耳垂提醒着人们他所抛弃的耳饰。这些个人装饰品的样式令人想到中亚、南亚和希腊—罗马世界的不同文化传统，或许这比雕塑本身更能体现出“丝绸之

---

1 关于这种普遍存在的现象，见M. Ameri, et al., eds., *Seals and Sealing in the Ancient World: Case-Studies from the Near East, Egypt, the Aegean, and South Asia*, Cambridge: Cambridge University Press, 2018. 关于犍陀罗的印章石，见P. Callieri, *Seals and Sealings from the North West of the Indian Subcontinent and Afghanistan (4th century B.C.–11th century A.D.): Local, Indian, Sasanian, Graeco-Persian, Sogdian, Roman*, Naples: IsIAO, 1997; A.ur Rahman and H. Falk, *Seals, Sealings and Tokens from Gandhara*, Wiesbaden: Reichert, 2011.（后者材料主要出自私人收藏）

2 在犍陀罗本土，来自印度—斯基泰或印度—帕提亚时期的此类证据相对较少。关于一条出自科希斯坦（Kohistan，斯瓦特东北）可能是印度—斯基泰人的腰带，见M. Hameed, “Scythian Art in Gandhara: A Case-Study of the So-Called Gold Girdle from Pattan (Kohistan),” *Ancient Pakistan*, Vol. 26 (2015), pp. 73-95.

3 C. Fabrègues, *The Jewellery of the Gandhara Sculpture in Schist and its Chronological Significance*, unpublished PhD. thesis, School of Oriental and African Studies, London, 1991; F. Tissot, *Gandhâra* (2nd ed.), Paris: Librairie d’Amérique et d’Orient, 2002, pp. 85-97.

路”的审美交汇。不过这些图像不能被简单视为真实形象的记录，即使在犍陀罗地区的精英人士眼中也是如此。

另一类重要材料是佛塔里的舍利盒（reliquaries）。舍利盒常用于存放骨灰（cremated remains）和其他珍贵物品（包括珠子、戒指等）。[1]即使是最小的、最简单的舍利盒，比如用滑石（steatite）雕刻的球状容器，也表现出非常精细的工艺。舍利盒内存放的通常是佛舍利，或与佛陀有间接联系的遗物。一些极其精美的容器现存于世，有金制的，银制的，也有水晶（rock-crystal）材质和石制的。

接下来将对其中一个展开较多讨论——比马兰金舍利盒（Bimaran casket）。同样闻名于世的还有迦腻色伽青铜舍利盒（Kanishka casket），这是一个由香罐改造而成的舍利盒，1908年发现于白沙瓦的迦腻色伽佛塔遗址（Shah-ji-ki-Dheri）。[2]舍利盒体的浮雕装饰以一个身着贵霜服饰的男性立像为中心，周围是扛花环的裸体童子和日神月神，还有带护法的坐佛，盖子边缘有一圈飞雁。盖子上面有一尊佛陀坐像，两侧是梵天（Brahma）和帝释天（Indra，因陀罗）。这种装饰不仅属于佛教图像，也属于贵霜的贵族图像，因此，它让我们想起了许多舍利盒的功能，即作为功德积累的回馈。盒盖与盒身上的犍陀罗语铭文可能属于最初的容器，也可能是作为佛塔里的舍利盒被再次使用时才有的。无论哪种情况，这些铭文都清楚地表明了此次供奉的背景，记载了这件供品是由“（伟大）国王迦腻色伽的寺院火室施工负责人Mahasena和Samgharakshita”制作于白沙瓦（Kanishkapura，迦腻色伽布逻），年代可能在公元2世纪。

---

1 特别见D. Jongeward, et al., *Gandharan Buddhist Reliquaries*, Seattle: Early Buddhist Manuscripts Project, 2012; W. Zwalf, *A Catalogue of the Gandhāra Sculpture in the British Museum*, pp. 64-66. 关于来自阿富汗的“再情境化”（recontextualized）的发现，见E. Errington, *Charles Masson and the Buddhist Sites of Afghanistan: Explorations, Excavations, Collections 1832-1835*, London: British Museum, 2017.

2 由白沙瓦博物馆保管，库存编号2848。D. Jongeward, et al., *Gandharan Buddhist Reliquaries*, pp. 81-84, p. 277 no. 253, p. 246 no. 45.

由于建筑本身没有被保存下来，犍陀罗的室内装饰几乎没有存留。具体到壁画也是如此，我们所知的只是它在贵霜时期的犍陀罗存在。但我们确实发现了一些残片，而且在更广泛的中亚地区出土了一些稍晚几个世纪的精美残片，如著名的米兰（Miran）佛教壁画，它与犍陀罗雕塑存在共鸣（参见第五卷第四章）。[1]

这里还应提及另一类图像：佛教岩刻（rock-carvings）——宗教题材的浅刻（shallow engravings）和浮雕（reliefs）。这种石刻在不同地方都有发现。[2]与本项目最相关的当属喀喇昆仑山（the Karakorum）的岩刻，它们证实了虔诚的旅行者在犍陀罗地区和中国之间的山区里穿梭往来，特别是在古代晚期。[3]这种岩画艺术通常刻得很浅，有时非常简单。它借鉴了犍陀罗图像，表明犍陀罗图像在佛教早期的几个世纪里曾传入中国。

---

1 关于犍陀罗壁画的问题，见C. Lo Muzio, “The Legacy of Gandhāra in Central Asian Painting,” in J. A. B. Hegewald, ed., *In the Shadow of the Golden Age: Art and Identity in Asia from Gandhara to the Modern Age*, Berlin: EBV, 2012a, pp. 115-136; C. Lo Muzio, “Notes on Gandharan Painting,” in T. Lorenzetti and F. Scialpi, eds., *Glimpses of Indian History and Art: Reflections on the Past, Perspectives for the Future. Proceedings of the International Congress Rome 18-19 April 2011*, Rome: Sapienza Università Editrice, 2012b, pp. 319-335.

2 关于斯瓦特河谷的造像汇编，见A. Filigenzi, *Art and Landscape: Buddhist Rock Sculptures of Late Antique Swat/Uḍḍiyāna*, Vienna: Verlag der Österreichischen Akademie der Wissenschaften, 2015.

3 见海德堡科学学院（Heidelberg Academy of Sciences）“喀喇昆仑公路沿线的石刻与铭文”（Rock Carvings and Inscriptions Along the Karakorum Highway）项目的出版物《巴基斯坦北部地区的考古资料》（*Materialien zur Archäologie der Nordgebiete Pakistans*, 1994-2005）。另见M. Van Aerde, et al., “Buddha on the Rocks: Gandhāran Connections through the Karakorum Mountains,” in W. Rienjang and P. Stewart, eds., *The Global Connections of Gandhāran Art: Proceedings of the Third International Workshop of the Gandhāra Connections Project*, University of Oxford, 18th-19th March, 2019, Oxford: Archaeopress, 2020, pp. 105-134.

第四节　大型佛教艺术的出现及其断代

以上几类艺术品都很重要，它们应该得到更多关注。然而，至少对当代观察者来说，现存的犍陀罗艺术理所当然地以犍陀罗地区密集的佛教寺院和神龛里竖立的石雕为主。这些佛教雕塑的制作兴盛于贵霜时期，大部分取材自该地区的千枚岩（phyllite stone，即schist，片岩），其年代可合理地推断为公元2—3世纪。但这一传统是何时、如何产生的呢？在更详细地审视犍陀罗艺术本身之前，我们需要对这个问题给予一定的关注。特别是当我们试图将犍陀罗艺术置于希腊化的传统与丝绸之路的历史中时，它显得至关重要。

公元前3世纪，佛教首次在犍陀罗传播，这已得到证实。在沙巴兹·加里（Shahbaz Garhi）保存着一系列阿育王（Ashoka）的岩石诏令（rock-edicts）。[1]至少早在公元前2世纪，大佛塔就已经建立起来了，如我们所见，不仅有达摩拉吉卡遗址的佛塔，还有布特卡拉1号遗址佛塔。但这些发展缺乏雕塑或其他艺术媒介的显著证据作为补充。事实上，最早的犍陀罗佛教雕刻属于公元1世纪。遗憾的是，由于白沙瓦盆地缺乏可靠的年代证据，这一犍陀罗艺术核心区域的最早作品的年代尚难断定。从一处例证可以推断出，贾马尔·加西（Jamal Garhi）寺院佛塔的一些台阶浮雕的年代不晚于公元1世纪末期，但我们不能确信，原因见下文。[2]斯瓦特河谷的情况相对清楚一些。如上所指出，早在公元1世纪前半期，布特卡拉1号遗址17号佛塔

---

1 CKI 编号1-14。贝伦特调查了早期证据，见K. Behrendt, *The Buddhist Architecture of Gandhāra*, Leiden and Boston: Brill, 2004, pp. 39-60.

2 K. Behrendt, *The Buddhist Architecture of Gandhāra*, pp. 58-59. 现存大英博物馆，见W. Zwalf, *A Catalogue of the Gandhāra Sculpture in the British Museum*, pp. 138-141, nos. 132-135; pp. 137-138, nos. 142-144; pp. 144-145, no. 140; pp. 305-325, nos. 237-250; pp. 334-337, nos. 249-250; pp. 252-253, no. 342; pp. 254-255, nos. 346-347; p. 265, nos. 412-413; pp. 279-280, nos. 425-426; pp. 259-260, nos. 359-360.

上的雕刻就展示了佛陀生活的场景。至少在这种情况下，根据背景和相关发现来推断年代是相当可靠的，尚未受到过质疑。斯瓦特河谷其他一些风格类似的雕塑可能是同时代作品。[1]

这些非常早期的斯瓦特雕塑以一种独特的风格雕刻而成，发掘者多米尼克·法切那（Domenico Faccenna）称之为“绘画风格”（drawing style，意大利语为*stile disegnativo*）。这些人物相对抽象、外观扁平，常用线性装饰，这让他们看起来是“图绘式的”（graphic）。和模型雕塑一样，这些作品所暗示的线描原则旨在使人想起身体在空间中移动的真实样子。就此而言，它们更接近于差不多同时期的印度雕塑，而非大多数希腊或罗马艺术。[2]如上所述，类似雕塑在更南边的一些遗址中也有发现，这说明公元1世纪时这种风格更广泛地流行于整个犍陀罗地区，并不是斯瓦特独有的，但我们对此不能确定。[3]

无论如何，这些遗址为犍陀罗艺术早期发展提供了引人注目的宝贵证据。它使我们有理由相信，具象艺术（figural art）在犍陀罗佛教遗址中的出现可追溯至贵霜统治时期开始之前，即印度—帕提亚时期。但我们仍然很难准确地解释这些艺术作品为什么会以这样的形式出现，哪些艺术家创作了它们，他们来自哪里以及受到过何种训练。在很大程度上，犍陀罗佛教雕塑是在完全成型后才出现在艺术史中。

同样具有挑战性的是犍陀罗艺术的后期发展，这些传统的历时性

---

1 D. Faccenna and M. Taddei, *Sculptures from the Sacred Area of Butkara I (Swat, Pakistan)*; D. Faccenna, *Il fregio figurato dello Stupa Principale nell'area sacra buddhista di Saidu Sharif I (Swat, Pakistan)*.

2 关于早期这种非古典风格的影响，见A. Filigenzi, “Orientalised Hellenism versus Hellenised Orient: Reversing the Perspective on Gandharan Art,” *Ancient Civilizations from Scythia to Siberia*, Vol. 18 (2012), pp. 111-141.

3 S. Naiki, “Geographical Differences and Similarities in Gandhāran Sculptures,” in W. Rienjang and P. Stewart, eds., *The Geography of Gandhāran Art, Proceedings of the Second International Workshop of the Gandhāra Connections Project*, University of Oxford, 22nd-23rd March, 2018, pp. 41-57.

发展（diachronic development）往往是古代艺术史的一个根本方面。对大多数，当然并非全部[1]艺术传统而言，我们可以尝试勾勒出风格变化的时间顺序，并理解何时和为什么艺术家与其赞助者会修正他们的观点，会相互影响，以及为什么会创造或偏爱某些保守或过时的艺术形式。但对于公元1世纪末到3世纪之间的犍陀罗雕塑而言，这种艺术发展的叙事极难构建，其中存在一些障碍。

首先，在所有被发现的犍陀罗雕塑中，有很大一部分是通过非正式、不系统或非法的挖掘而被发现的。[2]除了那些有发掘记录的雕塑以外，其他雕塑的具体发现地，甚至一般出处的信息都很罕见。这极大地限制了可用于测定年代的证据。即使是19世纪或20世纪初的系统发掘活动中所得到的雕塑，也往往缺乏重建其确切背景所需的附加信息。[3]事实上，最近用现代方法进行的一些发掘工作仍未发表，或没有被全面公布，然而这是很有必要的。

我们还必须记住，雕塑的发现地往往存在了几个世纪之久。佛塔与其他结构被翻新和重建。建筑雕刻被重新使用，导致它们最初的痕迹可能在古代就已经被抹去了。[4]因此，即使我们有幸在某地发现了雕塑，还有可确定年代的相关发现（如钱币），也不太可能确定雕塑本身的年代。

其他古代文化的艺术，包括希腊和罗马艺术，都或多或少地存在这类问题。然而就犍陀罗艺术而言，这种问题特别严重。特别是

---

1 重要的是，罗马艺术在这方面的研究困难一直是众所周知的，因为罗马时期的艺术家经常借鉴那些起源于早期希腊艺术的传统图像和风格。在希腊化和罗马时代，很难将特定风格的选择归于这种严格定义出来的时期。这一点对犍陀罗艺术中的古典影响问题具有重要意义，我将在下一章进行探讨。

2 一个相关的问题是，未经证实的材料中伪造率很高。

3 有很多人试图重建早期发掘中分散的雕塑信息，其中最重要的当数伊丽莎白·埃林顿的研究。尤其参E. Errington, “The Western Discovery of the Art of Gandhāra and the Finds of Jamālgarhī,” unpublished PhD. thesis, School of Oriental and African Studies, London, 1987.

4 K. Behrendt, “The Ancient Reuse and Recontextualization of Gandharan Images: Second to Seventh Centuries AD,” *South Asian Studies*, Vol. 25, No. 1 (2009), pp. 11-27.

缺乏一个强有力的、可将每件艺术品置于其中的历史框架，使该问题显得更加严重。事实上，虽然在现存的五件犍陀罗佛教雕塑作品上有专门判断年代的铭文，但长期以来，学界对古代年代的实际意义争论不休，而且这类证据太过稀少，以至于无法让人清楚地了解犍陀罗雕塑发展的历史轨迹。否则，或许可以根据其他作品的风格来暂定其年代。[1]

贵霜王迦腻色伽即位开启了新时代，这在古代资料比如碑铭中经常被提及，但这一新时代的日期却在学界极富争议。[2]过去，学者们对迦腻色伽纪年开始的日期提出了截然不同的说法，时间跨度从公元78年到227年。只是在最近几年，随着各种证据大量出现，特别是印度和中国的文献资料与钱币序列，人们才趋于达成共识，认为迦腻色伽的统治开始于公元127/128年左右。同样，我们对古代资料中提及的其他主要时代也越来越有信心，这有助于我们更好地认识贯穿整个贵霜时期的犍陀罗历史。对于这些艺术的历史意涵，大家正在形成共识，只是还缺乏充分探究。[3]

尽管存在所有这些挑战，但关于犍陀罗雕刻史的情况，我们

1 关于年代久远的雕塑，可见J. Rhi, “Positioning Gandhāran Buddhas in Chronology: Significant Coordinates and Anomalies,” in W. Rienjang and P. Stewart, eds., *Problems of Chronology in Gandhāran Art, Proceedings of the Second International Workshop of the Gandhāra Connections Project*, University of Oxford, 23rd-24th March, 2017, pp. 35-51.

2 关于这一共识的问题和后续发展，见H. K. Golzio, “Zur Datierung des Kuṣāṇa-Königs Kaniṣka I,” in D. Dimitrov, M. Hahn and R. Steiner, eds., *Bauddhasāhityastabakāvalī: Essays and Studies on Buddhist Sanskrit Literature, Dedicated to Claus Vogel by Colleagues, Students, and Friends*, Marburg: Indica et Tibetica Verlag, 2008, pp. 79-91; R. Bracey, “The Date of Kanishka Since 1960,” *Indian Historical Review*, Vol. 44, No. 1 (2017), pp. 21-61; W. Rienjang and P. Stewart, eds., *Problems of Chronology in Gandhāran Art: Proceedings of the First International Workshop of the Gandhāra Connections Project*, University of Oxford, 23rd-24th March 2017.

3 W. Rienjang and P. Stewart, eds., *Problems of Chronology in Gandhāran Art: Proceedings of the First International Workshop of the Gandhāra Connections Project*, University of Oxford, 23rd-24th March 2017.

还是可以得出些一般性结论。意大利考古队在斯瓦特河谷的发掘不仅确定了该地区宗教雕刻大致的起始时间，而且加深了考古学家的既有印象，即在后面几个世纪里石雕逐渐转为灰泥（stucco）和黏土（clay）造型雕刻。布特卡拉1号遗址和巴里果德遗址有年代可考的发现表明，大约从3世纪初开始，斯瓦特河谷就出现了这种从雕刻（carving）到模制（modelling）的重要转变。经济困难可能导致了这种变化，让人们更愿意使用较为便宜的雕刻材料，也让片岩的供应减少（详见下文）。[1]

贝伦特（Behrendt）对各遗址建筑序列，特别是对建筑材料和技术进行分析后，提出一组阶段序列：第一阶段（约公元前200年至公元1世纪中/晚期）以毛石砌筑（rubble masonry）为特征；第二阶段（约公元1世纪中/晚期至3世纪初）以菱形砌筑（diaper masonry，大块废石片穿插在较小的扁平废石中）为特征；第三阶段（公元3世纪初约至5世纪末）采用半方石砌体（semi-ashlar masonry，在经过修整的砌体之间，较规则地排列着石块和岩石碎片）；第四阶段（约公元5世纪至约8世纪）是双半方石砌体和毛石墙（double-semi-ashlar masonry and rubble walls）。[2]反过来，这种建筑技术序列可作为一个非常临时的框架，用来确定寺院、佛塔和神龛中不同建筑方法的年代，以及在这些遗址上使用雕刻的偏好变化。从这个年代顺序来看，佛教雕塑兴盛于第二至第四阶段，叙事性浮雕主要出现在第二阶段。尺寸较大、用片岩制作的佛陀和菩萨这种“偶像”图像（“iconic” images）涌现

1 L. M. Olivieri and A. Filigenzi, “On Gandhāran Sculptural Production from Swat: Recent Archaeological and Chronological Data,” in W. Rienjang and P. Stewart, eds., *Problems of Chronology in Gandhāran Art, Proceedings of the Second International Workshop of the Gandhāra Connections Project*, University of Oxford, 23rd-24th March, 2017, Oxford: Archaeopress, 2018, pp. 71-92, esp. 85-90.

2 贝伦特解释并证明了这一方法。K. Behrendt, *The Buddhist Architecture of Gandhāra*, esp. pp. 4-11 and pp. 255-267. 对雕塑年代意义的判断，见K. Behrendt, *The Buddhist Architecture of Gandhāra*, pp. 268-287.

在第三阶段，这些像以正面姿态呈现，如同供奉的人物一样。供奉用的灰泥和赤陶土图像似乎也大量出现于第三阶段，并一直持续到第四阶段（见下文）。

当然，这些都是非常宽泛的趋势，对构建犍陀罗艺术的精细年表来说帮助不大。再者，这种方法尚存争议。虽然这些阶段已由可确定年代的发现物（特别是钱币）所证实，但程式化地使用这种有序的建筑分期，很可能掩盖了一个更复杂且不太一致的现实。贝伦特的系统以约翰·马歇尔爵士（Sir John Marshall）对塔克西拉地区的分期为基础，但将其更广泛地应用于犍陀罗地区是有风险的。[1]另一方面，他对犍陀罗雕刻的发展得出的结论，符合艺术史专家们对犍陀罗艺术发展总体走向所达成的普遍共识。

第五节　寺院佛教艺术

显然，犍陀罗佛教艺术大多出现在具有特殊宗教意义的场所，主要是寺院（viharas，也称精舍、伽蓝、僧伽蓝等）和佛塔。[2]

佛塔（reliquary shrines，舍利殿）是该地区这一时期佛教崇拜的核心。这些佛塔是典型的圆顶形结构，底座呈方形和圆柱形，通常

1 J. Marshall, *Taxila: An Illustrated Account of Archaeological Excavations 1913-1934*, *passim*. 特别注意马歇尔书中第259—261页对于风格演变及其原因的论述。

2 然而，与佛教艺术甚至雕塑相关的背景都不应被低估，尤其是我们对背景本来就知之甚少。例如最近在巴里果德的一处城市环境里发现一个带雕塑的神龛。L. M. Olivieri and A. Filigenzi, “On Gandhāran Sculptural Production from Swat: Recent Archaeological and Chronological Data,” in W. Rienjang and P. Stewart, eds., *Problems of Chronology in Gandhāran Art, Proceedings of the Second International Workshop of the Gandhāra Connections Project*, University of Oxford, 23rd-24th March, 2017, pp. 71-79.

用于存放舍利盒。[1]佛塔就像一个精心装饰的分层蛋糕。它通常配有一段台阶，它的正面还有一个装饰丰富的立面“假墙”（false gable）。顶部是一个多层的石制尖顶——一个由叠加的圆盘组成的“伞”（chattravali），这个尖顶在整座佛塔中占据主要地位（尽管由于明显的原因，这个部件仅有部分残存）。图4-5-1就是为装饰这种纪念物而制作的一个浮雕中的佛塔图像。它给我们留下一个古代佛塔外观的良好印象。

我们对这些特殊遗存的意义知之甚少，但一般而言，不论这些文物是有机的还是无机的（organic and inorganic relics），它们大体上都与历史上的佛陀即释迦牟尼（Shakyamuni），或其他圣人和事件相联系。在某种意义上，它们类似于特殊的丧葬建筑，旨在纪念佛陀的一生与涅槃（*parinirvana*）。因此，佛塔和装饰塔身的雕刻成为崇拜焦点。僧侣和俗人（lay-people）都会绕行佛塔，他们可能把凝视这些图像作为自身虔诚信仰（*pradakshina*，绕拜仪式）的一部分。佛塔上的图像包括讲述佛陀本生故事的叙事性场景。通过参观和供奉舍利

图4-5-1
犍陀罗石浮雕中僧侣敬奉佛塔的场景，巴基斯坦斯瓦特地区布特卡拉3号遗址，公元2世纪

1 关于讨论，见W. Zwalf, *A Catalogue of the Gandhāra Sculpture in the British Museum*, esp. pp. 36-38.

塔，佛教信徒可以获得他们所希望得到的功德，即便不是自身开悟，至少也是幸福的生活或未来化身。佛塔崇拜有助于业力（karma）的平衡。

佛塔的大小有很大区别。一个极端是中国僧人法显（公元403年）和玄奘（约公元630年）都参观过的迦腻色伽大塔，它位于沙吉基德里（Shah-ji-ki-dheri，白沙瓦），据说高400多英尺——这还是就其地基之上的情况而言，但至少表明，该塔的实际规模非同一般。[1]在现存佛塔中，塔克西拉的达摩拉吉卡佛塔肯定超过15米高，而其他大多数佛塔都比较小。的确，寺院遗址的院子里有时挤满了几米高的小佛塔，这些小佛塔也许可被视为“还愿塔”（votives），由佛教徒奉献，作为附属建筑围绕着主佛塔。[2]

一座重要的犍陀罗寺院，比如著名的塔赫特—伊·巴希（Takht-i Bahi）遗址，其典型布局是庭院四周为僧侣所用的建筑，包括僧房。（图4-5-2）主佛塔被竖立在这样的院子里，同时还有较小的建筑。此外，可能还有雕像龛，“礼拜堂”（chapels）要么与佛塔对齐，要么在建筑群的其他地方。那些与佛塔相关的附属祠堂通常以特定方式建造，用于盛放个人对佛陀像的奉献。一些幸存至今的立佛一定曾被安置在这些图像祠堂（image-shrines）里，它们的尺寸超过真人大小，片岩质地。人们认为曾有大量的宗教图像出现在犍陀罗艺术相对较晚的发展阶段（公元3—5世纪），甚至更晚，尽管它们的年代还有

1 Faxian, *Buddhist Country Records*, 12. (S. Beal, ed. and trans., *Si-Yu Ki: Buddhist Records of the Western World Translated from the Chinese of Hiuen Tsiang [A.D. 629]*, London: Kegan Paul, Trench, Trübner and Co., 1884, xxxii); Xuanzang, *Records of Western World*, Book 2. (S. Beal, ed. and trans., *Si-Yu-Ki: Buddhist Records of the Western World Translated from the Chinese of Hiuen Tsiang [A.D. 629]*, pp. 99-101.)

2 G. Schopen, "'Burial Ad Sanctos' and the Physical Presence of the Buddha in Early Indian Buddhism: A Study in the Archaeology of Religions," *Religion*, 17 (1987), pp. 193-225; K. Behrendt, *The Buddhist Architecture of Gandhāra*, p. 29.

图4-5-2
塔赫特—伊・巴希的犍陀罗佛寺主佛塔塔院和僧房遗址，巴基斯坦马尔丹（Mardan），公元1—7世纪

争议。[1]

塔赫特—伊・巴希的中心设计很“典型”，规模也特别大。整个建筑群尚未完全发掘。它曾是一个很大的聚居地，访客和寺院人员来往不绝，并不只是一个受戒者（sangha，僧伽）隐居的场所。[2]不管怎样，既往的发掘和遗址调查表明犍陀罗的佛教遗址分布很密集，大量犍陀罗雕刻缺乏背景信息，却幸存至今。这些遗址还包括那些位于白沙瓦盆地与斯瓦特河谷周边山地的较偏远的寺院。[3]

---

1 K. Behrendt, *The Buddhist Architecture of Gandhāra*, esp. p. 9, p. 32, pp. 245-247, pp. 268-269; K. Behrendt, “Architectural Evidence for the Gandhāran Tradition after the Third Century,” in W. Rienjang and P. Stewart, eds., *Problems of Chronology in Gandhāran Art, Proceedings of the Second International Workshop of the Gandhāra Connections Project*, University of Oxford, 23rd-24th March, 2017, pp. 149-164. 质疑观点见J. Rhi, “On the Peripheries of Civilizations: The Evolution of a Visual Tradition in Gandhāra,” *Journal of Central Eurasian Studies*, 1 (2009), p. 12, n. 17.

2 M. H. Khan Khattak, “Fresh Research on the Buddhist Monastic Complex of Takht-i-Bāhī,” in W. Rienjang and P. Stewart, eds., *The Geography of Gandhāran Art, Proceedings of the Second International Workshop of the Gandhāra Connections Project*, University of Oxford, 22nd-23rd March, 2018, pp. 81-106.

3 K. Behrendt, *The Buddhist Architecture of Gandhāra*, pp. 37-38.

虽然有许多适合独立神龛的单体造像幸存下来，但现存的大多数犍陀罗雕刻可能是为了装饰不同规模的佛塔。在这些浮雕中，有的出自佛塔基座侧面细长的台阶立板，有的则用来装饰佛塔基座直边或圆边上的佛陀与其本生图像，还有其他受人尊敬的个人和叙事图像。附在佛塔侧面的假屋檐上也密密麻麻地装饰着人物形象，至于那些以花环、希腊—罗马风格的壁柱、花卉或植物题材等形式出现的更加普遍性的宗教形象更是无处不在。[1]类似的艺术元素也被用于粉饰灰泥、黏土和石头装饰中。灰泥和黏土往往保留了原有的彩饰（polychromy），由此我们可知这些佛塔的色彩曾是多么鲜艳。[2]石雕最初也会上色或镀金，但带有明显色彩和镀金痕迹的真品较为稀有。[3]把这类雕刻称为“装饰物”是一种误导。所雕刻的内容显然是深思熟虑的产物，以便有效地传达佛陀及其宇宙所具有的超人特质，并说明了通过放弃物质世界而获得开悟的途径。理论上说，当崇拜者绕佛塔顺时针行走时，他可以“阅读”佛塔基座上的叙事场景。[4]

我们在接触犍陀罗艺术时已经有了大量的佛教文献，包括一些早在该艺术出现之前就以口头或书面形式所记录的典籍。有时文本与图像之间的对应关系非常密切，比如在表现佛陀生活的情景时。不过，佛陀的很多神学形象比较模糊，而且关于哪些文本最能解释这些图像

1 关于佛塔雕塑的布置，见W. Zwalf, *A Catalogue of the Gandhāra Sculpture in the British Museum*, pp. 76-78.

2 F. Talarico, et al., “Caratterizzazione dei materiali pittorici provenienti dal Gandhara,” in S. Pannuzi, ed., *Gandhara: tecnologia, produzione e conservazione. Indagini preliminari su scultura in pietra e in stucco del Museo Nazionale d'Arte Orientale 'Giuseppe Tucci'*, Rome: Gangemi, 2015, pp. 52-60.

3 S. Pannuzi, et al., “Polychromy and Gilding in the Gandharan Sculptures from Pakistan and Afghanistan: Samplings from Museum Guimet in Paris, Civic Archaeological Museum of Milan and Museum of Oriental Art of Turin,” *Restauro archeologico*, Vol. 27, No. 1 (2019), pp. 40-81.

4 关于这种右旋绕拜（pradakshina）对叙事性浮雕的影响，见M. Taddei, “Narrative Art between India and the Hellenistic World,” *Journal of Transcultural Studies*, Vol. 6 (2015), esp. pp. 55-56, p. 59.

的问题一直备受争议。

试图调和文本与图像的一个经验教训是，佛教思想的两大主要分支，即通常被称作“小乘”（*Hinayana*）或“声闻乘”（*Shravakayana*）的“旧传统”和“大乘”（*Mahayana*）两派，在犍陀罗皆有信众，而且在当地没有明确的宗派划分。大乘佛教看起来盛行于犍陀罗地区。[1]犍陀罗雕刻中某些反复出现的主题可以说反映了大乘佛教的出现。大乘佛教强调菩萨特有的救赎力量，菩萨是个人实现开悟的典范，他们出于对诸佛的崇敬以及佛教万神殿中的等级划分，推迟了自己的完全开悟。[2]例如，浮雕中所流行的“燃灯佛授记”（the *Dipankara Jataka*）（见下文），还有佛三尊（一佛二菩萨）这种表现形式的受欢迎程度，以及一些其他形式的复杂图像，都被认为是大乘信仰的反映。[3]但没有一个图像看上去和更为传统的信仰不相容，而且犍陀罗艺术的教义归属仍有争论。中国旅行者把他们遇到的寺院与不同的“大乘”和“小乘”流派联系起来。此外，即使在法显和玄奘的时代，这种标签归属的倾向都可能会使情况过于简单化，更不用说在犍陀罗艺术蓬勃发展的之前几个世纪了。显然，犍陀罗的宗教和艺术都不是教条式的。

---

1 关于批判性概述和术语陷阱，见D. S. Ruegg, “Aspects of the Study of the (Earlier) Indian Mahāyāna,” *Journal of the International Association of Buddhist Studies*, Vol. 27 (2004), pp. 3-62. 关于犍陀罗早期大乘佛教的最新文本证据，见M. Allon and R. Salomon, “New Evidence for Mahayana in Early Gandhāra,” *The Eastern Buddhist*, New Series, Vol. 41, No. 1 (2010), pp. 1-22.

2 关于犍陀罗艺术中的大乘佛教图像，特别见J. Rhi, “Early Mahāyāna and Gandhāran Buddhism: An Assessment of the Visual Evidence,” *The Eastern Buddhist*, New Series, Vol. 35 (2003), pp. 152-202; W. Zwalf, *A Catalogue of the Gandhāra Sculpture in the British Museum*, pp. 32-33. 此外，亦可见C. Luczanits, “Buddhism in a Cosmopolitan Environment: The Art of Gandhara,” *Orientations*, Vol. 39, No. 7 (2008), esp. pp. 47-48.

3 J. Rhi, “Early Mahāyāna and Gandhāran Buddhism: An Assessment of the Visual Evidence,” *The Eastern Buddhist*, New Series, Vol. 35 (2003), pp. 152-202; J. Rhi, “Bodhisattvas in Gandhāran Art: An Aspect of Mahāyāna in Gandhāran Buddhism,” in P. Brancaccio and K. Behrendt, eds., *Gandhāran Buddhism: Archaeology, Art, Texts*, Vancouver and Toronto: UBC Press, 2006, pp. 151-182.

第六节　佛与菩萨

我们已经很清楚，佛（enlightened ones，开悟者）的形象在犍陀罗宗教遗址的装饰中占据着核心地位。由于佛教思想已经确定，不同时代的多重人物，“多佛”而不是单一的佛陀，在过去已经或是在未来将要通过开悟而实现涅槃。理论上讲，这意味着从生死轮回（*samsara*）中完全解脱，消灭自我。在实践中，这些佛几乎被视为神圣人物，在信徒的生活中具有现世的力量和意义。他们包括：燃灯佛，即一个遥远的过去时代的佛；弥勒佛或弥勒菩萨（Buddha or Bodhisattva Maitreya），他将在未来时代降临；阿弥陀佛（Buddha Amitabha），即无量光佛，无限慈悲的化身。对弥勒菩萨的尊崇可能是公元初几个世纪的创新，并最早在犍陀罗艺术中得到证实。不过，犍陀罗艺术的核心人物是历史上的现在佛——释迦牟尼。他是北印度的王子乔达摩·悉达多（Gautama Siddhartha），可能生活在公元前5世纪左右，他追寻并获得开悟，终其一生教导弟子，之后实现了自己的终极解脱——涅槃。历史上的佛陀（这里的“佛陀”就指他）似乎建立了一个不断发展的口头教义传统，为后来的经典文学提供了参考。

与基督教一样，佛教艺术在其最初几个世纪里没留下任何痕迹。第一个可证实的考古依据出现于公元前3世纪中期孔雀王朝阿育王的皇室赞助。印度现存最早的佛教艺术精品上推至少是佛陀涅槃一个世纪之后才有的。虽然这些早期佛教雕刻涵盖了各种复杂的叙事与象征主义内容，但它们不包括佛陀本人的形象，佛陀的存在只能通过法轮（代表佛法）等符号来表现。这一事实再加上各种间接证据引导产生了这样一种观点，即佛教在其早期几个世纪里是“无偶像的”（aniconic），并刻意回避了拟人化形式的佛像。最早的佛像是个充满争议的话题，并非所有学者都会接受这个漫长的时间差。例如，约翰·亨廷顿（John Huntington）和苏珊·亨廷顿（Susan Huntington）认为，佛像的传统一定存在于易腐烂的材料中，无偶像论缺乏充分的证据支持。[1]尽管如此，主流学术观点认为，佛像首次出现是在公元1世纪左右。犍陀罗这个地方极有可能就是佛像起源地。

要确定现存最早的佛像绝非易事。最有可能的证据之一是存在争议的比马兰舍利盒。（图4-6-1）1834年，查尔斯·马森（Charles Masson）在阿富汗东部达伦塔（Darunta）的比马兰2号佛塔中发现了这个6.7厘米高的金质舍利容器。它被埋在佛塔里，现藏大英博物馆。[2]正如我们所看到的，保存这类舍利盒可能是修建佛塔的原因。

比马兰舍利盒是在一个更大的、刻有文字的球形石盒里发现的，里面还有一些宝石和半宝石珠子、一枚印章戒指、珍珠和其他小物件。另有四枚目前可以确定为约公元80年左右的钱币，也是与盒子一起发现的（过去认为这些钱币的年代更早）。[3]这个金盒子上有以凸纹技术打造的八个洋葱形拱门作为装饰，中间穿插着精致的展翅鸟形象。拱门的上方与下方都有花卉图案和镶嵌的石榴石作为边框。这些设计使人想起该地区的佛塔装饰，该盒子可能制作于大犍陀罗地区。每个拱门都有一个佛教人物，皆以流畅、写实的风格呈现，令人想起罗马的凸纹作品。他们的衣着尤其呼应希腊—罗马的图像和风格。有两个正面人物以对立式平衡的姿势站立。这些人的长发在前额上方分开并挽成一个顶髻，头上有一个光环（nimbus/halo），戴着臂镯和项链，衣饰

1 J. Huntington, “The Origin of the Buddha Image: Early Image Traditions and the Concept of Buddhadarśanapunyā,” in A. K. Narain, ed., *Studies in Buddhist Art of South Asia*, New Delhi: Kanak, 1985, pp. 163-186; S. L. Huntington, “Early Buddhist Art and the Theory of Aniconism,” *Art Journal*, Vol. 49, No. 4 (1990), pp. 401-408. 对其观点的回应，见R. Linrothe, “Inquiries into the Origin of the Buddha Image: A Review,” *East and West*, Vol. 43, No. 1 (1993), pp. 241-256.

2 伦敦大英博物馆，库存编号OA 1900.2-9.1。W. Zwalf, *A Catalogue of the Gandhāra Sculpture in the British Museum*, pp. 348-350, no. 659. 背景信息见pp. 346-347, no. 652.

3 关于年代的重新判断与争议，见J. Cribb, “Dating the Bimaran Casket – Its Conflicted Role in the Chronology of Gandharan Art,” *Gandhāran Studies*, Vol. 10 (2010), pp. 57-91.

图4-6-1

比马兰舍利盒，黄金镶嵌石榴石，阿富汗比马兰2号佛塔，公元1世纪垂到腹部（paridhana和uttariya，印度式内衣和上衣）；薄薄的衣服像背景布一样在他们下半身的后面飘动，并以希腊—罗马风格在左肩上翻转。这些人物在胸前举起双手做祈祷状，可能是菩萨，也许是弥勒菩萨的形象。其余六个人物分成三组。盒子每侧都站着一对人物，他们显然在敬奉一个中心人物。除了人物顺序颠倒以外，这几组都是一样的。其中一个“信徒”戴着头巾，双手举在前面，带有光环的头低垂。他留有小胡子，戴着耳环和臂镯，一件类似希腊长衫（himation, mantle，披风）的宽松大衣披在下半身并搭在远处的肩膀上。另一个人物与之相似，但头部没有被遮盖。他有胡子，头发相对较长，打了一个顶髻，一只手在前面举着，另一只手拿着一个长颈容器。

根据后来的图像学，这些人物被认定为印度神梵天（Brahma）和帝释天，他们被纳入佛教万神殿，成为从属于佛陀的神祇，并在各种叙事场景中与佛陀一起出现。他们注目于佛陀本人，左右两侧皆是如此。佛陀正面站立，呈现出对立式平衡的姿势。他的长袍盖住了身体，从胸部向后拉过双肩，落在右上臂上，紧紧包裹着左臂。这种长袍与希腊的宽松长衫非常相像。这种装束后来继续成为表现佛陀的典型服装。右手在胸前举起，掌心朝向观看者，这种作出保证的手势称为“无畏印”（*abhayamudra*）。头部环绕着一个光圈，圆润的脸部没有表情。他留着小胡子。中等长度的头发从前额拉起，呈“美人尖”（widow’s peak）状，并挽成一个顶髻。

这就是后来犍陀罗雕刻中经常使用的佛陀图像。遗憾的是，比马兰舍利盒的年代还有待商榷。复杂的争论来源于对图像本身的判断，特别是对相关发现的判断。理论上来说，当舍利盒与1世纪晚期的钱币一起被埋葬时，它可能已经非常古老了，或者一种较小的可能是舍利盒的制作与埋葬时间很晚，与之同时埋葬的钱币在当时就已经属于古物。不过，最有力的假设是，舍利盒与钱币大致出自同一时期，且钱币是在奉献时新近打造的，从而提供了一个时间终止点（*terminus ante quem*）。这样一来，佛像就出现在1世纪。[1]因此，比马兰舍利盒上的佛像可能是已知的最早以人形表现的佛陀图像。[2]

或许就是在不久之后，一些类似的图像出现在钱币和雕塑上。钱币更容易确定年代，因为它们打造于贵霜王迦腻色伽时期。除了背面描绘有各种神祇的系列钱币外，还有不同面值的钱币类型，表现了站立、带头光、施无畏印的佛陀，且为了避免疑惑，标注着BODDO。[3]这些可以追溯到公元130或140年。有人认为，这些正面形象的特殊形式反映了另一种媒介模式，具体来说就是它们源于已经存在的佛像雕塑传统。我们能确定的最早的雕塑作品可能也出自迦腻色伽统治时期，且在印度的犍陀罗和马图拉（在贵霜帝国南部）都有制作。在这里，一个更加本地化的佛教雕塑传统与犍陀罗传统同时兴起，利用了该地区独特的斑驳的粉砂岩（pink sandstone）。关于拟人化佛像起源的争论仍在继续，一些学者认为其本源是马图拉，然后被犍陀罗艺术家所模仿。比马兰舍利盒可能不支持这种说法，因为它表明这种图像已经存在于更北边的地区。也可能我们面对的是差不多同时出现的新的佛陀概念，这两个艺术中心分别以不同形式发展；实际上，这是目前大多数学者认为比较保险的设想，而不是试图令一个特定的中心处于优先地位。[4]

---

1 关于比马兰佛像时间的判断，学术界争论不一。即使这个舍利盒属于公元1世纪，佛陀的形象此前应该已经出现，并经历了一定的发展过程。——译者注

2 有关这些问题和研究史的概述，见J. Cribb, "Dating the Bimaran Casket – Its Conflicted Role in the Chronology of Gandharan Art," *Gandhāran Studies*, Vol. 10 (2010), pp. 57-79.

3 J. Cribb, "The Origin of the Buddha Image – The Numismatic Evidence," *South Asian Archaeology, 1981: Proceedings of the Sixth International Conference of the Association of South Asian Archaeologists in Western Europe, Held in Cambridge University, 5-10 July 1981*, Cambridge: Cambridge University Press, 1984, pp. 231-244.

4 批判性讨论见J. Rhi, "Reading Coomaraswamy on the Origin of the Buddha Image," *Artibus Asiae*, Vol. 70, No. 1 (2010), pp. 151-172; R. D. DeCaroli, *Image Problems: The Origin and Development of the Buddha's Image in Early South Asia*, Seattle and London: University of Washington Press, 2015; M. Falser, "The Graeco-Buddhist Style of Gandhara – a 'Storia Ideologica', or: How a Discourse Makes a Global History of Art," *Journal of Art Historiography*, Vol. 13 (2015), esp. pp. 15-18.

这场争论可能永远都不会有定论，因为我们无从得知这种形象在金盒子这样较小、易毁坏或可循环加工利用的艺术作品上可能流传了多久。马图拉雕刻与犍陀罗艺术有很大的不同，其特点是更抽象，写实风格较少，具有更强的印度倾向。因此过去有些学者一直拥护马图拉，他们希望以此来否认希腊—罗马影响在早期佛教艺术发展中的重要性。[1]与此相反，犍陀罗佛像的希腊—罗马风格使其他一些人相信，希腊或罗马传统实际上是非常明显的佛陀形象的来源。[2]

可以更有把握的是，我们在犍陀罗佛像中经常遇到的那种无动于衷、超然物外的佛像面孔起源于希腊—罗马。（**图4-6-2**）显然，希腊—罗马传统给一些犍陀罗艺术家提供了一个完美的风格来表达释迦牟尼的特质。在希腊艺术中，这种理想化、冷淡、年轻、平静、不露感情的脸，被用来表现神和英雄，有时也用来表现同时代的凡人。他们将合理生动的人体与理想超然的平静相结合，成为西方古典传统的一个特征。罗马人继承了这种形象。在希腊和罗马，这种“古典理想”可能具有强烈的道德内涵。它可以暗示个人自制力和一种外在美，而这种外在美与道德的卓越性混在了一起。在佛教犍陀罗的背景下，类似的品质可以通过这些图像附加到佛陀身上。佛陀是一个卓越、几乎成为超人的人，并且根据定义，佛陀的开悟使他能够脱离物质世界，同时还散发着人性与慈悲。[3]此外，他还有一系列其他的身体特征（*lakshanas*），而这些特征被看作是他的超人本性的证明，甚至在他活着的时候就已如此。[4]类似顶髻（the *ushnisha*，

---

1 A. Coomaraswamy, “The Origin of the Buddha Image,” *Art Bulletin*, Vol. 9, No. 4 (1927), pp. 287-329.

2 特别见A. Foucher, *L’Origine grecque de l’image du Bouddha*, Chalon-sur-Saone: Imprimerie Française et Orientale E. Bertrand, 1913.

3 关于佛陀的身体特征及其理想的男性气质，见J. Powers, *A Bull of a Man: Images of Masculinity, Sex, and the Body in Indian Buddhism*, Cambridge, Mass.: Harvard University Press, 2009.

4 J. Powers, *A Bull of a Man: Images of Masculinity, Sex, and the Body in Indian Buddhism*, pp. 9-10.

图4-6-2
犍陀罗石雕立佛局部，公元2世纪后期

图4-6-3
阿波罗石雕头像，兰斯顿阿尔特米斯像（Lansdowne Artemis）残缺的头部，公元2世纪罗马复制品

肉髻）的颅骨隆凸和额头上凸起的小圆点或螺纹（the *urna*，白毫），这些都是与身体特征相关的最显著的图像主题。早期佛教思想里的理想人物与希腊—罗马传统中的理想人物有些不同，但犍陀罗艺术家们的一点点创新性调整就足以改变所使用的形象，例如把希腊—罗马的光明与知识之神阿波罗（**图4-6-3**）转变成理想化的佛陀。这正是本卷标题“从阿波罗到佛陀”所说的转变。[1]

典型的犍陀罗佛陀身披僧祇支（*sanghati*）——一种僧侣穿的能裹住身子的袍子，他已经宣布放弃正常的人类社会。其他时代也有类似的佛像，这可能导致他们的身份识别出现问题。然而常见的犍陀罗弥勒菩萨却有着独特的图像，他被塑造成一个年轻英俊的菩萨，长发挽成顶髻并戴着珠宝。他的左手通常提着一个水瓶，或坐或站，做出沉思或安抚的姿态。

犍陀罗的佛像雕塑具有高度重复性，其独特的发式和服装风格使现存作品被分为不同类型。[2]遗憾的是，这些证据并不能使我们更好地了解这些类型是如何在该地区雕刻家的作坊里发展与流动的。但它们证明，宗教图像的再生产制作是一个繁荣的行业，该行业显然重视一致性和正确性，而非个性和创新。在宗教背景下，这种保守主义并不令人意外。这也让人想起罗马雕刻家的制作方法，我们将在下一章再讨论这个问题。

---

1 对于这种关系，福歇的作品中有一些经典讨论，见A. Foucher, *L'Origine grecque de l'image du Bouddha*；相关研究史和争论，见编号69以上。福歇曾在其著述中，就犍陀罗艺术参照西方古典传统的情况作了最广泛且最具奠基性的阐释，见A. Foucher, *L'art greco-bouddhique du Gandhâra*, Paris: Publications de L'École française d'Extrême-Orient, 1905-1951.

2 J. Rhi, "Identifying Several Visual Types in Gandhāran Buddha Images," *Archives of Asian Art*, Vol. 58 (2008), pp. 43-85.

诸佛不仅出现在叙事场景中，也会单独出现，或坐或站，并采用了各种充满宗教意义的手印。最常出现的是我们已经见过的无畏印：一种给予保证的手势，右手举起，掌心朝外。禅定印（*dhyanamudra*）是一种冥想手印，双手一上一下置于腿上。说法印（*dharmachakramudra*）则是双手合十放在胸前，表明佛陀转动“法轮”。最后也最罕见的是触地印（*bhumisparshamudra*，亦称降魔印）。触地印具有更强的叙事性，表现的是佛陀用下垂的右手手指指向地面，以召唤大地来见证他在面对魔王魔罗（the demon Mara）攻击时已经修成佛道。

在犍陀罗雕塑史上，单体的、正面的和偶像式的佛像似乎变得越来越流行。面对这些引人注目的悟道者形象，崇拜者被激发出对佛陀及其佛法的沉思。

我们已经提到过菩萨。除了佛像，菩萨的各种形象也具有相似的偶像作用。这些像王子一样的人物现存数量颇多，他们戴着头巾，几乎裸露的身体上镶满了珠宝。与此同时，他们采取沉思状，有着同样理想化的希腊—罗马风格面孔。（**图4-6-4**）世俗和非世俗的结合反映了这些拯救者的状态，他们处于悟道与众生之间。然而，有一位菩萨很特别，他几乎总是出现在特定的叙事背景中。金刚手菩萨（Vajrapani，“手执金刚杵”，一译“护法金刚”）是佛陀本生故事里佛的一个侍卫。他肌肉发达，有时留着胡须，有时比较年轻、留长发，外表通常相当粗犷，手持金刚杵（*vajra*，雷电），这个金刚杵在犍陀罗传统里更像一种钝器。这位与众不同的菩萨经常出现在佛陀的随从里，并在佛陀涅槃的场景中引人注目。[1]他经常与希腊罗马刻

1 需要注意的是，菲利真齐把一个不同寻常的金刚手菩萨图像与佛陀弟子阿难（Ananda）联系起来，对这个金刚手菩萨图像作了一番解释。A. Filigenzi, “Ānanda and Vajrapāṇi: An Inexplicable Absence and a Mysterious Presence in Gandharan Art,” in P. Brancaccio and K. Behrendt, eds., *Gandhāran Buddhism: Archaeology, Art, Texts*, Vancouver and Toronto: UBC Press, 2006, pp. 270-285.

图4-6-4
犍陀罗思维观音菩萨石雕像，贵霜帝国，公元2—3世纪

图4-6-5
犍陀罗石浮雕中的佛陀（左）与“赫拉克勒斯—金刚手菩萨”（右），贵霜帝国，公元2—3世纪

画的英雄神赫拉克勒斯非常相似，以至于学者们有时将他称为“赫拉克勒斯—金刚手菩萨”。（**图4-6-5**）相比后面我们要探究的一些跨文化联系，犍陀罗对希腊—罗马艺术的借鉴更容易解释，因为赫拉克勒斯这个人物在希腊化的“远东”地区（中亚、印度地区）已经长期存在。[1]

各种各样的佛和菩萨代表了犍陀罗佛教图像里的核心人物。但也有许多其他人物，他们代表着佛教世界观里不同层次的存在。在此有一类特别常见的人物值得一提，即所谓的“阿特拉斯”（Atlas）人物，他们作为实质性的“装饰”元素装饰了相当大的佛塔。这些肌肉发达、长着翅膀的人物往往借助希腊—罗马艺术的风格来呈现。（**图4-6-6**）他们有时也像赫拉克勒斯，以及希腊神话中的泰坦神

---

1 J. Boardman, *The Diffusion of Classical Art in Antiquity*, London: Thames and Hudson, 1994, pp. 75-153, *passim*; L. Stančo, *Greek Gods in the East: Hellenistic Iconographic Schemes in Central Asia*, Prague: Charles University, Karolinum Press, 2012, pp. 137-157.

（Titans）阿特拉斯。他们的现代名字其实来自古典建筑传统中的*atlantes*，[1]即融入建筑中用以支撑的人物。犍陀罗的“阿特拉斯”扮演着相似角色，“支撑着”佛塔的建筑分层。阿特拉斯是一种夜叉（*yaksa*，一译药叉）——在佛教宇宙里是个小的半神。我们将在下一章再次讨论阿特拉斯形象古典化的意义。

图4-6-6
犍陀罗“阿特拉斯”石雕像，可能出自巴基斯坦西北部贾马尔·加西，贵霜帝国，公元2—3世纪

第七节　叙事性的艺术

强调佛和菩萨个人形象在犍陀罗雕塑中的主导地位是非常重要的。这些人物是虔诚信徒所注目的中心，而较小尺寸的浮雕在说明和阐发佛教信息方面发挥着更微妙的作用。然而，装饰犍陀罗遗址的叙事性浮雕大量存在。虽然它们往往因没有背景信息令人感到惋惜，但可以理解的是，它们在学术研究中已经引起了相当大的关注。叙事是佛教信仰的根本，因为有关历史上佛陀生活的口头与书写传统是阐述佛法的基础。但艺术叙事有时很难与佛教教义和经典经文联系起来，因此出现了许多解释上的难题。这些艺术叙事还包括犍陀罗艺术与“丝绸之路”其他传统之间产生互动的一些最引人注目的例子，向西（希腊—罗马的地中海传统）和向东（中国的早期佛教艺术）皆如此。

叙事性雕刻的情况各不相同，但通常是在佛塔主体周围（或佛塔的方形底座上，或建筑的圆鼓上）以及台阶和

1　用以支撑柱顶线盘的“男像柱”。——译者注

图4-7-1
犍陀罗石浮雕中的佛诞场景，可能出自巴基斯坦北部西格里（Sikri），贵霜帝国，公元2世纪晚期—3世纪早期

图4-7-2
犍陀罗石浮雕中的佛涅槃场景，可能出自巴基斯坦北部西格里，贵霜帝国，公元2世纪晚期—3世纪早期

假屋檐上有石质的低浮雕，以独立场景依次排列。[1]这些场景被雕刻在单独的嵌板上，嵌板之间由建筑构件隔开——特别是犍陀罗版的科林斯柱式，这种来自希腊—罗马传统的科林斯柱式在中亚早已为人熟知。我们很少有机会重构这些雕刻之间的确切关系，不过大体上来说，它们被设计成一组叙事序列，能够让信徒在绕佛塔顺时针行走时按顺序“阅读”。最流行的主题是历史上的佛陀——释迦牟尼的故事，从他非同寻常的被孕与出生（图4-7-1），到他优越的王族成长环境、放弃宫廷生活、最终开悟、说法、涅槃（图4-7-2）以及死后的情况。其中一些关键事件似乎特别受欢迎，如这里展示的那样，但似乎存在一个非常广泛的故事库。[2]

当然，佛陀是这些场景的焦点。起初他是一个贵族，就像那些尊贵的菩萨，开悟之后他与僧侣类似，头上有肉髻，没有珠宝，身上披

1 W. Zwalf, *A Catalogue of the Gandhāra Sculpture in the British Museum*, esp. pp. 51-56.

2 关于佛陀生平故事的图像，见I. Kurita, *Gandhāran Art* (bilingual edition), Tokyo: Nigensha, 2003, esp. Vol. 1; M. Stoye, “Der Lebenzyklus des Buddha,” in C. Luczanits, ed., *Das buddhistische Erbe Pakistans: Legenden, Klöster und Paradiese*, pp. 193-196.

着厚厚的僧祇支作为外衣，僧祇支就像希腊的宽松长衫。尽管在叙事中他是一个活跃的人物，手印表达了他在任一特定时间的角色，但他也是处于无动于衷和冥想状态的。往往是随行人员与旁观者在阐述故事。一群信徒和俗人（lay-people）经常在附近，作为重叠的人物出现在浅浮雕中。偶尔有些人物在建筑后面观察，通常是在楼上的走廊里，这令人想起优雅的宫殿环境。或者，反过来说，通过用树木或植物对场景进行简洁地点缀，来暗示室外的环境。强调叙事的某个点，对已经了解整个故事的观众而言是可以理解的，虽然有时单独叙事中的关键人物可能会反复出现。[1]

图像与出自文本的早期佛教叙事，二者关系有时非常密切，我们可以推测，它们为艺术家及其赞助者呈现主要场景提供了直接或间接的参考。但有可能当犍陀罗艺术把这些故事转变成视觉形式时，它本身的创造对佛教叙事传统产生了一些影响。

虽然很多叙事性浮雕相对易懂且能够识别，但其他浮雕却有一种复杂性，不仅难以解释，还隐含着微妙的教理意义。例如，在错综复杂的穆罕默德—纳里石板（Mohammad Nari stele）上，说法的佛陀被众多菩萨包围的形象令人费解，引发了大量的学术讨论。[2]（图4-7-3）

一般来说，古代佛教叙事艺术并不局限于佛陀的生平，还表现了佛陀前世以及相关人物的故事。这些佛本生经故事（jataka stories）在佛教文学中具有重要作用。经典文献中留存了大量故事，其中一些源自更广泛的印度民间故事传统。这些故事有许多在南亚和中国

---

1 关于犍陀罗的叙事结构，见L. Nehru, *Origins of the Gandhāran Style: A Study of Contributory Influences*; M. Taddei, "Narrative Art between India and the Hellenistic World," *Journal of Transcultural Studies*, Vol. 6 (2015), pp. 34-74.

2 拉合尔博物馆。最近的讨论见P. Harrison and C. Luczanits, "New Light on (and from) the Mohammad Nari Stele," (with response) in 2011 *nendo dai ikkai kokusai shinpojiumu puroshīdingusu: Jōdokyō ni kansuru tokubetsu kokusai shinpojiumu* (BARC International Symposium Series 1: Special International Symposium on Pure Land Buddhism), Kyoto: Ryukoku University Research Center for Buddhist Cultures in Asia, 2012, pp. 69-130.

图4-7-3
穆罕默德—纳里石板，巴基斯坦北部穆罕默德—纳里（Mohammad-Nari），贵霜帝国，公元2世纪末—3世纪初

图4-7-4
犍陀罗的燃灯佛本生石浮雕，贵霜帝国，公元2—3世纪

艺术中出现。然而在犍陀罗艺术里，目前只有约15部本生经得到确认。[1]其中最常见的当属“燃灯佛授记”（图4-7-4），有记录的关于它的雕刻品就有大约130件。这个故事讲述了未来佛释迦牟尼前世跪拜在燃灯佛面前，将头发置于燃灯佛的足下，预示自己未来会成佛（布发掩泥）。此时他被称为菩萨，因为他已经得到授记，未来能够修得正果。

必须指出的是，很多保存下来的犍陀罗浮雕似乎是叙述性的，但无法确定。实际上，其中一些令人费解的浮雕表现的可能是本生经，甚至是没有任何其他方式可证实的本生经。[2]有些例子是独特的难题，比如下一章将要讨论的“木马”浮雕（“Wooden Horse” relief）。还有许多耐人寻味的浮雕，它们明显不是简单的叙事，而似乎蕴含着我们

1 J. Neelis, “Making Places for Buddhism in Gandhāra: Stories of Previous Births in Image and Text,” in W. Rienjang and P. Stewart, eds., *The Geography of Gandhāran Art, Proceedings of the Second International Workshop of the Gandhāra Connections Project*, University of Oxford, 22nd-23rd March, 2018, pp. 175-185.

2 I. Kurita, *Gandhāran Art* (bilingual edition), esp. Vol. 2. 但问题是，一些来源于古物市场或私人收藏的神秘主题雕塑几乎没有出处。

无法完全理解的意义。这类浮雕包括下一章提到的所谓的布内尔浮雕(Buner reliefs)，以及许多“狄奥尼苏斯式的”饮酒和狂欢场景。在这些场景中，有些似乎是“神话”场景，因为它们的图像令人想起希腊—罗马世界的神话场景，但据我们所知，它们并没有叙述某个具体故事。据观察，这种具有世俗内涵的图像在台阶立板上出现的比例过高，而宗教性与叙事性更明确的雕刻主要出现在佛塔的侧面。

第八节　后期发展

从最普遍的意义上来说，正如前文总结的那样，犍陀罗艺术的背景和发展应该持续大约五个世纪或者更长时间（也即贵霜人统治该地区之前、期间与之后)。然而，如果能更好地理解犍陀罗艺术的年表，我们无疑能注意到该传统发展的更细微层面。就目前而言，大趋势是可辨别的，但还有很多争论。

犍陀罗叙事雕刻的全盛时期似乎是在公元2世纪左右，但该时期确立的各种图像存在了很长时间。这些图像的元素无疑被佛教艺术所吸收，比如出现在中国北部和西北部的佛教石窟中（如敦煌和云冈)。公元3—5世纪，佛像作为宗教崇拜的焦点，其发展更受重视。

雕塑生产最明显的变化是雕塑材料从石头转变为烘烤或未烘烤的黏土和灰泥（有时两者混合)，以手工做出模型，在核心上分层雕砌。[1]三种材料显然都在贵霜早期使用过，但从3世纪起，黏土和灰泥（尤其是后者）的使用明显增多。灰泥经常被用来修复早期由片岩装

1　关于黏土技术，见A. Tarzi, “La technique de modelage en argile en Asie Centrale et au Nord-Ouest de l’Inde sous les Kouchans: la continuité malgré les ruptures,” *KTEMA: Civilisations de l’orient, de la Grèce et de la Rome antique*, Vol. 11 (1986), pp. 57-93.

饰的建筑。正如前文已经提到的，最近发掘的更有力的考古学证据倾向于证实一种印象，即这些材料在后来几个世纪特别流行。[1]虽然经济、文化或审美方面的具体原因尚不清楚，但毫无疑问，模型雕刻有很大优势，可弥补其不足之处。[2]当然，黏土和灰泥的耐久性要差得多。不过它们的制作速度相对较快，所用材料是现成的、便携的，可以利用模具来复制某些部分，还容易上色（片岩雕塑的彩绘必须对上色面进行精心的准备，但黏土和灰泥雕塑不需如此[3]）。它们的用途也很广泛，可用来制作一定规模的人物雕塑，这是石雕做不到的。

这一时期留下来的灰泥佛像数以百计，甚至数以千计，大部分没有背景，主题表达通常较为简单和严谨。[4]然而在有记录的发掘活动中，许多令人惊叹的灰泥雕塑也保存了下来。阿富汗贾拉拉巴德（Jalalabad）附近的哈达遗址（Hadda）几乎是这种雕塑传统的代名

1 根据斯瓦特河谷的新研究和公元3世纪的地震证据，奥里威利和菲利真齐认为这种转变反映的是坎朱尔（kanjur）石灰岩成为当时人们的新偏好，以灰泥取代在建筑中使用的片岩。L. M. Olivieri and A. Filigenzi, "On Gandhāran Sculptural Production from Swat: Recent Archaeological and Chronological Data," in W. Rienjang and P. Stewart, eds., *Problems of Chronology in Gandhāran Art, Proceedings of the Second International Workshop of the Gandhāra Connections Project*, University of Oxford, 23rd-24th March, 2017, pp. 81-90.

2 K. Behrendt, *The Art of Gandhara in the Metropolitan Museum of Art*, New York: Metropolitan Museum of Art, 2007, pp. 64-66, 72-75.

3 S. Pannuzi, et al., "Polychromy and Gilding in the Gandharan Sculptures from Pakistan and Afghanistan: Samplings from Museum Guimet in Paris, Civic Archaeological Museum of Milan and Museum of Oriental Art of Turin," *Restauro archeologico*, Vol. 27, No. 1 (2019), pp. 40-81.

4 C. Luczanits, "Stuck und Ton," in C. Luczanits, ed., *Das buddistische Erbe Pakistans: Legenden, Klöster und Paradiese*, pp. 318-320. 关于地理范围的说明，见A. Vanleene, "Differences and Similarities in Gandhāran Art Production: The Case of the Modelling School of Haḍḍa (Afghanistan)," in W. Rienjang and P. Stewart, eds., *The Geography of Gandhāran Art, Proceedings of the Second International Workshop of the Gandhāra Connections Project*, University of Oxford, 22nd-23rd March, 2018, p. 145.

图4-8-1
灰塑人像，阿富汗哈达，公元5—8世纪

词，那里的一些发现非常引人注目。[1]（图4-8-1）这些雕塑的年代有时非常令人疑惑。哈达的佛教神龛从2世纪开始，使用了数个世纪。真正值得注意的是至少有一些用灰泥技术完成的高度写实的人物，它们的制作年代一定在公元3或4世纪之后。犍陀罗灰泥雕塑有时被视为艺术与经济衰退的征兆，[2]但哈达的一些雕塑在再现希腊—罗马传统的写实主义雕塑风格惯例方面，表现出极高的技巧和把握。犍陀罗艺术后期的一些黏土雕塑亦是如此。然而该时期，即使在罗马帝国内部，这些技术和风格特点也越来越稀有。这表明大犍陀罗的艺术家们已经把西方的古典传统转变成自己的东西，而且它焕发着生命力，在很大程度上独立于古典艺术。最终，人们大规模地使用灰泥技术，例如公元

1 大量的早期发现，见J. Barthoux, *Les fouilles de Haḍḍa* (Mémoires de la Délégation Archéologique Française en Afghanistan, vols. 4 and 6), Paris: DAFA, 1930-1933. 概述参见A. Tarzi, "La technique de modelage en argile en Asie Centrale et au Nord- Ouest de l'Inde sous les Kouchans: la continuité malgré les ruptures," *KTEMA: Civilisations de l'orient, de la Grèce et de la Rome antique*, Vol. 11 (1986), pp. 57-93; A. Vanleene, "Differences and Similarities in Gandhāran Art Production: The Case of the Modelling School of Haḍḍa (Afghanistan)," in W. Rienjang and P. Stewart, eds., *The Geography of Gandhāran Art, Proceedings of the Second International Workshop of the Gandhāra Connections Project*, University of Oxford, 22nd-23rd March, 2018, pp. 143-163.

2 K. W. Dobbins, "Gandharan Art from Stratified Excavations," *East and West*, Vol. 23, No. 3/4 (1973), pp. 293-294.

6世纪阿富汗东北部的巴米扬（Bamyan）涂以灰泥的大佛，可被看作是犍陀罗雕塑史的一种尾声。

结　语

就像罗马帝国一样（而且方式相当类似），犍陀罗及其艺术常常被认为从3世纪开始就走向了衰落。[1]公元3—4世纪，犍陀罗被萨珊人控制。公元4—5世纪，寄多罗人（the Kidarites）、嚈哒人（the Hephthalites），以及后来的突厥王朝（Turkic dynasties）等外部政权接踵而至。[2]但不管冲突和政治变革可能会导致怎样的社会动荡，犍陀罗的艺术和宗教文化都掩盖了社会停滞不前的印象。7世纪玄奘到访时，他记载了寺院被遗弃以及公元前1世纪它们被破坏的情况，但他也提到，这是一个寺院遍布的地方，这些寺院作为佛教崇拜的中心仍然繁荣——此观点与考古学证据更为一致。[3]在犍陀罗本土，大型石雕奉献可能很常见；不管怎样，较旧的建筑得到维护和修复。此外，仅就白沙瓦盆地而言，这一时期谈论犍陀罗艺术的意义已经不大了。佛教雕塑与绘画似乎在整个大犍陀罗地区蓬勃发展，有大量证据表明阿富汗、塔里木盆地及其他地区的佛教艺术传统很繁荣，而这些传统相似于犍陀罗早期传统。其次，正是在这一时期，丝绸之路作为文化传统相互交织的网络这一概念得到了最生动的证明。在这个广阔

1 S. Kuwayama, “Pilgrimage Route Changes and the Decline of Gandhāra,” in P. Brancaccio and K. Behrendt, eds., *Gandhāran Buddhism: Archaeology, Art, Texts*, Vancouver and Toronto: UBC Press, 2006, pp. 107-134.

2 B. A. Litvinsky, ed., *History of Civilizations of Central Asia. Vol. III: The Crossroads of Civilizations: A.D. 250 to 750*, Paris: UNESCO Publishing, 1996, pp. 107-187. 概述参见W. Zwalf, *A Catalogue of the Gandhāra Sculpture in the British Museum*, pp. 16-17.

3 W. Zwalf, *A Catalogue of the Gandhāra Sculpture in the British Museum*, p. 30.

的地区，艺术生产的风格和方法变得极其多样化，但与此同时，中亚古代晚期的佛教艺术给人一种传播广泛、视觉文化共享的印象。这或许与同世纪地中海和中东日益“全球化”的艺术相呼应，此时艺术的范畴似乎超越了政治的边界。[1]

（彼得·斯图尔特撰　赵家田译　徐朗校）

1 关于古代晚期的“全球化”现象，见K. Dark, “Globalizing Late Antiquity: Models, Metaphors and the Realities of Long-Distance Trade and Diplomacy,” in A. L. Harris, ed., *Incipient Globalization? Long-Distance Trade in the Sixth Century AD*, Oxford: Archaeopress, 2007, pp. 3-14; F. Giudetti and K. Meinecke, eds., *A Globalised Visual Culture? Towards a Geography of Late Antique Art*, Oxford: Oxbow, 2020.

第五章　犍陀罗艺术中的希腊—罗马文化因素

第一节　犍陀罗艺术——作为一种希腊化现象

上一章概述了贵霜背景下犍陀罗艺术的总体特征和功能。本章要转向如今最常讨论的犍陀罗艺术方面，即犍陀罗受其他艺术文化影响的程度，更具体地说，犍陀罗艺术与希腊—罗马世界艺术的亲和性。正是这种关系证明了在“希腊化文明与丝绸之路”项目中，需要给予犍陀罗艺术特别关注。

“影响”这个词会引人误解。[1]它意味着犍陀罗的艺术家和赞助者是外来思想的被动接受者，或者某种程度上，他们的模仿是接触外来艺术传统的必然结果。这并不准确。正如我们将要看到的，希腊—罗马图像为他们提供了一种视觉语言，他们可以主动调整，使之适应自己的需求。我们并不清楚犍陀罗艺术的生产制作是如何发展的，因此我们无法理解为什么特定的艺术家被训练出特定的风格，或者他们能接触到哪些模型。但很明显，犍陀罗艺术在使用各种各样的风格和图像上表现出完全的自信，而这些风格和图像又被彻底

1　对艺术史研究中使用“影响”一词的批判，见M. Baxandall, *Patterns of Intention: On the Historical Explanation of Pictures*, New Haven: Yale University Press, 1985, pp. 58-59.

注入了其他文化的元素。

如我们所见，犍陀罗通常被认为是“世界性的”（cosmopolitan）。贵霜统治下的犍陀罗人创造性地利用了他们周围各种文化的方方面面。当然，我们应该谨慎按照现代观念来评论古代世界。我们在赞扬古代犍陀罗的世界主义时，可能将犍陀罗理想化，但我们只是通过非常零散的证据见证了这种世界主义。此外，犍陀罗艺术本身就是一个独特的传统，有它自己的、同质化的特点。我们不能主要参照其他文化来定义犍陀罗艺术。然而毫无疑问，犍陀罗艺术的特征是多元化。它是与古代丝绸之路国家相关的文化混合体（cultural *mélange*）的象征。没有什么能比犍陀罗艺术中显著的希腊化更能表现这种特征。

从上一章可以看出，佛教建筑曾遍布犍陀罗地区，并留下持久的遗迹。但直到19世纪中期，这些遗迹才开始在犍陀罗以外受到关注并被系统地研究。犍陀罗艺术的“重新发现”有一个帝国背景。白沙瓦河谷位于英属印度的西北边境，欧洲人，特别是大英帝国的士兵与官员对犍陀罗遗迹进行了记录，并修复了犍陀罗雕塑。他们有时是通过偶然的收购，有时则通过更有组织的勘探和挖掘。例如，犍陀罗佛教考古学术研究的先驱之一亚历山大·坎宁汉（Alexander Cunningham）是一名英国军事工程师，1861年成为印度考古局第一任局长。他因发掘过贾马尔·加西（Jamal Garhi）大遗址的雕塑而闻名，这些雕塑最终成为伦敦、勒克瑙（Lucknow）、加尔各答（Kolkata）、昌迪加尔（Chandigarh）以及世界各地的收藏品。[1]

起初，犍陀罗遗址的年代和佛教性质并不总是被认可，但到19世纪末，犍陀罗雕塑在国际上广为人知，收藏品在印度和欧洲各地都被

1 关于犍陀罗艺术在19世纪被重新发现，可参见W. Zwalf, *A Catalogue of the Gandhāra Sculpture in the British Museum*, London: British Museum Press, 1996, pp. 22-29; E. Errington, *The Western Discovery of the Art of Gandhāra and the Finds of Jamālgarhī*, unpublished PhD. thesis, School of Oriental and African Studies, London, 1987.

展出过。不久之后，犍陀罗雕塑常被当作服务西北地区的纪念品，获得收藏家的青睐，至今仍未减退。

它们通常被称为“希腊式佛教雕塑”（Graeco-Buddhist’s culptures）。时至今日，这一具有欺骗性的术语有时仍被广泛使用。它错误地认为，犍陀罗艺术是亚洲（佛教）文化与西方古典文化的混合产物，而不仅仅是利用了希腊—罗马传统的佛教艺术。但这个名字反映出最早观察犍陀罗艺术的欧洲人所着迷的地方，他们的教育通常以学习希腊和罗马的文学与历史（包括亚历山大大帝的成就）为主。在他们看来，犍陀罗艺术与希腊罗马艺术惯例有着不可思议的呼应，这些惯例也完全塑造了后来几个世纪的欧洲艺术。

对于任何熟悉希腊—罗马艺术传统及其派生品的人来说，这种相似之处在今天仍是显而易见的，本卷前面已对此进行过考察。犍陀罗艺术中的大部分（尽管不是全部）人物似乎都很令人熟悉，尽管他们在内容和动机上明显属于佛教，并且出自距离希腊和罗马几千公里远的地方。

这种奇特的相似性在浮雕的许多方面都引人注意。在此仅举几个例子。佛教万神殿里的人物出现在浮雕场景中，他们有时像是直接从希腊—罗马艺术中走出来似的。例如，我们发现带翅膀的“阿特拉斯”，类似于希腊神话中强壮的巨人阿特拉斯或英雄赫拉克勒斯，就像在上一章中看到的那样（图4-6-5）。我们看到，肩扛花环的小男孩（通常称“普蒂”，Putti，图5-1-1）这样的装饰性人物最终源自希腊艺

图5-1-1

犍陀罗台阶立板石浮雕，巴基斯坦贾马尔·加西，贵霜帝国，高16.3厘米，公元2—3世纪

术中俏皮的厄洛特斯（Erotes，厄洛斯群像）。[1]一个并不罕见的人物是半神诃利帝（Hariti）——一个吃小孩的恶魔，佛陀把她转化为儿童保护者，她像希腊女神一样手持丰饶角（cornucopia）。[2]（图5-1-2）而且我们已经注意到佛陀的同伴——金刚手菩萨的艺术源流，他被描绘成具有赫拉克勒斯的一些属性甚至身体特征。

图5-1-2
诃利帝石雕像，巴基斯坦优素福扎伊（Yusufzai），贵霜帝国，公元2—3世纪

除了这些个别以希腊—罗马图像来适应新的佛教身份的人物，犍陀罗艺术与希腊艺术还在风格上有更多密切关系。犍陀罗许多人物的雕刻方式充满活力、栩栩如生，人体结构逼真，移动和互动的方式给人带来现实主义的视觉印象。他们展现了古典自然主义传统的特点，这种传统于公元前500年左右在希腊出现，并在希腊化时期得到进一步发展。此外，他们的服装、手势和姿势，以及场景构成，似乎都令人想起希腊—罗马艺术。外衣与长袍是典型的希腊—罗马样式。其中一些类似希玛申（himation，希腊人的一种宽松外套），它是希腊世界（包括罗马帝国东部地区）的男性和女性都穿的正式服装，有时则与罗马的同类服装“托加”（toga，一种通肩大衣）类似，但后者是一种不同的衣服。（图5-1-3）

---

1 A. C. Soper, “The Roman Style in Gandhara,” *American Journal of Archaeology*, Vol. 55, No. 4 (1951), p. 306, p. 317, notes 39 and 41; H. Ingholt, *Gandhāran Art in Pakistan*, New York: Pantheon Books, 1957, pp. 152-154, nos. 374-380; J. Boardman, *The Diffusion of Classical Art in Antiquity*, London: Thames and Hudson, 1994, pp. 130-131; L. Stančo, *Greek Gods in the East: Hellenistic Iconographic Schemes in Central Asia*, Prague: Charles University, Karolinum Press, pp. 116-117, pp. 124-133.

2 N. P. Ahuja, “The British Museum Hārītī: Toward Understanding Transculturalism at Gandhara,” in S. Alcock, J. Frakes and M. Egri, eds., *Beyond Boundaries: Connecting Visual Cultures in the Provinces of Ancient Rome*, Los Angeles: J. Paul Getty Museum, 2016, pp. 247-263.

图5-1-3
希腊化风格的犍陀罗施主雕像，巴基斯坦斯瓦特布内尔（Buner），公元1—2世纪

最后，正如我们在上一章看到的，即使是佛陀本人那张典型无表情的脸，或许在犍陀罗第一次以人的形式呈现出来，也很可能来自理想化的古典面孔，如希腊神阿波罗的面孔。这也许最好地说明了古典希腊美学形式的内在潜力是如何被服务于佛教徒的犍陀罗艺术家们利用和改造的。（图4-6-3）

明确地说，过分强调犍陀罗艺术中的希腊成分是不对的。犍陀罗艺术并不依赖古典世界，在现存的犍陀罗雕刻中，希腊样貌的形象也不占主导，尽管现代艺术史家可能倾向于偏重这些跨文化影响的特殊例子。此外，犍陀罗艺术显示了中亚和中东地区其他传统的影响，本卷就考察了这些传统。例如，我们有可能发现一些类似于帕提亚艺术或南亚艺术传统的特别作品。[1]然而同样不可否认的是，希腊，或者希腊以后的希腊化世界，是现存犍陀罗艺术中诸多形式和图像的最初来源。[2]

---

1 关于犍陀罗艺术中各种影响的分析研究，见L. Nehru, *Origins of the Gandhāran Style: A Study of Contributory Influences*, Delhi: Oxford University Press, 1989.

2 L. Nehru, *Origins of the Gandhāran Style: A Study of Contributory Influences*, esp. pp. 15-28; J. Boardman, *The Diffusion of Classical Art in Antiquity*, pp. 109-145.

第二节　犍陀罗艺术中的希腊主义

乍一看，犍陀罗艺术显示了希腊影响这一非比寻常的事实。希腊影响可以理解为希腊化的希腊人在中亚以及犍陀罗统治留下的遗产。本项目第一卷叙述了历史背景。公元前326年，亚历山大大帝抵达了他在东方征服的最远距离，在犍陀罗地区渡过了印度河（传统认为他在洪德，Hund渡河）。对19世纪的犍陀罗考古探险家而言，亚历山大大帝或许为他们发现的受古典影响的雕刻增添了一份额外的魅力。[1]但在亚历山大大帝之后，希腊人在此地还生活了两个多世纪。希腊化世界把巴克特里亚（以阿富汗北部为中心）纳入其中，它先是塞琉古王国治下的一个省，后来成为一个独立的希腊化王国。从公元前180年左右开始，犍陀罗处于希腊—巴克特里亚的控制之下，而所谓“印度—希腊”国王统治似乎在犍陀罗一直持续到公元前1世纪中期。[2]虽然历史资料稀少，但印度—希腊人的统治有希腊化钱币为证，且钱币上使用犍陀罗语和希腊语双语书写铭文（参见第三卷第四章）。

20世纪60年代，随着阿富汗东北部阿伊·哈努姆（Ai Khanoum）遗址的发现，希腊在巴克特里亚的统治随考古进展变得明晰起来。该城于公元前2世纪后期被遗弃，尽管我们对此前生活在那里的人了解相对较少，但这座古城的设计、建筑、铭文和艺术品都有明显的希腊风格（详见本卷第三章）。阿富汗的动荡局势阻碍了考古工作的进一

---

1 W. Ball, “Gandhāra Perceptions: The Orbit of Gandhāran Studies,” in W. Rienjang and P. Stewart, eds., *The Global Connections of Gandhāran Art, Proceedings of the Third International Workshop of the Gandhāra Connections Project,* University of Oxford, 18th-19th March, 2019, Oxford: Archaeopress, 2020, esp. pp. 3-6.

2 根据法国钱币学家波比拉赫齐的研究，最后一个印度—希腊人王国的统治大约于公元1世纪初结束。参O. Bopearachchi, *Monnaies gréco-bactriennes et indo-grecques, Catalogue raisonné*, Paris: Bibliothèque Nationale, 1991, p. 453 ——译者注

步开展，但既有遗存强化了该地区属于“希腊化远东”的事实。[1]

由于犍陀罗本身就是希腊化世界的一部分，因此，如果说后来犍陀罗佛教艺术的希腊因素由这一背景演变而来，不无道理。不过，早在19世纪末，人们就认识到这种假设性联系是有问题的。[2]一个关键问题是缺乏明显的连续性。正如我们在上一章看到的，犍陀罗最后一位可被证实的希腊统治者（仅从公元前70—前50年左右的钱币中得知）与斯瓦特河谷最早可断代的佛教造像（公元1世纪上半叶），二者之间存在大约一个世纪的间隔。没有任何证据表明该地区有佛教雕刻传统的介入。而且，如我们所见，最早的犍陀罗雕塑并没有特别接近希腊—罗马传统，反而是后来的雕塑，尤其公元2世纪左右的雕塑，最明显地反映了犍陀罗与希腊—罗马西部的文化接触。

这并不是说希腊化晚期的中亚地区完全没有希腊艺术持续影响的证据，本卷讨论的一些例子清楚地表明了这一点。如果我们把目光投向犍陀罗本土以外的地方，情况尤其如此。例如在哈尔恰扬宫殿遗址（Khalchayan，位于乌兹别克斯坦南部），那引人注意的月氏/贵霜黏土雕塑，似乎是一个展示游牧贵族、神祇和战斗场景的画廊。它的年代一般认为是在公元前1世纪，其风格完全植根于希腊化的自然主义传统。[3]希腊主题与风格在公元1世纪的“黄金之丘”珠宝中也非常明显，表明希腊图像是如何在小巧便携且奢侈的物品上盛行起来，而这些物品只是碰巧被保存下来。[4]重要的是要记住，在中亚，个别物品

---

1 关于希腊化“远东”的最新讨论，见R. Mairs, *The Hellenistic Far East: Archaeology, Language, and Identity in Greek Central Asia*, Oakland, CA: University of California Press, 2014.

2 W. Zwalf, *A Catalogue of the Gandhāra Sculpture in the British Museum*, London: British Museum Press, 1996, pp. 67-69.

3 G. A. Pugachenkova, *Skulptura Khalchayana* [The sculpture of Khalchayan], Moscow: Iskusstvo, 1971.

4 V. I. Saranidi, “The Treasure of Golden Hill,” *American Journal of Archaeology*, Vol. 84, No. 2 (1980), pp. 125-131; F. Hiebert and P. Cambon, *Afghanistan: Crossroads of the Ancient World*, London: British Museum Press, 2011; reprinted from *Afghanistan: Hidden Treasures from the National Museum, Kabul*, 2008, pp. 219-293.

或遗址的发现可以很容易地改变我们对中亚考古的看法，而且许多东西已经永远丢失了。所以，现存的犍陀罗艺术完全有可能只是“冰山一角”，它代表一种被掩盖的、繁荣的希腊化视觉文化的选择性片段，这种文化在希腊化时期及其之后持续存在，一直到贵霜帝国时期。

对古代中东与中亚艺术的这种看法受到不同作者的青睐，他们认为，希腊和伊朗艺术偏好的结合在从叙利亚到北印度这一广大地区里反复出现。法国考古学家丹尼尔·施伦贝谢（Daniel Schlumberger）很好地表达了这一概念，他富有洞见地写道，在塞琉古王国崩溃和罗马吞并希腊化世界西部以后，希腊化艺术传统在亚洲继续存在。对施伦贝谢来说，犍陀罗艺术只是这种“印度—伊朗领土上的希腊化艺术”（Hellenizing art of the Indo-Iranian territories）一个分支，是希腊艺术的一个“非地中海后代”（non-Mediterranean descendants）。[1]塔克西拉的发掘者约翰·马歇尔爵士持相似立场，他把犍陀罗艺术的开始时间定为相对较早的时期，认为塔克西拉是重要证据。在他看来，希腊化时期与犍陀罗艺术的诞生之间没有明显间断。不过，他没有把犍陀罗艺术简单地当作希腊在亚洲的遗产。与施伦贝谢一样，马歇尔注意到一些伊朗艺术传统被希腊化的程度，并认为是帕提亚人，或者更严格地说是公元1世纪初统治犍陀罗的“印度—帕提亚人”，作为一个中介，把新生的希腊化时期的希腊图像带入犍陀罗佛教。[2]

上一章简要提到过的所谓的“化妆盘”（toilet-trays）或托盘（palettes），曾被学者们用来强调犍陀罗艺术源于希腊艺术这一观点，但它其实是最后一个缺失环节。这些是小型、有人物装饰的盘子，可

1 D. Schlumberger, “Descendants non-méditerranéens de l’art grec (part 1),” *Syria*, Vol. 37 (1960), p. 132. 相关概述见L. Nehru, *Origins of the Gandhāran Style: A Study of Contributory Influences*, pp. 65-68; W. Zwalf, *A Catalogue of the Gandhāra Sculpture in the British Museum*, pp. 67-68.

2 J. Marshall, *The Buddhist Art of Gandhara. The Story of the Early School: Its Birth, Growth and Decline*, Cambridge: Cambridge University Press, 1960.

图5-2-1
石雕化妆盘，可见带有海怪的古典风格图像，巴基斯坦斯尔卡普，公元前2世纪

以单手拿着。它们的功能仍在讨论中，但最有说服力的观点认为它们是祭酒盘（libation dishes）。这些石盘制作于犍陀罗地区，主要使用当地的片岩或块滑石雕刻而成。[1]但它们的形式与装饰使人想起地中海的相似之物，很可能仿照了从小亚或亚历山大里亚进口的样品。[2]许多犍陀罗石盘的出处有据可查，主要出自塔克西拉的斯尔卡普遗址，马歇尔在此发掘了32个石盘。[3]其后，在犍陀罗和巴克特里亚的其他遗址也有类似发现，还有更多出处不详且未经证实的石盘出现在收藏品或古董市场上。带人物装饰的石盘呈现出一系列多元化的风格与图像主题，大致包括伊朗、斯基泰和印度传统。[4]然而，那些反映希腊艺术的石盘引起了人们的特别关注。（**图5-2-1**）由于它们与希腊艺

---

1 H.-P. Francfort, *Les palettes du Gandhara*, (Mémoires de la Délégation archéologique française en Afghanistan), Paris: Diffusion de Boccard, 1979; H. Falk, “Libation Trays from Gandhara,” *Bulletin of the Asia Institute*, New Series, Vol. 24 (2010), pp. 89-113.

2 K. Parlasca, “Review of Francfort 1979,” *Gnomon*, Vol. 53 (1981), pp. 694-697; K. Parlasca, “Griechisch-römische Steinschälchen aus Ägypten,” in *Das römisch-byzantinische Ägypten: Akten des internationalen Symposions 26.-30. September 1978 in Trier*, Mainz am Rhein: Zabern, 1983, pp. 151-160; J. Boardman, *The Diffusion of Classical Art in Antiquity*, pp. 116-118. 值得注意的是，慕尼黑国立埃及艺术博物馆（Staatliche Sammlung Ägyptischer Kunst, Munich）里一个带有情色场景的块滑石石盘与犍陀罗石盘相似，库存编号ÄS6299（出处不详，但被认为来自亚历山大里亚）。D. Wildung, *Fünf Jahre: Neuerwerbungen der Staatlichen Sammlung Ägyptischer Kunst München 1876-1980*, Mainz: Zabern, 1980, p. 27.

3 J. Marshall, *Taxila: An Illustrated Account of Archaeological Excavations 1913-1934*, 3 vols., Cambridge: Cambridge University Press, 1951, Vol. 2, pp. 493-498; Vol. 3, pls. 144-146.

4 C. Lo Muzio, “Gandharan Toilet Trays: Some Reflections on Chronology,” *Ancient Civilizations from Scythia to Siberia*, Vol. 17 (2011), p. 332.

术和犍陀罗佛教雕刻都有密切关系，这些石盘似乎提供了一个希腊化世界与犍陀罗艺术之间存在延续性的例子。

不过，最近对马歇尔关于斯尔卡普地层断代的修订，在一定程度上削弱了这种认为石盘是“希腊化”直接产物的观点。[1]现在看来，斯尔卡普的大部分发现可以追溯到公元1世纪左右，而不是在印度—斯基泰时期之前。当然，它们在沉积时可能已经很老了。但一个更好的解释是，石盘反映了在希腊化晚期或者更晚时人们与更大范围的希腊化世界的接触，而不是希腊人在犍陀罗和巴克特里亚存在的痕迹。

有些石盘上的希腊图像无疑反映出它们与希腊世界的某种联系。其中甚至包括一些叙事性小故事，如“阿芙洛狄特（Aphrodite）与厄洛斯”“阿尔特米斯（Artemis）和阿泰米翁（Aktaion）”“欧罗巴（Europa）与公牛”或“阿波罗与达芙妮（Daphne）”等场景。但这或许是希腊视觉图像在1世纪前后较大范围流行的结果，而不是出于对希腊—巴克特里亚或印度—希腊身份的认同。石盘与亚历山大里亚的一种便携物非常相似。事实上，马可·加利（Marco Galli）认为，石盘上的一些希腊场景特别使人想起亚历山大里亚的文学作品，比如卡里马库斯（Kallimachos）和莫斯克思（Moschos）的诗歌。[2]他把这些图像的选择与借用看作是犍陀罗上层阶级精致品味的标志：“总体印象是，这些图像特别代表了一个贵族阶层，他们刻意参考宫廷模型，比如那些宫廷制品，尤其是来自亚历山大里亚的制品。”[3]这是一个非

1 G. Erdosy, “Taxila: Political History and Urban Structure,” in M. Taddei and P. Callieri, eds., *South Asian Archaeology 1987: Proceedings of the Ninth International Conference of the Association of the South Asian Archaeologists in Western Europe*, Rome: Istituto Italiano per il Medio ed Estremo Oriente, 1990, pp. 657-674; C. Lo Muzio, “Gandharan Toilet Trays: Some Reflections on Chronology,” *Ancient Civilizations from Scythia to Siberia*, Vol. 17 (2011), pp. 331-340.

2 M. Galli, “Hellenistic Court Imagery in the Early Buddhist Art of Gandhara,” *Ancient Civilizations from Scythia to Siberia*, Vol. 17 (2011), esp. pp. 296-302.

3 M. Galli, “Hellenistic Court Imagery in the Early Buddhist Art of Gandhara,” *Ancient Civilizations from Scythia to Siberia*, Vol. 17 (2011), p. 286.

常具有假设性的解释，但它提供了一个诱人的暗示，说明一些希腊图像可能在“丝绸之路”的陆路和其他地方流通。

第三节　关于希腊和罗马

以上讨论简要说明了为什么在解释犍陀罗艺术时要经常参照希腊化时期的希腊艺术，以及审视二者关系时出现的一些问题和相关情况。我们还指出一个重要的考虑：希腊化时代结束（按照惯例定义）以后，希腊图像在古代世界持久流行。换句话说，在公元前30年希腊化世界结束（名义上的结束）后的很长一段时间里，希腊艺术风格与图像继续在地中海、西亚和中亚地区盛行。

实际上，很矛盾的是，在公元早期几个世纪里，希腊式样的艺术的创作数量比以往任何时候都多。这是因为罗马及其帝国继承了希腊化艺术的全部内容。罗马是在希腊化世界的边缘成长起来的。早在公元前2世纪，它就完全卷入东地中海希腊化地区的权力斗争中。到该世纪末，罗马控制小亚西部和希腊本土。公元前31年，屋大维（Octavian）击败对手马库斯·安东尼（Marcus Antonius）和托勒密埃及的女王克列奥帕特拉七世（Cleopatra VII），次年，托勒密埃及王国灭亡。至此，希腊化土地的大部分已被并入罗马。在这几个世纪里，根据罗马社会的需求与价值观，罗马世界的视觉文化发展起来，但就其风格、图像、材料与技术而言，罗马艺术与希腊化的希腊艺术几无分别。其实许多“罗马”艺术家最初都来自希腊，希腊世界的工艺传统延续了几个世纪，不仅在帝国东部的希腊语区，而且也在意大利和帝国西部得到传承。罗马艺术中的希腊遗产随后被传播到帝国的几乎每一处地方，因为罗马帝国的版图逐渐扩张，涵盖了从大不列颠到阿拉伯半岛的广阔领土。[1]

从奥古斯都到公元2世纪末3世纪初塞维鲁诸帝（Severan emperors）统治的这段时期，是罗马帝国物质主义高速发展的时期，其中艺术品和装饰品的生产迅速升级。帝国的纪念碑在罗马城和整个意大利以及地中海沿岸的城市中心都特别显眼。[2]因此，从希腊世界继承而来的图像无处不在：图像被加工并传播到整个罗马帝国，甚至更远。出于这种原因，“希腊—罗马”一词为一个非常持久的艺术传统提供了一个有用且灵活的笼统术语，而非仅仅使用“希腊”“希腊化”或“罗马”这些词。

概述这一背景是为了强调，不应该把希腊化艺术的遗产与被亚历山大征服并由其继承者统治的土地简单地联系在一起，这些遗产也没有随着最后几位自治的希腊化统治者的消亡而结束。而且，希腊化的罗马帝国是犍陀罗艺术更大发展背景的一部分。如今，学者们越来越多地将其视为对犍陀罗艺术具有希腊罗马外观的部分解释。

第四节 “罗马佛教”之辨

犍陀罗艺术可能受罗马帝国艺术影响的观点早在19世纪后期就出现了，[3]但在20世纪30—60年代，“罗马—佛教”（与“希腊—佛教”相

1 P. Stewart, “Art and Empire in the Ancient Roman World,” in J. Tanner, Yang Zhefeng and Zhao Huacheng, eds., *Materialising Empire in Ancient Rome and Han Dynasty China*, London: UCL Press and Beijing: PKU Press 2024.

2 关于罗马的经济扩张和物质主义（materialism），见K. Greene, “Learning to Consume: Consumption and Consumerism in the Roman Empire,” *Journal of Roman Archaeology*, Vol. 21 (2008), pp. 64-82.

3 关于最早的支持者及其后来的发展，见W. Zwalf, *A Catalogue of the Gandhāra Sculpture in the British Museum*, p. 67.

反）的说法才被一些学者特别提倡。其中包括著名的罗马考古学家莫蒂默·惠勒（Mortimer Wheeler），他曾任印度考古局局长，后来又担任巴基斯坦考古部门的顾问；此外还有中世纪研究者雨果·布弗塔尔（Hugo Buchthal）、本杰明·罗兰（Benjamin Rowland）、约翰·罗森菲尔德（John Rosenfield）、亚历山大·索珀（Alexander Soper）。[1]

他们的观点的首要前提是，受希腊中心主义驱使来解释希腊化世界里很多犍陀罗艺术的希腊样式，不符合前文阐释的年代顺序（他们中的一些人认为，犍陀罗艺术的全盛期比现在看来要稍晚）。其次他们认为，在帝国时期的艺术和犍陀罗艺术之间，可进行特别富有成效的比较。人们似乎有理由不在希腊化的过去，而在希腊化罗马帝国（Hellenized Roman Empire）的同时代联系中寻找与犍陀罗艺术的相似之处。这些作者宣称在罗马艺术中找到了犍陀罗图像的丰富来源。

这些论点有时会激起非常强烈的反对。约翰·马歇尔的批评尤其猛烈。[2]最近的一些作者也倾向于不再强调罗马帝国的重要性和希腊化文化的首要地位，但也不能对此完全不予考虑。[3]同时，引发分

---

1 参见R. E. M. Wheeler, “Romano-Buddhist Art: An Old Problem Restated,” *Antiquity*, Vol. 23 (1949), pp. 4-19; H. Buchthal, “The Common Classical Sources of Buddhist and Christian Narrative Art,” *Journal of the Royal Asiatic Society*, Vol. 2 (1943), pp. 137-148; H. Buchthal, *The Western Aspects of Gandhara Sculpture*, Henriette Hertz Trust Annual Lecture on Aspects of Art, London: British Academy, 1945; B. Rowland, “A Revised Chronology of Gandharan Sculpture,” *Art Bulletin*, Vol. 18 (1936), esp. pp. 392-395; B. Rowland, “Gandhāra and Late Antique Art: The Buddha Image,” *American Journal of Archaeology*, Vol. 46 (1942), pp. 223-236; B. Rowland, “Gandharan, Rome and Mathura: The Early Relief Style,” *Archives of the Chinese Art Society of America*, Vol. 10 (1956), pp. 8-17; J. M. Rosenfield, *The Dynastic Art of the Kushans*, Berkeley and Los Angeles: University of California Press, 1967; A. C. Soper, “The Roman Style in Gandhara,” *American Journal of Archaeology*, Vol. 55, No. 4 (1951), pp. 301-319.

2 好辩的惠勒这样描述马歇尔：他在塔克西拉研究的“可怕堡垒”后面用“机关枪扫射”自己的学术对手。尽管当时马歇尔在塔克西拉的研究成果尚未出版，但他引用该研究来支持自己的观点。R. E. M. Wheeler, “Romano-Buddhist Art: An Old Problem Restated,” *Antiquity*, Vol. 23 (1949), p. 4.

3 J. Boardman, *The Diffusion of Classical Art in Antiquity*, pp. 109-145.

歧的教条式论点已经被放弃。过去几十年的犍陀罗艺术研究倾向于强调这种艺术的多元化特征，表明来自希腊化文化和巴克特里亚、伊朗、印度以及罗马帝国的各种艺术传统的影响交织在一起。[1]正如本卷导论一所指出的，从现代“全球”的视角考虑艺术影响的多种形式，一个好处是可以避免对文化认同的过度简化。在可能的情况下，这有助于避免粗暴地使用文化标签或用文明之间的二元关系来解释一切。

然而，罗马帝国在阐释犍陀罗艺术方面具有特殊的重要性，在像这样的讨论中不能忽视这一点。事实上，学者们正在达成一种共识，即罗马对犍陀罗艺术家的理念和风格产生了重要影响。这种影响采用了什么形式？它是如何以及为什么产生的？我们必须更详细地考虑这些问题。

第五节　罗马艺术的因素在犍陀罗的体现

我们已经看过一些例子，说明某些犍陀罗雕刻与希腊—罗马传统的艺术多么接近。但在确定这种影响的根源方面，存在一个根本性的困难。也就是说，很难确定哪些风格特征或图像主题是直接源于希腊化传统，哪些是通过罗马帝国的同时代艺术间接衍生而来的。原因已经解释过，这是一个关于图像的具体来源及其传播方法和背景的问

1 L. Nehru, *Origins of the Gandhāran Style: A Study of Contributory Influences*; N. P. Ahuja, “The British Museum Hāritī: Toward Understanding Transculturalism at Gandhara,” in Susan E. Alcock, Mariana Egri and James F. D. Frakes, eds., *Beyond Boundaries: Connecting Visual Cultures in the Provinces of Ancient Rome*, Los Angeles: Getty Publications, 2016, pp. 247-263. 关于这种转变的史学史，见M. Falser, “The Graeco-Buddhist Style of Gandhara - a ‘Storia Ideologica’, or: How a Discourse Makes a Global History of Art,” *Journal of Art Historiography*, Vol. 13 (2015), pp. 1-52.

图5-5-1
表现特洛伊木马故事场景的石浮雕板，巴基斯坦白沙瓦，贵霜帝国，公元2—3世纪

题，而不是“希腊”与“罗马”之间深刻的文化差异的问题。这可以通过前文在说明希腊—罗马影响时举的例子来解释：“阿特拉斯”人物，扛花环“童子”，诃利帝与金刚手菩萨，佛陀的面部和犍陀罗“木马”。（图5-1-1、2，5-5-1、2、3，4-6-2、3、6）

在每一种情况下，我们看到的图像都无可争议地源自古典和希腊化时期的希腊艺术，但艺术“谱系”中的哪一支为犍陀罗艺术家提供了来源？[1]阿特拉斯人物往往有着肌肉发达、写实的身体和胡须，使人想起希腊化人物，特别是赫拉克勒斯，以及被俘的野蛮人的蹲姿。阿特拉斯的形象，无论是作为一个神话人物，抑或建筑中的一个支撑物，皆起源于希腊世界。另一方面，几乎所有现存阿特拉斯的这种表现形式都属于罗马帝国艺术，因此罗马帝国艺术似乎是犍陀罗艺术家的更直接来源。小“普蒂”模仿了希腊化时期创造的爱嬉戏、无忧无

1 关于这些不同人物及其年代的参考资料见前文脚注，更多一般性信息见P. Stewart, “Roman Sarcophagi and Gandhāran Sculpture,” in W. Rienjang and P. Stewart, eds., *The Global Connections of Gandhāran Art, Proceedings of the Third International Workshop of the Gandhāra Connections Project*, University of Oxford, 18th-19th March, 2019, pp. 50-85. 斯坦科对中亚艺术中流传的希腊—罗马神像进行了图文并茂的研究，见L. Stančo, *Greek Gods in the East: Hellenistic Iconographic Schemes in Central Asia.*《古典神话图像辞典》（*Lexicon Iconographicum Mythologiae Classicae*，以下作*LIMC*）是最权威且最详尽的希腊—罗马神话与神像汇编，其中包括对图像类型及其演变的解释，见*LIMC*, Zurich: Artemis, 1981-1989.

虑的厄洛斯形象，然而这些形象在罗马帝国艺术中大量出现，最为常见。诃利帝类似于希腊艺术与宗教中常见的呈坐姿的女神，她的丰饶角是公元前5世纪在希腊发明的一种装饰图案。然而，与之最相似的是罗马帝国的雕塑。阿尔弗雷德·福歇就曾指出，犍陀罗的诃利帝及其配偶般支迦（Pancika）的雕塑，与罗马帝国欧洲各地行省的守护神还愿浮雕之间有着非常明显的相似之处。[1]同样，那些采用赫拉克勒斯式造型的“赫拉克勒斯—金刚手菩萨”图像参照了希腊化时期这位英雄的形象，但这种形象在地理上分布非常广泛，并繁荣几个世纪，它在罗马帝国很常见。我们已经看到，具有理想化面孔的佛陀图像是如何借鉴了古典希腊的惯例。不过在整个希腊化时期和罗马帝国，这些惯例也继续用于表现诸神。其实，这种非常保守的奥林匹亚诸神的理想化概念已不再是希腊独有：它成为整个希腊—罗马传统中表现神的面孔的标准——罗马的大多数宗教雕像皆如此，尤其包括阿波罗和阿尔特米斯的形象。最后，我们在“木马”浮雕中看到的写实主义姿势、手势和服装都源自希腊，但由于这些元素在希腊—罗马艺术中出现得非常保守，因此很难将其与某一特定时期完全联系起来。

我们可以继续研究这样的例子，但犍陀罗雕刻家的艺术理念来源究竟是罗马帝国还是更古老的、区域性的希腊化传统，尚未得出任何确切结论。最终或许不可能以某种方式来解决这场争论。实际上，罗马和希腊化世界可能在灌输自然主义的希腊—罗马视觉文化原则方面都发挥了作用，并提供了可适用于佛教目的的样式。

然而，有个很好的初步证据（*prima facie* case）表明，罗马帝国的同时代艺术不仅是犍陀罗艺术的一个艺术“表亲”（即在希腊化世界中共享一个普遍的谱系），而且是犍陀罗艺术的一个直接来源。它们

---

1 A. Foucher, “The Tutelary Pair in Gaul and in India,” in A. Foucher, *The Beginnings of Buddhist Art and Other Essays in Indian and Central Asian Archaeology*, London: H. Milford, 1917, pp. 139-146.

的共同“DNA”不仅体现在具体的图像主题上，还表现为犍陀罗雕塑与公元1—2世纪的罗马艺术在人物呈现方式上有着非常微妙的相似性。

木马浮雕提供了一个非常好的例子。我们已经说过，它不能被结论性地称为“希腊化”或“罗马”起源，但与之最接近的是1世纪和2世纪的艺术品。希腊的木马神话是希腊艺术中最古老的叙事题材之一，但今天人们最熟知的木马神话出自维吉尔（Virgil）的帝国早期拉丁史诗《埃涅阿斯纪》（*Aeneid*），它在罗马艺术中反复出现。[1]在这个故事里，长期被围困的特洛伊城的人们受骗，相信围攻他们的希腊人已经放弃并离开了，认为墙外那匹废弃的木马是一个宗教雕像，应该被拉进城内。在维吉尔的版本中，他们不顾女祭司卡珊德拉（Cassandra）和祭司拉奥孔（Laokoon，后来被神派来的海蛇杀死）的预言性警告而这样做。事实上，木马里满是隐藏起来的希腊战士，他们一旦进入城市，就会使之毁灭。

在两件已被收藏的犍陀罗雕刻上出现了看似一致的故事。一件是1990年公布的一块微小碎片，当时出现在一个巴基斯坦人的私人收藏品中，据说发现于白沙瓦盆地北部的皮陶（Pitao）附近。[2]上面有一个粗糙的人物，其衣着和姿势与罗马壁画中表现的特洛伊女祭司卡珊德拉相似。其他方面，它与所有已知的古典图像不同。

这里要说明的另一件浮雕更著名、更有启发性，它发现于印度河的洪德附近，现存于大英博物馆。[3]在这个场景中，城墙前面清楚地表现着带轮子的木马。至少有三个男性人物出现，二人推着木马走

1 Virgil, *Aeneid*, 2.40-198. 古典图像中的木马神话，见*LIMC*, Vol. 3.1, pp. 813-817, pp. 589-592; B. Sparkes, “The Trojan Horse in Classical Art,” *Greece and Rome*, Vol. 18 (1971), pp. 54-70.

2 N. A. Khan, “A New Relief from Gandhāra Depicting the Trojan Horse,” *East and West*, Vol. 40, No. 1 (1990), pp. 315-319.

3 大英博物馆，库存编号OA 1990.10-13.1。W. Zwalf, *A Catalogue of the Gandhāra Sculpture in the British Museum*, Vol. 1, pp. 233-234, no. 300; P. Stewart, “The Provenance of the Gandhāran ‘Trojan Horse’ Relief in the British Museum,” *Arts asiatiques*, Vol. 71 (2016), pp. 3-12, with full bibliography at p. 6, n. 16.

图5-5-2
卡皮托利纳“伊利亚特石板”上表现木马计的场景，费奥多·伊凡诺维奇（Feodor Ivanovich）绘制
器物发现于罗马城附近的马里诺，公元1世纪

图5-5-3
罗马石棺上表现特洛伊战争场景的浮雕，公元2世纪晚期

向城门。另一个人阻挡它前进，持矛向它刺去。在希腊神话中，这个角色是祭司拉奥孔（Laocoon）。一个以印度方式佩戴着珠宝的半裸女性站在城门前，痛苦地举起双臂。她应该是女祭司卡珊德拉，但这里可能被设想成是一个城市女神。或许我们应该假设这块浮雕被用于装饰某处佛教建筑；它可能是一个小型佛塔的台阶立板浮雕。由此可见，“特洛伊木马”故事在犍陀罗一定具有某种宗教意义。福歇认为，该故事被重构为一个佛教叙事，也许讲述的是未来佛在某个前生中通过揭露木马诡计拯救了一个被围困的城市，或者在这场尝试中牺牲了自己。[1]

这件浮雕特别有趣且不寻常，因为它是犍陀罗艺术家既模仿希腊—罗马故事、又模仿希腊—罗马艺术构图的一个罕见案例。这个故事的表现形式在设计上与两个罗马例子非常接近。

一个是大约1世纪的卡皮托利纳“伊利亚特石板”（Tabula Capitolina Iliaca），这是一件技艺精湛的微型雕刻，展示了特洛伊战争

1 A. Foucher, “Le cheval de Troie au Gandhâra,” *Comptes rendus des séances de l’Académie des Inscriptions et Belles-Lettres*, 94 (1950), pp. 407-412.

的整个故事，发现于罗马附近的马里诺（Marino），其上包含两个关于木马计的场景。[1]这是件“罗马”艺术品，虽然它存在于罗马帝国早期的意大利，但它很好地展示了奢侈艺术品的深厚文化底蕴和精致优雅，这是为深受希腊文化熏陶的罗马赞助人制作的。（图5-5-2）从这个意义上，它可以被看作是对希腊化晚期文化的反映。

第二个比较接近的例子是一个2世纪后期的石棺棺盖，现藏牛津大学，它不仅制作于意大利，可能也发现于意大利。[2]（图5-5-3）

第六节　罗马石棺与犍陀罗雕刻

犍陀罗的“木马”浮雕与一具罗马石棺的局部存在相似之处，这具有更广泛的意义。虽然犍陀罗雕刻有着丰富的希腊—罗马来源，但它们经常与罗马石棺上的图像相呼应。这种相似性表明，罗马生产的雕刻石棺对佛教艺术发展可能非常重要。此外，令人惊讶的是，现收藏于美国纽约大都会艺术博物馆的那些石棺大多与犍陀罗作品最为相似，而且它们出自罗马本土而非帝国东部省份。因此，我们应该仔细考虑这种相隔5000公里的雕塑传统之间令人惊讶的关联。

1　罗马卡皮托里尼博物馆（Rome, Museo Capitolino），库存编号MC 316。A. Sadurska, *Les tables iliaques*, Warsaw: Państwowe Wydawnictwo Naukowe, 1964; M. J. Squire, *The Art of the Body: Antiquity and its Legacy*, London: I. B. Tauris, 2011.

2　A. Michaelis, *Ancient Marbles in Great Britain*, Cambridge: Cambridge University Press, 1882, pp. 566-588, no. 111; C. Robert, *Die antiken Sarkophag-reliefs. Vol. 2: Mythologische Cyklen*, Berlin: G. Grote'sche Verlagsbuchhandlung, 1890, pp. 73-75, fig. 64. 只有一小部分木马浮雕得以证实，其中最接近的是一个棺盖浮雕残片，它在（或以前在）柏林，见C. Robert, *Die antiken Sarkophag-reliefs. Vol. 2: Mythologische Cyklen*, p. 75, fig. 65. 参看大英博物馆里的该棺盖绘图，库存编号2011, 5012.46。石棺图像主要强调特洛伊城被洗劫的暴力场面，见P. Zanker and B. Ewald, *Living with Myths: The Imagery of Roman Sarcophagi*, Oxford: Oxford University Press, 2012, pp. 74-76, 350-353.

整个罗马帝国，尤其首都罗马，有各种大型的大理石石棺生产中心。[1]公元2世纪，葬式偏好由火葬转向土葬，在这一刺激下，石棺开始生产并逐步增加产量。石棺可存放单个或多个死者的遗体。石棺由死者生前或死后其近亲委托制作，带人物装饰的大理石棺材是少数人的选择，它们被那些足够富有的人专享。在意大利，它们通常被放在陵墓里。石棺上的浮雕大多属于神话叙事，其主题与哀悼以及对生与死的沉思相关。其他类型的图像也被采用，特别是现实生活的场景（尽管有时候非常理想化），装饰往往不那么精细。例如，持花环的厄洛斯/丘比特是一个常见主题。

罗马石棺上的神话场景利用了早期希腊风格的场景。事实上，由于使用了希腊神话，石棺的希腊特色尤为明显。希腊神话在罗马帝国的生活中无处不在、耳熟能详，但石棺上复杂而详细的神话场景表明赞助者受过很高的教育，并且熟悉希腊传统文化。希腊神话提供了一种隐喻性的语言，罗马人可以据此思考诸如死亡与哀悼这样的重要主题。[2]

不难发现，犍陀罗雕刻似乎反映了这种罗马石棺上的图像。也许重要的是，犍陀罗雕刻与罗马石棺大致在同一时期出现产量激增的现象，即公元2世纪左右。但由于难以准确断定犍陀罗作品的年代，因此无法确定罗马石棺上的图像是否先出现。[3]值得注意的是，这些雕刻的功能也有一定相似性，因为雕刻装饰下的犍陀罗佛塔可被视为一种丧葬纪念的形式。[4]

---

1 概述见G. Koch and H. Sichtermann, *Römische Sarkophage*, Munich: Beck, 1982.

2 P. Zanker and B. Ewald, *Living with Myths: The Imagery of Roman Sarcophagi*, Oxford: Oxford University Press, 2012.

3 关于年代的问题，见W. Rienjang and P. Stewart, eds., *The Chronology of Gandhāran Art: Proceedings of the First International Workshop of the Gandhāra Connections Project*, University of Oxford, 23rd-24th March, 2017, Oxford: Archaeopress, 2018.

4 甚至有人认为，犍陀罗佛塔的建造受到了罗马大型陵墓建筑技术的影响。S. Kuwayama, “A Hidden Import from Imperial Rome Manifest in Stupas,” in R. Allchin, et al., eds., *Gandharan Art in Context*, Cambridge: Ancient India and Iran Trust, 1997, pp. 119-171.

图5-6-1
罗马石棺丨带有丘比特托举花环形象的浮雕，公元200—225年

犍陀罗佛塔和罗马石棺在装饰上最明显的相似之处，是经常使用“厄洛斯和花环”主题，关于该主题前文已经提及。（图5-1-1）。（图5-6-1）在犍陀罗的情境下，这种浮雕的花环上挂着一簇簇水果，表达了人们的敬意和庆祝。花环浮雕经常绕着佛塔的底座或鼓面。虽然这种图像首先出现于希腊化的地中海希腊，但在共和后期迅速被罗马的丧葬雕刻采用，到公元2世纪已经很普遍。厄洛斯与带有树叶、鲜花和水果的花环被频频用于装饰罗马的大理石石棺。花环的上方装饰着各种主题，比如半身像和面具、动物面孔、老鹰、玫瑰花饰（rosettes）或戈尔工的面孔（gorgon-faces）。公元2世纪中叶左右罗马帝国东部地区生产的石棺上的花环，在形式上与犍陀罗雕刻中使用的花环特别接近。[1]这使学者们相信，犍陀罗艺术家的灵感来自这一地区的物品，无论是石棺本身还是带有类似装饰的比较便于携带的工艺品。[2]

犍陀罗的“阿特拉斯”人物是另一个与罗马石棺最相似的装饰主

1 相关概述见G. Koch and H. Sichtermann, *Römische Sarkophage*, pp. 484-579.

2 将之视为一个受罗马影响的明显例子（博德曼通常对此持怀疑态度），见J. Boardman, *The Diffusion of Classical Art in Antiquity*, p. 131.

图5-6-2
罗马石棺底部的阿特拉斯像，罗马维米那利斯门（Porta Viminalis）附近的陵墓，约公元130年

题，尽管无可否认这种人物在罗马作品中并不特别常见。这些支撑人物通常有翅膀，一排排地装饰在犍陀罗佛塔的底座或鼓面上。它们在某种程度上被作为传统的建筑装置，尽管肯定也有宗教意义（它们通常被解释为夜叉，即自然精灵）。[1]最早的一些罗马大都会石棺（大约制作于公元2世纪30年代），底部采用罗马式的无翼阿特拉斯。[2]（图5-6-2）但这种石棺底独特怪异。我们还在一个来自意大利韦莱特里（Velletri）的异常精致的石棺上发现阿特拉斯人物，该石棺是2世纪最著名的石棺之一。奇怪的是，它令人想起一些犍陀罗小型佛塔的层级建筑结构。[3]

除了犍陀罗佛塔的这些一般装饰以外，我们经常发现犍陀罗浮雕里的人物构成似乎与罗马石棺浮雕里的自然主义构图之间存在着深刻的联系。一个显著例子是，我们在一些犍陀罗台阶立板上发现一排排相当令人费解的站立人物（所谓“布内尔浮雕”，Buner

1 L. Stančo, *Greek Gods in the East: Hellenistic Iconographic Schemes in Central Asia*, pp. 62-81.

2 梵蒂冈博物馆（Musei Vaticani），格里高利俗艺博物馆（Museo Gregoriano Profano），库存编号10450和10437。O. Benndorf and R. Schöne, *Die antike Bildwerke des Lateranensischen Museums*, Leipzig: Breitkopf and Härtel, 1867, p. 286, no. 415 and p. 296, no. 427; C. Robert, *Die antiken Sarkophag-reliefs. Vol. 2: Mythologische Cyklen*, pp. 168-171, no. 155, pl. 54; C. Robert, *Die antiken Sarkophag-reliefs. Vol. 3, Part 3: Einzelmythen: Niobiden-Triptolemos ungedeutet*, Berlin: G. Grote'sche Verlagsbuchhandlung, 1919, pp. 381-383, no. 315, pl. 100; P. Zanker and B. Ewald, *Living with Myths: The Imagery of Roman Sarcophagi*, pp. 376-380, pp. 372-374.

3 韦莱特里市立博物馆（Velletri, Museo Civico）。M. Lawrence, “The Velletri Sarcophagus,” *American Journal of Archaeology*, Vol. 69 (1965), pp. 207-222; E. Thomas, “Houses of the Dead? Columnar Sarcophagi as ‘Micro- Architecture’,” in J. Elsner and J. Huskinson, eds., *Life, Death and Representation: Some New Work on Roman Sarcophagi*, Berlin: De Guyter, 2011, pp. 399-404.

reliefs)。这些人物的站姿和手势都非常古典，有时很明显地与罗马艺术中的人物群像相呼应。最好的参照之一当属一系列展示阿波罗或雅典娜女神与缪斯女神（艺术与科学女神）的罗马石棺。（图5-1-3、5-6-3）这些人物的构图方式非常接近（虽然存在细微变化），因此很容易想象犍陀罗艺术家在模仿石棺，尽管这不可能是真的。

除了这些，我们还能补充更多例子来说明石棺和犍陀罗佛塔雕刻之间在构图与图像学上的相似性。举几个例子：芦苇丛中的苦行者，这是一个在佛陀本生与前世叙事中反复出现的元素（图5-6-4），与罗马田园场景里的牧人形象有着明显联系（图5-6-5）。[1]尸毗王本

图5-6-3

罗马石棺一侧，有缪斯形象的浮雕，出自罗马奥斯蒂亚（Ostia）的伊索拉·萨克拉大墓地（Isola Sacra necropolis），公元2世纪后期

图5-6-4

睒子本生（Syama Jataka，十大佛诞故事之一）场景石浮雕，犍陀罗，贵霜帝国，公元1—4世纪

1 P. Stewart, "Roman Sarcophagi and Gandhāran Sculpture," in W. Rienjang and P. Stewart, eds., *The Global Connections of Gandhāran Art, Proceedings of the Third International Workshop of the Gandhāra Connections Project*, University of Oxford, 18th-19th March, 2019, pp. 67-68.

图5-6-5

石浮雕田园场景中的牧人形象，尤利乌斯·阿奇列乌斯（Iulius Achilleus）的罗马石棺，罗马的奥勒良城墙（Aurelian walls），约公元290年

图5-6-6

尸毗王本生石浮雕，犍陀罗，公元2—3世纪

图5-6-7

罗马石棺上惩罚马尔绪阿斯的场景线描图，器物出于罗马奥勒留大道（Via Aurelia），约公元230年

生（Śibi Jātaka）讲述了未来佛牺牲自己的肉体来拯救一只鸽子的故事（割肉贸鸽），对应了罗马石棺上萨提尔（Satyr）马尔绪阿斯（Marsyas）被剥皮的图像。[1]（图5-6-6、7）佛陀第一次沐浴的故事，与罗马石棺上普罗米修斯（Prometheus）创造第一个人的故事相似。[2]涅槃场景——佛陀的圆寂——类似于罗马石棺和其他丧葬浮雕上的临终卧床场景（图4-7-2）。

有趣的是，石棺与犍陀罗雕刻不仅在图像方面有这些呼应，在雕刻方法和雕塑制作上也有相似之处。与罗马石棺一样，犍陀罗雕刻的构图方式重复性也强。很多罗马雕刻反映了艺术家偏向于各种传统且有效的图像，而非个人表达与创新。在某些情况下，比如复制皇帝的肖像形象时，罗马雕刻家相当精确地复制了模型。但更普遍的是，他们倾向于以更宽松、更灵活的方式来复制他们熟悉的流行构图和主题。可能在很大程度上他们是即兴雕刻，凭着对内容的极为熟悉，根据记忆自由创作。这解释了罗马雕刻里为何会出现同质性与多样性的结合。罗马石棺的重复性特别强，虽然其中有不少多样性和新颖之处，但原创性却似乎出奇得低。大多数罗马石棺可以被分为不同的图像类型，这些类型或多或少地复制了老套的图像。它们被视为“为储存而生产”（production to stock）的证据，即便学界对此观点越来越有争议。[3]

---

1 P. Stewart, “Roman Sarcophagi and Gandhāran Sculpture,” in W. Rienjang and P. Stewart, eds., *The Global Connections of Gandhāran Art, Proceedings of the Third International Workshop of the Gandhāra Connections Project*, University of Oxford, 18th-19th March, 2019, pp. 66-67.

2 P. Stewart, “Roman Sarcophagi and Gandhāran Sculpture,” in W. Rienjang and P. Stewart, eds., *The Global Connections of Gandhāran Art, Proceedings of the Third International Workshop of the Gandhāra Connections Project*, University of Oxford, 18th-19th March, 2019, pp. 64-66. 也可比较其他可能的同场景罗马样式，见M. Stoye, “Der Dreifuss in gandharischen Szenen zum Ersten Bad des Siddhartha Gautama: Überlegungen zu Herkunft und Bedeutung eines visuellen Zitats (The Tripod in Gandharan Scenes of the First Bath of Siddhartha Gautama: Reflections on the Provenance and Meaning of a Visual Quote),” [with English Summary] *Artibus Asiae*, Vol. 64, No. 2 (2004), pp. 141-176.

3 关于存货生产和个人委托生产的问题，见B. Russell, “The Roman Sarcophagus ‘Industry’,” in J. Elsner and J. Huskinson, eds., *Life, Death and Representation: Some New Work on Roman Sarcophagi*, Berlin: De Guyter, 2011, pp. 119-147.

引人注目的是，犍陀罗的叙事性雕刻在很大程度上可以被分为诸如涅槃或佛陀诞生这样的固定场景。尽管其中确实有很多创新和个性化的例子，但这些固定场景被风格和能力水平各不相同的艺术家们用一套共同的元素复制出来。换言之，犍陀罗雕刻图像的重复生产与罗马帝国的情况相呼应。由此表明，无论是巧合还是影响，这两个传统在组织与制作方法上存在着极大的相似性，而不仅仅是视觉上的类似。

在一般技术与手法方面也有相似之处。有些罗马石棺浮雕的构图偏好在犍陀罗浮雕中得到呼应。特别是在表现空间高度允许的情况下，浮雕里的人物喜欢挤在一起。这种效果在罗马和犍陀罗雕刻中都令人印象深刻，精湛地表现了人物的互动与相互重叠，观者需要努力才能分清。小群的重叠人物在犍陀罗艺术中很常见，比如佛陀的随从，或各种事件的旁观者。这些成群结队的人物通常倾斜着出现，相互重叠，给人以深度与空间上的复杂印象。这也是罗马艺术中经常采用的一种手法，尤其在石棺浮雕上。

最后，在罗马和犍陀罗雕刻都使用的许多长而低的浮雕上，我们看到一种相当不同的设计。犍陀罗台阶立板的设计与罗马石棺盖的正面雕刻相似，这些浮雕的构图处理在两种文化中也非常相像。罗马和犍陀罗的浮雕的边框都用具象图案“围起来”，就像书夹一样。这些图案在犍陀罗雕刻中通常是阿堪突斯叶，罗马石棺上是头像或面具。[1]这些场景同样也被各种门或树等图案“打断”，它们将场景分割开来，或标志着一个故事不同情节之间的过渡。

然而应该注意的是，二者在技术上也存在着深刻的差异。比如，

1 关于这些相似性，见P. Stewart, “Roman Sarcophagi and Gandhāran Sculpture,” in W. Rienjang and P. Stewart, eds., *The Global Connections of Gandhāran Art, Proceedings of the Third International Workshop of the Gandhāra Connections Project*, University of Oxford, 18th-19th March, 2019, pp. 75-77 with illustrations.

犍陀罗片岩雕刻中使用钻头的情况非常少见，但这在罗马大理石石棺上很常见。人物造型通常是不同的（犍陀罗艺术家对场景的表面更感兴趣，而不对隐退的浮雕人物进行逼真的三维塑形）。我们几乎不可能把犍陀罗艺术家的雕刻风格与罗马雕刻家的风格相混淆。

第七节　关于传播的方式

需要强调的是，罗马的大理石石棺虽然在地中海地区广泛出口，但极不可能到达犍陀罗。当然，没有任何证据表明罗马石棺到过那里，也没有任何可能性表明犍陀罗对其有需求。因此问题在于，石棺与犍陀罗雕刻之间的相似性告诉了我们什么？

这可能意味着在公元1至2世纪时，一种较丰富且较复杂的艺术理念从罗马传给了犍陀罗的艺术家。换句话说，保存下来的罗马石棺数量相对较多，它们反映了罗马帝国的雕刻生产规模较大；犍陀罗艺术家是在模仿罗马艺术家（他们的作品体现于石棺上），而不是对石棺本身有特别兴趣。[1]当然，我的意思并非指罗马石棺是犍陀罗艺术家模仿希腊—罗马图像的主要或唯一来源，但它们为我们洞察这种关系的本质提供了很大帮助。

然而，这仍不能解释艺术传统是如何从罗马帝国（其实是罗马城）传到了如此遥远的地方。贸易关系通常被认为是犍陀罗艺术家（也许还有他们的顾客）熟悉罗马视觉文化的机制。这很有道理，而且贸易无疑是这几卷书中所探讨的多种文化互动形式里最重要的因

1 佩尔森在其论文里提出此观点，见S. Pearson, *Reworking Western Models: The Importance of Sculptural Technique in Gandharan Relief*, unpublished MA Thesis, University of California, Berkeley, 2010.

素之一。与罗马和南印度之间的联系相比，我们对罗马和犍陀罗之间通过红海进行的贸易了解不多，前者已有丰富的考古证据和其他资料为证。不过，公元1世纪的《厄立特里亚航海记》(*Periplus Maris Erythraei*) 记载了这条路线。[1]正如人们经常观察的那样，阿富汗贝格拉姆著名的“宫殿式”遗址（时间上可追溯至此时，即公元1世纪）生动地展示了奢侈品如何在远距离贸易中流通。[2]此外，还有一些证据虽然看上去是模糊且不可靠的，却暗示了罗马帝国和贵霜帝国之间的外交接触，毕竟介乎二者之间的是一个共同敌人——帕提亚人。我们已经了解到，可能在迦腻色伽王即位前后，即大约公元128年，巴克特里亚国王[3]向哈德良皇帝（Emperor Hadrian）派出使团；还有公元150年左右，印度人、巴克特里亚人与赫卡尼亚人（Hyrcanians）向安东尼·庇护皇帝（Emperor Antoninus Pius）派出过使团。[4]有些贵霜钱币系列模仿了早期罗马帝国的钱币，也许贵霜人采用了一些罗马表示权力的图像。[5]

简言之，罗马和犍陀罗的世界虽相距甚远，但又互相联系。尽管如此，贸易本身并不能解释我们所考虑的那种艺术影响。毕竟，虽

1 关于我们所掌握的情况的概述，见D. Graf, “The Silk Road Between Syria and China,” in A. Wilson and A. Bowman, eds., *Trade, Commerce, and the State in the Roman World*, Oxford: Oxford University Press, 2017, pp. 1-118. 另见R. McLaughlin, *The Roman Empire and the Indian Ocean: The Ancient World Economy and the Kingdoms of Africa, Arabia and India*, Barnsley: Pen and Sword, 2014; R. McLaughlin, *The Roman Empire and the Silk Routes: The Ancient World Economy and the Empires of Parthia, Central Asia and Han China*, Barnsley: Pen and Sword, 2016. 此外还请注意R. E. M. Wheeler, “Romano-Buddhist Art: An Old Problem Restated,” *Antiquity*, Vol. 23 (1949), pp. 13-16.

2 D. Whitehouse, “Begram, the Periplus and Gandhara,” *Journal of Roman Archaeology*, Vol. 2 (1989), pp. 93-100.

3 此时应是指贵霜国王迦腻色伽在位时期。——译者注

4 *Historia Augusta, Hadrian*, 21.14; Aurelius Victor, *Epitome de Caesaribus*, 15.4.

5 J. M. Rosenfield, *The Dynastic Art of the Kushans*. 关于贵霜与罗马的联系，还可参D. Graf, “The Silk Road Between Syria and China,” in A. Wilson and A. Bowman, eds., *Trade, Commerce, and the State in the Roman World*, esp. p. 492; J. Thorley, “The Roman Empire and the Kushans,” *Greece and Rome*, Vol. 28 (1979), pp. 181-190.

然有大量证据表明罗马帝国与南印度地区存在贸易往来，但很难察觉希腊—罗马艺术对南印度的影响。[1]物品流通可能推动了艺术设计与主题的交流。便携式工艺品和图画通常被认为是传播艺术理念的可能载体。[2]有趣的是，在贝格拉姆发现了模具制作的灰泥制品。在罗马帝国，人们用此类模具来复制各种材质的塑像（有人认为，这种模型为罗马神话石棺的最早一批雕刻者提供了源头）。[3]然而，仅凭模仿进口物品这一点，很难解释犍陀罗艺术的希腊—罗马外观。犍陀罗艺术家对希腊—罗马模型的借用，说明他们完全掌握了这种艺术传统。他们似乎从未“误解”过他们的西方古典模型。前面的木马浮雕例子表明，他们可以熟练且低成本地转换外来图像，从而满足自己的需求。

由此可见，实际上工匠的流动很可能是部分原因，尽管我们无法证实。亚历山大·索珀已经提出过一种假设性答案，他猜测有一个前往罗马的贵霜外交使团，带回一些罗马艺术家，以满足日益增加的新纪念碑建设需求。[4]有一些相当单薄的间接证据可以支持这种推测，比如画家“Tita”（斯坦因将之解释为罗马名字“Titus，提图斯”）在米兰（Miran）的签名；[5]或者真伪存疑的3世纪作品《使徒托

---

1 关于探查安达罗王朝（Andhra）艺术中罗马影响的一些尝试，见M. Zin, “Nur Gandhara? Zu Motiven der klassichen antike in Andhra (einschliesslich Kanaganahalli),” *Tribus: Jahrbuch des Linden-Museums*, Tome 64 (2014), pp. 179-204; M. Zin, “Buddhist Narratives and Amaravati,” in A. Shimada and M. Willis, eds., *Amaravati: The Art of an Early Buddhist Monument in Context*, London: British Museum Press, 2016, pp. 46-58.

2 J. Boardman, *The Diffusion of Classical Art in Antiquity*, p. 131; R. Mairs, *The Hellenistic Far East: Archaeology, Language, and Identity in Greek Central Asia*. 关于图画，见S. Pearson, *Reworking Western Models: The Importance of Sculptural Technique in Gandharan Relief*, unpublished MA Thesis, University of California, Berkeley, 2010, pp. 16-17.

3 H. Froning, “Die ikonographische Tradition der kaiserzeitlichen mythologischen Sarkophagreliefs,” *Jahrbuch des Deutschen Archäologischen Instituts*, Tome 95 (1980), pp. 322-341.

4 A. C. Soper, “The Roman Style in Gandhara,” *American Journal of Archaeology*, Vol. 4 (1951), p. 305.

5 A. Stein, *Serindia: Detailed Report of Explorations in Central Asia and Westernmost China*, Vol. 1, Oxford: Clarendon Press, 1921, pp. 529-531.

马斯行传》（*Acts of the Apostle Thomas*），其中提到耶稣将使徒托马斯作为一个技术娴熟的奴隶送到犍陀罗的印度—帕提亚王贡多法勒斯（Gondophares/Gundaphorus）的代理人那里。[1]在更大范围内，我们有明确证据表明公元66年出现过类似情况，当时尼禄皇帝在意大利接见了属国亚美尼亚国王提里达特斯一世（Tiridates I of Armenia），为他加冕。根据狄奥·卡西乌斯（Dio Cassius）记载，尼禄派提里达特斯带着尼禄的礼物——手工艺人——回亚美尼亚，以重建国王在阿塔克萨塔（Artaxata）的首都。[2]这位国王自己还以高价雇佣更多工匠，但罗马将军科布洛（Gnaeus Domitius Corbulo）阻止了他们离开帝国。最后，不管怎样，最好的证据就是犍陀罗艺术本身，它与罗马艺术图像产生了巨大共鸣。

结语　希腊—罗马自然主义的表现手法

本章对希腊—罗马艺术与犍陀罗艺术之间的显著关系提出两种相当不同的看法。一方面，中亚地区的希腊化视觉文化遗产似乎为犍陀罗艺术发展提供了一个可靠的基础，尽管巨大的年代差异使这种传统的连续性难以得到证明。另一方面，当罗马人和贵霜人相互接触时，犍陀罗受到了同时代罗马帝国的影响，间接地继承了希腊化传统，似乎这样的解释从本质上更令人满意，并得到犍陀罗艺术本身的证据支持。然而，这些假说并非相互对立。事实上，在解释为何许多犍陀罗艺术家深知西方古典艺术的惯例和原则时，这些假说可以互补。没有必要通过历史上

1　M. R. James, *Apocryphal New Testament*, Oxford: Clarendon Press, 1924; A. C. Soper, “The Roman Style in Gandhara,” *American Journal of Archaeology*, Vol. 55, No. 4 (1951), p. 305.

2　Dio Cassius, *Epitome*, 63.7.

某一时刻发生的文化接触来解释这种文化间的熟悉程度。

无论我们如何权衡犍陀罗艺术诞生可能受到的这些影响，显而易见的是，在公元1—3世纪佛教纪念性建筑的建设热潮中（也是罗马帝国向外显著扩张的时期），希腊—罗马艺术提供的资源解决了犍陀罗艺术家的需求。在这一时期，中亚和南亚正在建造带有雕刻装饰的石制纪念性建筑，其规模和数量都前所未有。虽然佛教叙事图像在印度已有历史，但犍陀罗佛教向希腊—罗马世界寻求理念和工艺，或许还有专门技术，这并不令人感到惊讶。正如本卷所阐释的，希腊自然主义传统从公元前6世纪开始，经过几个世纪的完善，为呈现佛陀今生和前世的典范故事提供了丰富而精致的艺术基础。古希腊艺术家的策略是，在表现神的时候将自然的本真与超然和一般的理想主义结合起来，这为佛陀本人和菩萨的形象化提供了条件。

最后，我们不应把这看作是希腊—罗马的“影响”，因为这意味着犍陀罗艺术家与其顾客是被动的。相反，他们从希腊—罗马传统中汲取了对自己宗教目的最有用的东西。从这个意义上来说，希腊罗马艺术的风格和图像可被视为一种技术，而非一种对外国文化的欣赏（虽然古典艺术文化的魅力可能也起到一定作用）。在犍陀罗艺术中采用希腊—罗马的视觉惯例，是某种艺术技能出于宗教目的的实际应用。事实证明，犍陀罗佛教对希腊罗马艺术传统的改造，本身就具有很大影响，因为这在后来的佛教艺术中也有体现。正是犍陀罗佛教艺术把希腊化传统的许多方面传播到中亚其他地区，最终传到中国甚至更远的地方。这一现象将在第四卷的剩余部分以及第五卷中作进一步探讨。

（彼得·斯图尔特撰　赵家田译　徐朗校）

第三编

犍陀罗艺术的发展及其在中亚的传播

贵霜帝国带来了希腊式佛教艺术的繁荣，也将其从犍陀罗一隅带向了它的周边地带，尤其是中亚地区。兴都库什山南麓的哈达和巴米扬地区既是犍陀罗艺术的进一步发展之地，也是通向中亚的必经之处。兴都库什山以北的巴克特里亚本就是中亚希腊化世界的核心区域，有着丰厚的希腊化遗产，加之此地也长期受到伊朗文化和草原文化的影响，因而，犍陀罗艺术中的多元性，尤其是希腊化因素在此得到加强和补充也是可以理解的。

犍陀罗艺术在向中亚方向传播的同时，也带来了艺术风格的变化。相对于石刻为主的早期犍陀罗本土艺术，哈达地区的佛教艺术则以泥塑为主，而且呈现出明显的希腊化—罗马艺术因素。我们可将其称之为晚期犍陀罗艺术或阿富汗犍陀罗艺术。传入中亚的佛教艺术主要是泥塑艺术，应该也与当地的石材不足有关。佛教艺术在中亚向西最远至木鹿，向北在费尔干纳盆地有所发展。

中亚也是佛教及其艺术东传中国的中转站，新疆的塔里木地区借丝绸之路的地利之便，成为华夏文明中最早接受犍陀罗艺术的地区。

第六章　犍陀罗艺术在兴都库什山南麓的发展

如果说公元前希腊人和希腊化文化在中亚和印度西北部的长期存在是希腊式犍陀罗艺术产生的源头和基础，那贵霜帝国的建立则标志着犍陀罗艺术繁荣发展阶段的到来。

印度西北部的犍陀罗及其周边地区是贵霜帝国统治的核心地区，其都城富路沙（Purushapura，布路沙布逻，今白沙瓦）就位于这一地区。由于贵霜帝国的统治者，尤其是著名的迦腻色伽一世，奉行实用主义的宗教包容政策，大力弘扬佛教，所以，大量的佛教寺院和佛塔随着贵霜城市的繁荣而被建造起来。在阿富汗兴都库什山脉南麓的哈达（Hadda）、喀布尔、迦毕试（Kapisa）、巴米扬（Bamyan）、丰都基斯坦（Fondukistan）等地的佛教寺院中，一种新的犍陀罗艺术表现形式——泥塑蔚然兴起，并持续到贵霜帝国之后，传入中亚和中国。更需要关注的是，这些泥塑佛像似乎显示出了古典艺术在佛教艺术中的某种复兴，它们看上去比犍陀罗的石雕佛像更接近于古典的风格。这显然与贵霜帝国时期海上丝绸之路开通之后希腊化的罗马艺术的传入有关。

第一节　哈达地区

哈达地区位于今阿富汗东部喀布尔河谷，沿喀布尔河往东南便是兴都库什山的开伯尔山口（Khyber Pass），自古为从中亚进入印度河流域的要道。亚历山大东征之时，即可能是由这一带进入斯瓦特（Swat）山地。

公元1—3世纪时，哈达是世界最大的佛教寺庙所在地和佛教中心之一，留存有最古老的佛教经文手稿与大量翻译稿件，孕育了改变犍陀罗艺术面貌的哈达艺术风格。法显曾到此朝拜，留下关于哈达最早的中文古籍记录："西行十六由延，便至那竭国界醯罗城。中有佛顶骨精舍，尽以金薄，七宝校芳。国王敬重顶骨，虑人抄夺，乃取国中豪姓八人，人持一印，印封守护。"醯罗为Hilo之音译，Hilo的梵语则为"哈达"。[1]玄奘于公元632年到达哈达，亦记"醯罗城"："城东南三十余里，至醯罗城，周四五里，竖峻险固。花林池沼，光鲜澄镜。……第二阁中有七宝小窣堵波，置如来顶骨。"[2]"哈达"的梵语本义为"骨"，可能即与这里埋有佛陀的顶骨、袈裟有关。

一、哈达的佛教灰塑

哈达的建筑遗迹与白沙瓦等地的佛教建筑在结构上大致相同，建筑上有大量的灰泥（stucco）装饰。20世纪初出土了约23000件雕像，其中以神态安详、宁静的佛陀与菩萨像最具代表性。哈达佛像属于犍

1（东晋）沙门释法显撰，章巽校注：《法显传校注》，上海：上海古籍出版社，1985年，第46、48页。

2（唐）玄奘、辩机原著，季羡林等校注：《大唐西域记校注》卷二，北京：中华书局，1985年，第228页。

陀罗艺术与外来因素相混合的典型，其写实与情感化的表达，有着古希腊雕塑师菲迪亚斯（Pheidias，公元前480年—前430年）与普拉克西特勒斯（Praxiteles）之作品的古典、庄严、优美，且稍晚也受到了笈多帝国（Gupta Empire，公元4世纪早期—6世纪晚期）艺术的影响，展露出希腊古典风格与东方艺术的融汇之态。

哈达地区出土的雕塑多见于灰泥材质，也发现了少量白石灰岩及陶制雕像。灰泥也被称为“甘奇”（ganch）或甘奇石膏、甘奇水泥，其形态上与西方的熟石膏（plaster）材质相近，可看作是用以替代大理石的经济型材料。工匠们于春汛时收集河边的肥沃黏土，经多重洗涤沉淀，混合磨碎的石头、沙子粉末与铁粉，并加入植物胶、动物胶等特殊的黏合剂，有时还会加入红色玉髓粉末等，最后保持湿润并静置一个月，方能得到更加耐久、坚固的造像材料。[1]这种材质广泛应用于中亚地区的建筑与雕塑制作中，也可以用来浇筑成建筑使用的各种形状的预制件，用以充当石料，于公元3世纪初期开始盛行[2]。灰泥在潮湿状态下富有韧性，可以被轻松地塑造、浇筑成各种形态，干后又如石质。富有韧性的可塑材质的使用，也令模具制作变得简易、高效。[3]佛教的传播带来大量的佛像制造需求，灰泥取代了坚硬的片岩、页岩，让工匠和艺术家们能够更自由、便捷地进行艺术创作。取代耗费人力的石头，使用甘奇这一新材料进行模制与雕刻，后来成为中亚希腊化建筑的一种显著特点。[4]灰泥和石质材质的使用具有艺术流

---

1 Г. А. Пугаченкова, *Искусства Бактрии Епохи Кушан*, Москва: Искусство, 1979, p. 70.

2 ［日］栗田功：《大美之佛像》，唐启山、周昀译，北京：文物出版社，2017年，第62页。

3 G. A. Pugachenkova, et al., “Kushan Art,” in Janos Harmatta, B. N. Puri and G. F. Etemadi, eds., *History of Civilizations of Central Asia. Vol. II: The Development of Sedentary and Nomadic Civilizations: 700 B.C. to A.D. 250*, Paris: UNESCO Publishing, 1996, p. 364.

4 Г. А. Пугаченкова и Л.И.Ренмпель, *Очерки Искусства средннии Азии*, Москва: Искусство, 1982, p. 8.

派分期的意义。[1]哈达佛教艺术被归类为晚期的印度—巴克特里亚文艺复兴，或犍陀罗艺术后期的灰泥发展阶段（Stucco Phase，公元3—5世纪）。[2]

图6-1-1
灰塑“沉思的佛陀头像”，哈达，公元4世纪

在制作雕塑时，通常在雕塑内部用木质的框架作为支撑，木质的框架上缠绕绳子，用石膏和黏土混合塑造胎体，胎体上还会裹上编织稀疏的布料，用以对胎体的保护与湿润，之后再在外层包裹灰泥进行塑形。在制作过程中，为了提高制造效率，工匠们会将一些细部，如发纹、手指、耳朵等这些小部件进行单独浇筑的模型翻模，再组装至雕像上。[3]灰泥的使用对哈达雕塑艺术产生了颠覆性的影响，灰泥雕塑色泽细腻圣洁，视觉效果与古希腊雕塑所使用的大理石相近。哈达的泥塑工艺可能同巴克特里亚希腊人的雕塑艺术传统具有一定关联，从其光润流畅程度来看，可能同时使用了模范制作与雕凿相结合的工艺，细节也得以被更加精巧地处理。

图6-1-2
灰塑如来头部，哈达，公元3—4世纪

哈达地区对佛像面部的刻画较为女性化，强调沉思、内省的精神面貌。阿富汗国家博物馆藏有一件公元4世纪制作的“沉思的佛陀头像”，是哈达佛教艺术的代表作品。（**图6-1-1**）佛像洁白、细腻的质感带来了古希腊古典风格的观感，佛陀的波浪卷发自然蜷曲在头顶成肉髻，面部经过抛光处理，圆润细腻，为女性化了的犍陀罗阿波罗式美男子样式。其神态呈温柔沉思状的，与笈多艺术[4]相仿。在塑造人物性格和情感方面具备非凡的技巧，是

1 J. Marshall, *The Buddhist Art of Gandhara: The Story of the Early School, its Birth, Growth and Decline*, Cambridge: Cambridge University Press, 1960, pp. 109–112.

2 B. Rowland, *Ancient Art from Afghanistan: Treasures of the Kabul Museum*, New York: Arno Press, 1976, p. 28.

3 Г. А. Пугаченкова и Л. И. Ремпель, *Очерки Искусства средниеи Азии*, p. 58.

4 笈多艺术即笈多王朝（Gupta dynasty，约公元320—540年）时期的美术样式，为印度古典主义美术的高峰与黄金时代，雕塑人物常呈平静、庄严的冥想神态，头部为螺发，衣物透明贴体，衣纹刻画浅细、均匀。

哈达艺术突出的特点，这在贵霜帝国的其他地区较少见到。[1]哈达的佛像表情处理时常凝重沉郁，彰显出佛教内敛慈悲的精神，这与古希腊雕塑用外在理想美的视觉语言形式可视化内在精神的艺术特点一脉相承。（图6-1-2）

另一件公元3世纪的“佛陀和礼拜者立像”，将浮雕人物处理成为圆雕的效果。（图6-1-3）希腊人通过人的形象来表现神，即“神人同形同性”，哈达地区的工匠深谙此法，佛陀柔和的面部细节及带笑意的神态处理富有人性，这种写实性并没有影响到佛像的庄严性。人物姿态、服饰的处理亦是希腊—罗马式的，佛陀身着具有罗马男子服饰特征的托加长袍（Toga）式袈裟，头顶肉髻，赤足而站，抬起右手轻抚U型衣襟。佛陀的右边有一位正在礼拜的、穿着哈达传统服饰的戴帽女子，佛陀与礼拜者的身量不同，凸显其神格。姜伯勤先生认为，敦煌莫高窟263窟南壁后部中层北魏三尊立佛图像，与哈达的“佛陀和礼拜者立像”具有一定溯源关系，[2]可见哈达雕塑艺术形式在丝绸之路上的传播。

图6-1-3
灰塑佛陀和礼拜者灰塑浮雕立像，哈达，公元3世纪

哈达的工匠吸取、理解并消化了希腊—罗马的写实主义手法，不仅把目光投向了觉悟世界的佛陀和菩萨，亦对赞叹佛国世界的天人和身处现实世界的凡人倾注了热情。除塑造佛像外，哈达地区的工匠们也擅长对世俗及神话题材进行创作，希腊英雄、男性、女性、老人、孩童甚至是恶魔的形象都栩栩如生。哈达出土了多件保存比较完好的女性头像。其中有一件公元3—4世纪彩绘灰塑女子头像，出土于塔

1 G. A. Pugachenkova, et al., “Kushan Art,” in Janos Harmatta, B. N. Puri and G. F. Etemadi, eds., *History of Civilizations of Central Asia. Vol. II: The Development of Sedentary and Nomadic Civilizations: 700 B.C. to A.D. 250*, p. 359.

2 姜伯勤：《敦煌艺术宗教与礼乐文明》，北京：中国社会科学出版社，1996年，第112页。

图6-1-4
灰塑女像头部，哈达，
公元3—4世纪

图6-1-5
灰塑花神像，哈达，公元3世纪

帕—伊·卡法里哈寺院（Tapa-i Kafariha Monastery）。该女子可能是一位中亚贵族女眷，头向其右边微侧，面带微笑。头上戴着镶嵌着宝石的带状头饰，拉长的耳垂佩有圆形饰品。波浪刘海下是光润饱满的面庞，面部长宽比例适中。其杏仁形双目被拉长，直挺的鼻梁连接着细长入鬓的两道弯眉，并无过渡，这种眉眼的处理手法是晚期犍陀罗艺术中出现的新特征，是希腊化雕塑东方化的一种体现。（图6-1-4）

在哈达地区也可以看到来自希腊的诸神形象，几乎为参照希腊—罗马原型创作的。图6-1-5是一尊戴着花饰的半身塑像“花神像”，出土于卡兰特佩（Tapa Kalan）寺院，年代为公元3世纪。该塑像上半身前倾并头部微低，动态自然。躯体符合解剖学规范，塑造出一尊令人信服的人体。塑像面部线条流畅，细致打磨下的皮肤质感光润。面颊边堆放着希腊式波浪鬈发，后半部分的头发梳理平整，一绺鬈发以自然形态披散下来落于左肩上。塑像袒露胸部，颈部戴有大颗宝石装饰的项链，胸前有由单朵五瓣小花组成的花环，塑像左手抬起握住衣襟似乎想要把这些花朵兜住，这应当是罗马传统的祭祀节日五朔节（May Day）所使用的花环。工匠对欧洲人种面部特征把握到位，可能是由某个深谙希腊雕刻艺术技巧的本地人或旅居于哈达的罗马艺术家所创作的。[1]

一件哈达出土、公元4—5世纪的弥勒菩萨交脚像，左手持有水瓶，其整体风格特征，甚至细微如低头向左下方凝视的神态，都与“花神雕像”相似，可看作是对“花神

1 吴焯：《佛教东传与中国佛教艺术》，杭州：浙江人民出版社，1991年，第75页。

雕像”艺术风格的承袭。（图6-1-6）

图6-1-6
灰塑弥勒菩萨交脚像，哈达，公元4—5世纪

哈达的查基尔—伊—巩迪寺院（Chakhil-i-Ghoundi monastery）佛塔叙事浮雕出现了以希腊神狄奥尼苏斯（Dionysus）为主题的酒神节欢庆题材，人们披挂着传统希腊服饰克拉米斯（Chlamys）和希玛申（Himation）宽松长衫进行着宴饮与舞蹈活动。（图6-1-7）源于地中海的酒神崇拜在希腊化影响之地流传甚广，佛寺饰带中的希腊神祇形象是希腊化精神在哈达土壤上的直观呈现，显示出哈达地区对希腊—罗马艺术的接纳。也可能在建造佛塔之时，来自早期印度—希腊王国的希腊人后裔依旧存在。

阿芙洛狄特（Aphrodite）之子爱神厄洛斯（Eros）的形象也广泛出现于希腊化世界之中，传播远至新疆地区，尤其是其群像形式，即厄洛特斯（Erotes）。厄洛斯在古罗马神话中被称为丘比特（Cupid）。哈达的卡兰特佩佛寺出土的佛龛坐佛上方出现了厄洛特斯或丘比特的形象，呈成对飞翔状，手持花环。（图6-1-8）

哈达的索托特佩（Tapa Shotor）寺院有一组灰塑像

图6-1-7
酒神节题材的石浮雕，哈达查基尔—伊—巩迪寺院佛塔，公元1—2世纪

（已损毁），中间端坐的身形较大者为佛陀，其左边是护法金刚，以古希腊罗马神话中的大力神赫拉克勒斯（Heracles/Hercules）为原型。棍棒作为力量的象征物，是赫拉克勒斯常用的武器，来到亚洲腹地后产生了变化，成为法器金刚杵，为智慧的象征。右边是俗称为“鬼子母神”的诃利帝（Hariti），其原型是希腊命运女神提刻（Tyche），作为宙斯之女，她是古希腊的繁荣、幸运的守护神，掌管吉凶祸福。护法金刚与诃利帝匀称的肢体及清晰衣纹的塑造，皆呈现出来自希腊—罗马艺术的自然主义雕塑艺术风格。（图6-1-9）

图6-1-8
彩绘灰塑佛龛，龛内顶饰厄洛特斯或丘比特的形象，哈达卡兰特佩佛寺，公元3世纪

图6-1-9
佛陀和两侧的赫拉克勒斯—护法金刚（左）与提刻—诃利帝（右），索托特佩寺院2号龛灰塑，哈达，公元2世纪

图6-1-10
哈达卡兰特佩佛寺
灰塑，公元3—4世纪

显著的戏剧性和直观性是希腊化艺术的新特征。[1]哈达卡兰特佩佛寺出土的一件公元3—4世纪的灰塑建筑浮雕，表现了菩萨从供养人那里接受帽子的场景。（**图6-1-10**）大理石般的细腻质地深入展现了人体肌肉的细微变化。菩萨与两位供养人体态优美，工匠精准地把握住了人物瞬息变化的动作姿态。这件作品有着鲜明的前后空间感和复杂的雕像结构，这种重叠构成了一种深度空间，人物与平面相分离，层次过渡柔和。很显然，当时哈达的工匠已经掌握了在塑像中表现复杂姿态与处理三维空间的方法，尤其是空间纵深上的处理形式，前景与后景人物实现了空间关系的解放，而空间概念（spatial concept）的形成与空间关系的表现正是希腊艺术的成就之一，罗马也深受其影响。由此，哈达佛教灰塑被认为是“非地中海的希腊主义”的复兴，或者是“希腊化的罗马古典主义”最后的生动表现。[2]

1 Tonio Hölscher, *Die griechische Kunst*, München: C. H. BECK, 2015, p. 26.
2 王镛:《印度美术史话》，北京：人民美术出版社，2004年，第63页。

二、萨尔达尔·特佩的佛教泥塑

萨尔达尔·特佩（Sardar Tepe）位于今阿富汗东南加兹尼（Ghazni）附近的高山谷地，海拔在两千米以上。这里一度是佛教文化重镇，玄奘记其为鹤悉那城："漕矩吒国周七千余里。国大都城号鹤悉那。"[1]当地佛教遗址发现的一件供奉钵的铭文显示，这里是贵霜时代"伟大国王迦腻色伽的庙宇"（Kanika mahārāja vihāra）的所在地。萨尔达尔·特佩的建筑群始建于公元2—3世纪贵霜时期，曾经在公元671年第一次穆斯林入侵中毁于一次火灾，后进行了大规模的重建。公元795年，该城被穆斯林军队彻底摧毁，并于公元9世纪被废弃。

整个建筑群错落建于高低不同的山丘之上，较低的位置是僧侣的日常活动区域。早期考古层于1959年由意大利考古团发掘，大部分属

图6-1-11
泥塑卧佛局部，萨尔达尔·特佩，公元3世纪

1（唐）玄奘、辩机原著，季羡林等校注：《大唐西域记校注》卷一二，第954页。

于贵霜晚期。[1]位置较高的特拉克高地之上有一座大佛塔，被装饰华丽的小型佛塔和雕塑环绕。大佛塔是迄今为止阿富汗地区发现的最大的一座，用来存放佛陀的圣物，被发现时已经损毁。上层平台的东北部，有一尊公元3世纪的、长达18米的涅槃弥勒卧佛像，由未烧过的黏土制成。（图6-1-11）大佛塔的西面还有一座建于公元3—4世纪供奉印度降魔女神杜尔迦（Durga）的小寺庙，在那里发现了一件泥塑的杜尔迦头像，混合了犍陀罗与印度艺术风格，杜尔迦额间有着第三只眼睛，其希腊式的波浪卷发由额中分开，面庞饱满圆润，眉毛细长上挑，神态静穆。（图6-1-12）

图6-1-12
泥塑杜尔迦像头部，萨尔达尔·特佩，公元3世纪

早期考古填充层中发现了数百个雕塑及碎片，形制繁多，属于巴克特里亚的希腊传统。[2]例如，一件带胡髭的贵霜贵族头像（图6-1-13），头戴传统锥形帽，同后文达尔维津·特佩（Dalverzin Tepe）出土的贵霜王子头像（图7-1-23）在造型上具有一定相似性。尖帽上排列着圆形装饰，这种尖帽造型可能与塞种的服饰传统有关，常见于后期贵霜钱币。

图6-1-13
贵霜贵族像头部，萨尔达尔·特佩，公元4世纪

这些塑像还有一个特点，即广泛使用镀金（gilding），镀金多施用于大型雕塑的重点露出部位，通常是脸部、手部与脚部，小型雕塑则选择通体镀金。泥塑乃至各种材料的镀金是埃及至罗马帝国的工艺传统，公元1世纪以来影响了中亚地区的佛教美术，后成为丝路之上广为传播的艺术形式。76号神龛出土了多尊镀金天神头像，风格写实，有着希腊式的蜷

1 G. A. Pugachenkova, et al., “Kushan Art,” in Janos Harmatta, B. N. Puri and G. F. Etemadi, eds., *History of Civilizations of Central Asia. Vol. II: The Development of Sedentary and Nomadic Civilizations: 700 B.C. to A.D. 250*, p. 360.

2 G. A. Pugachenkova, et al., “Kushan Art,” in Janos Harmatta, B. N. Puri and G. F. Etemadi, eds., *History of Civilizations of Central Asia. Vol. II: The Development of Sedentary and Nomadic Civilizations: 700 B.C. to A.D. 250*, p. 360.

曲头发，五官饱满，脸颊圆润，可以看到金色、红色和黑色的上色痕迹，其中一件保存较完好。（图6-1-14）

7世纪的大火摧毁了萨尔达尔之丘早期大部分建筑与装饰，但大火也恰好烘烤了泥塑，使其固化。在这之后，萨尔达尔之丘塑像的希腊化特征逐渐变得模糊，东方化艺术表现占据上风，工匠们利用黏土材质的延展性和可塑性，创作出了诸多饶有趣味的形象，包括各色的人物、动物与怪物，突破了古典时期的典范图像，题材拓展到生活的各个方面。[1]表面依然做镀金工艺处理，且注重细部刻画。如一尊37号佛堂出土的坐在莲花上的交脚菩萨，女性化的身姿纤细优美（图6-1-15）；还有一尊戴着双重花环和黑色头巾的菩萨像（图6-1-16），眼睛细长，

图6-1-14
天神像头部，萨尔达尔·特佩，公元4世纪

图6-1-16
菩萨像头部，萨尔达尔·特佩，公元7世纪

图6-1-15
交脚菩萨塑像，萨尔达尔·特佩，公元7世纪

1 Tonio Hölscher, *Die griechische Kunst*, p. 107.

鼻梁较短，耳垂拉长，和早期希腊式的高鼻深目相比，实现了本土化的转化。这时期的塑像形态的表现略显粗陋，脱离了希腊—罗马化晚期现实主义的面貌。

第二节　喀布尔地区

喀布尔地区作为贵霜帝国的中心地带，因其经济与文化交流中心的地位，也成为了佛教中心。喀布尔地区不仅受到早期犍陀罗艺术的影响，也受到了印度北部马图拉艺术（Mathura Art）的渗透，迦毕试、梅斯·艾纳克（Mes Aynak）等地的佛教艺术，在风格、样式与制作材料和手法上均发生了较大转向，强调了地方性。

一、迦毕试地区的佛像

迦毕试位于兴都库什山中部戈尔班德河（Ghorband River）和潘杰希尔河（Panjshir River）交界处，现阿富汗贝格拉姆城（Begram）所在地，西南距离喀布尔约60公里。其东南方向为贾拉拉巴德平原，北为古代巴克特里亚地区。

此地最早的记载出现在公元前5世纪印度学者帕尼尼（Pāṇini）的《八章书》中，记作Kapiśi。[1]玄奘在《大唐西域记》中称其为迦毕试，并记录了当地佛教发展的情况：

迦毕试国周四千余里，北背雪山，三陲黑岭。国大都城周

1 Ashtadhyayi Sutra IV.2.99.

十余里。……伽蓝百余所，僧徒六千余人，并多习学大乘法教。窣堵波、僧伽蓝崇高弘敞，广博严净。[1]

迦毕试地理位置优越，是连通印度、巴克特里亚和中亚地区的战略要地。公元前329年，亚历山大在这里建城，命名为“高加索的亚历山大里亚”（Alexandria in Caucasus）。[2]这里曾是贵霜王迦腻色伽一世的夏都，盛极一时。在雄厚财力的支撑下，大量佛教寺院被修建起来，迦毕试成为犍陀罗艺术分支的一个中心。[3]

迦毕试地区的绍托拉克（Shadolaku）、派特瓦（Paitara）、哈姆扎尕尔（Hamuzagar）出土了大量的佛教寺院遗迹，同时还发现了数量众多的来自罗马、萨珊波斯、印度、埃及以及中国的文物遗存。这里出土的大量公元3—4世纪贵霜时代的佛像雕刻，被称为迦毕试样式（Kapisa style），为犍陀罗佛教艺术贵霜化的一种演变形式。

不同于笈多帝国马图拉红砂石雕刻的雄深雅健，也区别于青灰色片岩的犍陀罗佛像的古典神圣，迦毕试佛像变体于早期犍陀罗艺术，由于受到帕提亚、巴克特里亚以及草原艺术的影响，注重正面像的概括表现与左右对称性。迦毕试开创了程式化的非写实性造型形式，将佛超人化的戏剧性加以视觉化，展现佛陀神通的多神变造型盛行。[4]

邵托拉克出土有一尊公元3世纪的燃灯佛授记本生石浮雕立像，是喀布尔地区晚期犍陀罗艺术的代表作之一。佛陀施无畏印（abhayamudra），形象不同于早期犍陀罗艺术所追求的完美比例。身材粗短矮胖，强调正面性，不再囿于表现人体的精确结构，与哈达佛

1 （唐）玄奘、辩机原著，季羡林等校注：《大唐西域记校注》卷一，第135—136页。

2 Curtius Rufus and Quintus, *The Life and Death of Alexander the Great, King of Macedon in Ten Books*, Ann Arbor: Text Creation Partnership, 2007, p. 281.

3 Sally Hovey Wriggins, *The Silk Road Journey With Xuanzang*, Boulder: Westview Press, 2004, p. 50.

4 ［日］村田靖子：《佛像的系谱：从犍陀罗到日本——相貌表现与华丽的悬裳座的历史》，金申译，上海：上海辞书出版社，2002年，第64页。

教泥塑像相比，显现出疏离感，表情超脱人世；其相貌也显出蒙古人种的特征。[1]（图6-2-1）迦毕试佛像的衣纹以程式化的凸纹或阴刻线条刻画为主，衣褶的转折表现较生硬。不过值得注意的是，佛像左脚边的小立佛，是缩小版的标准早期犍陀罗造型，可一窥希腊—罗马风格的延续。

迦毕试佛像有一类造型，佛陀身体的上下分别生出火和水，称为“双神变”（Yamaka-pratiharya），出自佛传经典的“舍卫城神变”和“归乡说法”。[2]巴黎吉美博物馆收藏的一尊派特瓦出土的“双神变”（图6-2-2），佛陀站立在中央，两侧为呈对称形式的小型神变坐佛，皆结跏趺坐，施禅定印。上方为手持华盖的护法神帝释天和梵天。佛身两侧的方形神龛中，各有一手持丰饶角（cornucopia）的人物，丰饶角为丰收与食物的象征，可追溯至公元前5世纪，为希腊、罗马神话人物的常见手持物之一，是希腊神话中的大地女神盖亚（Gaia）、农业女神得墨特尔（Demeter）及罗马神话中繁荣富裕女神阿布恩丹提亚（Abundantia）等神祇的标志物。希腊化时期的命运女神提刻（Tyche）也被赋予了手持丰饶角的形象。在此处，丰饶角图像被佛教造像采用，可以佐证迦毕试地区与希腊—罗马文化圈存在一定的接触或间接受后者影响，以及这种影响的长期延续性。环绕佛陀的头部，有一圈放射状头光，源自古希腊太阳神赫利奥斯（Helios）的光芒金冠造型。[3]

晚期的犍陀罗佛像日趋程式化，早期犍陀罗造型那种希腊人文主义的、写实性的、理想化的优美风格（classical illusionistic forms），已经转化为简洁概括的、正面的、宗教神秘主义的反古典直拙僵硬的造型（anti-classical rigid forms）。这是一种古典人文主义向宗教的

---

1 ［日］村田靖子:《佛像的系谱：从犍陀罗到日本——相貌表现与华丽的悬裳座的历史》，金申译，第63页。

2《根本说一切有部毗奈耶杂事》卷二六。

3 ［日］村田靖子:《佛像的系谱：从犍陀罗到日本——相貌表现与华丽的悬裳座的历史》，金申译，第66页。

图6-2-1
燃灯佛授记本生石浮雕立像，绍托拉克，公元3世纪

图6-2-2
石雕“双神变”，派特瓦，公元3世纪

神秘主义的转化，[1]罗兰（B. Rowland）认为其“僧侣色彩浓于人文色彩”。[2]反古典的直拙造型与简明的结构，形成了一种苍劲的力量感和神秘的象征意味，预示了中亚艺术的发展方向。

凭借着丝绸之路的传导力，迦毕试样式对佛教造像艺术发展产生了重要影响。从肖像学的角度来说，迦毕试样式可以让佛像被雕刻得非常之高大。高大的佛像配以不同的手印，替代了早期通过叙事才能达到的效果。[3]从力学的角度来看，概括性的直立身躯是佛像大型化

1 吴焯：《佛教东传与中国佛教艺术》，第74页。

2 B. Rowland, *The Art and Architecture of India*, Middlesex: Penguin Books Press, 1953, p. 75.

3 B. Rowland, *The Art and Architecture of India*, p. 75.

的基础，巴米扬大佛就是受此影响的典型，雄伟的体量带给观者较大的视觉及心理冲击。当佛教文化传入中土后，迦毕试样式对于阗、龟兹和云冈等地的佛像造像产生了影响。最早传入新疆的佛像样式，即是带有火焰及背光的迦毕试样式。此外，新疆拜城县克孜尔石窟（第207窟壁画）、吐鲁番拜西哈尔千佛洞（第3窟壁画）和鄯善吐峪沟石窟壁画都可见焰肩佛像。[1]除了中国之外，迦毕试样式还影响了日本、朝鲜的佛教艺术。

二、梅斯·艾纳克的佛教艺术

梅斯·艾纳克是喀布尔地区重要的考古遗址之一。这里是丝绸之路上往来僧侣们的重要停靠点，东方的僧人通过此地进入恒河岸边的佛教圣地。当地佛寺的建造年代始于公元3世纪，公元5—6世纪间走向繁荣，并一直延续到公元7世纪，其间匈奴曾统治于此，[2]于8世纪伊斯兰兴起后逐渐废弃。梅斯·艾纳克同希腊化与罗马世界有着深切的艺术关联，20世纪60年代，阿富汗考古学界即确定当地有大量希腊化佛教艺术遗存，正式的发掘工作则始于2010年。

梅斯·艾纳克是一个拥有众多寺庙、佛塔、住宅区和堡垒的城市综合体，寺庙群遗址面积达40公顷，僧侣和工匠们建造的寺院和佛塔数量庞大，此处还发现了大量的印度—帕提亚、贵霜、萨珊波斯的钱币。在梅斯·艾纳克山谷中，共发现了19处独立遗址，包括四座大的佛寺，同时还有大小堡垒以及一座琐罗亚斯德教的寺庙。考古工作者挖掘出了几何装饰的彩绘碎片，以及希腊样式的双耳瓶。墙壁上绘制

---

1 孙英刚、何平:《犍陀罗文明史》，北京：生活·读书·新知三联书店，2018年，第183页。

2 Michael Alram, “From the Sasanians to the Huns New Numismatic Evidence from the Hindu Kush,” *The Numismatic Chronicle*, Vol. 174 (2014), p. 274.

的图案具有古典罗马艺术装饰风格，多见阿堪突斯纹（Acanthus）等植物纹样连续图案，并出现了希腊神话中的马人（centaur）形象，甚至还出现地中海样式的石棺。（图6-2-3）寺院的主体建筑、廊道、墙壁装饰精美，留存有一些佛教主题壁画。（图6-2-4）

佛寺外沿为古典风格的柱式围廊，至今柱头还可见科林斯式雕刻，轮廓清晰可辨。寺院庭院中，有多座四五米高的佛塔，还有一处直径20米的巨大佛塔，为犍陀罗风格。与印度佛塔形制不同，此塔为方形基坛佛塔，顶部也非覆钵状。（图6-2-5）这种方形的基坛，可能是受到了罗马石棺的影响。

梅斯·艾纳克目前发现的佛像数量超过一千尊，形制丰富，虽然遭到盗挖破坏，但整体保存较好。佛陀在佛龛中或立或卧，展示了冥想、讲道和苦行等不同姿态。因艾纳克盛产铜，所以佛像和佛塔多以

图6-2-3
灰塑希腊化建筑葡萄纹饰带，梅斯·艾纳克，公元4—6世纪

图6-2-4
佛教壁画局部，梅斯·艾纳克，公元4—6世纪

图6-2-5　梅斯·艾纳克的佛塔遗迹，公元4—6世纪

图6-2-6
石雕立佛，梅斯·艾纳克，公元3—6世纪

图6-2-7
彩绘泥塑佛龛，梅斯·艾纳克，公元4—5世纪

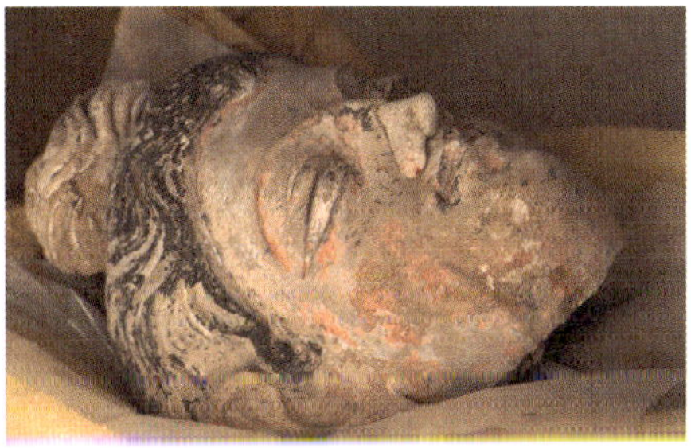

图6-2-8
彩绘泥塑佛头，梅斯·艾纳克，公元6世纪

图6-2-9
镀金泥塑佛头，梅斯·艾纳克，公元4—7世纪

铜箔装饰。早期和中期的佛像普遍具有希腊—罗马艺术风格特征，佛陀通常身着通肩大衣，衣纹自然垂坠，身体结构准确，立姿呈希腊雕塑常见的“对立式平衡”（Contrapposto），即身体重心在单侧承重腿。（图6-2-6、7）梅斯·艾纳克有一尊佛陀唇上有短髭的佛像，可能受到草原文化的影响。[1]（图6-2-8）还有一件镀金泥塑佛头，更似远东地区面孔，只是鼻梁较为挺直，尚存部分希腊式造像的痕迹。（图6-2-9）

1　吴焯:《佛教东传与中国佛教艺术》，第58页。

第三节 巴米扬

巴米扬位于兴都库什山中部海拔两千五百米左右的山谷中，是连接阿富汗南北地区的主要通道之一，曾经行旅云集，是犍陀罗地区的僧人、商队去往中亚和中国的必经之路。鼎盛时期，巴米扬在巴克特里亚到塔克西拉（Taxila）的贸易路线上占据关键地位。[1]作为丝路上核心的交通枢纽之一，巴米扬融合了印度、伊朗及西来的希腊文化要素，在佛教在中亚各地传播的过程中起到了至关重要的作用。

巴米扬山谷东西1.5公里，河谷北侧高60—150米的南向断崖上，现存751个大小不一的窟龛，构成一个石窟群体。这些石窟先后经历了贵霜、萨珊波斯、白匈奴和突厥四个时期。[2]约80个洞穴内有佛教内容，其他多有居住痕迹，除了用作佛窟外，也作为往来商队的临时住所和僧侣修行之地。法显曾于公元400年左右游历至巴米扬附近的那竭国，即今贾拉拉巴德（Jalalabad）。公元630年，玄奘（公元602—664年）亦拜访当时作为商业、佛教中心的巴米扬，目睹过这里的佛教盛况。[3]可惜的是，巴米扬大佛于2001年被塔利班炸毁。

巴米扬山谷石窟佛像以东、西两尊巨佛最有代表性，气势宏伟，形相庄严。两者之间分布着一些坐佛龛，有四尊高5—10米的坐佛。公元5世纪前后，雕塑信徒顶礼膜拜的大佛像成为印度西北部的佛教造像传统，佛像的用途也不再限于装饰佛塔。

东大佛位于155窟，高度为38米，下宽15米，约雕造于570年。（**图6-3-1**）玄奘在《大唐西域记》中这样记述东大佛："伽蓝东有鍮石

---

1 B. N. Puri, *Buddhism in Central Asia*, Delhi: Motilal Bamarsidass Publishers, 1996, p. 298.

2 巴米扬石窟最早的研究者阿尔弗雷德·福歇依据《大唐西域记》，认为巴米扬石窟最早可能开凿于公元3世纪前后。

3（唐）玄奘、辩机原著，季羡林等校注：《大唐西域记校注》卷一，第129—130页。

◀全貌

▼头部及残存波状发

图6-3-1
巴米扬东大佛，
约公元570年

释迦佛立像，高百余尺，分身别铸，总合成立。”[1]玄奘认为东大佛为释迦佛，书中记载大佛为“鍮石”所铸，鍮石是黄铜（铜锌合金）的古称，铜锌合金当时主要产于西亚一带，外观如黄金。可见玄奘所见大佛的佛身之上可能包裹了一层黄铜箔，金光耀目。如前文所言，金饰的传统来自埃及和罗马。虽然这里使用的可能是黄铜，但工艺是一致的。

东大佛一定程度上承袭了犍陀罗美术的表现传统，虽然头部略大、躯体敦胖，但整体比例协调。大佛的上臂在拍下影像资料前早已遭破坏，所以手臂的姿态不得而知。大佛的头部也已缺失，耳后还残存有希腊式的波状发。大佛身着罗马托加式样的长袍，[2]质感轻薄、透明却仍有一定重量感，身体结构因衣纹贴附而分明。左臂与身体间有

1 （唐）玄奘、辩机原著，季羡林等校注：《大唐西域记校注》卷一，第130—131页。
2 Sally Hovcy Wriggins, *The Silk Road Journey with Xuanzang*, p. 51.

分布均匀的衣褶波谷，并于双腿间呈U型垂落排列。但雕凿纹理与传统犍陀罗雕工相比稍显僵硬，细部衣纹写实性不足。大佛赤足站立，没有台座，与后方正壁间留有空隙，重心放于左腿之上，右膝向前稍稍弯曲，呈放松状。身体也略向右侧倾斜，右脚向前，符合重心位于一条腿上的古希腊立像“对立式平衡”特征。[1]这种站姿常见于约公元2—3世纪的犍陀罗雕塑中（**图6-3-2**），也影响到了中国的佛像艺术。如四川成都西门外万佛寺出土的“阿育王像”（传为阿育王所造的释迦牟尼佛像），佛陀跣足立于长方形底座上，通肩袈裟薄衣贴体，躯体轮廓分明。（**图6-3-3**）

东大佛的窟顶壁画场面宏大。绘制工序与中亚及敦煌的壁画类似，除了靛蓝外，颜料均为本地生产，涂抹于一层薄薄的细粉石膏之上。[2]佛头顶的中脊处，即壁画正中央的位置为琐罗亚斯德教的契约和光明之神密特拉（Mithra），他身着戎装，正面站立在四只有翼白天马拖拽的双轮战车之上，这承袭的是古希腊太阳神赫利奥斯（Helios）的形象。密特拉的下方为两位有翼女神，她们戴着头盔，手持长矛和盾牌，左边是古希腊智慧与战争女神雅典娜（Athena）和古代近东丰饶与情爱女神阿斯塔特（Astarte）的混合体，右边是古希腊胜利女神尼科（Nike），她在当时的中亚被称为乌巴拉塔特（Uparatat），体现出希腊文明与诸文化的交融。（**图6-3-4**）

东大佛以西400米的620窟，为西大佛所在地。西大佛约雕造于公元618年，高55米，下宽21米，为“从兜率天下生之弥勒”，[3]是世界上最大的雕刻立佛像。同东大佛一样，其在承袭了晚期犍陀罗

图6-3-2
石雕立佛，犍陀罗，公元2世纪后半叶

图6-3-3
成都万佛寺出土的“阿育王像”，南朝梁

1 E. H. Gombrich, *The Story of Art*, New York: Phaidon Press, 1950, pp. 51-52.
2 B. N. Puri, *Buddhism in Central Asia*, pp. 299-300.
3 ［日］宫治昭：《涅槃和弥勒的图像学：从印度到中亚》，李萍、张清涛译，北京：文物出版社，2009年，第329页。

线描图

复制品

局部

图6-3-4
巴米扬东大佛的窟顶壁画

佛像形式的基础上，吸纳了笈多时代马图拉造像的形式要素，受迦毕试样式的影响，衣纹刻槽较深，如被水浸湿般紧贴身体，具有波动的韵律感。肌肉立体感稍强，僵硬紧张感较弱，站姿挺阔。与犍陀罗风格相比，笈多风格更具印度本土艺术所追求的入世之美的形式特点。（**图6-3-5**）玄奘在《大唐西域记》中这样描述西大佛："王城东北山阿，有立佛石像，高百四五十尺，金色晃曜，宝饰焕烂。"[1]可见佛身应该也包有金箔或黄铜箔。（**图6-3-6**）

西大佛天穹顶上的壁画可见一些犍陀罗因素。科林斯式的柱头图案上出现了拱形与梯形相结合的龛式（**图6-3-7**），还装饰有罗马券拱结构与帷幕类纹样（**图6-3-8**）。菩萨形象采用的是前侧面观的形式，即"三面观"，绘画时的视角位于前侧面。（**图6-3-9**）这样的绘画方式，在西印度石窟，尤其在阿旃陀石窟中普遍应用。如阿旃陀第一窟守门神壁画"执莲花的菩萨"，与巴米扬的菩萨形象相似度很高。[2]（**图6-3-10**）阿旃陀石窟笈多或后笈多时期的壁画常用晕染法绘制，即通过着色的深浅浓淡来展现人体的轮廓与肌肉的隆起形态，巴米扬西大佛龛天井壁画也常用晕染法。一般认为，这种技法来自古希腊，罗马帝国以后传播到印度和中亚，后来通过丝绸之路进一步东传。

阿旃陀第2窟还有一处公元6世纪的表现女信徒献祭场景的壁画，画中几位体态呈三屈式并近乎全裸的女信徒，正走向鬼子母女神诃利帝的神龛，这也具有希

图6-3-5
马图拉石雕立佛，公元5世纪

图6-3-6
巴米扬西大佛，约公元610年

1 （唐）玄奘、辩机原著，季羡林等校注:《大唐西域记校注》卷一，第130页。

2 Nancy Hatch Dupree, *The Valley of Bamiyan*, Kabul: Afghan Tourist Organization, 1967, p. 40.

图6-3-7
西大佛壁画中的梯形龛形象

图6-3-9
西大佛窟顶壁画中的菩萨形象

图6-3-8
西大佛壁画部分的拱券结构与帷幕纹样

图6-3-10
持莲花菩萨画像，阿旃陀石窟第1窟，公元7世纪

图6-3-11
阿旃陀第2窟壁画中表现女信徒献祭的场景，公元6世纪

图6-3-12
西大佛佛龛壁画中的裸体天女形象

腊—罗马的风格特点。（**图6-3-11**）英国画家威廉·罗森斯坦（William Rothenstein，公元1872—1945年）和罗杰·弗赖（Roger Fry，公元1866—1934年）曾把这幅画与意大利画家波提切利（Sandro Botticelli，公元1445—1510年）的名作《春》相比。[1]西大佛龛天井壁画上也可见类似的裸体天女形象，似乎出自同一范本，依然是三面观表现形式。（**图6-3-12**）

巴米扬佛教艺术兴盛时期为5世纪中期至9世纪中期，虽距离希腊化时代久远，但希腊化艺术的影响因素依然可辨。樋口隆康在《巴米扬石窟》一书中指出，希腊与罗马均有制作大型神像的传统，巴米扬

1 王镛：《印度美术史话》，第100页。

大佛可以看作是西方传入的建造巨像和印度传来的礼拜佛像的观念所结合的最初尝试。[1]通过现有的残片可看出，巴米扬大佛为石胎泥塑，面部和身体上有一些马蜂窝状的密集小洞。这些小洞是当初建造之时，工匠们在垂直的山体上打下的木桩所留下的痕迹。佛像主体自砂岩山崖凿成，以这些木桩作为基础，用一层厚厚的掺有切碎秸秆的灰泥覆盖上，再覆盖一层灰浆，最后涂上颜料。[2]灰泥塑像在东部地中海地区渊源古老，传统深厚。希腊化时代受希腊文化影响较大的区域，如阿伊·哈努姆遗址，希腊风格的灰塑人像开始出现。（图3-1-17）东部地中海地区灰塑传统在罗马帝国时代发扬光大，对

图6-3-13
奈费尔提蒂像，埃及新王国第18王朝，约公元前1345年

图6-3-14
弥勒石雕坐像，巴米扬山谷寺院，公元7—8世纪

1 樋口隆康:《バーミヤーンの石窟》，京都：同朋舍，1980年，第123—124页。
2 Nancy Hatch Dupree, *The Valley of Bamiyan*, p. 40.

图6-3-15
巴米扬山谷伽蓝遗址

中亚产生直接影响，哈达灰塑的兴起就是这种影响的表现（参见本章第一节），巴米扬大佛的塑造亦是如此。石胎敷上灰泥再施以彩绘的技艺渊源可以追溯至埃及新王国时期，著名的奈费尔提蒂（Nefertiti，一译涅斐尔提提，约公元前1370—约前1330年）像就是使用这种技艺制作的，技艺上我们似乎可以将巴米扬大佛理解为奈费尔提蒂像的超大摩崖形式。（图6-3-13）

巴米扬山谷也尚存若干佛寺，存有佛教雕塑和壁画，艺术形态受笈多及萨珊风格影响较大，但也有希腊—罗马艺术的部分要素，如菩萨坐像拥有希腊式的标志性卷发。（图6-3-14）玄奘在《大唐西域记》中提到了一座伽蓝寺院："城东二三里伽蓝中有佛入涅槃卧像，长千余尺。其王每此设无遮大会。"[1]2002年，阿富汗考古协会发现了这座寺院遗存。其年代可以追溯至公元3世纪，希腊化特征较为明显，建筑外立面运用了希腊多利亚式的粗短立柱，每一面都可以看到四根，立面下方围绕一圈柱头装饰精美的细长立柱。（图6-3-15）

1（唐）玄奘、辩机原著，季羡林等校注：《大唐西域记校注》卷一，第132页。

第四节　丰都基斯坦

丰都基斯坦是大贵霜佛教艺术世界最西端的代表性遗址，位于戈尔班德河谷陡峭的山丘之上，距今喀布尔东北方向117公里。繁盛于公元7—8世纪，来自唐帝国的佛教影响反向扩大到了中亚诸国，该地成为连接印度到巴克特里亚和中亚的要道，中国僧侣大量涌入，印度的僧侣也迁徙至此。[1]丰都基斯坦地区作为阿富汗佛教艺术发展的最后阶段，是犍陀罗艺术持续发展并与萨珊波斯文化传统相结合的产物，并受到嚈哒及印度、中国艺术风格的影响，佛像装饰的世俗化由此盛行。

丰都基斯坦遗址建造在一处峭壁山坡的顶部，俯瞰南部的山谷。1936年，约瑟夫·哈金（Joseph Harkin）对其进行了第一次考古发掘。哈金认为这是一座拱形建筑，也有人认为这是一个开放型的长方形庭院。通过拱形通道，可以从佛寺通向另一座相邻的建筑。遗址由土坯建成，中间建有一座方形窣堵波，有着双层基础，装饰有小拱门和壁柱。墙壁四面开有佛龛，共有12个，为椭圆形拱顶，内有彩绘和镀金装饰的佛陀、菩萨及供养人塑像，由科林斯式壁柱和卷草纹样加以装饰，佛龛内外还绘有壁画。

“盛装的佛陀”制作于公元7—8世纪，为丰都基斯坦最具代表性的泥塑佛像。（图6-4-1）“装饰佛陀”这种形式在印度西北部及中亚地区广为流行，佛陀的衣饰华丽，身着三角形披肩式“袈裟”，缀满了繁复的珠宝装饰，同时佩戴有项饰与臂串。因受到萨珊波斯装饰风格的影响，注重华丽装饰细节的表现，这尊佛像打破了传统意义上佛陀清净、庄严的形象，以一种荣耀般的象征手段显明其神格。

1　Giovanni Verardi and Elio Paparatti, “From Early to Late Tapa Sardār: A Tentative Chronology,” *East and West*, Vol. 55, No. 1/4 (2005), pp. 437-438.

图6-4-1
“盛装的佛陀”彩绘泥塑像，丰都基斯坦，公元7—8世纪

图6-4-2
“两个那迦王”彩绘泥塑像，丰都基斯坦，公元7—8世纪

佩戴者的身份地位决定了首饰的丰富和华美程度，展示出来自古典世界、伊朗、欧亚草原和印度的形制和技艺。[1]这样的风格被冠名为“佛教洛可可”（Rococo Style Buddhism），追求赏心悦目的精致优美却不可避免地丧失了对佛教学说思想内容的表现。[2]佛陀也不再是高鼻深目的阿波罗式美男子形象，密集的螺发之下，是一张较为扁平的中亚本土人种特征的脸。早先犍陀罗艺术代表性的希腊式古典气质变得趋向于地方化与世俗化，这也符合当地游牧民族的审美取向。

除了萨珊波斯的美学特征外，丰都基斯坦塑像还拥有很强的印度意味，如“两个那迦王”像，显示当时的统治者积极参与佛教文化活动及其传播。[3]这尊塑像为灰泥材质，两个佩戴华丽珠宝项圈的半

1 G. A. Pugachenkova, et al., “Kushan Art,” in Janos Harmatta, B. N. Puri and G. F. Etemadi, eds., *History of Civilizations of Central Asia. Vol. II: The Development of Sedentary and Nomadic Civilizations: 700 B.C. to A.D. 250*, pp. 369–370.

2 Г. А. Пугаченкова и Л. И. Ренмпель, *Очерки Искусства средннии Азии*, p. 88.

3 B. N. Puri, *Buddhism in Central Asia*, p. 85.

裸王子面对面呈斜坐姿态。（图6-4-2）他们有着东方化的面庞，体态圆润，应是受到笈多艺术喜好表现裸体这一传统的影响，展现肉体所具有的生命力及丰美感，佛像半裸装扮成为晚期犍陀罗在中业发展出的常见样式之一。同样形态的还有这尊“王子夫妇”（图6-4-3），身着翻领服饰，支撑的肘部下放有衬垫，龛外带有阿堪突斯卷叶的希腊柱式装饰，显示出希腊化艺术遗产尚存的影响力。

丰都基斯坦的雕塑和壁画较之早期犍陀罗艺术，有着感官层面的热情与畅快酣然的生命力，佛陀的形象由天界走向人间世界。丰都基斯坦公元8世纪壁画菩萨像采用勾图线敷彩画法，用色明亮，与粟特地区的壁画风格相似。菩萨赤裸上身，于宝座上半跏趺坐，头戴冠饰，耳朵上坠有巨大的圆圈形耳饰。脖子上佩有连珠项圈，胳膊上有多重手镯、臂钏装饰。左手持婆罗门水瓶，右手持一朵蓝色的莲花，有着女性化的婀娜身姿，头倾斜向右肩，腰肢大幅度扭动，体态为印度艺术中表现人体美所常见的三屈式。（图6-4-4）丰都基斯坦同期一

图6-4-3
佛龛内的“王子夫妇”像，
泥塑，丰都基斯坦，
公元7—8世纪

图6-4-4
丰都基斯坦壁画菩萨像，
公元8世纪

图6-4-5
彩绘泥塑守护神像，丰都基斯坦，
公元8世纪

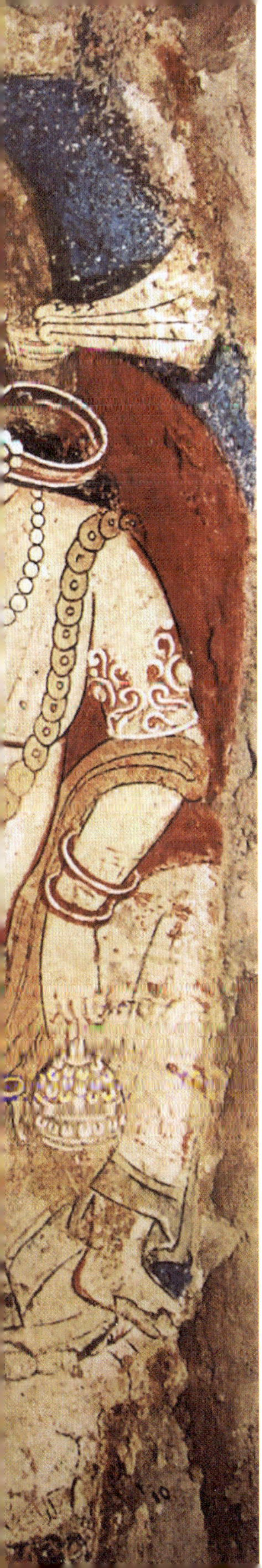

件彩绘泥塑守护神像也是这种形象。[1]（图6-4-5）菩萨采用松弛单盘坐姿，右手摆出教导的姿势，左手握着水瓶，线条跃动。随着佛教的东传，丰都基斯坦佛像世俗化的风潮逐渐影响了中国佛教艺术的装饰风格，克孜尔千佛洞与这些晚期犍陀罗风格在一定程度上相像。

结　语

伴随经贸与文化往来，佛教文化及其艺术样式在印度西北部及中亚地区广泛传播，展现了犍陀罗佛教艺术融汇东西方文化、艺术因素的特质。这些所谓的“后犍陀罗艺术”或“印度—阿富汗流派”吸收了希腊化的罗马艺术因素，形成了流派纷呈并具有鲜明特色的艺术体系。总体来看，犍陀罗艺术的风格越是发展到晚期，便越脱离鼎盛时期的古典主义美学风格，希腊、罗马的写实性表达与古典主义高贵、单纯、静谧的风格逐渐式微。

后期犍陀罗艺术汲取了希腊化、印度、波斯以及来自草原民族的遗风，在审美造型与空间形式上发生了显著的变化，其延续了希腊化所追求的强烈艺术效果，运用透视与解剖学原理，使用三维空间的处理方法，迎来了下一阶段新的蓬勃生机。佛教主题得到了多样性的视觉呈现，佛教造像也加入了当地民众的样貌特征，艺术表达更加自由，技巧愈发娴熟。因地制宜，灰泥、黏土等本地材质在这一阶段得到了

1　Benjamin Rowland, *The Art of Central Asia*, New York: Crown Publishers, Inc., 1974, p. 114.

大量的运用，打破了技术上的限制。灰泥雕塑艺术更是可以看作是印度—巴克特里亚的文艺复兴，[1]灰泥阶段哈达地区精美的灰泥塑像彰显了希腊化时代晚期理想美的准则，体现出犍陀罗艺术柔美的女性化特质与生命力，赋予雕塑对象内在沉思、内省的情感。爱好展现多神变造型的迦毕试样式使犍陀罗艺术由写实主义走向神秘主义，有着巨大佛像的巴米扬带来了对巨像的崇拜，希腊化因素中的写实性及尺度与比例的关系受到削弱，开始走向生硬与模式化，但这些都为佛像的大型化、规模化与东方化奠定了基础。丰都基斯坦在承袭希腊、罗马的通过骨骼和肌肉结构来展现人体的技法传统上，发展了繁复装饰、偏好裸露的世俗化佛教艺术，推进了犍陀罗艺术的世俗化进程。

（汪　璐）

1 B. Rowland, *Ancient Art from Afghanistan: Treasures from the Kabul Museum*, New York: Arno Press, 1976, p. 28.

第七章　犍陀罗佛教艺术在中亚地区的延续

希腊—巴克特里亚王国为希腊化艺术在兴都库什山以北中亚地区的演进奠定了基础。贵霜帝国时期，犍陀罗佛教艺术在该地区得到前所未有的发展。阿姆河流域中部河谷地带是早期贵霜帝国的发祥之地和中心区域，也是佛教及其艺术在中亚传播的起点。在希萨尔山（Hissar）以北的粟特地区（Sogdia），琐罗亚斯德教的势力相对强大，佛教影响较小，但来自罗马和帕提亚的希腊化艺术也有体现。犍陀罗艺术的影响甚至波及天山西侧的费尔干纳盆地和阿姆河下游的花剌子模。

第一节　巴克特里亚地区及木鹿

就古代的地理范围而言，巴克特里亚指兴都库什山北麓至阿姆河（Amu Darya）以南的地区。但不论是波斯帝国时期，还是亚历山大帝国、塞琉古王国，巴克特里亚总督的管辖范围实际上包括了阿姆河与锡尔河之间的索格底亚那地区。自波斯帝国以来，尤其是亚历山大征服之后，这里与地中海地区一直保持着较为密切的商业与文化联系。

公元前3世纪中期巴克特里亚希腊人王国建立之后，这里更是成为希腊化世界的一块飞地，是“远东希腊文明圈”的核心区域之一。[1]在长达数百年的时间里，希腊式的宗教、建筑、雕塑、钱币和金属器皿的铸造技术在这里流传。[2]

公元之后，贵霜帝国继承了此地的希腊化文明要素，将其融入佛教艺术之中。代表性的佛教遗址有达尔维津·特佩（Dalverzin Tepe）、苏尔赫·科塔尔（Surkh Kotal）、铁尔梅兹（Termez）、阿尔塔姆（Airtam）等。希腊式佛教艺术向西最远波及马尔吉亚那（Margiana）的木鹿（Merv，梅尔夫），向北传至费尔干纳盆地和天山一带，向东则传入中国新疆地区。

一、苏尔赫·科塔尔的贵霜遗存

苏尔赫·科塔尔位于今阿富汗巴格伦省首府波尔—伊—科姆里（Pol-e-Khomri）西北19公里处的高山上，属于公元2—3世纪间贵霜帝国的遗址群。遗址占地18公顷，山坡上有巨大的台阶，分五级上升，高大的墙壁两侧是矩形的塔楼，保护着环绕庭院的走廊，中央矗立着

图7-1-1
苏尔赫·科塔尔火神庙复原图

1 杨巨平：《远东希腊文明的文化遗产及其历史定位》，《历史研究》2016年第5期。

2 Peter Green, *Alexander to Actium: The Historical Evolution of the Hellenistic Age*, London: Thames and Hudson, 1990.

图7-1-2
带佛坐像的科林斯式双饰带石柱头，
苏尔赫·科塔尔，公元2世纪

图7-1-3
带科林斯式双饰带柱头
的石壁柱，苏尔赫·科
塔尔，公元2—3世纪

迦腻色伽时代建造的神庙。[1]神庙整体像是古希腊列柱式建筑的变体，其外部为一圈有柱廊的门廊，列柱为希腊与波斯混合风格。雕刻装饰体现出了不同艺术倾向的融合，包括东方传统的浸润。[2]（图7-1-1）建筑材料上，使用了希腊—巴克特里亚王国时期常见的土坯砖，放置佛教造像的台基则用大型方砖或方土建造，有石灰岩材质石板贴面，石壁柱柱头装饰题材来自希腊、印度、波斯、欧亚草原等多地。[3]

苏尔赫·科塔尔的雕塑为巴克特里亚本土艺术的存在及其与犍陀罗的关系提供了证据。[4]值得一提的是带有佛陀形象的科林斯式柱头，其装饰分为上下两部分，佛陀突出于阿坎瑟斯叶装饰中。（图7-1-2）柱头整体的梯形外形是源自波斯的传统，结构上又接近于罗马晚期和拜

1 G. A. Pugachenkova, et al., "Kushan Art," in János Harmatta, B. N. Puri and G. F. Etemadi, eds., *History of Civilizations of Central Asia. Vol. II: The Development of Sedentary and Nomadic Civilizations, 700 B. C. to A. D. 250*, Paris: UNESCO Publishing, 1996, p. 326.

2 John M. Rosenfield, *Dynastic Arts of the Kushans*, Berkeley and Los Angeles: University of California Press, 1967, pp. 165-167.

3 Г. А. Пугаченкова, *Искусство Гандхары*, Москва: Искусство, 1982, p. 40.

4 G. A. Pugachenkova, et al., "Kushan Art," in Janos Harmatta, B. N. Puri and G. F. Etemadi, eds., *History of Civilizations of Central Asia. Vol. II: The Development of Sedentary and Nomadic Civilizations: 700 B.C. to A.D. 250*, p. 353.

占庭早期的柱头形式，其装饰题材既与古希腊罗马传统有关，也与古代东方传统有关。[1]（图7-1-3）

二、铁尔梅兹的佛寺艺术

铁尔梅兹位于苏尔汉河（Surxondaryo/Surkhandarya）流入阿姆河位置的西侧。公元前329年，亚历山大路经此地，开启了该地的希腊化进程。贵霜帝国时期，这里是阿姆河河谷地区的中心城市，犍陀罗艺术及其携带的希腊—罗马文化要素也传播到这里。

贵霜时期，铁尔梅兹古城（Old Termez）佛教兴起。当地出土的一件公元1—2世纪的建筑石雕构件，展现了一位菩萨与一位执花女子的站立形象，人物衣着和姿势体现出犍陀罗艺术的特点。（图7-1-4）

图7-1-4
菩萨与执花女子石雕，铁尔梅兹古城，公元1—2世纪

在铁尔梅兹古城西北2公里的山丘上，有一处贵霜时代的佛寺遗址，名为法雅兹·特佩（Fayaz Tepe），主要遗存的年代为公元1—3世纪，可见一定数量的具有希腊—罗马风格特点的佛教题材泥塑、石雕与壁画。

一件公元1—3世纪有佛陀与侍者高浮雕像的石龛具有犍陀罗风格。它由盛产于阿姆河右岸山间的白色石灰岩制成，[2]上覆有金箔。佛陀结跏趺坐在菩提树下，身后由中心向外发散的菩提树叶透雕巧妙地表现头光和背光，佛龛为椭圆形，上带尖拱，拱形结构则源自罗马的影响。（图7-1-5）

图7-1-5
佛陀与侍者石龛，法雅兹·特佩，公元1—3世纪

---

1 Б. Я. Ставиский, *Искусство среднии Азии*, Москва: Искусство, 1974, p. 108.
2 Г. А. Пугаченкова и Л. И. Ренмпель, *Очерки Искусства среднии Азии*, Москва: Искусство, 1982, p. 67.

图7-1-6
彩绘泥塑如来立像，法雅兹·特佩，公元1—3世纪

图7-1-7
男子像壁画残片，法雅兹·特佩，公元3—4世纪

图7-1-8
壁画中的亚历山大大帝形象，法雅兹·特佩，公元1—4世纪

另有一件公元1—3世纪的泥塑菩萨立像，在外施一层白膏泥的基础上，加以彩绘。造型虽然符合骨骼和肌肉解剖学的范式，但呈现出的却不是希腊式的真实人体观感，白色施色让皮肤的柔软质感被削弱，宗教感加强，带有中亚本土化特点。（图7-1-6）其柔和的造型特征和神秘微笑让人想起了古希腊古典晚期雕塑师普拉克西特勒斯的作品风格。这种女性化的发展趋势，可能与中亚地区古老的母神崇拜传统有关。[1]中亚地区对母亲女神的祭祀起源于新石器时代，希腊化时代这一古老题材有所复兴。[2]

法雅兹·特佩的壁画使用了古希腊的晕染法，利用光影效果突出形象的立体感。（图7-1-7）壁画中还出现了亚历山大大帝的形象。他头部的山羊角是神格的象征，体现出希腊主神宙斯（Zeus）和埃及太阳神阿蒙神（Amun）混合的性质。（图7-1-8）

1 G. A. Pugachenkova, et al., "Kushan Art," in Janos Harmatta, B. N. Puri and G. F. Etemadi, eds., *History of Civilizations of Central Asia. Vol. II: The Development of Sedentary and Nomadic Civilizations, 700 B. C. to A. D. 250*, p. 334.

2 Г. А. Пугаченкова и Л. И. Ренмпель, *Очерки Искусства среднии Азии*, p. 43.

这样的亚历山大形象多见于希腊化时代的钱币上。（图7-1-9）

法雅兹·特佩以南的卡拉·特佩（Kara Tepe）有一处佛教建筑群，始建于公元1世纪，繁盛于公元3—4世纪。佛寺的建筑布局安排更接近于近东和中东风格，封闭的佛寺中包含一圈较为狭窄的廊道。[1]（图7-1-10）建筑由土坯砖和灰泥浇筑制作而成，立柱为波斯—希腊混合式样。还有一种颇能体现希腊化要素的建筑饰带和柱头形式，即阿堪突斯叶中心雕有小型的人像，体现了印度—希腊人王国的造型传统（参见图3-2-14）。卡拉·特佩此类建筑饰带和柱头中的人像有希腊神（图7-1-11），也有佛陀（图7-1-12）。柱头的阿堪突斯叶上出现人物或动物形象最早见于希腊古典晚期至希腊化时期。（图7-1-13、14）罗马帝国早期，亦有人脸形象见于科林斯式柱头阿堪突

图7-1-9
四德拉克马银币正面，土耳其兰普萨库斯（Lampsakos）出土，公元前305—前281年

图7-1-11
带赫拉克勒斯侧卧像的印度—科林斯式柱头，卡拉·特佩，公元2世纪

图7-1-10
卡拉·特佩公元2—4世纪寺庙院落复原图

图7-1-12
阿堪突斯叶丛中的佛陀石雕残件，卡拉·特佩，公元3世纪

1 B. N. Puri, *Buddhism in Central Asia*, Delhi: Motilal Bamarsidass Publishers, 1996, p. 40.

图7-1-13

科林斯式柱头，石灰石雕，南意大利的古希腊殖民地，公元前4—前3世纪

图7-1-15

“朱庇特柱”（Jupiter Column）柱头（此面人物形象为狄奥尼苏斯），英国南部罗马帝国驻地科林尼亚姆（Corinium），公元2世纪晚期—3世纪早期

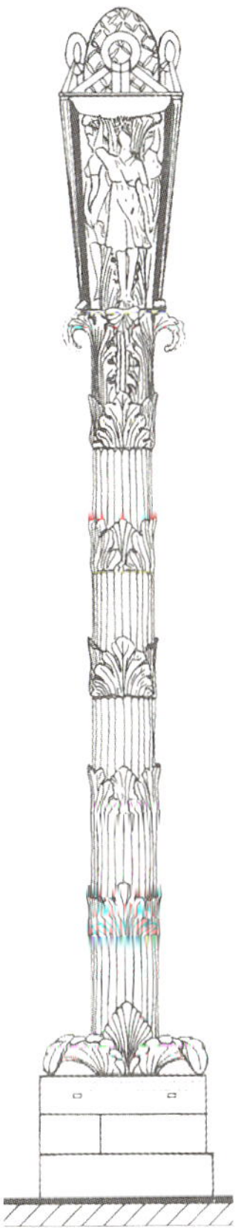

全貌线描图

遗存的柱顶部分

图7-1-14

阿堪突斯柱，亦称“德尔斐（Delphi）舞者”，希腊德尔斐阿波罗神庙，公元前330—前325年

图7-1-16

有宙斯头像的科林斯式柱头，土耳其萨尔迪斯（Sardis），罗马帝国，公元3世纪早期

斯叶丛的正上方。[1]公元2世纪以来，这种柱头见于罗马帝国全境。（图7-1-15、16）在帕提亚帝国，亦可见到此类柱头的地方版本。（图2-4-17）

---

1 Ahmed M. Bassioni, *The Alexandrian Corinthian Capital and its Role in the Evolution of the Corinthian Order in Hellenistic, Roman, and Late Roman Architecture: A Comparative Study (3rd century BC-7th century AD)*, Oxford: Archaeopress, 2022, p. 70.

图7-1-17
彩绘泥塑坐佛，卡拉·特佩，公元2世纪

图7-1-18
石雕人像残件，卡拉·特佩，公元3—4世纪

图7-1-19
彩绘泥塑佛头，面部和头光光芒处镀金，卡拉·特佩，公元3世纪

在大殿地下室中，发现了单独设龛的佛陀和菩萨的塑像，表面覆彩，与同时代哈达的灰塑风格类似。（**图7-1-17**）还出土了有着希腊—罗马装饰风格特点的浮雕人像，面部较东方化，人种特点较为突出。（**图7-1-18**）

卡拉·特佩的一件公元3世纪的彩绘泥塑佛头，佛面部全部镀金，为中亚地区已知最早的金饰泥塑，可能得益于罗马的影响。其发际处用深色线条加以描绘，此手法源于犍陀罗，但与犍陀罗的眼部下缘线条用红色表现不同，而与中国新疆地区的手法一致。[1]这种细节样式的变化与呼应关系可能揭示了犍陀罗艺术经由中亚东传新疆的路径。（**图7-1-19**）

1 ［日］村田靖子：《佛像的系谱：从犍陀罗到日本——相貌表现与华丽的悬裳座的历史》，金申译，上海：上海辞书出版社，2002年，第80—81页。

图7-1-20
佛陀及供养人壁画，卡拉·特佩，公元2—4世纪

卡拉·特佩建筑墙壁的四周用细石膏灰浆打底，以黏土灰浆做抹平处理，墙壁上有壁画残存。这里的壁画是一种以胶为基础的蛋彩画，绘制于厚重的黏土层之上。[1]有一处描绘佛陀及供养人，运用了来自希腊—罗马的远景画法，一排树的弧线构图打破了画面背景的封闭性，并参照了罗马绘画中光影的节奏处理，佛陀头后有一圈光轮，肉髻在头顶盘成蜗牛状。（图7-1-20）这是源自前贵霜时期的一种理想化的形象定式，[2]其周身有白色的头光和背光，制造出神圣的光影氛围。左侧为三位侧身面对佛陀的供养人，在早期犍陀罗艺术中，供养人是不以这样的侧面形态呈现的，这一形态的转向，影响到了之后的

---

1 G. A. Pugachenkova, et al., "Kushan Art," in Janos Harmatta, B. N. Puri and G. F. Etemadi, eds., *History of Civilizations of Central Asia. Vol. II: The Development of Sedentary and Nomadic Civilizations: 700 B.C. to A.D. 250*, p. 338.

2 G. A. Pugachenkova, et al., "Kushan Art," in Janos Harmatta, B. N. Puri and G. F. Etemadi, eds., *History of Civilizations of Central Asia. Vol. II: The Development of Sedentary and Nomadic Civilizations: 700 B.C. to A.D. 250*, p. 385.

佛教壁画人物的艺术范式。[1]还有一处供养人侧面头像，也使用了源自古希腊的晕染技法，表现出了人物的立体感。[2]（图7-1-21）

图7-1-21
供养人侧面头像壁画，卡拉·特佩，公元2—3世纪

今铁尔梅兹东侧的阿尔塔姆，建城年代为公元前2世纪至公元初，存续至公元3世纪。遗址出土的佛教遗存希腊化色彩浓郁，一定程度上保留着犍陀罗艺术的表现形式。

最著名的出土物为一组拼接而成的希腊化风格建筑装饰石板，位于佛寺入口的上部，现存8块，类似于高高环绕在古希腊神庙建筑上的饰带。石板上有14个人物，为贵霜时期巴克特里亚女性乐师形象，[3]手持双管笛、鼓、诗琴、竖琴和铙等乐器。[4]这类乐舞形象可能与佛教天人造型的演变存在一定关系。乐师之间用希腊—罗马风格的阿堪突斯叶纹作为衬托与间隔，雕塑延续了希腊艺术严谨、准确的造型特色，人物有着蓬松卷发，鼻部与额部线条相连，是古典式的面貌轮廓，体现出犍陀罗艺术自然主义的影响。[5]石板不仅雕刻出乐师的衣着与配饰细节，甚至还仔细刻划出了面部表情与弹奏指法。工匠充分领会了人体动态知识，肌肉富有弹性。除了希腊化的特征之外，这些

1 B. Stavisky, "Kara-Tepe in Old Termez: A Buddhist Religious Centre of the Kushan Period on the Bank of Oxus," *Acta Academiae Scientiarum Hangaricae*, Vol. 28, No. 1-4 (1980), p. 117.

2 Мкртычев Тигран Константинович, *Буддийское искусство Средней Азии (I-X вв.)*, Москва: Академкнига, 2002, p. 203.

3 E. Yarshater, ed., *The Cambridge History of Iran: Seleucid Parthian*, Cambridge: Cambridge University Press, 1983, p. 956.

4 Б. Я. Ставиский, *Искусство среднии Азии*, p. 93.

5 Kurt A. Behrendt, *The Art of Gandhara: In the Metropolitan Museum of Art*, New Haven and London: Yale University Press, 2007, p. 89.

奏乐者的人种特征明显，脸型圆润，下颌宽厚，眼梢向上挑。戴着头巾、腕饰的服装样式，还具有草原文明的地方特色，是希腊化艺术与中亚本土风格融合的范例。（图7-1-22）

三、达尔维津·特佩的佛教雕塑

达尔维津·特佩位于苏尔汉河上游西侧，由希腊—巴克特里亚人建于公元前3世纪，繁盛于贵霜帝国时期，衰落于公元5—6世纪嚈哒人控制时期，公元8世纪伊斯兰时期遭废弃。该城市呈矩形状，围绕一座中心城堡而建，建筑物平行排列，内设政治军事区、住宅区、陶工区与宗教区等，外围有厚重城墙作为防御工事。

达尔维津·特佩的主要佛教遗迹为两座佛教寺院，基本布局为三个回廊环绕一个大窣堵波，每个回廊连接一间院落。寺院内装饰有大量泥塑，通常以木杆做支架，敷泥造像，泥像上敷一层粗布，再覆以细致的黏土或灰泥塑造表面，然后进行彩绘，也有单纯以灰泥造像的。塑像均为圆雕，但因为多靠墙而立以适配于建筑的结构设计，背面制作通常较为简易。[1]

其泥塑整体具有一定的贵族人文色彩，通常面目沉静、矜持，雕刻技法与希腊相似，人种特征为黑发，弯曲隆起的眉弓与鼻梁相连，

图7-1-22
阿尔塔姆浮雕石板，
公元1—2世纪

1 Г. А. Пугачснкова и Л. И. Рснмпсль, *Очерки Искусства средншı Азии*, p. 58.

眼窝凹陷并形成阴影，嘴唇较薄。如一件头戴塞种尖帽的贵霜王子头像，表现的是一位年轻的王子，面部写实，装饰华丽，气度尊贵。（**图7-1-23**）又如一件女性头像，她可能为当地王族及亲随，蜷曲的卷发整齐堆叠于额间，戴有贵霜式的项饰，表情淡然，似在虔诚发愿。（**图7-1-24**）右袒式叉腰菩萨像（**图7-1-25**）与菩萨立像（**图7-1-26**）均袒露上身，肌肉逼真、健硕，动势自然，按佛教着色规范披红色袈裟，头部戴冠，下身着游牧民束腰衣袍，有颈饰和璎珞装饰。头发等细部构件为单独预制塑造后粘连，[1]这种方法在犍陀罗和阿富汗的大贵霜中心地区并不多见，可能和草原民族分批制作的金器工艺传统有关。

达尔维津·特佩的佛教塑像，符合犍陀罗艺术和哈达地区雕塑的图像学特征，面部表现细腻生动但却鲜有激情化的呈现，缺乏性格与情绪感染力。这种理想化的表达方式，不仅受到大乘佛教本身教义的影响，也符合贵霜这一东方君主制大国的艺术形象需求，[2]诠释了雕塑发展的新趋势，即肖像刻画的重点由具有特色的个人化转向形式化。[3]达尔维津·特佩的雕塑具有希腊化的犍陀罗写实雕刻艺术和草原艺术混合的特点，是贵霜艺术的新发展。

四、木鹿的佛教艺术

巴克特里亚西侧为马尔吉亚那地区，[4]这里的一座古城木鹿也受到了贵霜帝国佛教艺术的熏染。它位于今土库曼斯坦南部穆尔加布河流域的一处绿洲，是丝绸之路中段的代表性城市。木鹿出土的希腊化

---

1 Г. А. Пугаченкова и Л. И. Ренмпель, *Очерки Искусства средниии Азии*, p. 58.

2 Г. А. Пугаченкова и Л. И. Ренмпель, *Очерки Искусства средниии Азии*, p. 64.

3 G. A. Koshelenko and V. N. Pilipko, "Parthia," in Janos Harmatta, B. N. Puri and G. F. Etemadi, eds., *History of Civilizations of Central Asia. Vol. II: The Development of Sedentary and Nomadic Civilizations, 700 B. C. to A. D. 250*, p. 147.

4 Benjamin Rowland, *The Art of Central Asia*, New York: Crown Publishers, Inc., 1974, p. 76.

图7-1-23
泥塑贵霜王子像，达尔维津·特佩，公元1—2世纪

图7-1-24
灰塑女像，达尔维津·特佩，公元1 2世纪

图7-1-25
泥塑叉腰菩萨像，达尔维津·特佩，公元2 3世纪

图7-1-26
泥塑菩萨立像，达尔维津·特佩，公元2—3世纪

风格遗存丰富，如希腊式柱廊宫殿、希腊式佛教雕塑等。

在木鹿一座建于3世纪后半叶的佛塔中，出土了一尊体量巨大的泥塑彩绘佛像，按照犍陀罗佛像的形制规范制作。现只残存头部，高70厘米，[1]用黏土和芦苇作为黏合媒介，并覆盖了一层灰泥作为施彩的基础。[2]（图7-1-27）如前文所述，中亚希腊化时代灰泥的使用受到罗马的影响。在木鹿的另一处公元5世纪后建造的佛塔内，发现了从域外引进的属于公元2—3世纪的犍陀罗风格浮雕，为岩板质地，雕刻有佛陀、菩萨、供养人以及竖琴乐师。[3]

图7-1-27
彩绘佛头残件，木鹿，公元4—5世纪

木鹿出土的一些公元4—6世纪的佛像，具有印度本土造像的特征。[4]右侧这件石雕佛像头部已缺失，可看出造型承袭犍陀罗的形式，右侧这件石雕佛像头部已缺失，从端正稳定的结跏趺坐姿态可看出造型承袭了犍陀罗的形式，肉身曲线的写实性表现、袈裟衣褶的细腻处理均是希腊式的。下层浮雕仿效希腊—罗马神庙雕刻，人物横列呈一字排开，强调建筑物作为故事背景，构件繁复，可以证明木鹿与犍陀罗地区存在一定的文化交流关系。[5]

图7-1-28
佛陀坐像，木鹿，公元4—5世纪

---

1 Г. А. Пугаченкова и Л. И. Ренмпель, *Очерки Искусства средnии Азии*, p. 68.

2 Benjamin Rowland, *The Art of Central Asia*, p. 76.

3 Г. А. Пугаченкова и Л. И. Ренмпель, *Очерки Искусства средnии Азии*, p. 68.

4 G. A. Pugachenkova and Z. I. Usmanova, “Buddhist Monuments in Merv,” in A. Invernizzi, ed., *In the Land of the Gryphons: Papers on Central Asian Archaeology in Antiquity*, Firenze: Le lettere, 1995, p. 65.

5 G. A. Pugachenkova and Z. I. Usmanova, “Buddhist Monuments in Merv,” in A. Invernizzi, ed., *In the Land of the Gryphons: Papers on Central Asian Archaeology in Antiquity*, p. 80.

第二节　费尔干纳、粟特和花剌子模地区

费尔干纳（Ferghana）地区位于天山西侧的盆地地带，今乌兹别克斯坦东北部。西汉时称大宛，唐代称拔汗那、宁远。公元658年，唐代于此设立休循州都督府。历史上，佛教经费尔干纳盆地、伊塞克湖流域传播至塔里木北道尉头、温宿、姑墨、龟兹与车师诸国。阿姆河与锡尔河之间的泽拉夫善河（Zeravshan River）一带（即粟特地区）是丝绸之路在中亚的枢纽区域，佛教艺术在此地也有所发展。粟特西北侧阿姆河下游的花剌子模地区，也存在犍陀罗艺术影响的迹象。

图7-2-1
泥塑佛教人像头部残件，库瓦，公元7—8世纪

一、费尔干纳地区的佛教遗存

在费尔干纳盆地，库瓦（Quva）古城的佛教艺术最具代表性。古城建造年代约在公元5—8世纪，出土的泥塑佛教人物塑像年代为公元7—8世纪，证实了佛教在费尔干纳地区的传播。有些佛像保留有希腊式的卷发与帽饰。（图7-2-1）其中一件非常引人注目，夸张的神态具有希腊化艺术的戏剧效果（图7-2-2），整体及眉眼细部的刻画使人联想到阿伊·哈努姆的面具型出水口（参见图3-1-16）。这种源于希腊喜剧演出的面具造型，在巴克特里亚北部地区多有发现。

图7-2-2
泥塑佛教人物头部残件，库瓦，公元7—8世纪

二、粟特的佛教艺术遗存与犍陀罗艺术在花剌子模的影响

在粟特，与佛教艺术相关的遗存主要见于粟特西侧的瓦拉

赫沙（Varakhsha），花剌子模托普拉克—卡拉（Toprak-Kala）的宫殿遗存也体现出犍陀罗艺术的影响。

瓦拉赫沙遗址位于今乌兹别克斯坦布哈拉西北39公里处，年代在公元2—11世纪。1954年，此地发掘出了宫殿遗址。宫殿坐落于城堡内，建造于公元7、8世纪之交。宫殿的墙壁上有创作于公元6—8世纪的佛教主题壁画，为蛋彩画，底层为一层稀释的黏土，以一定节奏韵律间隔描绘了几组骑象猎兽的场景。骑在白象上的人物赤裸上身，可能是印度教之神帝释天（Indra），也有可能是大乘佛教四大菩萨之一的普贤菩萨（Samantabhadra），他的坐骑便是六牙白象。（**图7-2-3**）壁画中大象的牙齿是由下颚生长出来的，体型与猛兽不成比例，由此可见绘制者可能并没有见过实体大象。[1]瓦拉赫沙红色大厅中大象的形

图7-2-3
瓦拉赫沙宫殿“红色大厅”壁画

1 Б. Я. Ставиский, *Искусство средннии Азии*, p. 222.

态与铁尔梅兹出土的“莲花中的大象”石雕相似（图7-2-4），体现了中亚地区对希腊化艺术语言的融汇。

托普拉克—卡拉位于今乌兹别克斯坦西部的卡拉卡尔帕克斯坦（Karakalpakstan），其宫殿约由花剌子模统治者阿尔塔夫（Artav/Artabanus）主持兴修于公元1—2世纪，存至公元5世纪。[1]该遗址“上宫殿区”（Upper Palace）的“胜利厅”（Hall of Victories）、“东北厅”（North-eastern Hall）和“君王厅”（Hall of Kings）均发现了身穿希腊风格长袍的站立女性人物泥塑浮雕，为犍陀罗希腊式佛教艺术的风格，反映了贵霜帝国的影响。[2]（图7-2-5）

图7-2-4
“莲花中的大象”，铁尔梅兹，公元2—3世纪

1 Boris V. Adrianov and Simone Mantellini, *Ancient Irrigation Systems of the Aral Sea Area: Ancient Irrigation Systems of the Aral Sea Area*, Oxford and Philadelphia: Oxbow Books, Ltd., 2013, p. 38.

2 Michele Minardi, “The Ancient Chorasmian Unbaked-clay Modelled Sculptures: Hellenistic Cultural ‘Impacts’ on an Eastern Iranian Polity,” *Religion, Society, Trade and Kingship. Art and Archaeology in South Asia Along the Silk Road 5500 BCE-5th Century CE*, (January 2020), pp. 195-205, figs. 7, 9, 11.

图7-2-5
身穿希腊风格长袍的站立女性人物泥塑浮雕，托普拉克—卡拉“上宫殿区”出土，公元3—4世纪早期

结　语

犍陀罗艺术在中亚地区的进一步传播与演化，佐证了古代中亚作为文明十字路口的文化多元性，以及与印度、伊朗、东地中海和中国的密切关联。从这些中亚希腊化城市的遗址及出土文物可以看出，中亚地区的工匠已经掌握并深化了古罗马晚期与犍陀罗艺术的技艺传统，继承了希腊罗马化世界的优美造型与和谐空间形式。希腊化佛教艺术在保持犍陀罗艺术母题与美学规则的基础上，组合了萨珊波斯、贵霜文化、印度文化和草原文化等诸多文化因素，并嫁接于巴克特里亚本土的崇拜传统与审美需求，从而增添了新的造型与装饰主题，演化出对佛教艺术产生影响深远的新主题、新形象及新风格，深化了晚期犍陀罗艺术的地域化发展。

阿尔塔姆、巴尔赫、木鹿等城市创造出了融入佛教题材的波斯、希腊式混合柱式，制模或手工制作的彩绘泥塑雕像也普遍流行。从艺术风格学的角度来说，中亚晚期犍陀罗艺术多姿容古朴，并逐渐走向生硬，有着朴素的艺术情感与美学效果。铁尔梅兹、法雅兹·特佩地区结合当地女神崇拜的传统，开创了佛像女性模式化的先河，面部与服饰风格反映出亚洲区域的民族特征。

希腊化时代中亚艺术的最大特点便是混合主义，犍陀罗艺术传入中亚后延续了这一特点，本土化、多元化的程度加深。其后，犍陀罗艺术经由中亚向东越过帕米尔高原，到达中国新疆的塔里木盆地，并逐渐传入中原地区。从龟兹、敦煌、麦积山、龙门、云冈等佛教石窟，都或多或少地可以捕捉到来自中亚地区的艺术构思与形式语言。

（汪　璐）

第四编

丝绸之路上的希腊化艺术

在欧亚草原上，早在亚历山大东征之前，希腊文化对斯基泰人（Scythians）的艺术就产生了很大影响。斯基泰人在欧亚草原上非常活跃，斯基泰艺术中所包含的希腊元素也就传播到了中亚地区。在黑海北岸的斯基泰人故地，公元前2世纪，萨尔玛提亚人（Sarmatians）取代斯基泰人成为草原霸主，他们整体上继承斯基泰艺术及其中所包含的希腊文化因素，后来还受到罗马文化和艺术的明显影响。希腊—罗马艺术通过萨尔玛提亚人传播到了中亚，体现在贵霜早期艺术中，并成为犍陀罗艺术的重要来源之一。

希腊化艺术通过丝绸之路向东传播，不仅体现在形式上，也体现在内容上，其中最明显的例子就是希腊神的传播。希腊化时代，“希腊化远东地区”的艺术中出现了大量希腊神的形象，这与希腊式城市的建立和希腊移民在当地城镇的文化中处于主导地位很有关系。贵霜帝国时期，希腊神和其他地方神一起融入到贵霜艺术中，进而被犍陀罗艺术吸收、改造。所以，当佛教在贵霜帝国获得发展，并以大乘佛教的形式体现出明显的世界性宗教的属性时，我们在佛陀、菩萨以及其他佛教相关神灵的形象中也看到了希腊神的身影。

第八章　草原丝路艺术及其希腊化因素的东传

在探讨古希腊与波斯、印度、中亚及中国等几大文明的关系时，我们往往无法回避在欧亚大陆上与其平行发展的草原游牧民族文化。有大量的证据表明，这几大文明与邻近的草原游牧民族之间的互动从很早以前就开始了。逐水草而居是这些游牧民族的共同特征，他们在欧亚草原上繁衍、迁徙、贸易、争战和掳掠，这一方面使得他们自身的文化得以扩散，另一方面，通过欧亚大陆游牧民族之间的不断转手，及他们与各文明间的交流，东西方文明成果也被传播到更远的地方。

大约公元前8世纪—公元2世纪，在欧亚草原上活跃着一支被古代史学家统称为斯基泰人（Scythians）的民族。由于特殊的活动范围和流动性、加之和南面定居文明的长期接触，他们在欧亚东西方文明的传播上扮演了重要的角色，其中包括与希腊世界的文化交流。公元前7—前3世纪，狭义的斯基泰人生活在欧亚草原西部的北高加索、黑海北岸一带，约为希罗多德《历史》第四卷记述的“王族斯基泰人”和“游牧斯基泰人”；广义的斯基泰人可泛指前一千纪或稍晚欧亚草原上的东伊朗语民族，包括当时生活在南西伯利亚和中亚一带的塞人（Sakas）。

据希罗多德记载，斯基泰人在位于东面的马萨格泰人（Massagetae）的压力下，逃到辛梅里亚（Cimmcria），[1]即今黑海北侧的克里米亚（Crimea）一带。考古学上最早发现的斯基泰物质遗存也是在欧洲草原的环黑海地区。那里的斯基泰人习惯于接受与他们本身非常不同的艺术表现体系。其艺术品中的形象塑造和叙事技巧，将欧亚草原传统题材与希腊古典艺术的精湛工艺及自然写实主义表现结合，于是19世纪学者创造出"希腊—斯基泰艺术"一词，指称黑海一带的斯基泰名贵艺术品。不过，从"阿姆河宝藏"中的一些文物，我们也能看出希腊—斯基泰艺术传统甚至传播扩散到了阿黑门尼帝国时期的东境和北境。即使是位于欧亚草原东部的斯基泰文化遗址，如巴泽雷克（Pazyryk），那里发现的一些器物的母题和制作工艺，也是来源于古希腊艺术传统。

希腊化时代，源于欧亚草原中部的萨尔马提亚人（Sarmatians）向西发展，取代斯基泰人，成为在南俄草原上的主要民族。萨尔马提亚人的艺术，在继承和吸收斯基泰人艺术元素的基础上，又有了更多的发展和突破。

第一节　前亚历山大时期的草原丝路艺术及其对希腊化艺术的影响

一、希腊—斯基泰艺术

希腊—斯基泰艺术融合了东方元素和来自黑海北部海岸希腊城

1 Herodotus, *The Persian Wars*, 4.11, with an English translation by A. D. Godley, Cambridge, Mass.: Harvard University Press, 1921.

邦古典艺术的影响。这种结合赋予希腊—斯基泰艺术精致而独特的品质。博斯普鲁斯王国（Bosporan Kingdom）是黑海地区的一个希腊人与斯基泰人混居的王国，是在希腊早期殖民城市的基础上形成的。其领土包括辛梅里亚的博斯普鲁斯（Bosporus），即今天的刻赤（Kerch）海峡两边沿岸部分地区，也就是克里米亚东部和库班（Kuban）地区的塔曼半岛（Taman peninsula）。其首都潘提卡佩昂（Pantikapaion）可被认为是希腊—斯基泰艺术的一大中心。

“库尔干”（kurgan）是欧亚草原游牧民常用的墓葬形式，人工土丘，里面是竖穴。大多希腊—斯基泰艺术品在此类墓穴中发现。在乌克兰第聂伯河下游岸边或附近的索罗卡（Solokha）、托沃斯塔·莫希拉（Tovsta Mohyla）、切尔托姆利克（Certomlyk/Chertomlyk）、梅利托波尔（Melitopol）和刻赤附近的库奥巴（Kul Oba）等属于公元前4世纪的库尔干墓葬中，已经发现了大量相关的文物遗存。[1]它们或从希腊进口，或由当地希腊和斯基泰工匠制造。希腊—斯基泰艺术的最佳作品一般都发掘自这些所谓的斯基泰王族库尔干。不过，斯基泰艺术的全貌或许将永不为人所知，因大多坟墓都曾遭盗掘。斯基泰人在很长一段时间内似乎过着舒适的生活，通过贸易和掠夺获取了其他地区的艺术品。当然他们的大部分艺术品都是实用性的。和古埃及人一样，斯基泰人也相信他们可以把财富带到来世。

不过，斯基泰的艺术作品大多小巧袖珍或是用于穿戴。因斯基泰人经常迁徙，所以艺术品的便携性极为重要。斯基泰艺术品包括珠宝、拥有装饰构件的武器、毡帐饰件和各种黄金制品。许多瓶子、高脚杯、箭袋、剑鞘、梳子和其他物品上也描绘日常生活场景（如战斗、农耕、放牧、驯马、给绵羊挤奶、皮具缝纫）及希腊神话和历史

1 O. Dally, “Skythische und greco-skythische Bildelemente im nördlichen Schwarzmeerraum,” in H. Parzinger, ed., *Im Zeichen des Goldenen Greifen: Königsgräber der Skythen*, München: Prestel, p. 294.

主题。

斯基泰人喜爱黄金，且储存了数目庞大的黄金，以制作黄金配饰。其中包括精雕细刻、栩栩如生的动物和人物，及精美的细丝工艺品。

斯基泰黄金制品包含人脸、躯体和人类群雕，不过斯基泰人也喜欢佩戴动物形象的金首饰，它们描绘半卧的鹿、狮、虎、豹、熊、野猪、狼和其他驯化的动物、鸟类，此外还有混合不同动物特征的幻兽，如半狮半鹫的怪兽格里芬（Griffin）和人首鸟身的女海妖塞壬（Siren）。这种强调野兽造型的动物风格，是早期铁器时代（公元前7—前3世纪）繁荣于欧亚草原的游牧民族艺术装饰方式。斯基泰艺术的一大特点便是充分利用了动物形态图案作为象征，这种象征物常与希腊几何和花形装饰结合。动物风格图案在数百年间是斯基泰器物上的常见纹样，尽管从古希腊艺术的视角来看，它被当作一个边缘化题材来看待。[1]

动物风格纹样也是包括艺术品、马具和兵器的“斯基泰三要素”的重要组成部分。相关考古发现除了高品质的金属制品，还有珠宝、纺织品、家具和明器等，它们常配以独特的动物造型图案作为装饰。不同类型的带动物风格纹样的物品中，头饰、项圈和饰牌常用作死者身体的装饰，而毛毡、皮革和丝绸织物则用作帐顶垂饰、地毯和棺盖。

斯基泰人的统治精英广泛制作金器，但在各种表现动物形象的工艺品中，材料用得最多的还是青铜。这些物品大多用于装饰马具、腰带和个人服装。动物青铜雕刻常缝在坚硬的皮革制成的坎肩和皮带上，成为铠甲的一部分。

1 P. Andreeva, *Fantastic Beasts of the Eurasian Steppes: Toward a Revisionist Approach to Animal-Style Art*, Philadelphia: University of Pennsylvania, 2018, p. 239.

全貌

局部

图8-1-1
黄金胸饰，托沃斯塔·莫希拉库尔干，公元前4世纪

动物形态不仅是服饰配饰，也似乎含有物主与描绘的动物一样强健而善斗的寓意，所以这些形象也出现在剑、匕首、鞘或斧头上。带动物风格纹样的物品常见于权贵精英的墓葬中，作为权力的象征，体现出政治意涵。与其他斯基泰人生活地区的动物风格不同的是，希腊—斯基泰艺术中的动物形象常常与人物形象相结合。希腊人制作的大型斯基泰艺术品中的图案通常展示斯基泰人的日常劳作场景，并与野兽形象夹杂，与游牧民族自己制作的作品相比，这一部分更具希腊艺术特色。

发现于托沃斯塔·莫希拉巨冢、制作于公元前4世纪的黄金胸饰，形似胸甲（项圈），可以说是斯基泰黄金制品中最著名的一件，细节精美，三排雕带里有生动细致的动物和人物形象。[1]（图8-1-1）最上一层饰带上，还有两个赤裸蓄须男性武士跪地加工羊皮衣服的形象。两个勇士旁边有弓箭袋，装饰华丽，其中一位有希腊式束发王带，应为领袖。在古希腊神话关于夺取金羊毛的故事中，羊毛乃权威和君主身份

1 H.-C. Meyer, *Greco-Scythian Art and the Birth of Eurasia: From Classical Antiquity to Russian Modernity*, New York: Oxford University Press, 2013, p. 8.

图8-1-2
希腊—波斯风格印章，土耳其西海岸或塞浦路斯，公元前5世纪中期

的象征。[1]将弓箭、束发带、羊毛等元素结合起来考虑，这一形象是财富、王族身份的象征。

掠食动物攻击猎物的场景在斯基泰人称霸时期的欧亚草原艺术中很常见，如黄金饰品中猛兽撕咬食草动物的场景。动物常以程式化、几乎抽象的形式被表现，包括长着勾喙鸟首的鹿角、蹄子和尾巴。就像其他斯基泰人生活地区的动物风格，动物的描绘在希腊—斯基泰的艺术中非常流行，且刻画细致，尤其是常见的格里芬形象。

最早从公元前5世纪中叶起，自伯罗奔尼撒到塞浦路斯等地的希腊雕刻艺术中就出现了希腊式格里芬形象，往往长有伸长的脖子、颈部鳞片、尖刺、扇形头冠或鬃毛、带折角翅膀和猫科动物的尾巴。[2]格里芬形象常与所捕食的动物一起出现，比如一只或两只格里芬袭击一只角兽或雄鹿，等等。或许受此启发和影响，约公元前5世纪，格里芬搭配猎物出现的图案就在希腊大陆和东部的希腊人殖民地发展起来。公元前4世纪，随着希腊工匠在黑海周围的希腊化城市谋生、创作，这种格里芬形象可能通过各种艺术载体，从黑海地区向东传播。这种影响主要发生在阿尔泰地区和黑海间的草原上。[3]

这种格里芬图案也出现在法国佩罗讷（Péronne）阿尔弗雷德·当尼库尔博物馆（Musée Alfred Danicourt）收藏的一枚希腊—波

1 Véronique Schiltz, *Les Scythes et les nomades des steppes, VIIIe siècle av. J.-C.- Ier siècle apr. J.-C.*, μετάφραση από την ιταλική έκδοση Βιργινία Κοκκίνου (και) Στέλλα Πεκιαρίδη, Αθήνα: Εφημ. Καθημερινή, 2008, p. 173.

2 Trudy S. Kawami, "Greek Art and the Finds at Pazyryk," *Notes in the History of Art*, Vol. 10, No. 4 (1991), p. 16.

3 Lucas Christopoulos, "Greek Influences on the Pazyryk-style Wrestling Motif of the Keshengzhuang Bronze Buckles," *Sino-Platonic Papers*, No. 260 (Dec. 2015), p. 5.

整体

局部，带翼格里芬搏斗场面

图8-1-3
银安法拉罐，局部镀金，切尔托姆利克库尔干，公元前4世纪

斯（Greco-Persian）风格印章上。（图8-1-2）这个艺术品很可能出自波斯控制下的某爱奥尼亚城市或塞浦路斯，其上的格里芬和切尔托姆利克一件可追溯到公元前4世纪中叶的银安法拉罐（amphora，古希腊的双耳细颈瓶）上的格里芬非常相似。考古学家推测该母题通过曲折的途径传入欧亚草原，传入斯基泰艺术，出现在这件安法拉罐上。切尔托姆利克这件器皿上，肩部饰两层雕带，下一层有斯基泰人和马的场景，上一层是两个格里芬攻击雄鹿的场景，环绕瓶身重复呈现。（图8-1-3）这图案在希腊陆地一带的艺术中较常见，比如一些瓶画和镶嵌画，希腊北部奥林图斯（Olynthus）公元前4世纪初的一件镶嵌画就是明显的例子。（图8-1-4）

但相比在近东和希腊本土同类题材的作品，希腊工匠为其黑海地区斯基泰客户制作的这个安法拉罐上的图像更生动，更独特。在比黑海草原更东的地区，希腊艺术形式便不那么多见了。[1]结合希罗

1 Ann Farkas, "Interpreting Scythian Art: East vs. West," *Artibus Asiae*, Vol. 39, No. 2 (1977), p. 137.

多德提及的相关内容，可知格里芬是黑海北岸地区的神话中的重要角色。[1]

格里芬一次次出现在动物搏斗画面中，传达了力量感。前文提及的切尔托姆利克发现的金制剑鞘上的格里芬形象是该类形象的典范，它最底下一层雕带上展示了动物搏斗的场景。[2]这排图像包括抓马的带翼格里芬，这画面可能是一系列格里芬画面中最有戏剧感和视觉张力的了。[3]狮头或鹰头格里芬撕碎的马或鹿可能是邪恶势力的化身，它们可能是作为护身符被创造出来的。图8-1-1这件胸饰上还有撕咬猪的狮子。两侧也有其他鹿、山羊、绵羊、牛、狗和蚱蜢的形象，还有些祥和的场景，如给马驹喂奶的母马。

在切尔托姆利克，还发现一件卡拉索斯（kalathos/calathus）形状

图8-1-4
奥林图斯的镶嵌画，
公元前4世纪

1 Herodotus, *The Persion Wars*, 3.116, 4. 13.

2 O. Dally, "Skythische und greco-skythische Bildelemente im nördlichen Schwarzmeerraum," in H. Parzinger, ed., *Im Zeichen des Goldenen Greifen: Königsgräber der Skythen*, p. 294.

3 Trudy S. Kawami, "Greek art and the Finds at Pazyryk," *Notes in the History of Art*, Vol. 10, No. 4 (1991), p. 17.

的金饰。卡拉索斯形头饰，本是希腊人在崇拜珀耳塞福涅（Persephone）和得墨特尔（Demeter）时用的物品。卡拉索斯在古希腊语中本义为“编织篮”，通常指底部窄，顶部宽，呈喇叭状的篮子或罐子。而切尔托姆利克卡拉索斯形金饰底部有条较宽的横饰带，其上是三条较窄的横饰带。上面的三排挤满动物形象。每条饰带都描绘几对两两相对的蹄类动物。[1]器物整体形状和功能与希腊传统有紧密联系。在风格上，每对动物都呈镜像轴对称，这在黑海东西两边的墓葬中都很常见。这些动物并非处于搏斗状态，它们虽处在对方地盘的边缘，但仍属各自的一侧，并未相互侵犯。[2]（图8-1-5）

全貌

局部

图8-1-5
古希腊式卡拉索斯形状的金饰，切尔托姆利克库尔干，公元前4世纪末

斯基泰金饰中含大量战斗场面，包括人类间的战斗及狩猎画面。在一些黄金艺术品的狩猎场景中有强烈的动态表现，尤其是手持长矛的斯基泰人骑马猎兔或其他动物的场景。[3]（图8-1-6）用长矛在马背上猎杀野兔还是有斯基泰“民族特色”的狩猎项目。库奥巴坟冢出土的这种饰片上狩猎场景骑士的形象，不由让人将其与拥有同样造型的索罗卡金梳子联系起来。这组人物的两面都是浮雕，但给人一种圆雕的错觉。（图8-1-7）它借鉴了古希腊雕塑中相应场景的描绘方式，古希腊人自公元前5世纪来便擅长生动

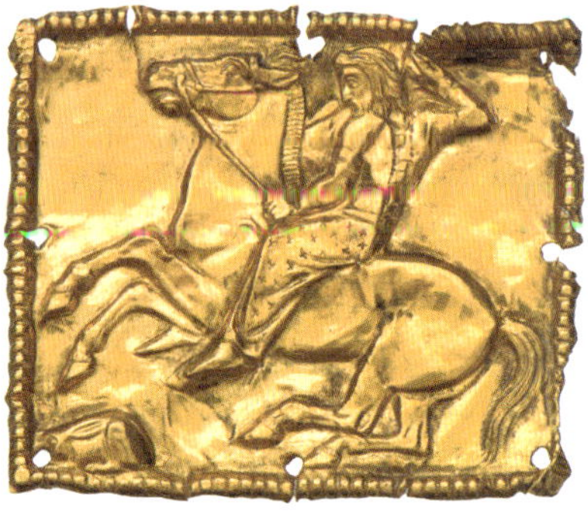

图8-1-6
表现斯基泰人骑马猎兔场景的金饰片，库奥巴库尔干，公元前4世纪

1 P. Andreeva, *Fantastic Beasts of the Eurasian Steppes: Toward a Revisionist Approach to Animal-Style Art*, p. 132.

2 P. Andreeva, *Fantastic Beasts of the Eurasian Steppes: Toward a Revisionist Approach to Animal-Style Art*, p. 133.

3 Véronique Schiltz, *Les Scythes et les nomades des steppes, VIIIe siècle av. J.-C.- Ier siècle apr. J.-C.*, μετάφραση από την ιταλική έκδοση Βιργινία Κοκκίνου (και) Στέλλα Πεκιαρίδη, p. 174.

图8-1-7
雕饰斯基泰武士形象的金梳，索罗卡库尔干，公元前5世纪后期—前4世纪早期

图8-1-8
德克西莱奥斯墓碑石雕，雅典凯拉米克斯的迪普利翁（Dipylon）墓地，约公元前394年

图8-1-9
色雷斯骑士石雕，保加利亚旧扎戈拉（Stara Zagora），公元前3—前2世纪

刻画一些动态，自然地表现人物的各种动感。

通过索罗卡金梳子，可知优秀的希腊—斯基泰艺术品对人类形体也有很好的表现，服装和盔甲结合了当地服装和希腊元素，如骑手的科林斯头盔和金属胸甲。这种工艺纯属希腊风格，可追溯到公元前425—前400年，一些学者将骑手与阿提卡（Attica）和色雷斯地区描绘骑士的浮雕联系起来，比如以约公元前394年的德克西莱奥斯（Dexileos）墓碑为代表的阿提卡墓碑浮雕。[1]（图8-1-8）公元前3世纪后，在纪念碑或墓碑上出现所谓“色雷斯骑士”的图像，如阿布戴拉（Abdera）等色雷斯地区的石碑。[2]（图8-1-9）一般认为，它们的起源基于德克西莱奥斯墓碑那样的希腊本土原型，此类墓碑浮雕描绘去世的古希腊军人生前最英勇的瞬间，通过死者的英雄姿态将其英雄化。[3]事实上，此前的希腊本土骑手形象，如帕特农神庙（Parthenon）雕带上的骑手，已融入色雷斯的服饰元素，[4]反映出希腊本土和色雷斯的相互影响。（图8-1-10）

这种糅合希腊和色雷斯元素的形象也见于斯基泰艺术。西方艺术中，胜利骑手的方向常是从左到右，故骑手侍从出现在场景左半部的梳子的一侧可能是正面。需要注意的是，色雷斯人和斯基泰人是希腊人眼中的蛮族，但在

1 Boris Piotrovsky, *From the Lands of Scythians: Ancient Treasures from the Museums of the U.S.S.R., 3000 B.C.-100 B.C., The Metropolitan Museum of Art Bulletin*, Vol. 32, No. 5 (1975), Special Issue, p. 109.

2 G. Kazarow, “The Thracian Rider and St. George,” *Antiquity*, Vol. 47 (Sep. 1938), p. 7.

3 Maria-Corina Nicolae, “The Iconography of the Antique Hero in the Balkan Area,” *Marisia. Studii Şi Materiale*, Vol. 31 (2011), p. 163.

4 J. B. Connelly, “Parthenon and Parthenoi: A Mythological Interpretation of the Parthenon Frieze,” *American Journal of Archaeology*, Vol. 100 (1996), pp. 53-80.

图8-1-10
帕特农神庙北石浮雕带上的骑手，
公元前447—前432年

图8-1-11
石浮雕饰带，土耳其哈利卡纳苏斯王陵，约公元前350年

斯基泰人自己的艺术中，反而成了主角骑士，故色雷斯骑士和斯基泰骑士的主题不应与希腊本土墓碑描绘希腊骑手杀死蛮族敌人的形象混淆。另外，古希腊和色雷斯雕塑中相应场景的一大特点是服装。主要是希腊的克拉米斯男式短氅自由流畅的褶皱线条（如波纹状）强调了紧张而猛烈的运动感，使浮雕更有空间层次与深度，这与斯基泰艺术中紧袖服装呈现的效果不同。

索罗卡金梳子还沿用古希腊的三角构图（pyramidal composition）样式和交错法（chiasmus），如巴塞的救助神阿波罗神庙（Temple of Apollo Epicurius at Bassae）浮雕、土耳其西侧爱琴海海岸的哈利卡纳苏斯王陵（Mausoleum at Halicarnassus）[1]基座浮雕和亚历山大大帝石棺（Alexander Sarcophagus）墓碑雕像呈现的那样。[2]（**图8-1-11**）梳子整体造型让人联想起一座希腊神庙的正立

图8-1-12
银祭器瓶，局部镀金，索罗卡库尔干，约公元前400年

1 即摩索拉斯王陵（Tomb of Mausolus）。

2 Δημήτρης Πλάντζος, *Ελληνική Τέχνη και Αρχαιολογία (1100-30 π.Χ.)*, Αθήνα: εκδ. Καπόν, 2011, p. 186, 189.

面，三个勇士构成的三角构图像神庙山墙，底下有五只卧狮的饰带像神庙楣间饰带，19颗梳齿像神庙正面柱廊。

来自索罗卡的还有件部分镀金的银质祭器瓶，饰着狩猎场景。一侧描绘有一位斯基泰骑手，右手拿矛猎杀一头角狮。头上有角的母狮处于哺乳期，故具有攻击性。[1]另一侧，各持长矛和弓箭的两位斯基泰骑手猎杀一头狮子。[2]（图8-1-12）猎狮图像这一象征性的内容，与展现男子气概密不可分，也在斯基泰世界传递王族意识。这件作品与维尔吉纳的腓力二世（Philip II of Macedon，公元前359—前336年在位）王陵正立面饰带的狩猎场景（图8-1-13）有异曲同工之妙。在希腊本土人像艺术中，为辨识东方人或“野蛮人”，常表现他们穿着长袖服。如展现希波斯战争的雅典娜胜利女神神庙（Temple of Athena Nike）

图8-1-13
壁画中猎杀狮子和野猪鹿时出的场景，维尔吉纳腓力二世王陵正立面饰带，公元前359—前336年

1 Véronique Schiltz, *Les Scythes et les nomades des steppes, VIIIe siècle av. J.-C.- Ier siècle apr. J.-C.*, μετάφραση από την ιταλική έκδοση Βιργινία Κοκκίνου (και) Στέλλα Πεκιαρίδη, p. 201.

2 A. Y. Alekseev, “Skythishe Könige und Furstenkurgane,” in H. Parzinger, ed., *Im Zeichen des Goldenen Greifen: Königsgräber der Skythen*, München: Prestel, 2007, p. 248.

南部雕带。波斯骑手和弓箭手皆着长袖服，尽管波斯人动用了马匹，但毫无疑问，披斗篷的希腊人才是赢家。希腊人无一倒地，波斯方则有四人死伤。[1]（图8-1-14）

黑海北部地区看到的游牧骑兵图像，是博斯普鲁斯王国及周边地区多元文化并存的产物。斯基泰人和希腊人共生于这一空间，这便不适合当地希腊人在艺术品中强调希腊人和蛮族的反差，而表现野兽搏斗或人兽冲突，成了对希腊人和斯基泰人来说都属正面的主题。

打斗和狩猎常会导致伤害。在库奥巴发现一件琥珀金瓶，瓶身上雕有四个装饰图案场景，描绘了斯基泰战士的生活景象，可能与斯基泰起源神话有关。其中两个场景便是对受伤者的照顾：一个斯基泰人为一位小腿受伤的同伴包扎绷带，另一个斯基泰人正在治疗对方的牙齿（缓解牙疼或拔掉病牙）。[2]第三个场景是两个斯基泰人全神贯注地交谈，一人坐在石上，靠着长矛，另一个拿着长矛和盾牌蹲在他面前；第四个场景是一个男人在装弓弦。（图8-1-15）此作品表明，公元前4世纪的希腊工匠能展示异族服装和人种类型。此作品中，斯基泰人皮制的弓箭袋也很显眼，被希腊人称为“戈里托斯”（gorytos），它收纳反曲短弓，但长度比弓短，有两个口袋。平时，“戈里托斯”和大多数其他武器一样固定在斯基泰人腰带上，比如阿基纳凯斯

图8-1-14
雅典娜胜利女神神庙南部石雕带，雅典，约公元前420年

1 O. Dally, “Skythische und greco-skythische Bildelemente im nördlichen Schwarzmeerraum,” in H. Parzinger, ed., *Im Zeichen des Goldenen Greifen: Königsgräber der Skythen*, p. 293.

2 Kirill Firsov and Denis Žuravlev, “Kul’ -Oba, Kozel und Aksjutency: Fürstengräber zwischen Krin und Waldsteppe,” in H. Parzinger, ed., *Im Zeichen des Goldenen Greifen: Königsgräber der Skythen*, p. 277.

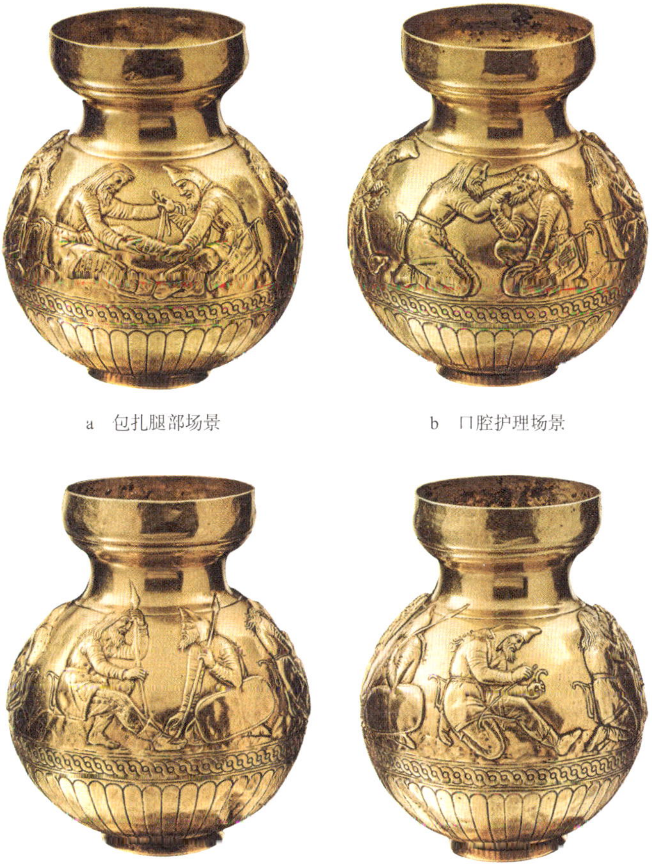

a 包扎腿部场景　b 口腔护理场景

c 交谈场景　d 装弓弦场景

图8-1-15
琥珀金（银金合金）瓶，库奥巴库尔干，约公元前330年

（ἀκινάκης/acinaces，斯基泰族流行的直的短剑）。此外，斯基泰人还携带战斧或轻型长矛。[1]

除了在众多斯基泰艺术品中出现的对“戈里托斯”形象的描绘，这种箭袋本身也在上古时代的草原世界和古希腊世界范围内被发现，且也是装饰精美的器物。目前至少有六件“戈里托斯”被发现，它们在形状、尺寸和外层装饰上都出奇精致。其中四件在同一种模具基础上饰有浮雕图案。它们出土于切尔托姆利克的坟冢、伊利因齐（Ilyintsy）、梅

1 Karl Jettmar, *Die frühen steppen Völker*, Baden-Baden: Holle-Verlag, 1964, pp. 15-16.

利托波尔和所谓“五兄弟”墓葬群（Pyatibratni）的8号坟冢。这些戈里托斯上也有前文提及的捕猎动物的希腊式格里芬形象。切尔托姆利克巨冢中发现的金制箭袋，上面一条饰带表现奥德修斯（Odysseus）赴斯基罗斯岛（Skyros）恳求阿喀琉斯（Achilles）参加特洛伊战争（Trojan War）的场景，下面一条饰带表现普里阿摩斯（Priam）恳求阿喀琉斯归还赫克托尔（Hector）尸体的场景。（图8-1-16）另有两件，用同一种模子打造，分别以金和银为材料。这两件箭袋，一件在库班的卡拉戈德瓦什赫（Karagodeuashkh）发现，另一件在希腊的马其顿地区的维尔吉纳发现。卡拉戈德瓦什赫位于辛迪亚人（Sindians）的地区，辛迪亚人被认为是博斯普鲁斯王国地区（塔曼半岛一侧）蛮族中希腊化程度最高的。箭袋上描绘了一座城市被掠夺的场景，此城可能是特洛伊。[1]（图8-1-17）将考古发现结合希罗多德的记载，可以进一步确认箭袋是斯基泰的权力象征。维尔吉纳被确证是埋葬腓力二世之地。据推测，维尔吉纳箭袋可能是斯基泰君主阿提阿斯（Ateas）给腓力的礼物。也可能是两人分别率领的马其顿人与斯基泰人的战争后，马其顿方获得的战利品的一部分。[2]它是少量留存于希腊本土的斯基泰黄金制品之一。

斯基泰人并非能工巧匠，斯基泰遗址中出土的艺术精品，很多是由生活在黑海北岸的希腊工匠制作。学者相信，作为原材料的黄金来自乌拉尔、中亚或阿尔泰地区。文献中提及的在阿尔泰山守护黄金的格里芬，也是某种意义上的佐证。[3]根据表面纹理铸造，可知斯基泰工匠对一些希腊黄金雕刻技艺的保留。斯基泰金器的制造技术包括：通过背面敲击凸起成形的凸雕（repoussé）、正面细节敲击的凹雕

1 Véronique Schiltz, *Les Scythes et les nomades des steppes, VIIIe siècle av. J.-C.- Ier siècle apr. J.-C.*, μετάφραση από την ιταλική έκδοση Βιργινία Κοκκίνου (και) Στέλλα Πεκιαρίδη, p. 175.

2 Véronique Schiltz, *Les Scythes et les nomades des steppes, VIIIe siècle av. J.-C.- Ier siècle apr. J.-C.*, μετάφραση από την ιταλική έκδοση Βιργινία Κοκκίνου (και) Στέλλα Πεκιαρίδη, p. 176.

3 Herodotus, *The Persian Wars*, 4.27.

图8-1-16
金箭袋，切尔托姆利克库尔干，公元前4世纪

图8-1-17
金箭袋，维尔吉纳腓力二世陵，公元前359—前336年

(chasing)、锤揲，及复杂的石头和玻璃镶嵌工艺。这些文物中始终有动物母题，其中用打点的方式来勾勒图案。关于金器连接件的工艺，则没有任何定式。与铸件相比，手工制作的有强烈光泽的金属薄片显示出更多希腊和波斯的影响。

前文提及的切尔托姆利克安法拉罐是斯基泰艺术中的一件著名工艺品，很好地展示了上文所述的技艺。（图8-1-3）装饰图案布满容器表面。瓶身覆盖各式镀金凸雕花卉、鹤与鸽子图案，使整件艺术品从不同角度看呈现出不同观感。瓶身表面围绕马头喷口的刻饰，具有极强的高浮雕立体装饰效果。在瓶身两侧围绕两个狮头喷口的刻饰，有高浮雕向浅浮雕过渡的迹象。背面图案是凹雕后镀金的，因为它并不如正面那么浮凸有致，故这个设计是为了凸显此安法拉罐正面的主要部分，即中心喷口位置。其器型为希腊风格，瓶身装饰与公元前4世纪希腊瓶画、纺织品、镶嵌画和其他艺术类型中的装饰图案有可比性。培拉（Pella）的一幅镶嵌画的边饰图案，有类似的卷须饰和花纹叶饰，并通过透视画法表现立体感。（图1-2-35）上文提及的托沃斯塔·莫希拉胸饰中层饰带焊接有很多单独的花朵等纹样。（图8-1-1）

从某种意义上说，许多斯基泰艺术品是希腊的，如果没有希腊制作者，它们便不会存在。但在另一层意义上，它又是斯基泰的，因为在希腊工艺背后，可以强烈感受到斯基泰人的品位和传统。公元前4世纪，由于萨尔马提亚人和其他伊朗部落的移入，希腊文化对黑海北部沿海地区的影响开始减弱。于是，在几百年时间里，黑海草原上的斯基泰人被迫远离家园，与许多异族接触，使斯基泰艺术失去部分活力。[1]但斯基泰艺术对其他中亚文化的影响仍将持续很长时间。

图8-1-18
圣甲虫形玉髓印章的印纹，“阿姆河宝藏”，公元前4世纪

二、“阿姆河宝藏”

“阿姆河宝藏”于1877年在今塔吉克斯坦西南边境阿姆河右岸的塔赫特—伊·库瓦德遗址（Takht-i Kuwad）发现，有器物约180件，大多是黄金制品，也有银制品，可能是位于阿姆河左岸的一座阿娜希塔（Anahita）神庙的一组祭品。该神庙位于巴克特拉（Bactra）附近。这些文物年代不同，分布在公元前6世纪中期—前2世纪中期，大多属于阿黑门尼帝国晚期。不过，其中一些受希腊影响，或属于希腊化时期的器物，其融合性特征已引起研究者注意。

图8-1-19
图章戒指，“阿姆河宝藏”，公元前5—前4世纪

图8-1-20
图章戒指，“阿姆河宝藏”，公元前5—前4世纪

1 Ann Farkas, “Interpreting Scythian Art: East vs. West,” *Artibus Asiae*, Vol. 39, No. 2 (1977), p. 137.

图8-1-21
图章戒指，“阿姆河宝藏”，
公元前5—前4世纪

比如一件圣甲虫形玉髓印章，长2.45厘米，纵向穿孔，戒面上凹雕画面表现了一个纯粹的希腊主题，其中描绘两名武士间的战争场景，画面中一人赤身裸体躺在地上，身体侧缩在盾牌内，右手抓着对手的膝盖。这二人看起来是希腊人，且通过希腊的制作工艺表现，可推断制作时间为公元前5世纪末—前4世纪初。（图8-1-18）其对人物发型及锥形头盔的处理方式，与公元前4世纪希腊半岛西侧伊大卡（Ithaca）钱币上奥德修斯的头像非常相似。

有两枚图章戒指直接受希腊原型影响，它们都是公元前4世纪的风格。[1]其中一件戒面扁平而圆，外圈内嵌着一颗带凹雕纹样的珠子。凹雕图案中，两位妇女形象正在用距骨玩抛掷游戏（astragali），其中身着希顿袍的面朝右坐，另一个看似裸体的则面朝左单膝跪着。（图8-1-19）另一枚戒指也是截面扁平而圆，凹雕图案中赫拉克勒斯右手握棒，伸展的左臂上披着狮子皮。（图8-1-20）赫拉克勒斯的形象也出现在了南俄和乌克兰的金戒指上，这让人联想到赫拉克勒斯神话与斯基泰人的联系。[2]尽管这两枚戒指明显模仿了希腊的主题，但从图案的空间布局和处理手法来看，这枚戒指并非是用纯粹的希腊工艺制作。

图8-1-22
图章戒指，“阿姆河宝藏”，
公元前5—前4世纪

还有两枚印章戒指上描绘了戴冠冕女子坐像。其中一枚戒面凹雕图案中，女子形象面向左，坐在一把低靠背的椅子上，右手持花，左手握花冠。（图8-1-21）另一枚戒面凹雕图案中一女性坐在高靠背椅子上，一只鸽子栖息在她左手上，右手则举着一根为鸽子准备的树枝。[3]（图8-1-22）戒面上的人物形象与波

1 Ormonde Maddock Dalton, *The Treasure of the Oxus: With other Objects from Ancient Persia and India*, London: Trustees of the British Museum, 1905, p. 20.
2 Herodotus, *The Persian Wars*, 4.8.
3 Ormonde Maddock Dalton, *The Treasure of the Oxus: With other Objects from Ancient Persia and India*, p. 103.

斯—希腊的一些滚筒印章上的女性形象有可比性。这些形象可能是波斯古经中的阿娜希塔女神，即希腊人所称的“阿娜伊蒂斯”（Anaïtis）女神。一些学者认为在希腊人统治时期和印度—斯基泰时期的巴克特里亚，阿娜希塔的崇拜仪式一直保留。一些此类画面中有女性手持莲花，有时鸽子作为被奉献的礼物。而传统的莲花，被赋予绽放的青春的寓意，象征年轻的生命力，与诸如赫尔墨斯（Hermes）、赫拉克勒斯、阿芙洛狄特、赫拉（Hera）、阿尔特米斯（Artemis）、赫柏（Hebe）和得墨特尔这样的神联系起来。此外它也出现在一些凡人青年形象手中，是对勇气和胜利的奖赏，因此它不仅仅是神祇和皇权的象征。[1]

在一枚玉髓滚筒印章凹雕画面中，有国王与敌人搏斗的场景，类似于希腊的决斗场景，其中一般都有一位战士倒下。（**图8-1-23**）在刻赤发现的一件被认为是希腊雕刻家的作品中，也描绘了波斯国王与两名希腊重装步兵交战的画面。[2]不过公元前4世纪，波斯人和希腊人战

图8-1-23
滚筒印章印纹，“阿姆河宝藏”，公元前5世纪

1 Russia. Arkheologicheskaia kommissīia, et al., *Compte-rendu De La Commission Impériale Archéologique Pour L'année 1859[-1888]*, Dehradun: Saraswati Press, 2012, p. 71.

2 Adolf Furtwängler, *Die antiken Gemmen: Geschichte der Steinschneidekunst im Klassischen Altertum,* Band 3, Leipzig und Berlin: Giesecke & Devrient, 1900, p. 121.

斗的画面不再出现在滚筒印章上，而出现在圣甲虫形印章或刻面宝石上，因此推测，这枚滚筒印章属公元前5世纪，尽管它的风格不那么古风。而从一块金饰板上凸雕的男性形象上也可以看出，波斯人向希腊人学习了衣服褶襞的表现方式。（图8-1-24）

图8-1-24
男立像金饰片，"阿姆河宝藏"，公元前5—前4世纪，剪切工艺

一件伯代拉（patera）明显也复制了希腊的造型。（图8-1-25）"伯代拉"是一种浅底盘，用于向神倾倒或盛放奠酒，类似中国古代的奠爵之器。但这件伯代拉与所仿的希腊原件相比稍逊色几分，且制作时使用的并非希腊式技艺。[1]碗底外圈刻着由50片花瓣组成的玫瑰花饰，底部中心则是由20片花瓣组成的花饰。此类在希腊早期陶器，如罗德岛陶器中也有出现。（图8-1-26）由于其适合圆形器物表面装饰，于是可见于许多晚期的变体中。在南欧、库奥巴、彼尔姆（Perm）等地的斯基泰墓葬中都有带此图案的圆盘。[2]还有一只用空心铸造工艺制作的奔跑的山羊青铜像，其令人折服的刻工和品质明确显示了它所受到的希腊艺术影响。（图8-1-27）不过，与大多数

图8-1-25
银伯代拉，"阿姆河宝藏"，公元前5—前4世纪

图8-1-26
陶浅盘，罗德岛，公元前7世纪晚期

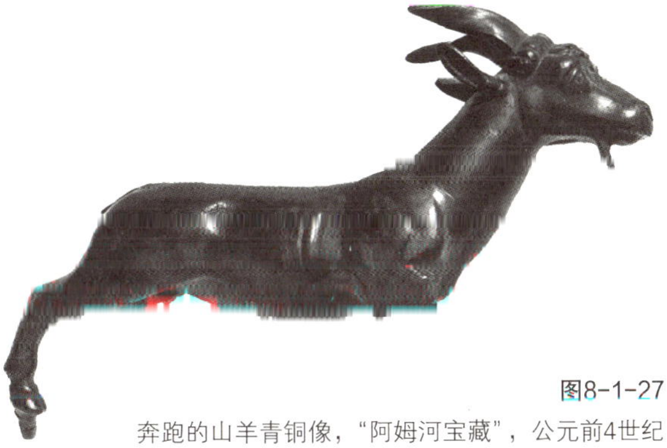

图8-1-27
奔跑的山羊青铜像，"阿姆河宝藏"，公元前4世纪

1 Ormonde Maddock Dalton, *The Treasure of the Oxus: With other Objects from Ancient Persia and India*, p. 34.

2 Ormonde Maddock Dalton, *The Treasure of the Oxus: With other Objects from Ancient Persia and India*, p. 120.

图8-1-28
格里芬狮鹫金臂钏，嵌宝石或珐琅（已失），“阿姆河宝藏”，公元前5—前4世纪

希腊的作品相比，它似乎有更大的设计自由度。

“阿姆河宝藏”中一件著名的臂钏上，两侧有格里芬形象，其身上各有几处凹槽，说明这里曾镶嵌宝石，其中后腿肌肉关节处凹槽为杏仁状。（图8-1-28）在“阿姆河宝藏”中其他表现野山羊的作品中，也能看到对前肢或后肢关节处肌肉做如此处理。这种形式曾出现在早期爱奥尼亚希腊艺术及其分支中，这一特点与动物侧面的一圈圈线条一起，自然地表现肌肉力量。臂钏上格里芬形象的翅膀曲线完美，造型精致成熟，说明爱奥尼亚希腊人的艺术影响早已渗透到伊朗腹地，这种形式的翅膀最早见于公元前7世纪，在整个希腊古风时期都有出现，只是后来演变出更尖的翅膀末端形状。在叙利亚和早期希腊艺术中，格里芬狮鹫被认为是神圣力量的象征和神王的守护者，这一神兽最终还与阿波罗产生特殊联系，故“阿姆河宝藏”这件臂钏的格里芬形象可能被用于辟邪。[1]

图8-1-29
金马，“阿姆河宝藏”，公元前3世纪末—前2世纪初

“阿姆河宝藏”中有一件小金马雕像，其面部的椭圆或菱形的护鼻（prometopidion，马胄）在希腊化时代似乎相当流行，从托勒密王国的埃及到乌克兰及南俄，从希腊本土到意大利半岛和西西里岛（Sicily），都有类似文物发现。（图8-1-29）这种小型护鼻一般置于马鼻中心部位，有交叉的带子系于马匹嘴部。这种交叉式护鼻也

1 Ormonde Maddock Dalton, *The Treasure of the Oxus: With other Objects from Ancient Persia and India*, p. 116.

出现在维尔吉纳腓力二世墓顶部饰带壁画中。类似护鼻也出现在庞贝城（Pompeii）农牧神之家（House of the Faun）的亚历山大镶嵌画（Alexander Mosaic）中。这种交叉带也是斯基泰马具的风格。这件作品可能是“阿姆河宝藏”中制作年代最晚的作品之一。[1]

图8-1-30
圆雕金鹿，空心，“阿姆河宝藏”，公元前5世纪

在南俄与乌克兰发现的希腊—斯基泰金匠的作品，与“阿姆河宝藏”的某些物品有相似处，这可能和波斯与该地的交流有关。[2]如金鹿这样在希腊—斯基泰艺术中颇受欢迎的题材便出现在“阿姆河宝藏”中。（图8-1-30）鱼的形象也出现在希腊—斯基泰艺术中，如19世纪时发现于波兰的维特费尔德（Vettersfelde）大型金质鱼雕，是爱奥尼亚希腊人为斯基泰人打制的。[3]而“阿姆河宝藏”中亦有造型相对简略的金质鱼雕。（图8-1-31）还有一件镂空圆盘，中间有回首的斯芬克斯坐像，身体朝左，右前爪提起，翅膀顶角呈格里芬狮鹫头像的形状。（图8-1-32）

图8-1-31
鱼形金容器，“阿姆河宝藏”，公元前5—前4世纪

“阿姆河宝藏”中还有不少圆盘，根据斯基泰部落流行的传统，可能曾是显贵人物的服饰。[4]根据在南俄和乌克兰的希腊—斯基泰墓葬中的发现，这种风俗曾广为传播，显然影响到了波斯帝国北部地区。在翅膀末端

图8-1-32
镂空金圆盘饰，“阿姆河宝藏”，公元前5—前4世纪

1 Michael Pfrommer, *Metalwork from the Hellenized East: Catalogue of the Collections*, Malibu: The J. Paul Getty Museum, 1993, p. 14.

2 Ormonde Maddock Dalton, *The Treasure of the Oxus: With other Objects from Ancient Persia and India*, p. 24.

3 Ormonde Maddock Dalton, *The Treasure of the Oxus: With other Objects from Ancient Persia and India*, p. 82.

4 Herodotus, *The Persian Wars*, 1.215; Strabo, *Geography*, 11.5.8, with an English translation by Horace Leonard Jones, Cambridge, Mass.: Harvard University Press, 1930.

处呈现其他动物的头部形状是蛮族艺术的一种特征，在希腊—斯基泰艺术中也经常发现。一件凸雕圆形牌饰也与希腊—斯基泰艺术中的圆盘有相似处，其所表现的狮首也频繁出现在南俄与乌克兰的斯基泰圆盘上。（图8-1-33）但它更可能用于马具装备中的带子或绳索上，而非服装上。

“阿姆河宝藏”中一件螺旋臂环上出现了双羊头形象。（图8-1-34）公羊头题材其实在古希腊本土的珠宝作品中就频繁现身。公羊首形式也出现在爱奥尼亚的金属制品、塞浦路斯的钱币及南俄和乌克兰的希腊—斯基泰金匠作品中。公羊头可能在当时被认为是驱邪的标志，如塔曼半岛发现的项链上的公羊头，显然是被当作驱避魔鬼的护身符。[1]一件臂环上的带翼山羊的形象，也是希腊—波斯艺术中常见的形象。（图8-1-35）另一件臂环上的鹅形装饰（cheniscus）是希腊—罗马艺术中很受欢迎的另一大母题，也出现在波斯、南俄与乌克兰。[2]（图8-1-36）

三、巴泽雷克的艺术

在今乌克兰发现的物品更多反映出欧亚草原西部、黑海沿岸和高加索等地的希腊—斯基泰艺术的风格。与此有别，欧亚草原东部的同类斯基泰文物则更多反映伊朗、乌拉尔图（Urartu）、阿尔泰及中国艺术的影响，如西伯利亚南部、位于今俄罗斯戈尔诺阿尔泰省（Gorno-Altaysk）的

图8-1-33
圆形金饰，浮雕纹为正面直视观者的吼狮头像，“阿姆河宝藏”，公元前5世纪

图8-1-34
金螺旋臂环，“阿姆河宝藏”，公元前5—前4世纪

图8-1-35
金臂环，末端有翼回首山羊圆雕，“阿姆河宝藏”，公元前5—前4世纪

1 Ormonde Maddock Dalton, *The Treasure of the Oxus: With other Objects from Ancient Persia and India*, p. 112.
2 Ormonde Maddock Dalton, *The Treasure of the Oxus: With other Objects from Ancient Persia and India*, p. 114.

图8-1-36
金臂环，“阿姆河宝藏”，
公元前5—前4世纪

巴泽雷克墓地。巴泽雷克曾是一个斯基泰族游牧民和商人诸部联盟的居住区。巴泽雷克人也修建库尔干古墓，年代多在公元前600—前200年。其中巴泽雷克1号墓可能追溯到公元前4世纪。公元前4世纪末—前3世纪初的巴泽雷克2号墓，则发现有女鞋、锡、黄铁矿晶体、金箔、玻璃珠、皮革和纺织品。

由于巴泽雷克文物具有独特的奇异风格，学界在探讨巴泽雷克艺术母题时，常忽视希腊艺术与巴泽雷克的联系。不过一般认为，本地工匠制作一些艺术品时，采用了受希腊艺术影响的图像，只是这些艺术品不是出自希腊工匠。但另一些巴泽雷克的精美黄金制品可能由真正的希腊工匠制作，如一些用作马具的带扣。[1]

图8-1-37
格里芬头像顶饰，巴泽雷克2号墓，
公元前5世纪

巴泽雷克2号墓木制格里芬头像也有希腊式格里芬伸长的脖子和扇形头冠及鬃毛。它的头部为圆雕，嘴衔一牡鹿首于巨喙中。但这格里芬的脖子扁平，其间刻画更小的格里芬形象，在这浅浮雕中有鹅落入小格里芬魔爪的画面。（图8-1-37）

在巴泽雷克墓葬发现的纺织品举世闻名。发现于其中一座墓葬的大毡毯上的图案同样表明，在古典和希腊化时期，这些格里芬攻击食草动物的形象可以传播万里。（图8-1-38）来自巴泽雷克2号墓的一件皮革套上的纹样，是一只格里芬攻击一头麋鹿。前文提及的奥林图斯镶嵌画的制作年代和图案皆与巴泽雷克皮革套类似。（图8-1-4）动物搏斗场景也被用作边饰图案，巴泽雷克这皮革套有描绘两只格里芬攻击

1 Lucas Christopoulos, “Greek Influences on the Pazyryk-style Wrestling Motif of the Keshengzhuang Bronze Buckles,” *Sino-Platonic Papers*, No. 260 (Dec. 2015), p. 4.

图8-1-38
皮革套上的纹样，巴泽雷克2号墓，公元前5—前4世纪

一头雄鹿的镶边饰带，饰带中这种场景反复出现了多次。希腊的镶嵌画被视为对东方世界毡毯图案的模仿。而上述奥林图斯镶嵌画与巴泽雷克皮革套上格里芬和鹿搏斗的形象，被推测是以另一件来自东方的纺织品上的图案为原型。而奥林图斯镶嵌画上的狮鹫和鹿厮杀场面也类似于切尔托姆利克安法拉罐上的组雕。（图8-1-3）有学者考虑到毡毯这样的贸易品可作为便携载体，将古典世界中相隔遥远的两地连接起来，于是推测狮鹫雄鹿战斗这样的主题是从波斯传到希腊和西伯利亚，再从希腊传到黑海草原。它们和其他源自异族的文化成分，大大激发了从希腊到西伯利亚的工匠的灵感，以本土风格诠释异族母题，并加入当地特有的思想含义。[1]巴泽雷克发现的马鞍的锦鞯上有希腊

1 Ann Farkas, "Interpreting Scythian Art: East vs. West," *Artibus Asiae*, Vol. 39, No. 2 (1977), p. 118.

图8-1-39
鞍鞯上的格里芬狮鹫攻击野山羊的形象，巴泽雷克1号墓，公元前5世纪

图8-1-40
鞍鞯上的格里芬狮鹫攻击野山羊的形象，巴泽雷克1号墓，公元前5—前4世纪

式格里芬捕杀波斯风格合成兽的画面，只是一些格里芬翅膀造型受了波斯式格里芬镰状翅膀的影响。[1]（图8-1-39、40）

1 Trudy S. Kawami, "Greek Art and the Finds at Pazyryk," *Notes in the History of Art*, Vol. 10, No. 4 (1991), p. 18.

第二节　希腊化时期的萨尔玛提亚艺术

无休止的战争和内乱破坏了斯基泰王国的稳定，公元前4世纪以后，与其邻近且属于同系的游牧部族萨尔马提亚人，趁斯基泰国势衰败，越过顿河侵占斯基泰领土。最终，他们将斯基泰人完全赶出第聂伯河流域。[1]随着斯基泰王国的衰落和萨尔马提亚人的崛起，具有独特风格的萨尔马提亚人的艺术和文明也逐渐形成，并对希腊化东部世界产生影响，阿富汗提利亚·特佩的黄金艺术就与萨尔玛提亚（Sarmatia）艺术有很密切关联。[2]

公元前4世纪末—前3世纪初黑海北岸的一些墓葬里，依然有来自希腊的进口物件、潘提卡佩昂的希腊人制作的物品及斯基泰人的仿制品，还有斯基泰常见的小型金质饰板及诸如马嚼子（psalion）这样的马具，但也发现了在之前斯基泰墓葬中从未得见的物件。它们是圆形或椭圆形的金质或银质凸面饰板（roundel），其上饰以凸雕纹样。

它们一般是由嚼子和缰绳组成的马辔上、马胸前、马臀两侧带扣上的装点之物。这些饰板上的动物风格已与斯基泰动物风格有所不同，更接近于“阿姆河宝藏”里的文物。用圆盘饰板装点马辔的习俗更常见于波斯文明，希腊人采纳了这种波斯习俗。此类圆盘饰板在今乌克兰、保加利亚及南俄的塔曼半岛和顿河流域相关遗址内均有发现。[3]

藏于大都会博物馆的一件银质圆形饰板贴覆有金箔，沥青背衬上最初有一层铁质层。其边界和内部区域本饰有绿松石或其他贴嵌物，惜未得完全保存。上面的凸雕图案初看感觉较抽象，其实由五个动物

1 Boris Piotrovsky, *Scythian Art: The Legacy of the Scythian World: Mid-7th to 3rd Century B.C*, Leningrad: Aurora, 1986, p. 15.

2 详见本卷第九章第二节。

3 Mikhail Ivanovich Rostovtzeff, *The Animal Style in South Russia and China*, Rome: L’Erma di Bretschneider, 2000, p. 41.

器物

线描图

图8-2-1
萨尔玛提亚圆形饰板，
约公元前3—前1世纪

形象组成。器物中间表现一只头上带角的动物形象，可能为一只鹿，以侧面形式出现，它身体蜷曲，头部几乎与后腿相接，两只前腿则各弯向一侧。圆盘边缘是一圈匍匐前行的四只动物，从鼻子到尾巴都有展现。隔开鹿和四只动物的，及圆盘最外沿的空间，各是一圈拱形镶嵌装饰。通过这四只动物的鸟喙，似乎可判断其表现的是格里芬形象。[1]（图8-2-1）

公元前3世纪开始，萨尔马提亚新类型的珠宝取代了之前斯基泰人乐于引进和效仿的爱奥尼亚和阿提卡风格珠宝。随着细致的金属雕刻工艺（toreutics）的发展，镶嵌多彩宝石成为萨尔马提亚珠宝艺术的主流风格。在印度—斯基泰人统治的受希腊文化影响的印度西北及帕提亚艺术中，也能找到类似物件。[2]萨尔马提亚艺术基于斯基泰动物风格，但表现出更独特的品位，其镶嵌多彩宝石的风格深刻改变了动物风格的装饰物。希腊化时期库班山谷的居民对这种饰物的狂热，不亚于当年对斯基泰风格的喜爱。此外，在斯基泰传统装束的金属配饰方面，萨尔马提亚人发展出几种新形制。最引人注目的是一种新

1 Ann Farkas, "Sarmatian Roundels and Sarmatian Art," *Metropolitan Museum Journal*, Vol. 8 (1973), p. 77.

2 Mikhail Ivanovich Rostovtzeff, *The Animal Style in South Russia and China*, p. 42, 44.

型带扣、钩扣，希腊化时期流行于中亚等地区。高加索库班地区的迈科普（Maykop/Maikop）发现的皮带及其带扣是萨尔马提亚艺术的代表作之一，带扣的材料为银质或镀银的青铜，其上镶嵌宝石。钩扣同样是动物风格纹饰，上有格里芬和一匹马的形象，还有带翼狮鹫，身处左边，面朝右方，背朝观者。格里芬爪子扎进身体右侧，面朝左方的马的脖子。这种风格突出了格里芬的凶猛强悍，富有表现力。另外，作品也通过马的脖子和前腿姿态表现其痛苦，画面充满悲情色彩。马的耳朵和关节部位原本镶嵌三角形玉髓。（图8-2-2）之后，格里芬咬噬马匹的造型持续出现在萨尔马提亚其他牌饰作品上。[1]（图8-2-3）

图8-2-3
金带扣，俄罗斯上波格洛姆挪耶村（Verkhnepogromnoye）2号墓2号丘冢，约公元前1世纪

在新切尔卡斯克（Novocherkassk）附近的萨多维（Sadovy）库尔干内发现了十二件希腊化时代晚期的圆形饰板和两件圆扣饰（phalerae）。在这对圆扣饰中心，两个以侧面形式展现的格里芬攻击一只显出正脸的猫

图8-2-4
嵌宝石镀金圆形银饰板，新切尔卡斯克的萨多维库尔干，公元前1世纪

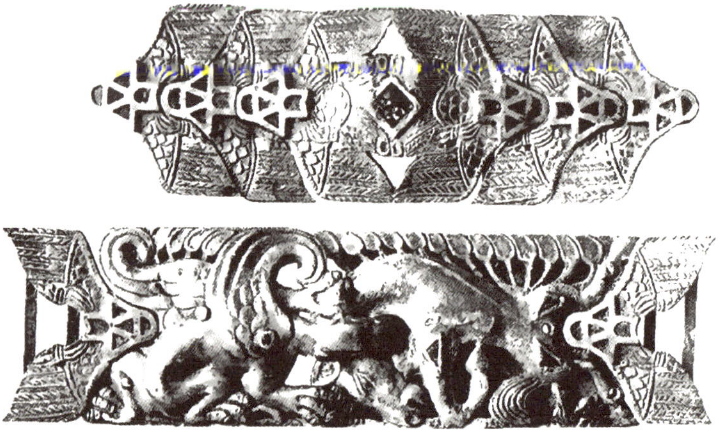

图8-2-2
皮带及镶宝石带扣，迈科普，约公元前2世纪

1 René Grousset, *The Empire of the Steppes: A History of Central Asia*, New Brunswick: Rutgers University Press, 1970, p. 16.

图8-2-5
嵌紫水晶、石榴石、绿松石、珊瑚和玻璃的金冠，新切尔卡斯克宝藏，霍赫拉齐丘库尔干，公元1世纪

科动物。（**图8-2-4**）萨多维这些银饰板采用锤揲法加工，覆盖金箔，与前文提及的人都会博物馆收藏的圆形饰板一样。这种镀金锤纹作品的技法，可能来自本都（Pontus）地区。

今天的新切尔卡斯克地区距离斯特拉波提及的塔奈斯（Tanais）地区不远，[1]新切尔卡斯克附近的霍赫拉齐（Khokhlach）库尔干中出土的宝藏可能与萨多维的文物都来自塔奈斯的作坊。[2]在霍赫拉齐发现的金冠冕的整体形制及其正面装饰的卡梅奥（cameo，多彩宝石浮雕）为希腊式，附在冠冕下部的坠饰是对公元前4—前3世纪流行于南俄的希腊式耳环中常见的坠饰的模仿。[3]（图8-2-5）可以推测，霍赫拉齐的金冠冕出自一位希腊工匠之手。

一件可能发现自顿河下游地区的圆扣饰上，有身体似希腊海怪状

---

1 Strabo, *Geography*, 11.2.2.

2 Ann Farkas, “Sarmatian Roundels and Sarmatian Art,” *Metropolitan Museum Journal*, Vol. 8 (1973), p. 79.

3 Mikhail Ivanovich Rostovtzeff, *Iranians and Greeks in South Russia*, Oxford: Clarendon Press; New York: Oxford University Press, 1922, Pl. XXV, p. 135.

的格里芬形象。（图8-2-6）这种海怪格里芬的形象，可与一些艺术品中海怪刻托（Cetus）的形象对应。它首次出现于希腊化时期，公元前1世纪时在本都地区的艺术形象中得到发展，盛行于罗马帝国时期。（图8-2-7）

这些圆扣饰周围大多有一圈凸起的通常镀金的花环状纹饰。这种带结的环状花带纹样在公元前4世纪就用于希腊金属雕刻工艺中，在希腊化时期变得相当普遍，还用于碗具内底的雕带。在流经俄罗斯和哈萨克斯坦的伊希姆（Ishim）河岸边丘冢中发现的另一个圆扣饰，中间有身体似猫科动物状的格里芬形象。（图8-2-8）环绕其主要画面的花环的形式，原型可能来自包括小亚细亚在内的东地中海世界，至少到公元前1世纪上半叶，普遍用于装饰赤陶工艺品和玻璃器皿。在伏尔加河下游地区的上波格洛姆挪耶的萨尔玛提亚库尔干里发现的银碗上，也有相似花环，制作年代可早至公元前3世纪。[1]（图8-2-9）

一些圆扣饰描绘的画面取材于希腊神话，如发现于今哈萨克斯坦西部的佛洛达卡（Volodarka）的一对圆扣饰，不晚于公元前125年，上面描绘柏勒洛丰（Bellerophon）与喀迈拉（Chimera）搏斗的故事。（图8-2-10）柏勒洛丰骑珀伽索斯与喀迈拉搏斗的画面是典型的希腊化主题，可追溯到古风和古典时期的阿提卡艺术，在公元前5—前4世纪的古典艺术中特别流行，希腊化时期西传到意大利，东传到近东及更远地区。（图8-2-11）这两件圆扣饰的工匠几乎没引入更多创新，而是直接复制希腊主题。乍看之下，以这

图8-2-6
萨尔玛提亚圆扣饰线描图

图8-2-7
带圆形玛瑙凹雕（intaglio）的古罗马铁环，公元前1—公元1世纪

图8-2-8
伊希姆河岸边发现的圆扣饰线描图

1 Mikhail Treister, “Hellenistic Phalerae from the Burials of the Nomads of Asian Sarmatia,” *Art of the Orient*, Vol. 7 (2018), pp. 48-49.

图8-2-10
圆扣饰线描图，哈萨克斯坦佛洛达卡库尔干，不晚于公元前125年

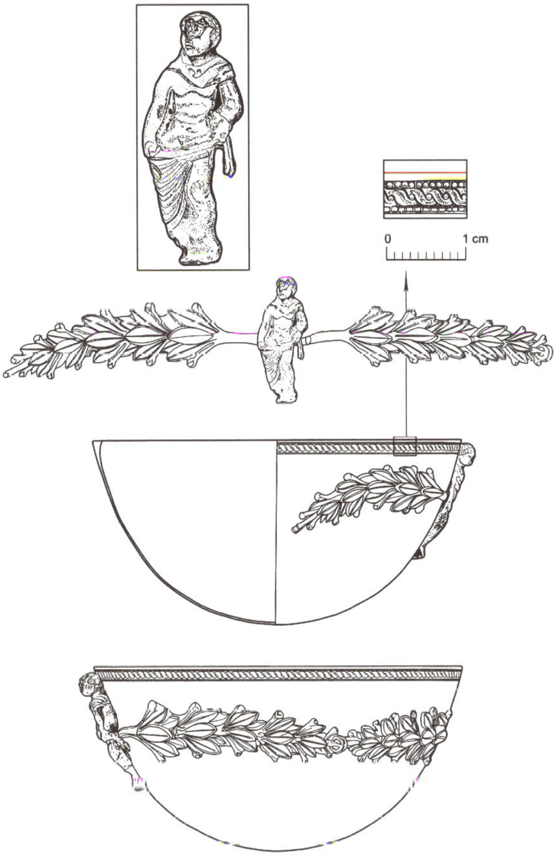

图8-2-9
银碗及其饰件线描图，上波格洛姆挪耶库尔干第5/1954号丘冢第2号墓，可早至公元前3世纪

图8-2-11
陶指套（cpinctron），希腊阿提卡，公元前425—前420年

对为代表的几组圆扣饰似是遵循了“镜像反转”原则，细[illegible]。[1]

捷姆留克（Temryuk）历史考古博物馆收藏的一件公元前4世纪的镀银圆扣饰，发现于库尔羌斯卡亚（Kurchanskaya）。这个哥萨克村（stanitsa）位于高加索

---

1 Mikhail Treister, “Hellenistic Phalerae from the Burials of the Nomads of Asian Sarmatia,” *Art of the Orient*, Vol. 7 (2018), p. 46.

山脉西端的塔曼半岛上的捷姆留克附近。在库尔羌斯卡亚圆扣饰的盘面中心区域，一位女神穿着束腰带系得较高的佩普罗斯内衣，衣袖遮到肘部处，袖子上表现出罕见的垂直衣褶，而构成希玛申长衫式外衣的从左肩披下缠身的布带垂于肘臂，呈半圆弧形，覆盖她的双腿和身体下半部。在这位坐在山羊上的女神的右边，有个半裸男性形象，脚穿饰有雕刻出的小圆点的靴子，身披遮住左肩和胳膊的带褶襞的克拉米斯短氅，头戴佩塔索（petasos）宽边帽，右手所持双蛇杖（caduceus）向前探出。其头部描绘的是左边侧面，而这位注视山羊上的女神的神祇无疑是赫尔墨斯。（图8-2-12）该圆扣饰引起学者注意，主要是因为，在雅典的凯拉米克斯Z号建筑遗址公元前4世纪末—前3世纪初地层处发现的一个直径8.3厘米的银质圆形牌饰（medallion），上面有阿芙洛狄特坐在山羊上的图像。山羊向左飞奔，而不是如库尔羌斯卡亚圆扣饰上的那样向右；女神搂着它的脖子，而不是如库尔羌斯卡亚圆扣饰上的那样抱着一个物体。[1]（图8-2-13）

萨尔马提亚艺术晚期，希腊的主题并未被遗忘。来自塔曼半岛的谢韦尔斯卡亚（Severskaya）哥萨克村的金圆扣饰，展现了希腊诸神与巨人之战（Gigantomachy）后狄奥尼苏斯和雅典娜得胜的场景：左边是获胜的狮背上的狄奥尼苏斯，右边是攻击并制服一被蛇缠身的赤裸巨人的雅典娜。只是这希腊主题以一种有点奇怪的风格呈现，这让人联想起犍陀罗的一些印度—希腊人的文物。[2]（图8-2-14）圆扣饰上的葡萄藤

图8-2-12
银圆扣饰，镀金，俄罗斯库尔羌斯卡亚，公元前4世纪

图8-2-13
银圆形牌饰，希腊凯拉米克斯，公元前370—前360年

图8-2-14
银圆扣饰，通体镀金，俄罗斯谢韦尔斯卡亚，公元前2—前1世纪

1 Mikhail Treister, "Some Classical Subjects on Sarmatian Phalerae (to the Origin of Phalerae)," in Gocha Tsetskhladze, ed., *Ancient Greeks West and East*, Leiden: Brill, 1999, pp. 571-572.

2 Mikhail Ivanovich Rostovtzeff, *Iranians and Greeks in South Russia*, Pl. XXV, p. 137.

蔓纹可能受到了希腊艺术品的直接影响，比如在洛杉矶盖蒂博物馆收藏的一件希腊化世界的银碗，其中央刻画有狄奥尼苏斯和阿里阿德涅（Ariadne）形象的“圆形浮雕画面”（tondo），也有此类装饰元素。（图8-2-15）谢韦尔斯卡亚圆扣饰盘面下段边缘饰带内有一装饰元素，但需努力辨认才知其原型是一双莲花纹饰，这是公元前4世纪黄金项链的典型特征。其简化和程式化的程度，与阿富汗北部“黄金之丘”王室墓葬群5号墓中的项链元素有可比性。（图8-2-16）画面中一些服装细节也很重要：狄奥尼苏斯和雅典娜系着宽腰带，上面缀着一串圆形牌饰，这一特征在同时期萨尔马提亚服装中，以及公元前5—前4世纪初的波斯或中亚服装中都不得见。但这种腰带上的装饰在贵霜人群体中得到广泛的传播，比如在苏尔赫·科塔尔（Surkh Kotal）统治者雕像和哈尔恰扬宫殿的中楣饰带（frieze）雕像中均可见到。[1]

图8-2-15
希腊化世界的银碗，局部镀金，约公元前100年

图8-2-16
“黄金之丘”5号墓中的项链，黄金，嵌绿松石、石榴石、黄铁矿，阿富汗，公元25—50年

萨尔马提亚圆扣饰有许多带希腊元素的草原艺术主题。与其相关的文物，还有一件来自南俄阿斯特拉罕（Astrakhan）地区的银盖。盖身有阴刻的鱼纹、带翼海怪和一条地道希腊风格的双环回纹，阴刻线组图精巧。[2]（图8-2-17）这种希腊化晚期的圆扣饰向外广泛传播，遍及欧亚大陆的广大地区。主

图8-2-17
阿斯特拉罕银盖上的鱼纹、海怪纹和双环回纹，希腊化晚期

1 Mikhail Treister, “Some Classical Subjects on Sarmatian Phalerae (to the Origin of Phalerae),” in Gocha Tsetskhladze, ed., *Ancient Greeks West and East*, pp. 568-569.

2 John Boardman, *The Greeks in Asia*, London: Thames and Hudson, 2015, p. 106.

图8-2-18
康撒罗斯杯（Kantharos）
玻璃、黄金、玛瑙、石榴石，俄罗斯谢韦尔斯卡亚，公元前2—前1世纪

流观点认为，这种类型的圆扣饰源自东方，从南西伯利亚一路传播至黑海大草原地区，并与萨尔马提亚人向西的渗透联系在一起。

在属于公元前1世纪的十几个萨尔马提亚墓葬中，还发现用压铸法和浇铸法成型的玻璃产品（cast-glass）及雕花玻璃产品（cut-glass），它们复刻了希腊化晚期金属器皿的器形。（**图8-2-18**）

这些墓中发现的珠宝形制和技术也很独特，能看出当时工匠喜欢细金装饰工艺。但这里的工艺已和古典时期的金珠工艺（granulation）不同，是对后者的模仿，严格来说已不属于细金工艺。比如说金珠排列不再细密，而是像单独孤立的颗粒状物排成一线。不过此处工匠还是照萨尔马提亚艺术惯例，用镶嵌宝石和彩色玻璃呈现出多彩的效果。如两件发现自库班的祖博夫（Zubov）农场的两块金质钩扣（fibulae），其年代在公元前后，中间嵌有来自亚历山大里亚的彩色玻璃，还有在萨尔马提亚艺术晚期（公元3—4世纪）流行于刻赤的珐琅耳环。[1]（**图8-2-19**）

图8-2-19
萨尔马提亚钩扣和耳环

1 Mikhail Ivanovich Rostovtzeff, *Iranians and Greeks in South Russia*, p. 127.

图8-2-20
镶嵌石榴石的萨尔马提亚金质香水瓶，出白黑海北岸地区，公元2—3世纪

上述这些文物可以说是希腊和东方元素的混合体。他们的艺术在希腊罗马造型艺术基础上，表现出一种明显的东方化特点。[1]像斯基泰人一样，萨尔马提亚人也对希腊文明及希腊商品青睐有加。萨尔马提亚人也乐意把希腊化城市当作商贸中转站，因此黑海沿岸的希腊化城镇保持了生产和出口中心的地位，继续为南俄及乌克兰草原的客户服务。[2]公元前1—公元3世纪的潘提卡佩昂陵墓中发现的文物，与库班的丘冢的出土物有诸多类似之处，可以推测，潘提卡佩昂的工匠为库班的武士提供了很多金银制品。而来自奥尔比亚（Olbia）的金制香水瓶似乎是奥尔比亚人的作品。（图8-2-20）萨尔马提亚时期在黑海城沿岸城市工作的希腊工匠或希腊化的本地人，也为周边民族工作，打造迎合其口味和需求的作品。[3]

1 René Grousset, *The Empire of the Steppes: A History of Central Asia*, p. 15.
2 Mikhail Ivanovich Rostovtzeff, *Iranians and Greeks in South Russia*, p. 120.
3 Mikhail Ivanovich Rostovtzeff, *Iranians and Greeks in South Russia*, p. 143.

结 语

欧亚草原丝绸之路也是希腊化艺术向东传播的通道之一。早在亚历山大大帝东征之前，斯基泰人的艺术就深受希腊文化的影响，很多制作精美的斯基泰艺术品或是希腊舶来品，或是希腊工匠参与制作。斯基泰人在草原上迁徙，斯基泰艺术所包含的希腊文化因素随之传播到东方，这在诸如“阿姆河宝藏”、巴泽雷克遗存中均有所体现。进入希腊化时期后，中亚的斯基泰人或具有斯基泰背景的帕提亚人南下，他们本来受过希腊文化的熏陶，因而整体上促进了“希腊化远东地区”希腊化艺术的延续和发展。

在黑海北岸的斯基泰人故地，萨尔玛提亚人取代了斯基泰人的地位，公元前2世纪以来成为草原上的主导民族。他们继承了斯基泰人的艺术并在稍晚时候受到罗马文化的明显影响。正如希腊和罗马时常并称，斯基泰和萨尔玛提亚同样如此，斯基泰—萨尔玛提亚艺术也成为希腊—罗马文化和艺术向东传播的重要载体。

（余琛填）

第九章　贵霜早期艺术中的希腊化因素

称雄中亚印度的贵霜人的祖先曾是逐水草而居的游牧民族——大月氏人。但是在公元前2世纪征服巴克特里亚等地以后，他们从游牧转入定居，也自然而然接受了当地的希腊化文化遗产。因此，在这一转型背景下的贵霜帝国各地的艺术，展现出一种混合文化的特征，其中希腊化因素被或多或少地以各种方式展示出来。

月氏—贵霜时期的艺术主要体现于两处有代表性的遗址之中，一处是位于阿姆河以北的哈尔恰扬（Khalchayan），另一处是位于阿姆河以南的“黄金之丘”（Tillya Tepe，提利亚·特佩）。哈尔恰扬宫殿遗址以其鲜活的视觉艺术形式，恰如其分地表现了月氏人的早期游牧生活形态，[1]是贵霜帝国在中亚成型前的最著名艺术典范，也是东伊朗世界宫廷艺术（王朝艺术）的典范，而王朝艺术是中亚世俗艺术中最鲜明的代表。此外，经过阿伊·哈努姆和哈尔恰扬，我们看到一条向犍陀罗艺术演进的脉络，它或许并不属于犍陀罗艺术演进历程的主线，但它仍是犍陀罗艺术的诸多源头之一。

提利亚·特佩墓葬遗址的考古成果，填补了希腊—巴克特里亚王国解体和贵霜帝国确立之间的历史缺环。从这里发现的精美丰富的

1　Christoph Baumer, *The History of Central Asia: The Age of the Steppe Warriors*, Vol. 1, London: Bloomsbury Publishing, 2018, p. 47.

文物，反映了游牧民族虽然武力上征服了希腊—巴克特里亚王国的领土，但自己在文化层面上则被希腊化艺术“征服”。新兴的月氏贵族极尽奢华之风，把数以千计的糅合希腊和游牧民族艺术因素的足金制品用作随葬品和装饰。

第一节　哈尔恰扬的希腊化艺术

苏尔汉河是阿姆河的一条支流，位于今乌兹别克斯坦南部。在河流上游山谷的右岸，有一处著名的贵霜时期城市遗址，即哈尔恰扬城址。它靠近德诺夫（Denov），位于铁尔梅兹北面。在哈尔恰扬发现的许多艺术品，堪称贵霜早期王朝艺术的代表作。

考古结果表明，这座壕沟环绕的要塞，最早可追溯到公元前3—前2世纪，即希腊—巴克特里亚王国时代，并作为一个重要城池繁荣起来，直到公元4世纪萨珊帝国建立。其古老的灌溉系统被摧毁后，它受到沼泽侵蚀，渐渐失去作用。考古学家普加琴科娃（Pugachenkova）在哈尔恰扬发现了一个游牧领袖的头像，酷似贵霜翎侯赫劳斯（Heraios/Heraus/Herao，约公元1—30年在位）肖像，所以她推断贵霜翎侯于公元前1世纪中叶居住在苏尔汉河流域，居住地可能就是哈尔恰扬。[1]这里的考古发掘揭示了一种将他们与原先游牧文化及帕提亚、希腊要素杂糅在一起的混合文化。

哈尔恰扬城中有一座不大的宫殿，建造年代为公元前后。[2]宫殿是城中重要遗址，它的整个建筑结构元素非常接近阿伊·哈努姆，模

1 ［苏］普加琴科娃、列穆佩：《中亚古代艺术》，陈继周、李琪译，乌鲁木齐：新疆美术摄影出版社，2013年，第18页。

2 ［苏］普加琴科娃、列穆佩：《中亚古代艺术》，陈继周、李琪译，第18页。

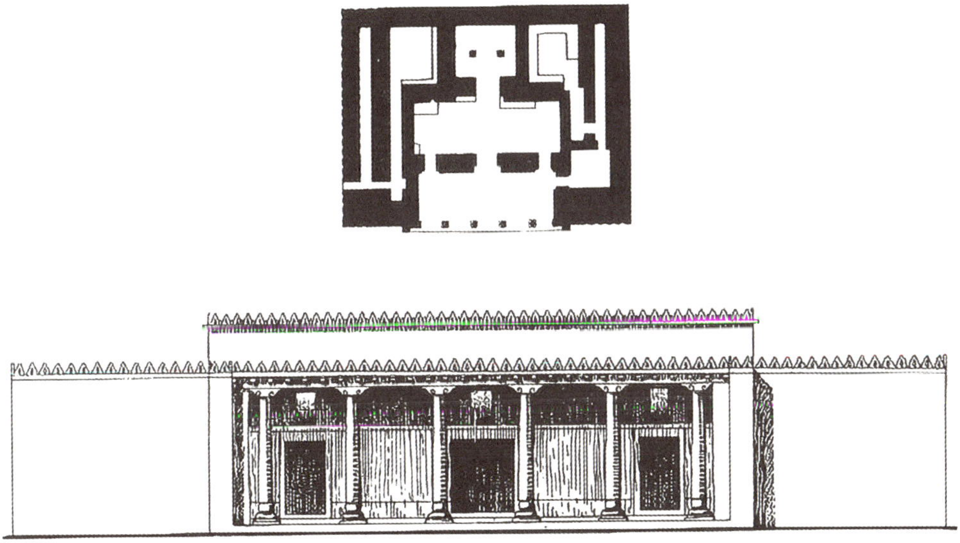

平面图与正立面图

复原模型

室内场景复原图

图9-1-1

哈尔恰扬的宫殿

仿了此前巴克特里亚已确立的建筑风格。宫殿长35米，宽26米，用泥砖建造。（图9-1-1）正立面是一个六柱式外部前廊，在近似波斯风格的六柱式敞厅（iwan）中，使用了与阿伊·哈努姆的“亚洲式阿提卡”式类似的柱子。（图9-1-2）经过前廊，则进入宫殿内部。这个内部空间结合了接待大厅和许多小的房室，包括卫室和金库。大厅平面为长方形，长17.6米，宽6.1米，再往里还有一间带两根立柱的王座室。一些考古学家推测这座建筑起先用以接待贵宾，后成为纪念和供奉被

遗存

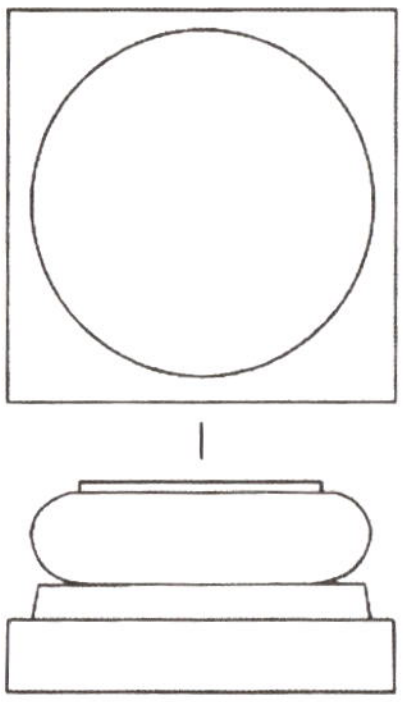

线描图

图9-1-2
哈尔恰扬宫殿的石柱础，公元前2—前1世纪

神化的贵霜王侯祖先的大殿。在哈尔恰扬的山上发现了许多檐饰（antefix）残片，除阿堪突斯叶饰和棕榈图案外，有些还带有其他植物纹样。[1]（图9-1-3）

哈尔恰扬的宫殿是前几位月氏—贵霜王时代“王朝”艺术的最重要遗存，雕塑、浮雕、壁画和其他装饰纹样在这里汇为一体。[2]宫殿墙上的浮雕为彩绘泥塑，制作年代在公元前1—公元1世纪。制作工艺程序如下：先用芦苇捆扎出人物的大体结构，然后用黏土做好塑形，最后在其表面上色，即涂上矿物颜料。这些雕像是遗址一系列发现中的重中之重。由于该地区历史上地震活跃，所以这些浮雕从墙上掉落，有些塑像被发现时已严重破碎，经考古学家修复才得其原貌。

图9-1-3
哈尔恰扬檐饰，赤陶，公元前1—公元1世纪

这些浮雕带距离地面三米，从一面墙壁延伸到另一面。雕带按水平方向分两个层次。下面一层有2米高，上面一层则较窄。下

1 Akmaljon Ulmasov, “Semantics of Ancient Architectural Forms and Art Images (as Exemplified by Architectural Monuments of Southern Uzbekistan),” in Cultural Heritage Protection Copperation Office, Asia-Pacific Cultural Centre for UNESCO (ACCU), *ACCU Nara International Correspondent: The Ninth Regular Report*, Nara: ACCU, 2012, p. 49.

2 ［苏］普加琴科娃、列穆佩:《中亚古代艺术》，陈继周、李琪译，第3页。

图9-1-4
哈尔恰扬宫殿大厅中间西墙彩绘泥塑高浮雕饰板线描复原图

图9-1-5
帕提亚王侯头像，哈尔恰扬，公元前1—公元1世纪

图9-1-6
满腮虬髯的人像，塔克西拉斯尔卡普的达摩拉吉卡佛塔

层雕带可确认的有三块描绘真人大小形象的主要雕板，形成一个宽阔的饰带。雕像整体属于浮雕，但是头部都属圆雕。中间（西墙）的浮雕板似乎描绘了宫廷生活，其中有一位手握权杖或华丽马鞭的国王及王后坐像。其他几对夫妇形象分列国王夫妇左右。在国王身边的一侧夫妇为国王的长公主与驸马。（图9-1-4）驸马右手抬起，右掌朝向观众，这正是后来犍陀罗佛像和菩萨像常见的施无畏印的姿势。另一侧的两对夫妇则是来自臣服的巴克特里亚—索格底亚那的当地家族和有帕提亚血统的家族。其中帕提亚王者形象，可能是来自旁遮普的印度—帕提亚族王子，也可能来自帕提亚王国本土，但无论如何，可以说明此时帕提亚王侯被哈尔恰扬统治家族视为盟友。[1]（图9-1-5）哈尔恰扬这尊帕提亚人头像，让人联想起斯尔卡普的印度—帕提亚时期的一件灰塑头像，同样在材料及创造手法上有很高自由度，展示出强烈的面部表情，颇有希腊化艺术的气息。（图9-1-6）

---

1 Marek Jan Olbrycht, "Arsacid Iran and the Nomads of Central Asia – Ways of Cultural Transfer," in J. Bemmann and M. Schmauder, eds., *Complexity of Interaction along the Eurasian Steppe Zone in the First Millennium CE. (Bonn Contributions to Asian Archaeology, 7)*, Bonn: Fgarch Press, 2015, p. 347.

雕带中的男性均蓄有络腮胡或口髭，留长发，头发从额前往后梳，[1]有的束于脑后，额头绑头带，并穿着系腰带的束腰外衣和裤子。这些轻便上衣和双腿开衩的裤子是为了适应游牧民族骑马的需要。国王也穿着带草原游牧文化特征、便于骑乘的民族服装，还戴着贵霜早期风格的尖帽。女性则都穿着优雅的带褶襞的长袍，除国王夫妇外，还有一对男女坐像。普加琴科娃认为中间描绘的是贵霜人祖先赫劳斯的家族场面。在中间这一组统治者雕像头顶之上，是一组希腊保护神，如雅典娜、赫拉克勒斯、胜利女神和阿波罗之类的雕像，但具有月氏游牧民族的风格。雅典娜有一种隐隐的古典化韵味，椭圆脸型给人一种古典精致感。前额有发卷，形成柔和的曲弯。[2]（图9-1-7）在右边北墙饰板上也出现了一位国王坐像，这位王者形象则是制作雕塑时在位的国王，应是赫劳斯一脉的贵霜君主。（图9-1-8）他采用交脚坐姿，这后来成为犍陀罗菩萨常见的坐姿。他身边的男性形象中，其中一位王侯还拿着他的盔甲。（图9-1-9）其外貌特征为斜眼，且能看出此时的贵霜人有人工颅骨变形的风俗。北墙饰板上还有女神形象，她驾驶一辆古典式战车，头光有光芒四射的效果。考古学家们推测她是库柏勒、娜娜（Nana）或琐罗亚斯德教的阿什（Ashi）女神。[3]

图9-1-7
雅典娜像脸部，哈尔恰扬

这两块饰板上，除国王夫妇外，男女形象分别是宫廷成员。从他们的姿态来看，应有很高的地位，没有一个是奴仆形象。这

1 Ladislav Stančo, *Greek Gods in the East: Hellenistic Iconographic Schemes in Central Asia*, Prague: Charles University, Karolinum Press, 2012, p. 42.

2 Rekha Morris, "Some Observations on Recent Soviet Excavations in Soviet Central Asia and the Problem of Gandhāra Art," *Journal of the American Oriental Society*, Vol. 103, No. 3 (1983), p. 565.

3 Rekha Morris, "Some Observations on Recent Soviet Excavations in Soviet Central Asia and the Problem of Gandhāra Art," *Journal of the American Oriental Society*, Vol. 103, No. 3 (1983), p. 558.

图9-1-8
哈尔恰扬宫殿大厅右边北墙彩绘泥塑高浮雕饰板线描复原图

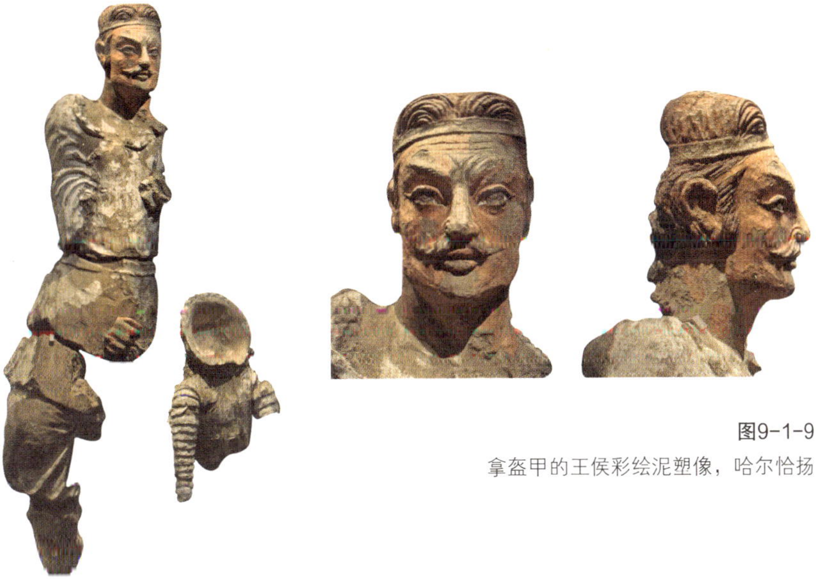

图9-1-9
拿盔甲的王侯彩绘泥塑像，哈尔恰扬

些艺术品内含希腊、罗马、帕提亚和印度的艺术母题，一些头像与帕提亚来通杯外圈上的希腊化风格雕像有可比性。雕带的男性人物有的以四分之三视图显示，有的像半圆雕，体现出英雄气概。从整体形态看，哈尔恰扬浮雕的这些坐像和立像较缺乏动态，显示出帕提亚艺术的影响，但又不似帕提亚后期艺术的僵硬感，人物情绪强烈，[1]有些雕

1 Grégoire Frumkin, *Archaeology in Soviet Central Asia*, Leiden and Cologne: E. J. Brill, 1970, p. 114.

像的眼睛不是直直盯着观者。犍陀罗人像常凝视观者的眼睛，或看向一侧，见于哈尔恰扬的贵霜雕塑也展现了这点，它们并非如帕提亚后期艺术那样的严格正面像，而偏转甚微，更接近于希腊化高度感情化的人像。一些考古学家推测这些主人公是真实人物——赫劳斯王家族的贵霜王国的最初几位代表人物，这些根据巴克特里亚出土的一组公元前1世纪钱币可以得知。

在大厅左边南墙饰板上，则是一幅行动画面，描绘四个骑马武士形象作“飞奔”状乘战马驰骋。居于中间的一位武士挥舞长矛，全副武装，穿戴一套重甲：类似帽子的紧贴头部的头盔，从头盔前额处还生出尖顶；一套覆盖腿部和前臂的金属铠甲，紧身胸衣、护腿、护臂、护喉，一应俱全，金属片衔接形成一条条同心圆状线条。在阿伊·哈努姆也发现过类似铠甲。他的马也披马铠，可能是鳞甲或链甲，还有遮目马面具。另外三位则轻装上阵，穿束腰外衣和裤子，骑在马鞍上挥舞弓箭。有一人还显示出所谓“帕提亚式回射”（Parthian shot）的姿势，而这个姿态亦曾出现在公元前6世纪创作的埃特鲁里亚（Etruscan）艺术品中。（**图9-1-10**）他们胯下的骏马都有精致饰物，马鞍边线硬朗，包含两块拱形的前后鞍桥。哈尔恰扬宫殿南墙的这块浮雕饰板的画面，是贵霜人为欢庆对塞人部落作战的胜利而作，这幅画面可能展现的是国王本人或他的一个儿子（赫劳斯氏族成员）领着手下骑兵出征的场面。

在这圈描绘肖像的饰板上缘还有一圈小型饰带，以希腊化风格为基调，其中塑有连续的花纲，以及承托花纲的赤足小爱神母题，[1]此外花纲的起伏空间里还有男男女女的半身像及其他雕像。他们是衣着华丽的跳舞姑娘、流浪艺人形象。在花纲间露出形体较大的乐

1 G. A. Pugachenkova, et al., “Kushan Art,” in Janos Harmatta, B. N. Puri and G. F. Etemadi, eds., *History of Civilizations of Central Asia. Vol. II: The Development of Sedentary and Nomadic Civilizations: 700 B.C. to A.D. 250*, Paris: UNESCO Publishing, 1994, p. 333.

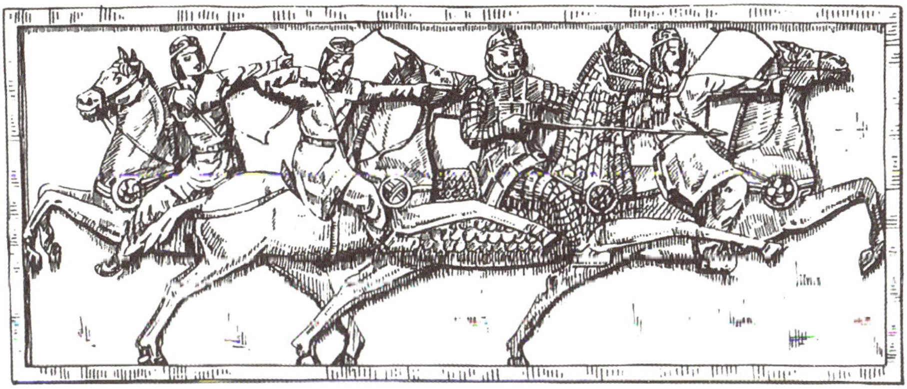

饰板线描复原图

轻装弓骑兵彩绘泥塑像局部

图9-1-10
哈尔恰扬宫殿大厅左边南墙彩绘泥塑高浮雕饰板

师（图9-1-11）、流浪艺人、萨提尔半身像。这圈饰带中的形象展现出希腊化精神，但不是希腊罗马艺术的直接再现，而是狄奥尼苏斯酒神节主题在巴克特里亚土壤上的特有反映，同时也是关于巴克特里亚民族音乐文化的确凿证据。[1]

---

1 Chhaya Bhattacharya-Haesner, "Central Asia: A Melting Point of Persian, Greek, Indian and Chinese Cultural Traditions," *Indian Journal of History of Science*, Vol. 51, No. 4 (2016), p. 633.

图9-1-11
花纲与乐师，哈尔恰扬，彩绘泥塑

巴克特里亚应是犍陀罗和马图拉（Mathura）艺术中持花纲童子形象的来源之一，但最终的源头可能还是地中海东部的希腊罗马世界。哈尔恰扬类似的承托花纲的童子形象，后来出现在新疆米兰佛寺公元3世纪的壁画中。[1]（图9-1-12）哈尔恰扬一些萨提尔像让人联想到斯尔卡普城印度—帕提亚时期的萨提尔头像。他们均展现了厌恶表情，蹙眉，嘴巴微张。而哈尔恰扬的一些萨提尔头部的某些细节，如头发的处理，亦与斯尔卡普的萨提尔一样，可与希腊化的帕加马流派的处理方式联系起来。[2]而另一些萨提尔泥塑像及怪诞而似恶魔的形象，[3]则让人将其与位于丝路北路的七个星遗址的一些头像联系起来。[4]（图9-1-13）

图9-1-12
承托花纲的童子，哈尔恰扬，彩绘泥塑

哈尔恰扬一尊塞人武士彩绘泥塑头像，其头盔为独特的蛋

1 Carol A. Brombeerg, "An Iranian Gesture at Miran," *Bulletin of the Asia Institute New Series*, Vol. 5 (1991), p. 49.

2 Benjamin Rowland Jr., "Graeco-Bactrian Art and Gandhāra: Khalchayan and the Gandhāra Bodhisattvas," *Archives of Asian Art*, Vol. 25 (1971/1972), p. 29.

3 Kazim Abdullaev, "Nomad Migration in Central Asia," *Proceedings of the British Academy*, 133 (2007), p. 89.

4 Chhaya Bhattacharya-Haesner, "Central Asia: A Melting Point of Persian, Greek, Indian and Chinese Cultural Traditions," *Indian Journal of History of Science*, Vol. 51, No. 4 (2016), p. 640.

图9-1-13
哈尔恰扬的萨提尔泥塑像

形，有向前突出的呈三角形的短遮檐（眉庇），两侧护腮延伸至脖颈处，其边缘部分似是皮革制的，可能部分地受到希腊式头盔的影响。[1]头盔外另系有头带。[2]这名武士还戴着护喉。头像的嘴巴微张，头部似是略向后转，处于四分之三面角度。其面部的肌肉扭曲变化，有一种内在的紧张感和力量感。（**图9-1-14**）

图9-1-14
塞人武士彩绘泥塑头像，
哈尔恰扬

尽管这些饰板雕带里的人物以群雕形式出现，但每个人物个性鲜明，展示出清晰的希腊化影响。哈尔恰扬雕塑表现了一种内在深刻的强烈情感，营造出紧张气氛，传达了痛苦的情绪，这是希腊化雕塑中很常见。其肖像用写实主义手法描绘不同的民族特征。[3]其中武士肤色略带红色，其面部特征表明他们属于中亚民族。一件陶制圆形牌饰展示了一个模压制成的髭须茂密的男性形

---

1 Kaveh Farrokh, Gholamreza Karamian, Adam Kubik and Mandana Taheri Oshteriani, "An Examination of Parthian and Sasanian Military Helmets (2nd century BC-7th century CE)," in Katarzyna Maksymiuk and Gholamreza Karamian, eds., *Crowns, Hats, Turbans and Helmets. The Headgear in Iranian History. Volume I: Pre-Islamic Period*, Siedlce: Publishing House of Siedlce University of Natural Sciences and Humanities, 2017, p. 122.

2 P. Skupniewicz and M. Lichota, "Diadem on the Head from Khalchayan Battle Scene and Possible Reconstruction of the Composition," in Katarzyna Maksymiuk and Gholamreza Karamian, eds., *Crowns, Hats, Turbans and Helmets. The Headgear in Iranian History. Volume I: Pre-Islamic Period*, p. 70.

3 Marek Jan Olbrycht, "Arsacid Iran and the Nomads of Central Asia – Ways of Cultural Transfer," in J. Bemmann and M. Schmauder, eds., *Complexity of Interaction along the Eurasian Steppe Zone in the First Millennium CE. (Bonn Contributions to Asian Archaeology, 7)*, p. 349.

象，端坐在由两个面朝观者的狮子支撑的宝座上。他穿着束腰外衣和高筒靴，戴着尖顶帽。这可能是身穿早期贵霜服饰的国王的坐像。立于两侧的人物体型较小，也穿着类似的袍服，可能是国王的继承人形象。中心人物左肩上方有一个身形更小的飞翔的胜利女神（可能是尼科），[1]给画面中心的王者戴上了花冠。（图9-1-15）圆形牌饰中的人物，复刻自一尊更大的雕塑原型。

图9-1-15
赤陶牌饰，哈尔恰扬

哈尔恰扬的雕像能展现贵霜部族如何从普通的游牧武士发展成一股所向披靡的军事势力，直至最后称霸一方。它们也显示了受希腊化艺术启发而产生的希腊—巴克特里亚艺术与帕提亚后期艺术规范的影响。它的重要性是催生了后来两股艺术潮流：其中一股是以“正面律”来凸显气魄雄逸的人物形象的贵霜王朝艺术，另一股是早期犍陀罗艺术。犍陀罗艺术中一些弥勒佛的头像、中国和田附近的山普拉纺织物上可能为希腊武士的形象，与哈尔恰扬的贵族形象有诸多相似处，如人物的姿态、服饰、武器、发型以及发带的类型等。（图9-1-16、9）今蒙古国中央省巴特苏木贝县（Batsumber sum）诺因乌拉（Noin-Ula）匈奴贵族的墓葬出土的织物上有诸多人物纹饰，其中一些人物的面部特征与哈尔恰扬的肖像也有类似处，[2]一些头像的发型处理手法甚至可追溯到古希腊城市哈利卡纳苏斯的摩索拉斯（Mausolus）雕像。（图9-1-17）

图9-1-16
毛布灯笼裤，山普拉1号墓，汉代

1 Rekha Morris, “Some Observations on Recent Soviet Excavations in Soviet Central Asia and the Problem of Gandhāra Art,” *Journal of the American Oriental Society,* Vol. 103, No. 3 (1983), p. 559.

2 A. Betts, M. Vicziany, P. W. Jia and A. A. Di Castro, eds., *The Cultures of Ancient Xinjiang, Western China: Crossroads of the Silk Roads*, Oxford: Archaeopress, 2019, p. 104.

图9-1-17

摩索拉斯石雕像头部，土耳其哈利卡纳苏斯王陵，约公元前350年

图9-1-18

哈尔恰扬壁画中的植物图案

哈尔恰扬宫殿前廊三个墙面和接待大厅东墙曾装饰壁画，如今仅发现这些壁画的残片。尽管壁画残片数目不多，但它们也是哈尔恰扬古时辉煌文明的存证。壁画中有一些纯装饰性的植物图案，如花卉、葡萄藤蔓、水果等。（图9-1-18）另一些残片则来自大型人物画像，其中一些用西方风格绘制。（图9-1-19）哈尔恰扬壁画中人物头部呈现四分之三视图，有柔软的卷发和希腊艺术的理想化特质。[1]

图9-1-19

哈尔恰扬壁画中的人物头像

哈尔恰扬艺术展示了公元前2世纪游牧民族大规模入侵后，巴克特里亚地区所呈现的文化特征，以及中亚的城市面貌，展示了巴克特里亚、希腊和游牧民族艺术传统的结合。哈尔恰扬雕塑是巴克特里亚诸城市广泛应用的文化作用，塑造的人物多为贵霜王族的代表人物，勇敢且充满活力。他们崇尚的力量贯穿各主要场景。斯基泰艺术的表现力和巴克特里亚艺术的深刻心理刻画，在这里得到完美的结合。[2]

哈尔恰扬雕塑属于具象艺术作品的最佳之列，体现了希腊

1 G. Azarpay, A. M. Belenickij, B. I. Maršak and M. J. Dresden, *Sogdian Painting: The Pictorial Epic in Oriental Art*, University of California Press, 1981, p. 83.

2 ［苏］普加琴科娃、列穆佩:《中亚古代艺术》，陈继周、李琪译，第19页。

人带至巴克特里亚的写实主义风格。[1]这些雕塑作品独具一格，有充沛饱满的精神气度，艺术风格雄健磅礴。它们既展现了希腊化世界的一些艺术观，即对雕塑的艺术功能以及艺术表现形式的理解，又反映了巴克特里亚—贵霜世界某种理想美的典范，即此地用以塑造人物形象的审美观念。

较世俗化的哈尔恰扬风格是巴克特里亚艺术结合本地化特征的一个创新，哈尔恰扬的雕塑风格被它的发现者普加琴科娃定义为一种人像艺术最成熟的表达方式，其艺术风格阶段介于希腊—巴克特里亚王国的风格（如阿伊·哈努姆）和那些在铁尔梅兹、阿尔塔姆（Airtam）和苏尔赫·科塔尔体现的已犍陀罗化的风格之间。可以说，哈尔恰扬建筑群的艺术作品，是衔接巴克特里亚的希腊化艺术与仍然深受希腊影响的贵霜艺术的桥梁，在希腊—巴克特里亚艺术和犍陀罗与哈达等地的艺术之间起到承上启下的作用。[2]

（余琛填）

第二节 “黄金之丘”的希腊化艺术

“黄金之丘”（提利亚·特佩）墓地位于今阿富汗北部西伯尔汗（Sheberghan）东北5公里处一座废弃的古代城堡中。其中六座墓葬出土文物以金器为主，有两万件之多，被称为“巴克特里亚宝藏”。

1 J. Harmatta, with the contributions of B. N. Puri, L. Lelekov, S. Humayun and D. C. Sircar, “Religions in the Kushan Empire,” in Janos Harmatta, B. N. Puri and G. F. Etemadi, eds., *History of Civilizations of Central Asia. Vol. II: The Development of Sedentary and Nomadic Civilizations: 700 B.C. to A.D. 250*, p. 322.

2 Grégoire Frumkin, *Archaeology in Soviet Central Asia*, p. 115.

关于“黄金之丘”墓主的民族归属历来聚讼纷纭。学者们从出土艺术品的工艺、风格及历史背景等角度来分析墓主身份。目前主要观点认为大月氏人、塞人、帕提亚人或与帕提亚有密切关系。“黄金之丘”的发掘者维克托尔·萨里阿尼迪（Viktor Sarianidi）首倡大月氏人说或前贵霜人说，认为“黄金之丘”属于贵霜主要王族之一，可能是最富有和最有影响力的王族，也可能是贵霜帝国的创始者。[1]萨里阿尼迪的观点一经提出就获普遍认可，目前仍是学术界主流。萨拉·彼得森（Sara Peterson）通过对“黄金之丘”4号墓金腰带上的圆形浮雕及其他艺术品的分析研究，认为提利亚·特佩与帕提亚在政治、经济和文化上存在密切关系。[2]迈克尔·申卡（Michael Shenkar）通过复原4号墓主头饰，认为墓主人是印度—帕提亚贡多法勒斯王朝（Gondopharid dynasty）的其中一员。[3]考虑到“黄金之丘”出土了大量带有草原风格的艺术品，还有学者认为墓主是一位塞人首领。[4]

“黄金之丘”位于东西方文明交往的十字路口，自古以来就是民族迁移与商贸往来的枢纽之地。公元前后几个世纪，希腊人、帕提亚人、塞人和大月氏人等都曾驻足于此。张骞凿空西域后，丝绸之路沿线贸易更加活跃，巴克特里亚因其独特的地理位置，成为东西方商品、艺术品的汇聚地。“黄金之丘”随葬品体现的多元文化因素，恰是以上文化交汇与融合的反映。因此，单从随葬品所体现的文化因素角度，很难明确判定“黄金之丘”的主人究竟归属哪一民族或文化群体。

1 V. I. Sarianidi, “The Treasure of Golden Hill,” *American Journal of Archaeology*, Vol. 84, No. 2 (1980), p. 130.

2 Sara Peterson, *Parthian Aspects of Objects from Grave IV, Tillya Tepe*, Master’s Degree Dissertation, University of London, 2011.

3 Michael Shenkar, “The Headdress of the Tillya Tepe ‘Prince’,” *Ancient Civilizations from Scythia to Siberia*, Vol. 23 (2017), pp. 151-183.

4 Henri-Paul Francfort, “Tillya Tepe and its Connections with the Eurasian Steppes,” in Joan Aruz and Elizabetta Valtz Fino, eds., *Afghanistan: Forging Civilizations along the Silk Road*, New York: Metropolitan Museum of Art, 2012, p. 88.

从“黄金之丘”墓葬体现的文化内涵来看，该墓葬与欧亚草原东部存在密切联系。“黄金之丘”是一座独立的贵族墓地，由七个坟墓组成，其中六个已充分挖掘（一男五女），一个部分挖掘。各墓葬文化呈现统一的风格。[1]一般认为，各墓主人埋葬于同一时期，男性是一首领。男性墓（4号墓）位于中心，其他墓在附近外围。类似墓葬布局也出现于蒙古和布里亚特地区的匈奴贵族墓地，在阿尔泰山麓、鄂毕河谷等地也有发现。[2]“黄金之丘”的墓葬结构及仪式与蒙古、中国新疆等地区的匈奴墓有许多共同处，都是长方形竖穴土坑墓，单人仰身直肢葬，使用木棺，并有在墓坑中放置马头颅和马腿的葬俗。[3]

据《史记·大宛列传》载：“（大月氏）行国也，随畜移徙，与匈奴同俗。”可见月氏与匈奴一样也是游牧民族。又载：“始月氏居敦煌、祁连间。”虽然目前学界对“敦煌”与“祁连”的地望有不同解释，但从大范围上可肯定月氏最初活动在中国西北地区的敦煌与天山之间，靠近匈奴。约公元前177或前176年，月氏为匈奴所败，放弃以上故地，西迁伊犁河、楚河流域。后月氏又为乌孙所逐，经大宛（今费尔干那盆地）至阿姆河，击败并臣服当地的巴克特里亚国（大夏），在阿姆河北建立王庭，是为大月氏国。[4]最迟在西汉末，大月氏完全吞并巴克特里亚，移妫水北之王庭于妫水南之监氏城，直接统治阿姆

---

1 Virginia Schuster Poston, *Cultural Implications of the Golden Treasure of Tillya-tepe*, University of Oregon, 1988, p. 108.

2 Henri-Paul Francfort, “Tillya Tepe and its Connections with the Eurasian Steppes,” in Joan Aruz and Elizabetta Valtz Fino, eds., *Afghanistan: Forging Civilizations along the Silk Road*, p. 91.

3 Virginia Schuster Poston, *Cultural Implications of the Golden Treasure of Tillya-tepe*, pp. 43-53. 郭素新、田广金:《源远流长的北方民族青铜文化》,《中国青铜器全集》第15卷《北方民族》，北京：文物出版社，1995年，第9页。

4 以上月氏两次迁徙的时间，学界说法不一。笔者这里基本采用了余太山先生的观点。参见余太山:《塞种史研究》，北京：商务印书馆，2012年，第87—112页。如果根据西方学者推算出的希腊—巴克特里亚王国亡于公元前145年，如果我们采取大月氏人灭亡巴克特里亚（大夏）说，那月氏人抵达阿姆河流域的时间可能会早于余先生提出的公元前130年。

河南北巴克特里亚故地。[1]从月氏活动轨迹看，他们有接触蒙古、阿尔泰、中国乃至欧亚草原最东部文化的可能。“黄金之丘”墓主人的入葬年代为公元前1—公元1世纪，随葬品年代集中在公元25—50年，建造于大月氏占主导地位的时期，位置靠近古巴克特里亚都城巴克特拉，墓葬呈现浓郁的游牧民族风格。[2]综合考虑时代背景、墓葬特征及随葬品文化内涵，该墓葬应与大月氏人存在密切关系。

“黄金之丘”很多随葬品的艺术主题来自古希腊罗马，体现出明显的希腊化特点。“小爱神骑海豚”嬉戏于海浪中的主题在希腊、罗马艺术之中很常见。此主题在“黄金之丘”2、3号墓都有发现。2号墓“小爱神骑海豚”造型的钩扣上布满镶嵌孔，原来应装饰着各种宝石。小爱神头戴花环，脸颊宽胖，背有双翼，骑坐的海豚头部有鳃，鱼鳞布满身体，背鳍、胸鳍、腹鳍、尾鳍具备。3号墓此种造型与2号墓略有不同，小爱神没戴花环，背无双翼。然而，“黄金之丘”的小爱神并不像希腊艺术中所表现的那样是一个活泼、可爱的男童，反倒有些程式化，呈现老成、凝重的模样（图9-2-1）。另外，小爱神骑着的也不是真正的海豚，而是江河里的鱼。显然，“黄金之丘”的“小爱神骑海豚”形象是在原希腊主题基础上融合当地艺术元素创造的新造型，属希腊化艺术范畴。

希腊化艺术品在“黄金之丘”中数量相当多。1号墓中出土七件饰牌，每件上面都描绘一人，学者们认为他是希腊的特里同（Triton），因为他长着类似鱼的尾巴（图9-2-2）。金饰牌上的造像特征与希腊艺术中的特里同主题基本相符，他右臂扛船桨，左臂抱海豚。但不同的是，希腊艺术中很少见到特里同同时持船桨和海豚的形象，

1　至《汉书·西域传》描述的时代，大月氏已定都阿姆河南，不仅国土与原大夏国土相同，国都也与原大夏国都相同。因此，《汉书·西域传》编者取消了大夏国条，附其事于大月氏国条之后。参见余太山：《塞种史研究》，第100页。

2　V. I. Sarianidi, “The Treasure of Golden Hill,” *American Journal of Archaeology*, Vol. 84, No. 2 (1980), pp. 125-131.

图9-2-1
骑海豚的丘比特金扣饰，嵌绿松石

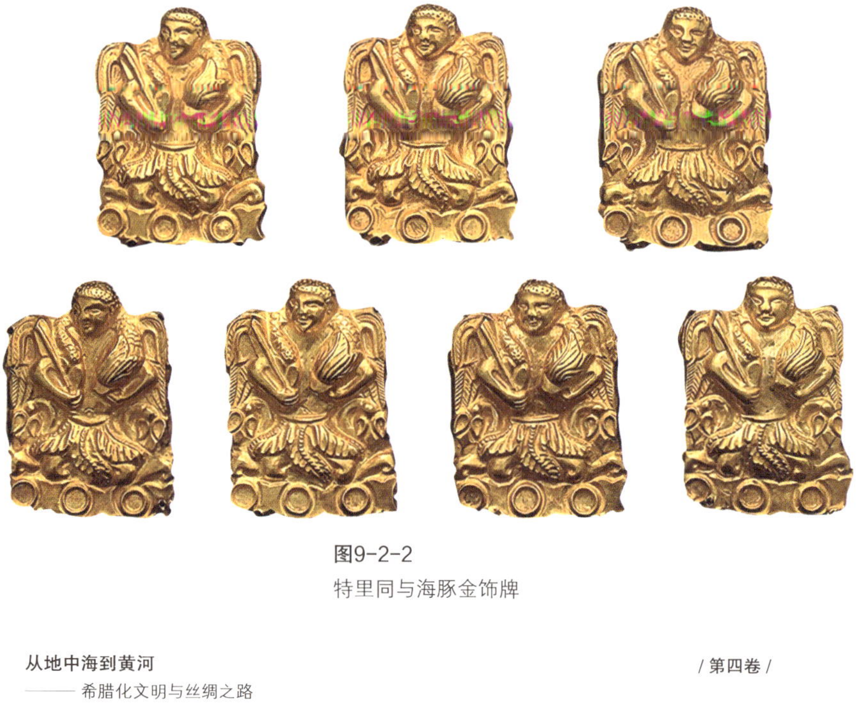

图9-2-2
特里同与海豚金饰牌

图9-2-3
雅典娜戒指，金、银

图9-2-4
雅典娜戒指，金、绿松石

且金饰牌上的鱼形生物与海豚相去甚远，更像一种淡水鱼。有学者认为金饰牌上的人物是阿姆河神的化身，因特里同是与水相关的神，在中亚转化成为当地河神形象。[1]

2号墓出土两枚各刻一位身材修长坐姿妇女的金戒。一枚戒面上，妇女前方刻有反写希腊文ΑΘΗΝΑ（雅典娜），身体一侧放置矛、盾各一。希腊神话中，雅典娜是宙斯的女儿，智慧女神和战争女神，常以持长矛和盾的战士形象出现。（图9-2-3）因此，2号墓这枚戒指上的女性是雅典娜。另一枚戒指正中镶嵌绿松石戒面，从戒面印纹图像装束和盾牌来看，也应该是雅典娜。希腊艺术中，雅典娜通常为站姿，戴战盔，穿希腊式连衣长裙，容貌丰艳，身体健美有力。2号墓这两枚戒指上的雅典娜与希腊艺术中的有些不同，如呈坐姿、脸型瘦长、身材纤细等。（图9-2-4）由此可见，希腊化的国度里雅典娜造型有新变化。此外，从两枚戒指上雅典娜图像的风格和细节看，也与自然写实、复杂精致的希腊艺术大不相同。追求抽象、简约或许是墓主所属时代和民族的时尚。

6号墓出土一对方形扣，上面饰有一对相互拥抱的男女，并排坐于一像狮子的怪兽之上，后面飘飞一带翼女神，她右手执花冠，左手拿棕榈枝。怪兽前身正下方蹲坐一老人，一手持棍，一手举角杯，想从坐在怪兽身上的女人手中的酒杯里接酒滴。这方形扣上的纹饰，无论主题还是细节都极具希腊特色，应与希腊酒神狄奥尼苏斯的神话有关。有学者认为，怪兽背上坐着的是狄奥尼苏斯和他的新娘阿里阿德涅（Ariadne），地上坐着的老者是酒神的老师和同伴西勒诺斯（Silenus），后方的带翼女神是胜利女神，她在为阿里阿德涅戴金冠。这场景描绘的是酒神与米诺斯（Minos）女儿阿里

1 John Boardman, "Tillya Tepe: Echoes of Greece and China," in Joan Aruz and Elizabetta Valtz Fino, eds., *Afghanistan: Forging Civilizations along the Silk Road*, New York: Metropolitan Museum of Art, 2012, p. 108.

图9-2-5
狄奥尼苏斯与阿里阿德涅金扣饰，嵌绿松石

阿德涅的神圣婚礼。[1]（图9-2-5）然而，将6号墓方形扣上的图案与希腊神话和艺术比对，会发现不少不同之处。比如，在希腊文化中酒神的坐骑和挽兽是豹，酒神与阿里阿德涅在婚礼中乘坐的是两只豹子拉的车，替阿里阿德涅戴金冠的是小爱神，而方形扣上酒神与阿里阿德涅骑在狮子般的怪兽身上，给阿里阿德涅戴金冠的成了胜利女神。有学者推测，胜利女神一手持金冠，一手握棕榈枝，为狄奥尼苏斯加冕，象征他征服东方的胜利。[2]除主题内容改变，造型细节也融入一些希腊之外的艺术元素。譬如，狮形怪兽颈上的鱼鳍状鬃毛，此种样式的鬃毛常见于希腊狮鹫之上，出现于狮形怪兽上则是草原艺术的特征。

6号墓出土一件女性雕像，容貌昳丽，体态婀娜，上身袒露，下肢用带有流畅衣褶的衣裙遮住，肩上有两只翅膀，强调其神性。这女性雕像表现的应是女神阿芙洛狄特或维纳斯。阿芙洛狄特是希腊神话中的爱与美的女神，罗马人称为维纳斯。6号墓的阿芙洛狄特雕像

1 张文玲：《黄金草原：古代欧亚草原文化探微》，上海：上海古籍出版社，2012年，第168—169页。

2 John Boardman, “Tillya Tepe: Echoes of Greece and China,” in Joan Aruz and Elizabetta Valtz Fino, eds., *Afghanistan: Forging Civilizations along the Silk Road*, p. 106.

图9-2-6
阿芙洛狄特金像

在造型与风格上有明显的希腊艺术特征，但与纯正的希腊本土艺术比有许多不同之处。首先，女神的容貌、身材与希腊人差别较大，额头宽阔，脸盘圆润，身材娇小，可能是当地人的长相特征。其次，女神眉间点有“迪勒格”(tilaka，又称吉祥痣)，双臂戴有臂钏，这是印度女神的装扮特点。最值得注意的是爱神身上的双翼，在希腊艺术中阿芙洛狄特一般不会长有双翼，这造型显然是受到当地艺术的影响，西亚与中亚地区自古就有带翼女神的造像传统。[1]总之，6号墓的爱神造型是以阿芙洛狄特为主题的多种文化的融合体。(**图9-2-6**)

“黄金之丘”的另一些文物则体现了草原艺术与希腊艺术的融合，比如，4号墓出土的匕首。其剑柄一面装饰源自希腊艺术的阿堪突斯叶，双叶左右对称，叶片呈S形或螺旋形，由剑格到柄头垂直分为五层。另一面，圆形柄头中央部分装饰着一只小熊，小熊双腿交错站立，上肢展开，用嘴和前爪撕扯葡萄藤蔓。熊的形象在古代草原与西亚艺术中都很常见。[2]这一面的柄中央及匕首的剑鞘上是一连七只动物相续噬咬的饰纹。剑柄上的两只为带翼猫科动物，剑鞘上一只回首的猫科动物走在最前面，其肩胛处有一卷曲的长毛，一只鹰首猫科动物躯体的带翼怪兽在后面撕咬它，而往后是一只带翼猫科动物，它的后面是一只带翼的龙形怪兽，最后又是一只鹰首怪兽。动物噬咬主题及以上风格的怪兽造型在欧亚草原艺

1　张文玲:《黄金草原：古代欧亚草原文化探微》，第170页。

2　D. P. Leidy, “Links, Missing and Otherwise: Tillya Tepe and East Asia,” in Joan Aruz and Elisabetta Valtz Fino, eds., *Afghanistan: Forging Civilizations along the Silk Road*, New York: Metropolitan Museum of Art, 2012, p. 112.

图9-2-7
“黄金之丘”4号墓金匕首柄和鞘，嵌绿松石

术中非常流行。该匕首上同时出现了希腊艺术元素与草原艺术元素。（图9-2-7）

希腊艺术形式也会融入草原艺术设计中。3号墓出土一对长方形环扣，每块透雕的金片中间站着一位战士，两旁各有一柱子，战士两腿旁各有一狮形怪兽。战士头戴战盔，头盔顶部装饰长丝带，两边有一条环绕下巴的皮带固定头盔，这种盔型在希腊世界非常流行。[1]从侧面看，战士隆起的额头、直挺的鼻子、波浪状的长发很像亚历山大本人。他的形象在东方很有名，常出现在硬币和雕塑上。战士全副武装，一手握长矛，一手持圆盾，武器装备为典型的希腊罗马式。上身穿着胸甲，甲衣外系着轻柔的长斗篷，腰系皮带用以挂剑；下身穿着边缘有褶、镶有甲片的裙子。（图9-2-8）

除希腊艺术元素外，这对环扣也有明显的草原艺术风格。首先，浮雕采用草原传统的三层构图设计，体现游牧人的宇宙观。两边柱顶各坐着一只鸟，象征天上世界；两根柱子上分别装饰一排棕榈叶，它们与战士代表大地世界，底部的狮形怪兽则代表地下世

1 John Boardman, “Tillya Tepe: Echoes of Greece and China,” in Joan Aruz and Elizabetta Valtz Fino, eds., *Afghanistan: Forging Civilizations along the Silk Road*, p. 110.

图9-2-8
武士金扣饰

界。其次，浮雕中的狮形怪兽有明显的草原动物艺术风格。这种造型的怪兽不见于希腊罗马艺术，但在中亚、阿尔泰和蒙古等地区的草原艺术中常见，尤其是怪兽身体的180度大翻转。另外，战士还佩带着一把东方直剑，剑把装饰鹰头，造型与巴泽雷克此类造型十分相似。[1]

6号墓出土一对方形金垂饰。镂空浮雕中央站着一位几乎全裸的妇女，头戴王冠，面带微笑，左手握着水果，右手扶着旁边的怪物，胯部斜向下披着一件带衣褶的薄裙，隐约可见双腿。有学者认为她是动物女神，且这种形象的动物女神源自希腊传统艺术，后传入希腊—帕提亚和印度—帕提亚艺术中。[2]动物女神的艺术主题很早就在两河流域、近东和希腊地区盛行。此处女神长裙的穿着方式为典型的希腊"缠绕式"，裙巾固定在女神的腰部，使宽大的面料收缩，形成自然下垂的褶皱，人体在自然的服装中若隐若现，服装被赋予一种生动的神采。（图9-2-9）

1 S. I. Rudenko, *Frozen Tombs of Siberia: The Pazyryk Burials of Iron Age Horsemen*, Berkeley and Los Angeles: University of California Press, 1970, p. 260.

2 Henri-Paul Francfort, "Tillya Tepe and its Connections with the Eurasian Steppes," in Joan Aruz and Elizabetta Valtz Fino, eds., *Afghanistan: Forging Civilizations along the Silk Road*, p. 98.

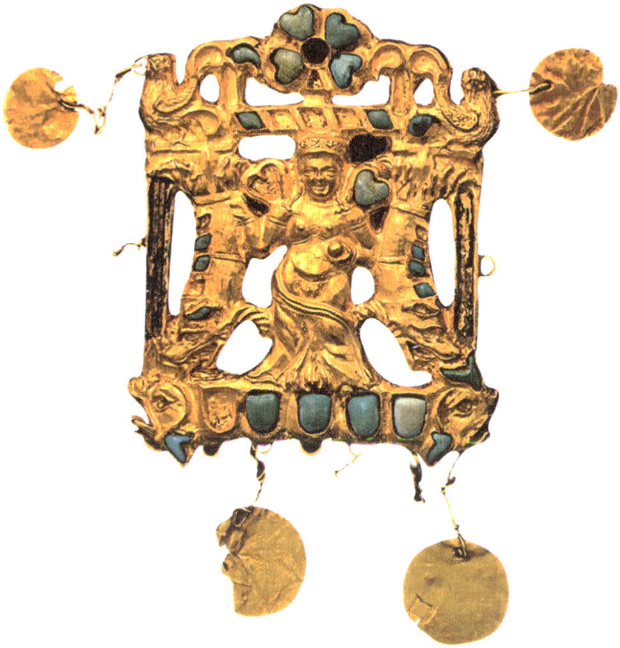

图9-2-9
女神动物金坠饰，嵌绿松石

同样，这对金垂饰也采用草原的三层构图设计。方形底部两端各有一个鱼形动物的头，象征地下；中间一层，两边各竖一根立柱，柱旁是两只倒垂的狮首形怪物，怪物尾巴是阿堪突斯叶形，这一层有动物、植物和人，象征地上世界；上部两端柱头上分别站立一只鸟，象征天上世界。

从出土文物体现的文化内涵来探讨“黄金之丘”墓主身份，首先要明确墓主与这些文物的关系。这些文物是墓主所属民族制作，还是来自其他民族？除了明显的进口物品，如中国铜镜和叙利亚玻璃，大部分应是为墓主制造。

为墓主制作物品的工匠有来自草原的，也有本地的。文物中有一些属于典型的草原艺术。上文提到的4号墓中猫科动物咬噬食草动物的主题构思、造型设计及细节刻画等明显出自草原工匠之手。只有十分熟悉和掌握草原生活环境、审美取向和表现手法的工匠才能制作出此类艺术品。文物中还有许多属于希腊化艺术。这类艺术品制作者应为当地希腊化工匠。在大月氏到达阿姆河之前，巴克特里亚地区经历了近两百年的希腊化过程。从亚历山大征服并统治该地，到之后的塞琉古、希腊—巴克特里亚王国，巴克特里亚地区的希腊化程度不断深化。巴克特里亚工匠熟知希腊艺术，“黄金之丘”很多艺术品都借用希腊主题，但造型设计和表现手法又融合其他文化元素，体现了制作者或定制者的审美观。

“黄金之丘”中也有融合草原与希腊艺术的物品。它们的制作者可能是希腊人后裔、巴克特里亚人或来自草原的人，无论身份如何，有一点可以确定，他们深受希腊文化熏陶。早在大月氏前，中亚的希腊人已与草原民族（如斯基泰人、帕提亚人等）有熟悉彼此文化的机会，因此融合二者文化元素的物品可能由他们制作。当然，这类物品也有可能出自大月氏本民族之手。“黄金之丘”中也应有大月氏工匠的作品，融合草原与希腊艺术元素的物品可能也在此之列。

综上可知，“黄金之丘”墓主属于大月氏贵族中的一员，其随葬品有些出自本民族或草原民族之手，有些则是希腊后裔或希腊化的中亚民族制作而成。

结　语

一般认为，贵霜帝国的建立者是具有草原游牧背景的月氏人，他们有可能受到斯基泰—萨尔玛提亚人的影响。由于他们的定居之地巴克特里亚（大月氏、大夏）就是原来希腊—巴克特里亚王国的核心区域，他们早在公元前2世纪中期之后就自然而然地接受了当地丰厚的希腊化遗产。以哈尔恰扬和提利亚·特佩为代表的贵霜早期艺术包含了一定的希腊化艺术因素，是完全可以理解的。至于贵霜早期艺术与犍陀罗艺术的关系，前者是否即后者的来源之一，还有待于进一步的讨论，不过从时间上和一些具体的艺术品（如著名的提利亚·特佩佛教金币）[1]上看，这种可能性是存在的。

（张龙海）

1 上面的推法轮者可能是身着希腊式服装的释迦牟尼，此时的佛陀还没有程式化。图像和说明参见https://en.wikipedia.org/wiki/Tillya_Tepe#/media/File:Tilia_Tepe_gold_token._Kabub_Museum.jpg.(2022-6-20)

第十章 “希腊化远东地区”的希腊神图像及其演变[1]

公元前334年，马其顿国王亚历山大开始东征，他的征服活动直接为中亚本土带去了第一波希腊化浪潮，这波浪潮在公元后的前两个世纪达到顶峰。在中亚地区，除了希腊人直接统治过的领土以外，伊朗的东部，还有稍晚些时候贵霜帝国统治的领土，都不同程度地受到希腊化文化的辐射。就艺术方面而言，产生于犍陀罗（Gandhara）和贵霜帝国（Kushan Empire）背景下的艺术，尤其是巴克特里亚和帕拉帕米萨代（Paropamisadae）的艺术，它们的符号、图像本身，还有人为创造出来的象征性组成元素，即图像学上的象征符号，与同一时期古代地中海的艺术都有一定的联系。我所关注的对象包括明显带有地中海源头特点的作品、生活在东方的希腊艺术家和工匠们的作品、中亚当地艺术家单纯使用西方元素的作品，还有当地工匠创造出的受西方影响的作品。我想要研究的是在这些艺术作品中，哪些西方图像模型被转移到了东方，并进一步研究每个类型是如何转变的。另

1 本章是对捷克布拉格查尔斯大学L. 斯坦科博士的专著《希腊神在东方：中亚希腊化图像学体系》的节选和编译，包含希腊的主要神祇在中亚和印度的流传及其演变，尤其是其与佛教犍陀罗艺术的关系。Ladislav Stančo, *Greek Gods in the East: Hellenistic Iconographic Schemes in Central Asia*, Prague: Charles University, Karolinum Press, 2012. 斯坦科博士在中亚从事考古发掘多年，对希腊化城市遗址颇有研究。此书是在他的博士论文基础上完成的。2018年，他欣然应邀参与本项目的研究，并授权该书供项目组编译。——编译者注

外，我还关注为什么这种转变会发生，这种转变的精确时间是什么时候。

关于犍陀罗、巴克特里亚以及贵霜帝国毗连区域的艺术，一些学者已经注意到一些相关的次生问题。然而，他们通常满足于举几个例子来说明希腊或罗马艺术是否是“古典化”图像（或造型）学的一个起源。迄今为止，还没有人在搜集大量材料的基础上提出一个全面的理论。我认为，解决这个存在上百年争议的问题的关键，在于讨论作品的希腊化抑或是罗马化，或者说这个问题是否就不应该放在一起讨论。我的基本研究方法是，在获得一组具有代表性的实物后（艺术品和手工艺品），对其中所有被认定为是地中海模式的图像进行逐一比较。首先要确认不同神话人物的图像是否对应西方的普遍类型。如果不是，那么必须先确定其来源于何处。

我先不讨论来自地中海的艺术家或者工匠们是否直接参与了犍陀罗、巴克特里亚还有其他地方（他们一定曾参与过）的艺术创作过程，或者这些实物是否是在他们教会了当地工匠之后被创造出来的。我想提出一个基本问题：公元1—3世纪时，犍陀罗、巴克特里亚和周边区域出现的来自西方的图像元素的源头是哪里？我的研究前提基于一个简单的推测，即艺术受必需品供求关系的影响。我坚持的另一个前提是，长期居住于此地的希腊人或者马其顿人与这些作品密切相关。他们或是随亚历山大东征而来，或是从地中海而来的移民，或与塞琉古王国的移民政策有关。基于这个前提，印度西北部（今阿富汗和巴基斯坦北部地区）便存在着创造符合希腊人品味的艺术品的持续性需求，这种需求一直持续到他们完全被当地人同化为止。如果这个时期足够长的话，在特定区域，这些物品就会变成人们日常生活的一部分。甚至在希腊—马其顿人的统治消失之后，他们进口的艺术品的风格也有可能通过仿制继续沿用下去。我的研究主要想说明，从亚历山大东征直至公元前后，也就是伟大的犍陀罗艺术诞生之时，这种政治和艺术的连续性始终存在。

钱币学是主要的研究手段。我们不仅可以通过研究钱币来发现该区域的政治变迁，尤其是那些完全无历史文献记载的地方，还可以通过钱币研究获得丰富的图像材料。不过，利用钱币资料也带来一些问题。钱币是精英阶层，或者说统治者与普通百姓沟通的一种工具，但这种沟通是单向的，因为钱币上的图像并不能反映普通人民的需求，只是统治者的个人形象和政治宣传。以下，我想讨论的是这种延续性如何体现在希腊图像上。我重点关注的是在“希腊化远东地区”发现的那些带有希腊神话人物图像的作品。

希腊化文化在中亚、印度的影响一直持续到公元前后。我们可以将出现在希腊人统治时期和贵霜帝国统治时期的艺术（可以溯源至地中海）分为三种类型。第一类与希腊人的政治统治有关；第二类与统治这些区域的“蛮族”（游牧民族）有关，包括帕提亚人、斯基泰人和贵霜人；第三类是对前两个类别的延续和发展，这些图像后来渐渐因政治因素被吸收进当地的艺术之中。第一类和第三类可能在某些方面会有所重合。[1]

第一节　巴克特里亚和印度—希腊人钱币上的希腊神形象

第一类图像主要是由希腊—巴克特里亚人和印度—希腊人统治者打压在钱币上的神像。准确地说，它们来源于希腊神话，包含一些象征性的标志，如猫头鹰、头饰、木棒等。这一类代表性的神祇有宙斯

1　本章为行文方便，突出重点，第一节集中讨论希腊人统治时期带来的希腊神，即第一类别；第二节集中讨论希腊人之后到贵霜帝国时期与犍陀罗艺术有关的希腊神和希腊化的罗马神，即第二、三类别。——编译者注

(Zeus)、雅典娜(Athena)、尼科(Nike)、阿波罗(Apollo)、狄奥斯库里兄弟(Dioscuri)和赫拉克勒斯(Heracles)等。

一、宙斯

在希腊众神中，宙斯是最经常出现在希腊—巴克特里亚人和印度—希腊人钱币上的希腊神。他通常呈站姿或者坐在王位上，有时候手托一位女神——可能是尼科、雅典娜或者赫卡特(Hecate)。我们已知出现在钱币上的宙斯造型有22种。亚历山大东征将希腊本土最基本的宙斯形象带到中亚。在亚历山大统治时期，叙利亚当地打造的钱币上刻有年迈的宙斯满脸络腮胡须的造型。宙斯端坐在王位上，一手持王杖，一手托着他的信使老鹰。这些钱币发现于塔克西拉的皮尔丘(Bhir Mound)窖藏。在该窖藏中，也发现了相同类型的其他钱币，它们是亚历山大的同父异母兄弟腓力三世在巴比伦打造的。这些类型也出现在塞琉古王朝的钱币中。我们可以从巴克特里亚第五位国王阿伽托克勒斯(Agathocles)的四德拉克马银币中辨认出他们的直接继位者。甚至当地的其他统治者也将宙斯的坐像用于不同主题的钱币，但他们中无人沿用宙斯最初的形象。

希腊—巴克特里亚人统治者狄奥多托斯一世(Diodotus I)使用的是站姿宙斯和一只老鹰的形象。宙斯右手投掷雷电，左臂持盾。安条克二世(Antiochus II)也使用过这个形象。这些安条克钱币是在巴克特拉当地打造的。然而，随着权力的增强和自信心的提升，狄奥多托斯在钱币正面逐渐用自己的头像取代了塞琉古王朝的头像。大约在公元前255年到前250年期间，狄奥多托斯宣布巴克特里亚独立，可能在此之前，他就已经开始打造雷电宙斯型钱币。随后，阿伽托克勒斯(Agathocles)将这种图样用于他自己发行的纪念币，稍晚的安提马库斯(Antimachus)也是如此，他是第一位控制了从兴都库什山到东旁

图10-1-1
阿伽托克勒斯钱币上的宙斯

遮普广大地区的统治者。然而，在这个图样中，呈站姿的宙斯发生了一点改变。这类构图的几种不同类型都有一个共同点：宙斯左手执长长的权杖。其中第一种类型钱币上的宙斯并非正在掷出雷电，而是松弛地将其握在右手中。这样的图像出现在了以下统治者钱币的背面：赫利奥克勒斯一世和二世（Heliocles I and II），还有德米特里三世（Demetrius III）。赫利奥克勒斯一世是巴克特里亚东部最后的国王，而后两者大约在公元前100年前后统治了犍陀罗和塔克西拉（旁遮普）。有一个类似的图像再次出现于同一个区域斯基泰人国王沃诺尼斯（Vonones）和阿泽斯（Azes）的钱币上，时间大约是半个世纪之后（公元前55—前10年）。很明显，这是因为在阿泽斯就任王位时，赫利奥克勒斯二世和德米特里三世的钱币可能仍在流通。这个构图的一个简化变体也出现在公元2世纪初的贵霜国王威玛·塔克图（Vima Takto）的钱币上。阿奇比乌斯（Archebius）的银币上也出现了宙斯投掷雷电的形象。这位国王在公元前80年统治了旁遮普和犍陀罗地区。他的其中一位前任佩乌克拉乌斯（Peucolaus）在大约公元前90年统治了犍陀罗地区，这位统治者使用祈福的手势取代了雷电。斯基泰人国王阿泽斯也回到了这种类型。

阿伽托克勒斯是宙斯的崇拜者，他引进了一种更为复杂的宙斯图案，即宙斯的右手托着一个小型的（或一尊雕像）赫卡特女神，女神手持两个火炬。（图10-1-1）

阿伽托克勒斯本人是兴都库什山以北的统治者，他与同时代兴都库什山以南阿拉科西亚（Arachosia）的统治者潘塔莱昂（Pantaleon）一样，也打造了类似的宙斯与赫卡特女神的钱币类型，不过，钱币中的宙斯坐在王座上。

宙斯站姿的最后一种类型是独特的，从图像学的角度来看也是最有趣的。在大约公元前2世纪和前1世纪之交，安提阿尔吉达斯（Antialcidas）打造了宙斯站像的四德拉克马银币。钱币中，宙斯手持一根长长的权杖，一头大象立于他身后，左边是尼科女神，女神手里拿着花环戴在宙斯的头上。（图10-1-2）此外，安提阿尔吉达斯还打造了宙斯坐在王位上的银币。宙斯右手持棕榈枝叶，象头出现在他的左边。同时，他也打造了宙斯的半身像钱币，一束雷电被置于宙斯右侧的手或肩膀上。[1]

图10-1-2
安提阿尔吉达斯四德拉克马银币上的宙斯

让我们回到宙斯坐在王座上的构图。除了上述提到的类型以外，在公元前2世纪下半叶和前1世纪初还出现了一种宙斯左手掌上托着带花环的尼科女神的图样。宙斯和尼科都是正面向前（见赫利奥克勒斯一世钱币，出自巴克特里亚），四分之三比例的侧视图（见安提阿尔吉达斯钱币，出自帕拉帕米萨代）。同样，宙斯左手持长权杖的这类构图被称为宙斯·尼科弗鲁斯（Zeus Nikephorus），源自亚历山大大帝金银币的反面，所对应的应当是菲迪亚斯（Phidias）雕塑的奥林匹亚斯的宙斯像。这种类型在公元前300年之后是塞琉古西部的主要钱币类型。大约公元前295年，这个图样随着宙斯崇拜的扩散被引进到底格里斯河畔的塞琉西亚。

图10-1-3
米南德二世银币上的宙斯

在米南德二世银币上，神的右腿一侧添加了一个车轮。（图10-1-3）这个构图最初来自菲迪亚斯设计的著名的奥林匹亚斯的宙斯的黄金象牙（Chryselephantine）雕像。

1 从历史的角度来看，安提阿尔吉达斯地位非同寻常，因为他是赫利奥多罗斯（Heliodorus）献给瓦苏提婆（Vasudeva）圆柱碑文上提及的唯一统治者。赫利奥多罗斯乃狄昂（Dion）之子，他是塔克西拉（Taxila）的希腊人，安提阿尔吉达斯派往巴加巴德拉（Bhagabadra）国王宫廷的使者（国王的名字以稍微不同的形式写成“Amtialkitasa”）。请参阅O. Bopearachchi, *Monnaies gréco-bactriennes et indo-grecques, cataloque raisonné*, Paris: Bibliothèque Nationale, 1991, pp. 95-96.

阿明塔斯（Amyntas）的双十德拉克马是古代最大的银币。银币上是戎装的雅典娜，站在宙斯的右侧，宙斯坐在王座上，手里拿着长长的权杖，右手拿着棕榈叶。还有另外三种类型出现在晚期印度—希腊人的钱币上：第一种是宙斯右手祈福，由赫尔迈欧斯（Hermaeus）在帕拉帕米萨代、特勒丰（Telephos）在犍陀罗分别发行。在他们之后，印度—斯基泰国王斯帕利里塞斯（Spalirises）于约公元前65年使用了该图样。第二种类型是宙斯右手倚靠在王座靠背上（见赫尔迈欧斯的钱币）。最后一种类型是宙斯手持不明物体。该类型可见希波斯特拉图斯（Hippostratos）在旁遮普发行的钱币。在上述所有这些类型的钱币中，宙斯左手都持有长权杖。

宙斯形象所代表的意义并非一成不变，而是随着时代的更替蕴含特定的意义。有些宙斯图像被认为等同于伊朗的密特拉（Mithra）。比如，赫尔迈欧斯钱币上的图案是坐像宙斯（在喀布尔地区打造），宙斯头上有四散的光芒。这个造型往后有可能发展为萨珊国王阿尔达希尔（Ardashir）在巴克特里亚打造的钱币图像，宙斯—密特拉坐在王位上，头带光环（公元230—245年）。

作为希腊诸神的最高主宰，带有宙斯形象的钱币数量非常多。但令人惊讶的是，在东方，他出现在其他工艺品上的形象比较少见。除了在贝格拉姆（Begram）的传统的石膏像上的宙斯外（左手执长权杖，右手持一祭杯悬于祭坛上方），还有阿伊·哈努姆（Ai Khanoum）著名的残缺的疑似宙斯的雕塑。这尊雕塑只剩下一只穿着精致凉鞋的脚，属于神像的一部分。

二、雅典娜

雅典娜很可能是巴克特里亚当地居民所遇见的最早的外来神之一。早在公元前4世纪末，雅典娜的图像就已经出现在当地钱币上。

钱币上雅典娜戴着头盔，转向右侧，背面为一只猫头鹰或者老鹰。（图10-1-4）这些钱币是雅典城邦币的仿币，其图录于1991年由克里布和波比拉赫奇出版。2003年，波比拉赫奇将这些钱币追溯至公元前4世纪末期，即塞琉古一世统治时期。我自己对此表示怀疑，尤其是考虑到在最近的一项研究中，这些钱币只能被追溯到安条克一世时期。此后，同样的类型以一种非常简化的模式出现在兴都库什山以南地区希腊统治者的钱币上，即米南德一世（这个例子中，钱币反面有一只猫头鹰）、阿伽托克里娅（Agathocleia）、斯特拉托（Strato）及波利克塞诺斯（Polyxenos）的钱币上。

图10-1-4
雅典娜钱币，沙曼哈佐利窖藏

我们在希腊—巴克特里亚诸王的钱币中也发现了手持武器的雅典娜立像。在狄奥多托斯一世和二世的钱币上，女神正面站立，右手持矛，左手持盾，盾牌倚靠在她的左腿上。几十年后，同样的构图出现在德米特里二世的钱币上。后来，在犍陀罗的阿明塔斯所打造的钱币上，雅典娜右手持矛为国王赐福，左手持盾。公元前1世纪下半叶，旁遮普的斯基泰人统治者斯帕莱利斯（Spalýris/Spalahores）和沃诺尼斯沿用了这种模式。在其他斯基泰人统治者的钱币反面好像描绘了雅典娜向右站立，左手拿着矛和盾，右手赐福的形象。我们在阿泽斯二世（Azes II，约公元前35—约前12年在位）的钱币上见过这种类型。后来位于今巴基斯坦和阿富汗边界巴焦尔（Bajaur）地区的阿普拉卡拉亚斯王朝（Apracarajas）的地方统治者，一位不知名的国王（约公元前12—约公元15年在位），还有他的其中一位继任者阿斯帕瓦尔马（Aspavarma，约公元15—45年在位）也使用了这种图案。在犍陀罗地区，阿明塔斯的继任者“正义者”米南德二世（Menander II Dikaios）和稍晚之后在旁遮普地区取而代之的斯基泰人打造了一种类型相似的钱币，但钱币上雅典娜手持矛和棕榈枝。还有一个罕见的图案是雅典娜左手持矛和盾牌，尼科在她的右手上。这个图案原型可以追溯到雅典卫城的雅典娜雕塑，也就是由雕塑家菲迪亚斯（Phidias）创作的著名的“帕特农雅典娜”雕像。这个雕像在希腊化时期（帕加马），特别是在罗马帝国时期经常被模仿使用。但钱币上只有斯特拉托一世（Strato I）使用了这个造型。

自米南德一世（公元前155—前130年）以后，最常见的雅典娜图案类型是她携带武器的造型。雅典娜左手举埃癸斯盾（aegis，也译宙斯盾），右手投掷雷电。雷电是取自于她父亲宙斯的象征。米南德从第一代亚历山大后继者们那里取用了这种图案。他可能取用自安提柯二世（Antigonus II Gonatas，公元前272—前239年在位）或托勒密一世（Ptolemy I，公元前305/304—前282年在位）的钱币，后者的正面是亚历山大大帝的形象。此类形象的典型代表是马其顿培拉（Pella）的雅典娜·阿尔基德莫斯雕像（statue of Athena Alkidemos，“人民的捍卫者”）。在托勒密的钱币上则以长矛代替雷电。后继者选择这种类型可能是因为，亚历山大选择善战的雅典娜作为他的保护神。米南德则将自己与雅典娜更紧密地联系在一起。在同一批米南德钱币的正面，他自己的胸像左肩上有一个埃癸斯盾，并以雅典娜的姿势投掷长矛。米南德的统治区域从喀布尔向东旁遮普延伸，而且有可能远至印度北部，他当然有能力这样做。米南德自己采用了这三种类型中的两种，即向左和向右的雅典娜·阿尔基德莫斯。第一种最为流行，在长达160年的时间里，有11位印度—希腊人王国的国王都打造了这种图像的钱币。斯特拉托一世在前两种类型的基础上创造了第三种，即正面的雅典娜·阿尔基德莫斯图像。实际上，雅典娜·阿尔基德莫斯的形象曾出现在东旁遮普地区最后一批印度—希腊人统治者的钱币上。大约公元85年，查谟（Jammu）地区的一位帕提亚统治者萨塞斯（Sases）发行了一种钱币，上面的雅典娜·阿尔基德莫斯面向右。这些仅有的钱币虽然已经非常破旧，但是可以看出，它们呈现的都是雅典娜右手持雷电、左手持盾的形象。

唯一表现坐像雅典娜图案的例子是兴都库什山以南的阿波罗多托斯一世（Apollodotus I）的钱币。（图10-1-5）他将帕特农的雅典娜和奥林波斯山的宙斯结合在一起。雅典娜右手托着尼科，和帕特农神庙的造型一样。在斯特拉托的钱币上，雅典娜坐在王位上，以奥林波斯山宙斯的身份出现。我们已知，在希腊艺术中，出现较早的是雅典娜单独一人的坐像。有一个例子就是雅典卫城的雅典娜尼科神庙（the temple of Athena Nike）栏杆的浮雕。

图10-1-5
阿波罗多托斯一世四德拉克马银币上的雅典娜

猫头鹰是雅典娜的标志之一。我们可以在一些钱币的背面看到猫头鹰，雅典娜则出现在钱币正面。上述提到的模仿雅典城邦钱币的仿造币和米南德打造的钱币，与150年后出现的正面为雅典娜头像的钱币有关。猫头鹰总是以头部正面向右转的形象出现。阿奇比乌斯将猫头鹰和尼科或者大象的图像印在钱币的背面。

图10-1-6
金戒指上的雅典娜，“黄金之丘”

除了钱币外，雅典娜也出现在其他一些小型艺术作品上。这些图案和那些在钱币上的图像很接近。以下三个例子的雅典娜形象均为坐着的女战神，持矛和盾牌，头戴盔甲。其中两件作品来自巴克特里亚南部“黄金之丘”（Tillya Tepe）的2号墓葬，另外一件作品来源未明。质量最好的一件作品是来自“黄金之丘”的金色椭圆形雅典娜雕刻，这是不同色调金属的金戒指上的一个凹雕。（图10-1-6）

在这件作品中，女神的身份不仅可以通过她的通常属性来判断，最重要的是在人物旁边有竖写的希腊语铭文“Athena”。女神坐着向左转了四分之三侧身，右手呈比画状，可能是赐福的姿势，左手拿着一只长矛，立在地上。她头上戴着一顶装饰有羽毛的头盔，就和钱币上所展示的一样，这是一种马其顿式样，同希腊—巴克特里亚统治者的头盔一样。和其他两个例子不同的是，这里不清楚她坐在什么物体上面。由于该戒指出自“黄金之丘”，且大多数墓葬品的时间在公元前后之交或者公元后稍晚些时候，所以有两种可能的解释。第一种，这些墓葬品是从其他地方运到这里的。第二种解释是，这些墓葬品是由最后一批希腊—巴克特里亚国王时代的石刻工匠和钱币工匠生产的，也就是说他们在这里存留了大约150年之久。因为钱币和宝石往往是由同一批工匠打造的，而且据我们所知这一时期的钱币质量一般或者说更差，我们不得不假设，雅典娜的图案是在其他地方制作出来的。有可能是在犍陀罗地区，因为这一地区的传统至少保留到了这一时期。金子也有磨损的痕迹，而且有可能它的制作时间甚至更早，也许是在公元前1世纪前半叶。

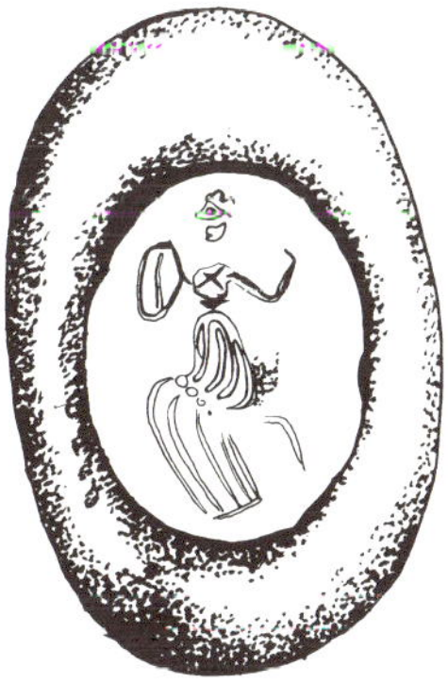

图10-1-7
绿松石戒指上的雅典娜，“黄金之丘”

“黄金之丘”2号墓葬中还出土了一颗镶嵌于金戒指的绿松石宝石，上面的雅典娜形象好像是根据前面一件作品的样式打造的。（图10-1-7）我认为，这件作品无论从时间还是空间来看，可能是在距发现地不远的地方制作的。这次女神又坐在一张小椅子上，她右手将盾牌高高举起，但她没有长矛，左手似乎没有任何东西。她有一个头套，但我们只能猜测这可能是带有羽毛的头盔。这里，我们看到的是当地工匠受希腊人启发创作的作品。

图10-1-8
宝石上的雅典娜，来源不明

如果我们将两件“黄金之丘”2号墓葬的雅典娜作品与来源不明的宝石（图10-1-8）进行比较，后者则代表了另一种程度的工艺发展——风格退化或者说是被模式化了。雅典娜的形象被简化了，而且在人物形象衣纹和图像上都有初步模式化的特征。相比腰部，人物的颈部窄得不成比例。不但人物比例不协调，而且整件作品看起来就像是儿童的玩具。唯一值得赞赏的是，该作品对雅典娜坐具的刻画忠实地反映了坐具的外观。和前面例子不同的是，雅典娜右手高举着盾牌，她的左手持有一支长矛。头盔很明显是巴克特里亚铠甲的变体。盾牌上的装饰非常简单，有同心的椭圆，佩普洛斯长裙（peplos）给人一种飘逸的感觉。女神的手镯带有东方元素。

图10-1-9
耳坠上的雅典娜，“黄金之丘”三号墓地

在小型艺术品中，还有一件是从“黄金之丘”三号墓地发现的金色耳坠，上面有一幅清晰的雅典娜立像。（图10-1-9）女神向右站立，四分之三侧身，左手向外舒展，做出赐福的姿势，右手拿着一个巨大的盾牌，持矛，头戴头盔。除了通常见到的长衣外，还有一件披肩从女神的右肩绕到左前臂，背面的披肩下垂至膝盖部位。小腿肚之间的深褶皱的帷幔与她双腿上服装表面几乎不明显的分割形成鲜明对比。这种设计让人联想到希腊化鼎盛时期的女性雕塑。画面上有竖排希腊文“雅典娜”的铭文。从垂饰的印记可以清楚看出雕琢细节的精细度。就质量而言，这显然是东方的工匠或者他们有天赋的徒弟完成的。

图10-1-10
阿明塔斯钱币上的雅典娜

和这个图案最接近的是阿明塔斯钱币上的雅典娜形象。（图10-1-10）两幅图案看似是基于同样的模型，唯一的不同在于坠饰的图像是一只伸长的手臂，而钱币上的手臂略微弯曲。需要补充说明的是，印度—希腊人国王阿明塔斯的钱币（公元前95—前90年）被旁遮普的斯基泰人总督斯帕莱利斯和沃诺尼斯（公元前75—前60年）仿制。因此，我也将坠饰本身的年代追溯到大约这一时期。

我们还发现了一块切石。（图10-1-11）它可能描绘的也是同样的主题。这件切石同样来自“黄金之丘”，是一条宝石项链的一部分。在这块石头的中央，有一幅长衣女子的图像，还有一块盾牌和一支长矛。从理论上讲，雅典娜是唯一能够从图像赋予的意义方面来诠释的人物形象，但我们无法确认这是否就是雅典娜。

另一方面，贝格拉姆窖藏中被称为balsamaria（一种陶制或玻璃小容器）的六件工艺品中，有两件有雅典娜头像，或者更确切说是半身像。它们属于一批具有晚期希腊化时代特点的进口品，经罗马人的长途贸易被带到这里。尽管这些balsamaria并不具有很高的质量，但也有一定的可取之处。有观点认为贵霜的统治者们可能订购了这类小艺术品。

图10-1-11
宝石项链上的雅典娜，“黄金之丘”

从上述情况看，当地居民好像对雅典娜女神并不陌生，或者至少对于那些生活在贵霜帝国扩张下的居民来说是熟悉的。从犍陀罗艺术本身来说，据我们所知只有一件作品可以被认为是雅典娜的肖像，即旁遮普拉合尔（Lahore）博物馆中的一尊片岩雕像。（图10-1-12）然而我们对这一问题提出了一些不同的看法。这件雕像人物是正面的，只有头部转向左侧四分之三的视角。女神抬起的左手持长矛，但只保留了底部的部分。她头戴一顶印度式的头盔（边缘凸起，前额有一个峰状物），额头和耳朵上方有更小的峰状物，面部无保护措施。右手手臂从胳膊以下部分缺失，但似乎呈水平的姿势。长外衣（chiton，希顿）有一条长长的褶皱一直到大腿位置，褶皱在胸部以下堆积。扣子的固定方式是向前移动到锁骨下方。服饰特点突出，在腹部和乳房上延展开来，这种方法和来自叙利亚南部豪兰（Hauran）地区的雅典娜雕塑衣着的位置一样。女神戴着装饰耳环和项链配件，一缕头发落在她的双肩上。

图10-1-12
雅典娜片岩雕像

雅典娜的形象还在贝格拉姆发现的一些石膏模制品上有所反映。所有的石膏制品都用最高质量的金属模具范制而成，根据我们的鉴别，雅典娜图像可分为三种类型。前两种类型的雅典娜都是向左转的胸像。其中一类有两个例子，一个是戴着头盔的雅典娜，另一个则是通过前额的卷发和头上的埃癸斯盾来突出其精致的少女形象。我们正是通过埃癸斯盾才判断出她的身份。第三种类型接近一些钱币上的形象，但是模式更复杂。雅典娜正面站立，左手搭在长矛上，上面还放着一面盾牌，右手在给祭坛上的蛇喂食。

雅典娜是印度—希腊人统治者钱币和希腊—巴克特里亚钱币上最受欢迎的女神之一。她的肖像后来还出现在从公元前1世纪到公元1世纪的印度—斯基泰人和印度—帕提亚人的钱币上。这些质量差的仿币一直流传到公元2世纪中期。

三、尼科

胜利女神尼科是帕拉斯（Pallas）和斯提克斯（Styx）的女儿。在希腊传统中，她是宙斯的向导。尼科也和宙斯的女儿帕拉斯·雅典娜（Pallas Athena）有关。尼科手持花环为他人加冕是希腊世界中的一个传统主题。在希腊化时代早期，她就出现在吕西马库斯（Lysimachus）的钱币上。在巴克特里亚，塞琉古的安条克一世是尼科女神的传播者。他将尼科的形象打造在钱币上。

在东方，流传下来的尼科图像有四种类型。其中一种是尼科向左走，[1]抬起的右手拿着一个花环，左手拿着一根棕榈枝。大约一百多年

图10-1-13
巴克特里亚和印度—希腊人国王钱币上的尼科

1　此处原文（p. 176）以图像中神的面向判断左右，为“向右”。为方便读者阅读，编译的方向判定以读者视角为参照，调整为“向左”。——编译者注

图10-1-14
安提马库斯二世钱币上的尼科

后，她的形象再次出现在安提马库斯的钱币上。该图像在兴都库什山以南的传播也得益于欧克拉提德斯一世、米南德和阿奇比乌斯。（图10-1-13左）此后，她再一次出现在大约在同一时期贵霜统治者丘就却（图10-1-13中）和萨尔佩多内斯（Sarpedones，图10-1-13右）的钱币上，后者是巴基斯坦南部信德地区（Sind）的印度—帕提亚统治者。但丘就却钱币上的尼科是否也持有棕榈枝则不好辨别。

尼科女神的第二个变形，也是向左行进，右手持一根棕榈枝。这个图像和公元前2世纪中期的安提马库斯二世的钱币类似。（图10-1-14）

还有两个造型表现的是尼科向右行进。第一个类型是由欧克拉提德一世（Eucratides I）打造的，尼科手持花环，手向上抬起。第二个类型仅仅是在她的左手加了必要的棕榈枝。这是一个相当流行的造型，出现在六位印度—希腊人统治者的钱币上，始于米南德一世，接着是斯特拉托一世，菲罗克塞诺斯（Philoxenus）、埃潘德（Epander）、米南德二世和阿尔特米多罗斯（Artemidoros），也就是结束于大约公元前80年。不久之后，尼科的造型也被第一位印度—斯基泰人国王毛伊斯（Maues，公元前90—前70年），以及随后的斯基泰统治者阿泽斯一世和著名的印度—帕提亚国王贡多法勒斯一世（Gondophares I）采用。这两种造型都时不时地被其他帕提亚统治者，尤其是信德—锡斯坦和阿拉科西亚的统治者使用，如萨塔瓦斯特莱斯（Satavastres）（约公元60年）、奥尔塔格奈斯（Orthagnes）（约公元25—50年，坎大哈，阿拉科西亚）、阿布达伽塞斯（Abdagases）（公元50—65年）和帕克鲁斯（Pacorus）（约公元100年）都曾使用过。

这些钱币中的图式也出现在一些小的工艺品中。有的作品出现了尼科向右行走甚至是飞翔的姿态，她伸出的右手拿着花环和一根棕榈枝的形象，对应的是第一类钱币。比如，这一类图式出现在“黄金之丘”的一枚宝石上（图10-1-15），还有在同一地点发现的加工过的金制配件。后者出现在狄奥尼苏斯怀抱阿里阿德涅（Ariadne）骑在一只豹子上的场景中，尼科正要为狄奥尼苏斯戴上花环。

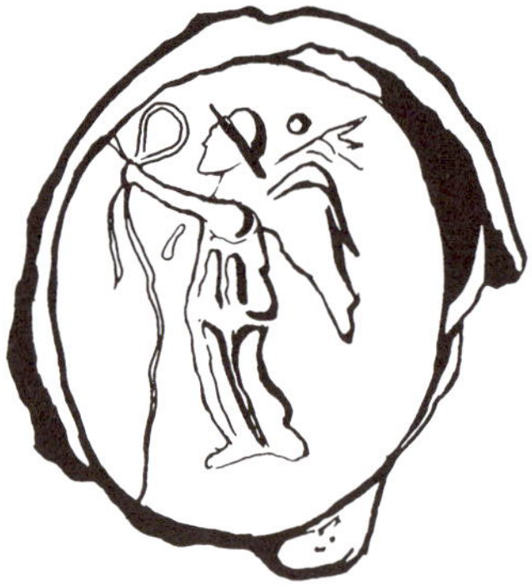

图10-1-15
宝石上的尼科，“黄金之丘”

尼科也作为配角出现在许多图像中。她最主要的角色和雷神宙斯以及雅典娜相关。她也经常与众神一同出现在钱币上，大多数时候位于坐像神的右侧。有时候尼科也会为统治者敬献花冠，如早期贵霜统治者赫劳斯（Heraios）的钱币，这里的国王向右骑行。（图10-1-16）

图10-1-16
赫劳斯钱币上的尼科女神

这个图案的数量和一些小工艺品的数量相等。在犍陀罗地区的库拉·德瑞（Kula Dheri）发现的宝石印章，即以这个造型为基础，卡莱里（P. Callieri）试图将其追溯至大约印度—希腊人和印度—帕提亚人时期之间。[1]然而，如果我们将其和原型对比，也就是和印章相比，那么尼科应该是向左行走。我们并不知道在钱币上有这个造型（尼科向左行走，右手拿着花环，没有棕榈枝）。在塔克西拉地层第三层，我们发现了一枚相似的印章。由于它与阿奇比乌斯钱币上图绘相似，卡莱里将其追溯至公元前1世纪。然而，查尔斯·马森（Charles Masson）收藏的一枚宝石和这个钱币造型并不一致。卡莱里将其和奥尔塔格奈斯钱币上的尼科做了比较。通过佉卢文可以确定，这枚宝石来自东方，时间可以

1 P. Callieri, “Seals from Gandhara. Foreign Imports and Local Production,” in M. F. Boussac and A. Invernizz, eds., *Archives et sceaux du monde hellénistique*, Bulletin de correspondance hellénistique: Supplément 129, Athens: Ecole Français d’Athènes, 1996, p. 416.

追溯至公元前1世纪到公元1世纪。然而，卡莱里认为它可能是从罗马进口的，因为铭文是后刻的。[1]相似的还有藏于大英博物馆的一枚玛瑙宝石，它可以和另一位印度—帕提亚统治者贡多法勒斯一世（公元20—55年）铸造的钱币对比，因此可以将其年份大致归于公元1世纪前半叶。

钱币中的尼科图像可见于斯尔卡普（Sirkap）遗址中的一块石榴石上。它是罐子中九枚石榴石中的一枚，其上的尼科面左站立，右手拿着一支长矛或者棕榈枝，倚靠在她的肩膀上，左臂向外伸展。这个图样可以追溯至公元1世纪。卡莱里认为这接近罗马的造型，甚至可以认为是受罗马影响，可能就源于罗马。

在东方，大型的艺术品中并没有尼科的造型。但布萨格里（Bussagli）认为，有一件来自塔克西拉的身着长袍的女性雕塑就是尼科。无论这尊雕塑呈现的是什么，它非常接近阿伊·哈努姆发现的著名的女性裸体雕塑。[2]另一个有争议的例子是一件从哈尔恰扬遗址宫殿中发现的泥浮雕。[3]

除了钱币上早期出现的一些特殊情况外，尼科的形象大多出现在公元前1世纪到公元1世纪。她的形象出现在钱币（希腊、斯基泰、帕提亚和早期贵霜）和宝石上，也出现在一些较大型的艺术品上。尽管上面所举的例子是来自这个区域到兴都库什山南面，尤其是犍陀罗地区，但我们也在帕雍·库尔干（Payon Kurgan）、“黄金之丘”和哈尔

1 P. Callieri, “Seals from Gandhara. Foreign Imports and Local Production,” in M. F. Boussac and A. Invernizz, eds., *Archives et sceaux du monde hellénistique*, Bulletin de correspondance hellénistique: Supplément 129, p. 417.

2 M. Bussagli, *L'Art du Gandhara*, Paris: Librairie Générale Française, 1996, p. 149.

3 纽约的克罗诺斯藏品中还保留了另一件有关联的不确定的艺术品。这是一种由片岩（直径约8.1厘米）制成的带有女神像的圆镜，根据祖玛（Czuma）看法，可能是胜利女神。圆镜正面显示的有翼人物身份不清楚。正如祖玛指出的那样，这种描写有几种不同的灵感来源。有关此物的详细说明和图片，请参阅S. J. Czuma, *Kushan Sculpture: Images from Early India*, Cleveland: Cleveland Museum of Art, 1985, cat. no. 76.

恰扬的巴克特里亚遗址发现了尼科的形象。

四、阿波罗

阿波罗在东方的流行比较容易解释。塞琉古一世认为阿波罗是其神话先祖，将自己神化为阿波罗的后裔。他特别推崇阿波罗在狄底玛（Didyma）的神谕。在波斯人镇压爱奥尼亚起义的时候，狄底玛的阿波罗雕塑曾经被劫掠到了苏萨，他将其物归原主。塞琉古一世在叙利亚引入了对阿波罗的崇拜，在靠近安条克的达芙妮（Daphne）的圣林（holy grove）里建立了一座神庙，里面放了一尊由雅典雕塑家布莱雅克西斯（Bryaxis）制作的黄金象牙雕塑。由此，阿波罗成为塞琉古王朝的守护神。公元前300年后，阿波罗出现在安条克的铜币上，也出现在底格里斯河畔的塞琉西亚的一个作坊里，还出现在苏萨的金币和巴克特里亚最早的钱币上。这些钱币的年代在公元前288/287年左右，可能与塞琉古的儿子、王国的共治者安条克一世有关。

阿波罗是塞琉古统治者的保护神，他的图像先后出现在安条克一世和安条克二世的钱币上。这些钱币都是在王国东部辖区的中心巴克特里亚打造的。两位国王打造的都是质量上乘的金斯塔特（staters）。在塞琉古王国的统治下，这种类型后来变得极为常见，如安条克·希拉克斯（Antiochus Hierax）、塞琉古三世、安条克三世都曾用过这种类型。在巴克特里亚统治者的钱币中，阿波罗坐在肚脐石上，他的披风披在右大腿上，右手持箭，左手搁在弓上。最接近这种类型的钱币是由阿波罗多托斯二世打造的，钱币上的阿波罗坐在右侧。

阿波罗或他的象征祭祀三脚架出现在不少希腊—巴克特里亚和印度—希腊人统治者的钱币上。在欧泰德姆斯二世的钱币上有他的头像。在阿波罗多托斯一世、欧克拉提德二世、阿波罗多托斯二世、斯特拉托二世、希波斯特拉图斯、狄奥尼苏斯二世（Dionysus II）和佐伊罗斯二世（Zoilos II）的钱币上，阿波罗呈站姿。而且在斯特拉托一世的钱币上，阿波罗既有半身像也有站像。在阿波罗多托斯二世的钱币上，他也呈坐姿。欧克拉提德的钱币表现的是阿波罗头部面向右侧，这个情况和在斯特拉托一世钱币上的半身像一样。这种类型表现的是阿波罗头部侧面照，他头发略长，垂在脖子后面，可见于一些小亚细亚的地方如桑索斯（Xanthos）、科洛丰（Colophon）、米利都（Miletus）的钱币上，还出现在俾提尼亚（Bithynia）的统治者如普鲁西阿斯一世（Prusias I）的钱币上。但是，真正的欧克拉提德的钱币模型可以在底格里斯河畔的塞琉西亚找到。这些钱币是由安条克二世、塞琉古二世和安条克三世于公元前255—前210年打造的。阿波罗头戴花环出现在右侧的图像可以被认为是在奥龙特斯河畔的安条克（Antioch on the Orontes）打造的。

上述表明，早在公元前2世纪的上半叶，在整个巴克特里亚（欧克拉提德二世，公元前190—前185年），以及稍晚一点的帕拉帕米萨代、犍陀罗、阿拉科西亚和旁遮普（阿波罗多托斯，公元前180—前160年），阿波罗的图像就已经出现在钱币上。当希腊人在巴克特里亚的统治接近尾声时，我们发现阿波罗出现在欧克拉提德二世的钱币上（公元前145—前140年）。与他同时代的米南德一世当时正在兴都库什山以南打造背面有一个祭祀三脚架的钱币（公元前145—前130年）。斯特拉托一世在他统辖的犍陀罗和旁遮普地区打造了以阿波罗为特征的钱币（公元前125—前110年）。此后，阿波罗出现在几乎所有晚期印度—希腊人的钱币上，他们统治的区域只有旁遮普地区（阿波罗多托斯二世、希波斯特拉图斯、狄奥尼苏斯、佐伊罗斯一世和斯特拉托二世，即公元前80—公元10年）。刻有阿波罗的钱币的独特之处在于，它的背面也有阿波罗神的标志，因为上面有一个祭祀三脚架。阿波罗流行的原因可能是塞琉古王朝统治这片区域时将阿波罗视为保护神。

公元前1世纪，斯基泰人在犍陀罗和西旁遮普区域的统治者毛伊斯，是第一位将阿波罗像置于钱币上的“野蛮人”（即非希腊人）。

他选择手持弓箭站立着的阿波罗图案。毫无疑问，他是以同一区域的斯特拉托一世，也可能是阿波罗多托斯一世的钱币为模式。而这二位国王的钱币毫无疑问受到了塞琉古钱币的启发。两百年后，另一位非希腊人统治者胡韦色伽（Huvishka）使用了同样的模式。然而，并不能确定他的钱币上的图像是阿波罗还是某个地方神。钱币上的“Yodhavade”铭文无助于解开谜底。他的前任迦腻色伽的造币情况也是如此。在他的二德拉克马钱币上，背面的神像可能是阿波罗—密特拉（Apollo-Mithras），右手赐福，旁边有阿波罗的称谓“Helios”，但同样的图像在另一枚钱币上的铭文是“Mioro”或“Mithras”的字样。由此，我们见证了阿波罗图像逐渐转变的过程。传统的构图保留下来了，但是图像的实际意义发生了改变。

“东游”的阿波罗最后出现在沙摩陀罗笈多（Samudragupta）钱币上。钱币上的图像以阿波罗持弓箭的模型为原型。

虽然阿波罗在东方相当受欢迎，但除了一些明显的世俗化的化妆盘外，我们并没有在钱币上找到足够的证据证明阿波罗信仰的存在。

在犍陀罗艺术中，阿波罗的图像实际上都出现在以他为主角的神话场景中。但这只是最早期阶段的情况。在所有传统上被认作是化妆盘的作品中，有两件描绘的是阿波罗追赶达芙妮的场景。（**图10-1-17、18**）阿波罗在河岸上追逐达芙妮，当他刚触碰到达芙妮的时候，她转瞬变成一棵月桂树。在一块化妆盘上，一位深雕的女子坐在左侧的石堆上（可能代表的是河岸），转头看向身后，一个年轻人正碰触着她的肩膀。年轻男子跑动的时候，他的头发和衣服都在风中快速飘动。第二个化妆盘以一种相似的方式描绘了这个场景，但是左右颠倒。女

图10-1-17
化妆盘上的阿波罗和达芙妮

图10-1-18
化妆盘上的阿波罗和达芙妮

图10-1-19
阿波罗半身像，贝格拉姆

孩正蹲伏在石头上，青年停止了奔跑（他的斗篷披在他的后背而不是飘起），试图抓住女孩的胳膊，让她转过来看他。祖玛认为这两个场景描绘的是同样的神话主题，不仅如此，从两块化妆盘几乎相同的尺寸、浮雕的深度、形象的构思、宝石的处理方式，以及最后也是最重要的一点，通过对装饰着同样的珍珠和波浪图案的边缘的判定，祖玛认为它们甚至可能来自同一个作坊。[1]

出现在一件贝格拉姆的徽章上的阿波罗图像，与化妆盘上的阿波罗神像属于同一时期。这是一幅正面半身雕像图像，神的头微微向右转。（图10-1-19）

很明显，阿波罗虽然在希腊—巴克特里亚人，尤其印度—希腊人的钱币上很受欢迎，但是并没有被当地群众普遍接受。至少从我们掌握的现有的考古材料证据来看是这样的。在小件艺术品中，我们有两件带有阿波罗图像的化妆盘，都是在斯尔卡普（塔克西拉）发现的。但这些后来的图像都让我们联想到阿波罗可能是另一个神，而这个神很可能在某些方面利用了阿波罗的图像。贵霜人可能并不知道这是阿波罗本人的形象，也尚无例证说明阿波罗神被描绘成艺术的保护者，因为我们没有发现他正在弹里拉琴的形象。如果说他有什么属性的话，那也只是他携带的弓箭让人想起他的战士和猎人形象的一面。祭祀三脚架的出现（虽然只出现在钱币上），让人联想到阿波罗的信仰的一部分是和预言相关的。唯一在东方同阿波罗一起出现的人物是达芙妮。两个化妆盘的例子清楚地指出，它们一定

1　S. J. Czuma, *Kushan Sculpture: Images from Early India*, Cleveland: Cleveland Museum of Art, 1985, p. 146.

是基于某种不知名的模式。值得注意的是，作为神的替身符号，祭祀三脚架的使用仍然很普遍，至少从印度—希腊人统治者的钱币上看是如此。

五、狄奥斯库里兄弟

最近一部关于塞琉古钱币的著作表明，塞琉古王朝在巴克特里亚打造的铜币上有狄奥斯库里兄弟的头像。位于右侧的狄奥斯库里头戴伞状帽。[1]然而他们的形象并没有延续下来，直到一百多年后在欧克拉提德一世和狄奥米德斯（Diomedes）的一德拉克马和四德拉克马钱币上，人们才重新发现这个令人喜爱的类型：狄奥斯库里兄弟骑在后腿蹬地的两匹马上，两匹马转头看向对方。骑手们头戴帽子或头盔，顶上还有一颗星状物，右手持矛，左手拿着棕榈枝。（图10-1-20）

这些欧克拉提德钱币是大约公元前130—前80年木鹿绿洲统治者钱币的灵感来源。其中一枚欧克拉提德钱币上只画着狄奥斯库里兄弟中的一个。上述的两位统治者也设计了步行的双胞胎的形象。在奥波尔（obol）钱币上，主题被简化了，狄奥斯库里兄弟只用象征符号来表示，即带有星星的帽子和棕榈枝。

这对双胞胎在巴克特里亚也很受欢迎，一个例子是发掘于1970—1977年的今阿富汗北部的第伯尔金（Dilberjin）神庙。在神庙的其中一个房间里，人们发现了一幅壁画，以纹章的样式风格描绘了两位年轻人的形象，他们只身着长袍，戴着帽子，都用马缰拴着马。克鲁利科娃（Irina T. Kruglikova）认为，这个场景描绘的应

1 A. Houghton and C. Lorber, *Seleucid Coins: A Comprehensive Catalogue*, New York: The American Numismatic Society, 2002, pl. 74, no. 440.

图10-1-20
欧克拉提德钱币上的狄奥斯库里兄弟骑像

图10-1-21
狄奥斯库里兄弟化妆盘，卡拉奇

该是狄奥斯库里兄弟。[1]考虑到狄奥斯库里兄弟的形象在欧克拉提德斯一世钱币上的流行，第伯尔金神庙应建于欧克拉提德斯一世统治时期。[2]以此为基础，克鲁利科娃试图将第伯尔金和古代欧克拉提底亚（Eucratidia）城址联系在一起。不过，克鲁利科娃的观点受到穆齐奥（Lo Muzio）的质疑。穆齐奥认为这个神庙出现的时间更晚，而且两个人物的功能也不尽相同。[3]欧克拉提德斯好像是为了表明和塞琉古王朝的关系，所以在众神中选择狄奥斯库里兄弟作为先祖。欧克拉提德斯一世的统治时间大约在公元前170—前145年，是最后一位统治了兴都库什山南北两侧地区的统治者。换言之，他的统治区域包括巴克特里亚和犍陀罗地区。狄奥米德斯钱币的背面有狄奥斯库里兄弟骑马的形象，他大约在公元前95—前90年统治着相对较小的帕拉帕米萨代地区（中阿富汗地区的东部）。

另一件在卡拉奇（Karachi）发现的化妆盘上的人物被认为可能是狄奥斯库里兄弟。（图10-1-21）化妆盘上是一对向右骑马慢跑的骑手。左侧的骑手是侧面像，右侧的骑手头朝向前方，马匹轻微上扬。骑手好像戴着一顶帽子或者头盔。左侧这位骑手更小一点，特别是和他的马相比，小得有点不成比例。我冒昧将这件化妆盘的年代推定为公元前1世纪。后来我们就再也没有看到其他有关狄奥斯库里兄弟的图像了，很可能随着希腊人统治的结束，狄奥斯库里兄弟在东方也消失了。

---

1 I. T. Kruglikova, *Dilberdzhin. Raskopki 1970-1972 gg. Vol. I*, Moscow: Nauka, 1974, pp. 23-25, ris. 16, 17, tabl. 3; I. T. Kruglikova, *Dilberdzhin. Khram Dioskurov*, Moscow: Nauka, 1986.

2 I. T. Kruglikova, *Dilberdzhin. Khram Dioskurov*, pp. 6-7.

3 C. Lo Muzio, “The Dioscuri at Dilberjin (Northern Afganistan). Reviewing their Chronology and Significance,” *Studia Iranica*, Vol. 28, No. 1 (1999).

六、赫拉克勒斯

赫拉克勒斯在东方广受欢迎。在希腊，有赫拉克勒斯形象的钱币自公元前6世纪以后快速流传，有关的艺术品也非常受欢迎。然而，我们所要研究的是他在古典晚期和希腊化早期的主要影响，尤其是吕西普斯（Lysippus）创作的有关赫拉克勒斯的作品。在这一小节中我所提到的大多数作品，在某种程度上都受到利西波斯作品的影响。

1969年，苏珊·唐尼（Susan Downey）对赫拉克勒斯在东方的功能作了总体探究。[1]普加琴科娃（Pugachenkova）对这个区域出现的赫拉克勒斯形象作了更详尽的研究。她先是撰写了一篇相关文章。这篇文章后来成为她的著作《中东的艺术宝库》（*Из художественной сокровищницы Среднего Востока*）的其中一章。[2]卡西姆·阿卜杜拉耶夫（K. Abdullaev）很快在他的文章中也补充了一些有趣的例子。[3]有关赫拉克勒斯的图像极其丰富，这里概述一下第一本著作提到的考古发现。

在所有发现中，最重要的是伊朗贝希斯敦的一座赫拉克勒斯石雕，上面刻有铭文，标明这件作品的年份是公元前148年。[4]有几个陶制的赫拉克勒斯小雕像，其中一件来自希腊化时代底格里斯河畔的塞琉西亚的为法尔内塞型（Farnese type[5]），其他的作品显示的是赫拉克

1 S. B. Downey, "The Heracles Sculpture," in C. B. Wells, ed., *The Excavations at Dura-Europos. Final Report III. Part I. Fasc. 1*, New Haven: Yale University Press, 1969.

2 G. A. Pugachenkova, "Gerakl v Baktrii," *Vestnik Drevney Istorii*, Vol. 140, No. 2 (1977), pp. 77-92.

3 K. Abdullaev, "O kul'te Gerakla v Baktrii (nekotorye voprosy ikonografii)," *Istoriya materialnoy kul'tury Uzbakistana*, Vol. 22 (1988).

4 J. Boardman, *Diffusion of Classical Art in Antiquity*, London: Thames and Hudson, 1994, fig. 4.6.

5 法尔内塞型的赫拉克勒斯大理石雕塑因被16世纪意大利红衣主教亚历山德罗·法尔内塞（Alessandro Farnese）发现并列入私人收藏而得名。这件大理石雕塑是公元3世纪早期的复制品，原型为公元前4世纪由吕西普斯或其门生创作的赫拉克勒斯青铜雕塑。——编译者注

勒斯倚靠在树干上，一张狮子皮缠绕在他的胳膊上。还有几个例子来自帕提亚第三地层（公元前143—公元69/70年），都是法尔内塞型，然而其中两个例子中的赫拉克勒斯是倚靠在树干上。相似的还有来自第二地层的三件法尔内塞型和两件倚靠在树干上的作品，然而还有一件两人造型的，来自第一地层（公元115—200年）。

在钱币方面，赫拉克勒斯的形象被安条克二世，还有希腊—巴克特里亚以及帕提亚、卡拉科尼（Characene）的统治者所采用。从公元前3世纪之交到前2世纪，帕提亚尼萨王宫的墙面上绘有赫拉克勒斯的头像，还有木棒和狮子头像。到此时，赫拉克勒斯和韦勒斯拉纳神（Verethragna）似乎混在一起了。从尼萨出土的第78号浮雕中立在人物旁边的大棒来看，上面所绘应该是赫拉克勒斯。公元前1世纪科马根尼王国（Commagene）神庙的碑铭也确认了赫拉克勒斯和伊朗的韦勒斯拉纳以及阿尔塔基尼（Artagenes）的联系。

根据苏珊·唐尼的研究，两河流域和伊朗也有赫拉克勒斯的神庙。其中一个在亚述，时间大约在公元初年。在这座神庙前面有一块高高的浮雕，上面画着站立的赫拉克勒斯，右手持大棒，左臂上有一张狮子皮。[1]另一座赫拉克勒斯神庙位于伊朗的马斯吉德—苏莱曼（Masjed-Soleyman）。在那里，神庙的正面有一尊两米高的赫拉克勒斯和尼米亚猛狮（Nemean lion）雕塑。

然而，当我们的目光再向东移，情况变得更加复杂。我已经提到赫拉克勒斯在印度的传说远征。阿里安（Arrian）对昔兰尼的埃拉托斯特尼（Eratosthenes of Cyrene）的说法表示怀疑：

> 马其顿人在帕拉帕米萨斯人住的地区看见一个山洞，并且听到当时在当地人中流传的某个传说——这也或许是出于马其

---

1 S. B. Downey, "The Heracles Sculpture," in C. B. Wells, ed., *The Excavations at Dura-Europos. Final Report III. Part I. Fasc. 1*, p. 5.

> 顿人自己的想象——于是他们散布着这样的说法，称这就是囚禁普罗米修斯（Prometheus）的山洞，一只鹰经常在此啄食他的内脏。赫拉克勒斯来到这里后，杀死了鹰，并解救了普罗米修斯。他（指埃拉托斯特尼）还说，根据当地人的说法，马其顿人把高加索山的位置从欧克辛斯海（Εὔξεινος/Euxine，即黑海）挪到了世界的东边，把帕拉帕米萨斯人居住的地方说成是印度人的地方，把真正的帕拉帕米萨斯山称为高加索山。他们这么做是为了进一步彰显亚历山大的荣耀，证实他确实跨过了高加索山。他（指埃拉托斯特尼）还说，当马其顿人在印度看到一些牛的身上有木棍的烙印时，他们由此推断说赫拉克勒斯已深入到印度地区。[1]

库尔提乌斯（Curtius Rufus）也有奇怪的言论，他说赫拉克勒斯的像曾被带到了波鲁斯国王军队的阵前（VIII, 14, 11）。

在巴克特里亚和印度西北部地区保留了相当数量的带有赫拉克勒斯形象的遗物。我们先从钱币谈起。赫拉克勒斯是最常出现在希腊—巴克特里亚和印度—希腊人统治者钱币上的神之一。毫无疑问，他的流行是因为马其顿的亚历山大将其祖先追溯至赫拉克勒斯，并且他本人也试图和赫拉克勒斯的丰功伟绩一较高下。最早将赫拉克勒斯形象带到巴克特里亚和印度的是亚历山大。亚历山大的很多后继者和当地的希腊化统治者都追随他而信仰赫拉克勒斯。亚历山大也将自己几乎等同于赫拉克勒斯。人们认为他和赫拉克勒斯都是不朽的英雄，从而将他们都纳入神祇的序列。和在地中海一样，赫拉克勒斯在东方的基本特征有尼米亚狮子皮和大棒，与这些特征经常一同出现的是赫拉克勒斯头戴一顶王冠或正要戴上王冠的形象。通

1 Arrian, *Anabasis of Alexander*, 5.3, translated by P. A. Brunt, Cambridge, Mass.: Harvard University Press, 1983.

图10-1-22
亚历山大四德拉克马银币上的赫拉克勒斯

常他的左手持狮子皮，有时候直接披在左臂上，但有些时候他坐在一块石头上。

赫拉克勒斯在钱币上的图像可以分为三种基本类型：

（1）头像或者胸像朝向右侧。钱币上赫拉克勒斯无胡须，并且戴狮头盔的形象是在约公元前325年由亚历山大大帝在叙利亚的边利昂得鲁斯（Myriandrus）创制的。（图10-1-22）无须的赫拉克勒斯形象的流行可以很容易地解释为是亚历山大带到这里来的。这些钱币发现于塔克西拉的皮尔丘，此地被认为是亚历山大访问过的城市，统治者是塔克西里斯（Taxiles），他后来成为亚历山大的朋友。同样的图样后来出现在阿伽托克勒斯的“纪念”币上，虽然阿伽托克勒斯的统治区域远至兴都库什山以北。

另一类是成年的赫拉克勒斯像，蓄胡须，面向右侧。这个形象出现在欧泰德姆斯一世（Euthydemus I）、德米特里一世（Demetrius I）、米南德一世和佐伊罗斯一世的钱币上。显然，欧泰德姆斯一世和德米特里一世代表的是巴克特里亚新王朝（他们从狄奥多托斯一世和二世手中夺取了王权），他们选择不同于前任的神作为保护神。两枚狄奥多托斯钱币上的保护神是宙斯，这就为欧泰德姆斯选择赫拉克勒斯提供了合理的解释。正如我们所见，他的钱币上除了赫拉克勒斯的头像，还有他的立像。对德米特里而言，和亚历山大一样，可能是对他著名的印度远征的一种暗示。根据一些文献记载，他的征服最远到达恒河流域低地，但这个图像到公元前1世纪就消失了。

还有一幅蓄胡须的赫拉克勒斯半身像，他看向右侧，肩上扛着一根木棒。这个图像出现在公元前2世纪和前1世纪之交的钱币上。这些钱币是由喀布尔（Kabul）和犍陀罗地区

图10-1-23
印度—希腊人国王钱币上的赫拉克勒斯立像

的几位统治者发行的。这个形象在时间上和前面的类型有所重叠。

（2）赫拉克勒斯立像。在某些情况下，赫拉克勒斯为自己冠以花环，左手持木棒。这种图案特别出现在德米特里一世、阿伽托克勒斯（纪念币）、泰奥斐鲁斯（Theophilos）以及印度—斯基泰人国王斯帕利塞斯和沃诺尼斯的钱币上。沃诺尼斯是旁遮普的斯基泰人统治者（公元前75—60年），他的钱币铭文有"沃诺尼斯大帝，王中之王"的字样。再晚些时候，这种类型在贵霜王胡韦色伽的钱币上再次出现。（图10-1-23）

在其他情况下，赫拉克勒斯右手持花环，虽然他的头上已经有了一个花环。这种情况也出现在欧泰德姆斯二世和佐伊罗斯一世的钱币上。

除上述两类造型外，第三类赫拉克勒斯图像的变体有以下几种次类型。第一种，赫拉克勒斯正面站立，右手拿着一根木棒，木棒立在地上，左手拿着一张狮子皮。他头向左转，没有戴花环。在一枚当地的钱币上有相同的图像，钱币年代可以追溯至贵霜王胡韦色伽统治时期，时间在公元2世纪末。在泰奥斐鲁斯的钱币上出现了相同的画面，不同之处在于赫拉克勒斯头部朝前，头上戴着花环。同样的构图再一次出现在贵霜钱币上，由丘就却打造，来自索格底亚那（Sogdiana）的钱币也是如此，尽管它们都是以高度简化的形式出现的。进一步改造的模式再次出现在胡韦色伽统治时期，田边（Tanabe）认为这里的赫拉克勒斯对应的是韦勒斯拉纳。这个图绘还带有铭文ORLAGNO。[1]这个构图也出现在非钱币的图像上。我们在丘就却和当地索格底亚那的钱币上发现了同样的图像，只是图像整体向右转。然而，公元后的第二个十年，也就是马图拉（Mathura）的斯基泰总督统治时期，图中的人物是左向的。但是这是一枚质量差的钱币，我不确定这枚钱币的细节是否可以和这一整个类型的钱币相对应。

在胡韦色伽统治时期（公元153—191年），另一个赫拉克勒斯站像的特殊变化出现了：他正面站立，头向右转，右手拿着木棒扛在肩上，一张狮子皮搭在他的左臂。

（3）赫拉克勒斯坐像。赫拉克勒斯在完成某种繁重的劳动后正在休息，他的右手拿着一根木棒，倚靠在他左手边的石头上。木棒的摆放有两种变体。第一种是木棒靠在石头上（只在公元前3世纪末欧泰德姆斯一世的钱币上发现）。第二种是木棒靠在他的右侧大腿上，同样出现在欧泰德姆斯一世的钱币上。这种造型在阿伽托克勒斯和安提马库斯一世的纪念币、阿伽托克勒斯和斯特拉托的钱币上也有发现。

赫拉克勒斯在兴都库什山以北出现的尾声是一枚在索格底亚那打造的欧泰德姆斯仿造币，上面赫拉克勒斯呈站姿。这种钱币大多出现在布哈拉（Bukhara）绿洲。很难确定这种钱币的年代，但是，据推

1 K. Tanabe, “King Huvishka and the Emergence of Vaiśravana Images in Gandhāran Art,” *Silk Road Art and Archaeology*, Vol. 6 (1999/2000), pp. 119-127.

测大约是从公元前2世纪，换言之，出现的年代紧随欧泰德姆斯自己的钱币之后，一直到公元4世纪。然而，鲍德曼（Boardman）错误地认为这些是帕提亚人仿造塞琉古的钱币，至少背面有个坐像，他认为这是阿波罗的图像。[1]根据马罗—麦柯格雷（Mallo-McCorgray）的说法，这些钱币大约造于公元前130年到公元前80年之间，是月氏人的钱币。[2]这些退化程度很高的仿造币可能是以旧的欧泰德姆斯的仿造币为基础的，可能是在布哈拉打造的。

赫拉克勒斯的雕塑在阿富汗等地也有发现。一个鲜为人知但非常有趣的赫拉克勒斯雕像现在由芝加哥的一位私人收藏。毫无疑问，这件雕塑来自地中海，是在阿富汗发现的。（图10-1-24）

这位看似年轻的没有胡子的英雄右手正靠在木棒上，而在他的左手臂上搭着一张狮子皮，细节处理得很好。这个图案是基于“阿尔贝蒂尼—赫拉克勒斯”（Albertini Heracles）类型，这引起了波比拉赫奇（O. Bopearachchi）和费内（Annick Fenet）的注意。这种类型的起源应该追至公元前4世纪初。该雕塑和底座保存完好，年代可能为公元前2世纪。我们还在阿富汗和其他地方发现了赫拉克勒斯的青铜雕塑。我们并不清楚希腊人在多大程度上参与了制作，或者这件作品是由当地的艺术家制作的。

每一个提到的例子都有其自身的特点，而且都反映了赫拉克勒斯图像的变化。其中最重要的是来自阿伊·哈努姆的小雕塑，赫拉克勒斯将一个花环戴在头上，这种形象恰恰与德米特里和他的后继者的钱币类型相对应。（图10-1-25）这种类型一直沿用到贵霜国王胡韦色伽（公元153—191年）统治时期。整个阿伊·哈努姆建筑群的年代测定让我们可以将这件小雕塑的年代追溯至公元前3世纪，或者

---

1 J. Boardman, *Diffusion of Classical Art in Antiquity*, p. 86, fig. 4.18.

2 T. K. Mallon-McCorgray, “The Coins and History of Asia,” available online from URL, http://www.grifterrec.com/coins/indoparthian/indoparthian.html (10/03/2010).

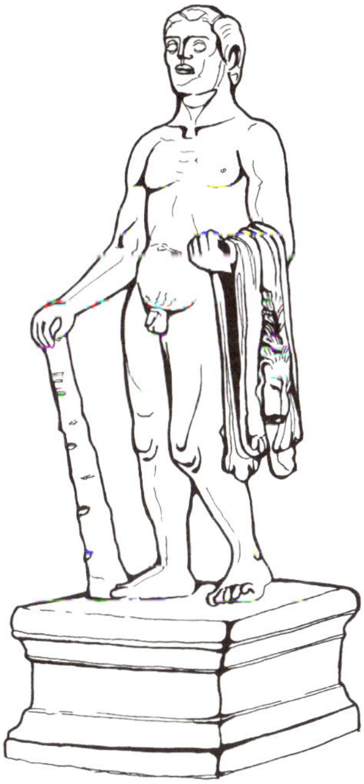

◀图10-1-24
赫拉克勒斯雕塑

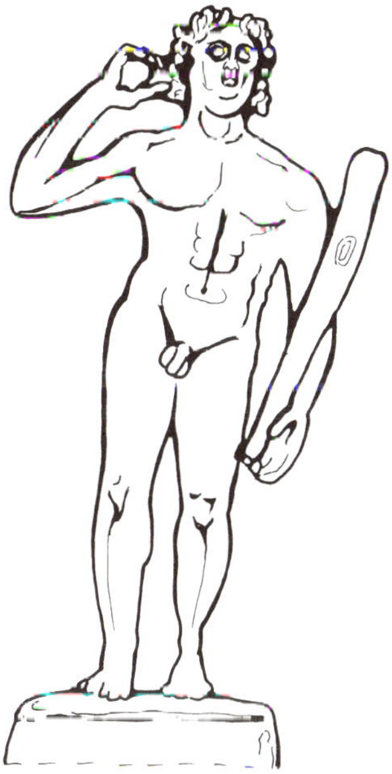

▶图10-1-25
赫拉克勒斯青铜小雕塑，
阿伊·哈努姆遗址

至少公元2世纪的前半叶。换言之，它与德米特里的钱币大致同时出现。这个类型最初出现在希腊化时代，小雕塑是直接从这个模型复制而来的。

另一个例子来自阿富汗西部，似乎是某类希腊化例子的东方版本。雕塑的造型为赫拉克勒斯在劳作后休息，倚靠在木棒上，但他的手臂上没有狮子皮。和这件雕塑一起被发现的还有一尊赫拉克勒斯的人物形象雕塑，在他伸出的左臂上有一张狮子皮，右手伸出来，可能原来拿着一根木棒。鲍德曼认为，这件表现的可能是赫拉克勒斯与一条蛇或者九头蛇战斗的情景。[1] 另一个图像来自白沙瓦（Peshawar）谷地的尼格莱（Nigrai）。赫拉克勒斯呈S型站立，伸出的左手很有可能

1 J. Cribb, E. Errington and M. Claringbull, eds., *The Crossroads of Asia: Transformation in Image and Symbol in the Art of Ancient Afghanistan and Pakistan*, Cambridge: Ancient India and Iran Trust, 1992, p. 101.

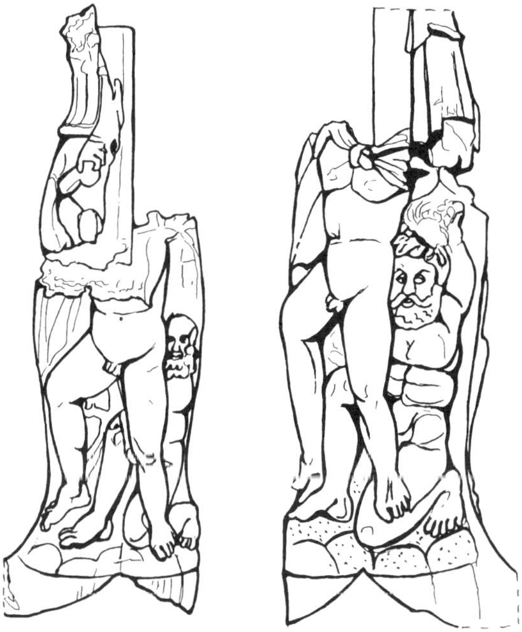

图10-1-26
赫拉克勒斯象牙浮雕，
奥克苏斯河神庙

拿着赫斯珀里德斯（Hesperides）花园的苹果。但是它的精巧度不如利西波斯的赫拉克勒斯。在利西波斯的赫拉克勒斯像中，他背手拿着苹果。值得注意的是，和前面两个例子一样，赫拉克勒斯头戴花环。这不是一个常见的类似地中海模式的特征。

我在这个组别展示的最后一个例子是出现在阿堪突斯叶（Acanthus）装饰版中的蓄胡须的男子半身像，他的头上同样也戴着花环。如果这个雕塑可以被确定为赫拉克勒斯，那么更多的是基于与前面例子的比较，而不是因为他有很多明显的属性。然而，这件作品出现的年代很可能比其他例子晚，我也对此留下疑问。然而值得注意的是，除了前两件作品之外，所有其他的赫拉克勒斯都是蓄胡须的。

我们发现最古老的东方赫拉克勒斯图像不是一件青铜雕塑，而是一件[1]象牙制剑柄上的浮雕，浮雕中的英雄正在与一蓄胡须的对手决斗。（**图10-1-26**）皮奇克（Pichikya）将这个倒霉的对手解读为河神阿凯

1 实为同一剑柄两侧的两件浮雕。——编译者注

鲁斯（Achelous）。他的依据是，塔赫特—伊·桑金（Takht-i Sangin）的寺庙曾经是奥克苏斯河（Oxus，今阿姆河）河神的神庙。然而，我并不完全认为他是阿凯鲁斯。不过，另一个人物绝对是赫拉克勒斯，无论他是在与谁决斗。他非常有可能是大约在公元4世纪末期献给神庙的礼物，这件礼物与希腊人（可能是塞琉古人）的存在有关。

贝格拉姆的石膏像也有赫拉克勒斯的身影。除了一个有着大脑袋和胡子的向右侧面照，也就是中年赫拉克勒斯类型，还有两个和我们的英雄相关的场景。其中一个是裸体赫拉克勒斯，只有他的左臂上覆盖着一件斗篷，面向右侧，站在一棵树旁边，一只伊利曼斯野猪（Erymanthian boar？）站在他前面。在野猪上方可以看到一个男性形象的上半身。第三个石膏像展示的是一个面向右侧的裸体赫拉克勒斯，站在一棵树和祭坛旁边，正在喂养一只老鹰。

一件描绘年轻的无胡须的男子同一头狮子搏斗场面的宝石，表现了赫拉克勒斯和尼米亚狮子搏斗的主题。但是就像鲍德曼指出的那样，这不能说是确定的。[1]他认为这件作品是在东方完成的，部分原因是作品的身体部分虽然是古典的，但是头部是印度式的。与古典艺术的区别在于英雄的姿态与抬起的膝盖，这种造型经常出现在赫拉克勒斯和鹿搏斗或者是密特拉和公牛的场景中。

另外两幅这个主题的图像被刻在石头上，而且可以肯定是当地作坊的作品。它们所表现的赫拉克勒斯或者他的图像，无论制作者认为他是什么，都是在贵霜势力鼎盛时期流行的。第一个例子来自查尔萨达（Charsada），这是一个站立人像，怀抱着一只狮子，这块扁平的粗糙的浮雕让人联想到一些来自塔克西拉的早期雕塑。然而，关于它的年代是有争议的，有可能创作于公元1世纪左右。有一个视觉效果

1 J. Cribb, E. Errington and M. Claringbull, eds., *The Crossroads of Asia: Transformation in Image and Symbol in the Art of Ancient Afghanistan and Pakistan*, p. 151.

图10-1-27
阿特拉斯坐像雕塑，出土地不详

相当强烈的作品出自马图拉的一位雕塑家之手，他所创作的赫拉克勒斯的雕塑和前面提到的作品使用了同样的构图。除了犍陀罗以外，马图拉是印度北部在公元后前几世纪最重要的艺术中心。但是就风格而言，它从未在希腊化艺术方面达到同犍陀罗一样的高度。然而，正如这个例子所表现的一样，我们有时候会发现这种西方的模式，即用弯曲的形式和光滑的表面构造出这种精致的艺术风格。这种风格大多用于耆那教和佛教艺术中。我们只能猜测创作者从赫拉克勒斯的图像中看到了什么意义。斯瓦特省尼莫格拉姆村（Nimogram）的发现证实了这种情况的复杂性。赫拉克勒斯在这里又一次被塑造成巨大的雕塑，并以典型形象出现。赫拉克勒斯的手臂放在身侧，并在手臂上披了一件狮子皮（右臂没有保留下来，拿着一个木棒?），但给人的总体印象是非常印度化的，英雄头顶上的圆环光轮尤其强调了这一点。虽然雕塑展示了肌肉的大小，但是没有详细描绘出来。

如果不解释一下赫拉克勒斯是如何变成佛陀的私人保镖（护法）和雷电神金刚手菩萨，关于赫拉克勒斯的部分将是不完整的。还有一个明显的将赫拉克勒斯再创作的作品，是蓄胡须的力士形象。（**图10-1-27**）这里的阿特拉斯（Atlas）头上有一张狮子皮，像披风一样，在脖子上打了个典型的赫拉克勒斯结，在他的上臂和胸部还有高度发达的肌肉结构，和其他犍陀罗的力士相比，胡子形状更大。虽然其他的力士也有赫拉克勒斯的特点，但这件作品是最接近这位英雄的。因此将这两位人物合二为一的图像一直存在，在赫拉克勒斯造访赫斯珀里德斯花园（金苹果园，the Garden of the Hesperides）的故事中，这两位英雄也互相认识。

赫拉克勒斯在贵霜时期兴都库什山以北的命运不仅被记录在钱币中，在其他的考古发现中也有记载。普加琴科娃已经对哈尔恰扬宫殿内室中的装饰浮雕中的人物进行了解读。该人物蓄胡须的头部保存得尤其完整。普加琴科娃认为这是赫拉克勒斯。[1]然而，浮雕上的其他人物很难说除了装饰还有其他意义。普加琴科娃和克鲁利科娃还发掘了阿富汗北部的第伯尔金。她们还在一座城市南门的建筑群附近发现了一个有木芯的泥塑，据估测该木芯原本有1.2米高。根据一根木棒的碎片，普加琴科娃也将这个人物解读为赫拉克勒斯。和另一具躯干一同在壁龛里发现的还有一具无头的躯干雕塑，以及一幅很明显是在壁龛上的壁画。她将整个区域解释为赫拉克勒斯神庙，其作用是守卫南城墙和防御工事的军队驻地。[2]很显然，这个神庙是贵霜晚期的大贵族建立的，时间可能在公元2、3世纪之交。

一些蓄胡须的小陶俑头像的发现也暗示了赫拉克勒斯崇拜的存在。这些陶俑是陶瓷器皿上的贴花，来自乌兹别克斯坦南部的扎尔特佩（Zortepe），年代通常为公元1世纪。其他的陶俑或者小雕塑表现出和赫拉克勒斯图像惊人的相似。有一些物件值得我们注意。首先是贵霜晚期（公元3—4世纪）的一些小牌匾，发现于塔吉克斯坦南部的卡拉·皮科克（Kara-Pichok）遗址。还有的来自乌兹别克斯坦南部的巴

1 G. A. Pugachenkova, *Skulptura Khalchayana*, Moscow: Iskusstvo, 1971, p. 42.

2 G. A. Pugachenkova, *Iz khudozhestvennoy sokrovishchnicy Srednego Vostoka*, Tashkent: Publishing House of Literature and Art, 1987, p. 67.

拉特·特佩（Barat Tepe），年代大致为贵霜时期（无文献可查）。其次是一组陶俑，是由卡西姆·阿卜杜拉耶夫在乌兹别克斯坦南部的帕雍·库尔干发掘的。这组陶俑包含了（无头）小雕塑，描绘的是一个裸体士兵，被认为是赫拉克勒斯。最近，莎加丽娜（N. Shagalina）讨论了赫拉克勒斯形象及其属性被用于描绘当地的贵霜神奥拉格诺（Orlagno）（典型的是迦腻色伽一世钱币上的图像）以及中亚战神图像的整体转变，[1]这一点应该引起我们的注意。

总之，和赫拉克勒斯相关的艺术品数量十分庞大。一方面，赫拉克勒斯和伊朗的韦勒斯拉纳有着明显的关联；另一方面，赫拉克勒斯和印度的（佛教）金刚手菩萨也有关联。[2]考古发现表明，赫拉克勒斯不仅是希腊化时期希腊人的崇拜对象，正如第伯尔金的例子所呈现的，[3]赫拉克勒斯的信仰和他的神庙在贵霜时期也被保留下来。最令人惊讶且存在争议的发现，是赫拉克勒斯形象出现在马图拉的雕塑中。

除了上述提到的希腊神以外，还有一些神的形象也零星地出现在希腊—巴克特里亚人的钱币上，如阿尔特米斯（Artemis）、狄奥尼苏斯、赫尔墨斯（Hermes）、波塞冬（Poseidon）和特里同（Triton，人身鱼尾神）。

这里要提到的是，在东方的希腊人只以希腊神作为自己的保护神。不过有两个例外。一个是阿伽托克勒斯（公元前190—前180年）的钱币使用了印度神，其正面是大力罗摩（Samkarshan）和希腊铭文，背面是瓦苏提婆—克利须那（Vasudeva-Krishna）和婆罗米铭文。这种类型的设计看上去是为了亲近当地人。有趣的是，这些钱币产自

1 N. Shagalina, "Transformation of the Image of War and Victory Deity in the Ancient Art of Central Asia," *San'at*, Vol. 2 (2010). 将赫拉克勒斯的身份识别与一位贵霜本地神联系起来的观点并不是新提出的，我们可以在普加琴科娃的文章中找到相关论述，详见G. A. Pugachenkova, "Gerakl v Baktrii," *Vestnik Drevney Istorii*, Vol. 140, No. 2 (1977), p. 83.

2 关于赫拉克勒斯向护法金刚的演变，详见下一节。

3 G. A. Pugachenkova, "Gerakl v Baktrii," *Vestnik Drevney Istorii*, Vol. 140, No. 2 (1977), pp.77-92.

帕拉帕米萨代地区，还并未适用于西面的印度。另一个例外是米南德钱币的背面，有一种让人联想到法轮的图形，这反映了统治者与佛教保持着良好关系。然而，这些钱币可能并没有任何用处，只是偶然出现。总之，希腊人的确坚奉他们的神，唯一的例外的是米南德皈依了佛教。我们没有证据表明有一部分希腊人转为信仰当地神，但是这可能只是材料的缺失，并不代表这一现象不存在。

回顾第一类别，我们清楚得知，巴克特里亚希腊人选择这些神作为他们的保护神，甚至作为他们政治宣传的一部分。通常而言，这是因为他们受到其前任统治者塞琉古王朝统治者的启发。但他们还是有目的地选择，尤其是对宙斯和阿波罗的选择。大多数神的图像都和战争或者战士形象相关。宙斯投掷霹雳，雅典娜的形象兼具盾牌与长矛，还有赫拉克勒斯就是力量的象征。无论赫拉克勒斯是在备战还是战后在巨石上休息，他手中永远拿着一根木棒。狄奥斯库里兄弟骑在马上，手里拿着长矛，代表骑兵。骑兵在欧克拉提德的军队取胜的过程中发挥着重要的作用，因此他的钱币上最常使用的是狄奥斯库里兄弟，我们可以认定欧克拉提德将他们作为胜利的象征。尼科是胜利的拟人化象征，她经常出现在为宙斯或雅典娜授冠的场景中。形象复杂多变的阿波罗在东方也从未以手持里拉琴的诗人形象示人，他总是手持弓箭。这种图像在当时的社会，尤其是统治阶级中的出现，表明他们面临了巨大的压力（从历史中可得知，既有内部也有外部压力），以至于不得不攘外以安内。希腊人和马其顿人在巴克特里亚和印度都未曾享受太多的和平时光。

除了钱币外，关于上述这些神的信仰崇拜也有其他证据可以证明。在东方唯一可考的希腊化城市是巴克特里亚的阿伊·哈努姆遗址，人们在那里发现了一尊宙斯雕塑的残部，证明了当地存在宙斯神庙。在另一个希腊文化中心，有些学者认为它是古代的欧克拉提迪亚，在那里发现了狄奥斯库里兄弟的崇拜圣所，人们是通过壁画内容判断出来的。不幸的是，被认为是最具希腊化中心特点的巴克特拉和斯尔卡普的研究进展并不理想。在第一类别中，似乎有非常多关于神灵崇拜的材料，但是只在阿伊·哈努姆才找到唯一能够明确表明希腊人品味在巴克特里亚环境中呈主流的证据。

第二节 犍陀罗艺术中的希腊神形象及其演化与认同

第二类别包括一些起初在当地并未发现，但最后逐渐流行起来的艺术品。这一类大多和力士阿特拉斯以及携带花环的厄洛斯（Eros）或丘比特（Cupids）有关。这两个主题大多都和犍陀罗艺术发展顶峰时期有关（公元2—3世纪），也和地理意义上的犍陀罗相关，不过有一些例外。在这里他们通常是以佛教徒的身份出现。就丘比特和其他携带花环的形象而言，他们的受欢迎程度可能也反映在他们经常出现在同时期的罗马石棺上，因此这也是某种流行趋势。然而，对这个猜测我们也有疑问，因为在公元前后的时候，我们也发现携带花环者的形象出现在哈尔恰扬遗址的宫殿中。另一方面，力士也大量出现在犍陀罗的浮雕中，但无论在类型还是数量上，都没有发现和它对应的前身。他们在犍陀罗的流行可能归因于他们的古典造型可以在印度找到相似的原型，如早期印度的精灵形象也是托举着重物。同时，还有一些希腊神改头换面后也进入了犍陀罗艺术的殿堂。

一、赫拉克勒斯/护法金刚

在印度，赫拉克勒斯和佛陀的守卫金刚手菩萨联系在一起的场景最常出现。佛陀的护法使者金刚手菩萨利用了赫拉克勒斯象征的一

图10-2-1
浮雕上的护法金刚
与僧侣

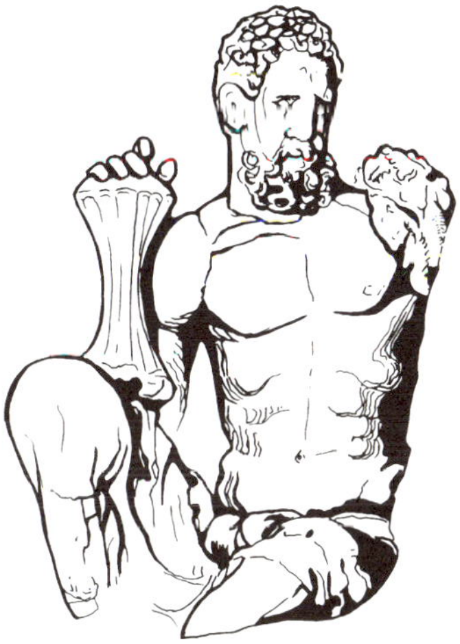

图10-2-2
赫拉克勒斯/护法金刚坐姿
雕塑，哈达

些基本图像。这名护卫有时身着一件狮子皮，而且经常是留着胡子。有几幅金刚手菩萨的图像和赫拉克勒斯的相似程度令人惊讶。其中一件浮雕保留在大英博物馆。（图10-2-1）

浮雕中的金刚手菩萨与一群佛教僧侣一起出现在一个较大场景的边缘位置。中央的部分可能是一个坐着的佛陀，但并没有被保留下来。金刚手菩萨正面以一种轻松的“普拉克西特勒斯式”的姿势站立，他的头梢梢倾斜，面朝左边。一张带着狮爪的狮子皮披在他的胸前，打了一个典型的结。和其他金刚手菩萨不同的是，这个金刚手菩萨只留着小胡子，没有浓密的胡须。除了金刚手菩萨手里松垮垮地拿着一个普通的金刚杵[1]之外，一把长剑插在他左手精致的剑鞘中，剑鞘挂在他的左臂部位置。我们可以在很多有关佛陀生活的浮雕画板上看到这种类型的变体。

在阿富汗东部哈达（Hadda）的索托特佩（Tapa Shotor）佛教

1　线描图不明显。——编译者注

寺庙中，有一幅独特的赫拉克勒斯—金刚手菩萨的图像，发现于1974年。（图10-2-2）如果这个人物倚靠在一根木棒上，而不是靠在自己的大腿上，我们可以很容易地认为这尊灰泥雕塑是一件利西波斯或其门生的作品的复制品，年代在公元前3世纪初期。赫拉克勒斯—金刚手菩萨坐在主群的右侧，他左腿舒展开来，右腿弯曲，威力巨大的“雷电”标志靠在他的膝盖上。这个人物全身赤裸，只有一张狮子皮从左肩挂到胸前。虽然这件雕塑并不具有利西波斯模式的诸多特征，但人物的肌肉结构刻画得非常细致。对人物头部的雕琢尤为精细，雕塑的头部微微朝右，胡须和头发浓密，栩栩如生。人物的面部表情显得忧郁，甚至给人以疲惫的感觉。

这个人物恰恰是金刚手菩萨的形象，完美地展示了希腊图像构图的变体及其向印度图像的转变。穆斯塔玛迪（Mustamandy）以一种有趣的方式推测了希腊艺术家和工匠的行为，他认为他们被好战的月氏人驱逐出巴克特拉（Bactra），朝南行进，并在制作佛教寺庙的装饰过程中找到了用武之地。[1]尽管从年代上来看有所差别，雕塑家们可能会在公元前2世纪40年代到达南方，但是这个时间对于佛教寺庙来说太早了，我们可以想象第二代或者第三代的希腊移民参与到佛教建筑活动中。无论如何，我同意穆斯塔玛迪对他们的参与问题的进一步考虑。他认为这些希腊人的任务是将佛教众神刻画成某个人物或某种形象，但这超出了他们的认知范围，于是他们就将赞助人的描述和一些他们已经熟知的样式或模型混合在一起。作为战士同时也是佛陀本人的保护者，神话英雄赫拉克勒斯的形象是最合适的。木棒是他的主要特征，但后来被金刚杵取代了。在索托特佩同样的建筑群中，赫拉克勒斯—金刚手菩萨也被认为是金刚手菩萨—亚历山大和金刚手菩

1 Ch. Mustamandy, “Herakles, Anherr Alexanders, in einer Plastik aus Hadda,” in J. Ozols and V. Thewalt, eds., *Aus dem Osten des Alexanderreiches. Völker und Kulturen zwischen Orient und Okzident, Iran, Afghanistan, Pakistan, Indien*, Köln: Du Mont, 1984, p. 179.

萨—狄奥尼苏斯。

二、厄洛斯/丘比特

在希腊古典时期的艺术中，厄洛斯是一个青年，但在希腊化时代，他的形象变成了一个孩子。普拉克西特勒斯（Praxiteles）和利西波斯都曾为城邦泰斯皮埃（Thespiae）制作过爱神雕塑，前者使用的是大理石，后者使用的是青铜。在时间和空间上，厄洛斯都是以孩子的形象流传开来的，逐渐失去了他在神话中的意义，变为辅助的装饰。在东方，丘比特、丘比特裸像（Putti）和小天使（cherubs）也是如此，我们更经常见到的是他们的形象和身份的转变。

厄洛斯在罗马神话中称为丘比特，经常在犍陀罗艺术中以扛花环的形象出现。鲍德曼认为，这些印度的丘比特裸像更有可能是基于希腊而非罗马的原型。[1]这个主题第一次出现于希腊化艺术后期，并被罗马人接受。公元2世纪中期时，这个主题非常受欢迎。它起初被用于在小亚细亚制作的石棺上，并在罗马出售。这些来自小亚细亚的作品似乎已经传播到整个东地中海和遥远的东方。普加琴科娃认为这些模型的原型可能是一些真正的小孩，他们手持花环庆祝。[2]

希腊的厄洛斯所持的花环通常是连续的花环（罗马艺术中常见的是分割开来的），上面带有枝叶（罗马艺术中常见的是花），更常见的是上面挂有成串的水果。在杯状物的上层有人物的半身像。所有这些特点在所有的来自犍陀罗的作品中都是常见的。在印度，丘比特身着当地服饰，在一些特例中，他有胡子但没有翅膀。在不同的例子中，丘比特印度化的程度也不一样，但是他们都没有完全丧失西方的

---

1 J. Cribb, E. Errington and M. Claringbull, eds., *The Crossroads of Asia: Transformation in Image and Symbol in the Art of Ancient Afghanistan and Pakistan*, p. 130.

2 G. A. Pugachenkova, *Skulptura Khalchayana*, p. 22.

影响，至少在犍陀罗地区没有。他们大多数以单腿承重的方式站立，扛着花环。

承载这些图像的嵌版来自佛教寺庙和佛塔。尽管大多数我们已知的例子都是来自犍陀罗，但在巴克特里亚的苏尔赫·科塔尔（Surkh Kotal），我们也意外地发现了持花环者。在哈尔恰扬遗址的宫殿装饰中，持花环者在内宫墙体的上部形成了一条连续的饰带。需要补充说明的是，哈尔恰扬的花环和丘比特裸像是在东方发现的年代最早的厄洛斯。该宫殿大约建于公元前后。因此，这里的装饰早于地中海持花环的厄洛斯图形的繁盛期，也早于他们在犍陀罗流行的时期。

花环持有者是所有继续在东南方向流行的图案之一，我们甚至也在印度东部的阿玛拉瓦蒂（Amaravati）发现了这些图案。在建于公元前2—公元3世纪的大佛塔上的一块浮雕上，即画着两个手持花环的精灵/丘比特裸像。

三、阿特拉斯

就犍陀罗浮雕场景中出现的神话人物而言，阿特拉斯毫无疑问在数量上占绝对优势。他是希腊艺术中非常受欢迎的人物，通常被塑造成手托天空的形象，以突出他的职能。在建筑中，阿特拉斯被用作支撑部分（兼具实用和装饰功能）。在这里，阿特拉斯的职能一定程度上被淡化了，仅仅用作分离建筑的正面，而没有任何其他值得注意的功能。阿格里真托（Agrigento）的宙斯神庙就是一个很好的例子，维特鲁威（Vitruvius）便是以这种方式来判定它的功能的。

在所有希腊和罗马艺术中有记录的例子来看，阿特拉斯往往被塑造成留着胡子和长发的形象。古风时期的阿特拉斯像有裸体的，也有穿着衣物的。在希腊和埃特鲁里亚艺术（Etruscan art）中，阿特拉斯通常呈站姿，他以坐姿首次（也是最后一次）出现在公元4世纪，不过是坐在王位上的国王形象。在希腊化和罗马艺术中，他经常被塑造成跪地的姿势，身体承受着天空的重量，而且通常以裸体的形象出现。

在犍陀罗地区，通过对外形的划分，或者更准确的说，根据年龄的划分，阿特拉斯有几种基本的类型：一是年轻的阿特拉斯，没有胡子，身上有翅膀，盛年时期的阿特拉斯则有小胡子，有翼；二是稍老一点的阿特拉斯，有大胡子，具有萨提尔的特征；最后一种类型包括裸体的无翼阿特拉斯，体态更肥胖，且有些与其原型相比更夸张。

犍陀罗艺术中的阿特拉斯不常出现手托天空（或者任何实体重物）的造型，仅仅是以肩膀或者头部托举。其中一个反面例子是一件收藏于布拉格的纳普尔斯特克博物馆（Naprstek Museum）的浮雕，上面三位阿特拉斯造型各不相同。第一位用肩膀托举着柱顶过梁，第二位用手（两者都是正面）托举，第三位是背面四分之三侧身像，只用右手托举着重物。这件浮雕引人注目的地方还在于这些人物都被安置于柱间的位置。

白沙瓦的博物馆收藏的另外两件阿特拉斯雕塑是以双手托举柱顶过梁。阿特拉斯唯一真正以双手艰难托举重物的图像出现在靠近加兹尼（Ghazni）的萨尔达尔·特佩（Sardar Tepe）的一个佛教混合建筑中。那是一个模样不成形的裸体男子雕塑，他没有胡须，但是有一头长发，双手托举着天空。就这个造型而言，他可能接近印度阿特拉斯造型的前身。这些阿特拉斯都被表现为丑小鬼似的形象，比如在桑奇（Sanchi）的大佛塔的西门发现的阿特拉斯，大腹便便，四肢短小，双臂高高举起，站立托举着天花板。大多数情况下，他们只身着一条缠腰带或者类似短裙的衣物。有一个例外是阿特拉斯身着一件希腊式无袖外衣（exomis）。有些情况下，阿特拉斯穿着厚重的靴子。正如在希腊艺术中，阿特拉斯也以裸体出现，不仅仅是在夸张表现的雕塑中，也出现在普通的图像中（图10-2-3），甚至是以有趣的赫拉克勒斯形象出现，还有以萨提尔形象出现的。

图10-2-3
阿特拉斯正面坐像浮雕雕塑，犍陀罗

质量最好的一件阿特拉斯雕塑来自西格里（Sikri），它是以赫拉克勒斯的原型创作的。从出版的图片上看，只有腰部以上的部分保留下来，无法判断它的姿势是坐立还是站立。无论从哪个角度看，男性雕塑都凸显出胸部和腹部肌肉。他的头转向左侧，胡子和头发一样呈立体状卷曲。英格霍尔特（Ingholt）认为它是所有阿特拉斯作品中最难让人忘怀的一件。他还将这件作品和雅典狄奥尼苏斯剧场的下蹲的西勒诺斯（Silenus）雕塑、阿斯卡隆（Ascalon）的安东尼列柱廊的柱子上小型阿特拉斯托举带翼胜利女神的雕塑，以及帕加马（Pergamum）的雕塑做对比。[1]

图10-2-4
带翼阿特拉斯雕塑，巴基斯坦

有一个不寻常的例子是阿特拉斯右膝跪地的小青铜雕塑，他的左手搭在左膝上，右手（部分残缺）扶着某个不知名的物件，可能是什么容器。（图10-2-4）

1 H. Ingholt, *Gandhāran Art in Pakistan*, New York: Pantheon Books, 1957, p. 155, cat. no. 387.

阿特拉斯的细节特征已经模糊不清了，但最引人注目的是他那对设计奇怪的翅膀。这对翅膀向外延展，但是末端又转向阿特拉斯的头部。我把它也放在阿特拉斯的分类中，因为主要特征是吻合的，但是并不能完全确定这个人物所指是谁。

就阿特拉斯最常出现的姿势而言，一种是坐在地上的姿势，他一只腿伸直，另一只腿垂直地面，手通常搭在大腿上；另一种姿势是单膝或者双膝跪地，手通常也放在膝盖上。两种情况都有例外，也有一只手托举着天空的姿势。

如果仔细考察的话，前面所说的类别并不能包含所有例子，我们在阿特拉斯的图像中也发现了象腿。很难解释这个不寻常的特征是否为阿特拉斯在印度语境中的一种转变，这看上去似乎是有意为之，但我们不得而知。

在一些细节方面，印度的阿特拉斯有别于它在地中海的造型。令人惊讶的是，它与印度原来的这种力士人物也不一样。后者是鸠盘荼（Kumbhanda）精灵，也具有支撑建筑的元素，比如在桑奇的佛塔西门可以看到他们的身影。不同于希腊的造型，他们有着肥大的肚子，戴着一大串首饰和头巾，还有着拉长的耳垂，但是他们没有翅膀或大象的腿。他们也被塑造成站姿，而不是像犍陀罗的阿特拉斯那样坐着或跪着。目前，我们还不清楚犍陀罗的阿特拉斯灵感的具体来源，以及这些形象的真正意义。

四、狄奥尼苏斯

狄奥尼苏斯神可以作为某种象征和原型，首先可以被利用的是他复杂的身世。琉善（Lucian）著名的讽刺故事讲述了狄奥尼苏斯入侵印度的传说。这位年轻的无胡须的神骑着一辆豹子拉的车驾，带领着狂女（maenads）、萨提尔，还有醉酒的西勒诺斯、潘神（Pan）和他的一众随从。这支滑稽的军队击败了印度的兵力，甚至还让象兵闻风而逃。当然，这是在希腊化时期虚构出来的一个神话，目的是为亚历山大的东征找到神的典范。我们还应该注意到，据说狄奥尼苏斯只通过神力方式征服了印度人，也就是说他不必和其他人一起战斗。至少可以说，这是很奇特的，整个军事任务委托给了狄奥尼苏斯，而且是一个最常与酒联系在一起的神。他还是一位不止一次被描绘成醉汉的神。根据希腊化时期的传统，第二位征服印度的神（那个时候还是半神）是一位名副其实的杰出的英雄——赫拉克勒斯。亚历山大与赫拉克勒斯有一半的血缘认同，这是广为人知的。

我们并不知道狄奥尼苏斯的故事是否被视为是幽默的，但是可以肯定的是这个故事是广为人知的。从罗马帝国时期的浮雕上，尤其是在石棺上，我们可以看到这类“神话”题材。这些作品大多与琉善的作品同代或者仅仅比其稍晚一点。作者本人的生活和写作年代是在公元2世纪。其中一个最有名的场景是狄奥尼苏斯征服印度的胜利，这个场景被刻在现存于巴尔的摩沃尔特斯艺术博物馆（The Walters Art Museum，Baltimore）的一个大理石石棺上，年代大约在公元180年。画面上狄奥尼苏斯在最左边，手里拿着权杖，乘坐着一辆有豹子牵拉的车驾。在他前面是骑在大象身上的萨提尔，还有和一头狮子同行的西勒诺斯。狄奥尼苏斯以其对野生动物的控制力著称，他应该把大象当作是击败印度人的战利品，所以，这个场景描绘的是他胜利之后。

琉善并不是唯一写作狄奥尼苏斯远征的古代作家，在阿里安（公元95—176年）的书中甚至还发现了一个更有趣的版本：在狄奥尼苏斯从印度返回的途中，因为他的士兵们无法继续战斗，于是他在印度河和科芬河（Cophen）之间建立了尼萨城（Nysa）。这和亚历山大众所周知的建城活动有另一个相似之处。在这个故事中，尼萨的居民奉承亚历山大，因为他所做的事情比狄奥尼苏斯本人做的事情更伟大。

阿里安还提到了梅罗斯山（the mountain of Meros），那里是狄奥尼苏斯的象征常春藤和葡萄藤生长的地方。据说亚历山大在这里祭祀了狄奥尼苏斯，而他的一些伙友陷入了一种狄奥尼苏斯式的迷醉，被称为“cuoc”。另外值得一提的是，斐洛斯特拉图（Philostratus）的《提亚纳的阿波罗尼乌斯的生平》（*The Life of Apollonius of Tyana*）中的一个片段甚至提到了狄奥尼苏斯的圣域：

> 他们说，当他登上尼萨山的时候，他们发现了狄奥尼苏斯的神庙，据说这座神庙是狄奥尼苏斯为了纪念自己而建立的。他在周围种了一圈月桂树，这些月桂树尽可能地占满空间，足以将一个中等大小的神庙包围住。他还用一圈常春藤和葡萄藤围住了月桂树。他在神庙里面树立了自己的雕像。他知道随着时间的推移，这些月桂树会长在一起，成为一种屋顶，而现在屋顶已经形成了，这是为了保护神庙免受风雨的侵袭。神庙里面有镰刀和压酒器，它们是献给狄奥尼苏斯的，就好像这些是献给采摘葡萄的人一样，都是用金银器制作而成的。里面的人物图像看起来像一个年轻的印度人，是用抛光的白石雕成的。[1]

这个片段的作者是弗拉维乌斯·斐洛斯特拉图，他是这里引用到的三位作者中年代最晚的一位（公元170—245年）。不幸的是，他的作品并没有被学界当作可靠的史料来源。

如果我们在特定的领域内，用考古学的证据来印证文字传统的话，不得不说，到目前为止没有任何建筑、圣域或者类似的地方发现了可能被解释为狄奥尼苏斯圣地的地方。然而，我们在寻找狄奥尼苏斯崇拜行迹的过程中，却发现一些来源不同的物件和式样不一的雕塑

1 Philostratus, *The Life of Apollonius*, 2.8, translated by C. P. Jones, Cambridge, Mass.: Harvard University Press, 2005. 该神庙应该位于尼萨山，具体位置在科芬河和印度河之间。

与狄奥尼苏斯或者其圈子内的人物形象有关。

我将从一件来自阿富汗哈达附近索托特佩的作品说起。这是一件基于狄奥尼苏斯的形象创造出来的金刚手菩萨的头部雕塑，我认为这件作品所指应为酒神本人。穆斯塔玛迪对上述解释没有提供相关证据（除非在他书里还有更多未提到的证据，比如出现一个与头部相同材质的雷电）。他在书中写道：“这块碎片和其他物件是在索托特佩的佛教寺庙的前厅地上发现的。”[1]虽然我所知的唯一一张照片相当不清晰，但从中仍可以分辨出雕塑头上的花环，下面是长长的波浪卷发，这是典型的年轻的狄奥尼苏斯形象。红色和蓝色的多色彩绘残余也保存了下来。从脸部的特征可以感觉到，这件雕塑的创造者非常熟悉希腊神的雕像、图像还有表面模型的细节，而且他们熟悉可以用来达到艺术效果的技艺。穆斯塔玛迪认为这件雕塑一定是那些在游牧民族或他们的后继者入侵之前（或之后）逃到巴克特里亚的希腊艺术家的作品。我同意这一假设。很显然，这件作品证明了希腊艺术家在兴都库什山以南的存在（在兴都库什山以北的巴克特里亚，阿伊·哈努姆的出现充分地证明了他们的存在）。这件雕塑连同一件带有亚历山大特征的头部雕塑残片，还有著名的赫拉克勒斯/金刚手菩萨像都证实了曾有一位能干的艺术家在索托特佩工作。这件雕塑的年代判定比较复杂，穆斯塔玛迪没有给出相关背景，他也没有提出一个推定年代的理论。上述关于希腊艺术家从这里移居到巴克特里亚的理论是有根据的，因为佛教寺庙建筑群的年代推定比公元1世纪上半叶还要早。如果是更晚的年代，那么这些受过古典艺术训练的艺术家应该直接来自地中海，因为这种传统不可能在不利的条件下，在长达一个多世纪的时间内还能保持如此纯粹的形式。但是有一个深入的问题仍未解决，即这

1 Ch. Mustamandy, “Herakles, Anherr Alexanders, in einer Plastik aus Hadda,” in J. Ozols and V. Thewalt, eds., *Aus dem Osten des Alexanderreiches. Völker und Kulturen zwischen Orient und Okzident, Iran, Afghanistan, Pakistan, Indien*, p. 177, Abb. 3.

个图像在佛教的寺庙中代表什么意义？我认为人们如果生活于希腊文化圈中，当他们看到这个雕塑以及上面列出的其他雕塑的时候，会将其视为狄奥尼苏斯、赫拉克勒斯和亚历山大大帝。而对于生长于另一种文化环境的人，比如印度人，可能会将这个雕塑视为金刚手菩萨，尤其是当这样的雕塑带有很明显的指向，比如手中拿着一个雷电。

在进口的物品中有一个银杯。这是一件真正优秀的作品，上面带有浮雕装饰。（图10-2-5）浮雕中的男性和女性人物最可能是狄奥尼苏斯和提刻/幸运女神（Tyche）。鲍德曼认为这个杯子，包括这一个主题，都是按订单制作的，可能是在公元前1世纪的埃及。当人们看到这个杯子的时候，有些与斐洛斯特拉图描述的相似之处立刻浮现在脑海之中——露天的神龛、铺满的树枝、狄奥尼苏斯的雕塑，与葡萄的收获有关的画面。还值得注意的是，萨提尔的头（而非面具——上面有眼睛）倒在地上，就在提刻女神的身后。这件作品据说来自犍陀罗，但出土地不详。我们知道罗马世界有许多类似的作品。

在有名的犍陀罗化妆盘中也可以发现一些似乎是以狄奥尼苏斯为原型的图像。这些化妆盘制作于公元前1—公元1世纪，虽然有相当多的模式化成分，但还是可以看到一个长相年轻的狄奥尼苏斯坐在中

图10-2-5

银杯上的老年狄奥尼苏斯浮雕，出土地不详

央，两名狂女分别站在他的两侧。狄奥尼苏斯抱着肩膀。他们的头上都戴着花环。我们知道有两件这样构图的化妆盘，一件来自斯瓦特，另一件来自斯尔卡普（塔克西拉）。另有一件发现于查尔萨达的化妆盘，化妆盘左边是一位萨提尔，而不是狂女。还有一件化妆盘上面是一个萨提尔在骚扰一个狂女。犍陀罗的艺术家们的发明创造几乎是令人难以置信的。粗略一看，甚至狂女弯曲的身体和她的腿都不成比例，从人体结构上来说是完全错误的。艺术家可能试图表现一名女子转身推开骚扰者的姿势。

关于狄奥尼苏斯主题传播的证据也可以在兴都库什山以北找到。2000年，在乌兹别克斯坦南部的卡什卡达里亚（Kashkadarya）地区的撒坡尔·特佩（Sapol Tepa）遗址发现一块陶制的牌匾，上面有两个半躺的人物形象，其中一位半坐着的没有胡子的男子左手拿着杯子，右手拿着酒袋。根据阿卜杜拉耶夫（Abdullaev）和拉贾博夫（Radzhabov）的解释，他们是狄奥尼苏斯和萨提尔。另一个来自索格底亚那的例子是一个西勒诺斯的正面朝向的头像。这是一件撒马尔罕的陶器（疑为一件双耳喷口杯）上的贴花，年代可以追溯至同一早期时段。可见，狄奥尼苏斯主题的传播范围更远，甚至超出了巴克特里亚和索格底亚那的边界。在乌兹别克斯坦西北部的古花剌子模（Khorezm）的贾巴斯卡拉（Janbaskala）遗址，发现了一件小的男性陶俑，左手拿着一串葡萄，右手拿着栽培葡萄用的刀具。我们一般认为这件作品的年代在公元后的前3个世纪以内。

为人熟知的狄奥尼苏斯和阿里阿德涅的场景被精妙地刻画在一块金镶片上，这块金镶片发现于阿富汗北部的“黄金之丘”。至少就其理念而言，这是一件最能忠实地反映古希腊化模式的作品。图中狄奥尼苏斯以四分之三侧面朝左的视角呈现，他骑在一头豹子身上，阿里阿德涅坐在他前面，呈正面像，被他双臂环绕。尼科从狄奥尼苏斯身后飞来，正准备将花环戴在他的头上。

在兴都库什山以南地区，值得一提的是一件贵金属制作而成的物件。这是一块银质的牌匾，上面画着一个长着胡子的男性半身像，以四分之三侧面向右的视角呈现，可能表现的是手里拿着酒杯的狄奥尼苏斯。这件作品是马歇尔在塔克西拉发掘过程中发现的。

在旁遮普发现的一件青铜器上有一个徽章，上面画着狄奥尼苏斯随从中的主要人物之一西勒诺斯。这件物品的主题和场景毫无疑问是希腊式的，但是制作方式很明显是印度式的。场景中主要人物是一个坐着的大腹便便的男子，具有狄奥尼苏斯酒伴的典型特征。他被一圈藤蔓卷须围绕着，左手拿着酒袋，放在左大腿上，右手高高举起一个角状杯，角状杯的末端是一个羚羊头，他正用这个器具喝酒。他的项链、手镯、衣服和胡子都取材自印度传统。一个更小的女性形象坐在左侧，她的左手拿着花环，右手拿着一个装饰杯。这幅画面营造出了一个典型的饮酒场景。杯的其他区域有波浪形的花纹，让人联想到罗马石棺的装饰，其中一个石棺也有这种波浪形的花纹环绕在徽章周围。鲍德曼认为这件是贵霜时期的经典作品。

介于两种传统之间的是一件青铜的浮雕圆盘，上面画着萨提尔的头。这件作品是在斯瓦特发现的。它的工艺与风格是东方式的，相当粗犷。塔吉克斯坦南部发现的一件镀金青铜圆盘显示的是一尊家庭化的、年轻的狄奥尼苏斯像，他的头上戴着一个花环。

在希腊和罗马艺术中，狄奥尼苏斯的主题相当丰富，一个共同点是将图像元素与狄奥尼苏斯的象征结合在一起，比如酒、葡萄树、狂欢的宴会、舞蹈等。在犍陀罗雕塑中也出现相似的浮雕。狄奥尼苏斯本人并未出现在场景中，但是象征狄奥尼苏斯的酒器、葡萄藤的卷须和葡萄都说明他的存在。在洛杉矶有一件保存完好的浮雕例子。上面画着一位男性和女性人物形象，站在一个印度风格的拱门下面，两人手里都拿着酒杯。男性人物年纪稍大，留着胡子，衣服只遮住了下半身，肚子下面有伤口。他让人联想起狄奥尼苏斯和西勒诺斯，尤其是后者。而女性人物更为年轻，穿着希腊风格的贴身长袍。

还有几个场景可以顺理成章地归到一类物件，即使是乍一看，也能清楚地知道它们的主题属于狄奥尼苏斯范围。它们大多来自私人收藏，最近发表在日本研究者田边的书中。田边想要以此来说明他的假说的合理性，他认为在犍陀罗，或更具体地说在佛教的图像中，狄奥尼苏斯和其他的地中海主题承担的完全是一种特殊的角色。它们向信徒展示，如果他们遵守佛法，死后就会过上幸福的生活。他认为，涅瑞伊得斯（Nereids）和海兽刻托（Ketoi）代表了将灵魂运到彼岸的载体。[1]因此，他的立场比起以往的研究更为狭窄，他提出了这类主题在犍陀罗环境中存在的两种可能的解释：一是与某种形式的狄奥尼苏斯崇拜直接联系；二是作为一个反面例子，旨在教导佛教徒们不能这么做。[2]

在他的文章中，总共列举了十种诸如此类狄奥尼苏斯场景的例子，其中有一些场景只能推测与狄奥尼苏斯相关。我能想到的既有纯粹的情色场景，也有一般的乐舞场景。东京国立博物馆的一件狄奥尼苏斯和阿里阿德涅的浮雕，上面还有他们的随从。狄奥尼苏斯坐在右侧，正面朝前，阿里阿德涅坐在他左膝上，朝左转向四分之三视角。他手里拿着一个大的布满装饰的杯子。他们周围有六个其他的人物，其中一些人物手里拿着杯子，有一人拿着酒袋，另一个人坐在场景的左边。有一些部分，包括主要人物的头部，据说是后来才加上去的。

---

1 我认为，犍陀罗佛教雕塑中描绘的刻托及其他希腊海洋生物依然象征着通往其他世界的灵魂之旅，因此应用于犍陀罗佛教信仰中的同时期各种狄奥尼苏斯形象，类似于其对应物或者刻托与希腊海洋生物的孪生兄弟，一定保留了它们通往其他世界的原初作用与意义。换言之，正直而虔信的佛教徒转世重生的灵魂将享有幸福的来世。K. Tanabe, “The Earliest Paramita Imagery of Gandharan Buddhist Reliefs. A New Interpretation of the So-called Dionysiac Imagery,” *Silk Road Art and Archaeology*, Vol. 9 (2003), p. 90.

2 田边的文章中引用了费舍尔（K. Fischer）、卡特（M. Carter）和其他学者的两种假说，详见K. Tanabe, “The Earliest Paramita Imagery of Gandharan Buddhist Reliefs. A New Interpretation of the So-called Dionysiac Imagery,” *Silk Road Art and Archaeology*, Vol. 9 (2003), pp. 97-98.

这引起了我的疑问。如果这些不是真实的，那么至少对这一场景的鉴定也是有疑问的。在另一块浮雕上，狂女和西勒诺斯簇拥着狄奥尼苏斯，他们的右侧是一个在疑似葡萄藤筐上面跳舞的萨提尔，旁边还有一个拿着笛子的狂女。这个场景从衣服的细节上看很有希腊人的风格，比如帷幔上的针脚和他们的发型。有一块私人收藏浮雕的场景可以很肯定地归为狄奥尼苏斯饮酒跳舞的场面。从左边开始是乐师、舞者、拿着一面镜子的男人、一个用酒袋正将一个大酒器填满的男子、一名女子和一个坐着的正用小酒杯喝酒的光头男子。同样的还有一件私人藏品包含潘神或者萨提尔和狂女的图像，他们在一个圆锥形的印度式的拱门下呈现出拥抱的站姿。有趣的是，同一对夫妇在这里出现了两次，两次姿势不同。在左手边，他们都转向对方，而在右侧，狂女背对着男子。在每一种情况下，狂女们都戴着印度的手镯和脚镯。这里我要提到的最后一件是田边发现的浮雕。这件浮雕保存在日本的古代东方博物馆，西勒诺斯骑在右边的某种动物身上，可能是一头驴，虽然它看起来更像是一只山羊。他被三名狂女包围着，一名狂女在其身后，他正转身朝向她，而她正递过一个酒杯。最左侧的狂女则被塑造成典型的女药叉（yakshini）形象。**（图10-2-6）**

图10-2-6
西勒诺斯骑行浮雕

我并不认同田边对这个场景的解释。我认为虽然佛教事事强调因果，可当佛教义理阐释者教诲信徒持戒时，他可不会说他们如今过着的骄奢生活也是前世修来的。这种来自人类低级本能的吸引，尽管可能十分强烈，但在应对既定场景时往往适得其反，它会让信徒们想要立即享受这些快乐和乐趣，而忘记了彼岸。假使我们接受田边的观点，也无法解释为什么狄奥尼苏斯主题相关的人物会出现在情色和饮酒的场景中。假设这些场景是无意识被创造出来的，为什么萨提尔、西勒诺斯和狄奥尼苏斯的人物并没有被遗漏呢？如何使世俗的追随者们理解他们呢？如果追随者知道谁是狄奥尼苏斯神，他会将这些场景先验地理解为与狄奥尼苏斯相关而不是和佛教相关。在印度的西北部，这可能是一种特殊的现象。这种现象的形成是因为当地的希腊人试图以通俗易懂的形式向佛教徒们展现佛法。与当地人和新来的游牧民族的人数相比，这里希腊人的数量极少。会不会他们是以一种方式理解，而当地人又是以另一种方式理解呢？田边的假说没有回答这些问题。在新兴的佛教艺术中，对于这个在当地受人欢迎的主题，田边也没有解释后来发生了什么。我们不应该忘记田边所给出的大多数的例子都来自私人和其他的收藏，而这些作品的渠道来源不得而知。这些作品最早是用于佛塔和佛寺的装饰的说法更像是一个假说，而不是一个确定的事实。我认为田边的假说很有意思，也很有启发性，但是也存在不尽如人意之处。至少在目前，我无法接受他的观点。

值得指出的是，关于希腊化时期的统治者的主要特征——王带（diadem，一种带状王冠）是否来自酒神，这个问题是有争议的。据称，王带是他在东方胜利的标志，后来亚历山大在取得胜利后沿用，他之后的继业者们也沿用。根据另外一种说法，王带采用了波斯国王和总督们的标志。

因此，有一个问题，这位东方的狄奥尼苏斯是谁？他真的是宙斯和塞墨勒（Semele）的儿子，是底比斯的狄奥尼苏斯，是酒神，是人们转着圈狂喜地跳舞时所崇拜的那位酒神？菲洛斯特拉图提供了另一种解释。他说，高加索山（在文中他指的是兴都库什山）一带的印度人和科芬（今阿富汗）人认为狄奥尼苏斯从亚述而来，并且对底比斯的情况了如指掌。在印度河和希德拉欧提斯河（Hydraotes，流经今巴基斯坦和印度的旁遮普）的印度人则说，他是印度河神的儿子。这是一个有点奇怪的解释，但是它以一种有趣的方式表明，古代地中海文明的人们是如何试图将自己的神和“希腊化远东地区”民族的传统联系在一起。我们可以理解为这里供奉的是狄奥尼苏斯神，但是当地的人们可能用一种完全不同的名字来称呼他，因此他很可能是不同文化相似的神相互认同的产物。他的崇拜者可能只有亚历山大之后的当地希腊后裔和一小部分希腊化了的当地贵族。

我们应该补充的是，在马图拉也发现了一些被解读为狄奥尼苏斯的场景。祖玛发表了其中两件。第一件为来自马图拉附近的马霍里村（Maholi）的浮雕，上面画的是一个踉踉跄跄（醉酒）的女孩，被一个年轻男子扶着站起来，而她的女伴做了一个手势（可能表示厌恶）。祖玛将这件作品的年代追溯至公元2世纪末。第二件浮雕不仅在主题上是希腊化的，它的雕刻方法也是希腊化的。上面表现的是两个女性人物，左边的一位是正面视角，右边的一位是背面、呈现出四分之三角度的侧面视角，穿着一件“湿漉漉”的帷幔。她们看上去也是醉酒状态，因为在场景中有一个巨大的康塔罗斯放在她们中间。在佛教寺院环境中出现的这件浮雕似乎能够支持山边的理论，即狄奥尼苏斯主题象征着另一个世界和天堂。但是祖玛却有另一种解释。根据佛陀的说法，人的存在由几个要素支配：法（dharma）、利益（artha）、欲望（kama）和解脱（moksha）。如果图像呈现了别的元素，那么欲望，对感官愉悦的追求便在其中有了一席之地。这样的图像倒可能是反对享乐的一种警示。

五、萨提尔马尔绪阿斯、西勒诺斯

图10-2-7
萨提尔灰泥头像

图10-2-8
西勒诺斯青铜面具

图10-2-9
萨提尔青铜浮雕，斯瓦特

萨提尔是古希腊的森林之神，他的形象作为古典时期艺术中的一种类型，基本是由公元前5世纪的雅典雕塑家米隆（Myron）确定的。希腊化时期一个绝佳的例子是著名的"悬吊的马尔绪阿斯"雕塑（hanging Marsyas）。因为想到了即将到来的折磨，萨提尔的基本特征是脸上充满了恐惧的表情。与此同时发展起来的另一种类型是年轻的萨提尔形象。在这种类型中，有着动物长相的萨提尔很显然是压抑的，看起来更像是年轻的阿波罗或者狄奥尼苏斯，只剩下略微尖的耳朵和更短小的山羊尾巴。有一些马人（centaurs），比如那些与拉庇泰人（Lapiths）战斗的半人马，可能在外形上与第一类萨提尔有着相似的野性。

在犍陀罗艺术中，萨提尔也经常出现。上面提到的阿特拉斯也有萨提尔的某些特征。我们已经在狄奥尼苏斯和有关他信仰的场景中遇到过一些上面提到的萨提尔。我在这里只想补充几个重要的例子，包括在大英博物馆（图10-2-7）和卡拉奇的萨提尔灰泥头像，后一件作品来自塔克西拉。马歇尔将后一件头像的年代追溯至帕提亚人统治下的东方希腊化艺术复兴时期，但是英格霍尔特认为时间在第三或者第二阶段（公元300—400年或公元240—400年）。我自己认为马歇尔判定的年代更接近事实。就风格而言，根本没有理由将这个头部归至公元3或4世纪。这件头像保留了希腊化时期萨提尔的基本外貌特征，有一个宽大扁平的鼻子，耳朵尖长。不过，这里对胡子和头发的处理可能借鉴了安东尼时期（Antonine-era）的艺术风格。如果我们根据这个假设来确定年代，那应该约在公元2世纪末期。大英博物馆的这件作品风格则直接基于希腊传统。它有明显的脸部造型，让人想起希腊化巅峰时期的作品，包括前面提到的"悬吊的马尔绪阿斯”。我认同鲍德曼将年代定为公元1世纪。萨提尔存续的证据，是发现于纽瓦克（Newark）的一尊雕像的头部。这尊雕塑是一个年轻的萨提尔，来自犍陀罗，塑造年代在公元2—3世纪。

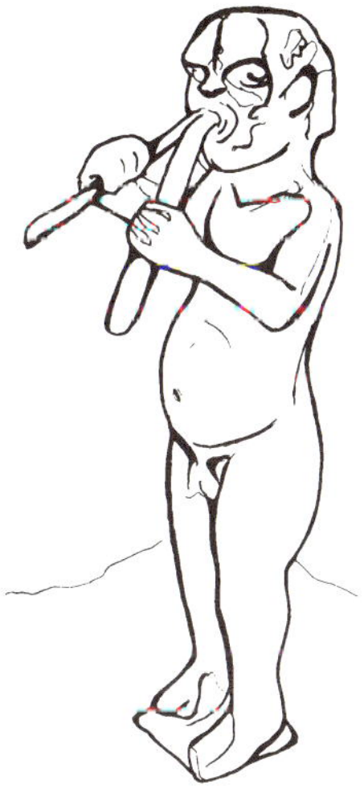

图10-2-10
萨提尔/西勒诺斯演奏双管笛像，塔赫特—伊·桑金神庙

这件和其他作品的灵感来源可能是一些小的舶来品，比如来自贝格拉姆宝藏的西勒诺斯青铜面具。（图10-2-8）一件当地的类似母题的改制品也是金属制成的，是一件大约制作于公元前后的青铜浮雕盘，发现于斯瓦特山谷。（图10-2-9）鲍德曼在贝格拉姆的面具中看到了其原型，但我认为这件作品的直接灵感来源应该是另一种更具有动物形态风格的萨提尔，尽管这样的舶来品并未存留。鲍德曼认为这是在东方制造的，我认同他的观点。眉毛间的圆形印记是非常明显的当地面具的特点。

可能最有名的例子是一件青铜的萨提尔/西勒诺斯在演奏双管笛的小雕塑。这座雕塑有一块石头底座，上面有希腊语铭文，意思是一位名为阿特罗索克斯的献祭者将雕塑献给塔赫特—伊·桑金的神庙。这是一座裸体雕塑，正面朝前，光头，双肩狭窄，宽臀。（图10-2-10）

图10-2-11
小陶片上的狄奥尼苏斯，出土地不详

上文提到的一件与狄奥尼苏斯有关的作品是索格底亚那的小陶片，画面右边的大胡子人物被认为是萨提尔。（图10-2-11）

图像的转变过程并不单纯取决于一名艺术家的观念和他所受到的教育，还和可利用的艺术资源有关。有一些作品，尤其是使用一些廉价材料制作的作品，如陶器，我们通过其制作过程可以感受到匠人未实现的抱负。在达尔维津·特佩（Dalverzin Tepe）和巴克特里亚北部发现了萨提尔的陶制头像。其中一件作品表现的是一张野蛮、多毛的脸，鼻梁扁平，创作年代在公元1—2世纪。（图10-2-12）让我们补充一件来自阿姆河以北坎培尔·特佩（Kampyr Tepe）的更有趣的作品。这是一

图10-2-12
萨提尔陶制头像，达尔维津·特佩

座浮雕的碎片，上面有一对夫妇。男性形象可被视为是萨提尔，因为他的脸部有很明显的动物特征，尖耳朵，鼻子扁平，脸庞粗犷。

六、涅瑞伊得斯

海洋女神涅瑞伊得斯，是涅柔斯（Nereus）和多丽丝（Doris）的女儿们。在赫西俄德（Hesiod）的笔下，她们最为人所知的角色是安菲特里特（Amphitrite，海洋女神之一）女神婚宴中的客人。她们通常被描绘成着衣或裸体女子形象，骑着海怪——海龙、鱼形肯陶尔（ichthyocentaurs，鱼马人）和海马（或者是海豹、海狮、海公羊）。这类图像不仅在希腊、罗马艺术中受欢迎，在犍陀罗艺术中同样如此。涅瑞伊得斯骑在海怪身上的图像在古典时代晚期已经很有名。鲍德曼认为龙起源于有耳朵、有鳃、有鳍和鱼尾的刻托（Ketoi）。[1]这种类型的图像在希腊化时期继续使用，如藏于慕尼黑的古物收藏馆（Antikensammlungen）的铭牌上就有两种这样的图像。它们的年代可追溯至公元前4世纪，可能是由一副马笼头的两个部分组成的，因为它们是镜面对称的相同图形，一个在左侧骑行，一个在右侧骑行。这两种图像稍晚些也出现在犍陀罗艺术中（人物面向左边和右边）。然而，犍陀罗的作品和古典时期的作品在一些细节上有些不同。在古典作品中，龙面向前方，而犍陀罗时期的龙面向后方，盯着涅瑞伊得斯，脖子更长。

古典艺术中最有名的涅瑞伊得斯的图例是来自桑索斯（Xanthos）[2]的一件作品，其次是在所谓的多米提乌斯·阿提诺巴尔布斯（Domitius Athenobarbus）祭坛上的集会随从。除此以外，东方的涅瑞伊得斯和海怪形象的作品体积小，制作材料易于运输，其直接

1　刻托是希腊神话中的海怪。——编译者注
2　古代城市，位于今土耳其。——编译者注

原型首先来自犍陀罗。我们知道的有涅瑞伊得斯和海马图案的小银牌，年代可以追溯至公元前4世纪；或是帖撒罗尼卡（Thessalonica）的徽章，年代可以追溯至公元前3世纪中叶；还有一个来自卡诺萨（Canosa）的盘子，年代可以追溯至公元前4世纪末期。后两件中的涅瑞伊得斯甚至还戴有手镯和脚镯。这些细节常让人们难以识别出这类特定主题的印度源头。人们可以在小型的物件，如宝石和戒指上找到涅瑞伊得斯。它们中出现最早的年代可以追溯至公元前2世纪。前文清楚地表明，我们不一定非得从罗马的艺术中，比如说在石棺上找到犍陀罗的涅瑞伊得斯的原型。相反，其原型和灵感最有可能源自更古老的希腊艺术。

图10-2-13
化妆盘上的涅瑞伊得斯

图10-2-14
涅瑞伊得斯化妆盘

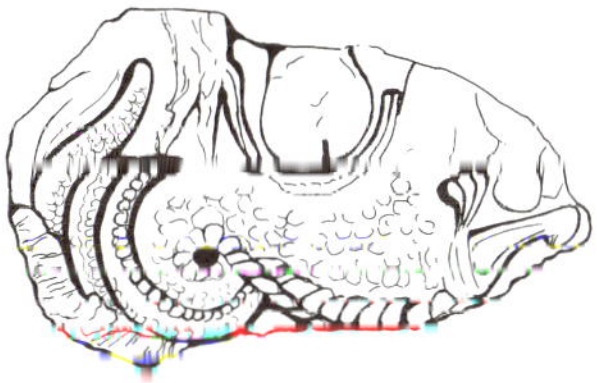

图10-2-15
化妆盘上的涅瑞伊得斯骑海龙（残件）

至于来自东方的例子，我们从塔克西拉的斯尔卡普的化妆盘开始说起。它目前属于芝加哥私人收藏。（**图10-2-13**）化妆盘上涅瑞伊得斯骑着海龙，右手拿着碗，穿着绕肩长袍和克拉米斯式斗篷（chlamys），衣摆在风中飘扬。人物部分的头部和上半身从四分之三视角描绘，下半身从侧面描绘，而整条龙被描绘成侧身像。它有着长长的脖子和鳄鱼头，转身朝向涅瑞伊得斯，张开了布满牙齿的大嘴。龙的身体前部有两个巨大的爪子，后面的鱼尾巴被鳞片覆盖。还有一件来自斯尔卡普的几乎一模一样的化妆盘，现保存在伦敦的维多利亚和阿尔伯塔博物馆。第二个例子是一件日本的私人收藏，风格有点退化。（**图10-2-14**）另一件残片可能是属于这一组别的。（**图10-2-15**）还有一件来自巴基斯坦北部的化妆盘残件（可能来自塔克西拉）也非常相似，涅瑞伊得斯朝向右侧骑行，但她除了腿上围着的斗篷外，其余部位是一丝不挂的。（**图10-2-16**）和其他化妆盘上的图案不同的是，她的手放在靠近腰部的位置，手里还拿着一个碗。

第二个变形是涅瑞伊得斯骑着海怪，朝向左侧。她全身赤裸，只有腿部覆盖着一件遮蔽物，或是斗篷。在龙头上，她抱着一个小孩。龙也转过头去看她，但是这一次没有露出牙齿。这条龙有大前肢，后背布满鳞片，长尾巴在涅瑞伊得斯的身体后面蜿蜒起伏。下面的例子清楚地表明，在空中的孩子是一个长有翅膀的小厄洛斯。（图10-2-17）这种类型与公元1世纪的罗马艺术有相似之处，涅瑞伊得斯骑着一只海马，身旁伴有飞翔的厄洛斯。在上面提到的罗马的多米提乌斯·阿提诺巴尔布斯祭坛中，我们也找到了这个图样，涅瑞伊得斯骑着海牛和海龙，被描绘在同一个建筑物上。和在化妆盘上一样，涅瑞伊得斯是以同样的线条刻画的，我们可以从后面看到它们，头部与骑行方向相同。

图10-2-16
化妆盘上的涅瑞伊得斯

图10-2-17
化妆盘上的涅瑞伊得斯和厄洛斯

在日本还有另外一件有趣的由私人收藏的化妆盘。这上面的涅瑞伊得斯背向观众，骑着一头有着马腿、人头和羊角的海怪。她把头转向左侧，左手拿着某样东西，可能是一面镜子。这只海公羊很不寻常，至少在犍陀罗有两幅三角浮雕的海公羊图，但并没有骑行者。[1]在卢浮宫和佛罗伦萨收藏的石棺上有很好的海公羊参照物，上面除了有格里芬和海豹外，也出现了海公羊。两块浮雕的创作年代大约在公元2世纪，因此从年代的角度看它们并不完全

1 1966年在迪尔（Dir）的安丹·德瑞（Andan Dheri）遗址发掘时发现的其他案例也是如此。该三角形板的历史可追溯至公元1—2世纪，尺寸为20×60×4厘米。它保存在查克达拉（Chakdara）的迪尔博物馆（inv. no. ADN 10）。详见H. Ingholt, *Gandhāran Art in Pakistan*, cat. no. 24. 与第一个例子不同，这只海羊有翅膀。

相关。

田边教授最近提出了关于海怪和涅瑞伊得斯的新解释。根据他的说法，海怪应该被理解为灵魂通往冥界的交通工具。就像在罗马艺术中一样，尤其是在石棺上，刻托是象征灵魂到达彼岸的化身。他的理论也提到了有关狄奥尼苏斯狂喜和情色的图像。根据他的说法，这代表的是犍陀罗的信仰者对死后生活的向往，导致他们萌生出欲望想要实现它。尽管这个理论存疑，但是就涅瑞伊得斯的例子而言，他的解释是合理的。

这种类型确实是作为一种描绘佛陀生活的叙述性浮雕的边缘出现的。然而，对于这种一般性的说法，有必要仔细考察所有的表现内容和其使用背景。大家也许都知道，表现佛陀只是浮雕众多用途中的一种。田边的理论主要认为，第一，不仅仅是刻托和涅瑞伊得斯，还有厄洛斯，尤其是狄奥尼苏斯的主题都与象征佛陀的来世相关联。第二，当这些主题出现在化妆盘的时候，这些化妆盘及其装饰就与来世生活连为一体。因此，正如田边所说，它们具有宗教（佛教）的意义和功能。换言之，化妆盘上的所有图像都有佛教起源与佛教象征意涵的运用，当地的希腊佛教徒将其作为一种理解佛教的媒介。我们不能接受这种假说，不仅因为田边关于大多数化妆盘来自佛寺和佛塔附近的推测没有根据，即使我们接受田边关于刻托和狄奥尼苏斯的假设，出现在化妆盘上的主题也常常不能归入佛教的图像。晚期化妆盘的总数量超过150件，其中一两件出现表现佛陀的内容没有统计的价值。诸如狩猎、来自印度—斯基泰国王的坐像或者表现具体的希腊神话事件的场景，可能都很难体现佛教故事。真正的佛教图像到了公元前后才获得较大发展，且不仅仅呈现在化妆盘上。

在犍陀罗地区，希腊后裔并未全然用自己所理解的另类图像来取代几百年前在桑奇、菩提伽耶（Bodh Gaya）和巴尔胡特已经确立的图像，他们也不占人口多数。因此，我认为田边的理论虽然有趣翔实，但缺乏正确的构建。我认为不存在典型的佛教图像，所有这些化妆盘上的图像是在复杂而多元的宗教背景下创造出来的，而非仅仅拥有佛教的背景。

七、海怪：海马、鱼形肯陶尔、海狮和海公羊

至于其他的海怪，柯伦伊（Kerenyi）写道："自从波塞冬控制了他的领地之后，海洋世界中出现了马。更早些时候，公牛是海洋生物的老大。马承袭鱼马（Hippocampi，海马）或者鱼形肯陶尔（鱼马人）的外形。"[1]以下是一些单独的海马，以及海马与涅瑞伊得斯或其他类似酒神狂欢者这样骑行者同时出现的例子。

胡夫（D. Huff）最近发表了一幅瓦片上的海马图像，这件器物在乌兹别克斯坦南部的坎培尔·特佩遗址被偶然发现。瓦片上的图像不是很清晰，但依然显示它是带翼海马图像。胡夫通过对比犍陀罗化妆盘，认为这是在没有骑行者的情况下给海怪装上翅膀的典型形象。翅膀和坐骑都可以用来掩盖马和鱼交接的部位，但问题显然更加复杂。阿特拉斯的例子清楚地说明翅膀的运用不需要覆盖任何特殊部件。

海马曾经被塑造成涅瑞伊得斯的交通工具。相似的例子可见一件藏于柏林的化妆盘，上面是一名女子骑着一头海马，她的手里拿着一面镜子。在这个例子中，涅瑞伊得斯向右骑行。男性骑行者也出现在犍陀罗的化妆盘上，但是数量比较少。有一件化妆盘展示的是一名男性骑行者，他头戴王冠，骑着一只海公羊向左行进。

另一个例子来自巴克特里亚，更准确地说是来自达尔维津·特佩。虽然图像比较模式化，但我们可以在犍陀罗的例子中看到相同的

1 K. Kerenyi, *Mytologie Řeků I*, Praha: Oikoymenh, 1996, pp. 142-147.

图10-2-18

化妆盘上骑着海马的男子，达尔维津·特佩

模式。（**图10-2-18**）它似乎表现的是一名男性骑着海马向左行进。有一件泥制图章，其上刻有向左行进的带翼海马，也是来自这个遗址。

鱼形肯陶尔包含三个部分：鱼、人和马，他们的形象往往还有翅膀、狮爪和似龙非鱼的尾巴等。最古老的一件作品是用象牙做的海洋肯陶尔，本为剑鞘的一部分，发现于塔赫特—伊·桑金的奥克苏斯河神庙，其年代可以追溯至公元前3世纪。其他的一些来自犍陀罗地区的例子年代稍晚些。其中有一对鱼形肯陶尔，手持碗，颇为引人注意。柯伦伊将海怪（通常是特里同）和萨提尔、西勒诺斯的形象进行比较，发现他们脑门上长角，有山羊的胡须和蹄子。一系列海洋肯陶尔（男性）雕塑似乎证实了他的结论。所有在东方发现的海怪，都像阿特拉斯一样有翅膀，其中包括有两个证明该形象“印度化”的例子。我们知道在绘有佛陀的大嵌板上也使用了鱼形肯陶尔的形象。

最后，还有一些嵌板描绘了涅瑞伊得斯的交通工具，比如化妆盘上同样类型的海龙和海公牛。海公牛代表了希腊—印度式的混合主义，希腊型的海公牛其实是印度的物种，即带有鱼尾巴的瘤牛。

海怪在东方，尤其是在印度的流行可能缘于之前当地使用了被称为马卡拉（macara）的类似于海怪的图像。在马图拉，我们发现了长着鳄鱼下巴和长长的环状鱼尾的生物。同样也有带着鱼尾巴的大象原形或者一些类似于特里同的图像。这是一个赤身裸体的男性形象，双腿的形状像蛇，在末端有口无尾。

据我所知，一共有42件描绘海怪的作品，有的有骑行者，有的没有骑行者，还有特里同。它们中的大多数来自犍陀罗，都出现在所谓的化妆盘上面，有几件作品则来自巴克特里亚北部。它们是希腊—巴克特里亚王国（印度—希腊人王国）晚期至贵霜早期这些主题在中亚和南亚得到使用的有力证据。[1]

结　语

犍陀罗艺术和其周边地区艺术的主要灵感来源是希腊还是罗马？对于这个问题，我一开始便提出质疑，我觉得这个问题问得并不恰当。通过上文分析，我们可以很明显地看出，希腊人在巴克特里亚和犍陀罗的统治为这些地区的艺术创作带来了一定的影响。他们带来的艺术品，使得当地出现了大量对古典题材的模仿品。不过，这些模仿品仅仅体现了当地人的理解。当然，某种意义上这也是个普遍接受希腊文化品味的时期。当地人本来没有太多为神造像的灵感，却也开始使用希腊的图像母题，这是希腊审美观念在当地的影响达到一定程度的体现。在大致对应于贵霜统治时期的罗马帝国时期，东方并没有受到太多新的影响。一些新的母题开始使用，一些旧的母题获得新的生机。之前的希腊人、塞种人和印度—帕提亚人奠定了发展的基础，他们依次相互传递着希腊文化的火炬，尽管他们受到的希腊文化熏陶也是有限的。但就“爱希腊”的程度而言，这些“蛮族”显然难以比肩伊朗和两河流域的帕提亚人，后者可在他们的宫廷观赏希腊戏剧的演出。

本章的研究对某些问题提供了解答，当然也留下了一些疑问。在东方，我们发现了数量如此庞大的艺术品，这些艺术品的图像学或远

1　我还要提醒读者注意中国西部尼雅遗址出土的那些著名织物。其中一件织物上有两个令人惊讶的图像：提刻和海飞龙。

或近都与希腊艺术，尤其是希腊化艺术有关。然而，对这些图像的解读远未完成。就希腊化文化在东方的影响而言，我们目前所搜集到的图像还不够全面，所以还远不能得出令人满意的结论。为此，我们还需要借鉴其他学科，尤其是建筑学、城市规划和考古学方面的成果。

（拉吉斯拉夫·斯坦科撰　赵团团编译　徐朗校）

图片目录

第一章

图片采自：https://www.britishmuseum.org/collection/object/G_1870-0315-16.

图1-1-8 埃及穆特女神铜像，萨摩斯岛赫拉神庙，约公元前700年，萨摩斯考古博物馆藏

图1-1-9 赫拉女神木像，萨摩斯岛赫拉神庙，约公元前640年，萨摩斯考古博物馆藏

以上两图采自：R. Osborne, *Archaic and Classical Greek Art*, fig. 21, 22; Konstantinos Tsakos, *Samos: The Archaeological Museums*, John S. Latsis Public Benefit Foundation and Eurobank Ergasias S. A., 2012, p. 68, 132.

图1-1-10 巴塞阿波罗神庙内室饰带全景，公元前5世纪，伦敦大英博物馆藏

图片采自：https://commons.wikimedia.org/wiki/File:Bassae_Frieze_on_display_at_the_British_Museum_1.jpg.

图1-1-11 西侧饰带局部，阿喀琉斯杀死彭特西勒亚的场景

图片采自：https://www.britishmuseum.org/collection/object/G_1815-1020-21.

图1-1-12 南侧饰带局部，赫拉克勒斯与亚马宗人的战斗

图片采自：https://www.britishmuseum.org/collection/object/G_1815-1020-18.

图1-1-13 饰带局部，阿波罗与阿尔特米斯驾车前来协助希腊人

图片采自：https://www.britishmuseum.org/collection/object/G_1815-1020-11.

图1-1-14 帕特农神庙南侧第26号排挡间饰“马人与拉庇泰人的战斗”，雅典卫城，公元前447—前432年，石雕，伦敦大英博物馆藏

图片采自：https://www.britishmuseum.org/collection/object/G_1816-0610-10.

图1-1-15 帕特农神庙西侧第1号排挡间饰“骑马战斗的亚马宗人”，雅典卫城，公元前447—前432年，石雕，雅典卫城博物馆藏

图片采自：https://theacropolismuseum.gr/en/parthenon-west-metope-1.

图1-1-16 哈莫狄乌斯与阿里斯托吉吞二人像，罗马东北蒂沃利（Tivoli）哈德良别墅，罗马帝国哈德良时期（公元117—138年）仿制品，大理石，那不勒斯国家考古博物馆藏

图片采自：https://commons.wikimedia.org/wiki/File:Tiranicidas_04.JPG.

图1-1-17 亚历山大头像，埃及亚历山大里亚，公元前2—前1世纪，大理石，高37厘米，伦敦大英博物馆藏

图片采自：https://commons.wikimedia.org/wiki/File:Alexander_the_Great-British_Museum.jpg.

图1-1-18 “围城者”德米特里一世头像，意大利赫库兰尼姆（Herculaneum）莎草纸别墅（Villa of the Papyri）列柱中庭，公元1世纪中期复制品，大理石，那不勒斯国家考古博物馆藏

图片采自：https://commons.wikimedia.org/wiki/File:Demetrios_Poliorketes_MAN_Napoli_Inv6149.jpg.

图1-1-19　阿塔卢斯一世头像，土耳其帕加马，公元前2世纪，大理石，高39.5厘米，柏林帕加马博物馆藏

图片采自：https://commons.wikimedia.org/wiki/File:AtaloPergamo.jpg.

图1-1-20　银币正面，托勒密一世头像

图片采自：http://numismatics.org/collection/1974.26.5371.

图1-1-21　银币正面，安条克一世头像

图片采自：http://numismatics.org/collection/1944.100.78033.

图1-1-22　银币正面，特里丰头像，伦敦大英博物馆藏

图片采自：https://commons.wikimedia.org/wiki/File:Tryphon_coin.jpg.

图1-1-23　金币，正面米特里达特六世头像

图片采自：https://commons.wikimedia.org/wiki/File:Coin_of_Mithridates_VI,_minted_in_Pergamon,_Third_Mithradatic_War_Issue.jpg.

图1-1-24　银币，正面米特里达特六世头像

图片采自：https://commons.wikimedia.org/wiki/File:Silver_coin_of_Mithridates_VI_Eupator.jpg.

图1-1-25　庞培头像，奥古斯都时期（公元前43—公元18年）复制品，原作创作于公元前70—前60年，大理石，高37厘米，威尼斯国家考古博物馆藏

图片采自：https://commons.wikimedia.org/wiki/File:Pompey_the_Great,_Augustean_copy_of_a_70- 60_BC_original,_Venice_Museo_Archeologico_Nazionale_(22205132751).jpg.

图1-1-26　夹金箔玻璃碗，可能制作于埃及亚历山大里亚，发现于意大利普利亚地区的卡诺萨（Canosa），约公元前250年，直径25厘米，伦敦大英博物馆藏

图片采自：https://www.britishmuseum.org/collection/object/G_1871-0518-2.

图1-1-27　黄金发网，制作于埃及，公元前225—前175年，洛杉矶盖蒂博物馆（J. Paul Getty Museum）藏

图片采自：https://www.getty.edu/art/collection/objects/19408/unknown-maker-hairnet-greek-225-175-bc/?dz=#3ba210741e8166c539843a5f62c0c1fd74e54832.

图1-1-28　黄金嵌石榴石戒指，希腊埃雷特里亚（Eretria）厄洛特斯（Erotes）之墓出土，公元前3世纪早期，波士顿美术馆藏

图片采自：https://collections.mfa.org/objects/238217/ring-with-oval-gem-with-armed- aphrodite?ctx=8abc38d0-fcd6-4b73-93ab-3102ed3bc492&idx=411.

图1-1-29　托勒密二世时期发行的八德拉克马金币，国王与王后头像

图片采自：https://commons.wikimedia.org/wiki/File:Ptolemy_II_Philadelphos_and_Arsinoe_II.jpg.

图1-1-30 托勒密二世时期发行的八德拉克马金币，正面阿尔西诺二世头像

图片采自：https://commons.wikimedia.org/wiki/File:Arsinoe_II.jpg.

图1-1-31 金币，克列奥帕特拉一世与其子托勒密六世头像，埃及，公元前180—前176年，伦敦大英博物馆藏

图片采自：https://www.britishmuseum.org/collection/object/C_1978-1021-1.

图1-1-32 银币，克列奥帕特拉七世头像，以色列亚实基伦（Ashkelon），公元前50—前49年，伦敦大英博物馆藏

图片采自：https://www.britishmuseum.org/collection/object/C_1875-1102-3.

图1-1-33 老渔翁像，公元2世纪罗马复制品，黑色大理石等石材，高1.8米，巴黎卢浮宫藏

图片采自：https://commons.wikimedia.org/wiki/File:Old_Fisherman_Louvre_Ma1354.jpg.

图1-1-34 市场老妇像，罗马帝国儒略—克劳狄时期（Julio-Claudian，公元14—68年）复制品，原作为公元前2世纪希腊作品，大理石，高1.25米，纽约大都会艺术博物馆藏。杨巨平摄

图1-1-35 醉酒老妇像，大理石，高92厘米。原作为公元前200—前180年希腊作品，现存两件公元2世纪罗马复制品，其中一件收藏于罗马卡比托利欧（Capitoline）博物馆，另一尊存于慕尼黑州立文物博物馆（Glyptothek），图为后者

图片采自：https://commons.wikimedia.org/wiki/File:Old_drunkard_Glyptothek_Munich_437_n2.jpg.

图1-1-36 牧羊老妇像，罗马时期复制品，原作创作于约公元前150年，大理石，高1.09米，罗马卡比托利欧博物馆藏

图片采自：http://www.hellenicaworld.com/Greece/Art/Ancient/en/OldShepherd.html.

图1-1-37 垂死的高卢人像，罗马萨卢斯特（Sallust）花园，罗马时期复制品，大理石，罗马卡比托利欧博物馆藏

图片采自：https://commons.wikimedia.org/wiki/File:Dying_Gaul.jpg.

图1-1-38 高卢人与妻子像，罗马萨卢斯特花园，罗马时期复制品，大理石，罗马国家博物馆阿尔腾普斯宫（Palazzo Altemps）藏

图片采自：https://commons.wikimedia.org/wiki/File:Ludovisi_Gaul_-_Palazzo_Altemps_-_Rome_2015.jpg.

图1-1-39 萨拉皮斯大理石胸像，公元2世纪罗马复制品，原作是希腊化早期作品，立于埃及亚历山大里亚的萨拉皮斯神庙（Serapeum of Alexandria），梵蒂冈博物馆藏

图片采自：https://commons.wikimedia.org/wiki/File:Serapis_Pio-Clementino_Inv689_n2.jpg.

图1-1-40 萨拉皮斯青铜立像，阿富汗贝格拉姆，公元1—2世纪，巴黎吉美博物馆藏

图片采自：https://commons.wikimedia.org/wiki/File:BegramSerapis.jpg.

图1-1-41 安条克一世墓地西侧发现的石雕头像，公元前1世纪

左　宙斯—阿胡拉·马兹达像。图片采自：https://commons.wikimedia.org/wiki/File:Zeus_Oromasdes_(4961550509).jpg.

中　赫拉克勒斯—韦勒斯拉纳—阿瑞斯像。图片采自：https://commons.wikimedia.org/wiki/File:Heracles_Artagnes_Ares_(4961567803).jpg.

右　阿波罗—密特拉—赫利奥斯—赫尔墨斯像。图片采自：https://commons.wikimedia.org/wiki/File:Mount_Nemrut_-_Antiochus_(4962117788).jpg.

图1-1-42 贝希斯敦赫拉克勒斯岩刻。杨巨平摄

图1-1-43 新亚述（Neo-Assyria）石浮雕上的人物侧卧形象，伊拉克，公元前645—前635年，伦敦大英博物馆藏

图片采自：https://www.britishmuseum.org/collection/object/W_1856-0909-53.

图1-1-44 埃特鲁里亚陶瓶，意大利武尔奇（Vulci），公元前520—前510年，德国慕尼黑州立古典珍品陈列馆藏

图片采自：https://commons.wikimedia.org/wiki/File:Andokides_Painter_ARV_4_9_Herakles_reclining_with_Athena_%2801%29.jpg.

图1-1-45 马尔泰（Maltai）岩刻线描图，伊拉克北部哈拉马塔洞穴（Halamata Cave），新亚述，公元前704—前681年

图片采自：Tallay Ornan, “The Godlike Semblance of a King: The Case of Sennacherib’s Rock Reliefs,” in Jack Cheng and Marian H. Feldman, eds., *Ancient Near Eastern Art in Context: Studies in Honor of Irene J. Winter by Her Students*, Leiden and Boston: Brill, 2007, p. 176.

图1-2-1 多利亚式简图

图片采自：http://www.hellenicaworld.com/Greece/Architecture/en/DoricOrder.html.

图1-2-2 雅典帕特农神庙的多利亚式柱头，公元前447—前432年

图片采自：https://commons.wikimedia.org/wiki/File:Chapiteau-Parthenon.jpg.

图1-2-3 雅典苏尼翁海角（Cape Sounion）的波塞冬（Poseidon）神庙，公元前444—前440年。杨巨平摄

图1-2-4 爱奥尼亚柱式简图

图片采自：http://www.hellenicaworld.com/Greece/Architecture/en/IonicOrder.html.

图1-2-5 雅典厄瑞克提翁神庙（Erechtheum）的爱奥尼亚式柱头，约公元前421—前

406年

图片采自：https://commons.wikimedia.org/wiki/File:Capitells_de_l%27Erect%C3%A8on.JPG.

图1-2-6 雅典厄瑞克提翁神庙北门廊的爱奥尼亚柱式

图片采自：https://commons.wikimedia.org/wiki/File:%CE%95%CF%81%CE%AD%CF%87%CE%B8%CE%B5%CE%B9%CE%BF_4984.jpg.

图1-2-7 科林斯柱式简图

图片采自：https://smarthistory.org/greek-architectural-orders/.

图1-2-8 雅典奥林匹亚宙斯神庙（Temple of Olympian Zeus）科林斯柱，公元前174年

图片采自：https://commons.wikimedia.org/wiki/File:Columns_in_details_on_the_Temple_of_Olympian_Zeus.jpg.

图1-2-9 印度—科林斯式石雕柱头，中间有一尊立佛，印度贾马尔·加西（Jamal Garhi）地区出土，公元1—5世纪，印度加尔各答国家博物馆藏

图片采自：https://en.wikipedia.org/wiki/File:Indo-Corinthian_capital_from_Jamal-Garhi.jpg.

图1-2-10 维尔吉纳腓力二世墓墓门，公元前359—前336年，埃盖（维尔吉纳）王陵博物馆藏

图片采自：https://commons.wikimedia.org/wiki/File:Facade_of_Philip_II_tomb_Vergina_Greece.jpg.

图1-2-11 勒夫卡地亚“审判之墓”墓门，希腊勒夫卡地亚，约公元前3世纪初

图片采自：https://commons.wikimedia.org/wiki/File:Facade_of_Philip_II_tomb_Vergina_Greece.jpg.

图1-2-12 埃及男子立像，古埃及第26王朝（公元前664-前525年），木制，高37厘米，巴黎卢浮宫藏

图片采自：https://collections.louvre.fr/en/ark:/53355/cl010008655.

图1-2-13 苏尼翁青年男子立像，雅典苏尼翁海角波塞冬神庙，大理石，高约3.05米，约公元前600年，雅典国家考古博物馆藏

图片采自：https://commons.wikimedia.org/wiki/File:Sounion_Kouros_(ca._590-580_BC)_(32099486511)_-_Paolo Villa (Black frame and crop, contrast light correction, with gimp).jpg.

图1-2-14 比雷埃夫斯阿波罗青铜像（Piraeus Apollo），公元前530—前520年，雅典比雷埃夫斯考古博物馆藏

图片采自：https://commons.wikimedia.org/wiki/File:7262_-_Piraeus_Arch._Museum,_Athens_-_The_Piraeus_Apollo_-_Photo_by_Giovanni_Dall%27Orto,_Nov_14_2009.jpg.

图1-2-15 持矛者像，意大利庞贝（Pompeii），罗马帝国提比略（Tiberius）时期（公元14—37年）复制品，大理石，高约2.1米，原作是波利克列托斯约公元前440年的作品，

那不勒斯国家考古博物馆藏

图片采自：https://commons.wikimedia.org/wiki/File:Doryphoros_MAN_Napoli_Inv6011-2.jpg.

图1-2-16 “整系凉鞋的女神”，雅典卫城的雅典娜胜利女神庙，公元前420—前410年，大理石，雅典卫城博物馆藏

图片采自：https://commons.wikimedia.org/wiki/File:ACMA_973_Nikè_sandale_3.JPG.

图1-2-17 “尼多斯的阿芙洛狄特”，躯干和大腿部分是公元2世纪罗马帝国复制品，其余部分由意大利雕塑家伊波利托·布齐（Ippolito Buzzi，1562—1634年）修复，原作是公元前4世纪普拉克西特勒斯作品，大理石，高约2米，罗马国家博物馆阿尔腾普斯宫藏

图片采自：https://commons.wikimedia.org/wiki/File:Cnidus_Aphrodite_Altemps_Inv8619.jpg.

图1-2-18 “萨摩色雷斯的胜利女神”，萨摩色雷斯岛，约公元前200—前190年，大理石，高2.44米，巴黎卢浮宫藏。杨巨平摄

图1-2-19 “拉奥孔和他的儿子们”，罗马图拉真浴场（Baths of Trajan），公元前200—公元70年罗马复制品，原作是约公元前200年希腊作品，大理石，高1.64米，梵蒂冈博物馆藏

图片采自：https://commons.wikimedia.org/wiki/File:Laocoon_Pio-Clementino_Inv1059-1064-1067.jpg.

图1-2-20 “男孩与天鹅”，罗马昆蒂利尼别墅（Quintilini Villa），公元1—2世纪罗马复制品，原作是公元前2世纪希腊作品，大理石，高84厘米，巴黎卢浮宫藏

图片采自：https://commons.wikimedia.org/wiki/File:Child_goose_Louvre_Ma40.jpg.

图1-2-21 罗德岛太阳神像复原图

图片采自：https://commons.wikimedia.org/wiki/File:Colosse_de_Rhodes_(Barclay).jpg.

图1-2-22 皮察木板画，雅典国家考古博物馆藏

图片采自：https://www.namuseum.gr/en/collection/archaiki-periodos-2/.

图1-2-23 皮察木板画（残片），雅典国家考古博物馆藏

图片采自：https://commons.wikimedia.org/wiki/File:Pitsa_panel_2.jpg.

图1-2-24 阿提卡早期黑绘式风格陶瓶局部，可见戈耳工追逐柏修斯（Perseus）的形象，约公元前580年，瓶高93厘米，巴黎卢浮宫藏

图片采自：https://commons.wikimedia.org/wiki/File:Dinos_Gorgon_Painter_Louvre_E874.jpg.

图1-2-25 埃克塞基亚斯制作并绘制的黑绘式双耳陶瓶，可见阿喀琉斯与埃阿斯掷骰子的形象，公元前540—前530年，高61厘米，梵蒂冈博物馆藏

图片采自：https://www.museivaticani.va/content/museivaticani/en/collezioni/musei/museo-gregoriano-etrusco/sala-xix--emiciclo-inferiore--collezione-dei-vasi--ceramica-atti/anfora-attica-a-figure-nere-firmata-da-exekias.html#&gid=1&pid=1.

图1-2-26　阿提卡双耳瓶，约公元前520—前500年，高54厘米，伦敦大英博物馆藏

图片采自：https://www.britishmuseum.org/collection/object/G_1839-1109-2.

图1-2-27　阿提卡红绘式陶罐，雅典，约公元前470—前460年，高18.5厘米，巴黎卢浮宫藏

图片采自：https://collections.louvre.fr/en/ark:/53355/cl010250657.

图1-2-28　阿提卡白底彩绘式酒罐局部，意大利南部，约公元前490—前470年，高21.5厘米，伦敦大英博物馆藏

图片采自：https://www.britishmuseum.org/collection/object/G_1873-0820-304.

图1-2-29　“潜水者之墓”西侧墙壁人物像，约公元前470年，意大利帕埃斯图姆国家考古博物馆藏

图片采自：https://commons.wikimedia.org/wiki/File:Diver_Paestum_22.JPG.

图1-2-30　“潜水者之墓”顶部壁画

图片采自：https://commons.wikimedia.org/wiki/File:PaestumTaucher.jpg.

图1-2-31　维尔吉纳马其顿墓壁画，约公元前340年

图片采自：https://commons.wikimedia.org/wiki/File:Hades_abducting_Persephone.jpg.

图1-2-32　勒夫卡地亚马其顿墓中武士图，约公元前310—前290年

图片采自：https://historyofmacedonia.wordpress.com/tag/lefkadia/.

图1-2-33　卢桑和卡里克勒斯墓壁画，约公元前250年

左　武器图。图片采自：https://commons.wikimedia.org/wiki/File:Ancient_Mieza,_Macedonian_tombs_of_Lefkadia,_Tomb_of_Lyson_and_Kallikles_a72b9b998c2e98a1390dbae9e032ea1c.jpg.

右　甲胄图。图片采自：https://commons.wikimedia.org/wiki/File:Ancient_Mieza,_Macedonian_tombs_of_Lefkadia,_Tomb_of_Lyson_and_Kallikles_755752e954160d1b578f831189f449f0.jpg.

图1-2-34　马其顿卵石镶嵌画“猎狮图”，希腊培拉古城，公元前4世纪后期，希腊培拉考古博物馆藏

图片采自：https://commons.wikimedia.org/wiki/File:Lion_hunt_mosaic.jpg.

图1-2-35　马其顿卵石镶嵌画“猎鹿图”，希腊培拉古城，公元前4世纪后期，希腊培拉考古博物馆藏

图片采自：https://so.m.wikipedia.org/wiki/File:Stag_hunt_mosaic,_Pella.jpg.

图1-2-36　索菲罗斯所作的女性镶嵌画像，埃及特穆伊斯（Thmuis），约公元前200年，正方形，边长约87厘米，亚历山大里亚希腊—罗马博物馆藏

图片采自：https://www.mdpi.com/2076-0752/11/1/3.

图1-2-37 狄奥尼苏斯骑豹图，提洛岛的“狄奥尼苏斯之家”（House of Dionysos），公元前2世纪后期，提洛岛考古博物馆藏

图片采自：https://en.wikipedia.org/wiki/File:Delos_Museum_Mosaik_Dionysos_05.jpg.

第二章

图2-0-1 波斯波利斯薛西斯王宫（Palace of Xerxes/Hadiš）出土的古希腊白色大理石雕像，公元前5世纪晚期，残高85厘米，或为《荷马史诗·奥德赛》奥德修斯（Odysseus）之妻潘尼洛普（Penelope）之像，德黑兰伊朗国家博物馆藏

图片采自：https://nevsepic.com.ua/art-i-risovanaya-grafika/page,4,10123-iskusstvo-drevney-persii-art-of-ancient-persia-233-rabot-1-chast.html.

图2-1-1 亚历山大持矛青铜像，埃及，公元前325—前200年，高16.5厘米，巴黎卢浮宫藏

图片采自：https://collections.louvre.fr/en/ark:/53355/cl010258117.

图2-1-2 亚历山大持矛青铜像（底座为石质），罗马帝国，公元2世纪—3世纪早期，高12.1厘米，哈佛大学艺术博物馆藏

图片采自：https://harvardartmuseums.org/collections/object/312306?position=0.

图2-1-3 阿提卡红绘式双耳瓶上的阿喀琉斯，约公元前455年，高62厘米，梵蒂冈博物馆藏

图片采自：https://www.museivaticani.va/content/museivaticani/en/collezioni/musei/museo-gregoriano-etrusco/sala-xxi--della-meridiana--ceramica-attica-ed-etrusca/anfora-attica-eponima-del-pittore-di-achille.html.

图2-1-4 罗马“第一门奥古斯都”像，公元1世纪，大理石，高约2米，梵蒂冈博物馆藏

图片采自：https://commons.wikimedia.org/wiki/File:Statue-Augustus.jpg.

图2-1-5 亚历山大大帝发行的银币，公元前336—前323年，伦敦大英博物馆藏

图片采自：https://commons.wikimedia.org/wiki/File:AlexanderCoin.jpg.

图2-1-6 亚历山大象牙雕像，塔吉克斯坦塔赫特—伊·桑金，公元前3世纪，塔吉克斯坦国家古物博物馆藏

图片采自：https://commons.wikimedia.org/wiki/File:Alexander-Herakles_NMAT_M7013.jpg.

图2-1-7 戴狮头皮盔的米特里达特六世像，罗马帝国，公元1世纪，大理石，高36厘米，

巴黎卢浮宫藏

图片采自：https://collections.louvre.fr/en/ark:/53355/cl010276237.

图2-1-8　托勒密一世发行的四德拉克马银币

图片采自：http://numismatics.org/collection/1944.100.75470.

图2-1-9　“亚历山大镶嵌画”，意大利庞贝城（Pompeii）农牧神之家（House of the Faun），约公元前100年，272×513厘米，那不勒斯国家考古博物馆藏。杨巨平摄

图2-1-10　“亚历山大石棺”，黎巴嫩西顿，公元前4世纪晚期，伊斯坦布尔考古博物馆藏。汪璐摄

图2-1-11　亚历山大猎狮雕像细节

图片采自：https://commons.wikimedia.org/wiki/Category:Hunt_on_long_side_of_Alexander_sarcophagus_in_the_Istanbul_Archaeological_Museums#/media/File:Alexander_statuette_on_Alexander_Sarcophagus_2020.jpg.

图2-2-1　托勒密二世石立像，罗马城，公元前3世纪，高约2.66米，梵蒂冈博物馆藏

图片采自：https://www.museivaticani.va/content/museivaticani/en/collezioni/musei/museo-gregoriano-egizio/sala-v--statuario/gruppo-con-tolomeo-ii.html#&gid=1&pid=1.

图2-2-2　阿尔西诺二世石立像，罗马城，公元前3世纪，高约2.7米，梵蒂冈博物馆藏

图片采自：https://commons.wikimedia.org/wiki/File:Arsinoe_II,_found_in_Rome,_Horti_Sallustiani,_Ptolemaic_Period,_reign_of_Ptolemy_II,_285-246_BC,_granite_-_Museo_Gregoriano_Egizio_-_Vatican_Museums_-_DSC00826.jpg.

图2-2-3　托勒密九世石立像，埃及尼罗河三角洲，托勒密王国时期，高约92.5厘米，伦敦大英博物馆藏

图片采自：https://www.britishmuseum.org/collection/object/Y_EA1209.

图2-2-4　托勒密十二世石立像，埃及法尤姆（Fayoum）的鳄鱼庙（Temple of Crocodile），托勒密王国时期，高约2.5米，亚历山大里亚希腊—罗马博物馆藏

图片采自：https://commons.wikimedia.org/wiki/File:Flickr_-_archer10_(Dennis)_-_Egypt-14A-024.jpg.

图2-2-5　托勒密八世石像，公元前145—前116年，布鲁塞尔皇家艺术和历史博物馆藏

图片采自：https://www.livius.org/pictures/a/greek-portraits/ptolemy-viii-physcon/.

图2-2-6　托勒密十二世石像，托勒密王国时期，布鲁克林艺术博物馆藏

图片采自：https://www.brooklynmuseum.org/opencollection/objects/4161.

图2-2-7　托勒密王国国王头像，右侧头发梳成荷鲁斯式发辫，柏林帕加马博物馆藏

图片采自：P. E. Stanwick, *Portraits of the Ptolemies: Greek Kings as Egyptian Pharaohs*, Austin:

University of Texas Press, 2002, fig. B1-B2.

图2-2-8　托勒密一世石像，公元前4世纪末，高58.5厘米，巴黎卢浮宫藏

图片采自：https://collections.louvre.fr/en/ark:/53355/cl010279145.

图2-2-9　君王石像，托勒密王国后期至罗马帝国初，耶鲁大学皮博迪（Peabody）国家历史博物馆藏

图片采自：https://collections.peabody.yale.edu/search/Record/YPM-ANT-264259.

图2-2-10　三叶嘴陶壶，制作于埃及，发现于意大利南部，公元前270—前240年，伦敦大英博物馆藏

图片采自：https://www.britishmuseum.org/collection/object/G_1873-0820-389.

图2-2-11　托勒密六世时期发行的八德拉克马金币，正面阿尔西诺二世头像

图片采自：http://numismatics.org/collection/1967.152.683.

图2-2-12　托勒密八世时期发行的八德拉克马金币，正面阿尔西诺二世头像

图片采自：http://numismatics.org/collection/1957.191.22.

图2-2-13　托勒密三世时期发行的五德拉克马银币，正面贝莱尼凯二世头像

图片采自：http://numismatics.org/collection/1967.152.626.

图2-2-14　克列奥帕特拉七世石立像，托勒密王国时期，高62.5厘米，纽约大都会艺术博物馆藏

图片采自：https://www.metmuseum.org/art/collection/search/547702.

图2-2-15　克列奥帕特拉七世石立像，埃及，公元前1世纪，高约1米，圣彼得堡艾尔米塔什博物馆藏

图片采自：https://commons.wikimedia.org/wiki/File:2019-07-31-Hermitage-3561-Cleopatra_VII.jpg.

图2-2-16　托勒密六世石像，希腊埃伊纳岛（Aigina），公元前180—前145年，雅典国家考古博物馆藏

图片采自：https://commons.wikimedia.org/wiki/File:Head_of_a_statue_of_Ptolemy_VI_ Philometor._Found_at_Aigina._Granit._180-145_BC_(4334587826).jpg.

图2-2-17　托勒密十世石像，托勒密王国时期，巴黎卢浮宫藏

图片采自：https://collections.louvre.fr/en/ark:/53355/cl010006902.

图2-3-1　帕加马卫城复原图，左侧为宙斯祭坛，德国古典学家弗雷德里希·提尔赫（Friedrich Thierch）1882年绘

图片采自：https://commons.wikimedia.org/wiki/File:Acropolis_of_Pergamon_-_Friedrich_Thierch_-_1882.jpg.

图2-3-2　帕加马卫城柱廊建筑遗存，公元前281—前133年

图片采自：https://commons.wikimedia.org/wiki/File:Bergama_-_AKRAPOL_-_panoramio_(4).jpg.

图2-3-3　帕加马宙斯祭坛概貌（复原后），公元前2世纪前半期，大理石，柏林帕加马博物馆藏

图片采自：https://commons.wikimedia.org/wiki/File:Berlin_-_Pergamonmuseum_-_Altar_01.jpg.

图2-3-4　诸神与巨人战斗场景浮雕示例

图片采自：https://commons.wikimedia.org/wiki/File:Pergamon_Museum_Berlin_(24200660894).jpg; https://commons.wikimedia.org/wiki/File:Pergamon_Museum_Berlin_(24200653614).jpg; https://commons.wikimedia.org/wiki/File:Left_to_right_Nereus,_Doris,_a_giant,_Oceanus,_West_Frieze,_Gigantomachy_Frieze,_Pergamon_Altar,_Pergamon_Museum,_Berlin_(5902958780).jpg.

图2-3-5　特勒丰饰带浮雕示例

图片采自：https://commons.wikimedia.org/wiki/File:Berl%C3%ADn_T%C3%A9lefo_42.JPG; https://commons.wikimedia.org/wiki/File:Berl%C3%ADn_Télefo_46.JPG.

图2-4-1　赤陶裸体男性身躯像，伊拉克塞琉西亚，公元前3—前2世纪，高12.1厘米，巴格达伊拉克国家博物馆藏

图片采自：Bahrani Zainab, *Mesopotamia Ancient Art and Architecture*, London: Thames and Hudson, 2017, p.333.

图2-4-2　大理石贝尔维德雷躯干（Belvedere Torso），罗马城，公元前后，被认为是公元前2世纪早期希腊化雕塑的仿制品，高1.59米，梵蒂冈博物馆藏

图片采自：https://commons.wikimedia.org/wiki/File:0_Torse_du_Belvédère_-_Museo_Pio_Clementino.JPG.

图2-4-3　着衣女立像，伊拉克塞琉西亚，公元前3—前2世纪，高56厘米，巴格达伊拉克国家博物馆藏

图片采自：Bahrani Zainab, *Mesopotamia Ancient Art and Architecture*, p. 338.

图2-4-4　女神立像，意大利西西里岛阿伊多内（Aidone），公元前425—前400年，高224厘米，阿伊多内考古博物馆藏

图片采自：https://commons.wikimedia.org/wiki/File:Dea_di_Morgantina.jpg.

图2-4-5　塞琉古统治者青铜像残片，伊朗胡齐斯坦省伊泽市（Izeh）沙米（Shami），塞琉古王国时期，德黑兰伊朗国家博物馆藏

图片采自：https://irannationalmuseum.ir/en/%d8%af%d9%88%d8%b1%d9%87-%d8%b3%d9%84%d9%88%da%a9%db%8c%d8%a7%d9%86/.

图2-4-6　希腊风格的青铜像，伊朗哈马丹省（Hamadan province）纳哈旺德，塞琉古王国时期，德黑兰伊朗国家博物馆藏

图片采自：Mehdi Rahbar, Sajjad Alibaigi, Ernie Haerinck and Bruno Overlaet, "In Search of the Laodike Temple at Laodikeia in Media/Nahavand, Iran," *Iranica Antiqua*, Vol. XLIX (2014), pp. 314, Pl.3. Bottom: six bronze figurines: five to the left.

图2-4-7　玉雕雌猎犬，乌兹别克斯坦撒马尔罕，公元前4—前3世纪，德黑兰伊朗国家博物馆藏

图片采自：https://iranicaonline.org/articles/jade-iii#prettyPhoto[content]/0/.

图2-4-8　尼萨出土的女性雕像，公元前2世纪，土库曼斯坦阿什哈巴德（Ashgabat）国家历史博物馆藏

图片采自：田边胜美、前田耕作编：《世界美術大全集・東洋編》第15卷《中央アジア》，东京：小学馆，1999年，第86页。

图2-4-9　"米洛的维纳斯"大理石像，公元前2世纪，希腊米洛岛，巴黎卢浮宫藏

图片采自：https://commons.wikimedia.org/wiki/File:Front_views_of_the_Venus_de_Milo.jpg.

图2-4-10　尼萨出土的银质雅典娜女神像，约公元前2—前1世纪，土库曼斯坦阿什哈巴德国家历史博物馆藏

图片采自：https://www.flickr.com/photos/41564417@N08/11304340805/in/album-721576385 41166095/.

图2-4-11　罗马帝国时期仿帕特农神庙雅典娜女神像，大理石，巴黎卢浮宫藏

图片采自：https://collections.louvre.fr/en/ark:/53355/cl010279208.

图2-4-12　尼萨出土的帕提亚武士像，公元前2世纪，土库曼斯坦阿什哈巴德国家历史博物馆藏

图片采自：https://www.flickr.com/photos/41564417@N08/11304191163/in/album-721576 38541166095/.

图2-4-13　"亚历山大石棺"战斗场景石浮雕，黎巴嫩西顿，公元前4世纪晚期，伊斯坦布尔考古博物馆藏

图片采自：https://en.m.wikipedia.org/wiki/File:Macedonian_Army_Pezetairos.jpg.

图2-4-14　尼萨出土的象牙角杯上部希腊风格的人像浮雕，公元前2世纪，土库曼斯坦阿什哈巴德国家历史博物馆藏

图片采自：https://www.flickr.com/photos/41564417@N08/11304641086/in/album-721576 38541166095/.

图2-4-15　尼萨出土的象牙角杯底部一名持水罐的女像圆雕，公元前2世纪，土库曼斯坦阿什哈巴德国家历史博物馆藏

图片采自：https://www.flickr.com/photos/41564417@N08/11304770256/in/album-721576 38541166095/.

图片采自：https://commons.wikimedia.org/wiki/File:Tanagra_o_corinto,_figurine_di_donna,_275- 250_ac._(left)_e_300-275_ac._(right).JPG.

图2-4-26 裸女侧卧像，雪花石膏雕刻，局部陶塑，眼睛和肚脐处嵌红色玻璃，伊拉克巴比伦古城产，帕提亚帝国时期，长18厘米，巴黎卢浮宫藏

图片采自：https://commons.wikimedia.org/wiki/File:Statuette_d%C3%A9esse_Louvre.jpg.

图2-4-27 裸女立像，或为阿芙洛狄特像，白色大理石，高33.4厘米，伊拉克哈特拉古城出土，公元前2世纪，巴格达伊拉克国家博物馆藏

图片采自：Bahrani Zainab, *Mesopotamia Ancient Art and Architecture*, p. 348.

图2-4-28 石制香炉，伊拉克哈特拉，公元2—3世纪，巴格达伊拉克国家博物馆藏

图片采自：https://commons.wikimedia.org/wiki/File:Incense_burner,_with_a_relief_of_staff_and_flag._2nd- 3rd_century_CE._From_Hatra._Iraq_Museum.jpg.

图2-4-29 哈特拉公主多莎弗里（Doshafri）和她的女儿思米（Simi）石立像，伊拉克哈特拉，公元2世纪，巴格达伊拉克国家博物馆藏

图片采自：https://commons.wikimedia.org/wiki/File:Statues_of_princess_Doshafri_and_her_daughter_princess_Simi,_form_Hatra,_Iraq._2nd_century_CE._Iraq_Museum.jpg.

图2-4-30 犍陀罗石雕佛立像，巴基斯坦萨尔依—巴赫洛（Sahri-Bahlol），公元2—3世纪，白沙瓦博物馆藏

图片采自：田边胜美、前田耕作编：《世界美術大全集・東洋編》第15卷《中央アジア》，东京：小学馆，第94页。

图2-4-31 古希腊及其周边地区左手执衣角的女性立像

左　青铜，传来自爱奥尼亚，公元前550—前525年，高16.2厘米，日内瓦乔治・欧提兹收藏馆（The George Ortiz Collection）藏。图片采自：https://www.georgeortiz.com/objects/greek-world-cont/101-kore-archaic/.

中　青铜，埃特鲁里亚，公元前520—前500年，高16厘米，伦敦大英博物馆藏。图片采自：https://www.britishmuseum.org/collection/object/G_1838-0317-2.

右　石灰石，塞浦路斯，约公元前500年，高39厘米，伦敦大英博物馆藏。图片采自：https://www.britishmuseum.org/collection/object/G_1873-0820-747.

第三章

图3-1-1 希波达姆斯设计的古代比雷埃夫斯平面图

图片采自：Raymond Allchin, Norman Hammond, Warwick Ball and Norman Hammond, eds., *The Archaeology of Afghanistan from Earliest Times to the Timurid Period*, 1st edition, p. 299, fig. 5.30.

图3-1-11 阿伊·哈努姆浴池马赛克铺地遗存

图片采自：Raymond Allchin, Norman Hammond, Warwick Ball and Norman Hammond, eds., *The Archaeology of Afghanistan from Earliest Times to the Timurid Period*, 1st edition, p. 301, fig. 5.32.

图3-1-12 腓力二世或三世金棺盒，希腊维尔吉纳，公元前4世纪后期，希腊埃盖（Aigai）王墓博物馆藏

图片采自：https://commons.wikimedia.org/wiki/Category:Tomb_of_Philip_II_(Vergina).

图3-1-13 疑为体育馆监理官形象的赫尔墨斯方柱，阿伊·哈努姆，公元前2世纪上半叶，高77厘米，喀布尔阿富汗国家博物馆藏。汪璐摄

图3-1-14 裸体男子石圆雕像，阿伊·哈努姆，公元前3世纪，存高35厘米，喀布尔阿富汗国家博物馆藏

图片采自：https://www.aiamilitarypanel.org/profiles/cptraining/images/afgh02-06-18-800w.jpg.

图3-1-15 阿易雅斯大理石雕像，希腊德尔斐，希腊公元前4世纪，高197厘米，德尔斐考古博物馆藏。余琛填摄

图3-1-16 阿伊·哈努姆三种形象的石滴水嘴，喀布尔阿富汗国家博物馆藏

左　喜剧中厨子面具滴水嘴，21×40×19厘米，公元前2世纪

图片采自：敦煌研究院编：《丝路秘宝：阿富汗国家博物馆珍品》，北京：文化艺术出版社，2017年，第25页。

右上　海豚头像滴水嘴，公元前3—前2世纪

右下　猎犬头像滴水嘴，公元前3—前2世纪

以上两图采自：Francine Tissot, *Catalogue of the National Museum of Afghanistan, 1931-1985*, Paris: UNESCO Publishing, 2006, p. 41.

图3-1-17 灰塑女性头像，公元前2世纪，21×15厘米，喀布尔阿富汗国家博物馆藏

图片采自：敦煌研究院编：《丝路秘宝：阿富汗国家博物馆珍品》，第37页。

图3-1-18 石首石肢木身雕像的脚，公元前3世纪，长27厘米，喀布尔阿富汗国家博物馆藏

图片采自：田边胜美、前田耕作编：《世界美術大全集·東洋編》第15卷《中央アジア》，东京：小学馆，1999年，第124页。

图3-1-19 描绘库柏勒女神的银盘，局部镀金，公元前3世纪，直径25厘米，喀布尔阿富汗国家博物馆藏。汪璐摄

图3-1-20 陶制麦加拉碗，公元前2世纪初

图片采自：Guy Lecuyot, *Fouilles d'Aï Khanoum IX. L'habitat*, Paris: de Boccard, 2013, Pl. XLVII.

图3-1-21 分隔式石碗，阿伊·哈努姆，公元前145年以前，喀布尔阿富汗国家博物馆藏

图片采自：成都博物馆编著:《阿富汗：古代文明的十字路口》，第41页，图23。

图3-1-22 内部有隔间的石舍利函效果图，阿富汗贾拉拉巴德（Jalalabad）的达伦塔（Darūṇṭa）的帕萨尼（Passani）2号佛塔，公元1世纪

图片采自：https://commons.wikimedia.org/wiki/File:Darunta_steatite_container.jpg.

图3-1-23 奥克苏斯神庙的石柱础和柱头，公元前4世纪晚期—前3世纪早期，杜尚别塔吉克斯坦国家古物博物馆藏

图片采自：https://commons.wikimedia.org/wiki/File:Ionic_pillar,_cella_of_the_Temple_of_the_Oxus,_Takht-i_Sangin,_late_4th_-_early_3rd_century_BCE.jpg.

图3-1-24 银像，塔赫特—伊·桑金4号祭品贮藏坑，公元1世纪，高7.6厘米，杜尚别塔吉克斯坦国家古物博物馆藏

图片采自：https://commons.wikimedia.org/wiki/File:Deity_himation_NMAT_M7289.jpg.

图3-1-25 泥塑青年像，可能为阿波罗或厄洛斯，塔赫特—伊·桑金奥克苏斯神庙，约公元前3—前2世纪，高35厘米，杜尚别塔吉克斯坦国家古物博物馆藏

图片采自：https://commons.wikimedia.org/wiki/File:Young_man_NMAT_M7109.jpg.

图3-1-26 疑为希腊化王子肖像，塔赫特—伊·桑金4号祭品贮藏坑，公元前3世纪

图片采自：Boris Anatolyevich Litvinskiy and Igor Rubenowitsch Pitschikjan, "The Temple of the Oxus," *The Journal of the Royal Asiatic Society of Great Britain and Ireland No.* 2, Cambridge University Press, 1981, pl. III.

图3-1-27 希腊化国王肖像，塔赫特—伊·桑金奥克苏斯神庙，约公元前3—前2世纪，杜尚别塔吉克斯坦国家古物博物馆藏

图片采自：https://commons.wikimedia.org/wiki/File:Head_of_a_Greco-Bactrian_ruler,_Temple_of_the_Oxus,_Takht-i-Sangin,_3rd-2nd_century_BCE.jpg.

图3-1-28 男像头部，塔赫特—伊·桑金奥克苏斯神庙，公元前3—前2世纪，杜尚别塔吉克斯坦国家古物博物馆藏

图片采自：https://commons.wikimedia.org/wiki/File:Head_of_Bactrian_ruler_(Satrap),_Temple_of_the_Oxus,_Takht-i-Sangin,_3rd-2nd_century_BC.jpg.

图3-1-29 泥塑年长者头像，塔赫特—伊·桑金奥克苏斯神庙，公元前3—前2世纪，杜尚别塔吉克斯坦国家古物博物馆藏

图片采自：https://commons.wikimedia.org/wiki/File:Head_of_a_Seleucid_or_Greco-Bactrian_ruler_wearing_a_diadem,_Temple_of_the_Oxus,_Takht-i-Sangin,_3rd-2nd_century_BCE.jpg.

图3-1-30 彩绘泥塑女像，塔赫特—伊・桑金奥克苏斯神庙南端入口，公元前3—前2世纪，杜尚别塔吉克斯坦国家古物博物馆藏

图片采自：https://commons.wikimedia.org/wiki/File:Woman_in_Greek_dress,_Temple_of_the_Oxus,_Takht-i_Sangin,_3rd-2nd_century_BCE.jpg.

图3-1-31 女祭司尼科索（Nikeso）大理石雕像，土耳其普里尼，公元前3世纪前半叶，高1.73米（不含底座），柏林国立博物馆（Staatliche Museen zu Berlin）的柏林古典文物博物馆（Antikensammlung Berlin）藏

图片采自：Joan Breton Connelly, “Portrait of a Priestess: Women and Ritual in Ancient Greece,” *Journal of Law and Religion*, Vol. 24, No. 1 (2008/2009), pl. 16.

图3-1-32 塔纳格拉赤陶彩绘女俑，希腊彼奥提亚，公元前3世纪，高19.6厘米，纽约大都会博物馆藏

图片采自：https://www.metmuseum.org/art/collection/search/247882.

图3-1-33 胜利女神大理石像，帕奥纽斯帕罗作，希腊奥林匹亚，公元前425—前420年，高1.98米，奥林匹亚考古博物馆藏。余琛瑱摄

图3-1-34 立有马尔绪阿斯青铜像的石坛，塔赫特—伊・桑金奥克苏斯神庙，公元前3—前2世纪，高33厘米，杜尚别塔吉克斯坦国家古物博物馆藏

图片采自：https://commons.wikimedia.org/wiki/File:Altar_Atrosokes_MNAT_M7010_n04.jpg.

图3-1-35 “希腊化时期的巴洛克”风格的马尔绪阿斯大理石雕像，罗马城戴克里先（Diocletian）浴场，公元前3—前1世纪，高2.56米，巴黎卢浮宫藏

图片采自：https://commons.wikimedia.org/wiki/File:Sylenus_Marsyas_hanging_-_Louvre_Ma542.jpg.

图3-1-36 有鱼马人或水泽宁芙女神形象的象牙刀鞘饰，塔赫特—伊・桑金奥克苏斯神庙，公元前4—前3世纪，长11.8厘米，杜尚别塔吉克斯坦国家古物博物馆藏

图片采自：https://commons.wikimedia.org/wiki/File:Sheath_winged_ichtyocentauress_MNAT_M7287.jpg.

图3-1-37 描绘赫拉克勒斯与西勒诺斯角力场景的象牙剑柄，塔赫特—伊・桑金奥克苏斯神庙，公元前4世纪初，杜尚别塔吉克斯坦国家古物博物馆藏

图片采自：https://upload.wikimedia.org/wikipedia/commons/0/0c/Sword_handle_Herakles_Acheloos_MNAT_M7249.jpg.

图3-1-38 赤陶浮雕板，坎培尔・特佩2号塔楼，约公元前175—前145年，高约10厘米

图片采自：G. A. Pugachenkova, E. V. Rtveladze and Kyuzo Kato, eds., *Antiquities of Southern Uzbekistan. Catalogue*, Soka: Soka University, 1991, pl. 152.

图3-1-39 赤陶浮雕板，坎培尔·特佩主城墙与9号、10号塔楼和3号房间之间的区域，公元1世纪末2世纪初

图片采自：Valeri P. Nikonorov and Serge A. Savchuk, "New Data on Ancient Bactrian Body-Armour," *Iran*, Vol. 30 (1992), pl. XIVc.

图3-1-40 赤陶浮雕板，铁尔梅兹钦吉兹土丘，公元1世纪末2世纪初

图片采自：Valeri P. Nikonorov and Serge A. Savchuk, "New Data on Ancient Bactrian Body-Armour," *Iran*, Vol. 30 (1992), fig. 5.

图3-1-41 青铜套甲残片，坎培尔·特佩城堡93号房间，公元前145—前130年，胸甲残片长35厘米，宽20厘米，厚0.2—0.3厘米，护臂上为铆钉开的槽孔，直径0.3—0.6厘米，铆钉头直径0.8—1.3厘米

图片采自：Valeri P. Nikonorov and Serge A. Savchuk, "New Data on Ancient Bactrian Body-Armour," *Iran*, Vol. 30 (1992), fig. 1.

图3-1-42 赤陶双人立像，公元前1世纪，高9.5厘米

图片采自：G. A. Pugachenkova, E. V. Rtveladze and Kyuzo Kato, eds., *Antiquities of Southern Uzbekistan. Catalogue*, pl. 153.

图3-1-43 赤陶女神像，公元前1—公元2世纪，高8.4厘米

图片采自：G. A. Pugachenkova, E. V. Rtveladze and Kyuzo Kato, eds., *Antiquities of Southern Uzbekistan. Catalogue*, pl. 184.

图3-1-44 陶裸体女神像，巴拉特·特佩，公元2世纪，高10厘米

图片采自：K. Abdullaev, "Les figurines en terre cuite de l'ancienne Bactriane septentrionale," *Dossiers d'Archéologie: La Bactriane, de l'héllénisme au bouddhisme*, N° 211 (1996), p. 56.

图3-1-45 赤陶裸体萨提尔像，颗粒状发型，公元1—2世纪，高11.5厘米

图片采自：G. A. Pugachenkova, E. V. Rtveladze and Kyuzo Kato, eds., *Antiquities of Southern Uzbekistan. Catalogue*, pl. 184.

图3-1-46 萨拉皮斯和哈尔波克拉特斯赤陶俑，可能来自希腊或罗马东部，发现于和田约特干，公元2—3世纪，首尔韩国国家博物馆藏

图片采自：https://www.museum.go.kr/site/eng/showroom/756/view?relicId=264.

图3-2-1 斯尔卡普平面图

图片采自：Amalananda Ghosh, "Taxila (Sirkap), 1994-45," *Ancient India*, Vol. 4 (1948), pl. 22.

图3-2-2　斯尔卡普街区C，遗址堆积第四、五、六层平面图

图片采自：J. Marshall, *Taxila*, Vol. 3, Cambridge: Cambridge University Press, 1951, pl. 18.

图3-2-3　巴里果德遗址

图片采自：P. Callieri, S. Lorusso, L. Colliva and C. Matteucci, "Technical and Diagnostic Investigation on Some Metallic Objects Coming from the IsIAO Excavations at the Site of Barikot (Swat, Pakistan)," *Conservation Science in Cultural Heritag*e, Vol. 8 (2008), fig. 4.

图3-2-4　赤陶玩具，斯尔卡普，印度—希腊人时期，塔克西拉博物馆藏

图片采自：https://www.flickr.com/photos/54895357@N06/5088474599.

图3-2-5　赤陶立像，斯尔卡普，印度—希腊人时期

图片采自：J. Marshall, *Taxila*, Vol. 3, pl. 133, No. 31.

图3-2-6　陶塑厄洛斯，谢罕德里，公元前150—前75年

图片采自：K. W. Dobbins, "Gandharan Art from Stratified Excavations," *East and West*, Vol. 23, No. 3/4 (1973), fig. 6.

图3-2-7　陶人像镶板残片，谢罕德里，公元前75—公元25年

图片采自：K. W. Dobbins, "Gandharan Art from Stratified Excavations," *East and West*, Vol. 23, No. 3/4 (1973), fig. 7.

图3-2-8　希腊化赤陶女像头部，巴里果德，公元前1世纪，高3.6厘米，塞杜沙里夫镇（Saidu Sharif）斯瓦特博物馆藏

图片采自：P. Callieri, "Barikot, an Indo-Greek Urban Center in Gandhāra," in Doris Meth Srinivasan, ed., *On the Cusp of an Era: Art in the Pre-Kuṣāṇa World*, Leiden: Brill, 2007, fig. 6.30.

图3-2-9　单模制赤陶女像，巴里果德，公元前1世纪，塞杜沙里夫镇斯瓦特博物馆藏

图片采自：P. Callieri, "Barikot, an Indo-Greek Urban Center in Gandhāra," in Doris Meth Srinivasan, ed., *On the Cusp of an Era: Art in the Pre-Kuṣāṇa World*, fig. 6.31.

图3-2-10　单模制赤陶女像头部，带白色涂料，巴里果德，公元前1世纪，塞杜沙里夫镇斯瓦特博物馆藏

图片采自：P. Callieri, "Barikot, an Indo-Greek Urban Center in Gandhāra," in Doris Meth Srinivasan, ed., *On the Cusp of an Era: Art in the Pre-Kuṣāṇa World*, fig. 6.32.

图3-2-11　单模制赤陶女像头部，巴里果德，公元前1世纪，塞杜沙里夫镇斯瓦特博物馆收藏

图片采自：P. Callieri, "Barikot, an Indo-Greek Urban Center in Gandhāra," in Doris Meth Srinivasan, ed., *On the Cusp of an Era: Art in the Pre-Kuṣāṇa World*, fig. 6.33.

图片采自：J. Marshall, *The Buddhist Art of Gandhara*, fig. 33.

图3-3-5 灰塑像头部，斯尔卡普阿普西达尔寺庙，公元1世纪中叶，高15.2厘米，塔克西拉博物馆藏

图片采自：J. Marshall, *The Buddhist Art of Gandhara*, fig. 34.

图3-3-6 有狄奥尼苏斯或西勒诺斯凸雕像的银碗把手，斯尔卡普，公元前1世纪，凸雕像高9.5厘米，卡拉奇巴基斯坦国家博物馆藏

图片采自：https://stories.durham.ac.uk/Marshall100/.

图3-3-7 埃及儿童之神哈尔波克拉特斯青铜像，斯尔卡普，公元1世纪，高12.7厘米，卡拉奇巴基斯坦国家博物馆藏

图片采自：［巴基斯坦］穆罕默德·瓦利乌拉·汗：《犍陀罗：来自巴基斯坦的佛教文明》，陆水林译，张超音摄影，王心阳图片文注，北京：五洲传播出版社，2009年，第169页。

图3-3-8 米色赤陶女像头部，斯尔卡普，公元1世纪，高6厘米，卡拉奇巴基斯坦国家博物馆藏

图片采自：J. Marshall, *The Buddhist Art of Gandhara*, fig. 31.

图3-3-9 赤陶狄奥尼苏斯像头部，意大利南部塔兰托，公元前4世纪，高10厘米，纽约大都会博物馆藏

图片采自：https://www.metmuseum.org/art/collection/search/248431.

图3-3-10 头戴花冠的陶像，谢罕德里，公元前75—公元75年

图片采自：K. W. Dobbins, "Gandharan Art from Stratified Excavations," *East and West*, Vol. 23, No. 3/4 (1973), fig. 11.

图3-3-11 赤陶裸女立像，谢罕德里，公元前75—公元75年

图片采自：https://openresearch-repository.anu.edu.au/handle/1885/163283.

图3-3-12 赤陶丰饶女神立像，塔克西拉，公元1世纪，高17.8厘米，布鲁克林博物藏馆藏

图片采自：https://www.brooklynmuseum.org/opencollection/objects/116432.

图3-3-13 希腊化风格的赤陶人像镶板，谢罕德里，公元1世纪，塞杜沙里夫镇的斯瓦特博物馆藏

图片采自：P. Callieri, "Barikot, an Indo-Greek Urban Center in Gandhāra," in Doris Meth Srinivasan, ed., *On the Cusp of an Era: Art in the Pre-Kuṣāṇa World*, fig. 6.38.

图3-3-14 古怪面容的赤陶小面具，谢罕德里，公元1世纪，塞杜沙里夫镇的斯瓦特博物馆藏

图片采自：P. Callieri, “Barikot, an Indo-Greek Urban Center in Gandhāra,” in Doris Meth Srinivasan, ed., *On the Cusp of an Era: Art in the Pre-Kuṣāṇa World*, fig. 6.39.

图3-3-15 布特卡拉1号遗址14号佛塔檐口，公元前1世纪末

图片采自：Anna Filigenzi, “Orientalised Hellenism versus Hellenised Orient: Reversing the Perspective on Gandharan Art,” *Ancient Civilizations from Scythia to Siberia*, Vol. 18 (2012), fig. 3.

图3-3-16 布特卡拉1号遗址17号佛塔的三联槽排档与排档间饰，公元前1世纪末

图片采自：Anna Filigenzi, “Orientalised Hellenism versus Hellenised Orient: Reversing the Perspective on Gandharan Art,” *Ancient Civilizations from Scythia to Siberia*, Vol. 18 (2012), fig. 2.

图3-3-17 布特卡拉1号遗址17号佛塔雕带，公元前1世纪末

图片采自：http://aliusmanbaig.blogspot.com/2019/06/butkara-i-mingora-swat.html.

图3-3-18 狮头形石滴水嘴，阿伊·哈努姆，公元前3—前2世纪，喀布尔阿富汗国家博物馆藏

图片采自：https://www.flickr.com/photos/ninara/9610601848.

图3-3-19 布特卡拉石浮雕带残片，公元1世纪初，罗马国立皮戈里尼史前和民族志博物馆藏

图片采自：Anna Filigenzi, “Orientalised Hellenism versus Hellenised Orient: Reversing the Perspective on Gandharan Art,” Ancient Civilizations from Scythia to Siberia, Vol. 18 (2012),fig. 4; https://www.cais-soas.com/CAIS/Images2/Parthian/Indo_Partian_Gandhara/Fabregues6.jpg.

图3-3-20 石浮雕，上有帕尔米拉太阳神亚希波尔（Yarhibol）、月亮神阿戈黎波（Aglibol）半身像与鹰的形象，帕尔米拉巴尔夏明（Baalshamin）神庙，公元1世纪，帕尔米拉考古博物馆藏

图片采自：https://gr.pinterest.com/pin/523613894154113135.

图3-3-21 片岩浮雕残件，塔克西拉的达摩拉吉卡建筑L和D3佛塔之间，约公元1世纪中叶，塔克西拉博物馆藏

图片采自：J. Marshall, *Taxila*, Vol. 3, pl. 217, No. 78.

图3-3-22 石雕带残件，塔克西拉达摩拉吉卡建筑群建筑物L的构件，公元1世纪末，塔克西拉博物馆藏

图片采自：J. Marshall, *Taxila*, Vol. 3, pl. 217, No. 80.

图3-3-23 石雕带残件，约为塔克西拉达摩拉吉卡建筑群D3佛塔构件，公元1世纪后半叶，塔克西拉博物馆藏

图片采自：J. Marshall, *Taxila*, Vol. 3, Pl. 217, No. 79.

图3-3-24 布特卡拉1号遗址17号佛塔基座，公元1世纪初

图片采自：http://aliusmanbaig.blogspot.com/2019/06/butkara-i-mingora-swat.html.

图3-3-25 有带翼天神形象的支架，绿色云母片岩，塔克西拉，公元1世纪，高19厘米，伦敦大英博物馆藏

图片采自：J. Marshall, *The Buddhist Art of Gandhara*, fig. 23.

第四章

图4-2-1 贵霜王迦腻色伽一世的金币，约公元127—150年，伦敦大英博物馆藏

图片采自：https://www.britishmuseum.org/collection/object/C_1922-0424-64.

图4-2-2 犍陀罗片岩台阶立板浮雕，贵霜帝国，公元1—2世纪，高18.5厘米，多伦多皇家安大略博物馆藏

图片采自：https://www.researchgate.net/figure/Relief-showing-an-elegant-lady-satyrs-as-dancers-and-musicians-Toronto-Royal-Ontario_fig17_285229905.

图4-5-1 犍陀罗石浮雕中僧侣敬奉佛塔的场景，巴基斯坦斯瓦特地区布特卡拉3号遗址，公元2世纪，高25.5厘米，白沙瓦大学博物馆藏

图片采自：Pierre Cambon, *Pakistan-Terre de rencontre Ier-VIe siècle, Les arts du Gandhara*, RMN, 2010, p. 123.

图4-5-2 塔赫特—伊·巴希的犍陀罗佛寺主佛塔塔院和僧房遗址，巴基斯坦马尔丹（Mardan），公元1—7世纪

图片采自：https://commons.wikimedia.org/wiki/File:Remains_of_Buddhist_Monastic_Complex,_Takht-e-_Bhai,Buddhist_Monastery_over_view.JPG.

图4-6-1 比马兰舍利盒，黄金镶嵌石榴石，阿富汗比马兰2号佛塔，公元1世纪，高6.7厘米，伦敦大英博物馆藏

图片采自：https://www.britishmuseum.org/collection/object/A_1900-0209-1.

图4-6-2 犍陀罗石雕立佛局部，公元2世纪后期，美国克利夫兰艺术博物馆藏

图片采自：https://www.clevelandart.org/art/1972.43.

图4-6-3 阿波罗石雕头像，兰斯顿阿尔特米斯像（Lansdowne Artemis）残缺的头部，公元2世纪罗马复制品，原作为公元前4世纪希腊作品，高27.94厘米，美国洛杉矶郡立艺术博物馆藏

图片采自：https://collections.lacma.org/node/229657.

图4-6-4 犍陀罗思维观音菩萨石雕像，贵霜帝国，公元2—3世纪，圣彼得堡艾尔米塔什博物馆藏

图片采自：https://commons.wikimedia.org/wiki/File:Buddha_pensieroiso_padmapani,_slate,_gandhara,_II-III_sec.JPG.

图4-6-5 犍陀罗石浮雕中的佛陀（左）与“赫拉克勒斯—金刚手菩萨”（右），贵霜帝国，公元2—3世纪，伦敦大英博物馆藏

图片采自：https://commons.wikimedia.org/wiki/File:Buddha-Vajrapani-Herakles.JPG.

图4-6-6 犍陀罗“阿特拉斯”石雕像，可能出自巴基斯坦西北部贾马尔·加西（Jamal Garhi），贵霜帝国，公元2—3世纪，高19厘米，英国牛津阿什莫林博物馆藏

图片采自：https://collections.ashmolean.org/collection/search/per_page/100/offset/0/sort_by/relevance/object/32442.

图4-7-1 犍陀罗石浮雕中的佛诞场景，可能出自巴基斯坦北部西格里（Sikri），贵霜帝国，公元2世纪晚期—3世纪早期，高37厘米，英国牛津阿什莫林博物馆藏

图片采自：https://collections.ashmolean.org/collection/search/per_page/100/offset/0/sort_by/relevance/object/32678.

图4-7-2 犍陀罗石浮雕中的佛涅槃场景，可能出自巴基斯坦北部西格里，贵霜帝国，公元2世纪晚期—3世纪早期，高38.5厘米，英国牛津阿什莫林博物馆藏

图片采自：https://collections.ashmolean.org/collection/search/per_page/100/offset/0/sort_by/relevance/object/32668.

图4-7-3 穆罕默德—纳里石板，出自巴基斯坦北部穆罕默德—纳里（Mohammad-Nari），贵霜帝国，公元2世纪末—3世纪初，高119厘米，拉合尔博物馆藏

图片采自：https://twitter.com/AmitGuha2020/status/1433634230033247875/photo/1.

图4-7-4 犍陀罗的燃灯佛本生石浮雕，贵霜帝国，公元2—3世纪，高42.2厘米，伦敦大英博物馆藏

图片采自：https://www.britishmuseum.org/collection/object/A_1880-68

图4-8-1 灰塑人像，阿富汗哈达，公元5—8世纪，巴黎吉美博物馆藏，赵家田摄

第五章

图5-1-1 犍陀罗台阶立板石浮雕，巴基斯坦贾马尔葛利·加西（Jamal Garhi），贵霜帝国，公元2—3世纪，高16.3厘米，伦敦大英博物馆藏

图片采自：https://www.britishmuseum.org/collection/object/A_1880-59.

图5-1-2 诃利帝石雕像，巴基斯坦优素福扎伊（Yusufzai），贵霜帝国，公元2—3世纪，高77厘米，伦敦大英博物馆藏

图片采自：https://www.britishmuseum.org/collection/object/A_1886-0611-1.

图5-1-3 希腊化风格的犍陀罗施主雕像，巴基斯坦斯瓦特布内尔（Buner），公元1—2世纪，英国伦敦维多利亚和阿尔伯特博物馆（Victoria and Albert Museum）藏

图片采自：https://commons.wikimedia.org/wiki/File:GandharaDonorFrieze2.JPG.

图5-2-1 石雕化妆盘，可见带有海怪的古典风格图像，巴基斯坦斯尔卡普，公元前2世纪，巴黎吉美博物馆藏。赵家田摄

图5-5-1 表现特洛伊木马故事场景的石浮雕板，巴基斯坦白沙瓦，贵霜帝国，公元2—3世纪，高16.2厘米，伦敦大英博物馆藏

图片采自：https://www.britishmuseum.org/collection/object/A_1990-1013-1.

图5-5-2 卡皮托利纳“伊利亚特石板”上表现木马计的场景，费奥多·伊凡诺维奇（Feodor Ivanovich）绘制，器物发现于罗马城附近的马里诺，公元1世纪

图片采自：Theodor Schreiber, *Atlas of Classical Antiquities*, London and New York: Macmillan, 1895, pl. XCIII.

图5-5-3 罗马石棺上表现特洛伊战争场景的浮雕，公元2世纪晚期，牛津大学阿什莫林博物馆藏

图片采自：https://blog.britishmuseum.org/the-myth-of-the-trojan-war/.

图5-6-1 罗马石棺上带有丘比特托举花环形象的浮雕，公元200—225年，纽约大都会艺术博物馆藏

图片采自：https://www.metmuseum.org/art/collection/search/239584?ft=roman+sarcophagus&offset=0&rpp=40&pos=1.

图5-6-2 罗马石棺底部的阿特拉斯像，罗马维米那利斯门（Porta Viminalis）附近的陵墓，约公元130年，梵蒂冈博物馆藏

图片采自：Feet of a Roman sarcophagus in the form of Atlantes, from a mausoleum near the Porta Viminalis, Rome, c. 130s AD. Musei Vaticani. (Photo: agefotostock/De Agostini/G. Nimatallah.)

图5-6-3 罗马石棺一侧，有缪斯形象的浮雕，出自罗马奥斯蒂亚（Ostia）的伊索拉·萨克拉大墓地（Isola Sacra necropolis），公元2世纪后期，高44厘米，奥斯蒂亚博物馆（Ostia Museum）藏

图片采自：https://commons.wikimedia.org/wiki/File:Ostia_Museum_2013-03-08,_Sarcofago_delle_Muse.

jpg.

图5-6-4　睒子本生（Syama Jataka，十大佛诞故事之一）场景石浮雕，犍陀罗，贵霜帝国，公元1—4世纪，白沙瓦博物馆藏

图片采自：H. Ingholt, *Gandhāran Art in Pakistan*, New York: Pantheon Books, 1957, pl. 5.

图5-6-5　石浮雕田园场景中的牧人形象，尤利乌斯·阿奇列乌斯（Iulius Achilleus）的罗马石棺，罗马的奥勒良城墙（Aurelian walls），约公元290年，罗马戴克里先浴场国立罗马博物馆藏

图片采自：https://commons.wikimedia.org/wiki/Category:Iulius_Achilleus_sarcophagus.

图5-6-6　尸毗王本生石浮雕，犍陀罗，公元2—3世纪，伦敦大英博物馆藏

图片采自：https://en.wikipedia.org/wiki/File:Sibi_Jataka_BM_OA_1912.12-21.1_n01.jpghttps://en.wikipedia.org/wiki/File:Sibi_Jataka_BM_OA_1912.12-21.1_n01.jpg.

图5-6-7　罗马石棺上惩罚马尔绪阿斯的场景线描图，器物出于罗马奥勒留大道（Via Aurelia），约公元230年，罗马潘菲利美术馆（Palazzo Doria Pamphilij）藏

图片采自：海德堡大学图书馆电子资源库，https://digi.ub.uni-heidelberg.de/diglit/asr3_2/0236.

第六章

图6-1-1　灰塑“沉思的佛陀头像”，哈达，公元4世纪，高35厘米，喀布尔阿富汗国家博物馆藏

图片采自：https://www.meisterdrucke.it/stampe-d-arte/Afghan-School/435765/Testa-di-Buddha,-stile-greco-buddista,-da-Hadda-(stucco).html.

图6-1-2　灰塑如来头部，哈达，公元3—4世纪，高14厘米，巴黎吉美博物馆藏

图片采自：田边胜美、前田耕作编：《世界美術大全集·東洋編》第15卷《中央アジア》，东京：小学馆，1999年，第106页。

图6-1-3　灰塑佛陀和礼拜者灰塑浮雕立像，哈达，公元3世纪，喀布尔阿富汗国家博物馆藏

图片采自：Г. А. Пугаченкова, *Искусства Бактрии Епохи Кушан*, Москва: Искусство, 1979, p. 208.

图6-1-4　灰塑女像头部，哈达，公元3—4世纪，巴黎吉美博物馆藏

图片采自：https://commons.wikimedia.org/wiki/File:Jeune_femme_Hadda.jpeg.

图6-1-5　灰塑花神像，哈达，公元3世纪，高55厘米，巴黎博物馆藏

图片采自：https://commons.wikimedia.org/wiki/File:Afghanistan,_genio_coi_fiori,_sito_di_hadda,_ monastero_di_tapa-kalan,_III-IV_sec.JPG.

图6-1-6　灰塑弥勒菩萨交脚像，哈达，公元4—5世纪，高55厘米，巴黎吉美博物馆藏

图片采自：https://www.guimet.fr/collections/afghanistan-pakistan/le-genie-dandre-malraux-le-bodhisattva-maitreya/.

图6-1-7　酒神节题材的石浮雕，哈达查基尔—伊—巩迪寺院佛塔，公元1—2世纪，巴黎吉美博物馆藏

图片采自：https://commons.wikimedia.org/wiki/File:Indo-GreekBanquet.JPG.

图6-1-8　彩绘灰塑佛龛，龛内顶饰厄洛特斯或丘比特的形象，哈达卡兰特佩佛寺，公元3世纪，巴黎吉美博物馆藏

图片采自：https://commons.wikimedia.org/wiki/File:CupidsAndBuddha.JPG.

图6-1-9　佛陀和两侧的赫拉克勒斯—护法金刚（左）与提刻—诃利帝（右），索托特佩寺院2号龛灰塑，哈达，公元2世纪

图片采自：前田たつひこ监修，东京艺术大学、NHK、NHK プロモーション编:《アフガニスタン悠久の歴史展：アフガニスタン文化財復興支援》，东京：东京艺术大学，2002年，第48页。局部细节可见https://en.wikipedia.org/wiki/Tapa_Shotor#.

图6-1-10　哈达卡兰特佩佛寺灰塑，公元3—4世纪，巴黎吉美博物馆藏

图片采自：https://commons.wikimedia.org/wiki/File:HaddaBodhisattva.jpg.

图6-1-11　泥塑卧佛局部，萨尔达尔・特佩，公元3世纪

图片采自：https://ghazni.bdus.cloud/buddhist/b_gallery#buddhist_site_2-13.

图6-1-12　泥塑杜尔迦像头部，萨尔达尔・特佩，公元3世纪

图片采自：https://data1.geo.univie.ac.at/projects/dasantlitzdesfremden/showcases/story238%3Flanguage=en.html.

图6-1-13　贵霜贵族像头部，萨尔达尔・特佩，公元4世纪

图片采自https://ghazni.bdus.cloud/buddhist/b_gallery#buddhist_site_3-9.

图6-1-14　天神像头部，萨尔达尔・特佩，公元4世纪

图片采自：https://ghazni.bdus.cloud/buddhist/b_gallery#buddhist_site_3-8.

图6-1-15　交脚菩萨塑像，萨尔达尔・特佩，公元7世纪

图片采自：https://ghazni.bdus.cloud/buddhist/b_gallery#buddhist_site_4-5.

图6-1-16　菩萨像头部，萨尔达尔・特佩，公元7世纪

图片采自：https://ghazni.bdus.cloud/buddhist/b_gallery#buddhist_site_4-7.

图6-2-1　燃灯佛授记本生石浮雕立像，绍托拉克，公元3世纪，喀布尔阿富汗国家博

物馆藏

图片采自：[日]村田靖子：《佛像的系谱：从犍陀罗到日本——相貌表现与华丽的悬裳座的历史》，金申译，上海：上海辞书出版社，2002年，第62页。

图6-2-2　石雕“双神变”，派特瓦，公元3世纪，高81厘米，巴黎吉美博物馆藏

图片采自：https://commons.wikimedia.org/wiki/File:Afghanistan,_grande_miracolo_di_sravasti,_regione_di_kapi%C3%A7a,_monastero_di_paitava,_III_sec..JPG.

图6-2-3　灰塑希腊化建筑葡萄纹饰带，梅斯·艾纳克，公元4—6世纪

图片采自：https://commons.wikimedia.org/wiki/File:Gandhara_floral_scrolls.jpg.

图6-2-4　佛教壁画局部，梅斯·艾纳克，公元4—6世纪

图片采自：https://foreignpolicy.com/slideshow/golden-buddha-hidden-copper/.

图6-2-5　梅斯·艾纳克的佛塔遗迹，公元4—6世纪

图片采自：https://www.archaios.fr/projet/mes-aynak/?lang=en; https://archeologie.culture.gouv.fr/afghanistan/en/a-propos/ainak.

图6-2-6　石雕立佛，梅斯·艾纳克，公元3—6世纪，喀布尔阿富汗国家博物馆藏

图片采自：https://commons.wikimedia.org/wiki/File:Statue_of_standing_bodhisattva,_schist,_Mes_Aynak,_3rd-6th_century_CE.165042.jpg.

图6-2-7　彩绘泥塑佛龛，梅斯·艾纳克，公元4—5世纪，喀布尔阿富汗国家博物馆藏

图片采自：http://www.savingmesaynak.com/news/2017/3/17/ancient-near-pristine-buddha-from-mes-aynak-revealed-at-kabul-museum.

图6-2-8　彩绘泥塑佛头，梅斯·艾纳克，公元6世纪

图片采自：https://www.idfa.nl/en/film/bf1d70a3-8d17-4a20-8be5-2374f8d8e98f/saving-mes-aynak.

图6-2-9　镀金泥塑佛头，梅斯·艾纳克，公元4—7世纪

图片采自：https://thediplomat.com/2013/06/saving-the-buddhas-of-mes-aynak-updated/.

图6-3-1　巴米扬东大佛，约公元570年，高38米

左　全貌。图片采自：田边胜美、前田耕作编：《世界美術大全集·東洋編》第15卷《中央アジア》，第182页。

右　头部及残存波状发。图片采自：https://yumevision.photoshelter.com/image/I0000Pin3MchZg68.

图6-3-2　石雕立佛，犍陀罗，公元2世纪后半叶，高约2.5米，日本甲贺市美秀博物馆藏

图片采自：https://www.miho.jp/en/collection/s038/.

图6-3-3　成都万佛寺出土的“阿育王像”，南朝梁，红砂石，高1.55米，成都四川博物院藏

图片采自：https://www.sohu.com/a/422508447_772510.

图6-3-4 巴米扬东大佛的窟顶壁画

下 局部。图片采自：https://commons.wikimedia.org/wiki/File:Bamiyan._Mural_painting_over_the_Bamiyan_Buddha_of_34_meters.jpg.

右上 复制品，DAFA于1935年摹写，日本国立东洋美术馆藏。图片采自：《Afghanistan, a timeless story アフガニスタン文化財復興支援悠久の歴史展》，东京：东京艺术大学美术馆，2007年，第130页。

左上 线描图。图片采自：http://www.transoxiana.org/Eran/Articles/Images/TS_19-Baniyan-Sun-wind.JPG.

图6-3-5 马图拉石雕立佛，公元5世纪，印度新德里国立博物馆藏

图片采自：https://coollib.net/b/351723-grigoriy-maksimovich-bongard-levin-istoriya-indii/image.

图6-3-6 巴米扬西大佛，约公元618年，高55米

图片采自：https://commons.wikimedia.org/wiki/File:Taller_Buddha_Peace_Corps_Brainard_ 3Q049.jpg.

图6-3-7 西大佛壁画中的梯形龛形象

图片采自：Benjamin Rowland, *The Art of Central Asia*, New York: Crown Publishers, Inc., 1974, p. 91.

图6-3-8 西大佛壁画部分的拱券结构与帷幕纹样

图片采自：https://www.khanacademy.org/humanities/ap-art-history/west-and-central-asia-apahh/central-asia/a/bamiyan-buddhas.

图6-3-9 西大佛窟顶壁画中的菩萨形象

图片采自：田边胜美、前田耕作编：《世界美術大全集·東洋編》第15卷《中央アジア》，第185页。

图6-3-10 持莲花菩萨画像，阿旃陀石窟第1窟，公元7世纪

图片采自：https://eymaps.com/en/Avalokiteshvara.

图6-3-11 阿旃陀第2窟壁画中表现女信徒献祭的场景，公元6世纪

图片采自：王镛：《印度美术史话》，北京：人民美术出版社，1999年，第100页。

图6-3-12 西大佛佛龛壁画中的裸体天女形象

图片采自：https://www.alamy.com/stock-photo/bamiyan-buddha.html?page=2.

图6-3-13 奈费尔提蒂像，埃及新王国第18王朝，约公元前1345年，石雕、敷灰泥塑、彩绘，柏林新博物馆藏

图片采自：https://commons.wikimedia.org/wiki/File:Nofretete_Neues_Museum-edit.jpg.

图6-3-14 弥勒石雕坐像，巴米扬山谷寺院，公元7—8世纪，高77.8厘米，纽约大都会艺术博物馆藏

图片采自：https://www.metmuseum.org/art/collection/search/38109?ft=Maitreya&offset=0&rpp=40&pos=11.

图6-3-15 巴米扬山谷伽蓝遗址

图片采自：https://www.cais-soas.com/News/2009/June2009/11-06.htm.

图6-4-1 “盛装的佛陀”彩绘泥塑像，丰都基斯坦，公元7—8世纪，巴黎吉美博物馆藏

图片采自：https://commons.wikimedia.org/wiki/File:Afghanistan,_Standing_Buddha,_Ghorband_Valley,_Fondukistan_Monastery,_7th_century.jpg.

图6-4-2 “两个那迦王”彩绘泥塑像，丰都基斯坦，公元7—8世纪，巴黎吉美博物馆藏

图片采自：田边胜美、前田耕作编：《世界美術大全集·東洋編》第15卷《中央アジア》，第195页。

图6-4-3 佛龛内的“王子夫妇”像，泥塑，丰都基斯坦，公元7—8世纪

图片采自：https://data1.geo.univie.ac.at/projects/dasantlitzdesfremden/showcases/story235%3Flanguage=en.html.

图6-4-4 丰都基斯坦壁画菩萨像，公元8世纪，高63厘米，喀布尔阿富汗国家博物馆藏

图片采自：https://commons.wikimedia.org/wiki/File:Painting_of_Maitreya_Bodhisattva,_Fondukistan,_Afghanistan,_circa_700_CE._National_Museum_of_Afghanistan.jpg.

图6-4-5 彩绘泥塑守护神像，丰都基斯坦，公元8世纪，高72厘米，巴黎吉美博物馆藏

图片采自：https://en.wikipedia.org/wiki/File:Afghanistan,_bodhisattva,_valle_di_ghorband,_monastero_di_fondukistan,_VII_sec.JPG.

第七章

图7-1-1 苏尔赫·科塔尔火神庙复原图

图片采自：Г. А. Пугаченкова, *Искусство Бактрии эпох Кушан*, Москва: Искусство, 1979, p. 63.

图7-1-2 带佛坐像的科林斯式双饰带石柱头，苏尔赫·科塔尔，公元2世纪，巴黎吉美博物馆藏

图片采自：https://commons.wikimedia.org/wiki/File:Buddha_Capitol_2.jpg.

图7-1-3 带科林斯式双饰带柱头的石壁柱，苏尔赫·科塔尔，公元2—3世纪，喀布尔阿富汗国家博物馆藏

图片采自：https://commons.wikimedia.org/wiki/File:Gandhara,_frammento_di_sostegno,_da_surkh_kotl,_II-III_sec.JPG.

图7-1-4　菩萨与执花女子石雕，铁尔梅兹古城，公元1—2世纪，铁尔梅兹国家考古博物馆藏

图片采自：https://daryo.uz/en/2023/05/05/photo-report-from-the-exhibitionarchaeological-treasures-of-uzbekistan-from-alexander-the-great-to-the-kushan-empire-in-berlin.

图7-1-5　佛陀与侍者石龛，法雅兹·特佩，公元1—3世纪，塔什干乌兹别克斯坦国家历史博物馆藏

图片采自：https://commons.wikimedia.org/wiki/File:Fayaz_Tepe,_Seated_Buddha.jpg.

图7-1-6　彩绘泥塑如来立像，法雅兹·特佩，公元1—3世纪，塔什干乌兹别克斯坦国家历史博物馆藏。董波摄

图7-1-7　男子像壁画残片，法雅兹·特佩，公元3—4世纪，塔什干乌兹别克斯坦国家历史博物馆藏

图片采自：https://commons.wikimedia.org/wiki/File:Fayaz_Tepe,_Wall_Painting_of_a_group_of_courtiers.jpg.

图7-1-8　壁画中的亚历山大大帝形象，法雅兹·特佩，公元1—4世纪，塔什干乌兹别克斯坦国家历史博物馆藏

图片采自：https://commons.wikimedia.org/wiki/File:Fayaz_Tepe,_wall_painting_of_Alexander_the_Great.jpg.

图7-1-9　四德拉克马银币正面，土耳其兰普萨库斯（Lampsakos）出土，公元前305—前281年，伦敦大英博物馆藏

图片采自：https://www.britishmuseum.org/collection/object/C_1919-0820-1.

图7-1-10　卡拉·特佩公元2—4世纪寺庙院落复原图

图片采自：Б. Я. Ставиский, *Искусство средниии Азии*, Москва: Искусство, p. 100.

图7-1-11　带赫拉克勒斯侧卧像的印度—科林斯式柱头，卡拉·特佩，公元2世纪

图片采自：John Boardman, *The Greeks in Asia*, WW Norton, 2015, Chapter 6 Greeks and Alexander “the Great”, Pl. VI. https://erenow.net/ancient/the-greeks-in-asia/4.php.

图7-1-12　阿堪突斯叶丛中的佛陀石雕残件，卡拉·特佩，公元3世纪，塔什干乌兹别克国家历史博物馆藏。汪璐摄

图7-1-13　科林斯式柱头，石灰石雕，南意大利的古希腊殖民地，公元前4—前3世纪，纽约大都会博物馆藏

图片采自：https://images.metmuseum.org/CRDImages/gr/original/sf199626.jpg?_gl=1*jnfsoo*_ga*Nzg3NDM4ODgxLjE2ODg0Njg1Nzg.*_ga_Y0W8DGNBTB*MTcxMzI3MTQ1My4yLjAuMTcxMzI3MT

Q1My4wLjAuMA.

图7-1-14　阿堪突斯柱，亦称“德尔斐（Delphi）舞者”，希腊德尔斐阿波罗神庙，公元前330—前325年，石雕

图片采自：Rosina Colonia, *The Archaeological Museum of Delphi*, Athens: Olkos/Eurobank EFG, 2006, p. 333, 335.

图7-1-15　“朱庇特柱”（Jupiter Column）柱头（此面人物形象为狄奥尼芬斯），英国南部罗马帝国驻地科林尼亚姆（Corinium），公元2世纪晚期—3世纪早期，石雕，英国塞伦塞斯特（Cirencester）科林尼亚姆博物馆（Corinium Museum）藏

图片采自：https://coriniummuseum.org/object/a348-2/.

图7-1-16　有宙斯头像的科林斯式柱头，土耳其萨尔迪斯（Sardis），罗马帝国，公元3世纪早期，石雕

图片采自：https://sardisexpedition.org/en/artifacts/r2-197.

图7-1-17　彩绘泥塑坐佛，卡拉·特佩，公元2世纪

图片采自：http://vokrugsveta.com/index.php?option=com_content&task=view&id=511&Itemid=66&limit=1&limitstart=2.

图7-1-18　石雕人像残件，卡拉·特佩，公元3—4世纪，塔什干乌兹别克国家历史博物馆藏。汪璐摄

图7-1-19　彩绘泥塑佛头，面部和头光光芒处镀金，卡拉·特佩，公元3世纪，莫斯科俄罗斯国家东方艺术博物馆藏

图片采自：https://www.spektrum.de/news/alexander-oeffnet-die-welt/1010101.

图7-1-20　佛陀及供养人壁画，卡拉·特佩，公元2—4世纪，原莫斯科全苏科学实验和艺术修复中心藏

图片采自：https://zh.wikipedia.org/zh-cn/File:Kara_Tepe,_2nd-4th_century_CE.jpg.

图7-1-21　供养人侧面头像壁画，卡拉·特佩，公元2—3世纪，原莫斯科全苏科学实验和艺术修复中心藏

图片采自：https://palungjit.org/threads/mural-found-in-uzbekistan-gives-fresh-glimpse-of-early-buddhism%EF%BC%9Athe-asahi-shimbun-%E2%80%93-asahi.662389/.

图7-1-22　阿尔塔姆浮雕石板，公元1—2世纪，圣彼得堡艾尔米塔什博物馆藏

图片采自：田边胜美、前田耕作编：《世界美術大全集·東洋編》第15巻《中央アジア》，东京：小学馆，1999年，第120页。

图7-1-23　泥塑贵霜王子像，达尔维津·特佩，公元1—2世纪，塔什干美术科学研究

中心藏

图片采自：https://commons.wikimedia.org/wiki/File:Kushan_prince,_Dalverzin_Tepe,_1st-2nd_century_CE.jpg.

图7-1-24 灰塑女像，达尔维津·特佩，公元1—2世纪，塔什干美术科学研究中心藏

图片采自：https://commons.wikimedia.org/wiki/File:Buddhist_devata,_Dalverzin_Tepe,_1st-2nd_century_CE.jpg.

图7-1-25 泥塑叉腰菩萨像，达尔维津·特佩，公元2—3世纪，塔什干美术科学研究中心藏

图片采自：https://en.wikipedia.org/wiki/Dalverzin_Tepe#/media/File:Bodhisattva_(Dalverzin_Tepe).jpg.

图7-1-26 泥塑菩萨立像，达尔维津·特佩，公元2—3世纪，塔什干美术科学研究中心藏

图片采自：https://commons.wikimedia.org/wiki/File: Dalverzin_Tepe_Bodhisattva_(2).jpg.

图7-1-27 彩绘佛头残件，木鹿，公元4—5世纪，泥塑，高70厘米

图片采自：http://www.transoxiana.org/12/compareti-iranian_buddhism.php.

图7-1-28 佛陀坐像，木鹿，公元4—5世纪，片岩，高41厘米，土库曼斯坦阿什哈巴德国家历史博物馆藏

图片采自：https://www.pbase.com/bmcmorrow/image/141565876.

图7-2-1 泥塑佛教人像头部残件，库瓦，公元7—8世纪，塔什干乌兹别克斯坦国家历史博物馆藏。汪璐摄

图7-2-2 泥塑佛教人物头部残件，库瓦，公元7—8世纪，塔什干乌兹别克斯坦国家历史博物馆藏。汪璐摄

图7-2-3 瓦拉赫沙宫殿“红色大厅”壁画

上　圣彼得堡艾尔米塔什博物馆藏品，高约1.60米。图片采自：https://commons.wikimedia.org/wiki/File:Wall_Paintings_in_the_Palace_at_Varakhsha.jpg.

下　塔什干乌兹别克斯坦艺术博物馆藏品，高1.55米。图片采自：https://commons.wikimedia.org/wiki/File:Varahsha..jpg.

图7-2-4 “莲花中的大象”，铁尔梅兹，公元2—3世纪，石雕，铁尔梅兹国家考古博物馆藏

图片采自：https://commons.wikimedia.org/wiki/File:Old_Termez_Elephant_among_Lotus_Flowers_Architectural_Element_2nd-3rd_cent_CE.jpg.

图7-2-5 身穿希腊风格长袍的站立女性人物泥塑浮雕，托普拉克—卡拉“上宫殿区”出土，公元3—4世纪早期，圣彼得堡艾尔米塔什博物馆藏

左　“胜利厅”出土，176×66厘米。图片采自：https://www.hermitagemuseum.org/wps/portal/hermitage/

digital-collection/25.+archaeological+artifacts/150350.

中 “东北厅”出土，134×40厘米。图片采自：https://www.hermitagemuseum.org/wps/portal/hermitage/digital-collection/25.+archaeological+artifacts/150329.

右 “君王厅”出土，100×33厘米。图片采自：https://www.hermitagemuseum.org/wps/portal/hermitage/digital-collection/25.+archaeological+artifacts/150351.

第八章

图8-1-1 黄金胸饰，托沃斯塔·莫希拉库尔干，公元前4世纪，乌克兰历史珍品博物馆藏

图片采自：https://commons.wikimedia.org/wiki/File:Pektoral111.JPG. The Metropolitan Museum of Art, Los Angeles County Museum of Art, “From the Lands of the Scythians: Ancient Treasures from the Museums of the U.S.S.R., 3000 B.C.-100 B.C.,” *The Metropolitan Museum of Art Bulletin*, Vol. 32, No. 5 (1973/1974), front cover.

图8-1-2 希腊—波斯风格印章，土耳其西海岸或塞浦路斯，公元前5世纪中期，蓝色玉髓，佩罗讷的阿尔弗雷德·当尼库尔博物馆藏

图片采自：John Boardman, “The Danicourt Gems in Péronne,” *Revue archéologique*, Nouvelle série. Fasc. 2, Presses universitaires de France, 1971, fig. 7.

图8-1-3 银安法拉罐，局部镀金，切尔托姆利克库尔干，公元前4世纪，圣彼得堡艾尔米塔什博物馆藏

图片采自：https://www.hermitagemuseum.org/wps/portal/hermitage/digital-collection/25.+archaeological+artifacts/879716; Ann Farkas, “Interpreting Scythian Art: East vs. West,” *Artibus Asiae*, Vol. 39, No. 2 (1977), fig. 2.

图8-1-4 奥林图斯的镶嵌画，公元前4世纪

图片采自：https://www.livius.org/site/assets/files/17280/olynthus_mosaic_gybels_2.jpg.

图8-1-5 古希腊式卡拉索斯形状的金饰，切尔托姆利克库尔干，公元前4世纪末，圣彼得堡艾尔米塔什博物馆藏

图片采自：https://guidepointer.ru/nahodki-iz-kurgana-chertomlyk/.

图8-1-6 表现斯基泰人骑马猎兔场景的金饰片，库奥巴库尔干，公元前4世纪，圣彼得堡艾尔米塔什博物馆藏

图片采自：Cunliffe, Barry, *The Scythians Nomad Warriors of the Steppe*, Oxford: Oxford University Press, 2019, p. 255.

图8-1-7　雕饰斯基泰武士形象的金梳，索罗卡库尔干，公元前5世纪后期—前4世纪早期，圣彼得堡艾尔米塔什博物馆藏

图片采自：https://www.hermitagemuseum.org/wps/portal/hermitage/digital-collection/25.+archaeological+artifacts/879755.

图8-1-8　德克西莱奥斯墓碑石雕，雅典凯拉米克斯的迪普利翁（Dipylon）墓地，约公元前394年，希腊雅典凯拉米克斯（Kerameikos）博物馆藏。余琛瑱摄

图8-1-9　色雷斯骑士石雕，保加利亚旧扎戈拉（Stara Zagora），公元前3—前2世纪，旧扎戈拉地区历史博物馆藏

图片采自：https://commons.wikimedia.org/wiki/File:Marble_votive_tablet_of_a_Thracian_horseman.jpg.

图8-1-10　帕特农神庙北石浮雕带上的骑手，公元前447—前432年，伦敦大英博物馆藏

图片采自：https://commons.wikimedia.org/wiki/File:Parthenon_frieze_north_XLIII.JPG.

图8-1-11　石浮雕饰带，土耳其哈利卡纳苏斯王陵，约公元前350年，伦敦大英博物馆藏

图片采自：https://commons.wikimedia.org/wiki/File:Slab_of_the_Amazonomachy_frieze_from_the_Mausoleum_at_Halikarnassos,_Mausoleum_at_Halicarnassus,_British_Museum_(16897971954).jpg.

图8-1-12　银祭器瓶，局部镀金，索罗卡库尔干，约公元前400年，圣彼得堡艾尔米塔什博物馆藏

图片采自：A. Y. Alekseev, "Skythishe Könige und Furstenkurgane," in H. Parzinger, ed., *Im Zeichen des Goldenen Greifen: Königsgräber der Skythen*, München: Prestel, 2007, p. 248, fig. 6.

图8-1-13　壁画中猎杀狮子和野猪等野兽的场景，维尔吉纳腓力二世王陵正立面饰带，公元前359—前336年，埃盖（维尔吉纳）王陵博物馆藏

图片采自：https://commons.wikimedia.org/wiki/File:%2B_1977_wurden_die_K%C3%B6nigsgr%C3%A4ber_in_Vergina_entdeckt._11.jpg.

图8-1-14　雅典娜胜利女神神庙南部石雕带，雅典，约公元前420年，伦敦大英博物馆藏

图片采自：https://www.britishmuseum.org/collection/object/G_1816-0610-159.

图8-1-15　琥珀金（银金合金）瓶，库奥巴库尔干，约公元前330年，高约5.5厘米，圣彼得堡艾尔米塔什博物馆藏

图片采自：The Metropolitan Museum of Art, Los Angeles County Museum of Art, "From the Lands of the Scythians: Ancient Treasures from the Museums of the U.S.S.R., 3000 B.C.-100 B.C.," *The Metropolitan Museum of Art Bulletin*, Vol. 32, No. 5 (1973/1974), pl. 17, 18.

图8-1-16　金箭袋，切尔托姆利克库尔干，公元前4世纪，长46.8厘米，圣彼得堡艾尔米

图8-1-27　奔跑的山羊青铜像，“阿姆河宝藏”，公元前4世纪，长16.7厘米，伦敦大英博物馆藏

图片采自：https://www.britishmuseum.org/collection/object/W_1897-1231-192.

图8-1-28　格里芬狮鹫金臂钏，嵌宝石或珐琅（已失），“阿姆河宝藏”，公元前5—前4世纪，高12.4厘米，伦敦大英博物馆藏

图片采自：https://www.britishmuseum.org/collection/object/W_1897-1231-116.

图8-1-29　金马，“阿姆河宝藏”，公元前3世纪末—前2世纪初，伦敦大英博物馆藏

图片采自：Michael Pfrommer, *Metalwork from the Hellenized East: Catalogue of the Collections*, Malibu: The J. Paul Museum, 1993, fig. 9.

图8-1-30　圆雕金鹿，空心，“阿姆河宝藏”，公元前5世纪，长5.50厘米，伦敦大英博物馆藏

图片采自：https://www.britishmuseum.org/collection/object/W_1897-1231-11.

图8-1-31　鱼形金容器，“阿姆河宝藏”，公元前5—前4世纪，长24.2厘米，伦敦大英博物馆藏

图片采自：https://www.britishmuseum.org/collection/object/W_1897-1231-16.

图8-1-32　镂空金圆盘饰，“阿姆河宝藏”，公元前5—前4世纪，直径5厘米，伦敦大英博物馆藏

图片采自：https://www.britishmuseum.org/collection/object/W_1897-1231-34.

图8-1-33　圆形金饰，浮雕纹为正面直视观者的吼狮头像，“阿姆河宝藏”，公元前5世纪，直径4.2厘米，伦敦大英博物馆藏

图片采自：https://www.britishmuseum.org/collection/object/W_1897-1231-40.

图8-1-34　金螺旋臂环，“阿姆河宝藏”，公元前5—前4世纪，直径8.55厘米，伦敦大英博物馆藏

图片采自：https://www.britishmuseum.org/collection/object/W_1897-1231-132.

图8-1-35　金臂环，末端有翼回首山羊圆雕，“阿姆河宝藏”，公元前5—前4世纪，直径8.3厘米，伦敦大英博物馆藏

图片采自：https://www.britishmuseum.org/collection/object/W_1897-1231-137.

图8-1-36　金臂环，“阿姆河宝藏”，公元前5—前4世纪，直径7.5厘米，伦敦大英博物馆藏

图片采自：https://www.britishmuseum.org/collection/object/W_1897-1231-124.

图8-1-37　格里芬头像顶饰，巴泽雷克2号墓，公元前5世纪，木、皮革，高35厘米，圣彼

得堡艾尔米塔什博物馆藏

图片采自：https://www.hermitagemuseum.org/wps/portal/hermitage/digital-collection/25.+archaeological+artifacts/879954

图8-1-38　皮革套上的纹样，巴泽雷克2号墓，公元前5—前4世纪，圣彼得堡艾尔米塔什博物馆藏

图片采自：Ann Farkas, "Interpreting Scythian Art: East vs. West," *Artibus Asiae*, Vol. 39, No. 2 (1977), fig. 11.

图8-1-39　鞍鞯上的格里芬狮鹫攻击野山羊的形象，巴泽雷克1号墓，公元前5世纪，圣彼得堡艾尔米塔什博物馆藏

图片采自：https://www.hermitagemuseum.org/wps/portal/hermitage/digital-collection/25.+archaeological+artifacts/879940.

图8-1-40　鞍鞯上的格里芬狮鹫攻击野山羊的形象，巴泽雷克1号墓，公元前5—前4世纪，圣彼得堡艾尔米塔什博物馆藏

图片采自：https://www.heritage-print.com/saddle-cover-eagle-griffin-attacking-ibex-14862620.html.

图8-2-1　萨尔玛提亚圆形饰板，约公元前3—前1世纪，金、银、铁，嵌绿松石，直径13厘米，纽约大都会博物馆藏

图片采自：https://www.metmuseum.org/art/collection/search/325260; Ann Farkas, "Sarmatian Roundels and Sarmatian Art," *Metropolitan Museum Journal*, Vol. 8 (1973), fig. 2.

图8-2-2　皮带及镶宝石带扣，迈科普，约公元前2世纪，圣彼得堡艾尔米塔什博物馆藏

图片采自：Mikhail Ivanovich Rostovtzeff, *Iranians and Greeks in South Russia*, Oxford: Clarendon Press; New York: Oxford University Press, 1922, PLATE XXV, fig. 1.

图8-2-3　金带扣，俄罗斯上波格洛姆挪耶村（Verkhnepogromnoye）2号墓2号丘冢，约公元前1世纪，圣彼得堡艾尔米塔什博物馆藏

图片采自：https://www.hermitagemuseum.org/wps/portal/hermitage/digital-collection/25.+archaeological+artifacts/879880.

图8-2-4　嵌宝石镀金圆形银饰板，新切尔卡斯克的萨多维库尔干，公元前1世纪，直径约10.5厘米，罗斯托夫（Rostov）博物馆藏

图片采自：Ann Farkas, "Sarmatian Roundels and Sarmatian Art," *Metropolitan Museum Journal*, Vol. 8 (1973), fig. 4.

图8-2-5　嵌紫水晶、石榴石、绿松石、珊瑚和玻璃的金冠，新切尔卡斯克宝藏，霍赫拉齐丘库尔干，公元1世纪，高15厘米，圣彼得堡艾尔米塔什博物馆藏

图片采自：https://gr.pinterest.com/pin/652107221014028469.

图8-2-6 萨尔玛提亚圆扣饰线描图，新切尔卡斯克顿河哥萨克历史博物馆（Novocherkassk Museum of the History of Don Cossacks）藏

图片采自：Mikhail Treister, “Hellenistic Phalerae from the Burials of the Nomads of Asian Sarmatia,” *Art of the Orient*, Vol. 7 (2018), fig. 3.1.

图8-2-7 带圆形玛瑙凹雕（intaglio）的古罗马铁环，公元前1—公元1世纪，卡塔维基拍卖行

图片采自：https://www.catawiki.com/en/l/43501977-ancient-roman-iron-angular-hoop-ring-with-oval-carnelian-intaglio-depicting-a-sea-griffin-excellent-style.

图8-2-8 伊希姆河岸边发现的圆扣饰线描图，莫尔德温采娃（Mordvintseva）绘，俄罗斯车里雅宾斯克国家博物馆—阿尔卡伊姆文物保护区（Chelyabinsk State museum-reserve Arkaim）藏

图片采自：Mikhail Treister, “Hellenistic Phalerae from the Burials of the Nomads of Asian Sarmatia,” *Art of the Orient*, Vol. 7 (2018), fig. 2.4.

图8-2-9 银碗及其饰件线描图，上波格洛姆挪耶库尔干第5/1954号丘冢第2号墓，可早至公元前3世纪，圣彼得堡艾尔米塔什博物馆藏

图片采自：Mikhail Treister, “Hellenistic Phalerae from the Burials of the Nomads of Asian Sarmatia,” *Art of the Orient*, Vol. 7 (2018), fig. 4.1.

图8-2-10 圆扣饰线描图，哈萨克斯坦佛洛达卡库尔干，不晚于公元前125年，莫尔德温采娃绘，哈萨克斯坦乌拉尔（Oral）西哈萨克斯坦地区历史与地方史博物馆（The West-Kazakhstan regional museum of history and local history）藏

图片采自：Mikhail Treister, “Hellenistic Phalerae from the Burials of the Nomads of Asian Sarmatia,” *Art of the Orient*, Vol. 7 (2018), fig. 2.1-2.

图8-2-11 陶指套（epinetron），希腊阿提卡，公元前425—前420年，雅典国家考古博物馆藏

图片采自：https://commons.wikimedia.org/wiki/File:NAMA_Epinetron_Bell%C3%A9rophon.jpg.

图8-2-12 银圆扣饰，镀金，俄罗斯库尔芜斯卡亚，公元前4世纪，直径13.2厘米，捷姆留克历史考古博物馆藏

图片采自：Mikhail Treister, “Some Classical Subjects on Sarmatian Phalerae (to the Origin of Phalerae),” in Gocha Tsetskhladze, ed., *Ancient Greeks West and East*, Leiden: Brill, 1999, fig. 6.

图8-2-13 银圆形牌饰，希腊凯拉米克斯，公元前370—前360年，雅典德国考古研究所藏

图片采自：Mikhail Treister, “Some Classical Subjects on Sarmatian Phalerae (to the Origin of Phalerae),” in Gocha Tsetskhladze, ed., *Ancient Greeks West and East*, fig. 7.

图8-2-14 银圆扣饰，通体镀金，俄罗斯谢韦尔斯卡亚，公元前2—前1世纪，直径16.2厘米，莫斯科国家历史博物馆藏

图片采自：https://gim.aif.ru/?page=slide-36.

图8-2-15 希腊化世界的银碗，局部镀金，约公元前100年，洛杉矶盖蒂博物馆藏

图片采自：https://media.getty.edu/iiif/image/23ede42b-2335-4601-8e93-3105695d7d7b/full/2996,/0/default.jpg?download=23ede42b-2335-4601-8e93-3105695d7d7b_2996.jpg&size=medium.

图8-2-16 “黄金之丘”5号墓中的项链，黄金，嵌绿松石、石榴石、黄铁矿，阿富汗，公元26—60年，喀布尔阿富汗国家博物馆藏

图片采自：成都博物馆编著:《阿富汗：古代文明的十字路口》，北京：文化艺术出版社，2018年，第114页，图130。

图8-2-17 阿斯特拉罕银盖上的鱼纹、海怪纹和双环回纹，希腊化晚期，约翰·鲍德曼（John Boardman）绘

图片采自：John Boardman, *The Greeks in Asia*, London: Thames and Hudson, 2015, fig. 57.

图8-2-18 康撒罗斯杯（Kantharos），玻璃、黄金、玛瑙、石榴石，俄罗斯谢韦尔斯卡亚，公元前2—前1世纪，高9.4厘米，莫斯科国家历史博物馆藏

图片采自：https://gim.aif.ru/?page=slide-37.

图8-2-19 萨尔马提亚钩扣和耳环

图片采自：Mikhail Ivanovich Rostovtzeff, *Iranians and Greeks in South Russia*, Oxford: Clarendon Press; New York: Oxford University Press, 1922, p. 127, fig. 16.

图8-2-20 镶嵌石榴石的萨尔马提亚金质香水瓶，出自黑海北岸地区，公元2—3世纪，瓶身直径3.5厘米，圣彼得堡艾尔米塔什博物馆藏

图片采自：https://www.hermitagemuseum.org/wps/portal/hermitage/digital-collection/25.+archaeological+artifacts/47293

第九章

图9-1-1 哈尔恰扬的宫殿

上 平面图与正立面图。图片采自：Malcolm Colledge, “Chapter 6. Greek and Non-Greek Interaction in the Art and Architecture of the Hellenistic East,” in Amélie Kuhrt and Susan Sherwin-White, eds.,

Hellenism in the East: The Interaction of Greek and Non-Greek Civilizations from Syria to Central Asia after Alexander (Hellenistic Culture and Society), Berkeley and Los Angeles: University of California Press, 1987, p. 160.

下左　复原模型。董波摄于乌兹别克斯坦铁尔梅兹考古博物馆

下右　室内场景复原图。董波摄于乌兹比克斯坦塔什干美术科学研究中心

图9-1-2　哈尔恰扬宫殿的石柱础，公元前2—前1世纪

左　遗存。图片采自：https://www.centralasia-travel.com/en/countries/uzbekistan/places/termez/khalchayan.

右　线描图。图片采自：Akmaljon Ulmasov, “Semantics of Ancient Architectural Forms and Art Images (as Exemplified by Architectural Monuments of Southern Uzbekistan),” in Cultural Heritage Protection Copperation Office, Asia-Pacific Cultural Centre for UNESCO (ACCU), *ACCU Nara International Correspondent: The Ninth Regular Report*, Nara: ACCU, 2012, fig. 1.

图9-1-3　哈尔恰扬檐饰，赤陶，公元前1—公元1世纪

图片采自：https://gim.aif.ru/?page=slide-37.

图9-1-4　哈尔恰扬宫殿大厅中间西墙彩绘泥塑高浮雕饰板线描复原图

图片采自：G. A. Pugachenkova, *Skulptura Khalchayana*, Moskva: Iskusstvo, 1971, p. 51.

图9-1-5　帕提亚王侯头像，哈尔恰扬，公元前1—公元1世纪，彩绘泥塑，塔什干乌兹别克斯坦艺术博物馆藏

图片采自：https://en.wikipedia.org/wiki/File:Khalchayan_Parthian_king.jpg.

图9-1-6　满腮虬髯的人像，塔克西拉斯尔卡普的达摩拉吉卡佛塔，灰塑，塔克西拉博物馆藏

图片采自：Benjamin Rowland Jr., “Graeco-Bactrian Art and Gandhāra: Khalchayan and the Gandhāra Bodhisattvas,” *Archives of Asian Art*, Vol. 25 (1971/1972), fig. 2a.

图9-1-7　雅典娜像脸部，哈尔恰扬，灰塑，塔什干乌兹别克斯坦艺术博物馆藏

图片采自：G. A. Pugachenkova, *Skulptura Khalchayana*, fig. 88.

图9-1-8　哈尔恰扬宫殿大厅右边北墙彩绘泥塑高浮雕饰板线描复原图

图片采自：G. A. Pugachenkova, *Skulptura Khalchayana*, p. 61.

图9-1-9　拿盔甲的王侯彩绘泥塑像，哈尔恰扬，塔什干乌兹别克斯坦艺术博物馆藏

图片采自：https://commons.wikimedia.org/wiki/File:Kalchayan_Prince_warrior_(full).jpg; https://commons.wikimedia.org/wiki/File:Khalchayan_prince_portrait_(front,_side).jpg.

图9-1-10　哈尔恰扬宫殿大厅左边南墙彩绘泥塑高浮雕饰板

上　饰板线描复原图。图片采自：G. A. Pugachenkova, *Skulptura Khalchayana*, p. 71.

图片采自：Fredrik Hiebert and Pierre Cambon, *Afghanistan: Crossroads of the Ancient World*, fig. 136

图9-2-4 雅典娜戒指，金、绿松石，喀布尔阿富汗国家博物馆藏

图片采自：Fredrik Hiebert and Pierre Cambon, *Afghanistan: Crossroads of the Ancient World*, fig. 137.

图9-2-5 狄奥尼苏斯与阿里阿德涅金扣饰，嵌绿松石，喀布尔阿富汗国家博物馆藏。汪璐摄

图9-2-6 阿芙洛狄特金像，喀布尔阿富汗国家博物馆藏

图片采自：Fredrik Hiebert and Pierre Cambon, *Afghanistan: Crossroads of the Ancient World*, fig. 217.

图9-2-7 "黄金之丘"4号墓金匕首柄和鞘，嵌绿松石，喀布尔阿富汗国家博物馆藏

图片采自：成都博物馆编著：《阿富汗：古代文明的十字路口》，第106页，图116、117。

图9-2-8 武士金扣饰，喀布尔阿富汗国家博物馆藏。汪璐摄

图9-2-9 女神动物金坠饰，嵌绿松石，喀布尔阿富汗国家博物馆藏

图片采自：成都博物馆编著：《阿富汗：古代文明的十字路口》，第120页，图137。

第十章

图10-1-1 阿伽托克勒斯钱币上的宙斯

O. Bopearachchi, *Monnaies gréco-bactriennes et indo-grecques, cataloque raisonné*, Paris: Bibliothèque Nationale, 1991, pp. 172-173, pl. 6-8, série 1-4, 19; O. Bopearachchi, Ch. Landes and Ch. Sachs, eds., *De l'Indus à l'Oxus. Archéologie de l'Asie Centrale*, Lattes: Musée de Lattes, 2003, p. 92, cat. no. 67.

图10-1-2 安提阿尔吉达斯四德拉克马银币上的宙斯

O. Bopearachchi, *Monnaies gréco-bactriennes et indo-grecques, cataloque raisonné*, p. 273, pl. 39, série 6-8; J. Cribb, E. Errington and M. Claringbull, eds., *The Crossroads of Asia: Transformation in Image and Symbol in the Art of Ancient Afghanistan and Pakistan*, Cambridge: The Ancient India and Iran Trust, 1992, p. 74, cat. no. 55.

图10-1-3 米南德二世银币上的宙斯

O. Bopearachchi, *Monnaies gréco-bactriennes et indo-grecques, cataloque raisonné*, p. 314, pl. 49, série 4.

图10-1-4 雅典娜钱币，沙曼哈佐利窖藏

J. Cribb, E. Errington and M. Claringbull, eds., *The Crossroads of Asia: Transformation in Image and Symbol in the Art of Ancient Afghanistan and Pakistan*, p. 56, cat. nos. 5, 6 (年代约为公元前350年). O. Bopearachchi, Ch. Landes and Ch. Sachs, eds., *De l'Indus à l'Oxus. Archéologie de l'Asie Centrale*, p. 88, cat. no. 54 (背面图案是一只猫头鹰，年代约在公元前4世纪末期); p. 88, cat. no. 55 (背面图案是

一只鹰).

图10-1-5 阿波罗多托斯一世四德拉克马银币上的雅典娜

O. Bopearachchi, *Monnaies gréco-bactriennes et indo-grecques, cataloque raisonné*, p. 188, pl. 11, série 1 (coin of Apollodotus I); p. 307, pl. 48, série 1 (coin of Theophilos).

图10-1-6 金戒指上的雅典娜，“黄金之丘”

V. I. Sarianidi, *Afghanistan: sokrovishcha bezymyannykh tsarey*, Moscow: Nauka, 1983, ris. 14, 15; V. I. Sarianidi, “Zur Kultur der fruhen Kusana,” in J. Ozols and V. Thewalt, eds., *Aus dem Osten des Alexanderreiches. Völker und Kulturen zwischen Orient und Okzident, Iran, Afghanistan, Pakistan, Indien*, Köln: Du Mont, 1984, Abb. 6; V. I. Sarianidi, *Bactrian Gold. From the Excavations of the Tillya-Tepe Necropolis in Northern Afghanistan,* Leningrad: Aurora Art cop., 1985, p. 230, Burial 2, no. 1, ill. 108; V. I. Sarianidi, “Le trésor de Tilia Tepe,” *Les dossiers d'archéologie*, no. 247 “La Bactriane”, 1999, p. 78; J. Boardman, *Diffusion of Classical Art in Antiquity*, London: Thames and Hudson, 1994, p. 119, fig. 4.56; P. Cambon and J.-F. Jarrige, eds., *Afghanistan. Les trésors retrouvés. Collections du musée national de Kaboul*, Paris: Editions de la Réunion des musées nationaux, 2006, p. 172, cat. no. 55. 书中将该作品定年于公元1世纪。

图10-1-7 绿松石戒指上雅典娜，“黄金之丘”

V. I. Sarianidi, *Bactrian Gold. From the Excavations of the Tillya-Tepe Necropolis in Northern Afghanistan*, p. 231, Burial 2, no. 2, ill. 109; J. Boardman, *Diffusion of Classical Art in Antiquity*, p. 119, fig. 4.55; V. I. Sarianidi, “Le trésor de Tilia Tepe,” p. 78; P. Cambon and J. F. Jarrige, eds., *Afghanistan. Les trésors retrouvés. Collections du musée national de Kaboul*, p. 172, cat. no. 56. 书中将该作品定年于公元1世纪。

图10-1-8 宝石上的雅典娜，来源不明

O. Bopearachchi, Ch. Landes and Ch. Sachs, eds., *De l'Indus à l'Oxus. Archéologie de l'Asie Centrale*, pp. 149-150, cat. no. 140.

图10-1-9 耳坠上的雅典娜，“黄金之丘”3号墓地

V. I. Sarianidi, *Afghanistan: sokrovishcha bezymyannykh tsarey*, ris. 24; V. I. Sarianidi, *Bactrian Gold. From the Excavations of the Tillya-Tepe Necropolis in Northern Afghanistan*, p. 230, burial 3, no. 78, ill. 73.

图10-1-10 阿明塔斯钱币上的雅典娜

O. Bopearachchi, *Monnaies gréco-bactriennes et indo-grecques, cataloque raisonné*, pp. 303-304, pl. 47, série 14, 15 (coin of Amyntas); J. Cribb, E. Errington and M. Claringbull, eds., *The Crossroads of Asia:*

Transformation in Image and Symbol in the Art of Ancient Afghanistan and Pakistan, p. 80, cat. no. 72 (coin of Spalahores and Vonones).

图10-1-11　宝石项链上的雅典娜，“黄金之丘”

V. I. Sarianidi, *Afghanistan: sokrovishcha bezymyannykh tsarey*, ris. 57; V. I. Sarianidi, *Bactrian Gold. From the Excavations of the Tillya-Tepe Necropolis in Northern Afghanistan*, p. 252, burial 5, no. 1, ill. 102, 103.

图10-1-12　雅典娜片岩雕像，旁遮普拉合尔博物馆藏

H. Ingholt, *Gandhāran Art in Pakistan*, New York: Pantheon Books, 1957, p. 168, cat. no. 443 ("Athena or Roma"); F. Tissot, *The Art of Gandhâra*, Paris: Jean Maisonneuve, 1986, fig. 204 ("exotic female guardian of harem").

图10-1-13　巴克特里亚和印度—希腊人国王钱币上的尼科

A. Houghton and C. Lorber, *Seleucid Coins: A Comprehensive Catalogue*, New York: The American Numismatic Society, 2002, pl. 75, nos. 452-454 (coin of Antiochus I); O. Bopearachchi, *Monnaies gréco-bactriennes et indo-grecques, cataloque raisonné*, pp. 185-186, pl. 10, série 5 (coin of Antimachus I); O. Bopearachchi, *Monnaies gréco-bactriennes et indo-grecques, cataloque raisonné*, pp. 215-216, pl. 22, série 23 (coin of Eucratides I); O. Bopearachchi, *Monnaies gréco-bactriennes et indo-grecques, cataloque raisonné*, p. 241, pl. 32, série 27 (coin of Menander I); O. Bopearachchi, *Monnaies gréco-bactriennes et indo-grecques, cataloque raisonné*, p. 323, pl. 51, série 11; P. Callieri, "Seals from Gandhara. Foreign Imports and Local Production," in M. F. Boussac and A. Invernizz, eds., *Archives et sceaux du monde hellénistique*, Bulletin de correspondance hellénistique: Supplément 129, Athens: Ecole Français d' Athènes, 1993, fig. 11 (coin of Archebius); T. K. Mallon-McCorgray, "The Coins and History of Asia," available online from URL: http://www.grifterrec.com/coins/indoparthian/indoparthian.html (10/03/2010) (coins of Kujula Kadphises and Sarpedon).

图10-1-14　安提马库斯二世钱币上的尼科

O. Bopearachchi, *Monnaies gréco-bactriennes et indo-grecques, cataloque raisonné*, pp. 196-197, pl. 14, 15, série 1; O. Bopearachchi, Ch. Landes and Ch. Sachs, eds., *De l'Indus à l'Oxus. Archéologie de l'Asie Centrale*, p. 95, cat. no. 76 (coin Antimachus II).

图10-1-15　宝石上的尼科，“黄金之丘”

V. I. Sarianidi, *Afghanistan: sokrovishcha bezymyannykh tsarey*, ris. 61; V. I. Sarianidi, *Bactrian Gold. From the Excavations of the Tillya-Tepe Necropolis in Northern Afghanistan*, p. 253, burial 5, no. 10, ill. 72; P. Cambon and J. F. Jarrige, eds., *Afghanistan. Les trésors retrouvés. Collections du musée national de Kaboul*, p. 205, cat. no. 133. 书中将作品的年代定于公元1世纪。

图10-1-16 赫劳斯钱币上的尼科女神

T. K. Mallon-McCorgray, "The Coins and History of Asia," available online from URL: http://www.grifterrec.com/coins/indoparthian/indoparthian.html (10/03/2010).

图10-1-17 化妆盘上的阿波罗和达芙妮，纽约私人收藏

S. J. Czuma, *Kushan Sculpture: Images from Early India*, cat. no. 64. 祖玛将这件作品定年于公元1世纪。

图10-1-18 化妆盘上的阿波罗和达芙妮，卡拉奇国立博物馆藏

H. Ingholt, *Gandhāran Art in Pakistan*, p. 176, cat. no. 479; J. Marshall, *The Buddhist Art of Gandhara. The Story of the Early School Its Birth, Growth and Decline*, Cambridge: Cambridge University Press, 1960, pl. 11, fig. 13 ("pair of lovers"). 图像为公元前1世纪。L. Nehru, *Origins of the Gandharan Style. A Study of Contributory Influences*, Oxford: Oxford University Press, 1989, fig. 165.

图10-1-19 阿波罗半身像，贝格拉姆

M. Menninger, *Untersuchungen zu den Gläsern und Gipsabgüssen aus den Fund von Begram/Afganistan*, Würzburg: Ergon Verlag, 1996, cat. no. M2.

图10-1-20 欧克拉提德钱币上的狄奥斯库里兄弟骑像

(1a) O. Bopearachchi, *Monnaies gréco-bactriennes et indo-grecques, cataloque raisonné*, pp. 199-200, 202-208, 211-214, p. 216, pl. 16-22, série 1, 2, 4-8, 11, 19-21, 25; O. Bopearachchi, "La présence des Grecs en Asie Centrale: nouvelles données numismatiques," in J. A. Todd, ed., *Greek Archaeology without Frontiers*, Athens: The National Hellenic Research Foundation, 2002, pp. 120-121, figs. 6-9; J. Cribb, E. Errington and M. Claringbull, eds., *The Crossroads of Asia: Transformation in Image and Symbol in the Art of Ancient Afghanistan and Pakistan*, p. 60, cat. nos. 17-18; O. Bopearachchi, Ch. Landes and Ch. Sachs, eds., *De l'Indus à l'Oxus. Archéologie de l'Asie Centrale*, pp. 95-97, cat. nos. 78-83, 85, 86 (coin of Eucratides I); O. Bopearachchi, *Monnaies gréco-bactriennes et indo-grécques, catalogue raisonné*, pp. [illegible], pl. [illegible], série 1-7 (coin of Diomedes). (1b) T. K. Mallon-McCorgray, "The Coins and History of Asia," available online from URL: http://www.grifterrec.com/coins/indoparthian/indoparthian.html (coin of Merv) (10/03/2010).

图10-1-21 狄奥斯库里兄弟化妆盘，卡拉奇

狄奥斯库里兄弟骑马向右奔驰，页岩制化妆盘，藏于卡拉奇博物馆，馆藏编号998，巴基斯坦塔克西拉斯尔卡普。H. Ingholt, *Gandharan Art in Pakistan*, p. 176, cat. no. 480; A. Waheed Jan, *Taxila. Story in Stone*, Pakistan: Muhammad Wali Ulla Khan Anjuman Press, 1997, p. 3, fig. 2. 依我之见，该化

妆盘的制作时间应在公元前1世纪。

图10-1-22 亚历山大四德拉克马银币上的赫拉克勒斯

J. Cribb, E. Errington and M. Claringbull, eds., *The Crossroads of Asia: Transformation in Image and Symbol in the Art of Ancient Afghanistan and Pakistan*, p. 58, cat. nos. 10, 11 (coin of Alexander the Great); A. Houghton and C. Lorber, *Seleucid Coins. A Comprehensive Catalogue*, pl. 75, no. 442 (coin of Antiochus I); O. Bopearachchi, *Monnaies gréco-bactriennes et indo-grecques, cataloque raisonné*, p. 177, pl. 8, série 12 (coin of Agathocles).

图10-1-23 印度—希腊人国王钱币上的赫拉克勒斯立像

J. Boardman, O. Palagia and S. Woodford, "Herakles," in *Lexicon Iconographicum Mythologiae Classicae IV*, Zürich: Artemis, 1988, pp. 728-838, no. 738; O. Bopearachchi, *Monnaies gréco-bactriennes et indo-grecques, cataloque raisonné*, pp. 164-166, pl. 4, 5, série 1-3; J. Cribb, E. Errington and M. Claringbull, eds., *The Crossroads of Asia: Transformation in Image and Symbol in the Art of Ancient Afghanistan and Pakistan*, p. 60, p. 80, cat. nos. 20, 71; O. Bopearachchi, "La présence des Grecs en Asie Centrale: nouvelles données numismatiques," in J. A. Todd, ed., *Greek Archaeology without Frontiers*, pp. 118-119, figs. 4, 5; O. Bopearachchi, Ch. Landes and Ch. Sachs, eds., *De l'Indus à l'Oxus. Archéologie de l'Asie Centrale*, pp. 90-91, cat. no. 63 (coin of Demetrius I); O. Bopearachchi, *Monnaies gréco-bactriennes et indo-grecques, cataloque raisonné*, p. 179, pl. 8, série 17 (coin of Agathocles), p. 308, pl. 48, série 4 (coin of Theophilos); J. Cribb, E. Errington and M. Claringbull, eds., *The Crossroads of Asia: Transformation in Image and Symbol in the Art of Ancient Afghanistan and Pakistan*, p. 80, cat. no. 72 (coin of Spalahores and Vonones), p. 81, cat. no. 78 (coin of Huvishka).

图10-1-24 赫拉克勒斯雕塑，私人收藏

O. Bopearachchi, Ch. Landes and Ch. Sachs, eds., *De l'Indus à l'Oxus. Archéologie de l'Asie Centrale*, cat. no. 89. 伯尔纳和波比拉赫奇将这件作品定年于公元前2世纪。

图10-1-25 赫拉克勒斯青铜小雕塑，阿伊·哈努姆遗址

G. A. Pugachenkova, *Iz khudozhestvennoy sokrovishchnicy Srednego Vostoka*, Tashkent: Publishing House of Literature and Art, 1987, p. 70; J. Boardman, O. Palagia and S. Woodford, "Herakles," in *Lexicon Iconographicum Mythologiae Classicae IV*, pp. 728-838, no. 747 (without illustration); P. Cambon and J.-F. Jarrige, eds., *Afghanistan. Les trésors retrouvés. Collections du musée national de Kaboul*, p. 152, pp. 264-265, cat. nos. 14 (大约在公元150年), 29; N. Shagalina, "Transformation of the Image of War and Victory Deity in the Ancient Art of Central Asia," *San'at*, Vol. 2 (2010).

图10-1-26 赫拉克勒斯象牙浮雕，奥克苏斯河神庙

I. R. Pichikyan, *Kul'tura Baktrii. Achaimenidskiy i ellinisticheskiy periody*, Moscow: Nauka, 1991, ill. 21. 该作品定年于公元前4世纪。K. Abdullaev, "Reutilization of Old Images for New Iconographic Generations. The Questions of the Destiny of Greek Images in the Post-Hellenistic Period," *East and West*, Vol. 52 (2022), pp. 53-69.

图10-1-27　阿特拉斯坐像雕塑，出土地不详

Mario Bussagli, *L'Art du Gandhara*, trans. Béatrice Arnal, Paris: Librairie Générale Française, 1996, p. 102, fig. 1.

图10-2-1　浮雕上的护法金刚与僧侣，伦敦大英博物馆藏

J. Cribb, E. Errington and M. Claringbull, eds., *The Crossroads of Asia: Transformation in Image and Symbol in the Art of Ancient Afghanistan and Pakistan*, p. 132, cat. no. 134; W. Zwalf, *A Catalogue of the Gandhara Sculpture in the British Museum*, 2 vols., London: The British Museum, 1996, cat. no. 293.

图10-2-2　赫拉克勒斯/护法金刚坐姿雕塑，哈达

Ch. Mustamandy, "Herakles, Anherr Alexanders, in einer Plastik aus Hadda," in J. Ozols and V. Thewalt, eds., *Aus dem Osten des Alexanderreiches. Völker und Kulturen zwischen Orient und Okzident, Iran, Afghanistan, Pakistan, Indien*, pp. 177-179, frontispiz, Abb. 4, 5; J. Boardman, *Diffusion of Classical Art in Antiquity*, pp. 142-143, fig. 4.87; Ch. Mustamandy, "The Impact of Hellenised Bactria on Gandharan Art," in R. Allchin, B. Allchin, N. Kreitman and E. Errington, eds., *Gandharan Art in Context. East-West Exchanges at the Crossroads of Asia*, New Delhi: Regency Publications, 1997, pp. 17-27, figs. 4, 5; K. A. Schwab, "The Lysippan Herakles as Vajrapani in Hadda," in O. Palagia and W. Coulson, eds., *Regional School in Hellenistic Sculpture. Proceedings of an International Conference Held at the American School of Classical Studies at Athens, March 15-17, 1996*, Oxford: Oxbow Books, 2017, pp. 27-33.

图10-2-3　阿特拉斯正面坐像浮雕雕塑，犍陀罗

L. Stančo, *Gandharan Sculpture in the National Gallery*, Prague: Annals of the Naprstek Museum 24, 2003, pp. 19-28, cat. no. 10 (公元2—3世纪).

图10-2-4　[illegible]

J. Cribb, E. Errington and M. Claringbull, eds., *The Crossroads of Asia: Transformation in Image and Symbol in the Art of Ancient Afghanistan and Pakistan*, p. 104, cat. no. 107. 鲍德曼将这件作品定年于公元1—3世纪。

图10-2-5　银杯上的老年狄奥尼苏斯浮雕，出土地不详

J. Cribb, E. Errington and M. Claringbull, eds., *The Crossroads of Asia: Transformation in Image and Symbol in the Art of Ancient Afghanistan and Pakistan*, pp. 91-94, cat. no. 97, colour plate 10-11. 鲍德曼

将这件作品的年代定在公元前1世纪。L. Stančo, "Dionýsův indický triumf," *Orientalia Antiqua Nova*, Vol. 4 (2004), pp. 111-113, cat. no. 1.

图10-2-6　西勒诺斯骑行浮雕，东京古代东方博物馆藏

K. Tanabe, "The Earliest Paramita Imagery of Gandharan Buddhist Reliefs. A New Interpretation of the So-called Dionysiac Imagery," *Silk Road Art and Archaeology*, Vol. 9 (2003), p. 93, no. 10, fig. 21.

图10-2-7　萨提尔灰泥头像，伦敦大英博物馆藏

J. Cribb, E. Errington and M. Claringbull, eds., *The Crossroads of Asia: Transformation in Image and Symbol in the Art of Ancient Afghanistan and Pakistan*, p. 119, cat. no. 123 (鲍德曼将这件作品定代于公元1世纪). W. Zwalf, *A Catalogue of the Gandhara Sculpture in the British Museum*, 2 vols., cat. no. 623.

图10-2-8　西勒诺斯青铜面具，喀布尔博物馆藏

J. Auboyer, *Umění v Afghánistánu*, Prague: Artia, 1968, cat. no. 12; P. Cambon and J.-F. Jarrige, eds., *Afghanistan. Les trésors retrouvés, Collections du musée national de Kaboul*, p. 257, cat. no. 221. 该作品的年代为公元1世纪。

图10-2-9　萨提尔青铜浮雕，斯瓦特

J. Cribb, E. Errington and M. Claringbull, eds., *The Crossroads of Asia: Transformation in Image and Symbol in the Art of Ancient Afghanistan and Pakistan*, p. 116, cat. no. 118. 鲍德曼将这件作品定在公元前1世纪到公元1世纪期间。

图10-2-10　萨提尔/西勒诺斯演奏双管笛像，塔赫特—伊·桑金神庙

J. Boardman, *Diffusion of Classical Art in Antiquity*, p. 105, 4.37; B. A. Litvinskiy, "Le temple de l'Oxus et ses trésors," *Les dossieres d'archéologie*, no. 24 ("La Bactriane de Cyrus a Timour"), 1999, p. 72.

图10-2-11　小陶片上的狄奥尼苏，出土地不详

K. Abdullaev and S. Radzhabov, "Terrakotovaya plitka s izobrazheniyem Dionysa i satyra iz Kashkadaryi," *Istoriya materialnoy kul'tury Uzbakistana*, Vol. 31 (2000), pp. 111-114. 根据图像内容和陶器，阿卜杜拉耶夫将这件作品定年于公元前2—前1世纪。

图10-2-12　萨提尔陶制头像，达尔维津·特佩

G. A. Pugachenkova and E. V. Rtveladze, *Greciya-Uzbekistan. Obshchiye ku'lturnye traditsii, Catalogue*, Tashkent, 2001, p. 42. 该作品年代为公元前1—公元2世纪。

图10-2-13　化妆盘上的涅瑞伊得斯，芝加哥私人收藏

S. J. Czuma, *Kushan Sculpture: Images from Early India*, cat. no. 70. 祖玛将这件作品定年于公元1世纪。

图10-2-14　涅瑞伊得斯化妆盘，日本私人收藏

K. Tanabe, "Greek, Roman and Parthian Influence on the Pre-Kushana Gandharan 'Toilettrays' and Forerunners of Buddhist Paradise (Pâramitâ)," *Silk Road Art and Archaeology*, Vol. 8 (2002), fig. 4.

图10-2-15　化妆盘上的涅瑞伊得斯骑海龙（残件），私人收藏

P. Callieri, et al., *Il maestro di Saidu Sharif: alle origini dell'arte del Gandhara*, Roma: Istituto Italiano per l'Africa e l'Oriente; Museo nazionale d'arte orientale Giuseppe Tucci, 2002, p. 147, cat. no. 11. 穆齐奥将这件作品定年于公元前1世纪。

图10-2-16　化妆盘上的涅瑞伊得斯，私人收藏

M. Taddei, "Neue Forschungsbelege zur Gandhara-Ikonographie," in J. Ozols and V. Thewalt, eds., *Aus dem Osten des Alexanderreiches. Völker und Kulturen zwischen Orient und Okzident, Iran, Afghanistan, Pakistan, Indien*, p. 170, Abb. 18; D. E. Klimburg-Salter, *Buddha in Indien. Die Frühindische Skulptur von König Asoka zur Guptazeit*, Wien: Skira, 1995, p. 284, cat. no. 196; P. Callieri, et al., *Il maestro di Saidu Sharif: alle origini dell'arte del Gandhara*, p. 147, cat. no. 12. 穆齐奥将这件作品定年于公元前1世纪。

图10-2-17　化妆盘上的涅瑞伊得斯和厄洛斯，巴黎私人收藏

O. Bopearachchi, Ch. Landes and Ch. Sachs, eds., *De l'Indus à l'Oxus. Archéologie de l'Asie Centrale*, pp. 192-193, no. 183. 伯尔纳和波比拉赫奇将这件作品定年于公元前2世纪末至公元前1世纪初。

图10-2-18　化妆盘上骑着海马的男子，达尔维津·特佩

K. Abdullaev, E. V. Rtveladze and G. V. Shishkina, eds., *Culture and Art of Ancient Uzbekistan*, Exhibition catalogue, Vol. 1, Moscow: Vneshtorgizdat, 1991, p. 127, cat. no. 153. 书中认为这件作品为公元1世纪早期作品。G. A. Pugachenkova, E. V. Rtveladze and Kyuzo Kato, eds., *Antiquities of Southern Uzbekistan, Catalogue*, Soka: Soka University, 1991, no. 83. 约定年于公元1世纪。

译名表

A

Abbottabad阿伯塔巴德
Abdagases阿布达伽塞斯
Abdalonymus阿达洛尼姆斯
Abdera阿布戴拉
Abdullaev, K. 阿卜杜拉耶夫
Abundantia阿布恩丹提亚
Acarnania阿卡纳尼亚
Achaemenid Empire阿黑门尼帝国
Achelous阿凯鲁斯
Achilles阿喀琉斯
Acinaces阿基纳凯斯
Aegae/Aigai埃盖
Agathocleia阿伽托克里娅
Agathocles I Dikaios“公正者”阿伽托克勒斯一世
Agathocles阿伽托克勒斯
Agias阿基雅斯
Aglibol阿戈黎波
Agrigento阿格里真托
Ahura Mazda阿胡拉·马兹达
Aidone阿伊多内
Aigina埃伊纳岛
Ai Khanoum阿伊·哈努姆
Airtam阿尔塔姆
Ajax埃阿斯
Aleppo阿勒颇
Alexander亚历山大
Alexandria亚历山大里亚
Alexandria in Arachosia阿拉科西亚的亚历山大里亚
Alexandria in Caucasus高加索的亚历山大里亚
Alexandria on the Oxus奥克苏斯河畔的亚历山大里亚
Altai阿尔泰
Amaravati阿玛拉瓦蒂
Amazon亚马宗人
Ammon/Amun阿蒙神
Amphitrite安菲特里特
Amu Darya阿姆河
Amyntas阿明塔斯
Anahita阿娜希塔
Ancona安科纳

Andan Dheri 安丹・德瑞遗址
Andragoras 安德拉戈拉斯
Antialcidas 安提阿尔吉达斯
Antigonus II Gonatas 安提柯二世・贡那特
Antimachus 安提马库斯
Antioch on the Orontes 奥龙特斯河畔的安条克
Antioch 安条克
Antiochus Hierax 安条克・希拉克斯
Antiochus Ⅰ of Commagene 科马根尼国王安条克一世
Antonine-era 安东尼时期
Apelles 阿佩勒斯
Aphrodite 阿芙洛狄特
Apis 阿匹斯
Apollo 阿波罗
Apollodotus 阿波罗多托斯
Apracarajas 阿普拉卡拉亚斯
Apsidal 阿普西达尔
Arachosia 阿拉科西亚
Archebius 阿奇比乌斯
Ardashir 阿尔达希尔
Ardokhsho 阿尔多克修
Ares 阿瑞斯
Argead dynasty 阿基德王朝
Ariadne 阿里阿德涅
Aristogeiton 阿里斯托吉吞
Arkaim 阿尔卡伊姆
Arkhebios 阿尔凯比乌斯
Arrian 阿里安
Arsaces 阿尔萨息
Arsinoe 阿尔西诺
Arsinoeia 阿尔西诺亚节
Artav/Artabanus 阿尔塔夫
Artagenes 阿尔塔基尼
Ateas 阿提阿斯
Artemidoros 阿尔特米多罗斯
Artemis 阿尔特米斯
Ascalon 阿斯卡隆
Ashgabat 阿什哈巴德
Ashi 阿什
Ashkelon 亚实基伦
Ashoka 阿育王
Asia Minor 小亚细亚
Aspavarma 阿斯帕瓦尔马
Astarte 阿斯塔特
Astrakhan 阿斯特拉罕
Atargatis 阿塔耳伽提斯
Athena 雅典娜
Athena Alkidemos 雅典娜・阿尔基德莫斯
Athens 雅典
Atlas 阿特拉斯
Atrosokes 阿特罗索克斯
Attalid dynasty 阿塔罗斯王朝
Attalus 阿塔卢斯
Attica/Attika 阿提卡
Auboyer, J. 奥博耶尔
Augustus 奥古斯都
Aurelian 奥勒良
Azes 阿泽斯

B

Babylon巴比伦

Bactra巴克特拉

Bactria巴克特里亚

Bajaur巴焦尔

Bala Hissar巴拉・希萨尔

Baltimore巴尔的摩

Bamyan巴米扬

Barat Tepe巴拉特・特佩

Barikot巴里果德

Basle巴斯莱

Bassae巴塞

Batsumber sum巴特苏木贝县

Bayram Ali巴伊拉姆・阿里镇

Bazira巴济拉

Begram贝格拉姆

Behrendt, K. 贝伦特

Behistun贝希斯敦

Bellerophon柏勒洛丰

Berenice贝莱尼凯

Bhagabadra巴加巴德拉

Bhakti巴克提思想

Bharhut巴尔胡特

Bhir Mound皮尔丘

Bijan比扬

Bimaran比马兰

Bir-kot-ghwandai必尔—果德—格宛代

Bithynia俾提尼亚/比提尼亚

Boardman鲍德曼

Boeotia彼奥提亚

Bodh Gaya菩提伽耶

Bodhisattva菩萨

Bopearachchi, O. 波比拉赫奇

Bosporus博斯普鲁斯

Botticelli, Sandro波提切利

Brahma梵天

Bromberg布朗伯格

Bryaxis布莱雅克西斯

Bukhara布哈拉

Buner布内尔

Bussagli, M. 布萨格里

Butkara布特卡拉

Buzzi, I. 布乔

C

Caesar凯撒

Callicles卡里克勒斯

Callieri, P. 卡莱里

Callimachus卡里马库斯

Callixenus卡利塞努斯

Cameo卡梅奥，多彩宝石浮雕

Canosa卡诺萨

Cape Sounion苏尼翁海角

Capitoline卡比托利欧

Caria卡里亚

Carter, M. 卡特

Carthage迦太基

Cartoceto di Pergola卡尔托切托—佩尔戈拉

Cassandra卡珊德拉

centaur马人，肯陶尔

Certomlyk/Chertomlyk 切尔托姆利克

Cetus 刻托

Chaeronea 喀罗尼亚

Chaitya arch 支提窗

Chakdara 查克达拉

Chakhil-i-Ghoundi 查基尔—伊—巩迪

Chandigarh 昌迪加尔

Characene 卡拉科尼

Chares 卡雷斯

Charsada/Charsadda 查尔萨达

Chelyabinsk 车里雅宾斯克

Chimera 喀迈拉

Cimmeria 辛梅里亚

Cleisthenes 克里斯提尼

Cleopatra 克列奥帕特拉

Colchis 科尔基斯

Colophon 科洛丰

Commagene 科马根尼

Constantine 君士坦丁

Cophen 科芬河

Corinium 科林尼亚姆

Cossacks 哥萨克

Cragus 克拉古斯

Craterus 克拉特鲁斯

Cribb 克里布

Crimea 克里米亚

Croesus 克洛伊索斯

Ctesiphon 泰西封

Cunningham, A. 坎宁汉

Cupids 丘比特

Curtius Rufus 库尔提乌斯

Cybele 库柏勒

Cyrene 昔列尼

Czuma 祖玛

D

Dalverzin Tepe 达尔维津・特佩

Daphne 达芙妮

Darius 大流士

Darūṇṭa 达伦塔

Deianeira 得伊阿尼拉

Delos 提洛岛

Delphi 德尔斐

Delphian ex voto of Daochos 德尔斐达欧荷斯还愿群雕

Demeter 得墨特尔

Demetrius 德米特里

Demetrius I Poliorcetes “围城者”德米特里一世

Denov 德诺夫

Dexileos 德克西莱奥斯

Dharmarajika 达摩拉吉卡

Diadochi 继业者

Diocletian 戴克里先

Didyma 狄底玛

Dilberjin [illegible]

Diodotus 狄奥多托斯

Diomedes 狄奥米德斯

Dion 狄昂

Dionysus 狄奥尼苏斯

Dioscuri 狄奥斯库里兄弟

E

F

G

Gondopharid dynasty 贡多法勒斯王朝
Gorgippi 戈尔基皮
Gorgon 戈耳工
Gorgoneion（雅典娜胸前）戈耳工女怪像
Gorno-Altaysk 戈尔诺阿尔泰省
Gorytos 戈里托斯
Greco-Bactrian Kingdom 希腊—巴克特里亚王国
Griffin 格里芬
Gujarat 古吉拉特
Gupta Empire 笈多帝国

H

Hackin, J. 哈金
Hadda 哈达
Hades 哈得斯
Hadrian 哈德良
Halicarnassus 哈利卡纳苏斯
Hamadan province 哈马丹省
Hamsa 桓娑
Hamuzagar 哈姆扎尕尔
Hariti 诃利帝
Harmodius 哈莫狄乌斯
Harpocrates 哈尔波克拉特斯
Harsaf 哈萨夫
Hathor 哈托尔
Hatra 哈特拉
Hauran 豪兰
Hecate 赫卡特
Hector 赫克托尔
Heliocles 赫利奥克勒斯
Helios 赫利奥斯
Hellen 海伦
Hephaestus 赫淮斯托斯
Hephaisteion 赫淮斯托斯神庙
Hera 赫拉
Heracles/Hercules 赫拉克勒斯
Heraion 赫拉神庙
Heraios/Heraus/Heraos 赫劳斯
Herakleopolis Magna 大赫拉克勒斯城神庙
Herculaneum 赫库兰尼姆
Herishef 赫里谢夫
Herma 赫尔墨斯柱
Hermaeus 赫尔迈欧斯
Hermes 赫尔墨斯
Hesiod 赫西俄德
Hesperides 赫斯珀里德斯
Hestia 赫斯提亚
Hildesheim treasure 希尔德斯海姆宝藏
Hipparchus 希帕库斯
Hippodamia 希波达米亚
Hippodamus 希波达姆斯
Hippostratos 希波斯特拉图斯
Hissar 希萨尔山
Homer 荷马
Horus 荷鲁斯
Huff 胡夫
Hund 洪德
Huntington 亨廷顿
Huvishka 胡韦色伽
Hydraotes 希德拉欧提斯河

Hyrcania赫卡尼亚

Hyrcanians赫卡尼亚人

I

Ilion伊利昂

Ilyintsy伊利因齐

Indo-Greek Kingdom希腊—印度人王国

Indo-Parthians印度—帕提亚人

Indo-Parthian Kingdom印度—帕提亚王国

Indo-Scythians印度—斯基泰人

Indo-Scythian Kingdom印度—斯基泰王国

Indra因陀罗/帝释

Ingholt英格霍尔特

Iolaus伊俄拉俄斯

Ionia爱奥尼亚

Ionic order爱奥尼亚柱式

Isfahan伊斯法罕

Ishim伊希姆

Isis伊西斯

Islamabad伊斯兰堡

Issus伊苏斯

Ithaca伊大卡

Iulius Achilleus尤利乌斯・阿奇列乌斯

Iwan埃旺

Izeh伊泽市

Izmir Province伊兹密尔省

J

Jalalabad贾拉拉巴德

Jamal Garhi贾马尔・加西

Jammu查谟

Janbaskala贾巴斯卡拉遗址

Jandavlat Tepa詹达乌拉・特佩

K

Kabul喀布尔

Kampir/Kampyr Tepe坎培尔・特佩

Kanishka迦腻色伽

Kapisa迦毕试

Kara Tepe卡拉・特佩

Karachi卡拉奇

Karagodeuashkh卡拉戈德瓦什赫

Karakalpakstan卡拉卡尔帕克斯坦

Karakorum喀喇昆仑山

Kara-Pichok卡拉—皮科克

Kashkadarya卡什卡达里亚

Kazakhstan哈萨克斯坦

Kerameikos凯拉米克斯

Kerch刻赤

Kerenyi柯伦伊

Khalchayan哈尔恰扬

Khaytabad Tepe恺塔巴德・特佩

Khokhlach霍赫拉齐

Khorezm花剌子模

Khuzestan胡齐斯坦

Khyber Pass开伯尔山口

Kiev基辅

Kineas基涅阿斯

Kingdom of Commagene科马根尼王国

Kingdom of Hatra哈特拉王国
Kingdom of Pergamon帕加马王国
Kokcha科克查河
Kolkata加尔各答
Kauros库洛斯
Kruglikova, I. T. 克鲁利科娃
Kuban库班
Kujula Kadphises库久拉·卡德菲塞斯/丘就却
Kula Dheri库拉·德瑞
Kumbhanda鸠盘荼
Kurchanskaya库尔羌斯卡亚
Kurdistan库尔德斯坦
Kurgan/kurhan库尔干，坟冢
Kushan Empire贵霜帝国

L

Lahore拉合尔
Lakshmi吉祥天女
Lampsakos兰普萨库斯
Laocoon/Laokoon拉奥孔
Laodice劳狄西
Laodiceia劳狄西亚城
Lapiths拉庇泰人
League of Corinth科林斯同盟
Lefkadia勒夫卡迪亚
Leochares莱奥卡雷斯
Lindos林多斯
Lucian琉善
Lucknow勒克瑙
Lumbitepa鲁姆比特佩
Lycia吕西亚
Lysias吕西亚斯
Lysimachus吕西马库斯
Lysippus吕西普斯
Lyson卢桑

M

Macara马卡拉
Macedon马其顿
Maenad酒神狂女
Mahabodhi Temple摩诃菩提寺
Maholi马霍里村
Mallo-McCorgray马罗—麦柯格雷
Maltai马尔泰
Marshall, J. 马歇尔
Mao毛，月神
Marche马尔凯
Mardan马尔丹
Margiana马尔吉亚那
Marino马里诺
Marsyas马尔绪阿斯
Masjed-Soleyman马斯吉德—苏莱曼
Massagetae马萨格泰人
Masson, C. 马森
Mat马特
Mathura马图拉
Maues毛伊斯
Maurya Empire孔雀帝国
Mausolus摩索拉斯

N

O

Oxus 奥克苏斯河/阿姆河

Oxus temple 奥克苏斯神庙

P

Pacorus 帕克鲁斯

Paeonius of Mendes 帕奥纽斯

Paestum 帕埃斯图姆

Pagasus 珀伽索斯

Paitara 派特瓦

Palazzo Altemps 阿尔腾普斯宫

Pallas 帕拉斯

Palmyra 帕尔米拉

Pan 潘神

Pancika 般支迦

Panj/Pyanj 喷赤河

Panjshir 潘杰希尔

Pantaleon 潘塔莱昂

Pantikapaion 潘提卡佩昂

Paris 帕里斯

Parni 帕尔尼人

Paropamisadae/Parapamisadae 帕拉帕米萨代

Parthenon 帕特农神庙

Parthia 帕提亚

Pasargadae 帕萨尔加德

Passani 帕萨尼

Pataliputra 华氏城

Payon Kurgan 帕维・库尔干

Pazyryk 巴泽雷克

Peabody 皮博迪

Pella 培拉

Penthesilea 彭特西勒亚

Pergamon/Pergamum 帕加马

Pericles 伯里克利

Perm 彼尔姆

Péronne 佩罗讷

Persephone 珀耳塞福涅

Persepolis 波斯波利斯

Perseus 柏修斯

Peshawar 白沙瓦

Petasos 佩塔索

Peterson, Sara 萨拉・彼得森

Peucolaus 佩乌克拉乌斯

Pharro 法罗

Pheidias 菲迪亚斯

Phiale 祭盘

Phidias/Pheidias 菲迪亚斯

Philetairos 菲莱泰罗斯

Philip 腓力

Philostratus 斐洛斯特拉图

Philoxenus 菲罗克塞诺斯

Phoenix 福尼克斯

Phrygia 弗里吉亚

Pichikya, I. R. 皮奇克

Pigorini 皮戈里尼

Piraeus 比雷埃夫斯/比里优斯港

Pirithous 皮瑞托斯

Pitao 皮陶

Pitsa 皮察

Pliny the elder 老普林尼

Pol-e-Khomri 波尔—伊—科姆里

Pollitt, J. J. 波利特

Q

R

S

Sarmatians萨尔玛提亚人

Sarpedones萨尔佩多内斯

Sases萨塞斯

Satavastres萨塔瓦斯特莱斯

Satyr萨提尔

Schilumberger, Daniel丹尼尔·施伦贝谢

Scylla斯库拉

Scythian斯基泰

Selene塞勒涅

Seleucia on the Tigris底格里斯河畔的塞琉西亚

Seleucia塞琉西亚

Seleucid塞琉古王朝

Semele塞墨勒

Serapeum萨拉皮斯神庙

Severskaya谢韦尔斯卡亚

Shadolaku绍托拉克

Shagalina莎加丽娜

Shahbaz Garhi沙巴兹·加里

Shaikhan Dheri谢罕德里

Shakyamuni释迦牟尼

Shami沙米

Sheberghan西伯尔汗

Shenkar, Michael迈克尔·申卡

[illegible]

Sidon西顿

Sikri西格里

Sikyon西库翁

Silenus西勒诺斯

Simi思米

Sind信德

Sindians辛迪亚人

Siphnian Treasury西弗尼亚宝库

Siren塞壬

Sirkap斯尔卡普

Sirsukh斯尔苏克

Sogdiana索格底亚那，粟特

Solokha索罗卡

Sophilos索菲罗斯

Spalirises斯帕利里塞斯

Spalyris/Spalahores斯帕莱利斯/斯帕拉霍莱斯

Stara Zagora旧扎戈拉

Stater斯塔特

Stewart, A. 斯图尔特

Stoa Poikile雅典画廊

Strato斯特拉托

Styx斯提克斯

Surkh Kotal苏尔赫·科塔尔

Surxondaryo/Surkhandarya苏尔汉河

Susa苏萨

Swat斯瓦特

T

Takht-i Sangin塔赫特—伊·桑金

Takht-i Bahi塔赫特—伊·巴希

Takht-i Kuwad塔赫特—伊·库瓦德

Taman peninsula塔曼半岛

Tanabe, Katsumi田边胜美

Tanagra塔纳格拉

Tanais塔奈斯

Tapa Kalan卡兰特佩

Tapa Shotor索托特佩/塔帕·肖特耳

Tapa-i Kafariha塔帕—伊·卡法里哈

Taxila塔克西拉

Taxiles塔克西里斯

Tchingiz Tepe钦吉兹土丘

Telephos/Telephus特勒丰

Temple of Athena Nike雅典娜胜利女神庙

Temple of Crocadile鳄鱼庙

Temple of Olympian Zeus奥林匹亚宙斯神庙

Temryuk捷姆留克

Tepai-Shakh沙赫特佩

Termez铁尔梅兹

Thasos塔索斯

Theódotos塞奥多托斯

Theophilos泰奥斐鲁斯

Thespiae泰斯皮埃

Thessalonica帖撒罗尼卡

Theuduta泰乌都塔

Thiasus泰亚索斯

Thierch, Friedrich弗雷德里希·提尔赫

Thmuis特穆伊斯

Thurii图里

Tiberius提比略

Tilaka迪勒格（吉祥痣）

Tillya Tepe提利亚·特佩，“黄金之丘”

Tivoli蒂沃利

Toga托加

Toprak-Kala托普拉克—卡拉

Tovsta Mohyla托沃斯塔·莫希拉

Trajan图拉真

Triton特里同

Troy特洛伊

Tryphon特里丰

Tuva图瓦

Tyche提刻女神

U

Uparatat乌巴拉塔特

Uraeus埃及圣蛇

Urartu乌拉尔图

Uruk乌鲁克

Usil尤斯尔

V

Vajrapani金刚手菩萨/护法金刚

Vakhsh瓦赫什河

Varakhsha瓦拉赫沙

Vasudeva瓦苏提婆

Vasudeva-Krishna瓦苏提婆—克利须那

Velletri韦莱特里

Verethagna/Verethragna韦勒斯拉纳

Vergina维尔吉纳

Verkhnepogromnoye上波格洛姆挪耶

Vettersfelde维特费尔德

Villa of the Papyri莎草纸别墅

Vima Kadphises威玛·卡德菲塞斯

Vima Takto/Vima Taktu威玛·塔克图

Virgil维吉尔

Viterbo维特尔波

Vitruvius维特鲁威

Volodarka佛洛达卡

Vologases沃洛加西斯

Vonones沃诺尼斯

Vulci武尔奇

W

Wadjet瓦吉特

Wakhs瓦赫什

Wheeler, Mortimer莫蒂默·惠勒

X

Xanthos桑索斯

Y

Yakshini女药义

Yarhibol亚希波尔

Yusufzai优素福扎伊

Z

Zartepa扎尔特佩

Zeravshan Rivcr泽拉大善河

Zeus宙斯

Zeus Nikephorus宙斯·尼科弗鲁斯

Zoilos佐伊罗斯

Zoroastrianism琐罗亚斯德教

Zubov祖博夫

参考文献

一、西方古典文献[1]

Arrian, *Anabasis*, with an English translation by P. A. Brunt, Cambridge, Mass.: Harvard University Press, 1976, 1983.

Athenaeus, *The Deipnosophists*, with an English edition and translation by S. D. Olson, Cambridge, Mass.: Harvard University Press, 2011.

Cicero, *Pro Flacco*, with an English translation by C. Macdonald, Cambridge, Mass.: Harvard University Press, 1976.

Diodorus Siculus, *Library of History*, with an English translation by F. R. Walton, Cambridge, Mass.: Harvard University Press, 1939, 1967.

Herodotus, *The Persian Wars*,[2] with an English translation by A. D. Godley, Cambridge, Mass.: Harvard University Press, 1920-1925.

Philostratus, *The Life of Apollonius*, Volume 1, translated by C. P. Jones, Cambridge, Mass.: Harvard University Press, 2005.

Pliny, *Natural History*, with an English translation by H. Rackham, Cambridge, Mass.: Harvard University Press, 1952, 1962.

Plutarch, *Pompey*, with an English translation by B. Perrin, Cambridge, Mass.: Harvard University Press, 1917.

---

1 参考书目中所有引自Loeb Classical Library丛书古典著作的出版年均为初版年。由于该书多次印刷或修订再版，作者在正文中的出版信息根据自己所引书而定。

2 Herodotus《历史》的英文译名一般根据希腊文标题"Ιστοριαι"译为"Histories"，但Loeb ClassicalLibrary译为"The Persian Wars"。本书二者均可，正文脚注中不作统一。

Plutarch, *Alexander, Caesar*, with an English translation by B. Perrin, Cambridge, Mass.: Harvard University Press, 1919.

Plutarch, *Isis and Osiris*, with an English translation by Frank Cole Babbitt, et al., Cambridge, Mass.: Harvard University Press, 1936.

Strabo, *Geography*, with an English translation by Horace Leonard Jones, Cambridge, Mass.: Harvard University Press, 1928.

Vitruvius, *On Architecture*, with an English translation by F. Granger, Cambridge, Mass.: Harvard University Press, 1931.

二、汉文史籍

（东晋）沙门释法显撰，章巽校注：《佛国记校注》，上海：上海古籍出版社，1985年。

（唐）玄奘、辩机原著，季羡林等校注：《大唐西域记校注》，北京：中华书局，1985年。

三、外文著作

Abdullaev, K., Rtveladze, E. V. and Shishkina, G. V., eds., *Culture and Art of Ancient Uzbekistan. Exhibition catalogue*, Vol. 1, Moskva: Vneshtorgizdat, 1991.

Adrianov, B. V. and Mantellini, S., *Ancient Irrigation Systems of the Aral Sea Area: Ancient Irrigation Systems of the Aral Sea Area*, Oxford and Philadelphia: Oxbow Books, Ltd., 2013.

Adshead, S. A. M., *China in World History*, New York: St. Martin's Press, 1988.

Afghanistan, a timeless story アフガニスタン文化財復興支援悠久の歴史展，东京：东京艺术大学美术馆，2007年。

Albery, H., *Buddhism and Society in the Indic North and Northwest, 2nd Century BCE–3rd Century CE*, Ludwig Maximilians Universität München, 2020.

Allchin, R., etc., eds., *The Archaeology of Afghanistan from Earliest Times to the Timurid Period*, Edinburgh: Edinburgh University Press, 2019.

Ameri, M., et al., eds., *Seals and Sealing in the Ancient World: Case-Studies from the Near East, Egypt, the Aegean, and South Asia*, Cambridge: Cambridge University Press, 2018.

Andreeva, P., *Fantastic Beasts of the Eurasian Steppes: Toward a Revisionist Approach to*

Animal-Style Art, Philadelphia: University of Pennsylvania, 2018.

Auboyer, J., *Umění v Afghánistánu*, Prague: Artia, 1968.

Azarpay, G., Belenickij, A., Maršak, M., B. I. and Dresden, M. J., *Sogdian Painting: The Pictorial Epic in Oriental Art*, University of California Press, 1981.

Ball, W., *The Monuments of Afghanistan: History, Archaeology and Architecture*, London and New York: I. B. Tauris & Co. Ltd., 2008.

Barthoux, J., *Les fouilles de Haḍḍa* (Mémoires de la Délégation Archéologique Française en Afghanistan, Vols. 4 and 6), Paris: DAFA, 1930-1933.

Bassioni, A. M., *The Alexandrian Corinthian Capital and its Role in the Evolution of the Corinthian Order in Hellenistic, Roman, and Late Roman Architecture: A Comparative Study (3rd century BC-7th century AD)*, Oxford: Archaeopress, 2022.

Baumer, C., *History of Central Asia: The Age of the Steppe Warriors*, Vol. 1, London: Bloomsbury Publishing, 2018.

Baums, S. and Glass, A., *Catalog of Gāndhārī Texts* [online database <https://gandhari.org/catalog>], 2002 so far.

Baxandall, M., *Patterns of Intention: On the Historical Explanation of Pictures*, New Haven: Yale University Press 1985.

Beal, S., ed. and trans., *Si-Yu-Ki: Buddhist Records of the Western World Translated from the Chinese of Hiuen Tsiang (A.D. 629)*, London: Kegan Paul, Trench, Trübner & Co., 1884.

Beckwith, C. I., *Greek Buddha: Pyrrho's Encounter with Early Buddhism in Central*, New Jersey: Princeton University Press, 2015.

Behrendt, K. A., *The Art of Gandhara: In the Metropolitan Museum of Art*, New York: Metropolitan Museum of Art; New Haven: Yale University Press, 2007.

Behrendt, K. A., *The Buddhist Architecture of Gandhāra*, Leiden and Boston: Brill, 2004.

Benndorf, O. and Schöne, R., *Die antike Bildwerke des Lateranensischen Museums*, Leipzig: Breitkopf and Härtel, 1867.

Bernard, P., *Fouilles d'Ai Khanoum (Campagnes 1965, 1966, 1967, 1968)*, Vol. 1, Paris: Klincksieck, 1973.

Betts, A., Vicziany, M., Jia, P. W. and Di Castro, A. A., eds., *The Cultures of Ancient Xinjiang, Western China: Crossroads of the Silk Roads*, Oxford: Archaeopress, 2019.

Boardman, J., *Classical Art in Eastern Translation*, Oxford: Leopard's Head Press, 1993.

Boardman, J., *Diffusion of Classical Art in Antiquity*, London: Thames and Hudson, 1994.

Boardman, J., *Greek Sculprture. The Late Classical Period*, London: Thames and Hudson, 1985.

Boardman, J., *The Greeks in Asia*, London: Thames and Hudson, 2015.

Bopearachchi, O., Landes, C. and Sachs, C., eds., *De l'Indus aÌ l'Oxus: archeìologie de l'Asie centrale*, Lattes: Association imago-museìe de Lattes, 2003.

Bopearachchi, O., *Monnaies gréco-bactriennes et indo-grecques, Catalogue raisonné*, Paris: Bibliothèque Nationale, 1991.

Boyce, M. and Grenet, F., *A History of Zoroastrianism. Vol. 3: Zoroastrianism under Macedonian and Roman Rule*, Leiden: Brill, 1991.

Brancaccio, P. and Behrendt, K., eds., *Gandhāran Buddhism: Archaeology, Art, Texts*, Vancouver and Toronto: UBC Press, 2006.

Buchthal, H., *The Western Aspects of Gandhara Sculpture*, Henriette Hertz Trust Annual Lecture on Aspects of Art, London: British Academy, 1945.

Burn, L., *Hellenistic Art: From Alexander the Great to Augustus*, London: The British Museum Press, 2004.

Bussagli, M., *L'Art du Gandhara*, Paris: Librairie Générale Française, 1996.

Callieri, P., et al., *Il maestro di Saidu Sharif: alle origini dell'arte del Gandhara*, Roma: Istituto Italiano per l'Africa e l'Oriente; Museo nazionale d'arte orientale Giuseppe Tucci, 2002.

Callieri, P., *Seals and Sealings from the North-West of the Indian Subcontinent and Afghanistan (4th century B.C.-11th century A.D.): Local, Indian, Sasanian, Graeco-Persian, Sogdian, Roman*, Naples: IsIAO, 1997.

Cambon, P., *Pakistan-Terre de rencontre Ier-VIe siècle, Les arts du Gandhara*, RMN, 2010.

Cambon, P. and Jarrige, J.-F., eds., *Afghanistan, les trésors retrouvés. Collections du musée national de Kaboul*, Paris: Editions de la Réunion des musées nationaux, 2006.

Canepa, M. P., *The Iranian Expanse: Transforming Royal Identity through Architecture, Landscape and the Built Environment, 550BCE-642CE*, Oakland: University of California Press, 2018.

Carney, E. D., *Arsinoe of Egypt and Macedon: A Royal Life*, Oxford: Oxford University Press, 2013.

Chakravarti, N. P., ed., *Epigraphia Indica*, Vol. 24, 1937-38, New Delhi: Maneger of Publications, 1942.

Colledge, M. A. R., *The Art of Palmyra*, London: Westview Press, 1976.

Colonia, R., *The Archaeological Museum of Delphi*, Athens: Olkos/Eurobank EFG, 2006.

Cook, R. M., *Greek Art*, Harmondworth: Penguin, 1986.

Cribb, J., Errington, E. and Claringbull, M., eds., *The Crossroads of Asia: Transormation in Image and Symbol in the Art of Ancient Afghanistan and Pakistan*, Cambridge: Ancient India and Iran Trust, 1992.

Cunningham, A., *Report for the Years 1872-73*, Vol. 5, New Delhi: Archaeological Survey of India, 2000.

Czuma, S. J., *Kushan Sculpture: Images from Early India*, Cleveland: Cleveland Museum of Art, 1985.

Dalton, O. M., *The Treasure of the Oxus: With other Objects from Ancient Persia and India*, London: Trustees of the British Museum, 1905.

Dani, A. H., *Historic city of Taxila*, Paris: UNESCO; Tokyo: Centre for East Asian Cultural Studies, 1986.

DeCaroli, R. D., *Image Problems: The Origin and Development of the Buddha's Image in Early South Asia*, Seattle and London: University of Washington Press, 2015.

Downey, S. B., *The Excavations at Dura-Europos conducted by Yale University and the French Academy of Arts and Letters, Final Report 3, Part 1, Fascicle 1: The Heracles Sculpture*, New Haven: Yale University Press, 1969.

Dunbabin, K. M. D., *Mosaics of the Greek and Roman World*, Cambridge: Cambridge University Press, 1999.

Dupree, N. H., *The Valley of Bamiyan*, Kabul: Afghan Tourist Organization, 1967.

Errington, E., *Charles Masson and the Buddhist Sites of Afghanistan: Explorations, Excavations, Collections 1832-1835*, London: British Museum, 2017.

Errington, E., *The Western Discovery of the Art of Gandhāra and the Finds of Jamālgarhī*, unpublished PhD. thesis, School of Oriental and African Studies, London, 1987.

Fabrègues, C., *The Jewellery of the Gandhara Sculpture in Schist and its Chronological Significance*, unpublished PhD. thesis, School of Oriental and African Studies, London, 1991.

Faccenna, D. and Taddei, M., *Sculptures from the Sacred Area of Butkara I (Swat, Pakistan)*, Rome: Istituto Poligrafico dello Stato, 1962-1964.

Faccenna, D., *Butkara I (Swāt, Pakistan) 1956-62* (IsMEO Reports and Memoirs III. 1-5.2), Rome: Istituto Poligrafico dello Stato, 1980-1981.

Faccenna, D., *Il fregio figurato dello Stūpa Principale nell'area sacra buddhista di Saidu Sharif I (Swat, Pakistan)*, (IsIAO Reports and Memoirs 28), Rome: Istituto Poligrafico dello Stato, 2001.

Falk, H. ed., *Kushan Histories: Literary Sources and Selected Papers from a Symposium at Berlin, December 5 to 7, 2013*, Bremen: Hempen Verlag, 2015.

Filigenzi, A., *Art and Landscape: Buddhist Rock Sculptures of Late Antique Swat/Uḍḍiyāna*, Vienna: Verlag der Österreichischen Akademie der Wissenschaften, 2015.

Foucher, A., *L'art greco-bouddhique du Gandhâra*, Paris: Publications de L'École française d'Extrême-Orient, 1905-1951.

Foucher, A., *L'Art gréco-buddhique du Gandhâra. Etude sur les origins de l'inflence classique dans l'art bouddhique de l'Inde et l'Extrême-Orienr 2t.t. I*, Paris: Imprimerie nationale, 1905.

Foucher, A., *L'Origine grecque de l'image du Bouddha*, Chalon-sur-Saone: Imprimerie Française et Orientale E. Bertrand, 1913.

Francfort, H.-P., *Les palettes du Gandhara*, (Mémoires de la Délégation archéologique française en Afghanistan), Paris: Diffusion de Boccard, 1979.

Francine T., *Catalogue of the National Museum of Afghanistan, 1931-1985*, Paris: UNESCO Publishing, 2006.

Frumkin, G., *Archaeology in Soviet Central Asia*, Leiden and Cologne: E. J. Brill, 1970.

Furtwängler, A., *Die antiken Gemmen: Geschichte der Steinschneidekunst im Klassischen Altertum*, Band 3, Leipzig und Berlin, 1900

Gafurov, B. G., etc., *Kushan Studies in U.S.S.R.: Papers Presented by the Soviet Scholars at the Unesco Conference on History, Archaeology, and Culture of Central Asia in the Kushan Period*, Dushanbe, 1968, Indian Studies: Past & Present, 1970.

Giudetti, F. and Meinecke, K., eds., *A Globalised Visual Culture? Towards a Geography of Late Antique Art*, Oxford: Oxbow, 2020.

Gombrich, E. H., *The Story of Art*, New York: Phaidon Press, 1950.

Green, P., *Alexander to Actium: The Historical Evolution of the Hellenistic Age*, London: Thames and Hudson, 1990.

Grossman, J., *Looking at Greek and Roman Sculpture in Stone*, Getty Publications, 2003.

Grousset, R., *The Empire of the Steppes: A History of Central Asia*, New Brunswick: Rutgers University Press, 1970.

Hambis, L., *Recherches sur les Saces et leurs rapports avec les Wou-Souen*, Paris: Annuaire du College de France, 1977-1978.

Harmatta, J., Puri, B. N. and Etemadi, G. F., eds., *History of Civilizations of Central Asia. Vol. II: The Development of Sedentary and Nomadic Civilizations: 700 B.C. to A.D. 250*, Paris: UNESCO Publishing, 1994.

Hiebert, F. and Cambon, P., *Afghanistan: Crossroads of the Ancient World*, London: British Museum Press, 2011.

Higham, C., *Encyclopedia of Ancient Asian Civilizations*, New York: Facts on File, Inc., 2004.

Holt, F. L., *Alexander the Great and Bactria: The Formation of a Greek Frontier in Central Asia*, Leiden and New York: E. J. Brill, 1989.

Houghton, A. and Lorber, C., *Seleucid Coins: A Comprehensive Catalogue*, New York: The American Numismatic Society, 2002.

Ibbotson, S., *Uzbekistan*, Chesham: Bradt Guides Ltd., 2016.

Ingholt, H., *Gandhāran Art in Pakistan*, New York: Pantheon Books, 1957.

Inoue, Yasushi, et al., *The Grand Exhibition of Silk Road Civilizations: The Route of Buddhist Art*, Nara: Nara National Museum, 1988.

James, M. R., *Apocryphal New Testament*, Oxford: Clarendon Press, 1924.

Jettmar, K., *Die frühen steppen Völker*, Holle-Verlag, Baden-Baden, 1964.

Jongeward, D., *Buddhist Art of Pakistan and Afghanistan: The Royal Ontario Museum Collection of Gandhara Sculpture*, Toronto: Centre for South Asian Studies, University of Toronto, 2003.

Jongeward, D., et al., *Gandharan Buddhist Reliquaries*, Seattle: Early Buddhist Manuscripts Project, 2012.

Kerenyi, K., *Mytologie Řeků I*, Praha: Oikoymenh, 1996.

Klimburg-Salter, D. E., *Buddha in Indien. Die Frühindische Skulptur von König Asoka zur Guptazeit*, Wien: Skira, 1995.

Koch, G. and Sichtermann, H., *Römische Sarkophage*, Munich: Beck, 1982.

Kruglikova, I. T., *Dilberdzhin. Khram Dioskurov*, Moscow: Nauka, 1986.

Kruglikova, I. T., *Dilberdzhin. Raskopki 1970-1972 gg*, Vol. I, Moscow: Nauka, 1974.

Kuhrt, A. and Sherwin-White, S., *Hellenism in the East: The Interaction of Greek and Non-Greek Civilizations from Syria to Central Asia after Alexander (Hellenistic Culture and Society)*, Berkeley and Los Angeles: University of California Press, 1987.

Kurita, I., *Gandhāran Art* (bilingual edition), Tokyo: Nigensha, 2003.

Lecuyot, G., *Fouilles d'Aï Khanoum IX. L'habitat*, Paris: de Boccard, 2013.

Lexicon Iconographicum Mythologiae Classicae (LIMC), Zurich: Artemis, 1981-1989.

Litvinsky, B. A., ed., *History of Civilizations of Central Asia. Vol. III: The Crossroads of Civilizations: A.D. 250 to 750*, Paris: UNESCO Publishing, 1996.

Luczanits, C., ed., *Das buddistische Erbe Pakistans: Legenden, Klöster und Paradiese*, Mainz: Zabern, 2008.

Mairs, R., *The Hellenistic Far East: Archaeology, Language, and Identity in Greek Central Asia*, Oakland, CA: University of California Press, 2014.

Marshall, J., *Taxila: An Illustrated Account of Archaeological Excavations 1913-1934*, 3 vols., Cambridge: Cambridge University Press, 1951.

Marshall, J., *The Buddhist Art of Gandhara. The Story of the Early School: Its Birth, Growth and Decline*, Cambridge: Cambridge University Press, 1960.

McLaughlin, R., *The Roman Empire and the Indian Ocean: The Ancient World Economy and the Kingdoms of Africa, Arabia and India*, Barnsley: Pen & Sword, 2014.

McLaughlin, R., *The Roman Empire and the Silk Routes: The Ancient World Economy and the Empires of Parthia, Central Asia and Han China*, Barnsley: Pen & Sword, 2016.

McNicoll, A. and Milne, N. P., *Hellenistic Fortifications from the Aegean to the Euphrates*, Oxford: Clarendon Press, 1997.

Menninger, M., *Untersuchungen zu den Gläsern und Gipsabgüssen aus dem Fund von Begram /Afganistan*, Würzburg: Ergon Verlag, 1996.

Meyer, H.-C., *Greco-Scythian Art and the Birth of Eurasia: From Classical Antiquity to Russian Modernity*, New York: Oxford University Press, 2013.

Michaelis, A., *Ancient Marbles in Great Britain*, Cambridge: Cambridge University Press, 1882.

Nehru, L., *Origins of the Gandhāran Style: A Study of Contributory Influences*, Delhi: Oxford University Press, 1989.

Osborne, R., *Archaic and Classical Greek Art*, Oxford: Oxford University Press, 1998.

Pearson, S., *Reworking Western Models: The Importance of Sculptural Technique in Gandharan Relief*, unpublished MA Thesis, University of California, Berkeley, 2010.

Peterson, S., *Parthian Aspects of Objects from Grave IV, Tillya Tepe*, Master's Degree Dissertation, University of London, 2011.

Pfrommer, M., *Metalwork from the Hellenized East: Catalogue of the Collections*, Malibu: The J. Paul Museum, 1993.

Pichikyan, I. R., *Kul'tura Baktrii. Achaimenidskiy i ellinisticheskiy periody*, Moscow: Nauka, 1991.

Pollitt, J. J., *Art in the Hellenistic Age*, Cambridge: Cambridge University Press, 1986.

Poston, V. S., *Cultural Implications of the Golden Treasure of Tillya-tepe*, University of Oregon, 1988.

Powers, J., *A Bull of a Man: Images of Masculinity, Sex, and the Body in Indian Buddhism*, Cambridge, MA: Harvard University Press, 2009.

Pugacenkova, G. A. and Masson, M. E., *The Parthian Rhytons of Nisa*, Firenze: Le Lettere Licosa commissionaria Sansoni, 1982.

Pugachenkova, G. A. and Rtveladze, E. V., *Greciya-Uzbekistan. Obshchiye ku'lturnye traditsii, Catalogue*, Tashkent, 2001.

Pugachenkova, G. A., *Iz khudozhestvennoy sokrovishchnicy Srednego Vostoka*, Tashkent: Publishing House of Literature and Art, 1987.

Pugachenkova, G. A., Rtveladze, E. V. and Kato, K., eds., *Antiquities of Southern Uzbekistan. Catalogue*, Soka: Soka University, 1991.

Pugachenkova, G. A., *Skulptura Khalchayana* [The sculpture of Khalchayan], Moscow: Iskusstvo, 1971.

Puri, B. N., *Buddhism in Central Asia*, Delhi: Motilal Bamarsidass Publishers, 1996.

Rahman, A. ur and Falk, H., *Seals, Sealings and Tokens from Gandhara*, Wiesbaden: Reichert, 2011.

Ridgway, B. S., *The Archaic Style in Greek Sculpture*, Chicago: Ares, 1993.

Rienjang, W. and Stewart, P., eds., *Problems of Chronology in Gandhāran Art: Proceedings of the First International Workshop of the Gandhāra Connections Project*, University of Oxford, 23rd-24th March 2017, Oxford: Archaeopress, 2018.

Rienjang, W. and Stewart, P., eds., *The Geography of Gandhāran Art: Proceedings of the Second International Workshop of the Gandhāra Connections Project*, University of Oxford, 22nd-23rd March 2018, Oxford: Archaeopress, 2019.

Rienjang, W. and Stewart, P., eds., *The Global Connections of Gandhāran Art: Proceedings of the Third International Workshop of the Gandhāra Connections Project*, University of Oxford, 18th-19th March, 2019, Oxford: Archaeopress, 2020.

Robert, C., *Die antiken Sarkophag-reliefs. Vol. 2: Mythologische Cyklen*, Berlin: G. Grote'sche Verlagsbuchhandlung, 1890.

Rosenfield, J. M., *The Dynastic Art of the Kushans*, Berkeley and Los Angeles: University of California Press, 1967.

Rostovtzeff, M., *Iranians and Greeks in South Russia*, Oxford: Clarendon Press, 1922.

Rostovtzeff, M., *Social and Economic History of the Hellenistic World*, Vol. 1, Oxford: Oxford University Press, 1941.

Rowland, B., *Ancient Art from Afghanistan: Treasures from the Kabul Museum*, New York: Arno Press, 1976.

Rowland, B., *The Art and Architecture of India*, Middlesex: Penguin Books Press, 1953.

Rowland, B., *The Art of Central Asia*, New York: Crown Publishers, Inc., 1974.

Rudenko, S. I., *Frozen Tombs of Siberia: The Pazyryk Burials of Iron Age Horsemen*, Berkeley and Los Angeles: University of California Press, 1970.

Sadurska, A., *Les tables iliaques*, Warsaw: Panstwowe Wydawnictwo Naukowe, 1964.

Salomon, R., *The Buddhist Literature of Ancient Gandhara: An Introduction with Selected Translations*, Somerville, MA: Wisdom Publications, 2018

Samad, A., *Emergence of Hinduism in Gandhara*, unpublished PhD thesis, Freie Universität, Berlin, 2010.

Samad, R., *The Grandeur of Gandhara*, New York: Algora Publishing, 2011

Sarianidi, V. I., *Afghanistan: sokrovishcha bezymyannykh tsarey*, Moscow: Nauka, 1983.

Sarianidi, V. I., *Bactrian Gold. From the Excavations of the Tillya-Tepe Necropolis in Northern Afghanistan*, Leningrad: Aurora Art cop., 1985.

Schiltz, V., *Les Scythes et les nomades des steppes, VIIIe siècle av. J.-C.- Ier siècle apr. J.-C.*, μετάφραση από την ιταλική έκδοση Βιργινία Κοκκίνου (και) Στέλλα Πεκιαρίδη, Εφημ. Καθημερινή, Αθήνα, 2008.

Stančo, L., *Greek Gods in the East: Hellenistic Iconographic Schemes in Central Asia*, Prague: Charles University, Karolinum Press, 2012.

Stansbury-O'Donnell, M., *A History of Greek Art*, Chichester: Wiley Blackwell, 2015.

Stanwick, P. E., *Portraits of the Ptolemies: Greek Kings as Egyptian Pharaohs*, Austin: University of Texas Press, 2002.

Stein, A., *Serindia: Detailed Report of Explorations in Central Asia and Westernmost China*, Oxford: Clarendon Press, 1921.

Stewart, A., *Art in the Hellenistic World: An Introduction*, New York: Cambridge University Press, 2014.

Stewart, A., *Greek Sculpture*, New Haven: Yale University Press, 1990.

Tarn, W. W., *The Greeks in Bactria and India*, Cambridge: Cambridge University Press, 1951.

Tissot, F., *Gandhâra* (2nd edition), Paris: Librairie d'Amérique et d'Orient, 2002.

Tissot, F., *The Art of Gandhâra*, Paris: Jean Maisonneuve, 1986.

Trofimova, A., *Imitatio Alexandri in Hellenistic Art: Portraits of Alexander the Great and Mythological Images*, Roma: L'Erma di Bretschneider, 2012.

Waheed Jan, A., *Taxila. Story in Stone*, Pakistan: Muhammad Wali Ulla Khan Anjuman Press, 1997.

Wheeler, M., *Five Thousand Years of Parkistan*, London: Royal India and Pakstan Society, 1950.

Whitley, J., *The Archaeology of Ancient Greece*, Cambridge: Cambridge University Press, 2001.

Wildung, D., *Fünf Jahre: Neuerwerbungen der Staatlichen Sammlung Ägyptischer Kunst München 1876-1980*, Mainz: Zabern, 1980.

Wood, R., *After the Achaemenids: Exchange, Transmission and Transformation in the Visual Culture of Babylonia, Iran and Bactria c.330-c.100 BC*, Vol. 1, Oxford: Lincoln College, 2012.

Wriggins, S. H., *The Silk Road Journey with Xuanzang*, Boulder: Westview Press, 2004.

Zainab, B., *Mesopotamia Ancient Art and Architecture*, London: Thames and Hudson, 2017.

Zanker, P. and Ewald, B., *Living with Myths: The Imagery of Roman Sarcophagi*, Oxford:

Oxford University Press, 2012.

Zwalf, W., *A Catalogue of the Gandhara Sculpture in the British Museum*, 2 vols., London: The British Museum, 1996.

Zwalf, W., *A Catalogue of the Gandhāra Sculpture in the British Museum*, London: British Museum Press, 1996.

Πλάντζος, Δημήτρης, *Ελληνική Τέχνη και Αρχαιολογία (1100-30 π.Χ.)*, εκδ. Καπόν, Αθήνα, 2011.

Σαριγιαννίδης, Βίκτωρ, *Βασιλικοί τάφοι στη Βακτριανή*, Θεσσαλονίκη, Εκδ. Οίκος Αδελφών Κυριακίδη, 1995.

Константинович, М. Т., *Буддийское искусство Средней Азии (I-X вв.)*, Москва: Академкнига, 2002.

Пидаев, Ш. Р., *Қадимги Ўзбекистонда буддавийлик ва буддавий мерос*, Тошкент: O'zbekiston, 2011.

Пугаченкова, Г. А. и Ренмпель, Л. И., *Очерки Искусства средним Азии*, Москва: Искусство, 1982.

Пугаченкова, Г. А., *Искусства Бактрии Епохи Кушан*, Москва: Искусство, 1979.

Ставиский, Б. Я., *Искусство средним Азии*, Москва: Искусство, 1974.

Суворова, С. (ред.), *Великие музеи мира. Том 58. Государственный музей Востока (Москва)*, Москва: Директ-Медиа, 2012.

前田たつひこ监修，东京艺术大学、NHK、NHKプロモーション编:《アフガニスタン悠久の歴史展：アフガニスタン文化財復興支援》，东京：东京艺术大学，2002年。

田边胜美、前田耕作编:《世界美術大全集・東洋編》第15卷《中央アジア》，东京：小学馆，1999年。

樋口隆康:《バーミヤーンの石窟》，京都：同朋舍，1980年。

四、中文译著

[巴基斯坦]穆罕默德·瓦利乌拉·汗:《犍陀罗：来自巴基斯坦的佛教文明》，陆水林译，张超音摄影，土心阳图片文注，北京：五洲传播出版社，2009年。

[巴基斯坦]穆罕默德·瓦利乌拉·汗:《犍陀罗艺术》，陆水林译，北京：商务印书馆，1997年。

［德］托尼奥·赫尔舍：《古希腊艺术》，陈亮译，北京：世界图书出版公司，2014年。

［俄］B. A. 李特文斯基：《中亚文明史》第三卷，马小鹤译，北京：中国对外翻译出版公司，联合国教科文组织，2002年。

［日］村田靖子：《佛像的系谱：从犍陀罗到日本——相貌表现与华丽的悬裳座的历史》，金申译，上海：上海辞书出版社，2002年。

［日］宫治昭：《犍陀罗美术寻踪》，李萍译，北京：人民美术出版社，2006年。

［日］宫治昭：《涅槃和弥勒的图像学：从印度到中亚》，李萍、张清涛译，北京：文物出版社，2009年。

［日］栗田功：《大美之佛像》，唐启山、周昀译，北京：文物出版社，2017年。

［苏］普加琴科娃、列穆佩：《中亚古代艺术》，陈继周、李琪译，乌鲁木齐：新疆美术摄影出版社，2013年。

［匈］雅诺什·哈尔马塔、B. N. 普里等主编：《中亚文明史》第二卷，徐文堪、芮传明译，北京：中国对外翻译出版公司，联合国科教文组织，2002年。

［意］马里奥·布萨格里：《中亚佛教艺术》，许建英、何汉民译，乌鲁木齐：新疆美术摄影出版社，1992年。

［英］阿诺德·约瑟夫·汤因比：《历史研究》第二册，郭小凌等译，上海：上海人民出版社，2016年。

［英］约翰·马歇尔：《塔克西拉》（三卷本），秦立彦译，昆明：云南人民出版社，2002年。

五、中文著作

晁华山：《佛陀之光——印度与中亚佛教胜迹》，北京：文物出版社，2001年。

成都博物馆编著：《阿富汗：古代文明的十字路口》，北京：文化艺术出版社，2018年。

董玉祥：《从印度到中国——石窟艺术的产生和发展》，台北：艺术家出版社，2012年。

敦煌研究院编：《丝路秘宝：阿富汗国家博物馆珍品》，北京：文化艺术出版社，2017年。

郭素新、田广金：《源远流长的北方民族青铜文化》，《中国青铜器全集》第15卷《北方民族》，北京：文物出版社，1995年。

姜伯勤：《敦煌艺术宗教与礼乐文明》，北京：中国社会科学出版社，1996年。

李零：《波斯笔记》，北京：生活·读书·新知三联书店，2019年。

孙英刚、何平：《犍陀罗文明史》，北京：生活·读书·新知三联书店，2018年。

王庭玫:《丝路文物艺术精华》，台北：艺术家出版社，2009年。
王镛:《印度美术史话》，北京：人民美术出版社，2004年。
吴焯:《佛教东传与中国佛教艺术》，杭州：浙江人民出版社，1991年。
新疆维吾尔自治区博物馆、新疆文物考古研究所:《中国新疆山普拉：古代于阗文明的揭示与研究》，乌鲁木齐：新疆人民出版社，2001年。
杨巨平主编:《古国文明与丝绸之路》，北京：中国社会科学出版社，2021年。
余太山:《塞种史研究》，北京：商务印书馆，2012年。
张文玲:《黄金草原：古代欧亚草原文化探微》，上海：上海古籍出版社，2012年。

六、外文论文

Abdullaev, K. and Radzhabov, S., “Terrakotovaya plitka s izobrazheniyem Dionysa i satyra iz Kashkadaryi,” *Istoriya materialnoy kul’tury Uzbakistana*, Vol. 31 (2000), pp. 111-114.

Abdullaev, K., “Les figurines en terre cuite de l’ancienne Bactriane septentrionale,” *Dossiers d’Archéologie*, N°211 (1996), pp. 54-61.

Abdullaev, K., “New Finds of Pre-Kushan and Early Kushan Plastic Art in Northern Bactria and the Khalchayan Reliefs,” *Parthica*, Vol. 6, No. 3 (2004), pp. 33-34.

Abdullaev, K., “Nomad Migration in Central Asia,” *Proceedings of the British Academy*, Vol. 133 (2007), pp. 73-98.

Abdullaev, K., “Novyy shedevr gandkharskogo isskustva (Statuya princa Siddkharty iz kollektsii Dzh. Ortiza),” *Vestnik Drevney Istorii*, Vol. 1 (2004), pp. 111-116.

Abdullaev, K., “O kul’te Gerakla v Baktrii (nekotorye voprosy ikonografii),” *Istoriya materialnoy kul’tury Uzbakistana*, Vol. 22 (1988), pp. 26-34.

Abdullaev, K., “Reutilization of Old Images for New Iconographic Generations. The Question of the Destiny of Greek Images in the Post-Hellenistic Period,” *East and West*, Vol. 52 (2002), pp. 53-69.

Ahuja, N. P., “The British Museum Hārītī: Toward Understanding Transculturalism at Gandhara,” in Susan E. Alcock, Mariana Egri and James F. D. Frakes, eds., *Beyond Boundaries: Connecting Visual Cultures in the Provinces of Ancient Rome*, Los Angeles: J. Paul Getty Museum, 2016, pp. 247-263.

Alekseev, A. Y., “Skythishe Könige und Furstenkurgane,” in H. Parzinger, ed., *Im Zeichen des*

Goldenen Greifen: Königsgräber der Skythen, München: Prestel, 2007, pp. 242-255.

Alibaigi, S., Aliyari, S. and Aminikhah, N., "A New Ionic Type Capital from the Shiyan Plain: Tracing an Important Monument of the Seleucid/Parthian Periods Near the Khorasan High Road, Kermanshah, Western Iran," in Kamal-Aldin Niknami and Ali Hozhabri, eds., *Archaeology of Iran in the Historical Period*, Springer, 2020, pp. 209-217.

Allon, M. and Salomon, R., "New Evidence for Mahayana in Early Gandhāra," *The Eastern Buddhist*, New Series, Vol. 41, No. 1 (2010), pp. 1-22.

Bakker, H. T., "Monuments to the Dead in Ancient North India," *Indo-Iranian Journal*, Vol. 50 (2007), pp. 11-47.

Ball, W., "Gandhāra Perceptions: The Orbit of Gandhāran Studies," in W. Rienjang and P. Stewart, eds., *The Global Connections of Gandhāran Art, Proceedings of the Third International Workshop of the Gandhāra Connections Project*, University of Oxford, 18th-19th March, 2019, Oxford: Archaeopress, 2020, pp. 1-25.

Baums, S., "A Survey of Place-Names Gāndhārī Inscriptions and a New Oil Lamp from Malakand," in W. Rienjang and P. Stewart, eds., *The Geography of Gandhāran Art, Proceedings of the Second International Workshop of the Gandhāra Connections Project*, University of Oxford, 22nd-23rd March, 2018, Oxford: Archaeopress, 2019, pp. 167-174.

Behrendt, K., "Architectural Evidence for the Gandhāran Tradition after the Third Century," in W. Rienjang and P. Stewart, eds., *Problems of Chronology in Gandhāran Art, Proceedings of the Second International Workshop of the Gandhāra Connections Project*, University of Oxford, 23rd-24th March, 2017, Oxford: Archaeopress, 2018, pp. 149-164.

Behrendt, K., "The Ancient Reuse and Recontextualization of Gandharan Images: Second to Seventh Centuries AD," *South Asian Studies*, Vol. 25, No. 1 (2009), pp. 11-27.

Bernard, P., "Ai Khanoum: A Greek Colony in Post-Alexandrian Central Asia, or How to be Greek in an Oriental Milieu," in Joan Aruz and Elisabetta Valtz Fino, eds., *Afghanistan Forging Civilizations along the Silk Road*, New York: Metropolitan Museum of Art, 2012, pp. 42-53.

Bernard, P. "An Ancient Greek city in Central Asia," *Scientific American*, Vol. 246 (Jan. 1982), pp. 148-159.

Bernard, P., "Fouilles de Aï-Khanoum (Afghanistan), campagnes de 1972 et 1973," *Comptes rendus des séances de l'Académie des Inscriptions et Belles-Lettres*, 1974, pp. 280-308.

Bernard, P., "Fouilles de Aï-Khanoum (Afghanistan), campagnes de 1974," *Bulletin de l'École française d'Extrême-Orient*, Vol. 63 (1976), pp. 167-197.

Bernard, P., "Quatrième campagne de fouilles à Aï Khanoum (Bactriane)," *Comptes-rendus des séances de l'Académie des Inscriptions et Belles-Lettres*, Vol. 113, No. 3 (1969), pp. 313-355.

Bernard, P., "Οι Έλληνες στη Βακτριανή: από τα Βάκτρα στην Αι Χανούμ," *Ο ελληνιστικός πολιτισμός στην Ανατολή*, 2009, Β' έκδοση, pp. 67-82.

Bhandare, S., "The Last Phase of the Indo-Greeks: Methods, Interpretations and New Insights in Reconstructing the Past," in R. Mairs, ed., *The Graeco-Bactrian and Indo-Greek World*, Abingdon: Routedge, 2020, pp. 520-535.

Bhattacharya-Haesner, C., "Central Asia: A Melting Point of Persian, Greek, Indian, and Chinese Cultural Traditions," *Indian Journal of History of Science*, Vol. 51, No. 4 (2016), pp. 630-643.

Bigwood, J. M., "Queen Mousa, Mother and Wife(?) of King Phraatakes of Parthia: A Re-evaluation of the Evidence," *Journal of the Classical Association of Canada*, Project Muse, Vol. 4, No. 1 (2004), pp. 35-70.

Boardman, J., "The Danicourt Gems in Péronne," *Revue archéologique*, Nouvelle série. Fasc. 2, Presses universitaires de France, 1971, pp. 195-214.

Boardman, J., "Tillya Tepe: Echoes of Greece and China," in Joan Aruz and Elizabetta Valtz Fino, *Afghanistan: Forging Civilizations along the Silk Road*, New York: Metropolitan Museum of Art, 2012, pp. 102-211.

Bopearachchi, O., "La présence des Grecs en Asie Centrale: nouvelles données numismatiques," in J. A. Todd, ed., *Greek Archaeology without Frontiers*, Athens: The National Hellenic Research Foundation, 2002, pp. 109-126.

Bracey, R., "The Date of Kanishka Since 1960," *Indian Historical Review*, Vol. 44, No. 1 (2017), pp. 21-61.

Bracey, R., "The Mint Cities of the Kushan Empire," in F. López Sántez, ed., *The City and the Coin in the Ancient and Early Medieval Worlds*, Oxford: British Archaeological Reports Publishing, 2012, pp. 117-130.

Brancaccio, P. and Liu Xinru, "Dionysus and Drama in the Buddhist Art of Gandhara," *Journal of Global Hiatory*, Vol. 4 (Jul. 2009), pp. 219-244.

Bromberg, C. A., "The Putto and Garland in Asia," *Bulletin of the Asia Institute*, Vol. 2 (1988), pp. 67-85.

Bryan, B. M., "A Newly Discovered Statue of a Queen from the Reign of Amenhotep III," in S. H. D'Auria, ed., *Servant of Mut: Studies in Honor of Richard A. Fazzini*, Leiden: Brill, 2008, pp. 32-43.

Buchthal, H., "The Common Classical Sources of Buddhist and Christian Narrative Art," *Journal of the Royal Asiatic Society*, Vol. 2 (1943), pp. 137-148.

Callieri, P., "Barikot, an Indo-Greek Urban Center in Gandhāra," in D. Meth Srinivasan, ed., *On the Cusp of an Era: Art in the Pre-Kuṣāṇa World*, Leiden: Brill, 2007, pp. 133-164.

Callieri, P., "Sakas: In Afghanistan," in *Encyclopaedia Iranica*, online edition <http://www.iranicaonline.org/articles/sakas in afghanistan> (last accessed 28th July 2020), 2016.

Callieri, P., "Seals from Gandhara. Foreign Imports and Local Production," in M. F. Boussac and A. Invernizz, eds., *Archives et sceaux du monde hellénistique*, Bulletin de correspondance hellénistique: Supplément l29, Athens: Ecole Français d'Athènes, 1996, pp. 413-422.

Callieri, P., Lorusso, S., Colliva, L. and Matteucci, C., "Technical and Diagnostic Investigation on Some Metallic Objects Coming from the IsIAO Excavations at the Site of Barikot (Swat, Pakistan)," *Conservation Science in Cultural Heritage*, Vol. 8 (2008), pp. 111-146.

Canepa, M. P., "La Scultura Bronzea Nell'Oriente Ellenistico," *Potere e pathos. Bronzi del mondo ellenistico*, 2015, pp. 83-92.

Carter, M. L., "A Note on a Sarapis-like Bust in the Necklace of a Gandhāran Bodhisattva Sculpture in the Norton Simon Museum," *Silk Road Art and Archaeology*, Vol. 6 (2000), pp. 9-17.

Christopoulos, L., "Greek Influences on the Pazyryk-style Wrestling Motif of the Keshengzhuang Bronze Buckles," *Sino-Platonic Papers*, No. 260 (Dec. 2015), pp. 1-13.

Connelly, J. B., "Parthenon and Parthenoi: A Mythological Interpretation of the Parthenon Frieze," *American Journal of Archaeology*, Vol. 100 (1996), pp. 53-80.

Connelly, J. B., "Portrait of a Priestess: Women and Ritual in Ancient Greece," *Journal of Law and Religion*, Vol. 24, No. 1 (2008/2009), pp. 138-141.

Coomaraswamy, A., "The Origin of the Buddha Image," *Art Bulletin*, Vol. 9, No. 4 (1927), pp.

287-329.

Cribb, J., "Dating the Bimaran Casket – Its Conflicted Role in the Chronology of Gandharan Art," *Gandhāran Studies*, Vol. 10 (2010), pp. 57-91.

Cribb, J., "Numismatic Evidence and the Date of Kaniṣka," in W. Rienjang and P. Stewart, eds., *Problems of Chronology in Gandhāran Art, Proceedings of the Second International Workshop of the Gandhāra Connections Project*, University of Oxford, 23rd-24th March, 2017, Oxford: Archaeopress, 2018, pp. 7-34.

Cribb, J., "The Origin of the Buddha Image – The Numismatic Evidence," *South Asian Archaeology, 1981: Proceedings of the Sixth International Conference of the Association of South Asian Archaeologists in Western Europe, Held in Cambridge University, 5-10 July 1981*, Cambridge: Cambridge University Press, 1984, pp. 231-244.

Dally, O., "Skythische und greco-skythische Bildelemente im nördlichen Schwarzmeerraum," in H. Parzinger, ed., *Im Zeichen des Goldenen Greifen: Königsgräber der Skythen*, München: Prestel, 2007, pp. 291-298.

Dani, A. H., "Shakhan Dheri Excavation 1963 & 1964 Seasons (in Search of the Second City of Pushkalavati)," *Ancient Pakistan*, 2 (1965-1966), pp. 17-214.

Dark, K., "Globalizing Late Antiquity: Models, Metaphors and the Realities of Long-Distance Trade and Diplomacy," in A. L. Harris, ed., *Incipient Globalization? Long-Distance Trade in the Sixth Century AD*, Oxford: Archaeopress, 2007, pp. 3-14.

De Marco, G., "The Stūpa as a Funerary Monument: New Iconographical Evidence," *East and West*, Vol. 37, No. 1 (1987), pp. 191-246.

Dobbins, K. W., "Gandharan Art from Stratified Excavations," *East and West*, Vol. 23, No. 3/4 (1973), pp. 279-294.

Erdosy, G., "Taxila: Political History and Urban Structure," in M. Taddei and P. Callieri, eds., *South Asian Archaeology 1987: Proceedings of the Ninth International Conference of the Association of the South Asian Archaeologists in Western Europe*, Rome: Istituto Italiano per il Medio ed Estremo Oriente, 1990, pp. 657-674.

Errington, E., "Numismatic Evidence for Dating the Buddhist Remains of Gandhāra," in E. Errington and O. Bopearachchi, eds., *Silk Road Art and Archaeology. Vol. 6: Papers in Honour of Francine Tissot*, London: Strathmore, 1999/2000, pp. 91-116.

Faccenna, D., "The Artistic Center of Butkara I and Saidu Sharif I in the pre-Kuṣāṇa Period," in Doris Meth Srinivasan, ed., *On the Cusp of an Era*, Leiden: Brill, 2007, pp. 165-199.

Faccenna, D., "The Excavations of the Italian Archaeological Mission (ISMEO) in Pakistan: Some Problems of Gandhara Art and Architecture," *Proceedings of the International Conference on the History, Archaeology and Culture of Central Asia in the Kushan Period*, Vol. 1, Dushanbe 1968, Moscow, 1973, pp. 126-176.

Falk, H., "Money Can Buy Me Heaven: Religious Donations in Late and Post-Jushan India," *Archäologische Mitteilungen au Iran und Turan*, 40 (2018), pp. 137-148.

Falser, M., "The Graeco-Buddhist Style of Gandhara – a 'Storia Ideologica', or: How a Discourse Makes a Global History of Art," *Journal of Art Historiography*, Vol. 13 (2015), pp. 1-52.

Farkas, A., "Interpreting Scythian Art: East vs. West," *Artibus Asiae*, Vol. 39, No. 2 (1977), pp. 124-138.

Farkas, A., "Sarmatian Roundels and Sarmatian Art," *Metropolitan Museum Journal*, Vol. 8 (1973), pp. 77-88.

Farrokh, K., Karamian, G., Kubik, A. and Oshteriani, M. T., "An Examination of Parthian and Sasanian Military Helmets (2nd century BC-7th century CE)," in Katarzyna Maksymiuk and Gholamreza Karamian, eds., *Crowns, Hats, Turbans and Helmets. The Headgear in Iranian History. Volume I: Pre-Islamic Period*, Siedlce: Publishing House of Siedlce University of Natural Sciences and Humanities, 2017, pp. 121-163.

Filigenzi, A., "Ānanda and Vajrapāṇi: An Inexplicable Absence and a Mysterious Presence in Gandharan Art," in P. Brancaccio and K. Behrendt, eds., *Gandhāran Buddhism: Archaeology, Art, Texts*, Vancouver and Toronto: UBC Press, 2006, pp. 270-285.

Filigenzi, A., "Orientalised Hellenism versus Hellenised Orient: Reversing the Perspective on Gandharan Art," *Ancient Civilizations from Scythia to Siberia*, Vol. 18 (2012), pp. 111-141.

Firsov, K. and Žuravlev, D., "Kul'-Oba, Kozel und Aksjutency: Fürstengräber zwischen Krin und Waldsteppe," in H. Parzinger, ed., *Im Zeichen des Goldenen Greifen: Königsgräber der Skythen*, München: Prestel, 2007, pp. 276-290.

Foucher, A., "Le cheval de Troie au Gandhâra," *Comptes rendus des séances de l'Académie des Inscriptions et Belles-Lettres*, 94 (1950), pp. 407-412.

Foucher, A., "The Tutelary Pair in Gaul and in India," in A. Foucher, *The Beginnings of*

Buddhist Art and other Essays in Indian and Central Asian Archaeology, London: H. Milford, 1917, pp. 139-146.

Francfort, H.-P., "Tillya Tepe and its Connections with the Eurasian Steppes," in Joan Aruz and Elizabetta Valtz Fino, eds., *Afghanistan: Forging Civilizations along the Silk Road*, New York: Metropolitan Museum of Art, 2012, pp.88–101.

Fröhlich, C., "Indo-Parthian Dynasty," in *Encyclopaedia Iranica*, Vol. 13/1 (2012), pp. 100-103; available online <https://iranicaonline.org/articles/indo-parthian-dynasty-1> (last accessed 29th July 2020).

Froning, H., "Die ikonographische Tradition der kaiserzeitlichen mythologischen Sarkophagreliefs," *Jahrbuch des Deutschen Archäologischen Instituts*, 95 (1980), pp. 322-341.

Galli, M., "Hellenistic Court Imagery in the Early Buddhist Art of Gandhara," *Ancient Civilizations from Scythia to Siberia*, Vol. 17 (2011), pp. 279-329.

Ghosh, S., "Imprints of Hellenism in the Northwest of India: Case Studies of Barikot and Charsada," *Proceedings of the Indian History Congress*, Vol. 73 (2012), pp. 169-174.

Gnoli, G. and Jamzadeh, P., "Bahrām (Vərəθrayna)," *Encyclopaedia Iranica*, Vol. III, Fasc. 5 (1988), pp. 510-514.

Gohar, S., "The Making of a Theory an Analysis of the Trajectory of the 'Great Earthquake' at Taxila in Sir John Marshall's Works," *Journal of Asian Civilizations*, Vol. 42, No. 1 (July 2018), pp. 135-157.

Golzio, H. K., "Zur Datierung des Kusana-Königs Kaniska I," in D. Dimitrov, M. Hahn and R. Steiner, eds., *Bauddhasāhityastabakāvalī: Essays and Studies on Buddhist Sanskrit Literature, Dedicated to Claus Vogel by Colleagues, Students, and Friends*, Marburg: Indica et Tibetica Verlag, 2008, pp. 80-91.

Graf, D., "The Silk Road Between Syria and China," in A. Wilson and A. Bowman, eds., *Trade, Commerce, and the State in the Roman World*, Oxford: Oxford University Press, 2017, pp. 1-118.

Greene, K., "Learning to Consume: Consumption and Consumerism in the Roman Empire," *Journal of Roman Archaeology*, Vol. 21 (2008), pp. 64-82.

Grenet, F., "The Nomadic Element in the Kushan Empire (1st-3rd Century AD)," *Journal of Central Eurasian Studies*, Vol. 3 (2012), pp. 1-22.

Grenet, F., "Zorastrianism among the Kushans," in H. Falk, ed., *Kushan Histories: Literary Sources and Selected Papers from a Symposium at Berlin, December 5 to 7, 2013*, Bremen: Hempen Verlag, 2015, pp. 203-239.

Halkias, G. T., "When the Greeks Converted the Buddha: Asymmetrical Transfers of Knowledge in Indo-Greek Cultures," in Peter Wick and Volker Rabens, eds., *Religions and Trade: Religious Formation, Transformation and Cross-Cultural Exchange between East and West*, Leiden and Boston: Brill, 2014, pp. 65-115.

Hameed, M., "Scythian Art in Gandhara: A Case-Study of the So-Called Gold Girdle from Pattan (Kohistan)," *Ancient Pakistan*, Vol. 26 (2015), pp. 73-95.

Harrison, P. and Luczanits, C., "New Light on (and from) the Mohammad Nari Stele," (with response) *2011 nendo dai ikkai kokusai shinpojiumu puroshīdingusu: Jōdokyō ni kansuru tokubetsu kokusai shinpojiumu* (BARC International Symposium Series 1: Special International Symposium on Pure Land Buddhism), Kyoto: Ryukoku University Research Center for Buddhist Cultures in Asia, 2012, pp. 69-130.

Holloway, R. R., "The Tomb of the Diver," *American Journal of Archaeology*, Vol. 110, No. 3 (2006), pp. 365-388.

Huntington, J., "The Origin of the Buddha Image: Early Image Traditions and the Concept of Buddhadarśanapunyā," in A. K. Narain, ed., *Studies in Buddhist Art of South Asia*, New Delhi: Kanak, 1985, pp. 163-186.

Huntington, S. L., "Early Buddhist Art and the Theory of Aniconism," *Art Journal*, Vol. 49, No. 4 (1990), pp. 401-408.

Ibbotson, S., "Inside the 'Pompeii of Uzbekistan', Alexander the Great's Forgotten City," *The Telegraph*, 31st October 2020.

Invernizzi, A., "A Note on the Nisa Rhytons," in A. Invernizzi, ed., *Mnème: Scritti in memoria di Paolo Fiorina*, Alessandria: Edizioni dell'Orso, 2013, pp. 87-100.

Kawami, T. S., "Greek Art and the Finds at Pazyryk," *Notes in the History of Art,* Vol. 10, No. 4 (1991), pp. 16-19.

Kazarow, G., "The Thracian Rider and St. George," *Antiquity*, Vol. 47 (Sep. 1938), pp. 290-296.

Khan Khattak, M. H., "Fresh Research on the Buddhist Monastic Complex of Takht-i-Bāhī," in W. Rienjang and P. Stewart, eds., *The Geography of Gandhāran Art, Proceedings of the Second International Workshop of the Gandhāra Connections Project*, University of Oxford, 22nd-23rd March, 2018, Oxford: Archaeopress, 2019, pp. 81-106.

Khan, M. S. A., “The Tradition of Buddhist Narrative Illustration in the Swat Valley,” *Ancient Pakistan*, Vol. 28 (2017), pp. 119-129.

Khan, N. A., “A New Relief from Gandhāra Depicting the Trojan Horse,” *East and West*, Vol. 40 (1990), pp. 315-319.

Kumar, A., “Barhut Sculptures and Their Untenable Sunga Associations,” *Heritage: Journal of Multidisciplinary Studies in Archaeology*, Vol. 2 (2014), pp. 223-241.

Kuwayama, S., “A Hidden Import from Imperial Rome Manifest in Stupas,” in R. Allchin, et al., eds., *Gandharan Art in Context*, Cambridge: Ancient India and Iran Trust, 1997, pp. 119-171.

Kuwayama, S., “Pilgrimage Route Changes and the Decline of Gandhāra,” in P. Brancaccio and K. Behrendt, eds., *Gandhāran Buddhism: Archaeology, Art, Texts*, Vancouver and Toronto: UBC Press, 2006, pp. 107-134.

Lawrence, M., “The Velletri Sarcophagus,” *American Journal of Archaeology*, Vol. 69 (1965), pp. 207-222.

Leidy, D. P., “Links, Missing and Otherwise: Tillya Tepe and East Asia,” in Joan Aruz and Elisabetta Valtz Fino, eds., *Afghanistan: Forging Civilizations along the Silk Road*, New York: Metropolitan Museum of Art, 2012, pp. 112-121.

Leriche, P. and Thoraval, J., “La fontaine du rempart de l’Oxus a Aï Khanoum,” *Syria*, T. 56, Fasc. 1/2, Institut Francais du Proche-Orient, 1979, pp. 171-205.

Leriche, P., “Aï Khanoum, un rempart hellénistique en Asie centrale,” *Revue Archéologique*, 1974, pp. 231-270.

Leriche, P., “L’apport de la Mission archéologique franco-ouzbeque (MAFOuz) de Bactriane du Nord à l’histoire de l’Asie centrale, L’Archéologie française en Asie centrale, Nouvelles recherches et enjeux socioculturels,” *Cahiers d’Asie centrale*, 21/22, sous la direction de Julio Bendezu-Sarmiento, Paris: De Boccard, 2013, pp. 135-164.

Leriche, P., “The Greeks in the Orient: From Syria to Bactria,” in Vassos Karageorghis, ed., *The Greeks beyond the Aegean: From Marseilles to Bactria*, New York: Alexander S. Onassis Public Benefit Foundation, 2003, pp. 78-128. Papers presented at an international symposium held at the Onassis Cultural Center, New York, 12th October, 2002.

Linrothe, R., "Inquiries into the Origin of the Buddha Image: A Review," *East and West*, Vol. 43, No. 1 (1993), pp. 241-256.

Litvinskiy, B. A. and Pichikian, I. R., "The Hellenistic Architecture and Art of the Temple of the Oxus," *Bulletin of the Asia Institute*, Vol. 8 (1994), pp. 47-66.

Litvinskiy, B. A. and Pitschikjan, I. R., "The Temple of the Oxus," *The Journal of the Royal Asiatic Society of Great Britain and Ireland*, No. 2 (1981), pp. 133-167.

Litvinsky, B. A., "Cities and Urban Life in the Kushan Kingdom," in J. Harmatta, B. N. Puri and G. F. Etemadi, eds., *History of Civilizations of Central Asia. Vol. II: The Development of Sedentary and Nomadic Civilizations: 700 B.C. to A.D. 250*, Paris: UNESCO Publishing, 1994, pp. 291-312.

Lo Muzio, C., "Gandharan Toilet Trays: Some Reflections on Chronology," *Ancient Civilizations from Scythia to Siberia*, Vol. 17 (2011), pp. 331-340.

Lo Muzio, C., "Notes on Gandharan Painting," in T. Lorenzetti and F. Scialpi, eds., *Glimpses of Indian History and Art: Reflections on the Past, Perspectives for the Future. Proceedings of the International Congress Rome 18-19 April 2011*, Rome: Sapienza Università Editrice, 2012, pp. 319-335.

Lo Muzio, C., "On the Relationship between Gandhāran Toilet-Trays and the Early Buddhist Art of Northern India," in W. Rienjang and P. Stewart, eds., *Problems of Chronology in Gandhāran Art, Proceedings of the Second International Workshop of the Gandhāra Connections Project*, University of Oxford, 23rd-24th March, 2017, Oxford: Archaeopress, 2018, pp. 123-134.

Lo Muzio, C., "The Dioscuri at Dilberjin (Northern Afganistan). Reviewing their Chronology and Significance," *Studia Iranica*, Vol. 28, No. 1 (1999), pp. 41-71.

Lo Muzio, C., "The Legacy of Gandhāra in Central Asian Painting," in J. A. B. Hegewald, ed., *In the Shadow of the Golden Age: Art and Identity in Asia from Gandhara to the Modern Age*, Berlin: EBV, 2012, pp. 115-136.

Luczanits, C., "Buddhism in a Cosmopolitan Environment: The Art of Gandhara," *Orientations*, Vol. 39, No. 7 (2008), pp. 44-52.

Luczanits, C., "Stuck und Ton," in C. Luczanits, ed., *Das buddistische Erbe Pakistans: Legenden, Klöster und Paradiese*, Mainz: Zabern, 2008, pp. 318-320.

Mairs, R., "Achaemenid Ai Khanoum," *Archäologische Mitteilungen aus Iran und Turan*, Vol.

46 (2014), pp. 1-19.

Mairs, R., "Models, Moulds and Mass Production: The Mechanics of Stylistic Influence from the Mediterranean to Bactria," *Ancient West and East*, Vol. 13 (2014), pp. 175-195.

Mairs, R., "The 'Temple with Indented Niches' at Ai Khanoum: Ethnic and Civic Identity in Hellenistic Bactria," in R. Alston, O. M. Van Nijf and C. Williamson, eds., *Cults, Creeds and Identities in the Greek City after the Classical Age*, Groningen-Royal Holloway Studies on the Greek City after the Classical Age 3, Leuven: Peeters, 2013, pp. 85-118.

Mallon-McCorgray, T. K., "The Coins and History of Asia," 1996. Available online from URL: <http://www.grifterrec.com/coins/indoparthian/indoparthian.html> (10/03/2010).

Mannack, T., "Greek Decorated Pottery I. Athenian Vase-painting," in T. J. Smith, ed., *A Companion to Greek Art*, Vol. 1, Chichester: Wiley-Blackwell, 2012, pp. 39-61.

Martinez-Sève, L., "Aï Khanoum and Greek domination in Central Asia," *Electrum: Journal of Ancient History*, Vol. 22 (2015), pp. 17-64.

Martinez-Seve, L., "The Spatial Organization of Ai Khanoum, a Greek City in Afghanistan," *Archaeological Institute of America*, Vol. 118, No. 2 (2014), pp. 267-283.

Minardi, Michele, "The Ancient Chorasmian Unbaked-clay Modelled Sculptures: Hellenistic Cultural 'Impacts' on an Eastern Iranian Polity," *Religion, Society, Trade and Kingship. Art and Archaeology in South Asia Along the Silk Road 5500 BCE-5th Century CE*, (January 2020), pp. 195-205.

Morris, R., "Some Observations on Recent Soviet Excavations in Soviet Central Asia and the Problem of Gandhāra Art," *Journal of the American Oriental Society*, Vol. 103, No. 3 (1983), pp. 557-567.

Mustamandy, Ch., "Herakles, Anherr Alexanders, in einer Plastik aus Hadda," in J. Ozols and V. Thewalt, eds., *Aus dem Osten des Alexanderreiches. Völker und Kulturen zwischen Orient und Okzident, Iran, Afghanistan, Pakistan, Indien*, Köln: Du Mont, 1984, pp. 176-179

Naiki, S., "Geographical Differences and Similarities in Gandhāran Sculptures," in W. Rienjang and P. Stewart, eds., *The Geography of Gandhāran Art, Proceedings of the Second International Workshop of the Gandhāra Connections Project*, University of Oxford, 22nd-23rd March, 2018, Oxford: Archaeopress, 2019, pp. 41-57.

Narain, A. K., "The Greeks of Bactria and India," in A. E. Astin, et al., eds., *The Cambridge*

Ancient History. Vol. III: Rome and the Mediterranean to 133 B.C., London: Cambridge University Press, 1989, pp. 388-421.

Neelis, J., "Making Places for Buddhism in Gandhāra: Stories of Previous Births in Image and Text," in W. Rienjang and P. Stewart, eds., *The Geography of Gandhāran Art, Proceedings of the Second International Workshop of the Gandhāra Connections Project*, University of Oxford, 22nd-23rd March, 2018, Oxford: Archaeopress, 2019, pp. 175-185.

Nicolae, M.-C., "The Iconography of the Antique Hero in the Balkan Area," *Marisia. Studii Și Materiale*, Vol. 31 (2011), pp. 159-173.

Nikonorov, V. P. and Savchuk, S. A., "New Data on Ancient Bactrian Body-Armour (In the Light of Finds from Kampyr Tepe)," *Iran*, Vol. 30 (1992), pp. 49-54.

Olbrycht, M. J., "Arsacid Iran and the Nomads of Central Asia – Ways of Cultural Transfer," in J. Bemmann and M. Schmauder, eds., *Complexity of Interaction along the Eurasian Steppe Zone in the First Millennium CE. (Bonn Contributions to Asian Archaeology, 7)*, Bonn: Fgarch Press, 2015, pp. 333-390.

Olivieri, L. M. and Filigenzi, A., "On Gandhāran Sculptural Production from Swat: Recent Archaeological and Chronological Data," in W. Rienjang and P. Stewart, eds., *Problems of Chronology in Gandhāran Art, Proceedings of the Second International Workshop of the Gandhāra Connections Project*, University of Oxford, 23rd-24th March, 2017, Oxford: Archaeopress, 2018, pp. 71-92.

Olivieri, L. M., "Notes on the Problematical Sequence of Alexander's Itinerary in Swat: A Geo-Historical Approach," *East and West*, Vol. 46, No. 1/2 (1996), pp. 45-78.

Olivieri, L. M., "The Early-Historic Funerary Monuments of Butkara IV: New Evidence on a Forgotten Excavation in Outer Gandhara," *Rivista degli Studi Orientali*, New Series, Vol. 92 (2019), pp. 231-258.

Olivieri, L. M., "The Last Phases at Barikot: Urban Cults and Sacred Architecture. Data from the 2013 Excavation Campaign in Swat," *Journal of Inner Asian Art and Archaeology*, Vol. 7 (2012), pp. 7-30.

Pannuzi, S., et al., "Polychromy and Gilding in the Gandharan Sculptures from Pakistan and Afghanistan: Samplings from Museum Guimet in Paris, Civic Archaeological Museum of Milan and Museum of Oriental Art of Turin," *Restauro archeologico*, Vol. 27, No. 1 (2019), pp. 40-81.

Parlasca, K., "Griechisch-römische Steinschälchen aus Ägypten," in *Das römisch-byzantinische Ägypten: Akten des internationalen Symposions 26.-30. September 1978 in Trier*, Mainz am Rhein: Zabern, 1983, pp. 151-160.

Parlasca, K., "Review of Francfort 1979," *Gnomon*, 53 (1981), pp. 694-697.

Petrie, C., "Charsadda," in D. K. Chakrabarti and M. Lal, eds., *History of Ancient India. Vol. 3: The Texts, Political History and Administration till c. 200 BC*, New Delhi: Vivekananda International Foundation and Aryan Books International, 2013, p. 512.

Piotrovsky, B., "From the Lands of Scythians: Ancient Treasures from the Museums of the U.S.S.R., 3000 B.C.-100 B.C.," *The Metropolitan Museum of Art Bulletin*, Vol. 32, No. 5 (1975), Special Issue.

Plagia, O., "The Impact of Alexander the Great," in Richard Stoneman, Kyle Erickson and Ian Richard Netton, eds., *The Alexander Romance in Persia and the East*, Groningen: Barkhuis, 2012, pp. 369-382.

Pons, J., "Gandhāran Art(s): Methodologies and Preliminary Results of a Stylistic Analysis," in W. Rienjang and P. Stewart, eds., *The Geography of Gandhāran Art, Proceedings of the Second International Workshop of the Gandhāra Connections Project*, University of Oxford, 22nd-23rd March, 2018, Oxford: Archaeopress, 2019, pp. 3-40.

Pugachenkova, G. A., et al., "Kushan Art," in Janos Harmatta, B. N. Puri and G. F. Etemadi, eds., *History of Civilizations of Central Asia. Vol. II: The Development of Sedentary and Nomadic Civilizations: 700 B.C. to A.D. 250*, Paris: UNESCO Publishing, 1996, pp.

Pugacenkova, G. A., "New Terracottas from North Bactria," *East and West*, Vol. 42, No. 1 (1992), pp. 49-67.

Pugachenkova, G. A. and Usmanova, Z. I., "Buddhist Monuments in Merv," in A. Invernizzi, ed., *In the Land of the Gryphons: Papers on Central Asian Archaeology in Antiquity*, Firenze: Le lettere, 1995, pp. 51-81.

Pugachenkova, G. A., "Gerakl v Baktrii," *Vestnik Drevney Istorii*, Vol. 140, No. 2 (1977), pp. 77-92.

Rappe, K., "The Greco-Bactrian Mirage: Reconstructing a History of Hellenistic Bactria," *Archive: A Journal of Undergraduate History*, 4 (2002), pp. 54-75.

Rhi, J., "Bodhisattvas in Gandhāran Art: An Aspect of Mahāyāna in Gandhāran Buddhism," in P. Brancaccio and K. Behrendt, eds., *Gandhāran Buddhism: Archaeology, Art, Texts,*

Vancouver and Toronto: UBC Press, 2006, pp. 151-182.

Rhi, J., "Early Mahāyāna and Gandhāran Buddhism: An Assessment of the Visual Evidence," *The Eastern Buddhist*, New Series, Vol. 35 (2003), pp. 152-202.

Rhi, J., "Identifying Several Visual Types in Gandhāran Buddha Images," *Archives of Asian Art*, Vol. 58 (2008), pp. 43-85.

Rhi, J., "On the Peripheries of Civilizations: The Evolution of a Visual Tradition in Gandhāra," *Journal of Central Eurasian Studies*, Vol. 1 (2009), pp. 1-13.

Rhi, J., "Positioning Gandhāran Buddhas in Chronology: Significant Coordinates and Anomalies," in W. Rienjang and P. Stewart, eds., *Problems of Chronology in Gandhāran Art, Proceedings of the Second International Workshop of the Gandhāra Connections Project*, University of Oxford, 23rd-24th March, 2017, Oxford: Archaeopress, 2018, pp. 35-51.

Rhi, J., "Reading Coomaraswamy on the Origin of the Buddha Image," *Artibus Asiae*, Vol. 70, No. 1 (2010), pp. 151-172.

Rowland, B., "A Revised Chronology of Gandharan Sculpture," *Art Bulletin*, Vol. 18 (1936), pp. 387-400.

Rowland, B., "Gandhāra and Late Antique Art: The Buddha Image," *American Journal of Archaeology*, Vol. 46 (1942), pp. 223-236.

Rowland, B., "Gandharan, Rome and Mathura: The Early Relief Style," *Archives of the Chinese Art Society of America*, Vol. 10 (1956), pp. 8-17.

Rowland, Jr. B., "Graeco-Bactrian Art and Gandhāra: Khalchayan and the Gandhāra Bodhisattvas," *Archives of Asian Art*, Vol. 25 (1971/1972), pp. 29-35.

Ruegg, D. S., "Aspects of the Study of the (Earlier) Indian Mahāyāna," *Journal of the International Association of Buddhist Studies*, Vol. 27 (2004), pp. 3-62.

Russell, B., "The Roman Sarcophagus 'Industry'," in J. Elsner and J. Huskinson, eds., *Life, Death and Representation: Some New Work on Roman Sarcophagi*, Berlin: De Guyter, 2011, pp. 119-147.

Saranidi, V. I., "The Treasure of Golden Hill," *American Journal of Archaeology*, Vol. 84, No. 2 (1980), pp. 125-131.

Sarianidi, V. I., "Zur Kultur der frühen Kusana," in J. Ozols and V. Thewalt, eds., *Aus dem Osten des Alexanderreiches. Völker und Kulturen zwischen Orient und Okzident, Iran,*

Afghanistan, Pakistan, Indien, Köln: Du Mont, 1984, pp. 98-109.

Schlumberger, D., "Descendants non-méditerranéens de l'art grec (part 1)," *Syria*, Vol. 37 (1960), pp. 131-166.

Schopen, G., "'Burial Ad Sanctos' and the Physical Presence of the Buddha in Early Indian Buddhism: A Study in the Archaeology of Religions," *Religion*, Vol. 17 (1987), pp. 193-225.

Schwab, K. A., "The Lysippan Herakles as Vajrapani in Hadda," in O. Palagia and W. Coulson, eds., *Regional School in Hellenistic Sculpture. Proceedings of an International Conference Held at the American School of Classical Studies at Athens, March 15-17, 1996*, Oxford: Oxbow Books, 2017, pp. 27-33.

Shagalina, N., "Transformation of the Image of War and Victory Deity in the Ancient Art of War and Victory Deity in the Ancient Art of Central Asia," *San'Lat*, Vol. 2 (2010). Available online from URL: < http://www.sanat.orexca.com/eng/2- 10/natalya_shagalina.shtml> (10/09/2011).

Shenkar, M., "The Headdress of the Tillya Tepe 'Prince'," *Ancient Civilizations from Scythia to Siberia*, Vol. 23 (2017), pp. 151-183.

Shenker, M., "Temple Architecture in the Iranian World in the Hellenistic Period," in A. Kouremenos, S. Chandrasekaran and R. Rossi, eds., with foreword of Sir John Boardman, *From Pella to Gandhara: Hybridisation and Identity in the Art and Architecture of the Hellenistic East*, Oxford: Archaeopress, 2011, pp. 117-140.

Sinisi, F., "Royal Imagery on Kushan Coins: Local Tradition and Arsacid Influences," *Journal of the Economic and Social History of the Orient*, Vol. 60 (2017), pp. 818-927.

Skupniewicz, P. and Lichota, M., "Diadem on the Head from Khalchayan Battle Scene and Possible Reconstruction of the Composition," in Katarzyna Maksymiuk and Gholamreza Karamian, eds., *Crowns, Hats, Turbans and Helmets. The Headgear in Iranian History, Volume I: Pre-Islamic Period*, Siedlce: Publishing House of Siedlce University of Natural Sciences and Humanities, 2017, pp. 115-133.

Soper, A. C., "The Roman Style in Gandhara," *American Journal of Archaeology*, Vol. 55, No. 4 (1951), pp. 301-319.

Sparkes, B., "The Trojan Horse in Classical Art," *Greece and Rome*, Vol. 18 (1971), pp. 54-70.

Stančo, L., "Dionýsův indický triumph," *Orientalia Antiqua Nova*, Vol. 4 (2004), pp. 109-120.

Stark, S., et al., "Bashtepa 2016: Preliminary Report of the First Season of Excavations," *Archäologische Mitteilungen aus Iran und Turan*, 48 (2016), pp. 219-264.

Stavisky, B. and Mkrtychev, T., "Kara-Tepe in Old Termez: A Buddhist Religious Centre of the Kushan Period on the Bank of Oxus," *Acta Academiae Scientiarum Hangaricae*, Vol. 28, No. 1-4 (1980), pp. 95-135.

Steinhauer, G. A., "Ancient Piraeus: The City of Themistocles and Ippodamus," in G. A. Steinhauer, et al., eds., *Piraeus: Centre of Shipping and Culture*, Athens: Ekdoseis Ephesos, 2000, pp. 9-123.

Stewart, P., "Art and Empire in the Ancient Roman World," in J. Tanner, Yang Zhefeng and Zhao Huacheng, eds., *Materialising Empire in Ancient Rome and Han Dynasty China*, London: UCL Press; Beijing: PKU Press, 2024.

Stewart, P., "Roman Sarcophagi and Gandhāran Sculpture," in Wannaporn Rienjang and Peter Stewart, eds., *The Global Connections of Gandhāran Art, Proceedings of the Third International Workshop of the Gandhāra Connections Project*, University of Oxford, 18th-19th March, 2019, Oxford: Archaeopress, 2020, pp. 50-85.

Stewart, P., "The Global Connections of Kushan Art," in J. Cribb and R. Bracey, eds., *The Kushan World*, Abingdon: Routledge. (forthcoming)

Stewart, P., "The Provenance of the Gandhāran 'Trojan Horse' Relief in the British Museum," *Arts Asiatiques*, Vol. 71 (1996), pp. 3-12.

Stoye, M., "Der Dreifuss in gandharischen Szenen zum Ersten Bad des Siddhartha Gautama: Überlegungen zu Herkunft und Bedeutung eines visuellen Zitats (The Tripod in Gandharan Scenes of the First Bath of Siddhartha Gautama: Reflections on the Provenance and Meaning of a Visual Quote)," [with English Summary] *Artibus Asiae*, Vol. 64, No. 2 (2004), pp. 141-176.

Stoye, M., "Der Lebenzyklus des Buddha," in C. Luczanits, ed., *Das buddistische Erbe Pakistans: Legenden, Klöster und Paradiese*, Mainz: Zabern, 2008, pp. 193-196.

Sverchkov, L. M., "The Kurganzol Fortress (on the History of Central Asia in the Hellenistic Era)," *Ancient Civilizations from Scythia to Siberia*, Vol. 14 (2008), pp. 123-191.

Taddei, M., "Narrative Art between India and the Hellenistic World," *Journal of Transcultural Studies*, Vol. 6 (2015), pp. 34-74.

Taddei, M., "Neue Forschungsbelege zur Gandhara-Ikonographie," in J. Ozols and V. Thewalt, eds., *Aus dem Osten des Alexanderreiches. Völker und Kulturen zwischen Orient und Okzident, Iran, Afghanistan, Pakistan, Indien*, Köln: Du Mont, 1984, pp. 154-175.

Talarico, F., et al., "Caratterizzazione dei materiali pittorici provenienti dal Gandhara," in S. Pannuzi, ed., *Gandhara: tecnologia, produzione e conservazione. Indagini preliminari su scultura in pietra e in stucco del Museo Nazionale d'Arte Orientale 'Giuseppe Tucci'*, Rome: Gangemi, 2015, pp. 52-60.

Tanabe, K., "Greek, Roman and Parthian Influence on the Pre-Kushana Gandharan 'Toilettrays' and Forerunners of Buddhist Paradise (Pâramitâ)," *Silk Road Art and Archaeology*, Vol. 8 (2002), pp. 73-100.

Tanabe, K., "King Huvishka and the Emergence of Vaiśravana Images in Gandhāran Art," *Silk Road Art and Archaeology*, Vol. 6 (1999/2000), pp. 119-127.

Tanabe, K., "The Earliest Paramita Imagery of Gandharan Buddhist Reliefs. A New Interpretation of the So-called Dionysiac Imagery," *Silk Road Art and Archaeology*, Vol. 9 (2003), pp. 87-105.

Tarzi, A., "La technique de modelage en argile en Asie Centrale et au Nord-Ouest de l'Inde sous les Kouchans: la continuité malgré les ruptures," *KTEMA: Civilisations de l'orient, de la Grèce et de la Rome antique*, Vol. 11 (1986), pp. 57-93.

Thomas, E., "Houses of the Dead? Columnar Sarcophagi as 'Micro- Architecture'," in J. Elsner and J. Huskinson, eds., *Life, Death and Representation: Some New Work on Roman Sarcophagi*, Berlin: De Guyter, 2011, pp. 387-435.

Thompson, D., "The Origin of Tanagras," *American Journal of Archaeology*, Vol. 70, No. 1 (1966), pp. 51-63.

Thorley, J., "The Roman Empire and the Kushans," *Greece and Rome*, Vol. 28 (1979), pp. 181-190.

Treister, M., "Hellenistic Phalerae from the Burials of the Nomads of Asian Sarmatia," *Art of the Orient*, Vol. 7 (2018), pp. 46-62.

Treister, M., "Some Classical Subjects on Sarmatian Phalerae (to the origin of phalerae)," in Gocha Tsetskhladze, ed., *Ancient Greeks West and East*, Leiden: Brill, 1999, pp. 565-604.

Ulmasov, A., "Semantics of Ancient Architectural Forms and Art Images (as Exemplified by Architectural Monuments of Southern Uzbekistan)," in Cultural Heritage Protection

Copperation Office, Asia-Pacific Cultural Centre for UNESCO (ACCU), *ACCU Nara International Correspondent: The Ninth Regular Report*, Nara: ACCU, 2012, pp. 47-50.

Van Aerde, M., et al., "Buddha on the Rocks: Gandhāran Connections through the Karakorum Mountains," in W. Rienjang and P. Stewart, eds., *The Global Connections of Gandhāran Art: Proceedings of the Third International Workshop of the Gandhāra Connections Project*, University of Oxford, 18th-19th March, 2019, Oxford: Archaeopress, 2020, pp. 105-134.

Vanleene, A., "Differences and Similarities in Gandhāran Art Production: The Case of the Modelling School of Haḍḍa (Afghanistan)," in W. Rienjang and P. Stewart, eds., *The Geography of Gandhāran Art, Proceedings of the Second International Workshop of the Gandhāra Connections Project*, University of Oxford, 22nd-23rd March, 2018, Oxford: Archaeopress, 2019, pp. 143-163.

Verardi, G. and Paparatti, E., "From Early to Late Tapa Sardār: A Tentative Chronology," *East and West*, Vol. 55, No. 1/4 (2005), pp. 437-438.

Wheeler, R. E. M., "Romano-Buddhist Art: An Old Problem Restated," *Antiquity*, Vol. 23 (1949), pp. 4-19.

Whitehouse, D., "Begram, the Periplus and Gandhara," *Journal of Roman Archaeology*, Vol. 2 (1989), pp. 93-100.

Wood, R., "Cultural Convergence in Bactria: The Votives from the Temple of the Oxus at Takht-i-Sangin," in A. Kouremenos, S. Chandrasekaran and R. Rossi, eds., *From Pella to Gandhara: Hybridisation and Identity in the Art and Architecture of the Hellenistic East*, Oxford: Archaeopress, 2011, pp. 141-151.

Zin, M., "Buddhist Narratives and Amaravati," in A. Shimada and M. Willis, eds., *Amaravati: The Art of an Early Buddhist Monument in Context*, London: British Museum Press, 2016, pp. 46-58.

Zin, M., "Nur Gandhara? Zu Motiven der klassichen antike in Andhra (einschliesslich Kanaganahalli)," *Tribus: Jahrbuch des Linden-Museums*, 64 (2014), pp. 179- 204.

七、中文论文

杨巨平：《远东希腊文明的文化遗产及其历史定位》，《历史研究》2016年第5期。

国家出版基金项目

杨巨平 总主编

从地中海到黄河

希腊化文明与丝绸之路

FROM THE MEDITERRANEAN TO THE YELLOW RIVER

HELLENISTIC CIVILIZATION AND THE SILK ROAD

第五卷

从希腊到中国

——希腊化文明遗产的东传

主编 杨巨平 肖小勇 陈晓露（执行）

中華書局

编撰分工

第五卷主编　杨巨平　肖小勇　陈晓露（执行）

著译者

序　杨巨平

导言　陈晓露

第一章　杨巨平

第二章　杨巨平

第三章　王志超

第四章　陈晓露

第五章　陈晓露

第六章　陈晓露

第七章　杨巨平　王志超

第八章　彼得·斯图尔特撰　王坤霞译　张禾审校

第九章　张　禾

第十章　张　禾

第十一章　杨巨平

第十二章　苗利辉

第十三章　张元林

第十四章　王雁卿

译名整理　靳　悦

文献整理　邰鑫玉

目录

第五卷

从希腊到中国

——希腊化文明遗产的东传

序

法国学者格鲁塞在1948年出版了一本书——《从希腊到中国》。20世纪80年代中期，此书的中译本问世，[1]笔者幸得一览。当时就为希腊文化与印度佛教文化相结合所形成的犍陀罗艺术所惊讶，为希腊雕塑艺术经由犍陀罗艺术通过丝绸之路一路传到中国的中原大地，从而影响了中国乃至日本的佛教艺术尤其是佛陀形象所震撼。从此，下定决心对希腊化文化的性质及其与中国古代文明的关系进行研究。三十多年来，我的研究基本在此范围之内。本卷中笔者撰写的几章实际上就是这些年研究的一个小结。2015年国家社科基金重大课题立项之初，我就把"希腊化文明遗产的东传"作为本研究的最后一个子课题。大道酬勤，经过一批志同道合的国内外同行学者的努力，本卷基本按照原定大纲完成。当然，现在呈现在读者面前的内容已经与最初的想法有了较大的不同。这一方面反映了课题研究的深入与拓展，另一方面也反映了多学科合作的优势得到很好的发挥。本卷的作者大部分都是多年来从事考古和艺术史研究的学者，必然带来该领域的最新研究成果。这是令人欣慰的一点，所以特别要向各位作者表示深深的感谢！

2012年6月，为纪念著名历史学家雷海宗先生诞辰110周年，南开大学历史学院举办了中国世界古代史第四届国际学术研讨会。会议的主题是"古代文明的碰撞、交流与比较"，我发言的题目是《文明的流动——希腊化文化信息在中国的回响》。这是一篇长文，有两万多字，基本上是泛泛而谈，许多问题都是点到为止，发言也只是作了要点介绍，无法展开。但是与会者，尤其是国外学者的兴趣给了我莫大的鼓励。第二年，我有幸被哈佛大学希腊研究中心（CHS）和德国考古研究院（DAI）联合聘为客座研究员（Joint Fellowship，2013—2014），这个难得的机会使我能够有较为宽裕的时间在这两地搜集资

1 ［法］R. 格鲁塞：《从希腊到中国》，常书鸿译，杭州：浙江人民美术出版社，1985年。

料，深化本课题研究。可以说，在申请国家社科基金重大课题之前，我已经做了大量的资料和学术联系方面的准备，本项目之所以能够邀请到多位国际著名学者参与，与这次国外之行是分不开的。也正是由于这个机会，我把该文涉及的问题有重点地作了一些补充，并在《历史研究》《世界历史》和《西域研究》上发表。这些文章或其内容大多收入本卷，旨在说明希腊化文明及其遗产的信息在中国的传播与融入，是丝路开通之后中外文化交流的一个重要方面。文明之间的接触、交流甚至融合是人类文明史发展的必然，文明互动、互鉴、互惠、互利是文明交往中的主流和永恒的主题。本卷事实上就是中希文明交往结果的展现。我们可以看到，希腊化文明遗产及其相关信息是如何通过丝绸之路来到中国并潜移默化地融入中国传统文化的体系之中。

本卷是历史、考古、艺术等多学科合作的结晶。担任主编之一的肖小勇教授多年来从事新疆丝路考古，曾经主持山普拉遗址的发掘，成果颇丰。项目的申报和实施阶段的组织工作，以及后期书稿的整理汇编，他都付出良多。

本卷邀请了两位外国学者参加。一位是英国牛津大学古典艺术研究中心主任彼得·斯图尔特教授。他的主攻方向是罗马艺术，所以能够敏锐地在新疆营盘罽袍图案上看到希腊罗马的小爱神厄洛斯持武器对练或对舞的影子。另一位是美国威廉·帕特森大学的张禾教授。她是美籍华人，拥有得天独厚的有利条件，曾多次回国实地考察，在新疆出土的毛织品图案中发现了蕴含其中的经西亚、中亚和印度辗转传来的希腊罗马因素，并利用最新的国内外考古资料，对斯坦因关于米兰壁画的研究结论作了新的补充和匡正。这两位学者有一个共同的特点，即具有深厚的西方古典艺术基础和宏大的国际性研究视野，所以能够溯源而上，追寻到这些文物所具有的希腊化因素的来龙去脉。

国内犍陀罗艺术主要体现于佛教初传时期从新疆至中原的石窟

寺中，尤以龟兹石窟、敦煌石窟和云冈石窟为代表。资深研究员苗利辉、张元林先生和王雁卿女士分别来自这三个石窟的研究机构，对各石窟的所有壁画、雕塑都了如指掌，如数家珍。他们对各自石窟及其周边地区石窟所呈现出的犍陀罗艺术特色、希腊化因素及其影响的分析，可以说是高屋建瓴，引人深思。

本卷的另一位主编陈晓露副教授，曾师从国际著名丝路研究专家林梅村先生，深谙业师之道。她是国内少见的能够运用中外文资料进行考古研究的青年新秀，这一点我们从她的有关章节中就可以看出。她还欣然承担了书稿后期的编订整理工作，保证了本卷的顺利完成。其不计名利、精诚合作的精神令人敬佩。王志超教授主要从事世界古代史的研究，但他对涉及中亚、印度的佛教文献也很有兴趣。加之他在山西师范大学工作，对于山西外来文物的研究有天时地利之便，因此，他撰写的有关章节展示出独特的角度和可靠的史料基础。

本卷的主旨内容也得到了国外学界的肯定。在我们撰写之初，美国北卡罗莱纳大学教堂山分校的理查德·塔尔伯特教授就对本卷的原创性期望很高，认为这是西方学者难以企及的领域。从现在的结果来看，各位作者确实竭尽全力，各章可谓是数年或数十年专题研究的精华荟萃。当然，本卷所展现的只是一个研究过程的开始，也是一个充满争议的课题，希冀方家批评指正。

杨巨平

2024年9月5日

导言

一、本卷缘起

一般而言，“希腊化”一词指代的是亚历山大远征将希腊文化传播至东方并与东方文化交流融合的历史现象，其空间范畴一般以亚历山大征服所至及其周边地区为界。虽然亚历山大在中亚曾经跨过锡尔河，但他对遥远的中国一无所知。后来的希腊—巴克特里亚王国也曾向东面的赛里斯（Seres）和弗里尼（Phryni）扩展，[1]但二者的具体方位仍然难以确定，指向帕米尔地区甚至更东也有可能。不过，迄今还没有发现希腊人在当地留下的明显痕迹。然而，随着秦汉帝国的崛起，尤其是丝绸之路的开通，中国文明却与希腊化文明首先在中亚相逢。希腊化遗产也就随着汉帝国的经略西域和丝绸之路的延伸拓展，逐渐通过塔里木盆地传入中原内地。政治交往、商业贸易、文化（宗教）传播是其主要途径。之所以能够实现两大文明的沟通，既缘于希腊化文明自身的独特性与生命力，也得益于中国文明广采博收、兼容并蓄的强大包容性。本卷设立的初衷就是期冀对传入中国境内的希腊化文明遗产进行归纳和总结，厘清它最后与中国文明融为一体的发展脉络。

作为从希腊到中国的这场文化传导接力的最后一棒，中国境内的希腊化文明成分呈现出碎片化、模糊化的特点，研究难度非常大。一方面，中国的空间位置位于“希腊化世界”之外，与希腊化世界产生连接又主要是在丝绸之路开通之后，时间上有两个世纪的先后之差；另一方面，二者之间的联系并非直接的、密集的，而是分散的、缓慢的、渐进式的，二者联系的渠道和领域、交互的方式和过程都极其复杂。因此，要在现存的文献和遗迹中分辨哪些因素与希腊化文明有关以及它们是如何融入中国文明之中，确实比较困难，而要对这种文化

1 Strabo, *Geography*, 11.11.1, with an English translation by Horace Leonard Jones, Cambridge, Mass. Harvard University Press, 1988.

现象进行定性分析更为不易。主要原因是，古代文献对于希腊化文明遗产信息的记载非常有限，且语焉不详，来源庞杂，真伪难辨。幸运的是，20世纪以来的诸多考古发现，为了解中国境内的希腊化文明遗产提供了直接、真实而又丰富的材料，特别是汉唐之际的佛教石窟中蕴藏和保存了许多具有犍陀罗艺术特征的雕塑和壁画。这些历史遗物遗迹是希腊化文明遗产传入中国的见证，也是我们研究“希腊化文明遗产的东传”这一课题的基础。

二、主要内容

中国境内希腊化文明遗产辨析和总结是一项实证性研究，涉及文献学、历史学、考古学、艺术史等多学科。为此，本卷汇集了国内外各学科的专家学者，试图通过全方位的合作，揭示希腊化文明因素的传入及其与中国文化交流融合的进程。

本卷内容分为四部分。

第一编（第一至三章）是从文献层面梳理传入中国的希腊化文明信息。

张骞凿空西域是中国人首次突破“天下为中”的传统观念，主动沟通世界的开创性壮举。从中国古典文献如《山海经》等来看，中国人此前只能通过辗转间接的渠道获得一些关于域外的二手信息。但在张骞通西域之后，中国人对西域的认识进入了一个新的阶段，无论在丰富度还是真实度上都有了质的飞跃，并从理念上开始突破华夷之别，逐渐认识到中国之外，甚至数万里之外，还存在着其他与华夏迥然不同的文明。就希腊化文明而言，汉唐时代的中国人尽管可能不知它的存在，但在实际与域外的交流中已经接触到了这一文明的遗产及其相关信息。本卷第一编即试图通过对中国文献典籍与同时的西方古典文献的相关记载进行对比分析，再结合近代以来考古资料的佐证，将汉文记载中与希腊化文明遗产有关的信息辨别总结出来，从而确定中国方面对希腊化世界及其遗产认知了解的广度与深度。

《史记》《汉书》《后汉书》是中原王朝的官方正史，其中关于西域的记载反映了丝绸之路开通初期中国人对西方的主流认识。《那先比丘经》有汉文和巴利文两种语言版本，可互相对照印证。《大唐西域记》则是唐玄奘亲身经历的实录。相对于同时代同类文献来说，这几部文献的记载是最为可靠的，也是最接近真实历史的。作者对这几部文献的相关部分进行了庖丁解牛式的分析，并援引大量世界史研究成果和丰富的中亚考古资料，通过谨慎比较和综合性考察后得出了自己的结论：(1) 丝绸之路开通之时，中亚希腊化王国虽然已经灭亡，但张骞等人确实感受到了当地的希腊化文明遗产信息，尤其是原来希腊人的王国和城市及其文化，只是他和其他中国使者并未意识到而已。公元前后，整个希腊化世界不复存在，但希腊化世界的遗产仍然在东地中海地区延续，驻守西域的班超、甘英和班勇等人还是感受到了希腊化城市、钱币和语言遗产的存在。(2) 米南德是唯一在汉译佛经中留下名字的印度—希腊人国王。他在西方古典作家笔下也有记载。他的钱币上有法轮的标记，他有可能皈依了佛教。佛教借他之名传播佛教的教义，可能也是事出有因。(3) 由于在希腊人之后统治中亚、印度的民族大多来自北方草原，他们自身没有带来先进的文化，所以只好采取“拿来主义”，接受和改造了原来的希腊化文明遗产，以致于在《大唐西域记》中，还能够看到一些与希腊化遗产有关的信息和遗迹。

第二编（第四至七章）是从考古学、历史学和艺术史的角度对中国境内带有希腊化元素的文物的综合研究。

丝绸之路开通之后，大量中亚物品沿着丝绸之路源源不断地进入中国，其中蕴含的希腊化文明因素也随之传入，首先接受其影响的就是在地理上临近中亚的中国新疆地区。同时，不同时代丝绸之路的东方端点，如汉代的长安、洛阳，北魏的平城（今山西大同），隋唐的长安，也往往成为具有希腊化文明因素的遗物和遗迹的汇集之地。在百年来的考古发现中，我们看到，尽管这些来自西域的文物在年代、形态上千差万别，但我们仍可通过考古学方法复原出它们在丝绸之路上传播的具体过程、特征与模式。事实上，这些文物无论是种类还是数量都十分丰富，从出土的那一刻起，就已经引起了东西方学术界的重点关注，前辈学人也曾经进行过大量研究。但是由于关注视角的不同，研究手段和能力的限制，前人的许多工作仅仅停留在对中国境内出土的带有异域色彩的文物的收集和描述上，对其内在的深层次文化含义往往难以深入分析、挖掘。本卷第二编首次将这些艺术品放在希腊化文明遗产东渐这一大背景下讨论，选取实物资料不求多而全，而是以有无代表性、有无多元文化内涵为取舍标准。如新疆出土的希腊风格艺术品、汉代有翼神兽石雕和西王母图像、大同北朝墓葬出土的金银器、固原北周李贤墓的鎏金银壶等，就是我们的研究重点。

第三编（第八至十章）是两位国外艺术史学者执笔的对新疆地区出土毛织品的希腊化因素的个案研究。

这些毛织品前文或有论及，但由于侧重点和视角不同，两位国外艺术史专家的专题研究还是体现了特殊的深度和视野。他们分别以新疆地区出土的营盘罽袍，山普拉、楼兰及扎滚鲁克的外来毛织品，米兰壁画为研究对象，从产地或创作灵感上深入分析了其中的人物形象、艺术风格上的希腊化渊源，尤其是其中明显的罗马因素。罗马文化是希腊文化的继承和发展，广义上，罗马文化也属于希腊化文化的范畴。罗马艺术也是如此，也属于希腊化艺术的范畴。但二者毕竟有所不同。这些毛织品和壁画上的罗马因素正好反映了希腊化艺术从地中海到中国的传播和影响。

第四编（第十一至十四章）是对犍陀罗艺术东传及其汉化过程的

集中展现。

犍陀罗艺术是希腊化艺术与佛教精神结合的产物。随着佛教东渐入华并在中国大地生根结果，犍陀罗艺术中的希腊化文明成分也随之到来并被改造转化，与中国文明融为一体。这些希腊化成分在中国佛教艺术中的转化，大致体现在三个方面：一是由阿波罗、赫拉克勒斯、尼科、阿特拉斯等希腊神话人物转化而来的佛、护法金刚、飞天、力士等，与中国文化再次交融，完成了最后的汉化进程；二是希腊艺术风格与表现技法被应用到佛教艺术作品中，如用明暗处理法增强平面壁画的立体感，用叙事性图像中分幅的方式表现连续性情节与场景，用写实性的技法表现人物的衣纹、外貌、身材比例等；三是希腊的爱奥尼亚与科林斯式柱头、葡萄纹、棕榈纹图案等，进入中国后与本土纹样重新搭配组合，成为后者视觉空间装饰的有机组成部分。毋庸置疑，这些希腊化文明成分进入中国的渠道是极其复杂的，传播过程中也多与波斯、中亚、印度及琐罗亚斯德教、印度教等其他文化因素混杂在一起，难分彼此，其承载的宗教内涵也经历过多次混同或转化。最后三章从考古、艺术尤其是图像学的角度，对新疆、敦煌、云冈三地佛教艺术中的希腊化元素进行了由表及里、追本溯源的分析，力求再现它们在希腊化艺术—犍陀罗艺术—中国佛教艺术的发展脉络中所经历的演变，并指出，尽管这些希腊化元素已经与汉地佛教艺术融为一体，但在汉唐之际的佛教石窟艺术中仍然可辨可见。它们就是从希腊到中国的见证。

（陈晓露）

第一编

中国文献中的希腊化世界传闻

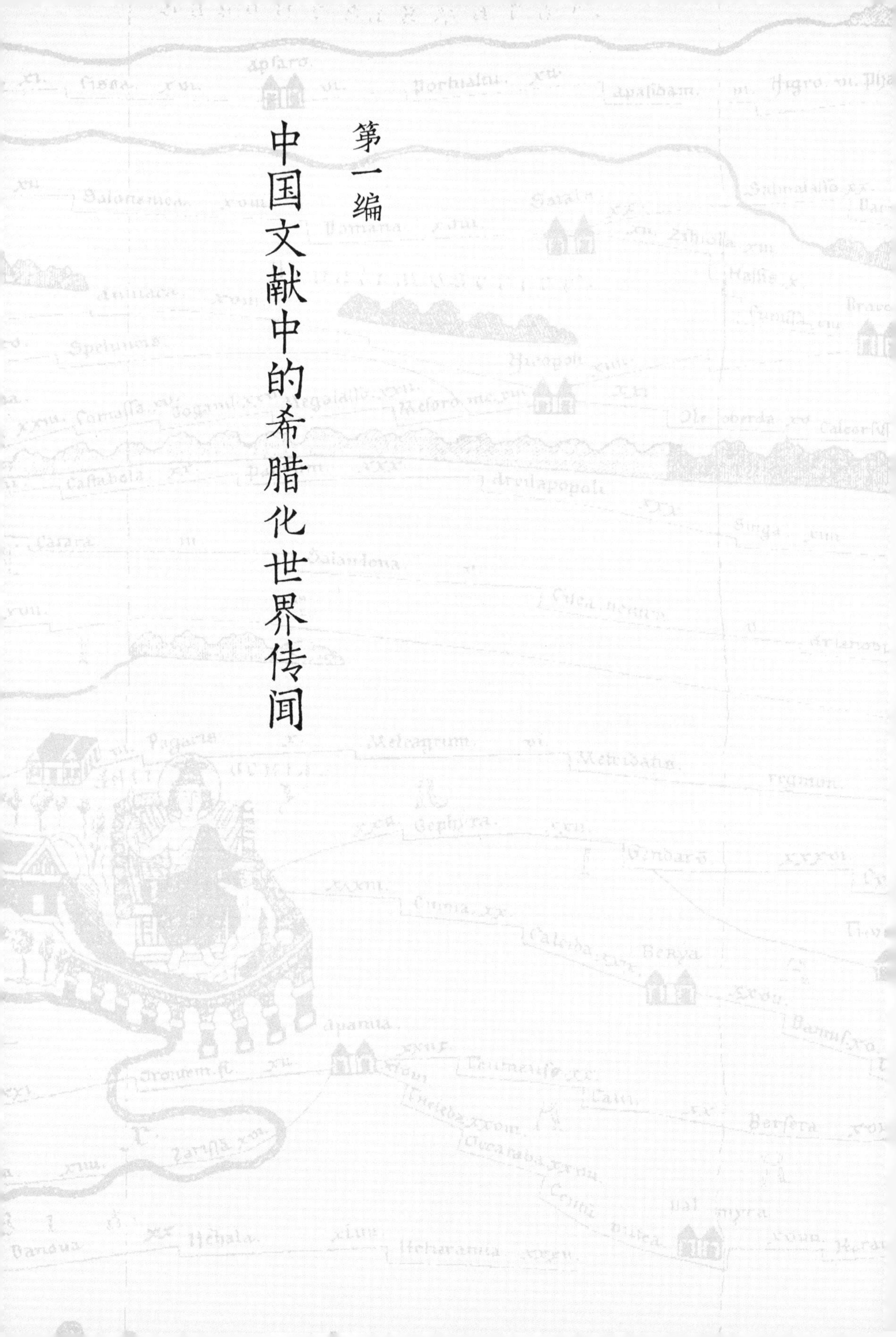

张骞通西域开启了中国认识西部域外世界的窗口。这个窗口面对的恰恰就是当时尚存在的希腊化世界。随着丝绸之路的开通，中外使节、商人、僧侣来来往往，不绝于道。他们带走的不仅是以丝绸为代表的中国物产，更是汉朝富饶广大的盛名，带来的则是西域各国的方位、城邑、人口、特产、钱币、民俗、宗教等方面的信息。从汉唐之际的中国文献中，很难看到对希腊人、希腊化世界的直接提及或描述，但透过那些以耳闻目睹加想象为来源的文字记载，我们还是可以感受到当时的中国对希腊化世界及其遗产的感知。《史记》《汉书》《后汉书》中有关葱岭之外西域各国的记载，就其时空范围而言，在很大程度上可以看作是对当时或其后原希腊化世界及其遗产的真实写照。即使到了唐初，玄奘西行时依然可以看到希腊化文明的遗产在中亚和印度西北部的存在，只是他本人未意识到而已。所以，本编集中于汉文正史与佛教典籍中的有关记载，看看其中到底蕴含了多少相关的信息。

第一章　汉史记载中的希腊化世界

中国文献关于西域的确切记载始于司马迁的《史记·大宛列传》，此后，正史中含有西域的内容成为定例。其主要原因还是中原与西域的关系一直在延续，在变化，历朝历代对西域的了解也越来越深入，越来越清晰。本章之所以集中于《史记》《汉书》《后汉书》，是因为这些史书关于西域的记载所涉及的时间、空间与希腊化时代（公元前334年至公元前后）、希腊化世界（最大时从东地中海到印度河）最为接近，甚至重合，因而有可能留下了关于这些曾经在西域地区存在的希腊化王国及其城市的记忆或传闻。

第一节　《史记·大宛列传》中的“远东希腊人王国”[1]

汉代以后中国方面关于葱岭之外西域各国的记载，大致以司马迁《大宛列传》为基础。《史记·大宛列传》的资料主要来自张骞归来给

1　这里的“远东希腊人王国”主要指伊朗高原至中亚、印度河流域的希腊人王国，包括亚历山大帝国（Empire of Alexander）、塞琉古王国（Seleucid Kingdom）、巴克特里亚希腊人王国（Greco-Bactrian Kingdom）和印度—希腊人王国（Indo-Greek Kingdoms）在这一带曾经控制和影响的区域。参见杨巨平:《远东希腊化文明的文化遗产及其历史定位》，《历史研究》2016年第5期，第127—143页。

汉武帝的报告，是第一手实地考察的结果，可信性、准确性最大。张骞辗转十年抵达中亚腹地之时（约公元前129—前128年），希腊—巴克特里亚王国显然已不存在，但他经过的大宛、康居、大月氏、大夏事实上就是原来的亚历山大帝国、塞琉古王国和巴克特里亚王国的控制或影响之地，境内的那些著名城市多与原来统治此地的希腊人有关，也可以说这些城市本身就是希腊化世界的遗产。

大宛的大致方位在今费尔干纳盆地，是张骞趁匈奴内乱出走之后的第一站。大宛之名应该与希腊人有关。“宛”在《史记·大宛列传》“索隐”中音注为“於袁反”，即“Yuan”。这个“Yuan”有可能来自波斯语或印度梵语中表示希腊人的Yauna、Yavanas或Yona。[1]大宛原为希腊人统治之地由此可见。大宛国王早就知道中国，欲通而不得，见到汉使来临，自然十分高兴，愿意与汉廷建立友好关系，于是派向导带张骞去康居。张骞应该到了大宛的都城。遗憾的是，《史记·大宛列传》中多次提到大宛，却没有提到都城的名字，只用“王城”代之。但在《汉书·西域传》中，明确提到大宛的都城是贵山城。[2]可见这个贵山就是那个“王城”，就是大宛国王接待张骞的地方，也就是李广利后来征伐大宛时断其水源的那个国王所在地——宛城。[3]那么，这个贵山又在何处呢？学界一般认为，贵山就是现在塔吉克斯坦的苦盏（Khojand，一译俱战提）之名的谐音。考察

---

1 笔者曾在乌兹别克斯坦的布哈拉的一座博物馆内看到当地语言称希腊的、希腊人为“Yunon”，由此想到波斯语称希腊人为Yauna，印度梵语称希腊人Yavanas、Yona，进而感悟到唐人司马贞将大宛之“宛”的读音注为“於袁反”是有来源的。《史记》卷一二三《大宛列传》，二十四史点校本，北京：中华书局，1982年，第3157页。

2 《汉书》卷九六《西域传》，二十四史点校本，北京：中华书局，1962年，第3894页。关于这个贵山城的来历，学界有一种新观点，可供参考：康居部落从锡尔河下游向南迁移时，发生分裂，分别归属于萨迦联盟和月氏。归属月氏的这一部分就是贵霜部落，他们征服了费尔干纳，建立新都，依其王室取名贵山（Kueishan）。也许那个约公元前130年南下阿姆河（Amu Darya）的大月氏就是这个贵霜部落。见R. C. Senior, *Indo-Scythian Coins and History*, Vol. I, Lancaster, PA: Classical Numismatic Group, 2001, p. 11.

3 《史记》卷一二三《大宛列传》，第3177页；《汉书》卷六一《张骞李广利传》，第2700—2701页。

苦盏所处的位置，它很可能就是或接近于亚历山大在锡尔河（Syr Darya）南岸建立的“最远的亚历山大里亚”（Alexandria Eschate）。[1] 此城位于费尔干纳（Fergana）盆地的西端，建于公元前329年，主要是为了防范河对岸的那些斯基泰（Scythia）游牧民族。临河而建似乎也与宛“城中无井，汲城外流水”的记载暗合。亚历山大攻打的居鲁士城（Cyropolis）也是从城外引水，[2]这座亚历山大里亚是否就在居鲁士城的基础上重建，史无明确记载，但在其附近则确定无疑。此城应该是一座新城，后来在塞琉古一世（Seleucus I，公元前305—前281年在位）时得到重建，史称“斯基泰的最远的亚历山大里亚”（Alexandreschata in Scythia）或“斯基泰的安条克”（Antioch in Scythia）。[3]遗憾的是该城的早期遗址还没有完全发掘出来，但希腊化时期的钱币和陶器已经有所发现。[4]

第二站是康居。张骞笔下的康居本是个逐水草而居、迁徙不定的“行国”，即游牧民族。但此时应该已经定居，有了固定的方位：“在大宛西北可二千里……与大宛邻国。国小，南羁事月氏，东羁事匈奴。”[5]不知当时大宛与康居、大月氏之间的关系有什么微妙之处。就张骞的直接目的地而言，大宛王应该直接送他去西（南）[6]面的大

---

1 关于此城的建立，阿里安记载得最为详细，见Arrian, *Anabasis of Alexander*, 4.1.3-4, 4.4.1, with an English translation by P. A. Brunt, Cambridge, Mass.: Harvard University Press, 1983.

2 Arrian, *Anabasis of Alexande*r, 4.3.1-4.

3 Appian, *Roman History*, 11.57, with an English translation by Herace White, Cambridge, Mass.: Harvard University Press, 1999.

4 关于此城的基本史料、综合研究和结论，详见G. M. Cohen, *The Hellenistic Settlements in the East from Armenia and Mesopotamia to Bactria and India*, Berkeley and Los Angeles: University of California Press, 2013, pp. 252-255.

5《史记》卷一二三《大宛列传》，第3161页。

6 此时大月氏已经臣服大夏，“都妫水北，为王庭”。根据地理位置，妫水北的大月氏应该在费尔干纳的大宛之西南。大月氏在迁徙过程中，无疑曾从大宛西进，然后南越希萨尔山脉（Hisar Range）抵达妫水（阿姆河）流域。张骞说大月氏在大宛西可能就是基于这一段历史。《汉书·西域传》说大宛“西南至大月氏……南与大月氏接”，可以视为对《史记》的补正。

月氏，但却舍近求远，先到大宛西北方向的康居，然后由康居“传致大月氏”。或如余太山先生所言，当时索格底亚那役属康居，故先遣张骞到康居。[1]后来汉军围攻宛都城时，康居就驰援而来。[2]两国或为友邦，但未必是“役属”关系。另外，既然康居“南羁事月氏”，那先把张骞送往大月氏的属国，再由其转送大月氏也有可能。但在笔者看来，这与张骞之时康居的都城所在地可能也有关系。[3]如果我们认同今日之苦盏即大宛的王城、最远的亚历山大里亚所在地，那它西面的最大城市应该就是波斯帝国时期索格底亚那的首府撒马尔罕（Samarkand，“石头城堡”之意，此城名沿用至今），希腊人称之为马拉坎达（Maracanda）。张骞提到的康居应来自Maracanda或Samarkand的谐音，或取二者的后半部分发音，他应该是以城代国。[4]亚历山大曾在此驻跸，酒后刺死好友克雷塔斯（Creitus）的事件就发生在这里。[5]他在此地建立城堡，驻军设防。城堡有城墙、城门，还有一个大粮仓，储有小米和大麦。这些粮食或从当地居民中征收而来。法国考古学家葛勒耐（Frantz Grenet）认为，希腊人在此地的存在可分为两个阶段，第一阶段从亚历山大开始到公元前3世纪中叶，第二阶段是欧克拉提德统治时期（Eucratides，约公元前171—

---

1 余太山：《两汉魏晋南北朝正史西域传要注》，北京：中华书局，2005年，第5页注20。

2《史记》卷一二三《大宛列传》，第3177页；《汉书》卷六一《张骞李广利传》，第2701页。

3 至于《汉书·西域传》中提到的康居冬都乐越匿地、夏都蕃内以及卑阗城、康居五小王的治所，无一能与撒马尔罕对音。司马迁之后到班固之时，又过了一个多世纪，康居的属地、都城发生变化也是可能的。它能分封诸王，有冬都、夏都，说明国土扩大。但撒马尔罕在其境内应该没有疑问，很可能是它的冬都，至少是都城之一。

4 余太山先生认为康居可能是Sacarauli（Sacaraucae）的略译，或者是Saka（Sacae）的对译；康居人应该是留在锡尔河北岸的塞人。可备一说。余太山：《塞种史研究》，北京：商务印书馆，2012年，第170页。

5 Arrian, *Anabasis of Alexander*, 4.8-9; Quintus Curtius Rufus, *History of Alexander*, 8.1.19-8.2.12, with an English translation by John C. Rolfe, Cambridge, Mass.: Harvard University Press, 1946.

前145年）。[1]但也有学者否认希腊人统治的断层。[2]无论如何，张骞抵达康居都城的时间应该离希腊人的撤出并不遥远。他抵达的应该是泽拉夫善河（Zarafshan River）畔的撒马尔罕。如果要从大宛去大月氏，撒马尔罕是必经之地，因为通向大月氏所在地“妫水北”的铁门关（Iron Gate）就位于撒马尔罕以南的希萨尔群山之中。这是古代连通索格底亚那与巴克特里亚（Bactria）的主要关隘，由此南下，最为便捷。张骞从大宛经康居去大月氏，必然要经过康居的管控之地。所以先到康居，再到大月氏。当然，三地之间能够互相联系，说明彼此之间不仅毗邻接壤，而且关系密切。这或与它们曾是巴克特里亚希腊人王国的一部分有关，也或与它们曾被大月氏借道或征服有关。张骞的这条路线应该与大月氏“过宛，西击大夏而臣之”的路线相似。张骞后来抵达的大夏显然不在大宛的西面，而在西南。这里的“西击大夏”实际暗示了西面的康居当时也是巴克特里亚—大夏的一部分。康居“南羁事月氏”当与此有关。

第三站是大月氏。此时的大月氏已经在妫水北定居建都，张骞在此见到大月氏王。但这个都城或王庭位于在何处，什么名称，张骞均未提及。有的学者将《史记·大宛列传》中的这个王庭所在地与《汉书·西域传》中的大月氏都城监氏城相等同，提出了多种假设，其中认同度最高的有三个城市：阿姆河北岸的坎培尔·特佩

---

1 详见Frantz Grenet, “Samarqand i. History and Archeology,” last updated: July 20, 2002; http://www.iranicaonline.org/articles/samarqand-i; Frantz Grenet, “Maracanda/Samarkand, une métropole pré-mongole. Sources écrites et archéologie,” *Annales. Histoire, Sciences Sociales*, 2004/5 (59e année), pp. 1056-1058; https://www.cairn.info/revue-annales-2004-5-page-1043.htm. 参见G. M. Cohen, *The Hellenistic Settlements in the East from Armenia and Mesopotamia to Bactria and India*, pp. 255-260. 2014年9月，笔者到撒马尔罕阿弗拉西亚卜（Afrasiyab）遗址考察，看到了希腊人的城堡遗址及其模拟复原图，以及一些希腊—巴克特里亚王国的钱币和希腊式的陶制器皿、高脚杯。这些遗址和遗物证明了希腊—马其顿人在此地的长期存在。

2 参见G. M. Cohen, *The Hellenistic Settlements in the East from Armenia and Mesopotamia to Bactria and India*, pp. 255-260.

（Kampyr Tepe），距离阿姆河之北约120公里的帕雍·库尔干（Payon Kurgan，西距铁门关12公里）和苏尔汉河（Surkhan Darya）上游、距阿姆河之北也是约120公里的卡尔恰扬（Khalchayan）。[1]但相比之下，坎培尔似乎可能性较大。此城位于今乌兹别克斯坦南端，与阿富汗隔河相望。此地是亚历山大当年从巴克特拉（Bactra）出发到索格底亚那的渡河之处，现存有希腊驻防军的城堡遗迹，有学者认为它有可能就是奥克苏斯河（即阿姆河）上的亚历山大里亚（Alexandria Oxiana）。[2]大月氏人要征服大夏的全部领土，就必须渡河向南；而且要统治阿姆河两岸，选择临河之地作为都城或统治中心也符合常理。或许，此地就是希腊—巴克特里亚王国的都城之一。大月氏当时位于"妫水北"的王庭如果在此，那张骞也一定是由此渡河去大夏的。但是，当时附近同为希腊军队驻地和阿姆河渡口的还有一处，即铁尔梅兹（Termez）古城。该城在月氏—贵霜时期发展迅速，建有大型的宫殿、城堡、佛教的寺庙。此地离坎培尔仅30公里。从城址的成倍扩大和出土的宫殿遗迹来看，此处作为大月氏王庭所在地的可能性也是有的，[3]至少作为贵霜帝国时期的都城之一是可以肯定的。考古发现表明，在铁尔梅兹城繁盛的同时，坎培尔城却衰落了。[4]这似乎也反映了月氏—贵霜人统治中心的

---

1 详见C. Benjamin, *The Yuezhi: Origin, Migration and Conquest of Northern Bactria*, Turnhout: Brepols, 2007, pp. 191-200. 本杰明认为卡尔恰扬最有可能是监氏城。

2 此城仅在托勒密的《地理志》中提到，且说是在索格底亚那（Sogdiana），因此关于它的定位说法不一。（Claudius Ptolemy, *The Geography*, 6.12, translated and edited by Edward Luther Stevenson, New York, 1932, the Dover edition, 1991.）近年在乌兹别克斯坦铁尔梅兹古城遗址发掘的勒里什（Pierre Leriche）认为，坎培尔·特佩可能就是这个"阿姆河上的亚历山大里亚"（Alexandria of the Oxus）。见Pierre Leriche, "Bactria, Land of One Thousand Cities," in Joe Cribb and Georgina Herrmann, eds., *After Alexander: Central Asia before Islam*, London and New York: Oxford University Press, 2007, p. 133.

3 这里很可能就是《后汉书·西域传》中提到的都密翎侯所在地，都密即Termez的谐音。

4 详见Pierre Leriche and Shakir Pidaev, "Termez in Antiquity," in Joe Cribb and Georgina Herrmann, eds., *After Alexander: Central Asia before Islam*, pp. 179-211. 也可见Pierre Leriche, "Bactria, Land of One Thousand Cities," *ibid*, pp. 137, 146.

转移。

大夏是张骞西域之行的最后一站。当时的大夏都城是蓝市城。大夏此时虽然已经被大月氏征服，但还是保持了藩属的地位。根据张骞亲眼所见，它“无大君长，往往城邑置小长”，说明此时大夏不仅失去独立，也失去统一的王权，处于据城自守、分裂割据的局面。虽有都城，但无王庭。所以，张骞“从月氏至大夏，竟不得月氏要领”，只好“留岁余”后返回。张骞一定去过大夏的都城蓝市城。他注意到了大夏人“善贾市”，特别提到蓝市城“有市贩贾诸物”，在市场上还见到了来自中国西南地区的“邛竹杖、蜀布”。[1]可见他观察得很仔细、很深入。这个妫水南的大夏实际上就是阿姆河以南的巴克特里亚。希腊人的巴克特里亚王国此时不复存在，但一些希腊人城市或小城主残留，大概也是可能的。张骞应该是和他们有过接触的。至于这个蓝市城，学界一般认为应该就是巴克特里亚地区的首府巴克特拉（Bactra），也就是今阿富汗北部的巴尔赫城（Balkh）所在地。此地确实有古代城堡的遗迹，而且近年在附近的扎尔伽兰·特佩（Zargaran Tepe）发现了希腊科林斯式、爱奥尼亚式柱头等。[2]巴克特拉作为巴克特里亚王国的都城，至少之一，应该没有疑问。但张骞是否在东返途中，经过巴克特里亚希腊人王国的另外一个城市阿伊·哈努姆（Ai Khanoum）遗址呢？此城是一座典型的希腊化城市，城中有希腊式的体育馆、剧场、柱头、雕塑和造币场，还有希腊语石刻铭文和希腊语文献的遗迹。[3]此城位于阿姆河与科克查河（Kokcha）的汇合处，是

1 《史记》卷一二三《大宛列传》，第3158、3164—3166页。

2 Pierre Leriche, “Bactria, Land of One Thousand Cities,” in Joe Cribb and Georgina Herrmann, eds., *After Alexander: Central Asia before Islam*, pp. 131-132.

3 详见杨巨平：《阿伊·哈努姆遗址与希腊化时期东西方诸文明的互动》，《西域研究》2007年第1期。Paul Bernard, “An Ancient Greek City in Central Asia,” *Scientific American*, Vol. 246 (Jan. 1982), pp. 148-159; Frank L. Holt, *Lost World of the Golden King*, Berkeley and Los Angeles: University of California Press, 2012, pp. 118-120.

从大夏通往帕米尔高原和塔里木盆地的必经之地。[1]张骞是从大夏启程“并（傍）南山”而归，古代山区的道路一般都是沿河道而行，张骞沿阿姆河东行经过阿伊·哈努姆是完全可能的。此城当时虽然也被希腊人王朝遗弃，但直到公元前1世纪中期，可能还有希腊人居住。[2]

第二节 《汉书·西域传》中的印度—希腊人、印度—斯基泰人王国

《汉书》是东汉时班固（公元32—92年）所著，所记年代下限是建武元年（公元25年），其中《西域传》所记最后的年代是地皇四年（公元23年，“西域因绝”之时）。此时距张骞出使和司马迁《史记》成书已经过去了100多年，西域的政治格局和文化面貌也发生了变化。中原内地对西域的了解范围大为扩大，也更为详细。张骞之时的传闻之国，这时有的与西汉政权建立了明确的外交关系，有的则是汉使或中国商人的亲临之地。西域的信息随之而来。班固撰写《西域传》还有一个明显的优势，就是他的弟弟班超长期经营西域（明帝永平十六年至和帝永元十四年，公元73—102年），他有可能从其弟那里获取第一手的资料。所以，《汉书·西域传》的信

1 勒里什认为此城远离贸易大道，不能发挥重要的经济作用，所以希腊人放弃之后就失去了存在的必要。（Pierre Leriche, “Bactria, Land of One Thousand Cities,” in Joe Cribb and Georgina Herrmann, eds., *After Alexander: Central Asia before Islam*, pp. 143-144.）此说值得商榷。从现在的道路系统看，确实远离主干道，但在古代可能并非如此。希腊人不会选择一个偏僻的地方作为军事和行政中心，以及东都的所在地。后来的月氏—贵霜人没有在此建都，大概与他们的统治重心在巴克特里亚中西部和阿姆河以北有关。

2 Jeffrey Lerner, “The Eastern Baktria under Da Yuezhi Hegemony,” in Vidula Jayaswal, ed., *Glory of the Kushans: Recent Discoveries and Interpretations*, New Delhi: Aryan Books International, 2012, pp. 79-86.

息量大大超过了《史记·大宛列传》。其中值得注意的是，他提到了两个重要的国家——罽宾和乌弋山离。

按照班固的记述，罽宾“王治循鲜城”，大致方位在葱岭以南的犍陀罗（Gandhara）地区，[1]但要超过这一范围，应是以犍陀罗为中心的印度西北部，包括今阿富汗的喀布尔（Kabul）地区。罽宾的方位也有“克什米尔（Kashmir）说”。此说受到钱币学家西尼尔（R. C. Senior）的支持。[2]但克什米尔是个相对封闭的地区，只有一面与犍陀罗地区相通。因此，笔者倾向于将罽宾泛指为犍陀罗地区。当时的汉代使节不可能像现在的地理学家对地域划分那么精细，只是个大致的概念而已。但克什米尔谷地属于大犍陀罗地区的范畴，是印度—希腊人（Indo-Greeks）或印度—斯基泰人（Indo-Scythians）控制或影响之地，这个应该没有问题。至于循鲜之方位，有学者认为是塔克西拉（Taxila）。[3]更早有学者认为是喀布尔或加兹尼（Ghazni）。[4]这主要取决于罽宾方位的最终确定。如果定位于犍陀罗地区，那塔克西拉就最有可能。此地的斯尔卡普（Sirkap）遗址就有印度—斯基泰人的地层。[5]但不管怎样，罽宾及其都城都在印度西北部，也就应当在原来印度—希腊人控制的范围之内。

按照《汉书·西域传》，罽宾本是被大月氏驱逐的塞人（Sacas，印度—斯基泰人）所建。但它却有可能与当地的印度—希腊人王国发生关系。他们的钱币就是希腊式钱币的一个变种，“文为骑马，幕为

---

1 A. F. P. Hulsewe, *China in Central Asia*, Leiden: E. J. Brill, 1979, p. 104 (n. 203).

2 R. C. Senior, *Indo-Scythian Coins and History*, Vol. I, pp. 9, 29.

3 余太山：《两汉魏晋南北朝正史西域传要注》，第105页。

4 A. Wylie, “Notes on the Western Regions,” *The Journal of the Anthropological Institute of Great Britain and Ireland*, Vol. 10 (1881), p. 34.

5 马歇尔把塞人（Sakas），即印度—斯基泰人的地层确定为第四层和第三、二层（与印度—帕提亚人混合），时间定为公元前90—公元25年。关于斯尔卡普遗址的详情，见John Marshall, *Taxila*, Vol. 1, Structural Remains, Cambridge: Cambridge University Press, 1951, pp. 112-216. ［英］约翰·马歇尔：《塔克西拉I》，秦立彦译，昆明：云南人民出版社，2002年，第164—313页。

人面”，[1]与曾经统治此地的印度—斯基泰人国王的钱币相似。[2]由于其特殊的地理位置，罽宾和西汉王朝、印度西北部的印度—希腊人之间保持着一种微妙的地缘政治关系。据《汉书》：

> 自武帝通罽宾，自以绝远，汉兵不能至，其王乌头劳数剽杀汉使。乌头劳死，子代立，遣使奉献。汉使关都尉文忠送其使。王复欲害忠，忠觉之，乃与容屈王子阴末赴共合谋，攻罽宾，杀其王，立阴末赴为罽宾王，授印绶。[3]

这段记载信息量很大。首先，罽宾与汉廷的关系由来已久，可以追溯到汉武帝时期，但这种关系变化莫测。中国方面积极介入罽宾事务，但往往不得好报，原因就在于其地“绝远”，罽宾有恃无恐。其次，就罽宾本身而言，先是内部发生王位更替，随后又因新王谋害汉使，促成汉使与另一位容屈王子联合，杀其王，夺其地，致使江山易主，罽宾成为汉属国。这三者中只有这位容屈王子阴末赴的身份是个难解之谜。据希腊化史专家塔（W. W. Tarn）的考证，这个“容屈王子”是希腊人城主赫尔迈欧斯（Hermaeus/Hermaios）。理由是：罽宾是兴都库什山（Hindu Kush）以南以喀布尔为中心的地区，容屈是“Yonaki”的音译，即“希腊城”之意。此城即Alexandria-kapisa 城。阴末赴是此城国王之子赫尔迈欧斯。乌头劳是公元前1世纪中期在印度西北部称王的塞人斯帕莱利斯（希腊语名Spalyris，佉卢文名Spalahores）。他在钱币上曾自称“国王的兄弟”（αδελφου του

---

1 《汉书》卷九六《西域传》，第3885页。

2 印度—斯基泰人的钱币类型并非完全统一，但“国王骑马/希腊保护神”型比较普遍、典型，详见R. C. Senior, *Indo-Scythian Coins and History*, Vol. II, “Maues”, p. 5 (Nos. 22.1-23.1)；“Azilises”, pp. 7-10 (Nos. 31.1T-37.14T), 13-26 (Nos. 50.1T-60.2); “Vonones Group”, pp. 27-30 (Nos. 65.1T-75.1); “Azes”, pp. 33-118 (Nos. 80.10-125.10). 李铁生：《古中亚币》，北京：北京出版社，2008年，第113—128页。

3 《汉书》卷九六《西域传》，第3885—3886页。

βασιλεωs）。乌头劳之名当由“αδελφου”（adelphou）误译而来。[1]若此，印度西北部的希腊人王国则和中国的汉朝政府建立了正式的藩属关系。但这只是一种解释，其中到底有多少合理性呢？

首先，不论乌头劳之名是否为文忠的误读，塞人在公元前1世纪进入印度西北部确是事实。根据现有的钱币资料可知，塞人可能分两支进入，一支是中国史书所说的南越悬度进入罽宾地区的塞人，首领是毛伊斯（Maoes，约公元前95/85至前60—前57年在位），他和他的家族统治的地区初期大致在今克什米尔、斯瓦特（Swat）、哈扎拉（Hazara）一带。大约与此同时，另一支塞人从西北方向经喀布尔进入印度河地区，首领是沃诺尼斯（Vonones，公元前85—前65年之间在位），他们的活动区域主要在犍陀罗和旁遮普（Punjap）。他的钱币有个特点，就是与家族成员共同发行，因此，在他的钱币上，他的兄弟、侄子都留下了名字，他们也或是他的副王。[2]这个自称国王兄弟的Spalyris的名字首先就出现在沃诺尼斯的钱币上。因此，Spalyris在位的时间应该在此之后。这个时间与《汉书·西域传》记述的乌头劳及其子与汉发生关系的时间大致吻合。但这时还有一位同时代的印度—斯基泰人国王Spaliris在其钱币中也自称国王的兄弟（βασιλεωs αδελφου），他的名字也出现在沃诺尼斯的钱币上。因此，如果我们认可塔恩等人的“乌头劳—Adelphou”说，那实际上乌头劳对应的国王就多了一个选项。他们中有的也独立称王，如Spaliris就自称“大

1 关于乌头劳和阴末赴的身份认同，在塔恩之前，已有多种说法，但塔恩仅接受了Von Gutschmid 和A. Wylie的意见，并做了进一步的发挥。塔恩的认同遭到印度裔学者纳拉因（A. K. Narain）的否定，但遗憾的是他并没有就这二人的身份提出自己的认同。对此，笔者在《西域研究》发表的《两汉中印关系考》（2013年第4期，第1—12页）也有提及。本文依据新的钱币资料对二者的身份认同作了补充论证。塔恩和纳拉因以及其他前人的观点详见W. W. Tarn, *The Greeks in Bactria and India*, Cambridge: Cambridge University Press, 1951, pp. 469-473, 418, 339-343; A. K. Narain, *The Indo-Greeks*, Oxford: Clarendon Press, 1957, pp. 154-155.

2 这里主要采用了西尼尔的新观点。详见R. C. Senior, *Indo-Scythian Coins and History*, Vol. I, pp. 13 (map 2), 25, 39-43, 45; Vol. II, pp. 27-30 (Vonones Group: issue 65-75).

王”“王中王”。可能正是在沃诺尼斯家族统治时期（下迄约公元前45年），罽宾和汉朝发生了直接的外交关系。[1]这与《汉书·西域传》所记“塞王南君罽宾”，“武帝始通罽宾”，还是比较吻合的。

其次，容屈王子阴末赴与赫尔迈欧斯的认同似乎也有可能，后者的希腊语发音（Ἑρμαῖος）和前者的汉语发音（Yin mo fu）的确有近似之处，但由于汉与罽宾的官方接触主要发生在元帝（公元前48—前33年在位）、成帝（公元前32—前7年在位）时期，因此与法国钱币学家波比拉赫奇（Osmund Bopearachhci）确定的赫尔迈欧斯在位年代（约公元前90—前70年[2]）似乎不符。但根据钱币资料，赫尔迈欧斯当时是印度西北部统治时间较长、控制区域较大的一个印度—希腊人国王。一般认为，他属于欧克拉提德家族，控制着兴都库什山以南的帕罗帕米萨代（Paropamisadae）地区，首府是“高加索的亚历山大里亚”（Alexandria of the Caucasus），即《大唐西域记》中的迦毕试（Kapisa），[3]今阿富汗的贝格拉姆（Begram）。欧克拉提德发行过一种钱币，正面是国王的胸像，反面是一位戴塔楼状王冠（Turreted crown）的女神坐像，两边的佉卢文铭文是“Kavisiye nagara devata”，即“Kapisa”的城市神（the City-Deity of Kapisa），[4]这枚钱币显然表明了他对该城的占领。此城位于喀布尔以北60多公里，是大犍陀罗地区的一部分，或属于罽宾，或与罽宾为邻。赫尔迈欧斯在位时如果确实还控制着此城，他与罽宾发生交集并控制该地区是有可能的。他的钱币被这批印度—斯基泰人在喀布尔河流域仿制并带到犍陀罗地区应该

---

1 有关这几位国王的钱币、铭文及在位年代，详见R. C. Senior, *Indo-Scythian Coins and History*, Vol. II, pp. 27, 29-30 (Nos. 65, 69-73); Vol. IV, 2006, pp. xxxix, xl (table a7).

2 Osmund Bopearachchi, *Monnaies gréco-bactriennes et indo-grecques, Catalogue raisonné*, Paris: Bibliothèque Nationale, 1991, p. 453.

3 （唐）玄奘、辩机原著，季羡林等校注：《大唐西域记校注》，北京：中华书局，1985年，第135—137页注1。

4 A. K. Narain, *The Indo-Greeks*, plate IV.8; Osmund Bopearachchi, *Mannaies gréco-bactriennes et indo-grecques, Catalogue raisonné*, p. 216, pl. 22 (Eucratides I, 24).

与此有关。[1]而且他是帕罗帕米萨代地区最后一位印度—希腊人国王，如果我们承认这个容屈王子是位希腊人，那赫尔迈欧斯就是可能的人选之一。不论文忠扶植他还是别的印度—希腊人国王占据罽宾之地，公元前1世纪的中原王朝无疑和印度—希腊人、印度—斯基泰人控制下的印度西北部有了直接的接触，只是对于对方的真正身份还不十分了解而已。

乌弋山离是班固提到的丝路南道终端的一个国家，一般认为是今阿富汗喀布尔以南和伊朗西南部以塞斯坦（Seistan）、坎大哈（Kandahar）为中心的接壤地区，即古代的阿拉科西亚（Arachosia）和塞斯坦。乌弋山离或为塞斯坦都城“Alexandria-Prophthasia”中“Alexandria”的汉文音译。[2]阿拉科西亚也有一座名为Alexandropolis的通都大邑，是希腊式的城市，应该就是亚历山大在此地建立的Alexandria（亚历山大里亚）。[3]在伊西多尔（Isidore）的时代（公元前1世纪末期），它属于帕提亚人管辖。[4]如果乌弋山离是Alexandria的谐音，这个Alexandropolis更有可能是乌弋山离的来源，因为它更接近于东北方向的罽宾，也是《帕提亚驿程志》中的终点站。在班固看来，此地的钱币比较特殊，“独文为人头，幕为骑马”。[5]其实，这种钱币恰恰是巴克特里亚—印度—希腊人钱币的类型之一，是贵霜无名王（The Nameless King，“Soter Megas”）钱币的基本类型。希腊—巴克特里亚钱币中最典型的是“国王头像/骑马的狄奥斯库里兄弟”类型，出现于欧克拉提德一世（Eucratides I，约公元前170—前145年在位）和狄

1 R. C. Senior, *Indo-Scythian Coins and History*, Vol. I, p. 43.

2 参见孙毓棠:《安息与乌弋山离》,《文史》第 5 辑，北京：中华书局，1978 年，第14—19页；余太山:《塞种史研究》，第252页。

3 见G. M. Cohen, T*he Hellenistic Settlements in the East from Armenia and Mesopotamia to Bactria and India*, pp. 255-260.

4 Isidore, *Parthian Stations*, 19, the Greek text with a translation and commentary by Wilfred H. Schoff, London, 1914.

5《汉书》卷九六《西域传》，第3889页。

奥米德斯（Diomedes，约公元前95—前90年在位）的钱币上。这两个国王的统治范围都包括阿拉科西亚。[1]另外还有“国王头像/国王骑马”型，出现在菲罗克塞诺斯（Philoxenos，约公元前100—前95年在位）和希波斯特拉图斯（Hippostratos，约公元前65—前55年在位）的钱币上。[2]菲罗克塞诺斯时期统一了包括阿拉科西亚在内的印度西北部。钱币学家西尼尔认为，《汉书·西域传》关于乌弋山离钱币的描述很可能来自菲罗克塞诺斯的钱币。[3]希波斯特拉图斯的统治区域在西旁遮普，可以排除。这些钱币类型中，有的发行于汉武帝即位之前或即位后不久，与汉廷和罽宾、乌弋山离频繁交往的时期相距较远，但钱币一旦发行出来，就会长期流通，因此，这种“国王头像/骑马”型钱币有可能被后来的汉使所知，“文为人头，幕为骑马”的说法并非空穴来风。

第三节　《后汉书·西域传》中的“希腊化”远国与近邻

关于《后汉书·西域传》的记事原则，作者范晔（公元398—445年，南朝宋人）有一段话说得很清楚：“班固记诸国风土人俗，皆已详备《前书》。今撰建武以后其事异于先者，以为《西域传》，皆安帝末班勇所记云。”[4]这就是说，只要以前班固记过之事，本传不再赘述。与前不同者才是本传记述的重点。本传的资料来自班超之子班

1 见Osmund Bopearachchi, *Mannaies gréco-bactriennes et indo-grecques, Catalogue raisonné*, pl. 16-19 (Eucratides I, 1-2, 4-9), pl. 45 (Diomedes, 1-7), p. 453. 所引国王名为与正文一致，采用英文译名。原文为法文译名，拼写稍有不同。以下皆同。

2 O. Bopearachchi, *Mannaies gréco-bactriennes et indo-grecques, Catalogue raisonné*, pl. 43-44 (Philoxenos, 1-9), 64-65 (Hippostratos, 3-7); p. 453.

3 R. C. Senior, *Indo-Scythian Coins and History*, Vol. Ⅰ, pp. 9, 19.

4《后汉书》卷八八《西域传》，二十四史点校本，北京：中华书局，1965年，第2912—2913页。

勇。[1]班勇子承父业，于安帝永初元年（公元107年）、安帝元初六年（公元119年）至顺帝永建二年（公元127年）两度进入西域。他对葱岭之外西域各国情况的了解程度可能不如其父，但还是补充了不少新的见闻，尤其是甘英带回的关于大秦、安息、条支的资料。[2]公元1、2世纪之交，西域的政治格局与公元前1世纪相比已经大为改观。其一，东地中海的塞琉古王国和埃及托勒密王国（Ptolemic Kingdom）都被罗马（Rome）吞并。幼发拉底河（Euphrates）一线成了罗马帝国与帕提亚（Parthia，安息）帝国的相持之地。其二，印度西北部的希腊人、斯基泰人和帕提亚人建立的小王国被来自巴克特里亚的贵霜人（大月氏五翎侯之一，后统一其他四部，国号贵霜）所取代。罗马、帕提亚、贵霜成为欧亚大陆和汉代中国比肩并立的三大帝国。除汉帝国之外，帕提亚、贵霜（Kushan）和罗马帝国都包括了以前希腊化王国的属地。因此，有关的信息在《后汉书》中还是有所体现。

比如，它提到"其条支、安息诸国至于海濒四万里外，皆重译贡献"。[3]条支首次出现于《史记·大宛列传》，位于安息以西。当时安息以西只有塞琉古王国，所以，将条支视为塞琉古王国都城安条克（Antioch/Antiocheia）的谐音也比较合理。这时作为塞琉古王国转称的"条支"国已不存在，它的国土或归于安息，或归于罗马，但作为城市的"条支"（安条克）依然存在。[4]这两地以远的四万里外诸国，

---

1 据说班勇曾撰《西域诸国记》若干卷，范晔《后汉书·西域传》全卷录之。参（清）严可均辑，许振生审订:《全后汉文》卷二六，北京：商务印书馆，1999年，第261页。

2《后汉纪·孝殇皇帝纪》云："甘英临大海而还，具言葱岭西诸国地形风俗，而班勇亦见记其事，或与前史异，然近以审矣。"见（东晋）袁宏:《后汉纪》卷一五《孝殇皇帝纪》，张烈点校，北京：中华书局，2002年，第301页。

3 此处记载有无史家夸大虚饰之词，值得怀疑，但有联系应是事实。"贡献"大概也是一种相互的交往，非称臣纳贡。

4《后汉书·西域传》称其"条支国城"就如实反映了这一变化。详见《后汉书》卷八八《西域传》，第2918页。关于条支国或条支城的具体位置，学界说法不一。国内目前多以孙毓棠和余太山二者的意见为主。二人都认定条支是安条克（Antioch）的谐音，但这个条支到底是在波斯湾（Characene，孙毓棠），还是在叙利亚（Syria，余太山），各持一说。详见龚缨晏:《20世纪黎轩、条支和大秦研究述评》，《中国史研究动态》（转下页）

只能是东地中海沿岸国家。这些都在原来希腊化世界的范围之内。他们不远万里，前来贡献，自然带来当地的出产。

至于“皆来归服，遣使贡献”的所谓“远国蒙奇、兜勒”，[1]学界说法颇多。争论集中于两点：一是蒙奇、兜勒是一国还是二国，二是它或它们位于何方。《后汉书·和殇帝纪》说是二国。多数学者同意此说。主张一国者认为蒙奇、兜勒应是Macedonia的对音，即马其顿。二国实为二区，是马其顿境内的两个地区（杨共乐）。[2]主张二国者说法较多，有“马其顿、推罗（Tyre）”说（林梅村）；[3]有“马尔吉亚那（Margiana）和大夏（吐火罗，Tukhara）”说（余太山）；[4]有“濛池、怛罗斯（Taras/Taraz）”说（John Hill），[5]兜勒还有“色雷斯（Thrace）”说（莫任南）。[6]如果依据马其顿、推罗、色雷斯等说，它们就有可能是所谓的四万里之远国。但若依从他说，则是指中国西域周边地区的国家。据《后汉书·和殇帝纪》，这二国曾“遣使内附，

（接上页）2002年第8期，第19—28页；孙毓棠:《条支》，《文史》第6辑，北京：中华书局，1979年，第77—80页；余太山:《两汉魏晋南北朝正史西域传要注》，第113页注276。“Characene说”最早由法国汉学家沙畹提出，得到日本学者白鸟库吉的支持。孙毓棠在此基础上作了进一步的论证。国外有学者甚至将条支城的范围扩大为包括Characene、Susiana，甚至有可能也包括法尔斯省在内的波斯湾以东地区。见John E. Hill, *Through the Jade Gate – China to Roma, a Study of the Silk Routes 1st to 2nd Centuries CE*, new updated and expanded edition, Vol. I, CA: San Bernardino, 2015, pp. 227-230.

1 《后汉书》卷八八《西域传》，第2910页。

2 杨共乐:《“丝绸之路”研究中的几个问题》，《北京师范大学学报（社会科学版）》1997年第1期，第108—111页。此种说法由来已久。国内最早提出“蒙奇”译音为“马其顿”的是张星烺先生。见张星烺编著，朱杰勤校注:《中西交通史料汇编》第一册，北京：中华书局，2003年，第126页。此书早在1930年就由辅仁大学出版，1977年由中华书局正式出版。林梅村也同意此说。张绪山基本认同杨共乐的“马其顿”说，但否认二国或二自治区说，见《关于“公元100年罗马商团到达中国”问题的一点思考》，《世界历史》2004年第2期，第111—114页。

3 林梅村:《公元100年罗马商团的中国之行》，《中国社会科学》1991年第4期，第71—84页。

4 余太山:《两汉魏晋南北朝正史西域传要注》，第245页。

5 John E. Hill, *Through the Jade Gate – China to Roma, a Study of the Silk Routes 1st to 2nd Centuries CE*, Vol. I, pp. 132-134.

6 莫任南也持“蒙奇—马其顿”说，详见《中国和欧洲的直接交往始于何时》，《中外关系史论丛》第一辑，北京：世界知识出版社，1985年，第26—31页。

赐其王金印紫绶”。[1]就其请求内附，并接受表示臣属、封国的金印紫绶而言，它们应离中国不远。否则，如何内附？葱岭之外，汉代有记载的被“授印绶”的西域国家仅罽宾一例。[2]但罽宾与汉西域都护辖地是近邻，由汉使扶立。以此而论，蒙奇、兜勒应是周边小国，在中国政治势力影响范围之内。因此，其方位不可能远在地中海地区。有的学者以“远国”作为“蒙奇、兜勒”为“马其顿、推罗、色雷斯”的依据，但“远国之说”值得探讨。且不说本传并未明确说这二国是在“海濒四万里之外”，就是所谓的“远国”也不一定就是在条支、安息以远。《汉书·西域传》中把汉帝国近邻的“康居、大月氏、安息、罽宾、乌弋之属”都列入“绝远”之国。[3]可见，远国的概念是相对于中原而言，汉帝国辖地之外的葱岭以西以南，大概都属“远国”。这些远国大多都在原来希腊化世界的范围之内。

本传关于安息的记述中，有一个甘英西行抵条支临大海欲渡，被安息西界船人劝阻的故事，学界颇为重视。这是汉代中国使者西行的极限。尽管关于这个“条支”的方位还不确定，但位于安息以西、临海无疑。所谓“甘英乃抵条支而历安息，临西海以望大秦”[4]可为证。甘英西行之时（和帝永元九年，公元97年）的安条克只是罗马叙利亚行省的一个大城市或首府而已，已非独立之国。传文称“条支国城在山上。周回四十余里。临西海，海水曲环其南及东北，三面路绝，唯西北隅通陆道”，[5]这反映的恰恰是一个临海城市的地理位置，非深入其地，难以有如此详细的描述。甘英应该亲临过此城。

据斯特拉波（Strabo），奥龙特斯河上的安条克城（Antioch on

1《后汉书》卷四《孝和孝殇帝纪》，第188页。

2 据《汉书·西域传》，乌孙国王也被汉廷“皆赐印绶”（第3907页）。但乌孙与汉廷关系紧密，为和亲之国，且属地在今伊犁河流域一带。

3《汉书》卷九六《西域传》，第3928页。

4《后汉书》卷八八《西域传》，第2931页。

5《后汉书》卷八八《西域传》，第2918页。

the Orontes）是一个海滨城市，奥龙特斯河沿城而过，向南流向大海。出海口附近有一个港口城市，也名为塞琉西亚（Seleucia）。此城距出海口40 stadia（1 stadion约合185米），约7.4公里，距安条克城120 stadia，约22.2公里，从海口溯流而上到安条克，也就一天的航程。安条克城由“胜利者”（Nicator）塞琉古一世首建，后来发展为四城之都（tetrapolis），由四部分组成，每个部分都有自己的内墙和共同的外墙。这就意味着，城市有不同的街区，既相对独立，又浑然一体。它是国王的王宫所在地，在地位或规模上与底格里斯河（the Tigris）上的塞琉西亚和埃及的亚历山大里亚相差无几。[1]根据现有的考古资料可以看出，安条克的主城区在奥龙特斯河东岸的台地上，包括河中心的小岛。罗马时代虽几经扩大重建，但总的格局没有变化。小岛上的宫殿始建于塞琉古一世时期还是罗马帝国时代，难以确定。岛上有该城唯一的竞技场。公元115年大地震时，图拉真（Trajan）皇帝曾从附近的一个屋子逃到竞技场避难，[2]可见此时岛上还有宫殿存在。三座桥跨河而过，将小岛与主城区连接起来。[3]安条克地区属于地中海型气候，冬季多雨，夏季干旱，空气湿润，年平均气温在15—20摄氏度之间，有利于农作物和经济作物的生长。奥龙特斯河的右岸是肥沃的阿穆克（Amuk）平原，种植小麦、大麦、橄榄和葡萄，橄榄油、葡萄酒也就成了此地的特产。此地也是动物的乐园，出产狮子、老虎、鹿、鸵鸟和犎牛（humped oxen）。[4]

这些文献和考古结论显然与《史记》《汉书》《后汉书》中关于条支的记载有所接近。据《史记》，条支“临西海。暑湿。耕田，田稻。

---

1 参见Strabo, *Geography*, 16.2.4-7.

2 Dio Cassius, *Roman History*, 68.25.5, with an English translation by Earnest Cary, London: William Heinemann; New York: G. P. Putnam's Sons, 1925. 有关讨论详见C. Downey, *A History of Antioch in Syria from Seleucus to the Arab Conquest*, Princeton: Princeton University Press, 1961, pp. 643-647.

3 C. Downey, *A History of Antioch in Syria from Seleucus to the Arab Conquest*, fig. 11.

4 C. Downey, *A History of Antioch in Syria from Seleucus to the Arab Conquest*, pp. 15-23.

有大鸟，卵如瓮”，据《汉书》，条支“国临西海。暑湿。田稻。有大鸟，卵如瓮”。《汉书》虽与《史记》雷同，或许照搬而来，但也说明信息来源没有变化，而且这些地理位置、环境气候、出产等在一般情况下，短期内不会发生突变。《后汉书》的描述最为详细，且和该城的地理位置、地形地貌比较相似。安条克依山沿河而建，最初的城小一些，周长仅有7.5公里，但后来城区扩大，周回40里也有可能。[1]河中有小岛，岛上有王宫，有桥通对岸陆地，也与“三面路绝，唯西北隅通陆道”有暗合之处，“土地暑湿”与当地的地中海气候显然有关。当地的动物新加了“师子、犀牛、犎牛、孔雀”，不知是野生还是驯养。这些似乎都是古代印度的特产。《汉书·西域传》中的“罽宾”“乌弋山离”篇，本传的“天竺”篇中都有所记载。[2]此处信息混淆也是有可能的。但无论如何，这些新加的信息是如此详细、具体，一定来源于转述者的亲身观察或耳闻。甘英有可能到达了条支城。此时的安条克城虽然早已不是塞琉古王国的都城，但它还是罗马叙利亚行省的首府，称其为条支国城也有情可原。他所面临的西海应该是地中海。

该城“波斯湾—条支”说也有一定道理，因为这时的波斯湾确实可以看作安息的西界。此西海也就只能是波斯湾及其以西的大海了。更为重要的是《后汉书·西域传》提供了一条丝路南道向西南方向的延长线，即自乌弋山离（时改名排持）“复西南马行百余日至条支”。尽管古代马行一日与人行一日有多大区别不详，但人行的代步工具也可能是马。这个资料的关键词是“西南行”。乌弋山离，前文已知是在现在的坎大哈一带，由此西南行的终点只能是波斯湾。《汉书·西域传》也说，乌弋山离“西与犁靬、条支接”，“行可百余日，乃至条支”，但又说乌弋山离“绝远，汉使希至。……至乌弋山离，南道

---

1 C. Downey, *A History of Antioch in Syria from Seleucus to the Arab Conquest*, pp. 78-79, figs. 10, 11.

2 见《汉书》卷九六《西域传》，第3885、3889页；《后汉书》卷八八《西域传》，第2921页。

极矣”。可见，班固之时，对条支的大致位置还是了解的，但如何抵达语焉不详。《后汉书》的材料来自班勇，那至少在班超、班勇父子的时代，他们已经获悉了抵达条支的路线。这是否与甘英西行大秦的实际路线一致，不得而知。不过，如果这个“西南马行百余日”可至的“条支”确实是在波斯湾，那甘英原计划出波斯湾绕阿拉伯半岛进入红海再经陆路到大秦（犂鞬）也有可能。这一线相对于伊朗高原的北线，可能要艰难一些。但亚历山大当年从与印度回军时，就是派他的部将克拉特鲁斯（Craterus）带领一部和大象经阿拉科西亚、德兰吉亚那（Drangiana）、卡尔马尼亚（Carmania）抵达波斯湾。[1]后来到中亚、印度宣示主权的塞琉古王国安条克三世（Antiochus III Megas，公元前223—前187年）也是由此路返回两河地区的。由此可见，从坎大哈经伊朗南部到波斯湾的道路一直存在并且可行。甘英去时走此道也是可能的。但伊西多尔的《帕提亚驿程志》根本就没有提到这条路，可能在当时被视为畏途，或许是他忽略了这条路。由乌弋山离到波斯湾，还有一个选择就是绕道而行：由此北上，沿伊朗高原北缘的丝路主干道向西到塞琉西亚，再南下波斯湾。

如果认定条支即Antioch或Antiocheia的谐音，那在波斯湾的诸国城国中，应该就有一个安条克城或国的存在。结果我们发现，此地历史上真还出现过一座名为“安条克”的城市，不过那座城建于公元前3世纪与前2世纪之交，而且存在时间不长，不到百年就被毁并重建易名了。这座城市可能就是普林尼（Pliny）提到的波斯湾的Charax城。它位于底格里斯河与Karun河的汇合处，建在一块人造台地之上，根据拉丁原文，此城（或两河之间）有二罗马里宽。[2]一罗马里一般折合1481米，二罗马里就是2962米，接近3公里，折合汉里也就约7.2

---

1 Arrian, *Anabasis of Alexander*, 6.17.3.

2 Pliny, *Natural History*, 6.31.138, with an English translation by H. Rackham, Cambridge, Mass.: Harvard University Press, 1998.

里。[1]但长度多少，没有提到，因此周长无从计算，与“周回四十余里”是否相符也就难以确定。希尔（Hill）引用索马（Soma）的意见，把这二罗马里视为周长，从而认为此城太小，符合此条件的应是附近的苏萨城。[2]“罗叶布古典丛书”（Loeb Classical Library）普林尼《自然史》的译者（H. Rackham）认为这个数据应该修订为3英里或6英里。[3]若此，以宽度为3英里计算，再加上一个同样的宽度和比此更长的两个长度，那么周长就至少在12英里即19公里以上，这与周回40里就比较接近了。此城原是亚历山大所建，主要是为了安置已被毁掉的都林（Durine）皇城的居民和那些伤残的马其顿人。此城以他命名，称为亚历山大里亚，但马其顿人的聚居区则特别以他的出生地Palla城命名为Pellaeum。此城后来毁于河水的冲击，曾被叙利亚的第五个国王重建，并以自己的名字命名（Antioch）。[4]“条支”之说或可来源于此。

此城后来再次被毁，安条克七世（公元前138—前129年）死后，原来此地的总督，当时的阿拉伯人国王斯帕欧希尼斯（Spaosines）将其重建，并以他的名字命名，称为“Charax Spaosinou”，即“Spaosines之城”。他还为城市修了防护堤，抬高了相邻的土地，其长为6英里，宽稍短一些。[5]如果甘英抵达的是这座城市，那此城的周长已经大大超过了“周回四十余里”范围。当然，这些数据都是模糊的估计，只有参考价值，不能当作实数。但有两个疑点需要注意。其一，《后汉书》

---

1 汉代一里合415.8米。

2 参见John E. Hill, *Through the Jade Gate – China to Roma, a Study of the Silk Routes 1st to 2nd Centuries CE*, Vol. I, p. 230.

3 Pliny, *Natural History*, 6.31.138 n. a (p. 442).

4 Pliny, *Natural History*, 6.31.138-139.

5 Pliny, *Natural History*, 6.31.139. 普林尼特别说明阿拉伯人国王Spaosines并非塞琉古七世的总督，但《牛津古典辞书》第四版坚持这一说法。参见Simon Hornblower, et al., eds., *The Oxford Classical Dictionary* (Fourth Edition), London and New York: Oxford University Press, 2012, “Mesene” (p. 936).

中的“条支国城在山上”，显然是一个山城，但这个城自始至终都在人工建造的台地上修建，充其量是个土丘而已，地形地貌难以吻合。其二，此城早已易名，距甘英抵安息西界之时已有两个世纪之久。此时该城是否还有Antioch之名，已不可考。因此，波斯湾“条支”之说，又略显证据不足。

此外，就甘英出使的目的地而言，从叙利亚的安条克到大秦（不论是埃及的亚历山大里亚还是意大利本土的罗马）[1]，都要比波斯湾—红海—尼罗河—地中海线要便捷得多。而且，既然出使大秦，总归是要见大秦王，这时的罗马还是唯一的都城，因此，如果甘英对大秦的方位和抵达大秦都城的路线有所了解，那他很可能选择陆路，直达叙利亚的安条克城。由此可出海直航罗马或亚历山大里亚。他在此偶尔碰见“安息西界船人”也有可能。《魏略·西戎传》说，条支被安息“役属之，号为安息西界”。[2]尽管此时叙利亚及其安条克城都在罗马的管辖之下，但如果甘英对此并不知晓，误认当地为安息西界，称当地的船人为“安息西界船人”也在情理之中。如果此条支是指叙利亚的安条克城，甘英抵达地中海边说可以成立。当然，甘英功亏一篑，大秦在望却望而却步，确实遗憾。但无论如何，甘英西行是古代中西交通史上的一个标志性事件，也是丝绸之路延伸至东地中海地区的证明。不论我们将他所抵达的“条支”归于何处，波斯湾和叙利亚都是原来希腊化世界的中心地区。

---

1 关于大秦所指，学界倾向性的意见有三：一是埃及或罗马的东方，既然“大秦一名犁鞬”，犁鞬或是埃及的亚历山大里亚的谐音；二是泛指罗马帝国；三是罗马本土，意大利半岛。本文主要关注罗马帝国初期的东方，这是原来希腊化三大王国的核心地区。有关大秦的考证，可参见龚缨晏：《20世纪黎轩、条支和大秦研究述评》，《中国史研究动态》2002年第8期，第19—28页；张绪山：《百余年来黎轩、大秦研究综述》，《中国史研究动态》2005年第3期，第11—19页。

2《三国志》卷三〇《魏书·乌丸鲜卑东夷传》裴松之注引鱼豢《魏略·西戎传》，二十四史点校本，北京：中华书局，1959年，第860页。叙利亚的安条克此前也确实偶尔被安息人短暂占领，如卡莱战役（公元前53年）之后的公元前40—前39年。C. Downey, *A History of Antioch in Syria from Seleucus to the Arab Conquest*, pp. 158-160.

小　结

随着希腊化王国的消失，希腊化时代的结束，尽管中国方面对远到地中海的大西域地区的了解由于丝绸之路的开通而愈来愈深入，愈来愈清晰，但有关原来希腊化王国及其城市的信息还是越来越少，这不是史家的疏忽，而是历史的必然，说明希腊化文明的遗产已经完全融入了其他文明之中。但历史不会中断，现在“一带一路”沿线的许多国家、城市，在某种意义上，不就是这些古老的丝路国家和城市的延续吗?

（杨巨平）

第二章 《那先比丘经》中的印度—希腊人国王米南德

米南德（Menander）是印度—希腊人中最为著名的国王（约公元前165/155—前130年），是唯一在西方古典文献和印度文献中都留下名字的印度—希腊人国王，也是唯一在佛教经典中出现的希腊人国王，还是唯一有明确记载皈依佛教的希腊人国王。从已出土的巴克特里亚和印度—希腊人王国时期的钱币可知，他的钱币不仅数量最多，而且类型多样。[1]历史上确有其人，已成定论。对于他的国王身份、他在印度的征服、他死后的礼遇，以及他的钱币数百年之后仍在印度流通使用等情况，西方古典作家斯特拉波（Strabo）、查士丁（Justin）、《厄立特里亚航海记》的佚名作家和普鲁塔克（Plutarch）的笔下都有零星的记载。[2]但对于他的出生地、都城和他的王国，特别是他皈依佛教的原因和过程，却没有多少直接的信息。可喜的是，汉译本《那先比丘经》和巴利文的《弥兰陀问经》（*Milindapanha*）却

1 波比拉赫奇将米南德的钱币归纳为39种类型，可参见Osmund Bopearachchi, *Monnaies gréco-bactriennes et indo-grecques, Catalogue raisonné*, Paris: Bibliothèque Nationale, 1991, pp. 226-247, pl. 26-33.

2 Strabo, *Geography*, 11.11.1, with an English translation by Horace Leonard Jones, Cambridge, Mass.: Harvard University Press, 1988; Justin, *Epitome of the Philippic History of Pompeius Trogus*, 41, translated by J. C. Yardley, Atlanta, GA: Scholar's Press, 1994; L. Casson, *Periplus Maris Erythraei: Text with Introduction, Translation, and Commentary*, Princeton: Princeton University Press, 1989, p. 77; Plutarch, "Precepts of Statecraft," *Moralia*, 821D-E, with an English translation by Harold North Fowler, Cambridge, Mass.: Harvard University Press, 1936.

对这些方面有所透露。虽然语焉不详，且不乏抵牾之处，但毕竟提供了第一手的资料和研究的基础。

按照传世佛教经典的说明，《那先比丘经》是"失译人名附东晋录"。大意是译者失传，但归于东晋时期，也就是说此经的译出不会晚于东晋时期。在现存汉文佛典中，此经有两卷本和三卷本之分。但究其内容，实则一简一繁，并无大异，仅问题推理之比喻多寡不一，译文亦有雷同。[1]此经有世传巴利文本。汉译本内容与巴利文本前三卷大致相似。它之所以引起国内外学界注意，一是因其可与巴利文本对照研究，尤其可对其中的译名进行考证。二是其中与那先对话的主角——北方大臣国（或"大秦国"）国王弥兰与著名的印度—希腊人国王米南德能否勘同，事关重大。若勘同，印度—希腊人皈依佛教则成事实，古典作家普鲁塔克关于米南德死后许多城市以安葬他的骨灰为荣的说法可得到间接证明，他的钱币上的法轮也可解释为他对佛法的接受。三是其中提到弥兰王的出身和出生地、都城、他的随从及其统治。这些信息对于研究印度—希腊人及其王国的历史，尤其是希腊人和印度人在特定历史背景下的文化融合和认同具有十分重要的意义。本章的论证即由此展开。[2]

---

1 此经收入《大正新修大藏经》卷三二《论集部全》，台北：佛陀教育基金会，1990年，编号为1670（A，B）。

2 早在20世纪初，法国汉学家伯希和就对该经中对话的主角之一国王"弥兰"及其都城"舍竭"、出生地"阿荔散"等进行了初步的论证。（伯希和：《那先比丘经中诸名考》，《亚洲报》1914年9、10月刊，收入普纪吕斯基：《佛学研究》，冯承钧译，上海：商务印书馆，1935年，第101—118页；伯希和：《犁靬为埃及亚历山大城说》，《通报》1915年，收入冯承钧译：《西域南海史地考证译丛》第2卷第7编，北京：商务印书馆，1995年，第34—35页。）此后，对此经研究比较深入的是英国希腊化史专家塔恩。他在《巴克特里亚和印度的希腊人》一书中专设附录"The Milindapanha and Pseudo-Aristeas"，详细分析了该文本的源流及其内含的历史文化信息。尽管半个多世纪过去了，他的诸多论证与推理仍然不失合理，且启示良多。见W. W. Tarn, *The Greeks in Bactria and India*, Cambridge: Cambridge University Press, 1951, pp. 414-436. 近年国内余太山、杨共乐两位学者对其中的"大秦""阿荔散"方位也有所思考。见余太山：《〈那先比丘经〉所见"大秦"及其它》，《欧亚学刊》总第9辑，2007年；杨共乐：《〈那先比丘经〉中的"大秦国"和"阿荔散"考》，《世界历史》2004年第5期。

自从1890年巴利文《弥兰陀问经》的第一个英文译本（*Questions of Milinda*）问世到现在，已有多种英文、德文、法文、日文的全译本或节译本出版。巴利文的汉译本也有两种已问世。[1]多种现代语言的译本，尤其是两种主要的巴利文英译本（里斯·戴维斯译本和霍纳译本[2]）为我们提供了可资比对的宝贵资料。这两个译本的英译者在前言中都对米南德其人的历史真实性作了一定的考证，虽有时代局限，但也颇具参考价值。

第一节 《那先比丘经》中的米南德及其王国

为便于分析，此处先将《那先比丘经》两卷本（1670A）中几段重要的译文摘录出来：

1. 关于其出生地

> 生于海边为国王太子，字弥兰。
>
> 那先问王："王本生何国？"王言："我本生大秦国，国名阿荔散。"那先问王："阿荔散去是间几里？"王言："去是二千由旬，合八万里。"

1 巴宙译:《南传弥兰王问经》，北京：中国社会科学出版社，1997年；郭哲彰译:《南传大藏经（63）弥兰王问经》上，高雄：元亨寺妙林出版社，1997年。

2 *The Questions of King Milinda*, translated from Pali by T. W. Rhys Davids, Oxford: Clarendon Press, 1890-1894; *Milinda's Questions*, translated from Pali by I. B. Horner, London: Luzac & Company, Ltd., 1964.

2. 关于其都城舍竭城

北方大臣国名沙竭，古王之宫。其国中外安隐，人民皆善。其城四方，皆复道行。诸城门皆刻镂。及余小国，皆多高明。人民被服，五色焜煌。国土高燥，珍宝众多。四方贾客卖买，皆以金钱。五谷丰贱，家有余畜，乐不可言。

都城距罽宾去七百二十里。

3. 关于国王之才能

弥兰少小好读经学异道。悉知异道经法，异道人无能胜者。

其王弥兰，以正法治国，高才有智谋，明于官事，战斗之术无不通达。能知九十六种道。所问不穷。人适发言，便豫知其所趣。

4. 关于国王之随从

王即乘车与五百伎（骑）共行到寺中，与野和罗相见。前相问讯就坐，五百骑从皆坐。

5. 关于国王的信仰归宿

王言："譬若师子在金槛中，由为拘闭，常有欲望去心。今我虽为国宫省中，其意不乐，欲弃国去而行学道。"

三卷本（1670B）对都城的描述大同小异，内容稍增。个别字词应为笔误或同名异译，诸如将"大臣国"改为"大秦国"，"沙竭"

（Sagala）改译为“舍竭”。方括号中为其多出部分。

今在北方大秦国，国名舍竭，古王之宫。其国中外安隐，人民皆善。其城四方，皆复道行。诸城门皆雕文刻镂。【宫中妇女，各有处所。诸街市里，罗列成行。官道广大，列肆成行。象马车步，男女炽盛，乘门道人亲戚工师细民。】及诸小国，皆多高明。人民被服，五色焜煌，【妇女傅白，皆着珠环】。国土高燥，珍宝众多。四方贾客卖买，皆以金钱。五谷丰贱，家有储畜。【市边罗卖诸美羹饭，饥即得食。渴饮蒲萄杂酒，】乐不可言。[1]

三卷本对国王才能的文字描述略有不同，但意思无异，都是对他的颂扬。

---

1 鉴于《大正藏》中《那先比丘经》两个译本此处有所不同，为便于对比，笔者试从霍纳的新英文译本译出，供参考。“据所闻：此地有一城，名为Sagala，为巴克特里亚希腊人中之最大商贸中心。它依山傍水，风景宜人，有花园、游乐场、小树林、湖泊和莲花池之属。河流、山坡、小树林构成一幅美景，令人赏心悦目。此城出自能工巧匠之手。敌人、对手已被摧毁，城市无外患之虞。瞭望塔、城楼坚固多样。拱形城门高大雄伟。宫殿被深深的护城河和灰白城墙所环绕。街道平整，十字交错，广场宽大，三四条道路交汇于此。市场排列于道路两侧，货物琳琅满目。城中有百所施舍大厅，使其装扮一新；数十万豪宅广厦，宛若雪山之冠，令其辉煌壮丽。象、马、车、步四军，以及成群结队的俊男美女，招摇过市；平民、士兵、贵族、婆罗门、商人、工匠云集街头，对苦修者和婆罗门致敬之声此起彼伏。这是一个博学之士荟萃之胜地。城中有一些专营布店，出售贝拿勒斯（Benares）精细棉布和Kotumbara布料以及其他各种织物。有的商铺出售鲜花和香水，散发出沁人心脾的甘甜和芳香。迷人的珠宝在城中也随处可见。店铺中陈列有序，四面开放。高雅的客商一群群出入其中，熙熙攘攘，摩肩接踵。它是一座金光闪耀的宝库，钱币（Kahapanas，斯里兰卡的一种硬币——笔者注）、银器、青铜器和石瓷制品充盈其中。仓廪殷实，金银财宝、粮食应有尽有。正如在俱卢洲（Uttrakuru），城中有诸多美食，醇酒、甜点、果汁、香薄荷。正如在天神提婆之城阿拉迦曼达（Alakamanda，俱卢洲的一个重要城市——笔者注），这里岁稔年丰。” *Milinda's Questions*, translated from Pali by I. B. Horner, Vol. I, pp. 1-3 (Nos. 1-2). 译文也参考了另一英译本，可参见*The Questions of King Milinda*, translated from Pali by T. W. Rhys Davids, Part I of II, pp. 2-3 (Nos. 1-2). 巴宙译本和郭哲彰之译文与此也大致相同，见巴宙译：《南传弥兰王问经》，第2页；郭哲彰译：《南传大藏经（63）弥兰王问经》上，第5—6页。它们与两种英译本均出自巴利文佛经，只是抄本有所不同而已。

其国王字弥兰，以正法治国。弥兰者，高才有智，明世经道，能难去来见在之事，明于官事战斗之术，智谋无不通达。

其余都与前同。以上所引文字仅有句读，标点为笔者所加。可见，三卷本以两卷本为依据，补译了遗漏的内容；或反之，两卷本是三卷本的节略。从巴利文译本来看，三卷本与其更为接近。巴利文和汉文译本可能有一个共同的版本来源。[1]

从汉译经文可知：弥兰王生于海边的大秦国阿荔散城，出身王族，继父为王。出生地距他的都城舍竭有八万里之遥。他“以正法治国”，国泰民安，都城一片繁荣景象。街道纵横宽广，城门“雕文刻镂”，城中商贾云集，人民锦衣足食，其乐融融。受那先启示，他曾

1 关于此经的最早版本，学界争论颇多。一般认为先有一个印度方言的梵文版本，然后由此分别译为汉文和巴利文。汉文的两卷本与三卷本可能依据不同的版本（但在译文上，三卷本显然参考了两卷本——笔者注）。巴利文版本的4—7卷是后来在锡兰加上去的。可参见*Milinda's Questions*, translated from Pali by I. B. Horner, Vol. I, “Translator's Introduction”, pp. 30-31. 塔恩以《伪亚里斯泰亚斯书信》（*The Letter of Pseudo-Aristeas*）虚构的托勒密二世设宴向犹太教长老请教犹太教和习俗的故事为例，证明米南德问经与此类似，应该先有一个希腊语原本（a Greek Questions of Menander），出现于其死后不久。巴利文版本的《弥兰陀问经》在此基础上编成，吸收了其中包含的关于米南德和印度—希腊人的信息。详见W. W. Tarn, *The Greeks in Bactria and India*, 1951, “The Milindapanha and Pseudo-Aristeas”, pp. 414-436. 贡达对塔恩的观点提出质疑，认为塔恩过多地强调了*The Letter of Aristeas*和*Milindapanha*的类似。虽然他并不全然否定一个希腊语的*Milindapanha*原型存在的可能性，但他认为，这位受人尊敬的英国学者所提出的论点并不能必然地证明希腊化的影响对这个印度版本产生了任何作用。见J. Gonda, “Tarn's Hypothesis on the Origin of the Milindapanha,” *Mnemosyne*, Vol. 2, Fasc. 1 (1949), pp. 44-62. 关于汉文版本的出处，可参见方广锠:《汉译〈那先比丘经〉译本、译时考》,《世界宗教研究》1981年第3期。他认为，“两卷本实际译于东汉，三卷本约译于三国迄梁陈之时。它们是依据略有差异的两个不同底本分别译出的不同译本，而三卷本译者曾参考过两卷本的译文”。虽然两卷本中提到的“大秦国”在中国古代史书中的首次出现是在南朝范晔（公元398—445年）所著的《后汉书·西域传》和鱼豢（生卒年不详，曹魏末晋初人，约公元3世纪）的《魏略·西戎传》中，但东汉时“大秦”之名应该已经出现，因为范晔《后汉书·西域传》取材出自班勇：“今撰建武以后其事异于先者，以为《西域传》，皆安帝末班勇所记云。”（二十四史点校本，北京：中华书局，1965年，第2913页。）该传记载，和帝永元九年（公元97年）甘英奉班超之命出使大秦。大秦之名此前或首次被汉人知晓，东汉时汉地僧人翻译此经也是有可能的。

有意出家为僧。

这些说法与巴利文经文一致吗？它们能够在其他中外文献和考古学、钱币学、碑铭学资料中得到佐证吗？种种争论由此而生。其中意见最为分歧、讨论最为集中的问题是：他的出生地“阿荔散”到底位于何处？

第二节　米南德的出生地

“我本生大秦国，国名阿荔散。”这是汉译《那先比丘经》中“弥兰王”对自己出生地的明确介绍。但这个“阿荔散”到底位于何处，与大秦国是什么关系？大秦国又在何方？

根据巴利文英译本，这个“阿荔散”是巴利文Alasanda的同名异译。但Alasanda并非一座城市，而是两河之间的一块陆地或一个岛。[1]米南德又说道，他的出生地是Kalasi村。[2]“阿荔散”即Alasanda，亦即Alexandria（亚历山大里亚），二者均为同一地名的音译，目前学界对此没有异议。但希腊化时期同名的亚历山大里亚甚多，亚历山大到底建立了多少以他命名的城市，古典作家记载不一，至今也难有定论。据普鲁塔克，在70座以上。[3]据阿里安，他在埃及、中亚、印

1 T. W. 里斯·戴维斯译为“一个岛”，详参*The Questions of King Milinda*, translated from Pali by T. W. Rhys Davids, Part I of II, p. 127 (No. 82); *Milinda's Questions*, translated from Pali by I. B. Horner, Vol. I, p. 114 (No. 82). 巴宙与郭哲彰的巴利文译本都将Alasanda译为一个名为“亚历山大”或“阿拉删达”的岛。见巴宙译：《南传弥兰王问经》，第88页；郭哲彰译：《南传大藏经（63）弥兰王问经》上，第145页。

2 *The Questions of King Milinda*, translated from Pali by T. W. Rhys Davids, Part I of II, p. 127 (No. 83); *Milinda's Questions*, translated from Pali by I. B. Horner, Vol. I, pp. 114-115 (No. 83). 巴宙译为“卡拉西”，可参见《南传弥兰王问经》，第88页；郭哲彰译为“迦拉湿罗”，见《南传大藏经（63）弥兰王问经》上，第146页。

3 Plutarch, “On the Fortune or the Virtue of Alexander,” *Moralia*, 328E, with an English translation by Frank Cole Babbitt, Cambridge, Mass.: Harvard University Press, 1962.

度建了3座亚历山大里亚和其他3座可能也有此名称的城市。[1]仅在巴克特里亚（Bactria）和索格底亚那（Sogdiana），斯特拉波说他建城8座[2]，查士丁说12座。[3]据普林尼，他在马尔吉亚那（Margiana）、阿里亚（Aria）、索格底亚那建了4座城市，其中有3座命名为亚历山大里亚。[4]托勒密也提到位于索格底亚那的一座名为Alexandria Oxiana的城市，但未说明此城是否为亚历山大所建。[5]这些记载显然有重复、混淆甚至错误之处，但亚历山大在中亚、印度建立了诸多同名城市则是毋庸置疑的。[6]在所有冠以亚历山大里亚之名的城市中，目前可以通过文献与考古发掘互证的至少有埃及的亚历山大里亚、马尔吉亚那的亚历山大里亚（Alexandria in Margiana，今土库曼斯坦马里，中国史书中的木鹿）、位于锡尔河畔的最远的亚历山大里亚（Alexandria Eschate，今塔吉克斯坦苦盏）、阿里亚的亚历山大里亚（Alexandria in Aria，今阿富汗赫拉特，Herat）、[7]高加索的亚历山大里亚（Alexandria of the Caucasus，今阿富汗贝格拉姆）、阿拉科西亚的亚历山大里亚（Alexandria in Arachosia，今阿富汗坎大哈）。托勒密提到的Alexandria Oxiana，究竟是巴克特拉附近（阿富汗）的Alaxandria，还

---

1 Arrian, *Anabasis of Alexander*, 3.1.5-2.1, 3.28.4, 4.1.3, 4.4.1, 5.1.5, 5.19.4, 6.15.2, with an English translation by P. A. Brunt, Cambridge, Mass.: Harvard University Press, 1996.

2 Strabo, *Geography*, 11.11.4.

3 Justin, *Epitome of the Philippic History of Pompeius Trogus*, 12.5.12-13.

4 Pliny, *Natural History*, 6.18.47-49, 6.21.61, with an English translation by H. Rackham, Cambridge, Mass.: Harvard University Press, 1942.

5 Claudius Ptolemy, *The Geography*, 6.12, translated and edited by Edward Luther Stevenson, New York, 1932 (the Dover Edition, 1991).

6 关于这些城市的考证，详见G. M. Cohen, *The Hellenistic Settlements in the East from Armenia and Mesopotamia to Bactria and India*, Berkeley and Los Angeles: University of California Press, 2013, pp. 203-331, 335-338.

7 斯特拉波、普林尼、伊西多尔、托勒密都提到这个位于Ariana的名为“Alexandria”的城市。参见Strabo, *Geography*, 11.8.9, 11.10.1; Pliny, *Natural History*, 6.21.61; Isidore, *Parthian Stations*, 15, the Greek text with a translation and commentary by Wilfred H. Schoff, Philadelphia: Commercial Museum, 1914; Claudius Ptolemy, *The Geography*, 6.17. 阿里安提到亚历山大路经此地，但没有建城的记载。Arrian, *Anabasis of Alexander*, 3.25.1. 因此，该城或如斯特拉波、普林尼所说以建立者亚历山大的名字命名，或继承者以亚历山大的名义而建。

是著名的阿伊·哈努姆遗址（Ai Khanoum，位于今阿富汗），抑或铁尔梅兹附近的坎培尔·特佩（Kampyr Tepe，在今乌兹别克斯坦）遗址，又或塔赫特—伊·桑金（Takht-i Sangin，一译塔克蒂桑金，在今塔吉克斯坦）遗址，学界还在探讨之中。[1]那么，这个“阿荔散”是哪一个亚历山大里亚呢？

法国汉学家伯希和（Pelliot）在20世纪初撰文称，在他之前，学界有“阿荔散”为印度河一岛和位于印度河下游两说，[2]但都被他否定。他认为，这个“阿荔散”可能是埃及的亚历山大里亚，即中国史书中的“黎轩”“犂靬”和“犂鞬”城。这样才可和八万里之遥相吻合。[3]但据英译巴利文《弥兰陀问经》，这个Alasanda和Kalasi的村庄（village）二者实为一地，距离米南德的都城Sagala都是200由旬(yojanas)。[4]这就与汉文译本“二千由旬”相差了十倍。原因何在？是译者之误，还是底本不同所致？

从译文看，巴利文的前三卷与汉文译本的内容大致相同。这说明二者可能译自同一个底本。这个底本只有二者共同的部分。巴利文

---

1 G. M. Cohen, *The Hellenistic Settlements in the East from Armenia and Mesopotamia to Bactria and India*, pp. 269-271; B. A. Litvinskii and I. R. Pichikian, “The Hellenistic Architecture and Art of the Temple of the Oxus,” *Bulletin of the Asia Institute*, New Series, Vol. 8 (1994), pp. 47-66.

2 两说分别出自*The Questions of King Milinda*, translated from Pali by T. W. Rhys Davids, Part I of II, “Introduction”, p. 23; H. G. Rawlinson, *Bactria: The History of a Forgotten Empire*, London：Probsthain & Co., 1912, p. 114.

3 伯希和:《那先比丘经中诸名考》,《亚洲报》1914年9、10月刊，收入普纪吕斯基:《佛学研究》，冯承钧译，第101—118页。伯希和:《犂靬为埃及亚历山大城说》,《通报》1915年，收入冯承钧译:《西域南海史地考证译丛》第2卷第7编，第34—35页。（后文云“《史记》《北史》《魏书》作犂靬”有误，应为“黎轩”。）但伯希和也承认自己“未敢断言犂靬之必为亚历山大，顾此种考证，较前此诸说为完满，甚愿有人讨论也”。他虽然以《那先比丘经》为据，但也表示，“余对于此经之历史及地理亦无多大信用也”。塔恩早在1938年版的《巴克特里亚和印度的希腊人》中就否定此说，可参见该书第421—422页。

4 *The Questions of King Milinda*, translated from Pali by T. W. Rhys Davids, Part I of II, p. 127 (No. 83); *Milinda's Questions*, translated from Pali by I. B. Horner, Vol. I, pp. 114-115 (No. 83).

的多余部分（第4—7卷）是后来加的。若此，这个底本应是一个梵语本。如果底本相同，为什么两地的距离会出现如此大的差异？这显然是汉译者的错觉所致。到东汉时，至少班超父子、甘英等边地将士已知“大秦国”及其别名“犂鞬”，也知其位于遥远的“海西”，班超甚至派甘英出使大秦。[1]虽然未果，但甘英毕竟抵达安息西界，对大秦—犂鞬还是有了一定的了解。[2]不论这个“大秦”是否就是罗马，这个“犂鞬”是否Alexandria的谐音，公元1世纪的安息以西，也只有罗马帝国的存在，也只有埃及的亚历山大里亚这个城市的发音与“犂鞬”最为近似，因此，“犂鞬”应该是埃及的亚历山大里亚的谐音。但甘英出使的这个“大秦”具体是指整个罗马帝国，还是罗马的东方属地，抑或意大利本土，学者们见仁见智，各有所据。根据班超父子之时中国方面对安息以西之世界的了解，这时的“大秦”应该是指包括埃及在内的罗马帝国的东方辖地，犂鞬即Alexandria，且位于大秦或等同于大秦。[3]因此，汉译者将梵语中的Alasanda（阿荔散）视为大

1 前引《后汉书·西域传》材料皆出自“班勇所记”可为证。班勇是班超之子，长期随父生活于西域，公元100年“随献物入塞”，回到中原。公元123年任西域长史，公元127年返回。他所记西域之事，多发生于其父班超镇守西域之时（公元73—102年）。

2 关于班超遣甘英出使大秦及大秦与犂鞬（犂靬）之记载，详见《后汉书》卷八八《西域传》，第2910、2918—2910、2931页；《三国志》卷三〇《魏书·乌丸鲜卑东夷传》裴松之注引鱼豢《魏略·西戎传》，二十四史点校本，北京：中华书局，1959年，第860—862页。

3 关于《后汉书·西域传》的“犂鞬”具体方位，学界争议百年。目前流行的观点是：这个“犂鞬”是埃及的亚历山大里亚城的谐音，是指罗马帝国统治之下的埃及，或是罗马的东方，包括埃及和东地中海地区，或者说是罗马帝国在亚洲的领土。白鸟库吉、伯希和主张此说。夏德虽将Petra视为“黎轩”（后来放弃了自己的这一观点），但也承认“黎轩”就是后来的大秦，大秦就是罗马帝国的地中海东部地区，即现在的叙利亚一带。“大秦为罗马帝国本土说”也影响较大。据说是德国学者李希霍芬首先提出，日本学者宫崎市定对此作了充分论证。国内学者孙毓棠、余太山也支持“黎轩”是埃及亚历山大里亚城这种说法。岑仲勉、余太山支持大秦罗马本土说。详见龚晏缨：《20世纪黎轩、条支和大秦研究述评》，《中国史研究动态》2002年第8期；张绪山：《百余年来黎轩、大秦研究综述》，《中国史研究动态》2005年第3期。就《后汉书·西域传》的“犂鞬”而言，本人倾向于接受“犂鞬”与“亚历山大里亚”、大秦与罗马的东方的认同。但学界对《史记·大宛列传》和《汉书·西域传》中的“黎轩”“犂靬”做另外的（转下页）

秦国的一个“城国”，并由此衍生出“本生大秦国，国名阿荔散”的译文也就可以理解了。在汉译者看来，“阿荔散”即“犁鞬”，“犁鞬”即“大秦”，所以就顺便加了“大秦国”。

但汉文本又提到了北方“大秦国”“大臣国”（“今在北方大秦国，国名舍竭”；“北方大臣国名沙竭”。“大秦”“大臣”，音译不同而已），显然在汉译者看来，此“大秦”（“大臣”）非彼“大秦”。此“大秦”（“大臣”）是米南德统治的王国，国都是舍竭或沙竭。[1] 但巴利文英译本根本没有提到任何一个“大秦国”。可见，此“大秦（大臣）”与彼“大秦”都是汉译者的杜撰，都是从Alasanda而来。或许汉译者也同时知道，当时在“弥兰王”的统治区域，的确还有一个“阿荔散”，也就是还有一个可译为“大秦”的“阿荔散”。事实上，正如巴利文本所证实的，梵文原文只提到一个距离Sagala仅200由旬的Alasanda，这个Alasanda（“阿荔散”）应在巴克特里亚—印度希腊人活动的范围之内，尤其是在米南德当时的统治范围之内。按照法国钱币学家波比拉赫奇的研究结论，米南德王国控制的版图最大时包括帕罗帕米萨代（Paropamisadae，即兴都库什山南麓）、阿

（接上页）解读也无不可。如莱斯利和加德纳认为“黎轩（犁靬）、条支”是把塞琉古王国最大的两个城市之名Seleucia和Antioch连读的结果。D. D. Leslie and K. H. J. Gardiner, “Chinese Knowledge of Western Asia during the Han,” *T'oung Pao*, Second Series, Vol. 68, Livr. 4/5 (1982), pp. 254-308. 此外，埃及的亚历山大里亚是希腊化时期东地中海地区最为著名的城市，其名称的谐音传到东方也是可能的。

1 Sagala的遗址，学界一般认为是现代巴基斯坦旁遮普东北的Sialkot，但是否就是印度—希腊人国王米南德的都城 Sagala，纳拉因表示存疑。他的理由是《米兰陀问经》的开头就说，Milinda 前去Sagala 会见那先，犹如恒河流向大海。见A. K. Narain, *The Indo-Greeks*, Oxford: Clarendon Press, 1957, p. 81. 但从巴利文的两个英文译本看，其意都是说Milinda在Sagala去见那先；他在此城成了国王。*The Questions of King Milinda,* translated from Pali by T. W. Rhys Davids, Part I of II, pp. 1, 6 (Nos. 1, 4); *Milinda's Questions*, translated from Pali by I. B. Horner, Vol. I, pp. 1, 5 (Nos. 1, 4). 波比拉赫奇根据巴利文原文的理解，反驳了纳拉因的观点，证明该城就是此时米南德的都城。详见Osmund Bopearachchi, *From Bactria to Taprobane. Vol. I: Central Asian and Indian Numismatics*, New Delhi: Manohar, 2015, pp. 193-196.

拉科西亚、犍陀罗、旁遮普等地区。[1]在这一范围内有文献可查的亚历山大里亚城至少有四座，它们是位于今坎大哈（Kandahar）的亚历山大里亚，[2]高加索（兴都库什山）的亚历山大里亚，[3]在印度河流域亚历山大为纪念其战马而设立的亚历山大里亚—布塞法拉（Alexandria Bucephala on the Jhelum）和阿塞尼斯河与印度河交汇处的亚历山大里亚城。[4]此外，Sagala与Alasanda的距离也非常重要，需要审慎考虑。看来要确定这个"阿荔散"的准确位置，就必须要对两种译文所提供的相关信息作进一步的比对分析，弄清二者到底有何不同，以及不同原因之所在。

其一，关于从Sagala到Alasanda的距离。巴利文英译本和中译本关于Alasanda与Sagala的距离都是200由旬。但《那先比丘经》汉

---

1 Osmund Bopearachchi, *Monnaies gréco-bactriennes et indo-grecques, Catalogue raisonné*, p. 453.

2 塔恩认为这只是一个希腊人的军事殖民地，而且非亚历山大所建，位置应该在坎大哈以北的加兹尼。W. W. Tarn, *Alexander the Great, II: Sources and Studies*, Cambridge: Cambridge University Press, 1948, pp. 234, 249; W. W. Tarn, *The Greeks in Bactria and India*, p. 470. 但20世纪中期在坎大哈发现的阿育王颁布的希腊语敕令和希腊语、阿拉米亚语的双语敕令铭文，以及两块希腊语铭文（一块是希腊化时代早期约公元前275年雕塑基座上的希腊语献词，另外一块是公元前2世纪后期一位名为Sophytos的希腊语墓志），有力地证明这里曾是希腊人的长期居留地。（G. M. Cohen, *The Hellenistic Settlements in the East from Armenia and Mesopotamia to Bactria and India*, p. 256.）莫蒂默·惠勒根据这些新发现的铭文否定了塔恩的观点，认为Alexandria in Arachosia 就在今日的坎大哈地区。此城是一座希腊化的城市，尽管后来可能易名，但至少存在到公元1世纪。可参见Mortimer Wheeler, *Flames over Persepolis*, New York: Reynal & Company, Inc., 1968, pp. 65-70; Susan Sherwin-White and Amelie Kuhrt, *From Samarkand to Sardis: A New Approach to the Seleucid Empire*, Berkeley and Los Angeles: University of California Press, 1993, pp. 101-102. 伊尔多西也提到此地有一座Alexandropolis。见Isidore, *Parthian Stations*, 19, the Greek text with a translation and commentary by Wilfred H. Schoff.

3 W. W. Tarn, *The Greeks in Bactria and India*, pp. 460-462. 塔恩认为所谓的"高加索的亚历山大里亚"应该位于Kapisa或Begram，二者实为一地，是同地异名。前者是此地在中世纪的称谓，后者是近代地名。Alexandria-Kapisa 应是一座双城，其遗址在今喀布尔之北60公里的Charikar附近。关于此城方位的争议，详见G. M. Cohen, *The Hellenistic Settlements in the East from Armenia and Mesopotamia to Bactria and India*, pp. 267-269. 但大致位于兴都库什山南麓和喀布尔以北以今贝格拉姆为中心的地区，应该是没有异议的。

4 这两处亚历山大里亚在印度河流域的具体方位迄今均未得到证实。

译本是“二千由旬八万里”，这显然是汉译者以每由旬40里换算的结果。但在问及从Sagala到罽宾的距离时，所有巴利文的中英译本中，弥兰陀王的回答都是12由旬（yojanas），但《那先比丘经》汉译本作“七百二十里”。以此而论，这里的每由旬等于60里。由旬与汉里[1]的折算在同一译文中长度不一，实在有些蹊跷。更为奇怪的是，此处只说“七百二十里”而无由旬数目，所以难以证明是换算标准不一，还是底本有误，或译者自误。难道两卷本与三卷本的译者都错了吗？大概还是所据底本有误。当然，巴利文底本也会出现失误，将18由旬误为12由旬。不管是版本还是译者有误，问题确实存在。这是汉译本与巴利文本的一个明显不同。Yojana（由旬）本是牛车一天行走的路程，与今日长度单位之换算有多种方法，因时而异，大致在4—9英里，即6—15公里之间。但1922年版的《剑桥印度史》依据佛教经典的记载，推算出一个短距离由旬约等于2.5英里，根据地图上的直线距离加上适当的绕行距离，得出从“Alasanda”即喀布尔附近的“高加索的亚历山大里亚”（现在的Charikar，Begram）到Sagala（现在的Sialkot[2]）的路程约为500英里。这个数据与200由旬正好吻合，证明这个Alasanda就是“高加索的亚历山大里亚”。[3]希腊化城市研究专家科恩（G. M. Cohen）也认为*Milindapanha*中的Alasanda就是Alexandaria of the Caucasus。[4]其余的几个亚历山大里亚都因距离不合或位置不符而被排除。

其二，关于Alasanda的位置。汉译本有“弥兰王生于海边”之

1 汉代一里等于1800尺，一尺等于0.231米，一里合415.8米。

2 G. M. Cohen, *The Hellenistic Settlements in the East from Armenia and Mesopotamia to Bactria and India*, pp. 324, 325 n. 3.

3 E. J. Rapson, *Cambridge History of India*, Vol. I, Cambridge: Cambridge University Press, 1922, pp. 543, 551. I. B.霍纳译本采纳了这一说法，见*Milinda's Questions*, translated from Pali by I. B. Horner, Vol. I, p. 114 n. 2-3 (No. 82).

4 G. M. Cohen, *The Hellenistic Settlements in the East from Armenia and Mesopotamia to Bactria and India*, pp. 263, 26.

说，巴利文英译本和中译本均无此。后者都提到一个他出生的村，名为Kalasi。汉译本亦无此。对Alasanda之具体地望，里斯·戴维斯译本和两个巴利文中译本都说是一个“岛”（There is an island called Alasanda），霍纳译本说是指两河之间的一块土地（There is a land between two rivers called Alasanda）。[1]这种说法有点类似于《诗经·国风·关雎》中的“关关雎鸠，在河之洲”的“洲”，或希腊人所说的Mesopotamia，两河之间的土地。前者或小，后者太大，但有可能是指两河汇合处形成的小岛。塔恩之所以认为这个Alasanda就是“高加索的亚历山大里亚”，就是因为它位于Panjshir与Ghorband两河的汇合之处。根据他的考证，此地为双城，希腊人的亚历山大里亚位于西岸，当地人的Kapisa位于东岸，实为一城。[2]所谓的“两河之间”或“岛”似乎可以在此得到比较合理的解释。至于汉译“海边”说，如前所示，根源还在“阿荔散”的埃及“犂鞬”之定位。埃及的亚历山大里亚不就是海滨之城吗?《后汉书·西域传》中云:“大秦国一名犂鞬，以在海西，亦云海西国。”《魏略·西戎传》中云:“大秦国一号犂靬，在安息、条支西大海之西。……其国在海西，故俗谓之海西。”这里的“犂鞬”“犂靬”“大秦”不就是明确的“海西之国”吗？可见“海边说”“大秦国说”都源于将“阿荔散”与海西的“犂鞬”“犂靬”“大秦”相认同。至于那个小村Kalasi，据法国学者波比拉赫奇考

---

1 *The Questions of King Milinda*, translated from Pali by T. W. Rhys Davids, Part I of II, p. 127 (No. 82)；*Milinda's Questions*, translated from Pali by I. B. Horner, Vol. I, p. 114 (No. 82)；巴宙译:《南传弥兰王问经》，第88页；郭哲彰译:《南传大藏经（63）弥兰王问经》上，第145页。根据《剑桥印度史》的解释，这两种说法都源于对“the dvipa of Alasanda”的不同理解。有的翻译者坚持将梵文的dvipa译为一个岛。但此词也有“两河之间的土地”之意。因此，霍纳倾向于后者，认为有理由将Alasanda-dvipa视为the Panjshir 与 Kabul两河间之地，也即“高加索山下的亚历山大里亚”（Alexandria-under-the Caucasus）。E. J. Rapson, *Cambridge History of India*, Vol. I, p. 550.

2 详见W. W. Tarn, *The Greeks in Bactria and India*, pp. 460-462. 塔恩在该书的再版附记中又说，此地也可能不存在“Alexandria-Kapisa”二城。但在他在没有见到法国考古队明确的结论前，还是坚持以前的判断。见*Ibid*, “Addenda”, p. 540.

证，是当地人对“高加索的亚历山大里亚”这座城市的称呼，二者都是指这个城市。[1]看来汉译者省略掉这个Kalasi不译也有其道理，或许他看出二者实为一地。汉文译本的“二千由旬八万里”也是从犁鞬、犁靬（埃及的亚历山大里亚）到印度的距离估算的。既然从中国的洛阳到大秦在“海濒四万里外”，[2]那从印度的“舍竭”到大秦国的“阿荔散”（犁鞬、犁靬）就应更为遥远。原来底本上的二百由旬显然不足以表示此距离，于是，汉译者就想当然地把“二百由旬”改成了“二千由旬”。[3]对这种巨大的反差，有一些法国学者提出，可能是巴利文版本的作者将最初文本的2000由旬改成了200由旬。[4]这种说法令人费解。巴利文版本的作者为什么要改动？而且巴黎、斯里兰卡、暹罗三种抄本都如此，可见巴利文本是一致的。反之，“汉译者改动说”从词源和历史背景上都是可以解释通的。我们还可以想象，如果米南德出生于埃及的亚历山大里亚，怎么能够辗转“八万里”，移民到印度西北部，还做了当地印度—希腊人的国王，建立起如此强大的王国呢？

如果说“高加索的亚历山大里亚”是米南德的出生地，但为什么他的都城Sagala又在远离此地的印度河流域呢？而且令人奇怪的是，他的钱币在“高加索的亚历山大里亚”周边地区，也就是在帕罗帕米萨代和犍陀罗地区被大量发现，而在被认为是Sagala的Sialkot遗址

---

1 Osmund Bopearachchi, *From Bactria to Taprobane. Vol. I: Central Asian and Indian Numismatics*, pp. 190-193.

2 《后汉书》卷八八《西域传》，第2910页。

3 W. W. 塔恩早就提出过类似的观点。他认为，中文翻译者从来不知高加索的亚历山大里亚，只知道埃及的亚历山大里亚，于是将原文的200由旬改成了2000由旬，并将其换算为中国的“八万里”以引人注意。W. W. Tarn, *The Greeks in Bactria and India*, p. 421. 余太山也认可弥兰王的出生地是高加索的亚历山大里亚之说，认为汉译者“可能为了极言弥兰王生地之远，修改了原文所载距离”。余太山：《〈那先比丘经〉所见“大秦”及其它》，《欧亚学刊》第9辑。

4 W. W. Tarn, *The Greeks in Bactria and India*, p. 421 & n. 4. 可参见伯希和：《那先比丘经中诸名考》，第115—118页。

上却未被发现。[1]波比拉赫奇对此的回答是：米南德确实出生于“高加索的亚历山大里亚”，是一贵族之子，在此建国，并长期统治这一地区。他曾率兵远征恒河流域，[2]但在巴克特里亚称王的欧克拉提德（Eucratides，约公元前170—前145年在位）南下，侵入米南德的地盘，后院起火，他不得不回撤。一场恶战之后，国土大部沦陷，只好在王国的边地城市Sagala暂为栖身。高僧那先正好云游此地，二人才有机会相见，从而促成了这一历史性的奇遇。米南德在位时间大约是公元前165/155—前130年。前145年，欧克拉提德被其子弑杀，米南德才得以恢复失地，成为印度—希腊人最强大的国王。[3]这种说法有一定的道理，可备一说。[4]

第三节　米南德与佛教

米南德与佛教的关系，也是一个充满争议的问题。他到底皈依了佛教没有？是出家为僧，还是在家信佛的居士，或者只是佛教的支持者、信仰者，又或者像阿育王（Asoka）那样，是一个弘法王？

根据汉文译本，他本人“少小好读经学异道。悉知异道经法，异

1 但近年来在该地区发现了两处含有米南德钱币的窖藏（总数分别是693枚和400枚，其中明确知道有90枚四德拉克马钱币属于米南德，其余还有多少属于他本人不详），或许可以证明此地曾是米南德钱币的流通之地。参见Osmund Bopearachchi, *From Bactria to Taprobane. Vol. I: Central Asian and Indian Numismatics*, pp. 400-401.

2 关于这次远征的主角，学界有两种说法，一是巴克特里亚国王德米特里一世，一是印度—希腊人国王米南德。笔者与波比拉赫奇观点相同，认为应该是米南德。详见杨巨平:《希腊化还是印度化——“Yavanas”考》,《历史研究》2011年第6期，第134—155页。

3 Osmund Bopearachchi, *From Bactria to Taprobane. Vol. I: Central Asian and Indian Numismatics*, pp. 198-200.

4 笔者对米南德这次远征由于后方内讧匆匆收场也有论证，可参考杨巨平:《希腊化还是印度化——“Yavanas”考》,《历史研究》2011年第6期。

道人无能胜者”。当了国王后，“以正法治国，高才有智谋，明于官事，战斗之术无不通达。能知九十六种道”。但他并不满足，而是寻求“明经沙门”，看看有何人“能与我共难经说道”。结果，与那先就佛教教理问题深入讨论之后，心悦诚服，皈依佛教：“譬若师子在金槛中，由为拘闭，常有欲望去心。今我虽为国宫省中，其意不乐，欲弃国去而行学道。”“欲弃国”只是一种愿望，最后到底实现与否，汉译本没有进一步的说明。但巴利文第三卷却借国王之口对此做了否定性的回答：“尊者啊，如果我出家为僧，我的生命将不会长久，因为我的敌人太多了。”[1]自称树敌太多，说明当时作为国王的他还是感到危机四伏。如果无人护卫，会有性命之虞。关于这一段经文，波比拉赫奇也有新的解释，认为这正是他远征归来，国土丧失，偏安一隅，陷入困境的反映。[2]或许这次问经改变了他的统治方式，就像孔雀王朝的阿育王一样，原来大肆杀伐，接受了佛教影响之后，突然悔悟，倡导和平，实行仁政，成了一名弘法王。根据巴利文版的最后一卷（第七卷），弥兰陀后来还是让位于儿子，自己出家当了和尚，智慧圆满，修成阿罗汉正果（Arahantship）。[3]

米南德与佛教的关系也可从他的钱币上看出。他的钱币基本上都是希印双语币，正面是国王的头像，反面是持有盾牌与雷电的雅典娜（Athena Alkidemos，“saviour of the people”），但也有一些钱币上出现了与佛教有关的图像。最为著名的就是他发行的那种呈现佛教法

---

1 *The Questions of King Milinda*, translated from Pali by T. W. Rhys Davids, Part I of II, p. 135 (No. 88); *Milinda's Questions*, translated from Pali by I. B. Horner, Vol. I, pp. 122-123 (No. 88). 巴宙译:《南传弥兰王问经》，第95页；郭哲彰译:《南传大藏经（63）弥兰王问经》上，第163页。

2 Osmund Bopearachchi, *From Bactria to Taprobane. Vol. I: Central Asian and Indian Numismatics*, pp. 208-211.

3 *The Questions of King Milinda*, translated from Pali by T. W. Rhys Davids, Part II of II, p. 374 (No. 420); *Milinda's Questions*, translated from Pali by I. B. Horner, Vol. II, p. 305 (No. 420). 巴宙译:《南传弥兰王问经》，第408页；郭哲彰译:《《南传大藏经（63）弥兰王问经》下，第269页。

轮的钱币。这种钱币采用了印度钱币的方形，正面是表示佛教八正道的法轮（Chakra），反面是表示胜利的橄榄枝。[1]他的钱币上还出现了大象和公牛的形象，[2]这些都是印度文化的标志。公牛是湿婆的坐骑，大象是佛陀的象征。在被界定为“米南德二世”（Menander II，约公元前90—前85年）的钱币上则出现了明显的佛教特征，如法轮、狮子、佛教中祝福的手式（the Buddhist vitarka mudra），并自称“正义者”“法王”（ΒΑΣΙΛΕΩΣ，ΔΙΚΑΙΟΥ ΜΕΝΑΝΔΡΟΥ；MAHARAJASA DHARMIKASA MENADRASA）。[3]他与米南德家族有无关系，不详。希腊人中同名现象很多，这里的“二世”只是通常的译法，并非必然表示世系，也可译为“米南德第二”。但他钱币上的佛教特征，可作为他接受佛教的证据。

其实，佛教的标志出现在印度—希腊人的钱币上并非始于米南德。早在阿伽托克勒斯（Agathocles，约公元前190—前180年）的钱币上，正面就出现了上端有星的六个拱形或半圆形的小山丘，表示佛教初期覆钵状的佛塔（stupa）；反面是网格状围栏，其中有一棵树，显然表示释迦牟尼顿悟成佛的菩提树。[4]在阿伽托克勒斯钱币上首次出现了希腊语“正义者”（DIKAIOY）的名号，这时似乎与佛教还没有直接的联系。但米南德之后，有七位国王的双语币中出现了希腊语的DIKAIOY及其相应的佉卢文Dharmikas，即“达摩的追随者”（follower of the Dharma）。奇怪的是，在米南德王后作为摄政者发行

1 Osmund Bopearachchi, *Monnaies gréco-bactriennes et indo-grecques, Catalogue raisonné*, pl. 33 (Menandre [1] Soter, serie 37).

2 Osmund Bopearachchi, *Monnaies gréco-bactriennes et indo-grecques, Catalogue raisonné*, pl. 31-33 (Menandre [1] Soter, serie 26, 28, 38).

3 Osmund Bopearachchi, *Monnaies gréco-bactriennes et indo-grecques, Catalogue raisonné*, pl. 49 (Menandre [2] Dikaios, serie 4-6).

4 Osmund Bopearachchi, *Monnaies gréco-bactriennes et indo-grecques, Catalogue raisonné*, pl. 7 (Agathcles, 9-11).

的双语币上，仅佉卢文铭文中出现了Dharmikasa的名号。[1]这是制模者的疏忽，还是另有他意，不得而知。但这无疑是印度—希腊人国王在双语币中自称Dharmikasa的开始。“达摩”（the Dharma）即佛法，应该说这是对米南德精神遗产的继承和光大，也是向印度当地人表示自己接受佛教的宣示。

关于米南德的最后结局，西方古典作家普鲁塔克的说法有所不同，说他死于军营之中。他是巴克特里亚人中公认的好国王，深受爱戴，各城市为他举行了隆重的葬礼，但为保存他的骨灰发生了激烈的争执，结果只好协商平分，在各自的城市建塔纪念。[2]这个记载是否可信，值得考虑，但反映的事实却与佛陀死后的礼遇十分相似，也是骨灰被八个国王或城市争着保存，最后只好平分，各地分别建立佛塔保存。[3]所谓佛塔和舍利子（sarira）的传说由此而生。普鲁塔克生活于罗马帝国初期（约公元46—125年），他道听途说，张冠李戴，把佛陀的传说安插到米南德的身上，也不是没有这种可能。但他为什么会把佛陀和米南德联系在一起呢？看来，还是与米南德信仰佛教有关。如果真如塔恩所推测的*Minlindapanha*之前可能先有一个希腊类似文本可证，那普鲁塔克或许会因读到这个希腊语文本而对米南德皈依佛教有所知晓。但历史上的米南德是著名的巴克特里亚国王，普鲁塔克在谈及米南德轶事时，既把他视为一个好国王，也暗示了他与佛教的联系。

米南德皈依佛教只是个人行为吗？从汉文译本和巴利文本都能看出，“弥兰王”或“弥兰陀”问经时，总是带着五百随从。关于这些人，汉译本译为“五百骑从”或“五百伎（骑）”。英译本或直译为Yonakas，或意译为“巴克特里亚希腊人”（Bactrian Greeks）。

---

1 Osmund Bopearachchi, *Monnaies gréco-bactriennes et indo-grecques, Catalogue raisonné*, pp. 387-389.

2 Plutarch, “Precepts of Statecraft,” *Moralia*, 821D-E, with an English translation by Harold North Fowler.

3 参见《长阿含经·游行经·佛说长阿含经第四》,《大正新修大藏经》卷一《阿含部上》。

看来，汉译本的译者对梵语或巴利文中表示印度—希腊人的“Yavanas”“Yonas”和“Yonakas”不甚了了。其实，这三者都是印度人对外来希腊人的称谓。其词源是波斯语中对小亚沿岸希腊爱奥尼亚（Ionia）人的称谓“Yauna”，在波斯帝国时期已经传入印度。阿育王敕令中称希腊人为“臾那人”（Yonas）。公元前2世纪初巴克特里亚希腊人进入印度后，也被称为Yavanas。巴利文中的“Yonakas”无疑还是指在印度的希腊人。[1]因此，意译为“巴克特里亚希腊人”也未尝不可，但不太准确，似应译“印度—希腊人”（Indo-Greeks）。因为此时的巴克特里亚希腊人迫于北方游牧民族（包括来自中国西北方向的大月氏人）的压力，开始退入印度西北部。但无论如何，印度—希腊人在佛经中出现了，著名的米南德王成了“问经”的主角。有学者甚至从弥兰王的随从中看出了几个希腊人名。这些人名在汉译本中有“沾弥利望群”“悭”，在英译本中有Devamantiya、Anantakâya、Mankura和Sabbadinna。[2]《大正新修大藏经》汉译本的注释将“沾弥利望群”视为二人，将“沾弥利”比定为Devamantiya，将“望群”比定为Mankura。[3]英译者里斯·戴维斯认为Devamantiya是希腊人名Demetrius的梵语化，[4]Anantakâya可能是Antiochos，[5]但Mankura和Sabbadinna何指就不清楚了。[6]若此比对可信，汉译本中包括Menander在内至少就出现了三个希腊人名（“悭”在巴利文本中的人

1 参见W. W. Tarn, *The Greeks in Bactria and India*, pp. 416-419.

2 *The Questions of King Milinda*, translated from Pali by T. W. Rhys Davids, Part I of II, pp. 36, 47-49 (No. 22, 29-31); *Milinda's Questions*, translated from Pali by I. B. Horner, Vol. I, pp. 30, 40-41 (No. 22, 29-31). 巴宙译本将此四个人名分别译为提婆曼谛耶、无边身、曼桔罗、一切施，见《南传弥兰王问经》，第29页；郭哲彰译为礼弥提耶、安达迦耶、曼具罗、娑婆陈那，见《南传大藏经（63）弥兰王问经》上，第47页，第317页注12。

3 《大正新修大藏经·论集部》卷三二No. 1670（A，B）《那先比丘经卷上》，第695页。

4 巴宙译本也如此认为，见《南传弥兰王问经》，第24页注50。

5 郭哲彰也认为安达迦耶Antakaya（罗马字本Anantakaya）是从希腊人名Antiochos转化而来。见《南传大藏经（63）弥兰王问经》上，第47页，第317页注12。

6 可参*The Questions of King Milinda*, translated from Pali by T. W. Rhys Davids, Part I of II, “Introduction”, p. xix; A. K. Narain, *The Indo-Greeks*, p. 44.

名对应仍不详）。其实，弥兰王既然有众多的“臾那”（Yonakas）侍从（“五百”之数存疑），这些近臣也应是希腊人出身。他们既然与国王一起聆听了高僧那先的高论，也有可能随从国王皈依了佛教。其实，他的那位近臣“沾弥利望群”甚至比国王觉悟还早，他听了那先的说教后，“心即开解。便做优婆塞，受五戒”，成了在家的居士（lay-follower，或a supporter of the Order）。[1]这也从侧面反映了印度—希腊人对佛教的接受。[2]

小　结

根据目前所掌握的相关资料和对汉文《那先比丘经》、巴利文*Milindapanha*各种译本的解读，并在吸收国内外最新研究成果的基础上，我们可以对米南德（弥兰王，Milinda）其人及其所代表的印度—希腊人与佛教的关系，尤其是对经文中所隐含的希腊化历史信息作出

---

1 见《大正新修大藏经·论集部》卷三二No. 1670（A，B）《那先比丘经卷上》，第696、707页。巴利文英译本也有此内容，见*The Questions of King Milinda*, translated from Pali by T. W. Rhys Davids, Part I of II, p. 49 (Nos. 30-31); *Milinda's Questions*, translated from Pali by I. B. Horner, Vol. I, p. 41 (Nos. 30-31). 但那位居士是Anantakâya（Antiochos），而非“沾弥利望群”。汉经文稍有异，意同。参见巴宙译:《南传弥兰王问经》，第30—31页；郭哲彰译:《南传大藏经（63）弥兰王问经》上，第49页。

2 据斯里兰卡公元6世纪的文献《大史》（*Mahavamsa*）记载，在米南德统治时期（约公元前130年），Yona人的一位长老、大护法者曾带领三万佛教徒从Yona人的城市Alasanda（“高加索的亚历山大里亚”）来到斯里兰卡，参加一座大佛塔的奠基仪式。*Mahavamsa*, XXIX, translated from Pali by Wilhelm Geiger, Colombo: Ceylon Government Information Dept., 1912. 三万之数肯定有所夸张，他们是否都是印度—希腊人也难以确定，但佛教在米南德王国流行，信仰者众多由此可证。在巴基斯坦发现的一个圣物盒上的铭文明确说，米南德在位期间的（某年）Kārrtika 月的第十四天，释迦牟尼的肉身遗物（the corporeal relic，舍利子？）被赋予生命，并予以安放。可见那时对佛陀遗物的崇拜开始盛行。Osmund Bopearachchi, *Indo-Greek, Indo-Scythian and Indo-Parthian Coins in the Smithsonian Institution*, Washington: National Numismatic Collection, Smithsonian Institution, 1993, p. 19 n. 4.

如下推论。

佛经中的弥兰王或Milinda就是历史上的印度—希腊人国王米南德（Menander）。他出生于“高加索的亚历山大里亚”（即今阿富汗贝格拉姆），在位年代约公元前165/155—前130年。[1]他的统治范围与他的钱币的分布区域大体一致，囊括了传统上的整个印度西北部。他尚武好战，一度征服到印度中部的恒河流域。据斯特拉波记载，他在印度征服的区域比亚历山大还要大。[2]他在印度的统治深得人心，与佛教有着密切的关系。汉译《那先比丘经》和巴利文的中英文译本虽有不同，但基本反映了他作为佛教皈依者和支持者的历史事实。他之所以能被此经撰写者作为与佛教大师对话的主角，并对其出身王族、才华横溢、学识渊博、治国有方大加赞誉，正是由于他在佛教徒中的崇高威望。他也因此被塑造为一个为求正法而质疑问难的弘法王形象，并借他之问宣扬了佛教关于人生、灵魂、轮回、业报等基本教义。[3]《那先比丘经》与*Milindapanha*不仅是具有传奇性质的佛教经典，也是研究印度—希腊人命运沉浮的重要史料。

（杨巨平）

---

1 关于他的在位时间，说法颇多，大致在公元前175—前95年之间。详见*Milinda's Questions*, translated from Pali by I. B. Horner, Vol. I, “Translator's Introduction”, p. xxii. 这里采纳了波比拉赫奇的推定。见Osmund Bopearachchi, *Monnaies gréco-bactriennes et indo-grecques, Catalogue raisonné*, p. 453. 但他最近对此作了修正，认为米南德在位起始于公元前155年可能有点问题，可改为约公元前165年。参见Osmund Bopearachchi, *From Bactria to Taprobane. Vol. I: Central Asian and Indian Numismatics*, pp. 222, 408-410.

2 Strabo, *Geography*, 11.11.1.

3 根据I. B. 霍纳的分析，此经几乎涉及佛教的全部主题，但却没有谈到佛陀肖像问题，说明弥兰陀的活动年代在佛陀的雕像出现之前。*Milinda's Questions*, translated from Pali by I. B. Horner, Vol. I, “Translator's Introduction,” p. xxxi. 未提到，并不等于佛陀形象没有出现，霍纳的推理稍显武断。

第三章 《大唐西域记》中的希腊化遗产信息

《大唐西域记》[1]是唐代高僧玄奘游历西域和印度19年间的见闻录。该书成书于唐贞观二十年（公元646年），系玄奘口述、门人辩机奉唐太宗之敕令笔受编集而成。全书共记述了玄奘亲身经历的110国和得之传闻的28国的情况，书中对各国的记述繁简不一，通常包括国名、地理形势、幅员广狭、都邑大小、历时计算法、国王、族姓、宫室、农业、物产、货币、食物、衣饰、语言、文字、礼仪、兵刑、风俗、宗教信仰以及佛教圣迹、寺数、僧数、大小乘教的流行情况等内容。玄奘所游历的这些国家，大部分都分布于中亚、南亚一带。这就与原来亚历山大及其后继者在中亚、印度西北部的统治区域有了交集。

根据《大唐西域记》，我们可以勾勒出玄奘往返印度的大致路线。唐贞观三年（公元629年），[2]玄奘从长安出发，穿过河西走廊，出玉门关，到伊吾（今新疆哈密），再到高昌（今新疆吐鲁番）。在高昌国停留了一段时间之后，玄奘继续西行，行经阿耆尼国（今新疆焉耆）、屈支国（今新疆库车）、跋禄迦国（今新疆阿克苏），然

1 本章参考并引用的主要是季羡林等校注的《大唐西域记校注》（中华书局，1985年），同时也参考了董志翘译注的《大唐西域记》（中华书局，2012年）。

2 玄奘西行之年，《大唐西域记》记载为“贞观三年”，学界或有不同理解。此处从原文，见（唐）玄奘、辩机原著，季羡林等校注：《大唐西域记校注》，第8页。

后翻越凌山（今新疆天山别迭里山口），进入今日中国以西的中亚地区。接着便是大清池（今吉尔吉斯斯坦伊塞克湖，Issyk-Kul，亦名热海）和素叶水城（今吉尔吉斯斯坦阿克·贝希姆，Ak Beshim）。当时，这里属于西突厥的统治区域。离开素叶水城之后，玄奘就转向西南方向行进，开始进入一片叫作窣利（Suli）的地区。这里是古代欧亚大陆交通干线的必经之路，是以泽拉夫善河（Zarafshan River）为中心的区域，位于阿姆河与锡尔河之间。玄奘陆续经过了呾逻私城（今哈萨克斯坦的江布尔城，Jambyl）、怖捍国（在今中亚费尔干纳盆地，Fergana）、飒秣建国（古代撒马尔罕）、捕喝国（今乌兹别克斯坦布哈拉，Bukhara），均为古代丝路重镇。然后，他转回撒马尔罕，由此向南，穿过铁门关，进入阿姆河流域的中游地带。这正是以前巴克特里亚王国的统治中心。玄奘称其为睹货逻国（一译吐火罗，在今阿富汗北部）故地，其中的缚喝国即古代巴克特里亚（Bactria）的都城巴克特拉（Bactra），中国史籍作“蓝市”（《史记》）、“监氏”（《汉书》）等）。[1]玄奘由此翻越大雪山（兴都库什山），进入梵衍那国（今阿富汗巴米扬地区，Bamiyan，举世闻名的巴米扬大佛位于此国）和迦毕试国（今阿富汗贝格拉姆，古代贵霜帝国的夏都）。接着，玄奘从迦毕试南下，先是抵达了滥波国（今阿富汗东北部拉格曼一带，Laghman）和那揭罗曷国（今阿富汗贾拉拉巴德，Jalalabad），然后便到了著名的健驮逻国（今巴基斯坦白沙瓦一带，Peshawar）。由此再往中印度、东印度、南印度。返程的时候，玄奘再次路过西北印度和阿富汗境内，但在翻过兴都库什山

1 亚历山大大帝曾经重建该城，并给予其Alexandria的名字，使得该城从形态上希腊化了。20世纪的考古发掘中，该城遗址出土了希腊的科林斯式和爱奥尼亚式柱头。分别见W. W. Tarn, *The Greeks in Bactria and India*, Cambridge: Cambridge University Press, 1951, pp. 114-116; Pierre Leriche, “Bactria, Land of One Thousand Cities,” in Joe Cribb and Georgina Herrmann, eds., *After Alexander: Central Asia before Islam*, London and New York: Oxford University Press, 2007, pp. 131-132.

之后，折向东方，通过瓦罕走廊（Wakhan Corridor）回到了今中国境内。

由此可见，玄奘西行的路线与亚历山大东征及其后形成的希腊化世界的主要交汇点就在中亚和印度西北部。在这一地区，亚历山大可以说是匆匆而过，随后的塞琉古王国也放弃了印度的统治权，真正长期统治此地的是从塞琉古王国分裂出来的巴克特里亚王国和印度—希腊人王国。玄奘所经过的睹货逻国故地、缚喝国、梵衍那国和迦毕试国，都曾是巴克特里亚希腊人王国的统治之地。印度河流域的健驮逻国、乌仗那国（今巴基斯坦斯瓦特河谷，Swat）、呾叉始罗国（塔克西拉，Taxila，今巴基斯坦拉瓦尔品第一带，Rawalpindi）则是印度—希腊人的主要活动区域。在这些地区，希腊人先后、分别统治了约三个世纪之久，希腊式的城市规划、城市生活、语言文字、英雄神祇、造像艺术、钱币风格在当地留下了深刻的印记，并与当地文化实现了深度融合。在公元前2世纪下半期抵达中亚的张骞带回的西域信息中就包含一定的希腊化文明信息。[1]那么，在七百多年后，当玄奘抵达中亚和西北印度的时候，当地还有希腊化文明的遗迹存在吗？

第一节 《大唐西域记》提到的直接性希腊化信息

尽管距统治中亚和西北印度的希腊化王国的消逝已有数百年之久，而且玄奘本人对中亚希腊化世界的历史也一无所知，《大唐西域记》还是在无意间记载了一些与希腊化文明遗产有关的信息。这些信

1 参见杨巨平：《亚历山大东征与丝绸之路开通》，《历史研究》2007年第4期。

息可分为两种：直接性信息和间接性信息。前者与希腊化文明遗产（语言、钱币、城市、神祇、艺术风格、人物）直接有关，后者与希腊化文明间接相关，主要是吸收了希腊化因素的艺术（犍陀罗艺术）以及接触过希腊化文明或者在其治下仍存在的国王们。

本节首先探讨直接性信息，它们分别包含于关于“睹货逻国故地”“梵衍那国”和“迦毕试国”的记载之中，主要涉及希腊化的语言文字和钱币。

首先看希腊语字母的借用。按照玄奘的描述，“睹货逻国故地”位于阿姆河以南及兴都库什山以北的区域。[1]玄奘提到的“睹货逻”，对应的是梵文“Tukhāra”。现在，“睹货逻”一般作“吐火罗”，而“吐火罗”应该来自罗马地理学家斯特拉波的“Tochari”。[2]有学者认为“吐火罗”可能是来自中国河西走廊的大月氏人，那么，《史记·大宛列传》曾记载大月氏人“西击大夏而臣之”，他们灭掉的“大夏”就可能是巴克特里亚的希腊人王国，中外史籍记载就此合流。[3]但也有人认为“吐火罗”不是大月氏，而是“大夏”，巴克特里亚的希腊人王国是先亡于“大夏”，后又被大月氏攻灭。[4]无论如

1 关于“睹货逻”，古代还有“兜佉勒”“兜呿罗”“兜沙罗”“吐呼罗”“吐火罗”“土豁罗”等汉译名。玄奘认为“吐火罗”的译法是错误的，专以“睹货逻”校正之。但是按照玄奘的描述，他所说的“睹货逻国故地”应该是当时西突厥阿史那氏叶护可汗统治下的吐火罗国，而非当年独立建国的吐火罗人的地域，后者的统治范围要更大一些，涵盖了《大唐西域记》卷一提到的呾蜜国到揭职国等十六国、卷一二提到的安呾罗缚国到达摩悉铁帝国等十三国的范围。参见（唐）玄奘、辩机原著，季羡林等校注：《大唐西域记校注》，第100—102页。

2 据斯特拉波（Strabo），巴克特里亚的希腊人王国亡于来自锡尔河彼岸的Asii、Pasiani、Tochari和Sacarauli 四个部落。见Strabo, *Geography*, 11.8.2, with an English translation by Horace Leonard Jones, Cambridge, Mass.: Harvard University Press, 1988.

3 W. W. Tarn, *The Greeks in Bactria and India*, pp. 277, 286, 533; 姚大力：《大月氏与吐火罗的关系：一个新假设》，《复旦学报（社会科学版）》2019年第2期。

4 余太山：《塞种史研究》，北京：中国社会科学出版社，1992年，详见“大夏”和“大月氏”两篇。国外亦有持此种观点者，见W. W. Tarn, *The Greeks in Bactria and India*, pp. 295-296.

何，这一区域曾一度与亚历山大东征所建的希腊殖民地以及巴克特里亚希腊人王国的历史纠缠在一起，则是比较明显的事实。20世纪60年代以来在阿姆河畔发现的希腊式城市阿伊·哈努姆遗址似乎更加佐证了这一结论。当然，希腊人在公元前2世纪中后期就撤出了这一区域，玄奘抵达时已是将近800年之后，但他的记载提到这里“语言去就，稍异诸国；字源二十五言，转而相生，用之备物。书以横读，自左向右，文记渐多，逾广窣利”。[1]虽然简短，却透露出了重要信息：当地文字有25个字母，自左向右书写。这不由得令人联想到古希腊文。

古希腊文有24个字母，自左向右书写。中国从秦汉时期到隋唐时期，书写方式都是从上到下或者从右到左。从左到右的书写方式往往会引起中国旅行者的注意，例如张骞在关于安息人的报告中就提到安息人“画革旁行以为书记”，而睹货逻国故地的“书以横读，自左向右”也引起了玄奘的注意。

那么，为何是25个字母而不是24个字母呢？这与贵霜帝国迦腻色伽时期开始采用希腊字母拼写巴克特里亚语有关。贵霜帝国的官方语言是佉卢文书写的巴克特里亚语。佉卢文曾经广泛流行于中亚地区，并传入了我国新疆的塔里木盆地；公元3世纪佉卢文在中亚地区基本停止使用，最后消失于公元7世纪。佉卢文有252个不同的符号，从右到左横向书写。显然，玄奘在睹货逻国故地所见并非佉卢文，而只可能是用改造后的希腊字母拼写的巴克特里亚语。在迦腻色伽时代的铭文，如1993年在阿富汗北部发现的著名的拉巴塔克铭文（Rabatak Inscription）和钱币上，都刻写着这样的巴克特里亚语。为了便于拼写，在24个希腊字母的基础上，贵霜人增加了希腊字母里没有的“Þ”

1（唐）玄奘、辩机原著，季羡林等校注:《大唐西域记校注》，第100页。

（发sh音）。[1]比如，一枚钱币上有这样的铭文：ÞAONANOÞAO KA ... NIÞKI KOÞANO（意思是“王中王，贵霜王迦腻色伽”，King of kings，Kanishka the Kushan）。

所谓“语言去就，稍异诸国”，就是说，玄奘在此地看到的文字与周边各国文字有所不同。在佉卢文基本停止使用之后，这种巴克特里亚语仍然被当地继续使用，由此可见希腊文化在当地的余韵不绝，这种生命力反过来证明了希腊化文明的生命力，它与当地文化融合得是如此彻底，以至于它很好地适应了当地人的需求，并成为当地文化的有机部分。因此，梵衍那国的“文字风教……同睹货逻国”，而迦毕试国则是“文字大同睹货逻国”，可见，直到玄奘抵达的时候，这种文字在中亚一带仍然被当地人民广泛地使用着。甚至《大唐西域记》卷一二提到的尸弃尼国（今阿富汗Shighnan地区）“文字同睹货逻国，语言有异”，而商弥国（今巴基斯坦北部位于Citral和Mastu之间的地区）则是“文字同睹货逻国，语言别异”，说明这一文字体系广泛应用于“睹货逻国故地”，也就是更早之前的巴克特里亚希腊人王国统治过的地区。

其次是希腊化的钱币信息。在《大唐西域记》的记载中，“睹货逻国故地”是“货用金银等钱，模样异于诸国”，而梵衍那国是“货币之用，同睹货逻国”，“迦毕试国”则是“货用金钱、银钱及小铜钱，规矩模样，异于诸国”。玄奘的记载透露出两个信息：一是这三个国家都用金钱、银钱，二是钱的式样与其他国家不同。笔者认为，后者比前者更重要。之所以不同于周边国家，应该还是与“希腊式钱币”的影响有关。

所谓“希腊式钱币”，指的是“亚历山大东征之后在希腊化世界

---

1 参见杨巨平：《从地中海到黄河——希腊化文化信息在中国的回响（至公元七世纪）》，《历史教学（下半月刊）》2021年第10期；（唐）玄奘、辩机原著，季羡林等校注：《大唐西域记校注》，第103页注5。

流行并对以西亚、中亚和印度西北部为主的东方地区产生了深远影响的一种钱币”，又可称为“希腊化钱币”（Hellenistic Coins）或“亚历山大式钱币”（Coins of Alexander）。[1]它的主要特征就是出现于钱币之上的国王头像和希腊神像以及希腊语铭文。塞琉古王国建立后，王家造币场以及地方行省造币场都在继续制造希腊式钱币。后来，脱离塞琉古王国独立的巴克特里亚希腊人，以及后为退到印度西北部的印度—希腊人，也都持续发行印有国王头像的希腊式钱币。尽管希腊人由于人数稀少也在逐渐接受当地的文化，印度大象、佉卢文、佛教因素开始不断地出现在他们的钱币上面，但其总体上仍然保持着“希腊式钱币”的基本特征。贵霜帝国崛起之后，将原来巴克特里亚希腊人和印度—希腊人频繁活动之地纳入了自己的版图。贵霜人的祖先月氏人是来自中国西北地区的游牧民族，他们在军事上征服了巴克特里亚的希腊人，却不得不接受当地先进的希腊文化，所以历代贵霜王发行的金币上面仍然有国王的头像或者希腊神像，币上的铭文有希腊语，也有佉卢文或婆罗米文，还有用希腊字母拼写的巴克特里亚语。[2]张骞从西域回到汉地之后，在给汉武帝的报告中，特别提到了安息（帕提亚）的钱币：安息人“以银为钱，钱如其王面，王死辄更钱，效王面焉”。[3]这是公元前2世纪下半期时的情况，出自斯基泰人帕尔尼部落的帕提亚人尚且如此，曾受希腊—马其顿人统治的巴克特里亚和西北印度地区更可想而知。《汉书·西域传》提到位于印度西北部的罽宾“以金银为钱，文为骑马，幕为人面”，乌弋山离“其钱独文为人

---

1 杨巨平：《希腊式钱币的变迁与古代东西方文化交融》，《北京师范大学学报（社会科学版）》2007年第6期。

2 朱利阿诺：《西北印度地区希腊至前贵霜时代的钱币》，载［意］卡列宁等编著：《犍陀罗艺术探源》，魏正中、王倩编译，上海：上海古籍出版社，2015年，第57—73页。

3《史记》卷一二三《大宛列传》，二十四史点校本，北京：中华书局，1982年，第3162页。

头，幕为骑马”，[1]这也与印度—斯基泰人、印度—帕提亚人王国和贵霜帝国的一些希腊式钱币特征基本吻合。而且，贵霜钱币的影响力也进入了中国新疆的塔里木盆地，典型例证即被称为“和田马钱”的汉佉二体钱。[2]

到了公元前后，各个希腊化王国已经不复存在，希腊化文明的影响逐渐减弱或者逐渐与当地文化融合，希腊式钱币的特征也变得越来越不明显，币上的希腊语铭文变得模糊甚至出现错讹，但这些钱币的总体面貌并没有大的改变，使用金银铜造币的习惯也没有变化。这正是引起玄奘注意的原因，希腊化文明因素蕴含其中，也是导致这一地区的金银钱在玄奘抵达的时期“规矩模样，异于诸国”的主要原因。

第二节 《大唐西域记》提到的间接性希腊化信息

除了上述玄奘直接提到的一些希腊化信息外，《大唐西域记》的记载也反映出一些未被玄奘直接提到，但根据种种迹象推测他很可能会看到的希腊化文明信息。这些“迹象”主要是玄奘提到的城市、佛教遗迹以及历史上的统治者。这些城市、佛教遗迹和历史上的统治者与希腊人以及希腊文化的关系已经得到了种种文献记载和考古发现的确认。它们所蕴含的希腊文化因素随着岁月的流逝可能已经变得模糊不清，但某些希腊文化成分因与中亚游牧文化和印度文化融合为一体

---

1 《汉书》卷九六《西域传》，二十四史点校本，北京：中华书局，1962年，第3885、3888页。

2 关于汉佉二体钱的形制与分类，参见克力勃：《和田汉佉二体钱》及该期插图，姚朔民编译，《中国钱币》1987年第2期。

而保存了下来，玄奘在经过并寻访佛教遗迹的时候，很有可能无意识地看到了这些希腊化文化因素的遗存。

一、玄奘笔下的阿育王和奢羯罗故城

在《大唐西域记》中，玄奘在记载室罗伐悉底国（舍卫城）的时候，提到了阿育王石柱：

> 城南五六里有逝多林……昔为伽蓝，今已荒废。东门左右各建石柱，高七十余尺。左柱镂轮相于其端，右柱刻牛形于其上，并无忧王之所建也。[1]

另外，在卷八“摩揭陀国上”，玄奘用很大篇幅记载了阿育王的种种传说。[2]他笔下的“无忧王”即历史上的阿育王。阿育王是佛教发展史上的著名转轮王，在佛教从印度本土向西北印度乃至海外传播的过程中起到过重要的推动作用。同时，他还与相邻的希腊人甚至远至东地中海地区的希腊化王国存在密切的联系。他发迹的地区，正是希腊人活动较多的犍陀罗地区；他在位的时代（公元前3世纪中期），也是佛教与亚历山大之后在印度西北部尚存的希腊人相遇的时期。亚历山大于公元前327年入侵印度西北部，公元前325年回返，两年后逝世，当地的希腊—马其顿驻军于公元前316年撤走。公元前305年，塞琉古王国卷土重来，不过未能如愿，但与孔雀帝国建立了外交关系，后者甚至专门设立了管理希腊人和波斯人事务的政府部门，[3]说明印度西北部仍然有希腊人居留。在玄奘经过的阿富汗，考古学家于1963年

---

1 （唐）玄奘、辩机原著，季羡林等校注：《大唐西域记校注》卷六，第488—489页。

2 （唐）玄奘、辩机原著，季羡林等校注：《大唐西域记校注》卷八，第627—633页。

3 A. K. Narain, *The Indo-Greeks*, Oxford: Clarendon Press, 1957, p. 363.

和1967年在坎大哈老城发现了两块有希腊语的石刻诏令。由此可以推断，在今阿富汗的东部地区，当时仍有一批希腊人居住。[1]在阿育王的推动下，佛教广泛传播于犍陀罗和巴克特里亚地区，塔克西拉地区的斯尔卡普（Sirkap）出土了很多可追溯到公元前2世纪的佛教遗迹。斯尔卡普古城修建于公元前2世纪初的印度—希腊人国王德米特里一世（Demetrius I）在位时，其中有一座佛教寺庙，中间为台阶，两边各有三个壁龛，壁龛两侧是希腊式的科林斯柱，一个壁龛里雕刻着双头鹰，颇能反映希腊文化和佛教信仰的融合。[2]

公元前2世纪初，巴克特里亚的希腊人大举进入印度西北部，与此地的佛教发生了接触。在佛教文献《那先比丘经》中，[3]详细记载了一位希腊人国王，即米南德一世（弥兰陀，约公元前165/155—前130年）与一位高僧那先（Nagasena）的对话，以问答的方式阐述了涅槃五蕴、轮回、缘起、无我、业报等佛教教义。米南德和那先谈话所在的舍竭城（Sagala，今巴基斯坦Sialkot），应是印度—希腊人国王米南德的都城。到了公元7世纪，玄奘途经此地。他称该城为“奢羯罗故城”，并留下了一段文字记载：

> 垣堵虽坏，基趾尚固，周二十余里。其中更筑小城，周六七里，居人富饶，即此国之故都也。……奢羯罗故城中有一伽蓝，僧徒百余人，并学小乘法。世亲菩萨昔于此中制《胜义谛论》。其侧窣堵波，高二百余尺，过去四佛于此说法，又有四佛

---

1 详见杨巨平:《希腊化还是印度化——“Yavanas”考》,《历史研究》2011年第6期。

2 ［英］约翰·马歇尔:《塔克西拉I》，秦立彦译，昆明：云南人民出版社，2002年，第234—235页。

3 汉译《那先比丘经》（收入《大正新修大藏经》卷三二《论集部全》，台北：佛陀教育基金会，1990年）与南传巴利文的《弥兰陀问经》（*Milindapanha*）的内容大同小异，主要区别在于汉译《那先比丘经》只记录到双方对话结束，而巴利文《弥兰陀问经》（英译本见T. W. Rhys Davids, trans., *The Questions of King Milinda*, Part I, II, Oxford: Clarendon Press, 1890-1894）还记载了米南德放弃王位、出家修行并实现涅槃的情节。

经行遗迹之所。伽蓝西北五六里有窣堵波，高二百余尺，无忧王之所建也，是过去四佛说法之处。[1]

按照巴利文《弥兰陀问经》的说法，米南德一世放弃王位，出家修行，最终修成正果，实现涅槃。这并不可信，很可能是佛教宣传的惯用方式，西方古典文献里记载米南德一世死于军营之中。[2]可是，米南德的钱币上面的八辐转轮似乎证明米南德在一定程度上接纳了佛教的教义。普鲁塔克关于米南德葬仪的描述也能证实此论。然而，米南德毕竟是希腊人的国王，他在尽量通过佛教安抚本地臣民的同时，也在努力地保持希腊传统：他采用希腊王号Basileus和头衔Soter（救世主），钱币使用双语铭文（正面希腊文，背面佉卢文），[3]而且根据《弥兰陀问经》里的记载，他手下的大臣有不少是希腊人。[4]这些希腊人仍然居住在城内，信仰希腊诸神。例如，在巴尔胡特（Bharhut）的一座佛塔的浮雕上，就描绘了一个鲜明希腊风格装束的异族战士。但是，身处中亚和南亚的希腊人毕竟是少数，在内部分裂、外敌入侵和本地文化的轮番冲击之下，印度的希腊人很快就失去了民族和文化特色，最终消失在印度本土文化的汪洋大海之中。等到玄奘到来的时候，甚至连佛教本身都已衰颓，只看到了“基趾尚固”的破城，一座只有百余僧人的小寺庙和一座佛塔，[5]但他有可能在迦毕试看到阿育王的石刻诏令，也有可能在奢羯罗故城看到米南德王留下的佛教遗迹。

---

1 （唐）玄奘、辩机原著，季羡林等校注：《大唐西域记校注》卷四，第354—364页。

2 Plutarch, *Moralia*, 821D-E.

3 W. W. Tarn, *The Greeks in Bactria and India*, pp. 262-263.

4 T. W. Rhys Davids, trans., *The Questions of King Milinda*, Part I, pp. 36, 47-49.

5 关于《那先比丘经》中的希腊化信息，参见杨巨平：《弥兰王还是米南德？——〈那先比丘经〉中的希腊化历史信息考》，《世界历史》2016年第5期；本卷第二章。

二、玄奘笔下的迦腻色伽王

除了提到阿育王（无忧王）、米南德一世的都城之外，《大唐西域记》也浓墨重彩地记载了贵霜帝国迦腻色伽一世（Kanishka I）的传说、历史、大塔、伽蓝等。[1]贵霜人像此前的印度—斯基泰人和印度—帕提亚人一样，继承了希腊化文明的很多遗产。例如，贵霜国家早期诸王发行的钱币基本都属于希腊式钱币，上面有国王形象和希腊语铭文。这些希腊语铭文是国王的称号。到迦腻色伽一世在位时期，钱币上的希腊语铭文消失了，取而代之的是用希腊字母拼写的巴克特里亚语铭文。再比如，贵霜第一代王丘就却（Kujula Kadphises）发行的钱币中，有一种钱币背面出现了印度—希腊人国王赫尔迈欧斯（Hermaeus）的头像和王衔，贵霜前期诸王也采用了“万王之王”“伟大的救世主”之类的希腊语称号。[2]在迦腻色伽一世之父威玛·卡德菲塞斯（Vima Kadphises）的钱币上，他经常手持大棒。这一形象很可能来自希腊化世界的赫拉克勒斯（Heracles）崇拜以及希腊化诸王将自己比拟为赫拉克勒斯的习惯。

公元630年左右，玄奘抵达迦毕试国，这里曾是贵霜帝国的夏都，也是丝绸之路上的重要节点，位于今阿富汗首都喀布尔北面60公里的贝格拉姆（Begram）。在这里，他听闻了迦腻色伽王通过双肩出火降服龙王的故事。保存下来的迦腻色伽金币中，有50余枚表现了这位君主双肩出火（肩焰）的形象。大英博物馆所藏的一枚迦腻色伽金币，背面是佛陀形象，正面而立，身着通肩式佛衣，右手施

1 在卷一“迦毕试国”、卷二“健驮逻国”、卷三“迦湿弥罗国”，玄奘都直接讲述了与迦腻色伽王有关的传说和历史。

2 关于“Soter Megas”称号的指向以及内涵问题，参见杨巨平:《“Soter Megas”考辨》，《历史研究》2009年第4期。

无畏印，左手拽佛衣一角，左侧有希腊语铭文BOΔΔO，即“佛”。[1]在金币的正面，作为君主的迦腻色伽穿着厚重的长袍和长长的靴子，手持长矛，右手指向火坛，肩膀处喷出火焰，呈现出一个武力征服者的形象。可以说，这些金币上双肩喷火的君主形象，正是对玄奘有关记载的印证。[2]在贝格拉姆，1922—1925年，法国—阿富汗考古队的福歇发现了两座城址；1937年和1939年，哈金（J. Hackin）夫妇在其中的一座城址里发现了两间密室，里面藏着一大批外来器物，包括来自中国、印度、罗马、希腊、埃及、腓尼基等地区的上千件象牙和骨雕、179件玻璃器、61件石膏制品、112件青铜器，以及部分陶器、铁器、漆器等，这就是著名的“贝格拉姆宝藏”。[3]其中，既有融合了希腊赫拉克勒斯和埃及萨拉皮斯（Sarapis）形象的神像，也有表现希腊罗马神祇的很多石膏雕像和浮雕盘。太阳神阿波罗（Apollo）、酒神狄奥尼苏斯（Dionysus）、爱神阿芙洛狄特（Aphrodite）的身影都能在这些文物上面看到。它们的销售对象可能是居住在这里的希腊化遗民。这从一个侧面反映了迦毕试曾经是一座希腊化程度很高的城市。

迦腻色伽曾经在犍陀罗建造了一座高大恢弘的佛塔（Kanishka Stupa），汉文典籍称之为“雀离浮屠”或“雀离浮图”。前去印度求法的中国僧人从高耸的兴都库什山下到犍陀罗平原的时候，首先看到的就是这座高大的佛塔。法显曾经赞叹道：“凡所经见塔庙，壮丽威

---

1 ［法］雷奈·格鲁塞：《东方的文明》，常任侠、袁音译，北京：中华书局，1998年，第252页。

2 关于迦腻色伽金币，部分实物图片可参见http://www.columbia.edu/itc/mealac/pritchett/00routesdata/0100_0199/kanishka/kanishka.html；http://wildwinds.com/coins/greece/indo_scythians/kanishka_I/i.html。这两个网址所列之迦腻色伽金币，包含了多枚表现双肩喷火之君主形象的金币。另见Katsumi Tanabe, “Kanishka I’s Coins with the Buddha Image on the Reverse and Some References to the Art of Gandhara,” *Orient*, Vol. X (1974), pp. 31-61.

3 罗帅：《阿富汗贝格拉姆宝藏的年代与性质》，《考古》2011年第2期。另见Lauren Morris, *The Begram Hoard and its Context*, PhD. Diss., 2021, Ludwig-Maximilians-Universität München.

严，都无此比。传云，阎浮提塔，唯此塔为上。”[1]《洛阳伽蓝记》则记载了宋云、惠生的回忆：“塔内佛事，悉是金玉，千变万化，难得而称。旭日始开，则金盘晃朗；微风渐发，则宝铎合鸣。西域浮图，最为第一。”[2]玄奘则记载道：“若是增高，逾四百尺。基趾所峙，周一里半。层基五级，高一百五十尺。”玄奘还提到，大塔之中保存着佛陀舍利：“王因喜庆，复于其上更起二十五层金铜相轮，即以如来舍利一斛而置其中，式修供养。”[3]这一记载已被考古发现所证实。1908—1909年，司鹏纳博士（D. B. Spooner）带队在白沙瓦的沙奇积泰里（Shaji-ki-Dheri）大塔遗址发掘，发现了迦腻色伽的青铜舍利函。[4]迦腻色伽舍利函的主体部分表现的是贵霜君主，很可能就是迦腻色伽本人。扛花环童子装饰着整个舍利函的主体部分，呈现鲜明的希腊化风格。扛花环的童子这一题材，常见于犍陀罗艺术，显然受到了罗马美术的影响。这一题材象征着丰饶、生命以及再生的荣光，童子本身就有生命和重生的意涵，在这里可能是跳脱六道轮回、进入永恒境界的意思。迦腻色伽大塔在玄奘拜访之后，就消失于中文文献的记载中，一直到11世纪，伊斯兰学者比鲁尼（Abu Rayhan Biruni）才又记载了迦腻色伽大塔的情况，赞叹它的雄伟。在迦腻色伽大塔西北方，还有一座伽蓝，亦为迦腻色伽所建。玄奘记载：“大窣堵波西有故伽蓝，迦腻色伽王之所建也。重阁累榭，层台洞户，旌召高僧，式昭景福。”[5]

1 章巽校注：《法显传校注》，上海：上海古籍出版社，1985年，第39页。

2（北魏）杨衒之著，杨勇校笺：《洛阳伽蓝记校笺》卷五，北京：中华书局，2006年，第215页。

3（唐）玄奘、辩机原著，季羡林等校注：《大唐西域记校注》卷二，第239页。

4 D. B. Spooner, “Excavations at Shāh-ji-Dherī,” *Archaeological Survey of India*, 1908-1909, pp. 38-59; H. Hargreaves, “Excavations at Shāh-ji-Dherī,” *Archaeological Survey of India*, 1910-1911, pp. 25-32; Prudence R. Myer, “Again the Kanishka Casket,” *The Art Bulletin*, Vol. 48, No. 3/4 (1966), pp. 396-403.

5（唐）玄奘、辩机原著，季羡林等校注：《大唐西域记校注》卷二，第244页。

三、玄奘笔下的犍陀罗艺术

亚历山大征服巴克特里亚地区后，大量希腊人定居下来，也将希腊文化因素带到了这一地区。希腊的神话、神人同形同性观念、雕塑技术、铸币技术、建筑技术乃至戏剧、哲学作品都传入了巴克特里亚和印度西北部。阿富汗的阿伊·哈努姆遗址为这一点提供了证据，该遗址出土了希腊式雕塑、具有现实主义人物形象的钱币和希腊式柱头。普鲁塔克提到，荷马的诗篇在亚洲得到广泛阅读。[1]在巴克特里亚和印度西北部地区，这些希腊文化因素与佛教艺术、印度本土艺术、波斯文化以及草原游牧文明深度融合之后，便形成了兼具上述文化特征的新型艺术形式——犍陀罗艺术。它得名于印度西北部的犍陀罗地区，今巴基斯坦白沙瓦、拉瓦尔品第、锡亚尔科特等城市是其核心的区域，广义的犍陀罗地区还包括克什米尔、巴克特里亚等地区。这一区域是贵霜帝国的核心区，而犍陀罗艺术的繁荣和传播正是在贵霜王迦腻色伽一世统治时期。在这一地区出土的众多古代城市遗址、古代建筑遗迹和艺术品中不乏较为明显的希腊化信息，例如塔克西拉的斯尔卡普，整座城市的街道布局呈现出棋盘状，完全是按照希腊的希波达姆斯布局法（Hippodamian plan）建造出来的。[2]据说，活跃于公元1世纪的哲学家阿波罗尼乌斯（Apollonius）拜访过塔克西拉，按照他的描述，该城的防御工事是希腊式的，街道像雅典城一样狭窄。[3]玄奘从阿富汗一路南下抵达犍陀罗地区，所见皆是包含了希腊化因素的犍陀罗式佛教造像、浮雕和建筑。公元7世纪时，尽管犍陀罗地区的佛教艺术中的希腊化因

---

1 Plutarch, “On the Fortune or the Virtue of Alexander,” *Moralia*, 328D.

2 ［英］约翰·马歇尔：《塔克西拉I》，秦立彦译，第16—17、48、286—287页，图版24。

3 Philostratus, *The Life of Apollonius of Tyana*, 2.20, 23, Cambrige, Mass.: Harvard University Press, 1989.

素已经越来越少，但贵霜时代的一些浮雕、建筑和造像仍然保留着，玄奘在寻访各地佛教遗迹的时候完全有可能看到这些包含了希腊化因素的遗迹。

首先，玄奘有可能看到了希腊化特征非常明显的早期犍陀罗佛陀造像。在希腊人将希腊神话故事、神人同形同性观念和雕塑造型艺术带到印度之后，佛陀的崇拜者们在尝试用一个人物形象来表现他们的佛祖之时，皈依佛教的希腊人佛教徒以及受雇于佛教徒的希腊雕塑家们首先想到的便是他们熟悉的希腊神。有很多学者认为佛陀的原型就是希腊的阿波罗神，雕塑家们的灵感就来自希腊和罗马流行的阿波罗神雕像，这种说法有一定合理性。当然，佛像是融合多种文化传统的产物，但不可否认的是，早期犍陀罗佛像的希腊化色彩相当浓厚，以至于有学者称其为“希腊化佛陀”（Hellenistic Budda）或者“阿波罗式佛像”。[1]换句话说，佛教徒们用希腊的雕塑手法表现了佛教的观念。20世纪以来，广义的犍陀罗地区出土了数量庞大的呈现希腊雕像风格的佛陀塑像，便是明证。[2]玄奘在大犍陀罗地区寻访了大量的佛教寺庙遗址和石窟遗址，应该看到了为数不少的佛陀塑像，它们可能创作于不同的时期，自然会有贵霜早期的作品。至于玄奘是否能够注意到或者研究出那些佛陀像的风格来源，就无从得知了。例如，在经过“梵衍那国”的时候，玄奘拜访了有名的巴米扬大佛：

梵衍那国……在雪山之中也。人依山谷，逐势邑居。国大

1 R. A. Jairazbhoy, *Foreign Influence in Anicent India*, Bombay and New York: Asia Pub. House, 1963, p. 145; Alfred Foucher, *The Beginnings of Buddhist Art*, Paris: Paul Geuthner, 1914, p. 128;［法］R. 格鲁塞:《从希腊到中国》，常书鸿译，杭州：浙江人民美术出版社，1985年，第27—29页。

2 关于这些佛陀雕像，参见孙英刚、何平:《犍陀罗文明史》，北京：生活·读书·新知三联书店，2018年，第465—468页。

都城据崖跨谷，长六七里，北背高岩。……伽蓝数十所，僧徒数千人，宗学小乘说出世部。王城东北山阿，有立佛石像，高百四五十尺，金色晃曜，宝饰焕烂。东有伽蓝，此国先王之所建也。伽蓝东有鍮石释迦佛立像，高百余尺，分身别铸，总合成立。城东二三里伽蓝中有佛入涅槃卧像，长千余尺。[1]

巴米扬的两座巨型立佛雕像，分别雕凿于约公元570年（东大佛）和公元618年（西大佛），带有强烈的希腊化艺术风格，是人类艺术的瑰宝。在东大佛洞窟顶部的壁画中，人们发现了疑似太阳神赫利奥斯（Helios）和雅典娜胜利女神（Athena Nike）的形象。[2]玄奘在梵衍那国停留了很久，从公元626年冬天待到了次年春才再度启程。亲自观摩过巴米扬石窟的玄奘可能也看到了这些壁画。

其次，在犍陀罗艺术里，鬼子母是常见主题。在《大唐西域记》卷二的“健驮逻国”一节，玄奘记载，他专门考察了佛陀收服鬼子母的圣迹：

梵释窣堵波西北行五十余里，有窣堵波，是释迦如来于此化鬼子母，令不害人，故此国俗祭以求嗣。[3]

尽管很多佛教文献都说释迦牟尼收服鬼子母的地方是王舍城，但玄奘

---

1 （唐）玄奘、辩机原著，季羡林等校注：《大唐西域记校注》卷一，第129—132页。

2 宫治昭认为，巴米扬东大佛石窟顶部壁画里的这位太阳神可能是萨珊波斯的密特拉（Mithra）或印度的太阳神苏利耶（Surya），见宫治昭：《印度佛教美术系列讲座之三——巴米扬与克孜尔的佛教美术》，王云译，《艺术设计研究》2012年第2期，第95—96页。但笔者认为宫治昭先生可能忽视了这幅壁画的另外一种可能性，即希腊神话元素——乘坐着马车的太阳神（赫利奥斯），位于马车左右的两位戴头盔的有翼女神（雅典娜胜利女神），有翼女神头顶的半人半鸟的人物（塞壬）。它们已经构成了一个相对丰富的希腊神话元素集合。不过，需要注意的是，在缺少其他证据的情况下，对这一壁画艺术源流的探讨仍有待深入。

3 （唐）玄奘、辩机原著，季羡林等校注：《大唐西域记校注》卷二，第254页。

却将此事发生的地点记录为千里之外的犍陀罗，因此，鬼子母很可能是流行于犍陀罗地区的地方信仰，后来被佛教纳入自己的神灵系统。犍陀罗艺术中的鬼子母神，不论是图像元素还是艺术风格，都深受希腊文化传统的影响。鬼子母是佛教中诃利帝（Hārītī/Hariti）的汉地佛教译名，般支迦（Pancika）是她的丈夫。在犍陀罗艺术中，诃利帝的形象类似于典雅高贵的希腊命运女神提刻（Tyche）。在般支迦和诃利帝同时出现的夫妇神雕塑中，诃利帝一般手捧丰饶角（Cornucopia）。丰饶角的符号来自希腊神话里代表哺乳宙斯的羊角，里面装满了鲜花和水果。根据希腊神话传说，宙斯很小的时候，其父想杀死他，他的母亲将他送给山羊神阿尔玛忒亚（Almathea）藏起来。山羊神保护了宙斯，并用自己的奶水哺育了他。丰饶角象征着富饶和感恩。在塔赫特—伊·巴希（Takht-i Bahi）遗址窣堵波发现的般支迦和诃利帝石雕，位于佛陀左侧，并排而坐，诃利帝手捧长长的丰饶角，两人的服饰和风格都是希腊式的。在迦毕试出土的有名的大神变浮雕，身上出火、身下出水的佛陀两侧的方形龛中，对称刻画了一位手持长方形物品的男神和一位手持丰饶角的女神，这两个形象很可能也是般支迦和诃利帝。[1]

再次，玄奘可能亲眼看到了犍陀罗的佛教浮雕和雕像作品中的执金刚神。在犍陀罗的佛传故事图像中，执金刚神几乎成了不可或缺的元素，是佛陀的保护神。执金刚神的形象，通常是希腊大力神赫拉克勒斯，有时候身穿游牧民族的服装，有时候带有印度本土湿婆神的形象特征，导致有些学者认为执金刚神来源于印度传统。[2]其实，执金

1 关于上述般支迦和诃利帝的形象，文物图片见孙英刚、何平：《犍陀罗文明史》，第153—159页。Ladislav Stančo, *Greek Gods in the East: Hellenistic Iconographic Schemes in Central Asia*, Prague: Karolinum Press, Charles University, 2012, pp. 227-231.

2 李翎：《早期金刚手图像考》，《新疆师范大学学报（哲学社会科学版）》2014年第5期；党措：《宗教学视野下的金刚手研究》，《西藏大学学报（社会科学版）》2017年第4期。

刚神形象出现于犍陀罗地区，是吸收希腊雕塑元素的结果。[1]执金刚神一般手持金刚杵站立在佛陀的一边，有时则在上方，形象多为曲发赤身。有的执金刚神带有鲜明的赫拉克勒斯的特点，肌肉隆起，服装则带有希腊侍者的特色，穿一件希腊式的短希顿（chiton）或束腰外衣，顶部为扇形外翻边缘。有的穿游牧民族样式的筒袖服。有的有胡须，有的则是年轻人的样貌。有的金刚杵中部收敛成棒状，有的则在下方带有圆形棒头。在犍陀罗的涅槃浮雕中，执金刚神继续充当佛陀护卫神的角色。在图像中，这位跟随释迦左右的守卫者表现得非常悲伤。《大唐西域记》中“拘尸那揭罗国”条记载：

> 普贤寂灭侧有窣堵波，是执金刚神躃地之处。……执金刚神密迹力士见佛灭度，悲恸唱言：“如来舍我入大涅槃，无归依，无覆护！”毒箭深入，愁火炽盛，舍金刚杵，闷绝躃地。久而又起，悲哀恋慕，互相谓曰：“生死大海，谁作舟楫？无明长夜，谁为灯炬？”[2]

《佛入涅槃密迹金刚力士哀恋经》[3]也提到了这一情节。法显在玄奘之前也到过该城，他指出这里有金刚力士悲伤掉落金刚杵的地方。[4]

除了上述几个主题，与希腊化元素有关的犍陀罗浮雕还有“佛陀婚礼盛宴”“佛陀苦行修炼”“佛陀降魔成道”等。关于“佛陀婚

---

1 Ladislav Stančo, *Greek Gods in the East: Hellenistic Iconographic Schemes in Central Asia*, pp. 232-234；邢义田：《赫拉克利斯（Heracles）在东方——其形象在古代中亚、印度与中国造型艺术中的流播与变形》，载荣新江、李孝聪主编：《中外关系史：新史料与新问题》，北京：科学出版社，2004年，第15—48页；霍旭初：《龟兹金刚力士图像研究》，《敦煌研究》2005年第3期；何平：《赫拉克勒斯：从希腊大力士到佛陀的保镖》，《收藏》2020年第2期。

2 （唐）玄奘、辩机原著，季羡林等校注：《大唐西域记校注》卷六，第546页。

3 又名《佛入涅槃哀恋经》《力士哀恋经》，译者不详，收于《大正藏》第12册。

4 章巽：《法显传校注》，第86页。

礼盛宴”，在犍陀罗布纳尔（Buner）地区的一处佛教窣堵波遗址中，考古学家发现了一组雕刻板，一共三块，展现的都是宴饮庆祝场面，每一块均刻画了六个人物，有趣的是，每一块上面的人物服饰明显不同。其中一块上面的人物是伊朗风格打扮，却在演奏古希腊的经典乐器七弦琴和双管风笛；另一块上面的人物身穿典型的希腊服装，左边是男女畅饮美酒的场面，右边是两个男子运送美酒的场面，羊皮酒囊和酒坛清晰可见，中间女人手持棕榈扇；最后一块刻画了身穿印度服饰的六个人物，中间还有人手持一串葡萄。整个构图和风格具有强烈的希腊酒神节色彩，这一方面说明犍陀罗文明的多样性和世界主义色彩，另一方面也说明酒神崇拜后来被纳入了佛教的教义和宣传之中，成为佛教艺术的一部分。[1]《大唐西域记》并未直接提到这些浮雕，但考虑到玄奘每到一地必去寻访当地的佛塔、伽蓝以及石窟寺等佛教遗址，他本人亲眼看到这些包含有希腊文化因素的浮雕的可能性是存在的。

小 结

尽管《大唐西域记》撰写于公元7世纪，距离亚历山大征服中亚和印度西北部已经过去了将近千年，距离最后一个印度—希腊人王国的灭亡将近七百年，距离一定程度上继承了远东希腊化文明遗产的贵霜帝国的灭亡也近三百年，但玄奘的记载似乎仍隐约反映出一些模糊

1 布纳尔浮雕的希腊酒神节场景见https://www.cs.mcgill.ca/~rwest/wikispeedia/wpcd/wp/i/Indo-Greek_Kingdom.htm. 另外，就该浮雕上的其他信息，也可参见Bernard Goldman, “Parthians at Gandhara,” *East and West*, Vol. 28, No. 1/4 (December 1978), pp. 189-202.

的希腊化信息，包括语言、文字、宗教、建筑、城市等方面。人数处于绝对少数的希腊人，在中亚和印度西北部的统治并未持续很久，公元前后就融入到了当地的民族之中。他们的文化亦是如此，从面目俨然到依稀可辨，再到模糊不清以至于几乎无法辨认，经历了千年的历史演变。玄奘很可能看到了这些希腊化信息，但他不太可能辨认出它们的源流。尽管如此，玄奘还是凭借直觉指出了这些信息的特别之处，并将它们记载下来，带回了中国。从这个意义上讲，与他的前辈张骞、法显一样，玄奘不愧是一名中西文化交流的伟大使者。

（王志超）

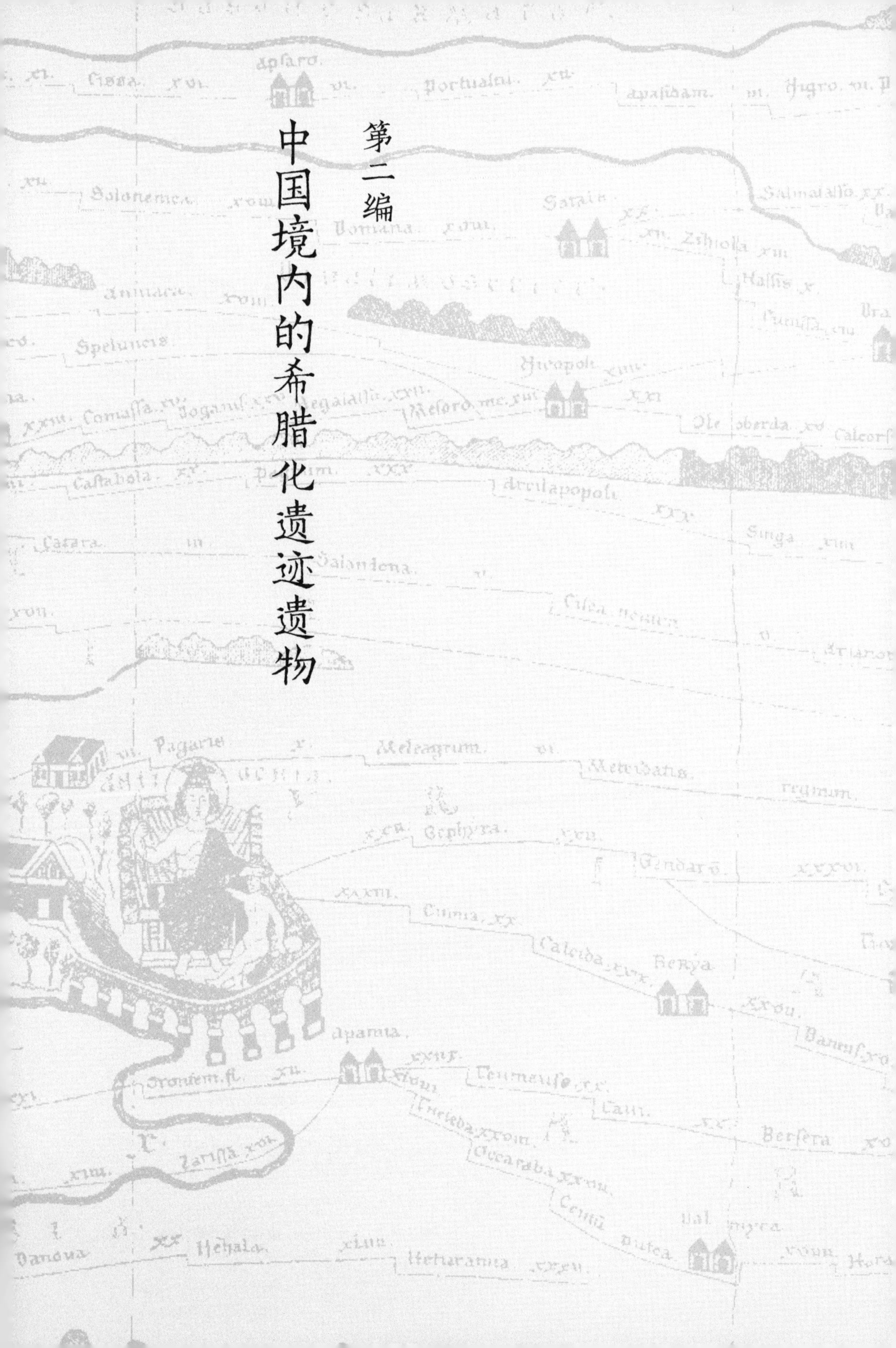

第二编

中国境内的希腊化遗迹遗物

希腊化文明遗产通过丝绸之路传入中国，已经由不断发现的具有希腊化元素的遗迹、遗物所证明。它们不仅包括20世纪初在新疆发现的汉佉二体钱、木牍文书、米兰壁画，而且包括近年来在新疆发现的各种棉、毛织物和在中原内地发现的一些陪葬品。它们的流入同样经历了一个漫长的过程，其源头应该就是原来的希腊化世界。当然，有的遗物在域外经过了二次或多次加工、融合，与希腊化原型已经相去甚远，不过其中传递的直接或间接的希腊化信息仍然依稀可见。

第四章　希腊化艺术在新疆的初传

亚历山大的东征奠定了希腊化世界的基础。但希腊化文化与东方文化的碰撞、交流、融合并不仅仅发生于希腊—马其顿人的控制之地，而且向周边地区扩散、传播。中国的新疆地区地处与希腊化世界接触的最前沿，随着丝绸之路的开通，不同形式、不同载体的希腊化文明遗产也就首先传到了塔里木盆地，并由此传向中原内地。

第一节　巩乃斯河畔的希腊战神铜像

1983年，新疆伊犁新源县境内的巩乃斯河南岸发现了一批青铜器窖藏，包括青铜铃、釜、承兽方盘、对兽圆环等器物，其中最为引人注目的是一件武士俑。（**图4-1-1**）俑高40厘米，为合模浇铸而成，中空，表现一位单膝跪姿的武士形象，头戴高弯钩顶头盔，高鼻深目，目光坚毅，注视远方，造型端庄、英俊，上身裸露，腰间围系着遮身物，赤足，双手空握，原来应持有长矛或刀剑等兵刃器物。

1999年，临近新源的巩留县又出土了一件类似的青铜武士俑。（**图4-1-2**）该俑仅存上半身，残高21.5厘米，头戴与新源俑类似的帽盔，方圆脸，目圆睁，高鼻，八字须，胸挺背阔，双肩有配饰，着束腰紧身衣，胸前挽一领结，腰间系带，双手紧握向前伸出，原应持有兵刃类器物，整体造型逼真，有神勇之气。

这两件武士俑造型极其相似，性质、年代亦应一致。从装束姿态、出土地点及其环境等因素来看，一般认为其形象表现的是公元前7—前3世纪生活在这一地区的塞人（Saka）。[1]塞人，在中国史籍中被称为“塞种”，波斯铭文中称为“萨迦”。根据中外古代文献记载，在大月氏西迁之前，塞人的主要活动区域在伊犁河流域及伊塞克湖（Issyk-Kul）附近，后被大月氏打败，迁徙到中亚南部和印度西北部地区。塞人以游牧为生，分为很多支系，其中有些支系以头戴尖帽为特征。东西方古代很多艺术作品中都出现了戴尖帽的武士形象，被认为表现的即尖帽塞人。在早期东西方交流中，塞人起到了重要的桥梁作用。[2]

图4-1-1
新源出土青铜武士俑

学界常将塞人与希罗多德（Herodotus）记载的“斯基泰人”（Scythian）联系起来。在希罗多德笔下，斯基泰人主要是指公元前7世纪之后生活在北高加索（North Caucasus）、黑海（Black Sea）北岸草原地区的游牧民族，包括王族斯基泰、游牧斯基泰和农耕斯基泰等几个部落。[3]但有时斯基泰这个词也用来泛指欧亚草原所有操伊朗语的游牧民族，其分布范围涵盖了从贝加尔湖（Lake Baikal）、叶尼塞河（Yenisei）到多瑙河（Danube）之间的广大地域，后一种情况就包含了波斯铭文中的“萨迦”（Sakas）或汉文史籍中的“塞人”。事实上，塞人与斯基泰人并非

图4-1-2
巩留出土青铜武士俑

1 王炳华：《古代新疆塞人历史钩沉》，《新疆社会科学》1985年第1期，第48—58页。

2 余太山：《塞种史研究》，北京：中国社会科学出版社，1992年。

3 Herodotus, *The Persian Wars*, 4.17-20, with an English translation by A. D. Godley, Cambridge, Mass.: Harvard University Press, 1921.

确指某一个民族，而是泛指在欧亚草原上的游牧民族。他们的生活方式和习俗十分相似，物质文化遗存也难以截然区分。[1]不过，正如研究者所指出，欧亚草原公元前一千纪的游牧文化整体上表现出极大的相似性，其形成和传播应该经历了非常复杂的过程，并非是由某一个地区、一个民族所创造后简单扩散形成，而应该是来自近东、希腊、黑海北岸、中亚草原等多种源头的文化因素在长期的传播、交流、互动、融合过程中逐渐形成的。[2]

伊犁新源县所出青铜窖藏中，包含两件青铜圆环、一件三足铜鍑和一件承兽铜盘，均为欧亚草原的塞人、斯基泰人习见的器物。两件青铜圆环尺寸均较大，直径都接近50厘米，形制风格相似：一件表现为对虎相向踞伏，面唇相触，身体迥曲成圆形；另一件则在圆环上部装饰奔跃状相向的翼兽。这类装饰对兽圆环在欧亚草原斯基泰人遗存中有大量出土，亦屡见于中亚地区的塞人遗存。尤其是装饰翼兽的圆环，与波斯波利斯（Persepolis）浮雕、阿姆河宝藏（Oxus Treasure）中的对兽环饰十分接近。承兽铜盘也是塞人文化中的常见器物，特别流行于七河地区（Semireche）、费尔干纳（Fergana）盆地和天山地区，乌鲁木齐阿拉沟竖穴木椁墓中也可见到，与这一时期游牧文化的普遍特征相符。

因而，伊犁出土的这批器物的主体年代和使用人群确如学界的一致认知，应为公元前5—前3世纪活动于这一地区的塞人。大英博物馆的阿姆河宝藏中有一尊黄金人像，头戴高尖风帽，半袖短袍，双手空握、上下错开，下穿紧身裤，双腿分开呈坐姿，表现的应是一个持缰骑马的中亚塞人形象。**（图4-1-3左）**由此推测，巩留武士俑上身挺直，双手姿势与阿姆河宝藏塞人金像十分相似，表现的可能也是骑士或御手形象。阿姆河宝藏中还

---

1 Jeannine Davis-Kimball, Vladimir A. Bashilov and Leonid T. Yablonsky, eds., *Nomads of the Eurasian Steppes in the Early Iron Age*, Berkeley, CA: Zinat Press, 1995.

2 Jeannine Davis-Kimball, Eileen M. Murphy, Ludmila Koryakova and Leonid T. Yablonksy, eds., *Kurgans, Ritual Sites, and Settlements: Eurasian Bronze and Iron Age*, Oxford: BAR International Series, 2000.

有一件银像，表现一个裸体站立的男子，头戴米底（Media）式头冠，表情庄重，双手也空握，向前水平伸出，原似持有杆状物。（**图4-1-3中、右**）从面部特征和身体姿态来看，这件人像表现出庄重的仪式感，其身份可能是一位波斯（Persian）贵族，但造像特点和艺术风格表现出希腊的影响，特别是裸体表现的肌肉线条，与新源武士俑有相似之处；双手空握平伸的表现手法与塞人骑士一致，可能受到了塞人艺术的影响。[1]

图4-1-3
阿姆河宝藏金银造像

中亚塞人金像　　　　波斯贵族银像

1 John Curtis and Nigel Tallis, eds., *Forgotten Empire: The World of Ancient Persia*, London: The British Museum Press, 2005, pp. 170-171, 226.

值得注意的是，两尊青铜武士俑所戴头盔的形制，与希腊式头盔十分相似，它们应为目前中国境内所见最早的受到希腊文化影响的艺术品。

头盔是古希腊重装步兵的重要装备，曾在其历史上扮演过重要角色。古希腊头盔形制多样，早在古典时期，很多城邦就发展出了各自的形制，如科林斯（Corinth）式、伊利里亚（Illyria）式等。到了马其顿时期和希腊化时代，希腊头盔更是得到了极大发展，出现了许多新样式，其中弗里吉亚（Phrygia）式头盔在马其顿骑兵中最为流行。这种头盔又称色雷斯（Thrace）头盔，因其高耸前倾的尖顶形似当时弗里吉亚和色雷斯人经常佩戴的帽子而得名。此外，开放式的彼奥提亚（Boeotia，一译维奥蒂亚）式头盔也比较流行，如亚历山大大帝（Alexander the Great）就偏好让他的近卫兵佩戴这种头盔，以获取更好的视野和听力范围，同时头盔下沿边缘通常为向外倾斜的宽边，能够给面部和颈部提供保护。[1]伊斯坦布尔（Istanbul）石棺博物馆收藏的所谓“亚历山大石棺”上，表现有佩戴弗里吉亚式（**图4-1-4上**）和彼奥提亚式（**图4-1-4下**）两种头盔的马其顿步兵形象。[2]

大多数希腊头盔顶部都饰有马鬃，或是直接饰于盔顶，或是将马毛装饰于头盔顶部的一个固定装置之中。盔顶的马鬃具有装饰性，能够增加重装步兵的高

弗里吉亚式头盔

彼奥提亚式头盔

图4-1-4
亚历山大石棺士兵形象

1 J. K. Anderson, *Ancient Greek Horsemanship*, Berkeley and Los Angeles: University of California Press, 1961, pp. 147-148.

2 A. M. Snodgrass, *Arms and Armour of the Greeks*, New York: Cornell University Press, 1967, pp. 121-122.

图4-1-5
希腊瓶画武士形象

图4-1-6
腓力二世墓出土头盔

度，对敌人产生一定震摄。有不少古典作品通过对头盔的描述来表现希腊英雄的英勇气概。[1]此外，盔顶的马鬃也有一定的功能性，能够缓冲来自敌人打击的力度，或在方阵中一定程度上阻挡箭矢与小型投掷物的攻击。亚历山大本人就曾在与波斯人的战斗中被敌方战斧砍中了盔顶，由于盔饰的阻挡，头盔并未碎裂，亚历山大因此逃过一劫，只是受了轻伤。[2]希腊瓶画中保留了大量戴有高耸盔饰的头盔形象。（**图4-1-5**）

伊犁青铜武士俑所戴盔帽，整体高耸，与各类艺术品中常见的塞人或斯基泰人所戴尖帽不同，更接近希腊式头盔。仔细看来，新源武士俑的头盔似比较接近弗吉尼亚式头盔，尤其是鸡冠状盔顶与腓力二世（Philip II）墓出土头盔（**图4-1-6**）十分相似，但后者下面覆盖头颅的部分呈现为半球状，并直接连接两侧的护颊，没有盔沿；新源武士俑头盔整体呈圆锥状，帽沿外伸。相较之下，彼奥提亚式头盔帽沿较宽，面部开放，更接近新源武士俑头盔下部。因此，新源武士俑可能表现的是帽盔与盔缨结合在一起的效果，上面月牙形向下垂卷的部分为盔缨，下面为圆锥形帽盔。从新源武士俑帽盔侧面来看，制作者可能省略了帽盔与盔缨的连接部分，直接把二者铸在了一起。土库曼斯坦老尼萨（Old Nisa）遗址曾出土过一件希腊化风格的鎏金雅典娜（Athena）银像（**图4-1-7**），年代在公元前2世纪，雅典娜所戴帽盔较为高耸，顶部向前弯出，呈鸡冠状，表面刻

1 晏绍祥:《古代希腊重装步兵的兴起及其政治意义》,《首都师范大学学报（社会科学版）》2017年第6期，第22、26页。

2 Arrian, *Anabasis of Alexander*, 1.16, with an English translation by P. A. Brunt, Cambridge, Mass.: Harvard University Press, 1996.

出了表现马鬃毛的线条，面部开放，与新源武士俑更为接近。斯坦因（M. A. Stein）在尼雅（Niya）遗址发现的封泥上亦可见这类戴着帽盔的雅典娜侧身像。（图4-1-8）同时，新源武士俑所穿着的短衣甲也具有希腊化装束的特征，与亚历山大石棺上的士兵形象一致。

林梅村先生认为，新源武士俑表现的是希罗多德笔下斯基泰人领地风俗所崇拜的希腊战神阿瑞斯(Ares)。书中提到斯基泰人除阿瑞斯以外，不为其他诸神塑像、修建祭坛或神殿。[1] 除青铜武士俑外，他还指出，新源出土的青铜对兽圆环、三足青铜鍑等器物与希罗多德描写的斯基泰人“马祭”所使用的器具十分吻合，两件青铜环的直径接近50厘米，可能是斯基泰人用来绞杀牺牲的大环，而三足鍑则用于炖煮马肉。[2]

图4-1-7
老尼萨雅典娜银像

斯基泰人为战神阿瑞斯造像的风俗，是希罗多德从希腊人的视角出发对当时草原游牧民族进行观察后所作的记录。公元前7世纪左右，与斯基泰人入主南俄草原同时，希腊人开始在黑海沿岸进行大规模殖民活动。在频繁的交往中，斯基泰人与希腊殖民城邦建立起密切的合作关系，他们尤为喜爱希腊风格的手工制品，斯基泰墓葬中出土了大量带有浓郁希腊风格的手工制品，其中不少金属制品应是希腊工匠为斯基泰人专门订制的。[3] 希罗多德认为斯基泰人尊崇战神阿瑞斯，[4]可能是他借用了

图4-1-8
尼雅雅典娜封泥

---

1 Herodotus, *The Persian Wars*, 4.59.

2 林梅村:《丝绸之路考古十五讲》，北京：北京大学出版社，2006年，第85—90页。

3 St John Simpson and Svetlana Pankova, eds., *Scythians: Warriors of Ancient Siberia*, London: Thames & Hudson, 2017, pp. 20-27.

4 Herodotus, *The Persian Wars*, 4.59.

希腊神的名字来描述斯基泰人的信仰，也可能是斯基泰人受到了希腊神系的影响。所谓阿瑞斯神像可能即伊犁出土的这类武士俑，在草原游牧民族中应当十分流行。

对于生活在中亚的塞人来说，他们一方面可能通过欧亚草原通道接受希腊艺术的影响，另一方面也受到亚历山大东征所带来的希腊化浪潮的影响。亚历山大东征在中亚最远到达了巴克特里亚（Bactria）和索格底亚那（Sogdiana），据文献记录，他本人和其继任者在这两地及其相邻地区建造了许多希腊化城市，其中有十多个都有名可据。[1]尽管这些城市的真实性遭到了研究者的质疑，但法国考古队20世纪60年代在阿富汗东北阿姆河（Amu Darya）上游发现的阿伊·哈努姆（Ai Khanoum）古城遗址，证实了希腊化文明在中亚地区的确长期存在，且影响深远。[2]据希腊史家斯特拉波（Strabo）记载，斯基泰人的四个部落曾渡锡尔河（Syr Darya）南下，从希腊人手中夺取巴克特里亚。[3]有研究者认为，这次塞人南下事件发生在《史记·大宛列传》《汉书·西域传》所载月氏西迁中亚事之前。[4]在公元前2世纪之前，生活在中亚地区的塞人无疑与希腊人存在着密切的接触。在中亚出土的希腊化王国欧克拉提德一世（Eukratides I）钱币上，正面的国王头像就佩戴着彼奥提亚式头盔。（图4-1-9）伊犁河流域的塞人可能正是在与中亚希腊人的长期接触中，受到了后者的影响。伊犁武士俑

图4-1-9
欧克拉提德一世钱币

1 参见杨巨平：《远东希腊化文明的文化遗产及其历史定位》，《历史研究》2016年第5期，第129—133页。

2 Paul Bernard, “Aikhanum on the Oxus: A Hellenistic City in Central Asia,” *Proceedings of the British Academy*, Vol. 53 (1967), pp. 71-95.

3 Strabo, *Geography*, 11.8.2, with an English translation by Horace Leonard Jones, Cambridge, Mass.: Harvard University Press, 1988.

4 余太山：《塞种史研究》，第16—18页。

的眼睛和胡须的表现形式，也与犍陀罗（Gandhara）造像非常相似，是中亚较为流行的样式；双肩配饰、束腰紧身衣的穿戴，也是希腊武士的典型装扮。

值得一提的是，造像的习俗可能不仅在斯基泰人、塞人中流行，也为后来的草原游牧民族所继承。据《史记》《汉书》等文献记载，汉武帝元狩二年（公元前121年），霍去病北上远征匈奴，缴获的战利品中包含“休屠王祭天金人”。文献中所谓“金”是对金属的泛称，很多时候是指青铜，这里也很可能是指伊犁武士俑这类的青铜像，匈奴人以此来进行祭祀活动。林梅村先生认为，铸造青铜像的习俗可能还影响到了秦文化。[1] 秦始皇二十六年（公元前221年）时，曾“销天下兵器，铸以为金人十二”，这种做法可能即受匈奴影响而来，即从休屠王祭天金人像了解到匈奴铸造青铜像的情况，进而模仿制作了十二金人像。[2]

第二节　米兰佛寺与“有翼天使”壁画

米兰遗址坐落在新疆塔里木盆地东南的米兰绿洲上，由英国考古学家斯坦因于1906年发现。这里是古鄯善国伊循城旧址，汉王朝曾在此屯田，汉晋时期是鄯善国的佛教活动中心区和政治活动区，后来为吐蕃所占领。整个遗址共编号15处遗迹，包括古城、佛

1　林梅村:《丝绸之路考古十五讲》，第89页。

2　德国学者倪克鲁注意到，秦始皇陵兵马俑表现出强烈的写实性倾向，在中国雕塑传统中难以找到来源，但与希腊雕塑具有一致性，很可能曾通过“十二金人像”受到后者的某种影响。参倪克鲁:《亚洲视野中的秦兵马俑》，载巫鸿、郑岩主编:《古代墓葬美术研究》第一辑，北京：文物出版社，2011年，第23—40页。这一观点虽然推测成分较大，未能得到学界的认可，但从伊犁武士俑看来，希腊化艺术至少曾对草原游牧民族产生过一定的影响。

图4-2-1
米兰M.III佛寺“有翼天使”壁画

寺、古建筑等，分别属于不同时期。其中，M.III和M.V为两座汉晋时期的佛寺，形制结构和装饰风格大体相似，年代约在公元2—3世纪，其内壁上均绘有大量蛋彩壁画，尤以“有翼天使”图像最负盛名，以其表现出强烈的希腊古典艺术风格广为称道，历来深受学界关注。[1]（图4-2-1）

两座佛寺都是外方内圆，中间立一座佛塔；佛塔平面为圆形，属于早期犍陀罗佛塔风格；佛塔与佛寺内壁之间形成一个圆形回廊，廊壁上装饰蛋彩壁画，整个壁面以黑色条带从上到下共分隔为三层，每层描绘不同内容，环绕着墙面形成连续带状。两座佛寺的上层壁画几乎都已残毁，中层描绘佛传故事等，下层则表现为不同人物形象的花纲（Garland）装饰带。[2]从构图上看，壁画是根据佛教徒的礼拜仪式“向右绕行”来设计，采用了从左向右的顺时针排列顺序。佛教徒一边绕塔礼拜，一边观瞻和冥想回廊内壁的壁画，进行观像修行。据意大利学者布萨格里（M. Bussagli）研究，这些壁画在技法上采用了一

1 林立:《米兰佛寺考》,《考古与文物》2003年第3期，第47—55页。

2 M. A. Stein, *Serindia: Detailed Report of Explorations in Central Asia and Westernmost China*, Vol. 1, Oxford: Clarendon Press, 1921, pp. 492-533; Nakanishi Yumiko, *The Art of Miran*, PhD. Thesis, University of California, 2000, pp. 113-268.

种透视处理法，使壁画随着参观者的转动而呈现出动感的效果，给参观者一种扑面而来的感觉。[1]

两座佛寺都出土有“有翼天使”壁画，但表现形式略有差别。典型的“有翼天使”壁画，是由斯坦因命名并清理取走的，共有七幅比较完整，现藏于印度新德里国家博物馆（National Museum of New Delhi），1989年新疆考古工作者在原遗址又新发现了未揭取走的两幅。[2]它们均出自M.III佛寺，位于佛寺回廊壁面的最下层，形象十分接近，表现手法也相同，是先以墨线在红地上勾勒轮廓，再施以蛋彩，每位天使均为半身像，位于一个线描出的半圆形区域上半部，身穿通肩红衫，背后有伸展的双翼，面孔圆润，肤色较淡，面带微笑，双眉浓重，大眼圆睁，头顶处有一撮卷起的头发，有的在鬓角也垂下一条发缕。而M.V佛寺仅发现了一幅类似“有翼天使”形象的壁画，且绘画手法稍有不同，天使的目光看向一侧，表情略显生硬，发式不再是头顶一撮而是满头卷发，笔致和晕染的技法也与M.III的天使有所差别。**（图4-2-2上）**除此之外，M.V佛寺下层壁画表现了环绕一条波浪形条带的多位不同身份的人物形象，包括裸体小男孩、戴尖帽的青年、手持乐器的女子、持酒杯的男子等等，这些人物背后都没有双翼。**（图4-2-2下）**

正如许多艺术史学家所分析的，这些“有翼天使”形象表现出了典型的希腊古典绘画技法。[3]壁画的绘制方法是，先在粘土墙上涂一层掺和短芦苇草杆的灰泥，在表层未干时涂上匀薄的一层浅红色颜料作底，再在底色上作画。绘制图形时，先用褐红色勾出物体或人物的轮

---

1 M. Bussagli, *Painting of Central Asian*, Geneva: Skira, 1963, p. 24.

2 王炳华：《丝绸之路考古研究》，乌鲁木齐：新疆人民出版社，1993年，第22—24页。王炳华先生认为这两幅新发现“有翼天使”壁画并非出自M.III佛寺，但这两幅壁画的风格与斯坦因所取如出一辙，而米兰遗址其他诸遗迹也不可能有类似壁画装饰，因此笔者认为它们应是斯坦因的劫后余存，就出自M.III佛寺。

3 M. Bussagli, *Painting of Central Asian*, pp. 19-29; Marilyn Martin Rhie, *Early Buddhist Art of China and Central Asia*, Vol. 1, Leiden/Boston/Koln: Brill, 1999, pp. 380-385.

图4-2-2
米兰M.V佛寺壁画

廓，再进行着色、晕染，然后再用墨色勾线并进行局部修饰。所用的颜料大都为矿物质制成，色彩较为牢固持久，斯坦因认为是以湿壁画或蛋彩壁画的画法绘制。[1]

除了布萨格里注意到的透视处理法外，在对人物的表现手法上，米兰壁画还与希腊化艺术的著名代表作品——“法尤姆肖像画

1 不过，李青经观察认为米兰壁画有草图依据，并可能经多次绘制完成，这都是湿壁画所无法做到的。参见李青:《古楼兰鄯善艺术综论》，北京：中华书局，2005年，第385页。

（Fayoum portraits）”表现出强烈的相似性，突出表现为两点：一是“明暗处理法（chiaroscuro）”的应用，即人物肌肤上都用较深的颜色来表示浓淡不等的灰色阴影，而在唇部轮廓线和眼睛等处则用浅颜色来表示高光的效果；二是将壁画中人物的眼睛都表现得非常大，富于表情。法尤姆肖像画是1920年在埃及法尤姆（Fayyūm）地区最先发现的为死者描绘的胸像或肖像，通常画在木板上，贴于木乃伊上，年代主要在公元2世纪，被认为是希腊化绘画的代表之一。[1]

除绘画技巧外，“有翼天使”壁画的构图布局形式也来自典型的古典艺术装饰形式“花纲”。花纲最初的原型应为一排裸体小天使肩上扛起由树叶、葡萄等组成的波浪形带，在每个波浪的波峰下各有一天使，波谷上方的半圆部分则表现其他图案。这种形式在罗马帝国时期的艺术中十分流行，大量用于装饰石棺。如纽约大都会艺术博物馆（Metropolitan Museum of Art）收藏的罗马哈德良（Hadrian）—安东尼（Antonius）早期（公元130—150年）的一件石棺，表面就装饰着小爱神厄洛斯（Eros）扛花纲的图案。**（图4-2-3）**米兰M.III壁画应是采用了花纲的简化形式，每位“有翼天使”半身像位于一个用线条区分出的半圆形区域中，成为花纲的主体人物，与原形式相较有了较大改变；M.V佛寺壁画的波浪形带较粗，无疑表现的是常见的花纲样式，花纲由裸体小男孩和戴尖帽的青年等人物扛起。

米兰壁画花纲显然不是直接来自古典艺术，从形式来看，其直接源头应是接受希腊化艺术影响的中亚犍陀罗艺术。犍陀罗艺术十分流行这种题材，并将其与中亚多种艺术元素结合起来。如著名的迦腻色伽（Kanishka）金舍利盒上，也装饰着由形态各异的裸体天使扛起的花纲，波谷上方表现坐佛形象，花纲的中央则是站立的迦腻色伽形

1 ［美］F. B. 塔贝尔:《希腊艺术史》，殷亚平译，上海：格致出版社、上海人民出版社，2010年，第172—174页。

图4-2-3
罗马石棺上的花纲装饰

图4-2-4
迦腻色伽舍利盒上的花纲装饰

象。（图4-2-4）塔克西拉（Taxila）出土的花纲石雕，扛花纲的小天使戴着脚钏，有的缠着裹腰布，表现出印度式形象，波谷的半圆上方处则表现有翼的印度药叉形象，体现出这种古典艺术题材与印度艺术的结合样式。[1]（图4-2-5）日本学者宫治昭观察到，犍陀罗艺术中花纲与希腊罗马相同题材在表现形式上存在明显的不同：西方的花纲无论是断开还是连续的，都是“悬挂着”的，是由一个个向下弯曲的半圆连接起来；而在犍陀罗，花环有固定的波形曲线，呈现一种规则的形状。他认为，犍陀罗的这种波状的表现手法，与巴尔胡特（Bharhut）和桑奇（Sanchi）遗址中常出现在同一画面中的莲花、蔓草的表现手法很接近，应是受印度艺术影响的结果。[2]

1 J. Marshall, *The Buddhist Art of Gandhara: The Story of the Early School, its Birth, Growth and Decline*, Cambridge: Cambridge University Press, 1960, pp. 71, 106; figs. 91, 148.

2 ［日］宫治昭：《犍陀罗美术寻踪》，李萍译，北京：人民美术出版社，2006年，第47页。

图4-2-5
塔克西拉出土花纲石雕

斯坦因在清理M.III壁画时，是将每位天使及其所在半圆形弧线作为一幅揭取的，尽管他在平面图中标示了这些“有翼天使”的原初位置，但仍很难判断它们相互之间的位置关系。而新疆考古工作者在1989年发现壁画时，则保留了壁画原状，未进行破坏性揭取，从而让后人得以部分地了解壁画的全貌。从现场拍摄的照片来看，两个天使之间的距离，即两个半圆形相互连接处形成的“波峰”，其宽度要明显小于每个半圆形的半径。也就是说，这些半圆形形成的花纲，更加接近古典艺术的形式，类似多个半圆形被“悬挂着”连接起来。而

M.V的花纲则呈现出一种规则的形态，显然更接近犍陀罗形式。

由此看来，M.III佛寺的花纲相较于M.V表现出的古典艺术色彩更加浓厚，这一点与艺术史家的风格分析结论是一致的。斯坦因认为M.V佛寺对“有翼天使”和裸体小男孩形象的表现都类似M.III佛寺，但技法水平却较低，如对肌肤的处理不够活泼，画面也不够精致、缺乏活力等。夏海东先生指出，M.V佛寺对天使的五官及双翼采用的笔调较为平滑圆熟，明暗渲染较少，表明M.V壁画在年代上晚于M.III，尤其是前者的花纲上使用了典型的汉式纹饰——云气纹，应是受到中原艺术影响的结果。[1] 不过，笔者认为，米兰这两座佛寺的整体形制结构和装饰布局都非常相似，壁画的表现形式亦十分接近。此外，斯坦因在M.V佛寺“有翼天使”的上方还发现了一幅独立的壁画，描绘了一个手持棍棒的裸体青年男性与格里芬（Griffin）搏斗的画面，林梅村先生曾指出该画面可能取材于希腊神话“阿里马斯庇亚（Arimaspi/Arimaspoi，独目人）大战格里芬”的故事，表明该幅壁画的画师无疑对希腊艺术十分熟悉。[2] M.V佛寺中层的佛传故事壁画上，还保留有画师的签名，从名字推测，画师甚至可能有希腊血统。因而，米兰的两座佛寺无疑是统一规划设计建造的，应属同一年代，只是壁画是由不同画师共同绘制，不同画面在风格上的差别反映的是画师的个体差异，而与壁画的创作年代早晚并无必然联系。

在题材上，花纲作为一种重要的构图形式，在古典艺术中常被用于表现“大酒神节（Great Dionysia）”题材。“大酒神节”来自古希腊人对酒神狄奥尼苏斯（Dionysus，相当于古罗马酒神巴克斯，Bacchus）的祭典，对于西方文化有着十分深远的影响。狄奥尼苏斯

---

1 夏海东:《米兰佛寺“有翼天使”壁画造型风格考》,《艺术百家》2009年第4期，第164—168页。

2 林梅村:《汉代西域艺术中的希腊文化因素》,《九州学林》2003年冬季一卷二期，第14页。

是葡萄酒酿造技术的发明者和农业的保护神，希腊人在每年的丰收季节即三、四月份举行庆典活动，来表达对酒神的敬意。这个节日常常历时数天，规模盛大，人们自发地组成游行队伍，一边高唱赞歌，一边表演舞蹈。这一题材在希腊艺术中极其重要和流行，常表现为各种人物载歌载舞的喜庆画面。如贵霜卡尔恰扬（Khalchayan）遗址神庙中的花纲，表现的就是大酒神节题材，花纲半圆部分饰有乐师、流浪艺人以及雅典娜、赫拉克勒斯（Heracles）等神的形象。而在深受希腊影响的犍陀罗石雕中，这一表现人们饮酒作乐、欢歌乐舞的场景的题材也十分常见。显然，米兰M.V花纲所描绘的就是这一题材，这是受到犍陀罗艺术影响的结果，环绕花纲的诸多不同身份的人物形象，其相貌特征与穿着打扮表明他们分属罗马、伊朗、印度等不同文化，正是中亚地区多种民族、多种文化交融荟萃这一史实的写照。戴尖帽的青年与头包头巾、一手端细长颈瓶、一手捧浅碗的女子，均为典型的波斯穿着特征；头戴王冠的男子，是典型的印度王子形象；而短发、健壮的男子则是罗马男性的样貌。特别值得注意的是，米兰花纲其中的许多人物都可在犍陀罗石雕中找到原型。如演奏曼陀林（Mandolin）的少女，就与哈达（Hadda）遗址一件“大酒神节”石雕中手持弦乐器的女子十分相似；披垂衣、戴尖帽的伊朗青年与卡尔恰扬遗址出土泥塑像如出一辙；罗马男子形象则与卡尔恰扬遗址出土的一件希腊男子头像壁画残片非常接近。

米兰花纲实为佛寺内壁画的下层护壁，壁画的主体部分为佛传故事画。壁画题材、风格和建筑形制三者都表明，米兰佛寺与犍陀罗佛教有着十分密切的关系。如前所述，米兰遗址是西汉鄯善国伊循城旧址所在，汉晋时期仍地属鄯善。鄯善作为西域南北两道交汇之地，汉晋时期成为塔里木盆地的重要佛教中心之一。公元5世纪初，法显西行求法，从敦煌度沙河到达了罗布泊以西的鄯善国。他在行纪中描述了自己见到鄯善佛教盛行的情况：“行十七日，计可千五百里，得至鄯善国。其地崎岖薄瘠，俗人衣服粗与汉地同，但以毡褐为异。其国王奉法，可有四千余僧，悉小乘学，诸国俗人及沙门尽行天竺法，但有精粗。从此西行，所经诸国，类皆如是，唯国国言语不同。然出家人皆习天竺书、天竺语。”[1]在法显到达之前，鄯善的佛教已经相当发达，这亦为该地区出土的大量佉卢文（Kharosthī）文书所证实。20世纪初，西方探险家在鄯善地区的尼雅、楼兰等遗址发现了大量的佉卢文文书，年代集中在公元2世纪末—4世纪，深受学界关注，由此引发了对东汉王朝退出后西域与贵霜之间关系的深入探讨。佉卢文是贵霜帝国（Kushan Empire）的官方文字之一，无论当时西域与贵霜的关系如何，它们的出现表明曾有大量贵霜移民进入鄯善地区，他们的到来毋庸置疑极大地推动了佛教在鄯善的传播。2003年末，新疆考古工作者在楼兰地区发现一座贵霜移民首领的墓葬，墓室内如同米兰佛寺一样满绘壁画，而且壁画中包含大量佛教元素，包括一幅“佛与供养人”的图像，清楚表明了墓主人的佛教信仰。贵霜帝国采用宗教宽容政策，对境内的各种宗教都给予支持，深受希腊艺术影响的犍陀罗佛教艺术也在其统治时期获得了空前繁荣。随着贵霜文化在汉晋之际向西域的渗透和传播，犍陀罗佛教艺术中的希腊艺术元素也来到了塔里木盆地。

第三节　尼雅棉布画上的希腊女神

尼雅遗址位于塔里木盆地南道中部，坐落在今民丰县城以北100多公里的尼雅河下游尾闾地带，分布范围较大，沿尼雅河古河道呈带

1　章巽:《法显传校注》，上海：上海古籍出版社，1986年，第7—8页。

状南北绵延约30公里，东西宽达5公里，其间散落居址、佛塔、寺院、作坊、墓葬、城址、水渠、果园等大小近百处遗迹。关于该遗址的性质和年代，学界基本一致认为它就是《汉书·西域传》中记载的“精绝国”故址，东汉明帝时“为鄯善所并”，后受魏晋王朝统辖，其年代上限可早至西汉，下限至少延续至公元4世纪中期。[1] 斯坦因曾先后四次访问尼雅遗址，从中获得了大量佉卢文文书。佉卢文是贵霜帝国的官方文字之一，这些文书表明当地曾有大批贵霜移民生活，他们因拥有记录文字的能力而承担了当地的文书工作。如前节所述，贵霜文化曾对鄯善产生重要影响，而尼雅遗址正是鄯善境内佉卢文文书发现数量最丰富、最集中之地。

1959年，新疆博物馆在尼雅遗址清理了一座夫妇合葬墓，墓葬使用箱式木棺作为葬具，随葬“君宜高官”铜镜、“延年益寿大宜子孙”织锦以及“万事如意”等具有显著年代标志的文物，发掘者将其年代定在东汉时期。[2] 墓葬出土了两块蓝白印染棉布残片，盖在盛装有羊骨的木碗上，引起了研究者的极大兴趣。一片印三角和圈点纹，残长80厘米，宽50厘米。另一片印小方格纹，残长89厘米，宽48厘米，中心部分已经缺失，残存部分被分割为五个部分，分别印有不同图案：中心画面右侧仅能见到半只赤足、一段狮尾；中心画面左侧为竖向的蓝白格相间装饰带；下侧为一横向长格，其内表现一条长龙，只可见呈波浪状的龙身，龙尾部被一怪兽咬住，怪兽为狼头、有双翼、伸出两条前腿，龙身的峰谷与横格形成的空间中还填充有飞鸟形象；棉布

---

1 王国维：《观堂集林》，北京：中华书局，1959年，第819—871页。J. Brough, “Comments on Third-Century Shan-shan and the History of Buddhism,” *Bulletin of the School of Oriental and African Studies*, Vol. 28, No. 3 (1965), pp. 582-612. 孟凡人：《楼兰鄯善简牍年代学研究》，乌鲁木齐：新疆人民出版社，1995年，第286—388页。林梅村：《汉唐西域与中国文明》，北京：文物出版社，1998年，第244—255页。

2 关于这座墓葬的年代，孟凡人先生认为可能晚至西晋时期。不过，通过对塔里木盆地南缘汉晋时期墓葬的整体分析，笔者认同发掘者的意见，该墓葬与尼雅遗址迄今发现的类似墓葬的年代应就在东汉时期。

图4-3-1
尼雅出土棉布画

左下角是一个完整的方框，大约32厘米见方，框内描绘一位半身女神像，女神发髻呈花朵状，面带微笑，侧身斜视，颈戴珠链，手持一个盛满果实的角状长筒容器（丰饶角，Cornucopia，希腊命运女神的标志），从右手腕部的袖扣和左上臂描绘的衣褶来看，应穿着十分轻薄的上衣，双乳显露出轮廓，脑后有三重头光，身后有背光；女神之上的方框仅余一角，似露出一只脚。[1] 赵丰先生在进一步整理这两件棉布残片时发现，二者其实来自同一件织物，可以拼合在一起。[2]（图4-3-1）

棉花原产于印度，这是我国境内目前发现的最早的印染棉布，采取防染的方法加花。[3] 学界一致认为，这两块印染棉布并非西域本地生产，而是丝绸之路的舶来品，可能来自印度或中亚。研究者推测，

1 很多研究者认为该女神上身赤裸，事实上并非如此，只是其上衣极为轻薄，因而胸部显露。下文提到的大英博物馆藏贵霜诃利帝夫妇石雕中的诃利帝也是如此表现。

2 赵丰：《锦程：中国丝绸与丝绸之路》，合肥：黄山书社，2016年，第99页。

3 不少研究者称这块棉布为蜡染制品，但有学者经验视后认为防染涂料并非蜡，而是另一种尚不清楚成分的白色浆料。参见孙机：《建国以来西方古器物在我国的发现与研究》，《文物》1999年第10期，第71页。

第二幅棉布画本来采用的应该是“回”字形结构，图案纹样应为对称样式，画幅相当宽，至少有2米。[1] 棉布中心表现有狮尾和赤足的画面，一般认为表现的是斗狮的场景。正如林梅村先生指出，表现斗狮的艺术题材主要是两大类，一是萨珊帝国（Sasanian Empire）金银器上流行的波斯王与狮子格斗，二是古典艺术中的阿里玛斯庇亚与格里芬搏斗或希腊英雄赫拉克勒斯斗狮的故事。尼雅棉布画表现的是位赤足人物，因而应取材于后者。由此推测，这幅画原来可能是中亚某个希腊神庙中的装饰物。[2]

第二幅棉布画左下角的女神形象最受关注，多数研究者赞同其表现出与西方文化的关系，但具体的观点则各不相同，讨论的焦点在于女神的身份。由于女神具有头光和背光，所以最初被认为是菩萨（Bodhisattva）像；后来，研究者根据女神手中所持丰饶角，又先后提出古希腊农神得墨特尔（Demeter）、古巴比伦女神伊什塔尔（Ishtar）、古波斯女神阿娜希塔（Anahita）、古印度的诃利帝（Hāritī）等说法，其中尤以希腊命运女神提刻（Tyche）说和中亚阿多索（Ardochsho）女神说影响最著。丰饶角象征着丰收，因此提刻说最早被提出来，吴焯即如此主张。[3] 孙机先生则指出，尼雅棉布所印女神的图案与希腊、波斯艺术品并不完全相同，而更多表现出中亚风格，并认为尼雅女神与贵霜胡韦色伽（Huvishka）金币上的中亚丰收女神阿多索形象更为相似，身份应与后者相同，该棉布亦产自贵霜。[4]

手持丰饶角是尼雅棉布画女神最突出的特征。最近，李静杰先生以丰饶角为线索对相关图像进行了梳理，指出丰饶角来自古希腊，后

---

1 万新君：《西域装饰艺术》，乌鲁木齐：新疆人民出版社，1997年，第18—19页。

2 林梅村：《汉代西域艺术中的希腊文化因素》，《九州学林》2003年冬季一卷二期，第16—20页。

3 吴焯：《从考古遗存看佛教传入西域的时间》，《敦煌学辑刊》1985年第2期，第66页。

4 孙机：《建国以来西方古器物在我国的发现与研究》，《文物》1999年第10期，第71页。

流行于古罗马、拜占庭（Byzantine/Byzantium）和贵霜等广大地域，持有者包括财神、酒神、河神等等，不一而足，而其象征丰收的意涵基本一致。[1] 因而，尽管丰饶角最早来自希腊提刻女神，但后来这一特征被广泛借用，贵霜艺术中持有丰饶角的神祇就有提刻、诃利帝、阿多索等，仅凭丰饶角并不能断言其身份是哪一位。

阿多索的形象主要见于贵霜钱币，研究者将其与伊朗阿娜希塔、娜娜女神（Nana）、希腊提刻女神、罗马命运女神（Fortuna）、印度吉祥天女（Sri Lakshmi）等多位女神联系起来，认为其神格和主掌功能与这些女神有接近之处。语言学家在其来源问题上存在一定争议：贝利（H. W. Bailey）认为阿多索的名字相当于古波斯语的Arsi-Oaxsho，即阿胡拉·马兹达（Ahura Mazda）的女儿；哈尔马塔（J. Harmata）则认为阿多索是东伊朗本地信奉的女神，主管水、湿润，其来源与伊朗世界普遍信仰的阿娜希塔女神有关。[2] 无论如何，阿多索的名字仅见于贵霜钱币上，她应是贵霜为有别于印度、伊朗的文化和宗教传统，而着力塑造的一位自己的女神。[3]

从形象来看，阿多索手中均有丰饶角，丰饶角是希腊提刻女神的标志，这一特征无疑来自后者。但在贵霜艺术中，阿多索多出现在钱币、雕塑等与政权有关的场合，其形象更偏向政治、王朝、国家等意涵的表达。而希腊提刻女神的主要身份是命运女神、城市女神，这一身份可能才是阿多索与其结合的真正原因。希腊化时期，由于政治混乱、战争频繁，人们缺少必要的安全感，因而尤为崇信命运之神，对提刻的信仰普及于各地区、各阶层，人们相信这位命运女神能够带来

1 李静杰：《民丰尼雅出土蓝印花布丰饶角图像分析》，《故宫博物院院刊》2020年第1期，第56—69页。

2 John M. Rosenfield, *Dynastic Arts of the Kushans*, Berkeley and Los Angeles: University of California Press, 1967, pp. 74-75.

3 Ludwig Bachhofer, “Pancika und Harit-Pharo und Ardoxsho,” *Ostasiatische Zeitschrift*, Vol. 13 (1937), p. 13.

幸福、成功、荣誉和财富。由于主掌命运这一特殊宗教职责，提刻在希腊化世界更受重视，相较于其他神祇更为流行，并进一步由命运女神延伸为城市女神，如塞琉古王朝（Seleucid dynasty）的首都安条克（Antioch）城、托勒密王朝（Ptolemaic dynasty）的首都亚历山大城等地，都尊奉提刻为城市保护神。当然，在希腊化艺术中，提刻作为城市女神的身份出现时，往往戴有城池冠（雉堞冠）。如犍陀罗地区曾发现一件公元前1世纪的浮雕银碗，就装饰着手持丰饶角、头戴城池冠的命运女神提刻，表现了巴克特里亚希腊人王国对于这位城市女神的信仰。贵霜钱币上的阿多索女神，其意义与提刻女神类似，也象征着政治权力，并借用了后者的形象，也以丰饶角为标志，但这只是形式的模仿，用以表明身份而已，不再具有象征丰收的含义。

事实上，除了提刻和阿多索，尼雅棉布画女神与贵霜艺术中常见的诃利帝形象也有不少共同点。诃利帝即汉文佛典中的“鬼子母”，是佛教中妇女孕产和儿童的保护神，据推测其信仰和造像最早出现于犍陀罗地区。在贵霜帝国时期，人们对诃利帝的崇拜十分流行。[1]贵霜艺术中的诃利帝造像，也借鉴了手持丰饶角的特征，多为与其夫君药叉般支迦（Pancika）的组合像。巴基斯坦塔赫特—伊·巴希（Takht-i Bahi）佛寺出土、现藏于大英博物馆的一件贵霜石雕，表现诃利帝与般支迦夫妇并坐，艺术风格表现出强烈的希腊影响。其中诃利帝手持丰饶角，卷发呈花朵状沿着脸庞垂下，面带微笑，颈

图4-3-2
大英博物馆藏贵霜诃利帝夫妇石雕

图4-3-3
迦腻色伽金币背面佛陀像

图4-3-4
苏尔赫·科塔尔迦腻色伽石像

1 李翎：《从犍陀罗开始：诃利谛的信仰与造像》，《敦煌学辑刊》2014年第2期，第102—106页。

佩项圈，身穿轻薄希腊式长袍，双乳圆润突出，与尼雅棉布画上的女神形象十分相似。[1]（图4-3-2）。尼雅女神的头光与背光组合也无疑是佛教影响的结果，显示出与贵霜艺术的紧密联系。如迦腻色伽金币背面的佛陀像，清晰地刻画了头光和背光组合。（图4-3-3）

尼雅棉布画女神上方的画框一角也值得注意。这里仅残留一只脚，仔细看来，似乎穿着软底尖头鞋。贵霜艺术中也多见软底鞋，如阿富汗苏尔赫·科塔尔（Surkh Kotal）遗址出土的迦腻色伽石雕像，只是并非尖头。（图4-3-4）而贵霜钱币上的诸多神像往往穿着尖头高跟鞋，如图4-3-3所见。李安宁注意到，这种软底尖头鞋与现今西域少数民族穿着的“乔吾如克”靴鞋很接近。[2]由此推测，这种鞋可能是中亚地区人们日常穿着并流传至今的一种靴鞋。果真如此的话，这也佐证了该棉布画应产自中亚地区。

尼雅棉布画中心画面下方的波浪状龙纹，也并非中国传统龙纹，而是大月氏西迁中亚后改造后的样式。阿富汗大月氏王陵黄金之丘出土的匕首表面，就刻画了身体呈波浪状的龙纹。（图4-3-5）郭物观察

图4-3-5
黄金之丘匕首装饰龙纹

1 W. Zwalf, *A Catalogue of the Gandhara Sculpture in the British Museum*, Vol. 1, London: British Museum Press, 1996, p. 98.

2 李安宁:《尼雅出土东汉时期蓝印花布研究》,《新疆艺术学院学报》2006年第1期，第32页。

图4-3-6
阿鲁柴登金冠

到，这条龙的龙头上唇前端向上翻卷，他将具有这个特点的神兽称为“翻唇格里芬”，其在贵霜艺术中十分普遍。[1]尼雅棉布画的龙头虽已不存，但龙尾被狼头咬住，龙身上下还填充了许多小鸟。猛兽噬咬是草原艺术中的常见主题，龙与鸟的组合则见于内蒙古杭锦旗阿鲁柴登出土的匈奴金冠（图4-3-6），二者都是大月氏原游牧文化的遗痕，体现出与贵霜艺术的联结。

总体看来，尼雅棉布画图像元素表现出多种风格混杂、不同宗教融合的特点，这正是贵霜艺术最为突出的特征。因而，正如研究者所指出的，尼雅棉布画应是一件来自中亚贵霜地区的舶来品。

笔者认为，既然尼雅棉布画的中心画面是古典艺术题材，那么左下角女神形象的属性应与其一致，表现希腊提刻女神的可能性更大一些。不过，这里的提刻女神应该只是作为点缀或衬托出现的，仅保留了希腊化艺术的外壳，已并不具备命运、城市的象征意义或阿多索的政治意涵、诃利帝的佛教信仰等，只是一种徒具形式、身份模糊的装饰图案而已。

---

1 郭物:《翻唇神兽：东方的“格里芬”》,《欧亚学刊》第9辑，北京：中华书局，2009年，第215—238页。

第四节　营盘墨山国贵族的罽袍

营盘遗址位于罗布泊西侧塔里木河下游大三角洲的西北缘，距尉犁县东南约150公里，北倚库鲁克塔格山，南距孔雀河干河床约5公里，是一处很大的聚落遗址，包括古城址、佛寺、烽火台及墓葬群等。该遗址最早由俄国人科兹洛夫（Пётр Кузьмич Козлов）发现，斯文·赫定（Sven Hedin）、斯坦因、贝格曼（Folke Bergman）等西方探险家先后在此进行过考察和简单的清理。[1] 20世纪80—90年代，由于墓地屡遭盗掘，新疆文物考古研究所先后对墓地进行了三次抢救性发掘。墓地位于遗址西部山前南缘的洪积戈壁台地上，东西约宽250米，南北长约1.5公里，包含古墓200余座，三次发掘出土了大批具有重要研究价值的文物。[2] 从地理位置和相关考古发现来看，目前学界一般认为营盘遗址就是汉晋时期西域的“墨山国”所在。[3]

在营盘墓地中，保存最好、最具特色的是1995年发掘的M15号墓。这是一座长方形竖穴土坑二层台墓，葬具为头高尾低的四足箱式木棺，棺外覆盖狮纹栽绒毯，棺体四面及棺盖满绘圆圈卷草、花卉图案；棺内葬一男性，头向东北，仰身直肢，头枕鸡鸣枕，身盖素绢衾，面覆麻质人形面具，身着红地对人兽树纹双面罽袍、贴金内袍、毛绣长裤、贴金毡靴等，服饰极其华贵，织绣图案精美富丽，规格很高。（图4-4-1）结合墓内出土器物和与周边地区同类墓葬的比较来看，

1　M. A. Stein, *Innermost Asia: Detailed Report of Exploration in Central Asia, Kan-su and Eastern Iran*, Vol. 2, Oxford: Clarendon Press, 1928, pp. 749-785.

2　新疆文物考古研究所:《新疆尉犁县因半古墓调查》,《文物》1994年第10期，第19—30页；新疆文物考古研究所:《新疆尉犁县营盘墓地1995年发掘简报》,《文物》2002年第6期，第4—45页；新疆文物考古研究所:《新疆尉犁县营盘墓地1999年发掘简报》,《考古》2002年第6期，第58—74页。

3　李文瑛:《营盘遗址相关历史地理学问题考证——从营盘遗址非“注宾城”谈起》,《文物》1999年第1期，第43—51页。

发掘者认为墓葬的年代在东汉中晚期。[1]关于这座墓的性质，从墓葬中表现出的多种文化因素和营盘在丝绸之路上的位置、汉晋时期丝路沿线文化交流与贸易往来的历史背景来看，墓主人可能是一位来自西方从事贸易的富商；也有研究者认为彩绘木棺等器物表现出浓厚的汉文化色彩，墓主人可能是一位汉人屯戍官员。[2]不过，笔者认为，罗布泊地区位于西域东部，距离汉地最近，受到汉文化影响是十分自然的；而从营盘墓地的整体情况来看，M15与其邻近的M14两座墓孤立地埋在整个台地地势较高的东南缘，出土随葬品等级较高，因此M15的墓主人更可能是本地一位土著首领或上层人士，即墨山国贵族。[3]

图4-4-1
营盘M15墓主人

M15墓葬最为引人注目的出土物是墓主人身上覆盖的红地对人兽树纹罽袍。（图4-4-2）这件罽袍是双层两面纹组织结构，由红、黄两色经纬按排列比1∶1同时织出平纹组织的表里，形成重叠的上下两层，两层组织在花纹的边缘处接结换层，形成两面花纹相同但颜色互异的效果：表面以红色为地，黄色显花；里面为黄地，显红色花纹。纹样对称规整，每一区由六组以石榴树为中轴两两相对的裸体人物、动物组成，每一组图案均呈二方边续的形式，横贯终幅。各区图案中的四组人物，形象一致，均为男性，裸体、

1 新疆文物考古研究所：《尉犁县营盘15号墓发掘简报》，《文物》1999年第1期，第4—16页。

2 于志勇、覃大海：《营盘墓地M15的性质及罗布泊地区彩棺墓葬初探》，载西北大学考古学系、西北大学文化遗产与考古学研究中心编：《西部考古》第一辑，西安：三秦出版社，2006年，第401—427页。

3 林梅村：《墨山国贵族宝藏的重大发现》，载氏著：《古道西风——考古新发现所见中西文化交流》，北京：生活·读书·新知三联书店，2000年，第194—209页；陈晓露：《西域汉晋箱式木棺略论》，载陈晓露主编：《芳林新叶——历史考古青年论集（第二辑）》，上海：上海古籍出版社，2019年，第236页。

图4-4-2
营盘M15墓主人罽袍装饰纹样

卷发、高鼻、大眼。各组人物姿态各异，手中分别持矛、盾、剑之类的兵器，表现出不同的对练姿态，肩上的披风自然飘至身侧，细致生动。每两组人物间隔一组动物，为对牛或对羊，前蹄腾空，尖角如利刃，身躯矫健敏捷，极富动感。每组画面中的石榴树，枝条虬曲苍劲，树头树叶扶疏，枝间果实累累。罽袍左下襟处还拼接了另一块图案不同的平纹罽料面，红地，以绿色和黄色织出四方连续的植物纹样。[1]

罽是中国古代毛纺织品中的精品，又可分为细罽、彩罽、花罽等。塔里木盆地素有毛纺织传统，毛纺织业是当地经济生活、手工业生产中的一个重要部门，品类丰富。从纺织技法分析，研究者指出，这件罽面为纬线方向提花，是新疆本地、中亚地区的特点。[2]其组织结构尤为复杂，经线、纬线都是用红、黄两种颜色，在现代纺织中称为“表里换层组织”，即沿着织物花纹轮廓处调换表里经纬线的位置，同时将植物的表里两层连成一个整体。这种复杂组织的毛织物，塔里木盆地迄今只出土过两件，另一件见于和田山普拉墓地，亦十分精美。[3]由此可见营盘罽袍的珍稀与墓主人身份之尊贵。营盘罽袍主体面料的织成密度非常高，高于左下襟接缝罽料，盛余韵（Andrea Sheng）推测它可能来自西亚的某个城市纺织作坊。[4]与之相反，艾玛·班克（Emma C. Bunker）则认为，整件罽袍是当地传统丧葬殓服，制作于当地。[5] 笔者赞同这一观点，墓葬表现出多种文化因素融

---

1 李文瑛:《营盘95BYYM15号墓出土织物、服饰的研究与保护》,《吐鲁番学研究》2006年第1期，第84页。

2 阿丽娅·托拉哈孜:《浅析新疆古代服饰中出现的一种高档毛纺织物——罽》，载中国博物馆协会编:《服装历史文化技艺与发展——中国博物馆协会第六届会员代表大会暨服装博物馆专业委员会学术会议论文集》，2014年，第95—96页。

3 贾应逸:《新疆古代毛织品研究》，上海：上海古籍出版社，2015年，第132—133页。

4 Andrea Sheng, “Chinese Silks that Circulated among People North and West: Implications for Technological Exchanges in Early Times?” in B. Hildebrandt, ed., *Silk: Trade and Exchange along the Silk Roads between Rome and China in Antiquity*, Oxford: Oxbow, 2017, p. 183.

5 Emma C. Bunker, “Late Antique Motifs on a Textile from Xinjiang Reveal Startling Burial Beliefs,” *Orientations*, Vol. 35, No. 4 (2004), p. 36.

合的特点，这应是本地葬俗的体现，与墓主人墨山贵族的身份相吻合；同时，罽袍本身可能在西域本地制作，但其面料表现出来的浓厚希腊化艺术风格则表明，所用面料应是来自西方，只是并非西亚，而是中亚贵霜地区。

研究者均已指出，罽袍表面的裸体人物表现出明显的希腊罗马艺术特征。[1]林梅村先生认为，裸体人物与米兰“有翼天使”身份一致，表现的是希腊神话中常见的爱神厄洛斯的形象。在古典艺术中，厄洛斯常以裸体小男孩形象出现，手持弓箭或魔杖在天空飞翔。不过，营盘罽袍上人物的发式采用古典艺术或犍陀罗艺术中厄洛斯像的表现形式，与米兰有翼天使略有差异，可见这件长袍并非西域本地艺术品，可能来自巴克特里亚或犍陀罗等希腊化世界。[2]同时，罽袍上描绘出的石榴树，本是生长在波斯、中亚一带的植物，汉以后才引入中国栽种，它不仅出现在罽袍表面，在M15木棺的棺板上也有装饰（**图4-4-3**）；罽

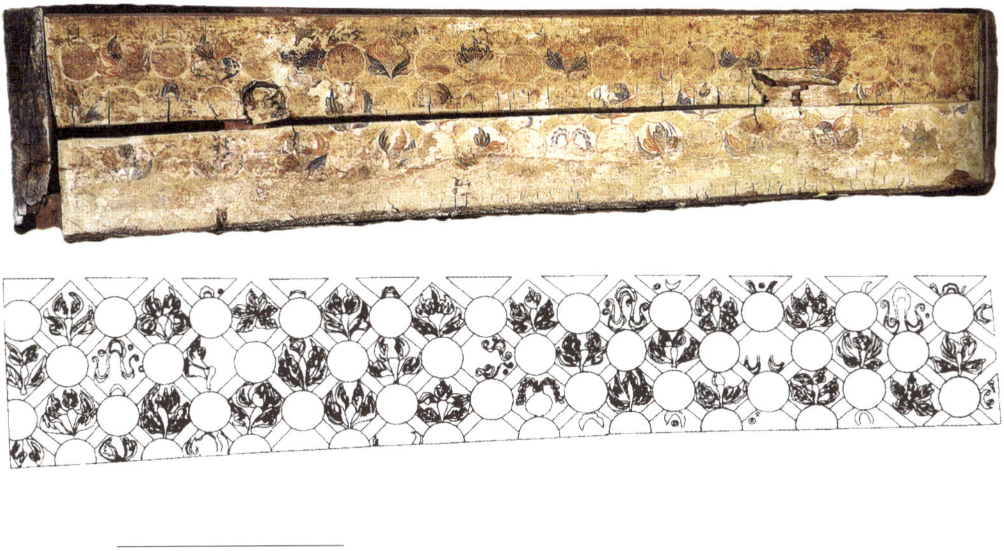

图4-4-3
营盘M15木棺装饰的石榴纹

1 详见本卷第八章。

2 林梅村：《汉代西域艺术中的希腊文化因素》，《九州学林》2003年一卷二期，第10—13页。

袍上的对兽纹也是波斯装饰艺术中最为常见的纹样之一。因而，罽袍纹样整体表现出希腊、波斯两种文化互相融合的艺术特征，这种融合正是中亚贵霜地区的突出特点。

除罽袍之外，M15还出土了多件精美毛织物，包括墓主人下身穿着的毛绣长裤、脚上穿着的绢面贴金毡袜、身下铺垫的原色细羊毛毡，木棺外还覆盖了一张狮纹彩色栽绒毯，表现一头伏卧的雄狮，构图生动，带有明显的外来文化风格。营盘墓地还采集到一件鹰蛇飞人罽残片，蓝地、黄色显花，残存两枝扭结成葫芦状的葡萄藤纹样，藤上还织有对鹰、对蛇、对鸟、裸体对人，人物形象与M15墓罽袍上的对人近同，并长有双翅。[1]（图4-4-4）这类带有异域风格的毛织物已为汉人所熟识，传世文献中保留了很多关于中亚出产优质毛织品的记载。《汉书·西域传》载："罽宾……其民巧，雕文刻镂，治宫室，织罽，刺文绣……"汉代的罽宾并非后世的克什米尔，而是指中亚犍陀罗地区，后来成为贵霜帝国的重要组成部分。著作《汉书》的班固在写给其弟的书信中，嘱咐驻守塔里木盆地的班超为国戚窦宪购买"月氏马、苏合香、毾㲪"等西域特产，并说"月氏毾㲪大小相杂，但细好而已"。[2]毾㲪是西域出产的名贵毛织物，月氏指中亚贵霜王

图4-4-4
营盘墓地出土鹰蛇飞人罽残片

1 周金玲:《营盘墓地出土文物反映的中外交流》,《文博》1999年第5期，第63页。

2（清）严可均辑，许振生审订:《全后汉文》卷二五，北京：商务印书馆，1999年，第247页。

朝，可见东汉时期贵霜出产的毛织物已经畅销于西域。墨山国贵族身着的希腊化艺术风格罽袍，与同墓所出的中亚风格麻质面具、黄金冠饰、萨珊玻璃器、鍮石首饰等，均是随着丝路流通到塔里木盆地的贵霜方物。

值得一提的是，类似的贵霜毛织物在楼兰孤台墓地也可以见到。孤台墓地位于罗布泊西岸楼兰LA古城遗址东北约6.8公里的一处柳叶形的高岗上。1914 年斯坦因曾在此发掘过，编号为 LC 墓地，但他的工作极为草率，多数墓葬只是在中心掏坑以获取墓中的纺织品，扰乱了人骨架和随葬器物。1980年楼兰考古队将这一墓地命名为“孤台墓地”，编号为MB，又对其重新进行了调查和发掘。台地顺风势呈东北—西南走向，长43.4米、宽15.7米，高出地面8—9米。整个台地上的墓葬分布很不规则，一部分沿台地的纵向边缘分布，其余的则分布于台地中心，疏密不匀。墓坑平面均略呈长方形，竖穴土坑，大小从12到21平方米不等，墓向东北或西北。墓中出土了大量漆木器和丝、棉、毛纺织品，不少织锦上有隶书文字，如“延年益寿大宜子孙”“长乐明光”“望四海贵富寿为国庆”等，其中许多都可见于尼雅墓地，应为东汉织物，漆木器形制也与尼雅墓地所出同类器物如出一辙。再结合墓中出土的五铢钱、日光镜等能够表明年代范围的汉式器物以及C-14测年数据来看，孤台墓地的年代应在东汉时期。[1]

图4-4-5
楼兰孤台墓地出土赫尔墨斯头像与石榴纹缂毛织物

斯坦因在台地中部一座墓葬LC.iii中发现过一件毛织物残片，十分引人关注。（图4-4-5）这件织物应为彩色缂毛挂毯的残余，上面残存一个人物头像，旁边表现了部

1 陈晓露：《楼兰考古》，兰州：兰州大学出版社，2014年，第74—77页。

分节杖头。从节杖头顶部判断，头像表现的应是希腊使者赫尔墨斯（Hermes），相当于罗马的商业之神墨丘利（Mercury）。

在古希腊神话中，赫尔墨斯是商业之神、众神间的信使和伴送亡灵赴冥府的引导者，在艺术作品中常表现为头戴圆顶帽、脚着带翅鞋的形象，手中持有节杖，节杖通常是两蛇相对的造型。[1] 孤台墓地毛织物上的节杖即双蛇杖，表明了赫尔墨斯的身份。赫尔墨斯直颈提肩，很有西方风格，面部处理采用了明暗对比处理法，用勾线填色法表示不同肤色，与米兰M.III和M.V佛寺壁画的绘法一致，表现出希腊化艺术的特点。

1980年楼兰考古队再次清理时，又发掘出了一件缂毛织物残片，中间清晰地织出了石榴花图案，两侧有对称草叶纹，图案两边又有对称的彩虹样条纹，各色晕间排列，色彩艳丽典雅。彩虹条带内侧还装饰有希腊风格的浪尖纹。[2] 如前所述，石榴纹是波斯艺术中的习见纹样，与希腊纹样同时出现，这两种文化因素正是在贵霜时期融合在了一起，又向东来到了塔里木盆地。

第五节　山普拉毛织品上的马人与武士形象

山普拉墓地位于新疆和田地区洛浦县城西南14公里处的戈壁台地，墓葬分布在东西长6公里、南北宽1公里、面积约6平方公里的地域内，可分为东西两部分。1983—1993年新疆考古工作者在这里先后进行了四次发掘，共清理墓葬89座，包括刀形丛葬墓和竖穴土坑墓两种形制，出土了大批随葬品，多为墓主人生前的生活实用品。一般认

1　王晓朝:《希腊宗教概论》，上海：上海人民出版社，1997年，第80页。

2　新疆楼兰考古队:《楼兰城郊古墓群发掘简报》，《文物》1988年第7期，第36页。

为，山普拉墓地即汉晋时期于阗国居民的墓地。于阗是西域南道上的主要国家之一，在中外交通史上扮演着非常重要的角色。山普拉墓地的发掘，为揭示汉晋时期东西文化交流状况提供了关键材料。

毛织物是山普拉墓地出土文物中最精彩的部分，品类丰富，工艺多样，图案精美，自发现以后就深受学界关注。其中最引人瞩目的发现，是1984年发掘的1号刀形丛葬墓中出土的一件“马人与武士”形象毛织物。这件毛织物在出土时原属于一件灯笼裤，分别构成两只裤腿膝盖以下部分的前后四个面。在整理中，考古工作者发现两只裤腿的图案可以拼合，经过清洗和拆拼处理后，两条裤腿合成了一件残长230厘米、残幅宽21—49厘米的毛织物，推测原应是一件壁挂。（**图4-5-1**）

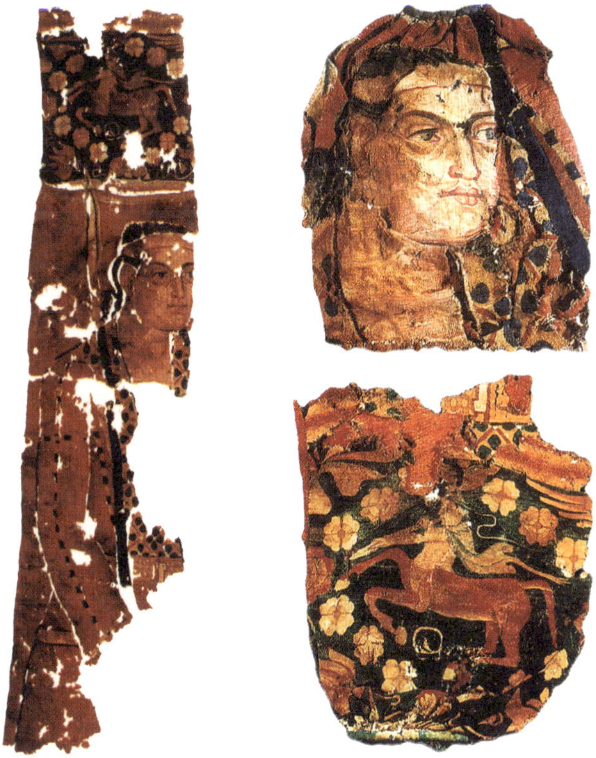

图4-5-1
山普拉1号丛葬墓出土
马人与武士毛织物

壁挂图案分上下两部分。上半部分是“马人”图案。蓝地上有白、红、黄等色显现花纹，12朵四瓣花组成了一个菱格，四周缀织花草类纹样，菱格内为“马人”：上半身为人形，戴着帽子，身后飘披风，两手紧抓着一长长的棒状物，或许是乐器；下半身为马的躯体和四肢，作奔腾状。壁挂的下半部分则在大红地上表现了一个武士形象，作四分之三侧身像，头上系带，执握长矛，束腰，身上穿着红色长外袍，袍面缀饰条带图案，武士黑色辫发曲卷垂肩，浓眉深目，隆鼻厚唇，表情严肃认真，面颊、眼睛及裸露的颈、胸部分均施以层层渐变的晕色效果，清晰写实，极富立体感。无疑，这一武士形象与米兰有翼天使壁画、楼兰孤台墓地赫尔墨斯毛织物一样，采用了“明暗处理法”的技法，以呈现凹凸晕染的效果，显示出强烈的立体感，这是典型的希腊艺术风格。

发掘者将山普拉墓地分为早晚两期，认为早期的年代在公元前1—公元3世纪中期，晚期在公元3世纪中期—4世纪末，其年代判断的主要依据是墓葬中出土的汉式铜镜。不过，笔者认为，发掘者对铜镜年代的判识有所舛误，山普拉刀形丛葬墓的年代应可以早到西汉时期。[1] 那么，1号墓中出土“马人与武士”壁挂毛毯的年代也应不晚于西汉时期。

目前学界对于马人身份的意见较为一致。早年曾有人将其与《山海经》《魏略·西戎传》等文献中描述的“半人半马”怪兽联系起来，后有研究者指出，汉文文献记载的仅仅是“膝以下生毛，马胫马蹄”形象，而山普拉壁挂上的马人形象应是希腊神话中的马人（Centaur）。[2]

---

1 陈晓露:《楼兰考古》，第34—35页。刀形丛葬墓是西域南道土著墓葬的主要形制之一，在且末、尼雅、楼兰等地均有分布，主要流行于西汉以前，东汉以后似不再使用。这一现象可能反映了塔里木盆地在东汉以后的社会组织形态发生了一定改变。

2 李吟屏:《洛浦县山普拉古墓地出土缂毛裤图案马人考》,《文物》1990年第11期，第72—74页。

在古希腊文献中，关于马人的渊源有多种说法，多以负面形象出现，均是非常规状态下诞生的多元混合体生物，被认为是野蛮的代表者，与酗酒、粗野、狂暴、不讲理等特征联系在一起。唯一一位以正面形象出现的马人是喀戎（Chiron），他的出身与其他马人不同，性情善良温和，充满智慧和正义，精通音乐、舞蹈、诗歌、预言、医术、骑射、剑术等，古希腊许多著名的英雄都接受过他的教导。在意大利赫库兰尼姆（Herculaneum）古城遗址的长方形柱廊大厅中，保留了一幅喀戎教导阿喀琉斯（Achilles）演奏里拉琴的壁画，据称可能是仿照希腊作品的摹本。（图4-5-2）壁画中喀戎头戴桂冠，肩上系着披风，后腿蹲踞，上前腿撑起人形上半身，右手指琴。[1] 山普拉壁挂

图4-5-2
意大利赫库兰尼姆古城的喀戎壁画

1 几乎完全相同构图的壁画在庞培古城也有发现，只是漫漶较甚。参见http://www.pompeiiinpictures.com/pompeiiinpictures/R9/9%2003%2005%20p9.htm.

马人的整体形态与这幅壁画中的喀戎形象比较接近，二者都表现了披风并在演奏音乐，与喀戎精通音乐的特点相吻合。山普拉马人的右上方还残存了一半羽翼，李安宁推测可能是希腊胜利女神尼科（Nike）展开双翼的一部分。[1] 胜利女神也是希腊神话中的正面形象，马人四周还用四瓣花环绕起来，隐含颂扬之意，因而笔者认为这一推测与整幅画面的主题相符，即正义、智慧、力量、战斗、胜利等，可备一说。山普拉马人周围装饰的四瓣花，在同墓地出土的一件蓝色蜡染印花棉布上也可见到，后者还装饰了典型的希腊浪尖纹。[2]（图4-5-3）与尼雅棉布一样，山普拉这件蜡染棉布应该也是从贵霜进口来的。

值得一提的是，山普拉壁挂马人与巴泽雷克（Pazyryk）5号墓出土的栽绒挂毯上所表现的骑士向塔比提（Tabiti）女神拜谒致敬的斯基泰骑士形象（图4-5-4）也十分接近。二者都采用了侧面表现人像的技法，肩后披风的飘扬形态与马尾翘折的方式也如出一辙，推测它们都是模仿自希腊艺术中表现马人的程式。

犍陀罗艺术也保留着这一来自希腊的形象，如日本私人收藏的两件犍陀罗石刻，都有描绘马人的形象，但又融合了印度、波斯的元素：一件石刻上马人手中持有长号，身后披风飘扬，与山普拉马人类似；另一件石刻则表现了两位向火坛供奉的马人，显然受到了波斯艺术

图4-5-3
山普拉出土蜡染棉布

1 李安宁:《缂毛织品“武士像”研究》,《新疆艺术学院学报》2005年第3期，第36页。

2 新疆维吾尔自治区文物事业管理局等主编:《新疆文物古迹大观》，乌鲁木齐：新疆美术摄影出版社，1999年，第87页。

图4-5-4
巴泽雷克出土栽绒毯上的骑马武士

图4-5-5
犍陀罗石刻中的
马人形象

的影响，马人的表现形式也与前者差异较大，仅两条后腿为马腿，前腿则是人腿。（图4-5-5）

对于山普拉壁毯下部分人物的身份，学界争议较大。美国艺术史学者玛丽莲·瑞（Marylin Martin Rhie）发现，这个毛织物上的人像头系发带，与中亚河中地区卡尔恰扬遗址出土的公元1世纪希腊风格的泥塑人头像非常相似。[1]卡尔恰扬遗址位于铁尔梅兹（Termez）地区，学界一般认为是一座贵霜神殿，而这件泥塑人像又与贵霜翎侯丘就却（Kujula Kadphises）所发行钱币上的头像十分相似。[2]（图4-5-6）从这一点看来，二者都表现出了一致的希腊化艺术风格。这

1 Marylin Martin Rhie, *Early Buddhist Art of China and Central Asia*, Vol. 1, pp. 273-274.

2 ［苏］斯塔维斯基：《古代中亚艺术》，路远译，西安：陕西旅游出版社，1992年，图45。

也佐证了笔者对于山普拉刀形墓年代的推断。

法国学者戴蔻琳（G. Debaine-Francfort）则认为山普拉壁挂上的希腊武士当系亚历山大像。在希腊艺术中，持矛者一般为裸体青年男子形象，用来表示希腊神话人物，而身着武士服的持矛者往往用来塑造帝王形象。据此，山普拉毛织物的持矛者身着武士服，应是帝王形象，有可能是希腊人崇祀的亚历山大大帝。[1]还有研究者从山普拉壁挂毯上下两部分图案的联系考虑，认为下部武士形象表现的是大力士赫拉克勒斯。一方面，赫拉克勒斯是希腊艺术的常见主题，宣扬力量、勇敢等；另一方面，在希腊神话中，赫拉克勒斯在打猎时误伤了喀戎，壁挂毯也可能表现的是这个故事。[2]

图4-5-6

卡尔恰扬出土泥塑头像与丘就却钱币

尽管无法确定人物身份，但山普拉壁挂上的武士形象表现出浓郁的希腊化艺术风格。无疑，带有如此强烈的希腊化印迹的物品，不可能是西域本土生产的，而应是由西方传入的。除了人物形象、艺术风格之外，研究者还对羊毛进行了辨别，经过一系列实验，认为山普拉壁挂毯的用料为安哥拉羊毛，来自西亚地区。[3]同时，这件壁挂毯流入于阗的渠道也值得深思。其下部武士手中所持长矛的矛尖突破了界栏，伸入上部马人的幅面中，根据这一点，考古人员才把两个裤腿拼合在一起，判断原为一壁挂毛毯。壁挂毯被再利用缝制成了灯笼

1 林梅村：《汉代西域艺术中的希腊文化因素》，《九州学林》2003年一卷二期，第23—30页。

2 王作民等：《山普拉的于阗古墓》，《文明》2002年第3期，第81—83页。

3 贾应逸、陈元生等：《新疆扎滚鲁克、山普拉墓群出土（西周至东汉）毛织品的鉴定》，《文物保护与考古科学》2008年第1期，第18—23页。

裤，而且在两条裤腿中，“马人”图案是正方向，人在上马在下；“武士”图案则是反方向，人的身体在上，头在下面。这表明这些图案对于穿裤者并不重要，或许还有贬低的意思，反映了物品在流通过程中功能和意义的转换。公元前2世纪，帕提亚人（Parthians）推翻了塞琉古王朝，但在文化和艺术上则相当程度地继承了希腊化遗产。而灯笼裤是帕提亚人的典型装束之一，如杜拉·欧罗普斯（Dura Europos）壁画中的帕提亚人就穿着灯笼裤。因而，山普拉壁挂毯可能反映了于阗与帕提亚之间的联系。同时，武士形象与铁尔梅兹卡尔恰扬泥塑头像的相似则暗示着，这件壁挂毯也可能原产于巴克特里亚（大夏）地区。

小　结

战国时期，西域地区就已经开始借助草原丝绸之路接触到零星的希腊文化因素，活跃在草原上的斯基泰人群，凭借其较高的流动性，成为早期东西文化交流的媒介。但是，大量的希腊文化因素出现在西域，则要到贵霜王朝建立以后。一方面，随着张骞凿空西域，丝绸之路开通，东西方开始进入真正的文化大交流时代。另一方面，贵霜时期宽容的文化政策和密切的经济联系，推动了各种文化因素的融合。因此，我们在汉晋时期塔里木盆地见到的希腊文化因素，往往与波斯、印度等其他不同的文化因素交织在一起。

（陈晓露）

第五章　汉佉二体钱与佉卢文文书中的希腊化因素

希腊化文明遗产在中国西域地区的集中出现，始自贵霜王朝建立之后。贵霜在文化上实行兼收并蓄的宽容政策，保留了大量的希腊化因素。随着贵霜的兴起和对塔里木盆地的影响力日益增强，这些希腊化文化因素也沿着丝绸之路进入了西域地区。前文已对西域考古中发现的大量带有希腊文化因素的艺术品进行了讨论，它们主要是经丝路贸易或宗教传播这种间接的方式来到西域。与商贸货物、宗教艺术品相比，钱币与文字不仅是不同文化之间联系最直接的载体，也是考察丝绸之路文化因素传播更有力的证据。

佉卢文（Kharosthī）又称为“驴唇文”，据说是古代印度的驴唇仙人所创。它起源于古印度的犍陀罗地区，用以书写印度西北部地区俗语，后来流行于中亚广大地区，是贵霜王朝的官方文字之一，在其颁行的钱币和各类官方造像碑铭上都有大量使用。在中国境内发现的佉卢文材料，主要分布于新疆境内，敦煌、西安、洛阳等地也有零星发现。[1]其中大宗的材料主要有两批，即主要发现于古于阗境内的汉佉二体钱和主要发现于古鄯善国境内的佉卢文文书。[2]显然，它们是

1　林梅村：《沙海古卷——中国所出佉卢文书（初集）》，北京：文物出版社，1988年；段晴、张志清主编：《中国国家图书馆藏西域文书：梵文、佉卢文卷》，上海：中西书局，2013年；段晴、才洛太：《青海藏医药文化博物馆藏佉卢文尺牍》，上海：中西书局，2016年。

2　刘文锁：《沙海古卷释稿》，北京：中华书局，2007年，第1—14页。

贵霜王朝向塔里木盆地渗透的产物。本章将聚焦于这两批佉卢文资料中的希腊化因素。

第一节 汉佉二体钱的希腊化钱币因素及其渊源

“汉佉二体钱”（Bilingual Sino-Kharoshti Coins）是指19世纪末20世纪初以来在和田地区不断出土的一种钱币，最初被称为“和田马钱”，因其正面中心多是一匹马的图像而得名。夏鼐先生认为，这类钱币虽然大多数是马纹，但也有骆驼纹的，称为“马钱”并不合适，它们的主要特征是一面为汉文、一面为佉卢文，因此根据国际古泉学命名原则，建议称之为“汉佉二体钱”，后来成为这种钱币的通用名称。[1]一般认为，这种钱币是目前所知新疆地区历史上最早的自制货币，是东西方文化交融的产物，包含了西方的希腊货币体系和东方的中国货币体系两种文化因素。

绝大部分汉佉二体钱是19世纪末至20世纪初西方探险家在和田及其邻近地区收集的，现在分藏于英国、法国、俄罗斯、芬兰、印度、巴基斯坦和我国的多家单位。各家收藏情况的公布先后不一，近年又有一些零星的新发现。其中最大宗的一批保存于大英博物馆，其他的都只有少量收藏。[2] 近几十年，国内文博单位人员以及文物图录又新

1 夏鼐:《“和阗马钱”考》,《文物》1962年第7期，第60—63页。

2 Helen Wang, *Money on the Silk Road: The Evidence from Eastern Central Asia to c. AD 800, with a Catalogue of the Coins Collected by Sir Aurel Stein*, London: British Museum Press, 2004, pp. 127-277; K. Enoki, “On the So-callded Sino-Kharoṣṭhī Coins,” *East and West*, Vol. 15, No. 3-4 (1965), pp. 231-235. 马雍:《古代鄯善、于阗地区佉卢文字资料综考》，收入氏著:《西域史地文物丛考》，北京：文物出版社，1990年，第65—68页；月氏（姚朔民）:《汉佉二体钱（和田马钱）研究概况》,《中国钱币》1987年第2期，第41—47页。

披露了一些，统计起来，目前见于报道的汉佉二体钱总数已超过450枚。[1]

在分布方面，早期西方探险家所获的汉佉二体钱多为购买收集，基本上没有确切的出土地点，绝大部分声称来自和田绿洲的约特干（Yōtkan）等遗址，少数则发现于库车、莎车等地。而零星发现和收集的汉佉二体钱，则都有相对明确的出土地点，基本出自于阗境内，集中出自于阗国都约特干一带；少量流散到邻近的龟兹和鄯善西境。因此，学界一般认为，这种钱币是于阗国发行的。少数几枚钱币上有汉字“于阗大王”，也可证明这一点。

典型的汉佉二体钱是青铜质的，圆形无孔，分大钱和小钱两种，通过打压制成，可以纳入希腊式钱币的范畴，是其变种之一。[2]钱币一面的中心印有一匹马或骆驼的形象，周围环绕一圈佉卢文铭文，均为“大王”“伟大的国王”“众王之王”“王中之王”之类的称号及国王的名字，部分钱币上还有一些戳记。另一面则印有汉文铭文，小钱作“六铢钱”，三个字呈品字形，占满整个币面（**图5-1-1**）；大钱的中心为族徽图案，周围环绕“重廿四铢铜钱”六个字，最外围还有一圈边饰（**图5-1-2**）。

另有少数钱币在材质或币面设计上有所变化，主要包括三类：银

1 刘文锁：《安迪尔新出汉佉二体钱考》，《中国钱币》1991年第3期，第3—7页；伊斯拉菲尔·玉苏甫、安尼瓦尔·哈斯木：《新疆博物馆馆藏古钱币述略》，收入上海博物馆编：《丝绸之路古国钱币暨丝路文化国际学术研讨会论文集》，上海：上海书画出版社，2011年，第153—154 页；陇夫（李吟屏）：《和田地区文管所藏汉佉二体钱》，《中国钱币》1996年第2期，第55—56页；穆舜英主编：《中国新疆古代艺术》，乌鲁木齐：新疆美术摄影出版社，1994年，第57、187页；周文索：《汉佉二体钱》，收入孙凤鸣主编：《巴音郭楞年鉴2003》，乌鲁木齐：新疆人民出版社，2003年，第171页。据称，近年来新疆和田、喀什民间发现了大量和田马钱，数量成百上千，但很难判断这些传言是否属实，尚未有准确信息见诸报道。戴建兵：《和田马钱（汉佉二体钱）的文化谱系及新发现》，《丝绸之路》2015年第24期，第5—11页；周倜：《汉代二体钱（和田马钱）近况与探讨》，《新疆钱币》2017年第1期，第6—12页。

2 关于“希腊式钱币”的概念内涵、发展演变，参见杨巨平：《希腊式钱币的变迁与古代东西方文化交融》，《北京师范大学学报（社会科学版）》2007年第6期，第40—46页。

质汉佉二体钱、驼纹汉佉二体钱（佉卢文一面的中心为一头立驼），以及汉铭作“于阗大〔王〕”的汉佉二体钱。这几类钱币并非典型的汉佉二体钱，但一般也被放在一起研究。还有一些钱币与典型的汉佉二体钱差别很大，应是特殊的于阗自造币。[1] 相较于典型的汉佉二体钱来说，这些应是于阗造币尚处在实验、不够成熟阶段的产物。[2]

英国钱币学家克里布（Joe Cribb）是迄今为止对汉佉二体钱的研究做出最重要贡献的学者。他根据铭文内容和币面图案，将汉佉二体钱分为13型，包括小钱9种、大钱4种，区分的标准有钱文读序的差别、佉卢文书写的差别、汉字小篆写法的差别等，分类详细合理，为后来的研究建立了一个很好的基本框架。

汉佉二体钱在形制上十分成熟，其重量、铭文和图案都接近贵霜钱币，无疑是模仿自后者。贵霜早在大月氏翖侯时期就开始发行希腊式钱币，以仿制巴克特里亚王国钱币为主；建立帝国后，逐渐形成了自己的钱币体系，但仍保留了此前希腊—巴克特里亚王国或印度—希腊人王国（Indo-Greek Kingdom）钱币、印度—斯基泰人和印度—帕提亚人钱币影响的痕迹。例如，钱币正面王像、背面神像使用希腊语和佉卢文双语铭文（迦腻色伽在位时开始用希腊字母拼写巴克特里亚语铭文），币值仍然采用希腊式钱币的标准，如1∶4的德拉克马（drachm）与四德

图5-1-1
汉佉二体钱小钱（骆驼纹，六铢）

图5-1-2
汉佉二体钱大钱
（马纹，廿四铢）

---

1 李吟屏：《和田历代地方政权发行货币概论》，《新疆钱币》2005年第2期，第21—26页。

2 关于汉佉二体钱的发行年代和主体，最新研究由浙江大学罗帅研究员作出。基于汉、贵霜、于阗和罗马相互关系的历史背景，他认为汉佉二体钱的发行年代可以精确到公元73—127年，即班超降服于阗王和迦腻色伽元年之间，发行者为广德、讫帝、放前三位于阗王。参见罗帅：《汉佉二体钱新论》，《考古学报》2021年第4期，第501—519页。

拉克马（tetradrachm）之比等。汉佉二体钱的形式与贵霜钱币有联系，也有不同。一般正面为马纹或骆驼纹，环以佉卢文，反面为汉文铭文。[1]马和骆驼主要出现在迦腻色伽之前三位贵霜王的钱币上，因而它们最有可能作为汉佉二体钱的仿制样本，尤其是威玛·塔克图（Vima Takto）的钱币，背面多为骆驼和马的形象。[2]丘就却的钱币上也有骆驼像，阎膏珍（Vima Kadphises）钱币上则主要是骑公牛的湿婆（Shiva）形象，而迦腻色伽以后则变而为各种神像。目前塔里木盆地出土的贵霜钱币中数量最众的是迦腻色伽钱币，[3]但汉佉二体钱与其差距较大，说明并未模仿前者，应是发行于迦腻色伽钱币通行于塔里木盆地之前。汉佉二体钱正面马和骆驼周围的佉卢文铭文也与贵霜前三王钱币较为接近，这些铭文分为短铭和长铭两种，均由头衔加王名构成，头衔分为三种，即“大王、于阗王”（maharaj uthabiraja）、“大王、众王之王、伟大者”（maharajasa rajatirajasa mahatasa）和“大王、众王之王、于阗王”（maharajasa rajatirajasa yidirajasa）。[4]贵霜前三王钱币均使用希腊文和佉卢文，并都有“大王、众王之王”头衔的形式，而迦腻色伽以后的头衔仅保留了“众王之王”，多数的迦腻色伽钱币甚至只有省文形式“王”。[5]还有需要注意的一点是，从迦腻色伽一世开始，贵霜钱币铭文基本延续了用希腊字母拼写巴克特里亚语的传统，不再使用佉卢文。所以，汉佉二体钱应该出现于迦腻色伽之前。

具体而言，汉佉二体钱在四个方面表现出希腊式钱币的特点：

1　这是克里布的看法，在学界影响较大。夏鼐先生曾指出，依中亚古钱惯例，马像一面是背面，那么汉文一面应是正面。罗帅进一步阐发了这个观点，认为这一巧妙的币面安排体现了于阗尊崇汉朝的政治态度。

2　［英］汪海岚：《一匹骆驼多少钱？——公元800年丝绸之路货币新解》，王樾译，载朱玉麒主编：《西域文史》（第三辑），北京：科学出版社，2008年，第179页。

3　刘文锁：《古代于阗国的货币》，《中国钱币》1993年第4期，第67页。

4　林梅村：《佉卢文及汉佉二体钱所记于阗大王考》，《文物》1987年第2期，第35—43页。

5　杜维善：《贵霜帝国之钱币》，上海：上海古籍出版社，2012年，第49—64页。

（1）外形圆形无孔，这与它的母型贵霜钱币一样，都是可溯源至古希腊的造币传统。从最早的古风、古典时期的城邦钱币到马其顿钱币，希腊货币体系中各种币制都采用的是圆形无孔的形制。亚历山大与其继承者发行的钱币、诸希腊化王国发行的钱币以及贵霜王朝发行的诸种“仿希腊化钱币”，基本上也都是圆形无孔（印度—希腊人发行的印度标准的方形双语币除外）。可以说，汉佉二体钱在形制上与希腊式钱币是一脉相承。

（2）制币工艺为打压法，即将钱币正反的模具分别紧贴坯体的上下两面，以锤具从上向下打击冲压，即可一次性将正反两面的图像或铭文印制在钱币的正反两面。这种制作方法简洁方便，且便于体现高浮雕图案的艺术效果，是古代西方货币体系的标志之一，区别于东方的传统冶铸法。

（3）汉佉二体钱的佉卢文铭文，有“王中之王”“众王之王”之类的称号以及国王的名字，这种做法直接来自贵霜钱币。“众王之王”来自古巴比伦（ancient Babylon）对神的称呼，亚述（Assyria）以后开始不断被两河流域（Mesopotamia）的国王们使用，并被波斯帝国所继承。亚历山大在东征过程中受到东方王权神化观念的影响，开始以他的名义发行钱币。他死后，他的部将相继称王，并将亚历山大和自己的头像打制在钱币上。此后，国王形象置于钱币正面逐渐成为希腊式钱币的定式。如中亚希腊—巴克特里亚王国和贵霜王朝发行的钱币，都延续了这一传统，只是肖像的表现形式略有不同。希腊—巴克特里亚钱币多为国王侧面头像，贵霜钱币则既有国王胸像，亦有全身立像和坐像等多种形式。但是，亚历山大及后继者仅使用了“王”或“大王”称号。在希腊式钱币中首次自称“众王之王”的是帕提亚米特拉达特二世（Mithradates II）。尽管该称号具有一定波斯色彩，但帕提亚钱币总体上采用的都是希腊式钱币的形制、材质和币值，受希腊化元素影响颇深，仍属于希腊式钱币的范畴。此后，印度—斯基泰人王国（Indo-Scythian Kingdom）、印度—帕提亚人王国（Indo-Parthian Kingdom）的钱币上也出现了“众王之王”头衔，可能是受到帕提亚钱币的影响。贵霜钱币又进一步受这两种钱币影响，继承了这一做法。不过，此时“众王之王”称号可能只是作为一种形式与其他元素被整体借鉴，与钱币发行者的政治实力并不存在必然联系。[1]因此，可以认为此时这类称号已经成为希腊式钱币铭文的特征之一。汉佉二体钱在模仿贵霜钱币时，也自然沿袭了这一称号。

（4）汉佉二体钱的两种面值，大钱“重廿四铢铜钱”，小钱“六铢钱”，两者的重比是4∶1，这显然是模仿希腊式钱币的兑算比例。根据考古出土实物测量得到的度量衡制度，汉代二十四铢即一两，约重15.6克，六铢约3.9克。汉佉二体钱两种面值钱币的实测平均重量也大致如此。克里布认为，这两种钱币的重量更接近公元1世纪后的希腊巴克特里亚钱币重量及比值，即采用了一种减重的希腊阿提卡（Attica）币制标准。阿提卡币制是希腊化时期最为通用的币制，其标准的钱币是四德拉克马重17.1克，1德拉克马重4.3克；希腊—巴克特里亚王国的四德拉克马减重为15.5克，1德拉克马重3.9克。贵霜钱币也使用了这种标准，并为汉佉二体钱所模仿。

与此相关的是，德克拉马这一希腊货币单位也传入了于阗。斯坦因发现的佉卢文文书中曾经记载过这一单位，说一个名叫Livarajhma的人赚了1卡莫坡（Kampo）和2金斯塔特（Stater）；也提到为了救一个人付出的赎金是2金斯塔特和2德拉克马。[2]这就证明希腊式货币在塔里木盆地曾经存在过。在于阗出土的文书和其他的一些材料中，经

1 李潇：《帕提亚“众王之王”钱币的起源、发展及影响》，《西域研究》2019年第3期，第36—47页。

2 A. M. Boyer, E. J. Rapson and E. Senartl, *Kharosthi Inscriptions Discovered by Sir Aurel Stein in Chinese Turkestan*, Part I, Oxford: Clarendon Press, 1920, pp. 12-118.

常会提到一个价值单位穆立（Mioin或Mina，米那，等于100德拉克马），这是希腊式的货币单位。[1]

汉佉二体钱的一面打印汉字“铢”，这是中国传统的货币重量单位，但中国货币中并没有发行过重六铢或二十四铢的钱币。汉佉二体钱使用了“铢”来记值，显然是为了方便与中国货币即内地铸造并大量流通于西域的五铢钱进行兑换，如，6枚五铢钱可换5枚六铢汉佉二体钱。

汉佉二体钱融合佉卢文与汉文两种铭文的做法，反映了于阗与贵霜、汉朝两大王朝之间的关系。在贵霜钱币中，带有马、骆驼纹样和佉卢文名号的是背面，正面是王的头像和希腊文铭文。因而，夏鼐认为，汉佉二体钱仿照贵霜钱币制作，很可能也是马纹一面为背面，而带汉字铭文的是正面。如果是这样的话，于阗王以汉文铭文作为钱币正面，可能是为了表示与中原王朝之间的紧密联系。发行钱币除了经济需要，其本身也含有一定的政治意涵。那么，从这个意义上看，公元73年班超开拓西域、重新建立权威，可能可以作为汉佉二体钱发行的上限。有学者指出，迦腻色伽时期，贵霜国力鼎盛一时，一度威慑葱岭以东地区，因而西域南北两道绿洲诸国可能处在一种“两属”（余太山语）的状况中。于阗要同时应对和维持两个方向的政治势力，因而在钱币上出现了这种平衡的设计。[2]并且由于发行这种钱币主要是出于政治需要，可能只是一种纪念币，故而发行量也不大，其实际考古出土数量也确实远小于作为西域主导流通货币的

---

1 拉普逊（Rapson）教授认为：穆立是一个价值单位，其值等于1米里马（Milma）谷物之价值。参看［英］T. 贝罗:《新疆出土佉卢文残卷译文集》（英译本），王广智译，载韩翔、王炳华、张临华编:《尼雅考古资料》，新疆社会科学院内部刊物，1988年，第51页。

2 于阗并未附庸于贵霜或成为其属国，而只是小心地在贵霜与汉朝之间维持着平衡。孟凡人:《尼雅遗址与于阗史研究》，北京：商务印书馆，2017年，第384页；袁炜:《从汉佉二体钱上佉卢文铭文看于阗国与东汉、贵霜的关系》，《中国钱币》2016年第4期，第3—6页。

五铢钱。[1]

不过，相对于这种意见，大多数学者还是主张汉佉二体钱的发行是出于经济需求。汉晋时期，贵霜对塔里木盆地许多绿洲小国家都产生过重要影响，特别是最西缘的疏勒，双方互动频繁。但是汉佉二体钱却产生在于阗而非疏勒。王小甫先生指出，汉代贵霜与塔里木盆地之间的沟通有两条道路：一是从犍陀罗经迦毕试（今贝格拉姆，Begram）到达蓝市城（巴克特拉，Bactra）与丝绸之路南道汇合，向东越过帕米尔到达疏勒（喀什）；二是沿印度河上游谷地而上，过悬渡至皮山（在东汉为于阗兼并），称为罽宾道。这两条道路的汇合点在于阗境内。[2]20世纪70年代，德国考古机构联合巴基斯坦学者对喀喇昆仑公路两侧的摩崖题记进行了调查，并对沿途多处遗址进行了发掘。摩崖题记包括汉文、粟特文、佉卢文、婆罗米文等多种文字材料，见证了这条通道在古代的长期持续使用。[3]日本学者上谷遥子女士也对这条道路展开了大量调查，结果也表明皮山—罽宾道在古代商旅交通和文化传播等方面发挥着十分重要的作用。[4]于阗作为罽宾道的一端终点，与贵霜在商业和文化往来方面保持着极其紧密的联系。刘文锁受到粟特人金融策略的启发，推测汉佉二体钱或许是作

1 王樾：《汉佉二体钱刍议》，收入上海博物馆编：《丝绸之路古国钱币暨丝路文化国际学术研讨会论文集》，第350—351页。

2 王小甫：《七至十世纪西藏高原通其西北之路——联合国教科文组织（UNESCO）“平山郁夫丝绸之路研究奖学金”资助考察报告》，收入同书刊行委员会编：《春史卞麟锡教授停年纪念论丛》，釜山：釜山图书出版公司，2000年，第305—321页。

3 K. Jettmar, et al., *Between Gandhāra and the Silk Roads, Rock-carvings along the Karakorum Highway: Discoveries by German-Pakistani Expeditions 1979-1984*, Mainz: Verlag Philipp von Zabern, 1987. 马雍：《巴基斯坦北部所见“大魏”使者的岩刻题记》，收入氏著：《西域史地文物丛考》，第129—137页。

4 H. Tsuchiya, “Ancient Routes in Northern Pakistan 1996 (II) and 1997 (I),” in M. Taddei and G. De Marco, eds., *South Asian Archaeology 1997*, Rome: IsIAO, 2000, pp. 889-902; H. Tsuchiya, “The Singal Valley as Fa Hien’s Route from Pamir to Darel: Field Research in the Northern Areas of Pakistan 2001-2002,” in U. Franke-Vogt and H.-J. Weisshaar, eds., *South Asian Archaeology 2003*, Aachen: Linden Soft Verlag, 2005, pp. 261-269.

为中亚与塔里木盆地以东地区之间的中介货币出现的，它兼具汉式和希腊式两种货币的特点，沟通了两大币制。[1] 无论如何，汉佉二体钱的出现表明，希腊化文明遗产仍然在丝绸之路的商贸中扮演着重要角色。

第二节　从佉卢文文书人像封泥看希腊化文化的传入

中国境内的佉卢文文书主要是英国考古学家斯坦因20世纪初在中国西北地区获得的，其中绝大部分出土于新疆民丰县的尼雅遗址，后来新疆考古工作者、中日尼雅遗迹学术考察队又陆续发现了一些。[2] 学界已经取得共识，这些文书基本上是属于古代鄯善王国的，其年代大约是在汉末魏晋时期，即公元2世纪末3世纪初到公元5世纪之间。[3]

在汉文和佉卢文进入之前，西域土著居民有自己的语言，但是没有文字，当地社会的文明化程度应是比较低的，无论是政治管理、经济商贸还是日常生活，都并不诉诸文书。到了公元2世纪末3世纪初，鄯善地区突然出现了大量佉卢文文书，表明随着外来文化的进入，当地开始将文字书写作为政治管理的工具，并任用了专门的书吏，他们有可能是由外来的贵霜移民担任的。

佉卢文传入塔里木盆地是西域汉晋时期历史的重要事件。大多数学者认为，毋庸置疑，包括佉卢文在内的贵霜文化通过贸易往来和佛教传播等方式在一定程度上对塔里木盆地的历史进程产生了重要影

1　刘文锁：《双语钱币》，载上海博物馆编：《丝绸之路古国钱币暨丝路文化国际学术研讨会论文集》，第334—346页。

2　林梅村：《佉卢文材料中国藏品调查记》，《西域研究》2011年第2期，第115—129页。

3　马雍：《古代鄯善、于阗地区佉卢文字资料综考》，收入氏著：《西域史地文物丛考》，第75—76页。

响。[1] 英国学者布拉夫（J. Brough）等人曾提出贵霜直接统治鄯善的说法，一度在学界影响很大；[2] 马雍和林梅村先生则认为流寓塔里木盆地的贵霜人是以难民身份到来的。[3] 据《出三藏记集·支谦传》记载："支谦，字恭明，一名越，大月支人也。祖父法度，以汉灵帝世率国人数百归化，拜率善中郎将。"[4]美国学者韩森（V. Hansen）发现，尼雅出土的佉卢文文书中记录的鄯善国王或统治者的名字大多来自当地土著语言，而书写者的名字则来自犍陀罗语，即书写者应是来自贵霜的犍陀罗人，而统治者一直是本地人。同时，佉卢文文书中还有鄯善国王要求地方接收难民并向其分发土地、房屋、种子的记录，表明贵霜人并非以统治者的身份进入楼兰。从这一点来看，贵霜人确实可能是分批进入而非大规模来到塔里木盆地的，每批如《出三藏记集》所载为数百人左右规模。[5]楼兰古城东北的壁画墓、营盘墓地M59号等可能即这些贵霜移民或其后裔的墓葬。[6]尽管这些贵霜人并非以统治者面貌出现，但他们承担了主要的文书记录和运转的工作，也能够对鄯善的统治形成强有力的影响。鄯善采用佉卢文作为官方文字，这本身就表明了贵霜文化对西域的深刻影响。

作为希腊化文化的继承者，贵霜文化中保留了大量希腊化文化因素。来到塔里木盆地担任书史的这些贵霜人，自然也将这些希腊化文

1 陈晓露：《塔里木盆地的贵霜大月氏人》，收入吉林大学边疆考古研究中心编：《边疆考古研究》第19辑，北京：科学出版社，2016年，第207—220页。

2 J. Brough, "Comments on Third-Century Shan-shan and the History of Buddhism," *Bulletin of the School of Oriental and African Studies*, Vol. 28, No. 3 (1965), pp. 582-612.

3 林梅村：《贵霜大月氏人流寓中国考》，收入中国敦煌吐鲁番学国际学术讨论会编：《敦煌吐鲁番学研究论文集》，上海：汉语大词典出版社，1991年，第715—755页。

4 （梁）释僧祐撰，苏晋仁、萧炼子点校：《出三藏记集》卷一三，北京：中华书局，1995年，第516页。

5 V. Hansen, *Silk Road: A New History*, London and New York: Oxford University Press, 2012, pp. 25-55.

6 陈晓露：《塔里木盆地的贵霜大月氏人》，第207—221页。鄯善地区汉人移民的葬具上也出现了贵霜文化因素，如尉犁县咸水泉8号墓地出土的彩绘木棺，表面装饰有贵霜的对马、双驼互搏等图案。

化因素带来了。它们无疑也加入了当地多元文化交流融合的进程。

从书写材料来看，西域的佉卢文文书以木牍为主，还有少量的纸、帛和皮革。佉卢文在中亚地区的主要书写材料是桦树皮、羊皮或贝叶，但在传入塔里木盆地以后，则改用木牍作为书写材料，这无疑是受到汉文竹简和木牍影响的结果。尽管如此，我们在佉卢文文书中仍可见到希腊化文化因素的痕迹，主要表现在文书中使用了一批明显为希腊人物形象的封泥印记。

佉卢文文书的封缄方式，是将两片木牍（矩形或楔形等形状）合在一起用绳索缠绕，再施加封泥并钤以印章。尼雅遗址出土的印章数量虽然极少，但木牍上的封泥却得以保存了下来，其中一些有各种希腊神像、希腊式的人像，展示出非常明显的古典艺术风格。

遗憾的是，封泥由于本身的特点，未经烘干或火烤等过程，很少能够保存得很完好。即便是位处沙漠深处少经扰动的尼雅遗址，能够辨清图像的封泥数量也不多，很多只能根据模糊的印文大致判断其艺术风格。目前来看，尼雅佉卢文文书上可以辨认属于希腊风格的人物形象封泥总计十余枚，可识别身份的有雅典娜、宙斯（Zeus）、美杜莎（Medusa）和赫拉克勒斯等。

图5-2-1
尼雅出土木牍N.XV.24封泥及修复后的封泥图像

雅典娜是尼雅出土封泥中出现次数最多的神祇。1901年斯坦因在新疆尼雅第15号遗址中发现了一件编号为N.XV.24的楔形木牍，上面保留了一件完整的雅典娜像印章封泥。（图5-2-1）方形印座的尺寸约为3.18×2.85厘米，上有浮雕式佉卢文铭文和圆形阳刻印章捺出的雅典娜形象。女神左向侧身站立，戴头盔，左臂向前伸出，披盖着羊皮神盾（aegis），盾面有蛇发女怪美杜莎头像，右臂向后上举挥舞着雷电；两臂和肩背有一类长条状的披巾穿过，末端在两肘部下垂。同一遗址中的另外几件楔形木牍也有同样的雅典娜印记，有些可能是与N.XV.24封泥同一块印章钤印而成（N.XV.307和N.I.17、67），但保存状况不太好，无法准确判断；另外有些印记可能是由不同印章钤出的（N.XV.137、N.XV.166、N.XXIV.viii.6等），但图像也是同样类型的雅典娜立像。[1]（图5-2-2）

图5-2-2
尼雅出土木牍N.XV.307、N.XV.166、N.XXIV.viii.6封泥

在希腊神话中，雅典娜是主掌智慧与战争的女神，此外她还有许多其他的神职，如技艺与艺术女神、城邦的保护神等，在不同的地区以不同的称号受到崇拜。在艺术作品中的雅典娜形象也随其神职的不同而表现出差异，有坐像，也有立像，或手持武器，或以猫头鹰为象征物等。尼雅封泥所见的雅典娜形象与希腊化钱币中流行的雅典娜形象属于同一类型，即雅典娜·阿尔基德摩斯（Athena Alkidemos，“人民的捍卫者雅典娜”），她

1 M. A. Stein, *Ancient Khotan: Detailed Report of Archaeological Explorations in Chinese Turkestan*, Vol. 1, Oxford: Clarendon Press, 1907, pp. 354-355; M. A. Stein, *Serindia: Detailed Report of Explorations in Central Asia and Westernmost China*, Vol. 1, Oxford: Clarendon Press, 1921, pp. 224-225, 258.

是马其顿王国首都培拉（Pella）的保护神。安提柯二世（Antigonus II）钱币和后来印度—希腊人王国的钱币上都引进了雅典娜的这一类形象，如米南德一世（Menander I）的钱币。（图5-2-3）西域流行的雅典娜与此类形象完全一致，显然是在后者的直接影响下，与佉卢文一起从贵霜传入的。

尼雅1906年出土的一件未启封的矩形双简（编号N.XXIV.viii.81）上印有两个封泥，均表现为具有古典艺术风格的人像。（图5-2-4）两个封泥均呈椭圆形，左印高1.9厘米、宽1.27厘米，表现一个有胡须、束发带、左臂伸开、右手持长节杖的男子立像，斯坦因认为是宙斯像；右印高1.59厘米，宽1.9厘米，平面浮雕式，素边，表现一个长卷发下垂的侧面头像，当为美杜莎像。

宙斯是希腊神话中的“众神之王”，奥林帕斯山（Olympus）十二主神之首。远东希腊化世界对这位最高神自然不会陌生，但宙斯形象在艺术品中被表现得并不多，目前仅见阿伊·哈努姆遗址的主神庙中；希腊—巴克特里亚王国和印度—希腊人王国的钱币上较多地使用了宙斯的形象，主要表现为立像和坐像两种。贵霜第三代王威玛·塔克图的钱币上可见到宙斯立像，相比之下，其表现形式有所简化。中亚、印度的宙斯立像形式较为固定，多为一手持权杖、一手持闪电的形象。（图5-2-5）尼雅封泥上的宙斯形象，目前我们仅能从斯坦因的考古报告上看到，该报告出版年代较早，印刷不甚清楚，封泥本身保存状况也较差，仅从照片观察，与中亚

图5-2-3
安提柯二世钱币与米南德一世钱币上的雅典娜形象

图5-2-4
尼雅出土木椟N.XXIV.viii.81封泥

的宙斯立像存在一定差别，但整体上表现形式与雅典娜封泥基本一致，古典艺术风格仍十分强烈。

图5-2-5
赫利奥克勒斯一世钱币上的宙斯立像

美杜莎是古希腊的女妖，凡看见她眼睛的人都会被石化，后被英雄柏修斯（Perseus）将其头颅砍下献给雅典娜，镶嵌在雅典娜的神盾中。希腊艺术品中常以美杜莎的头像为装饰，但在希腊化艺术中并不多见。尼雅的这枚封泥虽不甚清晰，但也表现出突出的希腊艺术风格。塞琉古一世所发行钱币中，有一种背面打制有卷发下垂的侧面美杜莎头像，与尼雅封泥风格相似。（**图5-2-6**）

图5-2-6
塞琉古一世钱币上的美杜莎头像

另外还有一些封泥，虽然不能准确判断人像身份，但表现出浓郁的古典艺术风格，显然是受到希腊化艺术因素影响。N.II.2封泥表现了一个造型优美、向右方站立的男子像，肌肉发达，可能是大力神赫拉克勒斯或爱神厄洛斯；N.I.9封泥上也是一个向右站立的男子，身后似有翅膀，可能也是厄洛斯；N.IV.80也表现了一个古典男子的形象，可惜形象太过模糊，无法做出准确的判断。[1]

这些带有明显希腊风格的艺术形象，证明贵霜艺术中保留的希腊化文化因素传播到了塔里木盆地。与它们共同出土的封泥，除了希腊艺术风格，还保留有波斯、印度等多种艺术风格，如有些封泥上有大象、三头神等印度艺术形象，有些有翼兽、女神等波斯艺术题材，还有的表现动物图案，风格与本地出土的一

1 M. A. Stein, *Ancient Khotan: Detailed Report of Archaeological Explorations in Chinese Turkestan*, Vol. 1, p. 355.

些木印戳子[1]类似，但它们都明显深受贵霜艺术的影响，这是贵霜融汇多元文化向东影响到西域的又一结果。

尼雅佉卢文文书的形制与内容存在密切联系：楔形牍主要用来记录国王诏令，矩形牍主要用来书写记录有关法律事务的文书和官方事务的文件，长方形简牍、棒形牍、塔赫提（Takhti）形牍以及其他杂类简牍主要用于记籍帐类的文件。[2]封泥在楔形、矩形、长方形木牍上都有出现，前两类简牍上的封泥对应的印章应该属于公章，使用者应都是官员；籍帐类以及一些私人内容文书上的封泥则是私印留下的。

图5-2-7
尼雅遗址出土“鄯善郡尉”封泥

印章具有凭信、标记和保密的作用，东西方文化中都有在文书中使用印章的传统，但二者在形式、功能等方面存在差异。与汉式文字印章不同的是，西方传统的印章形式是图像印章。在功能上，印章在汉文化中是作为身份、等级、权力的代表，无论官印还是私印；而西方文化中的印章则主要是凭信，特别是用于商业贸易活动中。公元前8—前7世纪，希腊地区在埃及印信文化的影响下，发展形成了独具特色的凹雕宝石印章，即将图案部分挖空刻于石头或硬物上，钤印后留下浮雕的图案，平面为圆形或椭圆形。公元前6世纪中期，希腊地区出现了大量将凹雕宝石印章镶嵌在戒指上的做法，这种印章戒指形式美观、使用方便，随着经济贸易的发展，对罗马、波斯印章形式产生了深远的影响。远东希

图5-2-8
徐显秀墓出土希腊式印章戒指

1 M. A. Stein, *Serindia: Detailed Report of Explorations in Central Asia and Westernmost China*, Vol. 4, pl. XIX.

2 孙丽萍：《新疆出土佉卢文简牍制度探析》，《喀什大学学报》2018年第2期，第27—33页。

腊化地区亦深受影响，如阿富汗黄金之丘（Tillya Tepe）和塔克西拉斯尔卡普（Sirkap）遗址都曾出土许多希腊罗马风格的印章戒指。

尼雅遗址尚未发现能够与佉卢文文书封泥直接对应的印章戒指实物，但也出土了其他图案的印章戒指。此外，印章戒指在西域其他地区也有大量发现。无疑，尼雅地区的希腊式印章，与佉卢文一起，正是由于贵霜的影响来到塔里木盆地的。

希腊式印章的使用方式对西域地区的汉式印章亦有影响。斯坦因在尼雅遗址还曾发现过三件佉卢文木牍，上面带有篆体汉字“鄯善郡尉”，其中一件是土地买卖契约。这枚印章可能原为一件汉式官印。（**图5-2-7**）但马雍指出，该印被用作佉卢文简牍封泥，说明它已被废弃不用，既不代表这个官职本身，也不具有汉文字义，而是与希腊神像、花瓣纹图案一样，只代表一种专用的花押。[1]

希腊式印章戒指后来在丝绸之路沿线西域以东的许多地区也曾被发现，如大同徐显秀墓就出土过表现类似赫拉克勒斯和伊朗风神形象的印章戒指，但出土时是作为墓主人的首饰陪葬的，可见彼时已经丧失了原有的凭信功能，而成为一种装饰物了。（**图5-2-8**）丝绸之路上文化的交流与嬗变由此可见一斑。

小　结

汉佉二体钱与佉卢文文书是西域地区受到贵霜多元文化影响的

---

1 M. A. Stein, *Serindia: Detailed Report of Explorations in Central Asia and Westernmost China*, Vol. 1, p. 230. 马雍将其读作“鄯善郡尉”，参见马雍：《新疆所出佉卢文书的断代问题——兼论楼兰遗址和魏晋时期的鄯善郡》，收入氏著：《西域史地文物丛考》，第92页。

重要实物证据，希腊化文化因素亦包含其中。考古发现不仅反映了西域的货币制度和书写系统，也展示了希腊化文化因素在丝绸之路商贸中的重要作用，以及其在西域经济与文化中的渗透。通过对这些文物的研究，可以看到汉晋时期西域地区对外贸易的繁荣以及对异域文化的接纳。希腊化文化因素在西域地区的传播以及与中国本土文化的融合，产生了独特的文化现象，体现了文化交流的深度和广度，以及中国文化的开放性和包容性。

（陈晓露）

第六章　汉代石雕艺术中的希腊化因素

汉代是中国艺术史上的重要时期。在版图扩张、丝路开通、文化交流繁荣的背景下，汉代艺术表现出明显的开放性，域外因素、外来形式对汉代艺术产生了巨大影响，其深度与广度远超出人们的一般认识。[1]石雕艺术正是汉代艺术在本土积累基础上，受到外来文化影响而走向繁荣的典型代表。

与世界其他古文明相比，中国的石雕艺术起源相对较晚。从西亚到地中海的广大地域范围内，很多文化从很早的时候开始便出现各种石雕和石质建筑，技术水平也比中国发达得多。相比之下，中国在汉代以前，较少使用石材作为表达艺术的载体，极少见大型石雕，地面建筑以土木结构为主，地下墓葬的主流也是木制棺椁。西汉时期，大型石刻才开始涌现，地上以宫苑和陵墓石雕为代表，地下以诸侯王崖墓和画像石墓为代表。[2]对于汉代突然兴起使用石质材料这一现象，很多研究者从不同角度给出过解释。

巫鸿先生指出，汉代人死亡观念的变化引发了人们对石质材料的重视，将其应用在丧葬实践中。汉代人的生死观中，有两种互相矛盾的观念共存：一方面认为人死之后灵魂并不灭亡，而会在另一个世

1　缪哲：《汉代艺术的“开”与“合”》，《读书》2008年第5期，第124—133页。

2　李晨：《汉代画像石墓中的异域因素》，《南京艺术学院学报》2015年第1期，第10页。

界继续生活；另一方面则认为人可以通过某种方式“升仙”“长生不老”。巫鸿认为，汉人是在从外部世界寻求灵感的过程中“发现”了石材这一西方习用的材质，赋予了石材象征长生和不死的特殊内涵。基于这种信念，大量的汉代石建筑与石雕刻被创造了出来。[1]巫鸿还提出，印度的石窟与石雕可能随着佛教的传入影响了汉代崖墓与石雕的产生。罗森（J. Rawson）则认为，汉代无论大型崖墓还是小型画像石墓都受到了中亚和西亚，尤其是伊朗地区类似墓葬的影响。[2]李晨支持后者的观点，认为崖墓的开凿最早出现在波斯，可以追溯到公元前6世纪的阿黑门尼王朝（Achaemenid）时期，并在接下来的千年中都很流行，一直持续到萨珊王朝（公元224—651年）末期，印度石窟与汉代崖墓都是借鉴了波斯的石造建筑形式而出现。[3]笔者认为，汉代崖墓和画像石墓的起源问题较为复杂，二者在出现时间、自身特征、使用者身份等方面都存在较大差别，以上观点目前都只能停留在推测的层面，尚难以证实，其解决还有赖于从理论上对文化传播模式进行深入探讨。尽管如此，毋庸置疑的是，汉代石质建筑、石雕艺术的兴起与西方的影响关系密切。

林梅村先生指出，在秦汉时期大型金石雕像艺术的起源过程中，有三种文化因素发挥了关键作用：一是本土因素；二是欧亚草原文化；三是希腊化艺术以及波斯艺术。[4]其中，来自西方的第三种因素是本章关注的重点。张骞通西域前，中原与欧亚草原的交往较多；张骞凿空之后，与域外交往的重心就转移到绿洲丝路诸国。正是丝绸之路的开通使得两汉时期的中国艺术得以与其西方的希腊化艺术

---

1 ［美］巫鸿：《中国古代艺术与建筑中的“纪念碑性”》，李清泉、郑岩等译，上海：上海人民出版社，2008年，第154—177页。

2 Jessica Rawson, “The Eternal Palaces of the Western Han: A New View of the Universe,” *Artibus Asiae*, Vol. 59, No. 1-2 (1999), pp. 24-25.

3 李晨：《汉代画像石墓起源问题的再思考》，《艺苑》2014年第5期，第13—17页。

4 林梅村：《秦汉大型石雕源流艺术考》，载氏著：《古道西风——考古新发现所见中西文化交流》，北京：生活·读书·新知三联书店，2000年，第99—165页。

进行交流。需要指出的是，这一时期的“希腊化艺术”，是希腊艺术与当地文化经过了长时期的交流融汇后形成的。帕提亚艺术、犍陀罗艺术、贵霜艺术等都混杂了希腊、波斯、印度等文化的因素。同时，希腊化世界内部各个地区之间的艺术，也存在着相互持续的影响与交流，多种不同源头的文化因素已难分彼此、错综复杂。丝绸之路开通后，汉代艺术得以与这些希腊化艺术的继承者接触、交流。本章拟从汉代十分流行的有翼神兽和西王母图像两个案例入手，考察中原石雕艺术中的希腊化因素。

第一节　汉代有翼神兽石雕

从文献记载和考古发现来看，雕造大型石像始见于秦汉宫苑和陵墓，但秦代数量仍较少，西汉时数量开始增多，保留至今的有汉长安城昆明池的牛郎织女像和霍去病墓前石雕群等。不过，正如研究者所指出的，这些雕像从造型来看与后来东汉时期兴起的石人石兽并无直接的渊源关系。如前所述，在丝绸之路开通之前，中原与域外的联系主要集中在北方的欧亚草原；丝绸之路开通之后才转向西域。然而，从目前的遗存来看，战国和西汉时期西方因素对于中国石雕艺术的影响仍比较有限，此时的域外因素主要仍是来自欧亚草原，即便有部分西方因素（如第四章第一节所讨论的巩乃斯河畔发现的希腊战神铜像），也是通过欧亚草原作为中介到达中原地区。

战国和西汉时期石雕艺术的代表是著名的霍去病墓石雕群。霍去病墓是汉武帝茂陵的陪葬墓之一，位于陕西兴平市茂陵以东500米处，是一座外表呈山状的土丘，土丘上下散落着多处石雕。从20世纪初以来，先后经多位学者调查，该墓前共计发现石雕17件，其中包括14件石雕像和3件石刻题记。学界一般认同该墓即《史记》《汉书》中所载汉武帝为霍去病“为冢象祁连山”以为纪功之具体所在。即便贺西林先生对其墓主归属与象征意义提出质疑，但也赞同墓前石雕确为西汉时期遗存。[1]从该墓地处茂陵陪葬区及“左司空”等石刻题记来看，霍墓石雕带有一定政治色彩和国家意志，表现手法也多为因势赋形，与中国本土艺术具象与抽象兼具的造型方式一脉相承；同时，由于西汉及以前极少发现同类石雕，霍墓石雕群至少在某种程度上受到了一定的外来文化影响，研究者对此已有详细论述，大多将其归于斯基泰、匈奴等欧亚草原艺术。[2]很多研究者指出，石狮、“马踏匈奴”等石雕表现出与巴比伦、西亚艺术之间的联系，但这种联系应该也并非直接的，而是经由欧亚草原的间接联系。[3]霍去病与张骞为同时代人，彼时中原对西方的了解主要还是通过草原地区。

汉代石雕艺术中最受人瞩目的是东汉时期兴起的陵墓石兽，它们列置于帝王陵园和贵族、豪强陵墓及其神道两侧，具有护卫仪仗、镇邪驱魔的功能。从考古发现和金石学著录来看，这类石雕主要流行于河南、山东、四川等地，东汉后期开始出现，在六朝时期最终制度化，成为中国陵墓建筑空间体系的一个重要组成部分。研究者指出，在这一过程中，外来文化因素的影响发挥了重要作用。[4]这种影响又在有翼神兽形象上表现最著。

有翼神兽在中国艺术史中是一种使用范围广、流行时间长的艺术

1 贺西林：《“霍去病墓”的再思考》，《美术研究》2009年第3期，第32页。

2 沈琍：《霍去病墓及其石雕研究的回顾及思考》，《考古与文物》2010年第6期，第60—66页。

3 Carl Hentze, “Les influences etrangeres dans le monument de Houo-K’iu-Ping,” *Artibus Asiae*, Vol. 1, No. 1 (1925), pp. 31-36.［日］石松日奈子：《中国古代石雕论——石兽、石人与石佛》，杨效俊译，《考古与文物》2010年第6期，第81—82页。

4 滕固：《六朝陵墓石迹述略》，载氏著：《滕固艺术文集》，上海：上海人民美术出版社，2003年，第293—304页；梁思成：《中国雕塑史》，天津：百花文艺出版社，1998年，第33页。

现象，其形成是一个极其错综复杂的内在演化与外在交流相互交织的过程。李零先生广泛收集了中国早期和境外同时期的有翼神兽材料，认为中国的有翼神兽是在春秋中期到晚期突然出现，后逐渐成为中国艺术的主题，其源头与西亚、中亚和欧亚草原艺术中的“格里芬”形象有着密切联系。[1]林通雁先生指出，中国的有翼神兽自有传统，并非全部都是舶来品。从战国到西汉前期，传统风格以战国曾侯乙墓的青铜翼兽为代表，主要用于钟磬支架，神兽附翼可能与传统装饰理念有关；外来风格以新疆新源县巩乃斯河出土铜环对兽为代表，则主要是作为域外神祇或器物装饰题材出现；两者的融合并不普遍，仅在如河北平山中山王墓出土错银青铜翼兽等器例中可见。[2]从李零收集的材料来看，这一时期外来风格的翼兽主要出现在三晋、中山等与戎狄关系紧密、临近北方草原的地区，它们与格里芬在波斯、中亚和欧亚草原的流行期大致同步而略晚，主要类型基本齐全，鹰首格里芬最突出，同时带翼鹿（麒麟）、带翼狮和带翼虎也已出现，主体特征也与域外一致。到了西汉中期以后，随着丝绸之路开通以及中西文化交流日趋频繁，有翼神兽不仅数量上极大增加，表现形式上也呈现出与此前不同的特点，受到外来文化的影响愈加显著，逐渐出现风格化的趋向，成为汉代艺术中极其重要的一类图像。此一时期的有翼神兽中，鹰首类基本不见，鹿首类形成固定风格的麒麟，狮首类形成固定风格的天禄、辟邪，尤其后者自东汉以来地位十分突出，不仅流行程度高，还被用于陵寝装饰，成为魏晋南北朝时期中国纪念艺术的重要组成部分。

根据艺术形象所仿来源动物的不同，汉代的有翼神兽大致可分为龙、虎、狮、鹿、马、羊等类型，每种类型受到外来影响的来源与程

---

1 李零：《论中国的有翼神兽》，载氏著：《入山与出塞》，北京：文物出版社，2004年，第87—135页。

2 林通雁：《“饰跃以飞廉”——论中国早期有翼神兽的传承与演变》，《西北美术》2015年第1期，第70—75页。

度有一定差异。其中，龙本来是中国艺术的典型主题，是人们想象中的神兽，并不需要双翼就能飞翔，汉代艺术为其添加了羽翼，应是受到了外来的带翼格里芬的影响。当然，李零指出，这种影响是相互的，龙出现双翼的同时，天禄、辟邪也在“龙化”。

鹿和羊是文献中“麒麟”所依托的原型，同时这两种动物也是草原艺术中的流行主题。不过，汉代艺术中的鹿与草原流行的大角鹿存在一定差距，相比之下，羊形翼兽体现出的外来风格更多。

虎亦是中国传统的艺术主题，其本身在中国有广泛分布，在夏商周三代的铜器、玉器上都能够见到，造型成熟。虎的双翼也是自春秋以后受到欧亚草原影响而加上的。在汉代墓葬艺术中，出现了许多翼虎的形象，如画像石中有许多“虎食鬼魅”等图像。这类翼虎一般被认为是作为辟邪驱魔的神物，保护死者尸体和灵魂不被鬼魅侵害之用，体现了中国自身的文化因素和思想渊源。[1]

马也是中国艺术原来就有的题材。在汉代艺术中，翼马是十分流行的题材，被称为“天马”或“仙马”，其文化含义多重，既指汉武帝征伐大宛所得汗血宝马，有其军事政治

图6-1-1
渭陵出土仙人骑马玉雕

图6-1-2
吉林榆树老河深墓地出土飞马纹牌饰

1 王煜:《汉墓“虎食鬼魅”画像试探——兼谈汉代墓前石雕虎形翼兽的起源》,《考古》2010年第12期，第67—80页。

含义，又指汉人想象中的仙境瑞兽，可以凌空飞驰。从外形来看，这些翼马可分为两类：第一类如陕西咸阳渭陵出土仙人骑马玉雕，马的羽翼较小，多刻画在马的肩部，多与仙人、山林、熊鹿瑞兽等共同出现。（图6-1-1）这类翼马是汉人所想象仙境中的一种奇兽，反映了汉人对仙境的向往和长生不老的愿望。[1]第二类如内蒙古扎赉诺尔和吉林榆树老河深墓地出土牌饰上的飞马纹，羽翼较大，翼尖狭长，斜向马背后上方延伸出去，四蹄形态呈现腾跃姿态，较为动感。（图6-1-2）这类飞马纹应来自于希腊神话中的飞马珀伽索斯(Pegasus)，它是科林斯城邦的保护神，常常被置于钱币之上作为该城的标志。（图6-1-3）后者是希腊古典艺术的重要题材之一，经由欧亚草原通道到达中国东北地区，同时也通过陆上丝绸之路传到中国西域地区。新疆新和通古斯巴什古城出土的模制陶碗的内范，就装饰着这类飞马纹，上下两边还装饰希腊古典艺术常见的浪尖纹，林梅村先生推测为汉代器物。[2]（图6-1-4）河北定县出土的西汉中晚期错金银车饰，图案十分精美，表现仙人与龙、鹿、熊、鸟、象、鬼等漫游于山林之间，周围云纹缭绕，极其生动地刻画了汉人对仙境的想象，但上方带长翼奔驰的翼马却表现出

图6-1-3
科林斯钱币上的飞马纹

图6-1-4
通古斯巴什出土模制陶碗内范

1 曾蓝莹:《仙马、天马与车马：汉镜纹饰流变拾遗》，载巫鸿、朱青生、郑岩主编:《古代墓葬美术研究》第三辑，长沙：湖南美术出版社，2015年，第49—71页。

2 林梅村:《中亚的希腊化时代》，载氏著:《丝绸之路考古十五讲》，北京：北京大学出版社，2006年，第81—82页。

明显的希腊艺术风格，应是两种类型翼马融合的结果。（图6-1-5）

图6-1-5
河北定县出土西汉错金银车饰

狮子是唯一纯粹外来的动物，主要生活在西亚、北非，狮子图像也最早出现在这一地区。从公元前三千纪起，苏美尔（Sumer）艺术中出现了翼狮、翼牛等造型，这是受到了神像影响的结果，即用翅膀来表现神生活在天上，翼狮、翼牛等翼兽则是神的化身。翼狮、翼牛的形象被亚述帝国全面继承，并通过贸易、战争等方式传播到波斯、希腊、欧亚草原等地。春秋以后，中国中原地区又从欧亚草原了解到有翼神兽，其中就包括翼狮。[1]值得注意的是，欧亚草原和中国原本都没有狮子这种动物，翼狮在欧亚草原并不流行，工匠对狮子的特征不熟悉，其形象在艺术表现上也缺乏写实性，且有“虎化”的趋势，并在头上加角；[2]战国至西汉时期的中原艺术中，翼狮也不甚多见。关于中国人对狮子的了解，据林梅村研究，《穆天子传》中提到了狮子

1 郭静云、王鸿祥:《从西亚到东亚：翼兽形象之原义及本土化》,《民族艺术》2019年第3期，第49—64页。

2 李零:《论中国的有翼神兽》，载氏著:《入山与出塞》，第123页。

这种动物，当时称之为“狻猊”，来自塞语对狮子的称呼；到了西汉时期，随着对西域了解的增加，中国人知道了中亚的乌弋山离出产“师子”；东汉时期，来自中亚和西域的使臣向汉朝进贡狮子，同时中原艺术中开始流行狮子形象。[1]因而，总体上，西汉以前中国对狮子并没有足够的了解，艺术中大量出现狮子主要是从东汉后期开始，这显然应与丝绸之路开通带来的影响有关。与欧亚草原类似，汉代艺术中的狮子形象也融合了虎的特征，很多形象甚至很难区分狮虎，研究者称之为“狮虎类猛兽”，其中最大宗的当属陵墓石兽中的天禄、辟邪，它们多采用带翼的狮虎类猛兽的形象表现，也是迄今为止发现数量最多的汉代有翼神兽类型，体现出的外来影响也最为浓重。

文献中对天禄、辟邪有很多记载。据《后汉书·宦者列传》载，张让令人修缮洛阳宫室，“又铸天禄、蝦蟆，吐水于平门外桥东，转水入宫”。[2]同书《孝灵帝纪》亦记录了此事：中平三年（公元186年）“复修玉堂殿，铸铜人四，黄钟四，及天禄、虾蟆”。对于这条记载，唐李贤注曰：“天禄，兽也。时使掖廷令毕岚铸铜人，列于仓龙、玄武阙外，钟悬于玉堂及云台殿前，天禄、虾蟆吐水于平门外。事具《宦者传》。案：今邓州南阳县北有宗资碑，旁有两石兽，镌其膊一曰天禄，一曰辟邪。据此，即天禄、辟邪并兽名也。汉有天禄阁，亦因兽以立名。”[3]今南阳汉画馆收藏有二石兽，据卜友常考证，其一上有“天禄”刻铭，为原宗资墓前石兽，“天禄”二字系明人根据宋代拓本重镌；另一无刻铭石兽，则可能来自宗资祖父宋均之墓前。[4]（图6-1-6）从实物看来，南阳汉画馆所藏二石兽外形相差无几，如果卜氏考证不

1 林梅村：《狮子与狻猊》，收入氏著：《汉唐西域与中国文明》，北京：文物出版社，1998年，第87—95页。

2《后汉书》卷七八《宦者列传》，二十四史点校本，北京：中华书局，1965年，第2537页。

3《后汉书》卷八《孝灵帝纪》，第353页。

4 卜友常：《南阳现存“汉代宗资墓前天禄、辟邪”新证》，《中国美术研究》2013年第4期，第44—50页。

图6-1-6
南阳汉画馆藏石兽

误，则辟邪、天禄作为神兽的形象在东汉后期已基本确定下来，并且从《后汉书》来看，它们也被用于宫廷装饰。不过，这两件石兽十分相似，现无刻铭、可能属于宋均墓的石兽是否“辟邪”，尚不能完全确定。目前各地仍存世、与南阳汉画馆所藏类似的东汉石兽十分丰富，主要集中在山东、河南、四川三省，晚清民国时期被盗卖出境、现存于海外各大博物馆的数量也十分可观，前人已经进行过较为全面的调查。[1]不过，对于天禄与辟邪的差别，学界仍不清楚。有些研究者曾以独角、双角来区分天禄、辟邪，但二者均有反例，不能确定。[2]东汉神兽纹铜镜中，有不少带有“天禄”“辟邪”铭文字样。从实物来看，铜镜上表现的形象与陵墓石兽差别较大，大体上天禄似龙、辟邪类虎，它们各自也存在不同，但统一的特征是均为头上有角、身生双翼的神兽。[3]这两个特征是与陵墓石兽中的天禄、辟邪保持一致的。

研究者对有角这一特征也进行了较为充分的讨论，认为其在中国和西亚各自有其传统，东汉天禄、辟邪头上的角也是东西方多种文化因素交流融合的产物。与“翼”类似，有“角”的狮形神兽在西方也渊源自西亚，在亚述艺术中即已十分流行，后传至波斯、欧亚草原与中亚地区，经过斯基泰（塞人）的中转，与中国传统的角龙形象融合，成为天禄、辟邪的固定特征之一。[4]总体上，这一过程与有翼神兽的传播与流变有很大程度的重合。

需要指出的是，如前所述，西亚的有翼、有角神兽是诸神的化身或象征，具有明确的信仰含义；欧亚草原的翼兽、角兽图像则不再具

1 秦臻：《汉代陵墓石兽研究》，北京：文物出版社，2016年，第30—63页。

2 孙机：《汉代物质文化资料图说》，北京：文物出版社，1991年，第420页；宋震昊：《天禄辟邪新考——从角数规律看南朝帝陵石兽的名称》，《东南文化》2009年第3期，第77—82页。

3 刘卫鹏：《东汉“天禄”铜镜的发现与探讨》，《文物》2016年第3期，第61—66页。

4 董波：《犄角猛兽——辟邪、天禄形象考源的一个视角》，载练春海主编：《制器尚象：中国古代器物文化研究》，桂林：广西师范大学出版社，2021年，第51—86页。承蒙董波先生赐文指教，谨致谢忱。

有特定内涵，而是成为一种较为普遍的艺术主题。所以，战国—西汉前期的中原地区从欧亚草原接受这类图像后，在模仿其形式的同时，又为其注入了中国特殊的文化含义，如用不同的翼兽、角兽形象来对应表现传说的灵兽——文献中提到的麒麟、飞廉、穷奇、天禄、辟邪等。因而，正如艺术史家所观察到的，这些早期神兽的造像都较为意象化和程式化，缺乏写实的描绘，与现实动物形象距离较远。但东汉后期集中出现的天禄、辟邪形象，却表现出与西亚早期的翼狮、角狮形象相当大的一致性，如多成对出现，注重对动物躯体、细节的塑造，写实性很强。如1955年河南洛阳涧西区孙旗屯防洪渠工地出土的一对石兽，呈狮虎造型，头上有角，其一为独角、向后翘起，另一为双角，项部有铭文“缑氏蒿聚成奴作”，双翼刻画羽状纹饰，细致写实。二兽均作昂首挺胸、阔步行进状，雄健威武，颇具动感。（图6-1-7）

图6-1-7
洛阳孙旗屯出土石兽

图6-1-8
齐维耶宝藏金饰片

在西亚艺术传统中，这类成对出现的翼兽主题在亚述时期就已形成固定的模式，被装饰于城墙、城门、陵墓等处。美国华盛顿弗里尔美术馆（Freer Gallery of Art）收藏的一件齐维耶宝藏[1]金饰，描绘成对的格里芬分别守护于圣树两侧，推测原为放置于死者胸前的护甲，以保护其灵魂不受侵害，年代在公元前8—前7世纪。（图6-1-8）波斯帝国沿袭了这一主题，巴比伦伊什塔尔门（Ishtar Gate）巡游大道两侧、苏萨（Susa）宫墙釉砖画上，都装饰有这类猛兽形象，均为成对出现，呈行进姿态，表达政治权威。（图6-1-9）在功能上，中国陵墓石兽有镇守、驱邪、仪卫的意味，与西亚这类对兽主题不存在相似之处。

不过，东汉时期的天禄、辟邪显然不是直接受到古波斯艺术的影响，而是从继承了这一主题的罗马、帕提亚等希腊化艺术中习得。在罗马、帕提亚艺术中，继续流行用成对的翼兽来装饰建筑、墓葬等表面：中间以花瓶代替亚述时期的圣树，两侧为翼兽相对，并各抬起一前腿攀住花瓶，呈守护状。因此，尽管这一主题并非源于希腊，但却因希腊—马其顿人开创的这个广阔的希腊化世界而得以在相当大的范围内传播，从而成为诸希腊化艺术的代表性主题之一。在罗马很多带

1　齐维耶宝藏（Ziwiye Treasure），20世纪40年代法国考古学家在伊朗西北发现的一批金、银、铜、象牙等材质的宝物。参见https://www.iranicaonline.org/articles/ziwiye.

图6-1-9
苏萨宫墙釉砖上的格里芬

图6-1-10
图拉真广场浮雕装饰

图6-1-11
巴尔的摩博物馆藏
罗马石棺浮雕
（公元140—170年）

有纪念碑性质的神庙、广场以及高等级石棺上，都可见到成对的翼兽守护花瓶的图像。[1]（图6-1-10、11）罗马石棺上以成对格里芬图案作为装饰已经成为固定的程式，在埃特鲁里亚（Etruria）艺术中即在棺具表面装饰成对格里芬，象征死者的守护神。[2]

在帕提亚艺术中，这一题材也屡屡见于建筑装饰中。如出土于伊拉克哈特拉（Hatra）古城的一个神庙遗址、现收藏于大都会艺术博物馆的一件石质门楣浮雕，就表现了这一主题。（图6-1-12）两只翼兽双翼上翘，末端内卷，尾巴呈S形，花瓶中伸出程式化的藤蔓，与汉诺威（Hannover）博物馆藏罗马建筑装饰中的同一题材十分接近，可能是受到了后者的影响。（图6-1-13）帕提亚与罗马同为希腊化的继承者（尽管程度不同），在地域上又毗邻，二者在文化艺术上十分自然地相互发生影响，哈特拉甚至曾发现可能表现图拉真（Trajan）的大理石头像。[3]同时，翼兽的头部则与波斯传统的猫科动物的表现方式一致，体

1 R. Grüssinger, *Dekorative Architekturfriese in Rom und Latium*, PhD. Diss., University of Heidelberg, 2001, pp. 191-195, 222-228; E. Simon, “Zur Bedeutung des Greifen in der Kunst der Kaiserzeit,” *Latomus*, T. 21, Fasc. 4 (Oct.-Dec. 1962), pp. 749-780.

2 Anna Marguerite McCann, *Roman Sarcophagi in the Metropolitan Museum of Art*, New York: The Metropolitan Museum of Art, 1978, pp. 35-36.

3 J. M. C. Toynbee, “Some Problems of Romano-Parthian Sculpture at Hatra,” *The Journal of Roman Studies*, Vol. 62 (1972), pp. 106-110.

图6-1-12
大都会艺术博物馆藏
帕提亚石质门楣

图6-1-13
汉诺威博物馆藏
罗马建筑装饰

图6-1-14
尼尼微遗址出土
帕提亚门楣

现出帕提亚也较多吸收了波斯艺术的元素。

类似题材的帕提亚门楣在伊拉克尼尼微（Nineveh）遗址也发现了一件，构图模式完全一致，但艺术风格则表现出一些差别：守护花瓶的两只翼兽，身体拉长呈横长条形，与中国龙纹图案相似，上方还装饰着植物纹饰，研究者认为这种造型可能是受到了东方的影响。[1]

1 Dominique Collon, *Ancient Near Eastern Art*, Berkeley and Los Angeles: University of California Press, 1995, pp. 192-194, fig. 155.

（图6-1-14）这类翼兽还见于帕提亚腰带，如哈特拉出土的国王和将军石雕像所配戴的腰带，都装饰有对称的翼兽形象。（图6-1-15）在帕提亚文化中，腰带是身份的象征之一，只有皇室贵胄或社会上层能够穿戴。从哈特拉出土石雕像所见腰带以及各地出土的帕提亚腰带实物来看，制作精良并且装饰人像、动物纹以及格里芬等纹饰的腰带主要见于公元3世纪上半叶以后，这种腰带与高王冠、长袖外袍一起成为帕提亚高等级人物的典型配饰，一直流行到帕提亚覆亡。[1]

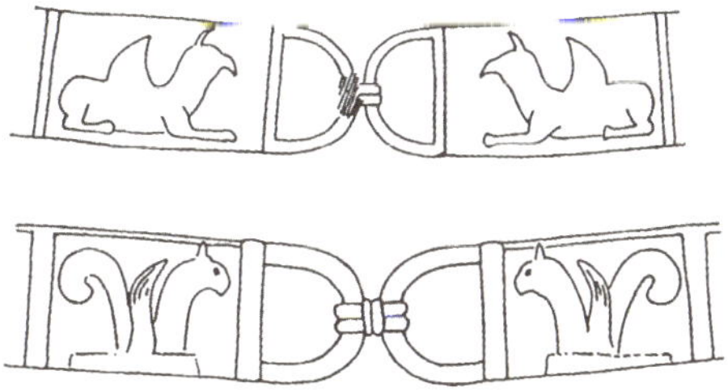

图6-1-15
哈特拉石雕像
腰带上的翼兽

1 Vesta Sarkhosh Curtis, "Parthian Belts and Belt Plaques," *Iranica Antiqua*, Vol. XXXVI, 2001, pp. 303-305, 310-311.

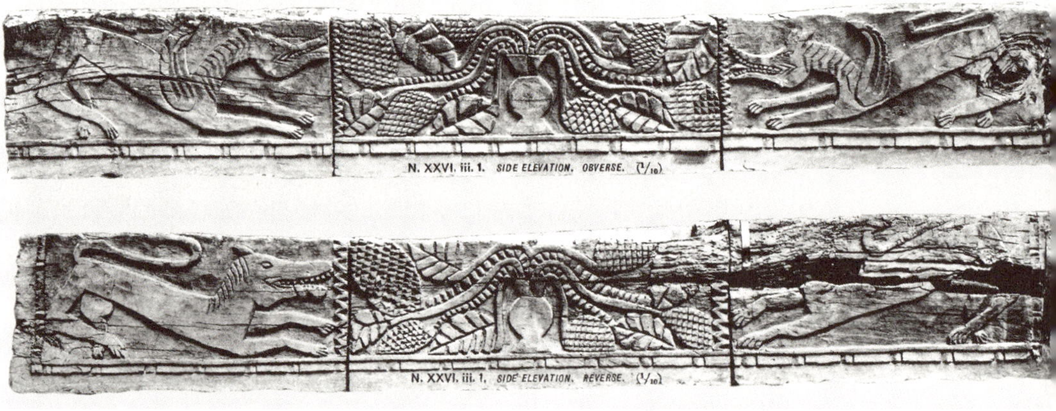

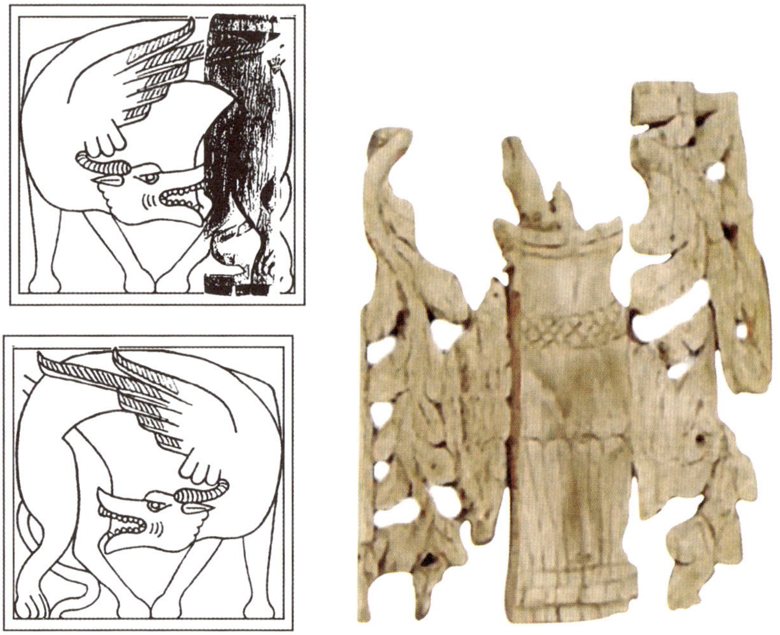

图6-1-16
尼雅、楼兰遗址出土木雕装饰的翼兽图案

笔者注意到，用这类主题来装饰的门楣在中国新疆同时期的尼雅遗址也有发现，造型如出一辙。斯坦因在尼雅N.XXVI遗址还发现过一件木雕托架：正面分为三格，中间雕花瓶，并向两端伸出花枝，两侧为相向奔跑的两只翼兽，兽头颇似狼狗，与尼尼微出土门楣十分接近；托架背面图案与正面基本一样，只是二兽没有翅膀。

图6-1-17
尼雅遗址出土木雕门楣

（图6-1-16上）新疆博物馆收藏有一件在尼雅遗址采集的柜门，上面装饰着与托架图案十分接近的翼兽。（图6-1-17）斯文·赫定在楼兰LB.II遗址曾发现几件透雕的木雕残件，经贝格曼复原，其装饰纹样可能是翼兽和花瓶图案。（图6-1-16下）由尼雅托架推测，这些木雕可能原来表现的也是与帕提亚一致的翼兽守护花瓶主题，它们上下边缘皆有凸榫，应是用于室内装饰。斯坦因在同一个遗址也发现了类似的边缘有凸榫、残存动物身体纹样的木雕残件。[1]值得注意的是，尼雅和楼兰还发现了不少装饰有典型希腊植物纹样的木雕。综合来看，这些木雕应该是深受希腊化文化影响的帕提亚艺术东渐的结果。

两汉时期，帕提亚控制着新疆以西的丝绸之路西线的贸易。东汉和帝年间，班超曾派遣甘英出使罗马，但最终为安息西界船人所止而未能抵达。从前文所述正史中多次记载的安息遣使入朝来看，帕提亚无疑是这一时期中原地区所接受西方文化的直接来源之一。东汉流行的天禄、辟邪图像，固然有中原本土从东周以来的传统元素，但其成对出现、注重细节和写实性、置于墓前承担镇守仪卫功能等特征，则应该是来自帕提亚艺术中翼兽守护花瓶主题的影响。当然，这种影响并非单向的、一次性的，而是既有直接的，也有通过中亚地区间接产生的。直接影响与间接影响不断往复进行，其间又有不同文化因素的交流融合，是一个相当复杂的过程。这一过程本身，正是希腊化时代所开启的文化交流的结果。

---

1 M. A. Stein, *Serindia: Detailed Report of Explorations in Central Asia and Westernmost China*, Vol. 4, Oxford: Clarendon Press, 1921, pl. XXXIII.

印度佛教艺术中亦有表现狮子的传统，阿育王石柱顶端即以狮子装饰。翼狮最早见于巴尔胡特（Bharhut）和桑奇大塔（the Great Stupa at Sanchi）雕刻中，其来源应是波斯艺术。（图6-1-18）桑奇塔门支柱表面装饰的翼狮，为背向蹲踞，与波斯波利斯柱头的表现方式一致。[1]犍陀罗艺术中继承了这一做法，用翼狮来作侧边装饰图案。如阿富汗出土的石刻释迦牟尼“舍卫城双神变图”（公元2—3世纪）中，两只翼狮背向对称地位于主佛两侧。（图6-1-19）

狮子还被用于表现佛座，佛经中称为“狮子座（Siṃhāsana）”或“金狮床”，贵霜时期十分流行。“狮子座”有双狮、三狮等多种形式，犍陀罗和马图拉（Mathurā）艺术中都有大量实例。[2]值得注意的是，双狮或成对翼兽装饰的佛座，在马图拉艺术中多沿袭了背向蹲踞的形式，而在犍陀罗艺术的迦毕试（Kapiśa）样式中则出现了双狮正面向前的佛座。（图6-1-20）艺术史学者一致认为，迦毕试样式与犍陀罗早期佛像造型有很大不同，不再塑造写实、优美、理想的希腊式佛像，而是偏好简洁、直拙、神秘主义的风格，具体表现之一就是人像多采用正面表现，动作僵硬、程式固定。日本学者田边胜美指出，这应是受到了帕提亚艺

图6-1-18
巴尔胡特与桑奇塔门石雕翼兽

1 ［法］阿·福歇:《佛教艺术的早期阶段》，王平先、魏文捷译，兰州：甘肃人民出版社，2008年，第53页。

2 方倩:《印度早期佛教造像“狮子座”图像及其中国化研究》，华东师范大学硕士学位论文，2019年。

图6-1-19
犍陀罗石刻侧边
装饰翼兽图案

图6-1-20
马图拉与犍陀罗
艺术中的狮子座

术“正面性”的影响，许多佛像“施无畏印”与帕提亚将军盟誓的造像非常接近。[1]双狮座从背向蹲踞转变为正面向前的形式可能发生在这种艺术潮流下。

1 田边胜美:《迦畢試国出土の仏教彫刻の製作年代について》,《オリエント》第15卷2号，1972年，第87—147页。

这种正面狮子座进一步影响到了中国，目前中国佛教艺术中所见的狮子座最早见于十六国北朝时期，很多都采用了双狮正面向前的形式，与迦毕试样式十分相似。（图6-1-21）北朝以后，中国佛座正面装饰又出现了二兽相向蹲坐、中间饰香炉的图案，这则是从前述帕提亚门楣、新疆木雕传播而来的翼兽守护花瓶的样式。（图6-1-22）

图6-1-21
甘肃泾川出土窖藏十六国金铜佛

第二节　汉代西王母图像所见西方文化因素

西王母是汉代艺术中最为常见的形象之一，相关研究十分深入。尤其是西王母与域外西方在地理位置上的特殊关系，已经成为中外文化交流研究中的一个重要课题。

西王母信仰可能出现很早，但到汉代才逐渐成为一个信仰体系。其图像在四川、河南、山东、苏北、陕北和晋西北等地的汉画像石中有大量发现，是汉代画像中最具特色的图像。李淞将汉代西王母的图像形式演变划分为两个阶段：第一阶段为西汉中后期至东汉初期，西王母为四分之三侧面角度，一般与捣药兔相对应，并伴有九尾狐、三足乌、蟾蜍等仙禽瑞兽的配置；第二阶段为东汉初期至中期，西王母为正面角度，形象突出、居于画面中心，左右有对称的侍从或仙禽瑞兽，并均面朝于她。

图6-1-22
邺城出土北齐石佛像

图6-2-1
卜千秋壁画墓的西王母图像

图6-2-2
偃师辛村壁画墓的西王母图像

第一个阶段出现于西汉中后期前后。李淞指出，西王母图像从一开始就以不同于中国传统神像的独特形式出现。在造型上，西王母与世俗的人是基本一样的，迥异于中国其他众神的人兽混合形。在西汉以前，中国文化的正统观念认为，神的世界与人间是分离的，也没有直接来往，神和人在性质上是不同的存在，因而其形象也是相异的。因而，从史前到西汉时期的艺术作品中，神像的模样奇形怪状，一般是人鱼鸟兽的混合体，如马王堆汉墓帛画上方中央的人首蛇身形象、两汉时期大量的伏羲女娲像等是其典型代表。汉武帝以后，中国神像观念发生了转变，即神的形态与世人相同，这一变化首先并着重表现于西王母图像，如现知最早的西王母图像——河南洛阳卜千秋壁画墓[1]、河南偃师辛村壁画墓等墓葬中发现的西王母形象，均为人的形象。（图6-2-1、2）总体上，西汉以后，除了部分西王母带有双翼之外，大多数都是完整的人形。

西王母这一特点的出现，与外来文化的刺激和引导密不可分。具体来说，有两个因素决定了人形西王母形象的出现，即西王母的性质和其出现时间。在性质上，西王母是古代中国人对“西方”世界的想象力（知识）和来自西方世界的宗教神话传说相重叠的产物，人们认为她是真实存在的，并一直在

1 卜千秋墓壁画的创作年代在西汉中期稍后，即昭帝至宣帝之间（公元前86—前49年）。关于图中所绘立于三头鸟上的女性形象是否为西王母，学界虽仍存在一定分歧，但都公认这组图像与西王母有关。

为她寻找地理位置上的对应点，从甘肃、青海一带西移至中亚乃至地中海沿岸。在时间上，西汉时期从张骞出使西域起，中国人直接打开了对西方认识的窗口，眼界大为开阔。张骞向汉武帝的报告中曾提到："安息长老传闻条支有弱水、西王母，而未曾见。"[1]西王母本是中国本土的信仰，当然不是西方地母神等女神在中国的翻版，但西方文化中的女神在表现形式上却影响到了西王母图像。西王母在地域上是与"西方"有关的神祇，张骞自然地将其与西方的神话传说联系起来。到了西汉中后期，中西文化交流已经颇具规模，西方艺术中的"人神同形"理念以直接或间接的形式传入中国、影响到西王母图像，是十分自然的。[2]

这个阶段的西王母图像中，还出现了一些较为典型的希腊化文化因素，可与西方女神像进行比较。河南南阳新野张楼出土的一件画像砖上，表现了一位女性呈四分之三侧坐的形式，其两侧各有一羽人侍奉，一人手中持有穗状物；下部群山耸立，林草密布，其间还有凤凰和奔兽。（图6-2-3）这位女性被学界一致认为是西王母形象，头插簪，手中持有一微弯的筒状物体，十分引人注目，很多学者将其与西方女神像的常见手持物——丰饶角联系起来。（图6-2-4）如前章所述，丰饶角来自希腊神话，后在不同地域和时期的传播发展过程中形成各自的面貌，其持有者在地中海世界包括多种身份，而在远东希腊化世界则主要是女性神祇。在犍陀罗石刻中，手持

图6-2-3
新野张楼画像砖西王母图像拓片

图6-2-4
罗马幸运女神石雕像

1 《史记》卷一二三《大宛列传》，二十四史点校本，北京：中华书局，1982年，第3163—3164页。
2 李淞：《论汉代艺术中的西王母图像》，长沙：湖南教育出版社，2000年，第289—297页。

丰饶角的女神像较为常见。新疆尼雅墓葬出土的棉布画上也有手持丰饶角的提刻女神，背后有头光，显然是受到贵霜佛教文化的影响。

新野张楼画像砖上西王母所持筒状物体，左端口部稍宽，略呈现倒三角形，筒身又略弧，与丰饶角的形态有相仿之处，西王母捧持的姿势也与西方女神形象尤为接近；其身下所坐平台，以细弧线勾勒出几个花瓣形状，则与佛教莲花座的样式非常相似。李淞还注意到，这一筒状物与其他图像上的西王母所持绕线架在表现手法上也存在差别，后者多用轮廓线表现，而前者则是浮雕的实体。这件画像砖年代较早，为西汉晚期。不过，西王母所持筒状物是横向抱持，与西方丰饶角多为竖置不同，可能是间接受到了希腊化艺术的影响，在形式上还是存在较大的差别。

图6-2-5
山东苍山画像石西王母图像

与新野张楼画像砖西王母图像相类似的一幅图案，出现在山东苍山前村汉桓帝元嘉元年（公元151年）画像石墓墓门左立柱的正面上方，表现西王母坐在一个类似莲座的平台上，右手持一个上大下小的角状物。（图6-2-5）王煜认为这幅西王母画像的平台类似莲座、手中持角状物体这两个特征都与新野画像砖相像，只是前者西王母所持物体似分为左右两部分，他认为这可能是当地工匠将其处理为西王母的“行诏筹”的结果。[1]“行诏筹”是西汉末哀帝建平四年（公元前3年）的一次规模较大的流民骚动，民众以西王母为号，手

1 王煜、唐熙阳：《汉代西王母图像与西方女神像之关系及其背景》，《考古与文物》2015年第5期，第90页。

持令筹赶到京城举行集会。“筹”应为木棍、薪柴一类物体，是这次事件的参与者所持之物，并非西王母所持，因此图像中的物体是否为诏筹仍待考证。这件画像石年代在公元2世纪中叶，西王母所持角状物呈竖置状，与希腊化艺术中的丰饶角原型更为接近。随着丝路的开通，这一时期一些希腊化文化因素，如希腊化钱币中手持丰饶角的命运女神或城市女神形象，对画像石图像产生一定影响，也是可能的。

新野樊集画像砖墓M37中出土了一件陶房，上面浮雕有西王母。（图6-2-6）陶房四壁外侧的中部一圈模印出四组图像，其中西王母位于图像中心，四分之三侧面坐于山峦之上，戴胜，面前有捣药玉兔，此外画面两侧还有三足乌、九尾狐、蟾蜍、大鸟、羽人、群山等典型西王母图像中的习见元素。西工母右手持一方形网状物，左手则持一带箭头的棍状物。王煜认为这两件物体与西方雅典娜女神所持的矛和盾相似，可备一说。

雅典娜是希腊神话中主掌智慧与战争的女神，矛与盾是她的武器，希腊瓶画中有很多表现雅典娜两手分持矛和盾的形象。后来，随着希腊化艺术的发展，雅典娜形象也出现在东方艺术品中。巴基斯坦拉合尔博物馆（Lahore Central Museum）藏雅典娜石雕像，头戴盔帽，身穿希腊式短袍，手部均残，但从身前残留的长棍推测也是左手持矛、右手持盾，年代在公元前1世纪。（图6-2-7左）阿富汗黄金之丘遗址也出土了不少带有雅典娜形象的戒指、吊坠等装饰品，前章提到斯坦因在尼雅遗址发现的封泥上亦可见到雅典娜图像，均为戴头盔、手

图6-2-6
新野樊集画像砖墓M37陶房上的西王母图像

图6-2-7
希腊化艺术品中的
雅典娜形象

持矛和盾的形象，特别是矛一端呈尖头状，与新野M37陶房上的西王母左手持物相近。（**图6-2-7右**）

不过，目前学界多赞同李淞的观点，认为新野M37陶房上西王母右手所持的网状物，与河南地区常见的两个对置三角形状物体一致，均表现的是绕线器，或称“纴器”，在不同图像上呈现出的不同形状可能是绕线过程中线在纴器之形的分解图。西王母持绕线器，与其头上所戴“胜”一样来自纺织，可能与其女神身份及汉代强调妇德有一定关系。[1]相应的，新野M37陶房西王母左手所持带箭头的棍状物，也应是纺织所用织梭一类纺织器具。整体上，这件西王母图像与雅典娜的造型确实比较相似，可能前者从形式上对后者有一定的借鉴，但后者原有的含义已消失殆尽。

---

1 刘海宇：《汉代画像砖中的西王母持纴器图考》，《清华大学学报（哲学社会科学版）》2018年第1期，第112—119页。

河南是汉代较早出现西王母图像的地区，但总体数量并不多，远低于山东、陕北和四川，年代多为西汉后期或东汉初期，早于其他地区，品种门类上也比较丰富，基本为一图一式，极少有相同或相似的构图。这种多样性正是由于其仍处于西王母图像发展的早期阶段，造型与图像构成都尚未形成固定的程式。巫鸿先生将这一阶段的西王母构图形式概括为“情节式”构图。这一阶段已是中原王朝对西域进行了一段时间的经营并卓有成效的时期，东西方文化已有了一定程度的交流，西方文化因素也已对中国有了相当规模的影响，因而西王母图像才得以吸收各种文化因素进行创造，展现出丰富的形式。

值得注意的是，河南地区西王母图像的一个突出特征是多有凤凰伴随。据毛娜统计，该地区共有8件西王母图像中出现了凤凰，占总数的29.6%，数量相对较多。[1]凤凰是重要的祥瑞符号，一方面表明西王母的圣德与地位，另一方面则显然与汉人对西王母所在西方世界的认识有关。据《史记·大宛列传》载：“条枝在安息西数千里，临西海，暑湿。耕田，田稻。有大鸟，卵如瓮。”《汉书·西域传》载，安息国有“大马爵”。《汉书·张骞传》载：“大宛诸国发使随汉使来，观汉广大，以大鸟卵及犁靬善眩人献于汉。”河南画像砖上与西王母一同出现的凤凰，多为身形巨大的鸟。西汉人所知地理上最西边的国家是条支和安息。这两个地方出产大鸟这一特征，被人们很自然地与西方世界的西王母联系在一起。这些关于西方的知识，无疑都是随着张骞凿空之后的中外文化交流而来的。汉代西王母图像中的希腊文化因素，其直接来源也应是安息、大宛等地。这些地区的希腊化文化是亚历山大东征带来的，经过几百年的发展，已与本地文化有了充分的交流与融汇，发生了很大的变化。因此，这种几经演变的希腊化文化遗产再沿着丝绸之路东传至中原地区，往往就只剩下一点点痕迹，形

1 毛娜：《汉画西王母图像研究》，郑州大学博士学位论文，2016年，第41页。

式更加似是而非、难以辨认了。

另外，这一阶段外来的西方文化因素之所以较为集中，无疑也与该地区在两汉时期经济文化上的发展程度密切相关。中原地区以洛阳为中心，经济、文化整体都比较发达，西汉时期仅略逊于京畿所在的关中，东汉时期随着政治地位的提升，则一跃成为全国的经济文化中心。东汉时期的丝绸之路上，无论是在商业贸易方面，还是在文化交往上，洛阳都是当时最活跃、最繁华的城市。就佛教来说，往来于东西方交通路线上的高僧大德，多数很自然地会选择具有较大经济规模和人口密集的大城市作为落脚点，以便更好地传播佛教，而洛阳无疑是他们进入中国后的首选城市。马雍指出，从东汉后期开始，中国出现了一股前所未有的中亚人来华热潮。《高僧传》记录的这些来自安息、月支（贵霜）和康居的移民，大多活动在“京洛之间”。[1]

汉代西王母图像的第二个阶段，巫鸿称之为“偶像式”构图，西王母为正面角度，全人形，戴胜，侍从位于两侧。他认为这种构图方式来自印度佛教艺术，东汉时期人们把西王母视作宗教崇拜的偶像，等同于西方的佛陀，如四川地区出土的早期佛像，视觉形式与偶像式西王母十分相似。[2] 但是，中国迄今发现的佛像都晚于西王母图像，而以人格化佛像为代表的犍陀罗艺术对中国产生影响应不早于公元1世纪中叶。因此，李淞对巫鸿的观点进行了修正，他更强调第二阶段西王母构图中“对称”的特点，称之为“对称式”构图，并将其出现归结为这一时期外来文化持续影响的结果。[3]

“对称式”构图又分为两种形式：一是西王母与东王公形成左右对称；二是西王母自身呈对称形式，或坐于龙虎座上，或两侧有对称

1 马雍：《东汉后期中亚人来华考》，收入氏著：《西域史地文物丛考》，北京：文物出版社，1990年，第46—59页。

2 ［美］巫鸿：《武梁祠：中国古代画像艺术的思想性》，柳扬、岑河译，北京：生活·读书·新知三联书店，2006年，第149—157页。

3 李淞：《论汉代艺术中的西王母图像》，第297—309页。

侍从。对于第一种对称形式，学界一般认为，东王公是随着东汉中期阴阳学说流行作为西王母配角而创造出来的，其出现时间不早于公元2世纪。[1] 值得注意的是，从东汉中期以后，西王母普遍带有双翼，在有些地区与东王公共同出现的图像中，西王母又复现略侧面的角度，约为三分之二侧。李淞详细梳理了陕北及山西吕梁地区的汉代西王母图像，归纳出其从西王母独尊到东王公与西王母并列、从无翼到有翼再到无翼、从正面像到出现三分之二侧面的演变规律，同时伴随着祥瑞与灵异动物减少、日月崇拜消失、四神退让、西王母神圣性下降等趋势，认为这一发展脉络表现出汉代的艺术表达从浪漫转向现实的倾向。无疑，这一过程与整个汉代的社会文化变迁是一致的。[2]

图6-2-8
牛产墓西王母图像

笔者认为，西方文化因素在其中也发挥了一定的作用。如前所述，西王母图像与汉代以前传统的中国神像都不一样，她是第一位呈现为人形的神祇。随着丝绸之路的开通和人们对西方地理世界认识的增长，汉人在此前的基础上，又继续从西方文化中寻找灵感、吸收新的信息，来不断丰富西王母的形象。如山西吕梁地区发现的部分西王母图像可能就受到西方女神形象的影响。山西离石马茂庄牛产墓、石盘村画像石墓等多座墓葬发现了形式几乎完全一致的西王母、东王公图像：二者相对而坐，位于墓门两侧的边框中，同为三分之二侧面、世俗男女装扮，头顶有云状华盖。[3]（图6-2-8、9）这几座墓的年代都比较接近，在东汉桓、灵帝时期，牛产墓还有“熹平四年”（公元175

1 ［美］巫鸿：《武梁祠：中国古代画像艺术的思想性》，柳扬、岑河译，第132—134页。

2 李淞：《从“永元模式”到“永和模式”——陕北汉代画像石中的西王母图像分期研究》，《考古与文物》2000年第5期，第56—67页。

3 山西省考古研究所、吕梁地区文物管理所、离石县文物管理所：《山西离石再次发现东汉画像石墓》，《文物》1996年第4期，第13—27页；王金元：《山西离石石盘汉代画像石墓》，《文物》2005年第2期，第42—51页。

图6-2-9
石盘村画像石墓
西王母图像

午）的题记。值得注意的是，西王母手中所持之物，呈上宽下尖的倒三角形，有人认为是便面（遮面之物，形似扇子），有人则解释为灵芝或不死仙药等植物。不过，汉代画像石中的便面图像，形状较为固定，均呈厨刀状或半椭圆形，与考古出土的实物一致。[1]牛产墓左门框西王母所持三角状物，下面两边向内弧，表现得好似花朵；石盘村画像石墓左门框第2号石和前室东壁北侧竖框第17号石都彩绘有类似的西王母图像，三角物表面还有墨线勾画，更像花朵了。

在早期西方艺术中，手持花朵是表现人像的一种常见姿势，最初并无特殊内涵。从古波斯时期开始，手持花朵被赋予了宗教内涵，成为女神的常见姿态之一。中亚阿姆河宝藏中包含有两枚印章戒指，戒面凹雕出阿娜希塔女神的形象，手持花朵状植物、身体为侧面表现，

1 郑艳娥:《战国秦汉墓葬及汉代砖石画像所见古扇》,《南方文物》2000年第2期，第70—83页。

年代在公元前5—前4世纪。[1]（图6-2-10）阿娜希塔是伊朗宗教中水、星星和命运的女神，《阿维斯塔》（*Avesta*）中有专门颂扬礼赞她的篇章。她的手中常常持有“巴尔萨姆”（Barsam），即琐罗亚斯德教（Zoroastrianism）致祭祀礼时手执的细树枝。在古波斯时期，阿娜希塔与两河流域普遍流传的娜娜女神被逐渐混同为一体。杨巨平认为，到了希腊化时期，希腊的库柏勒（Cybele）、阿尔特米斯（Artemis）等女神的因素也被融合到对娜娜女神的崇拜中，并传到了中亚巴克特里亚地区；从迦腻色伽开始，贵霜开始大量吸收东西方文化因素，娜娜这位已经融合了希腊、印度和波斯多种文化背景与宗教内涵的女神，也受到了贵霜人的尊崇。[2]在迦腻色伽钱币上的娜娜女神，手持月牙杖，身体呈三分之二侧面。并且，这一特征在很多贵霜钱币背面的女神身上都有体现。（图6-2-11）贵霜迦腻色伽纪年的开始之年，目前学界大致认为在公元2世纪上半叶，与东汉桓帝的年代不相上下。

当然，笔者无法判断离石西王母手持花朵、三分之二侧面像与同一时期的中亚女神像之间是否存在某种联系，但二者的确存在一定相似之处。新疆尼勒克别特巴斯陶墓群曾出土过一枚嵌宝石的印记金戒指，戒面雕刻一位手持花朵、身体呈三分之二侧面的女性形象，制作十分精美。（图6-2-12）其所在墓群年代为战国至汉晋时期，即公元前5—公元3世纪。如果这个年代无误，那么该器物就暗示了

图6-2-10
阿姆河宝藏印章戒指上的
阿娜希塔女神像

图6-2-11
迦腻色伽铜币背面的娜娜女神像

1 O. M. Dalton, *The Treasure of the Oxus with other Examples of Early Oriental Metal-work*, London: British Museum, 1964, pp. 26-28.
2 杨巨平：《娜娜女神的传播与演变》，《世界历史》2010年第5期，第105—109页。

图6-2-12
尼勒克出土印章戒指

这类西方女神像确实存在向东传播的可能。[1]

不过，令人惊异的是，汉代画像中的西王母出现羽翼也正是在这一时期，并很可能是外来文化影响的结果。西汉—新莽时期的西王母图像均没有羽翼，东汉初期逐渐出现了部分带羽翼的西王母，并与无翼西王母一直并存到东汉末年。羽人在中国传统中早已有之，先秦文献《楚辞》和《山海经》中都有记载，实物最早可见于商代玉羽人，西汉艺术中已普遍出现羽人图像，直接来源于战国楚文化。[2]不过，汉代羽人形象多在人物的臂部、腿部生羽，羽毛下垂。西王母虽然最初就是以人的形象出现的，但有翼西王母之翼却主要出现在双肩或背部，斜向两侧上方翻卷，与中国本土的羽人差异很大，应另有渊源。

根据形态，西王母的羽翼又可分为两类：一种是弯月形，主要见于正面形象的西王母和东王公身上。（图6-2-13）另一种

图6-2-13
西王母的弯月形羽翼
（山东嘉祥宋山小祠堂西壁画像石）

1 不过，该戒指出土于墓葬盗洞之中，其年代可能晚于墓群本身；有研究者认为戒面女性表现出了萨珊艺术的特点。参见刘学堂、托呼提、阿里甫：《新疆尼勒克县别特巴斯陶墓群全面发掘获重要成果》，《西域研究》2004年第1期，第108页；葛嶷、齐东方主编：《异宝西来：考古发现的丝绸之路舶来品研究》，上海：上海古籍出版社，2017年，第117—120页。

2 贺西林：《汉代艺术中的羽人及其象征意义》，《文物》2010年第7期，第46—55页。

图6-2-14
西王母的弧线形羽翼（四川新都新龙乡画像砖）

则是在西王母背后用多条长短不同的弧线表示，除了在西王母身上可见，还见于羽人、神兽等其他形象。（图6-2-14）两种羽翼都是受西方文化影响的产物。

带羽翼即人头鸟身的女神，在两河与希腊文化中都各自有深远的渊源，二者从古波斯时期起在艺术图像中逐渐固定都采用希腊式的哈比（Harpy）或塞壬（Siren）的形象，并一直延续到帕提亚、萨珊时期。[1] 帕提亚老尼萨（Old Nisa）遗址出土的塞壬鎏金银像，表现出典型的希腊艺术风格。（图6-2-15）阿富汗黄金之丘六号墓出土的一件阿芙洛狄特（Aphrodite）金像，上身赤裸，呈现典型的希腊罗马风格，背生双翼。（图6-2-16）发掘者萨里安尼迪（V. I. Sarianidi）认为，希腊罗马艺术中的阿芙洛狄特并无双翼形象，此处的双翼应是受本地传统影响，加上

图6-2-15
老尼萨出土塞壬银像

1 Judith Lerner, "A Note on Sasanian Harpies," *Iran*, Vol. 13 (1975), pp. 166-171.

图6-2-16
阿富汗阿芙洛狄特金像

图6-2-17
贵霜金币上的国王像

翅膀以表示神性。[1]为造像添加超凡的特征以显示其神圣性，这是波斯的艺术传统，对中亚有着广泛的影响。阿芙洛狄特金像的羽翼形态与塞壬、弯月形西王母羽翼都比较接近，可能是连接二者的桥梁。陕西西安东郊东汉墓里曾出土一有翼童子铜像，项戴珠圈，手持小钹，双翼于肋部斜向上翻卷，与弯月形羽翼相似。此类有翼童子像在洛阳、襄樊等地也有发现，年代集中在汉晋时期，与新疆米兰佛寺壁画的有翼天使图像类似，应均为希腊化艺术东传的产物。[2] 李淞还注意到，阿富汗阿芙洛狄特金像的前额有圆形印记，并认为后来中国西王母图像中也有前额带印记的，其来源也应是前者。[3]

背后多条弧线的造型应是模仿火焰，其渊源应与琐罗亚斯德教有关。贵霜继承了波斯艺术中为国王图像添加神圣性特征的做法，将火焰加在其钱币正面的国王像双肩上，以象征君主的权威。（图6-2-17）晚期犍陀罗艺术中的“迦毕试样式”有双肩出火的佛陀形象，就是借用了这种手法来描绘佛陀来表现其神力。[4]汉代西王母图像的第二种羽翼，与这种火焰纹几乎如出一辙，其表现形式应来源于贵霜钱币，只是内涵已

1 Victor Sarianidi, *Bactrian Gold. From the Excavations of the Tillya-Tepe Necropolis in Northern Afghanistan*, Leningrad: Aurora Art Publishers, 1985, pp. 49-50.

2 朱浒、段立琼:《汉晋有翼铜人及其铭文新证》，载刘中玉主编:《形象史学》总第九辑，北京：社会科学文献出版社，2017年，第82—97页。

3 李淞:《论汉代艺术中的西王母图像》，第304页。

4 田边胜美:《カニシュカ一世金貨の国王立像考——焔肩の起源と意義》,《佛教芸術》1984年第156号，第51—63页。

完全与火焰无关，但仍有体现主体神像神圣特质的功能。这一点与弯月形羽翼是一致的。因此，西王母的羽翼应是西王母在这一时期作为偶像的神性符号，是受到外来文化中的女性偶像特征影响而出现的。沂南东汉墓石柱上的西王母与东王公的羽翼，就似乎融合了弯月形与火焰状两种羽翼的特点。（**图6-2-18**）

图6-2-18
沂南东汉墓石柱上的东王公、西王母图像

第二种对称形式的西王母图像，在四川地区最为常见，多为西王母左右两侧依附龙和虎的形象，二者通常侧身相背而卧，西王母看似居于两者中间的背部之上，因而通常被称为“龙虎座”。不过，正如李淞所指出的，“龙虎座”名称具有一定误导性，严格来说龙与虎并不是“座”，而是西王母左右的组成部分，方座是工匠用的一个以虚代实的图形，将三者结合在了一起。[1]这种中间为人像或神像、左右对称侍以动物的图像形式，被郭物称为“一人双兽”母题，并指出其在中亚和西亚有着相当长时间流传的历史。在中国，这一母题尽管在商周时期通过欧亚草原传入黄河流域，但整体上并不多见。[2]“龙虎座”虽然是一龙一虎两种动物，但二兽左右对称分列于西王母两侧，与“一人双兽”母题十分相似，应属于这一母题的衍生形式。山东滕州城关画像石的西王母双龙座，形制、构图与龙虎座基本一致。（**图6-2-19**）嘉祥宋山第2祠的西王母和武氏祠画像石中武梁祠的西王母，都是在座的两侧昂出两条龙首，而武梁祠前石室的西王母座则被双龙抬起悬空。由此看来，双龙座应是龙虎座的前身。后来，双龙座进一步与中国文化观念中

1 李淞:《汉代龙虎座图像的含义》,《西北美术》2000年第1期，第12—14页。
2 郭物:《一人双兽母题考》,《欧亚学刊》第4辑，北京：中华书局，2004年，第7—9页。

图6-2-19
滕州城关画像石上的
西王母双龙座

的青龙、白虎意象调适，并可能融合了中国以龙、虎象征帝王九五之尊的理念，以及以凶猛之形象避邪驱恶的含义等，演变成为龙虎座。

龙虎座在东汉时期图像艺术中的突然流行，无疑是这一时期中国与西方联系的加强所导致。与前述阿芙洛狄特金像同一墓地出土的“国王与双龙”金饰，与西王母龙虎座图像在构图上的相似性早已为研究者所注意。[1]滕州西户口东汉墓出土的东王公图像，两侧双龙扭头转向东王公，与黄金之丘的“国王与双龙”极其近似。（图6-2-20、21）由此看来，中亚的“一人二龙”母题可能是首先通过丝绸之路影响到山东地区，而后融合了青龙白虎、帝王偶像等中国传统文化内涵的龙虎座才流行起来。

1 周静:《汉晋时期西南地区有关西王母神话资料的类型及其特点》，载四川大学历史文化学院考古系编:《四川大学考古专业创建四十周年暨冯汉骥百年诞辰纪念文集》，成都：四川大学出版社，2001年，第389页。

图6-2-20
滕州西户口画像石上的东王公

小　结

图6-2-21
阿富汗“国王与双龙”金饰

在丝绸之路开通后的文化交流背景下，汉代的石雕艺术深受希腊化文化因素的影响，展现出明显的风格变化。希腊化因素的影响主要体现在雕塑的形式和技法上，既有直接的形式借鉴，也有通过中亚、印度等地的间接传播。有翼神兽和西王母图像的吸收和再创造是其中的代表，展示了希腊化艺术因素在中国的传播和变异。这些希腊化元素的引入，不仅促进了汉代石雕艺术的创新与表现力的增强，也见证了中西文化的碰撞与交融。

（陈晓露）

第七章　北朝隋唐墓葬文物中的希腊化因素

北魏时期，拓跋鲜卑入主中原，由于他们源自游牧世界，与中亚各族在生活习俗和文化思维方面有着诸多共同点，所以他们不仅没有阻碍反而大大推动了中西文化交流，这种状况一直持续了整个北朝时代，到隋唐时代尚有余波。[1]在中国，这一段历史留下了不少的墓葬和器物证据，反映在考古学上，就是从20世纪60年代以来陆续发现的一些来自西域尤其是萨珊波斯的器物、银币，以及具有异域文化特征的墓葬，其中以1999年发掘的太原虞弘墓最为著名。对于这些具有异域文化特征的文物，国内外学者进行了许多开拓性的研究，但学者们似乎忽视了这些异域文物和文化特征中的希腊化信息。因此，本章试图在充分吸收前人研究成果的基础上，从北朝隋唐时期民族融合、东西方文化交流的角度，对北朝隋唐墓葬器物中蕴含的希腊化因素进行解读，并对希腊化因素传入北朝的途径简析一二。

1　宿白:《考古发现与中外文化交流》，北京：文物出版社，2002年，第54—55页。

第一节　大同出土北魏金银器上的希腊化因素

大同，北魏时称平城。北魏立国有148年（公元386—534年），其中以平城为都达96年之久（公元398—494年）。在此期间，北魏以山西北部为中心向外扩张，尤其在太武帝拓跋焘统治时期（公元423—452年），通过征讨柔然、夏、北燕、北凉等国，不仅逐步统一了黄河流域，还再次打通了已经中断多年的丝路贸易通道，北魏王朝与西域各国的使者开始频繁往来，大量中亚人来到平城经商和定居。这种状况一直持续到北魏迁都洛阳。可以说，平城就是公元5世纪丝绸之路的东端起点。在平城遗址及其周围，外来器物不断出土，如波斯银币、琉璃碗、波斯银盘、鎏金高脚杯、银碗、银耳杯、宝石戒指、胡俑、乐器等。这些器物从遥远的欧洲、西亚、中亚，沿丝绸之路抵达平城，而它们所承载的外来文明信息也随之来到了平城。在这些器物里，20世纪六七十年代开始在大同陆续出土的一些金银器，比较集中地体现了公元5世纪大同地区外来文明的传入。下文将按照出土顺序，对若干件大同出土文物所蕴含的希腊化元素作出简单的分析。

图7-1-1
大同北魏墓群出土刻花银碗线描图

首先是大同南郊出土的几件银器和铜器。

1970年，在大同南郊的一座北魏墓群遗址里发现了数件器物，其中包括曲沿（八曲）银洗一件，镶嵌的或高雕的高足铜杯三件，刻花银碗一件。[1]（图7-1-1、2）孙培良先生判断，这几件银器和铜器都具有萨珊波斯金银器的特征，

1　出土文物展览工作组:《无产阶级文化大革命期间出土文物展览简介》，《文物》1972年第1期，第84页。

来自萨珊波斯东部的呼罗珊地区。[1]初师宾先生认为这几件金银器应该是东罗马帝国早期遗物（公元4—5世纪）。[2]林梅村先生则判定它们来自嚈哒统治时期的大夏地区。[3]

图7-1-2
大同北魏墓群出土三件鎏金铜杯线描图

从形制上看，鎏金刻花银碗高5厘米，口径8.5厘米，颈部微凹，圆底，腹壁成弧形，有“阿堪突斯”（acanthus）叶纹。叶纹成四等分，每一等分中间是一圆环，圆环中间有一男子侧身头像。该银碗蕴含的希腊化因素主要体现在以下两个方面：第一，银碗腹部的“阿堪突斯”叶纹来自希腊装饰艺术。它本是生在地中海区域的一种多年生草本植物，由于叶形优美，生长旺盛，希腊艺术家们吸收了它们的外形，将其发展成了循环往复、连续回转的旋涡状纹样，并广泛应用，逐渐成为希腊装饰艺术的典型元素。著名的科林斯式柱头就采用了这种叶形。显然，银碗上的叶纹符合希腊“阿堪突斯”装饰纹的基本特征，它们的艺术源流应该是一样的。第二，圆环内的半身人像也体现出了希腊化因素。半神人像高鼻深目，头发呈现波浪状，头部为侧面，胸部为正面，面容表现高度写实，接近真人，这也是希腊化人像艺术的一个重要特点。

从制作工艺和艺术风格来看，三件鎏金高足铜杯与上述刻花银碗非常接近，也体现出了浓厚的希腊艺

1 孙培良：《略谈大同市南郊出土的几件银器和铜器》，《文物》1977年第9期，第70—72页。

2 初师宾：《甘肃靖远新出东罗马鎏金银盘略考》，《文物》1990年第5期，第4页。

3 林梅村：《中国境内出土带铭文的波斯和中亚银器》，《文物》1997年第9期，第58—60页。

术特征：第一，它们都采用了四等分法，即四块阿堪突斯叶纹并间隔以四个人像的方式，而且人像均采用高度写实、追求逼真的希腊人像艺术表现手法。第二，它们都采用了高浮雕的工艺技法，纹样具有立体感，这是典型的希腊和罗马的金属制作工艺，区别于波斯和中亚地区的浅浮雕和阴刻工艺。第三，鎏金高足铜杯上的高浮雕，描绘了葡萄枝叶以及攀枝的五位童子，这是希腊化艺术中的典型题材，即童子收获葡萄，与希腊酒神节的风俗有关。此类风俗和题材随着亚历山大东征而传播到了中亚各地，直到安息帝国时期，仍然盛行于中亚和伊朗东部，从而影响到了这些地区的艺术风格和艺术题材。例如，大英博物馆收藏的一只萨珊银壶，它的纹饰内容风格与大同出土的鎏金高足铜杯很是接近：两根葡萄藤互相缠绕，布满壶身，有两位裸身童子在扯葡萄藤，他们面前的容器盛满了葡萄，还有六只禽鸟和两只狐狸。[1]（图7-1-3）

图7-1-3
萨珊银壶

其次是大同小站村北魏封和突墓出土的波斯银盘。（图7-1-4）

图7-1-4
大同小站村封和突墓出土鎏金波斯银盘

1981年9月，山西省考古工作人员在大同市西郊小站村花圪塔台清理出了一座北魏墓，出土墓志铭一方以及若干随葬品，墓主名为封和突，生前是北魏的高官。在随葬品里，最引人注目的是

1 O. M. Dalton, *The Treasure of the Oxus, O. M. Dalton, the Treasure of the Oxus with other Objects from Ancient Persia and India*, London: Oxford University Press, 1905, pp. 125-126, plate XXVI (Fig. 189).

一件狩猎纹鎏金波斯银盘。该银盘口径有18厘米，高4.1厘米，敞口，斜腹，矮圈足，右侧有一块残缺。在盘中央，用典型的萨珊式浅浮雕描绘出一位男性人物，高鼻深目，长须卷发，他面朝一侧，双手执矛，正在与芦苇里的三只野猪搏斗。[1]这只银盘的萨珊波斯风格非常典型，以至于马雍先生说，“此盘一见即可断定其为波斯萨珊王朝之物，或至少可说是属萨珊朝工艺风格的金属器”。[2]关于这一点，已是学界共识，夏鼐、付承章都给出了类似的结论，毋庸赘言。[3]

尽管如此，该银盘仍然体现出了不同于萨珊波斯风格的希腊艺术特征，主要集中在盘中男子人像上面。在多数萨珊波斯银盘的狩猎图里，人像均穿戴盔甲骑马，不会充分展现出自己的躯体，导致身体姿态往往显得比较僵硬或呆板，在身体比例上也不符合正常的人体结构。但是，该银盘里的男子人像没有铠甲，也没有骑马，上身似乎裸露着，只是下半身有短靴或者贴身裤子之类的服装，看起来既体现出了狩猎者的健壮和勇武，也表现出了人物本身的高贵气质，“俨然像一个古希腊运动员或罗马战士的形象”，[4]这显然是希腊罗马古典艺术影响的体现。[5]另外，盘中人像头戴表示高贵身份的椭圆形头饰，头饰前方伸出一对小球，后面有一对飘带，脖子上戴着珠链，并不符合一个人对付三头野猪的紧张狩猎状态。从这一点看，人像表现出了脱

1 马玉基:《大同市小站村花圪塔台北魏墓清理简报》,《文物》1983年第8期，第1—4页，图版一。

2 马雍:《北魏封和突墓及其出土的波斯银盘》,《文物》1983年第8期，第8—12、39页（语见第9页）。

3 夏鼐:《北魏封和突墓出土萨珊银盘考》,《文物》1983年第8期，第5—7页；付承章:《大同北魏封和突墓银盘考》，载陈晓露主编:《芳林新叶——历史考古青年论集（第二辑）》，上海：上海古籍出版社，2019年，第244—253页。

4 马雍:《北魏封和突墓及其出土的波斯银盘》,《文物》1983年第8期，第10页。

5 付承章:《大同北魏封和突墓银盘考》，载陈晓露主编:《芳林新叶——历史考古青年论集（第二辑）》，第250页。

图7-1-5
大同北魏墓群出土鎏金刻花银碗及其浮雕线描图

离环境的优美和自然姿态，体现了希腊古典艺术的美学追求的影响。[1]值得注意的是，头后的飘带实是国王的标志，是从希腊化君主们头上的“王带”（diadem）发展而来。

最后是大同南郊北魏墓群出土的一件鎏金刻花银碗。（图7-1-5）

1988年8—11月，山西考古工作者在大同市城南3公里的红旗村至七里村一带出土了大批北魏遗物。在上千件（1088件）随葬器物里，有一只鎏金刻花银碗，口径10.2厘米，高4.6厘米，敞口，口沿以下微微内收，圆腹，圜底。口沿下以及上腹有联珠纹饰，腹部亦有阿堪突斯叶纹。叶纹分成四等分，各等分之间有一圆环，“环内有一男子侧身头像，深目高鼻，长发披肩”。[2]从上述信息来看，该银碗与上文所分析的那件1970年出土的刻花银碗基本属于同一种风格、同一种工艺的产品，甚至很有可能来自同一地区，区别在于口沿以下微微内收部分，1970年出土的银碗刻有两条对向的带状花纹，而1988年出土的这只银碗没有花纹。但是，无论是阿堪突斯叶纹及其

1 与萨珊波斯时期的其他狩猎银盘上的人物相比，该银盘上的人物少了些剑拔弩张的紧张状态，体现出更为自然主义的放松姿态，与紧张的狩猎环境形成了一定的反差。关于其他的萨珊波斯时期狩猎银盘，可参考阎焰：《波斯萨珊皇家狩猎纹石盘》，《丝绸之路研究集刊》第六辑，北京：商务印书馆，2021年，第86—91页。

2 山西省考古研究所、大同市博物馆：《大同南郊北魏墓群发掘简报》，《文物》1992年第8期，第10页。

四等分的分布结构，还是圆环内的人像风格，两只银碗所体现出来的艺术元素仍然具有明显的希腊化特征。

第二节 北周李贤墓鎏金银壶上的希腊神话故事

图7-2-1
李贤墓出土鎏金银壶

1983年9—12月，宁夏回族自治区博物馆和固原县文物工作站在固原县南郊联合发掘出了北周柱国大将军李贤夫妇墓，出土了金、银、铜、铁、玉、陶等质地的随葬文物700多件，其中最引人注目的是一尊鎏金银壶。这尊在地下已经埋了将近1500年的鎏金银壶是波斯萨珊王朝的一件金属手工艺品，其精湛的手工艺技术具有典型的波斯萨珊王朝风格，但其主题图案却有希腊罗马文化背景。（图7-2-1）

鎏金银壶高37.5厘米，重1.5公斤，长颈，鸭嘴状流，上腹细长，下腹圆鼓，环形、单把。壶把的上方铸有一个头戴贴发软冠、高鼻深目的人头，其样貌明显与古代中原汉族有很大的区别。壶下部铸有高圈足，足座高8厘米。壶颈部与腹部连接处由13个凸起的圆珠组成一圈联珠纹饰；壶腹与高圈足座连接处以及座下部也分别焊出一圈11个和20个凸起的圆珠，形成联珠纹饰。鎏金银壶造型奇特、装饰富丽，具有浓郁的异域风情。

首先，在形制上，银壶体现出了变异的希腊罗马工艺风格。银壶颈部采用了凹槽工艺，而这一般被认为是萨珊器物的典型特征，日本美秀博物馆（Miho Museum）就藏有一件青铜鎏金瓶，与固原李贤墓银壶很相似，不同的是，美秀博物馆的青铜鎏金瓶的凹槽装饰是在瓶的腹部，而李贤墓银壶的凹槽装饰是在颈部。吴焯提出一个看法，即这一凹槽装饰极似希腊廊柱，他甚至认为李贤墓银壶可以看作是一个变形的爱奥尼亚圆柱。[1]罗丰对此表示认同，并进一步指出，银壶吸收的可能并不单单是爱奥尼亚柱式样，因为三种希腊柱式都有凹槽。[2]不同时代的希腊柱式的凹槽数量并不一致，一般都在16到24条之间，李贤墓银壶颈部的凹槽是21条，总体上符合希腊柱式对凹槽的规定。除了这一希腊式的凹槽装饰之外，银壶把手上的人头装饰似乎也符合古希腊在陶瓶上装饰人面或兽面的习惯。至于这种高圈足座银器，学界公认其起源于罗马，在罗马银器之中，不乏与李贤墓银壶非常相似的器物。因此，从形制上看，李贤墓鎏金银壶的制造工艺显然有一定的希腊罗马渊源。

其次，银壶腹部打造的三组人物画有明显的希腊罗马文化背景。（图7-2-2）根据李贤墓的发掘简报，人物图像共分三组。第一组：左侧男子发束带，身着短袖衣和短裤，足穿靴，右手拿盾牌，左手持短矛；右侧女子发束带，身着衣裙，披斗篷，转身回顾男子，左手举起

图7-2-2
李贤墓鎏金银壶腹部图案展开图

1 吴焯：《北周李贤墓出土鎏金银壶考》，《文物》1987年第5期，第66—76页。
2 罗丰：《北周李贤墓出土的中亚风格鎏金银瓶》，《考古学报》2000年第3期，第311—330页。

持一物，右手抬起，食指指向自己。第二组：右侧男子身着短袖衣和短裤，披斗篷，足穿靴，左手持一物至胸间，右手持一物举至女子面前；女子发束带，披斗篷，身着衣裙，右手在腹前持一物，左手抬起，食指指向自己。第三组：右侧男子头戴帽，肩披斗篷，赤身裸体，左手握住女子右腕，右手伸出二指托女子下颌；女子发束带，身着衣裙，似披斗篷，左手放在抬起的右膝上。[1]如何解释这三组画所描绘的故事？国内外学界看法不一：吴焯认为它们描述的是一对罗马青年男女的故事，乃是情人送别战士出征的画面。三组人物系同一对男女，A 组（简报第三组）似是出征前夜闺房情恋的场面，B组（简报第二组）当为次日早晨的明誓告别，C组（简报第一组）男子已经穿戴整齐，束好发带，手中持矛和盾，准备出发，此时女子手托象征爱情和胜利的碗（或木盒），向他祝福。[2]卡尔皮诺（A. Carpino）和詹姆斯（M. James）与吴焯的看法不同，认为三组人物之间并没有关系，画面表达的可能是混合了萨珊元素的罗马故事，但他们并未就故事内容作更深入的解读。俄罗斯学者鲍里斯·马尔沙克（Boris I. Marshak）在深入分析了三组人物之后，认为它们所表现的应该是古希腊荷马史诗特洛伊的故事内容：第一组（C组）是特洛伊王子帕里斯诱拐走希腊美女海伦时的情景，第二组（B组）表现的是“帕里斯裁判”的场景，帕里斯将金苹果判给了爱神阿芙洛狄特，第三组（A组）描绘了海伦回到丈夫墨涅拉俄斯（Menelaus）身边时的情景。[3]

2019年9月，笔者之一杨巨平与意大利阿尔多·塞塔伊奥里（Aldo Setaioli）教授在韩国首尔大学相遇，顺便向他请教了银壶图像的寓意。塞塔伊奥里教授对此很感兴趣，很快就做出了回应。他指

1 宁夏回族自治区博物馆：《宁夏固原北周李贤夫妇墓发掘简报》，《文物》1985年第11期，第11—12页。

2 吴焯：《北周李贤墓出土鎏金银壶考》，《文物》1987年第5期，第66—76页。

3 上述三位国外学者的观点均引自罗丰：《北周李贤墓出土的中亚风格鎏金银瓶》，《考古学报》2000年第3期，第316—327页。

出，在希腊神话传统之中，争夺金苹果的女神应该有三位，现有反映“帕里斯裁判”（The Judgement of Paris）主题的西方古代绘画或雕塑作品均是三位女神一同出现，并没有阿芙洛狄特女神单独出现的例子。如果按照中国学者和俄罗斯学者对组画的解读，就不符合西方艺术史呈现这一经典主题的传统。因此，他提出了全新的解读：C组手持长矛的“男子”应该是雅典娜女神，而与这位“男子”紧挨着的最右面的女性应该是赫拉女神，她手中所握的应该就是赫拉女神的“篮子”（kalathos）。中间两位人物（B组）是帕里斯和阿芙洛狄特，而左边两位人物（A组）则是海伦和帕里斯情意绵绵，准备私奔。因此，这组画所遵循的神话故事主题应该是“帕里斯裁判”，塞塔伊奥里称其为“特洛伊战争的前兆”（Harbingers of the Trojan War）。他认为雅典娜女神之所以被制作成男子样貌，是因为制作它的东方工匠们并不熟悉希腊神话故事，在她手中所持长矛的影响下，想当然地认为这个人物就是男人。但是，组画创作者在C组另一位女性手里所安放的“篮子”却表明她就是赫拉女神。这样一来，这幅组画就符合了西方艺术传统的基本模式，即三位女神一定要同时出现于“帕里斯裁判”场景。[1]塞塔伊奥里从西方艺术史出发对银瓶组画的解读很有说服力，这一点似乎为中国学者和俄罗斯学者所忽视。

综上所述，可以看到，李贤墓鎏金银壶腹部组画很可能包含了希腊神话故事元素，而且从发型与衣饰来看，也体现了希腊和罗马的艺术风格，如希腊式的贴身无袖外衣（tunic，图尼克），短外套——斗篷（chlamys，mantle），长衣“希顿”（chiton），女性专用的长衣帔络袍（peplos），以及系带的靴子或凉鞋等。[2]但就银壶的总体艺术风

---

1 Aldo Setaioli, “Harbingers of the Trojan War on a Gilt Silver Ewer from Guyuan,” *Giornale Italiano Di Filologia: International Studies of Ancient Sources and Their Contexts*, Turnhout: Brepols, 2020, pp. 9-18.该文可见本书第六卷第五编。

2 参见吴焯:《北周李贤墓出土鎏金银壶考》,《文物》1987年第5期，第66—67页；罗丰：《北周李贤墓出土的中亚风格鎏金银瓶》,《考古学报》2000年第3期，第317—318页。

格来说，希腊罗马文化并非其唯一的来源。在文化和工艺传播的长期过程中，混杂和变异是不可避免的。例如，银壶上的帕里斯似乎年龄偏大，鼻子也更偏像于东方人，而阿芙洛狄特和海伦的乳房表现形式似乎也应该是印度艺术的表现手法。[1]然而，无论学者们如何解读银壶上的人物及其艺术风格，也无论这些人物在审美上如何不及希腊本土人物造像的美感，不可否认的一点是银壶的形制、雕刻以及绘画风格的确蕴含着丰富的希腊罗马古典文化信息。

第三节　北朝隋唐时期墓葬文物里的赫拉克勒斯形象

赫拉克勒斯（Heracles）是古希腊神话里最伟大的英雄之一。他是宙斯（Zeus）与阿尔克墨涅（Alcmene）所生的儿子，受到天后赫拉（Hera）的厌恶和迫害。但是，赫拉克勒斯天生神力，勇敢完成了十二项不可能完成的任务，其中就包括杀死威胁人类的怪兽。他死后成神，位列奥林帕斯诸神之中。在希腊艺术中，赫拉克勒斯的典型形象包括如下元素：裸体，肌肉发达，身形高大，须发浓密，头戴狮头皮盔，手持大棒或提着狮子皮。这些形象最初表现出一种不畏艰难险阻的英雄主义，并由此成为力量、勇敢和人类拯救者的象征。

随着亚历山大的东征，赫拉克勒斯的形象也被带到了遥远的东方，并与当地的类似神相混合。在犍陀罗艺术中，赫拉克勒斯化身为佛陀的护卫“护法金刚”（Vajrapani），在佛教浮雕或壁画中总是站在佛陀身后，成为犍陀罗艺术中的一个标志性形象。丝路开通，佛教东传，这一形象也通过中亚进入了我国的新疆和内地，在天水麦积山石

1　罗丰：《北周李贤墓出土的中亚风格鎏金银瓶》，《考古学报》2000年第3期，第318—319页。

窟（北周）和云冈石窟均可见到赫拉克勒斯式的“护法金刚”的身影。[1]（图7-3-1、2）

甚至还不止于此。这种护法金刚的形象也有可能进入民间，与当地的葬俗相结合。谢明良先生认为，20世纪80年代河北献县出土的一座唐墓中的武士俑形象与希腊的赫拉克勒斯形象相近，因为赫拉克勒斯的形象一般是头戴一狮子头皮，手持一根带有疤痕的木棒。此俑形象与此相似：头戴虎形兜鍪，虎面狰狞，高鼻大口，横眉立目。身披铠甲，两肩披膊作虎头形，腹部制成一女子面部，细眉弯曲，眉间有痣，圆鼻厚唇，双颊丰满。[2]不同之处在于前者是狮头，这里是虎头，前者无腹甲，当然无人面饰形。谢先生对此颇感兴趣，又在多处墓葬找到了此类戴兽帽陶武士俑。其中一墓在山西长治地区，发现于1961年。山西的武士俑似乎更接近于谢先生所认为的赫拉克勒斯，因其手拄一根削去枝桠的木棒，头戴一兽形帽。[3]那么，希腊的神话人物如何与唐代的武士俑建立起联系？谢先生认为武士俑形象是从佛教犍陀罗艺术中的执金刚像演变而来，而执金刚像似可与赫拉克勒斯相联系，腹甲之人面则来自雅典

图7-3-1
护法金刚，麦积山石窟

图7-3-2
云冈石窟第13窟南壁的执金刚神

1 关于赫拉克勒斯的东传及其在犍陀罗艺术中的演变，详见杨巨平：《犍陀罗艺术中的“希腊神”在中国——一项基于图像的初步考察》，《西域研究》2022年第1期，第120—137页；本卷第十一章。

2 王敏之、高良谟、张长虹：《河北献县唐墓清理简报》，《文物》1990年第5期，第28页，图版肆：1。

3 山西省文物管理委员会、山西省考古研究所：《山西长治北石槽唐墓》，《考古》1962年第2期，第66页，图版捌。

娜盾牌上的女妖美杜莎（Medusa）形象。谢先生也知这只是一种推测，故非常谨慎地在其文章题目后加了问号。[1]

谢先生的推测很快引起了回应。2002年11月，另一台湾学者邢义田在北京大学召开的古代中外关系史国际研讨会上，宣读了前面提到的《赫拉克利斯（Heracles）在东方——其形象在古代中亚、印度与中国造型艺术中的流播与变形》的论文，以大量的图片介绍了赫拉克勒斯形象辗转传入中国的流变情况，既利用了谢明良的材料，也支持了他的观点。他针对山西长治的那个武士俑，提出了大胆的假设：棍棒与狮或虎头皮盔同时出现，可以证明这绝不是工匠的偶然创意，而应该有一定的来历。而这个来历，追本溯源，和希腊的赫拉克勒斯脱不了关系。[2]云冈研究院的王雁卿研究员认为，云冈石窟第13窟南壁明窗东侧第三层佛龛内的两座雕像“头戴兽头帽，身披兽皮”，“左手于膝，右手执棒”，显然也是源自希腊大力神赫拉克勒斯之形象的执金刚神。[3]（图7-3-2）如果谢、邢、王三位的推论无误，那希腊的赫拉克勒斯通过变形来到中国内地，来到山西之说或可成立。[4]

另一值得注意的文物是2002年在太原王家峰北齐徐显秀墓中出土的一枚戒指。（图7-3-3）戒指的戒面为蓝宝石质地，戒指环靠近戒托处

---

1 关于谢明良的观点，详见其文《希腊美术的东渐？——从河北献县唐墓出土陶武士俑谈起》，台北《故宫文物月刊》1997年15卷7期。

2 该论文后来收入会议论文集正式出版，作者对内容作了一些修订补充，但总的观点未变。见荣新江、李孝聪主编：《中外关系史：新史料与新问题》，北京：科学出版社，2004年，第15—48页。关于这些头戴虎皮帽或虎皮盔的武士像的来源，学界早有不同的看法。向达、段文杰、李其琼等认为源自吐蕃武士的装束，但邢义田却提出了更早的证据，说明并非源自吐蕃的大虫皮武士。而且即使如此，这些武士披大虫皮的习俗也有可能与赫拉克勒斯产生联系，因都与犍陀罗佛教艺术的执金刚像有关。至于狮皮变为虎皮，只是辗转流变的结果。详见邢义田文。

3 王雁卿：《云冈石窟的希腊大力神赫拉克利斯（上）》，《大同日报》2020年11月13日。

4 其实，头戴狮头皮盔或虎头皮盔，手持或不持棍棒的武士俑并非在山西一地发现，而是在陕西、河南、河北等与山西相邻的地区均有发现，而且主要集中于唐代，可见这是唐代中原地区墓葬中流行的一种镇墓陶俑。详见邢义田文中列表与附图，资料原始出处从略。

似是狮子造型，二狮相对而立，抵住戒托。戒面上凹刻一人物形象。此人头顶一狮头皮盔，狮头向左，但人面向右，这种前后反向令人费解。此人深目高鼻，脸形瘦削，似为裸体，或穿短衣短裤，身体呈直行跑步状，但头向后视。双臂平伸开，双手各执一长杖器。右手所握杖较短，上为尖状，下端为圆球形，杖下三分之一处有两横状物。左手所握器较长，上端为圆球形，下为尖状，并有两叉在下部分开。对此图像，张庆捷、常一民二位先生受台湾学者邢义田《赫拉克利斯（Heracles）在东方》一文的启示，认为“似乎与希腊、罗马神话传说中的人物赫拉克勒斯以狮头为头盔或身披狮皮和手持野橄榄木制有刺棍棒的特征相似”。但从手中所持权杖与狼牙棒特征看，又与公元前希腊国王巴克特里亚钱币肖像、斯基泰国王钱币上的希腊神宙斯的形象特征相似。[1] 此说虽属推测，但此戒指显然非中原所出之物，而是来自西域或遥远的地中海地区。这是东西方文化交流的又一例证。

图7-3-3
徐显秀墓出土戒指的图像

根据张、常、邢三位先生提供的线索，笔者遍查网上有关赫拉克勒斯、宙斯、酒神狄奥尼苏斯等图像，感到戒指图像如果可与希腊神话人物相联系，那它还是与赫拉克勒斯比较接近，因戴狮头皮盔唯其独有。但不相符之处也很明显。其一，狮头皮本应戴在头上，此图却似悬于人物头顶之上，且狮头方向与人面方向相反。其二，此人两手倒握之物均无法解释为赫拉克勒斯的木棒。因此很难说此

图7-3-4
迦腻色伽一世钱币，正面为迦腻色伽，反面为奥多（瓦由）神，约公元120—150年

1 关于该戒指的介绍、图像和评论，详见张庆捷、常一民：《北齐徐显秀墓出土的嵌蓝宝石金戒指》，《文物》2003年第10期，第53—57页。关于邢义田的基本观点，详见《赫拉克利斯（Heracles）在东方——其形象在古代中亚、印度与中国造型艺术中的流播与变形》，载荣新江、李孝聪主编：《中外关系史：新史料与新问题》，第15—48页。

人就是赫拉克勒斯。但是，考虑到艺术形象在传播过程中的变形，这种推测也有一定的合理性。还有另外一种可能，即这位神是同样为强有力武士的伊朗风神瓦由（Vayu）或奥多（Oado），因为迦腻色伽钱币上的奥多图像与戒指图像人物的肢体动作有一定相似性。迦腻色伽钱币上的奥多迎风飞来，头发和外套被风吹起，这个头型似乎又与戒指上的人物头型有所相似。（图7-3-4）但这个奥多又缺乏戒指图像人物双手握有的杖器，因此，瓦由或奥多说还需要进一步的证实。

小　结

北朝时期，北方游牧民族入主中原。他们和西域的联系由于文化的认同更为加强，中西文化交流更为频繁，从而形成了独具特色的北朝文化——胡汉一家、梵华一体。到隋唐时期，中华文明迎来了第二个强盛时期，外来文化程度不同地融入了中华文化之中。山西大同地区出土的那些具有希腊化因素的金银器，宁夏固原李贤墓镀金银壶上的疑似特洛伊的故事，山西、河北墓葬中类似赫拉克勒斯、护法金刚式的护墓俑，都反映出北朝隋唐之际，尽管希腊化文明作为一个整体早已消失，但其影响依然通过再传或三传的方式潜移默化地进入了中原大地。丝路沿线民族或国家对于希腊化文明遗产东传的推动作用值得重视。

（杨巨平　王志超）

第三编

新疆毛织物与壁画中的希腊化元素

近年来，在中国的新疆地区出土了几件外来毛织物，其上的图案显示了明显的希腊—罗马来源。如何对其具体源流进行分析，对其文化内涵进行解读，国内学者也有不少尝试，并且提出了许多独到的观点。本卷第四章就集中反映了国内目前最新的研究进展。最近，国外两位古典艺术史专家对这些毛织物的文化内涵及其源流作了专题研究。他们追根溯源，旁征博引，从艺术史的角度向我们展示了希腊化艺术在丝路开通后欧亚大陆诸文明互动交流的大背景之下被沿途的民族接受、改造和利用，最后通过毛织物这个载体进入中国新疆地区的漫长历程。米兰壁画固然在斯坦因时代就被发现，但对其再次深入解读还是可以进一步揭示它们与希腊化文化的紧密联系。

第八章　从营盘到犍陀罗

——丝路希腊化艺术遗产中的“罗马”因素[1]

1995年出土的“营盘男子”罽袍装饰精美，是希腊罗马艺术形象沿着丝绸之路传入中国的经典案例。本章将重点阐述以下两点：一是评价这一发现在希腊化艺术遗产内所处的位置；二是明确指出它与希腊罗马世界之间存在复杂联系的一些图像学特征。

第一节　“营盘男子”罽袍的发现

营盘男子墓葬虽是相对近期的发现，却早已蜚声国际，并成为古代跨文化研究的象征。[2]营盘遗址的位置靠近塔里木盆地东端，距新疆维吾尔自治区尉犁县东南150公里，处于库鲁克塔格山的边缘。尽管此地鲜有人居住的迹象，但这显然是一处定居点——考古发现已经

1　笔者对营盘男子的最初兴趣来自南开大学杨巨平教授主持的国家社科基金重大项目“希腊化文明与丝绸之路”，尤其是项目子课题负责人之一的肖小勇教授。肖教授在2017年南开大学的一次项目会议上首次向笔者介绍了营盘男子墓的“古典”服饰。

2　营盘男子的服饰已经在世界范围内展出，尤其是2010年加利福尼亚州圣安娜市宝尔博物馆和德克萨斯州的休斯顿自然史博物馆的“丝路之谜”展览。参见Victor H. Mair, et al., *Secrets of the Silk Road: An Exhibition of Discoveries from the Xinjiang Uyghur Autonomous Region, China*, Santa Ana, CA.: Bowers Museum of Art, 2010, esp. 194, cat. 80.

通过死者数目证实了人口数量。然而，人们仍旧无法明确这里在古时的政治状况。它可能曾经属于地处塔克拉玛干沙漠东南边的鄯善（楼兰）古国，或是历史文献中所载墨山（山国）的一部分。斯坦因认为这是墨山（或注宾）的一处大型居住点，目前仍有部分学者支持他的论断。[1]无论是哪一种结论，营盘遗址都可被视为一个在汉晋时期受中国管辖与文化影响的属国。遗迹中最醒目的部分包括一座圆形古城及其土墙柴垣，城墙直径约177米，原始高度5米有余。显然在很久以前，这里的内部遗存就已被洪水毁坏殆尽。1915年，斯坦因曾在其第三次探险中考察该遗址，记录下古城和附近拥有大型灰泥雕塑遗迹的佛教寺院，以及周围的另一组窣堵波。[2] 文化层发掘出的有机物质包括纺织品与一些佉卢文文献。[3]探险家斯文·赫定也曾于1896年与1900年参观营盘遗址，但他的记录信息较为简略，不甚清晰。[4]营盘墓地位于距离该遗址东北方800米的山丘之间，[5]墓葬分布于山前台地上。斯坦因也曾在遗址的这些地方逗留，还发掘出四座墓穴，并记录

1 关于营盘以及当时的政治局势，参见M. A. Stein, *Innermost Asia: Detailed Report of Explorations in Central Asia, Kan-Su and Eastern Iran*, Oxford: Clarendon Press, 1928, Vol. 2, pp. 757-758, 765-766 (将遗址比定为注宾); Armin Selbitschka, *Prestigegüter entlang der Seidenstrasse? Archäologische und historische Untersuchungen zu Chinas Beziehungen zu Kulturen des Tarimbeckens vom zweiten bis frühen fünften Jahrhundert nach Christus*, part 1, Wiesbaden: Harrassowitz, 2010, pp. 56-58.

2 M. A. Stein, *Innermost Asia: Detailed Report of Explorations in Central Asia, Kan-su and Eastern Iran*, Vol. 2, pp. 750-767, figs. 340-342; Vol. 3, pls. 36-38.

3 关于斯坦因在营盘的探险，参见M. A. Stein, *Innermost Asia: Detailed Report of Explorations in Central Asia, Kan-su and Eastern Iran*, Vol. 2, pp. 750-767, figs. 340-342; Vol. 3, pls. 36-38 (plans) and pl. CX. 关于营盘墓地中的新佉卢文发现，参见林梅村:《新疆营盘古墓出土的一封佉卢文书信》,《西域研究》2001年第3期。

4 Sven Hedin, *Die geographische-wissenschaftlichen Ergebnisse meiner Reisen in Zentralasien*, 1894-1897, Vol. 1, Gotha: Justus Perthes, 1900, p. 76. 关于其他短期的早期旅行和现代探险系列活动，参见Armin Selbitschka, *Prestigegüter entlang der Seidenstrasse? Archäologische und historische Untersuchungen zu Chinas Beziehungen zu Kulturen des Tarimbeckens vom zweiten bis frühen fünften Jahrhundert nach Christus*, part 1, pp. 52-54.

5 关于墓地遗址的总结性叙述，参见Zhou Jinling and Li Wenying, "The Yingpan Cemetery on the Loulan Branch of the Silk Road," *Orientations*, Vol. 35, No. 4 (2004), pp. 41-42.

下水流侵蚀所造成的损失。

整个20世纪，该遗址一直遭受大规模劫掠。1989年至1999年间，新疆文物考古研究所先后三次对遗址进行了系统的抢救性发掘。[1]1995年发掘的编号为95BYYM15（或M15号）的墓葬，即营盘男子墓，是122座保存完好的墓穴中遗物最丰富者。[2]这处精美的墓葬中有一具四足箱式木棺，木棺外壁上绘有菱形格，内部填绘植物纹样（其中包括或许是石榴花的点缀）。一条彩色狮纹栽绒毛毯盖在木棺外部，上面覆有胡杨木棍和芦苇席，再往上是麦草、苦豆草和骆驼刺枝。[3]

棺内葬一具男尸，盖素色绢衾，身高约1.8米，青年，年近三十。[4]

图8-1-1
营盘M15干尸

1 Zhou Jinling and Li Wenying, "The Yingpan Cemetery on the Loulan Branch of the Silk Road," *Orientations*, Vol. 35, No. 4 (2004).

2 关于营盘男子墓葬和服饰全部细节，详见周金玲、李文瑛、尼加提、哈斯也提:《新疆尉犁县营盘墓地15号墓发掘简报》,《文物》1999年第1期。参见Zhou Jinling and Li Wenying, "The Yingpan Cemetery on the Loulan Branch of the Silk Road," *Orientations*, Vol. 35, No. 4 (2004); Armin Selbitschka, *Prestigegüter entlang der Seidenstrasse? Archäologische und historische Untersuchungen zu Chinas Beziehungen zu Kulturen des Tarimbeckens vom zweiten bis frühen fünften Jahrhundert nach Christus*, part 1, pp. 215-225, pls. 17-20.

3 关于随葬品、尸身裹布和配备物目录，参见Armin Selbitschka, *Prestigegüter entlang der Seidenstrasse? Archäologische und historische Untersuchungen zu Chinas Beziehungen zu Kulturen des Tarimbeckens Vom zweiten bis frühen fünften Jahrhundert nach Christus*, part 1, pp. 218-225. 本节仅总结主要衣饰。

4 关于尸身的细节，参见Armin Selbitschka, *Prestigegüter entlang der Seidenstrasse? Archäologische und historische Untersuchungen zu Chinas Beziehungen zu Kulturen des Tarimbeckens vom zweiten bis frühen fünften Jahrhundert nach Christus*, part 1, p. 220.

（图8-1-1）其发浓密，呈棕色，头缠丝绵，枕鸡鸣枕。关于他的身份众说纷纭，但资料有限，未能证实任何一种说法。我们也无从得知，他是当地贵族、统治者，抑或粟特商人。不过他确实出身富贵。[1]

男子头戴白色的麻质面具，其上以墨线勾勒出眉毛、闭目、鬓发与八字髯，唇部涂色。面具的前额贴有金箔条，顶部边缘处凹凸不平。这一处原本有布料覆盖，很可能是一种带状头饰，不免令人想起希腊罗马世界的丧葬佩饰头冠。[2]

男尸的衣着保存完好，鲜艳如初。全身衣物主要有绢面贴金毡袜、几何与植物纹样的绛紫色毛绣长裤、金箔锦带镶领的淡黄色绢袍、左臂的蓝色刺绣护膊。但最令人惊奇的是身上的那件技艺精湛的红地对人兽树纹罽袍，交领右衽，两侧开衩，丝绢里衬。袍身系有一条绢质腰带，其上垂挂香囊、帛鱼。（图8-1-2）此外，死者胸前及左手腕两处各置一件冥衣，头部右侧放有汉字饰纹锦残片。[3]

图8-1-2
红地对人兽树纹罽袍

1 关于其粟特商人身份，参见Victor H. Mair, et al., *Secrets of the Silk Road: An Exhibition of Discoveries from the Xinjiang Uyghur Autonomous Region, China*, p. 31. 关于不同理论的讨论，参见Dominika Kossowska, "Classical Motifs on Yingpan Mummy's Clothing," *Novensia*, Vol. 26 (2015), pp. 61-68.

2 相关案例参见圣彼得堡冬宫博物馆П.1841.31，黑海附近刻赤（潘提卡庇亚）古墓；F. Althaus and M. Sutcliffe, eds., *The Road to Byzantium: Luxury Arts of Antiquity*, London: Fontanka Press, 2006, p. 145, No. 56.

3 关于衣物总览，参见周金玲、李文瑛、尼加提、哈斯也提:《新疆尉犁县营盘墓地15号墓发掘简报》,《文物》1999年第1期，第9—15页。Armin Selbitschka, *Prestigegüter entlang der Seidenstrasse? Archäologische und historische Untersuchungen zu Chinas Beziehungen zu Kulturen des Tarimbeckens vom zweiten bis frühen fünften Jahrhundert nach Christus*, part 1, pp. 218-225, pls. 18-20.

第二节 “营盘男子”罽袍的图像特征及其来源

对古典考古学家来说，这套衣饰之所以看起来十分陌生，不仅因为其保存状况在除埃及以外的希腊罗马遗址中难有可媲美者，还由于罽袍、长裤、面具以及大部分的织品装饰设计明显属于中国与中亚传统。

然而，罽袍的装饰却是个例外。精美的袍身由双织机织就，形成互反图案的对称纹样。罽袍的布料可参见发掘者的复原线描图，描图所示为衣袍腰带下方右侧的横向部分。大部分袍身由同样的纺织品裁剪而成。纹样在袍身右侧上方处翻转，又在整个左侧变为从上到下的垂直向。罽袍背面的图片尚未出版，衣袍内里也未公开。不过，它采用双层两面织法，将衣料正面的图案颜色反转，即黄地红像对应袍身外面的红地黄像。罽袍左下襟接缝处使用类似的织面，但技法稍逊；红地，以绿色和黄色织出抽象的植物纹样。四方连续的涡卷叶簇在一定程度上接近希腊罗马传统中常见的棕榈纹。

罽面装饰具有的人物和动物形象，更能使人联想到希腊罗马艺术（素描图）。其中每一组装饰由六排图案构成，动物与人物两两相对，呈对称式，确切地说是纹章式（即象征图案式）分布。每组图案以粗糙枝干分隔开来，图解所示的石榴树表明了活动开展的野生环境。装饰细节如下（**图8-2-1，由下至上**）：

（1）身带花纹的山羊，羊角弯曲，后蹄立地，前掌高扬，扭头后视。

（2）近乎全裸的男性，呈四分之三侧面姿势，一手持矛上举，颈间系披风。人物相对而立，身体后仰，两腿一屈一伸，似要以矛向下刺向某物。披风遮住一边肩膀并向后飘扬。

图8-2-1
人兽树纹罽图案

（3）与上一组相似的男性，身体后仰，呈防御姿势，侧面头像，四分之三侧身姿势。一手挥舞着一柄短弯刀，一手举起圆形盾牌至头顶位置。颈后飘着一件装饰性的披风。

（4）牛（公牛或母牛），后蹄立地，前蹄腾空，尾巴上翘，头部后扭。腰间戴着花环（月桂枝叶?）。

（5）手持长矛的裸体男性，无斗篷，四分之三侧身前冲姿势，正要将长矛刺向地下，另一只手臂前伸。

（6）依然是裸体的人物形象，身体后仰，一腿半跪，躯干几乎是正面的，头部侧面，似要与我们看不见的敌人对阵。一手持矛，一手高举小型圆盾于半空中，呈自卫状态。这样的姿势令盾牌背面和把手一目了然。

罽面图案中人物动作生动自然，呈现出或攻或防的姿势。（**图8-2-2、3**）他们有着卷曲的头发、大大的眼睛与敦实低矮的身材，简练的线条清晰地表现出他们的身体肌理与解剖学构造，展示出织法中精妙的“绘图能力”。这些人物的特征、裸身、姿势、比例与画风，无一不令人想到希腊罗马艺术的形式传统。动物图案亦如是。相反，最明显的非古典元素恰是石榴树。因为尽管石榴树是希腊罗马艺术中普遍出现的题材，但此处的表现却颇多斧凿痕迹而欠自然，或可追溯到波斯风格。[1]这些石榴树枝干多瘤、叶片宽大、布局对称，且在人物间比较突出，似乎更像某种象征物而非单纯的风景元素。另一处不太鲜明的非古典元素则是飘扬的披风，它末端的弯褶像极大象鼻尖，这与大多数希腊罗马艺术中衣褶垂坠的自然主义风格大相径庭。我们可以在一些中亚、新疆壁画中找到与这种褶皱最相近的参照物，比如公元5世

1 参见Andrea Sheng, “Chinese Silks that Circulated among People North and West: Implications for Technological Exchanges in Early Times?” in B. Hildebrandt, ed., *Silk: Trade and Exchange along the Silk Roads between Rome and China in Antiquity*, Oxford: Oxbow, 2017, p. 183; Zhou Jinling and Li Wenying, “The Yingpan Cemetery on the Loulan Branch of the Silk Road,” *Orientations*, Vol. 35, No. 4 (2004), p. 43.

图8-2-2
罽袍纹样局部

图8-2-3
罽袍纹样局部

图8-2-4
克孜尔77号窟金刚菩萨壁画，公元5世纪早期

纪左右克孜尔石窟壁画中装饰的帔帛。（图8-2-4）相较于希腊罗马传统中的现实主义表现手法，这种风格化的飘褶可被视作萨珊对整个古代亚洲艺术造成普遍影响的端倪之一。

值得注意的是，这些对称排列的重复人物是在衣物背面反转织成，因而每一组人物图案都是一个左撇子，一个右撇子。这是技法使然，并不包含任何其他需要解读之处。

我们可以进一步对比这些人物与希腊罗马的艺术传统。营盘墓中的人物有时被称为“天使”，这些矮胖的类儿童形象也经常出现在希腊化和罗马艺术，甚至更晚期的艺术模仿中，如15、16世纪的欧洲文艺复兴。在古代的古典艺术背景中，人们将“天使”设想成厄洛特斯（Erotes）或丘比特（Cupid），其实就是女神阿芙洛狄特（Aphrodite）或维纳斯（Venus）之子的不同表述。与丘比特不同的是，营盘人物没有羽翼，除此之外在图像传统上与希腊罗马艺术中的丘比特或类似丘比特的男童别无二致。这些图像起源于希腊化时期的希腊世界（约公元前4世纪晚期至公元前1世纪），但是最频繁出现于罗马帝国早期的艺术中。譬如，营盘墓中的持矛者图案就使人想起罗马石棺盖上那些狩猎的丘比特们。丘比特玩闹的形象流传甚广，颇有影响。罗马人认为它适合用在丧葬艺术，但也常见于家庭装饰与应用艺术中。[1]（图8-2-5）

那么，这件中国或中亚服饰所用的华贵衣料是否从遥远的西方进口而来？或许并非如此。尽管到目前为止，我们尚无来自地中海或小亚的近似品，但这些起源似乎也有迹可循。[2]然而，笔者稍后探讨的

---

1 关于罗马时期的丘比特形象，参见《古典神话图像词典》，*Lexicon Iconographicum Mythologiae Classicae (LIMC)*, Zurich: Artemis and Winkler, 1981-1999, 3.1: 952-1049; 3.2: 678-727. 狩猎的丘比特，参见*LIMC*, 3.1: 991-994; 3.2: 698-700, Nos. 301-325.

2 关于衣料进口自西亚（罗马或拜占庭帝国）的假说，参见Andrea Sheng, “Chinese Silks that Circulated among People North and West: Implications for Technological Exchanges in Early Times?” in B. Hildebrandt, ed., *Silk: Trade and Exchange along the Silk Roads between Rome and China in Antiquity*, p. 183. 相反，科索夫斯卡则提出了缺乏对比物与中亚特征。Dominika Kossowska, “Classical Motifs on Yingpan Mummy’s Clothing,” *Novensia*, Vol. 26 (2015), p. 65.

图8-2-5
鹿之家罗马壁画残部，
赫库兰尼姆，
公元 1 世纪

图像风格与内容差异又会否定这种说法，即该纺织品产自希腊罗马世界，甚至在视觉文化上秉承古典传统的犍陀罗等地区。尽管学界大部分讨论都提到起源于中亚某地，但营盘图案与克孜尔飘褶的相似性意味着它的产地可能在塔里木盆地附近，或许不经过营盘本地。正如艾玛·班克（Emma C. Bunker）所认为的，营盘的相关残片（下文将提到）甚至可能暗示了一种当地传统的存在，即这是专为此墓穴而制的精美寿衣。[1]

我们从染料分析中得到的详细证据至少指向了当地或该区域的来源。罽袍黄色部分所用的黄酮类染料可能是进口而来，但倘若这是一种古代新疆纺织品广泛使用的染料，那就不是外来的珍品。[2]红色染

1 Emma C. Bunker, "Late Antique Motifs on a Textile from Xinjiang Reveal Startling Burial Beliefs," *Orientations*, Vol. 35, No. 4 (2004) pp. 30-36.关于中亚起源，参见Dominika Kossowska, "Classical Motifs on Yingpan Mummy's Clothing," *Novensia*, Vol. 26 (2015), p. 65.

2 Liu Jian, et al., "Identification of Ancient Textiles from Yingpan, Xinjiang, by Multiple Analytical Techniques," *Journal of Archaeological Science*, Vol. 38 (2011), pp. 1768-1769; Liu Jian, et al., "Characterization of Dyes in Ancient Textiles from Yingpan, Xinjiang," *Journal of Archaeological Science*, Vol. 40 (2013), pp. 4447-4448.

料的化学数据表明它来自一种特殊的但品种多样的茜草（染色茜草），这种茜草已经在新疆使用数世纪之久。需要注意的是，它在古代地中海和亚洲都有着广泛应用。[1]

至于年代问题，由于缺乏放射性碳素分析，鉴定结果仍然充满不确定性。营盘墓地的发现整体上指向了东汉或魏晋时期（公元25—420年左右），而近期一项重要的植物材料分析结果也可支持这个结论，因为95BYYM26号墓样本的放射性碳素定位于这个时段的中期（公元85—239年；95.4%）。[2]但是墓地投入使用的时间似乎迟至公元5世纪，而将营盘男子的年代推迟比提前更有道理。[3]罽袍图案的风格与一块毛织品残片十分相似，残片的装饰也是相关的主题：卷藤植物丛中居住着各种生物，有翼的丘比特在其中扑蝶嬉戏。毛织品是考古学家在遭劫的残留物中找到的。我们基本可确定它与瑞士联邦（Swiss Confederation）阿贝格基金会（Abegg-Foundation）所藏某残片属于同一布料，后者经C-14鉴定后的时间在公元430—631年（100%）。[4]

---

1 Liu Jian, et al., "Identification of Ancient Textiles from Yingpan, Xinjiang, by Multiple Analytical Techniques," *Journal of Archaeological Science*, Vol. 38 (2011), pp. 1767-1768; Liu Jian, et al., "Characterization of Dyes in Ancient Textiles from Yingpan, Xinjiang," *Journal of Archaeological Science*, Vol. 40 (2013), pp. 4445-4446. 在此非常感谢刘剑提供关于新疆地区染色茜草古老用途的信息。

2 关于墓葬品指向的时间范围，大部分早于公元6世纪，参见Armin Selbitschka, *Prestigegüter entlang der Seidenstrasse? Archäologische und historische Untersuchungen zu Chinas Beziehungen zu Kulturen des Tarimbeckens vom zweiten bis frühen fünften Jahrhundert nach Christus*, part 1, pp. 55-56. 关于放射性碳素时间鉴定，参见Chen Tao, et al., "Plant Use in the Lop Nor Region of Southern Xinjiang, China: Archaeobotanical Studies of the Yingpan Cemetery (~25-420 AD)," *Quaternary International*, Vol. 426 (2016), p. 168 and table 1.

3 较晚的年代定位，参见Dominika Kossowska, "Classical Motifs on Yingpan Mummy's Clothing," *Novensia*, Vol. 26 (2015), p. 64. 尽管她不太认可公元4世纪这一年代定位。

4 巴塞尔，阿贝格基金，编号5073和5175。关于这两件纺织品及相关古典世界与中亚图像的讨论，参见Emma C. Bunker, "Late Antique Motifs on a Textile from Xinjiang Reveal Startling Burial Beliefs," *Orientations*, Vol. 35, No. 4 (2004). 营盘残片在第34页。Dominika Kossowska, "Classical Motifs on Yingpan Mummy's Clothing," *Novensia*, Vol. 26 (2015), pp. 64-65; Zhou Jinling and Li Wenying, "The Yingpan Cemetery on the Loulan Branch of the Silk Road," *Orientations*, Vol. 35, No. 4 (2004), p. 43.

图8-2-6
埃姆黑达的赛勒诺斯别墅神祇壁画局部，罗马—埃及，公元4世纪

另一个相近的物品是一块来自尼雅的羊毛残片，粗绘有人物、动植物。如果遗址废弃于公元5世纪早期的话，那么这块残片可能不晚于公元4世纪。[1]最后一点，罽袍上相当粗拙的面部特征，尤其狩猎人物的大眼睛，可与罗马晚期绘画和纺织品的风格相比较。（图8-2-6）这种对比大概无济于事，不过近期研究中达成的共识是营盘男子墓的时间应该在公元4—6世纪左右。笔者暂时将其年代定为公元4世纪左右。即使如此定位在年代上较早，但依照古典考古学的传统概念，罽袍的年代也可被视为“罗马晚期”或“拜占庭早期”。

第三节 “营盘男子”罽袍的希腊化文化内涵

论及此处，接下来开始探讨核心内容。我们在何种意义上，可

1 Marta Zuchowska, "'Grape-Picking' Silk from Palmyra: A Han Dynasty Chinese Textile with a Hellenistic Decoration Motif," *Światowit*, Vol. 12, No. 53 (2014), pp. 156-157, fig. 15.

将营盘纺织品视为丝绸之路上“希腊”或“希腊化”文化遗产的一部分？1999年，营盘罽袍的照片首次发表在《文物》期刊之时，“希腊化”这一术语就被再三提及。[1]有时候，在描绘营盘和其他受古典影响的中国西部与南亚、中亚艺术案例时，这样的术语颇具意义。但在其他方面可能会引人困惑，其中一部分原因是这种术语可能让人们忽视罗马帝国对同时代文化的广泛影响。

在纯粹的视觉术语中，营盘人物确实属于希腊化遗产的一部分。它们所采用的图像学语言，最初来自希腊世界，至希腊化时期，也就是公元323年亚历山大去世后的三个世纪内又传播开来。在此期间，希腊艺术家所创造的题材、风格与具象准则流传之广，遍布甚至远超亚历山大所征服及其希腊、帕提亚继承者所统治的区域。亚洲的希腊政治文化遗产的确影响深远，在证据方面虽然零散，但这一点在考古学上非常明显。[2]

然而，公元前1世纪的时候，希腊人在中亚的统治走向了尽头。希腊化视觉文化传统在该地区的保留程度尚不明确。倘若有这样的传统延续下来，可被称为一种“晚期希腊主义”，不过时间上晚于希腊化时期的传统结束时间（公元前31年，罗马打败托勒密埃及）。以前，人们曾用这种传承解释犍陀罗艺术中显著的希腊—罗马特征。

“犍陀罗艺术”一般是指公元初几个世纪出现在大致相当于今巴基斯坦北部地区的佛教艺术，主要是佛教窣堵波（stupa）的雕像装

1 周金玲、李文瑛、尼加提、哈斯也提:《新疆尉犁县营盘墓地15号墓发掘简报》,《文物》1999年第1期，第15页（“浓厚的希腊化艺术风格”）。Zuchowska, Marta, "'Grape-Picking' Silk from Palmyra: A Han Dynasty Chinese Textile with a Hellenistic Decoration Motif," *Światowit*, Vol. 12, No. 53 (2014), p. 155（“确定无疑的希腊化装饰”）; T. Chen, et al., "Plant Use in the Lop Nor region of Southern Xinjiang, China: Archaeobotanical Studies of the Yingpan Cemetery (~25-420 AD)," *Quaternary International*, Vol. 426 (2016), p. 167（“来自‘希腊’的影响”）.

2 相关概况参见John Boardman, *The Diffusion of Classical Art in Antiquity*, London: Thames and Hudson, 1994.

饰。自从19世纪欧洲的士兵与官员重新发现了犍陀罗艺术，人们一直惊叹于这些雕像对希腊—罗马图像和风格（包括服饰、姿势和具象的自然主义技法）的吸收程度。甚至佛陀程式化的肖像和超脱尘世的面部表现，仿佛都模仿了希腊罗马神祇和英雄的理想化面庞，及其自我克制的伦理内涵。[1]

犍陀罗艺术最早的评注者称之为“希腊佛教艺术”，因为他们相信犍陀罗艺术混合了希腊艺术与印度宗教思想。这个词语直到现在仍被人们广泛使用，尽管不是用于学术文献。犍陀罗艺术的影响因素依然被看作“希腊的”或“希腊化的”。但从很早之前学者们就开始有了不同的看法，有人注意到存在某种对犍陀罗艺术的“影响”并在公元2世纪左右臻于巅峰。此时已经距离希腊化时期久矣，但犍陀罗艺术恰与同时期的罗马帝国作品非常相似。事实上，现在可确定年代的最早的犍陀罗艺术品在外表上呈现的古典特征反而最少。尚无明确证据表明，一种连续的希腊化传统存在于希腊化时期和犍陀罗佛教艺术的兴盛之间。[2]

目前大家逐渐认可的一种说法是，在犍陀罗艺术品外观的构成因素中，罗马帝国的同期影响至少占据一席之地。这种联系背后的结构仍然模糊不清，尚待研究。不过，可以明确的是，公元初年的罗马与

1 关于犍陀罗艺术及其跨文化联系，参见Lolita Nehru, *Origins of the Gandhāran Style: A Study of Contributory Influences*, Delhi: Oxford University Press, 1989; John Boardman, *The Diffusion of Classical Art in Antiquity*, pp. 109-145.

2 强调同时期罗马影响的观点，参见Hugo Buchthal, “The Western Aspects of Gandhara Sculpture,” *Proceedings of the British Academy*, Vol. 31 (1945), pp. 151-176; R. E. Mortimer Wheeler, “Romano-Buddhist Art: An Old Problem Restated,” *Antiquity*, Vol. 23 (1949), pp. 4-19; Alexander C. Soper, “The Roman Style in Gandhara,” *American Journal of Archaeology*, Vol. 55 (1951), pp. 301-319. 关于犍陀罗艺术年表，参见Wannaporn Rienjang and Peter Stewart, *Problems of Chronology in Gandhāran Art: Proceedings of the First International Workshop of the Gandhāra Connections Project, University of Oxford, 23rd-24th March 2017*, Oxford: Archaeopress, 2018.

犍陀罗之间的确存在持续交往，包括物品交易与对外联系。[1]

那么，为什么人们在谈及西方古典文化对中亚艺术的影响之时，频频默许“希腊的”或“希腊化的”标签，及其蕴含的早期、直接和持续的跨文化交流含义？其一，这是现代思想中希腊文化权威性和优先性导致的结果之一；其二，这反映了在表述古代世界的复杂性时单一文化标签的局限性。

尽管罗马帝国对希腊化世界的开发与征服意味着巨大的政治变动，但希腊传统在罗马统治下仍然继续发展、演变。希腊化艺术的延续，不仅存在于操希腊语的帝国东部，还有罗马统治下的广袤领土甚至更远的地方。因此，罗马艺术本身即是希腊化世界文化遗产的一部分。从各方面而言，罗马艺术是由希腊的风格与图像传统塑造而成的。

这样导致的后果之一就是，罗马本身作为古典图像传播故事的一部分却经常被人们忽略。我们视之为“希腊的”其实通常是罗马帝国的遗产。也许有时候，这种图像应当看作公元初的几个世纪里罗马在地中海和中东地区继承、培养、发扬和传播的一种全球性的国际化视觉语言。

回到营盘这个主题。尽管营盘距离犍陀罗地区东北方向有1000公里之遥，但与犍陀罗之间还是有些许可能的文化关联，例如文档中佉卢文的应用。虽然在大犍陀罗地区也许有一些同时代的自然主义泥塑与灰泥作品，但是营盘男子的“西方式”服饰在年代上似乎比犍陀罗的古典化石雕晚得多。因而，即使它保有了一种发源于希腊世界的传统，但如果我们将罽袍上的图像定义为“希腊的”或“希腊化的”，

1 关于东西方关系的近期研究概况，参见Raoul McLaughlin, *Rome and the Silk Routes: The Ancient World Economy and the Empires of Parthia, Central Asia, and Han China*, Barnsley: Pen and Sword, 2016; David F. Graf, “The Silk Road between Syria and China,” in A. Wilson and A. Bowman, eds., *Trade, Commerce, and the State in the Roman World*, Oxford: Oxford University Press, 2017, pp. 443-529.

可能还是会导致更多问题。因为在希腊化时期结束四个世纪后，罗马帝国早已改造了这种艺术传统。

基于上述事实，我们再简明回顾一下罽袍上图案的细节，看看它们在希腊罗马传统中的适当位置。显然，它们在图像上有一些异常之处。

初见之时，大部分图案看起来既协调又熟悉。栩栩如生的山羊、手持长矛者、冬季结果的石榴树，皆与野外行猎场景相吻合。罗马艺术中，尤其是壁画与镶嵌画里也经常出现这一主题。但牛的存在是否适用于这一场景？因为它们在这里不仅仅是猎人的猎物。每只牛身上的中间部位都围着茂密的花环，看上去像月桂枝叶编织的。这样的花环偶尔也会出现在罗马艺术中的动物身上。（图8-3-1）它们是一种“背部的”、系在献祭动物身上的装饰。[1]但是，营盘动物并不是驯服的待宰家畜，它们呈现出自由飞驰的姿态。[2]无可置疑的是，这些图案的设计时间在公元4世纪罗马帝国的献祭风俗衰微之后。

再则，顶端那组上举长矛的人物与别组人物相仿，看上去都是猎人身份。他们或许在以其毫不实用的小盾牌保护自己、防御野兽。不过，他们的姿势更像希腊罗马艺术中与敌对阵的战士。那么他们上方袭来的敌人又是谁呢？是画面之外看不见的骑士？

第三也是最令人困惑的一点，那组将盾牌举过头顶的人物也可能处于被袭的状态。他们正面临来自半空中的攻击吗？此处可想

---

1 献祭动物背部的和其他装饰呈现不同形式，参见 Yves Bonnefoy, ed., *Roman and European Mythologies*, Chicago and London: University of Chicago Press, 1992, pp. 78-79 (Peter Schilling). 月桂花环，除了图拉真柱外，还需注意罗马祭坛祭祀场景中的牛（哥本哈根：新嘉士伯美术馆，858号藏品，公元2世纪末期）。

2 同样不同寻常的是，花环是系在动物腹部而非背部，尽管这种变化也出现于罗马帝国东部杜拉·欧若普斯一座犹太教会堂的一幅油画（大祭司亚伦的会幕）上。参见Carl H. Kraeling, *The Excavations at Dura-Europos. Final Report 8.1. The Synagogue*, New Haven: Yale University Press, 1956, esp. 125-131, pl. 60.

图8-3-1
罗马图拉真柱饰带局部，人们准备把一头有月桂花环装饰的猪和其他动物献祭

象侏儒族被鹤群袭击，或丘比特在空中打架的场景。[1]只不过，营盘人物似乎脚踏实地而更为现实些。他们聚精会神地对付面前一度消失的敌人。（注意：他们不是在彼此战斗，而是那种织造工艺呈现出这种重复出现、相互面对的形象。）他们手中弯曲的短兵器也不太寻常，是弯刃短刀。这些人物一手松握盾牌至空中，看起来没什么实际的防御能力。他们只是在做示威性表演吗？这些图案不免让人想起罗马艺术中丘比特以角斗士（gladiator）身份战斗的画面。（图8-3-2）有趣的是，笔者所了解的与之最相近者并非任何一件古代艺术品，而是一组16世纪前后的意大利系列画：它们是复制在五个马约利卡（majolica）陶盘上的场景，这些陶盘在公元1560—1675年间产于乌尔比诺（Urbino）（可能是弗拉米尼奥·丰塔纳作坊，workshop

1 关于侏儒族和鹤的图像，参见*LIMC*, 7.1: 594-597; 7.2: 466-473. 关于丘比特在空中战斗的场景，请注意乌提卡的尼普顿镶嵌画（公元200年左右），现存于突尼斯巴尔杜国家博物馆。

图8-3-2
作为角斗士的丘比特，罗马马赛克残部，黎巴嫩，约公元4世纪

of Flaminio Fontana）。（图8-3-3）它们和乌尔比诺公爵宫里的一座墙泥浮雕可能都模仿了塔迪奥·祖卡里（Taddeo Zuccaro）的设计。[1]该场景展现了栅栏里武士战斗的画面，背景是城市（罗马）建筑物。他们看上去像某种表演型斗士，全身赤裸，仅戴头盔。其中四人高举盾牌至空中。就像营盘人物一样，他们也手持类似短弯刀的弯刃剑。至少其中两个盘子的底部刻有类似铭文，比如“SPECTACVL.DVRO.DI.COLTELATORI”（角斗士的残酷表演）。此处影射的是据说由公元前46年胜利的尤利乌斯·恺撒（Gaius Julius Caesar）开创的血腥表演。[2]这些文艺复兴时期的图像与早一千年的营盘墓纺织品之间的相

1 详细讨论参见Timothy Wilson, *Italian Maiolica of the Renaissance*, Milan: Bocca, 1996, pp. 368, 371-377, No. 150; John Gere, “Taddeo Zuccaro as a Designer for Maiolica,” *Burlington Magazine*, Vol. 105, No. 724 (1963), pp. 306-315.

2 Timothy Wilson, *Italian Maiolica of the Renaissance*, p. 371. 参考2014年7月9日苏富比拍卖行拍品第26项（*Treasures, Including Selected Works from the Collections of the Dukes of Northumberland*）， 见www.sothebys.com/en/auctions/ecatalogue/lot.26.html/2014/treasures-princely-taste-l14303，最后访问时间为2019年5月13日。

图8-3-3
表现剑斗士场景的马约利卡陶盘，乌尔比诺，公元1560—1675年

似之处令人惊讶。这会是巧合吗？鉴于博学的意大利艺术家及其主顾对古罗马作品的习惯性偏好，祖卡里的设计极有可能源自某件古罗马艺术品——或许是一幅角斗士场景，不过尚未证实。这个图案可能在某种程度上是文艺复兴绘像与营盘人物的共同原型。但即使是巧合，这个16世纪左右的场景也为营盘人物的特征提供了线索。因为前者同样描绘了好像在表演挥舞短弯刀、手举小盾牌至空中的裸体男性——这是一种剧院的舞台战斗。

小　结

综上所述，营盘罽袍上的图案并不是一组连贯的狩猎场景，而是一系列希腊—罗马艺术元素的节选。从这一角度来说，这件罽袍的确区别于上文提及的来自营盘、尼雅遗址的其他残品。这些丘比特场景与其他反常的细节本身就可以证明这一点。尽管这个场景在中亚的情境下有着特定的丧葬意义，但在这里只是一个纯粹的装饰性语言。丘比特通常在罗马丧葬艺术中占据重要地位，他们对应的女性形象是身有蝶翼的普赛克（Psyche，古希腊语意为灵魂）。罽袍上的石榴树可以从类似角度去解读，因为在长达数世纪的古典文化中，石榴树都与来世、永生的主题息息相关，因而在这里是合宜的风景元素。但营盘罽袍上的人物与动物图案不仅仅是独立的象征物，似乎是从更大的场景中截取而来。它们的特质向我们揭示了一种使之合乎情理的叙事性或更宏大情境的存在。

假设这件纺织品的产地是中亚或中国西部，那么我们不免将罽袍上的图案视为它所基于的古典范式的瓦解。虽然这组节选的题材表面上自成一体，但由于截取于原本自洽的背景，因而还是呈现出不连贯、不合理的一面。有趣的是，这种“错位”不曾出现于犍陀罗艺术中，那里的雕塑家似乎轻而易举就可吸收、采纳罗马的图像。他们从未表现出“误解”，反而对他们所借鉴的艺术传统得心应手。

因而，当我们远离罗马帝国的影响范围来审视营盘的这件纺织品，它是否反映了一种理解上的缺失呢？或许。但是我们有理由对这一简单的推测保持审慎的态度。首先，即使图像在全球传播的时候产生误解或失去了原本的连贯性，但它对营造出自然主义风格动态感与空间感的希腊罗马姿势与技法的理解却非常到位。这件纺织品的设计师足够了解古典艺术的风格准则，可以毫无瑕疵地进行模仿。其次，希腊罗马传统对古代中国的影响早已得到证实，后者对这种传统的吸收成果颇丰、佳作累累，尤其是佛教艺术的传播方面，后者在时间上晚得多，并且进一步向东流传，如敦煌和云冈。再次，假设营盘罽袍的确属于“古代晚期”，它的生产时间也是罗马艺术本身远离从希腊继承的自然主义传统之时。古典传统的“距离”不仅是地理上的间隔，还可能是概念上的疏离。

最后一点，也许是最重要的一点，纺织艺术有自己的运行规则和方向。这一时期的罗马帝国服饰显示出一种色彩和图像上斑驳拼接、对照鲜明的新式审美。[1]另外，在任何时期，织机制造出的带图案的纺织品都有其区别自己与他者（包括平面缂织的挂毯）的独特方式。纺织装饰是一种“可延展”的艺术。即使图案是人物或动物形象，为了保持连贯完整，可以依照尺寸被重新组合，拼接成新的样式，重复的形象场景也可按需缩放。这种现象亦常见于许多现代纺织品和礼品包装纸中。

因此明智之举是，对于一个似乎联系紧密（即使还没有真正全球化）的时代，不必过于强调营盘与古典世界的距离。“线性”地解读艺术传播与影响，对营盘男子罽袍上的精彩独特形象及其复杂的与西方的关联，将有失公平。

（彼得·斯图尔特撰　王坤霞译　张禾审校）

1 关于古代晚期文化中潜在的审美演变，参见Michael Roberts, *The Jeweled Style: Poetry and Poetics in Late Antiquity*, Ithaca, NY: Cornell University Press, 1989, pp. 111-118.

第九章　新疆出土纺织物中的希腊化艺术因素

汉代所称呼的西域，狭义上是指今中国新疆的大部分，艺术上直接受希腊本土及西亚的希腊化艺术影响的地方比较少，而间接地受希腊化时期之后的印度佛教艺术尤其是犍陀罗艺术影响的地方比较多。本章将以和田山普拉和楼兰地区的出土纺织物为主，从外来物品和当地产品所显示的特点来分析讨论希腊化时期以及后来罗马时期的艺术风格对西域艺术的影响。具体分为：山普拉的毛织物中的“舶来品”和当地缂织及栽绒作品；楼兰及扎滚鲁克的外来毛织品。

第一节　山普拉的希腊化“武士—马人”缂织

从出土伊始便享誉世界的“武士—马人”的毛线缂织布，出自山普拉一号墓的一个多体合葬坑中某具尸体的毛布裤子的两条灯笼裤腿上。裤子主体是原色无图案的平织毛布料，只是在膝盖以下的小腿部分缝接了有图案的布料。左腿上面是头朝下的武士头部，右腿上面为马人。可以看出有图案的布料是第二次甚至多次使用的布料头。两条裤腿拆开重新拼对后可以看出两片出自同一块布料，拼合后高约230厘米，最宽处49厘米，其中武士的高度按比例超出一般人的实际尺寸。（图9-1-1）布料最初可能用于房屋或宫殿的装饰壁挂或挂帘。墓葬的时间约在公元前3世纪到公元1世纪之间。

武士为站立像，手持长矛，浓眉大眼，深眼窝，高鼻梁，嘴唇饱满有弹性，黑色头发并扎有头带，脸部稍宽，有眼袋和双层下巴(希腊化时期出现的写实表现)，有着中年希腊罗马人的面部特征。观其装束，则有着欧亚草原民族的特点，比如腰佩一柄有兽头装饰的匕首，腰带有金扣（用金黄色毛线织成），属于比较典型的斯基泰人（Scythians）和帕提亚人（Parthians）的风格。其上衣是V型领口的敞开式长袖衣袍，领口是一条较宽的装饰带，一直延伸到腰间的重合处，腰间束一金腰带。装饰带上的图案似以红色菱格组成，每个菱格中有一深蓝色四瓣花朵图案，但是又像每个四瓣花朵都被红色线条分为四瓣。这个四瓣花朵虽然跟马人周边的四瓣花朵图案近

图9-1-1
山普拉的希腊化
“武士—马人”缂织

图9-1-2
希腊陶瓶画中
斯基泰弓箭手：
左　公元前520—前500年，
右　公元前570—前565年

似，却是没有立体层次感的平面图案。武士手臂的长袖外臂中缝上有一条从肩部至袖口的蓝白相间小方格装饰带；同样的小方格装饰条带在大臂处横向又有一条，在胸前两边也各缀有竖向的一条。这种在袖子或裤子中缝贴加装饰带的衣着，在希腊陶瓶画、帕提亚和斯基泰的雕刻中均有出现。比如图9-1-2中的希腊公元前6世纪的陶瓶画中斯基泰弓箭手紧身衣裤上的图案，可以看出袖子外臂和裤腿内外都有装饰条带；图9-1-2右的弓箭手衣服的图案恰巧也是小方格网络，里面是四瓣分叉的图形，跟山普拉武士的衣服图案很神似。出土于巴基斯坦斯瓦特地区印度—斯基泰时期的佛教艺术雕刻，一个斯基泰装束的崇拜人，其圆领套头衫在领口、袖口、长袖外臂、前襟正中都有装饰带，其裤腿中缝也有装饰带。**（图9-1-3下）**可以说，从中亚到西亚，这种圆领套头衫都是非常普遍的男性上衣款式，而且大多数在领口、袖口、下摆和前襟（不开口）上都有装饰带。山普拉出土的衣物中就有十多件，但是没有发现在袖子外臂处加装饰带的。在原巴克特里亚区域出土的印度—帕提亚装饰性圆盘形石雕

图9-1-3
雕刻中的帕提亚人和斯基泰人的服装

则表现了一组人物，均穿V领上衣，在领口边和袖子中缝甚至裤腿中缝上也均有装饰条带。**（图9-1-3上）**图中的一个人物的袖子条带纹饰也恰巧是小方格形状。从这些细节看，山普拉武士穿的衣物可以是斯基泰人也可以是帕提亚人的衣物式样。在额头上扎布条，在希腊化时期的希腊—马其顿人和帕提亚人当中都很普遍，比如出土于阿富汗阿伊·哈努姆（Ai Khanoum）遗址的巴克特里亚希腊人国王狄奥多托斯一世（Diodotus I，约公元前250—前230年）钱币上的头像和帕提亚米特里达特一世（Mithridates I，公元前171—前138年）钱币上的头像，二者的头上都扎有同样的头带。**（图9-1-4、5）**类似的头带甚至在山普拉和扎滚鲁克的墓葬中也都有出土，扎滚鲁克的锦丝头带后面还有很长的飘带。

图9-1-4
狄奥多托斯一世钱币正反面

从艺术表现手法来看，壁挂采用了绘画手法。武士的面部呈四分之三的透视角度，鼻梁、鼻端、眼窝、眼仁、眼袋、嘴唇、嘴角、腮帮等部位的明暗关系突出，用深浅不同层次的色彩表现，细腻并立体感强烈。这种用明暗关系突出立体感的手法是典型的希腊和罗马大型绘画采用的写实技术（希腊陶瓶画以单线条为主，不包括在大型彩色绘画如壁画、镶嵌画之中），其用在纺织上，可以看出艺术家和织工对人体解剖的理解和表达都非常得心应手。以绘画技法在缂织物品上表达写实人物并非一件易事，在历史同时期的纺织作品中，还找不到一件能够跟山普拉武士相媲美的缂织物品。目前出土的大约同时期的纺织物多为罗马中晚期至拜占庭早期的埃及和西亚的物品，都有着另外的特点，比如帕提亚或埃及风格（见下节对楼兰赫尔墨斯的讨论）。但是如果与

图9-1-5
米特里达特一世钱币正反面

同时期的拼嵌画和壁画相比，不仅在地中海沿岸，而且深入幼发拉底河（Euphrates）和叙利亚大沙漠的地区，都有无数的例子。

与叙利亚交界的土耳其境内的宙格玛（Zeugma）是塞琉古一世于公元前3世纪建立的城市，公元前64年被罗马征服，公元3世纪被萨珊波斯摧毁。这里发现的地板拼嵌画显示了典型的希腊罗马风格。尤其是一幅海洋神俄刻阿诺斯（Oceanus）的画面，其表现手法跟山普拉武士几乎一个路子。（图9-1-6）二者都是四分之三偏左的角度；鼻梁左边的棕红色线条较重，稍有弯曲，表现出高隆处；紧接着里面有一条稍浅的粉红宽线，然后过渡到鼻梁正中的红黄色，三层过渡；鼻梁右边有稍宽的阴影，由第二层的粉色表达，没有明显的线条。

再看同一地点的文艺女神的面部，其颧骨和脸颊的明暗过渡，圆润的嘴唇，都跟武士的面庞表现如出同一艺术家之手。（图9-1-7）同样风格的面相表达在罗马城市庞贝（Pompeii，公元79年被掩埋于火山之下）的壁画和拼嵌画中也多得不胜枚举。罗马皇帝哈德良（Hadrian）宫殿内的拼嵌画里的马人的人面表达，也是一个完美的例子。这个人物的鼻子、眼睛的光暗处理层次多而细腻，颜色转换均匀自然，表现出希腊罗马绘画的高度写实水平和色彩使用的丰富程度。（图9-1-8）

壁挂中的马人（Centaur，一译半人马）位于武士头顶上方的装饰条带部分，被包围在四瓣花朵组成的花圈内，双手举着一只长号在吹，四肢马蹄呈奔跑状。马人出自希腊神话，在神话中被描写为半野蛮半

图9-1-6
海洋神，镶嵌地板画局部，
公元前300—公元253年，
土耳其宙格玛

图9-1-7
文艺女神之一，镶嵌地板画局部，
公元前300—公元253年，
土耳其宙格玛

图9-1-8
马人，镶嵌壁画局部，罗马皇帝
哈德良宫殿，公元130年

文明开化的神物，文明时跟人类是朋友，野蛮时跟人类争战。它的形象普遍见于公元前6—前5世纪以降的希腊陶瓶画、青铜器皿、石雕和罗马的雕塑、壁画及镶嵌画等艺术作品中。希腊艺术最早的古风时期，即公元前700—前600年期间，一些小型的青铜雕塑中就有了它的形象。艺术通史中常引用的第一件希腊雕塑就是这样一件小青铜雕塑：一个马人和一个人双手紧握对方，似在拥抱，又似在扭打。在希腊陶瓶画和大型雕塑中，马人的形象比比皆是。甚至古典盛期位于雅典的雅典娜神庙的雕塑上也有数不过来的马人形象。到希腊化时期，它的形象跟着希腊—马其顿人横跨欧亚大陆，来到中亚和南亚。巴克特里亚的希腊化王国艺术就不待说，早期印度佛教艺术比如桑奇（Sanchi）和巴尔胡特（Bharhut）的佛塔雕刻中也已经有马人的例子。

山普拉的马人，脸部现出侧面，大眼高鼻，没有胡须，双手握一长管喇叭，放在嘴边吹奏；前蹄腾空，似在飞奔，肩上披的兽皮斗篷随风向后飘舞；头上似乎是戴了一顶尖帽，但又像是头带。他的上身及面部用人体肤色，马身部分呈红棕色，这可能是希腊化和罗马时期绘画中的固定用法，比如在罗马皇帝哈德良的庄园拼嵌画和叙利亚的杜拉·欧罗普斯壁砖画中都有明确的表现。**（图9-1-9、10）**希腊罗马艺术中出现的马人大多有络腮胡须，也常常肩披一件兽皮。长号可能最初来自波斯，[1]不过早在公元前6世纪的希腊陶瓶画中，希腊和斯基泰武士就都使用这样的长号。罗马时期的埃及出土缂织品中也有马人吹长号的，形象跟山普拉马人很接近。但是埃及例子中的马人除了飘扬的斗篷外，还有鹰鸟的翅膀，也许是综合了其他神兽如斯芬克斯（Sphinx）或格里芬（Griffin）的鹰翅因素。**（图9-1-11）**

---

1 Mayke Wagner, et al., “The Ornamental Trousers from Sampula (Xinjiang, China): Their Origins and Biography,” *Antiquity*, Vol. 83 (2009), pp. 1065-1075.

图9-1-9
马人，镶嵌壁画局部，罗马皇帝哈德良宫殿，公元130年

山普拉的马人本身没有翅膀，但是在其后方有一只很大的翅膀羽毛的残留，也许是另一种希腊艺术中常见的神兽格里芬。

马人周边一圈十几朵四瓣花纹样也是希腊—罗马艺术中常见的图案母题。每一朵花都有四片花瓣，由一个十字形状的空隙分开，每一片花瓣上又有一个凹口。花朵的颜色有以红色为主和以黄色为主两种，交叉排列。每朵花有四层由浅到深的色彩。最接近山普拉四瓣花纹饰及织法的例子出现在希腊化和罗马帝国早期的一些地区的纺织品上，比如叙利亚的杜拉·欧罗普斯（Dura Europos）和帕尔米拉（Palmyra），还有埃及的很多遗址。在杜

图9-1-10
杜拉·欧罗普斯壁砖画，公元245年

拉·欧罗普斯出土的一件缂织毛布残片上，四瓣花的形状跟山普拉的基本一致，色彩层次多至六色，不过图案位置稍有区别，比如分瓣的空隙是“X”状而不是“十”状，左右两边的花瓣变色换线之处不是圆弧形而是直线形。（图9-1-12）杜拉·欧罗普斯的壁砖画上也有类似图案。（图9-1-13）

根据以上比较分析，山普拉的“武士—马人”缂织壁挂残片基本属于希腊化时期和罗马早期的艺术风格。从人物相貌来看，武士高鼻深眼，黑头发，灰色眼珠（左眼；似乎有意为之），没有胡须（希腊艺术中理想化男性人物的相貌），额头上扎头带，手持长矛（而不是弓箭），都是希腊人的特点。从人物的穿戴来看，却像是斯基泰人或帕提亚人：V领开襟长袖上衣，领口有宽边装饰带，袖子外臂处有装饰带，腰间扎金扣腰带，腰挂兽头装饰的剑鞘或刀鞘。从艺术风格来看，它采用了典型的希腊艺术审美标准和技法，比如四分之三透视角度，突出立体感，光暗层次细腻讲究，但是眉毛的弯曲高挑却不太像希腊罗马的传统表达；对武士中年年龄的写实，比如眼袋和双层下巴，反映出希腊化时期和罗马时期的风格特点。从质量上看，这件织物母题丰富，除武士之外，还选用了希腊人喜闻乐见的马人、战争中使用的长号（跟武士题材相匹配）、四瓣花和其他花卉纹样；色彩亮丽，做工精致，是高水平的艺术家和纺

图9-1-11
马人，缂织品，埃及，
哈德良时期，公元130年

图9-1-12
四瓣花纹样，杜拉·欧罗普斯缂织毛布残片，公元200—256年

图9-1-13
四瓣花纹样，杜拉·欧罗普斯壁砖画，公元245年

织工制作的高档次艺术品。在笔者所接触到的世界古代纺织品中，这是唯一一件可以跟希腊罗马的古典风格最高水平的绘画作品相比拟的。跟楼兰出土的赫尔墨斯（Hermes）缂毛残片相比，山普拉的作品在强调光暗立体感方面更接近希腊化和罗马早期的艺术风格，而楼兰的作品则更接近来自罗马时期的西亚和埃及的注重实线条轮廓和超大眼睛的作品（见下节对楼兰的讨论）。

这件精彩的毛线缂织物在山普拉的出现比较偶然，也比较孤立。不仅仅因为它已经被第二次或多次使用，上面的主要人物被头朝下地用在裤腿下端，而且在山普拉以及塔克拉玛干周边地区均没有发现同样主题和风格的缂毛织品，说明它很可能是被偶然带进山普拉的外来物品，上面的人物故事对当地人似乎没有什么意义。但是它的出现至少可以表明山普拉和外界的联系，也许是很直接的联系，比如穿这条灯笼裤的人可能跟希腊化王国有某种联系；有人穿着这样的衣裤在山普拉走来走去，也间接地为山普拉和和田地区带来了跟希腊神话有关的故事人物和想象力，扩大了人们的视野，丰富了人们的知识和艺术修养，无形中也增加了一项审美标准。不过，这样突出立体感的写实绘画方法和缂织方法在和田以及整个西域并没有得到发展。

瓦格纳（M. Wagner）等学者推测壁挂原作制作于希腊化时期从西亚至中亚的某个城市，比如塞琉西亚（Seleucia）和帕尔米拉，这里曾在公元前2世纪时被帕提亚占领；或黑海北部地区，这里在公元前5—前4世纪时就有希腊和斯基泰人混杂的社区；或中亚的巴克特里亚，从亚历山大本人开始建立希腊—马其顿殖民地，到希腊化时期的巴克特里亚王国时期。[1]他们的结论更倾向于巴克特里亚。

---

1 Mayke Wagner, et al., "The Ornamental Trousers from Sampula (Xinjiang, China): Their Origins and Biography," *Antiquity*, Vol. 83 (2009), pp. 1065-1075.

笔者基本同意这几位学者的结论，不过认为帕尔米拉和杜拉·欧罗普斯两地为原产地的可能性更大。

“武士”虽然身穿帕提亚或斯基泰人的服饰，但是绘画风格上并没有显示出帕提亚或斯基泰两个不同艺术传统的影响，却仍然是希腊古典风格。帕提亚人是活动于伊朗东北部、里海东南部草原地带的操东伊朗语的一个民族，在语言和装束习俗很多方面都很像斯基泰人。米特里达特一世于公元前163—前155年攻克希腊—巴克特里亚王国的西部地区；于公元前148—前140年期间从塞琉古王国夺取了米底和美索不达米亚，前141年攻克塞琉古王国的都城之一塞琉西亚。他的后继者继续向西扩张，于公元前113年开始统治杜拉·欧罗普斯，不过没有占领和统治帕尔米拉。

帕提亚时期在西亚，特别是在杜拉·欧罗普斯所显示的艺术特点，是一种希腊化、波斯以及当地的混合变异风格。米特里达特一世似乎偏爱希腊文化艺术并且复兴过希腊古典艺术，他在自己统治期间发行的钱币上就有“Philihellene”字样的铭文，意为“爱希腊者”。但他同时也重新启用了波斯阿黑门尼帝国（Achaemenid Empire）时期对帝王的称号——“王中之王”。在人物表现上，帕提亚艺术在雕刻和绘画方面以希腊的写实为主，但是偏重正面和超常比例的大眼睛，喜用实而重的线条（相对于虚或晕染式的过渡）表达各部位轮廓，比如眼圈等。这种风格甚至影响到罗马时期的早期犹太教基督教艺术以及后来的罗马拜占庭时期的艺术。

帕尔米拉跟杜拉·欧罗普斯一样，都是古代丝绸之路上在西亚规模较大的贸易中转站。不同于杜拉·欧罗普斯的是，帕尔米拉在塞琉古王国的势力被帕提亚帝国驱逐后，并没有被其直接统治过，相对地保持了独立，但同时跟帕提亚和罗马都有商业贸易往来。直到公元14年，帕尔米拉才被正式纳入罗马的叙利亚省。这里出土的纺织品包括埃及的亚麻织物、西亚当地的毛织物和中国汉代的丝织品。帕尔米拉是一个比较大的城市，聚集了很多不同的民族和文化，仅罗马时期的墓碑以及庙宇铭记上就有如下的文字：阿拉米（Aramean）、亚摩利（Amorites）、犹太、希腊、罗马和阿拉伯；官方和商业通用语为希腊语言和文字。这里的大型神庙建筑也聚集了若干个不同宗教的神庙，有美索不达米亚的Bel和Nabu神庙，迦南（Canaan）地区的Baalshamin神庙和帕尔米拉当地的Al-lat女神庙，多数都是希腊神庙的形式（四周为柱廊）。还有希腊化时期的市场，罗马的大剧场和浴场以及拱形凯旋门，等等。这里的雕刻绘画艺术显示出浓重的希腊和罗马的影响，比如阿拉特（Al-lat）女神像，不仅在内容上跟希腊的雅典娜女神相合并，在风格表现上也极尽古典美的表达，特别是衣褶和站姿（可惜面部被毁）。（**图9-1-14**）但是也有自己的特点，比如阿塔耳伽提斯（Atargatis）女神和希腊丰收女神提刻（Tyche）融合的雕像，其正面透视角度和超常比例的大眼睛，都已经脱离希腊艺术表达传统而具有自己的特点。（**图9-1-15**）又比如，一幅浮雕上的主神Baalshamin、太阳神Malakbel和月亮神Aglibol，均显示了正面像和加重眼圈的睁得很大的眼睛。（**图9-1-16**）这个特点与杜拉·欧罗普斯的帕提亚风格不谋而合，既可以说是叙利亚当地的风格，也可以说是帕提亚带来的风格。

图9-1-14
女神阿拉特，帕尔米拉

图9-1-15
女神阿塔耳伽提斯，公元1世纪，杜拉·欧罗普斯

帕尔米拉出土的大量的拼嵌画也显示了两种不同的风格。藏于叙利亚博物馆的一幅拼嵌画残

图9-1-16
帕尔米拉三神，中为主神Baalshamin，左为月神Aglibol，右为太阳神 Malakbel

留有希腊星座之一的卡西奥佩娅（Cassiopeia）女神和其他一些人物，包括部分的马人和若干个小厄洛斯（Eros）。（**图9-1 -17**）裸体的女神以标准的古典“非对称”的优雅站姿、丰润的体态（可与古典晚期的出水阿芙洛狄特或维纳斯相媲美）、脸部的四分之三透视角度、细腻的光暗层次关系，表现了典型的希腊古典风格。其他人物的表现也基本如此，比如奔腾的马人的腹部肌肉和前腿的表达准确生动，而且有力度；只是偶尔有些部位的轮廓线比较突出，比如马人前面厄洛斯的身体部分。值得注意的是，这些

图9-1-17
希腊女神卡西奥佩娅，镶嵌壁画，帕尔米拉，约公元2—3世纪

人物面部都表现出了一种焦虑或悲剧式的神情，而这正是西亚地区希腊化艺术风格的最大特点。而藏于帕尔米拉当地考古博物馆的一些拼嵌画，则显得比较粗糙的，注重浓重线条，人物眼睛大睁。这个博物馆收藏的拼嵌画中有至少五六个马人出现，也可见马人题材在此地的普及程度。

山普拉“武士—马人”没有显露出帕提亚时期的艺术特点中的任何一点。除了身穿帕提亚或者斯基泰人的服装外，从形象到艺术风格均为典型的希腊化作品。马人在帕尔米拉和杜拉·欧罗普斯都是人们喜闻乐见的艺术题材和形象，这两地纺织品上的四瓣花纹样也跟山普拉的最接近，甚至都以绿色做衬底。如果说山普拉作品出自帕尔米拉或杜拉·欧罗普斯，那就是该地的希腊化和罗马的成分。

笔者倾向于帕尔米拉或杜拉·欧罗普斯为山普拉毛织物原产地，还因为有更多的因素指向那里。第一，在地理上，叙利亚更靠近希腊本土和古老的小亚希腊殖民地，而且本身成为希腊化塞琉古王国的一部分达两个多世纪；第二，那里不仅出产了大量和高质量的希腊化风格的艺术作品，还出产了大量的毛织品。这两地出土的织物，无论质量还是数量，都表明它们曾经是纺织中心和纺织品贸易中心。跟这两地毛织品图案相似甚至几乎同样的毛织物出现在黑海地区的乌克兰，蒙古的诺因乌拉（Noynura），西域的楼兰、山普拉等广大地区；虽然这些毛织品多数都断代为罗马时期的公元2—3世纪，但它们跟古典希腊和希腊化时期的图案是一脉相承的。

不过，倾向于西亚为原产地并不排除东部巴克特里亚的可能性。巴克特里亚希腊人王国遗址阿伊·哈努姆出土了典型的高质量希腊风格雕塑作品；那里也发现有地板拼嵌画残留，可惜没有人物形象可供参考，但是其中海豚和海怪的图案都很生动，有立体感。由此可以想象这里的艺术家和纺织工也是能够织出像山普拉的“武士—马人”那样审美趣味和质量兼具的作品的。尽管这个遗址没有发现纺织品，但是巴克特里亚的中心地带铁尔梅兹（Termez），则出土了大量的希腊式纺坠。无疑，希腊—马其顿移民中有自己的纺织工匠。

希腊人和斯基泰人也有很多交集，早在公元前6世纪时二者在黑海地区就各有殖民社区聚集和混杂，希腊本土的雅典城邦在前6世纪中期可能还雇佣过斯基泰的弓箭手。[1]在陶瓶画中，斯基泰弓箭手的形象在公元前6世纪下半叶出现的频率很高，他们的特征是尖顶帽，紧身衣裤，衣裤上面有丰富的图案纹样，身背或腰挂箭筒，手持弓箭。公元前5世纪后，特别是波斯帝国强盛时，斯基泰人的形象在希腊艺术中明显减少，但是在黑海地区，斯基泰艺术则呈现出自己的明显风格。斯基泰文化最引人瞩目的是金器制作和有关保护金子的格里芬的神话故事，其艺术形象中的格里芬追噬马、鹿、羊甚至狮子等动物的母题则成为辨识斯基泰艺术的主要标准。黑海地区的斯基泰金银器上出现的人物具有古典希腊的写实和自然优美的因素，也借鉴非常多的地中海藤蔓花草纹样，其审美趣味、风格、手法体现出两种文化的交融混合。而斯基泰人欣赏的格里芬和动物厮杀的母题，即所谓的“动物风格”或“动物纹样”和其独特的动态、活力，也受到希腊—马其顿人的欣赏和吸收。亚历山大的父王腓力二世（Philip II）在马其顿培拉（Pella）的皇宫镶嵌画中就有这样的描绘。在其他希腊化城市和地区，也多有格里芬题材。

斯基泰—塞人跟和田地区有着千丝万缕的关系。山普拉出土的大量纺织品，大多数都显示了跟塞人文化紧密相连的关系，比如纹饰中大量的图案化了的格里芬和马、鹿、羊，等等；表明这个时期（公元前3至公元1世纪，或西汉及之前）的山普拉文化以塞人文化为主，且没有受到西部如黑海地区的斯基泰艺术的影响。

---

1 P. Hunt, “Military Forces,” in Philip Sabin, ed., *The Cambridge History of Greek and Roman Warfare I*, Cambridge: Cambridge University Press, 2008, p. 122.

第二节 楼兰的“赫尔墨斯”和希腊—帕提亚—罗马风格

斯坦因在楼兰发现的一片缂毛残片，显示出一个人头右半部脸面和双蛇杖头的双蛇全部。[1]（图9-2-1）由于双蛇杖的出现，这个人物被确认为希腊商业及财富神赫尔墨斯，罗马人称之为墨丘利（Mercury）。在希腊神话中，赫尔墨斯是天神宙斯的儿子和众神的使者，他的形象在绘画雕刻中随处可见：一般手持一柄长杖，杖头有两条蛇交缠在一起的形象，有时另一只手还会拎一只钱袋；双脚上时常会有翅膀，表示他快走如飞；双翅有时也会出现在他的额头前，有时则出现在蛇杖上。（图9-2-2）赫尔墨斯在雕塑作品中也有不少。希腊古典时代后期的著名雕刻家普拉克西特利斯（Praxiteles，公元前4世纪）的代表作就是改变了古典比例的修长优雅俊美的赫尔墨斯和小酒神。罗马庞贝城里的壁画中也有不少赫尔墨斯像，甚至罗马时期的埃及艺术中也屡屡出现这位商业神的形象。（图9-2-3、4）

楼兰的赫尔墨斯大眼、细眉、高鼻、小嘴；颧骨和下巴凸起处用不同颜色表达明暗；嘴唇红色，开合处由一条黑色的线条表示；脸部边缘用一条浅红色显出轮廓线；眼仁大而黑，没有白色高光和浅色层次（山普拉武士的眼睛则有三个层次）；下眼圈下有一条深色条带，比较机械地表达出深眼窝，但是没有达到立体效果；鼻梁一边的单线条也没有立体效果。从人物右眼所观看的方向来看，整个面部似乎是四分之三透视角度。作品的特点是用深色的细线条表现眼睛、眉毛、鼻梁甚至脸庞，这在希腊罗马的古典风格的绘画和拼嵌画中比较少见，而常见于希腊化和帕提亚统治时期的西亚艺术和罗马时期出现于埃及的艺术风格，比如超出正常比例的圆睁的大眼睛和大眼仁，强调

1. 参见M. A. Stein, *Innermost Asia: Detailed Report of Explorations in Central Asia, Kan-su and Eastern Iran*, Vols. 1 and 3, Oxford: Clarendon Press, 1928.

图9-2-1
楼兰故城缂毛残片，东汉

图9-2-2
埃及科普特毛和亚麻缂织品，公元300—500年

图9-2-3
罗马庞贝遗址壁画局部，公元1世纪

图9-2-4
罗马庞贝遗址壁画，公元1世纪

图9-2-5
埃及科普特缂织品，公元2—4世纪

图9-2-6
叙利亚杜拉·欧罗普斯壁砖画，公元245年

重而实的轮廓线等。帕提亚时期的杜拉·欧罗普斯壁砖画中的希腊人（头左侧用希腊字母书写有希腊人名“Heliodorus”），罗马时期埃及织物上的女性人物，都是最好的对照。（**图9-2-5、6**）

楼兰的赫尔墨斯和山普拉的武士，虽然都是缂织，也都表现的是西方的人物相貌，但是在审美趣味和具体的表现手法上却是两种非常不同的风格。山普拉的更注重理想化的英俊相貌、人体解剖细节的真实感和光暗层次的细微变化，而楼兰的则偏重于抽象化的人物形象，重线条表达，光暗表现比较呆板。用艺术史绘画语言来说，山普拉技法属于“晕染型”（painterly），而楼兰的偏向于“线条型”（linear）。

楼兰赫尔墨斯缂毛品有可能来自帕提亚或罗马帝国时期所属的西亚或者罗马时期的埃及。由于楼兰也出土有跟杜拉·欧罗普斯和帕尔米拉一样的条纹纹样缂毛布，笔者认为可以把楼兰赫尔墨斯的出处锁定在罗马时期的西亚。从风格上看，虽然罗马时期的埃及或科普特（Copt）时期也是最接近的选择之一，但是出自埃及的织物多为亚麻原料，毛线则多用于小面积的花纹图案。西亚的叙利亚纺织物使用纯毛原料则较为普遍。

山普拉蝴蝶纹缂毛，公元前100—公元200年

山普拉花草纹缂毛，公元前100—公元200年

楼兰孤台出土缂毛

图9-3-1　中国新疆的缂毛织物

类似楼兰赫尔墨斯缂毛风格的毛织品在伊拉克的阿塔尔（At-Tar）也有发现（20世纪70—80年代发掘），时间为公元2—4世纪，也就是帕提亚和罗马时期。这里的人物表现出较为典型的帕提亚风格：正面，大眼，单线条；线条更为突出，而表现光暗的块面型被缩小到最小程度。这里也同时出土了几乎跟杜拉·欧罗普斯和帕尔米拉完全一样的条纹装饰毛织品。

第三节　来自希腊化及罗马时期西亚的其他毛纺织品

新疆山普拉、尼雅、扎滚鲁克、楼兰等地还出土了来自西亚的缂织毛织品。[1]（图9-3-1）跟出土于叙利亚的杜拉·欧罗普斯和帕尔米拉两个地方的纺织品相比较，出土于新疆的一些毛织物在母题和风格方面与它们文化审美习惯接近。由于西亚的很多纹样跟希腊古典、希腊化以及罗马时期的装饰纹样一脉相承，所以可以说，这些纺织图案和物品来源于希腊化及罗马时期的西亚，同时也融合了西亚自己的审美

1　笔者未见到科学验证报告。根据贾应逸（《新疆古代毛织品研究》，上海：上海古籍出版社，2015年，第267页），有一批图案风格类似的毛织品被认为来自西亚。

叙利亚杜拉·欧罗普斯缂毛，
公元200—250年

叙利亚帕尔米拉缂毛，公元1—2世纪

埃及科普特缂织品

图9-3-2
西亚和埃及的缂毛织物

喜好。（图9-3-2）

帕提亚和罗马时期毛缂织品显示的一个主要特点是不同色彩组成的条纹，或有图案和没有图案的平底组成的条纹。这些织物用于做衣物、被毯、桌布、床单、挂帘，等等。常见的纹样有藤蔓花草、葡萄藤叶、橄榄枝叶、四瓣花、八瓣花、莲花、半开莲花、桃心状叶片、水波纹和一些小昆虫和鸟鱼类。其中基本因素在希腊古风时期的衣物就已经出现，更多更丰富的纹样和实物在帕提亚和罗马时期的西亚当地则达到高峰，居民衣装中很是普遍。西亚的纺织品也通过商路到达中亚和中国。犍陀罗时期的佛教雕刻作品中也出现了条纹图案织物，说明贵霜王朝和帕提亚帝国以及罗马帝国的商贸物品交换中有来自叙利亚的毛织品。（图9-3-3）

希腊女青年（Phrasikleia Kore）雕像复原像，公元前550—前530年

帕尔米拉墓碑女性雕像，公元3世纪

犍陀罗雕塑，公元1—2世纪，巴基斯坦

图9-3-3
希腊、西亚、印度雕刻中反映的纺织品

图9-3-4
希腊命运女神、玛雅和赫尔墨斯（Fates, Maia, and Hermes），希腊陶瓶画描摹局部公元前6世纪

图9-3-4出自一件公元前6世纪的陶瓶画。从上面的几位女神的衣裙和商业神赫尔墨斯的大氅可以看出，图案条纹一般用在领口、前襟、下摆之处，也有横向地用于全身的。图案中除了频繁出现的水波纹和草叶纹样，还有对动物、人物和车辆的描绘。其中横向排列的条纹跟出土于杜拉·欧罗普斯的毛布纹样几乎完全一样。出土于雅典卫城的公元前6世纪的一座希腊女青年雕像，衣裙上的装饰条带图案还留有一些彩色痕迹，复原之后可以看出短上衣的下摆和袖口以及长裙下摆的横向装饰条带，有两排不同的纹样——蓝色的水波纹和红白相间的桃心花纹；其长裙自腰间至下摆有三条纵向的装饰条带，正中为一溜红底方格，每个方格中有一只白色动物——野猪、狮、虎、羊、马、鹰以及格里芬（这些动物及其动态感明显来自西亚，表明更早期时希腊和西亚就有着文化艺术上的相互借鉴）；两边的条带以绿色为底色，排列有八瓣花朵。另一座1972年出土于雅典附近墓地的女青年雕像也保留得比较好，复原后色彩非常鲜艳（**图9-3-3左**），主色为大红

色；领口、袖口、肩臂和从领口一直到下摆的前襟，均为金黄色连环T字形几何图案；下摆为横向的U字形图案；全身其他部位还有任意飞放的两种绯地花纹，一种是八瓣花朵，一种是“卐”字纹样。这种绯地花纹形式在公元之后的埃及科普特的纺织品中很多见，在营盘的出土文物中也有一件。[1]

水波纹，或涡卷纹，在希腊艺术图案中频繁出现，成为典型的希腊罗马艺术中的装饰纹饰。它大量地用于公元前6—前5世纪希腊陶瓶画和公元1—5世纪罗马时期的意大利、西班牙、突尼斯、以色列、叙利亚等地中海沿岸地区的镶嵌壁画和地板画上。同样的水波纹饰样还大量出现在罗马时期的埃及、叙利亚的毛和麻纺织物中，并且远至蒙古的诺因乌拉和新疆的楼兰、山普拉等地。在阿富汗贝格拉姆地区贵霜国王夏宫出土的上千件牙雕和骨雕装饰件中，有二三十件也都有涡卷纹的边框装饰。甚至在阿富汗原巴克特里亚王国的第伯尔金·特佩（Dilberjin Tepe）遗址，其公元5—6世纪的壁画还用它做边缘部位的装饰。

这些舶来物给西域带来了什么影响？

塔克拉玛干绿洲地带的纺织品，尤其是山普拉和洋海出土的纺织品，大多数表现了当地的图案设计风格和实用习俗。从出土的大量纺织工具和多数墓主的穿着衣物判断，在新疆发现的毛织品绝大多数是当地产品。那些精美的缂织条带在母题上有着明显的北部草原塞人文化特征，比如马、鹿、羊，鹿角的多种变形。塔里木盆地尤其是洋海的很多种几何纹样以及这些纹样的多种变化形式，在技术上跟西亚来的通经回纬的缂织品不相上下（新疆缂毛在公元前2000年左右的小河墓地已经出现[2]）。在整体图案设计方面，多有彩色条纹和图案条纹。

1 贾应逸：《新疆古代毛织品研究》，第17页，图15。
2 贾应逸：《新疆古代毛织品研究》，第140页。

这听起来和看上去都像是模仿西亚的，但实际上却有不同。以山普拉、扎滚鲁克和洋海的缂毛为例，条纹的排列，有些是一片布匹换用不同的色线和图案一次性织出，有些则是几条不同色彩和图案的条布分别织完后根据需要再拼缝在一起的。特别跟西亚的多色条纹布不一样的是，新疆那些同机一次织出的条纹颜色的变换是“一刀切”，没有西亚的渐变的“晕染”效果。

概括地说，较大的艺术母题跟文化审美传统紧密相关。如果没有相同的文化土壤，那些有主题性的母题，如赫尔墨斯、马人、格里芬、酒神、翼童等等，或者被演变为当地文化中的相类似的人神形象，比如融汇进佛教、印度教和祆教，或者逐渐消失。那些单纯的装饰图案母题，倒是较多地被保留下来，比如上述的被用于佛教、印度教艺术中的水波纹、藤蔓纹、草叶纹，成为中亚多种文化共同享有的艺术财富。它们被吸收融合进当地的文化艺术。从这一点来看，这些外来的装饰图案，为其所到之处的人们的生活提供了更多的色彩和视觉享受，丰富了人们的艺术想象和制作空间，同时也无疑地给予当地艺人借鉴和创新的启示。

第四节　山普拉人物地毯和巴克特里亚希腊化余韵

20世纪80—90年代，在山普拉主要墓地发掘地点不仅出土了大量的缂毛织品，有外来的，也有当地产的，还出土了一件完整的和五件残存的栽绒毛毯，时间在公元前200至公元200年上下。那条完整的栽绒毯出土时就在一具木制马鞍上，所以就叫马鞍毯。（**图9-4-1**）这张马鞍毯已经在国内外巡展多次，国际声誉仅次于“武士—马人”缂毛布。马鞍毯为方形，中心是一方框，里面有红色菱格网络，每个菱格

图9-4-1
山普拉马鞍毯，公元前200—公元200年

里填满一枚既像树叶又像甲虫的粉红色加黄色的纹样，底色为黑色；框边从里向外由粉、黄、棕、黑色的线条组成；中心方框的外围有一条宽带，用天蓝色线条的一凸一凹走向形成小方格，每个小方格里有一枚金黄色的五个岔头的树叶（笔者认为方框内外两种树叶为胡杨树的嫩叶和成熟后大叶子的形状），叶子分岔处以黑色作线条衬托，整个宽带的底色为红色。毯子最外边是一条较窄的装饰带，由棕、黄、红、黑色相继排列成短小的箭头和斜线纹样。另有一条较大的栽绒毯残片显示了同样的菱格网络图案，但是菱格里的图案是几何形状，没有动植物的纹样；其外框边另有连续的水波头纹样，比较僵硬和几何化。这两条毯子的菱格纹样和内外边框的总体构图设计，跟出土于尼雅楼兰和营盘的若干条栽绒毯属于同一类艺术风格，笔者在另

图9-4-2
阿富汗阿伊·哈努姆遗址体育馆地面镶嵌画，公元前3—前2世纪

两篇论文里将这一类纹样风格定义为“塔克拉玛干几何纹样”，认为它主要形成于塔克拉玛干周边的地区，并且制作于当地。[1]这一风格类型的毯子吸收有两点希腊化和罗马时期地中海区域的镶嵌画因素：（1）基本构图：中心细线条方框加一至两层宽外框，再加一两层窄外框；（2）连续性水波头纹样。第一个因素实际上出现在几乎所有公元前200年之后至公元700年的地毯设计上（对比出土于洋海的早期栽绒毯，似乎未发现有多层方框的构图；不过洋海的残片都太小，难以证实它们的全部构图设计）。马鞍毯的上限时间是希腊化时期，这个时期在阿富汗东北部的希腊—巴克特里亚王国阿伊·哈努姆遗址已经有典型镶嵌地板，其图案恰好包含上述两个因素——方框构图和水波头纹样。（**图9-4-2**）这两个因素在希腊本土马其顿都城培拉王宫遗址的地板镶嵌画上就已经是基本构图因素。仅这两样实例已经可以说明，塔克拉玛干的地毯纹样吸收了这些希腊化因素。但是在“几何纹样”中，水波头的表达比较机械僵硬，拐弯处都是直线或直角，缺乏希腊

1 Zhang He, “Figurative and Inscribed Carpets from Shanpula-Khotan: Unexpected Representations of the Hindu God Krishna. A Preliminary Study,” *Journal of Inner Asian Art and Archaeology*, Vol. 5 (2010), pp. 59-93; Zhang He, “Knotted Carpets from the Taklamakan: A Medium of Ideological and Aesthetic Exchange on the Silk Road, 700 BCE-700 CE,” *The Silk Road*, Vol. 3 (2020), pp. 36-64.

罗马绘图中的自然弯曲的手法和感觉。

2008年，在山普拉主要墓地十几公里之外，文物走私犯盗掘了七条栽绒毛织毯。经鉴定，这批毯子为公元4—6世纪，即魏晋至南北朝时期的物品。其中追回的五条毯子色泽鲜艳，图案精美复杂。有两条出现众多的人物形象，男女老幼俱全，姿态各异，还配有花草树木，带有明显的叙事性；一条还织有二个婆罗米文字。另外三条构图一致，均为两个头头相对的带翼人物，并穿插有繁复的婆罗米字母书写的萨迦（Sacas，Sakas，斯基泰—塞人）文句。这几条毯子在图案设计的好几个方面表现出希腊化至罗马时期的特色，比如人物的自然表现，边框图案的希腊罗马纹样，水波纹，以及整个构图中的多层宽、窄边框的使用——与希腊—罗马时期的地板的构图模式几乎完全一样。由于毯面上编织的于阗—塞语文字（婆罗米字母）和典型的印度教（旧译婆罗门教，Brahmanism）神话故事的出现，毯子的产地基本可以缩限至中亚的巴克特里亚与和田地区本身。

近二十年来在阿富汗东北部山区发现的栽绒毯中（部分被收藏于科威特和卡塔尔的王族私人博物馆），至少在科威特的收藏中，笔者发现它们可以按时间大致分为两部分，即公元2—4世纪和公元4—6世纪，和山普拉发现的两批栽绒毯不仅时间基本吻合，而且风格也基本一致。阿富汗早期的（2—4世纪）毯子设计几何化比较明显，水波纹也有直线直角的。[1]其4—6世纪的栽绒毯图案则显示了以较为自然的写实手法描绘的动植物等。两组毯子都显示了同样的中心和方框边的构图形式，藤蔓花草及水波纹的装饰母题。科威特收藏的毯子，其图案内容包含了两个非常值得注意的母题：斯基泰—萨迦文化中的动物纹样，如马、鹿等，也包括他们最喜闻乐见的格里芬；佛教艺术中的

1 参考Friedrich Spuhler, *Pre-Islamic Carpets and Textiles from Eastern Lands*, with Dar al-Arhar al-Islamiyyah the al-Sabah Collection Kuwait, Farnborough: Thames & Hudson, 2015, pp. 44-45.

动物及表达方法，如曲腿跪卧的鹿，或嘴里叼一枝花（或石榴?），或脖颈上系一个向后飘浮的小牌子。（图9-4-3）这批毯子的框边图样有几何形如三角形和梯形，但多数为藤蔓花草和水波纹。有趣的是，个别的藤蔓图案已经不是连续性的大波浪，而是每个大花叶被断开作为个体用来构图了。只有水波纹比较地道地延续了希腊古典时期以来的式样。阿富汗的栽绒毯图案设计从母题到风格变异，反映了巴克特里亚的历史变迁。

巴克特里亚地区经过阿黑门尼王朝到波斯、希腊—马其顿、印度、帕提亚、斯基泰—塞人、贵霜、萨珊波斯的轮回占领和统治，多个宗教在那里汇集，多种艺术传统也在那里汇集。而自希腊化王国开始，其艺术传统则成为这一地区的主要艺术形式和表现风格，并一直影响至其他几个王国的艺术表现，特别是贵霜人对希腊艺术风格的喜爱，成就了独特的“希腊化佛教艺术”的犍陀罗风格。在巴克特里亚的北部地区，希腊化因素甚至一直延续到萨珊时期的粟特艺术。在地中海地区兴盛的和贵霜同时期的罗马帝国，在其扩张期间占领并统治了原希腊化王国在埃及的全部和在西亚的大部分地区。虽然罗马帝国的势力没有到达巴克特里亚，而是被帕提亚和萨珊阻隔，但是罗马时期的东西商贸继续存在，大量的西亚和埃及来的、带有希腊罗马艺术母题和风格的物品出现在巴克特

图9-4-3
阿富汗东北部出土栽绒毯残片，公元5—6世纪

里亚的提利亚·特佩（Tillya Tepe）和贝格拉姆（Begram）就是明证。由于这些情况的存在，巴克特里亚艺术继续保留着希腊化时期的希腊风格，甚至持续到公元4—6世纪。

山普拉早期（公元前2—公元2世纪）的毛织品，包括缂织物和栽绒毯，其中的人物、动物、植物等图案母题，与巴克特里亚的栽绒毯图案中凸显的斯基泰—萨迦母题可以对应比较；而公元4—6世纪的栽绒毯，可以说跟巴克特里亚同时期的栽绒毯享有更多的技法和总体审美感觉的共同点。

被盗掘的五条栽绒毯中两条较大、人物众多的毯子为长方形，内容相同，均为同一个印度教神话故事，[1]只是其中一条毯子为缩减型，人物较少。两条毯子中的人物以叙述写实手法表现为主，神态各异，相互呼应，还穿插树木风景。（图9-4-4）除个别人物是全侧面表现外，大多数人物面部呈现四分之三侧面。这种方法在上述“武士—马人”的讨论中已经详细论述，这里只需要强调一下，在公元4、5世纪，这

1 对这批栽绒毯子的详细分析论证，详见Zhang He, “Ancient Questions and a Single-warp Knotted Carpets,” *Hali* magazine, Winter 2020, Issue 206, pp. 42-50; Zhang He, “Knotted Carpets from the Taklamakan: A Medium of Ideological and Aesthetic Exchange on the Silk Road, 700 BCE-700 CE,” *The Silk Road*, Vol. 3 (2020), pp. 36-64; Zhang He, “Stein's Taklamakan Carpet Finds and New Discoveries in Xinjiang – Issues Concerning Knotting Techniques and their Cultural Associations,” *Proceedings for International Conference on “Marc Aurel Stein with Special Reference to South and Central Asian Legacy: Recent Discoveries and Research”*, New Delhi: Indira Gandhi National Centre for the Arts, 2017, pp. 91-101; Zhang He, “Krishna Iconography in Khotan Carpets – Spread of Hindu Religious Ideas in Xinjiang, China, 4th-7th Century CE,” *Indian Journal of History of Science*, Special Edition, New Delhi: Indian National Science Academy, 2016, pp. 599-668; Zhang He, “The Terminology for Carpets in Ancient Central Asia,” *Sino-Platonic Papers*, University of Pennsylvania, May 2015; Zhang He, “Figurative and Inscribed Carpets from Shanpula-Khotan: Unexpected Representations of the Hindu God Krishna. A Preliminary Study,” *Journal of Inner Asian Art and Archaeology*, Vol. 5 (2010), pp. 59-93. 张禾:《新疆洛浦县山普拉出土人物纹栽绒毯内容初探》,《西域研究》2011年第1期，第72—82页；张禾:《新疆洛浦县山普拉出土人物纹栽绒毯内容再探——兼论印度教传入和田的年代及途径》,《西域研究》2011年第4期，第60—74页；张禾:《新疆和田洛浦县山普拉人物栽绒毯艺术特征及其风格研究》,《西域研究》2012年第4期，第105—116页；张禾:《古代西域及中亚地毯名称术语考证》,《敦煌研究》2018年第4期，第7—18页。

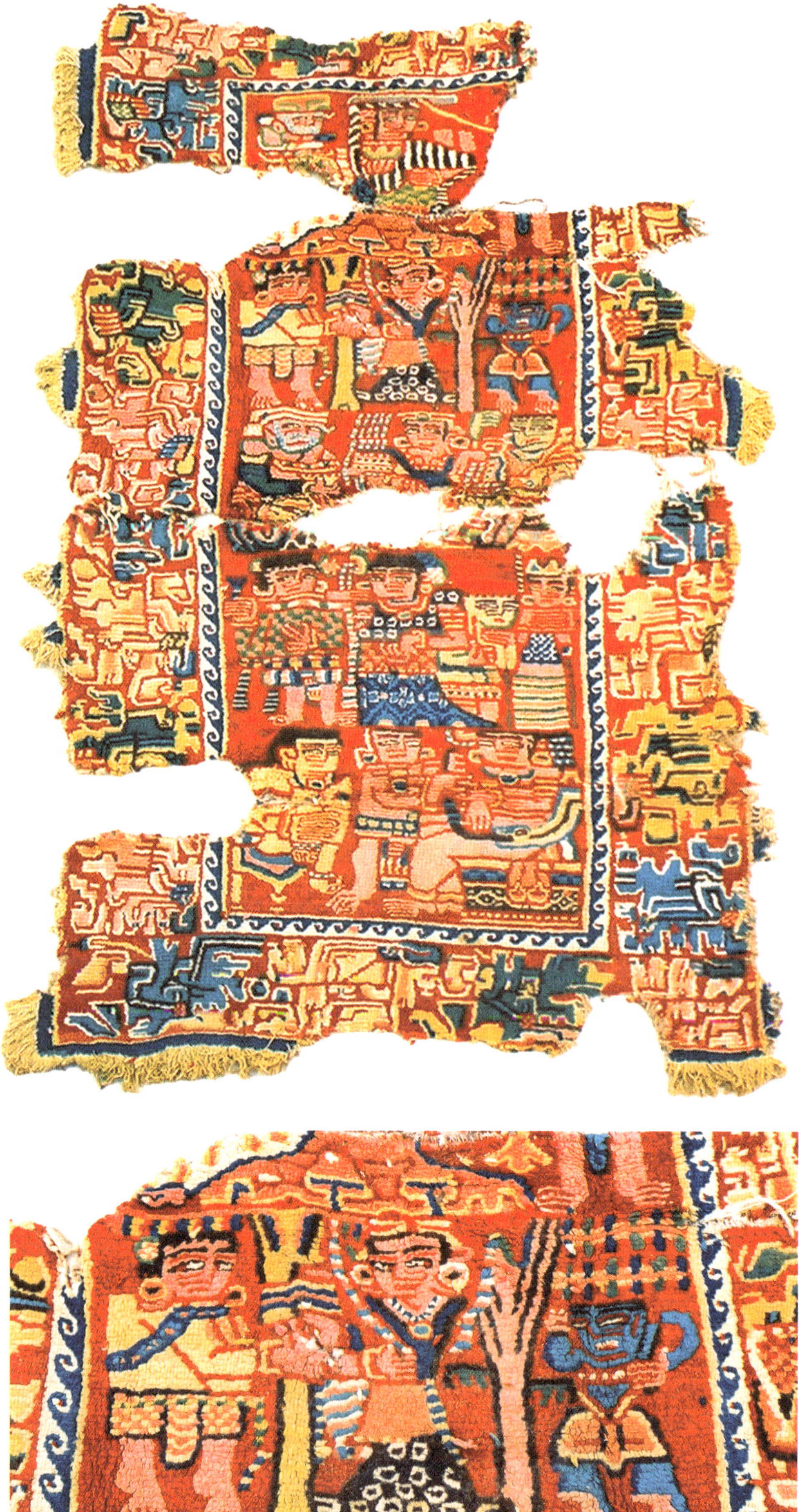

图9-4-4
山普拉人物栽绒毯之一，全貌与细部，公元4—6世纪

样的表达人物面部的方法在印度北部和中亚的佛教艺术中已经非常普遍。印度4—6世纪的阿旃陀壁画，3世纪左右的米兰壁画，4—5世纪以降的龟兹壁画，7—8世纪的和田壁画、木版画中均很常见。它的源头可以追溯到希腊艺术风格。这两条毯子中人物的四分之三侧面表现承袭了同样的传统。

毯中人物身体的比例基本属于正常，虽然有不少夸张和不准确的地方。眉眼、鼻子较为夸张。眼睛很大，几乎超出脸面的轮廓线。眼睛的形状为长方形，眼角收缩；眼珠以白色为底，瞳仁有时用红色，有时用黑色表示。瞳仁的位置各不同，有明显的表达感情和观看方向的意图。眼睛和眉毛之间有一条红线表示眼皮。眉毛为黑色。鼻子由一条很长的大写字母"L"似的红色线条表示，线条上头与眉毛相连，横向的尽头弯回一个钩。鼻子的长度占据了几乎半个面部。嘴部由一条或两条红线表示，偶尔还有裸露出来的白色牙齿。整个面目的表现非常明显地突出了大眼睛、大鼻子、深眼窝的特点。在具体的描绘技法上，轮廓线条为主要手段，大多为红色单线条，也有黑、蓝、黄色线条。但是，在一些身体裸露的地方，如脸、手臂、腿、脚，除了较深的红色轮廓线外，里层又有一条较宽的浅红色线条，而肤色为更浅的粉红色。这种双线条的表现方法无疑是在尝试表现身体的明暗关系和立体感。不过跟同出土于山普拉的缂毛织物"武士—马人"相比，这些栽绒毯上的技法明显地缺少更多的层次。从编织难度上讲，栽绒织法比缂织要更容易表现细腻的层次，但是这几条人物栽绒毯并没有注重更多的光暗细节表达。在空间处理上，织毯中的人物基本是平行一字排开，但是个别地方有重叠现象，表示人物的前后关系。跟希腊化和罗马的壁画和拼嵌画的复杂的人物透视技法相比较，这些毯面上的设计更趋向于简单化和平面化。

另外三条为方形坐毯，各有两个头顶相接的人物，带有双翼，呈侧面状，一条腿站立，另一条腿向后抬起，似在奔跑或飞翔。各人手中还举着一条长飘带。两个人物中有一个是裸体，似男性；另一个穿着蓝或黄上衣，性别难辨。毯子中织有较长的婆罗米字母的于阗—塞语语句，位于两个人头相接的位置。按照文字的方向，正向站立的人物为裸体，头顶上倒立的人物穿着短上衣。人物均扎有头带，结于脑后，戴有项链和三角形金黄色耳坠。（图9-4-5）

这些翼人不难辨认，他们是频繁出现在希腊古典、希腊化、罗马艺术中的小爱神厄洛斯或丘比特，或是小爱神的演化人物——有翼的小裸体胖娃娃“普头”（Putto，复数Putti，普蒂）。为简便起见，笔者称他们为“翼童”。随着希腊—马其顿人进入中亚，翼童的形象也出现在巴克特里亚和犍陀罗的艺术中。在佛教艺术中，这些翼童较多

图9-4-5
山普拉人物栽绒方毯之一，全貌与细部

图9-4-6
厄洛斯，希腊陶瓶，公元前340—前320年

图9-4-7
丘比特—小酒神骑狮，罗马庞贝城出土镶嵌画，公元79年之前

地出现在佛头、菩提树或舍利塔的上方，一般为一对面对面飞舞的飞天，或俩人共同举着一个大花环，或每人手里各举一个小花环或花带。他们多为裸体，常常只是作为装饰出现在波浪状的花带空间。方毯的中心就是一对这样的翼童。公正地说，这三条方毯中翼童的表达比较笨拙，比例失调：胳膊太长，手太大，翘起来表示飞奔的后腿也太长。人物面部为全侧面，双肩为正面；双翅也为正面展开，并特意表现出每一根羽毛。身体和面部的主要部位跟两张大毯上的人物一样，也由红色和粉红色双层线条勾画出基本轮廓。

方毯画面可以找到很多的模板来源。在一只公元前4世纪的希腊陶瓶上，不仅有带双翼的厄洛斯，一只手拿花环，另一只手拎着飘带，还有水波纹和藤蔓叶片纹，大小母题和细节都出现在山普拉方毯上。（图9-4-6）庞贝出土的一幅拼嵌画，表现翼童扮演的小酒神，头戴花环，双翅张开，骑在狮子背上，一手拉着缰绳，一手托抱着一只巨大的酒杯；一条宽的方框边里有复杂的花草和绸带，夹杂有人像面具，另一条边框则是熟悉的水波纹。（图9-4-7）从人物主题，到中心大方块和若干层宽窄方框装饰带的构图模式，再到具体的水波纹，这幅镶嵌画也处处都是山普拉方毯的模板；其最外边收口的窄细的边框是三种颜色轮换的短斜线，很像山普拉马鞍毯的边口纹样。不同的是，在罗马作品中，不仅人物表现有强烈的立体感和空间感，那些花花草草也表现了很强的立体感和重叠透视关系，而山普拉和其他塔克拉玛干地区出土的地毯，还有阿富汗出土的那批毯子，图案设计基本上都选择了平面排列。

这三条方毯，连同另外两条长方毯和发现于阿富汗山洞的栽绒毯，延续了巴克特里亚的希腊化时期形成的自己的传统。它们的文化来源包括印度教故事、佛教母题、斯基泰—萨迦母题、希腊神话人物和装饰纹样，如此文化大融合的艺术表现只能是巴克特里亚希腊化艺术才有的特点，而后来的罗马艺术则没有。作为装饰母题的水波纹和藤蔓叶片纹样一直也是巴克特里亚的拿手纹饰，尽管罗马艺术也完全延用这些纹样母题。

藤蔓单叶片纹饰是山普拉三条方毯上的外框用的纹饰图样。它由连续波动的藤蔓和单片的桃形叶片纹饰组成。这一纹饰和水波纹一样，也常见于古希腊罗马的装饰艺术中。出土于希腊克里特岛（Crete Island）的一幅地板镶嵌余留就有这样的纹饰。**（图9-4-8）**上文举例的厄洛斯的陶瓶画中既有水波纹，又有藤蔓单叶片的纹样，只是叶片稍微丰富一些。一枚出土于叙利亚杜拉·欧罗普斯公元2世纪的石模，上面的边饰图案也是藤蔓单叶片纹饰。**（图9-4-9）**西班牙、突尼斯和以色列罗马时期（公元300年）地板拼嵌画也大量

图9-4-8
希腊克里特岛罗马时期镶嵌画

图9-4-9
皂石石模，公元前113—公元256年，
叙利亚杜拉·欧罗普斯

图9-4-10
迦腻色伽石浮雕残留，约公元2世纪

出现同样的藤蔓单叶片边框装饰图案。贵霜王国有名的迦腻色伽一世遗留的一尊石雕像，虽然头部已经遗失，但身体大部分保留下来了，身着的长袍上纹饰清晰可见，正面的襟边上正是藤蔓单叶片纹饰图案，与山普拉地毯上的边框纹饰如出一辙。[1]（图9-4-10）

在阿富汗出土的栽绒地毯中，也有完全相同的纹样。其中的水波纹跟山普拉的两条长方大毯上的水波纹完全一样，白色（或浅黄色）和深蓝色相间，波头上还有一小红点。（图9-4-3）这种在水波尖上加一点不同颜色的做法，只在阿富汗和山普拉出土的地毯中出现，应该是中亚的创新。两地的纹样的相似和细节的相同，也表明巴克特里亚和中国西域，尤其是和田地区，有着直接的联系，在栽绒织毯方面甚至享有同一个艺术工作室或纹样图稿。而对这些来自地中海沿岸的艺术图案的执着使用，说明希腊化文化艺术在中亚以至中国的渗透。它们已经成为中亚多个文化艺术中审美因素不可分割的一部分。

1　参见Zhang He, “Figurative and Inscribed Carpets from Shanpula-Khotan: Unexpected Representations of the Hindu God Krishna: A Preliminary Study,” *Journal of Inner Asian Art and Archaeology*, Vol. 5 (2010), Fig. 19.

小　结

山普拉灯笼裤的缂织人物毛布，其图案内容有希腊神话人物，其缂织技术和艺术风格为典型的希腊风格，尤其是在注重光暗晕染的立体效果和采用多层次色线产生晕染效果方面。楼兰的缂织毛布残片也显示了希腊罗马艺术中常见的商业神赫尔墨斯的形象和标志性器物蛇杖；在人物形象表达手法上则显示了更为典型的希腊化和罗马时期的西亚风格，如夸张的大眼睛，加重的实线条，缺少光暗和晕染效果。这两样纺织实物的出现，既反映了丝路商业交流的广泛和深入，也反映了它们所承载的西方文化信息向中国西域传播的深度。但是，由于没有发现当地的模仿作品，因此难以判断它们在西域的实际影响。

那些较为大量的条形小花卉图案缂织毛布，其图案和缂织技术均为典型的希腊自古以来的传统，在希腊化和罗马时期的西亚也有大量的实物。新疆出土的多数可以判定为舶来品，但是也有部分是当地产品。这可以从条纹色彩是晕染式渐变（西亚）还是“一刀切”式的突变（当地）来大致判断。这种区别可能是当地设计师和织工在模仿过程中简化或者不得要领地织出不同效果的结果。中国西域对这些外来图案的模仿吸收，表明了西来文化因素如审美趣味对西域生活的影响。

山普拉公元5、6世纪的栽绒坐毯或壁毯，由于织有独特的古于阗文字，并且出土于著名的于阗地毯产地，可以基本肯定它们是于阗当地产品。而它们的人物、花卉、构图形式，则反映了更多来自希腊化的巴克特里亚和印度北部的艺术内容及风格。这些栽绒毯对外来各种艺术因素的借鉴和繁衍，很好地表明了于阗地区的多种文化接纳吸收和融合能力。

总而言之，作为物质媒介，这些纺织品传播了古希腊罗马以及希腊化的西亚的艺术理念、风格、技巧、审美趣味以及物质生活习俗等。中国的塔里木盆地也由于贸易商路的这些物质交流而得到众多不同的文化信息，成为古代中西文化交流的主要通道。

（张　禾）

第十章 米兰佛寺壁画中的希腊化及罗马风格

米兰遗址，位于罗布泊南边，丝绸之路南路，属于今新疆若羌县。在米兰，斯坦因发现了公元3—4世纪的佛教寺庙遗址及其中残留的雕塑和壁画，并于1921年在牛津出版了四卷本的在新疆和甘肃的发掘报告。[1]在报告中，斯坦因对这些壁画作了非常详细的美术史分析。百年之后的今天，重温他的描述和分析，发现他的工作做得几乎无可挑剔：他运用了最为专业和典型的美术史方法对壁画的内容和艺术风格进行了分析和推测，而且，他的推测和结论今天仍然不过时。斯坦因的报告发表之时，一个跟米兰壁画风格极为相近的古代遗址，位于叙利亚的杜拉·欧罗普斯（Dura Europos），还没有被发现（1928—1937）。现在人们对这个遗址有了很多的了解。杜拉·欧罗普斯出土了多个宗教的神庙和教堂，这些场所几乎无一例外都有雕塑和绘画装饰，尤其是壁画，反映了西亚在希腊化、帕提亚和罗马各个时期的宗教信仰和艺术表现形式及风格。杜拉·欧罗普斯显示的独特的希腊罗马艺术和西亚当地的艺术传统相融合后的风格，印证并强化了斯坦因对米兰壁画的分析和推论。下文将在斯坦因报告的基础上，引进新的考古实例，为他的研究增加更为具体和贴切的证据，并对一些细节做出修正。

1 M. Aurel Stein, *Serindia: Detailed Report of Explorations in Central Asia and Westernmost China*, Vol. 1-4, Oxford: Clarendon Press, 1921.

斯坦因的学术素养和渊博知识让他一眼就看出了米兰壁画风格的特点。他说："连续看了一圈年轻人物的头像，令我难以抑制地相信自己是在叙利亚的废墟里，或者是罗马帝国的东部省份，而不是在中国控制下的佛教圣地的废墟中。"[1]他发现的壁画上的画家签名，印证了他的视觉判断。在一只白象的腿部，画家用佉卢文写下了自己的名字Tita和自己所收到的报酬数目。斯坦因及其文字合作者波伊尔（M. Boyer）判断"Tita"是罗马常用名字Titus的梵语和普拉克里特语（Prakrit）的变异。[2]

正如斯坦因的观察和论述，[3]米兰的壁画不仅在内容上采用了希腊罗马艺术中惯用的母题，如花彩带和带翅膀的童子（Putti[4]）、格里芬（Griffin），在表现手法上也体现出希腊化和罗马时期的埃及和西亚的典型风格。

第一节　米兰佛寺壁画波浪形花彩带装饰

波浪式花彩带（Garlands，一译花纲）是希腊罗马艺术中常见的装饰图案母题，而在波浪上下起伏空间加入小爱神厄洛斯（Eros）或丘比特（Cupid），以及他们的繁衍——有翼或无翼童子Putti、Amorini等等，或手托举或肩扛大花带，更是屡见不鲜。这个艺术母

1 M. Aurel Stein, *Serindia: Detailed Report of Explorations in Central Asia and Westernmost China*, Vol. 1, p. 529.

2 M. Aurel Stein, *Serindia: Detailed Report of Explorations in Central Asia and Westernmost China*, Vol. 1, pp. 530-531.

3 斯坦因非常详细地叙述了在米兰佛塔遗址发现的壁画，并作了精彩的分析和判断。M. Aurel Stein, *Serindia: Detailed Report of Explorations in Central Asia and Westernmost China*, Vol. 1, pp. 494-531.

4 斯坦因也交换使用cherubim、amorini、angel、winged figure等词汇。

题被引入犍陀罗佛教艺术，作为装饰母题，出现在数以百计的遗迹中。斯坦因在报告中已经列举出实例进行比较，这里再补充两个例子，以便更好地理解米兰壁画花彩带装饰中的内容。

一、花彩带和扛花带“小爱神”童子

纽约大都会艺术博物馆收藏的一尊罗马石棺，棺盖的下边以浅浮雕刻有若干个带翼小爱神，驾驭着飞奔的熊拉车、狮拉车、牛拉车和野猪拉的车，依次代表春夏秋冬四季，一派可爱欢快的景象。棺身正面（背面是靠墙的一面，空白）刻有裸体带翼的四个小爱神用力扛举着长而粗大的花带；花带由花朵、麦穗、葡萄、石榴和常春枝叶编织而成，代表四季的植物生长和收获。花带三个弯曲处描绘了希腊神话提修斯（Theseus）和阿里阿德涅（Ariadne）战胜克里特岛迷宫里的米诺牛（Minotaur）的几个情节：公主阿里阿德涅给提修斯线团；提修斯杀死米诺牛；提修斯趁公主熟睡之时抛弃公主逃跑。[1]（图10-1-1）

与这尊罗马石棺的装饰相比，巴克特里亚和犍陀罗现存的图案虽然类似，但比较简单，基本都是只有裸体带翼的童子扛举着大花带，弯曲处有重复的童子，或展翅的大鸟，或大花朵，或其他花叶。比

图10-1-1
石棺浮雕，罗马，公元130—150年

1 参考https://www.metmuseum.org/art/collection/search/245585.

图10-1-2
石板浮雕，犍陀罗，约公元2—3世纪

图10-1-3
石柱头雕刻，巴克特里亚，公元100—200年

如现藏于日本松冈博物馆的一块浮雕石板，花带由四五种花叶图案分段组成（可能表达四季）；头顶扎髻（不是光头）的裸体童子肩扛和手托花带；半圆处有展开双翅的童子和鸟。（图10-1-2）再比如乌兹别克斯坦的铁尔梅兹（Termez）考古博物馆一件柱头上的花带装饰，裸体童子肩扛花带，其他弯曲处由花朵、草叶等填充。（图10-1-3）

米兰壁画的花带没有罗马石棺上那么复杂，但是比犍陀罗例子又丰富很多。（图10-1-4）扛花带的已经不只是带翼童子，还增加了戴软尖帽的青年，其他人物更是多至五六种轮流出现。三号佛塔东北角和东南角保留有七个较为完整的有翼童子（或青年）

图10-1-4　米兰五号佛塔壁画局部

图10-1-5
米兰三号和五号佛塔壁画中带翼童子

像。（**图10-1-5**）他们的面部基本呈四分之三透视角度，光头，仅在头顶上留有一撮黑头发，肩部圆胖；斯坦因认为他们的头型来自西方，有闪米特人（Semites）的特征。眼睛大而有神，鼻子带有尖钩，嘴唇红润，每个人物都有自己的面貌特点，人物的视线随着建筑物方位而设置。这些童子像不同于早期的希腊罗马艺术中的裸体胖娃娃，而是成熟青年的相貌，全部都穿着圆领套衫，似乎更接近早期基督教艺术的表现方式。在画法上，他们的突出的大眼睛，凝视的神情，运用明暗和高光的手法，跟埃及法尤姆（Fayyûm）一地出土的罗马时期的木棺腊彩画人头像非常接近。[1]（**图10-1-6**）同样的画法在罗马时期的西亚也非常普遍，比如帕尔米拉（Palmyra）出土的大量人像雕刻和杜拉·欧罗普斯的墙砖画上的人头像。（**图9-2-6**）

五号佛塔壁画的装饰带由波浪形花彩带和半圆形背景构成。以半

---

1 参考M. Aurel Stein, *Serindia: Detailed Report of Explorations in Central Asia and Westernmost China*, Vol. 1, pp. 497, 506.

图10-1-6
木棺腊彩画，
埃及法尤姆，
公元100—150年

圆形为背景的带翼青年跟三号佛塔的青年像排列类似，可以估计出原先有28个头像，可惜现在只剩下一个较为完整的。这个头像在人物相貌和神情各方面都类似于三号塔的青年头像，不过不是光头，而是满头卷曲的黑发，在技法上趋于用单线条，无光暗晕染。[1]墙裙处的花彩带构图排列很有意思，波浪向上弯的空间由两种不同装束的童子或青年填充：一种是没有翅膀、光头顶上留有一小撮黑发髻的童子，另一种是戴软尖帽[2]的青年，均作肩扛或手托花带状。向下弯曲处的空间由其他男女人物填充。

童子或青年在光头顶上留一撮发髻的发式似乎只发现于米兰的壁画中。在希腊罗马艺术中，小爱神的头发常常都在脑顶处打个髻，即斯坦因提到的“爱结”（love-knot）。不过同时也留有没有打结的头

1 参考M. Aurel Stein, *Serindia: Detailed Report of Explorations in Central Asia and Westernmost China*, Vol. 1, p. 523.

2 斯坦因使用“Phrygian cap”，参见M. Aurel Stein, *Serindia: Detailed Report of Explorations in Central Asia and Westernmost China*, Vol. 1, p. 524.

发，也就是说，并不是剃光大片头发只留下头顶一小撮头发，而是只扎住头顶的部分头发。类似米兰童子的发式在库车发现的舍利盒装饰画里出现，但是不完全一样。舍利盒上面的有翅翼的童子像，头发有四撮，位于头顶、脑后和两鬓，其余地方剃光。戴软尖帽的人物花带中出现四五次，斯坦因推测是出自罗马人信奉的密特拉教艺术中年轻的密特拉神（Mithra）的相貌，而两类童子相貌轮流出现是为了使画面多样化。[1]这个情况比较复杂，下面单独讨论。

二、米兰扛花带童子是密特拉神的变体吗？

公元1—4世纪的罗马帝国，盛行一个新出现的宗教——密特拉教（Mithraism）。[2]这个宗教的神庙一般都在地下或山洞里。（**图10-1-7、8**）其对密特拉神的崇拜非常突出的一点是，每个神庙或类似的祭拜场所都在中心位置有一尊雕刻或一幅绘画：密特拉屠杀公牛。虽然密特拉神源于伊朗琐罗亚斯德教（Zoroastrianism），但是在琐罗亚斯德教的典籍中完全没有屠杀公牛的描述。罗马人兴起这个宗教之后，杀牛情节则成为该教派的重要标志。目前考古发现的密特拉教遗址很多，多在意大利本土和欧洲各国。在各地出土的雕刻和绘画中，描绘内容都比较一致：密特拉头戴软尖帽（Phrygian cap），一条腿压在一只巨大的牛背上，一手扳着牛角，另一手持匕首插进巨牛的前胸。旁边常常有两位助手模样的人物，名叫考泰斯（Cautes）和考托佩斯（Cautopates），手持火把，也都戴同样的软尖帽，身穿典型的帕提亚衣裤。（**图10-1-9**）

---

1 M. Aurel Stein, *Serindia: Detailed Report of Explorations in Central Asia and Westernmost China*, Vol. 1, p. 524.

2 对这个教派的研究有很多，参见M. J. Vermaseren, ed., *Corpus Inscriptionum et Monumentorum Religionis Mithracea (CIMRM)*, Hagae: Martinus Nijhoff, Vol. 1, 1956; Vol. 2, 1960. https://www.tertullian.org/rpearse/mithras/display.php?page=CIMRM, 2021/10/20.

图10-1-7
密特拉神龛，杜拉·欧罗普斯，约公元240年

图10-1-8
密特拉神龛壁画，意大利圣玛丽亚—卡普阿韦泰雷（Santa Maria Capua Vetere），公元3世纪

图10-1-9
密特拉神龛壁画细部，意大利圣玛丽亚—卡普阿韦泰雷，公元3世纪

这种软尖顶帽又被叫作“弗里吉亚帽”，其称呼来自弗里吉亚地区（Phrygia，位于今土耳其中西部）。弗里吉亚人最早出现在荷马史诗中，他们曾帮助特洛伊人（Trojans）与希腊人打仗。希罗多德的《历史》也提到弗里吉亚人，认为他们最早由马其顿迁徙至西亚。历史上，弗里吉亚最早是一个独立王国，后来先后成为波斯帝国、亚历山大帝国、塞琉古王国、帕提亚王国和罗马帝国的下属省份。弗里吉亚人的装束保留在非常稀少的出自当地的艺术作品中，比如公元前7—前6世纪的艺术作品中描绘的武士，他们所戴的帽子类似希腊人的武士帽，有高顶，但是顶上面又有其他装饰物，并没有后来所谓的弗里吉亚帽。在早期希腊化艺术中，软尖顶帽子出现在多个不同种族的人的头上，比如特洛伊人、亚马逊人（Amazons）、色雷斯人（Thracians）和斯基泰人。总之，只要不是希腊人，都会被冠以“弗里吉亚”尖帽。在罗马帝国早期艺术中，它有时用于战俘，有时用于帕提亚人。只是在罗马帝国盛行密特拉教后，这种帽子才成为密特拉本人和教派中其他人物的装束。

密特拉在琐罗亚斯德教中代表光明和正义裁决，同时也是太阳神，但是文献中没有对他个人崇拜的教派或组织的记载。对他的崇拜以及建立单独的教派如何成为罗马人的宗教，是个长期以来一直在热烈讨论的题目，目前也还没有一致的说法。[1]从服装穿着看，罗马教派跟波斯琐罗亚斯德教有一定关系，至少从艺术作品中看，信徒们的穿着类似于伊朗语民族的帕提亚人、斯基泰人，以及波斯人的装束。[2]实际上，最早的头戴软尖帽的密特拉神像出现于西亚的科马基尼王国（Commagene，位于今土耳其东南部）的神庙及纪念雕刻中。这个王国是个多民族混合的希腊化王国（公元前163—公元72年）。其最著名的国王安条克（Antiochus，公元前69—前36年当政）本人即为希腊人和伊朗人的混血儿。他在位之际实行了宗教大融合的策略，综合了希腊、波斯、帕提亚以及当地的一些宗教信仰，根据地位和性质，给每一个主要神做了相应的名字对等排列，比如太阳神：阿波罗—密特拉—赫利奥斯（Helios）；战神：赫拉克里斯—阿尔太尼斯（Artagnes）—阿瑞斯（Ares）；天神：宙斯—阿胡拉马兹达—（新的女神），等等。在这些神像雕刻的旁边或背后都同时铭刻有如上两个或三个名字。[3]安条克明确表示“所有的（神）都恩惠于科马基尼王国”，[4]他欢迎并接受所有宗教的神祇。在他的陵墓所在地南姆鲁特山

1 关于这个问题的讨论，参见M. J. Vermaseren, ed., *Corpus Inscriptionum et Monumentorum Religionis Mithracea (CIMRM)*, Vol. 1, 1956; Vol. 2, 1960. M. G. Sanchez, “The Dress and Color of Mithraism: Roman or Iranian Garments?” in *Mannheimer Geschichtsblätter, Sonderveröffentlichung* 4, editor Titel O. Adschnitt, 2012, pp. 123-134.

2 参考M. G. Sanchez, “The Dress and Color of Mithraism: Roman or Iranian Garments?” in *Mannheimer Geschichtsblätter, Sonderveröffentlichung* 4, editor Titel O. Adschnitt, 2012, pp. 123-134.

3 *CIMRM (Corpus Inscriptionum et Monumentorum Religionis Mithriacae)* 28 – General view of Nemrud Dag, Asia Minor. https://www.tertullian.org/rpearse/mithras/display.php?page=cimrm28, 2021/10/20.

4 Theresa Goell and H. G. Bachmann, eds., *The Hierothesion of Antiochus I of Commagene – Results of the American Excavations Directed by Theresa B. Goell*, Vol. 1: Texts Volume 2, Illustrations, Pennsylvania: Penn State Press, Eisenbrauns, 1996; G. Widengren, “Antiochus of Commagene,” in *Encycolopedia Iranica* (2021/10/20).

（Nemrut Dagh）遗址，若干件大型纪念浮雕上，都是国王本人分别和一个神在握手，如他和希腊神赫拉克勒斯握手，和伊朗神密特拉握手。在和密特拉神握手的画面中，国王安条克站立于画面左边，面对密特拉神，密特拉站在画面右边，头戴软尖帽，帽子下边有较长的下垂过肩的帽边（非常接近米兰壁画里的软尖帽），头部后边是一圈太阳光芒。（图10-1-10）公元73年，科马基尼王国成为罗马的一个省。

图10-1-10
纪念石雕：科马基尼国王安条克（左和密特拉神握手（手臂处损坏），公元前69—前31年，土耳其

罗马人是否从科马基尼地区受到启发并建立密特拉教，我们并不清楚，但是罗马人和帕提亚人有过长时期直接接触。从公元前54年至公元217年，罗马和帕提亚两大势力进行过多次战争和互相征服，相互之间的文化影响也必不可少。叙利亚的杜拉·欧罗普斯，从公元前113年到公元165年，一直受帕提亚帝国统治。帕提亚的大本营在伊朗北部，其势力范围在公元前2世纪时已经西扩至两河地区。在帕提亚境内，原来波斯帝国的琐罗亚斯德教仍在流行，罗马人由此获得密特拉崇拜的灵感当在情理之中。

事实上，巴克特里亚希腊化时期和贵霜时期的钱币中已经有不少密特拉的头像，也有很多类似科马基尼王国的“三合一”或“四合一”的不同宗教神祇的钱币铸像和铭文。不过，这些钱币头像并没有反映出独特的罗马密特拉教的情况。典型的密特拉屠牛场景在中亚似不曾出现。所以罗马的密特拉教及其艺术形式是否反传至中亚甚至中国西域的米兰，难有定论。米兰壁画里的戴软尖帽的人物，是不是如斯坦因所猜测，都是年轻的密特拉形象，笔者认为值得重新考虑。

在罗马的密特拉艺术中，头戴软尖帽的密特拉屠牛一直是中心主题，而他的助手或崇拜人也常常头戴软尖帽。在杜拉·欧罗普斯的例子中（图10-1-7），密特拉屠牛的两面浮雕位于中心的拱形神龛里，上下重复两次。浮雕上方的龛壁上的拱形墙壁处有一条半圆形的条带，由很多小方格组成，每个小方格里有一两个红色的线描人物，其中又有密特拉屠牛的场景，也有他或助手手持弓箭的动作。神龛正面的龛门上画有两位较为显著的人物，头戴软尖帽，守卫在龛门的两边。神龛侧壁上和主要厅堂的墙壁上也画满众多人物和叙述性场景，其中有不少密特拉和其他的神祇在一起进行狩猎等活动的描绘。根据密特拉形象频繁出现的情况，想象他的形象可以用来作装饰母题是十分合理的。

在意大利圣玛丽亚—卡普阿韦泰雷市发现的一座密特拉教地下神庙的雕塑绘画中（图10-1-8、9），密特拉着红色软尖帽，骑跨在白牛身上。在身边有两个尺寸较小的人物（考泰斯和考托佩斯，持火把人），也均戴有软尖帽，一个人朝上举着火把，另一个人朝下举着火把。两个人的脚下又各自有一个人头像：一个是黑发黑须的人像，头上露出两只角，代表海洋；另一个是白发人像（女性），代表土地。[1]在中心殿堂的墙壁大理石浮雕上，还保留有一幅带翅膀的小厄洛斯，他一手牵着普赛克（Psyche，希腊女神名），另一手也举着火把。

这两个罗马例子给了我们几样情况做参考：(1) 密特拉出现在主要位置，也出现在次要的装饰带中；(2) 戴软尖帽的助手或信徒作为辅助人物，出现次数频繁；(3) 代表海洋和土地的其他希腊化神话人物和戴软尖帽的人物同时出现在一幅画面中；(4) 小爱神厄洛斯（丘比特）的形象也同时出现在神庙中，而且像戴软尖帽人物一样手举

1 *CIMRM* 181 – Fresco of tauroctony. Santa Maria Capua Vetere, Italy. https://www.tertullian.org/rpearse/mithras/display.php?page=cimrm181, 2021/10/20.

火把。

如果米兰的持有罗马名字的画家的确来自西亚，并且熟悉罗马密特拉教的一些情况，那他也许会将密特拉的形象放在装饰花彩带里。但是，考虑到密特拉教派本身并没有直接传至西域，即便是画家本人知道密特拉教，用一个主神的形象作装饰母题似乎对神有所不敬，所以笔者认为画家可能采用了密特拉身边的戴软尖帽助手或崇拜人的形象。戴软尖帽的帕提亚人的形象在中亚当地的艺术中（如佛教艺术）也时常出现，所以在米兰壁画中用他们作为陪衬人物可以说是一个巧妙的融合。又如意大利的例子所示，丘比特也举着火把，跟戴软尖帽的火把人同时出现在同一座神龛里，在米兰壁画里，他们两个形象互相轮换着位置出现于花带中，实在是再合适不过的。而且，在意大利的壁画中，戴软尖帽的火把人和黑卷发黑胡须的海洋神头像也出现在同一个画面里；在米兰花带中，一个同样有黑卷发黑胡须的人物头像，恰巧也有两个戴软尖帽的童子位于左右。类似的面貌形象，类似的构图排列，这些巧合不能不令人感觉这位米兰画家本人极为熟悉西亚、罗马绘画的情况，甚至可能有范本在手。

图10-1-11

佛教建筑石板雕刻局部，“酒神节”歌舞欢庆，巴基斯坦布纳尔（犍陀罗），公元1—320年

三、戴软尖帽人物是斯基泰人还是帕提亚人?

对上述戴软尖帽人物的辨识还存在另一个可能性，那就是这是直接的对帕提亚人形象的描绘。按斯坦因的推论，米兰壁画的整条花带中人物的主题是欢庆人生享乐（详见下文）。若真如此，这个欢庆主题很接近希腊化时期和罗马时期的酒神节狂欢，而酒神狂欢的主题可以说在希腊、希腊化和罗马艺术中比比皆是。远的不说，仅巴克特里亚和犍陀罗地区就可以找出很多例子。比如出土于犍陀罗布纳尔地区（Buner，巴基斯坦北部地区）的一批石板浮雕，正好是这个希腊化题材在中亚佛教艺术中的最好表达。在这些长条石板上，雕刻有几十个穿着希腊、西亚、印度、中亚服装的人们在奏乐、跳舞、饮酒，可以看出是酒神节狂欢。其中有裸体的“爱神童子”模样的人物，有演奏乐器的乐手，乐器包括鼓、双管笛、竖琴等。有人抱着大酒罐和水罐，有人端着酒杯在饮酒，有人手拎葡萄串和水果（?），有人在拍手，有人在跳舞，总之，一片欢庆享乐的情景。石板之一的画面中有六位乐手和舞者，全部头戴软尖帽，身穿半长袍和灯笼裤。（图10-1-11）

在希腊化世界和中亚，这种戴软尖帽的人被普遍认作是斯基泰人或帕提亚人。他们频繁出现在希腊化时期的陶瓶画上，也出现在巴克特里亚和犍陀罗佛教艺术中。由此看来，米兰壁画的花彩带里戴软尖帽的人物有可能代表斯基泰或帕提亚的乐队和舞蹈者。不过，米兰画家的手法更接近西亚罗马的画法。他可能也熟悉中亚希腊化艺术中表现酒神狂欢节的情况，即在希腊主题之中融合进中亚的印度人、帕提亚人或斯基泰人；只是运用了自己熟悉的技法，融合了中亚、西亚人物的形象，使自己画得能够符合佛寺画的需要，并得到当地人的认可，同时也使自己画得更得心应手一些。

四、花彩带中的其他人物

彩带向下弯曲之处形成的半圆框内，有多个不同相貌的男女人物半身像（**图10-1-4**）：(1) 弹曼陀罗的乐女，她（们）头戴珠宝花冠——下层为镂空式红色珠宝头圈，上层为白色玫瑰花环；两鬓各留一撮弯卷的头发，大眼睛，嘴唇丰润。(2) 黑色长卷发及长胡须的男性人物[1]右手持玻璃酒杯，他旁边的戴软尖帽的两个人物手举葡萄和酒杯面向着他。(3) 女子，头戴镂空珠宝头圈和白色头巾，头巾在头顶缠绕两三圈后垂吊在左肩至胸前；两鬓也留有一撮弯曲的头发；左手举细颈大肚透明酒瓶，右手举一只白色碗杯。[2] (4)“罗马青年”，[3]短发，脸庞方正，身穿罗马式长袍（toga），右手在做猜拳的手势：在胸前

---

1 斯坦因指出像是古典艺术中常常表现的斯基泰人或高卢人（Gauls），这里旨在表现塔里木盆地当地人的相貌，而区别于汉人。M. Aurel Stein, *Serindia: Detailed Report of Explorations in Central Asia and Westernmost China*, Oxford: Clarendon Press, 1921, Vol. 1, p. 526.

2 斯坦因指出白色包头巾来自中东或伊朗；这些女性具有希腊和西亚黎凡特地区美女的相貌（Levantine beauty）。M. Aurel Stein, *Serindia: Detailed Report of Explorations in Central Asia and Westernmost China*, pp. 525-527.

3 M. Aurel Stein, *Serindia: Detailed Report of Explorations in Central Asia and Westernmost China*, p. 527, fig. 140.

伸出食指和小指，中指和无名指收缩起来（古希腊罗马猜拳、猜数游戏）。（5）印度王子。（图10-3-2左）

除了印度王子在花带中只出现过一次，其他人物均循环重复出现，在残留的部分中，每个形象出现过至少两到三回。同样，除了印度相貌的王子外，其他人的相貌都像是出自西亚，而且特别地跟杜拉·欧罗普斯壁画中的人物相貌相吻合。这种吻合让人不能不同意斯坦因最初的直觉：观众像是置身于西亚某个社区，而不像是在中国西部的大沙漠里。的确，这些人物在佛教艺术中既没有同样的相貌，也没有可比拟的故事人物。下面对比来看杜拉·欧罗普斯和米兰壁画人物表现。

1. 男性人物

印度王子是花带中唯一一个明显的佛教人物。他和花带装饰墙裙之上的主画面中一位印度王子相对应，可能是佛本生故事中的须大拏太子的形象（见下节专题讨论）。他也是壁画中唯一把希腊化和罗马人物在花带中联系在一起的重要媒介。印度王子虽然有着印度相貌，比如“八字胡”和冠帽，但是其略显夸张的大眼、面部的晕染手法以及右手举一瓶状物品的状况和姿势，均反映了跟其他更为“西方化”人物同样的表现手法和风格。

印度王子在残存的花带中只出现了一次，其他重复出现的男性人物有两种类型：长发有胡须的人和短发无胡须的“罗马青年”。画家是否用长发和短发来区别男性人物的年龄或族别（如埃及人、犹太人、斯基泰人、帕提亚人、希腊人、罗马人）比较难以判别，尽管斯坦因提到长发长须的人像古典希腊艺术中常表现的斯基泰或高卢人，[1] 而短发人是罗马青年相貌。有趣的是，在杜拉·欧罗普斯的犹太教神庙壁画中，男性人物的发式也只有这样两种。黑色卷发，不长不短，

1 M. Aurel Stein, *Serindia: Detailed Report of Explorations in Central Asia and Westernmost China*, Vol. 1, pp. 525-526.

厚实而蓬松，这样发式的人多穿“波斯”服装，主要为圆领半长袍，紧腿裤，高筒靴，不过杜拉的这些人物没有胡须。这些长发人物有：埃及王及其随从，犹太领袖和英雄末底改（Mordechai）及其随从（**图10-1-12**），犹太先知以西结（Ezekiel）及其故事中人物。碰巧的是，两位犹太教人物在圣经故事里都跟犹太人被流放巴比伦事件相关。这样的发式和服装是不是为了区别外国人或在外国生活过的人？（这个发式跟意大利密特拉神庙壁画里的海洋神的发式也很接近，但是海洋神有胡须。）短发人物在犹太壁画中多数没有胡须，有人有短的络腮

图10-1-12
杜拉·欧罗普斯犹太教堂壁画，末底改和艾斯德尔

图10-1-13
杜拉·欧罗普斯犹太教堂壁画，撒母耳王和大卫兄弟

图10-1-14
叙利亚帕尔米拉墓葬石雕，公元2—3世纪

胡。短发人物有：摩西（Moses），同时有不长的络腮胡须；撒母耳王（Samuel）故事里的撒母耳王和大卫七兄弟，其中撒母耳王和大卫两个年长的哥哥有络腮胡须（图10-1-13）；等等。短发人几乎无一例外地都穿着罗马式长袍。类似短发男子形象在帕尔米拉的墓葬雕像中也很多见。（图10-1-14）

2. 女性人物

女性人物也基本是两种类型——奏乐女和持酒杯女，各自头饰有所不同。乐女的珠宝和花环两层头冠在犍陀罗佛教雕塑和印度中西部阿旃陀（Ajanta）佛教洞窟壁画艺术中均比较常见。阿旃陀1号洞窟里的乐女、歌舞女，特别是17号洞窟里的宫女们就戴类似的头冠。（图10-3-4）头冠分为两部分，一部分由珠子串连在一起，缠在头发上，或者是珠子镶嵌在硬质材料（如金、银等）上的头圈；另一部分是单独的小花朵编成的花环。类似的女子头饰在叙利亚帕尔米拉墓葬雕塑中也很多见。（图10-1-15）不过第二种缠绕的头巾没有特意留下尾部搭在肩上的例子。帕尔米拉的女性头饰，无论多么复杂，最后都会罩一顶长头巾，垂至背后的腰间。米兰的女子们则没有这样的长披巾。

图10-1-15
叙利亚帕尔米拉墓葬石雕，公元2—3世纪

3. 器物和手势

在米兰壁画中，除了爱神童子肩扛并手托花彩带外，其他人物均手拿某种物体，如乐器、酒瓶、酒杯酒碗、葡萄串、花朵，或做猜拳手势。根据这些物品和手势，斯坦因解释他们分别象征人生中的各种享乐，包括音乐歌舞、饮酒、猜拳游戏等。这个解释符合罗马时期很多“小爱神”的装饰艺术主题，比如上述大都会艺术博物馆石棺上所表达的四季生长收获的主题；也符合希腊罗马“酒神节狂欢”的主题，比如犍陀罗布纳尔浮雕所表现的。有意思的是，类似的人物持物品和做手势的表现也大量出现在叙利亚帕尔米拉出土的墓葬雕刻中。在这些雕刻中，几乎所有的人物——死者或亲属，都在手里握一样东西：酒杯、碗、葡萄串、椰枣串、棕榈叶、橄榄枝、小鸟、纸草书卷、纺坠、绕线棒，等等。端着酒杯或酒碗的例子尤其多。此外，很多人的手有一些不同的手势。有伸出拇指、食指和中指，弯缩无名指和小指的；有只伸出食指和拇指的；也有很多像米兰人一样伸出拇指、食指和小指的。比如图10-1-14左的一尊男性雕像，恰巧也是短发（有些许络腮胡须），穿罗马长袍，其左手伸出食指和小指，中指和无名指弯缩。这个手势虽然跟米兰壁画中的“罗马青年”的手势一样，但是帕尔米拉的男子似乎只是为了突出小指上的戒指而伸出小指，不像是猜拳的动作。还有一例现藏美国波特兰艺术博物馆的帕尔米拉男性雕像，其左手也呈同样的姿势，偏巧也在小指上戴了一枚戒指。[1]有学者专门研究过八百多帕尔米拉人物雕像的手势问题，从性别、家族关系、职业等几个方面入手，但是并没有找出具体的象征意义。[2]这些例子都出现在墓葬艺术里，多数人物的表情都严肃哀伤，并无欢乐的表现。

如果米兰画家是从罗马时期西亚艺术中得到启发来表现人物的手势，那可能是追随西亚罗马人的习惯，而非有意表达某种特殊的象征意义。但是斯坦因的推测还是有一定的道理。作为一种简单决定胜负的游戏，猜拳在罗马一直很流行，现代的意大利仍然如此。[3]如果考虑花带中其他的饮酒奏乐的欢乐场面，划拳行酒之类的行为恰恰是最为地道的玩乐方法。

总之，米兰整条花彩带，从花彩带本身到所有人物和器物，人物的穿戴、发式、身姿动态，器物的样式（如小底大口的碗，带把的金或银质杯子），几乎无一不能在杜拉·欧罗普斯和帕尔米拉的壁画及雕塑中找到对应。这不能不让人相信这位米兰画家来自西亚，并且在西亚已经有过丰富的画壁画的经验。

---

1 Maura K. Heyn, “Gesture and Identity in the Funerary Art of Palmyra,” *American Journal of Archaeology*, Vol. 114, No. 4 (2010), p. 634, fig. 3.

2 Maura K. Heyn, “Gesture and Identity in the Funerary Art of Palmyra,” *American Journal of Archaeology*, Vol. 114, No. 4 (2010), pp. 631-661.

3 这种猜拳游戏可能最早始自古埃及。有学者指出，埃及中王国和新王国时期的墓葬壁画里都有对猜拳游戏的描绘。参考Georges Ifrah, *The Universal History of Numbers – from Pre-history to the Invention of Computer,* translated from French to English by David Bellos, E. F. Harding, Sophie Wood, and Ian Monk, New York: John Wiley & Sons, Inc., 2000 (Original French 1981), p. 52.

第二节　米兰佛寺壁画中的希腊怪兽格里芬

希腊神话里的怪兽格里芬（Griffin）在希腊化时期的黑海地区和巴克特里亚，还有阿尔泰地区的巴泽雷克（Pazyryk）的斯基泰—萨迦人的艺术中屡见不鲜。在希腊化时期的巴克特里亚和犍陀罗，格里芬题材也经常出现在佛寺壁画里；虽然跟佛教内容毫不相干，但它跟小爱神童子一样，都作为装饰母题被选用于墙裙的装饰条带或画面的框边里以及其他边角空间。在这些边缘空间，希腊化时期的艺术家们选用了他们所熟悉的题材，并且显出了自由发挥的技能。

在米兰五号佛塔壁画中，在有翼童子装饰带上边，出现了格里芬和人搏斗的情景：图左边一只狮身鹰翅长颈（头部已损失）的猛兽，前身跃起，正扑向右边的一个人；右侧的人双腿叉开，右手在胸前举起一根似大头棍棒的武器，迎战格里芬。（图10-2-1）这一情景似乎直接取自希腊或希腊化西亚的模板，而非中亚地区的斯基泰艺术中的形象。在斯基泰—萨迦艺术中，格里芬出现时几乎全部是在追逐噬咬其他动物，如马、鹿、羚羊等。而在公元前5—前4世纪的希腊陶瓶画

图10-2-1
米兰五号佛塔壁画，格里芬与人搏斗

图10-2-2
希腊陶瓶画局部，格里芬和独眼人搏斗，约公元前400—前360年

上，除了追逐弱小动物，格里芬很多时候都是跟人搏斗，或为人的坐骑。由于希腊神话故事里的格里芬主要跟守卫藏金洞的斯基泰人和抢夺金子的独眼人阿里马斯庇亚（Arimaspi）相关，所以陶瓶画上的绘画也以此故事为主要情节表现。对比公元前5—前4世纪的一幅希腊陶瓶画（**图10-2-2**），米兰壁画无论是格里芬的形象细部、前身跃起的姿态、绘画的角度，还是人的站姿以及手里举着的棍棒或长矛，都基本上是希腊陶瓶画的翻版。类似的陶瓶画在古典时期以及希腊化时期都大量存在。显然，画家是熟悉这些早期样板的。

第三节　米兰佛寺壁画佛本生故事中的希腊—罗马技法

米兰三号佛塔壁画中有一组僧人像，[1]包括一名领头的留有黑发的

1 M. Aurel Stein, *Serindia: Detailed Report of Explorations in Central Asia and Westernmost China*, Vol. 1, p. 502.

人和六名剃发和尚，全体面向他们的右侧。（图10-3-1）前面的佛陀或菩萨留有两撇黑胡须，头发在头顶偏右处打了一个髻，左鬓角留有一撮黑发；他的头后有一光圈，用深红色勾边。斯坦因辨认这个人物为佛陀或“悟道者”（即菩萨），并推测可能是本生故事之一的情节。主要人物做出“八正道”手印（而不是“无畏”印[1]）。在六个和尚的背后，即画面的最右边，露出另一个人物的左手，手持大把的碎花，似在散花。这七个僧人面貌都具有大鼻子（西亚闪米特族人的鼻子形状——鹰钩鼻）、大眼睛的特征；每个人脸上的皱纹显示不同的年龄。他们都直视观众，类似埃及法尤姆的木棺人头画像（参考图10-1-6），而有别于犍陀罗风格的长而细并且微闭的眼睛和神情。他们的身姿和衣褶的希腊式处理，不同层次的粉红色和灰色的光暗处理，都表明画家的技法来自西亚或埃及。尤其是画家娴熟地使用高光，比如眼珠和鼻尖的光亮点，跟埃及法尤姆的木棺腊彩画如出一辙。[2]七八个人的

图10-3-1
米兰三号佛塔壁画

1 M. Aurel Stein, *Serindia: Detailed Report of Explorations in Central Asia and Westernmost China*, Vol. 1, p. 502.

2 M. Aurel Stein, *Serindia: Detailed Report of Explorations in Central Asia and Westernmost China*, Vol. 1, pp. 494-511.

图10-3-2
叙利亚杜拉·欧罗普斯犹太教堂壁画：撒母耳王（左一）为大卫（右侧穿黑袍者）施油膏礼，公元2—3世纪

组合，即“菩萨”和六个僧人，跟杜拉·欧罗普斯犹太教堂壁画里的“撒母耳王为大卫施油膏礼”的撒母耳王和大卫七兄弟的安排组合也很神似。（图10-3-2）

五号佛塔壁画的主要部分是佛教故事，虽然损毁比较严重，但是斯坦因仍然辨认出一个本生故事——须大拏太子本生（图10-3-3上）。这个佛本生故事较为流行，讲述一个名叫须大拏的王子乐善好施的故事，施舍出去财宝和自己心爱的大象、儿子甚至夫人，等等。所幸几个关键细节在壁画遗留中被保留下来，使得斯坦因可以肯定壁画中这一故事的内容。太子的形象多次出现，他大眼睛，八字胡，头戴一顶王冠；冠帽在额头上方有两片半圆形翻上去帽檐，顶上是一个圆塔似的装饰。这种王冠似乎没有在其他地方出现过。太子的形象是较为明显的印度人相貌，不同于装饰花带里出现的具有西亚

相貌的人，但是也不同于犍陀罗佛教人物的形象。画家对佛教艺术的一些常规看来也比较熟悉，比如一般佛教艺术本生故事里的王子们，在成为“悟道者”之前，一般都留有两撇“八字胡”，头发有长有短，耳朵缀有耳环，头戴贵重冠帽，身披各种项链珠宝。这在犍陀罗艺术和印度阿旃陀佛教洞窟壁画中都很普遍。比如阿旃陀17窟壁画里的须大拏太子本生故事（图10-3-4），其中太子也有两撇胡须，跟米兰壁画的须大拏太子几乎完全一样。

米兰须大拏太子右手拎一只长嘴大肚小底的水壶、伸向身体左侧的动作和左手牵白象行走的姿势，也跟杜拉·欧罗普斯壁画里的人物身姿非常相像，比如摩西出埃及、过红海时的身姿，撒母耳王为大卫施油膏礼的姿势，还有众多女性人物身姿，等等。（图10-3-2、5）这些人物都是左腿在前，右腿在后，后脚踮起脚尖；右手握着物品（棍棒、水瓶、酒杯等），伸向身体的左边。在米兰壁画里，除了王子的身姿，花彩带里的戴软尖帽的人物也显示了同样的身姿和动作，其中有一人右手端起一只酒杯，伸向身体左边（超过左臂位置），似向左边黑长卷发的人物祝酒。

在米兰佛教主题的主要画面中，似乎为了更适合于佛教画法，有个别的地方显出了非西方艺术技法。比如人物衣褶的处理比较生硬，不再是古典风格的飘逸，马车的处理也较为僵硬呆板。又比如三号佛塔的一幅画，一位菩萨人物坐在王

五号佛塔，上部分为须大拏太子本生

三号佛塔，故事不明

图10-3-3
米兰壁画

图10-3-4
须大拏太子本生故事，印度阿旃陀石窟第17窟壁画局部，公元500年

图10-3-5
叙利亚杜拉·欧罗普斯犹太教堂壁画：埃及公主发现尼罗河里的婴儿摩西，公元2—3世纪

座上[1]（图10-3-3下），左脚下坐着一位王子模样的人（跟五号佛寺的须大拏太子完全一样），但是尺寸小于正座上的菩萨；菩萨右脚下的人物只露出一只手，尺寸也比较小；脚下的踢蹬和地板几乎立起来，透视关系完全脱离同一时期罗马绘画中透视处理的规范。这幅画中的人物的轮廓线全用较重的深红色，里层又有一条浅红色作晕染，而不是用多层次颜色渐变晕染，也没有用高光的明暗处理方法。这都违背了希腊罗马的绘画传统。这些细节说明，米兰的画家是知道一些佛教艺术基本程式的。他在完全的佛教主题中尽量遵循佛教艺术手法，而在非佛教主题的装饰带和边角处，则使用了他自己熟悉的西方绘画方法。

再说手势。三号佛寺的这幅“坐菩萨”和“坐王子”的壁画人物表现了明显的手势动作。[2]（图10-3-3下）主要人物菩萨（斯坦因称他为佛陀；但是因为有两撇八字胡，按佛教艺术传统，应辨认为菩萨），右手伸向身体左前方，高至左肩，手指中伸出拇指、食指和中指，无名指和小指缩进手心。这个手势令人不得不想起帕尔米拉的墓葬雕塑肖像的人物手势动作，这种伸出拇指、食指和中指的手势在帕尔米拉是出现频率最高的手势。[3]在此处的问题是，这个手势并不是规范的佛教或印度教的手势。它出现在一个主要的佛教人物身上似乎有点奇怪。画面右边坐着的王子，双手合掌，这是典型的佛教徒向佛陀和菩萨表示敬意的动作。画面左边的人物仅露出一只左手，伸出拇指、食指和小指，举起在身前。这个手势在前面的“罗马青年”部分已经讨论过，是同样的手势；不过罗马青年的是右手，并搁置于胸前，而不是举起来。在佛教的规范手印中，这个手印是表示驱魔的；[4]在印度

---

1 M. Aurel Stein, *Serindia: Detailed Report of Explorations in Central Asia and Westernmost China*, Vol. 1, pp. 504-505.

2 斯坦因对这幅画中的人物手势动作没有作描述和解释。

3 参考Maura K. Heyn, “Gesture and Identity in the Funerary Art of Palmyra,” *American Journal of Archaeology*, Vol. 114, No. 4 (2010), pp. 631-661.

4 Eva Rudy Jansen, *The Book of Buddhas – Ritual Symbolism used on Buddhist Statuary and Ritual Objects*, Diever: Binkey Kok Publications, 1997, pp. 5-9.

教手印里，它没有固定的象征意义，只是随着手里所持器物来决定。[1]它出现在佛寺壁画、佛菩萨像之前，无疑应该是表示佛教意思的。笔者的疑问是，斯坦因对罗马青年的手势动作的解释（猜拳），是否是画家的本意。这位画家无疑更为熟悉西亚罗马画法，就手的动作和身体姿势而言，他几乎搬用了杜拉·欧罗普斯壁画和帕尔米拉雕塑中所显示的所有技法。如果这些看似特殊的手势动作在罗马和帕尔米拉没有特殊的象征意义，恐怕在米兰就更不会有象征意义了。也许只是一种习惯，为了使人物的动作更为多样化，画家采用了习惯性画法。

第四节　米兰佛寺画家和罗马绘画风格

上文已经多次提到米兰佛寺壁画的署名画家和他的绘画技法。画家名叫提塔（Tita）或提图斯（Titus），接受报酬在米兰画画。他把自己的名字和工资都写在了须大拏王子的白象腿部。[2] Titus在罗马历史上是个非常多见的男性名字。比如公元1世纪摧毁耶路撒冷犹太教堂的罗马皇帝提图斯，就是这个名字。在米兰的画家可能是罗马人或者是罗马统治时期的西亚的罗马帝国公民。我们对他的认识应该说更多来自他的绘画艺术。而他如何来到西域米兰，如何成为佛寺画师，可能已经无从得知。通过他的画法，我们可以看出他应该是直接来自西亚，在西亚已经受过很好的绘画训练，并且有过画壁画的亲身经历；中途可能在巴克特里亚接触到佛教艺术，了解到一些佛教艺术的

1　Eva Rudy Jansen, *The Book of Hindu Imagery – The Gods and their Symbols*, Diever: Binkey Kok Publications, 1997, pp. 21-25.

2　M. Aurel Stein, *Serindia: Detailed Report of Explorations in Central Asia and Westernmost China*, Vol. 1, p. 521, fig. 141.

规则，但是可能没有到过犍陀罗地区，无从接触犍陀罗佛教艺术。斯坦因早已明确指出，米兰的人物表现跟犍陀罗所吸收的希腊化因素不同，而更接近希腊化和罗马时期的埃及法尤姆地区和西亚的黎凡特的人像。这一点笔者非常赞同。

在米兰壁画中，没有明显的犍陀罗风格的因素，比如希腊化明显的飘逸的衣褶处理，理想化的端庄美丽的相貌，犍陀罗独特的那种半眯着眼睛的沉思或者自在自如的神情。更多出现的是西亚罗马时期的人物表现，比如凝视的大眼睛（超过自然比例），较为正面透视的人物面部处理（非古典希腊罗马典型的四分之三角度），程式化的站姿和走路的姿势，程式化的举胳膊、举手中物品的动作，还有西亚人物相貌（半长卷发，罗马式短发，帕提亚人或波斯人的衣裤），等等。

画家的画技非常娴熟，从光暗色彩处理到人物的动态和个性表达，从希腊罗马神话及世俗题材到佛教题材，从西亚的希腊化及罗马风格到中国西域米兰的习惯爱好，几乎样样驾轻就熟，信手拈来。他也许在米兰生活了若干年，至少描绘了当地两个较大的佛塔寺院。可惜我们不知道他更多的情况。从现有的考古发现来看，西域其他地方都没有发现他带来的西亚罗马绘画风格。他和他的米兰风格似乎就停止在了公元3—4世纪。

小　结

米兰佛寺壁画所显示的绘画风格更多直接来源于希腊化和罗马时期的西亚风格，而不是来源于近邻中亚的希腊化犍陀罗风格；主要表现在画家本人的罗马名字，波浪形花彩带和扛花带童子穿插其间的装饰形式，人物的西亚相貌特征和罗马式发式、手势以及衣冠装饰物，希腊神话动物的选用和几乎等同于希腊绘画的表达形式，较为独特的罗马西亚式戴软尖帽的人物表现，罗马时期西亚及埃及习用的略微夸张的大眼睛。佛寺壁画同时也反映了画家对印度阿旃陀佛教石窟壁画的故事内容和画法的了解，尤其是对本生故事中的佛及菩萨（王公王子）的独特的面貌表现，但仍然采用了从西亚带来的很多画法，比如夸大眼睛、加重轮廓线等画法。

米兰壁画的例子相对独特，似乎为一人领衔所作。由于塔克拉玛干沙漠考古发现非常有限，至今还没有发现与其相同风格的绘画实例，因此也难以评估希腊—罗马—米兰绘画风格在整个西域的影响。但是在米兰当地，若干个佛寺都呈现了同样的风格。一个人不大可能独立完成这样大规模的绘画工程。因此可以推测：一位来自西亚的壁画家，组织培训了一批当地的画工，共同完成了佛寺的壁画装饰工作。佛寺这样的公共场所和民众集中地，加上一个多人组成的画工队伍，其画作所产生的影响和文化意义，至少在米兰地区是广泛而持久的。

（张　禾）

第四编 犍陀罗艺术的东传与演变

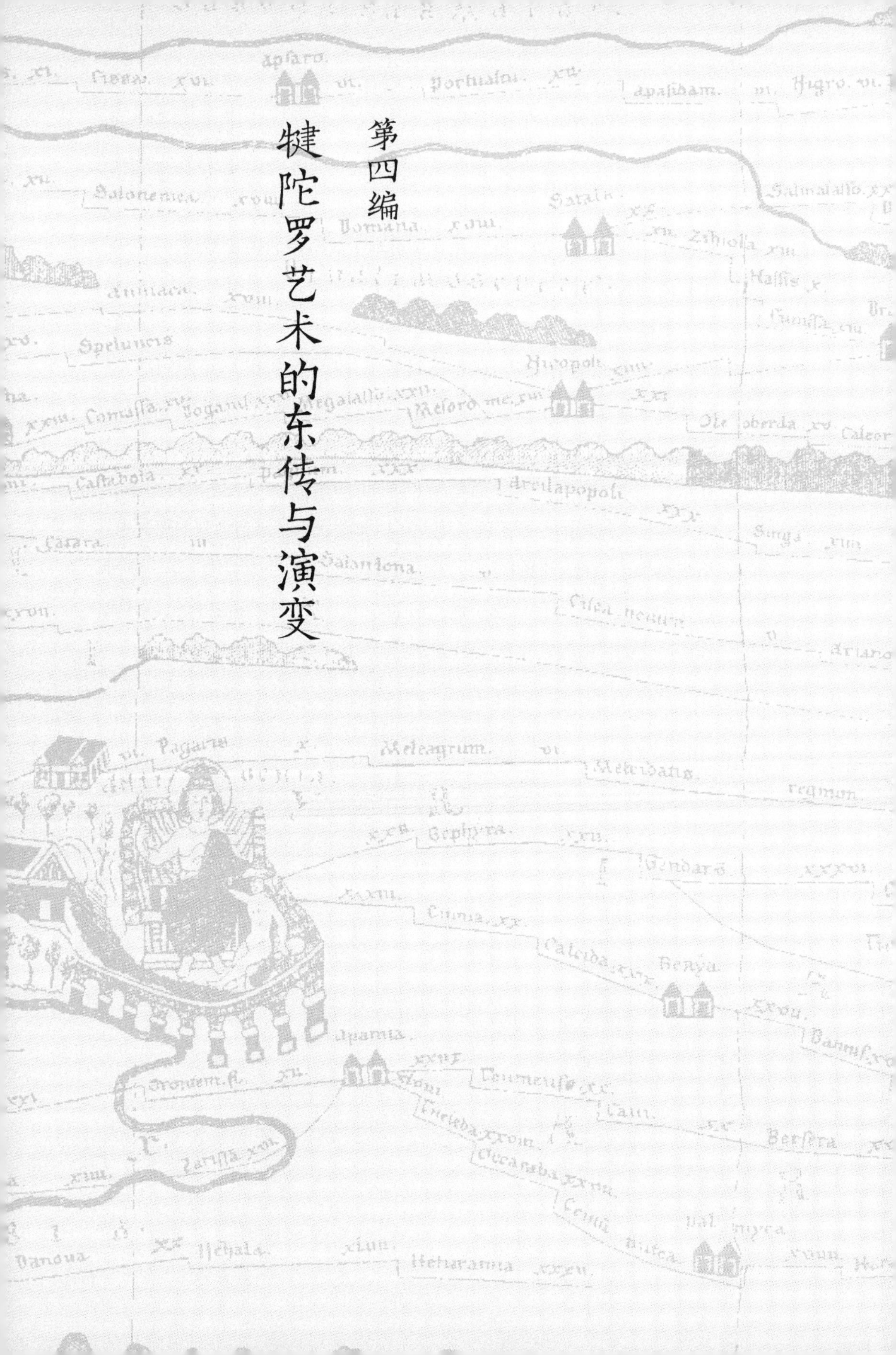

佛教东渐，犍陀罗艺术随之传入中国，这就意味着蕴含于其中的希腊化因素也来到中国。但是，经过中亚辗转而来的犍陀罗艺术进入中国之后，经过了哪些调适与改造，才最后在中原落地生根，完成它的汉化进程，确实是一个十分重要但又充满挑战的课题。本编从犍陀罗艺术形象中的希腊化来源入手，以新疆的龟兹、甘肃的敦煌、山西的云冈作为犍陀罗艺术东渐并与中国本土文化相结合的典型案例，试图对此做出回应。

第十一章　犍陀罗艺术中的“希腊神”在中国

——一项基于图像的初步考察

希腊神在古代是否进入中国，似乎从斯坦因在新疆和田地区发现木牍文书上的希腊神像印记以来，已成为不成问题的问题。类似的发现还有山普拉壁毯上的马人肯陶尔（Centaur），甘肃靖远县鎏金银盘上的酒神狄奥尼苏斯，甚至宁夏固原李贤墓中鎏金银壶上的疑似特洛伊神话故事人物等。但这些都是零散的、外来输入的，或作为战利品，或作为商品，自身并没有带来系统性的文化内涵。然而，还有一些希腊神也来到中国，而且在中国扎下了根，并最终融入了中华文化的洪流之中。他们是以佛教神的名义和外貌通过佛教犍陀罗艺术传过来的。但是，追根溯源，他们的原型或来自希腊，或与希腊的影响有关。正是亚历山大东征，把希腊的神以及希腊神人同形同性的宗教观念带到了中亚、印度，正是他的后继者——希腊—马其顿人的后裔在此地长达三个多世纪的存在，才使得这些希腊神被当地的佛教人士所熟悉，从而欣然接纳了他们，并根据其原来的属性、功能和外形做了一定或很大程度的改造，使他们摇身一变成了佛教中的神灵。当然，这个过程是漫长的，至少要延续到公元5世纪以前的哈达泥塑艺术时期。

虽然犍陀罗艺术在贵霜时期也可能受到通过海陆丝路远道而来的

罗马艺术的巨大影响，[1] 但罗马艺术实际上是希腊艺术的延续和发展。罗马人几乎接受了希腊所有的神，只不过赋予其新的名称而已。因此，罗马艺术固然给犍陀罗艺术带来了新的形式和理念，但他们传过来的神仍然保留了希腊神的基本特征。东汉时期，随着佛教的东传，这些隐身于犍陀罗艺术中的希腊神也逐渐传入中国。如果说，他们在刚开始时，尚能保持自身一定的“希腊性”（Greekness），但随着佛教的汉地化，他们也就失去了自我，成了中国的佛、天王、菩萨、飞天、日神、月神，甚至走向民间，成了护墓的武士，顶天的力士。

第一节　阿波罗与佛陀

拟人化的佛陀形象从何而来，何时产生，如何创造，谁是佛陀的原型？这些问题已经争论了一个世纪之久。迄今为止，学界有三种假设：希腊的阿波罗（Apollo）、[2] 罗马身着托加（toga）的人物雕塑，甚

1　参见Joe Cribb, “Greekness after the End of the Bactrian and Indo-Greek Kingdoms,” in Rachal Mairs, ed., *The Graeco-Bactrian and Indo-Greek World*, Abingdon, Oxon: Routledge, 2020, pp. 675-677. 克里布的证据是20世纪30年代在阿富汗贝格拉姆出土的大量罗马器物和艺术品。但也有学者对此提出质疑，认为这些罗马的舶来品仅仅是在此地集中发现，因此很难将其作为犍陀罗艺术起源于罗马艺术的见证。Lauren Morris, “Roman Objects in the Begram Hoard and the Memory of Greek Rule in Kushan Central Asia,” in Rachel Mairs, ed., *The Graeco-Bactrian and Indo-Greek World*, pp. 581-584.

2　法国著名考古学家福歇（A. Foucher）率先提出。他认为正是亚历山大之后希腊人对印度的统治，才导致了佛教与希腊艺术的结合，从而由当地的混血希腊人或在皈依佛教的希腊人（或欧洲人）指导下的当地人创作出了这种以阿波罗为原型的佛陀。Alfred Foucher, *The Beginnings of Buddhist Art*, Paris: Paul Geuthner, 1914, 1917, pp. 111-137 (especially see 128), pl. XI-2. 本杰明・罗兰虽然坚持罗马的影响，但也承认最初的佛像是以阿波罗为原型（a Apollonian prototype），后来虽有改变，但保持了基本的特征（同样无生气的年轻脸庞）。Benjamin Rowland, “The Hellenistic Tradition in Northwestern India,” *The Art Bulletin*, Vol. 31, No. 1 (1949), pp. 1-10.

至来自罗马皇帝奥古斯都的雕像，[1]或者就是从印度的宗教和文化传统中发展而来，没有固定的原型。[2]这个问题其实和犍陀罗艺术的起源有关。这是学界的热点问题，有很多假说和观点。[3]

目前在承认西方古典影响的前提下，主要有希腊起源说和罗马起源说两种。前者由福歇提出，“希腊—佛教艺术”（Greco-Buddhist art）这个术语就是他创造的。[4]后者由布弗塔尔（H. Buchthal）、惠勒（M. Wheeler）、罗兰（Benjamin Rowland）、索珀（Alexander Soper）等提出。惠勒甚至提出了“罗马—佛教艺术”（Romano-Buddhist art）说以回应福歇的“希腊—佛教艺术”说。他把犍陀罗艺术的创造时间限定于公元1世纪贵霜人占领此地到公元5世纪白匈奴人入侵之间。此时正是罗马帝国时期。他特别强调了四个原因证明自己的理论，即在迦腻色伽为代表的贵霜帝国的大力支持下大乘佛教的出现和广泛流传；印度与西方，尤其是与亚历山大里亚的艺术品贸易；罗马艺术家或工匠被雇佣到印度从事他们熟悉的艺术创作；亚历山大里亚灰泥技术的偶尔进口，它们在当地受到欢迎，容易传播和模制。但他也承认希腊人统治时期至少使当地人对希腊罗马古典艺术有所熟悉，尽管他认为这种作用对于犍陀罗艺术的诞生微乎其微。[5]罗兰虽然没有否定它的希腊化艺术之根，但强调犍陀罗艺术在印度—帕提亚时期和贵霜时期受

1 H. Buchthal, “The Foundations for a Chronology of Gandhara Sculpture,” *Trans. of the Oriental Ceramic Society*, Vol. 19 (London 1942-43), 1944, p. 30; “The Western Aspects of Gandhara Sculpture,” *Proc. of the Britsh Academy*, London: Geoffrey Cumberlege Amen House, E. C. 4, 1945, p. 10.

2 Amanda K. Coomaraswamy, “The Origin of the Buddha Image,” *The Art Bulletin*, Vol. 9, No. 4 (1927), pp. 287-329.

3 详见［日］宫治昭：《近年来关于佛像起源问题的研究状况》，李静杰译，《敦煌研究》2000年第2期，第74—82页。

4 参见A. Foucher, *L’art gréco-bouddhique du Gandhâra. Étude sur les origines de l’influence classique dans l’art bouddhique de l’Inde et de l’Extrême-Orient*, 2 t. [t. 1: 1905; t. 2 en trois fasc.: 1918, 1922, 1951], Paris: Imprimerie nationale.

5 Mortimer Wheeler, *From Beyond the Imperial Frontiers*, London: G. Bell & Sons, 1984, pp. 154-171 (especially see 168, 171).

到罗马的影响，甚至罗马—帕尔米拉雕塑艺术的影响，在风格上发生了一些大的变化，但这不是再生，而是延续和发展。[1]索珀主要从犍陀罗艺术中的小群像及其主题与同时期的罗马艺术的比较中，发现了相似之处，典型的有“小爱神与花纲”（Cupid-and-garland）和“小爱神与海马”（Cupid-and-seahorse），并分析了罗马影响的两个主要来源，一是应邀西来的罗马艺术家，二是通过海上丝路输入的罗马艺术品。[2]

但如前所示，还有一种说法是印度起源说。认为应该从印度宗教与文化传统寻求佛陀形象的起源，如印度的自然精灵之神夜叉（Yaksha）和耆那教的人物形象（Jain images）；马图拉（Mathura，一译秣菟罗）是佛陀形象的发源地，此地的佛像早于犍陀罗的佛像，而且佛陀形象的出现在迦腻色伽在位之时或之前，因此佛像起源于印度，与印度—希腊人无关。[3]钱币学家克里布也持印度起源论，他对迦腻色伽有佛陀形象的钱币做了系统研究，得出了大致相似的结论。他特别推算出马图拉的佛像可能出现于公元150年左右，犍陀罗的佛像出现于约公元220年；二者既然有如此紧密联系，讨论犍陀罗艺术的希腊化影响或罗马影响也就没有必要了。[4]

笔者自知无力对这些问题作出明确的回答，但是，倾向于阿波罗—佛陀这一主流假说。因为，无论佛像最早出现在马图拉或犍陀罗

1 详见Benjamin Rowland, “A Revised Chronology of Gandhāra Sculpture,” *The Art Bulletin*, Vol. 18, No. 3 (1936), pp. 387-400; “The Hellenistic Tradition in Northwestern India,” *The Art Bulletin*, Vol. 31, No.1 (1949), pp. 1-10; “Gandhara and Late Antique Art: The Buddha Image,” *American Journal of Archaeology*, Vol. 46, No. 2 (1942), pp. 223-236.

2 Alexander C. Soper, “The Roman Style in Gandhāra,” *American Journal of Archaeology*, Vol. 55, No. 4 (1951), pp. 301-319.

3 也见Ananda Coomaraswamy, “The Indian Origin of the Buddha Image,” *Journal of the American Oriental Society*, Vol. 46 (1926), pp. 165-170; Ananda K. Coomaraswamy, “The Origin of the Buddha Image,” *The Art Bulletin*, Vol. 9, No. 4 (1927), pp. 287-328.

4 见Joe Cribb, “The Origin of the Buddha Image: The Numismatic Evidence,” *South Asian Archaeology*, 1981 (Cambridge 1984), pp. 231-244.

（Gandhara），也无论是出现在印度—希腊人或印度—斯基泰人时期，或者出现在贵霜王迦腻色伽时期，一个不容置疑的事实是，希腊或古典元素在犍陀罗佛教艺术的起源中起着不可或缺的作用。众多的古典主题、故事、人物、神祇、科林斯柱式、希腊风格的服饰和纹饰、具有古典特征的雕像等都验证和证实了佛教艺术中希腊化元素的存在。即使是在犍陀罗地区发现的那些调色盘或化妆盘（palettes or toilet-trays）中，希腊化的题材和风格也很明显。其中有一个场景就与阿波罗的神话故事有关。[1]塞琉古王国钱币的背面以他们的保护神阿波罗神为主。从塞琉古王国独立出来的巴克特里亚希腊人王国和后来的印度—希腊人王国，也都发行过"国王/阿波罗型"的钱币。[2]这些钱币的流通、延续无疑也加深了佛教徒对阿波罗神的熟悉和接受。诚然，如前所言，罗马帝国初期的艺术风格也随着海上丝绸之路的开通传到印度、中亚，但罗马艺术如同罗马文化一样，都是对希腊化文化的继承、扬弃、改造和发展。因此，相对于东方艺术和宗教而言，来自地中海地区的希腊、罗马艺术都可以归入广义的希腊化艺术范畴。它们与当地文化、艺术的结合，是亚历山大时代以来数百年东西方文化交往互动的结果。因此，当我们观察到佛陀的形象与希腊的阿波罗神，

---

1 详见H.-P. Francfort, *Les palettes du Gandhāra* (MDAFA 23), Paris, De Boccard, 1979, pl. 1, 2, 3, 6, 8, 9, 12-17, 19, 24-26, 41-44. 布弗塔尔把这些主题与希腊罗马神话有关的化妆盘都归于罗马艺术的影响。H. Buchthal, "The Western Aspects of Gandhara Sculpture," *Proceedings of the Britsh Academy of British*, Vol. 31 (1945), pp. 5-7, figs. 2-15. 显然，他当时还没有见到马歇尔关于塔克西拉的发掘报告。马歇尔把在此地的化妆盘归于印度—斯基泰人和印度—帕提亚人时期，认为这些化妆盘的大部分主题是希腊化的，这种类型的石盘是与希腊化文化一起从西方输入的，在西方，尤其在埃及已经发现了这样的先例。见J. Marshall, *Taxila*, Vol. 2, Cambridge: Cambridge University Press, 1951, pp. 493-494; Vol. 3, pl. 144-146 (Nos. 62-94).

2 各种姿态（头像、胸像、站像）的阿波罗钱币形象，陆续出现在巴克特里亚和印度—希腊人的钱币上，一直到印度—希腊人末王斯特拉托二世之时（Strato II，约公元前25—公元10年）。其中欧泰德姆斯二世钱币上的阿波罗头像与后来的佛陀头像非常相似。详见Osmund Bopearachchi, *Monnaies gréco-bactriennes et indo-grecques, Catalogue raisonné*, Paris: Bibliothèque Nationale, 1991, p. 377, pl. 6 (Euthydeme II, serie 6).

图11-1-1
犍陀罗地区早期佛陀雕像之一，公元1—2世纪

图11-1-2
“望楼的阿波罗”，罗马复制品，哈德良时期（约公元120—140年）

图11-1-3
“奥林匹亚的阿波罗”，约公元前460年

图11-1-4
巴克特里亚希腊人国王欧泰德姆斯二世（约公元前190—前185年在位）钱币上的阿波罗头像

甚至罗马身着托加的人物雕塑有某些相似之时，没有必要感到突然和惊讶。[1]（图11-1-1、2、3、4）

这在某种意义上，是一种自然而然的文化融合，是佛教内部发展的需求与外部多元文化的氛围使然，并非刻意寻求的结果。随着大乘佛教的出现，佛陀由一个觉悟者、传道者、有生有死的凡人变成了一个无所不能的神。以前，佛教徒遵循佛陀的遗教，没有给佛陀以具象，仅仅用法轮、佛塔（stupa）、佛座、菩提树、大脚印等表示他的存在。但现在佛陀已经成神，就需要在现实中寻找或创造一个与信仰中的佛陀类似的人物形象。佛教在阿育王时期（公元前3世纪中期）就已经传到犍陀罗地区，甚至阿富汗的坎大哈地区。印度—希腊人的国王米南德（约公元前165/155—前130年在位）和

1 参见H. Buchthal, “The Western Aspects of Gandhara Sculpture,” *Proc. of the Brit͏sh Academy*, Vol. 31 (1945), figs. 17-19.

他的诸多希腊人随从已经皈依佛教。[1]对于这些远东希腊人佛教徒或者或多或少受过希腊化文化影响的印度佛教徒而言，从他们所熟悉的希腊神中寻找一个佛陀的原型也就顺理成章了。当然，很遗憾，我们对这种从无形的佛陀到有形的神之间的转化过程并无实证资料，但考虑到自亚历山大以来印度人对希腊化文化的了解，印度—希腊人在印度西北部长达两个世纪的直接统治和存在，再考虑到印度—希腊人和印度人、希腊文化和印度文化的融合，尤其是印度—希腊人（至少部分）的皈依佛教，借用希腊神的原型同时用佛教神的要求对其加以改造，佛陀的神人形象也就有可能被创造出来。

那么，为什么以福歇为首的学者在这些佛陀雕像上看到了阿波罗的影子呢？答案大概还是要回到佛陀形象的始创者那里。首先，大概在他们看来，既然希腊的神和人一样，同形同性，各有自己的形象，那佛教的神为什么就不能有一个看得见、摸得着的崇拜偶像呢？其次，既然阿波罗神是希腊人的太阳神、光明之神，形象英俊可亲，为什么就不能用他作为原型为佛陀造像呢？其实，我们与其说阿波罗有可能是佛陀的原型，不如说希腊的神人同形同性、神人合一的宗教理念为佛教艺术家们接纳希腊的神，并对其进行为我所需的改造敞开了人门。所以，不仅阿波罗神，其他诸如大力神赫拉克勒斯（Heracles）、胜利女神尼科（Nike）、命运女神提刻（Tyche）、酒神狄奥尼苏斯（Dionysus）、顶天巨神阿特拉斯（Atlas）、日神赫利奥斯（Helios）等都进入了佛教的殿堂。因此，当佛陀的形象随着佛教的传播出现在中国的时候，一个具有佛陀身份的“希腊神”也就来到了中国。

---

1 关于印度—希腊人，尤其是米南德和佛教的关系，详见杨巨平：《弥兰王还是米南德？——〈那先比丘经〉中的希腊化历史信息考》，《世界历史》2016年第5期，第111—122页；《希腊化还是印度化——“Yavanas”考》，《历史研究》2011年第6期，第134—155页。

根据中国史书《后汉书》的记载，佛陀形象（image）的传入发生在汉明帝（公元58—75年）时期：[1]

> 世传明帝梦见金人，长大，顶有光明，以问群臣。或曰："西方有神，名曰佛，其形长丈六尺而黄金色。"帝于是遣使天竺，问佛道法，遂于中国图画形象焉。楚王英始信其术，中国因此颇有奉其道者。后桓帝好神，数祀浮图、老子，百姓稍有奉者，后遂转盛。[2]

这些佛陀雕像一定是他最先派去的那些使节或那些来自中亚和印度的外国佛教徒带来的。虽然由于佛教艺术在本土也几经变化，传到中国后又面临着"中国化"的挑战，后来在中国雕刻或绘制的佛陀的轮廓因时因地大为改观，与最初的形象相去甚远，但我们似乎仍能从中找到希腊式佛像的基本特征，高而直的希腊式鼻子，具有湿衣贴体效果的希腊式衣褶，[3]以及头上的希腊式波浪卷发型。如果我们对哈达的泥塑佛像多加注意，就会发现，它们似乎更接近于希腊罗马古典艺术的风格。（图11-1-5）在那些中国早期最具代表性的佛像雕塑上，我们仍然可以明显感受到希腊—佛教艺术的特点。正是从这个意义上，犍陀罗艺术的传入就意味着希腊化元素的传入，"阿波罗"形象的传入。至于这些佛像在中国的演变，尤其是被世俗统治者所利用改造的汉化过程，宜另文讨论。这里仅举出两

1 佛教何时入华，史料记载不一，学界也多有争议。笔者在拙文《两汉中印关系考——兼论丝路南道的开通》中对此已有所说明，请参《西域研究》2013年第4期。关于永平求法，汤用彤先生经详细考证，认为大致可信。见汤用彤:《汉魏两晋南北朝佛教史》，北京：北京大学出版社，1991年，第3—22页。

2《后汉书》卷八八《西域传》，二十四史点校本，北京：中华书局，1965年，第2922页。

3 这种透明贴体的衣饰早在公元前5世纪雅典帕特农神庙（Parthenon）的群雕中就已经出现。实物见大英博物馆帕特农展厅东山墙的K（Hestia）、L—M（Dione和Aphrodite）雕像。

图11-1-5
阿富汗哈达的一组泥塑佛像，公元3—4世纪

例，一是大同云冈石窟最初的昙曜五窟中的佛像以北魏初期的五位皇帝为原型，[1]二是洛阳龙门石窟的卢舍那大佛传说以唐代女皇武则天为原型。（**图11-1-6、7**）但不管如何改换容貌，佛陀的基本特征仍然保留。

1　史载，北魏文成帝即位后，“诏有司为石像，令如帝身”。由僧人昙曜主持，“于京城西武州塞，凿山石壁，开窟五所”，史称“昙曜五窟”。详见《魏书》卷一一四《释老志》，二十四史点校本，北京：中华书局，1974年，第3036—3037页。

图11-1-6
云冈石窟大佛（以北魏开国皇帝拓跋珪为原型），公元471—494年

图11-1-7
龙门石窟卢舍那大佛（以武则天为原型），
公元672—675年

第二节　赫拉克勒斯与护法金刚[1]

在古希腊神话中，赫拉克勒斯是一个半人半神的英雄。他是宙斯和底比斯（Thebes）王后阿尔克墨涅（Alkmene）的儿子，以十二个伟大功绩、不屈不挠的精神、最强健的体魄而闻名。他是一名勇士，是文明战胜野蛮的象征，死后成为奥林帕斯山诸神之一。在马其顿的传统中，马其顿人的祖先或阿基德家族（Argead）来自阿尔戈斯的泰门努斯家族（Temenides of Argos），即赫拉克勒斯的故乡，所以宙斯和赫拉克勒斯也自然成为亚历山大崇拜的祖先和偶像。在母亲的影响下，亚历山大甚至认为自己就是宙斯之子，而非父亲腓力亲生，[2] 这就更加深了他和宙斯、赫拉克勒斯的血缘关系。在他征服期间发行的钱币上，正面是赫拉克勒斯头戴狮头皮盔的典型形象，反面是宙斯坐在王座上，一手持权杖，一手持鹰的形象。（**图11-2-1**）随着征服的扩大和帝国的建立，这种钱币在整个希腊化世界甚至更远的地方流通。

图11-2-1
亚历山大钱币，赫拉克勒斯/宙斯型

1　谢明良、邢义田二位先生在此问题上都做过深入的研究。多年前，笔者就是在读了他们的文章后，开始对赫拉克勒斯和护法金刚的关系产生兴趣，并得到进一步研究的灵感。参见谢明良：《希腊美术的东渐？——从河北献县唐墓出土陶武士俑谈起》，《故宫文物月刊》15卷7期，1997年，第32—53页；邢义田：《赫拉克利斯（Heracles）在东方——其形象在古代中亚、印度与中国造型艺术中的流播与变形》，载荣新江、李孝聪主编：《中外关系史：新史料与新问题》，北京：科学出版社，2004年，第15—47页。

2　Arrian, *Anabasis of Alexander*, 4.9.9, 4.10.2, with an English translation by P. A. Brunt, Cambridge, Mass.: Harvard University Press, 1996; Plutarch, *Alexander*, 2-3, with an English translation by Bernadotte Perrin, Cambridge, Mass.: Harvard University Press, 1919.

图11-2-2
赫拉克勒斯—护法金刚，阿富汗哈达，公元3或4世纪

当然，还有其他的方式使赫拉克勒斯的形象更加深入人心，比如在亚历山大及其继承者新建的希腊式城市的神庙和体育馆里，一般都会有他的雕像。他的故事在远东的希腊人中一代又一代地流传，甚至被印度人和外来民族所接受。总之，当佛教徒需要一个佛陀的卫士、保护者时，大力神赫拉克勒斯就被选中，转而成了佛教的护法金刚。这种身份的变化可以从哈达佛陀身边的护法金刚塑像中看出。狮子皮仍然披在赫拉克勒斯的左肩上，并从其后背下垂重新出现在他的腿上，他的木棒已经变成了护法金刚的金刚杵。[1]（图11-2-2）这一形象或许受到印度—希腊人国王钱币的影响。（图11-2-3）从这两图可以看出，两个赫拉克勒斯的坐姿非常相似。后来，随着犍陀罗艺术的东传，赫拉克勒斯—护法金刚的形象来到了中国，经过改造后进入了中国的佛教寺庙甚至隋唐时期的民间墓葬中。护法金刚到护墓的武士，他的形象能够发生如此大的变化，根本原因就是佛教的汉化和世俗化。在佛教与儒家兼容的大背景

图11-2-3
欧泰德姆斯一世（约公元前230—前200年）的钱币反面：赫拉克勒斯坐在一块覆盖狮子皮的石头上休息，右手握木棒，置于右腿之上

---

1 此地还发现另外一种类型的Vajrapani泥塑，这是从正当年的、没有胡须的赫拉克勒斯形象演变而来。见Zémaryalaï Tarzi, “Haḍḍa à la lumière des trios dernières campagnes de fouilles de Tapa-è-Shotor,” *Comptes rendus des séances de l’Académie des inscription et belles-lettres*, 1976, pp. 402-404, figs. 16-17. 也见John Boardman, *The Greeks in Asia*, London: Thames & Hudson, 2015, Illus. 122.

之下，护法金刚的功能被专用于一般的死者也是可以理解的。既然他可以保护佛陀，为什么就不能保护芸芸众生呢？

就赫拉克勒斯形象由西向东的演变而言，大致可以分为四个阶段。第一阶段是古典时代。赫拉克勒斯的形象是在有关他的传说或神话故事上创造出来的。头上戴着狮头皮盔，手持留有疤痕的木棒，或者胳膊上搭着狮子皮，成为他的形象的基本特征。

在雅典国家考古博物馆里，有一组赫拉克勒斯的雕像，从童年到成年，有各种图案和姿势。这里只选取两例，来显示他的经典特征。一件是站立的赫拉克勒斯，头戴狮头皮盔，狮子的两只前爪在胸前打了一个结，即所谓的“赫拉克勒斯结”（Heracles knot）。右手可能握持他的木棒，左臂上搭着从背后缠绕而过的狮子皮。（图11-2-4）在另一座雕像中，宙斯坐在他的前面，赫拉克勒斯披着狮皮面对宙斯站立，左手持木棒。（图11-2-5）

第二个阶段是希腊化时期。赫拉克勒斯的形象开始发生变化。其一来自阿伊·哈努姆（Ai Khanoum）遗址。毫无疑问，这是赫拉克勒斯的塑像，但头上没有狮头皮盔，取而代之的是一个花环，一根表面光滑的大棒靠在他的左臂上。（图11-2-6）另一来自塔赫特—伊·桑金遗址（Takht-i Sangin），剑柄上镶嵌着他戴狮头皮盔的头像。（图11-2-7）这应该是对希腊化钱币上亚历山大形象的模仿。这两件均无法确定具体年代，但应归于巴克特里亚希腊人王国时期（公元前3世纪中期到公元前2世纪中期）。

此外，在伊朗贝希斯敦（Behistun）还发现了一座直身半卧姿的赫拉克勒斯雕像。他身后的岩石上刻有木棒和箭袋，头上无冠，左手托着一个杯子。不过，他的身下是一块站立的狮子的浮雕。[1]（图11-2-8）此像雕刻于公元前148年，也就是塞琉古王国重新占领此地

1 John Boardman, *The Greeks in Asia*, p. 78, Illus. 38.

图11-2-4

赫拉克勒斯，公元前350—前325年

图11-2-6

手持大棒的赫拉克勒斯，阿富汗阿伊·哈努姆遗址，约公元前150年

图11-2-5

赫拉克勒斯（右）和宙斯，公元前3世纪上半叶

图11-2-7

戴狮头皮盔的赫拉克勒斯，象牙制品，塔赫特—伊·桑金，公元前3世纪

图11-2-8
赫拉克勒斯/韦勒斯拉纳，伊朗贝希斯敦，公元前148年

图11-2-9
雅典埃琉西斯的赫拉克勒斯，公元前1世纪

之时，是献给上省的希腊人总督的，或许为了纪念对帕提亚人的胜利。类似的赫拉克勒斯形象在雅典的埃琉西斯（Eleusis）也被发现。[1]（图11-2-9）虽然它的年代是公元前1世纪，比贝希斯敦的那座晚，但它表明这种雕像的起源可能在更早的时期。不过，雅典的这个赫拉克勒斯似乎处于醉酒的状态，与贝希斯敦神情刚毅、昂首远望的赫拉克勒斯显然不同。但二者都呈侧卧姿，都有赫拉克勒斯的基本标志——木棒和狮子（皮）。二者的身旁都有悬挂着的箭袋。弓箭也是他的武器之一。他在贝希斯敦有可能被当地人视为琐罗亚斯德教的胜利之神或战争之神——韦勒斯拉纳（Verethragna）。他也有可能是作为旅行者的守护神出现的，因为此地是丝绸之路主干道的必经之地。

在这一阶段，正如我们所看到的，赫拉克勒斯的形象在向东传播的过程中已经失去了一些特征。但希腊—巴克特里亚国王钱币上的赫拉克勒斯却保持了原来的基本特征，比如欧泰德姆斯家族的钱币上就有各种赫拉克勒斯姿态的形象，裸体、木棒和狮子皮应有尽有。（图11-2-10）他之所以受到这些国王的青睐，还是因为他是亚历山大的祖先。正如波比拉赫奇教授所指出的，这些希腊—巴克特里亚的

图11-2-10
德米特里（Demetrius，约公元前200—前190年）钱币，反面的赫拉克勒斯正面站立，为自己加戴花冠，手持木棒和狮皮

1 赫拉克勒斯在这个雕像中被描绘成喝醉了的样子。他斜卧在树下铺着狮子皮的石头上，左手端着一个双耳酒杯（skyphos），抬起的右手为面前吹双笛的年轻萨提尔（Satyr）打节拍。他的木棒斜倚在树干上，箭筒挂在树枝。这幅浮雕可能是献给埃琉西斯的赫拉克勒斯圣殿的。摘自雅典国家考古博物馆这座雕像上的说明。

国王正是希望通过这种风格的钱币来表明他们与亚历山大大帝的直接关系，使他们的统治更加合法。[1]赫拉克勒斯就是在这样的背景下被带入佛教圈的。[2]

第三阶段属于犍陀罗佛教艺术早期，赫拉克勒斯与其他前面提到的希腊诸神一同出现在犍陀罗艺术中。我们首先观察一组与赫拉克勒斯有关的形象。（图11-2-11、12、13、14）

从这组雕像中，我们可以看到赫拉克勒斯已经被佛教所接受，成为佛陀的守护者——护法金刚。他不再全裸，或多或少，似隐似现有衣服着身，有时戴着狮头皮盔，手持从木棒演变而来的金刚杵，有时则只有金刚杵在手。

第四个阶段是赫拉克勒斯—护法金刚形象在中国的演化。随着佛教的汉化，赫拉克勒斯这一金刚力士的形象逐渐变成了中国式的天王或武士。在敦煌石窟，我们看到了护法金刚已经成为站立一旁的身披虎皮的天王。（图11-2-15）在麦积山石窟，他也成为石窟外的天王，头戴狮头或虎头皮盔，左手中握着一把向下的长剑。（图11-2-16）他甚至进入了隋唐时期的民间墓葬中，成了护墓的武

图11-2-11
护法金刚—赫拉克勒斯，头戴狮头皮盔，身披狮皮，前爪胸前打结，右手持金刚杵，左手持剑。犍陀罗，公元2—3世纪

图11-2-12
手持金刚杵的护法金刚和佛教僧侣，犍陀罗，时间不详

---

1 ［法］奥斯蒙德·波比拉赫奇：《亚历山大大帝与印度—希腊君主们的钱币肖像》，杨巨平、王杨译，《四川大学学报》2018年第3期，第112—120页。

2 对于赫拉克勒斯在东方的传播和演变，捷克考古学者斯坦科有更为详细的介绍。见Ladislav Stančo, *Greek Gods in the East: Hellenstic Iconographic Schemes in Central Asia*, Prague: Karolirnum Press, Charles University, 2012, pp. 137-157, 232-234.

图11-2-13
站在佛陀身后的护法金刚，
犍陀罗，公元1世纪

图11-2-14
站在佛陀身旁的护法金刚，公元2—3世纪

图11-2-15
披虎皮的天王，敦煌石窟第205窟，中唐时期

图11-2-16
护法金刚泥塑，麦积山石窟，北周时期

士俑。[1]（图11-2-17、18、19、20）

从这些武士俑中，我们可以看到赫拉克勒斯的一些特征似乎还保留着：狮头皮盔、狮子皮（护墓俑胸前打着赫拉克勒斯结）、木

图11-2-17
唐三彩武士俑，唐代

图11-2-18
护法金刚石雕，唐代，发现于山西左云

图11-2-19
唐墓中的武士陶俑，山西长治

图11-2-20
唐墓中的武士陶俑，河北献县

1 关于其他的武士陶俑，见信力行:《定县南关唐墓发掘报告》,《文物资料丛刊》1982年第6期，第110—116页，图版14；安阳市博物馆:《唐杨偘墓清理简报》,《文物资料丛刊》1982年第6期，第130—133页，图版5.1。

棒。关于头盔，学界有一些争议，是狮子的头皮还是老虎的头皮？虽然笔者不能确定它到底是什么，然而，根据它们之间的相似特征，并考虑到佛教和犍陀罗艺术已经渗入到中国人社会生活中的背景，笔者倾向于把它们看作是佛教汉化、佛教人物世俗化的一种反映。不论是狮子头还是虎头，这些护墓俑应该是从赫拉克勒斯—护法金刚转化而来的。

第三节　尼科与飞天

阿普萨拉（Apsara）是印度神话中水和云的女精灵，在中国被转译为飞天。现在所知她的最早形象出现于印度中央邦萨特纳地区巴尔胡特村的窣堵波（stūpa，印度式佛塔）中，时间是约公元前 2 世纪。（图11-3-1）当时佛陀的形象还没有被创造出来，所以两个有翅膀的阿普萨拉在窣堵波上方面对面地飞翔，手中分别持有花环和棕榈枝。笔者不能确定这对阿普萨拉的形象在印度是否属于最早的发现，但现在的定年将其置于印度—希腊人统治时期。从她们身上，特别是从犍陀罗艺术中的那些不同的飞天身上，我们发现，她们的形象和希腊的胜利女神尼科之间有一些相似之处。我们是否可以认为这两个形象之间有一些联系呢？一些证据似乎表明了这种可能性。[1]

从巴尔胡特的这尊石雕，我们立刻就回想起了古典艺术中尼科形象的基本特征：她有两只翅膀，在向其他希腊神祇如宙斯、得墨特尔（Demeter）等献花时，习惯于单手或双手持花环。在希腊化时期，她经常被描绘成站在宙斯伸出的手上，手捧花环，跃跃欲飞，

1　约翰·博德曼也注意到了她们与胜利女神尼科的相似之处，并将其归结为来自西方的影响。John Boardman, *The Greeks in Asia*, pp. 132-133, Illus. 70.

图11-3-1
手持花环和棕榈枝的有翼飞天（Apsara），印度巴尔胡特，公元前2世纪

向他敬献花冠的样子。我们可以在亚历山大及其继承者塞琉古一世（Seleucus I）以及一些印度—希腊国王发行的钱币上看到这样的例子。[1]（**图11-3-2、3、4**）值得注意的是，犍陀罗艺术中的飞天扮演着同样的角色。一般来说，她飞翔于佛的头顶之上。原本她有两只翅膀，比如那些在犍陀罗和中亚发现的尼科，以及在中国新疆塔里木图木舒克的佛寺发现的飞天。（**图11-3-5、6**）然而，随着犍陀罗艺术的东传，她的形象也发生了一些变化。比如，她变成了一个舞女或手持箜篌、琵琶、笙等乐器演奏的女乐师。她的双足甚至双腿渐渐消失，变成了一条长长的飞裙，在空中迎风飘曳。这种变化在敦煌石窟和

图11-3-2
亚历山大发行的钱币徽章，尼科双手持花环飞向站立着的亚历山大

1 在一些希腊—巴克特里亚和印度—希腊国王的钱币上，尼科手持花环站立。见Osmund Bopearachchi, *Monnaies gréco-bactriennes et indo-grecques, Catalogue raisonné*, p. 379, pl. 10 (Antimaque I, 5), 14-15 (Antimaque II, 1), 22 (Eucratide I, 22-23), 31-33 (Menandre I, 22, 27, 3134), 37 (Straton I, 29-30), 44 (Philoxene, 12), 48 (Epandre, 2-3), 49 (Menandre II, 1-2), 50 (Artemidore, 5-6), 51 (Archebios, 11). 有的钱币显示尼科站在宙斯的右手上，见p. 380, pl. 26 (Heliocles, 3.4), 49 (Menandre II, 4), 39-40 (Antialcidas, 1-5, 9, 12, 13).

图11-3-3
塞琉古一世发行的亚历山大式钱币。反面：宙斯手托向他敬献花环的尼科

图11-3-4
印度—希腊人国王米南德二世（Menander II，约公元前90—前85年在位）钱币上的有头光的胜利女神

图11-3-5
有翼飞天在佛陀头顶向他敬献花环，公元4世纪

图11-3-6
佛陀头顶的有翼天人，中国新疆图木舒克，公元4—7世纪早期

云冈石窟中表现得尤为突出。（图11-3-7、8）

尼科作为类似的有翼女神，是否影响了犍陀罗艺术中飞天形象的演变，当然值得进一步讨论。然而，她的形象首先出现在深受希腊化文化影响的印度西北部。即使是在贵霜时期，此地也有很多希腊化遗产长期存在。因此，尼科等希腊神灵对佛教人物的影响应该是自然而然的。总之，飞天起源于印度，与希腊的胜利女神合二为一，最后成为中国的飞天，这一演化路径是有可能成立的。

从这些飞天可以看出，它们出现的时间有先有后，如果就其与犍陀罗艺术的关系而言，云冈的飞天雕塑要比敦煌的飞天壁画更接近最初的风格。其一，云冈的飞天都是石雕（深浮雕），这在风格和取材上与早期犍陀罗的石雕艺术相似，与巴尔胡特的飞天也比较接近。其二，云冈的飞天飞翔的姿态都是横飞式的，有头光，有飘逸的帔帛，但手中没有花环。四肢基本保留，尤其是下肢的腿与足都清晰可见。体型一般呈浑圆形，立体感强烈。简言之，云冈的飞天呈现的是一个个完整的正在飞翔的天人，是男是女，区分不是那么明显。

但敦煌的飞天某种意义上是对犍陀罗飞天的突破。她们出现在壁画上，壁画与石雕截然不同，这就给佛教艺术家们留下了许多自由发挥的空间，完全可以按照自己的想象来表现飞天。于是飞天完成了由人形到半人

图11-3-7
手持箜篌的飞天，敦煌莫高窟第285窟，西魏时期

图11-3-8
飘动的飞天，云冈石窟第9窟，北魏太和年间（公元484—489年）

形的转化，同时也突出了女性的灵性和柔美。她们的上半身保持了正常的形态，但下半身基本被飘动的裙摆所代替，而且上下左右自由摆动。她们手中持的也不是花环，而是各种乐器。当然“伎乐”也是佛教精神世界的需要。这种乐师在中亚的佛教遗址中就有发现，一般出现于科林斯式柱头的叶饰之中，与敦煌的空中漫游有所不同。

为什么云冈和敦煌的飞天会出现这些差异呢？除了受石材的限制之外，有几点值得注意。第一，云冈是纯粹的石窟，其中的雕塑是就地取材，是从石窟中开凿出来的；敦煌的石窟显然是先凿洞，然后在其中或泥塑或绘画。第二，也是最主要的原因，就是云冈石窟是中原内地最早开凿的石窟，是在来自凉州的僧人昙曜的主持下开凿的（公元460年之后）。北魏时期是丝绸之路发展的又一个高峰，此时的都城“平城”（代）成为丝路的起点和终点。甚至领有犍陀罗地区的“大月氏”国的商人也来到北魏的都城（“其国人商贩京师”[1]），西域原生态的犍陀罗艺术的东传应该与此有关。是否有来自中亚或印度的艺术家或工匠前来参与，不得而知，但担任雕凿的石工，多是太武帝拓跋焘平北凉后由凉州迁来的。凉州即现在的武威，与西域的联系显然要更为紧密。那里的粟特商人也被带到了京师。[2]因此，云冈石窟的佛教艺术在汉化的同时，更多地保留了印度、中亚犍陀罗艺术的式样、风格和特征。飞天只是其中的一种类型而已。反之，敦煌石窟的开凿始于公元366年，但它的那些飞天壁画都出现于北魏之后的西魏时期或唐代，反映了佛教汉化的程度随着时间的推移而逐渐加深，到隋唐时期，就飞天而言，已经完成了中国化的转变。

1《魏书》卷一〇二《西域传》，第2275页。

2 粟特国，“其国商人先多诣凉土贩货，及克姑臧，悉见虏”。《魏书》卷一〇二《西域传》，第2270页。

第四节　阿特拉斯与力士

图11-4-1
阿特拉斯，公元2世纪复制品，原作于公元前1世纪

阿特拉斯是希腊神话中的泰坦之一。他曾经支持泰坦神与奥林匹亚诸神（the Olympians）的战争。泰坦战败后，宙斯责罚他在大地（Gaia，盖亚）西端用肩膀撑起天空，防止两者拥抱在一起。所以在古典艺术中，他的背上常有一个地球仪或一个天球。（图11-4-1）这种形象被犍陀罗艺术采纳。在今阿富汗哈达的佛教雕塑中，出现了许多与他相似的形象。一般来说，他蹲着用肩膀或两手向上支撑着佛塔，有时他的背上有两只翅膀。[1]（图11-4-2、3、4）后来，他的形象随佛教传入中国。

在敦煌第435窟壁画中发现的一个阿特拉斯，基本上还保持了犍陀罗的风格。[2]（图11-4-5）但在云冈石窟，他则成为一个强壮的佛教徒形象，可以支撑起多层级的中国式佛塔。（图11-4-6）随着佛教的汉地化、世俗化，他的形象也被借用在俗人的墓中。在云冈附近（大同市石家寨）出土的北魏司马金龙墓中有一座石床，床足上就出现了疑似阿特拉斯的形象。这时，他变成了一个强壮的力士，没有

图11-4-2
双手支撑佛教建筑物的阿特拉斯夜叉（Yaksa-atlante），约公元前2世纪或公元前1世纪初，巽伽王朝时期

1　注意旁边的科林斯式壁柱，这也是犍陀罗艺术中的希腊化因素之一，在犍陀罗艺术中常常出现。有的是圆形柱，柱顶的“阿堪突斯”（acanthus）叶形比较逼真，有的则是方形柱，相应的柱顶的叶形也趋于简单，仅有轮廓而已。这实际上反映了犍陀罗艺术家们对古典的科林斯式柱头的改造或拙劣的模仿，或者也与模仿的来源枯竭有关。至于这些柱式的来源，巴克特里亚应是源头之一。阿伊·哈努姆遗址就出土了大量的科林斯式柱头。巴克特里亚艺术流派与犍陀罗艺术之间的关系不容否认。在印度西北部活动近两个世纪的印度—希腊人就是从巴克特里亚而来。

2　其实，此类阿特拉斯的图像在敦煌石窟壁画中并不少见，在第251、260窟中也有发现。2023年6月，承蒙敦煌研究院张元林先生现场指教，笔者得以观摩这些图像，谨此致谢。

图11-4-3
有翼阿特拉斯，犍陀罗，公元1—3世纪

图11-4-4
双手支撑佛塔基座的一组阿特拉斯，此为其中之一。公元2—3世纪，阿富汗哈达

图11-4-5
阿特拉斯，敦煌莫高窟第272窟

图11-4-6
支撑中国式佛塔的阿特拉斯形象，公元481—489年，云冈石窟第10窟

翅膀，用两只手顶起石床。（**图11-4-7**）司马金龙墓是司马金龙与其妻的合葬墓。墓主死于北魏太和八年（公元484年），其妻死于延兴四年（公元474年）。由此可见，云冈石窟开凿（始于约公元460年）之后不久，阿特拉斯的形象就被民间所接受。

图11-4-7
裸体力士支撑石床，司马金龙（?—484年）墓

第五节　赫利奥斯与苏利耶

赫利奥斯和苏利耶（Surya）分别是希腊和印度的太阳神。他们的艺术形象都有驾车的场景。一些中国学者注意到敦煌石窟第285窟壁画中驷马战车上的太阳神（图11-5-1），与克孜尔石窟第17窟的太阳神（图11-5-2）、位于菩提伽耶（Bodh Gaya，佛陀在此处的菩提树下悟道）的驷马战车上的苏利耶（图11-5-3）有相似之处，并进一步认定它们与希腊的每天驾驭驷马战车从黎明到日落的太阳神赫利奥斯（图11-5-4）相吻合。[1]在中国西北地区的一些隋唐时期的织锦上也发现了类似的人物形象。最具代表性的是青海省都兰热水地区发现的一尊戴冠的王者，他坐在六匹马牵引的战车上，两边各三匹，方向相反。（图11-5-5）有的学者也认为这种人物是希腊的“赫利奥斯”，可能是亚

1 Zhang Yuanlin, “Dialogue among the Civilizations: the Origin of the Three Guarding Deities’ Images in Cave 285, Mogao Grottoes,” *The Silk Road*, Vol. 6, No. 2 (2009), pp. 33-48.

图11-5-1
战车上的太阳神，敦煌莫高窟第285窟

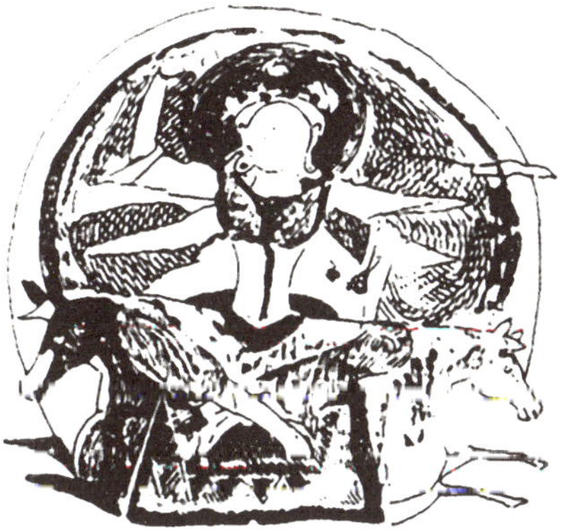

图11-5-2
战车上的太阳神，克孜尔石窟第17窟

图11-5-3
驷马二轮战车上的苏利耶，菩提伽耶浮雕，约公元前2—前1世纪

图11-5-4
驾驭战车的赫利奥斯，伊利昂的雅典娜神庙，公元前4世纪早期

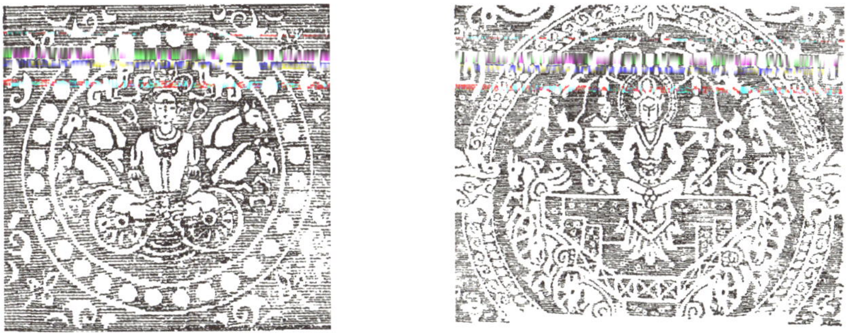

图11-5-5
中国织锦上的“赫利奥斯”，北朝—隋朝

历山大带到中亚和印度的。在传入中国的途中，它受到了伊朗、印度和中国等其他文化元素的影响，并与之融合。[1]这种联系似乎是合乎逻辑的，但我们需要更多的证据来验证这一假设，因为战车上的苏利耶和赫利奥斯的形象差异太明显了。

在公元1—3世纪的印度，也有类似的图案出现，可以视为太阳神乘坐马车的先驱或源头。马图拉的印度太阳神苏利耶正面坐在双马战车上，背后有光圈。（图11-5-6）类似的苏利耶乘坐双马战车的形象也出现在一个“化妆盘”上。（图11-5-7）它们与在中国的敦煌、龟兹和青海都兰热水的苏利耶乘车形象都非常相似。我们有理由推断，通过丝路，这些图案随着犍陀罗艺术一起传入中国，首先传入中国西北地区。事实上，它们在某种意义上也可以归入犍陀罗佛教艺术的范畴。但是，我们还发现，类似的图案早在印度—希腊人国王柏拉图（Plato）的钱币中已出现。（图11-5-8）也许它们才是印度太阳神苏利耶乘车形象的原型。[2]当然，如果再往前追溯，那希腊本土的太阳神赫利奥斯驾驭驷马战车的形象才是中国的印度太阳神乘车图案的最终源头。[3]

图11-5-6
背带光圈的太阳神苏利耶，马图拉，公元1世纪（？）

图11-5-7
化妆盘上的浅浮雕：站在战车上的太阳神苏利耶，公元1—3世纪

图11-5-8
印度—希腊人国王柏拉图的钱币，背面：站在驷马战车上的赫利奥斯

1 赵丰：《魏唐织锦中的异域神祇》，《考古》1995年第2期，第179—183页，图版4。

2 John Boardman, *The Greeks in Asia*, p. 99.

3 许新国也注意到了青海都兰织锦上的太阳神与希腊太阳神在艺术形式上的联系，见其所作《青海都兰出土吐蕃太阳神图案织锦考》，《中国藏学研究》1997年第3期，第67—82页。

小 结

通过以上考察可以看出，犍陀罗艺术中的希腊化因素确实存在，尽管学界对它们是何时通过何种途径输入印度西北部还有争议。但从亚历山大及其继业者以及巴克特里亚希腊人和印度—希腊人的钱币上的希腊神来看，印度的佛教徒熟悉或者接受希腊的神的进程至少在公元前2世纪巴克特里亚希腊人大规模进入印度西北部时就开始了。佛教经典中的希腊人国王弥兰王（即米南德，Menander）皈依佛教并非虚构。[1]巴尔胡特手持花环的飞天形象很难说与希腊胜利女神的形象无关，不论佛陀形象是否与阿波罗有关，希腊神人同形同性的宗教观念都与大乘佛教需要一位完美的、人形的神佛来顶礼膜拜存在一定的关联。因此，正是希腊人及其文化遗产在此地长达数百年的存在与影响，催生了具有希腊化特征的犍陀罗艺术的萌芽，后来通过海陆两路传来的希腊化的罗马艺术正是在此基础上被中亚和印度的佛教徒以及当地的统治者所利用，从而大大推动了犍陀罗艺术的发展。也正是在这样的背景之下，这些“希腊神”随着佛教，尤其是犍陀罗艺术，通过丝绸之路，经中亚到达塔里木盆地，然后再逐渐传到中原内地。在此过程中，他们与佛教的汉地化同步，并被逐步改造，最终成为中国式的佛教人物，融入中国的文化艺术中。从赫拉克勒斯变身而来的护法金刚在隋唐之时成为民间的护墓俑，就是最为典型的例证。

（杨巨平）

1 参见杨巨平：《弥兰王还是米南德？——〈那先比丘经〉中的希腊化历史信息考》，《世界历史》2016年第5期，第111—122页；本卷第二章。

第十二章　犍陀罗艺术在新疆

西域有广义和狭义两个概念。广义的西域是指玉门关、阳关以西的今中国新疆以及帕米尔高原以西的中亚、西亚、南亚广大地区。狭义的西域就指今天我国的新疆地区，也可称为中国西域。

新疆地处古老的亚欧大陆中心，其面积约165万平方公里。它的地理形势，可以形象地描述为“三山夹两盆”，即昆仑、天山、阿尔泰山环抱着塔里木盆地和准噶尔盆地。

犍陀罗（Gandhara）为古代中亚地区的地名，也有广义和狭义之分。狭义的犍陀罗地区，指印度次大陆西北部今巴基斯坦白沙瓦（Peshawar）周边地区，但广义的犍陀罗地区还包括其东侧的塔克西拉（Taxila）、北侧的斯瓦特（Swat）、西侧阿富汗的贾拉拉巴德（Jalalabad）与迦毕试（Kapisa，今贝格拉姆，Begram）地区。本章所指系广义的犍陀罗地区。

古代中国西域与古代犍陀罗地区隔帕米尔高原为邻，其间有山隘和山间谷地将两地联系起来。它们均位于丝绸之路的重要节点上，犍陀罗和中国西域所在的区域是丝绸之路最重要的部分，它们之间一直有着密切的联系。

第一节　丝绸之路与佛教传入

汉代西域有南北两道，楼兰是两道的分岔点。北道自此向西，沿孔雀河至渠犁（今新疆库尔勒）、乌垒、轮台，再西经龟兹（今新疆库车）、姑墨（今新疆阿克苏）至疏勒（今新疆喀什）。南道自鄯善的打泥城（今新疆若羌），西南沿今车尔臣河，经且末、扜弥、于阗、皮山、莎车至疏勒。千余年间戈壁沙漠向南移徙，致使南道东段逐渐沙漠化，伊循、打泥诸古城均为沙漠所湮，所以今日的南道东段已远在古南道之南。永平十六年（公元73年），汉明帝北攻匈奴取得伊吾庐地（今新疆哈密），置宜禾都尉屯田，以阻截北匈奴之南侵西域。此后，汉与匈奴曾互争伊吾而多次交战，终于迫使北匈奴西迁，汉政府遂开辟了“新北道”，改由敦煌向北到伊吾，然后西经柳中、高昌壁、车师前部交河城（均在今吐鲁番盆地），越天山经焉耆至龟兹，再循汉北道西行抵疏勒。

从疏勒西行越葱岭抵大宛，其都城贵山约当今苦盏（Khujand）。自此向西为康居（Sogdiana）、大夏（Bactria）。大夏都城监氏城（Bactra）即今阿富汗巴尔赫（Balkh）。由此南越兴都库什山，进入南亚次大陆，也即古代的印度。汉代沿丝路南道也可进入印度。“自皮山西南经乌秅，涉悬度，历罽宾，六十余日行至乌弋山离国”。[1]悬度（Darada）为今之达丽尔（Darel），罽宾（Kophen）即今阿富汗首都喀布尔（Kabul），乌弋山离（Alexandria-Prophthasia）为今锡斯坦（Sistan）。这条路东汉时称作“罽宾—乌弋山离道”。从乌弋山离西南陆路行可抵条支（Antiochia，在今伊拉克）。又，从罽宾南行至印度河上游，沿河南下可达河口处，即今巴基斯坦的卡拉奇（Karachi）。

1《后汉书》卷八八《西域传》，二十四史点校本，北京：中华书局，1965年，第2917页。

在上述丝路干线外，还有许多支路，而且随着时代变迁和政治、宗教形势的演变，各条路线在不同时期的重要性不同，并且不断有新的道路开辟。

这种特殊的地理和交通联系使得中国西域和犍陀罗两地自古以来就存在着政治、经济和文化上的交往。其中，佛教的传入是最为重要的事件。

公元1—3世纪时，随着贵霜帝国（Kushan Empire）势力的东进，佛教传入西域地区。佛教越过葱岭进入西域有两条路线，首先是丝路南道。一般认为佛教传入于阗是在公元2世纪中叶。初期传入的是迦湿弥罗（Kasmira）的小乘佛教，属说一切有部，但也有大乘经典传入。公元3世纪时，中原僧人朱士行在于阗得到了胡本的大乘经典《放光般若经》，打算派弟子弗如檀送回洛阳，遭到于阗小乘僧人的阻拦，他们力劝国王加以阻止。尽管朱士行最终设法将经本带回中原，[1]但此时于阗小乘占据主流地位应该没有问题。而后继续向东传入莎车、皮山、且末、鄯善等，这是佛教在西域南道的传播情况。

北道的传入要稍晚些，首抵疏勒，尔后继续向巴楚、姑墨、龟兹、焉耆、吐鲁番等地区推进。据《后汉书·西域传》载，元初中（公元前114—前119年），曾在月氏为质的疏勒王舅臣磐被月氏送归国，立为疏勒王。[2]据《大唐西域记》，“迦腻色伽王威被邻国，化洽远方，治兵广地，至葱岭东，河西蕃维，畏威送质”。这个质子中当包括臣磐。迦腻色伽（Kanishka）为质子建立伽蓝，让他们学习佛教。[3]虽然臣磐可能和迦腻色伽非同时人，但不应忽视贵霜的崇佛气氛对臣磐的熏陶。因此，臣磐回国后，佛教在疏勒地区的影响应该有所加强。

---

1 （梁）释僧祐撰，苏晋仁、萧炼子点校：《出三藏记集》卷一三，北京：中华书局，1995年，第515—516页。

2 《后汉书》卷八八《西域传》，第2927页。

3 （唐）玄奘、辩机原著，季羡林等校注：《大唐西域记校注》卷一，北京：中华书局，2000年，第138—139页。

公元3世纪起，由于内乱以及与周边政权的持续战争，贵霜帝国走向衰落，一部分贵霜移民进入了塔里木盆地的西缘和南缘。

这一时期大量的犍陀罗地区的僧侣来中国西域传法，著名的有卑摩罗叉（Vimalaksa）、佛陀耶舍（Buddhayasas）、昙摩蜜多（Dharmamitra）。据梁《高僧传》记载：

> 卑摩罗叉，此云无垢眼，罽宾（今克什米尔地区）人。沉靖有志力，出家履道，苦节成务。先在龟兹，弘阐律藏，四方学者，竞往师之，鸠摩罗什时亦预焉。
>
> 佛陀耶舍，此云觉明，罽宾人也，婆罗门种，世事外道。……罗什后至，复从舍受学，甚相尊敬。……停十余年，乃东适龟兹，法化甚盛。……行达姑臧。
>
> 昙摩蜜多，此云法秀，罽宾人也。……深禅法……少好游方，誓志宣化，周历诸国，遂适龟兹。……居数载，蜜有去心。……遂度流沙，进到敦煌。[1]

许多西域高僧求法地也是犍陀罗地区。龟兹高僧鸠摩罗什（Kumarajiva）九岁时随母亲前往罽宾，师从著名大德槃头达多（Vandhudatta），受《杂藏》及《中阿含》《长阿含》等经。达多赞其聪明，罽宾国王闻知，邀他入宫，和外道论师辩难。十二岁时随母亲回龟兹。[2]隋唐之际的高僧木叉毱多（Mokshagupta）曾在印度学习诸经二十余年。[3]

神龟二年（公元519年）十二月初，宋云、惠生西行求法，进入

1（梁）释慧皎撰，汤用彤校注：《高僧传》卷二，北京：中华书局，1992年，第63、65—66页；卷三，第120—121页。

2（梁）释慧皎撰，汤用彤校注：《高僧传》卷二，第46页。

3（唐）慧立、彦悰著，孙毓棠、谢方点校：《大慈恩寺三藏法师传》卷二，北京：中华书局，2000年，第26页。

乌场国（Uddiyana，乌仗那），受到国王接见。[1]

随着佛教传入中国西域，犍陀罗艺术也随之传入。犍陀罗艺术指曾经在犍陀罗地区盛行一时的佛教艺术。它的形成主要是佛教在这一地区及其周边传播的结果，流行于公元1—5世纪，5世纪末叶逐渐衰落，但在一些地区一直延续到公元8世纪。这种艺术受到了希腊、罗马等艺术的强烈影响，具有浓厚的希腊文化特点，因而又常常被称为希腊化佛教艺术。它是印度佛教理念和希腊罗马等西方艺术形式相融合的产物。

犍陀罗的佛教遗存，大体可以分为建筑遗迹和遗物两种。建筑遗迹包括佛塔、地面寺院和石窟寺。遗物则包括塔寺中发现的雕塑、绘画以及其他材质的各种器物，其中又以塔寺中发现的佛、菩萨的单体造像以及刻有佛传本生故事的浮雕饰板最为人们所熟知。

作为佛教艺术的重要流派，犍陀罗艺术传入中国西域后又继续向东传播，进入河西、陇东、中原北方等地区，直接推动了西域乃至中国北方早期佛教艺术的产生和发展。在新疆地区，犍陀罗艺术的影响主要表现在建筑、雕塑和壁画几个方面。

第二节　西风东渐：希腊式佛教艺术在新疆的流传

根据学者们的研究，佛像的产生地点和时间存在诸多争议，[2]但犍

1（北魏）杨衒之撰，周祖谟校释：《洛阳伽蓝记校释》卷五，上海：上海书店出版社，2000年，第199—200页。

2 J. Marshall, *The Buddhist Art of Gandhara: The Story of the Early School, its Birth, Crowth and Decline*, Cambridge: Cambridge University Press, 1960; A. H. Dani, Chilas: The City of Nanga Parvat Dyamar, Islamabad: Quaid-i-Azam University, 1983; A. H. Dani, “Origin of the Buddha Image: The Chilas Evidence,” *Journal of Central Asia*, Vol. 10, No. 2 (1987); G. Fussman, “Un Buddha Inscrit des Débuts de Notre Èren,” *Bulletin de l’ École* （转下页）

陀罗说比较有代表性。这种观点认为，佛像首先出现在古代犍陀罗地区，是在古希腊“神人同形”理念和艺术形式的影响下产生的。

犍陀罗地区的艺术家，沿袭着古希腊的写实风格，并糅入了佛教的内涵，从而使佛像得以产生。犍陀罗佛教艺术分为前后两个阶段。前期以石雕为主，雕刻材料主要采用犍陀罗地区出产的青灰色云母质片岩（故前期亦称片岩阶段），以公元1—3世纪白沙瓦、塔克西拉、斯瓦特、贝格拉姆等地片岩雕刻的佛传故事浮雕和佛像、菩萨像为代表。白沙瓦等犍陀罗中心地区的片岩雕刻，希腊化艺术的影响非常明显，呈现古风式、古典主义或半古典的风格。贝格拉姆（迦毕试）地区的片岩雕刻风格独特，被称作“迦毕试样式”。迦毕试样式的佛像与一般希腊化风格的犍陀罗佛像不同，采取反古典的硬直的形式，强调正面的抽象化表现，造型钝重稚拙，身材短粗，衣褶垂挂状如线网，同时以燃灯佛或焰肩佛的形象为多，佛像双肩上喷出火焰，背光周围也雕饰火焰。（图12-2-1）

后期以泥塑为主，塑造材料主要采用石灰与粘土混合的灰泥或赤陶（故后期亦称灰泥阶段），流行地域更为广阔，以印度河东侧的呾叉始罗和阿富汗东部的哈达（Hadda）为中心，向西北延伸到巴米扬（Bamiyan）等地。由于流行地域远远超出犍陀罗本部的疆界，特别是在阿富汗境内展开，所以后期犍陀罗艺术也被称作“印度—阿富汗流派”。后期犍陀罗艺术主要以公元4—5世纪塔克西拉和哈达的灰泥塑像为代表。塔克西拉和哈达的泥塑佛像、菩萨像、供养人像，其造型往往比前期希腊化风格的犍陀罗佛像更富于古典主义的气质。哈达的

（接上页）*française d'Extrême-Orient*, Tome 74 (1985); A. K. Coomaraswamy, "The Origin of the Buddha Image," *The Art Bulletin*, Vol. 9, No. 4 (1927); J. E. Van Lohuizen-de Leeuw, *The Scythian Period: An Approach to the History, Art, Epigraphy and Palaeography of North India from the 1st Century B.C. to the 3rd Century A.D*, Leiden: E. J. Brill, 1949; J. E. Van Lohuizen-de Leeuw, "New Evidence with Regard to the Origin of the Buddha Image," in H. Härtel, ed., *South Asian Archaeology 1979*, Leiden, 1981.

天神、魔鬼、僧人、苦行者等灰泥塑像，造型多样，个性突出，富有表情。（图12-2-2）后期犍陀罗艺术最西部的中心巴米扬石窟，约开凿于公元2—7世纪。巴米扬石窟的两尊大佛，西大佛高达55米，约雕刻于公元5世纪初叶，东大佛高达38米，约雕刻于5世纪后半叶，硬直的正面造型与薄衣贴体的U字形衣纹，受到前期犍陀罗艺术迦毕试样式与笈多（Gupta）艺术、马图拉（Mathura）样式佛像的综合影响。后期犍陀罗艺术最晚的遗迹丰杜基斯坦（Fondukistan）佛寺的泥塑和壁画，约作于公元7—8世纪，混合了印度、波斯与希腊化艺术的因素，倾向于矫饰主义风格。

西域地区由于不同地区佛教传入的时间以及与犍陀罗地区的距离有差异，因而受到犍陀罗艺术影响的程度也有所不同。

图12-2-1
迦毕试样式的佛像

一、雕塑

和田地区洛浦县热瓦克佛寺中塑像一个显著的特征即是对垂衣的处理，它与犍陀罗雕塑中的立佛像一样保持着希腊式衣饰的特点，很多细节都有源自犍陀罗雕像的样式。其共同之处在于，披在双肩上的长袍将身体裹住，现出清晰的轮廓，用大突棱表示的衣褶处理得十分优美并且自然地垂下。热瓦克西南及东南墙内壁上的巨型塑像，垂衣的特征表现得更为明显，其向外伸出的左臂与弯曲的右臂，使得衣褶集中皱于右肩下方，并由这一中心点呈放射状向外延伸，形成明确的衣褶走向，这种佛像垂衣的造型方式被称为

图12-2-2
哈达地区出土的怪物头像

“通肩右皱样式”。（图12-2-3）

古代疏勒地区出土的具有犍陀罗艺术风格的雕塑主要发现于巴楚县的图木舒克佛寺遗址和托库孜萨来佛寺。

图木舒克佛寺遗址，位于巴楚县图木舒克镇托库孜萨热依村南约1.5公里处，坐落在一处叫作图木舒克塔格的山坡上，北距托库孜萨来塔格约1.5公里。该遗址出土遗物包括一些泥质塑像、壁画、文书以及陶质和木质彩绘的舍利盒等。勒柯克曾经在佛殿B发现了一些表现本生和譬喻故事的泥塑，表现小乘佛教说一切有部的思想。

托库孜萨来佛寺，位于新疆巴楚县图木舒克镇托库孜萨热依村西600米处，整个遗址包括托库孜萨来佛寺、托库孜萨来故城中的佛寺以及托库孜萨来塔格崖壁上的佛像石刻，出土数量颇丰的泥质塑像、壁画、陶器和文书。

塔院A西侧是一座方形建筑，伯希和编号为B，规模较大，应是一座佛殿的遗存，但仅残存正壁和两侧壁下部。其中正壁有立像的痕迹，外侧壁塑有分铺连续的佛教本生故事，且每铺之间以各种泥塑图案进行间隔，从中可以辨认的三铺是“菩萨行慈不怖众生”“须大拏”和“须阇提”本生故事。

图木舒克佛寺遗址出土的天人像（仅见头像），发型为圆弧形和波浪形，用发带紧束，上结三角形髻，往两侧翻卷至发顶，四周还镶有较大的珠宝和饰件，额际宽阔光洁，五官比例匀称，嘴角泛起微笑，面庞清秀，神情静穆，透出塑像者深谙希腊古典雕刻技术，并具有精湛的艺术功力。（图12-2-4）

托库孜萨来寺院天人像，头像的造型有了一些明显的变化，头上裹着向后圆环状缠包头布，正面镶有珠宝，头顶上部束高髻。从包头布的头饰看，似与中亚萨珊王朝雕刻中的伊朗人装束近似。天人面部轮廓圆阔，额头到发际广阔饱满，前额与高隆的鼻梁毫无起伏中断，连成一线；眉与鼻梁也形贯一圆弧；眼部刻凿微开，细而长，呈橄榄

图12-2-3
和田洛浦县热瓦克佛塔塔基上的佛像

图12-2-4
图木舒克佛寺遗址出土天人头像

形；嘴唇小巧丰满；颐部圆润突出，几与希腊雕刻头像一致，是早期疏勒泥塑像受希腊雕刻理想化风格影响的范例。（图12-2-5）

疏勒泥塑像中的明王和天神、比丘、武士、供养人、童子、魔鬼、怪兽等头像（图12-2-6），在发型上更趋多变，或似弓形，潇洒而简洁；或披发，直泻而下，流畅单纯；或为螺丝状，规则而富有变化。耳部大而下垂，佩戴一对硕大的耳环；目光专注，双眉紧锁，鼻梁突显，嘴角胡须微翘，口中似言说不止，笑容可鞠。也有的怒目圆睁，鼻侧隆起，牙齿紧咬，表情凶恶；有的面部涂以蓝、紫等色……这些头像毫无雷同之弊，一如真人容貌，其头型、表情、头饰表现出对写实手法运用的成熟，体现出犍陀罗艺术的影响。

古代龟兹地区受到犍陀罗艺术风格影响的雕塑，人物体形敦实，健壮浑厚，脸形略显方圆，鼻直而高。

佛像以库木吐喇石窟谷口区新1窟门道西侧壁拱形龛中的坐佛塑像为典型。这身坐佛像，高发髻，蓝色的波

图12-2-5
托库孜萨来寺院出土天人头像

图12-2-6
托库孜萨来寺院出土天人头像

状发，脸型长圆，眼睛微闭，鼻梁高耸，与额头相连；内着蓝色僧祇支，右肩半袒，外着土红色偏衫，衣纹贴体，在有些部位凸起的圆棱线上再阴刻线条表现衣纹的层次。结跏趺坐于狮子座上，禅定印。头光、背光呈圆轮状，里面浮雕火焰纹样。（**图12-2-7**）这类佛像与犍陀罗后期艺术的佛像接近。犍陀罗后期艺术除延续犍陀罗前期造像固有样式之外，还较多吸收了马图拉艺术的因素，脸型趋圆，佛像大多不见小髭，菩萨普遍上唇蓄髭，出现螺式发髻。大多佛像着通肩袈裟，也有少量佛像着袒右袈裟，服饰变薄，凸显形体结构，衣纹出现阴刻线法和凸起圆棱线的塑造方式，人物形体拉长、比例把握娴熟。两者比较，我们可以看到它们间有着很多的相似性。

图12-2-7
库木吐喇石窟谷口区
新1窟门道西侧壁
龛内塑像

天人则头戴髻珠宝冠，五官舒展，嘴上留小髭，卷发披于肩上，蹭巾后扬，上身袒露，配璎珞、项圈、臂腕钏，腰结长裙，帔帛下垂。克孜尔石窟第77窟出土的塑像头部，有的高高的发髻由串珠、饰带束成，呈∞形，发式为规则的波浪式卷发，波纹具有装饰性，形状流畅而规整（图12-2-8）；有的发髻则成布帛包巾束起的高髻，发式也呈波浪式卷曲。上述特征都与犍陀罗天人很相似。

图12-2-8
克孜尔石窟第77窟天人头部

二、壁画

因为犍陀罗地区发现的壁画很少，以雕塑为主，所以它对西域地区壁画的影响，主要是通过理念以及题材、造型特征等来体现的。在佛教传入西域的早期阶段，这种影响在塔里木盆地南北缘的绿洲上都可以发现。

（一）新疆佛寺遗址壁画中的希腊艺术风格

和田民丰县尼雅佛寺环绕佛塔的地面上出土了大量的壁画残块。其中一件较为完整，佛像头部稍残，有红、黄、白三色组成的头光，头发黑色、不见涡旋和波形，额际线呈倒U状，椭圆形脸庞，眉毛新月形，有眉间白毫，眼睑厚重，眼睛细长，双目微闭。鼻梁宽直，有两撇八字胡须，红色嘴唇。这尊佛像造型粗犷但不失端庄，双肩宽阔，体型勇武健壮，在犍陀罗佛教雕塑艺术中常见。（图12-2-9）

米兰佛寺 M.V，位于米兰故城西北约2公里处的一处较为平坦的戈壁滩上，残高4.5米。整座建筑坐西朝东，寺院布局为外方内圆，墙壁用土坯砌筑；内殿外面是一条宽约

1.5米的过道，内殿的东侧开一门，与方形外墙的东门相连。外墙东门两侧各有一个月台；内殿有环形围廊，中心是一座佛塔，残高3.1米左右；佛塔圆形塔基，在围廊内壁上发现许多壁画。其中，在内殿东南壁发现须大拏本生故事的壁画，须大拏本生故事之下的护壁上是“花环人物”的壁画，在南壁发现“有翼天使”的壁画。（图12-2-10）

佛寺 M.III，位于米兰故城西北约2公里处，坐东朝西，寺院布局为外方内圆，回廊内墙的东、南、北三个方向开有窗户，宽仅0.7米。佛寺的礼拜中心是一座佛塔，塔基的平面呈圆形，直径2.5米，圆柱形塔身，与外墙之间形成宽约1.7米的环形廊道；门和窗户将墙壁分成四段，每段饰以一条彩色的饰带或者护壁，每条饰带形成六个半圆形的空间。

在 M.III佛寺及其附近共发现八幅“有翼天使”的壁画，在斯坦因编号为iv—vi壁画上方的饰带上绘制佛和他的六个弟子的说法图、释梦图、少女像等内容。（图12-2-11）

其中花环人物图像特点如下：(1) 整体作黑色，呈带状波浪起伏，上曲和下曲之间束帛，表面绘三圆点状花朵，下曲底部绘浅黄色

图12-2-9
和田民丰县尼雅遗址出土的佛像

图12-2-10
米兰M.III佛寺有翼天使图像

图12-2-11
米兰M.V佛寺花环人物壁画

椭圆形饰物。(2）花环带上曲部由人物担在肩上，残存八人。担花环人物全部站立，双眼大睁。形貌分为两类：一类为童子，五人，头顶剃成叶形发绺，有的全身赤裸，有的上身赤裸，下身着束腰裤；另一类为青年，三人，着通肩衣，戴高尖帽。两类人物似各自成对轮换表现，视线彼此呼应，多以左肩承托花环，右手或扶持花环，或叉腰，或持物，姿态灵活自然。(3）花环下曲处U形空间内表现人物的上半身，残存八人。半身人物全部着衣，双眼大睁，面貌多样，男女成对，视线彼此呼应，多手持器物，身旁点缀瓣状花朵。其中，女性三人，均头戴花冠，或弹奏吉他状四弦琴，或手持盘和长颈瓶等。男性五人，有的须发浓密，有的短发齐整，手持高脚杯、石榴等物，或右手施印举至胸前。花环下曲处U形空间内半身人物比上曲处担花环人物比例略小，且二者表现的重心互有差别。前者形貌与装束接近，着力突出担花环姿态，后者形貌与装束各异，胸前持物多样，主要强调个体差别。

对比米兰壁画与犍陀罗浮雕扛花纲人物图像（**图12-2-12**）可以发现：就花纲表现而言，二者花纲形态基本一致，均呈带状波浪起伏，

图12-2-12
犍陀罗出土裸体扛花环的童子和供养人石雕

上曲部由人物抗在肩上，下曲处U形空间内表现持物的半身人物，乃至上曲和下曲间的束帛也大体相同。就人物形象而言，二者关系密切。首先，犍陀罗扛花纲人物基本赤裸，而米兰同时存在半身赤裸的现象，显然继承并发展了前者传统。米兰扛花纲人物以单肩承托为主，另一侧手臂或扶持花纲，或叉腰，或持物，双肩承托亦有所见，这些姿态都流行于犍陀罗图像中。米兰壁画中，右侧扛花纲童子右脚单立，右手抓住后翘的左脚，类似特殊翘脚姿态在犍陀罗也屡有出现。米兰壁画花纲下曲处U形空间内半身人物多有持物，与犍陀罗情况一致，尤其是形似吉他的四弦琴也见于后者实例。再者，米兰扛花纲人物之间以及U形空间内半身人物之间，各自成对，视线彼此呼应，此种设计在犍陀罗已经存在。米兰人物卷发或剃成叶形发绺，也近似犍陀罗实例。可见，米兰上述壁画确是以犍陀罗浮雕扛花纲人物图像为母本并加以变化而来。

除了米兰佛寺遗址外，和田地区于田县喀尔克乡的胡杨墩佛寺遗址中也发现了一些花纲人物的壁画。（**图12-2-13**）

胡杨墩佛寺遗址中的壁画花纲人物图像特点如下：

图12-2-13
和田地区于田县胡杨墩出土壁画

（1）花纲仅存上曲部分，其表面装饰鳞状排列的花瓣纹样，顶端半圆莲花与上方檐部连接，上曲和下曲之间束帛。同时，在出土地不明壁画花纲下曲处U形空间内，以小半圆形花朵与檐部连接，其底部左、右衍生出一枝有叶花朵，下方连缀椭圆形果实。据此可知，胡杨墩两幅壁画右侧花纲下曲处装饰当为上卷状叶片。

（2）人物均位于花纲下方，具圆形头光，浓眉大眼，鼻梁高挺，双唇略厚，下巴突起，面带微笑，表情轻松，视线与头部方向一致。其中全身赤裸者五人，有两幅男性特征明确；上身赤裸、下身着束腰裤者两人。他们躯体肥硕，四肢健壮，肌肉力量感十足。

（3）檐部尖端向前作三角形，其中部水平方向饰平行线条，形成影作类砖建筑形式。

胡杨墩出土六幅壁画的花纲形态、人物装束和形貌等细部特征基本一致，原应为同一组遗迹，其同馆所藏出土地不明壁画亦属同类内容。这些壁画同样延续了犍陀罗和米兰的担花纲人物图像因素。

首先，胡杨墩及出土地不明实例的花纲表面，装饰鳞状排列的花瓣纹样，这已然表明其花纲属性，类似纹样广泛见于犍陀罗浮雕。束帛也被广泛应用在犍陀罗和米兰的花纲上，就连装饰位置都没有差别。现实中的花纲本是用花卉枝叶和茎蔓编缀而成，每隔一定长度须捆扎固定，束帛由此与花纲相伴生。胡杨墩以不同颜色分段表现花纲的形式，无异于犍陀罗花纲分段雕刻不同纹样。

其次，胡杨墩花纲间人物全身或半身赤裸，对性器的坦然描绘尤为显眼，这种赤裸表现普遍流行于犍陀罗，在米兰也有反映，胡杨墩壁画显然沿袭了此种传统。

再者，人物的项圈、臂钏和手钏等装饰与犍陀罗基本雷同，上身赤裸、下身着束腰裤的装束在米兰壁画中已有出现，人物视线偏向一侧，也与相对人物形成呼应关系。

犍陀罗浮雕担花纲人物图像，源自古罗马石棺浮雕，主要用作佛塔基坛嵌板和踏梯竖板，既充当边缘装饰，又与供养佛塔关联。米兰出土壁画担花纲人物图像以前者为母本，其功能也十分接近。M.V佛寺即是以佛塔为中心，壁画中担花纲人物多以左肩承托、侧身向左，U形空间内人物也大体呈现此种倾向。壁画绘制在佛殿环形内墙，相对于中心佛塔而言，花纲间人物都是向右，与信众绕塔礼拜方向一致，这显然是有意设计的。

米兰M.V佛寺须大拏太子本生故事壁画残长18英尺，故事由右至左，其起始部分因墙塌已不明；中部为须大拏以白象施予四婆罗门；左方近门处为须大拏因施舍无节，为父王所逐，骑马别去，其前马车上为妻及二子；北面之残余壁画为太子夫妇隐居林中及回宫团圆等情节。这一铺故事画虽然已残损不全，但是可以想见它原来是情节完整的连环图画，所采用的艺术表现形式与犍陀罗叙事性雕塑手法相类似。这种以连环图画的形式，将不同的故事情节分段描绘成一个完整的叙事图像，明显受到了犍陀罗艺术的影响。（**图12-2-14**）

犍陀罗石雕中须大拏本生故事有两种表现形式：一种是用若干

图12-2-14
米兰M.V佛寺中的须大拏太子本生故事

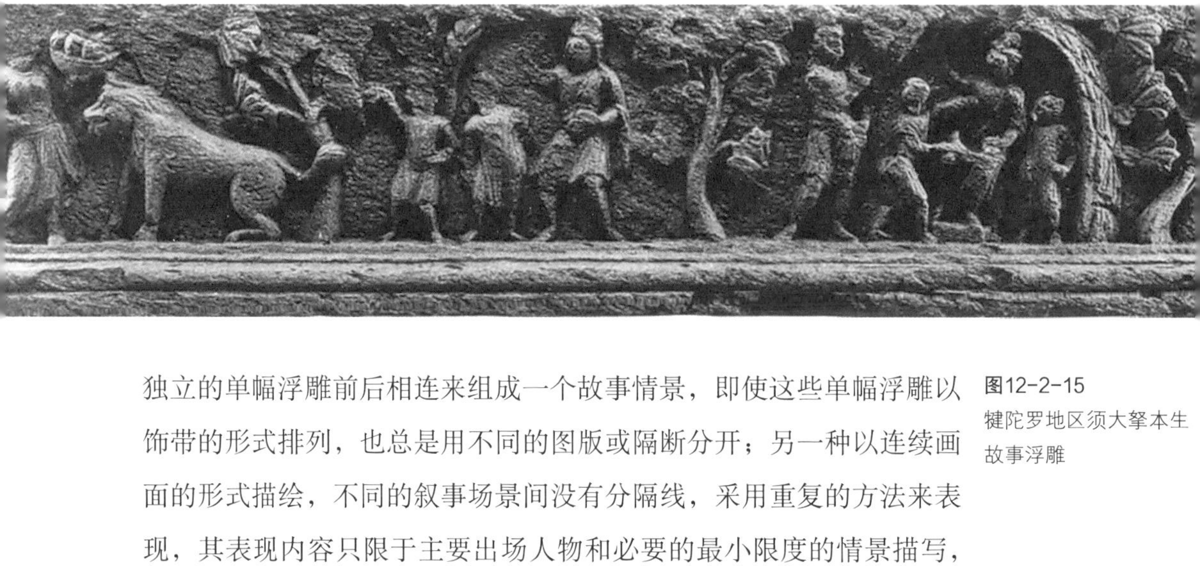

图12-2-15
犍陀罗地区须大拏本生故事浮雕

独立的单幅浮雕前后相连来组成一个故事情景，即使这些单幅浮雕以饰带的形式排列，也总是用不同的图版或隔断分开；另一种以连续画面的形式描绘，不同的叙事场景间没有分隔线，采用重复的方法来表现，其表现内容只限于主要出场人物和必要的最小限度的情景描写，因而故事情节简洁明快，画面与画面之间以树木为间隔，令场景区分一目了然。米兰佛寺壁画构图明显受到第二种形式的影响。此外，画面中太子的动作和装束也都深受犍陀罗艺术的影响。（**图12-2-15**）

古代龟兹地区明显具有犍陀罗艺术风格的壁画则保存在克孜尔石窟和库木吐喇石窟的十几个洞窟中，其年代从公元3世纪到公元7世纪左右。

传入期该艺术风格画面以暖色调为主，形体晕染细致，颜色的浓淡过渡自然，勾线细致，线条中有表现形体结构的细微起伏变化。人物造型具有中亚人的特征。眉毛和眼睛的距离大，鼻子的外结构线和眉毛线相交点高于上眼睑。上眼睑的线未和外眼角相连接。大部分只画鼻梁的外结构线，内结构线处用晕染表现。手指较长且粗细均匀。服饰具有中亚人的特征。此外，头部和身体的比例不够协调，如克孜尔石窟第77窟后室顶部的飞天。（**图12-2-16**）克孜尔石窟第77、92、118、207、212窟，库木吐喇石窟谷口区第20、21、22、23、25和27窟以及苏巴什石窟都具有上述特点。其中，克孜尔石窟第92窟主室侧壁壁画中的坐佛身穿中原汉地特点的袈裟样式，如偏衫和双领下垂式袈裟，可以看出此类风格基本特点延续的时间很长，可能一直存在到公元6世纪前后。

随着时间的推移，作为一种艺术模式的犍陀罗艺术风格逐渐消失，但是犍陀罗艺术模式的一些因素被龟兹风壁画吸收。如克孜尔石

图12-2-16
克孜尔石窟第77窟后室
顶部伎乐天人

窟第38、69和123窟，玛扎伯哈石窟第1、8窟以及台台尔石窟第13、16和17窟。上述各窟壁画都具有龟兹风壁画的明显特征，如形体比例适度，壁画中人物面部眉毛和眼睛的距离大，五官相对集中。晕染形体结构的用色面积较小，变色后在形体的边缘线处形成黑边。画面中蓝色、石绿色的用量较多，画面整体的色彩接近冷色调。手指根部较粗，指尖较细，手指外关节的线条圆润。但是壁画中人物面部眉毛和眼睛的距离大，衣纹线使用三道线勾勒，形体造型强调起伏变化，线条在勾画中随形体部位的动态变化而有粗细起伏的变化。这些都是犍陀罗艺术的特点。（**图12-2-17**）

此外，克孜尔石窟新1窟后室窟顶壁画，人物面部眉毛和眼睛的距离较近，厚染法，用色浓重，线条用墨色线勾画，有粗细起伏变化，画面使用蓝色。这些都具有龟兹风艺术特点。但是画面中的色彩以暖色为主，笔触明显的人物的鼻子只勾画外轮廓线，衣纹线用三道线组合形式勾画，飞天的形体动态则具有犍陀罗艺术的特点。（**图12-2-18**）

犍陀罗佛教艺术区别于巴尔胡特（Bharhut）、桑奇（Sanchi）等中印度初期佛教艺术的一个重要特征是，表现佛陀一生佛传故事成为最常见的题材，佛传中内容和场景的数量大大增加，图像程式的设置也是按照佛传故事情节的次序一个场面一个场面地叙述。[1]这样的线性连贯图像程式很容易让人联想到古希腊艺术神话传说图像的程式。

根据荷马史诗《伊利亚特》（*Illiad*）描述，特洛伊战争最终以希腊人的获胜而结束。但是希腊英雄阿喀琉斯（Achilles）却死去了。希腊人认为特洛伊国王的女儿波吕克塞娜（Polyxena）是阿喀琉斯死亡的原因，在阿喀琉斯的葬礼上把她殉葬了。发现于小亚细亚西北部的一件公元前6世纪的石棺外壁的三个侧面上就按时间顺序依次展现了讨论、献祭和葬礼的情节。（**图12-2-19**）

---

1 ［日］宫治昭:《犍陀罗美术寻踪》，李萍译，北京：人民美术出版社，2007年，第124页。

图12-2-17

克孜尔石窟第69窟后室右壁密迹金刚

图12-2-18

克孜尔石窟新1窟后室窟顶飞天

图12-2-19

波吕克塞娜的献祭

图12-2-20 克孜尔石窟第110窟主室左侧壁全景

龟兹石窟佛传题材造像从构图形式上可分为两种：一种是连续构图，数个情节连续出现，如克孜尔石窟第110窟佛传壁画；一种是单个情节构图，或者一个情节被拆成不同片段，出现在同一画面中，如“定光佛授记”“树下诞生”等，前者如克孜尔石窟第69窟，后者则见于克孜尔石窟第175窟。

克孜尔石窟第110窟位于谷内区僻静的沟谷内。洞窟由前室、主室组成，前室右壁开门道，凿阶梯通向谷底，德国人称此窟为“阶梯洞”。本窟主室正壁及左、右侧壁各绘三栏佛传，共计60幅，若加上正壁上方的降魔变、前壁上方的释迦菩萨兜率天说法，共62幅。佛传情节大致按时间顺序铺陈，从菩萨降胎到涅槃，讲述了释迦牟尼的一生的主要事迹。每幅画面上方榜题栏内原均有龟兹文题记，对每个事件有简要的说明。可以看出，整个图像程序是按照时间线索展开的。这与犍陀罗地区的传记式佛传图像叙事的传统相当一致。（**图12-2-20**）

（二）新疆佛教壁画中的希腊神话元素

1. 金刚

梵语Vajra，意为真金炼而成刚，比喻坚固、锐利。佛经中常以金刚比喻能摧毁一切且非万物所能破坏的武器。也用以指佛教中的护法神，他们威猛、坚强，能摧毁一切邪魔祸患。金刚常护在佛身边。

龟兹石窟中的金刚形象，类型多样，其中有一种，头戴狮头皮冠，坐在束帛座上，头上的狮头皮冠的狮子耳、鼻、眼都清晰可见，狮头皮冠下方的双爪在力士胸前打结交叉。金刚力士右手握或持金刚杵，左手举法器（一般为拂尘）。双目圆瞪，眉头紧锁，面目严肃而威武。这种形象的金刚在克孜尔石窟第80、175窟和森木塞姆石窟第26、30和41窟均可见到。头戴狮头皮冠是其鲜明的图像特征。**（图12-2-21）**

这种戴狮头皮冠武士金刚的形象可以溯源到古希腊神话中的大力神赫拉克勒斯（Heracles）。传说他半人半神，曾经完成了十二个艰巨的任务，其中第一个任务就是杀死了一头刀枪不入的狮子，并剥下它的皮，披在了自己的身上。[1]有关赫拉克勒斯的神话故事和图像随着亚历山大东征传到了印度和中亚地区，被佛教艺术吸收，出现了带有赫拉克勒斯特征的金刚形象。

阿富汗哈达的塔帕·肖特耳（Tapa Shotor）寺庙遗址出土的公元1世纪的佛说法图中的金刚塑像即为其典型。[2]尽管他的形象依然具有赫拉克勒斯的特点，如搭在左肩上的狮头皮，但是他右手所持的金刚杵清楚地说明了这身塑像的身份已经改变了。

同样出自塔帕·肖特耳遗址的一件公元2—3世纪彩塑金刚头像，头戴狮头皮盔，和头相连的两前爪交叉系于颈下，手持金刚杵。尽管

---

1 C. Kerényi, *The Heroes of the Greeks*, London: Thames and Hudson, 1959, 1978, pp. 125-143. Pierre Grimal, *The Dictionary of Classical Mythology*, New York: Basil Blackwell Publisher, 1986, pp. 193-207.［俄］H. A. 库恩:《古希腊的传说和神话》，秋枫、佩芳译，北京：生活·读书·新知三联书店，2002年，第129—171页。

2 此遗址之报告，见Zémarylaï Tarzi, “Hadda à la lumière des trois dernières campagnes de fouilles de Tapa-è-Shotor (1974-1976),” *Comptes rendus des séances de l’Académie des inscription et belles-lettres*, 1976, pp. 381-410.

图12-2-21
克孜尔石窟第175窟主室正壁护法金刚

图12-2-22
犍陀罗地区出土金刚像

图12-2-23
克孜尔石窟第165窟主室套斗顶角隅

塑像的面孔仍然具有希腊人的特点，但已经穿上了衣服。（图12-2-22）还有一幅同时代的出土于犍陀罗的佛说法图局部中，也有一身金刚的形象。头上戴着狮头皮盔，和头相连的两前爪交叉系于颈下。左手提一柄长剑，右手握金钢杵，塑像面相具有印度人的特征。[1]

与赫拉克勒斯式金刚情况相同的还有金翅鸟抱人的图像，从中也能看到希腊神话的影响。

2. 金翅鸟

梵语suparna或garuda，又名迦楼罗鸟，意译作食吐悲苦声，住于须弥山下层，为佛教护法八部众之一。金翅鸟的最主要特色，便是以龙为食物。

龟兹石窟中的金翅鸟抱人图像位于克孜尔石窟第165窟主室套斗顶底层角隅内。画面中，硕大的双头金翅鸟抓住了一位男性人物。金翅鸟两头相背，口中各衔一蛇。被抓人物头戴白帽或冠，有头光，两手向外举起，上身赤裸，身披璎珞和帔帛，下身穿绿色裙裤。（图12-2-23）

1 W. Zwalf, *A Catalogue of the Gandhara Sculpture in the British Museum*, Vol. 1, London: British Museum Press, 1996, pp. 230-231.

关于此图像的解释，学界目前尚未有定论。不过笔者认为，其表现样式和希腊神话中宙斯（Zeus）与伽倪墨得斯（Ganymedes）的故事有关。

伽倪墨得斯是特洛伊国王特罗斯（Tros）之子，年少貌美，因此受到众神之王宙斯的喜爱。宙斯变成老鹰，将伽倪墨得斯带到天上成为自己的情人，并为诸神斟酒。[1]关于宙斯和伽倪墨得斯的故事的造像也在希腊化世界广泛流传，它的基本构成就是一只飞起的老鹰抓着一个少年。[2]

后来这个故事以及相关的图像传入了中亚犍陀罗地区，被佛教吸收，出现了许多与其相似的图像。其中一件出自阿富汗喀布尔地区的雕塑，[3]老鹰口中衔一蛇，表明其身份已不再是希腊神话中的宙斯，而是佛教的金翅鸟。它抱着的为一女性人物，肯定也不再是伽倪墨得斯。一般认为这表现的是金翅鸟吞噬那伽的情景，但对其内涵，学者们有不同的解释。

海因里奇·兹梅尔（Heinrich Zimmer）认为迦楼罗与那伽的关系具有一种神话学上的意义，鹰象征着精神、至高的神圣性、太阳、光明，而蛇则代表物质、生命力、水和黑暗。[4]阿南达·库马拉斯瓦米（Ananda Coomaraswamy）将迦楼罗吞食蛇视为吸收与合并，意味着一种转化。[5]索珀（A. C. Soper）认为，这种源自宙斯劫持美少年伽倪墨得斯的母题反映了一种信仰，即死者的灵魂会被突如其来的劫持

---

1 ［古希腊］路吉阿诺斯:《路吉阿诺斯对话集上》，周作人译，北京：中国对外翻译出版公司，2003年，第23—26、68页。

2 ［意］弗拉维奥·费布拉罗:《性与艺术》，贺艳飞译，桂林：广西师范大学出版社，2016年，第38页。

3 ［德］阿尔伯特·冯·勒克科:《中亚艺术与文化史图鉴》，赵崇民、巫新华译，北京：中国人民大学出版社，2005年，第151页。

4 Heinrich Zimmer, *Myths and Symbols in Indian Art and Civilizations*, Princeton: Princeton University Press, 1946, pp. 72-76.

5 Ananda Coomaraswamy, "The Rape of a Nāgī: An Indian Gupta Seal," *Bulletin of the Museum of Fine Arts*, Vol. 35 (1937), pp. 39-41.

带到天堂去。在他看来，劫持那伽的迦楼罗的母题表现的其实就是佛教的拯救者意象，这种迦楼罗就是观世音菩萨（Avalokiteśvara）的象征。也就是说，迦楼罗—那伽母题象征性地表达了观世音菩萨将信徒带往阿弥陀佛净土世界。[1]李柱亨（Rhi Juhyung）根据龙树所撰、鸠摩罗什所译《大智度论》，认为迦楼罗—那伽图像是比喻佛陀解救有情众生脱离苦难的无边法力。[2]

克孜尔石窟第165窟的金翅鸟抱人形象，与中亚的图像在细节上存在差异，比如，金翅鸟为双头，所抱人为男性。这可能反映出其与中亚地区大量出现的类似图像内涵有所不同。尽管如此，其画面基本构成是一致的，从中可见希腊文化影响龟兹石窟艺术的一斑。

3. 日天

梵名Āditya，音译作阿泥底耶，又作日天子、日神。居住于日宫的天神，隶属欲界的四天王天，佛说法时常追随于左右。

龟兹石窟中的日天，大致有两类，一类为人格化的日天，一类为天王形象，头戴宝冠，身披盔甲，胸前有十字束索，身后有三角翼，下着短裙，一手放于腿上，一手举起，有头光和身光，赤足交脚坐于马车上，马车两侧各有一匹马，相背而行。天王身后绘出日宫。日宫一般为圆形，圆内绘放射状的土红色线。（图12-2-24）人格化日天的第二种形式是前一种的简化形式。日天座下马车简化为一双轮车，这应是较晚出现的形式。（图12-2-25）另一类则为自然形态的太阳。

此类人格化的日天的图像渊源当可追溯到希腊神话的太阳神赫利奥斯（Helios），传说他每日乘着四匹火马所拉的日辇在天空中驰骋，从东至西，晨出晚没，令光明普照世界。希腊出土的太阳神赫利奥斯

---

1 Alexander C. Soper, *Literary Evidence for Early Buddhist Art in China*, Ascona: Artibus Asiae, 1959, pp. 154-155.

2 Juhyung Rhi, "The Garuḍa and the Nāgī/Nāga in the Headdresses of Gandhāran Bodhisattvas: Locating Textual Parallels," *Bulletin of the Asia Institute*, New Series, Vol. 23 (2009), pp. 147-158.

图12-2-24
克孜尔石窟第17窟主室券顶中脊日天

图12-2-25
库木吐喇石窟谷口区第23窟主室券顶中脊日天

图12-2-26
克孜尔石窟第227窟主室正壁

均为立姿，站于驷马战车上，有头光。[1]

传入中亚地区后，它的这种形象被本地文化吸收，产生了许多新的变化，这在出土于希腊化时期的钱币和梳妆盘上可以看到。[2]在犍陀罗地区，佛教就以这种形象为基础，形成了佛教的日天形象。如巴米扬东大佛窟顶的日天。[3]

与希腊本土的太阳神比较，龟兹石窟中的飞天继承了天神坐在马拉车上的传统，但也有变化：(1) 天神的形象变为了身着盔甲的天王的形象。(2) 天王背后有光芒。(3) 身姿更加符合佛教仪轨。(4) 拉车的马在车的两侧，各有两匹，相背而行。简化类型省去了马匹，仅绘出车轮。这些变化应该都是与中亚、西域文化融合的结果。

4. 有翼裸体童子像

在克孜尔石窟第227窟主室正壁龛上方有两身有翼裸体童子像，他们相对飞行，伸出双手，共同抓住一个花环。（图12-2-26）关于这两身童子的身份，学界尚未有定论。但是就艺术形式而言，明显受到希腊文化的影响。

首先是有翼裸体童子，他的原型很可能是小爱神厄洛斯（Eros）。

在希腊神话中，厄洛斯是爱神。关于厄洛斯的身份有多种说法，其中较为普遍的一种说法认为厄洛斯是爱神阿芙洛狄特（Aphrodite）的儿子，他快乐、顽皮又狡猾，他在陆地和大海上飞翔，手拿小金弓，肩背箭筒。被他射中的人，因为爱情而幸福，也会因为爱情而痛苦。厄洛斯出生以后，宙斯想要杀死他，但被阿芙洛狄特所救，把他藏入密林，由母狮喂养。[4]在古希腊艺术中，这种类型的厄洛斯常常

---

1 希腊太阳神赫利奥斯相关图片见https://www.theoi.com/Titan/Helios.html.

2 田边胜美:《バーミヤーンのいわゆる太陽神像に関する一考察》,《西アジア考古学》2005年第6号，第15—28页。

3 Z. Tarzi, *L'architecture et le décor rupestre des grottes de Bamiyan*, 2 vols., Paris: Imprimerie Nationale, 1977.

4 ［德］斯威布:《希腊神话》，许乐言译，北京：北京联合出版公司，2015年，第48页。

是手拿小金弓、身上有翼的裸体童子形象。[1]

这种形象的厄洛斯在犍陀罗地区也比较常见，有和其他人物组合的，也有单体的。但他的基本形象和古希腊艺术中的没有差别。[2]

图12-2-27
苏巴什佛寺出土舍利盒上的有翼童子

出土于古代犍陀罗地区的一只公元1世纪银杯的碎片上，就有两个厄洛斯的形象。一个位于画面左侧，正面站立，头向左转，左臂扛一物，右手拿一串葡萄，葡萄下方是一个装满葡萄的篮子；另一个位于画面右侧，以四分之三侧面的方式绘出，面向右面，两臂向右伸出，臂上有衣服。两身厄洛斯之间绘有树木和圆柱。[3]

如果把克孜尔石窟第227窟的有翼裸体童子像与希腊和犍陀罗地区的厄洛斯形象比较，我们会发现他们除了在人物造型上有差别外，基本特点是相似的，但是绘制在佛教石窟中，他们的身份肯定不会是小爱神了，很有可能是迦陵频伽（kalavinlka）。[4]

这种形象也出现在阿克苏地区库车市苏巴什佛寺中出土的舍利盒和巴音郭楞蒙古自治州若羌县米兰佛寺的壁画中。苏巴什佛寺遗址中的有翼裸体童子像绘于出土于西寺大殿的一个木制舍利盒上。（**图12-2-27**）它的盒身为圆柱体，盖呈圆锥形，高31.2厘米，直径37.3厘米。盒盖上绘有四位演奏乐器的裸体童子，分别位于联珠纹组成的四个圆内，正在演奏筚篥、竖箜篌、琵琶和某种弹拨乐器。而米

---

1 ［美］约翰·格里菲斯·佩德思：《希腊艺术与考古学》，李冰清译，孙宜学校，桂林：广西师范大学出版社，2005年，第316页，图9.43。

2 Ladislav Stančo, *Greek Gods in the East: Hellenistic Iconographic Schemes in Central Asia*, Prague：Karolinum Press, Charles University, 2012, pp. 118-124.

3 樋口隆康：《パキスタンガンガンダーラ美術展圖錄》，日本放送协会，1984年，图94。

4 霍旭初等：《米兰“有翼天使”问题的再讨论——兼谈鄯善佛教艺术的有关问题》，载敦煌研究院编：《段文杰敦煌研究五十年纪念文集》，北京：世界图书出版公司，1996年，第172—179页。

兰佛寺遗址的有翼童子像在前文中已经有所论述，此处从略。

小　结

古代新疆地区（中国西域）与中亚和印度毗邻，是中国与希腊化世界最为接近的地区。张骞西域凿空首次沟通了中国中原内地与敦煌以西及帕米尔之外的大西域地区的联系。公元前后，随着大乘佛教在印度的兴起，特别是由于贵霜国王迦腻色伽的大力弘法，以犍陀罗地区为中心的佛教艺术进入了它的兴盛期。亚历山大东征以来传入的希腊化宗教观念和艺术早就开始了与佛教的结合，这时希腊化的罗马艺术借助于海上丝绸之路的开通，也大规模地传来。希腊—罗马古典艺术与佛教精神的结合的最大成果，就是独具特色的犍陀罗艺术的诞生。由于与月氏—贵霜历史与地缘关系，佛教及其艺术就首先进入了中国的塔里木盆地，由此开始了它的西风东渐但终归中国化的历程。这种与中国文化的结合在新疆地区的表现，就是大量含有希腊化艺术和希腊神话因素的佛寺雕塑和壁画的出现。

（苗利辉）

第十三章　敦煌石窟艺术中的希腊化元素

公元前4世纪末至公元前后的“希腊化”时代对欧亚大陆的古代文明产生了深远的影响。这种影响，在公元4世纪前半叶开始开凿的敦煌石窟中仍依稀可见。其中的壁画艺术，更是从侧面展示了古希腊艺术跨越时空，对东方古代艺术，特别是对佛教艺术所产生的深刻而持久的影响。近年来，笔者先后以敦煌壁画中的“乘马车”日神、“乘鹅车”月神和风神这三类图像为例，做了一些尝试性的探究。本章即是在前面研究基础上的进一步探讨。

第一节　敦煌石窟艺术中的“希腊化”元素概述

敦煌石窟艺术实际上是建筑、彩塑和壁画“三位一体”。其中彩塑以泥塑为主，颇有犍陀罗—哈达艺术之遗风，就此而言，敦煌彩塑艺术应该是犍陀罗艺术传统的发展和延续。至于壁画艺术，虽然在哈达和中亚的佛教寺院中也有发现，尤其在我国新疆的龟兹石窟更是达到了一个新的高度，但就艺术本身而言，敦煌的壁画早期受西域艺术影响强烈，唐及以后似乎更多地吸收了中原文化的因素。但即使这样，我们在敦煌石窟艺术中，仍然能够看到希腊文化影响的印迹。

首先，建筑装饰方面。十六国时期开凿的第268窟主室西壁龛龛柱就模仿希腊爱奥尼亚柱式，柱身上细下粗，柱头上有明显的倒涡卷纹图案。（图13-1-1）第269窟有模仿层层收进的仿希腊多立克柱式的龛柱柱头。在北魏前期开凿的第254窟南、北两壁上方小龛间，有连续的、经过简化的阿堪突斯（Acanthus，亦称莨菪叶）叶饰图案。（图13-1-2）阿堪突斯叶饰是科林斯柱式的标志。科林斯柱式恰恰是犍陀罗艺术中普遍采用的柱式，尽管后者在利用过程中对其进行了改造，更多地以半柱式形式出现，作为表现佛教或佛陀不同场景的隔离装饰，圆柱变成了方柱，阿堪突斯叶饰也大大简化，只剩几个抽象的叶饰轮廓而已。遗憾的是，在敦煌石窟中没有发现仿制的科林斯柱式。不过，仿爱奥尼亚式、多立克式柱头和阿堪突斯叶饰的出现也可证明希腊化艺术的影响之深远。

图13-1-1
仿爱奥尼柱式龛柱，
莫高窟第268窟，北凉

其次，敦煌的彩塑艺术也保留了一些古希腊崇尚人体美的表现手法。例如，中唐时期（公元781—848年）第194窟的力士形象堪与古希腊雕塑代表作《拉奥孔和他的儿子们》相媲美。这种赤裸上身，直接表现人体力量与健康之美的表现手法，并不是中国人传统的含蓄手法，也鲜见于印度宗教雕刻，当是古代希腊—罗马雕刻中审美意趣的印迹。同样，在敦煌北朝石窟四壁和中心柱下方，常见护法的药叉力士也多孔武有力，有的手中还有武器。而在后期经变画中的“天龙八部”或天王的形象中，也多见或戴各种动物头饰，或身披虎皮的武士形象。这些形象的特征，也不是印度本土佛教雕刻的造像传统，反而与以古希腊神话中的那些英雄或半人半兽的神人为题材的希腊—罗马雕刻存在着或明或暗的联系。

图13-1-2
阿堪突斯叶纹装饰带，
莫高窟第254窟，北魏

敦煌壁画中常见人首鸟身、手持乐器的佛国妙音鸟迦陵频伽的图像，其最早的源头很可能与古希腊神话中以美妙歌声诱

图13-1-3
迦陵频伽，莫高窟第321窟，初唐

图13-1-4
星座，莫高窟第61窟，西夏

惑水手的海妖塞壬的形象有关。（**图13-1-3**）

敦煌壁画中出现的“黄道十二宫”的星座图像，虽然最早发源于美索不达米亚，但系统化、理论化的过程却完成于古希腊。敦煌的这一图像的出现，也很可能与“希腊化”的影响有关。（**图13-1-4**）

特别是从一些日神、月神和风神形象的图像上，我们甚至可以追溯到从希腊经波斯、中亚、古代印度和中国新疆地区流传至敦煌的大体轨迹。

第二节　莫高窟第285窟“乘马车”日神、“乘鹅车”月神图像上的希腊元素

对于日、月的拟人化联想，是古代世界文明中一个普遍现象。从古代埃及到古代希腊—罗马，从古代巴比伦到古代波斯，从古代印度

到古代中国，它们的图腾崇拜、神话传说，乃至于宗教信仰，都深深地烙上了日、月崇拜的印迹，出现了众多造型各异的日、月神的形象。在佛教文化中，日、月神的踪迹也处处可寻。它们或以日天、月天角色出现，或以日光菩萨、月光菩萨身份出现。

作为丝绸之路重要的佛教文化遗址，敦煌石窟为我们保存了丰富的日神、月神图像。据笔者统计，至少100个洞窟中绘有日、月神图像。在敦煌藏经洞所出的绘画品中也有近百幅绘有日、月神图像。这些日、月神图像中，既有借自中国传统的在日轮中绘阳鸟，在月轮中绘蟾蜍、玉树和玉兔的日、月神图像，又有佛教自己创造的趺坐于莲华座上的日神—月神图像，更有具有多种文化背景的“乘马车”日神和“乘鹅车”月神图像。其中，“乘马车”日神和“乘鹅车”月神图像是我们认识不同文明之间相互影响乃至于融合的历史的形象例证。

特别值得注意的是，在这一类型的日、月神图像上，至今留存着最早见于希腊古典艺术中的日神和月神或者与之相类的神祇的一些图像元素。它们在逾千年的时间里，跨越地中海，在欧亚大陆不同地域、不同民族的艺术中顽强地留存了下来，并传至敦煌，成为敦煌“乘马车”日神和“乘鹅车”月神图像的一部分。

一、“乘马车”日神与“乘鹅车”月神图像

莫高窟第285窟完工于西魏大统五年（公元539年）左右，在其窟内西壁龛外两侧上部分别绘有日天、月天图像。在西壁南侧的最上部，有一条蓝色的长方形条带，条带内自南向北依次绘有一个白色圆轮和六个白色椭圆形轮，内各画有一身人物形象，表现的是日天（菩萨）及其眷属。日天有头光，着高髻，双手合十，呈正面向，端坐于一驷马二轮车中。驷马两两相背，分别位于车厢两端，背向奔跑。在日天的圆轮下面，画有一辆由三只凤鸟拉的日车，向中央龛的方向疾

图13-2-1
日天及其眷属，莫高窟第285窟，西魏

速奔跑。车上有两力士，一前一后，其中前者一手持一人面盾牌，一手高高扬起，作驾车状；后者高举双手，似用力托着上方日轮。（**图13-2-1**）在中国传统文化中，凤凰也是太阳神的符号。凤凰、朱雀都代表太阳，代表火。也就是说，中国文化中对于太阳、对于火的理解，跟这种非中国文化符号的表现日神的元素融合在一起，共同构成了一幅完整的日天图像。（**图13-2-2**）

同样，在西壁北侧上部与日天对应位置也有一条蓝色的长方形条带，条带内自北向南画有一个圆轮和七个椭圆轮，表现的是月天及其眷属。月天位于画面最北端的圆轮内，其图像也由上下两部分元素构成，构图与前者完全相同：上方月轮内着菩萨装的月天坐于由四只鹅所拉的车厢中。四只鹅两两相背，向着相反的方向奔跑。月轮下方，则是一辆由三只狮子所拉的月车，车厢内也站立两身深目高鼻的武士，前一身手执人面形盾牌，后一身双手用力托举着上方的月轮。（**图13-2-3**）由于画面剥落严重，现仅能看到一身披发

图13-2-2
日神，莫高窟第285窟，西魏

图13-2-3
月天及诸神，莫高窟第285窟，西魏

人物，呈正面姿坐于一两轮支撑的车厢内，双手交叉于胸前。车轮南侧还残存两只鸟头和翅膀的部分。（图13-2-4）

图13-2-4
月神，莫高窟第285窟，西魏

在敦煌以外的地域，虽然乘马或马车的单个日神图像在中国新疆库车石窟群和青海省都兰县的吐蕃人墓葬、阿富汗巴米扬石窟、巴基斯坦的犍陀罗地区以及今天塔吉克斯坦片治肯特(Panjikent)地区的粟特人遗址等地均有发现，不过，单独的“乘鹅车”月神图像则不见于上述地区，也不见于印度本土。[1]但在中国的新疆地区却有零星发现，如在地处丝路南道和田热瓦克遗址发现的模制小型塑像中和吐鲁番高昌回鹘时期的洞窟壁画中，不过均是两只鹅，非四只鹅。这种组合起来的日、月图像仅见于阿富汗巴米扬石窟，如巴米扬第111窟、第330窟等。

与上述单个的日神、月神居多的情形不同，敦煌石窟中的“乘马车”日神和“乘鹅车”月神图像均以组合的形式出现，未见单独的图像。从现存图像看，这种日、月神组合在敦煌最早出现于公元6世纪前期，晚至13世纪仍可见到。它们又可细分为“驷马、四鹅两两相背型”和“五马、五鹅正向面型”两种图式。第一种日神、月神组合在敦煌艺术中是孤例。

二、“乘马车”日神与“乘鹅车”月神图像上的希腊艺术元素

对于敦煌的这对“乘马车”日神、“乘鹅车”月神图像的来源，特别是日神图像的来源，学界一直以来都很关注。其中，段文杰先生

1　近日承印度学者相告，在印度有公元8世纪以后的同类作品。但不影响本章观点。

等认为驾驷马车太阳神的图像渊源，最早可上溯至希腊神话乘驷马战车巡游天际的太阳神阿波罗图像，乘鹅车的月神图像则可能来自阿波罗的妹妹阿尔特米斯（Artemis）的形象。遗憾的是，他们没有进一步对此加以说明和论述。笔者认为，第285窟中的“乘马车”日神、“乘鹅车”月神图像仍保留了希腊—罗马造型艺术的元素。

关于敦煌壁画中的这两种类型的日、月神图像的来源，笔者在此前的研究中认为：它们作为一对组合出现，并不是自印度产生，而是各有源头。其中，第一种类型的组合很可能形成于中亚地区，而第二种类型晚至公元8世纪末才出现，当是受第一种类型的启发和影响所致。而且，“乘马日神”与“乘鹅月神”的各自的图像源头也不相同。第一种类型的日神图像，综合吸收了印度教苏利耶（Surya）雕刻和琐罗亚斯德教的密特拉神（Mithra）图像中的“二马或驷马相背”形式，即由二匹或四匹马呈相反方向牵拉，日车上有武士护卫。第二种类型，即日神单纯的正面图像，当直接来自印度教或印度密教的太阳神形象。有别于“乘马日神”，由于在印度本土未发现公元8世纪以前的“乘鹅”月神的作品，故笔者认为这一图像并非产生于印度，而是产生于中亚地区的阿富汗一带。[1]随着研究的持续和图像资料的不断积累，笔者进一步认识到，敦煌“乘马车”日神和“乘鹅车”月神图像其实仍保留着古代希腊—罗马艺术的元素。

从世界各地博物馆留存至今的大量古代希腊艺术品来看，在古

1 参见笔者有关敦煌艺术中日、月图像研究的系列论文：（1）《论莫高窟第285窟西壁日天图像的粟特艺术源流》，《敦煌学辑刊》2007年第3期，第161—168页；（2）《敦煌藏经洞所出绘画品中的日、月图像研究》，《敦煌吐鲁番研究》第十二卷（2011年），第245—267页；（3）《敦煌乘马“日天”、乘鹅“月天”图像研究》，载樊锦诗、荣新江、林世田主编：《敦煌文献·考古·艺术综合研究——纪念向达先生诞辰110周年国际学术研讨会论文集》，北京：中华书局，2011年，第233—246页；（4）“Images of Sun and Moon Gods in Dunhuang Murals between the Sixth and Tenth Centuries,” *China and beyond in the Mediaeval Period: Cultural Crossing and Inter-Regional Connections*, New Delhi: Manohar Publishers & Distributors; Amherst, New York: Cambria Press, 2014, pp. 151-170.

代希腊神话中，驾马车是希腊众神最常见的出行方式。众神的马车一般表现为双马车或驷马车图式，其表现形式既有侧面式，也有正面式。例如，一件现藏于纽约大都会艺术博物馆、制作于公元前500年的希腊彩绘陶罐上所绘的太阳神阿波罗的马车，其驷马即为正面式。（图13-2-5）随着亚历山大的东征及其后三百年的希腊化进程，这种形式也传到地中海以东到中亚、印度河—恒河以北的广阔地域，并先后对琐罗亚斯德教的太阳神密特拉神和印度教的太阳神苏利耶的图像范式产生了影响。

图13-2-5
驷马车上的太阳神，希腊彩绘陶罐，公元前500年

在印度，侧面式和正面式的乘马车的太阳神苏利耶的雕刻大量存在，从公元前3世纪到公元19世纪皆有作品留下来。其基本构图是：苏利耶站在由七匹或四匹马拉的车的中央，顶有头光，身边有两至四身侍卫。印度学者桑底·拉奥·那伽（Shanti Lal Nagar）所著的《苏利耶与太阳崇拜》一书中例举了许多实物资料，以七匹、四匹马拉车者为多。[1]其中最有代表性的是雕刻于公元前1世纪左右的菩提伽耶围柱上的太阳神苏利耶浮雕。苏利耶站在驷马驾的二轮战车上，四匹马两两分列，前蹄腾空，相背而驰。苏利耶左右各有一女神，皆向外拉弓射箭。

图13-2-6
驾驷马车的太阳神，公元3—4世纪

古代犍陀罗地区、中亚地区的佛教雕刻和壁画表明，这种影响也延续至佛教的日天图像。其中代

1 Shanti Lal Nagar, “Chapter 4: Iconography,” *Surya and Sun Cult (in Indian Art, Culture, Literature and Thought)*, New Deli: Aryan Books International, 1995, pp. 133-134.

表性的图例，见于日本平山郁夫收藏品中出自犍陀罗的日神雕刻。又如现藏于斯瓦特考古博物馆的一件公元3—4世纪的仿科林斯式建筑柱头，其上部正中央，即雕刻一乘驷马车的太阳神。四匹马两两相背，前蹄腾空，向着相反的方向飞奔。位于车厢内的太阳神握着缰绳驭车。（图13-2-6）类似的柱头，在斯瓦特河谷的其他建筑遗址中还可见到。笔者认为，这种日神图像的一些元素很可能在希腊化过程中传播至西亚波斯和巴克特里亚地区，并被琐罗亚斯德教艺术吸收，成为密特拉神图像的构成部分，其后又在犍陀罗地区发展成为具有多元文化印记的佛教的日神或月神的图像，并经中国的新疆地区传入敦煌。在这里，又加上了中国文化的元素。这一渐进的传播过程前后达七八百年之久。

首先，就“乘马车”日神图像来看，这种图像表达的最初意念并非中国式的，而是西方式的。这种图像在现存于世界各国博物馆中的古代希腊彩陶制品上很常见。如一枚公元前2世纪中期的古希腊银币，背面就是太阳神赫利奥斯驾着驷马车的形象。太阳神呈正面姿站在由驷马拉的车厢中，右手持长矛，左手拉着缰绳。驷马呈两左两右，向着相反的方向奔跑。[1]相同的太阳神图式也见于公元1世纪的古罗马帝国时代的皇帝胸饰图案。希腊神话中的太阳神阿波罗锯齿形的头光象征太阳的光芒。阿波罗乘着驷马战车，驷马两两相背，向着相反的方向奔跑。（图13-2-7）在阿富汗巴米扬第111窟、第155窟亦发现类似的图像。对于这两窟中的日神、月神图像，一些学者如田边胜美（Katsumi Tanabe）和黎北岚（Pénélope Riboud）认为来自琐罗亚斯德教的太阳神密特拉的图像。田边胜美指出，在巴米扬太阳神及其周围供养人的衣服上，粟特和吐火罗的影响十分显著，这种图像是经由粟

---

1 Ladislav Stančo, *Greek Gods in the East: Hellenistic Iconographic Schemes in Central Asia*, Prague: Karolinum Press, Charles University, 2012, fig. 196.

图13-2-7
罗马皇帝胸饰中的阿波罗驾驭驷马车形象，朱利亚—克劳狄王朝（公元前27—公元68年）

特—吐火罗传播来的。[1]黎北岚认为，苏利耶神从伊朗神那里借来了许多形象上的特征，而密特拉神本身则从阿波罗神那里继承了某些特点。[2]在新疆的佛教石窟可见多例这样的日天图像。如克孜尔石窟第17窟的日神图像，与敦煌第285窟圆轮中的日神形象十分接近，在窟顶中脊的圆轮中，日神着菩萨装，呈正面姿，交脚坐于由二马相背而牵的马车上，马一左一右朝向完全相反的方向。这样的图像经新疆传入敦煌后，又加上了凤凰牵拉的日车这一中国文化的元素。虽然印度教的苏利耶也有这两种图式，但是，我们目前所见的印度最早的苏利耶造像也不过是公元前1世纪左右的作品。而希腊所见的同类作品，则要早三四百年。宫治昭就认为，印度苏利耶雕刻作品中的“驷马两两相背”的构图模式，是受到西来的影响所致。[3]笔者则进一步认为，苏利耶雕刻另一种图像的基本原型，很可能亦来自希腊太阳神图像的

1　田边胜美《バーミヤーン东大佛の制作年代に关する一考察 玄奘さん、见てきたような嘘をいい》,《古代东方博物馆纪要》总第23期，2002年，第63—104页。

2　黎北岚（Pénélope Riboud）:《祆神崇拜：中国境内的中亚聚落信仰何种宗教?》，毕波、郑文彬译，载《粟特人在中国——历史、考古、语言的新探索》(《法国汉学》第10辑)，北京：中华书局，2005年，第416—429页。

3　参见宫治昭:《太阳神スリーヤの図像について》，载氏著:《インド美术史论》，东京：中央公论美版社，2011年，第250—272页。

正视形式的图式。

其次，虽然印度教中的日神苏利耶的雕刻十分盛行，但似乎并没有发现有与之相匹配的“乘鹅月神”雕刻。而且，我们至今未在印度本土发现乘天鹅的月神图像。我们所见的乘天鹅的神祇主要是印度教的三大神之一的梵天。相反，从考古发现和文献记载来看，女神或阴性神与天鹅相伴的作品，最早见于苏美尔文明遗存中。如一件现藏于耶路撒冷考古博物馆、制作于公元前3000年左右的陶土制苏美尔女神像即坐在两只相背的天鹅背上。在古希腊等地中海周边古代文明中，以天鹅为座骑的女神形象很早就已经出现。如爱琴海地区发现的米诺斯时期（公元前3000—前1450年）的“大地之母”的雕刻，其双手各执一鹅颈。在希腊神话中，也不乏骑着天鹅的女性神祇形象。如大英博物馆所藏的公元前470年的希腊陶制盘中所绘制的爱与美女神阿芙洛狄特的形象，就乘着天鹅。稍晚一点的作品，如约创作于公元前13—前9年间的罗马奥古斯都和平祭坛上的海洋女神，侧身骑在一只硕大的天鹅背上。大英博物馆所藏的一件大体同时期的浮雕板上，也是一身骑在天鹅身上的女神。但是，类似的骑着天鹅的女神图像，在早于公元6世纪的印度本土却没有发现。故此，笔者以为，作为近似女性属格的阴性神，在中亚地区和敦煌的月神乘天鹅图像，即是希腊艺术元素持久影响力的产物。

值得注意的是，除了前述敦煌及巴米扬石窟外，在分处古丝路南道的和田地区和丝路北道的吐鲁番地区，均发现有乘天鹅的月神图像。如日本大谷探险队在和田地区热瓦克佛寺遗址发掘出一身乘着双鹅的脱模制月神像，双鹅呈背靠背姿，年代约在公元5—6世纪。近年在吐鲁番附近高昌回鹘时期的拜西哈尔石窟第3窟，也发现了一幅乘着双鹅的月天图像，双鹅亦呈背靠背姿。而在西安碑林博物馆所藏的唐代“释迦降伏外道”碑上，佛右手上举一日轮，中为乘双马的日神浮雕，左手下垂，手中的月轮中是乘双鹅的月神浮雕。这些图像表明，这种骑马的日神、骑鹅的月神图像，正是沿着丝绸之路从西向东传入的。

三、狮子牵拉的月车与希腊库柏勒女神及其坐骑狮子

同样，第285窟月天圆轮下方由三只狮子牵拉的月车，也可能与希腊文化的影响有关系。由狮子相伴或以狮子为座骑的女神或阴性神的图像，并不见于印度本土。虽然印度教中的日神苏利耶的雕刻十分盛行，但迄今尚未发现有与之相匹配的早期的“乘鹅月神”雕刻。但从考古发现和文献记载来看，早在古代两河流域、古埃及、古希腊，女神信仰和月神信仰就十分兴盛。地中海—爱琴海地区还发现了米诺斯时期（公元前3000—前1450年）的“大地之母”双手各执一只鹅的颈部的雕刻。而且，我们不仅在之后的希腊—罗马艺术中仍可见到由天鹅相伴的女神形象，还在几百年后的巴米扬和敦煌的佛教的月天图像中再次看到了阴性神身边的天鹅的身影。

至于狮子作为阴性神的坐骑，我们在古希腊的库柏勒（Cybele）女神与其坐骑狮子的雕刻作品中，已发现多例。在今阿富汗东北部的阿伊·哈努姆（Ai Khanoum）的希腊化古城遗址发现的制作于公元前2世纪左右的镀金银盘上，有乘着两只狮子牵拉的车子出行的库柏勒或娜娜女神雕刻。（**图13-2-8**）狮子也是娜娜女神的坐骑。作为琐罗亚斯德教的重要神祇，娜娜女神具有多元功能和外形。她有时是月神的女儿，有时又是太阳神的妹妹。其图像上一个很重要的特征就是以狮子为坐骑。杨巨平特别强调了希腊化时期的娜娜与希腊神话中的太阳神阿波罗之妹、月神兼狩猎女神阿尔特米斯的图像之间的相似性，以及与希腊女神库柏勒图像上的一些趋同现象，如都以狮子为坐骑。[1]

1 参见杨巨平：《娜娜女神的传播与演变》，《世界历史》2010年第5期，第103—115页。

图13-2-8
狮车上的库柏勒女神，阿富汗阿伊·哈努姆遗址出土

此外，无论从中亚片治肯特等粟特人遗址出土的壁画残片，还是现流散于日本的北齐石棺床残片上，我们都可以看到乘着狮子的娜娜女神形象。[1]如一件现藏于日本MIHO博物馆、被认为是北齐时代（公元550—577年）的粟特人石棺床围屏上，有一个头戴花冠，左右两手分举日、月的粟特女神形象，其坐骑即为双狮头象征的狮子座。在著名的片治肯特遗址2号大厅壁画中，也可见骑在狮子身上的娜娜女神的形象。可见，无论在粟特人居住地区的还是在中国的祆教艺术中，狮子车都是月神娜娜图像上的必要特征之一。

笔者认为，莫高窟第285窟乘天鹅车的月神下面又加画由三只狮子牵拉的车子及武士，当是受琐罗亚斯德教女神娜娜的图像影响所致。[2]这是近因，但其远因，至少可追溯至公元前2000年西亚地区的巴比伦神话。除了当地神话中的河流和丰饶女神阿娜希塔（Anahita），及后来与之关系密切的娜娜女神的坐骑为狮子外，巴比

1 M. Ghose, "Nana: The Original Goddess on the Lion," *Journal of Inner Asian Art and Archaeology*, Vol. 1 (2006), pp. 97-112.

2 张元林:《粟特人与莫高窟第285窟的开凿》，载云冈石窟研究院编:《2005年云冈国际学术研讨会论文集·研究卷》，北京：文物出版社，2006年，第394—406页。

伦由两只猫头鹰相伴的黑夜女神，脚下也是踩着两只呈反向而卧的狮子（该雕像出现于公元前1800年左右，现藏大英博物馆）。这些西亚女神的坐骑的基本图像元素，经埃及和地中海地区传入希腊后，又成为一些城邦，尤其是雅典城邦守护神的库柏勒女神的坐骑元素。可见，敦煌壁画中作为“乘马车”日神的对应神祇，“乘天鹅车”的月神图像中也留存着希腊艺术元素。

第三节　敦煌风神图像上的希腊艺术元素

除了上述日、月神图像外，敦煌石窟的风神图像上也保留着明显的希腊文化元素。这主要体现在“执风巾”风神和“肩生双翼”风神这两类风神图像上。风、雨、雷、电虽然是自然现象，但在所有的古代文明中都被赋予了神秘的超自然性，认为是神的化现或神的意志的体现，而且都有各自相关的图像表现。其中，与人们生产、生活息息相关的风或风暴，在不同的地域、不同文化中被拟人化为不同的风神形象。

敦煌壁画中的风神形象，大体有三种类型。第一类是从口中吹出风来，而中国汉代以来的风神多是由嘴中吹气或是口衔吹管吹气来“造风”的。第二类是手持一风囊或风袋，风从中出来。这种形象从北魏时期开始出现在佛教石窟中。第三类即手持一圆弧形风巾，在敦煌壁画中仅见两例，在敦煌以西地区多见，但在敦煌以东地区则很少见。而从考古发现看，不仅“执风巾”的风神形象大量见于古希腊艺术留存中，而且在深受希腊化影响的古代贵霜故地，同时也发现了大量的骑牛的风神图像。

一、“执风巾”风神图像

这种风神图像在敦煌早期壁画中可见两例。一例见于北魏末西魏初（公元5世纪末—6世纪初）的第249窟窟顶西披。画面上的风神呈“兽足（爪）、兽面、肩生蓝色双翼”的兽面形象，双手执一条圆弧状的风巾，作奔跑状。（图13-3-1）另一例见于第285窟西壁所绘的摩醯首罗天的头冠中。[1]莫高窟第285窟的摩醯首罗天基本形象为三头六臂，头戴宝冠，半侧身盘腿骑坐于一身青牛背上。其中，三面中的正面相为天王形，面相端正威严，头戴宝冠，宝冠正中化出双手扯着风巾的风神。（图13-3-2）风神呈深目高鼻的中亚胡人形象，嘴角有短髭，头部和双手从摩醯首罗天的头冠中伸出，双手紧紧执着一条圆弧状的风巾的两端。（图13-3-3）

图13-3-1
风神，莫高窟第249窟，北魏末—西魏

图13-3-2
摩醯首罗天，莫高窟第285窟

1 莫高窟五代时期第152窟所绘摩醯首罗天头顶上亦可见一天神双手上举，手中亦执风巾。

图13-3-3
摩醯首罗天头冠中的风神，莫高窟第285窟

对于这两例风神图像来源的认识，国内外学术界至今意见不统一。一直以来，研究者都认为第249窟的风神与西披上所绘的其他神灵形象一样，来自中国传统神话题材或道家的祥瑞神灵。从20世纪90年代起，一些日本学者开始注意到其“手执风巾”的图像特征反映出的“西方式”影响。如日本学者田边胜美认为，第249窟这身风神“手执风巾”的图像特征与贵霜时期钱币背面的风神图像具有相似性。[1]其后，东山健吾也认为，这身风神的图像在保持中国传统的同时又接受了西方的影响。[2]但他们的观点至今未引起国内学界的关注。甚至对于第285窟的图像，曾长期被误读为摩醯首罗天发际中化出的美貌天女，直到1997年被佐佐木律子正确识读为风神。[3]遗憾的是，佐佐木律子没有对这种风神的图像来源作进一步的探究，更没有与中

1 Katsumi Tanabe, “The Kushan Representation of Anemos/Oado and its Relevance to the Central Asian and Far Eastern Wind Gods,” *Silk Road Art and Archaeology*, Vol. 1 (1990), pp. 51-80.

2 参见东山健吾：《风神、雷神——东西交流的一例》（论文提要），载张先堂等编：《2000年敦煌学国际学术讨论会论文提要集》，2000年8月编印，第42页。

3 佐々木律子：《莫高窟第285窟西壁内容解釈试論》，美术史学会编：《美術史》第142册，1997年，第121—138页。

亚等地发现的相关图像联系起来加以考虑，故其结论仍没有跳脱“摩醯首罗天图像直接来源于印度教的湿婆神的图像”的传统观点。在佐佐木律子识读的基础上，笔者也对第285窟的摩醯首罗天及其图像来源进行了持续关注，认为它想要表达的意涵和最直接的图像来源均与中亚琐罗亚斯德教中的风神韦什帕克（Wyšprkr）图像有密切的关系。与此同时，笔者也对前述日本学者关于第249窟“执风巾”风神融合了中国的传统和来自西方的两方面图像元素的观点表示认同。[1]但是，随着近年来更多的图像资料和研究成果的收集积累，笔者对这两窟风神图像的思考也在不断加深，甚而认为前述学者及自己此前的一些观点有重新审视和进一步拓展之必要。

在敦煌的这两例“执风巾”风神图例中，第285窟的摩醯首罗天头冠中的风神形象与其本尊湿婆神原本在印度教中的风暴神的角色是相符的，值得特别关注。摩醯首罗（Mahcśvara，一译摩醯湿伐罗），原为印度婆罗门教三大主神之一的湿婆神（Siva），后被佛教吸收，成为佛教重要的护法神，被列入天部，名“大自在天”。关于其形象，佛教经典多有描述，《大智度论》卷二曰：“摩醯首罗天，秦言大自在。八臂三眼，骑白牛。”这一形象在中国境内的丝绸之路沿线佛教寺院和石窟寺遗址皆有发现，有三面六臂、三面四臂等不同造型，多为三面六臂者。[2]敦煌第285窟的摩醯首罗天基本形象为三头六臂，头戴宝冠，半侧身盘腿骑坐于一身青牛背上。其中，三面中的正面相为天王形，面相端正威严，头戴宝冠，宝冠正中化出双手扯着风

---

1 参见笔者系列论文：（1）《观念与图像的交融——莫高窟285窟摩醯首罗天图像研究》，《敦煌学辑刊》2007年第4期，第251—256页。（2）“Dialogue among the Civilizations: The Origin of the Three Guardian Deities' Images in Cave 285, Mogao Grottoes,” *The Silk Road*, Vol. 6, No. 2 (2009), pp. 33-48.（3）《敦煌和于阗所见摩醯首罗天图像及相关问题》，《敦煌研究》2013年第6期，第1—12页。

2 参见贺世哲：《敦煌图像研究——十六国北朝卷》，兰州：甘肃教育出版社，2006年，第295—342页；陈清香：《云冈石窟多臂护法神探源》，载云冈石窟研究院编：《2005年云冈国际学术研讨会论文集·研究卷》，北京：文物出版社，2006年，第286—300页。

巾的风神；右侧一面为和善相，左侧一面为愤怒相。六臂中，上二臂右手托日，左手托月；中间二臂右手似握铃，左手握短矢；下方二臂置于胸前，右手持物模糊不识，左手握弓。上半身赤裸，下身原着红色兽皮裙，现已褪色。正如之前学界所普遍注意到的那样，总体上，与印度教的湿婆神的图像相符，故而基本上认为它源自印度教的湿婆神形象。但是，除了具有“三面三目、六臂、骑牛背上”这一典型特征外，其头冠中手执风巾的风神形象并不见于湿婆头冠中，也不见于其他地区的摩醯首罗天图像或与之相类的作品中，而为第285窟摩醯首罗天图像所独有。作为印度教的三大神之一，湿婆神及其前身鲁多罗专司暴雨雷电，因此也兼具风神的功能，因此，第285窟摩醯首罗天头冠中手执风巾的风神形象显示着这身摩醯首罗天图像的另一种身份意义。

虽然这种风神图例在敦煌以东的中原地区十分少见，但在敦煌以西的地区则大量可见。如克孜尔石窟第38窟窟顶的天相图中就绘有两身手持风巾的风神图像。类似的手持风巾或风袋、具有“胡人胡貌”的风神形象在龟兹地区的石窟群中常能见到。再往西，在阿富汗巴米扬石窟第155窟天井壁画的两侧也各绘有一身头戴高尖帽、双手执风巾的风神形象。[1]以阿富汗为中心，由此向西北直抵里海，向南直抵印度河流域的广大地域，曾是古代贵霜帝国的势力范围。迄今发现的贵霜钱币的背面上，也出现了多例手持风巾奔跑着的风神形象。如贵霜王国迦腻色伽一世和胡韦色伽铜币背面的手执风巾奔跑着的风神形象。田边胜美认为它们就是贵霜信奉的风神OADO，并且认为它们是中亚及敦煌第249窟同类风神图像的最早例证。[2]“执风巾”风神与其

---

1 参见樋口隆康编:《バーミヤーン：京都大学中央アジア学術調査報告》第1编《圖版篇》，第3编《本文篇》，京都：同朋舍，1983年。

2 Katsumi Tanabe, “The Kushan Representation of ANEMOS/OADO and its Relevance to the Central Asian and Far Eastern Wind Gods,” *Silk Road Art and Archaeology*, Vol. 1 (1990), pp. 51-80.

他两类风神在地域分布和数量上的差异性强烈地显示出“执风巾”这一图像特征并不产生于中国本土，而是来自西方。而且，从中亚地区、中国新疆和敦煌所见的此类图像均不早于公元前1世纪这一点来看，这种“手执风巾”的风神图像出现在亚洲大陆，很可能是亚历山大东征及其后亚洲腹地“希腊化”的产物。

二、以公牛为坐骑的风神图像

“以牛为坐骑”是印度教湿婆神图像最主要的特征之一，也是佛教的摩醯首罗天图像最为明显的特征之一。如前所述，一些贵霜时期的钱币背面图案表明，曾经统治中亚—印度恒河流域的贵霜王朝存在着手执风巾的风神形象。实际上，在同时期的钱币背面还印有另一种此前被认为是“湿婆神”的风神。它们由公牛相伴，或是三头多臂，手持三叉器和绳索等物，或是一头双臂。[1]从神祇形象旁的古希腊文题铭OHþO可清楚地知道，它们并非指此前普遍认为的印度教的湿婆神，而是指风神。[2]如一枚贵霜王瓦苏提婆一世时期（Vasudeva I，公元191—231年）的钱币背面，即是一头双臂，两手分持三叉器和绳索，且有一只公牛相伴的站立着的风神形象，其旁有希腊字母铭文OHþO。20世纪60年代，在今塔吉克斯坦片治肯特[3]壁画中发现了绘有琐罗亚斯德教神祇的壁画碎片。经拼合，该神身穿甲胄，三头四臂，上臂分执弓和三叉戟，简直就是印度教湿婆神形象的翻版。但在其右腿下侧题有粟特语铭文“Wyšprkr”(韦什帕克，即“风神”之意)却又

---

1 Katsumi Tanabe, “OHþO: Another Kushan Wind God,” *Silk Road Art and Archaeology*, Vol. 1 (1991/1992), pp. 51-71.

2 Katsumi Tanabe, “The Kushan Representation of Anemos/Oado and its Relevance to the Central Asian and Far Eastern Wind Gods,” *Silk Road Art and Archaeology*, Vol. 1 (1990), pp. 51-80.

3 此地即唐代“昭武九姓”中米国的都城钵息德，一般认为该遗址年代在公元7—8世纪。

清楚地昭示着，它并非印度教的湿婆神，也非佛教的摩醯首罗天，而是琐罗亚斯德教的风神。[1]

与前述片治肯特粟特人遗址发现的三头三目、手执三叉戟的风神韦什帕克图像相似的形象也见于西安发现的北周大象二年（公元580年）的粟特人史君墓石椁浮雕中。其形象虽为一面，但手握三叉戟，坐于三头牛背之上。在其圆形光环外两侧，各有一天神执风巾一端，以进一步强调其风神的身份。（图13-3-4）这些与第285窟摩醯首罗天形象相似的琐罗亚斯德教风神图像进一步印证了中国唐宋时期史料中关于佛教的摩醯首罗天也是琐罗亚斯德教天神的记载。最早提及二者关系的汉文史籍是唐韦述（？—757年）的《两京新记》："西南隅，胡祆祠（注：武德四年所立，西域胡天神，佛经所谓摩醯首罗也）。"[2]而明确提到佛教的"摩醯首罗"天神也是祆神的是唐杜佑（公元735—812年）在《通典》中提到"萨宝府祆正"，并注云："祆者，西域国天神，佛经所谓摩醯首罗也。武德四年，置祆祠及官，常有群胡奉事，取火咒诅。"[3]此后，两宋之际董逌的《广川画跋》、南宋姚宽(公元1105—1162年）的《西溪丛语》也有类似的记载。这些记载表明，唐初甚至更早，长安的祆祠就已经供奉有在佛教中被称为"摩醯首罗天"的祆教神祇了，直到五百多年后的南宋时期，相同的认知仍然存在。图像和文献的相互印证，说明了佛教的摩醯首罗与祆教风神在图像上的不二性，也暗示了第285窟摩醯首罗天图像与祆教风神图像之间的可能联系。

那么，敦煌风神是否有希腊化渊源，是否包含希腊元素？我们首先从巴黎吉美博物馆收藏的一件出土于阿富汗贝格拉姆古城窖藏的

1 ［俄］B. A. 李特文斯基编：《中亚文明史第三卷 · 文明的交汇：公元250年至750年》，马小鹤译，北京：中国对外翻译出版公司，2003年。

2 （唐）韦述撰，辛德勇辑校：《两京新记辑校》，北京：中华书局，2020年，第93页。

3 （唐）杜佑：《通典》卷四〇《职官二十二》，王文锦等点校，北京：中华书局，1988年，第1103页。

图13-3-4
史君墓石椁风神浮雕，
北周大象二年
（公元580年）

彩绘玻璃杯谈起。此杯约制作公元1世纪，其上绘有表现古希腊众神之王宙斯先后化作风暴神和老鹰攫取特洛伊王子、美少年伽倪墨得斯前往奥林帕斯山的场景。宙斯化现的风暴神骑在公牛背上，双手执着曳满风的星弧形风巾的两端。（图13-3-5）在古希腊神话中，“众神之神”宙斯同时掌管风、雷、雨、电，他在作为风暴神时，有时也骑着公牛。而在五百多年之后，在数千公里之外的敦煌，“执风巾”和“骑牛”这两种图像特征再一次结合在一起。可见，第285窟的摩醯首罗天形象实际上糅合了已知的两种不同类型的风神图像元素，可视为风神图像的组合体或复合体。我们有理由认为，第285窟的摩醯首罗天图像并非直接源自印度教的湿婆神形象，而是经过其他地区的改造后传入敦煌的。这个地区，很可能就是深受古希腊文化影响的、居于文明交往的十字路口的中亚地区，再具体一点，即粟特地区。而第285窟北壁说法图下至今留存的供养人题铭，也从另一个角度印证了这一图像的粟特来源的可能性。

图13-3-5
化身为风神的宙斯，阿富汗
贝格拉姆遗址出土

第285窟北壁中部通壁绘有七铺说法图，每铺说法图下部均画有供养人行列。除西起第一铺均为女供养人外，其他六铺中皆为左右对称的男、女供养人行列。男供养人均上着圆领窄袖的胡服，束腰带，下着裤褶、乌靴，女供养人则无一例外地上着交领大袖襦，下着间色条裙。从男女供养人的对称排列来看，这六铺说法图当是以家庭为单位出资绘制。每身供养人侧皆有榜题。其中，第二铺、第五铺和第七铺供养人行列中的第一身男、女供养人及其榜题尤其具有特殊意义。这三铺供养人榜题分别为：（1）“清信女史崇姬所供养时”—“信士阴安归所供养时”；（2）“清女何□”—“清信士滑黑奴供养”；（3）“清信女丁爱供养佛时”—“清信士滑□安供养”。前人已经注意到“滑黑奴”和“滑□安”当是与粟特人关系密切的嚈哒人（滑国人），而“史崇姬”“清信女何□”当分别来自粟特“昭武九姓”中的史国、何国。[1]出土文物和相关研究也表明，早在西晋北朝时期，敦煌、河西地区已有粟特人及其聚落存在，如武威安姓、张掖史姓等。1907年斯坦因于敦煌附近长城烽燧发现了八封写于公元4世纪初的粟特文古信札，其中提到了粟特商队以凉州（武威）为大本营，沿着敦煌—张掖—武威—金城一线直至洛阳经商贸易的情况。我们可以推断，这些图像的绘制者可能与粟特地区存在着密切的联系。

三、“肩生双翼”的风神图像

第249窟的风神是一个兽面、肩生双翼的畏兽形象，但仍需要借助风巾来表明身份。从隋代开始，这种形象开始以风神的面貌独立出现。这方面的例子可见隋代第420窟窟顶（**图13-3-6**）和初唐时期的第329窟龛内。前者若非其旁有代表雨神的口中喷水的龙王形象，以及

1 详见张元林：《粟特人与莫高窟第285窟的开凿》，载云冈石窟研究院编：《2005年云冈国际学术研讨会论文集·研究卷》，第394—406页。

图13-3-6
风神，莫高窟第420窟，隋

图13-3-7
“肩生双翼”型风神，莫高窟第329窟，初唐

经文中“百千亿恒河沙风神王；一亿恒河沙乐云雨神王；一切世间寂静云雨王。……各作是念：如来不久当般泥洹”之句，观者很难把这样的一身“肩生蓝色双翼的”畏兽与风神联系在一起。同样，若非与龛内顶另一侧转动连拍鼓的雷公作为一对组合出现，第329窟的这身身生双翼的畏兽也很可能不会被视作风神。（图13-3-7）对于这种“兽面、兽爪、兽足、肩生蓝色双翼”的畏兽形象，学界主流一直以来都认为其源自汉代以来的中国传统神话中的乌获形象。但就这几例风神形象而言，希腊神话中“肩生双翼，半人半兽”的北风之神波瑞阿斯图像或许就是其灵感来源吧。

小　结

敦煌壁画中的乘马车日神、乘鹅车月神、“执风巾”风神，以及骑牛风神和肩生双翼的风神图像，都不同程度地保留了希腊艺术中表现同类神祇图像的艺术元素。它们从一个侧面展示出古希腊艺术跨越时空，对古代东方艺术特别是佛教艺术所产生的深刻而持久的影响。当然，这种影响是间接的、渐进式的。

（张元林）

第十四章　北魏早期佛教艺术中的希腊化因素

——以平城云冈石窟为代表

云冈石窟开凿于北魏平城时期，虽为佛教艺术，实则是中国、印度、希腊三种文明因素的结合。就其规模、内涵和历史地位而言，云冈石窟可以说是犍陀罗艺术在中原落地生根的重要一站，也是佛教汉地化的典型代表。

佛教在北魏时期的传入与大倡与其通过丝绸之路与西域各国广泛交往关系极大。公元435年，太武帝拓跋焘遣王恩生、许纲等出使西域，出流沙，但由于受到蠕蠕阻挡，使团被扣，半途而废。但因“魏德益以远闻”，西域龟兹、悦般、焉耆、车师、粟特、疏勒、乌孙、鄯善诸国各遣使朝献。[1]公元437年，又遣董琬西使，招抚九国，北行至乌孙。远交得到了西域各国的积极回应，“自后相继而来，不间于岁，国使亦数十辈矣”。[2]打通西域为佛教西来提供了可能。但直接推动佛教在北魏的发展是公元439年的太武帝灭北凉。《魏书·释老志》载：“太延（公元435—440年）中，凉州平，徙其国人于京邑，沙门佛事皆俱东，象教弥增矣。”[3]“太安初（公元455年），有师子国（今斯里兰卡）胡沙门邪奢遗多、浮陀难提等五

1 《魏书》卷一〇二《西域传》，二十四史点校本，北京：中华书局，1974年，第2259—2260页。

2 《魏书》卷一〇二《西域传》，第2260页。

3 《魏书》卷一一四《释老志》，第3032页。

人，奉佛像三，到京都”。[1]此前平城地区佛教发展已很兴盛，但云冈石窟开凿于通西域、灭北凉之后，应与这些外来佛僧有关。希腊化艺术中的犍陀罗佛教艺术随之传入，也是水到渠成。

图14-1-1
希腊陶像，约公元前700—前500年

第一节　北魏早期佛教造像中的希腊化艺术特征

一、佛（佛陀）

希腊化犍陀罗艺术在佛像方面主要表现在造像的衣饰上。犍陀罗佛像特征为波状发，鼻梁高直，眼窝深陷，长眉薄唇，具西欧人面貌。所穿的通肩式大衣，源于希腊的外套，衣褶厚实，突出写实感。

中国早期佛教艺术造像秉承犍陀罗佛衣样式，有通肩式和袒右肩式两种。后者在披裹时，搭在右肩头上，露出右肩臂。此种右肩臂从衣服中露出的穿着方式也来源于希腊。希腊人所着之长袍也称为希玛申（himation），罗马时期名为托加（toga）。其中有一种穿法是从裹身的长袍中向胸前伸出右臂和右手，在希腊阿伊亚·伊里尼（Ayia Irini）出土的约公元前700—前500年的一尊陶像也是如此，其右手从希玛申裹身的胸前伸出，并手握希玛申边缘。（图14-1-1）之后，这种长袍演变为罗马的托加。（图14-1-2）希腊化时期，这种穿衣方式传到中亚、印度，衣褶的表现开始图案化，之后传到了中国，

图14-1-2
索福克里斯像

1《魏书》卷一一四《释老志》，第3036页。

图14-1-3
犍陀罗雕像

图14-1-4
炳灵寺第22龛佛像

出现在敦煌莫高窟、河西石窟、麦积山石窟、云冈石窟的佛教人物造像上。法国学者阿·福歇认为拉合尔博物馆藏的一件佛像与小亚细亚石棺上的基督像在造型上极具相似性，“两个雕像的右臂同样都隐藏在其袍子之下”，它们都直接来源于一个共同的祖先，即意大利罗马拉特兰博物馆（Lateran Muscum[1]）藏的那尊索福克里斯（Sophocles，公元前496—前406年）雕像。[2]约翰·马歇尔在《犍陀罗佛教艺术》中也多次指出，此类袈裟与古希腊的希玛申相似，应来源于此。[3]这种穿法在犍陀罗佛像中极为常见。（图14-1-3）

中国早期佛教艺术佛像袒右肩式佛衣应是此式衣服的变化形式，右肩臂忠实地从衣服中伸出，只不过右肩臂伸出的面积有些大。从甘肃永靖炳灵寺第6龛西秦时期泥塑佛坐像，胸部敞开，右手臂从佛衣中伸出（图14-1-4），到云冈石窟的早中期，如早期第18窟（图14-1-5），中期第9、10、11、12、13窟（图14-1-6、7），到麦积山石窟（图14-1-8），再到龙门石窟古阳洞诸龛（图14-1-9），晚到古阳洞北壁太和二十一年（公元498年）第304龛以及同时期的金铜佛像、石雕像，都可看到这样身着类似于希玛申和托加的袈裟的佛教人物形象。

北魏早期佛教艺术中佛衣的勾连纹、折带纹似与希玛申、托加有关。勾连纹即突起的两道衣襞相对曲向合为一道，每一道衣襞上阴刻一条或二条线，同时每道之间的凹

1 该博物馆原设于拉特兰宫，1970年闭馆，后在原址并入梵蒂冈历史博物馆，1991年开馆。

2 A. Foucher, The *Beginnings of Buddhist Art*, Paris: Paul Geuthner, 1914, p. 136. ［法］阿·福歇：《佛教艺术的早期阶段》，王平先、魏文捷译，兰州：甘肃人民出版社，2008年，第102页。

3 John Marshall, *The Buddhist Art of Gandhara: The Story of the Early School, its Birth, Growth and Decline*, Cambridge: Cambridge University Press, 1960, pp. 18, 31, 34, 38, 39, 48, 61, 83.

图14-1-5
云冈石窟第18窟弟子像

图14-1-6
云冈石窟第9窟佛像

图14-1-7
云冈石窟第12窟佛像

图14-1-8
麦积山石窟第78窟佛像

图14-1-9
龙门石窟古阳洞北壁第140龛

图14-1-10
云冈石窟第20窟佛像衣纹

图14-1-11
云冈石窟第20窟佛像衣纹

面上刻阴线一条，其外观轮廓似叉形或燕尾形或“Y”字形。[1]这种勾连纹其实表现的就是佛衣不同方向的衣襞间的交互关系，应多产生于宽大衣服中。犍陀罗造像所着佛衣宽大，在突出胸、小腹、腿部的同时在右半身与两腿间形成V字形衣褶，上下互相交叠，同时于身体两侧或腹部形成尖状燕尾式衣褶，显得衣质厚重。这种衣褶在中国佛教早期艺术中称为勾连纹，与宽大的希玛申、托加在身前、肩臂形成的道道衣褶颇为相似。

云冈石窟早期造像的佛衣从衣质的感觉上可分两大类，即厚重的和轻薄的。前者如第20窟主尊坐佛和东壁立佛，第19—1窟的倚坐佛，第17窟两侧坐佛和立佛，第7、8窟佛像等，为犍陀罗艺术流行的衣饰风格，衣料厚重，衣襞凸起层层交叠，形成勾连纹。后者如第19窟主尊坐佛，受印度笈多时期马图拉造像服饰的影响，衣薄贴体。云冈石窟的佛衣有时在僧祇支、腿部、臂部、胸部也表现出勾连纹，衣纹的方向有所不同，勾连纹在此更像是一道道纯粹的装饰。（图14-1-10、11）第17窟到第20窟均有勾连纹，中期早段的第7、8窟主尊像仍有延续。这种勾连纹还影响到周边地区的单体造像，如日本藤井有邻馆藏的太安元年（公元455年）张永造石佛坐像和私人收藏的太安三年（公元457年）宋德兴造石佛坐像，均着袒右肩式大衣，衣褶线条隆起，

1 陈悦新：《云冈石窟佛像服饰的勾连纹》，载中国考古学会、沈阳市文物考古研究所编：《庆祝宿白先生九十华诞文集》，北京：科学出版社，2012年，第272—292页。

褶上刻一道阴线，衣纹在左上臂部分叉如燕尾。还有河北易县出土的菩萨像腿部衣纹也有非常明显的勾连纹。[1]这种纹饰断断续续，一直存在到迁洛以后。

折带纹是指衣缘的折叠，状如荷叶边的阴阳面，呈连续的Z字形。云冈石窟第20窟坐佛袒右肩佛衣衣缘的折带纹刀痕深刻且具厚重感，转折起伏富有力度。第19窟主尊佛衣的衣缘、第18窟左右立佛通肩式佛衣的衣缘也呈折带纹。（图14-1-12、13）这种衣纹似乎也与古希腊有渊源关系，希腊建筑上的石雕像及陶瓶上彩绘的人物，都能看到这种折带状的衣纹，或简或繁，表现于衣袖、前衣或裙端。（图14-1-14、15）中国佛教艺术的折带纹表现于佛、菩萨的衣缘，有些呆板、图案化，但也不失流畅、美观。有意思的是，这种折带纹在多着通肩式佛衣的犍陀罗造像中很少见到，至少在佛衣胸部不见，但却首见于云冈石窟。云冈石窟佛像样式制作于首都，必然被广泛摹写，流布天下，形成云冈模式。北魏河西诸石窟，辽宁义县万佛堂等佛像以及同时期

图14-1-12
云冈石窟第18窟主尊佛像衣纹

图14-1-13
云冈石窟第18窟主尊佛像衣纹

1 金申：《易县北魏交脚菩萨像造型上的几个问题》，《文物》1997年第7期，第63页。

图14-1-14
阿菲亚神殿（Temple of Aphaia）
山墙上雅典娜的衣纹

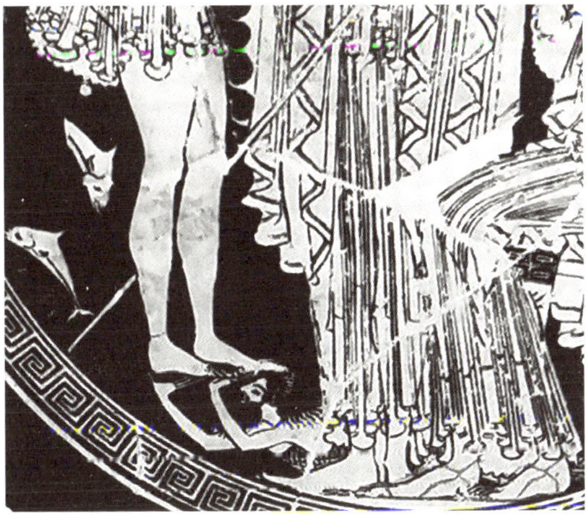

图14-1-15
希腊陶瓶人物的衣纹

的单尊铜、石佛像无不受此影响。[1]之后随着褒衣博带式佛衣的兴起，折带纹状衣缘表现渐微。

二、菩萨

菩萨（Bodhisattva）为成道前的修行者，一般表现为青年贵族模样，佩饰华丽。佩有冠饰、耳珰、胸饰、臂钏、腕钏等严身之具。在犍陀罗艺术中，菩萨被塑造成贵霜时代王公的形象，珠串束发髻，或

1 金申:《易县北魏交脚菩萨像造型上的几个问题》,《文物》1997年第7期，第61页。

戴巾冠饰，唇留髭，胸前佩三四重绳状顶饰，常有一对龙形兽衔宝珠。上身裸露，帔帛绕身，可能与希腊罗马传来的通过骨骼和肌肉表现人体美的传统有关。[1]与佛一样，中国南北朝时期佛教艺术的菩萨和犍陀罗的菩萨造型有着东西方审美的区别。但其宝冠、璎珞、二龙衔系珠、圆形耳珰、帔帛等，显然是受犍陀罗艺术的影响，其中有的应该有希腊化艺术的因素和渊源。

图14-1-16
故宫博物院藏金铜菩萨像

1. 二龙衔（系）珠饰

二龙衔（系）珠图像创始于犍陀罗，用于石刻菩萨的项链装饰，于菩萨胸前往往雕刻一对有角兽首，相对斜向内下方，口衔用来穿珠绳索的两端。故宫博物院收藏的西晋时期金铜菩萨像和藤井有邻馆藏大约同时期金铜弥勒菩萨立像的二龙衔珠应是目前犍陀罗二龙系珠饰东传在中国的最早表现。（图14-1-16、17）敦煌莫高窟第275窟北壁上层二阙形龛之间的菩萨像胸前塑二龙相对而不见宝珠，较之晚些的北魏第254窟南壁前部上层弥勒菩萨交脚坐像胸前也绘一对龙首含珠，相对昂起。云冈石窟早期第17窟主尊弥勒菩萨交脚坐像胸前作二龙衔珠饰，一对无角的龙首相对昂起，其中一龙口含宝珠。（图14-1-18）到云冈石窟中期，受到新一轮犍陀罗文化因素东传的影响，开始流行二龙系珠图像。一对龙首相对昂起作双“U”字形构图，集合了犍陀罗二龙系珠与二人系珠两种造型因素。再如云冈石窟第7窟后室北壁弥勒菩萨交脚坐像，二龙首相对，下垂系结宝珠的绳端呈Y字形，龙口各衔一端。稍晚的第13

图14-1-17
藤井有邻馆藏金铜弥勒菩萨立像

1 参见孙英刚、何平:《犍陀罗文明史》，北京：生活·读书·新知三联书店，2018年，第511页。

图14-1-18
云冈石窟第17窟菩萨的二龙衔珠

图14-1-19
云冈石窟第13窟菩萨的二龙系珠

窟明窗东壁菩萨像二龙吻部相接，下垂一宝珠。（图14-1-19）第11窟东壁弥勒菩萨交脚坐像、第11窟南壁弥勒菩萨交脚坐像等，仅表现二龙，不见宝珠，造型更加简单。[1]

在犍陀罗地区，与这种二龙系珠佩饰同时出现的也有马人图像饰于菩萨胸前。（图14-1-20、21、22）马人（Centaur，肯陶尔）是希腊神话中半人半马的森林精灵，上半身是人，下半身是马。他们的形象在希腊化时期常常被用作装饰。犍陀罗艺术中的马人图像无疑是亚历山大之后从希腊传来的。这种兽首相对图案的源头也可能来自希腊。[2]希腊本土也曾出现过兽首相对的项饰，如收藏于希腊塞萨洛尼基（Thessaloniki）博物馆的项链，在编绞的链子两端为相对的狮子头，一头衔环，一头含钩，中央是

图14-1-20
犍陀罗菩萨佩戴的二龙衔珠

1 李静杰、齐庆媛：《二龙系珠与二龙拱珠及二龙戏珠的图像系谱》，《石窟寺研究》第6辑，北京：科学出版社，2016年，第202—220页。

2 郭凤妍：《“五兵佩”（西河子金链）再研究》，《石窟寺研究》第5辑，北京：科学出版社，2014年，第106页。

赫拉克勒斯结的端头，为四个狮子头，最中间为六瓣花形，该项链出土时佩戴于女墓主身上。（图14-1-23）斯基泰文化中常见兽头相对的颈饰（图14-1-24），收藏于日本美秀博物馆（Miho Museum）的巴克特里亚宝藏，金项圈两端有两个狮头相对。[1]

2. 圆形耳珰

在印度佛教艺术中，除佛、弟子之外，其他造像多佩戴各种繁复的耳饰。受其影响，中国佛教艺术造像中菩萨、供养天、飞天、天王、夜叉、护法力士等多戴有耳饰，包括梵志（婆罗门）、魔女等小众人物。

中国佛教图像艺术中，耳饰样式有璎珞耳饰、圆形大耳环、圆形耳饰。璎珞耳饰多佩于菩萨耳垂。云冈石窟第7窟拱门东侧三面四臂神像、第6窟中心塔柱下层西面金刚力士的耳垂上也可见璎珞耳饰。多条璎珞从饰于耳垂的圆形莲花中穿出，璎珞尾端又束于一朵莲花中，与肩相抵。圆形大耳环佩于夜叉飞天、魔军和力士

图14-1-21
犍陀罗弥勒菩萨的马人项链

图14-1-22
犍陀罗弥勒菩萨佩戴的马人项链特写

图14-1-23
希腊狮头相对金项链

1 张晶:《犍陀罗菩萨项链考》,《中国美术研究》2017年第24期，第7页。

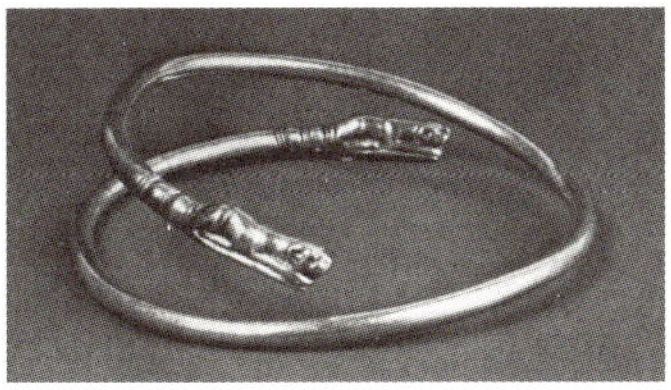

斯塔夫罗波利地区加津斯科村出土，
公元前3世纪

第聂伯罗彼得罗夫斯克州切尔托姆鲁伊克高冢出土，
公元前4世纪

图14-1-24 斯基泰颈饰

的耳垂。其中最多见的耳饰是贴于耳垂的圆形耳饰，表现的应该是莲花花朵，如十六国时期天梯山石窟第4窟菩萨、炳灵寺石窟第169窟菩萨、金塔寺石窟北凉时期菩萨，云冈石窟早中期佩于菩萨、飞天、供养天耳垂，天神、力士、夜叉、梵志也偶见。

瓔珞耳饰、圆形耳环均应是由印度传来。印度巴尔胡特大塔栏楯立柱浮雕有耳穿瓔珞的药叉和药叉女，[1]桑奇二号塔浮雕人物等也多佩戴较粗的瓔珞耳饰。犍陀罗造像中耳饰繁复，瓔珞、圆形耳饰常佩于菩萨耳垂，环形耳饰则多见于天王耳垂。（**图14-1-25**）中国南北朝佛教艺术中菩萨流行的圆形耳饰（**图14-1-26、27、28**）在北魏世俗女性耳上也是首见，如北魏平城墓葬出土的女俑。我们在希腊女性陶像、钱币上的雅典娜神的耳朵上也看到了这种圆形耳饰，雅典卫城博物馆收藏的公元前525年古风时期的雅典卫城的少女立像（Kore）耳垂有圆形饰。（**图14-1-29**）几乎是同时期神庙出土的祭祀奉献物品红陶塑像，有可能是女性神灵，有垂肩的辫子，耳垂有圆形耳饰，[2]而且在希腊还出土有金质圆形莲花形耳饰实物，称为玫瑰饰、蔷薇饰。（**图14-1-30**）圆形耳饰名珰，文献记载其是西来的，多为金银质，圆似车轮。《考声》云：“西国国王及贵胜皆以金银妙宝作耳镰，着穿耳之处，犹如宝轮，

---

1 扬之水：《桑奇大塔浮雕中的药叉》，《艺术设计研究》2012年第3期，第18页。
2 中华世纪坛世界艺术馆编：《希腊文明》，北京：文物出版社，2007年，第24—31页。

菩萨

梵天

毗沙门天

菩萨

图14-1-25　犍陀罗造像的耳饰

图14-1-26
云冈石窟第8窟后室
南壁菩萨

图14-1-27
云冈石窟第6窟菩萨

图14-1-28
北魏方山永固陵出土
菩萨泥塑

图14-1-29
雅典卫城博物馆藏少女立像

图14-1-30
德尔斐（Delphi）出土的勒托（Leto）雕像及首饰

以杂宝厕其间，以为严饰。”[1]既然是从西方而来，此西国是否会远至地中海区域呢？

3. 帔帛

佛教艺术中菩萨、飞天、夜叉等多披有帔帛。武汉出土的莲溪寺永安五年（公元262年）鎏金铜片立姿菩萨像，头束发髻或戴花冠，颈佩项圈，上身裸，下着裙，帔帛从身后绕至双手臂下垂，两条端头向上飞扬。这应该是中国佛教艺术中目前发现的最早的帔帛。十六国北朝时期的中国佛教艺术造像多是从身后绕过双手臂垂下，或呈圆环状飘于头后，或裹肩而披。如十六国北凉时期的天梯山石窟第4窟壁画，菩萨发髻高挽，上身袒，下着裙，佩耳饰、项饰，胸腹前垂璎珞，左手曲肘外展拈花，右手提瓶，帔帛从身后绕肘后飘于身体两侧。（**图14-1-31**）

云冈石窟菩萨、飞天、供养天、夜叉等也多有帔帛。（**图14-1-32、33、34**）北魏平城艺术中较早的帔帛，出现在2005年大同市沙岭村发掘

1《大正藏》卷五四《一切经音义》卷一四，第391页c。

图14-1-31　天梯山石窟第4窟菩萨

图14-1-32　云冈石窟第17窟菩萨

图14-1-33　云冈石窟第16窟力士

图14-1-34　云冈石窟第6窟飞天

图14-1-35　北魏沙岭壁画墓M7壁画中侍女的帔帛

的沙岭壁画墓M7（太延元年，公元435年）中。墓室四壁和甬道顶、侧部保存有基本完整的壁画，环绕墓壁四周上部的侍女列队，头戴花冠，身着窄袖高腰间色裙，身体两侧帔帛上下飘舞。（图4-1-35）笔者认为这种缠绕于两侧手臂的帔搭服饰可能与希腊化文明遗产的影响有关。美国学者索珀（A. C. Soper）在研究北凉和北魏时期甘肃地区此类帔帛（garment scarf）时，为其来源提供了一种解释：帔帛最早是为希腊化的天神（Hellenistic sky-deitics）创制的，似乎是随着公元前1世纪印度—斯基泰人国王毛伊斯（Maues）发行的钱币进入印度文化圈，马图拉的雕刻家们非常可能由此受到了启发，把这种轻盈的帔帛赋予飞向佛陀表示虔敬的神人，最后再扩大到供养人和菩萨。[1]他的溯源有一定道理，我们在同时期的地中海地区也发现了这样的帔帛。比如，意大利那不勒斯国家考古博物馆藏的庞贝壁画（公元1世纪）的花神芙罗拉（Flora），身后披着帔帛。（图14-1-36）法国巴黎卢浮宫藏“酒神引领季节女神”雕像中的第二位女神双臂挂有帔帛，这种从两肩进入两臂又从肘部飘出的披法与云冈菩萨、飞天等的帔帛相近。（图14-1-37）但在犍陀罗，菩萨像着衣多是裹左肩，搭右肘，并不见中国早期十六国至北魏早中期佛教艺术中这种披法的帔帛，仅在夜叉、供养天像中偶然见到。（图14-1-38）所以，云冈帔帛的这种披法有可能直接受希腊化艺术的影响。大同城南轴承厂北魏遗址出土的鎏金铜高足杯上高雕女像的帔帛，也属于此种类型。（图14-1-39）此器被认为来自东罗马或波斯。

综观中国早期佛教艺术的菩萨，从耳畔的圆形饰、胸前的项链垂饰到身后的帔帛，均可在希腊或罗马艺术中找到类似的图案。因此，在重视犍陀罗艺术，甚至马图拉艺术的东传的同时，也不可忽视中国

---

1 Alexander C. Soper, “Northern Liang and Northern Wei in Gansun,” *Artibus Asiae*, Vol. 21, No. 2 (1958), pp. 144-145. 关于帔帛的起源与演变，参见张蓓蓓:《帔帛源流考——兼论宗教艺术中的帔帛及其世俗化》,《民族艺术》2015年第3期，第135页。

图14-1-36

花神芙罗拉，庞贝壁画，公元1世纪

图14-1-37
希腊酒神引领的季节女神

图14-1-38
犍陀罗夜叉女像

图14-1-39
鎏金铜杯高雕女像帔帛，大同，北魏遗址出土

方面与希腊化艺术遗产的直接联系。

三、力士

希腊神话中，阿特拉斯（Atlas）是擎天巨神。泰坦之战（Titanomachy）中，包括阿特拉斯在内的泰坦神族（Titans）与奥林帕斯神族（Olympians）敌对，最终泰坦神族战败，而阿特拉斯也被宙斯降罪惩罚，永远在世界的最西处以头和双手托举天穹，也有说法是以双肩支撑苍天。正是因为这一神话，希腊艺术中出现了一系列与之相关的雕塑作品，古希腊神庙的柱子和三角楣上也时常可见阿特拉斯托举天穹的形象——作为支撑建筑物的装饰性构造。

这种形象传到印度后，被佛教艺术所接受。其中护持佛法的夜叉（Yaksha）就采用了希腊的阿特拉斯形象，成为托举塔、柱、龛等的力士（Atlant）。印度早期佛教美术中，常见托举的夜叉形象。如巴尔胡特有双手托举栏楯角柱和负载诸神的夜叉。犍陀罗佛教艺术中的阿特拉斯时常附有双翼，经常出现在窣堵波（佛塔）基坛或浮雕构图的下部。（图14-1-40、41）再如比利时布鲁塞尔的一尊犍陀罗菩萨雕刻，底部阿特拉斯蹲踞双手向上托举菩萨双足，背附双翼，裸身佩颈饰。（图14-1-42）云冈石窟第20窟西壁托举菩萨的夜叉与此极其相似，呈蹲踞状，着犊鼻裤，两腿外撇，上举双手托举。（图14-1-43）其源头应是经犍陀罗艺术传来的希腊阿特拉斯形象。这种夜叉不仅常见于佛教石窟，雕于窟顶、窟壁等处，托抗着塔及菩萨、龛柱、平台、博山炉等（图14-1-44、45），在世俗墓葬中也有发现，如在石床足、砚足、石灯呈托抗之状，甚至披铠着甲执兵守护墓室，而且常常成对出现，表现为一老一少形象。

图14-1-40
犍陀罗阿特拉斯像

图14-1-41
犍陀罗阿特拉斯像

图14-1-42
犍陀罗托举菩萨的
阿特拉斯像

图14-1-43
云冈石窟第20窟托举
菩萨的夜叉像

图14-1-44
云冈石窟第10窟托举夜叉像

图14-1-45
云冈石窟第7窟后室东壁夜叉像

四、护法金刚—赫拉克勒斯

赫拉克勒斯（Heracles）是古希腊大力士，希腊主神宙斯的私生子。遭宙斯妻子赫拉（Hera）嫉恨，逼迫他完成十二件不可能完成的艰巨使命。他完成的第一件任务就是打死狮子，并剥下巨狮的皮披在身上，狮头皮则做成头盔。于是，狮头皮盔成为赫拉克勒斯的典型装备。他还拥有一根橄榄木棒神器。赫拉克勒斯作为希腊、罗马神话中解厄救灾、勇敢有力的半人半神英雄，出现在希腊、罗马的陶瓶、壁画、钱币、铜石雕像等等甚至饰物上。（图14-1-46）后来的亚历山大大帝宣称自己家族就是赫拉克勒斯的后裔，他在自己发行的钱币中，以赫拉克勒斯的化身出现，也戴着狮头皮盔。

随着亚历山大的东征及公元前后1世纪罗马帝国向地中海东部的扩张，赫拉克勒斯的形象不仅东传到中亚、印度，也被罗马人欣然接受。赫拉克勒斯的铜像和石像以及有赫拉克勒斯头像的钱币大批涌现。巴克特里亚和印度—希腊人国王发行的钱币中，就把赫拉克勒斯作为他们的保护神，将其形象置于钱币的反面。[1]罗马皇帝康

图14-1-46
希腊陶瓶上的赫拉克勒斯

1 Osmund Bopearachchi, *Monnaies Gréco-Bactriennes et Indo-Grecques, Catalogue Raisonné*, Paris: Bibliothèque Nationale, 1991, p. 379.

图14-1-47
装扮成赫拉克勒斯的罗马皇帝康茂德

图14-1-48
犍陀罗出土执金刚神与供养者、礼拜者

茂德（Commodus，公元161—192年）曾为自己制作了模仿赫拉克勒斯的大理石雕塑，头戴狮头皮盔，右手持棍棒，左手拿三粒金苹果。（图14-1-47）

在深受希腊化艺术影响的犍陀罗佛教艺术中，希腊神话中的大力士赫拉克勒斯变身为护法金刚（Vajrapani）。伦敦大英博物馆收藏的一块石雕残件的左侧，有四个面向右的人物，中部可能是佛陀。其中一人头戴有双耳的狮头皮盔，狮子的前肢双爪打结交叉在胸前。裸上身，着短裙，右手紧握金刚杵，左手拄剑，守护佛陀，石雕的年代大约为公元2—3世纪。[1]（图14-1-48）

1 头戴虎头冠的武士形象的研究，参见邢义田：《赫拉克利斯（Heracles）在东方——其形象在古代中亚、印度与中国造型艺术中的流播与变形》，载荣新江、李孝聪主编：《中外关系史：新史料与新问题》，北京：科学出版社，2004年，第15—47页；邢义田：《立体的历史：从图像看古代中国与域外文化》，北京：生活·读书·新知三联书店，2014年，第151—203页；李淞：《略论中国早期天王图像及其西方来源》，载氏著：《长安艺术与宗教文明》，北京：中华书局，2002年，第105—141页；霍旭初：《龟兹金刚力士图像研究》，《敦煌研究》2005年第3期；杨巨平：《犍陀罗艺术中的"希腊神"在中国——一项基于图像的初步考察》，《西域研究》2022年第1期，第120—137页。

这些具有赫拉克勒斯特征的护法金刚神也在云冈石窟中出现了。云冈石窟第13窟南壁圆拱龛外两列像的第3层左像无疑具有赫拉克勒斯造型特征。(图14-1-49)此像头戴兽头帽，兽头粗眉上弯，梯形眼眶，三角圆鼻，宽阔的上唇清晰可见。胸前两条带爪前肢交叉，将前肢肘毛也表现出来了，而且带爪的后肢系结于腰部，身体左侧上举的左臂后有一块圆弧状雕刻，可能是所披的兽皮，身体左侧腰部还翘出一端头，可能表示尾巴。像上身裸，下着犊鼻裈，帔帛环绕头光后从肘间飘出。右手下伸，似在托着拱端龙爪，左手上举，握着棒头，棒身有小凹坑，以示瘤节。两腿外撇，一腿垂足，一脚立起，坐于方台之上。该像面部雕刻上也不同于其他像，鼻梁有横纹，耳佩圆珰饰，虎虎生威。此像应该是中国目前发现最早的具有赫拉克勒斯造型特征的造像，相比从希腊一路东向的赫拉克勒斯像又有北魏的时代特点。兽头虽既不见狮鬃也没有虎斑，无法确定为狮头或虎头，但兽头粗眉上翘、梯形眼眶、腿部飘有肘毛为北魏瑞兽的特点。造像不仅着犊鼻裈，还披帔帛，具有佛教人物的装束。守护于佛身侧，造像理念上应该是受到犍陀罗艺术的影响。北朝晚期，头戴兽头帽的金刚力士和天王形象常见于中原和西北地区。如北魏晚期龙门宾阳中洞窟门两侧的多首多臂

图14-1-49
云冈石窟第13窟护法金刚

图14-1-50
麦积山石窟第4窟护法金刚

图14-1-51
阿富汗哈达佛寺遗址出土佛龛

护法神像，头上均戴兽首帽，獠牙清晰可辨，地神托足，手持三叉器、剑、摩尼宝珠等，集天王、神王、金刚力士、夜叉等护法形象为一身。再后还有巩县石窟第4窟神王像，克孜尔石窟第175窟两侧对称的密迹力士和头戴狮头皮冠的金刚力士等。甘肃天水麦积山石窟第4窟崖壁有八身北周时期的石胎薄泥塑像，其中一身造像头戴虎头冠，肩系披巾，戴颈圈，赤足踏于狮背，左手持锏或杵，右手施说法印。（**图14-1-50**）这种护法金刚形象同时也传入民间，隋唐时期演变为墓葬中的护墓俑，头戴虎头帽，有的还手持木棒。[1]

这种护法金刚的形象无疑源于犍陀罗艺术。在阿富汗哈达一处贵霜时期的佛寺遗址中，僧院V2号泥质佛龛中为结跏趺坐佛，左右上方胁侍二菩萨，右侧有一单腿支坐的执金刚力士，希腊式面孔，裸上身，下围腰布，胡须浓密，右手拄金刚杵，左肩部披狮子皮。这个守护佛陀的金刚力士显然是从赫拉克勒斯演变而来，只不过木棒变成了金刚杵。[2]（**图14-1-51**）

1　山西省文物管理委员会、山西省考古研究所：《山西长治北石槽唐墓》，《考古》1962年第2期，图版捌；王敏之等：《河北献县唐墓清理简报》，《文物》1990年第5期，第29页，图版肆：1。

2　李静杰、李秋红：《兽首含臂守护神像系谱》，《艺术史研究》第十八辑，广州：中山大学出版社，2016年，第161页。

犍陀罗的执金刚力士或名执金刚神，一般手握金刚杵随佛身之后。金刚神头发松散，满蓄胡须，表情严肃而紧张，着通肩半袖裙衣，或裸体提衣，或着短裤，肌肉结实，左手托金刚杵，右手执拂尘。金刚神满头卷发，深目高鼻，有时裸体，显然受到希腊化艺术的影响。（图14-1-52）

从图像学上来说，中国佛教艺术中将持金刚杵者称为金刚，将裸上身、表现肌肉力量的人物形象称为力士。笔者以为，云冈石窟的护法神，持金刚杵的为执金刚神，着菩萨装的为力士。二身手持金刚杵的金刚神是从犍陀罗手持金刚杵的单身金刚演变而来。但无论如何，他们的前身应该都是希腊的赫拉克勒斯。

五、守护神

云冈石窟早期洞窟造像令佛如帝身，以开凿大像为主要目的，不

图14-1-52
犍陀罗执金刚神像

图14-1-53
云冈石窟第10窟护法金刚

图14-1-54
谭副造像的帝释天

见守护神形象。进入中期，以弥勒信仰为主要造像思想，洞窟如弥勒之宫殿需要守护，所以开始于窟门两侧常置四身守护神，两两相对，二身逆发，着菩萨装，二身头戴羽翼冠，着铠甲。如第8窟窟门两侧各设四身守护者，外侧两身风化严重，仅可辨一手于腰，似着及膝长衣，光腿赤足；内侧二身头戴羽翼冠，着半袖对襟甲衣，一手上举握三叉器，一手托金刚杵，脸朝向窟内。第9、10窟（图14-1-53），第5、6窟亦是如此，各有四身护法像，分布位置相互呈直角状。第5窟窟门东西两壁戴羽翼冠者手中不再持有武器，南壁窟门两侧的护法像则为菩萨装。第6窟中心塔柱的东西两面佛龛两侧除弟子、诸菩萨之外，各有一身披帔帛、逆发或头戴羽翼冠、着甲的护法像。河北邺城北吴庄出土的同时期公元5世纪的北魏谭副（造像主）造像，背屏背面是弥勒兜率天说法图，主尊弥勒的左侧为头戴化佛冠的大梵天王，右侧第一身像头戴羽翼冠，耳佩环饰，身着铠甲，膝下露战裙，帔帛缠肩绕臂垂下。左手自然下垂，右手屈至胸前，双足踏莲台。像的左上侧竖刻“天帝释”。（图14-1-54）

不管是守护神还是帝释天，他们都有共同的外貌特征：头戴羽翼冠，身着甲衣，有的还手持三叉器。根据法国著名汉学家沙畹（É. Chavannes）的观点，他们都与希腊化宗教和艺术有着一定的关系。沙畹曾对云冈石窟第8窟窟门两侧守护神作了以下分析：“带双翼的帽子显然是墨丘利（Mercury）的典型标志物，大家由此自然会联想到古希腊及古罗马艺术的影响。这个奇特的造像将墨丘利的双翼帽、涅普顿（Neptune）的三叉器和巴克斯（Bacchus）的双柄大酒杯汇集于一身，这也许只是晚期罗马时代诸神中的一个代表，人们将其称作万神殿，因为它把象征各神的标志物汇集到自己身上，或者至少将其中若干个神的标志物拢到自己身上。”1

1. 羽翼冠

鸟翼冠的形式很早见于古希腊艺术和波斯艺术。希腊神话中头戴羽翼冠的是赫尔墨斯（Hermes），罗马神话中名叫墨丘利。墨丘利在罗马神话中担任着与赫尔墨斯相类似的职责。在希腊神话中，赫尔墨斯是宙斯的使者，又是道路神、指路神，为行路者和商人的保护神，同时司丰收、财富等。其主要的图像特征之一就是帽子上有一对羽翼。（图14-1-55）古希腊人常将刻有赫尔墨斯神特征和头像的石柱神像放置在岔道、十字路口、神庙门口等，用于守护与辟邪。

希腊国家考古博物馆收藏的罗马时代的墨丘利神青铜像，头戴羽翼冠，裸体，左臂挂长袍，脚残，左腿轻曲，头向右方，右手执钱袋，左手于体侧托枣椰子枝叶，是胜利女神的持物。（图14-1-56）另大英博物馆收藏的罗马时代公元3世纪的象牙雕板的墨丘利神头戴羽翼冠，脚踝也系羽翼，前身裸，身后披战袍，右手上举钱袋，左手上托双蛇杖。（图14-1-57）二神左手于体侧手托枣椰子的枝叶或双蛇杖的形态，与云冈石窟拱门两侧的护法神姿态几乎相同。

图14-1-55
绘有赫尔墨斯神的希腊陶瓶

图14-1-56
罗马时代的墨丘利神青铜像

1 Édouard Chavannes, *Mission archéologique dans la Chine septentrionale*, Tome 1, Paris: Ernest Leroux Éditeur, 1915, p. 109. 译文引自［法］埃玛纽埃尔—爱德华·沙畹：《华北考古记》第三卷《石窟卷》，袁俊生译，北京：中国画报出版社，2020年，第362页，稍有改动。

图14-1-57
罗马时代的墨丘利神象牙雕板

日本学者田边胜美从犍陀罗浮雕中一件四天王奉钵图看出，受希腊赫尔墨斯神影响的图像形式还有毗沙门天王，同样头戴鸟冠。[1]该浮雕制作时代大约在公元3—4世纪，画面中佛陀居中，手持石钵，佛左右各站立二天王，其中三天王均为裸上身、披巾、穿裙、赤足的印度王公形象，而佛右侧的天王头戴鸟翼冠，着长袖上衣，披风衣，穿长靴。（图14-1-58）田边胜美认为此像是毗沙门天。贵霜王国时期，希腊、罗马的神像在犍陀罗地区广泛流行。很可能就是在这时，毗沙门天戴上了赫尔墨斯式的鸟翼冠。

这对羽翼还流行于萨珊波斯王朝（公元224—651年），其第五代王瓦赫兰二世（Bahrām II，公元276—293年）的冠上饰有羽翼，象征王权及力量（图14-1-59），且从瓦赫兰二世开始，萨珊波斯王朝帝王开始使用鸟翼冠。与公元5世纪中叶北魏中期相对应的卑路斯王（Peroz I，公元459—484年）银币上的国王头像有的也有双翼装饰。平城附近的天镇县曾出土49枚波斯银币，其中就有31枚是这种冠式。[2]萨珊王朝对北魏平城的文化影响较大，但象征王权及力量的羽翼冠与守护神的羽翼冠职能有所不同。虽然我们不能确定云冈石窟头戴羽翼冠者即毗沙门天，但其源头应该与犍陀罗的毗沙门天有关系，羽翼与希腊赫尔墨斯神有关，且羽翼的样式也与赫

1　田边胜美:《毘沙門天像の誕生》，东京：吉川弘文馆，1999年，第70页；田边胜美、前田耕作编:《世界美術大全集・東洋編》第15卷《中央アジア》，东京：小学馆，1999年，第201页，插图117—120。

2　相关图片见张庆捷、刘俊喜:《北魏平城波斯银币与丝绸之路几个问题》，载上海博物馆编:《丝绸之路古国钱币暨丝路文化国际学术研讨会论文集》，上海：上海书画出版社，2011年，第202—204页图八、九、十一、十二、十五。

图14-1-58
犍陀罗四天王奉钵雕刻

尔墨斯头盔上张开的鸟羽相似。

2. 三叉器

中国佛教艺术中的三叉器（trident）目前最早出现于北凉石塔，有9座塔的八面基座上有线刻或雕刻像。其中出土于甘肃酒泉的马德惠塔（公元426年）基座的刻像均具头光，裸上身，帔帛从头光后顺肩绕肘而下，下着犊鼻裤或腰裙，交脚坐和舒腿坐。除一像双手擎盘外，其余的手持三叉器。敦煌沙山塔基座的神王像均为站姿，除帔帛、头光外，或着铠甲，或饰胸乳（铠甲?），有的好像头戴羽翼冠，手持三叉器。[1]公元442—460年造的宋庆塔基座有二像明确持三叉器，裸上身，

图14-1-59
瓦赫兰二世钱币

1 殷光明：《北凉石塔研究》第九章《塔基造像》，台北：觉风佛教艺术文化基金会，2000年，第42页。

下着犊鼻裈。三叉器两侧外展，沙山塔和宋庆塔叉头均有倒刺。北凉石塔基座像上明确刻有“天神王”的题识，所以，基座雕刻像应属佛教的“天部”造像信仰，即护持佛法诸鬼神中的“神王”，神王几乎均有三叉器。

云冈石窟第8、9、10窟的护法神都手持三叉器。第8窟的三叉器，中叉微短，呈圭形，两侧叉向外弧展，呈尖状。（图14-1-60）而第10窟的三叉器则中叉呈尖状突出，两侧则呈圆弧状向内收，均是手上举，手背向外握三叉器的中叉。另外，在第9窟前室北壁门楣两侧的武士一手握金刚杵置于胸部，一手高举执“ㄐ”型叉。北魏晚期龙门宾阳中洞窟门两侧的多首多臂护法神像，左下手执摩尼宝珠，右下手当腰，左上手握三叉器，右上手举剑，三叉器的外侧叉折直向上。（图14-1-61）洛阳平等寺藏北齐崔永仙等人造像碑，碑身正中屋形龛之下三界格的两端长条界格内各为天王，戴头盔，着甲胄，饰瓔珞，一手持金刚杵或剑，一手执三叉器或二叉器。两侧叉均呈圆弧状。隋代

图14-1-60
云冈石窟第8窟护法神

图14-1-61
龙门石窟宾阳中洞护法神

图14-1-62
希腊雅典帕特农神庙的波塞冬

安阳灵泉寺大住圣窟窟门外两侧有护法神王像“迦毗罗神王”和“那罗延神王”，二神王相对，手握三叉器，外侧手持剑。[1]陕西省西安市杨凌区发现的唐代武周沙洲刺史李无亏墓，其石墓门的门扉中间刻一对武士，胡相，均身着甲衣、足踏小鬼，一名持三叉形兵器，一名手握弯刀。[2]

希腊海神波塞冬（Poseidon）和罗马海神涅普顿所持的都是三叉武器。雅典卫城博物馆复原的西山墙雕塑群中的波塞冬所持的武器为三股叉。（图14-1-62）古希腊瓶画中也有三叉武器的图案。（图14-1-63、64）希腊本土安提柯王朝的德米特里一世（Demetrius I，约公元前306—前283年）、印度—希腊人国王安提马库斯一世（Antimachus I，约公元前185—前170年）钱币的反面都出现过手持三叉器的波塞冬。（图14-1-65、66）受希腊化钱币和印度湿婆崇拜的混合影响，贵霜钱币上出现的湿婆，兼具赫拉克勒斯特征，手持三叉器。贵霜后期，正面的国王与背面的神像有时均持三叉器。（图14-1-67）

---

1 河南省古代建筑保护研究所:《宝山灵泉寺》，郑州：河南人民出版社，1991年，第16、146页。

2 王团战:《大周沙洲刺史李无亏墓及征集到的三方唐墓志》,《考古与文物》2004年第1期，第20页。

图14-1-63

绘有三叉器的希腊陶瓶

图14-1-64

绘有三叉器的希腊陶瓶

图14-1-65

马其顿安提柯王朝国王德米特里一世钱币，反面是手持三叉器的波塞冬

图14-1-66
印度—希腊人国王安提马库斯一世钱币，反面是手持三叉器的波塞冬

图14-1-67
贵霜国干瓦苏提婆一世（Vasudeva I，约公元190—230年）与反面的湿婆均手持三叉器

中国佛教艺术中的三叉器来源应与古希腊、罗马神话传说中的海神有关。从形制上来说，有三叉器也有二叉器，而且三叉器中央叉呈菱形，两侧叉锋向外展，个别内弧，与希腊艺术所表现的三叉器的两侧叉或直或向外展相近。

3. 人面饰

人面饰多饰于着铠甲的守护神胸前。最近发现的大同七里村北魏墓群M29壁画墓中，甬道两侧绘镇墓武士手持刀盾，盾面雕刻人面饰。[1]前述北魏晚期龙门宾阳中洞窟门两侧的多首多臂护法神像，其胸前有三个人面像，腹部一个大人面像，左右胸部各一个小的人面像

1 大同市考古研究所:《山西大同七里村北魏墓群M29发掘简报》,《文物》2023年第1期，第44页。

（图14-1-61）。洛阳平等寺藏北齐崔永仙等人造像碑中的天王像中，左天王胸前并列二人面护，右天王腹部还有一人面护，为三面护。[1]隋代开皇九年（公元589年）安阳灵泉寺大住圣窟窟门外的“迦毗罗神王”，甲胄胸部及腹部有三个圆形人面像。唐代河北献县东樊屯村出土的武士俑甲身腹部饰一女子面部，眉间有痣，双颊丰满。[2]这个人面也可能是来自希腊神话中的美杜莎（Medusa）。

美杜莎是古希腊神话中的蛇发女妖，以致命的诱惑力和杀伤力而著称。关于美杜莎的故事，最流行的版本是，美杜莎原本是戈耳工（Gorgon）三女儿中的一位，与她的两位姐姐拥有不死的魔身不同，美杜莎是凡人，还拥有美貌的长相和一头靓丽的头发。美杜莎受到海神波塞冬引诱，在雅典娜神庙里被化身为骏马的波塞冬强暴，并因此怀上了双胞胎。智慧与战争女神雅典娜本来就嫉妒美杜莎的美貌，作为惩罚，雅典娜将她的头发变成了一条条毒蛇，将她的面孔变得狰狞可怖，任何看到她面孔的人都会被石化。宙斯的儿子帕尔修斯在雅典娜和赫尔墨斯等神祇的帮助下，利用青铜盾牌的反光趁美杜莎熟睡之时砍掉了她的头，之后从美杜莎的身体中，诞生了双翼飞马珀伽索斯（Pegasus）和巨人克律萨俄尔（Chrysaor）。雅典娜将其头颅固定在自己的盾牌、胸甲中央做守护。（图14-1-68）美杜莎的艺术作品广泛流布于希腊各地，通常被描述为面目可憎、吐着舌头、长着猪齿、头缠毒蛇的巨型女妖。作为避邪之物或守护神，美杜莎的头颅广泛地出现在希腊的钱币、珠宝、雕塑、日用器皿装饰、将士的甲胄上以及盾牌上。[3]巴黎卢浮宫收藏的罗马时期克劳狄安荣耀拱门（Honorary Arch of Claudius）上的禁卫军卫兵胸前也饰有美杜莎人面。（图14-1-69）意

1 李献奇：《北齐洛阳平等寺造像碑》，《中原文物》1985年第4期，第89页。

2 王敏之、高良谟、张长虹：《河北献县唐墓清理简报》，《文物》1990年第5期，第28页，图版肆：1。

3 ［意］斯特凡诺·马吉编著：《希腊——众神的殿堂》，张宝梅译，石家庄：河北教育出版社，2013年，第115页。

图14-1-68
雅典娜胸前人面饰

图14-1-69
罗马卫兵胸前人面饰

图14-1-70
罗马兵士胸前人面饰

大利庞贝（Pompeii）古城出土的《伊苏斯（Issus）之战》镶嵌画中，亚历山大的胸前铠甲之上也饰有美杜莎的面像。（图14-1-70）虽然目前我们无法为人面饰传到中国梳理出一个清晰的线路，但希腊化艺术中铠甲上人面饰的守护之意涵与中国佛教艺术中的守护神相同。

第二节　北魏早期佛教装饰艺术中的希腊化渊源

中国早期的佛教艺术充满异域的气息，促使装饰纹样发生了较大的变化。这一时期，植物纹样兴盛起来，动物纹样有了不同的寓意，几何纹种类大增，形成了丰富多彩而独具魅力的时代特点。杰西卡·罗森（Jessica Rawson）认为，装饰系统发生重大的转变的原因不只与潮流有关，更与重大的政治、宗教以至社会的变革有关。[1]这个变革就是远东希腊化世界的建立，希腊文化的传入及其与当地文化艺术的结合。具体表现就是犍陀罗艺术的装饰艺术中也含有明显的希腊化因素。

一、忍冬纹

忍冬花纹属植物类的装饰纹样，是随着佛教艺术东传来到中国的。作为佛教装饰题材可见于石窟窟壁、建筑和造像等各方面，并广泛流行于世俗社会，如运用于北魏的建筑、衣服、棺板、石椁板、石床、陶器、漆器之上，形式有单个菱形状、单枝并列、波状、环状、纵向对波状、缠枝环状、环状套圭、龟背状等，装饰繁缛，式样众多，是北朝时期主要的植物装饰纹样。

平城时期考古材料最早纪年的忍冬纹是大同沙岭壁画墓出土漆皮的彩画忍冬纹，漆皮上墨书题记可见此墓年代为北魏太延元年（公元435年），其纹样的环状结构相对来说比较复杂。云冈石窟及平城考古中所见的忍冬纹形式早在古印度的佛教艺术作品上就已出现，不过是波状式的，常见于阿育王石柱柱头顶板上山奇大塔的门道上。在犍陀罗时期的雕刻上也有，形式变得朴素、简明。中国佛教艺术中的忍冬纹形式可以在希腊艺术中找到原型。

云冈石窟的忍冬纹明显倾向于希腊的手法。（图14-2-1）梁思成、水野清一、陈清香等诸多先生认为源于希腊的“阿堪突斯（acanthus）”叶纹，[2]但“云冈的柱头乃忍冬草大叶，远不如希腊

---

1 ［英］杰西卡·罗森:《祖先与永恒——杰西卡·罗森中国考古艺术文集》，陈谊译，北京：生活·读书·新知三联书店，2011年，第514页。

2 梁思成、林徽因、刘敦桢:《云冈石窟中所表现的北魏建筑》，《中国营造学社汇刊》第4卷3、4期，1933年，第198页；水野清一、长广敏雄:《雲岡石窟》第四卷序章《雲岡石窟の装饰意义》，京都：京都大学人文科学研究所，1952年，第10页；陈清香:《论云冈石佛式样的源流》，《华冈佛学学报》1983年，第6期，第345—376页。

图14-2-1
希腊陶瓶上的棕榈纹与云冈石窟的忍冬纹

acanthus叶的复杂”。忍冬叶是“一片叶的半个，或以侧面形表现”；也有说是葡萄藤枝的变体，埃及人后裔科普特人的物品上就装饰有这种图案。波斯地区采用的是葡萄藤纹饰的变体纹样，一般用作边沿装饰，形成波浪状，循环往复。[1]根据李格尔的考证，希腊科林斯式柱头的装饰纹样阿堪突斯，是由棕榈叶纹样变化而来。[2]犍陀罗艺术中的有些纹饰就属于棕榈叶饰。有学者将犍陀罗时期出现的波状忍冬纹称为“半棕榈叶状波状纹”，又称“葡萄藤涡漩饰棕榈状莲花”，认为它们“是纯粹的希腊样式”，“是受早期印度流派的佛教作品启发，是生活及命运树的简缩形式”。[3]日本学者把云冈石窟中的我们所称的并列、波状忍冬纹也称为“半棕榈叶状”并列纹、波状纹，将环状忍冬纹称为棕榈叶环状纹，把所有此类以棕榈叶为母题在中国创造的纹饰统称为唐草纹。[4]梁思成先生领衔撰文指出：“云冈石刻中的装饰

1 罗丰：《胡汉之间——“丝绸之路”与西北历史考古》之四《北魏漆棺画中的波斯风格》，北京：文物出版社，2004年，第67页。

2 关于这一棕榈饰向是科林斯式柱头上的acanthus的演化，详见［奥］阿洛瓦·里格尔：《风格问题——装饰艺术史的基础》，刘景联、李薇蔓译，长沙：湖南科学技术出版社，1999年，第105—117页。

3 ［英］约翰·马歇尔：《犍陀罗佛教艺术》，许建英译，贾应逸审校，乌鲁木齐：新疆美术摄影出版社，1999年，第56页。

4 水野清一、长广敏雄：《雲岡石窟》第四卷序章《雲岡石窟の装饰意义》，第9页。

花纹种类奇多，而十之八九为外国传入的母题及表现。其中所示种种饰纹，全为希腊的来源，经波斯及犍陀罗而输入者，尤其是回折的卷草，根本为西方花样之主干，而不见于中国周汉各饰纹中。……佛教艺术中所最常见的莲瓣，最初无疑根源于希腊水草叶，而又演变而成为莲瓣者。但云冈石刻中所呈示的水草叶，则仍为希腊的本来面目，当是由犍陀罗直接输入的装饰。同时佛座上所见的莲瓣，则当是从中印度随佛教所来，重要的宗教饰纹，其来历却又起源于希腊水草叶者。……其他饰纹如璎珞（beads）、花绳（garlands）及束苇（reeds）等，均为由犍陀罗传入的希腊装饰无疑。”[1]北魏晚期到东魏、北齐、北周，忍冬纹多呈缠枝状，围绕于佛的头光中。此时的忍冬叶更为舒卷且丰富，发展为唐代的卷草纹。

有学者称棕榈叶为忍冬纹，[2]可能是因棕榈叶（或菩提叶）形与中国草药忍冬花的叶相似。忍冬属藤生，叶对生，呈长卵形，顶端渐尖或钝。明代李时珍《本草纲目》忍冬项下曰：“忍冬在处有之……花初开者，蕊瓣俱色白，经二三日，则色变黄，新旧相参，黄白相映，故呼金银花。”凌冬不凋，故名忍冬。其实佛教之忍冬与此毫无关联。

环状忍冬纹样应萌芽于古埃及。受其影响，这种形式在古希腊装饰艺术中常见，里格尔称之为“棕榈饰”。[3]希腊陶瓶上莲花和棕榈叶边饰应用广泛，后来的希腊陶瓶用来表现神话和日常生活场景，花叶图案和几何图案成为边饰，用于界定人物布局、填饰把手等。其中环状忍冬纹特别盛行，环环横向相接，环内掌状忍冬叶向两侧展开。（**图14-2-2、3**）环与环间有时有莲花的花叶。罗马时期的石棺也雕刻纵向环状忍冬。（**图14-2-4**）环形忍冬纹样在北魏早中期突然以成熟形态

1 梁思成、林徽因、刘敦桢：《云冈石窟中所表现的北魏建筑》，《中国营造学社汇刊》第4卷3、4期，1933年，第205、208页。

2 伊东忠太：《中国山西云冈的石窟寺》，《国华》第17编第197号，1906年，第48页。

3［奥］阿洛瓦·里格尔：《风格问题——装饰艺术史的基础》，刘景联、李薇蔓译，第106—107页。

图14-2-2
希腊陶瓶上的环状纹

图14-2-3
希腊陶瓶上的环状纹

出现并流行开来，而汉文化地区此前没有其发展踪迹可寻，应为域外传入的文化因素。这些排列方式均可在北朝找到相应实例。[1]忠实的表现如云冈石窟第12窟列柱上的纵向环状忍冬纹，藤蔓对称向内弯曲成桃形环，并向环内伸出一个三叶忍冬纹，环外底部两侧伸出一小片忍冬叶。出土于敦煌的太和年间佛幡上女性供养人服饰上绣着桃形环状忍冬纹，丝绸来自平城。[2]北朝环状忍冬纹藤蔓还相对围成环状，环内忍冬纹各有不同。有单纯的环状伸出三叶、五叶、七叶、九叶忍冬，如云冈石窟第19窟主佛像的僧祇支衣缘，第7窟前室窟壁，第9、10窟窟壁及须弥座层带上，第9、10窟前室拱门上部，第10窟华盖上等。（**图14-2-5、6**）山西怀仁丹扬王墓墓砖上的环内盛开九叶忍冬。也有环内展开的忍冬叶上填童子、奇禽瑞兽等，如第10窟前室门楣下部、第6窟门框等。大同石家寨北魏太和八年（公元484年）司马金龙墓出土石雕柱座方座的四周，仍旧是忍冬藤蔓对称，向内弯曲成椭圆形环，并于环内底部对称向两侧伸出一枝波状忍冬纹。但环与环相间倒置，向上伸展的忍冬上填童子，向下伸展的为一枝五叶忍冬。环环间系细带，系带处环外上下各相对雕一枝三叶忍冬。还演变为套圭环状忍冬，与龟背形相连的

图14-2-4 罗马石棺上的环状纹

1 关于环状忍冬纹的讨论参见李秋红：《北朝扇形忍冬纹样及其西方来源》，《故宫博物院院刊》2019年第8期，第70—82页。

2 敦煌文物研究所：《新发现的北魏刺绣》，《文物》1972年第2期，第58页。

图14-2-5　云冈石窟的环状忍冬纹

图14-2-6　云冈石窟的环状忍冬纹

环状忍冬等形态不同。北魏晚期迁洛后，忍冬纹表现在龙门石窟古阳洞浮雕、沁阳出土的石棺床上。其构成特征是环环横向或纵向相连，藤与藤相并拢处环与环间细带系结。

用细带系结在今土耳其以弗所（Ephesus）发现的一座公元2—3世纪的石棺残片上已有发现，成对的莲花被处理成束阿堪突斯叶，中央用细带连接，东地中海地区应该对这一图案比较熟悉。[1]犍陀罗雕刻中环状纹的环与环间已然系结，有的还结为赫拉克勒斯结。

图14-2-7
希腊彩绘陶瓶上的波状纹

希腊陶瓶上的波状纹样，上下多为完整的花叶。（图14-2-7）但中国早期佛教艺术的波状纹样表现多样，有繁复有简约，既有完整的由对称的花叶构成一个完整的花样（图14-2-8），也有缠枝的花叶，并且以花叶为边，内部空间填饰奇禽瑞兽或童子等。这或许是从希腊化佛

1 ［英］杰西卡·罗森:《莲与龙：中国纹饰》，张平译，上海：上海书画出版社，2019年，第49页。

图14-2-8　云冈石窟第12窟明窗波状忍冬纹

教艺术棕榈叶饰中增添人物形象的图案中获得的灵感并加以创新。这种波状纹样与中国古代的云纹相结合，发展为缠枝牡丹纹、缠枝莲纹等，成为后来中国建筑装饰的主要元素。

还有一些类似的忍冬纹变种在云冈出现。如云冈石窟第20窟大佛的僧祇支衣缘上，就出现了这样的纹饰：两列单列忍冬纹相对，两组三叶忍冬呈花束状相背对称地向两侧展开，花束底部合拢用细带系，且开在下一束的中心。一束一束紧密纵向排列，下一束最上一片叶头伸长至上一束第二片叶子处。（**图14-2-9**）虽然仅有云冈一例，但其基本组架结构却可以在希腊的建筑装饰上找到相似的式样。（**图14-2-10**）

图14-2-9
云冈石窟第20窟主尊衣纹

图14-2-10
奥林匹亚，杰拉城（Olympia，Gela）的宝库建筑装饰

值得注意的是，在古希腊和罗马时期出现并流行的一种以中央扇形棕榈叶与两侧“S”形卷须饰相结合的双茎桃形忍冬纹样（**图14-2-11、12**），在十六国北凉时期的中国佛教艺术中始见，如莫高窟北凉第271窟（**图14-2-13**），并流行到北周隋代洞窟。

图14-2-11　希腊陶瓶上的双茎桃形忍冬纹

图14-2-12　希腊陶瓶上的双茎桃形忍冬纹

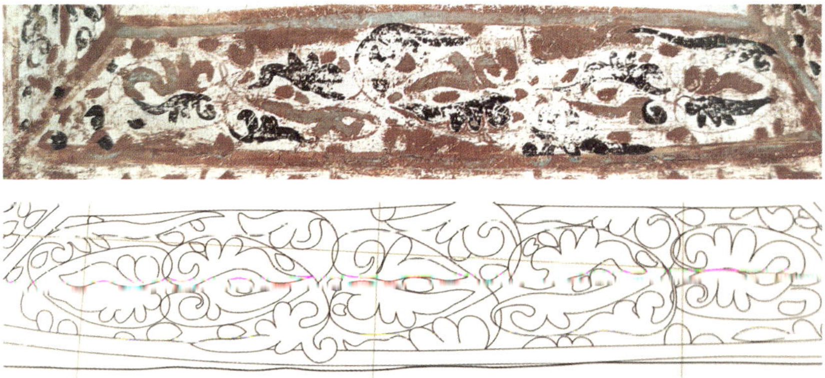

图14-2-13　敦煌莫高窟第271窟的双茎桃形忍冬纹

北魏晚期，洛阳地区周围的中国佛教艺术家借鉴此双茎桃形植物忍冬纹样形态，结合传统云气纹，创造出双茎桃形云气忍冬纹样，其后流行于南北朝后期至隋代。在响堂山中洞、北洞，佛教造像的背光或台座上，墓葬中的墓砖、墓志、墓碑等均有发现。（图14-2-14）双茎桃形忍冬纹样基本结构是缠枝忍冬，形式多样，排列组合方式也趋向多元，开启了大唐茂盛卷草纹的先声。[1]

图14-2-14
龙门石窟古阳洞北壁第6龛龛内背光上的双茎桃形忍冬纹

二、缠枝葡萄纹

葡萄是一种古老的栽培植物，古埃及、波斯、希腊等地都是最早栽培葡萄和用葡萄酿酒的地区。张骞出使西域在大宛国见“左右以蒲陶为酒，富人藏酒至万余石，久者数十岁不败”。“汉使取其实来，于是天子始种苜蓿、蒲陶肥饶地”，[2]葡萄种植和葡萄酒酿造技术由此传入中原。

正如葡萄西来，葡萄纹也来自西方。关于葡萄纹样，“西亚细亚人——特别是亚述人——老早就将葡萄艺术化而把它应用到纹样上，但那些纹样也是传自南欧”。[3]葡萄装饰纹样在希腊和罗马非常流行。希腊和罗马都有酒神，希腊为狄奥尼苏斯（Dionysus），罗马是巴克斯神，葡萄藤常伴随狄奥尼苏斯的形象一起出现。（图14-2-15）亚历山大东征时，葡萄已经传到印度，后来的犍陀罗艺术中出现葡萄纹应在情理之中。（图14-2-16）在印度，佛教以葡萄纹为吉祥，佛经《四分律》卷五〇中提到，以葡萄藤蔓装点僧舍佛塔，可增庄严。在印度佛教最早期的桑奇（公元前2到前1世纪），第一塔南门西柱“佛发供养图”浮雕

图14-2-15
希腊陶瓶上的葡萄纹

1 李秋红：《南北朝隋代双茎桃形忍冬纹样分析》，《石窟寺研究》第8辑，北京：科学出版社，2018年，第254页。
2 《史记》卷一二三《大宛列传》，二十四史点校本，北京：中华书局，1982年，第3173页。
3 关卫：《西方美术东渐史》，上海：上海书店出版社，2002年，第55页。

图14-2-16
犍陀罗葡萄纹

边缘，北门东柱的“帝释窟说法图”之莲花两侧，都出现了葡萄藤蔓的浮雕。犍陀罗艺术中的葡萄纹，常伴随在佛像的头顶或身侧；也有葡萄童子纹或葡萄母婴纹的，象征丰收和多子。新疆就出土过东汉时期的葡萄纹织物。[1]世传西汉刘歆所作《西京杂记》卷一中记：“霍光妻遗淳于衍蒲桃锦二十四匹。”晋人陆翙《邺中记》载，石虎织锦署有蒲桃文锦。目前考古所见中原最早的葡萄纹应该出现于北魏平城时期。云冈石窟第12窟明窗边框为纵向和横向的忍冬葡萄藤蔓，分枝端结葡萄串，而藤蔓中又伸出忍冬叶，纵向的长尾鸟踏于葡萄枝上，而横向的长尾鸟则立于葡萄枝旁，鸟或回头或扬头，口衔一片忍冬叶，或三叶忍冬雕于长尾上。（**图14-2-17**）类似的纹样也出现于平城考古成果中，如北魏张智朗墓出土的石床前板雕刻葡萄纹，大同城南轴承厂窖藏遗址出土的圆形铜饰片，外围一周雕缠枝葡萄纹。怀仁丹扬王墓出土的花纹砖上在方形主花纹的两侧各有一鸟衔着一串缠枝葡萄。[2]

1 新疆维吾尔自治区博物馆等:《丝绸之路——汉唐织物》，北京：文物出版社，1972年；张晓霞:《中国古代染织纹样史》，北京：北京大学出版社，2016年，第116页。

2 大同市博物馆编:《平城文物精粹——大同市博物馆馆藏精品录》，南京：江苏凤凰美术出版社，2016年，第52页；大同市博物馆编:《融合之路——拓跋鲜卑迁徙与发展历程》，合肥：安徽美术出版社，2018年，第76—77页；怀仁县文物管理所:《山西怀仁北魏丹扬王墓及花纹砖》，《文物》2010年第5期，第22页。

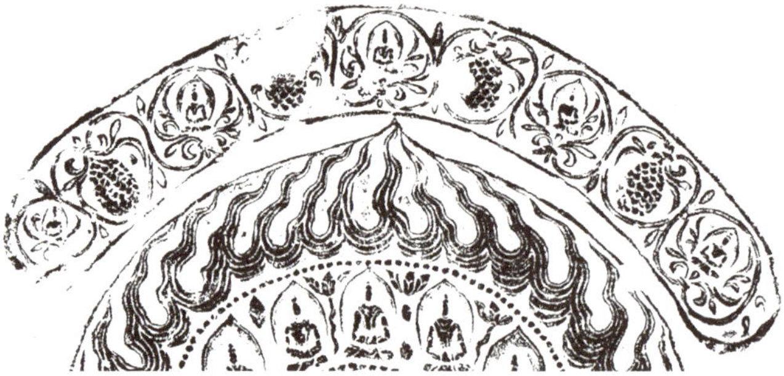

图14-2-17
北魏葡萄纹，上为云冈石窟第12窟明窗，下为龙门石窟莲花洞北壁第85龛

宁夏固原出土的北魏漆棺的葡萄叶纹是缠枝的藤蔓分枝端由二个五瓣掌状葡萄叶对展，而藤蔓中又不时伸出忍冬叶。虽不见葡萄串，但与忍冬纹还是有别。[1]唐代葡萄纹更加普及。

三、绹索纹

绹索纹，似两股、三股、四股或更多股绳索状，是以波纹交错扭结成的带状饰，可能是当时生活生产工具器皿上以绳相绞结的模仿。最早出现于中国古代陶器上，如江西万年仙人洞遗址出土的陶器残片有绳纹。[2]绹索纹是新石器时代重庆大溪文化彩陶中的主要纹饰，是大溪文化的一个重要标志。[3]在其他多地新石器文化中也有发现。（图14-2-18）之后出现于春秋晚期至战国早期青铜器上，作边饰多用于鼎、豆、敦等的顶、腹、足部，但汉代少见此纹样，仅个别汉画像石

1 宁夏固原博物馆:《固原北魏墓漆棺画》，银川：宁夏人民出版社，1988年，漆棺盖板图版。

2 江西省文管会:《江西万年大源仙人洞洞穴遗址试掘》，《考古学报》1963年第1期，第7页。

3 湖北省荆州地区博物馆:《湖北松滋县桂花树新石器时代遗址》，《考古》1976年第3期，第193页，图版柒。

图14-2-18
内蒙古乌兰察布出土新石器时代庙子沟文化陶器

图14-2-19
赵路原造金铜菩萨立像

上可见相类纹样。

南北朝时，绹索纹常见于佛像的背光及座体，如甘肃炳灵寺西秦第169窟南壁上部五坐佛中的坐佛的头光和身光饰绹索纹。美国华盛顿弗里尔美术馆（Freer Gallery of Art）藏北魏兴安二年（公元453年）赵路原造金铜观世音莲花手菩萨立像（编号F1909.266）的头光与身光均为绹索纹（图14-2-19），[1]河北满城孟县出土的北魏延兴五年（公元475年）鎏金铜释迦佛立像的头光中莲花纹外围、[2]山东博兴龙华寺遗址出土的北魏太和二年（公元478年）王上造鎏金铜二佛并坐像四足座上部也饰绹索纹。

云冈石窟绹索纹仅出现在装饰繁缛的第9、10窟和第6窟，主要是配合其他纹饰，横向的装饰在佛的须弥座上、柱头上、壁面边饰上等，竖向的饰于佛龛拱柱的两侧等，随柱体上窄而下宽。（图14-2-20）平城考古发现中绹索纹更是常见。陶器肩腹部多滚印绹索纹，还与其他纹饰相配而饰，雕于石床、石柱座柱孔周边上，模印于砖、瓦当、铜饰片之上。龙门石窟古阳洞四大龛的柱头上莲瓣带上也有绹索纹，是云冈纹样的延续。

绹索纹在公元前希腊、罗马的建筑、陶器、金器、青铜年牌、马赛克等装饰上大量出现，作同心圆的界纹，作边饰。（图14-2-21、22、23）其来源应该在西亚，同样是由编制品派生而来，依据对称与节奏诸原则组成线性形状。[3]犍陀罗艺术中偶见绹索纹。（图14-2-24）中国古代的绹索纹汉

1　常青：《金石之躯寓慈悲》，北京：文物出版社，2016年，第32页。
2　王为群：《北魏泰常五年金铜弥勒禅定坐像考略》，《文物春秋》2013年第5期，第56页。
3　［奥］阿洛伊斯·李格尔：《风格问题：装饰历史的基础》，邵宏译，杭州：中国美术学院出版社，2016年，第88—89页。

图14-2-20
云冈石窟第9窟前室南壁绚索纹

图14-2-21
希腊文明器物上的绹索纹

图14-2-22
希腊文明器物上的绹索纹

图14-2-23
罗马文明器物上的绹索纹

图14-2-24
犍陀罗雕刻绹索纹

代之后少见，所以平城绹索纹的源头可能来自西方。

四、赫拉克勒斯结

赫拉克勒斯结（Hercules knot）因源于赫拉克勒斯将狮子皮的前爪在胸前打结而名。（图14-2-25）希腊瓶画和雕塑中都可见到此类形象，流行于罗马帝国时期。（图14-2-26）赫拉克勒斯超强的能力以及狮子都能给人带来力量和勇气，具有保护之寓意。赫拉克勒斯结也是婚姻和生育的象征，主要用于神话人物及王侯将士，如赫尔墨斯、美杜莎等诸多神话人物的发带、项带、铠甲束带也系为赫拉克勒斯结。亚历山大钱币正面的赫拉克勒斯头戴狮头皮盔，也是用这个结固定。犍陀罗艺术中，由赫拉克勒斯脱胎而来的护法金刚也是戴同样的头盔并在胸前打结。（图14-2-27）

此结伴随着犍陀罗艺术传入汉地，成为佛教人物造像服饰的重要元素。云冈石窟第6窟中心柱上层立佛秘胁侍的菩萨像，佛像的胸带、菩萨像腰带均系赫拉克勒斯结。（图14-2-28、29）

图14-2-25
赫拉克勒斯系结像

图14-2-26
罗马石棺上胸前打结的罗马士兵

图14-2-27
犍陀罗护法金刚

图14-2-28
云冈石窟第6窟佛衣结带

图14-2-29
云冈石窟第6窟菩萨裙带

五、希腊式柱头

希腊式柱头是古典时期希腊建筑艺术中独特的标志之一。柱子本身在建筑中具有支撑横梁的重要结构功能，希腊艺术将结构和装饰融于一体，美化为艺术形式。典型的希腊柱式系统包括三种类型，多利亚式（Doric）、爱奥尼亚式（Ionic）和科林斯式（Corinthian）。北朝石窟中出现的主要是仿爱奥尼亚式和科林斯式的柱头。

1. 爱奥尼亚式柱头

爱奥尼亚式柱头源于近东艺术的植物装饰主题，形成于希腊。（图14-2-30、31）起初是作为祈愿供品的座架，有时供奉着斯芬克斯（Sphinx）。[1]后来希腊建筑师将其用于神庙建筑。[2]其特点是柱头有一对向下的涡卷装饰。雅典卫城的雅典娜胜利女神庙（Temple of

---

1 ［意］斯特凡诺·马吉编著:《希腊——众神的殿堂》，张宝梅译，第92页。
2 ［英］理查德·西奥多·尼尔:《希腊世界的艺术与考古》，翁海贞译，武汉：华中科技大学出版社，2020年，第137页。

图14-2-30
希腊陶瓶上的爱奥尼亚式柱头

图14-2-32
云冈石窟第8窟
爱奥尼亚式柱头

图14-2-33
云冈石窟第9窟
爱奥尼亚式柱头

图14-2-31
希腊陶瓶上的爱奥尼亚式柱头

Athena Nike）和厄瑞克提翁神庙（Erechtheum）就采用了这种柱式。云冈石窟中期常见此柱头，如第7、8窟周壁以及第9窟前室北壁等佛龛柱的柱头。（图14-2-32、33）之后在洛阳龙门石窟宾阳中洞的外壁拱门上方也出现了与侧面形莲花相组合的爱奥尼亚式柱头。

2. 科林斯式柱头

科林斯式柱头在犍陀罗艺术中被广泛利用。犍陀罗的科林斯式柱头叶片多层，端头下垂，叶边参差，排列紧密，左右对称，风格比较写实。（图14-2-34）有的花叶中露出坐佛或供养人等。传入中国后叶片已简化，花叶中或为人物，或为宝珠，或为覆钵，已经图案化了。云冈石窟柱头忍冬叶更是简化为三到四片对称分布，整体浮雕化、简略化。（图14-2-35、36）

在犍陀罗浮雕中，科林斯柱常作为龛柱或分隔图像的壁柱，云冈石窟科林斯式柱也用于龛间的分隔柱，或饰于门窗两侧。柱体多呈半柱形或方形，塔柱顶部的承花装饰除装饰于柱头之外，还装饰于柱基，叶头回卷向下，显示出科林斯式柱头卷叶的效果。（图14-2-37、38）

图14-2-34
犍陀罗科林斯式柱头

图14-2-35
云冈石窟第9窟科林斯式柱基承花

图14-2-36
云冈石窟第8窟科林斯式柱头

图14-2-37
云冈石窟第9窟科林斯式柱基承花

图14-2-38
云冈石窟第9窟科林斯式柱基承花

小　结

本章从佛教人物形象和装饰艺术两大方面梳理了以云冈石窟为典型的北朝佛教艺术中的希腊化因素，但毋庸讳言，其中的一些先后联系的线索并不明显，甚至有中断现象。有的联系也只是笔者的一种假说或推论，是在综合各家学说的基础上提出的。因此，与其说是笔者自己的观点，不如说是笔者自己的学习心得与总结。但是，以平城地区、云冈石窟为代表的北魏早期佛教艺术无疑是犍陀罗艺术传入中原的重要一站。平城作为北魏时期丝绸之路的起点，加之北魏王朝与西域各地的紧密联系，使其成为当时中原内地的佛教中心，也使云冈石窟能够吸收更多的犍陀罗艺术因素，其中就包含了从中亚、波斯、罗马帝国直接传来的希腊化因素。

（王雁卿）

图片目录

第四章

图4-1-8 尼雅雅典娜封泥

图片采自：M. A. Stein, *Ancient Khotan: Detailed Report of Archaeological Explorations in Chinese Turkestan*, Vol. 1, Oxford: Clarendon Press, 1907, Cover.

图4-1-9 欧克拉提德一世钱币

图片采自：http://www.wildwinds.com/coins/greece/baktria/kings/eukratides_I/Bop_5v.jpg.

图4-2-1 米兰M.III佛寺“有翼天使”壁画

图片采自：M. A. Stein, *Serindia: Detailed Report of Explorations in Central Asia and Westernmost China*, Vol. 4, Oxford: Clarendon Press, 1921, pl. XL.

图4-2-2 米兰M.V佛寺壁画

图片采自：M. A. Stein, *Serindia: Detailed Report of Explorations in Central Asia and Westernmost China*, Vol. 1, fig. 133-140.

图4-2-3 罗马石棺上的花纲装饰

图片采自：https://www.metmuseum.org/toah/hd/roem/ho_90.12a,b.htm.

图4-2-4 迦腻色伽舍利盒上的花纲装饰

图片采自：田边胜美、前田耕作编：《世界美術大全集・東洋編》第15卷《中央アジア》，东京：小学馆，1999年，第115页，图151。

图4-2-5 塔克西拉出土花纲石雕

图片采自：J. Marshall, *Taxila: An Illustrated Account of Archaeological Excavations Carried out at Taxila under the Orders of the Government of India between the Years 1913 and 1934*, Vol. 3, Cambridge: Cambridge University Press, 1951, pl. 216, Nos. 72-73.

图4-3-1 尼雅出土棉布画

图片采自：赵丰：《锦程：中国丝绸与丝绸之路》，合肥：黄山书社，2016年，第99页。

图4-3-2 大英博物馆藏贵霜诃利帝夫妇石雕

图片采自：https://www.britishmuseum.org/collection/object/A_1950-0726-2.

图4-3-3 迦腻色伽金币背面佛陀像

图片采自：http://www.wildwinds.com/coins/greece/indo_scythians/kanishka_I/BMC_16.jpg.

图4-3-4 苏尔赫・科塔尔迦腻色伽石像

图片采自：Daniel Schlumberger, *The Excavations at Surkh Kotal and the Problem of Hellenism in Bactria and India*, Proceedings of the British Academy, Vol. XLVII, London: Oxford University Press, 1961, pl. XIX.

图4-3-5 黄金之丘匕首装饰龙纹

图片采自：Victor Sarianidi, *Bactrian Gold. From the Excavations of the Tillya-Tepe Necropolis in Northern*

Afghanistan, Leningrad: Aurora Art Publishers, 1985, p. 215.

图4-3-6 阿鲁柴登金冠

图片采自：田广金、郭素新：《内蒙古阿鲁柴登发现的匈奴遗物》，《考古》1980年第4期，图版拾。

图4-4-1 营盘M15墓主人

图片采自：Alfried Wieczorek and Christoph Lind, eds., *Urspruenge der Seidenstrasse: Sensationelle Neufunde aus Xinjiang, China*, Stuttgart: Theiss, 2007, p. 55.

图4-4-2 营盘M15墓主人罽袍装饰纹样

图片采自：国家文物局编：《丝绸之路》，北京：文物出版社，2014年，第159页；新疆文物考古研究所：《尉犁县营盘15号墓发掘简报》，《文物》1999年第1期，第10页，图一〇。

图4-4-3 营盘M15木棺装饰的石榴纹

图片采自：新疆文物考古研究所：《尉犁县营盘15号墓发掘简报》，《文物》1999年第1期，第8页，图七，彩色插页叁：4。

图4-4-4 营盘墓地出土鹰蛇飞人罽残片

图片采自：贾应逸：《新疆古代毛织品研究》，上海：上海古籍出版社，2015年，第271页，图29。

图4-4-5 楼兰孤台墓地出土赫尔墨斯头像与石榴纹缂毛织物

图片采自：M. A. Stein, *Innermost Asia: Detailed Report of Exploration in Central Asia, Kan-su and Eastern Iran*, Vol. 3, Oxford: Clarendon Press, 1928, pl. XXX；朝日新闻社：《日中国交正常化20周年記念展：楼兰王国と悠久の美女》，东京：朝日新闻社，1992年，第55页，图152。

图4-5-1 山普拉1号丛葬墓出土马人与武士毛织物

图片采自：新疆维吾尔自治区博物馆、新疆文物考古研究所编著：《中国新疆山普拉——古代于阗文明的揭示与研究》，乌鲁木齐：新疆人民出版社，2001年，第188页，图360；和田文管所：《于阗》，乌鲁木齐：新疆美术摄影出版社，2004年，第44页。

图4-5-2 意大利赫库兰尼姆古城的喀戎壁画

图片采自：https://www.gettyimages.cn/detail/news-photo/roman-civilization-1st-century-a-d-fresco-depicting-chiron-news-photo/122314997.

图4-5-3 山普拉出土蜡染棉布

图片采自：新疆维吾尔自治区博物馆、新疆文物考古研究所编著：《中国新疆山普拉——古代于阗文明的揭示与研究》，第231页，图434。

图4-5-4 巴泽雷克出土栽绒毯上的骑马武士

图片采自：Sergei I. Rudenko, *Frozen Tomb of Siberia: The Pazyryk Burials of Iron Age Horsemen*, M.

W. Thompson trans., London: J. M. Dent & Sons Ltd., 1970, pl. 154.

图4-5-5 犍陀罗石刻中的马人形象

图片采自：栗田功：《ガンダーラ美術》II，东京：二玄社，1990年，第236页，图708、709。

图4-5-6 卡尔恰扬出土泥塑头像与丘就却钱币

图片采自：田边胜美、前田耕作编：《世界美術大全集·東洋編》第15卷《中央アジア》，第130页，图75；第127页，图66。

第五章

图5-1-1 汉佉二体钱小钱（骆驼纹，六铢）

图片采自：新疆维吾尔自治区文物事业管理局等主编：《新疆文物古迹大观》，乌鲁木齐：新疆美术摄影出版社，1999年，第78页，图0165。

图5-1-2 汉佉二体钱大钱（马纹，廿四铢）

图片采自：上海博物馆编：《欧亚通衢：贵霜王朝的信仰与艺术》，上海：上海书画出版社，2017年，第95页。

图5-2-1 尼雅出土木牍N.XV.24封泥及修复后的封泥图像

图片采自：M. A. Stein, *Ancient Khotan: Detailed Report of Archaeological Explorations in Chinese Turkestan*, Vol. 2, Oxford: Clarendon Press, 1907, pl. LXXI; Cover.

图5-2-2 尼雅出土木牍N.XV.307、N.XV.166、N.XXIV.viii.6封泥

图片采自：M. A. Stein, *Ancient Khotan: Detailed Report of Archaeological Explorations in Chinese Turkestan*, Vol. 2, pl. LXXI; M. A. Stein, *Serindia: Detailed Report of Explorations in Central Asia and Westernmost China*, Oxford: Clarendon Press, 1921, Vol. 4, pl. XX.

图5-2-3 安提柯二世钱币与米南德一世钱币上的雅典娜形象

图片采自：http://www.wildwinds.com/coins/greece/baktria/kings/menander/BMC_36.jpg; https://www.wildwinds.com/coins/greece/macedonia/kings/antigonos_gonatas/SNGCop_1199.jpg.

图5-2-4 尼雅出土木椟N.XXIV.viii.81封泥

图片采自：M. A. Stein, *Serindia: Detailed Report of Explorations in Central Asia and Westernmost China*, Vol. 4, pl. XX.

图5-2-5 赫利奥克勒斯一世钱币上的宙斯立像

图片采自：https://numismatics.org/collectionimages/19501999/1995/1995.51.167.rev.noscale.jpg.

图5-2-6 塞琉古一世钱币上的美杜莎头像

图片采自：https://numismatics.org/collectionimages/19001949/1944/1944.100.73514.obv.noscale.jpg.

图5-2-7 尼雅遗址出土“鄯善郡尉”封泥

图片采自：M. A. Stein, *Serindia: Detailed Reporat of Explorations in Central Asia and Westernmost China*, Vol. 4, pl. XX.

图5-2-8 徐显秀墓出土希腊式印章戒指

图片采自：山西省考古研究所、太原市文物考古研究所：《太原北齐徐显秀墓发掘简报》，《文物》2003年第10期，封面。

第六章

图6-1-1 渭陵出土仙人骑马玉雕。陈晓露摄

图6-1-2 吉林榆树老河深墓地出土飞马纹牌饰

图片采自：吉林省文物考古研究所编：《榆树老河深》，北京：文物出版社，1987年，第65页，图五八。

图6-1-3 科林斯钱币上的飞马纹

图片采自：http://wildwinds.com/coins/greece/corinth/Baldwins_XXXIV_131.jpg.

图6-1-4 通古斯巴什出土模制陶碗内范

图片采自：祁小山、王博编著：《丝绸之路——新疆古代文化》，乌鲁木齐：新疆人民出版社，2008年，第159页。

图6-1-5 河北定县出土西汉错金银车饰

图片采自：郑滦明：《定州三盘山错金银铜车伞铤纹饰内容分析》，《文物春秋》2000年第3期，第44页，图一。

图6-1-6 南阳汉画馆藏石兽。王煜摄

图6-1-7 洛阳孙旗屯出土石兽。陈晓露摄

图6-1-8 齐维耶宝藏金饰片。陈晓露摄

图6-1-9 苏萨宫墙釉砖上的格里芬

图片采自：https://www.britannica.com/place/Susa.

图6-1-10 图拉真广场浮雕装饰

图片采自：Antonio Peña and Teresa Barrientos, “A Relief Decorated with a Griffin Discovered in the Forum Portico in Augusta Emerita (Mérida, Spain),” *American Journal of Archaeology* , Vol. 123, No. 2 (2019), p. 341, fig. 4.

京：科学出版社，2019年，第142页。

图6-2-1 卜千秋壁画墓的西王母图像

图片采自：洛阳博物馆：《洛阳西汉卜千秋壁画墓发掘简报》，《文物》1977年第6期，第10页，图三三。

图6-2-2 偃师辛村壁画墓的西王母图像

图片采自：黄明兰、郭引强编著：《洛阳汉墓壁画》，北京：文物出版社，1996年，第137页。

图6-2-3 新野张楼画像砖西王母图像拓片

图片采自：南阳文物研究所编：《南阳汉代画像砖》，北京：文物出版社，1990年，第123页，图161。

图6-2-4 罗马幸运女神石雕像

图片采自：https://arkeofili.com/?p=10716.

图6-2-5 山东苍山画像石西王母图像

图片采自：中国画像石全集编辑委员会编：《中国画像石全集·第1卷·山东汉画像石》，济南、郑州：山东美术出版社、河南美术出版社，2000年，图一〇〇。

图6-2-6 新野樊集画像砖墓M37陶房上的西王母图像

图片采自：南阳文物研究所编：《南阳汉代画像砖》，第122页，图159。

图6-2-7 希腊化艺术品中的雅典娜形象

图片采自：Harald Ingholt, *Gandharan Art in Pakistan*, New York: Pantheon Books, 1957, p. 165, fig. 443; Fredrik Hiebert and Pierre Cambon, *Afghanistan: Hidden Treasures from the National Museum, Kabul*, Washington D. C.: National Geographic, 2008, p. 242, fig. 55-56; p. 264, fig. 105; M. A. Stein, *Ancient Khotan: Detailed Report of Archaeological Explorations in Chinese Turkestan*, Vol. 1, Oxford: Clarendon Press, 1907, Cover.

图6-2-8 牛产墓西王母图像

图片采自：中国画像石全集编辑委员会编：《中国画像石全集·陕西、山西汉画像石》，济南、郑州：山东美术出版社、河南美术出版社，2000年，第201页，图二七二。

图6-2-9 石盘村画像石墓西王母图像

图片采自：王金元：《山西离石石盘汉代画像石墓》，《文物》2005年第2期，第45页，图九；第47页，图一五。

图6-2-10 阿姆河宝藏印章戒指上的阿娜希塔女神像

图片采自：https://www.britishmuseum.org/collection/object/W_1897-1231-104; https://www.britishmuseum.org/collection/object/W_1897-1231-103.

图6-2-11 迦腻色伽铜币背面的娜娜女神像

第七章

图片采自：出土文物展览工作组：《无产阶级文化大革命期间出土文物展览简介》，《文物》1972年第1期，图二八。

图7-1-2 大同北魏墓群出土三件鎏金铜杯线描图

图片采自：出土文物展览工作组：《无产阶级文化大革命期间出土文物展览简介》，《文物》1972年第1期，图一〇；初师宾：《甘肃靖远新出东罗马鎏金银盘略考》，《文物》1990年第5期，第5—6页，图一四、一六、一八。

图7-1-3 萨珊银壶，大英博物馆藏

图片采自：https://www.britishmuseum.org/collection/object/W_1897-1231-189.

图7-1-4 大同小站村封和突墓出土鎏金波斯银盘，山西博物院藏。杨巨平摄

图7-1-5 大同北魏墓群出土鎏金刻花银碗及其浮雕线描图

图片采自：山西省考古研究所、大同市博物馆：《大同南郊北魏墓群发掘简报》，《文物》1992年第8期，第1—11页，彩色插页2，图二四。

图7-2-1 李贤墓出土鎏金银壶，宁夏固原博物馆藏。杨巨平摄

图7-2-2 李贤墓鎏金银壶腹部图案展开图

图片采自：罗丰：《北周李贤墓出土的中亚风格鎏金银瓶》，《考古学报》2000年第3期，第314页图二。

图7-3-1 护法金刚，麦积山石窟。杨巨平摄

图7-3-2 云冈石窟第13窟南壁的执金刚神

图片采自：王雁卿：《云冈石窟的希腊大力神赫拉克利斯（上）》，《大同日报》2020年11月13日。

图7-3-3 徐显秀墓出土戒指的图像。张庆捷供图

图7-3-4 迦腻色伽一世钱币，正面为迦腻色伽，反面为奥多（瓦由）神，约公元120—150年

图片采自：https://commons.wikimedia.org/wiki/File:Kanishka_I_and_Oado.jpg.

第八章

图8-1-1 营盘M15干尸

图片采自：周金玲、李文瑛、尼加提、哈斯也提：《新疆尉犁县营盘墓地15号墓发掘简报》，《文物》1999年第1期，第9—15页，封二（刘云生摄影）。

图8-1-2 红地对人兽树纹罽袍

图片采自：周金玲、李文瑛、尼加提、哈斯也提：《新疆尉犁县营盘墓地15号墓发掘简报》，《文

第九章

左图采自：Wikipedia Public Domain, https://en.wikipedia.org/wiki/File:Skythian_archer_plate_BM_E135_by_Epiktetos.jpg, 2022/1/13. 右图采自：Francis Vase, https://brewminate.com/the-bow-and-arrow-in-archaic-greece/; P. Hunt, "Military Forces," in Philip Sabin ed., *The Cambridge History of Greek and Roman Warfare I*, Cambridge: Cambridge University Press, 2008, p. 122.

图9-1-3 雕刻中的帕提亚人和斯基泰人的服装

图片采自：Wiki-CC Attri.: Musee Guimet, https://commons.wikimedia.org/wiki/File:Scythian_devotee_Butkara_I.jpg, 2022/1/13; Wiki-CC Attri.: World Imaging, https://en.wikipedia.org/wiki/Indo-Parthian_Kingdom, 2022/1/13.

图9-1-4 狄奥多托斯一世钱币

图9-1-5 米特里达特一世钱币

以上两图采自：Wiki-CC Attri.: Classical Numismatic Group, Inc., http://www.cngcoins.com, 2022/1/13.

图9-1-6 海洋神，镶嵌地板画局部，公元前300—公元253年，土耳其宙格玛

图9-1-7 文艺女神之一，镶嵌地板画局部，公元前300—公元253年，土耳其宙格玛

以上两图采自：Ankara University, https://www.sciencealert.com/three-stunning-ancient-greek-mosaics-unearthed-on-the-syrian-border; http://thechoiceperspective.com/2014/11/26/greek-mosaics-unearthed-in-turkey/, 2021/10/20.

图9-1-8 马人，镶嵌壁画局部，罗马皇帝哈德良宫殿，公元130年，柏林阿尔特斯博物馆藏

图片采自：Carole Roddado, *Art and Sculptures from Hadrian's Villa: Mosaic, Pair of Centaurs Fighting Wild Cats*, Jan. 20 (2014), in https://followinghadrian.com/2014/01/20/art-and-scuptures-from-hadrians-villa-mosaic-pair-of-centaurs-fighting-wild-cats/, 2022/1/13.

图9-1-9 马人，镶嵌壁画局部，罗马皇帝哈德良宫殿，公元130 年，柏林阿尔特斯博物馆藏

图片采自：Altes Museum Berlin, http://www.romanheritage.com/en/contenido/?idsec=3785, 2022/1/13.

图9-1-10 马人，杜拉·欧罗普斯壁砖画，公元245年，耶鲁大学艺术博物馆藏

图片采自：https://artgallery.yale.edu/collections/objects/5721, 2022/1/13.

图9-1-11 马人，缂织品，埃及，哈德良时期，公元130年

图片采自：Museum of Fine Arts of Rennes, France, public domain, https://commons.wikimedia.org/wiki/File:Coptic_tapestry_MBA_Rennes_D.08.5.78.4.jpg, 2021/10/20.

图9-1-12 四瓣花纹样，杜拉·欧罗普斯缂织毛布残片，公元200—256年，耶鲁大学艺术博物馆藏

图9-3-1 中国新疆的缂毛织物

上 山普拉蝴蝶纹缂毛，公元前100—公元200年

中 山普拉花草纹缂毛，公元前100—公元200年

下 楼兰孤台缂毛

上、中图采自：新疆维吾尔自治区博物馆、新疆文物考古研究所编著：《中国新疆山普拉——古代于阗文明的揭示与研究》，乌鲁木齐：新疆人民出版社，2001年，第185页。下图采自：祁小山、王博编著：《丝绸之路——新疆古代文化》，第31页。

图9-3-2 西亚和埃及的缂毛织物

左上 叙利亚杜拉·欧罗普斯缂毛，公元200—250年，耶鲁大学艺术博物馆藏

右上 叙利亚帕尔米拉缂毛，公元1—2世纪

下 埃及科普特缂织品

左上图采自：Yale Art Gallery-public domain. 右上图采自：哥本哈根新嘉士伯美术馆展品说明卡片，IN1059 vex.2018.3.22复制。下图采自：Diane Lee Carroll, *Memoirs of the California Academy of Science*, No. 11, California: California Academy of Science, 1988, fig. 68.

图9-3-3 希腊、西亚、印度雕刻中反映的纺织品

左 希腊女青年（Phrasikleia Kore）雕像复原像，公元前550—前530年，原作藏于雅典国家考古博物馆。张禾摄

右上 帕尔米拉墓碑女性雕像，公元3世纪，梵蒂冈博物馆藏

右下 犍陀罗雕塑，公元1—2世纪，巴基斯坦，伦敦大英博物馆藏

右图采自：Federico Zeri’s Palmyrene Relief Sculptures, https://etc.worldhistory.org/education/ancient-people-palmyra-syria/, 2022/1/13; The Trustees of the British Museum, https://www.britishmuseum.org/collection/object/A_1966-1017-1, 2023/1/6.

图9-3-4 希腊命运女神、玛雅和赫尔墨斯（Fates, Maia, and Hermes），希腊陶瓶画描摹局部，公元前6世纪，陶瓶原件藏于意大利那不勒斯国家考古博物馆

图片采自：A. Furtwängler and K. Reichhold, *Griechische Vasenmalerei*, Serie I, Tafeln, Munich 1904-Journal of Hellenic Studies, 24: 171, pl. 1. Also in Ellen Harlizius-Klück and Giovanni Fanfani, “(B)orders in Ancient Weaving and Archaic Greek Poetry,” in Giovanni Fanfani, Mary Harlow and Marie-Louise Nosch, eds., *Spinning Fates and the Song of the Loom: The Use of Textiles, Clothing and Cloth Production as Metaphor, Symbol and Narrative Device in Greek and Latin Literature*, Oxford: Oxbow Books, 2016.

图9-4-1 山普拉马鞍毯，公元前200—公元200年

图片采自：祁小山、王博编著：《丝绸之路——新疆古代文化》，第67页。

图9-4-2　阿富汗阿伊·哈努姆遗址体育馆地面镶嵌画，公元前3—前2世纪

图片采自：Warwick Ball and Jean-Claude Gardin, *Archaeological Gazetteer of Afghanistan*, 1982, No. 18. https://www.aiamilitarypanel.org/profiles/cptraining/afgh05-004.html, 2022/1/15.

图9-4-3　阿富汗东北部出土栽绒毯残片，公元5—6世纪

图片采自：Courtesy of Gulf Museum Consultant Company and the al-Sabah Collection, Dar al-Athar al-Islamiyyah, Kuwait; a. Inv. No. LNS 71 R; b. Inv. No. LNS 62 R a-b; c. Inv. No. LNS 67 R a-h.

图9-4-4　山普拉人物栽绒毯之一，全貌与细部，公元4—6世纪。祁小山摄

图9-4-5　山普拉人物栽绒方毯之一，全貌与细部。祁小山摄

图9-4-6　厄洛斯，希腊陶瓶，公元前340—前320年

图片采自：The Walters Art Museum CC, https://art.thewalters.org/detail/22720/red-figure-plate-with-eros/, 2022/1/15.

图9-4-7　丘比特—小酒神骑狮，罗马庞贝城出土镶嵌画，公元79年之前，意大利那不勒斯国家考古博物馆藏。张禾摄

图9-4-8　希腊克里特岛罗马时期镶嵌画，克里特历史博物馆藏。张禾摄

图9-4-9　皂石石模，公元前113—公元256年，叙利亚杜拉·欧罗普斯，3.9 × 11.9 cm，耶鲁大学画廊No. 89588。张禾摄

图9-4-10　迦腻色伽石浮雕残留，约公元2世纪，阿富汗国家博物馆藏

图片采自：Jeannine Auboyer, *Art of Afghanistan*, trans. Peter Kneebone, Feltham: Hamlyn, 1968, pl. 41.

第十章

图10-1-1　石棺浮雕，罗马，公元130—150年，纽约大都会艺术博物馆

图片采自：Metropolitan Museum of Art, NY-public domain, https://www.metmuseum.org/art/collection/search/245585, 2021/10/20.

图10-1-2　石板浮雕，犍陀罗，约公元2—3世纪，日本松冈博物馆藏

图片采自：Matsuoka Museum of Art-public domain, https://en.wikipedia.org/wiki/File:Garland_and_amorini,_Gandhara,_c._2nd-3rd_century_AD,_gray_schist_-_Matsuoka_Museum_of_Art_-_Tokyo,_Japan.jpg, 2022/1/13.

图10-1-3　石柱头雕刻，巴克特里亚，公元100—200年

图片采自：乌兹别克斯坦铁尔梅兹考古博物馆，public domain, https://en.wikipedia.org/wiki/File:Capital_with_a_figure_showing_features_of_Buddha_and_Heracles_100-200_CE_Old_Termez_

Archaeological_Museum.jpg, 2022/1/13.

图10-1-4 米兰五号佛塔壁画局部

图片采自：M. Aurel Stein, *Serindia: Detailed Report of Explorations in Central Asia and Westernmost China*, Vol. 1, Oxford: Clarendon Press, 1921, p. 525, figs. 139, 140.

图10-1-5 米兰三号和五号佛塔壁画中带翼童子

图片采自：祁小山，王博编著：《丝绸之路——新疆古代文化》，乌鲁木齐：新疆人民出版社，2008年，第40页。

图10-1-6 木棺腊彩画，埃及法尤姆，公元100—150年

图片采自：Matropolitan Museum of Art-public domain, https://www.metmuseum.org/art/collection/search/547951, 2021/10/21; https://mikedashhistory.com/2014/12/16/the-fayum-mummy-portraits/, 2021/10/20

图10-1-7 密特拉神龛，杜拉·欧罗普斯，约公元240年，耶鲁大学艺术博物馆藏

图片采自：Yale University Art Gallery-public domain, https://artgallery.yale.edu/collections/objects/6746, 2021/10/20.

图10-1-8 密特拉神龛壁画，意大利圣玛丽亚—卡普阿韦泰雷（Santa Maria Capua Vetere），公元3世纪

图片采自：https://www.tertullian.org/rpearse/mithras/display.php?page=cimrm181, 2021/10/20.

图10-1-9 密特拉神龛壁画细部，意大利圣玛丽亚—卡普阿韦泰雷，公元3世纪

图片采自：M. G. Sanchez, "The Dress and Color of Mithraism: Roman or Iranian Garments?" *Mannheimer Geschichtsblätt*er, *Sonderveröffentlichun*g 4, editor Titel o. Adschnitt, 2012, p. 126, fig. 3 a/b.

图10-1-10 纪念石雕：科马基尼国王安条克（左）和密特拉神握手（手臂处损坏），公元前69—前31年，土耳其

图片采自：*CIMRM* 30, https://www.tertullian.org/rpearse/mithras/display.php?page=cimrm30, 2021/10/20.

图10-1-11 佛教建筑石板雕刻局部，"酒神节"歌舞欢庆，巴基斯坦布纳尔（犍陀罗），公元1—320年，美国克利夫兰艺术博物馆藏

图片采自：Cleveland Museum of Art CC0, https://www.clevelandart.org/art/1930.328, 2022/1/13.

图10-1-12 杜拉·欧罗普斯犹太教堂壁画，末底改和艾斯德尔

图片采自：Carly Silver, "Dura-Eurpos: Crossroad of Cultures," *Archaeology Achive* (Yale University Art Gallery Photo), https://archive.archaeology.org/online/features/dura_europos/, 2022/1/13.

图10-1-13 杜拉·欧罗普斯犹太教堂壁画，撒母耳王和大卫兄弟

图片采自：Michael Peppard, "Anointed like David," *The World's Oldest Church: Bible, Art, and Ritual at Dura-Europos, Syria*, Connecticut: Yale University Press, 2016, pp. 46-85, fig. 2.3.

图10-1-14 叙利亚帕尔米拉墓葬石雕，公元2—3世纪

图片采自：Minneapolis Institute of Art-public domain, https://collections.artsmia.org/art/81247/funerary-relief-roman, 2022/1/13; Metropolitan Museum of Art-public domain, https://www.metmuseum.org/art/collection/search/322375, 2022/1/13.

图10-1-15 叙利亚帕尔米拉墓葬石雕，公元2—3世纪

图片采自：Penn Museum Object B8904, https://www.penn.museum/collections/object/288382, 2022/1/13; Metropolitan Museum of Art-public domain, https://www.metmuseum.org/art/collection/search/322379, 2022/1/13.

图10-2-1 米兰五号佛塔壁画，格里芬与人搏斗

图片采自：M. Aurel Stein, *Serindia: Detailed Report of Explorations in Central Asia and Westernmost China*, Vol. 1, p. 516, fig. 133.

图10-2-2 希腊陶瓶画局部，格里芬和独眼人搏斗，约公元前400—前360年

图片采自：The Trustees of the British Museum 1856, 1001.19, pelike, https://www.britishmuseum.org/collection/object/G_1856-1001-19, 2022/1/13.

图10-3-1 米兰三号佛塔壁画

图片采自：印度新德里国家博物馆，https://commons.wikimedia.org/wiki/File:Buddha_with_his_disciples,_wall_painting_from_a_stupa_in_China_displayed_at_National_Museum,_New_Delhi_.jpg, 2022/1/13.

图10-3-2 叙利亚杜拉·欧罗普斯犹太教堂壁画：撒母耳王（左一）为大卫（右侧穿黑袍者）施油膏礼，公元2—3世纪

图片采自：Michael Peppard, "Anointed like David," *The World's Oldest Church: Bible, Art, and Ritual at Dura-Europos, Syria*, pp. 46-85, fig. 2.3.

图10-3-3 米兰壁画

上 五号佛塔，上部分为须大拏太子本生

下 三号佛塔，故事不明

左图采自：M. Aurel Stein, *Serindia: Detailed Report of Explorations in Central Asia and Westernmost China*, Vol. 1, p. 520, fig. 137. 右图采自：M. Aurel Stein, *Serindia: Detailed Report of Explorations in Central Asia and Westernmost China*, Vol. 4, pl. XLIII.

图10-3-4 须大拏太子本生故事，印度阿旃陀石窟第17窟壁画局部，公元500年

图片采自：Sherman Lee, *A History of Far Eastern Art*, Prentice Hall, Reprint edition, 1994, color plate 7.

图10-3-5 叙利亚杜拉—欧罗普斯犹太教堂壁画：埃及公主发现尼罗河里的婴儿摩西，公元2—3世纪

图片采自：Parsha Vayakhel: Art, History, and Jews in https://adrenalinedrash.com/?p=1824, 2022/1/13.

第十一章

图11-1-1 犍陀罗地区早期佛陀雕像之一，公元1—2世纪，东京国家博物馆藏

图片采自：https://commons.wikimedia.org/wiki/File:Gandhara_Buddha_(tnm).jpeg.

图11-1-2 “望楼的阿波罗”，[1]罗马复制品，哈德良时期（约公元120—140年），梵蒂冈博物馆藏。原为青铜雕像，公元前350—前325年希腊雕塑家莱奥卡雷斯（Leochares）制作。杨巨平摄

图11-1-3 “奥林匹亚的阿波罗”，约公元前460年，希腊奥林匹亚考古博物馆藏。杨巨平摄

图11-1-4 巴克特里亚希腊人国王欧泰德姆斯二世（约公元前190–前185年在位）钱币上的阿波罗头像

图片采自：https://www.zeno.ru/showphoto.php?photo=32071.

图11-1-5 阿富汗哈达的一组泥塑佛像，公元3—4世纪，巴黎吉美博物馆藏。杨巨平摄

图11-1-6 云冈石窟大佛（以北魏开国皇帝拓跋珪为原型），公元471—494年。杨巨平摄

图11-1-7 龙门石窟卢舍那大佛（以武则天为原型），公元672—675年

图片采自：https://commons.wikimedia.org/wiki/File:Longmen.Vairocana.jpg.

图11-2-1 亚历山大钱币，赫拉克勒斯/宙斯型

图片采自：https://commons.wikimedia.org/wiki/File:KINGS_of_MACEDON._Alexander_III_the_Great_336-323_BC.jpg.

图11-2-2 赫拉克勒斯—护法金刚，阿富汗哈达，公元3或4世纪。奥斯蒙德·波比拉赫奇供图[2]

图11-2-3 欧泰德姆斯一世（约公元前230—前200年）的钱币反面：赫拉克勒斯坐在一

1 在印度西北部Charsada发现了类似的“望楼的阿波罗”陶像，见Mortomer Wheeler, *From Beyond the Imperial Frontiers*, London: G. Bell & Sons, 1984, pl. XXXIIB.

2 参见Zémaryalaï Tarzi, “Haḍḍa à la lumière des trois dernières campagnes de fouilles de Tapa-èShotor,” *Comptes rendus des séances de l'Académie des inscription et belles-lettres*, 1976, pp. 394-396, figs. 9, 10 & 11.

块覆盖狮子皮的石头上休息，右手握木棒，置于右腿之上

图片采自：https://www.wildwinds.com/coins/greece/baktria/kings/euthydemos_I/Bop_10A.jpg.

图11-2-4 赫拉克勒斯，公元前350—前325年，雅典国家考古博物馆藏。杨巨平摄

图11-2-5 赫拉克勒斯（右）和宙斯，公元前3世纪上半叶，雅典国家考古博物馆藏。杨巨平摄

图11-2-6 手持大棒的赫拉克勒斯，阿富汗阿伊·哈努姆遗址，约公元前150年。杨巨平摄

图11-2-7 戴狮头皮盔的赫拉克勒斯，象牙制品，塔赫特—伊·桑金，公元前3世纪

图片采自：John Boardman, *The Greeks in Asia*, London: Thames & Hudson, 2015, Illus. 21.

图11-2-8 赫拉克勒斯/韦勒斯拉纳，伊朗贝希斯敦，公元前148年。杨巨平摄

图11-2-9 雅典埃琉西斯的赫拉克勒斯，公元前1世纪，雅典国家考古博物馆藏。杨巨平摄

图11-2-10 德米特里（Demetrius，约公元前200—前190年）钱币，反面的赫拉克勒斯正面站立，为自己加戴花冠，手持木棒和狮皮

图片采自：https://commons.wikimedia.org/wiki/File:DemetriusCoin.jpg.

图11-2-11 护法金刚—赫拉克勒斯，戴狮头皮盔，身披狮皮，前爪胸前打结，右手持金刚杵，左手持剑。犍陀罗，公元2—3世纪

图片采自：http://www.britishmuseum.org/research/collection_online/collection_object_details.Aspx?objectId =246720&partId=1&searchText=vajrapani&page=1.

图11-2-12 手持金刚杵的护法金刚和佛教僧侣，犍陀罗，时间不详

图片采自：https://commons.wikimedia.org/wiki/File:VajrapaniAndMonks.jpg.

图11-2-13 站在佛陀身后的护法金刚，犍陀罗，公元1世纪，柏林亚洲艺术博物馆藏。杨巨平摄

图11-2-14 站在佛陀身旁的护法金刚，公元2—3世纪，伦敦大英博物馆藏。杨巨平摄

图11-2-15 披虎皮的天王，敦煌石窟第205窟，中唐时期

图片采自：刘永增主编：《敦煌石窟全集：塑像卷》，香港：商务印书馆，2003年，第129页，图版122。

图11-2-16 护法金刚泥塑，麦积山石窟，北周时期。杨巨平摄

图11-2-17 唐三彩武士俑，唐代，陕西西安博物院藏。杨巨平摄

图11-2-18 护法金刚石雕，唐代，发现于山西左云，山西大同市博物馆藏。杨巨平摄

图11-2-19 唐墓中的武士陶俑，山西长治

图片采自：山西省文物管理委员会、山西省考古研究所：《山西长治北石槽唐墓》，《考古》1962年第2期，图版8：1-2。

图11-2-20 唐墓中的武士陶俑，河北献县

图片采自：王敏之等：《河北献县唐墓清理简报》，《文物》1990年第5期，第29页，图版4：1。

图11-3-1 手持花环和棕榈枝的有翼飞天（Apsara），印度巴尔胡特，公元前2世纪，美国华盛顿弗里尔美术馆和亚瑟·M.赛克勒画廊。杨巨平摄

图11-3-2 亚历山大发行的钱币徽章，尼科双手持花环飞向站立着的亚历山大

图片采自：https://upload.wikimedia.org/wikipedia/commons/f/f8/Alexander_the_Great_India_coin.jpg.

图11-3-3 塞琉古一世发行的亚历山大式钱币。反面：宙斯手托向他敬献花环的尼科

图片采自：http://fontes.lstc.edu/~rklein/images/sel1.jpg.

图11-3-4 印度—希腊人国王米南德二世（Menander II，约公元前90—前85年在位）钱币上有头光的胜利女神

图片采自：https://commons.wikimedia.org/wiki/File:Menander_II_with_nimbate_Nike.jpg.

图11-3-5 有翼飞天在佛陀头顶向他敬献花环，公元4世纪，巴基斯坦拉合尔市中心博物馆藏

图片采自：Christian Luczantis, *Gandhara-Das Buddhistische Erbe Pakistans: Legenden, Klöster und Paradiese*, Mainz: Verlag Philipp von Zabern, 2008, Kat. Nor. 204, p. 267.

图11-3-6 佛陀头顶的有翼天人，中国新疆图木舒克，公元4—7世纪早期，巴黎吉美博物馆藏。杨巨平摄

图11-3-7 手持箜篌的飞天，敦煌莫高窟第285窟，西魏时期

图片采自：敦煌文物研究所编：《中国石窟：敦煌莫高窟》第一卷，北京：文物出版社，1982年，图138。

图11-3-8 飘动的飞天，云冈石窟第9窟，北魏太和年间（公元484—489年）。杨巨平摄

图11-4-1 阿特拉斯，公元2世纪复制品，原作于公元前1世纪，那不勒斯国家考古博物馆藏。杨巨平摄

图11-4-2 双手支撑佛教建筑物的阿特拉斯夜叉（Yaksa-atlante），约公元前2世纪或公元前1世纪初，巽伽王朝时期，法国巴黎吉美博物馆藏。杨巨平摄

图11-4-3 有翼阿特拉斯，犍陀罗，公元1—3世纪，法国巴黎吉美博物馆藏。杨巨平摄

图11-4-4 双手支撑佛塔基座的一组阿特拉斯，此为其中之一。公元2—3世纪，阿富汗哈达，法国巴黎吉美博物馆藏。杨巨平摄

图11-4-5 阿特拉斯，敦煌莫高窟第272窟。奥斯蒙德·波比拉赫奇供图

图11-4-6　支撑中国式佛塔的阿特拉斯形象，公元484—489年，云冈石窟第10窟。杨巨平摄

图11-4-7　裸体力士支撑石床，司马金龙（？—484年）墓，山西大同市博物馆藏。杨巨平摄

图11-5-1　战车上的太阳神，敦煌莫高窟第285窟

图片采自：敦煌文物研究所编：《中国石窟：敦煌莫高窟》第1卷，第116页。

图11-5-2　战车上的太阳神，克孜尔石窟第17窟

图片采自：新疆维吾尔自治区文物管理委员会等编：《中国石窟：克孜尔石窟》第1卷，北京：文物出版社，1989年，第177页。

图11-5-3　驷马二轮战车上的苏利耶，菩提伽耶浮雕，约公元前2—前1世纪

图片采自：https://commons.wikimedia.org/wiki/File:Bodh_Gaya_quadriga_relief.jpg.

图11-5-4　驾驭战车的赫利奥斯，伊利昂的雅典娜神庙，公元前4世纪早期

图片采自：https://commons.wikimedia.org/wiki/File:Helios-Metope, Troja, _Athena-Tempel.jpg.

图11-5-5　中国织锦上的“赫利奥斯”，北朝—隋朝，发现于青海省都兰热水地区

图片采自：赵丰：《魏唐织锦中的异域神祇》，《考古》1995年第2期，第179—183页，图一：5.6。

图11-5-6　背带光圈的太阳神苏利耶，马图拉，公元1世纪（？）

图片采自：Ananda K. Coomaraswamy, “The Origin of the Buddha Image,” *The Art Bulletin*, Vol. 4 (1927), p. 326, fig. 44.

图11-5-7　化妆盘上的浅浮雕：站在战车上的太阳神苏利耶，公元1—3世纪，巴黎吉美博物馆藏。杨巨平摄

图11-5-8　印度-希腊人国王柏拉图的钱币，背面：站在驷马战车上的赫利奥斯。奥斯蒙德·波比拉赫奇供图

第十二章

图12-2-1　迦毕试样式的佛像

图片采自：孙英刚、何平：《犍陀罗文明史》，北京：生活·读书·新知三联书店，2018年，第485页。

图12-2-2　哈达地区出土的怪物头像

图片采自：东京艺术大学：《アフガニスタン悠久の歴史展》，东京：东京艺术大学美术馆，2002年，第116页。

图12-2-3 和田洛浦县热瓦克佛塔塔基上的佛像

图片采自：M. Aurel Stein, *Ancient Khotan Detailed Report of Archaeological Explorations in Chinese Turkestan*, Vol. l, *Text*, Oxford: The Clarendon Press, 1907, p. 496.

图12-2-4 图木舒克佛寺遗址出土天人头像

图片采自：Louis Hambis, *I. Toumchouq, Planches*, Paris: Adrien-Maisonneuve, 1961, pl. CIV (fig. 280).

图12-2-5 托库孜萨来寺院出土天人头像

图片采自：Louis Hambis, *I. Toumchouq, Planches*, pl. LXII (fig. 158).

图12-2-6 托库孜萨来寺院出土天人头像

图片采自：Louis Hambis, *I. Toumchouq, Planches*, pl. XXXIX (fig. 82).

图12-2-7 库木吐喇石窟谷口区新1窟门道西侧壁龛内塑像。苗利辉摄

图12-2-8 克孜尔石窟第77窟天人头部。德国柏林亚洲艺术博物馆供图

图12-2-9 和田民丰县尼雅遗址出土的佛像

图片采自：贾应逸、祁小山：《印度到中国新疆的佛教艺术》，兰州：甘肃教育出版社，2002年，图版19。

图12-2-10 米兰M.III佛寺有翼天使图像

图片采自：M. Aurel Stein, *Serindia: Detailed Report of Explorations in Central Asia and Westernmost China*, Vol. 4, Oxford: Clarendon Press, 1921, pl. M. III. viii.

图12-2-11 米兰M.V佛寺花环人物壁画

图片采自：[英] 奥雷尔·斯坦因：《西域考古图记》（修订版第二卷），中国社会科学院考古研究所主持翻译，桂林：广西师范大学出版社，2019年，第333页，图139（米兰遗址M.V佛寺圆形围廊东南墙上蛋彩的中楣和墙裙）。

图12-2-12 犍陀罗出土裸体扛花环的童子和供养人石雕

图片采自：穆罕默德·瓦利乌拉·汗：《犍陀罗：来自巴基斯坦的佛教文明》，陆水林译，北京：五洲传播出版社，2020年，第139页（裸体扛花环的童子，片岩浮雕，斯瓦特博物馆收藏）。

图12-2-13 和田地区于田县胡杨墩出土壁画

图片采自：中共策勒县委、策勒县人民政府：《策勒达玛沟》，香港：大成图书有限公司，2012年，第62页。

图12-2-14 米兰M. V佛寺中的须大拏太子本生故事

图片采自：M. Aurel Stein, *Serindia: Detailed Report of Explorations in Central Asia and Westernmost China*, Vol. 4, p. 516.

图12-2-15 犍陀罗地区须大拏本生故事浮雕

第十三章

张元林摄

图13-2-6 驾驷马车的太阳神，公元3—4世纪，巴基斯坦斯瓦特考古博物馆藏

图片采自：*Catalogue for the Exhibition of Gandhara Art in Pakistan*, Tokyo: NHK, 1984, p. 82, pl. IV-15.

图13-2-7 罗马皇帝胸饰中的阿波罗驾驭驷马车形象，朱利亚—克劳狄王朝（公元前27—公元68年），耶鲁大学艺术博物馆藏。张元林摄

图13-2-8 狮车上的库柏勒女神，阿富汗阿伊·哈努姆遗址出土

图片采自：敦煌研究院编：《丝路秘宝——阿富汗国家博物馆珍品》，北京：文化艺术出版社，2017年，第15页，图版10。

图13-3-1 风神，莫高窟第249窟，北魏末—西魏。敦煌研究院供图

图13-3-2 摩醯首罗天，莫高窟第285窟。敦煌研究院供图

图13-3-3 摩醯首罗天头冠中的风神，莫高窟第285窟。敦煌研究院供图

图13-3-4 史君墓石椁风神浮雕，北周大象二年（公元580年），西安博物院藏。张元林摄

图13-3-5 化身为风神的宙斯，阿富汗贝格拉姆遗址出土，巴黎吉美博物馆藏。张元林摄

图13-3-6 风神，莫高窟第420窟，隋。敦煌研究院供图

图13-3-7 “肩生双翼”型风神，莫高窟第329窟，初唐。敦煌研究院供图

第十四章

图14-1-1 希腊陶像，约公元前700—前500年

图片采自：王云：《圣哲的衣装——半偏袒式袈裟溯源》，《故宫博物院院刊》2020年第8期，图二十四。

图14-1-2 索福克里斯像，罗马拉特兰博物馆藏

图片采自：https://commons.wikimedia.org/wiki/File:Sophokles.jpg.

图14-1-3 犍陀罗雕像

图片采自：东京国立博物馆：《日本・パキスタン国交樹立50周年記念パキスタンガンダーラ雕刻展》，东京：NHK，2002年，第18页。

图14-1-4 炳灵寺第22龛佛像。王雁卿摄

图14-1-5 云冈石窟第18窟弟子像。云冈研究院供图

图14-1-6 云冈石窟第9窟佛像。云冈研究院供图

图14-1-7 云冈石窟第12窟佛像。云冈研究院供图

图14-1-8 麦积山石窟第78窟佛像

图片采自：麦积山文物艺术研究所编：《中国石窟·麦积山石窟》，北京：文物出版社，1989年，第5页。

图14-1-9　龙门石窟古阳洞北壁第140龛

图片采自：刘景龙：《古阳洞龙门石窟第1443窟》第一册，北京：科学出版社，2001年，第77页，图113。

图14-1-10、11　云冈石窟第20窟佛像衣纹。云冈研究院供图

图14-1-12、13　云冈石窟第18窟主尊佛像衣纹。云冈研究院供图

图14-1-14　阿菲亚神殿（Temple of Aphaia）山墙上雅典娜的衣纹

图片采自：https://commons.wikimedia.org/wiki/File:Aphaia_pediment_Athena_W-I_Glyptothek_Munich_74.jpg.

图14-1-15　希腊陶瓶人物的衣纹

图片采自：友部直、水田彻编：《世界美術大全集·西洋編》第3卷《エーゲ海とギリシア·アルカイッ》，东京：小学馆，1997年，第307页。

图14-1-16　故宫博物院藏金铜菩萨像

图片采自：故宫博物院编：《故宫博物院藏品大系 雕塑编6 金石造像》，北京、合肥：紫禁城出版社、安徽美术出版社，2011年，第97页。

图14-1-17　藤井有邻馆藏金铜弥勒菩萨立像

图片采自：金维诺主编：《中国寺观雕塑全集5·金铜佛教造像》，哈尔滨：黑龙江美术出版社，2005年，第2页；孙迪：《日本藏传陕西三原出土西晋十六国金铜弥勒菩萨立像》，《文博》2006年第5期，第15页。

图14-1-18　云冈石窟第17窟菩萨的二龙衔珠。云冈研究院供图

图14-1-19　云冈石窟第13窟菩萨的二龙系珠。云冈研究院供图

图14-1-20　犍陀罗菩萨佩戴的二龙衔珠。王雁卿摄

图14-1-21　犍陀罗弥勒菩萨佩戴的马人项链

图14-1-22　犍陀罗弥勒菩萨佩戴的马人项链特写

图片采自：Ulf Jäger, "Tamed by Religion: Centaurs in Gandhara: A Unique Sculpted Necklace of a Gandharan Schist Bodhisattva Maitreya in the Asian Art Museum, San Francisco," *The Silk Road*, Vol. 15 (2017), pp. 107-108.

图14-1-23　希腊狮头相对金项链，塞萨洛尼基博物馆藏

图片采自：东京国立博物馆：《アレクサンドロス大王と東西文明の交流展》，东京：NHK，2003年，第60页。

图14-1-24　斯基泰颈饰，艾米塔什博物馆藏

左　斯塔夫罗波利地区加津斯科村出土，公元前3世纪

右　第聂伯罗彼得罗夫斯克州切尔托姆鲁伊克高冢出土，公元前4世纪

图片采自：エルミタージュ博物馆出品：《スキタイとシルクロード美術展》，东京：日本经济新闻社，1969年，图14、28。

图14-1-25　犍陀罗造像的耳饰（1. 菩萨　2. 梵天　3. 毗沙门天　4. 菩萨）

图片采自：栗田功编著：《古代佛教美術叢刊・ガンダーラ美術 II 佛陀の世界》，东京：二玄社，1988年，第52、148页，图127、425；图片采自：[日]栗田功：《大美之佛像：犍陀罗艺术》，唐启山、周昀译，北京：文物出版社，2017年，第50、64页。

图14-1-26　云冈石窟第8窟后室南壁菩萨。云冈研究院供图

图14-1-27　云冈石窟第6窟菩萨。云冈研究院供图

图14-1-28　北魏方山永固陵出土菩萨泥塑。王雁卿摄

图14-1-29　雅典卫城博物馆藏少女立像

图片采自：[意]斯特凡诺・马吉编著：《希腊——众神的殿堂》，张宝梅译，石家庄：河北教育出版社，2013年，第68页。

图14-1-30　德尔斐（Delphi）出土的勒托（Leto）雕像及首饰

图片采自：[英]理查德・西奥多・尼尔：《希腊世界的艺术与考古》，翁海贞译，武汉：华中科技大学出版社，2020年，第191页。

图14-1-31　天梯山石窟第4窟菩萨，甘肃省博物馆。王雁卿摄

图14-1-32　云冈石窟第17窟菩萨。云冈研究院供图

图14-1-33　云冈石窟第16窟力士。云冈研究院供图

图14-1-34　云冈石窟第6窟飞天。云冈研究院供图

图14-1-35　北魏沙岭壁画墓M7壁画中侍女的帔帛。王雁卿摄

图14-1-36　花神芙罗拉，庞贝壁画，公元1世纪

图片采自：https://commons.wikimedia.org/wiki/File:Wall_painting_-_Flora_-_Stabiae_(villa_di_Arianna)_-_Napoli_MAN_8834.jpg.

图14-1-37　希腊酒神引领的季节女神，希腊化新阿提卡作品，罗马复制品，公元1世纪，法国巴黎卢浮宫藏

图片采自：https://commons.wikimedia.org/wiki/File:Dionysos_Horai_Louvre_MR720.jpg.

图14-1-38　犍陀罗夜叉女像

图片采自：[日]栗田功：《大美之佛像：犍陀罗艺术》，唐启山、周昀译，第53页。

图片采自：东京国立博物馆：《アレクサンドロス大王と東西文明の交流展》，第71页，图48。

图14-1-57　罗马时代的墨丘利神象牙雕板

图片采自：东京国立博物馆：《アレクサンドロス大王と東西文明の交流展》，第71页，图49。

图14-1-58　犍陀罗四天王奉钵雕刻

图片采自：水田彻编：《世界美術大全集・西洋編》第4卷《ギリシア・クラシックとヘレニズム》，东京：小学馆，1995年，图275。

图14-1-59　瓦赫兰二世钱币

图片采自：https://commons.wikimedia.org/wiki/File:Coin_of_Bahram_II_(cropped),_Herat_mint.jpg.

图14-1-60　云冈石窟第8窟护法神。云冈研究院供图

图14-1-61　龙门石窟宾阳中洞护法神。王雁卿摄

图14-1-62　希腊雅典帕特农神庙的波塞冬

图片采自：https://commons.wikimedia.org/wiki/File:Reconstruction_of_the_west_pediment_of_the_Parthenon_1.jpg.

图14-1-63　绘有三叉器的希腊陶瓶

图片采自：水田彻编：《世界美術大全集・西洋編》第4卷《ギリシア・クラシックとヘレニズム》，第202页，图156。

图14-1-64　绘有三叉器的希腊陶瓶

图片采自：大都会博物馆：《美术全集——希腊和罗马》，宋碧云译，台北：国巨出版社，1991年，第19、77页。

图14-1-65　马其顿安提柯王朝国王德米特里一世钱币，反面是手持三叉器的波塞冬

图片采自：https://www.wildwinds.com/coins/greece/macedonia/kings/demetrios_poliorcetes/i.html.

图14-1-66　印度—希腊人国王安提马库斯一世钱币，反面是手持三叉器的波塞冬

图片采自：https://commons.wikimedia.org/wiki/File:AntimachusCoin.jpg.

图14-1-67　贵霜国王瓦苏提婆一世（Vasudeva I，约公元190—230年）与反面的湿婆均手持三叉器

图片采自：田边胜美、前田耕作编：《世界美術大全集・東洋編》第15卷《中央アジア》，第201页，图115、116。

图14-1-68　雅典娜胸前人面饰

图片采自：水田彻编：《世界美術大全集・西洋編》第4卷《ギリシア・クラシックとヘレニズム》，第152页。

图14-1-69　罗马卫兵胸前人面饰

图14-2-15　希腊陶瓶上的葡萄纹

图片采自：友部直、水田徹编：《世界美術大全集・西洋編》第3卷《エーゲ海とギリシア・アルカイッ》，第210页。

图14-2-16　犍陀罗葡萄纹

图片采自：[日]栗田功：《大美之佛像：犍陀罗艺术》，唐启山、周昀译，第17页，图版20。

图14-2-17　北魏葡萄纹，上为云冈石窟第12窟明窗，下为龙门石窟莲花洞北壁第85龛

图片采自：云冈研究院；刘景龙编著：《古阳洞龙门石窟第1443窟》第二册，北京：科学出版社，2001年，第32页。

图14-2-18　内蒙古乌兰察布出土新石器时代庙子沟文化陶器，内蒙古乌兰察布博物馆藏。王雁卿摄

图14-2-19　赵路原造金铜菩萨立像，弗利尔美术馆藏

图片采自：常青：《金石之躯寓慈悲》，北京：文物出版社，2016年，第32页。

图14-2-20　云冈石窟第9窟前室南壁绹索纹。云冈研究院供图

图14-2-21　希腊文明器物上的绹索纹

图片采自：[英]珍妮弗・尼尔斯：《在大英博物馆读希腊》，朱敏琦译，第70页。

图14-2-22　希腊文明器物上的绹索纹

图片采自：[意]斯特凡诺・马吉编著：《希腊——众神的殿堂》，张宝梅译，第172页。

图14-2-23　罗马文明器物上的绹索纹

图片采自：[意]玛利亚・特里萨・瓜伊托利编著：《罗马——世界的帝国》，李倩译，第12页。

图14-2-24　犍陀罗雕刻绹索纹

图片采自：湖北省博物馆：《佛像的故乡——犍陀罗佛教艺术》，北京：文物出版社，2017年，第57页。

图14-2-25　赫拉克勒斯系结像

图片采自：[意]斯特凡诺・马吉编著：《希腊——众神的殿堂》，张宝梅译，第175页。

图14-2-26　罗马石棺上胸前打结的罗马士兵

图片采自：[意]玛利亚・特里萨・瓜伊托利编著：《罗马——世界的帝国》，李倩译，第74页。

图14-2-27　犍陀罗护法金刚

图片采自：https://www.britishmuseum.org/collection/object/A_1970-0718-1.

图14-2-28　云冈石窟第6窟佛衣结带。云冈研究院供图

图14-2-29　云冈石窟第6窟菩萨裙带。云冈研究院供图

图14-2-30　希腊陶瓶上的爱奥尼亚式柱头

译名表

A

Achaemenid阿黑门尼王朝

Achilles阿喀琉斯

Agathocles阿伽托克勒斯

Ahura Mazda阿胡拉·马兹达

Ai Khanoum阿伊·哈努姆

Ajanta阿旃陀

Alasanda阿荔散

Alcmene阿尔克墨涅

Alexander the Great亚历山大大帝

Alexandria in Aria阿里亚的亚历山大里亚

Alexandreschata in Scythia斯基泰的最远的亚历山大里亚

Alexandria Bucephala on the Jhelum亚历山大里亚—布塞法拉

Alexandria Eschate最远的亚历山大里亚

Alexandria in Arachosia阿拉科西亚的亚历山大里亚

Alexandria in Margiana马尔吉亚那的亚历山大里亚

Alexandria of the Caucasus高加索（兴都库什山）的亚历山大里亚

Alexandria Oxiana奥克苏斯河上的亚历山大里亚

Alexandria-Prophthasia乌弋山离

Alexandria亚历山大里亚

Alkmene阿尔克墨涅

Al-lat阿拉特

Almathea阿尔玛忒亚

Amazons亚马逊人

Amorini阿莫瑞尼

Amorites亚摩利

Amu Darya阿姆河

Amuk阿穆克

Anahita阿娜希塔

Antigonus安提柯

Antimachus安提马库斯

Antioch/Antiocheia安条克

Antioch in Scythia斯基泰的安条克

Antonius安东尼

Aphrodite阿芙洛狄特

Apollo阿波罗

Apollonius阿波罗尼乌斯

Apsara阿普萨拉

Arachosia阿拉科西亚

Arahantship阿罗汉正果

Aramean阿拉米

Ardashir阿尔达希尔

Ardochsho阿多索

Ares阿瑞斯

Argead阿基德家族

Argos阿尔戈斯

Ariadne阿里阿德涅

Aria阿里亚

Arimaspi/Arimaspoi阿里马斯庇亚

Artagnes阿尔太尼斯

Artemis阿尔特米斯

Asoka/Ashoka阿育王

Assyria亚述

Atargatis阿塔耳伽提斯

Athena Alkidemos雅典娜·阿尔基德摩斯

Athena Nike雅典娜胜利女神

Athena雅典娜

Atlant力士

Atlas阿特拉斯

At-Tar阿塔尔

Attica阿提卡

Avalokitesvara观世音菩萨

Ayia Irini阿伊亚·伊里尼

B

Babylon巴比伦

Bacchus巴克斯

Bactra巴克特拉/监氏城/蓝市城

Bactria/Baktria巴克特里亚/大夏

Bactrian Greeks巴克特里亚希腊人

Bahrām/Bahram瓦赫兰

Bailey, H. W. 贝利

Balkh巴尔赫

Bamiyan巴米扬

Barsam巴尔萨姆

Begram贝格拉姆

Behistun贝希斯敦

Benares贝拿勒斯

Bergman, F. 贝格曼

Bharhut巴尔胡特

Bilingual Sino-Kharoshti Coins汉佉二体钱

Black Sea黑海

Bodh Gaya菩提伽耶

Bodhisattva菩萨

Boeotia彼奥提亚

Bopearachchi, Osmund奥斯蒙德·波比拉赫奇

Boyer, M. 波伊尔

Brahmanism婆罗门教

Brahmi婆罗米文

Brough, J. 布拉夫

Buddhayasas佛陀耶舍

Buddha佛陀

Buner布纳尔

Bunker, E. C. 班克

Buchthal, H. 布弗塔尔

Bussagli, M.布萨格里

Byzantine/Byzantium拜占庭

Euthydemus 欧泰德姆斯

Ezekiel 以西结

F

Fayyūm/Fayoum 法尤姆

Fergana 费尔干纳

Flaminio Fontana 弗拉米尼奥·丰塔纳

Flora 芙罗拉

Fondukistan 丰杜基斯坦

Fortuna 福尔图娜

Foucher, A. 福歇

G

Gaia 盖亚

Gaius Julius Caesar 尤利乌斯·恺撒

Gandhara 犍陀罗

Ganymedes 伽倪墨得斯

Gauls 高卢人

Gela 杰拉城

Ghazni 加兹尼

Gladiator 角斗士

Gorgon 戈耳工

Great Dionysia 大酒神节

Greco-Bactrian Kingdom 希腊—巴克特里亚王国

Grenent, F. 葛勒耐

Griffin 格里芬

H

Hackin, J. 哈金

Hadda 哈达

Hadrian 哈德良

Hannover 汉诺威

Hansen, V. 韩森

Hārītī/Hariti 诃利帝

Harmata, J. 哈尔马塔

Harpy 哈比

Hatra 哈特拉

Hazara 哈扎拉

Hedin, Sven 斯文·赫定

Heliocles 赫利奥克勒斯

Helios 赫利奥斯

Heracles 赫拉克勒斯

Herat 赫拉特

Hera 赫拉

Herculaneum 赫库兰尼姆

Hermacus 赫尔迈欧斯

Hermes 赫尔墨斯

Herodotus 希罗多德

Hill, J. E. 希尔

Himation 希玛申

Hippodamian Plan 希波达姆斯布局法

Hippostratos 希波斯特拉图斯

Hisar Range 希萨尔山脉

Homer 荷马

Honorary Arch of Claudius 克劳狄安荣耀拱门

Horae 季节女神

Huvishka 胡韦色伽

Mathura 马图拉/秣菟罗
Media 米底
Medusa 美杜莎
Menander/Milinda 米南德/弥兰陀
Menelaus 墨涅拉俄斯
Mercury 墨丘利
Mesopotamia 两河流域/美索不达米亚
Miho Museum 美秀博物馆
Minotaur 米诺牛
Mioin/Mina 穆立
Mithradates/Mithridates 米特拉达特/米特里达特
Mithraism 密特拉教
Mithra 密特拉
Mokshagupta 木叉鞠多
Mordechai 末底改
Moses 摩西

N

Nagasena 那先
Nana 娜娜女神
Nemrut Dagh 南姆鲁特山
Neptune 涅普顿
Nike 尼科
Nineveh 尼尼微
Niya 尼雅
North Caucasus 北高加索
Noynura 诺因乌拉

O

Oado 奥多
Oceanus 俄刻阿诺斯
Old Nisa 老尼萨
Olympians 奥林帕斯神族
Olympia 奥林匹亚
Olympus 奥林帕斯山
Oxus Treasure 阿姆河宝藏

P

Palmyra 帕尔米拉
Pancika 般支迦
Panjikent 片治肯特
Paris 帕里斯
Paropamisadae 帕罗帕米萨代
Parthenon 帕特农神庙
Parthia 帕提亚
Parthian(s) 帕提亚人
Payon Kurgan 帕永・库尔干
Pazyryk 巴泽雷克
Pegasus 珀伽索斯
Pella 培拉
Pénélope Riboud 黎北岚
Peplos 佩普洛斯长裙
Peroz 卑路斯
Persepolis 波斯波利斯
Perseus 柏修斯
Persia 波斯
Persian Empire 波斯帝国

R

S

Spalyris斯帕莱利斯
Sphinx斯芬克斯
Spooner, D. B. 司鹏纳
Sri Lakshmi吉祥天女
Stater斯塔特
Stein, M. A. 斯坦因
Strabo斯特拉波
stūpa窣堵波
Sudana须大拏
Suli窣利
Sumer苏美尔
Surkh Kotal苏尔赫・科塔尔
Surkhan Darya苏尔汉河
Surya苏利耶
Susa苏萨
Susiana苏西亚那
Swat斯瓦特
Syr Darya/Jaxartes锡尔河

T

Tabiti塔比提
Taddeo Zuccaro塔迪奥・祖卡里
Takht-i Bahi塔赫特—伊・巴希
Takht-i Sangin塔赫特—伊・桑金
Takhti塔赫提
Tapa Shotor塔帕・肖特耳
Tarn, W. W. 塔恩
Taras/Taraz怛罗斯
Taxila塔克西拉
Temenides泰门努斯（Temenus）家族
Temple of Aphaia阿菲亚神殿
Temple of Athena Nike雅典娜胜利女神庙
Termez铁尔梅兹
Tetrapolis四城之都
The Great Stupa at Sanchi桑奇大塔
Thebes底比斯
Theseus提修斯
Thessaloniki塞萨洛尼基
Thrace色雷斯
Thracians色雷斯人
Tigris底格里斯河
Tillya Tepe提利亚・特佩/黄金之丘
Titanomachy泰坦之战
Titans泰坦神族
Tita提塔
Titus提图斯
Toga罗马式长袍/托加长袍
Trajan图拉真
Trident三叉戟
Trojans特洛伊人
Tros特罗斯
Troy特洛伊
Tsukushira咀叉始罗
Tukhara吐火罗
Tunic图尼克
Tyche提刻
Tyre推罗

U

Uddiyana乌场国/乌仗那

V

W

Y

Z

参考文献

一、外文古典文献[1]

Appian, *Roman History*, with an English translation by Herace White, Cambridge, Mass.: Harvard University Press, 1912.

Arrian, *Anabasis of Alexander*, with an English translation by P. A. Brunt, Cambridge, Mass.: Harvard University Press, 1976, 1983.

Casson, L., *Periplus Maris Erythraei: Text with Introduction, Translation, and Commentary*, Princeton: Princeton University Press, 1989.

Claudius Ptolemy, *The Geography*, translated and edited by Edward Luther Stevenson, New York, 1932 (the Dover Edition, 1991).

Dio Cassius, *Roman History*, with an English translation by Earnest Cary, London: William Heinemann, New York: G. P. Putnam's Sons, 1914-1927.

Herodotus, *The Persian Wars*, [2]with an English translation by A. D. Godley, Cambridge, Mass.: Harvard University Press, 1920-1925.

Isidore, *Parthian Stations*, the Greek text with a translation and commentary by Wilfred H. Schoff, London, 1914.

Justin, *Epitome of the Philippic History of Pompeius Trogus*, translated by J. C. Yardley, Atlanta, GA: Scholar's Press, 1994.

---

1 参考书目中所有引自Loeb Classical Library丛书古典著作的出版年均为初版年。由于该书多次印刷或修订再版，作者在正文中的出版信息根据自己所引书而定。

2 Herodotus《历史》的英文译名一般根据希腊文标题“Ιστοριαι”译为“Histories”，但Loeb Classical Library译为“The Persian Wars”。本书二者均可，正文脚注不作统一。

Pliny, *Natural History* Vol. 1-5, with an English translation by H. Rackham, Cambridge, Mass.: Harvard University Press, 1938-1950.

Plutarch, "Alexander" , *Lives*, Vol. 7, with an English translation by Bernadotte Perrin, Cambridge, Mass.: Harvard University Press, 1919.

Plutarch, "Precepts of Statecraft," *Moralia*, with an English translation by Harold North Fowler, Cambridge, Mass: Harvard University Press, 1936.

Plutarch, "On the Fortune or the Virtue of Alexander," *Moralia*, with an English translation by Frank Cole Babbitt, Cambridge, Mass: Harvard University Press, 1962.

Philostratus, *The Life of Apollonius of Tyana*, with an English translation by Arthur Fairbanks, Cambrige, Mass.: Harvard University Press, 1912.

Quintus Curtius Rufus, *History of Alexander*, with an English translation by John C. Rolfe, Cambridge Mass: Harvard University Press, 1946.

Strabo, *Geography*, with an English translation by Horace Leonard Jones, Cambridge, Mass.: Harvard University Press, 1917-1932.

Milinda's Questions, translated from Pali by I. B. Horner, London: Luzac & Company, Ltd., 1964.

The Questions of King Milinda, translated from Pali by T. W. Rhys Davids, Oxford: Clarendon Press, 1890-1894.

［古希腊］路吉阿诺斯:《路吉阿诺斯对话集上》，周作人译，北京：中国对外翻译出版公司，2003年。

二、汉文典籍

（汉）司马迁:《史记》，二十四史点校本，北京：中华书局，1982年。

（汉）班固:《汉书》，二十四史点校本，北京：中华书局，1962年。

（南朝宋）范晔:《后汉书》，二十四史点校本，北京：中华书局，1965年。

（西晋）陈寿:《三国志》，二十四史点校本，北京：中华书局，1959年。

（北齐）魏收:《魏书》，二十四史点校本，北京：中华书局，1974年。

（东晋）袁宏:《后汉纪》，张烈点校，北京：中华书局，2002年。

（梁）释僧祐撰，苏晋仁、萧炼子点校:《出三藏记集》，北京：中华书局，1995年。

（梁）释慧皎撰，汤用彤校注，汤一玄整理:《高僧传》，北京：中华书局，1992年。

（北魏）杨衒之撰，周祖谟校释:《洛阳伽蓝记校释》，上海：上海书店出版社，2000年。

（北魏）杨衒之著，杨勇校笺：《洛阳伽蓝记校笺》，北京：中华书局，2006年。
（唐）慧立、彦悰著，孙毓棠，谢方点校：《大慈恩寺三藏法师传》，北京：中华书局，2000年。
（唐）杜佑著，王文锦等点校：《通典》，北京：中华书局，1988年。
（唐）韦述撰，辛德勇辑校：《两京新记辑校》，北京：中华书局，2020年。
（唐）玄奘、辩机原著，季羡林等校注：《大唐西域记校注》，北京：中华书局，1985年。
（唐）玄奘、辩机原著，董志翘译注：《大唐西域记》，北京：中华书局，2012年。
（清）严可均辑，许震生审定：《全后汉文》，北京：商务印书馆，1999年。
章巽校注：《法显传校注》，上海：上海古籍出版社，1985年。
张星烺编著，朱杰勤校注：《中西交通史料汇编》第一册，北京：中华书局，2003年。
巴宙译：《南传弥兰王问经》，北京：中国社会科学出版社，1997年。
郭哲彰译：《南传大藏经（63）弥兰王问经》，高雄：元亨寺妙林出版社，1997年。
《那先比丘经》，《大正新修大藏经》卷三二《论集部》，台北：佛陀教育基金会，1990年。

三、外文著作

Althaus, F. and Sutcliffe, M., eds., *The Road to Byzantium: Luxury Arts of Antiquity*, London: Fontanka Press, 2006.
Anderson, J. K., *Ancient Greek Horsemanship*, Berkeley and Los Angeles: University of California Press, 1961.
Auboyer, J., *Art of Afghanistan*, trans. Peter Kneebone, Feltham: Hamlyn, 1968.
Benjamin, C., *The Yuezhi: Origin, Migration and Conquest of Northern Bactria*, Turnhout: Brepols, 2007.
Boardman, J., *The Diffusion of Classical Art in Antiquity*, London: Thames & Hudson, 1994.
Boardman, J., *The Greeks in Asia*, London: Thames & Hudson, 2015.
Bonnefoy, Y., *Roman and European Mythologies*, Chicago and London: University of Chicago Press, 1992.
Bopearachchi, O., *Monnaies gréco-bactriennes et indo-grecques, Catalogue raisonné*, Paris: Bibliothèque Nationale, 1991.
Bopearachchi, O., *From Bactria to Taprobane, Vol. I: Central Asian and Indian Numismatics*, New Delhi: Manohar, 2015.

Boyer, A. M., Rapson, E. J. and Senartl, E., *Kharosthi Inscriptions Discovered by Sir Aurel Stein in Chinese Turkestan*, Oxford: Clarendon Press, 1920.

Buchthal, H., *The Western Aspects of Gandharan Sculpture*, London: Geoffrey Cumberlege Amen House, E.C. 4.

Bussagli, M., *Painting of Central Asian*, Geneva: Skira, 1963.

Carroll, D. L., *Loom and Textiles of the Copts*, Memoirs of the California Academy of Science, No. 11, California: California Academy of Science, 1988.

Chavannes, É., *Mission archéologique dans la Chine septentrionale*, Tome 1, Paris: Ernest Leroux Éditeur, 1915.

Cohen, G. M., *The Hellenistic Settlements in the East from Armenia and Mesopotamia to Bactria and India*, Berkeley and Los Angeles: University of California Press, 2013.

Collon, D., *Ancient Near Eastern Art*, Berkeley and Los Angeles: University of California Press, 1995.

Cribb, J. and Herrmann, G., eds., *After Alexander: Central Asia before Islam*, London and New York: Oxford University Press, 2007.

Curtis, J. and Tallis, N., eds., *Forgotten Empire: The World of Ancient Persia*, London: The British Museum Press, 2005.

Dalton, O. M., *The Treasure of the Oxus with other Examples of Early Oriental Metal-work*, London: British Museum, 1964.

Dani, A. H., *Chilas: The City of Nanga Parvat Dyamar*, Islamabad: Quaid-i-Azam University, 1983.

Downey, C., *A History of Antioch in Syria from Seleucus to the Arab Conquest*, Princeton: Princeton University Press, 1961.

Foucher, A., *L'art gréco-bouddhique du Gandhâra. Étude sur les origines de l'influence classique dans l'art bouddhique de l'Inde et de l'Extrême-Orient*, 2 t. [t. 1: 1905; t. 2 en trois fasc: 1918, 1922, 1951], Paris: Imprimerie Nationale.

Foucher, A., *The Beginnings of Buddhist Art*, Paris: Paul Geuthner, 1914.

Francfort, H.-P., *Les palettes du Gandhāra* (MDAFA 23), Paris: De Boccard, 1979.

Furtwängler, A. and Reichhold, K., *Griechische Vasenmalerei: Auswahl hervorragender Vasenbilder*, Serie I, Tafeln, Bruckmann: Bruckmann Verlag GmbH, 1904.

Goell, T. and Bachmann, H. G., eds., *The Hierothesion of Antiochus I of Commagene – Results of the American Excavations Directed by Theresa B. Goell*, Vol. 1: Texts Volume 2, Illustrations, Pennsylvania: Penn State Press, Eisenbrauns, 1996.

Grimal, P., *The Dictionary of Classical Mythology*, New York: Basil Blackwell Publisher, 1986.

Grüssinger, R., *Dekorative Architekturfriese in Rom und Latium*, PhD. Dissertation, University of Heidelberg, 2001.

Hansen, V., *Silk Road: A New History*, London and New York: Oxford University Press, 2012.

Hedin, S., *Die geographische-wissenschaftlichen Ergebnisse meiner Reisen in Zentralasien*, 1894-1897, Vol. 1, Gotha: Justus Perthes, 1900.

Hill, J. E., *Through the Jade Gate – China to Roma, a Study of the Silk Routes 1st to 2nd Centuries CE*, new updated and expanded edition, Vol. I, CA: San Bernardino, 2015.

Holt, F. L., *Lost World of the Golden King*, Berkeley and Los Angeles: University of California Press, 2012.

Hornblower, S., et al., eds., *The Oxford Classical Dictionary* (Fourth Edition), London and New York: Oxford University Press, 2012.

Hulsewe, A. F. P., *China in Central Asia*, Leiden: E. J. Brill, 1979.

Ifrah, G., *The Universal History of Numbers – from Pre-history to the Invention of Computer*, translated from French to English by David Bellos, E. F. Harding, Sophie Wood and Ian Monk, New York: John Wiley & Sons, Inc., 2000 (Original French 1981).

Iozzo, Mario., *The François Vase: Rex Vasorum, King of Vases*, Edizioni Polistampa, 2018.

Jansen, E. R., *The Book of Buddhas – Ritual Symbolism used on Buddhist Statuary and Ritual Objects*, Diever: Binkey Kok Publications, 1997/1990.

Jansen, E. R., *The Book of Hindu Imagery – The Gods and their Symbols*, Diever: Binkey Kok Publications, 1997/1993.

Jairazbhoy, R. A., *Foreign Influence in Anicent India*, Bombay and New York: Asia Pub. House, 1963

Jettmar, K., et al., *Between Gandhāra and the Silk Roads, Rock-carvings along the Karakorum Highway: Discoveries by German-Pakistani Expeditions 1979-1984*, Mainz: Verlag Philip von Zabern, 1987.

Kerényi, C., *The Heroes of the Greeks*, London: Thames and Hudson, 1959, 1978.

Kraeling, C. H., *The Excavations at Dura-Europos. Final Report 8.1. The Synagogue*, New Haven: Yale University Press, 1956.

Lee, S., *A History of Far Eastern Art*, Prentice Hall, Reprint edition, 1994.

LIMC (Lexicon Iconographicum Mythologiae Classicae), Zurich: Artemis and Winkler, 1981-1999.

Luczantis, C., *Gandhara-Das Buddhistische Erbe Pakistans: Legenden, Klöster und Paradiese*, Mainz: Verlag Philipp von Zabern, 2008.

Mair, V. H., et al., *Secrets of the Silk Road: An Exhibition of Discoveries from the Xinjiang Uyghur Autonomous Region, China*, Santa Ana, CA: Bowers Museum of Art, 2010.

Marshall, J., *Taxila: An Illustrated Account of Archaeological Excavations Carried Out at Taxila under the Orders of the Government of India between the Years 1913 and 1934*, 3 vols., Cambridge: Cambridge University Press, 1951.

Marshall, J., *The Buddhist Art of Gandhara: The Story of the Early School, its Birth, Growth and Decline*, Cambridge: Cambridge University Press, 1960.

McLaughlin, R., *Rome and the Silk Routes: The Ancient World Economy and the Empires of Parthia, Central Asia, and Han China*, Barnsley: Pen and Sword, 2016.

McCann, A. M., *Roman Sarcophagi in the Metropolitan Museum of Art*, New York: The Metropolitan Museum of Art, 1978.

Morris, L., *The Begram Hoard and its Context*, PhD. Dissertation, 2021, Ludwig-Maximilians-Universität München.

Narain, A. K., *The Indo-Greeks*, Oxford: Clarendon Press, 1957.

Nehru, L., *Origins of the Gandhāran Style: A Study of Contributory Influences*, Delhi: Oxford University Press, 1989.

Rachal, M., ed., *The Graeco-Bactrian and Indo-Greek World*, Abingdon, Oxon: Routledge, 2020.

Rapson, E. J., *Cambridge History of India*, Vol. I, Cambridge: Cambridge University Press, 1922.

Rhie, M. M., *Early Buddhist Art of China and Central Asia*, 2 vols., Leiden/Boston/Köln: Brill, 1999.

Rienjang, W. and Stewart, P., *Problems of Chronology in Gandhāran Art: Proceedings of the First International Workshop of the Gandhāra Connections Project, University of Oxford, 23rd-24th March 2017*, Oxford: Archaeopress, 2018.

Roberts, M., *The Jeweled Style: Poetry and Poetics in Late Antiquity*, Ithaca, NY: Cornell University Press, 1989.

Roberts, P., *Life and Death in Pompeii and Herculaneum*, Oxford: Oxford University Press, 2013.

Rosenfield, J. M., *Dynastic Arts of the Kushans*, Berkeley and Los Angeles: University of California Press, 1967.

Rudenko, S. I., *Frozen Tomb of Siberia: The Pazyryk Burials of Iron Age Horsemen*, M. W. Thompson trans., London: J. M. Dent & Sons Ltd., 1970.

Schmidt-Colinet, A., *Die Textilien aus Palmyra: Neue und alte Funde (Damaszener Forschungen)*, P. von Zabern, 2000.

Sarianidi, V., *Bactrian Gold. From the Excavations of the Tillya-Tepe Necropolis in Northern Afghanistan*, Leningrad: Aurora Art Publishers, 1985.

Schlumberger, D., *The Excavations at Surkh Kotal and the Problem of Hellenism in Bactria and India*, Proceedings of the British Academy, Vol. XLVII, London: Oxford University Press, 1961.

Selbitschka, A., *Prestigegüter entlang der Seidenstrasse? Archäologische und historische Untersuchungen zu Chinas Beziehungen zu Kulturen des Tarimbeckens vom zweiten bis frühen fünften Jahrhundert nach Christus*, part 1, Wiesbaden: Harrassowitz, 2010.

Senior, R. C., *Indo-Scythian Coins and History*, Vol. I, Lancaster, PA: Classical Numismatic Group, 2001.

Sherwin-White, S. and Kuhrt, A., *From Samarkand to Sardis: A New Approach to the Seleucid Empire*, Berkeley and Los Angeles: University of California Press, 1993.

Snodgrass, A. M., *Arms and Armour of the Greeks*, New York: Cornell University Press, 1967.

Soper, A. C., *Literary Evidence for Early Buddhist Art in China*, Ascona: Artibus Asiae, 1959.

Spuhler, F., *Pre-Islamic Carpets and Textiles from Eastern Lands,* with Dar al-Arhar al-Islamiyyah the al-Sabah Collection Kuwait, Farnborough: Thames & Hudson, 2015

Stančo, L., *Greek Gods in the East: Hellenistic Iconographic Schemes in Central Asia*, Prague: Karolinum Press, Charles University, 2012.

Stein, M. A., *Ancient Khotan: Detailed Report of Archaeological Explorations in Chinese Turkestan*, 2 vols., Oxford: Clarendon Press, 1907.

Stein, M. A., *Serindia: Detailed Report of Explorations in Central Asia and Westernmost China*, 5 vols., Oxford: Clarendon Press, 1921.

Stein, M. A., *Innermost Asia: Detailed Report of Explorations in Central Asia, Kan-su and Eastern Iran*, 4 vols., Oxford: Clarendon Press, 1928.

Tarn, W. W., *The Greeks in Bactria and India*, Cambridge: Cambridge University Press, 1951.

Tarn, W. W., *Alexander the Great, II: Sources and Studies*, Cambridge: Cambridge University Press, 1948.

Tarzi, Z., *L'architecture et le décor rupestre des grottes de Bamiyan*, Paris: Imprimerie Nationale, 1977.

Thomas, M., Mainguy, C. and Pommier, S., *Textile Art*, Skira Rizzoli, NY, 1985.

Van Lohuizen-de Leeuw, J. E., *The Scythian Period: An Approach to the History, Art, Epigraphy and Palaeography of North India from the 1st Century B.C. to the 3rd Century A.D*, Leiden: E. J. Brill, 1949.

Vermaseren, M. J., ed., *Corpus Inscriptionum et Monumentorum Religionis Mithracea (CIMRM)*, Hagae: Martinus Nijhoff, Vol. 1 (1956), Vol. 2 (1960).

Wang, H., *Money on the Silk Road: The Evidence from Eastern Central Asia to c. AD 800, with a Catalogue of the Coins Collected by Sir Aurel Stein*, London: British Museum Press, 2004.

Wheeler, M., *Flames over Persepolis*, New York: Reynal & Company, Inc., 1968.

Wheeler, M., *From Beyond the Imperial Frontiers*, London: G. Bell & Sons, 1984.

Wilson, T., *Italian Maiolica of the Renaissance*, Milan: Bocca, 1996.

Yumiko, N., *The Art of Miran*, PhD. Dissertation, Berkeley and Los Angeles: University of California Press, 2000.

Zimmer, H., *Myths and Symbols in Indian Art and Civilizations*, Princeton: Princeton University Press, 1946.

Zwalf, W., *A Catalogue of the Gandhara Sculpture in the British Museum*, Vol. 1, London: British Museum Press, 1996.

东京国立博物馆:《シルクロード大美術展》，东京：东京都美术馆，1996年。

东京国立博物馆:《日本・パキスタン国交樹立50周年記念パキスタンガンダーラ雕刻展》，东京：NHK，2002年。

东京国立博物馆:《アレクサンドロス大王と東西文明の交流展》，东京：NHK，2003年。

东京艺术大学:《アフガニスタン悠久の歴史展》，东京：东京艺术大学美术馆，2002年。

栗田功:《ガンダーラ美術》，东京：二玄社，1988—1990年。

美秀博物馆编:《古代バクトリア遺宝展図録》，美秀博物馆，2002年。

木下杢太郎:《大同石仏寺》，东京：座右宝刊行会，1938年。

水田彻编:《世界美術大全集・西洋編》第4卷《ギリシア・クラシックとヘレニズム》，东京：小学馆，1995年。

田边胜美:《毘沙門天像の誕生》，东京：吉川弘文馆，1999年。
田边胜美、前田耕作编:《世界美術大全集・東洋編》第15卷《中央アジア》，东京：小学馆，1999年。
樋口隆康:《パキスタンガンガンダーラ美術展圖錄》，日本放送协会，1984年。
樋口隆康编:《バーミヤーン：京都大学中央アジア学術調査報告》，京都：同朋舍，1983年。
友部直、水田徇编:《世界美術大全集・西洋編》第3卷《エーゲ海とギリシア・アルカイッ》，东京：小学馆，1997年。
朝日新闻社:《日中国交正常化20周年記念展：楼兰王国と悠久の美女》，东京：朝日新闻社，1992年。

四、中文著作

常青:《金石之躯寓慈悲》，北京：文物出版社，2016年。
陈晓露:《楼兰考古》，兰州：兰州大学出版社，2014年。
出土文物展览工作组编:《文化大革命期间出土文物》第一辑，北京：文物出版社，1973年。
大同市博物馆编:《平城文物精粹——大同市博物馆馆藏精品录》，南京：江苏凤凰美术出版社，2016年。
大同市博物馆编:《融合之路——拓跋鲜卑迁徙与发展历程》，合肥：安徽美术出版社，2018年。
杜维善:《贵霜帝国之钱币》，上海：上海古籍出版社，2012年。
段晴、才洛太:《青海藏医药文化博物馆藏佉卢文尺牍》，上海：中西书局，2016年。
段晴、张志清主编:《中国国家图书馆藏西域文书：梵文、佉卢文卷》，上海：中西书局，2013年。
敦煌文物研究所编:《中国石窟：敦煌莫高窟》第一卷，北京：文物出版社，1982年。
敦煌文物研究所编:《中国石窟：敦煌莫高窟》第二卷，北京：文物出版社，1984年。
敦煌研究院编:《敦煌石窟全集・第1卷・莫高窟第266—275窟考古报告》，北京：文物出版社，2011年。
敦煌研究院编:《丝路秘宝——阿富汗国家博物馆珍品》，北京：文化艺术出版社，2017年。
葛嶷、齐东方主编:《异宝西来：考古发现的丝绸之路舶来品研究》，上海：上海古籍出版社，2017年。
关卫：《西方美术东渐史》，上海：上海书店出版社，2002年。
国家文物局编：《丝绸之路》，北京：文物出版社，2014年。
河南省古代建筑保护研究所：《宝山灵泉寺》，郑州：河南人民出版社，1991年。
河南省文物研究所编：《中国石窟·巩县石窟寺》，北京：文物出版社，1989年。
和田文管所：《于阗》，乌鲁木齐：新疆美术摄影出版社，2004年。
贺世哲：《敦煌图像研究——十六国北朝卷》，兰州：甘肃教育出版社，2006年。
湖北省博物馆：《佛像的故乡——犍陀罗佛教艺术》，北京：文物出版社，2017年。
黄明兰、郭引强编著：《洛阳汉墓壁画》，北京：文物出版社，1996年。
霍旭初等：《米兰"有翼天使"问题的再讨论——兼谈鄯善佛教艺术的有关问题》，载敦煌研究院编：《段文杰敦煌研究五十年纪念文集》，北京：世界图书出版公司，1996年。
吉林省文物考古研究所编：《榆树老河深》，北京：文物出版社，1987年。
贾应逸：《新疆古代毛织品研究》，上海：上海古籍出版社，2015年。
贾应逸、祁小山：《印度到中国新疆的佛教艺术》，兰州：甘肃教育出版社，2002年。
金维诺主编：《中国寺观雕塑全集5·金铜佛教造像》，哈尔滨：黑龙江美术出版社，2005年。
李静杰主编：《中国金铜佛》，北京：宗教文化出版社，1996年。
李零：《入山与出塞》，北京：文物出版社，2004年。
李青：《古楼兰鄯善艺术综论》，北京：中华书局，2005年。
李淞：《论汉代艺术中的西王母图像》，长沙：湖南教育出版社，2000年。
李铁生：《古中亚币》，北京：北京出版社，2008年。
梁思成：《中国雕塑史》，天津：百花文艺出版社，1998年。
林梅村：《沙海古卷——中国所出佉卢文书（初集）》，北京：文物出版社，1988年。
林梅村：《汉唐西域与中国文明》，北京：文物出版社，1998年。
林梅村：《古道西风——考古新发现所见中西文化交流》，北京：生活·读书·新知三联书店，2000年。
林梅村：《丝绸之路考古十五讲》，北京：北京大学出版社，2006年。
刘景龙：《古阳洞龙门石窟第1443窟》第一册，北京：科学出版社，2001年。
刘文锁：《沙海古卷释稿》，北京：中华书局，2007年。
刘永增主编：《敦煌石窟全集：塑像卷》，香港：商务印书馆，2003年。
刘志远、余德章、刘文杰：《四川汉代画象砖与汉代社会》，北京：文物出版社，1983年。

罗丰:《胡汉之间——“丝绸之路”与西北历史考古》，北京：文物出版社，2004年。
马雍:《西域史地文物丛考》，北京：文物出版社，1990年。
麦积山文物艺术研究所编:《中国石窟・麦积山石窟》，北京：文物出版社，1989年。
穆舜英主编:《中国新疆古代艺术》，乌鲁木齐：新疆美术摄影出版社，1994年。
孟凡人:《楼兰鄯善简牍年代学研究》，乌鲁木齐：新疆人民出版社，1995年。
孟凡人:《尼雅遗址与于阗史研究》，上海：商务印书馆，2017年。
南京博物院、山东省文物管理处:《沂南古画像石墓发掘报告》，文化部文物管理局，1957年。
南阳文物研究所编:《南阳汉代画像砖》，北京：文物出版社，1990年。
宁夏固原博物馆:《固原北魏墓漆棺画》，银川：宁夏人民出版社，1988年。
祁小山、王博编著:《丝绸之路——新疆古代文化》，乌鲁木齐：新疆人民出版社，2008年。
祁小山、王博编著:《丝绸之路——新疆古代文化（续）》，乌鲁木齐：新疆人民出版社，2016年。
秦臻:《汉代陵墓石兽研究》，北京：文物出版社，2016年。
山东省博物馆、山东省文物考古研究所编:《山东汉画像石选集》，济南：齐鲁书社，1982年。
上海博物馆编:《丝绸之路古国钱币暨丝路文化国际学术研讨会论文集》，上海：上海书画出版社，2011年。
上海博物馆编:《欧亚通衢：贵霜王朝的信仰与艺术》，上海：上海书画出版社，2017年。
宿白:《考古发现与中外文化交流》，北京：文物出版社，2002年。
孙机:《汉代物质文化资料图说》，北京：文物出版社，1991年。
孙英刚、何平:《犍陀罗文明史》，北京：生活・读书・新知三联书店，2018年。
汤用彤:《汉魏两晋南北朝佛教史》，北京：北京大学出版社，1991年。
滕固:《滕固艺术文集》，上海：上海人民美术出版社，2003年。
万新君:《西域装饰艺术》，乌鲁木齐：新疆人民出版社，1997年。
王博、吴艳春、祁小山:《新疆历史图说》，乌鲁木齐：新疆大学出版社，2006年。
王国维:《观堂集林》，北京：中华书局，1959年。
王晓朝:《希腊宗教概论》，上海：上海人民出版社，1997年。
新疆维吾尔自治区博物馆等:《丝绸之路——汉唐织物》，北京：文物出版社，1972年。
新疆维吾尔自治区博物馆、新疆文物考古研究所编著:《中国新疆山普拉——古代于阗文明的揭示与研究》，乌鲁木齐：新疆人民出版社，2001年。

新疆维吾尔自治区文物管理委员会、拜城县克孜尔千佛洞文物保管所、北京大学考古系编：《中国石窟：克孜尔石窟》第1卷，北京：文物出版社，1989年。

新疆维吾尔自治区文物事业管理局等主编：《新疆文物古迹大观》，乌鲁木齐：新疆美术摄影出版社，1999年。

邢义田：《立体的历史：从图像看古代中国与域外文化》，北京：生活·读书·新知三联书店，2014年。

徐光冀主编：《中国出土壁画全集·山西卷》，北京：科学出版社，2011年。

殷光明：《北凉石塔研究》，台北：觉风佛教艺术文化基金会，2000年。

余太山：《塞种史研究》，北京：中国社会科学出版社，1992年。

余太山：《两汉魏晋南北朝正史西域传要注》，北京：中华书局，2005年。

中共策勒县委、策勒县人民政府：《策勒达玛沟》，香港：大成图书有限公司，2012年。

中国美术全集编辑委员会编：《中国美术全集·雕塑编2·秦汉雕塑》，北京：人民美术出版社，1985年。

张晓霞：《中国古代染织纹样史》，北京：北京大学出版社，2016年。

赵丰：《锦程：中国丝绸与丝绸之路》，合肥：黄山书社，2016年。

中国画像石全集编辑委员会编：《中国画像石全集·陕西、山西汉画像石》，济南、郑州：山东美术出版社、河南美术出版社，2000年。

中国社会科学院考古研究所、河北省文物研究所编著：《邺城吴庄出土佛教造像》，北京：科学出版社，2019年。

中华世纪坛世界艺术馆编：《希腊文明》，北京：文物出版社，2007年。

周文索：《汉佉二体钱》，收入孙凤鸣主编：《巴音郭楞年鉴2003》，乌鲁木齐：新疆人民出版社，2003年。

朱锡禄编著：《嘉祥汉画像石》，济南：山东美术出版社，1997年。

五、中文译著

［奥］阿洛瓦·里格尔：《风格问题——装饰艺术史的基础》，刘景联、李薇蔓译，长沙：湖南科学技术出版社，1999年。

［奥］阿洛伊斯·李格尔：《风格问题：装饰历史的基础》，邵宏译，杭州：中国美术学院出版社，2016年。

［德］阿尔伯特·冯·勒克科：《中亚艺术与文化史图鉴》，赵崇民、巫新华译，北京：中国

人民大学出版社，2005年。
［德］斯威布：《希腊神话》，许乐言译，北京：北京联合出版公司，2015年。
［俄］H. A. 库恩：《古希腊的传说和神话》，秋枫、佩芳译，北京：生活·读书·新知三联书店，2002年。
［法］阿·福歇：《佛教艺术的早期阶段》，王平先、魏文捷译，兰州：甘肃人民出版社，2008年。
［法］埃玛纽埃尔—爱德华·沙畹：《华北考古记》第三卷《石窟卷》，袁俊生译，北京：中国画报出版社，2020年。
［法］R. 格鲁塞：《从希腊到中国》，常书鸿译，杭州：浙江人民美术出版社，1985年。
［法］雷奈·格鲁塞：《东方的文明》，常任侠、袁音译，北京：中华书局，1998年。
［美］F. B. 塔贝尔：《希腊艺术史》，殷亚平译，上海：格致出版社、上海人民出版社，2010年。
［美］巫鸿：《武梁祠：中国古代画像艺术的思想性》，柳扬、岑河译，北京：生活·读书·新知三联书店，2006年。
［美］巫鸿：《中国古代艺术与建筑中的“纪念碑性”》，李清泉、郑岩等译，上海：上海人民出版社，2008年。
［美］约翰·格里菲思·佩德利：《希腊艺术与考古学》，李冰清译，孙宜学校，桂林：广西师范大学出版社，2005年。
大都会博物馆：《美术全集——希腊和罗马》，宋碧云译，台北：国巨出版社，1991年。
［日］宫治昭：《犍陀罗美术寻踪》，李萍译，北京：人民美术出版社，2007年。
［日］栗田功：《大美之佛像：犍陀罗艺术》，唐启山、周昀译，北京：文物出版社，2017年。
［日］奈良博物馆：《奈良·丝绸之路博览会》纪念文集，1988年。
［日］水野清一、长广敏雄：《雲岡石窟》，京都：京都大学人文科学研究所，1950—1956年。
［苏］斯塔维斯基：《古代中亚艺术》，路远译，西安：陕西旅游出版社，1992年。
［意］弗拉维奥·费布拉罗：《性与艺术》，贺艳飞译，桂林：广西师范大学出版社，2016年。
［意］卡列宁等编著：《犍陀罗艺术探源》，魏正中、王倩编译，上海：上海古籍出版社，2015年。
［意］玛利亚·特里萨·瓜伊托利编著：《罗马——世界的帝国》，李倩译，石家庄：河北教

育出版社，2013年。

［意］斯特凡诺·马吉编著：《希腊——众神的殿堂》，张宝梅译，石家庄：河北教育出版社，2013年。

［英］T. 贝罗：《新疆出土佉卢文残卷译文集》（英译本），王广智译，载韩翔、王炳华、张临华编：《尼雅考古资料》，新疆社会科学院内部刊物，1988年。

［英］理查德·西奥多·尼尔：《希腊世界的艺术与考古》，翁海贞译，武汉：华中科技大学出版社，2020年。

［英］约翰·马歇尔：《犍陀罗佛教艺术》，许建英译，贾应逸审校，乌鲁木齐：新疆美术摄影出版社，1999年。

［英］杰西卡·罗森：《祖先与永恒——杰西卡·罗森中国考古艺术文集》，陈谊译，北京：生活·读书·新知三联书店，2011年。

［英］杰西卡·罗森：《莲与龙：中国纹饰》，张平译，上海：上海书画出版社，2019年。

［英］约翰·马歇尔：《塔克西拉I》，秦立彦译，昆明：云南人民出版社，2002年。

［英］珍妮弗·尼尔斯：《在大英博物馆读希腊》，朱敏琦译，上海：上海交通大学出版社，2013年。

六、外文论文

Bachhofer, L., “Pancika und Harit-Pharo und Ardoxsho,” *Ostasiatische Zeitschrift*, Vol. 13 (1937), pp. 6-15.

Bergman, F., “Loulan Wood-Carvings and Small Finds Discovered by Sven Hedin,” *Bulletin of the Museum of Far Eastern Antiquities*, No. 7 (1935), pp. 71-144.

Bernard, P., “Aikhanum on the Oxus: A Hellenistic City in Central Asia,” *Proceedings of the British Academy*, Vol. 53 (1967), pp. 71-95.

Bernard, P., “An Ancient Greek City in Central Asia,” *Scientific American*, Vol. 246 (1982), pp. 148-159.

Brough, J., “Comments on Third-Century Shan-shan and the History of Buddhism,” *Bulletin of the School of Oriental and African Studies*, Vol. 28, No. 3 (1965), pp. 582-612.

Buchthal, H., “The Foundations for a Chronology of Gandhara Sculpture,” *Trans. of the Oriental Ceramic Society*, Vol. 19 (London 1942-43), 1944, pp. 21-32.

Buchthal, H., “The Western Aspects of Gandhara Sculpture,” *Proceedings of the British Academy*,

Vol. 31 (1945), pp. 151-176.

Bunker, E. C., "Late Antique Motifs on a Textile from Xinjiang Reveal Startling Burial Beliefs," *Orientations*, Vol. 35, No. 4 (2004), pp. 30-56.

Chen, T., et al., "Plant Use in the Lop Nor Region of Southern Xinjiang, China: Archaeobotanical Studies of the Yingpan Cemetery (~25-420 AD)," *Quaternary International*, Vol. 426 (2016), pp. 166-174.

Curtis, V. S., "Parthian Belts and Belt Plaques," *Iranica Antiqua*, Vol. XXXVI (2001), pp. 299-327.

Coomaraswamy, A., "The Indian Origin of the Buddha Image," *Journal of the American Oriental Society*, Vol. 46 (1926), pp. 165-170.

Coomaraswamy, A. K., "The Origin of the Buddha Image," *The Art Bulletin*, Vol. 9, No. 4 (1927), pp. 287-329.

Coomaraswamy, A., "The Rape of a Nagı: An Indian Gupta Seal," *Bulletin of the Museum of Fine Arts*, Vol. 35 (1937), pp. 38-41.

Cribb, J., "The Origin of the Buddha Image – the Numismatic Evidence," *South Asian Archaeology*, 1981 (Cambridge 1984), pp. 231-244.

Cribb, J., "Greekness after the End of the Bactrian and Indo-Greek Kingdoms," in Rachal Mairs, ed., *The Graeco-Bactrian and Indo-Greek World*, Abingdon, Oxon: Routledge, 2020, pp. 653-681.

Dani, A. H., "Origin of the Buddha Image: The Chilas Evidence," *Journal of Central Asia*, Vol. 10, No. 2 (1987), pp. 12-23.

Enoki, K., "On the So callded Sino-Kharoṣṭhī Coins," *East and West*, Vol. 15, No. 3-4 (1965), pp. 231-276.

Fukai, S., "The Artifacts of Hatra and Parthian Art," *East and West*, Vol. 11, No. 2/3 (Jun.- Sep. 1960), pp. 135-181.

Fussman, G., "Un Buddha Inscrit des Débuts de Notre Èren," *Bulletin de l'École française d'Extrême-Orient*," Tome 74 (1985), pp. 43-46.

Gere, J., "Taddeo Zuccaro as a Designer for Maiolica," *Burlington Magazine*, Vol. 105, No. 724 (1963), pp. 306-315.

Ghose, M., "Nana: The Original Goddess on the Lion," *Journal of Inner Asian Art and Archaeology*, Vol. 1 (2006), pp. 97-112.

Goldman, B., "Parthians at Gandhara," *East and West*, Vol. 28, No. 1/4 (Dec. 1978), pp. 189-202.

Gonda, J., "Tarn's Hypothesis on the Origin of the Milindapanha," *Mnemosyne*, Vol. 2, Fasc. 1 (1949), pp. 46-62.

Graf, D. F., "The Silk Road between Syria and China," in A. Wilson and A. Bowman, eds., *Trade, Commerce, and the State in the Roman World*, Oxford: Oxford University Press, 2017, pp. 443-529.

Harlizius-Klück, E. and Giovanni, F., "(B)orders in Ancient Weaving and Archaic Greek Poetry," in G. Fanfani, M. Harlow and M. Nosch, eds., *Spinning Fates and the Song of the Loom: The Use of Textiles, Clothing and Cloth Production as Metaphor, Symbol and Narrative Device in Greek and Latin Literature*, Oxford: Oxbow Books, 2016, pp. 61-99.

Hargreaves, H., "Excavations at Shāh-ji-Dherī," *Archaeological Survey of India*, 1910-1911, pp. 25-32.

Hentze, C., "Les influences etrangeres dans le monument de Houo-K' iu-Ping," *Artibus Asiae*, Vol. 1, No. 1 (1925), pp. 31-36.

Heyn, M. K., "Gesture and Identity in the Funerary Art of Palmyra," *American Journal of Archaeology*, Vol. 114, No. 4 (2010), pp. 631-661.

Hunt, P., "Military Forces," in Philip Sabin, ed., *The Cambridge History of Greek and Roman Warfare I*, Cambridge: Cambridge University Press, 2008, pp. 108-146.

Jäger, U., "Tamed by Religion: Centaurs in Gandhara: A Unique Sculpted Necklace of a Gandharan Schist Bodhisattva Maitreya in the Asian Art Museum, San Francisco," *The Silk Road*, Vol. 15 (2017), pp. 107-115.

Katsumi Tanabe, "The Kushan Representation of Anemos/Oado and its Relevance to the Central Asian and Far Eastern Wind Gods," *Silk Road Art and Archaeology*, Vol. 1 (1990), pp. 51-80.

Katsumi Tanabe, "OHþO: Another Kushan Wind God," *Silk Road Art and Archaeology*, Vol. 1 (1991/1992), pp. 51-71.

Kossowska, D., "Classical Motifs on Yingpan Mummy's Clothing," *Novensia*, Vol. 26 (2015), pp. 61-68.

Leriche, P., "Bactria, Land of One Thousand Cities," in Joe Cribb and Georgina Herrmann, eds., *After Alexander: Central Asia before Islam*, London and New York: Oxford University Press, 2007, pp. 121-153.

Leriche, P. and Pidaev, S., "Termez in Antiquity," in J. Cribb and G. Herrmann, eds., *After*

Alexander: Central Asia before Islam, London and New York: Oxford University Press, 2007, pp. 179-221.

Lerner, J., "A Note on Sasanian Harpies," *Iran*, Vol. 13 (1975), pp. 166-171.

Lerner, J., "The Eastern Baktria under Da Yuezhi Hegemony," in Vidula Jayaswal, ed., *Glory of the Kushans: Recent Discoveries and Interpretations*, New Delhi: Aryan Books International, 2012, pp. 79-86.

Leslie, D. D. and Gardiner, K. H. J., "Chinese Knowledge of Western Asia during the Han," *T'oung Pao*, Second Series, Vol. 68, Livr. 4/5 (1982), pp. 254-308.

Litvinskii, B. A. and Pichikian, I. R., "The Hellenistic Architecture and Art of the Temple of the Oxus," *Bulletin of the Asia Institute*, New Series, Vol. 8 (1994), pp. 47-66.

Liu Jian, et al., "Identification of Ancient Textiles from Yingpan, Xinjiang, by Multiple Analytical Techniques," *Journal of Archaeological Science*, Vol. 38 (2011), pp. 1763-1770.

Liu Jian, et al., "Characterization of Dyes in Ancient Textiles from Yingpan, Xinjiang," *Journal of Archaeological Science*, Vol. 40 (2013), pp. 4444-4449.

Morris, L.,"Roman Objects in the Begram Hoard and the Memory of Greek Rule in Kushan Central Asia," in Rachal Mairs, ed., *The Graeco-Bactrian and Indo-Greek World*, Abingdon, Oxon: Routledge, 2020, pp. 580-592.

Myer, P. R., "Again the Kanishka Casket," *The Art Bulletin*, Vol. 48, No. 3/4 (Sep.-Dec. 1966), pp. 396-403.

Peña, A. and Barrientos, T., "A Relief Decorated with a Griffin Discovered in the Forum Portico in Augusta Emerita (Mérida, Spain)," *American Journal of Archaeology*, Vol. 123, No. 2 (2019), pp. 312-348.

Peppard, M., "Anointed like David," *The World's Oldest Church: Bible, Art, and Ritual at Dura-Europos, Syria*, Connecticut: Yale University Press, 2016, pp. 46-85.

Rawson, J., "The Eternal Palaces of the Western Han: A New View of the Universe," *Artibus Asiae*, Vol. 59, No. 1-2 (1999), pp. 5-58.

Juhyung, R., "The Garuḍa and the Nāgī/Nāga in the Headdresses of Gandhāran Bodhisattvas: Locating Textual Parallels," *Bulletin of the Asia Institute*, New Series, Vol. 23 (2009), pp. 147-158.

Rowland, B., "A Revised Chronology of Gandhāra Sculpture," *The Art Bulletin*, Vol. 18, No. 3 (1936), pp. 384-400.

Rowland, B.,"The Hellenistic Tradition in Northwestern India," *The Art Bulletin*, Vol. 31, No. 1 (1949), pp. 1-10.

Rowland, B., "Gandhara and Late Antique Art: The Buddha Image," *American Journal of Archaeology*, Vol. 46, No. 2 (1942), pp. 223-236.

Sanchez, M. G., "The Dress and Color of Mithraism: Roman or Iranian Garments?" in *Mannheimer Geschichtsblätter, Sonderveröffentlichung* 4, 2012, editor titel o. Adschnitt, pp. 123-134.

Setaioli, A., "Harbingers of the Trojan War on a Gilt Silver Ewer from Guyuan," *Giornale Italiano Di Filologia: International Studies of Ancient Sources and Their Contexts*, Turnhout: Brepols, 2020, pp. 9-17.

Sheng, A., "Chinese Silks that Circulated among People North and West: Implications for Technological Exchanges in Early Times?" in B. Hildebrandt, ed., *Silk: Trade and Exchange along the Silk Roads between Rome and China in Antiquity*, Oxford: Oxbow, 2017, pp. 104-123.

Simon, E., "Zur Bedeutung des Greifen in der Kunst der Kaiserzeit," *Latomus*, T. 21, Fasc. 4 (Oct.-Dec. 1962), pp. 749-780.

Soper, A. C., "The Roman Style in Gandhāra," *American Journal of Archaeology*, Vol. 55, No. 4 (1951), pp. 301-319.

Soper, A. C., "Northern Liang and Northern Wei in Gansu," *Artibus Asiae*, Vol. 21, No. 2 (1958), pp. 131-164.

Spooner, D. B., "Excavations at Shāh-ji-Dherī," *Archaeological Survey of India*, 1908-1909, pp. 38-59.

Tanabe, K., "Kanishka I's Coins with the Buddha Image on the Reverse and Some References to the Art of Gandhara," *Orient*, Vol. X (1974), pp. 31-56.

Tarzi, Z., "Hadda à la lumière des trois dernières campagnes de fouilles de Tapa-é-Shotor (1974-1976)," *Comptes rendus de l'Academie des inscriptions et belles lettres*, 1976, pp. 381-410.

Toynbee, J. M. C., "Some Problems of Romano-Parthian Sculpture at Hatra," *The Journal of Roman Studies*, Vol. 62 (1972), pp. 106-110.

Tsuchiya, H., "Ancient Routes in Northern Pakistan 1996 (II) and 1997 (I)," in M. Taddei and G. De Marco, eds., *South Asian Archaeology 1997*, Serie Orientale Roma XC, pp. 889-902.

Tsuchiya, H., "The Singal Valley as Fa Hien's Route from Pamir to Darel: Field Research in the

Northern Areas of Pakistan 2001-2002," in U. Franke-Vogt and H.-J. Weisshaar, eds., *South Asian Archaeology 2003*, Aachen: Linden Soft Verlag, 2005, pp. 261-269.

Van Lohuizen-de Leeuw, J. E., "New Evidence with Regard to the Origin of the Buddha Image," in H. Härtel, ed., *South Asian Archaeology 1979*, Leiden, 1981, pp. 377-400; and in *Tableau*, 4, 3 (sculpture suppl.), 1981, pp. 20-29.

Wagner, M., et al., "The Ornamental Trousers from Sampula (Xinjiang, China): Their Origins and Biography," *Antiquity*, Vol. 83 (2009), pp. 1065-1075.

Wheeler, R. E. M., "Romano-Buddhist Art: An Old Problem Restated," *Antiquity*, Vol. 23 (1949), pp. 4-19.

Widengren, G., "Antiochus of Commagene," in *Encycolopedia Iranica*, (2021/10/20).

Wylie, A., "Notes on the Western Regions," *The Journal of the Anthropological Institute of Great Britain and Ireland*, Vol. 10 (1881), pp. 20-73.

Zhang He, "Ancient Questions and A Single-warp Knotted Carpets," *Hali* magazine, Winter 2020, Issue 206, pp. 42-50.

Zhang He, "Krishna Iconography in Khotan Carpets – Spread of Hindu Religious Ideas in Xinjiang, China, 4th-7th Century CE," *Indian Journal of History of Science*, Special Edition, 2016, New Delhi: Indian National Science Academy, pp. 599-668.

Zhang He, "Knotted Carpets from the Taklamakan: A Medium of Ideological and Aesthetic Exchange on the Silk Road, 700 BCE-700 CE," *The Silk Road*, Vol. 3 (2020), pp. 36-64. https://edspace.american.edu/silkroadjournal/2020/03/.

Zhang He, "Stein's Taklamakan Carpet Finds and New Discoveries in Xinjiang – Issues Concerning Knotting Techniques and their Cultural Associations," *Proceedings for International Conference on "Marc Aurel Stein with Special Reference to South and Central Asian Legacy: Recent Discoveries and Research*, New Delhi: Indira Gandhi National Centre for the Arts, 2017, pp. 91-101.

Zhang He, "The Termlnology for Carpets in Ancient Central Asia," *Sino-Platonic Papers*, University of Pennsylvania, May 2015, pp. 1-35.

Zhang He, "Figurative and Inscribed Carpets from Shanpula-Khotan: Unexpected Representations of the Hindu God Krishna. A Preliminary Study," *Journal of Inner Asian Art and Archaeology*, Vol. 5 (2010), pp. 59-93.

Zhang Yuanlin, "Dialogue among the Civilizations: The Origin of the Three Guarding Deities'

Images in Cave 285, Mogao Grottoes," *The Silk Road*, Vol. 6, No. 2 (2009), pp. 33-48.

Zhou Jinling and Li Wenying, "The Yingpan Cemetery on the Loulan Branch of the Silk Road," *Orientations*, Vol. 35, No. 4 (2007), pp. 41-43.

Zuchowska, M., "'Grape-Picking' , Silk from Palmyra: A Han Dynasty Chinese Textile with a Hellenistic Decoration Motif," *Światowit*, Vol. 12, No. 53 (2014), pp. 143-161.

宫治昭:《太阳神スリーヤの図像について》，载氏著:《インド美术史论》，东京：中央公论美版社，2011年，第250—272页。

田边胜美:《迦畢試国出土の仏教彫刻の製作年代について》,《オリエント》1972年第15卷2号，第87—147页。

田边胜美:《カニシュカ一世金貨の国王立像考——焔肩の起源と意義》,《佛教芸術》1984年第156号，第51—63页。

田边胜美:《バーミヤーンのいわゆる太陽神像に関する一考察》,《西アジア考古学》2005年第6号，第15—28页。

佐佐木律子:《莫高窟第285窟西壁内容试释》，日本《艺术史》第142册，1997年，第121—138页。

七、中文论文

阿丽娅·托拉哈孜:《浅析新疆古代服饰中出现的一种高档毛纺织物——罽》，载中国博物馆协会编:《服装历史文化技艺与发展——中国博物馆协会第六届会员代表大会暨服装博物馆专业委员会学术会议论文集》，2014年。

安阳市博物馆:《唐杨偘墓清理简报》,《文物资料丛刊》1982年第6期。

卜友常:《南阳现存"汉代宗资墓前天禄、辟邪"新证》,《中国美术研究》2013年第4期。

陈清香:《论云冈石佛式样的源流》,《华冈佛学学报》1983年第6期。

陈清香:《云冈石窟多臂护法神探源》，载云冈石窟研究院编:《2005年云冈国际学术研讨会论文集·研究卷》，北京：文物出版社，2006年。

陈晓露:《塔里木盆地的贵霜大月氏人》，收入吉林大学边疆考古研究中心编:《边疆考古研究》第19辑，北京：科学出版社，2016年。

陈晓露:《西域汉晋箱式木棺略论》，载陈晓露主编:《芳林新叶——历史考古青年论集（第二辑）》，上海：上海古籍出版社，2019年。

陈悦新:《云冈石窟佛像服饰的勾连纹》，载中国考古学会、沈阳市文物考古研究所编:《庆祝宿白先生九十华诞文集》，北京：科学出版社，2012年。
出土文物展览工作组：《无产阶级文化大革命期间出土文物展览简介》，《文物》1972年第1期。
初师宾：《甘肃靖远新出东罗马鎏金银盘略考》，《文物》1990年第5期。
戴建兵：《和田马钱（汉佉二体钱）的文化谱系及新发现》，《丝绸之路》2015年第24期。
党措：《宗教学视野下的金刚手研究》，《西藏大学学报（社会科学版）》2017年第4期。
董波：《犄角猛兽——辟邪、天禄形象考源的一个视角》，载练春海主编：《制器尚象：中国古代器物文化研究》，桂林：广西师范大学出版社，2021年。
敦煌文物研究所：《新发现的北魏刺绣》，《文物》1972年第2期。
方广锠：《汉译〈那先比丘经〉译本、译时考》，《世界宗教研究》1981年第3期。
方倩：《印度早期佛教造像“狮子座”图像及其中国化研究》，华东师范大学硕士学位论文，2019年。
付承章：《大同北魏封和突墓银盘考》，载陈晓露主编：《芳林新叶——历史考古青年论集（第二辑）》，上海：上海古籍出版社，2019年。
龚缨晏：《20世纪黎轩、条支和大秦研究述评》，《中国史研究动态》2002年第8期。
郭凤妍：《“五兵佩”（西河子金链）再研究》，《石窟寺研究》第5辑，北京：科学出版社，2014年。
郭静云、王鸿祥：《从西亚到东亚：翼兽形象之原义及本土化》，《民族艺术》2019年第3期。
郭物：《翻唇神兽：东方的“格里芬”》，《欧亚学刊》第9辑，北京：中华书局，2009年。
郭物：《一人双兽母题考》，《欧亚学刊》第4辑，北京：中华书局，2004年。
何利群：《邺城遗址出土北魏谭副造像图像考释》，《考古》2020年第6期。
何平：《赫拉克勒斯：从希腊大力士到佛陀的保镖》，《收藏》2020年第2期。
贺西林：《“霍去病墓”的再思考》，《美术研究》2009年第3期。
贺西林：《汉代艺术中的羽人及其象征意义》，《文物》2010年第7期。
湖北省荆州地区博物馆：《湖北松滋县桂花树新石器时代遗址》，《考古》1976年第3期。
怀仁县文物管理所：《山西怀仁北魏丹扬王墓及花纹砖》，《文物》2010年第5期。
霍旭初：《龟兹金刚力士图像研究》，《敦煌研究》2005年第3期。
贾应逸、陈元生：《新疆扎滚鲁克、山普拉墓群出土（西周至东汉）毛织品的鉴定》，《文物保护与考古科学》2008年第1期。
江西省文管会：《江西万年大源仙人洞洞穴遗址试掘》，《考古学报》1963年第1期。
金申：《易县北魏交脚菩萨像造型上的几个问题》，《文物》1997年第7期。

李安宁:《缂毛织品“武士像”研究》,《新疆艺术学院学报》2005年第3期。
李安宁:《尼雅出土东汉时期蓝印花布研究》,《新疆艺术学院学报》2006年第1期。
李晨:《汉代画像石墓起源问题的再思考》,《艺苑》2014年第5期。
李晨:《汉代画像石墓中的异域因素》,《南京艺术学院学报》2015年第1期。
李静杰、李秋红:《兽首含臂守护神像系谱》,《艺术史研究》第十八辑,广州:中山大学出版社,2016年。
李静杰、齐庆媛:《二龙系珠与二龙拱珠及二龙戏珠的图像系谱》,《石窟寺研究》第6辑,北京:科学出版社,2016年。
李静杰:《民丰尼雅出土蓝印花布丰饶角图像分析》,《故宫博物院院刊》2020年第1期。
李翎:《从犍陀罗开始:诃利谛的信仰与造像》,《敦煌学辑刊》2014年第2期。
李翎:《早期金刚手图像考》,《新疆师范大学学报(哲学社会科学版)》2014年第5期。
李秋红:《北朝扇形忍冬纹样及其西方来源》,《故宫博物院院刊》2019年第8期。
李秋红:《南北朝隋代双茎桃形忍冬纹样分析》,《石窟寺研究》第8辑,北京:科学出版社,2018年。
李凇:《从“永元模式”到“永和模式”——陕北汉代画像石中的西王母图像分期研究》,《考古与文物》2000年第5期。
李凇:《汉代龙虎座图像的含义》,《西北美术》2000年第1期。
李凇:《略论中国早期天王图像及其西方来源》,载氏著:《长安艺术与宗教文明》,北京:中华书局,2002年。
李文瑛:《营盘95BYYM15号墓出土织物、服饰的研究与保护》,《吐鲁番学研究》2006年第1期。
李文瑛:《营盘遗址相关历史地理学问题考证——从营盘遗址非“注宾城”谈起》,《文物》1999年第1期。
李献奇:《北齐洛阳平等寺造像碑》,《中原文物》1985 年第4期。
李潇:《帕提亚“众王之王”钱币的起源、发展及影响》,《西域研究》2019年第3期。
李吟屏:《和田历代地方政权发行货币概论》,《新疆钱币》2005年第2期。
李吟屏:《洛浦县山普拉古墓地出土缂毛裤图案马人考》,《文物》1990年第11期。
梁思成、林徽因、刘敦桢:《云冈石窟中所表现的北魏建筑》,《中国营造学社汇刊》第4卷3、4期,1933年。
林立:《米兰佛寺考》,《考古与文物》2003年第3期。
林梅村:《公元100年罗马商团的中国之行》,《中国社会科学》1991年第4期。

林梅村：《贵霜大月氏人流寓中国考》，收入中国敦煌吐鲁番学国际学术讨论会编：《敦煌吐鲁番学研究论文集》，上海：汉语大词典出版社，1991年。
林梅村：《汉代西域艺术中的希腊文化因素》，《九州学林》2003年冬季一卷二期。
林梅村：《佉卢文材料中国藏品调查记》，《西域研究》2011年第2期。
林梅村：《佉卢文及汉佉二体钱所记于阗大王考》，《文物》1987年第2期。
林梅村：《新疆营盘古墓出土的一封佉卢文书信》，《西域研究》2001年第3期。
林梅村：《中国境内出土带铭文的波斯和中亚银器》，《文物》1997年第9期。
林通雁：《“饰跌以飞廉”——论中国早期有翼神兽的传承与演变》，《西北美术》2015年第1期。
刘海宇：《汉代画像砖中的西王母持纴器图考》，《清华大学学报（哲学社会科学版）》2018年第1期。
刘卫鹏：《东汉“天禄”铜镜的发现与探讨》，《文物》2016年第3期。
刘文锁：《安迪尔新出汉佉二体钱考》，《中国钱币》1991年第3期。
刘文锁：《古代于阗国的货币》，《中国钱币》1993年第4期。
刘学堂、托呼提、阿里甫：《新疆尼勒克县别特巴斯陶墓群全面发掘获重要成果》，《西域研究》2004年第1期。
陇夫（李吟屏）：《和田地区文管所藏汉佉二体钱》，《中国钱币》1996年第2期。
罗丰：《北周李贤墓出土的中亚风格鎏金银瓶》，《考古学报》2000年第3期。
罗帅：《阿富汗贝格拉姆宝藏的年代与性质》，《考古》2011年第2期。
罗帅：《汉佉二体钱新论》，《考古学报》2021年第4期。
洛阳博物馆：《洛阳西汉卜千秋壁画墓发掘简报》，《文物》1977年第6期。
毛娜：《汉画西王母图像研究》，郑州大学博士学位论文，2016年。
马雍：《北魏封和突墓及其出土的波斯银盘》，《文物》1983年第8期。
马雍：《东汉后期中亚人来华考》，《新疆大学学报（哲学社会科学版）》1984年第2期。
马玉基：《大同市小站村花圪塔台北魏墓清理简报》，《文物》1983年第8期。
莫任南：《中国和欧洲的直接交往始于何时》，《中外关系史论丛》第一辑，北京：世界知识出版社，1985年。
缪哲：《汉代艺术的“开”与“合”》，《读书》2008年第5期。
宁夏回族自治区博物馆：《宁夏固原北周李贤夫妇墓发掘简报》，《文物》1985年第11期。
山西省考古研究所、大同市博物馆：《大同南郊北魏墓群发掘简报》，《文物》1992年第8期。
山西省考古研究所、吕梁地区文物管理所、离石县文物管理所：《山西离石再次发现东汉画像石墓》,《文物》1996年第4期。
山西省考古研究所、太原市文物考古研究所:《太原北齐徐显秀墓发掘简报》,《文物》2003年第10期。
山西省文物管理委员会、山西省考古研究所:《山西长治北石槽唐墓》,《考古》1962年第2期。
沈俐:《霍去病墓及其石雕研究的回顾及思考》,《考古与文物》2010年第6期。
宋震昊:《天禄辟邪新考——从角数规律看南朝帝陵石兽的名称》,《东南文化》2009年第3期。
孙迪:《日本藏传陕西三原出土西晋十六国金铜弥勒菩萨立像》,《文博》2006年第5期。
孙机:《建国以来西方古器物在我国的发现与研究》,《文物》1999年第10期。
孙丽萍:《新疆出土佉卢文简牍制度探析》,《喀什大学学报》2018年第2期。
孙培良:《略谈大同市南郊出土的几件银器和铜器》,《文物》1977年第9期。
孙毓棠:《安息与乌弋山离》,《文史》第5辑,北京:中华书局,1978年。
孙毓棠:《条支》,《文史》第6辑,北京:中华书局,1979年。
田广金、郭素新:《内蒙古阿鲁柴登发现的匈奴遗物》,《考古》1980年第4期。
汪海岚:《一匹骆驼多少钱?——公元800年丝绸之路货币新解》,王樾译,载朱玉麒主编:《西域文史》第三辑,北京:科学出版社,2008年。
王炳华:《古代新疆塞人历史钩沉》,《新疆社会科学》1985年第1期。
王金元:《山西离石石盘汉代画像石墓》,《文物》2005年第2期。
王敏之、高良谟、张长虹:《河北献县唐墓清理简报》,《文物》1990年第5期。
王团战:《大周沙洲刺史李无亏墓及征集到的三方唐墓志》,《考古与文物》2004年第1期。
王为群:《北魏泰常五年金铜弥勒禅定坐像考略》,《文物春秋》2013年第5期。
王小甫:《七至十世纪西藏高原通其西北之路——联合国教科文组织(UNESCO)“平山郁夫丝绸之路研究奖学金”资助考察报告》,收入同书刊行委员会编:《春史卞麟锡教授停年纪念论丛》,釜山:釜山图书出版公司,2000年。
王雁卿:《云冈石窟的希腊大力神赫拉克利斯(上)》,《大同日报》2020年11月13日。
王煜、唐熙阳:《汉代西王母图像与西方女神像之关系及其背景》,《考古与文物》2015年第5期。
王煜:《汉墓“虎食鬼魅”画像试探——兼谈汉代墓前石雕虎形翼兽的起源》,《考古》2010年第12期。
王樾:《汉佉二体钱刍议》,载上海博物馆编:《丝绸之路古国钱币暨丝路文化国际学术研讨会论文集》，上海：上海书画出版社，2011年。
王云：《圣哲的衣装——半偏袒式袈裟溯源》，《故宫博物院院刊》2020年第8期。
王作民：《山普拉的于阗古墓》，《文明》2002年第3期。
吴焯：《北周李贤墓出土鎏金银壶考》，《文物》1987年第5期。
吴焯：《从考古遗存看佛教传入西域的时间》，《敦煌学辑刊》1985年第2期。
夏海东：《米兰佛寺“有翼天使”壁画造型风格考》，《艺术百家》2009年第4期。
夏鼐：《“和阗马钱”考》，《文物》1962年第7期。
夏鼐：《北魏封和突墓出土萨珊银盘考》，《文物》1983年第8期。
谢明良：《希腊美术的东渐？——从河北献县唐墓出土陶武士俑谈起》，《故宫文物月刊》15卷7期，1997年。
新疆楼兰考古队：《楼兰城郊古墓群发掘简报》，《文物》1988年第7期。
新疆文物考古研究所：《尉犁县营盘15号墓发掘简报》，《文物》1999年第1期。
新疆文物考古研究所：《新疆尉犁县因半古墓调查》，《文物》1994年第10期。
新疆文物考古研究所：《新疆尉犁县营盘墓地1995年发掘简报》，《文物》2002年第6期。
新疆文物考古研究所：《新疆尉犁县营盘墓地1999年发掘简报》，《考古》2002年第6期。
信力行：《定县南关唐墓发掘报告》，《文物资料丛刊》1982年第6期。
邢义田：《赫拉克利斯（Heracles）在东方——其形象在古代中亚、印度与中国造型艺术中的流播与变形》，载荣新江、李孝聪主编：《中外关系史：新史料与新问题》，北京：科学出版社，2004年。
许新国：《青海都兰出土吐蕃太阳神图案织锦考》，《中国藏学研究》1997年第3期。
晏绍祥：《古代希腊重装步兵的兴起及其政治意义》，《首都师范大学学报（社会科学版）》2017年第6期。
扬之水：《桑奇大塔浮雕中的药叉》，《艺术设计研究》2012年第3期。
杨共乐：《“丝绸之路”研究中的几个问题》，《北京师范大学学报（社会科学版）》1997年第1期。
杨共乐：《〈那先比丘经〉中的“大秦国”和“阿荔散”考》，《世界历史》2004年第5期。
杨巨平：《“Soter Megas”考辨》，《历史研究》2009年第4期。
杨巨平：《从地中海到黄河——希腊化文化信息在中国的回响（至公元七世纪）》，《历史教学（下半月刊）》2021年第10期。
杨巨平：《犍陀罗艺术中的“希腊神”在中国——一项基于图像的初步考察》，《西域研究》2022年第1期。

杨巨平：《两汉中印关系考——兼论丝路南道的开通》，《西域研究》2013年第4期。
杨巨平：《弥兰王还是米南德？——〈那先比丘经〉中的希腊化历史信息考》，《世界历史》2016年第5期。
杨巨平：《娜娜女神的传播与演变》，《世界历史》2010年第5期。
杨巨平：《希腊化还是印度化——“Yavanas”考》，《历史研究》2011年第6期。
杨巨平：《希腊式钱币的变迁与古代东西方文化交融》，《北京师范大学学报（社会科学版）》2007年第6期。
杨巨平：《亚历山大东征与丝绸之路开通》，《历史研究》2007年第4期。
杨巨平：《远东希腊化文明的文化遗产及其历史定位》，《历史研究》2016年第5期。
姚大力：《大月氏与吐火罗的关系：一个新假设》，《复旦学报（社会科学版）》2019年第2期。
于志勇、覃大海：《营盘墓地M15的性质及罗布泊地区彩棺墓葬初探》，载西北大学考古学系、西北大学文化遗产与考古学研究中心编：《西部考古》第一辑，西安：三秦出版社，2006年。
余太山：《〈那先比丘经〉所见“大秦”及其它》，《欧亚学刊》第9辑，北京：中华书局，2007年。
袁炜：《从汉佉二体钱上佉卢文铭文看于阗国与东汉、贵霜的关系》，《中国钱币》2016年第4期。
月氏（姚朔民）：《汉佉二体钱（和田马钱）研究概况》，《中国钱币》1987年第2期。
曾蓝莹：《仙马、天马与车马：汉镜纹饰流变拾遗》，载巫鸿、朱青生、郑岩主编：《古代墓葬美术研究》第三辑，长沙：湖南美术出版社，2015年。
张蓓蓓：《帔帛源流考——兼论宗教艺术中的帔帛及其世俗化》，《民族艺术》2015年第3期。
张帆：《胡朝佛风：十六国时期鎏金佛像艺术的发展》，《美术研究》2018年第5期。
张禾：《古代西域及中亚地毯名称术语考证》，《敦煌研究》2018年第4期。
张禾：《新疆和田洛浦县山普拉人物栽绒毯艺术特征及其风格研究》，《西域研究》2012年第4期。
张禾：《新疆洛浦县山普拉出土人物纹栽绒毯内容初探》，《西域研究》2011年第1期。
张禾：《新疆洛浦县山普拉出土人物纹栽绒毯内容再探——兼论印度教传入和田的年代及途径》，《西域研究》2011年第4期。
张晶：《犍陀罗菩萨项饰考》，《中国美术研究》2017年第24期。
张庆捷、常一民：《北齐徐显秀墓出土的嵌蓝宝石金戒指》，《文物》2003年第10期。

张庆捷、刘俊喜：《北魏平城波斯银币与丝绸之路几个问题》，载上海博物馆编：《丝绸之路古国钱币暨丝路文化国际学术研讨会论文集》，上海：上海书画出版社，2011年。
张绪山：《百余年来黎轩、大秦研究综述》，《中国史研究动态》2005年第3期。
张绪山：《关于“公元100年罗马商团到达中国”问题的一点思考》，《世界历史》2004年第2期。
张元林：《敦煌和于阗所见摩醯首罗天图像及相关问题》，《敦煌研究》2013年第6期。
张元林：《观念与图像的交融——莫高窟285窟摩醯首罗天图像研究》，《敦煌学辑刊》2007年第4期。
张元林：《粟特人与莫高窟第285窟的开凿》，载云冈石窟研究院编：《2005年云冈国际学术研讨会论文集·研究卷》，北京：文物出版社，2006年。
赵丰：《魏唐织锦中的异域神祇》，《考古》1995年第2期。
郑滦明：《定州三盘山错金银铜车伞铤纹饰内容分析》，《文物春秋》2000年第3期。
郑艳娥：《战国秦汉墓葬及汉代砖石画像所见古扇》，《南方文物》2000年第2期。
周金玲、李文瑛、尼加提、哈斯也提：《新疆尉犁县营盘墓地15号墓发掘简报》，《文物》1999年第1期。
周金玲：《营盘墓地出土文物反映的中外交流》，《文博》1999年第5期。
周静：《汉晋时期西南地区有关西王母神话资料的类型及其特点》，载四川大学历史文化学院考古系编：《四川大学考古专业创建四十周年暨冯汉骥百年诞辰纪念文集》，成都：四川大学出版社，2001年。
周倜：《汉代二体钱（和田马钱）近况与探讨》，《新疆钱币》2017年第1期。
朱浒、段立琼：《汉晋有翼铜人及其铭文新证》，载刘中玉主编：《形象史学》总第九辑，北京：社会科学文献出版社，2017年。

八、中文译文

［法］伯希和：《那先比丘经中诸名考》，《亚洲报》1914年9、10月刊，载普纪吕斯基著、冯承钧译：《佛学研究》，上海：商务印书馆，1935年。
［法］伯希和：《犁靬为埃及亚历山大城说》，《通报》1915年，收入冯承钧译：《西域南海史地考证译丛》第2卷第7编，北京：商务印书馆，1995年。
［法］奥斯蒙德·波比拉赫奇：《亚历山大大帝与印度—希腊君主们的钱币肖像》，杨巨平、

王杨译，《四川大学学报》2018年第3期。
［日］宫治昭：《近年来关于佛像起源问题的研究状况》，李静杰译，《敦煌研究》2000年第2期。
［日］宫治昭：《印度佛教美术系列讲座之三——巴米扬与克孜尔的佛教美术》，王云译，《艺术设计研究》2012年第2期。
［日］石松日奈子：《中国古代石雕论——石兽、石人与石佛》，杨效俊译，《考古与文物》2010年第6期。
［英］克力勃：《和田汉佉二体钱》，姚朔民编译，《中国钱币》1987 年第2期。

国家出版基金项目

杨巨平 总主编

从地中海到黄河

希腊化文明与丝绸之路

FROM THE MEDITERRANEAN TO THE YELLOW RIVER

HELLENISTIC CIVILIZATION AND THE SILK ROAD

第六卷

丝绸之路上的希腊化文明遗产

主编 杨巨平 邵大路

中華書局

目录

第六卷
丝绸之路上的希腊化文明遗产

第三编　钱币演变

第四编　艺术融合

第五编　余波东渐

第六编　丝路拓展

附　录

序

这是本书的最后一卷。虽说是专论的合集，但仍然凸显了国际合作的特色。收入的27篇中，有14篇的作者是国外学者。

当时，为了更好地吸收国内外的最新研究成果，尤其是获得更多的国外专家的支持，我们先后召开两次国际学术研讨会。第一次是2016年3月，与本项目的开题会一起召开；第二次是2018年8月，这是专门的国际学术会议，先后邀请了十多位来自欧美的学者参加。他们有的本来就是本项目的参加者和子课题负责人。两次会议的主题都是围绕本项目展开，第二次会议的名称即“丝绸之路上的希腊化文明遗产”。本卷的名称就来源于此。本卷所收的论文大部分就是这两次会议的参加者提供的，也有部分是后来约请其他学者撰写的。其中有的已经在国内外正式发表，但为了保持本书的完整性，还是保留了这部分论文。

论文的编排顺序基本延续了项目的研究大纲，与前面的五卷基本对应。如果说前五卷主要是综合分析，本卷则几乎全是专题研究。对于已经纳入前五卷各编的中文文章，本卷从略；外文文章如果中文版已如前收入，这里只收英文版；其余则尊重作者原文，或采用中文译文。总之，选择的原则有二：一是避免重复，二是便于中英文，尤其是中文读者都能更好地分享作者的原意。

本卷大致分为六编。

第一编的三篇文章是关于希腊化文明与丝路关系研究的理论性探讨，可以视为本卷的绪论或导论。美国北卡罗莱纳大学的塔尔伯特（Richard Talbert）教授是国际著名的古典学者、罗马史大家，现任北卡罗莱纳大学教堂山分校古代世界地图绘制中心学术顾问委员会主任。早在1985年，他就出版《古典历史地图集》（*Atlas of Classical History*），2000年主编出版《巴林顿希腊罗马历史地图集》（*The Barrington Atlas of the Greek and Roman World*）。他的文章《为“希腊化文明和丝绸之路”制作多维地图》（“Mapping the Multiple Dimensions of Hellenistic Civilization and the Silk Road: Prospects and Methods”）再次强调了地图学对于丝路研究的重要性，建议利用该中心的数字资源来构建本项目的多用途地图系统。而这一点恰恰是国内丝路研究，尤其是本课题研究的薄弱环节，可谓一语中的。遗憾的是，由于种种原因，我们的合作计划未能实现，本书的地图仍然只能以引用他人为主。英国雷丁大学梅尔斯（Rachel Mairs）教授的文章阐释了语言翻译对于不同文化接触、交流、融合的重要性，从语言比较，尤其是佛教教义术语跨文化转译的角度揭示了丝路文化互动的另一模式。徐朗博士则对李希霍芬的“丝绸之路”这一概念的提出和其后内涵的扩大、丰富作了系统的回顾和分析，澄清了国内由于转译导致的一些误读。

第二至第五编，是本卷的核心部分，也是本项目研究的重点。

第二编是关于希腊化时期的城市以及它们后来在丝绸之路上的发展。从叙利亚的帕尔米拉到中亚的阿伊·哈努姆遗址，其间有诸多希腊化城市湮没无闻，但也有相当一部分后来演变成丝绸之路上的商业和文化中心，成为希腊化文明遗产和其他本土与外来文明的交流传播之地。伊朗学者哈米德礼萨·帕沙·扎努斯博士对帕提亚和萨珊时期希腊化城市的变迁沉浮作了全面的梳理。荷兰乌特勒支大学的迪德利克·比尔赫斯代克（Diederik Burgersdijk）博士则重点探讨了帕尔米拉在中国与地中海之间海陆丝绸之路贸易中的中转作用。法国国家科学研究中心的皮埃尔·勒里什（Pierre Leriche）教授是国际著名的城市考古学家，他对巴克特里亚地区的历史及城市史作了鸟瞰式的回顾。（中译文见第二卷总论一）张录博士对中亚地区南北丝路的汇合点木鹿古城从希腊化城市到丝路重镇的演化作了历时性的考察。

第三编是关于希腊化钱币与丝路钱币的渊源和传承关系。希腊化钱币本身的起源、发展及其在丝绸之路西线沿线的演变，特别是那些当道的当地统治者发行的希腊式钱币或希腊化仿制币是本组文章关注的重点。法国国家科学研究中心的波比拉赫齐（Osmund Bopearachchi）教授是国际著名的中亚、印度钱币学专家，他从亚历山大后继者的钱币上看到了他们力求与亚历山大拉近关系的种种努力。他的学生奥利维尔·波尔多博士的论文是钱币学界少见的关于巴克特里亚和印度—希腊人钱币模具的研究。其基本方法是首先将属于同一位国王的钱币归纳在一起，然后根据包括图案和铭文等形制方面的差别和变化，确定模具的类型和数量，从而确定某一类型钱币的发行地、分布范围和可能的总量。这是目前希腊化钱币研究的一个突破，也为其后的丝路希腊式仿制币的研究提供了新的方法。该文特别强调了钱币模具的比较研究对于重构巴克特里亚希腊人王国和印度—希腊人王国的历史的重要作用。美国休斯顿大学约瑟夫（Frances A. M. Joseph）博士对中亚、印度西北部地区的希腊化钱币颇有研究。她的论文集中论述了巴克特里亚希腊人、印度—希腊人、印度—斯基泰人和印度—帕提亚人钱币的延续与演变过程，并对代表性的统治者的钱币及其多元文化内涵作了深入的分析。王杨博士对塞琉古王国“阿波罗”型王像钱币的起源与发展的研究，李潇博士对希印双语币出现的历史背景及其反映的希印文明互动的研究，视角新颖，论证充分，体现了国内年轻一代希腊化钱币与丝路钱币研究者的最新成果。法国近代考古学家摩尔根（J. de Morgan）关于帕提亚钱币希腊语铭文退化、讹写的论文，虽然已经发表百年有余，但其对退化之轨迹观察之细微、比对之精确令人叹为观止，对于今日丝路希腊式钱币的演变、传播和影响之研究仍然颇有参考价值。译者徐朗博士根据最新的研究进展，对其中的一些史实和作者的时代局限性作了一定的修正、补充和删减，庶几称之编译之作。

第四编以犍陀罗艺术的起源、发展及其东传为重点。牛津大学古典艺术研究中心主任彼得·斯图尔特（Peter Stewart）教授对新疆营盘古墓遗址罽袍上的人物形象作了深入的分析，认为他们与希腊罗马世界的丘比特有关。（中译文见第五卷第八章）董波教授以一件早期犍陀罗时期的金铜佛为例，论述了犍陀罗艺术早期头光形象的源流及其与光明崇拜的关系，分析了其中包含的希腊化文化和艺术要素。陈晓露博士根据早期佛教艺术中的世俗伎乐供养人图像在印度、中亚和中国西域三地的演变，认为它们可能受到希腊宗教节日庆典习俗的影响。

第五编是希腊化文明遗产在中国的传播与扬弃，其中以犍陀罗艺术在中国的演变与汉化为重点。张元林、苗利辉、王雁卿三位研究员是分别来自敦煌、龟兹、云冈三大石窟寺研究机构的专家，他们的论文以第一手实地资料论证了三大石窟艺术中隐含的希腊化因素，展示了它们如何被中国的佛教艺术家逐步吸收改造的过程。但由于他们文章中的基本内容都已纳入第五卷的专章之中，所以本卷从略。笔者则以大量的实地考察和实物观摩资料，勾勒了从希腊神到佛教神，再到中国神的中国化、世俗化路径。此文与第五卷笔者撰写的《犍陀罗艺术中的“希腊神”在中国——一项基于图像的考察》一章的内容颇多相似，但这是英文版，且视角有所不同，图片也有增删。此次收入，是为了让英语读者能够更多地了解中国学者在这方面的探索。美国威廉·佩特森大学的张禾教授，多年来对新疆地区出土的纺织物上的外来文化因素多有研究，我们请她撰写了一篇宏观性的文章，特别探讨了这些织物图案中的希腊化因素。外来因素，尤其是与希腊罗马古典因素有关的遗物近年在中国屡有发现，如何解读，往往众说纷纭。关于宁夏固原李贤墓中出土的鎏金银壶上三组人物形象的认定，意大利佩鲁贾大学（University of Perugia）的奥尔多·塞泰奥利（Aldo Setaioli）教授根据古典艺术关于金苹果故事的绘画模式提出了新解，这对一般接受俄罗斯中亚考古学家马尔沙克解读的中国学者无疑是个重要的参考。李思飞博士则试图从图像学角度追溯龟兹石窟的含绶鸟图案的希腊艺术渊源。它的入华很可能与活跃在丝绸之路上的粟特人有关。近代以来，尤其是20世纪70年代以来，主要在中国陕西、甘肃两地陆续发现了附有类似外文字符的铅饼，对于这些字符如何解读，国内外学者难有共识。弗兰西斯·约瑟夫博士认定其中大多是讹化的希腊字母。与印度—斯基泰人或印度—帕提亚人的钱币铭文相似，或可为该铭文的释读提供一个新的窗口，从而为汉代希腊化文明遗产通过丝路进入中国增添了新的证据。笔者则根据前人的研究成果及中国文献和实物资料，倾向于将其视为讹化的希腊文字母，是从西域通过丝路传来，至于该铅饼是否就是汉武帝时期发行的“白金三品”之“龙纹币”，还需要新的考古发现来证实。我和约瑟夫博士的文章可以视为一组。我先请她释读这些疑似外文字，并鼓励她把自己的研究结果撰写成文，也在拙文中作为一说引用了她的观点。对她的真诚合作，我表示深深的敬意。

第六编是关于丝路本身的研究，是本项目研究的拓展。其中，李毅铭和王坤霞（与笔者合作）的文章分别集中于绿洲丝绸之路（帕提亚段）和海上丝绸之路的形成和发展。美国维克森林大学的杰弗里·勒纳（Jeffrey Lerner）教授以自己的亲身实地考察，揭开了古代途经瓦罕峡谷的丝路要道的神秘面纱。这是以往的丝路研究所忽视的，确有填补研究空白之功。

总之，本卷以点带面，知微见著，通过上述整体或个案研究，还是基本反映了丝绸之路在这些遗产的存续、传播以及与其他文明的交融方面所发挥的决定性桥梁作用。我们可以想象，如果没有张骞通西域，没有丝绸之路从中国到地中海的全线连通，古代的希中文明就不可能首先在中亚相逢，集印度与希腊文明因素于一体的犍陀罗艺术就不可能最终融入中华文明的洪流之中。从这个意义上，希腊化文明遗产可被视为通过丝绸之路最早进入中国中原大地的外来文化的代表。

本卷能够汇编出版，各位作者、译者和编辑者都付出了大量的辛勤劳动，谨此一并致谢！遗憾的是，有的作者由于种种原因，未能及时提交定稿，以致最终没能收入。关于他们的论文要点，可参见附录中的介绍。

杨巨平

2024年6月1日改定于南开

第一编

丝路综论

Mapping the Multiple Dimensions of Hellenistic Civilization and the Silk Road: Prospects and Methods

Richard Talbert

(University of North Carolina, USA)

Abstract: This paper – by an expert on cartography broadly conceived rather than on the Silk Road specifically – identifies maps compiled to illustrate and link the project's collaborative research findings as a vital missing dimension in its plans to date. Reasons why successive attempts to produce a definitive atlas of the Greek and Roman world failed to encompass the Silk Road and China are outlined. Brief explanation follows of why a longer-range vision is called for now, one that draws together multiple perspectives which cartography can enhance. Scholarly interest in the Silk Road has intensified remarkably (especially from China itself, as in the case of the present project in particular), while digital technology has attained a robustness which now makes it practical to create a seamless, layered map spanning a vast spread of territory at more than a tiny scale – a basic requirement for this project that no print product can meet adequately. Attention is drawn to the design of the user-friendly digital mapping tool Antiquity-A-La-Carte developed by UNC's Ancient

World Mapping Center [https://www.unc.edu] and made available free of charge together with Map Tiles. In conclusion, pointers are offered to different ways in which Antiquity-A-La-Carte offers the versatility to meet the rich variety of mapping needs that can be expected to emerge from the project's wide-ranging researches.

It was most kind of Prof. Yang Juping to surprise me only two months ago with an invitation to this international symposium Hellenistic Legacies on the Silk Road, and I am very happy to be participating in it. Even so, you can understand that my first thought was to decline the invitation, because I make no claim to be an expert on the Silk Road. However, the more I learned about the national key project of which the symposium forms an important part, the more I realized that there was the prospect of my being able to make a useful contribution to one dimension where I do have some expertise and resources, namely the provision of maps. In the Research Proposal document shown to me, nowhere do I see reference to the potential value of maps to illustrate and reinforce the multi-volume text and accompanying images planned for publication. This paper, therefore, has three related aims: to highlight the usefulness of maps to many of the approaches being taken for the project; to demonstrate the proven range and versatility of maps that can be created digitally for it; and to offer the help of the Ancient World Mapping Center for the production of such maps.

However, before focusing specifically on these three aims, I should first provide some background context which may or may not be familiar to you already, and then make a humble apology. In Europe during the 19th century scholars were very concerned to map the ancient, classical world of Greek and Roman civilization, and they struggled tirelessly to overcome the formidable difficulties. The work was inevitably slow and expensive, and the technology of map production was similarly challenging. Despite the development of lithography, the conviction persisted that for sharpest presentation a map should be laboriously engraved on copper-plate; and then, once printed, it was colored by hand. Predictably enough, more than one ambitious scheme for a definitive classical atlas was never carried through to completion. In fact, after the 1870s no such classical atlas was actually completed.

During the 20th century, understanding of the earth's physical landscape greatly improved (thanks especially to aerial photography); further exploration and archaeology kept constantly expanding our knowledge of antiquity; and the technology of map production was significantly advanced by the introduction of a film-based method – even though this too (like the earlier methods) lacked versatility, as well as being laborious in many respects, and expensive. At the end of the 1920s an international project was established to map the Roman empire, with the intention that each modern country within the empire's former territory would map its own part of it. But the implementation of this attractive idea in principle increasingly proved to be a failure in practice, and no viable project to make a new definitive atlas of the Greek and Roman world was launched until as late, and as recently, as 1990.

This was a North American initiative, which I was commissioned to lead. What I designed a folio volume with 99 maps featuring landscape in particular – was eventually published by the Princeton University Press as the Barrington Atlas of the Greek and Roman World in 2000, with the devoted commitment of literally hundreds of scholars, cartographers and supporters. This volume and the accompanying Map-by-Map Directory of references and bibliography (1,400 pages in print) are inevitably expensive items; but today the maps are also available as an App for iPad costing only US$20, and the Directory can be consulted online at no charge. A new book, Challenges of Mapping the Classical World (published by Routledge in 2019), includes several of my writings – some previously published, others not – about this Barrington Atlas initiative, before, during and after it.

'What coverage does the Barrington Atlas offer for China and the Silk Road?', you may fairly ask. And I have to admit in reply, apologetically, 'None'. The decision not to extend the coverage as far East as this was a conscious one, to be sure. As I mention in my Introduction to the Atlas, during the 1990s I was impressed to learn from the German team working on the Neue Pauly or New Pauly classical encyclopedia that they did intend to include China during the Roman period in the maps they were planning. In fact, however, even the entire atlas that New Pauly eventually issued in 2007 does not do that. In determining the scope of the Barrington Atlas, I concluded reluctantly that there was already so much territory elsewhere that had to be covered (even if at no more than the very small scale of 1:5,000,000), and so much catching up to do. To accommodate China (along with more of Africa also) would just be too much of a stretch.

By now, however, almost 30 years after the Barrington Atlas was planned, there are sound reasons to overturn the decision not to include China within the scope of a definitive classical atlas. The best of these reasons is the marked increase in interest that scholars have been showing in interchange of all kinds between China and the West along the Silk Road, as well as across the Indian Ocean. Needless to say, the national key project Hellenistic Civilization and the Silk Road is advancing and enlarging that interest in important, rewarding ways; and, very notably, it is doing so primarily from China. However, amid this welcome rise in the level of interest and awareness by scholars, one component that ought to be basic which does not seem to have risen commensurately in quality is the provision of maps. I say this with due caution, because I am relying upon no more than impression. If anyone can point us to much better maps than I happen to have found, I shall of course be delighted to know of them and to learn from them. Certainly, the quality of maps found in two recent books by scholars writing in English is well below the quality of the text chapters: Peter Frankopan, The Silk Roads: A New History of the World (2016) [a book with few maps, and no list of them in the Table of Contents]; Nicola Di Cosmo and Michael Maas (eds.), Empires and Exchanges in Eurasian Late Antiquity: Rome. China, Iran, and the Steppe, ca. 250-750 (2018).

Naturally, I have wondered whether a project already exists which is working to fulfill the need I perceive, but again my sense – stemming from only limited inquiries, I do acknowledge – is not. To be sure, the freely accessible database of the China Historical Geographic Information Systems project (with its long timeframe, 222 BCE to 1911 CE) has much to contribute for China. But relevant data from this project has not yet been imported to the equivalent database for classical antiquity, Pleiades. stoa.org, and at present (I'm told) there is no plan to do this. The reason (please understand) is not lack of goodwill or of vision on either side, but simply that each feels it necessary to meet other pressing concerns before embarking on such a major exercise. I should explain that Pleiades – also online and freely accessible – was begun shortly after the publication of the Barrington Atlas (in 2000) at the Ancient World Mapping Center in Chapel Hill, which was established at the same time. The management of

Pleiades subsequently migrated to New York University, but it maintains its vital original purpose of updating, improving and extending the Atlas data. When it is ready (soon perhaps?), a resource very likely to be useful for establishing Chinese equivalent-forms for Greek and Latin names is the dataset being compiled by the team preparing the Chinese translation of the Cambridge Ancient History (second edition, with the timeframe extended to 600 CE).

The maps made for Frankopan and Di Cosmo and Maas obviously suffer, like many others, from having their frame-size limited to what can fit on the pages of their printed books, as well as from a ban against using color because of the substantial increase in costs then required. Certainly, if color can be introduced, it provides an invaluable enhancement for a printed map, in particular for rendering physical landscape meaningfully, something which it is so instructive to do for central Asia. There can be no mistaking that Frankopan's map fails to convey any sense of the challenging terrain here unfortunately.

Even though the Hellenistic Civilization and the Silk Road project intends to issue printed volumes (which certainly could and should include maps), I would urge that its provision of maps not be limited to printed ones. Above all, what these just can never do – because page-sizes simply are not big enough – is to present vast expanses of territory, such as the project covers, at useful scales. During recent years, however, digital technology has become robust enough to meet that goal very efficiently – a remarkable capacity, and unthinkable when the Barrington Atlas was planned (at a time when there was still no digital cartography; this only became a practical method from the mid-1990s). The Ancient World Mapping Center has in fact developed a digital tool which I regard as ideal for the project's purpose, called Antiquity-A-La-Carte. It is available free; all its components are standard (so there are no special, custom features to incorporate); and all the materials utilized are open-source (so copyright restrictions are not an issue).

Antiquity-A-La-Carte provides a geo-referenced map base, where the modern physical landscape is returned – so far as is feasible – to how it is likely to have been in antiquity. The scale at which it may be displayed is of course variable, with a zoom possible up to about 1:50,000 – which is a large scale, after all, and normally more than adequate except for city-plans or detailed coverage of a small region. The landscape can be edited both by removing features and adding them, as well as altering them. Lines and polygons can be drawn, colors chosen and changed, distances on the map calculated. The ancient landscape can be removed entirely, and today's substituted, in either Open Street Map or satellite rendering. An accompanying database is available, from which place-names may be selected; when that is done, the name will automatically be sited correctly on the map – or, if required, it can be shifted. New names and sites can be introduced. So, too, distinctive name-formats can be chosen, as well as type-styles (including Greek and other alphabets, and also Chinese), font-sizes, and symbols. The number of layers that can be created (and then switched on or off, as the user chooses) is limitless – so there can be one for routes, another for coin hoards, another for grottoes with Buddhist art, one marking names in Chinese, another marking them in, say, English, and so on and so on. A marvelous further benefit of this layering is the ability to differentiate by time-period. Of course, too, even once such a digital map is reckoned to be finished, and has been made accessible to users, it can readily be corrected, modified and added to later.

Altogether, the versatility of what can be created using Antiquity-A-La-Carte is remarkable. I do want to stress in particular how this tool can permit a user to pan seamlessly the entire way from China to, say, Rome. This said, I must warn you apologetically that right now the coverage of Antiquity-A-La-Carte itself hardly reaches much further East than the Ganges delta; but the coverage can be extended, and the foundation landscape base for China is already available in the associated Map Tiles tool (which is also free). You can see an excellent demonstration of what can be achieved over a vast expanse if you visit the digital map of this type made by the Ancient World Mapping Center to accompany the English translation by Duane Roller of the full 17 books of Strabo's Geography published by Cambridge University Press in 2014. This does not have the quantity of layers that I would envisage for a comparable Hellenistic Civilization and the Silk Road map, but it amply illustrates the potential for them. In scope, the map stretches from Ireland to the Ganges delta and all across North Africa. It marks around 3,000 names – densely clustered in such regions as Western Asia Minor and the Nile Valley – and provides a link to the Pleiades entry for each name. This map is accessible free, but there is a bonus if you buy the electronic version of the translation: there, in the text, a link is embedded in each mention of a name marked on the map, so that when you click on a name you are taken automatically to its location on the map. At the Mapping Center we have begun a matching map to accompany the English translation of the geographical part of Pliny the Elder's Natural History (Books 2 to 6); this translation by Brian Turner and me is well advanced, and is also due for publication by Cambridge University Press (2022). The scope of the Pliny map is as extensive as that for Strabo, and the number of names to be marked even greater.

Let me conclude by once again encouraging you to develop for Hellenistic Civilization and the Silk Road the cartographic dimension that I am convinced will demonstrate links and contrasts in your research findings and enhance their value in multiple other ways, both for you and for your intended audience. To achieve this goal successfully will require plenty of work – no doubt about that – as well as sustained collaboration between project members. But, I assure you, the necessary materials and tools for the map-making itself are available, they are 'user friendly', and it is entirely practical for you to use them. It is not necessary to call upon the Ancient World Mapping Center to make what I envisage. As has already been said, and I gladly repeat, the Center stands ready to help and to advise; and its website offers specifications for such stages as (for instance) how to organize data and names as you prepare to compile a map. But there is no cause for the Center to be more involved than this. Your team should feel empowered to make the maps for its Hellenistic Civilization and the Silk Road.[1]

1 Since this paper was delivered in 2018, developments beyond the control of the Ancient World Mapping Center have required changes to its digital toolkit. These are still ongoing. To check current resources, visit https://awmc.unc.edu.

Language Contact and Cultural Contact along the Silk Road: Insights from Translation Studies

Rachel Mairs
(University of Reading, UK)

"Why are the Jesuits wrong when they use the Chinese word Tian Zhu, the Lord of Heaven, for God? The Dominicans do the same. There may be a Chinese idol called by that name, but the missionaries have only to define their use of the term. Is it not much better than to speak of 'Deus', as some missionaries do in Japan, introducing a rather strange syllable which has no meaning to the natives? I cannot see why it should be more dangerous to use the term Tian Zhu, or just Tian...I do not claim this to be a settled matter, but as long as the entire controversy has not been clarified, I do think that we ought to leave out any prejudice and stop slandering these people and all their forefathers for their impiety."

(Bayer 1730, quoted in Lundbaek 1986, 139.)

Translation is a crucial element in communication between cultures. As I write this paper in English, I am conscious that many of the participants in the conference for which it is written – and many of the readers of the publication which will result – will read it in Chinese translation.[1] The agency of the translator is critical. Translators make numerous choices in rendering information between languages. Their task is complicated not just by linguistic matters (e.g. word order, syntax, grammatical gender) but by cultural differences between the communities which speak the languages in question. The modern scholarly literature on translation is a rich one, and tends to focus on the translator's role as decision-maker, and the constraints under which they work. Recent topics of interest include translation in the Egyptian Revolution (Mehrez 2012; Baker ed. 2015). The idea that translation is a transparent process of the precise rendering of the full content, tone and resonances of one utterance into another is long outdated (see e.g. Venuti 1995).

Along the Silk Roads, numerous cultures and polities came into contact with one another. There were linguistic differences both between and within these cultures and polities. When we examine processes of cultural interaction, and the spread of philosophical and religious ideas, along the Silk Roads, we are therefore also dealing with scenarios in which translation played a key role. Although for many periods the raw data (texts and evidence of spoken language) is lacking, it is important also to analyse cultural transmission as a linguistic transaction.

The quotation with which I opened this paper comes from the work of a German, Gottlieb (or Theophilus) Siegfried Bayer (1694-1738), who worked at the Academy of Sciences in St. Petersburg (Lundbaek 1986). Bayer was a scholar with wide-ranging interests. Like his educated, Christian peers in early eighteenth-century Europe, he knew Latin, Greek, Hebrew and several contemporary European languages. His published

---

1 此文保持外文原版，并未译成中文。——编者注

written works are in Latin, which was still a common international auxiliary language among scholars in Europe at that time. He was interested in numismatics, and wrote the first modern study of the Graeco-Bactrian Kingdoms, on the basis of coins in St. Petersburg (Bayer 1738; see Browne 2003 and Mairs 2013/2014). He was also interested in the Chinese language, but had a major obstacle to his researches: he could not visit China himself, had no access to native Chinese-speakers, and had very limited written materials at his disposal in Europe. What Bayer could do was to correspond with European Jesuits in Beijing, a tortuous process which could take years between letters, as they were carried across Siberia. Bayer's studies of Chinese are incomplete and contain many errors, as might be expected. He was very aware of this. He nevertheless displays a self-effacing, 'can-do' attitude, which to a modern reader is very appealing.

Bayer's views on translation are practical, and in some ways strikingly modern. The translation of the name of the Christian God was a problem which Jesuit missionaries in China struggled with. As Bayer describes it, Jesuits took two different approaches. The first was to preserve the Latin word for god (*deus*) in the translation, transliterating it into a different script, and adapting it to the phonology of the host language where necessary. The second approach was to find a word in the host language which approximated the concept of the Christian God, and adapt it to a new use (天主, Tiānzhǔ). Bayer favours the second approach. In taking the time to discuss these matters, he draws attention to the range of options available to a translator, and the ways in which their choices can affect the reception of a new concept in a host language.

Since Bayer's time, the translator's choices and independent agency in transposing ideas between languages have been discussed with increasing

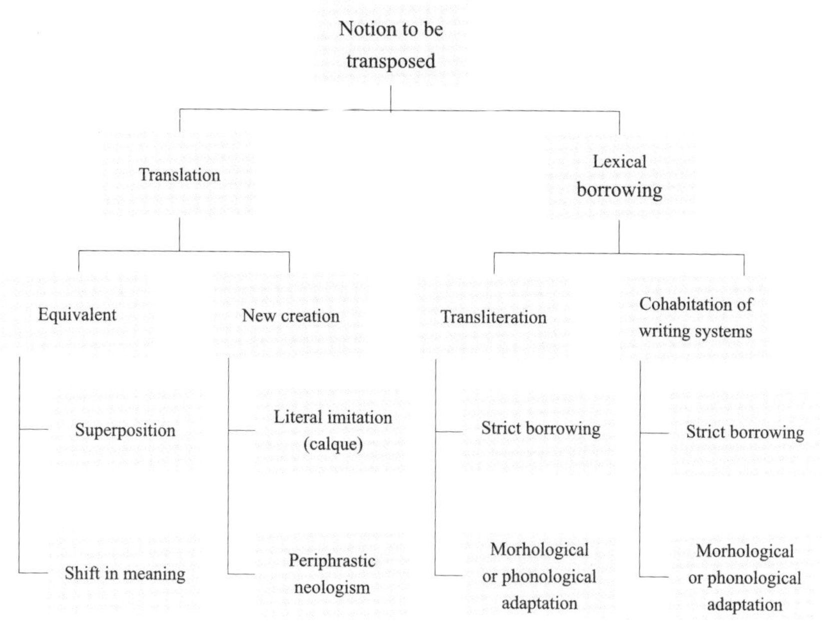

sophistication, with reference to both modern and ancient languages (e.g. McElduff 2013; McElduff and Sciarrino eds. 2011). The following flowchart is adapted (and translated) from Frédéric Colin's essay on 'translating cultural alterity in the civilisations of antiquity' (Colin 2015). It outlines the options available to a translator who needs to transpose a culturally-specific notion from one language into another.

The two most basic choices are between translation and borrowing. If the translator chooses to translate the word (e.g. *deus*) into the host language, they can either find an equivalent (e.g. 天主) or create a new word. If they use a translation equivalent, they may choose – or be compelled – to superpose it onto an existing concept, or to shift the meaning of the word in the host language to encompass new associations. Creation of a new term may involve creating a calque, or explaining the concept in a more roundabout way. Lexical borrowing – using a loanword – can be carried out in the script of the host language, or the script of the donor language. In both cases, there is a choice between carrying the word over directly, or adapting it to the morphology and/or phonology of the host language.

It is important to examine the options available to the translator when we examine how texts containing culturally-specific concepts (such as religious or philosophical terminology) are transmitted and translated along the Silk Roads. This gives an insight into how ideas were altered as they moved between cultures, and how different cultures received and reinvented foreign concepts. I do not assume that the translator in every case was able to exercise free choice: political and ideological forces, and the structure and phonology of the language involved, will always have constrained this choice.

I would like to explore a concrete example of these processes at work, in the transmission of Buddhism along part of the Silk Roads. I take my example from Afghanistan, near the beginning of Buddhism's long journey from India to China, but the concepts I introduce here apply equally to texts in other languages along the Silk Roads (such as Sogdian, Tocharian, Tibetan or Chinese), in which I have no training. The Aśokan Edicts in Greek, Aramaic and Prākrit at Old Kandahar were part of the Mauryan emperor Aśoka's new Buddhist ethical programme. The region had passed from Seleucid to Maurya control towards the end of the fourth century BC (on Hellenistic and Mauryan Kandahar, see Bernard 2005; Mairs 2014, 110-113). One of the Aśokan inscriptions (bilingual Greek-Aramaic) was on a rockface (Rougemont 2012, No. 82) and another (Greek only) on a stone block used originally in a building (Rougemont 2012, No. 83). Another short Aśokan text is known from the site, which alternates Prākrit and Aramaic. All these inscriptions are translations – direct or indirect – of

Prākrit inscriptions from elsewhere in Aśoka's empire.

Prākrit loanwords are uncommon in these translations: there are just four. Aśoka is referred to as Piodasses, a transliteration of the personal name or Prākrit epithet *piyadasi* 'of benevolent sight' (No. 82, line 2; No. 83, line 11). The Indian place name Kalinga also occurs (83, line 12). These are simply renderings of proper nouns, given Greek case endings. The only real items of Indian vocabulary are *bramenai* 'Brahmins' and *sramenai* 'ascetics' (83, line 17). The masculine Sanskrit nouns, *brāhmaṇa* and *śramaṇa* are given the Greek masculine singular ending most closely approximating their original phonology: -es, plural-ai.

What options did the translator have in transposing these terms into Greek? First, he had to make a phonological choice in how to render phonemes not conventionally written in Greek. Foreign sibilant and nasal consonants are replaced with the closest Greek equivalent. The alternative to taking the Indian terms over, with phonological and morphological adaptation, would be to find or create Greek translation equivalents. In accounts of Alexander the Great's encounters with Indians who lived by particular ethical-philosophical codes, some Greek authors use the term *gymnosophistai* 'naked philosophers' (e.g. Strabo 16.2.39; Plutarch, *Alexander* 64).

It is perhaps the places where the Greek Aśokan Edicts choose *not* to borrow culturally-specific Indian Buddhist concepts that are most interesting. As has been noted frequently in discussions of the Edicts, this is the case with the ethical terminology employed (see the commentary to Rougemont 2012, Nos. 82 and 83). There are several places where the Prākrit originals offered the translator the opportunity to make more than one linguistic choice. I focus here on the selection of the Greek *eusebeia* for the Prākrit *dhamma* (Sanskrit *dharma*).

The meaning and significance of *dhamma* in Prākrit is itself problematic. Etymologically, it comes from the Sanskrit *dharma*, which Monier-Williams' *Sanskrit-English Dictionary* gives as 'that which is established or firm, steadfast decree, statute, ordinance, law'. It is not commonly encountered in pre-Aśokan texts (for example, Vedic literature), but assumes great importance in the Edicts. Olivelle has argued that Aśoka builds on the appropriation of *dharma/dhamma* by growing ascetic religious movements in northern India in the mid-first millennium BC, using it as "the central concept to construct a theology that gave legitimacy to his rule and a religious/moral foundation to his empire" (Olivelle 2011, 128).

The Buddhist connotations inherent in the term are clear, and themselves pose problems for the Greek translator (Hiltebeitel 2011, 36-37). But above and beyond its ethical significance (holding up such virtues as vegetarianism, respect for one's elders, etc.), the Aśokan *dhamma* is a unifying imperial ideology, which regularises social behaviour (Olivelle 2011, 129; Olivelle 2012, 174). It is in this context that his 'Buddhist missionary activities' need to be considered: "Ashoka was not confining himself merely to spreading the message of the Buddha; he was reflecting his understanding of the centrality of social ethics to kingship and to a king's relationship with his subjects" (Thapar 2006, 303).

And Aśoka did seek to explain the *dhamma* to Greek speakers, both within his empire and outside its borders – as well as to a range of foreign peoples. In the Thirteenth Major Rock Edict, Aśoka is stated to have obtained 'the victory of *dhamma*' even "where the Greek king Antiyoke is, and beyond that Antiyoke, four kings: Turamaye, Antikini, Maka and Alikasandare" (trans. adapted from Norman 1997-1998; names transcribed as in the Shahbazgarhi text of the edicts). The Prākrit text here adapts the phonology of the Greek names Antiochos, Ptolemaios, Antigonos, Magas and Alexander, just as Greek does with Prākrit. No further testimony survives to Aśoka's claimed mission to the Hellenistic kingdoms, so it is impossible to say whether and in what manner the *dhamma* was explained there. One should not assume that the same linguistic strategies were adopted as in the Greek edicts at Kandahar. In particular, the political force of *dhamma* may have been treated differently in regions outside Aśoka's political control. What little we know of the linguistic landscape at Kandahar indicates a plurality of written languages in use for different purposes in the Achaemenid period, before the conquests of Alexander the Great (the evidence of the multilingual administration of Achaemenid Kandahar is summarised by Mairs 2014, 40). Still less can be said about the speech community. The only written languages attested are Aramaic, Elamite and Greek, none of which are native to the region. In the Aśokan edicts, and all surviving inscriptions from Achaemenid, Hellenistic and Mauryan Kandahar, expression of ideas is potentially constrained by the written registers available (Mairs 2014, 142-143). A multilingual community, the majority of whose members did not have Greek as their first language, may have provoked different translation strategies than a mission to Greek courts.

What meanings, then, did *eusebeia* communicate to those literate in Greek? The basic meaning is 'piety', in the sense of reverence towards the gods, or sometimes parents. In this sense, it represents certain aspects of Aśoka's *dhamma* very well. It may not represent the full range of meanings – of a term which was in any case still in the process of directed evolution in Prākrit – but it was the choice the translator made.

The Aramaic Edicts from Kandahar provide an interesting comparison to the Greek versions. It should first be noted that the surviving Aramaic material from the site is scant: only two inscriptions. Aramaic was used as a language of administration throughout the Achaemenid Empire. As such, it stood in a diglossic relationship to local spoken and written languages. The presence of the language at Old Kandahar and, significantly, an Elamite tablet from the site, indicate that the administration at the city was run along similar lines to that of better-documented sites such as Persepolis, or even Bactra. The Aramaic used in Central Asia contained many Iranian words. This pattern is common to the documents from the satrapal archive at Bactra (Naveh and Shaked 2012, 51-54), the Aśokan Aramaic texts (Mukherjee 1984, 46), and the single Aramaic-script ostrakon from Ai Khanoum (Rapin 1992, 105). It is difficult to tell in the current state of the evidence whether these were considered as intrusive to the language, or particular to the usage of bilinguals (marked code-switches). My inclination – because of their pervasiveness – is to view them as naturalised loanwords, at least in as far as the formal register of imperial Aramaic is concerned.

One of the Aramaic inscriptions from Kandahar – the Aramaic section of the Greek-Aramaic bilingual – conforms to this pattern of standard Achaemenid Aramaic with some Iranian vocabulary. Like its Greek complement, it opens with a statement about Aśoka's promulgation of the *dhamma*. The Greek uses *eusebeia* for *dhamma* and states that people have become *eusebesterous* 'more pious'. The Aramaic uses an Iranian word, represented in Aramaic script as *ptytw*, and later in the same sentence the Aramaic phrase *qšyṭ' mhqšṭ*. The interpretation of this passage, and the text as a whole, is controversial (competing views are summarised by Teixidor 1969, 347-349). I present it here in Altheim and Steihl's (1958) transcription, with Aramaic words in capitals and non-Aramaic words in lower case:

ŠNN 10 ptytw ‘BYD ZY MR’N prydrš MLK’ QŠṬ’ MHQŠṬ

For ten years *ptytw* was carried out, because our lord the king Priyadarš *qšyṭ’ mhqšṭ*.

Ptytw may be taken to mean ‘expiation’ or ‘equalization of guilt and punishment’ (discussed by Garbini in Pugliese Carratelli and Garbini 1964, 43-46, following Levi Della Vida in Pugliese Carratelli, et al. 1958 and Altheim and Stiehl 1958). *Qšyṭ’ mhqšṭ* means ‘has promoted truth’ or ‘who promotes truth’ (Pugliese Carratelli and Garbini 1964, 47-48). The latter is usually taken as a translation of *dhamma*, but it is possible that the Iranian term is also a translation of this, or a similar, Prākrit term.

Examining the strategies available to translators, and the reasons they made the choices they did, can grant insights into cultural contact along the Silk Roads. Like much later European Jesuit missionaries in China, those who wished to spread Buddhism along the routes between India and China were faced with the challenge of explaining new concepts in languages to which these concepts were alien. As with modern translators, they had a range of options available, including borrowing (e.g. transcribing *deus* in Chinese characters), or changing the meaning of an existing word in the host language (e.g. using 天主, Tiānzhǔ). In the Aśokan Edicts at Kandahar, specifically Buddhist terminology is rendered into two languages (Greek and Aramaic) belonging to communities which had no previous experience of Buddhism. The translators’ decisions to introduce Prākrit loanwords, or adapt an existing Greek or Aramaic term, reveal processes which must have taken place further along the Silk Roads, as Buddhist teachings were spread through multiple cultures, polities and languages.

Bibliography

Altheim, Franz and Ruth Stiehl 1958: "The Aramaic Version of the Kandahar Bilingual Inscription of Aśoka," *East and West* 9, 192-198.

Baker, Mona ed. 2015: *Translating Dissent: Voices from and with the Egyptian Revolution.* (Critical Perspectives on Citizen Media.) London: Routledge.

Bayer, Theophilus Siegfried 1730: *Museum Sinicum in quo Sinicae Linguae et Litteraturae ratio explicator.* St. Petersburg: Ex Typographia Academiae Imperatoriae.

——. 1738: *Historia regni graecorum bactriani: in qua simul graecarum in India coloniarum vetus memoria explicatur.* Petropolis [St. Petersburg]: Ex typogr. Acad. scient.

Bernard, Paul 2005: "Hellenistic Arachosia: A Greek Melting Pot in Action," *East and West* 55, 13-34.

Browne, Gerald M. 2003: "Bayer's Coin of Eucratides," *Zeitschrift für Papyrologie und Epigraphik* 145, 212.

Colin, Frédéric 2015: "Traduire l'altérité culturelle dans les civilisations de l'Antiquité: le paradigme de la transposition lexicale," in Frédéric Colin, Olivier Huck and Sylvie Vanséveren (eds.), *Interpretatio. Traduire l'altérité culturelle dans les civilisations de l'Antiquité*, 35-64. Paris: De Boccard.

Hiltebeitel, Alf 2011: *Dharma: Its Early History in Law, Religion, and Narrative.* (South Asia research, New York, N.Y.) New York; Oxford: Oxford University Press.

Lundbaek, Knud 1986: *T. S. Bayer, 1694-1738: Pioneer Sinologist.* (Scandinavian Institute of Asian Studies Monograph Series 54.) London: Curzon Press.

McElduff, Siobhán 2013: *Roman Theories of Translation.* London: Routledge.

McElduff, Siobhán and Enrica Sciarrino (eds.) 2011: *Complicating the History of Western Translation: The Ancient Mediterranean in Perspective.* Manchester: St. Jerome.

Mairs, Rachel 2013 (2014): "The Reception of T. S. Bayer's *Historia Regni Graecorum Bactriani* (1738)," *Anabasis: Studia Classica et Orientalia* 4, 255-262.

——. 2014: *The Hellenistic Far East: Archaeology, Language and Identity in Greek Central Asia.* Berkeley: University of California Press.

Mehrez, Samia (ed.) 2012: *Translating Egypt's Revolution: The Language of Tahrir.* Cairo: American University in Cairo Press.

Mukherjee, B. N. 1984: *Studies in Aramaic Edicts of Aśoka.* Calcutta: Indian Museum.

Naveh, Joseph and Shaul Shaked 2012: *Aramaic Documents from Ancient Bactria (Fourth Century B.C.E.) from the Khalili Collections.* (Studies in the Khalili Collection.) London: The Khalili Family Trust.

Norman, K. R. 1997-1998: "Aśoka's Thirteenth Rock Edict," *Indologica Taurinensia* 23-24, 459-484.

Olivelle, Patrick 2011: *Language, Texts, and Society: Explorations in Ancient Indian Culture and Religion.* London: Anthem Press.

——. 2012: "Aśoka's Inscriptions as Text and Ideology," in Patrick Olivelle, Janice Leoshko and Himanshu Prabha Ray (eds.), *Reimagining Aśoka: Memory and History*, 157-183. New Delhi: Oxford University Press.

Pugliese Carratelli, Giovanni, Giorgio Levi Della Vida, Giuseppe Tucci and Umberto Scerrato 1958: *Un editto bilingue greco-aramaico di Asoka. La prima iscrizione greca scoperta in Afghanistan.* Rome: Istituto italiano per il medio ed estremo Oriente.

Pugliese Carratelli, Giovanni and Giovanni Garbini 1964: *A Bilingual Graeco-Aramaic Edict by Asoka. The First Greek Inscription Discovered in Afghanistan.* (Serie Orientale Roma 29.) Rome: Istituto italiano per il medio ed estremo Oriente.

Rapin, Claude 1992 : *Fouilles d'Aï Khanoum VIII: La trésorerie du palais hellénistique d'Aï Khanoum, l'apogée et la chute du royaume grec de Bactriane.* (Mémoires de la Délégation Archéologique Française en Afghanistan 33.) Paris: de Boccard.

Rougemont, Georges 2012: *Inscriptions grecques d'Iran et d'Asie centrale.* (*Corpus Inscriptionum Iranicarum II: Inscriptions of the Seleucid and Parthian Periods and of Eastern Iran and Central Asia. Vol. I: Inscriptions in Non-Iranian Languages.*) London: School of Oriental and African Studies.

Teixidor, Javier 1969: "Bulletin d'épigraphie sémitique (1969)," *Syria. Archéologie, Art et histoire* 319-358.

Thapar, Romila 2006: "The Mauryan Empire in Early India," *Historical Research* 79, 287-305.

Venuti, Lawrence 1995: *The Translator's Invisibility: A History of Translation.* London: Routledge.

"丝绸之路"概念的提出与拓展

徐　朗

（南开大学历史学院）

摘要： 西方古典作家曾记载东汉时期马其顿商人来华一事。德国地理学家李希霍芬不仅据此复原了这些商人所行的路线，还将这条横跨欧亚大陆、连接东地中海地区与中国的陆上商路命名为"丝绸之路"。这一术语显然反映出丝绸在古代中西贸易中的重要地位。李希霍芬虽然使用"丝绸之路"一词，却并未将它作为研究重点，而且他认为丝绸之路具有明显的年代局限性。但李希霍芬之后的学者如赫尔曼、赫定等人则直接继承了"丝绸之路"的说法，并推动了这一术语内涵外延的扩大，至今已成为古代欧亚大陆东西方之间海陆交通要道的总称。

"丝绸之路"一词最早由德国地质地理学家费迪南德·冯·李希霍芬男爵（Baron Ferdinand von Richthofen）于1877年出版的《中国》（*China*）第一卷中提出，这是目前学术界普遍的看法。[1]但就其内涵而

1　最近有一位德国学者马提亚斯·默滕斯（Matthias Mertens）指出，在李希霍芬之前曾有多人在作品中用过"丝绸之路"一词，其中李希霍芬的老师李特尔（Carl Ritter）早在1838年便已使用了"Seidenstrasse"一词。（M. Mertens, "Did Richthofen Really （转下页）

言，这一至今已经普遍接受、耳熟能详的术语却经历了长期的发展过程。随着近代以来的实地考察和考古发掘不断深入，学者们已经将丝绸之路看作是欧亚大陆各古代文明之间交往联系路线的概括性总称。它并非局限于一条或几条陆上商路，而是泛指以丝绸贸易为标志，横跨欧亚大陆连接中亚、西亚、印度直至欧洲、北非等地的世界性海陆交通网络。这个已然的常识与李希霍芬最初的想法到底有无差异，又有多大差异，是一个值得注意的问题。特别是李希霍芬在《中国》的后几卷和私人书信中几乎不再使用“丝绸之路”的说法，又是出于何种原因？他确实放弃了自己创造的这一术语，还是仅仅没有机会再使用而已？果真如此，是否还应当称他为“丝绸之路”一词的首倡者？正是带着这些疑问，笔者试图通过他的著述进入他的内心世界，探讨他对“丝绸之路”的最初定义、使用范围以及这一术语的后续传播等问题。

一　马利努斯与托勒密笔下的古代东西商路

“丝绸之路”（die Seidenstrasse）一词最早出现在《中国》第一卷的第496页，其中说道：“我们通过马利努斯再次发现一条关于早期‘丝绸之路’西段的补充记载，它完全来自马其顿人梅斯（Maes Titianus）的下属的说法。”[1]从这段简短的描述中可以看出，李希霍芬根据一些马其顿商人的亲身经历确定古代存在一条“丝绸之路”。他所提到的古罗马地理学家马利努斯（Marinus of Tyre，生卒年代约为

（接上页）Coin the ‘the Silk Road’,” *The Silk Road*, Vol. 17, 2019, pp. 1-9.）但在李希霍芬之前，“丝绸之路”一词并未在学术界引起重要的反响。李希霍芬不仅为“丝绸之路”一词提供了更精确的定义，更重要的是推动了这个词语的传播。即便“丝绸之路”一词并非他首创，他在丝绸之路概念史上所起到的承前启后作用是不容低估的。

1　Ferdinand von Richthofen, *China*, Vol. 1, Einleitender Teil, Berlin: Reimer, 1877, p. 496.

公元70—130年）首见于另一位古罗马地理学家托勒密（Ptolemy，生卒年代约为公元100—170年）的《地理学》（*Geography*），后者在书中引用了前者的所谓去往东方远国“赛里斯”（Seres）的路线。按照马利努斯的最初记载，人们由“极乐群岛”（the Islands of the Blessed，通常认为是今日的西属加那利群岛）出发自西向东行进，途中抵达赫拉波利斯（Hierapolis）附近的幼发拉底河渡口，再由此地前往一处名为“石塔”（the Stone Tower）的地点。最后由石塔出发可抵达最东端的“赛拉”（Sera），即赛里斯国的首都，这一段的全程大约需要七个月的时间。

马利努斯的作品成为托勒密描述当时已知世界的重要依据，但后者认为自石塔到赛拉的旅途长达七个月的说法实乃夸张。首先，这段路程并非直线前进，极易发生路线偏差；其次，人们也不可能途中不停顿休息，延误耽搁在所难免；再者，需要考虑到沿途地理条件险恶，加之天气状况时有不利，都有可能影响行进速度。当地统治者对旅客的态度也是一个影响因素，特别是这些马其顿商人就曾得到过本地国王的保护。最后托勒密提到，这条路线是因为商业活动才为人所知。商人们通常只关心盈利，并且出于夸耀的心理而时常故意夸大距离，就连马利努斯本人都不完全相信他们的说法。这些人在长达七个月的旅程中竟未留下任何关于沿途奇闻异事的记载，足以令人怀疑他们的说法是否可信。[1]

马利努斯和托勒密的记载都成为李希霍芬在现代地图上复原这条古代东西商路的重要史料来源。但值得注意的是，无论是马利努斯还是托勒密，都没有提到这条东西商路与丝绸贸易的特殊关系。在这两位古代作家的生活年代，即公元1世纪晚期至2世纪，丝绸已经传入罗马。在公元1世纪的罗马文学作品中不乏对于丝绸织物及其产地“赛

1 Ptolemy, *Geography*, 1.11, Princeton and Oxford: Princeton University Press, 2000, pp. 71-72.

里斯”的描述，[1]有学者依据考古发现来推断中国的丝最早在公元前6世纪早期已传入欧洲，但此说仍有争议。[2]尽管这些古人的记载在现代人看来讹误频出，甚至有些荒诞不经，但它们皆可证明当时存在丝绸贸易，以至于引发了罗马人对其远方产地的猎奇心理。但为何马利努斯和托勒密在叙述这条直达产丝之国“赛里斯”的商路时，却完全没有提到丝绸贸易呢？

首先，“赛里斯”一名虽已频繁见于当时的文学作品之中，但并不能因此认定罗马社会已经普遍接受了赛里斯与丝绸的必然联系。记载赛里斯奇闻异事的作家大多受过良好的教育，属于罗马的知识精英。由于地理距离的隔阂，罗马人很难与赛里斯人进行直接接触，只能依赖于以帕提亚人为代表的贸易中间商，这些外族商人对赛里斯国的描述有可能成为罗马上层精英最初了解东方的主要信息来源。从这些作

---

1 罗马帝国早期的作家如维吉尔（Vergil）、斯特拉波（Strabo）、塞涅卡（Seneca）和伊塔利库斯（Silius Italicus）等人皆提到赛里斯人从树叶上采集羊毛，继而纺织成丝。老普林尼称，当地人向树木喷水而冲刷下树叶上的白色绒毛，随后由女子完成纺线和织布的工序。Pliny, *Natural History*, 6.54, Cambridge, Mass.: Harvard University Press, 1989. 另可参见［法］戈岱司编，耿昇译：《希腊拉丁作家远东古文献辑录》，北京：中华书局，1981年，第3、5—7、10、14页。

2 从现今已有的考古发现来看，中亚乌拉尔山一带出土的中国中原地区玉石制品能够证明这条路线曾存在于公元前12世纪晚期，而在稍晚的欧洲铁器时代的墓葬中也有丝绸织物的遗存。具体可参见H. W. Haussig, *Die Geschichte Zentralasiens und der Seidenstrasse in vorislamischer Zeit*, Darmstadt: Wissenschaftliche Buchgesellschaft, 1983, p. 12; H. Uhlig, *Die Seidenstrasse*, Bergisch Gladbach: Lübbe, 1993, p. 8; A. Dihle, *Antike und Orient*, Heidelberg: Carl Winter Universitätsverlag, 1984, pp. 201-202; I. Good, “On the Question of Silk in pre-Han Eurasia,” *Antiquity*, Vol. 69 (1995), pp. 959-968. 但也有学者对铁器时代丝绸织物即传入欧洲的说法持怀疑态度，具体可见Lise. B. Jorgensen, “The Question of Prehistoric Silks in Europe,” *Antiquity*, Vol. 87, No. 336 (2013), pp. 581-588. 早期丝绸传入欧洲的最重要考古依据是公元前6世纪德国凯尔特贵族墓和公元前5世纪希腊阿尔克迈翁家族墓地西帕利特墓中的纺织物残迹，最新的科学检测却表明这两处墓葬中出土的纺织品里面并没有丝的成分。但这样的结果不能完全否定希腊人使用丝的可能性，由于草原商路确切存在，零星的中国丝绸传入希腊也是很有可能的。支持后一说法的文献可参见C. Margariti, S. Protopapas and V. Orphanou, “Recent Analyse of the Excavated Textile Find from Grave 35 HTR73, Kerameikos Cemetery, Athens, Greece,” *Journal of Archaeological Science*, Vol. 38, No. 3 (2011), pp. 522-527; 李永斌：《中国丝绸最早何时传入古代希腊》，《光明日报》2018年7月2日。

家记载的讹误之处来看，他们很难区分商人们所说的“赛里斯人”究竟是丝绸的最初生产者还是中转贩卖者，以及这个词是专指某一民族还是泛指所有从事丝绸生产和贸易的人。[1]相比而言，亲自前往外国进行贸易活动的商人或水手的说法则更具有参考价值。成书于公元1世纪晚期的《厄立特里亚航海记》（*Periplus of the Erythraean Sea*）是研究古代红海、波斯湾和印度半岛等地航海线路的重要参考资料。该书的作者现已不知其名，但从他的描述中不难看出应当是一位具有丰富航海经验的水手。其中他特别提到大海可流至已知世界的最北部地区，当地有一座很大的内陆城市名为秦奈（Thina），出产棉花、丝线和丝绸等特产，沿陆路途经巴克特里亚可运至婆卢羯车（Barygaza），或经恒河运至利穆利凯（Limyrice）。前往此地的道路极难通行。[2]这位作者在文中并没有提到赛里斯人，只是说丝绸是一座名为“秦奈”的城市的特产。结合现在的地理知识来看，他对于丝绸产地的地理方位认知是正确的，但并未提到当地国家或者居住民族的名称。倘若“赛里斯”已成为罗马人对于丝绸产地约定俗成的说法，为何在该书中不见任何与赛里斯有关的记载？由此推测，“赛里斯”即丝绸产地的说法在当时大概只是一种传闻，这位佚名作者对此可能无所知晓。

其次，这些马其顿商人并非第一批横跨欧亚大陆的旅行者。李希霍芬在第一次使用“丝绸之路”一词时即以复数的形式表明马其顿

1 例如公元1世纪罗马地理学家梅拉（Pomponius Mela）提到赛里斯人住在塔比斯（Thabis）和陶鲁斯（Taurus）两座高山中间，以擅长贸易而闻名，在他们以东则是印度人和斯基泰人。译文参见F. E. Romer: *Pomponius Mela's Description of the World*, Ann Arbor: The University of Michigan Press, 1998, p. 118. 老普林尼曾提到，有一位名叫拉切斯（Rachias）的锡兰岛（Ceylon，今称斯里兰卡）使者称其父曾去过赛里斯国。据他说，赛里斯人居于爱摩都斯山（Emodus）以外的地区，因善于经商而闻名。他们身材高大过于常人，红发碧眼，声音洪亮。具体可参见Pliny the Elder, *Natural History*, 6.88. 老普林尼的描述显然不符合中国的地理位置和中国人的外貌特征，李希霍芬则认为梅拉所说的只是居住在锡尔河和阿姆河上游从事丝绸贩卖的一个不知名民族。具体参见Ferdinand von Richthofen, *China*, Vol. 1, p. 476.

2 L. Casson, *Periplus Maris Erythraei: Text with Introduction, Translation, and Commentary*, Princeton: Princeton University Press, 1989, pp. 90-91.

商人转述的路线只是“多条早期丝绸之路”之一（einer der früheren Seidenstrassen）。他也特别强调这条路线并非梅斯等人首次开辟，而是沿用一条之前的古商路，也就是帕提亚人从赛里斯运出丝绸的路线。[1]《厄立特里亚航海记》的说法也证明秦奈通过海陆两条商路与外界相连。李希霍芬据此补充说，当时人们其实可通过四条道路前往东方赛里斯国，即经过巴克特里亚的“丝绸之路”、经过西藏的贸易路线、海路以及中国西南地区前往印度阿萨姆的一条路。其中最后一条路在张骞的时代依旧存在，《厄立特里亚航海记》也确认了它的存在。[2]李希霍芬虽然也使用诸如“马利努斯的丝绸之路”（die Seidenstrasse des Marinus）或“梅斯提到的那条古丝绸之路”（die alte Seidenstrasse von Maes）这样的说法，[3]以单数的形式强调那条因马其顿商人来华而闻名的中西商路，但他实际上更倾向于使用“丝绸之路”一词的复数形式。“无论是把这条路（即马其顿商人来华之路）看作是当时唯一的商路，还是其中最重要的一条路，这两种观点都是错误的。”[4]多条商路在欧亚大陆内部构成道路网，在向西输送丝绸的过程中起到同等重要的作用。

其实早在张骞通西域之前，亚历山大的远征便已促成东西方交往的扩大，特别是东部希腊化世界的形成极大地推动了伊朗、中亚乃至印度各希腊化王国与周边地区的交通往来。伴随着希腊化的进程逐渐形成了三条主要的东西商路，其中北路连接印度、巴克特里亚和黑海，印度的货物可经巴克特里亚沿阿姆河而下抵达里海，由此转运至黑海。南路通过海路连接印度和埃及。中路主要连接印度与小亚地区。人们可经海陆两路分别抵达塞琉西亚（Seleucia on Tigris），由此跨过幼发拉底河和底格里斯河西达叙利亚的安条克（Antioch on the

1 Ferdinand von Richthofen, *China*, Vol. 1, pp. 496, 500.

2 Ferdinand von Richthofen, *China*, Vol. 1, pp. 500, 507.

3 Ferdinand von Richthofen, *China*, Vol. 1, p. 500; Daniel C. Waugh, “Richthofen’s ‘Silk Roads’: Toward the Archaeology of a Concept,” *The Silk Road*, Vol. 5/1 (2007), p. 4.

4 Ferdinand von Richthofen, *China*, Vol. 1, p. 500.

Orontes），再远可至以弗所（Ephesus）。[1]《史记 · 大宛列传》和《汉书 · 西域传》也可证实，在张骞通西域后汉朝和西域诸国之间不乏使节往来，中原和西域之间的交通畅通无阻。[2]早在马其顿商人来华之前，葱岭以西的地区就已形成了发达的海陆交通系统，因此他们沿用前人的一条陆上路线前往中国是很正常的事。既然这条马其顿商人来华路线只是当时从事丝绸贸易的商路之一，马利努斯和托勒密在叙述这条路线时并未侧重谈到丝绸贸易也不足为奇。

二 “丝绸之路”的命名与使用

马利努斯和托勒密的记载显然令李希霍芬意识到，在公元之后汉帝国和罗马帝国同时屹立于欧亚大陆两极之时，曾经有横跨欧亚大陆的商路将东西方两大帝国连接起来。但我们不禁产生这样的疑问：既然古代作家从未有过“丝绸之路”的说法，那么李希霍芬为何会创造出这一名称呢？丝绸在李希霍芬的眼中又具有怎样特殊的含义呢？丝绸并非古代中国对外输出的唯一物品，但它的影响力是毋庸置疑的。早在张骞通西域之前已有部分蜀布（丝绸?）经蜀地运至印度，[3]张骞出使西域的成功则推动了丝绸向中亚地区的传播。首先是汉朝朝廷在张骞通西域后逐渐认识到塔里木盆地的战略价值。据《史记》记载，张骞通西域后汉武帝多次向西域各国遣使，意在扩大汉朝的声威，各使团需携带大量礼物献给各国的王公贵族，其中自然包括作为中国特

1 杨巨平：《亚历山大东征与丝绸之路开通》，《历史研究》2007年第4期。

2《史记》卷一二三《大宛列传》，二十四史点校本，北京：中华书局，1982年，第3173—3174页；《汉书》卷九六《西域传》，二十四史点校本，北京：中华书局，1962年，第3873页。

3《史记》卷一二三《大宛列传》，第3166页。

产的名贵丝绸（帛）。由于汉使人数众多，外国都不再以汉朝礼物为贵，[1]再加上西域诸国其实更为惧怕邻近的匈奴，汉朝使者若不进献丝绸和不用金钱购买甚至都无法得到饮食供给。[2]其次，自大宛以西直至安息各地皆善于贸易，但“其地皆无丝漆”。西域交通的畅通有利于中国商队为丝绸贸易开辟新的市场。[3]司马迁还记载道，汉朝使节多借助出使之机私下以丝绸换取西域珍奇物品，以便回到中国后高价卖出以赚取利润。[4]这些都是丝绸向西输出的重要渠道。正是在这样有利的贸易环境下，产自中国的丝绸经过多次转手贸易，最终运至地中海沿岸地区，成为罗马贵族享用的奢侈品和文人猎奇的对象。丝绸是西方人对于极东之地赛里斯最初也是最重要的印象，“丝绸之路”的名称正符合并沿袭了西方世界自古以来对远东的认知和想象。

李希霍芬在《中国》一书的前言部分指出，他写作此书的一个研究重点，是归纳自罗马时代起西方世界认知中国的发展历程。中国的丝绸运至罗马，不仅满足了贵族们追求奢侈昂贵物品的欲望，也激发了罗马人对未知世界的求知欲。早期罗马作家对赛里斯国的记载虽然看似离奇，却是古罗马地理学发展过程中的重要一环，是罗马人对已知世界最东端的初步探索。与托勒密同时期的罗马作家如波桑尼阿斯（Pausanias）和波路克斯（Pollux）已经能够正确地认识到丝线来源于动物而非植物。[5]结合《后汉书》的记载来看，班超在公元1世纪

---

1 《史记》卷一二三《大宛列传》，第3170—3171、3876页。

2 《史记》卷一二三《大宛列传》，第3173页。

3 《史记》卷一二三《大宛列传》，第3174页。按照德国学者赫尔曼的统计，张骞去世（公元前114年）后不久，中国每年可派出多达12支的商队前往塔里木盆地（主要是汉朝控制下的南道，也包括居住在伊塞克湖沿岸、锡尔河和阿姆河流域的各民族），每队大约百人，驮畜不计其数。A. Herrmann, *Die alten Seidenstrassen zwischen China und Syrien*, Berlin: Weidmannsche Buchhandlung, 1910，p. 3.

4 《史记》卷一二三《大宛列传》，第3171页。

5 Pausanias, *Description of Greece*, 6.26.6, The Loeb Classical Library, Cambridge, Mass.: Harvard University Press, 1954. 关于波路克斯的记载，亦可参见A. Dihle, *Antike und Orient*, p. 213.

末逐渐安定西域诸国，特别是战胜疏勒继而打通塔里木盆地的南道。[1]由此可以推测，因为塔里木盆地此时政局稳定且交通畅通，丝绸贸易蓬勃开展，家蚕吐丝等常识很可能被外国商人所获悉并辗转传播至罗马。丝绸贸易所带来的不仅是物品的流通交换，更重要的意义则在于促进思想观念和经济文化上的交流。这些关于丝绸或者赛里斯的奇闻异事客观上都有助于开拓罗马人的眼界，打破因地理距离隔阂所造成的知识闭塞。李希霍芬将丝绸看作是西方世界最早接触和了解中国的重要推动力，支撑东西方之间的交流长达一百年之久，直到中国在西汉末年失去西域的控制权，中西交通中断。[2]另一位德国学者赫尔曼（Albert Herrmann）也强调了丝绸在中西交通史上的重要意义。他说："在古代世界的交往历史中，几乎没有任何一样物品像丝绸那样起到如此重要的作用。迄今为止仍旧彼此陌生的两大文化圈，即中国和古希腊罗马，正因它而产生了紧密的联系。"[3]丝绸贸易推动东西文化交流的一个重要例证是养蚕业在塔里木盆地乃至更远的欧洲地区的传播。唐代玄奘在《大唐西域记》中所载的"东国公主传蚕种"的故事以及斯坦因在丹丹乌里克（Dandan-Uiliq）寺院遗址发现的木版画向后人揭示了蚕种西传于阗国的艰难过程，以及当地养蚕业在王室庇护下的发展。[4]值得注意的是，公元6世纪的拜占庭文献中也有关于蚕种

---

1 《后汉书》卷四七《班超传》，二十四史点校本，北京：中华书局，1965年，第1579—1580页。

2 Ferdinand von Richthofen, *China*, Vol. 1, p. 403.

3 A. Herrmann, *Die alten Seidenstrassen zwischen China und Syrien*, p. 1.

4 （唐）玄奘、辩机原著，季羡林等校注：《大唐西域记校注》，北京：中华书局，1985年，第1021—1023页；［英］奥雷尔·斯坦因：《古代和田——中国新疆考古发掘的详细报告》，巫新华等译，济南：山东人民出版社，2009年，第238—240页。国内外关于"东国公主传蚕种"传说及木版画的讨论，可参见［美］劳费尔：《中国伊朗编》，林筠因译，北京：商务印书馆，1964年，第367页；［法］布尔努瓦：《丝绸之路》，耿昇译，乌鲁木齐：新疆人民出版社，1982年，第54—55页；殷晴：《中国古代养蚕技术的西传及其相关问题》，《民族研究》1998年第3期；李安宁：《"东国公主传蚕种木版画"研究》，《新疆艺术学院学报》2005年第3卷第1期；田峰：《于阗文化考释——以〈大唐西域记〉中的佛国瞿萨旦那为例》，《伊犁师范学院学报（社会科学版）》2011年第2期。

西传的类似记载。普罗柯比（Procopius）首先提到两个从东方塞林达国（Serinda）来的僧人在查士丁尼（Justinian）时代首次将蚕种引进拜占庭帝国，稍晚的塞奥法尼斯（Theophanes）则讲述了一个从赛里斯国来的波斯人巧妙地将蚕茧藏在手杖里带回故土的故事。[1]这几则轶事共同反映出丝绸在古代塔里木盆地乃至西方国家受到欢迎，但因为中间商垄断贸易等缘故而数量稀少。当地统治者遂千方百计求取蚕种，继而推动了养蚕技艺的西传。从这个角度上看，丝绸贸易为早期西方地理学科和纺织业的发展都做出过一定的贡献，因此李希霍芬将丝绸有别于其他贸易商品而加以特别重视，也在情理之中。

李希霍芬虽然在《中国》一书中赋予“丝绸之路”新的含义，但他仅仅是在叙述汉代中国的对外交通时提到它几次，在该书的后几卷以及其他私人书信中则不再使用这一术语。他在1877年曾以“直至公元2世纪时期的中亚丝绸之路”（Über die zentralasiatischen Seidenstrassen bis zum 2. Jahrhundert n. Chr.）为题做过一场专题报告，并在其中详细地谈到了丝绸在欧亚大陆东西交通史上的重要意义。即便如此，“丝绸之路”这一概念仅作为题目而出现。[2]这又是出于何种原因呢？由于李希霍芬并未对“丝绸之路”一词进行任何定义或解释，我们只能从他的著作中尝试寻找线索。有学者已经观察到李希霍芬其实更愿使用类似于“交通”（Verkehr）、“道路”（Strassen）、“主干道”（Hauptstrassen）或“贸易路线”（Handelsstrassen）等说法来描述横贯欧亚大陆的多条贸易路线。[3]这种现象表明，“丝绸之路”只是他用来叙述这些路线的诸多说法之一，并不是他的研究重点。

---

1 李希霍芬和斯坦因都认为普罗柯比提到的“塞林达”即是于阗。Ferdinand von Richthofen, *China*, Vol. 1, p. 550.［英］奥雷尔·斯坦因著，巫新华等译：《古代和田——中国新疆考古发掘的详细报告》，第142页注释3。

2 Daniel C. Waugh, “Richthofen’s ‘Silk Roads’: Toward the Archaeology of a Concept,” *The Silk Road*, Vol. 5/1 (2007), p. 13, n. 9.

3 Daniel C. Waugh, “Richthofen’s ‘Silk Roads’: Toward the Archaeology of a Concept,” *The Silk Road*, Vol. 5/1 (2007), pp. 9-10.

倘若李希霍芬只是偶尔以“丝绸之路”一词代指汉代中西商路，这就说明这条路线对他而言，意义不仅限于丝绸贸易。李希霍芬在使用“丝绸之路”一词时曾提到，马利努斯的记载是对“早期丝绸之路西段”的补充说明，而他在本书中则完全侧重于考证从巴克特里亚到中国以及中国和印度之间的线路，即“丝绸之路”的东段。这表明他虽然承认完整的“丝绸之路”应当如马利努斯所言从西端的极乐群岛直至东端的赛里斯，但他着重研究的只是其中自中亚和印度出发前往中国的这一部分路线。李希霍芬在《中国》一书序言部分即说明，自己希望借助此书凸显出中亚地区作为交通要道和多元文化汇合之地的枢纽地位。他还提到本书对中亚的历史地理进行了一定的研究，尤其是绘制了中亚的地图。[1]《中国》第一卷的第一部分即集中于对中国和中亚关系的研究，中亚地区在他心目中的重要性可见一斑。但需要注意的是，李希霍芬所注目的“中亚”并不完全等同于现代地图上西及里海、东抵中国、南到阿富汗、北至俄罗斯的内陆地区，而是南抵青藏高原、北至阿尔泰山、西起帕米尔高原的分水岭、东至兴安岭山脉的广袤地带，从地图上看实际就是现在的中国新疆，以及延伸至蒙古高原的中国北方地区。[2]位居其中的塔里木盆地正是他的重点研究对象之一。[3]虽然地处亚洲腹地且四面环山，但塔里木盆地并未与外界完全隔离，相反却借助几条穿越周围高山的通道而成为欧亚大陆自古以来民族大迁徙的重要舞台。民族迁徙带来贸易的繁荣和文化的融合，塔里木盆地也因之成为中国

---

1 Ferdinand von Richthofen, *China*, Vol. 1, preface, p. 14.

2 Ferdinand von Richthofen, *China*, Vol. 1, p. 7.

3 Ferdinand von Richthofen, *China*, Vol. 1, p. 7. 现代地理学奠基人之一、德国著名地理学家亚历山大·冯·洪堡（Alexander von Humboldt）在其名著《中亚》中首先将“中亚”视为一个独立的地理名词。他将中亚的地理范围具体界定为“南至阿尔泰山南侧，北至喜马拉雅山系北侧斜坡”，但并未确定其东西边界。有关中亚的定义，参见Alexander von Humboldt, *L'Asie-Centrale*, Vol. 1, German translation by Wilheim Mahlmann, Berlin: Klemann, 1844, pp. 3-4, 610.

产品向西输出的重要中转站。李希霍芬认为托勒密所描述的赛里斯国其实并非中国内陆地区，而是地处西北方向的塔里木盆地。[1]“丝绸之路”的存在实际上被他用来证明中亚地区在欧亚大陆交通史上所起到的重要枢纽作用。

与中亚的开放形成鲜明对立的则是作为丝绸之路一端起点的中国。李希霍芬将中华文明的特性归结为封闭性和独立性，而造成这种特点的原因正是由于中国地处欧亚大陆最东端，因中亚一带高山阻隔而得以独立发展，但也因之与外界相隔离。他在书中声称，尽管这种封闭隔离的特性保护中华文明在长达千年的发展过程中没有被入侵的异族文明所同化，成为古代文明至今唯一的留存，实际上却弊大于利，阻碍了中华文明吸收外族文化的优良成果。[2]李希霍芬的这些负面评价显然是片面的，具有强烈的西方中心论色彩。他所谓的“中国文化需要更高级文化进行改造”的说法，无非就是为帝国主义在华的侵略行为辩护。他批评中国人对外封闭保守，缺少向外探索和求知的动力，却并不知晓中国历朝史料中皆有关于中原政权与周边民族交往的记载。他本人作为一位服务于普鲁士帝国在华侵略政策的学者，在游历中国的过程中遇到当地官民的质疑和阻挠也是平常之事，并不能作为中国对外保守的证据。这些都是李希霍芬本人的狭隘偏见。但我们从中也能观察到他对于一条商路的研究并不仅限于自然地理学意义

1 Ferdinand von Richthofen, *China*, Vol. 1, p. 479. 赫尔曼认为罗马作家梅拉和老普林尼所提到的“赛里斯人”并非中国人，而是生活在今日伊塞克湖沿岸的古代游牧民族，即中国史籍中提到的塞人、月氏人和乌孙人。汉帝国和乌孙因和亲而关系良好，故而丝绸也时常由乌孙传到西方。罗马历史学家弗洛鲁斯（Lucius Florus）称赛里斯人使团曾长途跋涉觐见奥古斯都，老普林尼所称赛里斯人因铁器而闻名等说法也符合生活于塔里木盆地的民族。具体可参考Lucius Annaeus Florus, *Epitome of Roman History*, 2.34, The Loeb Classical Library, Cambridge, Mass.: Harvard University Press, 1995; Pliny the Elder, *Natural History*, 34.145, The Loeb Classical Library, Cambridge, Mass.: Harvard University Press, 1952; A. Herrmann, *Das Land der Seide und Tibet im Lichte der Antike*, Leipzig: K. F. Koehlers Antiquarium, 1938, pp. 33-34.

2 Ferdinand von Richthofen, *China*, Vol. 1, pp. 395-398.

上的路线考证，而是更为关注自然地理条件对当地社会政治环境所施加的影响，这种影响直观地表现为同一条路线沿途各地的交通开放程度各不相同。这些引申的评价和思考实际上属于人文地理（human geography）的范畴，与作为贸易物的丝绸没有任何关联。这或许令他更愿意省略作为限定词的“丝绸”一词，只称呼以“道路”或“贸易路线”。

另一个问题是，丝绸贸易并不仅限于两汉的几百年间，为何李希霍芬只是在叙述汉代中外交通史时提到“丝绸之路”呢？李希霍芬在有限几次使用“丝绸之路”一词时还加上“早期”（früh）、“古老”（alt）这样的形容词来强调它的年代性。结合《汉书》和《后汉书》的记载来看，两汉时期途经塔里木盆地的路线确实具有时代局限性，西汉武帝时张骞通西域是它的起始，东汉顺帝时“乌孙、葱岭以西遂绝”则是它的年代下限，其间随着中原地区政治局势的变化而“三绝三通”。这也很可能是李希霍芬后来不再使用“丝绸之路”一词的另一个原因。虽然他倾向于认为“丝绸之路”是由多条道路所构成的道路网，但马利努斯和托勒密所记载的那条马其顿商人来华路线无疑是其中史料最为确凿的路线，至塔里木盆地时即是《汉书》和《后汉书》中所描述的南北两道。这条线路自东汉末年起已逐渐失去作用，因政权更迭和自然环境变迁而改道甚至废弃，因此这条“早期丝绸之路”在他看来仅存在于两汉的几百年间。[1]与此形成鲜明对比的则是李希霍芬对于中西商路的认知远远超过两汉的上下限。在全书的第十章也是篇幅最长的一章，李希霍芬系统地梳理了从传说中的三皇五帝上古时期直至他生活的年代即晚清的中西海陆交通史。正如美国

1 李希霍芬提到，在他生活的年代，商旅们皆由肃州经哈密至吐鲁番，再沿天山南麓经库车和阿克苏前往喀什和叶尔羌河，是为当代南道，也就是汉代北道故地。当代的北道是沿天山北麓经乌鲁木齐至伊犁。具体可参见Ferdinand von Richthofen, *China*, Vol. 1, pp. 460-462.

学者丹尼尔·沃（Daniel C. Waugh）所言，李希霍芬虽然很少直接使用“丝绸之路”这一术语，但他所关注的正是“丝绸之路”的历史和影响。[1]从横向上看，汉代的早期丝绸之路推动东西方两大文明古国即汉帝国和罗马帝国之间的接触和了解；纵向上看，丝绸贸易成为古代中国与外界交往的主要推动力，在汉代古道荒废之后又形成了其他路线，而中亚（含塔里木盆地）地区长期以来都是联结东西重要交通枢纽。“丝绸之路”虽然是古代中西交通史研究中不可或缺的一部分，但这一术语本身在《中国》一书中的使用实际上是相当有限的。

三 “丝绸之路”一名的继承与后续研究

虽然李希霍芬本人对于“丝绸之路”一词的使用相当谨慎，但这一说法并未随着他的迟疑而湮没无闻。李希霍芬于1905年秋辞世之后，另一位德国地理学家赫尔曼首先在1910年出版了一部名为《中国与叙利亚之间的古代丝绸之路》（*Die alten Seidenstrassen zwischen China und Syrien*）的专著，使“丝绸之路”的说法逐渐为人所知。从全书的内容来看，赫尔曼结合《史记》和《汉书》中有关塔里木盆地地区的记载，以马其顿商人来华路线为出发点，全面而严谨地考证了汉代途经塔里木盆地地区的路线。他在书中并未直接说明以丝绸之路为题的原因，但李希霍芬对他的深刻影响则是毋庸置疑的。首先，赫尔曼在梳理学术史时不可避免地提到李希霍芬的贡献。他将《中国》一书第一卷中关于古代亚洲商路的描写称为“卓越的描述”（eine meisterhafte Schilderung）。李希霍芬于1877年在柏林地理学会以“丝

1 Daniel C. Waugh, “Richthofen’s ‘Silk Roads’: Toward the Archaeology of a Concept,” *The Silk Road*, Vol. 5/1 (2007), p. 7.

绸之路”为题所做的报告，在他看来则是首次细致地探讨亚洲内部的交通联系，特别是连接欧亚大陆东西两端的道路。[1]赫尔曼在直接沿用“丝绸之路”一名的同时，也尝试对这一概念进行更为准确的定义。“丝绸之路的名称，正如人们所见，最早是由李希霍芬所使用，用于描述那条在公元前114—公元127年之间因丝绸贸易而连接中国与锡尔河阿姆河流域诸国，以及中国与印度之间的中亚交通路线。”他在注释中提到这一具体定义并非来源于《中国》一书，而是李希霍芬在1877年的讲座。赫尔曼认为这条路线的西端可进一步延伸至叙利亚。虽然叙利亚与中国之间并未产生任何直接的联系，但它是中国丝绸的一个主要销售地，特别是在途经中亚和伊朗的贸易路线上起到不可替代的作用。[2]

其次，赫尔曼对李希霍芬在中亚研究上的贡献虽不乏敬仰之情，但他并不盲信前人的结论，而是以史料为依据进行严谨考证。他认为李希霍芬所使用的资料特别是地图多有不准确的地方，以至于后者对丝绸之路沿途重要地点的定位不时出现偏差，例如李希霍芬曾错将汉代的玉门关等同于明代修建的嘉峪关。[3]另外李希霍芬本人无法直接阅读中文一手史料，只能依靠西方汉学家的翻译，这也使他的路线考证不够精确。赫尔曼实际上也需依靠翻译方能阅读中国古籍，但他仍然敏锐地发现了李希霍芬在复原路线时的可争议之处。例如，李希霍芬曾提到汉代塔里木盆地共有南北两道可供通行，其中南道是张骞通西域后汉朝向塔里木盆地前进的路线。由于北道在很长一段时间内被匈奴控制，商旅们最初也是沿南道而行。他甚至认为直到公元2世纪东汉王朝和西域交通中断之前，这条南道都是人们最常使用的路线。[4]

1 A. Herrmann, *Die alten Seidenstrassen zwischen China und Syrien*, p. 1, n. 1, p. 13.

2 A. Herrmann, *Die alten Seidenstrassen zwischen China und Syrien*, p. 10.

3 Ferdinand von Richthofen, *China*, Vol. 1, p. 495.

4 Ferdinand von Richthofen, *China*, Vol. 1, pp. 462, 483, 495.

但赫尔曼持有相反的看法。首先南道自然环境较为恶劣，这是比北道匈奴威胁更难克服的困难。[1]其次是汉朝对北道的占领并非如李希霍芬所言始自东汉，[2]而是早在李广利伐大宛时即已实现。[3]此外赫尔曼还观察到，两汉时期主管西域的行政机构皆驻地在塔里木盆地的北部，这也从侧面反映出北道的重要战略价值。[4]《后汉书·西域传》提到从敦煌西出阳关和玉门关向北行千余里可达伊吾（即今日哈密），由此继续北上一千二百里抵达车师前部高昌壁，自此再向北五百里即可到达车师后部金满城。这些地方不仅是西域的门户要地，伊吾及其北面的柳中更是“膏腴之地”，故而成为汉匈争夺的焦点。这些记载都可用来质疑李希霍芬独以南道为重的说法。

赫尔曼随后在1938年又出版了另一部专著《古代的丝国和西藏》（*Das Land der Seide und Tibet im Lichte der Antike*）。他将自己的研

---

1 《史记》卷一二三《大宛列传》，第3174页。

2 Ferdinand von Richthofen, *China*, Vol. 1, pp. 462-463. 李希霍芬认为汉朝首先开发罗布泊地区，在沙州至楼兰的沿途屯田殖民。此地以北的地区则在长达一百年的时间内无法通行。从玉门关到吐鲁番的道路是公元1—5年间才首次开通的。位于塔里木盆地的且末成为南北两路的分岔点，由此出发向南的路线途径于阗抵达莎车（叶尔羌河一带），再由此向西翻越葱岭。他认为史籍中频繁出现楼兰、于阗、若羌等地，说明当时的交通主要经过这些位于塔里木盆地南部的地区。由且末向西北可达乌垒城，也就是汉代西域都护府所在地，东汉时西域都护班超经历了艰苦战斗方才开通由乌垒城前往喀什的道路。

3 《史记》记载，李广利第一次征讨大宛失败正是因为缺少饮食供给，士卒多因饥饿而死。当他第二次出征时，“以为人多，道上国不能食，乃分为数军，从南北道”。李广利的军队兵分两路，所到之处西域小国纷纷提供饮食，只有一个叫仑头的地方除外，最终汉军在围攻数日后破城。此处提到的“仑头”在《汉书·李广利传》亦作“轮台”，轮台位于车师以西千余里，向东可至捷枝、渠犁。赫尔曼认为仑头或轮台在今日库车以东不远处，从地理位置上看则处于塔里木盆地的北部，因此李广利“自此向西，平行至宛城”，实际上已经沿北道的西段部分而行。相关史料可参见《史记》卷一二三《大宛列传》，第3177页；《汉书》卷六一《李广利传》，第2701页；《汉书》卷九六《西域传》，第3912—3913页；A. Herrmann, *Die alten Seidenstrassen zwischen China und Syrien*, p. 120。

4 赫尔曼将汉宣帝神爵二年（公元前59年）西域都护的设立看作是汉朝控制北道东段路线（玉门关至吐鲁番）的开端，而西域都护府的所在地乌垒城正是位于北道龟兹和焉耆两个大国之间。东汉和帝在位期间班超再度平定西域，特别是战胜了龟兹、焉耆两国而再度控制北道。班超在龟兹投降之后被任命为西域都护，“居龟兹它乾城”。具体参见《汉书》卷九六《西域传》，第3873页。

究范围局限于公元前114—公元127年之间，也就是如他所言“古代人直接进行丝绸贸易的年代”，即中国的两汉时期。[1]尽管赫尔曼声称李希霍芬的著作问世已有60年之久，需要依据最新的材料进行修正和补充，并将“丝绸之路”在空间上延续至叙利亚地区，但他并未突破李希霍芬在时间上作出的限定。赫尔曼显然直接接受了“丝绸之路”的说法，“通往中国的中亚丝绸之路”（die zentralasiatische Seidenstrasse nach China）即是此书一章的标题，也是赫尔曼的研究重点。他首先指出，从石塔到终点站“塞拉”的路途不可能如马利努斯所言需耗时七个月，而路程计算错误很可能源于沿途不同地区使用不同计量单位所造成的换算讹误。托勒密文中使用的计量单位是“雪尼”（Schoinos），但赫尔曼认为人们行经幼发拉底河至巴克特里亚一段很可能使用伊朗的计量单位“帕拉萨奇”（Parasange），进入塔里木盆地后则更可能使用中国的计量单位“里”。[2]赫尔曼尝试推测正确的距离数，并以此为基础而重新定位沿途地名，但他的结论与李希霍芬的说法大相径庭。例如，他将马利努斯提到的重要中转站“石塔”定位为今日吉尔吉斯斯坦西南部的达鲁特库尔干（Daraut-Kurgan），与此相距不远的一处地方名城（hormeterion）则是疏勒。托勒密提到的古代地名中，“伊赛顿斯基泰”（Issedon Skythica）是龟兹，而“伊赛顿塞里卡”（Issedon serica）则是鄯善。[3]尽管托勒密将终点站塞拉描述为“大城”（metropolis），但赫尔曼并不认同李希霍芬将它定位于西汉首都长安的说法，而是将其定位于

1 A. Herrmann, *Das Land der Seide und Tibet im Lichte der Antike*, p. 1.

2 A. Herrmann, *Das Land der Seide und Tibet im Lichte der Antike*, p. 91.

3 A. Herrmann, *Das Land der Seide und Tibet im Lichte der Antike*, pp. 117, 122. 李希霍芬将“伊赛顿赛里卡”定位为和田，即汉代的于阗国。它是塔里木盆地所有绿洲中较早发展出丝绸文化的地区，因此其名中带有“赛里卡（Serica）”一词。具体参见Ferdinand von Richthofen, *China*, Vol. 1, p. 488. 斯坦因认为“东国公主传蚕种”的传说和木版画证实了李希霍芬的推测，详见［英］奥雷尔·斯坦因:《古代和田——中国新疆考古发掘的详细报告》，巫新华等译，第142页。

凉州（今称武威）。[1]赫尔曼的研究成果可谓是对李希霍芬的继承、质疑和修正，他以“丝绸之路”为标题和研究对象的作品也在当时引起了西方地理学界的关注。[2]

另一位为传播“丝绸之路”概念做出重要贡献的学者是著名的瑞典探险家斯文·赫定（Sven Hedin）。赫定于1889年前往柏林求学，遂成为李希霍芬的得意门生之一。从李希霍芬致赫定的书信来看，他直到去世之前都始终关心赫定在塔里木盆地的考察，并对后者已有的考察成果特别是地图绘制表现出足够的赞赏和鼓励。李希霍芬屡次提醒赫定，塔里木盆地仍旧是当前德国乃至欧洲地理学界的一处空白领域，当地考古的丰硕成果更使他看好这片地区的研究价值。与此同时他也告诫赫定，一位优秀的地理学家不应当只关注于地形地貌等自然现象，而是更着眼于自然背后的人类历史。他曾殷切地希望塔里木盆地的自然地理考察能够迅速地帮助人们发现当地史前文化的遗存，任何相关的蛛丝马迹都足以令人开拓新的历史视角。他甚至还担心英国在西藏地区的暴力行径和沙俄在远东的威胁会危及塔里木盆地的考察环境。[3]赫定于1936年将他在中国特别是新疆的见闻出版成书，题名即为《丝绸之路》。他自称前往新疆的目的之一是希望亲眼目睹“丝绸之路”的风采，因为其中也有一些他并不熟悉的路段。

在单独以“丝绸之路”为题的一章中，赫定认为作为丝绸原产地的中国从未有过“丝绸之路”的说法，相反他们称从陕西、甘肃至长城西段尽头嘉峪关的路线为“御道”（The Emperor’s Road）。他认为这里提到的“皇帝”即汉武帝。在赫定看来，汉武帝开拓西域和促进中西交通往来的功绩并不仅限于派遣张骞出使西域，还包括他因汗

1 A. Herrmann, *Das Land der Seide und Tibet im Lichte der Antike*, pp. 123-124.

2 M. Aurel Stein, *Serindia*, Oxford: Clarendon, 1921, p. 1236.

3 Sven Hedin, *Meister und Schüler*, Berlin: Dietrich Reimer, 1933, pp. 83, 95, 102, 124, 129, 143-144.

血马争端而派遣李广利讨伐大宛，以及西扩秦长城并设置防御守卫。从嘉峪关至喀什的路线直至今日仍沿用《汉书》的说法而被称为“天山南道”。当然赫定也承认“丝绸之路”的说法是无可非议的，经这条商路而从中国运出的所有产品中，名贵的丝绸无论是在贸易范围还是影响力上都是居于首位的。赫定在文中明确指出，李希霍芬不仅首次在正文中提出“丝绸之路”一词，还以“马利努斯的丝绸之路”为题而命名了书中附录的一幅地图，在他之后则是赫尔曼首次将“丝绸之路”一词用于一本书的标题。赫定大致梳理了丝绸之路的路线走向，并估算其全长（东起今日甘肃省的瓜州，西至黎巴嫩境内的推罗）约为一万公里。尽管最初的汉代“丝绸之路”早已消失在历史的长河中，但赫定不失时机地强调了它的当代意义：现代人可沿着古道修建直抵欧洲的汽车公路，继续追随古人的脚步而开创东西方交流的新纪元。古代丝绸之路沿途多军事要地，自古至今战乱不断，但客观环境的恶劣并未阻挡商人们受高额利润驱使而进行远途贸易的勇气和决心。赫定有充足的理由来相信现代的东方完全有可能重开一条丝绸之路，而他的这部著作以及他游历各地宣讲东方考察见闻的活动都在客观上推动了“丝绸之路”一词逐渐进入大众的视野。[1]

与赫定一同参加1926—1935年中瑞西北科学考察团的同事贝格曼(Folke Bergman)，在1939年出版的七卷本新疆考古报告的第一卷中更为广泛地使用了“丝绸之路”的说法。贝格曼在此指出，奇货可居的心理和高额的商业利润刺激着中国的商人们和冒险家们沿着多条道路向西行进，而这些道路今日即被统称为“丝绸之路”，因为丝绸是中国向外出口的最主要产品。他承认李希霍芬是这一术语的首创者，但他认为“丝绸之路”一词是一个复数概念，泛指古代连接中国与西方的多条商路。相比于李希霍芬在文中不时强调中亚地区的中转枢纽

1 Sven Hedin, *Die Seidenstrasse*, Leipzig: Brockhaus, 1936, pp. 196-198.

作用，贝格曼则注目于这条路线的空间长度，东至西汉首都长安，西抵叙利亚的安条克，全长近七千公里。[1]同样使用“丝绸之路”复数形式的还有著名的古典学家沃明顿（A. H. Warmington）。他在1928年出版的《罗马帝国与印度的商业》一书中使用了“silk-routes”一词来泛指东西方之间的海陆商路，但并没有对这个术语进行任何解释。[2]上述列举的这些专著虽然都或多或少与“丝绸之路”有关，但在当时并未加速这一概念的传播，它直到20世纪60年代才随着译著的传播和公共媒体的宣传而逐渐成为大众常识，而传入中国、日本等地则要等到20世纪70年代以后。[3]

时至今日，任何一位涉猎丝绸之路研究的学者都会自觉地承认李希霍芬的贡献，但“丝绸之路”一词如今无论是在空间、时间还是内涵上都已与他最初的想法相去甚远。今日的“丝绸之路”早已突破了两汉的时间限制，上可追溯先秦，下及明清乃至近代，成为数千年来中外交通往来和文化交流的代名词。它在空间上也不再局限于某一条特定的线路，而是从海陆两个方向形成覆盖欧亚大陆和北非地区的道路系统，按照地理环境的不同还可再细分为海上丝绸之路、草原丝绸之路、绿洲丝绸之路等。考古学的丰硕成果也成为当今丝绸之路研究的重要依据。例如，目前有学者依据新疆等地发现的公元前2000年以前的印欧人遗存而考证“丝绸之前的丝绸之路”（the Silk Roads before Silk），也就是自新石器时代以来在欧亚大陆北部零星形成的草原丝绸之路（the Steppe Silk Road）。[4]随着大量古代贸易物品的出土，后

1 F. Bergman, *Archaeological Researches in Sinkiang, especially the Lop-Nor Region (Reports from the Scientific Expedition to the North-Western Provinces of China: VII, no. 1)*, Stockholm: Bokförlags Aktiebolaget Thule, 1939, pp. 39-40, 49.

2 E. H. Warmington, *The Commerce between the Roman Empire and India*, Cambridge: Cambridge University Press, 1928.

3 Susan Whitfield, “Was there a Silk Road?” *Asian Medicine*, Vol. 3 (2007), pp. 201-213.

4 Victor H. Mair, Jane Hickman and Colin Renfrew, eds., *Reconfiguring the Silk Road: New Research on East-West Exchange in Antiquity*, Philadelphia: University of Pennsylvania Press, 2014.

人也多仿效李希霍芬的方法，以一条路线上的主要运输物品为其命名，例如“丝瓷之路”“茶叶之路”“青金石之路”等。随着近年来“一带一路”倡议的提出，丝绸之路研究还具有重要的现实意义。跨越千年的各条古代商路是中国与沿线各国友谊长存的重要历史依据，如今则有力地推动中国与这些国家在政治、经济、文化等领域开展更为全面和深入的合作。

总的来说，李希霍芬当初对“丝绸之路”的认识还是较为狭义的，仅仅是一条繁盛于两汉时期的中西陆上商路。“丝绸之路”也并非《中国》一书的研究重点。然而，他敏锐地观察到这条路线在中西交通史上的重要意义。正如迄今为止的丝路研究所证明的，居其两端的罗马帝国和汉帝国因丝绸贸易的畅通而增进了对彼此的了解，居中的塔里木盆地及中亚地区则成为多元文化融合和传播的要地。“丝绸之路”的说法不仅直接被李希霍芬之后的一代学者认可和接受，而且沿用至今，成为全球化背景下人类文明相互交流融合的代名词。

A Study on the Proposal and Expansion of the Term “Silk Road”

Xu Lang

Abstract: Some ancient Roman authors have recorded that certain Macedonian merchants had ever travelled to China. Supported by these references, German geographer Ferdinand von Richthofen has not only recovered the ancient route, but also named it as the “Silk Road”, which referred to a Eurasian transcontinental land route connecting the eastern Mediterranean area and the Yellow River basin. This term clearly reveals the important role of silk in the ancient east-west overland trade. Richthofen was no doubt the first man to use the term “Silk Road”; however, he seemed to abandon it in his later studies. It was the scholars after him, for example, Albert Herrmann and Sven Hedin, who wrote this word directly in their books and brought it into more general use. The term “Silk Road” is nowadays a general concept describing the ancient Eurasian transcontinental land and sea routes.

第二编 城市变迁

The Expansion of the Arsacid Cities along the Silk Road Reflected in the Chinese Texts

Hamidreza Pasha Zanous
(University of Isfahan, Iran)

Introduction

The Arsacid Empire was contemporary with the Han Empire[1] in China. After Zhang Qian's trip, the Iranian and Chinese civilizations were in contact in a variety of ways, sometimes leading to reciprocal effects. The Arsacid Empire was founded in the mid 3rd century B.C. by Arsaces I, leader of the Parni tribe. Arsacids largely dominated the Near East, affecting and in turn being affected by many civilizations of the region. Recognizing the Iranian culture and the role it has played in the formation of world history is only possible by comparing it to other antagonist and protagonist societies, as well as illuminating its transactions with those

1 Seizing power after the Qin Dynasty, the Han Dynasty ruled over China for around 400 years from 206 B.C. to 220 A.D..

civilizations. When commercial relations among Chinese, Arsacid, and Roman peoples flourished, the Arsacids tried to protect the main trade routes and their borders to secure their trade with the Chinese and Romans. For this reason, they built new cities and expanded old cities (such as Merv) along the Silk Road. The current paper highlights some of the important cities along the Silk Road during Arsacid period according to Chinese, Iranian, Greek, and Roman sources.

The political missions of Zhang Qian during the years 138-126 and 119-115 B.C. led to familiarity between the Han and Arsacid empires. The exact date of the beginning of contact between the two courts is controversial. Many scholars consider Zhang Qian's envoy to the Arsacid Empire in 115 B.C. the first time the Chinese people visited Iran. A close reading of the Chinese sources confirms that the visit of the Han envoy to Parthia was probably not the one sent by Zhang Qian in 115 B.C., but a separate envoy at a slightly later date. It seems that contact between the two courts began in 105 B.C., when Emperor Wu of Han (漢武帝) sent an ambassador to the Arsacid Court. (Wang Tao, 2007: 100). The exchange of ambassadors by Emperor Wu of Han and King Mithridates II of Arsacid (ca. 124/123-88/87 B.C.) should be considered a turning point in the two civilizations' political-cultural interaction. Based on the accounts, Chinese envoys offered silk as a gift to Mithridates II (Hulsewé, 1974: 117-35; Boulnois, 2004: 71-73). The first documented direct political contact between Iran and China dates to Zhang Qian's second journey to Central Asia between 119 and 115 B.C.. This event acted as a turning point for both peoples to learn more about each other. The Arsacid dynasty, also known as the Parthian Dynasty (c. 250 B.C. to 226 A.D.) was largely contemporary with the Han Dynasty (c. 206 B.C. to 220 A.D.). During the reigns of the Arsacid kings in the period after Zhang Qian's journey, the Iranian and Chinese peoples were in contact in a variety of ways.[1] For example, commercial exchanges became more important due to the exceptional geographical position of Iran as a hub between the East and West, linked by the Silk Road. Reciprocal influence among the Chinese, Iranian, and Roman civilizations can be seen more clearly within trade along the Silk Road. The Arsacids, being the intermediary between the East and West, were constantly trying to maintain their control of the Silk Road. Needless to say, silk was not the only item for trade. Other goods, such as handmade crafts exclusive to Parthia, were also important.[2]

Before the rise of the Arsacids, there were two main trade routes in the Iranian plateau and its bordering plains; one was the Great Khorasan Road, and the other was the Achaemenid Royal Road. These two routes paved the way for cultural and economic exchanges among the ancient civilizations of the West and East. These routes in West Asia, as well as the Han Empire's network of roads, eventually became major sections of the Silk Road.

---

1 Communications gradually increased, leaving clearer traces in later sources, including numerous accounts of direct contact between China and Parthia in *Houhanshu*. For example, there is an account of an Arsacid King who sent an envoy to Emperor Zhang in 87 A.D., bringing lions and Iranian gazelle." Another account states that in the 9th year of Yongyuan era, 97 A.D., under the reign of Han Hedi (89 to 106 A. D., 漢和帝), the diplomat of the Eastern Han Dynasty, Ban Chao, sent his aide, Gan Ying (甘英), to Daqin country. Finally, in the 13th year of Yongyuan era, Manqu (滿屈), the Arsacid King, presented lions and giant birds of Arabia to the Han Court. The birds were then called the Arsacid Birds" (Fan Ye, 1971: 2918-2919).

2 For example, the oldest Arsacid object found in China is a silver box discovered in the southern Chinese city of Canton, in the mausoleum of Emperor Wendi (文帝), the second emperor of the Nanyue (南越) Kingdom (Salmon, 2004: 26; Deeg, 2009: 155). Chinese archeologists believe that the box travelled from Iran to southern China, since similar objects from the 5th and 6th centuries B.C. are found in Ecbatana and Susa, but they do not exist in China (Salmon, 2004: 24).

The Chinese classical texts such as *Shiji (史記), Hanshu (漢書)* and *Houhanshu (後漢書)*, contain information about the cities and routes in the Arsacid kingdom and its neighboring lands. Certainly, the Chinese travelers and envoys who visited the Arsacid Empire were the main sources for the compilers of these books. Many scholars have discussed the place names mentioned in the Chinese accounts, and several different theories about their locations have been put forward and debated. In order to identify the place names in the Chinese accounts, the location of the main trade routes should be clarified first. According to the information on the Arsacid routes and cities provided by Isidorus of Charax, it seems that the ancient Great Khorasan Road was the major conduit for East-West trade during the Arsacid period. Thus, it may be possible to identify the place names in *Hanshu* and *Houhanshu* with certain cities along this road.

The Expansion of the Arsacid Kingdom and the Founding of New Cities

The Arsacid culture was heterogeneous, encompassing Persian and Hellenistic elements. Originally, the Arsacids were tightly tied to their nomadic steppe heritage, but they gradually accepted some traditional cultures of the sedentary peoples that they subjugated. For example, they began to establish new cities and strongholds (Olbrycht, 2015: 117) in their domain. According to Ammianus Marcellinus (23.6.4), Arsaces "filled Persia with cities, with fortified camps, and with strongholds" (civitatum et castrorum castellorumque munimentis oppleta Perside). Zhang Qian also mentions that "Cities and towns in Anxi (安息, generally identified with Parthia) are similar with Dayuan and all large and small cities amount to several hundred" (Sima Qian, 1982: 3162; Yang, 2013: 83).

In addition, the successive appearance of new capitals is evidence of the expansion of the Arsacid kingdom. Mithradatkart-Nisa (near modern Ashkhabad) was the "home base," (Shahbazi, 1990, 768-770) where the treasury and archives were kept, but Asaak (near modern Qūčān) was the coronation city, where Arsaces was crowned, and where the fire established for his soul was kept burning for centuries (Shahbazi, 1990, 768-770; Chaumont, 1973, 217-222). Dārā was a stronghold on Mount Apaortenon, built by Tiridates I (Shahbazi, 1990, 768-770). Arsacid kings also established royal residences at Seleucia, Ecbatana, and Ctesiphon (Garthwaite, 2005: 77).[1] It seems that Hecatompylos functioned not only as one of several capitals, but also as the formal capital during the Empire's early period (Chaumont, 1973: 217-222; Shahbazi, 1990: 768-770). Ray (Gk. Rhagai Arsacia) also served as a capital for a brief period (Shahbazi, 1990: 768-770). Some scholars believe that Ctesiphon, as a city for the royal coronation ceremony and a representational city of the Arsacids (Brosius, 2006: 103), may not have become the official capital until the reign of Gotarzes I (r. c. 90-80 B.C.) (Garthwaite, 2005: 77). In the south of the city of Seleucia, the Arsacid King Vologases (most probably Vologases I (51-78 A.D.) founded a new commercial center known as Vologasias (Valaśāpāt, later Sabāt), which was eventually incorporated into the capital complex of Ctesiphon (Shahbazi, 1990: 768-770).

---

1 Nowadays this is identified with Šahr-e Qūmeš near Dāmḡān. See Hausmann, esp. 131-33; the Greek name probably represents *Sata-dwāra "hundred gates," cf. Chaumont, 1973, p. 219.

The Main Branches of the Silk Road across Arsacid Empire

Chinese accounts provide the earliest explanations of main trade routes between Iran and China, later called "the Silk Road". The *Hanshu* contains the following description of the two routes from western China to the Western Regions:

> There are two routes starting from the Jade Gate and Sunny Barriers and leading to the Western Regions. The first one goes by Shanshan, north of the southern mountains, following the river westwards until it reaches Shache. This is the southern route. It then heads westwards, crossing the Pamirs and leading to the Dayuezhi and Anxi. The second route starts from the royal court of the Front Jushi, heads along the northern mountains, and follows the river towards the west, until it reaches Shule. This is the northern route. It then heads towards the west, crossing the Pamirs and leading to Dayan, Kangju and Yancai. (Ban Gu, 1959: 3872)

For the southern branch of the Silk Road, *Hanshu* says:

> Leaving the Jade Gate and the Sunny Barriers, one proceeds by the southern route, passes through Shanshan, travels to the south, then arrives at Wuyishanli. This is the end of the southern route, from where one turns north and then eastwards to reach Arsacid Land. (Ban Gu, 1959: 3889)

These routes passed through the important cities of the Han and Kushan Empires up to the territory of the Arsacid Empire. But where was the main section of the Silk Road in the Arsacid Empire? Although Chinese historians describe the major routes in the Western regions, they do not give us detailed information about the trade routes in Arsacid territory. However, as discussed before, they do give us several place names in West Asia. These place names are not only helpful for the research of Arsacid commercial and cultural history, but also can help us to depict the main routes of trade in the Arsacid Empire. In order to better understand the information contained in Chinese sources, we must first of all explore the main trade routes in the Iranian plateau and its bordering plains, before and during the Arsacid era, according to other historical and archaeological sources.

Before the Arsacid era, many major cities had been built along the Great Khorasan Road and the royal road of the Achaemenids. Since early times, Iranians mostly used the Great Khorasan Road as their primary passage for both internal and external trade. The Khorasan Road was connected to the northern route that passed through Central Asia (Golden, 1991: 210-212). The geopolitical conditions of the Iranian Plateau, as a hub between the West and East, caused this road to become the main artery that could link western and eastern parts of Iran. If we look at the geographical position of this road, we can see that some important cities and archaeological sites were located along it. In fact, some old capitals of Iran, from the time of the Median Empire, were situated along this route. Among them are Hecatompylos, Ecbatana, and Ray.

The trade road that ran from Khorasan and Balkh to Mesopotamia was called the "Great Khorasan Road" by early Islamic geographers and historians during Medieval times (Le Strange, 1905: 12, 85). It stretched around the desert fringe of the Iranian Plateau (Majidzadeh, 1982: 59) and led from the plains of Mesopotamia along the Diyala headwaters to the Zagros mountain range and the Iranian plateau. There was a main trade route from Mesopotamia to the Iranian Plateau even during the Median and Assyrian periods. We know that the Assyrians always returned home from Media along the Great Khorasan Road through the Zagros Mountains, whereas the Assyrians reached the Khorasan Road not only from Media but also directly from the north, through Parsua and neighboring countries (Dandamayev and Medvedskaya, 2006).

The other main route in Western Asia was the Achaemenid Royal Road. It stretched over a distance of 2,400 km from Sardis, the capital of Lydia (western Anatolia), in Asia Minor through Mesopotamia and down the Tigris to Susa (Hallock, 1969: 6). It connected Persepolis (the summer capital of the Achaemenids) to Susa (their winter capital). Stations with service facilities were set up every 25-30 km along it (Graf, 1999: 175-176). During the Achaemenid period, Persia was also linked with the Indus valley by a road through Makrān (Khan, 1972: 121). The Khorasan Road also continued to be an important trade route in the Achaemenid era (Cook, 1983: 107).

If we compare the information from the Chinese sources with "*Arsacid Stations,*" another important source for this period, it can be seen that the Great Khorasan Road was also a main trade route in the Arsacid Empire. "*Arsacid Stations*" was written by Isidorus of Charax, a Greek geographer (c.77 A.D.). This book is a description and measurement of the overland routes crossing the Arsacid Empire in an easterly direction from Zeugma on the Euphrates to Alexandria in Arachosia. It is the so-called

"Arsacid Royal Road," which held significance both for strategic reasons and as a trade route (Schmitt, 2007: 125-126). According to Isidorus, this great route starts in Antiochia on the Orontes and then leads to the Arsacid frontier at Zeugma. It runs from there along the Euphrates via Nikēphórion, Dura, and the "Royal Canal" to Seleucia (Ctesiphon) on the Tigris, then on to Ecbatana, Rhágai (Ray), Nísaia (Nisa), and Margiana, thence turning southwards to Aria, Sistan, and finally Arachosia, "as far as the rule of the Arsacids extended" (Schoff, 1914: 5-9; Schmitt, 2007: 125-126).

Isidorus's information indicates that the Arsacid Royal Road is nearly the same as the Khorasan Road. Although the rise of the Achaemenids diverted much trade to the Royal Road, leading to Susa and thence to Lake Helmund, it seems that under the Arsacids it was evidently a state policy to encourage the passage of goods over the old northern route, the Khorasan Road (Schoff, 1914: 19). It is especially notable that Susa was not mentioned in the work of Isidorus. The Khorasan Road connected Ctesiphon, one of the capitals of the Arsacid Empire, with the central and northeastern parts of the Arsacid Empire and thence to Central Asia and China (Levine, 1973, 1; Henrickson, 1997: 94-95). Within the Arsacid territory, several major cities such as Merv, Nisa, Hecatompylos, Ray, Ecbatana, modern Kermānšāh, and Ctesiphon were linked by the Khorasan Road (Schoff, 1914: 5-9; Schippmann, 1986).

Since the Khorasan Road was the main trade route in the Arsacid period, one may infer that information on the places within the Arsacid Empire listed in the Chinese sources was most likely provided by Chinese travelers and envoys who travelled on the same road to pass through the Iranian Plateau. This also implies that the place names in the Chinese sources can be identified with certain cities along the Khorasan

Road. Therefore, Hirth's argument that Anxi should be identified with Hecatompylos, Aman with Ecbatana, and Sibin with Ctesiphon (Hirth, 1885: 143, 153-155), is more likely, because all of these cities were located along the Arsacid Royal Road or the Khorasan Road.

However, as we discussed above, Hirth's identification of Yuluo with Hira (Hirth, 1885: 151, 155) cannot be accepted because Hira was established in the later years of the Arsacid Empire. It is possible to identify the location of Yuluo with Spasinou Charax on the coast of the Persian Gulf. We know that in 97 A.D., in order to establish relations with Daqin (the Roman Empire) directly, Gan Ying was dispatched there by Ban Chao. Gan Ying hoped to reach Daqin when he was in Yuluo. As John Hill mentioned, the reconstructed pronunciation of Yuluo in the Han period (*ka-ra) also provides an excellent transcription of the Greek Χάραξ-Charax or Karax-meaning a 'palisade,' or a 'fort.'(Hill, 2015: 257-258). It seems that Gan Ying first traveled on the Khorasan Road and arrived at Ctesiphon, and then he chose another way which was headed to Yuluo or Charax. Although Charax was not a place along the Khorasan Road, it was a vital city for the Arsacids. It was situated at the mouth of the two largest navigable rivers, the Tigris and the Euphrates, through which oriental goods were brought to Ctesiphon and the Arsacid Empire (Gregoratti, 2011: 214). Here *Houhanshu* says:

> In the ninth year of the Yongyuan reign (97 A.D.) of Emperor He, the Protector-General Ban Chao dispatched Gan Ying to travel to Daqin. He reached Tiaozhi next to a large sea. He wanted to cross it, but the sailors of the western border of Anxi said to him: "The Ocean is huge. People who make the round trip can do it in three months if the

> winds are favourable. However, if you encounter winds that delay you, it can take two years. That is why all the sailors prepare food enough for three years. The ocean travel often makes men homesick badly, and a number of them die on the sea." When Gan Ying heard this, he stopped his journey. (Fan Ye, 1971: 2918; Wang Tao, 2007: 100)

The text shows that Gan Ying tried to reach Daqin via a large sea which was near to Tiaozhi (條支), but he was stopped by Arsacid sailors. There are different opinions as to where Tiaozhi was and whether it was a kingdom or merely a city (Yang, 2014-2015: 135). If it was a kingdom, it could denote the Syrian Seleucid kingdom with Antioch on the Orontes as its capital, which, however, had been annexed by Romans in 64 B. C.; if it was a city, could it have been Syrian Antioch, or Charax (Chavannes) at the Persian Gulf? Or does it stand for Susiana and the areas in the province of Fars to the east of the Persian Gulf? Of course, the hypothesis that Tiaozhi should be located on the Persian Gulf is not unreasonable, because the Persian Gulf could be considered the western boundary of Anxi. If one set off from the Persian Gulf by ship, turned around the Arabian Peninsula, passed through the Red Sea, and landed in Egypt, one could reach Daqin (Yang, 2014-2015:135 136).[1] Recently some scholars have argued that Tiaozhi could be identified with Characene and Susiana (Hill, 2015: 227; Kauz, 2008: 61; Wang Tao, 2007: 91). In that case, this large sea could be the Persian Gulf which was also near to Tiaozhi. Another passage in *Houhanshu* could support these identifications. In the text, when the author wants to describe a land route from Parthia to the Roman Empire, we read:

1 For more details about the location of Tiaozhi, see Yang, 2014-2015: 135-136.

> It is again said, departing from Anxi by the land route, circling around the sea and towards Haixi, you reach Daqin. The place is densely populated; there is a rest inn every 10 li, and a post station every 30 li. There is no trouble with bandits and robbers throughout the journey, but on the road are ferocious tigers and lions that are obstacles and bring harm to travellers. Any caravans that do not have over a hundred people and carrying arms could be devoured by the animals. (Fan Ye, 1971: 2918-2919; Wang Tao, 2007: 98)

If we identify Anxi in this case with one of its capitals Ctesiphon, the sea with the Persian Gulf, and Haixi (海西) with Egypt,[1] we may infer that the text is describing the land of Tiaozhi (Characene and Susiana). It seems that there were stations in Tiaozhi, which remind us of Arsacid stations along the main route described by Isidorus of Charax. The description of lions and tigers[2] in Tiaozhi also correlates with the fauna that existed southwestern Iran until recent times. Lions, though now extinct in the region, were still being hunted in the Khuzestan and Fars provinces around the mid-twentieth century (Khalaf-von Jaffa, 2006: 1-2, 12). Nevertheless, the description in *Houhanshu* of a land route from Parthia to the Roman Empire, and its stations in Tiaozhi, could also refer to a trade route from Ctesiphon to Charax; this was also a road for travelers going between the Roman Empire and the Persian Gulf (Hill, 2015: 258).

The text states: "Leaving Sibin and travelling south you cross a river

---

1 Hill believes that Haixi refers to Egypt (Hill, 2015: 263). However, it also can be identified with the Persian Gulf (Wang Tao, 2007: 98).

2 The Persian lion is similar to a tiger in the length of the body and tail, but differs in the fur color, which is tawny overall without the appearance of dark vertical stripes (Khalaf-von Jaffa, 2006: 1-2).

(or by a river), then going southwest, you reach the Kingdom of Yuluo after 960 li." (Fan Ye, 1971: 2918; Kauz, 2008: 62), and thus it seems that Gan Ying crossed the Tigris or came by the Tigris to reach Spasinou Charax. According to Pliny, Charax was located near the confluence of the Eulaeus river canal and the Tigris River (Pliny, 1961, VI. XXXI: 138-140). The Tigris, particularly its east bank, has long formed a natural corridor for north-south traffic. The Achaemenid Royal Road followed the east bank of the Tigris from central Babylonia until it reached Susa (Kiepert, 1857: 134-40; Hewsen, 1983: 138; Dandamayev, 1992: 59).[1] Thus, one possibility is that Gan Ying used the same section of the Royal Road and followed the Tigris, and then before reaching Susa, he turned southwest until he reached Charax. Moreover, if we substitute stadia for li here, we get a very reasonable figure (about 178 km) for the distance from Susa to Charax.

Furthermore, we know that the Tigris has traditionally been navigable as far north as Ctesiphon (A Handbook II, 65-113; Potts, 2006). Arrian states that the Achaemenids constructed weirs across the Tigris in order to prevent "any enemy having a superior naval force from sailing up from the sea into their country" (Anabasis, 7.6.6-7), but later, Alexander destroyed as many of them as he could (Potts, 2006). In 395 A.D., the Huns used the Tigris as a means of raiding the Sasanian capital at Ctesiphon (Greatrex, 1999: 67-68). According to Zachariah of Mitylene, when Kawād I (488-496, 498/489-531 A.D.) captured Amida from Anastasius (491-518 A.D.) in 503 A.D., he sent the seized booty "by the river Tigris, which flows

1 From September through November, 401 B.C., Cyrus the Younger's Greek mercenaries, under Xenophon's command, largely followed the Tigris in making their escape from Babylonia after their defeat at Cunaxa (Ainsworth, 1883: 294), just as the forces of Septimius Severus did to retire from Babylonia nearly 600 years later (Potts, 2006).

past the east of the city and penetrates into their country" (Zachariah of Mitylene, 1899: 7.4, tr. p. 159). Thus, it is possible to imagine that Gan Ying also sailed to Spasinou Charax via the Tigris.[1]

Another factor that could help to learn more about the locations of the kingdoms of Aman, Sibin, and Yuluo is the decentralization of the Arsacid Empire. The Empire of the Arsacids encompassed a variety of political structures. In Mesopotamia, there were city-states with substantial populations, characterized by a predominantly Greek culture (Lukonin, 1983: 713-23); in Persia, the older satrapies continued as vassal states, following their ancient traditions; and in the eastern and northeastern parts of the Arsacid Empire, the population was predominantly tribal and nomadic, with a small sedentary component (Shaki, 1992: 652). Even during the reign of Mithridates II, the decentralization of the Arsacid Empire was a big problem for administration and later, it became a main factor in the Empire's downfall (Schippmann, 1986).

The decentralization is also manifest in the so-called seven great Persian aristocratic families of the Arsacid period: The Kārins, the Sūrens, the Ispahbudhān, the Mihrān, the Spandīyādhs (or Isfandīyār), the Zīks, and the Varāzes, which together formed a sort of feudal nobility, with their power primarily dependent on their large fiefs. (Pourshariati, 2008: 48-49). Some of these houses came to be associated with certain provinces in the empire: The Kārin family was in the Nihavand area (in Media), the

1 There is also another possibility. Since the Arsacid Ctesiphon has been tentatively located on the east bank of the Tigris, opposite Seleucia (Kröger, 1993: 446-447), it is probable that Gan Ying first went southwest to cross the Tigris (or travel by the Tigris), then turned south to reach the Kingdom of Yuluo after 960 li. This means that there could be a textual error in *Houhanshu*. Gan Ying could have reported that: "Leaving Sibin and travelling southwest you cross a river, then going south, you reach the Kingdom of Yuluo after 960 li."

Sūrens were in Sistan, and the Ispahbudhān were in Dihistan, in Gurgan (Pourshariati, 2008: 49). The semi-independency of some parts of the Arsacid Empire reflected in *Hanshu* and *Houhanshu* could be a reference to the decentralization of the Arsacid Empire. Since Wuyishanli (烏弋山離), which was independent of the Arsacids, with its own kings and currency (Wang Tao, 2007: 94-95), was described as a "kingdom or country(國)," the kingdoms or countries of Aman, Sibin, and Yuluo, as described in *Houhanshu,* could also have been semi-independent of the Arsacids. For instance, the kingdom of Aman could be a reference to the family seat of the Kārins at Nahavand, about 65 km south of Ecbatana.

New Changes of Former Hellenistic Cities in the Arsacid Period

1. Charax

Charax was a port at the head of the Persian Gulf and the chief city of the Characene kingdom (Pliny, 1961, VI. XXXI: 138-140; Hansman, 1991: 363). This city was founded by Alexander of Macedonia as Alexandria on the Tigris, and soon thereafter known as Charax, it flourished under the Seleucid Empire (Hansman, 1991: 363-364). After the Arsacid invasion of Mesopotamia in 141, it became independent by Hyspaosines (Nodelman, 1960: 87) and remained the capital of the small state for 282 years, with extensive trading links. Although Characene had substantial autonomy within the Arsacid Empire in the first century B. C. and for most of the first century A. D., archaeological findings and historical sources such as *Periplus Maris Erythraei* prove that the whole Persian Gulf at that time was in the hands of the Arsacids, who gained supremacy over the sea ports and the outfitting of ships employed along the Indian Ocean routes (Gregoratti, 2011: 218).

Charax, as a vital region for the Arsacid Empire, had important trade ties with Ctesiphon and was the beginning of the overland trade route from the Persian Gulf to Ctesiphon (Gregoratti, 2011: 218, 225). In fact, Seleucia and Ctesiphon were well-placed with respect to the overland routes from not only Charax (via the Tigris and land route), but Susiana (via the Royal Road) and the Persian plateau (via the Great Khorasan Road) to the east (Maricq, 1959: 272-275), and Palmyra to the west (Schuol, 2000: 391-392). The important geopolitical position of Spasinou Charax may also have caused Gan Ying to visit it and to try to begin his journey to the Roman Empire from there. There are different theories about the locations of the following proper names. In *Houhanshu* we read:

> From Anxi, if you travel 3,400 li west, you reach the Kingdom of Aman. Leaving Aman and travelling 3,600 li, you reach the Kingdom of Sibin. Leaving Sibin and travelling south you cross a river (or by a river), then going southwest, you reach the Kingdom of Yuluo after 960 li. This is the extreme western frontier of Anxi. Leaving there, and heading south, you embark on the sea and then reach Daqin. In these territories, there are many precious and marvelous things from Haixi. (Fan Ye, 1971: 2918; Kauz, 2008: 62; Wang Tao, 2007: 98)

Friedrich Hirth identifies Anxi, here, with Hecatompylos, Aman with

Ecbatana (modern Hamadan), Sibin with Ctesiphon (32 km southeast of modern Baghdad, in east-central Iraq), and Yuluo with Hira (Hirth, 1885: 151, 153-155).[1] Hirth took Greek stadia (one Greek stadion was about 185 m) for measurements in this section of the text. This would make the distance from Anxi to Aman, 630 km; from Aman to Sibin, 690 km; and 178 km from Sibin to Yuluo (Hirth, 1885: 142, 212, 224). Chavannes, Shiratori, and Yu Taishan also agree with Hirth's identification of Aman with Ecbatana and Sibin with Ctesiphon (Yu, 2013: 26; Kauz, 2008: 62). Hirth presumed that Aman was the city of Ecbatana because of its similarity in reading and because it was "the first centre of population on the road west of Hekatompylos" (Hirth, 1885: 154; Kauz, 2008: 64). Another scholar, Ralph Kauz, believes that a number of reasons support an equation of Aman with Armenia (Kauz, 2008: 71). He reasoned that since a foreign ending [-r] was rather transcribed with a [-n] during the Han period (for example, Anxi for Arsace), the Chinese character阿蠻should be pronounced as Anman which corresponds with Armenia (Kauz, 2008: 63). Kauz further mentioned that the identification of Aman with Ecbatana was doubted by Leslie and Gardiner (Leslie and Gardiner, 1996: 166). Hirth also suggested equating Yuluo with Hira (Hirth, 1885: 151, 155; Yu, 2013: 28).[2] It is not clear when exactly Hira was founded, but it seems that Ardawān IV, the last Arsacid Great King, founded Hira as a concentration point for his Arab allies against the Sasanian Ardašir I (Yāqut, II, 1955-1957: 328-329; Bosworth, 2003.

---

1 Hira or Al-Ḥirah, (from Syriac ḥirta, "camp"), was an ancient city located south of al-Kūfah in south-central Iraq. Wang Tao also mentions that: "Hirth argued that Anxi refers to Hecatompylos, Aman to Ecbatana, Sibin to Ctesiphon, and Yuluo to Hatra." It seems that Wang Tao made an incorrect reference to Hirth because Hirth identified Yuluo with Hira and not with Hatra (Wang Tao, 2007: 98; Hirth, 1885: 39).

2 At first, Shiratori suggested that Yuluo should be identified with Ura (Yu, 2013: 28).

322). Since Hira was founded at the end years of Ardawān's reign and became a strategic and flourishing city during Sasanian times, it stands to reason that Yuluo cannot be identified with Hira. It might have been somewhere else in the western borders of the Arsacid Empire.

Yu Taishan identifies Yuluo with Hatra. His argument is based on the description in the "Xiyu Zhuan" of the *Houhanshu* and the "Xirong Zhuan' of the *Weilüe* (Yu, 2013: 27-28). Some scholars also argue that Yuluo could be Dura-Europos, a Hellenistic, Arsacid, and Roman border city located on the right bank of the Euphrates River (Yu, 2013: 28; Hill, 2015: 258). During the final years of the second century B.C., Dura served as a frontier fortress of the Arsacid Empire, lasting until 165 A.D., when it was taken by the Roman army of Lucius Verus (Rostovtzeff, 1977: 288). All of these theories show that most scholars have sought the location of Yuluo near the western borders of the Arsacid Empire, and on the intersection of an east-west trade route along the Euphrates.

2. Seleucia

As we mentioned above, Friedrich Hirth and other scholars identify Sibin with Seleucia or Ctesiphon (32 km southeast of modern Baghdad, in east-central Iraq) (Hirth, 1885: 154-155). Seleucia was founded by Seleucus I Nicator, one of the Successors of the Macedonian conqueror Alexander the Great. (Appian, *Syrian Wars* 57) The date of the founding is not recorded, but must be after the Babylonian War (311-309 B. C.) and before 301B. C., when Seleucus visited Babylonia for the last time. The years 308-304 were devoted to Seleucus' eastern campaigns, so it can only have been in the second half of 309B. C. and 304-301B. C.. Excavations have shown that the city was built according to a gridiron plan. As it was a Seleucid city, there would have been the usual straight main street, perhaps decorated with colonnades. The course of the walls will have been determined by the shape of the site; Pliny the Elder describes the plan of the walls of Seleucia "like an eagle spreading its wings." (Pliny the Elder, *Natural History* 6.122.) According to Pliny, the city had 600,000 inhabitants. (Pliny the Elder, *Natural History* 6.122.) This may, for once, not be exaggerated: Babylonia is extremely fertile and it was easy to bring food to the city. Baghdad was to have millions of inhabitants, which had to be fed from the same resources, using the same technology.

The city was an important center of Greek civilization. Strabo mentions an astronomer named Seleucus, and adds that he was educated in the Babylonian traditions of astronomy. (Strabo, *Geography* 16.1.6.) The city was conquered in 141 B. C. by the Arsacid king Mithradates I the Great (r.165-132 B. C.), who continued to use the city for one of his mints. The new rulers added a new city, Ctesiphon, on the east bank. Pliny claims that in his age, the city still had some Macedonian customs. (Pliny the Elder, *Natural History* 6.122.) Other ethnic groups were the Greeks, the Babylonians, and a large group of Jews, who fled to the city after 35 A. D., and were massacred. (Flavius Josephus, Jewish Antiquities 18.311.) Ctesiphon was the Sasanian metropolitan area of several contiguous cities, on both sides of the Tigris and connected by floating bridges, about 35 km southeast of Abbasid Baghdad. At the end of the Sasanian period, Ctesiphon served as the administrative capital, the winter home of the monarch, the residence of the Jewish Exilarch, and the seat of the Catholikos of the Christian Church of the East. About 130,000 people, or over 30,000 families were estimated to be living in the environs of

Madā᾽en when it fell to the Muslims in 637 (Ṭabari, I, p. 2467).

3. Ecbatana

Based on the Chinese sources, some scholars recently took different measurements and gave us a completely different analysis of the Chinese text: Aman may refer to Ecbatana, Sibin to Susa, and Yuluo to Charax Spasinou (Hill, 2015: 254-266). Hill argues that Gan Ying took not the northern route through Central Asia, but a southern one through India. Coming from the Indus valley, he entered the territory of the Arsacids to the west of Uččh. Hill identifies Anxi with the eastern border of the empire and not with its capital. Aman is accordingly not a place in the western part of the Arsacid Empire, but rather Herat (Hill, 2015: 254). The analysis offered by Hill is not universally accepted; the distances given in *Houhanshu* (one li in the later Han period equals about 415 m) corresponded roughly with the actual geographical distances (~1400 km from the Arsacid border to Herat, ~1500 km from Herat to Sūs, and then ~400 km down to the Persian Gulf at Spasinou Charax, which Hill took for Yuluo?) (Kauz, 2008: 63-64). Friedrich Hirth identifies Anxi, here, with Hecatompylos, Aman with Ecbatana (modern Hamadan), Sibin with Ctesiphon (32 km southeast of modern Baghdad, in east-central Iraq), and Yuluo with Hira (Hirth, 1885: 153-155).

Ecbatana (ancient Persian Hāgmātana, Greek Ἐκβάτανα, Ἀκβάτανα; Ekbátana, Akbátana Seleucid Ἐπιφάνεια/Epipháneia (Steph. Byz. s.v. Ἀκβάτανα), today's Hamadān, was summer residence of the Achaemenids (Xen. An. 3, 5, 15; Xen. Cyr. 8, 6, 22; Ael. NA 3, 13; 10, 6; Ezra 6, 2) and Arsacids (Arsaces; Curt. 5, 8, 1; Str. 11, 524), , later overtaken by Rhages.

Ecbatana (48°31' E, 34°48' N; alt. 1,800 m) is in the Zagros mountains of central-west Persia at the base of the eastern slope of the Alvand range (the classical Mount Orontes; Diodorus Siculus, 2.13.7; Polybius, 10.27; "Iasonius mons" of Ammianus Marcellinus, 23.6.39). It was located on the early Silk route that led from Areia (Herat) to Rhagae to Ecbatana, where the city controlled the major east-west route through the central Zagros, the so-called Khorasan Road. From Ecbatana, goods passed into Syria via the Fertile Crescent or across the desert via Dura-Europas or Palmyra, or a more southerly route through Mesopotamia to Seleucia or Ctesiphon (Brown, 2011). A Greek inscription on the statue of Herakles at Bisotun dated 149/48 B.C. refers to a Cleomenes as satrap of the "upper provinces" (Media); it would appear that Media and Ecbatana did not fall to the Arsacid king Mithradates I until ca. 147. The attempt by Antiochus VII in 130 B.C. to restore Seleucid power in Persia probably stopped short of Ecbatana, as did the invasion by Tigranes II of Armenia in the later years of Mithradates II (Frye, 1984: 212, 215). The Arsacids continued to use Ecbatana as a royal summer residence (Strabo, 11.13.1, 16.1.16; Curtius Rufus, 5.8.1; Tacitus, Annales 15.31) and as a royal mint. Arsacid buildings in the city included the citadel on the Mosalla. ["Ecbatana," *Encyclopaedia Iranica*] The attribution to the mint at Ecbatana of issues of Mithradates I, with the title 'great King,' are possibly due to his conquest of this mint city ca. 147 B.C..

4. Hecatompylos

Hedu (<*γwa-dəwk, 和櫝) is the name for the Arsacid capital in the Houhanshu. Most scholars agree that Hedu probably refers to Hecatompylos (Hirth, 1885: 141-143; Yu, 1998: 173; Hill, 2015: 245; Yang, 2014). In the

Houhanshu, the account of the Arsacids reads: "The capital of the kingdom is the city of Hedu, which is a distance of 25,000 li from Luoyang. Its northern border adjoins with Kangju, its southern border adjoins with Wuyishanli, and the size of the territory is several thousand li wide. It has several hundred small cities with a great number of residents and strong soldiers. Mulu city is located in its eastern border, which is also called the Lesser Anxi. The distance from Mulu to Luoyang is 20,000 li." (Fan Ye, 1971: 2918-2919). Since Mulu is a distance of 20,000 li from Luoyang, this means that Parθava or Nisa is the same distance from Luoyang, because they are near each other. The city of Merv (Mulu) is described as the eastern border of the Arsacid Empire and the distance between the site of Hecatompylos, which is 25,000 li from Luoyang, and Merv agree very closely with measurements provided by *Houhanshu* (5000 li). Therefore, the geographical location of Hedu could be Hecatompylos, which is known to be one of the Arsacid capitals. Appian reports that Hecatompylos was founded by Seleucus I (312-281 B.C.) (Appian 11.57). It is probably identical with the ruins of Shahr-i Qumis (Šahr-e Qūmes), some 32 km to the west of Dāmġān in Iran's Semnan province. Excavations have been carried out here since 1967 under the direction of D. Stronach and J. Hansmann. They have been mainly interested in the Arsacid remains, but evidence of a Hellenistic settlement has also come to light (Schippmann, 1986: 298-299).

5. Merv

Mulu (Mu-lu,木鹿) refers to the oasis state of Merv or Margiana. The city of Mulu was founded around the 6th century B.C. and was a key satrapy during the Achaemenid period (Jacobs, 2006). Alexander also built an Alexandria in Margiana, which was rebuilt by Seleucus I and might be the same as Merv (Pliny, *Natural History*, 6.18.46-47). Ancient Merv, in modern-day Turkmenistan, was one of the most important cities along the Silk Road in Central Asia; it flourished as an administrative, trading, military and religious centre during the Achaemenid, Seleucid, and Arsacid periods. There are many transliterations for the name of this city in Chinese (Yang, 2014). "Mulu" (木鹿) was the earliest one. It was one of the pivotal cities of the Silk Road in the Arsacid period and continued to be an important city in the periods of Sassanian and Islamic Persia. One Chinese visitor who arrived in this city in the middle of the eighth century A.D. was astonished by the grandeur of Molu (末祿國), another name for Merv in Chinese (Yang, 2014). Merv played a significant role in the history of Iran. It was not only one of the main cities along the ancient Silk Road, but it was also a border city of Iran. In fact, in the eyes of the Persians, what was beyond Merv was no longer Iran, but "non-Iran" (Frye, 1963: 243). As mentioned above, Mulu is also called Lesser Anxi, which may reflect its importance and semi-independent status at that time (Wang Tao, 2007: 97).

Conclusion

In this article, we discussed the locations of several Arsacid cities along the main part of the Silk Road in the Arsacid Empire. When trade along the Silk Road became more prosperous, the Arsacids tried to control it and they became the central intermediaries between China and

Rome. Chinese records also confirm that the Arsacids tried to maintain control over Silk Road trade. For example, when the Chinese envoy Gan Ying wanted to reach Daqin, he was stopped by the sailors of Anxi. This story implies that the Arsacids feared any contact between China and Rome that might weaken their profitable role as middlemen. The importance of trade relations between West and East also prompted the Arsacids to establish more cities and strongholds along the main routes in their empire.

As discussed above, the Great Khorasan Road still functioned as the primary section of the Silk Road in the Arsacid period. There are several reasons behind this. First, the descriptions of Arsacid cities in *Arsacid Stations* of Isodorus of Charax clearly show that during the time of the Arsacids, the location of the empire's main trade route was similar to that of the Great Khorasan Road. Second, we showed that the cities of Mulu, Fandou, Hedu, Aman, and Sibin were also located along the Great Khorasan Road, also called the Arsacid Royal Road, in the Arsacid period. Finally, we reasoned that Gan Ying, after leaving Sibin (Ctesiphon), traveled along the Tigris or by the Tigris until he reached Yuluo. This implies that Chinese envoys and travelers such as Gan Ying used the Great Khorasan Road to pass through Arsacid territory. Thus, the main section of the Silk Road in the Arsacid Empire started from Merv (Mulu) and Nisa (Fandou), then passed through Hedu (Hecatompylos) and led across the Zagros Mountains to Aman (Ecbatana) and Sibin (Ctesiphon).

References

A Handbook of Mesopotamia II: Irak, the Lower Karun, and Luristan, London, 1917.

Ainsworth, William F. 1883: "A Commentary on the Anabasis of Xenophon," in Xenophon, *Anabasis*, ed. John Selby Watson as Xenephon's Anabasis, or Expedition of Cyrus, London, pp. 263-338.

Ammianus Marcellinus 1862: *Roman History*, London: Bohn Book, pp. 316-345.

Appian 1912-1913: *Roman History*, with an English translation by Horace White, Loeb Classical Library, London & Cambridge.

Arrian 1983: *Anabasis of Alexander*, translated by P. A. Brunt, with Greek and English text, edited by Jeffrey Henderson, The Loeb Classical Library, Harvard University Press.

Ban Gu (班固) 1959: *Hanshu (漢書)*, Beijing: Zhonghua Shuju, j. 96a, pp. 3889-3890.

Bivar, A. D. H. 2002: "Gondophares," *Encyclopaedia Iranica*, Vol. XI, Fasc. 2, pp. 135-136.

Bosworth, C. Edmund 2003: "Hira," *Encyclopaedia Iranica*, Vol. XII, Fasc. 3, pp. 322-323.

Boulnois, L. 2004: "The Art of Glass along the Silk Road," in J. C. Y. Watt, et al. (ed.), *China: Dawn of a Golden Age 200-750 AD*, exhibition catalogue, New York and London: Metropolitan Museum of Art, pp. 65-75.

Brosius, Maria 2006: *The Persians: An Introduction*, London and New York: Routledge.

Brown, Stuart C. 2011: "Ecbatana," *Encyclopedia Iranica*, Online Edition, available at http://www.iranicaonline.org/articles/ecbatana.

Carter, M. L. 2005: "Chinese-Iranian Relations xiv. The Influence of Eastern Iranian Art," *Encyclopedia Iranica*, Online Edition, available at http://www.iranicaonline.org/articles/chinese-iranian-xiv.

Chaumont, M. L. 1973 : "Etudes d'histoire parthe. II. Capitales et résidences des premiers Arsacides (IIIe-Ier s. av. J.-C.)," *Syria*, 50, pp. 197-222.

Chavannes, É. 1905: "Les pays d'Occident d'après le Wei lio," *T'oung pao*, 6, pp. 519-571.

Cook, J. M. 1983: *The Persian Empire*, London.

Daffinà, P. 1982: "The Han Shu Hsi Yü Chuan Re-translated. A Review Article," *T'oung pao*, 68, pp. 309-339.

Dandamayev, M. 1992: "Commerce ii. In the Achaemenid period," *Encyclopaedia Iranica*, Vol. VI, Fasc. 1, pp. 59-61.

Dandamayev, M. and I. Medvedskaya 2006: "Media," *Encyclopedia Iranica*, Online Edition, available at http://www.iranicaonline.org/articles/media.

Deeg, M. 2009: "Maritime Routes in the Indian Ocean in Early Times According to Chinese Buddhist Texts," in Ralph Kauz (ed.), *Interaction on the Maritime Silk Road: From the Persian Gulf to the East China Sea*, Wiesbaden: Harrassowitz-Verlag.

Dubs, Homer H. 1941: "An Ancient Military Contact between Romans and Chinese," *The American Journal of Philology*, Vol. 62, No. 3, pp. 322-330.

Fan Ye (范曄) 1971: *Houhanshu (後漢書)*, Beijing: Zhonghua Shuju, j. 88, pp. 2918-2919.

Fröhlich, Christine 2004: "Indo-Arsacid-dynasty," *Encyclopaedia Iranica*, Vol. XIII, Fasc. 1, pp. 100-103.

Frye, Richard N. 1963: *The Heritage of Persia: The pre-Islamic History of One of the World's Great Civilizations*, New York: World Publishing Company.

Garthwaite, Gene Ralph 2005: *The Persians*, Oxford and Carlton: Blackwell Publishing, Ltd.

Golden, Peter B. 1991: "Central Asia x. Economy before the Timurids," *Encyclopaedia Iranica*, Vol. V, Fasc. 2, pp. 210-216.

Graf, D. F. 1990: "The Persian Royal Road System," in H. Sancisi-Weerdenburg, A. Kurht, and M. Cool Root (eds.), *Achaemenid History VIII Continuity and Change: Proceedings of the Last Achaemenid History Workshop*, April 6-8, 1990, Ann Arbor, Michigan, pp. 167-189.

Greatrex, Geoffrey and Marina 1999: "The Hunnic Invasion of the East of 395 and the Fortress of Ziatha," *Byzantion*, 69, pp. 65-75.

Gregoratti, Leonardo 2011: "A Arsacid Port on the Persian Gulf: Characene and its Trade," *Anabasis: Studia Classica et Orientalia*, 2, pp. 209-229.

Hallock, R. T. 1969: *Persepolis Fortification Tablets*, Chicago.

Hansman, John 1991: "Characene and Charax Spasinou in pre-Islamic Times,"

Encyclopaedia Iranica, Vol. V, Fasc. 4, pp. 363-365.

Henrickson, Robert C. 1997: "Economy ii. in the pre-Achaemenid Period," *Encyclopaedia Iranica*, Vol. VIII, Fasc. 1, pp. 94-101.

Herzfeld, Ernest 1931-1932: "Sakastan: Geschichtliche Untersuchungen zu den Ausgraungen am Kuh-i Khwadja," *AMI*, 4, pp. 1-116.

Hewsen, Robert H. 1983: "Introduction to Armenian Historical Geography II: The Boundaries of Achaemenid 'Armina'," *Revue d'études arméniennes*, N. S. 17, pp. 123-143.

Hill, John E. 2015: *Through the Jade Gate to Rome: A Study of the Silk Routes during the Later Han Dynasty 1st to 2nd Centuries CE: An Annotated Translation of the Chronicle on the 'Western Regions' Updated and Expanded*, 2 volumes, Create Space Independent Publishing Platform.

——. 2004: *The Peoples of the West from the Weilüe (魏略 by Yu Huan 魚豢): A Third Century Chinese Account Composed between 239 and 265 CE*. Draft annotated English translation, available at: https://depts.washington.edu/silkroad/texts/hhshu/hou_han_shu.html.

Hirth, Friedrich. 1885: *China and the Roman Orient: Researches into their Ancient and Medieval Relations as Represented in Old Chinese Records*, Shanghai and Hong Kong.

Hulsewé, Anthony F. P, and Loewe, Michael 1979: *China in Central Asia, the Early Stage 125 BC-AD 23: An Annotated Translation of Chapters 61 and 96 of the History of the Former Han Dynasty*, Sinica Leidensia, Vol. XIV, Leiden: E. J. Brill.

Jacobs, Bruno 2006: "Achaemenid Satrapies," *Encyclopaedia Iranica*, Online Edition, available at http://www.iranicaonline.org/articles/achaemenid-satrapies.

Leslie, D. D. and K. H. J. Gardiner 1996: *The Roman Empire in Chinese Sources*, Università di Roma, Pubblicati dal Dipartimento di Studi Orientali, Vol. XV.

Le Strange, Guy 1905: *The Lands of the Eastern Caliphate: Mesopotamia, Persia, and Central Asia, from the Moslem Conquest to the Time of Timur*, New York: Barnes and Noble.

Levine, L. D. 1973: "Geographical Studies in the Neo-Assyrian Zagros I," *Iran*, 11, pp. 1-27.

Lukonin, V. K. 1983: "Political, Social and Administrative Institutions: Taxes and Trade," in E. Yarshater (ed.), *The Cambridge History of Iran. Vol. III, Part 2: The*

Seleucid, Arsacid and Sasanian Periods, Cambridge, pp. 681-746.

Kauz, Ralph and Liu Yingsheng 2008: "Armenia in Chinese Sources," *Iran and the Caucasus*, Vol. 12, No. 2, pp. 57-72.

Khalaf, von Jaffa, Norman Ali Bassam Ali Taher 2006: "The Asiatic or Persian Lion (Panthera leo persica, Meyer 1826) in Palestine and the Arabian and Islamic Region," *Gazelle: The Palestinian Biological Bulletin*, 58, Sharjah, United Arab Emirates, pp. 1-13.

Khan, F. A. 1972: "Ancient Routes between the Indus Valley and Iran," *The Memorial Volume of the Vth International Congress of Iranian Art and Archaeology I*, Tehran, pp. 120-127.

Kiepert, H. 1857: "Die persische Königsstrasse durch Vorderasien nach Herodotos," *Monatsbericht der königlichen Akademie der Wissenschaften zu Berlin*, 16, pp. 123-140.

Knechtges, David R. 2010: "From the Eastern Han through the Western Jin (AD 25-317)," in Stephen Owen and Kang-i Sun Chang (eds.), *The Cambridge History of Chinese Literature*, Vol. 1, Cambridge: Cambridge University Press, 2010.

Kröger, Jens. 1993: "Ctesiphon," *Encyclopaedia Iranica*, Vol. VI, Fasc. 4, pp. 446-448.

Majidzadeh, Y. 1982: "Lapis lazuli and the Great Khorasan Road," *Paléorient*, Vol. 8, No. 1, pp. 59-69.

Maricq, André 1959: "Vologésias, l'emporium de Ctésiphon," *Syria*, 36, pp. 264-276.

Nodelman, S. A. 1960: "A Preliminary History of Characene," *Berytus*, 13, pp. 83-121.

Olbrycht, Marek 2015: "Arsacid Cities and Strongholds in Turkmenistan," *International Journal of Eurasian Studies*, 2, pp. 117-125.

Pelliot, Paul 1959: *Notes on Marco Polo*, Vol. I, Paris: Imprimerie Nationale.

Pliny *NH* (77 CE), 1961. *Natural History*, Pliny the Elder (77 CE), translation by W. H. S. Jones, Loeb Classical Library, London/Cambridge, Mass.

Potts, Daniel T. 2006: "Tigris River," *Encyclopaedia Iranica*, Online Edition, available at http://www.iranicaonline.org/articles/tigris-river.

Pourshariati, Parvaneh 2008: *Decline and Fall of the Sasanian Empire: The Sasanian-Arsacid Confederacy and the Arab Conquest of Iran*, London: I. B. Tauris.

Pulleyblank, Edwin G. 1989: "An-his," *Encyclopaedia Iranica*, Vol. I, Fasc. 9, pp. 999-1000.

Rienjang, W. 2011: "Indo-Arsacid Coins in the British Museum," *Journal of Oriental Numismatic Sociey*, 207, pp. 30-31.

Rostovtzeff, Michael Ivanovitch 1977: *The Excavations at Dura-Europos*, Vol. 3, Part 1, No. 2, Yale University Press.

Wang, Tao 2007: "Parthia in China: A Re-examination of the Historical Records," *The Age of the Arsacids: The Idea of Iran*, Vol. II, London, pp. 87-104.

Salmon, Claudine Lombard 2004: "Les Persans à l'extrémité orientale de la route maritime (IIe A.E.XVIIe siècle)," *Archipel*, 68, pp. 23-58.

Schippmann, K. 1986: "Archeology-iii. Seleucid and Arsacid," *Encyclopaedia Iranica*, Vol. II, Fasc. 3, pp. 297-301.

——. 1986: "The Arsacid Dynasty," *Encyclopaedia Iranica*, Online Edition, available at http://www.iranicaonline.org/articles/arsacids-index.

Schmitt, R. 1986: "Arachosia," *Encyclopaedia Iranica*, Vol. II, Fasc. 3, pp. 246-247.

——. 2007: "Isidorus of Charax," *Encyclopaedia Iranica*, Vol. XIV, Fasc. 2, pp. 125-127.

Schoff, W. H. 1914: *Arsacid Stations by Isidore of Charax. An Account of the Overland Trade Route between the Levant and India in the First Century B.C.: The Greek Text, with a Translation and Commentary*, Philadelphia (reprint Chicago, 1976).

Schuol, Monika 2000: *Die Charakene: Ein mesopotamisches Königreich in hellenistisch-parthischer Zeit*, Stuttgart.

Shahbazi , A. Shapur 1990: "Capital Cities I. Pre-Islamic Times," *Encyclopaedia Iranica*, Vol. IV, London and New York, pp. 768-770.

Shaki, Mansour 1992: "Class-system-iii. In the Arsacid and Sasanian Periods," *Encyclopaedia Iranica*, Vol. V, Fasc. 6, pp. 652-658.

Sima Qian (司馬遷) 1959: *Shiji (史記)*, Beijing: Zhonghua Shuju, j. 123.

Yāqut, 1955-1957: *Boldān*, II, Beirut.

Yang, Juping 2013: "Hellenistic World and the Silk Road," *Anabasis: Studia Classica et Orientalia*, 4, pp. 73 91.

——. 2014: "Hellenistic Information in China," *CHS Research Bulletin*, 2, http://nrs.harvard.edu/urn-3:hlnc.essay:YangJ.Hellenistic_Information_in_China.2014.

——. 2014-2015: "Some Clues of the Hellenistic World and the Roman East Hidden in China's Early Four Historical Books," *Talanta*, Xlvi-Xlvii, pp. 121-143.

Yu, Taishan 2013: "China and the Ancient Mediterranean World: A Survey of Ancient Chinese Sources," *Sino-Platonic Papers*, No. 173, Dept. of Asian and Middle Eastern Studies, University of Pennsylvania.

Zachariah of Mitylene 1899: *The Syriac Chronicle Known as That of Zachariah of Mitylene*, tr. Fredrick John Hamilton and Ernest Walter Brooks, London.

Palmyra on the Silk Road: Terrestrial and Maritime Trading Routes from China to the Mediterranean

Diederik Burgersdijk
(Utrecht University, Netherlands)

In this article, I will explore the question in how far Palmyra can be considered part of the Silk Road. The question is partly a matter of definition, partly of source criticism: what is, in general, understood by the Silk Road in geographical, temporal and material terms, and how does Palmyra fit into this picture? The question is prompted by the fact that Palmyra is rarely indicated on maps depicting eastern and western trade, while it does have many characteristics, as well as a geographical position, that makes it an important factor in eastern-western relationships. Given the new research that has been done on Palmyra in the past decade, it may be worthwhile to reconsider its position with respect to the Silk Road. It will be concluded that Palmyra is essential in defining any notion of either 'Silk Road' or 'Silk Route (s)'.[1]

1 This article is a revised version from a paper held at the *International Conference on Hellenistic Legacies on the Silk Road, Nankai University, Tianjin, China, August 17-20, 2018.* I thank the audience for fruitful discussion and the anonymous reviewer for comments, from which the written version has profited greatly.

Introduction

Palmyra, the Syrian desert city, is sometimes – explicitly or not – considered to be part of the Silk Road. Whether or not this makes actual sense, for a large part depends on the question whether one considers the 'Silk Road' as a viable notion at all – an issue of definitions and how far limitations of definitions can be stretched at the expense of practicality. In recent years, the Silk Road has become much of a household word in scholarship.[1] The origin of the term has been emphasized by several scholars, while opinions about the interpretation of what the Silk Road entails differ widely. It has been conceived as a Road, or several routes, a network, a metaphor, or a void term. If the existence of the Road in one of its varieties is accepted, it can be asked how it should be defined, in terms of geographical width and content. Normally, the road is defined as a merchants' route, on which Silk is the most eye-catching traded commodity ware.[2] A consequence of this definition is that the direction of the trade – and therefore the route – is normally conceived as an East-West one. Silk and silk technology, and the materials and tools to produce it, after all

1 Whitfield 2007 treats the many practical and theoretical aspects in the use of the term. See Di Cosmo/Maas 2018, 3-4 for a short overview of theoretical conceptions of the Silk Road; this study, mainly intended to introduce the contents and timeframe covered by the book *(Eurasian Exchanges from the Early Third through Mid-Eighth Century)*, falls largely outside the scope of the present study, but still serves the study of Roman early imperial and late antique studies in many ways (see esp. Lim 2016).

2 Merchandise makes the route a trade route, although the term Silk Road is also applied to many other movements from west to east and east to west, e.g. the example of the envoys (the Syrian merchant Maes, see Andrade 2015 and Piankov 2015; the Chinese envoys in the Han Dynasty, among whom Zhang Qian, see Yang 2015). The study by Benjamin 2018 (2018, 38 for Maes), useful as it is for discussion of the larger picture and comparative studies, takes a 'Big History' approach to the subject, making it less apt for detailed analysis of the merchant routes.

stem from China, and its products are found all over the Asian continent, and eventually in Northern Africa and Central Europe. Moreover, there are several modes of transport for the merchandise, either by land wagons and pack animals, or by ship. Therefore, the definition of the Silk Road is divided into terrestrial and maritime routes.[1]

Given this complex background of the term, the question whether one particular place, Palmyra in case, is part of it, is a layered one.[2] Palmyra shares many characteristics with the Silk Road Trade profile: it clearly possesses a lot of trading facilities (to which we will recur below) and there is plenty of evidence of use and production of Silk on the basis of eastern material and technology. Moreover, the era in which Palmyra prospered exactly coincides with the requirements outlined by Craig Benjamin in his recent study (2018) on the ancient Silk Road styled 'The first Silk Roads Era', which is the period between 100 BC-250 CE (corresponding with part

1 Also this dichotomy can be problematized by the fact that transport by ship can follow either seas or rivers, the river being an in-between of land and sea-transport. It should be noted that also transport on land can follow the course of a river (e.g. through the river valley). There is a small but growing literature on the subject. Two works on the route between the Black Sea and Afghanistan involving land, rivers, and seas are Rtveladze 2011 and Lerner 2014. This conception of the Silk Road is opposed to the much smaller definition as used, e.g., by Beckwith (2009, 320-321), who in fact does not problematize the complex notion at all, but uses it 'to refer to file foreign trade economy' of the Central Eurasian region (the area originally designated by the German envoy Von Richthofen in order to find the ideal train track for the line Beijing-Berlin: Hansen 2012, 6-7; Waugh 2007), especially concerning luxury goods. More scholars limit the use of file term Silk Road for Central Asia, and moreover from the Fourth Century AD onwards, apparently denying earlier existence in Antiquity (De La Vaissière 2012). For an extremely skeptical view regarding the Silk Road, even to the denial of its very existence (in that China is not taking part in ancient trade at all): Ball 2002, 138-139. See however Ferguson 1978 for an extensive study of Roman-Chinese trade, esp. 585-591.

2 So far, I have not been able to consult the conference proceedings: 'Palmyra and the Silk Road: international colloquium, Palmyra, 7-11 April 1992', published in *Annales Archéologiques Arabes Syriennes* 42 (1996).

of the Hellenistic period up to the Early Roman Empire).[1] In his definition, Palmyra seems to be the city *par excellence* to define an early phase of the Silk Road in its Western-Asian guise, for which many arguments can be proposed. However, in the map shown on his p. 101 (map 4.1), Palmyra is not mentioned. Another recent study on the Silk Road, by Whitfield (2018), does mention Palmyra no less than four times on maps (on maps 1, 3, 4 and 7), on none of which the city is included on the indicated trade routes. Whitfield considers the geographical stretch and the trade-material for defining the Silk Road in her chapter 8 (pp. 196-198), but does not give any time-limits pertaining to trade on the Silk Road or 'silk-route(s)'.[2] In yet another study I consulted, Brentjes 2012[2], 349-350 ('Seidenstraße,' in *Der Neue Pauly*), Palmyra is indicated as the only larger Syrian city on the Silk Road, on the way from Seleucia to Cairo, without further explanation. It is not until very recently that Palmyra began to acquire a place on Silk Road maps (Gupta 2019, 354).

Given this confusion in recent studies, the questions I want to elaborate further are whether conclusions can be drawn about the tracks the trade was supposed to take from any evidence in the ancient written sources. In other words, we will apply the ancient situation on the modern Silk Road concept. The quest for sources is problematic: as there are no ancient descriptions

1 Benjamin 2018, 135-136 supposes that Palmyra profited from "the trade between South Asian ports and the Mediterranean coast, via the Persian Gulf and Euphrates Valley", which is true, although also the Red Sea must be taken in consideration, as recent research has confirmed by ample evidence – see below (note 8). The Red Sea was used as a main trading route in times of lesser activity in the Persian Gulf during the second half of the second century CE: Cobb 2018, 69 and note 42, and 290-291.

2 Whereas Whitfield 2015 does consider objects (including silk), trade and movement as characteristics for the Silk Road concept, she hardly does so for particular places, nor of directions of trade. See also Whitfield 2007. For places on the Silk Road in Central Asia and China, see Hansen 2012, including Palmyra: Hansen 2012, 6.

of merchants' routes, either texts with descriptions for military use can be summoned (such as Isidorus of Charax' *Parthian Stations*) or geographical treatises.[1] These sources are often used to reconstruct the courses of the hypothetical Silk Road(s), for want of any descriptions of merchants' routes. 'Trade', moreover, is not a clearly defined category in Antiquity, nor is economics: there was merchandise, there was exchange and there were coins and other modes of payment, but trade and economy were no categories as such in the ancients' minds.[2] A crucial literary source for the study of Southern Asian trade routes is Pliny's *Naturalis Historia*, written in the third quarter of the first century CE, when Palmyra first began to flourish.[3] Pliny not only provides us with precious information as regards our question, but also names his sources carefully. In the following, Pliny will be used as our point of departure for reconstructing the South-Eastern Asian Silk Road, and for Palmyra's position in it.

---

1 Ptolemy: Lerner 1998; Marinus of Tyre: recently in Benjamin 2018, 137-139. For the *Periplus maris Erythmei* ('The Round-trip of the Red Sea'), see now: Tomber 2019; Lytle 2016, 218-222; De Romanis 2016; the standard study is Casson 1989. Isidorus of Charax' *Parthian Stations* provides information about trade on the route Zeugma-Arachosia (Afghanistan), but does not provide any information about trade round Palmyra. Sidebotham 2012, 1044 1045 about Roman Activity in the Red Sea area. Gupta 2019 emphasizes the importance of the Red Sea and – moreover – Gulf routes for Sea Trade from India to Palmyra, identifying ancient trade routes using archaeological evidence. Semitic names inscribed on ostraca found in the Port City of Berenice at the Red Sea may be of Palmyrene origin: Cobb 2018, 67 note 28. An inscription from Koptos near the Red Sea attests Palmyrene presence: *ibid.* 68 and note 36. A Palmyrene text on a wooden tablet was found on the island of Socotra South of the Arabian Peninsula: *ibidem* 69. Socotra a trading kernel: Lytle 2016, 116; Sidebotham 2012, 1054. On Red Sea Ports in general: Sidebotham 2012, 1049-1053; Cobb 2018, 295-297 (and Palmyrene involvement). Palmyrene ships in the Gulf: Gregoratti 2019, 59 and 63-64.

2 Millar 2006, 277 does not consider trade as a distinguishing characteristic in itself, the inhabitants at least do not consider themselves merchants.

3 One of the earlier studies to analyze Pliny is Dihle, in his edited studies from 1984, 174-190; now: *passim,* e.g. Cobb 2018; Lerner 2014 on the inland waterways between the Black Sea, the Caspian Sea and the Indian Ocean.

Palmyra on the Silk Road

Palmyra, as we have seen, perfectly concords with all elements of the Silk Road, and its *floruit* is exactly the time of the 'First Silk Roads Era', given the time of prosperity in the first two or three decades of the Roman Empire and its defeat and concomitant destruction in AD 272. More studies have taken this period as identifiable unity, at least a coherent category within discernible time-limits to think with (cf. Tomber 2019). Silk Road trade is often associated with a nomadic lifestyle, which is not an exclusive trait of Palmyrene life, and the same may hold for horse-riding and horse-breading. It is evident that Palmyra facilitated travelers and merchants, by providing them with means to travel, storage and rest. Numerous inscriptions attest of mercantile missions and guidance. Palmyra not only was a transport city: while profiting from long-distance trade, it had all the characteristics of a metropolis, for which luxury goods or the gains from trading them are the end point and ultimate goal. The permanent state of political independence and imperial tendencies as seen in the mid-third century, confirm its status as a self-assured city, much more than a transfer port.[1]

Palmyra's economic rise largely corresponded with the decline of the city of Petra, some hundreds of kilometers further to the south in present-day Jordan. Petra is sometimes conceived to be part of the Spice Road, that connected India, the Arabian Peninsula and Africa. The reasons for its decline may be manifold, but the more central position of Palmyra

1 Burgersdijk 2007 for an interpretation of *privata sorte* indicating an independent position and Kaizer 2017, 69 note 27 with references to earlier research.

connecting the Asian inlands with the Phoenician ports and access to the core of the Roman empire, may have been one of them.[1] Rome had already begun to rule the Mediterranean waves in the first half of the first century BCE, but political stability in the eastern parts only began to emerge in the early Principate, to Palmyra's benefit. If part of the Silk Road, which directions did the road or routes take? Was it a crossroad, a kernel in a network, and if so, how far did the network stretch? To which directions did the roads lead?

Trade was executed along two routes, by land and by sea, with the river as an in-between means connecting sea transport with land routes. For Palmyra, it was the river Euphrates that enabled the city to become the link between the Indian Ocean and the Mediterranean Sea. The foremost source for this route, from the Indian Ocean, via the Euphrates to the Mediterranean ports, is Pliny the Elder, who wrote his *Naturalis Historia* (to be abbreviated as *NH*), a history of the geographical and natural state of the Roman empire, by the time that Palmyra began to flourish. Although its goal was not to describe trade routes, the *NH* still provides very worthwhile information for the question addressed in this paper: was Palmyra part of the Silk Road? The description of Syria, the province of which Palmyra was part, reveals the routes taken by the merchants, 5.21 "Beyond Palmyra, Emesa takes to itself a portion of these deserts; also Elatium, nearer to Petra by one-half than Damascus. At no great distance from Sura is Philiscum, a town of the Parthians, on the Euphrates. From this place it is a ten days' sail to Seleucia, and nearly as many to

---

1 In response to Xinru Liu 2010, 27. See also Young 2001, 136-186 (chapter 4: 'The Trade of Palmyra').

Babylon". Pliny even continues to sketch the link to the Tigris river, the western access to India.

The Maritime Route

The route to the Mediterranean Sea through Palmyra, however, was not the only one. In chapter 6.101, Pliny sets out to describe the route through Egypt from India: "The age that followed pointed out a shorter route, and a safer one, to those who might happen to sail from the same promontory for Sigerus, a port of India; and for a long time this route was followed, until at last a still shorter cut was discovered by a merchant, and the thirst for gain brought India even still nearer to us. At the present day voyages are made to India every year: and companies of archers are carried on board the vessels, as those seas are greatly infested with pirates".[1] Pliny had described the route taken by the fleet of Alexander the Great, from the island of Patale to Achaemenid Susa, for which his source had been the diaries of Alexander's fleet generals Onesicritus and Nearchus.[2] His additional source, an unnamed merchant, is said to have discovered

1 *Secuta aetas propiorem cursum tutioremque iudicavit, si ab eodem promunturio Sigerum portum Indiae peteret, diuque ita navigatum est, donec conpendia invenit mercator lucroque India admota est: quippe omnibus annis navigatur, sagittariorum cohortibus inpositis; etenim piratae maxime infestabant; tr. from Pliny the Elder, The Natural History, ed. John Bostock et alii.*

2 The route from "Syagrus, the Promontory of Arabia, to Patale", in which Syagrus is "Most probably the Cape Ras-el-Bad, the most easterly peninsula of Arabia" (note by Bostock), while Patale or Patala is an island at the mouth of the river Indus, earlier mentioned in 6.23. Syagros has also been identified as the nearby Ras Fartak. All geographical names mentioned in this section can be found on fig. 1.

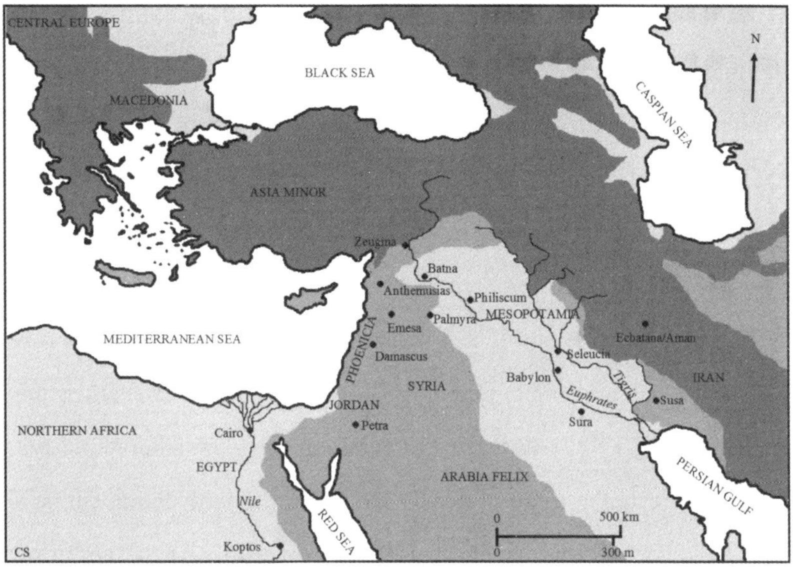

fig. 1
eographical locations on inland routes between China and Palmyra. Drawing © Clio Stronk

a shorter route. The text reveals that Pliny heavily depends on the written sources of centuries before his times, supplemented by knowledge from later times, produced by contemporaneous trade.[1] When Pliny speaks of "the age that followed" (*secuta aetas*), he enters into the age styled by Craig Benjamin as the 'First Silk Roads Era'. The route is to India from Egypt through the Arabian Peninsula, which has been shortcut in Pliny's times, although not through Palmyra.

It is precisely this road in this same era (the first two centuries CE) that was described in *The History of the Later Han* the trade between Rome, Parthia and India at sea, which is reported to have been lucrative.[2]

1 Precisely as Pliny states in the preface to The *Naturalis Historia*, dedicated to the emperor Titus (79-81 CE): he had made use of many sources "and to these I have made considerable additions of things, which were either not known to my predecessors, or which have been lately discovered."

2 See Fan Ye (398-445) 1965, *Houhanshu (History of the Later Han)*, Beijing: Zhonghua Shuju, 88. 2919, quoted in Liu Xinru 2010, 132 note 14. See also the translated and annotated edition by Hill 2009 (second edition 2015: *Through the Jade Gate-China to Rome:* Vols. I and II).

This latter detail corresponds with a remark by Pliny, who reveals the magnitude of the trade's worth: "It will not be amiss too, on the present occasion, to set forth the whole of the route from Egypt, which has been stated to us of late, upon information on which reliance may be placed, and is here published for the first time. The subject is one well worthy of our notice, seeing that in no year does India drain our empire of less than five hundred and fifty million of sesterces, giving back her own wares in exchange, which are sold among us at fully one hundred times their prime cost" (*NH* 6.101).[1] *NH* 12.84, in the book on trees (cinnamon and cassia in cap. 84) treats the trade of pearls and perfumes with India, China and Arabia: "... for it is this that furnishes us with pearls. At the very lowest computation, India, the Seres, and the Arabian Peninsula, withdraw from our empire one hundred million of sesterces every year – so dearly do we pay for our luxury and our women. How large a portion, too, I should like to know, of all these perfumes, really comes to the gods of heaven, and the deities of the shades below?".[2] Although Arabia does not produce these products, it is still called "happy" *(Felix)* because of the pearls found in the sea. In passing, the products coming from China and India are mentioned, perfumes in case, for the use of veneration of gods and the dead.

---

1 *nec pigebit totum cursum ab Aegypto exponere, nunc primum certa notitia patescente: digna res, nullo anno minus HS-/D/ imperii nostri exhauriente India et merces remittente, quae apud nos centiplicato veneant.*

2 *ex illo* [sc. *Arabiae mare*] *namque margaritas mittit. minimaque computatione miliens centena milia sestertium annis omnibus India er Seres et paeninsula illa imperio nostro adimunt: tanti nobis deliciae et feminae constant. quota enim portio ex illis ad deos, quaeso, iam vel ad inferos pertinet?* See Lytle 2016, 122-124 for comments on Pliny, especially trade in cassia and cinnamon, beyond philological sources and using archaeological evidence (and Ferguson 1978, 589 for cassia and cinnamon). For Pliny's remark on silk as a luxury good and sign of moral decay: Cobb 2018, 184; Trade in luxury goods as reported by Pliny: Mc Laughlin 2018, 125-127. Pearls and luxury goods imported in Rome from the Indian Ocean: Schneider 2018.

The Terrestrial Route

Signposts of commercial trade in Palmyra were Dura-Europos, where a large community of Palmyrene inhabitants resided.[1] Seleucia (present-day Baghdad) on the Tigris was another post from which goods from the river were transferred to the cross-desert route to Palmyra. Also further afield, in Parthian controlled cities as Babylon and Vologesias, the presence of Palmyrene groups was attested. In Palmyra itself, the presence of temples of various religions attest of the continuous presence of ethnically different groups, either (semi-)nomadic or resident. The route is reported

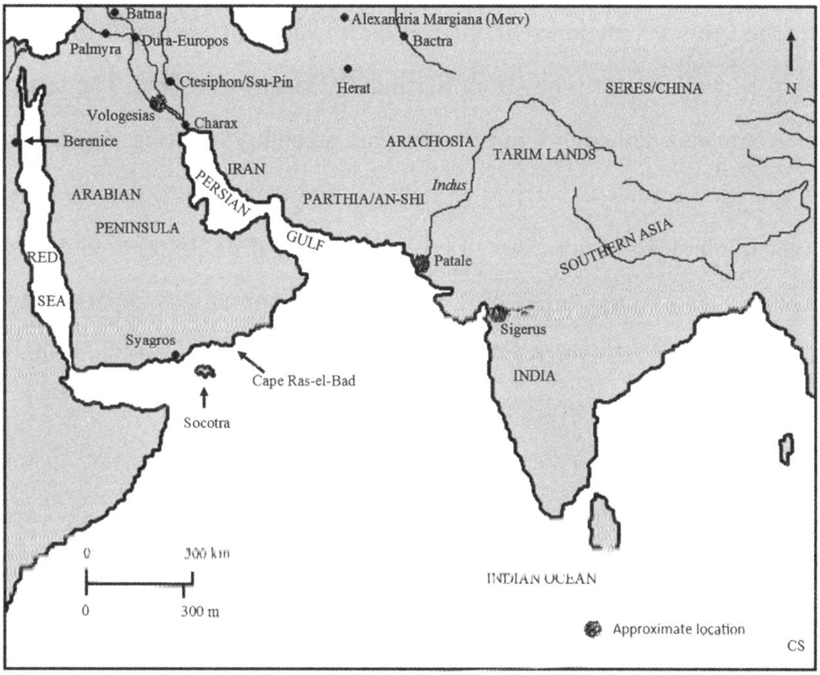

fig. 2
Geographical locations on maritime routes and waterways between China and Palmyra. Drawing © Clio Stronk

1 For Palmyrans in Dura-Europos, see Dirven 1999; Kaizer 2017 *passim*; Sommer 2018, 141-145. All geographical names mentioned in this section can be found on fig. 2.

to lead from Bactra via Herat and Merv (Alexandria Margiana) to Seleucia on the Tigris, which was supposed to be the focal point of silk-trade in the Hellenistic period. From there, the journey to the river Euphrates was brief, and the Indian Ocean could be reached easily by boat.[1]

At the mouth of the Euphrates the city of Charax was situated, to which silk-trade was transferred after the destruction of Seleucia under the Roman emperor Marcus Aurelius. A large contingent of Palmyrene settlers lived in this independent city-state, merchants as well governors. The land-route may have been intermitted between the period of the conquest of the Tarim lands by the Kushans, while the Euphrates route may have been restored by the Roman Emperor Trajan's expedition to Mesopotamia. In short, Seleucia on the Tigris in the first half of the second century functioned as the transport center for terrestrial (through Iran) as well as maritime (from the Indian Ocean) transport. The report by Ammianus, although written more than a century after the destruction of Palmyra, reveals the arrival of caravans from China in Batna, near the river Euphrates (Amin. Marc. 14.3.3): "The town of Batne, founded in Anthemusia in early times by a band of Macedonians, is separated by a short space from the river Euphrates; it is filled with wealthy traders when, at the yearly festival, near the beginning of the month of September, a great crowd of every condition gathers for the fair, to traffic in the commodities sent from India and China, and in other articles that are

1 Stoneman 1992, 41. Stoneman 1992, 44 compares the route with the one made by the Chinese emperor's envoy Kan-Ying, who took the route through An-shi (Parthia) to Aman (Ecbatana) and Ssu-Pin (Ctesiphon). Seleucia as headquarters of silk-trade: 1992, 45. For the journey along the Euphrates, cf. Strabo 16.1.27 and Mayer/Seland 2016 for the inland route from Palmyra to the Euphrates.

regularly brought there in great abundance by land and sea".[1] Although the text dates from a later time, the information may well reveal how caravan trade had functioned in Palmyra, depictions of which are found among the archaeological evidence.[2]

Conclusion

Among the merchandise reported at Palmyra, many fragments of silk have been found in the graves of Palmyra, originating from Han China, the oldest fragments to have been excavated in the Mediterranean region. They form part of a larger group of textiles, some five hundred pieces, further consisting of linen (partly produced in Palmyra itself), wool and cotton (partly from India).[3] Silk textiles were either imported from China, from India, or were produced with yams on the basis of imported materials. Finds of Middle-Asian scenes on silk fragments suggest that the technology of silk weaving had been expanded over larger production centers in Asia. The scenes depict grapes-harvesting men with two-humped camels, which

---

1 Translation taken from J. C. Rolfe, Loeb Classical Library, Ammianus Marcellinus vol. 1 (1935): *Batnae minicipium in Anthemusia conditum Macedonian manu priscorum ab Euphrate flumine brevi spatio disparatur, refertum mervatoribus opulentis, ubi annua sollemnitate prope Septembris initium mensis ad nundinas magna promiscuae fortunae convenit multitude ad commercanda quae Indi mittunt et Seres aliuque plurima vehi terra marique consueta.* For the Chinese trade, see Den Boeft et al. 1998, 211-212; the etymology and ethnic identification of Seres, and their occurrence in classical sources: Dihle 1984b and Janvier 1984; Poinsotte 1979.

2 Seland 2017, 106-114 about the iconography for caravan trade in Palmyra; Seland 2014 for the organisation and Seland 2015 for the routes. Gawlikowski 2016a and b on Palmyra as a caravan city; Seland 2017 with colour illustrations; Kaizer 2015 on Palmyrene trade in general.

3 Xinru Liu 2016, 28 esp. 30. For the textiles, see Schmidt Colinet 2000 (K240); and their trade and representation in iconography: Finlayson 2002.

for Palmyrene experience must have been outlandish, as in Syria the one-humped camels or dromedaries were used as beasts of burden animals.[1]

The discovery of silk fragments at least indicates a long-distance trade of materials, that may have been imported or transferred through Palmyra. The famous Tariff, now in St Petersburg, from 137 showcases lists a host of materials, such as spices, skins, slaves, animals, jewelry and liquids that were traded in the city.

The tariff, detailed in its prescripts, attests the practice that merchants were taxed for facilities necessary for the transfer of merchandise.[2] Connections with Mediterranean cities, enclaves of Palmyrenes in surrounding cities, as well as the mention of African, Arabian and Asian routes are proof of a dense network of trade contacts. This all leads to the safe conclusion that Palmyra indeed was part of the Silk Road, no matter how it is conceived. The survey, particularly executed on the basis of Pliny the Elder's information about the geographical circumstances, reveals a double access, by sea (the ships entering via the Euphrates) and by land, either from the northern Dura Europos, or from Seleucia on the Tigris. To return to our initial observations, maps should be advised to integrate Palmyra firmly in the Silk Road network, as it may be the most exemplary city for long distance trade, particularly in silk.

---

1 A difference in approach may be discerned between Benjamin 2018, 135 (who identifies the silk fragments as produced in China) and Liu (see previous note), who supposes the silks are produced on the basis of Chinese technique in Palmyra itself. Also silk production in India must be taken into account: Cobb 2018, 183-184.

2 Still standard, also for the reconstruction of eastern trading routes in the second century, is Matthews 1984. Diocletian's *Edict of Maximum prices* is a source for silk production: Hildebrandt 2017, 37-38, in which it is stated that silk workers received a much higher price for their labor than other artisans. See also Cobb 2018, 227. Smith 2013, 161 and 238 note 56 briefly refers to silks trade in relation with other products such as spices and aromatics.

Bibliography

Andrade, N. 2015: "The Voyage of Maes Titianos and the Dynamics of Social Connectivity between the Roman Levant and Central Asia/West China," *Mediterraneo Antico*, 18(1/2), 41-74.

Ball, W. 2002: *Rome in the East. The Transformation of an Empire*, London and New York (2nd ed. 2016).

Beckwith, C. I. 2009: *Empires of the Silk Road: A History of Central Eurasia from the Bronze Age to the Present*, Princeton, NJ.

Brentjes, B. 2012[2] (2003): "Seidenstraße," in H. Cancik, H. Schneider and A. Fr. Pauly (eds.), *Der Neue Pauly. Enzyklopädie der Antike*, Vol. 11, Stuttgart, 349-350.

Burgersdijk, D. 2007: "Rome en Palmyra in de crisis van de derde eeuw n. Chr.," *Phoenix*, 53(1), 5-22 [English version: *Rome and Palmyra in the Crisis of the Third Century AD* on academia. edu.].

Cobb, M. E. 2018: *Rome and the Indian Ocean Trade from Augustus to the Early Third Century CE* (series: Mnemosyne Supplements, Vol. 418), Leiden and Boston.

——. (ed.) 2019: *The Indian Ocean Trade in Antiquity. Political, Cultured and Economic Impacts*, London and New York.

De la Vaissière, E. 2012: "Central Asia and the Silk Road," in S. F. Johnson (ed.), *The Oxford Handbook of Late Antiquity*, Oxford and New York, 142-169.

Den Boeft, J., D. den Hengst, J. W. Drijvers, H. C. Teitler 1998: *Philological and Historical Commentary on Ammianus Marcellinus XXIII*, Groningen.

De Romanis, F. 2019: "Patchworking the West Coast of India: Notes on the Periplus of the Erythraean Sea," in Cobb 2019, 95-114.

Di Cosmo, N., M. Maas (eds.) 2018: *Empires and Exchanges in Eurasian Late Antiquity. Rome, China, Iran and the Steppe, ca. 250-750*, Cambridge.

Dihle, A. 1984a: "Plinius und die geographische Wissenschaft in der römischen Kaiserzeit," in Pöschl/Petersmann 1984, 174-190.

——. 1984b: "Serer und Chinesen," in Pöschl/Petersmann 1984, 201-215.

Dirven, L. 1999: *The Palmyrenes of Dura Europos: A Study of Religious Interaction in Roman Syria* (series: *Religions in the Graeco-Roman world*, Vol. 138), Leiden.

Fan Ye 1965: *Houhanshu* [= *History of the Later Han*], Beijing: Zhonghua Shuju, 398-445.

Ferguson, J. 1978: "China and Rome," in H. Temporini, W. Haase (eds.), *Aufstieg und Niedergang der* römischen *Welt (ANRW),* Berlin/New York, Vol. 2.9.2, 581-603.

Finlayson, C. 2002: "Hie Women of Palmyra-Textile Workshops and the Influence of the Silk Trade," in Roman Syria, *Textile Society of America Symposium Proceedings* 385: Symposium Proceedings of 'Silk Roads, Other Roads'- 8th Biennial Symposium, Sept. 26-28, 2002, Smith College, Northampton, Massachusetts, 70-80.

Gawlikowski, M. 2016a: "Hie urban development of Palmyra," *Aram*, 28, 485-496.

——. 2016b: "Trade across Frontiers: Foreign Relations of a Caravan City," in Meyer/Seland/Anfinset 2016, 19-28.

Gregoratti, L. 2019: "Indian Ocean Trade: The Role of Parthia," in Cobb 2019, 52-72.

Gupta, S. 2019: "The Western Indian Ocean Interaction Sphere: Significance of the Red Sea and the Arabian/Persian Gulf Routes from the Mediterranean to India (First Century BCE-Third Century CE)," in Manzo/Zazzaro/de Falco 2019, 353-393.

Hansen, V. 2012: *The Silk Road: A New History*, Oxford.

Hildebrandt, B. 2017: "Silk Production and Trade in the Roman Empire," in B. Hildebrandt and C. Gillis (eds.), *Silk: Trade and Exchange along the Silk Road between Rome and China* (series: *Ancient Textiles Series*), Oxford, 34-50.

Hill, J. E. 2009: *Through the Jade Gate to Rome: A Study of the Silk Routes during the Later Han Dynasty, 1st to 2nd Centuries C.E.*, Charleston, SC [2nd new updated and expanded edition in 2 vols. 2015].

Janvier, Y. 1984: "Rome et 1 Orient lointain: le problème des Sères. Réexamen d'une question de géographie antique," *Ktèma, Civilisations de l Orient, de la Grèce et de Rome antiques*, 9, 261-303.

Kaizer, T. 2015: "On the Origins of Palmyra and its Trade," *Journal of Roman Archaeology*, 28, 881-888.

——. 2017: "Empire, Community, and Culture on the Middle Euphrates. Durenes, Palmyrenes, Villagers, and Soldiers," *Bulletin of the Insitute of Classical Studies*, 60.1, 63-95.

Lerner, J. D. 1998: Ptolemy and the Silk Road: From Baktra Basileion to Sera Metropolis, *East and West*, 48(1/2), 9-25.

——. 2014: "On the Inland Waterways from Europe to Central Asia," *Ancient West and East* 13, 155-174.

Lim, R. 2018: "Trade and Exchange along the Silk and Steppe Routes in Late Antique Eurasia," in Di Cosmo/Maas, 70-83.

Seland, E. H. 2017: "The Iconography of Caravan Trade in Palmyra and the Roman Near East," in T. Long/A. Højen Sørensen (eds.), *Positions and Professions in Palmyra* (series: Scien-tia Danica Series, Humanistica 4, vol. 9, Palmyrene Studies vol. 2), Copenhagen, 106-114.

Lytle, E. 2016: "Early Greek and Latin Sources on the Indian Ocean and Eastern Africa," in G. Campbell (ed.), *Early Exchange between Africa and the Wider Indian Ocean World* (series: Palgrave Series in Indian Ocean World Studies), London, 113-134.

Manzo, A., C. Zazzaro, D. J. de Falco (eds.) 2019: *Stories of Globalisation: The Red Sea and the Persian Gulf from Late Prehistory to Early Modernity* (Selected Papers of Red Sea Project VU), Leiden and Boston.

Matthews J. F. 1984: "The Tax Law of Palmyra: Evidence for Economic History in a City of the Roman East," *Journal of Roman Studies*, 74, 157-180.

McLaughlin, R. J. 2018: "Indian Ocean Commerce in Context. The Economic and Revenue Significance of Eastem Trade in the Ancient World," in Cobb 2018, 117-134.

Meyer, C., E. H. Seland 2016: "Palmyra and the Trade Route to the Euphrates," *Aram*, 28, 497-523.

Meyer, C., E. H. Seland, and N. Anfinset (eds.) 2016: *Palmyrena: City, Hinterland, and Caravan Trade Between Orient and Occident*, Oxford.

Millar, F. 2006: "Caravan Cities: The Roman Near East and Long-Distance Trade by Land," in F. Millar, H. M. Cotton and G. M. Rogers (eds.), *Rome, the Greek World, and the East. Vol. 3: The Greek World, the Jews, and the East* (series: Studies in the History of Greece and Rome), Chapel Hill, NC, 275-299.

Piankov, I. 2015: "Maes Titianus, Ptolemy and the 'Stone Tower' on the Great Silk Road'," *The Silk Road, The Journal of the Silkroad Foundation*, 13, 60-74.

Poinsotte, J. M. 1979: Les Romains et la Chine. Réalités et mythes,*Mélanges d'archéologie et d'histoire de l'Ecole Française de Rome*, 91, 431-479.

Pöschl, V., H. Petersmann (eds.) 1984: *A. Dihle, Antike und Orient. Gesammelte Aufsätze* (series: Supplemente zu den Sitzungsberichten der Heidelberger Akademie der Wissenschaften. Philosophisch-historische Klasse; 1983, Bd. 2), Heidelberg.

Rtveladze, E. V. 2011: "Parthians in the Oxus Valley: Struggle for the Great Indian Road," *Anabasis: Studia Classica et Orientalia*, 2, 149-178.

Schmidt-Colinet, A., W. al-As'ad (eds.) 2013: *Palmyras Reichtum durch weltweiten Handel. Archäologische Untersuchungen im Bereich der hellenistischen Stadt*, 2 vols., Wien.

Schmidt-Colinet, *Andreas, Annemarie* Stauffer 2000: *Die Textilien aus Palmyra, neue und alte Funde* (series: Damaszener Forschungen, Bd. 8), Mainz.

Schneider, P. 2018: "Erythraean Pearls in the Roman World. Features and Aspects of Luxury Consumption (Late Second Century BCE-Second Century CE)," in Cobb 2018, 135-156.

Seland, E. H. 2014: "The Organisation of the Palmyrene Caravan Trade," *Ancient West and East* 13, 197-211.

——. 2015: "Palmyrene Long-Distance Trade: Land, River, and Maritime Routes in the First Three Centuries CE," in M. N. Walter, J. P. Ito-Adler (eds.), *The Silk Road: Interwoven History. Vol. 1: Long-Distance Trade, Culture, and Society*, Cambridge, MA, 101-131.

——. 2016: *Ships of the Desert and Ships of the Sea. Palmyra in the World Trade of the First Three Centuries CE* (series: Philippika, Altertumswissenschaftliche Abhandlungen, vol. 101), Wiesbaden.

——. 2017: "The Iconography of Caravan Trade in Palmyra and the Roman East," in Tracey Long, A. Højen Sørensen et al., (eds.), *Positions and Professions in Palmyra*, Scientia Danica. Series H, Humanistica 4, vol. 9, Copenhagen: Det Kongelige Danske Videnskabernes Selskab, 106-114.

Sidebotham, S. E. 2012: "The Red Sea and Indian Ocean in the Age of the Great Empires," in D. T. Potts (ed.), *A Companion to the Archaeology of the Ancient Near East*, 2 vols., (series: Blackwell Companions to the Ancient World), vol. 2, Oxford, 1041-1059.

Smith II, A. M. 2013: *Roman Palmyra. Identity, Community, and State Formation*, Oxford.

Stoneman, R. 1992: *Palmyra and its Empire. Zenobia's Revolt against Rome*, Ann Arbor, MI.

Tomber, R. 2019: "Beyond the Boundaries of the Periplus: The Persian Gulf Route in the Supply to Myos Hormos and Berenike," in Manzo/Zazzaro/de Falco 2019, 394-407.

Yang, Juping 2015: "Some Clues of the Hellenistic World and the Roman East Hidden in China's Early Four Historical Books," *Talanta, Proceedings of the Dutch Archaeological and Historical Society 46 AT*, 121-143.

Young, G. K. 2001: *Rome's Eastern Trade, International Commerce and Imperial Policy, 31 BC-AD 305*, London.

Waugh, D. C. 2007: "Richtofen's 'Silk Roads': Towards the Archaeology of a Concept," *Silk Road, The Journal of the Silkroad Foundation*, 59(1), 1-10.

Whitfield, S. 2007: "Was there A Silk Road?" *Asian Medicine*, 3, 201-213.

——. 2015^2: *Life along the Silk Road*, Oakland, CA.

——. 2018: *Silk, Slaves and Stupas. Material Culture of the Silk Road*, Oakland, CA.

贵霜帝国的城市与丝绸之路在南亚次大陆的拓展

庞霄骁

（四川大学历史文化学院）

摘要：贵霜帝国时期是中亚和西北印度历史上一个承前启后的重要时期，也是其境内丝绸之路逐渐成形的关键时期。伴随着贵霜人的扩张，许多新兴城市得以出现在南亚次大陆的广阔区域，它们主要集中在以犍陀罗为中心的地区，与此同时，一些新的城市也在恒河中上游、印度河河口及克什米尔等地兴起。这些城市以点带线，基本确立了丝绸之路在南亚次大陆的大致走向。

在丝绸之路的发展过程中，贵霜帝国的城市无疑扮演着十分重要的角色。伴随着公元1世纪前后贵霜帝国的建立与扩张，原属印度—希腊人、印度—斯基泰人和印度—帕提亚人的城市都被纳入了其版图之中，这为南亚次大陆城市和丝路的发展提供了新的契机。虽然有关这些城市的文献记载相对缺乏，好在近代以来在阿富汗、巴基斯坦和印度等地的考古活动取得了不少成果，为我们分析贵霜城市在南亚次大陆的分布，探讨它们与丝绸之路的关系提供了可能。本文主要结合相关考古成果，试图揭示这些城市的建立及其对丝绸之路在南亚次大陆的扩展所起的推动作用。

一 犍陀罗地区的贵霜城市：丝路在兴都库什山以南的核心

有关贵霜城市在兴都库什山以南出现的确切年代，现已无籍可考，但贵霜城市得以在兴都库什山以南出现，与犍陀罗地区城市的发展密不可分。根据《后汉书·西域传》的记载，贵霜王丘就却在统一五部翖侯之后，旋即走上了“侵安息、取高附地，又灭濮达、罽宾，悉有其国”的扩张之路，犍陀罗地区自然成为其入侵的主要目标之一。[1]贵霜人之所以将犍陀罗作为其南下的第一站，主要是由于该地自古以来就是从中亚进入印度的必经之地，人口众多，商贸发达，与中亚、伊朗高原和东部地中海地区有着密切的联系。据希罗多德记载，此地曾是波斯帝国的一个行省，远征希腊的波斯军队中就有来自犍陀罗的士兵。[2]自亚历山大大帝东征以来，犍陀罗地区的城市化进程逐渐加快。虽然布色羯逻伐底城（Pushkalāvati，希腊人称之为Peukelaotis）在亚历山大征伐的过程中遭到了一定程度的破坏，[3]但犍陀罗的大部分城市还是保留了下来。其中最有代表性的是塔克西拉（Taxila），亚历山大大帝接受了当地王公塔克西里斯（Taxiles）的臣服，并在塔克西拉举行过祭祀、体育竞技和赛马活动。[4]此外，亚历山大还在原迦毕试城（Kapisa）附近修建了用以驻军的“高加索的亚

1 《后汉书》卷八八《西域传》，二十四史点校本，北京：中华书局，1965年，第2921页。需要说明的是，“濮达”一词到底指代何地目前尚有一定争议。巴克特拉说、布色羯逻伐底说皆有一定的道理，详见余太山：《贵霜史研究》，北京：商务印书馆，2015年，第42—43页，注释第55条。不过，《后汉书·西域传》中“罽宾”和“濮达”两个称呼实际已经足以涵盖犍陀罗一地。

2 Herodotus, *The Persian Wars*, 6.13-15.［古希腊］希罗多德：《历史》，王以铸译，北京：商务印书馆，1997年，第270—272页。

3 Arrian, *Anabasis of Alexander*, 4.22.3. 译文参见［古希腊］阿里安：《亚历山大远征记》，李活译，北京：商务印书馆，1979年，第147页。

4 Arrian, *Anabasis of Alexander*, 5.8.2.

历山大里亚城”（Alexandria of Caucasus）。[1]

亚历山大大帝去世后，犍陀罗地区被孔雀帝国占领。虽然塞琉古一世曾进军中亚和印度，试图恢复希腊人对兴都库什山区以南的控制，但未能成功。在孔雀帝国治下，犍陀罗一地继续发展，成为孔雀帝国的政治中心之一，相传阿育王就一度定都于塔克西拉城。[2]孔雀帝国衰落后，巴克特里亚希腊人、印度—希腊人和印度—帕提亚人又相继成为犍陀罗地区的主人。为了巩固自身的统治，这些后继者们对犍陀罗地区的城市进行了修复和扩展。亚历山大大帝所建的“高加索的亚历山大里亚城”就是在巴克特里亚希腊人统治期间，由一个驻军点逐渐扩展成一座城市，并与原来的迦毕试城相融合；[3]塔克西拉的斯尔卡普（Sirkap）城也是建于巴克特里亚希腊人之手，并被后来的印度—希腊人和印度—帕提亚人继续使用。[4]最有说服力的证据来自希腊著名的诡辩家菲洛斯特拉图斯（Philostratus）。他曾提到阿波罗尼乌斯（Apollonius of Tyana）在帕提亚国王瓦尔达尼斯（Vardanes）的安排下，到印度—帕提亚的统治者弗拉奥特斯（Phraotes）的宫廷以及塔克西拉城进行访问。[5]作者借阿波罗尼乌斯与当地人的问答，对塔克西拉城的大致情况和著名的詹迪纳尔神庙（Jandial Temple）等作

1 Arrian, *Anabasis of Alexander*, 3.28.2.

2 关于阿育王与塔克西拉的关系，可参John Marshall, *Taxila: An Illustrated Account of Archaeological Excavations, Carried out at Taxila under the Orders of the Government of India between the Years 1913 and 1934*, Vol. 1, Cambridge: Cambridge University Press, 1951, pp. 24-26. 译文主要参考［英］约翰·马歇尔：《塔克西拉》三卷本，秦立彦译，昆明：云南人民出版社，2002年。亦可参考玄奘有关于阗建国的记载，见（唐）玄奘、辩机原著，季羡林等校注：《大唐西域记校注》卷一二，北京：中华书局，1985年，第1006—1012页。

3 W. W. Tarn, *The Greeks in Bactria and India*, Cambridge: Cambridge University Press, 1951, pp. 97-99.

4 John Marshall, *Taxila: An Illustrated Account of Archaeological Excavations, Carried out at Taxila under the Orders of the Government of India between the Years 1913 and 1934*, Vol. 1, pp. 112-114.

5 Philostratus, *The Life of Apollonius*, 2.20-2.33.

了描述。虽然该书有伪造的嫌疑，[1]但是文中对塔克西拉城和詹迪纳尔神庙的描述，基本可以与马歇尔在塔克西拉的考古发掘成果相印证，这无疑证明了当时塔克西拉城的繁荣。

可以说，正是犍陀罗地区城市的蓬勃发展，为贵霜城市在兴都库什山以南的出现提供了重要的物质和文化基础。当贵霜人用军事征服的手段征服犍陀罗之后，文化水平相对较低的贵霜人被这些繁荣的城市所吸引，将它们保留了下来或者加以改建，贵霜帝国在犍陀罗地区的城市也就在此基础上逐渐形成。

在犍陀罗地区的众多贵霜城市中，首先必须提及的是贝格拉姆(Begram)。一般认为该城就是在汉文史书和佛教典籍中提及的“迦毕试国”的所在地，[2]在西方古典文献中，它则被比定为亚历山大所建的“高加索的亚历山大里亚城”。[3]虽然，从严格意义上说，该地只能算是犍陀罗地区的边缘，但从地理上看，它是丝绸之路在兴都库什山南麓的第一站，既是丝路中亚段的终点，也是丝路印度段的起点。《大唐西域记》所记载的“迦毕试国”并不在印度的范围之内，[4]但是作为由中亚进入印度的主要隘口，亚历山大大帝对印度河流域的进攻也途经此地。

贝格拉姆主要由两处大型遗址组成，贵霜时代的遗存主要位于

---

1 相关的质疑包括成书时间、书中涉及人物的真伪等。详见Philostratus, *The Life of Apollonius*, introduction, pp. v-xv.

2 可参见［日］桑山正进著，张亚平节译:《迦毕试国编年史料稿》,《南亚研究》1985年第4期。

3 有关迦腻色伽一世定都迦毕试的记载，参见（唐）玄奘、辩机原著，季羡林等校注:《大唐西域记校注》卷一，第138—139页。有关它与“高加索的亚历山大里亚”的关系，参看G. M. Cohen, *The Hellenistic Settlements in the East from Armenia and Mesopotamia to Bactria and India*, Berkeley: University of California Press, 2013, pp. 263-269.

4 参见（唐）玄奘、辩机原著，季羡林等校注:《大唐西域记校注》卷一，第135—161页。Arrian, *Anabasis of Alexander*, 4.22.2. 需要说明一点,《大唐西域记》成书于唐贞观二十年（公元646年），距离贵霜统治的结束已经过去了三四个世纪，但其中涉及贵霜帝国治下城市的记录，大多都得到了近代以来考古发掘的证实，因此该书亦可作为重要的参考材料。

“新王城”遗址。它以原来的希腊式城市为基础，城区呈矩形，南北相距800米，东西则为450米，沿着城墙还有瞭望塔和壕沟，在城市的东北方还有一座要塞。[1]贵霜帝国主要通过军事征服的方式将贝格拉姆纳入自己的版图，除了前文提到的《后汉书·西域传》的记载之外，在达希迪纳沃3号（Dasht-I Nawur III）铭文中，也有贵霜国王（国王名字为Katvisa，可能是Kadphises的音译）登上山岗俯察迦毕试城（铭文作Kam-pi-sa）的记载。[2]依据罗曼·吉尔什曼（R. Ghirishman）的考古发掘报告，贝格拉姆的新王城遗址大约始建于公元1世纪，最后在公元3世纪40年代因萨珊波斯的入侵而废弃。[3]

作为出入印度的交通隘口之一，贝格拉姆城出土的文物种类繁多，来源广泛。中国的漆器、希腊罗马的青铜雕像和石膏制品、东地中海地区的玻璃制品、帕提亚的羊头来通、印度的象牙雕刻在贝尔格拉姆遗址中都有出土。[4]这一方面证明了玄奘在《大唐西域记》中提到的“异方奇货，多聚此国”一说并非虚言；[5]另一方面也暗示了贝格拉姆与巴克特里亚地区、中国西域、印度中南部和地中海世界等地都有一定程度的商贸往来。

---

1 详细考古情况参看J. Hackin, *Recherches archéologiques à Begram*, Paris: Editions d'Art et d'Histoire, 1939; R. Ghirshman, *Begram: recherché archeologiques et historiques sur les Kouchans*, Cairo: Institut Français d'Archéologie Orientale, 1946. 简略介绍参看Sanjyot Mehendale, “Begram: At the Heart of the Silk Roads”, in Fredrik T. Hiebert and Pierre Cambon eds., *Afghanistan: The Crossroad of Ancient World*, British Museum; Mūzah-'iKābul; National Geographic Society (U.S.), London: British Museum Press, 2011, pp. 131-143, 164-208.

2 Gérard Fussman, “Documents épigraphiques kouchans,” *Bulletin de l'Ecole françaised'Extrême-Orient*, 1974, pp. 1-76. 铭文译文主要参考哈尔马塔执笔的《贵霜王朝的语言与文献》，载［匈牙利］哈尔马塔主编：《中亚文明史》第二卷，徐文堪、芮传明译，北京：中国对外翻译出版公司，2002年，第337—338页。必须要说明的是，这则铭文发现于达希迪纳沃，该地距离贝格拉姆实际上还有相当长的距离。因此这段铭文很可能描述的是某一次在贝格拉姆附近的军事行动，但战斗胜利后的庆祝活动并不在贝格拉姆，而在达希迪纳沃（位于今阿富汗加兹尼省加兹尼市以西60公里处）。

3 R. Ghirshman, *Begram: recherché archeologiques et historiques sur les Kouchans*, pp. 99-100.

4 Sanjyot Mehendale, “Begram: At the Heart of the Silk Roads”, in Fredrik T. Hiebert and Pierre Cambon eds., *Afghanistan: the Crossroad of Ancient World*, pp. 164-208.

5（唐）玄奘、辩机原著，季羡林等校注：《大唐西域记校注》卷一，第135—136页。

从贝格拉姆再往东南，是犍陀罗的核心地区。该地有另外两座著名的城市遗址，分别是布色羯逻伐底和“布路沙布逻”（部分汉文史籍也称之为“弗楼沙”或者“富楼沙”，位于今白沙瓦城）。起初，犍陀罗地区的中心在布色羯逻伐底，自贵霜王迦腻色迦一世开始，贵霜都城改为白沙瓦城，犍陀罗的核心遂逐渐向白沙瓦转移。

布色羯逻伐底大致位于今巴基斯坦查尔萨达市（Charsada）附近，其主要遗迹有两处，一处位于米尔·吉雅拉特（Mir Ziyarat），一处位于巴拉·西沙尔（Bala Hissar），又叫谢罕德里（Shaikhan Dheri）。其中，谢罕德里遗址的考古发掘目前已经取得了不小的成果。

从布局上看，该遗址在一定程度上受到了来自希腊建筑风格的影响，总体呈四边形，几组平行的街道将城市划分为几个大区，城中心有一座大型建筑遗迹，学者们推断它很可能是一座佛塔。[1]除了完备的城墙和防御工事以外，该城还有完善的排水渠、公用的火坛、专门的浴室以及众多大小不一的民居，[2]这在一定程度上印证了《大唐西域记》中该城“居人殷盛，闾阎洞连”的记载。[3]

谢罕德里出土的文物主要涉及钱币与赤陶俑、陶罐、雕塑等日常用品。其中，雕塑和陶器虽以印度风格为主，但也不乏地中海地区和希腊主题的雕塑，如亚历山大大帝、赫拉克勒斯等人的赤陶俑，显示出该地在东西方贸易中的地位。[4]此外，该遗址出土的钱币共有219枚，其中5枚属于库久拉·卡德菲塞斯（Kujula Kadphises，被比定为《后汉书·西域传》中的丘就却），38枚属于索特·美加斯（Soter

---

1 R. E. M. Wheeler, *Charsada, a Metropolis of Northwest Frontier. Being a Report on the Excavations of 1958*, London: British Academy, pp. 16-17. A. H. Dani, “Shaikhan Dheri Excavation,” *Ancient Pakistan*, pp. 17-214.

2 Kameshwar Prasad, *Cities Crafts and Commerce under the Kushānas*, Delhi: Agam, 1984, pp. 80-81.

3（唐）玄奘、辩机原著，季羡林等校注：《大唐西域记校注》卷二，第250—251页。

4 R. E. M. Wheeler, *Charsada, a Metropolis of Northwest Frontier: Being a Report on the Excavations of 1958*, pp. 35-36.

Megas，字面意思是“伟大的救主”），60枚属于威玛·卡德菲塞斯（Vima Kadphises），77枚属于迦腻色伽一世（Kanishka I），31枚属于胡韦色伽一世（Huvishka I），8枚属于瓦苏提婆一世（Vasudeva I）。结合《后汉书·西域传》的相关记载，我们不妨推断，贵霜帝国对谢罕德里的控制可能开始于库久拉·卡德菲塞斯时期，衰落于瓦苏提婆一世时期。

自迦腻色伽一世开始，犍陀罗的政治中心逐渐向白沙瓦转移。此城位于喀布尔河的冲积平原，自然条件非常优越，《大唐西域记》中就有“（犍陀罗国）大都城号布路沙布逻，……谷稼殷盛，花果繁茂，多甘蔗，出石蜜。气序温暑，略无霜雪”的记载。[1]不过，由于现在的白沙瓦市在古代遗址之上，因此该城并没有进行过较大规模的考古发掘。对于白沙瓦城在贵霜帝国时期的城市和商贸情况，我们只能通过一些零星的考古文物进行推测。其中，最重要的证据莫过于钱币。

根据米契纳尔（M. Mitchiner）的看法，白沙瓦曾是贵霜帝国最重要的造币中心之一，迦腻色伽一世、胡韦色伽一世、瓦苏提婆一世的部分铜币以及晚期贵霜帝国的部分金币就铸造于此。[2]同时，按照罗伯托·布雷西（Robert Bracey）的进一步分析，白沙瓦地区出土的贵霜钱币还有其自身的标志，工匠们会用梵语刻上Pa，以表示该钱币是由白沙瓦出产。[3]在笔者看来，白沙瓦能够最终成为贵霜帝国的造币中心，并发行具有自身特色的钱币，就足以证明该城商贸的活跃。此外，在白沙瓦地区出土的贵霜钱币数量极多。奥斯蒙德·波比拉赫奇（Osmund Bopearachchi）在分析早期贵霜编年的时候曾提到，仅在

1 （唐）玄奘、辩机原著，季羡林等校注：《大唐西域记校注》卷二，第232—233页。

2 M. Mitchiner, *Oriental Coins the Ancient and Classical World, 600 B.C.-A.D.650*, London: Hawkins Publications, 1978, pp. 446-447.

3 Robert Bracey, “The Mint Cities of the Kushan Empire,” in Fernando López Sánchez, ed., *The City and the Coin in the Ancient and Early Medieval Worlds*, BAR International Series 2402, Oxford: Archaeopress, 2012, pp. 123-124.

白沙瓦的一处钱币窖藏中，就出土了4000枚带有威玛·卡德菲赛斯和迦腻色伽一世标记的金币。[1]这无疑也是该城商贸发展的重要佐证。

白沙瓦城在丝绸之路上的重要地位主要体现在文化上。该城佛教造像优美，是犍陀罗艺术的中心之一，但最能代表贵霜时期该城文化特点的艺术品，当属在此地一座佛教寺庙中发现的迦腻色伽舍利盒。[2]从造型上看，该舍利盒的顶端以三位神灵的雕像为装饰，佛陀居中，印度教的梵天和因陀罗分立两侧，佛陀形象高大，梵天和因陀罗双手合十，似有遵从佛教之意。盒盖的下方是带翅膀的神灵，造型类似希腊神话中的厄洛斯。舍利盒的盒身另有装饰，迦腻色伽本人的立像居中，手持权杖，肩扛花束，伊朗神话中的太阳神和月亮神分居两侧，体现出贵霜王权至高无上的地位。另一面是佛陀坐像以及两位扛着花束的使者，造型颇有罗马石棺艺术的风格，但使者装束是普通人，而并非罗马墓葬中的小爱神，或小天使的形象。可以说，借由这个舍利盒，伊朗宗教、印度教、佛教、希腊罗马宗教得以完美地融合在一起。这些不同类型的文化能够最终汇聚于白沙瓦，很显然也是得益于城市商贸的发展和人口往来的频繁。

从布色羯逻伐底和白沙瓦再往东南，就是塔克西拉（今巴基斯坦

---

1 Osmund Bopearachchi, *From Bactria to Taprobane: Selected Works of Osmund Bopearachchi. Vol. 1: Central Asia and Indian Numisnatics*, New Delhi: Manohar, 2015, pp. 583-584.

2 按照法显和玄奘的记载，贵霜控制犍陀罗地区后逐渐接受了佛教，并在犍陀罗一地修建寺庙和佛塔。迦腻色伽王建立的佛塔是其中最有名的一座。近代以来，经过以坎宁汉、斯普内尔等人为代表的考古学者不懈的努力，终于在白沙瓦附近发现了这座佛塔，同时出土的还有这个装饰精美的舍利盒。由于其上有佉卢文拼写的“迦腻色伽”一词，学者们遂称之迦腻色伽舍利盒。起初，有学者认为这一名字只是制作者的简单标识。2002年德国学者法尔克（Harry Falk）对上面的铭文进行了全面的解读，最终认定这是一件布施品，是某建筑师打算奉献给迦腻色伽普拉城（Kanishkapura，实际就是白沙瓦城）的一座寺庙的捐赠物。参（东晋）法显撰，章巽校注:《法显传校注》，北京：中华书局，2008年，第39—40页;（唐）玄奘、辩机原著，季羡林等校注:《大唐西域记校注》卷二，第237—250页；Hans Loeschner, “The Stupa of the Kushan Emperor Kanishka the Great, with Comments on the Azes Era and Kushan Chronology,” in Victor H. Mair, ed., *Sino-Platonic Papers*, Department of East Asian Languages and Civilizations University of Pennsylvania Philadelphia Number 227, July 2012.

拉瓦尔品第附近)。汉文史书称之为“呾叉始罗”“竹刹尸罗”或者“石室国”。从地理位置上看，塔克西拉位于旁遮普边缘，是犍陀罗地区的南大门，地理条件十分优越。马歇尔在介绍塔克西拉遗址时就曾提到，从华氏城到西北印度的“皇家大道”就途经塔克西拉；[1]《大唐西域记》中也提到“(呾叉始罗国) 地称沃壤，稼穑殷盛，泉流多，花果茂。气序和畅，风俗轻勇”。[2]

目前，塔克西拉城已经得到了较为全面的发掘，它由三处主要遗址组成。最早的遗址在皮尔丘（Bhir Mound)，属于亚历山大大帝东征和孔雀帝国时期。第二处遗址是斯尔卡普，它由巴克特里亚希腊人和印度—希腊人所建，一直被使用到贵霜帝国的中期。真正建于贵霜帝国时期的遗址是锡尔苏克（Sirsukh)，其建立时间大约是在索特·美加斯或者威玛·卡德菲塞斯时期。此外，塔克西拉一地还有大大小小的佛塔和神庙遗址，比如达摩拉吉卡（Dharmarajika）佛塔遗址、喀拉宛（Kalawan）寺庙遗址等。

由于缺乏确切的文献记载，贵霜帝国对该地的控制主要依靠铭文和钱币来证实。达摩拉吉卡佛塔遗址曾出土过一份刻在银锭上的铭文，其中记载，一位叫乌拉沙卡（Urasaka）的巴克特里亚人于阿泽斯纪元136年将佛陀的遗骨供奉在达摩拉吉卡佛塔，并为贵霜国王、家人和自己祈福。[3]由于其中出现了“大王、王中王、天神之子、贵霜王”(maharajasa rajatirajasa devaputrasa khushanasa）的字样。这则铭文目前成为贵霜人控制塔克西拉的最重要证据之一。在塔克西拉诸遗址出土的贵霜钱币分布广泛，而且各具特点。其中，在斯尔卡普遗址出土的贵霜钱币最多，大约有2641枚，按照马歇尔的分类，归于库久拉·卡德菲塞斯名下的钱币共有2522枚，归于索特·美加斯名下的

1 John Marshall, *Taxila*, Vol. 1, pp. 1-3.

2 （唐）玄奘、辩机原著，季羡林等校注:《大唐西域记校注》卷二，第300页。

3 John Marshall, *Taxila*, Vol. 1, pp. 256-257.

钱币有12枚，另有37枚属于威玛·卡德菲塞斯，39枚属于迦腻色伽一世，4枚属于胡韦色伽一世，27枚归于瓦苏提婆一世。[1]类似的情况也出现在锡尔苏克遗址。在此出土的37枚贵霜钱币中，4枚属于库久拉·卡德菲塞斯，3枚属于威玛·卡德菲塞斯，12枚属于迦腻色伽一世，1枚属于胡韦色伽一世，11枚属于瓦苏提婆一世，以及6枚磨损较严重的晚期贵霜帝国的钱币。[2]从贵霜钱币的分布特点，我们不难看出，贵霜帝国对塔克西拉的控制始于库久拉·卡德菲塞斯时期，衰落于瓦苏提婆一世之后的晚期贵霜时期。

从布局上看，斯尔卡普遗址基本上沿用了希腊式城市的规划理念，呈不规则的四边形，其南北长1300米，东西最宽处达900米，一条主干道将城市分成了东西两个大区，其他的支路与主道垂直，城市的四周还有厚实的城墙和防御用的堡垒。[3]这与中亚的希腊化城市有一定的相似之处。在斯尔卡普遗址出土的文物虽然大多属于巴克特里亚王国和印度—希腊人、印度—斯基泰人、印度—帕提亚人时期，但是在部分已经确定属于早期贵霜时代的地层中，也出土有希腊罗马样式的耳环、戒指以及玻璃珠子等工艺品，表明东西方商品交换在早期贵霜时代的存在和活跃。[4]

如果说斯尔卡普遗址主要属于巴克特里亚王国、印度—希腊人、印度—斯基泰人和印度—帕提亚人的话，那么锡尔苏克遗址则毫无疑问是属于贵霜人的城市。该遗址呈不规则的长方形，南北约1400米长，东西约1000米宽，附近的伦蒂河为其提供了天然的保护。[5]通过对遗址南面和东面的部分城墙残迹进行分析，马歇尔指出，锡尔苏克的城墙与斯尔卡普的城墙有着一定的差别。首先，其手法主要

1 John Marshall, *Taxila*, Vol. 2, pp. 786-789.
2 John Marshall, *Taxila*, Vol. 1, pp. 221-222.
3 John Marshall, *Taxila*, Vol. 1, pp. 112-120.
4 John Marshall, *Taxila*, Vol. 1, pp. 124-136.
5 John Marshall, *Taxila*, Vol. 1, p. 225.

采用的是印度—帕提亚人以石灰岩筑墙的工艺；其次，墙上有观察孔，可以让守卫者不用登城即可观察城外情况；最后，城市防御用的棱堡是半圆形，底层空心，增加了防御的层次感。[1]这表明贵霜时代的城市建筑风格在吸收了希腊式建筑工艺之后有了自己独特的改进。

由于该遗址范围内有现代的村落存在，学者们只能对其进行局部的发掘，所以锡尔苏克的考古成果远不如斯尔卡普丰富。不过，据马歇尔对遗址中几所民居的发掘可知，锡尔苏克的民居不仅房间众多，而且都有自己的院落和储藏室，[2]这表明当时的人民生活水平比较高。同时，在一所民居里还出土了一片用于戒指装饰的光玉髓，上面有胜利女神尼科的图案；一个灰色片岩材质的蛇形支架，其顶部是科林斯柱式的装饰，架底刻有一个半身男子像，但手法相对粗糙。此外，还有57枚用于装饰的珠子，质地包括玛瑙、光玉髓、绿松石、天青石、水晶、贝壳、釉陶、玻璃、珍珠等东西方贸易中常见的原材料。这些产品的出现在一定程度上揭示了锡尔苏克遗址在东西方贸易中的重要地位。[3]

总的来说，犍陀罗地区的贵霜城市大多以原来巴克特里亚希腊人、印度—希腊人和印度—帕提亚人的城市为基础，贵霜帝国以军事征服的方式对它们加以控制和使用。虽然它们以犍陀罗艺术为主要的文化特征，但其中也不乏中亚、伊朗和地中海东部的文化因素，体现出贵霜帝国多元文化相融合的特点，称它们为贵霜帝国的城市实不为过。根据《大唐西域记》的记载，犍陀罗地区的城市在贵霜帝国治下得到了迅速发展，成为迦腻色伽一世在春季和秋季的驻跸

1 John Marshall, *Taxila*, Vol. 1. pp. 218-219.
2 John Marshall, *Taxila*, Vol. 1. pp. 220-221.
3 John Marshall, *Taxila*, Vol. 1. pp. 221-222.

地之一。[1]这就为丝绸之路在印度西北部的继续拓展奠定了重要的基础。

二　恒河中上游与印度河河口的贵霜城市：丝路的延伸

控制了犍陀罗地区之后，贵霜帝国继续向旁遮普和恒河流域扩展自己的版图。不过，贵霜帝国对恒河中上游地区的控制并不稳固。虽然拉巴塔克铭文（Rabatak Inscription）中曾明确提到迦腻色伽一世对沙祇大（Sāketa）、憍赏弥（Kauśāmbī）、华氏城（Pataliputra）以及室利·瞻波（Śrī-Campā）等地的控制，[2]但从汉文史料和相关考古发掘上看，这些城市是否完全被贵霜人所掌控，至今仍有不少疑问。

以拉巴塔克铭文所提及的憍赏弥城为例。该城位于恒河支流朱木那河东岸，水源充足，土地肥沃，物产丰富。《大唐西域记》称其“土称沃壤，地利丰植，粳稻多，甘蔗茂”。[3]从考古发掘来看，憍赏弥遗址出土的文物种类繁多，包括陶器、赤陶俑、小型雕像、珠子、金属制品、象牙雕刻、玻璃器皿和熔炼用的坩埚等，暗示了憍赏弥可能是恒河流域一个重要的商业和手工业中心。[4]不过，从憍赏弥出土的钱币来看，贵霜的钱币经常和南部印度诸国的钱币相混杂，而且数量远不如印度币。以城中主要的三处窖藏为例，第一处窖藏的54枚钱币中只有1枚迦腻色伽一世的钱币、3枚胡韦色伽的钱币和1枚瓦苏提

1 （唐）玄奘、辩机原著，季羡林等校注：《大唐西域记校注》卷 ，第138—139页。

2 N. Sims Williams & J. Cribb, “A New Bactrian Inscription of Kanishka the Great,” *S. R. R. A.* IV, 1996, pp. 75-147. 译文参见罗帅：《罗巴塔克碑铭译注与研究》，《西域文史》第6辑，北京：科学出版社，2011年，第113—135页。

3 （唐）玄奘、辩机原著，季羡林等校注：《大唐西域记校注》卷五，第466页。

4 详参G. R. Sharma, *The Excavations at Kausambi (1957-1959)*, Allahabad, 1960, pp. 45-85.

婆的钱币，其余大部分是印度币；第二处窖藏的134枚钱币中只有1枚属于迦腻色伽的钱币；第三处窖藏的贵霜钱币只有4枚，而且磨损严重，其余都是印度币。[1]笔者认为，这种不同钱币混杂的情况，一方面是双方相互贸易结果；另一方面也暗示了贵霜帝国对憍赏弥城的控制可能并不稳固。

同样的情况出现在沙祇大，它大致位于恒河中游，憍赏弥城附近，一般被学者们比定为《后汉书 · 西域传》中的沙奇城。[2]按照《后汉书 · 西域传》的记载，贵霜人控制印度河流域后曾继续向印度腹地进军，征服了一个叫“东离”的国家，该国都城就是沙奇城。[3]从地理上看，沙祇大城大致位于憍赏弥与华氏城之间，这与拉巴塔克铭文中的行文顺序相对吻合。不过，贵霜帝国对沙祇大的控制也比较松散，因为在《魏略 · 西戎传》中曾提到一个叫“车离”的国家，其国都城也是沙奇城。车离、东离，一字之异，因此“车离”被比定为《后汉书 · 西域传》中的“东离”。按《魏略 · 西戎传》的记载，贵霜帝国主要向该城征收劳役和税金。[4]可见，该国与憍赏弥一样，虽然受到了贵霜帝国的控制，但并没有被实际占领。

尽管贵霜人并没有能够完全控制恒河中游的所有城市，但贵霜城市在恒河中上游的出现却是毋庸置疑的。其中，最重要的城市当属秣菟罗（Mathura）。该城位于恒河支流朱木那河的西岸，自然条件优越，自古以来就是沟通犍陀罗、旁遮普和恒河中上游的交通枢纽。玄奘在《大唐西域记》中就有“（秣菟罗）土地膏腴，稼穑是务。……出细班氎及黄金。气序暑热，风俗善顺，好修冥福，崇德尚学”的记

1 Kameshwar Prasad, *Cities Crafts and Commerce under the Kushānas*, pp. 55-56.

2 亦有学者将之比作桑奇城（Sanchi），见余太山：《贵霜史研究》，第49—50页。但从地理上看，沙祇大城位于恒河边上，正好是从秣菟罗到华氏城的必经之地之一，因此将沙奇城比作沙祇大城要更为合理一些。

3 《后汉书》卷八八《西域传》，第2922页。

4 余太山：《两汉魏晋南北朝正史西域传要注》，北京：中华书局，2005年，第336—337页。

载，[1]而法显更是将其作为《佛国记》中“中天竺”部分的开篇。[2]贵霜帝国对该城的控制主要靠铭文来证实，在秣菟罗出土的部分铭文上就有贵霜王向该地寺庙进行奉献的记录。[3]

虽然受客观条件的限制，只在秣菟罗城进行了零星的考古发掘，但也有不少重要文物出土。例如，在1954年的一次考古发掘中，秣菟罗的贵霜地层就出土了不少铁器、石盒、赤陶俑，以及一个用绿松石装饰的蓝色琉璃瓦顶尖。[4]德国考古队于1960年对该地区的绍恩克（Sonkh）遗址进行了发掘，除出土了大量的赤陶俑之外，还发现了120枚贵霜的钱币，其中有2枚钱币属于胡韦色伽一世，剩下的大多是瓦苏提婆一世或者是迦腻色伽三世的钱币。[5]这一方面证明了秣菟罗地区手工业的发达和商品交易的活跃，另一方面也暗示了贵霜对秣菟罗的控制可能要相对较晚。按照印度学者笈多（Parmeshwari Lal Gupta）的梳理，秣菟罗地区出土的贵霜钱币主要归属于威玛·卡德菲塞斯到瓦苏提婆一世的贵霜诸王，除了少数疑似无名王索特·美加斯的钱币之外，早期贵霜国王的钱币并未出现于秣菟罗。[6]这表明贵霜帝国控制秣菟罗地区的年代恐怕要始于威玛·卡德菲塞斯，一直持续到晚期贵霜时代。

与白沙瓦相似，秣菟罗在丝绸之路上的地位也主要体现于文化上。虽然秣菟罗的宗教造像成就极高，[7]但该地的国王和人物造像更

1 （唐）玄奘、辩机原著，季羡林等校注：《大唐西域记校注》卷四，第379页。

2 （东晋）法显撰，章巽校注：《法显传校注》，第54页。

3 Daya Ram Sahni, “Three Mathura Inscriptions and Their Bearing on the Kushana Dynasty,” *Journal of the Royal Asiatic Society*, Volume 56, Issue 3, July 1924, pp. 399-406.

4 A. Ghosh, *Archaeological Survey of India 1954-55: A Review*, New Delhi: Archaeological Survey of India, Government of India, 1955, pp. 14-15.

5 B. B. Lal, *Archaeological Survey of India 1969-70: A Review*, New Delhi: Archaeological Survey of India, Government of India, 1973, pp. 42-43.

6 Parmeshwari Lal Gupta & Sarojini Kulashershtha, *Kushan Coins and History*, India: DK Print World Ltd., 1994, pp. 147-158.

7 需要说明的是，与犍陀罗地区不同，秣菟罗地区除了以佛教为主题的造像以外，还有大量以印度教甚至是耆那教为主题的宗教造像，其艺术水平不亚于佛教造像。

能说明问题。在秣菟罗的马特（Mat）地区曾出土过一尊刻着“Vima Taksuma”之名的国王坐像。这尊坐像身披一件中亚风格的束腰外衣，脚穿一双长长的游牧民族毡靴，这与传统印度的服饰截然不同。[1]最有代表性的证据就是塞人风格尖顶帽的出现。在秣菟罗地区就出土过一些头戴塞人风格尖顶帽的赤陶俑，其造型酷似中亚达尔弗津特佩（Dalverzin tepe）出土的“塞人王子”，这很可能是贵霜人对塞人艺术形式的一种保留。[2]同样的尖顶帽形象还出现在贵霜国王的钱币上，从迦腻色伽一世开始，钱币上的国王也常常会戴着尖顶的王冠。[3]由此可见，即使是进入了恒河上游地区，中亚塞人的艺术风格依然是贵霜艺术中重要的组成部分，丝绸之路的文化通道作用可见一斑。

贵霜人在恒河地区的另一处重要城市是舍卫城（Sravasti），玄奘法师在《大唐西域记》中称之为“室罗伐悉底”。该城是恒河地区重要的佛教圣地，给孤独长者用金砖铺地，购得太子祇园，请佛陀说法的典故就发生在这里。由于贵霜人在向印度的扩张过程中逐渐接受了佛教，舍卫城自然成为了贵霜国王宣扬佛教的重要场所。虽然《大唐西域记》对该城物产信息的记录不详，但是随着近代以来坎宁汉、马歇尔等学者的考古发掘，贵霜人在舍卫城的活动最终得到了证实。

从出土的钱币来看，一个出土于舍卫城遗址的陶罐中有107枚贵霜帝国的钱币，其中大多也是属于迦腻色伽一世、胡韦色伽一世和瓦苏提婆一世。[4]在贵霜时代的佛塔和窣堵波中，还发现了一尊有迦腻色伽名字标识的菩萨像，以及大量黄金做的珠子，这无疑暗示了舍卫城作为宗教中心的繁荣，给孤独长者金砖铺地的典故并非完全虚构。

1 John M. Rosenfield, *The Dynastic Arts of The Kushans*, Berkeley and Los Angeles: University of California, 1967, pp. 135-153.

2 John M. Rosenfield, *The Dynastic Arts of The Kushans*, pp. 224-225.

3 从迦腻色伽一世开始，几乎所有的贵霜国王都有过头戴尖顶帽的形象。参见杜维善：《贵霜帝国之钱币》，上海：上海古籍出版社，2012年，第110—171页。

4 Alexander Cunningham, *Archaeological Survey of India Annual Reports 1910-11*, pp. 7-15. 转引自：Kameshwar Prasad, *Cities Crafts and Commerce under the Kushānas*, p. 51.

此外，伴随着朝圣者的往来，该城的商贸也有了一定的发展。在舍卫城18号窣堵波就曾出土过一个用秣菟罗特有的红色泥石制作的底座，显然是从秣菟罗贩运而来。[1]

与向恒河流域的扩张几乎同时，贵霜人也沿着印度河控制了旁遮普的大部分地区，印度河河口附近的原印度—斯基泰人、印度—帕提亚人的海港也被纳入了贵霜帝国的版图。不过，相对于贵霜在印度内陆的城市，有关贵霜人在这些港口的活动，我们只能通过零星的考古和印度的文献进行推测。

从考古发掘看，完全被贵霜帝国控制的港口是巴巴里库姆（Barbaricum），它位于印度河的河口，距离今巴基斯坦的卡拉奇港不远。《厄立特里亚航海记》中就曾提到该港口的地理、水文和进出口贸易的情况。[2]此外，一些零星的考古发现证明贵霜帝国可能控制该地。例如，许多属于晚期贵霜王迦腻色伽三世的铜币就曾在巴巴里库姆附近的Bambore地区被发现。[3]

早在亚历山大东征时期，从巴巴里库姆到塔克西拉的贸易通道已经初具雏形。据阿里安的记载，亚历山大曾在印度河流域建立或重修了数座城市和驻军点。如庆祝希达斯皮斯战役胜利的尼卡亚（Nikea）和纪念其战马的布凯法拉（Boukephala）。[4]在沿印度河南下撤军途中，亚历山大还派大将赫菲斯提昂（Hephaestion）在印度河中游的帕塔拉（Patala）一地修建过防御工事，以及港口和码头等设施，[5]并在印度河与阿塞西尼斯河的交口和印度河下游的索格底（Sogdi）地区

---

1 Kameshwar Prasad, *Cities Crafts and Commerce under the Kushānas*, p. 51.

2 Lionel Casson, *Periplus Maris Erythraei: Text with Introduction, Translation, and Commentary*, Princeton: Princeton University Press, 1989, p. 185. 亦可参见杨巨平：《两汉中印关系考——兼论丝绸之路南道的开通》，《西域研究》2013年第4期。

3 D. W. Macdowall, “Hoard of Later Kushan Copper Coins from Bambore,” in *Indologica Taurinensia*, Vol. XXIII-XXIV, Turino: Asiainstitute, 1998, pp. 551-559.

4 Arrian, *Anabasis of Alexander*, 5.19.4.

5 Arrian, *Anabasis of Alexander*, 6.18.1.

进行过一定规模的建城活动。[1]

虽然亚历山大在此地所建的城市在贵霜时期是否依旧存在，目前尚待考证，[2]但从《厄立特里亚航海记》的记载来看，至少在贵霜帝国早期，这条支线依旧是畅通无阻的。从巴巴里库姆进口的货物会溯印度河而上，到达一座叫明纳加尔（Minnagar）的印度—斯基泰人王城。[3]最有说服力的证据来自塔克西拉出土的玻璃制品。虽然印度本地也有制造玻璃的技术，但真正质量上乘的玻璃制品还是来自地中海世界。在塔克西拉的斯尔卡普遗址，学者们就曾在公元1世纪前后地层中出土过一些红色不透明的玻璃碎片，马歇尔认为这很可能就是从埃及亚历山大里亚城进口的未加工的毛玻璃。[4]此外，在同一地层还出土了一个蓝白两色套色的玻璃碗，上有浮雕，整个碗以蓝色玻璃为基底，上面用乳白色的玻璃装饰，样式跟大英博物馆中英国波特兰岛（Isle of Portland，今英国多赛特郡波特兰岛）出土的器皿有一定的相似之处，很可能都是来自罗马帝国。[5]

相对于巴巴里库姆，贵霜帝国对另一处港口——婆卢羯车（Barygaza）的控制则并不明显。尼利斯（J. Neelis）曾提到，从乌贾因到婆卢羯车一线的实际控制者是西部的塞人总督，他们和印度南部的百乘王朝（Satavahana）围绕婆卢羯车一地进行过多次的争夺。[6]贵

---

1 Arrian, *Anabasis of Alexander*, 6.15.1-2. 需要说明的是，根据相关记载，亚历山大曾在阿塞西尼斯河和索格底建城，但未提及这些城市的名称。有关亚历山大大帝在印度河所建城市的考证，可参见G. M. Cohen, *The Hellenistic Settlements in the East from Armenia and Mesopotamia to Bactria and India*, pp. 291-293, 294-295, 308-312, 317-318, 320-321.

2 亚历山大所建的部分城市在《厄立特里亚航海记》中也曾被提及，如布西法拉城。见Lionel Casson, *Periplus Maris Erythraei: Text with Introduction, Translation, and Commentary*, pp. 80-81.

3 Lionel Casson, *Periplus Maris Erythraei: Text with Introduction, Translation, and Commentary*, pp. 74-75.

4 John Marshall, *Taxila*, Vol. 1, p. 688.

5 John Marshall, *Taxila*, Vol. 1, pp. 689-691.

6 J. Neelis, *Early Buddhist Transmission and Trade Networks: Mobility and Exchange within and beyond the Northwestern Borderlands of South Asia*, Leiden: Brill, 2011, p. 127.

霜帝国对这些塞人总督采取羁縻政策，承认其统治的合法性。在秣菟罗的马特神庙中就有一尊名为卡斯塔纳（Castana）的塞人总督雕像。[1]按照托勒密的《地理志》的记载，婆卢羯车附近曾有一座名为Ozena-Regia Tiastani的城市，其中欧泽那（Ozena），一般指的是现在的乌贾因地区（Ujjain），而Tiastani一词与Castana有一定的相似之处，[2]很可能暗示了该总督曾一度控制婆卢羯车附近的乌贾因等地，并得到了贵霜帝国的承认。

以这两座港口为基础，贵霜帝国的海上贸易得到了迅速的发展。其中，尤以从印度到东南亚及中国海路的确立为主要成就。其实，贵霜帝国建立之初，这条路线并不为人们所熟悉。《厄立特里亚航海记》中只提及“秦尼”（Thina）的大致方位，以及从该地出口的生丝和丝绸，经巴克特里亚运往婆卢羯车，并转销各地的情况。[3]随着贵霜帝国的扩张和海运的发展，到了公元2世纪中后期，这条贸易海上通道已经渐具规模。《后汉书·西域传》中就有天竺和大秦的使者经南海、日南郡到中国的记载。[4]这些大秦王安敦的使臣是否是商人的诈称虽然尚无定论，但其途经的日南郡却颇为值得注意。一般认为日南郡大致位于今天广西和越南交界地区。[5]虽然张骞关于“大夏有蜀布、邛

---

1 Buddha Rashmi Mani, *The Kushan Civilization: Studies in Urban Development and Material Culture*, New Delhi: B. R. Pub. Corp., 1987, pp. 170-181.

2 Claudius Ptolemy, *The Geography*, translated and edited by Edward Luther Stevenson, with an introduction by Prof. Joseph Fischer, New York: Dover Publication, Inc., 1991, p. 153. 相关分析可参罗帅:《印度半岛出土罗马钱币所见印度洋贸易的变迁》，载《古代钱币与丝绸高峰论坛暨第四届吐鲁番国际学术研讨会论文集》，上海：上海古籍出版社，2015年，第115—116页。

3《厄立特里亚航海记》成书时间大约在公元40—70年，此时正值贵霜帝国建立之初。有关“秦尼”的情况，见Lionel Casson, *Periplus Maris Erythraei: Text with Introduction, Translation, and Commentary*, pp. 90-91.

4《后汉书》卷八八《西域传》，第2920页。

5 按照《汉书·地理志》和《后汉书·南蛮西南夷列传》的记载，日南郡原为秦朝象郡的一部分，汉武帝灭南越国后，在原来的南越国属地分置十郡，日南郡为其中之一，属交趾刺史部。

竹杖”的记载在一定程度上证明了西南陆路的存在，但相对于崎岖难行的滇缅道，经海路到东南亚和中国要更为便捷。大秦与天竺的商人能够到达日南郡，实际上就暗示了从贵霜港口巴巴里库姆和婆卢羯车，经斯里兰卡，到东南亚和中国实有海路可通。考古发掘也证实了这一点。波比拉赫奇就曾提到，在斯里兰卡地区曾出土迦腻色伽一世、迦腻色伽二世和瓦苏提婆二世的钱币，[1]而在越南的湄公河流域也有索特·美加斯和威玛·卡德菲塞斯的钱币出土。[2]虽然自瓦苏提婆一世开始，贵霜帝国逐渐式微，但这条海路并未因此而衰落，它继续承担着从东地中海经印度到东南亚和中国的海上贸易。在《北史·西域传》中就有“（大秦）东南通交趾，又水道通益州永昌郡，多出异物”的记载。[3]

总的来说，贵霜帝国虽未能有效地控制恒河流域的广大地区，但是其对恒河中上游地区部分城市的掌控还是可以证实的。以秣菟罗、舍卫城为代表的城市的出现，为丝绸之路穿越犍陀罗，向印度腹地继续延伸提供了重要的保证。旁遮普桑格尔（Sanghol）遗址中出土的威玛·卡德菲塞斯钱币，[4]恒河流域比塔（Bhita）、阿希切哈特拉（Ahichchhatra）、鹿野苑（Sarnath）等地出现的贵霜陶器碎片，[5]就是丝路商贸在这些地区继续扩散的重要证据。随着贵霜帝国控制了印度河河口附近的海港，丝路商品在南亚次大陆的大致流向基本得到了确定，它们有的经贵霜帝国在恒河中上游的城市，转手于南部印度诸

1 O. Bopearachchi, *Ruhuna, an Ancient Civilisation Revisited: Numismatic and Archaeological Evidence on Inland and Maritime Trade*, Colombo: Nogegoda, 1999, pp. 74-75.

2 *L. Malleret, L'Archéologie du Delta du Mékong. Tome 2, La civilization matérielled'Oc－*èo, Paris: colefranaised'Extrême－Orient, 1960, pp. 231-232. 相关分析亦可参考罗帅：《印度半岛出土罗马钱币所见印度洋贸易的变迁》，载《古代钱币与丝绸高峰论坛暨第四届吐鲁番国际学术研讨会论文集》，第115—116页。

3 余太山：《两汉魏晋南北朝正史西域传要注》，第654页。

4 C. Margabandhu, Pradeep Kumar Pandey, “Excavations at Sanghol (1985-86 to 1989-90),” *Archaeological Survey of India*, New Delhi, Dec. 31, 2014, pp. 199-201.

5 Kameshwar Prasad, *Cities Crafts and Commerce under the Kushānas*, pp. 51-54.

国；有的经港口巴巴里库姆或者婆卢羯车，远销海外。

三　克什米尔的贵霜据点：罽宾—乌弋山离支线的全线贯通

贵霜帝国时期丝路的另一大进展就是罽宾—乌弋山离道的全线贯通。作为丝路南道最为重要的支线之一，它的贯通对后世的历史产生了重要的影响，法显和玄奘的天竺之游，佛教和犍陀罗艺术在南疆的传播，具有鲜明特色的汉佉二体钱在于阗等地的出现，都离不开这条支线的存在。

早在西汉时期，罽宾—乌弋山离道就已经初现端倪。《汉书·西域传》中就记载了从子合（今皮山）出发，经乌秅国，涉悬度，最后到达罽宾和乌弋山离的大致路线。[1]贵霜帝国崛起之后，兴都库什山以南的部分地区被贵霜人纳入了版图，这条支线上的主角也随之变成了贵霜帝国与东汉帝国。

为了抵抗东汉的威胁，贵霜人加强了罽宾一线的防御力量。现今的瓦罕河谷一带存在着一些最初由巴克特里亚希腊人建立的堡垒，如卡哈卡一号城堡（Kaakhka I）、纳姆德城堡（Namdgut）、阳存一号城堡（Yamchun I）和兰干尔城堡（Langar）等。[2]它们起初是用于抵御东方游牧民族的侵扰，贵霜时代被继续使用，部分城堡还发展成了小型的城市。这些在瓦罕地区的城市，一方面为贵霜大军翻越葱岭进入

---

1 《汉书》卷九六《西域传》，二十四史点校本，北京：中华书局，1962年，第3881—3889页。

2 有关该地区的考古发掘成果主要来自巴巴耶夫、萨格杜拉耶夫等前苏联学者之手。美国勒纳（Jeffrey D. Lerner）教授曾经对该地的古堡遗址进行过实地考察，其研究结果详见本卷第六编收录的译文《希腊—巴克特里亚时期的瓦罕城堡与丝绸之路》，原载《西域研究》2017年第3期。

塔里木盆地提供了后勤供应，另一方面也为罽宾—乌弋山离道的全线贯通奠定了基础。

除瓦罕地区之外，在印度河上游的克什米尔地区，同样也有贵霜人活动的迹象。其中，最明显的证据是北传佛教历史上著名的克什米尔结集（又称迦湿弥罗结集）。玄奘在《大唐西域记》中就提到了这次结集的情况。[1]该地能被迦腻色迦王作为佛教结集的地点，本身就暗示了该地文化的繁荣和佛教的兴盛。另一个重要的证据是出土于拉达克（Ladakh）的哈拉策铭文（Inscription Khalatse）。该铭文实际上只有一句话，提到了当时统治该地区的国王叫Uvima Kavthisa，学界一般之被比定为Vima Kadphises，[2]这也被作为贵霜人控制克什米尔地区的证据之一。此外，克什米尔地区还发现了一些贵霜帝国的钱币，包括了从丘就却到瓦苏提婆一世的贵霜诸王。[3]

有关贵霜人在克什米尔建城的记载主要来自印度的文献。根据卡尔哈那（Kalhana）创作的史诗《罗阇塔兰吉尼—克什米尔诸王编年史》（*Rajatarangini*），曾有三位贵霜国王（Huska、Juska和Kaniska）先后控制过克什米尔地区并建造了他们自己的城市（Huskapur、Juskapur和Kanispur）。[4]其中，Kanispur于1998—1999年得到了一定程度的发掘，该遗址位于印度克什米尔邦的夏季首府斯利那加（Srinagar）附近，主要由诸多小遗址构成。从出土的文物来看，有关贵霜时代的遗物主要是贵霜钱币、赤陶俑和陶罐。其中，钱币大部分属于迦腻色伽一世（也可能是二世）。从部分陶罐风格来看，它们与马歇尔在塔克西拉诸遗址出土的陶器有一定的相似之处，显示出该地

1 （唐）玄奘、辩机原著，季羡林等校注：《大唐西域记校注》卷一二，第1006—1012页。

2 Sten Konow, *Corpus Inscriptionum Indicarum*, II, Varanasi: Indological Book Houseantiquarian Booksellers & Publishers, 1969, pp. 79-81.

3 Iqbal Ahmad, *Kashmir Coins: Ancient Coins of Jammu, Kashmir, Ladakh and its Frontier Districts*, New Delhi: Dilpreet Publishing House, 2013, pp. 26-28.

4 M. A. Stein, *Kalhana's Rajatarangini*, Vol. I. p. 168. 转引自Kameshwar Prasad, *Cities Crafts and Commerce under the Kushānas*, p. 37.

与犍陀罗地区的商贸联系。[1]

从罽宾开始，这条支线接通了前文提到的经贝格拉姆和犍陀罗地区前往恒河流域的丝路主干道，但它并非到犍陀罗诸城为止，而是继续向西南延伸至喀布尔和坎大哈等地。其中，喀布尔一般被定位于《后汉书·西域传》中提到的高附地区。在《后汉书·西域传》中有“高附国在大月氏西南，亦大国也。其俗似天竺，而弱，易服。善贾贩，内富于财。所属无常，天竺、罽宾、安息三国强则得之，弱则失之，而未尝属月氏。……后属安息。及月氏破安息，始得高附”的记载。[2]嗣后的《魏略·西戎传》更是明确提到了高附国隶属于大月氏。[3]因此，贵霜帝国对喀布尔地区的控制没有太大的争议。从考古发掘上看，无论是在喀布尔附近的哈达遗址还是在喀布尔城外的佩特兰马杰神庙，都有不少贵霜时期的文物和贵霜多元风格的建筑被发现，[4]显示了该地区与贵霜帝国的密切联系。

从喀布尔地区再往南，就到赫尔曼德河畔的坎大哈，西方文献中称为阿拉科西亚的亚历山大里亚城。不过，它是否就可比定为《汉书·西域传》中提到的乌弋山离城，目前尚有争论。[5]从考古发掘来看，坎大哈是否贵霜帝国的领土目前并不明确。再加上近代以来的战乱使阿富汗的考古发掘受限，阿富汗地区的博物馆又大多被战火毁坏，馆藏文物多有散失，此问题只能留待进一步的研究。从坎大哈再

---

1 Buddha Rashmi Mani, *The Kushan Civilization: Studies in Urban Development and Material Culture*, pp. 170-181.

2 《后汉书》卷八八《西域传》，第2921页。

3 余太山：《两汉魏晋南北朝正史西域传要注》，第327—328页。

4 可参考John M. Rosenfield, *The Dynastic Arts of The Kushans*, pp. 47-48；普加琴科娃执笔《贵霜艺术》，［匈牙利］哈尔马塔主编：《中亚文明史》第二卷，徐文堪、芮传明译，第260—315页。

5 实际上阿拉科西亚附近共有4座名为亚历山大里亚的城市，分别为Alexandria in Ariana、Alexandria in Arachosia、Alexandria in Prophthasia、Alexandria in Ghazni，乌弋山离具体所指仍有争论。详参余太山：《塞种史研究》，北京：商务印书馆，2012年，第251—267页。

往西或者西南，就到了现在的锡斯坦，它是塞人最后控制的地区，再往西前进就是帕提亚的领土。

总的来说，伴随着贵霜帝国的建立，贵霜与东汉的博弈主要围绕罽宾—乌弋山离一线展开。为了抵抗东汉的威胁，贵霜人对帕米尔和克什米尔一带的军事据点进行了大力的拓展，罽宾—乌弋山离一线的城市迎来了新的发展契机，[1]部分城市甚至保留到了唐代。《大慈恩寺三藏法师传》中记载，玄奘在途经迦湿弥罗国（克什米尔）时，曾借宿于一座名为“护瑟迦罗”的寺庙。[2]从语音上看，护瑟伽罗一名与贵霜王胡韦色伽（Huvishka）有一定的相似之处，很可能该寺庙的所在地就是《罗阇塔兰吉尼—克什米尔诸王编年史》中提到的Huskapur。依据相关的考古发掘，该遗址出土的雕像虽以印度风格为主，但装束和服饰也不乏希腊、塞人和印度的风格，体现了克什米尔作为交通要道的地位以及贵霜文化多元融合的特点。[3]可以说，正是克什米尔地区贵霜据点的出现，为往来于西域诸国、中原王朝和印度各地的使节、僧侣和商人提供了重要的驿站，也使得罽宾—乌弋山离道成为丝路南道最为重要的支线之一。

1 需要说明一点，有关罽宾一地的大致范围，目前颇有争议。现有“喀布尔说”“克什米尔说”“犍陀罗说”和“迦毕试说”等诸多说法。可分别参看W. W. Tarn, *The Greeks in Bactria and India*, pp. 469-473；[法] 列维 · 沙畹：《罽宾考》，冯承钧译，《史地丛考》1928年11月，第111—115页；余太山：《塞种史研究》，第144—167页；岑仲勉：《汉书西域传地里校释》，北京：中华书局，1981年，第160页。笔者认为，即使克什米尔地区的部分贵霜城市可能不在当时罽宾的范围之内，它们的出现也无疑为罽宾—乌弋山离一线的拓展提供了重要的助力。

2 （唐）慧立、彦悰：《大慈恩寺三藏法师传》卷二，孙毓棠、谢方点校，北京：中华书局，2000年，第43页。

3 Ram Chandra Kak, *Ancient Monuments of Kashmir*, London: The India Society, 1933, pp. 152-154, plate LVIII, LIX.

结　论

贵霜帝国时代是丝绸之路发展史上一个承前启后的时代。自亚历山大东征以来，兴都库什山以南的城市就得到了迅速的发展，逐渐形成了以犍陀罗为中心的城市圈。虽然在游牧民族迁徙的浪潮下，中亚和西北印度地区由希腊化文化为主导的格局受到了一定程度冲击，但这一城市圈并没有因此而衰落下去。贵霜帝国通过军事征服的方式控制犍陀罗后，这些城市中的先进文化反而征服了游牧出身的贵霜人。贵霜帝国将这些城市予以保留和扩建，逐渐形成了以犍陀罗地区为核心，辐射恒河中上游、帕米尔和克什米尔地区的贵霜城市网，这就为丝绸之路在印度西北部的延伸提供了重要的前提和基础。同时，丝路商贸的发展和文化的交流又保证了这些城市的继续繁荣以及对商人的吸引力。在这种相互作用之下，丝绸之路在南亚次大陆的走向大致确立了下来。

The Establishment of Kushan Cities and the Expansion of the Silk Road in South Asian Subcontinent

Pang Xiaoxiao

Abstract: The Kushan Empire Period played a transitional role in the history of Central Asia and Northwest India, and it was also a key stage when the Silk Road in these areas gradually formed. With the expansion of the Kushanas, lots of cities emerged in the broad land of South Asian Subcontinent, which mainly located in the area with Gandhara region as a center. Meanwhile, some new cities developed in the upper reaches of the Ganges, the Indus River Delta, Kashmir, etc. These cities were linked by land and water routes, and thus basically decided the directions of the Silk Roads in South Asian Subcontinent.

Presentation of Ancient Bactria[1]

Pierre Leriche

(Centre national de la recherche scientifique, France)

The great and rich plain of Bactria is an exceptional region with vast horizons which contrasts with the mountains and deserts in the middle of which it represents a world apart, on the borders of the ancient world, the Indian world and the Chinese world. Limited to the East by the foothills of the Himalayas and to the West by the desert of Turkmenia, it extends to the North of the Hindu Kush up to the middle course of the Amu Darya and, beyond, up to the chain of Hissar which separates it from Sogdiana.

Bactria is not easily offered to anybody who wants to reach it. Like every promised lands, it must be earned. But those who undertake it know that at the end of their efforts there are green valleys leading to a long plain from which the mountain is always visible. Either like Alexander by crossing the passes of the Hindu Kush, among the highest in the world (between 3,000 and 4,000 metres high), or like so many conquerors from the North, including Genghis Khan and Tamerlane, by passing through

1 中文版见本书第二卷导言。

the "Iron Gates" across the Hissar mountains, whose peaks reach between 4,000 and 6,000 metres. Or, from Merv, crossing the Karakum desert to go up the Oxus, its vital artery. Unless one wants to gain Bactria through the upper Oxus valley via the Pamir massif, coming from Kashmir, India or China.

The pastures and agricultural wealth of the Bactrian oases were famous in ancient times. Its hot climate and thick loess soils result in a natural steppe (*dasht*), green in spring and dry and dusty in summer. But whether man takes the trouble to irrigate it, all crops grow there in abundance, with the exception of the olive tree (Strabo).

It was a major satrapy of the Achaemenid Empire, with a powerful city-capital which, very rare example, gave its name to the province, hardly conquered by Alexander. Cradle of a powerful Greek-Macedonian kingdom, conqueror of India, it became, two centuries later, the heart of the Tokharestan, the mysterious Kushan Empire between China and the Parthian Empire.

For the Greeks and the Romans, Bactria represented the limits of the known world, to the East of the Persian Empire, the limits of civilisation from where the army of Xerxes came with strange and impressive fighters, the inaccessible country where Alexander had to fight for a long time and where he met Roxane of whom he made his wife. It is also, in the heart of Central Asia, the country "of a thousand cities", the "very opulent Bactria" where the prestigious Greco-Bactrian kingdom has been created, then the Kushan Empire which shared the world with China and the Parthian and Roman empires. Vassalized by the Sassanid Empire, Bactria practically disappeared from the scene. Subjected to repeated invasions by steppe peoples attracted by the wealth of Bactra, of Termez and of its numerous cities, and integrated after a long resistance to the Ummayad and then Abbasid empires, it then experienced various fortunes, often dark, sometimes brilliant. But the catastrophic Mongol invasion was fatal for it, even if the Timurid renaissance restored some of its former lustre.

Despite its difficult access, Bactria is also a privileged place of transit between the Eurasian steppes, Sogdiana and the Indian world via routes bypassing the Himalayan massif and crossing the great East-West road linking Iran to China. "This mainly agricultural and pastoral region, with no defined border to the West, and always in precarious security, was created by nature to serve as a place of transit and exchange..." (A. Foucher)

Who could believe today that Ancient Bactria, now divided between Afghanistan, Uzbekistan and Tajikistan, was one of the privileged centres of civilisation in the Ancient World? And yet, here, Indo-European (Iranian, Greek), Altaic (Turkic, Mongolian) and Semitic (Arabic) peoples, languages and cultures met, clashed and mingled each other, bearing various scripts (Aramaic, Iranian, Greek, Indian and then Arabic). This was also a zone of religious effervescence where Mazdeism, Zoroastrianism, the Greek and Indian pantheons, Buddhism, Manichaeism, Judaism and Nestorian Christianity coexisted and were influenced each by other before the Arab conquest made Bactria one of the centres of Muslim thought, from Hakim Termezi [The Sage of Termez, a Sunni jurist] to Sufism.

The role of Bactria was essential in the development of new cultures throughout its vicissitudes: It was the cradle of a "Bactrian art" under the combined influence of Mesopotamia and India, then of Achaemenid Iran and the art of the steppes, and the original home of Hellenistic art through the "Greco-Iranian synthesis". Here Kushan art and Greco-Buddhist art were born, a particular Buddhist art was developed and, finally, here appeared a major centre of Islamic architecture and decorative arts in Central Asia.

Emergence and Apogee of the Bactria

The First Civilizations

Since the 3rd millennium, the trade of lapis lazuli brought Bactria into contact with Iran and Mesopotamia via Turkmenia and, to the south, with Seistan, Baluchistan (Fullol treasure) and the Harappan civilisation.

Irrigated agriculture suddenly appeared, giving rise to the first settlements in eastern Bactria (Shortugai), at the northern end of the Oxus delta (Farukabad, Dashli) and in the Cherabad Daria region (Sapalli, Djarkutan). It is generally thought that this phenomenon is due to the influence of the regions of the great rivers (Mesopotamia, Egypt and India) where these techniques were already developed.

At the end of the 2nd millennium, this civilisation disappeared to make way for a society that combined pastoral nomadism and sedentary agriculture dominated by a cavalier aristocracy and submitted to a dynast residing in the great city of Bactria-Zariaspa. It is in this context that the sacred book of the Zoroastrians, the Avesta, was composed, which attributes to a Bactrian dynast the protection granted to Zoroaster. Several authors speak of a "Bactrian kingdom" but this notion, as well as the legendary conquest of Bactria by the Assyrian king Ninus and his wife

Semiramis in the 8th century, raises many reservations.

The Achaemenid Period

Associated with the empire in 545-540 by Cyrus I, Bactria was ruled by a member of the Achaemenid royal family. Mentioned in the inscriptions of Darius at Behistoun under the name of "Bakhtrish", it forms the 12th satrapy which also includes Margiana and the Sogdians. In the "Charters of Susa", the Bactrians provide gold and a tribute of 360 talents (one ton) of silver per year, and on the bas-reliefs of Persepolis and Susa the Bactrians lead two-humped camels and carry precious vessels.

During the Median Wars, the Bactrians constituted an important contingent of the Great King's army. In 462, they revolted and in the 4th century, it was a Bactrian who led the "revolt of the Satraps". Like a Siberia of the Achaemenid Empire, Bactria was a land of colonisation where the Great King established colonies of non-native populations from Cyrenaica or Ionia (Branchides). Faced with Alexander's army, Bactria mobilised some 30,000 horsemen who constituted a powerful nobility on which the Bactrian satrap Bessos relied to usurp the royal title.

At the time of Alexander's arrival, the region was already highly developed with several important cities such as Bactria, Aornos (Tashkurgan or Altyn Diliar Depe) or Drapsaca (Kunduz) and mountain fortresses such as the Rocks held by powerful feudal lords. These indications are confirmed by archaeological research which has revealed the existence of a vast system of irrigation canals and the presence of numerous towns of various sizes in Eastern Bactria and north of Bactria as well as in a dozen oases situated north of the Oxus.

The Achaemenid period thus appears for Bactria as an important phase of development essentially based on the extension of irrigated agriculture around small regional capitals such as Kyzyl Tepe and Talashkan Tepe. The society thus appears to be much more sedentary than in Sogdiana, where pastoral nomadism remains dominant. The architecture of this period is clearly influenced by that of the Achaemenid Empire, but in the toreutics, goldsmith's and silversmith's art, a strong imprint of the steppe traditions can be seen, as can be seen in the famous Oxus treasure.

Greek Bactria (329-mid 2nd century)

The irruption of the Macedonian armies into the region and the war that Alexander had to wage for three years (329-327) to subjugate Bactria and especially Sogdiana was at first a real catastrophe. The scorched earth policy carried out by Bessos before withdrawing north of the Oxus led to the surrender of Bactria without a fight, the nobles having defected and withdrawn to their lands. But the revolt that broke out shortly afterwards and the guerrilla operations led by the Sogdians allied to the nomads and certain Bactrian nobles led to a brutal repression on the part of Alexander that culminated in the organisation of "infernal columns" that massacred more than a hundred thousand inhabitants. With the exception of the capital, all the cities were destroyed and their oases abandoned.

Alexander then founded a dozen of military colonies. He charged Hephaestion with populating these new settlements with reformed soldiers and secured the loyalty of the nobility by taking 30,000 hostages with him.

Under Alexander's successors, Bactria was rebuilt through heavy colonisation by Greek or Hellenised populations, and development through irrigation intensified. For a century and a half, it was the heart of Greek domination in the region. It became an independent kingdom, the Greco-Bactrian kingdom, under the leadership of prestigious dynasts such as Diodotus I, Euthydemus, Demetrios I and Eucratides. Its power is such that it stands up to the Parthians and an attempted Seleucid reconquest, and then extends its borders from Sogdiana to northwest India.

During this period, Bactria was enlarged and, above all, a new capital was founded from scratch at Ai Khanoum in eastern Bactria. Then large cities appeared such as Kala e Zal and Shahr i Nao and smaller ones such as Dil'berjine Tepe and Dal'verzine Tepe. Military settlements were also founded at Termez and Kampyr Tepe to control the river and fortresses to guard the borders such as Payon Kurgan near the pass of Derbent. Only the sanctuary of Takht-i Sangin developed in the continuity of the Achaemenid period, while Khaytabad Tepe and Djandavlat Tepe rose from their ashes.

Progressively cut off from the Mediterranean world, Bactria was nonetheless one of the active centres of Hellenism, "the ornament of all Ariana" (Apollodorus). The new occupants developed urban civilisation and imposed their defensive techniques and writing. Greek art imposed itself in all fields, in particular in architectural decoration, sculpture and numismatics, which produced some of its masterpieces here. However, the Greeks also knew how to make the most of local construction and irrigation techniques and integrated to varying degrees local traditions as well as those of the steppe or India, particularly in the religious domain.

The Nomadic Period (mid 2nd-late 1st century BC)

In the middle of the 2nd century, the Greeks, weakened by their internal struggles, abandoned Bactria and retreated to India where they reigned for a century. Their departure then gave way to a massive arrival of nomadic peoples from the north who first settled in camps, accumulating treasures like that of Tillia Tepe, and then gradually became sedentary. This led to a proliferation of small fortified settlements, to the point that Strabo and Justin spoke of "Bactria with a thousand cities". In fact, this situation reflects the insecurity that reigned at the time, which led to the abandonment of certain irrigation regions.

In 128-126 BC, the Chinese traveller Chiang Kien describes Bactria south of the Oxus as follows: "The inhabitants have fixed dwellings and live in walled towns and regular houses, as in Ferghana. They have no great chief or king, but everywhere the towns have their own local dynast. Although the people are shrewd traders, their soldiers are weak and afraid to fight, so when the Yue Tche migrated west, they fought the Bactrians who became their subjects. The population of Bactria may amount to over a million people. Their capital is called Lan-hsi and has markets where all sorts of goods are sold. In Bactria I saw a bamboo stick from Se Tchuan and clothes from Se Tchuan. When I asked the locals how they got them, they replied, "The locals buy them from India."

The Kushan Period (1st century BC-4th century AD)

This situation ends with the emergence of one of the five nomadic tribes of the Yue-Tche who conquered Bactria, the Kushan, who subjugated the other tribes and formed a kingdom of which Khaltchayan or Dal'verzine Tepe was the capital. The founder of the dynasty extended his power to the Hindu Kush. His successor extended the borders of the kingdom into India, into the Punjab, and established a powerful empire. The greatest king of the dynasty was Kanichka (late 1st-early 2nd century), whose dynastic temple is located at Surkh Kotal, at the foot of the mountains east of Kunduz.

Urbanisation develops considerably. The old Greek military settlements became cities (Termez, Dal'verzine Tepe, Kampyr Tepe), new settlements were created (Zar Tepe, Khairabad Tepe) and irrigation colonised the Oxus valley and the high valleys of the Hissar, Pamir and Hindu Kush. It was then that the process of settlement and development of Bactria was fully completed.

The Kushan Empire opened up widely to the outside world (in 99 a Kushan embassy was sent to Rome) and little by little the Silk Road was established, of which Termez and Bactria appeared to be two essential stages. Bactria, in the heart of the empire, became the main place of diffusion of Indian Buddhism, of which Bactria, Termez (Kara Tepe), Dal'verzin Tepe (where there is also a Shivaite temple) or Ayrtam are the best-known centres. It is also here that the synthesis between the Greek heritage and the traditions of the steppe and Iran takes place, resulting in the dynastic Kushan art with its resolutely frontal slab statues and the Greco-Buddhist art with its great freedom of life. The latter flourished in various forms (schist sculptures or painted clay statues) from north-western India to the Hissar mountains and gave rise to the canonical type of Buddha supposed to have been conceived on the model of Apollo.

Bactrian-Tokharestan between Transoxania and Khorassan

The late Antiquity (3rd-7th century)

This period of stability and prosperity came to a brutal end in 242 when the Sassanids, victorious over the Kushans, made Bactria a Sassanid protectorate. The weakened power could not oppose the invasion of new peoples from the steppe who settle and establish their domination: Kidarites (寄多罗人Yue-Tche?) then Chionites (匈尼特人Altaic group) and finally Ephtalites (嚈哒人，白匈奴Hiong Nou).

In the 4th century, Bactria gradually lost its name to that of Tokharestan (from the name of the people who made up its population base). Under the Ephtalites, the urban population migrated to the countryside and most cities declined or disappeared. Tokharestan entered the Middle Ages and was divided into small principalities (Chaganian, Kobadian, Kuttal, Termez, Bactria, Kunduz, Badakhshan etc.). The military aristocracy, the "dehkhans", built castles on high platforms, such as in Kafir Kala, Yavan or Key Kobad Chah, or in Balalyk Tepe and Kuyov Kurgan, which are decorated with sumptuous paintings and sculptures in a style closely related to that of India. When the Chinese pilgrim Hsuen Tsang visited the region in 630, Buddhism was still very much alive and gave rise to the construction of numerous monasteries such as that of Adjina Tepe where a colossal statue of a reclining Buddha in the midst of nirvana, very similar to those of Bamyan, was built.

In 569, the Sassanids, allied with the Turks from the west, re-established their domination over Tokharestan, and then, around 625, the latter passed into the hands of a new power, the Turkish kaganate, which rapidly declined but remained under Chinese suzerainty.

Tokharestan resisted for a long time the Arab conquerors who had just put an end to the Sassanian Empire. As early as 653, the Arabs, who were firmly established in Merv where 50,000 Iraqis were living, launched several expeditions from Merv and finally established their domination over the region in 738. This was the end of Ancient Bactria.

Annex 1: The boundaries of Ancient Bactria

The ancient sources, of different dates and from authors who did not know the country, are contradictory. Polybius and Arrianus, for whom the Oxus 'crosses Bactria' and the southern boundary of Sogdiana lies far north of the Oxus, probably somewhere in the Hissar Mountains, are opposed by Strabo, Pliny and Ptolemy, who see the Oxus as the northern boundary of Bactria, while Quinte-Curce often mixes up the locations of the Bactrian and Sogdian satrapies, giving the impression that the two are closely intermingled.

In fact, in antiquity, a river rarely formed a border. The real borders are those of the mountains and deserts, and the archaeological remains show a very strong unity of civilization and culture between the two banks of the Oxus.

Annex 2: History of Research on Bactria

The first studies on Bactria date from the middle of the last century. For a long time, they were based solely on written sources (Greco-Roman and Chinese) and on the abundant and remarkable numismatic material left by the Greco-Bactrian rulers in particular. On the other hand, it was not until after the First World War that the exploration of archaeological sites began. This research was carried out under very different conditions due to the division of the region between Afghanistan south of the Oxus and the Soviet republics of Uzbekistan and Tajikistan north of the river. In the northern zone, which has been heavily developed (canals, roads, electrification and irrigation, which has sometimes destroyed certain sites), a large number of archaeological sites have been identified and excavated. In Afghanistan, where, till now, roads reach only the big cities (Afghanistan was still one of the countries with the lowest *per capita* income in the world before the war broke out in 1978), the best preserved ancient remains have been relatively little explored. Unfortunately, the civil war has been fatal to many archaeological sites, which have been intensively looted, a fact that has thrown many treasures of coins and sculptures onto the markets.

In the south, the French Archaeological Delegation in Afghanistan, created in 1922, experienced some failures at Bactria and concentrated its efforts on several Buddhist or Islamic sites of the Hindu Kush (Bamiyan, Begram, etc.). From the 1960s onwards, however, two major sites were discovered: the Kushan dynastic sanctuary of Surkh Kotal and the Greek city of Ai Khanoum, while Soviet teams working north and west of Bactria uncovered several Bronze Age sites, an ancient city at Dilbergin Tepe and a remarkable treasure at Tillia Tepe.

Archaeological research north of the Oxus began in 1926-28 at Termez and Ayrtam. It received a strong impetus after the Second World War with the creation of the Academies of Sciences and the multiplication of prospections and excavations linked to major works that covered the costs of research.

Unfortunately, the results obtained in Uzbekistan and Tajikistan, published in Russian and difficult to obtain in the context of the Cold War, remained poorly known in the West for a long time and are only just beginning to spread. So much so that it was not until quite recently that publications took into account the results from both parts of Bactria.

However, since 1988 and especially since Uzbekistan's independence, this activity has been favoured by the opening up and stability of the country. Mixed teams have been set up, associating Uzbek researchers with Japanese (Dal'verzine Tepe and Kara Tepe), French (Termez and Surkhan Daria) and German (Djarkutan) teams. Joint publications are in progress which will make it possible to make up for the delays and to make better known the contribution of Bactria to civilisation.

丝路开通初期木鹿的城市发展与功能演变

张　录
（南开大学历史学院）

摘要：古代木鹿是希腊化世界东部规模最为宏大的城市之一。丝路开通前，木鹿就在印度、中亚与地中海世界的商贸往来中发挥了一定的作用，只是其商业属性始终附着于政治强力的推动，贸易的形式单一，规模较小。随着丝绸之路的开拓，木鹿因其特殊的地理位置、绿洲农业以及手工业生产，成为东西方主要交通网络的交汇点，直接促进了其城市发展形态的调整，逐渐完成了从早期的希腊化城市向丝路枢纽城市的转型。在这一转变过程中，木鹿不仅出现了相对独立的本土王朝，还成为基督教、犹太教、摩尼教和佛教等外来宗教汇聚的沃土，从而在某种程度上重塑了中亚的政治格局与木鹿的文化景观，进一步促使木鹿的城市功能逐渐由此前的行政与军事要地，向更加多元化的方向转变。

亚历山大帝国的建立以及希腊化世界的形成，加强了古代诸文明的互动。伴随着希腊人主导的一系列建城运动，希腊文明逐渐在“远东”地区落地生根，形成了以中亚和西北印度为核心的“远东”希腊化文明圈。此后，有学者直接使用“希腊化远东”（Hellenistic Far-

East）来指代这一区域，它也是后世丝路沿线古代诸文明交汇的核心地带。这其中，城市构成了希腊化王国的政权基础，以及各种政治与文化权力塑造发生的场所。鉴于这种情况，近年来，一些学者试图构建希腊化文明遗产与丝路文明互动共生的“整体史研究”的语境，努力推进希腊化文明与丝路研究的“视角转换”和“范式转变”。[1]受此启发，本文以兼具希腊化城市与丝路重镇双重属性的木鹿为例，力图展现这种角色转变的历史进程及其动因和影响。[2]

约公元前6世纪下半叶，波斯帝国阿黑门尼王朝征服马尔吉亚那（Margiana），将首府设在今埃尔克—卡拉（Erk-Kala）遗址，由此奠定了马尔吉亚那古典城市形态的基础。希腊化时期，尤其是安条克一世（Antiochus I，公元前281—前261年）时对其进行扩建，使之成为中亚地区规模最大的希腊化城市之一。该城因其重要的地理位置和政治、军事地位，被古代东西方史料频繁提及。其中比较重要的除了“亚历山大五种史料”以外，[3]斯特拉波（Strabo）、托勒密（Ptolemy）、

---

1 关于这一转变的学术史与个案研究，还可以参考杨巨平:《亚历山大东征与丝绸之路开通》,《历史研究》2007年第4期，第150—161页;《远东希腊化文明的文化遗产及其历史定位》,《历史研究》2016年第5期，第127—143页；徐晓旭、贾瑞霞:《丝绸之路与希腊化城市》,《社会科学战线》2023年第1期，第113—126页。

2 汉文史籍中的“木鹿”或“末禄”，在西方古典史料中又被称为“马尔吉亚那”（Μαργιανή）。贝希斯敦铭文中提到，马尔吉亚那在古巴比伦语中为Margu，古波斯语中为Margush，古埃兰语中为Markush。汉文史籍中的木鹿、马鲁、末禄，有时也会误写成“朱禄”“米禄”等，这些应该是琐罗亚斯德教圣典中Mouru一词的对音，因此马尔吉亚那绿洲也称木鹿绿洲。后来的阿拉伯史料称之为Merv、Marw，对应汉文史料中的“麻里兀”“谋夫”等词。为避免冗赘或误解，本文视语境而定，一般交替使用“马尔吉亚那”和“木鹿”两词。关于马尔吉亚那在贝希斯敦铭文中的名称，见W. King and R. C. Thompson, *The Sculptures and Inscription of Darius the Great on the Rock of Behistun in Persia: A New Collation of the Persian, Susian, and Babylonian Texts*, London: Longmans, 1907, p. LXIV.

3 有关亚历山大东征与早期希腊化的史料中，对后世影响较大的有狄奥多鲁斯（Diodorus of Sicily）的《历史文库》（*The Library of History*）、阿里安（Arrian）的《亚历山大远征记》（*Anabasis of Alexander*）、普鲁塔克（Plutarch）的《名人传》（*Lives*）、查士丁（Justin）的《腓力史摘要》（*Epitome of the Philippic History of Pompeius Trogus*）、库尔提乌斯（Quintus Curtius Rufus）的《亚历山大大帝史》（*Histories of Alexander the Great*）等，学术界通常将其统称为“亚历山大五种史料”。

波里比阿（Polybius）、伊西多尔（Isidore of Charax）、老普林尼（Pliny the Elder）等人的作品都留下了大量关于木鹿的历史地理信息。汉文史籍如《史记》《汉书》《后汉书》《魏略》以及唐代杜环《经行记》中，也直接或间接保存了关于木鹿的信息。此外，尽管波斯史料中关于希腊化时代以前马尔吉亚那文明的记载极少，但仍不可忽视，其中重要的有琐罗亚斯德教的圣典、贝希斯敦铭文。[1]此后萨珊时期的“天房铭文”（SKZ）直接提到了该地的政治情势。[2]《伊朗沙赫尔诸省府志》（*Shahristaniha-i Eranshahr*）则延续了亚历山大创建木鹿城市的叙事传统。[3]

目前学术界对于古代木鹿城市演变的关注，主要依赖考古学者的工作。这其中比较重要的包括“南土库曼斯坦考古综合考察队”（简称YuTAKE）编撰的二十四卷考古报告。这是中亚历史上历时最长、规模最大的考古活动，保留了中亚重要城市遗址的考古记录，其中有五卷涉及木鹿地区。[4]20世纪80年代末，科舍伦科（G. A. Koshelenko）、古巴依夫（A. Gubaev）等学者率队对穆尔加布（Murghab）河绿洲进行考古遗址分布图的绘制，主要成果集中发表在《穆尔加布河三

---

1 W. King and R. C. Thompson, *The Sculptures and Inscription of Darius the Great on the Rock of Behistun in Persia: A New Collation of the Persian, Susian, and Babylonian Texts*; J. Darmesteter, *The Zend-Avesta: The Vendidad*, Oxford: Clarendon Press, 1880.

2 SKZ即Shapur I’s Kabaah Zartosht的缩写，波斯语意为“琐罗亚斯德的房子”，故可将铭文简译为“天房铭文”。关于该铭文的译注，可参考Martin Sprengling, *Third Century Iran: Sapor and Kartir*, Chicago: University of Chicago Press, 1953.

3 T. Daryaee, *Šahrestānīha-ī Ērānšahr, a Middle Persian Text on Geography, Epic and History*, with English and Persian translations and commentary, Costa Mesa: Mazda Publishers, 2002, p. 18.

4 M. E. Masson, *Trudy Južno-Turkmenistanskoj arheologičeskoj kompleksnoj èkspedicii* (*Proceedings of the South Turkmenistan Archaeological Complex Expedition*), Tom. XI, XII, XIV, XV, XVI, Ashxabad: Izd-vo Turkmenskogo Filiala SSSR, 1963-1978. 其中，第十一卷的标题为《古代中世纪木鹿地区的陶器研究》（*Keramika antičnogo i srednevekovogo Merva*），其他四卷的标题都是《木鹿地区的考古发现》（*Materialy po arheologii Merva*）。

角洲考古地图报告：1990—1995年》。[1]90年代以后，由英国、土库曼斯坦、俄罗斯等多国学者共同参与的“国际木鹿项目”（International Merv Project），其成果《国际木鹿项目初步报告》以连载的形式发表在著名期刊《伊朗》（*Iran*）杂志上，每年一期，共计九期。该项目到期后，双方的合作并未立即终止，而是成立了“古代木鹿项目”（Ancient Merv Project），此次考古成果《古代木鹿项目初步报告》继续在《伊朗》杂志上连载。[2]这些考古报告成为后来学者考察木鹿乃至中亚历史的重要资料来源。

不过，上述考古报告未能得到历史学者应有的重视，目前学界对木鹿城市史的整体性与历时性考察都还亟待充实。因此，本文将在前人的研究基础上，从“希腊化城市与丝绸之路互动”这一特定角度出发，重点讨论古代中亚政治变动格局下，木鹿这一希腊化城市的早期经营，以及丝路开通后其城市功能的丰富和转型。

一　希腊—马其顿人在木鹿的建城与经营

公元前4世纪末，亚历山大在东征波斯帝国途中，频繁新建或重建当地城市，以之作为统治中心、军事要塞或老弱残兵的安置地。这些城市由此成为西亚、中亚及至南亚部分地区希腊化进程的肇始与依托。根据库尔提乌斯（Curtius）、老普林尼等人的记载，亚历山大

1 A. Gubaev, et al., *The Archaeological Map of the Murghab Delta: Preliminary Reports*, Roma: IsIAO, 1998.

2 鉴于这些考古报告除了年份以外，标题基本相同，并且都在《伊朗》杂志上连载，因此此处不列全部报告，只各举一例。Georgina Herrmann, et al., “The International Merv Project, Preliminary Report on the First Season (1992),” *Iran*, Vol. 31 (1993), pp. 39-62; Tim Williams, et al., “The Ancient Merv Project: Turkmenistan Preliminary Report on the First Season (2001),” *Iran*, Vol. 40 (2002), pp. 15-41.

曾亲自主持营建新城“马尔吉亚那的亚历山大里亚”（Alexandria in Margiana）。[1]但是，古典文献中关于亚历山大在中亚建城数量与方位的记载并不完全一致，甚或不乏抵牾之处。[2]比如，阿里安就对亚历山大到达马尔吉亚那一事只字未提。所以有学者认为“马尔吉亚那的亚历山大里亚”并非亚历山大本人所建，而是由他派遣的某位将领主持建城事宜。[3]博斯沃思（A. B. Bosworth）和保罗·伯纳德（Paul Bernard）甚至认为，库尔提乌斯实际上从未提及亚历山大曾远征马尔吉亚那，理由是其原文中记载的本是Margianam或者Marginiam，到了16世纪时，该词被亚伯拉罕·奥尔泰（Abraham Oertel）修改成了Margiana。因此，库尔提乌斯原文所谓的Margianam其实是索格底亚那的某地。[4]

无论如何，该地区作为波斯帝国巴克特里亚总督辖区下的一个次级行省，也是防御北方马萨格泰人的重要边界，希腊—马其顿人在征服中亚途中不会对其视而不见，很可能早在亚历山大到达阿里亚（Aria）时，便已派人顺着哈利河（Hari-Rud）而下占领马尔吉亚那。另外，阿里安提到亚历山大在攻打马拉坎达时，曾派遣克拉特鲁斯回援扎瑞亚斯帕（Zariaspa）一地。[5]回援部队在向沙漠方向追击叛军和

---

1 Quintus Curtius Rufus, *History of Alexander*, 7.10.15, with an English translation by J. C. Rolfe, Cambridge, Massachusetts: Harvard University Press, 1946; Pliny, *Natural History*, 6.18, with an English translation by H. Rackham, Cambridge, Massachusetts: Harvard University Press, 1942.

2 杨巨平:《远东希腊化文明的文化遗产及其历史定位》,《历史研究》2016年第5期，第129页。

3 A. B. Bosworth, “A Missing Year in the History of Alexander the Great,” *The Journal of Hellenic Studies*, Vol. 101 (1981), p. 24.

4 A. B. Bosworth, “A Missing Year in the History of Alexander the Great,” *The Journal of Hellenic Studies*, Vol. 101 (1981), p. 25; Paul Bernard, “Alexandre et Aï Khanoum,” *Journal des Savants*, Vol. 2 (1982), pp. 125-128.

5 贺拉斯·威尔逊（Horace H. Wilson）认为Zariaspa就是所谓的“马尔吉亚那的亚历山大里亚”，亚历山大·坎宁汉（Alexander Cunningham）认为它是巴克特拉的别名，这一观点与斯特拉波的《地理志》中的记载一致，见Strabo, 11.11.2. 关于以上两种（转下页）

马萨格泰人时，与敌军展开过一场激烈的战斗。[1]此次战斗极有可能发生在马尔吉亚那绿洲附近。战斗结束后，克拉特鲁斯在波斯堡垒的基础上加固或重建了军事城防，因此被古代史家当作所谓的亚历山大里亚记载下来。直到中世纪的阿拉伯和波斯史料，还一直将亚历山大视为木鹿城的创建者。[2]

亚历山大去世后，亚洲大部皆归塞琉古一世（Seleucus I Nicator，约公元前305—前281年）所有。根据斯特拉波和老普林尼等古典作家记载，彼时北方游牧民族不断入侵中亚，并摧毁不少希腊化城市，“马尔吉亚那的亚历山大里亚”即在此之列。[3]公元前305年以后，塞琉古一世发起东征。此后，为了加强对王国东部的控制，其子安条克一世又受命以共治者的身份管理东部行省（Upper Satrapies）。在此期间，安条克一世及手下将领在马尔吉亚那、阿里亚、阿拉科西亚、巴克特里亚、索格底亚那等地大规模重建或新建城镇。[4]“马尔吉亚那的安条克城”（下称安条克城）正是在这样的背景下重建起来的。

（接上页）观点，可以参考Horace H. Wilson, *Ariana Antiqua: A Descriptive Account of the Antiquities and Coins of Afghanistan*, London: East India Company, 1841, p. 221; Alexander Cunningham, “Coins of Alexander’s Successors in the East (Continued),” *The Numismatic Chronicle and Journal of the Numismatic Society*, Vol. 9 (1869), p. 133. 需要注意到，近年来拉宾提出Zariaspa也有可能是Zarapša-Zérafshan即泽拉夫善河的转音。主要见于Svetlana Gorshenina and Claude Rapin, “Samarkand, Maracanda, Zariaspa: la lente formation d’équivalences toponymiques,” in Véronique Schiltz, ed., *De Samarcande à Istanbul: étapes orientales*, Paris: CNRS Éditions, 2019, p. 115; Claude Rapin, “On the Way to Roxane 2: Satraps and Hyparchs between Bactra and Zariaspa-Maracanda,” in J. Lhuillier and N. Boroffka, eds., *A Millennium of History: The Iron Age in Southern Central Asia (2nd and 1st Millennia BC)*, Berlin: Dietrich Reimer, 2018, pp. 263-273.

1 Arrian, *Anabasis of Alexander*, 4.16-17, with an English translation by P. A. Brunt, Cambridge, MA: Harvard University Press, 1976.

2 G. A. Koshelenko, “Antiohija v Margiane po informacii Stefana Vizantijskogo (Antioch in Margiana according to Stephen of Byzantium),” *Problemj istorii, filologii, kul’turj*, Tom. XI (2001), c. 416.

3 Strabo, *The Geography*, 11.8.2, with an English translation by Horace Leonard Jones, Cambridge, Massachusetts: Harvard University Press, 1949; Pliny, *Natural History*, 6.18.

4 Paul J. Kosmin, *The Land of the Elephant Kings: Space, Territory, and Ideology in Seleucid Empire*, Cambridge, Massachusetts: Harvard University Press, 2014, p. 61.

现代考古学意义上的安条克城主要由埃尔克—卡拉、乔尔—卡拉（Gyaur-Kala）两处遗址组成。埃尔克—卡拉大致呈椭圆形，南北长约500米，东西长约400米，面积约20公顷。该城到阿黑门尼王朝时成为马尔吉亚那的首府所在。此后安条克一世对该城进行了大规模扩建，形成了今天的乔尔—卡拉，而此前的埃尔克—卡拉则成了新城的城堡。乔尔—卡拉总体呈方型，其城墙周长约8000米，整个安条克城面积超过360公顷。作为对比，巴克特里亚的行政中心阿伊·哈努姆（Ai Khanoum）面积约为150—170公顷，塞琉古王城塞琉西亚（Seleucia）的遗址约有550公顷。因此，安条克城的规模在整个希腊化时代也属一流。

安条克城的规划大体遵循与其他希腊化城市相似的思路。[1]城市采用了希腊式的网格布局，城内有东西、南北走向的两条主干道，将城市划分为四个区域。从航空成像的结果来看，安条克城仍保持着希腊式的直线街道模式。该城遗址的部分城墙有18米高，从一些土丘遗址判断，沿城墙一线至少应该分布着80座塔楼，城门一般在每面城墙的中心位置。[2]这种城市布局历经数个世纪未曾改变。唐朝杜环曾游历木鹿（末禄），谓其“城方十五里……墙宇高厚，市廛平正”。[3]

古代史料中还提到安条克一世曾围绕马尔吉亚那绿洲修建了规模宏大的城墙，也就是后来将整个城市及其附近绿洲囊括进来的“安条克长墙”（Antiochus's Wall）。尽管在今天穆尔加布河三角洲一带确实存在着规模宏大的古代城墙遗址，但是关于二者之间的比定，至今依然众说纷纭，这也成为现代学术界关于希腊化时期马尔

1 赫尔曼（G. Herrmann）认为，由于乔尔—卡拉是一座希腊化城市，因此可能也会存在街区、神殿、市场、剧院、体育馆以及公共浴室等设施。参考G. Herrmann, “Early and Medieval Merv: A Tale of Three Cities,” *Proceedings of the British Academy*, Vol. 94 (1996), p. 11.

2 V. A. Zavyalov, “The Fortifications of the City of Gyaur Kala, Merv,” in Joe Cribb and Georgina Herrmann, eds., *After Alexander: Central Asia before Islam*, Oxford: Oxford University Press, 2007, p. 314.

3 （唐）杜环著，张一纯笺注：《经行记笺注》，北京：中华书局，1963年，第59页。

吉亚那的核心问题之一。据老普林尼的《自然史》(*Natural History*)记载:"该地区被长达1500斯塔德(stadia)的山脉包围,四周绵延着120斯塔德的沙漠。……亚历山大修建的'马尔吉亚那的亚历山大里亚'被蛮族人摧毁以后,塞琉古之子安条克又在旧地重建了一座'叙利亚式'的城市,并以自己的名字命名。穆尔加布河穿城而过,注入佐塔湖(Lake Zotha)。该城周长将近70斯塔德。"斯特拉波《地理志》(*The Geography*)的记载则稍有不同:"安条克一世鉴于其肥沃的土地,便围绕1500斯塔德的土地周围修建了城墙,并建造了安条克城。"[1]

由于上述二者都参考了阿波罗多鲁斯(Apollodorus of Artemita)的《帕提亚史》(*Parthica*),所以双方的记载多有相似之处,只是《自然史》的转述更为细致,信息也更丰富。值得注意的是,老普林尼提到马尔吉亚那绿洲被1500斯塔德(约240—280公里)的山脉环绕,城市本身的周长有70斯塔德,斯特拉波却记载安条克城墙周长为1500斯塔德。然而,如果《地理志》中1500斯塔德的城墙确实存在,那么其势必会成为马尔吉亚那地区最显著的地域特征,老普林尼为何会遗漏如此重要的信息?巴德尔(A. N. Bader)等人提出,造成两种史料不合的原因是斯特拉波曲解了阿波罗多鲁斯的原意,误将原书中安条克城的城墙(the Wall of Antiochia)当成了"安条克长墙"。[2]不过这一观点依然无法解释为何两种史料都提到1500斯塔德这一数字。除此以外,马尔吉亚那并不存在合围整个地区的山脉。而且,穆尔加布河虽然流经马尔吉亚那绿洲,但实际上并未穿过安条克城。那么,如何理解这种史料与史实之间的冲突呢?

更合理的解释是,斯特拉波误把合围大片绿洲的"安条克长墙"

---

1 Pliny, *Natural History*, 6.18.46-48; Strabo, *The Geography*, 11.10.2.

2 A. N. Bader, et al., "Walls of Margiana," in Antonio Invernizzi, eds., *In the Land of the Gryphons: Papers on Central Asian Archaeology in Antiquity*, Firenze: Le lettere, 1995, p. 47.

当作了“安条克城墙”。具体而言，斯特拉波将安条克城称作πόλις（polis），意即“城邦”，但古代文本中的“城邦”既可以当作具体的地理空间或“定居点”，也可以视为一种政治共同体。πόλις一词在指代具体的地理空间时既可以与ἀκρόπολις（akropolis）同义，即“卫城”；也可以与ἄστυ（asty）同义，指代一个城镇；还可以与χώρα（chora）同义，指代城镇及其农业腹地。换言之，πόλις不仅可以指城市本身，还可以泛指城镇及其周边农村构成的共同体。[1]

如此看来，斯特拉波所谓“安条克一世……围绕1500斯塔德的土地周围修建了城墙，并建造了安条克城”，是在分别叙述两件事，即安条克一世修建“安条克长墙”合围了大片绿洲，并且在绿洲内营建安条克城。而且，如果“安条克长墙”以内都可称为“πόλις”，那么穆尔加布河也确实“穿城而过”。二者都提到了1500斯塔德这一数字，因此可以想见，阿波罗多鲁斯书中确实记载了长约1500斯塔德的“安条克长墙”，但是在信息传播的过程中，像山脉一样高大的城墙则被讹传为了山脉。不过1500斯塔德这一数字显然是夸大之辞。不难推测，安条克城除了作为马尔吉亚那的首府以外，很可能也是安条克一世在东部行省担任共治者时的驻跸地。这无疑进一步增强了安条克城的政治地位。

除了大规模的城市建设以外，尚存的钱币资料还反映出塞琉古王国在马尔吉亚那进行了货币化和经济改革的尝试。基于乔尔—卡拉遗址发现的钱币与阿伊·哈努姆和塔赫特—伊·桑金（Takht-i Sangin）所发现的希腊式钱币（Greek coins）之间“有着惊人的相似性”，马尚（M. E. Masson）认为土库曼斯坦南部发现的希腊式钱币并不仅仅只是在此处流通，而很有可能就是直接在本地发行的。斯米尔诺娃

1 Mogens H. Hansen, *Polis: An Introduction to the Ancient Greek City-State*, Oxford: Oxford University Press, 2006, pp. 56-57.

(Nataliya M. Smirnova）等人也根据马尔吉亚那发现的钱币认为，该地可能早在塞琉古王国初期就已经出现造币场。[1]考虑到安条克一世时期，马尔吉亚那主要作为抵御游牧民族入侵的军事要塞而存在，那么势必要在此地维持一支常备军队。如此一来，安条克一世确有必要在此地发行钱币充作军费。不过，筹办军费并非此地发行钱币的唯一目的，激发商业潜力也在安条克一世的考量之内。

安条克一世死后，塞琉古王朝逐渐失去对中亚政治秩序的掌控，但希腊—马其顿人对马尔吉亚那的经营还远未结束。公元前3世纪中叶，塞琉古王国的东部领土相继发生巨变，帕尔尼人（Parni）在帕提亚建立了阿尔萨息王朝。与此同时，巴克特里亚总督狄奥多托斯一世（Diodotus I，约公元前256—前235年）宣告独立，由此开启了希腊—巴克特里亚王国的历史。根据古典文献和出土钱币来看，到中亚的希腊化王国灭亡之前，马尔吉亚那几乎一直归属于中亚的希腊化王国。[2]

马尔吉亚那后来并入到帕提亚帝国的版图，但确切时间仍不可知。不过钱币资料显示，弗拉特斯二世（Phraates II，约公元前138/132—前127年）时期，帕提亚开始在此地设置造币场。[3]弗拉特

1 Nataliya M. Smirnova, “On Finds of Hellenistic Coins in Turkmenistan,” *Ancient Civilizations from Scythia to Siberia*, Vol. 3(1997), pp. 260-264; N. Smirnova, “Some Questions Regarding the Numismatics of Pre-Islamic Merv,” in J. Cribb and G. Herrmann, eds., *After Alexander: Central Asia Before Islam*, New York: Oxford University Press, 2007, p. 379; Joe Cribb, “Money as a Marker of Cultural Continuity and Change in Central Asia,” in Joe Cribb and Georgina Herrmann, eds., *After Alexander: Central Asia before Islam*, Oxford: Oxford University Press, 2007, p. 338.

2 奥布莱希特（Marek J. Olbrycht）等学者推测，米特里达特一世曾吞并马尔吉亚那，甚至一度推进到呼罗珊东部。但目前上述地区已知最早的帕提亚钱币属于弗拉特斯二世。这至少可以说明，即便米特里达特一世曾短暂征服过马尔吉亚那，其控制也并不稳固深入。Marek J. Olbrycht, “Mithradates I of Parthia and His Conquests up to 141 B.C.,” in M. Dzielska, et al., eds., *Hortus Historiae: Studies in Honour of Professor Jozef Wolski on the 100th Anniversary of His Birthday*, Kraków: Historia Iagellonica, 2010, p. 237.

3 S. D. Loginov and A. B. Nikitin, “Parthian Coins from Margiana: Numismatics and History,” *Bulletin of the Asia Institute*, Vol. 10 (1996), p. 40.

斯二世的钱币上带有希腊字母MAP，应该是“Μαργιανή”（马尔吉亚那）一词的缩写。此后，阿尔塔巴努斯一世（Artabanus I，约公元前127—前123年）及米特里达特二世（Mithridates II，约公元前123—前88年）早期在马尔吉亚那发行的钱币上都带有“ΦΙΛΕΛΛΗΝΟΥ”（“爱希腊”）字样的铭文。但这种铭文在米特里达特二世的其他钱币中却并不常见。[1]这可以证明，至迟在公元前1世纪早期，马尔吉亚那仍有大量的希腊人定居，并且其势力俨然达到了能够影响帝国东部政治生态和军事格局的程度，以至于两位国王都不得不做出一副“爱希腊”的姿态。

马尔吉亚那地区存在数量庞大的希腊人定居者，也可以得到其他古代史料的证实。游牧联盟的大规模入侵为帕提亚帝国带来了严重的边患。由于木鹿是帕提亚与游牧民族之间的边界，因此它在双方的战争中首当其冲。根据查士丁、狄奥多鲁斯以及优西庇乌斯（Eusebius）等人记载，公元前129年的冬天，弗拉特斯二世与安条克七世（Antiochus VII，公元前138—前129年）在埃克巴坦纳那发生鏖战。是役，弗拉特斯俘虏了大量希腊人士兵。之后，弗拉特斯率领帕提亚人和希腊战俘组成的联合军队与斯基泰人开战。[2]这些希腊战俘最有可能被安排到马尔吉亚那这一希腊人聚居区，并以此为基地开赴前线作战。阿尔塔巴努斯一世继任帕提亚国王后，继续在马尔吉亚那与吐火罗人（Tocharii）交战，但也不幸殒殁沙场。[3]直到米特里达特二世东征以后，帕提亚的边患才得以缓解。《史记》所载“汉使至安息，安息王令将二万骑迎于东界”，就是帕提亚人东讨斯基泰人结束，

1 A. Nikitin, “Early Parthian Coins from Margiana,” in Vesta S. Curtis, et al., eds., *The Art and Archaeology of Ancient Persia: New Light on the Parthian and Sasanian Empires*, London: Tauris Publishers, 1996, p. 14.

2 Justin, *Epitome of the Philippic History of Pompeius Trogus*, 42.1, with an English translation by J. C. Yardley, Atlanta: Scholars Press, 1994.

3 Justin, *Epitome of the Philippic History of Pompeius Trogus*, 42.2.

即将奏凯之际。[1]

总之，希腊化时期的木鹿虽然已经初露商业潜力，但整体来看，它的发展仍然主要借助于政治强力，其商业属性仅作为政治、军事属性的附庸。为了应对中亚地区政治格局的剧烈变动，希腊化和帕提亚早期的木鹿城主要是作为一个行政和军事要塞而存在，因此一直存在着较为完善的军事防御体系。[2]然而一旦时局稳定，它在丝路上作为商业枢纽的角色便逐渐凸显。

二　丝路开通与木鹿贸易枢纽地位的确立

随着丝绸之路的贯通，“马尔吉亚那的安条克城”以木鹿之名出现在古代中原王朝的视野之中，自此开始了它从希腊化时代的政治、军事城市向丝路重镇的角色转变。木鹿作为连接伊朗高原与中亚的重要节点，及至丝绸之路兴起后，又成为丝路南北二道的汇合之处，是汉帝国与帕提亚帝国之间官商往来的必经之地，也是古代中国、印度和西亚之间的长途贸易的重要交点。后来，木鹿成为了帕提亚帝国维系丝路垄断优势的重要前哨。不过应该注意到，木鹿作为中亚水陆交通网络中的重要一环，以及它在区域贸易中的重要潜力，早在希腊化初期就已经引起当时人的注意。这种交通地理方面的优势，也是木鹿能够迅速向丝路重镇转变的重要原因。

---

1 《史记》卷一二三《大宛列传》，二十四史点校本，北京：中华书局，1982年，第3172页。余太山：《安息与乌弋山离考》，《敦煌学辑刊》1991年第2期，第83页。

2 Z. I. Usmanova, “Raskopki masterskoj remeslennika parfjanskogo vremeni na gorodiŝe Gjaur-ala (Excavations of the Workshop of a Craftsman of the Parthian Time at the Gyaur-Kala Settlement),” in *Trudy Yuzhno-Turkmenistanskoy arxeologicheskoy kompleksnoy äkspedicii*, Tom. XII, c. 168.

丝路贯通之前，希腊化世界的交通网络已经比较完善，奠定了日后丝路西段的交通基础。希腊化时期，自印度向北经中亚，尤其是经过木鹿绿洲，渡过里海到达黑海地区的水陆交通一度十分繁荣。学界一般称这条路线为“印度干道”（Great Indian Road）。阿里安和库尔提乌斯还提到，花剌子模的国王前来觐见亚历山大时，自称与科尔基斯人（Colchians）相邻，若亚历山大想要征服这一带的黑海地区，他们愿意做向导。如果这一记载可信，那说明早在公元前4世纪时，黑海与里海和中亚之间就已经存在密切的往来。[1]

安条克一世担任共治者时，曾专门派遣帕特罗克勒斯（Patrocles）对里海的地理情况进行调查。斯特拉波根据他的调查报告，提到里海通过复杂的水系网络与阿姆河、锡尔河连通。因此，印度商人可以将商品带到兴都库什山以北，然后借阿姆河的水路前往里海，再从里海经居鲁士（Cyrus）河抵达黑海。[2]木鹿城是当时这一交通线上人口最多、规模最大的城市，无疑在这个区域贸易当中扮演着重要的角色。从这一点来看，前文所述塞琉古王国在此发行钱币可能并不仅仅出于军事的目的，他们已经认识到了木鹿在军事方面以外的商业潜力，有意在此地推行货币化的改革。不过，这种经济政策的推行很快就因政治形势的变化而被迫流产。

帕提亚和希腊—巴克特里亚独立以后，中亚与黑海、地中海之间的联系渠道也并未中断。迪奥多托斯一世、欧泰德姆斯一世（Euthydemus I，约公元前230—前200年）和欧克拉提德一世（Eucratides I，约公元前170—前145年）的四德拉克马金币，以及塞

1 Arrian, *Anabasis of Alexander*, IV.15.

2 古代居鲁士河即今库拉河（Kura River）。关于古代对此路线的记载，见Strabo, *The Geography*, 11.7.3; Pliny, *Natural History*, 6.19. 针对这一贸易体系，勒纳等人认为具体的路线应该是从阿姆河南端，沿凯利夫—乌兹博伊河（Kelif Uzboi）向西经马尔吉亚那绿洲，最终进入里海。凯利夫—乌兹博伊河的后半段走向大致与今卡拉·库姆（Kara-Kum）运河一致。Jeffrey D. Lerner, “On the Inland Waterways from Europe to Central Asia,” *Ancient West & East*, Vol. 13 (2014), p. 167.

琉古王朝在两河流域和西部地区发行的钱币，都曾在外高加索地区出土。[1]直到张骞到达中亚时，依然耳闻了当时水陆并用的交通系统，安息“其属小大数百城……临妫水，有市，民商贾用车及船，行旁国或数千里”。[2]一般认为，此处的妫水就是阿姆河。伪西姆努斯（Pseudo-Scymnus）在《环地记》（*Circuit de la terre*）中甚至提到黑海港口聚集了来自六十个国家的人群，他们说着不同的语言，其中就有巴克特里亚人和印度人。[3]不过不可否认，彼时这种贸易的规模尚无法与丝路开通后相比。

公元前1世纪末时，这一路线仍在运行当中。老普林尼记载了一个令人称奇的事件：公元前63年，一个日耳曼人首领向一位名为梅特卢斯（Metellus Celer）的罗马总督进献了一群印度奴隶。据说这群印度商人因在黑海海域遭遇风暴，被日耳曼人俘获。此后罗马人为了打破帕提亚帝国对丝路的垄断，试图绕过伊朗高原直达中亚甚至更远的地区。罗马将军庞培东征之时，他从当地人那里得知，印度商人到巴克特里亚需要花费七天，然后他们沿阿姆河支流巴克特鲁斯河（Bactrus River）可以到达里海，渡过里海后就能到达居鲁士河。[4]罗马史家索利努斯（Gaius Julius Solinus）等人也留下了类似的记载，兹不赘言。[5]

丝路开通以后，途径木鹿的贸易路线较以前也有所变化。除了

---

1 Maya Rasulova, “The Trade Route from India to Pontus in Strabo: Between Cartographic Mirage and Archaeological Reality,” in C. G. Klyashtorny, et al., *Strabo Route as a Part of the Great Silk Road*, Samarkand-Tashkent: SMI-Asia, 2009, p. 124; Otar Lordkipanidzé, “Trade on the Black Sea: An Historic Forerunner of the Great Silk Road,” in Murielle Faudot, et al., *Pont Euxin et commerce: la genèse de la ‘route de la soie’*, Besançn: Presses Universitaires Franc-Comtoises, 2002, p. 7.

2 《史记》卷一二三《大宛列传》，第3162页。

3 Didier Marcotte, *Géographes Grecs I: Introduction générale, Ps.-Scymnos, Circuit de la Terre, Texte établi et traduit par Didier Marcotte*, Paris: Les Belles Lettres, 2000, p. 168.

4 Pliny, *Natural History*, 2.67, 6.19.

5 Gaius Julius Solinus, *Polyhistor*, 19.3-5.

上述“印度干道”这一路线以外，弗雷泽（P. M. Fraser）认为亚历山大起初本打算沿着哈利河，经巴米扬翻越兴都库什山追击贝苏斯（Bessus），这在阿黑门尼王朝和亚历山大时期，应该是一条比较常规的交通路线。[1]基于此，中亚与印度之间还有另一条交通路线，即从印度到达喀布尔、贝格拉姆后，向西经巴米扬，顺哈利河而下到达赫拉特（Herat），然后转北至马尔吉亚那绿洲或里海。如此一来，印度商人就可以不绕道巴克特里亚，而从马尔吉亚那直达里海。

弗雷泽的观点也得到了考古资料的印证。不过需要指出，尽管木鹿绿洲及其附近地区留下了完整的城市遗址及大量的考古资料，在晚期帕提亚和早期萨珊地层中出土过中国丝绸的碎片、用印度靛蓝染过的本地织物，以及不计其数的海洋商品和青金石，[2]但由于马尔吉亚那在帕提亚帝国以后，先后受到过萨珊波斯、嚈哒、阿拉伯以及蒙古的入侵和统治，导致希腊化时代的地层遭到严重破坏，因此，在对木鹿进行历时性考察时，学者们不得不另辟蹊径。1997年，波兰—土库曼斯坦联合考察队在萨拉赫斯（Serakhs，汉史中称昔剌思）东北约15公里处的梅勒·海拉姆（Mele Hairam）展开考古调查时，发现了一处帕提亚—萨珊时期的琐罗亚斯德教寺庙，时间大约为公元1—4世纪。该遗址位于捷詹河（阿富汗境内称哈利河）流域的萨拉赫斯绿洲，东北方向即今木鹿遗址，是从赫拉特到木鹿的必经之地。

海拉姆遗址的特殊之处在于，该地不仅发现了大量使用青金石的痕迹，还发现了朱砂，以及可能来自波斯湾、红海地区的珊瑚珠、珍珠母贝等大量其他文明区域的物品。此外，最引人瞩目的发现是一面中国的青铜镜，以及一批印度风格的象牙雕刻饰板，其雕刻主题、风

---

1 P. M. Fraser, *Cities of Alexander the Great*, Oxford: Clarendon Press, 1996, p. 120.

2 Barbara Kaim, “Serakhs Oasis at the Crossroads of Communication Routes,” *Parthica: incontri di culture nel mondo antico*, Vol. 14 (2012), p. 154.

格和手法，与贝格拉姆所出的象牙雕刻如出一辙。[1]贝格拉姆即汉文史籍中的迦毕试（Kapisa）和犍陀罗一带，是古代中亚与南亚之间的咽喉要道。20世纪上半叶，法国考古队（DAFA）在贝格拉姆遗址中发掘出土了大量文物，包括罗马玻璃器、带有希腊神话场景的石膏盘、埃及青铜器、印度的骨雕和牙雕以及中国漆器，表明它是印度—罗马贸易网络中的重要一环。

根据《厄立特里亚航海记》（*The Periplus of the Erythraean Sea*）中的记载，公元前1世纪左右，印度洋与红海、波斯湾之间的海上贸易往来已十分频繁。罗马商船将东地中海一带的特产运到印度，同时又将印度商品带回至罗马。庞贝古城发现的印度风格牙雕，与贝格拉姆、印度泰尔（Ter）等地出土的相同类型的牙雕，便是例证。[2]印度商人则负责将这些海外商品与本土产品分送到兴都库什山以北的巴克特拉、赫拉特、木鹿等地。总之，海拉姆与贝格拉姆所出文物种类多有重合，暗合了史料中“异方奇货，多聚此国”[3]之言。

由于海拉姆一地的珊瑚、牙雕、骨雕等只能来自贝格拉姆等西北印度的城市，故彼时两地之间必然存在着紧密的经济文化往来。而海拉姆稍北的丝路重镇木鹿，则可能是印度商人在中亚停留的主要城市。考虑到两汉时期的丝路走向，以及帕提亚帝国为了垄断东西方贸易进行而有意阻止中国和西方商人的直接接触，那么木鹿一带应该是中国商队所能到达的极限。如此一来，木鹿便成为丝绸之路上印度、中国、帕提亚商人进行货物集中交换的重要城市。

不仅如此，木鹿与地中海世界的贸易联系和文化往来也得到了

---

1 Barbara Kaim, “Serakhs Oasis at the Crossroads of Communication Routes,” *Parthica: incontri di culture nel mondo antico*, Vol. 14 (2012), pp. 151-152.

2 Mirella Levi D’Ancona, “An Indian Statuette from Pompeii,” *Artibus Asiae*, Vol. 13 (1950), pp. 166-180.

3 （唐）玄奘、辩机原著，季羡林等校注：《大唐西域记校注》，北京：中华书局，1985年，第136页。

文献和出土实物的证实。20世纪50年代，木鹿绿洲出土了两件叙利亚古城帕尔米拉（Palmyra）风格的墓碑石板，断代大致为公元2—3世纪。石板上雕刻着女性幼童和成年男子的全身像，附有阿拉姆文字的墓志铭，大意为“巴伊特（Bayt），哈伊兰（Khayran）之女，泰玛库（Taymarcu）之裔，哀悼”。铭文中提及的这几个名字在帕尔米拉一地十分常见，其中泰玛库与当地一位富商重名。尽管目前无法确定二者是否为同一人，但墓碑的雕刻技艺纯熟，与帕尔米拉本土的实物几无二致，这说明当时木鹿对帕尔米拉的雕刻艺术非常熟悉。据苏联学者推测，由于墓碑的主人公是一位儿童，此处应该是木鹿绿洲的一个帕尔米拉家族墓地。[1]如果这一推测成立，说明木鹿与东地中海地区可能保持了十分紧密的联系。而且考虑到帕提亚帝国极为有限的出海口，那么帕尔米拉等城市的丝绸可能并非仅仅得自帕提亚与罗马的海上贸易，还有可能通过这些帕米尔商人从陆路转运而来。[2]

此外，木鹿还出土了晚期罗马帝国和拜占庭帝国的钱币，只是时间稍晚，大约集中在公元4世纪到6世纪之间。[3]此时的木鹿已在萨珊波斯的统治之下。但是需要注意，不同于罗马金币在东方常被用作墓主随葬品，木鹿发现的罗马钱币一般不是出自墓葬。除了少量金币以外，还有不少面额较小的罗马铜币，这可能与商人之间的经济交换直接相关。总之，丝路开通前后，木鹿在区域贸易的交通体系中扮演着

---

1 M. E. Masson, “Two Palmyrene Stelae from the Merv Oasis,” *East and West*, Vol. 17, No. 3/4 (1967), pp. 240-241.

2 不过，帕尔拉斯卡（K. Parlasca）、保罗·伯纳德等后来的学者认为，木鹿的这两块帕尔米拉墓碑可能在19世纪时被当作艺术品带到了中亚地区。这种猜测虽有一定道理，但目前仍缺乏确凿的证据，因此本文依然采纳苏联学者的结论。具体参见P. Bernard, “Une Nouveaux livre sur les Parthes,” *Studia Iranica*, Vol. 8 (1979), pp. 135-139. F. Millar, “Caravan Cities: The Roman Near East and Long Distance Trade by Land,” *Bulletin of the Institute of Classical Studies*, Vol. 71 (1998), p. 132; John Berkeley Grout, *The Role of Palmyrene Temples in Long Distance Trade in the Roman Near East*, PhD Diss., University of London, 2016, p. 261.

3 Richard Hobbs, “Roman Coins from Merv, Turkmenistan,” *Oxford Journal of Archaeology*, Vol. 14, No. 1 (1995), pp. 197-102.

举足轻重的中转地的角色。

除了中转贸易以外，木鹿本身发达的手工业生产也提供了丰富的商品种类。木鹿城内的东北部存在一个规模较大的手工业区。在一处公元1世纪的帕提亚作坊遗址中，发现了不少的玻璃器。同时，类似的玻璃器在撒马尔罕和片治肯特等地也有出土。普鲁塔克等古典作家还常提到所谓的“马尔吉亚那精钢”（Margiana steel），曾一度让学者感到困惑。[1]后来，考古学者在木鹿发现了大量的铁矿石和炉渣，老马尚据此断定帕提亚时期的木鹿已经开始生产品质较高的铁器。乌斯马诺娃还认为，木鹿至迟在帕提亚时期就已经发展出了成熟的丝绸、羊毛和棉纺织技术。[2]当然，这一推断仍需进一步的考古资料的证实，但是至少可以说明木鹿的纺织品贸易十分发达。

木鹿本土繁荣的商业活动得到了钱币资料的佐证。根据苏联的考古报告，木鹿城出土的钱币以铜币为主，银币次之，帕提亚晚期铜币的数量要多于帕提亚早期的铜币。[3]弗兰克·霍尔特（Frank Holt）认为，铜币的发现比银币更具意义。因为铜币通常用作本地流通，在日常生活中发挥着重要的作用，受自身价值的影响，铜币的流通范围要远比银币和金币小得多。[4]丰富的铜币表明帕提亚晚期的商业化和货币化的程度更高，以及当时木鹿已经形成了相对成熟的本土市场，这与其发达的手工业生产直接相关。

---

1 Plutarch, *Crassus*, 24.

2 Z. I. Usmanova, “Excavations of the Workshop of a Craftsman of the Parthian Time at the Gyaur-Kala Settlement,” in *Trudy Yuzhno-Turkmenistanskoy arxeologicheskoy kompleksnoy äkspedicii*, T. XII, cc. 172-174, c. 74.

3 S. D. Loginov, A. B. Nikitin, “Sasanian Coins of the Third Century from Merv,” *Mesopotamia: rivista di archeologia, epigrafia e storia orientale antica*, Vol. 28 (1993), p. 225; Z. I. Usmanova, “Raskopki masterskoj remeslennika parfjanskogo vremeni na gorodiŝe Gjaur-ala (Excavations of the Workshop of a Craftsman of the Parthian Time at the Gyaur-Kala Settlement),” in *Trudy Yuzhno-Turkmenistanskoy arxeologicheskoy kompleksnoy äkspedicii*, T om. XII, c. 168.

4 Frank L. Holt, *Thundering Zeus: The Making of Hellenistic Bactria*, Berkeley: University of California Press, 1999, p. 108.

公元前2世纪下半叶，尽管希腊—马其顿人带到中亚的希腊化城市文明依然活跃，但也面临着发展动力不足的窘况。丝绸之路贯通后，木鹿连接了伊朗高原以西和帕米尔以东的广阔市场，直接促进了其城市发展形态的调整，向更多元的城市发展方向演变。伴随帕提亚和萨珊时期与游牧民族间歇性的战争，木鹿军事重镇的功能时隐时现，但其丝路沿线商贸聚合地的角色却一直延续并日益凸显。总之，帕提亚帝国时期的木鹿实际上已经完成了从希腊化城市向丝路重镇的过渡。这种转变的基础在于其特殊的地理环境，同时也与它发达的绿洲农业以及规模性的手工业生产直接相关，并相辅相成。

三　丝路视域下木鹿的独立及其多元的城市功能

丝路贸易的发展在增强木鹿经济实力的同时，也使得其城市性质与功能逐渐摆脱了单一化的发展轨道，极大地重塑了它的政治形态与文化景观。木鹿本土王朝的创建，以及基督教、犹太教、摩尼教、佛教等外来宗教汇聚于此，共同表现了这种重塑的具体形式。

木鹿绿洲自身被沙漠包围这一特殊的地理环境，造成它自波斯帝国时就具有一定的独立倾向。丝路贯通后，随着经济和军事实力的提升，这种离心倾向进一步增强。根据文献与考古资料可以确定，木鹿自希腊化时代便形成的规模巨大的城市聚落，到帕提亚中后期得到了更进一步的扩展。普鲁塔克等古典作家记载，公元前53年左右帕提亚与罗马之间爆发卡莱战役。是役，“罗马士兵被杀两万，被俘一万”。老普林尼提到，这些俘虏后来被帕提亚皇帝发配到了木鹿。[1]如果这

1　Plutarch, *Crassus*, 31.7; Pliny, *Natural History*, 6.18.

一记载属实，那么木鹿城市的规模必定已经十分庞大，足以支撑起万名战俘的日常给养。

公元1世纪上半叶，木鹿开始出现一种由本土统治者独立发行的钱币，其形制与帕提亚钱币大体相近，仍带有希腊文的铭文。[1]这表明帕提亚王室对木鹿的控制大幅度削弱。与此同时，汉文史籍中也提供了一条重要线索："安息国居和椟城，……其东界木鹿城，号为小安息。"[2]古代汉文史料提及域外政权或民族时，为示区别，曾频繁使用"大""小"来表示二者之间既有渊源，却并非一者，最典型的当为"大、小月氏"和"大、小昆弥"等。[3]因此，考虑到帕提亚东西两部面临游牧民族与罗马帝国的夹击，所谓"小安息"这一名称可能暗示木鹿已经拥有了与帕提亚中央政权分庭抗礼的独立性。

此外还有一处史料值得注意。《后汉书》中提到，永元十二年（公元100年）"远国蒙奇、兜勒皆来归服，遣使贡献"。[4]中外诸多学者都曾对蒙奇、兜勒二国的比定提出看法。笔者同意余太山、杨巨平两位学者的主张，即不应该将"远国"二字作为破题的关键，从而将两国放置在西亚或更远地区。余太山将蒙奇勘定为马尔吉亚那，将兜勒比定为吐火罗（Tukhara）的观点有一定道理。而且，两国既能同时来朝贡献，则相距必定不远。从悬泉汉简等古代文书来看，相近两

---

1 V. N. Pilipko, "Parthian Bronze Coins Bearing the Sign 'Π' Under the Bow," *Vestnik Drevnei Istorii*, No. 4 (1980), pp. 119, 124; S. D. Loginov and A. B. Nikitin, "Parthian Coins from Margiana: Numismatics and History," *Bulletin of the Asia Institute*, Vol. 10 (1996), p. 39. 奥布莱希特也认为，公元1世纪时，来自马尔吉亚那和赫卡尼亚的统治者逐渐控制了帕提亚北部地区。Marek J. Olbrycht, "Parthian Cities and Strongholds in Turkmenistan," 收录于余太山、李锦绣主编:《欧亚学刊》新2辑，北京：商务印书馆，2015年，第123页。西尼西（Fabrizio Sinisi）、穆斯塔法（Mostafa Faghfoury）等其他学者作品不再赘叙。

2《后汉书》卷八八《西域传》，二十四史点校本，北京：中华书局，1965年，第2919页。

3 两国名并非同时出现，史籍中也从未提及二者之间存在关联，因此笔者暂时将大宛、小宛排除此列。不过，徐晓旭教授最近考证小宛或是大宛的希腊人设立的商栈，详见徐晓旭:《"大宛"与"大夏"：张骞带回的两个希腊族称》，《华中师范大学学报（人文社会科学版）》2023年第6期，第144页。

4《后汉书》卷八八《西域传》，第2910页。

国或多国使者结伴朝贡的案例十分常见，比如大月氏与大宛、大宛与康居、罽宾与祭越、于阗与莎车等。[1]吐火罗位于马尔吉亚那以东，二者接境，两国使者确有可能结伴东行。如此看来，帕提亚帝国后期的马尔吉亚那亦即木鹿完全有可能脱离中央政府的管控，进行独立的外交活动。[2]

目前尚不清楚木鹿本土王朝的统治持续到何时。根据皮里博科（V. N. Pilipko）、洛基诺夫（S. D. Loginov）和尼基金（A. B. Nikitin）等钱币学家的统计，当前已知本土统治者发行的“铜德拉克马”有数百枚，主要集中在公元后最初的两个世纪。[3]这与前述文献的记载似可吻合。公元1世纪以后，帕提亚帝国时常陷入内斗，或忙于与罗马帝国之间的战争，这可以视作木鹿走向独立的政治背景。不过，木鹿在贵霜初盛之时选择另立王朝，而且在面对大月氏等游牧民族的大肆扩张时仍可继续保持独立地位，其背后或许有更深层次的原因。如果将木鹿的独立纳入到丝路发展史的框架之下，这一现象可以得到更合理的解释。

公元1世纪以后，随着亚、欧大陆两端之间的交往空前密切，丝绸之路的发展迎来了一次高峰期。此时的木鹿不仅手工业繁荣，而且得益于丝路南北两道汇合之便，在东西方远程贸易中继续扮演重要的“转口贸易”的角色，经济实力的增长使得它在帕提亚时期的独立性

---

1 张德芳、郝树声：《悬泉汉简研究》，兰州：甘肃文化出版社，2009年，第205—210页；罗帅：《悬泉汉简所见折垣与祭越二国考》，《西域研究》2012年第2期，第38-45页。

2 海德玛丽·科克（Heidemarie Koch）关于公元2世纪时马尔吉亚那仍在发行帕提亚钱币的结论似乎存在错误，她给出的第6组（Group 6）钱币并非由帕提亚王室发行。Heidemarie Koch, *A Hoard of Coins from Eastern Parthia*, New York: American Numismatic Society, 1990, p. 60. 尽管斯米尔诺娃的研究也曾涉及木鹿所谓的沃洛加西斯三世钱币，但她后来似乎又对这一观点进行了修正。Georgina Herrmann, et al., “The International Merv Project, (2000),” p. 27; “The International Merv Project, (1999),” p. 8; Natasha Smirnova, “Some Questions Regarding the Numismatics of Pre-Islamic Merv,” in J. Cribb and G. Herrmann, eds., *After Alexander: Central Asia Before Islam*, p. 383.

3 S. D. Loginov and A. B. Nikitin, “Parthian Coins from Margiana: Numismatics and History,” *Bulletin of the Asia Institute*, Vol. 10 (1996), p. 39.

也逐渐增强。因此，木鹿发行的钱币不仅是政权合法性的象征，更可能是出于经济便利的考量。

在这一背景下，公元1世纪时，木鹿绿洲经历了迅速且大规模的开垦活动和城防建设。巴德尔等考古学者认为，这些活动背后都得到了强力政府的支持。[1]而且，这些建设活动主要是沿着凯利夫—乌兹博伊河一线向绿洲北部扩展，沿线大概每隔50公里便建有保护商队的要塞。只是目前尚不知这些要塞是为了保卫前往里海的商队，还是来自东北方向撒马尔罕的商队。鉴于格鲁吉亚境内的库拉河流域出土过木鹿领主萨纳巴雷斯（Sanabares）发行的钱币，这至少可以表明传统的里海—黑海商路尚未荒废，可能继续作为丝路支线而存在。

伴随着商品与人员的流动以及观念的交换，宗教的传播成为早期丝绸之路上重要的文化景观。帕提亚帝国时期，木鹿的统治者还充当着琐罗亚斯德教高级祭司的角色。[2]这种接近政教合一的现象，可能与当时木鹿复杂的宗教环境直接相关，其目的是维护琐罗亚斯德教的国教地位。帕提亚、萨珊时期，木鹿城聚集了当时亚欧大陆的各种宗教组织。这其中，木鹿地区的基督教传播有着较为明确的文献记载和出土文物的佐证。尼基金根据希波吕托斯（Hippolytus of Rome）、比鲁尼（al-Biruni）等古代作家的记载，以及木鹿出土的基督教遗物判断，基督教可能早在公元1—2世纪时就在木鹿设置了主教区，这种现象无疑与国际贸易紧密相关。[3]此后，木鹿逐渐成为众多宗教教徒的避难地。

犹太教和摩尼教的教徒等为逃避迫害，在公元2—3世纪左右定居

---

1 A. Bader, et al., "The Oasis of Merv: the Dynamics of Its Settling and Irrigation," *Ancient Civilizations from Scythia to Siberia*, Vol. 3 (1997), pp. 57-58; Barbara Cerasetti, "Reasoning with GIS: Tracing the Silk Road and the Defensive Systems of the Murghab Delta (Turkmenistan)," *The Silk Road Foundation Newsletter*, Vol. 2, No. 2 (2004), pp. 40-41.

2 V. M. Masson, "Merv, the 'Soul of Kings' in World History," *Iran*, Vol. 29 (1991), p. 182.

3 A. B. Nikitin, "On the History of the Christianity in Merv," *Journal of Historical, Philological and Cultural Studies*, Vol. 47 (2015), pp. 164-169.

木鹿。其中，摩尼教弟子末冒（Mār Ammō）在木鹿成功的传教也成为摩尼教史中的重要叙事传统之一。木鹿出土的陶片铭文显示，至少在帕提亚后期，木鹿的犹太人与木鹿土著之间就可能存在通婚现象。[1]借助于这种多元的文化环境，木鹿曾掀起过大规模的翻译运动，涌现出诸多文人或译者，如翻译印度《五卷书》（*Panchatantra*）的博尔祖雅（Borzuya）等。据说萨珊末王伊嗣齐三世（Yazdegerd III，约公元632—651年）逃亡木鹿时携带的大量书籍经卷，直到9世纪时仍保存在当地的图书馆中。[2]

不过，就早期丝路而言，最蔚为壮观的文化图景当属佛教的传播。一般来讲，佛教向东流布的时间与路线比较清楚，但向西传播的情况却不甚明了。对木鹿佛教史的梳理有助于理解这一问题。木鹿曾是中亚佛教的重镇，直到唐朝杜环西行时，仍发现城中有两处佛寺。然而古代史料并未直接提及佛教何时传入该地区。大卫·伍兹（David Utz）认为至少在公元3世纪末以前，“bwdysdf (bodisadf)”即“菩萨”一词就已经进入帕提亚语当中。[3]而根据汉文史料，早在公元2世纪时就有大批安息（帕提亚）僧人来华传教译经。其中，安世高在公元147年左右由西域入华，在华活动时间约三十年。史料记载安世高出身于帕提亚王室，故称“安侯”。现代学者对这一记载的看法莫衷一是，不过大部分学者都承认安世高来自帕提亚帝国或木鹿地区的佛教团体。

赫兹菲尔德（E. Herzfeld）曾将贵霜沙卑路斯一世（Peroz I，约公元245—275年）钱币上的铭文解读为“bulda yazde”，即“佛陀，

1 V. A. Livshits and Z. I. Uzmanova, “New Parthian Inscriptions from Old Merv,” *Irano-Judaica*, Vol. 3 (1994), p. 104.

2 Shawkat M. Toorawa, *Ibn Abī Ṭāhir Ṭayfūr and Arabic Writerly Culture: A Ninth-Century Bookman in Baghdad*, London and New York: Routeledge, 2005, p. 76.

3 David A. Utz, “Arsak, Parthian Buddhists, and ‘Iranian’ Buddhism,” in John R. McRae and Jan Nattier, eds., *Sino-Platonic Papers: Buddhism Across Boundaries*, No. 222 (2012), p. 183.

神”之意。[1]如此一来，尊琐罗亚斯德教为国教的萨珊王子却做出趋迎佛教之举，表明至迟在帕提亚时期木鹿应该存在着强大的僧团势力，迫使新掌权的萨珊统治者设法拉拢。这与前述帕提亚国王发行“爱希腊者”钱币的用意并无二致。不过有学者认为需要对这一解读持审慎态度。

1962年，土库曼斯坦联合考古队在乔尔—卡拉遗址发现了一处规模较大的佛教遗迹。老马尚、科舍伦科等早期参与发掘的苏联学者认为，佛教在中亚其他地区的传播应该与巴克特里亚大体一致，也就是在公元1—2世纪，甚至早在公元前1世纪时，佛教就已传至木鹿和帕提亚。[2]但是，后来的学者根据乔尔—卡拉佛寺出土的钱币，对前述学者的观点进行了修正，将佛教遗址的时间定在了公元4世纪以后。不过，据普伽琴科娃（G. A. Pugachenkova）等学者称，寺院神殿地砖的结合处还出土了一枚公元3世纪时由木鹿当地统治者发行的铜币，钱币正面为王像，背面为骑马像。[3]这种钱币在木鹿绿洲其他遗址也发现过，并带有“mrwy MLK”（木鹿沙）铭文，苏联学者将其比定为天房铭文上的“木鹿沙”阿尔达希尔。[4]如果这两种钱币确实同属一类，以及这枚钱币是在寺庙建成之初所制，那么木鹿至迟在萨珊立国之初，也就是公元220—260年时，便已经存在佛教僧团和佛教建筑。

---

1 E. Herzfeld, *Kushano-Sasanian Coins,* Calcutta: Central Publication Branch, 1930, pp. 30-31. 这一观点后来得到了其他学者的认同。例如G. Bataille, “Notes sur la numismatique des Koushans et des Koushan-shahs sassanides,” *Arethuse*, No. 18 (1928), p. 28.

2 T. Mkrtychev, *Buddhist Art of Central Asia: I-X Centuries*, PhD Disser., Moscow: Akademkniga, 2002, p. 28; G. Koshelenko, “The Beginning of Buddhism in Margiana,” *Acta Antiqua Academiae Scientiarum Hungaricae*, Vol. 14 (1966), pp. 175-183.

3 G. A. Pugachenkova and V. Usmanova, “Buddhist Monuments in Merv,” in Antonio Invernizzi, ed., *In the Land of the Gryphons: Papers on Central Asian Archaeology in Antiquity*, Firenze: Le lettere, 1995, pp. 52-56.

4 Martha L. Carter, “Early Sasanian and Kushano-Sasanian Coinage from Merv,” *Bulletin of the Asia Institute*, Vol. 4 (1990), p. 11.

总之，钱币资料只能表明木鹿佛教建筑群的落成经历了一个较长的时期，尚无法确定木鹿佛教遗址的确切年代。一些学者认为，目前出土的大部分木鹿佛教遗物只能追溯至公元3—4世纪，这比文献记载中安世高活动的时间范围晚了约一个世纪。因此，关于“木鹿佛教”这一问题，实际上文献史料和佛教遗址之间存在着断层。尤其是考虑到早在帕提亚灭亡以前，佛教就在巴克特里亚臻于极盛，甚至最晚在公元1世纪时，佛教就已经向东传播到中国内地，[1]这一尴尬处境更令人费解。不过这里需要注意，乔尔—卡拉出土的科林斯柱头的风格与艾尔塔姆（Airtam）等地出土的佛教建筑艺术风格比较类似，因此乌斯马诺娃曾谨慎地表示，当时木鹿的帕提亚领主不可能完全无视犍陀罗艺术的传播，他们有可能选择性地吸收了自己比较熟悉的元素。[2]

随着萨珊帝国对中亚和西北印度政治局势的整合，丝绸之路上的文化交往进入了一个快速发展的阶段。至迟到沙普尔二世时期，木鹿地区的佛教僧团势力已经十分可观，并建造了规模庞大的佛教建筑群。到库斯劳一世（Khosrow I，公元531—579年）时期，由于僧团人数规模的膨胀，木鹿城内的佛寺不敷使用，僧人们不得不在城外新建寺院和佛塔等。[3]从目前的中亚考古情况来看，这座佛塔的规模除了不及铁尔梅兹附近的祖尔马拉窣堵波（Zurmala stupa）以外，要大于

---

1 比如张衡在《西京赋》（约作于公元107年前后）中提到“展季桑门，谁能不营”。这说明东汉时洛阳不仅已有初具规模的佛教僧团，并且当时的士人也已对其教义有了初步的了解。哈尔玛塔（J. Harmatta）、普利（B. N. Puri）等人甚至认为早在公元前3—前1世纪时，佛教就已经传播到了巴克特里亚。Keith A. Leitich, “The Rise and Decline of Buddhism in Central Asia,” in Shanker Thapa, ed., *Northern Buddhism in History*, India: Vajra Publications, pp. 118-120.

2 Z. I. Usmanova, “Excavations of the Workshop of a Craftsman of the Parthian Time at the Gyaur-Kala Settlement,” in *Trudy Yuzhno-Turkmenistanskoy arxeologicheskoy kompleksnoy äkspedicii*, T . XII, cc. 182-184.

3 V. E. Rtveladze, “A New Buddhist Monument in Old Merv,” *Trudy Yuzhno-Turkmenistanskoy arxeologicheskoy kompleksnoy äkspedicii*, XV, 1974, c. 235; B. J. Stavisky, “Buddhist Monuments of Central Asia and the Sasanians,” *Bulletin of the Asia Institute*, Vol. 4 (1990), pp. 168-169.

目前已知的大多数中亚佛塔。

此外，乔尔—卡拉的寺院遗址还出土了七块由同一模板制作的佛教题材泥板。这些泥板刻画的菩萨和佛塔的装饰风格，与印度河上游契拉斯（Chilas）一带，尤其是契拉斯桥（Chilas Bridge）的佛教岩刻十分相近。[1]鲍姆斯（Stefan Baums）根据泥板上用笈多婆罗米文书写的梵语，认为其年代大致为公元3—5世纪。这与印度河上游的岩刻年代也大致相近。与之类似的是，木鹿佛寺遗址出土的犍陀罗片岩雕塑，大多也是由印度进口而来。不过，目前尚不清楚二者之间是存在着商贸上的往来，抑或木鹿地区也存在着类似的向印度求法的传统。

木鹿城外佛塔遗址出土了一批公元5世纪左右的梵语—婆罗米文佛经手稿。从内容上看，这批手稿属于佛教说一切有部的经典，[2]而帕提亚时期木鹿盛行的佛教流派可能是法藏部。因此，这是否可以表明，帕提亚时期以后木鹿的佛教经历过短暂的空白，到萨珊时期又以不同的佛教流派得以中兴？正如沃尔特（Mariko Walter）在考察阿姆河流域的古代佛教时所言，中亚地区发现的考古资料足够证明，“早在1世纪，佛教就在包括马尔吉亚那在内的阿姆河流域十分繁荣。此后发现的中亚佛教遗迹表明，阿姆河流域只是迎来了佛教的再度复兴”。[3]这种情况可能也同样适用于阿姆河以西的木鹿。

---

1 Stefan Baums, “Inscribed Buddhist Tablets from Merv,” *Bulletin of the Asia Institute, New Series*, Vol. 23 (2009), pp. 21-31; O. von Hinüber, “Buddhis tische Inschriften aus dem Tal des oberen Indus (Inschriften Nr. 68-109),” in K. Jettmar, ed., *Antiquities of Northern Pakistan: Reports and Studies: Rock Inscriptions in the Indus Valley (Plates)*, Mainz: P. von Zabern, 1989, Plate 158.

2 Seishi Karashima, et al., “The Avadāna Anthology from Merv, Turkmenistan,” in Seishi Karashima, et al., eds., *The St. Petersburg Sanskrit Fragments: Buddhist Manuscripts from Central Asia*, Tokyo: International Research Institute for Advanced Buddhology of Soka University, 2015, p. X, pp. 146-148.

3 Mariko Walter, “The Western Border of Buddhism, Margiana: The Question of Parthian Buddhism,” *Proceeding of the Third Silk Road Conference at Yale University, July 10-12, 1998*, Vol. 1, 1998, p. 51.

结 论

亚历山大东征之后最初的两三个世纪里，中亚与印度的希腊化城市发展仍保持着相当的活力。直至张骞西使之时，依然可以目睹或耳闻这种盛况。木鹿即是其中规模最大的城市之一。然而，尽管这些希腊化城镇大多选在河谷、绿洲、山隘、渡口等附近，拥有优越的自然和地理环境，但其中大部分仍然较早地湮没于历史长河。希腊化远东曾经的政治中心阿伊·哈努姆就是最典型的案例之一。与其比较相似的案例还有两河流域及其以西的杜拉·欧罗普斯（Dura-Europos）和帕尔米拉等早期丝路重镇。尽管它们凭借有利的地理条件等因素，曾在希腊化世界或丝绸之路上盛极一时，然而一旦时局转换，导致这些城市游离于主要的交通网络之外，不能再对区域性的贸易做出贡献，那么这些城市最终都会遭致废弃。

相反，那些后来可以在丝绸之路网络中继续发挥作用的希腊化城市，其规模与角色就会日益凸显。丝路贯通以后，木鹿凭借商路枢纽的便利，逐渐融入到丝绸之路的网络中，不再局限于希腊化时期军事防御的职能，城市功能更加多元，城市辐射的范围也进一步拓展，成为区域性的行政、贸易和宗教文化重镇。受惠于丝路贸易的发展，木鹿的经济和军事力量得到提升，加之天然地理屏障的拱卫，它一度独立于帕提亚和萨珊帝国的中央政权。贵霜沙霍尔木兹一世（Hormizd I Kushanshah）甚至僭越萨珊皇帝权威，在木鹿发行的钱币上直接使用了“众王之王”（Shahanshah）的称号。正是基于这种独特的政治与经济地位，古代诸多宗教在木鹿汇聚，衍生出了明显有别于晚期帕提亚和萨珊帝国的文化景观。这其中，佛教在木鹿的传播与生长，为我们提供了考察这种早期丝路城市政治和文化变迁所需的历史语境。

From Hellenistic Period to the Opening of the Silk Road: The Urban Development and its Functions in Ancient Merv

Zhang Lu

Abstract: Under the intensive constructions of the Greco-Macedonians, Merv became one of the grandest cities in the eastern Hellenistic world. Even before the opening of the Silk Road, Merv acted as a link between different trading systems, although its commercial attributes could not be separated from its subordinate position as a political and military centre. With the opening of the Silk Road, Merv, because of its geographical location, the oasis agriculture and handicraft manufacturing, became the main transport hub of the East and the West, which directly contributed to the restructuring of the city's urban development, and gradually transformed from a *lieu de mémoire* of the Hellenistic civilization to the pivotal city along Silk Road. During this process, Merv saw the emergence of a local semi-independent dynasty but also became a favourable site for the foreign religions such as Christianity, Manichaeism, and Buddhism, which significantly changed its cultural landscapes and the political situation in Central Asia. It also represents a gradual shift from Merv's earlier role of administrative and military to that of multifaceted urban functions.

第三编 钱币演变

亚历山大大帝与印度—希腊君主们的钱币肖像

奥斯蒙德·波比拉赫奇（法国国家科学研究中心，CNRS-ENS）撰

王杨　杨巨平译

公元前329—前326年，亚历山大大帝征服了波斯帝国最东边的几个省份：巴克特里亚（Bactria）、索格底亚那（Sogdiana）、帕拉帕米萨代（Paropamisades）、阿拉科西亚（Arachosia）、锡斯坦（Seistan）、犍陀罗（Gandhara）。此次对这些行省的远征极大地改变了这一区域的地理版图。公元前329年，亚历山大在高加索（Caucasus）[1]建立了亚历山大里亚城（Alexandria on the Caucasus）。随后，他穿越了兴都库什山，抵达巴克特里亚。前327年他重返此地，渡过印度河来到塔克西拉（Taxila），受到当地国王的款待。前326年，亚历山大由塔克西拉进军，在许达斯佩斯（Hydaspes，即Jhelum）与国王波罗斯（Poros）的军队进行了一场决定性的战役。这是亚历山大诸多伟大战役中的最后一次，也是最为辉煌的一次。[2]在一些可能是用来纪念这场伟大胜利的银质徽章上，有表现这场对抗印度大象的血腥战斗的图案。这些大象曾向希腊士兵发起凶猛的进攻，使他们遭

1　今兴都库什山。——译者注

2　见Holt 1993，2003以及2005。

受重创。（图1）[1]在唯一的一枚金质徽章上，胜利者佩戴的象头皮盔和一头向右行走的大象象征着印度。（图2）[2]安德鲁·斯图尔特（Andrew Stewart）的强调是恰如其分的：“打败了波罗斯和他的大象之后，亚历山大开始披挂起坚不可摧的象皮，并且在他的银币上一直使用这个形象。这种做法是在模仿他那位身披刀剑不入的尼米亚狮皮（Nemean Lion）的祖先赫拉克勒斯。”[3]亚历山大头上的阿蒙神公羊角象征着他曾经访问过埃及的西瓦绿洲（Siwa），向宙斯—阿蒙神求取神谕，他将这位神视为他真正的父亲。征服者身披的宙斯盾（aegis）也进一步暗示了宙斯。安德鲁·斯图尔特还总结了以上这三个符号的象征意义：“亚历山大是战无不胜、攻无不克的世界征服者，是宙斯—阿蒙神钟爱的儿子。招惹他就是自取灭亡。”接下来我们会看到，这个肖像引出的强烈政治讯息深远地影响了亚历山大的希腊继承者们在印度发行的钱币。前323年亚历山大去世之后，他的帝国被从前的一些部将瓜分。前306年，塞琉古称王，在底格里斯河畔建立了新的都城塞琉西亚（Seleukia-on-Tigris）。当时，塞琉古王朝统治着巴克特里亚与索格底亚那，而孔雀帝国的创建者旃陀罗笈多则将兴都库什山南部纳入了他

图1

图2

1 该徽章为旧金山私人收藏。

2 这枚纪念章首次刊登在Bopearachchi & Flandrin 2005。学界就其真实性有过争议。关于那场旨在证明这些反对意见正确性的会议及发表的论文，见Holt & Bopearachchi 2011。最近发表的两篇文章似乎在进一步质疑这枚特殊钱币的真实性。其中一篇文章的作者是Robert Bracey (2011)，但他还远不是一位亚历山大钱币学方面的专家。另一篇文章的作者是François de Callataÿ (2013)，他仅仅只是重申了前人已作出的论断而已。这枚钱币的重要性已经由布里安特（Briant 2010, 20-3, 164）和博德曼（Boardman 2015, 69, pl. VII）证实。二人在该领域都是最权威的专家，与霍尔特（Frank Holt）以及斯图尔特（Andrew Stewart）齐名（见Holt & Bopearachchi 2011）。我在这里要指出的重要一点就是，与那些接受这个钱币学证据真实性的专家们不同，那些质疑者从来没有亲自研究过这枚钱币，尽管他们有很多机会看到它。

3 详见Holt & Bopearachchi 2011, 78.

图3

的版图。[1]

安条克一世最初在安条克城发行的银币仅仅是对亚历山大钱币的模仿。但是他很快就发行了一套新的钱币代之。新钱币的正面是国王肖像，背面是坐在肚脐石（omphalos）上的塞琉古王朝的保护神阿波罗。这种钱币类型成了整个塞琉古王朝的徽记。从公元前293年起，安条克一世开始以父亲的副王身份主政以“上省”著称的东方诸省。从此之后，巴克特拉作为一个钱币发行地开始在两河流域以东地区发挥重要作用。[2]在狄奥多托斯（Diodotos）叛乱以后，塞琉古王朝发行的这些正面是国王肖像、背面是神祇的钱币成为巴克特里亚和印度的希腊统治者们发行的大部分金币与银币的原型。

奥古斯都时代的拉丁语史家庞培·特罗古斯（Pompeius Trogus）撰写了一部关于马其顿历史的著作——《腓利史》（*Historiae Philippicae*）。关于这本书，只有查士丁（Justin）为其撰写的“摘要”存世。“摘要”的第十六章第四节（XLI，4）提到一位名为狄奥多托斯的“巴克特里亚千城之主”脱离塞琉古王国，自立为王。（图3）[3]对希腊—巴克特里亚统治者们（即狄奥多托斯在巴克特里亚以及此后在印度的继承者们）的历史重建主要依赖于这些国王们打造的钱币，因为文献材料中仅提及了8个国王的名字。多亏了这些钱币，如今我们已经知道曾经有44个希腊国王统治过巴克特里亚和印度。这些钱币的正面是国王肖像，背面是与其宣传相关的神祇，目的是向他们的臣民传递政治信息。在不计其数的钱币上，国王们的肖像和

1 有关这一问题的讨论，见Bernard 1985, 85-95; Coloru 2009, 139-142.

2 关于早期塞琉古统治者们在巴克特里亚（Bactria）打制的钱币，见Bopearachchi 1998, nos. 28-74.

3 该钱币现在归旧金山一位私人收藏者所有，参看Bopearachchi 1991, pls. 1 & 2, series 3-15.

背面的神祇类型都直接或间接地唤起人们对希腊征服者亚历山大大帝的回忆，是他从阿黑门尼王朝手里夺得了他们的帝国。致力于为权力而战的印度—希腊人统治者阿伽托克勒斯（Agathocles）发行了一系列可以追溯到亚历山大大帝的纪念币，用这种方式证明自己真的是王位的合法继承者。这种做法顺理成章，决非偶然。[1]

图4

在讨论这些国王的钱币肖像的重要性之前，我们也许应该先介绍一下目前在这片土地上发现的仅有的两尊国王头部塑像。[2]第一尊塑像是在塔吉克斯坦的塔赫特—伊·桑金（Takht-i Sangin）考古遗址中发现的粘土灰泥头像。保罗·伯纳德（Paul Bernard）有所保留地认为这是一位塞琉古国王的头像，很有可能是塞琉古一世。他认为，这个头像的某些外部特征以及头发的处理风格接近于塞琉古一世的钱币肖像以及在赫库兰尼姆（Herculaneum）发现的该国王的胸像。[3]第二尊塑像是在阿伊·哈努姆（Aï Khanoum）附近偶然发现的希腊—巴克特里亚国王彩陶头像（faïence head），它原本是一尊石首石肢木身雕像（acrolith statue）的一部分。（图4）[4]这尊塑像头戴王带（diadem），表明了他的国王身份。但是，由于没有任何的铭文记载，我们难以确知这尊塑像刻画的是哪一位

1 关于阿伽托克勒斯以亚历山大名义发行的这些纪念钱币，见Bopearachchi 1991, pl. 8, series 12.

2 我们还应该想到，与W. W. Tarn和G. M. A. Richter以及很多其他研究者的观点相反，罗马的阿尔巴尼（Albani）博物馆藏品中的胸像并不是那位狄奥多托斯家族的继承者、希腊—巴克特里亚统治者欧泰德姆斯一世。Helga von Heitze以一种令人信服的方式证明这个胸像在风格上接近罗马共和国晚期的雕像，而不是希腊化时代的。保罗·伯纳德也强调，现在讨论的这个人物戴的宽边帽子与在希腊—巴克特里亚国王们发行的一些钱币上所看到的马其顿圆顶帽毫无共同之处。我相信，这些翔实的论证足以彻底消除关于阿尔巴尼博物馆藏品胸像的误读。与这个题目相关的最新细节，参看Bernard 1985, 132-133.

3 更多细节见Bopearachchi 1998, 127；另见Litvinskij 1998, pl. 4, 2.

4 Bopearachchi 1998.

国王。仔细地比对了诸多国王的钱币肖像以后，我们推测这位国王应该是德米特里一世（Demetrios I）。彩陶像的一些外部特征，例如尖尖的鼻子、清晰的鼻孔、突起的下巴都让人联想到德米特里的银币肖像。然而，与钱币肖像相对照，即便我们假设这尊雕像曾经戴着一个额外为其量身制作、尺寸吻合的象头皮盔，我们依然注意到在这个彩陶头像上垂落在颈部的头发消失了。仔细观察这个头像，它的下部可以嵌入木制的支架，这种工艺与大多数石首石肢木身雕像的工艺是一致的。

在阿伊·哈努姆神庙的内殿发现的祭祀雕像的残片，[1]以及这个很有可能来自于同一个希腊城镇的彩陶头像，是巴克特里亚仅存的石首石肢木身雕像的例证。这种雕像的实际数量必然远不止于此。比起目前呈现于我们眼前的这些，曾经肯定有更多的希腊—巴克特里亚和印度—希腊国王的雕像存在过。令人遗憾的是，我们目前在中亚和印度西北部仅发现了少数几座希腊式城镇，或者仅仅了解一些城市遗址中的希腊地层。因此，塔克西拉虽然已经得到了广泛的发掘，但是对于希腊地层的探究仍然没有停止。即便是在阿富汗，除了阿伊·哈努姆以外，我们对那些巴克特里亚古城的希腊地层也知之甚少。我确信，未来的科学发掘最终会发现国王肖像的雕塑。

1964—1978年，在保罗·伯纳德的指导下，法国考古队在阿富汗发掘了希腊城市阿伊·哈努姆。这座城市是巴克特里亚希腊人建筑才能的最好例证。这座城市位于阿姆河（Oxus）与科克查河（Kokcha）交汇处的一个三角地带。希腊人选择在此处建城，似乎是考虑到这个地点的战略价值。阿伊·哈努姆是一个强大的军事基地，可以从它所俯视的群山脚下，控制巴克特里亚平原的东部边境及其山区腹地。这些山区有很多关隘，通向遥远的中国和近邻的北部印度。城中的居民

1 Bernard 1969, 338-345.

区以及大多数公共建筑，如王宫及其行政管理区域、剧院、体育馆以及神庙皆建于下城。比起易受坏天气影响的卫城，这里的面积更大，出入也更加便利。[1]出土于阿伊·哈努姆的希腊神、哲学家和运动健儿的雕像体现了当地艺术家的水平。正如保罗·伯纳德所说，如果说这群雕塑家表现出的美学趣味相当保守，在设计上依然忠实于公元前4—前3世纪的希腊后古典主义风格，那么他们的独特之处在于技术创新。这是一种在制作中等规模的雕像或用浮雕装饰建筑内部时的系统性技术：在木制内芯外部抹上泥土，使其晾干成型，有时还会在上面涂上数层灰泥。[2]他们也使用希腊一种名为"石首石肢木身雕像"的材料组合技术。这种技术一般用来制作神庙内部的大型雕像：将身体裸露的部分（脸和双手双脚）用石头雕刻而成，将其嵌入着装的木制人体模型上。城市主神庙中发掘出的一个神像的手指和脚的残部就是这种技术的体现。

图5

人们在巴基斯坦的塔卡尔·巴拉（Tahkal Bala，即白沙瓦，Peshawar）发现了一尊可以追溯到贵霜时期的菩萨塑像的大理石头部以及躯干和四肢，这些残肢也是一尊石首石肢木身雕像的一部分。它们证明了希腊人在巴克特里亚的统治瓦解200年之后，这种典型的希腊技术仍然在印度传播。（图5）[3]约翰·博德曼（John Boardman）在谈到这尊雕像时写道："这种古典的风格和卓越的雕刻技艺在当时的地中海世界找不出可以与其媲美的作品。"[4]这个大理石头像是希腊殖民地

1 有关阿伊·哈努姆遗址完整发掘的综述，见Bernard 2009；也见Lecuyot著作的前言（Lecuyot 2013, ix-xx）。

2 关于这些物品的近期研究与彩色图片，见Bernard 2008, nos. 32, 34.

3 有关这座特殊雕像的发现过程，见Bopearachchi 2007.

4 Boardman 1994, 145.

的政治霸权在该地区终结很久以后，佛教肖像与希腊造型艺术完美结合的例证。贵霜时期众多的雕像表明犍陀罗艺术中这种大型雕像在当时已经成为一种时尚。在我们看来，这种审美起源于300多年前的希腊传统。我们在这一时期的钱币肖像上也可以得出相同的结论。

希腊君主们打造了数千枚带有希腊神祇的钱币，这些钱币流传在中亚与印度，见证了该地区希腊化文化的卓越品质。他们的钱币上最常见的神祇有宙斯、雅典娜、波赛冬、狄奥尼索斯、阿波罗、阿尔特米斯、赫利奥斯、塞勒涅、赫尔墨斯、尼科、提刻，以及赫拉克勒斯。[1]

巴克特里亚独立以后，许多希腊人国王为使王权合法化，将自己等同于亚历山大大帝，他们所采用的钱币类型唤起了人们对亚历山大的回忆。希腊—巴克特里亚王国的创建者狄奥多托斯（Diodotos的希腊语意思是“宙斯的馈赠”）打造的钱币上带有他的名字中所蕴含的保护神：握有权杖和霹雳的雷电之神——宙斯。[2]（图3）亚历山大发行的一系列纪念徽章上也有这个图案，时间大概是在他打败了印度国王波罗斯之后。（图1）狄奥多托斯父子的继承者欧泰德姆斯一世（Euthydemos I）则选择赫拉克勒斯作为他的基本钱币类型，原因在于赫拉克勒斯崇拜流行于迈安德（Maeander）河畔的马格尼西亚（Magnesia）。我们认为，这座位于安纳托利亚（Anatolia）的希腊城市是欧泰德姆斯家族的起源地。而且欧泰德姆斯一世还可以借助赫拉克勒斯与亚历山大联系起来。因为亚历山大声称他的父亲是阿戈斯的泰门尼德斯（Temenides of Argos）家族的成员，所以他也是赫拉克勒斯的后裔。（图6）[3]

---

1 有关希腊—巴克特里亚和印度—希腊人钱币上的神祇形象，见波比拉赫奇的目录（Bopearachchi 1991, 377-381）。

2 有关狄奥多托斯钱币的整体研究，见Kritt, 2015。

3 这个四德拉克马钱币是旧金山的私人收藏，参看Bopearachchi 1991, pls. 2 & 3.

让我们更深入地讨论这些希腊—巴克特里亚早期合法国王的肖像。这些肖像是真实的吗？狄奥多托斯通过反叛他的君主安条克二世接管了巴克特里亚。他在统治初期打造的钱币仍然以宗主的钱币为原型。事实上，仅凭这两个国王的钱币肖像，我们很难说两个中的哪一个才是塞琉古王朝在巴克特里亚至少在名义上的最后统治者。欧泰德姆斯一世曾向安条克三世声称，即便说他已经称王，那他也是铲除了那些真正谋反者的子孙后代（即狄奥多托斯家族）之后才取得王位的。然而，欧泰德姆斯一世的肖像却与那位被他杀害的统治者狄奥多托斯的肖像完全一致。我们一直相信钱币肖像从青年人到老年人的演变表现了同一位国王的自然衰老过程，但是奥利维·波尔多（Olivier Bordeaux）对所有的钱币模具进行研究后得出了相反的结论：老人头的钱币肖像要早于中年人的。[1]大多数肖像在很大程度上都被理想化了。

图6

统治者写实肖像的传统很有可能始于欧泰德姆斯之子德米特里。德米特里一世是第一位向这片被孔雀王朝统治多时的印度领土挺进的希腊—巴克特里亚国王，他也学着一百年前亚历山大的样子，在银币肖像上戴一顶象征着印度的象头皮盔。（图7）[2] 德米特里在印度的一位继任者吕西阿斯（Lysias）也在钱币的背面采纳了这个标志。[3]上述的两位国王都采用了亚历山大的刻模师们发明出来的同一种肖像类型，借以将自己与这位马其顿君王相等同。他们还将自己和亚历山大的保护神赫拉克勒斯联系起来；这位神明本来是一个凡

图7

1 Bordeaux 2015.

2 这个四德拉克马钱币是旧金山的私人收藏，参看Bopearachchi 1991, pls. 4 & 5.

3 Bopearachchi 1991, pl. 38, series 1 & 4.

人，因其历尽艰辛而获得永生。

我们根据名字，推测欧泰德姆斯二世是欧泰德姆斯一世的另一个儿子。欧泰德姆斯二世的肖像风格不仅区别于德米特里一世，并且与同时代的阿伽托克勒斯和潘塔莱昂（Pantaleon）的肖像构成同一种肖像类型。这三位国王的头上都戴着飘动于脑后的波浪状的王带。欧泰德姆斯二世—阿伽托克勒斯—潘塔莱昂这组人物肖像的面部也富有相同的特征：轮廓分明的脸上长着长鼻子和清晰的鼻孔，以及一个几乎要翘起来的、非常突出的下巴。[1]

图8

让我们再举一个颇有说服力的例子。正如我们已经在早先的研究中所指出的，由于肖像的不同，我们怀疑存在着两个赫利奥克勒斯（Heliokles）。（图8、9）[2]“男子面容憔悴，颧骨突出，下巴棱角分明，嘴唇突起紧闭，肖像的轮廓清晰且表情凝重。这张脸实在难以和赫利奥克勒斯一世的钱币肖像等同起来。后者的面容更显老态，脸颊圆润丰满，前额堆满皱纹，挺拔的鼻子的外侧有两道深深的纹沟，下巴上翘，活像个狡猾的乡巴佬。”[3]

图9

安提马库斯一世（Antimachos I）在他发行的单语银币上头戴马其顿平顶帽（kausia）。这是一种毡帽，帽顶突出，边缘宽大。马其顿士兵、达官贵人甚至亚历山大大帝本人都戴这种平顶帽。通过帽子就可以立即将一个马其顿人从其余

1 关于Euthydemos II，见Bopearachchi 1991, pls. 5 & 6, series 1-4, 关于Agathokles，同上书，pls. 6 & 7, series 1-4, 关于Pantaleon，同上书，pl. 9, series 1-3.

2 赫利奥克勒斯的四德拉克马单语币是旧金山的私人收藏，参看Bopearachchi 1991, pls. 24, 25；印度重量的四德拉克马双语币收藏于巴黎的法国国家图书馆钱币部（the Cabinet des Médailles of Paris），见Bopearachchi, 1991, Heliokles II, series 1, no. 1; pl. 42, series 1.

3 Bopearachchi 1991, 98.

的希腊人中分辨出来。（图10）[1]阿波罗多托斯一世（Apollodotos I）[2]以及随后的吕西亚斯[3]和安提亚尔西达斯（Antialcidas）[4]利用这顶帽子来唤起人们对这位马其顿征服者的记忆。

欧克拉提德一世（Eucratides I）是最后一位同时统治巴克特里亚与印度的希腊国王，人们认为他发行了古代最大面额的金币。[5]我们有关欧克拉提德的信息主要来源于查士丁（XLI，6）。根据他的记载，篡位者欧克拉提德推翻了一位名叫德米特里的国王，并且在入侵印度之前就已经是一位强大的巴克特里亚国王。欧克拉提德一世发行的金币、银币和铜币的背面，有一种在巴克特里亚钱币学领域迄今未被证实的钱币类型——双胞胎天神，又名双子星座（Dioskuri）。这对双胞胎是宙斯的儿子卡斯特和波吕克斯（Castor and Pollux），兄弟俩在钱币上的形象要么是手握棕榈枝、面向右侧骑在前蹄腾空的马上，要么是手持长矛正面向前地站着。[6]这种图案依然是在暗示那位亚历山大最崇敬的对象、至高无上的天神宙斯。钱币正面的欧克拉提德肖像是希腊—巴克特里亚肖像艺术的卓越创造：国王头戴有羽饰的头盔，头盔上还装饰着公牛的耳朵和角。这个设计与塞琉古一世于公元前305—前295年之间在苏萨打造的钱币很类似，意在将亚历山大表现为传说中的东方征服者狄奥尼索斯。[7]依照欧克拉提德的命令，

图10

1 这个四德拉克马钱币是旧金山的私人收藏，见Bopearachchi 1991, pls. 9 & 10, series 1.

2 同上书，pl. 11, series 1.

3 同上书，pl. 38, series 19.

4 同上书，pls. 39-41, series 4, 5 & 13.

5 这枚特殊纪念币是法国国家图书馆钱币部引以为荣的收藏。有关它的发现，见Holt 2012.

6 有关欧克拉提德一世的银币与铜币系列，见Bopearachchi 1991, pls. 16-21, series 1-8, 11, 12 & 19.

7 Houghton & Lorber 2002, pl. 10, nos. 173-175; pl. 11, nos. 195-200.

图11

刻模师在设计国王的钱币肖像时一定是从塞琉古一世的钱币上获得了创作灵感。公牛的角和耳朵象征着拥有永恒生命的酒神狄奥尼索斯，其坐骑是一头豹子。据神话里记载，狄奥尼索斯凭借他的神秘力量征服了印度人。亚历山大也凭借武力征服了一部分印度，因此可以被视为狄奥尼索斯第二。同理，欧克拉提德也声称自己是另外一个狄奥尼索斯，是亚历山大第二。钱币图案通过国王的背影来体现他的英雄形象：他上身赤裸地挥舞着标枪，换一种方式来表达他是一个凌驾于他人的非凡统治者。（图11）[1]

欧克拉提德发行的纪念币印证了国王自信足够强大，不惧怕公开承认自己是一个篡位者。在纪念双亲赫利奥克勒斯和劳狄凯（Laodike）的钱币背面，我们注意到他的母亲头戴王带，而他的父亲则没有。[2]如有必要，印度的希腊国王们会模仿同时代的埃及人创造出的钱币新式样。已有充分的证据表明，托勒密王朝发行的钱币上有国王和王后（女王）的并排胸像，其中最著名的就是托勒密一世与贝莱尼凯（Berenike）[3]以及托勒密二世和阿尔西诺（Arsinoe）。[4]钱币上的人物形象与统治者的神化崇拜有关。

人们怀疑阿伽托克里娅（Agathokleia）曾在某段时期内替儿子斯特拉托（Strato）摄政。母子间权力逐渐转移的标志是：最初的钱币上只有女王一个人的肖像，希腊语铭文提到女王的名字。随后，女王的胸像被移到了后面，斯特拉托出现在钱币的正面。女王的名字也从铭文中消失，只留下儿子的名

---

1 这个四德拉克马钱币是旧金山的私人收藏，参看Bopearachchi 1991, pl. 19, series 8.

2 参看Bopearachchi 1991, pls. 19 & 20, series 11-16.

3 Le Rider & de Callataÿ 2006, nos. 41-42 to the left.

4 同上书，nos. 41-42 to the right.

字。[1]若干年后，于公元前90年左右在位的印度—希腊人国王赫尔迈欧斯（Hermaios）将他的妻子卡利俄佩（Calliope）的肖像和名字放到钱币上。[2]一枚偶然发现于巴基斯坦的橄榄石金戒指上有两个并排的胸像：男子在前、女子在后，两人都戴着王带，意味着他们是国王和王后。（图12）[3]我们相信，这就是国王赫尔迈欧斯和他的妻子卡利俄佩。女性胸像置于后面意味着卡利俄佩是国王的妻子。同一个卡利俄佩还以阿马宗（Amazon）女王的形象出现在一系列银币的正面。女王身穿短款束腰外衣以及一双靴口外翻的短靴，戴着顶端束起来的无边软帽，饰带在脑后随风舞动。这个阿马宗女王两手握着坐骑的缰绳跃马前行，弓箭袋里装着她的弓。[4]考虑到女王肖像在钱币上占据了通常是留给国王的位置，我们认为这个女王在印度—希腊王国中一定扮演着重要的角色。

米南德一世（Menander I）是统治了印度地区的最伟大的希腊人国王。他为了等同于亚历山大，选择雅典娜（Athena Alkidemos，Alkidemos是雅典娜的绰号，意思是“人民的保护者”）作为钱币的主要类型。雅典娜是马其顿培拉城（Pella）的女神，那里是亚历山大的出生地。雅典娜手持装饰着戈耳工头像的宙斯盾，挥舞着父亲宙斯的闪电。[5]这种钱币式样传递出来的政治信息是如此强烈，以至于他的大多数继承者们，如阿伽托克里娅和斯特拉托一世、独自掌权的斯特拉托一世、波利克赛诺斯（Polyxenos）、阿门塔斯（Amyntas）、埃潘德（Epander）、特拉索（Thrason）、尼基亚斯（Nikias）、阿波罗多托斯二世、狄奥尼西奥斯（Dionysios）、佐伊鲁斯二世（Zoïlos II）、阿波罗法尼斯（Apollophanes），以及斯特拉托二世和三世都在他们的

---

1 许多其他钱币类型也具有这种演变特点，见Bopearachchi 1991, pls. 34 & 35, series 1-6.

2 参看Bopearachchi 1991, pl. 52, series 1-2.

3 Bopearachchi, Landes & Sachs (editors) 2003, 147, 165, no. 135.

4 Bopearachchi 1991, pl. 53, series 6.

5 同上书，pls. 26-30, series 3-16.

图12

图13

钱币上予以采用。[1]由于政权衰落，经验丰富的刻模师稀缺，而导致印度—希腊人王国的晚期君主们（例如阿波罗法尼斯，斯特拉托二世和三世）的钱币肖像风格怪诞。即便如此，为了表明自己对希腊化传统的坚守，这些国王依然在钱币背面使用这种象征符号。

当米南德决定用挥舞长矛的背影来表现自己的英勇姿态时，他用一面装饰着戈耳工头像的宙斯盾保护他的左肩，这种盾牌最能体现雅典娜卓越的属性。（图13）[2]这个类型在他的许多继承者中间十分流行，如赫利奥克勒斯二世、菲洛克赛诺斯（Philoxenos）、狄奥米德斯（Diomedes）、阿门塔斯[3]和阿尔凯比奥斯（Archebios）。（图14）[4]在此基础上，吕西亚斯做了进一步的修改：将雅典娜的宙斯盾换成了一个有着突出獠牙的大象胸像。（图15）[5]跟吕西亚斯同时代的安提亚尔西达斯则直接在钱币上表现了大象崇拜和头戴花冠（stephanephoros）的宙斯。[6]在他发行的三种钱币类型中，宙斯手握权杖站在一个大象的前面，手举花冠的尼科神在大

1 关于阿伽托克里娅和斯特拉托一世，见Bopearachchi 1991, pl. 35, series 5 & 6；关于斯特拉托一世，同上书pls. 35-37, series 1-21, 23-28；关于波利克赛诺斯，同上书pl. 43, series 1 & 2；关于阿门塔斯，同上书pl. 47, series 13；关于埃潘德，同上书pl. 48, series 1；关于特拉索，见R. C. List, 1982；关于尼基亚斯，见Bopearachchi 1991, pl. 49, series 1；关于阿波罗多托斯二世，同上书pl. 61, series 1-3；关于狄奥尼西奥斯，同上书pl. 67, series 1；关于佐伊鲁斯二世，同上书pls. 67 & 68, series 1 & 2；关于阿波罗法尼斯，同上书pl. 68, series 1；关于斯特拉托二世和三世，同上书pl. 69, series 1, 2 & 6。

2 这枚独特的钱币出自Mir Zakah II的地层，由波比拉赫奇发表于1999年（Bopearachchi 1999, 41），如今由加利福尼亚的一位私人收藏。

3 关于赫利奥克勒斯二世，见Bopearachchi 1991, pl. 42, series 4-6；关于菲洛克赛诺斯，同上书pl. 44, series 7-9；关于狄奥米德斯，同上书pl. 51, series 7；关于阿门塔斯，同上书pl. 47, series 8-12。

4 这枚钱币收藏于法国国家图书馆钱币部，见Bopearachchi 1991, pl. 50, series 1, no. 1.

5 这枚钱币是加利福尼亚的私人收藏，参看Bopearachchi 1991, pl. 38, series 2.

6 Bopearachchi 1991, pl. 39, series 1-5, pl. 40, series 9-13.

象的头顶飞舞。[1]所有的迹象似乎都在表明：被印度国王波罗斯视为战争机器的大象给亚历山大大帝的军队留下了深刻的印象，以至于征服者死后三个世纪，对于那些统治印度的希腊人而言，大象在他们的心目中仍然占有崇高的地位。

亚历山大大帝于公元前4世纪末的征服施予印度的影响就这样持续了数百年。这个地区的各个民族，不论是希腊人还是印度人，他们的心灵与行为都留下了对往昔的追忆。希腊的统治者们渴求证明他们统治印度的合法性，所以，他们对亚历山大大帝和希腊传统的认同与日俱增。亚历山大在印度只不过是一道转瞬即逝的亮光，这些希腊统治者们却将希腊传统维系了三百年之久。这就是印度—希腊国王们的钱币肖像传递给我们的信息。

图14

图15

Bibliography

Bernard, Paul. 1969: "Quatrième campagne de fouilles à Aï Khanoum (Bactriane)," *Comptes Rendus*, Académie des Inscriptions & Belles-Lettres, Paris, 1969: 313-355.

——. 1985: *Fouilles d'Aï Khanoum IV. Les monnaies hors trésors. Questions d'histoire gréco-bactrienne (Mémoires de la Délégation française en Afghanistan, XXVIII)*, Paris, 1985.

——. 2008: "The Greek Colony at Aï Khanum and Hellenism in Central Asia," in *Afghanistan: Hidden Treasures from the National Museum, Kabul*, edited by F. Hiebert and P. Cambon, National Geographic, Washington D.C., 2008, 81-129.

——. 2009: "La découverte et la fouille du site hellénistique d'Aï Khanoum en Afghanistan: comment elles se sont faites," *Parthica*, No. 11: 33-56.

---

1 Bopearachchi 1991, pl. 39, series 6-8.

Boardman, John. 1994: *The Diffusion of Classical Art in Antiquity*, Thames and Hudson, London, 1994.

——. 2015: Boardman, John. *The Greeks in Asia*, Thames and Hudson, London, 2015.

Bopearachchi, Osmund. 1991: *Monnaies gréco-bactriennes et indo-grecques, Catalogue raisonné*, Bibliothèque Nationale, Paris, 1991.

——. 1998: Bopearachchi, Osmund. "A Faience Head of a Graeco-Bactrian King from Ai Khanum," in *Alexander's Legacy in the East. Studies in Honor of Paul Bernard, Bulletin of the Asia Institute*, 12, Bopearachchi, Altman & Grenet (edtitors), Michigan: 23-30.

——. 1998: *Sylloge Nummorum Graecorum. Graeco-Bactrian and Indo-Greek Coins. The Collection of the American Numismatic Society*, Part 9, New York, 1998.

——. 1999: "Le dépôt de Mir Zakah. Le plus grand trésor du monde, son destin et son intérêt," *Dossiers d'Archéologie*, 248, novembre, 1999: 36-43.

——. 2007: "Acroliths from Bactria and Gandhâra," in *On the Cusp of an Era. Art in the Pre-Kushana World*, edited by D. Meth-Srinivasan, Leiden-Boston: 119-132, pls. 5.1-5.10.

Bopearachchi, Osmund & Flandrin, Philippe. 2005: *Le Portrait d'Alexandre. Histoire d'une découverte pour l'humanité*, Édition du Rocher, Monaco, 2005.

Bopearachchi, Osmund, Landes, Christian & Sachs, Christine (éditeurs) 2003: *Catalogue de l'Exposition: De l'Indus à l'Oxus. Archéologie de l'Asie Centrale*, Association IMAGO-Muséee de Lattes, Lattes, 2003.

Bordeaux, Olivier. 2015: *Les successeurs d'Alexandre le Grand en Asie Centrale et en Inde, à partir des études de coins et de la restitution des trésors monétaires*, thesis, Université Paris IV-Sorbonne.

Briant, Pierre. 2010: *Alexander the Great and his Empire*, translated by A. Kuhrt, Princeton University Press, Princeton, 2010.

Bracey, Robert. 2011: *Review of the Alexander Medallion. Exploring the Origins of a Unique Artefact*, The Numismatic Chronicle, 2011: 487-494.

Kritt, Brian. 2015: *New Discoveries in Bactrian Numismatics, Classical Numismatic Studies*, 8, Lancaster, 2015.

Coloru, Omar. 2009: *Da Alessandro a Menandro. Il regno Greco di Battriana*, Fabrizio Serra

Editore, Pisa, 2009.

de Callataÿ, François. 2013: "Pouquoi le 'distatère en or au portrait d'Alexandre' est très probablement un faux moderne," *Revue Numismatique* 170 (2013): 175-189.

Lecuyot, Guy. 2013: *Fouilles d'Aï Khanoum. IX. L'Habitat, (Mémoires de la Délégation française en Afghanistan, XXXIV),* Editions de Boccard, Paris, 2013.

Holt, Frank Lee. 1993: *Alexander the Great and Bactria*, E. J. Brill, Leiden, 1993.

——. 2003: *Alexander the Great and the Mystery of the Elephant Medallions*, University of California Press, Berkeley, 2003

——. 2005: *Into the Land of Bones. Alexander the Great in Afghanistan*, University of California Press, 2005.

——. 2012: *Lost World of the Golden King: In Search of Ancient Afghanistan,* University of California Press, Berkeley, 2012.

Holt, Frank Lee & Bopearachchi, Osmund (editeurs) 2011: *The Alexander Medallion. Exploring the Origins of a Unique Artefact*, Imago-Lattara, 2011.

Houghton, Arthur & Lorber, Catherine. 2002: *Seleucid Coins. A Comprehensive Catalogue. Part I, Seleucus I through Antiochus III*, American Numismatic Societ, Lansacter, 2002.

Le Rider, Georges & de Callataÿ, François. 2006: *Les Séleucides et les Ptolémées. L'héritage monétaire et financier d'Alexandre le Grand*, Editions du Rocher, Paris, 2006.

Litvinskij, Boris. 1998: *La Civilisation de l'Asie centrale antique*, translated from Russian to French by Louis Vayasse, Archäologie in Iran und Turan, Band 3, Rahden/Westif, 1998.

希腊—巴克特里亚和印度—希腊人钱币：基于模具研究的新材料[1]

奥利维尔·波尔多（法国古代考古与科学研究中心，CNRS-ArScAn）撰

李潇译　徐朗校

公元前330—前325年，亚历山大大帝在中亚和印度的远征导致这些远离地中海世界的地方发生了深刻的、多方面的变化。但他穿越中亚之后，似乎并没有在上省（High Satrapies）推行强有力的货币政策，尽管公元前333年，塔尔苏斯（Tarsus）就已经开始出现有亚历山大名字及其图像的四德拉克马。[2]事实上，公元前323年之前，底格里斯河以东的地方没有打造过任何亚历山大的钱币。根据波比拉赫奇（O. Bopearachchi）的研究，兴都库什山以北发现的少量阿黑门尼王朝钱币也并非当地所造。[3]然而，亚历山大去世后，情况剧变。公元前4世纪末，巴克特里亚打造了三种钱币：雅典猫头鹰仿造币、"鹰"币以及有"索菲特斯"（Sophytes）之名的钱币。[4]这些钱币被打造时遵循两种标准——阿提卡标准和地方标准。卡普特雷（Laurent

---

1 本文以在南开大学举办的"丝绸之路上的希腊化文明遗产国际学术研讨会"（2018年8月17—20日）上宣读的文章为基础，诚挚感谢杨巨平教授为我们提供了展示最新研究成果的机会。

2 Le Rider 2003; Le Rider & de Callataÿ 2006.

3 Bopearachchi 1999, pp. 68-69.

4 Bernard 1985; Bopearachchi 1996 & 2005.

Capdetrey）根据这些总督的钱币，在自己关于塞琉古王国的著作中认为，公元前325和公元前323年两次叛乱发生之后，塞琉古王国于公元前308—前305年迅速且和平地征服了巴克特里亚地区。[1]此时孔雀王朝正向外扩张，所以公元前303年左右，塞琉古一世与孔雀王朝签订条约，承认其对兴都库什山以南领土的统治权。

巴克特里亚地区最早的塞琉古钱币应被追溯到公元前294年，即塞琉古一世和他的儿子安条克一世开始共治之时。[2]安条克一世前往上省就任表明王室有意促进这些领土的发展，[3]我们可以从各个层面看出这种关注：新建殖民地，[4]发展灌溉系统，从小亚地区遣送移民等。[5]内维尔（E. T. Newell）认为，巴克特拉造币场打制了最早的有塞琉古一世的名字，以及同时有塞琉古一世和安条克一世名字的钱币。[6]但是需要强调一点，为满足当地需求，这些钱币的重量并不总与阿提卡重量标准相符。[7]公元前281年安条克一世继位时，阿伊·哈努姆（Ai Khanoum）造币场（可能还有其他地方造币场）也开设起来。伯纳德（P. Bernard）认为，阿伊·哈努姆遗址发现的三类安条克一世钱币中的全部或部分应归于当地造币场。[8]从类型上看，这个造币场与埃克巴塔纳（Ecbatana）的造币场相关（有翅膀的美杜莎/塞琉古一世的公牛），后来又与底格里斯河畔的塞琉西亚（Seleucia on the Tigris）造币场有关（戴桂冠的阿波罗头像/尼科与胜利纪念柱）。勒里德尔（G. Le

1 Capdetrey 2007, pp. 42-49.

2 Bernard 1985, pp. 37-38; Le Rider & de Callataÿ 2006.

3 Capdetrey 2007, p. 76.

4 “千城巴克特里亚”的名声可能就起源于此（Justin, *Epitome*, 41.4.3-5）；也可以参考 Bernard 1985, p. 100, note 6。

5 Capdetrey 2007, pp. 80-81.

6 Newell 1938, pp. 233-235.

7 Bopearachchi 1999, p. 78; Le Rider & de Callataÿ 2006, p. 31. 公元前281年，安条克一世最终在巴克特里亚采用阿提卡重量标准。

8 Bernard 1985, series IV 3, IV 4 et IV 6, pp. 44-52. 作者并没有排除这些类别中一部分来自巴克特拉的可能性，因为这些钱币上没有出现花押。

Rider）提出塞琉古一世统治之下存在钱币类型学上统一的可能性，但否认这种假设也适用于安条克一世。[1]塞琉古王国没有实行专属货币政策，似乎外国钱币也能在王国境内自由使用，它们的价值取决于所用金属及其信誉。[2]同样地，希腊—巴克特里亚王国统治之下，有多种符号的印度钱币似乎相对常见，至少在一些官方档案中情况如此。[3]

一　模具研究：研究意义、研究对象、研究目的

对钱币体系的分析可以依据多种标准，既可以是钱币本身固有的特征，如花押，也可以是外在因素，如考古环境。模具研究关注的是钱币本身的特征，历史或考古背景不会对研究本身产生影响。我们需要记住的是，因为极度缺乏文献资料，中亚历史很大程度上就是一部钱币学的历史。我们通过钱币知道存在45位希腊化国王，而文献记载中只提到了8位。模具分析的方法是对一个特定钱币体系中的所有钱币进行系统的比较，而就所谓的体系来说，最常见的标准是将钱币按照所属国王分类。模具分析以钱币制作方式为基础，对中亚钱币来说，即重锤击打法：用锤子敲击两个手工雕刻而成的青铜或铁制的模子组成模具，在钱币上留下图像浮雕。每个模子都或多或少有不同

1　Le Rider & de Callataÿ 2006, p. 49. 阿伊·哈努姆发现的安条克一世钱币系列被认为出自巴克特拉。伯纳德详述了该问题并确认这些钱币类型是被模仿的，但我们无法从中得出任何独特的历史或钱币学的结论。Bernard 1985, pp. 42-43, series IV 2.

2　Le Rider & de Callataÿ 2006, pp. 125-126.

3　我们在阿伊·哈努姆发现的多份文件证明当时使用印度钱币支付（Rougemont 2012, pp. 216-222, Nos. 102-109）。这些钱币被称作Karshapana，它们旁边有时会出现两个形容词（texaèna和nandèna）。关于这两个形容词的解释仍有争议，它们可能是指来源地（塔克西拉或难达，Nanda）。在拉平（C. Rapin）看来，无论作何解释，这种冲压币在阿伊·哈努姆出现都与希腊—巴克特里亚人的财政管理有关（Rapin 1992, p. 365）。

之处，因此也就能将钱币进行分组，发现图像或花押等要素之间的关系。2007—2009年，法国国家科学研究中心（CNRS）一支队伍通过实验考古证实了模具研究的可靠性，并且提供了有关钱币生产率的基础数据。[1]所以，在没有任何历史背景的情况下，这种研究方法成为获取有关钱币组织及其生产率的重要途径，也是更广泛地了解某位国王货币政策的重要方式。

有段时期在阿富汗发现了大量的钱币窖藏，如昆都士（Qunduz）窖藏、米尔扎卡一号和二号（Mir Zakah I & II）窖藏，阿伊·哈努姆一号（Ai Khanoum I）窖藏等，20世纪80年代之后中亚政治环境恶化，[2]导致考古活动大量减少。从此模具研究逐渐成为希腊—巴克特里亚和印度—希腊人钱币学领域的主要研究方法，钱币学家们不再依赖考古活动提供的数据集。只有拍卖目录才能定期提供新的钱币。这些钱币来自非法盗掘或偶然发现，它们缺少最重要的信息：考古背景。在缺乏情境化钱币（contextualized coins）的情况下，一旦所有博物馆的收藏都已被出版和研究，我们就必须对这些数据集进行更深入的探究。目前已经出版了若干关于狄奥多托斯一世和二世（Diodotus I and II）、[3]欧克拉提德一世（Eucratides I）甚至印度—斯基泰人钱币窖藏的模具研究新成果。[4]

二　早期希腊—巴克特里亚王国的钱币政策

笔者的博士研究聚焦公元前3—前1世纪的4000余枚希腊—巴克

1 Faucher *et al.* 2013.

2 1982年DAFA被迫关闭。

3 Kovalenko 1995-1996; Holt 1999.

4 Bopearachchi 2003.

图1
欧泰德姆斯一世的八德拉克马金币（BNF 1966.163）

特里亚钱币，[1]以期理清从塞琉古王朝到狄奥多托斯一世再到欧泰德姆斯一世（Euthydemos Ⅰ），最后到欧克拉提德一世和米南德一世（Menander Ⅰ）之间的年代，这些有关中亚几次政治转变的重要年代问题仍有待进一步关注。中亚史主要是在钱币的基础上写成的。例如，通过钱币我们知道了45位希腊化国王，而希腊、印度和中国文献中只提到了8位。这些国王在希腊化世界中占据特殊地位，因为他们愿意调整自己的钱币，更广泛地说是愿意调整自己的生活方式以适应统治人群。有钱币学家认为这些钱币上的画像是希腊化艺术的典范，欧泰德姆斯一世的八德拉克马金币就是例证之一。[2]（**图1**）钱币是经济生活和政治生活的首要工具。希腊—巴克特里亚和印度—希腊人创造新尺寸、新图像，发行纪念币、庆祝币、联名币以及后世币等，都证明他们的钱币在经济和政治两方面充分发挥了作用。（**图2**）

根据20世纪90年代之后的几项研究，狄奥多托斯王朝发行的钱币来自两个造币场，一般认为它们分别位于巴克特拉和阿伊·哈努姆。[3]无论这种划分的依据是什么，我们根据钱币模具研究建立的众多模具关联，认为所有的狄奥多托斯一世钱币都出自一个造币场。这些钱币的组织生产分为两个阶段。有一组相对较少的银币与其余部分区别开来，它们由最初的希腊—巴克特里亚钱币组成，打造于公元前255—前250年之间。第二部分是主要部分，特征是出现了金币，打制金币是王室特权，因此也就标志着巴克特里亚已经独立。这些钱币的背面大多有花环（ ），霍尔特（Frank L. Holt）将这种符号解释为象征

1 Bordeaux 2018.
2 Le Rider 1969, p. 26.
3 Kovalenko 1995-1996; Holt 1999.

着对帕提亚人的胜利。[1] 这些钱币有多种面额，显然要取代在中亚流通的塞琉古钱币。狄奥多托斯二世的钱币数量没那么多，可以通过不同的花押以及它们缺乏与狄奥多托斯一世钱币的模具关联而识别出来。综合考虑，花押的多样性体现了这两位国王钱币的复杂特征，但能利用正面模具将主要的几组钱币结合起来，又说明钱币生产组织有序。

关于这些最早的希腊—巴克特里亚钱币，我们还应了解些什么呢？综合来看，在如何根据一位国王的钱币来解读其政治生活方面，狄奥多托斯一世钱币是绝佳例证。狄奥多托斯一世独立之后，造币场不可能擅自主动打制金币，或者为庆祝国王军事上的胜利，甚至在钱币上雕刻花环。钱币学家们能够感受到这些创新背后政治权力的影响。从国王严密监管货币生产到“中央集权”的概念只有一步之遥（我们暂时不做这方面考虑），狄奥多托斯一世很快就意识到他将面临的经济挑战，遂开始大规模生产货币（仅首批造币就使用了14个正面模具和70个背面模具，即来自A1–47子组的四德拉克马钱币）。[2] 他对新王国的掌控也展现在钱币上，他的钱币背面铭文顺利地从“属于安条克的”（ANTIOXOY）变为“属于狄奥多托的”（ΔΙΟΔΟΤΟΥ）。另一方面，我们不讨论领土化（territorializing）问题，因为和塞琉古一世与安条克一世在上省的情况一样：对狄奥多托斯一世来说，最重要的任务是在接管巴克特里亚之前，使新的中央政权合法化。至于狄奥多托斯二世发行的钱币，尽管由于统治的短暂而几乎保持不变，但却仍因不再使用多个花押而具有重要意义。狄奥多托斯一

图2

狄奥多托斯一世（以“安条克”名义）的四德拉克马；狄奥多托斯二世的四德拉克马

1 Holt 1999, pp. 61-65, 98-100.

2 Bordeaux 2018.

世钱币的特征是使用多个花押，现在钱币上只剩一个花押，并且自狄奥多托斯二世之后，巴克特里亚钱币上出现多个花押就成了例外情况。

图3
欧泰德姆斯一世的青年、理想化（？）以及老年肖像

欧泰德姆斯一世是位著名的国王，这得益于文献记载[1]及其丰富的钱币。推翻狄奥多托斯王朝之后，他立刻将钱币背面的神从宙斯变为在中亚流行的赫拉克勒斯形象，欧泰德姆斯一世统治时期的钱币特征就是赫拉克勒斯图像的演变。更重要的，他是第一位在钱币上先后展示出青年和老年形象的希腊—巴克特里亚国王。（图3）然而，我们的研究表明，国王老年肖像的引入并不意味着青年肖像随之消失。相反，欧泰德姆斯一世的年轻肖像（作为欧泰德姆斯一世的理想化形象）仍被继续使用，而且旁边出现了新的花押（）。这些钱币可能与公元前3世纪末欧泰德姆斯之子德米特里继位有关。

欧泰德姆斯一世统治时期，最重要的历史事件是公元前208—前206年之间安条克三世对于上省，包括巴克特里亚的远征。[2]这次战争中围攻巴克特拉（Bactra）的部分尤为著名，最终以欧泰德姆斯被承认为独立的巴克特里亚国王而结束，尽管历史学家们长期存在争议：一部分人支持巴克特里亚获得了真正的胜利，另一部分则认为双方只是暂时达成了某种臣属关系。[3]欧泰德姆斯钱币上出现了老年肖像，使用了新的花押，尽管很容易将这些深刻变化与战胜安条克、巴克特里亚获得独立地位联系起来，但钱币学分析表明，欧泰德姆斯一世钱币是持续演变，并没有任何明显中断。

---

1 参见Polybius 11.34.1-12. 赫利奥多托斯（Heliodotos）献祭铭文中也提到了欧泰德姆斯一世（Bernard *et al*. 2004）和他的儿子德米特里一世。

2 关于这次战役的详细综述，参见Will 1982, pp. 51-69.

3 关于后一种假设，参见Tarn 1985, p. 82; Capdetrey 2007, p. 357.

巴克特拉之围是希腊—巴克特里亚王国史上的重要军事事件，也是欧泰德姆斯一世领导的真正独立战争，文献记载赋予其独特的地位。我们不打算在这里详述外交细节，这方面已经得到了充分的研究。为了更精确地了解这些事件如何开展，我们对战略方面更感兴趣。首先，年代上，波利比乌斯（Polybius）告诉我们，安条克三世侵入巴克特里亚的时间大约与第142届奥林匹亚赛会（Olympiad CXLII）同时，也就是公元前210/209年冬至公元前208/207年冬季之间，所以巴克特拉之围结束应在公元前207年夏至公元前206年夏天之间。其次，战术上，波利比乌斯告诉我们，两位国王及其军队在阿里乌斯（Arius）[1]河岸对峙，这使得欧泰德姆斯一世虽然力量虚弱但并非无所依靠，欧泰德姆斯的一万骑兵中有部分与他一起躲在巴克特拉。霍尔特说这段记载告诉了我们很多有关战役准备及开展的细节，[2]但除了结果之外，我们对巴克特拉之围本身一无所知。还有一则材料为我们提供了有关另一场包围战，即欧克拉提德一世和德米特里二世的对峙情况。查士丁详述了围城者德米特里二世和被围困者欧克拉提德一世之间许多军事行动的细节。尽管如此，这次包围战的信息并不能帮助我们理解前一次包围战。事实上，因为缺乏更多的细节信息，历史学家经常将安条克三世入侵巴克特里亚与巴克特拉之围合并在一起，而且时间也格外长：从公元前208到公元前206年，长达两年之久。如果认为这次围城只有一年多，甚至很可能只是持续了几个月的话也并非没有道理。

我们通过研究狄奥多托斯一世和欧泰德姆斯一世钱币发现，这两位国王使用同一个造币场。他们的钱币使用相同的花押（⋔ 和 NK），而且我们现在也完善地建立起二者肖像之间的联系，他们有

1 今Hari河，位于阿富汗境内。——译者注

2 Holt 1999, p. 127, note 6.

时甚至使用相同的正面模具。[1]然而，相比打制金币和启用新类型来说，肖像的高度相似是次要的。所以，希腊—巴克特里亚王国最初的60年，似乎存在一个中央造币场负责制作金币和银币，尽管我们仍然很难确定它的位置。此外币坯厚度的变化与塞琉古王朝的侵犯有关，放弃塞琉古王国的斜切式币坯（beveled-type flan）也被认为是一项政治举措。然而，坯子的形状首先是一项技术问题，而非政治问题。打制钱币之前，要先用模子浇铸出币坯，斜切厚坯便于将其从模子中取出来。[2]所以将币坯从厚变薄的变化归因于技术演变要比没有根据的理论更合乎逻辑，特别是在币坯厚度本就已经逐渐减小的情况下。

欧泰德姆斯一世的金币、银币和铜币都表明他卷入诸多历史事件之中。只有结合欧泰德姆斯一世夺权的背景，以及那些标志着他曾长期统治（公元前230—前190年）的战争，才能理解他的货币政策。我们很难评估王权对欧泰德姆斯一世钱币上的国王肖像影响如何，他肖像的多样性似乎表明刻模师们在这一方面享有一定的自由。与此同时，他的钱币背面设计极其丰富，直到其统治中期，正面和背面样式才实现统一。在欧泰德姆斯一世铜币上，没有花押仍属于例外情况。到他的继承者（德米特里一世、欧泰德姆斯二世）时，规范化也是黄金法则，只有王带或边饰（联链纹）方面的细微变化。所以在货币层面，欧泰德姆斯一世的钱币是两种实践的交汇点：一种是允许刻模师享有较高的图像选择自由；另一种是严控王像和背面图像，尽管管控不一定来自王室。因为相关钱币发行量低，这种管控甚至更为严格（所以刻模师数量也比较少）。

---

1 Zeng 2013.

2 Holt 1999, p. 110.

三　米南德一世钱币和欧克拉提德一世钱币：受战争影响的两种钱币

表1　阿波罗多托斯一世至米南德一世双语银币的花押与铭文排列方式

国王	铭文排列	花押							
阿波罗多托斯一世（Apollodotus I）									
安提马库斯二世（Antimachus II）									
米南德一世（Menander I）									
欧克拉提德一世（Eucratides I）									
米南德一世（Menander I）									
米南德一世（Menander I）									

（来源：Bordeaux 2018, p. 112, table 1）

米南德一世和欧克拉提德一世的钱币联系十分紧密，要研究其中一人的钱币，就必须关注另一个人。他们深刻影响彼此，所以二者虽然是对手，但他们的钱币以及工匠不完全受政治规则影响。欧克拉提德一世夺取巴克特里亚统治权后，很快将目光转向南方，于公元前165—前162年之间占领了米南德的印度领地。得到兴都库什山南北两侧的希腊化地区之后，欧克拉提德使用“伟大的（Megas）”称号，并开始打制金币。有趣的是，欧克拉提德一世部分沿用了米南德的习惯，钱币铭文以圆形排列，而他去世后，米南德钱币的铭文也像欧克拉提德原来的铭文一样从中分开。尽管时间上可能略有差异，但模具研究证实了比瓦尔（A. D. H. Bivar）和波比拉赫奇有关米南德钱币的理论。[1]

可能因为不同面值的铜币使用了同样的图像，米南德再次掌权后决定引入新的铜币标准，并在背面标示其价值。所以，每个重量都有特定的希腊字母和背面图像。[2]这一新体系在公元前145年欧克拉提德一世去世之后被引入，很可能是为了统一失而复得的领土。米南德的继承者们放弃了希腊字母，但沿用了重量体系，证明新重量体系是成功的。

表2　米南德一世时的铜币重量体系

面值	重量	尺寸	相应希腊字母	重量	尺寸
十六单位			Σ	44 g	28-30 mm
八单位	19.60 g	26 mm	Η, *Q*	22 g	24-26, 26 mm
六单位				16.50 g	26-30 mm
五单位				13.75 g	20-24 mm
四单位	9.80 g	20-24 mm	Δ	11 g	20-22 mm
三单位	7.35 g	18 20 mm	Γ	8.25 g	18-22 mm
二单位	4.90 g	16-20 mm	Β	5.50 g	16-20 mm
单位	2.45 g	16-18 mm	Α	2.75 g	16-20 mm
半单位(?)				1.38 g	10-12 mm

（来源：Bordeaux 2018, p. 115, table 3）

根据《米兰陀问经》（*Milindapañha*[3]）以及一种有法轮（chakra）图案的钱币，米南德一世经常被当作佛教的保护者，在他的统治下，佛教得到繁荣发展。然而，米南德只在一种非常稀少的铜币上使用过法轮，法轮的图案也不是在他的钱币上才第一次出现，所以它不一定

1 Bivar 1970; Bopearachchi 1991, pp. 67-69.

2 MacDowall 1975中最早提出这一假设。

3 Nolot 1995.

有同样的象征意义。在阿伽托克勒斯的方形银币上，黑天—克利须那神（Vāsudeva-Krishna）手中也拿着法轮。[1]米南德之后，提利亚·特佩（Tillia Tepe，黄金之丘）窖藏出土的金币上也清楚地描绘了法轮符号，福斯曼（Gérard Fussman）认为这枚钱币造于公元前50—公元50年之间。[2]这三类钱币上描绘的法轮均为八辐样式。尽管如此，与这种铜币相比，米南德的其他钱币占绝大多数，仅根据这些证据来推测他的宗教政策是武断的。

根据波比拉赫奇最初提出的年表，米南德一世约公元前155年成为国王，公元前155年至前150年开始远征印度，[3]导致欧克拉提德一世趁机侵占了他的领土。米南德一世从印度返回之后境遇悲惨，在和欧克拉提德一世的对战中落于下风，最终只能保留萨加拉（Sagala，舍竭）地区，丧失了他在印度的其他领土。公元前145年，欧克拉提德一世被自己的儿子谋杀，给了米南德一世机会。他最终夺回失地，并一直统治到公元前130年去世。所以他在印度征战的时间大约有5年，这也代表了迦毕试（Kavasi，今贝格拉姆）和华氏城（Pataliputra）之间往返的时间。然而，现在米南德即位的时间被推至公元前165年，他一定即位后立即开始征服印度中北部，这样才能解释公元前162年之前欧克拉提德一世打制了二十斯塔特的纪念币，以及开始采用新的铭文排列方式。这就导致我们估计米南德一世统治萨加拉的时间并非5—10年（公元前155—前150/前145年），而是超过了15年（公元前162—前145年）。这并非完全不可能，但是会带来许多与这一时期他的钱币政策相关的问题。我们非常缺乏米南德在东旁遮普遭受攻击时的历史信息。虽然《米兰陀问经》中称其为国王，但是在领土刚被征

1 Bopearachchi 1991, Agathocles series 9. 其中部分钱币来自阿伊·哈努姆一号窖藏（Audouin & Bernard 1974）。

2 Fussman 1982, pp. 164-169, “Excursus 3”.

3 此处似乎有误。这里印度应该是指印度的中东部腹地，这5年征战指的是他向华氏城的进军。——编者注

服，遭遇了重大军事失败之后，这个称号的真实性令人怀疑。在这种背景之下，这一时期没有发行钱币也就不足为奇了。

米南德一世的钱币在（短暂的）第一阶段经历了明显衰退，尽管这一时期可能也打制了金币，到第二阶段，无论是质量还是数量都呈指数级发展。这些钱币的演变特点很清楚：米南德逐渐放弃了雅典娜/猫头鹰型钱币，铭文排列方式也迅速变化，然后引入了国王戴或不戴头盔的胸像类型，其中可以看出欧克拉提德一世钱币的影响。米南德去世几十年后，继承者们依然沿用新式铭文布局和各种花押，显示了米南德钱币政策的影响。从公元前145年起，米南德一世提升了钱币产量，这无疑是为了重新掌控已有大量欧克拉提德一世钱币流通的区域。新的铜币重量体系也是重占货币空间的一项政策。所以，米南德一世是王权通过决定钱币产量和类型来强势干预货币政策的绝佳例子。

至于欧克拉提德一世，他的王国范围最大时包括了从巴克特里亚北部到犍陀罗之间的区域，这不仅在很大程度上解释了他的钱币的丰富性，更为我们理解这位国王的货币生产情况提供了一些线索。欧克拉提德无疑面临着巨大的货币需求，他完美整合了米南德的造币场，后来甚至到了自己的钱币也被这些造币场影响的程度。我们有一个更具普遍性的问题：中央政权是如何掌控一个如此庞大的王国的货币生产的？所以必须进一步观察兴都库什山南北两侧钱币间的铭文差异（花押、币文和形状等特征），才能了解二者之间的联系。系列6在类型学上的逐渐规范化令人惊讶。常见面值的钱币上既使用单语铭文（圆形铜币），也使用双语铭文（方形铜币）。因此，这些钱币给人的感觉是王国的货币政策由中央，或者至少是以一种协调的方式决定。造币厂似乎不能做灵活变化，从米南德一世的部分钱币中可以看出这一点。

四　希波斯特拉图斯：西旁遮普最后的印度—希腊人国王

虽然希波斯特拉图斯（Hippostratus）的钱币数量比较有限，我们的模具研究只涉及200枚这位国王的钱币，但由于他在印度—斯基泰国王毛伊斯（Maues）去世、王国分裂后称王，所以希波斯特拉图斯在晚期印度—希腊人国王之中具有特殊地位。自19世纪以来，在巴基斯坦的考古发掘工作主要集中在塔克西拉，詹金斯（G. K. Jenkins）和怀特海德（R. B. Whitehead）已经识别出一些属于塔克西拉和布色羯逻伐底（Pushkalāvatī）的花押。更重要的是，泰勒夫斯（Telephus）、阿波罗多托斯二世和阿尔特米多洛斯（Artemidoros）开始统治的时间基本相同，都在公元前80年左右。阿波罗多洛斯的一系列铜币表明，他是毛伊斯的儿子，[1]与此同时，泰勒夫斯钱币上缺少自己的肖像，且使用属于塔克西拉的花押，[2]所以泰勒夫斯可能是阿波罗多托斯二世的一位副王，二人都统治塔克西拉及其周边区域。

在这种背景下，希波斯特拉图斯的钱币集中一些传统，但也必须考虑到它们与阿泽斯一世（Azes I）钱币花押之间的连续性。因此，这四位国王好像只是印度—斯基泰人两次占领塔克西拉之间的过渡。希波斯特拉图斯与前辈们在类型学和风格方面的相似性可能说明他统治时期政治状况的复杂性。事实上，他的钱币并没有创新类型，而他的肖像与其前辈阿波罗多托斯二世极为相似。因此，希波斯特拉图斯的钱币政策超越了自己的统治范围，原因尚不清楚，但很可能与家庭纽带或政治有关。

城市女神提刻（Tyche）并非希波斯特拉图斯的发明，一篇关于

1　其中部分钱币来自Amluk Dara“毛伊斯窖藏”（“Maues hoard”），在Senior 2006, pp. 151-152以及Bopearachchi 2008-2009中公开发表（被清理之后）。

2　关于，参见Boperachchi 1991, p. 128. 关于，参见Whitehead 1947, p. 31.

图4
希波斯特拉图斯钱币；阿富汗哈达的提刻雕像；提利亚·特佩窖藏钱币上的提刻

赫利奥多托斯（Heliodotus）向赫斯提亚（Hestia）献祭，祈求拯救欧泰德姆斯和德米特里的铭文中就已经提到这位女神。[1]在希腊化世界，从公元前4世纪开始出现越来越多的提刻形象，例如安条克的提刻青铜雕塑曾多次被复制，并且成为其他城市人格化形象的模版。[2]在中亚，一个著名的例子是哈达塔帕—伊—肖托尔（Tapa-i-Shotor）修道院的V2壁龛里的一尊女神像，时间大约为公元3—4世纪。[3]这尊女神与印度女神诃利帝（Hariti）有关，手持丰饶角而坐。（图4）但是，此处的提刻没有像钱币上的提刻形象一样头戴王冠，而犍陀罗或马图拉（Mathura）地区的诃利帝形象则都保持着希腊妇女的体态和衣着，有时甚至戴着塔冠。诃利帝有时被描绘成与丰收神半支迦（Pañcika）相伴的样子。博德曼（John Boardman）认为，这些都证明犍陀罗艺术一直延续到公元3—4世纪。[4]

印度—斯基泰人钱币上没有出现手持丰饶角站立的提刻形象。两枚可能属于阿泽斯一世的珍稀金币上描绘了头戴塔冠的城市女神手持长矛和莲花的图像。到贵霜人时期，这位女神与持丰饶角的丰饶女神阿多索（Ardoxsho）同化，在迦腻色伽一世（Kanishka I）和胡韦色伽（Huvishka）钱币上展示的最多。博伊斯（Mary Boyce）和葛乐耐（Frantz Grenet）认为这位女神起源于伊朗世界，[5]而亨利—保尔·法兰克福（Henri-Paul Francfort）更倾向将其看作是有希腊—罗马渊源

1 Bernard *et al.* 2004.
2 Delvoye 1960.
3 Tarzi 1976, pp. 397-401, figs. 12-13.
4 Boardman 1994, pp. 134-135.
5 Boyce *et al.*, p. 188.

的提刻，阿多索则是巴克特里亚女神*Ardu-Vakhshu*。[1]

尽管希波斯特拉图斯统治时间相当短暂，但他的钱币展示了丰富的类型、面值和花押，这些对研究他的钱币政策十分重要。如果我们考虑到他的有些花押与其前辈之间的相似性（和，和）的话，就会发现希波斯特拉图斯钱币主要是一种延续性货币，几乎没有任何重要创新。他的肖像和阿波罗多托斯二世几乎一模一样也给人留下了这种印象，后者的钱币明显更加多样化，数量也更加丰富。所以，希波斯特拉图斯的钱币政策适用于在一个比他本人统治范围更大的范围，我们很难确定其原因，或许是家庭原因，或许是政治背景。作为统治西旁遮普的最后一位印度—希腊人国王，希波斯特拉图斯无疑继承了复杂的政治形势，在这种形势下，他倾向于通过自己的钱币类型与先前的国王们建立联系。

五　造币场和花押

关于花押的含义已经有很多解释，包括城市名、统治年代、官员标志、造币场标志，甚至是受命为国王打制钱币的私人作坊等。在塞琉古王国统治之下，几乎每一枚钱币上都有一个或若干个花押，通常钱币背面有两个花押。对花押的解释仍然存在困难，但有些所指地点大家都已经非常熟悉，如底格里斯河畔的塞琉西亚，安菲波利斯（Amphipolis）或者巴克特拉等，这使得历史学家们能够根据花押推断这些地方的造币活动是持续的还是中断了。勒里德尔已经放弃了花押是地方官标志的观点，因为他们不可能一整年都在监督造币过程，

1 Francfort 2007, p. 519.

他认为这些花押更可能代表了造币工匠。[1]最近，阿佩吉斯（G. G. Aperghis）提出一种更“实用”的理论，认为第一个花押可能代表着监督官员，第二个则代表着官方接收者。[2]但这种理论已经受到质疑。

根据我们的模具研究成果，这些理论大部分不成立。花押不可能是城市名、统治年份或私人作坊的标志。我们认为花押可能以某种方式代表了监督钱币制作过程的官员。这种理论也面临一定困难，因为有些花押使用的时间很长（例如ᚱ或ꟿ），它们之间又没有什么明显的关联。尽管如此，这一理论可以解释同一个造币场同时出现若干种花押的现象，也可以解释无论是在希腊—巴克特里亚王国，还是印度—希腊人王国，它们都可以在国王之间沿用的事实，证明货币约束胜于政治目的。综上所述，希腊化时代留下了一个毫无争议的造币场，即阿伊·哈努姆，[3]以及若干可能存在的造币场——阿弗拉西亚卜（Afrasiab）、巴克特拉、贝格拉姆（Begram）、查尔萨达（Charsadda）和塔克西拉（Taxila），但这些地方造币场还需要更多的考古调查方能确认。

六 结论

这篇短文及其研究成果[4]使得我们能够确认许多基础性假设，同时又开辟几个新的研究方向，尤其是公元前2—前1世纪这段时期内，米南德和希波斯特拉图斯之间的印度—希腊人小王国的国王顺序问

1 Le Rider & de Callataÿ 2006, pp. 58-60.

2 Aperghis 2010.

3 Bernard 1985.

4 Bordeaux 2018.

题。我们希望自己的研究能带来足够前沿的观点和论证，以便该领域的专家们利用。波比拉赫齐的研究成果在我们的论证和历史讨论中居于核心地位，他1991年出版的著作至今仍是必读之作，但我们希望能对其中的成果做重要更新。虽然历史中只有少数事情是确定的，涉及希腊—巴克特里亚和印度—希腊人王国时尤其如此，但现在可以认为，狄奥多托斯一世的造币场对欧泰德姆斯一世的货币政策产生了影响，甚至可以断定，米南德一世钱币体现出的非常特殊的演变是其与欧克拉提德一世冲突的直接结果。

希腊—巴克特里亚国王打制了大量钱币，他们的货币政策首先受造币场的技术限制，正如狄奥多托斯一世、狄奥多托斯二世和欧泰德姆斯一世的钱币，正反面主要风格多样，但类型仍然相同。所以，希腊—巴克特里亚王国的最初50年经历了一个缓慢但清晰的演变过程，从接受直接来自公元前3世纪上半叶使巴克特里亚货币化（monetarization）的塞琉古传统，发展为希腊—巴克特里亚国王、造币官和刻模师完全掌控造币的流程。在国王独立过程中，钱币扮演了重要的角色，但起初它们并未在王国之外流通。无论要传达的政治信息是什么，这些钱币首要也是最重要的目标受众是希腊—巴克特里亚人以及巴克特里亚人自己。所以，直到巴克特拉之围结束后，我们才终于看到接近写实的国王肖像。

印度—希腊人王国创立之后，历经数十年才终于稳固边界，到阿波罗多托斯一世统治时期才开始探索引入新的重量标准。公元前170—前130年，这些王国在战争与和平中发展到顶峰。考古学已经告诉我们，兴都库什山南北两侧之间的交流是丰富且不间断的，钱币更证实了这一点。无论希腊—巴克特里亚人和印度—希腊人关系如何，他们都将对方的空间视作自己的一部分。帕罗帕米萨代（Paropamisadae）、犍陀罗和旁遮普的印度—希腊人国王最重要的特点是格外注重让当地印度人接受他们的钱币。

七　未来预期

这里展示的希腊—巴克特里亚和印度—希腊人钱币都有一套动态化的组织，能够适应多重因素，如军事冲突、产量扩增或政治骚乱等。希腊人在中亚发行的钱币表现出复杂的图像，证明他们脱离了塞琉古王国且远离地中海世界，但仍保持着多产和创造力的文化多样性。

德卡拉泰（François de Callataÿ）通过统计工具特别提出了货币量化问题的概念，模具研究为讨论该问题提供了大量数据。事实上，近期研究以及实验考古已经估算出，一枚模具能制作出15000到30000枚钱币。这种研究方法的目标不是提供古代钱币的具体数目，而是大致估计希腊化时期流通的钱币数量。n/d指数，即钱币数量除以确知的模具数量，如果指数高于3，就能估算出原始模具数量。但这种情况很少出现，因此必须对每个系列逐次进行研究才能得出可靠的结果。

表3　已研究的钱币n/d指数

国王	n (AV)	d	n/d	n (AR)	d	n/d	n (AE)	d	n/d
狄奥多托斯一世	236	23	10.3	229	86	2.7			
狄奥多托斯二世	4	4	1	65	29	2.2			
欧泰德姆斯一世	12	9	1.3	531	192	2.8	123	73	1.7
米南德一世（↻↑→↓）	2	2	1	94	51	1.8	25	12	2.1
米南德一世（⟳↑→↓）				1614	1084	1.5	239	187	1.3
欧克拉提德一世				731	242	3			
希波斯特拉图斯				143	91	1.6	57	39	1.5
共计	254			3407			444		

（来源：Bordeaux 2018, p. 94, table 1）

未来的主要研究对象仍是花押，我们的结论仅能解释特定钱币。根据模具研究呈现出花押之间的联系，建立这样一个总体性框架无疑能帮助我们领悟这些花押的真正意义。花押的意义并非一成不变：狄奥多托斯一世钱币上出现的符号（除了花环外，我们还得提到他一枚斯塔特上的星星），以及狄奥多托斯二世钱币上的符号（◡被认为可能是新月的象征）无疑也是塞琉古时期的一项遗产，但随着欧泰德姆斯一世掌权（如果我们不考虑他的铜币上的锚的话）而消失。与最早的两位希腊—巴克特里亚国王相比，欧泰德姆斯一世采用了“稳健”的花押政策，这种偏好与标准化生产有关。欧克拉提德一世势力发展到顶峰时放弃了这种政策，米南德一世第二阶段的钱币亦是如此。然而，因为难以确定造币场之间的相对年代关系，我们无法得出辽阔领土上同时开放了几个独立造币场的结论，但欧克拉提德一世正面模具的花押关系确实增加了这一论断的可能性。欧克拉提德一世和米南德一世重新使用了大量花押，具体原因不明，但无疑与扩大钱币生产的目的有关。至于印度—希腊人国王，花押都一直在他们的钱币上保持着特殊位置。这种行为又影响了印度—斯基泰人，直到贵霜人统治时期才被逐渐摒弃。贵霜人一开始模仿希腊—巴克特里亚人（赫利奥克勒斯一世，Heliocles I）和印度—希腊人（赫尔迈乌斯，Hermaeus）的钱币，后来每个国王的钱币上都印上了特定的标志。

仍有许多国王的钱币值得仔细研究。与欧克拉提德一样，最后一位希腊—巴克特里亚国王赫利奥克勒斯去世后，他的钱币也被占据巴克特里亚的游牧民族所模仿，他的钱币花押以及相关类型问题仍悬而未决。在印度—希腊人国王中，吕西亚斯（Lysias）和赫利奥克勒斯二世因其名字的拼写变化而具有特殊地位。通过模具研究将他们的花押联系或分离开来，或许有助于完善通过米南德一世钱币模具研究所得出的数据。安提亚尔西达斯（Antialcidas）则因其数量上的重要性而值得关注，无疑是另一个很好的信息来源。这三位印度—希腊人国王的特点是都使用米南德一世创造或用过的花押（[monogram]，[monogram]，[monogram]，[monogram]，[monogram]，∑和[monogram]），吕西亚斯和安提亚尔西达斯联名钱币进一步增强了它们之间的关系。此外，赫利奥克勒斯二世钱币背面使用了与希腊-巴克特里亚国王赫利奥克勒斯一世相同的图像，即宙斯正面而立，右手正投掷闪电的图像，威德曼（F. Widemann）据此认为二者应为父子关系。

正如我们在这篇文章开篇所强调的，希腊—巴克特里亚和印度—希腊人国王之间并非互不来往，他们也无法隔绝与周边民族的联系。他们或者忙于相互攻伐，或者抵抗周边民族的侵袭。我们讨论希波斯特拉图斯的时候，简略地提及了印度—斯基泰人，除此之外，贵霜人的钱币也继承了大量的希腊化特征，由此也带出了几个重要的历史问题，许多关于纪年和钱币的基础性问题也有待全面研究。希腊人在亚洲的历史首先是钱币学的历史，对于他们的各种各样的继承者们来说也是如此。公元1世纪初，各种征服活动渐渐平息，希腊化王国也宣告终结。

Bibliography

Aperghis 2010: G. G. Aperghis. "Recipients and End-Users on Seleukid Coins," *Bulletin of the Institute of Classical Studies*, 53/2, 2010, pp. 55-84.

Audouin & Bernard 1974: R. Audouin & P. Bernard. "Trésor de monnaies indiennes et indo-grecques d'Aï Khanoum (Afghanistan)," *Revue Numismatique*, 1974, pp. 7-41.

Bernard 1985: P. Bernard. *Fouilles d'Aï Khanoum IV. Les monnaies hors-trésors. Questions d'histoire gréco-bactrienne*, MDAFA 27, Paris, 1985.

Bernard *et al.* 2004: P. Bernard, G.-J. Pinault & G. Rougemont. "Deux nouvelles inscriptions grecques de l'Asie centrale," *Journal des Savants*, 2004, pp. 227-356.

Bivar 1970: A. D. H. Bivar. "The Sequence of Menander's Drachmae," *Journal of the*

Royal Asiatic Society, 1970, pp. 123-136.

Boardman 1994: J. Boardman. *The Diffusion of Classical Art in Antiquity*, Thames & Hudson, London, 1994.

Bopearachchi 1991: O. Bopearachchi. *Monnaies gréco-bactriennes et indo-grecques. Catalogue Raisonné*, Bibliothèque Nationale, Paris, 1991.

Bopearachchi 1996: O. Bopearachchi. "Sophytes, the enigmatic ruler of Central Asia," *Nomismatika Khronika*, 15, 1996, pp. 19-32.

Bopearachchi 1999: O. Bopearachchi. "La circulation et la production monétaires en Asie Centrale et dans l'Inde du Nord-Ouest (avant et après la conquête d'Alexandre)," *Indologica Taurinensia*, XXV, 1999, pp. 15-119.

Bopearachchi 2003: *An Indo-Greek and Indo-Scythian Coin Hoard from Bara (Pakistan)*, Amir Nawaz Khan, Seattle.

Bopearachchi 2005: O. Bopearachchi. "Royaumes grecs en Afghanistan: nouvelles données," *Actes d'une journée d'étude, UNESCO, 11 mars 2005*, Centre d'Études et de Recherches Documentaires sur l'Afghanistan, Paris, 2003, pp. 49-69.

Bopearachchi 2008-2009: O. Bopearachchi. "Was Indo-Greek Artemidoros the Son of Indo-Scythian Maues? Amluk Dara Hoard Revisited," *Nomismatika Cronika*, 27, 2008-2009, pp. 25-46.

Bordeaux 2018: O. Bordeaux. *Les Grecs en Inde. Politiques et pratiques monétaires (IIIe S. A. C.-Ier S. P. C.)*, Ausonius Numismatica Antiqua 8, Bordeaux, 2018.

Boyce *et al.* 1991: M. Boyce, Fr. Grenet & R. Beck. *A History of Zoroastrianism, Volume Three: Zoroastrianism under Macedonian and Roman Rule*, Handbuch der Orientalistik I.8,1, E. J. Brill, Leiden, 1991.

Capdetrey 2007: L. Capdetrey. *Le pouvoir séleucide. Territoire, administration, finances d'un royaume hellénistique (312-129 avant J.-C.)*, Presses Universitaires de Rennes, Rennes, 2007.

Delvoye 1960: C. Delvoye. "Compte-rendu de Tobias Dorhn, *Die Tyche von Antiochia*, Berlin, 1960," *L'Antiquité Classique*, 29-2, 1960, pp. 586-587.

Faucher *et al.* 2013: T. Faucher, L. Brousseau & J. Olivier. "Expérimentations sur la technique de fabrication des monnaies grecques: approches, réalisation, perspectives," in F. Tereygeol, *Comprendre les savoir-faire métallurgiques antiques et médiévaux.*

Actes de la table-ronde, décembre 2009, Saclay, Errance, Paris, 2013, pp. 71-99.

Francfort 2007: H.-P. Francfort. "Archéologie de l'Asie intérieure de l'âge du bronze à l'âge du fer; Représentations mythologiques et représentations artistiques en Asie centrale de l'âge du bronze aux périodes historiques: les déesses centrasiatiques," *Livret Annuaire 21, 2005-2006*, École Pratique des Hautes Études, 2007, pp. 511-520.

Fussman 1982: G. Fussman. "Monnaie d'or de Kaniṣka inédite, au type du Buddha," *Revue Numismatique*, 1982, pp. 155-169.

Holt 1999: F. L. Holt. *Thundering Zeus, the Making of Hellenistic Bactria*, Hellenistic Culture and Society XXXII, University of California Press Society, Berkeley, 1999.

Kovalenko 1995-1996: S. Kovalenko. "The Coinage of Diodotus I and Diodotus II, Greek Kings of Bactria," *Silk Road Art and Archaeology*, 4, 1995-1996, pp. 17-74.

Le Rider 1969: G. Le Rider. "Monnaies grecques récemment acquises par le Cabinet de Paris," *Revue Numismatique*, 1969, pp. 7-27.

Le Rider 2003: G. Le Rider, *Alexandre le Grand. Monnaies, finances et politiques*, Presses Universitaires de France, Paris, 2003.

Le Rider & Callataÿ 2006: G. Le Rider & Fr. de Callataÿ. *Les Séleucides et les Ptolémées*, Éditions du Rocher, Paris, 2006.

Mac Dowall 1975: D. W. MacDowall. "The Copper Denominations of Menander," *Acta Iranica*, 2, 5, 1975, pp. 39-52.

Newell 1938: E. T. Newell. *The Coinage of the Eastern Seleucid Mints from Seleucus I to Antiochus III*, ANS, New York.

Nolot 1995: É. Nolot. *Entretiens de Milinda et Nāgasena*, translated, presented and annotated by É. Nolot, Connaissance de l'Orient, Gallimard, 1995.

Rapin 1992: C. Rapin. *Fouilles d'Aï Khanoum VIII. La trésorerie du palais hellénistique d'Aï Khanoum*, MDAFA 33, Paris.

Rougemont 2012: G. Rougemont. *Inscriptions grecques d'Iran et d'Asie Centrale*, Corpus Inscriptionum Iranicarum 2,1, School of Oriental an African Studies, Londres.

Senior 2006: R. C. Senior. *Indo-Scythian Coins and History. Supplement*, Classical Numismatic Group, Lancaster, 2006.

Tarn 1985: W. W. Tarn. *The Greeks in Bactria and India*, 3rd revised edition by F. L. Holt, Ares Publisher Inc., Chicago (1st ed. Cambridge, 1938), 1985.

Tarzi 1976: Z. Tarzi. "Haḍḍa à la lumière des trois dernières campagnes de fouilles de Tapa-è-Shotor (1974-1976)," *Comptes Rendus de l'Académie des Inscriptions et Belles-Lettres*, 1976, pp. 381-410.

Whitehead 1947: R. B. Whitehead. "Notes on the Indo-Greeks Part II," *The Numismatic Chronicle*, 1947, pp. 28-51.

Will 1982: É. Will, *Histoire politique du monde hellénistique, tome II*, Presses universitaires de Nancy, Nancy, 1982.

Zeng 2013: C. (D.) Zeng. "Some Notable Die-links among Bactrian Gold Staters," *The Numismatic Chronicle*, 2013, pp. 73-78.

塞琉古王朝阿波罗型钱币研究

王　杨

（南开大学历史学院）

摘要：阿波罗型钱币是塞琉古王朝的主要钱币类型，其源头可以追溯到马其顿阿吉德王朝钱币。在腓力二世和亚历山大三世发行的钱币上，阿波罗神开始与王权政治联系起来。从塞琉古一世到安条克一世，塞琉古王朝经历了由宙斯崇拜向阿波罗崇拜的转变。塞琉古家族杜撰了塞琉古一世与阿波罗父子关系的神话。安条克一世时期，塞琉古王朝的四德拉克马钱币上出现了两种阿波罗形象：坐在肚脐石上的阿波罗弓箭手以及站在祭祀三脚架旁的阿波罗弓箭手。塞琉古王朝的阿波罗型钱币还进一步影响了巴克特里亚希腊人、印度—希腊人、印度—斯基泰人以及帕提亚人王国的类似钱币类型。包括阿波罗型钱币在内的希腊化王国钱币，反映的是希腊—马其顿人在异族地区建立希腊化王国的宣传手段。阿波罗型钱币的起源与发展，是希腊化王权政治的缩影。

希腊化时期，阿波罗神被塞琉古王朝奉为保护神，以其形象为主的钱币也就成为塞琉古王朝的典型钱币类型。有学者认为，阿波罗神并非塞琉古王朝选定的唯一保护神，塞琉古王朝也并没有形成一个被整个王朝所接受的固定的宗教形象。[1]事实上，从塞琉古一世（Seleucus I Nicator）到安条克一世（Antiochus I Soter），再到安条克四世（Antiochus IV Epiphanes），王朝保护神经历了"宙斯—阿波罗—宙斯"的转变过程。[2]但是，这种转变并没有否定阿波罗神在塞琉古王朝中的主导地位。比之于古典时期的阿波罗形象，塞琉古王朝钱币上的阿波罗神发生了明显的变化，这种变化与希腊化王权政治紧密相关。虽然塞琉古王朝的统治在公元前 3 世纪中期就开始从远东地区萎缩、后撤，但是阿波罗型钱币的影响还是在当地留下了深刻的印记。本文将以前人的研究为基础，以马其顿、塞琉古、巴克特里亚和帕提亚相关钱币币图为主要研究对象，并结合文献、铭文和雕塑等相关资料，分析塞琉古王朝阿波罗型钱币的起源、发展、特点和影响。其中，塞琉古一世到安条克一世期间由宙斯崇拜向阿波罗崇拜的转变及其原因是本文讨论的重点。[3]

1 J. Zahle, "Religious Motifs in Seleucid Coins," in P. Bilde, T. Engberg-Pedersen, L. Hannestad and J. Zahle, eds., *Religion and Religious Practice in the Seleucid Kingdom*, Aarhus: Aarhus University Press, 1990, pp. 125-139.

2 Kyle Erickson, "Zeus to Apollo and Back Again: Shifts in Seleukid Policy and Iconography," in N. T. Elkins and S. Krmnicek, eds., *Art in the Round: New Approaches to Ancient Coin Iconography*, Tübinger Archäologische Forschungen 16, Rahden/Westf: Marie Leidorf, 2014, pp. 97-108.

3 研究者们虽然注意到塞琉古王朝初期发生了由宙斯崇拜向阿波罗崇拜的转变，但并没有过多地就两者转变的原因展开论述。有的学者讨论了塞琉古一世与安条克一世建立王朝时对东方崇拜的接受，但是没有回答为什么会发生由宙斯向阿波罗的转变，而是分别将宙斯和阿波罗与巴比伦太阳神对应起来，并关注到王权在宙斯与阿波罗身上的体现。参见Eva Anagnostou-Laoutides, *Zeus and Apollo in the Religious Program of the Seleucids*, Melbourne: Australasian Society for Classical Studies, 2012, pp. 1-23; John R. Holton, "The Ideology of Seleukid Joint Kingship: The Case of Seleukos, Son of Antiochos I," in Kyle Erickson, ed., *The Seleukid Empire, 281-222 BC, War within the Family*, Swansea: The Classical Press of Wales, 2018, pp. 101-128. 有关塞琉古一世的宙斯崇拜研究，参见Kyle Erickson, "Seleucus I, Zeus and Alexander," in L. Mitchell and C. Melville, eds., *Every Inch a King: Comparative Studies in Kings and Kingship in the Ancient and Medieval Worlds*, Leiden: E. J. Brill, 2012, pp. 109-128; Nicholas L. Wright, "Seleukos, Zeus and the Dynastic Cult at Seleukeia in Pieria," in Kyle Erickson, ed., *The Seleukid Empire, 281-222 BC, War within the Family*, Swansea: The Classical Press of Wales, 2018, pp. 83-99. （转下页）

一 塞琉古王朝创立阿波罗新型钱币的政治原因和神话基础

亚历山大之后，塞琉古一世和其他希腊王国的国王一样，都开始发行自己的钱币。希腊化王国钱币上的希腊神基本都与亚历山大的马其顿故土有关。[1]塞琉古一世发行的阿波罗型钱币，从样式上看，可以追溯到马其顿阿吉德王朝腓力二世（Philip II）发行的金币“腓力斯塔德”（Philippian Stater）。公元前348年，腓力二世推行金银双本位钱币制度，发行阿提卡重量标准的金币。钱币正面是戴桂冠的阿波罗侧面头像，背面是二马战车（synoris），马蹄下方有希腊语铭文ΦΙΛΙΠΠΟΥ（属于腓力的）。[2]这种类型成为腓力二世最具代表性的钱币之一，因为阿波罗神的形象有助于腓力二世对内稳定新获得的疆土，对外树立马其顿人的希腊身份。

首先，在腓力二世时期，阿吉德王朝的领土继续扩张。公元前348年，腓力二世获得了奥林托斯（Olynthus）的统治权。它的陷落一

（接上页）有关安条克一世的阿波罗崇拜，有学者从阿波罗钱币类型的币图出发，探讨了阿波罗形象与小亚和波斯本土文化与崇拜的关系，参见Kyle Erickson and Nicholas L. Wright, “The ‘Royal Archer’ and Apollo in the East: Greco-Persian Iconography in the Seleukid Empire,” in Nicholas Holmes, ed., *Proceedings of the XIVth International Numismatic Congress*, Glasgow: International Numismatic Council, 2009, pp. 163-169; Paul-Alain Beaulieu, “Nabû and Apollo: The Two Faces of Seleucid Religious Policy,” in F. Hoffmann and K. S. Schmidt, eds., *Orient und Okzident in hellenistischer Zeit*, Vaterstetten: Verlag Patrick Brose, 2014, pp. 13-30; Kyle Erickson, “Apollo-Nabû: The Babylonian Policy of Antiochus I,” in K. Erickson and G. Ramsey, eds., *Seleucid Dissolution: The Sinking of the Anchor*, Wiesbaden: Harrassowitz, 2011, pp. 51-65. 还有的研究者从历史文献入手，认为阿波罗神成为塞琉古王朝的祖先神是几代统治者的人为过程。Panagiotis P. Iossif, “Apollo Toxotes and the Seleukids: Comme un Air de Famille,” in Panagiotis P. Iossif, Andrzej S. Chankowski, and Catharine C. Lorber, eds., *More than Men, Less than Gods, Studies on Royal Cult and Imperial Worship*, Leuven: Peeters, 2011, pp. 229-292.

1 ［法］奥斯蒙德·波比拉赫奇：《亚历山大大帝与印度—希腊君主们的钱币肖像》，杨巨平、王杨译，《四川大学学报（哲学社会科学版）》2018年第3期，第87—95页。另见本卷本编。

2 Georges le Rider, *Le Monnayage d’Argent et d’Or de Philippe II, Frappé en Macédoine de 359 à 294*, Paris: Bourgey, 1977, p. 129.

方面宣告了以其为中心的恰尔基迪亚同盟（the Chalcidian League）的最终解体，另一方面也意味着整个恰尔基迪亚半岛都被阿吉德王朝收入囊中。恰尔基迪亚同盟成立于公元前432年，既是政治共同体，也是经济共同体。公元前379年前后，同盟城市统一发行希腊—小亚细亚重量标准（Graeco-Asiatic standard）的四德拉克马（tetradrachm）银币。银币的正面是头戴橄榄叶桂冠的阿波罗侧面头像，背面是七弦里拉琴（lyre）以及代表着城市联盟的铭文ΧΑΛΚΙΔΕΩΝ。[1]腓力二世发行金币斯塔德时，钱币样式正是借鉴了这种同盟钱币。其次，在第三次神圣战争（Third Sacred War）期间，腓力二世在克罗库平原战役（Battle of Crocus Field，公元前353/352年）上对阵奥诺马尔库斯（Onomarchus）。腓力二世令手下兵卒头戴象征着阿波罗的橄榄枝桂冠，有力地震摄了敌军，赢得了最终的胜利。[2]第三次神圣战争激活了马其顿的希腊身份，[3]使腓力二世成为阿波罗神的代言人，取得了近邻同盟（Amphictyonic League）的实际控制权，进而更深入地染指希腊城邦的事务。战争结束以后，腓力二世还以主持人的身份出席了向阿波罗献祭的皮提亚赛会（Pythian Games）。[4]作为马其顿雇佣军的军饷，腓力斯塔德被外籍士兵们带到阿吉德王朝以外的地区。[5]钱币成

1 Barclay V. Head, *A Catalogue of the Greek Coins in the British Museum, Macedonia, Etc.*, London: Order of the Trustees, 1879, p. 66.

2 Justin, *Epitome of the Philippic History of Pompeius Trogus*, 8.2, translated by J. C. Yardley, with introduction and explanatory notes by R. Develin, Atlanta, GA: Scholars Press, 1994; Ian Worthington, *Philip II of Macedonia*, London: Yale University Press, 2008, p. 61.

3 Kate Mower, *Creating Greek Identity: How Philip II of Macedon Used the Third Sacred War to Infiltrate Greek Politics and Establish Macedonia as a Greek* State, Salt Lake City: The University of Utah, 2016, p. 3.

4 Ian Worthington, *Philip II of Macedonia*, pp. 53-73.

5 腓力二世发行的金币斯塔德用以支付雇佣军的军饷。其中凯尔特地区的雇佣军将钱币带回故乡，从而对当地的钱币产生了深远的影响。参见Sylvia Nieto, Julien Oliver, "Les Statères aux Types de Philippe II de Macédoine: de l'Égée à la Gaule, des originaux aux Imitations," in Société de Numismatique, *Revue Numismatique*, 6e série, tome 173, années 2016, Paris, pp. 171-229.

为有效的对外宣传媒介，强化了阿吉德王朝与阿波罗神的关系。

腓力二世去世之后，亚历山大三世继位，他在东征之前继续发行腓力式钱币。这一时期，金币斯塔德上的阿波罗的面容酷似亚历山大，这或许说明年轻的新君主巧借阿波罗形象，宣扬自己的统治受到了阿波罗神的庇佑。[1]亚历山大故去以后，塞琉古一世在亚洲发行的阿波罗类型钱币，其样式虽然仿照了腓力二世的阿波罗金币，但是做了因地制宜的改变，将钱币背面的马其顿战马替换成亚洲战象。[2]需要注意的是，塞琉古一世并没有将阿波罗类型作为主要的钱币类型，因为他没有发行阿波罗类型的四德拉克马银币，而只发行过少量的铜币和金币。四德拉克马银币是希腊化王国最主要的钱币面值，塞琉古一世的四德拉克马银币以宙斯类型为主，这说明宙斯仍是这一时期最重要的塞琉古王朝保护神。安条克一世继位后，阿波罗的重要性得到凸显，出现了大量的阿波罗类型的四德拉克马银币。这意味着塞琉古王国已经完成了由宙斯崇拜向阿波罗崇拜的过渡。发生这种改变的原因可以归纳为以下三点。

其一，宙斯与阿波罗象征着塞琉古一世和安条克一世的父子关系。塞琉古一世与他的儿子安条克一世于公元前294—前281年间联合执政。[3]有研究认为，安条克一世在联合执政的时候就开始发行阿波罗类型的钱币。[4]所以希腊神的父子关系与君王的父子关系形成一种完美的呼应。另外，希腊的宙斯与阿波罗，分别可以对应两河流域地

---

1 Peter R. Franke and Max Hirmer, *La Monnaie Grecque*, Paris: Flammarion, 1966, pl. 18.

2 Kyle Glenn Erickson, *The Early Seleucids, Their Gods and Their Coins*, Vol. 1, Exeter: University of Exeter, 2009, p. 48; Arthur Houghton and Catharine Lorber, *Seleucid Coins a Comprehensive Catalogue, Part I Seleucus I through Antiochus III*, Volume II, New York: The American Numismatic Society, 2002, pl. 15, No. 257-AV.

3 Nicholas L. Wright, "Seleukos, Zeus and the Dynastic Cult at Seleukeia in Pieria," in Kyle Erickson, ed., *The Seleukid Empire, 281-222 BC, War within the Family*, pp. 83-99.

4 Kyle Erickson, "Apollo-Nabû: the Babylonian Policy of Antiochus I," in K.Erickson and G. Ramsey, eds., *Seleucid Dissolution: The Sinking of the Anchor*, Wiesbaden: Harrassowitz, 2011, pp. 51-65.

区本土的父子神马尔都克（Marduk）和纳布（Nabû）。[1]当塞琉古一世去世、安条克一世正式继位后，阿波罗崇拜取代了宙斯崇拜，这意味着安条克一世对塞琉古一世统治政策的背离。塞琉古一世是亚历山大的主要继业者之一，他对宙斯的崇拜主要源于亚历山大。亚历山大称宙斯是自己的父亲，这一点在他发行的钱币上也有体现。[2]亚历山大银币的正面是赫拉克勒斯，背面是宙斯坐像；亚历山大金币的正面是雅典娜头像，背面是胜利女神尼科。对于希腊人而言，宙斯是胜利的化身，但这种胜利往往是雅典娜与尼科带来的，所以宙斯、雅典娜和尼科总是相伴出现。[3]塞琉古的钱币沿用了亚历山大钱币上的宙斯类型以及尼科类型。但安条克一世背弃了塞琉古一世的钱币政策，不再发行亚历山大类型的钱币，开始发行个人特征明显的全新钱币类型。[4]这说明此时的塞琉古王朝的统治已经确立，不再需要借助于亚历山大的钱币类型来证明自己统治的合法性。

其二，阿波罗类型有利于安条克一世巩固希腊—马其顿人对亚洲的合法统治，尤其有助于安抚刚刚收归塞琉古王朝所有的小亚地区。塞琉古一世在公元前305年正式称王，定都格里斯河畔的塞琉西亚（Seleucia on the Tigris）。但是塞琉古在军事上的野心不仅仅是占有两河流域，还有收复马其顿，重建亚历山大帝国。通过公元前301年的伊普苏斯战役（Battle of Ipsus）和公元前281年的库鲁佩迪安战役（Battle of Corupedium），塞琉古一世在亚洲取得了一系列的军事

---

1 Eva Anagnostou-Laoutides, *In the Garden of the Gods, Models of Kingship from the Sumerians to the Seleucids*, London: Routledge, 2017, p. 150.

2 ［法］奥斯蒙德·波比拉赫奇:《亚历山大大帝与印度—希腊君主们的钱币肖像》，杨巨平、王杨译,《四川大学学报（哲学社会科学版）》2018年第3期，第87—95页。

3 Eva Anagnostou-Laoutides, *In the Garden of the Gods, Models of Kingship from the Sumerians to the Seleucids*, p. 172.

4 Krzysztof Nawotka, “Apollo, the Tutelary God of the Seleucids, and Demodamas of Miletus,” in Zosia Archibald and Jan Haywood, eds., *The Power of Individual and Community in Ancient Athens and Beyond, Essays in Honour of John K. Davies*, Swansea: Classical Press of Wales, 2019, pp. 261-284.

胜利。当他进军马其顿的时候，却被雷电托勒密（Ptolemy Ceraunus）暗杀。安条克一世继承了父亲的江山，却没有继承父亲的遗志，转而重点经营亚洲领土。安条克一世继位之初，小亚刚刚归属塞琉古，统治的根基未稳，[1]巩固新领土成了当务之急。位于米利都（Miletus）附近的狄底玛（Didyma）圣所信奉阿波罗（Lycian Apollo），在爱奥尼亚（Ionia）极负盛名。[2]早在塞琉古追随亚历山大时，狄底玛圣所就预言塞琉古将在亚洲取得最终的胜利，成为亚洲的统治者。[3]塞琉古一世对狄底玛圣所也礼遇有加。据保萨尼阿斯（Pausanias）记载，塞琉古是最虔诚的国王，因为他将一尊被薛西斯抢掠到波斯的阿波罗铜像送还给狄底玛神庙的祭司。[4]有狄底玛圣所神谕的认可，塞琉古家族就会更加容易地在小亚地区站稳脚跟。由此可见，狄底玛神谕对塞琉古的意义不亚于西瓦（Siwah）绿洲神谕对亚历山大的意义。[5]

其三，除了上述的政治原因以外，塞琉古家族神话也为采用阿波罗型钱币提供了神意基础。根据史料记载，阿波罗被视为塞琉古一世真正的父亲。在希腊世界，神主要通过神谕和梦境这两种方式向凡人传达意愿和指示。[6]阿波罗与塞琉古一世建立联系的过程中，这两种方式都得到了体现。其一是狄底玛的阿波罗圣所预言塞琉古将统治

---

1 John D. Grainger, *A Seleukid Prosopography and Gazetteer*, Leiden: E. J. Brill, 1997, pp. 55-56.

2 Pausanias, *Description of Greece*, 8.46.3, translated by W. H. S. Jones, Cambridge, MA: Harvard University Press, 1935.

3 Appian, *Roman History*, 11.56, translated by Brian McGing, Cambridge, MA: Harvard University Press, 1999; Diodorus of Siculus, *The Library of History*, 19.90.4, translated by Russel M. Geer, Cambridge, MA: Harvard University Press, 1954.

4 Pausanias, *Description of Greece*, 1.16.3.

5 Krzysztof Nawotka, "Apollo, the Tutelary God of the Seleucids, and Demodamas of Miletus," in Zosia Archibald and Jan Haywood, eds., *The Power of Individual and Community in Ancient Athens and Beyond, Essays in Honour of John K. Davies*, pp. 261-284.

6 Panagiotis P. Iossif and Catharine C. Lorber, "More than Men, Less than Gods: Concluding Thoughts and New Perspectives," in Panagiotis P. Iossif, Andrzej S. Chankowski, and Catharine C. Lorber, eds., *More than Men, Less than Gods, Studies on Royal Cult and Imperial Worship*, pp. 691-710.

亚洲；其二是塞琉古一世母亲劳狄西（Laodice）有关阿波罗以及锚形戒指的梦境显灵。综合阿庇安（Appian）和查士丁（Justin）的记载，塞琉古一世的母亲劳狄西梦中与阿波罗结合后怀孕，并从阿波罗那里得到一枚刻有锚的铁戒指。塞琉古出生时，大腿上也带有锚形的胎记。塞琉古随亚历山大远征之时，在幼发拉底河畔附近将这枚锚形戒指遗失了，说明他日后将在这里称王。[1]虽然所有的记载都强调塞琉古一世与阿波罗的关系，但是学者们在分析了锚形戒指的最初源头以及狄底玛神谕真实性之后认为，安条克一世才是塞琉古家族神话的创建者。[2]记载塞琉古是阿波罗之子的石刻碑文最早可以追溯到塞琉古二世时期，说明这一时期家族神话已经正式形成，并为世人所公认。[3]

二　塞琉古王朝对阿波罗型钱币的改造和创新

公元前5世纪左右，阿波罗类型的钱币广泛地分布在希腊以及与希腊有商贸往来和文化交流的地区。阿波罗在钱币上的表现形式主要有侧面头像和全身像两种。头戴橄榄枝桂冠的青年阿波罗侧面头像是

1 Justin, *Epitome of the Philippic History of Pompeius Trogus*, 15.4.3; Appian, *Roman History*, 11.56.288-291.

2 在塞琉古之前，并没有其他记载提到锚是阿波罗的象征物。因此学者们纷纷质疑锚的最初来源和原始含义，认为阿波罗与锚的关系可能是在塞琉古王朝构建家族神话时人为建立起来的。主要观点如下：（1）锚与阿波罗崇拜可能并无直接的联系。（2）塞琉古之所以要发行印有锚的钱币，很可能因为锚最初是代表他曾在托勒密军中担任海军将领一职。参见Krzysztof Nawotka, “Apollo, the Tutelary God of the Seleucids, and Demodamas of Miletus,” in Zosia Archibald and Jan Haywood, eds., *The Power of Individual and Community in Ancient Athens and Beyond, Essays in Honour of John K. Davies*, pp. 261-284.

3 Panagiotis P. Iossif, “Apollo Toxotes and the Seleukids: Comme un air de famille,” in Panagiotis P. Iossif, Andrzej S. Chankowski, and Catharine C. Lorber, eds., *More than Men, Less than Gods, Studies on Royal Cult and Imperial Worship*, pp. 229-292.

一种固定样式，艺术风格会跟据发行地的不同而有所差异。全身像通过阿波罗手中的物品，更具体地表现阿波罗作为音乐神、牧神和德尔斐保护神的形象。比如大希腊地区的塔兰托（Taranto，Tarentum）发行的钱币上，阿波罗是一位音乐神。他单膝跪地，右手捏着风信子花，缅怀已故挚友雅辛托斯（Hyacinth）；左手怀抱四弦里拉琴。同为大希腊地区的考洛尼亚（Caulonia）的钱币则刻画了手持橄榄枝，与一头雄鹿相伴的牧神阿波罗。希腊本土的德尔斐（Delphi）钱币上的阿波罗侧身坐在肚脐石（Apollo-on-the-Omphalos）上，象征着阿波罗的祭祀三脚架（tripod）和里拉琴围绕在阿波罗的左右。[1]

比起古典时期钱币上的阿波罗神，塞琉古王朝钱币上的阿波罗无论是形象还是功能，都发生了明显的变化。首先，阿波罗全身像样式的重要性远远高于阿波罗侧面头像样式。戴桂冠的阿波罗侧面头像样式只出现在塞琉古王朝的铜币上，阿波罗全身像则成为四德拉克马银币的重要类型。比之于侧面头像，全身像可以塑造更完整的形象，进而传递更丰富的信息。塞琉古王朝有两种阿波罗全身像样式。安条克一世的阿波罗全身像银币，其样式与德尔斐的肚脐石上的阿波罗坐像类似。不同之处在于，阿波罗手中的橄榄枝被弓箭与弓弦所替代，阿波罗的乐器里拉琴也消失了。[2]（图1）塞琉古二世（Seleucus II Callinicus）发行过另外一种阿波罗型四德拉克马银币，阿波罗站在祭祀三脚架旁边，左手肘向后靠在三脚架上，右手前伸，握着一支箭。[3]（图2）

1 Peter R. Franke and Max Hirmer, *La Monnaie Grecque*, pl. 90, 102; G. K. Jenkins and M. Castro Hipolito, *A Catalogue of the Calouste Gulbenkian Collection of Greek Coins, Part II Creece to East*, Lisboa: Fundacao Calouste Gulbenkian, 1989, p. 36; Philip Kinns, “The Amphictionic Coinage Reconsidered,” *The Numismatic Chronicle*, Vol. 143 (1983), pp. 1-22.

2 Arthur Houghton and Catharine Lorber, *Seleucid Coins a Comprehensive Catalogue, Part I Seleucus I through Antiochus III*, Volume II, pl. 17.

3 Arthur Houghton and Catharine Lorber, *Seleucid Coins a Comprehensive Catalogue, Part I Seleucus I through Antiochus III*, Volume II, pl. 30-38.

其次，由于阿波罗是塞琉古王朝的保护神，所以阿波罗牧神与音乐神的职能不再重要。在塞琉古王朝钱币上，与阿波罗相伴的是肚脐石、祭祀三脚架和弓箭。这三个符号经过了塞琉古王朝精心的选择，具有极强的政治指向，将神权与王权紧密地结合在一起。肚脐石与祭祀三脚架代表德尔斐的阿波罗神谕所，同时也流传到希腊以外的其他地区，成为阿波罗的象征。比如爱奥尼亚地区的阿波罗运动会就曾经使用祭祀三脚架来作为胜利者的奖品。[1]因此塞琉古王朝阿波罗型钱币上的肚脐石与祭祀三脚架代表了阿波罗神谕对塞琉古王国的护佑，暗指狄底玛神谕所对塞琉古统治权的承认与支持。在希腊神话中，弓箭也是阿波罗的武器。比如牧神阿波罗使用弓箭驱赶野狼来保护羊群，[2]《荷马史诗》也描述了阿波罗弓箭的力量，阿波罗弓箭射出的金雨可以带来瘟疫。[3]阿波罗在寻找建立圣所的地点时，在德尔斐用弓箭杀死了地母盖亚（Gaia）的儿子巨蟒皮同（Python）。[4]但是在希腊城邦时期，阿波罗的形象都相对平和，很少携带武器。[5]有研究认为，塞琉古钱币上的阿

图1

图2

1 Herodotus, 1.144, translated by A. D. Godley, Cambridge, MA: Harvard University Press, 1920.

2 李永斌、郭小凌：《阿波罗崇拜的起源与传播路线》，《历史研究》2011年第3期，第166—180页。

3 Homer, *Iliad*, 1.43-52, translated by A. T. Murray, Cambridge, MA: Harvard University Press, 1924. 唐卉：《阿波罗形象的演变系谱——古希腊神话研究之一》，《文艺理论研究》2012年第2期，第44—50页。

4 Pierre Grimal, *The Concise Dictionary of Classical Mythology*, translated by A. R. Maxwell-Hyslop, Oxford: Basil Blackwell, 1990, p. 383.

5 李永斌提到，阿波罗多数情况下被刻画成无胡须的青年，形象平和，很少持有武器。在早期的希腊艺术作品中，雅典市政广场考古遗址发现的一个公元前5世纪的陶罐残片上的图案描述了勒托遭到提梯俄斯（Tityos）的非礼，阿波罗和阿尔特米斯前来解救她。阿波罗很少见地长有胡须，还武装了铠甲和头盔。这与阿波罗通常所呈现的平和姿态有很大不同。但是，到了公元前6世纪，阿波罗的塑像开始变成无须的裸体青年，这一倾向随后逐渐成为阿波罗的主流艺术形象。参见李永斌：《阿波罗崇拜研究》，北京：商务印书馆，2015年，第232页。

图3

图4

波罗弓箭手主要借鉴的是波斯的王室弓箭手（the royal archer）形象。[1]对于波斯人而言，弓箭是王权的象征，阿黑门尼王朝的银币与金币类型都是国王手持弓箭的形象。因此，塞琉古钱币上的阿波罗弓箭手自然会令波斯民众联想到昔日的阿黑门尼国王。

不容忽视的是，安条克一世时期，与阿波罗坐像类型同时期出现的还有赫拉克勒斯坐像类型和雅典娜坐像类型。[2]这三种钱币类型有着一致的动作。（图1、3、4）阿波罗坐在肚脐石上，正在仔细地察看他右手上的弓箭，弓箭的弓弦朝外；左手向身后扶着弓弩，将它倚靠在肚脐石上。赫拉克勒斯坐在大石头上，右手前伸，将木棒拄在地上，左手向后扶在石头上，支撑着身体。雅典娜坐在王座上，右手前伸，扶着印有戈尔工的盾牌，将它立在地上。她的左手肘向后倚靠在斯芬克斯扶手上，一支长枪靠在她的左肩。这三种类型银币的正面都是安条克一世头戴王带的侧面肖像，但是钱币背面的铭文有所不同。阿波罗与赫拉克勒斯类型的铭文都是ΒΑΣΙΛΕΩΣ ΑΝΤΙΟΧΟΥ（国王安条克的名义），而雅典娜钱币类型的铭文是ΦΙΛΕΤΑΙΡΟΥ，是钱币发行者菲莱泰罗斯（Philetaerus）的名字。他是帕加马王朝的奠基者，并宣示臣服于塞琉古王朝。

三位希腊神手持武器的坐像类型应该是出自同一题材。这是一种源于亚历山大时期赫拉克勒斯坐像（Herakles Epitrapezios）的艺术设计。它最初是一尊桌面上的小摆件，由

1 Panagiotis P. Iossif, "Apollo Toxotes and the Seleukids: Comme un air de famille," in Panagiotis P. Iossif, Andrzej S. Chankowski, and Catharine C. Lorber, eds., *More than Men, Less than Gods, Studies on Royal Cult and Imperial Worship*, pp. 229-292.

2 Arthur Houghton and Catharine Lorber, *Seleucid Coins, a Comprehensive Catalogue, Part I Seleucus I through Antiochus III*, Volume II, pl. 17.

吕西波斯（Lysippos）设计而成。雕像所要表现的是赫拉克勒斯经历了一番艰辛的劳作之后坐下来休息。此时他已取得了伟大的成就，于是手举酒杯来庆祝，然而他的武器木棒并没有离手，有一种枕戈待旦、蓄势待发之感。这是一尊献给亚历山大的礼物，寓意亚历山大经历了一系列军事活动之后，可以坐享天下。希腊化国王都通过武力征服来建国，所以钱币的主题也会反映希腊神手持武器的勇武形象。安条克一世发行这种类型的银币，无疑是想利用这种雕像主题所传达的寓意，证明塞琉古家族是叙利亚的合法继承者。[1]

由于肚脐石上的阿波罗身兼希腊神阿波罗、小亚智慧神纳布以及波斯君主三种身份，所以“阿波罗不一定被帝国的所有阶层视为一个纯粹的希腊人物。相反，阿波罗可能被不同的主体人群以不同的方式解释”。[2]这是希腊—马其顿人在非希腊文明的异族地区宣传统治合法性所使用的方式。相关研究认为，塞琉古王朝钱币上的阿波罗形象兼具希腊与东方的属性，这种模糊性使他成为代表多民族统治家族的理想人物，有助于巩固塞琉古王室对帝国统治的合法性，提高他们在异族民众的权威，最终使塞琉古王朝成为一个多文化、多中心的统一帝国。[3]这也是为什么阿波罗钱币类型可以脱颖而出，成为安条克四世之前，塞琉古王朝发行量最大的四德拉克马银币类型。

1 Panagiotis P. Iossif, “Apollo Toxotes and the Seleukids: Comme un air de famille,” in Panagiotis P. Iossif, Andrzej S. Chankowski, and Catharine C. Lorber, eds., *More than Men, Less than Gods, Studies on Royal Cult and Imperial Worship*, pp. 229-292.

2 Kyle Glenn Erickson, *The Early Seleucids, Their Gods and Their Coins*, Volume 1, p. 2.

3 早期的希腊化国王利用希腊神与东方神的双重形象来稳定政权，在非希腊人的土地上成为合法的统治者。相关论述参见Kyle Glenn Erickson, *The Early Seleucids, Their Gods and Their Coins*, Volume 1, p. 2; Panagiotis P. Iossif and Catharine C. Lorber, “More than Men, Less than Gods: Concluding Thoughts and New Perspectives,” in Panagiotis P. Iossif, Andrzej S. Chankowski, and Catharine C. Lorber, eds., *More than Men, Less than Gods, Studies on Royal Cult and Imperial Worship*, pp. 691-710.

三　塞琉古王朝阿波罗型钱币的延续与影响

安条克四世在位期间，位于地中海东岸的安条克城（Antioch on the Orontes）的造币场发行了奥林匹亚的宙斯（Zeus at Olympia）坐像类型银币，阿波罗类型的重要性有所下降。不过，塞琉古王国东部依然发行阿波罗类型的银币，并且影响了亚洲腹地的巴克特里亚人、印度—希腊人、印度—斯基泰人和帕提亚人的钱币类型。这些王国的建立者，有的是从塞琉古王国独立出来自立门户的希腊—马其顿人，有的是间接受到希腊文化影响的游牧民族。这些王国的钱币上依然保留着塞琉古钱币的部分传统。祭祀三脚架旁的阿波罗弓箭手站像类型主要出现在巴克特里亚王国以及继它之后而起的印度—希腊人王国和印度—斯基泰人王国的钱币上，肚脐石上的阿波罗弓箭手坐像类型则被认为是帕提亚王国弓箭手坐像钱币的源头。

公元前3世纪中期，借塞琉古王朝内外交困之机，时任巴克特里亚地区总督的狄奥多托斯（Diodotus I）在辖区内自立为王，巴克特里亚王国成立。在第二个王朝欧泰德姆斯家族（House of Euthydemus）统治之时，德米特里一世（Demetrius I）在公元前2世纪初年入侵印度北部。这是继亚历山大东征之后，希腊—马其顿人再一次涉足这片陌生的土地，并且在此处建立了政权。欧泰德姆斯二世在印度西北部发行了正面是阿波罗头像、背面是祭祀三脚架的铜镍合金币。[1]阿波罗多托斯一世（Apollodotus I）的统治之地从犍陀罗到西旁遮普，是第一个真正仅统治印度地区的印度—希腊人国王。他在位期间发行了带有印度特征的阿波罗类型方形铜币。钱币正面是头上带有放射状光

1　Osmund Bopearachchi, *Monnaies Gréco-Bactriennes et Indo-Grecques*, Paris: Bibliothèque Nationale de France, 1991, p. 169.

线的阿波罗站像，左手倚弓，右手持箭；背面是祭祀三脚架。[1]（图5）这种放射状光线是另外一位希腊太阳神赫利奥斯（Helios）的代表符号，这说明由于职能的相似性，两位太阳神的形象逐渐融合，成为阿波罗形象的新特征。从斯特拉同（Straton I）开始，正面是手持弓箭的阿波罗站像类型、背面是祭祀三脚架的铜币一直是印度—希腊人王国铜币的重要类型，直至王朝末期。欧克拉提德二世（Eucratides II）是唯一发行了四德拉克马阿波罗类型银币的巴克特里亚君主。银币正面是统治者的胸像，背面是阿波罗站像，很明显沿用了阿波罗多托斯一世的钱币类型。[2]

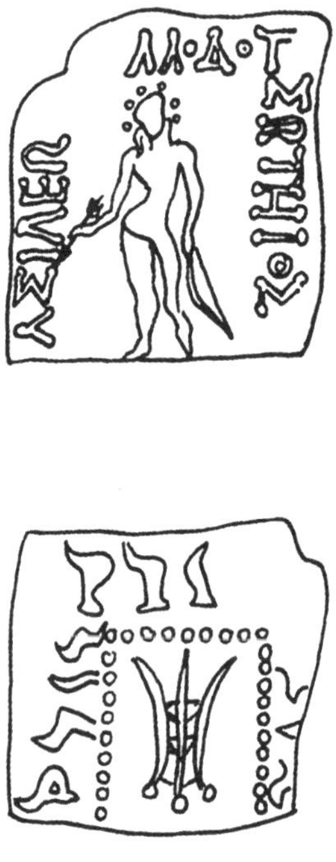

图5

约公元前100—前80年间，塞人开始侵入印度西北部。约公元前80年，印度—斯基泰人王国建立，此地的印度—希腊人只能退居旁遮普西部。公元10年左右，最后一位印度—希腊人君主被印度—斯基泰人灭亡。出身于游牧民族的印度—斯基泰人在定居以前没有发行钱币的传统，所以他们对印度—希腊人钱币采取“拿来主义”的态度，直接为其所用。印度—斯基泰人的第一位君主毛伊斯（Maues）从印度—希腊人那里继承了阿波罗类型的方形铜币。钱币正面是手持弓箭的阿波罗站像，钱币背面是祭祀三脚架。同时仿照印度—希腊人的做法，将国王的称谓和名字用希腊文ΒΑΣΙΛΕΩΣ ΜΑΥΟΥ和佉卢文Maharagasa Moasa来表述，分别印在钱币的正反两面。[3]

帕提亚王国也是从塞琉古王朝中独立出来的新王国，统治区域主要是昔日波斯阿黑门尼帝国的领土。因此，帕提亚王国

1 Osmund Bopearachchi, *Monnaies Gréco-Bactriennes et Indo-Grecques*, p. 192.

2 Osmund Bopearachchi, *Monnaies Gréco-Bactriennes et Indo-Grecques*, p. 217.

3 Michael Mitchiner, *Indo-Greek and Indo-Scythian Coinage*, Volume 5, London: Hawkins Publications, 1976, p. 478.

钱币有意识地从塞琉古王朝钱币、阿黑门尼王朝钱币，甚至是小亚行省总督钱币上汲取灵感，同时兼有创新，使得帕提亚王国钱币拥有辨识度极高的风格特色。帕提亚王国钱币的特征之一，是德拉克马（drachm）面值银币背面身着波斯服饰的国王弓箭手坐像，坐椅分为王座（throne）和肚脐石两种。（图6、7）阿尔萨息一世（Araces I）被视为王国的建立者。阿尔萨息的名字成了皇室的尊称，所有的帕提亚君主出于对他功绩的敬重，承认是他的后代，都会使用他的名字。所有的帕提亚王国钱币的铭文都以阿尔萨息的名义发行，全部使用铭文ΑΡΣΑΚΟΥ（属于阿尔萨息的），这为文字史料本就不多的帕提亚史研究带来了很大的难度。[1]比如对于帕提亚王座样式国王坐像与肚脐石样式国王坐像的时间排序界定，早期的研究认为肚脐石样式的时间要先于王座样式。随着研究的深入，学者们修订了帕提亚国王世系，也纠正了帕提亚王国钱币的谱系顺序，认为王座类型的国王坐像要早于肚脐石类型的国王坐像。[2]

图6

图7

同时不能忽略的是，帕提亚也发行了很少量的阿波罗坐在肚脐石上的类型，[3]因此从钱币的证据上可以明显地看到两种类型的关联性。帕提亚国王借用阿波罗神的形象，仿佛国

1 Khodadad Rezakhani, “Arsacid, Elymaean, and Persid Coinage,” in Daniel T. Potts, ed., *The Oxford Handbook Ancient Iran*, Oxford: Oxford University Press, 2013, pp. 766-777.

2 早期的帕提亚钱币图录可以参考Warwick Wroth, *A Catalogue of the Greek Coins in the British Museum, Parthia*, London: Order of the Trustees, 1903. 然而，现在最具参考价值的帕提亚钱币图录是David Sellwood, *An Introduction to the Coinage of Parthia*, London: Spink, 1980. 另外可参考Michael Mitchiner, *Indo-Greek and Indo-Scythian Coinage*, Volume 5, London: Hawkins Publications, 1976.

3 Warwick Wroth, *A Catalogue of the Greek Coins in the British Museum, Parthia*, p. 16.

王就是神本人，肚脐石也不再代表德尔斐神谕所，而是成为了王座的象征。[1]这种钱币类型令人联想到塞琉古王朝的阿波罗钱币类型，但是阿尔萨息坐在王座上，所着衣帽都是波斯风格。塞琉古钱币上的阿波罗通常是向前伸出的手握着一支箭，弓立在身后。在帕提亚的射手钱币类型上，箭簇消失了，射手向前伸出的手里握着弓。[2]与波斯人一样，弓箭也是帕提亚战士的代表物。帕提亚西有塞琉古王国为敌，东有斯基泰人虎视眈眈。到了弗拉特斯四世（Phraates IV，公元前38/37—前33/32年）时期，帕提亚又要对抗日益强大的罗马。保持强大的王权和军事力量关系到王国的生死存亡。帕提亚发行的钱币以国王射手类型钱币为主，反映了帕提亚武力建国以及对外战争不断的实际情况。

综观塞琉古王朝钱币上的阿波罗形象，虽然初期有头戴橄榄枝桂冠的阿波罗侧面头像的样式，但是最典型的是伴有肚脐石、祭祀三脚架和弓箭的阿波罗全身像样式。塞琉古王朝钱币上的阿波罗，其源头可以追溯到希腊古典时期的阿波罗形象，尤其是腓力二世的阿波罗钱币类型。阿波罗形象与马其顿王权政治紧密结合的传统继续在塞琉古王国发扬光大。塞琉古王朝初期是阿波罗形象发生转变的重要时期，安条克一世利用阿波罗崇拜取代父亲塞琉古一世的宙斯崇拜，表明他本人对父亲重建亚历山大帝国政策的抛弃，转而全力经营亚洲的领土。在这片多民族聚居的土地上，阿波罗成为联系希腊—马其顿人、爱奥尼亚希腊人、小亚当地民族以及波斯人的重要纽带，有助于塞琉古王朝的稳定与发展。阿波罗神的肚脐石和祭祀三脚架代表了阿波罗神谕对塞琉古家族统治权的认可与支持，表达了一种君权神授的含

---

1 Warwick Wroth, *A Catalogue of the Greek Coins in the British Museum, Parthia*, p. lxix.

2 Warwick Wroth, *A Catalogue of the Greek Coins in the British Museum, Parthia*, p. xviii.

义。阿波罗弓箭手形象则体现了希腊化时代以武力建国的传统，塑造了塞琉古国王英勇善战的形象。这也是为什么阿波罗弓箭手类型的塞琉古钱币能够在从东地中海到印度的广阔区域内广泛流通，并且被后来丝路沿线其他受希腊化文化影响的国家和地区所采纳的根本原因。

A Study on Apollo-type Coin of Seleucid Kingdom

Wang Yang

Abstract: Apollo-type coin was one of the most important coinage types in Seleucid Kingdom, which could be traced back to the Argead dynasty of Macedonian, because Apollo became associated with the politics of kingship on the coins issued by Philip II and Alexander III. From Seleucus I to Antiochus I, the Seleucid kingdom underwent a transformation from the cult of Zeus to the cult of Apollo. At the same time, the Seleucid family also invented a myth of the paternity relationship of Apollo and Seleucus I. During the reign of Antiochus I, two figures of Apollo appeared on the Seleucid tetradrachm coins: Apollo the archer sitting on the omphalos and Apollo the archer standing beside the sacrificial tripod. Apollo-type coin of Seleucid further influenced similar coin types in the Bactrian Greek, Indo-Greek, Indo-Scythian, and Parthian kingdoms. The Hellenistic coin including Apollo-type coin reflected the propaganda used by the Greco-Macedonians to establish their Hellenistic kingdoms in foreign lands. The origin and development of Apollo-type coin epitomized the politics of Seleucid kingship.

希印双语币的起源、演变与多族群文化互动

李　潇

（南开大学历史学院）

摘要：希印双语币是印度—希腊人国王及其后继政权的统治者在印度西北部发行的兼有希腊文和印度当地文字的钱币。这类钱币由早期印度—希腊人国王阿伽托克勒斯和潘塔莱昂初创，使用希腊文和婆罗米文双语铭文，币形为方形，使用印度神祇图案。阿波罗多托斯一世在位时将其改为使用希腊文和佉卢文双语铭文，且创立印度—希腊重量标准，币图兼采希腊、印度元素。后为欧克拉提德、米南德及其他印度—希腊人国王继承发展，又影响了此后进入印度西北部的印度—斯基泰人、印度—帕提亚人的钱币。希印双语币的起源和演变不仅是印度—希腊人的统治政策和族群认同的反映，也是希腊、印度、斯基泰以及帕提亚等多族群文化互动的缩影。

所谓希印双语币，顾名思义，即正反两面分别有希腊文和印度当地文字（prakrit，主要包括佉卢文或婆罗米文）的钱币。这类钱币最初由公元前2世纪初统治古代印度西北地区的希腊人国王发行。公元前2世纪中期，随着希腊人在印度西北部的统治发展达到顶峰，希

印双语币也成为当地的主流钱币。甚至那些随后而来的印度—斯基泰人、印度—帕提亚人以及贵霜人的统治者仍然发行这种双语币。因为文献资料缺乏，希印双语币遂成为了解这段时期历史的重要信息来源。[1]本文拟通过探讨希印双语币发展演变过程，考察希腊、印度、斯基泰游牧民族以及帕提亚帝国时期的族群文化互动与交流的情况。

一　巴克特里亚王国向印度的扩张与希印双语币的出现

公元前3世纪中叶，塞琉古王国在叙利亚战争中失利，王国东部的巴克特里亚行省总督狄奥多托斯趁机宣布脱离塞琉古的统治，建立希腊—巴克特里亚王国。最初，王国领土仅限于兴都库什山以北的索格底亚那和巴克特里亚地区，约半个世纪后，这些希腊人开始越过兴都库什山向南扩张，其统治范围从而被分为两个主要区域：北部的索格底亚那—巴克特里亚地区和南部的印度西北部地区。

1　国内目前尚未见到专门探讨希印双语币的论著。杨巨平在《希腊式钱币的变迁与古代东西方文化交融》一文中介绍了双语币的基本特征。（《北京师范大学学报（社会科学版）》2007年第6期，第43—44页）在《希腊化还是印度化——“Yavanas”考》一文，杨巨平对希印双语币上的代表性图像作了分析，认为双语币的出现反映了希腊人的印度化进程，尤其是希腊人对印度宗教观念的接受。国外关于希印双语币的研究成果相对丰富，已有多部比较权威的钱币图录出版。另外也有不少个案研究，通过分析希印双语币及其仿造币来勾勒公元前3—公元1世纪的中亚以及印度西北部政治和文化面貌。（《历史研究》2011年第6期，第149—155页）目前关于印度—希腊人钱币比较全面图录主要有：O. Bopearachchi, *Monnaies Gréco-Bactriennes et Indo-Grecques, Catalogue Raisonné*, Paris: Bibliothèque Nationale, 1991; O. Bopearachchi, *Indo-Greek, Indo-Scythian and Indo-Parthian Coins in the Smithsonian Institution*, Washington, D. C.: The National Numismatic Collection Smithsonian Institution, 1993; O. Bopearachchi, *Sylloge Nummorum Graecorum: The Collection of the American Numismatic Society Part 9: Graeco-Bactrian and Indo-Greek Coins*, New York: American Numismatic Society, 1998; O. D. Hoover, *Handbook of Coins of Baktria and Ancient India*, Lancaster: Classical Numismatic Group, 2013. 有关希印双语币的国外近期研究成果综述，可参考Simon Glenn, *Graeco-Bactrian and Indo-Greek Coins: A Bibliography of the Numismatics of the Hellenistic Far East*, 2016, pp. 4-30.

最早将希腊—巴克特里亚王国领土拓展至兴都库什山以南的国王是德米特里一世（Demetrios I，约公元前200—前190年[1]）。德米特里一世的崛起有难得的历史机遇。阿育王去世后，孔雀王朝四分五裂的局面为希腊人进入印度提供了可乘之机，与塞琉古王国的和解则为其扩张暂时解决了后顾之忧。德米特里既是伟大的征服者，也是出色的外交家。据波利比乌斯，德米特里一世作为其父——希腊—巴克特里亚国王欧泰德姆斯一世（Euthydemus I，约公元前230—前200年）的使者，与塞琉古国王安条克三世（Antiochos III, 约公元前222—前187年）签订和平条约，使后者正式承认了巴克特里亚的独立地位。[2]此后，德米特里被任命为共治者，与父亲一同掌握希腊—巴克特里亚王国的实权。他在印度的征服活动主要在共治期间进行。德米特里发行的银币正面都是国王戴象头皮帽的形象，[3]这种形象模仿了托勒密一世为亚历山大大帝发行的纪念币，意在向世人宣告自己追随了亚历山大的足迹，再次征服了印度。不过，德米特里一世在印度的主要活动范围仍限于兴都库什山附近的阿拉科西亚（Arachosia）和帕罗帕米萨代（Paropamisadae）等地，其统治的核心区域仍在巴克特里亚，可能正因如此，德米特里并没有发行希印双语币或其他专门流通于印度的钱币类型。

阿伽托克勒斯（Agathocles，约公元前190—前180年）和潘塔莱

---

1 自1738年提奥菲罗斯·拜尔《巴克特里亚希腊人王国史》（Theophilus Bayer, *Historia Regni Graecorum Bactriani*, St. Petersburg: Academia Scientiarum, 1973）一书出版以来，经过两个多世纪的发展，西方学者已经利用文献和钱币资料大致勾勒出巴克特里亚和印度—希腊人的历史发展的脉络。法国钱币学家奥斯蒙德·波比拉赫齐（Osmund Bopearachchi）在系统梳理法国国家博物馆藏1127枚巴克特里亚和印度希腊人钱币后，结合前人研究成果，构建出四十余位巴克特里亚和印度—希腊人国王的世系关系。（O. Bopearachchi, *Monnaies Gréco-Bactriennes et Indo-Grecques, Catalogue Raisonné*, Tableau 5）尽管该表并不精确，且作者本人也在不断修订，但目前仍是该领域最为权威的世系表，为大部分学者所认可，因此若无特殊说明，本文中所涉及年代均以此为准。

2 Polybius, *Histories*, 11.34.

3 O. Bopearachchi, *Monnaies Gréco-Bactriennes et Indo-Grecques, Catalogue Raisonné*, DÉMÉTRIOS I, Série 1-3.

图1

昂（Pantaleon，约公元前190—前185年）是最早发行希印双语币的国王。至于其身份，由于缺乏文献和碑铭资料，我们只能大致推测他们可能是德米特里一世的儿子或随其征讨印度的将领。1970年，法国考古队在阿富汗东北部的阿伊·哈努姆遗址（Ai Khanoum）发现了六枚属于阿伽托克勒斯的方形银币，这些银币两面图像分别是印度神话中的两位重要神祇大力罗摩（Samkarsana）和黑天（Krishna-Vasudeva），他们手持各自的重要法器——正面的大力罗摩左手持犁右手执杵，背面的黑天则两手分持神轮和海螺，[1]两面的铭文分别为希腊语的“国王阿伽托克勒斯”（ΒΑΣΙΛΕΩΣ ΑΓΑΘΟΚΛΕΟΥΣ）及其相应婆罗米文形式（Rajane Agathuklayasa）。[2]（图1）[3]这是目前所见最早的希印双语银币。从钱币学角度看，发行专用于印度的钱币意味着希腊人已经开始正式直接统治印度。阿伽托克勒斯的其他钱币类型也证明了这一点。大致同一时期，双语铜币也出现于犍陀罗的中心城市塔克西拉（Taxila）。其铭文内容与银币相同，

1 有关大力罗摩和黑天兄弟二人的故事主要被保存在印度史诗《摩诃婆罗多》的续篇《诃利世系》中，另外还有一些往事书，尤其是《毗湿奴往事书》和《薄伽梵往事书》中也有关于二人生平的介绍。这些作品虽然存在年代断定的问题，但因其基本故事情节保留了古代传说的印记，仍有参考价值。

2 关于阿伊·哈努姆遗址出土的阿伽托克勒斯方形双语银币的具体研究，参见J. Filliozat, “Représentation de Vāsudeva et Saṃkarsaṇa au IIe siècle avant J. C.,” *Arts Asiatiques*, tome 26, 1973, pp. 113-123; A. K. Narain, “The Two Hindu Divinities on the Coins of Agathocles from Al-Khanum,” *Journal of the Numismatic Society of India*, Vol. 35(1973), pp. 73-77; R. Audouin and Paul Bernard, “Trésor de Monnaies et Indo-Grecque d’Aï Khanuoum (Afghanistan),” *Revue Numismatique*, Vol. 1, 1974, pp. 6-41; K. Chaudhary, “Dionysos of Indo-Greek Coins-A Study,” *Journal of the Numismatic Society of India*, Vol. 45, 1983, pp. 119-133; S. Baralay, “The ‘Balarama/Vasudeva’ Coinage of Agathokles,” *Journal of the Oriental Numismatic Society*, Vol. 222, 2015, pp. 22-26; Osmund Bopearachchi, “Emergence of Vaishnava Imagery in Gandhara: Numismatic and Sculptural Evidence,” in Nanditha Krisha, ed., *Iconography of the Hindus, Buddhists & Jains: Proceedings of the National Conference on January 8 & 9, 2016*, Chennai: C. P. R. Publications, 2016, pp. 61-80.

3 图片采自：https://www.cngcoins.com/Coin.aspx?CoinID=57554.

正面是一位手持莲花的女神正在舞蹈的形象，可能是吉祥天女拉克希米（Lakṣmi）或地方女神。[1]无独有偶，阿伽托克勒斯的兄弟潘塔莱昂的钱币无论是图像还是制作技术都与其十分相似，也曾发行过与阿伽托克勒斯同样类型的希腊—婆罗米文铜币。但潘塔莱昂去世较早，统治时间短暂，他的钱币数量和类型都不及阿伽托克勒斯丰富。这些钱币无论形状、图像还是制作技术，都与此前塔克西拉当地发行的钱币非常相似，只是在原有基础上增加了阿伽托克勒斯或潘塔莱昂的名字。[2]这些信息表明，他们二人应当已经接管塔克西拉造币场，且雇佣了一批当地匠人。

那么，阿伽托克勒斯和潘塔莱昂为何要在钱币上增加印度的婆罗米文呢？首先，与此前相比，印度部分的领土对希腊人统治的重要性提升。根据现有材料来看，阿伽托克勒斯称王后，极有可能将希腊人在印度的统治范围进一步向东拓展，将犍陀罗和西旁遮普甚至更东的地方纳入希腊人的控制范围。[3]与德米特里时代相比，印度领土的重要性大大提升，自然也需要相应的政策对其施以有效管理。然而，希腊人虽然在印度取得了军事上的节节胜利，建立起自己的统治，但他们终究只是“少数人”，当地人不仅在数量上占据绝对优势，而且在文化、语言传统上更加强势，因此，当希腊人需要向当地文化、政治精英进行政治宣传，拉拢这些精英群体，减少统治阻力时，双语或多语对译便成为必然选择。希腊人和当地人也早就熟悉这种双语宣传方式。坎大哈出土的阿育王希腊—阿拉米文双语诏令便是例证。钱币是

---

1 Osmund Bopearachchi, *Monnaies Gréco-Bactriennes et Indo-Grecques, Catalogue Raisonné, Agathocle*, Série 6.

2 阿育王去世后不久，塔克西拉就摆脱了孔雀王朝的统治，在德米特里入侵之前一直保持着独立，具体时间范围约为公元前220—前190年。关于这一时期塔克西拉发行的钱币，可参考约翰·马歇尔的塔克西拉考古发掘报告。John Marshall, *Taxila*, Vol. 2, Cambridge: Cambridge University Press, 1951, pp. 756-763.

3 Osmund Bopearachchi, *Monnaies Gréco-Bactriennes et Indo-Grecques, Catalogue Raisonné*, p. 453.

古代最重要，也是最具灵活性的宣传媒介。所以，希腊人在印度发行的钱币选择使用希腊语和当地俗语两种语言便顺理成章。为兼顾当地人的文化传统，除了使用双语外，他们还采用了印度钱币特有的方形形状和重量标准，展示印度而非希腊神的图像等，这些都是早期的印度—希腊人统治者利用当地文化传统稳固经济和文化领域的统治秩序的表现。

其次，阿伽托克勒斯专门发行用于印度的钱币可能还有更现实的压力。一方面，希腊人在印度势力不断推进，但另一方面，希腊—巴克特里亚王室内部面临严重的分裂问题。除双语币外，阿伽托克勒斯还首创发行了一组王系钱币（pedigree coins）。王系钱币正面分别有此前历任国王的头像和名字，按世系顺序排列，上起亚历山大大帝，之后依次为安条克（Antiochos Nikator）、[1]希腊—巴克特里亚王国的建立者狄奥多托斯父子、欧泰德姆斯、德米特里、潘塔莱昂直至阿伽托克勒斯本人。王系钱币的出现说明阿伽托克勒斯在位时已经出现了王位继承方面的危机，需要通过这种方式来强调自己王位的合法性和正统性。因此，发行专门面向印度当地人的双语币，使用他们熟悉的语言文字，展示他们熟悉的神祇，尽可能尊重当地人传统，可以安抚被征服者的情感甚至赢得支持，稳固其在印度的统治，在王位继承之争的局势下避免两面受敌。

由此可见，希腊人开始正式统治印度初期，面对统治秩序尚未完全稳固，亟需争取当地人支持的情况下，选择了借鉴印度地方既有的文字、币制和文化传统，推行因地制宜的统治政策。从后来印度—希

1 大多数学者认为，这位Antiochos Nikator即塞琉古王国的安条克二世，正是这位国王统治时期巴克特里亚王国独立。但是近些年有少数学者提出不同意见，认为Antiochus Nikator可能是一位巴克特里亚国王，在狄奥多托斯二世之后、欧泰德姆斯之前即位。本文采用大多数钱币学家的观点，后一种观点参见Jens Jacobsson, “Antiochus Nicator, the Third King of Bactria?” *The Numismatic Chronicle*, Vol. 170, 2010, pp. 17-33; Chenyu (David) Zeng, “Some Notable Die – Links among Bactrian Gold Staters,” *The Numismatic Chronicle*, Vol. 173, 2013, pp. 73-81.

腊人王国的发展来看，这些政策为印度—希腊人王国的奠基，为希腊与印度族群、印度文化的初步互动与交流迈出了第一步。也可以说，希印双语币这种钱币之所以出现，本身就是两个族群之间政治、文化互动的结果。

二　希印双语币的定型与希印文化交流的深入

阿波罗多托斯一世（Apollodotos I，约公元前180—前160年）是阿伽托克勒斯之后又一位在印度统治的希腊人国王。在此之前，阿伽托克勒斯、潘塔莱昂虽重视在印度的疆土，但仍掌控着巴克特里亚部分，可以说，他们还是“希腊—巴克特里亚国王”。阿波罗多托斯一世不同，他的统治范围只有兴都库什山以南部分，没有巴克特里亚地区的控制权，[1]从这个角度说，阿波罗多托斯一世可以被视作第一位真正意义上的“印度—希腊人国王”。在此背景下，统治者在印度的统治政策必然会做出相应调整。在钱币政策上，主要表现为所发行钱币组成类别的变化和对双语币改革两方面。

钱币类别方面，阿波罗多托斯一世所有的钱币均为双语币。阿伽托克勒斯和潘塔莱昂虽然创造了希印双语币，但他们在印度发行双语币的同时，也在巴克特里亚发行只有希腊语的希腊—巴克特里亚式圆形单语币，并且总体来看，单语币才是他们的主流钱币类型。阿波罗多托斯只有双语币，未见巴克特里亚单语币。与此前相比，希印双语币对统治者的重要性和意义发生根本性变化，也更能反映希印社会文化的深入交流与互动情况。

---

1 O. Bopearachchi, *Indo-Greek, Indo-Scythian and Indo-Parthian Coins in the Smithsonian Institution,* p. 24.

如果说阿伽托克勒斯是希印双语币的首创者，那么阿波罗多托斯一世则是希印双语币成熟完善过程中的一位里程碑式人物。他对希印双语币的改革包含两个层面：一是以佉卢文取代婆罗米文，二是进行币制改革，确立了新的重量标准。

首先，阿波罗多托斯一世放弃了阿伽托克勒斯所用的婆罗米文，转而使用佉卢文。婆罗米文和佉卢文都属于印度俗语，并且都以阿拉米字母拼写。前者作为孔雀王朝的官方语言之一，流行于亚穆纳河流域（Jumuna，又译朱木那河）以及恒河中下游地区，目前所见的绝大多数阿育王诏令都用婆罗米文写成，这可能也是阿伽托克勒斯一开始选择用婆罗米文的原因。后者则是印度西北部地区流行的语言。所用文字的转变说明阿波罗多托斯一世比阿伽托克勒斯更了解印度西北部犍陀罗和帕罗帕米萨代地方族群的语言文字，也更注重与印度西北部民众的互动。阿波罗多托斯一世所有双语币正面都是希腊文ΒΑΣΙΛΕΩΣ ΑΠΟΛΛΟΔΟΤΟΥ ΣΩΤΗΡΟΣ，背面是佉卢文maharajasa apaladatasa tradarasa，两面铭文对应，意思都是“国王阿波罗多托斯救主”。一直到贵霜时期，绝大多数的双语币上都使用佉卢文，其币文选择也直接影响了中国新疆和田地区的汉佉二体钱（又称和田马钱）。

其次，阿波罗多托斯一世确立了印度—希腊重量标准（Indo-Greek standard）。此前，阿伽托克勒斯的双语币采用印度当地钱币重量标准，不过实际上当时印度并没有完全统一的度量衡，即使是流通范围最广的卡尔沙巴纳钱（Karshapana），同一面值的钱币重量波动也非常大。[1]阿波罗多托斯最初尝试以阿提卡币制的半德拉克马，即2.12克作为双语币的标准重量。然而，这种重量的钱币数量较少，短暂使用过一段时间后便被放弃，可能是因为无法满足贸易和日常生活

1 Oliver D. Hoover, *Handbook of Coins of Baktria and Ancient India*, Lancaster, Penn.: Classical Numismatic Group, Inc., 2013, pp. lxxx-lxxxii.

需求。经过几次尝试之后，阿波罗多托斯一世最终决定创立每德拉克马2.45克的印度—希腊标准，比阿提卡币制的半德拉克马略重，含银量也更高。[1]铜币则有大钱和小钱之分，大钱平均重9.8克，小钱平均重4.9克。阿波罗多托斯一世的币制改革统一了印度西北部地区的钱币重量标准，规范了市场秩序，有利于推动远距离贸易，影响深远。不仅之后的印度—希腊人国王钱币皆以此为标准，甚至希腊人的政权结束后，印度—斯基泰、印度—帕提亚人也继续使用这一标准，直到贵霜王阎膏珍即位之后才被新的币制体系所取代。

此外，阿波罗多托斯一世还试图改革早期希印双语币对印度当地钱币的简单模仿，尝试在图像中加入希腊宗教文化元素。绝大多数阿波罗多托斯双语币正背两面币图分别为大象和瘤牛，皆为印度社会和文化的象征，有些铜币两面图像却分别是阿波罗神像及其三脚祭坛。[2]（图2、3）[3]

上述变化反映出，与前一阶段相比，希腊统治者重视印度文化传统的同时，也开始有意识地在双语币上展示希腊传统文化。阿波罗多托斯一世的后继者，安提马库斯二世（Antimachos II，约公元前174—前165年）发行了与圆形双语币，且将希腊胜利女神尼科、宙斯和雅典娜的武器埃吉斯盾（Aegis）、花环和棕榈枝等皆纳为希印双语币的图像。[4]这是印度西北部重要性提升和希腊人在印度统治渐趋稳定的结果。在双语币上强调希腊传

图2

阿波罗多托斯一世双语银币

图3

阿波罗多托斯一世双语铜币

---

1 O. Bopearachchi, *Indo-Greek, Indo-Scythian and Indo-Parthian Coins in the Smithsonian Institution*, pp. 24-25.

2 Osmund Bopearachchi, *Monnaies Gréco-Bactriennes et Indo-Grecques, Catalogue Raisonné*, Apollodote I, Série 6.

3 图片采自：http://numismatics.org/collection/1944.100.74510; http: //numismatics.org/collection /1944.100.74522.

4 Osmund Bopearachchi, *Monnaies Gréco-Bactriennes et Indo-Grecques, Catalogue Raisonné*, Antimaque (II) Nicéphore, Série 1, 2.

统文化的趋势到欧克拉提德一世（Eukratides I，约公元前170—前145年）和米南德（Menander I，约公元前155—前130年）时期表现得更加明显。

欧克拉提德和米南德是为数不多的出现于西方古典作家笔下的希腊—巴克特里亚和印度—希腊人国王，可见他们在当时都是极具影响力的统治者。根据公元2世纪的罗马作家查士丁《庞培乌斯·特罗古斯〈腓力史〉摘要》一书中的记载，欧克拉提德是位篡位者，窃取了巴克特里亚王位后向印度进军，最终取得辉煌的征服成果。[1]普鲁塔克则在《道德论丛》中提到米南德去世后士兵为他举行盛大的葬礼，以及就安置遗体问题发生争执的故事。[2]除了西方古典作家外，佛教经典《米兰陀问经》中还专门讲述了米南德生平及其与僧人之间的关于佛法的一段对话。[3]与文献相呼应，这二人的钱币数量多，种类丰富，也证明了他们实力强盛。现在学界普遍认为，他们曾发生过直接冲突，米南德在欧克拉提德的进攻下丧失了大片领土，差点沦为“丧国之君”，直到欧克拉提德去世后才逐渐收复失地，发展壮大。

欧克拉提德对希印双语币发展的最大影响在于开始在钱币正面使用自己的头像。在钱币正面展示王像是希腊化时期国王钱币的惯例。欧克拉提德的双语币正面都是王像，米南德的银币和部分铜币正面也是自己头系王带（diadem）的图像。欧克拉提德和米南德二人还在币文中增加了赞语。也许是为了宣扬自己的功绩，欧克拉提德自称“伟大的国王欧克拉提德”（ΒΑΣΙΛΕΩΣ ΜΕΓΑΛΟΥ ΕΥΚΡΑΤΙΔΟΥ/maharajasa evukratidasa）。米南德则选择希腊化君主常用的“拯救者”（ΣΩΤΗΡΟΣ/tratarasa）作为自己的赞语。此外，米南德还开始大量使

1 Justin, *Epitome of the Philippic History of Pompeius Trogus*, 41.6.

2 Plutarch, *Moralia*, 821 D-E.

3 《米兰陀问经》巴利文名为*Milindapanha*，中译本作《那先比丘经》。详细版本介绍及相关内容参见杨巨平:《弥兰王还是米南德？——〈那先比丘经〉中的希腊化历史信息考》,《世界历史》2016年第5期，第111—122页。

用圆形双语银币。可以说，除了币文使用双语外，其他特征都与典型的希腊化钱币相符合。此后的印度—希腊人国王皆以米南德钱币为模板，在双语银币正面使用自己的头像，币文亦模仿欧克拉提德和米南德所用格式。

因此，至米南德时期，希印双语币设计规范最终形成：第一，无论材质，正面皆为希腊语币文，背面皆为佉卢文币文。第二，银币正面皆为王像，且与希腊化君主一样，以王带作为其君主身份的标志；背面通常为希腊神，后来也有印度神或其他族群的崇拜对象；铜币图像则各式各样。第三，一般银币为圆形，铜币为方形。

图4

米南德的双语币不仅在希印双语币发展演变进程中有重要意义，其本身也是印度西北部地区多族群文化互动的集中表现。这些钱币表明，在族群身份认同方面，米南德自认为是希腊—马其顿人的后裔。根据下表可知，除了早期一种银币系列正面是“帕拉斯”雅典娜（Athena Pallas）头像外，其他银币图像正反面都是王像/雅典娜·阿尔基德莫斯（Athena Alkidemos，又译“人民的保护者”雅典娜）。雅典娜·阿尔基德莫斯是马其顿地区居民对雅典娜的称呼，其造型通常是女神身穿战袍，左手举着盾牌或从宙斯处得来的埃吉斯盾，右手正欲投掷霹雳的形象。米南德钱币上的雅典娜·阿尔基德莫斯衣着、姿势都与马其顿都城培拉（Pella）出土的女神形象如出一辙。（图4）[1]他的38个双语币类型中，有28个类型展示了雅典娜形象，所以很显然，米南德不仅将这位女神视作自己的保护神，而且将其提升到极为尊崇的地位，也反映了他对马其顿人宗教文化传统的追念。另外，其钱币之上也

1 图片采自：http://coinindia.com/MIG224b-644.31.jpg.

常见赫拉克勒斯、尼科、阿波罗等神像。但推崇希腊宗教的同时，米南德也不排斥印度文化，铜币上出现的大象、赶象棒、法轮等都是印度文化的代表性图案。双峰驼则是巴克特里亚的代表性动物，所以有时也被称作“巴克特里亚骆驼”，它们曾是丝绸之路贸易的主要运输工具之一。米南德的领土范围只限于兴都库什山以南，并没有掌控位于兴都库什山以北的巴克特里亚地区，但他的钱币上却出现双峰驼，也许说明了这种动物对印度人而言并不陌生，但也有可能反映了希腊—马其顿人曾在巴克特里亚生活的记忆。

米南德一世双语币图像[1]

类型	形状	正面	背面	系列（Série）
银币	圆形	雅典娜	猫头鹰	2
		王像	雅典娜·阿尔基德莫斯	3-16
铜币	方形	雅典娜	盾牌	17，18，19
			猫头鹰	20
			雅典娜·阿尔基德莫斯	23
			马	24, 39
			尼科	27，31，32，33，34，35
铜币	方形	王像	雅典娜·阿尔基德莫斯	21
			尼科	22
			海豚	25
		大象	赶象棒	26，38
		象头	狼牙棒	28
		牛头	三脚架	29
		双峰驼	牛头	30
		赫拉克勒斯	狮皮	35
		野猪头	棕榈枝	36
		法轮	棕榈枝	37

1 参见 Osmund Bopearachchi, *Monnaies Gréco-Bactriennes et Indo-Grecques, Catalogue Raisonné*, Pl. 26-33.

从阿波罗多托斯一世到米南德一世，希印双语币继承和发展了阿伽托克勒斯和潘塔莱昂的双语铭文传统，但在钱币风格上逐渐趋近于希腊统治者熟悉的希腊化或者希腊—巴克特里亚式钱币，这一过程甚至也可以视作希腊—巴克特里亚传统在印度的延续。这说明，印度—希腊人在印度的统治秩序渐趋稳固，势力达到顶峰，此时他们虽然仍在不断加深对当地文化的了解，但也有更多的文化自信推广希腊式的统治政策，坚持希腊人的身份认同。米南德之后，印度—希腊人国王都以希印双语币作为官方标准钱币，形制上不再有大的创新，一般仅在既有的传统上加入些许个人特色。希印双语币标准的确立正是印度—希腊人已具备独特的统治政策的表现。

三　希印双语币在印度的延续

米南德去世后，印度—希腊人王国领土分裂成若干小国，到公元前后最后一个印度—希腊人国王被推翻，其间据地称王并发行钱币者多达三十几位，绝大多数仅能通过钱币知晓其名。这些钱币中值得关注的一个现象是，个别希腊神尤其是宙斯的形象与其典型形象相比发生异变。比如安提阿尔奇达斯（Antialkidas，约公元前115—前90年）双语币，陪伴在宙斯身侧的不是他的神圣动物老鹰，而是印度的大象。这可能是因为此时宙斯已经被等同于某位印度神，也可能是在希腊作为神圣动物的老鹰，在印度文化中并不具有此地位，所以希腊人做了因地制宜的改造，以印度人更为熟悉的大象取而代之。另外一些晚期印度—希腊人国王双语币上的宙斯头部周围有放射状线条或弗里吉亚帽，通常被学者们解释成是宙斯与密特拉的混同。[1]

印度—希腊人钱币对后继政权印度—斯基泰人和印度—帕提亚人以及早期贵霜人王国钱币有直接影响。他们也都发行了有希腊文和佉卢文的双语币，模仿既有钱币样式的同时，也进行了一些改造，融入了自己的族群特色。

公元前70年左右，一批来自北方草原的斯基泰人先占领了巴克特里亚，然后又向印度西北部扩张，逐渐取代印度—希腊人的地位，他们被现代学者称为印度—斯基泰人。毛伊斯（Maues，约公元前95/85—前60/57年）是第一位印度—斯基泰人国王。西尼尔认为毛伊斯娶了一位名为玛凯奈（Machene）的有印度—希腊人血统的女性为妻。[2]由于斯基泰人自己没有造币传统，所以他们进入印度之后首先发行了许多仿印度—希腊人国王的双语币。币文使用希腊文和佉卢文，图像也以希腊神为主，各种形象的宙斯和手持棕榈枝的尼科尤为常见。但与此同时，毛伊斯也对其进行了改造。最大的变化是币文内容的变化。毛伊斯钱币正面是希腊语ΒΑΣΙΛΕΩΣ ΒΑΣΙΛΕΩΝ ΜΕΓΑΛΟΥ/ΜΑΥΟΥ，背面是佉卢文Rajadirajasa Mahatasa/moasa，意思都是“伟大的众王之王毛伊斯”。“众王之王”是一个波斯式头衔，但印度—斯基泰人使用这一头衔的灵感可能并非直接借鉴波斯政治文化传统，而是受邻国帕提亚帝国的影响。从米特拉达特二世开始，帕提亚国王在钱币上经常使用“众王之王”作为自己的头衔，在帕提亚政治势力的影响下，“众王之王”成为周边地区普遍认同的对最高统治者的专称。印度—斯基泰人国王经常在钱币上使用“众王之王”，

1 朱莉阿诺：《西北印度地区希腊至前贵霜时代的钱币》，［意］卡列宁、菲利真齐、奥里威利编著：《犍陀罗艺术探源》，魏正中、王倩编译，上海：上海古籍出版社，2015年，第72页。

2 R. C. Senior, *Indo-Scythian Coins and History*, Vol. 1, Lancaster Penn.: Classical Numismatic Group, 2001, pp. 27-28.

可以说是这一称号东传的典型例证。[1]

印度—斯基泰人对希印双语币的另一项重要改造是钱币正面用国王骑马像取代国王头像。在此之前，少数印度—希腊人国王，如安提马库斯二世（Antimachos II，约公元前160—前155年）的钱币上也用了国王骑马形象，但他们都出现在钱币背面，正面仍是国王头像。[2]毛伊斯的个别钱币正面已经出现国王骑马的形象，另一位重要的印度—斯基泰人国王阿泽利塞斯（Azilises，约公元前65—前45/35年）将其制度化，他所有的银币正面都是国王手持鞭子或矛骑马向右行走的图像。[3]（图5）[4]后来的几位印度—斯基泰人国王钱币亦都如此。我们很难断定毛伊斯和阿泽利塞斯钱币上的图像究竟是借鉴了印度—希腊人钱币图像还是他们自己的创造，但无论哪种可能，与印度—希腊人钱币上偶尔出现的国王骑马像相比，此时这一图像的内涵已经完全不同。斯基泰人本是游牧民族，马和骑马的战士无疑对他们具有特殊意义。钱币正面本应展示王像，但他们不再使用国王肖像，而将骑马的国王作为一种一般化了的符号，反映了印度—斯基泰人与希腊人不同的王权理念。

图5

到印度—斯基泰人统治中后期，他们发行的双语币上的希腊语币文开始明显衰退，出现了字母变形或拼写讹误。例如吉奥尼塞斯（Zeionises）钱币上的希腊文已经难以辨认。

---

1 关于该问题的介绍，可参考拙作《帕提亚“众王之王”钱币的起源、发展及影响》，《西域研究》2019年第3期，第36—47页。

2 例如，安提马库斯二世和晚期印度希腊人国王赫尔迈乌斯的钱币背面，都曾出现过国王骑马的图像。Osmund Bopearachchi, *Monnaies Gréco-Bactriennes et Indo-Grecques, Catalogue Raisonné*, Antimaque (II) Nicéphore, Série 1; Hermaios et Calliope, Série 1-2.

3 R. C. Senior, *Indo-Scythian Coins and History*, Vol. 3, Issue 21-23; 32-37; 51-60.

4 图片采自：http://numismatics.org/collection/1973.186.74.

相较之下，印度—斯基泰人钱币上的佉卢文则清晰得多。说明当时的统治者以及大部分人已经不熟希腊文，日常生活和官方文件都以佉卢文为主。

公元前1世纪末或公元1世纪初，一批帕提亚人从帕提亚帝国中分离出来，进入印度，他们被称作印度—帕提亚人。最著名的印度—帕提亚国王是贡多法勒斯（Gondophares，约公元前19—公元46年），在他的带领下，印度—帕提亚人占据了大部分曾属于印度—斯基泰人的领土。基于这种背景，印度—帕提亚人钱币有两种完全不同的风格。一类以帕提亚帝国的钱币为样板，正面是国王头像，国王头戴波斯式高冠，背面是坐着的弓箭手、持棕榈枝的尼科或正在为国王加冕的尼科，这类钱币都是单语币，即只有希腊语币文。另一类以印度—斯基泰钱币为样板，正面是国王持矛或持鞭骑马像，背面是希腊或印度神，这类钱币都是双语币，有希腊文和佉卢文两种文字。总体来看，王国北部使用第一种类型更多，南部以第二种类型为主。贡多法勒斯双语币的变化主要表现为虽然希腊语币文仍然使用已经非常流行的“伟大的众王之王”，但佉卢文却变得希腊文不完全对应，佉卢文内容往往比较冗长，并且使用一些之前未出现过的赞语。例如，贡多法勒斯一枚钱币上的佉卢文是“大王贡多法勒斯，凯旋的将军，胜利的，神佑的”。[1]这种格式可能也是源自帕提亚或波斯的影响。

综上所述，希印双语币出现于希腊人在印度西北部开疆拓土之时，从阿伽托克勒斯和潘塔来昂简单模仿印度当地传统到阿波罗多托斯时期建立标准的币文、币图和币制的规范，再到欧克拉提德和米南德时期的改造，这一历程反映了印度—希腊人国王在为稳固统治不得不施行一些“印度化”政策的同时，又延续着自己所熟悉的希腊—巴

1 R. C. Senior, *Indo-Scythian Coins and History*, Vol. 1, p. 114. 关于印度—帕提亚人双语币上的希腊文与佉卢文对应，可参考该图录的table 21, 22, 23, 24, 26.

克特里亚传统，始终坚持自己的希腊人身份认同。印度—斯基泰和印度—帕提亚人仍然使用希印双语币，并加入自己的族群文化特色的做法，则是对印度—希腊人统治经验的继承。在希印双语币发展演变的过程中，希腊—马其顿、印度、斯基泰、帕提亚甚至波斯文化都在这类独特的钱币上有所体现，反映了公元前2世纪初期以来印度西北部地区的多族群文化交流与互动。

The Origin and the Development of Indo-Greek Bilingual Coins and Ethnic Groups Cultural Interaction

Li Xiao

Abstract: The so-called Indo-Greek bilingual coins bear Greek on obverse and Prakrit (Brahmi or Kharosthi) on reverse. This kind of coins were issued by kings who ruled in Northwest of India from the end of 2ed century BC to 2ed century AD. Agathocles and Pantaleon created the bilingual coins. Their coins took square shape with Indian gods, Greek and Brahmi inscriptions. Under the rule of Apollodotos I, the Brahmi was replaced by Kharosthi. Besides, he created the "Indo-Greek weight standard", and introduced Greek iconography on his bilingual coins. Eukratides I and Menander I developed the designs of Indo-Greek bilingual coins. Later Indo-Greek kings, Indo-Scythian and Indo-Parthian kings were all influenced by their coins. The appearance and development of the Indo-Greek bilingual coins reflected the cultural interaction among various ethnic groups on aspects.

The Development and Evolution of Hellenistic Coins in Central Asia and India

Frances A. M. Joseph

(University of Houston, USA)

Abstract: A long-term view of the Hellenistic coins of Central and South Asia shows that the Gracco-Macedonian coin-design model deeply impacted the monetary systems of the region long after Greek monarchs held sway. The basic yet important monetary contribution of the Greeks in Central and South Asia, namely, the Graeco-Bactrians, was the introduction of individualized ruler coinage. As the Graeco-Bactrians conquered into India, this coin model was retained by the Indo-Greeks, copied by the Indo-Scythians and Indo-Parthians, and adapted by neighboring Indian kingdoms. The success of this coin model suggests that it became essential for the publicly accepted legality of currency. Further, while dynasties experimented with various coin iconography, they retained the essential Hellenistic features of a monarch figure, a deity, and a legend. This suggests that the coin design was fundamental in legitimizing a monarch's rule, or attempted rule. The Greek language and Greek religious imagery persisted on Central and South Asian coins well beyond the influence of

Greek speakers and worshippers, demonstrating that these features not only held cultural prestige, but were deeply entrenched standards for economic and political authority.

Central and South Asia during the Hellenistic period was a region with a diverse and shifting population. Alexander the Great's conquest of the area brought on long-term instability, and for several centuries it was often a power vacuum and a conflict zone. The geographically important land of Bactria was initially under Graeco-Macedonian control as part of the Seleucid Empire, yet for the Seleucids, it was a peripheral province and an afterthought. When Bactria declared independence from Seleucia in 250 BCE, the emperor let it go without a struggle.[1] The first rulers of independent Bactria, the Graeco-Bactrians, governed this territory with deliberation and planning. The monetary system that they introduced to Bactria had major long-term impacts on the politics and economy of Central and South Asia, long after the "Greek" ethnic identity of the rulers was diluted or dispersed. The Graeco-Bactrians held political prestige that was manifested in their coins, and which set the tone for the monetary systems of several successor kingdoms: the Indo-Greeks, the Indo-Scythians, and the Indo-Parthians.

The coins of the early Graeco-Bactrians, Diodotus I, Diodotus II, Euthydemus, and Demetrius, closely follow the model of Graeco-Macedonian coins set by the Seleucids and the other successors of Alexander the Great. The standard design of these coins includes, on the obverse, a detailed profile portrait of the king, and on the reverse a

1 Justin, *Epitome of Pompeius Trogus*, 41.4.1-20.

full-figure Greek deity and a legend, a simple Greek text comprising the royal title "ΒΑΣΙΛΕWΣ" and the monarch's name. While this design is present on all gold and silver issues, bronze coins display slightly more variety. The obverses continue to bear portraits, but of the patron god rather than the king. The bronze reverses contain images of deities, other religious symbols, or animals. All of these early coins are round, and follow the Attic weight metrics set in Classical Athens.

The simple standardization of the Graeco-Bactrian coins is evidence of the political power of these early kings. Standardization in design and regularity in coin-minting practices demonstrate a strong central government and a well-managed bureaucracy – essential criteria for power in the ancient world.[1] Further, the appearance of the Greek language and purely Greek religious imagery demonstrates that the monarchs had no need to placate or even communicate with their native Bactrian, and later Indian, subjects. They simply did not need local support to legitimate their rule. The manner in which the Graeco-Bactrian kings presented themselves as legitimate rulers speaks volumes about the cultural prestige that the Greek language and religion enjoyed in the region. Certainly many government officials and elites identified with the Greek ethnicity, but the amount of Greek DNA in the population is not only unknowable, but also not particularly important. What is important is that those involved in the government, the upper levels of the economy, and public life were satisfied to live under an official Greek language, and trade with a money that celebrated the Greek religion and culture. The Graeco-Bactrians were not all one dynasty; there were several usurpers, but each new king maintained

1 Marcinkiewicz-Joseph 2016: 21.

the Graeco-Macedonian style of rule and currency.

Graeco-Bactrian political power peaked under Demetrius I, son of Euthydemus. Demetrius conquered territories south of the Hindu Kush mountains and thereby gained control of Northwest India along with Bactria.[1] Demetrius' coins for the most part follow the all-Greek model of his predecessors. He does include some local symbolism, most notably the elephant, but his imagery utilizes the elephant to depict conquest rather than appeasement. His portraits include an elephant scalp atop his head – reminiscent of portraits of Alexander created by Alexander's successor Ptolemy. Demetrius also issued bronze coins portraying an elephant with a bell around its neck – also denoting control of the animal, and thus control of India.

While Graeco-Bactrian territory reached its largest extent under Demetrius, his successors struggled to hold onto it. His immediate successors, Euthydemus II, Antimachus, and Demetrius II, were extremely short-lived, with very small mintages. Eucratides I, who usurped power from Demetrius II,[2] ruled for a long period in a wide area,[3] but significant changes to the coinage that occurred under him suggest that his leadership was difficult and precarious. The most important monetary change that Eucratides introduced is bilingual coins, with Greek text on the obverse, portrait side, and the Prakrit language in the Kharoshthi script on the reverse. This clearly demonstrates a need for the government to engage with Indian elites in their own language. Further, Eucratides took extra steps to use coins to legitimate his rule; in Greek he gave himself an

1 Strabo, *Geography*, 11.11.1.

2 Justin, *Epitome of Pompeius Trogus*, 41.6.

3 Bopearachchi 1991: 453.

epithet, "The Great," and in Prakrit he experimented with several epithets including "Great King" and "Great King, King of Kings."[1] Importantly, only some of his coins are bilingual; many are the standard Greek model. He even issued a series of coins depicting his parents – an obvious attempt at legitimization.[2] The sheer variety of coin types, imagery, language use, shape, and weight metrics show that Eucratides was experimenting and attempting to issue coins that his subjects accepted and trusted, and which legitimized him as king in their eyes. This means that his rule was not secure. Ancient literature supports this, telling us that he was constantly beset with war.[3]

After Eucratides, the Graeco-Bactrian Empire split into the Bactrian North and the Indian South,[4] and the coins reflect this. Eucratides' successors, Eucratides II, Plato, and Heliocles all reverted to the simple Greek-only coin design. Heliocles' reign, circa 145 BCE, matches the time period of the abandonment of the Hellenistic city that has been excavated at Ai Khanoum, Afghanistan.[5] Historians believe the Graeco-Bactrians, based in Ai Khanoum, were overrun by nomads, and never recovered their northern kingdom.[6] It is not exactly clear which nomadic society, the Saka or the Yuezhi, conquered the Graeco-Bactrians. They both migrated through the region around the same time. The Graeco-Bactrians were not only conquered by these nomads, but also their encounters significantly impacted the nomads as well. It is evident from numerous extant imitation

1 Gardner 1886: lxxiv-lxxv.

2 Hollis 1996.

3 Strabo, *Geography*, 11.9.2.

4 Bopearachchi 1991: 74-88.

5 Holt 2012: 200-202.

6 Bopearachchi 1991: 74-88.

coins that both the Saka and the Yuezhi adopted coin currencies for the first time upon encountering Graeco-Bactrian money. They not only adopted minting techniques, but also copied almost exactly the portraits, religious images, Greek words, and control marks from the Graeco-Bactrian coins. While they were not fully literate in Greek, the nomadic groups certainly held Greek culture, or at least the political capabilities of their Greek neighbors, in high prestige. In fact, both the Saka and the Yuezhi went on to become permanently sedentary civilizations, known as the Indo-Scythians and the Kushans, respectively. Perhaps their initial adoption of Graeco-Bactrian money contributed, in the long term, to their later social developments.

The Indo-Greeks are a continuation of the Graeco-Bactrian kingdom, only they are localized to northwest India and present many cultural evolutions. The Indo-Greeks can be generally grouped as the southern half of the Graeco-Bactrian kingdom that split away from Bactria during the warring period around the reign of Eucratides. It is not clear if the early Indo-Greek kings are related to Eucratides or his rivals. It is also not clear if they were client kings or fully independent. Several early Indo-Greek kings ruled for short periods or overlapped,[1] suggesting a somewhat chaotic power struggle. The nature of the Indo-Greek coins shows that their governments were very closely tied to Indian culture and society; either the kings needed to appeal to their Indian subjects to retain power, or they may have been partially Indian themselves with Greek royal names.

There were thirty-one Indo-Greek kings and two queens between c. 190 BCE and 25 BCE. One of the defining features of Indo-Greek

1 Bopearachchi 1991: 453.

money is that each monarch issued some bilingual coins. The obverses of these coins carry a standard Greek legend, while the reverses carry a Prakrit legend in the Kharoshthi script (two early kings, Pantaleon and Agathocles used the Brahmi script, but it did not last beyond them). Bilingual Indo-Greek coins contain a variety of Indian (Hindu or Buddhist) imagery as well. We see various Hindu deities, Buddhist symbols such as stupas and chakras, and local animals like elephants and bulls. Normally, Greek iconography is paired with Indian iconography. For example, certain coins of Antialcidas depict, on the reverse, the god Zeus sitting next to an elephant. Interestingly, most of the early Indo-Greeks issued unilingual Greek coins alongside their bilingual ones; thus, there were coins available for two audiences. Again, this hints at an effort to please a local Indian elite, while bilingualism reinforces an idea of Greek prestige and superiority. There is an evolution though, as the later Indo-Greeks eventually issue only bilingual coins, reflecting a deeper entrenchment in Indian culture, while retaining the prestige of Greekness.

Coins also underwent a physical change during the Indo-Greek era. Many of the bilingual coins are square instead of round, adopting the shape of the earlier Indian coins of the Mauryan dynasty. The bilingual Indo-Greek coins also substitute the Attic weight standard for a new weight standard that is much lighter (an Indian drachm averaged 2.4 g rather than 4.2).[1] The lower coin weight correlates with a surge of numerous, weaker, petty kings. The second half of the Indo-Greek period shows 28 monarchs in 100 years; clearly there was a lot of competition, overlap, and divided territory. Anyone who could claim a small kingdom tried to legitimatize

---

1 Bopearachchi 1991: 190-191.

himself by minting coins – and not just any coins, but ones that declared a Greek heritage, and thus a Greek lineage, while also speaking to the local Indian elites, and in some cases honoring their religion. Thus via the Indo-Greeks, Greek culture came to signify legitimate currency itself, and ceased to reflect a reality of ethnically Greek people ruling a colonial empire.

Significantly, the Indo-Greeks had an influence on their completely non-Greek Indian neighbors. The Sunga dynasties and other kings based in eastern and central India, while ruling simultaneously to the Indo-Greeks, began using die-struck coins instead of punch-marked. They also began using text on coins to identify the ruler by name, and they used larger detailed images instead of small repetitive symbols. Thus the Greek design of coins, even without its cultural figures, spread through other parts of India.

After approximately 120 years of rule, the Indo-Greeks were displaced by the Indo-Scythians, around 70 BCE.[1] The Indo-Scythians were the same Saka nomads who had previously encountered the Greeks in Bactria. Now they scattered the final remnants of any Greeks in South Asia. Upon reaching India, the now-so-called Indo-Scythians gave up nomadism and became a settled civilization. While the Indo-Scythians developed a new coinage after settling in India, they were already monetized. They had been creating imitations of Graeco-Bactrian coins since the period of their first encounters. Now, the Indo-Scythians continued to adapt the Indo-Greek coinage, while adding some new features.

Unlike their predecessors, it is not likely that the Indo-Scythians

1 Senior 2001: Vol. 1, 25-27.

possessed Greek ethnic lineage – although there may have been a few cases of intermarriage. Though Greek culture was not their heritage, they continued to use Greek religious figures and symbols on their coins. Zeus and Herakles make frequent appearances. The coins also all have Greek-language legends on their obverse sides. The rulers must have had at least a working familiarity with the Greek language, as they successfully used it to transliterate their non-Greek names. They also deliberately chose a royal title to present in Greek: "Great King of Kings."[1] The Indo-Scythian kings were not beholden to traditional Greek letter formations though. Some, including Spalahores, Spalarises, and Azilises, changed most of their Sigmas to the lunate C, and also used some square shapes on the C-Sigma, the Omicron, and other letters. Greek-speaking peoples must have composed some of the subject population under the Indo-Scythians, but it is doubtful it was the only language used by most elites, and thus was not a necessary feature of coins. Instead, its use demonstrates that Greek culture held prestige in the region, or at least it was considered something that gave legality to coined money. At the same time, Indo-Scythian coins all contain Indian features as well, which was also not the ethnic heritage of these Central Asian people. Many coins depict Hindu deities and Indian animals, and they all bear a reverse Prakrit legend in the Kharoshthi script. The Prakrit legend also uses the title King of Kings (Rajarajasa).[2] While much attention is paid to the use of Greek on coins, this currency reveals that maintaining ties with Indian subjects, or esteeming their culture, was equally important.

1 Senior 2001: Vol. 1, 25-27.

2 Senior 2001: Vol. 1, 25-27.

Some developments in Indo-Scythian coinage reveal how they diverged politically from their predecessors. Most notably, these kings did away with the royal portrait. It had been a salient feature on Indo-Greek, Graeco-Bactrian, and all other Graeco-Macedonian monarchal coins. It identified the ruler by his or her face, and effectively brought him or her directly to the people. The Indo-Scythians, by contrast, used a generic figure of a king on horseback. This removes the individuality from the king; it instead sends a message that it does not matter who the king is – all that matters is subjection to the empire. The horseman also harks back to their earlier history as nomads. Perhaps for these monarchs it truly did not matter who the king was, as the coins also reveal almost continuous joint-rulership of brothers and uncle-nephew pairs. Another new coin feature is that for most of the Indo-Scythian coins, the two bilingual sides are not translations; the Greek side lists a "king", while the Prakrit side lists the joint-ruling brother or nephew.[1] This reiterates the idea that from the point of view of the government, it was not essential to convey to the subjects who the king was, as an average coin user might only read one side. More important was issuing money that had enough cultural design features to make it "legal".

The body of Indo-Scythian coinage overall affirms a narrative that this dynasty failed to hold onto power, and that they were beset with conflict. The main dynasty ruled from about 70-10 BCE,[2] with only two, Maues and Azilises, ruling completely alone. The others, Vonones, Spalahores, Spalagadames, Spalirises, and Azes all ruled for a time as one

1 Senior 2001: Vol. 1, 25-27, 39-44.

2 Senior 2001: Vol. 1, 3-13.

of a pair. This indicates problems with legitimacy. There were also at least eight satraps or client kings, issuing coins on behalf of their superiors.[1] This indicates decentralization. Another sign of decentralization is the extreme diversity of coins issued by each individual Indo-Scythian king. One king, Azilises, issued more than twenty different coin types, [2] which would have confused currency legalization rather than solidified it. Finally, the imagery of deities and animals becomes much more stylized and abstract – engravers did away with careful, detailed, identifiable images. The government clearly did not have the time or resources to carefully control and standardize coin design. Though the Indo-Scythians attempted a new style of faceless, impersonal rule, they ultimately failed. The last Indo-Scythian, Azes was replaced by a new dynasty, the Indo-Parthians.

Parthia was an independent kingdom in northern Persia that broke away from Seleucia around the same time that Bactria did.[3] The Indo-Parthians were Parthian elites, perhaps with some relation to the Scythians, who moved east and took over northwest India.[4] Parthia itself had been a strong and successful empire since 247 BCE. They had a well-established monetary system that included coin-design similar to that of the Graeco-Bactrians. It featured Persian-style portraits, with kings wearing headdresses, and a Greek legend on the reverse. A difference between the Parthian coins and the Graeco-Bactrian coins is that most of the Parthian coins depict a figure of an archer or the king being crowned by Nike on the reverse.[5]

1 Senior 2001: Vol. 1, 95-102.

2 Senior 2001: Vol. 2, 7-26.

3 Arrian, *Parthika*; Justin, *Epitome of Pompeius Trogus*, 41.4; Strabo, *Geography*, 11.9.

4 Senior 2001: Vol. 1, 110.

5 Wroth 1903.

The coins of the Indo-Parthians kept some Parthian features and also adopted some Indo-Scythian features. There were four primary Indo-Parthian kings: the founder Gondophares, Abdagases I, Abdagases II, and Gondophares-Sases.[1] All four issued some coins with a Persian-style portrait, just like the Parthians, and the reverses of those coins are also Parthian in design – either an archer, Nike, or the king being crowned by Nike. These portraits do not appear to attempt individual likenesses of the kings, rather they are generic faces. Thus they appear to be copying the style of their Parthian forebears. These four kings simultaneously issued coins of the Indo-Scythian design, with a mounted king on the obverse and a Greek or Indian deity on the reverse. It seems to be the case that the two different versions of Indo-Parthian coins come from different regions of the kingdom – the Persian/Parthian style more from the North and the Indo-Scythian style more from the South.[2] The clear narrative told by these coins is that the Indo-Parthians severely struggled with legitimacy. They did not have the confidence to impose a currency on their subjects, but had to adapt their designs to currency with which the locals were comfortable. This also reinforces the idea that legal money helped to provide a monarch with his legal right to rule.

While Greek cultural prestige continued during the period of the Indo-Parthians, this is most poignant when evaluating the legends on the coins. Gondophares issued a series of unilingual Greek-only coins. These Greek legends are extremely long; they don't fit around the border but must fill several rows. While the message attempts to name and glorify

1 Senior 2001: Vol. 2.

2 Senior 2001: Vol. 2, 148-173.

the king, the person who created it was not fluent in the language. One of several variations of the legend reads: ΒΑCΙΛΕΥC ΒΑCΙΛΕWΝ ΜΕΓΑC ΓΝDΟΦΕΡΗC ΑΥΤΟΚΡΑΤWΣ ΝΙΚΕ: Great King of Kings Gundopheres, Emperor, Victorious.[1] Other variations have additional letters or misspellings. One cannot conclude that the Indo-Parthian government was fully literate in Greek, nor expected their subjects to be. There is no alternate language on this group of coins to help to identify the king. In this case it seems that Greek words were attempted for prestige alone, to add legitimacy to the king or his coins. Many of the Indo-Parthian coins are indeed bilingual and do attempt to speak to the populace. Their secondary legend is either Prakrit (in Kharoshthi script) or Pahlavi, an ancient Persian language. The rulers do not seem to be literate in Prakrit either, as some legends on the coins of Gondophares are almost nonsensical. Coins of the fourth ruler, Gondophares-Sases, use Pahlavi, and thus directly identify the king to elites who must have spoken the Persian/Parthian language. At the same time, they continue to present incorrect Greek words on their obverses. Unlike the kingdoms that preceded them, the Indo-Parthians do not seem to have successfully imposed their native culture on their subjects, nor did they assimilate to the dominant local cultures. The four primary kings were followed by six very minor rulers. They were soon ousted by a group known as the Kushans, who were descendants of the Yuezhi, another of the nomadic peoples to have encountered the Graeco-Bactrians.

The Greek kingdoms in Central and South Asia, under the Graeco-Bactrians and partly under the Indo-Greeks, had a significant impact on the

1 Senior 2001: Vol. 2, 148.

monetary system of this part of the world. The most important thing they did was to spread individualized coins, which fostered the concept of legal money. Coins that could be attributed to a particular monarch held more legal validity in society. Since the Graeco-Macedonians were the ones who introduced individualized, legal money to the region, their own design features of Greek text and Greek religious icons stayed with it. This type of money was so important that the Greek design features in fact became the design that signified legality in money, and by extension, legitimacy in a king. Even well past the era of rulers in Central and South Asia speaking Greek, or worshipping Greek gods, such coin content remained the royal standard. The Greek monetary design spread to neighboring kingdoms in India as well. This would have created a major political change, in that a close relationship emerged between the legitimacy of a ruling monarch and the legality of his or her currency. Of course, the second major impact of the Graeco-Bactrians is that they actually introduced monetization to two nomadic groups, the Saka who became the Indo-Scythians, and the Yuezhi who became the Kushans. Both groups eventually settled and adopted full, individual-style coinage, thereby profoundly affecting the political landscape of Central Asia.

Bibliography

Bopearachchi, Osmund. *Monnaies gréco-bactriennes et indo-grecques: catalogue raisonné*. Paris: Bibliothèque Nationale, 1991.

Gardner, Percy. *The Coins of the Greek and Scythic Kings of Bactria and India in the British Museum*. Edited by Reginald Stuart Poole. London: British Museum, 1886.

Hollis, Adrian S. "Laodice Mother of Eucratides of Bactria." *Zeitschrift für Papyrologie und Epigraphik* 110 (1996): 161-164.

Holt, Frank L. *Lost World of the Golden King: In Search of Ancient Afghanistan*. Berkeley: University of California Press, 2012.

Marcinkiewicz-Joseph, Frances. "Demetrius I of Bactria: An Analysis of Hellenistic Royal Power through Numismatic Evidence." PhD Dissertation, University of Houston, 2016.

Senior, R. C. *Indo-Scythian Coins and History*. Vols. 1-3. Lancaster, PA: Classical Numismatic Group, 2001.

Wroth, Warwick. *Catalogue of the Coins of Parthia*. London: British Museum, 1903.

阿尔萨息王朝希腊文书写的衰退
——以钱币资料为据（公元前 171—公元 228 年）[1]

J. 德·摩尔根（J. de Morgan）撰　徐朗译

第一节　帝国

在波斯阿黑门尼德王朝统治时期，波斯人所讲的语言大部分属于印欧语系伊朗语族。历史学家们通常将当地的族群分成两大部分，即米底[2]和波斯。但正如今日的伊朗一般，[3]当时的波斯存在着许多方言，它们不仅属于这两大主要的语种，更体现出二者之间的融合。[4]从里海沿岸到波斯湾，从扎格罗斯山西部到印度河沿岸，生活在这些地区的各民族之间或多或少存在一定的亲缘关系，并且听过不同形式的波

1　译自 J. de Morgan, "Étude sur la Décadence de l'Écriture grecque dans l'Empire perse sous la Dynastie des Arsacides (171 av. J.-C. à 228 ap. J.-C.). D'aprés les documents numismatiques," *Revue Archéologique*, Quatrième Série, T. 20 (juillet-décembre 1912), pp. 1-31. 原文的写作年代较早，其中各国王的在位年代与现在公认的说法多有出入，本译文采用了 parthia 网站提供的现在学术界认可的年代（https://www.parthia.com/parthia_chrono.htm，更新于2021年2月26日）。以下未特别说明者，均为原注。——译者注

2　例如今日的库尔德方言。

3　J. de Morgan, *Mission scientifique en Perse*, 1889-1891, Etudes linguistiques, 1er partie.

4　今伊朗洛雷斯坦省（Lorestan Province）的几种方言即是介于库尔德语和波斯语之间的一种语言。其中一些方言被当地人称为"Palhavi"。

斯语。为了接触其他语言，他们需要走出高原，从高山上下来进入埃兰、迦勒底、亚述、小亚细亚、卡帕多西亚、亚美尼亚、格鲁吉亚乃至格鲁吉亚西部的拉齐克地区。他们中的一些人进入阿姆河沿岸的草原，另一些人则跨过印度河，还有一些人进入印度半岛的中心地带。

居鲁士的到来令波斯人成为这片土地的主人，波斯语也随之成为新帝国的官方语言。但是波斯人也接受了新近臣服的闪米特人的文字。在此之前，这种文字在伊朗地区是极其罕见的。[1]这种简单的楔形文字成为碑铭材料的主要书写文字，[2]而一种较为普遍的语言即阿拉米语（Aramaic）则广泛地出现在合同协议等文书中。[3]楔形符号和阿拉米字母遂被波斯语所吸收，并不可避免地产生许多变化。[4]但除此之外，其他的伊朗方言并未受到如此大的影响。无论是在山区还是高原地区，它们都保留了原始的内容。从语言学的角度看，这就是波斯当时的情况，也就是亚历山大击败大流士三世灭亡波斯帝国时的情况。

亚历山大以常人难以企及的神速率军穿过波斯各省，但他并未因此而疏于治理这些新征服的地区。他在这些地区委任希腊总督和官员进行管理，并在城市中心地区驻扎马其顿军队。于是官方文件中不再使用波斯语，取而代之以希腊语，以至于希腊语在公元前4世纪期间都是波斯地区的口头和书面语言。[5]如此日积月累，波斯贵族和社会上层也逐渐接受了新的外来语言，这种转变在塞琉古王朝统治时期尤为明显。但政权的更迭并未影响波斯的普通民众。他们并不在意宫廷之中说的是哪种语言，而是按照各自古老的习惯讲原先的各种方言。

---

1 目前为止尚未发现以米底语书写的材料。通常被认为是米底语的阿黑门尼德王朝铭文，实际上是新苏萨语（neo-susien）。

2 我们尚未发现任何带有楔形文字的货币。

3 在迦勒底，人们通常在黏土上书写楔形文字，直到帕提亚王朝统治时期，契约合同等公文上才使用闪米特语。

4 随着时间流逝，人们逐渐引入更多的闪米特语词汇，时至今日达到顶峰。

5 亚历山大征服波斯始于公元前334年，此处时间表述应为公元前4世纪末期。——译者注波斯南部的波西斯（Persis）地区仍旧保留了阿黑门尼德王朝时期通用的语言。[1]这种语言不仅在民间流行，也是本地附属王国的官方语言。在公元前220年左右，[2]当地王公发行了一些带有阿拉米语铭文的钱币，而这些阿拉米语字母被称为原始—帕拉维语（proto-Pahlavi）。这种现象说明他们保留了自己祖先的语言。[3]伊朗语言中从未吸收过希腊字母。虽然阿拉米字母源于闪米特语，并不适合去拼写一门经常以元音字母为主的语言，[4]但波斯人显然更偏爱阿拉米语。时至今日伊朗人也是使用阿拉伯字母来书写波斯文，尽管阿拉伯字母并不能完美地表达出波斯语的起源、音韵和特性。于是便出现这样的情况：只有说希腊语的人才会使用希腊语。它只是被规定为官方语言，但是并没有在民间广泛传播。从语言和文字的角度来看，这就是波斯当时的情况。

随后阿尔萨息—帕提亚人[5]和斯基泰人从中亚进入伊朗，[6]取代了塞琉古王国在当地的统治，在亚历山大帝国的废墟上建立起他们的国家。帕提亚人是蛮族，[7]没有任何系统性的文化教育，他们也无法书写自己的语言。或许正如其他游牧民族的语言一样，[8]帕提亚人的语言显得简单和

---

1 斯特拉波（15.3.3）如此描述这一地区："当地人随后（即在阿黑门尼德王朝之后）经历了完全不同的命运。马其顿人的入侵极大地削弱了他们的势力，后来的帕提亚人则更为强大。尽管他们时至今日仍旧保留自己的国王，但国王的权力已经被严重削弱，并且要服从于帕提亚的国王。"

2 即安条克三世在位期间（公元前222—前187年）。

3 Allotte de la Fuye, *Etude sur la Numismatique de la Perside*, *Corolla Numismatica*, Londres, 1906, p. 65 à 96; pl. III.

4 唯一能够满足各种伊朗语需求的本地语言只有阿维斯陀语，但这种语言的书写只具有宗教含义。

5 原本住在阿姆河流域的一些游牧民族，被称为"大益—帕尔尼人"，（Dahae-Parni）随着斯基泰—阿尔萨息人而进入帕提亚地区，最终夺取了该地政权（Strab, 11.9）。反驳这种假说的观点认为，不少帕提亚人的名字都是雅利安姓名，据此推断他们的祖先也是伊朗人，或者说和伊朗人渊源颇深。

6 Justin, 41.

7 这些斯基泰人的名字是来源于他们所征服的帕提亚地区的人名。希罗多德（7.96）提到，帕提亚是阿黑门尼王朝的一个行省。

8 "阿尔萨息"（或"阿尔沙克"）一名（Ἀρσάκης）源自波斯语而非斯基泰语。

贫乏，因此他们无法将自己的语言强加给新征服的臣民作为官方语言。帕提亚人只得在两种语言之间进行选择：要么是他们刚刚驱逐走的上层贵族所讲的希腊语，要么是战败者的语言即伊朗语。选择伊朗语显然不够明智，因为帕提亚人并不适合在道德上教化波斯人。这种行为只会在帝国内部形成一股威胁他们统治权的潜在风险。马其顿人是帕提亚人的敌人。使用马其顿人的语言不仅能为胜利者一方带来荣誉，而且也是大有裨益的，因为这样做便于行政管理。在过去两个世纪的时间内，它是统治者的语言，讲伊朗语的人却是当年亚历山大的手下败将，象征着那一群在田地上劳作的奴隶。帕提亚人遂选择了希腊人的语言和文字，这不仅更符合他们的利益，也满足了他们的虚荣心。

直到米特里达特一世统治时期（Mithridates I，公元前171—前138年）为止，希腊语在波斯地区的传播大体与叙利亚和巴克特里亚的情况相似，但它肯定不同于亚历山大帝国时期。然而，亚历山大征服时所带来的诸多希腊元素仍旧在波斯得到保留。这些最先发生的变化显然会令学者们感兴趣，但这一问题已经超出了本文的研究框架，因此本文不会讨论伊朗本地语言文字在帕提亚人到来之前所发生的变化。米特里达特一世使用希腊文的方式正是塞琉西亚和巴克特里亚宫廷的用法。本文正是由此入手，从古文字学的角度探讨帕提亚帝国时期希腊语在波斯的发展，但对这一出发点本身不作过多阐释。[1]

在伟大的帕提亚征服者也就是帝国的建立者登基之时，他的父亲弗拉特斯一世（Phraates I）留给他的土地实际上只有一个公国大小。帕提亚（呼罗珊）、赫卡尼亚（Hyrcania，伊朗的阿斯塔拉巴德省，今称戈尔甘）、米底的一些地区（沙赫鲁德［Shahrud］、瓦拉明

---

1 关于波斯阿尔萨息王朝时期钱币研究，可参考A. de Longperier, *Mémoire sur la Chronologie et l' Iconographie des Rois Parthes Arsacides*, Paris, 1853-1882, in 4°, 160 pp., 18 pl.; Warwick Wroth, *Catalogue of the coins of Parthia*, Musée Britannique, 1903, in 8°, 87 et 289 pp., 37 pl.; A. von Petrowicz, *Arsaciden-Münzen, Katalog*, Vienne, 1904, in 4°, 8 et 206 pp., 25 pl.

[Varamin]，还有可能包括拉格斯 [Rhages]）以及阿姆河河谷地带，是帕提亚人祖先的土地，也是米特里达特一世最初掌权时帕提亚的势力范围。[1]这一公国位于近东地区，紧邻欧克拉提德一世（Eucratides I，约公元前172/171—前145年）[2]统治的巴克特里亚王国，南部是大沙漠，西部则是叙利亚[3]官员们的统治范围。他们得到驻扎在重要中心地区的希腊驻军的支持，保证波斯的总督们忠于塞琉古王国。公元前2世纪前半叶，帕提亚人受到巴克特里亚和叙利亚的双重影响。但他们最近的邻居是巴尔赫（Balkh）的诸国王，因此米特里达特一世最先打造的钱币是模仿巴尔赫的国王们所发行的钱币。[4]相比于遥远的塞琉西亚，米特里达特一世显然更受到本地和附近巴克特里亚城市造币风格的影响，与安条克四世（Antiochus IV Epiphanes）、亚历山大·巴拉斯（Alexander Balas）和其他同时期的叙利亚国王的钱币有着明显的区别。

“ΒΑΣΙΛΕΩΣ ΑΡΣΑΚΟΥ”，米特里达特一世的钱币铭文，巴克特里亚传统风格

米特里达特一世发行的首批钱币，[5]材料是银和铜，属于仿巴克特里亚币，但在某些字母的形式上有所不同。字母 Β 显得棱角突出。字母 Σ 的左半部分，巴克特里亚钱币是两条倾斜相交的直线，呈现出“>”形；帕提亚钱币则是两条圆弧曲线相交，即“）”形。字母K是

---

1 这些省份很可能是他之前五代国王征服的成果。从米特里达特一世向上数五代，分别是阿尔沙克一世（Arsaces I，公元前247—前211年在位），提里达特斯一世（Tiridates I，公元前246—前211年在位），阿尔沙克二世（Arsaces II，公元前211—前191年在位），普里阿帕提乌斯（Priapatius，公元前191—前176年在位），弗拉特斯一世（Phraates I，公元前176—前171年在位）。（但提里达特斯一世其人的存在与否，仍是学界争论的问题。——译者注）

2 以及他的同时代人阿伽托克勒斯（Agathocles）和安提马库斯（Antimachus）。

3 塞琉古王国。——译者注

4 W. Wroth, *Catalogue of Greek Coins: Parthia*, 1903, pl. II, fig. 6-13, pl. III, fig. 1.

5 关于米特里达特一世铸币的分类，参见J. de Morgan, *Revue Numismatique*, juin 1912.

由一条竖线“｜”和两条相交的直线“<”组合而成，三者的交点位于左侧。

“ΒΑΣΙΛΕΩΣ ΜΕΓΑΛΟΥ ΑΡΣΑΚΟΥ”，米特里达特一世的钱币铭文，帕提亚传统风格

在巴克特里亚风格的钱币之后发行的一批德拉克马钱币，很可能流通于伊朗高原的中心地区，这些钱币的铭文明显更接近于希腊文。在铭文的最后我们发现了一些圆点。类似的圆点也出现在后来发行的带有希腊语和阿拉米语铭文的波斯钱币上，以至于很多时候铭文难以识读。

“ΒΑΣΙΛΕΩΣ ΑΡΣΑΚΟΥ”，帕提亚钱币铭文，体现出不同时期的雕刻风格

产生这些圆点的原因并不难解释。工匠首先以凹版雕刻的方式刻出图案或者铭文的雏形，然后用一刀尖，在牵钻弓的牵引下不停地移动，这样就会留下一些圆孔。随后只需再用雕刻刀将这些圆孔连接起来，主要的轮廓特征就完成了。精致的钱币雕刻上一般不会出现这些圆孔，这是为了方便钱币图案的变动。然而在雕刻钱币模具的过程中，人们不会考虑打磨它们，也不会考虑将铭文最两端的字母雕刻得棱角分明。这种雕刻技术在东方并不罕见，在迦勒底、苏萨[1]和腓尼基等地最古老的雕刻模具中均可发现它的痕迹。铭文、围绕着主题的粒状圆点和图案本身就是这样雕刻而成的。我们在希腊世界最古老的钱币上也见到了这种雕刻方式的痕迹。但真正具有艺术感的钱币是这

1 苏萨发现的最古老的印章表明工匠们首先借助牵钻弓勾勒出轮廓，随后只使用刻刀进行雕刻。这些印章的年代与苏萨遗址发现的最古老城市大约处在同一时期。

样雕琢的：工匠们借助牵钻弓尽可能地消除镂空的圆点，让凹下去的地方尽可能显得美观。

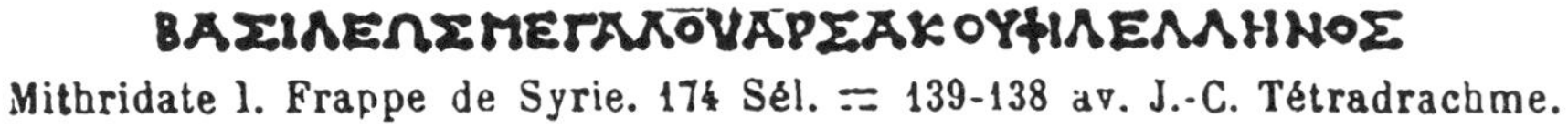

“ΒΑΣΙΛΕΩΣ ΜΕΓΑΛΟΥ ΑΡΣΑΚΟΥ ΦΙΛΕΛΛΗΝΟΣ”，米特里达特一世时期，塞琉古王朝的希腊语文字，公元前139—前138年，四德拉克马

“ΒΑΣΙΛΕΩΣ ΜΕΓΑΛΟΥ ΑΡΣΑΚΟΥ ΦΙΛΕΛΛΗΝΟΣ”，米特里达特一世时期，塞琉古王朝的希腊语文字，公元前140—前139年，四德拉克马

“ΒΑΣΙΛΕΩΣ ΜΕΓΑΛΟΥ ΑΡΣΑΚΟΥ”，米特里达特一世时期，塞琉古王朝的希腊语文字，公元前140—前139年，一德拉克马

在他统治的最后几年，米特里达特一世征服了塞琉古王国控制的叙利亚[1]以及该地区一些小国，并占领了该王国的陪都塞琉西亚。在这些精美的钱币中，有一部分钱币上的铭文完全由刻刀雕琢而成，并不借助牵钻弓的作用。它们的年代是塞琉古历法的第173年（公元前140/139年）。[2]另外一些钱币则与之相反，[3]不仅年代要稍晚一些，也留下了牵钻弓的痕迹。上面的文字是非常规范的，但我们注意到字母A的上面多了一条横线。恰恰正是这一多余的部分在几个世纪后令这个字母的形状发生了彻底的改变。当时的叙利亚是希腊化的中心，其重要性远胜过巴克特里亚，帕提亚人则继承了塞琉古王国的精神。我们在叙利亚国王们发行的钱币上能够窥探到帕提亚帝国建国之初在文字

1 这里的叙利亚应该是两河流域塞琉古王国的辖地。——译者注

2 W. Wroth, *Catalogue of Greek Coins: Parthia*, pl. III, fig. 10-11.

3 W. Wroth, *Catalogue of Greek Coins: Parthia*, pl. III, fig. 12-13.

书写上的所有变动。

虽然我们并未发现弗拉特斯二世时期（Phraates II，公元前138—前127年）的四德拉克马钱币，[1]但我们知道当时牵钻弓的使用非常普遍，至少工匠们并未消除它留下的痕迹。这种痕迹在一些字母上体现得很明显。

Légende d'une drachme de Phraate II.

“ΒΑΣΙΛΕΩΣ ΜΕΓΑΛΟΥ ΑΡΣΑΚΟΥ ΘΕΟΠΑΤΟΡΟΣ”，弗拉特斯二世一德拉克马钱币铭文

字母A中间的横线有时消失，以至于常被误以为是字母Λ。字母K右边的两条相交斜线与左边的竖线相交，但交点并不是在竖线的中间位置，因此这一字母呈现出特殊的形状。有些钱币上出现的圆点令人们难以识读其中某些字母，只能靠猜想来推断。

在帕提亚钱币和其他古代钱币中时常会发现这种现象，即四德拉克马钱币的雕刻要比一德拉克马钱币和铜币的雕刻更为细致。这是因为钱币更大一些，工匠们雕刻图案和铭文更加方便。大钱币上的铭文和中型小型钱币相比差距很大。抛开一德拉克马钱币的各种粗糙之处不谈，这些钱币铭文的字母形状大致相同。小型钱币尽管币值各不相同，但它们在大多数情况下都是匆忙打造而成。由于模具经常损坏，人们不得不尽快制造新的模具，以防造币的工作因此而被迫中断。钱币铭文中的许多讹误之处都反映出这种慌乱和匆忙。在帕提亚帝国统治期间，一德拉克马钱币和四德拉克马钱币上的铭文是不同的。

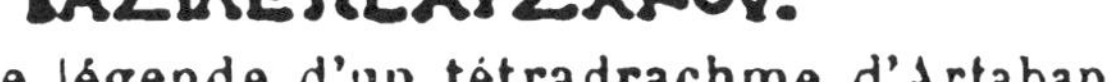

Fragment de légende d'un tétradrachme d'Artaban I.

“ΒΑΣΙΛΕΩΣ ΑΡΣΑΚΟΥ”，阿尔塔巴努斯一世四德拉克马钱币铭文残部

1 我认为沃斯提到的一枚四德拉克马钱币是埃兰的一位帕提亚总督发行的。参见W. Wroth, *Catalogue of Greek Coins: Parthia*, pl. IV, fig. 1.

阿尔塔巴努斯一世时期（Artabanus I，公元前127—前124年）的一些钱币上的字母A看上去类似于字母Λ，但其实是在两条斜线中间加了一个点，代替字母A中间应有的横线。

“ΒΑΣΙΛΕΩΣ ΒΑΣΙΛΕΩΝ ΜΕΓΑΛΟΥ ΑΡΣΑΚΟΥ”，阿尔塔巴努斯一世一德拉克马钱币铭文[1]

字母Σ上下两条横线过长。字母Π的形状类似于Γ右边加一竖，这样就显得左边不出头，上面的横线一味向右延长。字母Y在四德拉克马钱币上类似于V，在一德拉克马钱币上则类似于Y。

“ΒΑΣΙΛΕΩΣ ΜΕΓΑΛΟΥ ΑΡΣΑΚΟΥ. ΒΑΣΙΛΕΩΣ ΑΡΣΑΚΟΥ”，希密鲁斯四德拉克马和一德拉克马钱币铭文残部

在阿尔塔巴努斯一世的继任者希密鲁斯统治期间（Himerus，约公元前123年），或者至少是在他统治后期被人篡位期间，所有钱币上的字母Y都像V。同时期的一德拉克马和四德拉克马钱币上，字母E写成了 E，而字母Σ写成了 ξ，也就是说上下两横都是斜着写的。

我推测另外一些钱币和宗教活动有关，[2]它们和国王发行的常用货币一样存在多种变化。遗憾的是，我们并不知道这些钱币发行年代的前后顺序。然而我们可以确定的是，它们的年代不早于米特里达特一世统治中期，也就是公元前150年左右，年代下限应当不晚于米特里

1 现在通行的帕提亚钱币铭文表中，阿尔塔巴努斯一世的钱币铭文一类并没有这样的铭文排列。详见https://www.parthia.com/parthia_inscriptions.htm.——译者注

2 参见J. de Morgan, *Revue Numismatique*, juin 1912. 这些钱币一直备受争议，沃斯、佩特罗维奇等人认为，它们应当是米特里达特一世之前的君主们所发行的钱币。

达特二世（Mithridates II，公元前123—前88年）统治初年，也就是公元前1世纪初。

出于宗教目的而发行的一德拉克马钱币铭文：

(1) 

1. ΑΡΣΑΚΟΥ, ΑΡΣΑΚΟΥ

(2) 

2. ΑΡΣΑΚΟΥΒΑΣΙΛΕΩΣ, ΑΡΣΑΚΟΥ ΒΑΣΙΛΕΩΣ

(3) 

3. ΒΑΣΙΛΕΩΣ ΜΕΓΑΛΟΥ ΑΡΣΑΚΟΥ

(4) 

4. ΒΑΣΙΛΕΩΣ ΜΕΓΑΛΟΥ ΑΡΣΑΚΟΥ ΘΕΟΠΑΤΟΡΟΣ

(5) 

Légendes des drachmes des émissions sacerdotales.

5. ΒΑΣΙΛΕΩΣ ΘΕΟΥ ΑΡΣΑΚΟΥ

我们通过仔细检查后发现，上述铭文中字母形状的变化很可能是因为工匠本人缺少经验产生讹误，并不能证明当时字母的书写已经有所改变。我们并不知道这些钱币发行的具体情况，也不知道它们来源于哪座城市。但可以确定的是它们并非来自于王室造币场，刻模工匠的水平也无法和“工中工”钱币刻模匠人相提并论。第一条铭文的第一部分是正确的，除了希腊字母Ρ似乎受到当时流行的阿拉米字母的影响，类似的还有字母Σ。第一条铭文的第二部分具有非常明显的异族风格，其中第二个字母A和字母K的写法足以说明工匠不懂希腊语。第二条铭文也是同样的情况：字母排列顺序显得凌乱，而且希腊字母A、B 和E都呈现出奇怪的形状。第三条铭文是正确的，除了字母A呈现出异样的形状。第四条铭文的内容是保存较好的，但字母A

被 Λ 代替，而字母O则像一个圆点。第五条铭文中有一个与传统写法区别较大的字母 Σ，它整体形状偏长，上下两横都是斜线。这一点可以证明第五条铭文和第二条铭文第一部分的成文年代都是在阿尔塔巴努斯一世统治时期。

我们很难依据铭文中字母的形状来区分这些钱币。我们也无法通过钱币上的国王头衔来判断年代，[1]因为这里面被认为是年代最早的铭文“ΑΡΣΑΚΟΥ”出现在一枚米特里达特二世时期的一德拉克马钱币上。[2]由此我们可以这样说，就目前我们已知的钱币收藏情况而言，这些钱币曾经被认为是由最早的五位帕提亚国王所发行，但现在看来它们只可能是在公元前2世纪后半期问世。

“ΒΑΣΙΛΕΩΣ ΜΕΓΑΛΟΥ ΑΡΣΑΚΟΥ ΕΠΙΦΑΝΟΥΣ”，
米特里达特二世四德拉克马钱币铭文

在米特里达特二世登基之后，[3]钱币上铭文的位置、铭文中的国王头衔以及铭文字母都有所变化。在四德拉克马钱币上，字母φ被延长，这种比例在当时并不多见。字母κ、υ和ρ呈现出特殊的形状。在一德拉克马的钱币上，字母α有三种类型（A、A和A）。字母φ和υ和四德拉克马钱币上的图案一样。A很可能是因为当时人们习惯在两条斜线中间加一个点。在调查了大批钱币后，我们可以看到这种从Λ到A的转变。后一种写法出现在阿尔萨息王朝末年的一套花押字组合中，在这套组合中我们发现了王朝名称“ΑΡΣΑΚΟΥ”的所有字母。

---

1 学者们普遍承认国王头衔越到后期越复杂，较短的应当是开国君主阿尔沙克一世（Arsace I）。

2 A. von Petrowicz, *Arsaciden-Münzen, Katalog*, pl. I, fig.1.

3 绰号“酒神”的安条克十二世（公元前87—前82年），是塞琉古王国在叙利亚的最后一位国王。

Légende d'une drachme de Mithridate II.

"ΒΑΣΙΛΕΩΣ ΒΑΣΙΛΕΩΝ ΑΡΣΑΚΟΥ ΕΠΙΦΑΝΟΥΣ",
米特里达特二世一德拉克马钱币铭文

弗拉特斯三世时期（Phraates III，公元前70—前57年）发行的钱币令我们首次见到方形的字母Σ，即 ⊏ 。这个字母有时也会出现一种介于方形和正常形状之间的写法，也就是Σ中间的“>”变成“）”。这位国王发行的钱币铭文中的字母O通常以一个点来代替。

Légende (tétradrachmes et drachmes) de Phraate III.

"ΒΑΣΙΛΕΩΣ. ΜΕΓΑΛΟΥ. ΑΡΣΑΚΟΥ. ΕΥΕΡΓΕΤΟΥ. ΕΠΙΦΑΝΟΥΣ. ΦΙΛΕΛΛΕΝΟΣ",
弗拉特斯三世四德拉克马和一德拉克马钱币铭文

米特里达特三世时期（Mithridates III，公元前57—前54年）发行的钱币上也表现出字母A的多样性。字母O却恢复了圆形。字母E的变化在希密鲁斯时期的钱币铭文中即有所体现。

Légende d'une drachme de Mithridate III.

"ΒΑΣΙΛΕΩΣ ΒΑΣΙΛΕΩΝ ΜΕΓΑΛΟΥ ΑΡΣΑΚΟΥ",
米特里达特三世一德拉克马钱币铭文

在奥罗德斯二世时期（Orodes II，公元前57—前38年），字母α和ε回到了他们的常见形式A和E。字母Σ写成 ⊏ 。字母O变成了方形的□，字母ф则是⁘。一德拉克马钱币与四德拉克马钱币的铭文相同。但由于一德拉克马钱币的字母过小，人们不得不仔细辨认字母的转角位置，很多时候会导致识读困难。

Légende d'un tétradrachme d'Orode I.

"ΒΑΣΙΛΕΩΣ ΒΑΣΙΛΕΩΝ ΑΡΣΑΚΟΥ ΕΠΙΦΑΝΟΥΣ",
奥罗德斯二世[1]四德拉克马钱币铭文

弗拉特斯四世时期（Phraates IV，公元前38—前2年）的四德拉克马钱币上，Σ 依旧是 C，字母O也是□。字母 ϕ 同样是⁘，而字母A是A。

Légende d'un tétradrachme de Phraate IV.

"ΒΑΣΙΛΕΩΣ ΒΑΣΙΛΕΩΝ ΑΡΣΑΚΟΥ ΕΥΕΡΓΕΤΟΥ ΔΙΚΑΙΟΥ ΕΠΙΦΑΝΟΥΣ ΦΙΛΕΛΛΗΝΟΣ"，弗拉特斯四世四德拉克马钱币铭文

他的一德拉克马钱币上的字母φ也是⁘，而且所有字母都要比四德拉克马钱币字母更大一些。字母σ恢复了常见的形状Σ，但有时也像Z或X。但是很难区分字母α和λ。

Légende d'une drachme de Phraate IV.

"ΒΑΣΙΛΕΩΣ ΒΑΣΙΛΕΩΝ ΑΡΣΑΚΟΥ ΕΥΕΡΓΕΤΟΥ ΔΙΚΑΙΟ[Υ] ΕΠΙΦΑΝΟΥΣ ΦΙΛΕΛΛΗΝΟΣ",
弗拉特斯四世一德拉克马钱币铭文

Légende d'un tétradrachme de Phraatacès.

"ΒΑΣΙΛΕΩΣ ΒΑΣΙΛΕΩΝ ΑΡΣΑΚΟΥ ΔΙΚΑΙΟΥ ΕΠΙΦΑΝΟΥΣ ΦΙΛΕΛΛΗΝΟΣ",
弗拉塔科斯四德拉克马钱币铭文

弗拉阿塔克斯（Phraataces，即弗拉特斯五世，Phraates V，公元前2—公元4年）和他的母亲穆萨（Musa）王后并不重视造币。钱币

1 原文为奥罗德斯一世。——译者注

上的王后头衔应当写的是“ΘΕΑΣ ΟΥΡΑΝΙΑΣ ΜΟΥΣΗΣ”，但人们只能在弗拉阿塔克斯发行的四德拉克马钱币上辨认出穆萨王后的铭文是ΘΕΑΣΜΥΗΣΜΟΣΗΑ。这里面缺少了一些字母，并且字母M写成了⊢，字母H写成了N。字母Ɛ（即Σ）被单独使用。

Légende de la reine Mousa sur un tétradrachme de Phraataces.

“ΘΕΑΣΜΥΗΣΜΟΣΗΑ”，弗拉塔科斯四德拉克马钱币上关于穆萨王后的铭文

沃诺奈斯一世在位期间（Vonones I，公元8—12年）钱币铭文的书写发生了重要变化。字母Ω被ω所取代，罗马人在亚洲的殖民地也是这样写。Ɛ变成了C。ε不再像之前一样写成E，而是写成了后来的形式ϵ。其他的字母基本没有变化，除了字母B由于工匠的疏忽而时常写成□或者⊟。在其他情况下，B都是传统的写法。

Légende d'une drachme de Vononès.

“ΒΑΣΙΛΕΩΣ ΟΝΩΝΗΣ ΝΕΙΚΗΣΑΣ ΑΡΤΑΒΑΝΟΝ”，沃诺奈斯一世一德拉克马钱币铭文

瓦尔德内斯一世（Vardanes I，公元40—47年）保留了沃诺奈斯一世时“ω”的写法，但字母Σ、E和B都回归了传统形式。

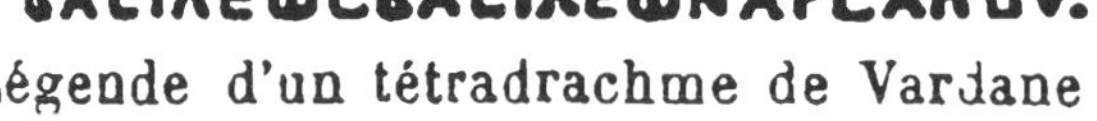

Légende d'un tétradrachme de Vardane I.

“ΒΑΣΙΛΕΩΣ ΒΑΣΙΛΕΩΝ ΑΡΣΑΚΟΥ”，瓦尔德内斯一世四德拉克马钱币铭文

在戈塔尔泽斯在位期间（Gotarzes II，公元40—51年），字母Ω变成了方形的“Ш”。字母Φ有时以一个十字代替，有时则是一个长方形。其他字母都和瓦尔德内斯一世时期相同。但在贝希斯敦发现的铭文文字则完全不同于钱币的写法。戈塔尔泽斯的名字按照传统写法写成“ΓΩΤΑΡΖΗΣ”。只有字母Σ（铭文中类似于“C”的形状）提醒我

们，它的年代实际上要晚一些。由此可见，帕提亚人在碑铭上使用了传统字母的写法，钱币铭文则反映出当时日常的写法。

Légende d un tétradrachme de Gotarzès.

“ΒΑΣΙΛΕΩΣ ΒΑΣΙΛΕΩΝ ΑΡΣΑΚΟΥ ΕΠΙΦΑΝΟΥΣ ΕΥΕΡΓΕΤΟΥ ΓΩΤΑΡΖΟΥ”，
戈塔尔泽斯四德拉克马钱币铭文

沃洛加西斯一世时（Vologases I，公元51—88年），钱币上首次体现出本地文化与希腊化文化的对抗。此时钱币上的希腊文和他之前的国王（自沃诺奈斯一世以后）相比没有什么变化，但是钱币正面国王的名字沃洛加西斯是用帕拉维语写的。

Fig. 25. — Fragments de légendes des drachmes et des tétradrachmes de Vologèse I.

“ΒΑΣΙΛΕΩΣ ΒΑΣΙΛΕΩΝ ΕΠΙΦΑ[ΝΟΥΖ]”，
沃洛加西斯一世四德拉克马和一德拉克马钱币铭文残部

即便只是使用了简略的写法，这也是自帕提亚王朝自建国以来第一次在钱币铭文上使用希腊语之外的语言。伊朗人之前完全被马其顿人和帕提亚人所统治。然而在历经几个世纪之后，他们通过不懈的努力重建了社会秩序，并在被外族统治四百年后使自己的语言首次与官方语言希腊语同时出现。与此相反，希腊语则逐渐走向衰落。在异族统治的岁月中，波西斯始终是伊朗文化的中心。尽管被马其顿特别是帕提亚人打压，但波西斯仍旧保留了伊朗的传统文化、宗教、语言和民族精神。这里是波斯人反抗的主要根据地。后来推翻了帕提亚王朝的阿塔薛西斯（Artaxerxes，即萨珊波斯帝国的开国君主阿尔达希尔一世，Ardashir I）正是从这里出发，使伊朗人在接下来的几个世纪里成为了他们祖先土地上的主人。帕提亚钱币上出现本地语言，预示着希腊语以及以它作为官方宣传工具的统治王朝的衰落。

在随后的帕克鲁斯二世（Pacorus II，公元78—105年）、阿尔塔巴努斯三世（Artabanus III，公元80—90年）和奥斯罗埃斯一世（Osroes I，公元109—129年）统治期间，帕拉维语不再出现在钱币上，希腊语铭文也和沃洛加西斯一世时期大体相同。帕克鲁斯二世时期钱币铭文的希腊语水平甚至较之以往有了显著的提高，这足以令人感到惊讶。

Fragments de légendes des tétradrachmes de Pacorus II.

“ΒΑΣΙΛΕΩΣ ΒΑΣΙΛΕΩΝ. ΕΠΙΦΑΝΟΥΣ. ΔΙΚΑΙΟΥ”，
帕克鲁斯二世四德拉克马钱币铭文残部

沃洛加西斯二世时期（Vologases II，公元77—80年）重新出现了以帕拉维语书写的国王姓名。然而最晚到沃洛加西斯二世时期为止，我们还是可以识读出钱币铭文上的希腊语字母。

Fig. 27. — Fragments de légendes des tétradrachmes et drachmes de Vologèse II.

“ΒΑΣΙΛΕΩΣ. ΟΛΑΤΑΣΟΥ（沃洛加西斯的名字改写）ΕΠΙΦΑΝΟΥΣ”，
沃洛加西斯二世的一德拉克马和四德拉克马钱币铭文残部

我们现今并没有戈塔尔泽斯时期之后的完整铭文，但即便如此，现存的残部也足以让后人知晓当时文字的特征。在米特里达特四世统治期间（Mithridates IV，公元129—140年），伊朗文化的影响更加明显。一德拉克马钱币的正面刻有国王的名字，但首字母是用帕拉维语书写的，钱币背面还有一整行用当地语言写成的铭文，内容是国王的全名和他唯一的头衔“国王”。

Fragments de légendes de Mithridate IV.

米特里达特四世的钱币铭文残部

钱币上的希腊文几乎难以识读，我们只能大致辨认出ΑΡΣΑΚΟΥ和ΦΙΛΕΛΛΗΝΟΣ两个词。这一现象折射出当时希腊语在波斯的使用情况。如果它还出现在钱币上，只能说是迫于传承传统的需要。但当时的伊朗显然没有人再去讲希腊语。我们需要记住的是米特里达特五世大约生活在公元130年左右，当时东部的希腊人王国都已灭亡。[1]除了一些位于地中海和黑海的罗马殖民地外，亚洲大部分地区已经不再讲希腊语。在美索不达米亚地区，闪米特语方言逐渐兴起，以至于帕提亚人只有通过罗马人才能和西方取得联系。在这样的情况下，希腊语仅仅是官方政权扶持的语言，或者说是出于维持传统的需要。它将不可避免地走向衰落。

Fragments de légendes des tétradrachmes de Vologèse III.

"ΒΑΣΙΛΕΩΣ ΕΠΙΦΑΝΟΥΣ. ΟΛΑΓΑΣΟΥ"，沃洛加西斯四世[2]的四德拉克马钱币铭文残部

沃洛加西斯四世在位期间（Vologases IV，公元147—191年），希腊语迅速地没落。我们在四德拉克马钱币上再次看到国王的姓名和一些与王室有关的词语。但我们已经无法识读一德拉克马钱币上的希腊文。真正的铭文在钱币反面的上面第一行，用帕拉维语书写而成。

Légende complète d'une drachme de Vologèse III.

沃洛加西斯四世[3]一德拉克马钱币的完整铭文

也正是在他在位期间，我们第一次见到一枚完全没有任何希腊语

1 巴克特里亚的希腊人王国最早灭亡。塞种人国王毛埃斯（Maues）在公元前126年左右统治这一地区。他的钱币正面是希腊文铭文，反面是当地语言。参见E. J. Rapson, *Indian Coins*, Strassburg, 1897, *Les Catalogues du Museé Britannique*; E. Drouin, *Les monnaies touraniennes*, *Journal Asiatique*, janvier 1891.

2 原文为沃洛加西斯三世。——译者注

3 原文为沃洛加西斯三世。——译者注

铭文的铜币，它上面只有帕拉维语。但铸造这枚钱币的地点并不是伊朗，而是今天土耳其境内的埃德萨（Edessa）。

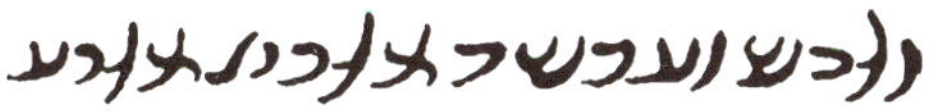

Légende pehlvie d'un bronze de Vologèse III.

沃洛加西斯四世[1]一枚铜币的帕拉维语铭文

沃洛加西斯五世时期（Vologases V，公元191—208年）铸造的一德拉克马钱币上的希腊文仍旧无法识读，而他的名字是用帕拉维语书写的。

Légende d'une drachme de Vologèse IV.

沃洛加西斯五世[2]一德拉克马钱币铭文

沃洛加西斯六世（Vologases VI，公元208—226年）是最后一位发行四德拉克马钱币的国王。我们可以看到这些四德拉克马钱币铭文上刻的日期仍旧是塞琉古历法，也可大致辨认出ΕΠΙΦΑΝΟΥΣ这个单词。一德拉克马钱币的铭文则模糊不清，仅仅能够辨认出一些帕拉维语写的单词。

Légende d'une drachme de Vologèse V.

沃洛加西斯六世[3]一德拉克马钱币铭文

阿尔塔巴努斯四世（Artabanus IV，公元216—224年）和在他死后短暂继任王位的阿塔瓦兹德（Artavasdes）都忙于对抗阿尔达希尔

1　原文为沃洛加西斯三世。——译者注
2　原文为沃洛加西斯四世。——译者注
3　原文为沃洛加西斯五世。——译者注

一世。因此他们只留下了一些一德拉克马钱币。

Légende d'une drachme d'Artaban V.

阿尔塔巴努斯四世[1]一德拉克马钱币铭文

Légende d'une drachme d'Artavazde.

阿塔瓦兹德一德拉克马钱币铭文

在这两位末代君主统治时期，钱币上的希腊字母笔画错乱，难以识读。虽然人们依旧遵循惯例在钱币上刻上希腊语，但与国王有关的内容仍旧显得凌乱难懂。即便阿尔达希尔没有推翻帕提亚帝国的统治，当地语言也会逐渐取代希腊语，因为希腊语此时已经变得不流行且毫无用处。这种变革终于随着武力政变而实现。阿尔塔巴努斯四世发行的钱币铭文是一种蛮族文字，但紧随其后的新政权首任君主却在钱币上篆刻了一种漂亮的字体。

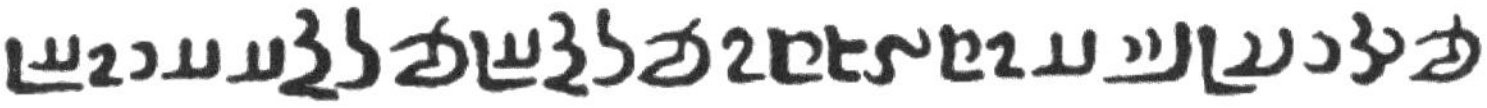

Légende d'une drachme d'Artaxercès I.

阿尔达希尔一世一德拉克马钱币铭文：“阿胡拉马兹达的崇拜者阿尔达希尔，伊朗的王中王。”

我们探讨了希腊文字在波斯帕提亚帝国统治时期发展的历史，特别提到了字母写法的转变，但并没有考虑到因为工匠的疏忽而出现雕刻错误的情况。这种情况也很常见，特别是在帝国末期雕刻铭文几乎成了工匠们发挥想象力的舞台，以至于现今看来很多铭文毫无意义可言。为了让我们的论证更为完整，我们在一张表格中列出了帕提亚王

1 原文为阿尔塔巴努斯五世。——译者注

Principales formes des lettres gravées sur les monnaies des Grands Rois Arsacides.

帕提亚历代国王钱币上铭文字母的主要形式

朝最常使用的希腊字母的各种形式。[1]这些字母分为两类，一类是四德拉克马钱币上的铭文字母；一类是那些只在一德拉克马钱币上发现的字母。但我们也会标明一些特例。

第二节　附属王国

帕提亚的三个主要附属王国波西斯、埃兰（Elam或Elymais）和卡拉塞尼（Characene）也都有自己发行的钱币。有时亚美尼亚（Armenia）也被认为是帕提亚的一个附属王国，但它实际上在罗马和帕提亚的双重影响下摇摆不定，因此它发行的钱币不应当算在帕提亚附属王国的范畴里。情况类似的还有奥曼附属王国（Omanes）。我们也不会讨论伊什塔克尔附属王国（Istakhr），因为它从未使用过希腊语作为官方语言，而是用伊朗语和阿拉米字母书写钱币铭文。

埃兰早期曾有过一个王朝，[2]他们的国王姓卡姆纳斯基雷斯（Kamnaskires）。这一家族的统治时期大约是公元前163年到公元2世纪初。在这段漫长的时期内，埃兰的统治者非常多。一方面我们对他们一无所知，另一方面他们也没有对钱币铭文产生过任何重要的影响，只是留下了卡姆纳斯基雷斯这个名字。由于钱币的发行年代不确定，我们很难判断他们的统治顺序，甚至无法确定统治者的数量。我们只能根据字母的风格，借助于古文字学研究来划分这些钱币的种类。

1　A. de Markoff, “Paléographie grecque des monnaies parthes arsacides,” dans “Les monnaies des rois parthes”. 这张表与本文表格存在许多不同之处，其中很多都源自本文没有使用的史料。

2　埃兰钱币的相关研究，可参考Allotte de la Fuye, “La Dynastie des Kamnaskirès,” *Revue Numismatique*; “Lettre à M. J. Halévy sur les monnaies de l’Elymaide,” *Revue Sémitique*; “Les monnaies de l’Elymaide,” *Mémoires de la Délégation en Perse*, Tom. VIII.

埃兰紧邻叙利亚，[1]相比于伊朗更受到塞琉古王国的影响。从苏萨遗址到叙利亚的都城只需要三天的路程。[2]埃兰人是古苏萨人、卡拉塞尼人和阿拉伯人的混血，当时受到闪米特文化的强烈影响，因此他们的语言主要是阿拉米语，希腊语只是因其官方语言的地位而排在第二位。卡姆纳斯基雷斯王朝的第一位统治者在他的钱币上刻上了“Nikephoros”（意为“带来胜利者”）的头衔，这说明他很可能是这一王朝的创建者，至少是第一位将他的臣民从塞琉古王朝统治下解放出来的国王。埃兰的地理位置非常适合建立独立的国家。它与叙利亚接壤，坐落于高山之下，而山上的游牧部落从未屈服过任何人的统治。当时叙利亚诸位国王面临四面楚歌的困境。帕提亚人的胜利很可能令卡姆纳斯基雷斯王室的第一位国王抓住机会实现了独立，自行发行钱币即是独立的标志。但是他没有料到米特里达特一世的进攻如此迅猛，因此他的真正敌人并非是战败的塞琉古王国军队，相反却是战胜了他们的帕提亚人。

“带来胜利者”卡姆纳斯基雷斯的钱币带有纯粹的叙利亚风格。钱币上的铭文字母和塞琉古王国的一样，除了字母φ写成十字型，其他字母没有体现出任何变动和歪曲。但其钱币做工显然比米特里达特一世的钱币要粗糙许多。钱币上可以看到使用牵钻弓留下的痕迹，而造币工匠当初并没有进行过任何润色。

ΒΑΣΙΛΕΩΣ ΚΑΜΝΙΣΚΙΡΟΥ ΝΙΚΗΦΟΡΟΥ

Légende d'un tétradrachme de Kamnaskirès Nicéphore.

“ΒΑΣΙΛΕΩΣ ΚΑΜΝΙΣΚΙΡΟΥ ΝΙΚΗΦΟΡΟΥ”，“带来胜利者”卡姆纳斯基雷斯四德拉克马钱币铭文

当帕提亚人到来时，我们并不知道埃兰发生了什么。但种种迹象表明，卡姆纳斯基雷斯的国王被剥夺了最高统治权力，取而代之的是

---

1 这里的叙利亚，也是指美索不达米亚。——译者注

2 在叙利亚诸王统治时期，苏萨（Susa）被称为“埃兰的塞琉西亚”。

帕提亚任命的总督。至安萨泽女王（Queen Anzaze）和她的丈夫共治的时候，卡姆纳斯基雷斯王朝一定已经建国许久。因为女王所发行的钱币明显体现出艺术风格的倒退，这不可能发生在短短几年间。未知的这些年应该是帕提亚总督统治时期。

Légende d'un tétradrachme de Kamnaskirès, époux de la reine Anzazé.

“ΒΑΣΙΛΕΩΣ ΚΑΜΝΑΣΚΙΡΟΥ ΒΑΣΙΛΙΣΣΗΣ ΑΝΖΑΖΗΣ”，
安萨泽女王丈夫卡姆纳斯基雷斯四德拉克马钱币铭文

安萨泽女王发行的四德拉克马钱币的年代约为公元前81/80年（塞琉古纪年232年）。她的钱币铭文明显反映出希腊语水平的倒退。字母Σ写成了 C，A写成了Λ，P看上去像I，N和H缺少中间的连接只有两条竖线。“带来胜利者”卡姆纳斯基雷斯所发行的钱币，其铭文字母线条优美，与后来那些归于卡姆纳斯基雷斯二世名下的钱币比起来存在很大的区别。不过我们称呼后一位国王为卡姆纳斯基雷斯二世，并不是因为他继任成为卡姆纳斯基雷斯王朝的下一任国王，相反这件事其实缺少确凿的证据。我们只能假设在他之前帕提亚所扶持的诸位总督都没有发行过钱币，为了方便起见，便称呼第二位发行钱币的当地国王为卡姆纳斯基雷斯二世。

Légende d'un tétradrachme de Kamnaskirès (III?).

“ΒΑΣΙΛΕΩΣ ΚΑΜΝΑΣΚΙΡΟΥ ΤΟΥ ΕΓ ΒΑΣΙΛΕΩΣ ΚΑΜΝΑΣΚΙΡΟΥ”，
疑似卡姆纳斯基雷斯三世四德拉克马钱币铭文

在公元前72/71年（塞琉古纪年241年）有一位国王继承了埃兰的王位，他也在钱币上刻上了“卡姆纳斯基雷斯”的名字。这些钱币的发行年代大约与西那特罗克斯国王（Sinatruces，约公元前77—前70年）所发行的钱币处于同一时期，后者则被冠以“王中王”的称号。

从古文字学的角度来看，这些钱币的铭文与实际最高统治者即帕提亚国王所发行的钱币铭文非常类似。

Légendes incorrectes de tétradrachmes au nom de Kamnaskirès.

带有“ΚΑΜΝΑΣΚΙΡΟΥ”一名的四德拉克马钱币，铭文存在错误之处

同种类型的钱币有很多，正反面都很类似，但铭文的艺术风格和字母的规范程度都体现出或多或少的倒退。钱币铭文很多时候难以辨认，有一些字母写颠倒了，甚至还有缺少字母的情况。本应是“ΚΑΜΝΑΣΚΙΡΟΥ”，实际上却写成了“ΚΑΜΝΑΣΚΡΟΥ”“ΚΑΜΝΑΙΧ”或者“VKNHC”等。这一情况明显反映出当时希腊语的倒退，而这种衰退也可进一步证明工匠完全不在意他所雕刻的内容。但需要注意的是，在这些钱币中我们从来没有发现任何希腊字母Ω曾写成ω。这并不是因为这些钱币的打造年代要早于沃诺奈斯一世时期（公元8—12年），而是因为埃兰一直保留着这个字母的传统写法。毫无疑问所有这些四德拉克马钱币都要晚于公元元年，由不同的统治者所发行。

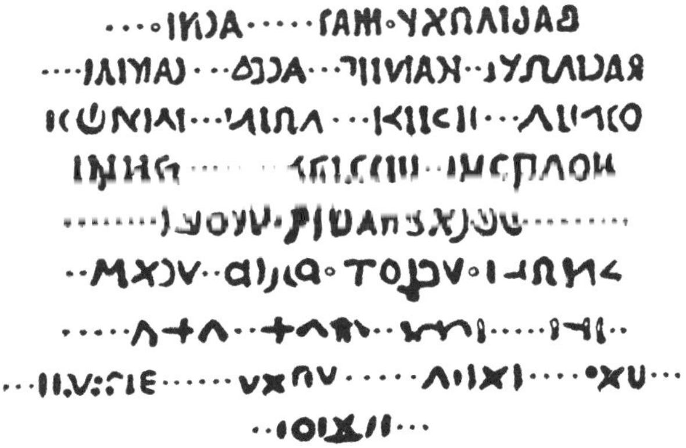

Légendes incorrectes rétrogrades des derniers Kamnaskirès.

卡姆纳斯基雷斯王朝末期钱币上错误的希腊铭文

虽然说我们难以确认这一朝代统治者的顺序，但至少我们看到了这一王朝最后几位统治者所发行的钱币。[1]在公元2世纪最初几年，卡姆纳斯基雷斯王朝的统治者发行了一些极具蛮族风格的钱币，上面的王朝名称已经无法辨认，我们只能通过钱币的类型来推断它属于卡姆纳斯基雷斯王朝。钱币上的铭文包括一连串看起来荒诞和不规则的字母。它们随机排列，读不出任何在以前的钱币铭文中曾经出现过的词语。我们可以确定的是，在帕克鲁斯二世、阿尔塔巴努斯三世[2]和奥斯罗埃斯一世统治时期，埃兰人已经不再通晓希腊语，甚至社会上层也是如此。如果此时埃兰的统治者们依旧保留了在他们所发行的钱币上刻上希腊语铭文的传统，那是因为人们普遍认为带这些字母的钱币质量比较好，就像后来十字军在他们的钱币上刻上阿拉伯第纳尔的符号，还有伦巴第人在金币上刻上一些只是看上去好看的字母一样。沃洛加西斯一世发行的一德拉克马钱币上出现了帕拉维语书写的姓名首字母，至少有50年都是这样。在埃兰，希腊语只是出现在钱币铭文上。埃兰一方面像迦勒底（Chaldea）一样，在很长一段时间内受到塞琉古王国造币风格的影响；另一方面，这些国家都不像伊朗那样存在强烈的本地文化复兴运动，并没有大规模地抵制帕提亚统治者的风俗习惯、信仰和语言。

在公元106年左右，在埃兰似乎发生了重要的变革。原来的卡姆纳斯基雷斯王朝被一个新王朝取代，而新王朝的统治者们的名字都是帕提亚风格的。

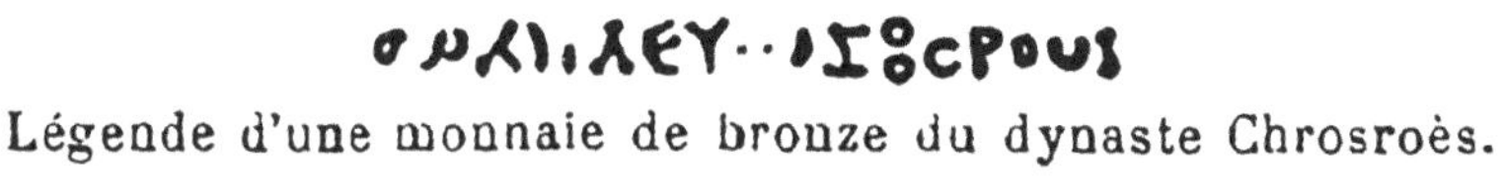

库斯劳王朝发行的一枚铜币的铭文

1　苏萨出土了大批这样的钱币，同时发现的还有库斯劳王朝的一系列钱币。

2　原文为阿尔塔巴努斯四世。——译者注

新王朝的第一位统治者叫库斯劳（Chosroes），但他出现在钱币上的名字却是错误的。在新王朝初期或者新王朝建立之前的几年，希腊语似乎重新被使用，因为当时的铭文虽然仍带有蛮族化风格，但是至少可以识读。

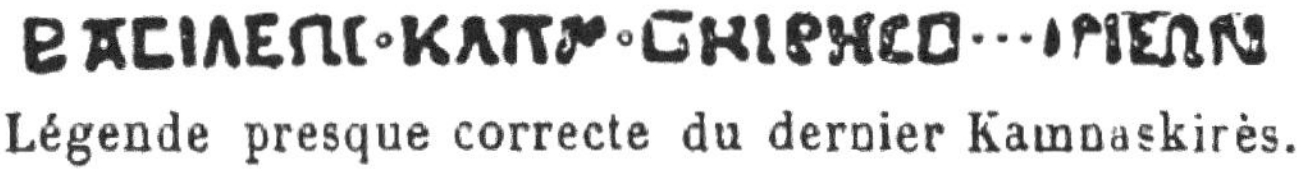

卡姆纳斯基雷斯王朝末期的一枚钱币，上面的铭文基本正确

在卡姆纳斯基雷斯王朝统治的最后几年所发行的一些钱币，上面的铭文基本正确，由此可见希腊语在当时曾经历了一段短暂的复兴。这些钱币确实数量稀少，但却足以表明使用希腊语的传统仍在维系。

自库斯劳王朝初期起，字母 ω 再度出现在钱币铭文上。它在卡姆纳斯基雷斯王朝统治时期从未被使用，即便是在帕提亚，也是一个世纪以前沃诺奈斯一世统治时期曾使用过。库斯劳的继任者可能名叫弗拉特斯（Phraates），此人在钱币上的名字和头衔的写法都是正确的。

“ΦΡΑΑΤΗΣ ΒΑΣΙΛΕΝ(Ω)Σ. ΦΡΑΑΤΙΙΣ ΒΑΣΙΛΕ⋯”，
弗拉特斯王朝发行的一枚铜币的铭文

但就在他统治期间，埃兰所使用的希腊语发生了一个明显的变化。希腊语一般都是从左往右写，但这位统治者的名字和头衔却突然从右向左写。这种做法遵循了东地中海闪米特语的写法，与欧洲的语言有所不同。

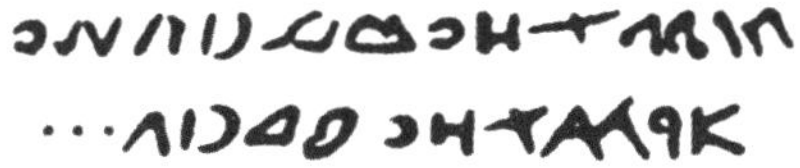

Légendes rétrogrades des monnaies du dynaste Phraate.

"ΠΡΑΑΤΗΣ ΒΑΣΙΛΕΩΣ"，弗拉特斯王朝时期水平倒退的钱币铭文

需要注意的是φ被π所取代，这符合闪米特语的习惯，因为当时闪米特语经常分不清这两个字母。这种不寻常的铭文可以从两个方面进行解释：一是工匠直接按照模子的阅读顺序从左向右雕刻字母，并没有像平常雕刻模具和印章那样倒过来写；二是由于工匠使用阿拉米字母，因此在刻模的过程中仍旧遵循阿拉米语的从右向左的书写习惯。假如第一种说法是对的，那么这种错误应当只是偶然现象，但是事实的情况却并非如此。从那时起直到埃兰不再使用希腊语为止，所有的铭文都呈现出一种倒退的状况。由此可见，这种情况的产生和阿拉米语的使用有关。

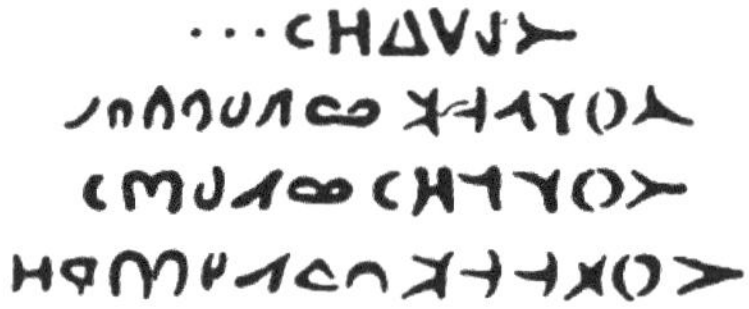

Légendes rétrogrades des monnaies du dynaste Orode.

奥罗德斯王朝时期水平倒退的钱币铭文

弗拉特斯的继任者名叫奥罗德斯（Orodes）。他的钱币铭文上的希腊语同样也是歪曲的形式，而且字母形状十分奇怪。例如"ΒΑΣΙΛΕΩΣ"中的字母Β横着写成了。同样的还有υ写成了。字母ω写成了。字母Σ要么是方向相反（开口向左），要么是字母Π向左倾斜90°的样子，看上去类似于。字母δ基本保持原来的形状，但有时也受到阿拉米字母R的影响。字母Σ也受到本地字母s的影响。普遍而言，所有的字母都显得棱角分明，这让它们看起来非常类似于本地的阿拉米字母。这些水平倒退的痕迹表明希腊语书写在埃

兰正日趋没落。奥罗德斯统治时期所发现的钱币铭文足以证明希腊语正逐渐被闪米特语所取代。

 URUD MaLKA.

Légende araméenne du dynaste Orode.

奥罗德斯王朝时期阿拉米语钱币铭文

很可能在沃洛加西斯二世和米特里达特五世[1]统治时期，希腊语不再出现在埃兰的钱币上。正如我们所见，出现在钱币上的当地语言越来越多，但这一进程因萨珊王朝的到来而终止，因为后者将苏萨变成了新王朝治下的一个行省。

卡拉塞尼是位于阿拉伯河河口的一个小附属王国，[2]故址即今伊拉克巴士拉附近。由于毗邻底格里斯河，卡拉塞尼一直和塞琉西亚保持着密切的联系。它的首都卡拉克斯（Charax）被称作“底格里斯河上的亚历山大里亚”或“苏萨的安条克”。由于这座城市坐落在河畔，自马其顿帝国远征时期起它便成为美索不达米亚平原上重要的商业据点。这座城市承载了塞琉西亚和东地中海之间的所有商业贸易，许多希腊商人在此做生意甚至定居。因此这个国家的希腊化程度要远远超过埃兰和波斯，钱币上的希腊语也更为正规。卡拉塞尼的国王们都发行了钱币，上有国王姓名和发行日期。据此我们可以复原他们的年代顺序，但是钱币上并没有刻上这一王室家族的名称。

卡拉塞尼王朝的创建者希斯帕欧希尼斯（Hyspaosines）重建了首都卡拉克斯，他也在公元前124年左右发行了一批钱币。他的统治年

1 原文为米特里达特四世。——译者注

2 关于卡拉塞尼的希腊钱币，可参见Waddington, “Numismatique et chronologie des rois de la Characène,” *Mélanges de Numismatique*, 2° série, 1867, p. 77 à 107 (*Revue Numismatique*, 1866, p. 103 à 133); E. Babelon, “Sur la Numismatique et la Chronologie des dynastes de la Characène,” *Journal international d’archéologie numismatique*, Athènes: Barth et Von Hirst, 1898, pp. 381-404, pl. IH et IΘ. 关于卡拉塞尼王国阿拉米语钱币的研究，参见E. Drouin, “Monnaies araméennes de la Characène,” *Revue Numismatique*, 1889, tom. II, p. 211 sq.

代大约和帕提亚的阿尔塔巴努斯一世同时。

Légende d'Hyspaosinès (Tétradrachme).

“ΒΑΣΙΛΕΩΣ ΥΣΠΑΟΣΙΝΟΥ”，希斯帕欧希尼斯四德拉克马钱币铭文

这位开国君主的钱币铭文字母与阿尔塔巴努斯一世基本相同，只有字母A有所区别，卡拉塞尼人使用的字母A只有在米特里达特二世时期才在帕提亚出现过。米特里达特二世统治帕提亚时，卡拉塞尼的统治者名叫阿波达克斯（Apodakos），后者在公元前109年左右发行过钱币。相比于米特里达特二世，他的希腊语铭文显得更为正规。

Légende d'Apodakos (Tétradrachme).

“ΒΑΣΙΛΕΩΣ ΑΠΟΔΑΚΟΥ”，阿波达克斯四德拉克马钱币铭文

在米特里达特二世统治的晚期，卡拉塞尼的统治者提拉俄斯一世（Tiraios I）于公元前89年打造了钱币。他的钱币铭文的规范程度虽然不及之前的君主，但基本也是正确的。钱币上能看到明显的牵钻弓的痕迹。我们可以看到ΒΑΣΙΛΕΩΣ的最后三个字母ΕΩΣ底下几乎连在一起，另外还有几个字母残缺不全。字母υ的形状像V。

Légende de Tiraios I. (Tétradachme).

“ΒΑΣΙΛΕΩΣ ΤΙΡΑΙΟΥ ΕΝΕΡΓΕΤΟΥ”，提拉俄斯一世四德拉克马钱币铭文

提拉俄斯二世（Tiraios II）的在位时间大概与帕提亚国王弗拉特斯三世以及米特里达特三世同时，他在公元前60—前51年期间发行了一批钱币。这批钱币的做工质量要远远高于帕提亚国王的钱币。但是ω（o）和A的写法还是与传统希腊语有所不同，这也令这位国王的

钱币具有独特的价值。字母S保留了Σ和Ϲ两种写法，字母υ的形状也是像V。此时卡拉塞尼的钱币铭文雕刻相比于帕提亚显得更为细致和美观，后者有时显得太过于棱角分明。

“ΒΑΣΙΛΕΩΣ ΤΙΡΑΙΟΥ ΣΩΤΗΡΟΣ ΕΥΕΡΓΕΤΟΥ”，提拉俄斯二世四德拉克马钱币铭文

泰奥涅西斯一世（Theonesios I）大约与弗拉特斯四世同时，他在公元前39年左右发行了一批钱币。尽管字母Σ、P和T存在书写不规范的现象，但是内容至少是正确的。即使这些钱币的做工要比帕提亚国王发行的钱币显得粗糙一些，但它们却表现出一种独特的价值。

“ΒΑΣΙΛΕΩΣ ΘΙΟΝΗΣΙΟΥ ΣΩΤΗΡΟΣ ΕΥΕΡΓΕΤΟΥ”，奥涅西斯一世四德拉克马钱币铭文

阿塔姆贝罗斯一世（Attambelos I）在公元前29—公元3年期间曾经发行过钱币。与他同时代的帕提亚国王包括弗拉特斯四世、提里达特斯二世、弗拉特斯五世和奥罗德斯三世。相比于那些帕提亚国王们发行的钱币，阿塔姆贝罗斯一世的钱币铭文是正确的，但是字母篆刻有一些疏忽的地方，例如字母A就被写成Λ。

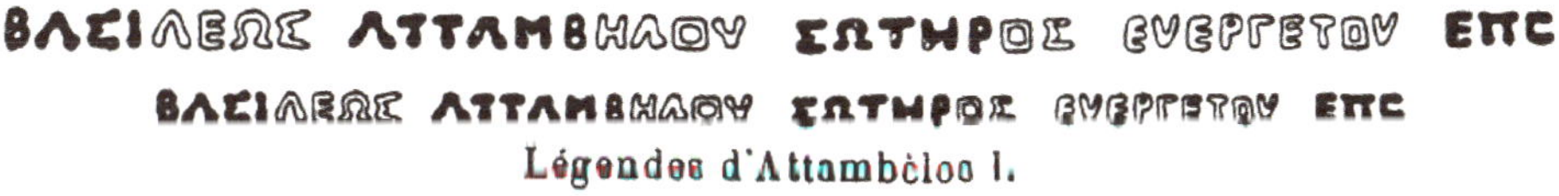

“ΒΑΣΙΛΕΩΣ ΑΤΤΑΜΒΗΛΟΥ ΣΩΤΗΡΟΣ ΕΥΕΡΓΕΤΟΥ”，阿塔姆贝罗斯一世钱币铭文

与沃诺奈斯一世同时期的阿比涅格罗斯（Abinergaos）在公元9年发行了钱币。这位统治者的钱币铭文不是很清楚，但基本是正确的。他的铭文中并没有出现帕提亚国王常用的字母例如ω、C和є。字母B

被写成了b，这导致后人在识读这位统治者的名字时容易产生疑惑。

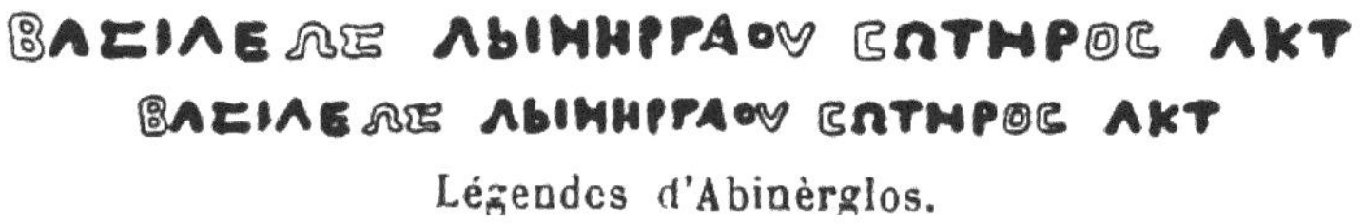

“ΒΑΣΙΛΕΩΣ ΑΒΙΝΗΡΓΑΟΥ ΣΩΤΗΡΟΣ”，阿比涅格奥斯钱币铭文

与阿尔塔巴努斯二世[1]同时期的卡拉塞尼统治者阿迪涅格罗斯（Adinerglos）在公元21年发行了钱币。他的钱币和之前的国王们很类似。

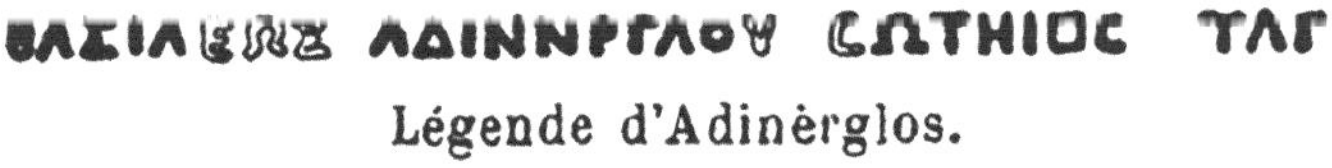

“ΒΑΣΙΛΕΩΣ ΑΔΙΝΗΡΓΛΟΥ ΣΩΤΗΡΟΣ”，阿迪涅格罗斯钱币铭文

泰奥涅西斯二世（Theonesios II）在公元51年发行了钱币，此时沃洛加西斯一世登上了帕提亚的王位。泰奥涅西斯二世的钱币铭文是准确的。我们注意到他使用了字母ω，字母σ和ε分别写成了C和Є，后两个字母大约在40年前曾出现在帕提亚国王沃诺奈斯一世所发行的钱币上。在沃洛加西斯一世统治时，帕提亚王朝发行的钱币上首次出现了帕拉维语书写的文字和越来越多不规范的希腊语。然而卡拉塞尼的情况恰恰相反，希腊语保留了正确的形式。

“ΒΑΣΙΛΕΩΣ ΘΕΟΝΗΣΟΥ ΣΩΤΗΡΟΣ”，泰奥涅西斯二世的钱币铭文

在号称“王中王”的沃洛加西斯一世统治时期，卡拉塞尼统治者阿塔姆贝罗斯二世（Attambelos II）在公元64年发行了钱币。

1 原文为阿尔塔巴努斯三世。——译者注

"ΒΑΣΙΛΕΩΣ ΑΤΤΑΜΒΗΛΟΥ ΣΩΤΗΡΟΣ"，阿塔姆贝罗斯二世钱币铭文

卡拉塞尼统治者阿塔姆贝罗斯三世（Attambelos III）在公元100—104年期间发行了钱币。在此期间帕克鲁斯二世统治帕提亚。阿塔姆贝罗斯三世的钱币铭文中只有字母B是不规范的写法。

"ΒΑΣΙΛΕΩΣ ΑΤΤΑΜΒΗΛΟΥ ΣΩΤΗΡΟΣ"，阿塔姆贝罗斯三世钱币铭文

卡拉塞尼统治者泰奥涅西斯三世（Theonesios III）大约在公元109—122年期间发行了钱币。当他统治卡拉塞尼时，帕提亚的君主是帕克鲁斯二世、阿尔塔巴努斯三世[1]和奥斯罗埃斯一世，而当时统治埃兰的是出身于卡姆纳斯基雷斯王室的最后一位国王。比较这三个国家的钱币后可以发现，卡拉塞尼的钱币所使用的希腊语比帕提亚和埃兰要正确得多。埃兰虽然在地理位置上紧邻卡拉塞尼，但当地的希腊语钱币铭文却无法识读。

"ΒΑΣΙΛΕΩΣ ΘΕΟΝΗΣΟΥ ΣΩΤΗΡΟΣ"，泰奥涅西斯三世钱币铭文

阿塔姆贝罗斯四世时的情况也是大致如此。他很可能是在泰奥涅西斯三世第一次在位和后来复辟之间的空白期登上王位，此时罗马军队占据了迦勒底。

1 原文为阿尔塔巴努斯四世。——译者注

Légende d'Attambèlos IV.

"ΑΤΑΜΒΗΛΟΣ"，阿塔姆贝罗斯四世的钱币铭文

奥巴达斯（Obadas，一说奥巴底亚斯，Obadias）很可能是在帕提亚国王奥斯罗埃斯一世在位初期的时候统治卡拉塞尼，也就是公元110年左右。然而在此时，钱币铭文上的希腊语水平突然急速下滑，与同时期的帕提亚钱币一样具有强烈的蛮族风格。他也是最后一位在钱币铭文上刻上希腊语的卡拉塞尼统治者。

Légende d'Obadas.

奥巴达斯钱币铭文

他的继任者可能名叫比涅加（Binega，一说宾加，Bindja），后者的钱币恢复了传统的卡拉塞尼风格，使用从阿拉米字母演变而来的闪米特语单词代替了希腊语。他们的邻居是曼达安人（Mandaeans），至今仍旧生活在卡拉塞尼故地，使用当地传统的语言和文字。[1]这些钱币铭文的识读仍旧疑点重重。

Légende characénienne de Binegà.

比涅加的卡拉塞尼语钱币铭文

由此可见，随着马其顿征服而传入波斯的希腊语，无论是在波斯还是在周边的附属王国，都是在亚历山大和他的继任者塞琉古统治时期达到了顶峰。即便后来的帕提亚人和附属王国的王公们都纷纷接受

1 现今住在伊拉克沙沃德（Sawad）和其他一些村庄的居民是古代阿拉米人的后裔，他们的阿拉米祖先在阿拉伯人征服当地的时候被迫四处流散，以务农为生。

了希腊语，它还是逐渐趋于衰落，与此相对的便是当地语言的日渐复兴。希腊语在波斯本就日渐衰微，而一场突如其来的变革则令它彻底消失。在埃兰，它也是逐渐衰落，因环境的改变而不再被人使用。尽管希腊语在卡拉塞尼存在的时间最长，它也是突然消失于历史舞台。四个多世纪以来，希腊语都是伊朗的官方语言，但它毕竟是外来者的标志，与当地闪米特人和伊朗人的风俗习惯、社会观念和宗教信仰存在种种矛盾和冲突。就像在巴克特里亚和许多近东民族一样，希腊语最后注定会没落和消失。

1912年3月4日，于科西嘉岛的红岛

第四编

艺术融合

From Yingpan to Gandhara: How 'Roman' is the Hellenistic Artistic Legacy on the Silk Road?

Peter Stewart

(Oxford University, UK)

The figural decoration of the tunic of 'Yingpan Man', excavated in Xinjiang in 1995, is strongly reminiscent of Greek and Roman art, but evidence suggests that the textile was made in the vicinity of the Tarim Basin around the fourth or perhaps fifth century AD.

The textile has often been called 'Hellenistic' or 'Greek', but its comparatively late date highlights the problem with such terminology. A similar problem applies to modern discussions of the ancient Buddhist art of Gandhara, which has often been regarded as a legacy of Hellenistic culture in Central Asia because of its remarkable echoes of Graeco - Roman imagery. It is now increasingly recognized that the contemporary influence of the globally connected Roman Empire is at least part of the explanation for the 'Greek' elements in Gandharan art and it is a better point of reference for Yingpan also. Modern cultural labels such as 'Greek' and 'Hellenistic' over-simplify the complex movements of Graeco-Roman imagery as an international visual language inherited, developed, fostered, and spread by Roman rule during the first few centuries AD.

A closer look at the details of imagery on the Yingpan tunic raises a number of inconsistencies and incongruities. It would be tempting to explain these as the disintegration of classical models as they are transmitted further from the Graeco-Roman world, but there are reasons to be doubtful about such a picture of linear artistic diffusion, and the imagery should be viewed in the broad context of late antique textile decoration.

The focus of this paper is an extraordinary example of the migration of Graeco-Roman artistic imagery along the so-called Silk Road and into China. It is the decoration of a luxurious garment – the woollen tunic of the mummy known as 'Yingpan Man' – which was discovered in 1995.[1] I shall be addressing two points: firstly, I shall suggest how to place this find within the Hellenistic artistic legacy; secondly, I shall draw attention to some of the iconographical peculiarities that complicate its connection with the Graeco-Roman world.

The burial of Yingpan Man is well known internationally despite its relatively recent discovery. Indeed it has become emblematic of cross-cultural connections in antiquity.[2] The site of Yingpan is located near the

1 I owe my initial interest in Yingpan Man to Professor Yang Juping's Nankai University project 'Hellenistic Civilization and the Silk Road', and specifically to one of the participants in the project, Professor Xiao Xiaoyong, who first introduced me to the mummy's 'classical' clothing in a meeting at Nankai University in 2017.

2 The mummy's clothing has travelled internationally and was included notably in the exhibition 'Secrets of the Silk Road', at the Bowers Museum, Santa Ana, California and Houston Museum of Natural History, Texas, in 2010. See Mair et al.: 2010, esp. 194, cat. 80 (which I have not seen).

eastern end of the Tarim Basin, about 150 km to the south-east of Yuli County in Xinjiang, on the edge of the Quruk Tagh mountains (40.978947, 87.810563[1]). This was evidently a place of settlement, although there is minimal trace of habitation: the population is archaeologically attested by its dead. The ancient political status of the place in not known for sure. It may have been part of Kroraina's (Loulan's) kingdom of Shan-shan on the south-eastern rim of the Taklamakan Desert or the state of Moshan or Shanguo attested in the historical sources. Stein's suggestion that Yingpan was a major settlement of the Moshan kingdom, perhaps Zhubin, is still maintained by some scholars.[2] In any case it can be counted among the subject states of the region which were under the political control and cultural influence of China in the Han and Jin periods. The most notable monumental remains consist of a perfectly circular fortress with a clay and brushwood rampart 177 m in diameter and originally more than 5 m high. Floodwaters evidently elimated all interior remains long ago. Aurel Stein visited the site during his third expedition in 1915, recording the fortress, a substantial nearby Buddhist shrine with traces of colossal stucco sculptures, and another group of stupas in the vicinity.[3] Refuse layers there were discovered to contain organic materials, including textiles and several documents written in Kharosthi script.[4] The explorer Sven Hedin had also visited Yingpan in 1896 and 1900, but his information is brief and

---

1 87° 47′ 40″ E and 40° 56′ 34″ N.

2 On Yingpan and its possible political situation see Stein 1928: vol. 2, 757-758, 765-766, identifying the site as Chu-pin (Zhubin); Selbitschka (2010): 56-58.

3 Stein 1928: vol. 2, 750-767, figs. 340-342; vol. 3, pls. 36-38.

4 For Stein's explorations at Yingpan see Stein 1928: vol. 2, 750-767, figs. 340-342 and vol. 3, pls. 36-38 (plans) and pl. CX (selected finds). For a more recent Kharosthi find in the necropolis of Yingpan see Lin 2001.

imprecise.[1] On a range of low hills about 800 m to the north-east of this site lay the necropolis of Yingpan.[2] Inhumation burials extended along this terrace. Stein had briefly visited this part of the site also and opened four graves, as well as recording evidence of damage to others through water erosion.

Extensive looting has occurred at this site over the last century. Consequently the Xinjiang Institute of Cultural and Historical Relics and Archaeology conducted a systematic salvage investigation in three campaigns between 1989 and 1999.[3] Grave 95BYYM15 (or M15) excavated in 1995, the burial of Yingpan Man, was the most lavish of the 122 undisturbed graves that were excavated.[4] The elaborate burial consisted of a wooden, footed, box-style coffin painted with rhomboid pattern and vegetal motifs (including perhaps pomegranate flowers). It was covered by a coloured woollen blanket with an abstract image of a lion with frontal face. Above this was a cover of poplar logs and reed matting topped by straw, grass, and twigs of camelthorn.[5]

Inside the coffin, beneath a plain silk shroud, lay the mummy of a very tall (c. 180 cm) young man around his late twenties.[6] He had thick brown hair in a bun tied with silk. His head was wrapped in silk and placed on an embroidered silk pillow with semi-abstract animal designs. There

1 Hedin 1900: 76. For references concerning other brief early visits and the sequence of modern campaigns see Selbitschka 2010: 52-54.

2 For a summary description of the cemetery site see Zhou and Li 2004: 41-42.

3 Zhou and Li 2004.

4 For all the details of the burial and the clothing of Yingpan Man see the primary publication by Zhou et al. 1999. Cf. overview in Zhou and Li 2004; Selbitschka 2010: 215-225, pls. 17-20.

5 For a detailed inventory of the gravegoods and the wrappings and preparation of the body see Selbitschka 2010: 218-225; only the principle garments are summarized in this article.

6 On the body see especially Selbitschka 2010: 220.

have been diverse hypotheses about his identity, none of them strongly supported by the limited evidence. Was he a local aristocrat or ruler? Or a Sogdian merchant? We cannot know, but in any case he was certainly wealthy.[1]

He wore a white hemp mask with features delicately picked out in black paint: the eyebrows; the closed eyelids; locks of hair(?) extending down each cheek; a slender moustache beneath the long and broad nose. The lips were also painted. The mask has a simple strip of gold foil on the forehead, uneven at the top edge where it was originally covered by cloth, which was probably intended as a sort of diadem. It distantly recalls some funerary diadems of the Graeco-Roman world.[2]

The clothing of the mummy is extraordinarily vivid and well preserved. (fig. 1) The clothes include partly gilded, silk-covered felt stockings; purple woollen trousers embroidered with geometric and vegetal decoration; a yellow silk shirt with gold attachments; and an embroidered blue silk arm-protector on his left arm. But most strikingly of all, the body was clad in a long red and yellow woollen double-weave tunic of unusually fine technique, worn with a crossing at the front and slitted sides, lined with silk on the inside. It was belted with a silk sash, from which was suspended a bag and a fish(?)-shaped ornament. In addition, two miniature suits of clothes lay on the chest and at the left wrist of the deceased. There was also a *jin*-silk with Chinese decoration and characters to the right of

1 On the identification as Sogdian merchant see e.g. Mair 2010: 31. Discussion of various theories in Kossowska 2015.

2 For example St Peterburg, State Hermitage Museum, П.1841.31 from Pantikapaion Necropolis on the Black Sea; *The Road to Byzantium*, 145 (2006), no. 56.

his head.[1]

To the eyes of a classical archaeologist the ensemble of clothing and accessories appears very unfamiliar, not only for its state of preservation (which is hardly rivalled at Graeco-Roman sites except those of Egypt), but because everything: the design of the tunic, the trousers, the mask, and the most of the textile decorations appear to belong to distinctly Chinese or Central Asian traditions.

The striking exception to this, however, is the decoration of the tunic itself, which is the subject of this article. The remarkable woollen garment was produced on a double loom, in such a way as to produce a symmetrical pattern of opposed figures. The continuous cloth from which the tunic is cut is reconstructed in the excavators' drawing, which is based on the horizontal section below the belt on the proper right side. (fig. 2) The same textile was tailored to make the majority of the tunic. The pattern appears upside down on the upper part of the proper right side, and in a vertical orientation, from top to bottom, on the whole of the proper left side. Images of the back of the tunic have not been published. Similarly, the inside

fig. 1
The costume of Yingpan man. Xinjiang Uyghur Autonomous Region Museum (Photo: Liu Yusheng, Institute of Archaeology of the Xinjiang Uygur Autonomous Region)

1 For overview of the clothes etc. see Zhou et al. 1999: 9-15; Selbitschka 2010: 218-225 pls. 18-20.

fig. 2
Reconstruction of the pattern on Yingpan Man's tunic (Drawing: after Zhou et al. 1999: 10)

of the cloth has not been illustrated in print, but because of the double-weave technique it reverses the pattern on the front of the cloth; that is to say, red figures must appear on a yellow background corresponding to the yellow figures on red which adorn the outside of the garment. A similar piece of woven, woollen textile, albeit of lower technical quality, has been used for the lower left side central hem. It is decorated with a green and yellow pattern of abstract, vegetal devices on a red background. The main repeating motif is a sort of leaf-cluster framed by volutes, somewhat reminiscent of the palmettes which are ubiquitous in the Graeco-Roman tradition.

The figural decoration of the main textile on the tunic is even more strikingly reminiscent of Greek and Roman art. (fig. 3) The decoration consists of six rows of figures, animals and men opposed in symmetrical, rather heraldic-looking compositions. The pairs of figures and their registers are separated by the branches and trunks of gnarled, schematically rendered pomegranate trees which imply a wilderness setting for the activities represented. The registers of decoration show, as follows:

1. Spotted goats with curved horns, which prance with their hind legs on the ground and their front legs raised. They turn their heads round to look over their backs.

2. Almost naked male figures in three-quarter pose, with a spear raised in one hand and a cloak around their neck. They lean back on one, bent leg, with the other leg extended, as if about to thrust the spear downwards at something. A cloak covering one shoulder flutters behind.

3. Similar men leaning backwards in a defensive pose, heads in profile, bodies in three-quarters view. They brandish a short scimitar in

fig. 3
Detail of pattern on Yingpan Man's tunic (Photo: Liu Yusheng)

one hand, and in the other they hold a round shield above their head. An insubstantial cloak flutters from their neck.

4. Prancing bulls or perhaps cows, rearing up on hind legs, with tails raised and heads turned back. They have large (laurel?) wreaths around their waists.

5. More naked spear-men, this time without cloaks, lunge forward in three-quarters pose, ready to thrust their spear at something on the ground. Their other arm is extended before them.

6. Finally, naked figures fall back on one kneeling leg, their torsoes almost frontal, heads turned in profile to confront an invisible opponent. With the lower hand they hold a spear pointing upwards. The other arm holds a small round shield up in the air in self-defence, in such a way that the back of the shield with its hand-grip is exposed to view.

fig. 4
Detail of figures on Yingpan Man's tunic (Photo: Liu Yusheng)

The human figures' poses evoke their movements, whether offensive or defensive, in a lively, naturalistic way. (fig. 4) They all have curly hair and large eyes. Their proportions are rather stumpy and short, but subtle 'draughtsmanship' in exhibited in the weaving, which uses simple, economical lines to articulate the musculature and anatomical structure of the bodies. In every respect – attributes, nudity, poses, proportions, and the style with which they are drawn – these figures recall the formal traditions of Greek and Roman art. So also do the animals. In contrast, the most obviously non-classical element is the pomegranate trees, for while pomegranates are a common motif in Graeco-Roman art, their rendering here is highly artificial, arguably Persian in ancestry.[1] With their small, knotty trunks and large leaves, their symmetry, and their prominent position between the figures, these trees resemble symbols rather than mere landscape elements. Less conspiciously, the ends of the fluttering cloaks, whose

1 See e.g. Sheng 2017: 183; Zhou and Li 2004: 43.

curling folds recall the tips of elephants' trunks, are distant from the naturalistic folds and fall of drapery in most Greek and Roman art. The closest comparisons are perhaps in the wall paintings of Central Asia, as for example in caves at Kizil decorated around the fifth century. (fig. 5) But stylized floating drapery of this kind might be viewed as a trace of more widespread Sassanian influence ascross ancient Asian art, in contrast to the more or less realistic renderings of the Graeco-Roman tradition.

It should be noted again that the symmetrical pairs of repeated figures are reproduced in negative on the reverse of the textile. Consequently, within any group of human figures one is right-handed and the other is left-handed. This is a technical necessity and no other significance should be read into it.

We can be more specific in locating the figures within the Graeco-Roman tradition. The figures at Yingpan have sometimes been called 'putti', in reference to the squat, child-like figures that often appear in Hellenistic and Roman art and later imitations, including for example European Renaissance art of the fifteenth and sixteenth centuries. In the context of ancient classical art these 'putti' are conceived as erotes/cupids – multiplied representations of the child of the goddess Aphrodite/Venus. Unlike the cupids the Yingpan figures do not have wings, but they are otherwise very close to the iconographical conventions employed for cupids or similar, cupid-like boys in Graeco-Roman art. The origins of these images lie in the Hellenistic Greek world (i.e. roughly late fourth to first century BC), but they are most frequently encountered in art of the Roman Empire in the early centuries AD. For example, the spear-bearers at Yingpan strongly recall the hunting cupids which we see on the lids of

fig. 5
Wall painting of the bodhisattva Vajrapani from the Cave of the Statues (Cave no. 77) at Kizil. Early fifth century AD. Berlin, Museum für Asiatische Kunst (Photo: bpk–Bildagentur/Museum für Asiatische Kunst)

fig. 6
Fragment of Roman wall painting from the House of the Stags, Herculaneum. First century AD (Photo: Carole Raddato, CC BY–SA 2.0 Licence)

many Roman sarcophagi. This playful imagery was popular and influential. The Romans regarded it as appropriate for funerary art, but it also appears commonly in domestic decoration and in much applied art.[1] (fig. 6)

Should we conclude that this Chinese or Central Asian costume was cut from luxury cloth made far to the west and imported? Probably not. Such an origin has indeed been suggested and remains a possibility, although we so far lack close parallels from the Mediterranean or Asia Minor.[2] However, the discrepancies discussed below in the style and content of the imagery argue against the textile's production in the Gracco-Roman world and perhaps even regions such as Gandhara whose visual culture was throughly informed by classical traditions. The majority of

1 For the Roman-period imagery of cupids see *LIMC* 3.1: 952-1049; 3.2: 678-727. For hunting cupids see *LIMC* 3.1: 991-994; 3.2: 698-700, nos. 301-325.

2 For the hypothesis that the cloth was imported from West Asia (implicitly the Roman/Byzantine Empire) see e.g. Sheng 2017: 183. In contrast Kossowska 2015: 65 addresses the lack of parallels and Central Asian affinities.

discussions have proposed an origin somewhere in Central Asia, while the resonances with the floating drapery of Kizil hint at the possibility of production in the vicinity of the Tarim Basin, through probably not at Yingpan itself. Related fragments from Yingpan (discussed below) might even imply a local tradition of luxurious funeral garments made specially for the grave, as Emma Bunker has argued.[1]

The circumstantial evidence from dye analysis is at least compatible with a local or regional origin. The flavanoid dye used for the yellow of the woollen tunic may have been imported, but it is if a kind extensively used in the textiles of ancient Xinjiang, so it is was certainly not an exotic rarity.[2] The chemical profile of the red dye suggests that it comes from a particular variety of madder – *Rubia tinctorum* – which had been used for many centuries in Xinjiang (though it is important to note its wide usage across the ancient Mediterranean and Asia).[3]

As regards the date, much uncertainty remains about this in the absence of radiocarbon analysis. The finds at Yingpan's cemetery collectively suggest a date in the Eastern Han or Jin periods (*c*. AD 25-420), and an important recent analysis of botanical material from the site supports that range, with the radiocarbon dating of samples from one tomb (95BYYM26) falling in the middle of the period (AD 85-239; 95.4%).[4] But the cemetery seems to have been in use as late as the fifth century and it is easier to place Yingpan Man later rather

---

1 Bunker 2004. On the case for Central Asian origin see also Kossowska 2015: 65.

2 Liu et al. 2011: 1768-1769 and Liu et al. 2013: 4447-4448.

3 Liu et al. 2011: 1767-1768; cf. Liu et al. 2013: 4445-4446. I am very grateful to Liu Jian for information about the very ancient usage of *Rubia tinctorum* in the Xinjiang region.

4 On date ranges suggested by grave-goods, most prior to the sixth century, see Selbitschka 2010: 55-56. For the radiocarbon date see Chen et al. 2016: 168 and Table 1.

than earlier.[1] The style of the tunic's figures resembles a woollen fragment with thematically related decoration – winged cupids hunting butterflies amidst a pattern of tendrils inhabited by various creatures – which the archaeologists found among debris from looting. This in turn almost certainly belongs to the same cloth as a fragment in the Abegg Foundation in Switzerland, which has been radiocarbon dated to the period AD 430-631 (100%).[2] Another reasonably close parallel from Niya – a woollen fragment with crudely depicted human figures, animals, and vegetation – may be no later than the fourth century if one accepts that the site was abandoned in the early fifth century.[3] Finally, the rather coarse facial features, particularly the large eyes, of the hunting figures on the tunic can be compared stylistically to late Roman paintings and textiles. (fig. 7) Inconclusive though such comparisons must be, a consensus has been emerging in recent literature that the burial of Yingpan Man should be placed around the fourth and sixth century. I shall tentatively suppose a date around the fourth century AD. Even if it is that early, the tunic can be regarded (in the very approximate conventional terminology of classical archaeology) as 'late Roman' or 'early Byzantine'.

This brings us to an observation that is central to this article. In what sense can the Yingpan textile be regarded as part of the 'Greek' or 'Hellenistic' cultural legacy on the so called Silk Road? The term

1 See Kossowska 2015: 64 for the late dating, although she is unnecessarily dismissive of a fourth-century date.

2 Basel, Abegg Foundation, inv. 5073 and 5175. On both textiles see Bunker 2004, with discussion of the iconography in the classical world and Central Asia; p. 34 for the Yingpan fragment; Kossowska 2015: 64-65; Zhou and Li 2014: 43.

3 Zuchowska 2014: 156-157, figure 15.

fig. 7
Detail of wall painting with scene of gods from the Villa of Serenos at Amheida, Roman Egypt. Fourth century AD (Photo Amheida Project, courtesy of Professor Roger Bagnall)

'Hellenistic' has been repeatedly applied to the imagery of Yingpan Man's tunic since the first academic publication in the journal *Wenwu* in 1999.[1] In one sense such terminology is meaningful in describing this and other examples of classically-influenced art in western China or South and Central Asia, but in other respects it can be misleading and confusing, particularly because it distracts us from considering the impact of the vast contemporary presence of the Roman Empire.

In purely visual terms, the Yingpan figures can certainly be regarded as part of a Hellenistic legacy. They participate in an iconographical vocabulary which first evolved in the Greek sphere and was disseminated in the Hellenistic era, in the three centuries after the death of Alexander the Great in 323 BC. During this period, the repertoire of motifs, styles, and representational principles devised by Greek artists were ultimately adopted throughout and beyond the lands conquered by Alexander and

1 Zhou et al. 1999: 15 (浓厚的希腊化艺术风格); Zuchowska 2014: 155 ('undoubtedly Hellenistic decoration'); Chen et al. (2016): 167 (influence from 'Greece').

ruled over by his Greek and Parthian successors. The legacy of the Greek political and cultural presence in Asia was indeed profound and is manifest in the archaeology notwithstanding the fragmentary and scattered character of the evidence.[1]

Greek rule in Central Asia came to an end, however, in the first century BC. It is unclear to what extent a tradition of Hellenized visual culture might have subsisted in this region. If such a tradition survived it might be regarded as a form of 'late Hellenism', surviving beyond the conventional end-date of the Hellenistic period (31 BC – Roman defeat of Ptolemaic Egypt). In the past a legacy of this kind has been assumed to be the explanation for the very striking Graeco-Roman characteristics visible in Gandharan art.

The name 'Gandharan art' is conventionally applied to Buddhist works of art, principally the sculptural decorations of Buddhist stupas, which were produced in the early centuries AD in a region roughly corresponding to the northern tip of modern Pakistan. Since the rediscovery of Gandharan art by European soldiers and administrators in the nineteenth century, observers have been astonished by the extent to which many of the sculptures draw upon Graeco-Roman iconography and styles, including the classical repertoire of clothes, postures, and naturalistic techniques of representation. Even the stereotypical imagery of the Buddha with his detached, idealized facial expression appears to have adopted the idealized face of classical gods and heroes, with their ethical connotations of emotional self-control.[2]

---

1 For overview see Boardman 1994.

2 For Gandharan art and its cross-cultural connections see e.g. Nehru 1989; Boardman 1994: 109-145.

The earliest commentators on Gandharan art called these works 'Graeco-Buddhist', since they were convinced that they represented a hybrid of Greek art and Indian religious ideas. That phrase, 'Graeco-Buddhist', is still popularly used today, though not in academic literature. Gandharan art is still often regarded as 'Greek' or 'Hellenistic' in its influences. However, from an early date there were dissenting voices among scholars, some of whom noted that the 'influence' on Gandharan art seemed to peak around the second century AD, long after the Hellenistic period, and that Gandharan art closely resembled works produced in the contemporary Roman Empire. Indeed, the earliest datable Gandharan art now seems to have been the least classical in appearance. There is no unambiguous evidence for a continuous Hellenistic tradition between the Hellenistic period and the flourishing of Buddhist art in Gandhara.[1]

Today, there is a growing consensus that contemporaneous influence from the Roman Empire is at least part of the explanation for the appearance of Gandharan. The mechanisms underlying this connection are still obscure and much remains to be understood. Yet it is clear that continuous, ongoing connections did exist between Rome and Gandhara in the early centuries AD, including both substantial trade links and diplomatic exchange.[2]

Why, then, are the labels 'Greek' and 'Hellenistic', with their implication of early, direct, and continous cross-cultural contacts, so frequently applied by default to the classical influence on Central Asian art? In part this is the result of the cultural authority and priority of Greece in modern thought. In part it reflects the limitations of simple cultural

---

1 For an emphasis on contemporary Roman influence see e.g. Buchthal 1945; Wheeler 1949; Soper 1951. On the chronology of Gandharan art see e.g. Rienjang and Stewart 2018.

2 For recent overviews of east-west connections see McLaughlin 2016; Graf 2017.

labels for describing the complexity of the ancient world.

While the development and expansion of the Roman Empire into the Hellenistic world represented a profound political change, Greek traditions continued to flourish and evolve under the conditions of Roman rule. Hellenistic art continued, not only in the Greek-speaking eastern half of the Empire, but in and beyond all the lands under Roman rule. Roman art is itself, therefore, part of the cultural legacy of the Hellenistic world. In nearly all respects Roman art is thoroughly shaped by Greek traditions of style and iconography.

The result of this is that we sometimes tend to ignore Rome as part of the story of the diffusion of classical imagery. What we see as 'Greek' is often the legacy of the Roman Empire. And perhaps sometimes this imagery should be seen as a global, international visual language inherited, developed, fostered, and spread by Roman rule in the Mediterranean and Middle East during the first few centuries AD.

Let us return, then, to Yingpan, 1,000 km to the north-east of the Gandharan region, albeit with a distant cultural connection to it, as the finds of Kharosthi documents hint. Yinpan Man's 'western' clothes appear to be considerably later in date than the classicizing stone sculptures of Gandhara, though perhaps contemporary with some of the extraordinarily naturalistic clay and stucco works that we encounter in the Greater Gandharan region. It is therefore even more problematic to call the imagery on his tunic 'Greek' or 'Hellenistic', even if it preserves a tradition which ultimately originated in the Greek world. Four or more centuries after the end of the Hellenistic period, that artistic tradition was mediated by the Roman Empire.

With this fact in mind, let us briefly examine the figures of the tunic in more detail, in order to understand where they fit in this persisting

Graeco-Roman tradition. It quickly becomes apparent that there are strange anomalies in the imagery.

At first sight much of the iconography looks coherent and familiar. The lively goats, the spearmen, and the winter-fruiting pomegranates are all compatible with a scene of hunting on foot in the wilderness – a subject frequently reproduced in Roman art, especially in wall-paintings and mosaics. But where do the bulls/cows fit in such a scene? For these are not simply the prey of hunters. Each animal has a bushy wreath, apparently of laurel, around its middle. Such wreaths occasionally appear on animals in Roman art. **(fig. 8)** They are a form of *dorsualia* – the decorations tied to sacrificial animals.[1] However, the Yingpan animals are not compliant domestic animals being led to the slaughter; they are free, galloping creatures.[2] (Admittedly they may have been designed at a time after the decline of sacrifice in the Roman Empire in the fourth century AD.)

Secondly, the figures in the top register, pointing their spears upwards, are similar to the others and look like hunters. They could perhaps be defending themselves against beasts with their tiny, impractical shields. Yet their posture more closely resembles the warriors of Graeco-Roman art who defend themselves from other fighters. Who are their enemies attacking from above? Are they invisible horsemen who have been cropped out of the scene?

---

1 *Dorsualia* and other decorations of sacrificial animals take different forms. See Bonnefoy 1992: 78-79 (Peter Schilling). For laurel wreaths, besides Trajan's Column, note the bull(?) in a sacrificial scene from an altar in Rome: Copenhagen, Ny Carlsberg Glyptotek, inv. 858 (*c*. later second century AD).

2 It is also unusual that the wreaths are tied under the animals' bellies rather than their backs, although that variation is found in the Roman Empire, in a painting from the Synagogue at Dura Europos on the eastern frontier of the Empire (the tabernacle of the High Priest Aaron): Kraeling 1956, esp. 125-131, pl. 60.

fig. 8
Detail from the frieze of Trajan's Column, Rome. A decorated pig is brought for sacrifice (Photo courtesy of Roger B. Ulrich)

Thirdly, and most puzzlingly, the figures with shields lifted above their heads also seem to be under attack. Are they being assaulted from the air? It is possible to image a scene of pygmies attacked by cranes, or a fantasy battle of cupids in the air.[1] But these figures seem more grounded and realistic. They are focused on an enemy in front of them who is, once again, missing. (Note that they are not fighting each other; it is the weaving technique that reproduces the repetitive, confrontational pairs.) Their short, crooked swords are also unusual. They are small scimitars with curved blades. The shields held loosely in the air appear useless for real defence. Are they being brandished for display? To some extent they recall Roman images of cupids fighting as gladiators. (fig. 9) Interestingly, the closest parallel of which I am aware is not an ancient work at all, but

1 For the iconography of pygmies and cranes see *LIMC* 7.1: 594-597; 7.2: 466-473. For cupids battling in the air note the Neptune Mosaic from Utica (*c.* AD 200), now in the Bardo Museum, Tunis.

a series of images from sixteenth-century Italy: a scene reproduced on at least five maiolica dishes produced at Urbino around 1650-1675, perhaps in the workshop of Flaminio Fontana. They probably copy a design by Taddeo Zuccaro, which was also reproduced in a stucco relief now in the Ducal Palace of Urbino.[1] (fig. 10) The scene shows warriors fighting within a palisade, with the monuments of a city (Rome) behind. They appear to be display fighters, naked except for helmets. Four of them lift their shields aloft. Like the Yingpan figures they wield scimitar-like swords with curved blades. At least two of the dishes have inscriptions such as SPECTACVL. DVRO.DI.COLTELATORI' ('The cruel spectacle of gladiators'). This is taken to be an allusion to bloody spectacles reportedly mounted by the victorious Julius Caesar in 46 BC.[2] The resemblance between these Renaissance images and the textile buried at Yingpan, a millennium earlier, is striking. Can it be a coincidence? Given the reliance of erudite Italian artists and their patrons on ancient Roman models, it seems entirely possible that Zuccaro's design was derived from an ancient Roman work – perhaps a scene of gladiators – as yet unidentified. Such an image would be a kind of common ancestor for the Renaissance iconography and the Yingpan motif. But even if it is a coincidence, this sixteenth-century scene offers a clue about the character of the Yingpan figures. For it also shows naked men brandishing curved swords and extravagantly waiving small shields aloft, as if in performance. Despite the danger this is indeed a staged fight in the arena.

---

1 For detailed discussion see Wilson 1996: 368 and 371-377, no. 150. See also Gere 1963.

2 Wilson 1996: 371. Cf. Sotheby's 9th July 2014, *Treasures, Including Selected Works from the Collections of the Dukes of Northumberland*, lot 26 (<www.sothebys.com/en/auctions/ecatalogue/lot.26.html/2014/treasures-princely-taste-l14303>, last consulted 13th May 2019).

fig. 9
Cupid as gladiator on Roman mosaic from ebanon, *c*. fourth century .D. Leiden, Rijksmuseum van Oudheden (Photo: nuseum, CC BY Licence)

fig. 10
Maiolica dish with scene of sword fighters, made in Urbino, *c*. AD 1560-1675. Art market (Photo: courtesy of Sotheby's)

To summarize: what we see on the Yingpan tunic is not a coherent set of hunting scenes, but a series of excerpts from the repertoire of Graeco-Roman art. In this respect the textile differs from the other fragments mentioned above from Yingpan and Niya. Their scenes of cupids and other whimsical details are self-contained. This is a purely decorative vocabulary, albeit one that may have had a particular funerary significance in the Central Asian context. Cupids often featured in Roman funerary art and the female equivalent of the cupids – the figures of Psyche with her butterfly wings – are explicitly symbols of the soul (Psyche means 'Soul' in ancient Greek). We might see the pomegranate trees of the Yingpan tunic in a similar light, for as well as being an appropriate landscape element, pomegranates had been associated with life after death and immortality for centuries in classical culture. But the human figures and animals on the Yingpan tunic are not merely discrete symbols. They appear to have been removed from a larger setting. Their idiosyncracies imply a narrative or a more extensive context in which they originally made sense.

If we accept that this textile was manufactured in Central Asia or western China, it would be tempting to regard this imagery as a disintegration of the classical models on which it is based. The excerpted motifs have been rendered incoherent by being removed from their proper setting, even if they superficially appear to fit together. It is interesting to note that this sort of dislocation is never encountered in art of Gandhara, where the sculptors seem effortlessly to have assimilated and adapted Roman imagery. They never reveal 'misunderstanding' but are completely versed in the principles of the artistic tradition from which they borrow.

Does the Yingpan textile therefore reflect a loss of that understanding as we move further from the sphere of influence of the Roman Empire?

Perhaps. But there are reasons to be cautious about such an easy assumption. Firstly, even if the iconography has been misunderstood or has lost its coherence as it travels across the globe, the understanding of Graeco-Roman poses and techniques for evoking naturalistic movement and space is extraordinarily good. The draughtsman (this seems an appropriate word) who designed this textile thoroughly comprehended the stylistic principles of classical art or was able to copy them flawlessly. Secondly, the influence of the Graeco-Roman tradition on ancient China has been well documented, and there are good examples of the seamless assimilation of that tradition, notably in the spread of Buddhist art, much later and further to the east, for example at Dunhuang or Yungang. Thirdly, assuming that the Yingpan textile does indeed belong to the 'late antique' period, it was made at a time when Roman art itself was shifting away from the naturalistic traditions long before inherited from Greece. 'Distance' from the classical tradition does not only need to be a matter of geographical distance, but can also be conceptual.

Finally, and perhaps most importantly, textile art has its own rules and expectations. Even in the Roman Empire of this period contemporary clothes reveal a new aesthetic which favours variegated patches and contrasts of colour and imagery.[1] Moreover, in any period, patterned textiles made on the loom have their own conventions which make them differ from other works of art, including tapestries. Woven decoration is an 'extensible' art. Even when its imagery is figural, in order to retain its coherence and integrity it is often organized into a pattern which can be

1 See Roberts 1989 for the underlying aesthetic shift in late antique culture, with 111-118 specifically on textiles and clothing.

cut to the size required. The repeated figure scenes can be extended or contracted as required. It is a phenomenon familiar to us not only from many modern textiles, but from decorated gift-wrapping paper.

It may therefore be unwise to over-emphasize the geographical distance of Yingpan from the classical world in an era which increasingly appears to have been highly connected, if not indeed 'globalized'. A 'linear' approach to understanding artistic diffusion and influence does not do justice to the extraordinary figures on Yingpan Man's tunic, or the complexity of their western connections.

Bibliography

Boardman, John 1994. *The Diffusion of Classical Art in Antiquity*, London: Thames and Hudson.

Bonnefoy, Yves (ed.) 1992. *Roman and European Mythologies*, Chicago and London: University of Chicago Press.

Buchthal, Hugo 1945. "The Western Aspects of Gandhara Sculpture," *Proceedings of the British Academy* 31: 151-176.

Bunker, Emma C. 2004. "Late Antique Motifs on a Textile from Xinjiang Reveal Startling Burial Beliefs," *Orientations* 35/4: 30-36.

Chen, T. et al. 2016. "Plant use in the Lop Nor region of southern Xinjiang, China: Archaeobotanical studies of theYingpan cemetery (~25-420 AD)," *Quaternary International* 426: 166-174.

Gere, John 1963. "Taddeo Zuccaro as a Designer for Maiolica," *Burlington Magazine* 105 (no. 724, July): 306-315.

Graf, David F. 2017. "The Silk Road Between Syria and China," in A. Wilson and A. Bowman (eds.), *Trade, Commerce, and the State in the Roman World*, Oxford: Oxford University Press, 443-529.

Hansen, Valerie 2012. *The Silk Road: A New History*, Oxford: Oxford University Press.

Hedin, Sven 1900. *Die geographische-wissenschaftlichen Ergebnisse meiner Reisen in Zentralasien, 1894-1897*, vol. 1, Gotha: Justus Perthes.

Kossowska, Dominika 2015. "Classical Motifs on Yingpan Mummy's Clothing," *Novensia* 26: 61-68.

Kraeling, Carl H. 1956. *The Excavations at Dura-Europos. Final Report 8.1. The Synagogue*, New Haven: Yale University Press.

LIMC = *Lexicon Iconographicum Mythologiae Classicae*, Zurich: Artemis and Winkler, 1981-1999.

Liu Jian et al. 2011. "Identification of Ancient Textiles from Yingpan, Xinjiang, by Multiple Analytical Techniques," *Journal of Archaeological Science* 38: 1763-1770.

——. 2013. "Characterization of Dyes in Ancient Textiles from Yingpan, Xinjiang," *Journal of Archaeological Science* 40: 4444-4449.

Lin Meicun 2001. "Xinjiang Yinpan gumu chutu de yifeng Quluwen shuxin" [A letter in Kharosthi unearthed in an ancient tomb at Yingpan in Xinjiang], *Xiyu Yanjiu* 3: 44-45.

Mair, Victor H. 2010. "The Mummies of East Central Asia," *Expedition* 52/3: 23-32.

Mair, Victor H. et al. 2010. *Secrets of the Silk Road: An Exhibition of Discoveries from the Xinjiang Uyghur Autonomous Region, China*, Santa Ana, CA.: Bowers Museum of Art.

McLaughlin, Raoul 2016. *Rome and the Silk Routes: The Ancient World Economy and the Empires of Parthia, Central Asia, and Han China*, Barnsley: Pen and Sword.

Nehru, Lolita 1989. *Origins of the Gandhāran Style: A Study of Contributory Influences*, Delhi: Oxford University Press.

Rienjang, Wannaporn and Stewart, Peter 2018. *Problems of Chronology in Gandhāran Art: Proceedings of the First International Workshop of the Gandhāra Connections Project, University of Oxford, 23rd-24th March 2017*, Oxford: Archaeopress.

Roberts, Michael 1989. *The Jeweled Style: Poetry and Poetics in Late Antiquity*, Ithaca, NY: Cornell University Press.

Sheng, Andrea 2017. "Chinese Silks that Circulated among People North and West: Implications for Technological Exchanges in Early Times?" in B. Hildebrandt (ed.), *Silk: Trade and Exchange Along the Silk Roads Between Rome and China in Antiquity*, Oxford: Oxbow, 169-192.

Selbitschka, Armin 2010. *Prestigegüter entlang der Seidenstrasse? Archäologische und historische Untersuchungen zu Chinas Beziehungen zu Kulturen des Tarimbeckens vom zweiten bis frühen fünften Jahrhundert nach Christus*, part 1, Wiesbaden: Harrassowitz.

Soper, Alexander C. 1951. "The Roman Style in Gandhara," *American Journal of Archaeology* 55: 301-319.

Stein, Aurel 1928. *Innermost Asia: Detailed Report of Explorations in Central Asia, Kan-Su and Eastern Īrān* (4 volumes), Oxford: Clarendon Press.

The Road to Byzantium: Luxury Arts of Antiquity (2006). London: Fontanka Press.

Wheeler, R. E. Mortimer 1949. "Romano-Buddhist Art: An Old Problem Restated," *Antiquity* 23: 4-19.

Wilson, Timothy 1996. *Italian Maiolica of the Renaissance*, Milan: Bocca.

Wu Zhuo 1989. "Notes on the Silver Ewer from the Tomb of Li Xian," *Bulletin of the Asia Institute* 3: 61-70.

Zhou Jinling and Li Wenying 2004. "The Yingpan Cemetery on the Loulan Branch of the Silk Road," *Orientations* 35/4: 41-43.

Zhou Jinling, Li Wenying, and Ni Jiati 1999. "Xinjiang Yuli xian yingpan mudi 15 hao mu fajue jianbao" ["Excavation of Tomb 15 at the Yingpan site, Yuli, Xinjiang"], *Wenwu* [Cultural Relics] 15: 4-16 (with additional illustrations on volume covers).

Zuchowska, Marta 2014. "'Grape-Picking' Silk from Palmyra: A Han Dynasty Chinese Textile with a Hellenistic Decoration Motif," *Światowit* 12 (53): 143-161.

一件早期犍陀罗金铜佛与光明崇拜

——聚焦于希腊—罗马文化的影响

董　波

（苏州工艺美术职业技术学院）

摘要：现存唯一的犍陀罗早期单体金铜佛像藏于纽约大都会博物馆。其头光形式，以及佛右手掌心的纹饰和佛像青铜贴金的材质，显现出光明崇拜的精神要素，并体现出希腊化时代以来希腊—罗马文化的明显影响。

犍陀罗（Gandhara）佛像雕塑以石雕和泥塑（包括灰塑和陶塑）为主，但也可见到少量金属材质的作品。纽约大都会博物馆藏有一尊青铜坐佛，由日本东京的新田宗一先生2003年捐赠。这件坐佛出自今巴基斯坦西北部一带的犍陀罗地区，年代为公元1世纪至2世纪中期，通高16.8厘米，可随身携带，青铜上有金箔残留，为现存唯一的犍陀罗早期单体金铜佛像。（图1）[1]佛陀披通肩式法衣，[2]结跏趺坐（Padmasana或

1　金铜像，即镀金的铜合金塑像。镀金，即用黄金装饰木质、金属、塑料、玻璃等制品的工艺。参见中国大百科全书不列颠百科全书编辑部编译：《不列颠百科全书：国际中文版》第7卷，北京：中国大百科全书出版社，1999年，第122页。

2　即覆盖佛双肩的对称形佛陀或菩萨外衣。参见［意］多米尼克·法切那、［意］安娜·菲利真希：《犍陀罗石刻术语分类汇编：以意大利亚非研究院巴基斯坦斯瓦特考古项目所出资料为基础》，魏正中、王姝婧、王倩译，上海：上海古籍出版社，2014年，第119页。

图1
青铜贴金坐佛，犍陀罗，公元1—2世纪，纽约大都会博物馆藏

Lotus position)，[1]其右手掌心向前施无畏印（Abhaya Mudrā），[2]左手握衣缘。佛的面容、发式和衣袍被公认为具有公元1世纪罗马人像的特点。[3]尤其值得关注的是佛的头光，其边缘呈均匀的锯齿放射状，以表现光芒，此造型以圆雕形式出现在犍陀罗艺术中，仅此一例。这种头光造型以及佛右手掌心的纹饰和佛像青铜贴金的材质，包含光明崇拜的精神要素，并体现出希腊化时代以来希腊—罗马文化的影响。

1 以跏趺坐方式形成禅坐坐姿。跏趺坐又称“莲花坐”，指两脚交叠盘坐的姿势，原为婆罗门教瑜伽姿势，后被佛教吸收为禅坐的姿势。参见Joan Budilovsky, Eve Adamson, *The complete idiot's guide to yoga (2 ed.)*, Penguin, 2000, p. 204.

2 佛手印（mudrā，系以两手摆成特定的姿势，用来象征特定的教义或理念）的一种，即右手直立，掌心朝向前，表示“无畏”，具有消除恐惧、庇佑幸福的含义。参见Robert Jr. Buswell, *Princeton Dictionary of Buddhism*, Princeton, NJ: Princeton University Press, 2013, p. 2.

3 佛陀深凹的眼窝、突出的耳轮、向前梳的头发及C形的发绺，都体现出1世纪罗马帝国人像，尤其是罗马皇帝尼禄（Nero，公元54—68年在位）像的特点。参见Martha L. Carter, *A Gandharan Bronze Buddha Statuette: Its Place in Evolution of Buddha Image in Gandhara*, Marg 39, No. 4, pp. 21-38; Kurt A. Behrendt, *The Art of Gandhara in the Metropolitan Museum of Art*, New Haven and London: Yale University Press, 2007, p. 48.

一　佛像头光与光明崇拜

（一）此佛像头光的源头：古希腊太阳神赫利奥斯的头光

该佛像最有特色之处是其头光的形式。头光造像的渊源在古埃及，为神灵头顶太阳光盘的形象，至少自古王国（公元前2686—前2181年）前期就形成了造型传统。（图2）[1]在两河流域，鉴于埃及的影响，太阳神沙玛什（Shamash）有个别头顶太阳的形象见于公元前17世纪的叙利亚地区。（图3）[2]至新亚述帝国（Neo-Assyrian Empire，公元

图2
女神哈托尔（Hathor）头顶太阳头光，石雕，古埃及第四王朝孟卡拉（Menkaure）时期（公元前2530—约前2510年），波士顿美术馆藏

图3
铜合金沙玛什坐像，叙利亚，公元前17世纪，纽约布鲁克林博物馆藏

1　参见https://collections.mfa.org/objects/138424/king-menkaura-the-goddess-hathor-and-the-deified-hare-nome?ctx=74a23858-7eed-4103-a398-9ee239edc4fd&idx=2。

2　参见https://www.brooklynmuseum.org/opencollection/objects/4284; https://commons.wikimedia.org/wiki/File:Shamash_(The_Sun_God),_Syria,_c._1700-1600_BC,_copper_-_Brooklyn_Museum_-_Brooklyn,_NY_-_DSC08650.JPG.

前934—前609年），头顶有发光星体的神祇形象已较为常见。（图4）[1]

公元前两千年代的西亚，有两位女神拥有头光造型。一位是公元前两千年代早期的乌加里特（Ugarit）太阳女神沙帕什（Shapash），其头光呈均匀的锯齿放射状。（图5）[2]另一位是公元前14—前13世纪赫梯（Hittite）太阳女神阿琳娜（Arinna），其头光呈圆盘状。（图6）[3]但她们的头光形式均未延续。

头部放光形成造型传统，始于公元前5世纪早期伊达拉里亚（Etruscan）太阳神尤斯尔（Usil）的形象，其头光为光芒外射的形象。（图7）[4]同时期希腊太阳神赫利奥斯（Helios）的头光也发出光芒，只不过它位于神的头部上方（图8），[5]遵循着古埃及和新亚述的传统。从公元前5世纪后期开始，尤斯尔的头光形式成为赫利奥斯的形象特征，十分常见。（图9）[6]直至亚历山大大帝（Alexander the Great）东征时期（公元前334—前324年），其间

图4　新亚述拥有头光的神灵形象

图7　尤斯尔像青铜牌饰，伊达拉里亚，公元前500—前475年

1 Jeremy Black and Anthony Green, *Gods, Demons and Symbols of Ancient Mesopotamia: An Illustrated Dictionary*, Illustrations by Tessa Rickards, London: The British Museum Press, 1992, pp. 55, 108, 111.

2 Andrew George, "Nergal and the Babylonian Cyclops," *Bibliotheca Orientalis* 69, January 2012, pp. 421-425; *Religious Sungazing*, http://sunlight.xhost.ro/history_of_sun_gazing.htm.

3 参见https://www.metmuseum.org/art/collection/search/327401?searchField=All&sortBy=Relevance&ft=Arinna&offset=0&rpp=20&pos=1.

4 参见https://www.getty.edu/art/collection/objects/327217/unknown-maker-applique-depicting-the-sun-god-usil-etruscan-500-475-bc/; https://commons.wikimedia.org/wiki/File:Chariot_fitting_Usil_Hermitage_GR-4876.jpg; https://www.hermitagemuseum.org/wps/portal/hermitage/digital-collection/25.+archaeological+artifacts/294519.

5 参见https://collections.mfa.org/objects/153514/lekythos-oil-bottle?ctx=d51dec50-7b7f-498c-99cd-dbdafe557e96&idx=1; https://www.metmuseum.org/art/collection/search/254196?searchField=All&sortBy=Date&ft=helios&offset=0&rpp=20&pos=3.

6 参见https://www.britishmuseum.org/collection/object/G_1867-0508-1133; https://www.britishmuseum.org/collection/object/G_1906-0425-8; https://www.britishmuseum.org/collection/object/C_RPK-p55A-1-AleI.

图5　泥板，右侧被刺者被认为是太阳女神沙帕什，左侧行刺者被认为是沙帕什的取代者，或为太阳神沙玛什，伊拉克卡法迦（Khafajah）月神辛的庙（Sin temple）遗址出土，公元前两千年代早期，芝加哥东方研究所博物馆藏

图6　阿琳娜金像，赫梯帝国，公元前14—前13世纪，纽约大都会博物馆藏

a　波士顿美术馆藏

b　纽约大都会博物馆藏

图8　古希腊黑绘式陶瓶上，头顶发光太阳的赫利奥斯形象，约公元前500年

a　红绘式陶瓶局部（展开图），希腊阿提卡（Attica），公元前430年

b　银盘，局部贴金，希腊埃利斯（Elis），公元前5—前2世纪

c　金币，希腊伊庇鲁斯（Epirus），公元前350—前331年

图9　古希腊头部发光的赫利奥斯形象，伦敦大英博物馆藏

图10 希腊化时期头部发光的赫利奥斯形象（地中海至黑海）

a 石浮雕，土耳其特洛伊（Troy）雅典娜神庙，公元前300—前280年，柏林国立博物馆藏

b 阿皮斯头光陶塑残件，埃及尼罗河三角洲，公元前3—前2世纪，伦敦大英博物馆藏

c 银杯局部，局部贴金，黑海北岸潘提卡彭（Panticapaeum），公元前3世纪前半期，圣彼得堡艾尔米塔什博物馆藏

d 铜币，西班牙马拉加，伊比利亚的迦太基，公元前3世纪后期，伦敦大英博物馆藏

未见古希腊以外的神灵或人物拥有这种头光形式。

希腊化时代，头部发光的赫利奥斯的形象在希腊本土延续（**图9b**），并在地中海、黑海地区广为传播。在小亚细亚西北端的特洛伊（Troy），亚历山大大帝的“继业者”之一吕西马库斯（Lysimachus）统治时期（公元前306—前281年），出现了赫利奥斯驾驶四马战车的大型石浮雕像，赫利奥斯光芒四射的头部精雕细琢。（**图10a**）[1]在尼罗河三角洲希腊人的殖民地瑙克拉替斯（Naucratis），托勒密王国（Ptolemaic Kingdom，公元前305—前30年）

---

1 参见http://www.smb-digital.de/eMuseumPlus?service=direct/1/ResultLightboxView/result.t1.collection_lightbox.$TspTitleImageLink.link&sp=10&sp=Scollection&sp=SfieldValue&sp=0&sp=0&sp=3&sp=Slightbox_3x4&sp=0&sp=Sdetail&sp=0&sp=F&sp=T&sp=0; https://commons.wikimedia.org/wiki/File:Architrave_with_sculpted_metope_showing_sun_god_Helios_in_a_quadriga;_from_temple_of_Athena_at_Troy,_ca_300-280_BCE;_Altes_Museum,_Berlin_(25308440197).jpg.

的古埃及圣牛神阿皮斯（Apis）头顶的太阳上出现了头部放光的赫利奥斯的形象。（图10b）[1]在黑海东北岸，希腊—斯基泰（Greco-Scythian）博斯普鲁斯王国（Bosporan Kingdom，公元前438—公元370年）希腊化时期的银杯上可见到头部发光、驾驶四马战车的赫利奥斯。（图10c）[2]在西地中海迦太基人（Carthaginians）活跃的地区，头部发光的赫利奥斯形象成为了钱币纹的一个品类，产于伊比利亚半岛南端的马拉加（Málaga）。（图10d）[3]

图11

亚历山大大帝石雕头像，头顶金属太阳冠已失，罗马复制品，原作公元前3—前2世纪，罗马卡比托利欧博物馆（Capitoline Museums）藏

在希腊化时代的埃及和西亚，赫利奥斯的头光开始演变为君王的“太阳冠”（radiant/radiate crown）。亚历山大大帝就有太阳冠，以体现他“赫利奥斯之子”的身份。（图11）[4]在托勒密王国，君王头顶太阳冠的形象最早出现在公元前3世纪末托勒密四世（Ptolemy IV Philopator，公元前221—前204年）的钱币上。（图12）[5]古埃及君王自第四王朝（公元前2575—前2465年）起就拥有了太阳神拉（Ra）之子的身份，[6]至希腊化时代，这种身份表现在了君王所戴赫利奥斯头光式的太阳冠上。在塞琉古王国，自安条克四世（Antiochus IV Epiphanes，公元前175—前164年

图12

戴太阳冠的托勒密三世（Ptolemy III Euergetes）像，金币，托勒密王国，托勒密四世时期，芝加哥艺术博物馆藏

1 参见https://www.britishmuseum.org/collection/object/G_1886-0401-1431.

2 参见https://www.hermitagemuseum.org/wps/portal/hermitage/digital-collection/25.+archaeological+artifacts/24314.

3 参见https://www.britishmuseum.org/collection/object/C_RPK-Gre-14

4 亚历山大大帝是以解放者的身份进入埃及的，被当地人奉为法老和“阿蒙（Amun）之子”，而阿蒙与太阳神拉（Ra）关系紧密，所以亚历山大有时也被奉为“拉之子”，在希腊语的语境中即“赫利奥斯之子”。参见Waldemar Heckel (Editor), Lawrence A. Tritle (Editor), Wiley-Blackwell, *Alexander the Great: A New History*, John Wiley & Sons, 2011, p. 278; Stuart-Jones: *Catalogue of the Capitoline Museum*, Oxford: Clarendon Press, 1912, p. 341, pl. 85, https://commons.wikimedia.org/wiki/File:0_Alexander-Helios_Capitolini_(1).JPG; https://museum.classics.cam.ac.uk/collections/casts/head-alexander-helios。

5 参见https://www.artic.edu/artworks/5782/octadrachm-coin-portraying-king-ptolemy-iii-euergetes.

6 中国大百科全书不列颠百科全书编辑部编译:《不列颠百科全书：国际中文版》第14卷，第166页。

在位）起，君王头顶太阳冠的形象也时常可见。（图13）[1]君王头顶赫利奥斯头光式样的太阳冠，是希腊化造型艺术的一项成果。

亚历山大大帝认为自己的成功东征受到了赫利奥斯的庇佑，[2]中亚地区作为他征服区的东部，希腊化时代也可见到赫利奥斯形象的历史脉络。希腊—巴克特里亚王国古城遗址阿伊·哈努姆（Ai Khanoum）出土有一件公元前3世纪的银盘件（局部贴金），其中心偏上的位置即有头部放光的赫利奥斯半身像。（图14）[3]从公元前2世纪中期至公元前70年，印度—希腊人王国的国王柏拉图（Plato of Bactria，约公元前145—前140年在位）、菲洛克赛诺斯（Philoxenus，公元前100—前95年在位）和特勒福斯（Telephus，公元前75—前70年在位）的钱币上，均有头部发光的赫利奥斯形象。（图15）[4]尤其值得一提的是，在柏拉图钱币上，经常见到赫利奥斯的经典形象，即头部放光、驾驶着四马战车的形象。（图15a、b）[5]在印度东北部菩提伽耶（Bodhgaya）摩诃菩提寺（Mahabodhi Temple，意译"大觉寺"）的一件公元前2—前1世纪的石雕上，印度的太阳神苏利耶（Surya）被塑造成头部放光、驾驶四马战车的形象，明显受到了赫利奥斯形象的影响。（图16）[6]摩诃菩提寺是佛寺，说明当时赫利奥斯的头光形式已经进入佛教领域。公元前125—前75年，苏利耶的这种头光造型常见于恒河南岸另一处佛教遗址巴尔

---

1 参见https://www.britishmuseum.org/collection/object/C_1931-0406-175.

2 Andrew Stewart, *Faces of Power: Alexander's Image and Hellenistic Politics*, University of California Press, 1993, p. 180.

3 成都博物馆编著：《阿富汗：古代文明的十字路口》，北京：文化艺术出版社，2018年，第35页。

4 Ladislav Stančo, *Greek Gods in the East Hellenistic Iconographic Schemes in Central Asia*, Prague: Karolinum Press, Charles University, 2013, pp. 135-136.

5 巴克特里亚的柏拉图硬币，大英博物馆网站列出2枚，Ladislav Stančo的著作中列出1枚，维基百科"Plato of Bactria"列出3枚，CoinIndia网站页面"The Coin Galleries: Bactria:Plato"列出6枚，均有驾驶司马战车、头部发光的赫利奥斯形象（大英博物馆所藏1枚未提供图片）。参见Ladislav Stančo, *Greek Gods in the East Hellenistic Iconographic Schemes in Central Asia*, p. 136; https://www.britishmuseum.org/collection/object/C_1872-0509-1; https://en.wikipedia.org/wiki/Plato_of_Bactria#cite_ref-2; http://coinindia.com/galleries-plato.html.

6 Ali Javid, Tabassum Javeed, *World Heritage Monuments and Related Edifices in India*, NewYork: Algora Publishing, 2008, p. 32. 图片参见https://commons.wikimedia.org/wiki/File:Bodh_Gaya_quadriga_relief.jpg.

图13　戴太阳冠的安条克四世像，合金钱币，塞琉古王国，安条克四世时期，伦敦大英博物馆藏

图14　局部贴金的银盘件，阿富汗阿伊·哈努姆，公元前3世纪早期，喀布尔阿富汗国立博物馆藏

图16

苏利耶石浮雕像，印度菩提伽耶，公元前2—前1世纪

a　柏拉图银币背面　b　柏拉图银币背面　c　菲洛克赛诺斯钱币背面　d　特勒福斯钱币背面，左侧为赫利奥斯

图15　希腊—巴克特里亚王国和印度—希腊人王国钱币上的赫利奥斯形象

图17　拥有头光的人物石浮雕像，印度巴尔胡特，公元前125—前75年，加尔各答印度博物馆藏

胡特（Bharhut）的浮雕人物上。（**图17**）[1]这些印度人物像是否像太阳冠一样体现神性，尚不得而知，不过我们仍可将它视为催生佛像头光的重要因素。佛的本义不是神，而是彻悟的人，人物头部发光为佛的头部发光作了铺垫。

1　Alexander Cunningham, *The Stupa of Bharhut: A Buddhist Monument Ornamented with Numerous Sculptures, Illustrative of Buddhist Legend and History in the Third Century B.C*, London: W. H. Allen and Co., 1879, pp. 29-40, plate XXIV, XXXV. 图片参见https://en.wikipedia.org/wiki/Bharhut.

古希腊语“赫利奥斯”和梵语“苏利耶”拥有相同的原始印欧语（Proto-Indo-European，简称PIE）词根*$sóh_2wl$。[1]上古时期，古希腊太阳神赫利奥斯和印度太阳神苏利耶本是同一位太阳神，后来随着原始印欧语分化成古希腊语和梵语，才分别成为古希腊和古代印度的太阳神。在希腊化的历史背景下，苏利耶借用赫利奥斯的形象是顺理成章的。类似现象也出现在当时的地中海地区。拉丁语称太阳或太阳神为“索尔”（Sol），其原始印欧语词根亦为*$sóh_2wl$。[2]罗马共和国晚期，太阳神希腊语称“赫利奥斯”，拉丁语称“索尔”，实为同一个神，其头部放光的形象较为多见。（图18）[3]至罗马帝国早期，此种形象的赫利奥斯（索尔）单体青铜像已经十分流行。（图19）[4]当时，亚欧（包括北非）自西向东有罗马、帕提亚、贵霜和汉四大帝国，它们总体上采取“远交近攻”的外交策略，相隔的国家相对友善，[5]罗马和贵霜两者间有较多交流。[6]约公元1世纪中期的希腊文文献《厄立特里亚海航行记》（*The Periplus of the Erythraean Sea*），记述了当时罗马所属的埃及的港口与印度西海岸之间发达的海上交往，以及印度河

a　镶嵌古罗马银币的银胸针，约1870年，银币约公元前110年

b　银币（中间部分），公元前42年

图18　罗马共和国晚期的赫利奥斯（索尔）形象，伦敦大英博物馆藏

1 Donald Ringe, *From Proto-Indo-European to Proto-Germanic (a Linguistic History of English; 1)*, Oxford: Oxford University Press, 2006, p. 46.

2 Donald Ringe, *From Proto-Indo-European to Proto-Germanic (a Linguistic History of English; 1)*, p. 46.

3 参见https://www.britishmuseum.org/collection/object/H_1978-1002-737; https://www.britishmuseum.org/collection/object/C_1866-1201-4203。

4 参见https://art.thewalters.org/detail/3082/alexander-helios/; https://commons.wikimedia.org/wiki/File:Helios_with_chlamys_Louvre_AO7530.jpg; https://commons.wikimedia.org/wiki/File: Statuette_Helios_Louvre_Br344.jpg; https://commons.wikimedia.org/wiki/File:Busto_di_sol,_et%C3%A0_giulio-claudia.JPG.

5 ［英］阿诺德·汤因比：《人类与大地母亲：一部叙事体世界历史》，徐波等译，马小军校，上海：上海人民出版社，2001年，第244—246页。

6 ［匈牙利］雅诺什·哈尔马塔主编：《中亚文明史》第二卷，徐文堪、芮传明译，北京：中国对外翻译出版公司，2002年，第197页。

a　公元1世纪，巴黎卢浮宫藏　b　公元1世纪，美国马里兰州巴尔的摩沃尔特斯美术馆（Walters Art Museum）藏　c　公元1—2世纪，佛罗伦萨国立考古博物馆藏　d　公元2世纪，巴黎卢浮宫藏

图19
罗马帝国早期赫利奥斯（索尔）青铜像

口一带通往中亚内陆的重要商道。[1]今阿富汗首都喀布尔以北的贝格拉姆（Begram）是贵霜帝国的夏都所在地，这里出土了大量公元1世纪的罗马舶来品。（**图20**）[2]前文提到，大都会这件金铜佛的面容、发式和衣袍具有公元1世纪罗马人像的特点，综合史料可以认为，在中亚地区罕见的头光形式，受到了罗马帝国早期流行的赫利奥斯（索尔）单体青铜像的影响。

综上，无论从希腊化时代中亚和印度的传统，还是从贵霜帝国与罗马帝国的紧密关联来看，大都会博物馆这件金铜佛像的头光形式明显来自古希腊太阳神赫利奥斯的形象。巴基斯坦西北部斯瓦特（Swat）河谷地区出土的同期石雕显示，佛在当时是作为太阳而受到

1　*The Periplus of The Erythraean Sea: Travel and Trade in the Indian Ocean by a Merchant of the First Century*, translated from the Greek and annotated by Wilfred H. Schoff, New York: Longmans, Green, & Co. 1912.

2　Joan Aruz, Elizabetta Valtz Fino, *Afghanistan: Forging Civilizations along the Silk Road*, Metropolitan Museum of Art, New York and New Haven: Yale University Press, 2012, pp. 54-63；图片由董波于2019年9月12日拍摄于南京博物院“金色阿富汗——古代文明的十字路口”特展。

敬拜的。（图21）[1]基于希腊化的历史背景，当时的佛像采用赫利奥斯的形象完全是合理的。

（二）古希腊头光、身光造型传统与光明崇拜

佛像头光形式在后世多为圆盘形，与赫梯太阳女神阿琳娜的头光形式一致，但大都会这件金铜佛像的头光为赫利奥斯常见的头光形式，光芒外射，体现出对光明的关注。

神灵以人物形象发出光芒的造型最早较多见于新亚述帝国，并在阿黑门尼帝国（Achaemenid Empire，公元前550—前330年，史称“第一波斯帝国”）（图22）和古希腊得到传承，[2]但人物“身光”（body-halo/aureole，又称“背光”）与头光的造型传统却是古希腊奠定的。

古希腊太阳神赫利奥斯头部放光的形象，不见于新亚述帝国（图4）和阿黑门尼帝国的神灵或人物。在赫利奥斯那里还可见到身光（图23），[3]与新亚述流行的神灵发光形象不同，其光芒通常较细小，呈均匀的放射状，为后世身光形式之原型。在古希腊，头部或身体放光的形象也不限于赫利奥斯。一件出土于意大利中部博奇奥·索马维拉（Poggio Sommavilla）的古希腊陶罐，年代约为公元前410年，其外腹绘有拥有头光的斯芬克斯。（图24）希腊阿提卡所产的一件约公元前400年的橄榄油瓶腹部饰有一个犹如太阳的发光体，

a 灰塑青年男子像

b 青铜像

c 贴金铜叶片

图20

贝格拉姆出土罗马舶来品，公元1世纪，喀布尔阿富汗国立博物馆藏

1 参见https://www.britishmuseum.org/collection/object/A_1966-1017-2.

2 Amelie Kuhrt, *The Persian Empire: A Corpus of Sources from the Achaemenid Period*, London: Routledge, 2013, p. 596.

3 参见https://collections.mfa.org/objects/154078/mixing-bowl-volute-krater?ctx=2b9d90f9-9df8-40cb-b175-6560275ccc7c&idx=14.

图21　礼拜佛陀太阳像，石雕，斯瓦特地区，公元1世纪，伦敦大英博物馆藏

图22　古波斯人物身光形象，阿尔塔斯图娜（Artystone）滚筒印章印纹，波斯波利斯防御档案（Persepolis Fortification Archive），阿黑门尼帝国时期

图23　陶瓶颈部的赫利奥斯像，南意大利普利亚（Apulia），约公元前340年，波士顿美术馆藏

图24　陶罐上拥有头光的斯芬克斯像，意大利中部博奇奥·索马维拉出土，约公元前410年，意大利帕尔马国家考古博物馆藏

内含女性侧面头像，可视为这位女性在发光。（图25）[1]

在古典希腊时期晚期意大利南部普利亚风格（Apulian）及卢卡利亚风格（Lucanian）的陶器上，神灵和人物拥有赫利奥斯式头光或身光的形象较为多见。例如，赫利奥斯的妹妹、黎明女神厄俄

1　参见https://www.britishmuseum.org/collection/object/G_1928-0519-2.

图25
橄榄油陶瓶腹部，希腊阿提卡，约公元前400年，伦敦大英博物馆藏

图26
陶瓶颈部，自左至右为赫利奥斯、厄俄斯和福斯福洛斯，南意大利普利亚，公元前340—前330年，慕尼黑（巴伐利亚）州立文物博物馆藏

斯（Eos），以及厄俄斯之子、晨星福斯福洛斯（Phosphorus），有时拥有与赫利奥斯类似的头光（图26）；[1]赫利奥斯的孙女、大女巫美狄亚（Medea）有时拥有身光（图27）；[2]闪电女神阿斯忒洛珀（Astrape）和魔法女神赫卡特（Hecate）也可见到头部发光的形象（图28、29）；[3]还有不知名的女神和青年共有头光的形象（图30）。[4]圣彼得堡艾尔米塔什博物馆所藏一件普利亚风格的陶瓶，颈部绘有古希腊拉庇泰人（Lapiths）的君主伊克西翁（Ixion）受火轮之刑的形象，其火轮犹如伊克西翁的身光。（图31）[5]在波士顿美术馆所藏的一件普利亚风格的陶器上，半神英雄赫拉克勒斯（Heracles）的母亲阿尔克

1 参见https://commons.wikimedia.org/wiki/File:Apulian_Red_Figure_volute_krater_with_scenes_of_the_Underworld,_ca._340-330_BC,_Staatliche_Antikensammlungen,_Munich_(8956886411).jpg.

2 参见https://www.clevelandart.org/art/1991.1.

3 参见https://www.getty.edu/art/collection/objects/12837/attributed-to-painter-of-louvre-mnb-1148-apulian-red-figure-loutrophoros-greek-south-italian-apulian-about-330-bc/?dz=0.2884,0.7905,3.45; https://www.britishmuseum.org/collection/object/G_1885-0314-1.

4 参见https://www.vmfa.museum/piction/6027262-94796503/; http://www.nationalsporting.org/nslm/exhibition_details/619.

5 参见https://www.hermitagemuseum.org/wps/portal/hermitage/digital-collection/25.+archaeological+artifacts/289763; Nikos Chausidis, *Luristan Standards-Iconography, Semiotics And Purpose*, Center for Prehistoric Research, Skopje, 2022, pp. 69-72.

图27　陶瓶上的美狄亚像，南意大利卢卡利亚，约公元前400年，克利夫兰美术馆藏

图28　陶瓶上的阿斯忒洛珀像，南意大利普利亚，约公元前330年，洛杉矶盖蒂别墅博物馆藏

图29　陶瓶上的赫卡特像（右侧），南意大利普利亚，公元前370—前350年，伦敦大英博物馆藏

图30　陶瓶局部，南意大利普利亚，公元前350—前340年，里士满弗吉尼亚美术馆藏

图31　陶瓶局部，南意大利普利亚，公元前320—前315年，圣彼得堡艾尔米塔什博物馆藏

墨涅（Alcmene）被彩虹环绕，彩虹随身形略呈竖椭圆形，也是后世流行的身光形式。（图32）[1]

在古希腊，还出现了一种独特的光芒造型。即每束光芒呈长水滴形，尖头向外，主体呈四芒、五芒、六芒或八芒等中心对称的放射结构，芒间又有

1　参见https://collections.mfa.org/download/154122.

较短的芒，同样中心对称，芒层可累积。这种光芒造型称为“维尔吉纳太阳”或“维尔吉纳之星”，[1]得名于今希腊北部的小镇维尔吉纳（Vergina），因其附近马其顿的腓力二世（Philip II of Macedon，公元前359—前336年在位）或腓力三世（Philip III Arrhidaeus，一般认为公元前323—前317年在位）之墓出土的一件金棺盒盖上，有一个硕大的、典型的此种光芒纹。（**图33**）[2]实物显示，自公元前6世纪，维尔吉纳之星的形象就在古希腊流行起来（**图34**），[3]日后成为古希腊表现神灵光芒的标志性造型或纹样。赫利奥斯的头光常常就采取维尔吉纳之星的光芒形式（图9c，10a、c、d，14）。

黑海东北岸博斯普鲁斯王国的地域出有一枚滚筒印章，其印纹被认为表现的是波斯君王阿塔薛西斯二世（Artaxerxes II，公元前404—前359年在位）敬拜女神阿娜希塔（Anahita）的场景，女神立于狮背上，身体光芒四射（**图35**），[4]这可以视为新亚述传统形象的延续，但具体的光芒却是维尔吉纳之星的形式。博斯普鲁斯王国是深受希腊文化影响的斯基泰国家，这种维尔吉纳之星的形式明显是古希腊影响的结果。

希腊化时代，随着赫利奥斯形象的延续和传播，古希腊形成的头光和身光的造型开始凸显其光明含义，并被更多希腊以外的神祇形象所接受。这一时期起，古希腊光明之神阿波罗（Apollo）的头部开始发光（**图36**）[5]，人们越来越倾向于将阿波罗和赫利奥斯混同起来。在今土耳其东南的希腊化国家科马根尼王国（Kingdom of Commagene，公元前163—公元72年），出

---

1 参见https://commons.wikimedia.org/wiki/File:Vergina_Sun_-_Golden_Larnax.png.

2 参见https://commons.wikimedia.org/wiki/File:%2B_1977_wurden_die_K%C3%B6nigsgr%C3%A4ber_in_Vergina_entdeckt._14.jpg; https://commons.wikimedia.org/wiki/File:Vergina_Sun-Golden_Larnax.png.

3 参见https://www.britishmuseum.org/collection/object/G_1837-0609-67; http://www.museivaticani.va/content/museivaticani/en/collezioni/musei/museo-gregoriano-etrusco/sala-xix--emiciclo-inferiore--collezione-dei-vasi--ceramica-atti/anfora-attica-a-figure-nere-firmata-da-exekias.html.

4 Amelie Kuhrt, *The Persian Empire: A Corpus of Sources from the Achaemenid Period*, p. 567; Ellis H. Minns, *Scythians and Greeks: A Survey of Ancient History and Archaeology on the North Coast of the Euxine from the Danube to the Caucasus*, Cambridge, Mass.: Cambridge University Press, 1913, pp. 410-411.

5 参见https://www.britishmuseum.org/collection/object/G_1923-0401-140.

图32 陶瓶，南意大利普利亚，公元前340—前330年，波士顿美术馆藏

图33 腓力二世或三世金棺盒及维尔吉纳之星，20世纪70年代发现于希腊北部维尔吉纳，公元前4世纪后期，希腊埃盖（Aigai）王墓博物馆藏

a 希腊阿提卡，公元前550—前530年，伦敦大英博物馆藏

b 雅典，约公元前530年，梵蒂冈博物馆藏

图34 古希腊陶瓶上的维尔吉纳之星形象

图35 滚筒印章纹，黑海东北岸阿纳帕（Anapa），公元前404—前359年，器物藏于圣彼得堡艾尔米塔什博物馆

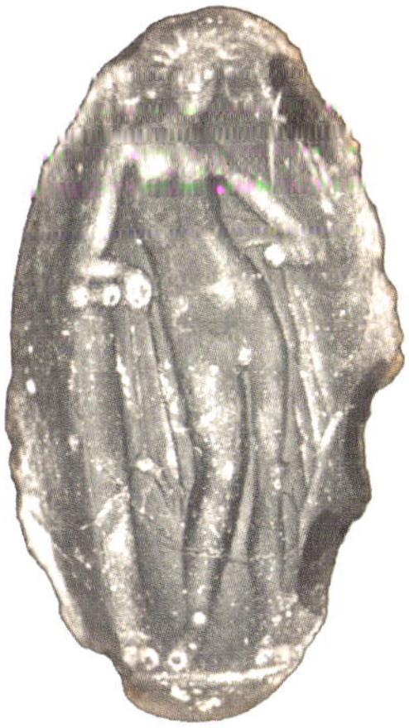

图36 玻璃凹雕阿波罗像，地中海地区，公元前2—前1世纪，伦敦大英博物馆藏

现了印度—伊朗的光明之神密特拉（Mitra）[1]与希腊神赫利奥斯、阿波罗以及赫尔墨斯（Hermes）混合的情形，如公元前1世纪中期的“密特拉—赫利奥斯”神和“阿波罗—密特拉—赫利奥斯—赫尔墨斯”神，其头部光芒外射。（图37、38）[2]密特拉一般认为最早是契约之神，[3]其头光形象说明当时他已具有了光明神的性质。

在埃及和西亚一带，公元1—3世纪，太阳神开始普遍接受赫利奥斯的头光造型。如帕尔米拉（Palmyra，位于今叙利亚东部）的马拉克柏勒（Malakbel）（图39）和亚希波尔（Yarhibol）（图40）、[4]埃及的萨拉皮斯（Serapis）（图41）和索贝克（Sobek）（图42），[5]以及两河流域的沙玛什（图43）。[6]与太阳神相伴的一些月神也拥有了相同的头光，比如帕尔米拉的阿戈黎波（Aglibol）。进入希腊化时期以来，阿波罗具有了赫利奥斯（索尔）的特点，其孪

图37　密特拉—赫利奥斯石像，土耳其阿尔萨梅亚（Arsameia，科马根尼王国王宫所在地），公元前69—前31年

图41　萨拉皮斯青铜像，罗马帝国公元1—3世纪，大英博物馆藏

1　中国大百科全书不列颠百科全书编辑部编译：《不列颠百科全书：国际中文版》第11卷，第266页。

2　Philippa Adrych, Robert Bracey, Dominic Dalglish, Stefanie Lenk, Rachel Wood, *Images of Mithra*, Oxford: Oxford University Press, 2017, pp. 128-157.

3　Karel van der Toorn, Bob Becking, Pieter Willem van der Horst, *Dictionary of Deities and Demons in the Bible*, Grand Rapids: Wm. B. Eerdmans Publishing, 1999, p. 578.

4　参见https://www.louvre.fr/en/oeuvre-notices/divine-triad; https://en.wikipedia.org/wiki/File:Relief_of_the_divine_trinity-AO_19801-IMG_4334-gradient.jpg; https://www.mba-lyon.fr/fr/fiche-oeuvre/monument-aux-dieux-bel-baalsamin-yarhibol-et-aglibol; https://commons.wikimedia.org/wiki/File:Deos_semitic_MBAL_2507.jpg.

5　参见https://www.britishmuseum.org/collection/object/G_1772-0302-172; http://www.smb-digital.de/eMuseumPlus?service=ExternalInterface&lang=en.

6　参见https://commons.wikimedia.org/wiki/File:God_Shamash_from_Hatra,_Iraq._2nd-3rd_century_CE._Iraq_Museum.jpg.

a　位于土耳其东南内姆鲁特山（Nemrut，科马根尼王国王室墓地）

b　土耳其东南索福拉兹（Sofraz）出土，加齐安泰普（Gaziantep）考古博物馆藏

图38　科马根尼的安条克一世（左）与阿波罗—密特拉—赫利奥斯—赫尔墨斯（右）握手石雕，公元前69—前31年，科马根尼王国

图39　石浮雕三神像，中间为天神巴尔夏明（Baalshamin），右侧为日神马拉克柏勒，左侧为月神阿戈黎波，叙利亚帕尔米拉附近，公元1世纪前半叶，巴黎卢浮宫藏

图40▶　石浮雕四神像，自左至右分别为贝尔神（Bel）、月神阿戈黎波、日神亚希波尔、天神巴尔夏明，叙利亚帕尔米拉巴尔夏明神庙，公元121年，里昂美术馆藏

图42▲　赫利奥斯—索贝克像，焙烧过的泥板，公元2—3世纪，埃及法尤姆（Fayoum），柏林国立博物馆藏

图43　沙玛什石浮雕像，公元2—3世纪，伊拉克哈特拉（Hatra），巴格达伊拉克国立博物馆藏

生姐姐阿尔特米斯（Artemis）[1]也具有了赫利奥斯的妹妹、月神塞勒涅（Selene）的特点，并有头部发光的形象。（图44）[2]这些日神和月神头部发光的形象，说明其光明属性与特点得到了强调。另外，古埃及后期（约公元前664—前332年）开始受到崇拜的埃及神图图（Tutu）常与有翼太阳（古埃及太阳的标志）相伴，其标准像头顶着太阳光盘，为古埃及传统，而到了罗马帝国早期，则出现了赫利奥斯式头光的形象。（图45）[3]

在中亚的希腊—巴克特里亚王国，可见到光芒四射的赫利奥斯半身像，光芒为单层维尔吉纳之星的形式，显现着赫利奥斯的光明性质。（图46）[4]一些与亚历山大大帝紧密相关的古希腊神祇，比如阿尔特米斯、主神宙斯（Zeus）和胜利女神尼科（Nike），也受到赫利奥斯的影响，出现头部发光的形象。德米特里一世（Demetrius Ⅰ，约公元前200—前190年在位）的一类钱币上，站立的阿尔特米斯头部发光。（图47）[5]希腊化时代，亚历山大也被视为“宙斯之子”。[6]赫利奥克勒斯一世（Heliocles I，约公元前145—前130年）之后，仿赫利奥克勒斯一世的钱币上可见到宙斯头部发光的形象。（图48）[7]在赫尔迈欧斯（Hermaeus Soter/Hermaios Soter，公元前90—前70年在位）的一类钱币上，宝座上的宙斯头部光芒外射。（图49）[8]在古希腊神话中，尼科是宙斯的亲密伙伴，希腊化时代的

1 罗马人将古希腊女神阿尔特米斯与罗马女神狄安娜（Diana）混同。参见中国大百科全书不列颠百科全书编辑部编译：《不列颠百科全书：国际中文版》第1卷，第511页；中国大百科全书不列颠百科全书编辑部编译：《不列颠百科全书：国际中文版》第5卷，第276—277页。

2 参见https://en.wikipedia.org/wiki/Star_and_crescent；https://en.wikipedia.org/wiki/File:Roman_Crescent_Star.jpg.

3 参见https://www.worldhistory.org/image/7608/relief-depicting-egyptian-god-tutu/.

4 Martha L. Carter; Prudence Oliver Harper, Pieter Meyers, Majmūʻat al-Ṣabāḥ (Kuwait, Kuwait), Dār al-Āthār al-Islāmīyah (Kuwait, Kuwait), *Arts of the Hellenized East: Precious Metalwork and Gems of the Pre-Islamic Era*, New York: Thames & Hudson, 2015, pp. 130-131.

5 参见https://www.britishmuseum.org/collection/object/C_IOC-12.

6 Martin Hengel, *Cross of the Son of God*, London: SCM Press, 1986, p. 28.

7 CoinIndia网站页面“The Coin Galleries: Bactria: Heliocles I”列出三枚这样的钱币，http://coinindia.com/galleries-heliocles1.html.

8 参见https://en.wikipedia.org/wiki/File:Helmetted_Hermaios.jpg.

钱币上常见宙斯手托尼科的形象，寓意亚历山大大帝的军事胜利。在米南德二世（Menander II Dikaios，公元前90—前85年在位）的一类钱币上，尼科拥有圆形的头光，旁边有佉卢文铭文，释为“国王米南德，佛法（Dharma）的追随者”，体现出米南德二世的佛教信仰。（图50）[1]和同时期摩诃菩提寺的太阳神苏利耶与巴尔胡特的人物形象一样，这类钱币也可以作为来自古希腊的头光造型进入佛教领域的证据。

古希腊光明之神阿波罗在中亚与印度也隐约有头部发光的形象出现，主要表现在阿波罗多托斯一世（Apollodotus I，约公元前180—前160年在位）和阿波罗多托斯二世（Apollodotus II，约公元前80—前65年）的钱币上。（图51、52）[2]从现存的实物看，这些钱币上的阿波罗“头光”多数不清晰，形态与花环较为类似。相比之下，稍晚印度—伊朗的光明之神密特拉拥有头光的形象，在中亚和印度则有较为清楚的脉络。赫尔迈欧斯发行过一种方形钱币，印有头顶太阳冠的“宙斯—密特拉”神（图53），[3]这种密特拉和希腊神混合的例子与土耳其东南的科马根尼王国的情形类似。至贵霜帝国威玛·塔克图（Vima Takto，公元80—90/110年在位）时期，钱币上流行一种头顶放光的侧面头像，被认为是密特拉或太阳神的形象。（图54）[4]迦腻色伽一世（Kanishka I，公元127—150年在位）时期，钱币上出现了相同的赫利奥斯和密特拉头部发光的形象（图55、56），[5]意味着当时太阳神和光明神在形象上的混同。同期的钱币上还有立佛形象，佛既有头光，也有身光。（图57）[6]这

1 参见https://en.wikipedia.org/wiki/Menander_II.

2 参见https://www.britishmuseum.org/collection/object/C_IOC-72；CoinIndia网站页面“The Coin Galleries: Indo-Greeks: Apollodotus II (c. 80-65 BCE)”列出的阿波罗具有头部发光形象的钱币仅一枚，http://coinindia.com/galleries-apollodotus2.html.

3 参见https://commons.wikimedia.org/wiki/File:Hermaios_with_radiate_Zeus_Mithra.jpg.

4 参见https://www.britishmuseum.org/collection/object/C_1922-0424-2993.

5 参见https://www.britishmuseum.org/collection/object/C_1888-1208-537; https://www.britishmuseum.org/collection/object/C_1879-0501-2。

6 参见https://www.britishmuseum.org/collection/object/C_IOC-289.

图44 狄安娜—阿尔特米斯石浮雕像，土耳其佩尔格（Perge），罗马帝国，土耳其安塔利亚（Antalya）博物馆藏

图45 图图石浮雕像，埃及，约公元100年，罗马帝国，比利时布鲁塞尔皇家艺术与历史博物馆藏

图46 局部镀金的银碗，巴克特亚，公元前2世纪早中期，科威萨巴收藏（Al-Sabah Collection）

图47 德米特里一世合金钱币，希腊—巴克特里亚王国，公元前200—前190年，伦敦大英博物馆藏

图48 仿赫利奥克勒斯一世合金钱币，印度—希腊王国，晚于公元前130年

图49 赫尔迈欧斯钱币，印度—希腊王国，公元前90—前70年

图50 米南德二世钱币，印度—希腊王国，公元前90—前65年

图51 阿波罗多托斯一世合金钱币，印度—希腊王国，公元前180—前160年或公元前174—前165年，伦敦大英博物馆藏

图52 阿波罗多托斯二世钱币，印度—希腊王国，公元前80—前65年。CoinIndia供图

图53 赫尔迈欧斯钱币，印度—希腊王国，公元前90—前70年。CNG-coins供图

图54 威玛·塔克图铜币，贵霜帝国，公元80—90/110年，伦敦大英博物馆藏

图55 迦腻色伽一世金币，贵霜帝国，公元127—150年，伦敦大英博物馆藏

图56 迦腻色伽一世金币，贵霜帝国，公元127—150年，伦敦大英博物馆藏

图57 迦腻色伽一世金币，贵霜帝国，公元127—150年，伦敦大英博物馆藏

些均说明，至迟在迦腻色伽一世统治时期，来自古希腊的头光和身光造型已经被佛像所接受；佛陀和密特拉一样，通过接纳赫利奥斯式的头光造型，彰显出自己作为光明之神的特点。佛或菩萨发出的光，梵语称prabhā，众多佛经对其专门阐述与赞叹。[1]如《无量寿经》（*Longer Sukhāvatīvyūha Sūtra*）引述佛言："我作佛时，令我光明胜于日月诸佛之明百亿万倍，照无数天下窈冥之处，皆常大明。诸天人民蠕动之类，见我光明，莫不慈心作善来生我国。不尔者，我不作佛。"[2]《无量寿经》被认为最早编撰于公元1—2世纪贵霜帝国的犍陀罗地区。[3]综上可见，大都会博物馆这件金铜佛像的头光形式，明示出佛陀是作为光明之神而存在的，体现出佛教的光明崇拜。

这里需要重申，这件金铜佛的头光形式源自古希腊太阳神赫利奥斯，而不是光明之神阿波罗。在中亚和印度，阿波罗拥有头光的形象不甚明显，有限的例证也止于公元前1世纪前期，未能延续到这尊金铜佛的年代；而阿波罗拥有头光本身也是赫利奥斯的形象影响的结果。公元前5世纪后期以来，赫利奥斯就拥有了头部发光及身体发光的标准像，而光芒均匀的头光和身光造型在古希腊也形成了传统。亚历山大东征开启后，伴随着希腊文化的东传，从地中海到中亚和印度，不少神灵和人物借用了来自古希腊的头光或身光形式。在希腊化世界的东西部，还形成了头光形象的呼应关系。例如印度太阳神苏利耶拥有赫利奥斯的头光形象时，同时代的罗马太阳神索尔与赫利

1 慈怡法师主编：《佛光大辞典》卷五，北京：北京图书馆出版社，2004年，第2173页。

2 净空法师选定：《净土五经读本》，台北：佛陀教育基金会，2000年，第137页。

3 Hajime Nakamura, *Indian Buddhism: A Survey With Biographical Notes*, Delhi: Motilal Banarsidass, 1999, p. 205; Paul Williams, *Mahāyāna Buddhism: The Doctrinal Foundations*, New York: Routledge, 2008, p. 239

奥斯也混同起来；托勒密王国和塞琉古王国的君王拥有了太阳冠之后不久，印度佛教遗址巴尔胡特也较多出现了拥有头光的人物；至公元前1世纪，希腊化世界的东西部同时出现了密特拉和希腊神混合现象。在中亚和印度，密特拉很大程度上充当了赫利奥斯与佛陀头光形象的中介。在赫利奥斯的影响下，密特拉拥有了头部发光的形象。当密特拉的这种形象流行时，头部发光的佛像也兴起了。这既明示了佛像头光的来源，也印证了佛陀作为光明之神的性质。

二　光明崇拜的其他线索

（一）佛右掌心纹饰

此种佛右掌心纹饰在佛教中为一种“盛莲饰”，[1]作为纹样或造型称为“玫瑰饰”，[2]呈类似于莲座状叶丛的放射形，最早在幼发拉底河中上游哈布尔河（Khabur River）河谷一带的哈拉夫文化（Halaf culture，约公元前6100—前5100年）就常见到（图58），[3]至文明时代已流行于西亚和东地中海地区（图59），[4]常与光明表现有关。在两河流域，

1 ［意］多米尼克·法切那、［意］安娜·菲利真希：《犍陀罗石刻术语分类汇编：以意大利亚非研究院巴基斯坦斯瓦特考古项目所出资料为基础》，魏正中、王姝婧、王倩译，第93、115页。

2 James Hall, *Illustrated Dictionary of Symbols in Eastern And Western Art*, New York: Avalon Publishing, 1994, p. 157.

3 Beatrice Laura Goff, *Symbols of Prehistoric Mesopotamia*, New Haven: Yale University, 1963, Illustrations, fig. 67, 68, 69.

4 参见https://www.britishmuseum.org/collection/object/W_1929-1017-10; https://www.britishmuseum.org/collection/object/Y_EA63709; https://www.britishmuseum.org/collection/object/G_1892-0520-1; https://www.britishmuseum.org/collection/object/G_1861-1111-1; https://www.britishmuseum.org/collection/object/W_1897-1231-19.

图58 哈拉夫陶盘纹样，中部为玫瑰饰

金饰，乌尔早王朝，南伊拉克乌尔（Ur），公元前2500—前2450年

金杯（顶视），米诺斯文明，希腊厄基那（Aegina），公元前1850—前1550年

银碗（底视），阿姆河宝藏，第一波斯帝国，公元前550—前330年

头饰，釉砂，埃及，约公元前2100年

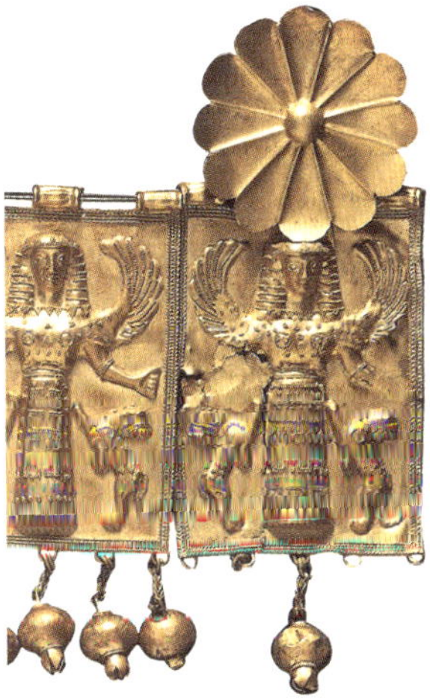

金牌饰，希腊罗德岛（Rhodes），公元前660—前620年

图59 文明早期的玫瑰饰，西亚与东地中海，伦敦大英博物馆藏

自苏美尔早王朝时期，玫瑰饰就与伊南娜（Inanna）女神有关，[1]伊南娜后来获得了闪米特语的称呼“伊什塔尔”（Ishtar），并以放射星光形（通常为八角）为标志。[2]此标志至新亚述时期呈现出被玫瑰饰取代的趋势，[3]可知星光的象征含义被玫瑰饰吸纳了。玫瑰饰也与太阳光有关。[4]在土耳其南部和叙利亚北部的新赫梯诸国（Neo-Hittite states，约公元前1180—前700年），太阳常见玫瑰饰形象。（图60）[5]至第一波斯帝国，玫瑰饰可表征发光的太阳，与同心圆圈所表征的不发光的太阳相对。（图61）[6]

在希腊世界，玫瑰饰常与光明有明确的关联。在今希腊北部塞萨洛尼基（Thessaloniki）附近的费拉德尔菲亚新村（Nea Philadelpheia）旁，存有约公元前180年的墓地，出土的圆形金饰片边缘呈均匀的锯齿状，应是表现光芒，其正中锤揲出一个硕大的玫瑰饰。（图62）[7]腓力二世或三世金棺盒就通体镶嵌玫瑰饰形饰片，其维尔吉纳之星的中心即玫瑰饰。（图33）赫利奥斯的形象与玫瑰饰时常出现于同一件器物上。（图63、64）[8]上文提到，在希腊化时代，古埃及圣牛神阿皮斯头顶的太阳为赫利

---

1 Marc Van der Mierop, *A History of the Ancient Near East: 3,000-323BC*, Oxford: Blackwell Publishing, 2007, p. 55.

2 Jeremy Black and Anthony Green, *Gods, Demons and Symbols of Ancient Mesopotamia: An Illustrated Dictionary*, Illustrations by Tessa Rickards, London: The British Museum Press, 1992, pp. 109, 169.

3 Ibid., pp. 156-157.

4 Cheryl Hart, *An Analysis of the Iconographic Rosette Motif as a Means of Non-Verbal Communication: A Case Study – The Rosette Motif and its Association with Solar Symbolism*, from Proceedings of the 9th International Congress on the Archaeology of the Ancient Near East, 9-13, June, 2014, Basel, edited by Rolf A. Stucky, Oskar Kaelin, Hans-Peter Mathys, Harrassowitz Verlag, Wiesbaden: Harrassowitz Verlag, 2016, pp. 125-135.

5 Irene J. Winter, *On Art in the Ancient Near East. Vol. 1: On the First Millennium BCE (Culture and History of the Ancient Near East)*, Leiden: Brill, 2009, pp. 267-268.

6 John Curtis, St. John Simpson, *The World of Achaemenid Persia: History, Art and Society in Iran and the Ancient Near East*, London: I. B. Tauris, 2010, p. 126.

7 Dr. Bettina Tsigarida, Despoina Ignatiadou, Evangelia Kypraiou, Diana Zaphiropoulou, *The Gold of Macedon: Archaeological Museum of Thessaloniki*, Athens: The Rchaeological Receipts Fund, 2000, pp. 52-53.

8 参见https://www.britishmuseum.org/collection/object/G_1908-0416-2; https://www.britishmuseum.org/collection/object/G_1896-0616-1.

土耳其金吉尔利（Zinjirli），公元前735—前720年，
柏林旧博物馆藏

土耳其萨克恰格聚（Sakçagözü），公元前8世纪后期，
安卡拉安纳托利亚文明博物馆藏

图60　新赫梯石碑上的玫瑰饰太阳形象

图61　釉面砖拼画，伊朗波斯波利斯，波斯帝国，公元前550—前330年，芝加哥东方研究所博物馆藏

图62　金饰片，塞萨洛尼基附近的费拉德尔菲亚新村墓地出土，约公元前480年，塞萨洛尼基考古博物馆藏

图63　金耳环，局部掐丝珐琅，东部希腊，公元前400—前350年，伦敦大英博物馆藏

图64　金王冠，中心上部为赫利奥斯像，多处有玫瑰饰，西部希腊，公元前330—前300年，伦敦大英博物馆藏

奥斯的形象，同期或稍晚，托勒密王国亦有阿皮斯头顶玫瑰饰的形象。（图65）[1]鉴于赫利奥斯在希腊化时代与光明神的关联，玫瑰饰作为赫利奥斯和太阳的替代物，便凸显出其光明的象征含义。

在古希腊神话中，赫利奥斯的妻子叫罗德斯（Rhodos），古希腊语意为玫瑰，她被视为希腊东部罗德岛的化身。[2]罗德岛上常见玫瑰饰形象，而赫利奥斯也特别受到崇拜，至少自公元前5世纪就被视为该岛的主神。[3]希腊化时期，罗德岛上曾竖起赫利奥斯的青铜巨像，这尊巨像现已无存，但通过罗德岛出土的当时的赫利奥斯头像（图66），[4]大致可以判断出其头部配有光芒造型。公元前88/42—公元14年，罗德岛上有一种钱币，一面是发光的赫利奥斯头像，一面是花瓣外端稍凹，边缘有重叠的玫瑰饰。（图67）[5]玫瑰饰与赫利奥斯的关联，凸显出玫瑰饰与太阳和光明的关联。希腊化时期至罗马帝国时期，源自古希腊的神祇还出现了拥有玫瑰饰状头光的形象，进一步体现出希腊世界玫瑰饰和光明的关联。（图68）[6]

希腊化时代以来，希腊世界与赫利奥斯相伴的玫瑰饰也出现在中亚一带。如类似罗德岛钱币上的那种与赫利奥斯并置的玫瑰饰，就见于公元1世纪前期阿富汗的“黄金之丘”（Tillya Tepe）。（图69）[7]古典希腊时期与赫利奥斯同时出现于耳环上的那种圆头六瓣玫瑰饰，则出现在公元1—2世纪阿富汗的佛教圣物盒中（图70），[8]说明此类玫瑰饰已渗透到当时中亚的佛教领域。实际上，大都会博物馆这尊金铜佛本身即映射出赫利奥斯

---

1 参见https://www.britishmuseum.org/collection/object/G_1981-0413-2.

2 R. L. Fowler, *Early Greek Mythography. Volume 2: Commentary*, Oxford: Oxford University Press, 2013, pp. 14, 591-592.

3 中国大百科全书不列颠百科全书编辑部编译:《不列颠百科全书：国际中文版》第7卷，第548页。

4 参见https://www.britishmuseum.org/collection/object/G_1874-0805-118.

5 参见https://commons.wikimedia.org/wiki/File:Rhodes_88-42_BC-AD.jpg.

6 参见https://commons.wikimedia.org/wiki/File:Museum_of_Anatolian_Civilizations107.jpg; https://commons.wikimedia.org/wiki/File:Relief_of_a_naked_goddess,_Roman_Age,_MACA,_99012.jpg.

7 南京博物院:《来自阿富汗的国宝》（展册），内部资料，2019年，第25页。

8 参见https://www.britishmuseum.org/collection/object/A_1880-96; https://www.britishmuseum.org/collection/object/A_1880-3571.

图65 陶面包印，中心为阿皮斯头顶玫瑰饰的形象，埃及，公元前2—前1世纪，伦敦大英博物馆藏

图67 银币，罗德岛，公元前88/42—公元14年，大卫·赫尔曼收藏（The David Herman Collection）

图68 陶塑，其上可能为阿芙洛狄特（Aphrodite，中间）和厄洛特斯（Erotes，两侧）的形象，希腊化至罗马时期，安卡拉安纳托利亚文明博物馆藏

图66 大理石头像，顶部本来安装有金属太阳光，罗德岛，公元前220—前160年，伦敦大英博物馆藏

图69 玫瑰饰形胸针，黄金嵌绿松石，黄金之丘，公元25—50年，喀布尔阿富汗国立博物馆藏

全貌

盖钮上的莲瓣形玫瑰饰

金币饰

图70 石雕圣物盒，与铜币、金币饰同出，阿富汗达伦塔（Darunta），公元1—2世纪，伦敦大英博物馆藏

与玫瑰饰的并置，因为佛的右掌心有玫瑰饰，而佛的头光形式正来自于赫利奥斯。在中亚和印度，自公元1世纪以来，施无畏印的掌心玫瑰饰与象征光明的头光并存，是佛陀或菩萨的造像传统。（图71、72、73）[1]此类掌心玫瑰饰周边常可见到放射形光芒纹，进一步确认了其光明象征性质。

玫瑰饰在佛教中称为盛莲饰，莲花与佛教关系紧密。[2]在希腊化时期以来的中亚和印度，伴随着佛教的传播，与常见的圆头花瓣形玫瑰饰并存的，是莲瓣形的玫瑰饰。在犍陀罗艺术中，完整的盛莲饰外圈为莲花瓣与花萼形，中心的花蕊部分为常见的圆头花瓣形玫瑰饰。（图74）[3]巴基斯坦白沙瓦（Peshawar）附近出土的著名的金铜圆筒形“迦腻色伽佛教圣物箱”，年代为公元127年，其盖上正中立有一件坐佛，佛的姿态与大都会博物馆那件金铜佛一致，只是佛的头光为圆盘形，头光外框阴刻莲瓣形玫瑰饰。佛两旁立有印度神梵天（Brahmā）和因陀罗（Indra）站立的侍从像，二者均双手合十，带有头光。从上部看，箱盖被一个盛莲饰充满，外围是莲瓣纹，佛的正下方是盛莲饰的花蕊部分。再考虑到佛陀头光外框的莲瓣放射纹，这应是当时佛教艺术中盛莲饰与人物头光相伴的显例，体现出盛莲饰与光明崇拜的关联。（图75）[4]

---

1 参见https://commons.wikimedia.org/wiki/File:Inscribed_Seated_Buddha_Image_in_Abhaya_Mudra_-_Kushan_Period_-_Katra_Keshav_Dev_-_ACCN_A-1_-_Government_Museum_-_Mathura_2013-02-24_5973.JPG; https://commons.wikimedia.org/wiki/File:Miracle_of_Sravasti.jpg; *Пидаев Ш, Қадимги Ўзбекистонда буддавийлик ва буддавий мерос*, Тошкент: O’Zbekiston, 2011, p. 15. 图71由董波2018年9月29日摄于塔什干乌兹别克斯坦国家历史博物馆。

2 Hans Biedermann, *Dictionary of Symbolism Culture Icons and the Meanings Behind Them*, New York: Facts on File Limited, 1992, p. 213.

3 ［意］多米尼克·法切那、［意］安娜·菲利真希：《犍陀罗石刻术语分类汇编：以意大利亚非研究院巴基斯坦斯瓦特考古项目所出资料为基础》，魏正中、王姝婧、王倩译，第93页。

4 参见https://www.britishmuseum.org/collection/object/A_1880-270; https://commons.wikimedia.org/wiki/File:KanishkaCasket.JPG.

图71 石雕坐佛全貌与佛右手，印度马图拉（Mathura），公元1世纪，马图拉政府博物馆藏

图72 泥塑菩萨像全貌与菩萨右手，法雅兹·特佩（Fayaz Tepe），公元1—3世纪，塔什干乌兹别克国家历史博物馆藏

图73 贴金石雕双神变全貌与佛右手，迦毕试（Kapisi），公元3—4世纪，巴黎吉美艺术博物馆藏

图74 犍陀罗艺术的盛莲饰

图75 迦腻色伽佛教圣物箱（复制品），铜合金、铅（原件为铜镀金），巴基斯坦白沙瓦，公元127年，伦敦大英博物馆藏

佛教的传播还促使象征法轮（Dharma Chakra）的辐条轮形纹变得常见，此纹饰可以视为一种玫瑰饰或其变体。法轮与发光太阳的关联，学术界早有论述。[1]佛教法轮造型的起源，也受到了古希腊光芒造型的影响。中亚希腊化名城遗址阿伊·哈努姆出土的马赛克铺地（图76），[2]其工艺技术和海兽纹、植物纹均来自古希腊，[3]中心的轮形纹的“辐条”和“轴心”形态则源自古希腊“维尔吉纳之星”。这种轮形纹后来还出现在阿富汗“黄金之丘”出土的佛教钱币上，据旁边的佉卢文铭文，它代表佛教中正在被转动的法轮；[4]而它旁边的转动法轮者，身着希腊式男士斗篷，头戴赫尔墨斯式宽边帽，被认为很可能是最早的佛像之一。（图77）[5]此法轮外缘和辐条间有类似于连珠纹的连续短线，让人想到公元1世纪以来佛或菩萨施无畏印手掌心上玫瑰饰周边的光芒纹。在当时，轮形纹和光芒纹形态上的雷同，见于赫利奥斯或索尔的形象。希腊—斯基泰的博斯普鲁斯王国的一件公元1世纪的金冠饰上，赫利奥斯或索尔头顶星月，驾驶四马战车，战车的轮形与其头顶上光芒四射的星纹完全一致。（图78）[6]在公元1—2世纪的印度，佛足印上常见辐条轮形纹与完整的盛莲饰并置。（图79）[7]《长阿含经·大本经》

1 Micah Issitt, Carlyn Main, *Hidden Religion: The Greatest Mysteries and Symbols of the World's Religious Beliefs*, Santa Barbara: ABC-CLIO, 2014, p. 185.

2 田边胜美、前田耕作:《世界美術大全集·东洋編》第15卷，东京：小学馆，1999年，第122页。

3 C. Rapin, *The Greeks in Afghanistan: Ai Khanum, an Offprint from Greek Colonists and Native Populations*, Oxford: Clarendon Press, 1990, p. 334.

4 Gérard Fussman et Anna Maria Quagliotti, *L'iconographie ancienne d'Avalokitesvara*, Collège de France, Publications de l'Institut de Civilisation indienne, Paris: Diffusion De Boccard, 2012, Quotation/Gérard Fussman, p. 28.

5 参见Robert Daniel DeCaroli, *Image Problems: The Origin and Development of the Buddha's Image in Early South Asia*, Washington: University of Washington Press, 2015, p. 20-26; https://commons.wikimedia.org/wiki/File:Tilia_Tepe_gold_token._Kabub_Museum.jpg.

6 参 见https://commons.wikimedia.org/wiki/File:Sezione_di_una_corona_sacerdotale_con_elio_che_guida_una_quadriga,_oro,_gorgippia,_ponto_del_nord,_I_sec_dc..JPG.

7 Johan Elverskog, *Buddhism and Islam on the Silk Road*, Philadelphia, PA: The University of Pennsylvania Press, 2010, p.78.

这样描述佛陀："足下相轮，千辐成就，光光相照。"[1]可见此类玫瑰饰或其变体具有象征光明的含义。施无畏印的佛陀或菩萨，其右手掌心的盛莲饰或玫瑰饰有似法轮，体现出它与光明崇拜的关联，同时体现出希腊—罗马文化及造型因素的影响。

（二）佛像的青铜贴金材质

实物资料显示，希腊化时代，罗马人型金铜像的铸造技艺十分精湛（**图80**），[2]大型金铜像在罗马帝国相当流行（**图81、82**），[3]而在同时代的西亚和中亚，金铜像则较为少见。在阿富汗"黄金之丘"出土的罗马舶来品中，可见金铜叶片（**图20c**），此型叶片常作为当时佛教香炉上的饰件。（**图83**）[4]这说明罗马的金铜器物已被当时中亚贵族所珍藏，且很可能与佛教发生了关联。鉴于大都会博物馆这尊青铜佛的形象有诸多罗马要素，可以认为其贴金技艺也得益于罗马的影响。

青铜是一种比较容易生锈的材料，黄金的化学性质则较为稳定，可持久展现金光灿灿的视觉效果。但黄金比青铜稀有、贵重，所以青铜塑像或器物贴上黄金，比仅用黄金材料成本要低，却同样可以

---

1 宗仰上人主编：《频伽大藏经》卷二八，北京：九洲图书出版社，1998年，第9页。

2 参见C. Rolley, *Les bronzes grecs et romains: recherches récentes*, Revue archéologique 32(2), Paris: Presses Universitaires de France, 2001, pp. 291-310; http://www.museicapitolini.org/en/percorsi/percorsi_per_sale/museo_del_palazzo_dei_conservatori/area_del_tempio_di_giove_capitolino/statua_di_ercole_in_bronzo_dorato; https://commons.wikimedia.org/wiki/File:Bronzi_dorati_da_Cartoceto_di_Pergola_-_10.JPG; https://en.wikipedia.org/wiki/File:Hercules_Musei_Capitolini_MC1265_n2.jpg.

3 参见Fred S. Kleiner, *A History of Roman Art*, Enhanced Edition, Cengage Learning, 2010, p. 248; http://www.museivaticani.va/content/museivaticani/en/collezioni/musei/museo-pio-clementino/sala-rotonda/eracle.html; http://www.museicapitolini.org/en/percorsi/percorsi_per_sale/museo_del_palazzo_dei_conservatori/esedra_di_marco_aurelio/statua_equestre_di_marco_aurelio; https://commons.wikimedia.org/wiki/File:0_Marcus_Aurelius_Exedra_-_Palazzo_dei_Conservatori_-_Musei_Capitolini_(1).jpg.

4 Kurt A. Behrendt, *The Art of Gandhara in the Metropolitan Museum of Art*, p. 60.

图76 马赛克铺地，阿富汗阿伊·哈努姆，公元前3世纪—前145年

图77 “黄金之丘”出土的佛教金币，公元25—50年，喀布尔阿富汗国立博物馆藏

图78 金冠饰片，黑海东北戈尔基皮（Gorgippi），公元1世纪，圣彼得堡艾尔米塔什博物馆藏

图79 石雕佛足印，贵霜帝国，公元1—2世纪。亨廷顿（John C. Huntington）供图

图80 赫拉克勒斯金铜像，发现于罗马屠牛广场（Forum Boarium），公元前2世纪，罗马卡比托利欧博物馆藏

图81 赫拉克勒斯金铜像，罗马庞贝剧场附近，公元1—3世纪，梵蒂冈博物馆藏

图82 奥勒留（Marcus Aurelius）骑马金铜像，罗马卡比托利欧山（Capitoline Hill），公元175年，罗马卡比托利欧博物馆藏

83 青铜香炉，巴基斯坦，公元1纪，谢尔比·怀特（Shelby White）李昂·立崴（Leon Levy）收藏

图84 贴金石雕燃灯佛故事，斯瓦特地区，公元2世纪，纽约大都会博物馆藏

图85 贴金泥塑佛像，卡拉·特佩（Kara Tepe），公元3世纪，莫斯科国家东方艺术博物馆藏

呈现黄金般的视觉效果。佛陀首要相貌特征的“三十二相”中，有一“相”即“身黄金色”。[1]不仅铜合金，在使用相对廉价的材料如泥陶、石料等制作佛像时，表面贴金也形成了传统。早至公元2世纪，贴金的石雕佛像就在斯瓦特河谷发展起来（图84），[2]现存最早的贴金泥塑佛像则出现在公元3世纪阿姆河上游一带（图85）。[3]著名的巴米扬大佛修造于6世纪中后期至7世纪前期，东西两座大佛均是在山岩上凿出粗坯，表面用灰泥塑造细节，再施以彩绘与描金。[4]旅行至此的唐代高僧玄奘（公元602—664年）称西大佛“金色晃曜，宝饰焕烂”，并认为东大佛是金光灿灿的“鍮石”（黄铜）所造。[5]佛像贴金或描金的传统，此后一直没有中断，甚至成为佛像塑造必备的工序，这显然与光明崇拜的精神要素不无关系。此件金铜佛表面的黄金主要在头光和衣服上，虽已剥落殆尽，但我们依然可以想象佛像当年金光灿灿的视觉效果。

结论与余论

这件迄今为止发现的唯一的早期犍陀罗金铜佛，其头光形式以及佛右掌心的盛莲纹和金铜材质显现出光明崇拜的精神要素，凸显出希腊化时代以来希腊—罗马文化的明显影响。犍陀罗佛像是“希腊式佛教艺术”的主要内容，它受到希腊、罗马文化的明显影响，已是学术

1 慈怡法师主编：《佛光大辞典》卷二，北京：北京图书馆出版社，2004年，第507页。
2 Kurt A. Behrendt, *The Art of Gandhara in the Metropolitan Museum of Art*, p. 34.
3 Пидаев Ш, *Қадимги Ўзбекистонда буддавийлик ва буддавий мерос*, p. 108.
4 Charles Higham, *Encyclopedia of Ancient Asian Civilizations*, New York: Infobase Publishing, 2014, pp. 35-36.
5 （唐）玄奘、辩机原著，季羡林等校注：《大唐西域记校注》，北京：中华书局，1985年，第129—131页。

界的共识。但要分辨出当时佛教艺术中具体有哪些要素来自希腊、罗马文化，其来龙去脉如何，尚有许多研究工作需要做。这尊佛像于此提供了一条线索。

早期犍陀罗金铜佛像仅此一件存世，还与其材料有关。金属相对于泥陶和一般的石材，稀有而贵重。每当金属资源不足时，以往金属器物还可能会被重塑。像这种小件的金铜像，虽便于携带，却也容易遗失。其头光的光芒形式，也比较适宜用兼具可塑性和坚固度的青铜材料来塑造，若用泥陶质材料则容易断裂，而若用石材，则更适宜做成圆盘上的浮雕形式。综上，这种拥有放射状圆雕头光的金铜佛罕见遗存是合理的。

从伎乐供养人图像看希腊化文化对佛教的影响

陈晓露

（中国人民大学历史学院）

摘要： 本文关注早期佛教艺术中的世俗伎乐供养人（“伎乐人”）图像。其形象源于印度现实生活中乐伎、舞女等社会地位较为低下的供养者，后受到希腊化艺术影响，表现为载歌载舞的伎乐人队列。由此来看，中亚、西域等地流行的行像等佛教仪式，其形成可能受到了希腊宗教举行节日庆典习俗的影响，这与佛教逐渐通俗化的过程相一致。

供养是佛教徒的重要修行活动，可根据供养物种类大致分为衣食住行等物质性供养和崇敬、赞叹、礼拜等精神性供养两大类。伎乐即音乐，并多伴有舞蹈。伎乐供养即用乐舞艺术的形式来歌颂、赞扬、礼敬佛教，属于精神性供养行为。从佛经来看，伎乐供养大致可分为两种类型：一是“不鼓自鸣”的诸天伎乐供养佛，二是人间世的以弹奏乐器作为供养。[1]这两种类型也对应于佛教石窟壁画中的伎乐图像，即郑汝中所划分的“伎乐天”与“伎乐人”两大类。[2]前者来自

1 李美燕：《从云冈石窟第六窟的天宫伎乐考察北魏佛教音乐供养的实践》，《艺术评论》第二十九期，2015年，第45—79页。

2 郑汝中：《敦煌乐舞壁画的形成分期和图式》，《敦煌研究》1997年第4期，第36页。

佛经中的各种天神，尤其以属于“天龙八部”护法神的“乾达婆”和“紧那罗”为代表；后者则代表现实生活中的供养人，随着佛教世俗化发展，逐渐成为佛教艺术中很重要的一个部分。对于“伎乐天”及相关飞天形象，研究者进行了大量研究，其源流、演变和发展已较为清楚，[1]兹不赘述；相较之下，对“伎乐人”的研究主要集中于北朝以后，对早期则关注不多。因而，本文拟对早期佛教艺术中的世俗伎乐人形象进行考察，并探讨中亚希腊化文化对佛教实践的影响。

一 印度早期佛教伎乐供养人图像

从佛教戒律的角度看，伎乐属于“声色之娱”，与修行的宗旨背道而驰。佛陀在世时，对音乐、舞蹈一般持否定态度，并严格禁止弟子参与这类活动。不过，印度原有的音乐传统十分发达，甚至佛陀本人也精通音乐、戏剧等艺术；从佛教典籍来看，佛陀并非一味禁止一切艺术活动，他反对的是所谓“世间歌颂”，而赞成好音声赞呗，即禁止以娱乐为目的之伎乐，而许以供养为目的之伎乐。[2]《四分律》中有舍利弗、目连入灭后，佛陀应允其弟子起塔并用伎乐等供养的记载，尽管此事未必真实发生过，但反映了佛陀并不反对伎乐供养的态度。从传教的角度来说，佛教要吸引的目标信徒中包括大量原本靠音乐伎艺为生的下层民众以及专业的演员，他们是伎乐供养的主要提供者，也是佛教艺术中伎乐供养人的原型。现存最早的佛教艺术以印度中央邦的巴尔胡特（Bharhut）大塔和桑奇（Sanchi）大塔石雕为代表，两座佛塔都保留了大量伎乐供养人的形象。巴尔胡特大塔建于公

1 赵声良:《飞天艺术：从印度到中国》，南京：江苏美术出版社，2008年。
2 孙尚勇:《佛陀的音乐观与原始佛教艺术》,《南亚研究季刊》2004年第2期，第77—80页。

元前2世纪的巽伽王朝时期，从塔门和栏楯上的铭文来看，捐资者均为当地居民，并无来自皇室显贵的支持。佛塔石栏面向佛塔的一面，雕满了真人大小的浮雕，这些形象表现的就是当地部落和城镇中的供养人，其中也包括乐伎形象。

巴尔胡特佛塔南门石柱下层外侧的浮雕，表现了一幅伎乐供养的场景：画面左侧描绘了一组八人乐队，其中五位乐手持七弦琴、钹等乐器，其他三人或背对观众、或双手交握，可能是歌唱者；右侧是四位跳舞的女子，手臂或伸或屈，展示着典型的印度舞蹈动作；舞女脚下又有一小儿形象；外围刻写了四位舞女的名字，并都冠以“阿卜莎罗（Apsarase）”的称号。[1]（图1）

“阿卜莎罗”是印度民间传说中来自海洋的仙女，以美貌和歌舞著称，《梨俱吠陀》中即有记载，在佛传故事中曾被天魔派去引诱和阻止佛陀悟道，后来成为因陀罗天宫中的天女。她们的故事被记录在巴利文佛经《天宫事》（Vimānavatthu）中，多为曾在人间受苦受难的艺伎，因诚信佛教，死后进入因陀罗天宫。因陀罗原为婆罗门教众神之首，在佛教中成为释迦牟尼的追随者。一些信徒生前没有来得及积累足够功德进入涅槃境界，死后成为天人，升入因陀罗天宫。巴尔胡特浮雕中的四名阿卜莎罗，前三人的名字见于《天宫事》中因陀罗天宫的天仙乐队名单。

刘欣如指出，这些阿卜莎罗的形象来源于现实社会中的乐伎、舞女等下层供养者。当时居住在巴尔胡特和桑奇佛塔所在地区的土著，与主流婆罗门社会交往不多，语言也存在障碍，很难沟通和弘法，此时表演艺术和雕刻艺术成为了重要的思想媒介。《天宫事》中因陀罗天宫中大量天女的故事，应该是以真实人物为原型创造出来的，她们

---

1 A. Cunningham, *The Stupa of Bharhut: A Buddhist Monument Ornamented with Numerious Sculptures*, London: W. H. Allen and Co. etc., 1879, pp. 11; 27-29.

图1
巴尔胡特佛塔南门浮雕

虽然社会地位低下，但因诚心信奉佛教，被作为正面典型编入佛经中，形象刻在佛塔浮雕上，以鼓励更多的信仰者。[1]

这幅浮雕整体表现出强烈的写实性，应该是世俗伎乐供养实践的真实写照。浮雕左上方破损，从残存的图案来看应是象征佛陀的菩提树。刘欣如认为画面主题是庆祝佛诞生的舞剧，舞女脚下的小儿代表着刚刚诞生的佛。[2]戏剧在印度有着十分悠久的传统，表演时配合大量的音乐、舞蹈。浮雕中的人物大都辫发披于脑后，腰系帔帛，舞女扎着头巾、丰臀细腰，均为典型的印度装束；右下方的小儿，体现出强

---

1 刘欣如：《飞天伎乐来自何方》，收入孟宪实、朱玉麒主编：《探索西域文明：王炳华先生八十华诞祝寿论文集》，上海：中西书局，2017年，第109—115页。

2 坎宁汉（Alexander Cunningham）认为，画面主题表现的是阿卜莎罗引诱悟道前的佛陀。

烈的舞台叙事色彩，展现出当时的戏剧表演方式。以戏剧演绎佛传故事，这是现实生活中以伎乐、戏剧艺术为职业的底层佛教徒用自己擅长的方式来供养，同时也是以这种形式宣传佛教，吸引更多的信众。

同时，铭文中将四位舞女的名字都加上“阿卜莎罗”天女的称号，即“伎乐天”与“伎乐人”的身份在她们身上是合二为一的。这是印度艺术的一个十分显著的特点，即在表现宗教世界和世俗世界之间缺乏鲜明的界限。美国学者瓦尔特·考夫曼指出：“这种观点在造型艺术之中表现得尤为明显。世界上的一切，无论多么‘现实’，也都充满了神性；而所有神圣的事物也都带有世俗的闪光。”[1]

距离巴尔胡特不远的桑奇大塔，始建于阿育王时期，约公元前1世纪扩建了塔门和栏楯，其装饰浮雕略晚于巴尔胡特。大塔北门西柱正面的伎乐供养人浮雕，形式则较之巴尔胡特出现了较大的变化。画面正中是供养的对象——佛塔，其形制与桑奇大塔十分相似，外有塔门和三重栏楯。早期佛教艺术禁忌直接表现佛陀的形象，而代之以各种象征符号，佛塔一般代表佛陀的涅槃，因而画面的主题应是涅槃。佛塔两侧的上方有四位供养天人紧那罗——“伎乐天”，中间为四位供养人，画面前景还有两排手持各种乐器的世俗供养人——“伎乐人”。（图2）

与前述的巴尔胡特伎乐供养浮雕相比，桑奇浮雕中区分了“伎乐天”与“伎乐人”两种身份，天人世界与世俗世界存在着明显的界限。值得注意的是，供养天人均后背双翼，身着典型的印度装束；而世俗供养人的发式、服饰等都迥异于印度式样。其中两个戴着尖帽，表现的应该是塞人或帕提亚人，而着凉鞋、半身裙、斗篷等的人物可能是希腊人形象。前排乐手所吹奏的双管长笛是典型的希腊乐器，名为奥洛斯（Aulos）；第二排乐手怀抱的箜篌，也是希腊式竖持箜篌

1 ［美］瓦尔特·考夫曼：《古印度的音乐文化》，收入《上古时代的音乐》，北京：文化艺术出版社，1989年，第133页。

图2
桑奇大塔北门西柱
正面浮雕

(lyre)，而非印度式横持的七弦琴（vina）；前排鼓手用鼓槌击鼓的方式也不是印度艺术中习见的。[1]整体上，这幅浮雕描绘出一幅十分热烈的庆祝场景，叙事性色彩较弱，更多地表现了对佛塔的崇拜、礼赞，供养的意味浓重。桑奇典型的印度风格供养图像，人们表现为头戴头巾、着帔帛等传统服饰的人物，双手合十赞叹，动作整齐划一。[2]而这幅浮雕尽管整体采用了传统式的对称布局，但人物的动作、姿

---

1 F. C. Maisey, *Sanchi and its Remains: A Full Description of the Ancient Buildings, Sculptures, and Inscriptions*, London: Kegan Paul, Trench, Trubner & Co., Ltd., 1892, pp. 31-32.

2 如桑奇大塔北门东柱西侧浮雕，参见http://dsal.uchicago.edu/images/aiis/aiis_search.html?depth= Get+Details&id=40179.

势、神态各异，画风显得较为自由活泼。

桑奇大塔浮雕装饰表现出的异域色彩早已为研究者所注意，如波斯风格的有翼对狮、狮身鹫首怪兽，希腊风格的植物纹装饰等题材，与印度传统的莲花蔓草、大象孔雀等图案混杂在一起，形成一种独特的式样。[1]无疑，桑奇的这些异域元素，是亚历山大东征以及之后几个世纪中亚、西亚外来文化不断渗入的结果，其中又以来自希腊化世界的影响最大。在亚历山大之前，通过波斯帝国的中介，印度人对希腊人已有所了解，称其为“Yavanas”。希腊人在印度的大规模出现，当始于亚历山大东征，此后，孔雀王朝的开创者旃陀罗笈多（月护王）曾与塞琉古王朝有过直接接触并建立外交关系；巽伽王朝时期，印度—希腊人王国的国王曾派遣使节在中印度的毗底沙（Vidisha）树立一根石柱。[2]了解到印度文化的希腊人也自然地接触到佛教信仰。阿育王就曾向他们宣扬佛教，阿富汗坎大哈老城发现了他颁布的用希腊语书写的石刻诏令；汉文佛经《那先比丘经》（巴利文版本名为《弥兰陀问经》，*Milindapanha*）记录了印度—希腊人国王弥兰（公元前2世纪中叶）与佛教高僧的对话；犍陀罗的一位希腊人总督也曾经供奉斯瓦特的佛舍利。[3]

桑奇上述浮雕表明，当地确实存在信仰佛教的外国供养人。画面中将来自塞人或帕提亚的尖帽与希腊式服饰、乐器混杂在一起，说明工匠的意图可能只是展现一组外国供养人的群像，而并未着力于区别他们不同的身份。尽管如此，图像中最为突出的还是众多的希腊元素：前排乐手使用奥洛斯、竖箜篌等典型的希腊乐器；第二排右侧三人单腿抬起的舞蹈动作，与巴尔胡特浮雕中舞女主要表现手部和上肢变化的动作完全不同，却与希腊艺术中表现“大酒神节”的画面十分相似。“大酒神节”

---

1 J. Marshall, *A Guide to Sanchi*, Calcutta: Superintendent Government Printing, 1918, pp. 10-16.

2 杨巨平:《希腊化还是印度化——“Yavanas”考》,《历史研究》2011年第6期，第134—155页。

3 J. Harmatta, B. N. Puri & G. F. Etemadi, eds., *History of Civilizations of Central Asia. Vol. II: The Development of Sedentary and Nomadic Civilizations, 700 B.C. to A.D. 250*, Paris: UNESCO Publishing, 1994, pp. 114-117.

哈佛大学藏希腊瓶画，公元前440—前430年

大英博物馆藏罗马石雕，公元1世纪

图3

是希腊人的传统节日，最初是为祭祀酒神而举行的大型庆典活动，人们组成游行队伍，高唱赞歌，载歌载舞，并逐渐演化成戏剧这种表演形式。这个题材在希腊古典艺术、希腊化艺术中都十分盛行，表现为游行的歌舞队列，画面中的人物很多手中都持有奥洛斯、鼓、钹、长号等乐器，与桑奇浮雕的热闹场景风格相仿。（图3）

希腊文化与佛教的碰撞在佛教史上具有划时代的意义。偶像崇拜观念被引入佛教，不仅形成了著名的犍陀罗艺术，彻底改变了早期佛教的“不设像（Aniconism）”原则，而且对佛教大乘化、佛陀从人变成神的过程有着深远的影响。因此，希腊人对佛教观念的理解和认同过程耐人寻味。从桑奇上述浮雕来看，早期皈依的希腊人似乎是很自然地基于原生的文化背景来诠释佛教概念，在宗教实践上就表现为用庆祝大酒神节载歌载舞的形式来作为供养，这一点在中亚伎乐图像中体现得尤为明显

二　中亚佛教伎乐供养人图像

关于来自中亚的希腊移民及其后裔如何看待佛教，我们可从《那

先比丘经》中管窥一斑。在这部问答体经典中，希腊人国王米南德（Menander）与比丘那先之间展开了一系列深刻的讨论，话题涉及世界观、生命观、善恶观等许多哲学问题。那先以深入浅出的理论和形象生动的比喻对佛教的许多核心问题进行了详细的阐述，最终弥兰王心悦诚服地皈依佛教。从形式上来看，弥兰王与比丘采用对话形式讨论佛教哲学，这与柏拉图等人的对话集形式十分相似；在内容上，佛教的哲理也与希腊苏格拉底之后的哲学的关注对象有相似之处，例如都有人与社会的关系，人如何在社会中安身立命的倾向等。由此推测，弥兰王作为一位希腊人君主，应该是从自身原有的希腊哲学思想和宗教观的基础出发去理解和接受佛教的。

希腊人的宗教生活中，以"大酒神节"为代表的各种节日庆典活动最具特色。人们举行各种祭祀、娱乐、竞技和宴饮活动，向众神表示敬意，这也是保持社会政治、生活秩序的一种十分重要的手段。法国考古工作者20世纪60年代在阿富汗东北部、阿姆河上游发掘的希腊化城址阿伊·哈努姆（Ai Khanoum，约公元前4世纪至前2世纪中叶）中，就保留着一座依山坡而建的典型的希腊式剧场，观众席呈半圆形向上延伸，半径约达42米，可容纳约6000人。城中还发现了一个以希腊喜剧人物面具做装饰的出水口。[1]这说明，在移民东方的希腊人中，对酒神的信奉依然深入人心，观赏戏剧、庆祝大酒神节的习惯应该也仍原汁原味地保留着。

无论是节日庆典还是祭祀、颂诗、供奉等，希腊这些宗教仪式的共同目的都是取悦神祇，也就是说，信徒与天神（信仰对象）之间是一种互相交换恩惠的关系。[2]对于普通信徒来说，这种互惠的宗教观念更加易于接受。因此，随着希腊化国家的建立、希腊文化的推行，希腊的宗教观念深深影响到中亚本土的宗教。位于塔吉克斯坦阿姆河上游的塔赫特—伊·桑

---

1 Paul Bernard, "Ancient Greek City in Central Asia," *Scientific American*, Vol. 246 (Jan. 1982), pp. 148-159; Fredrik Hiebert & Pierre Cambon, eds., *Afghanistan: Hidden Treasures from the National Museum, Kabul*, Washington D. C.: National Geographic, 2008, p. 127, fig. 33.

2 ［英］西蒙·普赖斯:《古希腊人的宗教生活》，邢颖译，北京：北京大学出版社，2015年，第31—53页。

金（Takht-i Sangin）神庙，兴建于公元前3世纪希腊人统治时期，供奉对象是本地的阿姆河河神。这里出土了一件青铜造像，表现一位裸体、光头的老者正在吹奏双管长笛。这是希腊河神玛尔绪阿斯（Marsyas）的形象。玛尔绪阿斯本是小亚细亚地区迈安得尔河（Maeander）的同名之流的河神，他的某些形象与希腊的森林之神西勒诺斯（Silenus）相似——都是丑陋的、秃头的老头。[1]在这里，本地人借用了作为河神的玛尔绪阿斯的形象，来制作向阿姆河河神的献祭品。造像的大理石底座刻有希腊语铭文，说明这是献给阿姆河河神的，供奉者名叫Atrosauka，是个典型的伊朗名字，可见献祭者并非希腊后裔。[2]（图4）这表明，巴克特里亚当地人对希腊的神祇已经相当熟悉，能够借用希腊神祇形象来表现本地的神祇。

图4
塔赫特-伊·桑金神庙出土的
玛尔绪阿斯铜像

月氏人于公元前2世纪进入大夏地区后，同样受到了希腊宗教的较多影响。贵霜翖侯时期和建立帝国后发行的很多钱币上都有希腊神的名字和形象。乌兹别克斯坦苏尔汉河西岸的卡尔查延（Khalchayan）王宫遗址（约公元1世纪）中，在君主及眷属塑像的上方，还表现了尼科（Nike）、赫拉克勒斯（Heracles）、雅典娜（Athena）等希腊神的形象，说明这些希腊神似乎已被视作贵霜王室的守护神。[3]王宫墙壁上方装饰着一条由多个赤足小男孩扛起的花纲，花纲围起的半圆形部分表现了舞者、乐师等形象，由此可见罗马文化的影响此时已经抵达中亚。（图5）

1 Simon Hornblower and Antony Spawforth, eds., *The Oxford Classical Dictionary*, Oxford: Oxford University Press, p. 904. ［苏联］M. H. 鲍特文尼克等编著:《神话词典》，黄鸿森、温乃铮译，北京：商务印书馆，1985年，第192页。

2 B. A. Litvinskii and I. R. Pichikian, "The Temple of the Oxus," *The Journal of the Royal Asiatic Society of Great Britain and Ireland*, No. 2 (1981), pp. 133-167.

3 ［俄］普加琴科娃、列穆佩:《中亚古代艺术》，陈继周、李琪译，乌鲁木齐：新疆美术摄影出版社，1994年，第28—29页。

图5　卡尔查延王宫墙壁装饰复原图

从阿育王时代起，佛教开始向中亚地区传播，到公元前后，中亚地区佛教已经较为兴盛。这一过程中，佛教的理论和实践发生了重大转变，大乘佛教在这一时期形成。相较于原始佛教强调个人修行、追求解脱境界，大乘佛教的教义、组织和实践明显更加迎合商人的价值观念，表现出浓厚的商业色彩。佛教僧团因不事生产，从诞生之日起就与供养者有着密不可分的关系。到贵霜时期，丝路贸易和商品经济的发展使得物质丰富程度极大提高，同时大乘佛教又将一切物质皆“空”的概念推向极致，这都推动了职业僧人与供养者之间转变为简单的兑换关系，供养者通过施舍来兑换功德。[1]这一点与前述希腊宗教庆典仪式的目的是一致的。这种一致性也是佛教与希腊文化得以交流、融合的基础之一。

位于乌兹别克斯坦南部、阿姆河北岸的阿伊尔塔姆（Airtam）佛寺，南距古铁尔梅兹城8英里，是大夏地区目前所知最早的佛寺之一。佛寺叠压在希腊大夏地层之上，属于贵霜早期，约公元1—2世纪。佛寺大门两侧的八件石雕，用高浮雕技法表现了多位人物胸像，其中五

1　刘欣如:《贵霜时期东渐佛教的特色》,《南亚研究》1993年第3期，第40—48页。

位为女性乐师，手持竖琴、短琵琶、桶形鼓、双管长笛、铙等五种不同的乐器，人物之间相互以莨苕叶隔开，雕工精美，表现出大夏希腊化艺术的强烈影响。（**图6**）部分研究者认为，这些石雕图像本身描绘的是世俗场景或只是单纯的装饰，与佛教并无直接关联。[1]不过，发掘者之一、苏联考古学家马松曾指出，这些石雕的原生环境不是阿伊尔塔姆佛寺，它们被放置于这里是二次利用。[2]这个意见值得重视，石雕被有意再次摆放于佛寺门口，正表达了用“伎乐”来供养佛的意图。

在犍陀罗地区，从印度—希腊人王国时期开始流行一类圆形石雕盘，被称为“装饰盘”“化妆盘”（toilet trays）或“黛砚”，经塞人、帕提亚时期的持续使用，到贵霜早期，表面装饰已十分丰富，呈现出多种不同的风格，被艺术史研究者分为“希腊化式”“帕

图7
阿伊尔塔姆佛寺出土
伎乐供养石雕

1 C. Lo Muzio, “On the Musicians of the Airtam Capitals,” in Antonio Invernizzi, ed., *In the Land of the Gryphons: Papers on Central Asian Archaeology in Antiquity*, Firenze: Le Lettre, 1995, pp. 239-257.

2 Galina A. Pugachenkova, “The Buddhist Monument of Airtam,” *Silk Road Art and Archaeology*, Vol. II (1991/1992), pp. 23-38.

提亚式”“印度式”等几组。其中以“希腊化式”数量最多、年代相对较早，多表现希腊神话故事主题，而又尤以与酒神狄奥尼苏斯（Dionysus）信仰、大酒神节相关的题材最为常见。有的研究者据此认为狄奥尼苏斯信仰已在当地盛行。[1]由于盘面装饰风格多样、文化内涵不一，研究者对其实际功用的认识存在较大争议，有化妆用具、纯装饰品、佛教法器、祭仪用具等多种说法。[2]其中，田边胜美格外强调这些装饰盘的佛教意味，认为它们是一种家用礼拜物，使用者是城市里的希腊系在家佛教徒，盘面的各种图像代表着希腊人理解的“彼岸”或“极乐世界”。这一解释尽管受到一些研究者的质疑，[3]但仍不乏一定的合理性。从早期的图像题材多与希腊神话有关这一点来看，这类装饰盘的用途可能还是与希腊人的宗教仪式和对佛教的理解密不可分。这一时期也正处于犍陀罗艺术吸收希腊艺术的影响而逐渐形成的过渡阶段。

犍陀罗佛教艺术石雕作品中，亦发现了大量庆祝大酒神节主题的图像，表现为欢歌乐舞的游行队伍。[4]如阿富汗喀布尔博物馆旧藏一

1 S. R. Dar, “Toilet Trays from Gandhara and Beginning of Hellenism in Pakistan,” *Journal of Central Asia*, Vol. 2 (Dec. 1979), pp. 141-184; Henri-Paul Francfort, *Les palettes du Gandhāra, Mémoires de la Délégation Archéologique Francaise en Afghanistan*, Vol. 23, Paris: Presses Universitaires de France, 1979; Ciro Lo Muzio, “Gandharan Toilet-Trays: Some Reflections on Chronology,” *Ancient Civilizations from Scythia to Siberia*, Vol. 17 (2011), pp. 331-340.

2 Harry Falk, “Libation Trays from Gandhara,” *Bulletin of the Asia Institute*, New Series, Vol. 24 (2010), pp. 89-113.

3 在马歇尔发掘于塔克西拉的装饰盘中，出土于佛寺环境的极少，大多来自城市遗址斯尔卡普；非发掘品中，直接表现佛教主题的，也仅有一件“梵天劝请”图像。因此，很多学者认为这类装饰盘与宗教无关。

4 艺术史研究者注意到，犍陀罗艺术中与酒神相关的图像十分丰富，多描绘世俗场景，大致可分为饮酒图、乐舞图、装饰性题材（花纲与厄洛斯、葡萄藤蔓等）等几大类，并进行了大量讨论。部分学者认为，酿酒、饮酒的传统在印度本土早已有之，犍陀罗艺术是借用西方的图像形式来表达本地的文化内涵，如药叉信仰等。不过，考虑到这些图像出土于佛寺环境的背景，我们认为还是应从佛教信仰的角度去理解此类图像。参见Martha L. Carter, “Dionysiac Aspects of Kushān Art,” *Ars Orientalis*, Vol. 7 (1968), pp. 121-146; Martha L. Carter, “The Bacchants of Mathura: New Evidence of Dionysiac Yaksha Imagery from Kushan Mathura,” *The Bulletin of the Cleveland Museum of Art*, Vol. 69, No. 8 (Oct. 1982), pp. 247-257.

图7
喀布尔博物馆旧藏佛像底座石雕

件石雕，两侧表现一对兽足，应为一件佛像的底座，中间描绘了一组四人手持各种乐器、且行且舞的场景。[1]（图7）这件石雕中，人物头发卷曲、肌肉线条鲜明，雕刻技法表现出典型的古典艺术特点，构图风格也与希腊同类题材如出一辙，只是画面中不再出现戏剧表演、角色扮演的成分（希腊图像中常以面具、神的形象等来表明戏剧表演的主题），而是仅突出了音乐、舞蹈，即“伎乐”，应该是把希腊宗教文化中的歌舞庆典移植到了佛教图像上，表达对底座上方佛像的供养。

值得注意的是，很多庆典场景图像都是用来装饰佛塔塔基阶梯，这无疑表达了对佛塔的供养之意。自公元前后开始，佛塔从原来的覆钵坟丘状向纵高发展，塔身下建数层方形塔基，形成阶梯。阶梯表面用大量浮雕装饰，一般正面用长方形石板，转角处则用三角形石板。庆典场面是早期佛塔阶梯正面最常见的装饰题材之一。如巴基斯坦马尔丹东北部的贾玛尔嘎西（Jamal Garhi）佛塔，塔基装饰分为四层，最上面一层即载歌载舞的人物队列，其中一些乐器如双管长笛、箜篌、鼓等与桑奇浮雕十分接近，年代约在公元1世纪。[2]（图8）

1 Francine Tissot, *Catalogue of the National Museum of Afghanistan 1931-1985*, Paris: UNESCO Publishing, 2006, p. 529.

2 除庆典场面外，贾玛尔噶西佛塔阶梯的其他装饰题材主要是佛教本生故事，这是印度北部早期佛教艺术的特点，与桑奇较为接近。公元1世纪以后，犍陀罗石雕逐渐流行从佛教故事中取材。参见Kurt A. Behrendt, *The Buddhist Architecture of Gandhara*, Leiden and Boston: Brill, 2004, pp. 58-59, fig. 62.

图8
贾玛尔嘎西佛塔阶梯浮雕石板

图9
查克里巩迪佛塔阶梯浮雕石板

阿富汗东部哈达（Hadda）遗址的查克里巩迪佛塔（Chakhil-i Ghoundi Stupa C1），1928年由法国考古队发掘，复原后展出于巴黎集美博物馆。[1]（图9）这座佛塔塔基分为三层：上、中两层装饰佛传故事场景，最下层是以大酒神节构图形式表现的供养图像。由于石雕是石灰石材质，风化较为严重，下层三块浮雕中仅最右侧一块石板保存较为清晰，人物均身着希腊式服饰，手持酒器、乐器，横向排成一列，与喀布尔博物馆藏石雕十分相似。

类似装饰有歌舞人物队列的佛塔阶梯石雕数量十分丰富，在加拿

1 Pierre Cambon, “Monuments de Hadda au musée national des arts asiatiques-Guimet,” *Monuments et mémoires de la Fondation Eugène Piot*, tome 83, 2004, pp. 168-184.

大安大略皇家博物馆、[1]美国纽约大都会博物馆、[2]巴基斯坦白沙瓦博物馆、[3]英国牛津大学阿什莫林博物馆、[4]苏格兰爱丁堡大学[5]等许多机构均有收藏，年代约在公元1—3世纪。值得注意的是，这些图像在构图上均采用了大酒神节题材的队列形式，同时又清晰地刻画出了不同群组人物在相貌、服饰上的特点，似乎是为了表达不同民族都服膺佛法的情况。如美国克利夫兰博物馆所藏来自犍陀罗巴奈（Buner）地区的一组佛塔阶梯，由三块石板构成，两侧以科林斯柱子为界，中间分别表现了三组不同民族的人物形象：头戴尖帽、身着伊朗式长衫长裤的帕提亚人，穿着长袍、头戴花冠的希腊人和戴脚钏、着帔帛或裸体的印度人。（图10）这种形式在贵霜时期尤为流行，成为犍陀罗艺术表现众多供养人形象的一种固定模式，充分体现了这一地区的文化多样性。

与印度早期佛教艺术表现出较为浓厚的宗教性不同，中亚佛教艺术中的伎乐供养人图像充满了生活气息和世俗情趣，各种人物形象丰满生动，画风活泼自由，带有节日庆典的喜庆味道，这无疑来源于希腊化文化的影响。[6]与印度的轮回观念不同，希腊人注重现世生活，艺术作品的主题，即便是表现神话世界，也是由人的生活领域所确定。希腊艺术很少使用印度式的象征手法，一般都采用现实主义手法直接表现对象，富有人性化色彩。特别是到了希腊化时期，东西方文化的融合带来价值观的解放，艺术上进一步突破了古典时期的典范

---

1 参见安大略皇家博物馆网站（https://www.rom.on.ca/en），藏品编号924.27.1、930.10.2。

2 Kurt A. Behrendt, *The Art of Gandhara in the Metropolitan Museum of Art*, New Haven and London: Yale University Press, 2007, pp. 25-30.

3 Benjamin Rowland Jr., *Gandhara Sculpture from Pakistan Museums*, New York: The Asia Society Inc., 1960, p. 42.

4 http://jameelcentre.ashmolean.org/collection/921/per_page/100/offset/300/sort_by/date/object/11199.

5 http://collections.ed.ac.uk/art/record/20478.

6 犍陀罗艺术也有大量“伎乐天”图像，主要在“舍卫城大神变”“说法图”等图像中作为佛的背景出现，表现为手持各种乐器的乾达婆和紧那罗形象。本文主要讨论“伎乐人”即世俗的伎乐供养人，故不赘述前者。

图10
克利夫兰博物馆所藏佛塔阶梯浮雕

图像，题材扩展到生活的方方面面，从神、英雄、君主到普通平民，各种形象都出现在艺术创作中。[1]希腊的艺术理念在中亚被佛教吸收后，最终推动了佛教艺术的重大发展——佛像的创造。从某种程度上说，犍陀罗艺术的繁荣与希腊化艺术的世俗倾向有着密不可分的关系。犍陀罗工匠热衷于刻画各种佛传故事，应当受到了希腊艺术在题材选择方面的影响。当然，佛教向通俗化发展，是受到历史上一系列内外因共同作用的结果，而希腊文化因素在其中应当起到了推波助澜的作用。

1 ［德］托尼奥·赫尔舍:《古希腊艺术》，陈亮译，北京：世界图书出版公司，2013年，第107页。

三 西域佛教伎乐供养人图像

目前所知西域最早的伎乐供养人图像见于米兰M.V佛寺壁画。米兰遗址是一处佛教建筑群，以“有翼天使”、希腊神话故事壁画等及其表现出来的强烈的希腊古典艺术风格而闻名于世，年代约在公元2世纪末到3世纪上半叶。米兰M.V佛寺外方内圆，外墙约12米见方，内殿为圆形，中心是一座圆形佛塔，佛塔四周为环形礼拜道。内殿内壁满绘壁画，供信徒绕塔礼拜之时瞻仰。据推测，壁画分为三层，仅中层和下层残存，用黑色粗栏隔开，中层描绘须大拏太子逾城出家本生故事，下层为花绳装饰，以波浪形条带串联起一系列人物。[1]（图11）

花绳（Garland）最早源自希腊古典艺术，在罗马帝国时期成为最为流行的装饰题材之一，由多个半圆花环连接起来，半圆上方填充各种人物形象。佛教艺术亦很早就将其作为装饰纹样，如前文桑奇浮雕中的佛塔表面即装饰着花绳，形式从多个半圆演变为规则的波浪形，并被犍陀罗艺术沿袭。

米兰佛寺的花绳装饰串联起多位不同相貌特征、穿着打扮的男女供养人形象，其中许多手持酒器、乐器，与犍陀罗艺术中佛塔阶梯浮雕上的供养人群体大体相同。特别是二者都将多种不同民族特征的人物形象混杂在同一个画面中，表现手法和艺术旨趣极其相似。其中一位怀抱四弦琵琶的女性伎乐供养形象，与阿富汗布克里坝迪佛塔阶梯上最右侧的弦乐演奏者形象如出一辙。（图12）

值得注意的是，米兰壁画中的伎乐人所持为四弦琵琶。据研究，四弦琵琶起源于伊朗，经犍陀罗传入于阗，区别于龟兹后来流行的五弦琵琶。[2]和田约特干遗址出土了一些猴子弹奏四弦琵琶的陶俑。同

1 陈晓露：《楼兰考古》，兰州：兰州大学出版社，2014年，第265—271页。

2 赵维平：《丝绸之路上的琵琶乐器史》，《中国音乐学》2003年第4期，第34—48页。

图11
米兰M.V佛寺花纲装饰

属西域南道的鄯善，无疑也流行经于阗传来的四弦琵琶。尼雅遗址曾出土四弦琵琶的实物。（图13）鄯善和于阗佛教艺术中多见四弦琵琶，而龟兹石窟壁画中五弦琵琶更为常见。日本学者岸边成雄指出，西域音乐中心大致在公元5世纪前后发生了一次转移，由南道的于阗转至北道的龟兹。[1]西域音乐的兴盛无疑与佛教的伎乐供养传统密不可分。就西域而言，总体上佛教在南道的传播和兴盛略早于北道。乐器上的这一微小差别或许反映了南北两道佛教渊源有异。

米兰佛寺所在的鄯善王国，是早期西域南道除于阗外的另一个重要的佛教中心。除米兰外，鄯善辖境内的尼雅、楼兰等遗址亦有大量佛教遗存发现。公元5世纪初，西行求法的东晋僧人法显路过鄯善时，这里仍是“其国王奉法，可有四千余僧”。[2]研究表明，公元2世纪末以降，大批贵霜人来到了鄯善，直接推动了当地佛教的兴盛。米兰佛寺壁画上留有画师的签名，从名字看画师似是希腊后裔，很可能就来自贵

图12
米兰花纲与查克里巩迪佛塔阶梯的伎乐供养人

1 ［日］岸边成雄：《古代丝绸之路的音乐》，王耀华译，陈以章校，北京：人民音乐出版社，1988年，第2—3页。
2 （东晋）释法显撰，章巽校注：《法显传校注》，北京：中华书局，2008年，第7页。

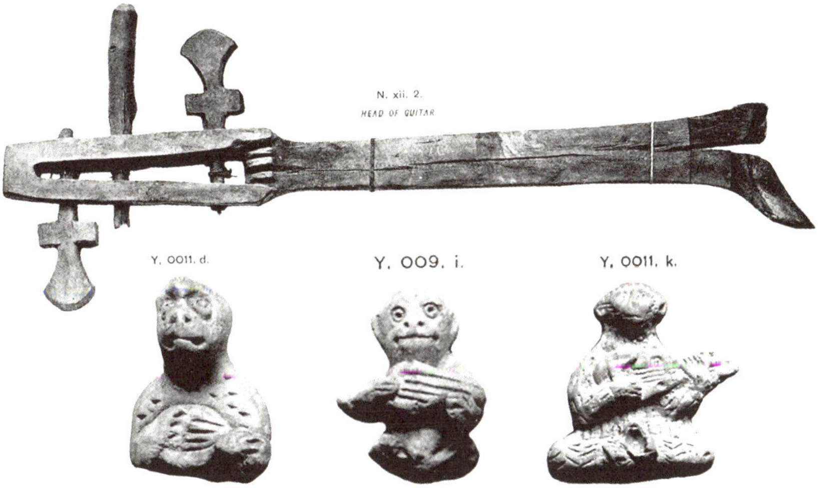

图13
尼雅出土四弦琵琶与和田约特干出土猴子弹奏四弦琵琶陶俑

霜。可以推知，鄯善佛教在佛寺形态、艺术表现、佛教仪式等方面都理应与其直接源头——贵霜佛教较为接近。米兰花纲装饰的题材、风格都与犍陀罗同类题材作品一脉相承。

需要注意的是，犍陀罗佛塔阶梯浮雕与米兰花纲虽然在题材上采用了“大酒神节”的形式，但其内容可能是佛教的庆典仪式。由于文献记载的缺失，仅从图像已无从得知这些庆典仪式的内容和细节。关于前者，因佛塔是保存舍利之处，阶梯上的浮雕可能表现的是舍利供养的场面。法显路过中亚时，曾在那竭国界醯罗城（即阿富汗哈达遗址）目睹供养舍利的过程：“出佛顶骨，置精舍外高座上。……每日出后，精舍人则登高楼，击大鼓，吹螺，敲铜钹。王闻已，则诣精舍，以华香供养。”[1]其中描述的供养场面与犍陀罗图像中的庆典场景并无二致，伎乐是其中不可或缺的一个部分。米兰花纲虽然只是一种装饰纹样而并非表现真实情景，但应该也一定程度上反映了当地佛教仪式的情景。

西域早期流行的佛教庆典仪式，目前我们所知的有浴佛和行像两

1（东晋）释法显撰，章巽校注：《法显传校注》，第38—39页。

种。浴佛是指用香水灌洗佛像；行像则是指用宝车载着佛像巡行。尼雅出土的第511号佉卢文文书即当地举行浴佛活动的赞文，列举了浴佛的种种好处。[1]法显在于阗曾亲身经历行像仪式，并在其行纪中十分详细地记录了整个过程。从文献中的记述来看，相较之下，浴佛是一种较为严肃的宗教活动，而行像更具有世俗性质。刘文锁根据《佛说灌洗佛形像经》《佛说温室洗浴众僧经》等相关经论对浴佛仪式进行了复原，大致包括奉供、集会、洗浴佛像、祈愿几项程序，没有明确提到伎乐。而行像仪式大都包括伎乐供养的环节。法显对于阗行像的描述中虽然并未专门指出有伎乐供养，但强调了于阗“其国丰乐，人民殷盛，尽皆奉法，以法乐相娱”；他在印度摩竭提国巴连弗邑观看的行像也是“境内道俗皆集，作倡伎乐，华香供养”，“通夜然灯，伎乐供养”。[2]及至行像传至中原，则更演变成为一种规模盛大、场面隆重的娱乐活动，《洛阳伽蓝记》记载景明寺的行像活动，“宝盖浮云，幡幢若林，香烟似雾，梵乐法音，聒动天地”。[3]

对于浴佛的起源，研究者多引用《过去现在因果经》中悉达多诞生后双龙灌顶的记载，这种说法未必真实可信，但浴佛习俗始于印度的推断恐与事实大致不差。古印度原有精神清洁的思想，婆罗门教早有类似的风俗。至于行像，赞宁《大宋僧史略》认为：“行像者，自佛泥洹，王臣多恨不亲睹佛，由是立佛降生相，或作太子巡城相。”[4]这却仅是后世的一种推测了，与事实差距较大。虽然法显在于阗和印度都观看了行像，然而于阗这一仪式并非一定来源于印度。在佛教史上，印度并无偶像崇拜的传统，制作佛像最早出现于佛涅槃后几百年

---

1 刘文锁：《尼雅浴佛会及浴佛斋祷文》，《敦煌研究》2001年第3期，第42—49页。

2 （东晋）释法显撰，章巽校注：《法显传校注》，第11、88页。

3 （北魏）杨衒之撰，杨勇校笺：《洛阳伽蓝记校笺》卷三，北京：中华书局，2006年，第125页。

4 （宋）赞宁撰，富世平校注：《大宋僧史略校注》卷上，北京：中华书局，2015年，第22页。

的中亚地区，行像仪式的出现无疑应当更晚。从两种仪式后来在中国的流传来看，行像也确实出现得较晚。《三国志·吴书》中即提到了笮融浴佛之事，而行像则最早仅见于法显的记录。[1]从其强烈的世俗性来看，行像仪式无疑是在大乘佛教流传、佛教通俗化的过程中出现的。犍陀罗艺术中诸多伎乐供养图像透露出的世俗化倾向与此完全一致。语言学的研究已经表明，西域佛教的直接源头是中亚地区，早期的译经人大多并非来自印度而是来自中亚。因而，西域佛教仪式很可能也来自中亚。当然，这只能是一种推测，我们目前已无法得知行像仪式是否也曾在中亚地区流传。

公元7世纪时，玄奘赴印度求法路过西域北道的龟兹，见到当地亦流行行像仪式："大城西门外路左右各有立佛像，高九十余尺。于此像前建五年一大会处，每岁秋分数十日间，举国僧徒皆来会集。上自君王，下至士庶，捐废俗务，奉持斋戒，受经听法，渴日忘疲。诸僧伽蓝庄严佛像，莹以珍宝，饰之锦绮，载诸辇舆，谓之行像，动以千数，云集会所。"[2]此时龟兹已成为西域佛教中心，石窟成群，僧尼众多。佛教艺术中伎乐供养图像极为发达，对此相关研究著述宏富，这里不再赘述。值得注意的是，龟兹石窟壁画中的伎乐图像大都是飞天、供养天人、天宫伎乐，即"伎乐天"；[3]世俗供养人主要是王侯、比丘肖像或礼拜像；[4]"伎乐人"见于佛传图或说法图中的乐舞人物，多作为烘托主要情节的背景出现，单纯的世俗伎乐供养或佛教仪式场景几乎未见。

1 罗华庆:《9至11世纪敦煌的行像和浴佛活动》,《敦煌研究》1988年第4期，第98—103页。

2（唐）玄奘、辩机原著，季羡林等校注:《大唐西域记校注》卷一，北京：中华书局，1985年，第61页。

3 霍旭初:《论克孜尔石窟伎乐壁画》，收入氏著《龟兹艺术研究》，乌鲁木齐：新疆人民出版社，1994年，第85—121页。

4［日］中川原育子:《关于龟兹供养人像的考察（上）》，彭杰译，《新疆师范大学学报（哲学社会科学版）》2009年第1期，第101—109页。

目前所仅知的龟兹世俗乐舞图，见于苏巴什佛寺出土的舍利盒上。这具舍利盒由日本大谷光瑞探险队于1903年发掘所得，现藏东京国立博物馆。初发现时，盒身覆涂有三种颜色的外层；半个世纪后，人们才发现其外层下另有一层十分精美的绘画。舍利盒年代约在公元6—7世纪，整体呈蒙古包状；盒盖有尖顶，装饰四个联珠圈，内绘四身带翼童子，肤色两白两黑，手持箜篌、琵琶等乐器；盒身圆柱形，描绘了一幅21人组成的乐舞图。（**图14**）

霍旭初对盒身装饰的乐舞图案进行了详细的考证，认为表现的是文献中所记的“苏莫遮”舞蹈。[1]扬之水提出异议，认为苏莫遮的重要表演特色在舍利盒上并不存在，并进一步指出该乐舞图表现的是佛典所载佛灭后末罗族的礼赞供养。[2]无论该乐舞图是否“苏莫遮”，它无疑反映了对舍利的伎乐供养之意。在一定程度上，乐舞图反映了龟

图14
龟兹苏巴什佛寺出土舍利盒

1 霍旭初:《龟兹舍利盒乐舞图》，收入氏著《龟兹艺术研究》，第239—250页。
2 扬之水:《龟兹舍利盒乐舞图新议》，《文物》2010年第9期，第66—74页。

图15　龟兹舍利盒盖上的童子形象

图16　米兰M.III佛寺“有翼天使”

兹佛教兴盛的真实情况，即参与大型庆典仪式已成为佛教徒的重要实践活动。玄奘记录的行像也属于同类仪式，并且“举国僧徒皆来会集，上自君王，下至士庶”，吸引了社会各个阶层信徒的广泛参与，世俗化程度已经比较高。当然，此时龟兹的佛教仪式与希腊宗教庆典已相去甚远，而是佛教自受希腊化文化影响以来客观发展的产物，与其自身的世俗化过程相一致。

不过，在盒盖所绘童子形象上，我们还能看到希腊艺术的最后一丝影子。四位童子各位于一个联珠圈内，这是萨珊波斯的典型纹样；但其中两个白色皮肤童子（图15）的绘画手法却与米兰壁画中的“有翼天使”（图16）十分接近，对额顶的一缕黑发、背后双翼以及眼睛、身体线条的描绘几乎一致，背后的双翼仍能看出希腊艺术风格的特征。这是目前所见年代最晚的仍可见希腊影响的童子形象，且仅见于新疆。再往东的甘肃敦煌以及中原地区，从北朝以降，童子形象已经逐渐本土化，不流行希腊式造型了。[1]

1　陈俊吉：《北朝至唐代化生童子的类型探究》，《书画艺术学刊》2013年第15期，第184页。

小　结

本文分析了早期佛教艺术中的世俗供养人图像与希腊大酒神节题材在表现程式上存在的渊源关系，进而结合文献的相关记载，提出希腊宗教举行节日庆典的习俗与其世俗化倾向，对中亚、西域地区的佛教艺术实践可能产生了一定影响。佛教从印度传入中亚，逐渐兴盛并发生了一系列深刻的变化，如大乘思想的出现、佛像的创造、崇拜实践与宗教仪式的改变等。对于希腊化艺术对佛教的影响，研究者进行了大量扎实的研究，硕果累累。本文在前贤丰厚成果的基础上，试图

文中所涉遗址分布简图

1. 桑奇佛塔　2. 巴尔胡特佛塔　3. 阿伊·哈努姆古城　4. 塔赫特—伊·桑金遗址　5. 卡尔查延遗址　6. 阿伊尔塔姆佛寺　7. 贾玛尔嘎西佛塔　8. 哈达遗址（那竭国醯罗城）

借助世俗供养人图像的这一个案研究，对于除在图像程式之外佛教艺术所反映出的宗教习俗实践，乃至思想教义的传播、影响、交流与发展做进一步思考。

Hellenistic Influence on Buddhism: A Case Study on the Music Worshiper Images in the Early Buddhist Art

Chen Xiaolu

Abstract: The paper aims to examine the numerous music worshiper images in the early Buddhist art. They derived from the secular musicians and dancers in the ancient Indian society, and were portrayed various parading processions singing and dancing which were similar to Dionysian images in the Hellenistic art. Based on the iconological and historical analysis, the Hellenistic influence on the Buddhist ceremonies in Central Asia and the Western Regions is revealed, which was in accordance with the popularizing process of Buddhism.

第五编 余波东渐

The Sinicization and Secularization of Some Graeco-Buddhist Gods in China[1]

Yang Juping

(Nankai University)

Introduction

It is generally admitted that the sinicization or 'Chinization' of Buddhism was a long process. However, there is still much discussion in Chinese academia about when the process began and was largely realized, and how and to what extent it involved adaption to and fusion with Chinese traditional culture. I am well aware that I have insufficient expertise to take part in such specialist discussion. The purpose of this paper is therefore to offer my

1 This paper was firstly addressed in the International Conference on the Hellenistic Legacies on the Silk Road, Nankai University 18th-20th August, 2018. Many thanks to Dr. Peter Stewart for inviting me to present the revised version in the Third International Workshop of the Gandhāra Connections Project, Oxford University, 18th-19th March, 2019, and for his hard work on correcting it and providing some rare photos. I am also indebted to Professor Daniel Waugh for his precious directions about its modification. I am also grateful to those who offered me their generous helps in various ways, such as Professor Osmund Bopearachchi and Mr. Joe Cribb.

macroscopic observations on the evolution of Graeco-Buddhist figures in China, and to try to analyze the background and the context of these changes.

As we know, there are different opinions about the foreign elements in the development of Gandhāran art. The hypotheses of Greek and Roman origins predominate. Even among these there are disagreements about which tradition is more important. However, no matter which is given priority, the fact that Roman culture was in many respects the continuation and development of Greek culture is undeniable. So, the essence of Gandhāran art is a fusion or combination of Indian Buddhism with the plastic art and religious ideas of the Graeco-Roman world. It is therefore not surprising that some deities from Graeco-Roman mythology became the prototypes for Buddhist figures in Gandhāran art, such as Apollo-Buddha, Herakles-Vajrapāṇi, Nike-Apsara, Atlas, Helios-Surya, Tyche-Hariti, and so on. Nevertheless, their iconography was not static. With the spread of Gandhāran art out of its homeland in the northwest of the Indian subcontinent, the Buddhist figures had to be adapted to the new cultural environment. In China the change appears more conspicuous and fundamental. For example, the Buddha styled on Apollo provided the imagery for Chinese emperors of the North Wei Dynasty (北魏, AD 386-534), and even the personification of Empress Wu Zetian (武则天) of the Tang Dynasty (AD 618-907). The 'Atlas'-style man appeared in the tombs of non-Buddhists. The Nike-Apsara first of all turned into flying deities in Heaven, Feitian (飞天), and eventually went so far as to be assimilated by the foreign Nestorian Christians in the Yuan Dynasty (AD 1271-1368). However, the most characteristic example is Herakles-Vajrapāṇi who not only lost his vajra and the position of bodyguard of the Buddha, but also unfortunately degenerated into a warrior guarding the tombs of non-Buddhists in Tang Dynasty. This paper will consider just a few more similar cases in order to illustrate the particular multi-cultural syncretism that occurred in China.

From Herakles-Vajrapāṇi to the Worrier Figurine[1]

Herakles is a demigod and hero in Greek mythology. Why would he be combined with the Vajrapāṇi of Buddhism? One answer seems to point to Alexander the Great and his expedition to India. It is pointed out that he and his father claimed Herakles and Zeus as the ancestors and progenitors of their family.[2]

The images of Herakles and Zeus appeared earlier on the coins of Amyntas III (392-390 BC), Perdikkas (364-359 BC), and Philip II (359-336 BC) respectively, before the conquests of Alexander the Great. On the way to the east, Alexander minted his own coins, the Herakles/Zeus type.

---

1 The Chinese scholars Xing Yitian (I-Tien Hsing) and Xie Mingliang have made in-depth studies on this subject. See Hsing 2005: 103-154; Xie 1997: 32-53.

2 Arrian, *Anabasis of Alexander*, 4.11.6-7; Kallisthenes says that Alexander is 'a son of Philip, a descendant of Herakles and of Aiakos, whose forefathers came from Argos to Macedonia, and have continued to rule the Macedonians not by force but in accordance with custom'. Aiakos in Greek mythology is also the son of Zeus. Alexander's mother Olympias claimed to be a descendant of the Aeacidae. So Alexander also established descent from Zeus through his mother. Plutarch also states: 'As for the lineage of Alexander, on his father's side he was a descendant of Herakles through Karanos, and on his mother's side a descendant of Aiakos through Neoptolemos; this is accepted without any question.' (Plutarch, *Alexander*, 2.1.) According to Greek mythological tradition, Karanos, the descendant of Herakles, was the first king of Macedonia. Isokrates exhorted Philip II to conquer Persia like his ancestor Herakles who had destroyed Troy. (To Philip, 109-115.) All these sources attest to contemporary Greeks' acceptance of the story that Philip and Alexander were the descendants of Zeus and Herakles. It is therefore understandable that the images of Zeus and Herakles appeared on coins of kings of Macedonia. (All citations of English translations from the Loeb Classical Library.)

(fig. 1) On the obverse is the image of Herakles's head wearing the lion's scalp helmet and on the reverse is Zeus seated on his throne. Although he died suddenly in 323 BC, the heritage of his empire did not vanish and his coins still circulated in the Hellenistic world created by him, and even beyond. Seleukos, one of the Diadokhoi, inherited the largest legacy in Asia. Although Seleukos abandoned India soon, in c. 305 BC, and the two satrapies in the upper provinces declared their independence from the Seleukid Kingdom around the middle of the third century BC, one of the new kingdoms, the Graeco-Bactrian kingdom became the center of the civilization of the Hellenistic Far East.

In the early second century BC, the Greeks in Bactria crossed the Hindu Kush and entered north-west India, and remained there for nearly two centuries. These so-called Indo-Greeks tried to retain their Greekness, but at the same time they were obliged to accept local culture, including Buddhism and local deities. Some of them apparently even converted to Buddhism and become Buddhists, notably the famous Indo-Greek King Menander.[1] Herakles appeared in various forms on the coins of some Indo-Greek kings, for example Euthydemos I and his son Demetrios.[2] Patron deities generally appear on the reverses of Hellenistic coins. Therefore, besides Herakles other Greek deities such as Zeus,

fig. 1
Silver tetradrachm of Alexander the Great, minted at Babylon, 325-323 BC. (From the Andritsaena Hoard, Elis.) Obverse: head of Herakles. Reverse: seated Zeus. New York, American Numismatic Society, 1944.100.80601 (Photo: copyright ANS: http://numismatics.org/ collection/1944.100.80601)

1 The tradition was that he once had a long discussion on the Buddhist doctrine with a master of Buddhism, Nagasena, and finally he was determined to abandon his throne and become a lay Buddhist. For the details of his story in the *Milindapañha* and the arguments around him, see Yang 2016: 111-122.

2 See Bopearachchi 1991: pl. 2-3 (Euthydème I, 1-16, 35); pl. 4-5 (Demetrios I, 1-3).

fig. 2
Clay sculpture of Herakles-Vajrapāṇi in niche V2 at Tapa-e Shotor, Haḍḍa, Afghanistan (now destroyed). Second to fifth century AD (Photo: Francine Tissot, courtesy of Professor Osmund Bopearachchi)

fig. 3
Reverse of silver tetradrachm of Euthydemos, showing Herakles sitting on a rock covered by the lion-skin and with a club resting on his right leg; c. 230-190 BC. New York, American Numismatic Society, 1995.51.28 (Photo: copyright ANS, http:// numismatics.org/ collection/1995.51.28)

Athena, Apollo, the Dioskouroi, Poseidon, Artemis, Nike, Helios, Hermes, etc. also appeared on the coins issued by these Greek kings in Bactria and India. The worship and popularity of these deities not only promoted their fusion and identification with Buddhist figures, but also contributed to the development of Gandhāran iconography. The identification of Herakles with Vajrapāṇi is a typical example. He was known for his valor, his fearlessness in the face of hardship and danger, and his supernatural strength displayed in the twelve labors. So it is natural that he was accepted by Buddhists and was identified with Vajrapāṇi (the bodhisattva with 'Vajra in [his] hand') who became the bodyguard and guide of the Buddha in the early art of Gandhāra.

This radical change can be seen in the sculptural group of the Buddha and his attendants at Tapa-e Shotor at Haḍḍa. Herakles still wears his lion-skin draped on his left shoulder, passing over his back and reappearing over his lap, while his club had become Vajrapāṇi's thunderbolt or diamond pestle.[1] (fig. 2) However, the similarity in the sitting position between the Vajrapāṇi and the Herakles on the coin

1 See Tarzi 1976: 394-396, figs. 9, 10 and 11; Boardman 2015: fig. 122; F. Tissot, 'Afghanistan ix. Pre-Islamic Art', in Encyclopaedia Iranica, I/5: 544-547, fig. 3/4; an updated version is available online at <http://www.iranicaonline.org/articles/afghanistan-ix-preislamic-art> (last accessed 16th January 2020).

fig. 4
Herakles-Vajrapāṇi with the Buddha, from a Gandhāran scene of the Buddha's First Sermon; c. second century AD. New York, Metropolitan Museum of Art, inv. 1980.527.4 (Photo: Metropolitan Museum of Art, CC Zero Licence)

fig. 5
Herakles-Vajrapani with the Buddha in a Gandhāran scene of the Dīpaṅkara Jātaka from Jamalgarhī; c. second century AD. Kolkata, India Museum (Photo: courtesy of the Warburg Institute, London)

fig. 6
Clay sculpture of Vajrapāṇi, Maijishan Grottos, Gansu, China. Bei Zhou (北周, AD 557-581) (Photo: author, August 2007)

of Euthydemos is apparent. **(fig. 3)**

Similar figures of Herakles-Vajrapāṇi could be seen in the early period of Gandhāran Buddhist art. **(figs. 4 and 5)** From these images, we can see that Herakles had become the Buddha's guardian. Sometimes he wears Herakles's 'helmet' of the lion-scalp; sometimes he only has the vajra pestle, converted from Herakles's club; and sometimes he is nude or half-naked.

It is this kind of Herakles-Vajrapāṇi that was spread into China and was transformed gradually into a Chinese folk deity. Two changes are worth noticing.

One is his position and role in the Buddhist temples and grottoes. He rarely stood side by side with the Buddha as he used to do in earlier

fig. 7

Vajrapāṇi (right) wearing the pelt of a tiger in Dunhuang Grottos, Cave no. 205, early Tang Dynasty (AD 618-907) (Photo: after Liu 2003, 129, pl. 112)

Gandhāran art. Moreover, his symbol, the vajra, was sometimes lost or become a sword. The pelt helmet generally remained but it is hardly recognizable whether it is of lion or tiger. He seems to become a Lokapāla (heavenly king) and often stands at the entrances of temples. We can see such a change clearly from Cave no. 205 of Dunhuang Grottoes and Maijishan Grottoes.[1] **(figs. 7 and 6)** Why might this change have taken place? The reason seems to be explained by his original role. Although he was a guardian deity (Dharmapāla) of the Buddha and the Dharma, nevertheless, with the deepening and expanding of sinicization of Mahāyāna Buddhism, his rank became lower and lower, so that his position was replaced by the disciples of the Buddha Śakyamuni and the other Buddhas and bodhisattvas, such as Dīpaṅkara and Maitreya.

Another factor is his secularization. His clay figurines appeared as

---

1 For the details of the clay statue, see Hsing 2005: 124-126, fig. 31.

protectors in the tombs of non-Buddhists in the Tang Dynasty (AD 618-907). **(figs. 8, 9, and 10)** This means he was accepted by Chinese as a secular deity as early as this period. Even so, these figurines still remain some features of Herakles-Vajrapāṇi, such as the lion/tiger-scalp helmet, the paws tied on chest, and even the club that reappeared in his hand in one tomb. There is some debate among in Chinese researchers as to the identity of the helmets, namely, whether they are scalps of lions or tigers. Some scholars think that the headgear of the warrior figures originated from warriors wearing the pelts of beasts in Tubo (modern Chinese Tibet, and parts of Qinghai and Gansu) and Nan Zhao (modern Yunnan). Even if this hypothesis sounds somewhat rational, the images of the warrior from Tubo might also have been influenced by Central Asian and Indian Buddhism, that is to say, by the Herakles-Vajrapāṇi of Gandhāran art, as Hsing has suggested (Hsing 2005: 139-145).

Why should the Buddhist Vajrapāṇi become a warrior figurine guarding the tombs of lay people? The answer must been sought in the Chinese cultural tradition, especially in funerary culture. Strictly speaking, in China, there were no discrete religions like Buddhism, Judaism, Christianity, and Islam. Confucianism was the soul or core of Chinese traditional culture, but it has never been a religion. It

fig. 8
Tang Dynasty (AD 618-907) tricolour warrior figurine, excavated in the village of Hongqing, Baqiao district, Xi'an. Xi'an Museum (Photo: author, July 2013)

fig. 9
Pottery warrior figurines from a tomb of the Tang dynasty, Changzhi, Shanxi Province (Photo: after Shen 1962, pl. 8.1-2)

fig. 10
Pottery warrior figurine from a tomb of the Tang dynasty, Xian County, Hebei Province (Photo: after Wang 1990, pl. 4.1)

was a kind of secular ideology, or an ethical philosophy that provided directions for the administration of the state and personal morality and social behavior; in another words, it was a way of life for Chinese people. Confucius was a man not a god. He was a teacher, a master, not a founder or a preacher of one religion. His ideas were favored by the emperors of China in the Han Dynasty and gradually became the principles of Chinese political and social life. So when Buddhism spread into China it faced a vast challenge to make itself adaptable to the needs of Chinese society. It was not until the Tang Dynasty that the sinicization of Buddhism was realized. It is not a coincidence that Vajrapāṇi become a warrior guarding the tomb at this time. Since Vajrapāṇi had the duty and power to protect the Buddha, it was entirely feasible that he could protect the dead in the nether world.

From Nike-Apsara to Feitian (飞天)

The Apsara was originally a female sprite of water and cloud in Indian mythology. Its earliest extant sculptural representation is probably that of the stūpa at Bharhut in central India, dated to the second century BC. (fig. 11) At that date the anthropomorphic image of the Buddha had not yet been created, so the two winged Apsaras fly face to face above a stūpa, one of the symbols of the Buddha, holding a garland and a palm branch respectively in their hands. It seems possible to discern some similarities between them – and particularly the various apsaras in Gandhāran art – and Nike, the Greek goddess of Victory.

Can we assume that there are links between them? Some evidences seem to support that possibility.[1]

At first, we should notice the basic features of Nike's image in classical art. She has two wings, and often holds a wreath with one or both hands when she dedicates it to other Greek gods and goddess, such as Zeus or Demeter. On the coins of Hellenistic kings, she frequently stands on the extended hand of Zeus and flies to crown him with a wreath. We can also see such examples on the 'Poros' medallion issued by Alexander, and the coins of Seleukos I and some Indo-Greek kings.[2] (fig. 12) It is noteworthy that the Apsara in Gandhāran art played similar roles. Generally, she flies above the head of the Buddha and has two wings, as we see both in Gandhāra and Central Asia (fig. 13), and in the temple of Tumshuk in Xinjiang, China (relief preserved in the Musée Guimet in Paris). However, with her spread into China, her image was changed. For example, she became a dancing-girl or a musician with an instrument such as flute, pipa, or sheng, instead of the garland, palm branch, lotus branch, or similar. Her feet, even her legs, were gradually lost and became a long flying skirt fluttering in the wind.[3] (figs. 14–17) Although there needs to be further discussion about whether Nike actually influenced the evolution

1 John Boardman has also noticed the similarity between the Apsaras and the classical Victory (Nike), and attributes it to influence from the west. See Boardman 2015: 132-133, fig. 70.

2 On the coins of some Graeco-Bactrian and Indo-Greek kings, Nike stands holding wreath. See Bopearachchi 1991: 379, figs. 10 (Antimaque I, 5), 14-15 (Antimaque II, 1), 22 (Eucratide I, 22-23), 31-33 (Menandre I, 22, 27, 31-34), 37 (Straton I, 29-30), 44 (Philoxene 12), 48 (Epandre, 2-3), 49 (Menandre II, 1-2), 50 (Artemidore, 5-6), 51 (Archebios, 11). Some coins show Nike standing on the right hand of Zeus and crowning him. See Bopearachchi 1991: 380 and figs. 26 (Heliocles, 3.4), 49 (Menandre II, 4), 39-40 (Antialcidas, 1-5, 9, 12, 13).

3 Note that such Apsaras appeared firstly in Dunhuang, Yulin Grottoes in the North Wei (AD 386-534), then spread into the central China. Also see Sizer 1925: plates ('stone votive stele', left); Priest 1930.

of the image of the Apsara in Gandhāran art, it is a fact that the Apsara iconography originated in India and finally become the Feitian in China, a flying dancing-girl or a musician in the Buddhist paradise. In the Yuan Dynasty (AD 1271-1368), the Buddhist Feitian even reappeared on the funerary stelai of Nestorian Christians in the city of Quanzhou, in Fujian Province in the south of China. **(figs. 18 and 19)**

In the evolution of Nike-Apsara to Feitian, we can see three evident features. The first concerns her identity. Generally, she preserved her female gender. Of course, there are some Apsaras who look male or masculine in Chinese Grottos, yet they are only exceptional cases.[1]

The second is her intimate relation with the Buddha. Although she ceases to be the flying sprite (the celestial maiden) who offers a wreath or garland to the Buddha, she still appears above or around him. Her role seems changed. She becomes a musician, or a dancer whose duty is to celebrate the happiness and joy of Sukhavatī, the Pure Land or Western Paradise. The third is her posture of flying in the sky. Actually, her flying posture did not change even if her legs and wings were gradually lost in China.

Apart from the two more characteristic cases above, we could identify some other, similar examples of iconographical transformation, such as the Atlantean figures of Gandhāra art and the god of sun, Surya. Although the manner of their transformation and adaption in China cannot be detected clearly, it seems certain that they have a direct relationship with some Greek deities and Buddhist figures. Their evolution in China also reflects the sinicization and secularization of Gandhāra art.

1 Such Apsaras mainly appeared in Dunhuang Grottos and Yungang Grottoes. See Zhao 2008: 81, 125.

fig. 11 The winged, flying Feitian (Apsaras) holding garland and palm, on a relief Bharhut, India, second century BC. Freer Gallery of Art and Arthur M. Sackler Gallery, Washington (Photo: author, March 2014)

fig. 12 Nike and Zeus on the reverse of a silver tetradrachm of Seleukos I, minted at Sardis, 282-281 BC. New York, American Numismatic Society, 1944.100.78148 (Copyright ANS, http://numismatics.org/collection/1944.100.78148)

fig. 13 Gandhāran relief showing the Buddha with Brahma, Indra, and Apsaras; c. second century AD. Art Institute of Chicago, inv. 1995.263 (Photo: Art Institute of Chicago, CC0 Licence)

fig. 14 Painting of Apsaras in Cave no. 7, the Western Thousand-Buddha Grottoes, Anxi Yulin Grottoes. North Wei Period (AD 386-534) (Photo: after Dunhuang Academy 1997; fig. 204)

fig. 15 Painting of an Apsara in Cave no. 285, Dunhuang Mogao Grottoes. Western Wei period (AD 535-556) (Photo: after Dunhuang Academy 1982a, fig. 138)

fig. 16 Sandstonerelief of flying Apsara from Tianlongshan Grottoes, Taiyuan, Shanxi Province. Northern Qi Dynasty, c. AD 570. Kansas City, Nelson-Atkins Museum of Art (Photo: Nelson-Atkins Museum of Art, https://art.nelson-atkins.org/ objects/22804)

fig. 17 Earthenware tile with image of Apsara/ Feitian, from Xiuding-si pagoda, Henan Pronvince. Tang Dynasty, seventh century AD. New York, Metropolitan Museum of Art, inv. 65.178.2 (Photo: Metropolitan Museum, CC0 licence)

figs. 18 and 19 Flying Feitian (Asparas) on the funerary stelai of Nestorians, Yuan Dynasty (AD 1271-1368). Quanzhou Maritime Museum, China (Photos: author, December 2015)

From Atlas to Atlantean Figure (力士)

Atlas once supported the Titans in their war with the Olympians. After their defeat, Zeus condemned him to hold up the sky (Ouranos) on his shoulders at the western edge of the earth (Gaia) and prevent the two from embracing. So in the classical art, he often carries a globe or a celestial sphere on his back. Many similar images appear in Gandhāran Buddhist sculptures.[1] Generally, the 'Atlas'-figure squats supporting the stūpa on his shoulders or with two hands upwards, and sometimes he has two wings on his back (**fig. 20**; cf. fig. 3 in Stewart's contribution to the present volume). Later his image was brought to China, and he became a strong Buddhist figure who could support the very high Buddhist tower (塔, Chinese-style stūpa). (**fig. 21**) His image was also borrowed

fig. 20 Gandhāran 'Atlas' figure in schist; c. second century AD. Los Angeles County Museum of Art, inv. M.71.73.136 (Photo: LACMA Public Domain image)

fig. 21 Atlantean figures supporting stūpas with their hands. From Cave no. 10, Yungang Grottos. Northern Wei period, AD 471-494 (Photo: author, September 2017)

1 Stewart 2020, Figure 3.

for the tombs of lay people to support the stone bed on which the coffin was laid. By this time, his role had become that of a strongman (力士, atlantean figure), with no wings, with his two hands held up to support the stone bed. (fig. 22)

From Helios-Sūrya to Kingly Figure

Some Chinese scholars have noted the similarities between the murals of the Sun god (日天) (fig. 23) and the moon god (月天) (fig. 24) in China and the relief of Sūrya (the deva of the Sun) discovered in Bodh Gaya in India. (fig. 25) They further identify them with the Greek sun god Helios, who rides a chariot drawn by four horses every day from dawn to sunset. (fig. 26) (Zhang 2009: 38-40) Similar figures have also been discovered on some pieces of brocade of the Sui and Tang Dynasties in the north-west of China. The most representative one is from Dulanreshui region of Qinghai Province. A kingly figure wearing a crown sits on a chariot drawn by six horses, three on either side, pointing in opposite directions. (fig. 27) It is noted, however, that such figures had fused the Greek Helios with other cultural elements from Iran, India, and China (Zhao 1993: 179-183, fig. 4.3). This link seems rational and logical, but we need more evidence to verify this hypothesis because the differences between the images of Surya and Helios on the Chariot is too distinct. Nevertheless, transitional evidence might illustrate the mystery of this transformation. On the coins of some Indo-Greek Kings, we find very similar images of Helios who drives the chariot drawn by four horses.

fig. 22　Naked strongmen supporting the stone funerary bed from the tomb of Sima Jinlong; AD 484(?) Datong Museum (Photo: author, September 2017)

fig. 23　The Sun God in his chariot, Cave no. 285, Dunhuang Grottoes (Photo: after Dunhuang Academy 1982a, fig. 116)

fig. 24　The Moon Goddess in her chariot, Cave no. 285, Dunhuang Grottoes (Photo: after Dunhuang Academy 1982a, fig. 117)

fig. 25 Relief of Sūrya from the stūpa at Bodh Gaya, India; 2nd-1st century BC (Photo: after R. R. Mitra, Buddha Gayá : The Hermitage of ákyamuni [Calcutta, 1878], 406, via British Library Flickr Commons)

fig. 26 Marble relief of Helios from the Temple of Athena, Troy; early 3rd century BC. Berlin, Altes Museum (Image: after Meyers Großes Konversations-Lexikon, 6th edn., vol. 9 [Leipzig, 1907], 143; scan by NN via <https:// commons. wikimedia.org/wiki/File:Helios-Metope,_Troja,_Athena-Tempel.jpg>)

fig. 27 'Helios' on two pieces of brocade, Northern Dynasty and Sui Dynasty, discovered in Dulanreshui, Qinghai Province (Image: after Zhao Feng 1995: fig. 1.5, 6)

(fig. 28) (Bopearachchi 1991: fig. 23 [Plato, 1-3]) Most probably, this is the image that served as model for the creation of sun god (Sūrya) on a chariot in Gandhāra art (Boardman 2015: 99). Similar examples could also found in Mathurā and in Gandhāra during the first to third centuries. (fig. 29) The appearance of similar images in the murals of Dunhuang caves and the brocade of Dulanreshui are presumably the result of this acculturation.

fig. 28 Silver coin of the Indo-Greek king Plato, second century BC. Reverse with image of Helios standing on a chariot drawn by four horses (Photo: courtesy of Professor Osmund Bopearachchi)

fig. 29 Sūrya, the sun god, winged, with nimbus, From Mathurā. First century AD (?) (Photo: after Coomaraswamy 1927: fig. 44)

Conclusion

The secularization or sinicization of some Graeco-Buddhist gods of Gandhāran art was a natural evolution. In fact, it also mirrored the sinicization of Buddhism itself. It is astonishing that Buddhism, an Indian religion, finally became a localized religion and one of the three main streams of the Chinese cultural tradition that influenced Chinese history for nearly two thousand years. Generally in history, Buddhism was welcomed by the ruling classes, represented by the emperors of all dynasties, except a few of them who persecuted Buddhism in specific periods, mainly because of economic conflicts. Consequently, the doctrine of Buddhism largely accorded with the ideology of the monarchs, and was helpful and useful for imperial rule. Some Confucianists and Taoists initiated debates rejecting Buddhism on the basis of specific problems: for example, which system emerged earliest in China – Buddhism, Confucianism and Taoism – and which one should occupy the highest position in Chinese society? And should Buddhists worship the emperors or not? But the final outcome was that

Buddhism adapted itself thoroughly to Chinese tradition and became one of the main components of Chinese civilization.[1] With the deeper and wider spread of Buddhism in China, its mysticism lessened progressively and its sinicization and secularization become swifter. Some Buddhist figures gradually became members of the Chinese pantheon and were worshipped as folk deities by ordinary Chinese people. So it is understandable that Herakles-Vajrapāṇi, the Nike-Apsara, Atlas, and Helios-Sūrya could be transformed into Chinese-style figures and accepted willingly by Chinese, even become the funerary motifs such as Vajrapāṇi and Atlantean figures.

References

An Yang Museum (安阳市博物馆). 1982. 唐杨偘墓清理简报(A Brief Report on the Excavation of Yang Kan Tomb of Tang Dynasty).文物资料丛刊(*The Collection of Cultural Relics*) 6: 130-133.

Boardman J. 2015. *The Greeks in Asia*. London: Thames and Hudson.

Bopearachchi O. 1991. *Monnaies gréco-bactriennes et indo-grecques: catalogue raisonné*. Paris: Bibliothèque Nationale.

Coomaraswamy A. K. 1927. The Origin of the Buddha Image. *The Art Bulletin* 4: 287-329.

Dunhuang Academy (敦煌研究院). 1982a. 中国石窟：敦煌莫高窟(*China Grottoes: Dunhuang Mogao Grottoes*), vol. 1. Beijing.

Dunhuang Academy (敦煌研究院). 1982b. 中国石窟：敦煌莫高窟(*China Grottoes: Dunhuang Mogao Grottoes*), vol. 3. Beijing.

Dunhuang Academy (敦煌研究院). 1997. 中国石窟：安西榆林窟(*China Grottoes: Anxi Yulin Grottoes*). Beijing.

Institute of Cultural relics of Hebei Province (河北文物研究所), et al. 2001.河北

1 Liu & Liu 2019, 93-95.

省安国市梨园唐墓发掘简报(A Brief Report on the Excavation of a Tomb of Tang Dynasty in Liyuan, Anguo City, Hebei Provence). 文物春秋（*History of Cultural Relics*) 3: 27-35.

Hsing I-Tien. 2005. Herakles in the East: The Diffusion and Transformation of His Image in the Arts of Central Asia, India, and Medieval China (trans. W. G. Crowell). *Asia Major*, 3rd Series, 18/2: 103-154.

Li Zhenqi (李振奇). 1993. 河北南和东贾郭唐墓 (A Tomb of Dongjiaguo, Nanhe County, Hebei Province). 文物 *(Cultural Relics)* 6: 28-33.

Liu Jiahe (刘家和) and Liu Linhai (刘林海). 2019. 3—6世纪中西历史及文明发展比较研究（A Comparative Study between the Roman World and China on the History and Civilization from the 3rd to 6th Century），北京师范大学学报 (*Journal of Beijing Normal University*) 5: 73-99.

Liu Yongzeng (刘永曾) (ed). 2003. 敦煌石窟全集：塑像卷（*Complete Works of Dunhuang Grottoes: Volume of Statues*). Hong Kong.

Priest A. 1930. Chinese Stele. *The Metropolitan Museum of Art Bulletin* 25, no. 11 (Nov., 1930): 229 and 234-239.

Shen Zhenzhong (沈振中). 1962.山西长治北槽唐墓(A Tomb of Tang Dynasty in Beicao, Changzhi, Shanxi). 考古 (*Archaeology*) 2: 163-168.

Sizer T. T. 1925. A Note on Two Pieces of Chinese Sculpture in the Worcester R. Warner Collection. *The Bulletin of the Cleveland Museum of Art* 12/2: 23-26.

Stewart, P. 2020. Roman Sarcophagi and Gandhāran Sculture, in *The Global Connections of Gandhāran Art*. Edited by Wannaporn Rienjang & Peter Stewart, Oxford: Archaeopress Publishing Ltd., pp. 50-85.

Tarzi Z. 1976. Haḍḍa à la lumière des trois dernières campagnes de fouilles de Tapa-é-Shotor (1974-1976). *Compte-rendu de l'Académie des Inscriptions et Belles Lettres* 120/3: 381-410.

Wang Minzhi (王敏之) et al. 1990. 河北献县唐墓清理简报(A Brief Report on the Excavation of a Tomb of Tang Dynasty in Xian County, Hebei Province). 文物 (*Cultural Relics*) 5: 28-33, 53, 101.

Xie Mingliang (谢明良). 1997. 希腊美术的东渐？——从河北献县唐墓出土陶武士俑谈起(The Spread Eastward of Greek Art? To Begin with the Pottery

Warrior Tomb-Figure Unearthed from the Tang Dynasty Tomb). 故宫文物月刊 (*The National Palace Museum Monthly of Chinese Art*) 7: 32-53.

Xin Lixing (信力行). 1982. 定县南关唐墓发掘报告(Report on the Excavation of a Tomb of Tang Dynasty, Nan Guan District, Ding County). 文物资料丛刊 (*The Collection of Cultural Relics*) 6: 110-116.

Xin Mingwei and Li Zhenqi (辛明伟、李振奇). 1993. 河北南和唐代郭祥墓(Guo Xiang Tomb of Tang Dynasty, Nanhe County, Hebei Province). 文物 (*Cultural Relics*) 6: 20-27, 64.

Yang Juping (杨巨平). 2016. 弥兰王还是米南德？——《那先比丘经》中的希腊化历史信息考（King Milinda or Menander: A Note on the Hellenistic Information in Milindapanha）. 世界历史 (*World History*) 5: 111-122.

Yun Xizheng (云希正). 1963. 天津军粮城发现的唐代墓葬(The Tomb of the Tang Dynasty Discovered in Junliang Cheng, Tianjin). 考古 (*Archaeology*) 3: 147-148.

Zhang Yuanlin (张元林). 2009. Dialogue among the Civilizations: The Origin of the Three Guardian Deities' Images in Cave 285, Mogao Grottoes. *The Silk Road* 2: 33-48.

Zhao Feng (赵丰). 1995. 魏唐织锦中的异域神祇(The Foreign Deities on the Brocades between the Wei and Tang Dynasties). 考古 (*Archaeology*) 2: 179-183.

Zhao Shengliang (赵声良). 2008. 飞天艺术：从印度到中国(*The Art of Apsara: From India to China*). Nanjing.

希腊瑞鸟在东方

——敦煌及克孜尔石窟壁画含绶鸟图案源流新探

李思飞

（陕西师范大学历史文化学院）

摘要：含绶鸟是一广泛流行于丝绸之路的装饰图案，以往研究均认为其来自萨珊波斯。本文对敦煌及克孜尔石窟壁画含绶鸟渊源再作追索，认为含绶鸟形象应源自古希腊，最初被赋予神佑、王权和胜利的寓意，后随东方希腊化的进程传入波斯和中亚，其在中国的流播与粟特人有关。在传播过程中，含绶鸟图像趋于程式化，其内涵演变为至福、乐土、吉祥等人类美好愿景的象征。出现在希腊、波斯、中亚、中国西域乃至敦煌及中原各地视觉艺术中的含绶鸟，成为古代东西方不同语境下共通的文化符号。

一　敦煌与克孜尔石窟壁画中的含绶鸟

作为联结中原与西域的重镇，敦煌曾是丝绸之路多元文化的交

图1
敦煌莫高窟第361窟西壁龛顶及细部

汇地。在敦煌石窟壁画绚丽多彩的图库中，含绶鸟[1]是一类较为稀见的装饰题材，异域风格明显。含绶鸟图案以侧面立鸟为主体，通常单体或成对出现，鸟喙部衔有珠链或坠饰，颈后系绶带，周围环绕圆形或椭圆形联珠纹或花瓣纹团窠环。莫高窟中唐第361窟西壁龛顶平棋方格内，就绘有三弧方头叶片团花内的联珠纹团窠含绶鸟形象，图案中心为一只大雁立于卷头莲叶之上，喙部衔着缀有三片藤蔓花叶的圆环，颈系同心结绶带，带端飞扬，雁翅敛于体侧，双翼尾端各伸出一缕上卷羽毛。（图1）雁身和蔓叶涂绘同一色系石青和石绿色，与团花外的橙色菱形格形成补色对比，整体造型精妙雅致，色彩明丽，极富装饰美感。这一纹样被研究者称为“雁衔珠串纹”。[2]类似纹样还出现在莫高窟第158窟西壁坛上卧佛枕织锦图案中。（图2）在十二片三弧方头叶片组构的团花内，有赭色衬底联珠纹内填赭线勾勒的衔珠立鸟，与前例略有不同的是，画师为立鸟添绘冠饰，鸟喙所衔珠串间有蔓叶和

1 关于“含绶鸟”的定名，学术界并无统一标准，新疆考古发掘者称其为“戴胜立鸟”“戴胜衔绶鸾鸟”，斯坦因称其为“衔物立鸟”，唐代史书中称为“鹊衔瑞草”或“雁衔绶带”，夏鼐先生称为“立鸟”等。参见许新国:《都兰吐蕃墓出土含绶鸟织锦研究》，《中国藏学》1996年第1期，第3页；仝涛:《青藏高原丝绸之路的考古学研究》（上），北京：文物出版社，2021年，第212—216页。本文将这类出现在石窟、壁画、纺织品上的衔物绶带立鸟统称为含绶鸟。

2 关友惠:《敦煌装饰图案》，上海：华东师范大学出版社，2016年，第174页。

图2
敦煌莫高窟第158窟西壁坛上卧佛及佛枕细部

团花，足下踏座变成内卷云纹莲瓣，羽翼端部愈加上扬，为立鸟更添神性。其绘制所依蓝本应与第361窟含绶鸟大致相同。

从敦煌西望，含绶鸟图案在中国西域及更西的丝路沿线考古发现中不乏实例。新疆拜城克孜尔石窟是古龟兹地区开凿时代最早、规模最大、壁画遗存最多的一处石窟群，也是联结中亚和中国内地佛教石窟寺的纽带。克孜尔石窟壁画题材广泛，风格鲜明，体现出本土传统与外来文化汇流的特点。19世纪末20世纪初，克孜尔千佛洞遭西方考察队大规模发掘盗剥，大量文物流失海外。克孜尔石窟两件饰有联珠纹含绶鸟图案的壁画残片分别藏于俄罗斯圣彼得堡艾尔米塔什博物馆和德国柏林亚洲艺术博物馆。艾尔米塔什博物馆收藏残片（**图3，俄藏编号KY-624**）系1905—1906年俄国别列佐夫斯基探险队在考察时揭取，壁画原始位置在克孜尔石窟第60窟主室右侧像台前壁。[1]该残片可见水

1 赵莉、K. Samasyk、N. Pchelin：《俄罗斯国立艾尔米塔什博物馆藏克孜尔石窟壁画》，《文物》2018年第4期，第57—96页。

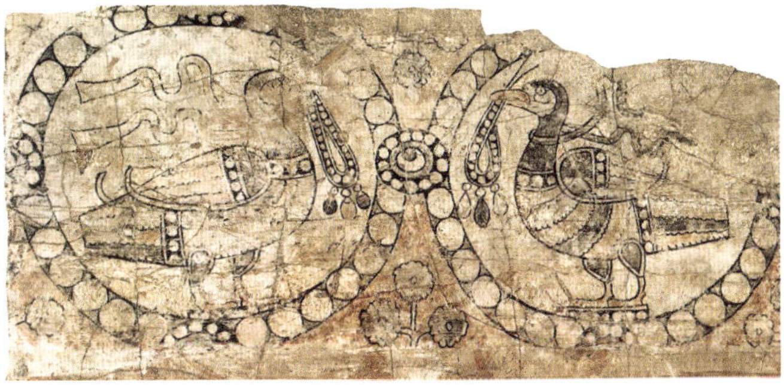

图3
俄藏克孜尔石窟第60窟主室右侧像台前壁联珠含绶鸟壁画残片

平排列两个单层联珠圈，与邻圈相切处各置一内填新月的小型联珠圈纹饰。大联珠圈内主题纹样为侧面站立的独鸟，两联珠圈内的鸟相向而立。鸟喙衔有一串项链，下垂三个水滴形坠饰。一条轻盈的绶带环绕鸟颈，带端在颈后飘动，鸟颈部、翅部和尾部均饰以联珠条带，腹部分别绘竖条和横条波线纹，鸟足踏于联珠纹平台座上。克孜尔含绶鸟较敦煌含绶鸟造型更规整，又不失灵动，愈显神态庄穆。现藏柏林的联珠纹含绶鸟壁画由德国第三次吐鲁番考察队于1906年1月至5月逗留库车石窟寺期间揭取，据称来自克孜尔最大的洞窟，为佛像台座装饰。[1]20世纪90年代，中国考古工作者在克孜尔石窟第60窟主室侧壁塑像台侧又发现一幅包含数个横向连续联珠圈含绶鸟纹的带状壁画。（**图4**）这幅壁画与前述俄藏和德藏含绶鸟残片如出一辙。据推测，中国新见克孜尔含绶鸟壁画应与俄藏残片出自同一洞窟（克孜尔石窟第60窟），它们很可能属于该窟主导装饰图案的组成部分。

由于克孜尔石窟本身没有纪年题铭，亦未发现相关文献记载，目前只能依据考古学方法推定其相对年代。[2]综合前人研究，笔者推测第

1 B. Rowland, *The Art of Central Asia*, New York: Crown Publishers, 1974, p. 160.

2 宿白：《中国佛教石窟寺遗迹——3至8世纪中国佛教考古学》，北京：文物出版社，2010年，第69—75页；赵莉：《克孜尔石窟分期年代研究综述》，《敦煌学辑刊》2002年第1期，第147—156页；霍旭初、王建林：《丹青斑驳千秋壮观——克孜尔石窟壁画艺术及分期概述》，载新疆龟兹石窟研究所编：《龟兹佛教文化论集》，乌鲁木齐：新疆美术摄影出版社，1993年，第201—228页。A. F. Howard, "In Support of a New Chronology for the Kizil Mural Paintings," *Archives of Asian Art*, 44 (1991), pp. 68-83; G. Vignato, "Towards a More Reliable Chronology for the Site of Kizil," in R. Ghose, ed., *Kizil on the Silk Road: Crossroads of Commerce and Meeting of Minds*, Mumbai: Mārg Publications, 2008, pp. 32-39.

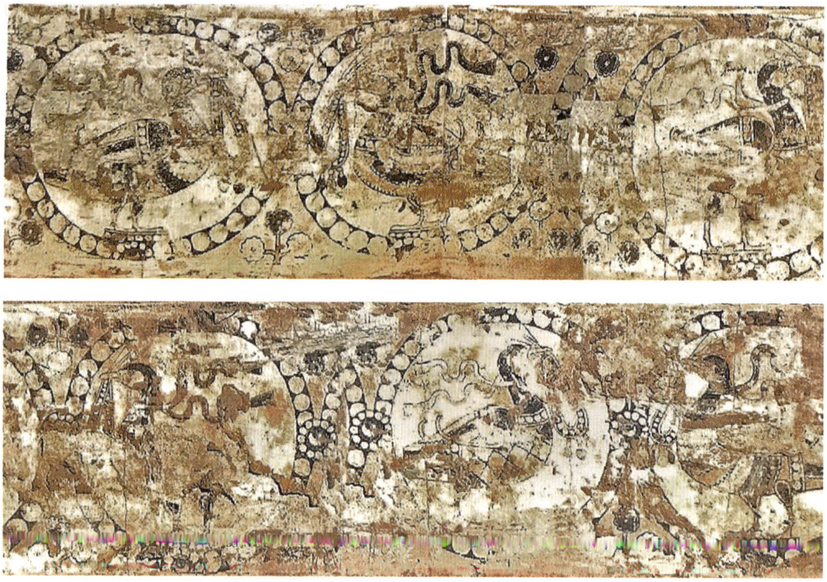

图4
克孜尔石窟60窟主室侧塑像台侧壁画残片

60窟含绶鸟壁画年代应在公元7世纪左右。此外，位于库车县城西南新和县境内的托乎拉克艾肯石窟第11窟顶部壁画上亦绘有口衔三坠项链、颈系绶带的含绶鸟，环绕立鸟的联珠纹尚依稀可辨。[1]托乎拉克艾肯石窟与克孜尔石窟同属龟兹石窟系统，含绶鸟造型与前者系出同源。龟兹比敦煌含绶鸟年代早逾一个世纪，可见含绶鸟传入中国有一个自西向东、由远及近的过程。两者显然拥有共同的成熟图像母本。

长久以来，多数研究者视联珠纹和含绶鸟为波斯萨珊王朝（Sasanian Dynasty，公元224—651年）时期的创造，称其为“萨珊式”纹样。[2]然而，新近研究表明，联珠纹源出中亚粟特地区的可能性更

1 李丽：《新疆龟兹地区中小型石窟调查》，载巫鸿主编：《汉唐之间的宗教艺术与考古》，北京：文物出版社，2000年，第174页，图18。

2 夏鼐：《新疆新发现的古代丝织品——绮、锦和刺绣》，《考古学报》1963年第1期；薄小莹：《吐鲁番地区发现的联珠纹织物》，载北京大学考古系编：《纪念北京大学考古专业三十周年论文集》，北京：北京大学出版社，1990年，第330页；尚刚：《吸收与改造——六至八世纪的中国联珠圈纹织物与其启示》，《设计探源》2009年第2期；许新国：《都兰吐蕃墓出土含绶鸟织锦研究》，《中国藏学》1996年第1期；李瑞哲：《龟兹石窟寺》，北京：中国社会科学出版社，2015年，第325页。Qi Dongfang, “Grapes, Mythical Birds and Beads: Cultural Absorption and Assimilation in Ancient Chinese Art,” in Cao Yin, ed., *A Silk Road Saga: The Sarcophagus of Yu Hong*, Sydney: Art Gallery of New South Wales, 2013, pp. 35-36.

大。这一独特的图案首先流行于中亚，进而沿着古代丝绸之路传到四面八方。[1]与之类同的是，含绶鸟的文化属性也并非波斯系统，而应追溯到时空距离更为久远的古希腊。

二　希腊艺术中的绶带飞鸟组合图像

自远古时代以来，飞鸟就被视为神灵及其护佑的象征，与神秘天界密切相关。对古人来说，鸟类飞翔的本领是没有翅膀的陆地生物所不具备的神异能力。神鸟惠世和崇爱灵禽是诸多古代民族所共有的文化心理。无论是神话传说、史诗文学，抑或建筑装饰、雕塑、绘画等视觉艺术，均不乏各色灵禽的身影。鸟的形象往往承载象征性寓意，在古代艺术中不难发现象征太阳、永生、王权、吉祥、美丽、和平、灵性等理念的真实或幻想的禽鸟。一个典型例证是一枚来自塞浦路斯的约公元前6—前5世纪的圣甲虫形红玉髓雕饰物（scarab），现属塞浦路斯Kammitsis收藏。位于地中海东部的塞浦路斯岛，因其欧亚贸易枢纽的独特位置兼蓄希腊、埃及和近东文明影响，尤其拥有丰富的希腊文化遗存。这枚雕饰物生动再现了希腊神话的一个著名情节。（**图5**）左边人物被比定为希腊半神和英雄赫拉克勒斯（Heracles），中间的女子是他的妻子得伊阿尼拉（Deianira），右边是半人马怪涅索斯（Nessos，马人Centaurs之一）。画面刻画的是赫拉克勒斯正张弓射向欺凌他妻子的人马怪的场面。场景上方有两个非常明显的埃及元素：位于左上方象征生命的符号“ankh”（在埃及象形文字中指“生命”或“生命的气息”）和右上方的法老守护神荷鲁斯（Horus）之鹰。鹰

1　M. Compareti, “The Sasanian and the Sogdian ‘Pearl Roundel’ Design: Remarks on an Iranian Decorative Pattern,” *The Study of Art History*, Vol. 6, 2004, pp. 259-272.

图5
塞浦路斯圣甲虫形红玉髓雕饰物（公元前6—前5世纪）

的形态与其在埃及艺术中毫无二致。古希腊瓶绘研究专家约翰·博德曼（John Boardman）指出，从艺术风格、下方雕刻影线和边缘等特征判断，这枚雕饰物应当是由深受希腊文化影响的埃特鲁里亚人（Etruscans）或生活在黑海沿岸的希腊人制作的，特别是得伊阿尼拉的尖顶帽和长袍，令人联想到埃特鲁里亚艺术里来自东部希腊的图像传统。而生命之符ankh和飞鸟形象则体现了腓尼基人（Phoenicians）的艺术特征。据此可将这枚雕饰物的年代比定在公元前550—前525年这一时段。[1]圣甲虫雕饰物在古埃及具有护身符的功用。善于航海与经商的腓尼基人吸收了诸多埃及元素，并将其连同雕饰物的形式本身传给了移居塞浦路斯的希腊人。尽管无法获知其确切归属，但可以肯定的是，宝石上的埃及符号和飞鸟形象的象征意涵，在古典时代的地中海世界已经为人们所熟知。制作者将这些象征神明及其护佑的图像语汇纳入希腊文化氛围，自然兼容了另一个文化系统的元素。

历史上，最早将绶带等饰物与飞鸟结合在一起的很可能是古希腊人。在希腊艺术尤其是希腊陶瓶上，经常可以看到飞鸟和手持王冠或束头带（希腊神祇或国王的冠冕）的有翼胜利女神尼科（Nike），以及长翅膀的男童丘比特（Putto）。这些形象皆有双翼，均位于画面上部，而且时常携带一条绶带、一顶王冠或一串珠链。飞鸟会将这些物品用鸟爪抓握或衔在喙部。（图6、7）这种图式组合通常出现在神祇、

1　J. Boardman, *Archaic Greek Gems: Schools and Artists in the Sixth and Early Fifth Centuries BC*, London: Thames and Hudson, 1968, p. 47.

图6-1
意大利南部坎帕尼亚（Campania）红绘陶瓶（公元前4世纪晚期）及细部，莫斯科国立普希金美术馆藏

图6-2
意大利阿普利安（Apulian）红绘陶瓶（约公元前325年）及细部，波士顿美术馆藏

图7
绘有衔珠鸟的希腊陶瓶（约公元前360—前340年）及细部，意大利国家埃特鲁里亚博物馆藏(inv. 2491)

王者或英雄人物周围，象征神佑、王权与胜利。从公元前8世纪开始，希腊人在意大利南部建立若干殖民地，并深刻影响了整个亚平宁半岛（包括埃特鲁里亚人、拉丁人及其他诸多当地族群）乃至古罗马文明的艺术创造。携绶带或珠链的飞鸟在希腊中部到意大利南部这片地域出土的古典世界（即希腊—罗马）陶瓶绘画上屡有发现，它们应被视为敦煌与克孜尔石窟壁画含绶鸟的图像学先驱。

三　波斯艺术中的含绶鸟

许多研究者认为，敦煌与克孜尔石窟壁画中的含绶鸟来自对萨珊纺织品纹样的复制。诚然，壁画题材有可能仿效纺织物图案，因为后者通常是最能直观反映某一时代和地区审美风尚的载体，而且由于其轻巧便携的特性最易传播和引领潮流，成为同时期乃至后来其他媒材纹饰的借鉴。然而将含绶鸟归入萨珊式纹样的说法值得商榷。因为经科学发掘、能够确定归为波斯萨珊王朝时期的艺术品数目有限，含绶鸟图像与萨珊艺术的关系尚待更多考古发现的证实。在此，有必要对萨珊之前波斯境内的类似图像作一番考察。

事实上，衔绶带或束头带的鸟曾出现在公元前1世纪帕提亚帝国（Parthian Empire，汉文史籍称安息，公元前247—公元224年）的钱币和浮雕上。这一图像应是对希腊流行图案的继承与发展。众所周知，帕提亚帝国是从亚历山大大帝的继业者（Diadochoi）所建立的塞琉古王国（Seleucid Kingdom）中分立出来的，对希腊文化多有承袭，帕提亚东部疆土尤其深受后者浸染。苏联考古学家在帕提亚王国旧都尼萨古城发现的装饰希腊题材的角形杯、希腊风格的雕像和刻有希腊神的印玺等艺术品，皆体现了帕提亚与希腊文化的密切关系。受塞琉古王国希腊化钱币的影响，

图8
帕提亚国王弗拉特斯四世钱币（公元前38—前2年）线描图

Phraates IV. Coin 1 **Phraates IV. Coin 2** **Phraates IV. Coin 3**

帕提亚钱币以神人同形的希腊风格来表现当地信仰的祆教神祇。[1]早期帕提亚钱币不仅刻有希腊语铭文，而且描述其为“philellene”，意即“希腊/希腊人之友”或“爱希腊者”。

在帕提亚国王弗拉特斯四世（Phraates IV，约公元前37—前2年）钱币正面，国王左侧面像一律头发卷曲、蓄有须髯，显示出东伊朗肖像特征。国王额上束带，带端垂至脑后。（图8）值得注意的是，这些钱币上总有一只鸟出现在右上方即国王脑后，时而口衔绶带飞翔，时而口衔圆环站立。钱币左上角时常出现太阳、星辰或星月组合符号。衔物鸟的出现应与神圣、权力等寓意有关，象征神赐王权。与希腊瓶绘飞鸟相比，帕提亚钱币上的鸟露出鸟爪，绶带、圆环等物品被衔在喙部，而不是由鸟爪抓握。帕提亚人把古典希腊元素巧妙地植入东伊朗的钱币肖像传统，形成一种独特的造型样式。此外，位于伊朗西南部帕提亚帝国附庸国埃兰（Elymais）王国境内的两幅岩壁浮雕上，亦刻有两只飞翔在画面中央尺寸最大的站立者和骑士身旁的鸟，一只鸟喙部衔环，另一只鸟爪抓环。[2]（图9）毫无疑问，帕提亚钱币和埃兰浮雕中刻画的衔物鸟是以希腊衔物飞鸟为灵感和范本的，它们已经具备了“含绶鸟”的雏形，意在彰显其所朝向人物的神

---

1 ［德］克林凯特：《丝绸古道上的文化》，赵崇民译，乌鲁木齐：新疆美术摄影出版社，1994年，第110页。

2 L. Vanden Berghe, K. Schippmann, *Les Reliefs Rurestres d'Elymaïde (Irān) de l'Epoque Parthe*, Gent: Iranica Antiqua Publisher, 1985, pp. 33-38; H. E. Mathiesen, *Sculpture in the Parthian Empire: A Study in Chronology. II: Catalogue*, Skive: Aarhus University Press, 1992, pp. 119-121, fig. 1. Mathiesen推断这处浮雕遗址的年代为公元2世纪末至3世纪初。

圣王权和显赫地位。帕提亚阿尔萨息王朝上承阿黑门尼王朝，下接萨珊波斯，在古代伊朗历史脉络中的承上启下作用不容忽视。

遗憾的是，在帕提亚之后的萨珊王朝钱币中，未能找到任何与上述帕提亚钱币图像近似的例证。萨珊时期的衔物鸟仅出现在公元6世纪开始流行的封口印上，此前尚无可信证据。古代波斯人通常将重要文书写在羊皮纸上，卷成卷后用细绳捆扎，敷一块新鲜黏土固定绳结，上面按压个人名章密封。待黏土变硬，带有封印的羊皮卷即成为正式文件。自远古以来，两河流域一直使用这一封缄系统，后被波斯人所继承。由于大部分萨珊印章和封印并不是科学发掘品，出土信息阙如，研究者对于印面图像的解读存有不少疑窦。萨珊印章有时铭刻中古波斯语（婆罗钵文）题铭，铭文仅标示拥有者的姓名，有的附注职业，但均无图像解释。萨珊波斯纹章学专家丽卡·吉塞伦（Rika Gyselen）在一枚封印上发现了一只衔有三个吊坠项圈的立鸟。（**图10**）这是目前所知萨珊印章中唯一的衔物鸟实例。吉塞伦认为带有三个吊坠的项链可能是普遍流行于古代伊朗文化圈的一个重要概念——“灵光”（中古波斯语xwarrah，意为“荣耀”“神赐力量”）的象征，[1]特别用于国王、贵族和勇士，是至高无上的君王统治万邦、顶天立地的英雄战胜（无敌的）对手不可或缺的要素。[2]

吉塞伦的观点为立鸟图像解读提供了一种可能性。萨珊艺术中的确不常见到带三个坠饰的项链。钱币学证据表明，这种坠饰只是在萨珊朝后期国王阿尔达希尔三世（Ardashir III）时期的钱币上才开始出现。（**图11**）阿尔达希尔三世于公元630年登基，是一位在位仅数月的少年国王。三坠项链第一次被明确描绘是在伊朗西部克尔曼沙市郊一处摩崖石刻遗址塔克·布

1 R. Gyselen, “Note sur les ‘Anneaux à Trois Pendentifs’ dans la Glyptique Sassanide,” *Studia Iranica*, Vol. 19, 1990, pp. 205-207.

2 S. Cristoforetti, “Talking about Simurg and Taq-i Bustan with Boris I. Marshak. On the So-called Simurg,” in P. Lurje and A. Torgoev, eds., *Sogdians, their Precursors, Contemporaries and Heirs. Volume in Memory of Boris Il’ič Maršak (1933-2006)*, St Petersburg: The State Hermitage Publishers, 2013, pp. 339-345.

图9 帕提亚帝国附庸国埃兰王国Hung-i Naurūzī岩壁浮雕与线描图（约公元2世纪末至3世纪初）

图10 雕饰绶带鸟衔三坠项链的萨珊封印（约公元6世纪）

图11 萨珊国王阿尔达希尔三世（公元630年）银币

图12 塔克·布斯坦大石窟浮雕（6世纪末至7世纪早期）戴三坠项圈的弓箭手线描图

斯坦（Taq-i Bustan）大石窟内的浮雕上[1]（图12）。除浮雕外，曾经陈列在塔克·布斯坦公园内的石刻柱头浮雕也展现了戴有三坠项链的人物形象。[2]日本学者田边胜美（Katsumi Tanabe）认为，相同的三坠项链出现在阿尔达希尔三世铸币上，说明塔克·布斯坦石窟的修建者应是同一位国王。[3]也有学者认为塔克·布斯坦是一处颇有争议的遗址，不具普遍性，不能代表典型的萨珊艺术。[4]目前学界的共识是该石窟建造于6世纪晚期至7世纪早期。

塔克·布斯坦大石窟内的两面侧壁分别雕饰“猎野猪图”和“猎鹿图”。有趣的是，两图中的“国王”或曰身量最大的弓箭手并非萨珊国王，而是国王库斯老二世帕尔维兹（Khusraw II Parvez，公元590—628年）手下一位名叫巴斯塔姆（Bastam）的将军。巴斯塔姆是库斯老二世的舅父，拥有帕提亚血统。[5]文献资料显示，巴斯塔姆曾被库斯老二世任命为波斯东部呼罗珊地区的地方长官，他才是塔克·布斯坦最初的修建者。在文献记载中，这座纪念性遗址有时被称为“Taq-i Bastam”（意为“巴斯塔姆拱门”），而不是“Taq-i Bustam”（塔克·布斯坦），后者在新波斯语中意为“花园拱门”。[6]塔克·布斯坦修建者的身世背景为解读

---

1 S. Fukai and K. Horiuchi, *Taq-i Bustan I*, Tokyo: The Institute of Oriental Culture, The University of Tokyo, 1969, pl. XLVIII-L, LXII-LXIII, LXXXIX; S. Fukai, K. Horiuchi, K. Tanabe and M. Domyo, *Taq-i Bustan IV*, Tokyo: The Institute of Oriental Culture, The University of Tokyo, 1984, fig. 44.

2 M. Compareti, “The Late Sasanian Figurative Capitals at Taq-i Bustan: Proposals Regarding Identification and Origins,” in Y. Kadoi, ed., *Persian Art. Image-Making in Eurasia*, Edinburgh: Edinburgh University Press, 2018, pp. 20-36.

3 K. Tanabe, “The Identification of the King of Kings in the Upper Register of the Larger Grotte, Taq-i Bustan: Ardashir III Restated,” in M. Compareti, P. Raffetta and G. Scarcia, eds., *Ērān ud Anērān. Studies Presented to Boris Il’ič Maršak on the Occasion of his 70th Birthday*, Venezia: Cafoscarina, 2006, pp. 583-601.

4 康马泰:《粟特和萨珊艺术中的组合神兽》，蒋瑞霞译，《丝路艺术》2017年第4期，第76页。

5 M. Compareti, “The Late Sasanian Figurative Capitals at Taq-i Bustan: Proposals Regarding Identification and Origins,” in Y. Kadoi, ed., *Persian Art. Image-Making in Eurasia*, pp. 20-36.

6 G. Scarcia, “Talking about Simurg and Taq-i Bustan with Boris I. Marshak. On the So-called Farhād,” in P. Lurje, A. Torgoev, eds., *Sogdians, their Precursors, Contemporaries and Heirs. Volume in Memory of Boris Il’ič Maršak (1933-2006)*, pp. 344-346.

浮雕图像提供了一个合乎情理的指向：浮雕上包括三坠项链在内的图案、纹饰、珠宝、兵器更有可能是巴斯塔姆从中亚（东伊朗）引入波斯的，并非萨珊波斯原创。这些元素在库斯老二世之后才逐渐被运用于萨珊艺术中。

四　粟特人与含绶鸟

由前文可知，绶带或珠链与飞鸟组合首先肇造于古典希腊艺术。这一图像范式随亚历山大东征进入伊朗文化圈。尽管帕提亚文化本身许多问题尚待探索，但可以肯定的是，含绶鸟在帕提亚时期的波斯领土上已广为人知，继起的萨珊人只是这一图式的承递者而非首创者。从已知的考古资料来看，这一纹饰并未广泛出现在萨珊艺术中。相对的，粟特艺术特别是入华粟特人葬具及粟特本土壁画和纺织品，为含绶鸟的流传提供了更加明确和连贯的实证。

中亚古族粟特人以擅长经商闻名于世，足迹遍布欧亚大陆，是公认的伊朗、印度、中国及草原文化间交流与传播的重要媒介。含绶鸟可能是诸多由东迁的粟特人引入汉地的纹样之一。近年中国出土的粟特人或祆教徒石葬具等考古材料证明，这一纹样不止流播西域和敦煌，还见于中原地区。1999年山西太原出土的隋代虞弘墓（公元592年）石堂外壁浮雕上，就反复雕绘了颈系绶带的衔物鸟。这类鸟时而单独现身石板下部小图案中，呈现羽翼丰满、神态安详的立鸟（虞弘墓发掘者比定为鸽子[1]）姿态，口衔祥云，颈后绶带飞扬（**图13左**）；时而出现在面积较大的石板上部大图案中做展翅飞翔状（**图13中、右**），与主题图像相呼应；或立于庐

1　张庆捷：《太原隋代虞弘墓清理简报》，《文物》2001年第1期。

帐之上的葡萄叶蔓间，作为构图装饰的补充。此外，在青州傅家北齐石室墓线刻和安阳北齐围屏石榻浮雕中，亦能找到颈部系绶带的瑞鸟，[1]只是后者没有衔物。总体来看，入华粟特人、祆教徒葬具上的含绶鸟皆融入各自图像语境，未添加在粟特和萨珊艺术中常见的联珠圈或其他团窠纹边饰，这可能是中原汉地对外来元素有选择地借鉴和改造的体现。这类“华化”的含绶鸟可视为唐代铜镜、石刻上“鸟衔绶带”图案的先声。

尤为令人惊异的是，含绶鸟图案在青海都兰热水古墓有数量可观的发现。大量极富异域风格的吐蕃时期各类遗物中包括多件含绶鸟纹织锦残片。（图14）都兰含绶鸟造型精美，样式繁复。上题纹样既有对鸟又有独鸟，边饰亦分花瓣型、联珠型及复合花朵联珠型等团窠环。[2]含绶鸟纹在都兰所出属西方系统的织锦纹样中数量最多，凸显出其在中亚与中国之间“接力”流行的生命力。

与敦煌及克孜尔石窟壁画含绶鸟相似度最高的纹样出现在粟特人的中亚故乡。粟特壁画中的含绶鸟往往被用作显赫人物服装的装饰图案。在乌兹别克斯坦撒马尔罕阿夫拉西阿卜（Afrāsyāb）古城遗址壁画（约7世纪中期）中，可见多个人物衣袍上的含绶鸟，其尾羽硕大，形态更似水禽或孔雀，有的是单纯立鸟纹，有的则以联珠圈环绕。（图15）另外，塔吉克斯坦境内著名粟特古城片治肯特（Penjikent）遗址XXV区28号房址一幅壁画（约绘制于公元800—825年）上，亦清晰地描绘了四方连续的联珠圈含绶鸟，每相邻两珠圈内的鸟相向而立。（图16）该纹样与克孜尔含绶鸟几无二致，唯一差别是鸟内侧腿系绶带。类似的联珠圈含绶鸟还出现在5世纪阿富汗巴米扬石窟壁画上。[3]从上述实例可知，自

1 郑岩：《青州北齐画像石与入华粟特人美术——虞弘墓等考古新发现的启示》，载青州市博物馆编：《山东青州傅家庄北齐线刻画像石》，济南：齐鲁书社，2014年，第72—73页。

2 许新国：《都兰吐蕃墓出土含绶鸟织锦研究》，《中国藏学》1996年第1期。

3 Z. Tarzi, *L'Architecture et le Décor Rupestre des Grottes de Bāmiyān*, Paris: Imprimerie Nationale, 1977, p. 155, Planche D 57.

图13
太原隋代虞弘墓石堂含绶鸟

图14
青海都兰吐蕃墓出土花瓣团窠含绶鸟纹锦

图15
阿夫拉西阿卜壁画（约7世纪中期）西壁左侧使者衣袍上的含绶鸟纹

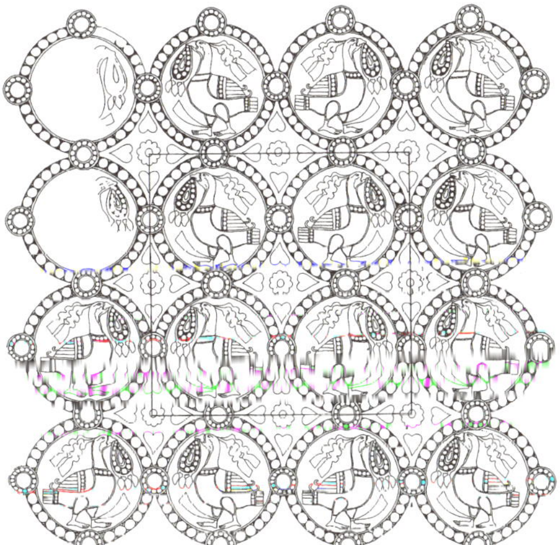

图16
片治肯特（Penjikent）遗址XXV区28号房址壁画含绶鸟图案线描图

古典时代晚期到至少公元9世纪的时间跨度内，粟特人很可能吸纳了来自希腊和帕提亚艺术的绶带衔物鸟，按自己的审美旨趣将其填进联珠圈内，形成固定程式，复制在纺织品、石刻和壁画等不同载体上，并输入他们行迹所至的西域、青海、敦煌和中原等地。

前文已述，三坠项链在萨珊波斯仅仅出现在阿尔达希尔三世（公元630年）之后的萨珊钱币上。这一特征为若干非科学发掘奢华艺术品如金银器、纺织品、玻璃器等文物的断代提供了参照。由此推测，含有三坠项链的艺术品应视为来自后萨珊(post-Sasanian)或曰伊斯兰时期，抑或根本不是波斯原产。从更广义的层面上看，它们十有八九源于粟特人或中亚族群的制作。[1]

不难看出，敦煌石窟壁画里的含绶鸟造型与粟特含绶鸟一脉相承，是后者的中国化变体。敦煌立鸟所衔物品并非垂三个坠珠的项链，而是植物元素垂饰物，这种细微的改易也许是为了适应敦煌当地的文化心理与审美趣味。从都兰墓葬丝织品与敦煌洞窟所见纹饰可知，含绶鸟在吐蕃统辖地区是一种颇为流行的装饰题材，受到吐蕃贵族和敦煌佛教信众的共同喜爱。

五　含绶鸟的象征意义

探究含绶鸟的文化内涵，不能忽视其恒定饰物——绶带或珠链的寓意。意大利学者康马泰（Matteo Compareti）指出，塔克·布斯坦可能曾是一处王室猎苑。他识别出塔克·布斯坦浮雕猎鹿图（图17）下部一个耐人寻味的情节：最大的猎手一手握着马的缰绳，另一手

1　康马泰:《青海新见非科学出土奢华艺术品：吐蕃统治区域的伊朗图像》，李思飞译，《敦煌研究》2020年第1期。

图17
塔克·布斯坦大石窟
浮雕右侧猎鹿图

图18
塔克·布斯坦大石窟
浮雕右侧猎鹿图下部
猎手与绶带鹿

抱持箭囊，似乎无意射猎面前的一只无角鹿（可能是雌鹿），而是任其奔跑。（图18）这只鹿区别于其他鹿的显著特征是脖子上系着一条绶带，长长的带端在颈后飘动。绶带应是右侧前一场景中几位侍从为它装点上的。场景左下角，同一只系绶带的鹿正穿过两个侍者为它打开的通道奔出围场。为雌鹿系绶带或许是一项仪式或狩猎活动的一部分。[1]古典时期希腊作家将有墙或篱栅围住的波斯国王的猎苑称作paradeisos（源自古波斯语pairidaeza，意为“封闭的花园”或“乐土”）。花园（pairidaeza）无疑是古波斯人的重要发明之一，这一美丽环境的创造结合了祆教信仰中向善的理想，并在后世不同文化中保有持久的生命力。希腊语词paradeisos作为“波斯花园”的代称被引入欧洲，成为英语paradise（意为“天堂”“乐园”“乐土”）的词源，[2]后转化为基督教世界及穆斯林作家笔下的一个宗教概念，等同于“伊甸园”或“天堂”。回溯词源学便会发现，在王室猎苑塔克·布斯坦，绶带应是一种带有神圣意蕴的视觉符号，标识出那头鹿受到护佑，不可触碰。由此推知，包括波斯、粟特及其他中亚伊朗民族在内的伊朗文化圈艺术中常见的含绶带或珠链的鸟、鹿或公羊等形象可能皆指代“受护佑的动物”，象征祆教的天国乐园，令人联想到天堂般的至福之境，那里是义人的灵魂永存之处。绶带、珠链等元素应蕴含了赐福、吉祥的美好寓意。

如果敦煌与克孜尔石窟壁画联珠含绶鸟纹是由东迁的粟特人引入的观点成立的话，那么这一图像显然继承了前文所揭的吉祥、护佑内涵，而不是在表达伊朗世界的抽象概念“灵光”。因为当时的敦煌人或龟兹地区的吐火罗人（Tokharians）很可能不理解灵光在伊朗文化圈所为人熟知的文化意涵。而身系绶带、口衔珠链的禽鸟作为吉祥乐土的象征，则很容易被不同族群理解并接纳。从异教徒希腊人到祆教徒帕提亚人、萨珊人和粟特人，以及吐火罗和敦煌民间的佛教徒乃至吐蕃贵族全都欣赏含绶鸟，并将其运用于各自的视觉艺术中。这充分说明，含绶鸟具有超越族属、宗教信仰和文化背景的魅力，反映了古

---

1 M. Compareti, “Observations on the Rock Reliefs at Taq-i Bustan: A Late Sasanian Monument along the ‘Silk Road’,” *The Silk Road*, Vol. 14, 2016, pp. 71-83.

2 R. Schmitt, “Bisotun i. Introduction,” in E. Yarshater, ed., *Encyclopaedia Iranica*, Vol. IV. 3, New York: Bibliotheca Persica Press, 1989, pp. 289-290.

代人普遍的价值取向和永恒的精神追求。至于抽象概念“灵光”，则另有特定的图像符号来表达。粟特人在纳骨器和壁画上用有翼复合神兽象征灵光、荣耀和神佑，这类取自不同动物身体部位组合而成的神兽同样源于古希腊，由古典艺术中海怪“刻托斯”（ketos）这一母型演变而来。[1]

结 语

敦煌及克孜尔石窟壁画中的含绶鸟很可能源于希腊艺术中的绶带、王冠与飞鸟组合图像，这是比既有认知更久远的源头。这一母题在东传过程中样式日趋丰富，鸟的身姿逐渐变为站立（或立鸟与飞鸟共存），从概略鸟形发展为写实的雁、鸭、水禽或孔雀；口衔物趋于多样，从最初的圆环、王冠、珠链和绶带，演变为三坠珠链、璎珞和团花蔓叶等植物元素；图像风格走向装饰性和程式化。在古典希腊和帕提亚时代，含绶鸟被赋予神赐王权、胜利等与高贵神王密切相关的意涵，在其后中亚、萨珊晚期乃至中国艺术中，“王权”“胜利”意味逐渐淡化，衍化成至福、吉祥的象征。含绶鸟承载了人类共同的美好向往，故而成为诸多古代文明普遍青睐的审美符号。以敦煌和克孜尔石窟壁画中的含绶鸟为线索，我们可以想象一个起源于古希腊的图像，跨越数个世纪和数千公里，沿丝绸之路被不同民族接纳和改造的历程。

1 Li Sifei, “Iranian Religious Elements in Chinese Medieval Art. Remarks on ‘Zoroastrian Protective Spirits’,” *Iran and the Caucasus*, Vol. 25, 2021, pp. 13-28. 另见李思飞：《希腊鱼尾兽在中国——中古祆教“护佑神兽”图像研究》，《故宫博物院院刊》2023年第10期，第25—38页。

The Greek Auspicious Bird in the East: A New Observation on the Origin of the Beribboned Bird Motif in Dunhuang and Kizil Cave Murals

Li Sifei

Abstract: The motif of a bird with ribbons and holding a necklace in its beak is a widely used decorative element along the Silk Road. Previous studies attributed this motif to Sasanian Persia, while this paper proposes a new viewpoint that suggests it originated from Greek art. The combination of a bird and ribbons or a necklace initially symbolized kingship and victory, and was introduced into Persia and Central Asia through Hellenization. Its transmission to China was likely related to the Sogdians. The style of this motif gradually transformed into representing eternal pursuit for paradise, auspiciousness, as well as other universal human yearnings. This beribboned bird motif appears in various artistic mediums throughout ancient Greece, Persia, Central Asia, Tarim Basin, Dunhuang and even central plains of China; thus becoming a universal symbol present in art and cultures both from the West and the East.

Harbingers of the Trojan War on a Gilt Silver Ewer from Guyuan[1]

Aldo Setaioli
(University of Perugia, Italy)

fig. 1

In 1983, in the village of Shengou, near Guyuan, in the Ningxia Autonomous Region of China, archaeologists discovered the double burial of Li Xian, an important general of the Northern Zhou dynasty (559-581 AD), who, according to biographical inscriptions found in the tomb, had held posts of responsibility and was accorded high rank and titles. He died in 569 AD, at the age of sixty-six, long after his wife, who died in 547 AD. Though the tomb was looted, it contained remarkable objects of foreign origin, such as a green Sasanian glass bowl, a gold ring set with an engraved blue stone, and, most important for our purposes, an elegant 37.5 cm tall gilt silver ewer (**fig. 1**) embossed with six human figures all around its belly (**fig. 2**), now in the Guyuan

1 I would like to thank Professor Yang Juping for the photos of the ewer in the Guyuan museum and of the outline of the six figures on it.

fig. 2

museum.[1]

Scholars have debated about the origin of this ewer. Some, like Wu Zhuo (1989), believe that it was made in Persia under the Sasanian dynasty, whereas Carpino and James (1989) think it constitutes a mix of Roman and Sasanian models. It must however be stressed that the exact time when this extremely refined object was fashioned is unknown. We can only be sure that it was made before 569 AD, the year of Li Xian's death. The prevailing opinion is that it was made in Bactria, where the local silversmiths had retained techniques and even motifs reminiscent of Hellenism, even long after the demise of the Greek Bactrian kingdom, when often they could no more fully grasp their meaning.

As a matter of fact, the Hellenistic mold of the figures embossed around the belly of the ewer immediately strikes the observer. All six look Greek, or at least Western, in both physical features (the straight noses)

1 See Wu Zhou 1985; Wu Zhuo 1989; Carpino and James 1989; Marshak and Anazawa 1989; Luo Feng 2000; Marshak 2001; Wu Jui-Han 2004, 55-56; Watt 2004; Wu Jui-Han 2010, 97-98; Yang Juping 2014, 3 § 10. We may add the *Encyclopaedia Iranica* (xiv. *The Influence of Eastern Iranian Art*), and an article by Souren Melikian, "China' s Golden Age over Five Crucial Centuries," in *The New York Times*, Oct. 23, 2004.

and attire. But what really matters is to understand whom and what they represent. The Chinese scholar Wu Zhuo (1985) believed the six figures represented young Roman couples separating in the morning after a night spent together. However, Marshak and Anazawa (1989)[1] came up with a far more convincing interpretation, connected with Greek mythology, that after the conquest of Alexander the Great had spread as far East as Bactria. According to this interpretation all six figures are connected with the Trojan war. In the middle the Trojan prince Paris allegedly hands a golden apple to Aphrodite: a scene from the famous mythological story of the judgment of Paris, who was asked to bestow on one of three goddesses – Aphrodite, Hera, and Athena – the golden apple that Eris, the goddess of discord, had thrown them, with the inscription "to the most beautiful". Aphrodite received the apple from Paris, because she had promised to grant him in marriage Helen, the most beautiful woman alive. Unfortunately, Helen was already married to Menelaus, king of Sparta, so the two figures at left are alleged to represent Paris courting Helen, to convince her to leave her husband and sail with him to Troy. The two figures at right are interpreted to represent Helen reunited with her former husband Menelaus, after the fall of Troy. Marshak also mentions other, less convincing mythological interpretations, that need not detain us here.

This interpretation has been generally accepted, for example by the Chinese scholar Luo Feng (2000) and the catalogue of the 2004 New York exhibit (Watt 2004). However, in my opinion, it should undergo a close scrutiny to ascertain whether it can unquestionably stand the test.

It cannot be denied that the story of the Trojan war was not unknown

---

1 See also Marshak 2001.

to Gandhāra artists. A famous relief, possibly from the Peshawar area,[1] now in the British Museum, portrays the priestess Cassandra, Indian both in features and attire, barring the gate of the city to the famous wooden horse, pushed from behind toward the gate by two men, but hit with a spear from the front by a man in Western attire: obviously Laocoon, whom we know very well from Virgil's description in the second book of the *Aeneid*.

However, it should not be forgotten that at the time our ewer was made, though patterns and motifs from Greek art were still employed – often with astonishing fidelity to models that were centuries older – the comprehension of their original meaning and function in the scene depicted might well have been forgotten by Gandhāran artists, far removed in space and time from Greek and Hellenistic art and mythology. In our ewer, this appears to be certainly the case with the central figure of Paris, that, while handing a golden apple to Aphrodite, holds another apple in his other hand. In the original myth, Eris had thrown only one apple to the three goddesses. It is not unnatural to think that the artist has superimposed on the scene of the judgment of Paris another artistic pattern, unrelated to it, though equally connected with the golden apples: the representation of Atlas bringing two golden apples, one in each hand, to Heracles, who in the meantime had accepted to support the vault of heaven in his stead. The scene is most famously portrayed in one of the metopes of the temple of Zeus at Olympia, but also appears on Greek vases from an even older period.

The two figures at the left are no doubt Paris and Helen. Their

---

1 An attempt at determining its provenance more precisely may be found in the recent article by Stewart 2016.

gestures reproduce an extremely old motif in Greek art. On an archaic Greek vase (VII century BC) from Aphrati, on the island of Crete, now in the Iraklion Museum, two figures are shown in the very same attitude: the man caresses the woman under the chin and they hold each other by the wrist with the other hand (fig. 3), exactly as Paris and Helen on our ewer. They are Ariadne and Theseus, and the situation is the same: the man is courting the woman, who, as the story goes, will leave her land and her family to follow the beautiful stranger, just like Helen will do with Paris. So, in this case, the lack of the representation of a ship on the ewer is not due to a fault of the artist, as sometimes asserted.[1] The attitude of the two characters already suggests the woman's abduction, as it took place both with Ariadne and Helen. It should also be noticed that, unlike the scene at the center, Paris is portrayed as a typical Greek traveler: with a broad-brimmed hat (*petasos*) and the *chlamys* as only garment, which leaves him more than half naked. This is natural, since he has travelled a long way: from Troy to Sparta, where Helen lived.[2]

fig. 3

As we said, the two figures at right are commonly interpreted as Helen reunited with her former husband Menelaus, armed with shield and spear, after the fall of Troy. There is no doubt that the figure facing the woman at

1 For example, in Watt 2004, 257.

2 For Helen courted by Paris dressed as a traveler, with *petasos* and *chlamys*, in Greek art see Masters 2012, 192-202.

right is a man. However, something is amiss here. There are hundreds of representations of the judgment of Paris, both in Greek and in Roman art, but in none of them Paris and Aphrodite are alone. All three goddesses – Aphrodite, Hera, and Athena – are invariably represented on Greek vases, also accompanied by the god Hermes.[1] There are also vases on which, like on our ewer, the seduction (or abduction) of Helen, as promised to Paris by Aphrodite, is pictured together with the judgment.[2] But on those too all three goddesses are portrayed. As far as I know, there is no instance in which the representation of the judgment of Paris only portrays the Trojan prince and Aphrodite, without the other two goddesses.

So, I would like to propose a different interpretation of all four figures at right, which will also explain the title I chose for this paper: *Harbingers of the Trojan War.* All the four figures at the right (like the two at the left) are related to something that takes place *before* the Trojan war, and announces it, not to events both preceding and following it, as it would be if the two figures at right represented Helen reunited with Menelaus after the fall of Troy.

We have said that the maker of the ewer, like most Gandhāran artists, did not always grasp the meaning of the patterns he reproduced and their relation to the story he supposedly meant to portray. The figure facing the one at the extreme right is undoubtedly a man; and as a man, he is armed with a shield and a spear. But, as we said, in all known representations of the judgment of Paris all the three goddesses are portrayed, never Aphrodite alone; and one of the other two goddesses, namely Athena, is

1 See Mancilla 2005.

2 For example on two *kylikes* in the *Antikensammlung Berlin* (Beazley Archive nos. 204685 and 217234).

almost invariably portrayed as armed in the representation of the judgment.[1] An artist that was far removed from the original fountainhead of Greek mythology, and only reproduced artistic patterns which he no longer fully understood, may well have been deceived by the very weapons carried by Athena into believing that she must have really been a male character.

This assumption is supported by a painting dating to the Parthian or Sasanian period found at Kuh-e Khwaja, now in Iran, but close to the Afghanian border, so probably at one time included in the Bactrian kingdom. It features three warriors, and the one at the right, though unquestionably male, is unmistakably portrayed like the Greek goddess Athena.[2]

This may appear rather far-fetched, but there is another detail on the ewer that points in the same direction. The female figure at the extreme right carries in her left hand an object that appears to resemble a *kalathos,* that is the wicker basket often used by married women to keep the wool they had to spin, even though we may doubt that the maker of the ewer recognized it as such. This may well fit Helen, if she is a lawful wife again, with her former husband Menelaus; but it equally well fits the goddess Hera, the protector of marriage and married women, to whom *kalathoi* were often dedicated in her main sanctuaries.

This hypothesis receives further confirmation from an artistic representation closer in time to our ewer: a mirror in gilt bronze from the Museum of Fine Arts in Boston (accession number 99.71) made in the I century AD. (fig. 4) It portrays a scene in which the judgment of Paris has already taken place: the Trojan prince is gone (and Hermes too is nowhere

1 See Mancilla 2005, 47-71.

2 See Skupniewicz 2015, 265 and fig. 15. For Greek elements in the representation of weaponry in the area of ancient Bactria see Nikonorov 1997.

to be seen, like on our ewer); but Aphrodite holds an apple in her hand.

fig. 4

But let us look at Athena: she is fully armed, and has a shield and a spear, like the figure facing the woman at the far right on the ewer;[1] But, even more important, Hera has a *kalathos* with a handle dangling from her elbow.

The conclusion seems inescapable: because of Athena's weapons, the maker of the ewer has mistaken the armed goddess for a man; but he has left the *kalathos* in the hand of the female figure at the extreme right. These two figures fulfill the roles of the other two goddesses – Athena and Hera respectively – in the scene of the judgment of Paris: a role the artist has misunderstood to the point of transforming Athena into a man. But, if this conclusion is correct, we have again all three goddesses in the scene, as in all representations of the judgment of Paris known to us, without exception.

Works quoted

All works quoted are in English, except when otherwise indicated.

Carpino, A. and James, J. M., "Commentary on the Li Xian Silver Ewer," *Bulletin of the Asia Institute* N.S. 3, 1989: 71-75.

Luo Feng, "A Gilded Silver Vase in Central Asian Style from Li Xian's Tomb of the Northern Zhou Period," *Acta Archaeologica Sinica* 3, 2000: 311-330 (in Chinese).

1 In a II century AD mosaic from Antioch at the Louvre, portraying the three goddesses, not only is Athena armed, but her shield is placed on the ground, at her right side, like the one of the figure facing the woman at the extreme right in our ewer.

Mancilla, C., *Artistic and Literary Representations of the Judgement of Paris in Antiquity*, Dissertation Australian National University 2005.

Marshak, B. I., "Ewer Showing Greek Mythological Scenes," in Annette L. Juliano and Judith A. Lerner (eds.), *Monks and Merchants. Silk Road Treasures from Northwest China, Gansu, and Ningxia, 4th-7th Century*, New York 2001: 99-100 (no. 31) .

Marshak, B. I. and Anazawa, W., "Some Notes on the Tomb of Li-Xian and his Wife under Northern Zhou Dynasty at Guyuan, Ningxia and its Gold-Gilt Silver Ewer with Greek Mythological Scenes Unearthed There," *Cultura Antiqua* 41, no. 4, 1989: 49-57 (in Japanese).

Masters, S., *The Abduction and Recovery of Helen. Iconography and Emotional Vocabulary in Attic Vase Painting c. 550-350 BCE*, Dissertation Exeter 2012.

Nikonorov, V. P., *The Armies of Bactria 750 BC-450 AD*, 2 vols., Stockport 1997.

Skupniewicz, P., "The Iconographic Function of Armor in Sasanian Art," *Rivista degli Studi Orientali* N. S. 88, 2015: 251-281.

Stewart, P., "The Provenance of the Gandhāran 'Trojan Horse' Relief in the British Museum," *Arts Antiques* 71, 2016: 3-12.

Watt, J. C. Y. and others (eds.), *China. Dawn of a Gold Age, 200-750 AD*, The Metropolitan Museum of Art, New York, New Haven and London 2004: 256-257 (no. 157: Ewer).

Wu Jui-Han, "Exotic Goods as Mortuary Display in Sui Dynasty Tombs: A Case Study of Li Jingxan's Tomb," in Kathryn Lindorff (ed.), *Silk Road Exchange in China*, "Sino-Platonic Papers" 142, July 2004: 49-64.

—— *Mortuary Art in the Northern Zhou China (557-581 CE): Visualization of Class, Role, and Cultural Identity*, Dissertation Pittsburgh 2010.

Wu Zhuo, "On the Gilded Silver Ewer from the Lixian's Tomb of North Zhou Period," *Cultural Relics* 5, 1985: 66-74 (in Chinese).

—— "Notes on the Silver Ewer from the Tomb of Li Xian," *Bulletin of the Asia Institute* N. S. 3, 1989: 61-70.

Yang Juping, "Hellenistic Information in China," *CHS Bulletin* 2, no. 2, 2014, online.

Knotted Carpets from the Taklamakan: A Medium of Ideological and Aesthetic Exchange on the Silk Road, 700 BCE-700 CE

Zhang He

(William Paterson University, US)

More than a century ago, while exploring Xinjiang, or Chinese Central Asia, the British archaeologist Aurel Stein discovered some small fragments of knotted carpets in Niya, Kaladun, Loulan and a few minor places in the Taklamakan Desert. These fragments are now stored at the Victoria and Albert Museum in London. At the time, Stein's collection, dated from the first century BCE to the fifth century CE, represented the earliest existing samples of knotted carpets ever recorded. Then, in the 1950s, Soviet archaeologists excavated several knotted carpet pieces, including a complete one, in the Pazyryk Valley in the Altai region. The Pazyryk specimen, dated to 400 BCE, caused a huge sensation when it was recognized as being the earliest knotted carpet ever found.

However, since the 1950s, there have been several major discoveries in Xinjiang. These discoveries have not only pushed back the earliest dates to 700 BCE, but have also yielded more complete pieces of higher quality and greater diversity in motifs, thereby greatly enlarging our knowledge of knotted carpets in the oases of the Taklamakan Desert. The most important are seven pieces of knotted carpets excavated in 2003 from Yanghai (洋海), an ancient cemetery in Shanshan County, Turfan District.

Dated to as early as 700 BCE (Jia et al. 2009), the Yanghai carpet pieces are approximately three centuries older than the Pazyryk carpets (Rudenko 1970), making them the earliest knotted carpets found anywhere in the world. This earlier date, along with the quantity of the specimens, suggests that the oases of the Taklamakan Desert were some of the earliest producers of knotted carpets.

The Yanghai site is not alone. Since the 1950s, sites near Niya, from which Stein had recovered some tools for carpet-making and documents in Kharosthi referring to business transactions involving carpets – also yielded approximately ten pieces, each dated to between the 2nd and 4th centuries CE. The fact that these documents contained the earliest and most frequent terminology for carpets yet found, along with the large number of the actual carpets excavated, indicate that Niya and a few other towns in the Khotan region were centers of carpet-making. And indeed, in Shanpula, a village by the east bank of the Yurong River in Luopu County, Khotan District, many pieces of knotted carpets, often revealing the most beautiful colors and complex designs, have also been found.

There are several more sites in the Taklamakan, such as Loulan, Yingpan, and Zhagunluk, where tens of complete and large fragment carpets with interesting and beautiful designs have been found in recent decades. All these discoveries have filled in many of the gaps in the history of knotted carpet-making that exist between the Pazyryk samples (400 BCE) and the appearance of the knotted carpets specimens in Fostat, Egypt during the 9th-13th centuries CE and later in Anatolia during the 13th-14th centuries CE (Aslanapa 1988).

In light of all these new and interesting findings, it is imperative that we situate Taklamakan carpet specimens with a global history of knotted carpet pro-duction. It is now clear that the knotted carpet-making industry has thousands of years of history in the Khotan region. Together with silk and jade, knotted carpets may be considered a third type of unique merchandise that passed through the Silk Road via Khotan for thousands of years.

This article will focus on the earliest appearance of the carpet around 700 BCE to the disappearance of the material from the archaeological record after the Tang dynasty (618-907 CE). It will provide a brief introduction to the basic technique of weaving and knotting, an examination of the terminology found in several languages, descriptions of some major findings, and analyses of the motifs and styles in relation to several different cultures crossing the Silk Road.

Knotted Carpets

What is a knotted carpet? A carpet is a piece of fabric to cover a bed or floor. The fabric can be pressed as raw wool into felt, flat-woven as tapestry, or woven with extra yarn threads piled up on warps to produce a thicker and fluffier surface. This last type is called the knotted pile carpet, or simply knotted carpet.

To make a knotted carpet, one starts with the plain weaving of vertical warp threads and horizontal weft threads. After one or several rows of wefts, extra threads will be added by tying on the warps and then cutting

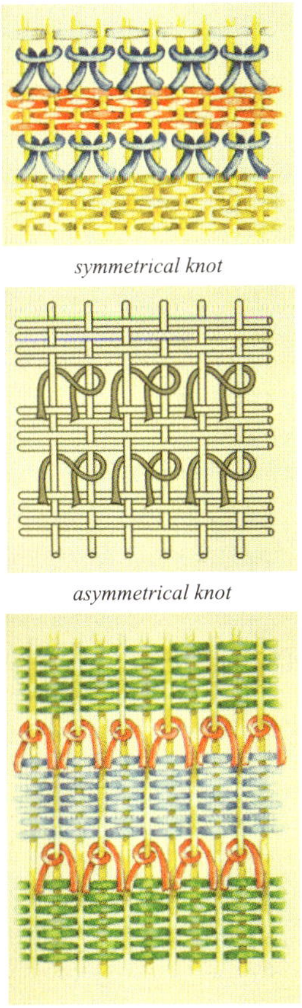

fig. 1
Illustration of knotting techniques (Jia, Li, and Zhang 2009)

the threads, with one or centimeter-long threadheads left on. There are different methods for tying the knots. **(fig. 1)** Symmetrical knotting is when the thread is tied on two adjacent warps, with a loop on each warp, and ended between the warps. Asymmetrical knotting refers to the process of looping the thread on one warp, extending the thread on the next warp, and then cut, leaving the ends open. Single-warp knotting is when the thread makes a loop on one warp, before being cut, skipping one warp, and tied again; the next row of knots would then change the warp, with the empty warp tied and skipping the former tied warp. A fourth method is called "U-shaped knotting" (Jia 2015:184). This refers to the way the thread is laid on a single warp, cut, then skips one warp and is tied again. According to my analysis, the samples examined in this article are single-warp knots with a clear loop.[1]

Historically, the three types of tying or knotting method have been given several different names. For instance, the symmetrical knot is also known as the Turkish or Ghiordes knot; the asymmetrical knot as a Persian or Sehna knot; and the single-warp knot as the Spanish knot. These names are not associated with the cultural origins of the techniques (Zhang 2018b), since all three techniques were already known in the Taklamakan region long before they were affiliated with any particular ethnic group – much less Spaniards! In order to avoid confusion, I will use only those terms that describe the structure of the knots: symmetrical, asymmetrical, and single warp.

Ground or foundation weaving is basically plain weaving with

1 Spuhler (2015) also uses the term "U-shape loop knotting" to describe this method, which is also a single-warp knot, but likely simpler without even a loop, i.e., only laid on a single warp in an upsidedown U-shape.

warp and weft crossing each other evenly. Most carpets in this study have plain ground weaving, but there are also occasional twill (Niya and Zhagunluq) and even slit-tapestry (Loulan) weaving. The slit-tapestry weaving is found on the edge of a small knotted carpet fragment found by Stein, where a series of stepped triangles in blue and red colors.

The materials used to create all of the warps, wefts, and knotted piles in knotted carpets in the Taklamakan region from 700 BCE to 700 CE mostly consist of sheep wool and goat wool, with the occasional mixture of cow and horsehair with sheep wool. Indeed, it was not until relatively recent times that weavers in Xinjiang began to use cotton threads for ground warps and wefts (Jia et al. 2009). This differs from other parts of the world, such as in Egypt, Anatolia, and India, where weavers have long used flax and later cotton for warps and wefts. Even today, experts in Xinjiang can often tell the origins of wool simply by touch, and determine whether it came from Khotan or Loulan. The Khotan region is often thought to produce the best quality wool in the region.

Tools that are used for carpet-making include the ground, upright looms, knives, weft-beaters, and scissors. Excavations have not yielded any physical evidence of looms thus far. But according to the studies of Zhang and Jia (1984), upright looms were very likely used early in the history of knotted carpets. The ground loom was occasionally used for narrow strip bands of weaving, but probably not for knotted ones. In Niya, at least eight weft-beaters have been found (see also Zhongri Niya 1996).[1]

1 Three of the eight fragments from Niya were excavated by Stein and are now stored in the British Museum and the Victoria and Albert Museum. Chinese archaeologists found one in the 1950s at Karadun, a site west of Niya, where Stein had also found some carpet fragments. Another five were excavated by a Sino-Japanese team in the 1990s. The British Museum also holds one fragment found by Stein at Loulan.

Made of wood, each one is about the size of a human hand, with a little handle on one end. Though the size of the beaters varies, the average measurement is 20×10 cm, including the handle. The quantity of the weft-beaters found at Niya points to the likelihood of the Niya-Khotan region as a center of carpet-making. (fig. 2)

Niya HTB00437

Niya NN266

Kaladun

fig. 2
Weft beaters from Niya and Kaladun (from up: author photo; Zhongri Niya 1996; Yue 2009)

Terminology

What did the people who lived in the ancient oases of the Taklamakan call their various textile products? Thanks to the Kharosthi, Khotanese, Sogdian, and Chinese documents recovered from the Taklamakan, among others, we now know some of those terms.[1] Among them, the best-known is that included in the Kharosthi documents discovered in Niya by Stein, in which *Khotani* carpets are mentioned numerous times. With the subsequent discoveries of many actual carpets Niya and Shanpula as well, it is not surprising to learn that *Khotani* carpets were already well-known among the oases in the Taklamakan at least seventeen hundred years ago. The several hundred Niya documents, written in Kharosthi, give us not only the terminology of many kinds of local products, but also a good glimpse into the economic and social life of the region during the third and fourth centuries (Burrow 1940). In these documents, words for carpets, such as *kojava* and *tavastaga,* appear frequently as commodities for

1 For a more in-depth study of the terminology examined in this article, see Zhang 2015 and Zhang 2018a.

commercial transactions, payments, and gifts.

Beginning in the second half of the fourth century and into the early part of the fifth century CE, the people of Khotan adopted the Brahmi script to record an eastern Iranian language known as Saka. This new language, referred to as the Khotan-Saka language, or Khotanese, by the English scholar Harold Walter Bailey, provided new words for carpets. According to Bailey's *Dictionary of Khotan Saka* (1979), from about the fourth to the eleventh century CE, there were two main words for carpets in Khotanese: *gahāvara* and *thauracaihä.*

As early as the first century CE, Chinese documents make mention of various sorts of textiles produced in the "Western Region," which partially over-lapped with modernday Xinjiang. These terms include *ji* 罽, *qushu* or *quyu* 氍毹, and *tadeng* 毾㲪. This last term was used by the famous historian Ban Gu 班固 (?-92 CE) in a letter to his brother Ban Chao 班超 (32-102 CE), the general of the Western Region, asking him to buy *tadeng* from the Yuezhi tribes (Yu 1600). Since some of these terms are known foreign transliterations, I have pared them down to two words, which parallel the terms found in the Kharosthi and Khotanese documents: *qushu* and *tadeng*.

The Sogdians, who spoke an eastern Iranian language, also left their own terminology for certain textiles. In Sogdian texts, carpets are called *faspā* and *parštarn*, which are derived from the Old Persian words *fraspāt* and *upastərəna*. These Sogdian terms were in use from the 4th to 10th centuries CE. As for Turkic terminology, the earliest terms for carpets appear in Maḥmūd Kāshgarī's *Turkic Dictionary* (Kashgari 1072-74). According to Kāshgarī's dictionary and those that followed, these terms include the words *kiviz, tavrattï*, and *töşe:k.*

Although the paired terms I listed above all refer to carpets, it is often unclear whether they refer to a flat-woven carpet or knotted-pile carpet. The ancient weavers and traders of these textiles must have known the difference (that is why there were so many different terms), but these distinctions were likely blurred in daily usage. (Even today, people speaking in English use "rugs" and "carpets" to refer to both knotted and piled carpets.) Since there is no record of any explanation of these ancient terminologies, we must differentiate among the swarms of words to figure out which ones were the most likely terms for the knotted carpets.

According to my analysis, from at least the third to the eleventh century CE, the terms used in the Taklamakan region for a knotted carpet were likely as follows:

tavastaga – Niya Kharosthi; 3rd-4th c. CE

thauracaihä – Khotanese; 4th-11th c. CE

faspā, parštarn – Sogdian; 4th-10th c. CE

tadeng 毾㲪 – Chinese; 3rd c. BCE-13th c. CE

tavrattï, töşe:k – Turkic; 8th-11th c. CE

After 800 CE, many more terms would appear from New Persian languages to name different types of woven textiles. These include words such as *gelim, kilim, qhali, hali, palaz,* and *zulus*. Two of these terms – *gelim/kilim* and *qali/hali* – would eventually be adopted by Uyghur and Kazakh weavers, and are still used in the region today. In their present day usage, *gelim/kilim* is used to refer to a flat-woven textile, while *qalı/halı* refers mostly to knotted carpets.

In some later Chinese documents, however, several descriptive words were used to specify knotted carpets. In the records of a Yuan Dynasty (1279-1368) production book for the Office of Felt (Zhan Ju) and Office of Cut-Yarn Carpets and Wax-dye Cloth (Jianhua maotan labu ju), we find the phrases“cut-yarn tan”剪绒毯and “cut-yarn patterned tan”剪绒花毯used to describe the production of knotted carpets for Emperor Yingzong’s (Gegeen Khan r.1320-1323) mausoleum hall and for the hall of Empress Sadabala (or Sugabala) in the year of 1328. And in 1906, near the end of the Qing Dynasty, the *Xinjiang Gazetteer* includes mention of a “planted yarn carpet” (zairong tan栽绒毯), a term now regularly used in Chinese.

Discoveries of the 20th and 21st Centuries

Stein’s Findings

During his expeditions in the Taklamakan desert in the early 20th century, Aurel Stein removed some small fragments of knotted carpets from the Loulan sites LC and LE and from Karadong/Keriya. The Loulan LC fragments were subsequently dated from 150 BCE-60 CE, while the Loulan LE and Karadong fragments were dated to 200-400 CE. Although these pieces are small in size, experts have identified three knotting techniques used in them: symmetrical, asymmetrical, and single-warp knots. Currently most of the Stein’s carpet fragments are stored in the Victoria and Albert Museum in London and can be viewed online.

Since Stein’s collections are all so small and fragmentary, there have been very few attempts to study the design patterns. What remains on these fragments are short straight and diagonal lines, little dots, hooks, and diamonds. The color palette includes red, pink, dark and light blue, and dark and light brown. Judging by the few limited motifs, these fragments may be roughly classified into geometric and dynamic or free-style designs.

Yanghai (ca. 700 BCE)

Since 2003, the Yanghai discoveries have included not one or two but seven large pieces of knotted carpets, with a range of dates between 1100 BCE-700 BCE, thus making them the oldest knotted carpets ever found in the modern world (Jia et al. 2009: 12; and Jia 2015: 167).[1] The ancient cemetery site of Yanghai is in Shanshan County, Turfan District. The cemetery is estimated to contain more than two thousand tombs spanning a period of about one thousand years. There are four chronological phases (Tulufanshi 2019), with the knotted carpets belonging to the second phase (11th-8th century BCE) and early third phase (7th-4th century BCE). All seven fragments are knotted in symmetrical knots on plain woven ground, and have been identified as saddle mats (Jia 2015). The designs on the carpets are mostly triangles, diamonds, and a kind of waving interlocking F-motif. They do not contain any live figures.

03SYIM87:23 / 40×78cm / Symmetrical Knot

This piece (fig. 3a) has a diamond-shaped grid pattern in blue and red. On the tip of the blue diamond, there is a little light blue dot, and the tip of the red diamond has a yellow dot. On the reverse side there are four layers

1 Jia Yingyi, who participated in the excavation of the Yanghai site and studied the textiles found there, told me that she used the most conservative date (i.e., the most recent date) for dating the knotted carpets from the tombs of the second phase, which are dated from the tenth to eighth century BCE. The carpet fragments fall throughout the time range.

3a *03SYIM87:23*

3b *03SYIM138:2*

3c *03SYIM189:7*

fig. 3a–c
Three carpet fragments from Yanghai (from left: Jia 2015; Jia, Li, and Zhang 2009; Jia 2015)

of felt in natural white color, which could indicate a saddle mat.

03SYIM138:2 / 53×43cm / Symmetrical Knot

This piece (fig. 3b) presents a pattern of triangles in alternating red and blue colors. On each tip of a triangle there is a yellow dot.

03SYIM189:7 / 53×49.5cm / Symmetrical Knot

This piece (fig. 3c - d) shows a little more complex design. A letter F motif is doubled head-to-head sharing the top line. This motif repeats itself in a curvilinear fashion in alternative colors of red, yellow, blue, and green, creating an impression of water waves.

Zhagunluke (ca. 3rd Century BCE)

The Zhagunluke site lies in Qiemo County, Bayinguoleng Mongol

fig. 3d
Detail of Yanghai carpet in fig. 3c (Yue 2009)

fig. 4
Plain carpet from agunluk, Xinjiang Uyghur Autonomous Region Museum (author photo)

Autonomous District. It was first excavated in 1996–98, and its carpet fragments have been dated to the 3rd-2nd century BCE. From a chronological perspective, the Zhagunluke site comes after Yanghai. There are two pieces of note.

96QZIIM2:9 / 84×73cm / Asymmetrical Knot

This piece (fig. 4) is in a plain natural off-white color with no apparent decorative designs, although there are some dark brown yarn heads on the foundation. It is asymmetrically knotted on a twill woven ground. The use of twill ground weaving is rare, with only one other piece from Niya made by such means. The knotting on this piece seems to be the earliest use of this kind in the Taklamakan.

98QZIM124:8-9 / 10×18.5cm / Asymmetrical Knot

This carpet uses orange color for the ground and red, blue, brown, and yellow colors for the knotted threads. Unfortunately, the knotted threads are so badly worn that it is difficult to identify any specific design motif (see Xinjiang Weiwuer zizhiqu bowuguan 2016: 330-31).

Yingpan (ca. 200-400 CE)

The site of Yingpan, which lies in Yuli County, Bayinguoleng Mongol Autonomous District, was visited by Stein, Sven Hedin, and a few other early explorers, but none of them reporting finding knotted carpet. Later on, however, the site yielded several large pieces, including at least three near complete ones – possibly more on the black market – with interesting designs. Most of them are dated to between 200-400 CE, and all three types of knotting are applied.

89YYC3:1 / 95×260cm / Symmetrical Knot

In 1989, archaeologists discovered a carpet with a lion image in the central field, an inner border with diamonds, and an outer border with short bars and checker-board patterns. (fig. 5) The lion is more geometric in its body shape. Its face is in frontal perspective within a square, while its legs and paws are defined with straight lines and sharp angles. The basic color is bright yellow, which is still amazingly bright. Other colors include red, blue, and brown. Its knotting is symmetrical on a plain foundation. The carpet was cut on all four sides, so the designs on the outer borders are not clear.

95YYM15:1 / 312×178cm / Single-warp Knot

In sharp contrast to the geometric lion design described in fig. 5, a fragment discovered in 1995 features a dynamic crouching lion with its

fig. 5
Carpet with a lion in
eometric style, Yingpan
Jia, Li, and Zhang 2009)

fig. 6
Carpet with a lion in
dynamic style, Yingpan
(Yue 2009)

body defined by curving lines. (fig. 6) With a more natural look, this lion also shows its face frontally. Its rich mane is zigzagged in several layers and its rear body reveals a hip and hindlegs in natural shapes. With a lifted waist, the lion displays its energy and movement. The inner border is made of organic foliage, an obvious Hellenistic motif. The outer borders, however, are cut off. The ground color is deep red, the lion's body is beige outlined in blue, and the lion's face and features are outlined in deep red. This carpet was found covering a coffin.

99YYM12:8 / 215×115cm / Symmetrical Knot

An excavation in 1999 yielded a symmetrically knotted carpet with large diamond grid lines in dark brown or black color throughout the

fig. 7
Carpet with a diamond grid, Yingpan (Jia 2015)

design, with only the border in rectangular outlines. (fig. 7) The ground color is beige or light yellow. The diamonds include the colors of natural brown, pink, and light yellow. This piece was found wrapped around a body in the tomb. It resembles a fragment collected by Stein, probably from Loulan, and now stored in the Indian National Museum in New Delhi.

Loulan (c. 150 BCE-60 CE; 1-200 CE; 200-400 CE)

Loulan is where Stein found most of his carpet samples, but none has a complete design. While a handful of pieces show clear straight and short lines, along with a series of scrolls, obviously intended as border designs, there is a small piece that carries enough lines and colors that one may see a dynamic tendency for the design. It contains dark blue lines done in a cursive fashion, bright red color for ground, and yellowish colors in some areas and for border lines. This piece is reportedly tied in single-warp knotting. In the 1990s and 2000s, many new pieces were unearthed from Loulan, including a few complete ones. Unfortunately, some large pieces were smuggled out of the country.

fig. 8
Carpet with a lion in geometric style, Loulan (Yue 2009)

fig. 8a
Detail of fig. 8, Xinjiang Institute of Archaeology (author photo)

98RLEM1 / 266×103cm / Symmetrical Knot

A relatively complete piece (**fig. 8, 8a**), now stored in Xinjiang Institute of Archaeology, shows a design of a geometric lion identical to the one from Yingpan (see fig. 5), which is also stored in the same institute. This piece was found in Stein's site LE (now called *fangcheng*方城). It looks like it was made on the same blueprint as the one in Yingpan, except for the colors. The center image consists of a (crouching?) lion situated on the right. The face is in frontal perspective and squared with big eyes and a mouth with exposed fangs, while the background color in the central field is red. The inner border has a diamond-framed pattern all around, and in each diamond there are various colors of red, yellow, brown, blue, and white.

03RLEM1 / 71.5×40cm / Symmetrical Knot

Though another big piece also came from the same LE site, archaeologists were only able to recover three small fragments from the same carpet. Among these, the largest one (fig. 9) shows what appears to be a tiger's tail with stripes, done in a natural curved manner. The background is black filled with little diamond-shaped motifs in beige. A little portion of the inner border has been preserved, with its flora and foliage motifs done in Hellenistic style. Based on an examination of the nearly complete piece of this carpet, it is certain that this portion of the tiger's tail belongs to this carpet. The complete design shows two felines. Judging by the two bodies and tails, one striped (left) and one plain (right), these are probably intended to be a tiger and a lion. The two felines are shown in profile jumping up, face to face, as if to attack each other. The treatment of the images is natural and free, and the colors for the animals are brightly reddish or orange and yellow. The outer border has a row of rectangles filled in with grid-like pattern in various colors.

Number unavailable / 258×131cm / Symmetrical Knot

Only a small portion of this piece (fig. 10), likely looted from the very same LE site, has been recovered by archaeologists. The piece measures 258×131 cm in a pattern of diamond framework filled in with bunches of grapes and leaves or possibly insects. The colors of the bunches of grapes include black with white dots, red with white dots, red with black dots, and beige with black dots. The inner border is composed of V-shaped motifs with spirals at the two heads, and a candle-stand like motif with three sticks. The outer border shows short, zigzagged diagonal lines in alternative colors.

fig. 9
Carpet with a tiger's tail, Loulan(?), Xinjiang Institute of Archaeology (author photo)

fig. 10
Carpet with grapes in diamond grid, Loulan (Jia 2015)

80RLMB2:93 / 18×9cm / Single-warp Knot (knots on double sides)

The site of Gutai (孤台, Stein's LC) has yielded a small piece, made in unique fashion, that has been dated to the 1st-3rd centuries CE. It has single-warp knots piled on both reverse and obverse sides. The more decorative front side includes the colors of red, blue, yellow, green, orange, cream, and white. The other side contains only natural white color knotted threads. The piece is too small and damaged to show any particular design This doublesided knotting method appears in Shanpula (Khotan) as well (see fig.16a). At various Loulan sites, many small fragments have been found that can be dated to earlier eras, for example, 2nd century BCE to 2nd century CE. Most of these feature geometric motifs such as bars, triangles, squared scrolls, and checker-boards. They are either too small or

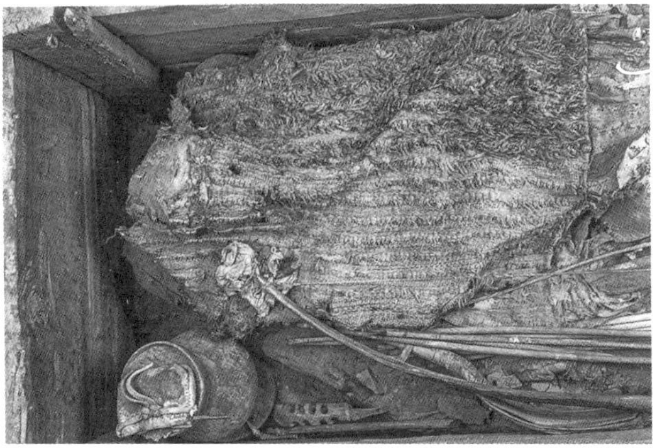

fig. 11
Tomb with a body covere
with a carpet, Niya (Zhong
Niya 1996b)

too worn-out to render clear designs.

Niya (ca. 200-400 CE)

Though Stein visited Niya, one of his favorite sites, three times, he did not find a single piece of knotted carpet. He did, however, unearth a few weft-beaters for knotted carpet weaving and hundreds of Kharosthi documents. In 1959, two small pieces were found at Niya (Xinjiang Weiwuer zizhiqu bowuguan 1975). Then in 1995, a joint Sino-Japanese team found seven pieces, among which at least four or five were nearly complete. All were found either wrapping or covering a body **(fig. 11)** (Zhongri Niya 1999b, 2007), which resulted in significant damage to the colors of the designs. It appears as if these pieces were already worn long before they were used for the burial.

59MNM1:51, 52 / 30×21cm, 16×14cm / Symmetrical Knot

The two small pieces discovered in 1959 **(fig. 12)** contained symmetrical knots, with black, brown, red, blue/green colors and geometric designs.

fig. 12
Carpet fragments from Niya (Xinjiang Weiwuer zizhiqu bowuguan 1975)

fig. 13
Carpet detail (95MN1M8:3), Niya (Zhongri Niya 2007)

95MN1M3:28 / 295×128cm / Symmetrical Knot

A large piece of impressive size, this carpet features a diamond grid (known as a "turtle-shell" or *guijia wen* (龟甲纹) pattern among Chinese scholars). It also includes small triangles and diamonds, with each diamond of the grid done in different colors. Each joint of the net has an emphasized dot in darker color. The inner border is composed of a series of rectangles, each of which contains a heart-shaped leaf. The middle border has a series of scroll-running waves done in a relatively natural manner. The outer border has four or five stripes in different shades of colors, from lighter to darker.

95MN1M8.3 / 238×118cm / Symmetrical Knot

This is another large piece (fig. 13), one that already had one of its ends cut off when it was unearthed, thus making it impossible to determine the original length. Much like the previous carpet, it also has a blue diamond grid, with each diamond containing an eight-petal flower in alternating colors of yellow, green, and pink. The background color is red-brown. There are four borders. The inner border has a few stripes of rainbow-like colors and series of triangles in green and pink color to make both positive and negative triangles. The next border is wide with a broad square zigzag line in yellow, and in each open square on both sides of the line there is a six-petal flower set against black or dark brown ground. Next to this border is the one with running-scroll waves in dark brown on yellow. The outer border has stripes in yellow, blue, green, red, white, and brown.

95MN1M3:61 / 150×110cm / Symmetrical Knot

A third large piece is incomplete. The design is similar to the last two carpets: a basic diamond grid in the central field, with each diamond containing small triangles of different colors. Its inner border is a series of rectangles with a heart-shaped leaf in each. The middle border has running square scroll waves. The outer border has stripes of rainbow-like colors.

95MN1M3:29 / 112×58cm / Symmetrical and Asymmetrical Knots

One of the large fragments shows a simple design of only line stripes, which appear yellow, light yellow, brown, and orange. This piece is special in that its ground weaving is twill and there are two kinds of knots used together: symmetrical and asymmetrical knots.

95MN1M4 / Measurement NA / Knot NA

This large piece covers, and likely wraps, a body, as shown in the black and white photo (see fig. 11). It appears to have some simple stripes in a couple of different colors.

Shanpula-excavated (ca. 200 BCE-200 CE)

In the 1980s and 90s, archaeologists excavated six knotted carpets in Shanpula, Luopu County, Khotan District. In the early 2000s, more pieces were found on the edge of the previous excavated sites. They are divided into two separate groups.

84LSIK2:1 / 76×74cm / Symmetrical Knot

This is a complete carpet (fig. 14), clearly a saddle mat, and found still on the saddle of a horse in a pit. It is in a very good condition. The piece has been exhibited in and out of China on many occasions, so it is already popularly known. Almost a square, the central field of the design is also a square with a diamond grid in red color. Within each diamond is a heart-shaped leaf with a little stem and two or four tiny branches in yellow on black background; the body of the leaf is pink and the stems are yellow. Although this motif is identified as a leaf, it also seems to resemble some

fig. 14
Carpet with leaves, Shanpula (Yue 2009)

fig. 14a
Details from the carpet in fig. 14 (Xinjiang Weiwuer zizhiqu bowuguan 2001)

sort of little insect. (fig. 14a) The center is framed with red, yellow, orange, and black colors. Next to the frame is the wide inner border running through with a thin blue square zigzag line. In each open square, there is a large five-partite leaf in yellow on black and bright red background. The outer border has two different patterns on two opposite sides: the upper and bottom sides show a series of chevrons in red, black, orange, yellow, and white colors, while the other two opposite sides reveal diagonal lines in the order of the same colors as the other sides.

The two shapes of the leaves on the design seem to be the leaves of the *populus euphratica* tree, the most common trees one sees in the Taklamakan Desert. This tree produces several very differently shaped leaves, sometimes on a single small branch. Some are long and thin like willow leaves, some are oval or heart-shaped, some are short and wide with tiny teeth similar to the maidenhair leaves, and some are long with two- or three-tiered splits.

84LSIM01:161 / 31×17.5cm / Symmetrical Knot

Although only a corner, this fragment (fig. 15) is good enough to show clear design motifs and colors. The center design is a diamond grid in black

fig. 15
Carpet fragment,
Shanpula (Yue 2009)

color; in each diamond are four small triangles in yellow and light blue colors. The inner border is a row of running square scroll waves in black and beige. The middle border is a series of triangles in deep blue and beige against each other. And the outer border is plain with red color.

84LSIM01:347 / 67×71cm / Asymmetrical Knot

This piece shows a simple design of long stripes in the colors of red, deep blue, light blue, grass green, yellow, and brown.

84LSIM1:405 / 35×27cm / Symmetrical Knot

This is a plain piece with natural color.

Shanpula-looted (ca. 400-600 CE)

In 2008, on the edge of the main cemetery in Shanpula where the most woolen textiles were excavated, five complete knotted carpets were dug up by looters who were later caught by the police. All five carpets are made of single-warp knots, and one of them, the largest of all, has a full pile also on the reverse side in a natural plain color. All five have striking bright colors and show a unique figurative and naturalistic design style, different from most of the others discussed so far. Four of the five carpets also have some Brahmi script in the Khotan-Saka language woven in. The author has already done both an iconographic and stylistic analysis (Zhang 2010, 2012) and will only summarize the descriptions here.

08LPSB1 / 265×150cm / Single-warp Knot (knots on double sides)

This large piece (fig. 16, 16a) has at least thirty-five human figures and some trees and furniture, arranged in seven rows in the center area. In the second row (counting from the bottom up), there are three or four words of Brahmi script that appear to read "*ha dī va*" (Duan Qing 2010), but they have not been successfully deciphered yet. The human figures are in a rich and large repertoire, which includes young and old people, men, women, children, a king and queen, musicians playing the flute and harp or veena, and a dancer. It also shows people wearing beautiful fancy dresses and headdresses, or those who wear only dhotis. One small figure in blue appears twice in the design. The first time it shows a ball-like motif in its right hand to a nearly nude woman who is seated in an Indian royal sitting posture in the bottom row. The other time it holds something up with its right arm and is accompanied by a girl playing the flute in the fifth row from bottom. It is this little blue figure that provides an important clue for a possible iconography. Most likely, it is a depiction of the young Krishna, god of herdsmen and an avatar of Vishnu, whose name means dark blue or black and who is always portrayed in Hindu art in blue or black (Zhang 2010; see also figs. 44, 45, 46). The overall ground color is bright red.

There are two borders. The inner border is composed of rainbow-like strips in red, yellow, light blue, and deep blue, and a series of running-

fig. 16
Carpet with human figures and Brahmi/Khotanese inscriptions, Shanpula (photo by Qi Xiaoshan)

fig. 16a
Back side of the carpet in fig. 16, Shanpula (author photo)

scroll waves in deep blue and white against each other and with a red dot on the tip of the wave. The running waves are treated more naturally in soft curve scrolls. The outer border is wide with some very busy motifs intertwined in alternating colors of light blue, pink, yellow, dark blue, and red, all on bright red ground. The motifs appear to be stylized images of animals, though they have not been successfully identified yet. This wide border is outlined with a thin yellow line on two sides, and a heavy blue line on the outer side.

08LPSB2 / 220×109cm / Single-warp Knot

The design of this carpet (fig. 17) seems to be a scaled-down copy of the first one. With sixteen human figures, the center design contains the basic characters for the Krishna childhood story, with little blue Krishna appearing once in the fourth row from the bottom. The borders are also the same, while the "animal" motifs cannot be identified.

08LPSB3 / 123×119cm / Single-warp Knot (extra two layers of felt sown on)

08LPSB4 / 114×119cm / Single warp Knot

08LPSB5 / 117×116cm / Single-warp Knot

These three smaller pieces (figs. 18, 18a, 19, 20) show a similiar design: two winged figures in the center field on red ground, placed upside-down relative to each other and head-to-head, so that each appears to be running or flying to their left. One figure is completely nude, and the other has a short dress on. The chubby bodies with wings and the way they hold long ribbons make these figure look very much like the Putti in Roman art. A Khotanese inscription woven in yellow and blue fills the areas to either

fig. 17 Carpet with human figures, Shanpula (photo by Qi Xiaoshan)

fig. 18 Carpet with Putti figures and Brahmi/Khotanese inscriptions, Shanpula (photo by Qi Xiaoshan)

fig. 18a Backside of carpet in fig. 18 showing two layers of felt (photo by Qi Xiaoshan)

figs. 19 and 20 Carpets with Putti figures and Brahmi/Khotanese inscriptions, Shanpula (photos by Qi Xiaoshan) side of the figures' heads. The inscription reads "*Spāvatä meri sūmä ho ä*," which translates as "The spāvata-official Meri gave [this] to Sūma" (Duan 2010). The subject seems to be a dedication to a god or mortal.

The border designs in all three pieces are also similar to each other. The inner border is composed of chevrons in various colors. The middle border is the widest one and is filled with stylized animals that are difficult to identify. I could only identify possible birds, camels, and snakes. The outer border is a single S-curved vine with heart-shaped leaves in alternating colors of red, yellow, blue, and black.

Kashgar (ca. 400-907 CE)

In 1959, the site of Tuokuzalai, in Tumushuk County in the Kashgar region, yielded two small pieces. One piece is dated to the 5th-6th centuries CE, measured 17×13 cm with symmetrical knotting, and has two or three colors in some small geometric shapes. The design is not identifiable. The other piece is only 6×6 cm and is dated to the Late Tang (875-907 CE); however, it is good enough to show a sing-warp knotting.

Xinjiang and Dunhuang after 700 CE

It is worth observing that no knotted carpet dating to the period between the Tang (618-907) and Ming (1368-1644) dynasties has been found in an archaeological excavation in the Taklamakan. [1]The lone

1 There might be some looted pieces uncovered in recent decades from Qinghai, Ningxia, and Inner Mongolia that date to the Western Xia 西夏 (1038-1227) and Jin 金 (1115-1234) dynasties.

exception is the tiny piece from Kashgar noted above, which has been dated to the Late Tang. The reasons for the lack of such materials could be many, but most likely political turmoil was a major cause. The change of dynasties and ruling groups, along with its related warfare, would interrupt production and reduce productivity of many goods, or even block tribute and trade routes entirely. The diminished attention paid by the late Tang and Song dynasties to the far western regions, along with their own weakened military force could be contributing factors. Only in the mural paintings in Dunhuang caves do we really still see carpets, which appear until the early Yuan Dynasty in the late 13th century. But even the Yuan dynasty, which was ruled by Mongols who favored woolen materials and carpets, did not leave material traces of carpets. Until the Qing dynasty, carpets only appear in paintings.

In roughly two hundred images of paintings from the Dunhuang murals that depict carpets – limited to those clearly used to cover a floor with people sitting, standing, or dancing on top, and likely all knotted carpets – a large number involve carpets integrated into scenes of palaces, paradise, and landscapes, where Buddhist practitioners sit and meditate or travelers their their rest. Although abundant designs are found, many of them are simply variations in color and details of a few major designs. Among them, two major designs are conspicuous: a triangle or diamond grid pattern and a five-, six-, or eight-petal (or rosette) flower pattern. **(figs. 21a, 21b, 22, 23)** The former looks like the continuation of the Taklamakan geometric style (see discussion below), and the latter seems to lean more toward a Han Chinese influence and style. There is also a combination of the two, an example of which appears in Dunhuang Cave 98, where the primary donors are the king and queen of Khotan. While the

a. *Dunhuang cave 172, High Tang (713-766 CE), by Sun Xiaoli*

b. *Dunhuang cave 112, Mid-Tang (762-827 CE), by Chang Shana*

fig. 21
Details of reconstructe carpet paintings o Dunhuang mural (Chang 1986)

queen and her attendants are represented standing on the square or long carpets of the flower pattern, the king himself is standing on a carpet with diamond-shaped flowers against a dark brown backdrop, thereby creating the effect of a diamond grid. (fig. 24)

After Dunhuang, the next appearance of the knotted carpets can be found in paintings of the Yuan (1279-1368) and Ming dynasty (1368-1644). Several scroll paintings have shown the Mongols or other nomads with their yurts and carpets. We see also mention in the Yuan dynasty official records of making "cut-yarn" carpets in some official workshops, which are obviously knotted carpets. In the Ming dynasty, it seems there was a purposeful slow-down of the carpet making industry. For instance, it is recorded that in the tenth year of the Hongzhi 弘治 emperor (1500 CE), Emperor Xiaozong 孝宗 wanted to repair and replace about one hundred "dragon" and plain carpets. The head of the Ministry of Public Works (Gong Bu 工部), however, begged the emperor not to do so, for it would be too expensive to get wool from Shanxi and Shaanxi provinces, cotton from Henan, and workers from Suzhou and Shanghai (Jia et al. 2009: 55). But the emperor ignored this warning and continued his project. This documentary evidence confirms two things. First, carpet-making was still carried out during the Ming Dynasty, even if it was not undertaken by

fig. 22
Dunhuang Cave 156,
north wall, late Tang,
7-859 CE (Duan 2006)

fig. 23
Dunhuang Cave 196,
north wall, late Tang,
7-859 CE (Duan 2006)

fig. 24
King and Queen of
Khotan, reconstructed
ainting from Dunhuang
cave 98, east wall, Five
Dynasties (907-960 CE)
(Hetian 2004: 150-51)

workshops in the Western Regions or received via tribute. Second, it was too expensive to make carpets with raw materials and weavers from both north and south China. This suggests that carpet production was very likely reduced and even completely halted at certain times.

It is not until the Qing dynasty (1644-1911) and rise of a new Manchu ruling class, with their preferences for wool materials, that we begin to see new enthusiasm again in carpet production. The Palace Museum in Beijing currently has hundreds of pieces in storage, some of which are detailed in a recent publication (Yuan et al. 2010). [1]Many of these carpets are labeled as made in Khotan, alongside tribute gifts from other places such as Gansu, Ningxia, Datong, Baotou, and Hebei. The German diplomat and carpet collector Hans Bidder, who published the first and only scholarly book dedicated entirely to knotted pile carpets made in Khotan (Bidder 1964), came to the conclusion that many more well-known carpets in Samarkand, Gansu, and Baotou, among other places, are merely copies or imitations of Khotan designs. According to Bidder, Khotan was the original center of carpet production, and the Tarim basin is "the oldest home of pile carpets known to us today" (11).

Design Motifs and Styles

The design motifs and styles in Taklamakan carpets before 700 CE

1 Thanks to Mr. Michael Franses, founder of Hali magazine, who persisted on gaining a look at the carpets hidden in storage for decades, the Palace Museum now has a place to display the royal carpets.

may be classified into three categories: geometric style, dynamic or free style, and representational or figurative style.

The geometric style features the following motifs: triangle shapes and grids, diamond shapes and grids, stripes, squares, rectangles, waving scrolls, squared scrolls, zigzags, square zigzags, waves with interlocking stripes, rosette flowers, grapes, and abstract animals. In earlier cases (700 BCE-200 CE), such as the ones from Yanghai, Yingpan, Niya, and Shanpula, the motifs are used for both the central field and its borders, while the diamond grid appears to be the most popular overall design (e.g. figs. 7, 13). In later cases (200-400 CE), such as the ones from Yingpan, Loulan, and Shanpula, the aforementioned geometric motifs still play major roles but some of the central fields yield to a single image of a lion or a tiger. In one of the two identical carpets from Yingpan and Loulan that featured a lion in the center (see figs. 5, 8), the lion is abstracted into squares, rectangles, and triangles, to fit the overall geometric look. Many of the geometric motifs would continue to be used for border designs throughout the history of carpet-making. Amazingly, with several interruptions, some small motifs continued to be used in Khotan's carpet designs even into modern times. The eight-petal flower, eight-partite geometric forms, and diamonds can still be seen in the twentieth century, although in many cases the diamond has by this time become much larger, with only one or two covering the central field and then filled with small geometric motifs.

The border designs done in this style also include a series of squared spirals (or hooks) running in a way similar to the curvilinear waving scrolls that appear in many pieces from Niya, Loulan, and early Shanpula. It is difficult to determine if this series of squared scrolls is also based on Hellenistic and Roman designs. In any case, these squared scrolls go very well with other geometric motifs from earlier eras, which suggests an intentional modification of the curvilinear waves to fit the overall geometric pattern. Not only that, but these squared hooks would also appear consistently – in place of a long series of borders – as individual elements in various designs in later Turkish carpets as well as in Khotan carpets.

The dynamic or free style features more curvilinear and irregular lines and outlines, natural shapes of leaves and vines, and naturalistic animals. Such examples are found in pieces dated to 200-400 CE from Loulan, Yingpan, and Shanpula. In Stein's Loulan collection, there is a little piece that shows curved lines in blue and white next to a border with blue, yellow, and red colors (British Museum Inv. no. MAS.693; also see Spuhler 2015: 13). Although nothing specific can be determined, the way the lines are executed clearly show that they might be some free lines or lines of some organic motifs. The piece from Loulan-LE with a tiger's tail is represented with such vigorous movement that it also demonstrates a naturalistic manner. The floral motifs along the border in the same carpet are also treated in a curvilinear and naturalistic manner.

The larger piece from this same carpet (almost a complete one, now outside China) also shows two animals, a lion and a tiger, in their natural forms. One of the two lion pieces from Yingpan in Figure 5 shows the lion in dynamic vigor as well. In this carpet, there is an attempt to show a modeling effect by using red, pink, and yellow colors in a sequential manner. On the lower border, the paws and part of the tail intentional protrude into the border field, making the image overlapped in space. A similar kind of pictorial device often appears in the Pompeii murals. In the border design of this same carpet, the series of figure 7, or gourd-shaped motif, is also curvilinear and naturalistic. The Shanpula piece depicting poplar tree leaves is also done in a free style rather than a rigid geometric style (see fig. 14a), although it is framed with a diamond grid and squares. In fact this design looks like a combination of the geometric and free styles – a style that appears in both carpet designs and decorative border designs from the Dunhuang mural paintings, including the carpet painted undernearth the king of Khotan.

The representational or figurative style is defined by depictions of human and animal figures in a natural representational manner. The examples are mostly from Shanpula and dated to 400-600 CE. This group is unique from other earlier ones in that the designs are full of human figures represented in interactive narrative relationships and are executed in a naturalistic and free style.

For a quick comparison, there is only one carpet that is dated earlier than the Shanpula ones that features human figures in knotted carpet – and it is the famous carpet from Pazyryk. **(fig. 25)** In the carpet, a rider walking beside a horse and a rider riding on horseback alternate to make a border series.

Though one may interpret the horseback riders as traveling, it does not seem intended to communicate a narrative story. Both the human and horse figures, as well as the grazing deer in the neighboring border, are executed in a geometric and patterned fashion.

In the Shanpula designs, however, a large variety of people are represented, not only in terms of age, gender, posture, and movement, but even in social status. This goes far beyond mere abstract concepts of human figures. The execution of the figures also approaches a naturalistic realism. For example, double-color contour lines of red and pink are

fig. 25
Detail of the famous carp
from Pazyryk, c. 400 B(
(Polos'mak and Barko
2005)

fig. 26
Detail of the carpet in f
17 (photo by Qi Xiaosha

fig. 27
Greek Red-Figure Vase, c. 350-325 BCE, Paestan, Italy (Metropolitan Museum of Art Creative Commons Zero)

juxtaposed next to paler pink skin color to suggest gradation of modeling for the body. A three-quarter view is adopted to show the angle of the high nose, the eye pupils are positioned impart a certain expression, and there is even an attempt to depict a tie-dyed dress decoration.

The motifs in the narrower borders in this style show typical Greco-Roman decorative motifs, the most typical of which are the waving scrolls **(fig. 26)** and single-leaf vines. (fig. 37) These two designs are commonly found on Greek vases and in Roman mosaics for walls and floors. **(figs.**

fig. 28
Eros or Baby Dionysus, Roman mosaic, Pompeii, before 79 CE, National Archaeological Museum of Naples (author photo)

fig. 29
Drawing of an ivory carving from Begram, Afghanistan (Hackin et al. 1954)

27, 28) Besides, the right seated person in fig. 26 also resembles the seated person in the Greek vase (fig. 27) in their sitting postures, in addition to the running waves in both designs. So there is no question about the origins of the design. However, since these designs were used in the Bactria and Gandhara regions for so long, they may have become typical of local Bactrian design as well. (fig. 29) They appear mostly in the carpets from Niya, Loulan, Yingpan, and Shanpula, as well as in a large collection of knotted carpets from Bactria to be discussed below.

This representational group of carpets also includes several new design motifs, such as Khotan-Saka script knotted through the design in four of the five carpets; the narrative story of the childhood Krishna, an avatar of Hindu God Vishnu, in the large carpets; and the winged Eros/Putti as major figures in the three smaller carpets.

Cultural Expression and Interaction

Despite their humble origins as floor coverings and sitting mats, the carpets found in the Taklamakan region are significant in their reflection of artistic ideas and aesthetic tastes from several different cultures, from the wider Taklamakan region itself to as far away as the Mediterranean regions in the distant west. They also express a willingness to borrow and integrate other peoples' ideas and methods. On the crossroads of the Silk Road, the people of the Taklamakan oases helped spread these multicultural ideas and aesthetics in all directions. As a result, the carpets served as an important medium of cultural expression and as clear evidence of cultural interaction and integration.

Taklamakan Geometric Style

According to my analysis in the last section, the geometric style design appears to be the most consistent design in the Taklamakan oases. From the earliest samples of Yanghai circa 700 BCE to the samples of Yingpan,

Loulan, Shanpula, and Kashgar up until about 400-500 CE, the geometric shapes of triangles, diamonds, hexagons, and squares are the most popular motifs used in carpet designs. Triangles and diamonds also continued to be depicted in the carpets appearing in Dunhuang murals from the 7th to 11th century CE. Because of such clustered appearances and quantities done in the geometric style, we might refer to this as the "Taklamakan style." Once identified as a regional style, it becomes possible to further identify fragments of knotted carpets found elsewhere as similar in style to the Taklamakan carpets. These include fragments discovered in Fostat, Egypt. **(fig. 30)** The Fostat discovery consists of several tens of pieces of knotted carpets. They are divided into two major phases: those of the 9th century and those of 13th century. The samples from the earlier phase are believed to be associated with Abbasid Dynasty in Samarra, Iraq, where Turkish guards were hired, thus suggesting the incorporation of a Turkic tradition

a *Ground weave: cotton warp and weft; double-sided wool knots*

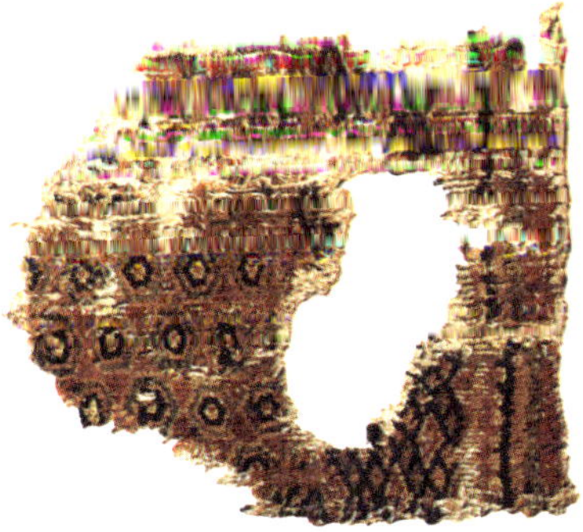

b *Ground weave: linen warp and weft; wool knots*

fig. 30
Carpet fragments from Fostat, Egypt, 9th c. CE (Aslanapa 1988)

from Central Asia. The large group dated to the 13th and 14th century is categorized as Seljuk Turkish carpets (Aslanapa 1988).

Looking at the Fostat fragments of the 9th century, one does sense a strong resemblance to the Taklamakan carpets in their diamond and hexagonal grids. In each diamond or hexagon, there is a similar little flower or triangle or diamond, while the colors consist of deep brown, brown, red, dark red, blue, green, yellow, and black – the colors most often used in the Taklamakan carpets. The two samples in fig. 30 are tied with single-warp knot, a common method already used in Yingpan, Loulan and Shanpula since at least the 2nd century CE. One of the two (fig. 30a) also has a knotted pile on the back side, another common practice found in Loulan and Shanpula. Intriguingly, however, these two pieces make use of a different material for the warp and weft yarn – linen and cotton instead of wool. The the warps, wefts, and knotted threads of Taklamakan carpets were all made of wool clear up to the 20th century, when cotton was adopted for warps and wefts.

Also worthy of note is that seven of the twenty-nine published pieces from the second group from Fostat feature all-wool and symmetrical knotted carpets. This group, as Aslanapa (1988) concludes, is Seljuk Turkish, and utilizes mostly geometric motifs for its design. This, too, strongly echoes the Taklamakan geometric style, even though the patterns are more complex than those in the Taklamakan.

The Taklamakan geometric style could have migrated in two directions: eastward toward Dunhuang in China and westward toward Western Asia and Egypt. In the westward direction, it could have been carried by the nomadic peoples throughout Central and Western Asia with the rise of the Seljuk Empire in the 11th and 12th centuries, or with the waves of Turkic migration, under Mongol pressure or alliances, that reached all the way to the western tip of Asia from the 13th century on. The geometric style would be adopted as a signature cultural motif of various Turkic groups and later further encouraged by the Muslim preference for geometric and floral patterns instead of human figures. Among these groups, the Azerbaijani and Turkish Turks would become the major successor and innovators of the Taklamakan geometric style. Meanwhile, the style still continued to be used both in the Taklamakan and northeast Asia, as seen in the Yuan and Ming dynasty paintings.

Although geometric in appearance, the Pazyryk carpet stands alone. Though its dominant overall design is the square grid, the triangles, diamonds, and other geometric shapes common in the Taklamakan do not appear. With its horseback riders, deer, gryphon, and four-petal leaf motif, it demonstrates some connection with both Scythian-Saka traditions and Assyrian-Persian-Hellenistic decorative motifs. And yet the same motifs of horseback riders, men walking alongside horses, grazing deer with vertical antlers and decorative motifs on their bodies, and mythical creatures like gryphons all appear in the flat woven textiles (or tapestries) discovered in Shanpula/Khotan and dated to between the 2nd century BCE to 2nd century CE. Likewise, the four-petal leaf motif can be found in wood and clay carvings from Niya and Loulan. Therefore, the design motifs in the Pazyryk carpet are still related in one way or another to the Taklamakan oases.

Persian Element

In both the geometric and free styles, the depiction of the lion is notable for its frequent appearances and its occupation of the large central field in composition. The inclusion of the motif might be an inspiration from Assyrian and Persian art directly, or through Hellenistic Bactrian and Buddhist art indirectly. The lion is also a common motif in Roman paintings and mosaics. Despite ferocious and aggressive expression of the beast in Assyrian-Persian art and Greco-Roman art, the lions in the carpets of geometric style are depicted in a more tame, crouched posture, and appear more decorative. Those depicted in the free style, while still vigorous in movement, look more playful. It seems that the weavers of the carpets made a significant modification from the original model of these designs in order to make them conform to the principles of decorative art and the function of the carpets as daily household materials.

Bactrian/Hellenistic Style

The free and representational styles in the Taklamakan carpets are closely related to the art style of Bactria and Gandhara in general, and to the carpets found in recent decades in Afghanistan more specifically. Bactria, which is roughly equivalent to modern Afghanistan, where the Hellenistic influence once prevailed, developed its own art style over the centuries with a combination of motifs and styles from both the Mediterranean regions and the Indian subcontinent. The motifs of vine-leaves and running waves commonly seen in artworks from Bactria and Gandhara, for example, are clearly copies of those of the Greeks and Romans, and the human figures and narratives are very often adapted from either Buddhist or Hindu art from India. However, in Bactria and Gandhara, the two types of border designs are used so frequently, and blend so harmoniously with typical Indian motifs and subjects, that they truly become a local or regional style of its own – Bactrian style.

But Hellenistic cultures brought more than just the actual design motifs to Central Asia. Some concepts and techniques of art-making also became a new norm in Bactria and Gandhara. The most important impact in art would be the practice of realistic or naturalistic representation of human figures, animals, and plants, which comprise the foundation of Greek and Roman art. Along with this practice, the art of Bactria and Gandhara would also incorporate the attempt to represent natural body movements and postures for human figures, the modeling technique to create three dimensional effects, and the tendency to show a three-quarter view of a human face.

In sum, the Taklamakan carpets that showcase the representational style seem to share their ideas with those of Bactria. The looted group from Shanpula, especially, looks closely related to the Bactrian findings; so close, in fact, that they were probably even made from the same blueprints or in the same workshops. As a result, it is important to provide a short discussion, of the carpets discovered in recent years in Afghanistan, for the sake of a simple comparison.

Afghan Carpets in the Kuwait Collection

Thanks to Frederick Spuhler and the Dar al Athar al-Islamiyyah organization in Kuwait, a large group of 2nd-6th century CE carpets found in the northern mountainous region of Afghanistan over the last several decades has been made available for scholarly analysis (Spuhler 2015). These carpets, which are in relatively good condition, retain their bright

fig. 31
Detail of a carpet fragment in the Kuwait Collection (courtesy of Gulf Museum Consultancy Company, WLL #LNS 71 R a-c v1)

beautiful colors and are decorated with various animal designs and rich border design motifs. They share many features with the Taklamakan carpets, especially those from Yingpan and Shanpula. Here we will point out just a few important features.

The Afghan carpets in the Kuwait collection are dated to around the 2nd to 6th centuries CE. All but one of the sixteen catalogued carpets are tied with asymmetrical knots; the lone exception is tied with U-shaped loop (or single-warp knot). Their design motifs include griffins, horses, stags, lions, some felines, unidentified mythical creatures, wave-scrolls, squared wave-scrolls, checker-boards, stepped triangles, flora, and vine-leaves. Some designs are clearly Sassanian in style, for example, a deer's neck tied with a *kushti* (a tag-like ribbon) floating horizontally behind the neck or holding in the mouth a horizontally floating object such as fruit, flower, or a looped ribbon. **(fig. 31)**

The other designs are more typically Bactrian in style and can be found in many different art forms. This Bactrian type of design shows closer connections with the textile designs in the Taklamakan. For example, all the creatures and motifs listed above also appear in the flat weaving materials (such as tapestry textiles) from Khotan/Shanpula and Zhagunluk. They also appear in the silk materials from the Turfan region and in the Buddhist art in Dunhuang, Kashmir, and Tibet. Indeed, one of the designs features two stags kneeling (Spuhler 2015: 54), which is a posture more often seen Buddhist in iconography and style than a random representation of the animals. A similar expression can be found in the Dunhuang mural paintings, while a more precise method of depicting crouched legs can also be found in Tibetan Buddhist art.

Interestingly, many of the border designs in the Afghan carpets, such as vine-leaves and checkerboard patterns, can be found not only in the Buddhist art of Bactria and the Gandhara region, but also in the Dunhuang murals. For instance, an exact vine-leaf pattern appears in both the Bactrian/Afghan carpet and the Dunhuang mural paintings. (figs. 33, 34, 35) Although this kind of fancy vine-leaf pattern does not appear in the Taklamakan carpets, similar ones do appear in other art objects all over the Taklamakan oases, such as wood carving, ceramic vessels, and mural paintings.

Two of the border designs in the Afghan carpets – running wave-scrolls and series of chevrons – show a direct relation to the carpets from Shanpula. In six or seven pieces of the Kuwait collection, the running wave scrolls appear in such a way that two colors – the color of the wave and the

fig. 32
Detail of the carpet in fig. 18 (photo by Qi Xiaoshan)

fig. 33
Detail of a carpet fragment in the Kuwait Collection (courtesy of Gulf Museum Consultancy Company, WLL #LNS 67 R a-h [d])

fig. 34
Reconstructed painting from a Dunhuang mural (Chang 1986)

fig. 35
Mural painting in Dunhuang cave 428 (Duan 2006)

color of the ground – are set against each other to create two actual rows of waves interlocked with each other. This is precisely the same design that appears in many Taklamamkan carpets. In addition, in both the Afghan and Shanpula cases, the tip of each wave scroll includes a little dot in a different color. In the Kuwait collection, the combinations of the colors are as follows: yellow-red with black dot, green-red with white dot, yellow-red with green dot, black-white with red dot, and green-yellow without a dot. In the Shanpula carpets, they are blue and white with a red dot. The running chevrons as a frame band appear once in Kuwait collection (see fig. 31), but in all three smaller Shanpula carpets. (fig. 32) This chevron pattern is also found many times as a halo ring in the Buddhist cave mural paintings in Kizil and Turfan.

In sum, this group of Afghan carpets in the Kuwait collection shares the same tradition with that of Shanpula and other Taklamakan towns. It would be premature to pin down the production center of the carpets with this style, but it is very possible that the workshops on either side of the Pamir share the same blueprints yet manufactured the products individually. This would parallel similar practices in modern times, when a master workshop in Khotan would pass its blueprints on to individual weavers scattered in different villages in the desert and mountains, sometimes even to the villages as far away as Kashgar.

Greco-Roman Element

Though the Greco-Roman element is still part of the Bactrian-Hellenistic-Roman style discussed above, here we will focus on the Eros-Putti-like figures that appear in the three smaller carpets from Shanpula. In the design, the central field is occupied with two nude and winged chubby baby figures head-to-head – not face-to-face – in a fashion reminiscent of Greek Eros or Roman Putti. Eros or Putti can be found in countless Greek vase paintings and Roman stone carvings such as sarcophagi. Much to my surprise, I found a Greek Red-Figure painting plate **(fig. 36)** in the Walters Art Museum in Baltimore that depicts the nude and winged Eros offering something to an altar-like object. Its design fits not only the image of the Eros figure but also the combination of the figure and decorative motifs surrounding the main figure: the single-leaf vine and a short horizontal bar of waving scrolls under the main figure, just like the combination of the two in the three carpets. **(fig. 37)**

fig. 36
Red-Figure Plate with Eros as a youth making an offering, c. 340-320 BCE (Walters Art Museum Creative Commons Zero)

However, it might not be so wise to suggest that a Greek model could be transported directly to the Taklamakan desert over a time of seven or eight hundred years. Similar figures also appear in Buddhist and Hindu art in India and Bactria. It must have been through some syncretized process in Bactria and Gandhara all the way down to central and south India that such typical and popular Greco-Roman figures would become popular figures in the art works of Central Asia and South Asia, and eventually China.

As early as the second century BCE to the second century CE, the stone sculptural works on the Great Stupa at Sanchi already showed pairs of nude and winged chubby figures flying over a Bodhi tree or a stupa. A couple of centuries later in the Ajanta caves, more such figures were carved and painted. For example,

fig. 37
The Putti figure in the carpet from fig. 18 (photo by Qi Xiaoshan)

fig. 38
Putti in Ajanta Cave 2, 2nd c. BCE-5th c. CE (author photo)

fig. 39
Putti holding a wreath over a statue of the Buddha. Painting on niche, ca. 3rd c. CE, Hadda, Afghanistan (Guimet Museum, inv. nos. MG21810, 19157)

the capitals of the columns on the façade of Ajanta Cave 2 contain pairs of the so-called flying celestials above a statue of Buddha. (fig. 38) They are nude, chubby, and holding a long ribbon; their legs are turning backwards as if floating in the air; and on their backs are flying ribbons that look like wings to suggest the act of flying. These Ajanta Putti appear to be portrayed in the same way as those on the carpets, with the same gestures, same kind of ribbons, and same intention of exposing their little genitals.

In a Buddhist niche discovered in Afghanistan, we also find a pair of Putti – nude, chubby, and winged – holding a wreath together, both painted over a statue of Buddha. They look more Greco-Roman in style and painting technique. (fig. 39)

In the Taklamakan desert, such winged chubby, sometimes nude,

fig. 40
Putti in the murals from Miran, ca. 4th-5th c. CE (Qi and Wang 2008)

figures are found as well in the Buddhist mural paintings in Miran (fig. 40) discovered by Stein. They are also found on a ossuary box discovered by the Otani expeditions, which includes a precisely painted nude winged Putti painted in the Roman style, similar to the symbolic paintings with which Roman sarcophagi were decorated. Last but not least, these figures also appear on a beautiful fine woolen dress worn by the so-called Yingpan Man from Yingpan. Here the woven designs on the tunic dress featured paired Putti holding up swords among trees (fig. 41), and the coffin which encased the Yingpan Man was covered with a carpet featuring the geometric lion in Figure 4. A similar piece of cloth made of fine wool was also discovered, and it features winged Putti catching or playing with butterflies. (fig. 42)

To conclude, it seems that the models for the Putti figures in the carpets represent a syncretic image from Bactrian, with nude chubby body and wings from the Greco-Roman type and backward-turning legs and long ribbons in the Indian fashion. These motifs were already popular in

fig. 41
Putti in a fine woolen dress on Yingpan Man, ca. 5th-6th c. CE (Qi and Wang 2008)

fig. 42
Putti woven in fine wool, Yingpan, ca. 5th-6th c. CE (Qi and Wang 2008)

both the Buddhist and non-Buddhist art of the Taklamakan desert during the time when the carpets under analysis were made.

Indian Element

Besides the three small carpets featuring Putti figures in a Buddhist or Hindu manner, the two larger carpets from Shanpula show a narrative design with human figures dressed in Indian dresses such as dhoti or seated in the royal posture *lalitāsana*. In my previous studies (Zhang 2010, 2011), I identified the narrative as belonging to the Krishna childhood stories. The small blue figure, Krishna, is presented not only in his typical dark blue color, but also holding up a butter ball and Mount Govardhan and being accompanied with flute-playing and dancing girls performing the Lila Dance – all scenes popularly seen in Hindu art since the sixth and seventh centuries CE all way down to modern times **(figs. 43, 44, 45)** (see also Banerjee 1978). Several ladies wear dresses identical to that of Yashoda **(fig. 46)**, the adopted mother of Krishna, on the fifth-century high-relief sculptures in the Dashavatara (Vishnu) Temple in Deogarh. The scenes are related to several well-known episodes in the Krishna story, including the Prophecy of Kamsa, the Butter Thief, Holding up Mount Govardhan, Naming Puja, and the Lila Dance.

All five carpets of the group from Shanpula have broader borders that are full of complex motifs. Only some vague animal shapes can be drawn out, such as birds, serpents, and possibly camels, cows, and elephants

fig. 43
Detail of the carpet in fig. 17 (photo by Qi Xiaoshan)

fig. 44
Krishna Lifting Mount Govardhan, 5th-6th c. CE. Mathura Museum (author photo)

fig. 46
Exchange of the babies, with Yashoda on the right. Dashavatara Temple, Deogarh, ca. 5th-6th c. CE (author photo)

fig. 45
Krishna dance with young damsels, 1760-65 (P. Banerjee 1978)

(Zhang 2012). This group of carpets was very likely made for patrons who were familiar with the Hindu stories and iconography, suggesting that there may have been a Hindu community in the Khotan area.

Khotanese Scripts

The appearance of Khotanese script in four carpets from Shanpula strongly suggests that this group of carpets belonged to local Khotanese purchasers. As discussed above, one of the two large carpets have an inscription in Brahmi script that is woven into the carpet in blue. Though not all the words have been deciphered, three of them seem to be a dedication to a god or mortal.

According to experts on Khotanese writing, the script on the carpets is a Brahmi script that was standardized in India during the Gupta dynasty (320-550 CE). The adoption of this script in Khotan not only gives us a relative time range for the production of the carpets, but also demonstrates strong influences from the Gupta dynasty in India and Central Asia. The Taklamakan oases must have significant political and cultural contact with the Guptas. Further evidence of their relationship can be found in the more than two thousand Khotanese texts, both religious and secular, that were discovered by scholars in Khotan and Dunhuang during the 20th and 21st centuries.

In the final analysis, having established the presence of Hindu stories, Buddhist or Hindu imagery, Bactrian motifs and style, and local Khotanese language, we must address one of the most obvious questions: Who made these carpets? The evidence presented in this article suggests that while the carpets could have been made in either Khotan or Bactria, they were made specifically for Khotanese patrons. These patrons may have included a small Hindu community who spoke or read Khotanese. Nevertheless, in light of Khotan's long history of carpet-making, the large quantity of carpets and weft-beaters unearthed in the Khotan region, the documentation of business transactions mentioning famous Khotani carpets, the woven inscriptions of the Khotanese language, and Khotan's longstanding trade relationship with Bactria and further west, it seems much more likely that these carpets were made in the oasis of Khotan itself.

References

Aslanapa 1988

Oktay Aslanapa. *One Thousand Years of Turkish Carpets*. Istanbul: Eren, 1988.

Bailey 1979

H. W. Bailey. *Dictionary of Khotan Saka*. Cambridge and New York: Cambridge University Press, 1979.

Banerjee 1978

Priyatosh Banerjee. *The Life of Krishna in Indian Art*. New Delhi: National Museum, 1978.

Bidder 1964

Hans Bidder. *Carpets from Eastern Turkestan Known as Khotan, Samarkand and Kansu Carpets*. Trans. Grace Marjory Allen. Tubingen: Verlag Ernst Wasmuth, 1964.

Burrow 1940

Thomas Burrow. *A Translation of the Kharoshthi Documents from Chinese Turkistan*. London: Royal Asiatic Society, 1940.

Chang 1986

Chang Shana常沙娜, ed. *Dunhuang lidai fushi tu'an*敦煌历代服饰图案[Clothing patterns in the Dunhuang mural through the ages]. Hong Kong: Qinggongye chubanshe, 1986.

Duan 2010

Duan Qing. "The Inscriptions on the Carpets Found at Shanpula, Luopu (Lop) County, Xinjiang." *Journal of Inner Asian Art and Archaeology* 5 (2010): 95–100.

Duan 2006

Duan Wenjie段文杰, ed. *Zhongguo Dunhuang bihua quanji*中国敦煌壁画全集[Complete collection of Chinese Dunhuang murals]. Vols. 5–9. Tianjin: Tianjin renmin chubanshe, 2006.

Hackin et al. 1954

Joseph Hackin, Ria Hackin, Jean Carl, and Pierre Hamelin. *Nouvelles recherches archéologiques à Begram*, (ancienne Kâpici), (1939-1940). Paris: Presses universitaires, 1954.

Hetian 2004

Hetian Wenguansuo和田文管所. *Yutian*于阗[Khotan]. Wulumuqi: Xinjiang meishu sheying chubanshe, 2004.

Jia 2015

Jia Yingyi贾应逸. *Xinjiang gudai maozhipin yanjiu*新疆古代毛织品研究[Studies on woolen textiles in ancient Xinjiang]. Shanghai: Shanghai guji chubanshe, 2015.

Jia et al. 2009

Jia Yingyi贾应逸, Li Wenying李文瑛, and Zhang Hengde张亨德. *Xinjiang ditan*新疆地毯[Xinjiang carpets]. Suzhou: Suzhou daxue chubanshe, 2009.

Kashgari 1072-74

Mahmud ibn Hussayn ibn Muhammad Kashgari [Mahemude ben Housaiyin ben Muhanmode Kashigeli麻赫穆德・本・侯赛音・本・穆罕默德・喀什噶里]. *Tujueyu da cidian*突厥语大词典[Compendium of Turkic languages]. Beijing: Minzu chubanshe, 2002.

Polos'mak and Barkova 2005

N. V. Polos'mak and L. L. Barkova. *Kostium i tekstil' pazyryktsev Altaia* (IV-III vv. do n. e) [Costumes and textiles of the Pazyryk people of the Altai (IV-III centuries B.C.)]. Novosibirsk: Infolio Publishing, 2005.

Qi and Wang 2008

Qi Xiaoshan祁小山and Wang Bo王博. *Sichou zhilu: Xinjiang gudai wenhua*丝绸之路：新疆古代文化[The Silk Road: ancient culture in Xinjiang]. Wulumuqi: Xinjiang renmin chubanshe, 2008.

Rudenko 1970

Sergei I. Rudenko. *Frozen Tombs of Siberia – the Pazyryk Burials of Iron Age Horsemen.* Trans. M. W. Thompson. Berkeley and Los Angeles: University of California Press, 1970.

Spuhler 2015

Friedrich Spuhler. *Pre-Islamic Carpets and Textiles from Eastern Lands*. Farnborough: Thames & Hudson, 2015.

Tulufanshi 2019

Tulufanshi wenwuju吐鲁番市文物局, ed. *Xinjiang Yanghai Mudi*新疆洋海墓地[The Yanghai cemeteries in Xinjiang]. Beijing: Wenwu chubanshe, 2019.

Xinjiang Weiwuer zizhiqu bowuguan 1975

Xinjiang Weiwuer zizhiqu bowuguan新疆维吾尔自治区博物馆. *Xinjiang chutu wenwu* 新疆出土文物[Cultural relics excavated in Xinjiang]. Beijing: Wenwu chubanshe, 1975.

Xinjiang Weiwuer zizhiqu bowuguan et al. 2001

Xinjiang Weiwuer zizhiqu bowuguan新疆维吾尔自治区博物馆， and Xinjiang Wenwu Kaogusuo新疆文物考古所, eds. *Zhongguo Xinjiang Shanpula: gudai Yutian wenming de jieshi yu yanjiu*中国新疆山普拉：古代于阗文明的揭示与研究[Sampula in China's Xinjiang: research and revelations regarding ancient civilization in Khotan]. Wulumuqi: Xinjiang renmin chubanshe, 2001.

Xinjiang Weiwuer zizhiqu bowuguan 2016

Xinjiang Weiwuer zizhiqu bowuguan新疆维吾尔自治区博物馆, ed. *Zhagunluke fangzhipin zhenpin*扎滚鲁克纺织品珍品[Textile treasures of Zaghunluq]. Beijing: Wenwu chubanshe, and Abegg-Stiftung, 2016.

Yu 1600

Yu Shinan虞世南. *Beitang shuchao*北堂书钞[North House book collection]. Institute of Oriental Culture, University of Tokyo, Chinese Book Collection facsimiles C5913000.

Yuan et al. 2010

Yuan Hongqi苑洪琪, Liu Baojian刘宝建, and Gugong bowuyuan故宫博物院,

eds. *Gugong cangtan tudian* 故宫藏毯图典 [Carpets in the collection of the Palace Museum]. Beijing: Zijincheng chubanshe, 2010.

Yue 2009

Yue Feng 岳峰. *Xinjiang lishi wenming jicui* 新疆历史文明集萃 [The best collections of Xinjiang history and civilization]. Wulumuqi: Xinjiang meishu sheying chubanshe, 2009.

Zhang 2010

Zhang He. "Figurative and Inscribed Carpets from Shanpula-Khotan: Unexpected Representations of the Hindu God Krishna: A Preliminary Study." *Journal of Inner Asian Art and Archaeology* 5 (2010): 59–73.

Zhang 2011a

Zhang He 张禾. "Xinjiang Luopu xian Shanpula chutu renwuwen zairongtan chutan" 新疆洛浦县山普拉出土人物纹栽绒毯内容初探 [A preliminary study of iconography on the Shanpula carpets]. *Xiyu yanjiu* 西域研究 (2011), No. 1: 72–82.

Zhang 2011b

—— "Xinjiang Luopu xian Shanpula chutu renwuwen zairongtan zaitan – jianlun yindujiao chuanru Hetian de niandai ji tujing" 新疆洛浦县山普拉出土人物纹栽绒毯内容再探——兼论印度教传入和田的年代及途径 [Further study of the iconography of the Shanpula carpets – the date and route of the di usion of Hinduism into Khotan]. *Xiyu yanjiu* 西域研究 (2011), No. 4: 60–74.

Zhang 2012

—— "Luopu Shanpula renwu zairongtan yishu tedian jiqi fengge fenxi" 洛浦山普拉人物栽绒毯艺术特点及其风格分析 [Analysis of the stylistic characteristics of the imagery in Luopu/Shanpula knotted carpets]. *Xiyu yanjiu* 西域研究 (2012), No. 4: 105–16.

Zhang 2015

—— "The Terminology for Carpets in Ancient Central Asia." *Sino-Platonic Papers*, No. 257 (May 2015).

Zhang 2016

—— "Krishna Iconography in Khotan Carpets – Spread of Hindu Religious Ideas in Xinjiang, China, Fourth-Seventh Century CE." *Indian Journal of History of Science* 51, No. 4 (2016): 659–68.

Zhang 2018a

—— "Gudai xiyu ji zhongya ditan shuyu kaozheng" 古代西域及中亚地毯名称术语考证 [An investigation into terminology and names for carpets in ancient Central Asia and the Western Regions]. *Dunhuang yanjiu* 敦煌研究 (2018), No. 4: 7-18.

Zhang 2018b

—— "Stein's Taklamakan Carpet Finds and New Discoveries in Xinjiang – Issues Concerning Knotting Techniques and their Cultural Associations." In: *Marc Aurel Stein with Special Reference to South and Central Asian Legacy: Recent Discoveries and Research*, ed., Radha Banerjee Sarka. Delhi: Indira Gandhi National Center for the Arts, 2018: 91–101.

Zhang and Jia 1984

Zhang Hengde 张亨德 and Jia Yingyi 贾应逸. *Xinjiang ditan shilue* 新疆地毯史略 [A brief history of carpets in Xinjiang]. Beijing: Qinggongye chubanshe, 1984.

Zhongri Niya 1996, 1999a-b, 2007

Zhongri Niya diaochadui 中日尼雅调查队. *Zhong Ri gongtong Niya yiji xueshu diaocha baogaoshu* 中日共同尼雅遗迹学术调查报告书 [Reports on investigations at the Niya ruins]. Vols. 1-3. Fojiao daxue Niya yiji xueshu yanjiu jigou, 1996, 1999, 2007.

Toward a Closer Reading of the Han Dynasty Lead Ingots

Frances A. M. Joseph
(University of Houston, USA)

Since their first examination in 1913, scholars have attempted to decipher, or at least attribute, the characters gracing the edges of over 300 lead ingots found in Han-era burials across China. Dating and confirming the provenance of these objects is the onus of archaeologists. To interpret the inscription, however, numismatists can't help but be drawn to the ingots because of their similarity in shape and design to so many ancient coins. They especially draw the eye of scholars of Indo-Greek, Indo-Scythian, and Indo-Parthian coins because the inscription, which is the

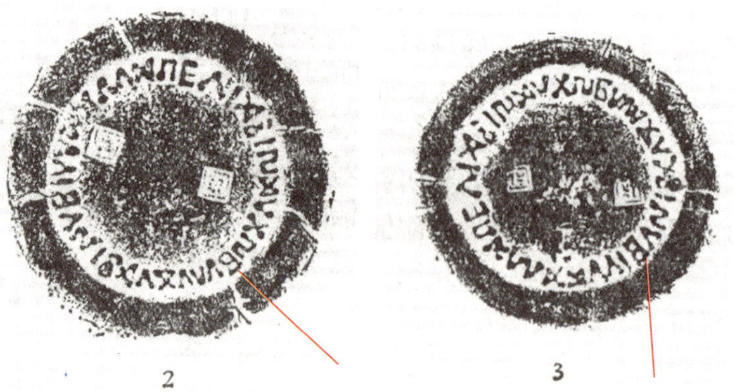

2 3

Ingots Lingtai 2 and Lingtai 3 marked with the starting point of my transcription same on almost all the ingots, immediately incites a sense of recognition. At first glance it appears to be a jumble of Greek characters, so much like the late first century BCE issues of Indo-Scythian and Indo-Parthian coins. A closer inspection, of course, reveals numerous non-Greek characters, unidentifiable and often illegible.

Two ingots with a secure provenance, excavated in 1976 in Lingtai, Gansu province, are representative of the hundreds of similar ingots, and are used here for interpretation. Based on the published report of their finding, they are known as Lingtai 2 (LT2) and Lingtai 3 (LT3).[1] Both of these ingots, and the other extant copies, with some exceptions, bear 32 characters in an unbroken circle around the edge. There are no spaces or obvious punctuation marks to indicate which characters begin or end the inscription. One character that stands out because it is repeated four times is that which resembles a B or 8. Because this character is repeated, it feels natural to choose one of them as a starting point, as is done here. There is no evidence to support any particular starting point, however. My reading of the characters is as follows. I tried to draw them as faithfully as possible, without adjusting them to look like any known letter or symbol.

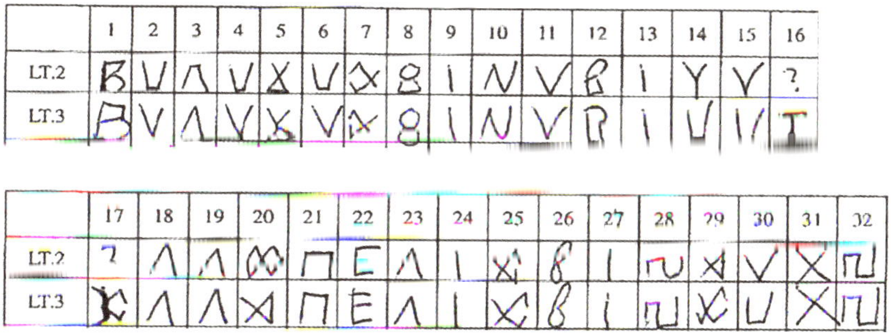

1 Lingtai xian bowuguan 灵台县博物馆 [the Museum of Lingtai County], "Gansu Lingtai faxian waiguo mingwen qianbing 甘肃灵台发现外国铭文铅饼 [Lead Ingots with Foreign Scripts found at Lingtai, Gansu]," *Kaogu* 考古 [*Archaeology*], 6 (1977): 427.

While the earliest reports on the lead ingots described the inscription as Latin or Greek, one of the first scholars to attempt a full reading of it was Maenchen-Helfen in 1952.[1] He posited that the letters were indeed degraded Greek, in imitation of second-century BCE Parthian coins, copying the legend "ΒΑΣΙΛΕΩΣ ΒΑΣΙΛΕΩΝ ΑΡΣΑΚΟΥ ΕΠΙΦΑΝΟΥΣ ΦΙΛΕΛΛΗΝΟΣ." The author makes a strong case, using examples of Parthian coins with ever-more corrupt legends to show how the original legend could have evolved to become the inscription on the Chinese ingots. One issue with Maenchen-Helfen's reading is that he identifies 28 instead of 32 characters, combining some into large, connected characters, whereas it is clear on close inspection that there is space between them. A further issue with his interpretation is that he does not explain his reasoning for determining that certain symbols, such as one he draws as a bowtie, or the closed X, match with certain Greek letters. He identifies the bowtie as W, a common rendering of Ω in late Hellenistic coins. It could be, yet in my attempt to draw the characters exactly, there are none that look the same as the closed bowtie that he presents. He assumes that the X represent Φ, which is possible, yet in the ingot inscription there is only one clear X. The other X-like symbols have one closed or almost-closed side, which could be a different letter altogether.

In a 1978 article, Cribb argued against a Parthian source for the inscription, as the letters are more similar to coins of Hellenistic northwest India.[2] It is true that the Greek letters on Parthian coins tend to be clearer

1 O. Maenchen-Helfen, "A Parthian Coin Legend on a Chinese Bronze," *Asia Major* 3, No. 1 (1952): 1-6.

2 J. E. Cribb, "Chinese Lead Ingots with Barbarous Greek Inscriptions," in *Coin Hoards*, Vol. 4 (London: The Royal Numismatic Society, 1978).

and more distinctive, even if spelling is incorrect, than on certain Indian coins. Cribb further points out that the Parthian legends are written in a square border, rather than a circle, even though the coins are round, so surely the makers of the ingot inscription would copy the square design if a Parthian coin were the source. It is perhaps possible, however, to determine a source for the ingot inscription more precisely than Cribb has done. Further, the term "barbarous Greek," as he describes the inscription, is not appropriate, as it detracts from the true nature of degraded Greek coin legends that were engraved long after the reign of the Graeco-Bactrians. The producers of many Indian coins with incorrect Greek legends may have been partially descended from Graeco-Macedonian rulers, and were certainly attached to them politically for periods, maybe even via marriage.[1] They were not completely foreign to Greeks and the Greek language, and thus would not fit the connotation of "barbarian."

An important innovative work by Mark A. Whaley seeks to address the characters that are very clearly not Greek letters, and find an alternative attribution for them.[2] He concludes that the characters, and indeed the entire inscription, are in Brahmi, and can actually be read as a Buddhist dedication.[3] While there are a number of characters that do indeed look like Brahmi characters, there are a number of problems with the decipherment which make the author's conclusion unlikely.

The first issue is that he presents his hand-drawn reading of the characters, but not the corresponding images of the ingots themselves, so

---

1 R. C. Senior, *Indo-Scythian Coins and History*, Vol. 1 (Lancaster, PA: Classical Numismatic Group, 2001), 10.

2 Mark A. Whaley, "A Middle Indo-Aryan Inscription from China," *Acta Orientalia Academiae Scientiarum Hungaricae* 62, No. 4 (2009): 413-460.

3 *Ibid.*, 422; 429.

his reading, although it seems to be inconsistent, cannot be checked. For example, the first ingot he transcribes seems to match the first photograph in the article, which clearly depicts Lingtai 2. He transcribes his Grapheme 4 (my 25) as ⋊, with which I am in agreement, although the right side of the shape is not quite closed: ⋊. In his other three transcriptions, however, he places this character in position 3, and draws the left side of the shape with a rounded closure, to look like a fish, but then does not provide a photo of those ingots for comparison. Further, he calls this character "unknown" for all of his ingots when it appears in his Grapheme 8 (my 29). He ignores the fact that the symbol is repeated on Lingtai 2 and instead only focuses on his other, unpictured ingots, for which he assigns different Brahmi syllables to the fishlike shape in position 3, and a bowtie shape in position 8, respectively.[1] On LT2, which has an established provenance, the character is clearly repeated as the closed X. Strangely, when the character appears a third time in his position 18 (my 7), yet this time with the closure of the X reversed, ⋉, he suddenly declares it to be punctuation.[2] He completely writes off a character that appears seven times in the inscription, and seems to be trying to force the characters to fit into the complete sentences that he proposes.

Early on in his article, Whaley declares that there is no such thing as barbarous Greek, revealing his unfamiliarity with Indo-Greek coinage, although admittedly "barbarous" is not a fair word. It is apparent that in his interpretation of the characters, he deliberately refuses to acknowledge some of the obvious Greek forms. For example, the final letter in his

1 *Ibid.*, 423; 428.

2 Whaley 2009: 429.

transcription is P. Instead of admitting it to be a Greek *rho*, however, he calls it punctuation again, as a way to end his second sentence.[1] If one is not seeking to form a sensible meaning from the inscription, it becomes apparent that there are actually very few distinct characters. They are:

B/8, Y/V, Λ, I, N/⊓⊔ , Π, E, and the X, which also appears as ⋉ , ⋊ , ⋊ , or ⧖

This is a total of eight characters, and as such is not enough to write a complete language. Some are indeed possibly Brahmi; the shape that resembles B or 8 could be a Brahmi *tha*. Additionally, one of the closed-X shapes has the closure on the bottom, similar to a Brahmi *ma*. Yet there are not enough Brahmi letters present to make meaningful sentences, and one cannot ignore that all of the characters are obviously Greek letterforms as well, excepting the closed X, unless one is willing to read it as simply X. It is also important to mention that on the Lingtai ingots, the X shape is never fully closed, as a bowtie. The only ingots on which the shape appears as a bowtie are those which have 28 characters instead of 32, and are made of bronze.[2] These do not have an archaeological provenance like Lingtai, and thus may be later forgeries or imitations. With so few characters, the inscription must be a series of letters that was nonsensical at the time that it was copied by Chinese engravers. If it meant something, that meaning must be derived from a much earlier format.

Where can one find nonsensical lines of letters? They are not on stone inscriptions, whether in Greek or ancient Indian languages. They do exist on coins, however, so it is to coins one should look for a possible source of

---

1 Whaley 2009: 433.

2 Two examples are the ingot published by Maenchen-Helfen, and another published by Ying Lin, *Solidus: from Constantinople to Chang'an* (Beijing: Renmin meishu chubanshe, 2004).

the ingot legend.

One character that particularly stands out is the B/8. It appears four times in the ingot inscription. As a B, it is also a consonant in the Greek language, and one that happens to appear very often on Hellenistic Asian coins. The title ΒΑΣΙΛΕΩΣ ΒΑΣΙΛΕΩΝ ΜΕΓΑΛΟΥ, was used by the Indo-Scythians, the Parthians, and various Indian and Central Asian satraps and petty kings, often with a translation in Kharoshthi Prakrit. The title, "Great king of kings," was predominant in Achaemenid Persia, yet had even earlier roots in Babylon.[1] While the Indo-Greeks regularly used the Greek title ΒΑΣΙΛΕΩΣ on their coins, the first Indo-Scythian king, Maues, set the precedent of using ΒΑΣΙΛΕΩΣ ΒΑΣΙΛΕΩΝ ΜΕΓΑΛΟΥ, with the Prakrit translation, *Rajadirajasa Mahatasa*.[2] After the reign of the last Indo-Scythian king, Azes, a series of a dozen or more minor kings issued coins bearing a imitation of the Greek title, and even the name of Azes, but in progressively less intelligible Greek. One example by an unknown ruler reads:

B Λ C I Λ E I B Д C I Λ E W И M Γ Λ I I □ Y ∀ Z Z □ Y.[3]

Another, probably issued by the satrap Aspavarma reads:

□ I C I Λ E I Λ E И W E И M Λ □ V Λ □ V A Z Z.[4]

A third example from an unknown ruler appears as:

B ∀ C I Λ E I □ Λ C I Λ W E N M Γ Λ □ V Λ Z Z □.[5]

Some legends lack even a basic resemblance to the original, such as the following from the satrap Itravasu:

---

1 J. Gwyn Griffiths, "βασιλεὺς βασιλέων: Remarks on the History of a Title," *Classical Philology* 48, No. 3 (1953): 145-154.

2 Senior, Vol. 2, 1-6.

3 *Ibid.*, 135.

4 *Ibid.*, 138. Note that in his transcription, Senior places 'ΛΟΥ ΑΖΖ' at the front of the legend.

5 VAuctions: Archive Lot Detail, Sale 333, Lot 283. https://www.vauctions.com/ViewArchiveItem.asp?ID=43358.

ΙΟΥCΙΛΗΙΟΥ ΜWΜΙΗΟΥ ΟΙΛΝΖΖΟΙ.[1]

Significantly, in many cases one can still separate the legend into its component words because of the appearance of the letter B, marking the beginnings of the words ΒΑΣΙΛΕΩΣ and ΒΑΣΙΛΕΩΝ. The frequency and spacing of the character that resembles a B in the Chinese ingot inscription is therefore reminiscent of such coin legends, and suggests that perhaps it was based on a coin bearing a ΒΑΣΙΛΕΩΣ ΒΑΣΙΛΕΩΝ legend. A deeper analysis supports this hypothesis.

A particular coin legend that is representative of the period of posthumous-Azes local kings appears on Tetradrachm 175.203T in Senior's catalogue.[2] It reads:

□Λ[ΙΛ[Ι ΒΑ[ΙΛΕШΝ Π[ΓΑΛΛ[Υ Λ□∀ΖΖ

While this legend is perfectly legible as ΒΑΣΙΛΕΩΣ ΒΑΣΙΛΕΩΝ ΜΕΓΑΛΟΥ ΑΖΟΥ, or "Of the Great King of Kings Azes," there are obvious points at which the Greek letter forms and spellings have become corrupt. The initial B of the first word has become a square. The sigmas take a square-C form. The initial M of the third word resembles a Π. Most of the words contains extra Λ characters. One string of letters that I have found to be consistently correct among many of these legends, though certainly not all, is the " ΙΛΕ" of the second word. This stands out because a prominent feature of the Chinese ingot inscription is the string "ΕΛΙ." It is so prominent, that several other scholars have designated it as the beginning of the legend.[3] If someone were copying a coin legend with corrupt Greek directly onto the mold used to make the lead ingots,

---

1 Senior, 136.

2 *Ibid.*, 131.

3 Maenchen-Helfen and Whaley both did.

the inscription on the ingots would appear in reverse. As the ingots are 55 mm in diameter, and the largest Hellenistic tetradrachms were only 35 mm, the source coin could not have been impressed into the mold – thus the mold must have been carved. Copying an inscription is subject to extensive human error, and an engraver could have easily made sure to reverse individual characters, such as the E, while mistakenly failing to reverse the entire legend, or vice versa. That is why on the Indo-Scythian coins, Greek letters appear at times backwards or even upside-down. When one compares the second word of the above coin legend (Tetradrachm 175.203T) with the corresponding ingot characters (numbered according to my primary reading) in reverse order, there is a noticeable similarity:

Coin	B	A	[	I	Λ	E	Ш	N
Ingot	B	X	I	Λ	E	Π	X	Λ
	26	25	24	23	22	21	20	19

Additional matching segments are less visible, but may nevertheless be present. There are vague similarities between the third word of the legend on Tetradrachm 175.203T, and the next string of the ingot. In this case, however, I reused character 19 to begin the next string, as the two Λ's together can potentially be read as M (which in the coin legend resembles Π).

Coin	Π	[	Γ	Λ	Λ	[	Y
Ingot	Λ	Λ	X	Ӿ	V	Y	I
	19	18	17	16	15	14	13

When one matches up the first word of Tetradrachm 175.203T with the corresponding string of ingot characters, there is also only a vague resemblance, although they both begin with B and end with I. See below:

Coin	□	Λ	[	I	Λ	[	I
Ingot	B	∩∪	X	V	X	∩∪	I
	1	32	31	30	29	28	27

The coin legend used in this example is obviously not identical to the source of the Chinese ingot inscription. There are far too many differences in the characters, even allowing for copying error. Neverthcless, the similarity between the three words of the legend, ΒΑΣΙΛΕΩΣ ΒΑΣΙΛΕΩΝ ΜΕΓΑΛΟΥ, and the first three segments of the Chinese inscription, when read in reverse, suggests that a coin of this style, with a similarly degraded Greek legend, is a good candidate for the source of the ingot characters. A reading of the entire Lingtai 3 ingot inscription in reverse order, but beginning with the same B, appears thus:

	1	2	3	4	5	6	7	8	9	10	11	12	13	14	15	16
LT.3	B	∩∪	X	V	X	∩∪	\	8	X	I	Λ	E	Π	X	Λ	Λ

	17	18	19	20	21	22	23	24	25	26	27	28	29	30	31	32
LT.3	X	X	V	Y	\	B	V	N	\	8	X	V	X	V	Λ	V

The first three words of the 'ΒΑΣΙΛΕΩΣ' legend would include characters 1 through 21. It is clear that the coin which was the source for the ingot, or the copier himself, did not include a form of the name Azes. This is significant because all of the post-Azes Indo-Scythian coins legends, no matter how degraded the Greek, tend to include one or two of the letter "Z" and a letter "A," although the latter may be upside-down or with an unconventional crossbar. By looking at numerous posthumous-Azes coins, however, one also notices that the left edge of the obverse side is more often eroded or struck off the coin than is the right edge.

Therefore, the name Azes tends to be present on coins less often than the title Basileon. It is possible therefore, that the ingot source-coin did not include the king's name, only partial, corrupt titles.

If the first 21 characters of the ingot inscription (the reverse transcription) represent ΒΑΣΙΛΕΩΣ ΒΑΣΙΛΕΩΝ ΜΕΓΑΛΟΥ, then the next string of characters, beginning with number 22, once again begins with B. Taken together with the next three letters, VNI, it could be a repeat of the word ΒΑΣΙΛΕΩΣ. It is similar to the string 1-7, which also contains V, two N's, and I. This string is immediately followed by another B in position 26. In keeping with the pattern, it makes sense that this final string, 26-32, would be a repeat of the word ΒΑΣΙΛΕΩΝ. It is seven characters long, in keeping with the string 8-14/15, depending on whether one includes character 15 (Λ). String 26-32 is also quite similar to its companion (8-14). In both, the initial B is followed by X̧, and they both contain Λ and a second closed-X. The entire ingot inscription, therefore, could potentially be read as ΒΑΣΙΛΕΩΣ ΒΑΣΙΛΕΩΝ ΜΕΓΑΛΟΥ ΒΑΣΙΛΕΩΣ ΒΑΣΙΛΕΩΝ.

The unidentified characters, the closed or partially closed X's, still demand explanation. They resemble most closely the Brahmi character ma, 𑀫.[1] Engravers could have seen this character and copied it either upright or sideways, without understanding it. There are no known coin legends in which Brahmi and Greek letters are mixed in a single legend, but it is not impossible. There are plenty of examples of bilingual coins comprising Greek on the obverse and Brahmi on the reverse.[2] There is also an example

1 James Prinsep, "Brahmi alphabet and evolution down to Devaranagi," *Journal of the Asiatic Society of Bengal* 7 (1838): pl. 13-14.

2 Examples are the Graeco-Bactrians kings Agathocles and Pantaleon. See Osmund Bopearachchi, *Monnaies gréco-bactriennes et indo-grecques: catalogue raisonné* (Paris: Bibliothèque Nationale, 1991), 175, 182.

of an Indo-Scythian satrap, Rajuvula, using a Greek and Kharoshthi legend on some coins and only a Brahmi legend on others.[1] It is conceivable that in the milieu of first-century northwest India, where multiple petty kings and satraps were issuing a diverse array of coins containing Greek, Kharoshthi, and Brahmi characters, a series emerged in which a Brahmi *ma* was interspersed in a Greek legend. If one matches up the characters of the ingot inscription with the sample posthumous-Azes coin legend above, one may argue that the X and closed-X shapes lie in proximity to the lunate sigmas of the coin. The ingot contains no C or other sigma shapes of its own. One possible explanation is that at some point, a corrupt Basileos Basileon coin legend appeared in which the Brahmi *ma* characters were used in place of the sigmas, and this became the source for the ingot inscription.

An Indo-Scythian coin with an identical inscription to the Chinese ingot is unlikely to ever surface. Among the thousands of extant posthumous-Azes coins, the characters used and their shapes vary from die to die. If anything is certain, it is that the first and second-century Indian rulers whose coins were influenced by the Greeks, neither understood nor cared about the meaning of Greek words. The Chinese engraver who took up the design also was not concerned with their meaning. Ancient Indian die-makers and mint officials most likely continued to attempt to copy the Greek letters because it lent their coins a mark of authenticity and legitimacy needed for people to trust them as true and valuable currency. The Han Dynasty was aware of Indo-Greek or Indo-Scythian coinage, as it is mentioned in the Han Shu.[2] It is possible that the Chinese ingot-mold engraver also viewed the source coin as an example of authentic, though exotic, currency.

1 Senior, 126-128.

2 *Han Shu*, Ch. 96A.

“外文铅饼”的百年考证与释读[1]

杨巨平

（南开大学历史学院）

摘要：学界习称的“外文铅饼”发现已有百年，20世纪70年代以来类似铅饼大量出土，更加引起了学界的重视。国内研究侧重于探讨其与汉武帝发行的“白金三品”之间的关系，国外学者更关注铅饼上疑似希腊文的来源，并试图破译。目前来看，相关的研究仍在向前推进，但根本的问题依然存在：它们与汉武帝的“白金三品”到底是什么关系，发行者或仿造者为什么要在上面加铸疑似外文的字符，用意何在？如果它们确是外文字符，又应该如何定性，如何解读？它和汉代丝绸之路沿线西域各国的钱币 —希腊式钱币是否有关？本文试图

1 本文是笔者主持的国家社科基金重大项目“希腊化文明与丝绸之路”（15ZDB059）阶段性成果之一。撰写过程中，承大英博物馆原钱币部主任克里布先生（Joe Cribb）、德国自由大学印度学家福克教授（Harry Falk）、法国国家科学研究中心钱币学家波比拉赫奇教授（Osmund Bopearachchi）、美国休斯顿大学专攻中亚印度希腊化钱币的约瑟夫博士（France Joseph）、希腊国家基金会希腊铭文专家冈萨雷斯博士（Elena Martin Gonzalez）等热情赐教。克里布和约瑟夫的研究成果尚未正式发表，但他们欣然同意我先介绍给中国学界交流分享。甘肃灵台县博物馆章云峰馆长、陕西扶风县博物馆汪玉堂馆长提供了观察实物的便利。谨此一并致谢。关于丝路希腊式钱币的来源、类型及其内涵的演变，详见杨巨平：《互动与交流——希腊化世界与丝绸之路关系研究》第五章《希腊式钱币的变迁与古代东西方文化交流》，北京：中华书局，2022年，第120—135页。

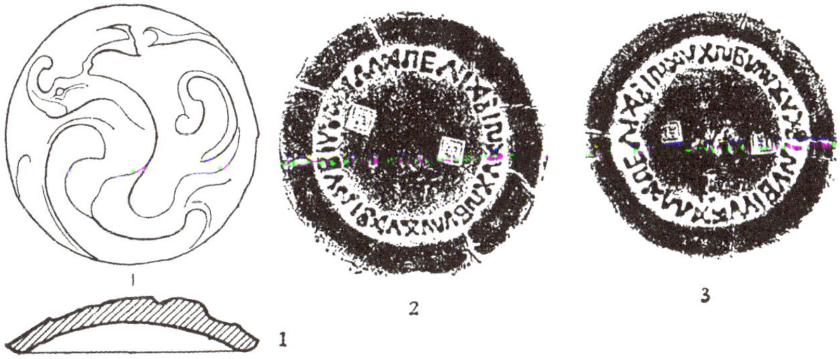

图1
甘肃灵台出土铅饼（1，铅饼实测图；2、3，铅饼拓片）

对这些问题做出回应，但它们的最终解决还有待于新的考古成果，特别是中外钱币资料的发现。

从清末至今，在我国境内陆续发现了一些造型独特、铭文奇异的铅饼，正面是凸起的类似于龙纹的图案，反面凹陷，周边环绕难以辨认的疑似外文字符（大约32个[1]），中间是两个对称的方形印记，内似各有一篆体汉字。其发现地，南至安徽、江苏、湖南，北至陕西、甘肃一带。其中1976年在甘肃灵台县发现的一批数量最多，也最有代表性，此类铅饼共计274枚，总重量达31806克，每枚重约110—118克。[2]（**图1**）此类铅饼早在清末民初就有发现，并引起了一些学者的注意。20世纪中期以来，随着发现数目的增多和发现地点的明确，人们对其兴

1 由于现在所能见到的铅饼铭文图片字迹都不太清晰，连笔现象严重，国内外各家依据的样本图片也不一致，所以辨认不一。但除了密兴—黑尔芬所依据的郑氏拓片符号（极有可能是赝品）似有缺失外，其余各面拓图的铭文字符基本一致，都可分辨出32个相同或相似的符号。国内黄锡全先生根据灵台铅饼铭文做过比对，结论也是如此。详见黄锡全：《“白金三品”等文及有关问题略议》，《中国钱币》2003年第3期，第3—12页（尤见图2）。正式发表的铭文图案，见灵台县博物馆：《甘肃灵台发现外国铭文铅饼》，《考古》1977年第6期，第427页图一；安志敏：《金版与金饼：楚汉金币及其相关问题》，《考古学报》1973年第2期，第82页图九，图版5：2；罗西章：《扶风姜塬发现汉代外国铭文铅饼》，《考古》1976年第4期，第275页图一；作铭（夏鼐）：《外国字铭文的汉代（？）铜饼》，《考古》1961年第5期，第272页图一。O. Maenchen-Helfen, “A Parthian Coin-legend on a Chinese Bronze,” *Asia Major*, New Series, Vol. III, part I (1952), figs. 2, 4.

2 灵台县博物馆：《甘肃灵台发现外国铭文铅饼》，《考古》1977年第6期，第427页。

趣愈来愈浓，诸多问题也随之产生：这些铅饼到底是何时出现，从何而来？其用途如何？如果是国内铸造，是哪一王朝何人在位时所为？若来自域外，又是何地何人发行，何时传入？其中最令人费解的，就是上面的疑似外文字符。[1]它们到底属于何种语言，有什么寓意？为什么这些疑似外文字母与汉文戳记并存于一个铅饼之上？

学界的回应可谓见仁见智，莫衷一是。国内目前倾向性的意见是，它们出自中国汉代武帝时期；此铅饼实际上是一种货币，是汉武帝为了解决财政困难而发行的一种虚币，也可称为龙纹币。它与其他两种重量有差的马纹和龟纹币统称为“白金三品”。但对于龙纹币上疑似外文的铭文，推测者居多，能够深入解读者甚少。除了德国汉学家密兴—黑尔芬（O. Maenchen-Helfen）20世纪50年代初做过尝试，提出“仿帕提亚钱币的希腊文说”[2]之外，近年很少有人再对此做全面的释读。但2009年，美国学者惠利（Mark A. Whaley）撰文提出“婆罗米文说”（Brahmi），声称自己成功解决了这一问题。[3]笔者专门请教过国外几位从事希腊化钱币和丝路古钱币研究的专家，他们均从各自的学术视角提出了接近一致的观点，即这些字母是讹写的希腊文，仿自以巴克特里亚—印度为主要流通地区的希腊化或希腊式钱币。这些国外专家固然在古钱币学和古文字研究方面别有优势，但他们大多不懂中文，难以全面了解中国学者的研究和有关的中文记载，也就无法深入参与讨论。但术业有专攻，中外学者各有所长，综合各家之说，还是受益良多。现不揣冒昧，在回顾总结百年来相关研究的基础上，结合自己对希腊化钱币和中亚、印度丝路各国钱币的了解，谈几点看法。

---

1 本文标题和行文中给“外文铅饼”加双引号，也是此意，表明铅饼铭文的定性仍在探讨之中。

2 O. Maenchen-Helfen, “A Parthian Coin-legend on a Chinese Bronze,” *Asia Major*, New Series, Vol. III, part I (1952), pp. 1-6.

3 M. A. Whaley, “A Middle Indo-Aryan Inscription from China,” *Acta Orientalia Academiae Scientiarum Hungaricae*, Vol. 62, No. 4 (December 2009), pp. 413-460.

一　铅饼铭文字符的归属与破译

关于这些铭文字符的归属，自近代发现以来，说法颇多。就外文而论，归纳起来，不外三种说法：拉丁文、希腊文、婆罗米文。“拉丁文说”最早由清末郑文焯根据清朝遗老宋芸子的说法提出。蔡季襄的“罗马帝国币说”也属于此列。[1]这些说法仅出于个人观察揣测，有牵强附会之嫌。[2]“希腊文说”最早由伯希和提出，他认为许多符号看上去像希腊字母，但含义不明。[3]其后的国外学者也多认为其是希腊文，但已经失真、讹化。至于惠利的“婆罗米文说”，学界尚无正式回应。国内学者大多认同“外文”说，但也有从本土文化传统中探寻其来源的。

（一）“希腊文说”

目前最为流行，但仿自何处何种希腊文，则意见分歧。

1.“帕提亚（安息）说”

密兴—黑尔芬利用字符对比的方法，认为它们仿自帕提亚（Parthia，安息）钱币上的希腊语铭文。这些铭文，尤其是德拉克马

1 详见郑文焯：《腊丁金槊文》，《神州大观》第二号（神州国光集第二十三集），上海：神州国光社，1913年，第10页。蔡季襄：《汉西域大秦国马蹄金考》，《泉币》第十九期，1943年2月刊，第1—6页。据郑文焯，该金槊是他家祖传百年之物，其上的铭文虽在国内外多方求证，但终无一人释读。蔡季襄自己也藏有铜铅两枚实物，认为它们出自罗马安东尼王朝（公元138—161年），“与汉武帝之马蹄金饼，绝相类似”。

2 夏鼐先生对郑、蔡二文多有评介，详见作铭（夏鼐）：《外国字铭文的汉代（？）铜饼》，《考古》1961年第5期，第272—276页。

3 伯希和原文，见*T'oung Pao*, Second Series, Vol. 29, No. 1/3 (1932), p. 194. 参见作铭（夏鼐）：《外国字铭文的汉代（？）铜饼》，《考古》1961年第5期，第272页；M. A. Whaley, “A Middle Indo-Aryan Inscription from China,” *Acta Orientalia Academiae Scientiarum Hungaricae*, Vol. 62, No. 4 (December 2009), p. 414.

图2
郑氏铜饼拓片
（正面、背面）

ϐ ΙΠЦV ϐ ΙVΛ/⋈ ⋈ΑΑ⋈ ΠⅨΙΛΙ⋈ VXΙVϐVΛVXVX

Β ΙΛΙV Β Ι ΙΛΙ Ш <ΙΙΑΛ□▷ ΠΙΧΙΝ□□ ΤΧΙVΗΛΛ ? Χ

ΒασΙΛΕΩς ΒαΣΙΛΕΩν ΑΡΣΑΚΟΥ εΠΙΦΑΝΟΥς ΦΙΛΕΛΛΗΝος

钱币（drachms）上的铭文早在公元前2世纪中期之后就开始退化变异。张骞通西域后，中国与帕提亚通商，其钱币有可能被商人们带到中国的新疆地区和中原地区，这就为中国方面接触这些钱币并用以讹传讹的方式模仿这些希腊字符提供了可能。根据他的考证，这些外文字符是帕提亚德拉克马钱币上希腊语铭文中5个词的讹写。他注意到，这几个希腊词几经讹写，不仅字符变形，而且字母也有所省略，以至于如果不对照以前正规的铭文，仅看这些符号几乎不知所云。他依据这些希腊词及字符讹化的规律，以最初的安息钱币铭文作为参照，对他所知的一枚铜饼的铭文拓片（图2）[1]字符一一做了推导修正，最后还原如下：

第一行是从铜饼上摹写的字符原形，第二行是他暂时复原的变形的希腊字母；第三行是他认定的希腊文原文："ΒΑΣΙΛΕΩΣ ΒΑΣΙΛΕΩΝ ΑΡΣΑΚΟΥ ΕΠΙΦΑΝΟΥΣ ΦΙΛΕΛΛΗΝΟΣ"，中文意为"王中王，阿尔萨息，神显者，爱希腊者"。他断言这些铜饼是在中国

1 此图首见于郑文焯《腊丁金檠文》第10页。密兴—黑尔芬的解读以此为据。他知道这个所谓的"铜饼"（bronze）可能是一个复制品（copy），不过他认为，即使如此，它也是一个精确的复制品，可以作为原型进行所有的考古学研究，尤其是铭文研究。O. Maenchen-Helfen, "A Parthian Coin-legend on a Chinese Bronze," *Asia Major*, New Series, Vol. III, part I (1952), pp. 1-6.

铸造的，铭文是由不懂希腊文的中国制模工匠摹刻，出现的时间在公元2世纪后期之前。[1]

这个释读从逻辑上看，似乎言之成理。帕提亚原是亚历山大和塞琉古王国的一个行省，公元前3世纪中期，游牧民族斯基泰人的一支帕尔尼人（Parni）或阿帕尔尼人（Aparni）在首领阿尔萨息（Arsaces）的带领下，侵入该地，独立建国。但因深受希腊化文化熏陶，也为了安抚境内被征服的希腊城市和希腊人，帕提亚王朝在征服了伊朗高原和两河流域之后，打出了“爱希腊”（Philhellene）的旗号。[2]建国伊始，希腊语就是他们的官方语言之一，钱币上的铭文一直采用希腊语，而且头衔越来越多，以至于钱币背面围绕中心图案（以坐着的弓箭手为主）横竖排满了希腊语铭文。公元前后，随着塞琉古王国的灭亡以及希腊化时代的终结，帕提亚历史进入了伊朗化时期。虽然钱币上仍然保留了希腊语铭文，但已经严重退化、简化或讹化。黑尔芬所依据的帕提亚国王戈塔尔泽斯二世（Gotarzes II，约公元40—51年在位）及其后的钱币铭文就属于这种情况。但这样的解释却遭到了中国著名考古学家夏鼐先生的质疑。

夏鼐认可这些铭文“实是传写失真的希腊文”，但不认为“铜饼”是中国人铸造（当然赝品除外）。它们应出自西域，但何处则不详。他虽基本认可密兴—黑尔芬的对比方法和结论，但持保留意见，认为“这不能说已算是最后的解决”。他的理由是：“我们找不出一个安息钱，它的铭文的退化，恰和图二（指上图——笔者注）第二行相近，可以作为这些铜饼的蓝本。我们也找不出一个铭文恰是这五个

1 具体论证和结论，详见O. Maenchen-Helfen, “A Parthian Coin-legend on a Chinese Bronze,” *Asia Major*, New Series, Vol. III, part I (1952), pp. 1-6.

2 参见杨巨平:《帕提亚王朝的“爱希腊”情结》,《中国社会科学》1993年第11期，第180—201页。

字。一般字数都较多。”[1]

密兴—黑尔芬知道，戈塔尔泽斯二世及其后的德拉克马钱币铭文一般由ΒΑΣΙΛΕΩΣ ΒΑΣΙΛΕΩΝ/ ΑΡΣΑΚΟΥ/ ΕΥΕΡΓΕΤΟΥ ΔΙΚΑΙΟΥ/ ΕΠΙΦΑΝΟΥΣ ΦΙΛΕΛΛΗΝΟΣ 7个希腊词构成。[2]但为什么在这个中国铜饼铭文上仅仅辨认出5个词呢？原因在于中国工匠（刻模人）在模仿这些外来文字时并不知晓其含义和拼写方式，他所能认出的就是钱币背面坐着的持弓人（实则表示国王）。于是，他将钱币朝上放置，首先摹刻持弓人上方的ΒΑΣΙΛΕΩΣ ΒΑΣΙΛΕΩΝ（王中王），再刻右边的ΑΡΣΑΚΟΥ（阿尔萨息），接着是左面的ΕΠΙΦΑΝΟΥΣ ΦΙΛΕΛΛΗΝΟΣ（神显者，爱希腊者），最后是下方的ΕΥΕΡΓΕΤΟΥ（恩人）和ΔΙΚΑΙΟΥ（正义者）。由于后期钱币毛坯的空间不够，下方的这两个词常常打压不上，中国刻模者也就无从模仿。[3]笔者细细察看了戈塔尔泽斯二世的钱币图录（**图3**），发现该币铭文的讹化现象确实比较明显。字形变异，字母缺漏，几成常态。[4]而且自他之后，帕提亚钱币

图3
戈塔尔泽斯二世德拉克马币

---

1 作铭（夏鼐）:《外国字铭文的汉代（？）铜饼》,《考古》1961年第5期，第272—276页。但在米特拉达特二世（Mithradates II，约公元前123—前88年）的一枚钱币上，笔者竟发现了只有这五个希腊词的铭文，惜图像不清。详见David G. Sellwood, “Parthians and Scythians,” in Amal Kumar Jha and Sanjay Garg, eds., *Ex Moneta: Essays on Numismatics in Honour of Dr. David W. Macdowall*, New Delhi: Harman Publishing House, 1998, pp. 101-102. 图片见http://www.parthia.com/mithradates2.htm.（2021.9.17）

2 这7个希腊词依这样的顺序出现于帕提亚钱币上并非从Gotarzes II 开始，在他之前的Pacorus I (c. 39 B.C.) [Sellwood Type 49]、Artabanus II (c. AD 10-38) [Sellwood Type 63]的钱币上也出现了相同排列的铭文。见http://www.parthia.com/pacorus1.htm; http://www.parthia.com/artabanus2.htm.（2021.9.17）

3 O. Maenchen-Helfen, “A Parthian Coin-legend on a Chinese Bronze,” *Asia Major*, New Series, Vol. III, part I (1952), p. 4.

4 参见Warwick Wroth, *Catalogue of the Coins of Parthia in British Museum*, London, 1903, pp. 161-177, pl. XXVI-XXVIII; http://www.parthia.com/gotarzes2.htm.（2021.9.17）

铭文讹化愈加严重，以至于最后与原文大相径庭。[1]由此可见，黑尔芬的对比法不失为一种解决问题的途径。但是他的假设有一个明显的漏洞，即他的对比是以他归纳出的铭文字符变异规律为依据的，他并没有提到任何一个帕提亚钱币的讹化铭文与他推导出的铭文字符完全或大致一致。我们在帕提亚钱币图录中也确实找不到这样一个先例。当然，他确定这些铭文是讹写的希腊字母，尚属合理。他把这些铭文的出现定于公元2世纪后期之前，也是有根据的。正是在此时，帕提亚钱币铭文的讹化变形才能达到如此难以辨认的程度。[2]不过有一点，现在看来是一个致命的缺憾，即黑尔芬依据的郑氏铅饼很可能是后世的仿制品或赝品。从20世纪70年代以来出土的各种铅饼铭文来看，它们几乎都是同样的数目，同样的字体，同样的排序，应该最接近于当时的铭文，或者就是当时的铭文。与灵台铭文对比，郑氏铭文的摹写痕迹还是很明显的。如果如此，黑尔芬释读的合理性不免要打折扣。

2. “巴克特里亚—印度—贵霜说”

这一说法实际上涵盖了公元前2世纪之后到公元2世纪之前在印度和中亚出现的一系列希腊化或希腊式钱币。它们以印度—希腊人（Indo-Greeks）钱币为源头，以印度—斯基泰人（Indo-Scythians）钱币为中心，以印度—帕提亚人（Indo-Parthians）钱币和贵霜钱币为延续，其共同的特征是希腊语铭文圆形排列，与中国铅饼铭文字相似。力主此说的是克里布先生和约瑟夫博士。其实，密兴—黑尔芬也

---

1 关于这些希腊铭文字母的变形规律和讹化加深程度，可参Warwick Wroth, *Catalogue of the Coins of Parthia in British Museum*, pp. lxxvii-lxxviii以及戈塔尔泽斯二世之后诸王的铭文（pp. 178-253）。

2 此前已有法国考古学家摩根针对帕提亚钱币的退化讹化问题写过专文，密兴—黑尔芬由此受到启发。见O. Maenchen-Helfen, “A Parthian Coin-legend on a Chinese Bronze,” *Asia Major*, New Series, Vol. III, part I (1952), p. 3, n. 7. 摩根原文参见J. de Morgan, “Etude sur la décadence de l’ écriture grecque dans l’ empire perse sous la dynastie des Arsacides (171 av. J.-C. à 228 ap. J.-C.) – D’ après les documents numismatiques,” *Revue archéologique*, tome 20, 4e série, Paris: Ernest Leroux, 1912, pp. 1-31；译文见徐朗:《安息帝国时期希腊文书写衰退研究（公元前171年至公元228年）——以钱币资料为据》，待刊。

注意到了此类铭文字母或许与巴克特里亚地区希腊人（或中国以西的部分希腊化地区）的钱币铭文有关，但他还是认为它与帕提亚钱币铭文的相似度更高，因为二者似乎都是同样无意义的（same seemingly meaningless）排列组合。[1]不过，有一点他可能没有注意到，中国铅饼上的铭文是圆周排列，环绕中心；帕提亚的钱币铭文多是直线排列，或上下或左右，构成三堵墙或四堵墙式的方框，中间是保护神或持弓人。但铭文在钱币边缘圆周环绕恰恰是印度—希腊人和后来的印度—斯基泰人、印度—帕提亚人和贵霜人圆形钱币（主要是银币）的基本形式。克里布先生据此否认中国铅饼上的铭文与帕提亚有关，认为这些讹写的希腊字母在很多方面都与公元1世纪印度西北部、巴克特里亚的印度—斯基泰人、贵霜人钱币上的铭文相似，因此，中国铅饼上的铭文很可能来自这些地方。[2]持此观点的国外学者还有法国钱币学家弗朗索瓦·蒂埃里（François Thierry），他认为虽然外文铭文仿自安息字母的可能性存在，但其排列形式却只能依次上溯到印度—帕提亚人、印度—斯基泰人和印度—希腊人钱币。[3]

最早采用这种圆周排列方式的是印度—希腊人国王阿波罗多托斯一世（Apollodotes I，约公元前180—前160年）发行的圆形银质希印双语币。[4]但所有的巴克特里亚和印度—希腊人国王钱币的希腊语铭

---

1 O. Maenchen-Helfen, “A Parthian Coin-legend on a Chinese Bronze,” *Asia Major*, New Series, Vol. III, part I (1952), p. 2.

2 J. Cribb, “Chinese Lead Ingot with Barbarous Greeks Inscriptions,” *Coin Hoards*, Vol. 4 (1978), pp. 76-78. 国内林梅村教授也持希腊文说，但他认为这些铅饼是贵霜人在中国“三辅和西邻”地区活动的遗物。林梅村：《西域文明：考古、民族、语言和宗教新论》，北京：东方出版社，1995年，第43—44页。

3 F. Thierry, “Review of Kaogu Yu Wenwu 1994-V, Mélanges pour le dixième anniversaire de la foundation de Société Numismatique du Shenxi,” *Revue Numismatique*, 6.150 (1995), pp. 304-308, Nos. 17, 18, 21; François Thierry, *Les Monnaies De La Chine Ancienne*, Paris: Les Belles Lettres, 2017, p. 103, n. 18.

4 见Osmund Bopearachchi, *Monnaies gréco-bactriennes et indo-grecques, Catalogue Raisonné*, Paris: Bibliothèque Nationale, 1991, p. 188, pl. 11 (Série 2).

文中都没有使用过“王中王”（ΒΑΣΙΛΕΩΣ ΒΑΣΙΛΕΩΝ）的称号。[1]这一称号的希腊语铭文始于印度—斯基泰人国王毛伊斯（Maues，约公元前125/前100—前85年在位）。[2]帕提亚人使用这个称号始于米特拉达特二世（Mithradates II，约公元前123—前88年）。[3]毛伊斯与米特拉达特二世属于同时代，是否有可能从帕提亚国王那里接受了这个称号？著名印度—斯基泰人钱币学者西尼尔（R. C. Senior）认为这是毛伊斯本人的创意，与帕提亚人无关，二者相距遥远，没有相互影响。[4]但毛伊斯继承了印度—希腊人的双语币传统，银币的正面是希腊文，反面是佉卢文，都是圆周环绕。

既然如此，中国铅饼铭文的构成和排列是否如克里布所言，也有可能和印度—斯基泰以及受其影响的贵霜钱币有关呢？经过比对，笔者发现，“王中王”在印度—斯基泰人和贵霜人钱币的希腊语铭文中确实频频出现，但其基本构成比较简单，一般为“王中王、伟大的”（ΒΑΣΙΛΕΩΣ ΒΑΣΙΛΕΩΝ ΜΕΓΑΛΟΥ）加国王名字（属格）。[5]相对而

---

1 唯有欧克拉提德（Eucratides，约公元前170—前145年）一种钱币的佉卢文中出现了这个称号：“Rajadirajasa”（王中王）。见Osmund Bopearachchi, *Monnaies gréco-bactriennes et indo-grecques, Catalogue Raisonné*, p. 389, pl. 22 (Série 23).

2 R. C. Senior, *Indo-Scythian Coins and History*, Vol. IV, Lancaster, PA: Classical Numismatic Group, 2006, pp. xxxiv, xlii.

3 http://www.parthia.com/mithradates2.htm; http://www.parthia.com/coins/pdc_39548.jpg.（2021.9.17）

4 R. C. Senior, *Indo-Scythian Coins and History*, Vol. I, Lancaster, PA: Classical Numismatic Group, 2001, p. 25.

5 如阿兹利塞斯（Azilises）的铭文即ΒΑΣΙΛΕΩΣ ΒΑΣΙΛΕΩΝ ΜΕΓΑΛΟΥ ΑΖΙΛΙΣΟΥ。这与密兴—黑尔芬所认定的五个部分“ΒΑΣΙΛΕΩΣ ΒΑΣΙΛΕΩΝ/ ΑΡΣΑΚΟΥ ΕΠΙΦΑΝΟΥΣ ΦΙΛΕΛΛΗΝΟΣ”显然不同。本文的印度—斯基泰人、印度—帕提亚人钱币资料主要见于R. C. Senior, *Indo-Scythian Coins and History*, Vol. II, Lancaster, PA: Classical Numismatic Group, 2001；贵霜钱币主要参考David Joneward and Joe Cribb with Peter Donovan, *Kushan, Kushano-Sasanian, and Kidarite Coins*, New York: The American Numismatic Society, 2015; Robert Göbl, *System und Chronologie der Münzprägung des Kušānreiches*, Wien: Verlag der Österreichischen Akademie der Wissenschaften, 1984；李铁生编著：《古中亚币》，北京：北京出版社，2008年，第151—168页；相关网站、数据库，如ZENO.RU-Oriental Coins Database。

言，印度—斯基泰人钱币的铭文与灵台铅饼铭文比较接近：其一，初期字形规整，起笔落笔处呈点状；后期讹化现象严重，尤其是在阿泽斯（Azes，约公元前65—前15年在位[1]）后期。铅饼铭文似乎兼备两个阶段的特点：笔划一般挺直，点状明显，尤其是类似于Λ、X和V的字母。其二，阿兹利塞斯（Azilises，约公元前80—前35年在位）钱币铭文31个字符（ΒΑΣΙΛΕΩΣ ΒΑΣΙΛΕΩΝ ΜΕΓΑΛΟΥ ΑΖΙΛΙΣΟΥ），与铅饼字符数目基本吻合，其余国王钱币铭文则或多或少。其三，时间上有交集。据《汉书·西域传》，塞人南越悬度之后建立的罽宾国，自武帝之时即与汉通，后来外交活动不断。他们“以金银为钱，文为骑马，幕为人面”，[2]与印度—斯基泰人的钱币近似，很可能就是其中的一部分。汉使与罽宾使者几番往返，带回罽宾钱币是有可能的。但除了毛伊斯之外，其余印度—斯基泰人国王的在位时间都在汉武帝（公元前141—前87年在位）之后。[3]如果铅饼发行于汉武帝时期，显然不太可能模仿罽宾钱币铭文。

不过，其后的中国铅饼发行者模仿印度—斯基泰人的双语币还是有可能的。约瑟夫首先认定铅饼铭文中几乎所有字符都具有希腊文形式，由Β、Υ、Λ、Ι、Ν、Π、Ε、Χ8个字母及其变体构成，然后经过比对，推定这些希腊字母与某个印度—斯基泰人地方统治者的仿阿泽斯钱币铭文“ΒΑΣΙΛΕΩΣ ΒΑΣΙΛΕΩΝ ΜΕΓΑΛΟΥ ΑΖΟΥ（“伟大的王中王Azes”）有关，并根据其中四次出现的类似“Β”的符号，推测灵台铅饼铭文依据的希腊原文有可能是“ΒΑΣΙΛΕΩΣ ΒΑΣΙΛΕΩΝ ΜΕΓΑΛΟΥ ΒΑΣΙΛΕΩΣ ΒΑΣΙΛΕΩΝ”。但若如此，字符显然超过了32

1 关于印度—斯基泰人诸王的在位年代，学界多有争议。本文主要依据西尼尔的最新推定，见R. C. Senior, *Indo-Scythian Coins and History*, Vol. IV, p. xl (table a7).

2 《汉书》卷九六《西域传》，二十四史点校本，北京：中华书局，1962年，第3885页。

3 如Vonones, c. 85-65 BC; Azilises, c. 80-35 BC; Azes, c. 65-15 BC. 见R. C. Senior, *Indo-Scythian Coins and History*, Vol. IV, p. xl (table a7)。

个，看来中间或有遗漏。[1]

印度—帕提亚人的钱币也值得注意。他们本是臣服于帕提亚帝国的一支斯基泰人（或是从伊犁河西迁的“塞人”一部），公元先后从塞斯坦（Seistan）和阿拉科西亚（Arachosia）地区进入印度西北部，所以钱币深受帕提亚帝国和印度—斯基泰人王国的影响。自贡多法勒斯（Gondophares，约公元19—46年在位）始，诸王钱币可分为两个类型：一是帕提亚的希腊单语币类型，反面的铭文围绕中间的人物形象，呈方形，横向或纵向排列，一般顺时针方向由内到外，或由外到内，铭文多少不等，每行的字数也因空间而异。一德拉克马银币铭文一般属于这种类型。另一类型则沿袭印度—希腊人、印度—斯基泰人的双语传统，正面是希腊语，呈圆周型，顺时针排列。四德拉克马银币和铜币铭文大帝如此。铭文内容也仿自各自的传统，但总的来看，数目有所减少，一种是“王中王+王名”（即ΒΑΣΙΛΕΩΣ ΒΑΣΙΛΕΩΝ+王名），另一种是“王中王、伟大的+王名”（即ΒΑΣΙΛΕΩΣ ΒΑΣΙΛΕΩΝ ΜΕΓΑΛΟΥ+王名）。从字符的数目和拼写形式来看，与铅饼铭文相去较远。[2]

贵霜钱币因王而异，时间跨度大，变化显著。就钱币铭文而言，可分为两个阶段。第一阶段是前三王时期，即Kujula Kadphises（约公元50—90年在位）、Vima Takto（约公元90—113年在位）和Vima Kadphises（约公元113—127年在位）在位时期，[3]尽管钱币类型各有不同，但都基本保留了希腊语铭文。第二阶段从迦腻色伽起（Kanishka，约公元127—151年在位），铭文改为希腊字母拼写的巴克特里亚语。其中增加了一个字母“þ”（发“sh”音）。它在钱币铭文中频频

1 约瑟夫的释读结果主要依据其文“Toward a Closer Reading of the Han Dynasty Lead Ingots”，见本卷第五编。

2 详见R. C. Senior, *Indo-Scythian Coins and History*, Vol. II, pp. 148-187.

3 David Joneward and Joe Cribb with Peter Donovan, *Kushan, Kushano-Sasanian, and Kidarite Coins*, p. 4.

出现，与“AO”相拼，就是“王”的意思，如“ÞAONANOÞAO”（Shaonanoshao）即“王中王”之意。只要表示王，这个字母是必不可少的。[1]但中国铅饼铭文中没有这个符号，说明它与迦腻色伽时期及其后的贵霜钱币可能无关。即使是前三王（含无名王“Soter Megas”）和迦腻色伽早期的希腊语钱币，头衔也相对减少，字数变化不定，一般都是模仿巴克特里亚—印度希腊人、印度—斯基泰人钱币的铭文类型：头衔加王名（属格，无名王除外）。如Vima Kadphises的金币上就是“国王+名字”，只有21个希腊字母（BACIΛEYC OOH .. MO KAΔ ΦICHC）。他偶尔也用“王中王”称号，他的铜币铭文就是“王中王，伟大的救世主+王名”（BACIΛEYC BACIΛEWN CWTHP MEΓAC OOHMO KAΔ ΦICHC），多达39个字母。[2]那位无名王则只用“BACIΛEV[Σ] BACIΛEVWN CWTHP MEΓAC（主格）”（王中王，伟大的救世主），26个字母。[3]而且这些希腊语铭文讹化、变形更为严重，大部分难以辨识。贵霜钱币前期模仿居多，独立成型至少在公元1世纪前后，即第三个国王Vima Kadphises时期。[4]如果放弃铅饼为汉武帝时代遗物的假设，这些希腊语钱币也可作为比较研究的对象。但总的来看，贵霜钱币上的希腊语铭文不论从字母、字数上，都难以与铅饼铭文对应，因此后者仿自贵霜钱币的可能性很小。

至此，关于该铭文希腊文来源的研究陷入了似乎有所进展但无

---

1 关于始于迦腻色伽的巴克特里亚文铭文，详见Robert Göbl, *System und Chronologie der Münzprägung des Kušānreiches*, pp. XIV-XVII.

2 http://coinindia.com/galleries-vima-kadphises.html.（2021.9.17）David Joneward and Joe Cribb with Peter Donovan, *Kushan, Kushano-Sasanian, and Kidarite Coins*, p. 54.

3 http://coinindia.com/galleries-vima-takha.html.（2021.9.17）David Joneward and Joe Cribb with Peter Donovan, *Kushan, Kushano-Sasanian, and Kidarite Coins*, p. 45. 第一个BACIΛEV后的“Σ”常被省略。

4 David Joneward and Joe Cribb with Peter Donovan, *Kushan, Kushano-Sasanian, and Kidarite Coins*, p. 53.

一对应的尴尬境地。令人欣慰的是，其他来源的尝试也在国内外悄然进行。

（二）“中国星图、刻符说”

有中国学者认为，这些字符与任何中外文字无关，是汉代天文学或占星学上二十八宿的星相符号。他们以西安交通大学西汉墓壁画中的二十八宿天象图为据，指出这些由表示星星的小圆圈连线所形成的图案可以和“白金三品”龙纹币反面的符号相对应。[1]这种比附确有新意，但图案差别太大，整体上难以对应。而且，汉武帝为什么要用另外一套符号来呈现二十八宿天象图呢？还有的中国学者否认这些字符和外文有关，认定它们不过是一种标记和装饰，中国仰韶文化时期、春秋时期的陶器上早就有类似的刻符，西汉金饼上也有类似符号。[2]一位中国学者试图将这32个铭文符号和希腊文、拉丁文，乃至中国古代相关的数字、符号作比对，但结果并不理想，在排除重复出现之后的16个单体字符中，接近希腊字母者约9个，接近拉丁字母者约6个，能用中国古代数字解释的只有三四个（十余符）。[3]字符图形可以仿写，但不知其意，结论又回到了“外文”铭文的原点。

---

1 姜宝莲、赵强：《扬州汉墓出土“龙纹铅饼”初探》，《中国文物报》2016年12月13日第3版；姜宝莲：《汉代“白金三品”货币及其相关问题》，《考古》2020年第10期，第95页。关于该墓葬的28宿壁画，见雒启坤：《西安交通大学西汉墓葬壁画》，《自然科学史研究》1991年第3期，第236—245页；呼林贵：《西安交大西汉墓二十八宿星图与〈史记·天官书〉》，《人文杂志》1989年第2期，第85—87页。

2 师小群、党顺民：《龙纹铅饼探》，《文博》2004年第1期，第51—54页。持类似观点的还有周延龄，断言龙纹币上的字符不是外文，而是源于本土的刻符，或表示数字，或有天文学寓意。见周延龄：《西汉铅饼铭文考析》，《安徽钱币》2004年第2期，第6—11页。

3 黄锡全：《“白金三品”篆文及有关问题略议》，《中国钱币》2003年第3期，第5—6页图二。

（三）"婆罗米文字说"

国外学者虽然很少参与关于外文铅饼与"白金三品"关系的讨论，但也有一位学者注意到了中国这些年的相关发现和讨论，他就是前面提到的惠利。他将铭文与古代印度文字和文化相联系，提出了全新的解释：它不是希腊语，更非退化的希腊语，而是用印度婆罗米文字拼写的中印度雅利安语，它的基本含义是表示对佛陀的颂扬和虔诚。

惠利首先将四枚铅饼上的字符一一摹写下来，然后与不同时期、不同地域出现或使用过的各种婆罗米字母进行比对，将对应的字符音译，转写成拉丁字母，再按照意群将其分为两句（第一句包括前18个字符，第二句包括后14个字符），最后将这些拉丁化的字符转写为梵语，再译为英语。

第一句意译为：世尊、大雄（佛陀）赐予十种恩惠（像爬行生长的植物，步步攀升），给予安康，祛除不净（涤罪）。第二句意译为：你对吉祥的（或辉煌的）、坚如磐石的大雄（或真正的智者、英雄，即佛陀）常怀感恩之心，你向他走来或走去！他，就是那个所向披靡、至高无上、征服一切的大雄。[1]

为了证明这些铭文来自印度，该作者还逐一考察了所谓"白金三品"的正面图形和二次打压的印戳。他的结论是，不论是龙纹、马纹还是龟纹，都与印度文化有关。龙纹币中动物不是中国的龙，而是印度的蛇与象的结合体，隐含了二者的超自然特征，梵语称作"龙象"（Hatthinaga，a Naga elephant）。该动物高扬的长吻部与象的鼻子相似。马纹币中的有翼马，也是外来之物，与汉代对外国主题的接受利用有关，尤其与印度有关。在印度，马往往和大象混合为一，称为

---

1 具体破译方法详见M. A. Whaley, "A Middle Indo-Aryan Inscription from China," *Acta Orientalia Academiae Scientiarum Hungaricae*, Vol. 62, No. 4 (December 2009), pp. 417-433. 中文译自原文英译。

"马象"（Hatthi-assadayo）。因此，这个有翼马与铅饼上的"龙象"也有关系。龟币也是如此，斯里兰卡曾发行龟形铅币（lead tokens），但因中国出土的龟纹币上有明显的汉字，所以作者只好承认龟纹币的来源可从印度和中国两方面来解释。[1]

笔者不懂梵语和婆罗米文字的构成及演变，对惠利的比对难以作出语言学上的判断，就此专门请教过德国印度学专家哈里·福克（Harry Falk）教授。他断然否定这种破译方法，认为这些字符本身就是伪字母，是一种装饰，看起来像字母但毫无意义。惠利的所谓释读完全是一种幻觉。如果这个解读有意义，至少有部分意义，它们很早就被发现了。[2]他实际上既否定了这些字符具有实在意义，也否定了用婆罗米文、梵语，甚至任何语言解读的可能性。[3]对于这种彻底否定的结论，笔者同样难以置评，但是，我们可以从历史的角度，按照惠利的思路，看看这种文字有无传入中国的可能性。

佛教何时传入中国？根据现存的史书记载，最早也在公元前2年，或在汉明帝永平年间，[4]与汉武帝时期相差一百多年。武帝时，张骞通西域，还不知印度有佛教。这些宣传佛教的铭文从何而来？惠利也知道汉武帝时佛教还没有传入中国，于是想当然地把当时活动于中国西北地区，也就是他理解的陕西、甘肃地区（渭水流域）的匈奴和大月氏作为这些文字传入中国的中介。因为前者长期与汉廷对峙接触，匈奴浑邪王（公元前121年）又率部大举投降；后者爱好和平，善于经

1 见M. A. Whaley, "A Middle Indo-Aryan Inscription from China," *Acta Orientalia Academiae Scientiarum Hungaricae*, Vol. 62, No. 4 (December 2009), pp. 439-447.

2 个人通讯。（2020.9.28）

3 克里布对惠利的解读也持否定意见。惠利的这篇文章就是他介绍给笔者的。

4 关于印度佛教，《史记》《汉书》均无记载。《后汉书》中首次提到天竺"修浮图道"，东汉明帝"遣使天竺问佛道法"，见《后汉书》卷八八《西域传》，二十四史点校本，北京：中华书局，1965年，第2921—2922页。鱼豢《魏略·西戎传》中提到"汉哀帝元寿元年（公元前2年）博士弟子景卢受大月氏王使伊存口受《浮屠经》"，见《三国志》卷三〇《乌丸鲜卑东夷传》裴松之注，二十四史点校本，北京：中华书局，1965年，第859页。

商，与中国长期边贸。但汉武帝时，月氏已经被匈奴驱逐出中国西北地区，移居于中亚的阿姆河之北。匈奴尽管向西扩张至塔里木盆地，却没有与印度方面发生过接触。故此说显系无稽之谈。至于把“白金三品”中的图案与印度文化相联系，更是不值一驳。龙纹早已有之，与春秋战国时期的蟠螭纹类似。有翼马或从西域传来，希腊城邦科林斯（Corinth）的钱币上早就出现有翼飞马珀伽索斯（Pegasus）的图案。希腊化时期，有翼飞马被安息人接受，米特拉达特二世的钱币上就有其形象。[1]乌龟更非印度独有，中国商代就以龟甲占卜。仅凭梵文中几个类似名词，或类似的代币形式，就认为它们影响了中国汉廷大张旗鼓发行的“白金三品”的样式设计，太过牵强。至于推测这三种币的原生地是匈奴曾经统治下的“甘肃—陕西”地区，西汉对这一地区的占领导致了与这些奇怪的钱币形式的接触，更是与中文史籍记载相悖。而且，如果是模仿，对象何在，印度有这样“龙象”或“马象”的实物原型吗？即使有，何人能将它们带入中国？何人又依据它们铸造了这些“白金三品”呢？作者自知纯属推想，这些问题终归无解，于是在文末借设问婉转表达了自己的又一个想象：渭水流域的原住民（original inhabitants）有一个宏大的计划，向一座佛塔奉献，这些“人工制品”（artifacts）是否就是其中的一部分呢？[2]答案显然是否定的。如果佛教还没有传入，何来佛塔？何来奉献？当然，该文将中国铅饼铭文与婆罗米文字进行比对释读的研究路径，也不失为一种尝试。

（四）克里布和蒂埃里的释读探索

尽管解读极为困难，但国外还是有学者在继续努力尝试。克里

1 https://www.parthia.com/mithradates2.htm.（2023-3-1）

2 M. A. Whaley, “A Middle Indo-Aryan Inscription from China,” *Acta Orientalia Academiae Scientiarum Hungaricae*, Vol. 62, No. 4 (December 2009), pp. 417-433

布先生坚持认为铅饼铭文与希腊文有关，而且有可能释读，至少部分释读。40年之后，他重申其“蛮化的希腊文说”（barbarous Greek）。[1]不过，他换了一个词，称其为“假冒希腊语”或“伪希腊语”（the pseudo-Greek），即铭文的结构和字符形式看上去更像希腊语（more suggestive of Greek），但不是真正的希腊语。他摹写了这些字符，辨认出其中的一些属于希腊字母的变形（如Σ变成了C，Ω变成直线的三堵墙P，E反转过来，N多加了一划），并据此释读出“王中王”的后一个词ΒΑΣΙΛΕΩΝ（of kings，“众王中的”）。他根据“王中王”这一名号在帕提亚、印度—斯基泰、印度—帕提亚和贵霜钱币中首次出现的时间，以及这些希腊字母的变形过程，推断出铅饼铭文的出现应在公元1世纪，因此，现在所发现的这些铅饼并非汉武帝时铸造，而是对其所发行银锡合金币的仿造，用于陪葬，上面的铭文显然是仿造时后加的。以下是克里布的摹写与释读。需要注意的是，他是以逆时针方向摹写的，而且是从本文所示灵台铅饼铭文左下角的“ΛΛ”开始。ΒΑΣΙΛΕΩΝ就是这么释读出来的：

克里布虽然回复简单，也没有全部解决铭文的释读，但他把原创和仿制分开，提供了一个解决问题的思路。法国钱币学家蒂埃里也持同样的看法，认为这些铭文的顺序是颠倒的，他也从中读出了“BACIΛEΩN”（即BAΣIΛEΩN，βασιλέων，“众王的”）这个希腊式钱币中常用的词。[2]

1 个人通讯。（2019.7.14）

2 遗憾的是，蒂埃里没有说明是根据哪些字符释读的。见François Thierry, *Les Monnaies De La Chine Ancienne*, p. 103; F. Thierry, “Review of Kaogu Yu Wenwu 1994-V, Mélanges pour le dixième anniversaire de la foundation de Société Numismatique du Shenxi,” *Revue Numismatique*, 6.150 (1995), p. 307.

综上可见，中国铅饼上的疑似外文字符来自西域希腊化或希腊式钱币铭文的可能性较大。

二 铅饼的用途与铭文来源

这些铅饼到底是如一般所认为的那样，是一种现实中流通的货币，还是如克里布所言，是一种模仿的冥币，其上的铭文是后加的？[1]这个问题与铅饼铭文的释读与定性直接相关。

密兴—黑尔芬对此没有明确提及，但他假定帕提亚钱币是张骞之后来往于汉帝国和安息之间的商人所带来，中国工匠在刻模时模仿了其上的希腊语铭文，似乎暗示这种铅饼（即他所说的“铜饼”，Bronze）也是一种货币。夏鼐先生认为，有可能是作为货币之用，但这样类似的“铜币”在中国的汉代和西域各国，甚至包括安息在内，都没有发行过。[2]

密兴—黑尔芬的文章发表于1952年，夏鼐先生的回应是在1961年。他们依据的仅是能够见到的拓片或为数不多的几件馆藏实物，其来源和真伪都需要谨慎鉴别。自20世纪70年代以来，此类实物出土甚多，有的出土时还伴有其他类似马纹或龟纹的金属实物。[3]由于

---

1 个人通讯。（2019.7.14）J. Cribb, “Chinese Lead Ingot with Barbarous Greeks Inscriptions,” *Coin Hoards*, Vol. 4 (1978), p. 77.

2 作铭（夏鼐）:《外国字铭文的汉代（？）铜饼》,《考古》1961年第5期，第276页。

3 三品同地出现于陕西眉县常兴镇（1990）、安徽六安（1986）、陕西宝鸡（1994）。详见张立英:《谈对“白金三品”的认识》,《考古与文物》1994年第5期，第90—92页；任栓英、袁林:《外文铅饼与白金三品》,《内蒙古金融研究》2003年第3期，第55—58页；李勇、杨华:《白金三品考》,《钱币文论特辑》第三辑，2006年，第241—250页；胡诚:《白金三品之管见》,《考古与文物》1994年第5期，第98—100页。

它们含有大量的铅，[1]并非以前认为的铜质。它们重量不同，形状各异，龙纹是圆形，马纹是方形，龟纹是椭形，三者都有疑似“少”字的篆体印记，疑为二次打压。“少”，有可能指主管铸钱的“少府”。[2]若此，三者似出同源。既然这三种铅饼有时在同地出现，或为同源，国内有的研究者就把它们与汉代的“白金三品”联系起来了，以为这就是汉武帝时期短暂发行的“白金三品”虚币。后两种发现较少，而且没有外文字符。因此，学界的注意力还是集中在龙纹铅饼上。

（一）文献记载中的“白金三品”与“现存实物”之比较

“白金三品”发行于汉武帝元狩四年至元鼎三年（公元前119—前114年）。据记载，汉武帝有感于连年用兵，水灾频仍，国库空虚，而富商大贾“财或累万金，而不佐国家之急，黎民重困”。于是“与公卿议，更钱造币以赡用，而摧浮淫并兼之徒”。由于“是时禁苑有白鹿而少府多银锡”，遂在发行鹿皮币的同时，“又造银锡为白金。以为天用莫如龙，地用莫如马，人用莫如龟，故白金三品：其一曰重八两，圜之，其文龙，名曰‘白选’，直三千；二曰以重差小，方之，

---

1 灵台铅饼经物理法和化学法测定，初步认定是“以铅为主的金属”（灵台县博物馆:《甘肃灵台发现外国铭文铅饼》,《考古》1977年第6期，第427页）；对其他龙纹铅饼测定的结果基本都是以铅为主，详见西安钱币学会课题组:《“白金三品”新探》，载西安钱币学会编:《西安钱币学会成立十周年纪念文集》，2004年，第26页。

2 西安钱币学会课题组:《“白金三品”新探》，载西安钱币学会编:《西安钱币学会成立十周年纪念文集》，第23页；黄锡全:《“白金三品”篆文及有关问题略议》,《中国钱币》2003年第3期，第4—5页；姜宝莲:《汉代“白金三品”货币及其相关问题》,《考古》2020年第10期，第92、94页；李勇:《“外文铅饼”考》,《安徽钱币》2001年第2期，第12—13页；张振龙、张宏:《关于司马迁笔下“白金三品”货币考辨》,《司马迁与史记论集》第七辑，西安：山西人民出版社，2006年，第230—231页。

其文马，直五百；三曰复小，撱之，其文龟，直三百”。[1]国内部分学者之所以有把外文铅饼归于“白金三品”中的第一品，是因为二者在外形和重量上比较吻合。

如果疑似外文铅饼上的纹饰可以确认为龙形，则与文献所述一致。西汉时八两约125克，这些铅饼的重量大多在110克—140克之间，[2]重量大致是吻合的。但问题出在成分上。按照《史记》《汉书》所记，这些铅饼的主要成分应该是银锡，但据化验分析，实则是铅锡合金，银的成分很少（有的仅占约6%）。[3]这与“白金三品”显然名实不符。为了弥合这种矛盾，有学者设想当时汉武帝可能就没有发行过史书中所说的“白金”银币，而是以铅币充数，或者当时实际发行的是银三品和锡（铅）三品两种。[4]司马迁（公元前145—前90年）与汉武帝是同代人，班固（公元32—92年）是东汉前期人，二人（尤其是司马迁）应该亲睹过这种通行全国的特殊钱币，否则他们的描述不可能那么清楚、详细。前述克里布先生的来信中提供了一种思路，即当时发行的是银币，后来仿造的是铅币。[5]近年国内也有这种原作与仿制二分法的猜测出现，三种币型据说都有银质品出现，似乎证明了银锡合金、以银为主的“白金三品”的存在。2011年公布的龙纹币含银量

---

1 关于“白金三品”的发行、废止及其背景，详见《史记》卷一二《孝武本纪》、卷三〇《平准书》，二十四史点校本，北京：中华书局，1982年，第457、1420—1428、1433—1435页；《汉书》卷六《武帝纪》、卷二四《食货志》，第178、1162—1164、1168—1169页。《汉书》“白选”作“白撰”。

2 灵台铅饼在110—118克之间（《甘肃灵台发现外国铭文铅饼》，第427页）；宝鸡一枚137.131克，西安一枚138.609克（《“白金三品”新探》，第23页）；也有平均达139.6克（考古研究所资料室：《西安汉城故址出土一批带铭文的铅饼》，《考古》1977年第6期，第428页）。

3 见西安钱币学会课题组：《“白金三品”新探》，载西安钱币学会编：《西安钱币学会成立十周年纪念文集》，第26页。

4 参见西安钱币学会课题组：《“白金三品”新探》，载西安钱币学会编：《西安钱币学会成立十周年纪念文集》，第26页；张立英：《谈对“白金三品”的认识》，《考古与文物》1994年第5期，第90—92页；赵晓明：《西汉白金货币再探》，《南方文物》2009年第3期，第168—169页。

5 个人通讯。（2019.7.14）

89.3%，2007年发现、2012年公布的马纹币含银86.65%，2013年发现的龟纹币没有检测，但提供者确认是银质。[1]如果银质的“白金三品”可以证实，那铅质的“三品”就只能是仿制品了。

实际重量方面似乎也有问题。按照《史记》的说法，马纹与龟纹铅饼的重量仅差于龙纹铅饼，按照司马贞索隐和晋灼的解释，马纹应为六两，龟纹应为四两。[2]以此而论，马纹币重约93克，龟纹币重约62.5克。但实际上现在测定的部分马纹铅饼只有约20—22克，龟纹铅饼约15克，差距悬殊。但若以“直三千、五百、三百”的级差（500、300与3000之比）来计算，也即125克的六分之一（约21克）、十分之一（12.5克），确实“与实物重量相差不大”。[3]那么，是史书误记，还是司马贞、晋灼的解释有误？司马迁以当代人写当代事，按理说不应有错。司马贞和晋灼的解释或有误。他们没有见到实物，仅凭字面上的“以重差小”“复小”臆测后二者应分别减重为六两、四两。或许此铅饼非彼龙纹币，汉代另有一套重量分别是8∶6∶4，成色是银锡为主的“白金三品”，但就目前发现的三个银质龙、马、龟纹币的重量分别是118.6克、19.2克、10克，比例显然不是8∶6∶4。若就面值比而言，倒也大致符合六分之一和十分之一的比例。那为什么龙纹币的面值奇高？这当然与其重量有关。龙纹代表天子，寓意重大，自然应是最高的面值。就银质和铅质的三品重量比例来看，二者大致一致，这似乎也证明铅饼是从银饼仿制而来。

关于汉武帝时期的“白金三品”，司马贞《史记索隐》和张守

1 参见刘存忠:《真正的“白金三品”》,《收藏界》2011年第5期，第88—89页；董大勇:《拨开“白金三品”身上的迷雾》,《收藏界》2011年第5期，第87页；王泰初:《西安发现龟形银币“白金三品”材质之争尘埃落定》,《收藏界》2013年第4期，第65—66页；张吉保:《再论“白金三品”——从陕西发现“白金三品”之银质马币说起》,《西部金融——2012年钱币研究增刊》，第36—39页。钱币学界对此类银质币的真伪有争议，本文仅列出处，供参考。

2《史记》卷三〇《平准书》，第1427—1428页;《汉书》卷二四《食货志》，第1164页。

3 李勇:《“外文铅饼”考》,《安徽钱币》2001年第2期，第11—14页。

节《史记正义》的相关注释是常被忽视的重要资料。司马贞提到的白金三品都是有肉有好的钱币，如龙纹币“肉好皆圜”，即中间的孔与周围的边都是圆形；马币“肉好皆方，隐起马形。肉好之下又是连珠纹也”。显然，马纹币是方形币，还有连珠纹。龟币则“肉圆好方”，中间是方孔，周边是圆形。[1]张守节引《钱谱》云：“白金第一，其形圆如钱，肉好圆，文为一龙。白银第二，其形方小长，肉好亦小长，好上下文为二马。白银第三，其形似龟，肉好小，是文为龟甲也。”[2]不仅肯定三种白金白银都是有肉有好，而且指出了三者肉好的区别。第一肉好皆圆，第二肉好皆长宽有差，第三则肉好皆小。特别值得注意的是，《钱谱》说白金有白金、白银两种，马文为上下二马。《钱谱》是南朝梁人顾烜所作，距汉武帝铸“白金三品”时已有600多年，但这是中国第一部钱币学专著，或有所据，惜已失传。但是，现所发现的所有被认为是“白金三品”的龙币、马币和龟币，不论圆形还是方形，没有一个是中间有孔的。所有的马币都没有连珠纹，也没有发现上下二马图案。因此，对这些所谓的铅质的“白金三品”与汉武帝发行的白金三品可否等同，又多了一层怀疑。

再者，《史记·平准书》《汉书·食货志》均提到“又造银锡为白金”，而且以下只介绍其形状、名称、面值。裴骃《史记集解》引如淳曰：“杂铸银锡为白金也。”[3]可见，汉武帝的“白金三品”材质相同，只是形状、纹饰和面值不同。这个大概与前面发行的皮币一样，也是虚币，主要依据形状、重量和纹饰来区别其价值。如果如此，汉武帝的银锡“白金三品”与现在发现的那些所谓的铅质“白金三品”显然不是一个类型。裴骃、司马贞、张守节是司马迁、班固之后数百年之人，在他们的时代，是否还能见到尚存于世的白金三品，还是个疑

1 《史记》卷三〇《平准书》，第1427—1428页。
2 《史记》卷一二《孝武本纪》，第457页。
3 《史记》卷三〇《平准书》，第1427页。

问。他们详细描述的那种有孔的“白金三品”或有所本，只是至今尚未出土。[1]果真如此，现代发现的所谓“白金三品”与汉武帝的银锡“白金三品”显非同类。

就实物外形而言，以灵台铅饼为例，我们可以很容易地看出它们与司马迁、班固笔下的“白金三品”及后世的注释有明显的差别。其一，中间无孔；其二，币形外凸内凹，非平面；其三，反面周边刻有疑似外文字符。其四，有二次打压的戳记。宋代洪遵《泉志》附有三种币的图案，显然是依据文字描述的想象之作。这些图可能是明万历年间徐象梅补充绘制，[2]虽难免以讹传讹，但反映了所谓“白金三品”形制上的一个共同特点，即不论圆形还是方形，中间皆有孔，[3]而这恰恰是现在发现的所谓“白金三品”没有的。

（二）“疑似外文字符”的可能来源——仿制或附加

如上所论，以灵台铅饼为代表的这些铅锡合金龙纹币有可能是仿造币，而非原始币。但另外一个问题随之产生，它们仿自何处呢？最初的银质龙纹币上有疑似外文的字符吗？铅饼上的疑似外文字符是有所本，还是仿制时加上去的？仅仅依据目前公布唯一（2011年）的龙纹银币，确实难以定论。该币损毁严重，铭文和出土信息不明，仔细观察图片，似乎可以隐约看到外文字符和汉文戳记，不过漫漶不清，难以分辨。[4]司马迁在介绍“白金三品”时，对龙纹币介绍得尤为详

1 如唐司马贞《索隐》为龙币所作的注解中就明确说“顾氏案:《钱谱》‘其文为龙，隐起，肉好皆圆，文又作云雷之象’”，说明他也参照了顾烜《钱谱》，与张守节所据本稍有不同。

2 《津逮秘书》等版本洪遵《泉志》部分卷次下题有“明徐象梅校并图篆”。

3 有关《白金三品》的记载和图案，参见洪遵《泉志》卷九，中国国家图书馆藏《津逮秘书》本，第1a—2a页。

4 现在国内钱币界和收藏界对所谓“白金三品”的认定见仁见智。一般对实地出土之物的真实性殆无异议，但对市场购入或个人收藏之物，多持谨慎态度。

细，为什么偏偏没有提到背面的文字呢？有学者提出，当时官方有可能发行了有外文和无外文的龙饼两种，前者可能主要用于与西方交往，后者可能主要用于国内流通。[1]真正的“白金三品”发行于张骞通西域之际，西域的葡萄、苜蓿开始传入，深目、高鼻、多髯的西域使者也跟随张骞的副使进入长安，司马迁在《史记·大宛列传》转述了张骞给汉武帝的报告，说明他对这个域外世界颇有兴趣，那么，他对与中原汉字迥然不同的外来字符不应无视，因此发行两种钱币的可能性不大。

而且更重要的是，张骞到达之时的大宛、康居、大月氏、大夏，流通的都是希腊式钱币，但无一铭文是如此书写。即使现在可信度较高的安息仿希腊化钱币，其上的铭文也不是这样排列，内容、字数、书写方式都有不同。张骞确实提到了安息钱币，但仅寥寥数语：“以银为钱，钱如其王面。王死辄更钱，效王面焉。”[2]如果这些铅饼是汉武帝时发行，那时负责铸币的官员或者汉武帝本人从哪里得到这样的灵感，以这样的铭文为模仿对象呢？即使张骞公元前126年出使西域归来带回安息钱币，那时安息钱币上的希腊字符还没有如此多头衔、如此退化。可见仿照此时的安息钱币说难以成立。“白金三品”本为解决财政困难而发行，用于流通和敛财，铸上汉地无人认识的外文字符似不合逻辑。外文字符来自何方，将其铸于币的目的何在？似乎仍需另寻源头。

由于这些所谓的“白金三品”部分出土于汉代墓中，特别是陶制龙纹币大量出现，使得“冥币说”似乎也得到了一定的支持。但此类铅饼并非都出于汉墓，[3]尤其是灵台一次性出土274枚，该窖藏与墓地

1 见黄锡全:《“白金三品”篆文及有关问题略议》,《中国钱币》2003年第3期，第6页。

2 《史记》卷一二三《大宛列传》，第3162页。

3 参见黄锡全:《“白金三品”篆文及有关问题略议》,《中国钱币》2003年第3期，第7—9页附表:“目前所见所谓‘白金三品’资料统计表”；姜宝莲:《汉代“白金三品”货币及其相关问题》,《考古》2020年第10期，第93页表一“‘白金三品’货币出土资料统计表”。

毫无关系，就证明铅饼并非都是冥币。即使是冥币，为什么在模仿龙纹币时还要加上这些奇怪的字符呢？这个问题的最终解决，恐怕还是要回到所谓外文铅饼的发行者或仿造者身上。

根据《史记》《汉书》记载，这种“白金三品”仅仅流通5年后就因盗铸成风废止。不仅“吏民之盗铸白金者不可胜数”，各郡国也趁机“多奸铸钱”（《索隐》注“谓多奸巧，杂以铅锡也”），以至于“钱多轻”，“白金稍贱，……终废不行”。[1]以铅锡当白金，以假乱真，我们现在所见到的铅饼大概就是在这样的背景下（并非一定是这一时期）出现的。“白金三品”由银质变为铅质之谜似乎可以解开了。固然，我们不能设想如此大规模的盗铸都以“白金三品”为对象，但它至少是主要目标之一，否则不可能短短五年便被明令废止。因此，我们大胆推测：所谓的“白金三品”可能分为两种，一种是最初的银币（或曰以银为主的银锡合金币），一种是后来盗铸或仿制的铅币（或含少量银）。至于龙纹铅饼上的疑似外文字符，虽然暂时不能排除从银币上模仿而来的可能，但更有可能是盗铸者或仿制者的附加。那么，谁又有可能是这些“外文铅饼”的发行者或仿造者呢？我们不得不回到源头去寻找线索。

三　铅饼的铸造地、发行者或仿造者

就铅饼铭文归属的研究而言，何处铸造至关重要，因为它直接关乎发行者或仿造者的身份，以及铭文字符的来源。

1《史记》卷三〇《平准书》，第1427、1433—1434页。

（一）铸造地当在汉代中国

总体上看，就发行地而言，有汉代中国与西域两说。汉代有西汉东汉之分，而西域则可能指泛义的西域，或具体到大秦、贵霜、印度、大夏、安息等西域国家。[1]夏鼐疑其出自中国之外的西域，但确切地点不详。[2]如果把这种铅饼归于所谓的"白金三品"，那发行者非汉武帝莫属。但由于内含金属成分与《史记》《汉书》不符，此说存疑，而且汉武帝时代与密兴—黑尔芬和克里布根据外文字形演变与排列规则变化所推定的时间（前者最晚约公元2世纪后期，后者约公元1世纪）相差太远。如果笼统说是汉代或汉魏，显然不够准确。

如果铅饼确是汉武帝时少府所铸，但这个汉文印记却是二次打压的。既为官方行为，为什么不将外文字符和官印同时刻模浇铸呢？估计还是先有"外文"铅饼，后有少府打戳，表示官方的认可（如果确是少府的印戳）。那么，官方为什么要发行或认可这种有外文的铅饼呢？持国内说的学者往往认为这是为了促进和西域的商贸来往，铅饼是一种国际公认的等价（可能非等值）交换物。但就我们所知的汉时西域诸国钱币看，一般都是以银、铜为主，金币相对较少。仅巴克特里亚希腊人王国前三个家族的首任国王和著名的印度—希腊人国王米南德发行过少量金币。[3]贵霜在第三任国王Vima Kadphises之时（约公元113—127年）采用金币，但银币和铜币仍在流通。[4]安息几乎全是银币和铜币。至于以铅为币，也有，仅见于印度—希腊人、印度—

1 参见黄锡全：《"白金三品"篆文及有关问题略议》，《中国钱币》2003年第3期，第3—4页；李勇：《"外文铅饼"考》，《安徽钱币》2001年第2期，第11页；康柳硕：《甘肃境内出土的丝路外国和西域钱币综述》，《内蒙古金融研究》2003年第3期，第20—21页。

2 作铭（夏鼐）：《外国字铭文的汉代（？）铜饼》，《考古》1961年第5期，第272—276页。

3 参见Osmund Bopearachchi, *Monnaies gréco-bactriennes et indo-grecques, Catalogue Raisonné*, p. 147: Diodote I et II (Série I); p. 154: Euthydeme I (Série I); p. 202: Eucratides I (Série I); p. 226: Menander I (Série I).

4 参见杨巨平：《"Soter Megas"考辨》，《历史研究》2009年第4期，第140—152页，封三。

斯基泰人和印度—帕提亚人的个别钱币，但都是小额钱币，如奥波尔（obol）或查柯（chalkoi）。[1]铅饼本身体重，价值又不高，至少在铜之下，对于丝路商人而言，肯定不是理想的携带货币。而且与西域希腊化钱币的重量系列相比，铅饼也很难兑换。根据希腊化世界通行的阿提卡制，一德拉克马约重4—4.5克，一个四德拉克马约重16—18克。现在的铅饼一般在110—120克之间，以此来计算，一个铅饼约等于25个德拉克马或6个四德拉克马。这只是就重量而言，事实上，德拉克马和四德拉克马一般都是银币。银币和铅币如何换算，又是一个非常复杂的问题。但无论如何，它是可以作为货币使用的，它本身的铅质也有其价值。币材和币值一般相对应，这是古代中外贵金属币的惯例。但“白金三品”可能例外。这种龙纹（或称蟠螭纹）铅饼如果是虚币，在汉朝控制区域可能还能使用，但对外流通显然不行，因其币值与币材脱离，失去了交换的价值。而且此类钱币在当时的西域各国均未发现，因此，这些铅饼如果确有货币交换功能，应该是国内铸造，国内使用。随着丝路开通，西域钱币有可能传入汉廷，尽管具体时间不详，且至今未发现实物。其时，汉人并无几人能认识这些符号，但通过西域商人，大概总能知道上面所言都是赞颂帝王之语，这无疑博得了皇帝的欢心。刻模的中国工匠，不知其含义，不识其字形，以讹传讹也就难以避免。

安息德拉克马钱币铭文的变形在公元前2世纪中期即已开始，之后，随着希腊化世界的衰亡，安息的伊朗化程度加深，表现在钱币上就是希腊语铭文继续使用，但变异、讹化现象更加严重，密兴—里尔

1 印度—希腊人国王中仅有Straton II和他的儿子发行过铅币。见O. Bopearachchi, *Monnaies gréco-bactriennes et indo-grecques, Catalogue Raisonné*, pp. 370-372, pl. 69 (Série 3-5, 7-8). 印度—斯基泰人中的Azes、Rajuvula、Sodasa和一些不知名的统治者，印度—帕提亚人中的Gondaphares也发行过圆形铅币。参见R. C. Senior, *Indo-Scythian Coins and History*, Vol. II, pp. 118, 127-128, 130, 158.

芬曾以《大英博物馆帕提亚钱币目录》[1]中的铭文ΕΠΙΦΑΝΟΥΣ（神显者）为例，整理出了它在戈塔尔泽斯（Gotarzes II），公元40—51年在位之后的20种变形，可谓面目皆非。[2]如果没有先后的对照，根本认不出原来的字母构成及其含义。密兴—黑尔芬推测这批铅饼出现于公元2世纪下半期之前，与他依据的帕提亚钱币字母此时严重变形、不可辨认有关。他也正是从ΕΠΙΦΑΝΟΥΣ的变形中，寻求这些字母变形失真的规律，逐步突破，最后自认为破译了铅（铜）饼上的文字。如果依他之说，所谓汉武帝发行于公元前119年的"白金三品"与这些铅饼自然就没有任何关系了。

（二）灵台铅饼的属性：真品还是复制？

郑氏铜饼本来就是复制品，灵台铅饼是复制还是真品尚不清楚。笔者曾比对灵台出土的铅饼文字与郑氏拓片文字，发现大部分字符可以勘同。但数目上有差别，灵台钱币一般32个，郑氏拓片在27—28个之间（因认定而异）。其中有的字符笔划连写，难以分辨是一二，数目上的些微差异是可以理解的。但有的字符很可能是遗漏，如约瑟夫认为郑氏拓片中少了类似E、Λ、I 和 ἰ 等4个字符。我比对的结果也是如此。[3]可见刻模者（或仿制者）不知其意，粗制滥造。字迹与灵台铭文相比，似乎较为清楚，但模仿的痕迹明显。初步判断，应为赝品。灵台钱币一次性发现如此之多，显然是批量铸造，应该将其视为

---

1 Warwick Wroth, *Catalogue of the Coins of Parthia in British Museum*, London: Order of the Trustees, 1903.

2 详见O. Maenchen-Helfen, "A Parthian Coin-legend on a Chinese Bronze," *Asia Major*, New Series, Vol. III, part I (1952), pp. 2-3.

3 笔者和约瑟夫都有自制的比对图表。从略。

图4

真币或首次仿制币（指相对于陶制龙纹币或郑氏币而言）。[1]其余散见出土者，字符基本一致，也可能属于同一批次或同一模具铸造或仿制。但像郑氏藏品之类，这种铅饼技术含量不高，仿制容易。作为研究样品，灵台铅饼还是首选。以下是笔者从甘肃灵台县博物馆拍摄的实物照片，字迹比先前公布的拓片清晰，容易分辨。（图4）

克里布是西方学界首位关注灵台铅饼的学者。[2]他的基本史料来自中国的考古报告，并参考了中国考古学者的观点。他注意到，这些铅饼与汉代的金饼有相似的形状和大小，汉代墓中发现的铅饼、铜饼或泥饼有可能是从金饼仿造而来。他的观点来自安志敏先生的一篇文章：《金版与金饼：楚汉金币及其相关问题》。安先生猜测，这些外文铜饼（包括部分铅饼）在形制上与作为冥币的鎏金铜饼相似，当和汉代金饼有着某些联系。这当然只是基于1965年在西安古城遗址发现的13枚外文铅饼得出的结论。[3]1999年，西安北郊谭家乡出土汉代金饼219枚，其形状与外文铅饼大体一致，平均重量约247克，与汉初“一黄金一斤”（16两，约250克）比较吻合。但上面打压的铭文全是汉字，而且凸面上的图案也不清晰，“有盘旋状波纹和瘤状凸斑”，与外文铅饼上比较清晰的龙纹图案不同。凹面一般光洁，戳记大多打压于此。（图5）[4]学界一般认为，这些金饼的发行

1 笔者对比西安汉城西查寨出土的铅饼铭文，发现无论是字符排列还是具体写法，与灵台铅饼铭文都高度一致，应为同一模制。见安志敏：《金版与金饼：楚汉金币及其相关问题》，《考古学报》1973年第2期，第82页图九右、图版五：2。

2 J. Cribb, “Chinese Lead Ingot with Barbarous Greek Inscriptions,” *Coin Hoards*, Vol. 4 (1978), pp. 76-78.

3 安志敏：《金版与金饼：楚汉金币及其相关问题》，《考古学报》1973年第2期，第61—90页；考古研究所资料室：《西安汉城故址出土一批带铭文的铅饼》，《考古》1977年第6期，第428页。

4 徐进：《记西安北郊谭家乡出土的汉代金饼》，《文物》2000年第6期，第50—59页。

时间与汉武帝太始二年（公元前95年）改铸金币（“今更黄金为麟趾褭蹄以协瑞焉”[1]）有关，但事实上此前已有金饼出现。因此有学者认为，金饼的出现大体是在西汉中叶，此时及其以后最为盛行，东汉时期仍继续使用。[2]由此可见，如果我们在这些有疑似外文的铅饼与汉代金饼之间建立先后模仿的逻辑关系，那将其置于汉武帝之时或之后都有一定道理。但这就与所谓的“白金三品”切断了联系。如果二者确有模仿关系，那为什么仿自金饼（仅有个别中文戳记）的铅饼就出现了这种疑似外文呢？可见，模仿之说只是解决了形制轮廓的问题，上面的疑似外文字符从何而来，仿制者又是何人，仍然是未解之谜。

图5
出土于西安北郊谭家乡的汉代金饼

结　语

至此，笔者已经回顾梳理了迄今为止掌握的关于铅饼铭文的国内外相关研究成果。尽管问题尚未最终解决，但个人愿提出几点不成熟的想法，供方家指正。

其一，这些铭文应以希腊字母为主，但讹化现象严重。笔者根据不同的灵台铅饼多次摹写比对，辨认出大约 8 个疑似希腊字母，分别是：B、V(Υ)、Λ(A)、X（包括左右下疑似连笔的X）、I、N、Π、E，重复出现总计约28次。其余3个字符¿、₪、6（其中₪出现2次）外形奇特，不好归类，但也可附会到相应的希腊字母，如约瑟夫将¿、6归于B，将₪归于N。还有一

1 《汉书》卷六《武帝纪》，第206页。
2 安志敏：《金版与金饼：楚汉金币及其相关问题》，《考古学报》1973年第2期，第78页。

个值得注意的地方，就是灵台钱币字符的起笔、落笔或转折处往往呈现点状，这与印度—希腊人、印度—斯基泰人钱币特征温和，其实是希腊化钱币的一个特点，是刻模工艺所致。工匠先在模具上刻出铭文轮廓，然后在其上钻出一排排小孔，再用凿子将这些孔连起来，加以修饰。但起笔与落笔处的圆孔往往比较突出。这种工艺，近东和希腊世界早已有之。安息钱币也是如此，或许是受希腊化钱币刻模工艺的影响。[1]但点状特征最为明显的还是印度—希腊人双语币上的希腊语铭文。[2]我们尚不清楚中国的工匠当时是如何刻出这些铭文模具的，是有西域胡人指导，还是自己随便模仿？由于中国钱币是模制而非打制，类似的模仿在陶范或泥范上都很容易，根本不需要在其上钻孔，这些点状特征只能证明他们有可能模仿了来自西域的希腊化或希腊式钱币铭文。我们现在仍然难解其意，不能拼写或复原出作为摹本的希腊语铭文，估计还是没有找到大致对应的钱币。或如约瑟夫博士所言，铭文中或许还有别的文字字母（如佉卢文或婆罗米文）的掺入。但克里布和蒂埃里从中辨认出“ΒΑΣΙΛΕΩΝ”这个西域希腊式钱币的常用语，无疑为此铭文的希腊语定性和解读提供了重要线索，推动研究向迈进了一大步。

其二，这些铭文很可能出现于西汉后期。既然这种希腊语铭文的讹化并非安息独有，印度—斯基泰人、印度—帕提亚人和贵霜前期的钱币也都有类似情况出现，因此，应将视野扩展至西域其他地区的希腊语钱币，尤其要注意印度—斯基泰人的钱币。克里布、约瑟夫已经提供了这方面的启示。若此，这些疑似希腊字母的铭文应该最早出

1 这是反复观摩灵台铅饼铭文后得出的印象。早在一个世纪以前，法国考古学家摩根就详细解释过对这种刻模方式。参见 J. de Morgan, “Etude sur la décadence de l’ écriture grecque dans l’ empire perse sous la dynastie des Arsacides (171 av. J.-C. à 228 ap. J.-C.) – D’ après les documents numismatiques,” *Revue archéologique*, tome 20, 4e série (1912), pp. 6-7.

2 阿波罗多托斯（Apollodotos）钱币上的希腊语铭文可为典型，起落笔处均为明显的点状。见 O. Bopearachchi, *Monnaies gréco-bactriennes et indo-grecques, Catalogue Raisonné*, pp. 370-372, pl. 11 (Série 1-4).

现于公元前1世纪，最迟不晚于公元2世纪，而公元前后的两个世纪更为可能。遗憾的是，目前国内有关这些龙纹铅饼的发现报告中都缺乏准确的定年。不过，它们中的一部分已经明确发现于西汉墓葬或窖藏中，[1]这就将铸造或仿造时间有可能提前至汉武帝时或之后的西汉，即公元前2世纪末至公元1世纪初。这个时间与印度—希腊人、印度—斯基泰人和印度—帕提亚人王国存在的时间比较接近。此时的中国对印度—斯基泰人建立的罽宾国和印度—帕提亚人一度统治的乌弋山离国的钱币已经有所了解。[2]不排除这一时期类似的钱币被使者带回中国，提供了对其铭文模仿的可能。

其三，这些铅饼可能与丝路贸易有关，几乎可以确定它们是在中国境内铸造的。尽管关于铅饼是否就是汉武帝在位时发行的“白金三品”之一的龙纹币仍在争论，但作为它的一种模仿品还是很有可能的。不过，新的问题随之产生：模仿的目的何在？是作为冥币吗？随葬的冥币一般是陶制的，上面并无外文字符。[3]即使从安徽六安汉墓出土的“外文铅饼”，[4]也只能视为随葬品，与专为死者准备的陶制或泥质冥币不同。而且灵台铅饼很难用冥币来解释。如果不是冥币，而是用于流通交换，那上面的疑似外文字符又该如何解释？它们是首次发行就有吗？目前还不能得到证实。是仿制者后加的吗？为什么要加？

1 据姜宝莲、赵强《扬州汉墓出土“龙纹铅饼”初探》，2015年在扬州发现的26枚龙纹铅饼出自西汉墓葬。据任桂英、袁林《外文铅饼与白金三品》，1990年在陕西眉县常兴镇出土的一枚圆形外文铅饼属于西汉时期的窖藏（第55—58页）。

2 乌弋山离位于丝路南道的最南端，大致方位在今日以阿富汗坎大哈为中心的地区。此地也曾是印度—希腊人、印度—帕提亚（斯基泰）人的活动之地。“其钱独文为人头，幕为骑马”，也属于希腊式钱币类型之一（《汉书》卷九六《西域传》，第3889页）。

3 2000年，咸阳汉墓出土与“外文铅饼”极为相似的陶饼3枚（图片见林文君：《咸阳出土的白金三品“白选”》，《西安金融》2003年第5期，第59—60页）。其他还有安徽和县的陶质龙，湖南长沙的泥质龙纹饼，泥质方形、椭形（似龟壳）等冥币（见叶永相：《初析和县出土的一批陶冥币》，《安徽钱币》1993年第2期，第45—46页；周世荣：《长沙衡阳出土西汉货币研究》，载中国钱币学会《中国钱币论文集》第一辑，北京：中国金融出版社，1985年，第202、207页“表一：西汉前期泥金饼”［式别IV龙纹］）。

4 李勇：《安徽六安汉墓出土铅饼》，《中国钱币》1996年第4期，第72页。

灵台地处通向河西走廊的丝路要道，大量的铅饼埋藏于此，可能与丝路贸易有关，埋藏者应该是往来于丝路的外国商旅。这种铅饼主要发现于中国西北的陕西、甘肃两地，似乎也暗示了它与丝路贸易的关系。因此，也有一种可能性，这种铅饼是一种特殊货币，是一种类似于外汇券的代币，专位外国商人在中国境内交易而设。它们更可能是虚币，这或可解释在西域至今没有发现一枚这样的铅饼。夏鼐先生推测这些铅饼出自西域地区，是从其外来铭文而言，此说不无道理。但西域或希腊化世界的钱币一般都是实币，其金属价值即实际交换价值。西域地区钱币一般以银、铜为主，金币较少，铅币更是罕见。铅币本身没有多少价值，商人不可能带这种高重量、低价值的钱币到中国购买商品，也不可能将其作为财富带回本土。因此，笔者还是倾向于将它视为一种中国的仿造币，或是汉廷直接发行，或民间假借朝廷名义盗铸。由于前述那枚银质龙纹币是至今唯一的发现，且没有具体的出土地点，笔者也没有见到实物，其真实性仍然有待求证。我们还很难依据它来证明汉武帝时期发行过有“外文”字符的银质龙纹币。无论如何，灵台铅饼铭文中确有类似希腊文的外文字符，不论是发行者还是仿造者，采用或保留它们肯定有其用意。而且，各地发现的铅饼上（郑氏铜饼除外），这些字符的字体和数目基本一致，显示出它们有一个共同的来源。笔者推测，此币可能还是为了和胡商交易之用，与希腊式钱币铭文相似的字符可能是为了给胡商一种信任感、熟悉感。当然，可能也有宣扬大汉皇帝威名的意图。至于这些字符的变异、讹写，甚至位置错乱，既可能与原型有关，也可能与中国的刻模工匠以讹传讹、错上加错有关。于是，这种无人认识但却得到官方或胡商认可的交易凭证或等价交换物（货币）就出现了，重形轻实或有形无实，从而造成这千年疑案。

总之，无论此类钱币出自何地，价值几许，这些疑似外文的字符寓意为何，有一点是可以肯定的，那就是希腊文字（至少部分希腊字母）有可能通过丝绸之路传到了中国，并在流通于中国的钱币上留下了印记。这是东西方文化交流的见证，也是希腊化文明遗产融入汉代中国文明的有力物证。当然，这一推论的前提是铅饼铭文与希腊文有关。要最终证实这一推论，还有很长的路要走，尤其需要有足够的耐心等待或寻找新的证据。比如，在可以确切定年的中国古（汉）墓中发现这种外文铅饼或银饼，或在古代西域某一地区发现同样或类似字符的希腊式钱币，或可有助于揭开这些疑似外文铅饼上的神秘面纱。

A Centennial Textual Research and Interpretation of the Lead Ingots with Assumed "Foreign scripts": Their Relation with the Greek-style Coins on the Silk Road

Yang Juping

Abstract: It has been over one century since "the lead ingots with foreign scripts", commonly called in academia, was discovered. Particularly since the 1970's, with the excavation of a large number of similar lead ingots, they have obtained much more concern than before from archaeologists and numismatists. Chinese scholars mainly focuson the relationship between them and the *Bai Jin San Pin* (literally, the three coinage of the white gold) issued by the Emperor of Han Wu. Meanwhile a few foreign scholars have tried to decipher the inscription which looked like Greek letters and to locate where they came from. Currently, the related research is still moving forward, but the key problems remain unsolved. Would they just be the Dragon Coins, the first coinage of the *Bai Jin San Pin* issued by the Emperor of Han Wu? Why did the issuer or the counterfeiters add the seemingly foreign scripts on them? If they are of foreign scripts, which language they should be attributed to and how they could be deciphered correctly? Had the inscriptions been related to the legends of the Greek-style coins circulated in the countries of the Western Region along the Silk Road? Although the author is trying to make some responses to these problems, the final solution of them are still waiting for the new finds of archaeology, especially of numismatics in China and abroad.

第六编

丝路拓展

希腊—巴克特里亚时期的瓦罕城堡与丝绸之路[1]

杰弗里·勒纳（美国维克森林大学）撰

庞霄骁译　杨巨平审校

摘要：瓦罕通道，或“大佛教之路”，位于阿姆河上游的喷赤河河畔，在阿拉伯人征服之前，它是一条穿越西帕米尔地区的主干道。作为穿越亚洲之路的重要节点，它以其扮演的文化和历史角色而著称于世。沿着这条道路，旅行者向北可至中国西部，向南可达阿富汗和印度。一连串的城堡曾出现于现今塔吉克斯坦境内的喷赤河北岸上。这些城堡，诸如卡哈卡一号与雅穆春一号之类，建于希腊—巴克特里亚王国时期，担负着抵御南迁的游牧民族的重任。虽然希腊—巴克特里亚王国曾经通过征服或者联盟的方式，一度保持了对这一地区的控制，但这一地区的大部分城堡似乎都在贵霜时期重修或新建，其目的不仅是防止可能来自游牧的塞人的侵扰，亦用来对抗更为强大的汉帝国。与此同时，它们在客观上也保证了丝绸之路的通行。

公元前3世纪末，根据史家波利比乌斯（Polybios）的记述是公元前206年，塞琉古国王安条克三世（Antiochos III）突然意识到自己正

1　本项目由维克森林大学Archie艺术和人文基金会提供部分资助。汉译得到作者授权，译文对原文作了删节。摘要为译者所撰。

面临着艰难的抉择。[1]为了平定帝国最东端那些叛乱的省份，他率领大军进入了巴克特里亚。然而，在他围困巴克特里亚王国首都巴克特拉的第二年，在此地自立为王的欧泰德姆斯一世（Euthydemos I）却给他出了一道难题：如果安条克三世不与他休战并承认他的国王名分和统治，双方都得承担帝国边境遭到大批游牧民族侵扰的风险。这是一个计策吗？如果是的话，它的确起到了缓兵的作用，但作为一个预言，欧泰德姆斯一世的警告在四分之三个世纪后才变成现实。那时，塞人和大月氏人先后入侵了巴克特里亚王国并将其征服。与此同时，其他的游牧部落也在侵扰着西部的帕提亚帝国。

中国和希腊—罗马的文献都记录了这些事件，但部分记载的内容含混且互相矛盾。不过，它们仍是现存唯一记录着希腊—巴克特里亚王国毁灭和贵霜王国兴起之原因的文献资料。尽管学者们试图寻找这些材料中的共同点，以期重建与之相关的、长达两个世纪之久的历史发展脉络，但就如何整合这些相互冲突的历史记录，他们始终没有达成一致意见。

帕米尔高原由一系列山脉和高地组成。在塔吉克斯坦东部，这些山脉构成了现今塔吉克斯坦的库西斯塔尼—巴达赫尚省（Kuhistani-Badakhshan），也就是以前的戈尔诺—巴达赫尚（Gorno-Badakhshan）。大巴达赫尚（Greater Badakhshan），或帕米尔地区（Pamir region），包括了东面的部分中国领土，其东部以昆仑山系支脉萨雷阔勒山（Sarykol）为界，其南部和西南部是今天的阿富汗地区，以瓦罕河谷为界。阿姆河上游的主要支流喷赤河（Pianj）就流经这个河谷。亚洲的几大山脉——天山、昆仑山、喀喇昆仑山和兴都库什山在帕米尔地区交汇，三条重要的河流——阿姆河、印度河和塔里木河也都发源于此。帕米尔—巴达赫尚地区的众多山口构成了一系列重要的交通干

1 Polybios, *The Histories*, 11.34.5-7.

线，使得旅行者们可以越过国境到达中国和印度。其中，比较著名的山口有红其拉甫山口、明铁盖达坂山口、吉利（Kili）山口、巴罗吉尔（Baroghil）山口、多拉（Dorah）山口，它们联通了从中国喀什和塔什库尔干到巴基斯坦的吉德拉尔（Chitral）的陆上交通线。总体而言，该区域是亚洲大陆的腹地，丝绸之路上的诸多“伟大的穿越亚洲之路”（the great transasiatic routes）就在这里交汇。[1]

本文的主要着眼点是帕米尔的西部，其范围东到祖鲁马特山脉（Zulumart range），包括穆兹科尔山脉（Muzkol range）的喀拉布拉克（Karabulak）山口。北部沿阿尔楚尔山脉（Alichur range）的支线，从普萨特（Pshart）山口到叶什（Yashil）和苏雷兹湖（Sarez Lakes），最后继续沿着山脊走势到达帕米尔河。在这个空间范围内，瓦罕河谷西部是我们关注的重点，尤其是位于瓦罕河谷下游的帕米尔河和瓦罕河交界处的卡哈卡一号（Kaakhka I）和兰加尔（Langar）城堡。

有关帕米尔地区的历史和当地居民的情况，我们知之甚少。尽管该地区曾因为在促进货物、人口和思想的流动过程中扮演重要角色，并作为阿拉伯人入侵前整个古代繁忙商路的交汇点而为人们所熟知，但是，人们想要更好地理解这些位于喷赤河源头左岸边、沿旧帕米尔

---

1 关于帕米尔地区主要旅行路线的简要概述，见Л. С. Васильев, “Культурные и торговые связи Ханьского Китая с народами Центральной и Средней Азии,” *Вестник истории мировой культуры*, No. 5, 1958, сс. 35-53（Л. С. 瓦西里耶夫：《中国汉族人和亚洲中部人民的文化和商业联系》，《世界文化东方历史》1958年第5期），А. Н. Зелинский, “Древние пути Памира,” *Страны и народы Востока*, Вып. 3, 1964, сс. 99-141（А. Н. 泽林斯基：《在帕米尔的古要塞》，《东方人民和国家》第三卷，1964年）；A. N. Zelinksky, “Ancient Routes through the Pamirs,” *Central Asian Review*, Vol. 13, No. 1, 1965, pp. 44-54；А. Н. Зелинский, “Памир и Великий шелковый путь,” *Народы Азии и Африки*, No. 5, 1976, сс. 112-118（А. Н. 泽林斯基：《帕米尔与丝绸之路》，《亚非人民》1976年第5期）。H. Kretutzmann 2015年出版的《帕米尔十字路口：吉尔吉斯和亚洲高地的瓦罕》（*Pamirian Crossroads: Kirghiz and Wakhi of High Asia*），称得上是迄今为止最好的有关帕米尔地区的地理（广义上说）调查研究之作。它依据近现代以来欧洲学者的记述，其中大部分获自尘封的档案资料。此书全面系统，为研究连接此地与南亚及内亚的丝路的早期历史提供了背景知识。

大道设立的古代堡垒之历史意义，还需要进行更多的考古研究。此前的任何结论都必定是一时之见，在很大程度上是自说自话而已。

有关瓦罕城堡的详细记载最早出自奥鲁夫森（O. Olufsen），[1]其后，斯坦因进行了一次比较研究，他将这些城堡的最晚年代定位在前伊斯兰时代。[2]20世纪中期，伯恩施坦（Bernshtam）对该地诸遗址中出土的陶片进行了分析，并以此为基础提出了新的定年方案。他认为，这些城堡的建造年代应该是从希腊化时代到贵霜—白匈奴（嚈哒）时期（Kushano-Ephthalite）。[3]在喷赤河的上游主要有四座城堡，分别为卡哈卡一号城堡、纳格特（Namdgut）城堡、雅穆春一号（Yamchun I）城堡和兰加尔城堡。它们大致建造于青铜时代到公元前3世纪之间的某个时段，[4]但这些定年只是相对而言，并非绝对精确。对于这些城堡，学界已经进行了大量的研究，某些个案研究甚至持续了一个多世纪，但仍有许多问题需要我们去解决。例如：这些城堡是何人所建？建于何时？又因何而建？另一个现实问题也使得所有关于这些城堡的研究陷入了困境，那就是有关这些城堡的部分考古资料早

1 O. Olufsen, *Through the Unknown Pamirs*, London, 1904.

2 A. Stein, "Third Journey of Exploration in Central Asia, 1913-1916," *Geographical Journal*, Vol. 48, No. 3, 1916, pp. 193-229; A. Stein, *Serindia: Detailed Report of Explorations in Central Asia and Westernmost China*, 5 vols., London, Oxford, 1921; A. Stein, *Innermost Asia*, ii., Oxford, 1928.

3 A. H. Бернштам, *Историко-археологические очерки Центрального Тянь-шаня и Памиро-Алая*, Материалы и исследования по археологии СССР, No. 26, Москва, 1952.（A.H.伯恩施坦《帕米尔—阿莱河和天山的考古学史概要》,《苏联考古学资料和研究》第26辑，莫斯科，1952年）

4 M. A. Bubnova在2007年出版的《戈尔诺—巴达赫尚自治州的考古图册：西帕米尔（从石器时代到20世纪世纪）》（*Археологическая Карта Горно-Бадахшанской Автономной области: Западный Памир [памятники каменного века-XXв]*, Душанбе）中系统探讨了各个古迹，对其进行了分类编目和简要介绍，提供了一些来自考古发掘、收藏和主要发现者与研究者的搜集所得，并附有参考文献。Kaakhka I (No. 305: Каахка I, cc. 222-223); Namdgut (No. 309: Намдгут, c. 224), Chilkkhona (No. 326: Чилкхона [Чхильхона], cc. 227-228), Yamchun I (No. 335: Ямчун I [Сияпуш], [Сиёхпуш] Кафиркала, cc. 231-232), 以及Langar (No. 358: ЛангарКишт [Лангар], c. 238).

已不复存在或者在不久前遗失。这些失去的材料包括每一处遗址中最具价值的考古发现。事实上，伯恩施坦和泽林斯基（Zelinskii）在卡哈卡一号城堡和雅穆春一号城堡搜集的资料已经丢失，而泽林斯基在纳格特城堡的资料也不知去向，同时，在兰加尔城堡也没有现场出土文物的任何记录。因此，任何对于这些城堡的确定的描述必然都是猜测，并无实证作为基础。在很多情况下，我们只能依靠一些个人发表的发掘报告以及他们各自得出的结论来进行研究。

一　希腊—巴克特里亚时期的西帕米尔地区

我们对于古代帕米尔的历史所知甚少。因此，根据分散的文献资料和匮乏的考古报告来进行一个深层次的历史考察是不可能的。现存最早提及这些信息的文献材料来自古典文献和阿黑门尼波斯帝国的铭文，它们似乎包含了关于波斯帝国东北和东部边境地区的记录。不过，这些材料也存在一个问题：它们并没有准确地提供波斯帝国在该地区的边界之所在。

亚历山大大帝在公元前328—前327年的征讨中，把巴克特里亚、索格底亚那和马尔吉亚纳等地作为主要目标，因为它们位于阿黑门尼帝国的最东端，亚历山大也要以此划定自己帝国的边界。目前没有任何证据显示亚历山大大帝曾冒险向东深入帕米尔，即使关于他东扩到希萨尔河谷（Hissar Valley），尤其是他曾在哈萨克斯坦地区对塞人进行过有限征伐[1]的推测有一定的合理性。[2]

1　Curtius, *Historiae Alexandri Magni*, 8.4.

2　W. Tomaschek, *Zentralasiatische Studien, I. Sitzungsberichte der Preussischen Akademie der Wissenschaften*, Bd. 87, Wien, 1877, p. 54.

据斯特拉波，索格底亚那曾是希腊—巴克特里亚王国的一部分。[1]他的材料源于阿波罗多鲁斯。按照后者的记载，巴克特里亚的希腊人曾向东扩张到赛里斯（Seres）和弗里尼（Phryni）的边界地区。[2]与他们持类似观点的学者还包括普林尼（Pliny）。他提到弗里尼人（普林尼文中作Thuni和Focari）曾居住在东方大洋河岸附近某地。[3]此外，狄奥尼修斯的《见闻录》（*Dionysios' Periegesis*）中提到，在索格底亚那和锡尔河之外，居住着塞人、吐火罗人（Tokharoi）、弗里尼人（Fruni）和山地蛮族。据尤斯塔修斯（Eustathius）记载，弗里尼人是一支斯基泰人，他们的名称也可以写作Fruii。[4]因此，弗里尼人（无论写作Phryni或者Fruni）居住于朝向赛里斯国的东方某地，该地位于塔里木盆地，当时并非在中国境内。在这一点上，狄奥尼修斯的《见闻录》表明，即使弗里尼人的居住地不在索格底亚那的最东端，也应该位于该地与塔里木盆地的接壤处。据此，我们可以推断，巴克特里亚希腊人曾经扩张到了塔里木盆地的边缘地区。有充足的证据表明，巴克特里亚和索格底亚那曾经是当地商贸往来的必经之地。虽然我们缺乏足够的证据证明费尔干纳谷地也曾是希腊—巴克特里亚王国的领土，但将希腊—巴克特里亚王国与赛里斯的边界划定在萨雷阔勒岭（Sarykul）附近某地并非毫无道理。[5]希腊—巴克特里亚的国王们完全

---

1 Strabo, *Geography*, 11.11.2.

2 Strabo, *Geography*, 11.11.1.

3 Pliny, *Natural History*, 6.55. 值得注意的是，古茨米德（Gutschmid）认为这两个民族的正确写法应该是Thuni et Focari。见H. A. F. von Gutschmid, *Geschichte Irans und seiner Nachbarländer von Alexander dem Grossen bis zum Untergang der Arsaciden*, Tübingen, 1888, p. 45.

4 Eustathius, "Comentary to Dionysios' *Periegesis* 752," in K. Müller, *Geographi Graeci Minores. E Codicibus Recognovit, Prolegomenis, Annotatione, Indicibus Instruxit, Tabulis aeri Incises Illustravit C. Müllerus*, Parisiis, 1855-1882, p. 348.

5 В. В. Бартольд, "Греко-бактрийское государство и его распространение на северо-восток, 455-460," *Сочинения*, т. II, ч. 2, Москва, 1964, сс. 455-456.（В. В. 巴托尔德：《希腊—巴克特里亚王国和它在东北部的扩张》，《文集》第2卷第2部分，莫斯科，1964年）

有可能控制帕米尔高原的南部。这就有可能合理解释张骞曾隐约提到的，在其到达大夏之前，大宛曾试图与中国建立联系一说。[1]中国使节甚至有可能从巴克特里亚经瓦罕通道返回中国。[2]遗憾的是，相关的材料并没有提及希腊—巴克特里亚王国在塔里木盆地的发展壮大，[3]尽管我们可以把对这些地区的扩张归于欧泰德姆斯一世及其儿子德米特里一世在位时期，也就是安条克三世接收警告离开之后的公元前3世纪到前2世纪中叶的那个时段。到了公元前2世纪中叶，塞人和大月氏人的入侵实际上结束了这个王国的命运，欧克拉提德一世统治下的希腊—巴克特里亚人逐渐放弃了这个地区。[4]

由大月氏的出现导致的这次大迁移迫使塞人南迁。显而易见，这些塞人部落中的一部分可能进入了印度河上游，定居在罽宾，也可能是克什米尔或者犍陀罗地区，其他部落则和大月氏人一起继续向西前进，他们可能在推翻巴克特里亚希腊人王国的过程中也发挥了作用。从阿波罗多鲁斯的记载我们得知，征服巴克特里亚王国的游牧部落有阿西伊人（Asii）、帕西亚尼人（Pasiani）、吐火罗人（Tokhari）和萨卡劳里人（Sakarauli），[5]而特洛古斯（Trogus）则主张撒劳克人（Saraucae）和阿西尼亚人（Asiani）是巴克特里亚王国的征服者。[6]但无论如何，《汉书》记述道，到达大夏之后，大月氏人把这个国家分

---

1 原文说大夏试图与中国联系，有误，实际应为大宛。参见《汉书》卷六一《张骞李广利传》，二十四史点校本，北京：中华书局，1982年，第2688页。——译者注

2 А. М. Мандельштам, *Материалы к историко-географическому обзору Памира и припамирских областей с древнейших времен до X в. н.э.* Труды АН Тадж. ССР, т. 53, Сталинабад, 1957, с. 77.（А. М. 曼德施塔姆：《从古代到十世纪，帕米尔和帕米尔高原附近区域的历史地理学·概述资料》，《塔吉克苏维埃社会主义共和国科学院著作集》第53卷，斯大林巴德，1957年）

3 *Ibid.*, cc. 45-46.

4 В. В. Бартольд, “Греко-бактрийское государство и его распространение на севро-восток,” *Сочинения*, т. II, ч. 2, с. 455.（В. В. 巴托尔德：《希腊—巴克特里亚王国和它在东北部的扩张》，《文集》第2卷第2部分）

5 Strabo, *Geography*, 11.511.

6 Trogus, *Prolog*, 41.8.

成五部翖侯管理，这些翖侯应是大月氏的主要部落或者家族。著名的贵霜翖侯就是其中之一。

二 瓦罕城堡的建立

伯恩施坦以其1946—1948年的考古研究为依据，发表了首篇关于西帕米尔高原城堡建立原因的重要论文。[1]他提出，诸如里瓦克（Rivak）堡垒和其他一系列的小型堡垒，起初修建于贡特河（Gunt）和沙达哈河（Shahdara）的河谷，以抵御从帕米尔东部迁徙而来的塞人部落，并推测这些城堡应该属于当地的王公。他的结论是，瓦罕地区的城堡经历了三个修建阶段，每个阶段的划分都以各遗址中出土的陶片为主要标志，最早可以追溯到公元前3世纪的希腊—巴克特里亚时期。他主要依据的是当地出土的模制餐具，特别是一些有白色光泽的半球形杯子。在大宛（早期费尔干纳）[2]出土的那些物品和在索格底亚那、主要在喀尔什（Karshi）地区的卡菲尔土丘（Kafir-tepe）发现的陶器都属于同一类型，特雷诺茨基（Terenozhkii）将它们定年于公元前3—前2世纪之间。[3]基于这样的相似点，伯恩施坦断言，瓦罕地区的城堡修建于公元前3世纪，因为在更远的东方，游牧人活动频繁。曼德施塔姆（Mandel’shtam）据此推测，这些位于西帕米尔的小型定

1 А. Н. Бернштам, *Историко-археологические очерки Центрального Тянь-шаня и Памиро-Алая*, Материалы и исследования по археологии СССР, No. 26, сс. 281-285.（А. Н. 伯恩施坦:《帕米尔—阿莱河和天山的考古学史概要》,《苏联考古学资料和研究》第26辑）

2 参见А. Н. Бернштам, *Древняя Фергана (Научно-популярный очерк)*, Ташкент, 1951, сс. 6-10, 14-16.（А. Н. 伯恩施坦:《古老的费尔干纳（科普概要）》，塔什干，1951年）

3 А. Тереножкин, АрхеологическаярекогносцировказападнойчастиУзбекистана, *Вестник Древней Истории*, No. 2, 1947, с. 187.（А. 捷列诺日金:《在乌兹别克斯坦西部的考古勘测》,《古代历史通报》第2期，1947年）

居点最早出现的年代不会晚于公元前3世纪。[1]

伯恩施坦同时指出，大部分的城堡建于第二阶段，时间上正好与公元前1世纪到公元3世纪的贵霜时期相契合。在贵霜时期，部分城堡的发展已经颇具规模，例如巴罕（Bakhan）地区的雅穆春一号城堡和伊什卡希姆地区纳格特村附近的卡哈卡城堡。这一时期，东帕米尔地区的游牧民族因天山地区乌孙部落联盟的形成而动荡不安。这一时期的标志是大量塞人部落的整体迁移。贵霜人继续使用这些城堡，既出于防御的目的，也为了保证商旅能够安全通过瓦罕走廊。伯恩施坦曾经发掘过一类陶器，它们和公元6—7世纪白匈奴时期的索格底亚那制造的陶器相似，[2]由此可见，这些城堡的使用甚至一直延续到白匈奴时期。公元7世纪中叶，帕米尔地区落入西突厥汗国之手，瓦罕城堡最终失去其重要地位，遭到废弃。

其后，泽林斯基和巴巴耶夫对瓦罕城堡的年代再次进行了考证，[3]按照他们的推断，伯恩施坦所认定的这些城堡的始建时间，应该往前推至早期贵霜时代。[4]他们认为，瓦罕城堡的蓬勃发展期是公元1世纪，这恰好与东汉王朝在塔里木盆地的政治扩张相吻合。到公元2世纪中叶，随着中原王朝在西域力量的式微，贵霜人也停止了所有的建筑活动。因此，泽林斯基和巴巴耶夫推断帕米尔的这些贵霜城堡并不是像伯恩施坦说的那样，是用来对抗游牧的塞人，而是防御另一个

---

1 А. М. Мандельштам, *Материалы к историко-географическому обзору Памира и припамирских областей с древнейших времен до X в. н.э*, Труды АН Тадж. ССР, Т. 53, сс. 75-80.（A. M. 曼德施塔姆：《从古代到十世纪，帕米尔和帕米尔高原附近区域的历史地理概述资料》，《塔吉克苏维埃社会主义共和国科学院的著作集》第53卷）

2 А. Н. Бернштам, *Историко-археологические очерки Центрального Тянь-шаня и Памиро-Алая*, Материалы и исследования по археологии СССР, No. 26, сс. 281-285.（A. H. 伯恩施坦：《帕米尔—阿莱河和天山的考古学史概要》，《苏联考古学资料和研究》第26辑）

3 А. Д. Бабаев, *Крепости древнего Вахана*, Душанбе, 1973.（A. Д. 巴巴耶夫：《古代瓦罕的要塞》，杜尚别，1973年）

4 А. Н. Зелинский, "Древние крепости на Памире," *Страны и народы Востока*, Вып. 3, сс. 126-128.（A. H. 泽林斯基：《在帕米尔的古要塞》，《东方人民和国家》第三卷）

更为强大的敌人——东汉帝国。公元1世纪末，考虑到班超的军队可能已经做好从西域进入帕米尔向贵霜进攻的准备，贵霜人迫于压力，穿过帕米尔进入塔里木盆地。[1]最终形成了僵持局面，中国人控制喀什噶尔，贵霜人掌握着瓦罕河谷的大帕米尔之路（the Great Pamir road）。

巴巴耶夫通过对吉尔霍纳（Chilkhona）、[2]雅穆春二号（Yamchun II）[3]和利奇夫（Richiv）[4]等塞人墓葬的分析，对其有关瓦罕城堡早期年代的推论进行了再次修正。他把这些墓葬定年于公元前4—前3世纪，认定瓦罕城堡与它们属于同时代，而且这些建筑出自同一批塞人之手。[5]巴巴耶夫将这些城堡定年于铁器时代，[6]就使之与萨格杜拉耶夫（Sagdullaev）所推定的其他铁器时代遗址的年代相吻合。这些遗址发现于远到帕米尔地区之外的西部低地，定年于公元前7—前4世纪之间。[7]结果，由于把利奇夫墓葬中的铁短剑和两把铁匕首的时间推定

1 É. Chavannes, “Trois généraux chinois de la dynastie des Han orientaux,” *T'oung Pao* 7, 1906, p. 226; Л. С. Васильева, “Бань Чао в Западном Крае,” *Вестник Древней Истории*, No. 1, 1955, cc. 108-125. (Л. С. 瓦西里耶夫：《班超在西域》，《世界文化东方历史》第1期，1955年)

2 М. А. Бубнова, *Археологическая карта Горно-Бадахшанской автономной области: Западный Памир (памятники каменного века-XXв)*, Душанбе, 2007, No. 326: Чилкхона (Чхильхона), cc. 227-228.（М. А. 波诺娃：《戈尔诺—巴达赫尚自治州的考古图册：西帕米尔（从石器时代到20世纪）》，杜尚别，2007年，第326号：吉尔霍纳相关）

3 *Ibid.*, No. 337: Ямчун II, cc. 232-233.（同上，第337号：雅穆春二号相关）

4 *Ibid.*, No. 368: Рычив (Рычив), c. 240.（同上，第368号：奇利夫相关）

5 这些城堡是由公元前3—前1世纪居住在这一地区的“农耕塞人”所建，并发展成为古代中亚最为壮观、防守最为严密的几座堡垒。它们是中亚城堡在多山地区发展演变的重要样本。见 А. Д. Бабаев, *Крепости древнего Вахана*, c. 131.（А. Д. 巴巴耶夫：《古代瓦罕的要塞》）也可参见 А. Д. Бабаев, *Древние земледельцы “Крыши мира”,* Худжанд, 2006, cc. 39-85, 257-282.（А. Д. 巴巴耶夫：《“世界屋脊”的古代种植者》，苦盏，2006年）

6 А. Д. Бабаев, *Древние земледельцы “Крыши мира”*, cc. 39-85.（А. Д. 巴巴耶夫：《“世界屋脊”的古代种植者》）

7 А. С. Сагдуллаев, “Заметки о раннем железном веке Средней Азии,” *Советская археология*, Вып. No. 2, 1982, cc. 231-234.（А. С. 萨格杜拉耶夫：《中亚地区早期铁器时代简介》，《苏联考古学》第2册，1982年，第231—234页）亦可参见 А. С. Сагдуллаев, *Усадьбы Древней Бактрии*, Ташкент, 1987, cc. 35-43, 87-90; А. С. Сагдуллаев, （转下页）

在这一时期，巴巴耶夫就将帕米尔的历史和阿黑门尼波斯帝国之间的共时性联系了起来。[1]巴巴耶夫据此认为，铁器在考古记录中的出现，证明帕米尔地区铁器取代铜器的时间与萨格杜拉耶夫提出的铁器传播到整个中亚的时间基本一致。他还进一步提出，一些塞人部落曾经从他们居住的东帕米尔迁入这些地区，并在定居后改变了自己的生活方式，由纯粹的游牧转向畜牧和农耕并举。从这些墓葬品清单中的手工制品来看，这些西部塞人在他们迁居的初期，在新的环境中，倾向于建立军事防御并开始接受各种手工技艺，例如陶器和珠宝的制作。随着时间的推移，这些人失去了他们的游牧传统，变成了定居的农耕者，这很大程度上是因为西部帕米尔高原的气候比东部帕米尔高原要相对温和一些。根据巴巴耶夫、古尔斯基（Gurskii）和奥斯塔波维奇（Ostapovich）的观点，这些定居者努力的结果之一，就是西部帕米尔地区成为当时世界上中耕作物（cultivated crops）的种植中心之一，尤其盛产小麦。[2]

（接上页）“Памятники материальной культуры Южного Согда эпохи раннего железа (некоторые итоги исследований 1976-1986гг.): 3-16,” in От. Ред. Г. А. Хидоятов, С. Б. Лунина, Г. Л. Дмитриев, *Культура Узбекистана в древности и средневековье*, Ташкент, 1987, сс. 6-15, esp. 8; А. С. Сагдуллаев, “Основные черты и генезис культуры до античной Бактрии, 29-52,” in От. Ред. Г. А. Пугаченкова, *Античные и раннесредневековые древности Южного Узбекистана. В свете новых открытий Узбекистанской искусствоведческой экспедиции*, Ташкент, 1989, сс. 29-30, 37, 46-52.（А. С. 萨格杜拉耶夫：《古巴克特里亚的村镇》，塔什干，1987年；《粟特南部物质文明的古文献（1976—1986年间的一些资料总结）》，载亚德亚托夫、卢琳、德米特里耶夫等主编，《古代和中世纪乌兹别克斯坦的文化》，塔什干，1987年；《古巴克特里亚的主要特点和文化起源》，载普加琴科娃主编：《古代和中世纪早期的南乌兹别克斯坦：以新的乌兹别克斯坦考古发现为主》，塔什干，1989年）

1 А. Д. Бабаев, *Древние земледельцы “Крыши мира”*, сс. 257-258.（А. Д. 巴巴耶夫：《“世界屋脊”的古代种植者》）

2 П. А. Баранова, А. В. Гурский, Л. Ф. Остапович, *Земледелие и сельскохозяйственные культуры Горно-Бадахшанской автономной областиТаджикской ССР*, Душанбе, 1964, сс. 40-41. (П. А. 巴拉诺娃，А. В. 古尔斯基，Л. Ф. 奥斯塔波维奇：《塔吉克苏维埃社会主义共和国的巴达赫尚矿区自治州的农作学和农业文化》，杜尚别，1964年）

然而，按照波诺娃（Bubnova）的观点，[1]巴巴耶夫关于西帕米尔地区的铁矿石开采和铁制品生产在万奇（wanj）河谷和拉舒斯基（Rushunsky）地区得到了普遍发展的说法，存在着很大的问题。她在承认西帕米尔地区铁矿藏量丰富的同时，又紧接着补充说，该地开采铁矿的唯一证据是在19世纪，没有任何证据证明古代帕米尔有过铁矿石的冶炼。另一方面，瓦罕走廊只有卡哈卡一号和雅穆春一号两处城堡遗址发展成了永久居住点。[2]因此，对这些城堡年代的正确解释是将它们置于希腊—巴克特里亚时期，也就是公元前3—前2世纪之间。[3]而巴巴耶夫虽将它们归于贵霜时期，但对其根据没有做任何说明。[4]

泽林斯基对瓦罕城堡的关注，源于其关于穿越舒格南（Shugnan）和瓦罕地区古代道路的研究。[5]他将瓦罕地区的雅穆春一号城堡归于贵霜时期，而不是伯恩施坦所说的希腊—巴克特里亚时代。他也认

---

1 M. A. Бубнова, *Кадастр древних рудников Горно-Бадахшанской автономной области*, Душанбе, 1991, cc. 30-34.（M. A. 波诺娃：《古代矿山巴达赫尚矿区自治州的调查资料集》，杜尚别，1991年）

2 Kaakhka II遗址，见M. A. Бубнова, *Археологическая карта Горно-Бадахшанской автономной области: Западный Памир (памятники каменного века-XXв)*, No. 306: Каахка II, c. 223.（M. A. 波诺娃：《戈尔诺—巴达赫尚自治州的考古图册：西帕米尔（从石器时代到20世纪）》，第306 号：卡哈卡二号相关）Yamchun II遗址，见M. A. Бубнова, *Археологическая карта Горно-Бадахшанской автономной области: Западный Памир (памятники каменного века-XXв)*, No. 337: Ямчин II, cc. 232-233.（M. A. 波诺娃：《戈尔诺—巴达赫尚自治州的考古图册：西帕米尔（从石器时代到20世纪）》，第337号：雅穆春二号相关）前者年代未定（Photo 8），后者属于公元4—6世纪。

3 *История таджикского народа*. T. 1: *Древнейшая и древняя история*, 1998, cc. 338-406.（《塔吉克斯坦历史·远古和古代部分》，1998年）

4 A. Д. Бабаев, *Крепости древнего Вахана*, c. 128.（A. Д. 巴巴耶夫：《古代瓦罕的要塞》）A. Д. Бабаев, *Древние земледельцы "Крыши мира"*, cc. 93-121.（A. Д. 巴巴耶夫：《"世界屋脊"的古代种植者》）

5 泽林斯基的著作扩充了波诺娃在里瓦克地区诸城堡发现的贵霜陶器种类，向伯恩施坦的研究表示了敬意。见A. H. Зелинский, "Древние крепости на Памире," *Страны и народы Востока*, Вып. 3, cc. 121-122.（A. H. 泽林斯基：《在帕米尔的古要塞》，《东方人民和国家》第三卷）波诺娃对里瓦克地区城堡的发掘，请参M. A. Бубнова, *Археологическая карта Горно-Бадахшанской автономной области: Западный Памир (памятники каменного века-XXв)*, No. 153: Ривак, c. 129; No. 148: Кафир-Кала I-IV, c. 128.（M. A. 波诺娃：《戈尔诺—巴达赫尚自治州的考古图册：西帕米尔（从石器时代到20世纪）》，第153号：里瓦克相关；第 168号：卡菲尔城堡相关I-IV）

为，这些城堡的修建并不是为了抵御即将到来的大批塞人的入侵，而是为了对抗中国西汉王朝的威胁。因此，这些城堡修建于公元前1世纪中期，当时，西汉王朝已经控制了塔里木盆地的绿洲，从而危及到贵霜在帕米尔领土的东界。[1]从目前的情况看，这一新颖而有趣的说法依旧属于假设。不过，它与伯恩施坦的观点并不对立。按照伯恩施坦的看法，包括雅穆春一号在内的部分城堡属于希腊—巴克特里亚时代，其他的城堡属于晚期大月氏人和贵霜帝国。所以，泽林斯基并没有提出明确的证据来反驳伯恩施坦和曼德施塔姆的历史建构。

巴巴耶夫建立了这些城堡的年代框架。不过，他并不是把这些城堡的最初建立的史实架构和时间段（公元前3—前2世纪）归入相关的历史分期，如希腊化时代，而是把它们与塞人相联系。[2]巴巴耶夫发掘了帕米尔地区墓葬，由此得出结论：塞人从东帕米尔迁移到西帕米尔，他们的生活方式随之改变，从游牧变为以农耕和畜牧业为基础。[3]

伯恩施坦指出，希腊化陶器，尤其是在雅穆春一号发现的模制餐具以及在其他地方也可能发现的类似物品，实际上暗示了巴克特里亚王国曾控制过瓦罕河谷一地。[4]不过，这些陶器在雅穆春一号的出现也带来了一些令人感兴趣的可能性。一方面，与其将它们作为反映技术的传播，或者以新技术输入为基础的地方手工业生产的证据，还不

1 А. Н. Зелинский, “Памир и Великий шелковый путь,” *Народы Азии и Африки*, No. 5, 1976, сс. 117-118.（А. Н. 泽林斯基：《帕米尔与丝绸之路》，《亚非人民》第5期，1976年）

2 例如А. Д. Бабаев, *Древние земледельцы “Крыши мира”*, сс. 39-85.（А. Д. 巴巴耶夫：《“世界屋脊”的古代种植者》）他认为这些人应该是西帕米尔的塞人部落

3 例如М. А. Бубнова, *Археологическая карта Горно-Бадахшанской автономной области. Западный Памир (памятники каменного века-XXв)*, No. 326: Чилкхона (Чильхона), сс. 227-228.（М. А. 波诺娃：《戈尔诺—巴达赫尚自治州的考古图册：西帕米尔（从石器时代到20世纪）》，第326号：吉尔霍纳相关）

4 А. Н. Бернштам, *Историко-археологические очерки Центрального Тянь-шаня и Памиро-Алая*. Материалы и исследования по археологии СССР, No. 26, Москва, 1952, сс. 281-285.（А. Н. 伯恩施坦：《帕米尔—阿莱河和天山的考古学史概要》，《苏联考古学资料和研究》第26辑，莫斯科，1952年）参见А. Н. Зелинский, “Древние крепости на Памире,” *Страны и народы Востока*, Вып. 3, с. 133, 144.（А. Н. 泽林斯基：《在帕米尔的古要塞》，《东方人民和国家》第三卷）

如将之作为反映商贸活动的证据。因此，模制的器物也并不能表明希腊—巴克特里亚王国曾经扩张到这一区域。另一方面，曼德施塔姆进一步发展了希腊—巴克特里亚人控制帕米尔并把他们的疆域扩展到塔里木盆地的观点。他认为，作为他们统辖之地的一部分，希腊—巴克特里亚的统治者规划了西帕米尔地区连接帕米尔和塔里木盆地的重要路线，其中就包括穿越瓦罕河谷的道路。[1]如果我们把波利比乌斯记述的欧泰德姆斯的话当真的话，即安条克三世对巴克特拉的围攻，引发了希腊—巴克特里亚人对于帕米尔塞人即将通过瓦罕走廊入侵的恐慌，那么，我们就有理由想象到，他和德米特里一世不得不加强其北方的防御以保护他们的王国。因此，如果这些城堡以前并不存在，那它们的建造似乎就应该发生在公元前3世纪末或者前2世纪初。同时，这些城堡也可能同样承担着另一项任务，那就是保护往来于巴克特里亚、中亚、中国和印度的商人。虽然这些最初的建筑数世纪以来经历了进一步的改建或重建，但是并不妨碍它们作为后来建造大型防御性建筑的基础，直到今日，我们仍然能够辨认出它们的轮廓。[2]此外，我们饶有兴趣地注意到，模制器皿在中亚的出现时间不早于公元前2世纪中期和下半叶，这与伯恩施坦的观点相一致。[3]这种现象说明，西部帕米尔，尤其是瓦罕河谷地区，曾被希腊—巴克特里亚王国征服并控制，并暗示出这种控制给当地人民的物质文化生活带来的影响。

遗憾的是，迄今为止，没有任何其他证据证明西部帕米尔地区

---

1 А. М. Мандельштам, *Материалы к историко-географическому обзору Памира и припамирских областей с древнейших времен до X в. Н.э*, Труды АН Тадж. ССР, Т. 53, с. 77.（А. М. 曼德施塔姆：《从古代到十世纪，帕米尔和帕米尔高原附近区域的历史地理学·概述资料》，《塔吉克苏维埃社会主义共和国科学院的著作集》第53卷，斯大林巴德，1957年）

2 А. Д. Бабаев, *Крепости древнего Вахана*, сс. 125-130.（А. Д. 巴巴耶夫：《古代瓦罕的要塞》）

3 J. Lerner, "Revising the Chronologies of the Hellenistic Colonies of Samarkand-Marakanda (Afrasiab II-III) and AïKhanoum (Northeastern Afghanistan)," *Anabasis: studiaclassica et orientalia* 1, 2010, pp. 66-72, 73-75.

和希腊—巴克特里亚王国的联系。[1]同时，也没有一个城堡显示出遭受过围攻的迹象。看来，即使这些堡垒作为抵御游牧民族入侵的前哨阵地，它也不是针对所有的塞人，因为有一些塞人部落用和平的方式迁居到了该地，并定居下来。我们有理由猜想，这些塞人不但参与了要塞的建设，还驻守于此。在属于贵霜时代之前的卡哈卡二号（Kaakhka II）和雅穆春二号遗址，情况尤其如此。

三　贵霜时期的瓦罕走廊与丝绸之路

当大月氏人征服巴克特里亚之后，他们向东面的帕米尔深入扩张，国力逐渐发展壮大。从文献资料，尤其是《汉书》，我们知道，公元前1世纪，大月氏人分成五部翎侯（“翎侯”一词后来被突厥人使用）：休密翎侯（都和墨城）、双靡翎侯（都双靡城）、贵霜翎侯（都护澡城）、肸都翎侯（都薄茅城）、高附翎侯（都高附城）[2]。其中，贵霜翎侯的力量最为强大，于公元1世纪攻灭了其他的翎侯。斯坦因和沙畹认为休密就是唐朝史料中的护密，他们援引马夸特（Marquart）的考证，[3]认为该地指的就是瓦罕地区。[4]此外，斯坦

1　V. A. Ranov, “L’exploration archéologique du Pamir,” *Bulletin de l’Ecole française d’Extrême Orient* 73, 1984, pp. 67-77, 82-84.

2　《后汉书·西域传》认为《汉书》记载不准确，用都密代替了高附（《后汉书》卷八八《西域传》，二十四史点校本，北京：中华书局，1965年，第2921页）。——译者注

3　J. Marquart, *Ēransahr nach der Geographie des Ps. Moses Xorenac‘i. Abhandlungen der Koniglichen Gesellschaft der Wissenschaften zu Göttingen*, N. F. Bd. 3, No. 2, Berlin, 1901, p. 225.

4　见A. Stein, *Serindia: Detailed Report of Explorations in Central Asia and Western Most China*, London, Oxford, 1921, 60 n. 1; É. Chavannes, *Documents sur les Tou-kiue (Turcs) occidentaux*, Paris, 1900, p. 152, 164; A. F. P. Hulsewé and M. A. N. Loewe, *China in Central Asia, the Early Stage: 125 B.C.-A.D. 23, Annotated Translation of Chapters 61 and 96 of the History of the Former Han Dynasty*, Leiden: Brill, pp. 121-122 with ns. 289 and 296.

因以时间稍晚一些的文献资料（包括宋云和玄奘的记载）为据，认为休密一定是指瓦罕走廊的西端。[1]对此，彼扬科夫（P'iankov）补充道：

> 休密确实指的就是瓦罕。这就首先排除了把瓦罕纳入难兜国的可能性，嗣后的一个时期，中国史书将休密和瓦罕地区相对应，将其都城称为塞迦审（Saijiazhen，即伊什卡希姆）。[2]《世界境域志》（*Ḥudūd al-'ālam*）同样将伊什卡希姆称为瓦罕的国都。因此，休密翎侯的领地曾经控制了瓦罕和伊什卡希姆地区，并以后者作为中心。在古代，休密可能紧邻伊什卡希姆地区。古城堡雅穆春位于伊什卡希姆和瓦罕地区之间，在贵霜时期还存在，也许是大月氏一部的休密翎侯与难兜国的边界之所在。[3]

每一部翎侯都是定居民族、游牧人和半游牧人的混合体。在公元1世纪，休密—瓦罕地区的重要性得到增强，伴随着贵霜领土的大幅拓展，其边界也扩至西域地区，贵霜人此时已成为该地区事务的主要参与者，这是贵霜王朝国力强盛的证明。大月氏人对印度的扩张完全有可能导致了对难兜国，即帕米尔地区南部的一部分的占领。铭文材料同样证明了公元前1世纪贵霜人向这个方向的扩张，拉达克（Ladakh）的铭文中就提到了第二个名为卡德菲塞斯的贵霜王

---

1 A. Stein, *Serindia: Detailed Report of Explorations in Central Asia and Western most China*, pp. 61-62.

2 塞迦审是达摩悉铁帝国的都城。见《新唐书》卷二二一《西域传》，二十四史点校本，北京：中华书局，1975年，第6255页。——译者注

3 I. V. P'iankov, "The Ethnic History of the Sakas," *Bulletin of the Asia Institute: The Archaeology and Art of Central Asia, Studies from the Former Soviet Union*, New Series, edited by B. A. Litvinskii and Carol Altman Bromberg, translation directed by Mary Fleming Zirin, Vol. 8, 1994, p. 43. 参见F. Grenet, "Nouvelles données sur la localisation des cinq Yabghus des Yuezhi. L' arrière plan politique de l' itinéraire des marchands de Maès Titianos," *Journal asiatique* 294.2, 2006, pp. 330-333.

（Kadphises II），在公元1—3世纪的瓦罕墓葬里也发现了贵霜的钱币。巴巴耶夫断言，贵霜人之所以在西帕米尔推行一种积极的政策，就是因为中国人在西域的活跃。在公元1世纪末，贵霜人和中国人之间的关系呈现出完全不同的特点，显而易见，这要归功于班超的主动出击。公元88年，班超占领了莎车（Yarkand），尽管贵霜的兵力大大超过了班超。[1]

在贵霜时期，帕米尔的道路经常作为大丝绸之路中的一段被使用。其中两条比较繁忙的路线是瓦罕走廊，或者叫大佛教之路（Great Buddhist Road），以及舒格南（Shughnon）道。前一条路线从中国境内的塔什库尔干出发，经阔勒买山口（Kulma Pass）、克孜勒拉博特（Kizilrabot）、佐尔库勒湖（Lake Zorkul），然后沿着兰加尔的帕米尔河右岸到达伊什卡希姆。从这里，只需越过喷赤河就可以进入阿富汗的领土。后一条路线同样从塔什库尔干出发，经阔勒买山口，翻过萨雷阔勒岭，越过阿姆河，穿过奈扎塔什（Nayzatash）山口和阿尔楚克（Alichurek）河谷，沿叶什库勒池（Lake Yashilkul，或译伊西洱库尔淖尔），穿过位于霍罗格（Khorog）的贡特河谷，越过卡拉·巴尔彭扎（Kalai Barpandzha）对面的喷赤河，进入阿富汗。商队、使节、僧侣和旅行者们也同样沿着这条道路从阿富汗到中国，只不过方向相反。[2]

公元1世纪，中亚国际商贸的范围从帕米尔地区向东西两个方向

1 关于这一时期贵霜与东汉帝国在帕米尔以东地区的争夺，详见《后汉书》卷八八《西域传》和《后汉书》卷四七《班梁列传》（第2920—2921、2926—2927、1575—1580页）。也可参见杨巨平：《两汉中印关系考——兼论丝路南道的开通》，《西域研究》2013年第4期，第1—12页。——译者注

2 А. Н. Зелинский, “Древние пути Памира,” *Страны и народы Востока*, Вып. 3, сс. 99-119.（А. Н. 泽林斯基：《在帕米尔的古要塞》，《东方人民和国家》第三卷）С. Х. Негматуллаева, Р. Масова, *Таджикистан на Великом шелковом пути*, Душанбе, 1999, сс. 31-36.（С. Х. 内格马杜耶娃、Р. 玛索瓦：《丝绸之路上的塔吉克斯坦》，杜尚别，1999年）

扩展，该地发挥着越来越重要的作用。丝绸之路，第一条横贯欧亚大陆的商贸之路，从汉代中国的首都发端，向西进入贵霜帝国和帕提亚国王的领地，然后到达罗马帝国控制下的地中海东岸。[1]西帕米尔地区的南部是这条交通网络中的一个重要节点，对于贵霜人而言更是如此，因为穿越其中的各处关隘山口最终构成了从巴克特里亚到塔里木盆地的主要商贸通道。

The Vakhan Highway and the Silk Road in the Greco-Baktrian Period

Abstract: The Wakhan Highway, or Great Buddhist Road, situated along the Pianj on the upper reaches of the Amudaria, was one the main roads that ran through the western Pamir until the Arab conquest. It stands out for the cultural and historical role it played as a crucial link in the transasiatic route allowing travelers to pass through western China in the north and Afghanistan and India in the south. A series of fortresses line the bank of the northern bank of the Pianj in modern Tajikistan fortresses, like Kaakhka I and Yamchun I, dating back to the Greek Baktrian Period served as bulwarks against nomadic tribes migrating southward. While the region remained part of the Greek Baktrian Kingdom either by conquest or by alliance, most of these castles appear

1 Б. Я. Ставиский, “Археологические работы в бассейне Магиан-дарьи в 1957 г.,” *Археологические работы в Таджикистане в 1957 г.*, Вып. 5, Сталинабад, 1959, с. 66.（B. Y 斯塔维斯基:《1957年马尔基安河谷的考古发掘》，载《塔吉克斯坦1957年度考古报告》第5卷，斯大林巴德，1959年）

to have been renovated or constructed by the Kushans, but not only against the possible encroachment of the nomadic Sakai, but also against a more powerful foe, the Han Empire. Meanwhile, they objectively also ensured the passing through of the Silk Road.

丝路开通之初帕提亚帝国境内东西交通路线初探

李毅铭

（南开大学历史学院）

摘要： 丝绸之路的具体路径是学界在中外交流领域长期关注的焦点。张骞凿空西域之时，正是帕提亚帝国疆域大扩张的时期，从两河流域到中亚的道路基本在其控制之下。从西到东，帕提亚帝国的领土可分为三大区域：亚述—巴比伦尼亚地区、伊朗高原上的波斯腹地以及赫卡尼亚以东的不稳定控制地域。自亚历山大东征至四大帝国并立时的1—2世纪，帕提亚帝国境内的东西交通路线总体上保持了稳定。丝路开通后，绝大部分路线成为丝绸之路贸易网络的重要组成部分，但受到地理条件和政治形势的影响，局部路线出现了变动。

古代中国和西方文明的作家对帕提亚帝国（Parthian Empire）境内的地理和交通信息都有记载，虽然他们的记录存在不实之处，但真实反映了作者所处历史时期时人对东西交通的认识。[1]在1877年

1 公元前5世纪希罗多德的《历史》包含了丰富的地理信息，他注意到，通过波斯帝国境内的御道系统（Royal Roads）可以从小亚细亚直达苏萨。色诺芬（Xenophon）、阿里安（Arrian）等都详细描述了希腊雇佣军和亚历山大远征军在亚洲的行军路线。斯特拉波（Strabo）、托勒密（Ptolemy）的地理学著作，中国的“前四史”关于西域的记载，同样包含了地中海与中国之间的道路与地理状况，这为研究古代东西交通提供了第一手资料。

李希霍芬（F. V. Richthofen）创造性地提出“丝绸之路”这一概念后，[1]学界已认可这条欧亚大陆东西交通动脉的客观存在。帕提亚帝国地域广大，国祚较长，其境内东西向通道以及这些通道与丝绸之路的关系长期受到国内外学界的重视。

早在19世纪，裕尔（H. Yule）的《东域纪程录丛》便收集了诸多古代中西学者对东西交通的记载。[2]威廉·史密斯（William Smith）主编的《希腊罗马地理字典》确定了诸多古代地理名称的实际位置，至今仍是研究古代交通的重要工具书。[3]法国汉学家夏德（F. Hirth）利用东西方史料判断出汉文史籍中记录的东西通道穿越了伊朗高原的北部。[4]进入20世纪后，斯坦因（Stein）通过自己的实地考察，对伊朗境内一些古代道路给出了自己的看法。[5]塔恩（W. W. Tarn）的《巴克特里亚和印度的希腊人》和《希腊化文明》是研究希腊化时期东西交通的重要参考书。[6]伊朗及两河地区历史地理学专家汉斯曼（John H. Hansman）针对许多学界长期争论的历史地理问题提出了新见解，这些观点逐渐为学界所接受。[7]希尔（John E. Hill）系统总结

1 F. V. Richthofen, *China: Ergebnisse Eigener Reisen und darauf gegründeter Studien*, Bd. 1, Berlin: Reimer, 1877, pp. 454 ff.

2 H. Yule translated and edited, *Cathay and the Way Thither: Being a Collection of Medieval Notices of China*, 4 vols., revised by H. Cordier, printed for the Hakluyt society, 1913-1916.

3 William Smith edited, *Dictionary of Greek and Roman Geography*, 1854, http://www.perseus.tufts.edu/hopper/text?doc=Perseus:text:1999.04.0064.

4 详见F. Hirth, *China and the Roman Orient: Researches into Their Ancient and Medieval Relations as Represented in Old Chinese Records*, Leipsic & Munich: Georg Hirth; Shanghai & Hongkong: Kelly & Walsh, 1885.

5 Marc Aurel Stein, *Innermost Asia: Detailed Report of Explorations in Central Asia, Kan-su and Eastern Iran*, 5 vols., Oxford: Clarendon Press, 1928.

6 W. W. Tarn, *The Greeks in Bactria and India*, Cambridge: Cambridge University Press, 1951; *Hellenistic Civilization*, London: Edward Arnold, Ltd., 1959.

7 典型如他将赫卡通皮洛斯（Hecatompylos）的位置确定在今伊朗沙里·库密斯地区（Shahr-i Qumis）地区，参见John Hansman, “The Problems of Qumis,” *Journal of the Royal Asiatic Society of Great Britain and Ireland*, No. 3/4 (Oct. 1968), 111-139; John Hansman, “The Measure of Hecatompylos,” *Journal of the Royal Asiatic Society of Great Britain and Ireland*, No. 1 (1981), 3-9.

了国外学者对丝绸之路路线研究的最新成果，其中多涉及帕提亚境内的城市。[1]

近年来，国内关于帕提亚帝国境内交通的研究成果亦层出不穷。由于甘英曾在公元1世纪尝试前往大秦，有多位学者曾撰文讨论其具体路线。[2]余太山对两汉魏晋南北朝正史中关于西域的记载做了极为细致的研究，利用语音学知识对比中外史料，尝试还原历史上真实的丝路通道，不可避免地涉及帕提亚帝国。[3]赵汝清系统研究了丝路西段的历史，简单描述了帕提亚帝国境内的通行道路。[4]丁笃本结合中西方研究成果，在《丝绸之路古道研究》中探讨了丝绸之路不同历史时期的具体通道及变化。[5]

亚历山大东征后，希腊化世界形成，众多希腊—马其顿人从欧洲移居亚洲，他们在两河流域及其以东地区的征战路线提供了丰富的东西交通信息。公元前3世纪中期，帕提亚帝国崛起。它逐渐控制了亚历山大帝国和塞琉古王国在亚洲的大部分土地，继承了自波斯帝国以来两河流域与印度之间广大区域的道路系统。公元前129年张骞凿空西域后，除了汉朝与帕提亚帝国的官方往来之外，两国贸易在丝路开通后也取得了长足发展。[6]中国的丝绸在公元前1世纪远销至罗马，帕

---

1 希尔通过为中国史料作注的方式将西方学者的研究成果与汉文史籍结合起来，详见John E. Hill, *Through the Jade Gate China to Rome: A Study of the Silk Routes during the Later Han Dynasty 1st to 2nd Centuries CE*, 2 Vols, Create Space Independent Publishing Platform, 2015.

2 如莫任南:《甘英出使大秦的路线及其贡献》,《世界历史》1982年第2期，第13—19页；杨共乐:《甘英出使大秦线路及其意义新探》,《世界历史》2001年第4期，第115—118页。

3 余太山:《两汉魏晋南北朝正史西域传要注》，北京：中华书局，2005年;《早期丝绸之路文献研究》，北京：商务印书馆，2013年。

4 赵汝清:《从亚洲腹地到欧洲——丝路西段历史研究》，兰州：甘肃人民出版社，2006年。

5 丁笃本:《丝绸之路古道研究》，乌鲁木齐：新疆人民出版社，2010年。

6 据罗马史家弗洛鲁斯（Florus）记载，帕提亚在卡莱（Carrhae，今土耳其哈兰）战役中使用了丝绸军旗。参见杨共乐:《古代罗马与中国的交往》,《历史教学》2010年第20期，第3页。

提亚帝国境内成熟的路网无疑是促成丝绸远销的重要原因之一。

在公元前3—公元2世纪的时间里，帕提亚帝国境内主要东西交通道路主要有哪些？这些道路沿途的城镇是否因为路线的变化而有所改变？帕提亚帝国境内交通路线的变化是否影响了丝绸之路不同时段的具体走向？笔者将结合各方面资料，尝试对此做出回答。

帕提亚帝国在西面和塞琉古王国长期争夺两河流域，直至公元前130年安条克七世（Antiochus VII）败亡后才彻底控制此地，[1]其西部边界大致在幼发拉底河（Euphrates River）附近。[2]在东方，帕提亚帝国的疆界因频繁受到游牧民族的迁徙冲击而不断变动，并不稳定。中国史书《后汉书》中记载帕提亚帝国的东界为木鹿城，[3]西方文献称木鹿城所在区域为马尔吉亚那（Margiana），[4]因此本文的地理界限为从亚述—巴比伦尼亚地区自西向东延伸至马尔吉亚那、阿里亚（Aria）、德兰吉亚那（Drangiana）、阿拉科西亚（Arachosia）和格德罗西亚（Gedrosia）的广大区域。

一　亚述—巴比伦尼亚地区的交通网络

亚述—巴比伦尼亚地区的主要地域是美索不达米亚，但范围比之略大，其北部向东扩展到了扎格罗斯山脉（Zagros Mountain）附近的

1 此次收复两河地区行动的失利使塞琉古王国丧失了大量军队和人力，从此塞琉古王国再也没有能力尝试从帕提亚帝国手中收回两河地区。详见Edwyn Robert Bevan, *The House of Seleucus (Vol. II)*, London: Edward Arnold, 1902, p. 245.

2 尽管帕提亚帝国曾占据过小亚细亚部分地域和叙利亚，但不久便被罗马夺回，因此其西部边界始终未曾远离幼发拉底河。

3 《后汉书》卷八八《西域传》，二十四史点校本，北京：中华书局，1965年，第2918页。

4 F. Hirth, *China and the Roman Orient: Researches into Their Ancient and Medieval Relations as Represented in Old Chinese Records*, p. 142.

埃兰（Elymais），与苏西亚那（Susiana）和米底（Media）交界。[1]希腊化时期亚述—巴比伦尼亚地区先后属于亚历山大帝国、塞琉古王国和帕提亚帝国。公元前1世纪，罗马扩张至东方，与帕提亚帝国反复争夺亚述地区的土地。亚述—巴比伦尼亚地区主要的交通路线变化较为复杂，丝绸之路的商贸路线也因之不同。

公元前331年亚历山大从塔普萨库斯（Thapsacus）[2]渡幼发拉底河后，没有顺河南下，而是出于行军方便考虑，径直向东渡过底格里斯河后南下，在高加米拉（Gaugamela）与大流士三世的大军相遇。[3]在高加米拉之战[4]后，亚历山大前往巴比伦（Babylon）。亚历山大的行军路线受到了阿里安和斯特拉波的好评，因为高加米拉是饲养骆驼的地区，容易为军队提供补给。[5]然而后人似乎并不走这条道路，有另一条道路可以从叙利亚到底格里斯河畔的塞琉西亚（Seleuceia on the Tigris）或巴比伦：从安提姆西亚（Anthemusia）附近的渡口[6]过幼发拉底河后，依靠锡尼人（Scenitae）提供的水源走25天的沙漠之路到锡尼（Scenae），再从锡尼到塞琉西亚或巴比伦。[7]伊西多尔（Isidore）的赴巴比伦路线与斯特拉波穿越沙漠的路线略有不同，途

---

1 Strabo, *Geography*, 16.1.17.

2 迈克尔·高利科夫斯基（Michal Gawlikowski）提出了上下塔普萨库斯的全新观点。根据斯特拉波给出的距离，他将下塔普萨库斯的位置定于拜占庭城市芝诺比娅（Zenobia）附近，今叙利亚哈莱比耶（Halebiyeh）。若从此说，则亚历山大三世渡幼发拉底河的地点便不再是叙利亚的下塔普萨库斯，而是科马吉尼（Commagene）的宙格玛（Zeugma）。参见Michal Gawlikowski, “Thapsacus and Zeugma the Crossing of the Euphrates in Antiquity,” *Iraq*, Vol. 58 (1996), pp. 123-133.

3 Arrian, *Anabasis of Alexander*, 3.7.3-3.8.7.

4 西方古典作家如狄奥多罗斯（Diodorus）等曾将这场战役的地点定为阿尔贝拉（Arbela，今伊拉克北艾比尔），但这种看法已被斯特拉波和普鲁塔克（Plutarch）否定。参见Diodorus Siculus, *The Library of History*, 17.53.4; Strabo, *Geography*, 16.1.3; Plutarch, “Alexander”, in *Parallel Lives*, 31.6.

5 Strabo, *Geography*, 16.1.3.

6 伊西多尔说安提姆西亚距阿帕米亚有8肖尼（schoenus）的路程，斯特拉波说的这个渡口可能是指新宙格玛。肖尼（Schoeni）为古代波斯长度单位，长度在5.229—5.63千米。详见Isidore of Charax, *Parthian Stations*, 1, http://www.parthia.com/doc/parthian_stations.htm.

7 Strabo, *Geography*, 16.1.27.

中很可能利用了内河航运，所以共渡河两次。[1]具体路径为：从尼塞福利乌姆（Nicephorium）[2]沿河走到塔普萨库斯，[3]继续向南走至阿博拉斯河（Aburas River）和幼发拉底河交界处，[4]过杜拉·欧罗普斯（Dura Europus）[5]等地，到达幼发拉底河畔的尼阿波利斯（Neapolis），渡河前往底格里斯河畔的塞琉西亚。[6]

以上路线均与日后亚述地区出名的交通贸易重镇无关，如埃德萨（Edessa）、[7]尼西比斯（Nisibis）等，这说明亚述地区的主要城市纳入到东西交通体系的时间较晚。公元前1世纪罗马和帕提亚之间的一系列冲突，使经过亚述地区的道路在当时不可能成为东西交往的主流选择。罗马曾在公元前68年短暂占领过防御坚固的尼西比斯。[8]公元前53年罗马的克拉苏（Crassus）入侵帕提亚帝国时，选择穿过远离

---

1 虽然伊西多尔给出的很多地名至今仍无法确定具体地点，但已知的部分地名基本沿幼发拉底河向南排布。参见Isidore of Charax, *Parthian Stations*, http://www.parthia.com/doc/parthian_stations.htm#TRADE_ROUTES.

2 今叙利亚拉卡市（Rakka），详见“Euphrates”, in Smith, William ed., *Dictionary of Greek and Roman Geography*, http://www.perseus.tufts.edu/hopper/text?doc=Perseus:text:1999.04.0064:entry=euphrates-geo&highlight=nicephorium.

3 伊西多尔并没有指出这个地方的确切地名，肖夫（Schoff）认为伊西多尔文中的“royal place”可能是今叙利亚泽莱比耶（Zelebiyeh），附近有芝诺比娅城堡。若从此说，则此地很可能就是旧宙格玛—塔普萨库斯。

4 如果阿博拉斯河确为今叙利亚哈布尔河（Khabur River），则法利加（Phaliga）和纳巴加特（Nabagath）应在今叙利亚布萨伊拉镇（Al Busayrah）附近，这个地方是重要的军事渡口，伊西多尔说帕提亚大军从此地进入罗马领土内。详见Isidore of Charax, *Parthian Stations*, 1, http://www.parthia.com/doc/parthian_stations.htm.

5 公元前303年塞琉古一世的将军尼卡诺（Nicanor）最初出于军事防卫目的在幼发拉底河岸边兴建欧罗普斯，这座城市可能被用于拱卫塞琉古王国两河地区的首都底格里斯河畔的塞琉西亚（Seleuceia on the Tigris），同时作为塞琉古王国伊朗地区与叙利亚地区之间交通保障的据点之一。前113年被帕提亚攻占之后，它的防御功能逐渐淡化，成为商业重镇。参见D. N. MacKenzie, “Dura Europos,” in *Encyclopaedia Iranica*, Online Edition, http://www.iranicaonline.org/articles/dura-europos; M. Rostovtzeff, *Caravan Cities*, translated by D. and T. Talbot Rice, Oxford: Clarendon Press, 1932, p. 94.

6 Isidore of Charax, *Parthian Stations*, 1, http://www.parthia.com/doc/parthian_stations.htm.

7 塔恩认为，自1世纪从埃德萨到阿帕米亚（Apamea）的道路开始使用，埃德萨因此取代了安条克的作用。参见W. W. Tarn, *Hellenistic Civilisation*, p. 244.

8 Plutarch, “Lucullus,” in *Parallel Lives*, 32.4-5; Dio Cassius, *Roman History*, 36.7.3-4.

幼发拉底河的沙漠行军。[1]克拉苏从进攻到失利的行军路线显示他从未考虑利用埃德萨等日后的丝路重镇进军。[2]帕提亚则在卡莱战役取得胜利后，屡次通过宙格玛渡口进攻叙利亚，只有公元前40年帕克罗斯（Pacorus）的进军路线稍有不同。[3]位于亚美尼亚、罗马与帕提亚三国交界的亚述地区城市实际上是防御森严的军事要塞群，因此它们在公元前后帕提亚帝国与罗马帝国实现初步和解之后才逐步参与东西交往。最典型的例子莫过于哈特拉（Hatra）。在帕提亚统治两河流域之前，没有任何可靠证据能够证明哈特拉的存在，但到公元1世纪时，以哈特拉为中心的地方势力是帕提亚帝国众多附庸之一，该地区位于连接叙利亚和安纳托利亚（Anatolia）东部的重要商道之上。[4]

由于亚美尼亚多山地，地势平坦的巴比伦尼亚与伊朗高原的陆路往来更为便利。底格里斯河和幼发拉底河向南注入波斯湾，使内河贸易和海上贸易直接联系起来。亚述—巴比伦尼亚地区自古以来便是东西方交流的重要交通枢纽。曾兴盛一时的陆路天青石贸易和海路天青石贸易在此交汇。[5]底格里斯河畔的塞琉西亚[6]选址在很大程度上考虑了诸多有利的交通条件。帕提亚帝国占领两河流域后，将塞琉西亚对岸的泰西封村（Ctesiphon）作为国王冬季驻地，优越的自然条件和政治地位同样使泰西封在希腊化时代末期发展为一座大城市。[7]这两座

1 Plutarch, “Crassus,” in *Parallel Lives*, 22.1.

2 根据《帕提亚驿程志》可知，克拉苏进军过程中所控制的地方主要是军事要塞，如伊克奈（Ichnae）和阿拉格玛（Alagma）等地，撤退时到达卡莱，最终战败身死。

3 根据狄奥·卡西乌斯（Dio Cassius）的描述，帕克罗斯先攻击南边的阿帕米亚（Apamea），后向北征服奥龙特斯河畔的安条克（Antioch on the Orontes），成为整个叙利亚的主人，帕克罗斯的军队很可能从塔普萨库斯或纳巴加特（Nabagath）向西而来。详见Dio Cassius, *Roman History*, 48.25-26.

4 Rudiger Schmitt, “Hatra,” in *Encyclopaedia Iranica*, Online Edition, http://www.iranicaonline.org/articles/hatra.

5 蓝琪:《丝绸之路开通前欧亚大陆中部的交通情况》,《中外关系史论丛》第八辑，2001年，第82页。

6 位于伊拉克首都巴格达东南25千米处。

7 Strabo, *Geography*, 16.1.16.

城市因地理位置极为接近而被并列称呼，通往两河流域的不同道路往往在这里交汇。

公元前1世纪，另一座历史名城巴比伦的大部分地区因为频繁的战争和塞琉西亚的兴建已经荒废，[1]不过巴比伦城衰落的另一重要原因是幼发拉底河通航能力的下降。幼发拉底河的海拔高于底格里斯河，两者之间运河的流向为自西向东，幼发拉底河河水向底格里斯河流失。此外两河河口淤积的情况也不容乐观，两条河流的河道已不能与亚历山大时代的情况相提并论。最新的地理学研究利用C-14技术测定阿拉伯河（Shatt Al-Arab River）形成于约2000—1600年前，[2]表明在斯特拉波及普林尼（Pliny）生活的时代，底格里斯河和幼发拉底河很可能已经并道。此时的内河航运需要注意运河的水位以及运河闸门的开关情况，[3]并不一定能给行人带来便利。

两河河口的淤积严重冲击了卡拉克斯·斯帕西努（Charax Spasinou）海边商业中心的地位。普林尼指出这座城市最初离海岸只有1.25罗马里（约1.85千米），但在他生活的时代这座城市距海岸线已经有120罗马里（约177.6千米）的距离。[4]虽然它已经远离海岸，但作为陆地商业中心仍然保持了繁荣。[5]埃德萨—哈特拉—泰西封的陆地贸易路线在1世纪适时崛起，部分原因应归于内河航运的衰退。

从塞琉西亚继续东行，距其500斯塔德的西塔塞内（Sittacene）城市阿尔特密塔（Artemita）非常重要，斯特拉波和伊西多尔都提到

1 Strabo, *Geography*, 16.1.5.

2 关于测点的选择和检测结果等具体内容，详见Saif S. Al Hamad, etc., "Geological History of Shatt Al-Arab River, South of Iraq," *IJSR*, Vol. 6. (2017), pp. 2029-2039.

3 Strabo, *Geography*, 16.1.10.

4 这一数值接近当代沙特阿拉伯河的长度，普林尼的数据过于夸张了，详见Pliny, *Natural History*, 6.31.139-140.

5 因为另一座繁荣的独立商业城市帕尔米拉惯于与卡拉克斯进行贸易，详见M. Rostovtzeff, *Caravan Cities*, pp. 100-103.

了这座城市。[1]前往米底的道路在此明显转向北方，行人进入卡洛尼提斯（Chalonitis）地区的希腊城市卡拉（Chala），[2]再越过5肖尼之外的扎格罗斯山脉，便置身于米底境内。

《史记》和《汉书》对亚述—巴比伦尼亚地区的城市尚一无所知，但这并不意味着丝绸之路尚未开通，赫德逊认为中国和欧洲在张骞到达中亚后经过西亚建立了间接联系。[3]张骞确实从中亚带回了希腊化文化的相关信息：汉语中的“蒲陶”很可能是希腊语复数Botrus的音译；阿伊·哈努姆（Ai Khanum）遗址的发掘表明，在张骞出使之时，中亚仍存在着希腊式城市；张骞对中亚地区货币和语言的描述对应的是希腊化钱币及通用希腊语。[4]因此张骞成功到达中亚便在事实上将希腊化世界与中国联结在一起，只是他尚未了解亚述—巴比伦尼亚地区的详细信息，无从记述此时的交通情况。

《后汉书·西域传》中提到位于安息西界的斯宾国和于罗国是东西方向陆路上的两个交通据点，[5]中外学者对这两个名称具体指代的城市有多种理解。[6]西方古典作家一般将亚述—巴比伦尼亚地区自西而

---

1 肖夫认为这座城市可能位于伊拉克卡拉斯塔尔（Karastar，今伊拉克巴古拜以东7千米处）。详见Strabo, *Geography*, 16.1.17; Isidore of Charax, *Parthian Stations*, 2, http://www.parthia.com/doc/parthian_stations.htm.

2 这座城市位于伊朗赫尔宛（Hulwan）遗址，有学者将其比定为今伊朗萨尔波勒扎哈布（Sarpol-e Zahab）的村镇，详见Isidore of Charax, *Parthian Stations*, http://www.parthia.com/doc/parthian_stations.htm; “Hulwan”, https://referenceworks.brillonline.com/entries/encyclopaedia-of-islam-2/hulwan-SIM_2945.

3 ［英］赫德逊：《欧洲与中国》，王遵仲等译，何兆武校，北京：中华书局，1995年，第40—41页。

4 杨巨平：《亚历山大东征与丝绸之路开通》，《历史研究》2007年第4期，第156—161页。

5 《后汉书》卷八八《西域传》，第2918页。

6 夏德认为斯宾即泰西封，于罗则是希拉（Hira）；余太山支持夏德对斯宾的比定，但他认为于罗是哈特拉（Hatra）；希尔认为斯宾为苏萨，于罗是卡拉克斯·斯帕西努（Charax Spasinou）。详见F. Hirth, *China and the Roman Orient: Researches into Their Ancient and Medieval Relations as Represented in Old Chinese Records*, pp. 151-152；余太山：《〈后汉书·西域传〉要注》，《欧亚学刊》2002年第4辑，第285页；John E. Hill, *Through the Jade Gate China to Rome: A Study of the Silk Routes during the Later Han Dynasty 1st to 2nd Centuries CE*, Vol. 1, p. 23.

东的道路引向塞琉西亚—泰西封，斯宾对译泰西封的说法争议较小。然而若严格按照《后汉书》的描述去追溯陆路的具体走向，每一种说法都有难以解释的问题。希拉城早期的历史不明；[1]哈特拉在泰西封的北面；卡拉克斯·斯帕西努港的作用被另一座更为靠近海岸的城市阿波罗戈斯（Apologos）所取代。[2]同时塔普萨库斯渡口在杜拉·欧罗普斯兴起后逐渐不为人知。

学界目前只能根据古汉语的拟音尝试确定文献中的古代城市，正如同确定安息对译的是阿尔萨息一样，因为汉文史籍对距离和方位的记载与实际情况对比通常存在偏差。[3]蒲立本指出，"条支"的上古拟音应为sl-eukje，对译的是塞琉西亚，并非安条克。[4]因此《汉书》中的"条支国"必定指的是塞琉古王国，但《后汉书》中的"条支国"因两河流域政治形势的变化不应再被视为塞琉古王国，而是帕提亚帝国的附庸国——卡拉塞尼（Characene）。[5]《后汉书·西域传》既已确认甘英"临大海欲度"，甘英显然不可能在卡拉克斯·斯帕西努临海。帕提亚帝国的首都泰西封与幼发拉底河最近的距离不到40千米，这座城市本就靠近帕提亚帝国的西界。若将古汉语"于罗"拟音为Kara，则对应的城市未必是卡拉克斯，也有可能是希腊城市卡拉。在忽略方位与距离差异的情况下，《后汉书》中的记载能够与伊西多尔描述的

---

1 目前仅知这座城市在萨珊波斯帝国时期的历史，更早时期其是否存在仍无法确认。参见 C. E. Bosworth, "Hira," in *Encyclopaedia Iranica*, Online Edition, http://www.iranicaonline.org/articles/hira.

2 John Hansman, "Charax and Karkheh," pp. 25.

3 传统的说法都无法与《后汉书》中记载的距离相匹配，学者们或者放弃考虑距离，或者放弃考虑行进方向。希尔为了对应《后汉书》中的距离，将"斯宾"看成是"斯赛"之误，以保证语音对译同样成立。参见John E. Hill, *Through the Jade Gate China to Rome: A Study of the Silk Routes During the Later Han Dynasty 1st to 2nd Centuries CE*, Vol. 1, pp. 230-231.

4 Edwin G. Pulleyblank, "The Roman Empire as Known to Han China," *Journal of the American Oriental Society*, Vol. 119, No. 1 (1999), pp. 74.

5 希尔认为条支指卡拉塞尼和苏西亚那地区，而不可能指一座城市。详见John E. Hill, *Through the Jade Gate China to Rome: A Study of the Silk Routes during the Later Han Dynasty 1st to 2nd Centuries CE*, Vol. 1, pp. 21.

行程相匹配。

亚述—巴比伦尼亚地区多沙漠的地理环境决定其内部交通在很大程度上依赖幼发拉底河和底格里斯河。在相当长的时间里，幼发拉底河上的主要渡口是宙格玛和塔普萨库斯，贸易港口则是波斯湾边上的卡拉克斯，东西交通的中心城市是位于巴比伦尼亚的泰西封—塞琉西亚，丝路刚通之时商路必然依赖这些据点。到公元前1世纪时，巴比伦城的衰落无可挽回，塔普萨库斯和卡拉克斯受到新兴商业城市欧罗普斯和阿波罗戈斯的冲击，商业和交通价值不比往昔，但持续发挥着作用。公元1—2世纪丝路贸易兴盛之时，杜拉·欧罗普斯完全取代了塔普萨库斯的作用；北部亚述地区的城市崛起，哈特拉、尼西比斯成为丝绸之路上的商业重镇，构成了此区域的另一条重要商路。亚述—巴比伦尼亚地区主要交通路线的变动无疑意味着帕提亚帝国统治时期丝绸之路的具体路径也随之而变。与其他地区相比，交通据点兴衰所导致的路线变化可能是汉文史籍中出现争议记载的重要原因。

二　帝国腹地的主要道路

本文所指的帕提亚帝国腹地包括埃利迈斯、苏西亚那、波西斯（Persis）、卡尔马尼亚（Carmania）、米底、帕提亚和赫卡尼亚（Hyrcania）。由于帕提亚人遗留的资料过于匮乏，在探索帕提亚帝国治下这些地区的交通情况时，西方古典作家对波斯帝国御道、亚历山大、塞琉古一世以及安条克三世等希腊—马其顿人的军事行动路线以及贸易交通的记载是判断帕提亚帝国腹地交通情况的重要参考依据。

根据东西向道路的相对地理位置，帕提亚帝国腹地的东西动脉可分为北道和南道两条路线。

（一）米底—阿里亚和马尔吉亚那的北道

从卡拉城出发经佩塔克通道（Paytak pass），可翻越扎格罗斯山脉进入米底。东行穿越只有驿站、没有城市的卡里那地区（Carina，今伊朗克兰德格哈布附近区域）[1]后，到达克尔曼沙（Kirmānshāh）。克尔曼沙区域内有一重要城市巴基斯塔那（Bagistana），[2]另一名为巴普塔那（Baptana）的城市并不存在。[3]继续向东前行，进入上米底后，率先到达一座繁荣的城市康克巴尔（Concobar），[4]再经过巴奇格拉班（Bāzīgrābān）和阿德拉帕纳（Adrapana），[5]可至埃克巴塔那。希腊历史学家狄奥多罗斯称这条从扎格罗斯山脉通往埃克巴塔那的道路为"赛米拉米斯之路"（the road of Semiramis），他认为这条通道最早由传说中的亚述女王赛米拉米斯开辟。[6]与赛米拉米斯相关的古老传说[7]足以证明这段道路至少在亚述帝国时期就已经为人所知并利用，公元前210年塞琉古王国的安条克三世正是利用这条通道东征。[8]

埃克巴塔那以北地区的地形以山地为主，这些山地位于拉伽

---

1 Isidore of Charax, *Parthian Stations*, 4, http://www.parthia.com/doc/parthian_stations.htm.

2 即著名的贝希斯敦铭文所在地。

3 Isidore of Charax, *Parthian Stations*, 5, http://www.parthia.com/doc/parthian_stations.htm.

4 今伊朗西北坎加瓦尔，详见Isidore of Charax, *Parthian Stations*, 6, http://www.parthia.com/doc/parthian_stations.htm.

5 巴奇格拉班大概是现在伊朗的曼德拉巴德（Manderābād），笔者未能找到此地，但根据伊西多尔给出的距离计算，应在拉马塔巴德（Rahmatabad）以北3千米左右的位置，阿德拉帕纳可能位于今天的阿萨达巴德（Asadabad），详见C. J. Brunner, "Adrapana", in *Encyclopaedia Iranica*, Online Edition, http://www.iranicaonline.org/articles/adrapana-the-third-station-from-the-western-border-of-upper-media-recorded-by-isidore-of-charax-in-the-1st-century-a.

6 Diodorus Siculus, *The library of History*, 2.13.5.

7 赛米拉米斯的传说故事最先被希腊作家克泰西亚斯（Ctesias）的《波斯志》（*Persica*）所收录，狄奥多罗斯转引克泰西阿斯的叙述，使赛米拉米斯的传说得以在《历史集成》中被保存下来。传说故事的内容概要可参见吕厚量:《泰西阿斯〈波斯志〉的"东方主义"及其历史渊源》，《史学史研究》2020年第3期，第78—81页。

8 Polybius, *The Histories*, 10.27.12; Edwyn Robert Bevan, *The House of Seleucus*, 17.

（Rhaga）和里海门（Caspian Gates）以北，[1]成为米底地区北部的自然屏障，通向东方的道路只能如伊西多尔描述的那样依序经过拉伽和里海门。[2]亚历山大和安条克三世都曾经过这里，[3]塞琉古一世很可能同样沿这条大路远征印度。[4]

米底东方依次排布的两个地区是帕提亚和赫卡尼亚。公元前后，帕提亚地区的地理范围扩大至拉伽和里海门附近，走出里海门后不久就进入其地界。[5]东行经过帕提亚的乔雷内（Choarene）、[6]科米塞内（Comisene），[7]便可到达赫卡尼亚。著名的“百门城”赫卡通皮洛斯（Hecatompylus）是帕提亚的首府。

波里比乌斯称赫卡通皮洛斯是通往周边各地区的交通枢纽，[8]然而

---

1 Strabo, *Geography*, 11.13.7.

2 拉伽位于今伊朗德黑兰南的雷伊（Ray），里海门的具体位置目前仍没有定论。详见 Isidore of Charax, *Parthian Stations*, 7, http://www.parthia.com/doc/parthian_stations.htm; John H. Hansman, “Caspian gates,” in *Encyclopaedia Iranica*, Online Edition, http://www.iranicaonline.org/articles/caspian-gates-an-ancient-toponym-identifying-a-ground-level-pass-that-runs-east-and-west-through-a-southern-spur-of-the-albo.

3 Arrian, *Anabasis of Alexander*, 3.20; Polybius, *The Histories*, 10.27.12; Edwyn Robert Bevan, *The House of Seleucus*, 17.

4 斯特拉波错误地认为拉伽城由塞琉古一世所建。实际上拉伽建城的时间要早于希腊化时期，如果塞琉古一世与拉伽城的建设有关，准确的说法应是他重建了这座城市。参见 Strabo, *Geography*, 11.13.6.

5 Strabo, *Geography*, 11.9.1.

6 根据伊西多尔的描述，这是一个东西长度近100千米的地区（19肖尼），位于雷伊（Ray）到塞姆南（Semnan）之间，今伊朗卡瓦尔地区（Kavar或Khuvar）。详见 Rüdiger Schmitt, “Choara,” in *Encyclopaedia Iranica*, Online Edition, http://www.iranicaonline.org/articles/choara-and-choarene-latin-forms-of-gk; Chirstopher Brunner, “Geographical and administrative divisions: Settlement and Economy,” in Ehsan Yarshater (ed.), *The Cambridge History of Iran*, Vol. 3(2), Cambridge: Cambridge University Press, 1983, p. 768.

7 《剑桥伊朗史》地理章节作者布鲁纳（Brunner）认为科米塞内就是库密斯（Qumis），然而施密特（Schmitt）认为科米塞内是塞姆南周围地区，由于库密斯是赫卡通皮洛斯的观点已为学界所接受，科米塞内位于塞姆南周围的推测更为合理。若如此，则托勒密笔下的塞米纳（Semina）可能与科米塞内大致位于同处。详见 Rüdiger Schmitt, “Choara,” in *Encyclopaedia Iranica*, Online Edition, http://www.iranicaonline.org/articles/choara-and-choarene-latin-forms-of-gk; Chirstopher Brunner, “Geographical and administrative divisions: Settlement and Economy,” in Ehsan Yarshater (ed.), *The Cambridge History of Iran*, Vol. 3(2), p. 768.

8 Polybius, *The Histories*, 10.28.7.

在亚历山大从帕提亚进入赫卡尼亚时，这座城市并未被提及。[1]亚历山大本人进入了一座名为萨德拉卡塔（Zadracarta）的赫卡尼亚城市，[2]安条克三世则是从赫卡通皮洛斯经过塔盖（Tagae），翻越厄尔布尔士山脉（Alborz Mountain）前往赫卡尼亚。[3]这几座城市的具体位置曾长期存在争议，[4]目前汉斯曼将百门城定于库密斯地区的新说法逐步被学界接受，塔盖和萨德拉卡塔也不再被视为同一座城市。[5]

有学者认为从帕提亚通往赫卡尼亚的道路并非是东西方往来所必需依赖的路径，因为即使不翻越厄尔布尔士山脉，沿山脉南麓走日后著名的“呼罗珊大道”[6]仍能前往赫拉特。[7]笔者认为这种观点有欠考虑，即使亚历山大三世和安条克三世出于战略目的必须前往赫卡尼亚，但是伊西多尔和托勒密却没有这种需求。伊西多尔将前往赫卡尼亚的行程置于阿里亚之前，并未表示此地可以不去；托勒密在描述赴

---

1 这大概是因为这座帕提亚的首都城市建设于公元前2世纪。参见A. D. H. Bivar, “The Political History of Iran Under Arsacids,” in Ehsan Yarshater (ed.), *The Cambridge History of Iran*, Vol. 3(1), Cambridge: Cambridge University Press, 1983, p. 39.

2 Arrian, *Anabasis of Alexander*, 3.25.1.

3 Polybius, *The Histories*, 10.29.3.

4 学界曾有观点认为萨德拉卡塔即塔盖，位于今伊朗达姆甘（Dameghan），也有观点认为赫卡通皮洛斯位于达姆甘，但是达姆甘位于厄尔布尔士山脉之南，这些观点无法与古典文献的记载相匹配。参见“Zadracarta”, in William Smith (ed.), *Dictionary of Greek and Roman Geography*, http://www.perseus.tufts.edu/hopper/text?doc=Perseus:text:1999.04.0064:entry=zadracarta-geo&highlight=zadracarta; “Tagae”, in William Smith (ed.), *Dictionary of Greek and Roman Geography*, http://www.perseus.tufts.edu/hopper/text?doc=Perseus:text:1999.04.0064:id=tagae-geo; Chirstopher Brunner, “Geographical and Administrative Divisions: Settlement and Economy,” in Ehsan Yarshater (ed.), *The Cambridge History of Iran*, Vol.3(2), p. 768.

5 学界最新的研究成果将萨德拉卡塔的位置定在戈尔甘（Gorgan）西部边缘地带，而塔盖则比定为格德库（Gerdkuh）。详见A. D. H. Bivar, “Gorgan,” in *Encyclopaedia Iranica*, Online Edition, http://www.iranicaonline.org/articles/gorgan-v.

6 帕提亚帝国统治时期，呼罗珊大道这一路径的概念并未产生。其作为一个专有名词最早由英国历史学家斯特拉吉（G. Le. Strange）提出，而他提出呼罗珊大道概念所依据的材料是中世纪穆斯林地理学家的相关记载。参见马瑞琼：《8—10世纪丝绸之路中段呼罗珊大道考述》，《中国历史地理论丛》第31卷第3辑，2016年，第19页。

7 Susan Sherwin-White & Amelie Kuhrt, *From Samarkhand to Sardis: A New Approach to the Seleucid Empire*, Berkeley: University of California Press, 1993, p. 79.

塞里卡（Serica）的路线时，也表示先到达萨德拉卡塔，再经阿里亚前往马尔吉亚那的安条克（Antioch in Margiana）。[1]“呼罗珊大道”前往赫拉特的路径是自库密斯沿厄尔布尔士山脉南麓经比斯塔姆（Bistam）前往图斯（Tus），但这段路程中一座极为繁华的商业城市尼沙普尔（Nishapur）建于3世纪萨珊波斯帝国国王沙普尔一世（Shapur I）在位时，沙普尔二世重建了这座城市。[2]目前学界并未在尼沙普尔发现该地在萨珊波斯帝国统治前存在市镇的相关证据，这不由令人怀疑这条道路在帕提亚帝国统治时的状态。因此在丝绸之路开通前后的时间里，穿过伊朗高原前往赫拉特的陆路不能盲目等同于呼罗珊大道。

伊西多尔和托勒密关于萨德拉卡塔以东路线的记载有较大差别。伊西多尔认为行人先向北到达马尔吉亚那，后向南到达阿里亚；[3]托勒密的路径则是先南后北，与之相反。亚历山大的进军路线与托勒密的记载极为接近，他从萨德拉卡塔出发，向东进军至阿里亚的苏西亚，[4]然后因阿里亚总督萨提巴扎尼斯（Satibarzanes）叛乱，被迫前往阿尔塔科纳（Artacoana）。[5]伊西多尔则认为过萨德拉卡塔之后需要前往一座名为阿塞克（Asaac）的城市，[6]接着北行到帕萨乌尼萨。[7]因此从赫

---

1 余太山：《托勒密〈地理志〉所见丝绸之路的记载》，《早期丝绸之路文献研究》，北京：商务印书馆，2013年，第213页。

2 C. E.Bosworth, “Nishapur,” in *Encyclopaedia Iranica*, Online Edition, http://www.iranicaonline.org/articles/nishapur-i; Chirstopher Brunner, “Geographical and Administrative Divisions: Settlement and Economy,” in Ehsan Yarshater (ed.), *The Cambridge History of Iran*, Vol. 3(2), p. 768.

3 因为伊西多尔将马尔吉亚那放在了阿里亚之前叙述。

4 苏西亚为今伊朗图斯（Tus），位于马什哈德之北。详见Arrian, *Anabasis of Alexander*, 3.25.1; Chirstopher Brunner, “Geographical and Administrative Divisions: Settlement and Economy,” in Ehsan Yarshater (ed.), *The Cambridge History of Iran*, Vol. 3(2), p. 768.

5 Arrian, *Anabasis of Alexander*, 3.25.5.

6 这座城市可能位于今伊朗古昌（Quchan），在苏西亚之北，帕萨乌尼萨（Parthaunisa）之南。详见Isidore of Charax, *Parthian Stations*, 11, http://www.parthia.com/doc/parthian_stations.htm.

7 帕萨乌尼萨位于土库曼斯坦的尼萨遗址，“Nomination Files,” 28, 见于http://whc.unesco.org/uploads/nominations/1242.pdf.

卡尼亚东行的道路很可能在阿塞克分开。

《帕提亚驿程志》的作者伊西多尔活动于公元前1世纪后半叶，他的记载应与公元前1世纪以后帕提亚帝国实际的交通情况更为吻合，[1]这一路线能够通过公元前130年塞人对帕提亚帝国的入侵得到确认。[2]具体路径为，从阿塞克北行到达帕萨乌尼萨后，向东跨越捷詹河（Tejen River）前往马尔吉亚那的安条克。因为阿保阿克提塞纳（Apauarcticena）地区只能位于马尔吉亚那的安条克和尼萨之间，科佩达格山脉（Kopet Dag Mountain）以北，并且不能向南延伸至与苏西亚同一纬度。[3]

公元1世纪甘英西行之后，《后汉书》记录了一条安息—阿蛮—斯宾的通道，[4]这条通道对应的正是赫卡通皮洛斯—埃克巴塔那—塞琉西亚/泰西封的道路。[5]因此北道也被视作绿洲丝绸之路的主干道。

---

1 有学者认为伊西多尔实际上以米特里达特二世时帕提亚帝国极盛状态的数据为基础写作，反映的并非尽是公元前26年以后的情况，理由是木鹿、宙格玛等地在公元前26年以后已经不属于帕提亚帝国。《帕提亚驿程志》第19章希腊语原文是ἄχρι τούτου ἐστὶν ἡ τῶν Πάρθων ἐπικράτεια，意思是到亚历山德罗波利斯为止，这里归帕提亚统治，并没有确定指代前文讲到的所有地区，因此笔者认为这里指的是阿拉科西亚属于帕提亚统治。参见余太山：《伊西多尔〈帕提亚驿程志〉译介》，《西域研究》2007年第4期，第15页。

2 公元前130年塞琉古王国的安条克七世试图收复塞琉古王国的故地，进攻帕提亚帝国。帕提亚国王弗拉特斯二世（Phraates II）招募了一支塞人雇佣军抵御这次进攻，但雇佣军未至战场，胜负便已决出，失去了作战目标和报酬的塞人因此在帕提亚国内作乱。塔恩分析他们自布哈拉、木鹿出发，兵锋甚至到达两河流域的泰西封，可以推断这些塞人经北道前来。参见A. D. H. Bivar, "The Political History of Iran Under Arsacids," in Ehsan Yarshater (ed.), *The Cambridge History of Iran*, Vol. 3(1), p. 38; W. W. Tarn, *The Greeks in Bactria and India*, p. 291.

3 阿保阿克提塞纳如果与苏西亚同一纬度，便很可能进入了阿里亚境内，但伊西多尔并未将此地区划入阿里亚。从古昌能够径直往南前往马什哈德或赫拉特，伊西多尔没有道理刻意将道路导向位于北边的尼萨后，再导向南方折返前进。

4 《后汉书》卷八八《西域传》，第2918页。

5 莫任南：《甘英出使大秦的路线及其贡献》，《世界历史》1982年第2期，第15—16页；余太山：《〈后汉书·西域传〉要注》，第284—285页。

（二）苏西亚那—卡尔马尼亚的南道

与波斯帝国御道有关的记载表明，至少在波斯帝国时，存在一条从两河流域直通苏西亚那的官道。学界对从两河流域前往波斯帝国首都苏萨（Susa，今伊朗舒什）的道路走向有三种设想：其一是以底格里斯河畔的塞琉西亚为起点，径直向东进入苏西亚那；[1]其二是将御道走向从底格里斯河东岸引向巴比伦至海边，在波斯湾边连渡幼发拉底河和底格里斯河后进入苏西亚那；[2]最后一种是根据希罗多德给出的距离去推算，设想御道沿着扎格罗斯山脉西麓通向苏萨。[3]事实上，东西方作家关于帕提亚帝国南道路径的记载乏善可陈，在没有更多考古资料之前，学者们只能根据地理条件去推测可能的道路走向，这种结果不可能十分精确。[4]由于考古工作者在苏萨到波斯波利斯（Persepolis）之间沿途发现了两段铺石路面，[5]由此证明波斯帝国两大首都之间的道路是系统建设的成果，笔者以为阿里安笔下的大道指的就是这种人工铺筑道路。帕提亚帝国占领伊朗高原后理应承袭旧有道路系统，因此波斯帝国御道的路径值得重视。

亚历山大的远征为判断南道路径提供了重要信息。他率军从苏萨向东出发，渡过帕西底格里斯河（Pasitigris River）[6]后进入乌克西人（Uxians）地区。[7]亚历山大攻击的乌克西人城市可能位于

1　采取这种说法的学者认为塞琉西亚是御道横渡底格里斯河的渡口。详见邵大路：《塞琉西亚建城考：早期希腊化城市与帝国统治》，《历史研究》2017年第4期，第123页。

2　A-M.威特基等主编：《古代世界历史地图集》，葛会鹏等译，上海：华东师范大学出版社，2016年，第87页。

3　这种说法部分利用了亚历山大的行军路线。详见David French, “Pre-and Early-Roman Roads of Asia Minor The Persian Royal Road,” p. 30.

4　E. Badian, “Alexander in Iran,” in Elya Gershevitch (ed.), *The Cambridge History of Iran*, Vol. 2, p. 440.

5　Henry P. Colburn, “Connectivity and Communication in the Achaemenid Empire,” *Journal of the Economic and Social History of the Orient*, Vol. 56, No. 1 (2013), p. 36.

6　今伊朗卡伦河（Karun River）。

7　Arrian, *Anabasis of Alexander*, 3.17.1; Quintus Curtius, *History of Alexander*, 5.3.3.

马拉米尔（Malamir，现伊朗伊泽市），[1]那么马其顿军队很可能自舒什塔尔（Shushtar）渡帕西底格里斯河向东而来。亚历山大顺扎格罗斯山脉走向前进，并在距离波西斯边境不远的地方分兵，让帕曼纽（Parmenio）带兵走经过平原的大路，自己走山间小路。[2]伊朗高原上的平整土地数量有限，这条大路极有可能取道拉姆霍尔木兹（Ramhormoz）附近的平原，再经过马伦河（Marun River）[3]下游贝赫贝汉（Behbehan）[4]附近的平原。考古工作者在伊朗卡莱赫·卡利（Qaleh Kali）发现了一个高级驿站，有学者推测其不同寻常的规格是因它位于作为交通干线的苏萨—波斯波利斯道路沿途。[5]今伊朗86号公路贝赫贝汉到设拉子（Shiraz）路段的大部分路线可能是自波斯帝国以降古代道路的重要组成部分。至于亚历山大本人穿越山区，到达波斯门（Persian Gates）[6]的路线则无从考证，[7]只能推测他走出山区后顺着科尔河（Kor River）[8]东岸南下前往波斯波利斯。亚历山大本人的行军路线是基于快速灭亡波斯帝国的非常规通道，普通商旅行人没必要选择这条通行困难的道路。

---

1 D. T. Potts, *The Archaeology of Elam: Formation and Transformation of an Ancient Iranian State*, Cambridge: Cambridge University Press, 1999, p. 350.

2 Arrian, *Anabasis of Alexander*, 3.18.1-2; Quintus Curtius, *History of Alexander*, 5.3.16.

3 有说法称马伦河即阿里安笔下的欧罗提斯河（Oroatis River），其故道可直接通往波斯湾。参见https://www.livius.org/articles/place/arosis-marun/.

4 波斯波利斯工事泥板中记载的希达利（Hidali）应该为今伊朗贝赫贝汉，希达利便位于苏萨至波斯波利斯的道路途中。参见Richard T. Hallock, *Persepolis Fortification Tablets*, Chicago and Illinois: The University of Chicago Press, 1969, p. 40.

5 Henry P. Colburn, "Connectivity and Communication in the Achaemenid Empire," [illegible]

6 关于波斯门具体位置的研究成果极少，有说法认为这段通道是现唐伊·梅兰峡谷（Tang-e Meyran valley），从伊朗亚速季（Yasuj）可去赛代（Sedeh）。参见https://www.livius.org/articles/battle/persian-gate-330-bce/.

7 巴迪安认为斯坦因所说的法利延峡谷道路是亚历山大所抄的山道，此观点与马马萨尼地区新近的考古发现难以兼容，笔者不予采纳。详见E. Badian, "Alexander in Iran," in Elya Gershevitch (ed.), *The Cambridge History of Iran*, Vol. 2, p. 442.

8 亚历山大渡过了阿拉斯河（Araxes）到达波斯波利斯，这条河流也被称为居鲁士河（Cyrus River），而波斯波利斯遗址附近的小河正好流入科尔河中，则科尔河很可能就是古典作家所说的位于波斯地区的阿拉斯河和居鲁士河。

在到达波西斯境内的波斯波利斯后，通往东方的路线因资料匮乏而无法确认。波西斯东面接壤的区域为卡尔马尼亚（Carmania），[1]史籍中仅见自东向西行进时经过此地的记录。亚历山大在东征返回途中经过卡尔马尼亚前往波西斯境内的帕萨尔加德（Pasargadae），[2]随后在苏萨短暂驻留并返回两河流域。[3]安条克三世同样在东征返回时带着150头战象，通过德兰吉亚那到达卡尔马尼亚，并在此过冬，[4]最终经过波西斯的安条克（Antioch in Persis）回到巴比伦。[5]由于亚历山大穿越了南方格德罗西亚的沙漠地区，两人必然采取了截然不同的行军路线。大规模军队的成功通行足以证明卡尔马尼亚地区不会阻碍东西交通。

汉文史籍中，从乌弋山离向西行进的记载只有《后汉书》中的一句“复西南马行百余日至条支”，[6]《后汉纪·殇帝纪》中称“甘英逾悬度、乌弋山离，抵条支，临大海”。[7]目前多数学者认为“乌弋山离”[8]指的是德兰吉亚那和阿拉科西亚两地。[9]按此说法，甘英自东从德兰吉亚那和阿拉科西亚向西南方向前行到达两河流域，必定会经过卡尔马尼亚和波西斯，他的路线可能与安条克三世返程的路线相同。

在帕提亚帝国统治时，波西斯最富盛名的城市始终是波斯帝国时的都城波斯波利斯和帕萨尔加德，卡尔马尼亚是否有一座亚历山大里

---

1 大致位于今伊朗克尔曼省（Kerman）。

2 Arrian, *Anabasis of Alexander*, 6.28.7-6.29.1.

3 Arrian, *Anabasis of Alexander*, 7.4.1;7.7.1.

4 Polybius, *The Histories*, 11.34.13.

5 Susan Sherwin-White & Amelie Kuhrt, *From Samarkhand to Sardis: A New Approach to the Seleucid Empire*, p. 199.

6 《后汉书》卷八八《西域传》，第2917页。

7 （汉）袁宏:《后汉纪》卷一五《孝殇皇帝纪》，北京：中华书局，2002年，第301页。

8 学界虽然认可乌弋山离代表了一座亚历山大里亚城，但是没有任何证据能够说明或暗示这座亚历山大里亚城的具体位置。

9 余太山:《安息与乌弋山离考》，《敦煌学辑刊》1991年第2期，第83页。John E. Hill, *Through the Jade Gate China to Rome: A Study of the Silk Routes during the Later Han Dynasty 1st to 2nd Centuries CE*, p. 21.

亚则长期存在争议。一般情况下，交通网络形成的第一步必须是节点的形成，而具有交通吸引的城市才能承担节点的作用。[1]因此南道不如北道信息丰富的最主要原因应该是城市数量不如北道。不过南道与北道并非是毫无联系的孤立路线。亚历山大正是从帕萨尔加德向北前往米底，[2]转而沿北道进军。继业者战争期间（Wars of Diodochi），安提柯一世（Antigonus I）与攸麦尼斯（Eumenes）之间的战争从南道转移到了北道。[3]斯特拉波也指出，波斯高原上存在多条南北往来的通道。[4]南道与北道的自由转换在汉文史籍中未能体现，两条路线在多处连通可能进一步弱化了沿途缺乏城市的南道的作用。

三　东部边陲区域道路的不同走向

帕提亚立国伊始，东面的大敌为希腊—巴克特里亚王国。在巴克特里亚王国因游牧民族的冲击而灭亡后，帕提亚帝国东部领土同样面临游牧民族的冲击，这使得帕提亚帝国东部的疆域一直处于不稳定状态。米特里达特一世（Mithradates I，约公元前171—前138年）和米特里达特二世（Mithradates II，约公元前123—前88年）都曾发动远征以图整顿帝国东方混乱的局面，[5]帝国控制较为薄弱的东部边界区

1　马俊、荣朝和：《交通网络演进的过程与机制研究》，《物流技术》2012年第2期，第33页。

2　Arrian, *Anabasis of Alexander*, 3.19.

3　具体的战争过程参见Bob Bennett & Mike Roberts, *The Wars of Alexander's Successors*, Vol. II, Barnsley: Pen & Sword Boos Ltd., 2009, pp. 55-88.

4　Strabo, *Geography*, 16.1.18.

5　米特里达特一世从巴克特里亚王国手中重夺塔普利亚（Tapuria）和特拉克希亚那（Traxiana），实际上占领了马尔吉亚那地区。米特里达特二世夺回了德兰吉亚纳和阿拉科西亚的部分土地，伊西多尔记录了在他生活的时期，帕提亚帝国统治阿拉科西亚首府亚历山德罗波利斯（Alexandropolis）的情况。详见A. D. H. Bivar, "The Political History（转下页）

域主要包括马尔吉亚那、阿里亚、德兰吉亚纳、阿拉科西亚和格德罗西亚。

自夏德将汉语资料中的“木鹿”一词比定为马尔吉亚那的安条克后，[1]此结论已被学术界广泛接受。马尔吉亚那的安条克何以声名远播至中国？笔者以为，原因在于其重要的交通价值。除了可以通过陆路前往索格底亚那（Sogdiana，即汉文史籍中的粟特地区）和巴克特里亚之外，在丝路开通前后的时间里，马尔吉亚那的安条克同样拥有内河航运的便利。斯特拉波记载，印度生产的商品能够通过阿姆河（Amu Darya）运输直达里海。[2]塔恩曾认为这条商路不存在，[3]美国学者勒纳（J. D. Lerner）的最新研究否定了塔恩的说法。[4]诸如赫定等西方丝路学者都曾注意到古阿姆河有一条名为凯里夫·乌兹博伊（Kelif Uzboi）的河道，并将其划入丝绸之路的网络之中。[5]这条河道穿越了穆尔加布绿洲（木鹿所在区域）向西注入里海，河道走向与今中亚铁路（Trans-Caspian Railway）和卡拉库姆运河（Karakum Canal）相同。[6]因此在丝绸之路开辟后，马尔吉亚那的安条克自然被纳入了丝路贸易网络之中。

（接上页）of Iran under the Arsacids," in Ehsan Yarshater (ed.), *The Cambridge History of Iran*, Vol.3(1), p. 33; W. W. Tarn, *The Greeks in Bactria and India*, pp. 87-88; Isidore of Charax, *Parthian Stations*, 19, http://www.parthia.com/doc/parthian_stations.htm; R. Schmitt, "Arachosia," in *Encyclopaedia Iranica*, Online Edition, http://www.iranicaonline.org/articles/arachosia.

1 F. Hirth, *China and the Roman Orient: Researches into Their Ancient and Medieval Relations as Represented in Old Chinese Records*, pp. 142-143.

2 Strabo, *Geography*, 11.7.3.

3 W. W. Tarn, *Hellenistic Civilization*, p. 241.

4 勒纳指出，阿伊·哈努姆遗址中出土的地中海式双耳细颈瓶易碎，不利于陆地运输，水运是更为可靠的运输手段。参见Jeffrey D. Lerner, "On the Inland Waterways from Europe to Central Asia," *Ancient West & East*, Vol. 13 (2014), pp. 155-174.

5 ［英］斯文·赫定:《丝绸之路》，江红、李佩娟译，乌鲁木齐：新疆人民出版社，1996年，第213页。

6 Jeffrey D. Lerner, "On the Inland Waterways from Europe to Central Asia," *Ancient West & East*, Vol. 13 (2014), pp. 167-168.

帕提亚帝国另一座重要的交通城市阿里亚的亚历山大里亚[1]坐落在绿洲中心，是向东通往阿拉科西亚道路和向东北通往巴尔赫（Balkh）道路的自然起点。[2]但亚历山大最初的行军计划表明从阿里亚前往巴克特里亚不一定需要经过这座城市，弗雷泽（P. M. Fraser）认为亚历山大在平定萨提巴扎尼斯叛乱之前，试图沿着哈里河谷（valley of Hari River）东去朝巴米扬（Bamiyan）方向追击贝苏斯（Bessus）。[3]巴米扬在中国史籍中首见于《魏书·西域传》，并且通常被认为是中国与印度之间交往路线的重要中介，[4]在帕提亚帝国统治时这条东西方向的通道可能并不为汉朝人所知晓。

沿进入阿里亚的北道继续东行的另一条道路为亚历山大远征时使用的旧道。从阿里亚的亚历山大里亚向南前往德兰吉亚那的普罗弗塔西亚（Prophthasia），然后转向东行，经阿拉科西亚的亚历山大里亚和加扎卡（Gazaca）前往帕罗帕米萨代（高附）。据斯特拉波记载，普罗弗萨西亚[5]是一个重要的交通据点。[6]有学者认为汉文史籍中的排持是普罗弗塔西亚的汉语对译名称，从而将这座城市与亚历山大里亚联系起来，[7]但是没有其他证据表明这座城市曾被称为亚历山大里亚。[8]埃拉托斯特尼（Eratosthenes）在描述从里海门通往印度的路径时表示，以普罗弗塔西亚为起点，在到达帕罗帕米萨代的奥尔托斯帕

---

1 今阿富汗赫拉特（Herat）。
2 P. M. Fraser, *Cities of Alexander the Great*, Oxford: Clarendon Press, 1996, p. 112.
3 P. M. Fraser, *Cities of Alexander the Great*, p. 120.
4 ［日］桑山正进：《巴米扬大佛与中印交通路线的变迁》，王钺编译，《敦煌学辑刊》1991年第1期，第91页。
5 其位置可能在今阿富汗法拉（Falah）。
6 Strabo, *Geography*, 15.2.8.
7 余太山：《安息与乌弋山离考》，《敦煌学辑刊》1991年第2期，第85页。
8 Getzel M. Cohen, *The Hellenistic Settlements in the East from Armenia and Mesopotamia to Bactria and India*, Berkeley: University of California Press, 2013, pp. 284-286.

纳（Ortospana）[1]之前要先经过阿拉科西亚的城市。[2]他和普林尼观点一致，都将奥尔托斯帕纳排除在阿拉科西亚人的城市之外。因此要确定阿拉科西亚首府的位置，必须先接受一个假设，即伊西多尔的亚历山德罗波利斯是斯特拉波和普林尼笔下的阿拉科西亚人（Arachotoi）的城市。[3]加扎卡可能是一座小型商业城镇，而并非一座亚历山大里亚城。[4]

帕提亚的米特里达特二世去世后，塞人在今锡斯坦地区建立了独立的斯基泰国家，德兰吉亚纳从而改称萨卡斯坦。[5]此区域是否存在萨卡斯坦的亚历山大里亚，是学界极具争议的问题。[6]如果我们将阿

---

1 托勒密记载帕罗帕米萨代有一城镇名为卡罗拉（Karoura或Kaboura），并将奥尔托斯帕纳置于同一位置。卡罗拉显然是对本地名字的转译，因此这两座城市可能隔喀布尔河相邻，大致都位于今阿富汗喀布尔（Kabul）。详见Xavier de Planhol, "Kabul," in *Encyclopaedia Iranica*, Online Edition, http://www.iranicaonline.org/articles/kabul-ii-historical-geography. 不过，弗雷泽认为这座城市位于巴米扬地区，详见Getzel M. Cohen, *The Hellenistic Settlements in the East from Armenia and Mesopotamia to Bactria and India*, p. 266.

2 Strabo, *Geography*, 11.8.9.

3 根据现代考古发掘的情况，学界推测这座城市位于坎大哈（Kandahar）。详见Getzel M. Cohen, *The Hellenistic Settlements in the East from Armenia and Mesopotamia to Bactria and India*, pp. 255-256.

4 加扎卡即今阿富汗加兹尼（Ghazni），这座城市长期被怀疑为高加索的亚历山大里亚（Alexandria of the Caucasus）或奥皮亚内的亚历山大里亚（Alexandria in Opiane）。但目前学界多数人倾向于这座亚历山大里亚城位于帕尔万（Parwan）、恰里卡尔（Charikar）和贝格拉姆（Begram）三地围成的区域之中。详见Getzel M. Cohen, *The Hellenistic Settlements in the East from Armenia and Mesopotamia to Bactria and India*, pp. 268-269; Roberta Giunta, "Gazni," in *Encyclopaedia Iranica*, Online Edition, http://www.iranicaonline.org/articles/gazni-.

5 费耐生（R. N. Fyre）和施密特（R. Schmitt）等学者都认为，根据伊西多尔的描述，萨卡斯坦没有包括阿拉科西亚的所有旧地，主要是取代了德兰吉亚那这一旧称。参见R. N. Frye, *The History of Ancient Iran*, Munchen: C. H. Beck, 1984, p. 193; R. Schmitt, "Arachosia," in *Encyclopaedia Iranica*, Online Edition, http://www.iranicaonline.org/articles/arachosia.

6 伊西多尔记载，萨卡斯坦中存在亚历山大里亚和亚历山德罗波利斯城，引发了诸多学者的关注。塔恩和肖夫都将其作为衍文处理，表示这是个错误，应该从萨卡斯坦这一节中删去一个或两个城市名。德罗伊森和塔恩都认为这座城市存在，并且位于坎大哈。科恩（Cohen）认为无从判断这座城市的位置。以上讨论参见http://www.parthia.com/doc/parthian_stations.htm; W. W. Tarn, *The Greeks in Bactria and India*, p. 471; Getzel M. Cohen, *The Hellenistic Settlements in the East from Armenia and Mesopotamia to Bactria and India*, p. 244.

拉科西亚的亚历山大里亚定位于坎大哈，并且肯定伊西多尔对区域的记载是正确的，则坎大哈不可能既在阿拉科西亚又在萨卡斯坦，弗雷泽根据传统通行道路推测这座城市位于扎兰季（Zaranj）。[1]因此，当行人选择南道自西向东行至卡尔马尼亚时，能够经过扎博勒（Zapol）和扎兰季前往阿拉科西亚的亚历山大里亚。

从卡尔马尼亚出发，向南靠近马克兰海岸（Makran）东行，可以穿过格德罗西亚[2]前往印度。因需要穿越沙漠，这一路线的通行条件极为恶劣。亚历山大曾为穿越格德罗西亚沙漠提前做了多项准备措施，[3]但仍然没有阻止部队的大量非战斗减员。普通行人根本没有条件做同样的后勤准备，这条沙漠道路的利用率可想而知。帕提亚帝国之后的历史也证明了这一点，萨珊波斯帝国时期，嚈哒人的西迁和扩张导致印度与萨珊波斯帝国的陆路贸易似乎完全断绝，[4]却没能隔绝萨珊波斯帝国与中国的陆路来往。有学者认为，在北魏恢复经营西域以后，[5]萨珊波斯帝国使节为了进行朝贡贸易而通过陆路前往中国，[6]由

1 P. M. Fraser, *Cities of Alexander the Great*, pp. 138-139.

2 位于今伊朗东南部和巴基斯坦的俾路支斯坦，与印度的分界线在阿拉比乌斯河（Arabius River）和吉尔特尔山脉（Kirthar）。这条河流早年曾被比定为今巴基斯坦普拉利河（Purali River），但现在学界倾向于认定这条河流为今巴基斯坦哈布河（Hab River）。参见Ian Worthington, *By the Spear: Philip II, Alexander the Great and the Rise and Fall of the Macedonian Empire*, New York: Oxford University Press, 2014, p. 260; “Arabius,” in William Smith (ed.), *Dictionary of Greek and Roman Geography*, http://www.perseus.tufts.edu/hopper/text?doc=Perseus:text:1999.04.0064:entry=arabis-geo&highlight=arabius; Willem J. Vogelsang, “Gedrosia,” in *Encyclopaedia Iranica*, Online Edition, http://www.iranicaonline.org/articles/gedrosia-.

3 Arrian, *Anabasis of Alexander*, 6.20.4, 24.4; Strabo, *Geography*, 15.2.3.

4 考古发现的笈多帝国金币大多集中在室建陀·笈多及其之前的诸位君主统治时期（公元330—470年），此后日渐稀少，甚至完全消失，公元470年后金币中黄金的成色多半很低，嚈哒人隔绝了印度与萨珊波斯之间的贸易很可能是重要原因。详见R. S.夏尔马：《公元300年—700年的南亚》，J.赫尔曼、许理和主编《人类文明史3：公元前7世纪—公元7世纪》，中文版编译委员会译，南京：译林出版社，2015年，第367页；W. M.麦高文：《中亚古国史》，章巽译，北京：中华书局，2004年，第245页。

5 公元445年，魏太武帝派成周公万度归经营西域，行人复通。详见《北史》卷九七《西域传》，二十四史点校本，北京：中华书局，1974年，第3207页。

6 荣新江：《丝绸之路与东西文化交流》，北京：北京大学出版社，2015年，第67—68页。

此可见通往印度的格德罗西亚沙漠通道在这段时间里基本没有发挥作用。

帕提亚帝国统治时，能确认经过德兰吉亚那和阿拉科西亚继续西行的汉朝人只有甘英，但《后汉书》不仅没有在乌弋山离和条支之间插入新地名，反而认为“甘英乃抵条支而历安息”。[1]先到条支，后经历安息的描述只能说明甘英在走南道之时，认为自己确实没有经过安息，而只经过了乌弋山离。与此同时，波西斯和卡尔马尼亚以附庸国的形式处于帕提亚帝国的统治下，尚未独立。[2]甘英既然亲自走过南道，波西斯与卡尔马尼亚为何会在汉文史籍中失载呢？笔者以为其中关键可能与帕提亚帝国当时的政治形势有关。

甘英西行的时间是公元97年，此时帕提亚帝国正值帕克罗斯二世在位（Pacorus II，公元78—105年），但巧合的是这位国王的铸币活动截止于同年，其继任国王沃洛加塞斯三世（Vologases III）的钱币最早出现于公元105年。[3]如果根据出土钱币铸造年份判定的帕提亚君主在位时间准确无误，公元97—105年这段时间里帕提亚帝国很可能处于旧君主与新君主交替的混乱局面，因为帕克罗斯二世的钱币不可能无故停止铸造。虽然无从判断这段时间里各附庸国以及东面的印度—帕提亚王国与帕提亚帝国之间的关系，但公元114年罗马皇帝图拉真（Trajan）对帕提亚帝国的入侵确认了帕提亚帝国内部分裂的事实。此时帕克罗斯二世的下落难以确认，沃斯洛埃斯一世（Osroes I）统治

1 《后汉书》卷八八《西域传》，第2931页。

2 Joseph Wisehofer, “Persis, Kings of,” in *Encyclopaedia Iranica*, Online Edition, http://www.iranicaonline.org/articles/persis-kings-of.; Xavier de Planhol and Bernard Hourcade, “Kerman,” in *Encyclopaedia Iranica*, Online Edition, http://www.iranicaonline.org/articles/kerman-historical-geography.

3 A. D. H. Bivar, “The Political History of Iran under the Arsacids,” in Ehsan Yarshater (ed.), *The Cambridge History of Iran*, Vol. 3(1), p. 87.

西部的亚述—巴比伦尼亚，而沃洛加塞斯三世控制着东部的伊朗。[1]因此甘英对于自己西行路线的描述可能受到了干扰。

两汉时期汉文史籍中记载的丝绸之路分为南道和北道，北道可通大宛、康居、奄蔡，南道连接大月氏、安息。张骞凿空之时很可能选择了沿天山南麓翻越帕米尔高原的路径进入大宛（今费尔干纳盆地），[2]从大宛向西穿过在康居控制之下的粟特便可进入帕提亚帝国的边界地区马尔吉亚那。在南面不论是经过瓦罕走廊的南道，还是采取《汉书》中的“罽宾—乌弋山离”路线借道古印度，都能通过帕罗帕米萨代与阿拉科西亚的亚历山大里亚建立联系。在这些可靠路线的保障下，帕提亚帝国东部的边陲地区成为丝绸之路贸易中的首批受益者。[3]

结 语

由于陆路的变迁是一个缓慢的进程，帕提亚帝国内部的交通路线对波斯帝国和希腊—马其顿人诸王国的道路系统和城市存在相当程度

---

1 似乎在公元114/115年，仍有塞琉西亚的造币厂生产了帕克罗斯铜币，此说待考。详见A. D. H. Bivar, “The Political History of Iran under the Arsacids,” in Ehsan Yarshater (ed.), *The Cambridge History of Iran*, Vol. 3(1), p. 88.

2 张骞前往大宛及康居的路径在学界主要有两种说法。一种是从蒙古草原翻越阿尔泰山，沿额尔齐斯河西行，经巴尔喀什湖北岸南下通往费尔干纳盆地，继而前往撒马尔罕；另一种是从居延海向西南斜穿河西走廊，沿天山南麓西行至喀什绿洲，再翻越帕米尔高原到费尔干纳盆地，然后前往撒马尔罕。笔者认为张骞从匈奴逃亡后“西走数十日”，描述大宛所在的方位是“在汉正西”，《史记》中没有张骞自述向南前行到达大宛的记载，沿天山翻越帕米尔高原的路线大体上符合西行的描述。详见丁笃本：《丝绸之路古道研究》，乌鲁木齐：新疆人民出版社，2011年，第58页。

3 如张骞注意到大宛以西的国家既没有丝漆，也不会铸造铁器，但汉朝使者逃亡的士兵投降后，便将炼铁技术带到了中亚。参见《史记》卷一二三《大宛列传》，二十四史点校本，北京：中华书局，1982年，第3174页。

的依赖，以至于有学者认为《帕提亚驿程志》实际上反映了波斯帝国的交通状况。[1]在西部亚述—巴比伦尼亚地区，不同时期路线的重要节点变化明显，主要受到了政治形势变化和地理环境变迁的影响。帝国腹地米底—阿里亚和马尔吉亚那的北道路线长期保持稳定。部分路段如赛米拉米斯之路，历史久远，被长期沿用。在丝路开通后，北道成为狭义丝绸之路中的重要路线，但与3世纪以后负有盛名的呼罗珊大道仍有微弱差别。苏西亚那—卡尔马尼亚南道所能依靠的大路必然是波斯帝国系统修筑的御道，甘英在1世纪时到达波斯湾证明了南道的实用性，但道路沿途城市的匮乏削弱了这条路线的作用。帝国东部边境的东西向道路与亚历山大远征曾走过的路线相差无几，路途上重要的交通据点大多与亚历山大里亚相关。只是关键交通据点的位置尚存争议，致使推测性结论要多于实证性结论。除了格德罗西亚沙漠通道和哈里河谷通道以外，其他路线都成为绿洲丝绸之路交通网络的一部分。

丝绸之路是古代亚欧大陆东西方文明之间进行经济文化交流的重要载体，帕提亚帝国则是丝绸之路上的重要中介。张骞凿空后，帕提亚帝国积极而迅速地与中国展开了政治与贸易来往。在1世纪后半期贵霜帝国崛起之前，帕提亚帝国控制着丝绸之路的大部分陆地通道，获利颇丰。在贵霜帝国参与丝路贸易之后，帕提亚帝国失去了对东部边界地区诸多路线的控制权，也因此丧失了部分贸易优势。具体交通路线的变化与丝绸之路沿线经济文化交流之间的关系值得进一步探究。

1 Henry P. Colburn, “Connectivity and Communication in the Achaemenid Empire,” *Journal of the Economic and Social History of the Orient*, Vol. 56, No. 1 (2013), p. 35.

On the East-West Traffic Routes in Parthian Empire at the Beginning of the Opening of the Silk Road

Li Yiming

Abstract: The specific path of the Silk road is the focus of educational circles in the field of sino-foreign exchanges for a long time. When Zhang Qian came into Central Asia, Parthian Empire which controlled the key routes from Mesopotamia to Central Asia was expanding its territory. From the West to the East, the territory of Parthian Empire could be divided into three regions: Assyria-Babylonia district, Persian hinterland on the Iranian Plateau and the instable border area east of Hyrcania. With Chinese and foreign materials and archaeological results, it can be found that routes of east-west traffic in Parthian Empire maintained stability as a whole from Alexander the Great's Anabasis to 1-2 century when four empires were existing at the same time in Eurasia. After the opening of the Silk Road, most routes became important parts of the Silk Road trade network, but it would be changed on the influences of various factors such as geographical conditions and political situation.

流动的世界：《厄立特里亚航海记》中的海上贸易

王坤霞　杨巨平

（南开大学历史学院）

摘要：如果说中亚是陆上丝路的中枢，印度洋则为海上丝路的中央地带。它通过红海、阿拉伯半岛、阿拉伯海沟通了地中海世界与印度之间的海上商路，《厄立特里亚航海记》所反映的正是公元1世纪以印度洋为中心的海上商业网络。印度洋上的东西方贸易早在公元前三千纪就已经开始，在波斯帝国和希腊化时期得到更大的发展。罗马帝国时期，由于对季风的成熟运用，人们能够从红海出发经过印度洋直航印度；同时造船业、航海技术与港口建设也有所进步，这些条件都大大推动了东西方物产的跨区域流通。从罗马—埃及到印度之间，事实上形成了一个物质文化双向"流动的世界"，从而为海上丝路的全线贯通奠定了基础

《厄立特里亚航海记》[1]（*The Periplus of the Erythraean Sea*，以下

---

1 《厄立特里亚航海记》（希腊语*Περίπλους τῆς Ἐρυθρᾶς Θαλάσσης*，拉丁文*Periplus Maris Erythraei*）又译《红海环航记》。本文主要参照卡森和肖夫本，见Lionel Casson, *Periplus Maris Erythraei: Text with Introduction, Translation and Commentary*, New Jersey: Princeton University Press, 1989; Wilfred H. Schoff, *The Periplus of the Erythraean Sea: Travel and Trade in the Indian Ocean by a Merchant of the First Century*, New York: Longmans, Green, and Co., 1912.

简称《航海记》）所涉地理范围包括非洲、阿拉伯半岛、波斯湾和印度半岛等，主要描述了这些地区的地貌、物产、商贸活动和风土人情，堪称古代印度洋海上贸易指南。学界一度对其年代和作者颇有争议，目前基本认定成书时间为公元1世纪中期（约公元40—70年），由罗马—埃及的某位希腊商人依据亲历见闻所著。[1]针对该书，西方学界不仅有数世纪的译注传统，近年来也有丰富的考古与研究成果问世。前者以肖夫（W. H. Schoff）和卡森（Lionel Casson）两个译注本为代表；后者有"英国考古报告"国际系列之红海和阿拉伯等区域研究专著，涉及相关港口、政治环境、航线、贸易、人口和资源诸多方面。[2]国内学者也从不同的角度关注此书，对其主要内容做了一定的译介工作，[3]研究则集中在贸易港口、通商路线和主要物产几个方面的一般梳理和宏观论述上。[4]然而，无论是海上交流与商路开拓的纵向发展，还是物品在东西方之间的跨区域流通，印度洋海上贸易图景都

1 参见L. Casson, *Periplus Maris Erythraei: Text with Introduction, Translation and Commentary*, pp. 6-10.罗马—埃及指罗马统治下的埃及，公元前30年屋大维打败安东尼并吞并托勒密埃及，后者成为罗马的行省，包括今埃及的大部分（除西奈半岛）。

2 20世纪英译本还有亨廷福德本（G. Huntingford, *The Periplus of the Erythraean Sea*, London: Hakluyt Society, 1980）。关于手稿、印刷本和更多译注本，详见W. H. Schoff, *The Periplus of the Erythraean Sea: Travel and Trade in the Indian Ocean by a Merchant of the First Century*, pp. 17-21. BAR (British Archaeological Reports)出版的红海研究成果以2002年至今大英博物馆等机构召开的一系列红海项目国际会议为基础，阿拉伯研究专著丛书会成立于2004年，旨在研究阿拉伯半岛考古、碑铭、钱币、早期史、人种等。参见Eivınd Heldaas Seland, *Ports and Political Power in the Periplus: Complex Societies and Maritime Trade on the Indian Ocean in the First Century AD*, Oxford: Archaeopress, Available from Hadrian Books, 2010.

3 吴长春从东非海岸文明、商贸特色突出、罗马海上贸易势力等几个方面阐述《航海记》的研究价值，武晓阳则将肖夫本译成中文附于其专著之后。详见吴长春：《〈厄立特里亚海航记〉与西亚东非文明史研究》，《西亚北非》1990年第3期；武晓阳：《斯特拉波"东方世界"探研》，北京：北京师范大学出版社，2015年。

4 郝鹭捷对贸易区的主要港口和货物作了基本介绍，并进一步关注贸易商与路线等，尤其对阿拉伯半岛的香料运输网络进行了整理；杨巨平则在探讨中印交往与海上丝路时涉及印度的主要进出口产品及其来源。详见郝鹭捷：《罗马帝国时期印度洋的海上贸易》，《世界海运》2013年第8期；郝鹭捷、冼先品：《从厄立特里亚航海记看古代西方海上贸易口岸》，《世界海运》2014年第4期；杨巨平：《两汉中印关系考——兼论丝路南道的开通》，《西域研究》2013年第4期。

是一个历史的和动态的“流动世界”。因此本文试图在译注本和其他资料基础上，分别从印度洋周边文明的早期交流到罗马帝国时期航线的基本开通，从物品的原产地经中转地到消费市场的世界性流通，从消费和利益需求、季风规律的发现应用到船只使用与港口建设，分析物品流动的背景和基础、表现和特征以及动力和条件。这种格局的呈现表明，时至公元1世纪中期印度洋商贸圈已真正形成，它联通东西，标志着海上丝绸之路的开启。

一　印度洋海路的探索与开发

（一）早期交流与海路探索

虽然古代文明诞生于相对独立的不同区域，但这并不意味着它们之间彼此隔绝。据铭文记载，拉格什国王乌尔南什（Ur-Nanshe of Lagash，约公元前2520年）曾提及迪尔门（Dilmun）船只从异域为之进贡木材。[1]阿卡德国王萨尔贡（Sargon of Agade，约公元前2300年）自诩“使来自美路哈（Meluhha）、美根（Magan）和迪尔门的船只齐聚阿卡德码头”。[2]拉格什统治者古迪亚（Gudea of Lagash，约公元前2130年）声称美根、美路哈、迪尔门等向其纳贡，并用船运来木材。[3]

1　拉格什位于巴比伦尼亚南部，参见G. Bibby, *Looking for Dilmun*, New York: Alfred A. Knopf, 1970, pp. 46, 49.

2　G. Bibby, *Looking for Dilmun*, p. 219. 迪尔门位于巴林，美根在阿曼的西北，美路哈则在印度河流域，摩亨佐·达罗文明兴盛之地。参见Bruce Warren, “Ancient and Medieval Records of the Monsoon Winds and Currents of the Indian Ocean,” in Jay S. Fein and Pamela L. Stephens (eds.), *Monsoons*, New York: John Wiley and Sons, 1987, p. 139.

3　H. W. F. Saggs, *The Greatness that Was Babylon*, New York: Hawthorn Books, 1962, p. 54. 古迪亚年代参见G. Bibby, *Looking for Dilmun*, p. 219.

如果说两河的海上活动是从阿拉伯半岛东至印度，那么乌尔遗址中的印度柚木和印鉴则表明了印度西行的努力，梵文和巴利文献也证实了达罗毗荼人和后来雅利安人的海上探索。早期吠陀时代，南亚次大陆的居民就同时向西和向东沿海岸线航行了。[1]约公元前1500—前1000年间，或许是由于雅利安人入侵对印度河流域城市的破坏，迪尔门与东方之间的联系逐步终止。二者之间的海上联系恢复于公元前7世纪，但再度绝迹于前5世纪。[2]

埃及方面的探索则是向东前往红海和东非。第五王朝的萨胡尔（Sahure）时期即有埃及船只航行在红海上，第六王朝时期埃及已与蓬特（Punt）建立频繁的陆海联系。第十八王朝女法老哈特谢普苏特（Hatshepsut）于公元前1495年再次远征蓬特，其神庙浮雕铭文描绘了船队从红海出发的场景。[3]后来埃及衰落，腓尼基人势力渗透进入红海，如为所罗门王前往俄斐（Ophir，津巴布韦）带回420塔兰特金子的船队正是腓尼基人操纵的。[4]公元前7世纪末、前6世纪初左右，第二十六王朝的尼克二世（Necho II）又派腓尼基人从红海向南进入印度洋沿非洲前行，最后从直布罗陀海峡返回埃及。[5]波斯帝国大流士一世（Darius the Great）意识到以海路连接波斯与印度、埃及之间的价值，遂遣船队沿印度河出海绕阿拉伯到埃及，此次远征的

1 参见Charles Verlinden, "The Indian Ocean: The Ancient Period and the Medieval Ages," in Satish Chandra (ed.), *The Indian Ocean: Explorations in History, Commerce, and Politics*, New Delhi: Sage Publications. 1987, p. 30；李柏槐:《古代印度洋的交通与贸易》,《南亚研究季刊》1998年第2期，第10页。

2 参见Bruce Warren, "Ancient and Medieval Records of the Monsoon Winds and Currents of the Indian Ocean," in Jay S. Fein and Pamela L. Stephens (eds.), *Monsoons*, p. 140.

3 参见George F. Hourani, *Arab Seafaring in the Indian Ocean in Ancient and Early Medieval Times*, Princeton: Princeton University Press, 1951, p. 7.

4 推罗王希兰（Hiram）曾遣人与所罗门的船队一起出海，参见《列王纪上》9：26-28,《圣经》(和合本)，中国基督教协会，2000年。俄斐位于津巴布韦的马绍纳兰（Mashonaland），参见Carl Peter, "Ophir and Punt in South Africa," *Journal of the Royal African Society*, 1.2, 1902, p. 179.

5 Herodotus, *The Histories*, 4.42. trans. A. D. Godley, London: William Heinemann Ltd., 1975.

船长之一正是希罗多德笔下的“卡吕安达的斯库拉克斯”（Scylax of Caryanda）。[1]

亚历山大（Alexander the Great）征讨之时，尼阿库斯（Nearchus）就曾从印度河河口沿着海岸线到达波斯湾一带，阿奇亚斯（Achias）和安德罗斯特尼斯（Androsthenes）则绕阿拉伯半岛航行。[2]托勒密二世（Ptolemy II）曾进行大规模猎象活动并建立象兵部队，以对抗塞琉古（The Seleucid Empire）。为方便运输和训练象群，他于红海西岸建立了菲洛特拉（Philotera）和贝莱尼凯（Berenice）等海港基地，同时开辟了贝莱尼凯—科普托斯（Koptos）陆上商线，有助于日后海上商路的开拓。[3]他还曾于公元前280年派人探查阿拉伯西海岸，后来更与印度孔雀王朝的阿育王（Asoka）互派使团。[4]托勒密八世在位期间（Ptolemy VIII Physcon, Euergetes II，公元前146—前117年）派遣欧多克索斯（Eudoxus of Cyzicus）等携礼前往印度，由一名来自印度的船员充当向导，他们还带回了香料和无色玻璃，[5]同样证明了希腊化时期印度与埃及之间的海上往来。

早在周边文明兴起之初印度洋上的东西方交往就已经开始，苏美尔人、印度人、埃及人、波斯人、阿拉伯人和腓尼基人等皆扮演过重要角色。印度向西和埃及向东的双向努力，共同推动了希腊化时期希腊人对印度、阿拉伯和埃及之间印度洋的认知和开发，并为罗马帝国时期的进一步拓建奠定基础。

---

1 Herodotus, *The Histories*, 5.33; George F. Hourani, *Arab Seafaring in the Indian Ocean in Ancient and Early Medieval Times*, p. 11.

2 Arrian, *Anabasis of Alexander*, 7.20, trans. E. Ilif Robson, London: William Heinemann Ltd., 1933.

3 参见Stanley M. Burstein, “Elephants for Ptolemy II: Ptolemaic Policy in Nubia in the Third Century BC,” in Philippe Guillaume and Paul Mckechnie (eds.), *Ptolemy II Philadelphus and His World*, Boston: Brill, 2008, pp.141-143.

4 参见Jan Retsö, *The Arabs in Antiquity: Their History from The Assyrians to the Umayyads*, London, New York: Routledge Curzon, 2003, p. 295; Pliny, *Natural History*, 6.58.

5 Strabo, *Geography*, 2.3.4, trans. Horace L. Jones, London: William Heinemann Ltd., 1917.

（二）罗马帝国时期的海陆开发

希腊化时期，西方世界与东方（印度）之间的商路主要有三条：北线为印度—巴克特里亚—黑海；中线为印度—波斯湾—底格里斯河—塞琉西亚（水路）和印度—兴都库什山—巴克特拉—伊朗高原—塞琉西亚（陆路），合为塞琉西亚—两河—安条克—小亚；南线为印度—南阿拉伯—佩特拉—大马士革、安条克或埃及。[1]进入罗马帝国时期，海陆兼行的两条商路仍继续通行。其一，从安条克到帕尔米拉，顺陆路或河运穿过两河流域，入波斯湾后沿海岸线到印度。其二，从地中海沿岸到佩特拉，南下阿拉伯半岛南部，再进印度洋前往印度等地。第一条路线中，就国家关系而言，帕提亚帝国（Parthia Empire）是与罗马争夺两河流域与波斯湾头的强劲对手，双方时战时和，而罗马只有在势盛之时才占优势；[2]就贸易成本而言，帕提亚帝国境内沿途税费繁重；[3]就环境而言，陆上部分有沙漠商道和河运两种选择，但前者耗时良久、水源有限，后者春泛洪灾、冬有雨季。[4]第二条路线所涉陆路是阿拉伯内陆运输网，主要用于运送乳香和没药，就国家关系而言，萨巴（Saba）、格尔哈（Gerrha）、哈德拉姆特（Hadramaut）、卡塔巴尼斯（Catabanes）、格巴尼泰（Gebbanitae）和

1 参见杨巨平：《亚历山大东征与丝绸之路开通》，《历史研究》2007年第4期，第153页。

2 参见张绪山：《罗马帝国沿海路向东方的探索》，《史学月刊》2001年第1期，第88页。肖夫认为，《航海记》时期罗马与帕提亚正在交战，所以没有详写与波斯湾的贸易，且当时波斯湾重要港口阿波罗古斯（Apologos）和奥玛纳（Omana）都在Persis手中（名义上属帕提亚，但实际上自治并发行钱币）。参见W. H. Schoff, *The Periplus of the Erythraean Sea: Travel and Trade in the Indian Ocean by a Merchant of the First Century*, p. 14; L. Casson, *Periplus Maris Erythraei. Travel and Trade in the Indian Ocean by a Merchant of the First Century*, pp. 174, 180.

3 一般情况下帕提亚对过境商品收税，但有时也会撤销关税。参见王三三：《帕提亚与丝绸之路关系研究》，南开大学博士学位论文，2014年，第128、139页。

4 参见 Eivind Heldaas Seland, "Palmyrene Long Distance Trade," in Mariko Namba Walter and James P. Ito-Adler (eds.), *The Silk Road: Interwoven History*, Cambridge, Mass.: Cambridge Institutes Press, 2015, pp. 106, 122.

纳巴泰（Nabataea）等不同势力在阿拉伯半岛上各据其地，与罗马的关系因利而变；[1]就贸易成本而言，乳香从格巴尼泰（今也门东部）到加沙一带途经65个换乘站，抵达地中海沿岸之前的途中为水、饲料和住宿等开支所耗达688第纳尔/每骆驼。[2]这两条商路的陆路段都比较漫长，环境、安全、政治、费用等影响因素复杂多样。尼罗河—红海—印度洋—印度的商路则以海路为主，尽管前往印度的海路也有港口税与盗匪问题，但其总体优势更大。[3]埃及已经纳入罗马帝国版图，无论是希腊人还是埃及人，都可以从埃及经红海和印度洋直达印度。

罗马帝国埃及境内陆路段主要由尼罗河水运网和沙漠商路组成。尼罗河与红海之间本有天然运河相连，后来因水位变化、淤泥沉积而无法通航。尼克二世、大流士一世和托勒密二世先后重建，仍未能维持到罗马帝国早期。其后，图拉真对其再度修缮，但持续时间不得而知。[4]《航海记》时期，尼罗河到红海之间主要以陆路相通。地中海世界与埃及的商品首先沿“亚历山大里亚—坎尼波利斯（Caenepolis）/科普托斯—红海沿岸海港”的路线转运。商船从亚历山大里亚（一般从附近的尤利欧城，Iuliopolis）出发，顺仲夏风沿尼罗河向南十二天可达科普托斯，此处尼罗河开始向东折，故其离红海海岸最近。从科普托斯出发，货物用骆驼或篷车沿设有给养站的路线穿越沙漠，[5]向北或东北行约六七天到密奥斯·荷耳摩斯港（Myos Hormos）或往东南走十二天左右抵贝莱尼凯；坎尼波利斯距离科普托斯不远，商队也可

1 参见E. H. Warmington, *The Commerce between the Roman Empire and India*, Cambridge: Cambridge University Press, 1928, pp. 11-17.

2 Pliny, *Natural History*, 12.63-64, trans. H. Rackham, London: William Heinemann Ltd., 1945.

3 参见Neilson C. Debevoise, *A Political History of Parthia*, Chicago: The University of Chicago Press, 1938, p. 204.

4 参见John P. Cooper, “Egypt’s Nile-Red Sea Canals: Chronology, Location, Seasonality and Function,” in Lucy Blue, et al. (eds.), *Connected Hinterlands*, Oxford: Archaeopress, 2009, p. 197.

5 此段路程多夜间赶路，因仲夏时节日间高热，暑气大，普林尼对中间所停留站点及距离有详细记载。见Pliny, *Natural History*, 6.103.

由此向北到达到密奥斯港。[1]船只在7月左右从埃及的密奥斯·荷耳摩斯港或贝莱尼凯出发，顺北风直达曼德海峡后再顺西南风穿过亚丁湾。较好的时机是10月中旬或11月初，待季风稳定下来后到达瓜达富伊角（Cape Guardafui）[2]。从瓜达富伊角向南趁东北季风的助力最远可达拉普塔（Rhapta）[3]。这是从埃及到拉普塔的非洲航线。

《航海记》还提供了一条沿阿拉伯半岛航行的近岸航线，同样从密奥斯·荷耳摩斯港出发，横过海域到达阿拉伯沿岸。9月或更早的时候可趁偏北风驶往穆扎（Muza），再出亚丁湾沿半岛东岸航行至波斯湾附近或印度，商人可依据目的地灵活安排航线。从沿海岸线行驶到直航印度，中间经历了一个探索的过程：首先公元前325年左右开始有尼阿库斯航路，从印度顺海岸线到波斯湾；然后是欧多克索斯路线，它正式通航的时间约为公元前100—前75年，从阿拉伯的叙亚格鲁斯（Syagrus，今法塔克，Ras Fartak）借助西风到印度河三角洲的帕塔拉（Patala）；约公元前75—公元25年，人们可由阿拉伯同一地方到达印度的西格鲁斯（Sigerus，或为今Jaigarh）；到《航海记》时期，船只可从卡奈（Kane，今也门Hisn Ghorab）或香料海角（瓜达富伊角）出发，前往穆兹里斯（Muziris）等印度南部港口。[4]不过普林尼认为最佳启航点应为科拉（Cella，即《航海记》中曼德海峡附近的奥克里斯，Ocelis）。船只抵达印度后，卸货交易并采买收集当地物产。

1 Pliny, *Natural History*, 6.104; Strabo, *Geography*, 17.1.45; E. H. Warmington, *The Commerce between the Roman Empire and India*, p. 6.

2 即12节所提“香料海角”，位于非洲之角最东端。参见L. Casson, *Periplus Maris Erythraei: Text with Introduction, Translation and Commentary*, p. 129.

3 今坦桑尼亚达累斯萨拉姆附近，参见L. Casson, *Periplus Maris Erythraei: Text with Introduction, Translation and Commentary*, p. 141.

4 地点见洛布丛书与肖夫注释，W. H. Schoff, *The Periplus of the Erythraean Sea*, pp. 129, 23. 航线见Pliny, *Natural History*, 6.101, 104; P. H. L. Eggermont, *Alexander's Campaigns in Sind and Baluchistan and the Siege of the Brahmin Town of Harmatelia*, Leuven: Leuven University Press, 1975, p. 165. 从曼德海峡到穆兹里斯（克兰伽诺勒），普林尼的说法是40天，卡森纠正为20天。参见Pliny, *Natural History*, 6.104; L. Casson, *Periplus Maris Erythraei: Text with Introduction, Translation and Commentary*, p. 289.

至于返程，一般趁12—1月的东北季风离开印度，进入红海后借西南风或南风返回埃及。[1]

根据公元2世纪中期的穆兹里斯纸草，货物回到埃及本土后的路径与出海前的旅程相差无几，只是方向相反，即红海港口—沙漠商路—科普托斯—尼罗河—亚历山大里亚。[2]罗马对外贸的管理主要体现在税收上。从马可·奥勒留颁布的“亚历山大里亚进口关税物品表”参见表1可知，进入埃及境内的商品要纳税（一般为1/4的实物税），像亚历山大里亚可同时收取进出口税，贵重物品则收取较多的关税，对此国家有垄断权。[3]实际上，除了上文的科普托斯线路，沙漠商路还有许多支线，罗马皆沿线设下军事堡垒，可起到保护作用。[4]

随着罗马帝国的建立，地中海世界与东方的交通网络更加丰富，尤其是海上联系渠道的多样化，对地处东西之间的印度洋商贸圈而言意义重大。

二　东西方物产的世界性流通

在海陆相连的商路上，物品流转于东西方之间，物产来源的丰富性和多样性则是其流通于世界各地的基础。《航海记》中，作者详实记

---

1 普林尼指出返航的时间在12月至1月13日之前，尽量在（埃及历）同一年内赶回去；普林尼错误地将东北季风写成东南季风，已被英译者指出。见Pliny, *Natural History*, 6.106.

2 参见L. Casson, *New Light on Maritime Loans: P. Vindob. G 40822*, Aus: Zeitschrift Für Papyrologie Und Epigraphik, Bd. 84, 1990, p. 200.

3 Strabo, *Geography*, 17.1.13; L. Casson, *Periplus Maris Erythraei: Text with Introduction, Translation and Commentary*, p. 14.

4 尼罗河和红海之间所有陆路的文字描述，详见E. H. Warmington, *The Commerce between the Roman Empire and India*, pp. 7-8. 具体路线及罗马沿途要塞图，详见Ian Shaw (ed.), *The Oxford History of Ancient Egypt*, New York: Oxford University Press, 2000, p. 427.

录了非洲、阿拉伯、波斯湾、格德罗西亚（Gedrosia）[1]及印度等地的物产信息。非洲地区可以曼德海峡为界，埃及本土出产小麦、布料、衣物、玻璃制品等，从埃及到曼德海峡这一段的内陆与沿海出产象牙、犀角和玳瑁；曼德海峡以南的索马里半岛特色产品为没药、乳香，兼有转运而来的不同品级和种类的肉桂与桂皮。阿拉伯和东非一样，也出产乳香和没药，《航海记》中的“乳香之国”正是阿拉伯的哈德拉莫特（Hadhramaut）。普林尼认为索马里一带的野生没药质量最上乘，阿拉伯各地所产次之；阿拉伯南部产芦荟，东部有黄金等。[2]波斯湾口附近产玳瑁和珍珠贝，波斯湾一带还产枣、酒。格德罗西亚出产麦、葡萄酒、稻米和枣。印度西北沿海与内陆产麦、稻米、芝麻油、棉花、棉布、黄油、蔗糖；北部和内陆产玛瑙、绿松石、水晶、钻石、蓝宝石、棉布衣饰与织物及香料（闭鞘姜、没药树脂、甘松香等）；南部有胡椒和三条筋叶；东北与恒河地区有珍珠、象牙、甘松香、布料、三条筋叶和金矿。更远的克里塞（Chryse）和秦那（Thina）[3]产玳瑁、三条筋叶和丝绸绢物。此外，未出现于书中的西方世界也有物产流入印度洋商圈，如地中海的橄榄油，小亚、南欧和地中海东岸的番红花与苏合香，意大利和劳迪凯（Laodicae）的葡萄酒等。[4]

物产的流通直接体现在货物的跨区域交流上，有的物品的交易在原产地附近，有的则分布在原产地以外的地方。

第一，食物饮品类。印度的米、麦、黄油、蔗糖沿近岸航线贩至

---

1 格德罗西亚是今巴鲁吉斯坦（Baluchistan）的希腊化名称，即亚历山大大军返程时尼阿库斯经过的沿海地带。参见F. W. Walbank, *The Hellenistic World*, Cambridge, Mass.: Harvard University Press, 1981, p. 35.

2 *The Periplus of the Erythraean Sea*, 27; Pliny, *Natural History*, 12,68. 哈德拉莫特位于阿拉伯南部，今也门的位置，其命名和历史颇有争议。

3 克里塞通常指缅甸到马来半岛或苏门答腊岛一带。至于秦那，卡森认为“Thina”（原文是宾格形式，主格可能是θίς，This）和托勒密的“Sinai, Thinai”（Ptolemy, 7.3.6）都源自梵语Ch’in，即中国的秦王朝。参见L. Casson, *Periplus Maris Erythraei, Travel and Trade in the Indian Ocean by a Merchant of the First Century*, pp. 235, 238.

4 以上参考《航海记》原文与卡森、肖夫注释。

阿拉伯或者直接运到索马里和东非，埃及的粮食主要供罗马和西方世界消费，也有部分流入东非与阿拉伯。葡萄酒来自意大利和劳狄西亚（Laodicea）等地中海地区，经由埃及可转运到东非、阿拉伯南部甚至印度的市场，波斯湾市场上有原产的枣酒或转运自西方的葡萄酒，出口到印度和阿拉伯。

第二，布料衣物类，包括布料、衣饰和成衣。埃及的布料、斗篷和衣物运往东北非、阿拉伯，五色腰饰和成衣出现在印度市场。非洲或波斯湾的紫色衣料[1]运到阿拉伯和印度。印度的棉衣、棉布、锦葵色衣物、腰带、斗篷运往埃及、东非、阿拉伯。赛里克毛皮、丝绸、恒河棉衣等经埃及进入罗马帝国。

第三，家用物品和器具类。埃及的玻璃器皿销往东非和印度。蜜色黄铜器皿、铜炊具、饮器、斧、锛、刀、锥等都出现在东非进口市场上。供非洲、阿拉伯和印度当地国王或统治者消费的上等铜器、金银器、雕像，可能出自埃及或罗马。

第四，原材料类，包含饰品原料、宝石、（贵）金属、木材、石料等。产自红海地区的东北非、南阿拉伯和印度的象牙、玳瑁和犀角，来自阿富汗等中亚地区的青金石（经印度和埃及转运），印度的钻石、甘松香、绿松石、玛瑙、水晶、蓝宝石，都流入罗马和西方世界，来自地中海的珊瑚则返运往阿拉伯和印度等地，非洲出口的象牙、玳瑁和犀角在阿拉伯地区二次出口到印度等。金属类主要是铁、铅、锡、铜、金等。[2]埃及商人将铁运到东北非以制作打猎和作战用的器具，印

1 紫色染料来自骨螺分泌的黏液，据说最初由腓尼基人发现。普林尼称亚洲的推罗、非洲的Meninx和Gaetulia以及欧洲的拉科尼亚出产的紫色染料质量最好。因此出现在穆扎的紫衣应来自埃及或非洲，波斯湾的紫衣当来自腓尼基人。Pliny, *Natural History*, 9.60-61.

2 金属的流通情况存在一些问题，有的区域本地或附近并不缺乏某种金属，却因种种不明原因仍需进口，比如印度有铅矿石，而可能由于开采方式的问题需进口；阿维利特斯、卡奈和巴吕伽扎的市场上出现西方的锡，但孟加拉、泰国和马来等与印度有密切往来的地方产锡；印度本身有铜矿，但也需要从西方进口。参见L. Casson, *Periplus Maris Erythraei, Travel and Trade in the Indian Ocean by a Merchant of the First Century*, pp. 28-29.

度的铁因质量较好而出口到东非甚至罗马。西方的铅运到印度，西方的赤铜出口到阿拉伯南部和印度，可能来自西班牙等地中海地区的锡运到非洲、阿拉伯和印度。阿拉伯东部和恒河一带出产黄金，罗马金币出口到印度，金银器则出口到东非、阿拉伯和印度。印度的柚木、黄檀、乌檀运到波斯湾等地。白色大理石原本只在阿拉伯南部，后来爱琴海上的帕罗斯（Paros）岛也有出产，不过书中仅出现在穆扎的市面上，故可能主要来自阿拉伯，毕竟石料沉重宜于就近运输。

第五类，香料药物类。阿拉伯和非洲的乳香、没药运到印度和西方；印度的闭鞘姜、甘松香、儿茶、三条筋叶、胡椒等直接销往罗马；索马里沿岸的肉桂和桂皮原产地应为中国南部和东南亚，[1]也运往罗马；地中海的草木犀销往印度，剩余后准备再次转运到罗马；小亚和南欧的番红花、雌黄、苏合香等运往阿拉伯和印度等地，有的（苏合香）甚至远达中国；印度的紫胶染料及一些药物运到非洲等。[2]当然，这些只是古代印度洋贸易的冰山一角，东方与地中海世界之间的实际交往远不止于此。

《航海记》描绘出一幅印度洋上物品周转于东西之间的繁忙景象，呈现出一个各地物产多向流动的世界。

首先，物品的种类繁多，覆盖广泛。按照功能可分为饮食、衣料、器具、原料、香药等。其中香药、宝石和贵金属本身就属于奢侈品，其他类别的某些物品因加工程度高而同样跻身珍品行列，如衣料中的昂贵丝绸、紫色布料和精美华衣，器具类的精致金银器和雕像。因此，物品按照价值又可分为奢侈品和生活必需品，可针对不同消费群体，但又与按功能分类有所重叠。

---

1 肉桂和桂皮原产地为中国、东南亚和印度，经由阿拉伯或印度船只从印度转运到西方，许多古典作家曾因中间商和转运地将东非和阿拉伯误认为原产地。参见 J. Innes Miller, *The Spice Trade of the Roman Empire, 29B.C. to A.D. 641*, Oxford: Clarendon Press, 1969, pp. 42-47, 74.

2 根据《航海记》原文及肖夫、卡森注释。

其次，物品在各贸易区域之间有不同的流通渠道，但都因原产地和消费地之间的距离导致空间差。物品产源与市场之间的距离有远近之分，远如中国的丝绸、中国和东南亚的肉桂销往罗马，中间要经过印度、阿拉伯、东非和埃及等中转地；近似小亚的番红花运往阿拉伯，阿拉伯的乳香和印度的木材运到波斯，埃及的衣料与金属运往东非和对岸的阿拉伯市场等。

再次，物品原产地、中转地和消费市场之间的空间距离又使得贸易出现时间差。《航海记》中既涉及红海两岸之间、阿拉伯沿岸与波斯湾和印度西北的近距离交易，又描绘了物品在东非和阿拉伯与印度之间的远洋贸易。商人们在进行近岸交易时通常驾驶不同类型的当地小船，远洋贸易则需大船。此外，季风因素也会影响船只出海的时机，进而导致各航线耗时不同，如从货运和天气因素考虑，埃及出发到拉普塔的最远非洲之行来回可能要两年之久，而埃及与印度之间的直航以及波斯湾与印度的近岸航线都只需一年左右。[1]

复次，依照支付方式的不同，交易分为物物交换和货币交易两种，视贸易地点而定。《航海记》中阿维利特斯（Avilites）和从马劳（Malao）到欧珀奈（Opone）的东非港口出现罗马钱币（δηνάριον，第纳尔），因住在这些地方的某些希腊和罗马人经商所需；巴里加扎（Barygaza，婆卢羯车）的罗马金银币（δηνάριον χρυσοῦν καὶ ἀργυροῦν）则用于“交换当地货币以获取一些盈利”，即货币本身作为一种商品出售，有说法认为当地的统治者将其熔掉重铸为自己的货币。[2]巴巴利孔（Barbarikon）和穆扎等出现一般钱币（χρῆμα）。至于

---

1 L. Casson, *Ancient Trade and Society*, Detroit: Wayne State University Press, 1984, pp. 188, 191. 郝鹭捷：《罗马帝国时期印度洋的海上贸易》，《世界海运》2013年第8期，第56页。

2 沃明顿（Warmington）和威尔逊（MacDowell-Wilson）等认为，当时掌控巴吕伽扎的印度—斯基泰统治者Nahapana发行的银币正是“当地货币”，但卡森对此持有异议，认为这样就无法解释金币的交换问题。参见L. Casson, *Periplus Maris Erythraei, Travel and Trade in the Indian Ocean by a Merchant of the First Century*, p. 209.

以物易物的方式，如埃及商人以器具、金属和布料换取非洲的象牙、玳瑁和香料，印度也存在类似支付方式。[1]

最后，无论是贸易区还是贸易中心，印度洋商圈中已经出现比较明确的角色分工。中国和东南亚等地属于间接产源，其物产在《航海记》时代尚需经印度等地区转运到西方；印度和阿拉伯、非洲皆兼任产源、货物中转地和市场等多重身份；罗马是西方消费主体，但也是部分原料和精加工物品的提供方。环印度洋的几个主要贸易区非洲、阿拉伯、波斯湾和印度等，皆有一至三个不等的大型转运枢纽和商贸中心，各地方势力对重要港口有着不同程度的管理。

从交易范围看，所涉物品东及中国的丝绸，西到地中海的金属矿产与葡萄酒、橄榄油等，各商贸中心的物品来源显示交易辐射范围远远超出印度洋周边地区，具有国际属性。从物品流通的程度看，有的是原产地—消费市场，有的是原产地—中转地—消费市场，有的则属于二次出口，形成了多层次的流通格局。由此可见，到公元1世纪中期左右，以印度洋为中心的海上商贸圈已然形成。

三　印度洋商贸圈的最终形成

比起早期的印度洋贸易格局，公元1世纪最大的变化莫过于罗马更积极地参与其中，实现了罗马—埃及与印度之间的直航，给印度洋商贸圈注入了新的活力。从托勒密时代的不足20艘到斯特拉波所言（每年）有多达120条船前往印度，海上贸易规模不断扩大。[2]普林尼

1　*The Periplus of the Erythraean Sea*, 6, 8, 24, 39, 49; L. Casson, *Periplus Maris Erythraei, Travel and Trade in the Indian Ocean by a Merchant of the First Century*, pp. 29-31.

2　Strabo, *Geography*, 2.5.12; 17.1.13.

号称印度不到一年，就可从罗马吸金5000万塞斯退斯（sesterces），印度、赛里斯（Seres）[1]和阿拉伯每年可从罗马获得1亿塞斯特斯。[2]虽然普林尼的数据因道德训诫而有夸张成分，但贸易额之巨可窥一斑。而要实现这种初级“世界市场”[3]物产大流动，除了更快捷的海上商路和丰富的物品来源之外，尚需其他动力与条件。

首先，不同主体在多种目标驱使下积极参与到流动的商业世界中。交易的目的不外乎盈利与满足消费需求，但在不同对象上有所区分。古典世界公民权及其附加值与土地密切相关，直接参与到商业活动链条（包括制造、贩卖和运输）中的工匠、商人和船员虽然也有公民，但绝大部分还是外侨、自由民甚至奴隶。[4]对个人而言，海外贸易的利润即是目的本身，《航海记》的作者可能就是代表之一。富豪家族往往在各港镇设有代理人，助其经营海外贸易事业。如某位盖尤斯·诺巴努斯出身罗马显赫世家，在埃及持有产业并于密奥斯港设有代理；马库斯·尤里乌斯·亚历山大或为居住在亚历山大里亚富有犹太家族的成员之一，在密奥斯和贝莱尼凯港都有代理人。出海资金来

---

1 贺拉斯认为赛里斯与帕提亚和巴克特里亚相邻（Horace, *Odes*, 3.29.25-28），斯特拉波说它与巴克特里亚接壤（Strabo, 11.11.1），梅拉（Pomponius Mela）认为亚洲北、中、南部依次为斯基泰、赛里斯和印度，赛里斯东部濒海（Mela, 1.2），普林尼与之类似（位于东方濒海、斯基泰之南，见Pliny, *Natural History*, 6.54, 88），托勒密则认为赛里斯与秦那北部接壤（Ptolemy, 7.3）。塔恩认为赛里斯是巴克特里亚希腊人和中国人之间的居间民族，有的学者则认为古典作者所指位置正是中国，但民族可能包括“蓝眼睛”高加索人种。（后一种观点塔恩并不认同。二说均见W. W. Tarn, *The Greeks in Bactria and India*, pp. 110-111.）笔者以为赛里斯地理位置或许与中国有重合或相近，但其人乃是中亚与中国之间负责转手贸易的某族。参见Samuel Lieberman, “Who Were Pliny’s Blue-Eyed Chinese?” *Classical Philology*, 52.3, 1957, pp. 174-176.

2 Pliny, *Natural History*, 6.101; 12.83.

3 芬利（M. I. Finley）认为“世界市场”的内涵不仅包含远距离的物品交易，还有经济主导领域（如食物和金属）内的连锁行为和广域互动。但从物品交换的角度，《航海记》时期已经实现了希腊和罗马人已知世界内的国际商品流通，故本文称为初级“世界市场”。参见M. I. Finley, *The Ancient Economy*, Berkeley and Los Angeles: University of California Press, 1973, p. 34.

4 参见A. H. M. Jones, *The Roman Economy: Studies in Ancient Economic and Administrative History*, Oxford: Basil Blackwell, 1974, pp. 43, 53.

源不仅限于埃及的投资人，还可能来自罗马以外其他商贸中心的代理人。[1]对家族来说，间接海外贸易是保持名利权位的经济基础之一。但从国家的角度而言，海上贸易的动力更多出自消费需求，尤其是上层社会的生活需求。一方面，罗马主要人口构成为农民，农业税占国家收入90%以上，手工业和商业尤其是外贸在经济结构中所占比重较小。[2]另一方面，从印度洋贸易的整体消费来看，货物除了丝绸、香料、宝石等奢侈品，也有器皿、金属、粮食、衣物等日常用品，贸易对象相应就有上层社会和普通民众之分，《航海记》中还明确提到一些精美器皿和紫衣华服专供国王或酋长所用。因此，多样化的消费需求构成海外贸易的直接动力。

其次，季风规律的逐步认识与成熟应用，是海上商路进一步开辟的关键。依据古代记录，顺风与逆风条件下，古代船只的速度几乎相差一倍——船速分别在2.7—6.2节（knot）和1.5—3.3节之间。[3]因此，季风规律的重要性不言而喻。西北印度洋上冬有东北季风，夏有西南季风；红海地区夏季盛行北风，冬季南风。[4]季风变换之间，商人们可依据经验随机应变。（参见表2）实际上，人们早已对季风有着懵懂认知。除了上文提到的美索不达米亚和阿拉伯及印度的早期往来情况之外，一些巴比伦尼亚商业文档中也记载了前往美根和迪尔门的航海活动，它们都清楚地标记着苏美尔月份。其中最早的（公元前2031年）拉伽什档案中的“se-KIN-kud”，正是波斯湾上往东南航行最有利风向盛行的2—3月。另一份从迪尔门返航后到乌尔的宁伽尔

1 参见L. Casson, *Periplus Maris Erythraei, Travel and Trade in the Indian Ocean by a Merchant of the First Century*, pp. 22-23.

2 参见A. H. M. Jones, *The Roman Economy*, pp. 30, 83, 190.

3 节为速度单位，1节即每小时一海里，速度统计详见L. Casson, “Speed under Sail of Ancient Ships,” *Transactions and Proceedings of the American Philological Association*, 82, 1951, pp. 139-145.

4 参见L. Casson, *Periplus Maris Erythraei, Travel and Trade in the Indian Ocean by a Merchant of the First Century*, p. 283.

(Ningal）女神庙缴纳什一税的记录，其中“ne-ne-gar”对应的7—8月则是从迪尔门出发往西北航行的最佳时机。[1]这些航海记录虽未明确指出季风规律，但显然已开始有意识地应用有利的主导风向进行海上活动。直至亚历山大远征结束后，尼阿库斯重走往昔的印度—美索不达米亚航道，他在准备航行之前对印度河河口附近时节和风向的关系概述、出海时机的判断以及“ἐτησίαι ἄνεμοι”（trade winds）的使用等等，无不表明其对盛行风季节性变向的特点有所知晓，但可能尚未明晰季风的整体范围和规律。[2]而后，普林尼提到从科拉出发到印度的航线以及从印度返回的时机和可利用的风向，至此罗马人对季风的认知已经形成。[3]《航海记》所叙信息不仅与之相符，还指出托勒密时代晚期（约公元前70年）希帕卢斯（Hippalus）如何首次正确利用季风直航到印度，而西南季风的希腊名称就来自其名。[4]自此，罗马也掌握了如何更加安全快捷前往印度的途径。

再次，船只的多样性、专业性和安全性是海上贸易的交通基础。《航海记》中最常用的商船名称是“πλοῖον”（4，9，10，19，32，39，57），可译为“帆船”（有时也指战舰）；“σκάφη”，即小船、驳船或河舟，可进入空间较小的泊船地或进行短距离运输（3，33）；

---

1 参见Bruce Warren, “Ancient and Medieval Records of the Monsoon Winds and Currents of the Indian Ocean,” in Jay S. Fein and Pamela L. Stephens (eds.), *Monsoons*, pp. 139-140.

2 Arrian, *Anabasis of Alexander*, 6.21; 8.21, 22.

3 Pliny, *Natural History*, 6.104, 106; Bruce Warren, “Ancient and Medieval Records of the Monsoon Winds and Currents of the Indian Ocean,” in Jay S. Fein and Pamela L. Stephens (eds.), *Monsoons*, pp. 140-142.

4 阿拉伯人和印度人早于西方人发现并使用季风，希帕卢斯是第一个利用季风直航印度的希腊或欧洲人。但斯特拉波将之归于欧多克索斯。有学者认为希帕卢斯是欧多克索斯远征队的一员。参见*The Periplus of the Erythraean Sea*, 57; Bruce Warren, “Ancient and Medieval Records of the Monsoon Winds and Currents of the Indian Ocean,” in Jay S. Fein and Pamela L. Stephens (eds.), *Monsoons*, pp. 137-142; L. Casson, *Periplus Maris Erythraei: Text with Introduction, Translation and Commentary*, p. 224. 希帕卢斯的时代见M. P. Charlesworth, “Some Notes on the Periplus Maris Erythraei,” *The Classical Quarterly*, 22.2, 1928, p. 94.

“σχέδιος”，指筏子，《航海记》提到的充气皮筏用于横穿海峡和陆海转运（7，27）；拉普塔附近有“ῥαπτός πλοιάριον”（“缝制的小船”），指绳子扎成的筏子，类似的还有奥玛纳的“μαδαράτε”（15，36）；“μονόξυλος”（独木舟）可捕鱼和捉龟，“σάγγαρον”则是一种原木轭连而成的船筏（15，60）；“ἐφόλκιον”（船载小艇），货船（16，33）；“τράππαγα”和“κότυμβα”是因巴吕伽扎海湾附近泊船困难而设的引航船，“κολανδιοφωντα”则是印度南部驶往恒河与克里塞的大船（44，60），等等。至于船只规模，因古代长度标准不一，有时用载重量（talent）单位来表示。小船约有70—80吨位，希腊化时期最大船只可承重1700—1900吨，而后来往返于亚历山大里亚和罗马之间的运粮船均重1300吨。[1]红海区域内、东非沿岸、阿拉伯和印度近海区域都有当地人驾驶小船近海交易的记录。因为要经受肆虐的西南季风和印度西海岸的暗流险滩，直航印度时往往需要坚固的大船，不仅载重量大，而且船体坚固，甲板由数以千计的榫卯相接，同时为安全起见，风帆是悬于较短主桅上的宽大方帆。这也间接表明直航印度路线的参与者可能来自权贵富豪甚至官方的授意。[2]船上人员等级分明，以船主或租船人（ναύκληρος）为首。当船主或租船人为外侨时，可能亲自出海，但绝大多数情况下船长为雇佣的专业人员。船长（κυβερνήτης）负责领航员（πρῳρεύς）和海员（ναῦται）的聘任、货运客运和船只的运转等。领航员负责船只的运作，水手长（τοίχαρχος）具体执行指令并下辖货运员（περίνεος）及其他助手。此外，大船上还配备后勤、木匠与护卫等，普林尼曾提及穆兹里斯港四周盗匪横行，故船上备有弓箭手。[3]

最后，沿海港口和市镇的建设与管理使之成为海上贸易的流通基

1 L. Cassion, *Ships and Seamanship in the Ancient World*, Baltimore and London: The Jones Hopkins University Press, 1995, pp. 170-173.

2 L. Casson, *Ancient Trade and Society*, pp. 284-285.

3 Pliny, *Natural History*, 6.101, 105; L. Cassion, *Ships and Seamanship in the Ancient World*, pp. 314-332.

地和物质保障。一方面，港口的基础设施建设是其运营的前提。公元前4世纪的雅典带有廊柱的石码头为商品存储和交易提供了空间；希腊化时期的港口规模扩大，布局也更系统化，以亚历山大里亚港的法罗斯（Pharos）灯塔为代表的灯塔是最重要的变化；罗马的贡献一是混凝土的水下运用，二是混凝土拱形防波堤及其码头的营造。[1]另一方面，统治者以不同方式管理港口和市镇，主要是管控和保护两方面。《航海记》中出现的港镇有三种，“ἐμπόριον”（市镇）不仅指可抛锚的港湾，更是提供买卖服务的地方，侧重商品交换和市场功能。“λιμήν”和“ὅρμος”都是港口，但前者有时指条件优良的大型港口，后者偏重可做港湾的地形条件，二者有时通用。[2]作者在描述它们时主要用到“ἀποδεδειγμένος”（指定的）、“νόμιμος”（合法的）和“ἔνθεσμος”（批准的）等修饰语。“指定港口”（ἀποδεδειγμένος ὅρμος）有米奥斯港、贝莱尼凯和莫斯卡（Moscha），它们附近有政府的安保力量可御盗匪；“合法市镇”（ἔνθεσμον ἐμπόριον）强调政府保护，如印度西海岸的卡利埃纳（kalliena）沦为印度南北势力争斗的阵地；“法定市镇”（ἐμπόριον νόμιμον）偏重管控，有阿杜里斯（Adulis）、穆扎和巴吕伽扎，所有的贸易都须经过统治者或代理人，没有自由市场，只有官方贸易所。[3]这些术语之间的差异反映了统治者管理海外贸易的多元方式。

印度洋周边民族和文明之间的双向沟通始于数千年前，希腊化时期的希腊人和后来的罗马人继往开来，积极参与到印度洋商业贸易圈中并为其注入新的活力，最终成就了“流动的世界”。在传统海路兼商路的基础上，罗马在红海、东非、阿拉伯半岛和波斯湾的开发，季

1 L. Cassion, *Ships and Seamanship in the Ancient World*, pp. 365-367.

2 有关希腊语和拉丁语港口术语，参见Ana-Maria Bușilă, *Greek and Latin Harbor Terminology in the Ancient Texts. A Case Study of Harbors of the Levantine Coast*, Tyragetia, s. n. 6=21, 2012, pp. 233, 235, 239.

3 L. Casson, *Periplus Maris Erythraei, Travel and Trade in the Indian Ocean by a Merchant of the First Century*, pp. 271-272.

风的发现和利用，造船技术和航海术的发展，港口的增多，使得埃及和印度之间的联系较以往更便捷、安全和高效。在这海陆衔接、纵横交织的商路上，来自罗马、非洲、阿拉伯、印度和东亚等地区的物产运转其间，东西方之间的物质流动速度与规模都明显提升和扩大。所有这些变化，都有赖于印度洋在海上商路中的中枢地位。虽然亚欧大陆东端的东南亚和东亚，在《航海记》的时代于罗马人而言还是模糊之地，但从印度到罗马的海陆交通已经为未来海上丝路的全线贯通奠定了基础。到公元2世纪，以印度洋为中心从埃及、印度到中国之间的海上丝路当已开通。[1]

表1　亚历山大里亚关税货物表[2]

分类	物品
宝石类	钻石（diamond）、铁铝榴石(alabanda)、绿宝石（beryl）、蛋白石（ceraunium, opal）、雪花石膏（alabaster）、青金石（lapis lazuli）、缠丝玛瑙（sardonyx）、翡翠（emerald）、蓝宝石（sapphire）、石榴石（garnet）、珍珠和珍珠贝（pearl, pearl shell）、玳瑁（tortoise shell）、象牙(ivory)
香料类	芦荟（aloe）、豆蔻（amomum）、姜（ginger）、白松香（galbanum）、香胶（incense gum）、达玛胶（dammar gum）、小豆蔻（cardamom）、丁香（caryophyllon）、桂皮（cassia）、肉桂（cinnamon)、决明木（xylo-cassia）、闭鞘姜（costus）、阿魏（asafcetida）、阿拉伯和非洲乳香（frankincense）、三条筋叶（malabathrum）、糖（sugar）、没药（myrrh）、甘松香（spikenard）、甘松（nard）、胡椒（pepper）、黄芪胶（sarcogalla）、没药油（stacte）、沉香（agallochum）
染料	虫胶（lac）、岩藻（fucus）
纺织品	海丝（byssus）、平纹细布（muslin）、棉布、羊毛、印度皮毛（capilli Induci）、丝绸、纱、布
金属	印度铁
动物类	虎、豹、黑豹、公狮、母狮、巴比伦尼亚兽皮
人	阉人

1　杨巨平：《两汉中印关系考——兼论丝路南道的开通》，《西域研究》2013年第4期，第6页。

2　该表源自查士丁尼一世（Justinian I）《学说汇纂》（*Disgesta, the Digest of the Roman Law*）关于东方贸易的法令。*The Digest of the Roman Law*, 39.15.5.7. 表格整理自W. H. Schoff, *The Periplus of the Erythraean Sea: Travel and Trade in the Indian Ocean by a Merchant of the First Century*, p. 289.

表2 红海到东非和印度盛行风风向表[1]

<table>
<tr><th></th><th>6—9月</th><th>9月</th><th>10月</th><th>11—12月</th><th>12—3月</th><th>4月</th><th>5月</th></tr>
<tr><td>北纬20°以南红海</td><td>北，西北</td><td>北，西北→变向</td><td>南，东南</td><td colspan="3">南，东南</td><td>南，东南→北，东北</td></tr>
<tr><td>亚丁湾</td><td colspan="2">南，西南，西</td><td>变向→东，东北</td><td colspan="3">东，东北</td><td>东，东北→变向</td></tr>
<tr><td>东非海岸到桑吉巴尔岛</td><td>南，西南</td><td colspan="2">南，西南→东北（变向，平静）</td><td colspan="2">北，东北</td><td colspan="2">东北→南，西南</td></tr>
<tr><td>印度西北沿岸</td><td>西南</td><td>西，西南（变向，平静）</td><td>南，西南→东北</td><td colspan="2">北，东北</td><td>西北→西南</td><td>南，西南</td></tr>
<tr><td>印度西南沿岸</td><td>西南</td><td>西，西南→西，西北</td><td>微偏北</td><td colspan="2">北，东北</td><td>西北→西南</td><td>南，西南</td></tr>
</table>

The Fluid World: Maritime Trades in *The Periplus of the Erythraean Sea*

Wang Kunxia　Yang Juping

Abstract: If Central Asia is the core of overland Silk Road, then the Indian Ocean is the central zone of maritime Silk Road. It connects the waterways between the Mediterranean world and India through the Red Sea, Arabian Peninsula and the Arabian Sea. What described in *The Periplus of the Erythraean Sea* is the oversea trade networks centring on the Indian Ocean in the 1st century AD. The East-West commerce on this ocean could date back to the third millennium BC, and progressively

1 此表译自L. Casson, "Rome' s Trade with the East: The Sea Voyage to Africa and India," in *Ancient Trade and Society*, p. 186.

developed during the Persian Empire and the Hellenistic Period. At the time of the Roman Empire, due to the full use of monsoon, it was possible to sail directly from the Red Sea to India through the Indian Ocean. Meanwhile there were some improvements in shipbuilding industry, seamanship technology and port construction. These conditions greatly facilitated trans-region circulation of Eastern and Western articles. In fact, a bidirectional “fluid world” of material cultures from Roman-Egypt to India had formed, which paved the way for entire opening of maritime Silk Road.

附录

城市、钱币与艺术

——“丝绸之路上的希腊化文明遗产”国际学术研讨会综述

杨巨平　王潇　邵大路

2018年8月17—20日，南开大学历史学院与南开大学丝路古代文明研究中心举办“丝绸之路上的希腊化文明遗产”国际学术研讨会。来自英国牛津大学、美国北卡罗莱纳大学、维克森林大学、法国国家科学研究中心、巴黎高师和中国社会科学院、中国人民大学、中央民族大学、西北大学、敦煌研究院等高校、科研单位的40余位专家学者出席会议。会议的主要议题是丝路希腊化城市的变迁、希腊化钱币的演变、希腊化宗教艺术的传播、希腊化文明遗产在中国。

会议收到中英文论文34篇。它们大多属于实证研究，文献与遗迹、地上与地下、中国与国外，不同来源、不同层次的资料互证互补，充分展示了希腊化文明遗产在丝绸之路上传播、演变、融合、流动的全景画卷。由于部分与会者正在中亚进行丝路遗址的发掘工作，他们带来的考古资料尤为珍贵，不仅可以弥补国内研究资料、信息的滞后性和片面性，对于开拓丝路研究视野，转换研究视角，调整研究路径也具有极为重要的启示意义。

一　希腊化城市向丝路重镇的转化

希腊化城市是指亚历山大东征后希腊—马其顿人在东方征服之地建立的希腊式城市。亚历山大可谓最伟大的建城者之一，据说以他命名的城市就有数十座，主要分布在中亚、印度西北部一带，其中最远的位于锡尔河畔。他在亚洲的后继者塞琉古王国的前几位国王出于统治的需要也热衷建城。但这些所谓的“城市”（polis）到底是如何建立起来的，它们具有什么样的特征与作用？美国维克森林大学的勒纳教授（Jeffrey Lerner）以古典文献为基础，对学界多有争议的问题作了全面的考证，认为亚历山大在远东建城的目的主要是控制被征服地区和惩罚军中不满分子。他指出，后世归于亚历山大所建的“城市”不过是一些要塞或在城中建立的驻防地，或为重新命名的原有城市，真正的城市化政策是塞琉古一世和安条克一世父子共治时期推行的。这些希腊化城市大多位于统治的中心地带或关隘要津。丝绸之路开通后，其中大部分都转化为丝路重镇，成为东西方文明的汇聚之地和希腊化文明遗产的辐射之地。

对于这些城市的研究和发掘在20世纪初就已经开始，但中亚的希腊化城市遗址发掘直到20世纪60年代后期才有了重大发现。这就是著名的希腊式城市阿伊·哈努姆（Ai Khanoum）遗址的发掘。后来，由于战乱，此遗址的发掘被迫中途停止，但考古学者们在阿姆河以北的中亚地区的发掘却取得了重大的进展。其中铁尔梅兹古城遗址的发掘成果最为丰富，反映的历史时期最长。该遗址的首席考古学家、法国国家科学研究中心的勒里什教授（Pierre Leriche）以《古铁尔梅兹城的考古——马其顿人统治巴克特里亚末期、月氏和贵霜时期》为题，详细介绍了他们的最新考古发现和结论：铁尔梅兹古城不仅是一座堪与阿伊·哈努姆相比的真正的希腊化都城（city-capital），而且很可能是早期月氏国家的都城；这个都城在贵霜帝国时期得到了扩展，成为古代中亚地区的主要佛教中心；尽管该城后来遭到萨珊波斯人的系统破坏，但它在贵霜—萨珊王朝时期，仍然是马维兰纳赫尔地区（Maverannahr，即阿姆河、锡尔河两河流域）的主要遗址，直到伊斯兰征服之后才被彻底放弃。这个结论对于确定亚历山大及其后继者在中亚的征服和统治，确定张骞所提到的大月氏的位于妫水北的王庭所在地，确定这座曾经的希腊化城市与丝绸之路的关系，都有至关重要的参考价值。如果说勒里什教授的分析主要基于城市遗址的发掘现状，尤其是贵霜时期的宫殿建筑，他的助手蓬布里昂博士（Segolene de Pontbriand）则主要对此地考古出土的大量实物尤其是艺术品作了分析。在强调铁尔梅兹地区文化多元性的前提下，她将该城和巴克特里亚其他城市的遗存（如阿伊·哈努姆、苏尔赫·科塔尔、第尔伯金·特佩和贝格拉姆等）对比研究，证实了北巴克特里亚地区文化中的希腊化和贵霜特征以及前者向后者的过渡路径。雅典大学的余琛瑱博士从城市布局、出土文物等方面考察了阿伊·哈努姆城的希腊化程度以及巴克特里亚当地土著和希腊移民的文化融合。

利用最新考古资料，对过去悬而未决的月氏都城定位问题从新的视角进行审视是本次会议的一个亮点。庞霄骁博士认为汉文史料中提到的“监氏城”与“蓝氏城”实际上是两个不同的城市，阿姆河以北的卡尔恰扬遗址很可能是月氏人的“监氏城”，贵霜人的都城“蓝氏城”则有可能是位于阿姆河以南的原巴克特里亚王国都城巴克特拉城遗址。与此相关，西北大学丝绸之路考古中心的王建新教授从民族地理学的角度，对中外相关记载对比互证，重新梳理了巴克特里亚与大夏、月氏与贵霜之间的关系，指出贵霜并非源于月氏，而是来自大夏五翎侯中的一支。这个观点否定了学界普遍认可的“月氏—贵霜”发展模式，在与会学者中引起热议。尽管观点或有不一，但涉及的大夏、月氏、贵霜及其都城都与原来统治此地的希腊—巴克特里亚王国有关。

两河流域、叙利亚地区和红海地区的希腊化城市也是学者们关注的热点之一。邵大路博士综合西方古典文献、中世纪地理学著作以及近代以来的考古调查资料，考察了帕提亚—萨珊时期希腊化城市塞琉西亚及其周边地区的地名变化，为汉文史籍相继出现的斯宾、斯罗等地名的考证提供了一定的线索。荷兰拉德堡大学的比尔赫斯代克博士（Diederik Burgersdijk）以中西文献和出土丝织实物证明，叙利亚地区的帕尔米拉古城是丝绸之路的一个重要商业城市，独特的地理位置使其成为从印度到地中海世界的陆路与海路交汇点。王潇博士综合文献和城址遗存证据，对两河流域杜拉·欧罗普斯城的商贸地位进行了重新评估，认为从历史上看，该城最终发展成了一个连接东西方水陆两路的中转商站。高克冰博士则从海上丝绸之路开通的角度，强调了从托勒密王朝到罗马帝国初期在红海沿岸建立和经营的两座代表性城市的历史地位。

二　希腊式钱币在丝路的流传、演变

钱币是重构希腊化世界和丝路沿线国家历史的重要实物资料。当前此类钱币研究的系统化和专业化，使得钱币学和历史学的结合更加紧密。相比而言，国外学者更注重钱币本身的构成与变异，以此来探究希腊化王国内部政治、文化的演变和传承。此次会议论文对希腊—巴克特里亚王国钱币、马其顿王国钱币、帕提亚钱币和塞琉古王国钱币甚至拜占庭金币皆有涉猎。

美国休斯顿大学的约瑟夫博士（Frances Joseph）根据中亚和印度的希腊化钱币的演变，分析了希腊—巴克特里亚王国钱币对当代及后世的深远影响。她指出，此类钱币具有典型的个性化特征，国王头像、希腊保护神形象、希腊语铭文是其构成的三大要素，发行此类钱币的根本目的就是使国王统治合法化，被他的臣民所接受。这种钱币在这些希腊统治者从中亚、印度消失之后仍然被采用，成为后来的统治者拥有合法的政治、经济权力的标准和证明。塞人—印度—斯基泰人、月氏—贵霜人就是这种钱币的直接继承者和受益者。

法国阿富汗考古队的波尔多博士（Olivier Bordeaux）强调了币模研究（Die-studies）在希腊—巴克特里亚和印度—希腊人钱币研究中的关键作用。他认为，通过对这些钱币的比较、分类可以归纳出币模的类型，并由此分析出一种钱币的构成、产量和国王的钱币政策，从而重建巴克特里亚希腊人和印度—希腊人王国的历史进程。他就是依据币模的分类研究，对此前已有定论的巴克特里亚王国的王位世系及其历史作了补充或修正。他特别谨慎地指出，钱币上的花押（monogram，字母组合）可能是造币场监管者（the monetary magistrate）的名字，而非其他；巴克特里亚王国前60年间，不同王朝的统治者似乎使用了同一个造币场，但所在地尚不确定。郭云艳博士分析了东亚地区拜占庭仿制金片的出土地、特征及其与拜占庭钱币的联系。这些金片主要发现于中亚地区，中国与蒙古地区也多有出土。其重量、图案、形状特征表明它们具有特殊的用途，有特殊的使用人群。齐小艳博士将撒马尔罕发现的仿中国式钱币视为当地原有的希腊式钱币与中国中原钱币融合的结果。这两类钱币虽然不属于希腊式钱币的直接延续，但从历史纵深来看，也都与其有着或多或少的联系。

除此之外，几位学者分别就马其顿王朝钱币、帕提亚钱币和塞琉古钱币介绍了他们的研究心得。王杨博士论述了以腓力二世金币为基础的马其顿币制对亚历山大及其以后的希腊化钱币的影响；李潇博士探讨了丝路钱币上常见的“众王之王”头衔的波斯来源。她认为，帕提亚人、印度—斯基泰人、贵霜人普遍采用此头衔，不仅仅是为了表示国王的伟大，而且有意识地表明他们是波斯王朝的正统传人，以彰显统治的合理性。刘成博士以塞琉古钱币为例探析了塞琉古钱币上希腊神形象与该王国政治的关系。

通过钱币证据解析希腊化各王国的政治走向和文化选择，是上述中外学者的一个共同特点。

三 丝路宗教艺术中的希腊化因素

丝路宗教艺术是丝路希腊化文明遗产的重要载体，是东西方文明融合和互动的结晶。本次会议集中讨论了希腊化文化因素在中国境内的传播和融合，这与近年来新疆地区相关文物的陆续出土有关。中央民族大学肖小勇教授以《新疆发现的希腊化文物》为题，展示了这些文物中的希腊元素。这些文物主要分布在天山及其以南地区，类型主要有青铜、金银、木、泥、纺织品。功能主要体现在建筑装饰、印章、戒指、钱币、器皿和服装的纹样上。如尼雅遗址中出土的有希腊神形象装饰的一些小物件，尼雅和楼兰出土的希腊式建筑装饰以及营盘墓地出土的具有古典艺术特征的毛织品，山普拉墓地出土的挂毯上的王者头像、马人肯陶（centaur）等。

见微知著，注重个案研究，是西方学者的治学特色。牛津大学古典艺术中心主任斯图尔特教授（Peter Stewart）在《从犍陀罗到营盘——丝路希腊化艺术中到底包含多少罗马因素?》一文中，以营盘墓地中出土的毛织品图案为研究对象，试图探索它与罗马艺术的联系。他认为，奔跑的对牛形象和持盾舞剑的对人形象是营盘墓地毛织物图案的两个主要元素，它们分别与罗马艺术中的狩猎、以牛献祭场景和爱神丘比特形象有相似之处。因此，罗马、营盘艺术造型之间可能存在着一定的渊源和传承。但是他也承认，罗马艺术事实上属于希腊化艺术的范畴，这些毛织品图案依然可以视为丝路希腊化文明的遗产；经过长达几个世纪的东传，这些中国新疆当地毛织品上的罗马艺术形象出现蜕变（disintegration）是必然的，也是可以理解的。

中国的佛教艺术中到底含有多少犍陀罗艺术因素，与希腊化艺术是否传入中国有着密不可分的关系。犍陀罗艺术本质上是希腊艺术或包括罗马艺术因素在内的西方古典艺术和佛教的结合。它的传入，也就意味着希腊化因素的传入。几位中国石窟艺术研究专家对此分别作了专题探析。敦煌研究院的张元林研究员指出，敦煌壁画中的希腊文化印迹包括三个方面。其一，希腊元素的图案，如希腊柱式、棕榈枝、源于希腊神的佛教神祇形象等。其二，乘车的日、月神图像有希腊艺术元素；其三，从风神形象可以看出希腊化因素的持久影响。敦煌壁画中大量出现的风神“执风巾”形象与“肩生双翼”的图像，在地中海世界的艺术作品中也大量存在。云冈石窟研究院王雁卿研究员分析了北魏时期的佛像造像艺术与犍陀罗佛像之间的关系，二者在诸多方面有着相同的元素，如服饰、面部形象、头冠装饰等。云冈石窟中大量的佛教艺术主题，也可在犍陀罗艺术中找到同类元素。新疆龟兹研究院的苗利辉研究员则探讨了龟兹艺术中的犍陀罗艺术因素，尤其强调了佛教对这些艺术创作的影响。

既然犍陀罗艺术中许多佛教人物的形象与希腊神祇的形象有关，随着佛教的传入，这些希腊神也就以佛教人物的名义和形象传入中国。为什么这些希腊神会被犍陀罗艺术所吸收呢？这是因为他们的形象和功能与佛教人物有一定的契合或相似之处。杨巨平教授在《“希腊神”在中国：想象还是现实?》一文中，利用大量的图像资料说明这些希腊神与佛教人物之间可能存在的借用关系。除了学界熟悉的佛陀与阿波罗形象相近之外，护法金刚与赫拉克勒斯、飞天与胜利女神、力士与顶天巨人阿特拉斯、日神与太阳神赫利奥斯之间也都显示出明显的相似性。这说明，希腊神的形象至少是其对应的佛教人物形象的来源之一，犍陀罗艺术的创造者们利用并借鉴了其原有的形象和功能。这些希腊神以佛教人物的形象传入中国后，发生变异、逐渐汉化，最终融入了中国的传统文化之中。此外，一些学者也论及犍陀罗艺术品的制作材料和发展脉络。苏州工艺美术职业技术学院的董波教授深入探析了犍陀罗灰塑的缘起。对于其中希腊—罗马的影响因素，他指出仍需更多证据进一步证明。赵家田博士以狄奥尼苏斯为主题的石盘为例，证明犍陀罗石盘与佛教艺术之间存在着一定的关联，并通过对狄奥尼苏斯场景的分析证实了希腊文化对犍陀罗艺术的深刻影响。

也有学者以个案研究的方式追溯了丝路希腊化宗教与艺术的渊源。意大利的康马泰博士和李思飞博士以《海怪“刻托”和水生有翼神兽在欧亚大陆的命运：希腊神话动物在中亚、印度和中国》为题，介绍了希腊神兽“刻托”（Ketos）形象在亚历山大东征后东传的过程，他指出，这一神兽的形象在罗马、犍陀罗以及中亚琐罗亚斯德教的艺术作品中普遍存在。毛铭博士注意到了源自地中海世界的公牛崇拜在中国佛教石窟艺术中的出现。

此次会议，虽然以微观、个案研究为主，但也不乏视野宏大之作。美国北卡罗莱纳大学的塔尔伯特教授（Richard Talbert）在《为“希腊化文明和丝绸之路”制作多维地图》一文中，特别强调了地图学对丝路研究的重要性。他指出，当前“希腊化文明与丝绸之路”课题是一项跨东西方的研究，中国与西方数字化地图资源的对接将更加有利于项目的研究和进展。在研究方法和史料资源的基础上，地图学以及地图资源数字化将成为一个基础性的工具，数字化也有望为丝路与希腊化文明研究提供技术支持。英国雷丁大学的梅尔斯教授（Rachel Mairs）在《丝绸之路上的语言和文化交流：从翻译学视角出发》一文中，阐释了语言交流对文化融合的重要性，从语言学的角度解析了文化互动的另一模式。一些青年学者如哈米德礼萨·帕沙·扎努斯（伊朗）、王坤霞、孟凡青、孙振民、张龙海与何彦霄（美国芝加哥大学）等，还就希腊化文明之所以能在丝路长期流传的历史背景阐述了他们的最新认识。

总而言之，本次会议深化了希腊化文明与丝路关系的研究，推动了丝绸之路研究的国际合作和交流。这样的一次学术盛会亦可谓古代丝路精神的延续，是古代丝路文明在当代的又一次互动。